MACROECONOMIA

COLEÇÃO ESQUEMATIZADO®

www.editorasaraiva.com.br/direito
Visite nossa página

Histórico da Obra

- **1.ª edição:** fev./2013
- **2.ª edição:** fev./2016
- **3.ª edição:** jan./2018; 2.ª tir., ago./2018
- **4.ª edição:** mar./2022

COORDENADOR
PEDRO LENZA

Luiza Sampaio
Economista especialista em Gestão, Consultoria e Avaliação de Projetos. Mestre em Desenvolvimento Regional e Políticas Públicas

MACROECONOMIA

4ª edição
2022

Coleção
ESQUEMATIZADO®

saraiva jur

saraiva EDUCAÇÃO | **saraiva** jur

Av. Paulista, 901, Edifício CYK, 3º andar
Bela Vista – SP – CEP 01310-100

SAC | sac.sets@saraivaeducacao.com.br

Diretoria executiva	Flávia Alves Bravin
Diretoria editorial	Ana Paula Santos Matos
Gerência editorial e de projetos	Fernando Penteado
Novos projetos	Aline Darcy Flôr de Souza
	Dalila Costa de Oliveira
Gerência editorial	Isabella Sánchez de Souza
Edição	Liana Ganiko Brito
Produção editorial	Daniele Debora de Souza (coord.)
	Cintia Aparecida dos Santos
	Daniela Nogueira Secondo
Arte e digital	Mônica Landi (coord.)
	Camilla Felix Cianelli Chaves
	Claudirene de Moura Santos Silva
	Deborah Mattos
	Guilherme H. M. Salvador
	Tiago Dela Rosa
Projetos e serviços editoriais	Daniela Maria Chaves Carvalho
	Emily Larissa Ferreira da Silva
	Kelli Priscila Pinto
	Klariene Andrielly Giraldi
Diagramação	LGB Publicações
Revisão	Carmen Becker
Capa	Tiago Dela Rosa
Produção gráfica	Marli Rampim
	Sergio Luiz Pereira Lopes
Impressão e acabamento	Edições Loyola

OBRA COMPLETA 978-65-5559-753-0
DADOS INTERNACIONAIS DE CATALOGAÇÃO NA PUBLICAÇÃO (CIP)
VAGNER RODOLFO DA SILVA - CRB-8/9410

M838m Moreira, Luiza Maria Sampaio
Macroeconomia / Luiza Maria Sampaio Moreira ; coord.
Pedro Lenza - 4. ed. - São Paulo : SaraivaJur, 2022.
(Coleção Esquematizado®)
1.184 p.

ISBN 978-65-5362-322-4 (Impresso)

1. Direito. 2. Direito financeiro. 3. Macroeconomia. 4. Economia. I. Lenza, Pedro. II. Título. III. Série.

CDD 343.8103
2021-4074   CDU 351.72

Índices para catálogo sistemático:

1. Direito Internacional   343.8103
2. Direito Internacional   351.72

Data de fechamento da edição: 10-2-2022

Dúvidas? Acesse www.editorasaraiva.com.br/direito

Nenhuma parte desta publicação poderá ser reproduzida por qualquer meio ou forma sem a prévia autorização da Saraiva Educação. A violação dos direitos autorais é crime estabelecido na Lei n. 9.610/98 e punido pelo art. 184 do Código Penal.

CL 607403   CAE 785456

À minha querida tia Maria Alacoque Sampaio,
por seu amor incondicional e desinteressado.

"(...) os que passaram fazendo o bem.
(...) os que lutaram como heróis.
(...) os que brilharam quais lindos sóis.
(...) essa saudade que a gente tem!"[1]

---

[1] Trecho do hino oficial da cidade de Barbalha-CE, *Canta Barbalha*, de autoria (letra e música) de Maria Alacoque Sampaio.

METODOLOGIA ESQUEMATIZADO

Durante o ano de 1999, pensando, naquele primeiro momento, nos alunos que prestariam o exame da OAB, resolvemos criar uma **metodologia** de estudo que tivesse linguagem "fácil" e, ao mesmo tempo, oferecesse o conteúdo necessário à preparação para provas e concursos.

O trabalho foi batizado como *Direito constitucional esquematizado*. Em nosso sentir, surgia ali uma metodologia **pioneira**, idealizada com base em nossa experiência no magistério e buscando, sempre, otimizar a preparação dos alunos.

A metodologia se materializou nos seguintes "pilares":

- **esquematizado**: a parte teórica é apresentada de forma objetiva, dividida em vários itens e subitens e em parágrafos curtos. Essa estrutura revolucionária rapidamente ganhou a preferência dos concurseiros;
- **superatualizado**: doutrina e legislação em sintonia com as grandes tendências da atualidade e na linha dos concursos públicos de todo o País;
- **linguagem clara**: a exposição fácil e direta, a leitura dinâmica e estimulante trazem a sensação de que o autor está "conversando" com o leitor;
- **palavras-chave** *(keywords)*: os destaques na cor azul possibilitam a leitura "panorâmica" da página, facilitando a fixação dos principais conceitos. O realce colorido recai sobre os termos que o leitor certamente grifaria com a sua caneta marca-texto;
- **recursos gráficos**: esquemas, tabelas e gráficos favorecem a assimilação e a memorização dos principais temas;
- **questões resolvidas**: ao final de cada capítulo, o assunto é ilustrado com questões de concursos ou elaboradas pelos próprios autores, o que permite conhecer as matérias mais cobradas e também checar o aprendizado.

Depois de muitos anos de **aprimoramento**, o trabalho passou a atingir tanto os candidatos ao **Exame de Ordem** quanto todos aqueles que enfrentam os concursos em geral, sejam das **áreas jurídica** ou **não jurídica**, de **nível superior** ou mesmo os de **nível médio**, assim como os **alunos de graduação** e demais **profissionais**.

Ada Pelegrini Grinover, sem dúvida, anteviu, naquele tempo, a evolução do *Esquematizado*. Segundo a Professora escreveu em 1999, "a obra destina-se, declaradamente, aos candidatos às provas de concursos públicos e aos alunos de graduação, e, por isso mesmo, após cada capítulo, o autor insere questões para aplicação da parte teórica. Mas será útil também aos operadores do direito mais experientes, como fonte de consulta rápida e imediata, por oferecer grande número de informações buscadas em diversos autores, apontando as posições predominantes na doutrina, sem eximir-se de criticar algumas delas e de trazer sua própria contribuição. Da leitura amena surge um livro 'fácil', sem ser reducionista, mas que revela, ao contrário, um grande poder de síntese, difícil de encontrar mesmo em obras de autores mais maduros, sobretudo no campo do direito".

Atendendo ao apelo de "concurseiros" de todo o País, sempre com o apoio incondicional da Saraiva Educação, convidamos professores das principais matérias exigidas nos concursos públicos das *áreas jurídica* e *não jurídica* para compor a **Coleção Esquematizado®**. **Roberto Caparroz** colaborou conosco na coordenação das obras voltadas às **matérias não jurídicas**.

Metodologia pioneira, vitoriosa, consagrada, testada e aprovada. **Professores** com larga experiência na área dos concursos públicos. Estrutura, apoio, profissionalismo e *know-how* da **Saraiva Educação**. Sem dúvida, ingredientes indispensáveis para o sucesso da nossa empreitada!

Para o livro de **Macroeconomia**, tivemos a honra de contar com o trabalho de **Luiza Sampaio**, que soube, com maestria, aplicar a **metodologia esquematizado** à sua vasta e reconhecida experiência profissional.

A Professora **Luiza** cursou Administração Pública na FGV de São Paulo, graduou-se em Economia pela Universidade Regional do Cariri, no Ceará, e obteve a licenciatura plena em Matemática para Educação Básica pela *Universidade Estadual do Ceará*.

Conquistou, ainda, o título de Mestre em Desenvolvimento Regional pela URCA-CE (mestrado profissional) e em Políticas Sociais pela UNICSUL-SP (mestrado acadêmico).

Foi aprovada em concurso público para ministrar Macroeconomia no curso de Ciências Econômicas da Universidade Regional do Cariri, onde também leciona Microeconomia, Contabilidade Social, Economia Monetária e Economia Internacional, estando atualmente licenciada.

Além de atuar em cursos de graduação e pós-graduação, dedica-se aos cursinhos preparatórios, especialmente na cidade de São Paulo, destacando-se: Damásio, LFG, Marcato, FMB, Siga, Finec, Qualidade, Federal, Getusp, IOB, Praetorium, Sapientia, Logga, Folha dirigida, De Olho na Questão. Não temos dúvida de que este livro contribuirá para "encurtar" o caminho do ilustre e "guerreiro" concurseiro na busca do "sonho dourado"!

Esperamos que a **Coleção Esquematizado®** cumpra o seu papel. Em constante parceria, estamos juntos e aguardamos suas críticas e sugestões.

Sucesso a todos!

Pedro Lenza
Mestre e Doutor pela USP
Visiting Scholar pela Boston College Law School

pedrolenza@terra.com.br
https://twitter.com/pedrolenza
http://instagram.com/pedrolenza
https://www.facebook.com/pedrolenza
https://www.youtube.com/pedrolenza
http://esquematizado.saraivajur.com.br

APRESENTAÇÃO

Todos os anos, milhões de pessoas, com os mais variados perfis e histórias de vida, resolvem ingressar no mundo dos concursos públicos. Trata-se de um movimento contínuo, crescente, inesgotável e tipicamente brasileiro.

Portanto, se a ideia já passou pela sua cabeça, saiba que você não está sozinho. A constatação serve, a um só tempo, tanto como estímulo para os estudos quanto para que possamos compreender o calibre do desafio que aguarda os candidatos.

Quais os motivos para esse fenômeno, que só faz crescer?

A resposta mais simples e direta reside no fato de que o **Estado**, para a nossa realidade, é um **excelente empregador**. Se compararmos a remuneração da iniciativa privada com a de carreiras públicas equivalentes, em termos de exigências e atividades, na maioria dos casos, o valor percebido pelos servidores será igual ou superior. Some-se a isso a **estabilidade**, o **regime diferenciado de previdência** e a possibilidade de **ascensão funcional** e teremos a perfeita equação para a verdadeira legião de "concurseiros" que existe no Brasil.

Como vencer o desafio dos concursos, se a concorrência é tão grande?

Ao contrário do que muita gente imagina, a dificuldade certamente não é quantitativa, pois o número de concorrentes, na prática, pouco importa. Todos os grandes concursos oferecem vagas suficientes, capazes de premiar os candidatos que conseguirem obter médias elevadas. O **fator determinante para o sucesso** é de natureza **qualitativa** e exige o domínio de duas metodologias: **saber estudar** e **resolver questões**.

Há muitos anos digo aos alunos que o segredo dos concursos não é simplesmente estudar mais (muito embora os vencedores estudem bastante) mas, principalmente, **estudar melhor**.

E o que significa isso? Estudar melhor implica escolher uma fonte de referência segura, completa e atualizada para cada matéria, absorvê-la ao máximo e, depois, verificar o aprendizado por meio de questões.

Costumo ponderar que, se um candidato ler dois autores sobre o mesmo tema, provavelmente "elevará ao quadrado" suas dúvidas, pois não saberá como enfrentar, nas provas, as divergências de pensamento que, apesar de comuns e salutares no meio acadêmico, devem ser evitadas a todo custo nos concursos.

Essa é uma das propostas da presente **Coleção Esquematizado®**. Quando o amigo Pedro Lenza me convidou para ajudá-lo na coordenação das obras voltadas para as matérias não jurídicas, imediatamente vislumbrei a possibilidade de oferecer aos alunos das mais diversas carreiras a mesma **metodologia**, testada e aprovada no consagrado *Direito Constitucional Esquematizado*.

Sabemos que a grande dificuldade dos concursos de ampla concorrência, abertos a candidatos de qualquer formação, reside na quantidade e variedade de matérias, de tal sorte que não seria exagero afirmar que ninguém conhece, *a priori*, todos os temas que serão exigidos, ao contrário das carreiras jurídicas, nas quais os alunos efetivamente travaram conhecimento com as disciplinas durante a faculdade.

Ninguém faz "faculdade para concursos", até porque, na prática, ela não existe. Os candidatos provêm de áreas diferentes e acumularam conhecimento em temas que normalmente não são objeto de questões. É comum o relato de candidatos iniciantes que tiveram pior desempenho justamente nas matérias que conheciam a partir da experiência profissional.

Os **concursos não jurídicos** exigem **preparação específica**, na qual os candidatos normalmente "iniciam do zero" seus estudos.

A metodologia empregada na **Coleção Esquematizado®** permite que o leitor, de qualquer nível, tenha acesso à mais **completa** e **atualizada teoria**, exposta em linguagem **clara**, **acessível** e **voltada para concursos**, acrescida de **questões** especialmente selecionadas e comentadas em detalhes.

O projeto, apesar de audacioso, se sustenta pela **qualidade dos autores**, todos com larga experiência na preparação de candidatos para as diferentes provas e bancas examinadoras. As matérias são abordadas de forma teórico-prática, com farta utilização de exemplos e gráficos, que influem positivamente na fixação dos conteúdos.

A abordagem dos temas busca esgotar os assuntos, sem, no entanto, se perder em digressões ou posições isoladas, com o objetivo de oferecer ao candidato uma **solução integrada**, naquilo que os norte-americanos chamam de *one stop shop*.

Com a estrutura e o suporte proporcionados pela **Saraiva Educação**, acreditamos que as obras serão extremamente úteis, inclusive para os alunos de cursos de graduação.

Lembre-se que o sucesso não decorre do "se", mas, sim, do "quando".

Boa sorte e felicidade a todos!

Roberto Caparroz
Mestre e Doutor em Direito
http://www.caparroz.com
contato@caparroz.com
https://twitter.com/robertocaparroz
https://www.facebook.com/caparroz.com
http://esquematizado.saraivajur.com.br

PREFÁCIO

A difícil arte de ensinar economia

Conheci Luiza Sampaio por intermédio de uma aluna que tínhamos em comum. Depois acabei percebendo que temos vários alunos em comum. Estes alunos também possuem uma coisa em comum: seu apreço pela, como todos a chamam, Professora Luiza, além dos recorrentes elogios a suas aulas, sua disposição em atender os alunos e, especialmente, em auxiliá-los a derrubar os mitos em torno da economia e da teoria econômica.

Muitos destes alunos enfrentam pela primeira vez a Economia, não nos fatos do quotidiano, mas na sua complexidade teórica. Formados em diversas áreas, como direito, engenharia, jornalismo etc., estes alunos precisam encarar a teoria econômica para poder superar concursos públicos e processos seletivos ou mesmo enfrentar a realidade de uma troca de área depois de formados. Neste momento, surge a "economia" como um imenso obstáculo a ser transposto.

Efetivamente, a economia impõe seus obstáculos. Além de seu próprio objeto, nem sempre tão familiar apesar de aparentemente acessível a todos, a economia impõe uma linguagem que não necessariamente é a mais acessível e nem a mais usual; na sua tradução, existe uma série de falsos cognatos; e esconde armadilhas muitas vezes mortais para os candidatos em provas cheias de concorrentes. Impõe também um raciocínio abstrato, modelos e hipóteses não tão óbvios e nem tão realistas que dificultam a compreensão do que efetivamente se está querendo entender. Isso perturba e angustia especialmente aqueles que querem apenas dar uma "passadinha" rápida pela matéria, mas acabam sendo obrigados a "pegar as coisas com calma" desde o seu início.

A questão não é apenas de desmistificar a economia. Logicamente, isso faz parte, afinal muitos alunos já enfrentaram antes o "obstáculo da economia" e acabaram criando para si próprios um monstro que precisa ser desfeito. Desmistificar a economia é importante, mas para estes alunos não é apenas necessário traduzir a economia numa linguagem coloquial, transformar os modelos em algo mais real, pois o que estes alunos enfrentam, especialmente nos concursos, é justamente a hermética linguagem da economia e os seus modelos abstratos. Este é o elogio que nossos alunos fazem à Professora Luiza: desmistificar, sim, a economia, mas principalmente compreendê-la dentro de seu próprio campo, usando sua própria linguagem, seus modelos, trabalhando com as hipóteses e com os raciocínios que compõem a teoria econômica.

Bem-vindo o livro da Professora Luiza, que permitirá ampliar o número de pessoas que passam a ter acesso aos seus ensinamentos e a possibilidade de superar os obstáculos impostos pela economia.

Amaury Patrick Gremaud
Professor da FEA-RP/USP

NOTA DA AUTORA À 4ª EDIÇÃO

Estava eu na sala de professores do Curso Marcato em São Paulo, aguardando o início da aula que ministraria, quando, em conversa com o professor Roberto Caparroz, este me convidou a fazer parte da **Coleção Esquematizado®**, do professor Pedro Lenza, que estava se estendendo para a área fiscal. Fiquei lisonjeada e feliz em poder fazer parte, na área de economia, de uma coleção tão reconhecida, pertencente a uma editora renomada como a Saraiva.

Como **professora de economia** dos principais cursinhos preparatórios para **concursos públicos** de São Paulo e de outros Estados e tendo larga experiência no ensino **na graduação e na pós-graduação**, sempre me preocupei em preparar meu próprio material didático, com base nas necessidades que percebia existirem nos meus alunos.

Especificamente na área de economia, pude perceber que apenas o conteúdo teórico tornava-se insuficiente para a concreta aprendizagem da disciplina, em decorrência de sua linguagem muito específica e repleta de termos técnicos. Por esse motivo, procurei sempre rodear os assuntos abordados com uma gama de **questões** aplicadas pelas principais **bancas examinadoras** de concursos públicos. Com esse método, observei um grande progresso dos meus alunos na compreensão da matéria.

Aquele material serviu de esboço para o que agora o leitor tem em mãos. A partir dele, incrementei a teoria com o aprofundamento de seu conteúdo, tomando como referência obras de autores clássicos e consagrados da área, a fim de adequar este livro ao perfil de **"concurseiros" e acadêmicos**.

A obra está dividida em **23 capítulos** teóricos, complementados com diversas **questões resolvidas**. Nesses capítulos, os conceitos mais relevantes foram destacados em azul, para facilitar sua visualização. Ao final, um **glossário** permite compreender, de maneira rápida e abreviada, a definição de termos utilizados ao longo do texto. A oportunidade de ministrar aulas em cursinhos de renome em São Paulo, como Damásio, LFG, Marcato, FMB, Siga, Finec, Qualidade, Federal, Getusp, IOB, Praetorium, Aprova, Sapientia, Logga, Folha dirigida, De Olho na Questão, além de outros em diversas regiões do Brasil, permitiu-me conhecer o perfil dos candidatos e examinar suas dificuldades. Assim, procurei priorizar no livro uma **linguagem acessível** para esse público, sem deixar de lado o caráter científico exigido pelos cursos de graduação e pós-graduação.

Gostaria de deixar aqui registrado o meu agradecimento a todos os que me possibilitaram essa oportunidade, desde os donos dos cursinhos, seus coordenadores e auxiliares, meus colegas professores (entre eles os professores Pedro Lenza e Roberto Caparroz) e até aqueles que cooperam com o funcionamento dos cursos cuidando da limpeza e segurança dos edifícios ou da orientação dos alunos.

Agradeço também à minha família, que sempre compreendeu minha ausência quando me dedicava a escrever este livro, hoje em sua 4ª edição.

Eu não poderia deixar de mencionar a razão da construção desta obra: os meus **queridos alunos**, a quem posso chamar de amigos. Companheiros de uma jornada muitas vezes difícil, mas também prazerosa. A eles ensinei, mas, principalmente, com eles aprendi. Tenho orgulho de ter colaborado de alguma forma para o engrandecimento profissional de cada um desses indivíduos, e é por isso que eu gostaria de registrar aqui o quanto me apraz ter estado com eles nessa fase importante das nossas vidas. Agradeço pela gentileza em me apoiarem neste projeto.

Constantemente recebo *e-mails*, mensagens via celular e telefonemas de agradecimento de pessoas que lograram êxito no concurso público tão almejado. Isso me deu ânimo a preparar a 4ª edição deste livro, de forma a manter sempre atualizadas as informações. É gratificante saber que, de alguma forma, contribuí para o enriquecimento cultural de alunos que na maioria das vezes nem conheci pessoalmente. A modernidade nos concede esse privilégio: dar aulas em frente a uma câmera e ser assistida por muitos, nos mais variados lugares do Brasil. Isso me permite desbravar o País pela cabeça de cada um deles!

Espero que você, ao ler este livro, possa compreender melhor o deslumbrante caminho do conhecimento da Macroeconomia. Que ele ajude a formar cidadãos mais conscientes e opinantes na conduta do nosso país.

Um forte abraço.

Luiza Sampaio
Mestre em Desenvolvimento Regional e Políticas Públicas
luizamsms@gmail.com
https://www.facebook.com/luizamsms

SUMÁRIO

Metodologia esquematizado 7
Apresentação 9
Prefácio 11
Nota da autora à 4ª edição 13

1. **CONCEITOS MACROECONÔMICOS BÁSICOS** 25
   1.1. Macroeconomia 25
   1.2. Moeda e produto 28
   1.3. Produto (ou renda) *per capita* 29
   1.4. IDH 32
   1.5. Coeficiente de Gini 39
   1.6. Identidade macroeconômica 42
   1.7. Estoques e fluxos 43
   1.8. Definição de curto e longo prazo em Macroeconomia 44
   1.9. Conceitos de produto intermediário, produto adicionado, valor bruto da produção e produto agregado 46
   1.10. Fluxo circular da renda 48
       1.10.1. Fluxo circular da renda ampliado 51
   1.11. Questões 52

2. **FORMAS DE MENSURAÇÃO DO PRODUTO E DA RENDA NACIONAL** 73
   2.1. Ótica do dispêndio ou da despesa 73
   2.2. Ótica do produto 76
   2.3. Ótica da renda 77
   2.4. Questões 78

3. **PRODUTO NACIONAL, INTERNO, LÍQUIDO, BRUTO, A CUSTO DE FATORES, A PREÇO DE MERCADO** 89
   3.1. Produto nacional (PN) 89
   3.2. Produto interno (PI) 90
   3.3. Renda enviada ao exterior (REE) ou Recebida do Exterior (RRE) 93
   3.4. Produto líquido (PL) 94
   3.5. Produto bruto (PB) 94
   3.6. Produto a custo de fatores (Pcf) 95
   3.7. Produto a preço de mercado (Ppm) 95
   3.8. Questões 99

4. **IDENTIDADES MACROECONÔMICAS FUNDAMENTAIS. ESTRUTURA BÁSICA PARA AS CONTAS NACIONAIS** 131
   4.1. Conta de produção 132

4.2.	Conta de apropriação	136
4.3.	Conta do governo	139
4.4.	Conta do setor externo	141
4.5.	Conta de capital	143
4.6.	Déficit público	145
4.7.	Questões	146

5. **PRODUTO NOMINAL × PRODUTO REAL. DEFLACIONAR O PRODUTO. ÍNDICES DE PREÇOS** 185
   - 5.1. Produto nominal 185
     - 5.1.1. Cálculo do Produto Nominal 187
   - 5.2. Produto real 188
     - 5.2.1. Índice de preços de Laspeyres 188
     - 5.2.2. Índice de preços de Paasche 190
     - 5.2.3. Índice de preços de Fisher 191
     - 5.2.4. Índice de quantidade 192
     - 5.2.5. Variação percentual do produto real sem a utilização de um índice de preços 193
     - 5.2.6. Índice de valor 193
     - 5.2.7. Reversão quanto ao tempo e reversão quanto aos fatores 193
     - 5.2.8. Circularidade 195
   - 5.3. O deflator do produto 196
   - 5.4. Comparação entre países — *tradables e no tradables* 197
   - 5.5. Índice de preços no Brasil 199
   - 5.6. Questões 201

6. **SISTEMA DE CONTAS NACIONAIS — BRASIL — REFERÊNCIA 2010** 251
   - 6.1. Tabela de recursos e usos (TRU) 255
   - 6.2. Conta econômica integrada — CEI 266
   - 6.3. Como tratar aluguéis de imóveis no Sistema de Contas Nacionais — 2010 (SCN-2010) 287
   - 6.4. Como tratar a atividade não monetizada, a Produção oculta e a Produção informal no Sistema de Contas Nacionais — 2010 (SCN-2010) 287
   - 6.5. Questões 289

7. **BALANÇO DE PAGAMENTOS — NOVA METODOLOGIA — BPM6** 309
   - 7.1. Residentes e não residentes 310
   - 7.2. Ativos de reserva internacionais (meios internacionais de pagamento) 311
   - 7.3. Estrutura do Balanço de Pagamentos (BPM6) 313
   - 7.4. Alterações na estrutura do Balanço de Pagamentos em 2015 (BPM6) 342
   - 7.5. Transferência líquida de recursos para o exterior, hiato do produto, renda líquida recebida e enviada ao exterior, ativo e passivo externo líquido 348
   - 7.6. Medidas que podem melhorar o saldo do Balanço de Pagamentos em transações correntes e atrair capital na conta financeira 350
   - 7.7. Critérios de lançamentos no Balanço de Pagamentos 351
   - 7.8. Relações importantes no Balanço de Pagamentos 353
   - 7.9. Treinando a teoria 353
   - 7.10. Lançamentos na estrutura do Balanço de Pagamentos (BPM6) 361
   - 7.11. Balanço de pagamentos do Brasil (BPM6) para 2015, 2016 e 2017 363
   - 7.12. Posição internacional de investimento (PII) 374
   - 7.13. Questões 375

8. **TEORIA CLÁSSICA (NEOCLÁSSICA) E KEYNESIANA** 425
   - 8.1. Macroeconomia 425
     - 8.1.1. Modelo clássico 426

		8.1.1.1.	Lei de Say	427
		8.1.1.2.	Flexibilidade de preços e salários nominais	427
		8.1.1.3.	Poupança e investimento	443
		8.1.1.4.	Os gastos do governo	444
		8.1.1.5.	Política tributária	444
		8.1.1.6.	A demanda por moeda	446
		8.1.1.7.	A oferta de moeda	446
		8.1.1.8.	Dicotomia clássica	447
	8.1.2.	Modelo Keynesiano		447
		8.1.2.1.	Demanda efetiva	447
		8.1.2.2.	Salários nominais rígidos	448
		8.1.2.3.	Oferta agregada	452
		8.1.2.4.	Poupança	455
		8.1.2.5.	Investimento	455
		8.1.2.6.	Os gastos do governo	456
		8.1.2.7.	Política tributária	456
		8.1.2.8.	A demanda por moeda	457
		8.1.2.9.	A oferta de moeda	457
8.2.	Quadro-resumo: clássicos *x* Keynes			458
8.3.	Gráficos comparativos dos modelos clássico (a) e Keynesiano (b)			460
8.4.	Questões			461

9. EQUILÍBRIO NO MERCADO DE BENS ... 467

9.1.	Determinação do produto Keynesiano — a demanda agregada			467
	9.1.1.	Consumo (C)		468
		9.1.1.1.	Poupança (S)	470
		9.1.1.2.	Propensão marginal e média a consumir e a poupar	471
	9.1.2.	Investimento (I)		471
	9.1.3.	Gastos do governo (G)		473
		9.1.3.1.	Transferências	473
		9.1.3.2.	Tributos	474
			9.1.3.2.1. Tributação como função da renda	474
			9.1.3.2.2. Tributação e renda disponível	475
	9.1.4.	Exportação (X)		475
	9.1.5.	Importação (M)		476
9.2.	Determinação do nível de equilíbrio da renda e do produto numa economia aberta e com governo			476
	9.2.1.	Déficit público		478
	9.2.2.	Saldo comercial		479
	9.2.3.	Hiato do produto, hiato inflacionário e hiato recessivo		480
	9.2.4.	Carga tributária bruta e líquida		480
	9.2.5.	A cruz Keynesiana		480
9.3.	Questões			482

10. MULTIPLICADOR NO MERCADO DE BENS. MULTIPLICADOR KEYNESIANO ... 517

10.1.	Multiplicador em uma economia a dois setores	517
10.2.	Multiplicador em uma economia aberta e com governo	522
10.3.	Quando utilizar as fórmulas tradicionais dos multiplicadores	526
10.4.	Determinação do multiplicador sem o uso das fórmulas tradicionais	528
10.5.	Multiplicador do orçamento equilibrado — multiplicador de Haavelmo	529
10.6.	Dedução do multiplicador Keynesiano	530
10.7.	Questões	531

11. MERCADO MONETÁRIO 567
11.1. A origem da moeda metálica, moeda-papel, papel-moeda e moeda fiduciária 567
11.2. Funções da moeda 569
11.3. Conceito de base monetária e meio de pagamento 571
    11.3.1. Papel-Moeda Emitido (PME) 571
    11.3.2. Papel-Moeda em Circulação (PMC) 571
    11.3.3. Papel-Moeda em Poder do Público (PMPP) 571
    11.3.4. Encaixes 572
    11.3.5. Recolhimento compulsório sobre depósitos à vista 572
    11.3.6. Recolhimento voluntário sobre depósito à vista 572
    11.3.7. Caixa dos bancos comerciais 573
    11.3.8. Reservas 573
    11.3.9. Meios de pagamento (ou moeda manual) 573
11.4. Tipos de moeda 574
11.5. Lastro 575
    11.5.1. Lei de Gresham 575
    11.5.2. Criação de moeda 576
    11.5.3. Plano Real 577
11.6. Questões 585

12. MULTIPLICADOR MONETÁRIO E MULTIPLICADOR BANCÁRIO 599
12.1. Multiplicador monetário = M/B 599
    12.1.1. Criação de moeda pelo sistema bancário 602
12.2. Multiplicador bancário 603
12.3. Questões 603

13. OFERTA E DEMANDA DE MOEDA. CONTAS DO SISTEMA FINANCEIRO. EQUILÍBRIO NO MERCADO MONETÁRIO 623
13.1. Banco Central 623
13.2. Instrumentos de controle monetário pelo bacen 625
13.3. Funções do Banco Central 626
13.4. Balancete do Banco Central 628
13.5. Aumento/diminuição da base monetária (B) 630
13.6. Bancos comerciais, bancos de desenvolvimento, Banco Nacional de Desenvolvimento econômico e social (BNDES) e bancos de investimento 631
13.7. Balancete consolidado dos bancos comerciais 632
13.8. Balancete do sistema bancário 632
13.9. Aumento/diminuição dos meios de pagamento (M_1) 634
13.10. Exemplos de quando a base monetária e os meios de pagamento poderão se alterar 635
13.11. Oferta de moeda e a teoria quantitativa da moeda (TQM) 635
13.12. O comportamento da oferta de moeda 641
13.13. Demanda individual e agregada de moeda (L) para os clássicos — a Teoria Quantitativa da Moeda 641
13.14. Demanda de moeda (L) para keynes — teoria da preferência pela liquidez 643
    13.14.1. Demanda por moeda para transação e precaução (Lt) 643
    13.14.2. Demanda de moeda para especulação (motivo portfólio) 644
        13.14.2.1. Equação de Fisher 645
        13.14.2.2. Taxa de juros e valor de um título 645
        13.14.2.3. Especular 649
        13.14.2.4. Demanda total por moeda 649
        13.14.2.5. Demanda total por moeda no pensamento pós-Keynesiano 651
        13.14.2.6. Armadilha da liquidez 652
13.15. Equilíbrio no mercado monetário 652
13.16. Funções da demanda por moeda 654

	13.16.1. Aumento da renda	654
	13.16.2. Aumento da taxa de juros	655
13.17.	Modelo Tobin-Baumol de demanda de moeda	655
13.18.	Questões	657

14. MODELO IS-LM (INTERLIGAÇÃO ENTRE O LADO REAL E O LADO MONETÁRIO)... 685

- 14.1. Função IS (investimento e poupança) 685
  - 14.1.1. O equilíbrio no mercado de bens — função IS............ 687
  - 14.1.2. Inclinação da função IS 687
- 14.2. Função LM (demanda e oferta de moeda) 690
  - 14.2.1. O equilíbrio no mercado monetário — função LM............ 691
  - 14.2.2. Inclinação da função LM............ 692
    - 14.2.2.1. Inclinação da demanda por moeda (L) e inclinação da função LM 694
- 14.3. Curva IS-LM — o equilíbrio no mercado de bens e no mercado monetário 696
  - 14.3.1. Pontos fora do equilíbrio na função IS-LM............ 697
- 14.4. Questões 701

15. POLÍTICA FISCAL E MONETÁRIA............ 719

- 15.1. Fatores que deslocam as funções IS e LM............ 719
- 15.2. Política fiscal 721
- 15.3. Política monetária............ 723
- 15.4. Política fiscal e monetária nos casos extremos (armadilha da liquidez e caso clássico) e na área intermediária da função LM 724
  - 15.4.1. Armadilha da liquidez 725
    - 15.4.1.1. Eficácia da política fiscal e monetária na área keynesiana da função LM ou área da armadilha da liquidez............ 726
  - 15.4.2. Área clássica 726
    - 15.4.2.1. Eficácia da política fiscal e monetária na área clássica............ 727
  - 15.4.3. Área intermediária 728
    - 15.4.3.1. Eficácia da política fiscal e monetária na área intermediária 728
  - 15.4.4. A curva de oferta e o modelo IS-LM 729
  - 15.4.5. Elasticidade da demanda por moeda (L) e do investimento (I) à taxa de juros na curva LM 729
  - 15.4.6. Efeito *crowding out* ou efeito deslocamento ou efeito expulsão............ 730
  - 15.4.7. Visão global da eficácia de uma política fiscal e monetária considerando a inclinação da função LM............ 731
- 15.5. Política fiscal e monetária nos casos extremos da função IS — modelo keynesiano simplificado 732
- 15.6. Fatores que afetam a eficácia da política fiscal e monetária............ 733
- 15.7. Suposição de preços flexíveis — deduzindo a demanda agregada 736
  - 15.7.1. Elasticidade da LM e elasticidade da demanda 738
  - 15.7.2. Elasticidade da IS e elasticidade da demanda 738
- 15.8. Suposição de preços esperados flexíveis — repercussões sobre a curva IS 739
- 15.9. A curva IS e os fundos emprestáveis no pensamento keynesiano............ 741
- 15.10. A curva LM e o mercado de saldos monetários 743
- 15.11. A cruz Keynesiana e a política fiscal............ 746
- 15.12. A declividade da função IS em virtude de uma alteração das propensões marginais........... 747
- 15.13. Questões 747

16. TAXA DE CÂMBIO E REGIMES CAMBIAIS............ 813

- 16.1. Taxa de câmbio nominal (e) 813
- 16.2. Cotação do certo e do incerto 813
- 16.3. Taxa de câmbio real (E) 814

16.4. Consequências do aumento da taxa de câmbio nominal (e) 816
    16.4.1. Condição de Marshall-Lerner 817
        16.4.1.1. A curva J 817
16.5. Arbitragem dos juros 818
    16.5.1. A expectativa de desvalorização da taxa de câmbio 819
    16.5.2. Paridade dos juros 820
16.6. Regimes cambiais 821
    16.6.1. Taxa de câmbio flexível ou flutuante 821
        16.6.1.1. *"Dirty floating"* ou flutuação suja 822
    16.6.2. Taxa de câmbio fixa 822
        16.6.2.1. Bandas cambiais 822
        16.6.2.2. *"Crawling band"* 822
        16.6.2.3. *"Sliding band"* 823
        16.6.2.4. *"Crawling peg"* 823
        16.6.2.5. *"Currency board"* (conselho de moeda) 823
        16.6.2.6. Arranjo cambial cooperativo 823
16.7. Apreciação e depreciação do câmbio 824
16.8. Vantagens das taxas de câmbio fixa e flutuante (ou flexível) 824
16.9. Desvantagens das taxas de câmbio fixa e flutuante (ou flexível) 825
16.10. Atuação do Banco Central na compra e venda de dólares 825
    16.10.1. Quem demanda e quem oferta divisas 826
16.11. Oferta de moeda estrangeira e taxa de câmbio 827
16.12. Demanda por moeda estrangeira e a taxa de câmbio 827
16.13. O equilíbrio no mercado cambial 828
16.14. Fixação de uma taxa de câmbio superior à de equilíbrio (E) 828
16.15. Fixação de uma taxa de câmbio inferior à de equilíbrio (E) 828
16.16. Mercado monetário e cambial 829
15.17. Paridade do poder de compra (PPC) 830
16.17. Questões 831

17. MODELO IS-LM-BP NUMA ECONOMIA COM PERFEITA MOBILIDADE DE CAPITAL 863

17.1. O modelo IS-LM-BP numa economia aberta 863
    17.1.1. Balança comercial (BC) 863
    17.1.2. Conta financeira (CF) 864
    17.1.3. Saldo no balanço de pagamentos (BP) 864
17.2. Mobilidade de capital do modelo IS-LM-BP no curto prazo 865
17.3. Emprego e balanço de pagamentos num modelo com perfeita mobilidade de capital 866
17.4. Pequena economia aberta e grande economia aberta 866
17.5. Modelo IS-LM-BP e o equilíbrio num modelo com livre mobilidade de capital numa pequena economia 867
    17.5.1. Modelo de mundell-fleming (IS-LM-BP) para uma economia aberta e com livre mobilidade de capital 867
        17.5.1.1. Política *monetária* expansionista num regime de taxa de *câmbio fixa* e com perfeita mobilidade de capital 868
        17.5.1.2. Política *fiscal* expansionista num regime de taxa de *câmbio fixa* e com perfeita mobilidade de capital 869
        17.5.1.3. *Desvalorização* cambial num regime de taxa de *câmbio fixa* com perfeita mobilidade de capital 870
        17.5.1.4. Política *comercial* de redução da demanda por produtos importados por meio de cota ou tarifa de importação num regime de taxa de *câmbio fixa* e com perfeita mobilidade de capital 870
        17.5.1.5. Política *monetária* expansionista num regime de taxa de *câmbio flexível* e com perfeita mobilidade de capital 871

		17.5.1.6.	Política *fiscal* expansionista num regime de taxa de câmbio *flexível* com perfeita mobilidade de capital	872
		17.5.1.7.	*Desvalorização* cambial no regime de taxa de câmbio *flexível* com perfeita mobilidade de capital...	872
		17.5.1.8.	Política *comercial* de redução da demanda por produtos importados por meio de cota ou tarifa de importação num regime de taxa de câmbio *flutuante* e com perfeita mobilidade de capital................................	873
		17.5.1.9.	Quadros-resumo da eficácia de políticas num modelo com perfeita mobilidade de capital	874
	17.6.	Questões		874

18. MODELO IS-LM-BP NUMA ECONOMIA SEM MOBILIDADE DE CAPITAL 923

18.1. Saldo no balanço de pagamentos (BP)... 923
18.2. Mobilidade de capital do modelo IS-LM-BP no curto prazo.. 923
18.3. Emprego e balanço de pagamentos num modelo sem mobilidade de capital 924
18.4. Modelo IS-LM-BP e o equilíbrio num modelo sem mobilidade de capital............................ 924
      18.4.1. Modelo IS-LM-BP para uma economia aberta e sem mobilidade de capital.......... 925

		18.4.1.1.	Política *monetária* expansionista num regime de taxa de câmbio *fixa* e sem mobilidade de capital	925
		18.4.1.2.	Política *fiscal* expansionista num regime de taxa de câmbio *fixa* e sem mobilidade de capital	925
		18.4.1.3.	Política de *desvalorização* cambial num regime de taxa de câmbio *fixa* e sem mobilidade de capital..	926
		18.4.1.4.	Política *comercial* de restrição às importações num regime de taxa de câmbio *fixa* num modelo sem mobilidade de capital............................	927
		18.4.1.5.	Política *monetária* expansionista num regime de taxa de câmbio *flutuante* num modelo sem mobilidade de capital...	928
		18.4.1.6.	Política *fiscal* expansionista num regime de taxa de câmbio *flutuante* num modelo sem mobilidade de capital	929
		18.4.1.7.	Política cambial num regime de taxa de câmbio flutuante num modelo sem mobilidade de capital..	930
		18.4.1.8.	Política comercial de restrição às importações num regime de taxa de câmbio flutuante num modelo sem mobilidade de capital...................	930
		18.4.1.9.	Quadros-resumo da eficácia de políticas num modelo sem mobilidade de capital	930
	18.5.	Questões		931

19. MODELO IS-LM-BP NUMA ECONOMIA COM MOBILIDADE IMPERFEITA DE CAPITAL 937

19.1. Saldo no balanço de pagamentos (BP)... 937
19.2. Mobilidade de capital do modelo IS-LM-BP NO curto prazo.. 937
19.3. Emprego e balanço de pagamentos num modelo com mobilidade imperfeita de capital...... 938
19.4. Modelo IS-LM-BP e o equilíbrio num modelo com mobilidade imperfeita de capital.......... 938
      19.4.1. Modelo IS-LM-BP para uma economia aberta com mobilidade imperfeita de capital... 939
      19.4.2. Fatores que afetam a declividade da função BP 939

		19.4.2.1.	A elasticidade do capital à taxa de juros	939
		19.4.2.2.	Propensão marginal a importar..	940
	19.4.3.	Política *monetária* expansionista num regime de taxa de câmbio *fixa* com mobilidade imperfeita de capital para uma grande economia		941
	19.4.4.	Política *fiscal* expansionista num regime de taxa de câmbio *fixa* com mobilidade imperfeita de capital para uma grande economia		942
		19.4.4.1.	Bp mais inclinada que a lm (imperfeita — fraca mobilidade de capital) ...	942
		19.4.4.2.	Bp menos inclinada que a lm (imperfeita — forte mobilidade de capital) ...	943
	19.4.5.	Política de *desvalorização* cambial num regime de taxa de câmbio *fixa* com imperfeita — forte mobilidade de capital..		943

19.4.6. Política *comercial* de restrição às importações num regime de taxa de *câmbio fixa* com imperfeita mobilidade de capital 944
19.4.7. Política *monetária* expansionista num regime de taxa de *câmbio flutuante* com mobilidade imperfeita de capital 944
19.4.8. Política *fiscal* expansionista num regime de taxa de *câmbio flutuante* com mobilidade imperfeita de capital 945
    19.4.8.1. BP mais inclinada que a LM (imperfeita — fraca mobilidade de capital) .. 945
    19.4.8.2. BP menos inclinada que a LM (imperfeita — forte mobilidade de capital) .. 946
19.4.9. Política *cambial* num regime de taxa de *câmbio flutuante* num modelo com mobilidade imperfeita de capital 947
19.4.10. Política *comercial* de restrição às importações num regime de taxa de *câmbio flexível* com imperfeita mobilidade de capital 947
19.4.11. Quadros-resumo da eficácia de políticas num modelo com mobilidade imperfeita de capital 948
19.5. Quadro-resumo da eficácia de políticas nos modelos com perfeita mobilidade de capital, sem mobilidade de capital e com mobilidade imperfeita de capital 948
19.6. Questões 950

20. DEMANDA AGREGADA/OFERTA AGREGADA 957
20.1. Demanda agregada 957
  20.1.1. Fatores que justificam a inclinação negativa da curva de demanda agregada 959
  20.1.2. Fatores que provocam o deslocamento da curva de demanda agregada 960
20.2. Oferta agregada 962
  20.2.1. A base de preços na construção da curva de oferta agregada 965
    20.2.1.1. A oferta com base nos preços passados 965
      20.2.1.1.1. Lei de Okun 966
      20.2.1.1.2. Curva de oferta de longo prazo baseada em preços passados ... 968
    20.2.1.2. A oferta com base em preços futuros (oferta de lucas) 969
      20.2.1.2.1. Curva de oferta de lucas de longo prazo 970
  20.2.2. Fatores que justificam a inclinação positiva da curva de oferta agregada de curto prazo .. 972
  20.2.3. Fatores que provocam o deslocamento da curva de oferta agregada de curto prazo 972
  20.2.4. Fatores que provocam o deslocamento da curva de oferta agregada de longo prazo ... 973
20.3. Questões 973

21. TEORIAS DA INFLAÇÃO/CURVA DE PHILLIPS 987
21.1. Inflação 987
  21.1.1. Efeito "sola de sapato" e custo menu 988
  21.1.2. Regra de taylor 988
  21.1.3. Equação de phillips 989
  21.1.4. Equação de phillips com inflação esperada 991
  21.1.5. Equação de phillips com inflação esperada e com choque de oferta 994
  21.1.6. Inflação de demanda, inflação de custos, inflação esperada 997
  21.1.7. Curva de oferta e curva de phillips no curto e no longo prazo 1000
  21.1.8. Expectativas 1001
    21.1.8.1. Expectativas adaptativas 1002
      21.1.8.1.1. Velocidade de ajuste da expectativa adaptativa 1005
    21.1.8.2. Expectativas racionais 1007
      21.1.8.2.1. Versões das expectativas racionais 1009
    21.1.8.3. Quadro-resumo da alteração do produto com a existência de expectativas .. 1010
  21.1.9. Inflação pura 1011
21.2. A teoria estruturalista da inflação 1011
21.3. Questões 1013

22. ECONOMIA INTERTEMPORAL ... 1067
22.1. Consumo e escolha intertemporal ... 1067
    22.1.1. Consumo no curto e no longo prazo ... 1067
    22.1.2. Escolha intertemporal das famílias ... 1069
        22.1.2.1. Curvas de indiferença ... 1071
        22.1.2.2. Curvas de indiferença, restrição orçamentária intertemporal e a cesta ótima de consumo ... 1072
            22.1.2.2.1. Supondo um aumento na renda, R ... 1073
                22.1.2.2.1.1. Taxa marginal de substituição (TMGS) ... 1073
            22.1.2.2.2. Supondo um aumento na taxa de juros ... 1075
                22.1.2.2.2.1. Efeito renda ... 1075
                22.1.2.2.2.2. Efeito substituição ... 1075
                22.1.2.2.2.3. Efeito total ... 1075
    22.1.3. Teoria do ciclo da vida — Modigliani ... 1075
    22.1.4. Hipótese da renda permanente — Friedman ... 1076
    22.1.5. Efeito Ponzi ... 1077
    22.1.6. Restrição de liquidez ... 1077
22.2. Restrição intertemporal das famílias com investimento ... 1077
    22.2.1. Decisão das famílias com relação ao investimento ... 1078
    22.2.2. Teoria "q" de tobin ... 1079
22.3. Escolha intertemporal do governo ... 1079
    22.3.1. Equivalência ricardiana ... 1080
    22.3.2. Escolha intertemporal das famílias com a cobrança de tributos ... 1081
    22.3.3. Validade e críticas à equivalência ricardiana ... 1082
22.4. Questões ... 1082

23. CRESCIMENTO DE LONGO PRAZO ... 1113
23.1. Modelo de solow (baseado no modelo neoclássico) ... 1113
    23.1.1. O equilíbrio de longo prazo (estado estacionário) ... 1117
23.2. Aumento da taxa de poupança ... 1119
23.3. Hipótese da convergência ... 1120
23.4. Crescimento populacional ... 1121
23.5. Avanço tecnológico — em termos de quantidade por unidade de eficiência ... 1123
23.6. Avanço tecnológico — em termos de quantidade por unidade de eficiência e aumento populacional ... 1125
23.7. Resíduo de solow ... 1126
23.8. Regra de ouro ... 1126
    23.8.1. Regra de ouro sem progresso técnico e sem aumento populacional ... 1127
    23.8.2. Regra de ouro sem progresso técnico e com aumento populacional ... 1127
    23.8.3. Regra de ouro com progresso técnico e com aumento populacional ... 1128
    23.8.4. Quadro-resumo ... 1129
23.9. Questões ... 1129

Glossário ... 1161

Referências ... 1181

1

CONCEITOS MACROECONÔMICOS BÁSICOS

■ 1.1. MACROECONOMIA

Em 1936, iniciou-se o interesse pela Macroeconomia, com a obra de John Maynard **Keynes** denominada *Teoria Geral do Emprego, do Juro e da Moeda*[1].

Esse interesse surgiu em virtude da **Grande Depressão** decorrente da quebra da bolsa de valores de Nova York em 1929. A crise gerada representou o questionamento da ideologia clássica[2] vigente até então, regida pelo liberalismo[3] econômico, que defendia a não intervenção do Estado na economia e acreditava que o mercado deveria agir segundo suas próprias forças. Do ponto de vista econômico, a Grande Depressão foi marcada por uma crise de superprodução, desemprego e especulação financeira.

Em vista do fracasso do governo Roosevelt em solucionar o problema, a **"Teoria Geral"** de Keynes foi capaz de explicar os fatos e defender a **intervenção do governo** na economia como solução para o problema vigente. Reforçando esse pensamento, Blanchard afirma que "poucos economistas tinham uma explicação coerente para a Depressão — fosse para sua profundidade, fosse para sua extensão. As medidas

---

[1] A Teoria de Keynes veio se contrapor à teoria econômica vigente, conhecida por teoria clássica, que mais tarde se consagrou como teoria neoclássica, uma vez que seus pensadores já tinham substituído a teoria do valor-trabalho da escola clássica tradicional pela teoria do valor-utilidade.

[2] Os clássicos acreditavam que a oferta geraria sua própria demanda — efeito conhecido por Lei de Say —, ou seja, defendiam a ideia de que tudo aquilo que fosse produzido na economia seria demandado, já que o produto geraria uma renda de igual valor, suficiente para adquirir seu produto. Portanto, nada justificaria a existência de desemprego involuntário nem superprodução, já que os empresários produziriam ao máximo, o que corresponde ao pleno emprego. Assim, o produto potencial seria totalmente demandado pelos setores da economia, não justificando a presença de estoques involuntários.

Segundo Shapiro (1981, p. 23), Marx, que cunhou o termo "clássico", empregava-o para abranger as teorias de David Ricardo, James Mill e seus predecessores. Keynes deu mais amplitude ao termo, de tal modo a incluir "os discípulos, aqueles que, por assim dizer, adotaram e aperfeiçoaram a teoria da economia ricardiana, inclusive (por exemplo) J.S. Mill, Marshall, Edgeworth e o Prof. Pigou".

[3] De acordo com Sandroni (1999, p. 347), no liberalismo, segundo o princípio do laissez-faire, não há lugar para a ação econômica do Estado, que deve apenas garantir a livre concorrência entre as empresas e o direito à propriedade privada, quando esta for ameaçada por convulsões sociais.

econômicas adotadas pelo governo Roosevelt como parte do Novo Contrato (*New Deal*) baseavam-se mais na intuição do que na teoria econômica. A *Teoria geral* ofereceu uma interpretação dos acontecimentos, uma estrutura intelectual e um argumento claro a favor da interpretação governamental"[4].

O que Keynes propôs foi a intervenção do governo na economia para garantir a demanda pelos bens e serviços produzidos, já que a situação, na época, foi caracterizada por uma superprodução sem demanda[5] suficiente, provocando o abarrotamento de estoques e o desemprego. Fazer-se-ia urgente uma solução que gerasse demanda para esse produto, pois as famílias estavam com o consumo freado pelo desemprego, as empresas não investiam porque também tinham sido atingidas pela crise e o setor externo não demandava bens e serviços porque a crise era generalizada, abrangendo os Estados Unidos e os demais países. Restava, portanto, ao governo suprir essa demanda, chamada por Keynes de **demanda efetiva**[6]. Assim, caberia ao governo intervir na economia adquirindo bens e serviços e sendo provedor do bem-estar social. Seria, portanto, por meio de uma política fiscal[7] que o governo passaria a controlar a demanda da economia e, portanto, a determinar o seu produto.

Também, para Keynes, a economia não necessariamente operaria no **pleno emprego**, como afirmavam os clássicos, ou seja, era possível que funcionasse, durante um período de tempo, num equilíbrio entre demanda e oferta de bens e serviços, sem utilizar todos os recursos produtivos, ou seja, mantendo-os ociosos de maneira involuntária.

Keynes introduziu conceitos e relações importantes na Macroeconomia, que serão estudados nos capítulos seguintes. O foco, que antes era na Microeconomia, foi deslocado para a Macroeconomia, com a preocupação na determinação do produto da economia no curto prazo.

A Macroeconomia se caracteriza como a teoria que estuda **o nível de produto, o nível de renda, o nível de emprego, o nível geral de preços, a taxa de salários, a taxa de juros, a taxa de câmbio, o balanço de pagamentos e o estoque de moeda, todos pelas médias globais e de forma agregada**. Ela estuda o funcionamento da economia como um todo. Reproduzindo importante conceituação de Amado e Mollo, pode-se transcrever que a "Macroeconomia estuda os fenômenos econômicos vistos de forma agregada. Analisa as tendências econômicas gerais, de modo a tirar conclusões sobre questões relacionadas ao crescimento econômico, à estabilidade ou

---

[4] Olivier Blanchard, *Macroeconomia*, p. 546.
[5] Demanda é o desejo, a vontade, a procura por bens e serviços.
[6] Segundo Feijó e Ramos (2003, p. 5), "Podemos entender o conceito de demanda efetiva como sendo o de renda esperada, ou *ex ante*. Como não há garantia de que a renda esperada será realizada, a renda só se torna conhecida *ex post*. Assim sendo, o conceito teórico de demanda efetiva traduz uma expectativa dos agentes econômicos em relação aos gastos futuros da economia e a demanda agregada (...) é a medida alcançada através do Sistema de Contas Nacionais".
[7] Política fiscal é o controle do governo sobre seus gastos e sua tributação.

à instabilidade desse crescimento, à inflação e às causas de desemprego, entre outras"[8]. Complementando a conceituação, Froyen afirma que: "Em macroeconomia estudamos esses 'negócios comuns da vida' de forma agregada; isto é, observamos o comportamento da economia como um todo. As variáveis-chave que veremos incluem o produto total da economia, o nível agregado de preços, o emprego e o desemprego, as taxas de juros, as taxas salariais e as taxas de câmbio. Em macroeconomia, estudaremos fatores que determinam tanto os níveis dessas variáveis como suas mudanças no decorrer do tempo: a taxa de crescimento do produto, a taxa de inflação, as mudanças verificadas na taxa de desemprego nos períodos de expansão e recessão, a apreciação ou depreciação das taxas de câmbio"[9].

Portanto, o objetivo da Macroeconomia consiste em elevar o nível de renda e produto da economia, ou seja, promover seu crescimento, acompanhado de um aumento no nível de empregos e de uma justa distribuição de renda, com a promoção de maior bem-estar social. Também visa estabilizar seus preços de modo a conter um processo inflacionário ou deflacionário, pelo controle da oferta de moeda, por exemplo, evitando um desequilíbrio monetário.

Para tanto, a Macroeconomia se utiliza de instrumentos que permitem galgar esses objetivos: uma política fiscal, por meio do controle dos gastos e da arrecadação tributária do governo; uma política monetária, pelo controle da oferta de moeda e, por conseguinte, da taxa de juros; uma política cambial, de modo a favorecer ou não exportações e/ou importações de acordo com a conjuntura econômica; uma política regulatória sobre preços e salários, entre outras.

A estrutura macroeconômica possui mercados que, dentro de um sistema econômico, mostram as relações de trocas entre famílias ou pessoas. Esses mercados são:

- **Mercado de Bens e Serviços**, onde se determina o nível de produção agregada, bem como o nível de preços.
- **Mercado de Trabalho**, onde se admite a existência de um tipo de mão de obra independentemente de características, determinando a taxa de salários e o nível de emprego.
- **Mercado de Capitais**, onde encontramos:
    - **Mercado Monetário**, onde se analisa a demanda da moeda e a oferta desta pelo Banco Central e se determina a taxa de juros.
    - **Mercado de Títulos**, onde se analisam os agentes econômicos superavitários, que possuem um nível de gastos inferior a sua renda, e deficitários, que possuem gastos superiores ao seu nível de renda.
    - **Mercado de Divisas**, que depende das exportações e da entrada de capitais financeiros determinada pelo volume de importações e saída de capital financeiro.

---

[8] Adriana Moreira Amado e Maria de Lourdes Rollemberg Mollo, *Noções de macroeconomia*, p. XI.
[9] Richard T. Froyen, *Macroeconomia*, p. 3.

■ 1.2. MOEDA E PRODUTO

Para que se possa medir o produto da economia, deve-se **agregar** (= juntar) todos os bens e serviços e avaliá-los com base em uma única unidade monetária de medida denominada:

Moeda

Por meio da Moeda, é possível somar todos os bens que a economia produziu em unidades monetárias. Na palavra de Paulani e Braga, tem-se que "No sistema econômico em que vivemos, tudo pode ser avaliado monetariamente, de modo que toda a imensa gama de diferentes bens e serviços que uma economia é capaz de produzir pode ser transformada em algo de mesma substância, ou seja, moeda ou dinheiro"[10].

Pode-se dizer que uma das maneiras de se determinar o produto (= bens e serviços) gerado pela economia é somar todas as quantidades produzidas e multiplicá-las pelo seu respectivo preço.

Produto = $\sum$ (quantidade × preço)

Assim, produto é o **valor** em unidades monetárias dos bens e serviços finais[11] produzidos em uma economia em determinado período de tempo. A estimativa do Produto Interno deve obrigatoriamente ser expressa em unidades monetárias.

Expondo de maneira similar, Feijó e Ramos[12] afirmam que o valor de um bem ou serviço (VP) é composto de duas dimensões: quantidade (Q) e preço (P), o que, para um bem "i", poderia ser representado pela função: $VP_i = Q_i P_i$.

Para Feijó e Ramos, o conjunto de bens e serviços seria representado pela seguinte função: VP total = $\sum Q_i P_i$.

Os bens e serviços em uma economia podem ser ofertados pelos setores primários, secundários ou terciários.

Entende-se:

- por setor **primário**, aquele que produz bens tangíveis por meio da extração ou produção de matéria-prima que servirá para a indústria de transformação. Desenvolve atividades agropecuárias, bem como atividades ligadas a pesca, avicultura, silvicultura, mineração, caça, extrativismo vegetal;
- por setor **secundário**, aquele que produz bens tangíveis. Transforma os produtos primários em bens de consumo ou em máquinas. Desenvolve atividades ligadas à indústria, à construção civil;

---

[10] Leda Maria Paulani e Márcio Bobik Braga, *A nova contabilidade social*, p. 11.
[11] Produto final é a soma do produto que pela sua natureza é final mais os insumos que não entraram no processo produtivo, ou seja, é o produto que já está na sua última etapa produtiva somado àqueles que entrarão na elaboração de outros produtos.
[12] Carmem Aparecida Feijó e Roberto Luis Olinto Ramos, *Contabilidade social*, p. 7.

■ por setor **terciário**, aquele que produz intangíveis ou produtos não materiais. Desenvolve atividades ligadas ao comércio e aos serviços comerciais, a terceiros, pessoais, como educação, saúde, telecomunicações, transporte, turismo etc.

É importante ressaltar que **títulos negociados na bolsa de valores e imóveis usados vendidos** não entram no cálculo do PIB, porque há apenas troca de titularidade, ou seja, o ganho apurado não apresenta contrapartida de bem ou serviço. Observe o que Froyen diz a respeito: "Transações envolvendo a mera transferência de bens produzidos em períodos anteriores, como vendas de casas, carros ou fábricas usadas, não entram no PIB corrente. As operações com ativos financeiros, como ações e títulos, são também exemplos de transações de mercado que não envolvem diretamente a produção corrente de bens e serviços e, portanto, não fazem parte do PIB"[13].

■ 1.3. PRODUTO (OU RENDA) *PER CAPITA*

Define-se produto (ou Renda) *per capita* a relação entre o produto da economia e o número de pessoas residentes.

$$\text{Produto (ou Renda) } per\ capita = \frac{\text{Produto (Renda) da economia}}{\text{Número de pessoas residentes}^{14}}$$

O produto *per capita* não é um bom indicador para medir qualidade de vida ou bem-estar social de um país, já que o produto poderá estar concentrado nas mãos de poucos.

O produto (ou renda) *per capita* vê o bem-estar de uma sociedade pela perspectiva do crescimento econômico, dos recursos e da renda que são gerados. Embora esse olhar seja importante, ele deve ser visto como um meio e não como um fim para se medir o bem-estar.

Quando se compara o produto *per capita* entre países ou regiões, é possível ter parâmetros do grau de desenvolvimento deles, muito embora possa haver **crescimento** sem **desenvolvimento**. Um caso particular de crescimento sem desenvolvimento se dá em regiões onde ocorreram catástrofes naturais. Para minimizar o problema, são necessários grandes investimentos, representando um aumento do PIB, muito embora a qualidade de vida da população tenha piorado. Observando o que diz Paulani e Braga, é possível reforçar essas palavras: "crescimento econômico pode ser entendido como crescimento do produto *per capita* ao longo do tempo, enquanto desenvolvimento é um conceito mais amplo, que inclui não apenas o crescimento econômico mas também a elevação da qualidade de vida da

---

[13] Richard T. Froyen, *Macroeconomia*, p. 19.
[14] Número de pessoas residentes ou população residente. A população é considerada no dia 30 de junho. A FIBGE considera residente a Unidade que mantém o centro de interesse econômico no território econômico, realizando, sem caráter temporário, atividades econômicas nesse território.

população. Desse modo, é perfeitamente possível haver crescimento sem desenvolvimento. Se o crescimento econômico for muito concentrado, isto é, mal distribuído, a maior parte da população não estará se beneficiando da elevação da renda gerada na economia"[15].

Através da Figura 1.1 a seguir, pode-se verificar a redução da população vivendo na extrema pobreza, a partir da estabilidade econômica em decorrência do Plano Real, em 1994 e das políticas de transferência de renda, principalmente, a partir de 2003, o que caracteriza um maior desenvovimento econômico. A média de crescimento econômico no período de 1992 a 2001 foi de 2,5%. Já no período de 2002 a 2011, a média de crescimento do PIB foi de 3,8%. Nesse último período o crescimento foi maior que o anterior analisado e a redução da população vivendo em extrema pobreza também foi maior, o que constata um maior crescimento com um maior desenvolvimento para o período quando comparado com o anterior.

Figura 1.1. Brasil: população vivendo na extrema pobreza (em porcentagem da população total)

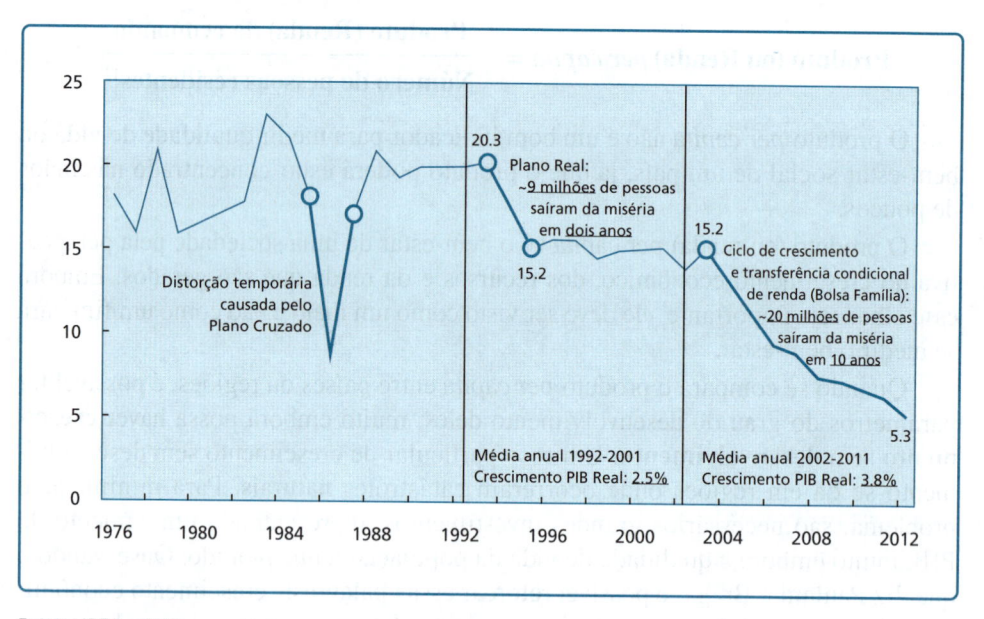

Fonte: IPEA e IBGE

Assim, se um país produz 1.000 e o número de residentes desse país é 100, o produto *per capita* é 10, o que não significa que cada residente, de fato, receberá 10, já que alguns podem ter recebido bem mais que 10 e outros bem menos que 10. Já o IDH (Índice de Desenvolvimento Humano) é capaz de fazer essa medição de maneira bem mais realista, porque incorpora outras dimensões, além da renda

---

[15] Leda Maria Paulani e Márcio Bobik Braga, *A nova contabilidade social*, p. 236.

per capita. Amado e Mollo reforçam esse conceito: "Quando se fala de PIB *per capita*, trata-se, porém, de uma ideia vaga e imprecisa, uma vez que, ao fazer isso, estamos supondo que todas as pessoas do país ganham a mesma fração do produto, o que não é verdade. Ao contrário, a concentração de renda em mãos de poucas pessoas pode ser muito grande. Assim, países com PIB[16] *per capita* muito alto podem estar convivendo com grandes massas e bolsões de pobreza"[17]. Portanto, o PIB *per capita*, ao não tratar da distribuição de renda, pode camuflar a desigualdade social existente.

O produto *per capita* também não considera que o aumento do PIB do país pode estar relacionado com a diminuição de **horas de lazer** da população e, por conseguinte, do bem-estar. Feijó e Ramos reforçam quando afirmam que "outra razão, ainda ligada ao conceito de PIB, é que o tempo gasto com o lazer não é considerado, e se as horas de lazer se reduzem, o PIB pode aumentar, mas a qualidade de vida não"[18]. Reforçando que o PIB *per capita* não representa necessariamente uma medida de bem-estar, Froyen afirma: "O PIB avalia a produção de bens e serviços; não é uma medida de bem-estar ou de conforto material. Em primeiro lugar, o PIB não leva em conta o lazer (...). O PIB também deixa de subtrair alguns custos do bem-estar em relação à produção. Por exemplo, a produção de eletricidade causa chuva ácida e consequentemente polui as águas, mas nós calculamos apenas a produção de eletricidade no PIB (...). O PIB é uma medida útil do nível global da atividade econômica, não do bem-estar"[19].

Quando o produto da economia cresce, não obrigatoriamente o produto *per capita* cresce também, já que pode haver um aumento superior do número de residentes em relação ao produto. Observe o exemplo: se o produto da economia é igual a 1.000 e o número de residentes é igual a 100, o produto *per capita* será igual a 10. Caso haja um aumento do produto para 1.500 (ou seja, um aumento de 50%) e a população dobre para 200 (um aumento de 100%), o produto *per capita* passa a ser de 7,5.

No caso do Brasil, verificou se que, no período de 2000 a 2017, o PIB e o PIB *per capita* estiveram caminhando no mesmo sentido. Observe a Figura 1.2. Segundo o IBGE "O PIB em 2017 teve crescimento de 1,0% em relação ao ano anterior. Em 2016 e 2015, o PIB havia caído 3,5%. Em decorrência deste crescimento, o PIB per capita alcançou R$ 31.587 (em valores correntes) em 2017, um ligeiro avanço (em termos reais) de 0,2% em relação ao ano anterior"[20].

---

[16] PIB = Produto Interno Bruto. No capítulo 3, é possível compreender as diferenças entre os diversos tipos de produto.
[17] Adriana Moreira Amado e Maria de Lourdes Rollemberg Mollo, *Noções de macroeconomia*, p. 12.
[18] Carmem Aparecida Feijó e Roberto Luis Ramos, *Contabilidade social*, p. 23.
[19] Richard T. Froyen, *Macroeconomia*, p. 24.
[20] <https://biblioteca.ibge.gov.br/visualizacao/periodicos/2121/cnt_2017_4tri.pdf>

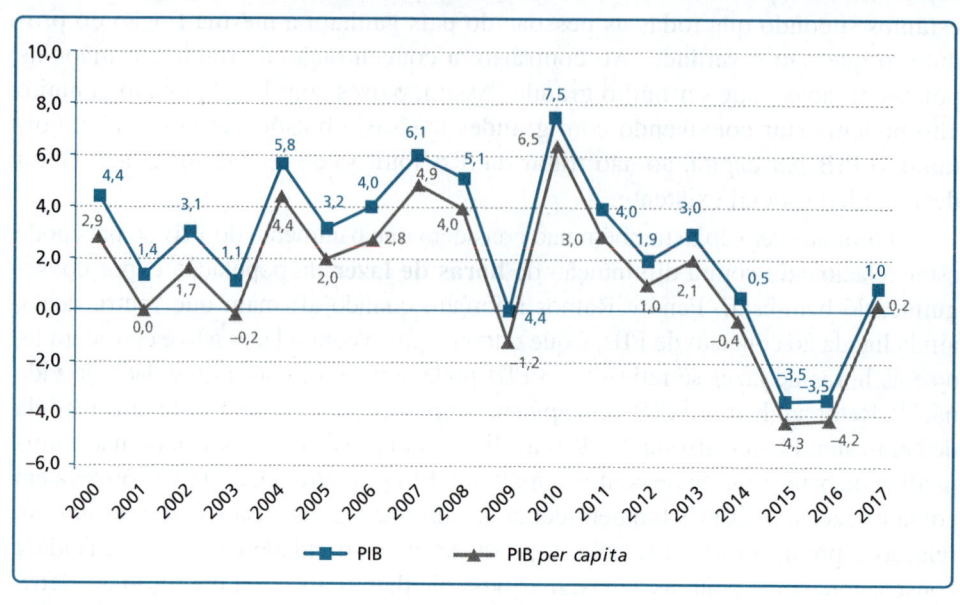

Figura 1.2. Comportamento do PIB e do PIB *per capita* no período de 2000 a 2017 — Taxa (%) de crescimento anual

Fonte: Indicadores IBGE — Contas Nacionais trimestrais, 4° trim./2017.

■ 1.4. IDH

O Índice de Desenvolvimento Humano (IDH) é uma **medida comparativa de qualidade de vida**, instituída pela Organização das Nações Unidas (ONU)[21] e usada como referência da qualidade de vida e do desenvolvimento, considerando critérios acima dos índices econômicos. Diferentemente do produto *per capita*, a abordagem de desenvolvimento humano mede o bem-estar social não apenas pela perspectiva do crescimento econômico, mas, sim, com um olhar para o ser humano, suas oportunidades e capacidades. O IDH, contudo, não contempla alguns aspectos de desenvolvimento, por exemplo, democracia, participação, equidade e sustentabilidade.

O IDH considera a longevidade por meio da **expectativa de vida** ao nascer, levando em conta as condições de saneamento, criminalidade, poluição e outros; a **educação** e a **renda *per capita*** em dólar.

A partir de 2010, o Programa das Nações Unidas para o Desenvolvimento (PNUD) começou a usar um novo método de cálculo para o IDH, utilizando as

---

[21] O Índice de Desenvolvimento Humano (IDH) foi desenvolvido em 1990 pelo economista paquistanês Mahbub ul Haq, com a colaboração do economista indiano Amartya Sen, ganhador do prêmio Nobel de Economia de 1998, e desde 1993 tem sido utilizado pelo Programa das Nações Unidas para o Desenvolvimento (PNUD), órgão da Organização das Nações Unidas (ONU). O PNUD, ao formular o IDH, não coleta dados com os países que serão analisados no cálculo do IDH, mas sim, utiliza-se de dados internacionais como o da Organização Internacional do Trabalho (OIT) e da Organização Mundial de Saúde (OMS).

mesmas três dimensões (**índice de renda, índice de educação e expectativa de vida ao nascer**), para medir o bem-estar da população, porém com novos critérios de avaliação:

- a renda (R), por meio do **PIB (PPC**[22]**)** *per capita*[23];
- a educação (E), por meio do **índice de anos médios de estudo dos adultos acima de 25 anos e índice de anos esperados de escolaridade para uma criança na idade em que ela entra na escola**[24], considerando-se os padrões prevalecentes de taxa de matrículas específicas por idade permanecerem os mesmos durante a vida da criança;
- a saúde (S) (uma vida longa e saudável), por meio da **expectativa de vida ao nascer**[25].

Segundo Feijó e Ramos, a interpretação do PIB PPC "é mostrar a quantidade de moeda que deve ser gasta no país para se obter a mesma quantidade de bens e serviços que pode ser comprada no país de referência. Logo, o índice de PPP[26] é igual a uma taxa de conversão que iguala o poder de compra de duas moedas"[27].

Depois de uma série de manipulações, faz-se a **média geométrica** dos três índices normatizados, adotando pesos iguais para cada critério.

$$IDH = \sqrt[3]{R \cdot E \cdot S}$$

Em 2017, foram coletados dados de 189 **Estados-membros das Nações Unidas** (dentre os 193), além de Hong Kong (que é região administrativa especial da República Popular da China) e da Autoridade Nacional Palestina (que é um Estado

---

[22] PIB PPC é aquele que mede o produto com paridade de poder de compra, ou seja, que é adaptado ao poder de consumo tendo 2005 como ano de referência. Ele é um índice espacial, diferentemente de um índice temporal.

[23] A renda nacional bruta (RNB) *per capita*, em 2016, foi de 13.730 e de 13.755 dólares, em 2017, inferiores ao valor de 2015 que foi de 14.350 dólares.

[24] O valor mínimo, tanto para média de anos de escolaridade dos adultos como para os anos de escolaridade esperado das crianças, é igual a zero. E os valores máximos são de 13,2 para o primeiro e de 20,6 para o segundo. O Brasil, em 2010 e 2011, apresentou o patamar de 13,8 para os anos esperados de escolaridade para as crianças. De 2012 a 2013, a expectativa de anos de estudo das pessoas subiu de 14 anos para 15,2, mantendo-se nesse patamar de 15,2 para 2014 e 2015. Com relação à média de anos de escolaridade de adultos, o Brasil apresentou uma trajetória de crescimento, com 6,9 anos em 2010, 7,2 anos em 2012, 7,7 anos em 2014 e 7,8 anos em 2015. Apesar do crescimento apresentado, essa média brasileira ainda está abaixo da percebida pelos países do Mercosul e do Brics. É importante lembrar também que esse critério não leva em consideração a qualidade na educação.

[25] Para o PNUD, uma esperança de vida inferior ou igual a 20 anos é a pior possível, e uma esperança de vida de 83,2 anos, a melhor possível. O Brasil apresentou para 2010 uma expectativa de vida de 73,3 anos, em 2011, uma expectativa de 73,6 anos, em 2012, de 73,9 anos, em 2013, de 74,2 anos, em 2014, de 74,5 anos. Entre 2016 e 2017, a expectativa de vida dos brasileiros cresceu de 75,5 anos para 75,7 anos, o que mostra uma trajetória de crescimento ano a ano.

[26] PPP é a sigla em inglês do índice de paridade de poder de compra (PPC).

[27] Carmem Aparecida Feijó e Roberto Luis Ramos, *Contabilidade social*, p. 44.

observador da organização). Alguns países-membros da Organização das Nações Unidas não são incluídos devido à falta de dados. O Brasil alcançou a **79ª posição** em 2017 e o IDH de **0,759**.

No gráfico da Figura 1.3, a seguir, é possível ver, desde 2010, a trajetória do IDH do Brasil.

Figura 1.3. IDH de 2010 a 2017 no Brasil

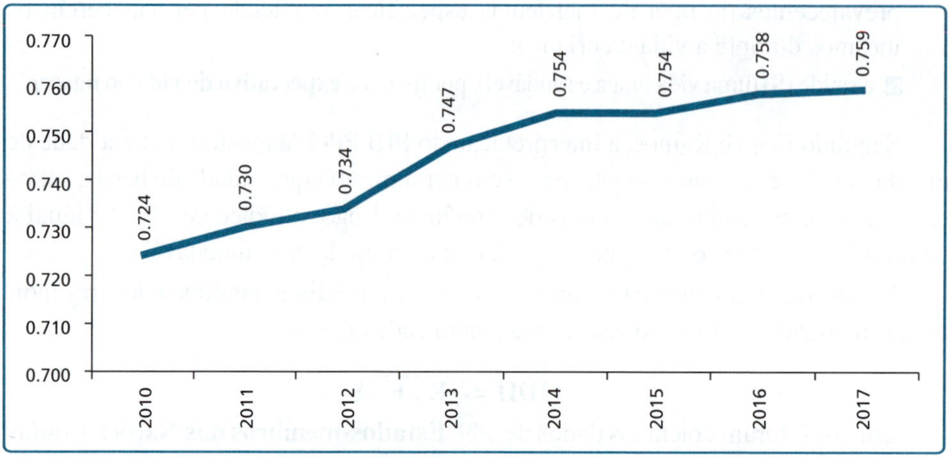

Ano	IDH
2010	0.724
2011	0.730
2012	0.734
2013	0.747
2014	0.754
2015	0.754
2016	0.758
2017	0.759

Fonte: Relatório de Desenvolvimento Humano do Programa das Nações Unidas para o Desenvolvimento (PNUD).

Percebe-se um leve crescimento no Índice de Desenvolvimento Humano, passando de 0,758 para 0,759, embora o país continue ocoupando a 79ª posição entre os 189 estados membros da ONU. Segundo a ONU, esse baixo crescimento se deve, entre outros motivos, a alta desigualdade, incluindo entre homens e mulheres. O avanço em 0,001 foi possível devido um aumento de 0,14% na renda média per capita do brasileiro.

O IDH em 2017[28] foi classificado em:

■ **IDH muito alto:** com 59 países. Com IDH que vai de 0,953 (Noruega) até 0,800 (Cazaquistão e Barbados).
■ **IDH alto:** com 53 países. Com IDH que vai de 0,798 (Irã e Palau), até 0,700 (Moldávia)). O Brasil se insere aqui, com IDH de 0,759.
■ **IDH médio:** com 39 países. Com IDH que vai de 0,699 (Filipinas e África do Sul)), até 0,556 (Camarões).
■ **IDH baixo:** com 38 países. Com IDH que vai de 0,546 (Ilhas Salomão), até 0,35 (Níger).

Observe a Tabela 1.1, a seguir, na qual é possível localizar a posição do Brasil em face dos demais países considerados com alto desenvolvimento humano.

---

[28] Compilado com base em dados de 2017 e publicado em 14.09.2018.

Tabela 1.1. Alto desenvolvimento humano — 2017

RANKING		PAÍS	IDH	
Estimativas de 2017 (publicadas em 2018)	Mudança em relação ao *ranking* do ano anterior		Estimativas de 2017 (publicadas em 2018)	Mudança em relação ao *ranking* do ano anterior
60	▲ (1)	Irã	0,798	▲ 0,002
60	▲ (2)	Palau	0,798	—
62	—	Seychelles	0,797	▲ 0,004
63	—	Costa Rica	0,794	▲ 0,003
64	▲ (1)	Turquia	0,791	▲ 0,004
65	▼ (1)	Maurícia	0,790	▲ 0,002
66	—	Panamá	0,789	▲ 0,004
67	—	Sérvia	0,787	▲ 0,002
68	▲ (1)	Albânia	0,785	▲ 0,003
69	▼ (3)	Trindade e Tobago	0,784	▼ 0,001
70	—	Antígua e Barbuda	0,780	▲ 0,002
70	▲ (1)	Geórgia	0,780	▲ 0,004
72	—	São Cristóvão e Névis	0,778	▲ 0,004
73	▼ (1)	Cuba	0,777	▲ 0,003
74	—	México	0,774	▲ 0,002
75	—	Granada	0,772	▲ 0,002
76	—	Sri Lanka	0,770	▲ 0,002
77	—	Bósnia e Herzegovina	0,768	▲ 0,002
78	▼ (1)	Venezuela	0,761	▼ 0,005
79	—	Brasil	0,759	▲ 0,001
80	—	Azerbaijão	0,757	—
80	▲ (2)	Líbano	0,757	▲ 0,004
80	▲ (1)	Macedônia	0,757	▲ 0,001
83	—	Armênia	0,755	▲ 0,006
83	▲ (1)	Tailândia	0,755	▲ 0,007

85	—	Argélia	0,754	▲ 0,002
86	▲ (1)	China	0,752	▲ 0,004
86	—	Equador	0,752	▲ 0,003
88	▲ (2)	Ucrânia	0,751	▲ 0,005
89	▼ (1)	Peru	0,750	▲ 0,002
90	▼ (1)	Colômbia	0,747	—
90	▲ (1)	Santa Lúcia	0,747	▲ 0,002
92	▲ (1)	Fiji	0,741	▲ 0,003
92	—	Mongólia	0,741	▼ 0,002
94	▲ (1)	República Dominicana	0,736	▲ 0,003
95	▼ (1)	Jordânia	0,735	—
95	▲ (1)	Tunísia	0,735	▲ 0,003
97	▼ (1)	Jamaica	0,732	—
—	—	*Mundo*	0,728	▲ 0,002
98	—	Tonga	0,726	▲ 0,002
99	—	São Vicente e Granadinas	0,723	▲ 0,002
100	—	Suriname	0,720	▲ 0,001
101	▲ (1)	Botswana	0,712	▲ 0,005
101	▲ (1)	Maldivas	0,712	▲ 0,005
103	▼ (1)	Dominica	0,715	▼ 0,003
104	—	Samoa	0,713	▲ 0,002
105	▲ (2)	Uzbequistão	0,710	▲ 0,007
106	▼ (1)	Belize	0,708	▼ 0,001
106	Novo	Ilhas Marshall	0,708	Novo
108	▲ (7)	Líbia	0,706	▲ 0,013
108	▼ (1)	Turquemenistão	0,706	▲ 0,001
110	—	Gabão	0,702	▲ 0,004
110	▼ (1)	Paraguai	0,702	—
112	▼ (1)	Moldávia	0,700	▲ 0,003

Fonte: <https://pt.wikipedia.org/wiki/Lista_de_pa%C3%ADses_por_%C3%8Dndice_de_Desenvolvimento_Humano>.

Dos países da América do Sul, o Brasil, em 2017, apresentou um IDH inferior ao do **Chile**, que foi de 0,843, ocupando a 44ª posição, e ao da **Argentina**, cujo IDH foi de 0,825, ocupando a 47ª posição e do **Uruguai**, cujo IDH foi de 0,804, ocupando a 55ª posição todos os três classificados com IDH muito alto. Além desses três países, o Brasil ficou atrás da **Venezuela**, com IDH de 0,761, ocupando a 78ª posição, classificada com IDH alto. Dentro ainda da categoria de IDH alto, porém abaixo do Brasil, encontram-se o **Equador** (com IDH de 0,752 e ocupando a 86ª posição), o **Peru**, com IDH de 0,750 e ocupando a 89ª posição, a **Colômbia**, com IDH de 0,747 e ocupando a 90ª posição, **Suriname**, com IDH de 0,720 e ocupando a 100ª posição e o Paraguai, com IDH de 0,702 e ocupando a 110ª posição. Os demais países da América do Sul que fazem parte dos 189 países e territórios reconhecidos pela ONU que participam do relatório enquadram-se com IDH médio, sendo a **Bolívia**, com IDH de 0,693 e ocupando a 118ª posição e a **Guiana** (com IDH de 0,654 e ocupando a 125ª posição. Observe a Tabela 1.2 a seguir, que mostra de maneira clara essa classificação.

Tabela 1.2. Países da América do Sul com IDH muito alto, alto e médio — 2017

IDH	PAÍS	POSIÇÃO	VALOR DO IDH
Muito Alto	Chile	44ª	0,843
	Argentina	47ª	0,825
	Uruguai	55ª	0,804
Alto	Venezuela	78ª	0,761
	Brasil	79ª	0,759
	Equador	86ª	0,752
	Peru	89ª	0,750
	Colômbia	90ª	0,747
	Suriname	100ª	0,720
	Paraguai	110ª	0,702
Médio	Bolívia	118ª	0,693
	Guiana	125ª	0,654

Além do IDH, o PNUD divulga, desde 2010, o **IDH-D** ou **IDH-ad** (IDH ajustado à desigualdade), que contabiliza a desigualdade em distribuição de renda, educação e saúde, além de questionar a relação entre desenvolvimento e riscos ambientais. Ele é calculado como uma média geométrica das médias geométricas de cada uma das dimensões do desenvolvimento humano contidas no IDH. Com isso, alguns países apresentam pontos a descontar do seu IDH, como é o caso do Brasil, que apresentou um IDH-D de **0,512** para 2011, o que faria o país **perder 13 posições** no *ranking* geral de desenvolvimento, muito embora o relatório elogie o Brasil no que tange à preservação ambiental. O principal responsável pela queda do IDH-ad em relação ao IDH é a desigualdade de renda, seguida pela desigualdade na educação e na expectativa de vida. O IDH-ad capta perdas no desenvolvimento humano devido a diferenças socioeconômicas, como a discriminação por gênero, quando a mulher perde espaço no mercado de trabalho pelo simples fato de ser do sexo feminino. No caso de perfeita igualdade, o IDH é igual ao IDH-ad. Portanto, na ausência de desigualdade, o IDH mede o índice de desenvolvimento humano em potencial, enquanto o IDH-ad mede o índice de desenvolvimento humano real, mediante alguma desigualdade. Pode-se dizer que o IDH-ad mede o desenvolvimento humano "real", enquanto o IDH mede o desenvolvimento humano "potencial".

Para 2012, considerando o IDH-ad, o Brasil cai de 0,73 para 0,531; uma perda de 27,2% decorrente das disparidades na distribuição dos índices avaliados.

Para 2013, quando descontado o valor do IDH em função da desigualdade, o índice fica 27,15% menor, ou seja, cai de 0,744 para 0,542, devido principalmente à desigualdade da renda, que embora tenha diminuído, conforme poderá ser verificado no item *1.5. Coeficiente de Gini*, ainda representa a principal causa para retração do IDH-ad. Com isso, o Brasil perderia 16 posições no *ranking* de desenvolvimento. Confira na Tabela 1.3 abaixo como esse índice abrange apenas 145 países, fica impossibilitada a comparação com o *ranking* do IDH.

Para 2015, se fosse levado em conta o IDH-ad, o Brasil cairia 19 posições no *ranking* mundial, passando de 0,754 para 0,551.

Tabela 1.3. Índice de desenvolvimento humano ajustado à desigualdade — 2017

	IDH	IDAH-ad	
	Valor	Valor	Perda global (%)
79 – BRASIL	0,759	0,578	23,9%

Fonte: Relatório do desenvolvimento humano 2017.

Além do IDH-ad, há outros indicadores complementares do desenvolvimento econômico: o **Índice de desigualdade de Gênero (IDG)** e o **Índice de Pobreza Multidimensional (IPM)**.

O **IDG**[29] vai refletir a desigualdade com base no gênero, considerando três dimensões: primeiro, **a saúde reprodutiva**, que é medida pelas taxas de mortalidade materna e fertilidade dos adolescentes; segundo, **a autonomia**, que é medida pelo número de cadeiras no parlamento ocupadas por homens e mulheres e o número de homens e mulheres que obtêm educação secundária e superior; e terceiro, **a atividade econômica**, que mede a participação de homens e mulheres no mercado de trabalho.

---

[29] O IDG substituiu o índice de desenvolvimento relacionado ao gênero e o Índice de Autonomia de Gênero.

O **IPM** vai mostrar as privações múltiplas em saúde, padrão de vida e educação nos mesmos domicílios e na mesma pesquisa domiciliar. O IPM vai mostrar a pobreza que considera dados além da pobreza de renda.

1.5. COEFICIENTE DE GINI

O Coeficiente ou Índice de Gini[30] é uma medida de **desigualdade** que calcula o **nível de concentração de renda**.

Graficamente, colocando em um eixo o nível de renda em valores percentuais e, no outro, a população em valores percentuais, é possível construir a Figura 1.4:

Figura 1.4. Curva de Lorenz com perfeita distribuição de renda

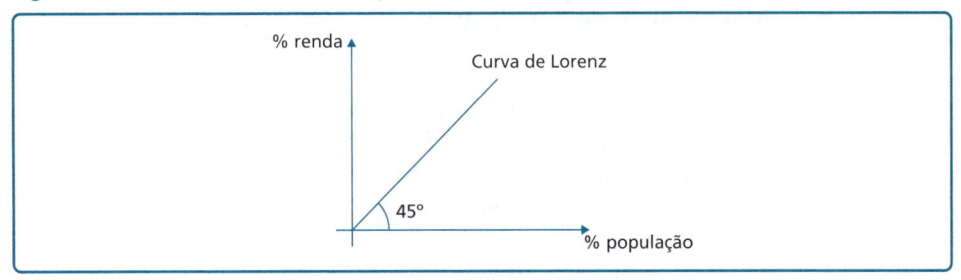

Se a curva de Lorenz dividir o eixo no meio formando um ângulo de 45° com a horizontal, diz-se que há uma perfeita distribuição de renda, já que 10% da população mais pobre receberá 10% da renda, 20% da população mais pobre receberá 20% da renda, ... 100% da população mais pobre receberão 100% da renda.

Conforme a curva de Lorenz se torna mais abaulada, simboliza que a sociedade apresenta maior concentração de renda. Observe a Figura 1.5:

Figura 1.5. Curva de Lorenz quando há concentração de renda

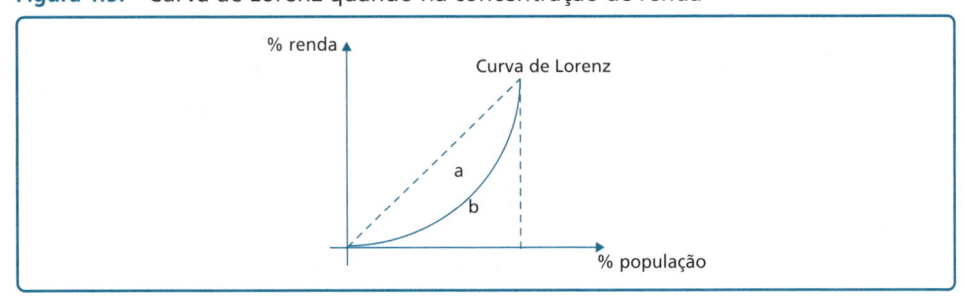

Facilmente, percebe-se que uma porcentagem cada vez maior da população recebe uma porcentagem cada vez menor da renda, provando a existência de concentração de renda.

---

[30] O Coeficiente de Gini foi criado pelo estatístico italiano Corrado Gini, em 1912.

Para se medir essa concentração de renda, utiliza-se o Índice de Gini (G), que consiste em:

$$G = \frac{a}{a + b}$$

Observe que, conforme a curva de Lorenz vai se abaulando, a área de "a" aumenta e a de "b" diminui, fazendo com que G tenda ao valor de "1". À medida que a curva de Lorenz se aproxima de uma reta que forma um ângulo de 45° com a horizontal, "a" tende a zero, fazendo com que G tenda a zero também. Portanto, o Índice de Gini oscila entre "zero" e "um":

- **Quanto mais próximo de "zero", melhor a distribuição de renda ou menor concentração de renda.**
- **Quanto mais próximo de "um", maior a concentração de renda ou pior distribuição de renda.**

Segundo o Relatório sobre Distribuição da Renda e da Riqueza da População Brasileira divulgado pela Secretaria de Política Econômica do Ministério da Fazenda, publicado em maio de 2016, com base em dados da declaração de Imposto de Renda Pessoa Física 2015, fornecidos pela Receita Federal do Brasil, foi constatado, entre outras coisas, que 0,1% da população mais rica (o que totaliza 27 mil pessoas) possui 6% da renda bruta e 6% dos bens e direitos líquidos do país. Quando se toma um grupo maior de, por exemplo, 5% dos mais ricos, percebe-se que eles detêm 28% da renda bruta e 28% dos bens e direitos. Na Tabela 1.4 a seguir, pode-se perceber isso:

Tabela 1.4. Porcentagem da população mais rica do Brasil e sua respectiva renda bruta com base na declaração do Imposto de Renda Pessoa Física 2016 com dados da renda de 2015

População mais rica do país em relação ao total da população em %	Renda Bruta da população mais rica em relação a Renda Bruta total do país em %
0,1%	6%
1%	15%
5%	28%

Fonte: Relatório sobre distribuição de Renda e da Riqueza da População Brasileira da Secretaria de Política Econômica do Ministério da Fazenda — 05/2016.

Esses dados demonstram uma grande concentração de renda e riqueza no país.

Embora o Índice de Gini no Brasil[31] tenha apresentado uma trajetória de queda, de 0,545 em 2004 para 0,490 em 2014, ele ainda é bastante elevado quando comparado com países europeus e muito próximo de países como o México, Paraguai, Guatemala e Chile. Observe o gráfico da Figura 1.6 a seguir, que mostra o Índice de Gini segundo os rendimentos de trabalho.

---

[31] Esses dados são relativos ao Índice de Gini segundo rendimento de trabalho. O Índice de Gini pode apresentar divergências segundo o tipo de rendimento que estiver sendo considerado. Por exemplo, existe o Índice de Gini segundo o rendimento de todas as fontes, segundo rendimentos domiciliares e segundo os rendimentos de trabalho, e cada um apresenta um valor correspondente diferente dos demais.

1 ■ Conceitos Macroeconômicos Básicos

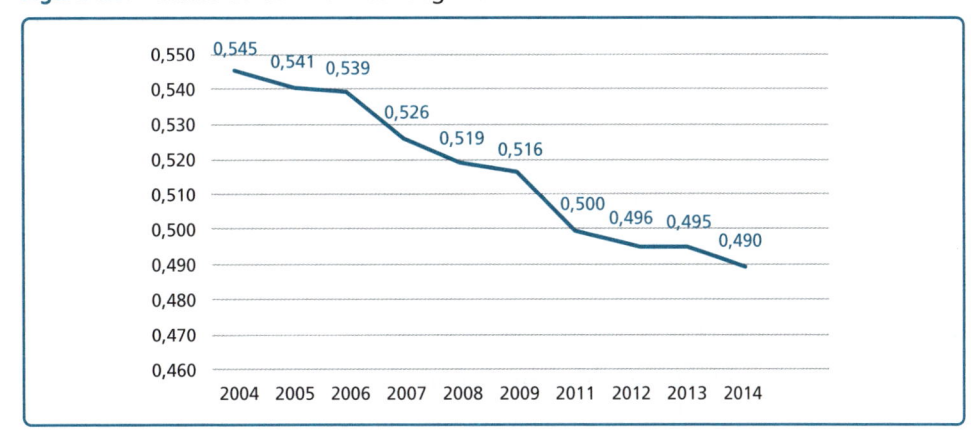

Figura 1.6. Índice de Gini no Brasil segundo rendimento de trabalho

Ano	2004	2005	2006	2007	2008	2009	2011	2012	2013	2014
Índice	0,545	0,541	0,539	0,526	0,519	0,516	0,500	0,496	0,495	0,490

Em 2015, o Índice de Gini no Brasil tornou a cair, apesar da recessão[32] que o país enfrentou. Mas isso se deu em decorrência do empobrecimento de todas as classes sociais.

O Índice de Gini é medido através de pesquisas domiciliares[33], como a Pesquisa Nacional por Amostra de Domicílios (PNAD)[34], o Censo e a Pesquisa de Orçamentos Familiares (POF). Pode-se ver a seguir a Figura 1.7, que mostra o Índice de Gini segundo rendimentos de todas as fontes de 2001 a 2015.

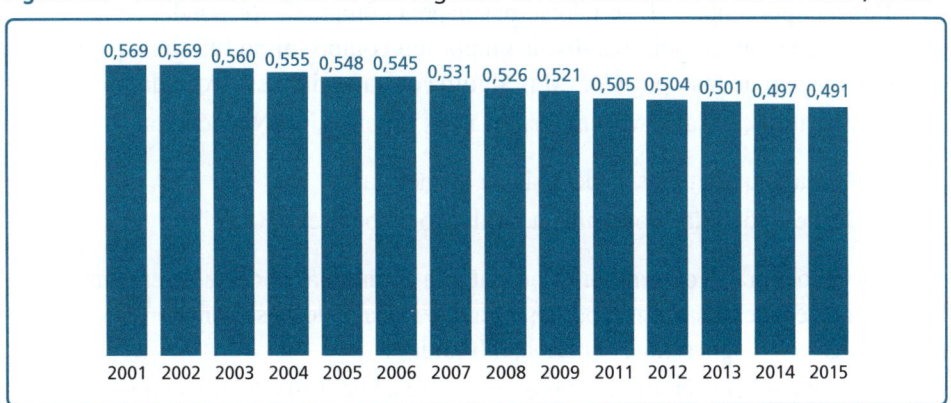

Figura 1.7. Valores dos Índices de Gini segundo os rendimentos de todas as fontes, Brasil

Ano	2001	2002	2003	2004	2005	2006	2007	2008	2009	2011	2012	2013	2014	2015
Índice	0,569	0,569	0,560	0,555	0,548	0,545	0,531	0,526	0,521	0,505	0,504	0,501	0,497	0,491

* Não houve PNAD em 2010; dados harmonizados pelo IBGE entre 2001 e 2003. A amostra foi expandida em 2004 com a inclusão de áreas rurais da Região Norte.

Fonte: IBGE, Pesquisa Nacional por Amostra de Domicílios.

---

[32] A renda sofreu uma queda depois de 11 anos. Passou de R$ 1.845 em 2014 para R$ 1.746 em 2015 por estrato da população dos 10% mais pobres ao 1% mais rico. E a renda da metade mais rica da população sofreu uma queda maior que a da metade mais pobre, o que reduz a concentração de renda. Portanto, em 2015, todos perderam, mas os mais ricos perderam mais.

[33] As pesquisas domiciliares apresentam uma falha, porque as pessoas mais ricas que estão sendo entrevistadas tendem a subestimar a renda e riqueza. Nesse sentido, nas faixas mais ricas, o Imposto de Renda consegue captar melhor a renda e a riqueza.

[34] Atualmente o IBGE se utiliza da PNAD contínua. A PNAD não é mais utilizada.

Segundo a renda domiciliar *per capita*, o Índice de Gini tem apresentado queda nos últimos anos. Esse fato deve-se, em parte, à política social inclusiva, à entrada dos pobres na classe média, à expansão da classe C, ao crescimento da renda dos mais pobres.

> "A redução da desigualdade entre 2002 e 2012, no Brasil, se deve sobretudo à renda do trabalho — contribuição relativa de 54,9%. Já o Programa Bolsa Família teve peso de 12,2% nessa redução... o crescimento da desigualdade observado nas décadas de 1970 e 1980 foi desfeito nos últimos (...) anos. Desde 2001, a desigualdade de renda vem caindo — o Índice de Gini era de 0,587 em 2002 e passou para 0,526 em 2012, o que representa uma queda anual de 1,09% por ano no período."[35]

■ 1.6. IDENTIDADE MACROECONÔMICA

Entende-se por **Identidade Macroeconômica** uma relação acima da igualdade, ou seja, é uma relação idêntica, que não guarda em si nenhuma relação de causa e efeito. É tautológica, ou seja, é aceita sempre como verdade.

A primeira identidade macroeconômica a ser conhecida é:

$$\text{PRODUTO} \equiv \text{RENDA} \equiv \text{DISPÊNDIO}^{36}$$

Assim, pode-se dizer que, quando se produz algo, no mesmo momento em que há despesa também se gera renda. Não é necessário que primeiro ocorra um fato e depois o outro. Ocorrem **simultaneamente**, como em uma troca. Quando se compra um produto, no mesmo instante se paga por ele, ou seja, não ocorre um ato antes do outro.

Pode-se perguntar: "E se não se pagar pela compra?". Responder-se-á: "Nesse caso, troca-se o objeto por uma dívida ou por um compromisso futuro de pagamento ou pela imagem de mau pagador. Mas alguma coisa se dará em troca do produto".

Assim, reforça Mankiw: "em termos mais precisos, o PNB[37] é igual à:

- Renda total de todas as pessoas na economia.
- Despesa total da economia na produção de bens e serviços"[38].

Portanto, para se determinar o produto da economia, pode-se determinar o dispêndio, que é a despesa com produtos finais, ou seja, a despesa com consumo, investimento, gastos do governo e exportação líquida[39].

Pode-se também determinar o produto pelo cálculo da renda, somando-se salários, juros, aluguéis e lucros na economia. Ou pode-se determinar o produto, somando-se todos os valores adicionados por cada setor da economia.

---

[35] <http://www.ipea.gov.br/portal/index.php?option=com_content&view=article&id=20000>.
[36] Essa identidade considera que os agregados estejam sendo calculados sob os mesmos preços, ou seja, Interno ou Nacional, Líquido ou Bruto, a custo de fatores ou a preço de mercado. O dispêndio pode ser chamado também de despesa.
[37] PNB = Produto Nacional Bruto. No capítulo 3, é possível compreender as diferenças entre os diversos tipos de produto.
[38] N. Gregory Mankiw, *Macroeconomia*, p. 11.
[39] Exportação líquida (NX) é a diferença entre exportação e importação de bens e serviços não fatores.

Segundo Paulani e Braga, "da mesma forma que não pode ocorrer uma compra sem que vejamos do outro lado uma venda, também não pode haver uma produção que não constitua um dispêndio e não seja simultaneamente geração de renda"[40]. Também Feijó e Ramos reforçam esse conceito afirmando que "a mensuração do produto agregado considera que a produção de bens e serviços está relacionada com a geração de renda que ocorre durante o processo de produção, tornando os fluxos de produção e renda, medidos num mesmo período, iguais. A produção gerada tem como destino o mercado, onde os bens e serviços são demandados para consumo final ou para investimento"[41].

O capítulo 2 tratará da determinação do produto pelas três óticas supramencionadas: a ótica do dispêndio, a ótica do produto e a ótica da renda.

Da identidade macroeconômica produto ≡ renda ≡ dispêndio, deriva o fluxo circular da renda, assunto este abordado neste capítulo.

■ 1.7. ESTOQUES E FLUXOS

Estoques e Fluxos são quantidades que podem aumentar ou diminuir ao longo do tempo. O que os diferencia é que o estoque pode ser mensurado em um **ponto específico de tempo**, enquanto o fluxo só pode ser mensurado em um **intervalo ou período de tempo**.

Para facilitar a compreensão, pode-se dizer que, se o estoque é uma fotografia, o fluxo é um filme. Portanto, se o objetivo for fotografar o produto da economia, a foto sairia tremida porque o produto apresenta um movimento contínuo. Só seria possível filmar. Também, se o objetivo fosse filmar a riqueza de um consumidor, o filme ficaria monótono, sem movimento. Logo, o melhor seria fotografar.

Exemplos de estoque: quantidade de moeda, estoque de bens de capital (= máquinas, equipamentos, instalações), estoque de habitações, total poupado por uma pessoa, total investido de uma empresa, oferta de moeda, **dívida** pública, patrimônio de uma empresa, riqueza pessoal.

Exemplos de fluxo: gasto de moeda, variação de estoques numa empresa, importações, exportações, pagamento de impostos, salários e ordenados, benefícios da previdência social, poupança, investimento, variação da oferta de moeda, **déficit público**[42], balanço de pagamentos, **produto**, renda.

Mankiw cita alguns exemplos de fluxos e estoques: "A riqueza de um consumidor é um estoque; sua renda e gasto são fluxo; O número de pessoas empregadas é um estoque; o número de pessoas que estão sendo demitidas é um fluxo; a quantidade de capital de uma economia é um estoque; a quantidade de investimento é um fluxo; a dívida do governo é um estoque; o déficit orçamentário é um fluxo"[43].

---

[40] Leda Maria Paulani e Márcio Bobik Braga, *A nova contabilidade social*, p. 8.
[41] Carmem Aparecida Feijó e Roberto Luis Olinto Ramos, *Contabilidade social*, p. 5.
[42] Ou déficit orçamentário ou déficit do governo.
[43] N. Gregory Mankiw, *Macroeconomia*, p. 12.

Shapiro afirma também que "Algumas variáveis macroeconômicas, mensuradas através de seus fluxos, também têm uma contrapartida direta sob a forma de estoque. Não obstante, outras, tais como as importações e exportações, salários e ordenados, pagamentos de impostos, benefícios da Previdência Social e dividendos, são apenas fluxos; nenhuma delas tem uma contrapartida direta sob a forma de estoques, uma vez que é impossível conceber-se um 'estoque de importações' ou um 'estoque de salários e ordenados'. Embora tais indicações não tenham contrapartida direta sob a forma de estoques, elas afetam indiretamente os volumes dos outros estoques. As importações podem afetar o volume dos estoques das empresas ou o estoque de bens de capital; os salários e ordenados recebidos dedicados à compra de casas recentemente construídas podem afetar o estoque de habitações. No caso de algumas variáveis que têm contrapartidas diretas sob a forma de estoques, as estatísticas referentes a uma coisa e a outra são, infelizmente, registradas sob títulos praticamente idênticos. A poupança de um indivíduo é um fluxo ($ 25 para abril), e suas poupanças totais são um estoque ($ 500 acumulados até 30 de abril); o investimento bruto de uma empresa é um fluxo ($ 500 para abril), e o total investido, ou o valor monetário do capital real acumulado, é um estoque ($ 1 milhão em 30 de abril); a variação nacional de moeda é um fluxo ($ 1 bilhão de aumento durante abril), e a oferta de moeda é um estoque ($ 195 bilhões em 30 de abril)"[44].

■ 1.8. DEFINIÇÃO DE CURTO E LONGO PRAZO EM MACROECONOMIA

No curto prazo, em que há **a existência de contratos e preços rígidos**, a demanda poderá afetar o produto. Como a oferta é totalmente elástica (horizontal), um aumento da demanda alterará apenas a quantidade produzida, mantendo-se constante o preço.

Figura 1.8. Comportamento da curva de oferta Keynesiana extrema — curto prazo

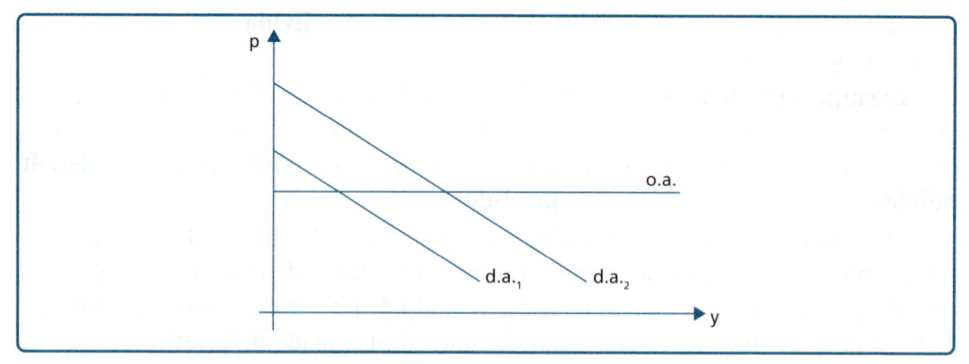

onde: d.a. = demanda agregada
o.a. = oferta agregada
p = preço
y = Produto Real da economia

---
[44] Edward Shapiro, *Análise macroeconômica*, p. 147.

Considerando que, no curto prazo, as empresas não operam a pleno emprego, ou seja, há disponibilidade de fatores produtivos, o produto é capaz de aumentar caso haja aumento da demanda agregada. Essa teoria era definida por Keynes, que afirmava que o que iria determinar a oferta por bens e serviços era a demanda agregada. Segundo Blanchard[45], essa mudança na demanda poderia ser provocada por mudanças na confiança do consumidor, por exemplo. Por isso, diz-se que a teoria de **Keynes** é uma teoria de curto prazo. Quando a curva de oferta é horizontal ou totalmente elástica diz-se que trata-se da curva de oferta Keynesiana — caso extremo.

É possível se deparar com uma curva de oferta crescente, em que uma elevação da demanda agregada provoca elevação tanto da quantidade quanto dos preços. Ela pode ser considerada também uma curva de oferta de curto prazo Keynesiana, denominada curva de **oferta Keynesiana básica**.

Segundo Froyen: "No curto prazo, a curva de oferta agregada Keynesiana tem inclinação positiva. Poder-se-ia esperar que níveis de produto muito inferiores ao da plena capacidade, a curva de oferta agregada fosse pouquíssimo inclinada; e que ela fosse se tornando mais inclinada à medida que se aproximasse do produto em pleno emprego (...). Movimentando-se a função demanda agregada move-se a economia ao longo da função oferta com inclinação positiva, causando variação no produto. No sistema Keynesiano, o nível de demanda agregada é um fator importante na determinação dos níveis de produção e emprego"[46].

A teoria macroeconômica elementar, portanto, é fundamentalmente de curto prazo.

No longo prazo, em que há a existência de **contratos que podem ser ajustados e os preços podem ser alterados**, o produto será função do estoque de fatores de produção, ou seja, a demanda não será mais capaz de alterar o nível de renda e produto da economia. Assim, a oferta será função do estoque de fatores produtivos, e não mais da demanda. A oferta será totalmente inelástica (vertical).

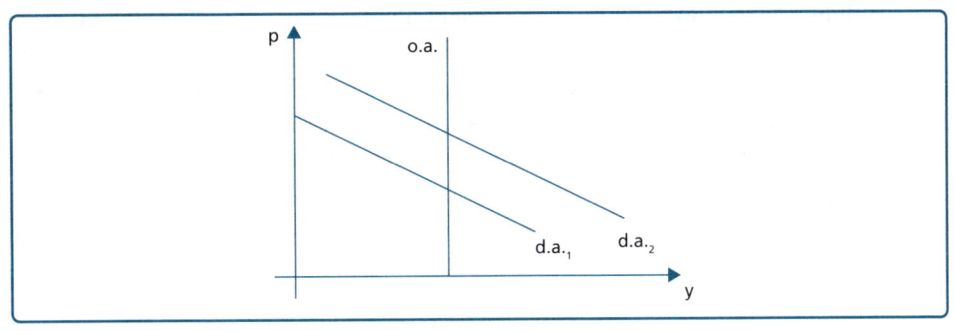

Figura 1.9. Comportamento da curva de oferta — longo prazo

---

[45] Olivier Blanchard, *Macroeconomia*, p. 32.
[46] Richard T. Froyen, *Macroeconomia*, p. 235.

Considerando que, no longo prazo, as empresas operam no pleno emprego, ou seja, todos os fatores de produção são plenamente utilizados, a elevação da demanda agregada não será capaz de elevar a quantidade produzida, forçando uma elevação de preços. Portanto, a curva de oferta é **inelástica aos preços** (vertical) e apenas mudanças em fatores ligados à oferta seriam capazes de alterar a quantidade de produto na economia. Essa curva representa a **oferta para os clássicos**.

Novamente, Froyen afirma, agora se referindo a uma curva de oferta de longo prazo, que: "a função oferta agregada clássica é vertical (...) produto e emprego são completamente determinados pela oferta. A demanda agregada não cumpre nenhum papel sistemático na determinação do produto"[47].

Conclui-se que:

■ **Curto prazo**, em Macroeconomia, é o período em que os preços são rígidos → com base no **modelo Keynesiano**[48].

■ **Longo prazo**, em Macroeconomia, é quando os preços são flexíveis → com base no **modelo clássico**[49].

■ 1.9. CONCEITOS DE PRODUTO INTERMEDIÁRIO, PRODUTO ADICIONADO, VALOR BRUTO DA PRODUÇÃO E PRODUTO AGREGADO

Produto intermediário[50] é o material utilizado para elaboração do produto, ou seja, é o insumo, o bem ou o serviço utilizado para que a produção seja possível. São bens ou serviços adquiridos de outras empresas e que serão totalmente utilizados no processo produtivo. Portanto, não foram produzidos pela empresa em questão, mas, sim, por terceiros. Segundo Blanchard: "Produto intermediário é um bem empregado na produção de outro bem. Alguns bens podem ser tanto finais como intermediários. Batatas vendidas diretamente aos consumidores são bens finais. Batatas utilizadas para produzir batatinhas fritas são bens intermediários"[51]. É, portanto, bem que será utilizado na produção de outros bens, no lugar de serem vendidos ao consumidor final.

Produto adicionado[52] é o produto somado ao que está sendo utilizado, ou seja, acrescentado ao produto (= consumo) intermediário. É a participação (contribuição) de cada setor na confecção do produto. É o Valor que o setor adiciona, ou agrega, aos bens e aos serviços consumidos no seu processo produtivo. A soma dos produtos adicionados é o produto final, ou seja, a soma dos produtos adicionados determina o produto agregado.

É obtido pela subtração do consumo intermediário absorvido por essas atividades do Valor Bruto de Produção (VBP).

---

[47] Richard T. Froyen, *Macroeconomia*, p. 235.
[48] Esse modelo será visto no capítulo 8.
[49] Esse modelo será visto no capítulo 8.
[50] Produto intermediário, ou consumo intermediário, ou bem intermediário, ou valor intermediário.
[51] Olivier Blanchard, *Macroeconomia*, p. 21.
[52] Produto adicionado, ou consumo adicionado, ou bem adicionado, ou valor adicionado.

Produto agregado (ou adicionado) = VBP – Consumo Intermediário

Feijó e Ramos traduzem essa igualdade afirmando que: "Valor adicionado (ou valor agregado) = valor do que se produziu – valor do que se consumiu"[53]. Já para Blanchard: "O termo valor adicionado significa exatamente o que sugere. O valor adicionado por uma empresa é definido como o valor de sua produção menos o valor dos bens intermediários que ela utiliza na produção"[54]. Amado e Mollo completam afirmando que, "para evitar dupla contagem na mensuração do PIB, somamos os valores de todos os bens produzidos — o valor bruto da produção —, excluindo depois o valor das matérias-primas e dos insumos intermediários. Ou, então, somamos, em cada produção, apenas o que foi acrescentado de novo em cada etapa produtiva. Esse acréscimo é chamado de valor adicionado"[55].

Suponhamos uma economia hipotética constituída de 4 setores, cada um com uma empresa, em que não exista governo nem setor externo. Essas empresas produzem, respectivamente:

Setor 1: sementes.
Setor 2: trigo.
Setor 3: farinha de trigo.
Setor 4: pão.

1ª Hipótese: O setor 1 produziu 1.000 de sementes e vendeu tudo para o setor 2, que produziu 2.100 de trigo e vendeu tudo para o setor 3, que produziu 3.300 de farinha de trigo e vendeu tudo para o setor 4, que produziu 4.600 de pão e vendeu tudo para os consumidores finais. Essa situação pode ser visualizada no quadro da Tabela 1.5 a seguir:

Tabela 1.5. Produção, Produto intermediário e Produto adicionado numa economia distribuída por setor

SETOR	PRODUÇÃO	PRODUTO INTERMEDIÁRIO	PRODUTO ADICIONADO
SETOR 1	1.000	0	1.000
SETOR 2	2.100	1.000	1.100
SETOR 3	3.300	2.100	1.200
SETOR 4	4.600	3.300	1.300
VBP =	11.000		

Sabendo-se que: VBP = Valor Bruto da Produção

Para se determinar o valor do produto da economia (produto agregado), deve-se subtrair o produto intermediário do VBP, evitando dupla contagem.

---

[53] Carmem Aparecida Feijó e Roberto Luis Olinto Ramos, *Contabilidade social*, p. 21.
[54] Olivier Blanchard, *Macroeconomia*, p. 21.
[55] Adriana Moreira Amado e Maria de Lourdes Rollemberg Mollo, *Noções de macroeconomia*, p. 6.

Produto agregado = VBP – Produto Intermediário
Produto agregado = VBP – (0 + 1.000 + 2.100 + 3.300)
Produto agregado = 11.000 – 6.400
Produto agregado = 4.600

Perceba que produção bruta é diferente de produto, porque o primeiro inclui o consumo intermediário, e o segundo, não.

2ª Hipótese: O setor 1 produziu 1.000 de sementes e vendeu 800 para o setor 2, que produziu 2.000 de trigo e vendeu 1.300 para o setor 3, que produziu 2.700 de farinha de trigo e vendeu tudo para o setor 4, que produziu 5.200 de pão e vendeu tudo para os consumidores finais. Essa situação pode ser visualizada no quadro da Tabela 1.6 a seguir:

Tabela 1.6. Produção, Produto intermediário, Produto adicionado e Produto que não entrou no processo produtivo numa economia distribuída por setor

SETOR	PRODUÇÃO	PRODUTO INTERMEDIÁRIO	PRODUTO ADICIONADO	PRODUTO QUE NÃO ENTROU NO PROCESSO PRODUTIVO
SETOR 1	1.000	0	1.000	200
SETOR 2	2.000	800	1.200	700
SETOR 3	2.700	1.300	1.400	0
SETOR 4	5.200	2.700	2.500	0
VBP =	10.900			

Produto agregado = VBP – Produto Intermediário
Produto agregado = 10.900 – (800 + 1.300 + 2.700)
Produto agregado = 10.900 – 4.800
Produto agregado = 6.100

Produto (ou insumo) que não entrou no processo produtivo é o produto que foi produzido, mas não fez parte da produção do produto que, por sua natureza, é final, o qual, no nosso exemplo, é o pão. Poderia ser entendido como o produto que foi para os estoques e que não será utilizado naquele processo de fabricação do pão.

■ **1.10. FLUXO CIRCULAR DA RENDA**

O Fluxo Circular da Renda representa o **circuito** da economia no qual é possível visualizar os fluxos da economia. De um lado, há os **fluxos reais** (representados na parte interna do circuito) e, de outro lado, os **fluxos monetários** (representados na parte externa do circuito).

Considerando um modelo simples em que só haja famílias e empresas, ou seja, uma economia a dois setores, que interagirão em dois mercados — mercado de bens e serviços e mercado de fatores de produção —, pode-se compreender que: as famílias disponibilizam, para as empresas, **fatores de produção** (mão de obra, capital, empreendimento, matéria-prima) em troca de uma **remuneração ou renda** (salários, juros, aluguéis e lucros); e as empresas disponibilizam bens e serviços para as famílias em troca de um pagamento por esses bens e serviços.

Observe a Figura 1.10 a seguir:

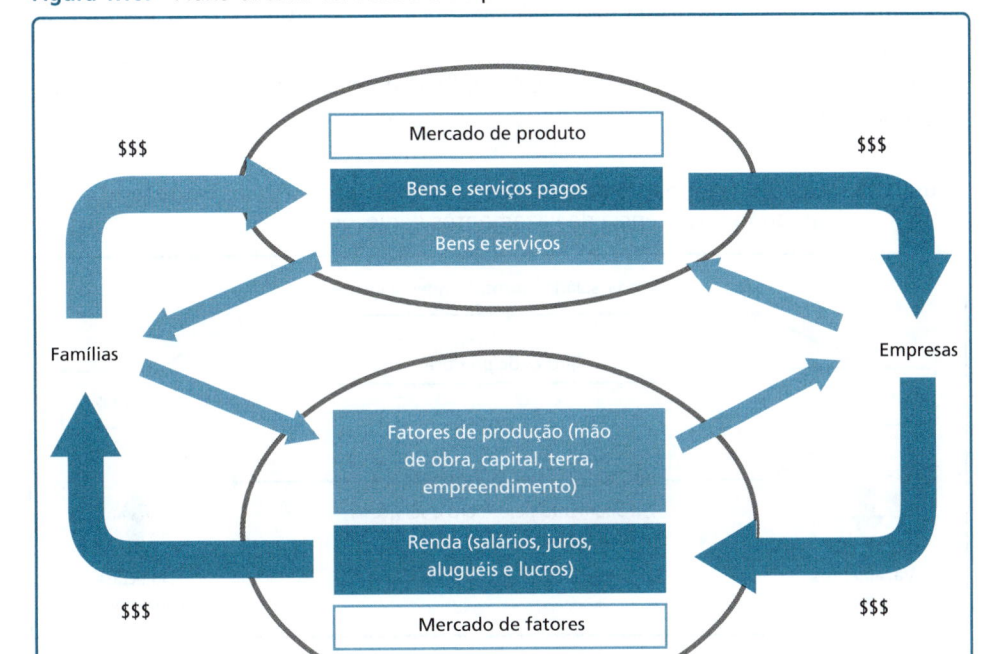

Figura 1.10. Fluxo circular da renda e do produto numa economia a dois setores

Observe que a renda conforma um fluxo circular, já que sai das empresas para as famílias, quando as primeiras as remuneram em forma de salários, juros, aluguéis e lucros, e, depois, retornam para as empresas, quando as famílias adquirem bens e serviços. Portanto; o fluxo da renda é circular porque se autoalimenta.

O circuito interno (bens/serviços e fatores de produção) representa os fluxos reais, e o circuito externo (gasto e renda) apresenta os fluxos financeiros ou monetários.

Esse primeiro modelo de fluxo circular não pressupôs a existência de **vazamentos e injeções**. Os vazamentos da renda ocorrem em decorrência de uma redução autônoma da demanda agregada; e as injeções na renda ocorrem quando há aumentos autônomos da demanda agregada. Suponhamos, portanto, que, agora, eles ocorram, considerando a existência de apenas um tipo de vazamento: a **poupança**, que corresponde ao vazamento da renda que não foi consumida, e um tipo de injeção: o

investimento, que corresponde à injeção de renda referente à aquisição de equipamentos, máquinas, construções, entre outros. Isso ocorre porque as famílias, além de consumirem, podem desejar poupar; e as empresas, além de produzirem bens finais, também podem desejar investir.

Para Lopes e Vasconcellos, "**investimento** é a aquisição de bens de produção ou bens de capital que visam aumentar a capacidade produtiva da economia e, portanto, a oferta de produtos no período seguinte. É também chamado taxa de acumulação de capital. Os componentes do investimento são as aquisições de máquinas e equipamentos, edifícios (a chamada formação bruta de capital fixo) e a acumulação de estoques"[56].

Portanto, o fluxograma numa economia fechada e sem governo poderia ser assim representado:

Figura 1.11. Fluxo circular da renda e do produto numa economia a dois setores, supondo a existência de vazamentos e injeções

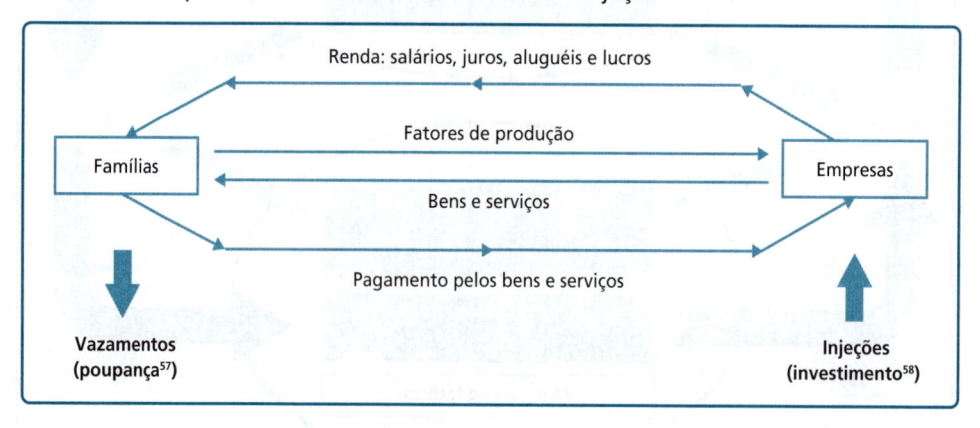

Os vazamentos devem ser compensados pelas injeções. Ou seja, a renda que não for utilizada para o consumo, ou seja, a poupança, deve ser compensada por investimentos. Caso não haja essa compensação, serão gerados problemas, crises. Caso a injeção seja menor que o vazamento, ou seja, se os investimentos forem menores que a poupança, a renda gerada não se recomporá e, portanto, não será capaz de comprar os bens e serviços produzidos, gerando uma crise no modelo.

Segundo Amado e Mollo, "a estabilidade e instabilidade da economia estão relacionadas, portanto, à facilidade ou à dificuldade das injeções de renda para compensar os vazamentos"[59].

---

[56] Luiz Martins Lopes e Marco Antonio Sandoval de Vasconcellos, *Manual de macroeconomia*, p. 28-29.
[57] Numa economia aberta e com governo, os vazamentos correspondem a poupança, tributação e importação.
[58] Numa economia aberta e com governo, as injeções correspondem a investimento, gastos do governo e exportação.
[59] Adriana Moreira Amado e Maria de Lourdes Rollemberg Mollo, *Noções de macroeconomia*, p. 13.

Para os clássicos, como o mercado se autorregula, a poupança sempre tende a ser igual ao investimento, já que existe uma taxa de juros que funcionará como termômetro entre poupança e investimento. Portanto, os vazamentos sempre tendem a ser iguais às injeções. Para Keynes, essa igualdade só é possível de ser alcançada, no curto prazo, se houver interferência do governo.

Enquanto para os clássicos o que determina a poupança e o investimento é a **taxa de juros**, ou seja, esta se ajusta para igualar investimento e poupança, para Keynes a poupança é determinada pelo nível de renda, enquanto o investimento depende da **expectativa** dos agentes econômicos com relação ao futuro, ou seja, quanto o produtor conseguirá vender. Além disso, o empresário deverá fazer a comparação entre a **Eficiência marginal do capital (EmgK)**[60], que representa o ganho do investidor, e a taxa de juros, que é o custo do investimento. Portanto, se a EmgK for maior que a taxa de juros, propiciará o investimento produtivo. Se a EmgK for menor que a taxa de juros, levará à não efetivação do investimento produtivo.

Portanto, para os clássicos, a poupança sempre tenderá a ser igual ao investimento, proporcionando um crescimento estável para o produto. E, para Keynes, a **incerteza** poderá provocar um excesso de poupança e uma escassez de investimento, rompendo com o fluxo circular da renda e gerando instabilidade.

Feijó e Ramos sintetizam o fluxo circular da renda numa economia fechada e sem governo pelas seguintes relações contábeis: "a demanda pelo produto é composta pelas demandas de bens e serviços finais e bens e serviços de investimento e a renda gerada no processo de produção é alocada em consumo e a parcela não consumida é disponibilizada no mercado de fundos de capital como recurso para financiar empresas. A renda não consumida corresponde a poupança, que medida *ex post* é igual ao investimento *ex post*"[61].

■ 1.10.1. Fluxo circular da renda ampliado

Considerando um fluxo de renda ampliado, descreve-se o fluxo de renda, recursos e produção entre as famílias, governo, empresas e resto do mundo. As famílias fornecem fatores produtivos (mão de obra, capital, matéria-prima e empreendimento) para as empresas e para o governo e recebe, em troca, renda sob a forma de salários, juros, aluguéis e lucros. Com essa renda, as famílias, adquirem bens e serviços (das empresas que produzem e que são exportadas pelo resto do mundo) e paga impostos para o governo que proverá as famílias com bens/serviços e benefícios. As empresas fornecem bens/serviços para as famílias (indiretamente, às vezes, via governo ou via exportação do resto do mundo) e recebe pagamento por isso. As empresas vendem também para o resto do mundo que importa esses bens/serviços. O governo também cobra impostos das empresas que retornam para estas sob a forma de subsídios/transferências e bens/serviços. Tanto o setor privado

---

[60] A Eficiência Marginal do Capital é a taxa que iguala o fluxo de receita esperado ao custo do investimento.
[61] Carmem Aparecida Feijó e Roberto Luis Olinto Ramos, *Contabilidade social*, p. 9.

(famílias e empresas) quanto o governo e o setor externo (resto do mundo) poupam constituindo a poupança do setor privado, a poupança do governo e a poupança do setor externo. Essas poupanças vão financiar o Investimento que é um dos componentes da demanda por bens/serviços (além da demanda das famílias, do governo e do resto do mundo). É bom salientar que quando o resto do mundo exporta, o país está importando e quando o resto do mundo importa, o país está exportando. A **importação**, o pagamento de **tributos** e a **poupança** representam **vazamentos** porque provocam uma redução autônoma da demanda agregada. Já a **exportação**, os **gastos do governo** e o **investimento** representam injeções já que provocam um aumento autônomo da demanda agregada. Através da Figura 1.12 a seguir, é possível visualizar o fluxo da renda ampliado, agora, com o governo e o resto do mundo (setor externo).

Figura 1.12. Fluxo circular da renda ampliado onde estão incluídas com as famílias e as empresas, o governo e o resto do mundo.

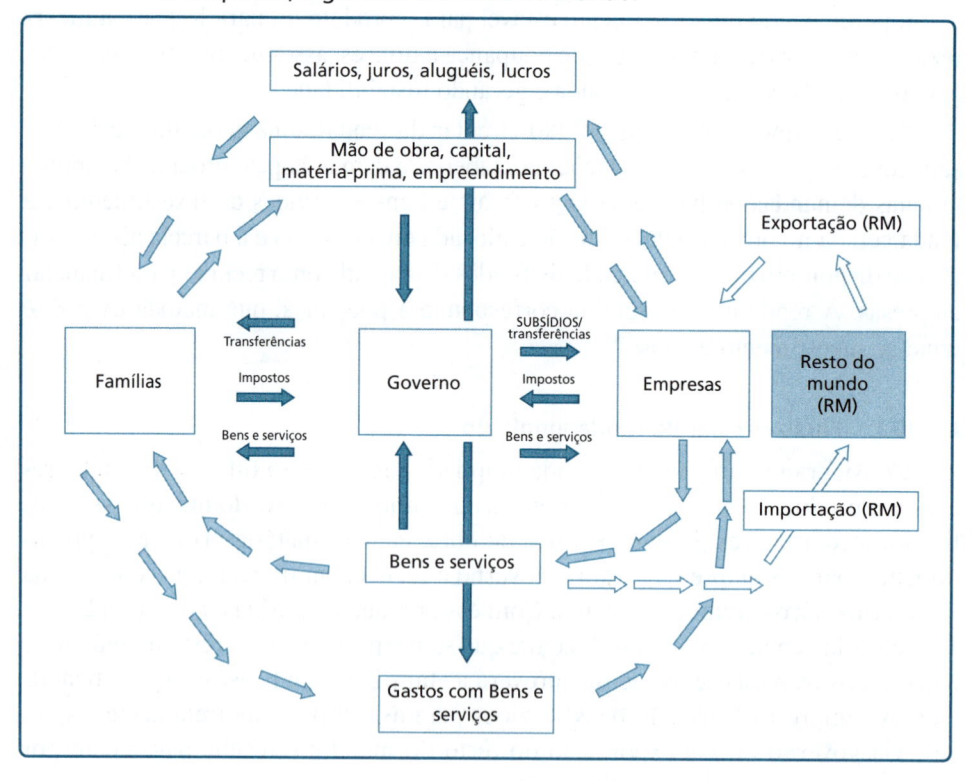

■ 1.11. QUESTÕES

1. (Economista – Petrobras – CESGRANRIO – 2005) Um país produz um único bem final, o pão, que é consumido por seus habitantes. O processo de produção do pão é descrito a seguir.

1 ■ Conceitos Macroeconômicos Básicos

PRODUTO	VALOR DO PRODUTO	INSUMOS	VALOR ADICIONADO
TRIGO	10	0	10
FARINHA	15	10	5
PÃO	20	15	5

Nesse caso, o valor adicionado e o valor Bruto da produção são, respectivamente, iguais a:
a) 5 e 20;
b) 20 e 20;
c) 20 e 5;
d) 20 e 45;
e) 45 e 20.

2. (Economista — CEB — FUNIVERSA — 2010) Com base nos conceitos da economia, no tocante às necessidades, aos bens econômicos e aos serviços, assinale a alternativa correta.
   a) Bens é a denominação usual de produtos tangíveis, resultantes de atividades primárias e terciárias de produção.
   b) As necessidades humanas são limitadas.
   c) Serviços é a denominação usual de coisas intangíveis, resultantes de atividades secundárias e terciárias de produção.
   d) Os bens de capital ou de investimento não estão concebidos para satisfazer diretamente às necessidades humanas, mas para serem utilizados na produção de outros bens.
   e) Os bens econômicos não são caracterizados pela utilidade, pela escassez e pela propriedade de serem transferíveis.

3. (Economista — CEB — FUNIVERSA — 2010) A Teoria Econômica divide-se em duas grandes vertentes. A primeira é a Macroeconomia, que estuda os grandes agregados econômicos, além do mercado como um todo. A segunda vertente é a Microeconomia, que estuda os mercados específicos, assim como analisa a formação de preços no mercado. Assinale a alternativa correta correspondente aos principais objetivos ou metas da Política Macroeconômica do governo.
   a) Elevação do nível de emprego; estabilidade de preços, distribuição equitativa de renda e crescimento econômico.
   b) Política fiscal; política monetária; políticas cambial e comercial e política de rendas.
   c) Política de gastos e política tributária.
   d) Oferta monetária; economia ou rendimentos de escala.
   e) Política cambial; inflação e taxas de juros.

4. (ANPEC — 2008) Julgue a afirmativa:
Um bem é produzido em 2000 e vendido em 2001. Este bem contribui para o PIB de 2000, não para o PIB de 2001.

5. (TJ/ES — CESBRASPE — 2011) Para avaliar o nível de bem-estar de determinada população, cientistas sociais costumam utilizar uma série de indicadores econômicos e sociais. Com relação a esses indicadores, julgue os próximos itens.
   a) Uma queda no índice de Gini indica melhoria na distribuição de renda da população considerada.
   b) O índice de desenvolvimento humano (IDH) é uma medida de bem-estar mais ampla que a renda *per capita*. O IDH não possui informações sobre a renda por indivíduo, mas considera outras variáveis, tais como distribuição da renda, escolaridade e mortalidade infantil.

c) No Brasil, em geral, quanto maior é a participação do governo na economia de um ente federado — estado, Distrito Federal ou município —, melhor se torna a distribuição de renda da população desse ente.

6. (Analista Municipal — Econômico-Financeiro — Economia — CETAP — 2010) As variáveis econômicas podem ser divididas em dois tipos: variáveis-fluxos e variáveis-estoques. Constitui exemplo de variáveis-fluxos:
   a) exportações e importações.
   b) a população economicamente ativa.
   c) a taxa de câmbio.
   d) os preços dos bens e serviços.
   e) a quantidade de moeda em circulação no país.

7. (BNDES — CESGRANRIO — 2008) Numa economia há apenas 3 pessoas. Uma delas recebe 10% e a outra, 40% da renda total. Assim, a Curva de Lorenz dessa economia será representada por OABC no gráfico abaixo.

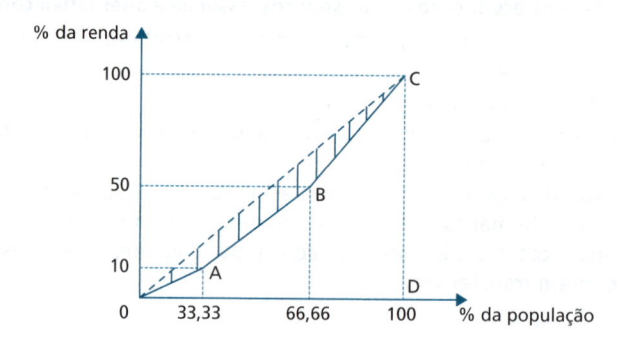

Considerando-se o gráfico e as informações acima, é correto afirmar que
   a) se uma única pessoa auferisse toda a renda, a Curva de Lorenz seria representada por OC no gráfico.
   b) se todos tivessem a mesma renda, o Coeficiente de Gini seria, aproximadamente, 0,33.
   c) o Coeficiente de Gini é obtido dividindo-se a área hachurada pela área do triângulo OCD.
   d) a Curva de Lorenz no gráfico não está correta e não representa a distribuição de renda descrita.
   e) não é possível calcular o Coeficiente de Gini com estes dados.

(Analista de Promotoria — Economista — Instituto Cidades — 2011) Leia o texto a seguir e responda as questões 8 e 9 *infra*:

Brasil ocupa 73ª posição entre 169 países no IDH 2010
4 de novembro de 2010 às 15:24
Central de Notícias — Prefeitura de São Luís

O relatório do Índice de Desenvolvimento Humano (IDH) para 2010, divulgado nesta quinta-feira (4), mostra o Brasil na 73ª posição entre 169 países. Os cinco primeiros colocados são, pela ordem, Noruega, Austrália, Nova Zelândia, Estados Unidos e Irlanda. O cinco últimos são Zimbábue, República Democrática do Congo, Níger, Mali e Burkina Faso. Como neste ano o IDH sofreu mudanças metodológicas, não é possível comparar a posição do Brasil com as de anos anteriores. Mas, para se obter uma base de comparação, o Programa das Nações Unidas para o Desenvolvimento (Pnud) recalculou os dados brasileiros dos últimos dez anos com base na nova metodologia.

Por esse recálculo, o Brasil ganharia quatro posições e registraria crescimento de 0,8% no índice. Em 2010, com a nova metodologia, o IDH brasileiro foi de 0,699, numa escala de 0 a 1. Em 2009, com a metodologia antiga, o Brasil ocupava a 75ª posição no *ranking*, com IDH de 0,813. Segundo o relatório deste ano, o IDH do Brasil apresenta "tendência de crescimento sustentado ao longo dos anos". Mesmo com a adoção da nova metodologia, o Brasil continua situado entre os países de alto desenvolvimento humano, como em 2009.

8. Analisando o IDH e a situação econômica de alguns países, é correto afirmar que:
   a) Um país com IDH alto tem obrigatoriamente altas taxas de crescimento.
   b) A falta de investimentos públicos resulta em um indicador melhor.
   c) Os indicadores sociais no Brasil pioraram ao longo dos anos.
   d) Na maioria dos países, crescimento e desenvolvimento é a mesma coisa.
   e) É possível que um país com IDH alto tenha problemas financeiros.

9. É um indicador social utilizado para cálculo do IDH no Brasil:
   a) *Turn over*[62] nas empresas.
   b) Número de celulares por habitante.
   c) Acesso a água potável e esgoto.
   d) Índice de inflação.
   e) Quantidades de refrigeradores por domicílio.

10. (Analista de Promotoria — Economista — Instituto Cidades — 2011) Veja a figura a seguir:

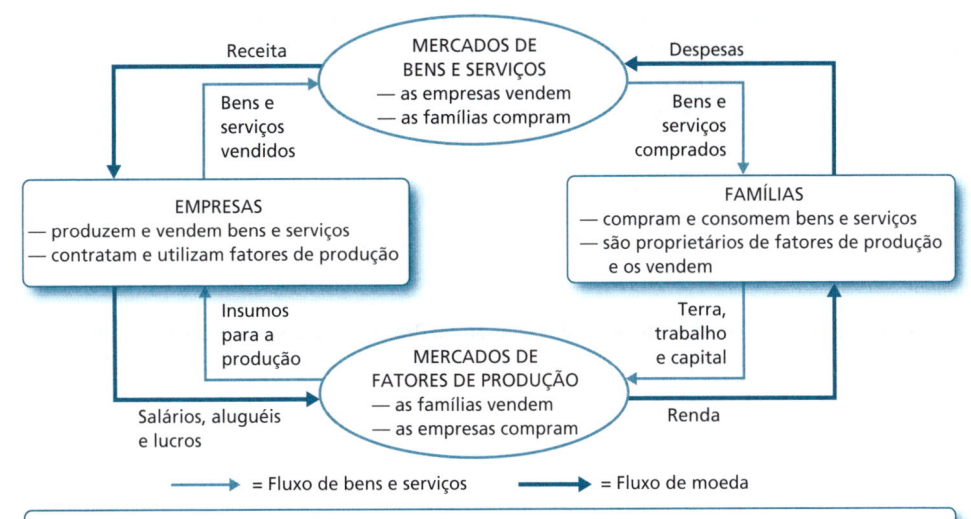

```
                    Receita          MERCADOS DE           Despesas
              ┌──────────────→   BENS E SERVIÇOS   ←──────────────┐
              │                  — as empresas vendem              │
              │      Bens e      — as famílias compram    Bens e  │
              │     serviços                             serviços  │
              │     vendidos                             comprados │
              ↓                                                    ↓
       ┌──────────────────┐                              ┌──────────────────┐
       │    EMPRESAS      │                              │    FAMÍLIAS      │
       │ — produzem e vendem bens e serviços │           │ — compram e consomem bens e serviços │
       │ — contratam e utilizam fatores de produção │    │ — são proprietários de fatores de produção e os vendem │
       └──────────────────┘                              └──────────────────┘
              ↑         Insumos                          Terra,         ↑
              │         para a                           trabalho       │
              │         produção   MERCADOS DE           e capital      │
              │      ←─────────   FATORES DE PRODUÇÃO   ─────────→      │
              │                   — as famílias vendem                  │
              │   Salários, aluguéis — as empresas compram   Renda      │
              └──────e lucros ────────────────────────────────────────┘
```

───→ = Fluxo de bens e serviços   ━━━▶ = Fluxo de moeda

FLUXO CIRCULAR
Este diagrama é uma representação esquemática da organização da economia. As decisões são tomadas por famílias e empresas. Estas interagem no mercado, em torno de bens e serviços (quando as famílias são as compradoras e as empresas os vendedores) e em torno de insumos (quando as empresas são as compradoras e as famílias os vendedores). As setas externas apresentam o fluxo de dólares e as setas internas correspondem aos bens e serviços.

---

[62] Entrada e saída de funcionários (virada, renovação, reversão). Pode ser também o volume de negócios de uma empresa.

Ao analisarmos a figura anterior, podemos afirmar que:
a) As famílias são as responsáveis diretas pela geração de bens e serviços.
b) A renda gerada no fluxo flui das famílias para as empresas.
c) A renda das famílias é direcionada para o consumo.
d) Os fatores de produção são os responsáveis pela combinação de bens para gerar insumos.
e) O Fluxo de Moeda é chamado de Oferta.

11. (Economista – Superior Tribunal Militar – CESBRASPE – 2011) A respeito dos conceitos básicos da teoria econômica, julgue o item subsequente.
No fluxo circular de bens e serviços, as firmas demandam fatores de produção que são ofertados pelas famílias e, nesse processo, os fluxos monetários vão das empresas para as famílias.

12. (Fiscal de Tributos Municipais – Prefeitura Municipal de Santos – IBAM – 2011) Assinale a alternativa correta:
a) Os principais agregados macroeconômicos são produto, renda e despesa.
b) Produto é o somatório das remunerações recebidas pelos proprietários dos fatores de produção.
c) Renda é a produção de todos os bens e serviços finais que são produzidos por uma sociedade num determinado período.
d) Poupança é a parte da renda que não foi consumida.

13. (IBGE – CESGRANRIO – 2010) O gráfico abaixo mostra a curva de Lorenz para o caso de um país com duas classes sociais: os pobres, que são 80% da população e auferem 20% da renda do país e os ricos, que são 20% da população e auferem 80% da renda. Suponha que dentro de cada classe social a distribuição de renda seja uniforme.

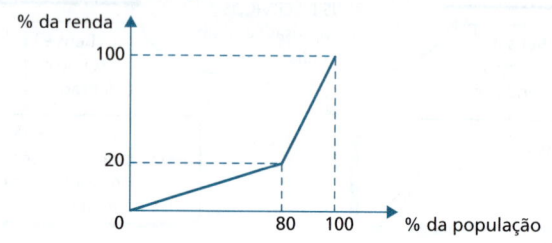

Essa situação gera um coeficiente de Gini similar ao do Brasil atual. O valor desse coeficiente é de
a) 0,2
b) 0,4
c) 0,6
d) 0,8
e) 1,0

14. (Consultor do Executivo – SEFAZ/ES – CESBRASPE – adaptada – 2010) Acerca dos conceitos de macroeconomia, julgue os itens que se seguem.
a) A macroeconomia, que estuda o índice geral de preços e a determinação da renda nacional, também se ocupa do estudo de como é gerado e de como é possível um aumento no nível agregado de recursos da economia.
b) O modelo do fluxo circular apresenta os principais agregados da economia, ilustrando a produção de um bem a partir do fator trabalho. O circuito interno representa os fluxos reais, e o circuito externo apresenta os fluxos financeiros ou monetários.
c) Considerando os dois tipos de variáveis em uma economia, as variáveis-estoque representam a quantidade medida por unidade de tempo, e as variáveis-fluxo representam a quantidade mensurada em determinado instante de tempo.

1 ■ Conceitos Macroeconômicos Básicos

15. (EBC — CESBRASPE — 2011) Acerca de noções gerais da macroeconomia, julgue o item que se segue.
A teoria tradicional do fluxo circular da renda leva em conta uma economia no curto prazo fechada e sem governo.

16. (EBC — CESBRASPE — 2011) Considerando que os indicadores econômicos referentes à produção e aos preços são importantes para o monitoramento da atividade econômica, julgue o item subsequente.
A queda do IBOVESPA — como verificado em 2001 — por reduzir os investimentos dos detentores de ações leva à contração do produto interno bruto (PIB), mensurado pela ótica da despesa.

17. (BNDES — CESGRANRIO — 2011) A figura abaixo mostra a curva de Lorenz de determinado país, bem como o valor da área hachurada, 0,3. O coeficiente de Gini nesse país é igual a

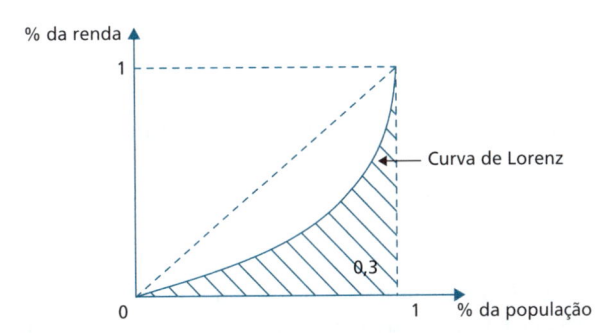

a) 0,1
b) 0,2
c) 0,3
d) 0,4
e) 0,5

18. (Liquigás — Petrobras — CESGRANRIO — 2012) O crescimento econômico pode afetar a distribuição de renda, aumentando ou diminuindo a sua concentração. Em dois países, X e Y, essa distribuição é muito desigual. Nos últimos cinco anos, a taxa média de crescimento do PIB *per capita* foi praticamente a mesma nos dois países. Entretanto, o coeficiente de Gini diminuiu substancialmente em X e manteve-se estável em Y.
Diante do comportamento do coeficiente de Gini nos dois países, conclui-se que, nesses cinco anos, X teve
a) estabilidade política maior que Y.
b) crescimento populacional maior que Y.
c) crescimento populacional menor que Y.
d) desenvolvimento econômico superior ao de Y.
e) desenvolvimento econômico inferior ao de Y.

19. (BNDES — CESGRANRIO — 2013) A figura abaixo mostra, em linha cheia, a curva de Lorens de um país com 100 habitantes. Desses 100 habitantes, há 10 ricos, 50 de classe média e 40 pobres. Todos os ricos recebem uma renda correspondente a 6 unidades monetárias por período; todos os de classe média receberam 2 unidades monetárias por período, e todos os pobres, 1 unidade monetária por período.

%da renda

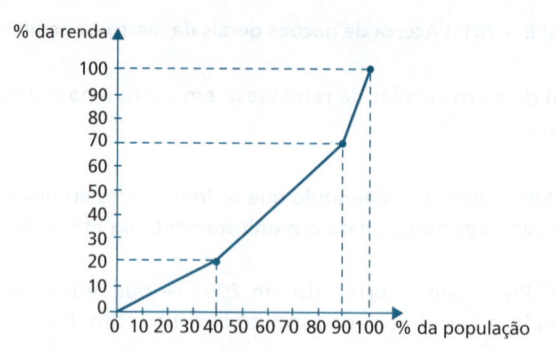

```
100 ┤- - - - - - - - - - - - - - ╱
 90 ┤                          ╱
 80 ┤                         ╱
 70 ┤- - - - - - - - - -╱
 60 ┤                 ╱
 50 ┤               ╱
 40 ┤             ╱
 30 ┤           ╱
 20 ┤- - - - ╱
 10 ┤      ╱
  0 ┼────────────────────────
    0 10 20 30 40 50 60 70 80 90 100  % da população
```

Nessa situação, o coeficiente de Gini é igual a
a) 0,1
b) 0,2
c) 0,3
d) 0,4
e) 0,5

20. (Auditor de Controle Externo — TCE-PA — CESBRASPE — 2016) Acerca de macroeconomia, julgue o item subsequente.

Produto agregado consiste na soma de todos os bens e serviços finais produzidos na economia durante determinado período de tempo.

21. (ANS — FUNCAB — 2015) Dentre os itens a seguir, o que estuda os fenômenos da economia como um todo, incluindo a inflação, o desemprego e o crescimento econômico, é:
a) políticas públicas.
b) macroeconomia.
c) fluxo de Pareto.
d) ciência econômica.
e) produto interno bruto.

22. (Administrador — MAPA — CONSULPLAN — 2014) "A macroeconomia trata do comportamento da economia como um todo — de períodos de prosperidade e de recessão." (Rossetti, 1997. p. 717.)

Constituem-se indicadores de desempenho macroeconômico, EXCETO:
a) Preço.
b) Emprego.
c) Produto agregado.
d) Eficiência das unidades produtivas.

23. (Analista Legislativo — Consultor Legislativo — CESBRASPE — 2014) Com referência a aspectos macroeconômicos, julgue o item subsecutivo.

As informações referentes a recursos financeiros, institucionais e legais do governo são irrelevantes e, portanto, dispensáveis em termos de extração de dados agregados para a análise macroeconômica de um país.

24. (Analista Administrativo — ANVISA — CETRO — 2013) São parte da estrutura macroeconômica os seguintes mercados, EXCETO:

a) Mercado de Bens e Serviços, que determina o nível de produção agregada e o nível de preços.
b) Mercado de Trabalho, que admite a existência de um tipo de mão de obra independente de características, determinando a taxa de salários e o nível de emprego.
c) Mercado Monetário, que analisa a demanda e a oferta da moeda pelo Banco Central, o qual determina a taxa de juros.
d) Mercado de Títulos, que analisa os agentes econômicos superavitários, que possuem um nível de gastos inferior a sua renda, e deficitários, que possuem gastos superiores ao seu nível de renda.
e) Mercado de Imóveis, que depende da demanda por habitação e da oferta por parte de construtores e investidores.

25. (BNDES — Biblioteconomia — CESGRANRIO — 2013) Macroeconomia é o estudo da estrutura de economias nacionais e das políticas econômicas exercidas pelos seus governos, com o objetivo de melhorar o desempenho econômico doméstico.
NÃO se considera como uma questão pertencente ao ramo da Macroeconomia aquela que
a) causa desemprego.
b) causa aumento de preços.
c) causa o desequilíbrio entre oferta e demanda de produtos.
d) causa volatilidade da atividade econômica de uma nação.
e) determina o crescimento econômico de uma nação ao longo do tempo.

26. (Consultor do Executivo — SEFAZ-ES — Ciências Econômicas — CESBRASPE — 2010) Com relação ao crescimento econômico, ao consumo e ao investimento, julgue o próximo item.
A macroeconomia estuda as flutuações econômicas e o produto efetivo em análises de curto prazo. Já em avaliações de longo prazo, ela estuda o crescimento econômico e produto potencial.

27. (Analista Administrativo — ANAC — CESBRASPE — 2012) Julgue o item seguinte, relativo às contas nacionais.
Caso um bem tenha sido produzido em 2011 e vendido apenas em 2012, ele contribuirá para o produto interno bruto de 2012.

28. (Auditor Federal de Controle Externo — Controle Externo — Auditoria Governamental — CESBRASPE — 2015) Acerca das relações teóricas estabelecidas pelas contas nacionais e do balanço de pagamentos, julgue o item.
A renda agregada é sempre igual ao produto agregado.

29. (Auditor de Controle Externo — TCE-PA — CESBRASPE — 2016) Acerca de agregados macroeconômicos, das contas nacionais e de balanço de pagamentos, julgue o item subsequente.
No sistema de contas nacionais, o produto interno bruto a preço de mercado é igual à despesa interna bruta.

30. (Profissional Júnior (BR) — Economia — CESGRANRIO — 2012 — adaptada) No que concerne à Contabilidade Nacional, um instrumento que registra os principais agregados macroeconômicos de um país, assim como o balanço de pagamentos, todas as afirmações a seguir estão corretas, EXCETO:

a) A poupança doméstica é uma variável de fluxo e não de estoque.
b) A renda agregada é uma variável de fluxo e não de estoque.
c) O Investimento agregado é uma variável de fluxo e não de estoque.
d) A Oferta de moeda é uma variável de estoque e não de fluxo.
e) A dívida pública é uma variável de fluxo e não de estoque.

31. (Auditor de Controle Externo – TCE-PA – CESBRASPE – 2016) Acerca de agregados macroeconômicos, das contas nacionais e de balanço de pagamentos, julgue o item subsequente.

Em uma economia simples, em que o fluxo circular da renda ocorre somente entre as unidades produtoras e consumidoras, o produto agregado é diferente da renda agregada, ainda que toda a renda obtida pelas famílias seja destinada ao consumo.

32. (Auditor de Controle Externo – TC-DF – CESBRASPE – 2012) A respeito de macroeconomia, julgue o item subsequente.

O produto interno bruto de um país hipotético que produza somente veículos automotores será a soma do valor da produção dos veículos, dos pneus, dos motores automotivos e de todos os demais componentes desses veículos.

33. (COMPESA – Economista – FGV – 2014) Seja o seguinte diagrama do fluxo circular:

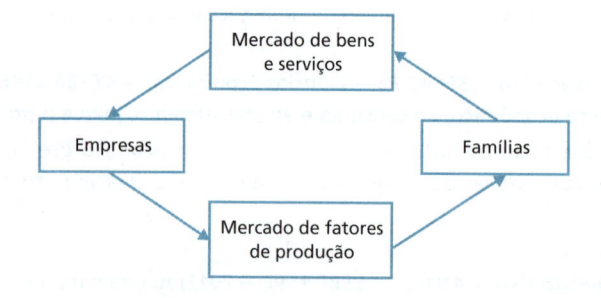

Assinale a opção que relaciona corretamente os quadrantes acima.
a) As famílias vão até o mercado de fatores de produção e vendem trabalho, terra e capital em troca de salários, aluguéis e lucro.
b) As empresas vão até o mercado de fatores de produção e compram bens e serviços em troca de salários, aluguéis e lucro.
c) As famílias são donas de todos os fatores de produção, mas consomem apenas uma parte dos bens e serviços que as empresas produzem, o que gera excesso de oferta.
d) As setas destacadas no diagrama acima reportam de forma completa o fluxo de renda, de fatores de produção e de bens e serviços.
e) O diagrama reportado acima está errado, visto que as famílias são detentores das empresas e, portanto, não há interação independente entre esses agentes.

34. (Analista de Controle Externo – TCE-GO – FCC – 2014) Num sistema econômico, a economia de mercado gira em torno de relações de trocas entre famílias ou pessoas. Essas trocas são efetuadas em três grandes mercados chamados de mercados
a) privado; público e misto.
b) monetário; fiscal e tributário.
c) de serviços; de bens de consumo e de bens duráveis.

d) de produtos; de trabalho e de capitais.
e) agrário; industrial e comercial.

35. (Assistente Administrativo Pref Pinhais/Instituto AOCP/2017) No mundo, existem grandes disparidades de renda entre os países e também dentro de cada país, como no Brasil, onde os 10% mais ricos da população têm renda 30 vezes superior aos 10% mais pobres. O índice de Gini é um indicador de desigualdade bastante utilizado. Assinale a alternativa que apresenta o indicador de Gini que aponta menor desigualdade na renda.
a) 10, 854
b) 1,287
c) 0,765
d) 0,179
e) 99,948

36. (Analista Censitário (IBGE)/Análise Socioeconômica/FGV/2017) O coeficiente de Gini é uma das métricas mais famosas de desigualdade e corresponde ao dobro do valor da área entre a Curva de Lorenz e a Linha da Perfeita Igualdade. Trata-se, portanto, de uma medida de afastamento de uma dada distribuição de renda em relação a uma situação de perfeita igualdade.

Assim, um coeficiente de Gini igual a 1 indicaria:
a) uma sociedade sem desigualdade de renda;
b) uma sociedade com alto nível de pobreza;
c) uma sociedade com baixo nível de pobreza;
d) que toda a riqueza da sociedade é apropriada por um único indivíduo da população;
e) uma sociedade com pouca diferença de renda entre os mais pobres e os mais ricos.

37. (Analista de Orçamento e Finanças Públicas/FCC/ 2016) Considere a charge abaixo, que pode ser associada a uma característica recorrente da economia brasileira, nos últimos cinquenta anos.

(Folha de São Paulo – Autor: Angeli)

Esta característica é
a) índice de desemprego médio no patamar dos 15% da População Economicamente Ativa — PEA.
b) Índices de Desenvolvimento Humano — IDH sempre abaixo dos 0,500 pontos, o que nos confere um baixo nível de desenvolvimento.
c) a chamada "crise fiscal do Estado".
d) o quadro hiperinflacionário persistente.
e) um Coeficiente de Gini médio, em torno de 0,5 ponto.

38. (Economista / FCC/ 2016) Se o coeficiente de Gini decresce, a
   a) desigualdade da renda subiu.
   b) renda média subiu.
   c) renda média caiu.
   d) taxa de pobreza caiu.
   e) desigualdade da renda caiu.

39. (Auditor de Controle Externo (TCE-PA)/Planejamento/Economia/Cebraspe/ 2016) Com referência a indicadores do desenvolvimento econômico e social, perfil demográfico e desigualdades pessoais e espaciais de renda e de riqueza brasileira, julgue o item que se segue.
O índice de Gini, um dos principais indicadores socioeconômicos, varia de 0 a 1; quanto mais se aproxima de 1, menor a desigualdade de renda.
   ( ) Certo
   ( ) Errado

40. (Auditor de Controle Externo (TCE-PA)/Fiscalização/Economia/CEBRASPE/ 2016) Em relação ao perfil demográfico brasileiro e à evolução das contas previdenciárias, julgue o item que se segue.
O decréscimo no índice de Gini da economia brasileira, no período de 1990 a 2013, significa que a concentração da renda diminuiu no Brasil no mesmo período.
   ( ) Certo
   ( ) Errado

41. (Auditor de Controle Externo (TCE-PA)/Administrativa/Economia/CEBRASPE/ 2016) A respeito das desigualdades de renda e das políticas econômicas adotadas pelos últimos governos no Brasil, julgue o item subsequente.
O aumento no número de vagas formais no mercado de trabalho e o aumento do salário mínimo tiveram como consequências, de 2001 a 2009, aumento da concentração da renda e elevação do índice de Gini.
   ( ) Certo
   ( ) Errado

42. (Profissional de Nível Superior (ELETROSUL)/Ciências Econômicas/FCC / 2016) Considere o seguinte conjunto de rendas de uma população:
$$X1 = X2 = X3 = zero; X4 = X5 = X6 = 5; X7 = X8 = X9 = 10.$$
É correto afirmar que
   a) apura-se o mais elevado nível de concentração de renda possível por meio do Índice de Gini.
   b) não é possível aplicar a Curva de Lorenz a essa população.
   c) a maior desigualdade possível da renda implica em um Índice de Gini igual a zero.
   d) essa população indica ser nula a concentração de renda, por meio do Índice de Gini.
   e) o índice de Gini tanto mais se aproximará de zero quanto mais as frequências acumuladas da população se aproximarem das respectivas parcelas acumuladas da renda.

43. (Auditor-Fiscal de Controle Externo (TCE-SC)/Controle Externo/Economia/CEBRASPE/ 2016) Acerca dos indicadores econômicos e sociais brasileiros, julgue o item seguinte.
A distribuição pessoal da renda pode ser expressa pelo índice de Gini ou pelo indicador Rio + 40: razão entre a média das rendas dos 10% mais ricos e a média das rendas dos 40% mais pobres. Este último indicador, por construção, apresenta grande sensibilidade a variações no centro da

distribuição, enquanto o índice de Gini é mais sensível a variações nas caudas da distribuição. O índice de Gini varia de 0 a 1 e quanto mais próximo da unidade estiver, menor será a concentração de renda.
( ) Certo
( ) Errado

44. (Especialista em Previdência Social /CEPERJ /2014) Na China, o índice de Gini registrou 41,5 em 2007 e 48 em 2009. Na Índia, este mesmo índice registrou 37,8 em 1997 e 36,8 em 2004. Então, abstendo-se do fato dos períodos examinados serem diversos, pode-se afirmar:
   a) A Índia apresentou uma piora na distribuição de renda enquanto a China apresentou uma melhora para os respectivos períodos observados.
   b) A distribuição de renda na Índia é melhor, posto que a área de plena igualdade é maior.
   c) A distribuição de renda na China é pior, posto que a área de plena desigualdade é maior.
   d) Se traçadas num mesmo gráfico, a curva de Lorentz da China (2009) será superior à da Índia (2004).
   e) A China apresentou uma piora na distribuição de renda enquanto a Índia apresentou uma melhora para os respectivos períodos observados.

45. (Analista de Pesquisa Energética (EPE)/CESGRANRIO/ 2014) Ao longo das duas últimas décadas, o governo brasileiro tem adotado políticas para a redução das desigualdades no Brasil. Um dos indicadores utilizados para medir o grau de desigualdade é a incidência de pobreza. Uma estudiosa desta questão afirma que:

"no Brasil, a pobreza está fortemente associada à insuficiência de renda".

Rocha, Sonia. **Pobreza no Brasil**: o que mudou nos últimos trinta anos? Estudos e Pesquisas n. 83. Fórum Nacional. Rio de Janeiro: Instituto Nacional de Altos Estudos, set. de 2004.

Com base na definição da autora, o mecanismo que **NÃO** contribui para a redução da pobreza no Brasil é o(a)
   a) crescimento econômico
   b) baixo coeficiente de Gini
   c) programa Bolsa-Família
   d) isenção de impostos indiretos sobre bens essenciais
   e) redução da inflação

46. (Analista Judiciário (TJ PA)/Economia/VUNESP/ 2014) Numa sociedade em que todos os indivíduos têm a mesma renda, o índice de Gini vale
   a) zero.
   b) 0,5.
   c) 1.
   d) 2.
   e) infinito.

47. (Analista Judiciário (TJ PR)/Economia/NC- UFPR/ 2013) Considere os seguintes componentes:
1. Expectativa de vida ao nascer.
2. Renda nacional bruta per capita.
3. Índice de Gini para desigualdade da renda nacional bruta *per capita*.
4. Anos de escolaridade esperados para crianças entrando na idade escolar.
5. Média de anos de escolaridade.

São componentes das três dimensões do Índice de Desenvolvimento Humano:
a) 1, 2, 3, 4 e 5.
b) 1, 2, 4 e 5 apenas.
c) 3, 4 e 5 apenas.
d) 1, 2 e 3 apenas.

48. (CONSULPAM — Auditor-Fiscal de Tributos/Economia/2019) O cálculo do Produto Interno Bruto de uma economia leva em consideração os milhares de bens e serviços produzidos. Devido a essa extrema diversidade na produção de bens e serviços:
a) A estimação do Produto Interno pode ser representada em unidades monetárias e físicas.
b) A estimativa do Produto Interno deve obrigatoriamente ser expressa em unidades monetárias.
c) Os valores em termos reais são impossíveis de serem calculados.
d) A estimação do Produto Interno deve sempre ser indicada em unidades físicas.

49. (CEBRASPE — Auditor de Finanças e Controle de Arrecadação da Fazenda Estadual/SEFAZ AL/2020) O produto interno bruto (PIB) é um indicador do tamanho da economia e corresponde à soma de todos os bens e serviços finais produzidos por um país, estado ou cidade, geralmente em um ano. O PIB do Brasil dos últimos 10 anos passou por momentos de crescimento e redução. Acerca do PIB brasileiro, julgue o item a seguir.
As estimativas do PIB brasileiro podem ser expressas tanto em unidades monetárias quanto em unidades físicas.
( ) Certo
( ) Errado

50. (FCC — Analista Legislativo (ALAP)/Atividade Orçamentária e Financeira e de Controle Interno/Economista/2020) No que se refere ao fluxo circular da renda em sua versão ampliada, considerando governo, mercado financeiro e resto do mundo,
a) as famílias desempenham apenas o papel de consumidoras da sua renda no mercado de bens e serviços.
b) o mercado financeiro aumenta o fluxo da renda doméstica ao criar moeda.
c) a tributação não afeta a economia, pois equivale apenas a parte da renda das famílias.
d) exportações são negativas à economia doméstica, por tornarem escassos bens e serviços disponíveis à população do país em questão.
e) as importações têm efeito atenuador do fluxo doméstico da renda.

51. (ACEP — Analista em Políticas Públicas/2019) O Produto Interno Bruto per capita corresponde à produção do país dividida pela:
a) população deste país.
b) população ocupada deste país.
c) população economicamente ativa deste país.
d) população em idade ativa deste país.

52. (IBFC — Analista Financeiro Jr/2019) Para se medir o desempenho da economia de um país, ou de uma região em determinado momento, ou em um período de tempo, utilizam-se os agregados macroeconômicos. A esse respeito, analise as afirmativas abaixo e dê valores Verdadeiro (V) ou Falso (F).

( ) Os agregados macro econômicos são: Produto, Renda, Despesa e Tributos.
( ) Produto equivale à soma de todos os bens e serviços finais produzidos pelas empresas durante certo período de tempo, somado ao valor da mão de obra e dos insumos necessários à produção desses bens e serviços.
( ) Renda corresponde ao valor total de pagamento que as firmas fazem aos indivíduos, pelo uso dos fatores de produção e é composta pelo somatório dos salários, juros, aluguéis e lucros.

Assinale a alternativa que apresenta a sequência **correta** de cima para baixo.
a) V, F, F
b) V, V, F
c) F, V, V
d) F, F, V

■ **GABARITO** ■

1. "d".

PRODUTO	VALOR BRUTO DA PRODUÇÃO	INSUMO (CONSUMO INTERMEDIÁRIO)	VALOR ADICIONADO
Trigo	10	0	10
Farinha	15	10	5
Pão	20	15	5
TOTAL	45		20

2. "d". A alternativa "d" está correta porque os bens de capital (que correspondem a máquinas, equipamentos, instalações) ou de investimento (produtivo) não são concebidos para satisfazer diretamente às necessidades humanas, mas para serem utilizados na produção de outros bens. A alternativa "e" está errada porque, diferentemente do que afirma a questão, os bens econômicos são, sim, caracterizados pela utilidade, pela escassez e pela propriedade de serem transferíveis, pois, para que seja atribuído um valor econômico a um bem, ele deve ser demandado, ser escasso e alguém deve deter o direito de propriedade sobre ele.
Entende-se por atividade primária a agricultura; por atividade secundária, a indústria; e por atividade terciária, o comércio e os serviços. A alternativa "a" está errada porque bens é a denominação usual de produtos tangíveis, resultantes de atividades primárias e secundárias de produção, e não primárias e terciárias, como coloca a alternativa.
A alternativa "b" está errada porque as necessidades humanas são ilimitadas ou infinitas e os recursos são escassos ou limitados. Daí, surge o problema econômico, já que deverá haver escolhas do que produzir, como produzir e para quem produzir.
A alternativa "c" está errada porque serviços é a denominação usual de coisas intangíveis, resultantes apenas de atividades terciárias de produção, e não secundárias e terciárias como diz a questão.

3. "a". A Macroeconomia é uma teoria que estuda o produto, a renda, o emprego, o preço (inclusive a inflação) e a moeda (inclusive as taxas de juros) pelas médias globais e de forma agregada. Estuda o funcionamento da economia como um todo. As alternativas "b", "c", "d" e "e" apresentam instrumentos (e não o objetivo) utilizados pela Macroeconomia para atingir os objetivos ou metas da política macroeconômica, como uma política fiscal (por meio dos gastos do governo e da tributação), política monetária (pela oferta de moeda), política cambial e comercial, política de rendas. A preocupação com economia ou rendimento crescente de escala compete à Microeconomia.

4. V. O bem produzido em 2000 será um bem intermediário para 2001 e, portanto, deve pertencer ao produto apenas de 2000, já que nada foi adicionado a ele em 2001.

5. V, F, F.
a) **(V)** Uma queda no Índice de Gini indica melhoria na distribuição de renda da população considerada, já que o Índice de Gini oscila entre zero e um, significando que: quanto mais próximo de "zero", menor a concentração de renda e maior a distribuição de renda; e quanto mais próximo de "um", maior a concentração de renda e pior a distribuição de renda.
b) **(F)** O Índice de Desenvolvimento Humano (IDH) é uma medida de bem-estar mais ampla que a renda *per capita*, já que esta não aponta necessariamente para uma justa qualidade de vida com distribuição social. Já o IDH mede o nível de desenvolvimento humano dos países utilizando outras dimensões além da renda, ou seja, a educação e a saúde. O IDH se utiliza de três critérios: a renda, por meio do PIB (PPC) *per capita*, ou seja, renda por indivíduo; a educação, por meio do índice de anos médios de estudo dos adultos e do índice de anos esperados de escolaridade para uma criança na idade em que ela entra na escola, ou seja, escolaridade; a saúde, por meio da expectativa de vida ao nascer, ou seja, mortalidade infantil.
O IDH-ad (IDH ajustado à desigualdade) contabiliza a desigualdade em distribuição de renda, educação e saúde.
c) **(F)** Quando o governo participa da economia de um ente federado, há mais incidência tributária. Como no Brasil a carga tributária é regressiva, ou seja, quem ganha uma renda maior, apesar de pagar mais impostos em valores absolutos, paga menos impostos em valores relativos, e quem ganha uma renda menor, apesar de pagar menos impostos em valores absolutos, paga mais impostos em valores relativos, a presença maior do governo tende a levar a uma concentração maior de renda, ou seja, uma piora na distribuição de renda.

6. "a". A alternativa "a" está correta porque as exportações e as importações sempre serão variáveis "fluxo", pois só podem ser mensuradas num intervalo de tempo.
Como a população é uma variável "estoque", a população economicamente ativa também o é. A taxa de câmbio e os preços dos bens e serviços são medidas possíveis de se obter num ponto específico de tempo, portanto são variáveis "estoques". A quantidade de moeda em circulação no país é determinada pelo Bacen, que possui o controle da moeda primária e, portanto, trata-se de uma variável "estoque".

7. "c". Se uma única pessoa auferisse toda a renda, a curva de Lorenz seria representada por ODC no gráfico, mostrando que há total concentração de renda. OC representaria uma sociedade em que há perfeita distribuição de renda. Também se todos tivessem a mesma renda, o Coeficiente de Gini seria igual a zero, ou seja, não haveria concentração de renda. O Coeficiente de Gini é obtido dividindo-se a área hachurada pela área do triângulo OCD, onde a área hachurada é representada por "a", e o triângulo OCD, por "a + b". Logo, o Índice de Gini (G) = a/(a + b), o que condiz com a alternativa "c". Já a curva de Lorenz no gráfico (OABC) está correta e representa a distribuição de renda descrita.

8. "e". Um país com IDH alto não precisa ter obrigatoriamente altas taxas de crescimento, já que desenvolvimento e crescimento não são palavras sinônimas. Crescimento econômico pode ser entendido como crescimento do produto *per capita* ao longo do tempo, enquanto desenvolvimento é um conceito mais amplo, que inclui não apenas o crescimento econômico, mas também a elevação da qualidade de vida da população. A falta de investimentos públicos resulta em um indicador pior, já que, para melhorar as dimensões que determinam o IDH como PIB *ppc*, expectativa de vida ao nascer, anos médios de estudo e anos esperados de escolaridade, é necessário que ocorram esses investimentos públicos. No Brasil, o IDH tem apresentado "tendência de crescimento sustentado ao longo dos anos". Mas é possível que um país com IDH alto tenha problemas financeiros, já que o IDH é uma medida comparativa de qualidade de vida que engloba três dimensões: renda, educação e esperança de vida, o que não implica que o país necessariamente tenha equilíbrio em suas contas.

9. "c". O IDH vai medir o bem-estar da população utilizando-se de novos critérios de avaliação: renda, pelo PIB PPC; educação, pelo índice de anos médios de estudo e pelo índice de anos esperados de escolaridade; e saúde, pela expectativa de vida ao nascer, que é afetada pelo acesso a água potável e rede de esgoto.

10. "c". Como o modelo não pressupõe a existência de vazamentos da renda, que corresponderiam a poupança, tributação e importação, a renda das famílias é direcionada para o consumo, conforme expõe a alternativa "c". No Fluxo Circular da Renda, percebe-se que as empresas são as responsáveis diretas pela geração de bens e serviços, e não as famílias, como mostra a alternativa "a". A renda gerada flui das empresas para as famílias em forma de salários, juros, aluguéis e lucros, e não das famílias para as empresas, como cita a alternativa "b". Os fatores de produção são os responsáveis pela combinação de insumos para gerar bens, e não pela combinação de bens para gerar insumos. O Fluxo de Moeda é chamado de fluxo circular da renda, já que se autoalimenta.

11. V. As famílias disponibilizam fatores de produção para as empresas. Estas, quando utilizam esses fatores, produzem bens e serviços. Para tanto, remuneram os fatores de produção na forma de salários, juros, aluguéis e lucros.

12. "a". Renda é o somatório das remunerações recebidas pelos proprietários dos fatores de produção. Produto é a produção de todos os bens e serviços finais que são produzidos por uma sociedade num determinado período. Poupança é a parte da renda disponível que não foi consumida, ou seja, a renda é destinada ao consumo, ao pagamento de tributos e à poupança. A renda disponível é a renda total subtraída dos tributos. Portanto, a renda disponível que não for destinada ao consumo será poupada.

13. "c". O Índice de Gini (G) é calculado por: $G = a/(a + b)$. Assim: a área de "b" é dada pela soma de duas figuras geométricas: um triângulo e um trapézio. Ou seja:

$$\frac{80 \times 20}{2} + \frac{(20 + 100) \times (100 - 80)}{2} = 800 + 1.200 = 2.000$$

A área de "a" representa a área total (a + b) subtraída da área b, ou seja:

$$\frac{100 \times 100}{2} - 2.000 = 3.000$$

Logo: $G = 3.000/5.000 = 0,6$

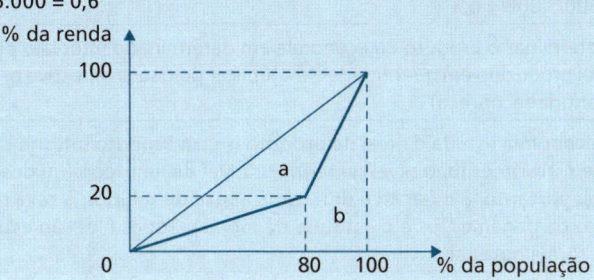

14. V, V, F. As variáveis "estoque" representam a quantidade medida em um ponto específico de tempo; e as variáveis "fluxo" representam a quantidade mensurada em um intervalo de tempo.

15. V. O fluxo circular da renda analisado pela teoria tradicional considera apenas as famílias e as empresas. O governo e o setor externo não são levados em consideração.

16. F. Títulos negociados na bolsa de valores não entram no cálculo do PIB, porque há apenas troca de titularidade.

17. "d".

$$G = \frac{a}{a+b}$$

$$G = \frac{0,2}{0,2+0,3}$$

$$G = \frac{0,2}{0,5}$$

$$G = 0,4$$

18. "b". O Índice de Desenvolvimento Humano (IDH) se utiliza de três parâmetros para aferir o desenvolvimento econômico de um país, sendo um deles, o índice de renda por meio do PIB (convertido pelo dólar PPC que mede o poder de compra da moeda) *per capita*.

19. "c". O índice de Gini é definido como:
G = a/a + b

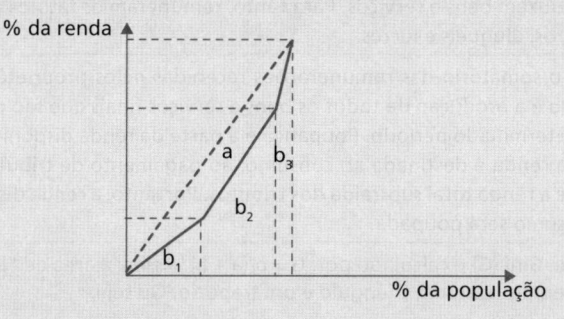

Calculando a área "b" ($b_1 + b_2 + b_3$) tem-se:
b_1 = (40 × 20)/2 = 400
b_2 = (90 – 40) × (70 + 20)/2 = 50 × 90/2 = 4.500/2 = 2.250
b_3 = (100 – 90) × (100 + 70)/2 = 10 × 170/2 = 1.700/2 = 850
b = $b_1 + b_2 + b_3$ = 3.500
a + b = 100.100/2 (que representa a metade da área da figura ou 50%)
a + b = 5.000; como b = 3.500
Então: a = 5.000 – 3.500 = 1.500
Portanto: G = 1.500/5.000 = 0,3

20. Certo. Para determinar o produto da economia em determinado intervalo de tempo, devemos somar tudo que foi produzido em quantidade e multiplicar pelo seu respectivo preço. Assim, temos:
Produto = Σ (quantidade x preço)

21. "b". A macroeconomia estuda o nível de produto (seja o Produto Interno ou Nacional, Líquido ou Bruto), o seu crescimento, o nível de renda, o nível de emprego (ou desemprego), o nível geral de preços (e, portanto, a inflação e deflação), a taxa de salários, a taxa de juros, a taxa de câmbio, o balanço de pagamentos e o estoque de moeda. Todos eles são estudados pelas médias globais e de forma agregada.

22. "d". Quando se deseja saber o desempenho de uma economia, o interesse se volta a saber quanto se produziu, quanto de emprego se gerou, quais as repercussões sobre os preços (se houve inflação ou deflação). O desempenho é o resultado obtido e não a causa. Já a eficiência das unidades produtivas poderia levar a um resultado ou desempenho maior ou menor na economia. Portanto, é a causa e não o resultado.

23. Errada. Para analisar o desempenho de uma economia, a Macroeconomia se utiliza de informações referentes a recursos financeiros, institucionais e legais do governo. Portanto, elas são relevantes para a análise do governo.

24. "e". A estrutura macroeconômica se compõe de cinco mercados:
— Mercado de Bens e Serviços: determina o nível de produção agregada, bem como o nível de preços.
— Mercado de Trabalho: admite a existência de um tipo de mão de obra independentemente de características, determinando a taxa de salários e o nível de emprego.
— Mercado Monetário: analisa a demanda da moeda e a oferta desta pelo Banco Central que determina a taxa de juros.
— Mercado de Títulos: analisa os agentes econômicos superavitários, que possuem um nível de gastos inferior a sua renda, e deficitários, que possuem gastos superiores ao seu nível de renda.
— Mercado de Divisas: depende das exportações e de entradas de capitais financeiros, determinadas pelo volume de importações e saída de capital financeiro.
Portanto, o mercado de imóveis não compõe a estrutura de mercados macroeconômicos. Os imóveis são estudados dentro do mercado de bens e serviços.

25. "c". A macroeconomia estuda o nível de produto e o que determina e causa o seu crescimento ou queda, ou seja, a volatilidade do produto ou da atividade econômica. Vai se preocupar em determinar o nível de emprego (ou desemprego) e as causas de seu crescimento ou decréscimo, o nível geral de preços (e, portanto, a inflação, que é a elevação de preços, e a deflação, que é a queda de preços). O equilíbrio entre a oferta e a demanda de produtos é estudo da Microeconomia.

26. Certo. No curto prazo, a macroeconomia vai se preocupar com a determinação do produto da economia e suas flutuações para mais ou para menos, ou seja, com o produto que está sendo gerado naquele momento, denominado produto efetivo. Já no longo prazo, a Macroeconomia irá estudar o produto que a economia tem capacidade de produzir utilizando plenamente os recursos produtivos disponíveis, ou seja, vai se preocupar em estudar o produto potencial e o seu aumento (ou crescimento econômico).

27. Errado. O PIB mede o total do produto produzido em um determinado período de tempo, independentemente de o produto estar acabado ou não, e independentemente de o produto ter sido vendido ou não. Logo, o produto produzido em 2011 vai fazer parte do PIB de 2011. Se ele for vendido em 2012, isso não faz com que ele seja computado no cálculo do produto de 2012.

28. Certo. Todo produto gera renda de igual valor. Essa é uma relação tautológica. Assim, o produto agregado será igual à renda agregada.

29. Certo. Todo produto gera renda de igual valor e é igual à despesa necessária para produzi-lo ou adquiri-lo. Essa relação conforma uma identidade macroeconômica. Assim, o produto interno bruto é igual à renda interna bruta e à despesa interna bruta.

30. "e". Quando podemos contar o agregado econômico, num ponto específico de tempo, dizemos que ele conforma um estoque. Quando só podemos contar em um intervalo de tempo, então estamos falando de fluxo. Podemos citar os seguintes exemplos de estoque e fluxo:
Estoque: total poupado, total investido por uma empresa, oferta de moeda, dívida pública.
Fluxo: poupança doméstica, renda agregada, produto agregado, salários, juros, lucros, aluguéis, investimento agregado, variação da oferta de moeda, déficit público.

31. Errado. A identidade macroeconômica "Dispêndio = Produto = Renda" é tautológica e, portanto, é tida como verdade sempre. Assim, numa economia a dois setores, onde só existem empresas e famílias, essa identidade permanecerá respeitada.

32. Errado. O produto interno bruto de um país hipotético que produza somente veículos automotores será a soma do valor da produção dos veículos. Os pneus, os motores automotivos e todos os demais componentes desses veículos são consumo intermediário. Portanto, não devem ser computados para evitar a dupla contagem.

33. "a". Sabemos que as famílias são as donas dos fatores de produção (mão de obra, capital, matéria-prima e empreendimento) e que vão disponibilizar esses fatores de produção para as empresas poderem produzir. Mas só farão isso mediante uma remuneração. E essa remuneração será sob a forma de salário, juros, aluguéis e lucros, ou seja, sob a forma de renda. De posse dessa renda, as famílias vão adquirir bens e serviços das empresas que produzirão esses bens e serviços e disponibilizarão para as famílias mediante um pagamento.

34. "d". Num sistema econômico, a economia de mercado gira em torno de relações de trocas entre famílias ou pessoas. Essas trocas são efetuadas em três grandes mercados, chamados de:
— Mercado de Bens e Serviços: determina o nível de produção agregada, bem como o nível de preços.
— Mercado de Trabalho: admite a existência de um tipo de mão de obra independente de características, determinando a taxa de salários e o nível de emprego.
— Mercado de Capitais, onde encontramos:
    — Mercado Monetário: analisa a demanda da moeda e a oferta desta pelo Banco Central, que determina a taxa de juros.
    — Mercado de Títulos: analisa os agentes econômicos superavitários, que possuem um nível de gastos inferior a sua renda, e deficitários, que possuem gastos superiores ao seu nível de renda.
    — Mercado de Divisas: depende das exportações e de entradas de capitais financeiros, determinadas pelo volume de importações e saída de capital financeiro.

35. "d". O índice de Gini mede a concentração de renda em um país. Ele varia de "zero" a "um", de tal maneira que, quanto mais próximo de "zero", menor a concentração de renda e quanto mais próximo de "um" maior a concentração de renda. Portanto, a alternativa "d" é a correta, já que apresentou o menor índice entre os apresentados.

36. "d". Um índice de Gini igual a "1" indica que:
$G = a / (a+b)$
$1 = a/ (a + b)$
$(a+b) = a$
Logo $b = 0$
Para tanto, a curva de Lorenz ocuparia a maior área do gráfico abaixo e mostraria uma concentração de renda total.

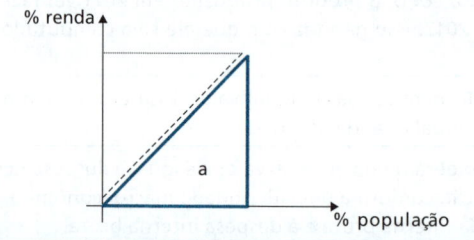

% renda

a

% população

37. "e". Um índice de Gini igual a 0,5 significa que o país apresenta uma concentração de renda elevada, o que aumenta a pobreza, retratado nas figuras acima. A alternativa "e" está correta. A taxa de desemprego média nos últimos 50 anos, esteve abaixo de 15%. A alternativa "a" está incorreta. O IDH esteve acima de 0,50 para o período analisado. A alternativa "b" está incorreta. A crise fiscal do Estado, caracterizado por um excesso de gastos em relação a sua arrecadação, pode minimizar a pobreza no curto prazo. A alternativa "c" está incorreta. O Plano Real, a partir de 1994, foi capaz de estancar a hiperinflação. Além disso, outros planos econômicos, nos primeiros meses, foram capazes de minimizar a inflação. A alternativa "d" está incorreta.

38. "e". Quanto menor o índice de Gini, menor a concentração de renda ou maior a distribuição de renda.

39. "Errada". O índice de Gini, um dos principais indicadores socioeconômicos, varia de 0 a 1; quanto mais se aproxima de 1, maior a desigualdade de renda ou maior a concentração de renda.

40. "Certo". Quanto menor o índice de Gini, menor a concentração de renda ou maior a distribuição de renda.

1 ■ Conceitos Macroeconômicos Básicos

41. " Errado". O aumento no número de vagas formais no mercado de trabalho e o aumento do salário mínimo tiveram como consequências, de 2001 a 2009, diminuição da concentração da renda e redução do índice de Gini.

42. "e". Quanto mais próximo de "zero" for o índice de Gini, menor a concentração de renda, ou seja, uma parcela maior da população recebe a renda acumulada. A alternativa "e" está correta. Para que fosse apurado o mais elevado nível de concentração de renda, seria necessário que apenas X9 recebesse a totalidade da renda e X1, X2, X3, X4, X5, X6, X7 e X8 não recebessem nada da renda. A alternativa "a" está incorreta.
A curva de Lorenz dessa população seria assim representada:

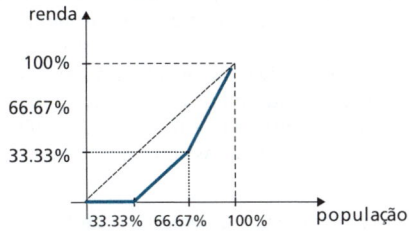

A alternativa "b" está incorreta. A maior desigualdade possível da renda implica um Índice de Gini igual a um. A alternativa "c" está incorreta. Para a concentração de renda ser nula, todos os moradores dessa sociedade deveriam ter a mesma renda. A alternativa "d" está incorreta.

43. "Errado". O índice de Gini varia de 0 a 1 e quanto mais próximo da unidade, maior será a concentração de renda.

44. "e". O Índice de Gini aumentou na China, o que prova que aumentou a concentração de renda nesse país. Já, na Índia, houve redução do Índice de Gini, o que prova que houve melhoria na distribuição de renda. A alternativa "e" está correta.
A área de plena igualdade corresponde àquela formada pela reta representada abaixo de azul.

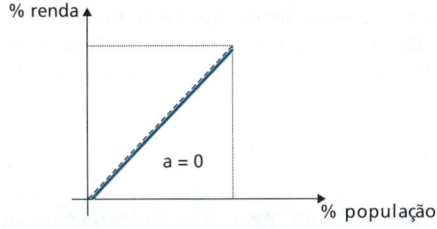

Quando a curva de Lorenz está na posição dessa reta azul, em qualquer circunstância, representa a plena igualdade de renda. Portanto, a Índia apresenta uma distribuição de renda melhor que a China porque o índice de Gini da Índia passou para 36,8 e o da China para 48, não tendo relação com a linha azul representada acima. A alternativa "b" está incorreta. A China apresenta uma pior distribuição de renda que a Índia, independente da reta de plena igualdade de renda representada acima. A alternativa "c" está incorreta.
Como a China tem um índice de Gini maior, sua curva de Lorenz será mais abaulada que a curva de Lorenz da Índia. Portanto, a curva da Índia estará mais acima. A alternativa "d" está incorreta.

45. "b". O índice de Gini mede a concentração de renda, ou seja, ele não é a causa de desigualdade. Ele é apenas uma medida dessa desigualdade. A alternativa "b", portanto, não contribui para redução da pobreza. Quando ocorre crescimento econômico, há aumento da renda, o que contribui para reduzir a pobreza no país. O programa de distribuição de renda, chamado Bolsa Família, eleva a renda da população mais vulnerável, reduzindo a pobreza. A isenção de impostos indiretos sobre bens essenciais, consumidos pela população de mais baixa renda, proporciona redução do preço deles, proporcionando um maior acesso a eles pela população mais pobre. A inflação aumenta a desigualdade na medida em que afeta mais a camada da população de menor renda que não tem como se resguardar das perdas monetárias reais que a elevação de preços provoca. Portanto, uma redução da inflação contribui para uma redução da pobreza. As alternativas "a", "c", "d" e "e" contribuem, portanto, para redução da pobreza no Brasil.

46. "a". Num país onde todos tem a mesma renda, há uma perfeita distribuição de renda e, portanto, o Índice de Gini vale zero.

47. "b". O IDH é a média geométrica de três critérios: renda, saúde e educação. A renda é calculada pela Renda Nacional Bruta *Per Capita* medida pelo dólar PPC. A saúde é medida pela expectativa de vida ao nascer e a Educação é medida pelos anos de escolaridade esperado das crianças em idade escolar e a média de anos de escolaridade dos adultos. A alternativa correta é a "b". O Índice de Gini mede a concentração de renda de um país ou região. Portanto, o item 3 está incorreto.

48. "b". O produto gerado pela economia é o somatório de todas as quantidades produzidas multiplicadas pelo seu respectivo preço. Assim, produto é o valor em unidades monetárias dos bens e serviços finais produzidos em uma economia em determinado período de tempo. A estimativa do Produto deve obrigatoriamente ser expressa, portanto, em unidades monetárias. A alternativa "b" está correta e as alternativas "a" e "d" estão erradas. Quando se calcula o produto em termos reais, o preço a ser considerado é constante, no lugar do preço corrente. Quando se considera o preço corrente, determina-se o produto nominal. Quando se considera o preço constante, determina-se o produto real. Assunto este a ser visto no capítulo 5 deste livro. A alternativa "c" está errada.

49. "e". O produto gerado pela economia é o somatório de todas as quantidades produzidas multiplicadas pelo seu respectivo preço. Assim, produto é o valor em unidades monetárias dos bens e serviços finais produzidos em uma economia em determinado período de tempo. A estimativa do Produto deve obrigatoriamente ser expressa, portanto, em unidades monetárias.

50. "e". Quando um país importa (fazendo o Resto do mundo exportar) há um vazamento, ou seja, uma redução autônoma da demanda agregada. Com a importação, recursos saem (vazam) do país para o resto do mundo, atenuando a renda doméstica. A alternativa "e" está correta. As famílias consomem bens e serviços, disponibilizam, mediante pagamento (salários, juros, alugueis e lucros), fatores de pagamento (mão de obra, capital, empreendimento, matéria-prima), pagam impostos e recebem benefícios, bens/serviços do governo. A alternativa "a" está incorreta. A renda (salários, juros, aluguéis e lucros) é gerada como pagamento pela utilização dos fatores de produção (mão de obra, capital, matéria-prima e empreendimento) que pertencem às famílias. A alternativa "b" está errada. A tributação é um vazamento que sai das famílias e empresas para o governo, reduzindo a demanda agregada por bens e serviços. A alternativa "c" está incorreta. As exportações são injeções, ou seja, aumentam a demanda agregada, já que o Resto do mundo passa a demandar bens e serviços produzidos no país e, por conseguinte, mais fatores de produção são utilizados para a produção desses bens e mais renda é gerada. A alternativa "d" está incorreta.

51. "a". Define-se produto (ou Renda) *per capita* a relação entre o produto da economia e o número de pessoas residentes. O número de pessoas residentes ou população residente é considerada no dia 30 de junho. A FIBGE considera residente a Unidade que mantém o centro de interesse econômico no território econômico, realizando, sem caráter temporário, atividades econômicas nesse território. A alternativa "a" está correta e as alternativas "b", "c", "d", "e" estão incorretas.

52. "d". Os agregados macroeconômicos para medir o desempenho da economia são: Produto, Renda e Despesa. Os tributos não são incluídos. Embora seja um agregado que sirva para medir a poupança do governo, ele não é usado para medir o desempenho da economia. A identidade macroeconômica afirma que o produto é igual a renda e igual a despesa (ou dispêndio), ou seja, o Produto é igual à Renda total de todas as pessoas na economia e da Despesa total da economia na produção de bens e serviços. Esse item está incorreto. O Produto equivale à soma de todos os bens e serviços finais produzidos pelas empresas durante certo período de tempo. Não pode se somar o valor da mão de obra e dos insumos necessários à produção desses bens e serviços porque eles já foram computados no cálculo do produto. Se forem somados novamente, haverá dupla contagem do consumo intermediário. Por isso que quando se calcula o valor do produto da economia, deve-se subtrair o Consumo Intermediário do Valor Bruto da produção. Observe: Produto = Valor Bruto da Produção – Consumo Intermediário. Esse item está incorreto. Renda corresponde ao valor total de pagamento que as firmas fazem aos indivíduos, pelo uso dos fatores de produção e é composta pelo somatório dos salários, juros, aluguéis e lucros. Esse item está correto.

2
FORMAS DE MENSURAÇÃO DO PRODUTO E DA RENDA NACIONAL

Como foi mostrado no capítulo anterior, a primeira identidade macroeconômica discutida foi:

Produto ≡ Renda ≡ Dispêndio[1]

Para se medir o produto da economia, pode-se utilizar três óticas: a ótica do produto, a ótica da renda e a ótica do dispêndio. Os valores encontrados por meio dessas mensurações devem ser idênticos.

Sachs e Larrain reescrevem essa importante identidade macroeconômica na visão de uma economia a dois setores da seguinte maneira: "Note que as compras (...) são de dois tipos: as realizadas pelos consumidores finais do produto e as realizadas por empresas que usam os produtos de outras empresas como insumos para fabricar seus próprios produtos. Vamos agora subtrair o valor das compras interempresas de cada um dos itens (...). O total das compras menos as compras interempresas é igual à demanda final. Receitas totais menos compras de outras empresas é igual ao valor adicionado das empresas na economia. Em seguida, encontramos outra identidade (que, mais uma vez, só totalmente verdadeira em uma economia fechada):

Demanda final = valor adicionado = salários + rendimento de capital"[2].

Diante disso, observe o cálculo do produto por essas três óticas nos itens a seguir.

■ 2.1. ÓTICA DO DISPÊNDIO OU DA DESPESA

Pela ótica do dispêndio, determina-se o produto da economia **somando-se o produto, que pela sua natureza é final, com os insumos que não entraram no processo produtivo**[3]. Por essa ótica, é possível medir o esforço produtivo em suas

---

[1] Quando se fala em produto, renda e dispêndio, não se estão especificando as suas diferenciações, que consistem em se acrescentar a depreciação ou não, os impostos indiretos líquidos de subsídios ou não e a renda líquida enviada (ou recebida) do exterior ou não. Esses acréscimos ou subtrações indicarão se o agregado é líquido ou bruto, a custo de fatores ou a preço de mercado, interno ou nacional. No capítulo 3, será abordado tal assunto.

[2] Jeffrey D. Sachs e Felipe Larrain B., *Macroeconomia*, p. 23.

[3] Essa definição foi abordada por Paulani e Braga (2000, p. 11), quando afirmaram que: "Todo bem que, por sua natureza, é final, deve ter seu valor considerado no cálculo do valor do produto, mas nem todo bem cujo valor entra no cálculo do produto é um bem final por natureza".

etapas produtivas. Feijó e Ramos reforçam ao afirmar que: "Esta forma de se medir o esforço produtivo da economia num período de tempo é denominado de ótica da despesa"[4]. Assim, o produto da economia terá seu destino sob a forma de Consumo Final para as Unidades Familiares ou para o Governo, Investimento das empresas ou Exportação Líquida para o Setor Externo. Então, é possível dizer que o produto é medido pelo seu **consumo**.

O produto que, pela sua natureza, é final é aquele que já se encontra na sua última etapa produtiva, ou seja, é aquele que já está pronto para o consumo ("está na prateleira" para ser vendido). Os insumos que não entraram no processo produtivo são aqueles que serão utilizados em outro processo produtivo e, portanto, ainda não estão prontos para o consumo (ainda não estão "na prateleira" para serem vendidos).

Nas duas hipóteses consideradas no primeiro capítulo, calcula-se o produto pela ótica do dispêndio. Acompanhe as Tabelas 2.1 e 2.2:

Tabela 2.1. Cálculo do Produto pela ótica do dispêndio — 1ª hipótese

SETOR	PRODUÇÃO	PRODUTO INTERMEDIÁRIO	PRODUTO ADICIONADO	INSUMO QUE NÃO ENTROU NO PROCESSO PRODUTIVO
SETOR 1	1.000	0	1.000	0
SETOR 2	2.100	1.000	1.100	0
SETOR 3	3.300	2.100	1.200	0
SETOR 4	4.600	3.300	1.300	0
VBP =	11.000			

Produto agregado = produto que, pela sua natureza, é final + insumos que não entraram no processo produtivo
Produto agregado = 4.600 + 0
Produto agregado = 4.600

Tabela 2.2. Cálculo do Produto pela ótica do dispêndio — 2ª hipótese

SETOR	PRODUÇÃO	PRODUTO INTERMEDIÁRIO	PRODUTO ADICIONADO	PRODUTO QUE NÃO ENTROU NO PROCESSO PRODUTIVO
SETOR 1	1.000	0	1.000	200
SETOR 2	2.000	800	1.200	700
SETOR 3	2.700	1.300	1.400	0
SETOR 4	5.200	2.700	2.500	0
VBP =	10.900			

---

[4] Carmem Aparecida Feijó e Roberto Luis Olinto Ramos, *Contabilidade social*, p. 22.

Produto agregado = produto que, pela sua natureza, é final + insumos que não entraram no processo produtivo

Produto agregado = 5.200 + (200 + 700 + 0 + 0)

Produto agregado = 5.200 + 900

Produto agregado = 6.100

Portanto, pode-se entender que o bem produzido na economia é a soma do produto acabado (produto pronto para o consumo) mais o produto inacabado (que deverá ser acabado em outro processo produtivo). Nessa segunda hipótese, o produto da economia seria composto de 5.200 de pão, mais 200 de sementes, mais 700 de trigo, o que resulta num total de 6.100.

Sachs e Larrain afirmam que, "por esse processo, o PIB é medido como a soma de todas as demandas finais do produto na economia. Há vários tipos de demandas finais. O produto da economia pode ser usado para o consumo familiar (C), o consumo governamental (G), investimento em novo capital na economia (I), ou venda líquida para o exterior (exportações/importações)"[5].

Observe a Tabela 2.3, extraída do IBGE, que mostra os componentes da demanda no PIB entre 2000 e 2010 no Brasil.

Tabela 2.3. Componentes da demanda no PIB — 2000-2010 (em %)

ESPECIFICAÇÃO	2000	2001	2002	2003	2004	2005	2006	2007	2008	2009 (1)	2010 (1)
Consumo das famílias	64,3	63,5	61,7	61,9	59,8	60,3	60,3	59,9	58,9	61,7	60,6
Consumo da administração pública	19,2	19,8	20,6	19,4	19,2	19,9	20,0	20,3	20,2	21,8	21,2
FBCF + Variação de estoques	18,3	18,0	16,2	15,8	17,1	16,2	16,8	18,3	20,7	16,5	19,2
Exportação de bens e serviços	10,0	12,2	14,1	15,0	16,4	15,1	14,4	13,4	13,7	11,1	11,2
Importação de bens e serviços	(11,7)	(13,5)	(12,6)	(12,1)	(12,5)	(11,5)	(11,5)	(11,8)	(13,5)	(11,2)	(12,1)
PIB a preço de mercado	100,0	100,0	100,0	100,0	100,0	100,0	100,0	100,0	100,0	100,0	100,0

Fonte: IBGE. Diretoria de Pesquisas, Coordenação de Contas Nacionais.
(1) Resultados preliminares calculados a partir das Contas Nacionais Trimestrais.

Logo, pela ótica da despesa, pode-se determinar o produto pela soma das despesas com bens finais, ou seja, a soma do Consumo das famílias (C), investimento das empresas (I), gasto do Governo (G) e Exportações líquidas de bens e serviços não fatores, que é a diferença entre as exportações e importações de bens e serviços não fatores (X – M), ou seja:

Produto agregado = C + I + G + X – M

(ótica do dispêndio)

---

[5] Jeffrey D. Sachs e Felipe Larrain B., *Macroeconomia*, p. 24.

2.2. ÓTICA DO PRODUTO

Pela ótica do produto, determina-se o produto da economia pela **soma dos valores** (ou produtos, ou consumo, ou bens) **adicionados** em cada fase de produção. Assim, o produto é medido pela sua produção.

Outra maneira de medir o produto pela ótica do produto é calcular a **diferença entre a produção total (Valor Bruto da Produção) e o Consumo Intermediário**[6], como visto no primeiro capítulo. Assim reforça Mankiw: "Uma forma de computar o valor de todos os bens e serviços finais é somar o valor adicionado em cada etapa da produção. O valor adicionado de uma empresa corresponde ao valor da produção da empresa menos o valor dos bens intermediários que ela compra em outro lugar (...). Por essa razão, o PNB também se define como o total do valor adicionado de todas as empresas na economia"[7].

Supondo as mesmas duas hipóteses citadas anteriormente, obtém-se o valor do produto adicionado por cada setor da economia mostrado nas Tabelas 2.4 e 2.5 a seguir:

Tabela 2.4. Cálculo do Produto pela ótica do produto — 1ª hipótese

SETOR	PRODUÇÃO OU VBP[8]	PRODUTO INTERMEDIÁRIO	PRODUTO ADICIONADO	INSUMO QUE NÃO ENTROU NO PROCESSO PRODUTIVO
SETOR 1	1.000	0	1.000	0
SETOR 2	2.100	1.000	1.100	0
SETOR 3	3.300	2.100	1.200	0
SETOR 4	4.600	3.300	1.300	0
VBP =	11.000			

Produto agregado = soma do produto adicionado =
1.000 + 1.100 + 1.200 + 1.300 = 4.600
Ou: Produto agregado = VBP − Consumo Intermediário
Produto agregado = 11.000 − (1.000 + 2.100 + 3.300)
Produto agregado = 4.600

Tabela 2.5. Cálculo do Produto pela ótica do produto — 2ª hipótese

SETOR	PRODUÇÃO	PRODUTO INTERMEDIÁRIO	PRODUTO ADICIONADO	PRODUTO QUE NÃO ENTROU NO PROCESSO PRODUTIVO
SETOR 1	1.000	0	1.000	200
SETOR 2	2.000	800	1.200	700
SETOR 3	2.700	1.300	1.400	0
SETOR 4	5.200	2.700	2.500	0
VBP =	10.900			

---

[6] Consumo Intermediário, ou Produto Intermediário, ou Valor Intermediário.
[7] N. Gregory Mankiw, *Macroeconomia*, p. 13.
[8] VBP = Valor Bruto da Produção.

Produto agregado = soma do produto adicionado =
$$1.000 + 1.200 + 1.400 + 2.500 = 6.100$$
Ou: Produto agregado = VBP – Consumo Intermediário

Produto agregado = 10.900 – (800 + 1.300 + 2.700)

Produto agregado = 10.900 – 4.800

Produto agregado = 6.100

■ 2.3. ÓTICA DA RENDA

Para produzir bens e serviços, são utilizados fatores de produção que deverão ser remunerados. E a **soma dessa remuneração recebe o nome de renda**. E a renda toma a forma de **salários, juros, aluguéis e lucros**. Observe o Quadro 2.1 a seguir:

Quadro 2.1. Remuneração dos Fatores de Produção

FATORES DE PRODUÇÃO	REMUNERAÇÃO DOS FATORES DE PRODUÇÃO
MÃO DE OBRA (ou trabalho) →	SALÁRIO (S)
CAPITAL[9] →	JUROS (J)
MATÉRIA-PRIMA[10] →	ALUGUEL (A)
EMPREENDIMENTO →	LUCRO (L)
[11]	
	= RENDA

Assim, pela ótica da renda, o produto obtido é medido pelo seu rendimento.

Supondo que o produto gerasse uma renda em forma de salários, juros, aluguéis e lucros, considere, ilustrativamente, as seguintes porcentagens:

40% em forma de Salários.

20% em forma de Juros.

10% em forma de Aluguéis.

30% em forma de Lucros.

De acordo com a Tabela 2.6 a seguir, tem-se uma remuneração em forma de salários, num total de R$ 2.440,00; de juros, num total de R$ 1.220,00; de aluguéis, num total de R$ 610,00; e de lucros, num total de R$ 1.830,00. Somando todas essas formas de renda, pode-se afirmar que a renda gerada na economia foi de R$ 6.100,00.

---

[9] O capital pode ser entendido como: *capital físico* (bens de capital que produzem outros bens, como, por exemplo, máquinas, ferramentas, estoques, instalações, edificações), que teria como remuneração o aluguel; *capital financeiro* ou capital de empréstimos (recursos de terceiros utilizados para comprar o capital físico), cuja remuneração seria os juros; *capital de risco* (recursos próprios que se utilizam para comprar o capital físico), cuja remuneração seria o lucro.

[10] Matéria-prima, ou terra, ou recursos naturais, ou a propriedade dos bens de produção.

[11] Alguns autores incluem a tecnologia como fator de produção e *royalties* como a remuneração da tecnologia.

Tabela 2.6. Cálculo do Produto pela ótica da renda

PRODUTO ADICIONADO	SALÁRIOS (R$) (40%)	JUROS (R$) (20%)	ALUGUÉIS (R$) (10%)	LUCROS (R$) (30%)	RENDA (R$) (100%)
1.000	400,00	200,00	100,00	300,00	1.000,00
1.200	480,00	240,00	120,00	360,00	1.200,00
1.400	560,00	280,00	140,00	420,00	1.400,00
2.500	1.000,00	500,00	250,00	750,00	2.500,00
TOTAL	2.440,00	1.220,00	610,00	1.830,00	6.100,00

Como todo produto gera uma renda de igual valor, pode-se dizer que, sendo a renda de R$ 6.100,00, o produto será igual a R$ 6.100,00 também.

Todo produto gera uma renda de igual valor.

Obs.: Como dito anteriormente, as porcentagens das remunerações dos fatores de produção são meramente ilustrativas.

Logo, o produto adicionado será a soma das remunerações dos fatores de produção, ou seja:

Produto agregado = renda
Produto agregado = salários + juros + aluguéis + lucros
Produto agregado = 2.440 + 1.220 + 610 + 1.830 = 6.100

Feijó e Ramos[12] resumem o produto pelas três óticas da seguinte maneira:
Ótica do produto = Valor da produção – Valor dos Consumos Intermediários
Ótica da renda = Soma das remunerações aos fatores de produção
Ótica da despesa = Soma dos gastos finais na economia em bens e serviços (despesas de consumo e com formação de capital), nacionais e importados

Já Froyen sintetiza, afirmando que, "no lado do produto, são medidas a produção e as vendas; no da renda mede-se a distribuição do resultado monetário das vendas"[13].

As informações necessárias para se obter as medidas pelas três óticas são possíveis por três caminhos: pesquisas realizadas por órgãos oficiais encarregados de fazer levantamentos estatísticos em empresas e residências; empresas que informam ao governo os respectivos dados que farão parte do cálculo do produto; ou estimativas que serão inferidas com base nos indicadores.

2.4. QUESTÕES

1. (ICMS/PA — FGV — 2008) Seja uma economia fechada e sem governo com três setores produtores: trigo, farinha e pão, respectivamente.

EM R$	TRIGO	FARINHA	PÃO
VBP	100	500	900
CI	0	100	400

Na tabela acima, VBP indica Valor Bruto da Produção, e CI, Custos intermediários.

---

[12] Carmem Aparecida Feijó e Roberto Luis Olinto Ramos, *Contabilidade social*, p. 22.
[13] Richard T. Froyen, *Macroeconomia*, p. 18.

Sabendo-se que o montante total de salários pagos nessa economia é de Z$300, o total de pagamentos com aluguéis é de Z$200 e o total pago com juros é de Z$300, assinale a alternativa correta.
a) O PIB desse país é Z$1.500.
b) O lucro total dessa economia é Z$200.
c) A renda total dessa economia é Z$800.
d) O PIB é Z$500 maior do que renda.
e) O PIB é de $900.

2. (ICMS/RJ — FGV — 2008) Uma economia hipotética com governo é caracterizada da seguinte forma:

	VALOR BRUTO DA PRODUÇÃO	INSUMOS
Minério	R$ 150	0
Aço	R$ 300	R$ 150 de minério
Carro	R$ 600	R$ 200 de aço

Obs.: valores em milhões de reais.
O total de salários pagos é igual a R$ 200 milhões.
O total gasto com o pagamento de juros e aluguéis é igual a R$ 250 milhões.
O consumo total das famílias é igual a R$ 600 milhões.
Com base nos dados acima, assinale a alternativa correta:
a) A renda total dessa economia é igual a R$ 500 milhões.
b) O lucro dessa economia é igual a R$ 550,00.
c) O PIB dessa economia é igual a R$ 700,00.
d) O consumo do governo é igual a zero.
e) O PIB dessa economia é igual a R$ 950 milhões.

3. (TCM/PA — FGV — 2008) Seja uma economia fechada e sem governo com três setores produtores de trigo, farinha e pão, respectivamente:

EM R$	TRIGO	FARINHA	PÃO
VBP	2.000	10.000	18.000
CI	0	2.000	8.000

Na tabela acima, VBP indica Valor Bruto da Produção, e CI, Custos Intermediários. Sabendo-se que o montante de salários pagos nessa economia foi de R$ 6.000, o total de pagamentos com aluguéis foi de R$ 4.000 e o total pago com juros foi de R$ 6.000, assinale a alternativa correta:
a) O PIB desse país foi de R$ 30.000.
b) O lucro total dessa economia foi de R$ 4.000.
c) A renda total dessa economia foi de R$ 16.000.
d) O PIB foi de R$ 10.000 maior que a renda.
e) O PIB foi de R$ 18.000.

4. (Tribunal de Contas do Município do Rio de Janeiro — FGV — 2008) Uma economia hipotética com governo é caracterizada da seguinte forma:

	VALOR BRUTO DA PRODUÇÃO	INSUMOS
Minério	R$ 100	0
Aço	R$ 300	R$ 100 de minério
Carro	R$ 500	R$ 200 de aço

Obs.: valores em milhões de reais
O total de salários pagos é igual a R$ 500 milhões.
O total gasto com o pagamento de juros e aluguéis é igual a R$ 300 milhões.
O consumo total das famílias é igual a R$ 500 milhões.
Com base nos dados acima, assinale a alternativa correta:
   a) A renda total dessa economia é igual a R$ 500 milhões.
   b) O lucro dessa economia é igual a R$ 200,00.
   c) O PIB dessa economia é igual a R$ 600,00.
   d) O consumo do governo é igual a zero.
   e) O PIB dessa economia é igual a R$ 900 milhões.

5. (ICMS/RJ — FGV — 2011) O país Z possui uma economia com três setores: trigo, farinha e pão, que pode ser descrita da seguinte forma:

	TRIGO	FARINHA	PÃO
Insumos	$ 0	$ 1.000	$ 1.000
Valor bruto da produção	$ 1.000	$ 1.500	$ 2.000

Adicionalmente, as contas nacionais mostram que o total pago em salários é de $ 1.500, e o pagamento de juros é de $ 300.
Com base nos dados acima, analise as afirmativas a seguir:
   I. O PIB dessa economia é $ 2.000.
   II. O valor agregado do setor de farinha é de $ 500.
   III. O total pago com aluguéis não excede a $ 700.
Assinale:
   a) se todas as afirmativas estiverem corretas.
   b) se apenas as afirmativas II e III estiverem corretas.
   c) se apenas as afirmativas I e II estiverem corretas.
   d) se nenhuma estiver correta.
   e) se apenas as afirmativas I e III estiverem corretas.

6. (SEPLAG — DETRAN — CEBRASPE — 2008) O Produto Interno Bruto (PIB) de um país é o valor monetário de todos os bens e serviços finais produzidos dentro do país no período de um ano. A partir desse conceito, julgue os itens a seguir.
   a) Segundo a ótica do valor adicionado, o preço dos ônibus adquiridos pelas empresas do setor de transporte urbano não é computado no cálculo do PIB desse setor.
   b) Pela ótica da renda, o cálculo do PIB do setor de transporte urbano inclui os salários pagos para os motoristas dos ônibus das empresas desse setor.

7. (FUNCAP — CEBRASPE — 2004) O estudo dos conceitos básicos da contabilidade nacional é indispensável à compreensão da teoria macroeconômica. Acerca desse assunto, julgue o item a seguir.
A mensuração do PIB pela ótica da despesa não deve levar em conta as vendas externas porque elas não representam gastos dos residentes no país.

8. (Ministério da Saúde — CEBRASPE — 2009) No país Y, há apenas três empresas: uma produz trigo, outra produz farinha de trigo, e a terceira produz pão. Toda a produção de trigo e de farinha é comprada pela fábrica de pão.
A produtora de trigo não compra insumos (matérias-primas), e a produtora de farinha de trigo compra seus insumos de outro país. A tabela abaixo apresenta, em unidades monetárias, os valores da produção.

ITEM	TRIGO	FARINHA DE TRIGO	PÃO
Insumos	—	100	1.500
Salários	200	300	500
Lucros	450	450	600
Valor total	650	850	2.600
Depreciação	—	200	200

Considerando essa situação hipotética, julgue os itens que se seguem, acerca das contas nacionais macroeconômicas de Y.
  a) Pela ótica do valor adicionado, o valor do produto interno bruto (PIB) de Y é superior a 2.600.
  b) O produto interno líquido de Y é igual a 2.100.
  c) Pela ótica da renda, o valor do PIB de Y é igual a 2.500.
  d) Se metade dos lucros da empresa do setor de farinha de trigo, depois de descontada a depreciação, forem remetidos para sua matriz no exterior, o produto nacional líquido de Y será igual a 1.975.

9. (Economista — SUFRAMA — CEBRASPE — 2014) Considerando o sistema de contas nacionais, os conceitos de déficit e de dívida pública e as identidades e os agregados macroeconômicos, julgue o item a seguir.
O produto nacional calculado sob a ótica da renda pode ser expresso pela soma dos salários e dos lucros das empresas, deduzindo-se as despesas com aluguéis e com juros, para se evitar a dupla contagem.

10. (Auditor-Fiscal de Controle Externo — TCE-SC — Economia — CEBRASPE — 2016) Considerando as identidades macroeconômicas básicas e os conceitos relacionados ao balanço de pagamentos, julgue o item a seguir.
Na ótica da produção, os serviços domésticos remunerados entram no cálculo do produto interno bruto brasileiro.

11. (Analista Judiciário — TJ-SE — Apoio Especializado — Economia — CEBRASPE — 2014) Em relação aos agregados macroeconômicos, a seus relacionamentos e ao sistema de contas nacionais, julgue o item subsecutivo.
Para a mensuração do PIB, utilizam-se as seguintes abordagens: despesa, renda e produção, sendo a depreciação um componente utilizado no cálculo do produto na abordagem da despesa.

12. (IBGE — CONSULPLAN — 2011 — adaptada) Julgue a afirmativa.
O cálculo do produto feito pela ótica da despesa considera a soma de todos os bens e serviços finais, produzidos em um período, mais o que foi gerado de estoque.

13. (Economista — CODEBA — FGV — 2010) Uma economia hipotética com três setores (A, B e C) e governo é caracterizada da seguinte forma

VALORES EM MILHÕES DE REAIS	VALOR BRUTO DA PRODUÇÃO	INSUMOS
Setor A	R$ 150	0
Setor B	R$ 300	R$ 150 de produto do setor A
Setor C	R$ 800	R$ 200 de produto do setor B

— O total de salários pagos é igual a R$ 200 milhões.
— O total gasto com o pagamento de juros e aluguéis é igual a R$ 450 milhões.
— O consumo total das famílias é igual a R$ 600 milhões.
Com base nos dados acima, assinale a alternativa correta.
   a) A renda total dessa economia é igual a R$ 650 milhões.
   b) O PIB dessa economia é igual a R$ 800 milhões.
   c) O consumo do governo é igual a zero.
   d) O PIB dessa economia é igual a R$ 1.250 milhões.
   e) O lucro dessa economia é igual a R$ 250 milhões.

14. (Analista — Prefeitura de São Paulo — Planejamento e Desenvolvimento Organizacional — Ciências Econômicas — VUNESP — 2015) Ao se medir a produção de um país, evita-se superestimar o Produto Nacional por meio da dupla contagem. Uma das maneiras para se evitar este efeito é
   a) incluir os produtos intermediários na contagem do PNB.
   b) eliminar os valores adicionados ao produto à medida que ele passa pelos vários estágios do processo produtivo.
   c) excluir os bens finais da contagem do PNB.
   d) somar ao Produto Nacional Líquido a depreciação observada no mesmo período.
   e) levar em consideração os valores adicionados ao produto à medida que ele passa pelos vários estágios do processo produtivo.

15. (Economista /FCC/ 2016) Nas contas nacionais, o valor do Produto Interno Bruto – PIB pode ser visto sob as óticas da produção, da demanda e da renda. Quando expressa a produção, o valor é igual
   a) à despesa de consumo das famílias, mais o consumo do governo.
   b) ao consumo das famílias menos o consumo do governo, mais o consumo intermediário, a preços de consumidor.
   c) ao valor bruto da produção, a preços básicos, menos o consumo intermediário, a preços de consumidor, mais os impostos, líquidos de subsídios, sobre produtos.
   d) ao total da renda das empresas, menos o total dos impostos.
   e) à remuneração dos empregados, mais o total dos impostos, líquidos de subsídios, sobre a produção e a importação.

16. (IBFC — Analista Administrativo/Economia/2020) Sabe-se que o Produto Interno Bruto (PIB) é o valor dos bens e serviços finais produzidos em uma economia num dado período de tempo. Além disso, seu cálculo pode ser realizado através de três óticas: despesa, produto e renda. Diante do contexto, assinale a alternativa incorreta.
   a) O cálculo do PIB pela ótica da despesa leva em conta a soma do consumo das famílias, serviços adquiridos pelos governos federal, municipal e estadual, à aquisição de bens de capital e as exportações líquidas.
   b) O PIB pela ótica do produto nada mais é que a soma dos valores dos bens finais e intermediários.
   c) O resultado encontrado pela Ótica da Renda deve ser exatamente igual ao encontrado pela ótica da despesa e produto, dado certo período de tempo analisado.
   d) O PIB pela ótica da despesa, leva em conta à aquisição de bens de capital para seu cálculo. Esse investimento é composto pela formação bruta de capital fixo e pela variação de estoques.
   e) O PIB pela ótica da renda se dá pela soma de toda renda gerada no proces-so produtivo, para isso, leva-se em consideração a soma dos salários, lucros, juros e aluguéis.

2 ■ Formas de Mensuração do Produto e da Renda Nacional

17. (FEPESE — Economista /Pref Florianópolis/2019) A partir do fluxo circular de renda, podem ser estabelecidas três alternativas de medida do Produto Interno Bruto (PIB) de uma economia.

Sobre essas alternativas, é correto afirmar:
a) Pela ótica da despesa, o PIB é dado pelo consumo privado, investimento privado, gastos do governo e exportações líquidas.
b) Pela ótica da renda, o PIB é medido pelo valor do consumo intermediário acrescido em cada setor da economia.
c) Pela ótica da renda, o PIB é medido pela soma do valor de todos os bens finais produzidos na economia.
d) Pela ótica do produto, o PIB é obtido pela soma das remunerações dos fatores de produção e medido pelos salários, juros, lucros e aluguéis.
e) Pela ótica do produto, o PIB de uma economia é calculado a partir dos gastos de uma sociedade, sejam esses privados ou governamentais, além do investimento bruto.

■ GABARITO ■

1. "b".

	VBP	CI
Trigo	100	0
Farinha	500	100
Pão	900	400
TOTAL	1.500	500

Salários (S) = 300
Aluguel (A) = 200
Juros (J) = 300
Lucros (L) = ?

Produto Agregado = Valor Bruto da Produção – Consumo Intermediário
Produto Agregado = 1.500 – 500
Produto Agregado = 1.000

Logo: PIB = 1.000
Como: Produto = Renda, então: Renda (Y) = 1.000
Y = Salários + Juros + Aluguéis + Lucros
1.000 = 300 + 300 + 200 + Lucros
Lucros = 200

2. "c".

	VBP	INSUMOS = CONSUMO INTERMEDIÁRIO
Minério	150	0
Aço	300	150
Carro	600	200
TOTAL	1.050	350

Salários = 200
Juros + Aluguéis = 250
Lucros = ?

Consumo pessoal = 600

Produto = Valor Bruto da Produção (VBP) – Consumo Intermediário
Produto = 1.050 – 350
PIB = Produto = 700

Como: Produto = Renda, então: Renda = 700
Renda = Salários + Juros + Aluguéis + Lucros
Renda = 200 + 250 + Lucro
700 = 450 + Lucro
Lucro = 250

Como: Produto = Despesa
Despesa = Consumo (C) + Investimento (I) + Gasto do Governo (G) + exportação (X) – Importação (M)
700 = 600 + I + G + X – M
Logo: I + G + X – M = 100

Mesmo que a questão se refira a uma economia fechada (onde X – M = 0), os gastos do governo + investimento seriam de 100. Portanto, não se pode afirmar que o consumo do governo (ou gastos do governo) seja zero. Esse assunto será visto no capítulo 4 que trata das Identidades Macroeconômicas.

3. "b".

	VBP (VALOR BRUTO DA PRODUÇÃO)	CI (CONSUMO INTERMEDIÁRIO)
Trigo	2.000	0
Farinha	10.000	2.000
Pão	18.000	8.000
TOTAL	30.000	10.000

Salário (S) = 6.000
Aluguel (A) = 4.000
Juros (J) = 6.000
Lucros (L) = ?

Produto Agregado = Valor Bruto da Produção – Consumo Intermediário
Produto Agregado = 30.000 – 10.000
Produto Agregado = 20.000

Como: Produto = Renda, então: Renda = 20.000
Renda = S + J + A + L
20.000 = 6.000 + 6.000 + 4.000 + L
L = 4.000

4. "c".

	VALOR BRUTO DA PRODUÇÃO (VBP)	INSUMOS = CONSUMO INTERMEDIÁRIO (CI)
Minério	100	0
Aço	300	100
Carro	500	200
TOTAL	900	300

Salários (S) = 500
Juros (J) + aluguéis (A) = 300
Lucros (L) = ?

Consumo das famílias = 500

Produto Agregado = VBP – Consumo Intermediário
Produto Agregado = 900 – 300
Produto Agregado = 600

Como: Produto = Renda, então: Renda = 600
Renda = S + J + A + L
600 = 500 + 300 + L
L = –200 (há prejuízo)

Como: Produto = Despesa, então: Produto = Consumo (C) + Investimento (I) + Gasto do Governo (G) + Exportação (X) – Importação (M)
600 = 500 + Investimento (I) + Gasto do Governo (G) + Exportação (X) – Importação (M)
Mesmo que se tratasse de uma economia fechada, onde X – M = 0, ainda assim não se poderia afirmar que o gasto do governo é zero. Esse assunto será visto no capítulo 4 que trata das Identidades Macroeconômicas.

5. "b".

	VALOR BRUTO DA PRODUÇÃO = VBP	INSUMOS = CONSUMO INTERMEDIÁRIO = CI
Trigo	$ 1.000	$ 0
Farinha	$ 1.500	$ 1.000
Pão	$ 2.000	$ 1.000
TOTAL	**$ 4.500**	**$ 2.000**

I. **(F)** O PIB dessa economia é $ 2.500. Observe:
PIB = VBP – CI
PIB = 4.500 – 2.000
PIB = 2.500

II. **(V)** O valor agregado do setor de farinha é de $ 500. O produto adicionado pela Farinha ($P_{FARINHA}$) foi:
$P_{FARINHA} = VBP_{FARINHA} - CI_{FARINHA}$
$P_{FARINHA} = 1.500 - 1.000$
$P_{FARINHA} = 500$

III. **(V)** O total pago com aluguéis não excede a $ 700.
Como Produto = Renda e Renda = Salários (S) + Juros (J) + Aluguéis (A) + Lucros (L)
Então: 2.500 = 1.500 + 300 + Aluguéis (A) + Lucros (L)
Logo: Aluguéis (A) + Lucros (L) = 700
Portanto: Aluguéis (A) ≤ 700

6. V, V.
a) **(V)** Os ônibus adquiridos pelas empresas são considerados um produto (ou consumo) intermediário e, portanto, não devem fazer parte do produto desse setor; caso contrário, haveria dupla contagem.
b) **(V)** O PIB, pela ótica da renda, é a soma de salários, juros, aluguéis e lucros gerados no processo produtivo. Logo, devem incluir os salários pagos para os motoristas das empresas.

7. F. A mensuração do PIB, pela ótica da despesa, numa economia aberta e com governo, é: Y = C + I + G + X – M. Portanto, as vendas externas (X) devem ser computadas no cálculo do PIB.

8. F, V, V, V.
a) **(F)** Pela ótica do valor adicionado, o valor do Produto Interno Bruto (PIB) de Y é (650 – 0) + (850 – 100) + (2.600 – 1.500) = 2.500.
b) **(V)** O Produto Interno Líquido é igual ao Produto Interno Bruto (= 2.500) subtraído da Depreciação (= 400), ou seja, é igual a 2.100.
c) **(V)** Pela ótica da renda, o valor do Produto Interno Bruto (PIB) de Y é (200 + 450) + (300 + 450) + (500 + 600) = 2.500.

d) **(V)** A metade dos lucros da empresa do setor de farinha de trigo corresponde, depois de descontada a Depreciação de 200, a (450 – 200)/2, que é igual a 125, e será remetida ao exterior (RLEE). Como o Produto Interno Líquido (PIL) é de 2.100, então o Produto Nacional Líquido (PNL) será de 1975, já que: PNL = PIL – RLEE. Esse assunto será abordado no capítulo 3.

9. Errado. O produto nacional calculado sob a ótica da renda pode ser expressado pela soma dos salários, juros, aluguéis e dos lucros das empresas.

10. Errado. A remuneração dos serviços domésticos constitui renda e, portanto, deve entrar no cálculo do produto ou renda pela ótica da renda, e não pela ótica da produção.

11. Errado. A depreciação não entra no cálculo do produto pela ótica de despesa ou dispêndio. A ótica da despesa mede o dispêndio necessário para adquirir o produto. Será, portanto, a soma do consumo das famílias, o investimento das empresas, o gasto do governo e da exportação líquida de um país. Quem computa a depreciação no cálculo do PIB é o produto pela ótica da renda.

12. Certo. O cálculo do produto pela ótica da despesa mede o dispêndio necessário para adquirir esse produto. Será, portanto, a soma do consumo das famílias, o investimento das empresas, o gasto do governo e da exportação líquida de um país. O investimento da empresa pode ser sob a forma de capital fixo, que são as máquinas, equipamentos, instalações etc., bem como o que se compôs de estoques. Ou seja, tanto o produto que pela sua natureza é final como os insumos que não entraram no processo produtivo irão compor o produto.

13. "e". Primeiro, vamos determinar o produto agregado da economia:
Produto agregado = Valor bruto da produção – Consumo intermediário

VALORES EM MILHÕES DE REAIS	VALOR BRUTO DA PRODUÇÃO	CONSUMO INTERMEDIÁRIO
Setor A	R$ 150	0
Setor B	R$ 300	R$ 150 de produto do setor A
Setor C	R$ 800	R$ 200 de produto do setor B
Σ	R$ 1.250	R$ 350

Produto agregado = 1.250 – 350
Produto agregado = 900
Logo, a renda gerada = 900
A despesa dessa economia, que não mantém relações com o exterior, será realizada pelo consumo das famílias (C), pelo investimento das empresas (I) e pelo gasto ou consumo do governo (G). Assim:
Produto agregado = C + I + G
900 = 600 + I + G
I + G = 300. Não podemos afirmar, portanto, que G é igual a zero.
A renda será a soma dos salários (S), juros (J), lucros (L) e aluguéis (A) gerados. Logo:
Renda = S + J + L + A
900 = 200 + 450 + L
L = 250

14. "e". Ao levarmos em consideração a soma dos valores adicionados ao produto à medida que ele passa pelos vários estágios do processo produtivo, evitamos a dupla contagem. Esse cálculo do produto se dá pela ótica do produto. A alternativa "e" está correta.
Não devemos incluir os produtos intermediários na contagem do PNB porque senão incorreríamos em dupla contagem. A alternativa "a" está incorreta.
Para determinarmos o produto da economia, devemos somar os valores adicionados ao produto à medida que ele passa pelos vários estágios do processo produtivo. A alternativa "b" está incorreta.
Os bens finais fazem parte da contagem do PNB. O produto é determinado pela soma do produto que pela sua natureza é final mais os insumos que não entraram no processo produtivo. A soma desses dois compõe o produto final. A alternativa "c" está incorreta.
Ao somarmos ao Produto Nacional Líquido à depreciação, encontramos o Produto Nacional Bruto, mas esse cálculo não é um mecanismo para evitar a superestimação do Produto Nacional por meio da dupla contagem. A alternativa "d" está incorreta.

2 ■ Formas de Mensuração do Produto e da Renda Nacional

15. "c". O Valor Bruto da Produção a preços básicos, ou seja, sem a inclusão dos impostos indiretos líquidos de subsídios, subtraído do consumo intermediário e somado aos impostos indiretos líquidos de subsídios é igual ao Produto agregado (PIB).

Produto agregado = VBPpb − CI + (impostos indiretos−subsídios). A alternativa "c" está correta.

Quando o PIB é visto pela ótica da demanda (ou da despesa) o PIB é igual a soma do consumo das famílias (C), Investimento das empresas (I), Gasto do Governo (G), Exportação de bens e serviços não fatores (X) subtraídas das importações de bens e serviços não fatores (M). A alternativa "a" está incorreta. O consumo intermediário não está incluído no PIB porque, caso contrário, haveria dupla contagem. Além do que, o Produto pela ótica da despesa é PIB = C + I + G + X − M. A alternativa "b" está incorreta.

O produto medido pela ótica da renda é a soma de toda renda gerada no processo produtivo (remuneração dos empregados+ excedente operacional líquido), incluindo os impostos. As alternativas "d" e "e" estão incorretas.

16. "b". Pela ótica do produto, determina- se o produto da economia pela soma dos valores (ou produtos, ou consumo, ou bens) adicionados em cada fase de produção. Assim, o produto é medido pela sua produção. Logo, o produto pela ótica do produto é calculado pela diferença entre a produção total (Valor Bruto da Produção) e o Consumo Intermediário, e não pela soma do Consumo intermediário. A alternativa "b" está incorreta.

Pela ótica da despesa, o produto é a soma das despesas com bens finais, ou seja, a soma do Consumo das famílias (C), investimento das empresas (I) sob a forma de aquisição de bens de capital, gasto do Governo federal, estadual, municipal (G) e Exportações líquidas de bens e serviços não fatores, que é a diferença entre as exportações e importações de bens e serviços não fatores (X − M), ou seja:

$$\text{Produto agregado} = C + I + G + X - M$$
(ótica do dispêndio)

A alternativa "a" está correta.

As óticas do produto, dispêndio e renda são formas de se calcular o produto, mas, este é um só. Logo, os valores encontrados por essas três óticas são o mesmo. A alternativa "c" está correta.

Pela ótica da despesa, o produto é a soma do Consumo das famílias (C), investimento das empresas (I) sob a forma de formação bruta de capital fixo e variação de estoques, gasto do Governo (G) e Exportações líquidas de bens e serviços não fatores, ou seja:

$$\text{Produto agregado} = C + I + G + X - M$$
(ótica do dispêndio)

A alternativa "d" está correta.

Para produzir bens e serviços, são utilizados fatores de produção que deverão ser remunerados. E a soma dessa remuneração recebe o nome de renda. E a renda toma a
forma de salários, juros, aluguéis e lucros. Portanto, o produto pela ótica da renda se dá pela soma de toda renda gerada no processo produtivo. A alternativa "e" está correta.

17. "a". Pela ótica da despesa (ou dispêndio), o produto é a soma do Consumo das famílias (C), investimento das empresas (I) sob a forma de formação bruta de capital fixo e variação de estoques, gasto do Governo (G) e Exportações líquidas de bens e serviços não fatores, ou seja:

$$\text{Produto agregado} = C + I + G + X - M$$

A alternativa "a" está correta.

Pela ótica da renda, o PIB é medido pela soma das remunerações dos fatores de produção, ou seja, pela soma dos salários, juros, aluguéis e lucros gerados na economia. As alternativas "b" e "c" estão incorretas.

Pela ótica do produto, o PIB é obtido pela soma dos valores adicionados por cada setor da economia ou pela subtração do consumo intermediário do Valor Bruto da Produção. As alternativas "d" e "e" estão incorretas.

3

PRODUTO NACIONAL, INTERNO, LÍQUIDO, BRUTO, A CUSTO DE FATORES, A PREÇO DE MERCADO

Na medida em que o modelo econômico ganha complexidade, torna-se necessário o estudo de novos conceitos de produto. Assim, é preciso distinguir: Produto Interno de Produto Nacional; Produto Líquido de Produto Bruto; e Produto a custo de fatores de Produto a preço de mercado.

Distinguindo o produto da economia em Nacional ou Interno, temos:

■ 3.1. PRODUTO NACIONAL[1] (PN)

Produto Nacional é o produto que pertence ao país, independente de ter sido produzido dentro das fronteiras nacionais. É uma medida do produto dos residentes[2] na economia nacional. Uma empresa brasileira instalada no exterior produz no exterior e, por conseguinte, gerará uma renda que, quando enviada ao Brasil, fará parte da Renda Nacional ou Produto Nacional. Uma empresa estrangeira que produz no Brasil, por conseguinte, gera uma renda que será remetida para o exterior e não fará parte do Produto Nacional ou Renda Nacional. Para Feijó e Ramos, "a Renda Nacional Bruta é o agregado que considera o valor adicionado gerado por fatores de produção de propriedade de residentes"[3]. Portanto, PN é a soma das remunerações pagas pelo uso dos fatores de produção aos residentes[4]. Blanchard reforça quando diz: "O Produto Nacional Bruto (PNB) corresponde ao valor adicionado por fatores de produção de posse doméstica"[5].

---

[1] O novo Sistema de Contas Nacionais não utiliza mais a terminologia PNB, pois o conceito de Nacional se aplica à distribuição da renda entre residentes e não residentes. Deve-se, portanto, utilizar a terminologia Renda Nacional no lugar de Produto Nacional. No capítulo 6, Contas Nacionais do Brasil, será possível ver que o conceito de Produto Nacional Bruto é substituído por Renda Nacional Bruta.

[2] Residente não é, necessariamente, uma pessoa física ou jurídica que tenha nacionalidade ou cidadania do país, mas sim, que tenha, naquele país, seu principal centro de interesse.

[3] Carmem Aparecida Feijó e Roberto Luis Olinto Ramos, *Contabilidade social*, p. 25.

[4] Residentes são todas as pessoas físicas ou jurídicas que mantêm o centro de interesse econômico no território nele exercendo alguma atividade econômica.

[5] Olivier Blanchard, *Macroeconomia*, p. 363.

3.2. PRODUTO INTERNO[6] (PI)

Produto Interno é o produto/renda que é gerado dentro das fronteiras territoriais do país, independente de pertencer a esse país ou não, ou seja, independe da nacionalidade dos proprietários dos recursos produtivos. Está ligado ao conceito geográfico. Assim, se uma empresa multinacional, instalada no Brasil, produz no país, o seu produto fará parte do Produto Interno Brasileiro, mas a renda gerada por ela e remetida para o país de origem não fará parte da Renda Nacional ou Produto Nacional. Observe o que dizem Feijó e Ramos: "O PIB, avaliado pela ótica do produto, mede o total do valor adicionado produzido por firmas operando no país, independente da origem do seu capital, ou seja, mede o total da produção ocorrendo no território do país"[7]. Portanto, trata-se do PIB que, pela ótica do produto, é a diferença entre Valor Bruto da Produção e Consumo intermediário, como visto no capítulo 2. Froyen define o Produto Interno como "uma medida de todos os bens e serviços finais produzidos dentro do território nacional, em determinado período de tempo"[8]. Blanchard afirma que: "O Produto Interno Bruto (...) corresponde ao valor adicionado domesticamente"[9].

Segundo Paulani e Braga: "Para se obter o produto nacional de uma economia, é preciso deduzir de seu produto interno a renda líquida enviada ao exterior ou, se for o caso, adicionar a seu produto interno a renda líquida recebida do exterior"[10]. Larrain e Sachs concluem com o seguinte conceito: "O PIB mede a renda dos fatores de produção dentro das fronteiras nacionais, não importa quem obtenha a renda. O PNB mede a renda dos residentes da economia, não importa se a renda é obtida na produção doméstica ou na produção estrangeira"[11].

Blanchard afirma que o PIB é a medida mais utilizada, embora o PNB tenha sido usado até o início da década de 1990. Observe suas palavras: "Para ir do PIB ao PNB, é preciso partir do PIB, adicionar os pagamentos de fatores recebidos do resto do mundo e subtrair os pagamentos efetuados ao resto do mundo. Em outras palavras, o PNB é igual ao PIB mais os pagamentos líquidos de fatores do resto do mundo. Embora o PIB seja atualmente a medida de uso mais comum, o PNB foi amplamente utilizado até o início da década de 1990, e você ainda o encontrará em publicações acadêmicas"[12].

Vendo alguns exemplos, é possível compreender como se determinam o Produto Nacional e o Produto Interno de uma economia:

---

[6] O novo Sistema de Contas Nacionais não utiliza a terminologia Renda Interna Bruta, mas apenas o termo Produto Interno Bruto. No capítulo 6, Contas Nacionais no Brasil, é possível perceber essa mudança de conceito.
[7] Carmem Aparecida Feijó e Roberto Luis Olinto Ramos, *Contabilidade social*, p. 25.
[8] Richard T. Froyen, *Macroeconomia*, p. 19.
[9] Olivier Blanchard, *Macroeconomia*, p. 363.
[10] Leda Maria Paulani e Márcio Bobik Braga, *A nova contabilidade social*, p. 40.
[11] Jeffrey D. Sachs e Felipe Larrain B., *Macroeconomia*, p. 27.
[12] Olivier Blanchard, *Macroeconomia*, p. 363.

1º Exemplo:

O Brasil produz internamente o valor de 5.000 u.m., ou seja, seu Produto Interno (PI) é igual a 5.000 u.m.

O Brasil tem uma empresa multinacional americana que produz 300 u.m. no Brasil e, portanto, gera renda de 300 u.m. Essa renda é enviada para os Estados Unidos, já que não pertence ao Brasil. Logo, a Renda Enviada ao Exterior (REE) é igual a 300 u.m.

O Brasil tem uma empresa brasileira instalada no Paraguai que produz 100 u.m. e, portanto, gera renda de 100 u.m., e essa renda é enviada ao Brasil, já que a empresa pertence ao Brasil. Portanto, a Renda Recebida do Exterior (RRE) é igual a 100 u.m.

PI = 5.000 u.m.

REE = 300 u.m.

RRE = 100 u.m.

Perceba que, se o Brasil tem uma Renda Enviada para o Exterior de 300 u.m. e uma Renda Recebida do Exterior de 100 u.m., equivale dizer que o país apenas tem uma renda enviada de 200 u.m., pois 300 u.m. − 100 u.m. = 200 u.m. Logo:

Renda Enviada ao Exterior − Renda Recebida do Exterior = Renda Líquida Enviada ao Exterior

REE − RRE = RLEE

Portanto, a Renda Líquida Enviada ao Exterior (RLEE) é a Renda gerada no país por uma empresa estrangeira menos a Renda Recebida do Exterior, gerada por empresas nacionais fora do seu território.

No 1º exemplo, a RLEE é de 200 u.m.

Se o Brasil produz dentro do país 5.000 u.m. e envia 200 u.m., porque não lhe pertencem, o que lhe pertence são 4.800 u.m.: 5.000 − 200 = 4.800.

Logo, o Produto Nacional é de 4.800 u.m. Portanto:

Produto Interno − Renda Líquida Enviada ao Exterior = Produto Nacional

PN = PI − RLEE

2º Exemplo:

O Brasil produz internamente o valor de 5.000 u.m., ou seja, seu Produto Interno (PI) é igual a 5.000 u.m.

O Brasil tem uma empresa multinacional paraguaia que produz 50 u.m. no Brasil e, portanto, gera renda de 50 u.m. Essa renda é enviada para o Paraguai, já que não pertence ao Brasil. Dessa forma, a Renda Enviada ao Exterior (REE) é igual a 50 u.m.

O Brasil tem uma empresa brasileira instalada na Argentina que produz 200 u.m., portanto, gera renda de 200 u.m., e essa renda é enviada ao Brasil, já que pertence ao Brasil. Logo, a Renda Recebida do Exterior (RRE) é igual a 200 u.m.

PI = 5.000 u.m.
REE = 50 u.m.
RRE = 200 u.m.

Perceba que, se o Brasil tem uma renda enviada para o exterior de 50 u.m. e tem uma Renda Recebida do Exterior de 200 u.m., o país tem uma renda líquida recebida de 150 u.m.: 200 u.m. – 50 u.m. = 150 u.m. Logo:

Renda Recebida do Exterior – Renda Enviada ao Exterior = Renda Líquida Recebida do Exterior

RRE – REE = RLRE

No 2º exemplo, a RLRE é de 150 u.m.

Se o Brasil produz dentro do país 5.000 u.m. e recebe 150 u.m., porque pertencem a ele, o que lhe pertence são 5.150 u.m.: 5.000 u.m. + 150 u.m. = 5.150 u.m.

Logo, o Produto Nacional é 5.150 u.m. Portanto:

Produto Nacional = Produto Interno + Renda Líquida Recebida do Exterior

PN = PI + RLRE

3º Exemplo:

O Brasil produz internamente o valor de 10.000 u.m., ou seja, seu Produto Interno (PI) é igual a 10.000 u.m.

O Brasil tem uma empresa multinacional alemã que produz 500 u.m. no país e, portanto, gera renda de 500 u.m. Essa renda é enviada para a Alemanha, já que não pertence ao Brasil. Logo, a Renda Enviada ao Exterior (REE) é igual a 500 u.m.

O Brasil tem uma empresa brasileira instalada na Alemanha que produz 300 u.m., portanto gera renda de 300 u.m., e essa renda é enviada ao Brasil, pois pertence ao Brasil. Logo, a Renda Recebida do Exterior (RRE) é igual a 300 u.m.

PI = 10.000 u.m.
REE = 500 u.m.
RRE = 300 u.m.

Perceba que, se o Brasil tem uma Renda Enviada para o Exterior de 500 u.m. e uma Renda Recebida do Exterior de 300 u.m., equivale dizer que o país tem apenas uma renda enviada de 200 u.m., pois 500 u.m. – 300 u.m. = 200 u.m. Logo:

Renda Enviada ao Exterior – Renda Recebida do Exterior = Renda Líquida Enviada ao Exterior

REE – RRE = RLEE

No 3º exemplo, a RLEE é de 200 u.m.

Desta forma, se o Brasil produz dentro do país 10.000 u.m. e envia 200 u.m., porque não pertencem a ele, o que lhe pertence são 9.800 u.m.: 10.000 u.m. – 200 u.m. = 9.800 u.m.

Assim, o Produto Nacional é igual a 9.800 u.m. Portanto:

Produto Interno – Renda Líquida Enviada ao Exterior = Produto Nacional

PN = PI – RLEE

Dado o Produto Nacional e buscando-se o Produto Interno, deve-se somar ao primeiro a Renda Líquida Enviada ao Exterior ou subtrair do segundo a Renda Líquida Enviada ao Exterior.

Entende-se por Renda Líquida Enviada ao Exterior a diferença entre Renda Enviada ao Exterior e Renda Recebida do Exterior; e por Renda Líquida Recebida do Exterior, a diferença entre a renda recebida e a enviada ao exterior[13].

Logo: PN = PI – RLEE ou PN = PI + RLRE. Portanto:

RLEE = –RLRE

■ 3.3. RENDA ENVIADA AO EXTERIOR (REE) OU RECEBIDA DO EXTERIOR (RRE)

Entende-se por **Renda Enviada ao Exterior ou Recebida do Exterior** toda renda que toma a forma de pagamento ou recebimento de juros da dívida, os lucros e dividendos que as filiais enviam ou recebem das matrizes localizadas no exterior, bem como os salários pagos ou recebidos pela prestação de serviços temporários na economia local por não residentes que correspondem ao pagamento/recebimento pela utilização de fatores de produção.

No cálculo da Renda Líquida Enviada ao/ou Recebida do Exterior, segundo a FGV, são incluídas as **transferências correntes unilaterais enviadas ao/ou recebidas do exterior**[14]. Estas correspondem aos pagamentos ou recebimentos sem que haja contrapartida de bens e serviços, ou seja, são recursos destinados a ajuda humanitária, doações e remessas ou recebimentos de divisas de empregados migrantes a seus familiares no país de origem.

No caso do Brasil, a Renda Líquida enviada ao exterior é positiva, o que faz o Produto Interno ser maior que o Produto Nacional. Paulani e Braga completam, afirmando que, caso "se queira ter uma ideia do resultado final do esforço da economia num determinado ano, faz sentido considerar também a contribuição prestada pelos fatores de produção de propriedade de não residentes"[15].

---

[13] Se, ao invés de ter sido fornecida a Renda Líquida Enviada ao Exterior, tiver sido informada a Renda Líquida Recebida do exterior, basta trocar o sinal, já que uma é o oposto da outra. Assim:
Se RLRE = 80 → RLEE = –80
Se RLRE = –100 → RLEE = 100
Com isso, pode-se sempre utilizar uma única fórmula: **PN = PI – RLEE**.

[14] A FGV inclui as Transferências Unilaterais no cálculo da renda líquida enviada (ou recebida) do exterior. A FIBGE considera as Transferências Unilaterais como uma rubrica à parte.

[15] Leda Maria Paulani e Márcio Bobik Braga, *A nova contabilidade social*, p. 48.

A diferença entre o Produto Interno e a Renda Nacional é maior em países que mantêm um elevado grau de endividamento, obrigando-os à remessa volumosa de pagamento de juros para fora do país, bem como países que têm instalado em seu território um grande número de empresas multinacionais, que, consequentemente, remetem lucros para fora do país. Assim, afirmam Feijó e Ramos: "As diferenças entre PIB e RNB podem ser muito grandes em países com um elevado grau de endividamento externo, devido ao pagamento de juros a estrangeiros, e países com grande presença de empresas multinacionais que remetem lucros e *royalties* para seus países de origem"[16].

Continuando na distinção entre os tipos de produto, faz-se necessário diferenciar o Produto da Economia em Líquido ou Bruto:

■ 3.4. PRODUTO LÍQUIDO (PL)

Produto sem incluir a depreciação (ou consumo do capital fixo).

■ 3.5. PRODUTO BRUTO (PB)

Produto incluindo a depreciação[17] (ou consumo do capital fixo).

A depreciação consiste no desgaste de qualquer bem de capital (desgaste de máquinas, equipamentos, instalações etc.). Feijó e Ramos se referem à depreciação dizendo que "há bens, como bens de capital, que são utilizados no processo de produção, mas foram produzidos em períodos anteriores e continuarão a ser usados em períodos posteriores. Nestes casos, apenas uma parcela destes bens é passada ao produto final"[18].

Portanto, se a depreciação é, por um lado, uma despesa ou um custo, já que deve ser incorporada ao produto para que ao final de um período[19] seja possível adquiri-lo novamente, por outro lado, ela será considerada uma reserva ou uma poupança das empresas, visto que, enquanto estiver sendo incorporada ao produto, até a aquisição de uma nova máquina ou equipamento, os valores correspondentes ficarão guardados para futura aquisição do bem de capital. Por isso, muitas vezes, é possível encontrar na literatura os termos "despesa de depreciação" ou "reserva de depreciação". Shapiro afirma que "a remoção (...), para a depreciação, do fluxo da renda bruta é a remoção de uma espécie de poupança das empresas, ou, vista de outra forma, de uma parte do fluxo de renda que não é transferida para as unidades familiares"[20].

A depreciação de um bem de capital pode ocorrer em virtude de sua **obsolescência natural**, seu **desgaste com o uso na produção** ou por **ação da natureza**.

---

[16] Carmem Aparecida Feijó e Roberto Luis Olinto Ramos, *Contabilidade social*, p. 27.
[17] Depreciação é a porção do bem de capital que é consumida na produção.
[18] Carmem Aparecida Feijó e Roberto Luis Olinto Ramos, *Contabilidade social*, p. 29.
[19] Período que corresponda ao total da depreciação do bem de capital.
[20] Edward Shapiro, *Análise macroeconômica*, p. 48.

Blanchard exemplifica da seguinte maneira o conceito de depreciação: "Se a empresa possui um grande número de máquinas, podemos pensar em δ como a proporção de máquinas que sucateiam a cada ano. (pense em lâmpadas — funcionam perfeitamente até que queimam.) Se a empresa iniciar o ano com K máquinas em funcionamento e não comprar máquinas novas, terá apenas K(1 − δ) máquinas um ano depois, e assim por diante"[21].

Dado o Produto Líquido e desejando-se calcular o Produto Bruto, deve-se somar ao primeiro a depreciação ou subtrair do segundo a depreciação. Observe o cálculo a seguir:

$$PB = PL + \text{depreciação}$$
$$PL = PB - \text{depreciação}$$

Considerando a próxima distinção do produto, pode-se diferenciar o Produto a custo de fatores e o Produto a preço de mercado.

■ 3.6. PRODUTO A CUSTO DE FATORES (Pcf)

Produto sem incluir os impostos indiretos subtraídos dos subsídios. Feijó e Ramos conceituam o Produto a custo de fatores como sendo "valorados a preço básico equivalente a considerar os preços na porta da fábrica"[22].

■ 3.7. PRODUTO A PREÇO DE MERCADO[23] (Ppm)

Produto incluindo os impostos indiretos − subsídios.

Dado o Produto a custo de fatores e desejando-se o Produto a preço de mercado, deve-se somar ao primeiro (impostos indiretos − subsídios) ou subtrair do segundo (impostos indiretos − subsídios). Observe a seguir as fórmulas para se determinar o Produto a preço de mercado quando se tem o Produto a custo de fatores, e vice-versa.

$$Ppm = Pcf + (\text{impostos indiretos} - \text{subsídios})$$
$$Pcf = Ppm - (\text{impostos indiretos} - \text{subsídios})$$

Segundo Sandroni, para se determinar o Produto a custo de fatores, é "necessário deduzir os impostos indiretos do valor do produto nacional ao preço de mercado e adicionar as subvenções. Isso porque, quando alguém compra uma mercadoria, está ao mesmo tempo pagando bem de consumo e imposto. No caso do artigo tributado, o preço pago pelo consumidor é mais alto que o preço recebido pelo produtor. Em caso de artigo subsidiado, o preço pago pelo consumidor é menor que o preço

---

[21] Olivier Blanchard, *Macroeconomia*, p. 320.
[22] Carmem Aparecida Feijó e Roberto Luis Olinto Ramos, *Contabilidade social*, p. 38.
[23] A preço de mercado ou a preço de consumidor.

recebido pelo produtor. A expressão 'a custo dos fatores' corresponde aos pagamentos efetuados às unidades familiares fornecedoras dos fatores no decurso das atividades produtivas"[24].

Portanto, pode-se criar a seguinte estrutura, que mostra de forma resumida as maneiras diferentes de apresentação do produto ou renda:

Figura 3.1. Demonstrativo das diferenças entre os produtos

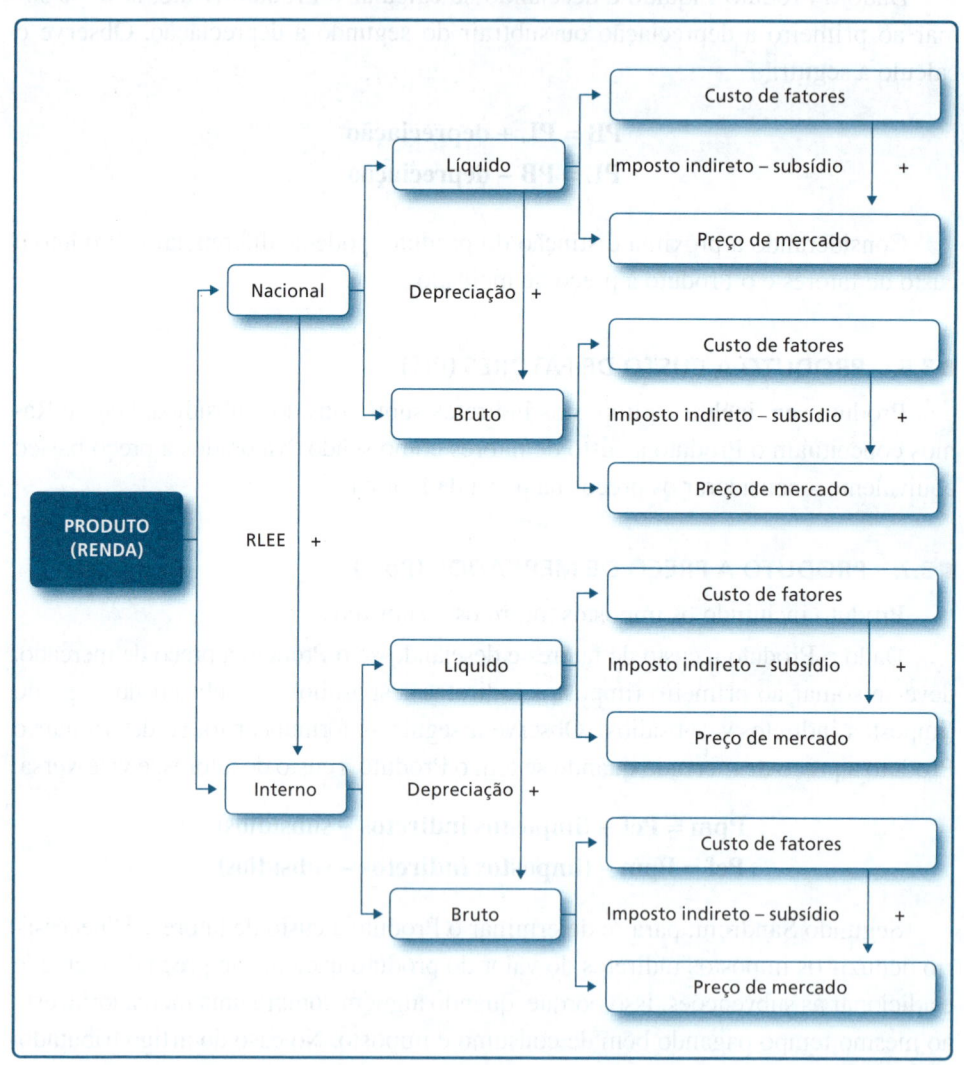

```
PRODUTO (RENDA)
├── Nacional
│   ├── Líquido
│   │   ├── Custo de fatores
│   │   ├── Imposto indireto – subsídio  +
│   │   └── Preço de mercado
│   └── Bruto      Depreciação +
│       ├── Custo de fatores
│       ├── Imposto indireto – subsídio  +
│       └── Preço de mercado
│   RLEE +
└── Interno
    ├── Líquido
    │   ├── Custo de fatores
    │   ├── Imposto indireto – subsídio  +
    │   └── Preço de mercado
    └── Bruto      Depreciação +
        ├── Custo de fatores
        ├── Imposto indireto – subsídio  +
        └── Preço de mercado
```

Observe que, sempre que se caminha de cima para baixo, soma-se:

Se se tiver o Produto Nacional e quiser o Produto Interno → soma-se a RLEE.

Se se tiver o Produto Líquido e quiser o Produto Bruto → soma-se a depreciação.

---

[24] Paulo Sandroni, *Novíssimo dicionário de economia*, p. 497.

Se se tiver o Produto a custo de fatores e quiser o Produto a preço de mercado → somam-se os impostos indiretos e subtraem-se os subsídios.

Observe que, sempre que se caminha de baixo para cima, subtrai-se:

Se se tiver o Produto Interno e quiser o Produto Nacional → subtrai-se a RLEE.
Se se tiver o Produto Bruto e quiser o Produto Líquido → subtrai-se a depreciação.
Se se tiver o Produto a preço de mercado e quiser o Produto a custo de fatores → subtraem-se os impostos indiretos e somam-se os subsídios.
Observe o resumo da Figura 3.2:

Figura 3.2. Demonstrativo abreviado das diferenças entre os produtos

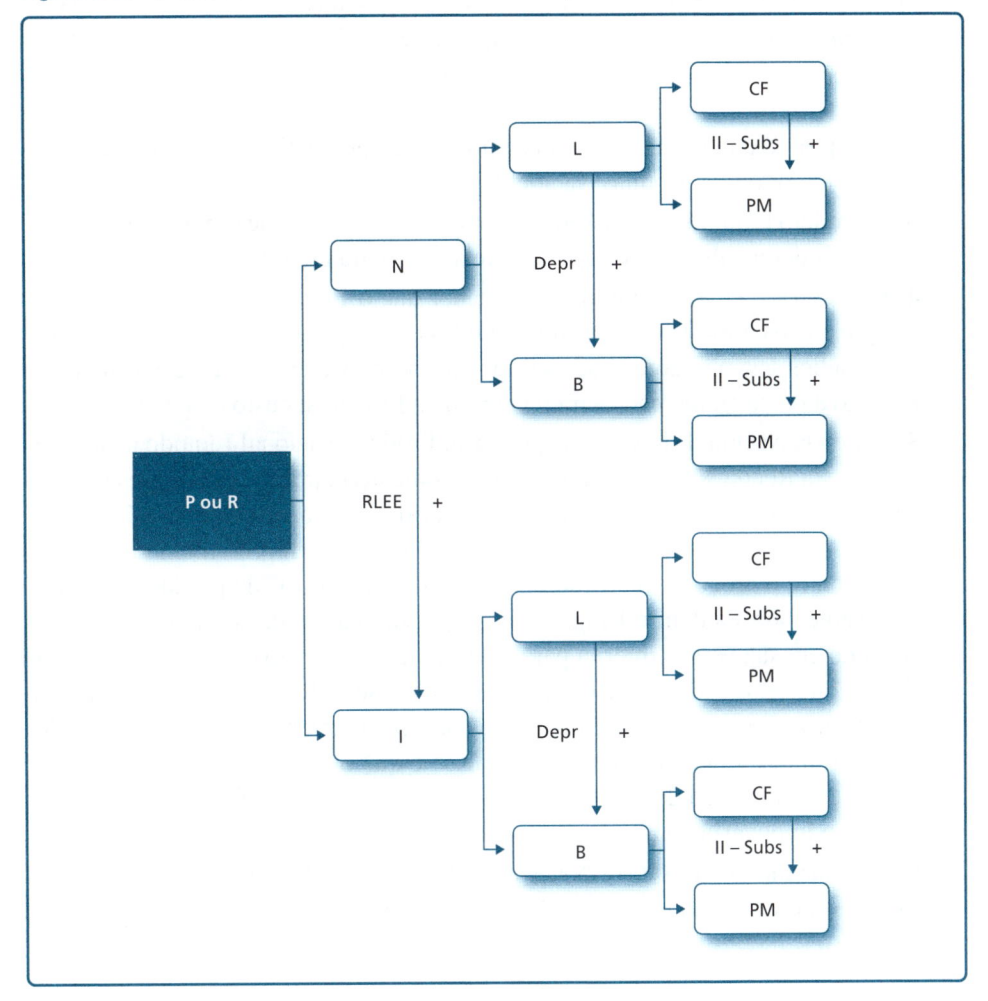

Embora o sistema de contas nacionais não utilize todas as terminologias a seguir discriminadas, a estrutura permite formar:

Produto Nacional Líquido a custo de fatores → PNLcf

Produto Nacional Líquido a preço de mercado → PNLpm
Produto Nacional Bruto a custo de fatores → PNBcf
Produto Nacional Bruto a preço de mercado → PNBpm
Produto Interno Líquido a custo de fatores → PILcf
Produto Interno Líquido a preço de mercado → PILpm
Produto Interno Bruto a custo de fatores → PIBcf
Produto Interno Bruto a preço de mercado → PIBpm[25]

Diante do conteúdo exposto, é importante enfatizar que:

1) O Produto Interno será maior que o Nacional se a Renda Líquida Enviada ao Exterior for positiva ou se a Renda Líquida Recebida do Exterior for negativa.

2) No caso do Brasil, como se trata de um país que apresenta Renda Enviada para o Exterior maior que Renda Recebida do Exterior, pode-se afirmar que apresentará Renda Líquida Enviada para o Exterior positiva e seu Produto Interno será maior que o Produto Nacional.

3) O Produto Líquido sempre será menor que o Bruto, porque um país, por menor ou menos desenvolvido que seja, sempre apresentará uma depreciação positiva.

4) O Produto a custo de fatores será menor que o Produto a preço de mercado sempre que os impostos indiretos subtraídos dos subsídios forem positivos. Caso os subsídios sejam maiores que os impostos indiretos, ter-se-á um caso em que o Produto a preço de mercado será menor que o Produto a custo de fatores.

5) A Renda Nacional (RN) corresponde ao Produto Nacional Líquido a custo de fatores. Na Renda Nacional, não inclui a depreciação, porque esta representa um custo de produção, e não uma renda de fator de produção. Também não são incluídos os impostos indiretos livres de subsídios, já que representam uma disparidade entre o preço de mercado do produto e seus custos de produção. Assim, complementam Paulani e Braga: "Por que razão não pode ser aqui utilizado o conceito em sua versão interna parece bastante claro, visto que, se os proprietários de fatores são não residentes, a renda por esses fatores gerada não vai ficar à disposição dos residentes. E por que o conceito aparece em sua versão líquida, e não bruta? A ideia que está por trás disso é que o valor produzido para compensar a depreciação do capital fixo não pode ser considerado renda, já que seu consumo implicaria consumir o estoque de capital da economia"[26].

6) A Renda Interna (RI) corresponde ao Produto Interno Líquido a custo de fatores.

7) O Produto final da economia é o Produto Interno Bruto a preço de mercado (PIBpm).

---

[25] PIBpm é o valor monetário de todos os bens finais produzidos dentro das fronteiras de um país.
[26] Leda Maria Paulani e Márcio Bobik Braga, *A nova contabilidade social*, p. 48.

3 ■ Produto Nacional, Interno, Líquido, Bruto, a Custo de Fatores, a Preço de Mercado

■ 3.8. QUESTÕES

1. (Economista — UFRJ — Eletronorte — NCE — 2006) Utilizando-se os conceitos de Contas Nacionais, é correto afirmar que:
a) O Produto Interno Bruto, a preços de mercado, é sempre igual ao Produto Nacional Bruto, a preços de mercado.
b) O Produto Interno Bruto, a preços de mercado, é maior do que o Produto Nacional Bruto, se a Renda Líquida Enviada ao Exterior é positiva.
c) O Produto Interno Bruto, a preços de mercado, inclui as importações e exclui as exportações.
d) O Produto Interno Bruto, a preços de mercado, é maior do que o Produto Nacional Bruto, a preços de mercado, se as exportações superarem as importações.
e) O Produto Interno Bruto, a preços de mercado, é sempre igual à Renda Nacional Bruta, a preços de mercado.

2. (Economista — UFRJ — BNDES — NCE — 2005) Em relação às Contas Nacionais, em uma economia aberta e com governo, é correto afirmar que:
a) O Produto Interno Bruto de um país assume um valor inferior ao seu Produto Nacional Bruto sempre que a Renda Líquida Enviada ao Exterior for positiva.
b) A definição de Produto Interno Bruto e Renda Nacional costumam levar a um número idêntico.
c) As transferências do governo, constituídas, entre outros, por pagamentos feitos por ele às pessoas sem contrapartida de serviços, também incluem os juros dos títulos da dívida pública que, assim, são computados no Produto Nacional Bruto.
d) O Produto Interno Bruto a preços de mercado é obtido pela inclusão da depreciação do capital fixo e dos impostos indiretos e a subtração do montante de subsídios ao Produto Interno Líquido a custo de fatores.
e) Um déficit em conta corrente no Balanço de Pagamentos de um país indica um excesso de investimento interno sobre a poupança doméstica, implicando uma transferência de recursos reais do país para o exterior.

3. (IBGE — VUNESP — 1999) O Centro de Contas Nacionais de um país apurou as seguintes cifras, todas expressas em termos monetários:

Depreciação	$ 1 bilhão
Renda Recebida do Exterior	$ 500 milhões
Valor dos bens finais produzidos naquele país	$ 10 bilhões
Subsídios	$ 80 milhões
Renda Enviada ao Exterior	$ 700 milhões
Impostos indiretos	$ 800 milhões

O valor da Renda Nacional desse país, em bilhões, é:
a) $ 6,04
b) $ 6,88
c) $ 7,56
d) $ 8,80
e) $ 8,08

4. (Economista — UFRJ — AGU — NCE — 2006) Sobre as Contas Nacionais, é correto afirmar que:
a) Numa economia aberta, o Produto Nacional Bruto é determinado pelos gastos em bens e serviços produzidos internamente, efetuados por residentes e não residentes do país.

b) O Produto Interno Bruto é igual ao valor adicionado de todos os bens e serviços produzidos num dado país, entendendo-se valor adicionado como o somatório do valor da produção e do consumo dos bens intermediários.
c) O deflator implícito do Produto Interno Bruto corresponde à diferença entre o Produto Interno Bruto nominal e o Produto Interno Bruto real dividido pelo Produto Interno Bruto real.
d) A remessa de nacionais que estão no exterior a familiares residentes no país aumenta a Renda Nacional Bruta.
e) De maneira geral, países com alto grau de endividamento externo apresentam um Produto Nacional Bruto maior que o Produto Interno Bruto.

5. (Secretaria do Estado de Administração — UFRJ — MT — NCE — 2005) Considere os seguintes dados de uma economia qualquer:
Produto Nacional Bruto a preços de mercado: R$ 1.000.000,00
Impostos Indiretos: R$ 300.000,00
Depreciação: R$ 50.000,00
Subsídios: R$ 55.000,00
O Produto Nacional Líquido a preços de mercado seria igual a:
a) R$ 950.000,00.
b) R$ 1.050.000,00.
c) R$ 1.155.000,00.
d) R$ 650.000,00.
e) R$ 705.000,00.

6. (Auditoria Geral do Estado — UFRJ — MT — NCE — 2005) O Produto Interno Bruto a preço de mercado é igual ao:
a) Produto Nacional Bruto a preços de mercado menos a Renda Líquida Enviada ao Exterior.
b) Produto Nacional Bruto a preços de mercado menos a Renda Líquida Recebida do Exterior.
c) Produto Nacional Bruto a preços de mercado mais depreciação menos a Renda Líquida Enviada ao Exterior.
d) Produto Nacional Líquido a custo de fatores mais Depreciação menos Renda Líquida Enviada ao Exterior.
e) Produto Nacional Líquido a custo de fatores mais Depreciação menos Renda Líquida Recebida do Exterior.

7. (Agência Estadual de Regularização dos Serviços Públicos — UFRJ — MT — NCE — 2005) O Produto Nacional Líquido a custo de fatores é igual ao:
a) Produto Nacional Bruto a preços de mercado + depreciação – subsídios.
b) Produto Nacional Líquido a preços de mercado + depreciação – impostos indiretos + subsídios.
c) Produto Interno Bruto a preços de mercado – depreciação – impostos indiretos + subsídios.
d) Produto Interno Líquido a custo de fatores – depreciação – impostos indiretos – subsídios.
e) Produto Nacional Bruto a preços de mercado – depreciação – impostos indiretos + subsídios.

8. (ICMS — VUNESP — 2002) Os dados abaixo referem-se às Contas Nacionais de um país, num determinado ano, em milhões de unidades monetárias:
Produto Nacional Bruto a custo de fatores = 1.057
Tributos Indiretos = 60
Subsídios = 15
Depreciação = 85

Renda enviada para o Exterior = 170
Renda recebida do exterior = 125
Conhecidos estes dados, pode-se afirmar que os valores do Produto Interno Líquido a preços de mercado e a Renda Interna Bruta a custo de fatores são, respectivamente:
   a) 1.102 e 1.062 milhões de unidades monetárias.
   b) 1.602 e 1.102 milhões de unidades monetárias.
   c) 1.102 e 1.602 milhões de unidades monetárias.
   d) 1.062 e 1.102 milhões de unidades monetárias.
   e) 1.620 e 1.062 milhões de unidades monetárias.

9. (ANPEC — CEBRASPE — 2006) Avalie as proposições abaixo:
   a) A remessa de dinheiro de brasileiros que residem no exterior a familiares no Brasil aumenta a Renda Nacional Bruta.
   b) O PIB corresponde ao valor adicionado de todos os bens e serviços produzidos em um país, sendo que, por valor adicionado, entende-se o valor da produção mais o consumo dos bens intermediários.
   c) Em geral, países com alto grau de endividamento externo têm *ceteris paribus*[27], o PIB maior que o PNB.
   d) Quando em um país operam um grande número de empresas estrangeiras, ao mesmo tempo em que poucas empresas e residentes deste país operam em outras economias, o PIB será maior que o PNB.
   e) A variação do PIB real será sempre igual ou menor que sua variação nominal.
   f) A soma das remunerações dos fatores de produção é igual à soma dos gastos em bens e serviços finais produzidos internamente.
   g) A renda líquida recebida ou enviada para o exterior é, por definição, o saldo de serviços de fatores mais o de transferências unilaterais. Por sua vez, a transferência líquida de recursos para o exterior equivale ao saldo comercial mais o saldo de serviços de não fatores.
   h) Em uma economia aberta e sem governo, são registradas como importações apenas as aquisições de bens e serviços que não correspondam ao pagamento de fatores de produção. Este último é computado no cálculo da Renda Enviada ao Exterior.
   i) Em uma economia fechada, o Produto Interno Bruto coincide com o Produto Nacional Bruto.
   j) O fato de o Brasil ser devedor líquido contribui para que o Produto Interno Bruto do país seja maior que o Produto Nacional Bruto.
   k) O aumento de importações, fretes e seguros provoca, *ceteris paribus*, aumento da Renda Líquida Enviada ao Exterior.

10. (ANPEC — adaptada — 2006) Sobre as Contas Nacionais, avalie as proposições e responda abaixo:
   1. A remessa de dinheiro de brasileiros que residem no exterior a familiares no Brasil aumenta a Renda Nacional Bruta.
   2. Em geral, países com alto grau de endividamento externo têm, *ceteris paribus*, o PIB maior que o PNB.
   3. Havendo equilíbrio nas contas do governo, um déficit em transações correntes do balanço de pagamentos implica um excesso de investimentos.
   a) apenas 1 e 2 estão corretas
   b) apenas 2 e 3 estão corretas
   c) apenas 1 e 3 estão corretas

---

[27] "*Ceteris paribus*" significa "tudo o mais constante".

d) todas estão corretas
e) apenas 1 está correta

11. (ANPEC — adaptada — 2006) Com relação ao Produto da economia, pode-se afirmar que:
a) Numa economia fechada, o Produto Interno Bruto coincide com o Produto Nacional Bruto.
b) Por deflator do PNB entende-se a razão entre o PNB e o PIB.
c) A remessa de dinheiro de brasileiros que residem no exterior a familiares no Brasil aumenta a Renda Interna Bruta.
d) Em geral, países com alto grau de endividamento externo têm *ceteris paribus*, o PNB maior que o PIB.
e) Havendo equilíbrio nas contas do governo, um déficit em transações correntes do balanço de pagamentos implica uma escassez de investimentos.

12. (MPE/AM — FGV — 2002) Considere os dados abaixo, registrados numa economia hipotética, num determinado período de tempo:

Produto Interno Líquido a custo de fatores	$ 20.000
Importações	$ 1.200
Depreciação	$ 1.500
Subsídios	$ 800
Renda Recebida do Exterior	$ 2.300
Impostos Indiretos	$ 3.000
Renda Líquida Enviada ao Exterior	$ 1.700
Impostos Diretos	$ 4.500

O valor do Produto Nacional Bruto a preços de mercado é:
a) $ 17.600
b) $ 19.000
c) $ 22.000
d) $ 25.300
e) $ 26.500

13. (ICMS/RJ — FGV — 2008) Quando a Renda Líquida Enviada ao Exterior (RLEE) é deficitária, pode-se dizer que:
a) PNL > PIL
b) PIL < PIB
c) RNL < RD
d) PNB > PIB
e) PIB > PNB

Onde: PNL = Produto Nacional Líquido; PIL = Produto Interno Líquido; PIB = Produto Interno Bruto; RNL = Renda Nacional Líquida; RD = Renda Disponível; e PNB = Produto Nacional Bruto.

14. (Economista — Câmara Municipal de São Paulo — VUNESP — 2007) Nos últimos 6 meses, em uma economia fechada, os salários totalizaram 200, os juros 100, os aluguéis 150 e os lucros 150 unidades monetárias. A depreciação foi 50, os impostos indiretos 80 e os subsídios 40 unidades monetárias. Nesse período, o PIB a preços de mercado dessa economia correspondeu a:
a) 690
b) 650
c) 600

d) 790
e) 730

15. (IBGE — Análise Socioeconômica — CESGRANRIO — 2010) O Produto Interno Bruto de um país:
a) É sempre maior que o seu Produto Nacional Bruto.
b) É sempre maior que as suas exportações totais.
c) É maior que o Produto Nacional Bruto se a Renda Líquida Recebida do Exterior for positiva.
d) Exclui as importações de bens de consumo.
e) Inclui as importações de bens de investimento.

16. (Analista — Bacen — CESGRANRIO — 2010) O Produto Interno Bruto de um país, num certo ano, é menor que o seu Produto Nacional Bruto, no mesmo ano, se a(o)
a) entrada de poupança externa for elevada.
b) entrada líquida de capitais do exterior exceder as importações.
c) renda líquida recebida do exterior for positiva.
d) reserva em divisas estrangeiras, no Banco Central, aumentar.
e) superávit no balanço comercial e de serviços for positivo.

17. (Auditor — TCE/AL — FCC — 2008) O agregado macroeconômico que mede a produção de um país, seja esta produção realizada com fatores de produção de residentes no país ou residentes no exterior, mas que estejam em território nacional, da qual se deduz a depreciação do estoque de capital, mas se computa o valor dos impostos indiretos, é o
a) Produto Nacional Bruto a preços de mercado.
b) Produto Interno Bruto a custo de fatores.
c) Produto Interno Líquido a preços de mercado.
d) Produto Interno Líquido a custo de fatores.
e) Produto Nacional Líquido a custo de fatores.

18. (Analista de Planejamento e Orçamento — APO — MPOG — ESAF — 2010) A diferença entre Renda Nacional Bruta e Renda Interna Bruta é que a segunda não inclui:
a) o valor das importações.
b) o valor dos investimentos realizados no país por empresas estrangeiras.
c) o saldo da balança comercial do país.
d) o valor da renda líquida de fatores externos.
e) o valor das exportações.

19. (Economista — Companhia Docas do Estado de São Paulo — FGV — 2010) Suponha que um país tenha registrado, em 2009, os seguintes dados referentes ao produto e renda agregadas:
Produto Nacional Bruto = $ 20.000;
Produto Interno Bruno = $ 19.000;
Renda Enviada ao Exterior + $ 1.000;
Logo, a Renda Recebida do Exterior é
a) $ 0
b) $ 1.000
c) $ 2.000
d) $ −1.000
e) $ −2.000

20. (Economista — Companhia Docas do Estado de São Paulo — FGV — 2010) Quando a renda líquida enviada ao exterior (RLEE) é deficitária, é correto dizer que:
   a) PNL > PIL
   b) PIL < PIB
   c) RNL < PIB
   d) PNB > PIB
   e) PIB > PNB

21. (ICMS/RO — FCC — 2010) É correto afirmar que
   a) o PNL corresponde ao PIB, deduzida a depreciação do estoque de capital físico da economia.
   b) a diferença entre o PIB e o PIL de uma economia é o montante de sua carga tributária líquida.
   c) a Renda Nacional de uma economia é obtida a partir de seu PIB a preços de mercado, deduzidos a depreciação do estoque de capital, a renda líquida enviada para o exterior, e os impostos indiretos líquidos dos subsídios.
   d) a Renda Pessoal Disponível de uma economia é obtida a partir de seu PIB medido a custo de fatores, deduzido o saldo da balança comercial e sua variação de estoques e adicionada a carga tributária bruta.
   e) a Renda Pessoal, em uma economia, corresponde à Renda Nacional, deduzidos os impostos indiretos e as contribuições previdenciárias, outras receitas correntes do Governo e os lucros não distribuídos pelas empresas.

22. (Metrô — FCC — 2010) Uma economia apresentou os seguintes dados obtidos em seu sistema de Contas Nacionais relativos a um determinado ano, expressos em unidades monetárias:

Produto Nacional Líquido a custo de fatores 3.000
Depreciação 400
Renda Líquida recebida do exterior 100
Impostos Indiretos 800
Impostos Diretos 600
Subsídios 150
Transferências do Governo ao setor privado 50
Déficit do Balanço de Pagamentos, em conta corrente 350

Nesse ano, o valor do Produto Interno Bruto dessa economia, em unidades monetárias, foi igual a
   a) 4.150.
   b) 3.950.
   c) 3.550.
   d) 3.600.
   e) 3.850.

23. (Analista Ambiental — Economista — SEMA/MA — FCC — 2006) Considere os dados abaixo para uma economia hipotética durante um ano qualquer.

Produto Interno Líquido a preços de mercado 5.000
Impostos indiretos 850
Subsídios 220
Depreciação do capital fixo 320
Renda líquida enviada ao exterior 160

O produto nacional bruto a preços de mercado e o produto interno bruto a custos de fatores serão, respectivamente:

a) 5.160 e 4.690
b) 5.320 e 5.160
c) 4.690 e 5.160
d) 5.320 e 4.690
e) 5.160 e 5.320

24. (Analista Judiciário — Economia — TRT 4ª — FCC — 2006) Considere os dados abaixo extraídos das Contas Nacionais de um determinado país (em R$ mil):

Produto Interno Bruto a preços de mercado 122.000
Depreciação do Capital Fixo 5.000
Renda enviada para o exterior 18.000
Renda recebida do exterior 7.000
Impostos Indiretos 25.000
Impostos Diretos 8.000
Subsídios 3.000

A Renda Nacional desse país (em R$ mil) é
a) 68.000
b) 73.000
c) 84.000
d) 89.000
e) 99.000

25. (ICMS/PA — FGV — 2010) Com relação à mensuração do PIB de uma economia, avalie as seguintes afirmativas:
 I. O PIB não inclui bens e serviços produzidos no passado.
 II. O PIB usa preços de mercado para ponderar os diferentes bens e serviços produzidos na economia.
 III. O PIB inclui o valor dos bens e serviços intermediários e finais consumidos na economia.
Assinale:
   a) se apenas a afirmativa I estiver correta.
   b) se apenas a afirmativa II estiver correta.
   c) se apenas as afirmativas I e II estiverem corretas.
   d) se apenas as afirmativas II e III estiverem corretas.
   e) se todas as afirmativas estiverem corretas.

26. (Tribunal de Justiça do Estado do Pará — FCC — 2009) A diferença de valor entre o Produto Nacional Líquido a preços de mercado e a Renda Nacional a custo de fatores corresponde ao montante, em valor absoluto,
   a) dos impostos indiretos menos os subsídios concedidos pelo Governo ao setor privado.
   b) da renda enviada para o exterior menos a renda recebida do exterior.
   c) da depreciação do estoque de capital fixo da economia.
   d) das exportações menos as importações.
   e) dos impostos diretos menos as transferências unilaterais do Governo ao setor privado.

27. (Economista — Companhia de Gás/RN — FGV — 2006) A soma dos bens e serviços finais produzidos por uma economia, num determinado período, define o conceito de:
   a) Valor Bruto da Produção.
   b) Produto Interno Bruto.
   c) Produto Interno Líquido.

d) Produto Nacional Líquido.
e) Produto Nacional Bruto.

28. (Economista — CEB — FUNIVERSA — 2010) Conforme o estudo das Contas Nacionais, calcule a Renda Interna Líquida a custo de fatores (RILcf), assinale a alternativa correta, considerando os seguintes dados:

DADOS EM BILHÕES DE REAIS	R$
Salários pagos às famílias (W)	350
Juros, aluguéis e lucros pagos (j + a + l)	450
Depreciação de ativo fixo (d)	25
Impostos indiretos (Ti)	100
Impostos diretos (Td)	88
Subsídio do governo a empresas privadas (Sub)	10
Outras Receitas Correntes do Governo (ORec)	20
Renda enviada ao Exterior (RE)	7
Renda recebida do Exterior (RR)	2
Pagamento de aposentadoria (Tr)	40

Obs.: Sabe-se que os valores dos salários, juros, aluguéis e lucros são brutos, no sentido de que ainda não foram descontados os impostos diretos, a depreciação e a renda enviada ao exterior, e não incluída a renda recebida do exterior.
a) RILcf = 805.
b) RILcf = 775.
c) RILcf = 780.
d) RILcf = 785.
e) RILcf = 790.

29. (ICMS/RJ — FGV — 2011) Um determinado país envia renda no valor de $ 2.000 para o exterior e recebe rendas no valor de $ 3.000. Com base nas informações acima, é correto afirmar que
a) PIB < PNB
b) PIB = PNB
c) PNL > PNB
d) PIB > PNB
e) PIB < PNL

30. (Infraero — FCC — 2011) No ano de 2010, o PIB de um determinado país totalizou 2,55 trilhões de unidades monetárias e o PNB totalizou 2,35 trilhões de unidades monetárias, sendo ambos os agregados medidos a preços de mercado. Isso significa que, no período, foi de 200 milhões de unidades monetárias
a) a depreciação do estoque de capital.
b) o saldo comercial superavitário.
c) o saldo comercial deficitário.
d) a arrecadação de impostos indiretos, líquida de subsídios.
e) a renda líquida de fatores de produção enviada para o exterior.

31. (IBGE — NCE — 2002) Suponha que o Produto Nacional Bruto seja de R$ 2.500,7 bilhões, os impostos indiretos, R$ 500,6 bilhões e a depreciação, R$ 400,8 bilhões. O Produto Nacional Líquido seria de:
   a) R$ 3.001,3 bilhões
   b) R$ 1.599,3 bilhão
   c) R$ 2.000,1 bilhões
   d) R$ 3.402,1 bilhões
   e) R$ 2.099,9 bilhões

32. (Consultor do Executivo — SEFAZ/ES — CEBRASPE — adaptada — 2010) Acerca dos conceitos de macroeconomia, julgue os itens que se seguem.
   a) A diferença entre produto bruto e produto líquido está associada ao fato de que o produto bruto desconsidera a parcela do investimento destinada a repor o desgaste do estoque de capital.
   b) Quando um país envia mais recursos para o exterior do que recebe, a renda líquida enviada ao exterior é negativa e o produto nacional é superior ao produto interno.

33. (EBC — CEBRASPE — 2011) Acerca de noções gerais da macroeconomia, julgue o item que se segue.
Países com muitas empresas estrangeiras em sua economia tendem a ter o produto interno bruto (PIB) maior que o produto nacional bruto.

34. (STM — CEBRASPE — 2011) No que se refere à contabilidade nacional, instrumento importante para o entendimento da mensuração dos grandes agregados econômicos, julgue o item a seguir.
Quando acionistas brasileiros recebem dividendos pagos por uma empresa norte-americana, ocorre aumento do produto nacional bruto.

35. (ISS/SP — FCC — 2012) Em uma economia, o valor do Produto Nacional Líquido foi maior que o do Produto Interno Bruto, ambos medidos a preços de mercado. Nessa economia, necessariamente, o valor
   a) dos impostos diretos foi superior ao da renda líquida recebida do exterior.
   b) da renda enviada para o exterior foi maior que o da recebida.
   c) da depreciação foi igual a zero, ou seja, o estoque de capital da economia não se desgastou no período.
   d) dos impostos indiretos líquidos dos subsídios foi superior ao da renda líquida enviada para o exterior.
   e) da renda líquida recebida do exterior foi superior ao da depreciação.

36. (ICMS/SP — FCC — 2013) Uma economia apresentou os seguintes valores de seus agregados macroeconômicos, em $ milhões:

Produto Nacional Líquido a custo de fatores	7.900
Produto Interno Bruto a preços de mercado	10.500
Produto Nacional Líquido a preços de mercado	9.100
Produto Nacional Bruto a custo de fatores	8.400

Com essas informações, é correto afirmar que o valor, em $ milhões,
   a) do PNB a preços de mercado foi 9.500.
   b) do PIB a custo de fatores foi 9.600.
   c) da renda líquida enviada para o exterior foi 1.100.
   d) dos impostos líquidos de subsídios foi 1.200.
   e) da depreciação foi 900.

37. (BNDES — CESGRANRIO — 2013) A renda líquida enviada ao exterior (RLEE) de determinado país é positiva.

Logo, com base nessa informação, conclui-se que
a) PIB > PNB
b) PIB < PNB
c) PIB = PNB
d) PIB < PNL
e) PNL > PNB

38. (Auditor Fiscal de Controle Externo — TCE-SC — Economia — CEBRASPE — 2016) Considerando as identidades macroeconômicas básicas e os conceitos relacionados ao balanço de pagamentos, julgue o item a seguir.

A diferença entre produto interno bruto (PIB) a preços de mercado e PIB a custo de fatores é igual à soma dos impostos diretos menos o total dos subsídios à produção.

39. (SEFAZ-SP — FCC — 2010) Os impostos indiretos líquidos de subsídios concedidos ao setor privado são agregados econômicos que diferenciam os conceitos de
a) PIB a preços de mercado e PIB a custo de fatores.
b) PIL a custo de fatores e PNB a preços de mercado.
c) PIB a custo de fatores e PNL a preços de mercado.
d) PNB a preços de mercado e Renda Pessoal Disponível.
e) PNB a preços de mercado e PNL a preços de mercado.

40. (Especialista em Regulação da Atividade Cinematográfica e Audiovisual — CEBRASPE — 2013) Com relação às contas nacionais, julgue o item a seguir.

O PIB a custo de fatores equivale ao PIB a preços de mercado, deduzidos os tributos indiretos e somados os subsídios.

41. (Economia — CESGRANRIO — 2012) A perda do valor de mercado de um equipamento usado por uma empresa é denominada
a) capital de giro da empresa.
b) depreciação contábil do equipamento.
c) depreciação econômica do equipamento.
d) valor futuro do gasto de investimento inicial.
e) vida econômica do equipamento.

42. (Economista (MJ) — CEBRASPE — 2013) Em relação ao sistema de contas nacionais e à atual metodologia de balanço de pagamentos, julgue o item a seguir, considerando que PIB, sempre que usado, refere-se a produto interno bruto.

O PIB a preço de mercado é equivalente ao PIB a custo de fatores adicionado dos impostos indiretos e deduzido dos subsídios.

43. (Analista Legislativo — CAM DEP — CEBRASPE — 2014) Com referência a aspectos macroeconômicos, julgue o item subsecutivo.

A diferença básica entre o Produto Interno Bruto (PIB) e o Produto Nacional Bruto (PNB) é que o PIB mede o produto gerado dentro das fronteiras do país tanto por cidadãos quanto por estrangeiros, ao passo que o PNB mede o produto gerado pelos cidadãos do país, independentemente de sua localização no mundo.

44. (Especialista em Regulação da Atividade Cinematográfica e Audiovisual — CEBRASPE — 2013) Com relação às contas nacionais, julgue o item a seguir.

O PIB representa a soma dos valores agregados de todos os bens e serviços finais produzidos no território econômico nacional, excluídos os bens que resultaram do emprego de recursos de não residentes.

45. (Profissional Júnior (BR) — Economia — CESGRANRIO — 2010) Os lucros auferidos no Brasil por uma empresa estrangeira aqui atuante são incluídos no(a)
   a) produto interno bruto do país.
   b) produto nacional bruto do país.
   c) exportação brasileira.
   d) renda nacional brasileira.
   e) entrada de capital do exterior no Brasil.

46. (Economista (MJ) — CEBRASPE — 2013) Em relação ao sistema de contas nacionais e à atual metodologia de balanço de pagamentos, julgue o item a seguir, considerando que PIB, sempre que usado, refere-se a produto interno bruto.

O país que, em determinado ano, envie liquidamente rendas ao exterior terá o produto nacional bruto maior que o PIB no período.

47. (IBGE — CONSULPLAN — 2011 — modificada) Julgue os itens a seguir e assinale a alternativa correta:
   I. O Produto Interno Líquido a preço de mercado é obtido subtraindo a Depreciação do Produto Interno Bruto a custo de fator.
   II. O Produto Nacional Bruto a custo de fator é obtido subtraindo a Renda Líquida Enviada ao Exterior do Produto Interno Bruto a preço de mercado.
   III. A Renda Nacional é igual ao Produto Nacional Líquido a custo de Fatores.
   a) errada, errada, certa
   b) certa, certa, errada
   c) errada, certa, errada
   d) certa, errada, errada
   e) errada, errada, errada

48. (Economista — SESACRE — FUNCAB — 2014) Um país tem seu Produto Interno Bruto a preços de mercado igual a 1.900. Sabendo que a Renda Líquida enviada ao Exterior é 250, que os Impostos Indiretos somam 400, que os subsídios são iguais a 100 e a depreciação é 400 (valores hipotéticos), seu Produto Nacional Líquido a custo de fatores, é:
   a) 600
   b) 500
   c) 200
   d) 950
   e) 800

49. (Analista Administrativo — ANAC — CEBRASPE — 2012) Julgue o item seguinte, relativo às contas nacionais.

A soma das remunerações dos fatores de produção é igual à soma dos gastos em bens e serviços finais produzidos internamente durante um ano.

50. (Auditor Fiscal de Tributos Municipais (BH) — FDC — 2012) Uma economia hipotética, num determinado período de tempo, registrou os dados a seguir especificados:

ESPECIFICAÇÕES	VALORES $
Depreciação	3.000
Importações	2.400
Impostos Diretos	6.000
Impostos Indiretos	4.500
Produto Interno Líquido a custo de fatores	45.000
Renda Líquida Enviada ao Exterior	3.400
Renda Recebida do Exterior	2.500
Subsídios	1.600

Conclui-se que Produto Nacional Bruto a preços de mercado apresenta o seguinte valor:
a) $ 41.500
b) $ 45.900
c) $ 47.500
d) $ 50.000
e) $ 53.500

51. (Oficial de Fazenda — SEFAZ-RJ — CEPERJ — 2013) Considere os seguintes dados das Contas Nacionais do Brasil (valores hipotéticos, em milhões de reais):
— Produto interno líquido a preços de mercado: 10.000
— Impostos indiretos: 1.500
— Depreciação de capital fixo: 500
— Renda líquida enviada para o exterior: 120
— Subsídios: 400

Podemos concluir que o produto nacional bruto a custo de fatores equivale a:
a) 9.280
b) 10.500
c) 10.380
d) 11.480
e) 10.620

52. (Auditor Técnico de Tributos Municipais (BH) — FDC — 2012) Uma economia, num determinado período, apresentou os dados a seguir relacionados, em unidades monetárias.

ESPECIFICAÇÕES	VALORES $
Produto do Setor Primário	13.400,00
Produto do Setor Secundário	48.200,00
Produto do Setor Terciário	26.600,00
Impostos Indiretos	4.500,00
Subsídios	600,00
Depreciação do Capital Fixo	3.400,00
Renda Enviada ao Exterior	980,00
Renda Recebida do Exterior	1.420,00

O Produto Nacional Bruto, a preços de mercado, alcança o valor de:
a) $ 94.618
b) $ 95.260
c) $ 95.940

d) $ 96.060
e) $ 96.540

53. (Técnico Superior Especializado — DPE-RJ — Economia — FGV — 2014) Considere a seguinte identidade macroeconômica Y = PIBpm – depreciação – impostos indiretos + subsídios, em que, PIBpm é o PIB a preços de mercado.
Logo, Y é igual a
a) Produto Nacional Líquido a preços de mercado.
b) Produto Nacional Líquido a custo de fatores.
c) Renda Pessoal Disponível.
d) Produto Interno Bruto a custo de fatores.
e) Produto Interno Líquido a custo de fatores.

54. (Profissional Básico — BNDES — Biblioteconomia — CESGRANRIO — 2013) Duas medidas usadas para se avaliar a atividade econômica agregada de uma nação são o Produto Nacional Bruto (PNB) e o Produto Interno Bruto (PIB).
Uma diferença entre o PNB e o PIB do Brasil é o fato de o PNB levar em consideração o valor dos(as)
a) bens e serviços produzidos pelos fatores de produção dos residentes no Brasil.
b) bens e serviços produzidos no Brasil.
c) bens e serviços de estrangeiros, produzidos no Brasil.
d) importações brasileiras de bens de consumo.
e) importações brasileiras de bens de capital.

55. (Analista — DPE-RS — Economia — FCC — 2013) Em uma economia, a renda líquida recebida do exterior é superior, em valor absoluto, ao montante da depreciação do estoque de capital da economia. Portanto, o Produto
a) Interno Bruto é maior que o Produto Nacional Bruto.
b) Nacional Bruto é menor que o Produto Nacional Líquido.
c) medido a preços de mercado é menor que o Produto medido a custo de fatores.
d) Interno Líquido é maior que o Produto Nacional Bruto.
e) Nacional Líquido é maior que o Produto Interno Bruto.

56. (Analista Judiciário — TJ-PA — Economia — VUNESP — 2014) Se, numa economia, a renda líquida recebida do exterior é igual a depreciação, tem-se:
a) Produto Nacional Bruto = Produto Nacional Líquido.
b) Produto Interno Bruto = Produto Nacional Líquido.
c) Produto Interno Bruto > Produto Nacional Bruto.
d) Produto Interno Líquido > Produto Interno Bruto.
e) Produto Nacional Bruto > Produto Nacional Líquido.

57. (Economista — SEP-PR — IDECAN — 2014) O Produto Interno Bruto (PIB) e o Produto Nacional Bruto (PNB) são conceitos distintos, usados para medir a produção e a renda de um país. Assim, um aumento do PNB a custo de fatores é reflexo, dentre outros fatores, de um(a)
a) aumento da renda líquida enviada para o exterior.
b) aumento da renda apropriado pelos residentes do país.
c) aumento do consumo de bens e de serviços intermediários.
d) redução dos subsídios do governo concedidos ao setor privado.
e) redução da depreciação do capital utilizado nas empresas ao longo do tempo.

58. (Analista — DPE-MT — Economista — FGV — 2015) Considere as seguintes siglas:
PIB = Produto Interno Bruto, PNB = Produto Nacional Bruto, PIL = Produto Interno Líquido e PNL = Produto Nacional Líquido.
Se o governo impedir o envio ou recebimento de rendimentos do exterior e zerar os impostos indiretos e os subsídios, pela identidades macroeconômicas básicas teremos
   a) PIB a preços de mercado = PNB a custo de fatores.
   b) PIB a preços de mercado = PNL a custo de fatores.
   c) PIL a preços de mercado = PNB a custo de fatores.
   d) PIL a preços de mercado > PNL a custo de fatores.
   e) PIB a preços de mercado > PIB a custo de fatores.

59. (Analista da Defensoria Pública — DPE-RO — Analista em Economia — FGV — 2015) Um aumento do PIB (Produto Interno Bruto) a custo de fatores, mantido constante o PIB a preços de mercado, deve ser compensado por:
   a) redução da depreciação;
   b) aumento dos subsídios e redução dos impostos indiretos;
   c) redução dos impostos diretos;
   d) redução da renda líquida enviada ao exterior e aumento dos impostos diretos e indiretos;
   e) redução do Produto Nacional Bruto a custo de fatores.

60. (Auditor-Fiscal de Tributos Estaduais /RO/FGV/ 2018) O Produto Nacional Bruto (PNB) pode ser obtido a partir:
   a) do Produto Interno Bruto, deduzida a renda líquida enviada ao exterior.
   b) do Produto Interno Bruto, deduzida a depreciação.
   c) do Produto Interno Bruto, deduzidos os custos de fatores.
   d) do Produto Interno Líquido, somada a depreciação.
   e) da Renda Nacional, deduzidos os lucros e os impostos diretos.

61. (Analista /Gestão/Economista/CS UFG/ 2018) O produto interno bruto (PIB) mede o total do valor adicionado na economia produzido pelas empresas, independente da origem do capital em determinado ano. Diferentemente, o produto nacional bruto (PNB) considera apenas fatores de produção de residentes. Desta forma, para se encontrar o PNB, basta subtrair do PIB o valor das
   a) transferências unilaterais constantes no Balanço de Pagamentos em Transações Correntes.
   b) transferências de capital entre as multinacionais constantes no Balanço de Pagamentos em Transações Correntes.
   c) transferências de renda líquida, considerando o montante recebido e enviado ao exterior constante no Balanço de Pagamentos em Transações Correntes.
   d) transferências de ativos recebidos e enviados ao exterior constantes no Balanço de Pagamentos em Transações Correntes.

62. (Economista Júnior /TRANSPETRO/CESGRANRIO/ 2018) Em um certo ano, o Produto Nacional Bruto (PNB.) do país X foi maior do que seu Produto Interno Bruto (PIB.) Em consequência, neste ano o(a.)
   a) valor das exportações de X foi superior ao das importações.
   b) valor das importações de X foi superior ao das exportações.
   c) valor das reservas internacionais do Banco Central do país cresceu.
   d) valor dos novos investimentos estrangeiros no país excedeu o dos novos investimentos dos residentes do país no exterior.
   e) renda líquida recebida do exterior excedeu à enviada ao exterior.

3 ■ Produto Nacional, Interno, Líquido, Bruto, a Custo de Fatores, a Preço de Mercado

63. (Analista Legislativo (ALESE)/Economia/FCC/ 2018) Considere os seguintes dados extraídos do Balanço de Pagamentos de um país hipotético, em milhões de unidades monetárias:
PIB = 15.730
Consumo de capital fixo = 1.728
Impostos indiretos = 861
Juros líquidos = 695
Lucro das empresas e transferências comerciais = 2.329
Pagamentos de renda de fatores ao resto do mundo = 857
Recebimentos de renda de fatores do resto do mundo = 872
Utilizando essas informações, o valor do Produto Nacional Líquido (PNL) desse país é
   a) 13.156.
   b) 14.017.
   c) 13.851.
   d) 16.180.
   e) 17.041.

64. (COVEST-COPSET — Economista (UFPE)/2019) Partindo-se do Produto Nacional Bruto a custos de fatores, para obter o Produto Nacional Líquido a preços de mercado, deve-se:
   a) somar os tributos indiretos e subtrair os subsídios e a depreciação.
   b) somar a Renda Recebida do Exterior e subtrair a Renda Enviada ao Exterior e a depreciação.
   c) somar os tributos indiretos e a Renda Recebida do Exterior e subtrair a Renda Enviada ao Exterior e os subsídios.
   d) somar os subsídios e a depreciação e subtrair os tributos indiretos.
   e) somar a Renda Enviada ao Exterior e subtrair a Renda Recebida do Exterior e a depreciação.

65. (CETREDE — Economista (Pref Juazeiro do N)/2019) Se a renda líquida recebida do exterior é igual à depreciação, temos Produto
   a) Interno Bruto = Produto Nacional Líquido.
   b) Interno Bruto > Produto Nacional Líquido.
   c) Interno Bruto < Produto Nacional Líquido.
   d) Nacional Líquido < Produto Interno Bruto.
   e) Nacional Líquido > Produto Interno Bruto.

66. (FEPESE — Economista (CELESC)/2019/ modificada) Analise as informações de agregados nacionais abaixo:

Renda Interna Bruta a preços de mercado	200
Subsídios	10
Impostos Indiretos	30
Impostos Diretos	20
Depreciação	10
Renda Enviada ao Exterior	25
Renda Recebida do Exterior	20
Déficit do Balanço de Pagamentos	15

De acordo com essas informações, a renda nacional líquida a preços de mercados é:
a) 140.
b) 145.
c) 155.
d) 160.
e) 185.

67. (ACEP — Analista (Pref Aracati)/Políticas Públicas/2019) Sobre os agregados macroeconômicos, assinale a alternativa correta.
a) No caso de uma economia fechada sem governo, o produto interno líquido, a preços de mercado, é igual ao produto interno bruto a preços de mercado, mais a depreciação.
b) No caso de uma economia fechada com governo, o produto interno bruto, a custo de fatores, corresponde ao produto interno bruto a preços de mercado menos os impostos indiretos mais os subsídios concedidos.
c) No caso de uma economia fechada com governo, a renda líquida do setor público corresponde ao somatório dos impostos diretos e indiretos, subsídios e transferências.
d) No caso de uma economia aberta com governo, o produto nacional bruto, a custo de fatores, é igual ao produto interno bruto a custo de fatores mais a renda líquida enviada ao exterior.

68. (VUNESP — Contador (TRANSERP)/2019) A diferença básica entre o PNB (Produto Nacional Bruto) e o PIB (Produto Interno Bruto) é
a) o investimento privado ocorrido no país.
b) o salário do brasileiro que trabalha no país.
c) o consumo das famílias.
d) a renda líquida enviada ao exterior.
e) o saldo da balança comercial do país.

69. (ANPEC — Exame de Seleção Nacional (ANPEC)/2020/"2021") Assinale como verdadeira ou falsa a assertiva abaixo:
Item 0 — Se uma firma localizada no Brasil é de propriedade de residentes na China, a remuneração de tais residentes por conta dessa propriedade não entra no cômputo do PIB do Brasil.
( ) Certo
( ) Errado

70. (ANPEC — Exame de Seleção Nacional (ANPEC)/2020/"2021") Assinale como verdadeira ou falsa a assertiva abaixo:
Item 1 — Se uma firma localizada no Brasil é de propriedade de residentes na China, a remuneração de tais residentes por conta dessa propriedade não entra no cômputo do PNB da China.
( ) Certo
( ) Errado

71. (ANPEC — Exame de Seleção Nacional (ANPEC)/2020/"2021") Assinale como verdadeira ou falsa a assertiva abaixo:
Item 4 — Por definição, a Renda Nacional deve ser igual ao Produto Nacional Líquido a Custo de Fatores.
( ) Certo
( ) Errado

3 ■ Produto Nacional, Interno, Líquido, Bruto, a Custo de Fatores, a Preço de Mercado

72. (CESGRANRIO — Economista (UNIRIO)/2019) O Produto Interno Bruto de uma economia é maior do que o seu Produto Nacional Bruto, em determinado período, se houver, nesse período,
a) déficit no balanço comercial
b) déficit na conta corrente do balanço de pagamentos
c) taxa de desemprego maior do que 4%
d) expansão da produção dentro do país
e) pagamento líquido de rendas ao exterior

73. (SELECON — Analista (Pref Boa Vista)/Economista/2019) Os conceitos de Produto Nacional Bruto e Produto Interno Bruto são diferentes, pois o segundo desconsidera:
a) o valor dos investimentos realizados no país por empresas multinacionais
b) o valor dos investimentos realizados por empresas brasileiras no exterior
c) o saldo das exportações e importações de bens e serviços de não fatores
d) o saldo da balança comercial do país

74. (ANPEC — Exame de Seleção Nacional (ANPEC)/2020/"2021") Avalie a assertiva abaixo:
Item 2 — Em uma economia aberta, o Produto Interno Bruto (PIB) é determinado pelos gastos com bens e serviços domésticos realizados apenas por residentes do país.
( ) Certo
( ) Errado

■ GABARITO ■

1. "b". Sabendo-se que: PIBpm = Produto Interno Bruto a preço de mercado; PNBpm = Produto Nacional Bruto a preço de mercado; RLEE = Renda Líquida Enviada ao Exterior; PN = Produto Nacional; PI = Produto Interno; e RNBpm = Renda Nacional Bruta a preço de mercado:
Se RLEE > 0, então: PIBpm > PNBpm, já que PIBpm = PNBpm + RLEE. Isso torna a alternativa "b" verdadeira.
O Produto Interno Bruto, a preços de mercado, é sempre igual ao Produto Nacional Bruto, a preço de mercado, acrescido, este último, da renda líquida enviada ao exterior. Representando por uma fórmula, tem-se: PIBpm = PNBpm + RLEE. Isso torna a alternativa "a" falsa.
O produto da economia (Y) é a soma de consumo pessoal (C), investimento das empresas (I), gastos do governo (G), exportação de bens e serviços não fatores (X) e a subtração de importação de bens e serviços não fatores (M), ou seja, Y = C + I + G + X – M, o que invalida a alternativa "c".
O que diferencia o Produto Nacional do Produto Interno é a Renda Líquida Enviada ao Exterior, ou seja: PN = PI – RLEE. Portanto, as exportações e importações de bens e serviços não fatores não diferenciam o Produto Nacional do Interno. Por isso, a alternativa "d" é falsa.
Sabendo-se que: Produto = Renda e que Produto Interno = Produto Nacional + RLEE, então, o PIBpm ≠ RNBpm, o que invalida a alternativa "e". Eles só seriam iguais se a RLEE fosse igual a zero.

2. "d". Sabendo-se que: PILcf = Produto Interno Líquido a custo de fatores e PIBpm = Produto Interno Bruto a preço de mercado, então: PILcf + depreciação + (impostos indiretos – subsídios) = PIBpm. A alternativa "d" é verdadeira.
Sabendo-se que: PIB = Produto Interno Bruto; PNB = Produto Nacional Bruto; RLEE = Renda Líquida Enviada ao Exterior e que PIB = PNB + RLEE: quando RLEE > 0, então PIB > PNB. Isso invalida a alternativa "a".
Acrescentando-se a sigla: RNB = Renda Nacional Bruta, sabe-se que: PIB = PNB + RLEE ou PIB = RNB + RLEE, já que PNB = RNB. Logo, se a RLEE é positiva, então PIB > RNB. Se a RLEE é negativa, então PIB < RNB. Portanto, PIB e RNB tendem a ser diferentes, o que torna a alternativa "b" falsa.

No cálculo do Produto Nacional Bruto, entram: salários + juros + aluguéis + lucros + impostos diretos (pagos pelas empresas) – transferências (recebidas pelas empresas) + outras receitas correntes líquidas do governo + depreciação. Portanto, as transferências concedidas às famílias não entram no cômputo do cálculo do produto. Logo, a alternativa "c" é falsa.

Quando o país apresenta um investimento superior à poupança interna, tem que se socorrer à poupança externa (por meio de empréstimos, financiamentos etc.). Portanto, implica uma transferência de recursos reais do exterior para o país, e não uma transferência de recursos reais do país para o exterior, como afirma a alternativa "e".

3. "e". Sabendo-se que: PIBpm = Produto Interno Bruto a preço de mercado; PNLcf = Produto Nacional Líquido a custo de fatores; RLEE = Renda Líquida Enviada ao Exterior; REE = Renda Enviada ao Exterior; e RRE = Renda Recebida do Exterior:

PIBpm = Valor dos bens finais produzidos
PIBpm = 10 bi = 10.000 mi

Renda Nacional (RN) = PNLcf
Logo: PIBpm = PNLcf + RLEE + Depreciação + (Impostos Indiretos – Subsídios)

RLEE = REE – RRE = 700 – 500 = 200 mi
(Impostos Indiretos – Subsídios) = 800 – 80 = 720 mi

Logo:
PIBpm = PNLcf + RLEE + depr + (Impostos Indiretos – Subsídios)
10.000 mi = PNLcf + 200 mi + 1.000 mi + 720 mi
10.000 mi = PNLcf + 1.920 mi
PNLcf = 8.080 mi
PNLcf = 8,08 bi

4. "d". A Remessa de nacionais que estão no exterior a familiares residentes no país constitui renda recebida do exterior. Se a renda recebida aumenta, significa que a Renda Líquida Enviada ao Exterior diminui. Observe o exemplo dado a seguir: Dados: PI = Produto Interno; RLEE = Renda Líquida Enviada ao Exterior; e PN = Produto Nacional. Se PI = 1.000 e RLEE = 100, então PN = 900. Se houver transferências recebidas de 10, então a RLEE = 90. Sendo PI = 1.000, a nova RLEE = 90, então PN = 910. Logo, Produto Nacional aumenta, e a alternativa "d" é verdadeira.

A identidade Macroeconômica mostra: Produto ≡ Renda ≡ Dispêndio (ou Despesa). Logo: Produto Nacional = Despesa Nacional, mas Produto Nacional ≠ Despesa Interna, já que a Despesa Nacional é efetuada por residentes. Portanto, a alternativa "a" está errada.

O produto agregado ou adicionado é a subtração do Valor Bruto da Produção ao Consumo Intermediário, ou seja: Produto agregado = VBP – Consumo Intermediário, e não a soma, como diz a alternativa "b".

Atualmente, não se designa o deflator por deflator implícito, mas, simplesmente, por deflator. Entende-se, portanto, por Deflator do PIB, a relação entre o PIB nominal e o PIB real. Caso se queira determinar o deflator em valores percentuais, pode-se multiplicar a divisão do Produto Nominal/Produto Real por 100. Portanto a alternativa "c" é falsa.

Sabendo-se que: RLEE = Renda Líquida Enviada ao Exterior; PNB = Produto Nacional Bruto; e PIB = Produto Interno Bruto. Países com alto grau de endividamento remetem grande quantidade de recursos para o exterior em forma de juros e, portanto, tendem a apresentar uma RLEE > 0. Como PNB + RLEE = PIB, então PNB < PIB, e a alternativa "e" é falsa.

5. "a". Sabendo-se que: PNBpm = Produto Nacional Bruto a preço de mercado e PNLpm = Produto Nacional Líquido a preço de mercado:

PNBpm = PNLpm + Depreciação
1.000.000 = PNLpm + 50.000
PNLpm = 950.000

6. "b". Sabendo-se que: PNBpm = Produto Nacional Bruto a preço de mercado; RLEE = Renda Líquida Enviada ao Exterior; PIBpm = Produto Interno Bruto a preço de mercado; PNLcf = Produto Nacional Líquido a custo de fatores; Depr = Depreciação; e PIBpm = Produto Interno Bruto a preço de mercado:

PIBpm = PNBpm – RLRE, logo a alternativa "b" é verdadeira.
PIBpm = PNBpm + RLEE, logo as alternativas "a" e "c" são falsas.
PIBpm = PNLcf + RLEE + Depr + (Impostos Indiretos – Subs), logo a alternativa "d" é falsa.
PIBpm = PNLcf – RLRE + Depr – (II – Subs), logo a alternativa "e" é falsa.

7. "e". Sabendo-se que: PNBpm = Produto Nacional Bruto a preço de mercado; RLEE = Renda Líquida Enviada ao Exterior; PIBpm = Produto Interno Bruto a preço de mercado; PNLcf = Produto Nacional Líquido a custo de fatores; Depr = Depreciação; PNBpm = Produto Nacional Bruto a preço de mercado; PNLpm = Produto Nacional Líquido a preço de mercado; II = Impostos Indiretos; e Subs = Subsídios:

PNLcf = PNBpm – Depr – (II – Subs) ou PNLcf = PNBpm – Depr – II + Subs, portanto a alternativa "e" é verdadeira.
PNLcf = PNBpm – Depr – (II – Subs), logo a alternativa "a" é falsa.
PNLcf = PNLpm – (II – Subs) ou PNLcf = PNLpm – II + Subs, logo a alternativa "b" é falsa.
PNLcf = PIBpm – RLEE – Depr – (II – Subs) ou PNLcf = PIBpm – RLEE – Depr – II + Subs, logo a alternativa "c" é falsa.
PNLcf = PILcf – RLEE, logo a alternativa "d" é falsa.

8. "d". Sabendo-se que: PNBpm = Produto Nacional Bruto a preço de mercado; PILpm = Produto Interno Líquido a preço de mercado; Depr = Depreciação; RLEE = Renda Líquida Enviada ao Exterior; II = Impostos Indiretos; Subs = Subsídios; e PNBcf = Produto Nacional Bruto a custo de fatores:

PNBcf = PILpm – RLEE + Depr – (II – Subs)
1.057 = PILpm – 45 + 85 – (60 – 15)
1.057 = PILpm – 5
PILpm = 1.062

RIBcf = PIBcf
PNBcf = PIBcf – RLEE
1.057 = PIBcf – 45
PIBcf = 1.102

9. V, F, V, V, F, F, V, V, V, V, F.
a) **(V)** A remessa de dinheiro de brasileiros no exterior caracteriza-se por Renda Recebida do Exterior (RRE). Se a RRE aumenta, a Renda Líquida Enviada ao Exterior (RLEE) diminui. Como: Renda Nacional Bruta (RNB) = Renda Interna Bruta (RIB) – Renda Líquida Enviada ao Exterior (RLEE). Se RLEE diminui, a RNB aumenta.
b) **(F)** Produto Interno Bruto (PIB) = Valor Bruto da Produção (VBP) – Consumo Intermediário (CI).
c) **(V)** Países endividados remetem grande valor de renda em forma de juros para o exterior, portanto a Renda Líquida Enviada ao Exterior tende a ser positiva. Como: Produto Interno (PI) = Produto Nacional (PN) + Renda Líquida Enviada ao Exterior (RLEE), então: PI > PN.
d) **(V)** Quando, em um país, opera um grande número de empresas estrangeiras, muito lucro será remetido para o exterior. Quando há poucas empresas e residentes operando no exterior, pouco lucro será recebido do exterior. Assim, a Renda Líquida Enviada ao Exterior tende a ser positiva. Como: Produto Interno (PI) = Produto Nacional (PN) + Renda Líquida Enviada ao Exterior (RLEE), então: PI > PN.
e) **(F)** Pelo seguinte exemplo, pode-se observar: sabendo-se que: P = preço e Q = quantidade:

PRODUTO NOMINAL	P	×	Q	PRODUTO REAL
100	10	×	10	100
80	4	×	20	200

A variação nominal = –20 e a variação real = +100. Esse assunto será melhor abordado no capítulo 5.

f) **(F)** Despesa Interna = Produto Interno; Produto Interno = salários + juros + aluguéis + lucros + RLEE + impostos diretos pagos pelas empresas – transferências recebidas pelas empresas. A soma das remunerações dos fatores de produção determina o Produto Nacional (PN).

g) **(V)** Dados: 1. Balança Comercial; 2. Balança de Serviços (serviços não fatores); 3. Balança de Rendas (serviços fatores); 4. Transferências Unilaterais.
Então:

Se 1 + 2 for (+) → Haverá transferência líquida de recursos para o exterior.

Se 1 + 2 for (–) → Haverá hiato do Produto.

Se 3 + 4 for (+) → Haverá Renda Líquida Recebida do Exterior.

Se 3 + 4 for (–) → Haverá Renda Líquida Enviada ao Exterior.

Obs.: Segundo a FGV, considera-se Renda Líquida Enviada/Recebida do Exterior a soma de 3 + 4. Segundo o IBGE, Renda Líquida Enviada/Recebida do Exterior é constituída apenas do item 3. Esse assunto será melhor abordado no capítulo 7.

h) **(V)** Importação corresponde à aquisição de Bens (mercadorias) + serviços não fatores (frete, seguro, turismo etc.). Os serviços fatores (salários, juros e lucros) estão incluídos na Renda Enviada ao Exterior.

i) **(V)** Sabendo-se que: RLEE = Renda Líquida Enviada ao Exterior; PI = Produto Interno; e PN = Produto Nacional: se a economia é fechada, a RLEE = 0. Logo:
PI = PN + RLEE
PI = PN

j) **(V)** Se o país é devedor líquido, remete mais juros do que recebe. Logo, a Renda Líquida Enviada ao Exterior tende a ser positiva. Como: PI = PN + RLEE, então: PI > PN.

k) **(F)** Renda Líquida Enviada ao Exterior é o saldo da Renda Enviada ao Exterior subtraída da Renda Recebida do Exterior.
Renda Enviada ao Exterior corresponde a salários + juros + aluguéis + lucros + transferências unilaterais, ou seja, corresponde à soma dos serviços fatores + transferências unilaterais, enviadas ao exterior. Não incluem, portanto, as importações, fretes e seguros.

Obs.: Segundo a FGV, considera-se Renda Líquida Enviada/Recebida do Exterior a soma líquida das rendas enviadas com as transferências correntes unilaterais. Segundo o IBGE, Renda Líquida Enviada/Recebida do Exterior é constituída apenas da renda líquida enviada, ou seja, da remuneração dos serviços fatores.

10. "d".
1. **(V)** Remessa de dinheiro de brasileiros que residem no exterior a familiares no Brasil diminui a Renda Líquida Enviada ao Exterior, já que as transferências unilaterais aumentam a renda recebida do exterior. Sabendo-se que: RNB = Renda Nacional Bruta; PNB = Produto Nacional Bruto; RLEE = Renda Líquida Enviada ao Exterior; e PIB = Produto Interno Bruto:
Como: RNB = PNB
PNB = PIB – RLEE
Se RLEE diminui, PNB aumenta.

2. **(V)** Países com alto grau de endividamento remetem muitos juros para a exterior, aumentando a Renda Líquida Enviada ao Exterior (RLEE). Como: PIB = PNB + RLEE, se RLEE é positiva, então: PIB > PNB.

3. **(V)** Se ocorrer Déficit no Balanço de Pagamentos em Transações Correntes, ocorre Poupança Externa. Como: Investimento = Poupança Privada + Poupança Pública + Poupança Externa: se a Poupança Externa é positiva, significa que Investimento > Poupança Privada + Poupança Pública. Esse assunto será melhor abordado no capítulo 4.

11. "a". Sabendo-se que: RLEE = Renda Líquida Enviada ao Exterior; PIB = Produto Interno Bruto; e PNB = Produto Nacional Bruto: Em uma economia fechada, a RLEE = 0. Como: PIB = PNB + RLEE, então: PIB = PNB. Logo, a alternativa "a" é verdadeira.
Define-se Deflator como a relação entre o Produto Nominal e o Produto Real. Portanto, a alternativa "b" está incorreta.
A remessa de dinheiro de brasileiros que residem no exterior a familiares no Brasil aumenta a Renda Nacional Bruta. Logo, a alternativa "c" é falsa.

Países com alto grau de endividamento enviam muita renda (juros) para o exterior, o que faz aumentar a Renda Líquida Enviada ao Exterior. Como: PIB = PNB + RLEE, logo: PIB > PNB. Portanto, a alternativa "d" é falsa.
O Déficit no Balanço de Pagamentos em Transações Correntes é igual a Poupança externa. Como: Investimento = Poupança Privada + Poupança do Governo + Poupança externa, e sendo Poupança externa > 0, então: Investimento > Poupança Privada + Poupança de Governo, ou seja, Investimento > Poupança Interna. Logo, haverá excesso de Investimentos. A alternativa "e" está errada. Esse assunto será melhor abordado no capítulo 4.

12. "c". Sabendo-se que: PNBpm = Produto Nacional Bruto a preço de mercado; PILcf = Produto Interno Líquido a custo de fatores; RLEE = Renda Líquida Enviada ao Exterior; Depr = Depreciação; II = Impostos Indiretos; e Subs = Subsídios:

PNBpm = PILcf − RLEE + Depr + (II − Subs)
PNBpm = 20.000 − 1.700 + 1.500 + (3.000 + 800)
PNBpm = 20.000 − 200 + 2.200
PNBpm = 22.000

13. "d". Sabendo-se que: RLEE = Renda Líquida Enviada ao Exterior; e RN = Renda Nacional: como: PNB = PIB − RLEE e RLEE = (−)RLRE, então PNB = PIB − (−RLRE) ou PNB = PIB + RLRE, ou seja: PNB > PIB, e a alternativa "d" está correta.
Define-se PNL = PNB − Depreciação, e PIL = PIB − Depreciação. No caso do PNL, está sendo subtraída a depreciação do Produto **Nacional** e, no caso do PIL, está sendo subtraída a depreciação do Produto **Interno**. E a depreciação Nacional pode ser diferente da depreciação Interna, o que não garante que o PNL seja maior que o PIL, mesmo que a Renda Líquida Enviada ao Exterior seja negativa. Portanto, a alternativa "a" é falsa.
O PIL será sempre menor que o PIB, já que a depreciação será sempre positiva, independente, portanto, do comportamento da RLEE. Assim, alternativa "b" é falsa.
A RNL consiste na soma de Salários (S), Juros (J), Aluguéis (A), Lucros (L) (distribuídos e não distribuídos), outras receitas correntes líquidas do governo (ORCLG), impostos diretos (ID) pagos pelas empresas, e na subtração das transferências (Transf) concedidas às empresas. A Renda Pessoal exclui da RNL os lucros não distribuídos, as outras receitas correntes líquidas do governo, os impostos diretos pagos pelas empresas, e soma as transferências concedidas às empresas. Para chegar-se à Renda pessoal disponível, subtraem-se da Renda Pessoal os impostos diretos pagos pelas famílias (inclusive contribuições previdenciárias) e acrescentam-se as transferências do governo às famílias. Ou seja:

RN = S + J + A + L + ORCLG + ($ID_{empresas}$ − $transf_{empresas}$)
RD = S + J + A + L + ORCLG + (impostos diretos − transferências para as empresas) − lucros não distribuídos − Outras Receitas Correntes Líquidas do Governo (ORCLG) − (impostos diretos − transferências para as empresas) − (impostos diretos pagos pelas famílias − transferências recebidas pelas famílias).
RD = S + J + A + L (distribuídos) − impostos diretos pagos pelas famílias + transferências.
Portanto, a RNL tende a ser maior que a RD, mas não necessariamente, já que depende do comportamento dos impostos diretos − transferências e das ORCLG. Esse assunto pode ser encontrado no capítulo 4. A alternativa "c" está incorreta, portanto.
Como RLEE < 0 e PIB = PNB + RLEE, então PIB < PNB, e a alternativa "e" é falsa.

14. "a". Sabendo-se que:

CONTA DE PRODUÇÃO
Salários = 200
Juros = 100
Aluguéis = 150
Lucros = 150
RN = PNLcf = 600
Depreciação = 50
PNBcf = 650
II – Subs = 40
PNBpm = 690

Onde: RN = Renda Nacional; PNLcf = Produto Nacional Líquido a custo de fatores; PNBcf = Produto Nacional Bruto a custo de fatores; e PNBpm = Produto Nacional Bruto a preço de mercado. Como a economia é fechada, então PNBpm = PIBpm = 690. Esse assunto é melhor compreendido ao ser estudado o capítulo 4, que trata das identidades macroeconômicas.

15. "d". PIB = C + I + G + X – M. Portanto, o Produto da economia, seja Nacional ou Interno, exclui as importações. Portanto, a alternativa "d" é verdadeira, e a "e" é falsa.
O Produto Interno Bruto de um país será maior que o Produto Nacional Bruto quando a Renda Líquida Enviada ao Exterior for maior que zero ou quando a renda líquida recebida do exterior for menor que zero. Logo, a alternativa "a" é falsa.
Na prática, o que se produz internamente tende a ser maior que o que se exporta, mas nada impede que sejam iguais ou menores. Observe o exemplo a seguir: suponha que um país demande (C + I + G + X) um valor de 5bi e que, desses 5bi, exporte 3bi, ficando o restante no país. Se esse país importa 3bi, o cálculo do PIB será:

PIB = demanda interna + exportação – importação
PIB = 2bi + 3bi – 3bi
PIB = 2bi e, no caso, é menor que a exportação de 3bi. Portanto, a alternativa "b" é falsa.
O PIB será maior que o PNB, se a Renda Líquida Recebida do Exterior for negativa (ou a Renda Líquida Enviada ao Exterior for positiva). Portanto, a alternativa "c" é falsa.

16. "c". A diferença entre Produto Interno e Produto Nacional é a Renda Líquida Enviada ao Exterior, ou seja: PIB = PNB + RLEE ou PIB – PNB = RLEE. Como Renda Líquida Enviada ao Exterior (RLEE) é igual a Renda Líquida Recebida do Exterior (RLEE) com sinal trocado, tem-se: RLEE = –RLRE. Se PIB < PNB, então RLEE será negativa ou RLRE será positiva. Logo, a alternativa correta é a "c".

17. "c". O agregado macroeconômico que mede a produção de um país é o produto. A produção realizada com fatores de produção de residentes no país ou residentes no exterior, mas que estejam em território nacional, é o Produto Interno. Quando se deduz a depreciação do estoque de capital, considera-se o Produto Líquido, mas, quando se computa o valor dos impostos indiretos, trata-se do Produto a preço de mercado. Portanto, o produto em referência é o Produto Interno Líquido a preço de mercado.

18. "d". O que diferencia a Renda (ou produto) Nacional da Renda (ou produto) Interna é a Renda Líquida Enviada (ou Recebida) do Exterior, ou seja: PI = PN + RLEE ou PN = PI – RLEE e PI = PN – RLRE ou PN = PI + RLRE, onde: PI = Produto Interno; PN = Produto Nacional; RLEE = Renda Líquida Enviada ao Exterior; e RLRE = Renda Líquida Recebida do Exterior. Portanto, a alternativa correta é a "d".
As importações são computadas (subtraindo-se da demanda agregada) tanto no Produto Interno quanto no Produto Nacional, portanto a alternativa "a" é falsa.
O Investimento faz parte do Produto Interno e Nacional, o que invalida a alternativa "b".
O saldo na Balança Comercial, que é a diferença entre as Exportações e Importações de bens e serviços não fatores, faz parte do Produto Nacional e Interno, portanto a alternativa "c" é falsa.
As exportações são computadas (somando-se a demanda agregada) tanto no Produto Interno quanto no Produto Nacional, invalidando a alternativa "e".

19. "c". A diferença entre Produto Nacional Bruto (PNB) e Produto Interno Bruto (PIB) é a Renda Líquida Recebida do Exterior (RLRE). Logo: PNB + RLEE = PIB ou PNB – RLRE = PIB.
Dado que: RLEE = Renda Líquida Enviada ao Exterior. Então:
PNB – RLRE = PIB
20.000 – RLRE = 19.000
RLRE = 1.000

Mas, Renda Líquida Recebida do Exterior (RLRE) é igual a Renda Recebida do Exterior (RRE) – Renda Enviada ao exterior (REE), ou:
RLRE = RRE – REE
1.000 = RRE – 1.000
RRE = 2.000

Observe que a questão forneceu a Renda Enviada ao Exterior, que é diferente de Renda **Líquida** Enviada ao Exterior, já que esta é a diferença entre Renda Enviada ao exterior e Renda Recebida do exterior.

20. "d". Sabendo-se que: PNL = Produto Nacional Líquido; PIL = Produto Interno Líquido; RLEE = Renda Líquida Enviada ao Exterior; PIB = Produto Interno Bruto; RNL = Renda Nacional Líquida; e PNB = Produto Nacional Bruto.
Se a Renda Líquida Enviada ao Exterior for negativa, com certeza o PNB será maior que o PIB, já que: PIB = PNB + RLEE. Portanto, a alternativa "d" é verdadeira.
Quando a RLEE é negativa, o Produto Interno será menor que o Produto Nacional já que: PI = PN + RLEE. Mas, quando se compara PIL com PNL, deve-se saber que de ambos está sendo abatida a depreciação. Porém, a depreciação do PIL refere-se à depreciação do Produto Interno, e a depreciação do PNL refere-se à depreciação do PIL, que não necessariamente serão iguais. Portanto, não se pode afirmar que PNL > PIL. Logo, a alternativa "a" é falsa.
O PIL será sempre menor que o PIB, independente do valor da RLEE, o que invalida a alternativa "b".
A RNL (ou PNL) poderá ser maior, menor ou igual ao PIB, dependendo do valor da RLEE e da depreciação. Como o enunciado supõe uma RLEE deficitária, ou negativa, e a depreciação é sempre um valor positivo, então, com base na intensidade dos dois valores é que será possível afirmar se o PNL será menor ou não que o PIB, já que: PNL = PIB – RLEE – depreciação. Portanto, a alternativa "c" é falsa.
Se a Renda Líquida Enviada ao Exterior for negativa, o PNB será maior que o PIB, já que: PIB = PNB + RLEE. Portanto, a alternativa "e" é falsa.

21. "c". Renda Nacional (RN) é igual ao Produto Nacional Líquido a custo de fatores (PNLcf). Logo: PNLcf = PIBpm – RLEE – depreciação – (impostos indiretos – subsídios), onde: RLEE = Renda Líquida Enviada ao Exterior. Logo, a Renda Nacional de uma economia é obtida a partir de seu PIB a preços de mercado, somados a RN, depreciação do estoque de capital, renda líquida enviada para o exterior e impostos indiretos líquidos dos subsídios. Portanto, a alternativa "c" é verdadeira.
PNL = PIB + Renda Líquida Enviada ao Exterior – depreciação. Logo, a alternativa "a" é falsa.
A diferença entre o PIB e o PIL de uma economia é a depreciação, e a alternativa "b" é falsa.
Renda Pessoal Disponível = Renda Nacional (RN) – lucros retidos (ou lucros não distribuídos) – outras receitas correntes líquidas do governo – impostos diretos pagos pelas empresas + transferências – tributos (impostos) pagos pelas famílias. Esse assunto será melhor abordado no capítulo 4. A alternativa "d" é falsa.
Renda Pessoal = Renda Nacional (RN) – lucros retidos (ou lucros não distribuídos) – outras receitas correntes líquidas do governo – impostos diretos pagos pelas empresas + transferências recebidas pelas empresas. Esse assunto também será melhor abordado no capítulo 4. A alternativa "e" é falsa.

22. "b". Dado que Produto Nacional Líquido a custo de fatores (PNLcf) é de 3.000, para se determinar o Produto Interno Bruto a preço de mercado (PIBpm), deve-se:
PIBpm = PNLcf + RLEE + (Impostos Indiretos – Subsídios) + Depreciação
PIBpm = 3.000 + (–100) + (800 – 150) + 400
PIBpm = 3.950
Sabendo-se que: Renda Líquida Recebida do Exterior (RLRE) = (–) Renda Líquida Enviada ao Exterior (RLEE).

23. "a". Sabendo-se que: Produto Interno Líquido a preços de mercado = PILpm; Produto Nacional Bruto a preços de mercado = PNBpm; Produto Interno Bruto a custos de fatores = PIBcf; e Renda Líquida Enviada ao Exterior = RLEE. Então:
PNBpm = PILpm – RLEE + Depreciação
PNBpm = 5.000 – 160 + 320
PNBpm = 5.160

PIBcf = PILpm + Depreciação – (Impostos Indiretos – Subsídios)
PIBcf = 5.000 + 320 – (850 – 220)
PIBcf = 4.690

24. "c". Sabendo-se que: Renda Nacional é igual ao Produto Nacional Líquido a custo de fatores (PNLcf); Renda Líquida Enviada ao Exterior = Renda Enviada ao Exterior – Renda Recebida ao Exterior. Logo: PNLcf = PIBpm – RLEE – Depreciação – (Impostos Indiretos – Subsídios), onde: PIBpm = Produto Interno Bruto a preço de mercado e RLEE = Renda Líquida Enviada ao Exterior. Então:

PNLcf = 122.000 – (18.000 – 7.000) – 5.000 – (25.000 – 3.000)
PNLcf = 84.000

25. "c".
I. **(V)** O produto da economia é: Produto agregado = Valor Bruto da Produção – Consumo Intermediário. Logo, no cálculo do produto não entra o consumo intermediário, ou seja, não entra o produto de anos anteriores.
II. **(V)** Quando se quer determinar o produto final da economia, incluem-se os impostos indiretos livres de subsídios. Logo, o produto considerado é a preço de mercado.
III. **(F)** O PIB inclui o valor dos bens finais consumidos na economia e subtrai os bens intermediários.

26. "a". Sabendo-se que a Renda Nacional é igual ao Produto Nacional Líquido a custo de fatores (PNLcf), tem-se: PNLpm = PNLcf + (Impostos Indiretos – Subsídios). Logo, a diferença entre PNLpm e PNLcf são os impostos indiretos menos subsídios.

27. "e". O que uma economia produz, independente de ser dentro das fronteiras nacionais ou não, compõe seu produto. Logo, a soma de todos os bens finais produzidos por uma economia vai definir o Produto Nacional. Como o produto deve incluir a depreciação, define-se o Produto Nacional Bruto.

28. "b". RILcf = ?
RIBcf = salários pagos às famílias + juros + aluguéis + lucros pagos (considerando que estão incluídas a RLEE e a depreciação)
RIBcf = 350 + 450
RIBcf = 800

RILcf = RIBcf – Depreciação
RILcf = 800 – 25
RILcf = 725

29. "a". O que diferencia o Produto Interno (PI) do Produto Nacional (PN) é a Renda Líquida Enviada ao Exterior (RLEE). Logo:
PN = PI – RLEE
RLEE = REE – RRE
Onde: REE = Renda Enviada ao Exterior e RRE = Renda Recebida do Exterior

Logo: RLEE = 2.000 – 3.000
RLEE = –1.000

Então: PN = PI – (–1.000)
PN = PI + 1.000

Portanto: PN > PI.
A alternativa "e" não pode ser assinalada porque não foi fornecido o valor da depreciação do Produto Nacional e do Produto Interno, que representa a diferenciação entre Produto Bruto (PB) e Produto Líquido (PL).

30. "e". A diferença entre PIBpm e PNBpm é a Renda Líquida Enviada ao Exterior (RLEE). Logo:
PIB – RLEE = PNB
Portanto: 2,55 – RLEE = 2,35
RLEE = 0,20 trilhão ou 200 milhões

31. "e". Sabendo-se que: PNB = 2.500,7; Impostos Indiretos = 500,6; e Depreciação = 400,8:
PNL = ?
PNB = PNL + Depreciação
2.500,7 = PNL + 400,8
PNL = 2.099,90

32. F, F.
a) **(F)** O Produto Bruto (PB) considera a depreciação. O Produto Líquido (PL) não considera a depreciação. PB = PL + Depreciação.
b) **(F)** Quando um país envia mais renda para o exterior do que recebe, a Renda Enviada ao Exterior é maior que a Renda Recebida do Exterior. Logo, a Renda Líquida Enviada ao Exterior (RLEE), que é a subtração da Renda Enviada ao Exterior (REE) pela Renda Recebida do Exterior (RRE), é positiva, ou seja: RLEE = REE – RRE. Logo, o Produto Interno (PI) é maior que o Produto Nacional (PN), já que: PI = PN + RLEE.

33. V. Países que possuem muitas empresas estrangeiras em sua economia remetem muito lucro para o exterior. Logo, a Renda Líquida Enviada ao Exterior é positiva. Como: PI = PN + RLEE, o Produto Interno (PI) é maior que o Produto Nacional (PN).

34. V. Quando brasileiros recebem lucros distribuídos do exterior, a renda recebida do exterior aumenta, ou a Renda Líquida Enviada ao Exterior (RLEE) diminui. Como PN = PI – RLEE, então, se RLEE diminui, PN aumenta. Dados: PN = Produto Nacional, e PI = Produto Interno.

35. "e". A diferença entre o PNLpm e o PIBpm é:
PNLpm = PIBpm – RLEE – Depreciação ou
PNLpm = PIBpm + RLRE – Depreciação
Para que o PNLpm seja maior que o PIBpm, então (RLRE – Depreciação) deve ter um valor maior que zero.
Logo: (RLRE – Depreciação) > 0 ou RLRE > Depreciação.

36. "d". Se o PNLcf = 7.900 e o PNBcf = 8.400, então a depreciação é igual a 500, já que PNBcf = PNLcf + depreciação, logo, a alternativa "e" é falsa.
Se PNLcf = 7.900 e PNLpm = 9.100, então (impostos indiretos – subsídios) são iguais a 1.200, já que PNLpm = PNLcf + (imp. ind. – subs.). Portanto, a alternativa "d" é a verdadeira.
Se o PNBcf = 8.400, então o PNBpm será de 9.600, já que PNBpm = PNBcf + (imp. ind. – subs.). A alternativa "a" é falsa.
Se PIBpm = 10.500, então PIBcf será de 9.300, já que PIBpm = PIBcf + (imp. ind. – subs.). Portanto, a alternativa "b" é falsa.

Se PIBpm = 10.500 e PNBcf = 8.400, então:
PIBpm = PNBcf + (imp. ind. – subs.) + renda líquida enviada ao exterior
10.500 = 8.400 + 1.200 + RLEE
RLEE = 900, portanto a alternativa "c" é falsa.

37. "a". Se a RLEE é positiva, significa que o Produto Interno (PI) é maior que o Produto Nacional (PN), já que PI = PN – RLEE.

38. Errado. A diferença entre Produto a preço de mercado e a custo de fatores é igual a diferença dos impostos indiretos e subsídios.
Produto a custo de fatores = Produto a preço de mercado – (impostos indiretos – subsídios)

39. "a". A diferença entre Produto a preço de mercado e a custo de fatores é igual à diferença entre impostos indiretos e subsídios. Assim:
Produto a custo de fatores = Produto a preço de mercado – (impostos indiretos – subsídios)
Se estivermos nos referindo ao Produto Interno bruto, então:

Produto Interno Bruto a custo de fatores = Produto Interno Bruto a preço de mercado – (impostos indiretos – subsídios)
Se estivermos nos referindo ao Produto Interno Líquido, então:
Produto Interno Líquido a custo de fatores = Produto Interno Líquido a preço de mercado – (impostos indiretos – subsídios)

40. Certo. Produto Interno Bruto a custo de fatores = Produto Interno Bruto a preço de mercado – (impostos indiretos – subsídios) ou:
Produto Interno Bruto a custo de fatores = Produto Interno Bruto a preço de mercado – impostos indiretos + subsídios

41. "c". Quando um bem de capital perde valor de mercado, dizemos que ele se depreciou, e isso ocorre devido a três fatores:
— Uso
— Obsolescência ou
— Fatores naturais
Como a questão se refere a termos econômicos, então, devemos levar em conta a depreciação real do bem de capital de acordo com a análise da empresa. Se estivéssemos nos referindo a uma análise contábil, a depreciação seguiria uma regra, uma lei ou uma norma contábil ou fiscal instituída independentemente da depreciação real.

42. Certo. Produto a preço de mercado = Produto a custo de fatores + (impostos indiretos – subsídios) ou:
Produto a preço de mercado = Produto a custo de fatores + impostos indiretos – subsídios

43. Certo. Produto Nacional ou Renda Nacional é aquela que pertence ao país, independentemente de onde tenha sido gerada. É o produto ou Renda gerado por fatores de produção de propriedade de residente. O Produto ou Renda Interna é aquela que é produzida dentro das fronteiras nacionais, independentemente de pertencer ou não ao país. Está ligado ao conceito geográfico, territorial. Vai medir o produto produzido por firmas operando no país, independente da origem do seu capital.

44. Errado. O Produto Interno é aquele que é produzido dentro das fronteiras nacionais, independentemente de pertencer ou não ao país. Está ligado ao conceito geográfico, territorial. Vai medir o produto produzido por firmas operando no país, independentemente da origem do seu capital. O PIB representa, portanto, a soma dos valores agregados de todos os bens e serviços finais produzidos no território econômico nacional, incluídos os bens que resultaram do emprego de recursos de não residentes.

45. "a". A Renda Interna é aquela que é produzida dentro das fronteiras nacionais, independentemente de pertencer ou não ao país. Está ligada ao conceito geográfico, territorial. Vai medir a renda gerada por firmas operando no país, independentemente da origem do seu capital. Portanto, os lucros (que são renda) auferidos no Brasil por uma empresa estrangeira, aqui atuante, são incluídos na Renda Interna ou Produto Interno.

46. Errado. Se um país apresenta Renda líquida enviada ao exterior (RLEE) positiva, significa que o Produto Nacional (PN) é menor que o produto Interno (PI). Vejamos pela fórmula:

$$PN = PI - RLEE$$

47. "a". O Produto Interno Líquido a preço de mercado é obtido subtraindo a Depreciação do Produto Interno Bruto a custo de fatores e somando os impostos indiretos livres de subsídios. Vejamos:

PILpm = PIBcf – Depreciação + (impostos indiretos – subsídios). O item "I" está incorreto.
O Produto Nacional Bruto a custo de fatores é obtido subtraindo a Renda Líquida Enviada ao Exterior e subtraindo os impostos indiretos livres de subsídios do Produto Interno Bruto a preço de mercado. Vejamos:

PNBcf = PIBpm – RLEE – (impostos indiretos – subsídios). O item "II" está incorreto.
A Renda ou Produto Nacional é igual à Renda ou Produto Nacional Líquido a custo de Fatores. O item "III" está correto.

48. "d".
PNLcf = PIBpm − RLEE − depreciação − (impostos indiretos − subsídios)
PNLcf = 1900 − 250 − 400 − (400 − 100)
PNLcf = 950

49. Errado. A soma das remunerações dos fatores de produção é igual à Renda ou Produto nacional e, portanto, é igual à soma dos gastos em bens e serviços finais produzidos nacionalmente durante um ano.

50. "c".
PNBpm = PILcf − RLEE + depreciação + (impostos indiretos − subsídios)
PNBpm = 45.000 − 3.400 + 3.000 + (4.500 − 1.600)
PNBpm = 47.500

51. "a".
PNBcf = PILpm − RLEE + depreciação − (impostos indiretos − subsídios)
PNBcf = 10.000 − 120 + 500 − (1500 − 400)
PNBcf = 9.280

52. "c". O Produto Nacional Bruto a preço de mercado do país será:

PNBpm = produto do setor primário + produto do setor secundário + produto do setor terciário + depreciação + (impostos indiretos − subsídios) − RLEE
PNBpm = 13.400 + 48.200 + 26.600 + 3.400 + (4.500 − 600) − RLEE

Renda líquida enviada ao exterior (RLEE) = Renda enviada ao exterior − Renda recebida do exterior

RLEE = 980 − 1420
RLEE = − 440
PNBpm = 95.500 − (−440)
PNBpm = 95.940

53. "e".
PIBpm − depreciação = PILpm
PILpm − impostos indiretos + subsídios = PILcf

54. "a". Produto Nacional ou Renda Nacional é aquela que pertence ao país, independentemente de onde tenha sido gerada. É o produto ou Renda gerado por fatores de produção de propriedade de residente.

55. "e". Dado que: RLRE > depreciação; e sabendo que:

PNL = PIB + RLRE − depreciação. Se RLRE > depreciação, então (RLRE − depreciação) > 0. Logo: PNL > PIB. A alternativa "e" está correta.
PIB = PNB − RLRE, então, PIB < PNB. A alternativa "a" está incorreta.
PNB = PNL + depreciação, então, PNB > PNL. A alternativa "b" está incorreta.
Ppm = Pcf + (impostos indiretos − subsídios), então, Ppm > Pcf se (impostos indiretos − subsídios) for positivo. A alternativa "c" está incorreta.
PIL = PNB − RLRE − depreciação, então, PIL < PNB. A alternativa "d" está incorreta.

56. "b". Dado que RLRE = depreciação, então:

Produto Nacional Bruto = Produto Nacional Líquido + depreciação. A alternativa "a" está incorreta.
Produto Interno Bruto = Produto Nacional Líquido − RLRE + depreciação. Logo: PIB = PNL. A alternativa "b" está correta.
Produto Interno Bruto = Produto Nacional Bruto − RLRE. Logo: PIB < PNB. A alternativa "c" está incorreta.
Produto Interno Líquido = Produto Interno Bruto − depreciação. Logo: PIL < PIB. A alternativa "d" está incorreta.
Produto Nacional Bruto = Produto Nacional Líquido + depreciação. Logo: PNB > PNL. A alternativa "e" está incorreta.

57. "b". Quando a Renda Líquida Enviada ao Exterior (RLEE) aumenta, o Produto Nacional (PN) diminui, já que PN = PI – RLEE, sabendo que PI = Produto Interno. A alternativa "a" está incorreta. Quando aumenta a renda recebida do exterior (RRE), o Produto Nacional aumenta, já que PN = PI – (REE – RRE), sabendo que REE = Renda Enviada ao Exterior e PI = Produto Interno. A alternativa "b" está correta.

O aumento do consumo de bens e serviços intermediários, a redução de subsídios e redução da depreciação do capital não afetam o Produto Nacional. As alternativas "c", "d" e "e" estão incorretas.

58. "a". Dados que Renda Líquida enviada ao Exterior (RLEE) = 0 e (impostos indiretos – subsídios) = 0, então:

a) PIB a preços de mercado = PNB a custo de fatores + RLEE + (impostos indiretos – subsídios)
PIB a preços de mercado = PNB a custo de fatores + 0 + 0
PIB a preços de mercado = PNB a custo de fatores
b) PIB a preços de mercado = PNL a custo de fatores + RLEE + depreciação + (impostos indiretos – subsídios)
PIB a preços de mercado = PNL a custo de fatores + 0 + depreciação + 0
PIB a preços de mercado > PNL a custo de fatores
c) PIL a preços de mercado = PNB a custo de fatores + RLEE – depreciação + (impostos indiretos – subsídios)
PIL a preços de mercado = PNB a custo de fatores + 0 – depreciação + 0
PIL a preço de mercado < PNB a custo de fatores
d) PIL a preços de mercado = PNL a custo de fatores + RLEE – (impostos indiretos – subsídios)
PIL a preço de mercado = PNL a custo de fatores + 0 + 0
PIL a preço de mercado = PNL a custo de fatores
e) PIB a preços de mercado = PIB a custo de fatores + (impostos indiretos – subsídios)
PIB a preços de mercado = PIB a custo de fatores + 0
PIB a preços de mercado = PIB a custo de fatores

59. "b".
PIBpm = PIBcf + (impostos indiretos – subsídios)
Para o PIBpm permanecer constante, o aumento do PIBcf deve ser compensado pela redução dos (impostos indiretos – subsídios). Logo, os impostos indiretos devem diminuir ou os subsídios aumentarem ou a combinação desses dois fatos.

60. "a". Dado o PIB, para se alcançar o PNB, deve-se deduzir, do primeiro, a Renda líquida enviada ao exterior.
A alternativa "a" está correta. Como o PIB e o PNB incluem a depreciação, então, esta não será a diferença entre eles.
A alternativa "b" está incorreta. Não foi citada na questão se o PIB e o PNB são a custo de fatores ou a preço de mercado. Logo, não podemos afirmar que há diferença entre eles com relação aos impostos indiretos livres de subsídios.
A alternativa "c" está incorreta. Dado o PIL, para se alcançar o PNB, devemos somar ao PIL a depreciação e subtrair a Renda Líquida enviada ao exterior.
A alternativa "d" está incorreta. Os lucros e os impostos diretos estão embutidos tanto no PNB como na RN (= PNLcf). Por isso, não os diferencia.
A alternativa "e" está incorreta.

61. "c". Dado o PIB, para se alcançar o PNB, devemos subtrair do primeiro, a Renda líquida enviada do exterior. A alternativa "c" está correta.

62. "e". O que diferencia o PNB do PIB é a Renda Líquida enviada ao exterior (que é a diferença entre a Renda enviada ao exterior e a Renda recebida do exterior) ou a Renda Líquida recebida do exterior (que é a diferença entre a Renda recebida do exterior e a Renda enviada ao exterior). De tal maneira que se for dado o PNB, para se calcular o PIB, deve-se somar ao PNB a RLEE (ou subtrair a RLRE). Também, se for dado o PIB, para se calcular o PNB, deve-se subtrair do PIB, a RLEE (ou somar a RLRE).

A alternativa "e" está correta. Se o valor das exportações forem maiores que o das importações, haverá transferência líquida de recursos para o exterior, mas, isso não diferencia o PNB do PIB, já que, em ambos, as exportações são somadas e as importações são subtraídas. Logo se há uma exportação líquida positiva, o PNB e o PIB serão maiores. A alternativa "a" está incorreta. Seguindo a mesma lógica da alternativa "a", caso as importações sejam maiores que as exportações, o PIB e o PNB serão menores. A alternativa "b" está incorreta. As reservas internacionais e os investimentos estrangeiros não diferenciam o PNB do PIB. As alternativas "d" e "e" estão incorretas.

63. "b". Vamos calcular o PNL a partir do PIB:

P   I   B   = 15.730

       ↓ – RLEE   ↓ – Depreciação = – (857 – 872) – 1.728 = –1.713

P   N   L   = 14.017

64. "a". A Diferença entre o PNBcf para o PNLpm é que o primeiro é Bruto e o segundo é líquido. Logo, deve-se subtrair, do primeiro, a depreciação, para se chegar ao segundo. Também, o primeiro é a custo de fatores e o segundo é a preço de mercado. Então deve-se somar, ao primeiro, os impostos indiretos e subtrair os subsídios para se chegar ao segundo. Logo:

PNBcf – depreciação + (impostos indiretos – subsídios) = PNLpm
Ou:
PNBcf – depreciação + impostos indiretos – subsídios = PNLpm
A alternativa "A" está correta e as alternativas "B", "C", "D" e "E" estão incorretas.

65. "a". A diferença entre o Produto Interno (PI) e o Produto Nacional (PN) é a Renda Líquida Enviada ao Exterior (RLEE). A diferença entre o Produto Bruto (PB) e o Produto Líquido (PL) é a depreciação. A Renda Líquida Enviada ao Exterior (RLEE) é o oposto da Renda Líquida Recebida do Exterior (RLRE), ou seja, RLEE = – RLRE.
Se a depreciação é igual a Renda líquida recebida do exterior, então, o Produto Interno Bruto (PIB) = Produto Nacional Líquido (PNL), já que:
PIB – RLEE – Depreciação = PNL   ou
PIB + RLRE – Depreciação = PNL
Se RLRE = depreciação, então:
PIB + RLRE – Depreciação = PNL
PIB = PNL

66. "e". Renda Interna Bruta a preço de mercado (RIBpm) – Renda Líquida Enviada ao Exterior (RLEE) – depreciação (depr) = Renda Nacional Líquida a preço de mercado (RNLpm)
RIBpm – RLEE – depreciação = RNLpm
Sabendo que:
RLEE = Renda enviada ao exterior – Renda recebida do exterior, então:
RLEE = 25-20
RLEE = 5
Voltando a função:
 RIBpm – RLEE – depreciação = RNLpm
200 – 5 – 10 = RNLpm
RNLpm = 185
A alternativa "E" está correta.

67. "b". Se a economia é fechada, a Renda líquida enviada ao exterior é zero e, portanto, o Produto Nacional é igual ao Produto Interno. Se há governo, poderá haver a cobrança de impostos indiretos e a concessão de subsídios. Logo o produto a preços de mercado será diferente do produto a custo de fatores. Logo, o produto interno bruto a custo de fatores (PIBcf) corresponde ao produto interno bruto a preços de mercado (PIBpm) menos os impostos indiretos mais os subsídios concedidos.
PIBcf = PIBpm – (impostos indiretos – subsídios) ou
PIBcf = PIBpm – impostos indiretos + subsídios
A alternativa "b" está correta.
Se a economia é fechada, a Renda líquida enviada ao exterior é zero e, portanto, o Produto Nacional é igual ao Produto Interno. Se não há governo, não há a cobrança de impostos indiretos e a concessão de subsídios. Logo o produto a preços de mercado é igual ao produto a custo de fatores. O que vai diferenciar o produto bruto do produto líquido, é a depreciação, de tal maneira que:
Portanto, a alternativa "a" está incorreta porque somou a depreciação no lugar de subtrair.
PILpm = PIBpm – depreciação
No caso de uma economia fechada com governo, a renda líquida do setor público corresponde ao somatório dos impostos diretos e indiretos subtraídos dos subsídios e das transferências. A alternativa "c" está incorreta.
No caso de uma economia aberta com governo, a Renda Líquida Enviada ao Exterior é diferente de zero e o produto a custo de fatores poderá ser diferente do produto a preço de mercado, já que poderá haver a cobrança de impostos indiretos e a concessão de subsídios. Logo o Produto Nacional Bruto a custo de fatores (PNBcf) é igual ao Produto Interno Bruto a custo de fatores (PIBcf) menos a renda líquida enviada ao exterior (RLEE). Assim: PNBcf = PIBcf – RLEE. A alternativa "d" está incorreta.

68. "d". O que diferencia o PNB do PIB é o fato de o primeiro ser Nacional e o segundo ser Interno. A diferença entre produto Nacional e Interno é a Renda líquida Enviada ao Exterior (RLEE). Assim, temos:
PNB = PIB – RLLE. A alternativa "D" está correta.

69. "e". Produto (ou Renda) Interno é aquele produto (ou Renda) gerado dentro das fronteiras do Brasil. A remuneração dos residentes do Brasil foi gerada dentro das fronteiras do Brasil, logo, faz parte do produto (ou Renda) interno do Brasil. A questão está errada.

70. "e". Produto (ou Renda) Nacional é aquele produto (ou Renda) que pertence ao país independente de ter sido produzido dentro das fronteiras nacionais ou não. A remuneração dos residentes da China foi gerada dentro das fronteiras do Brasil, mas, será enviada para a China porque eles são os "donos" dessa renda. Portanto, fará parte da Renda Nacional da China. A questão está errada.

71. "c". A Renda Nacional (RN) corresponde ao Produto Nacional Líquido a custo de fatores (PNLcf). Na Renda Nacional, não inclui a depreciação, porque esta representa um custo de produção, e não uma renda de fator de produção. Portanto, é líquida. Também não são incluídos os impostos indiretos livres de subsídios, já que representam uma disparidade entre o preço de mercado do produto e seus custos de produção. Portanto, é custo de fatores. Como todo produto gera renda de igual valor, então a Renda e Produto são iguais. Logo: RN = RNLcf = PNLcf. A questão está correta.

72. "e". O que diferencia o Produto Interno Bruto (PIB) do Produto Nacional Bruto (PNB) é a Renda líquida enviada ao exterior (RLEE). Assim:
PIB = PNB – RLEE
A alternativa correta é a "E".

73. "b". Produto Interno é o produto que é gerado dentro das fronteiras territoriais do país, independente de pertencer a esse país ou não, ou seja, independe da nacionalidade dos proprietários dos recursos produtivos. Está ligado ao conceito geográfico. Logo, o produto gerado por empresas brasileiras no exterior não vai compor o produto Interno. A alternativa "B" está correta.

74. "e". Produto Interno Bruto (PIB) é determinado pelos gastos com bens e serviços domésticos realizados por residentes e não residentes dentro das fronteiras do país.

4

IDENTIDADES MACROECONÔMICAS FUNDAMENTAIS. ESTRUTURA BÁSICA PARA AS CONTAS NACIONAIS

As Identidades Macroeconômicas são definições contábeis que servem para a construção de modelos macroeconômicos. A estrutura de uma identidade é representada pelo símbolo de três barras paralelas ≡, diferenciando-se da igualdade, que é representada por apenas duas barras paralelas =. Isso ocorre para mostrar que uma identidade mantém uma relação tautológica, ou seja, independente dos valores que as variáveis assumam, a relação será sempre verdadeira. Shapiro reforça esse conceito: "(...) a contabilidade macroeconômica enfoca as relações contábeis, ao contrário das relações teóricas ou funcionais que possam ser estabelecidas entre aquelas variáveis. Uma relação contábil é uma identidade — uma relação que seja verdadeira por definição"[1].

Por meio de contas em forma de T, serão lançados créditos e débitos pelo método das partidas dobradas e se evidenciarão as principais identidades macroeconômicas.

Sabe-se que a economia é dividida em 4 setores, assim conhecidos:

- **Famílias** ou unidades familiares.
- **Empresas** (públicas e privadas).
- **Governo.**
- **Setor externo.**

Figura 4.1. Os setores da Economia

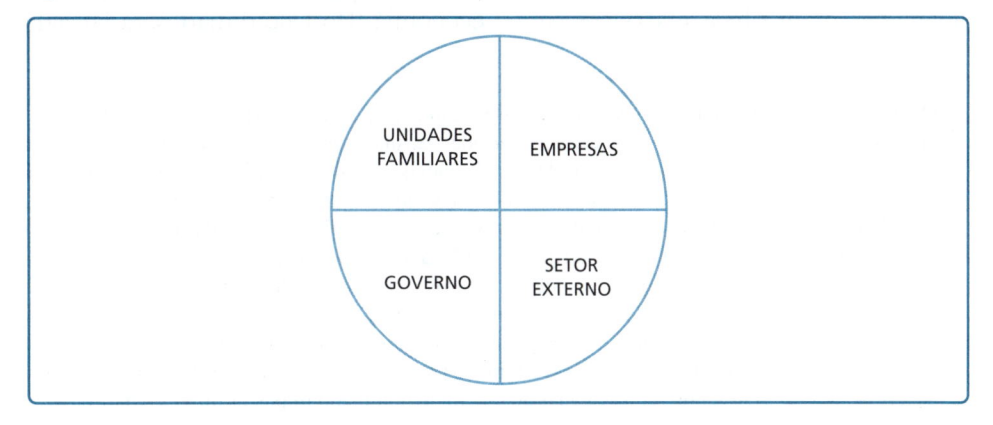

---
[1] Edward Shapiro, *Análise macroeconômica*, p. 27.

Esses setores da economia poderão ser representados pelas **Contas de Produção, Apropriação, do Governo, do Setor Externo e de Capital**, que serão apresentadas a seguir.

■ 4.1. CONTA DE PRODUÇÃO

Quadro 4.1. Conta de Produção

Débito	Crédito
Salários	Consumo Pessoal
Juros	Consumo do Governo
Aluguéis	Variação de Estoques
Lucros Distribuídos Lucros Retidos	Formação Bruta de Capital Fixo
Impostos Diretos Pagos pelas Empresas – Transferências Recebidas pelas Empresas	Exportação de Bens e Serviços Não Fatores
Outras Receitas Correntes Líquidas do Governo[2]	
RNLcf = PNLcf	
Impostos Indiretos[3] – Subsídios	
PNLpm	
Depreciação	
PNBpm	
Renda Líquida Enviada ao Exterior	
PIBpm	
Importação de Bens e Serviços Não Fatores	
Oferta total de bens e serviços	Demanda total por bens e serviços

Primeiramente, pode-se apresentar a **conta das empresas** como o setor da economia que produz bens e serviços para a economia. Do lado direito, será lançado

---

[2] O governo apresenta receitas correntes e receitas de capital. As receitas correntes são aquelas provenientes de tributos, contribuições parafiscais, receitas patrimoniais, receitas agropecuárias, receitas industriais, receitas de serviços, receitas de transferências correntes e outras receitas correntes. As receitas de capital são aquelas provenientes de alienação de bens, operações de crédito, amortização de empréstimos, transferências de capital e outras receitas de capital. As receitas correntes podem ser: receitas originárias, oriundas do patrimônio do Estado, também chamadas de Economia Privada, que são, por exemplo, os aluguéis, dividendos, juros recebidos; ou derivadas, oriundas do poder coercitivo do Estado, também chamada de Economia Pública, que são os tributos (impostos, taxas e contribuição de melhoria), contribuições parafiscais, empréstimos compulsórios. As originárias correspondem, na sua maioria, ao que é denominado Outras Receitas Correntes Líquidas do governo. As derivadas estão sendo representadas ao que foi denominado impostos diretos e indiretos.

[3] Impostos indiretos são aqueles que recaem sobre o consumo e a venda de mercadorias. O ônus não necessariamente recai sobre quem vai pagar o imposto. Os contribuintes de fato e de direito podem ser pessoas diferentes, porque o ônus tributário pode ser transferido.

aquilo que representa crédito para as empresas, o que ocorre quando os setores da economia demandam bens e serviços e, do lado esquerdo, o débito, que será a despesa necessária para produzir o produto ofertado.

Na Conta de Produção, as atividades produtivas contabilizadas incluem tanto as privadas quanto as públicas. Assim expressam Lopes e Vasconcellos: "Nas contas Nacionais, entende-se como Governo ou administração Pública as atividades que dependem de dotação orçamentária (saúde, educação, justiça, diplomacia etc.). A atividade produtiva do governo, que é feita pelas empresas estatais, é tratada de forma equivalente às empresas privadas, já que também produzem e vendem bens e serviços no mercado, sendo contabilizada na Conta de Produção"[4].

O total dos lançamentos a crédito deve corresponder ao total dos lançamentos a débito, como determina o método de partidas dobradas.

Então, veja primeiro o **lado do crédito** da Conta de Produção, como demonstrado no Quadro 4.1.

Representará crédito para empresa quando os setores da economia demandarem bens e serviços, ou seja, quando:

- as Famílias ou as unidades familiares demandarem bens e serviços para satisfazerem suas necessidades pessoais, ou seja, o chamado **Consumo pessoal (C)**;
- as Empresas (públicas e privadas) demandarem bens e serviços para investirem. Esse **investimento (I)** pode ser **Formação Bruta de capital fixo** (FBKF) ou **variação de estoques** (Δ estoques)[5]. Shapiro define investimento como "o montante do produto da economia que não é consumido durante o período"[6]. Mas, por que a variação de estoques é considerada um tipo de investimento? Paulani e Braga justificam da seguinte maneira: os estoques "são constituídos por mercadorias que representam consumo futuro. Ora, tudo aquilo que é produzido num período mas que não é consumido nesse período, significando, ou ensejando, consumo no futuro, tem um nome: chama-se investimento"[7]. Para Mankiw, o investimento em capital fixo "inclui o equipamento e as construções que as empresas adquirem para utilizar na produção"[8];
- o Governo demandar bens e serviços para **gastar**, o que é também conhecido como consumo do governo (G); O gasto do governo (G) somado ao consumo pessoal (C) é denominado **Consumo Final**.
- o Setor externo demandar bens e serviços não fatores para o país **exportar (X)**.

Observe, a seguir, na Tabela 4.1, o componente da demanda entre os anos de 2000-2017 no Brasil.

---

[4] Luiz Martins Lopes e Marco Antonio Sandoval de Vasconcellos, *Manual de macroeconomia*, 1998, p. 34.
[5] A variação de estoques faz parte do produto da economia, porque é produção corrente. A variação de estoques pode ser positiva ou negativa. Se o PIB for menor que as vendas, a variação de estoques é negativa.
[6] Edward Shapiro, *Análise macroeconômica*, p. 45.
[7] Leda Maria Paulani e Márcio Bobik Braga, *A nova contabilidade social*, p. 29.
[8] N. Gregory Mankiw, *Macroeconomia*, p. 308.

Tabela 4.1. Componentes da demanda no PIB — 2000-2017

ESPECIFICAÇÃO	2000	2005	2010	2011	2012	2013	2014	2015	2016 (1)	2017 (1)
Despesa de consumo das famílias	64,6	60,5	60,2	60,3	61,4	61,7	63,0	64,0	64,0	63,4
Despesa de consumo do Governo	18,8	18,9	19,0	18,7	18,5	18,9	19,2	19,8	20,2	20,0
FBCF + variação de estoque	18,9	17,2	21,8	21,8	21,4	21,7	20,5	17,4	15,4	15,5
Exportações de bens e serviços	10,2	15,2	10,7	11,5	11,7	11,6	11,0	12,9	12,5	12,6
Importações de bens e serviços	(12,5)	(11,8)	(11,8)	(12,2)	(13,1)	(13,9)	(13,7)	(14,1)	(12,1)	(11,6–)
PIB a preços de mercado	100,0	100,0	100,0	100,0	100,0	100,0	100,0	100,0	100,0	100,0

(1) Resultados preliminares calculados a partir das Contas Nacionais Trimestrais.
Fonte: IBGE, Diretoria de Pesquisas, Coordenação de Contas Nacionais.

Agora observe o **lado do débito**, ainda no Quadro 4.1.

Primeiro, lança-se a Renda Nacional (ou PNLcf), mas se deve lembrar que, como nesse caso existe governo, os salários (S), juros (J), aluguéis (A) e lucros (L) devem ser somados aos impostos diretos pagos pelas empresas (ID_{emp}) líquidos de transferências recebidas pelas empresas (R_{emp}) e às outras receitas correntes líquidas do governo (ORCLG), que podem ser aquelas advindas, por exemplo, de receitas patrimoniais, como juros, aluguéis, entre outras. Logo:

$$RNLcf = RN = S + J + A + L + ID_{emp} - R_{emp} + ORCLG$$

A partir daí, é só transformar a RN (PNLcf) em PNLpm pela soma de **impostos indiretos – subsídios**. Depois, transformar PNLpm em PNBpm pela soma da **depreciação**. E, em seguida, transformar PNBpm em PIBpm pela soma da **Renda Líquida Enviada ao Exterior** (RLEE)[9]. Assim:

PNLpm = RNLcf + (impostos indiretos – subsídios)
PNBpm = PNL + depreciação
PIBpm = PNB + RLEE

Como a oferta total não é composta apenas de bens e serviços produzidos internamente no país, acrescentam-se as importações de bens e serviços não fatores (M) e chega-se à **oferta agregada**, que é a oferta de bens e serviços de todas as empresas.

---

[9] Esse assunto pode ser visto no capítulo 3.

Oferta agregada = PIBpm + M

Os lucros poderão ser de dois tipos: **lucros distribuídos** ou dividendos, que serão renda das famílias; e **lucros retidos**, ou seja, lucros que não serão distribuídos e se constituirão, portanto, em poupança das empresas.

Lucro = Lucros distribuídos + Lucros retidos

É importante observar que os **impostos diretos** citados são aqueles pagos pelas empresas, e não pelas famílias, bem como as **transferências** citadas são aquelas recebidas pelas empresas e que constam, em sua maioria, dos juros da dívida pública pagos pelo governo às empresas. Portanto, não se referem às transferências do governo para as famílias, que correspondem a pensão, aposentadoria, Bolsa Família etc. Logo, as transferências que o governo paga às famílias não compõem o PIBpm. Observe as palavras de Froyen: "O governo realiza transferências a indivíduos (por exemplo, pagamentos da Previdência Social) e paga juros, exemplos de gastos governamentais não incluídos no PIB"[10].

Contudo, por que as transferências do governo às famílias não entram no cálculo da Renda Nacional e, por conseguinte, no cálculo do PIB? Feijó e Ramos respondem da seguinte maneira: "A Renda Nacional considera as rendas auferidas pelos fatores de produção em contrapartida a serviços prestados ao processo de produção. Como transferências são pagamentos sem contrapartida com o processo de produção, o seu saldo deve ser considerado para se chegar à estimativa da Renda Disponível que equivale ao montante que os agentes econômicos têm para gastar"[11].

A **importação e a exportação** se referem aos bens e serviços não fatores. E o que são serviços não fatores? São serviços que não correspondem ao pagamento de fatores de produção, ou seja, serviços que remuneram fretes, seguros, turismo, viagens, despesas financeiras etc. Os serviços não fatores não incluem salários, juros, aluguéis e lucros, que são a remuneração de serviços fatores.

As empresas poupam quando apresentam **lucros não distribuídos** e quando fazem reserva para **depreciação**. E por que a depreciação é uma poupança para as empresas? Quando se debita contabilmente a depreciação como se fosse uma despesa, na realidade essa despesa não sairá do caixa da empresa. Então, o diferencial entre o caixa e a contabilidade será caracterizado como poupança, cujo destino será a aquisição de outro bem de capital depois de sua total depreciação.

Poupança das empresas = Lucros não distribuídos + depreciação

As **"variações de estoques"** não podem ser computadas utilizando-se somente o termo "estoques", porque a contabilidade nacional é anual e os lançamentos correspondem a apenas créditos e débitos do ano em estudo. Portanto, só interessa saber o quanto variaram os estoques naquele ano, e não o seu saldo total.

---

[10] Richard T. Froyen, *Macroeconomia*, p. 22.
[11] Carmem Aparecida Feijó e Roberto Luis Olinto Ramos, *Contabilidade social*, p. 29.

Os **gastos do governo**[12], aqui apresentados, referem-se ao **consumo do governo**, ou despesas correntes. As despesas de capital, como investimentos e inversões, são computadas junto aos investimentos, como formação bruta de capital fixo e variação de estoques.

Diante disso, pode-se montar a identidade macroeconômica: oferta agregada (o.a.) = demanda agregada (d.a.). Como: oferta agregada (o.a.) = PIBpm + importação (M), e como: demanda agregada (d.a.) = Consumo pessoal (C) + Investimento (I = formação bruta de capital fixo + Δ estoques) + Gasto do governo (G) + Exportação (X):

Então: **o.a. = d.a.**
PIBpm + M = C + I + G + X
PIBpm[13] = C + I + G + (X − M)
Chamando-se PIBpm de "Y"[14], tem-se:

$$Y = C + I + G + X - M$$

Uma pergunta poderá ficar no ar: por que as importações entram no cálculo do produto da economia sendo subtraídas? A resposta é simples. Como consumo pessoal, investimento das empresas, gasto do governo e exportação podem apresentar componentes importados e ficaria muito difícil separar desses componentes o que é verdadeiramente Produto Interno e o que é importado, facilita muito registrar consumo, investimento, gasto e exportação com esses itens importados, ou seja, na sua totalidade, e depois subtrair tudo aquilo que se importou no país. Desta forma, afirma Froyen: "As importações são aquisições, por compradores domésticos, de bens e serviços produzidos no exterior, não devendo ser computadas no PIB. No entanto, os bens e serviços importados estão incluídos nos totais de consumo, investimentos e nos gastos governamentais. Portanto, precisamos subtrair o valor das importações para chegar ao total dos bens e serviços produzidos internamente"[15].

Quando se fala em demanda agregada, deve-se diferenciar do conceito de absorção interna, já que, este último não considera o saldo das transações comerciais com o resto do mundo. Assim, tem-se:

Absorção interna = C + I + G

■ 4.2. CONTA DE APROPRIAÇÃO

Agora, será apresentada a **Conta de Apropriação**, que corresponde à conta das unidades familiares. Assim como na Conta de Produção, na Conta de Apropriação haverá lançamento a crédito e a débito, e ambos devem somar valores idênticos.

---

[12] Alguns autores incluem nos gastos do governo as despesas com investimentos, inversões e transferências de capital, ou seja, incluem as despesas de capital. Dessa forma, os gastos do governo seriam diferentes do consumo do governo, já que este último considera apenas as despesas correntes, ou seja, as despesas de custeio e transferências correntes.

[13] O PIB é a produção corrente de bens e serviços em um país. É, portanto, um fluxo. Não podemos definir o PIB como a riqueza de um país porque riqueza é estoque.

[14] Y de "Yield" (rendimento), em inglês.

[15] Richard T. Froyen, *Macroeconomia*, p. 23.

Do lado do **crédito**, são lançadas a **Renda Nacional** e as **transferências** concedidas pelo governo. Observe que a Renda Nacional não constitui integralmente a renda das famílias. Por conta disso, é necessário que, do lado do débito, sejam repetidos esses lançamentos "indevidos", para que sejam anulados. Os lançamentos referidos são os impostos diretos pagos pelas empresas e as outras receitas correntes líquidas do governo.

Do lado do crédito, foram acrescentadas as transferências recebidas pelas famílias e as transferências recebidas pelas empresas que, somadas, representam as transferências concedidas pelo governo. As transferências para as empresas se anulam, já que aparecem também com sinal negativo quando são lançados os impostos diretos[16] pagos pelas empresas menos as transferências recebidas pelas empresas, ou seja, aparecem duas vezes, mas com sinal trocado.

As **transferências** pagas pelo governo às famílias correspondem ao pagamento de aposentadorias, pensões, Bolsa Família, licença-maternidade, juros da dívida pública pagos às famílias pelo governo[17], entre outros programas de transferência de renda. Para as empresas, o grande componente é o pagamento dos juros da dívida pública. As transferências correspondem aos pagamentos realizados sem que haja contrapartida em forma de bens e serviços. Diante dessa explicação, poderia surgir uma dúvida com relação ao pagamento de aposentadorias, já que se trata de um benefício que foi precedido de contribuições ao longo da vida do cidadão. Ocorre que a Contabilidade Nacional apura os dados para um determinado período, no qual o pagamento e a contribuição do benefício se dão em datas diferentes. Por isso a razão de serem consideradas transferências. Observe como Paulani e Braga abordam o assunto: "As contribuições destinadas à previdência são computadas, para efeitos do sistema de contas nacionais, como impostos diretos. Contudo, como as operações são descasadas no tempo (paga-se num determinado período, recebe-se em outro) e as contas nacionais são apuradas considerando-se um dado período de tempo (normalmente um ano), o pagamento de aposentadorias mostra-se de fato como uma transferência"[18].

Completando a Conta de Apropriação, acrescentam-se salários + juros + aluguéis + lucros, que serão somados às transferências do governo para as famílias. Esse total será destinado ao consumo das famílias (consumo pessoal), ao pagamento de impostos diretos e à poupança.

A poupança recebe a denominação de **Poupança líquida do setor privado** (S_{LSP}). Mas, por quê? Por que não recebe o nome de poupança das famílias? E por que o nome líquida? Perceba que, do lado do crédito, encontram-se os lucros que são constituídos de lucros distribuídos (ou dividendos) e **lucros retidos** (ou não distribuídos). O segundo (lucros retidos), como foi dito anteriormente, refere-se à poupança

---

[16] Impostos diretos são aqueles que recairão sobre a renda, o patrimônio e a riqueza das pessoas físicas e jurídicas. O ônus da carga tributária recai efetivamente sobre quem deve pagar o imposto, ou seja, o contribuinte é de fato e de direito.

[17] Esses juros não incluem os pagos pelas empresas às famílias, já incluídos na Renda Nacional pelo uso do fator de produção. Portanto, os juros pagos pelo governo às famílias serão considerados transferências.

[18] Leda Maria Paulani e Márcio Bobik Braga, *A nova contabilidade social*, p. 46.

das empresas, e não à das famílias. Então, quando se fala em poupança, deve-se acrescentar à conta o termo "privada", para que fique entendido que essa poupança é das famílias e das empresas. Ocorre que as empresas também apresentam outro tipo de poupança, que é a reserva para **depreciação** (ou simplesmente depreciação) e não está incluída na Conta de Apropriação. Portanto, a poupança do setor privado, nessa conta, deve ter acrescido à sua denominação o termo "líquida", para que seja visualizado claramente que a depreciação não está inclusa.

S_{LSP} = Poupança das famílias + poupança das empresas sem incluir a depreciação

Quando se soma a Poupança Líquida do Setor Privado à depreciação, obtém-se a Poupança Bruta do Setor Privado, muito embora não esteja presente na Conta de Apropriação.

A Conta de Apropriação está no Quadro 4.2. Nela, estão contidos todos os elementos citados anteriormente.

Quadro 4.2. Conta de Apropriação — estrutura final

DÉBITO	CRÉDITO
Consumo Pessoal	Salários
	Aluguéis
Impostos Diretos Pagos pelas Unidades Familiares	Juros
	Lucros — Retidos / Distribuídos
Impostos Diretos Pagos pelas Empresas	Impostos Diretos Pagos pelas Empresas – Transferências Recebidas pelas Empresas
Outras Receitas Correntes Líquidas do Governo	Outras Receitas Correntes Líquidas do Governo
	Transferências Recebidas pelas Unidades Familiares
Poupança Líquida do Setor Privado	Transferências Recebidas pelas Empresas
Utilização da RNLcf + transferências	RNLcf + transferências

As transferências recebidas pelas famílias afetam positivamente a renda disponível e o patrimônio, assim como os impostos diretos afetam negativamente a renda disponível e o patrimônio. Froyen define as transferências aos indivíduos como "as transferências feitas pelo governo, como os pagamentos da Previdência Social, as aposentadorias de veteranos de guerra e os pagamentos a funcionários aposentados do governo federal. Também há uma quantidade relativamente pequena de transferências realizadas pelas empresas para os indivíduos, como, por exemplo, donativos a instituições de caridade"[19].

Já as **transferências recebidas pelas empresas** correspondem basicamente ao pagamento dos juros da dívida pública que o governo faz às empresas. Elas afetam

---

[19] Richard T. Froyen, *Macroeconomia*, p. 27.

positivamente a renda e o patrimônio das empresas, assim como os impostos diretos afetam negativamente a renda e o patrimônio.

Além desses conceitos, determina-se a Renda Pessoal e a Renda Pessoal Disponível por meio da Renda Nacional. Assim:

Renda Pessoal = Renda Nacional (RN) – lucros retidos (ou lucros não distribuídos) – Outras receitas correntes líquidas do governo – impostos diretos pagos pelas empresas (subtraindo-se também as contribuições sociais e previdenciárias) + transferências recebidas pelas empresas[20].

Renda Pessoal Disponível[21] = Renda Pessoal – Tributos líquidos (impostos) pagos pelas famílias[22]; ou

Renda Pessoal Disponível = Consumo pessoal + poupança pessoal.

Froyen define Renda Pessoal disponível da seguinte maneira: "renda pessoal é a medida da renda total recebida pelos indivíduos, incluindo todas as fontes geradoras. Quando da renda pessoal subtraímos os pagamentos do imposto de renda, obtemos a renda pessoal disponível (após dedução dos impostos)"[23].

Ainda Dornbusch e Stanley se posicionam a respeito da determinação da Renda pessoal disponível, quando afirmam que "o montante que pode ser gasto, a renda pessoal disponível, deduz da renda pessoal, os impostos pessoais e certos pagamentos que devem ser feitos pelo setor das famílias. Esses pagamentos não referentes a impostos incluem itens como taxas de licenciamento e multas de tráfego"[24].

Segundo Paulani e Braga, "nos sistemas mais recentes e seguindo orientação do System of National Accounts da ONU, o agregado renda vem sendo utilizado em sua versão renda disponível bruta, o que significa a inclusão da depreciação e a consideração da renda externamente recebida sob a forma de transferências (doações por conta de ajuda humanitária e outros fatores)"[25]. A construção da Renda disponível bruta poderá ser vista no capítulo 6.

■ 4.3. CONTA DO GOVERNO

A seguir, será definida a **Conta do Governo**. Ela é de simples compreensão, visto que, do lado do crédito, lançam-se as receitas correntes do governo e, do lado do débito, lançam-se os destinos desse crédito.

Desta forma, tem-se:

---

[20] Observe que as transferências recebidas pelas empresas são constituídas basicamente dos juros que o governo paga a elas. Já nas transferências para as famílias estão incluídos os juros que o governo paga às famílias e os juros que as famílias pagam a outras famílias, bem como benefícios sociais, tais como aposentadoria, pensão, Bolsa Família etc.
[21] Alguns autores incluem os juros na renda pessoal disponível.
[22] Tributos líquidos = tributos brutos – transferências.
[23] Richard T. Froyen, *Macroeconomia*, p. 26.
[24] Rudiger Dornbusch e Stanley Fischer, *Macroeconomia*, p. 48.
[25] Leda Maria Paulani e Márcio Bobik Braga, *A nova contabilidade social*, p. 48.

Quadro 4.3. Conta do Governo

DÉBITO	CRÉDITO
▪ Consumo do governo	▪ Impostos diretos pagos pelas empresas
▪ Transferências às empresas	▪ Impostos diretos pagos pelas famílias
▪ Transferências às famílias	▪ Impostos indiretos
▪ Subsídios	▪ Outras receitas correntes líquidas do governo
▪ Saldo do governo em conta corrente	
▪ Utilização da receita corrente	▪ Total da receita corrente

Observe que as receitas do governo são os impostos diretos pagos pelas famílias e pelas empresas, os impostos indiretos pagos pelas empresas e as outras receitas correntes líquidas.

O governo, mediante essas receitas, realizará a denominada despesa do governo. Contudo, vai corresponder apenas às despesas correntes, ou seja, não estão incluídas as despesas com investimentos, inversões etc.

Além do consumo, o governo poderá transferir recursos para as famílias e para as empresas ou conceder subsídios para as empresas. Segundo Paulani e Braga, "as duas categorias mais importantes de **transferências** são, por um lado, as pensões e aposentadorias e, por outro, os juros da dívida pública"[26].

A **renda líquida do setor público** vai corresponder à **Carga Tributária líquida**, ou seja, a soma da arrecadação de impostos diretos livres das transferências e dos impostos indiretos livres dos subsídios. Já a **Carga Tributária bruta**, corresponde à soma dos impostos diretos e indiretos.

Depois de consumir, transferir e subsidiar, o saldo corresponderá à poupança do governo, se positiva, ou à despoupança, se negativa. Assim:

Poupança do governo = saldo em conta corrente do governo

As **transferências** correspondem aos **impostos diretos com sinal trocado**, ou seja, da mesma maneira que os impostos diretos diminuem a renda, o patrimônio e a riqueza das famílias e das empresas, aumentando a receita do governo, as transferências aumentam a renda, o patrimônio e a riqueza das famílias e empresas, sendo uma despesa para o governo.

E o que são **subsídios**? Quando o governo subsidia, ele está bancando uma parte dos custos da produção, com a finalidade de fazer com que os preços cheguem mais baixos ao consumidor. Os subsídios afetam positivamente a produção. Portanto, pode-se dizer que os subsídios são os **impostos indiretos com sinal trocado**, ou seja, se os impostos indiretos representam uma receita para o governo e uma despesa para as empresas, os subsídios representam uma despesa para o governo (Renúncia de Receita) e uma receita para as empresas.

---

[26] Leda Maria Paulani e Márcio Bobik Braga, *A nova contabilidade social*, p. 45.

Observe que, na Conta do Governo, são lançadas apenas as despesas e receitas correntes[27], que são, na sua maioria, efetivas, ou seja, geram a diminuição e o aumento patrimonial, respectivamente, na administração pública. As receitas e despesas correntes mantêm a administração pública no seu dia a dia. Portanto, conclui-se que as despesas e receitas de capital, que são, em sua maioria, por mutação patrimonial, não comporão essa conta. Isso faz com que, mesmo que o governo mantenha um saldo em conta corrente positivo, ou seja, mesmo que apresente poupança do governo positiva, nada impeça que haja **déficit orçamentário**, já que este último incorpora todas as receitas e despesas da administração pública, ou seja, todas as receitas e despesas correntes e as de capital.

4.4. CONTA DO SETOR EXTERNO

A seguir, será apresentada a **Conta do Setor Externo**, onde serão lançados os créditos e débitos do setor externo. É necessário compreender que os lançamentos de crédito se referem a crédito para o setor externo, e não para o Brasil. Portanto, quando o Brasil importa ou envia renda para o exterior, será um lançamento a débito para o Brasil e a crédito para os países do exterior. Com esse mesmo pensamento e a renda recebida do exterior representam lançamentos a débito para o setor externo.

Agora, muita **atenção**! O saldo do crédito e do débito dessa conta deve ser lançado do lado do débito como **Déficit do Balanço de Pagamentos em Transações Correntes**. Observe no Quadro 4.4, em negrito:

Quadro 4.4. Conta do Setor Externo

DÉBITO	CRÉDITO
■ Exportação de Bens e Serviços Não Fatores[28]	■ Importação de Bens e Serviços Não Fatores
■ Déficit do Balanço de Pagamentos em Transações Correntes[29]	■ Renda Líquida Enviada para o Exterior
■ Total do Débito	■ Total do Crédito

---

[27] As **receitas correntes** são aquelas que tomam a forma de tributos (impostos, taxas e contribuições de melhoria), contribuições parafiscais, receita patrimonial, receita agropecuária, receita industrial, receita de serviços, transferências correntes e outras receitas correntes. As **receitas de capital** são aquelas que tomam a forma de operação de crédito, amortização de empréstimos, alienação de bens, transferências de capital e outras receitas de capital. Essas receitas de capital não fazem parte da Conta do Governo.

Segundo a Lei n. 4.320/64, as **despesas correntes** são aquelas que tomam a forma de despesa de custeio e transferências correntes. As **despesas de capital** são aquelas que tomam a forma de investimentos, inversões e transferências de capital. Essas despesas de capital não fazem parte da Conta do Governo.

[28] A importação menos a exportação de bens e serviços não fatores é chamada de hiato do produto; e as exportações menos as importações de bens e serviços não fatores é chamada de transferência líquida de recursos para o exterior.

Logo: se M > X → hiato do produto; e

se X > M → transferência líquida de recursos para o exterior.

Desta forma, se o resultado da Balança Comercial e da Balança de Serviços não fatores somadas for positivo, diz-se que há transferência líquida de recursos para o exterior. Se o resultado for negativo, diz-se que há o hiato do produto.

[29] Também chamado de Passivo Externo Líquido, ou Poupança do Setor Externo.

Imagine que as importações de bens e serviços não fatores totalizem 400, que o Brasil apresente renda líquida enviada ao exterior de 100 e que as exportações de bens e serviços não fatores sejam de 300. Do lado do crédito, que representa crédito para o setor externo, e não para o Brasil, o saldo será de 500. Como o crédito deve ser igual ao débito, o saldo total do lado do débito deve ser igual a 500 também. Portanto, a única incógnita do Quadro 4.5 é o déficit no Balanço de Pagamentos em Transações Correntes. Sendo assim, depois de uma operação matemática simples, chega-se ao valor de 200.

Quadro 4.5. Conta do Setor Externo — 1º exemplo numérico

DÉBITO	CRÉDITO
▪ Exportação de Bens e Serviços Não Fatores = 300	▪ Importação de Bens e Serviços Não Fatores = 400
▪ Déficit do Balanço de Pagamentos em Transações Correntes (Déficit no BPTC) = 200	▪ Renda Líquida Enviada ao Exterior (RLEE) = 100
▪ Total do Débito = 500	▪ Total do Crédito = 500

Déficit no BPTC = (Importação + RLEE) – (Exportação)

Déficit no BPTC = (400 + 100) – 300 = 200

Portanto, 200 será o Déficit do Balanço de Pagamentos em Transações Correntes. Observe que, se se apresentar um déficit de 200, é porque o saldo é de (–)200.

Imagine, agora, uma segunda situação: as importações de bens e serviços não fatores totalizem 150, o Brasil apresente renda líquida enviada ao exterior de 100 e as exportações de bens e serviços não fatores sejam de 300. Do lado do crédito, que representa crédito para o setor externo, e não para o Brasil, o saldo será de 250. Como o crédito deve ser igual ao débito, o saldo total do lado do débito deve ser igual a 250 também. Portanto, a única incógnita do Quadro 4.6 é o déficit no Balanço de Pagamentos em Transações Correntes. Sendo assim, depois de uma operação matemática simples, chega-se ao valor de (–)50.

Quadro 4.6. Conta do Setor Externo — 2º exemplo numérico

DÉBITO	CRÉDITO
▪ Exportação de Bens e Serviços Não Fatores = 300	▪ Importação de Bens e Serviços Não Fatores = 150
▪ Déficit do Balanço de Pagamentos em Transações Correntes = (–)50	▪ Renda Líquida Enviada para o Exterior (RLEE) = 100
▪ Total do Débito = 250	▪ Total do Crédito = 250

Déficit do Balanço de Pagamentos em Transações Correntes = (Importação + RLEE) – (Exportação)

Déficit do Balanço de Pagamentos em Transações Correntes = (150 + 100) – 300 =

Déficit do Balanço de Pagamentos em Transações Correntes = (–)50

Observe que, se apresentar um déficit de (–)50, é porque o saldo é de 50 e o superávit também é de 50.

Apesar de, nesse exemplo, o saldo ter sido positivo, nunca se deve substituir o lançamento Déficit do Balanço de Pagamentos em Transações Correntes por superávit. Portanto, o lançamento será sempre "Déficit no Balanço de Pagamento em Transações Correntes".

Então: Déficit do Balanço de Pagamentos em Transações Correntes (DBPTC) = –saldo do Balanço de Pagamentos em Transações Correntes (Saldo BPTC)

Déficit do Balanço de Pagamentos em Transações Correntes (DBPTC) = –Superávit do Balanço de Pagamentos em Transações Correntes (SBPTC)

Logo, atribuindo-se valores, é possível fazer comparações entre o Déficit do Balanço de Pagamentos em Transações Correntes (DBPTC) e o saldo (Saldo BPTC) e o superávit (SBPTC). Observe a Tabela 4.2 a seguir:

Tabela 4.2. Comparação entre déficit, saldo e superávit do Balanço de Pagamentos em Transações Correntes

DBPTC	SALDO BPTC	SBPTC
200	–200	–200
–50	50	50
–30	30	30

Portanto, dizer que o Balanço de Pagamentos em Transações Correntes apresentou um déficit de 500, ou um saldo de –500, ou um superávit de –500, significa a mesma coisa.

Também dizer que o Balanço de Pagamentos em Transações Correntes apresentou um déficit de (–)50, ou um saldo de 50, ou um superávit de 50, representa a mesma coisa.

Quando um país apresenta Déficit no Balanço de Pagamentos em Transações Correntes, isso significa que houve uma absorção maior de recursos do que efetivamente se produziu e, para sanar esse problema, o país deverá se endividar perante os outros países do mundo, por meio de empréstimos, financiamentos, venda de títulos, ou deverá permitir a entrada de investimentos diretos estrangeiros no país. Por isso, quando um país apresenta um Déficit no Balanço de Pagamentos em Transações Correntes, deverá haver uma **poupança externa** que cubra a diferença entre o que está sendo investido e poupado no país. Por isso, diz-se que o Déficit no Balanço de Pagamentos em Transações Correntes é igual à poupança externa.

Poupança externa = Déficit do Balanço de Pagamentos em Transações Correntes

4.5. CONTA DE CAPITAL

A última conta a ser apresentada é a Conta de Capital. Nela, serão registrados os investimentos do lado do débito e a poupança do lado do crédito. Observe o Quadro 4.7 a seguir:

Quadro 4.7. Conta de Capital 1

DÉBITO	CRÉDITO
▪ Variação de Estoques	▪ Poupança Líquida do Setor Privado
▪ Formação Bruta de Capital Fixo	▪ Depreciação
	▪ Déficit do Balanço de Pagamento em Transações Correntes
	▪ Saldo do Governo em Conta Corrente
▪ Investimento Bruto Total	▪ Poupança Bruta Total

Do lado do crédito, são lançadas as poupanças. Portanto, tem-se: **Poupança líquida do setor privado**, que corresponde à poupança das famílias e das empresas sem incluir a reserva de depreciação, que corresponde à poupança das empresas também. A seguir, acrescenta-se a **depreciação** que, somada à poupança líquida do setor privado, corresponde à poupança bruta do setor privado ou simplesmente **poupança do setor privado**. Depois, acrescenta-se o Déficit do Balanço de Pagamentos em Transações Correntes, que é sinônimo de **poupança externa**. Por último, aparece o saldo do governo em conta corrente, que é a **poupança do governo**.

Do lado do débito, são lançados os **investimentos** da economia que tomam a forma de Formação Bruta de Capital Fixo e variação de estoques. Lembre-se que esses investimentos podem ser públicos (ou do governo) ou privados. Observe a versão da Conta de Capital com os termos sinônimos no Quadro 4.8 a seguir:

Quadro 4.8. Conta de Capital 2

DÉBITO	CRÉDITO
▪ Variação de Estoques	▪ Poupança Líquida do Setor Privado
▪ Formação Bruta de Capital Fixo	▪ Depreciação
	▪ Déficit do Balanço de Pagamento em Transações Correntes = **Poupança Externa**
	▪ Saldo do Governo em Conta Corrente = **Poupança do governo**
▪ Investimento Bruto Total	▪ Poupança Bruta Total

Portanto:

Poupança líquida do setor privado + depreciação = **poupança do setor privado**

Poupança do setor privado + poupança do governo = **poupança interna**

Déficit do Balanço de Pagamentos em Transações Correntes = poupança externa

Saldo do governo em conta corrente = poupança do governo

Completando a tabela feita na Conta do Governo, pode-se escrever de acordo com a Tabela 4.3 a seguir:

Tabela 4.3. Comparação entre déficit (DBPTC), poupança externa, saldo (SBPTC) e superávit do Balanço de Pagamentos em Transações Correntes (Superávit do BPTC)

DBPTC	POUPANÇA EXTERNA	SBPTC	SUPERÁVIT DO BPTC
500	500	–500	–500
–50	–50	50	50
–30	–30	30	30

Observe que o **Déficit do Balanço de Pagamentos em Transações Correntes** é idêntico à **poupança externa**. Isso se dá porque, quando o país apresenta déficit, precisará se socorrer ao capital externo e, para isso, o exterior precisa apresentar uma poupança, que é chamada de poupança externa.

Assim, quando o país apresenta DBPTC = 100, precisará de uma poupança externa de 100. Quando apresenta um DBPTC = (–)200, ao invés de tomar capital externo, o país irá emprestar/financiar ou investir no exterior, e a poupança externa será de (–)200.

Caso um exercício afirme que há superávit (ou saldo positivo) no Balanço de Pagamentos em Transações Correntes, significa que há uma despoupança do Setor Externo. Por exemplo:

Saldo no BPTC = 100; então: Poupança externa = (–)100

Superávit no BPTC = 100; então: Poupança externa = (–)100

Déficit no BPTC = 100; poupança externa = 100

Saldo no BPTC = (–)100; superávit no BPTC = (–)100

■ 4.6. DÉFICIT PÚBLICO

Pela Conta de Capital, pode-se determinar o déficit público. Sabendo-se que: Investimento Bruto Total (I) = Poupança Bruta Total (S)

Como:

I = Investimento público (Ipub) + Investimento privado (Ipriv) e

S = Poupança privada (Spriv) + Poupança pública (Spub) + Poupança externa (Sext)

Então: Investimento público (Ipub) + Investimento privado (Ipriv) = Poupança privada (Spriv) + Poupança pública (Spub) + Poupança externa (Sext)

Isolando-se o Investimento público (Ipub) e Poupança pública (Spub), tem-se:

Ipub + Ipriv = Spub + Spriv + Sext

Ipub – Spub = Spriv – Ipriv + Sext

Como: **Déficit Público (DP) = Ipub – Spub**, então:

DP = Spriv – Ipriv + Sext

4.7. QUESTÕES

1. (IBGE – VUNESP – 1999) Considere os seguintes dados para uma economia hipotética: PIB a preços de mercado = 2.000; tributos indiretos = 500; subsídios = 250; consumo final das famílias = 400; formação bruta de capital fixo = 400; variação de estoques = 100; exportações de bens e serviços não fatores = 500; importações de bens e serviços não fatores = 100; depreciação = 200; impostos diretos = 200; transferências de assistência e previdência efetuadas pelo governo = 150; outras receitas correntes líquidas do governo = 600; juros da dívida pública interna = 100; poupança do governo em conta corrente (superávit) = 100. O consumo final das administrações públicas é igual a (unidades monetárias):
   a) 1.100
   b) 650
   c) 600
   d) 550
   e) 700

2. (Economista – LJFRJ – Ministério das Cidades – NCE – 2005) Na medida do PIB, as importações do país:
   a) Não entram no cálculo, pois não são produzidas no país.
   b) São contabilizadas com sinal positivo, pois são utilizadas na produção de outros bens.
   c) São contabilizadas, pois o PIB inclui a produção no exterior.
   d) São contabilizadas com sinal negativo, por estarem incorporadas nos demais componentes do PIB.
   e) Não entram no cálculo, pois o PIB é medido pelo valor adicionado.

3. (ICMS/SP – FCC – 2006) São dadas as seguintes informações sobre as Contas Nacionais de uma determinada economia:
   — Importações de bens e serviços não fatores = 85.000
   — Déficit do balanço de pagamentos em transações correntes = 25.000
   — Consumo Final das famílias e das administrações públicas = 472.000
   — Poupança Bruta Interna = 94.000
   — Produto Interno Bruto = 604.000
   — Variação de Estoques = 10.000
Sabendo-se que não houve transferências de capital entre o país e o exterior, o valor da Formação Bruta de Capital Fixo dessa economia corresponde a:
   a) 84.000
   b) 98.000
   c) 109.000
   d) 119.000
   e) 132.000

4. (Economista – Petrobras – CESGRANRIO – 2005) A Renda Líquida Recebida do Exterior é dada pela soma de:
   a) Saldo de serviços não fatores mais transferências unilaterais.
   b) Transferências unilaterais mais balança comercial.
   c) Transferências unilaterais mais saldo de serviços fatores.
   d) Transferências unilaterais mais movimento de capitais autônomos.
   e) Transferências unilaterais mais haveres a curto prazo no exterior.

5. (Especialista em Estudos e Pesquisas Governamentais – Instituto Jones dos Santos Neves – SEFAZ/ES – CEBRASPE – 2010) Julgue os seis itens abaixo:
   a) A macroeconomia, que estuda o índice geral de preços e a determinação da Renda Nacional, também se ocupa do estudo de como é gerado e de como é possível um aumento no nível agregado de recursos da economia.

b) O modelo do fluxo circular apresenta os principais agregados da economia, ilustrando a produção de um bem a partir do fator trabalho. O circuito interno representa os fluxos reais, e o circuito externo apresenta os fluxos financeiros ou monetários.
c) A diferença entre produto bruto e produto líquido está associada ao fato de que o produto bruto desconsidera a parcela do investimento destinada a repor o desgaste do estoque de capital.
d) Quando um país envia mais recursos para o exterior do que recebe, a renda líquida enviada ao exterior é negativa e o produto nacional é superior ao produto interno.
e) Considerando os dois tipos de variáveis em uma economia, as variáveis-estoque representam a quantidade medida por unidade de tempo e as variáveis-fluxo representam a quantidade mensurada em determinado instante de tempo.
f) Para uma economia que apresente os valores da tabela a seguir, o PIB a preço de mercado é de R$ 1.070,00.

	VALOR (EM R$)
Salários	500
Aluguéis	300
Juros	50
Lucros	80
Depreciação	40
Consumo pessoal	700
Variação de Estoques	100
Exportação	100
Importação	180
Impostos Indiretos	200
Subsídios	50

6. (Economista — Companhia Docas do Estado de São Paulo — FGV — 2010) Uma economia hipotética com governo é representada pelos seguintes dados:
— O total de salários pagos é igual a $ 300 milhões.
— O total gasto com o pagamento de juros e aluguéis é igual a $ 250 milhões.
— O lucro total da economia é de $ 250 milhões.
— O consumo total das famílias é igual a $ 500 milhões.
— O investimento total é igual a $ 100 milhões.
— O consumo do governo é igual a $ 100 milhões.
Com base nos dados acima, é correto afirmar que:
a) A renda total dessa economia é igual a $ 1.000 milhões.
b) O lucro líquido dessa economia é igual a $ 150 milhões.
c) O Produto Interno Bruto dessa economia (PIB) é de $ 150 milhões.
d) As exportações líquidas são de $ 100 milhões.
e) O Produto Interno Líquido (PIL) é igual a $ 1.300 milhões.

7. (Economista — Companhia Docas do Estado de São Paulo — FGV — 2010) Caso o governo deseje elevar o nível de atividade econômica, pode fazer uso de todos os instrumentos listados abaixo, exceto:
a) elevação da alíquota de imposto de renda.
b) programa de estímulo às exportações.

c) elevação dos salários dos funcionários públicos.
d) aumento nos gastos do governo com aquisição de material bélico.
e) elevação dos gastos em infraestrutura.

8. (Tribunal de Justiça do Estado do Pará — FCC — 2009) Em um sistema de contas nacionais, se a receita fiscal corrente for superior aos gastos correntes do Governo em um determinado ano, pode-se afirmar que
   a) a Conta de Transações com o exterior apresentará saldo superavitário.
   b) a Poupança Bruta do país foi positiva.
   c) a Poupança Corrente do Governo foi positiva.
   d) o PIB do país será menor que no ano anterior.
   e) o orçamento total do governo, incluindo as despesas correntes e de capital, será superavitário.

9. (Tribunal de Justiça do Estado do Pará — FCC — 2009) Para se obter o valor da Renda Pessoal Disponível de uma economia, é necessário, entre outros cálculos, adicionar, à Renda Nacional, o valor
   a) dos impostos diretos.
   b) das transferências unilaterais do Governo ao setor privado.
   c) da renda líquida enviada ao exterior.
   d) dos subsídios concedidos pelo Governo ao setor privado.
   e) dos lucros retidos pelas empresas.

10. (Diplomacia — CEBRASPE — 2003) Explique como o financiamento da guerra no Iraque, mediante o aumento substancial do déficit público americano, pode reduzir o investimento em outros países.

11. (Diplomacia — CEBRASPE — 2001) A economia japonesa apresenta taxas de poupança extremamente elevadas. Utilizando a identidade básica macroeconômica, explique de que forma essas taxas elevadas de poupança relacionam-se com as exportações líquidas do Japão.

12. (Diplomacia — CEBRASPE — 2000) Argumenta-se que o investimento privado, tanto doméstico como estrangeiro, é crucial para o crescimento econômico. Utilizando a identidade fundamental das contas nacionais, explique a relação existente entre um aumento das despesas do governo e a acumulação do estoque de capital da economia.

13. (Economista — Terracap — FUNIVERSA — 2010) Considere uma economia hipotética com os seguintes dados, expressos em unidades monetárias:

Produto Nacional Líquido	1.650
Depreciação	200
Saldo do Balanço de Pagamentos em Conta Corrente	–100
Transferências Unilaterais Correntes	0
Exportações de Bens e Serviços Não Fatores	200
Importação de Bens e Serviços Não Fatores	400
Impostos Indiretos	300
Subsídios	80
Investimento do Governo	100
Impostos Diretos	250

Com base na tabela acima, assinale a alternativa correta.
a) A poupança interna é maior que o investimento.
b) A absorção interna é igual a 2.000.
c) A renda líquida enviada ao exterior é igual a 50.
d) O PIB é igual a 1.850.
e) A renda nacional é de 1.430.

14. (Economista — CEB — FUNIVERSA — 2010) Com base nos conceitos referentes às medidas da atividade econômica, assinale a alternativa *incorreta*.
a) O Produto Nacional (PN) é o valor monetário de todos os bens e serviços finais produzidos em determinado período de tempo.
b) A Renda Nacional (RN) é a soma dos rendimentos pagos às famílias que são proprietárias dos fatores de produção, pela utilização de seus serviços produtivos, em determinado período de tempo.
c) Consumo (C) é o gasto com bens que foram produzidos, e que aumentam a capacidade produtiva da economia para os períodos seguintes.
d) Despesa Nacional (DN) é o valor das despesas dos vários agentes na compra de bens e de serviços finais.
e) Poupança Agregada (S) é a parcela da Renda Nacional (RN) não consumida no período, isto é, da renda gerada (salários, juros, aluguéis e lucros), parte não é gasta em bens de consumo.

15. (Analista Judiciário — Economia — STM — CEBRASPE — 2011) No que se refere à contabilidade nacional, instrumento importante para o entendimento da mensuração dos grandes agregados econômicos, julgue os itens a seguir.
a) A ampliação de programas de redistribuição de renda, como o Bolsa Família, não altera as receitas do governo, mas contribui para elevar a carga tributária líquida.
b) Os gastos do governo com a implantação de uma nova unidade médica, exceto aqueles referentes aos pagamentos dos médicos e demais funcionários públicos, são contabilizados como gastos governamentais e, como tais, contribuem para elevar tanto o produto interno como a renda disponível do período.
c) Quando acionistas brasileiros recebem dividendos pagos por uma empresa norte-americana, ocorre aumento do produto nacional bruto.

16. (ANPEC — 2002) Indique se a proposição é verdadeira ou falsa:
Renda disponível é aquela que sobra para a pessoa depois de descontados os impostos diretos e a poupança.

17. (ANPEC — 2004) Com base nos princípios da contabilidade nacional, julgue as afirmativas:
0) Em uma economia aberta, a absorção coincidirá com o produto, independente do sinal do saldo comercial do país.
1) A poupança bruta, em uma economia fechada e sem governo, é idêntica à soma da formação bruta de capital fixo mais a variação de estoques.
2) Na apuração da renda nacional, são incluídos os ganhos auferidos na revenda de ações de empresas e na especulação imobiliária.

18. (ANPEC — 2005) Com base nas identidades das contas nacionais, avalie as proposições que se seguem, para uma economia aberta:
0) Um aumento do déficit público leva a igual elevação do déficit externo.

1) Se a poupança externa for igual ao déficit público, a poupança do setor privado será idêntica ao investimento.
2) A conta de capitais será negativa quando a poupança doméstica for menor que o investimento.
3) A igualdade entre poupança e investimento é equivalente ao equilíbrio do mercado de bens.

19. (ANPEC – 2007) De acordo com o sistema de contas nacionais, calcule o consumo final do governo com base nas seguintes informações:

Descrição	Valores em R$
Formação bruta de capital fixo	40
Transferências do governo	15
Déficit em transações correntes	10
Subsídios	25
Impostos diretos	20
Impostos indiretos	50
Poupança do setor privado	20
Variação dos estoques	10
Outras receitas líquidas do governo	60

20. (ANPEC – 2009) Considere os seguintes dados para uma economia, expressos em unidades monetárias:

Produto nacional líquido	1.700
Exportações de bens e serviços não fatores	300
Importações de bens e serviços não fatores	400
Impostos diretos	350
Impostos indiretos	400
Depreciação	250
Subsídios	60
Investimento do governo	80
Transferências unilaterais correntes	0
Saldo do balanço de pagamentos em conta corrente	–50

Indique se as afirmações são falsas ou verdadeiras:
0) A renda nacional é de 1.350.
1) A renda líquida enviada ao exterior é igual a 50.
2) O PIB é igual a 1.900.
3) A poupança interna é menor do que o investimento.
4) A absorção interna é igual a 2.000.

21. (ANPEC – 2010) Julgue as seguintes afirmativas:
0) Certo país mantém o saldo em transações correntes sempre igual a zero. Entre os anos 1 e 2, os gastos de consumo e investimento do governo aumentaram, enquanto os gastos privados de consumo e investimento se mantiveram constantes. Logo, podemos concluir que o PIB necessariamente aumentou;
1) Entre os anos 1 e 2, a poupança do setor privado se manteve constante e a poupança do governo diminuiu, mas o investimento bruto aumentou. Logo, podemos concluir que o saldo em transações correntes necessariamente diminuiu;

2) O pagamento de maiores salários aos servidores públicos e o aumento das transferências de assistência social, como o Bolsa Família, têm impacto semelhante sobre o consumo do governo, nas contas nacionais;
3) No caso de uma economia aberta e sem governo, a diferença entre o produto interno bruto e a renda nacional líquida é a renda líquida enviada para o exterior mais depreciações.

22. (ANPEC – 2011) No ano de 2009, um país hipotético apresentou os seguintes dados em suas contas nacionais (em unidades monetárias):

Produto interno líquido a custo de fatores 3.500
Formação bruta de capital fixo (do setor privado) 600
Variação de estoques (do setor privado) 50
Impostos diretos 350
Impostos indiretos 150
Outras receitas correntes do governo (líquidas) 50
Consumo do governo 350
Subsídios 100
Transferências 150
Depreciação 150
Déficit do balanço de pagamentos em transações correntes 200

Com base nessas informações, julgue as seguintes afirmativas:
0) O PIB a preços de mercado é igual a 3.900.
1) Considerando que o déficit público é igual a 150, então o investimento público é de 200.
2) A poupança do setor privado é igual a 600.
3) O investimento total líquido é de 500.
4) O país em questão absorve poupança externa em 2009.

23. (EBC – CEBRASPE – 2011) Acerca da contabilidade nacional, julgue os próximos itens.
a) A redução das vendas de carros usados em um determinado ano conduz à redução do produto interno bruto e da renda disponível da economia, nesse mesmo ano.
b) Classifica-se como gasto governamental a totalidade dos gastos dos ministérios, autarquias, fundações, secretarias, empresas estatais e com transferências e subsídios ao setor privado.

24. (ISS/SP – FCC – 2012) Foram extraídos os seguintes dados, em milhões de reais, referentes às Contas Nacionais do Brasil em um determinado ano-calendário:

Consumo Final 2.666.752
Exportação de Bens e Serviços 355.653
Consumo Intermediário 2.686.362
Formação Bruta de Capital Fixo 585.317
Variação de Estoques (negativa) .... (7.471)
Produto Interno Bruto a preços de mercado 3.239.404

O valor da importação de bens e serviços, em milhões de reais, nesse mesmo ano, correspondeu a
a) 351.479.
b) 353.376.
c) 380.457.
d) 375.789.
e) 360.847.

25. (Petrobras — CESGRANRIO — 2012) A respeito do Produto Interno Bruto (PIB), do Produto Nacional Bruto (PNB), do valor das exportações (EX) e das importações (IM) de um país, em certo ano, tem-se que o
   a) PIB sempre é maior que o PNB.
   b) PIB nunca é maior que o PNB.
   c) PIB pode ser menor que EX.
   d) PNB sempre é maior que IM.
   e) IM nunca é maior que EX.

26. (CETAM — FCC — 2014) Em relação aos principais agregados macroeconômicos,
   a) a diferença entre o Produto Nacional Bruto a custo de fatores e o Produto Interno Líquido a preços de mercado é o resultado da Balança Comercial do país.
   b) a Renda Pessoal Disponível é obtida a partir da Renda Nacional Líquida a preços de mercado, deduzindo-se apenas os impostos indiretos.
   c) na mensuração do Produto Interno Bruto a custo de fatores é considerado o superávit ou déficit das contas públicas do governo em seu conceito operacional.
   d) a depreciação do estoque de capital corresponde à diferença entre o Produto Interno Bruto e o Produto Interno Líquido, ambos medidos a preços de mercado.
   e) o total dos investimentos que integram o Produto Nacional Bruto a preços de mercado corresponde apenas à formação bruta de capital fixo da economia.

27. (Auditor — TCE-AM — FCC — 2015) Em macroeconomia, sabendo que: Y é o Produto Interno Bruto (PIB), C é o consumo das famílias, I é investimento privado, G são os gastos do governo, X são as exportações e M são as importações, a identidade macroeconômica básica, também conhecida como equação do PIB pelo lado da demanda, é dada por:
   a) $Y = C + G + I$
   b) $Y = C + G + I - (X - M)$
   c) $Y = C + G + I + (X - M)$
   d) $Y = C + G + I + (M - X)$
   e) $Y = C + X + I - (G - M)$

28. (Auditor Tributário Municipal — Prefeitura de São José dos Campos — Gestão Tributária — VUNESP — 2012) O produto interno corresponde ao valor de bens e serviços finais produzidos dentro das fronteiras geográficas do país. Então, pode-se dizer que no produto interno:
   a) estão computadas as importações.
   b) foram utilizados apenas fatores de produção de residentes no país.
   c) foram utilizados fatores de produção de residentes no país e no exterior.
   d) não estão computadas as exportações.
   e) foram utilizados fatores de produção de residentes no exterior.

29. (Auditor de Controle Externo — TCE-PA — Fiscalização — Economia — CEBRASPE — 2016) Acerca de macroeconomia, julgue o item subsequente.
As famílias destinam ao consumo e à poupança a renda disponível, e não a renda total, ainda que o governo não participe da economia.

30. (Profissional de Nível Superior — ELETROSUL — Ciências Econômicas — FCC — 2016) Com relação às Contas Nacionais, considere as seguintes afirmações:
   I. O Produto Interno Bruto caracteriza o volume de valor adicionado pelos residentes no país.

II. A Renda Nacional Bruta define a produção realizada no território nacional, sem considerar a origem dos fatores de produção.
III. O Produto Interno Líquido é calculado somando-se a depreciação ao Produto Interno Bruto.
IV. O Investimento Bruto se decompõe em Formação Bruta de Capital Fixo e Variação de Estoques.

Está correto o que se afirma em
a) I, apenas.
b) IV, apenas.
c) II e III, apenas.
d) I e IV, apenas.
e) I, II, III e IV.

31. (Economista — IF-TM — PRÓ-MUNICÍPIO — 2015) Suponha uma economia caracterizada pelas seguintes relações:

C = 200;
I = 300;
G = 240;
X = 180;
M = 100.

Em que:

C = Consumo;
I = Investimento;
G = Gasto do Governo;
X = Exportações;
M = Importações.

Assinale o a alternativa que contém o valor do equilíbrio da renda:
a) 1.020;
b) 820;
c) 500;
d) 740.

32. (Auditor Tributário Municipal — Prefeitura de São José dos Campos — Gestão Tributária — VUNESP — 2012) Sobre a identidade fundamental da macroeconomia e a contabilidade nacional, pode-se afirmar que
a) lucros a serem distribuídos são receitas das empresas.
b) compras de bens intermediários devem ser somadas no valor adicionado.
c) lucros são despesas das famílias.
d) juros são receitas das empresas.
e) juros são receitas das famílias.

33. (Auditor Tributário Municipal — Prefeitura de São José dos Campos — Tecnologia da Informação — VUNESP — 2012) Quanto ao Produto Interno Bruto, não é correto afirmar que
a) é o valor de mercado de todos os bens e serviços finais produzidos em um País.
b) no cálculo do PIB, os bens intermediários não são computados.
c) inclui apenas bens tangíveis.
d) o PIB nominal representa o PIB calculado a valores correntes.
e) só inclui bens e serviços produzidos no presente.

34. (Economista — IF-TM — PRÓ-MUNICÍPIO — 2015 — modificada) A partir dos dados abaixo, assinale a opção que contém os seguintes agregados macroeconômicos: Produto Interno Bruto — PIB a preço de mercado e o PIB ao custo de fatores respectivamente:
— Consumo Privado: 200
— Gasto do Governo: 25
— Investimento Privado: 50
— Exportação de Bens e Serviços não fatores: 20
— Importação de Bens e Serviços não fatores: 18
— Renda Líquida Enviada ao exterior: 5
— Subsídios: 3
— Impostos Indiretos: 5
a) 277 e 275;
b) 321 e 277;
c) 245 e 275;
d) 200 e 220.

35. (Analista de Pesquisa Energética — EPE — Economia de Energia — CESGRANRIO — 2014) Admita uma economia que mantém relações comerciais e financeiras com o resto do mundo. Admita ainda os seguintes itens:
I. Renda líquida enviada ao exterior
II. Salários pagos
III. Juros líquidos pagos a indivíduos
IV. Aluguéis pagos a indivíduos
V. Lucros distribuídos
VI. Depreciações
VII. Lucros retidos
A soma dos valores desses sete itens em determinado ano corresponde
a) à renda interna líquida do país
b) ao produto interno líquido do país
c) ao produto interno bruto do país
d) ao produto nacional bruto do país
e) ao produto nacional líquido do país

36. (Economista — Londrina — CONSULPLAN — 2011) Analise os dados a seguir:
— Consumo privado: R$ 300
— Investimento privado: R$ 100
— Consumo do governo: R$ 100
— Investimento do governo: R$ 50
— Imposto total: R$ 150
— Exportação de bens e serviços: R$ 50
— Importação de bens e serviços: R$ 35
— Transferências diretas do governo: R$ 15
— Total de reservas em moeda estrangeira: R$ 100
Qual é o PIB do país A?
a) R$ 715
b) R$ 565
c) R$ 700
d) R$ 665
e) R$ 830

37. (Especialista em Regulação de Serviços de Transportes Terrestres — Economia — CEBRASPE — 2013) Considere os dados hipotéticos das contas nacionais de um país em um determinado ano.

	R$ (BILHÕES)
Produto interno bruto a preços de mercado	900
Renda líquida enviada ao exterior	30
Tributos indiretos	60
Tributos diretos	80
Transferências	50
Subsídios	10

Com base nessas informações, julgue o item a seguir.
A renda disponível do setor privado é igual a R$ 790 bilhões.

38. (Especialista em Regulação de Serviços de Transportes Terrestres — Economia — CEBRASPE — 2013) Considere os dados hipotéticos das contas nacionais de um país em um determinado ano.

	R$ (BILHÕES)
Produto interno bruto a preços de mercado	900
Renda líquida enviada ao exterior	30
Tributos indiretos	60
Tributos diretos	80
Transferências	50
Subsídios	10

Com base nessas informações, julgue o item a seguir.
O produto nacional bruto a custo de fatores é igual a R$ 820 bilhões.

39. (Analista Administrativo — ANAC — CEBRASPE — 2012) Julgue o item seguinte, relativo às contas nacionais.
Caso o conjunto das empresas de determinada economia acumule estoques indesejados, esses estoques serão contabilizados como investimentos nas contas nacionais.

40. (Economista — CADE — CEBRASPE — 2014) Com relação a macroeconomia, julgue o item subsecutivo.
Na macroeconomia, quando se avaliam as relações que se estabelecem entre produto, renda, consumo e investimento, pressupõe-se que todo produto será vendido.

41. (Economista — CADE — CEBRASPE — 2014) Acerca da teoria keynesiana, das políticas fiscal e monetária e do mercado de trabalho, julgue o item subsequente.
A demanda agregada representa o total de bens e serviços considerado em todos os níveis de preços, o que corresponde ao produto interno bruto quando os níveis de estoque estão fixos.

42. (Economista — MJ — CEBRASPE — 2013) Em relação ao sistema de contas nacionais e à atual metodologia de balanço de pagamentos, julgue o item a seguir, considerando que PIB, sempre que usado, refere-se a produto interno bruto.
Os estoques acumulados no ano de 2012 devem ser contabilizados como investimento em 2012 e contribuirão para o PIB do ano em que forem comercializados.

43. (Analista do Serviço de Trânsito — DETRAN-MT — Economista — UFMT — 2015) O Produto de Equilíbrio do Modelo Simples da Teoria Keynesiana, para uma economia fechada e com Governo, assume que a Demanda Agregada é caracterizada por determinados componentes econômicos:
a) Demanda por Investimentos; Aquisição de bens e serviços pelo setor público; Saldo das transações da conta corrente.
b) Aquisição de bens e serviços pelo setor público; Saldo das transações da conta corrente; Gasto em consumo pelo setor privado.
c) Gasto em consumo pelo setor privado; Demanda por investimentos; Aquisição de bens e serviços pelo setor público.
d) Saldo das transações da conta corrente; Gasto em consumo pelo setor privado; Demanda por investimentos.

44. (Analista de Pesquisa Energética — EPE — Gás e Bionergia — CESGRANRIO — 2012) Se o Produto Interno Bruto (PIB) de um país for igual às suas importações, então seu(sua)
a) balanço de pagamentos é deficitário.
b) consumo doméstico pode exceder o PIB.
c) renda nacional bruta excede o PIB.
d) taxa de câmbio tende a se desvalorizar.
e) poupança interna é nula.

45. (Tecnologista — IBGE — Análise Socioeconômica — CESGRANRIO — 2013) O total das exportações de um país, durante um ano calendário, nunca pode exceder, no mesmo período, seu
a) Produto Interno Bruto.
b) Produto Nacional Bruto.
c) Superavit na conta corrente do balanço de pagamentos.
d) consumo doméstico.
e) total de comércio exterior.

46. (Economista — MPOG — PGCE (Especial) — CEBRASPE — 2015) A respeito da macroeconomia, seus principais agregados e o sistema de contas nacionais, julgue o item que se segue. Nesse sentido, considere que a sigla PIB, sempre que empregada, corresponde a produto interno bruto.
Ao se compararem os conceitos de renda pessoal e renda pessoal disponível, é possível concluir que a renda pessoal inclui contribuições previdenciárias e transferências para indivíduos, ao passo que a renda pessoal disponível considera o impacto negativo do imposto de renda.

47. (Auditor de Controle Interno — SEPLAG-DF — Planejamento e Orçamento — FUNIVERSA — 2014) Em uma economia fechada e com governo, é correto afirmar que o(a)
a) nível de renda é igual ao consumo somado ao investimento.
b) demanda agregada é igual ao consumo somado ao saldo da balança comercial.
c) poupança total somada ao investimento é igual à renda líquida do governo.
d) poupança das famílias somada à poupança do governo é igual ao investimento.
e) demanda agregada é maior que a renda total.

48. (Auditor-Fiscal da Receita Estadual — SEF-SC — FEPESE — 2010) Suponha um fluxo circular de renda com quatro setores: famílias, empresas, setor financeiro e governo. O equilíbrio é alcançado quando
$S + T = I + G$
Onde S é a poupança das famílias, T é o imposto, I é o investimento e G é o gasto do governo. Com base neste modelo, pode-se dizer que:

a) Quando a poupança (S) é maior do que o investimento (I), a economia encontra-se necessariamente em desequilíbrio macroeconômico.
b) Se (S + T) for maior do que (I + G), a renda das famílias e o produto da economia crescem, restabelecendo o equilíbrio.
c) Se (T − G) é a poupança do governo, então o investimento é maior quanto menor a poupança do governo.
d) A tributação é um vazamento no fluxo circular da economia, pois ela reduz o valor corrente da renda, diminuindo os gastos com bens e serviços.
e) O setor financeiro injeta na economia, via empresas, poupança, e retira da economia, via famílias, investimento.

49. (Profissional Júnior (BR) — Economia — CESGRANRIO — 2012 — adaptada) No que concerne à Contabilidade Nacional, um instrumento que registra os principais agregados macroeconômicos de um país, assim como o balanço de pagamentos, todas as afirmações a seguir estão corretas, EXCETO
a) O Investimento público somado ao Investimento privado será igual a poupança do governo somada a poupança do setor privado e a poupança externa.
b) A poupança externa é igual ao saldo do balanço de Pagamentos em transações correntes.
c) A variação de estoques é uma das componentes da rubrica investimentos, de forma que uma situação de acúmulo indesejado de estoques por parte dos produtores leva a um aumento do produto interno bruto na economia.
d) O *deficit* primário corresponde aos gastos correntes do governo (em consumo e em investimento) subtraído da receita com impostos e, portanto, não leva em consideração o pagamento de juros da dívida interna.
e) Segundo a identidade contábil de igualdade entre investimento e poupança, a soma dos investimentos públicos e privados equivale ao conjunto da soma das poupanças dos setores públicos e privados e do *deficit* em transações correntes.

50. (Analista Previdenciário — MANAUSPREV — Economia — FCC — 2015) Considere uma economia aberta em que o governo recolha impostos e efetue gastos. A Contabilidade Nacional pode ser sucintamente representada pela seguinte relação: Y = C + I + G + X − M, em que as variáveis representam, respectivamente, a renda interna bruta, o consumo agregado, o investimento, os gastos do governo, as exportações e as importações. Essa equação
a) indica o produto interno líquido, pois os impostos não estão contabilizados, isto é, já foram deduzidos dos valores brutos.
b) denota o produto nacional bruto, uma vez que desconta o valor das importações.
c) representa o equilíbrio macroeconômico fundamental, em que a diferença entre o valor dos investimentos e do consumo sinaliza a remessa de rendas de residentes estrangeiros para suas famílias no exterior.
d) revela a necessidade de poupança externa como o diferencial entre os valores das importações e exportações, indicado pela relação, após algum rearranjo algébrico, S − I = X − M, em que S contempla tanto a poupança pública quanto a privada.
e) exprime a mensuração do PIB pela ótica da renda, uma vez que o consumo apenas pode existir se houver renda.

51. (Agente de Fiscalização — TCM-SP — Economia — FGV — 2015) Considere as seguintes informações:
— Poupança do setor privado = 50
— Subsídios = 10
— Impostos Indiretos = 10
— Impostos Diretos = 30
— Exportações = 50
— Importações = 25
— Saldo da Balança de Serviços = 0
— Saldo da Conta de Rendas = 0

— Transferências Unilaterais = 0
— Variação dos estoques = 5
— Formação Bruta de Capital Fixo = 5
— Transferências do governo = Outras Receitas Líquidas

A partir dessas informações (medidas em bilhões de reais) e dos conceitos de contas nacionais, o gasto do governo é igual a:
a) 35;
b) 40;
c) 45;
d) 50;
e) 60.

52. (Economista — SESACRE — FUNCAB — 2013) Determinada economia hipotética apresentou, em dado período, o Produto Nacional Líquido a custo de fatores, igual a $ 350 milhões.
Sabendo que:
— Renda Líquida Enviada ao exterior era de $ 87,5 milhões.
— Impostos Indiretos iguais a $ 140 milhões.
— Subsídios de $ 35 milhões.
— Depreciação de $ 140 milhões.
Determine o Produto Interno Bruto a preços de mercado.
a) $ 542,5 milhões
b) $ 507,5 milhões
c) $ 402,5 milhões
d) $ 682,5 milhões
e) $ 472,5 milhões

53. (Economista — DPU — CEBRASPE — 2016) A respeito da teoria econômica relacionada às contas nacionais, julgue o item a seguir.
O valor gasto com despesa médica em hospital público faz parte do consumo das famílias.

54. (Economista — SEP-PR — IDECAN — 2014) A contabilidade social é a principal ferramenta governamental para se mensurar e planificar a política econômica de um país. Além disso, é através de suas mensurações que se registram, historicamente, os dados econômicos num determinado período de tempo. Diante do exposto, marque V para as afirmativas verdadeiras e F para as falsas.
( ) A contabilidade nacional envolve uma metodologia de cálculo dos principais agregados macroeconômicos nacionais, tendo como objetivo quantificá-los para o direcionamento da política econômica para o desenvolvimento, a estabilização dos preços e de crescimento dos países. São considerados os agregados macroeconômicos ao longo de determinado período de tempo: poupança, investimento, produto interno, salários, tributos, exportações e importações.
( ) Os agregados macroeconômicos básicos quantificados em termos econômicos nos países são: produto, renda, consumo, poupança, investimento, absorção interna e despesa.
( ) O valor das despesas nacionais de um país é correspondente ao somatório do investimento mais a poupança.
( ) A formação bruta de capital fixo é obtida, em uma economia aberta, através do somatório dos agregados econômicos: poupança privada (poupança das famílias, depreciação e lucros retidos), poupança pública e déficit em conta corrente do balanço de pagamentos menos a variação de estoques.
( ) As transferências intragovernamentais são as realizadas entre órgãos de esferas diferentes de governo como, por exemplo, a quota-parte do ICMS, enquanto que as transferências intergovernamentais são as realizadas entre os órgãos da mesma esfera de governo como, por exemplo, as ocorridas entre o Tesouro Nacional e o Ministério da Previdência Social (MPS).

A sequência está correta em
a) V, V, F, V, F.
b) V, F, F, V, F.
c) F, V, F, V, F.
d) F, F, V, V, F.
e) V, V, F, V, V.

55. (Analista de Controle — TCE-PR — Econômica — FCC — 2011) Os seguintes dados foram extraídos das Contas Nacionais de um país (em milhões de unidades monetárias):

Importação de bens e serviços não fatores 1.750
Variação de estoques 250
Formação bruta de capital fixo 2.300
Produto Interno Bruto, a preços de mercado 14.700
Exportação de bens e serviços não fatores 2.500
Impostos indiretos 2.900
Subsídios 380

O Consumo Final da Economia (das Famílias e da Administração Pública) nesse país correspondeu, em milhões de unidades monetárias, a
a) 11.020.
b) 11.400.
c) 11.650.
d) 14.300.
e) 13.920.

56. (Analista do Serviço de Trânsito — DETRAN-MT — Economista — UFMT — 2015) O comportamento de variáveis que representam os "Agregados Econômicos" influencia a dinâmica macroeconômica através de fluxo de "Vazamento" ou fluxo de "Injeção". Nas variáveis consideradas, marque 1 para o fluxo de "vazamento" e 2 para o de "injeção".
( ) Investimento
( ) Tributação
( ) Poupança
( ) Gasto do Governo
Assinale a sequência correta.
a) 2, 2, 1, 2
b) 1, 1, 2, 1
c) 1, 2, 1, 2
d) 2, 1, 1, 2

57. (Supervisor de Pesquisas — IBGE — Geral — CONSULPLAN — 2011) Considere uma economia hipotética apresentando os seguintes dados, em unidades monetárias, para um determinado período.

Salários	800	Subsídios	40
Lucros	400	RLEE	180
Juros	150	Importação de bens e serviços não fatores	400
Depreciação	90	Exportação de bens e serviços não fatores	600
Impostos diretos pagos pelas empresas	280	Consumo pessoal	1.500
Impostos diretos pagos pelas famílias	300	Déficit do balanço de pagamentos em transações correntes	−20
Impostos indiretos	250	FBKF	750
Outras receitas correntes líquidas do governo	50	Poupança líquida do setor privado	80
Transferências às empresas	90	Saldo do governo em conta corrente	−50
Transferências às famílias	300	Consumo do governo	500

Analise os valores dos aluguéis, da variação de estoques, do Produto Nacional Bruto a custo de fatores e da Oferta Total de bens e serviços dessa economia.
I. O valor dos aluguéis nesta economia é igual a 230 unidades monetárias.
II. O valor correspondente à variação de estoques é igual a 650 unidades monetárias.
III. O Produto Nacional Bruto a custo de fatores soma 1910 unidades monetárias.
IV. A oferta total de bens e serviços nesta economia corresponde a 2700 unidades monetárias.
Estão corretas apenas as afirmativas
   a) II, III, IV
   b) III, IV
   c) I, II
   d) I, III, IV
   e) I, II, III, IV

58. (Economista — Campinas — CETRO — 2012) Em relação às contas nacionais, assinale a alternativa correta.
   a) Há desigualdade na soma total das compras ocorridas numa economia, num dado período, em relação ao valor monetário de todos os bens produzidos e serviços prestados na economia durante esse período.
   b) Gastos de Consumo compreendem os dispêndios feitos pelas famílias, instituições não lucrativas e empresas privadas, no que tange a aquisições de bens de capital, tais como instalações, equipamento durável de produção e variação de estoques dos almoxarifados.
   c) Gastos de Investimento compreendem os dispêndios feitos pelas famílias, instituições não lucrativas, e empresas privadas no que tange aos principais bens e serviços tais como bens duráveis, não duráveis e serviços.
   d) Nos Gastos do Governo, estão incluídos todos os dispêndios feitos pelos Governos nos níveis Federal, Estadual e Municipal, no tange à obtenção de bens e serviços produzidos pelos funcionários, todas as compras governamentais de bens e serviços e os Gastos de Investimentos Brutos das empresas governamentais.

59. (Auditor-Fiscal de Tributos Estaduais — SEFIN-RO — FCC — 2010) É correto afirmar que
   a) o PNL corresponde ao PIB, deduzida a depreciação do estoque de capital físico da economia.
   b) a diferença entre o PIB e o PIL de uma economia é o montante de sua carga tributária líquida.
   c) a Renda Nacional de uma economia é obtida a partir de seu PIB a preços de mercado, deduzidos a depreciação do estoque de capital, a renda líquida enviada para o exterior, e os impostos indiretos líquidos dos subsídios.
   d) a Renda Pessoal Disponível de uma economia é obtida a partir de seu PIB medido a custo de fatores, deduzido o saldo da balança comercial e sua variação de estoques e adicionada a carga tributária bruta.
   e) a Renda Pessoal, em uma economia, corresponde à Renda Nacional, deduzidos os impostos indiretos e as contribuições previdenciárias, outras receitas correntes do Governo e os lucros não distribuídos pelas empresas.

60. (Analista Júnior — TRANSPETRO/CESGRANRIO/ 2018) Os dados seguintes são relativos às despesas agregadas, registradas no Brasil, em 2015 (valores correntes, expressos em R$ bilhões), de acordo com o Instituto Brasileiro de Geografia e Estatística (IBGE).:
Consumo das famílias 3.835
Consumo da administração pública 1.186
Formação bruta de capital fixo 1.069

Exportação de bens e serviços..773
Importação de bens e serviços 843
Variação de estoques ....– 25

Disponível em: <IBGE,https://ww2.ibge.gov .br/home/estatistica/indicadores/ pib/pib-vol-val_201703_8.shtm>. Acesso em: 26 fev. 2018.

De acordo com os dados apresentados, o valor do produto interno bruto (PIB.) a preços de mercado, em 2015, em R$ bilhões, foi de
a) 5.995,00
b) 6.160,00
c) 6.388,00
d) 6.413,00
e) 7.706,00

61. (FUNDEP — Economista (Pref Uberlândia)/2019/ modificada) Analise os seguintes dados e informações sobre identidades macroeconômicas de uma economia aberta hipotética (em milhões de dólares).
— C = Consumo agregado = 50
— I = Investimento agregado = 70
— G = Consumo do governo = 80
— X = Exportação de bens e serviços não fatores = 60
— M = Importação de bens e serviços não fatores = 55
— RLEE = Renda Líquida Enviada ao Exterior = 5

Com base nesses dados e informações, é correto afirmar que o produto interno bruto (PIB) e o produto nacional bruto (PNB) dessa economia são, respectivamente,
a) 200 e 195.
b) 205 e 200.
c) 260 e 55.
d) 305 e 5.

62. (FUNDEP — Analista de Fiscalização e Regulação (ARISB MG)/Ciências Econômicas/2019) Considere um país que em um dado ano apresentou as seguintes estatísticas:
— Consumo = 10,0 milhões de reais
— Investimentos = 2,0 milhões de reais
— Compras do governo = 3,0 milhões de reais
— Exportações líquidas = –1,0 milhão de reais

Com base nesses dados, é correto afirmar que o produto interno bruto desse país em milhões de reais é igual a:
a) 13,0 milhões.
b) 14,0 milhões.
c) 12,0 milhões.
d) 7,0 milhões.

63. (Instituto AOCP - Perito Oficial Criminal (PC ES)/Área 8/2019) Considerando as relações de uma economia com o "Resto do Mundo", assinale a alternativa que apresenta a identidade macroeconômica básica.
a) I = Sp + Sg + Se
b) I = Sp + Sg
c) I = Sp + Se
d) I = Sp
e) I = Sg + Se

64. (ACEP — Analista (Pref Aracati)/Políticas Públicas/2019) A renda líquida do setor público corresponde à:
   a) soma dos imposto diretos e indiretos e subsídios deduzidas as transferências.
   b) soma dos impostos diretos e indiretos deduzidos os subsídios e as transferências.
   c) soma dos subsídios e transferências deduzidos os impostos diretos e indiretos.
   d) soma dos impostos diretos e indiretos e transferências deduzidos os subsídios.

65. (VUNESP — Economista (Campinas)/2019) As Contas Nacionais de um determinado país apresentaram, em unidades monetárias, as informações a seguir para o ano de 2018:
Consumo final 5.250.000
Formação Bruta de Capital Fixo 1.650.000
Variação de Estoques 80.000
Exportações de Bens e Serviços.. 300.000
Importações de Bens e Serviços... 400.000
Renda Nacional Bruta..6.700.000
Sabendo-se que não houve transferências correntes entre este país e o resto do mundo, o valor da renda líquida enviada para o exterior foi igual, em unidades monetárias, a
   a) 180.000
   b) 100.000
   c) 310.000
   d) 380.000
   e) 250.000

66. CEBRASPE (CESPE) — Auditor de Controle Externo (TCE-RO)/Economia/2019
Tabela 5A3-I

Dados	u.m
consumo das famílias	500
consumo do governo	100
formação bruta de capital fixo	200
exportações	50
importações	20
tributos indiretos	30
subsídios	20
depreciação	10
variação de estoques	10

Uma economia apresentou os seguintes dados em determinado ano, mostrados na tabela a seguir, em unidades monetárias (u.m.).
De acordo com a tabela 5A3-I, o produto interno bruto a preços de mercado da economia é, em u.m., igual a
   a) 820.
   b) 830.
   c) 840.
   d) 850.
   e) 860.

4 ■ Identidades Macroeconômicas Fundamentais. Estrutura Básica para as Contas... 163

67. CEBRASPE (CESPE) — Auditor de Controle Externo (TCE-RO)/Economia/2019/ modificada
Tabela 5A3-I

Dados	u.m
consumo das famílias	500
consumo do governo	100
formação bruta de capital fixo	200
exportações	50
importações	20
tributos indiretos	30
subsídios	20
depreciação	10
variação de estoques	10

Com base na tabela 5A3-I, se essa economia apresentar uma poupança interna de 100 u.m., o saldo do balanço de pagamentos em conta-corrente será, em u.m., de
  a) 30.
  b) – 50.
  c) 70.
  d) – 90.
  e) – 110.

68. (VUNESP — Economista (Pref Mogi das Cruzes)/2019) De um Sistema de Contas Nacionais foram extraídas as seguintes informações, referentes a um determinado ano, em unidades monetárias:

Formação Bruta de Capital Fixo	1.526.000
Produto Interno Bruto	4.325.000
Variação de Estoques	102.000
Importação de Bens e Serviços	1.348.000
Despesa de Consumo Final	3.524.000

O valor das Exportações de Bens e Serviços nessa economia, no referido ano, correspondeu em unidades monetárias a
  a) 623.000
  b) 521.000
  c) 501.000
  d) 429.000
  e) 419.000

69. (FGV — Técnico Superior Especializado (DPE RJ)/Economia/2019) Considerando o Sistema de Contas Nacionais, um aumento de despesas de capital do governo é imputado como:
  a) débito na Conta do Produto Interno Bruto;

b) crédito na Conta do Produto Interno Bruto, incrementando o item Formação Bruta de Capital Fixo;
c) débito na Conta Corrente das Administrações Públicas, elevando o item Juros da Dívida Pública;
d) débito na Conta de Capital, elevando a variação de estoques;
e) débito na Conta de Apropriação da Renda, elevando a poupança interna.

70. (COC UFAC — Economista (UFAC)/2019) Dadas as seguintes informações para uma economia hipotética (em unidades monetárias), e com base nas identidades macroeconômicas básicas decorrentes de um sistema de contas nacionais, assinale a alternativa correta:

Economia hipotética	
Investimento privado	650
Investimento público	220
Poupança privada	430
Poupança do governo	240

a) Essa economia apresentou superávit no balanço de pagamentos em transações correntes de 200.
b) Essa economia apresentou déficit do balanço de pagamentos em transações correntes de 200.
c) Essa economia apresentou déficit do balanço de pagamentos em transações correntes de 620.
d) Essa economia apresentou superávit no balanço de pagamentos em transações correntes de 460.
e) A poupança externa dessa economia é de 670.

71. (COC UFAC — Economista (UFAC)/2019) Dadas as seguintes informações para uma economia hipotética (em unidades monetárias), e com base nas identidades macroeconômicas básicas decorrentes de um sistema de contas nacionais, assinale a alternativa correta quanto ao valor da poupança líquida do setor privado:

Economia hipotética	
Investimento bruto total	950
Depreciação	110
Déficit do balanço de pagamentos em transações correntes	220
Saldo do governo em conta corrente	370

a) 150.
b) 330.
c) 590.
d) 250.
e) 110.

4 ■ Identidades Macroeconômicas Fundamentais. Estrutura Básica para as Contas... 165

■ **GABARITO** ■

1. "e". Produto = Consumo + Investimento + Gasto do governo + Exportação – Importação
Y = C + I + G + X – M; onde:
Investimento (I) = Formação Bruta de Capital Fixo (FBKF) + Variação de Estoques (Δ Estoques)
I = 400 + 100
2.000 = 400 + (400 + 100) + G + 500 – 100
2.000 = 400 + 500 + G + 500 – 100
G = 700

2. "d". PIB = C + I + G + X – M, onde: PIB = Produto Interno Bruto; C = Consumo Pessoal; I = Investimento; G = Gastos do governo; X = exportação de bens e serviços não fatores; e M = importação de bens e serviços não fatores.
Observa-se que a importação (M) é subtraída do cálculo do Produto Interno Bruto de um país, porque muitos dos componentes consumidos, investidos, gastos e exportados apresentam componentes importados e, por isso, é necessário subtrair a importação para se determinar o produto que efetivamente compõe o PIB.

3. "c".

	CONTA DE CAPITAL	
Formação Bruta de Capital Fixo (FBKF) = ?	Poupança Privada (Spriv)	
Variação nos Estoques = 10.000	Depreciação	Poupança interna = 94.000
	Poupança do governo (Sgov)	
	Poupança Externa (Sext) = Déficit Balanço de Pagamentos em Transações Correntes (DBPTC) = 25.000	
Investimento Bruto Total = 119.000	Poupança Bruta Total = 119.000	

Investimento Bruto Total = 119.000
Formação Bruta de Capital Fixo (FBKF) + Variação de Estoques = 119.000
FBKF + 10.000 = 119.000
FBKF = 109.000

4. "c". Renda Líquida Recebida do Exterior é a soma das remunerações dos fatores de produção recebidas menos as enviadas + as transferências unilaterais recebidas menos as enviadas.
Obs.: Essa definição respeita o conceito fornecido pela FGV. Já o IBGE não considera as transferências correntes unilaterais como parte da renda líquida recebida ou enviada ao exterior.

5. V, V, F, F, F, F.
a) **(V)** A Macroeconomia é uma teoria que estuda a renda, o emprego, o preço e a moeda pelas médias globais e de forma agregada. Estuda o funcionamento da economia como um todo.
b) **(V)** O fluxo circular apresenta, num modelo simples, em que só haja famílias e empresas, a interação em dois mercados: mercado de bens e serviços; e mercado de fatores de produção. As famílias disponibilizam, para as empresas, fatores de produção (mão de obra, capital, empreendimento, matéria-prima), em troca de uma remuneração ou renda (salários, juros, aluguéis e lucros), e as empresas disponibilizam bens e serviços para as famílias, em troca de um pagamento por esses bens e serviços.
c) **(F)** A diferença entre Produto Bruto e Produto Líquido está associada ao fato de que o Produto Líquido desconsidera a depreciação.
d) **(F)** Quando um país envia para o exterior mais rendas do que recebe, a Renda Líquida Enviada ao Exterior (RLEE) é positiva, e o Produto Nacional (PN) é inferior ao Produto Interno (PI), já que: PI = PN + RLEE.
e) **(F)** Estoques e Fluxos são quantidades que podem aumentar ou diminuir ao longo do tempo. O que os diferencia é que o estoque pode ser mensurado em um ponto específico de tempo, enquanto o fluxo só pode ser mensurado em um intervalo ou período de tempo.
f) **(F)** Pela Conta de Produção, é possível se determinar o PIBpm. Observe:

CONTA DE PRODUÇÃO	
Débito	**Crédito**
Salários = 500	Consumo Pessoal = 700
Juros = 50	Consumo do Governo
Aluguéis = 300	Variação de Estoques = 100
Lucros Distribuídos Lucros Retidos $\bigg\}$ 80	Formação Bruta de Capital Fixo
Impostos Diretos Pago pelas Empresas – Transferências Recebidas pelas Empresas	Exportação de Bens e Serviços Não Fatores = 100
Outras Receitas Correntes Líquidas do Governo	
RNLcf = PNLcf	
Impostos Indiretos – Subsídios = 200 – 50 = 150	
PNLpm	
Depreciação = 40	
PNBpm	
Renda Líquida Enviada ao Exterior	
PIBpm	
Importação de Bens e Serviços Não Fatores =180	
Oferta total de bens e serviços	Demanda total por bens e serviços

Considerando-se que:
Impostos Diretos Pagos pelas Empresas – Transferências Recebidas pelas Empresas = 0
Outras Receitas Correntes Líquidas do Governo = 0
Renda Líquida Enviada ao Exterior = 0
A oferta total de bens e serviços seria igual a: 500 + 50 + 300 + 80 + 150 + 40 + 180 = 1.300
Como a oferta total é igual ao PIBpm + importação (M), então:
Oferta agregada = PIBpm + M
1.300 = PIBpm + 180
PIBpm = 1.120

6. "d". Nessa economia hipotética, sabe-se que a renda será igual a:
Renda (Y) = salários + juros + aluguéis + lucros
Renda (Y) = 300 + 250 + 250
Renda (Y) = 800
Também, sabe-se que:
Produto (Y) = Consumo (C) + Investimento (I) + Gasto (G) + Exportação (X) – Importação (M)
Produto (Y) = 500 + 100 + 100 + X – M

Como Renda (Y) = Produto (Y)
Então: Produto (Y) = 800
500 + 100 + 100 + X – M = 800
X – M = 100
Exportações líquidas = X – M = 100

As exportações líquidas são de $ 100 milhões, o que torna a alternativa "d" verdadeira.
A renda total dessa economia é igual a $ 800 milhões, e não $ 1.000 milhões, como afirma a alternativa "a".
O lucro líquido dessa economia é igual a $ 250 milhões, e não $ 150 milhões, como afirma a alternativa "b".

O produto dessa economia é de $ 800 milhões. Não são fornecidos dados suficientes para fazer a diferenciação de bruto e líquido, interno ou nacional. Portanto, a alternativa "c" é falsa. Como não foi fornecido o valor da depreciação, o produto que se determina na economia é $ 800 milhões, independente de ser o líquido ou bruto. Portanto, a alternativa "e" é falsa.

7. "a". Sabendo-se que o produto da economia (Y) é definido por: $Y = C + I + G + X - M$, para elevar Y, é necessário que pelo menos um dos agregados aumente, ou seja, que se eleve C, I, G, X ou M. Havendo elevação da alíquota do imposto de renda, a renda disponível se reduz, diminuindo o consumo (C). Logo, o produto (Y) diminui. Portanto, a alternativa "a" é verdadeira.
Havendo estímulo às exportações (X), o produto (Y) se eleva, invalidando a alternativa "b". Havendo elevação dos salários dos funcionários públicos, os gastos do governo (G) aumentam e a renda disponível das famílias também, proporcionando esta última um aumento do consumo (C). Tanto um aumento de G como um aumento em C elevam Y. Portanto, a alternativa "c" é falsa.
Um aumento nos gastos do governo com aquisição de material bélico eleva os gastos do governo (G) e, por conseguinte, eleva Y. Portanto, a alternativa "d" é falsa.
Havendo uma elevação dos gastos em infraestrutura, eleva-se o Investimento (I). Com I maior, Y aumenta, o que invalida a alternativa "e".

8. "c". Por meio da Conta do Governo, observa-se:

CONTA DO GOVERNO	
Débito	**Crédito**
Consumo do governo	Impostos diretos pagos pelas empresas
Transferências às empresas	Impostos diretos pagos pelas famílias
Transferências às famílias	Impostos indiretos
Subsídios	Outras receitas correntes líquidas do governo
Saldo do governo em conta corrente	
Utilização da receita	**Total da receita**

I. A receita fiscal do governo corresponde à soma de: Impostos diretos pagos pelas empresas + Impostos diretos pagos pelas famílias + Impostos indiretos + Outras receitas correntes líquidas do governo. II. Os gastos correntes do governo correspondem à soma de: Consumo do governo + Transferências às empresas + Transferências às famílias + Subsídios. Caso "I" seja superior a "II", o saldo do governo em conta corrente é positivo. Como: saldo do governo em conta corrente é positivo = poupança corrente do governo, então, a poupança corrente do governo é positiva e a alternativa "c" é verdadeira.

O superávit em transações correntes corresponde à poupança externa, e não à Conta do Governo. Portanto, a alternativa "a" é falsa.
Poupança bruta de um país corresponde à soma da poupança do setor privado + poupança do governo + poupança externa, e não apenas à poupança do governo. Portanto, a alternativa "b" é falsa.
A relação entre os PIBs de um país durante 2 períodos determinará o crescimento econômico, e não a poupança do governo. A alternativa "d" é falsa.
A subtração da receita fiscal dos gastos correntes determinará o saldo (=poupança) corrente do governo. Portanto, não é computado o saldo de capital. A alternativa "e" é, portanto, falsa.

9. "b". Sabendo-se que: Renda Pessoal = Renda Nacional (RN) – lucros retidos (ou lucros não distribuídos) – outras receitas correntes líquidas do governo – impostos diretos pagos pelas empresas + transferências recebidas pelas empresas:
Renda Pessoal Disponível = Renda Pessoal – (Tributos ou impostos pagos pelas famílias – transferências recebidas pelas famílias).
Ou
Renda Pessoal Disponível = Nacional (RN) – lucros retidos (ou lucros não distribuídos) – outras receitas correntes líquidas do governo – impostos diretos pagos pelas empresas + transferências recebidas pelas empresas – impostos diretos pagos pelas famílias + transferências recebidas pelas famílias.

Então: Deve-se somar à RN as transferências do governo ao setor privado. Portanto, a alternativa "b" é verdadeira.
Deve-se subtrair da RN os impostos diretos. Isso invalida a alternativa "a".
A renda líquida enviada ao exterior não diferencia RN de Renda Pessoal disponível. Portanto, a alternativa "c" é falsa.
Os subsídios não diferenciam RN de Renda Pessoal disponível. Obs.: Não se deve confundir subsídio com transferências, já que este último corresponde a impostos diretos com sinal trocado, enquanto o primeiro corresponde a impostos indiretos com sinal trocado. A alternativa "d" é, portanto, falsa.
Deve-se subtrair da RN os lucros retidos pelas empresas. Portanto, a alternativa "e" é falsa.

10. Sabendo-se que: DP = (Spriv − Ipriv) + Sext, onde: DP = Déficit Público; Spriv = Poupança privada; Ipriv = Investimento privado; e Sext = Poupança externa;
Logo, quando o governo incorre em DP, terá que procurar solucioná-lo com aumento da poupança privada subtraída do investimento privado (Spriv − Ipriv) ou com aumento da Sext.
Se os Estados Unidos bancarem seu DP com Sext, isso implica que os países que emprestam terão menos recursos para investir em seus países, reduzindo, portanto, o investimento fora dos Estados Unidos.
Obs.: A resposta a esse tipo de questão deve conter uma explanação aprofundada sobre o tema, já que o concurso para Diplomacia, nas questões dissertativas, espera que o aluno escreva de 20 a 30 linhas. O intuito aqui, porém, é direcionar o aluno a responder essa questão, não omitindo essa conclusão.

11. Quando o país apresenta altas taxas de poupança, terá baixas taxas de consumo.
Como: Y = C + I + G + X − M, se "C" diminui, "Y" diminui.
Como as importações (M) são função de "Y", então "M" diminui.
Logo: as exportações líquidas (X − M) aumentam.
Obs.: A resposta a esse tipo de questão deve conter uma explanação aprofundada sobre o tema, já que o concurso para Diplomacia, nas questões dissertativas, espera que o aluno escreva de 20 a 30 linhas. O intuito aqui, porém, é direcionar o aluno a responder essa questão, não omitindo essa conclusão.

12. Quando o governo aumenta seus gastos, apresenta uma poupança menor, fazendo com que a poupança nacional se reduza. Assim, como a poupança é a fonte de recursos para os investimentos, os investimentos se reduzem. Também, à medida que o governo aumenta seus gastos, provoca uma elevação das taxas de juros e, por conseguinte, uma redução dos investimentos, gerando o efeito deslocamento ou *Crowding out*.
Obs.: A resposta a esse tipo de questão deve conter uma explanação aprofundada sobre o tema, já que o concurso para Diplomacia, nas questões dissertativas, espera que o aluno escreva de 20 a 30 linhas. O intuito aqui, porém, é direcionar o aluno a responder essa questão, não omitindo essa conclusão.

13. "e". A Renda Nacional = RN = PNLcf, logo:
PNLcf = PNLpm − (Impostos Indiretos − Subsídios)
PNLcf = 1.650 − (300 − 80)
PNLcf = 1.430. A alternativa "e" é, portanto, verdadeira.
Como o saldo do Balanço de Pagamentos em Transações correntes é negativo, o país está se socorrendo à poupança externa para bancar seus investimentos. Logo, a poupança interna é menor que os investimentos. Portanto, a alternativa "a" é falsa.
Montando a Conta do Setor Externo, é possível se determinar qual o valor da Renda Líquida Enviada ao Exterior:

CONTA DO SETOR EXTERNO	
Débito	Crédito
Exportação de Bens e Serviços Não Fatores = 200	Importação de Bens e Serviços Não Fatores = **400**
Déficit do Balanço de Pagamentos em Transações Correntes = 100	Renda Líquida Enviada para o Exterior (RLEE) = ?
Total do Débito = 300	Total do Crédito = 300

Logo, a Renda Líquida Enviada para o Exterior (RLEE) = –100, ou seja, o país apresentou uma Renda Líquida Recebida do Exterior (RLRE) no valor de 100. A alternativa "c" é, portanto, falsa.
PIB = Produto Nacional Líquido + Renda Líquida Enviada ao Exterior + Depreciação
PIB = PNL + RLEE + Depreciação
PIB = 1.650 + (–100) + 200
PIB = 1.750; o que invalida a alternativa "d".
A absorção interna é a soma de C + I + G. Como: Y = C + I + G + X – M ou PIB = C + I + G + X – M:
Então: 1.750 = C + I + G + 200 – 400; e C + I + G = 1.950. A alternativa "b" é falsa, portanto.

14. "c". O Consumo (C) é o gasto realizado pelas famílias (consumo pessoal) ou pelo governo (consumo do governo) com bens que foram produzidos, mas o que aumenta a capacidade produtiva da economia para os períodos seguintes é o investimento.

15. F, F, V.
a) **(F)** A ampliação de programas de redistribuição de renda, como o Bolsa Família, altera as receitas líquidas do governo e contribui para reduzir a carga tributária líquida, ou seja, quando transfere, o governo concede benefícios, por exemplo, à população, sob a forma de pensão, aposentadoria etc., de maneira que a receita de (impostos diretos – transferências) diminui. Como a Carga Tributária Líquida (CTL) é a soma dos impostos diretos e indiretos subtraídos das transferências e subsídios, se as transferências aumentam a CTL diminui. Observe: CTL ↓ = Impostos Diretos – Transferências ↑ + Impostos Indiretos – Subsídios.
b) **(F)** Os gastos do governo com a implantação de uma nova unidade médica, assim como aqueles referentes aos pagamentos dos médicos e demais funcionários públicos, são contabilizados como gastos governamentais e, como tais, contribuem para elevar tanto o Produto Interno como a renda disponível do período.
c) **(V)** Quando acionistas brasileiros recebem dividendos, ou seja, lucros distribuídos pagos por uma empresa norte-americana, a Renda Líquida Recebida do Exterior (RLRE) aumenta e, portanto, ocorre aumento do Produto Nacional Bruto. Observe:
PIB = PNB – RLRE
Se PIB = 1.000 e RLRE = 100, então PNB = 1.100.
Se PIB = 1.000 e RLRE = 120, então PNB = 1.120.

16. F. Renda disponível, também chamada de Renda Pessoal disponível, é igual à Renda Pessoal subtraída dos impostos diretos pagos pelas famílias e acrescida das transferências recebidas pelas famílias, ou simplesmente: Yd = Y – T.
Onde: Yd = renda disponível; e Y = renda total.
T = Tributação Líquida = Tributação Bruta – Transferências
Portanto, a Renda disponível é destinada ao consumo e à poupança.

17. F, V, F.
0) **(F)** Em uma economia aberta, a absorção do produto corresponde à soma do Consumo Pessoal + Investimentos das empresas + Gasto do Governo. Logo, sabendo-se que:
PIB = C + I + G + X – M, então C + I + G só será igual ao PIB se (X – M) for igual a zero.

1) **(V)** A poupança bruta, em uma economia fechada e sem governo, é composta apenas da poupança privada, ou seja: I = Spriv + Sgov + Sext, onde: I = Investimento; Spriv = Poupança privada bruta; Sgov = Poupança do governo; e Sext = Poupança externa.
Se Sgov = 0 e Sext = 0, já que não existe governo nem setor externo, então: I = Spriv.
Como I = FBKF + ∆estoques, onde: FBKF = Formação Bruta de Capital Fixo; ∆estoques = variação de estoques; e I = investimento: então: FBKF + ∆estoques = Spriv. Ou seja, a poupança bruta é idêntica à soma da formação bruta de capital fixo mais a variação de estoques.

2) **(F)** Na apuração da renda nacional, não são incluídos os ganhos auferidos na revenda de ações de empresas e na especulação imobiliária, porque Renda Nacional é a soma das remunerações dos fatores produtivos envolvidos na produção e, portanto, não inclui ganhos de capital que correspondem à variação do preço dos ativos.

18. F, V, F, V.

0) (F) Define-se déficit público por: DP = (Spriv − Ipriv) + Sext, onde: DP = Déficit Público; Spriv = Poupança privada; Ipriv = Investimento privado; e Sext = poupança externa = déficit no Balanço de Pagamentos em Transações correntes. Portanto, se houver aumento do DP, o país poderá se socorrer tanto a (Spriv − Ipriv) como a Sext. Portanto, não necessariamente apenas a Sext (= déficit externo).

1) (V) Se a poupança externa for igual ao déficit público, a poupança do setor privado será idêntica ao investimento, ou seja, a diferença entre a Poupança do setor privado e o Investimento do setor privado deverá ser igual a zero. Observe o exemplo a seguir:
DP = (Spriv − Ipriv) + Sext, onde:
DP = Déficit Público = 10
Spriv = Poupança privada
Ipriv = Investimento privado
Sext = poupança externa = 10
Então: DP = (Spriv − Ipriv) + Sext
10 = (Spriv − Ipriv) + 10
Portanto: Spriv − Ipriv = 0, ou Spriv = Ipriv

2) (F) A conta de movimento de capitais (conta financeira + Conta de Capital no Balanço de Pagamentos) será positiva quando a poupança doméstica for menor que o investimento, já que o país necessitará de capital externo (poupança externa) para bancar seus investimentos.

3) (V) A igualdade entre poupança e investimento é equivalente ao equilíbrio do mercado de bens, independente de a economia ser aberta ou fechada, com governo ou sem governo. Observe:
Se a Economia for com governo e aberta, o equilíbrio da renda e do produto se dá quando: I = Spriv + Sgov + Sext, ou I = Poupança bruta total.
Se a Economia for com governo e fechada, o equilíbrio da renda e do produto se dá quando: I = Spriv + Sgov + Sext. Mas, como Sext = 0, já que é uma economia fechada, então: I = Spriv + Sgov, ou I = Poupança bruta total.
Se a Economia for sem governo e fechada, o equilíbrio da renda e do produto se dá quando: I = Spriv + Sgov + Sext. Mas, como Sgov = 0 e Sext = 0, já que é uma economia fechada e sem governo, então: I = Spriv, ou I = Poupança bruta total.

19. Fazendo os lançamentos na Conta do Governo, tem-se:

CONTA DO GOVERNO	
Débito	Crédito
Consumo do governo = G	Impostos diretos = 20
Transferências = 15	
	Impostos indiretos = 50
Subsídios = 25	Outras receitas correntes líquidas do governo = 60
Saldo do governo em conta corrente = Sgov	
Utilização da receita corrente	**Total da receita corrente = 130**

Observe que o total das receitas correntes do governo devem ser iguais ao total dos destinos dessas Receitas, ou seja:

CONTA DO GOVERNO	
Débito	Crédito
Consumo do governo = G	Impostos diretos = 20
Transferências = 15	
	Impostos indiretos = 50
Subsídios = 25	Outras receitas correntes líquidas do governo = 60
Saldo do governo em conta corrente = Sgov	
Utilização da receita corrente = 40 + G + Sgov	**Total da receita corrente = 130**

Para se determinar a Sgov, basta substituir os dados fornecidos pela questão na seguinte fórmula:
I = Sgov + Spriv + Sext   (I)
Onde: I = Investimento bruto total; Sgov = Poupança do governo; Spriv = Poupança do setor privado; e Sext = Poupança do setor externo
Como I = FBKF + Δestoques
Onde: FBKF = Formação Bruta de Capital Fixo, e Δestoques = Variação de Estoques
Então:
I = 40 + 10
I = 50   (II)
Como:
Spriv = 20   (III)
Sext = Déficit no Balanço de Pagamentos em Transações Correntes = 10   (IV)
Substituindo-se (II), (III), (IV) em (I), tem-se:
50 = Sgov + 20 + 10
Logo: Sgov = 20
Substituindo-se o valor da Sgov na Conta do Governo, tem-se:

CONTA DO GOVERNO	
Débito	**Crédito**
Consumo do governo = G	Impostos diretos = 20
Transferências = 15	
	Impostos indiretos = 50
Subsídios = 25	Outras receitas correntes líquidas do governo = 60
Saldo do governo em conta corrente = 20	
Utilização da receita corrente = 60 + G	**Total da receita corrente = 130**

Logo:
60 + G = 130
G = 70

20. F, F, V, V, V.
0) **(F)** Renda nacional = RNLcf = Renda Nacional Líquida a custo de fatores
RNLcf = RNLpm − (II − Subsídio)
Onde: RNLpm = Renda Nacional Líquida a preço de mercado, e II = Impostos Indiretos
RN = RNLpm − (II − Subsídios)
RN = 1.700 − (400 − 60)
RN = 1.360

1) **(F)** A renda líquida recebida do exterior é igual a 50. Observe a Conta do Setor Externo:

CONTA DO SETOR EXTERNO	
Débito	**Crédito**
Exportação de Bens e Serviços Não Fatores = 300	Importação de Bens e Serviços Não Fatores = 400
Déficit do Balanço de Pagamentos em Transações Correntes = 50	Renda Líquida Enviada para o Exterior = ?
Total do Débito	**Total do Crédito**

Observe que o problema forneceu o saldo no Balanço de Pagamentos em Transações Correntes, e não o déficit.
Como o saldo no Balanço de Pagamentos em Transações Correntes é igual a −50, então o Déficit do Balanço de Pagamentos em Transações Correntes = 50.

Assim, concluindo os dados da Conta de Capital:

CONTA DO SETOR EXTERNO	
Débito	Crédito
Exportação de Bens e Serviços Não Fatores = 300	Importação de Bens e Serviços Não Fatores = 400
Déficit do Balanço de Pagamentos em Transações Correntes = 50	Renda Líquida Enviada para o Exterior = –50
Total do Débito = 350	Total do Crédito = 350

Tem-se que a Renda Líquida Enviada ao Exterior (RLEE) é igual a –50. Logo, a Renda Líquida Recebida do Exterior é igual a 50.

2) **(V)** PIB = PNL + RLEE + Depreciação
PIB = 1.700 + (–50) + 250
PIB = 1.900

3) **(V)** Como o país apresentou déficit no Balanço de Pagamentos em Transações correntes, o investimento foi maior que a poupança interna.

4) **(V)** A absorção interna é a soma de C + I + G. Logo, se: PIB = **C + I + G** + X – M, ou:
PIB = absorção interna + X – M
1.900 = absorção interna + 300 – 400

Absorção interna = 2.000

21. F, V, F, V.
0) **(F)** Certo país mantém o saldo em transações correntes sempre igual a zero, ou seja, as exportações subtraídas das importações e da Renda Líquida Enviada ao Exterior são iguais a zero. Observe:

CONTA DO SETOR EXTERNO	
Débito	Crédito
Exportação de Bens e Serviços Não Fatores =	Importação de Bens e Serviços Não Fatores =
Déficit do Balanço de Pagamentos em Transações Correntes = 0	Renda Líquida Enviada para o Exterior =
Total do Débito =	Total do Crédito =

Sabendo-se que: Y = C + I + G + X – M, onde: Y = PIB, então: PIB = C + I + G + X – M.
Se o PIB for substituído pelo PNB, tem-se: PNB = C + I + G + X – M – RLEE.
Como a questão afirma que (X – M – RLEE) é igual a zero e que G aumentou e C e I permaneceram constantes, então:

$\uparrow$ PNB = $\underbrace{C + I}_{\text{Constante}}$ + $\uparrow$G + $\underbrace{X - M - RLEE}_{0}$

Logo: um aumento dos gastos do governo (G) provoca um aumento no PNB. Mas não se pode afirmar que causa um aumento no PIB, já que: PNB = PIB – RLEE. E se PNB aumenta, não necessariamente PIB aumenta, podendo a RLEE ter diminuído.

1) **(V)** Entre os anos 1 e 2, a poupança do setor privado (Spriv) se manteve constante e a poupança do governo (Sgov) diminuiu, mas o investimento bruto (I) aumentou. Logo, podemos concluir que o saldo em transações correntes, necessariamente, diminuiu, ou seja, a poupança externa aumentou (Sext). Observe:

$\uparrow$ I = $\underbrace{Spriv}_{\text{Constante}}$ + $\downarrow$ Sgov + Sext

Para que essa igualdade seja possível, é necessário que Sext tenha aumentado, ou seja, o déficit no Balanço de Pagamentos em Transações Correntes tenha aumentado, ou o saldo do Balanço de Pagamentos em Transações Correntes tenha diminuído.

2) **(F)** O pagamento de maiores salários aos servidores públicos, ou seja, o gasto do governo, corresponde a um tipo de consumo do governo, e o aumento das transferências de assistência social, ou seja, o aumento das transferências como o Bolsa Família, não representa consumo do governo, embora seja uma despesa da administração pública. Portanto, esta última não afeta o consumo do governo, muito embora altere o saldo em conta corrente do governo ou a poupança do governo.

3) **(V)** No caso de uma economia aberta e sem governo, a diferença entre o Produto Interno Bruto e a Renda Nacional Líquida é: PIB = RNL + RLEE + Depreciação.

22. F, F, V, F, V.
0) **(F)** O PIB a preços de mercado é igual a 3.700.
PIBpm = PILcf + Depr + (II − Subs), onde: PIBpm = Produto Interno Bruto a preço de mercado; PILcf = Produto Interno Líquido a custo de fatores; Depr = Depreciação; II = Impostos Indiretos; e Subs = Subsídios.
PIBpm = 3.500 + 150 + (150 − 100)
PIBpm = 3.700

1) **(F)** Considerando-se que o déficit público seja igual a 150, o investimento público será de 100. Sabendo-se que: DP = Ipub − Spub, onde: DP = Déficit Público; Ipub = Investimento público; e Spub = Poupança pública = saldo em conta corrente do governo.
Logo: 150 = Ipub − Spub

É necessário se determinar a Spub, por meio da Conta do Governo:

CONTA DO GOVERNO	
Débito	**Crédito**
Consumo do governo = 350	Impostos diretos = 350
Transferências = 150	
	Impostos indiretos = 150
Subsídios = 100	Outras receitas correntes líquidas do governo = 50
Saldo do governo em conta corrente = ?	
Utilização da receita corrente = 550	**Total da receita corrente = 550**

Logo, o saldo em conta corrente do governo é de (−50). Então: Sgov = −50.
Substituindo-se em: 150 = Ipub − Spub, tem-se:
150 = Ipub − (−50)
Ipub = 100

2) **(V)** A poupança do setor privado é igual a 600. Observe:
DP = (Spriv − Ipriv) + Sext
150 = Spriv − (600 + 50) + 200
Já que:
Ipriv = Formação Bruta de Capital Fixo do setor privado + Variação de estoques do setor privado
Ipriv = (600 + 50) = 650
E que:
Déficit no Balanço de Pagamentos em Transações Correntes = Sext = 200
Logo: Sext = 600

3) **(F)** O investimento total líquido é de 600. Entende-se por Investimento Líquido a diferença entre Investimento bruto e depreciação. Logo:
$I_{liquido} = I_{bruto} - Depreciação$
$I_{liquido} = Ipriv + Ipub - Depreciação$
$I_{liquido} = (600 + 50) + 100 - 150$
$I_{liquido} = 600$

4) **(V)** O país em questão absorve poupança externa em 2009, já que apresenta um Déficit no Balanço de Pagamentos em Transações Correntes.

23. F, F.
a) **(F)** O PIB inclui bens e serviços produzidos no presente. Aqueles que foram produzidos no passado não contam no PIB desse ano. Portanto, se o carro é novo, ele entra no PIB do ano; mas, se ele é usado, seu valor não entra no PIB, já que corresponde a uma mera transferência de titularidade.
b) **(F)** As transferências e os subsídios são despesas do governo que não possuem contrapartida em nenhum bem ou serviço. Quando o governo gasta, ele recebe em troca a prestação de algum serviço ou a entrega de algum bem. Portanto, embora transferências e subsídios sejam despesas do governo, não entram na categoria de gasto do governo.

24. "e". Sabendo-se que: Y = C + I + G + X – M, onde Y = PIBpm; C + I = consumo final; I = Formação Bruta de Capital Fixo + variação de estoques, então:
3.239.404 = 2.666.752 + [585.317 + (–7.471)] + 355.653 + M
M = 360.847

25. "c". Se a RLEE for negativa (ou a RLRE for positiva), o PNB é maior que o PIB. Se a RLEE for positiva (ou a RLEE for negativa), o PNB é menor que o PIB.
Sabendo-se que PIB = C + I + G + EX – IM, se PIB = 100, C = 40; I = 20; G = 25; EX = 110 e IM = 95, então PIB < EX.
Sabendo-se que PNB = C + I + G + EX – IM – RLEE, se PNB = 120; C = 180; I = 40; G = 25; EX = 30; IM = 145; RLEE = 10, então PNB < IM e IM > EX.

26. "d". A diferença entre o PNBcf e o PILpm é que, partindo-se do PNBcf, deve-se somar a Renda Líquida Enviada ao Exterior (RLEE), subtrair a depreciação e somar os impostos indiretos livres do subsídio. A alternativa "a" é falsa.
Sendo dada a Renda Nacional Líquida a preço de mercado (RNLpm), deve-se subtrair os impostos indiretos livres de subsídio, subtrair os impostos diretos pagos pelas empresas, livres de transferências recebidas pelas empresas, subtrair as outras receitas **correntes** líquidas do governo, subtrair os lucros retidos (ou não distribuídos), subtrair os impostos diretos pagos pelas famílias, livres das transferências recebidas pelas famílias e, com isso, obter-se a Renda Pessoal disponível. A alternativa "b" é falsa.
Ao se mensurar o produto a custo de fatores da economia, devem-se incluir as outras receitas correntes líquidas do governo e os impostos diretos pagos pelas empresas, livres das transferências recebidas pelas empresas em seu conceito nominal. A alternativa "c" é falsa.
O que diferencia o produto bruto do líquido é a depreciação. A alternativa "d" é verdadeira.
Os investimentos correspondem à soma da formação bruta de capital fixo e da variação de estoques. A alternativa "e" é falsa.

27. "c". O Produto da economia, PIBpm, pode ser determinado pelo lado do dispêndio/despesa. Assim, o PIBpm será igual à soma do Consumo das famílias C, o Investimento das empresas, I, os gastos ou consumo do governo, G, e as exportações líquidas, X – M.

28. "c". Na determinação do Produto interno são utilizados fatores de produção de residentes e de não residentes no país. As alternativas "b" e "e" estão incorretas e a "c" está correta.
O Produto interno (Y) de um país corresponde à soma do Consumo das famílias, C, o Investimento das empresas, I, os gastos ou consumo do governo, G, e as exportações líquidas, X – M, ou seja:
Y = C + I + G + X – M
Logo, as importações, M, são subtraídas na determinação do produto interno, Y. Já a exportação é incluída no cálculo do produto. As alternativas "a" e "d" estão incorretas.

29. Errado. Se o governo não participar da economia, a renda total, Y, será igual à renda disponível, Yd, já que:
Y = C + S + T e Yd = C + S
Se T = 0 (já que não tem governo), então Y = Yd
Se não houver governo, os tributos serão iguais a zero, e tanto a renda total quanto a renda disponível serão destinadas ao Consumo (C) e à Poupança (S). Por esse motivo, a informação da participação do governo na economia é importante.

30. "d". A Renda Interna Bruta e não a Renda Nacional Bruta define a produção realizada no território nacional, sem considerar a origem dos fatores de produção. O item II está incorreto.
O Produto Interno Líquido é calculado subtraindo-se a depreciação do Produto Interno Bruto. O item III está incorreto.

31. "b". Dados: C = 200; I = 300; G = 240; X = 180; M = 100.
Y = C + I + G + X – M
Y = 200 + 300 + 240 + 180 – 100
Y = 820

32. "e". Os juros são receitas das famílias. A alternativa "d" está incorreta e a "e" está correta. Os lucros a serem distribuídos, também chamados de dividendos, são receitas das famílias. A alternativa "a" está incorreta.
Compras de bens intermediários devem ser subtraídos do Valor Bruto da Produção e, assim, determinar o produto agregado ou a soma dos valores adicionados. A alternativa "b" está incorreta.
Os lucros distribuídos são receitas das famílias, e os lucros retidos são a poupança das empresas. A alternativa "c" está incorreta.

33. "c". O Produto Interno Bruto é o somatório de tudo que é produzido dentro do território nacional multiplicado pelo seu respectivo preço. Quando se calcula o PIB, deve-se subtrair do Valor Bruto da Produção o consumo intermediário. O Produto Interno Bruto é composto da produção de todos os bens e serviços produzidos dentro de um país. São, portanto, computados os bens tangíveis e intangíveis. O PIB nominal calcula o produto considerando os preços vigentes no momento. É calculado, portanto, a preços correntes. O PIB calcula o produto produzido no período considerado. Não considera o produto de períodos passados nem futuros. Isso evita a dupla contagem.

34. "a". O PIBpm (Y) é:
Y = C + I + G + X – M
Y = 200 + 50 + 25 + 20 – 18
Y = 277
PIBcf = PIBpm – (impostos indiretos – subsídios)
PIBcf = 277 – (5 – 3)
PIBcf = 275

35. "c". Sabendo que: RN = Renda Nacional; PNLcf = Produto Nacional Líquido a custo de fatores; PNBcf = Produto Nacional Bruto a custo de fatores; PIBcf = Produto Interno Bruto a custo de fatores.
RN = PNLcf = salários + juros + aluguéis + lucros distribuídos + lucros retidos
PNBcf = PNLcf + depreciação
PIBcf = PNBcf + RLEE
Então:
PIBcf = salários + juros + aluguéis + lucros distribuídos + lucros retidos + depreciação + RLEE

36. "b". O PIBpm (Y) é:
Y = Consumo privado + Investimento privado e público + Consumo ou Gasto do governo + Exportação de bens e serviços não fatores – Importação de bens e serviços não fatores
Y = 300 + (100 + 50) + 100 + 50 – 35
Y = 565

37. Certo. Lembrando que: Renda pessoal disponível = RN – (tributos diretos – transferências)
Calculando a RN (que é igual ao PNLcf):
PNLcf = PIBpm – RLEE – depreciação – (impostos indiretos – subsídios)
RN = 900 – 30 – depreciação – (60 – 10)
Se considerarmos a depreciação desprezível, temos:
RN = 820
Logo:
Renda pessoal disponível = 820 – (80 – 50)
Renda pessoal disponível = 790

38. Certo. Calculando o PNBcf:
PNBcf = PIBpm – RLEE – (impostos indiretos – subsídios)
RNBcf = 900 – 30 – (60 – 10)
RNBcf = 820

39. Certo. Os investimentos são compostos de Formação Bruta de Capital Fixo e Variação de Estoques. Essa variação de estoques pode ser composta de estoques indesejados e desejados.

40. Certo. Na análise macroeconômica pressupõe-se que toda a produção será vendida.

41. Certo. Quando a demanda agregada é igual ao produto da economia, significa que não houve aumento nem redução dos estoques. Caso a demanda agregada seja menor que o PIB, então haverá aumento de estoques. Caso a demanda agregada seja maior que o PIB, então, haverá redução de estoques.

42. Errado. Os estoques acumulados no ano de 2012 devem ser contabilizados como investimento em 2012 e contribuirão para o PIB do ano em que forem produzidos. Caso eles sejam comercializados no ano de 2013, então, em 2013, serão considerados consumo intermediário e não comporão o produto de 2013 porque, caso contrário, haveria dupla contagem.

43. "c". Numa economia fechada, o PIB (Y) será igual a:
Y = C + I + G
Onde C = Gasto em consumo pelo setor privado; I = Demanda por investimentos; G = Aquisição de bens e serviços pelo setor público.

44. "b". Se PIB (Y) = M, então:
Y = C + I + G + X – M ou
Y = C + I + G + X – Y ou
2Y = $\underbrace{C + I + G + X}$

Consumo doméstico
Logo, o consumo doméstico (C + I + G) pode ser maior que o PIB (Y).

45. "e". O comércio exterior é a soma das exportações e das importações. Nesse exemplo, o comércio exterior foi igual a 30 (= 20 das exportações + 10 das importações). Percebemos que o comércio exterior não pode ser menor que as exportações de 20. A alternativa "e" está correta. A exportação pode ser maior que o PIB (Y), desde que as exportações (X) e as importações (M) sejam suficientemente grandes. Vejamos um exemplo:
Y = C + I + G + X – M
Y = 3 + 2 + 1 + 20 – 10
Y = 14
X > Y.
A alternativa "a" está incorreta.
As exportações podem ser maiores que o PNB. Peguemos o exemplo acima e imaginemos que a Renda Líquida enviada ao exterior (RLEE) seja igual a 2.
PIB = 14
PNB = PIB – RLEE
PNB = 14 – 2
PNB = 12
PNB < X

A alternativa "b" está incorreta.
As exportações podem ser superiores ao saldo no balanço de Pagamentos em Transações correntes (que engloba tanto as exportações como as importações de bens e serviços não fatores como o recebimento e envio de rendas). A alternativa "c" está incorreta.
Utilizando o mesmo exemplo acima, vemos que o consumo doméstico foi de 6, que é a soma de Consumo (= 3) + Investimento (= 2) + Gasto do Governo (= 1). Percebemos que o consumo doméstico de 6 é inferior à exportação (X) de 20. A alternativa "d" está incorreta.

46. Certo. Renda Pessoal = RN – lucros retidos – outras receitas correntes líquidas do governo – (impostos diretos pagos pelas empresas – transferências recebidas pelas empresas).
Renda Pessoal disponível = Renda Pessoal – (impostos diretos pagos pelas famílias (por exemplo: o imposto de renda) – transferências recebidas pelas famílias).

47. "d". Numa economia fechada, a poupança privada somada à poupança do governo será igual ao investimento privado somado ao investimento do governo. Logo, a poupança total para uma economia fechada será igual ao investimento total. Vejamos:
Y = C + I + G e
Y = C + S + T
Logo: C + I + G = C + S + T
Logo: I + G = S + T → I = S + (T – G). → I = Spriv + Sgov
Portanto, o Investimento é igual à poupança privada mais a poupança do governo. A alternativa "d" está correta e a alternativa "c" está incorreta.
Numa economia fechada e sem governo, o nível de renda e produto (Y) da economia será igual à soma de consumo, investimento e gasto do governo. Vejamos:
Y = C + I + G. A alternativa "a" está incorreta.
Como a economia é fechada, ou seja, não há relações com o exterior, não há exportação nem importação e, portanto, não há saldo na Balança comercial. Assim, a demanda agregada será a soma de consumo, investimento e gasto do governo. A alternativa "b" está incorreta.
A demanda total é igual à renda total. Vejamos:
Y (= demanda) = C + I + G
Y (= renda) = C + S + T
Logo: demanda = renda → C + I + G = C + S + T. A alternativa "e" está incorreta.

48. "d". Tanto a tributação quanto a poupança representam vazamentos, pois diminuem a demanda por bens e serviços, reduzindo os gastos com ambos. Já o investimento e os gastos do governo representam injeções, porque aumentam a demanda por bens e serviços, estimulando os gastos com ambos. A alternativa "d" está correta.
Quando a poupança privada (S) é maior que o Investimento (I), pode haver equilíbrio se os Tributos (T) forem inferiores aos gastos do governo (G). A alternativa "a" está incorreta.
Se (S + T) for maior que (I + G), a renda das famílias e o produto da economia diminuem, desequilibrando a economia. A alternativa "b" está incorreta.
Se (T – G) é a poupança do governo, então o investimento é maior quanto maior a poupança do governo, já que aumenta a fonte de financiamento para os investimentos (I). Vejamos:
S + T = I + G
S + (T – G) = I
S + (T – G) ↑ = I ↑. A alternativa "c" está incorreta.
O setor financeiro intermedeia a poupança realizada pelas famílias e o investimento realizado pelas empresas. A alternativa "e" está incorreta.

49. "b".

Investimento público (Igov)
Investimento privado (Ipriv) } I_{total} = Formação Bruta do Capital Fixo + Variação de Estoques
Poupança do governo (Sgov)
Poupança do setor privado (Spriv)
Poupança externa (Sext) = déficit do balanço de pagamentos em transações correntes. A alternativa "b" está incorreta e a "c" e "e" estão corretas.
Igov + Ipriv = Sgov + Spriv + Sext. A alternativa "a" está correta.

O déficit primário é o déficit do governo sem incluir as despesas com juros reais e correção monetária da dívida. O déficit do governo ou déficit público é a diferença entre as despesas correntes do governo e suas receitas correntes. A alternativa "d" está correta.

50. "d". Fazendo um rearranjo na fórmula, temos:

$Y = C + I + G + X - M$
$Y = C + S + T$

$C + I + G + X - M = C + S + T$
$I + G + X - M = S + T$
$I = S + (T - G) + (M - X)$

$I = S_{priv} + S_{gov} + S_{ext}$
$I - S_{priv+gov} = S_{ext}$ ou
$S_{priv+gov} - I = X - M$

A alternativa "d" está correta.
A equação indica o produto interno bruto, onde os impostos estão contabilizados, bem como a depreciação e a Renda Líquida enviada ao exterior. A alternativa "a" está incorreta.
O "Y" representa o Produto Interno Bruto (PIB). Para determinar o PIB (Y), deve-se subtrair as importações. A alternativa "b" está incorreta.
A equação representa o equilíbrio macroeconômico fundamental, em que a diferença do produto (Y) do valor dos investimentos, do consumo e dos gastos do governo sinaliza as exportações subtraídas das importações de bens e serviços não fatores. A alternativa "c" está incorreta.
A equação exprime a mensuração do PIB pela ótica do dispêndio ou da despesa. A alternativa "e" está incorreta.

51. "c". Sabendo que a conta do governo se apresenta como a seguir:

CONTA DO GOVERNO	
Gasto ou consumo do governo = ?	Impostos diretos = 30
Transferências = x	Impostos indiretos = 10
Subsídios = 10	Outras receitas correntes líquidas do governo = x
Saldo em conta corrente do governo ou poupança do governo = ?	
40 + x	40 + x

Para acharmos o gasto ou consumo do governo, precisamos determinar o saldo em conta corrente do governo ou poupança do governo. Para tanto, vamos nos utilizar da conta capital:

CONTA CAPITAL	
Formação bruta de capital fixo = 5	Poupança do setor privado = 50
Variação de estoques = 5	Poupança do governo = saldo em conta corrente do governo = ?
	Poupança externa = déficit no Balanço de Pagamentos em Transações Correntes = ?
Investimento bruto total = 10	Poupança bruta total = 10

Para determinarmos a poupança do governo, devemos calcular a poupança externa ou o déficit no Balanço de Pagamentos em Transações Correntes.

CONTA SETOR EXTERNO	
Exportações de bens e serviços não fatores = 50	Importações de bens e serviços não fatores = 25
Déficit no Balanço de Pagamentos em Transações Correntes = poupança externa = ?	Renda líquida enviada ao exterior = 0
25	25

Podemos calcular o valor do Déficit do Balanço de Pagamentos em Transações Correntes:
25 = Exportação + Déficit do BPTC
25 = 50 + Déficit do BPTC
Déficit do BPTC = –25
Poupança externa = –25
Substituindo esse valor na conta capital, temos:
Poupança privada + poupança do governo + poupança do setor externo = 10
50 + Poupança do governo + (–25) = 10
Poupança do governo = –15

Substituindo na conta do governo, temos:
Gasto do governo + Transferências do governo + subsídios + saldo de conta corrente do governo = 40 + x
Gasto do governo + x + 10 – 15 = 40 + x
Gasto do governo = 45

52. "d".
PIBpm = PNLcf + RLEE + depreciação + (impostos indiretos – subsídios)
PIBpm = 350 + 87,5 + 140 + (140 – 35)
PIBpm = 682,5

53. Errado. As despesas em hospital público são pagas pelo governo. Portanto, fazem parte dos gastos do governo e não do consumo das famílias.

54. "a". O valor das despesas nacionais (DN) é igual ao do produto nacional (PN) e o produto nacional (PN) é igual a:
DN = PN = C + I + G + X – M – RLEE
Em macroeconomia, o equilíbrio se dá quando Investimento é igual a poupança. Portanto, nunca somaremos investimento com poupança.
As transferências intergovernamentais, e não intragovernamentais, são as realizadas entre órgãos de esferas diferentes de governo, por exemplo, a quota-parte do ICMS aos municípios, enquanto as transferências intragovernamentais, e não intergovernamentais, são as realizadas entre os órgãos da mesma esfera de governo, por exemplo, as ocorridas entre o Tesouro Nacional e o Ministério da Previdência Social (MPS).

55. "b".
Y = C + I + G + X – M
I = Formação Bruta de Capital Fixo + Variação de Estoques
14.700 = C + G + (2.300 + 250) + 2.500 – 1.750
C + G = 11.400

56. "d". Vazamento corresponde ao agregado que diminui a renda e desestimula a demanda por bens e serviços. Injeções, ao contrário, são os agregados que aumentam a renda e estimulam a demanda por bens e serviços. Constituem vazamentos a poupança, os tributos, a importação. Constituem injeções o investimento, os gastos do governo e as exportações.

57. "d". Vamos começar montando a conta de produção:

CONTA DE PRODUÇÃO	
Salários = 800	Consumo pessoal = 1.500
Juros = 150	Investimento (formação bruta de capital fixo + variação de estoques) = 750 + ?
Aluguéis = ?	Gasto do governo
Lucros = 400	Exportação de bens e serviços não fatores = 600
Impostos diretos pagos pelas empresas – transferências recebidas pelas empresas = 280 – 90	
Outras receitas correntes líquidas do governo = 50	
Renda Nacional = PNLcf	

Impostos indiretos – subsídios = 250 – 40 = 210	
PNLpm	
Depreciação = 90	
PNBpm	
RLEE = 180	
PIBpm	
Importação de bens e serviços não fatores = 400	
Oferta Agregada	Demanda Agregada

Para determinarmos a demanda agregada, precisamos encontrar o valor da variação de estoques e do gasto do governo. Vejamos, primeiro, através da conta capital, o valor da variação de estoques:

CONTA CAPITAL	
Formação bruta de capital fixo = 750	Poupança líquida do setor privado = 80
Variação de estoques	Depreciação = 90
	Poupança do governo = saldo em conta corrente do governo = –50
	Poupança externa = déficit no balanço de pagamentos em transações correntes = –20
Investimento Bruto Total = 100	Poupança Bruta Total = 100

Logo, a variação de estoques é igual a (–) 650.
Agora, vamos encontrar os gastos do governo através da conta do governo:

CONTA DO GOVERNO	
Consumo do governo = gasto do governo = ?	Impostos diretos recebidos das famílias e das empresas = 300 + 280
Transferências para as empresas e para as famílias = 90 + 300 = 390	Impostos indiretos = 250
Subsídios = 40	Outras receitas correntes líquidas do governo = 50
Saldo em conta corrente do governo = poupança do governo = –50	
Despesa corrente do governo = 880	Receita corrente do governo = 880

Logo, o gasto do governo = 500.
Substituindo os gastos do governo e a variação de estoque na conta de produção, podemos determinar a demanda agregada e depois a oferta agregada e o valor do aluguel. Vejamos:

CONTA DE PRODUÇÃO	
Salários = 800	Consumo pessoal = 1.500
Juros = 150	Investimento (formação bruta de capital fixo + variação de estoques) = 750 + (–650)
Aluguéis = 230	Gasto do governo = 500
Lucros = 400	Exportação de bens e serviços não fatores = 600
Impostos diretos pagos pelas empresas – transferências recebidas pelas empresas = 280 – 90 = 190	
Outras receitas correntes líquidas do governo = 50	
Renda Nacional = PNLcf = 1.820	
Impostos indiretos – subsídios = 250 – 40 = 210	

PNLpm = 2.030	
Depreciação = 90	
PNBpm = 2.120	
RLEE = 180	
PIBpm = 2.300	
Importação de bens e serviços não fatores = 400	
Oferta Agregada = 2.700	Demanda Agregada = 2.700

A demanda agregada é igual a 2.700. Logo, a oferta agregada também é igual a 2.700. Subtraindo a importação de 400 da oferta agregada, encontramos o PIBpm no valor de 2.300. Subtraindo do PIBpm a RLEE, encontramos o PNBpm no valor de 2.120. Subtraindo a depreciação do PNBpm, encontramos o PNLpm no valor de 2.030. Subtraindo do PNLpm o valor dos impostos indiretos — subsídios, encontramos o PNLcf = 1.820, que é igual a RN. Para encontrar o valor do aluguel, basta subtrair da RN os salários, juros, lucros, impostos diretos (pagos pelas empresas) livres das transferências recebidas pelas empresas, outras receitas correntes líquidas do governo. Com isso, encontramos o valor do aluguel de 230.

Para encontrar o valor do PNBcf, faremos o seguinte cálculo:
PNBcf = PNLcf + depreciação
PNBcf = 1.820 + 90
PNBcf = 1.910

58. "d". Os gastos do governo podem envolver a aquisição de bens e serviços para consumo e o investimento do governo. A alternativa "d" está correta.
Em macroeconomia, supomos que tudo que é produzido é vendido. Logo, há igualdade na soma total das compras ocorridas numa economia, num dado período, em relação ao valor monetário de todos os bens produzidos e serviços prestados na economia durante esse período. A alternativa "a" está incorreta.
Aquisições de bens de capital, tais como instalações, equipamento durável de produção e variação de estoques dos almoxarifados correspondem ao investimento realizado pelas empresas. A alternativa "b" está incorreta.
Gastos realizados pelas famílias no que tange aos principais bens e serviços, tais como bens duráveis, não duráveis e serviços correspondem ao consumo. A alternativa "c" está incorreta.

59. "c".
RN = PNLcf
RN = PIBpm – RLEE – depreciação – (impostos indiretos – subsídios)
A alternativa "c" está correta.
O PNL corresponde ao PIB, deduzida a depreciação do estoque de capital físico da economia e deduzida a Renda Líquida Enviada ao Exterior. A alternativa "a" está incorreta.
A diferença entre o PIB e o PIL de uma economia é a depreciação. A alternativa "b" está incorreta.
A Renda Pessoal Disponível de uma economia é obtida a partir de seu PIB medido a custo de fatores, deduzidos a depreciação, a Renda líquida Enviada ao Exterior, os impostos indiretos livres de subsídios, os impostos diretos pagos pelas empresas e pelas famílias livres das transferências, das outras receitas correntes líquidas do governo e dos lucros retidos. A alternativa "d" está incorreta.
A Renda Pessoal, em uma economia, corresponde à Renda Nacional, deduzidos as outras receitas correntes do Governo, os lucros não distribuídos pelas empresas e os impostos diretos pagos pelas empresas livres das transferências. A alternativa "e" está incorreta.

60. "a".
Dados:

Consumo das famílias	→ C
Consumo da administração pública	→ G
Formação bruta de capital fixo (FBCF) Variação de estoques (Δ Est)	→ I
Exportação de bens e serviços	→ X
Importação de bens e serviços	→ M

PIB = C + I + G + X − M
PIB = C + (FBCF + Δ Est) + G + X − M
PIB = 3.835 + (1.069 + (-25)) + 1.186 + 773 − 843
PIB = 5.995,00

61. "b".
PIB = C + I + G + X − M
PIB = 50 + 70 + 80 + 60 − 55
PIB = 205
PNB = PIB − RLEE
PNB = 205 − 5
PNB = 200

62. "b".
PIB = C + I + G + (X − M)
PIB = 10 + 2 + 3 + (−1)
PIB = 14

63. "a".
I = Investimento público (Ipub) + Investimento privado (Ipriv) e
S = Poupança privada (Sp) + Poupança do governo (Sg) + Poupança externa (Se)
Então: Investimento público (Ipub) + Investimento privado (Ipriv) = Poupança privada (Sp) + Poupança do governo (Sg) + Poupança externa (Se)
Ou: I = Sp + Sg + Se.
A alternativa correta é a "a".

64. "b".
A renda líquida do setor público vai corresponder a Carga Tributária líquida, ou seja, a soma da arrecadação de impostos diretos livres das transferências e dos impostos indiretos livres dos subsídios. A alternativa correta é a "b"

65. "a".
$\begin{cases} \text{PIB} = C + I + G + X - M \text{ e} \\ \text{PIB} = \text{RNB} + \text{RLEE} \end{cases}$
Consumo Final = C + G
Investimento (I) = Formação Bruta de Capital Fixo + Variação de Estoques.
Então:
RNB + RLEE = C + I + G + X − M
6.700.000 + RLEE = 5.250.000 + (1.650.000 + 80.000) + 300.000 − 400.000
RLEE = 180.000

66. "c"
PIBpm = C + I + G + X − M
I = Formação Bruta de capital fixo + variação de estoques.
PIBpm = 500 + (200 + 10) + 100 + 50 − 20
PIBpm = 840

67. "e"

$\begin{cases} I = Spriv + Sgov + Sext \\ \text{Poupança interna} = Spriv + Sgov \end{cases}$

Logo:
I = Poupança interna + Sext
Como:
I = Formação Bruta de Capital fixo + variação de estoques
I = 200 + 10
I = 210
Então:
210 = 100 + Sext
Sext = 110
Como a Poupança externa (Sext) é igual ao Déficit no balanço de pagamento em transações Correntes (DBPTC), então:
DBPTC = 110
Então o Saldo no balanço de pagamentos e transações correntes será igual a -110
A alternativa correta é a "e"

68. "b"
Sabendo que:
PIB = C + I + G + X – M   e
I = Formação Bruta de Capital Fixo + Variação de Estoques   e
Consumo Final = C + G
Então:
4.325.000 = 3.524.000 + (1.526.000 + 102.000) + X – 1.348.000
X = 521.000

69. "b". Observe a conta de produção. Quando o governo realiza uma despesa de capital, ele está investindo na economia sob a forma de formação bruta de capital fixo ou variação de estoques, que representa um crédito na conta de produção. A alternativa "b" está correta e a Alternativa "a" está incorreta.

CONTA DE PRODUÇÃO	
Débito	Crédito
Salários	Consumo Pessoal
Juros	Consumo do Governo
Aluguéis	Variação de Estoques
Lucros Distribuídos	
Lucros Retidos	Formação Bruta de Capital Fixo
Impostos Diretos Pagos pelas Empresas – Transferências Recebidas pelas Empresas	Exportação de Bens e Serviços Não Fatores
Outras Receitas Correntes Líquidas do Governo2	
Impostos Indiretos3 – Subsídios	
Depreciação	
Renda Líquida Enviada ao Exterior	
Importação de Bens e Serviços Não Fatores	

A Conta do governo só envolve despesas e receitas corrente. Logo, uma despesa de capital não faz parte da conta do governo. A alternativa "c" está incorreta.
Quando o governo investe, há aumento da formação bruta de capital fixo ou variação de estoques. Esse investimento é debitado na conta de capital. Mas, não necessariamente haverá aumento da variação de estoques. Pode haver, no seu lugar, aumento apenas da formação bruta de capital fixo. A alternativa "d" está incorreta.

A poupança interna corresponde à poupança do setor privado (famílias e empresas) e do setor público (governo). Quando o governo investe, estará utilizando a poupança interna para isso. Logo, ela deverá diminuir. A conta de apropriação vai mostrar a apropriação da renda gerada. O investimento não aparece nela. A alternativa "E" está incorreta.

70. "b". O Déficit no Balanço de Pagamentos em Transações Correntes (DBPTC) é igual a poupança externa (Sext).
Investimento privado (Ipriv) + Investimento público (Igov) = Poupança privada (Spriv) + Poupança do governo (Sgov) + Poupança externa(Sext)
650 + 220 = 430 + 240 + Sext
Sext = 200
Logo, o DBPTC = 200

71. "d". Investimento bruto total = Poupança líquida do setor privado (SLSP)+ depreciação + Poupança do Goverdo (= saldo do governo em conta corrente) + Poupança externa (= déficit no Balanço de Pagamentos em Transações Correntes)
950 = SLSP + 110 + 370 + 220
SLSP = 250

5

PRODUTO NOMINAL × PRODUTO REAL. DEFLACIONAR O PRODUTO. ÍNDICES DE PREÇOS

■ 5.1. PRODUTO NOMINAL

O produto da economia, quando medido a **preços correntes**[1], é denominado **Produto Nominal**. Portanto, o Produto Nominal mudará sempre que os preços (P) ou o volume real de produção variar (Q).

Suponha que o Produto Nominal da economia, que produz um bem, seja dado conforme a Tabela 5.1:

Tabela 5.1. Produto Nominal entre os anos de 2008 e 2011

ANO	PRODUTO NOMINAL[2]
2008	2.000,00
2009	3.300,00
2010	3.680,00
2011	5.000,00

Para se calcular a variação do Produto Nominal, divide-se o Produto Nominal de um ano pelo do anterior e, do resultado, subtrai-se o valor de "um". Observe a Tabela 5.2:

Tabela 5.2. Variação percentual do Produto Nominal entre os anos de 2008 e 2011

ANO	PRODUTO NOMINAL	VARIAÇÃO EM %[3]
2008	2.000,00	—
2009	3.300,00	(3.300/2.000) – 1 = 0,65 = 65%
2010	3.680,00	(3.680/3.300) – 1 = 0,1151 = 11,51%
2011	5.000,00	(5.000/3.680) – 1 = 0,3587 = 35,87%

---

[1] Os preços correntes correspondem aos preços médios do período.
[2] Os valores atribuídos ao Produto Nominal são meramente ilustrativos.
[3] Para se calcular essa variação, pode-se também subtrair o Produto Nominal de um ano pelo do ano anterior e dividir tudo pelo produto do ano anterior. Observe o cálculo na tabela a seguir:

ANO	PRODUTO NOMINAL	VARIAÇÃO EM %
2004	2.000,00	—
2005	3.300,00	(3.300 – 2.000)/2.000 = 0,65 = 65%
2006	3.680,00	(3.680 – 3.300)/3.300 = 0,1151 = 11,51%
2007	5.000,00	(5.000 – 3.680)/3.680 = 0,3587 = 35,87%

Observa-se que o Produto Nominal cresceu 65% de 2008 para 2009, 11,51% de 2009 para 2010 e 35,87% de 2010 para 2011. Sabe-se que essas porcentagens, provavelmente, não representariam um crescimento real da economia, já que são demasiadamente elevadas, do que se pressupõe que, entre os anos estudados, ocorreu alteração no nível de preços. Para se saber qual foi o crescimento real, seria necessário deflacionar o Produto, ou seja, retirar a inflação do período. Assim, poder-se-ia saber quanto do crescimento corresponderia a uma variação dos preços e quanto corresponderia a uma variação na quantidade ou Produto Real.

Blanchard afirma que, no longo prazo, tanto a produção como os preços da maioria dos bens aumentam. Com base nisso, afirma que "se nossa intenção é medir a produção e sua variação ao longo do tempo, precisamos eliminar o efeito do aumento de preços em nossa medida do PIB. É por isso que o PIB real é calculado como a soma das quantidades de bens finais multiplicadas por preços constantes (em vez de preços correntes)"[4].

Com o conhecimento dos preços, para se determinar o Produto Real, primeiro se escolhe uma data-base. Divide-se o Produto Nominal pelo preço do ano correspondente e, depois, multiplica-se pelo preço do ano-base escolhido.

Assim, se for escolhido **o ano-base "2008"**, os preços considerados serão, em cada ano, congelados ao valor de R$ 10,00, ou seja, ao preço de 2008. Observe na Tabela 5.3 o cálculo do Produto Real e sua variação percentual, tomando-se como ano-base 2008. Deve-se dividir o Produto Nominal de cada ano pelo seu preço e depois multiplicar pelo preço do ano-base.

Tabela 5.3. Produto Real e variação percentual do Produto Real tomando como base o ano de 2008

ANO	PRODUTO NOMINAL	PREÇO	PRODUTO REAL	VARIAÇÃO EM %
2008	2.000,00	10,00	2.000,00	—
2009	3.300,00	15,00	(3.300,00/15,00) × 10,00 = 2.200,00	(2.200/2.000) – 1 = 0,1 = 10%
2010	3.680,00	16,00	(3.680,00/16,00) × 10,00 = 2.300,00	(2.300/2.200) – 1 = 0,045 = 4,5%
2011	5.000,00	20,00	(5.000,00/20,00) × 10,00 = 2.500,00	(2.500/2.300) – 1 = 0,087 = 8,7%

Se, em vez de 2008, for escolhido **o ano-base "2009"**, os preços considerados serão em cada ano iguais a R$ 15,00. Observe a Tabela 5.4.

Tabela 5.4. Produto Real e variação percentual do Produto Real tomando como base o ano de 2009

ANO	PRODUTO REAL	VARIAÇÃO EM %
2008	(2.000,00/10,00) × 15,00 = 3.000,00	—
2009	3.300,00	(3.300/3.000) – 1 = 0,1 = 10%
2010	(3.680,00/16,00) × 15,00 = 3.450,00	(3.450/3.300) – 1 = 0,045 = 4,5%
2011	(5.000,00/20,00) × 15,00 = 3.750,00	(3.750/3.450) – 1 = 0,087 = 8,7%

---

4   Olivier Blanchard, *Macroeconomia*, p. 22.

Se for escolhido **o ano-base "2010"**, os preços considerados serão em cada ano iguais a R$ 16,00. Acompanhe a Tabela 5.5.

Tabela 5.5. Produto Real e variação percentual do Produto Real tomando como base o ano de 2010

ANO	PRODUTO REAL	VARIAÇÃO EM %
2008	(2.000,00/10,00) × 16,00 = 3.200,00	—
2009	(3.300,00/15,00) × 16,00 = 3.520,00	(3.520/3.200) − 1 = 0,1 = 10%
2010	3.680,00	(3.680/3.520) − 1 = 0,045 = 4,5%
2011	(5.000,00/20,00) × 16,00 = 4.000,00	(4.000/3.680) − 1 = 0,087 = 8,7%

Se for escolhido o **ano-base "2011"**, os preços considerados serão em cada ano iguais a R$ 20,00, conforme mostra a Tabela 5.6 a seguir.

Tabela 5.6. Produto Real e variação percentual do Produto Real tomando como base o ano de 2011

ANO	PRODUTO REAL	VARIAÇÃO EM %
2008	(2.000,00/10,00) × 20,00 = 4.000,00	—
2009	(3.300,00/15,00) × 20,00 = 4.400,00	(4.400/4.000) − 1 = 0,1 = 10%
2010	(3.680,00/16,00) × 20,00 = 4.600,00	(4.600/4.400) − 1 = 0,045 = 4,5%
2011	5.000,00	(5.000/4.600) − 1 = 0,087 = 8,7%

Percebe-se que, independente da data-base escolhida, a variação percentual do Produto Real sempre apresentará o mesmo resultado, ou seja, em valores relativos o resultado é o mesmo, embora em valores absolutos isso não ocorra.

O Sistema de Contas Nacionais sugere que se adote como ano de referência o ano anterior. Assim, quando o produto em 2009 cresceu 10%, percebe-se que foi em relação a 2008. Quando o produto de 2010 cresceu 4,5%, percebe-se que foi em relação a 2009. E quando o produto de 2011 cresceu 8,7%, é em relação a 2010.

5.1.1. Cálculo do Produto Nominal

Considerando-se que agora a economia produza mais de um bem, pode-se construir as Tabelas 5.7 e 5.8 e determinar o Produto Nominal, que consiste no somatório da multiplicação de preços e quantidades de cada bem.

Sabendo-se que: **Produto Nominal = $\sum P \times Q$:**

Tabela 5.7. Preços e quantidades dos bens A, B e C

ANO	BEM A		BEM B		BEM C	
	P	Q	P	Q	P	Q
2009	3,00	100	2,00	200	1,00	150
2010	5,00	120	3,00	150	2,00	200
2011	6,00	80	5,00	120	3,00	160

Para se calcular o Produto Nominal de cada ano, deve-se multiplicar cada quantidade produzida pelo seu respectivo preço e depois somar o resultado de todos os bens. Observe a Tabela 5.8 a seguir.

Tabela 5.8. Cálculo do Produto Nominal de uma economia que produz os bens A, B e C

ANO	PRODUTO NOMINAL	VARIAÇÃO EM %
2009	(3,00 × 100) + (2,00 × 200) + (1,00 × 150) = 850,00	—
2010	(5,00 × 120) + (3,00 × 150) + (2,00 × 200) = 1.450,00	(1.450/850) − 1 = 0,7059 = 70,59%
2011	(6,00 × 80) + (5,00 × 120) + (3,00 × 160) = 1.560,00	(1.560/1.450) − 1 = 0,07586 = 7,59%

Percebe-se que o Produto Nominal cresceu 70,59% de 2009 para 2010 e 7,59% de 2010 para 2011. Novamente, observa-se que a variação percentual do Produto Nominal de um período para outro é consideravelmente alta. Para se ter uma avaliação real do crescimento da economia, deve-se calcular a variação do Produto Real.

■ 5.2. PRODUTO REAL

O produto da economia, quando medido a **preços constantes**[5], é denominado **Produto Real**, ou seja, quando não é corrigido pelas variações dos preços. O Produto Real é utilizado quando se pretende determinar o produto em bens e serviços, e não em valores monetários, ou seja, quando há interesse em medir a quantidade de produto da economia a preços constantes. Portanto, o Produto Real só mudará quando o volume real de produção (Q) mudar. Para se determinar o Produto Real, deve-se medir o produto a preços constantes a partir de um ano-base.

Para tanto, é necessário se determinar qual índice de preços deverá ser utilizado. Começando pela determinação do Produto Real, por meio do índice de preços de Laspeyres, acompanhe o raciocínio do *item 5.2.1*. A seguir, será utilizado o índice de preços de Paasche e, depois, o índice de preços de Fisher.

Segundo Montoro Filho, "um índice de preço é a média ponderada dos preços vigentes em dois períodos de tempo. Os pesos da ponderação são as quantidades produzidas. No caso genérico de índices de preços, determina-se uma cesta de bens com determinadas quantidades de determinados bens. Fixa-se esta cesta e verifica-se seu valor com os preços de diferentes períodos"[6].

■ 5.2.1. Índice de preços de Laspeyres

Para se determinar o Produto Real, deve-se escolher um índice de preços, já que não foi fornecido um nível geral de preços. Assim, pode-se escolher, por

---

[5] Os preços constantes correspondem aos preços médios do período, definindo-se o período tomado como ano-base.
[6] André Franco Montoro Filho, *Contabilidade social*, p. 32.

exemplo, o **índice de preços de Laspeyres**, que utiliza a média aritmética ponderada das variáveis de cada um dos produtos considerados. Os pesos são os valores de cada item tomados na época-base (Vi = Pi × Qi). Segundo Filellini, "o índice de preços de Laspeyres toma a produção do ano-base a preços do ano-base (denominador) e a preços do ano em referência (numerador). Qualquer variação em relação à unidade, no quociente indicado pela fórmula, é devida a flutuações de preços ocorridas no período '1' (P_{t1})"[7]. O índice de preços de Laspeyres tende a exagerar as altas de preços (inflação). A fórmula do índice de preços de Laspeyres a ser utilizada está a seguir:

$$Lp = \frac{\Sigma\, Pt \times Qi}{\Sigma\, Pi \times Qi}$$

Onde: Pi = preço no ano-base; Qi = quantidade no ano-base; e Pt = preço do ano considerado.

Observe que os preços estão sendo **ponderados pela quantidade do ano-base** (Qi). Assim, determina-se a variação de preços entre o preço do ano-base (i) e o período em estudo (t). Tomando-se como base o ano de 2009 da Tabela 5.7, tem-se:

$$Lp\,(2009) = \frac{(3{,}00 \times \mathbf{100}) + (2{,}00 \times \mathbf{200}) + (1{,}00 \times \mathbf{150})}{(3{,}00 \times \mathbf{100}) + (2{,}00 \times \mathbf{200}) + (1{,}00 \times \mathbf{150})} = 1$$

$$Lp\,(2010) = \frac{(5{,}00 \times \mathbf{100}) + (3{,}00 \times \mathbf{200}) + (2{,}00 \times \mathbf{150})}{(3{,}00 \times \mathbf{100}) + (2{,}00 \times \mathbf{200}) + (1{,}00 \times \mathbf{150})} = 1.400/850 = 1{,}65$$

$$Lp\,(2011) = \frac{(6{,}00 \times \mathbf{100}) + (5{,}00 \times \mathbf{200}) + (3{,}00 \times \mathbf{150})}{(3{,}00 \times \mathbf{100}) + (2{,}00 \times \mathbf{200}) + (1{,}00 \times \mathbf{150})} = 2.050/850 = 2{,}41$$

Perceba que os números em negrito representam as quantidades do ano-base e que o índice de preços de Laspeyres pondera pela quantidade do ano-base, que nesse exemplo é 2009.

Conhecendo-se o índice de preços para os três períodos considerados, determina-se o Produto Real, que pode ser verificado na Tabela 5.9. O ano-base sempre apresentará um índice de preços igual a "um".

Para se determinar o Produto Real, deve-se dividir o Produto Nominal pelo índice de preços correspondente e depois multiplicar pelo índice de preços do ano-base, o qual no exemplo corresponde a 2009 e é igual a "um". Para se determinar a variação percentual do Produto Real, deve-se dividir o Produto Real do ano considerado pelo Produto Real do ano anterior e depois subtrair "um". O que se observa é que o Produto Real cresceu 3,4% de 2009 para 2010, mas que de 2010 para 2011 há um decréscimo do Produto Real em 26,3%.

---

[7] Alfredo Filellini, *Contabilidade social*, p. 107.

Tabela 5.9. Determinação do Produto Real e sua variação percentual tomando como base o índice de preços de Laspeyres

ANO	PRODUTO NOMINAL	LP	PRODUTO REAL	VARIAÇÃO PORCENTUAL %
2009	850,00	1	(850/1) × 1 = 850	—
2010	1.450,00	1,65	(1.450/1,65) × 1 = 878,78	(878,78/850) – 1 = 0,034 = 3,4%
2011	1.560,00	2,41	(1.560/2,41) × 1 = 647,30	(647,30/878,78) – 1 = –0,263 = –26,3%

5.2.2. Índice de preços de Paasche

Pode-se também determinar o Produto Real pelo **índice de preços de Paasche**, que utiliza a média harmônica ponderada dos produtos considerados. Os pesos são os valores de cada item tomados na época atual (Vt = Pt × Qt). Segundo Filellini, "o índice de preços de Paasche toma a produção do ano em referência (Q_{t1}) e a compara com o valor dessa mesma produção, quando ponderada pelos preços do ano-base (P_{t0}). Qualquer desvio em relação à unidade, na divisão dos valores encontrados, é devido à inflação ou deflação de preços no ano '1'"[8]. O índice de preços de Paasche tende a exagerar as baixas de preços (deflação). Assim, utiliza-se a fórmula do índice de preços de Paasche, mostrada a seguir:

$$Pp = \frac{\Sigma\ Pt \times Qt}{\Sigma\ Pi \times Qt}$$

Onde: Pt = preço na data correspondente; Qt = quantidade na data correspondente; e Pi = preço na data-base.

Observe que os preços são ponderados pelas quantidades do ano estudado (Qt). Tomando-se como base o ano de 2009 da Tabela 5.7, o cálculo do índice de preços de Paasche será:

$$Pp\ (2009) = \frac{(3,00 \times \mathbf{100}) + (2,00 \times \mathbf{200}) + (1,00 \times \mathbf{150})}{(3,00 \times \mathbf{100}) + (2,00 \times \mathbf{200}) + (1,00 \times \mathbf{150})} = 1$$

$$Pp\ (2010) = \frac{(5,00 \times \mathbf{120}) + (3,00 \times \mathbf{150}) + (2,00 \times \mathbf{200})}{(3,00 \times \mathbf{120}) + (2,00 \times \mathbf{150}) + (1,00 \times \mathbf{200})} = \frac{1.450,00}{860,00} = 1,6860$$

$$Pp\ (2011) = \frac{(6,00 \times \mathbf{80}) + (5,00 \times \mathbf{120}) + (3,00 \times \mathbf{160})}{(3,00 \times \mathbf{80}) + (2,00 \times \mathbf{120}) + (1,00 \times \mathbf{160})} = \frac{1.560,00}{640,00} = 2,4375$$

Perceba que os números em negrito representam as quantidades do ano em estudo. Observe que o índice de preços de Paasche **pondera pela quantidade dos anos em estudo**, que nesse exemplo são 2009, 2010 e 2011.

---

[8] Alfredo Filellini, *Contabilidade social*, p. 107.

Conhecendo-se o índice de preços para os três períodos considerados, determina-se o Produto Real, que pode ser verificado na Tabela 5.10. O ano-base sempre apresentará um índice de preços igual a "um".

Para se determinar o Produto Real, deve-se dividir o Produto Nominal pelo índice de preços correspondente e depois multiplicar pelo índice de preços do ano-base, o qual no exemplo corresponde a 2009 e é igual a "um". Para se determinar a variação percentual do Produto Real, deve-se dividir o Produto Real do ano pelo Produto Real do ano anterior e depois subtrair "um". O que se observa é que o Produto Real cresceu 1,2% de 2009 para 2010, mas que de 2010 para 2011 há um decréscimo do Produto Real em 25,58%.

Para determinar o Produto Real da economia, acompanhe a Tabela 5.10 a seguir:

Tabela 5.10. Determinação do Produto Real e sua variação percentual tomando como base o índice de preços de Paasche

ANO	PRODUTO NOMINAL	Pp	PRODUTO REAL	VARIAÇÃO PORCENTUAL %
2009	850,00	1	850/1 = 850	—
2010	1.450,00	1,6860	(1.450/1,6860) × 1 = 860,02	(860,02/850) – 1 = 0,012 = 1,2%
2011	1.560,00	2,4375	(1.560/2,4375) × 1 = 640	(640/860,02) – 1 = –0,2596 = –25,58%

5.2.3. Índice de preços de Fisher

Também se pode calcular o Produto Real pelo índice de preços de Fisher[9], que surgiu com o intuito de minimizar as distorções dos índices de Laspeyres e Paasche.

Para se calcular o **índice de preços de Fisher**, determina-se a **média geométrica** do índice de preços de Laspeyres e do índice de preços de Paasche. Segundo Filellini[10], o índice de Fisher promove um ajuste de convergência entre os índices de Laspeyres e Paasche. Observe a fórmula do índice de preços de Fisher a ser utilizada a seguir:

$$Fp = \sqrt{Lp \times Pp}$$

Tabela 5.11. Cálculo do índice de preços de Fisher, dados os índices de preços de Laspeyres e Paasche

ÍNDICE DE PREÇOS DE LASPEYRES	ÍNDICE DE PREÇOS DE PAASCHE	ÍNDICE DE PREÇOS DE FISHER
1	1	$\sqrt{(1 \times 1)} = 1$
1,65	1,6860	$\sqrt{(1,65 \times 1,6860)} = 1,6679$
2,41	2,4375	$\sqrt{(2,41 \times 2,4375)} = 2,4237$

---

[9] Também chamado de índice ideal.
[10] Alfredo Filellini, *Contabilidade social*, p. 107.

Tendo-se o índice de preços de Fisher, determina-se o Produto Real da economia. Para tanto, deve-se dividir o Produto Real pelo índice de preços do ano correspondente e depois multiplicar pelo índice de preços do ano-base o qual no exemplo corresponde a 2009 e é igual a "um". Acompanhe a Tabela 5.12 a seguir:

Tabela 5.12. Determinação do Produto Real e sua variação percentual tomando como base o índice de preços de Fisher

ANO	PRODUTO NOMINAL	FP	PRODUTO REAL	VARIAÇÃO PORCENTUAL %
2009	850,00	1	850/1 = 850	—
2010	1.450,00	1,6679	(1.450/1,6679) × 1 = 869,35	(869,35/850) – 1 = 0,022 = 2,2%
2011	1.560,00	2,4237	(1.560/2,4237) × 1 = 643,64	(643,64/869,35) – 1= (–)0,2596 = (–)25,96%

Percebe-se que, dependendo do índice de preços, o valor é diferente. Montoro Filho afirma que "essas diferenças surgem porque o índice de preço é uma média ponderada. Como os pesos variam, o índice também varia. Só seriam iguais caso os pesos não variassem ou se todos os preços variassem na mesma proporção. Quanto maior for a variabilidade de preços, maior será a diferença dos índices para a mesma variabilidade dos pesos"[11].

Assim como existem os índices de preços de Laspeyres, Paasche e Fisher, há também os índices de quantidade que determinarão a variação da quantidade ponderando pelo preço do ano-base (índice de quantidade de Laspeyres), pelo preço do ano em estudo (índice de quantidade de Paasche) ou pela média geométrica dos dois índices (índice de quantidade de Fisher). Esse é o assunto a ser visto no *item 5.2.4*.

■ 5.2.4. Índice de quantidade

Assim como existe o índice de preços da economia, existe também o índice de quantidade da economia, muito embora, na disciplina de economia, o mais solicitado seja o índice de preços. Então, veja as fórmulas para cada um desses índices:

O **índice de Laspeyres de Quantidade** é: $Lq = \dfrac{\Sigma Qt \times Pi}{\Sigma Qi \times Pi}$

O **índice de Paasche de Quantidade** é: $Pq = \dfrac{\Sigma Qt \times Pt}{\Sigma Qi \times Pt}$

O **índice de Fisher de Quantidade** é: $Fq = \sqrt{Lq \times Pq}$

Onde:

---

[11] André Franco Montoro Filho, *Contabilidade social*, p. 32.

Qt = quantidade na data correspondente
Qi = quantidade na data-base
Pt = preço na data correspondente
Pi = preço na data-base

5.2.5. Variação percentual do produto real sem a utilização de um índice de preços

ANO	A		B		C		PRODUTO REAL	Δ% PRODUTO REAL
	P	Q	P	Q	P	Q		
2009	3,00	100	2,00	200	1,00	150	850,00	—
2010	3,00	120	2,00	150	1,00	200	860,00	(860 − 850)/850 = 1,18%
2011	3,00	80	2,00	120	1,00	160	640,00	(640 − 860)/860 = −25,58%

Para se calcular o Produto Real sem a utilização de um índice de preços, deve-se considerar o preço do ano-base (2009), que é de 3,00 para o bem A, de 2,00 para o bem B e de 1,00 para o bem C. Logo, o Produto Real para cada ano será:

2009 = (**3,00** × 100) + (**2,00** × 200) + (**1,00** × 150) = 850,00
2010 = (**3,00** × 120) + (**2,00** × 150) + (**1,00** × 200) = 860,00
2011 = (**3,00** × 80) + (**2,00** × 120) + (**1,00** × 160) = 640,00

5.2.6. Índice de valor

Define-se índice de valor a relação entre o somatório dos produtos do ano em questão multiplicados pelos seus respectivos preços e o somatório dos produtos do ano-base multiplicados pelos seus respectivos preços. Assim, tem-se:

$$I_{t/i}^{v} = \frac{\Sigma\ Qt \times Pt}{\Sigma\ Qi \times Pi}$$

O índice de valor corresponde à multiplicação do índice de preços de Laspeyres pelo índice de quantidade de Paasche, bem como à multiplicação do índice de quantidade de Laspeyres pelo índice de preços de Paasche.

5.2.7. Reversão quanto ao tempo e reversão quanto aos fatores

Um índice é **reversível quanto ao tempo** quando o produto do índice calculado para o período t com base i pelo índice calculado para o período i com base t é igual à unidade, ou seja: $I_{t/i} \times I_{i/t} = 1$.

Os índices de Laspeyres e Paasche não são reversíveis no tempo, mas apenas o índice de Fisher. A partir do exemplo da Tabela 5.13 a seguir, pode-se determinar o índice de preços de Laspeyres em 2011, tomando-se como base o ano de 2010, e depois determinar-se o índice de preços de Laspeyres em 2010, tomando-se como base o ano de 2011.

Tabela 5.13. Economia que produz dois bens A e B e seus respectivos preços e quantidades

BEM	A		B	
Ano	P	Q	P	Q
2010	1,00	100	1,00	100
2011	2,00	150	3,00	80

O índice de preços de Laspeyres em 2011, com base em 2010, é:

$$Lp\ (2011) = \frac{(2,00 \times 100) + (3,00 \times 100)}{(1,00 \times 100) + (1,00 \times 100)} = 2,5 \quad \textbf{(I)}$$

O índice de preços de Laspeyres em 2010, com base em 2011, é:

$$Lp\ (2010) = \frac{(1,00 \times 150) + (1,00 \times 80)}{(2,00 \times 150) + (3,00 \times 80)} = \frac{230,00}{540,00} = 0,4259 \quad \textbf{(II)}$$

Multiplicando-se (I) e (II), tem-se: $2,5 \times 0,4259 = 1,06475$.

O índice de preços de Paasche em 2011, com base em 2010, é:

$$Pp\ (2011) = \frac{(2,00 \times 150) + (3,00 \times 80)}{(1,00 \times 150) + (1,00 \times 80)} = \frac{540,00}{230,00} = 2,3478 \quad \textbf{(III)}$$

O índice de preços de Paasche em 2010, com base em 2011, é:

$$Pp\ (2010) = \frac{(1,00 \times 100) + (1,00 \times 100)}{(2,00 \times 100) + (3,00 \times 100)} = \frac{200,00}{500,00} = 0,4 \quad \textbf{(IV)}$$

Multiplicando-se (III) e (IV), tem-se: $2,3478 \times 0,4 = 0,9391$.

O índice de preços de Fisher em 2011, com base em 2010, é:

$$Fp\ (2011) = \sqrt{Lp\ (2011) \times Pp\ (2011)} = \sqrt{2,5 \times 2,3478} = \sqrt{5,8695} = 2,427 \quad \textbf{(V)}$$

O índice de preços de Fisher em 2010, com base em 2011, é:

$$Fp\ (2010) = \sqrt{Lp\ (2010) \times Pp\ (2010)} = \sqrt{0,4259 \times 0,4} = \sqrt{0,1704} = 0,4127 \quad \textbf{(VI)}$$

Multiplicando-se (V) e (VI), tem-se: $2,427 \times 0,412 = 1$.

Portanto, somente o índice de Fisher é reversível quanto ao tempo.

Um índice é **reversível quanto aos fatores (princípio de decomposição de causas)** quando o produto do índice de quantidade pelo índice de preços é igual ao índice de valores, ou seja:

$$I^q_{t/i} \times I^p_{t/i} = I^v_{t/i} = \sum qt \times pt/qi \times pi$$

Os índices de Laspeyres e Paasche não são reversíveis quanto aos fatores, mas apenas o índice de Fisher. A partir da mesma Tabela 5.13, deve-se calcular primeiro o índice de preços e o índice de quantidades de Laspeyres em 2011, tomando-se como base o ano de 2010.

$$Lp\,(2011) = \frac{(2,00 \times 100) + (3,00 \times 100)}{(1,00 \times 100) + (1,00 \times 100)} = 2,5 \text{ (VII)}$$

$$Lq\,(2011) = \frac{(150 \times 1,00) + (80 \times 1,00)}{(100 \times 1,00) + (100 \times 1,00)} = \frac{230,00}{200,00} = 1,15 \text{ (VIII)}$$

Multiplicando-se (VII) e (VIII) = 2,875.

Calculando-se o índice de valor (Iv), tem-se:

$$Iv\,(2011) = \frac{\Sigma\,P_{2011} \times Q_{2011}}{\Sigma\,P_{2010} \times Q_{2010}} = \frac{(2,00 \times 150) + (3,00 \times 80)}{(1,00 \times 100) + (1,00 \times 100)} = \frac{540,00}{200,00} = 2,7 \text{(IX)}$$

Observe que (IX) é diferente de (VII) × (VIII).

Calculando-se o índice de preços e o índice de quantidades de Paasche em 2011, com base em 2010, tem-se:

$$Pp\,(2011) = \frac{(2,00 \times 150) + (3,00 \times 80)}{(1,00 \times 150) + (1,00 \times 80)} = \frac{540,00}{230,00} = 2,3478 \text{ (X)}$$

$$Pq\,(2011) = \frac{(150 \times 2,00) + (80 \times 3,00)}{(100 \times 2,00) + (100 \times 3,00)} = \frac{540,00}{500,00} = 1,08 \text{ (XI)}$$

Multiplicando-se (X) e (XI), tem-se 2,5356, que também é diferente do índice de valor (IX).

Calculando-se o índice de preços e o índice de quantidades de Fisher em 2011, com base em 2010, tem-se:

$$Fp\,(2011) = \sqrt{Lp\,(2011) \times Pp\,(2011)} = \sqrt{2,5 \times 2,3478} = \sqrt{5,8695} = 2,427 \text{ (XII)}$$

$$Fq\,(2011) = \sqrt{Lq\,(2011) \times Pq\,(2011)} = \sqrt{1,15 \times 1,08} = \sqrt{1,242} = 1,114 \text{ (XIII)}$$

Multiplicando-se (XII) e (XIII), tem-se 2,70, que é igual ao índice de valor.

Portanto, somente o índice de Fisher é reversível quanto ao tempo.

5.2.8. Circularidade

Imagine alguns números índices, cada um com uma data-base diferente (base móvel). Cada data atual de cada cálculo do índice será igual à data-base do índice seguinte (encadeamento).

Se o resultado do encadeamento for igual ao índice com data-base do primeiro índice da cadeia, e a data atual for a do último índice, diz-se que o número índice satisfaz o critério da circularidade. Observe:

$$I_{1,2} \times I_{2,3} \times I_{3,4} \times I_{4,5} \times I_{5,6} = I_{1,6}$$

Para que se possa mudar a base de um número índice, é necessário que esteja presente o princípio da circularidade.

■ 5.3. O DEFLATOR[12] DO PRODUTO

Chama-se **Deflator do Produto** a razão entre o Produto Nominal e o Produto Real. Segundo Froyen, "é uma medida do valor da produção corrente avaliada a preços correntes (...). É uma medida do nível agregado (ou geral) de preços, denominada (...) simplesmente por índice de preços (...) denominado deflator (...) do PIB"[13].

$$\text{Deflator} = \frac{\text{Produto Nominal}}{\text{Produto Real}}$$

Observe que, se a fórmula for rearranjada, tem-se que o Produto Nominal é igual ao deflator multiplicado pelo Produto Real.

Caso se deseje determinar o deflator em valores percentuais, pode-se multiplicar a fração por 100, ou seja:

$$\text{Deflator em \%} = \frac{\text{Produto Nominal}}{\text{Produto Real}} \times 100$$

O deflator corresponde ao **índice de Paasche**. Basta que se substitua o Produto Nominal pelo somatório dos preços multiplicado pelas quantidades do período "t" e se substitua o Produto Real pelo somatório dos preços do ano-base multiplicado pela quantidade do período "t".

O deflator do PIB mostra um índice de preços de bens e serviços correntemente **produzidos** no país. Não considera, portanto, **os produtos importados**. Por sua vez, o IPC[14] mostra um índice geral de preços de bens e serviços correntemente **consumidos**, produzidos ou não no país, é mais abrangente, pois considera informações indisponíveis nos outros índices como, por exemplo, os preços implícitos da administração pública. Segundo Dornbusch e Fischer, "uma vez que o deflator se

---

[12] Antes, o Deflator recebia o nome de Deflator Implícito. Feijó e Ramos (2003, p. 33) explicam afirmando que "o termo 'implícito' se referia ao caso onde se dispunha de informações em valores correntes para dois anos (t e t_{+1}) e o índice de volume entre esses dois anos. Neste caso o valor a preço constantes era obtido pela extrapolação do valor corrente do ano t pelo índice de volume. Dessa forma, a variação de preços era obtida 'implicitamente' pela divisão do valor corrente do ano t_{+1} pelo valor constante (...)". Já Froyen (2003, p. 33) explica por que se utilizava o termo implícito, afirmando que: "o deflator do PIB é um índice implícito de preços, pois primeiro constrói-se uma medida de quantidade — o PIB real — e depois compara-se o movimento no PIB em termos do valor da moeda a preços do período corrente e do período-base, para calibrar as variações de preços. Não se tenta, direta ou explicitamente, medir as alterações médias nos preços". Também Sachs e Larrain (2000, p. 35) explicam o nome implícito, dizendo que: "tomamos primeiro o PIB nominal e criamos uma medida do PIB real, ou Q. Depois, P é encontrado implicitamente como a proporção entre o PIB e Q".

[13] Richard T. Froyen, *Macroeconomia*, p. 32.

[14] O IPC mede os preços de varejo de uma cesta de mercado fixa, que abrange bens e serviços que as famílias adquiriram.

baseia em um cálculo que inclui todos os bens produzidos pela economia, ele é um índice de preços abrangente frequentemente utilizado para medir inflação (...) inclui apenas o preço de bens produzidos (...)"[15]. Já para Feijó e Ramos, "o Deflator contrasta com os índices de preço usualmente construídos, pois sua estrutura se altera na medida em que a composição do PIB muda, em contraposição aos índices de preço que representam a variação de preços de uma lista (cesta) fixa de produtos com atualizações mais demoradas"[16]. Portanto, quando os preços dos produtos importados sobem numa velocidade maior que os produzidos internamente, o índice de preços ao consumidor se eleva mais que o deflator.

Segundo Blanchard, o deflator "não tem nenhuma interpretação econômica. Mas a sua taxa de variação $(P_t - P_{t-1})/P_{t-1}$ possui uma interpretação econômica clara: ela fornece a taxa à qual o nível geral de preços aumenta ao longo do tempo — a taxa de inflação"[17].

O deflator apresenta, ocasionalmente, variações menores que o IGP . Pode-se observar isso no gráfico da Figura 5.1 a seguir:

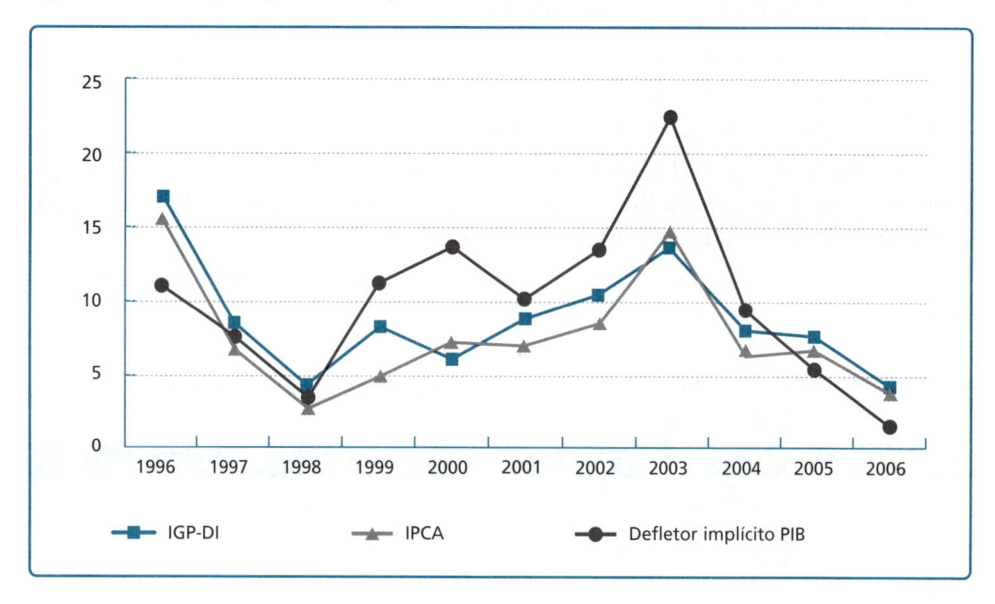

Figura 5.1. Comparação do comportamento do Deflator do PIB com o IGP-DI e IPCA.

■ 5.4. COMPARAÇÃO ENTRE PAÍSES — *TRADABLES* E *NO TRADABLES*

Se todos os bens e serviços pudessem ser transacionados em todos os países, ou seja, pudessem fazer parte da lista dos *Tradables*, a taxa de câmbio seria um

---

[15] Rudiger Dornbusch e Stanley Fischer, *Macroeconomia*, p. 54.
[16] Carmem Aparecida Feijó e Roberto Luis Olinto Ramos, *Contabilidade social*, p. 32.
[17] Olivier Blanchard, *Macroeconomia*, p. 29.

excelente mecanismo para verificar as diferenças de renda e produto entre os países. Mas, como os produtos que não podem ser transacionados são mais baratos nos países de origem devido, principalmente, à mão de obra mais barata, a taxa de câmbio deixa de ser um mecanismo eficiente de comparação de renda e produto entre países.

Outro problema é quando há subsídios, diferenças de tarifas alfandegárias e de transporte para os produtos transacionados entre os países, mantendo-se uma relação de preços "artificial". Para tentar solucionar esse problema, pode-se usar uma taxa de conversão que reflita essas diferenças. Essa taxa recebe o nome de **Dólar PPC** (dólar que mede a Paridade de Poder de Compra).

Existe uma série de bens que, independente do preço nos diferentes países, não induzem fluxos comerciais entre eles e são chamados "não transacionáveis" ou *no Tradable*.

Para se comparar os preços do mesmo produto em países diferentes, deve-se expressá-los na mesma unidade monetária.

Exemplo: $P_{Brasil} = e \times P_{Alemanha}$
Onde: P = preço e e = taxa de câmbio
Se $P_{Brasil} = 5,00$ e $P_{Alemanha} = 4,00$, então $e = 1,25$

Mas, se a taxa de câmbio for menor que 1,25, significa que se valorizou, então a moeda nacional (no caso do Brasil, o real) se valoriza, e o produto da Alemanha ganha competitividade, ficando mais barato no Brasil.

Se a taxa de câmbio for maior que 1,25, significa que se desvalorizou, então a moeda nacional (no caso do Brasil, o real) se desvaloriza, e o produto do Brasil ganha competitividade, ficando mais barato no exterior.

Comparando-se os preços dos produtos no Brasil e na Alemanha, pode-se verificar a influência da taxa de câmbio.

Tabela 5.14. Influência da taxa de câmbio na comparação de preços nacionais e estrangeiros

PREÇO NO BRASIL	=	e	×	PREÇO NA ALEMANHA
5	=	1,25	×	4
5	>	1,00	×	4
5	<	2,00	×	4

Ou seja, o preço no Brasil será igual ao preço na Alemanha multiplicado pela taxa de câmbio. Assim, se a taxa de câmbio for igual a 1,25, um produto cujo preço no Brasil vale 5 será equivalente a um produto da Alemanha de valor 4. Se a taxa de câmbio cair para 1,00, o produto brasileiro que vale 5 ficará mais alto que um produto alemão que valerá 4, fazendo com que o nacional perca competitividade. Se a taxa de câmbio aumentar para 2,00, o produto brasileiro valerá 5, enquanto o alemão chegará ao Brasil por 8, fazendo com que o nacional ganhe competitividade.

Mas esse assunto será mais profundamente abordado no capítulo 15, que trata de taxa de câmbio.

5.5. ÍNDICE DE PREÇOS NO BRASIL

Segundo o Banco Central do Brasil, "**índices de preços** são números que agregam e representam os preços de uma determinada cesta de produtos. Sua variação mede, portanto, a variação média dos preços dos produtos da cesta. Podem se referir a, por exemplo, preços ao consumidor, preços ao produtor, custos de produção ou preços de exportação e importação"[18]. Ainda segundo o Banco Central do Brasil:

> "— Os índices do IBGE incluem o **IPCA** (Índice de Preços ao Consumidor Amplo) e o Índice Nacional de Preços ao Consumidor **(INPC)**;
> — Os índices gerais da FGV incluem o Índice Geral de Preços — Disponibilidade Interna **(IGP-DI)**, o Índice Geral de Preços — Mercado **(IGP-M)** e o **IGP-10**, além de seus componentes: o Índice de Preços por Atacado (IPA[19]), o Índice de Preços ao Consumidor **(IPC-Br)** e o Índice Nacional de Custo da Construção **(INCC)**;
> — Por fim, o índice da Fipe é o Índice de Preços ao Consumidor na cidade de São Paulo **(IPC-Fipe)**.

Existem índices cujo período de coleta não corresponde ao mês cheio, como o **IGP-10** e o **IGP-M**, que são construídos do mesmo modo que o **IGP-DI**, mas com períodos de coleta diferentes. Da mesma forma acontece com o **IPCA-15** em relação ao **IPCA**"[20].

Observe, no Quadro 5.1, as principais características dos índices de preços.

Quadro 5.1. Características dos principais índices de preços

INSTI-TUTO	ÍNDICE	ÍNDICES COMPONENTES	FAIXA DE RENDA	ÁREA DE ABRANGÊNCIA	COLETA	DIVULGAÇÃO	INÍCIO DA SÉRIE
IBGE	IPCA-15	não há	1 a 40 SM	9 RMs[21] + DF + Goiânia	Dia 16 do mês anterior ao dia 15 do mês de referência	Até o dia 25 do mês de referência	2000
	IPCA		1 a 5 SM	10 RMs[22] + Brasília + Goiânia + Campo Grande, Rio Branco, São Luís e Aracaju.	Dia 1º ao dia 30 do mês de referência	Até o dia 15 do mês subsequente	1979
	INPC						1979

---

[18] <http://pt.scribd.com/doc/4014004/Indices-de-Precos-FAQ-do-BCB>.
[19] O IPA dá mais ênfase às matérias-primas que o IPC e o deflator do PIB.
[20] <http://pt.scribd.com/doc/4014004/Indices-de-Precos-FAQ-do-BCB>.
[21] As nove regiões Metropolitanas são: Belém, Fortaleza, Recife, Salvador, Belo Horizonte, Rio de Janeiro, São Paulo, Curitiba, Porto Alegre.
[22] As 10 regiões Metropolitanas são: Belém, Fortaleza, Recife, Salvador, Belo Horizonte, Vitória, Rio de Janeiro, São Paulo, Curitiba, Porto Alegre.

INSTI-TUTO	ÍNDICE	ÍNDICES COMPO-NENTES	FAIXA DE RENDA	ÁREA DE ABRAN-GÊNCIA	COLETA	DIVULGAÇÃO	INÍCIO DA SÉRIE
FGV	IGP-10	IPA[23] IPC INCC	1 a 33 SM no IPC, que é computado juntamente com Índices de Preços no Atacado (IPA) e na Construção Civil (INCC)	7 principais capitais do país[24]	Dia 11 do mês anterior ao dia 10 do mês de referência	Até o dia 20 do mês de referência	1993
	IGP-M	IPA IPC INCC			Dia 21 do mês anterior ao dia 20 do mês de referência 1ª Prévia, dia 21 a 30 2ª Prévia, dia 21 a 10	Até o dia 30 do mês de referência 1ª Prévia, até dia 10 2ª Prévia, até dia 20	1989
	IGP-DI	IPA IPC INCC			Dia 1º ao dia 30 do mês de referência	Até o dia 10 do mês subsequente	1944
Fipe	IPC-Fipe	não há	1 a 10 SM	Município de São Paulo	Dia 1º ao dia 30 do mês de referência	Até o dia 10 do mês subsequente	1939

Fonte: IBGE, FGV e Fipe.

"— O **IPCA** corrige os balanços e demonstrações financeiras trimestrais e semestrais das companhias abertas, além de ser o índice mais relevante do ponto de vista da política monetária, já que foi escolhido pelo Conselho Monetário Nacional (CMN) como referência para o sistema de metas para a inflação, implementado em junho de 1999. Além disso, as Notas do Tesouro Nacional, Série B (NTN-B 1), um dos títulos públicos mais negociados no mercado, oferecem rentabilidade indexada ao IPCA;

— O **IPCA-15** é calculado da mesma forma que o IPCA, mas com o período de coleta adiantado em 15 dias, isto é, computando-se do meio do mês anterior até o meio do mês corrente;

— O **INPC** é um índice muito utilizado em dissídios salariais, pois mede a variação de preços para quem está na faixa salarial de até 5 salários mínimos;

— O **IGP-M** é o índice mais utilizado como indexador financeiro, inclusive para títulos da dívida pública federal (NTN-C). Também corrige preços administrados, como, por exemplo, energia elétrica;

— O IGP-M é composto pelo **IPA**, com peso de 60%, pelo **IPC**, com peso de 30%, e pelo **INCC**, com peso de 10%. A definição dos pesos teve o objetivo de reproduzir aproximadamente o valor adicionado de cada setor (atacado, varejo e construção civil) no PIB. O IPA mede a variação do preço "na porta da fábrica ou agronegócio", ou seja, não considera o valor dos impostos e fretes. Quando há elevação do dólar, o preço das matérias-primas e insumos se elevam, aumentando os custos para o produtor e refletindo no IPA;

— O **IGP-DI** é um índice bastante tradicional (sua história remonta a 1944) e foi entre janeiro de 1960 e outubro de 1985 a medida oficial de inflação no Brasil. Atualmente, é utilizado contratualmente para a correção de determinados preços administrados. Até

---

[23] IPA = Índice de Preços por Atacado também chamado de Índice de Preços ao Produtor Amplo.
[24] As sete capitais são: Belo Horizonte, Brasília, Porto Alegre, Recife, Rio de Janeiro, Salvador e São Paulo.

2005, por exemplo, esse índice servia como referência para o reajuste das tarifas de telefonia fixa, que em janeiro de 2006 passaram a ser corrigidas pelo IST (Índice de Serviços de Telecomunicação), composto por uma combinação de outros índices, dentre eles: **IPCA, INPC, IGP-DI e IGP-M**;

— **IGP-10** a diferença entre os três índices (IGP-10, IGP-M, IGP-DI) se resume às datas de coleta de preços e divulgação dos resultados apurados;

— O **IPC Fipe** foi criado pela Prefeitura de São Paulo com o objetivo de reajustar os salários dos servidores municipais. Apesar de restrito ao município de São Paulo, tem peculiaridades metodológicas e de divulgação (os resultados quadrissemanais) que reforçam sua importância"[25];

— Desde 2003, a FGV divulga o IPC-S (semanal). O IPC-3i – Índice de Preços ao Consumidor da Terceira Idade – é calculado com os mesmos dados. O IPC-3i mede a variação de preços de bens e serviços destinados às famílias compostas, majoritariamente, por indivíduos com mais de 60 anos;

— A cesta básica nacional, calculada mensalmente pelo Departamento Intersindical de Estatística e Estudos Socioeconômicos (Dieese), abrange todo o território nacional e acompanha a evolução de treze produtos de alimentação básica.

■ 5.6. QUESTÕES

1. (Agente Fiscal do Tesouro do Estado — URGS — 2006) Assinale a alternativa correta.

a) O PIB é definido como o somatório de todos os bens e serviços produzidos por uma economia em determinado período de tempo.

b) Se o PIB nominal cresce de US$ 800 bilhões para US$ 900 bilhões enquanto a inflação for de 15%, então se pode afirmar que o PIB real também cresceu.

c) Se a taxa de crescimento do PIB custo de fatores, em determinado ano, for igual à taxa de crescimento do PIB preços de mercado, pode-se afirmar que, por definição a carga tributária líquida da economia não se alterou.

d) O PIB, assim como o PNB, são variáveis "estoque", enquanto o PIL e o PNL são exemplos de variáveis "fluxo".

e) Ao se optar pelo cálculo do PIB segundo o critério de paridade de poder de compra, está-se admitindo que a taxa de câmbio não é um conversor eficiente para possibilitar comparação entre produtos de países diferentes.

2. (Instituto Brasileiro de Atuária — 3º Exame de Admissão — IBA — FUNENSEG — 2008) O produto Nacional de um país, medido a preços correntes aumentou consideravelmente entre dois anos. Isto significa que:

a) Ocorreu um aumento real na produção.

b) Os investimentos reais entre os dois anos não se alteraram.

c) O país apresenta taxas significativas de crescimento do Produto Real.

d) O país não apresenta taxas significativas de crescimento do Produto Real.

e) Nada se pode concluir, pois é necessário ter informações sobre o comportamento dos preços entre esses dois anos.

---

[25] <http://pt.scribd.com/doc/4014004/Indices-de-Precos-FAQ-do-BCB>.

3. (MPE/AM — FGV — 2002) O quadro a seguir mostra dados a respeito dos bens X, Y e Z, produzidos por uma empresa fabril hipotética.
ANO I = período básico
ANO II = período dado

BENS	PREÇOS ANO I	PREÇOS ANO II	QUANT. ANO I	QUANT. ANO II
X	1,80	2,60	2.800	3.150
Y	4,00	4,20	2.000	2.654
Z	2,50	3,10	5.600	5.924

De acordo com o índice de Preços de Laspeyres, a variação verificada nos preços, entre os anos I e II, foi de:
a) 14,10%
b) 15,00%
c) 21,24%
d) 22,19%
e) 39,42%

4. (ANPEC — CEBRASPE — 2002) Indique se as proposições são falsas ou verdadeiras:
a) Renda disponível é aquela que sobra para a pessoa depois de descontados os impostos diretos e a poupança.
b) Em uma economia fechada, o Produto Interno Bruto coincide com o Produto Nacional Bruto.
c) Por deflator do PNB entende-se a razão entre o PNB e o PIB.
d) Quando os investimentos superam a poupança privada, as exportações líquidas do país são negativas.
e) O consumo, o PIB e a riqueza pessoal são variáveis de fluxo.

5. (Câmara Municipal de São Paulo — VUNESP — 2007) Em uma economia fechada e sem governo, que produz apenas laranjas e peixes, em 2005 foram produzidas 1.000 laranjas ao preço unitário de $1 e 1.000 peixes ao preço unitário de $1. Em 2006, foram produzidas 1.500 laranjas ao preço de $2 cada e 600 peixes ao preço de $3 a unidade. A partir dessa informação, pode-se afirmar que as variações dos PIB nominal e real entre 2006 e 2005 foram, respectivamente:
a) 50% e 25%.
b) 140% e 80%.
c) 10% e 5%.
d) 100% e 0%.
e) 140% e 5%.

6. (Câmara Municipal de São Paulo — VUNESP — 2007) O deflator implícito do PIB para a economia entre 2006 e 2005 foi, aproximadamente:
a) 104%
b) 5%
c) 150%
d) 129%
e) 12%

7. (Analista de Nível Superior — Casa da Moeda — CESGRANRIO — 2005) No Índice de Laspeyres os fatores de ponderação são determinados a partir de preços e quantidade da(o):
   a) Época atual ou básica.
   b) Passado defasado em um período.
   c) Passado defasado em dois períodos.
   d) Passado defasado em três períodos.
   e) Futuro antecipado em um período.

8. (IBGE — CESGRANRIO — 2010) O preço de uma ampla cesta de bens e serviços, em certa data, era de R$ 1.600,00, sendo a ele atribuído um número índice de 100. O preço da mesma cesta, um mês após, com os mesmos bens e serviços em iguais quantidades, era de R$ 1.616,00, sendo a ele atribuído um índice de 101. A partir desses dados, conclui-se que:
   a) A inflação no período, de acordo com o índice calculado, foi de 101%.
   b) A estimativa do índice de preço se baseou na metodologia de Laspeyres.
   c) A metodologia usada no cálculo do índice foi a de Paasche.
   d) Foi calculado um índice de quantidade que mostra uma inflação de 1% no mês.
   e) Seria necessário mudar as quantidades de bens e serviços na cesta para refletir a inflação verdadeira.

9. (ICMS/SC — FEPESE — UFSC — 2010) A inflação é um fenômeno monetário que pode ter efeitos reais significativos no curto prazo. Sobre os instrumentos de medida da inflação e seus efeitos reais de curto prazo, pode-se afirmar:
   a) O efeito Tanzi consiste no aumento de arrecadação tributária à medida que aumenta a inflação e as pessoas passam para alíquotas mais elevadas quando suas rendas nominais aumentam.
   b) A relação inversa entre inflação e desemprego descrita pela curva de Phillips é uma consequência da inflação de custos (como o choque do petróleo).
   c) O Índice Nacional de Preços ao Consumidor Amplo (IPCA) é o índice oficial do Governo Federal para medição das metas de inflação.
   d) Em 2009, devido à valorização do Real, o aumento de preços calculado pelo Índice Geral de Preços (IG-DI) foi maior do que calculado pelo Índice Nacional de Preços ao Consumidor Amplo (IPCA).
   e) Inflação pura é aquela em que os preços relativos se alteram como consequência de conflitos distributivos entre trabalhadores e capitalistas.

10. (TJ/PA — FCC — 2009) Dados para uma economia hipotética:

Ano	PIB Nominal	Índice Geral de Preços (ÍNDICE)
2007	120.000	100
2008	145.200	110

Pode-se concluir que
   a) o PIB de 2007, calculado a preços de 2008, é igual a 130.000.
   b) o PIB de 2008, calculado a preços de 2007, é igual a 130.000.
   c) houve decréscimo no PIB real de um ano para o outro.
   d) o PIB real aumentou 4% no período.
   e) o PIB de 2008, calculado a preços de 2007, é igual a 132.000.

11. (TJ/PA — FCC — 2009) Em uma determinada economia, o Produto Interno Bruto nominal decresceu 7,85% de um ano para o outro. No mesmo período, o Produto Interno Bruto real diminuiu 5%. Logo, é correto afirmar que, entre esses dois anos,

a) a taxa de inflação aumentou.
b) houve uma deflação de 3,00%.
c) a taxa de inflação foi 2,85%.
d) o índice geral de preços decresceu menos de 2,90%.
e) o índice geral de preços permaneceu estável.

12. (TJ/PA — FCC — 2009) A meta de inflação brasileira é definida e acompanhada pelo Conselho Monetário Nacional com base na inflação medida pelo
a) IGP-DI.
b) INPC.
c) IGPM.
d) IPCA.
e) IGP-OG.

13. (TJ/PA — FCC — 2009) O IGP-DI é um índice de preços
a) calculado quinzenalmente pela Fundação Instituto de Pesquisas Econômicas da Universidade de São Paulo.
b) que teve a divulgação de sua série iniciada em 1994, quando da implementação do Plano Real.
c) que considera a cesta de consumo das famílias de todo o país com renda entre 50 e 100 salários mínimos.
d) cuja abrangência da coleta se restringe aos produtos da cesta básica e aos municípios da região norte do país.
e) formado pela composição de um índice de preços no atacado, um índice de preços ao consumidor e um índice de preços da construção civil.

14. (TJ/PA — FCC — 2009) O IPCA é um índice de preços
a) calculado pelo Instituto Brasileiro de Geografia e Estatística, considerando os preços das 11 principais regiões metropolitanas do país.
b) calculado pela média geométrica de um índice de preços ao consumidor e um índice de preços no atacado.
c) que considera a cesta de consumo das famílias de todo o país com renda entre 1 e 6 salários mínimos.
d) que considera a variação dos preços entre o dia 15 de um mês e o dia 14 do mês seguinte.
e) cuja série é calculada e divulgada ininterruptamente e sob a mesma metodologia desde a década de 1940.

(TJ/PA — FCC — 2009) Atenção: Considere a tabela abaixo para responder às questões a seguir. Nela é apresentada a série de um índice de preços, o qual se supõe representar adequadamente a taxa de inflação de um determinado país.

ANO	ÍNDICE DE PREÇOS
1999	100,0
2000	104,0
2001	101,4
2002	107,5
2003	115,5
2004	125,0
2005	137,5
2006	148,5
2007	159,7
2008	163,3

5 ▪ Produto Nominal × Produto Real. Deflacionar o Produto. Índices de Preços

15. É correto afirmar que a taxa de inflação deste país
a) foi estritamente crescente no período 1999-2003.
b) em 2007 foi a maior do período.
c) em 2001 foi a menor do período.
d) foi estritamente decrescente no período 2001-2006.
e) acumulada no período foi inferior a 60%.

16. Se o índice de preços tivesse sua base alterada para o ano de 2004, seu valor no ano de 1999 seria
a) 160,0.
b) 125,0.
c) 100,0.
d) 80,0.
e) 66,7.

17. Sabendo-se que em 1999 o Produto Interno Bruto deste país era de 1 trilhão de unidades monetárias e que no período analisado apresentou um crescimento real de apenas 1%, em 2008 o valor nominal de seu PIB, em trilhão de unidades monetárias, foi de:
a) 1,00.
b) 1,15.
c) 1,48.
d) 1,63.
e) 1,65.

18. (TJ/PA — FCC — 2009) Considere as informações da tabela abaixo.

MÊS	BEM 1		BEM 2	
	Preço	Quantidade	Preço	Quantidade
Janeiro	25	10	50	5
Fevereiro	30	9	45	8

No mês de fevereiro, é correto afirmar que:
a) se a inflação for medida com base em um índice de Paasche, será constatada deflação.
b) a inflação medida pelo índice de Paasche é superior àquela medida pelo índice de Laspeyres.
c) adotando-se um índice de Laspeyres, a taxa de inflação foi de 5,00%.
d) é indiferente medir a inflação com um índice de Laspeyres ou um índice de Paasche, pois ambos apontam a mesma taxa de inflação.
e) não é possível construir um índice para medir a inflação porque os bens 1 e 2 não são normais.

19. (Analista — Infraero — FCC — 2004) A fórmula $V = (P \times L)^{1/2}$, sendo "P" o índice de Paasche e "L" o índice de Laspeyres, calcula o índice de
a) Gini
b) Marshall-Cramer
c) Fischer
d) Friedman
e) Gauss-Markov

20. (Metrô — FCC — 2010) Em uma economia, o produto nominal entre dois anos consecutivos aumentou 5%. Sabendo-se que o índice geral de preços, no mesmo período, decresceu 6%, o crescimento do produto real da economia no período foi
a) negativo.
b) de 1%.
c) de aproximadamente 11,7%.
d) de 0,7%.
e) de 11%.

21. (Metrô — FCC — 2010) O quadro abaixo mostra uma cesta de produtos adquiridos nos anos 0 e 1.

PRODUTOS	Q_0	P_0	Q_1	P_1
A	5	2,00	10	1,50
B	1	2,50	2	2,50
C	10	4,00	10	5,00
D	2	5,00	4	10,00

Em que: Q_i = quantidade adquirida na época i; e P_i = preço unitário na época i.

Calculando-se o índice de preços de Laspeyres e o índice de quantidade de Paasche para o ano 1, tendo o ano 0 como base 100, obtêm-se, respectivamente,
a) 128 e 137,5.
b) 128 e 125.
c) 137,5 e 150.
d) 137,5 e 160.
e) 160 e 107,5.

22. (Economista — Analista Ambiental — SEMA/MA — FCC — 2006) Considere uma economia hipotética que produz e consome apenas dois bens: X e Y. A tabela abaixo contém dados de dois anos diferentes.

	ANO 2000	ANO 2006
Preço de X (R$)	R$ 50,00	R$ 60,00
Preço de Y (R$)	R$ 1,00	R$ 1,40
Unidades produzidas de X	100	120
Unidades produzidas de Y	500.000	400.000

Tomando 2000 como ano-base, o índice de preços de Laspeyeres, o índice de quantidade de Paasche e o PIB real de 2006 serão, respectivamente:
a) 1,39 / 1,12 / R$ 567.200,00.
b) 1,39 / 0,80 / R$ 406.000,00.
c) 1,12 / 0,80 / R$ 567.200,00.
d) 1,39 / 1,12 / R$ 406.000,00.
e) 1,12 / 0,80 / R$ 505.000,00.

23. (ICMS — AP — FGV — 2010) Analise a tabela a seguir:

	PIB NOMINAL	DEFLATOR ANO 1996 (BASE = 100)
1999	8.000	120
2000	9.000	110

A partir dos dados apresentados é correto afirmar que:
a) a taxa de crescimento do PIB nominal entre 1999 e 2000 foi superior a 13%.
b) o PIB real em 2000, medido a preços de 1996, foi de 8.181,81 u.m.
c) o PIB real em 1999, medido a preços de 1996, foi de 7.516,67 u.m.
d) a taxa de crescimento do PIB real entre 1999 e 2000 foi inferior a 10%.
e) a taxa de inflação mostra indícios de elevação entre 1999 e 2000.

24. (Economista — Companhia de Gás/RN — FGV — 2006) O Produto Nacional Líquido a custo de fatores de uma economia, em certo período, alcançou o valor de $ 713.000. Considerando que o nível geral de preços variou de 15%, é correto deduzir que o valor real daquele agregado é:
a) $ 106.950.
b) $ 475.333.
c) $ 620.000.
d) $ 723.695.
e) $ 819.950.

25. (Economista — Terracap — FUNIVERSA — 2010) Em relação aos números índices, assinale a alternativa correta.
a) Os índices de Laspeyres e Paasche permitem comparar o custo de aquisição de uma cesta de mercadorias no período t, com o custo de aquisição dessa mesma cesta de mercadorias no período-base.
b) O índice de Fischer é a média harmônica dos índices de Laspeyres e Paasche.
c) O índice relativo de valor das vendas (I(VtIV0)) é o resultado da multiplicação de um índice de preços de Laspeyres por um índice de quantidades de Laspeyres.
d) O índice de preços de Paasche é, em geral, maior do que o índice de preços de Laspeyres, pois, para o primeiro, a ponderação é fixa na época-base e, para o segundo, é variável na época atual.
e) O índice de Fischer não atende à condição de reversão no tempo.

26. (Analista Judiciário — Economia — STM — CEBRASPE — 2011) Considerando que, para se realizar a instrução de um processo em julgamento, seja necessário efetuar, com base nos três produtos listados na tabela abaixo, uma comparação intertemporal do valor da produção com a quantidade e o preço, para os anos base e corrente, julgue os itens a seguir.

PRODUTO	UNIDADE	ANO-BASE (0)		ANO CORRENTE (1)	
		Quantidade (mil unidades)	Preço R$/unidade	Quantidade (mil unidades)	Preço R$/unidade
Maçã	saco	3	2,00	4	3,00
Banana	cacho	6	3,00	14	2,00
Laranja	saco	8	4,00	32	5,00

a) Em face dessa situação, é correto afirmar que o índice de preços de Paasche, no ano 1, ponderado pelas quantidades, será superior a 1,12 e inferior a 1,13.
b) Considerando-se as informações acima, é correto concluir que o índice de preços de Fischer, no ano 1, ponderado pelas quantidades, será superior a 1,10 e inferior a 1,11.
c) Nessa situação, o índice de preços de Laspeyres, no ano 1, ponderado pelas quantidades, será superior a 1,08 e inferior a 1,09.

27. (ANPEC — 2010) Julgue a seguinte afirmativa:
O PIB, a preços correntes, foi de $200 no ano 1 e de $246 no ano 2; a preços do ano anterior, o PIB do ano 2 foi de $205. Logo, conclui-se que a variação do deflator do PIB, entre os anos 1 e 2, foi de 23%.

28. (ANPEC — 2010) Considere as informações contidas na tabela a seguir, sobre um país hipotético, para os anos de 2006 a 2008. Assuma que sejam produzidos apenas 2 bens finais, chamados X e Y. O preço de cada bem é expresso em unidades monetárias ($). A unidade de medida de cada variável está entre parênteses. Com base nas informações da tabela, julgue as afirmativas a seguir:

ANO	POPULAÇÃO (HABITANTES)	BEM FINAL	QUANTIDADE (UNIDADES)	PREÇO ($)
2006	100	X	5	10.000,00
		Y	10	20.000,00
2007	125	X	10	5.000,00
		Y	20	10.000,00
2008	150	X	15	4.000,00
		Y	15	10.000,00

Obs.: Para o cálculo do PIB real, *não* utilize encadeamento.
0) Houve uma redução de 10% no PIB real, a preços de 2006, entre os anos de 2007 e 2008;
1) O PIB real para o ano de 2008, a preços de 2006, é igual a $210.000,00;
2) O PIB real *per capita*, a preços de 2006, cresceu 40%, entre os anos de 2006 e 2007;
3) O deflator do PIB, a preços de 2006, sofreu uma queda de 50%, entre 2006 e 2007;
4) A taxa de crescimento anual do PIB real *per capita* independe da escolha do ano-base para os preços.

29. (Economista — EMBRATUR — FUNIVERSA — 2011) A respeito dos números-índices, assinale a alternativa correta.
   a) O índice de preço ideal de Fischer é a média geométrica dos números-índices de Laspeyres e Paasche.
   b) O método das médias simples dos relativos é expresso pelo total dos preços das utilidades, em um dado ano, em porcentagem do total dos preços das utilidades no ano-base.
   c) O índice de Laspeyres é o índice de preço agregado ponderado em relação às quantidades de um determinado ano.
   d) O índice de Paasche é o índice de preço agregado em relação às quantidades do ano-básico.
   e) No método agregado simples, existem várias possibilidades, dependendo do processo adotado para a determinação da média dos preços relativos.

30. (IBGE — NCE — adaptada — 2002) Suponha que o deflator do PIB tenha subido de 125,0 para 150,0 entre 2001 e 2002. A taxa de inflação entre estes dois anos foi de:
   a) 20%
   b) 25%
   c) 125%
   d) 1,25%
   e) 1,20%

31. (BNDES — CESGRANRIO — 2009) Ao calcular índices de preço entre dois anos, um pesquisador usa os Métodos de Laspeyres e de Paasche, equalizando, nos dois casos, o ano-base a 100. Então, no segundo ano, o(s)
   a) Índice de Laspeyres será sempre maior que o de Paasche.
   b) Índice de Laspeyres refletirá mais fielmente o aumento de preços ocorrido.
   c) Índice Ideal de Fisher será a média aritmética entre o de Laspeyres e o de Paasche.
   d) Índice de Paasche será mais adequado para a construção de índices de quantidade.
   e) Índices serão iguais se as pessoas consumirem exatamente as mesmas quantidades no ano-base e no segundo ano.

32. (Eletronorte — NCE — 2006) Indique qual das fórmulas abaixo NÃO é correta:
   a) Índice de preços de Laspeyres: $(\Sigma pnqo)/(\Sigma poqo)$;
   b) Índice de quantidades de Laspeyres: $(\Sigma qnpo)/(\Sigma qopo)$;
   c) Índice de preços de Paasche: $(\Sigma pnqn)/(\Sigma poqn)$;
   d) Índice de quantidades de Paasche: $(\Sigma qopo)/(\Sigma qopn)$;
   e) Índice de preços de Fisher: Raiz quadrada de $[(\Sigma pnqo)/(\Sigma poqo)]/[(f°pnqn)/(f°poqn)]$.

33. (EBC — CEBRASPE — 2011) Considerando que os indicadores econômicos referentes à produção e aos preços são importantes para o monitoramento da atividade econômica, julgue os itens subsequentes.
   a) Aumentos nos preços dos produtos importados contribuem para elevar o custo de vida, mensurado pelo deflator do PIB.
   b) A queda de preços de equipamentos eletrônicos — como aparelhos de blu-ray e TVs LED full HD —, que passaram a fazer parte da cesta de consumo dos brasileiros, explica, em parte, a superestimação do custo de vida pelos índices de preços ao consumidor.

34. (Prefeitura de Governador Valadares — FUMARC — 2010) Para descrever o crescimento da economia ao longo do tempo deve-se utilizar:
   a) O PIB real.
   b) O PIB nominal.
   c) O deflator implícito do produto.
   d) A taxa de desemprego.

35. (ISS/SP — FCC — 2012) Em um país hipotético, o PIB nominal, em bilhões de unidades monetárias, e o índice geral de preços (IGP) são os apresentados na tabela a seguir:

ANO	PIB NOMINAL	IGP
2006	1.000,00	100,00
2007	1.070,00	106,00
2008	1.123,50	109,18
2009	1.150,00	115,00
2010	1.207,50	121,90

Para este país,
   a) a partir de 2007, houve recessão na economia em termos nominais.
   b) entre 2006 e 2007, o PIB apresentou variação real negativa.
   c) a partir de 2008, houve crescimento real ininterrupto do PIB.
   d) os valores do PIB em 2006 e 2009 são equivalentes, ambos medidos a preços de 2009.
   e) em 2010, o PIB apresentou crescimento real comparativamente a 2009.

36. (ICMS/SP — FCC — 2013) A tabela a seguir apresenta os índices de produto nominal e de produto real de um determinado país, relativos a seu Produto Interno Bruto (PIB):

	PRODUTO NOMINAL	PRODUTO REAL
2009	100	100
2010	110	104
2011	125	108
2012	138	115

É correto afirmar que o
a) crescimento real da economia em 2012 foi inferior ao de 2010.
b) produto real da economia aumentou mais de 15% no período.
c) índice do deflator do PIB do ano de 2010, tomando-se o ano 2009 como base 100, foi superior a 106.
d) crescimento real da economia em 2011 foi exatamente 4%.
e) índice do deflator do PIB aumentou 20% no período de 2009 a 2012.

37. (CETAM — FCC — 2014) Em um determinado país, dois institutos de pesquisa alternativos elaboram e divulgam índices de preços destinados ao cálculo do crescimento do PIB em termos reais. A tabela a seguir mostra os valores do PIB nominal e dos dois índices de preços nos últimos anos.

ANO	PIB (EM BILHÕES DE UNIDADES MONETÁRIAS)	ÍNDICE DE PREÇOS INSTITUTO A	ÍNDICE DE PREÇOS INSTITUTO B
2010	2.000,00	100,00	100,00
2011	2.200,00	108,00	112,00
2012	2.100,00	106,00	106,00
2013	2.415,00	121,00	118,00

Com base nessas informações, é correto afirmar que
a) entre 2011 e 2012 houve crescimento real do PIB, tomando-se como deflator o índice de preços calculado pelo Instituto B.
b) entre 2010 e 2013 houve crescimento real do PIB, qualquer que seja o índice de preços adotado como deflator.
c) o crescimento real do PIB observado entre 2010 e 2011 é maior se considerado como deflator o índice de preços do Instituto B, ao invés de usar o do Instituto A.
d) entre 2010 e 2012 o crescimento real do PIB apurado será distinto, dependendo do índice de preços adotado como deflator.
e) o crescimento real do PIB observado entre 2012 e 2013 é maior se considerado como deflator o índice de preços do Instituto A, ao invés de usar o do Instituto B.

38. (CETAM — FCC — 2014) Há diversos índices destinados a medir a inflação divulgados no Brasil:
a) IPC-FIPE destina-se a medir a inflação ao consumidor em todas as capitais brasileiras.
b) IPCA é composto por uma cesta de três índices: preços ao consumidor, preços por atacado e referente à construção civil.
c) IGP-M é apurado em períodos quadrisemanais, independentemente do mês civil.
d) INPC, calculado pela Fundação Getúlio Vargas, tem apuração restrita ao município do Rio de Janeiro e coincidente com o mês civil.
e) IPCA é utilizado para aferir o cumprimento da meta de inflação, a qual, atualmente, tem seu centro fixado em 4,50%.

39. (TJ/RO — CEBRASPE — 2012) Em relação às contas nacionais, assinale a opção correta.
a) A soma dos gastos em bens e serviços finais produzidos internamente é igual à soma das remunerações dos fatores de produção.
b) Considere que um bem produzido em 2011 tenha sido vendido em 2012. Nesse caso, é correto afirmar que esse bem contribui para o PIB de 2012, mas não para o PIB de 2011.
c) Em uma economia aberta, o produto nacional bruto (PNB) é determinado pelos gastos em produtos domésticos efetuados por residentes e não residentes do país.

d) Se um bem produzido em 2011 foi vendido em 2012, então esse bem será contabilizado como investimento nas contas nacionais.
e) A variação do produto interno bruto (PIB) real será sempre igual ou inferior à sua variação nominal.

40. (CEBRASPE — TJ-SE — 2014) Em relação aos agregados macroeconômicos, a seus relacionamentos e ao sistema de contas nacionais, julgue o item subsecutivo.
O PIB expresso a preços correntes aumenta ao longo do tempo, basicamente, devido à elevação na produção dos bens como um todo e ao aumento dos preços dos bens produzidos.

41. (Auditor do Tribunal de Contas do Estado do Rio Grande do Norte — CEBRASPE — 2015) Acerca dos conceitos básicos das identidades macroeconômicas, julgue o item subsequente.
O crescimento real da economia pode ser aferido pela variação nominal do produto interno bruto, e os gastos governamentais, em sua composição, devem desconsiderar as transferências governamentais.

42. (Analista — FINEP — Análise de Projetos — CESGRANRIO — 2011) O Produto Interno Bruto nominal de certa economia aumentou 6% de um ano para o seguinte; mas, entre os mesmos anos, houve uma queda no Produto Interno Bruto real.
Conclui-se que, nesse período, a(o)
a) exportação excedeu à importação de bens.
b) concentração da renda aumentou.
c) inflação foi positiva.
d) investimento estrangeiro foi negativo.
e) desemprego diminuiu.

43. (Profissional Básico — BNDES — Comunicação Social — CESGRANRIO — 2011) No ano de 2005, o valor do Produto Interno Bruto (PIB) nominal de certo país foi de 1000 unidades monetárias. No ano seguinte, o valor do PIB nominal foi de 1060 unidades monetárias e ocorreu um aumento do PIB real de 4%, em relação ao ano anterior.
Esses dados permitem concluir que uma estimativa da taxa de inflação no país, entre 2005 e 2006, é, aproximadamente, de
a) 0%
b) 2%
c) 3%
d) 4%
e) 6%

44. (Tecnologista — IBGE — Análise Socioeconômica — CESGRANRIO — 2013) Em certo país, o Produto Interno Bruto (PIB) a preços correntes do ano T foi de 112 unidades monetárias. O PIB, no mesmo ano T, calculado a preços constantes de um ano-base anterior, foi de 100 unidades monetárias.
Usando-se essas informações, entre o ano base e o ano T, uma estimativa da variação do(s)
a) PIB real seria de 12%.
b) PIB nominal seria de 12%.
c) PIB corrente seria menor que 12%.
d) preços seria de 12%.
e) preços seria menor que 12%.

45. (Analista de Planejamento e Orçamento — MPOG — Planejamento e Orçamento — ESAF — 2015 — adaptada) Considerando os conceitos básicos em macroeconomia, é correto afirmar que:
a) O índice de preços de Laspeyres pondera os preços pela quantidade do ano-base.
b) O índice de preços de Paashe pondera a quantidade pelos preços do ano correspondente.
c) Quando o produto real aumenta, necessariamente, o produto nominal aumenta também.
d) Um aumento no valor nominal do PIB implica necessariamente em um aumento na renda real da economia.
e) O PIB nominal não é influenciado pela inflação já que se trata de uma medida de desempenho real da economia.

46. (Técnico Bancário de Nível Superior — BANDES — IDECAN — Economia — 2014) Um funcionário do Banco do Desenvolvimento do Espírito Santo (Bandes) recebeu a atribuição de elaborar uma tabela que pudesse avaliar os dados levantados com base no ano de 2010. Para tanto, levantou-os e os expôs na seguinte tabela:

VOLUME DE CRÉDITO EMPRESTADO (EM BILHÕES DE R$)			
2010	2011	2012	2013
150	180	123	162

De posse desses dados, considerando 2010 como o ano-base, assinale a alternativa que melhor os representa para análise:

a) Volume de Crédito Emprestado (em bilhões de R$)

2010	2011	2012	2013
100	120	82	108

b) Volume de Crédito Emprestado (em bilhões de R$)

2010	2011	2012	2013
100	120	75	103

c) Volume de Crédito Emprestado (em bilhões de R$)

2010	2011	2012	2013
100	130	82	103

d) Volume de Crédito Emprestado (em bilhões de R$)

2010	2011	2012	2013
100	130	75	103

e) Volume de Crédito Emprestado (em bilhões de R$)

2010	2011	2012	2013
100	120	110	140

47. (Auditor da Receita Estadual — AP — FGV — 2010) Analise a tabela a seguir:

ANO	PIB NOMINAL	DEFLATOR ANO 1996 (BASE = 100)
1999	8.000	120
2000	9.000	110

A partir dos dados apresentados é correto afirmar que:
a) a taxa de crescimento do PIB nominal entre 1999 e 2000 foi superior a 13%.
b) o PIB real em 2000, medido a preços de 1996, foi de 8.181,81 u.m.
c) o PIB real em 1999, medido a preços de 1996, foi de 7.516,67 u.m.
d) a taxa de crescimento do PIB real entre 1999 e 2000 foi inferior a 10%.
e) a taxa de inflação mostra indícios de elevação entre 1999 e 2000.

48. (Auditor-Fiscal Tributário Municipal (São Paulo) — Gestão Tributária — FCC — 2012) Em um país hipotético, o PIB nominal, em bilhões de unidades monetárias, e o índice geral de preços (IGP) são os apresentados na tabela a seguir:

ANO	PIB NOMINAL	IGP
2006	1.000,00	100,00
2007	1.070,00	106,00
2008	1.123,50	109,18
2009	1.150,00	115,00
2010	1.207,50	121,90

Para este país,
a) a partir de 2007, houve recessão na economia em termos nominais.
b) entre 2006 e 2007, o PIB apresentou variação real negativa.
c) a partir de 2008, houve crescimento real ininterrupto do PIB.
d) os valores do PIB em 2006 e 2009 são equivalentes, ambos medidos a preços de 2009.
e) em 2010, o PIB apresentou crescimento real comparativamente a 2009.

49. (Analista de Controle Externo — TCE-AP — Controle Externo — Contabilidade — FCC — 2012) O Produto Interno Bruto de um determinado país em 2010 foi equivalente a 121 milhões de unidades monetárias, tendo apresentado um crescimento nominal de 10% em relação a 2009. O índice geral de preços dessa economia apresentou em 2010 uma elevação de 5% em relação ao ano anterior. O valor do Produto Interno Bruto desse país em 2009, medido com os preços de 2010, foi equivalente, em milhões de unidades monetárias, a
a) 110,5.
b) 115,0.
c) 115,5.
d) 105,0.
e) 120,5.

50. (Analista Judiciário — TJ-RS — Administrativa — Administração, Ciências Contábeis, Economia — FAURGS — 2012) Em determinado país, o governo adotou como política reajustar o orçamento de certa instituição pública de acordo com a variação real do PIB. Em termos nominais, o PIB, que era de $ 1,8 trilhão no ano 1, alcançou $ 2,3 trilhões no ano 2, enquanto o índice de preço no período foi de 15%. Com base nisso, assinale a afirmação correta sobre o orçamento da referida instituição.
a) O orçamento não deve ter nenhum reajuste, pois houve queda do PIB real.
b) O orçamento deve aumentar menos de 5%.
c) O orçamento deve aumentar em porcentagem entre 5% e 10%.
d) O orçamento deve aumentar mais que 10%.
e) O orçamento deve diminuir menos que 5%.

51. (Analista de Controle Externo — TCE-GO — Planejamento e Desenvolvimento Organizacional — FCC — 2014) A tabela abaixo mostra o número de aparelhos celulares e televisores produzidos em dois anos, X1 e X2, e seus respectivos preços, em um dado cenário econômico simples onde apenas dois itens são produzidos.

	PREÇOS E QUANTIDADES			
Ano	Preço do aparelho celular (R$)	Quantidade produzida de aparelhos celulares (milhões de unidades)	Preço do aparelho de televisão (R$)	Quantidade produzida de aparelhos de televisão (milhões de unidades)
X1	500,00	2,0	800,00	3,0
X2	550,00	2,2	880,00	2,5

O PIB é o valor total de todos os bens e serviços finais produzidos dentro das fronteiras nacionais durante determinado período, diante do cenário econômico exposto e tomando o ano de X1 como *ano-base*, o PIB *real* no ano de X2 será de
   a) 6.500 milhões.
   b) 3.410 milhões.
   c) 6.810 milhões.
   d) 3.500 milhões.
   e) 3.100 milhões.

52. (Analista Judiciário — TJ-PA — Economia — VUNESP — 2014) Num ano, uma economia produz 500 peixes ao preço de $ 1,00 e 600 laranjas ao preço de $ 0,50. No ano seguinte, ela produz 600 peixes ao preço de $ 1,50 e 500 laranjas ao preço de $ 1,00. O deflator implícito do PIB é dado, em variação percentual, por, aproximadamente,
   a) 6%.
   b) 60%.
   c) 65%.
   d) 75%.
   e) 94%.

53. (Analista Judiciário — Economia — STM — CEBRASPE — 2011 — adaptada) Considerando que, para se realizar a instrução de um processo em julgamento, seja necessário efetuar, com base nos três produtos listados na tabela abaixo, uma comparação intertemporal do valor da produção com a quantidade e o preço, para os anos base e corrente, assinale a alternativa que apresente o valor correto do índice de preços de Fisher:

PRODUTO	UNIDADE	ANO-BASE (0)		ANO-BASE (1)	
		Preço	Quantidade	Preço	Quantidade
maçã	saco	3	2,00	4	3
banana	cacho	6	3,00	14	2
laranja	saco	8	4,00	32	5

   a) 3,1786
   b) 3,2787
   c) 3,2282
   d) 3,5714
   e) 1,1058

5 ■ Produto Nominal x Produto Real. Deflacionar o Produto. Índices de Preços

54. (Economista — Terracap — FUNIVERSA — 2010 — adaptada) Em relação aos números índices, assinale a alternativa correta.
a) O índice de Fisher permite comparar o custo de aquisição de uma cesta de mercadorias no período t, com o custo de aquisição dessa mesma cesta de mercadorias no período-base.
b) O índice de Fisher é a média harmônica dos índices de Laspeyres e Paasche.
c) O índice relativo de valor das vendas (I(VtlV0)) é o resultado da multiplicação de um índice de preços de Laspeyres por um índice de quantidades de Laspeyres.
d) O índice de preços de Fisher apresenta a ponderação fixa na época-base.
e) O índice de Fisher não atende à condição de reversão no tempo.

55. (Analista Judiciário — Economia — STM — CEBRASPE — 2011 — adaptada) Considerando que, para se realizar a instrução de um processo em julgamento, seja necessário efetuar, com base nos três produtos listados na tabela abaixo, uma comparação intertemporal do valor da produção com a quantidade e o preço, para os anos base e corrente, julgue os itens a seguir.

PRODUTO	UNIDADE	ANO-BASE (0)		ANO-BASE (1)	
		Preço	Quantidade	Preço	Quantidade
maçã	saco	3	2,00	4	3,00
banana	cacho	6	3,00	14	2,00
laranja	saco	8	4,00	32	5,00

I. O índice de quantidade de Paasche é maior que o índice de quantidade de Laspeyres.
II. O índice de quantidade de Fisher é maior que o índice de quantidade de Laspeyres.
III. O índice de valor no ano 1 tomando como base o ano zero é igual a 3,5714.
a) Verdadeiro, verdadeiro, verdadeiro
b) Falso, falso, falso
c) Verdadeiro, falso, verdadeiro
d) Falso, verdadeiro, verdadeiro
e) Falso, falso, verdadeiro

56. (Diplomata — Terceiro Secretário — CEBRASPE — 2016) O diplomata responsável pelo setor econômico da embaixada brasileira em determinado país elaborou e enviou à Secretaria de Estado um relatório sobre a situação econômica desse país.
Considerando o fato de que uma das funções do diplomata é manter o governo brasileiro informado a respeito do contexto político, econômico e cultural do país onde ele esteja temporariamente vivendo, julgue o item a seguir.
Para não cometer o erro denominado "ilusão monetária", o diplomata deve informar, em seu relatório, o PIB real do país, em vez do nominal, dos últimos cinco anos. Para deflacionar esses números, o diplomata deve utilizar o deflator (implícito) do PIB, que é calculado pelo quociente entre o PIB real, medido a preços constantes, e o PIB nominal.

57. (Analista Judiciário — TJ-PR — Economia — NC-UFPR — 2013) Aplica-se o deflator implícito para:
a) obter a paridade do poder de compra de uma moeda.
b) fazer uma identificação abrangente da variação de preços de uma economia.
c) distinguir entre Produto Bruto e Produto Líquido de uma economia.
d) corrigir o cálculo do produto quando há queda generalizada de preços numa economia.

58. (Técnico de Fomento C — BADESC — Analista de Risco de Crédito — FGV — 2010) O conceito de Deflator Implícito do PIB relaciona:
   a) o PNB Real com o PIB Real.
   b) o PIB Nominal com o PIB Real.
   c) o PNB Nominal com o PIB Nominal.
   d) o PIL Nominal com o PIB Nominal.
   e) o PNB Nominal com o PIB Real.

59. (Analista do Executivo (ES) — Ciências Econômicas — CEBRASPE — 2013) Assinale a opção em que é apresentado o índice oficial de preços adotado pelo BACEN para fins de cumprimento da meta inflacionária.
   a) índice nacional de preços ao consumidor amplo (IPCA)
   b) índice nacional de preços ao consumidor (INPC)
   c) índice nacional de custo da construção (INCC)
   d) índice geral de preços do mercado (IGP-M)
   e) índice de preços ao consumidor semanal (IPCS)

60. (Auditor Federal de Controle Externo — Controle Externo — Auditoria Governamental — CEBRASPE — 2015) Acerca das relações teóricas estabelecidas pelas contas nacionais e do balanço de pagamentos, julgue o item.

O deflator do PIB consiste em uma medida de preço e, por ser calculado pela divisão do PIB nominal pelo PIB real, proporciona informações semelhantes às do índice de preços ao consumidor.

61. (Economista — CODEBA — FGV — 2010) Observe os dados de uma economia hipotética:

ANO	PIB A PREÇOS CORRENTES (EM US$)	DEFLATOR DO PIB (ANO-BASE 2000)
2001	180.000	130
2002	200.000	145

O PIB real de 2002 medido a preços constantes de 2000 foi de
   a) 137.931,03.
   b) 122.215,12.
   c) 147.931,32.
   d) 183.362,44.
   e) 137.369,39.

62. (Técnico de Controle Interno — CGM-RJ — SMA-RJ (antiga FJG) — 2015) Em uma economia hipotética que produz apenas dois bens, têm-se os seguintes dados:

ANO	QUANTIDADE DO BEM X	PREÇO DE X (EM R$)	QUANTIDADE DO BEM Y	PREÇO DE Y (EM R$)
2012	200	2,00	100	3,00
2013	250	3,00	150	4,00
2014	300	6,00	200	6,00

Pode-se afirmar que o deflator do PIB de 2014 (Ano-Base de 2012) é:
   a) 250
   b) 100
   c) 150
   d) 200

5 ■ Produto Nominal × Produto Real. Deflacionar o Produto. Índices de Preços   217

63. (FGV — Fiscal da Receita Estadual (AP) — 2010) Uma economia possui os seguintes dados de PIB nominal e real:

ANO	PIB NOMINAL	PIB REAL
2001	200	200
2002	600	400

A variação do deflator do PIB entre os dois anos foi de:
a) +50%.
b) –50%.
c) 0%.
d) 100%.
e) –100%.

64. (Economista — SESACRE — FUNCAB — 2013) No quadro abaixo estão apresentados dados sobre a terra do jerimum e da macaxeira, seus únicos produtos:

ANO	PREÇO UNITÁRIO DO JERIMUM	QUANTIDADE DE JERIMUM (KG)	PREÇO UNITÁRIO DA MACAXEIRA	QUANTIDADE DE MACAXEIRA (KG)
2011	$ 1,00	100	$ 2,00	50
2012	$ 2,00	150	$ 4,00	80

Usando 2011 como base, o PIB real e o deflator do PIB para 2012 são, respectivamente:
a) $ 310 e 100.
b) $ 620 e 310.
c) $ 310 e 200.
d) $ 310 e 155.
e) $ 200 e 310.

65. (CETAM — FCC — 2014) Há diversos índices destinados a medir a inflação divulgados no Brasil:
a) IPC-FIPE destina-se a medir a inflação ao consumidor em todas as capitais brasileiras.
b) IPCA é composto por uma cesta de três índices: preços ao consumidor, preços por atacado e referente à construção civil.
c) IGP-M é apurado em períodos quadrisemanais, independentemente do mês civil.
d) INPC, calculado pela Fundação Getúlio Vargas, tem apuração restrita ao município do Rio de Janeiro e coincidente com o mês civil.
e) IPCA é utilizado para aferir o cumprimento da meta de inflação, a qual, atualmente, tem seu centro fixado em 4,50%.

66. (Oficial de Inteligência/CEBRASPE/2018) As transações correntes apresentaram déficit de US$ 4,3 bilhões em dezembro, acumulando déficit de US$ 9,8 bilhões em 2017, equivalentes a 0,48% do PIB. Na conta financeira, o ingresso líquido de investimentos diretos no país somou US$ 5,4 bilhões em dezembro, totalizando US$ 70,3 bilhões no ano, ou 3,42% do PIB.

Notas para imprensa. Banco Central do Brasil. Internet: <www.bcb.gov.br>.

Tendo como referência esse fragmento de texto, julgue os itens que se seguem, a respeito dos conceitos de produto e balanço de pagamentos.
O PIB nominal é a medida do produto ideal para avaliar o nível e a trajetória de crescimento econômico, pois representa métrica de produto a preços constantes a partir de determinado ano-base.
   ( ) Certo
   ( ) Errado

67. (Perito Criminal Federal/CEBRASPE/2018) Segundo o Relatório de Inflação do Banco Central do Brasil de junho de 2018, as expectativas de variação do Índice Nacional de Preços ao Consumidor Amplo (IPCA) apuradas pela pesquisa Focus situam-se em torno de 3,9% para 2018 e 4,1% para 2019. Para 2020, as expectativas encontram-se em torno de 4,0%.

Tendo como referência as expectativas percentuais apresentadas no texto prece-dente e considerando as características próprias do IPCA, julgue o item subsequente.

Por ser o IPCA o índice de preços que serve de referência para o sistema de metas de inflação, as estimativas apresentadas no relatório citado no texto podem ser comparadas com as metas inflacionárias fixadas pelo Conselho Monetário Nacional, em relação ao triênio 2018-2020, sinalizando aos agentes econômicos a perspectiva de cumprimento de tais metas pelo governo federal.

( ) Certo
( ) Errado

68. (Perito Criminal Federal/CEBRASPE/2018) Segundo o Relatório de Inflação do Banco Central do Brasil de junho de 2018, as expectativas de variação do Índice Nacional de Preços ao Consumidor Amplo (IPCA) apuradas pela pesquisa Focus situam-se em torno de 3,9% para 2018 e 4,1% para 2019. Para 2020, as expectativas encontram-se em torno de 4,0%.

Tendo como referência as expectativas percentuais apresentadas no texto precedente e considerando as características próprias do IPCA, julgue o item subsequente.

Os percentuais apresentados no texto em apreço representam uma estimativa da variação média dos preços de produtos e serviços para o consumo de famílias que residem em áreas urbanas, com rendimentos mensais entre um e quarenta salários mínimos, independentemente da fonte desses rendimentos.

( ) Certo
( ) Errado

69. (Perito Criminal Federal/CEBRASPE/2018) Segundo o Relatório de Inflação do Banco Central do Brasil de junho de 2018, as expectativas de variação do Índice Nacional de Preços ao Consumidor Amplo (IPCA) apuradas pela pesquisa Focus situam-se em torno de 3,9% para 2018 e 4,1% para 2019. Para 2020, as expectativas encontram-se em torno de 4,0%.

Tendo como referência as expectativas percentuais apresentadas no texto precedente e considerando as características próprias do IPCA, julgue o item subsequente.

A estimativa da inflação para o biênio 2019-2020 encontrava-se, à época do relatório, em patamar inferior a 8,2%.

( ) Certo
( ) Errado

70. (Economista (CELESC)/FEPESE/ 2018) Sobre a aplicação dos principais índices de preços adotados no Brasil e sua comparação com o deflator implícito do Produto Interno Bruto (PIB.) brasileiro, é correto afirmar:

a) O deflator implícito é calculado pela relação entre o valor do PIB nominal e o valor do PIB real.
b) O deflator implícito apresenta variações maiores do que o Índice Geral de Preços (IGP) pois expressa a inflação observada bem como o crescimento médio da produtividade do país.
c) O Índice Geral de Preços (IGP), calculado pela Fundação Getúlio Vargas (FGV), é o índice adotado pelo Banco Central do Brasil para estabelecer as metas de inflação.

d) As variações do deflator implícito do PIB têm sido adotadas como medida para correção do valor do salário mínimo.
e) De modo semelhante ao Índice de Preços ao Consumidor Amplo (IPCA.), o Instituto Brasileiro de Geografia e Estatística (IBGE.) calcula o Deflator Implícito do PIB com base em uma pesquisa de preços de mercado.

71. (Analista Júnior — TRANSPETRO/ CESGRANRIO/2018) De acordo com a legislação brasileira, a fixação das metas de inflação anuais, bem como de seus respectivos intervalos de tolerância, é da competência do(a.)
   a) Comitê de Política Monetária (COPOM) do Banco Central do Brasil
   b) Conselho Monetário Nacional
   c) Banco do Brasil
   d) Banco Nacional de Desenvolvimento Econômico e Social (BNDES)
   e) Comissão de Valores Mobiliários (CVM)

72. (COVEST-COPSET — Economista (UFPE)/2019) A série histórica do IPCA divulgada pelo IBGE tem ano-base em dezembro de 1993. A tabela a seguir mostra os números desse índice nos meses de agosto a dezembro de 2018.

MÊS	IPCA (DEZ 1993 = 100)
AGO	5056.56
SET	5080.83
OUT	5103.69
NOV	5092.97
DEZ	5100.61

Assinale a alternativa que mostra, na respectiva sequência, os valores do IPCA com base em dezembro de 2018.
   a) 99.13, 99.11, 101.10, 99.85, 100
   b) 99.13, 99.61, 100.06, 99.85, 100
   c) 99.13, 99.61, 101.06, 99.85, 100
   d) 99.23, 99.41, 100.02, 99.55, 100
   e) 99.23, 99.41, 100.06, 99.75, 100

73. (COVEST-COPSET — Economista (UFPE)/2019) Um funcionário de uma empresa recebe, durante os meses de janeiro a julho de 2019, um salário mensal de R$ 1.500,00. A tabela a seguir mostra a evolução do IPCA ao longo dos primeiros sete meses de 2019.

MÊS	IPCA (DEZ 1993 = 100)
JAN	5116.93
FEV	5138.93
MAR	5177.47
ABR	5206.98
MAI	5213.75
JUN	5214.27
JUL	5224.18

Com base nesses dados, quais os valores mais próximos do salário corrigido pelo IPCA nos períodos de janeiro a março e janeiro a julho, respectivamente?
a) R$1507,74 e R$1541,44.
b) R$1517,74 e R$1531,44
c) R$1517,74 e R$1541,44.
d) R$1527,74 e R$1531,44.
e) R$1527,74 e R$1541,44.

74. (Instituto AOCP — Analista Censitário (IBGE)/Análise Socioeconômica/2019) Os índices calculados no Brasil se classificam em três grupos principais: os índices de preços ao consumidor de cobertura nacional, apurados pelo Instituto Brasileiro de Geografia e Estatística (IBGE); os índices gerais de preços, apurados pelo Instituto Brasileiro de Economia (IBRE) da Fundação Getulio Vargas (FGV); e o índice de preços ao consumidor de São Paulo, apurado pela Fundação Instituto de Pesquisas Econômicas (FIPE).

Nesse sentido, qual índice de preços no Brasil contempla, exclusivamente, a faixa de renda de 1 a 5 salários mínimos?
a) IPCA.
b) IPA.
c) IGP-M.
d) IPC.
e) INPC.

75. (FEPESE — Economista (CELESC)/2019) Considere a expressão matemática abaixo:

$$IPT_{2019} = \frac{(PA_{2019} \times QA_{2019}) + (PB_{2019} \times QB_{2019})}{(PA_{2018} \times QA_{2019}) + (PB_{2018} \times QB_{2019})}$$

onde IPT é o índice de preços total, PA é o preço do bem A, PB é o preço do bem B, QA é a quantidade do bem A, QB é a quantidade do bem B.

Tal expressão representa um índice de preços:
a) de base móvel.
b) pelo critério Fischer.
c) pelo critério Paasche.
d) pelo critério Laspeyres.
e) pelo critério de Marshall-Edgeworth.

76. (VUNESP — Analista Técnico Científico (MPE SP)/Economista/2019) Uma variável econômica é apresentada por meio de um índice, como é mostrado na tabela:

Ano	Índice da variável econômica (base: 2015 = 100)
2014	80
2015	100
2016	110
2017	120

Se a base do índice for mudada para 2014 = 100, o valor do índice em 2017 será
a) 140.
b) 150.
c) 160.
d) 170.
e) 180.

77. (COPS UEL — Economista (Londrina)/Serviço de Economia/2019) Considere, a seguir, um modelo simplificado de dois produtos em uma economia, os respectivos preços pagos e as quantidades adquiridas pelas famílias nos anos de 2017 e 2018 para cada um dos bens.

PRODUTO 1		
ANO	PREÇO	QUANTIDADE
2017	4	20
2018	5	16

PRODUTO 1		
ANO	PREÇO	QUANTIDADE
2017	1	40
2018	2	32

Com base nos dados fornecidos, assinale a alternativa que apresenta, correta e respectivamente, os valores do Produto Interno Bruto real (PIBr) de 2018 e do deflator do PIB (d) ano base 2017.
a) 96 e 120
b) 96 e 150
c) 120 e 144
d) 144 e 96
e) 144 e 150

78. (ACEP — Analista (Pref Aracati)/Políticas Públicas/2019) A variação do Produto Interno Bruto (PIB) real é maior que a variação do PIB nominal, no caso de:
a) variação negativa no comportamento dos preços, combinada com um crescimento do produto real.
b) variação positiva no comportamento dos preços, combinada com um crescimento do produto real.
c) variação positiva no comportamento dos preços, combinada com um recuo do produto real.
d) variação negativa no comportamento dos preços, combinada com um recuo do produto real.

79. (Instituto AOCP — Economista (UFPB)/2019) Considere as informações contidas na tabela a seguir sobre um país hipotético, para os anos de 2015 a 2017. Assuma que sejam produzidos apenas 2 bens finais, chamados Y e Z. O preço de cada bem é expresso em unidades monetárias ($) e 2015 é o ano-base.

ANO	POPULAÇÃO	BEM FINAL	QUANTIDADE	PREÇO
2015	100	Y	5	10.000,00
		Z	10	20.000,00
2016	125	Y	10	5.000,00
		Z	20	10.000,00
2017	150	Y	15	4.000,00
		Z	15	10.000,00

Diante do exposto, analise as assertivas e assinale a alternativa que aponta a(s) correta(s).
I. Houve uma redução de 10% no PIB real, a preços de 2015, entre os anos de 2016 e 2017.
I. O PIB real para o ano de 2017, a preços de 2015, é igual a $ 210.000,00.
III. O deflator do PIB, a preços de 2015, sofreu uma queda de 50% entre 2015 e 2016.
   a) Apenas I.
   b) Apenas II.
   c) Apenas III.
   d) Apenas I e III.
   e) I, II e III.

80. (VUNESP — Analista Técnico Científico (MPE SP)/Economista/2019) Uma economia produz, no ano 1, 1 000 peixes ao preço de $ 1 e 2 000 maçãs ao preço de $ 0,50. No ano 2, são produzidos 2 000 peixes ao preço de $ 1,50 e 3 000 maçãs ao preço de $ 1. O crescimento do PIB real foi de
   a) 10%.
   b) 25%.
   d) 50%.
   e) 75%.
   f) 100%.

81. (CEBRASPE — Auditor de Finanças e Controle de Arrecadação da Fazenda Estadual (SEFAZ AL)/2020) O produto interno bruto (PIB) é um indicador do tamanho da economia e corresponde à soma de todos os bens e serviços finais produzidos por um país, estado ou cidade, geralmente em um ano. O PIB do Brasil dos últimos 10 anos passou por momentos de crescimento e redução. Acerca do PIB brasileiro, julgue o item a seguir.

Uma variação positiva do PIB nominal do Brasil nos próximos anos não significará necessariamente crescimento real da economia.
   (C) Certo
   (E) Errado

82. (ACEP — Analista (Pref Aracati)/Políticas Públicas/2019/ modificada) Aponte a alternativa correta.
   a) A renda pessoal disponível é igual à renda pessoal mais os impostos diretos pagos pelas pessoas físicas ao governo.
   b) O valor adicionado é dado pela diferença entre o valor bruto da produção e o consumo de bens e serviços intermediários.
   c) O produto real de uma determinada economia é medido a preços correntes.
   d) Em uma economia fechada, o produto interno bruto não coincide com o produto nacional bruto.

5 ■ Produto Nominal × Produto Real. Deflacionar o Produto. Índices de Preços

83. (IBFC — Analista Administrativo (EBSERH)/Economia/2020/ modificada) A respeito dos principais agregados macroeconômicos, assinale a alternativa correta.
   a) O PIB nominal é calculado a preços constantes, ou seja, escolhe-se um ano base para se eliminar a inflação
   b) O PIB real é calculado a preços correntes, isto é, utiliza-se o ano em que o produto foi produzido e comercializado
   c) Caso o saldo seja positivo da RNB, temos PIB > RNB
   d) Caso o saldo seja negativo da RNB, temos RNB > PIB
   e) Pode-se calcular a Renda Nacional Bruta da seguinte forma: RNB = PIB − RLEE

84. (FCC — Analista de Fomento (AFAP)/Economista/2019) Acerca da inflação e sua medição, está correto o que se afirma em:
   a) A diferença entre os diversos índices existentes, tais como o IPCA/IBGE, o IGP/FGV e o ICV/DIEESE, revela os erros e omissões nas diversas medições.
   b) Quanto maior o nível de inflação, maior o crescimento do PIB real.
   c) Quanto maior o nível de inflação, menor o crescimento do PIB nominal.
   d) São geralmente empregados índices agregativos de preços e quantidades, tais como o de Fischer, cujo peso é o tempo, ou de Edgeworth, cujo peso é arbitrado.
   e) São geralmente empregados índices agregativos de preços e quantidades, tais como o de Laspeyres, cujo peso é o preço, ou o de Paasche, cujo peso é a quantidade.

85. (COC UFAC — Economista (UFAC)/2019) O salário médio de determinada classe operária, em 1994, foi de R$ 1.280,00. O IP (Índice de Preço), nesse mesmo ano, era igual a R$ 1.575,7 e o de 1991 era igual a R$ 387,2, referidos ao período-base de 1982. Tomando o ano de 1991 como base, determine o salário real dessa classe operária em 1994.
   a) R$ 1.280,00
   b) R$ 892,80
   c) R$ 1.188,50
   d) R$ 1.200,00
   e) R$ 314,55

86. (COC UFAC — Economista (UFAC)/2019) Admita que em determinado período a inflação tenha atingido 10,6%. Determine a redução percentual do poder aquisitivo do assalariado, supondo que os seus vencimentos não sofreram reajuste no período:
   a) 10,6%
   b) 8%
   c) 11%
   d) 12%
   e) 9,58%

87. (COPS UEL — Economista (Londrina)/Serviço de Economia/2019) Considere, a seguir, em um modelo simplificado de dois produtos de uma economia, os respectivos preços pagos e as quantidades adquiridas pelas famílias nos anos de 2017 e 2018 para cada um dos bens.

PRODUTO 1		
ANO	PREÇO	QUANTIDADE
2017	2,0	20
2018	5,0	18

PRODUTO 2		
ANO	PREÇO	QUANTIDADE
2017	1,5	20
2018	2,0	18

Assinale a alternativa que apresenta, correta e respectivamente, os valores dos índices de preços de Paasche (Pp) e de Laspeyres (Lp), definindo 2017 como ano base.
a) 1,6 e 1,8
b) 1,8 e 1,6
c) 1,8 e 2,0
d) 2,0 e 1,8
e) 2,0 e 2,0

■ **GABARITO** ■

1. "e". A taxa de câmbio (nominal) considera apenas a relação de preços entre as moedas. Já pelo critério de poder de compra, considera-se, além do preço entre as moedas, o poder de compra entre elas. Esse assunto poderá ser melhor compreendido no capítulo 15, que trata da taxa de câmbio e do regime cambial. A alternativa "e" é verdadeira, portanto.
Aquilo que a economia produz, ou seja, o que lhe pertence, é Produto Nacional, além do fato de que o Produto da economia, Nacional ou Interno, é o somatório de todos os preços multiplicado pela quantidade dos bens e serviços. Produto = $\sum P \times Q$. Portanto, Produto Nacional é o valor em unidades monetárias dos bens e serviços finais produzidos por uma economia em determinado período de tempo. Portanto, a alternativa "a" é falsa.

Entende-se por PIB nominal = $P_{correntes} \times Q$ e por PIB real = $P_{ano-base} \times Q$
Se: PIB nominal = $P \times Q$, então, se o Produto Nominal assumir o valor de 800 e depois de 900 quando os preços sobem 15%, pode-se dizer que:
$800 = 1 \times Q^1$
$900 = 1,15 Q^2$
Logo: $Q^1 = 800$ e $Q^2 = 782,60$
Para se calcular o Produto Real, escolhe-se um ano para ser o ano-base. Escolhendo-se o ano-base quando o PIB nominal é 800, então o preço = 1. Logo:
PIB real = $P \times Q$
$800 = 1 \times 800$
$782,60 = 1 \times 782,60$

Observa-se que o PIB real decresceu, invalidando a alternativa "b".
Sabendo-se que: CTB = Carga Tributária Bruta e que CTL = Carga Tributária Líquida, então:

$$CTB = \frac{Imp\ Dir + Imp\ Ind}{PIBpm} \quad e \quad CTL = \frac{Imp\ Dir - Transf + Imp\ Ind - Subsídios}{PIBpm}$$

Onde: Transf = Transferências; Imp = Impostos; Dir = Diretos; e Ind = Indiretos
Sabendo-se também que:
PIBcf = salários + juros + aluguéis + lucros + outras receitas correntes líquidas do governo + impostos diretos pagos pelas empresas **(ID)** – transferências recebidas pelas empresas + renda líquida enviada ao exterior + depreciação.
E que: PIBpm = PIBcf + Impostos Indiretos **(II)** – Subsídios
Então: Se PIBcf e PIBpm crescem à mesma taxa, impostos indiretos – subsídios crescem na mesma porcentagem. Assim, por exemplo, se o PIBcf variar de 1.000 para 1.100 e o PIBpm variar de 1.100 para 1.210, então (os impostos indiretos – subsídios) variarão de 100 para 110.

> Observe a tabela:
>
> | PERÍODO | 1 | 2 |
> |---|---|---|
> | PIBcf | 1.000 | 1.100 |
> | Impostos Indiretos – Subsídios | 100 | 110 |
> | PIBpm | 1.100 | 1.210 |
>
> Substituindo-se esses valores na fórmula da Carga Tributária Líquida, tem-se:
>
> $$CTL^1 = \frac{ID - Transf + II - subs}{PIB}$$
>
> $$CTL^1 = \frac{ID - Transf + 100}{1.000}$$
>
> $$CTL^2 = \frac{ID - Transf + 110}{1.210}$$
>
> Observe que a questão não se refere a nenhuma alteração em (ID – Transferências). Logo, não se pode afirmar que a CTL ficará constante. Caso (ID – Transferências) fossem constantes, então a CTL sofreria alterações. Portanto, a alternativa "c" é falsa.
> O Produto da economia é uma medida a ser mensurada num intervalo de tempo e, portanto, é fluxo, independente de ser Líquido ou Bruto, Nacional ou Interno. Assim, a alternativa "d" é falsa.
>
> **2.** "e". O crescimento do Produto Nominal pode ter sido ocasionado tanto pelo crescimento dos preços como pelo crescimento da quantidade, ou por ambos. Portanto, para se saber se houve ou não crescimento do Produto Real, é necessário saber qual foi o comportamento dos preços entre os períodos analisados. Isso torna a alternativa "e" verdadeira.
>
> Dizer que o produto é calculado a preço corrente é sinônimo de afirmar que o produto considerado é o Produto Nominal, já que o Produto Real é calculado a preços constantes.
> Sabendo-se que o Produto Nominal (PN) = $\sum P \times Q$ e supondo-se o seguinte exemplo:
> Período   PN = $\sum P \times Q$
>   1   1.000 = 100 × 10
>   2   2.000 = 200 × 10
> Caso o preço aumente de 100 para 200, o Produto Nominal aumenta de 1.000 para 2.000, mas a quantidade e, portanto, o Produto Real e os investimentos reais da economia não aumentam. Portanto, a alternativa "a" é falsa.
> Supondo-se, agora, que apenas as quantidades variem, observe:
> Período   PN = $\sum P \times Q$
>   1   1.000 = 100 × 10
>   2   2.000 = 100 × 20
> Portanto, outra razão para o Produto Nominal ter aumentado é a quantidade ter aumentado, ou seja, aumentaram-se os investimentos. Portanto, a alternativa "b" é falsa.
> Assim como na alternativa "a", não se pode afirmar que o crescimento do Produto Nominal se deu pelo aumento da quantidade e, por conseguinte, pelo aumento do Produto Real. Portanto, a alternativa "c" é falsa.
> Assim como na alternativa "b", não se pode deixar de admitir que o crescimento do Produto Nominal pode ter sido ocasionado pelo aumento da quantidade ou Produto Real. Portanto, a alternativa "d" é falsa.

3. "d". Primeiro, deve-se organizar a tabela, pela forma a que se está acostumado, ou seja:

	PRODUTO X		PRODUTO Y		PRODUTO Z	
	P	Q	P	Q	P	Q
Ano I	1,80	2.800	4,00	2.000	2,50	5.600
Ano II	2,60	3.150	4,20	2.654	3,10	5.924

Lp (I) = 1

$$Lp\ (II) = \frac{\Sigma P_{II} \times Q_I}{\Sigma P_I \times Q_I} = \frac{(2,60 \times 2.800) + (4,20 \times 2.000) + (3,10 \times 5.600)}{(1,80 \times 2.800) + (4,00 \times 2.000) + (2,50 \times 5.600)} = \frac{7.280 + 8.400 + 17.360}{5.040 + 8.000 + 14.000}$$

$$Lp\ (II) = \frac{33.040}{27.040} = 1,2219$$

$$\%\ \Delta\ Lp = \frac{Lp\ (II) - Lp\ (I)}{Lp\ (I)} = \frac{1,2219 - 1}{1} = 0,2219 = 22,19\%$$

4. F, V, F, F, F.

a) **(F)** Renda disponível é aquela que sobra depois de descontados os tributos líquidos (ou impostos líquidos sobre as famílias). Assim: Yd = Y – T, onde: Yd = Renda disponível; Y = Renda total; e T = Tributos líquidos.

b) **(V)** Em uma economia fechada, a Renda Líquida Enviada ao Exterior é igual a zero. Assim: PN = PI – RLEE, onde: PN = Produto Nacional; PI = Produto Interno; e RLEE = Renda Líquida Enviada ao Exterior. Se RLEE = 0, então PN = PI.

c) **(F)** Deflator do PNB = $\frac{PNB\ nominal}{PNB\ real}$.

d) **(F)** I = Spriv + Sgov + Sext, onde: I = Investimento; Spriv = Poupança privada; Sgov = Poupança do Governo; e Sext = Poupança externa. Se I > Spriv, a diferença deve ser compensada na Sgov ou na Sext, ou em ambas, o que não implica em exportações líquidas negativas.

e) **(F)** A riqueza pessoal é uma variável "estoque".

5. "e".

	LARANJAS		PEIXES	
Ano	Q	P	Q	P
2005	1.000	1	1.000	1
2006	1.500	2	600	3

ANO	PRODUTO NOMINAL
2005	(1.000 × 1) + (1.000 × 1) = 2.000
2006	(1.500 × 2) + (600 × 3) = 4.800

$$\%\ \Delta\ PIB\ nominal = \frac{4.800 - 2.000}{2.000} = 1,4 = 140\%$$

ANO	PRODUTO REAL
2005	(1.000 × 1) + (1.000 × 1) = 2.000
2006	(1.500 × 1) + (600 × 1) = 2.100

Tomando-se como base o ano de 2005, o Produto Real em 2006 é de 2.100.

$$\%\ \Delta\ Produto\ Real = \frac{2.100 - 2.000}{2.000} = 0,05 = 5\%$$

6. "d".

Deflator PIB = $\dfrac{\text{PIB nominal}}{\text{PIB real}}$

Deflator $\text{PIB}_{2005} = \dfrac{2.000}{2.000} = 1$

Deflator $\text{PIB}_{2006} = \dfrac{4.800}{2.100} = 2{,}2857$

% Δ Deflator PIB = $\dfrac{2{,}2857 - 1}{1} = 1{,}2857 \approx 129\%$

7. "a". O índice de preços de Laspeyres é dado pela seguinte fórmula: $Lp = \dfrac{\Sigma\, Pt \times Qo}{\Sigma\, Po \times Qo}$

Ou seja, o índice de preços de Laspeyres pondera a variação de preços pela quantidade do ano-base.

O índice de quantidade de Laspeyres é dado pela seguinte fórmula: $Lq = \dfrac{\Sigma\, Qt \times Po}{\Sigma\, Qo \times Po}$

Ou seja, o índice de quantidade de Laspeyres é ponderado pelo preço do ano-base.

8. "b".

DATA	PREÇO	NÚMERO ÍNDICE	QUANTIDADE	PRODUTO NOMINAL	% Δ PRODUTO NOMINAL
1	1.600	100	Q1	1.600 Q1	—
2	1.616	101	Q1	1.616 Q1	16/1.600 = 1%

Lp (1) = 1

$Lp\,(2) = \dfrac{P_2 \times Q_1}{P_1 \times Q_1} = \dfrac{1.616 \times Q1}{1.600 \times Q1} = 1{,}01$

Logo, houve uma inflação de 1% (= 1,01 − 1).

9. "c". O IPCA, criado em 1979 pelo IBGE, abrange famílias entre 1 e 40 salários mínimos, qualquer que seja a fonte de rendimentos nas áreas urbanas das regiões. O IPCA é o índice mais relevante do ponto de vista da política monetária, já que foi escolhido pelo Conselho Monetário Nacional (CMN) como referência para o sistema de metas para a inflação em 1999. Portanto, a alternativa "c" é verdadeira.

Efeito Tanzi é a perda real da arrecadação do governo pela defasagem temporal entre o fato gerador e o pagamento/arrecadação dos tributos em períodos de inflação. Portanto, a alternativa "a" é falsa.

A relação inversa entre inflação e desemprego é uma consequência de um dos componentes da inflação de demanda. Portanto, a alternativa "b" é falsa.

O IGP-DI, criado em 1944 pela FGV, é a média ponderada do Índice de Preços no Atacado (IPA) (60%), Índice de Preços ao Consumidor (IPC) (30%) e Índice Nacional da Construção Civil (INCC) (10%). Refere-se ao período de 1 a 30 do mês de referência. No ano de 2009, o IPCA foi de 4,31 e o IGP-DI foi de (−)1,43. Portanto, a alternativa "d" é falsa.

Inflação pura é a parte da inflação que não é explicada pelos choques. É uma tendência. Não há ação dos agentes econômicos que alteram os preços relativos. O que explica a inflação pura é a inércia e as expectativas. Portanto, a alternativa "e" é falsa.

10. "e". O PIB de 2008, calculado a preços de 2007, será: $\dfrac{145.200 \times 100}{110} = 132.000$, o que invalida a alternativa "b". Portanto, a alternativa "e" é a verdadeira.

O PIB de 2007, calculado a preços de 2008, será: $\dfrac{120.000 \times 110}{100} = 132.000$, o que invalida a alternativa "a".

Tomando-se como base o ano 2007:

ANO	PIB NOMINAL	I$_{PREÇOS}$	PIB REAL	% Δ PIB REAL
2007	120.000	100	120.000	—
2008	145.200	110	132.000	10%

Houve um acréscimo de 10% no Produto Real. Portanto, a alternativa "c" é falsa.
O PIB real cresceu 10%. Logo, a alternativa "d" é falsa.

11. "b". Resolvendo essa questão por meio de um exemplo, tem-se:

PERÍODO	PRODUTO NOMINAL	P × Q	PRODUTO REAL
1	100	10 × 10	100
2	92,15	P_2 × 9,5	

Considerando que o Produto Nominal decresceu 7,85% e que no período 1 ele era de 100, então no período 2 ele será de 92,15.
Considerando que o Produto Real decresceu 5% e sabendo que ele mede a variação das quantidades, se considerarmos no primeiro período que a quantidade é de 10, então no segundo período será de 9,5.
Logo: Produto Nominal$_2$ = P_2 × Q_2
92,15 = P_2 × 9,5
P_2 = 9,7
Como o preço no período 1 era de 10, então houve uma deflação de 3%.
$$\%\Delta P = \frac{(9,7-10)}{10} = \frac{-0,3}{10} = -0,03 = -3\%$$

12. "d". O IPCA é o índice mais relevante do ponto de vista da política monetária, já que foi escolhido pelo Conselho Monetário Nacional (CMN) como referência para o sistema de metas para a inflação. A alternativa "d" é, portanto, a alternativa verdadeira.
O IGP-DI (Índice Geral de Preços — Disponibilidade Interna) da (FGV) é a média aritmética ponderada do IPA (60%) (Índice de Preços no atacado) – IPC (30%) (Índice de Preços ao Consumidor) e INCC (10%) (Índice Nacional da Construção Civil). É utilizado contratualmente para a correção de determinados preços administrados. Portanto, a alternativa "a" é falsa.
O INPC (Índice Nacional de Preços ao Consumidor) é um índice muito utilizado em dissídios salariais, pois mede a variação de preços para quem está na faixa salarial de até 8 salários mínimos. Portanto, a alternativa "b" é falsa.
O IGPM é o índice mais utilizado como indexador financeiro, inclusive para títulos da dívida pública federal (NTN-C). Também corrige preços administrados, como, por exemplo, energia elétrica. Portanto, a alternativa "c" é falsa.
O IGP-OG é o Índice Geral de Preços — Oferta Global; compara o movimento de preços de produtos que afetam diretamente as unidades econômicas dentro do território brasileiro e os destinados à exportação. Portanto, a alternativa "e" é falsa.

13. "e". O IGP-DI é a média ponderada de seus três índices componentes (IPA-DI, IPC e INCC, com pesos de 60%, 30% e 10%, respectivamente). Portanto, a alternativa "e" é verdadeira.
O IGP- DI é calculado pela FGV do 1º ao 30º dia do mês de referência; portanto, a alternativa "a" é falsa. Teve sua série iniciada em 1944; portanto, a alternativa "b" é falsa. Trata-se de um indicador de ampla cobertura, que mede a evolução dos preços no atacado, varejo e construção civil; portanto, a alternativa "c" é falsa. É de ampla cobertura; portanto, a alternativa "d" é falsa.

14. "a". O IPCA é elaborado pelo **IBGE**, sendo utilizado pelo Banco Central do Brasil para o acompanhamento dos objetivos estabelecidos no sistema de metas de inflação, adotado a partir de julho de 1999, para o balizamento da política monetária. Mede as variações de preços ao consumidor ocorridas nas regiões metropolitanas de Belém, Fortaleza, Recife, Salvador, Belo Horizonte, Rio de Janeiro, São Paulo, Curitiba e Porto Alegre, além de Brasília e Goiânia. Reflete a variação dos preços das cestas de consumo das famílias com recebimento mensal de 1 a 40 salários mínimos, qualquer que seja a fonte.

15. "c". Construindo-se uma tabela com as taxas de inflação, é possível visualizar as alternativas:

ANO	ÍNDICE DE PREÇOS	TX DE INFLAÇÃO (%)	INFLAÇÃO ACUMULADA (%)
1999	100	—	
2000	104	4	
2001	101,4	–2,5	
2002	107,5	6,01	
2003	115,5	7,4	
2004	125	8,22	
2005	137,5	10	
2006	148,5	8	
2007	159,7	7,54	
2008	163,3	2,25	63,3

A menor inflação do período foi em 2001; portanto, a alternativa "c" é verdadeira. De 1999 a 2003, a inflação foi decrescente e crescente; portanto, a alternativa "a" é falsa. A maior do período foi em 2005; portanto, a alternativa "b" é falsa. De 2001 a 2006, foi crescente e decrescente; portanto, a alternativa "d" é falsa. A inflação acumulada do período foi de 63,3%, já que em 1999 o índice de preços era 100 e, em 2008, foi 163,3, ou seja, um acréscimo de 63,3%; portanto, a alternativa "e" é falsa.

16. "d". Se o ano de 2004 fosse o ano-base, então:

ANO	ÍNDICE DE PREÇOS 1	ÍNDICE DE PREÇO 2
1999	100	?
2004	125	100

Fazendo uma regra de três simples, o valor para 1999 seria: $\frac{100 \times 100}{125} = 80$.

17. "e". Por meio da adoção de valores, pode-se determinar o valor nominal do PIB em 2008:

ANO	PIB NOMINAL	P	Q
1999	1 tri	100	10 bi
2008		163,3	10,1 bi

Sabendo-se que a inflação de 1999 a 2008 foi de 63,3%, conclui-se que, se os preços eram de 100 em 1999, serão de 163,3 em 2008. Como houve um crescimento real de 1% e considerando que a quantidade produzida era de 10 bi em 1999, então em 2008 passaria para 10,1 bi. Logo, o PIB nominal em 2008 foi de 1.649,33 tri (= 10,1 bi × 163,3).

18. "c". Pelo índice de Laspeyres, a inflação é de: $Lp = \frac{\Sigma Pt \times Qo}{\Sigma Po \times Qo}$
Lp (janeiro) = 1

Lp (fevereiro) $= \frac{30 \times 10 + 45 \times 5}{25 \times 10 + 50 \times 5} = \frac{525}{500} = 1,05$

Logo, a inflação é de 5%.

Pelo índice de Paasche, a inflação é de: $Pp = \frac{\Sigma Pt \times Qt}{\Sigma Po \times Qt}$
Pp (janeiro) = 1

Pp (fevereiro) $= \frac{30 \times 9 + 45 \times 8}{25 \times 9 + 50 \times 8} = \frac{270 + 360}{225 + 400} = \frac{630}{625} = 1,008$

Pelo índice de Paasche, a inflação é de 0,8%.
Bens normais são aqueles cuja quantidade, havendo um aumento da renda, aumenta entre 0% e 100% (inclusive) do aumento da renda. Não há informações a respeito do nível de renda para que se possa afirmar que os bens são normais ou não.

19. "c". O índice de Fisher (conhecido também como "Fischer") é a média geométrica dos índices de Laspeyres e Paasche, ou seja:

$$I_F = \sqrt{I_L \times I_P}$$

Portanto, a alternativa "c" é verdadeira.
O índice de Gini é uma medida de desigualdade. É utilizada para calcular a desigualdade de distribuição de renda ou riqueza. Consiste em um número entre 0 e 1, onde 0 corresponde à completa igualdade de renda e 1 corresponde à completa desigualdade. Portanto, a alternativa "a" é falsa.

A fórmula do índice de Cramer é: $V = \sqrt{\chi^2 / T \times M}$, onde T corresponde ao grande somatório total de linhas e colunas da tabela de contingência e χ^2 corresponde à estatística qui-quadrado. O índice de Cramer se baseia em medidas absolutas de áreas. O índice de Marshall-Edgeworth foi um índice proposto como alternativa aos índices de Laspeyres e Paasche, ou seja:

$$I_{me} = \frac{\Sigma \, [P_n \, (q_0 + q_n)]}{\Sigma \, [P_0 \, (q_0 + q_n)]}$$

Portanto, a alternativa "b" é falsa.
Milton Friedman recebeu o Prêmio Nobel de Economia em 1976. Foi o principal teórico da escola monetarista e membro da escola de Chicago. Para Friedman, a atividade econômica depende das variações de moeda ofertada, e não do nível de investimento. Portanto, a alternativa "d" é falsa.
O teorema de Gauss-Markov afirma que, em um **modelo de regressão linear** em que os erros têm uma expectativa zero, são **não correlacionados** e têm igualdade de **variâncias**, o melhor linear dos coeficientes é dado por **mínimos quadrados ordinários** do estimador. Portanto, a alternativa "e" é falsa.

20. "c". Supondo o seguinte exemplo, tem-se:

N	PRODUTO NOMINAL	P	Q	PRODUTO REAL
1	1.000	100	10	1.000
2	1.050	94	?	?

Para se determinar a quantidade a ser produzida em n = 2, é necessário:
Produto nominal = P × Q_2
1.050 = 94 × Q_2
Q_2 = 11,17
Logo:

N	PRODUTO NOMINAL	P	Q	PRODUTO REAL
1	1.000	100	10	1.000
2	1.050	94	11,17	?

Para se determinar o Produto Real, é necessário multiplicar o preço constante pela quantidade em n = 2. Logo:

N	PRODUTO NOMINAL	P	Q	PRODUTO REAL
1	1.000	**100**	10	1.000
2	1.050	94	11,17	?

Produto real = P_1 × Q_2
Produto real = 100 × 11,17 = 1.117,00
Logo, a variação percentual do Produto Real foi de: $\dfrac{1.117,00 - 1.000}{1.000} = 0,117 = 11,70\%$

5 ■ Produto Nominal × Produto Real. Deflacionar o Produto. Índices de Preços

21. "a".

PRODUTO	A		B		C		D	
Época	Q	P	Q	P	Q	P	Q	P
0	5	2	1	2,5	10	4	2	5
1	10	1,5	2	2,5	10	5	4	10

O índice Laspeyres dos preços é: $Lp = \dfrac{\Sigma \, Pt \times Qi}{\Sigma \, Pi \times Qi}$
Logo:
$Lp(0) = 1$

$Lp(1) = \dfrac{(1,5 \times 5)+(2,5 \times 1)+(5 \times 10)+(10 \times 2)}{(2 \times 5)+(2,5 \times 1)+(4 \times 10)+(5 \times 2)} = \dfrac{7,5+2,5+50+20}{10+2,5+40+10} = \dfrac{80}{62,5} = 1,28$

Como a base é 100, então $Lp = 128$

O índice Paasche de quantidade é: $Pq = \dfrac{\Sigma \, Qt \times Pt}{\Sigma \, Qi \times Pt}$
$Pq(0) = 1$

$Pq(1) = \dfrac{(10 \times 1,5)+(2 \times 2,5)+(10 \times 5)+(4 \times 10)}{(5 \times 1,5)+(1 \times 2,5)+(10 \times 5)+(2 \times 10)} = \dfrac{110}{80} = 1,375$

Como a base é 100, então $Pq = 137,5$

22. "b".

ANO	PRODUTO X		PRODUTO Y		PRODUTO NOMINAL	PRODUTO REAL
	Preço X	Quantidade X	Preço Y	Quantidade Y		
2000	50	100	1	500.000	505.000	505.000
2006	60	120	1,4	400.000	567.200	406.000

Para se determinar o Produto Real da economia, é necessário multiplicar os preços constantes pela quantidade do ano que se deseja. Assim:

Em 2006: Produto Real = (50 × 120) + (1 × 400.000) = 406.000

O índice de preços de Laspeyres é determinado pela seguinte fórmula: $Lp = \dfrac{\Sigma \, P_{2006} \times Q_{2000}}{\Sigma \, P_{2000} \times Q_{2000}}$

Logo: $Lp = \dfrac{(60 \times 100)+(1,4 \times 500.000)}{(50 \times 100)+(1 \times 500.000)} = \dfrac{6.000+700.000}{5.000+500.000} = \dfrac{706.000}{505.000} = 1,3980$

O índice de quantidade de Paasche é determinado pela seguinte fórmula: $Pq = \dfrac{\Sigma \, Q_{2006} \times P_{2006}}{\Sigma \, Q_{2000} \times P_{2006}}$

Logo: $Pp = \dfrac{(120 \times 60)+(400.000 \times 1,4)}{(100 \times 60)+(500.000 \times 1,4)} = \dfrac{567.200}{706.000} = 0,8033$

23. "b".

ANO	PIB NOMINAL	DEFLATOR	PIB REAL
1999	8.000	120	8.000
2000	9.000	110	?

Entende-se por deflator a relação entre o PIB nominal e o PIB real. Logo:

$\text{Deflator} = \dfrac{\text{PIB nominal}}{\text{PIB real}}$

$$\text{Deflator}_{2000} = \frac{\text{PIB nominal}_{2000}}{\text{PIB real}_{2000}}$$

$$110 = \frac{9.000}{\text{PIB real}_{2000}}$$

PIB real$_{2000}$ = 8.181,81. Portanto, a alternativa "b" é verdadeira.
A taxa de crescimento do PIB nominal será:

$$\frac{9.000 - 8.000}{8.000} = 0,125 \text{ ou } 12,5\%. \text{ Portanto, a alternativa "a" é falsa.}$$

O $\text{Deflator}_{1999} = \dfrac{\text{PIB nominal}_{1999}}{\text{PIB real}_{1999}}$

$$120 = \frac{8.000}{\text{PIB real}_{1999}}$$

PIB real$_{1999}$ = 6.666,67. Portanto, a alternativa "c" é falsa.
A taxa de crescimento real entre 1999 e 2000 foi de:

$$\frac{8.181,81 - 6.666,67}{6.666,67} = 0,2272 = 22,72\%. \text{ Portanto, a alternativa "d" é falsa.}$$

ANO	PRODUTO NOMINAL	PREÇO	QUANTIDADE	PRODUTO REAL	DEFLATOR
1996		P_{1996}	Q_{1996}		
1999	8.000	P_{1999}	Q_{1999}	6.666,67	120
2000	9.000	P_{2000}	Q_{2000}	8.181,81	110

Pela tabela acima, é possível perceber que, como o deflator cai entre 1999 e 2000, ou seja, a relação entre Produto Nominal e Produto Real cai, há indícios de que a inflação vem caindo. Portanto, a alternativa "e" é falsa.

24. "c".

PERÍODO	PRODUTO NOMINAL (PN)	NÍVEL GERAL DE PREÇOS (P)	QUANTIDADE PRODUZIDA (Q)	PRODUTO REAL
1		100		
2	713.000	115	?	?

$PN_2 = P_2 \times Q_2$
$713.000 = 115 \times Q_2$
$Q_2 = 6.200$
O Produto Real (PR) será: $PR = P_1 \times Q_2 = 100 \times 6.200 = 620.000$

25. "a". Os índices de Laspeyres e Paasche permitem comparar o custo de aquisição de uma cesta de mercadorias no período t, com o custo de aquisição dessa mesma cesta de mercadorias no período-base. Observe as fórmulas:

$$Lp = \frac{\Sigma \, Pt \times Qi}{\Sigma \, Pi \times Qi}$$

$$Pp = \frac{\Sigma \, Pt \times Qt}{\Sigma \, Pi \times Qt}$$

Portanto, a alternativa "a" é verdadeira.

O índice de Fisher é a média geométrica dos índices de Laspeyres e Paasche. Portanto, a alternativa "b" é falsa.
Diz-se que há reversão quanto aos fatores quando o resultado da multiplicação de um índice de preços por um índice de quantidades é igual ao índice de valores (I(VtlV0)). Nessa situação não se enquadra nem o índice de Laspeyres nem o índice de Paasche. Somente o índice de Fisher, entre os índices ponderados, tem essa característica. Portanto, a alternativa "c" é falsa.
Para saber se o índice de Laspeyres é maior, menor ou igual ao de Paasche, é necessário se analisar o coeficiente de correlação entre os relativos de preços e quantidades. Se for negativo, o índice de Laspeyres é maior que o de Paasche; se for igual a zero, os índices são iguais; e, se for positivo, o índice de Laspeyres é menor que o índice de Paasche. Além do que, o índice de preços de Paasche pondera pelo preço atual, e o índice de preços de Laspeyres pondera pelo preço do ano-base. Portanto, a alternativa "d" é falsa.
O índice de Fisher atende à condição de reversão no tempo. Portanto, a alternativa "e" é falsa.

26. V, V, V.

ANO	MAÇÃ		BANANA		LARANJA		PRODUTO NOMINAL
	P	Q	P	Q	P	Q	
0	2	3	3	6	4	8	56
1	3	4	2	14	5	32	200

a) **(V)** $Pp(1) = \dfrac{\Sigma P_1 \times Q_1}{\Sigma P_0 \times Q_1}$

$Pp(1) = \dfrac{3 \times 4 + 2 \times 14 + 5 \times 32}{2 \times 4 + 3 \times 14 + 4 \times 32} = \dfrac{200}{178} = 1{,}1235$

b) **(V)** Para determinar o índice de Fisher, deve-se calcular a média geométrica dos índices de Laspeyres e Paasche, ou seja:

$Lp(1) = \dfrac{\Sigma P_1 \times Q_0}{\Sigma P_0 \times Q_0}$

$Lp(1) = \dfrac{3 \times 3 + 2 \times 6 + 5 \times 8}{2 \times 3 + 3 \times 6 + 4 \times 8} = \dfrac{61}{56} = 1{,}089$

$Fp(1) = \sqrt{Pp(1) \times Lp(1)}$

$Fp(1) = \sqrt{1{,}1235 \times 1{,}089} = 1{,}1061$

c) **(V)** $Lp(1) = \dfrac{\Sigma P_1 \times Q_0}{\Sigma P_0 \times Q_0}$

$Lp(1) = \dfrac{3 \times 3 + 2 \times 6 + 5 \times 8}{2 \times 3 + 3 \times 6 + 4 \times 8} = \dfrac{61}{56} = 1{,}089$

27. F. Quando se fala em PIB a preços correntes, refere-se ao PIB nominal. Quando se toma o preço do ano anterior para se calcular o PIB, ou seja, consideram-se preços constantes, determina-se o PIB real.
Sabendo-se que Deflator é a relação entre o Produto Nominal e Produto Real, tem-se:

ANO	PIB NOMINAL	PIB REAL	DEFLATOR
1	200	200	1
2	246	205	246/205 = 1,2

Logo, o deflator variou de 1 para 1,2, ou seja, há uma variação de 0,2 ou 20%.

28. V, F, F, V, V.

0) (V) Houve uma redução de 10% no PIB real, a preços de 2006, entre os anos de 2007 e 2008. Observe a tabela:

ANO	POP.	BEM FINAL	Q	P ($)	PIB REAL	%Δ PIB REAL
2006	100	X	5	10.000,00	5 × 10.000,00 + 10 × 20.000,00 = 250.000,00	
		Y	10	20.000,00		
2007	125	X	10	5.000,00	10 × 10.000,00 + 20 × 20.000,00 = 500.000,00	
		Y	20	10.000,00		
2008	150	X	15	4.000,00	15 × 10.000,00 + 15 × 20.000,00 = 450.000,00	−10%
		Y	15	10.000,00		

A variação percentual do PIB real de 2007 para 2008 é: $\frac{450.000,00 - 500.000,00}{500.000,00} = -0,1 = -10\%$

1) (F) O PIB real para o ano de 2008, a preços de 2006, é igual a $450.000,00. Observe a tabela do item "0" *supra*.

2) (F) O PIB real *per capita*, a preços de 2006, cresceu 60%, entre os anos de 2006 e 2007:
PIB real em 2006 = 250.000,00
PIB real em 2007 = 500.000,00
PIB real *per capita* em 2006 = PIB real em 2006/População 2006 = 250.000,00/100 = 2.500,00
PIB real *per capita* em 2007 = PIB real em 2007/População 2007 = 500.000,00/125 = 4.000,00
Logo, a % Δ PIB real *per capita* é de: 4.000,00 − 2.500,00/2.500,00 = 0,6 = 60%

3) (V) O deflator do PIB, a preços de 2006, sofreu uma queda de 50%, entre 2006 e 2007. Observe:

ANO	POP.	BEM FINAL	Q	P ($)	PIB NOMINAL	PIB REAL	DEFLATOR
2006	100	X	5	10.000,00	250.000,00	250.000,00	1
		Y	10	20.000,00			
2007	125	X	10	5.000,00	250.000,00	500.000,00	0,5
		Y	20	10.000,00			
2008	150	X	15	4.000,00	210.000,00	450.000,00	0,4667
		Y	15	10.000,00			

4) (V) A taxa de crescimento anual do PIB real *per capita* independe da escolha do ano-base para os preços. No item 2, a taxa de crescimento do PIB *per capita* do ano de 2006 para 2007 foi de 60% quando se tomou como base o ano de 2006. Tomando como base o ano de 2007, observe qual será o crescimento *per capita* do produto entre 2006 e 2007:

ANO	POP.	BEM FINAL	Q	P ($)	PIB REAL	% Δ PIB REAL
2006	100	X	5	10.000,00	5 × 5.000,00 + 10 × 10.000,00 = 125.000,00	
		Y	10	20.000,00		
2007	125	X	10	5.000,00	10 × 5.000,00 + 20 × 10.000,00 = 250.000,00	
		Y	20	10.000,00		
2008	150	X	15	4.000,00	15 × 5.000,00 + 15 × 10.000,00 = 225.000,00	
		Y	15	10.000,00		

PIB real 2006 = 125.000
PIB real 2007 = 250.000
PIB real *per capita* em 2006 = PIB real em 2006/População 2006 = 125.000,00/100 = 1.250,00
PIB real *per capita* em 2007 = PIB real em 2007/População 2007 = 250.000,00/125 = 2.000,00
Logo, a % Δ PIB real *per capita* é de: 2.000,00 − 1.250,00/1.250,00 = 750,00/1.250,00 = 0,6 = 60%

29. "a". O índice de preço ideal de Fisher é a média geométrica dos números-índices de Laspeyres e Paasche. Assim, observe: Fp = $\sqrt{Lp \times Pp}$. Portanto, a alternativa "a" é verdadeira.
O método dos agregados simples dos relativos é expresso pelo total dos preços das utilidades, em um dado ano, em porcentagem do total dos preços das utilidades no ano-base. Assim, tem-se: $\sum Pt/\sum po$. O método das médias simples consiste na média aritmética dos preços relativos das diversas utilidades, ou seja: $(1/n) \times (\sum Pt/\sum po)$. Portanto, a alternativa "b" é falsa.
O índice de Laspeyres é o índice de preço agregado ponderado em relação às quantidades do ano-base (Qi). Observe:

$$Lp = \frac{\sum Pt \times Qi}{\sum Pi \times Qi}$$

Portanto, a alternativa "c" é falsa.
O índice de Paasche é o índice de preço agregado em relação às quantidades de um determinado ano (Qt). Observe:

$$Pp = \frac{\sum Pt \times Qt}{\sum Pi \times Qt}$$

Portanto, a alternativa "d" é falsa.
No método agregado simples, apenas um produto tem suas variações computadas. Atribui-se, portanto, a mesma ponderação para cada item, desconsiderando a importância relativa de cada um. Portanto, a alternativa "e" é falsa.

30. "a".
$$\frac{(150 - 125)}{125} = \frac{25}{125} = 0,2 = 20\%$$

31. "e". O índice de preços de Laspeyres pondera os preços pela quantidade do ano-base, e o índice de Paasche pondera os preços pela quantidade do ano em estudo. Portanto, se a quantidade do ano-base for igual à quantidade do ano em estudo, os dois índices serão iguais.

32. "d". O índice de quantidade de Paasche é: $(\sum qnpn)/(\sum qopn)$.

33. F, V.
O deflator do PIB mede a variação de preços produzidos pelo país, e não a variação de preços consumidos pelo país. Portanto, a elevação de preços de produtos importados não afeta o deflator do produto, sendo falso o item "a".

34. "a". O PIB real é o que mostrará o aumento da quantidade do produto, o aumento do nível de emprego e, por conseguinte, uma melhora no bem-estar social, já que o aumento do produto nominal pode ter sido ocasionado apenas pela elevação da inflação.

35. "d". Reconstruindo a tabela e considerando o IGP como preços, determina-se a quantidade e o Produto Real.

ANO	PIB NOMINAL = ($P_{correntes} \times Q$)	P	Q	PIB REAL = ($P_{constante} \times Q$)
2006	1.000,00	100,00	10	1.000,00
2007	1.070,00	106,00	10,09	1.009,00
2008	1.123,50	109,18	10,29	1.029,00
2009	1.150,00	115,00	10	1.000,00
2010	1.207,50	121,90	9,90	990,00

Observe que, de 2007 para 2008, o Produto Real da economia aumentou de 1.009,00 para 1.029,00. Não houve, portanto, recessão nesse período, e, sim, crescimento econômico. Entre 2006 e 2007, o Produto Real cresceu e, portanto, sua variação foi positiva. A partir de 2008, o Produto Real da economia decresceu. Observe a tabela a seguir e perceba que o Produto Real de 2006 e o de 2009, medidos ao preço de 2009, são iguais.

ANO	P	Q	PIB REAL = ($P_{constante}$ × Q)
2006		10	1.000,00
2007			
2008			
2009	115,00	10	1.000,00
2010			

De 2009 para 2010, o Produto Real decresceu de 1.000,00 para 990,00.

36. "e".

ANO	PN	% PN	PR	% PR
2009	100		100	
2010	110	(110 – 100)/110 = 0,091 = 9,1%	104	(104 – 100)/100 = 0,04 = 4%
2011	125	(125 – 110)/110 = 0,1364 = 13,64%	108	(108 – 104)/104 = 0,038 = 3,8%
2012	138	(138 – 125)/125 = 0,104 = 10,4%	115	(115 – 108)/108 = 0,0648 = 6,48%

Deflator = (PN/PR) × 100
Deflator (2012) = (138/115) × 100 = 1,2 × 100 = 120
Deflator (2009) = (100/100) × 100 = 1 × 100 = 100
O deflator em 2012 é 20% maior que em 2009.
A alternativa "e" é a correta.
Deflator (2010) = (110/104) × 100 = 1,05769 × 100 = 105,76
A alternativa "c" é falsa.
O crescimento real da economia em 2012 foi de 6,48% e, em 2010 foi de 4%, portanto em 2012 o crescimento foi maior. A alternativa "a" é falsa.
No período (2009-2012), o aumento percentual do produto real da economia foi de 15% (= (115 – 100)/100). A alternativa "b", portanto, é falsa.
O crescimento real da economia em 2011 foi de 3,8%, o que torna a alternativa "d" falsa.

37. "a". Entre os anos 2011 e 2012, verificou-se o seguinte comportamento; tomando como base o ano 2010.

ANO	PIB NOMINAL	ÍNDICE DE PREÇOS	PIB REAL
2011	2.200,00	112,00	(2.200,00/112,00) × 100,00 = 1.924,28
2012	2.100,00	106,00	(2.100,00/106,00) × 100,00 = 1.981,13

Observa-se que o PIB real cresceu de 2011 para 2012. A alternativa "a" é verdadeira.
Entre os anos de 2010 e 2013, verificou-se o seguinte comportamento do produto real, tomando como base o ano 2010.

ANO	PIB NOMINAL	ÍNDICE DE PREÇOS DO INSTITUTO A	PIB REAL
2010	2.000,00	100,00	2.000,00
2011	2.200,00	108,00	(2.200,00/108,00) × 100,00 = 2.037,03
2012	2.100,00	106,00	(2.100,00/106,00) × 100,00 = 1.981,13
2013	2.415,00	121,00	(2.415,00/121,00) × 100,00 = 1.995,86

ANO	PIB NOMINAL	ÍNDICE DE PREÇOS DO INSTITUTO B	PIB REAL
2010	2.000,00	100,00	2.000,00
2011	2.200,00	112,00	(2.200,00/112,00) × 100,00 = 1.964,28
2012	2.100,00	106,00	(2.100,00/106,00) × 100,00 = 1.981,13
2013	2.415,00	118,00	(2.415,00/118,00) × 100,00 = 2.046,61

Percebe-se que, pelo instituto A, o produto real só cresceu do ano 2010 para 2011 quando se toma por base o ano de 2010. No instituto B, o produto real só cresceu no ano de 2013 quando se toma por base o ano de 2010. A alternativa "b" é falsa.

Para evitar todos esses cálculos, é possível verificar que, no ano de 2012, com base em 2010, os preços variaram 6% qualquer que seja o instituto, já que passaram de 100 para 106, enquanto o produto nominal cresceu apenas 5%, passando de 2.000 para 2.100, o que comprova que não houve crescimento real.

De 2010 para 2011, houve crescimento do produto real quando medido pelo instituto A (passou de 2.000 para 2.037,03) e houve decréscimo do produto real quando medido pelo instituto B (passou de 2.000 para 1.964,28). A alternativa "c" é falsa.
Entre 2010 e 2012, o PIB nominal e o índice de preços são iguais para os institutos A e B. Portanto, o PIB real será igual também. A alternativa "d" é falsa.
Entre 2012 e 2013, o PIB real do instituto A cresceu de 1.981,13 para 1.995,86, e o do instituto B cresceu de 1.981,13 para 2.046,61. Logo, o instituto B apresentou um crescimento maior do PIB real. A alternativa "e" é falsa.

38. "e". O IPC-FIPE é o Índice de Preços ao Consumidor na Cidade de São Paulo. A alternativa "a" é falsa.
O IGP (Índice Geral de Preços) calculado pela Fundação Getúlio Vargas é uma média ponderada do Índice de preços no atacado (IPA), com peso 6; de preços ao consumidor (IPC), com peso 3; e do Custo da Construção Civil (INCC), com peso 1. É usado em contratos de prazo mais longo, como os de aluguel. Portanto, a alternativa "b" é falsa.
O IGP-M é apurado do dia 21 do mês anterior ao dia 20 do mês de referência. A alternativa "c" é falsa.
O INPC é calculado pelo IBGE e a área de abrangência são as 11 maiores regiões metropolitanas. A alternativa "d" é falsa.
O IPCA é o índice mais relevante, do ponto de vista da política monetária, já que foi escolhido pelo Conselho Monetário Nacional (CMN) como referência para o sistema de metas para a inflação, implementado em junho de 1999. A alternativa "e" está correta.

39. "d". Um produto produzido em determinado ano e não consumido nesse mesmo ano, comporá os estoques.
Como a variação de estoques é um tipo de "investimento", pode-se afirmar que a alternativa "d" é verdadeira.
A soma das remunerações dos fatores de produção determina a Renda Nacional ou Produto Nacional, e não o produto interno. Portanto, a alternativa "a" é falsa.
O bem produzido em 2011 é contabilizado como o PIB em 2011. A alternativa "b" é, portanto, falsa.
O PNB é determinado pelos gastos em produtos domésticos efetuados apenas por residentes. A alternativa "c" é, portanto, falsa.
A variação do PIB real pode ser igual, maior ou menor que a variação do PIB nominal. Tudo dependerá do comportamento do nível de preços. A alternativa "e" é, portanto, falsa.

40. Certo. O PIB a preços correntes é o PIB Nominal (PN). E o PIB nominal cresce porque "Q" aumentou, porque "P" aumentou ou por uma combinação de "P" e "Q" que aumente. Vejamos:
$\uparrow PN = \sum P\uparrow \cdot Q\uparrow$

41. Errado. O PIB a preços constantes é o PIB Real (PR). O crescimento real da economia pode ser aferido pela variação real do produto interno bruto. Vejamos que só há crescimento real se a quantidade aumenta:
$PR = \sum P \cdot Q\uparrow$

42. "c". Sabendo que:
$PN = \sum P \cdot Q$
Quando o Produto Real cai, a quantidade cai também. Assim, se a quantidade (Q) cai, mas mesmo assim o Produto Nominal (PN) cresce, isso significa que o nível geral de preços cresceu mais ainda, ou seja, está havendo inflação.
$\uparrow PN = \sum P\uparrow \cdot Q\downarrow$

43. "b". Se o Produto Nominal cresceu 6%, passando para 1060, e o produto real (PR) cresceu 4%, a quantidade produzida aumentará em 4% também. Logo, os preços crescerão aproximadamente 2%. Vejamos:
$PN = \sum P \cdot Q$
$6\% = \%\Delta P \cdot 4\%$
$\%\Delta P = 2\%$

44. "d". Sabendo que o produto nominal é igual a:
$PN = \sum P_{corrente} \cdot Q$
Então:
$112 = P_{corrente} \cdot Q$

Sabendo que o produto real é igual a:
$PR = \sum P_{constante} \cdot Q$
Então:
$100 = P_{constante} \cdot Q$

Se atribuirmos um P = 1 no cálculo do produto real, então a Q = 100. Substituindo Q = 100 no cálculo do produto nominal, temos:
$112 = P_{corrente} \cdot 100$
$P_{corrente} = 1,12$

Logo, houve um aumento dos preços de 12% = (1,12 – 1) / 1 = 0,12 = 12%

45. "a". O índice de preços de Laspeyres consiste em:
$Lp = \sum Pt \cdot Qo / \sum Po \cdot Qo$
Podemos perceber que o preço está sendo ponderado pela quantidade do ano-base (Qo). A alternativa "a" é verdadeira.
O índice de quantidade, e não preço, de Paasche pondera a quantidade pelos preços do ano correspondente. Vejamos:
$Pq = \sum Qt \cdot Pt / \sum Qo \cdot Pt$
A alternativa "b" é falsa.
Quando o produto real aumenta, a quantidade produzida, Q, aumenta. Caso os preços caiam na mesma proporção que a quantidade aumentou, o produto nominal permanece constante. E se os preços caírem numa proporção maior que a quantidade que se elevou, o produto nominal cai. A alternativa "c" é falsa.
Um aumento no valor nominal do PIB em decorrência do aumento dos preços não levará a um aumento na renda real ou produto real da economia. A alternativa "d" é falsa.
O PIB nominal é influenciado pela inflação, já que considera os preços correntes. Portanto, se os preços subirem, mantendo-se constante a quantidade, o PIB nominal aumenta e vice-versa. A alternativa "e" é falsa.

46. "a". Tomando o ano de 2010 como base 100, podemos calcular o índice de preços dos anos seguintes fazendo regrinhas de três da seguinte maneira:
Para 2011:
150 ⟶ 100
180 ⟶ x
X = 120

Para 2012:
150 ⟶ 100
123 ⟶ X
X = 82

Para 2013:
150 ⟶ 100
162 ⟶ X
X = 108

Logo, temos a seguinte tabela:

2010	2011	2012	2013
100	120	82	108

47. "b". O PIB real em 2000, medido a preço de 1996, foi de:
(9.000 / 110) · 100 = 8.181,81. A alternativa "b" está correta.
A taxa de crescimento do PIB nominal entre 1999 e 2000 foi de:
(9.000 – 8.000) / 8.000 = 0,125 = 12,5%. A alternativa "a" está errada.
O PIB real em 1999, medido a preços de 1996, foi de:
(8.000 / 120) · 100 = 6.666,66. A alternativa "c" está errada.

O PIB real foi de:

ANO	PIB REAL	%Δ PIB REAL
1999	(8.000 / 120) · 100 = 6.666,67	
2000	(9.000 / 110) · 100 = 8.181,81	(8.181,81 – 6.666,67) / 6.666,67 = 0,2273 = 22,73%

A alternativa "d" está errada.
Vemos que o deflator passou de 120 para 110 nos anos de 1999 para 2000, o que nos leva a concluir que os preços caíram e, portanto, houve deflação. A alternativa "e" está errada.

48. "d". Calculando o PIB de 2006 e 2009 ao preço de 2009, temos:

ANO	PIB REAL
2006	(1.000,00 / 100,00) · 115,00 = 1.150,00
2009	1.150,00

Podemos perceber que o produto real para os anos de 2006 e 2009 são equivalentes. A alternativa "d" é verdadeira.
Se analisarmos o PIB nominal a partir de 2007, veremos que ele sempre cresceu. Portanto, não houve recessão, mas sim, crescimento econômico em termos nominais. A alternativa "a" é falsa.
Calculando o PIB real entre 2006 e 2007, temos:

ANO	PIB REAL	%Δ PIB REAL
2006	1.000,00	
2007	(1.070,00 / 106,00) · 100,00 = 1.009,43	0,94%

Portanto, em valores reais, o PIB cresceu 0,94% de 2006 para 2007. A alternativa "b" é falsa.
Vejamos o comportamento do PIB real a partir de 2008:

ANO	PIB REAL	%Δ PIB REAL
2008	(1.123,50 / 109,18) · 100,00	1.029,03
2009	(1.150,00 / 115,00) · 100,00	1.000,00
2010	(1.207,50 / 121,90) · 100,00	990,56

Percebemos que, a partir de 2008, houve recessão ininterrupta do PIB real. A alternativa "c" é falsa.

Calculando o produto real entre os anos de 2009 e 2010, tomando como base os preços do ano de 2006, temos:

ANO	PIB REAL
2009	(1.150,00 / 115,00) · 100,00 = 1.000,00
2010	(1.207,50 / 121,90) · 100,00 = 990,56

Percebemos que, entre 2009 e 2010, o produto real caiu. A alternativa "e" é falsa.

49. "c". Foram dadas as seguintes informações:

ANO	PIB NOMINAL	%Δ PIB NOMINAL	%ΔP
2009			
2010	121	10%	5%

Com base nisso, podemos calcular o produto nominal em 2009, que chamaremos de "X". Como, em 2010, houve crescimento de 10% do Produto Nominal em relação a 2009, então:
Produto nominal 2009 mais 10% é igual ao produto nominal de 2010.
X · (1,10) = 121
X = 110
Considerando um índice de preço de 100 em 2009, então em 2010 ele seria de 105, já que os preços subiram 5%. Vamos montar, então, a tabela, acrescentando esses dados:

ANO	PIB NOMINAL	%Δ PIB NOMINAL	ÍNDICE DE PREÇOS
2009	110		100
2010	121	10%	105

Calculando o PIB de 2009 com base no preço de 2010, temos:
(110 / 100) · 105 = 115,50

50. "d". Montando uma tabela com os dados da questão, temos:

ANO	PIB NOMINAL	ÍNDICE DE PREÇOS
1	1,8 trilhão	100
2	2,3 trilhão	115

Calculando em valores reais, o PIB para os anos 1 e 2 será:

ANO	PIB REAL	%Δ PIB REAL
1	1,8 trilhão	
2	(2,3 / 115) · 100 = 2 trilhões	11,11%

Percebemos que o PIB real cresceu do ano 1 para o ano 2 mais de 10%, ou seja, 11,11%.

51. "e". Reorganizando a tabela, podemos determinar o produto real da economia considerando os preços constantes com base no ano X1. Vejamos:

ANO	CELULAR		TELEVISÃO		PRODUTO REAL
	Preço	Quantidade	Preço	Quantidade	
X1	500	2	800	3	(500 · 2) + (800 · 3) = 3.400
X2		2,2		2,5	(500 · 2,2) + (800 · 2,5) = 3.100

Portanto, o PIB Real em X2 é de 3.100.

52. "c". Vamos começar montando a tabela com essas informações e depois vamos calcular o PIB nominal, o PIB real e o deflator do PIB.

ANO	PEIXES		LARANJAS		PRODUTO NOMINAL	PRODUTO REAL	DEFLATOR DO PIB = PRODUTO NOMINAL/ PRODUTO REAL
	P	Q	P	Q			
1	1	500	0,50	600	(1.500) + (0,50 · 600) = 800	(1.500) + (0,50 · 600) = 800	800 / 800 = 1
2	1,5	600	1	500	(1,5 · 600) + (1.500) = 1.400	(1.600) + (0,5 · 500) = 850	1.400 / 850 = 1,6470

A variação percentual do deflator será de:
(1,6470 − 1) / 1 = 0,6470 = 64,70%

53. "c". O índice de Laspeyres de preços, Lp, no ano 2, é:

$$Lp(2) = \frac{\sum P_2 \cdot Q_1}{\sum P_1 \cdot Q_1} = \frac{4 \cdot 2 + 14 \cdot 3 + 32 \cdot 4}{2 \cdot 3 + 3 \cdot 6 + 4 \cdot 8} = \frac{178}{56} = 3,1786$$

O índice de Paasche de preços, Pp, no ano 2, é:

$$Pp(2) = \frac{\sum P_2 \cdot Q_2}{\sum P_1 \cdot Q_2} = \frac{4 \cdot 3 + 14 \cdot 2 + 32 \cdot 5}{3 \cdot 3 + 6 \cdot 2 + 8 \cdot 5} = \frac{200}{61} = 3,2787$$

O índice de Fisher de preços, Fp, no ano 2, é:

$$Fp(2) = \sqrt{3,1786 \cdot 3,2787} = 3,2282$$

54. "a". O índice de Fisher é um índice de preços que compara o custo de aquisição de uma cesta de bens em um ano em relação ao seu custo no ano-base. A alternativa "a" é verdadeira.
O índice de preços de Laspeyres utiliza a média aritmética ponderada das variáveis de cada um dos produtos considerados. O índice de preços de Paasche utiliza a média harmônica ponderada dos produtos considerados. O índice de Fisher utiliza a média geométrica dos índices de Laspeyres e Paasche. A alternativa "b" é falsa.
O índice de valor corresponde à multiplicação do índice de preços de Laspeyres pelo índice de quantidade de Paasche, bem como à multiplicação do índice de quantidade de Laspeyres pelo índice de preços de Paasche. A alternativa "c" é falsa.
O índice de Laspeyres, e não o de Fisher, apresenta a ponderação fixa na época-base. A alternativa "d" é falsa.
O índice de Fisher é reversível quanto ao tempo e quanto aos fatores. A alternativa "e" é falsa.

55. "a". Rearrumando a tabela, temos:

ANO	MAÇÃ		BANANA		LARANJA	
	Preço	Quantidade	Preço	Quantidade	Preço	Quantidade
1	3	2	6	3	8	4
2	4	3	14	2	32	5

O índice de Laspeyres de quantidade, Lq, no ano 2, é:
$$Lq(2) = \frac{\sum Q_2 \cdot P_1}{\sum Q_1 \cdot P_1} = \frac{3 \cdot 3 + 2 \cdot 6 + 5 \cdot 8}{2 \cdot 3 + 3 \cdot 6 + 4 \cdot 8} = \frac{61}{56} = 1,089$$
O índice de Paasche de quantidade, Pq, no ano 2, é:
$$Pq(2) = \frac{\sum Q_2 \cdot P_2}{\sum Q_1 \cdot P_2} = \frac{3 \cdot 4 + 2 \cdot 14 + 5 \cdot 32}{2 \cdot 4 + 3 \cdot 14 + 4 \cdot 32} = \frac{200}{178} = 1,123$$

O índice de Fisher de quantidade, Fq, no ano 2, é:
$$Fq(2) = \sqrt{1,089 \cdot 1,123} = 1,1058$$

O índice de Valor, V, no ano 2, é:
$$V = \frac{\sum Q_2 \cdot P_2}{\sum Q_1 \cdot P_1} = \frac{3 \cdot 4 + 2 \cdot 14 + 5 \cdot 32}{2 \cdot 3 + 3 \cdot 6 + 4 \cdot 8} = \frac{200}{56} = 3,5714$$

Logo, o índice de quantidade de Paasche é maior que o índice de quantidade de Laspeyres, e o índice de quantidade de Fisher é maior que o índice de quantidade de Laspeyres.

56. Errado. Para deflacionar o PIB nominal, o diplomata deve utilizar o deflator do PIB, que é calculado pelo quociente entre o PIB nominal, medido a preços correntes, e o PIB real, medido a preços constantes.

57. "b". O deflator corresponde a um índice de preços. Com ele é possível medir a inflação/deflação do período.

58. "b". Deflator do PIB = PIB nominal / PIB real

59. "a". O IPCA é o índice mais relevante do ponto de vista da política monetária, já que foi escolhido pelo Conselho Monetário Nacional (CMN) como referência para o sistema de metas para a inflação, implementado em junho de 1999. O Bacen é responsável pelo cumprimento dessa meta estipulada pelo CMN.

60. Errado. O deflator do PIB mede a variação de preços dos produtos "produzidos" em um determinado período de tempo, enquanto os índices de preços medem a variação de preços dos produtos "consumidos" em um determinado período de tempo. Por isso, não proporcionam informações semelhantes.

61. "a". Em 2000, o deflator do PIB foi igual a 100.
O PIB real de 2002 com base em 2000 é igual a:
(200.000 / 145) · 100 = 137.931,03

62. "a".

ANO	BEM X		BEM Y		PN	PR	DEFLATOR DO PIB
	Q	P	Q	P			
2012	200	2	100	3	700	700	1 ou 100
2013	250	3	150	4			
2014	300	6	200	6	3.000	1.200	(3.000 / 1.200) · 100 = 2,5 · 100 = 250

Produto Nominal em 2012:
(200 · 2) + (100 · 3) = 400 + 300 = 700
Produto Nominal em 2014:
(300 · 6) + (200 · 6) = 1.800 + 1.200 = 3.000
Produto Real em 2012 = 700
Produto Real em 2014:
(300 · 2) + (200 · 3) = 1.200
O deflator do PIB em 2012 é igual a 1.

O deflator de PIB em 2014 é igual a:
Deflator do PIB em 2014 = Produto Nominal em 2014 / Produto Real em 2014
Deflator do PIB em 2014 = 3.000 / 1.200
Deflator do PIB em 2014 = 2,5 ou Deflator do PIB em 2014 = 250

63. "a".

ANO	PIB NOMINAL	PIB REAL	DEFLATOR DO PIB = PRODUTO NOMINAL / PRODUTO REAL	%Δ DEFLATOR
2001	200	200	100	
2002	600	400	(600 / 400) · 100 = 150	(150 – 100) / 100 = 0,5 = 50%

64. "c".

| ANO | JERIMUM | | MACAXEIRA | | PN | PR | DEFLATOR = PN / PR |
	P	Q	P	Q			
2011	1	100	2	50	(1 · 100) + (2 · 50) = 200	(1 · 100) + (2 · 50) = 200	100
2012	2	150	4	80	(2 · 150) + (4 · 80) = 620	(1 · 150) + (2 · 80) = 310	(620 / 310) · 100 = 200

65. "e". O IPCA é o índice mais relevante do ponto de vista da política monetária, já que foi escolhido pelo Conselho Monetário Nacional (CMN) como referência para o sistema de metas para a inflação, implementado em junho de 1999. Em 2014, a meta de inflação foi de 4,5%. A alternativa "e" é verdadeira. Em 2019ª meta foi 4,25%, em 2020, foi de 4% e, em 2021, de 3,75%.
O IPC-FIPE destina-se a medir a inflação ao consumidor na cidade de São Paulo. A alternativa "a" está incorreta.
IGP-10, IGP-M, IGP-DI são compostos por uma cesta de três índices: preços ao consumidor, preços por atacado e referente à construção civil. O IPCA não tem índices componentes. A alternativa "b" está incorreta.
O IGP-M é apurado no dia 21 do mês anterior ao dia 20 do mês de referência. A alternativa "c" está incorreta.
O INPC calculado pelo IBGE abrange as 11 maiores regiões metropolitanas, e sua coleta ocorre do dia 1º ao dia 30 do mês de referência. A alternativa "d" está incorreta.

66. Resposta: Errado
O PIB real, e não o produto nominal, é a medida do produto ideal para avaliar o nível e a trajetória de crescimento econômico, pois representa métrica de produto a preços constantes a partir de determinado ano-base.

67. Resposta: Certo
O IPCA é o índice mais relevante do ponto de vista da política monetária, já que foi escolhido pelo Conselho Monetário Nacional (CMN) como referência para o sistema de metas para a inflação, implementado em junho de 1999.

68. Resposta: Certo
O IPCA é um índice que abrange o consumo de famílias que residem nas 11 maiores regiões metropolitanas, com renda entre 01 e 40 salários mínimos. A coleta ocorre entre o 1º e o 30º dia do mês de referência e a divulgação ocorre até o dia 15 do mês subsequente.

69. Resposta: Errado
Para calcularmos a inflação para o biênio 2019 e 2020, é necessário termos a inflação desses dois períodos que foram dadas no enunciado, ou seja:
2019 → 4,1%
2020 → 4,0%

Considerando:
Inflação do biênio = Ib
Inflação de 2019 = I9
Inflação de 2020 = I2

Temos:
(1 + Ib) = (1 + I9) · (1 + I2)
(1 + Ib) = (1 + 0,041) · (1 + 0,04)
(1 + Ib) = 1,041 · 1,04
(1+ Ib) = 1,08264
Ib = 0,08264
Ib = 8,26%

70. "a". O deflator do PIB é a relação do Produto nominal pelo Produto Real. A alternativa "a" está correta. O deflator apresenta, ocasionalmente, variações menores que o IGP pois expressa a inflação do produto produzido na economia, enquanto o IGP expressa a inflação do produto consumido na economia. Vejamos o gráfico a seguir:

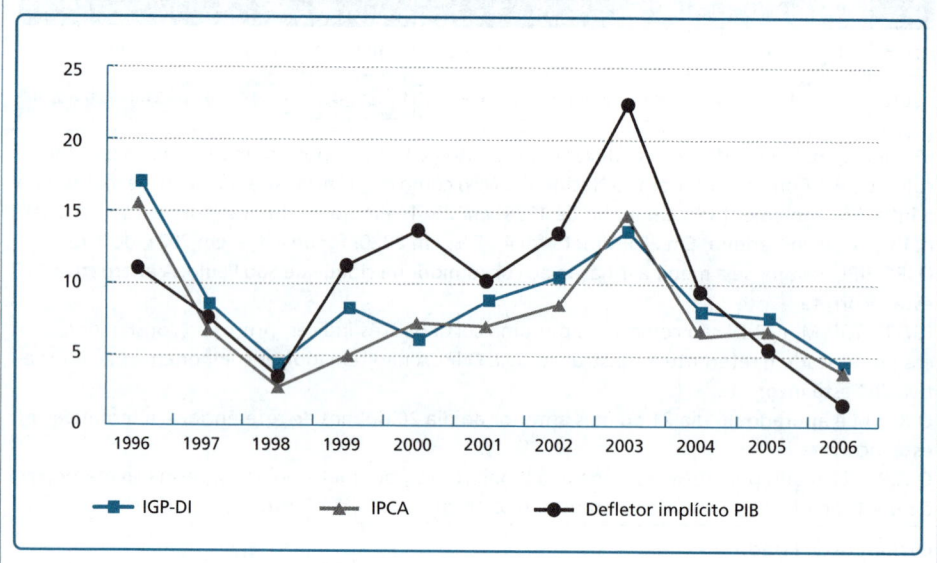

O Deflator, contudo, é mais abrangente, pois considera informações indisponíveis nos outros índices como, por exemplo, os preços implícitos da administração pública. A alternativa "b" está incorreta. O IPCA, calculado pela Fundação IBGE, é o índice adotado pelo Banco Central para garantir o cumprimento das metas de inflação estipuladas pelo Conselho Monetário Internacional. A alternativa "c" está incorreta. O Índice Nacional de Preços ao Consumidor (INPC) tem sido adotado como medida para correção do salário mínimo. A alternativa "d" está incorreta. O deflator implícito não é um índice pesquisado diretamente, como são o Índice Geral de PreçosDisponibilidade Interna (IGP-DI), calculado pela Fundação Getulio Vargas (FGV), e o Índice de Preços ao Consumidor Amplo (IPCA), do Instituto Brasileiro de Geografia e Estatística (IBGE), que também calcula o deflator implícito do PIB. A alternativa "e" está incorreta.

71. "b". Quem fixa as metas de inflação é o Conselho Monetário Nacional. Quem adota as medidas necessárias para que essas metas sejam atingidas é o Banco Central, através do controle sobre as taxas de juros. A alternativa correta é a "b"

72. "b".

MÊS	IPCA	
AGO	5056.56	X1
SET	5080.83	X2
OUT	5103.69	X3
NOV	5092.97	X4
DEZ	5100.61	100

Tomando dezembro de 2018 como ano base (= 100), pode-se fazer uma regra de três para os demais anos para calcular quais os valores de cada mês:

Agosto/2018 → X1 · 5100,61 = 5056,56 · 100
X1 = 99,13

Setembro /2018 → X2 · 5100,61 = 5080,83 · 100
X2 = 99,61

Outubro/ 2018 → X3 · 5100,61 = 5103,69 · 100
X3 = 100,06

Novembro/ 2018 → X4 · 5100,61 = 5092,97 · 100
X4 = 99,85

73. "b"

MÊS	IPCA (DEZ 1993 = 100)	
JAN	5116.93	1500,00
FEV	5138.93	
MAR	5177.47	X1
ABR	5206.98	
MAI	5213.75	
JUN	5214.27	
JUL	5224.18	X2

Fazendo uma regra de três, tem-se:
Em março de 2019 → X1 · 5116,93 = 5.177, 47 · 1500,00
X1 = 1.517,74
Em julho de 2019 → X2 · 5116,93 = 5.224,18 · 1500,00
X2 = 1531,44

74. "e". O INPC (IBGE) abrange a faixa de renda de 1 a 5 salários mínimos. A alternativa "E" está correta. O IPCA (IBGE) abrange de 01 a 40 salários mínimos. A Alternativa "a" está incorreta. O IPA e o IPC são componentes dos índices da FGV e que abrangem de 1 a 33 salários mínimos. As alternativas "B" e "D" estão incorretas. O IGPM (FGV) abrange a faixa de renda de 1 a 33 salários mínimos. A alternativa "C" está errada.

75. "c". O índice de preços ponderado pelo ano que está sendo considerado (2019) é o índice de preços de Paashe. Observe que a ponderação é o ano de 2019 (negritado de cor azul)

$$IPT_{2019} = \frac{(PA_{2019} \times QA_{2019}) + (PB_{2019} \times QB_{2019})}{(PA_{2018} \times QA_{2019}) + (PB_{2018} \times QB_{2019})}$$

A alternativa "c" está correta. Dizemos que um número índice tem base móvel quando é calculado, a cada momento, tomando uma época base distinta, o que não é o caso, já que, a fórmula utiliza uma base constante, ou seja, 2019. A alternativa "a" está incorreta. O índice de Fischer é a média geométrica dos índices de Layspere e Paashe. A alternativa "b" está incorreta. O índice de preços de Laspeyre pondera pelo ano base (2018). Logo, a alternativa "d" está incorreta. O índice de Marshall-Edgeworth é um índice do tipo agregativo, onde as ponderações são dadas pela média entre as quantidades da época base e da época atual. A alternativa "e" está incorreta.

76. "b".

Ano	Índice da variável econômica	
2014	80	100
2015	100	
2016	110	
2017	120	X

Para encontrar o valor de 2017 com base em 2014, basta fazer uma regra de três:
X · 80 = 120 · 100
X = 150

77. "b". Primeiro, é necessário montar a tabela com os dois produtos juntos. Depois, calcula-se o produto nominal (somatório de preço multiplicado pela quantidade de cada produto por ano.

ANO	PRODUTO 1		PRODUTO 2		PRODUTO REAL
	P	Q	P	Q	
2017	4	20	1	40	120
2018	5	16	2	32	144

Para calcular o produto real, toma-se como base o ano de 2017 e considera-se o preço desse ano para o ano de 2018.

ANO	PRODUTO 1		PRODUTO 2		PRODUTO REAL
	P	Q	P	Q	
2017	4	20	1	40	120
2018	5	16	2	32	96

Para se determinar o Deflator do PIB:

$$\text{Deflator do PIB} = \frac{\text{Produto Nominal}}{\text{Produto Real}} \cdot 100$$

$$\text{Deflator do PIB} = \frac{144}{96} \cdot 100 = 150$$

78. "a". O PIB real considera os preços constantes. Logo, se o produto real está variando, significa que a quantidade está variando. Assim, se o produto real aumenta, a quantidade está aumentando.
Produto real↑ = $\sum P_{constantes} \times Q\uparrow$

O PIB nominal considera os preços correntes. Logo, se o produto real varia mais que o nominal, significa que a quantidade está aumentando e o preço está diminuindo.
Produto nominal↑ = $\sum P_{corrente}\downarrow \times Q\uparrow$

Logo, a produto real aumenta e, por conseguinte, a quantidade aumenta e o preço diminui.

79. "d". Em primeiro lugar, reorganizar a tabela da seguinte forma:

ANO	BEM Y		BEM Z	
	PREÇO	QUANT	PREÇO	QUANT
2015	10.000	5	20.000	10
2016	5.000	10	10.000	20
2017	4.000	15	10.000	15

Depois, determina-se o Produto Nominal (PN) que é o somatório dos preços multiplicados pela quantidade de cada ano dos produtos Y e Z.

ANO	BEM Y		BEM Z		PRODUTO REAL
	PREÇO	QUANT	PREÇO	QUANT	
2015	10.000	5	20.000	10	250.000
2016	5.000	10	10.000	20	500.000
2017	4.000	15	10.000	15	450.000

Para calcular o Produto Real, que é o somatório dos preços constantes de 2015 multiplicados pela quantidades de cada ano dos produtos Y e Z, tem-se:

ANO	BEM Y		BEM Z		PRODUTO REAL	% PR
	PREÇO	QUANT	PREÇO	QUANT		
2015	10.000	20	20.000	10	250.000	
2016	5.000	10	10.000	20	500.000	100%
2017	4.000	15	10.000	15	450.000	– 10%

Calculando-se a variação percentual do Produto Real (%ΔPR) entre 2016 e 2017, tem-se acima, na tabela.
%ΔPR= ΔPR / PR$_{2016}$
%ΔPR= 450.000 – 500.000 / 500.000 = -0,1 = 10%. **O item (I) está correto.**
O PIB real para o ano de 2017, a preços de 2015, é igual a $ 450.000,00. **O item (II) está errado.**
O deflator do PIB entre 2015 e 2016 é:

$$\text{Deflator} = \frac{\text{PIB Nominal}}{\text{PIB Real}} \cdot 100$$

$$\text{Deflator} = \frac{250.000}{500.000}$$

Deflator = 0,5 = 50%. **O item (III) está correto.**

80. "d". Colocando, em uma tabela, as informações, calcula-se o Produto Nominal (PN):
PN = Σ P × Q

	PEIXES		MAÇÃ		PN
	P	Q	P	Q	
Ano 1	1	1.000	0,5	2.000	2.000
Ano 2	1,5	2.000	1	3.000	6.000

Para calcular o Produto Real (PR) considera-se o preço do ano 1. Assim, tem-se:

$PN = \sum P_{ano\,1} \times Q$

	PEIXES		MAÇAS		PN
	P	Q	P	Q	
Ano 1	1 →	1.000	0,5 →	2.000	2.000
Ano 2	1,5	2.000	1	3.000	3.500

A variação percentual do Produto Real (%ΔPR) será:

$\%\Delta PR = \dfrac{3500 - 2000}{2000} = 0{,}75 = 75\%$

81. "c". O produto nominal (PN) é o somatório de preços vezes quantidades considerando os preços correntes:

$PN = \sum P_{corrente} \times Q$

Quando o produto nominal está aumentando, pode ser porque os preços aumentaram ou as quantidades aumentaram ou uma combinação de preços e quantidades que aumentaram. Logo, pode ocorrer de o Produto Nominal (PN) estar crescendo porque o preço (P) subiu, ou seja, porque houve uma inflação, mas, não necessariamente, a quantidade (Q) produzida aumentou ou o produto real aumentou.

O produto Real (PR) é o somatório de preços vezes quantidades considerando os preços constantes.

$PN = \sum P_{constantes} \times Q$

Logo, o produto Real só aumenta se as quantidades aumentarem.
Assim, se o produto nominal aumenta porque os preços aumentam, permanecendo constante a quantidade produzida, então, o produto real, também, permanece constante.

82. "b".
O produto agregado é a soma dos valores adicionados ou pela diferença entre o valor bruto da produção (VBP) e o consumo de bens e serviços intermediários (CI). Assim:
Produto agregado = VBP – CI. A alternativa "B" está correta.
A renda pessoal disponível é igual à renda pessoal menos os impostos diretos (livres das transferências) pagos pelas pessoas físicas ao governo. A alternativa "A" está incorreta.
O produto real de uma determinada economia é medido a preços constantes. A alternativa "C" está incorreta.
Em uma economia fechada, o produto interno bruto (PIB) coincide com o produto nacional bruto (PNB), já que a Renda Líquida Enviada ao exterior é igual a zero. Assim:
PNB = PIB – RLEE → PNB = PIB. A alternativa "D" está incorreta.

83. "e". Para se calcular a RNB (ou PNB) deve-se subtrair do PIB (ou RIB) a Renda Líquida enviada ao exterior (RLEE). RLEE é a Renda enviada ao exterior (REE) menos Renda Recebida do Exterior (RRE). Logo:
RNB = PIB – RLEE onde:
RLEE = REE – RRE
A alternativa "E" está correta.
O PIB nominal é calculado a preços correntes, ou seja, utiliza-se o preço do período e, portanto, capta toda a inflação do período. Já o PIB real é calculado a preços constantes, ou seja, escolhe-se um ano base para se eliminar a inflação. As alternativas "A" e "B" estão incorretas.

5 ■ Produto Nominal × Produto Real. Deflacionar o Produto. Índices de Preços 249

Para o PIB ser maior que a RNB é necessário que a Renda Líquida Enviada ao Exterior (RLEE) seja positiva e para RNB ser maior que o PIB é necessário que a RLEE seja negativa. Isso porque: PNB (ou RNB) = PIB (ou RIB) – RLLE. As alternativas "C" e "D" não se referem a RLEE. Por isso, ambas estão incorretas.

84. "e". O índice de preços de Laspeyre pondera pela quantidade do ano base. Logo, no numerador tem-se o preço do ano corrente e no denominador, o preço do ano base. Logo, o peso está no preço. Já o índice de preços de Paashe pondera pela quantidade do ano corrente, tanto no numerador quanto no denominador. Logo, o peso está na quantidade. A alternativa "E" está correta.

A diferença entre os diversos índices existentes, tais como o IPCA/IBGE, o IGP/FGV e o ICV/DIEESE não tem relação com erros e omissões, mas sim, a abrangência de faixas de renda, as áreas de abrangência, as datas de coleta e divulgação e os componentes dos índices. A alternativa "A" está incorreta.

Quanto maior o nível de inflação, maior o crescimento do PIB nominal. A inflação não afeta o PIB real porque este considera, no seu cálculo, os preços constantes. A alternativa "B" está incorreta.

Quanto maior o nível de inflação, maior o crescimento do PIB nominal, já que o PIB nominal é o somatório de preços correntes multiplicados pela quantidade. Assim, se há inflação, os preços correntes aumentam e o produto nominal também. A alternativa "C" está incorreta.

São geralmente empregados índices agregativos de preços e quantidades, tais como o de Fischer, que é calculado pela média geométrica dos índices de Laspeyres e Paashe, ou de Marshall — Edgeworth, cujas ponderações são dadas pela média entre as quantidades da época base e da época atual, ou seja, a ponderação é dada pela quantidade (q0 + qt)/2. Portanto, o índice de Marshall — Edgeworth é o quociente entre a soma dos numeradores de Laspeyre e Paashe e a soma dos denominadores dos índices de Laspeyre e Paashe. Assim, tem-se:

$$I = \frac{\sum Pt\,(qo+qt)/2}{\sum Po\,(qo+qt)/2} = \frac{\sum Pt\,(qo+qt)}{\sum Po\,(qo+qt)} = \frac{\sum Pt\,qo + \sum Pt\,qt}{\sum Po\,qo + \sum Po\,qt}$$

Portanto, a alternativa "D" está incorreta.

85. "e".

	SALÁRIO	IP
1991	X	387,20
1994	1280,00	1575,70

X · 1575,70 = 1280,00 · 387,20
X = 314,5370

86. "e". Se a inflação foi de 10,6%, significa que os preços subiram 10,6%. Logo um produto que custava 100 reais, passou a custar 110,6 reais.

Se um trabalhador ganhava 1000 reais por mês, então, antes da inflação, ele poderia adquirir 10 unidades do produto, mas, depois da inflação, ele só poderá adquirir 9,041 unidades do produto (1000 reais / 110,6). Logo, ele deixa de poder comprar 0,959 unidades do produto (10 – 9,041). Logo, há uma perda de 0,959 em relação a 10, ou seja, 0,0959 ou 9,59%.

$$\frac{10 - 9{,}041}{10} = 0{,}0959 = 9{,}59\%$$

87. "e".

Índice de preços de Paashe (Pp)

$$Pp = \frac{\sum Pt \cdot Qt}{\sum Po \cdot Qt}$$

$$Pp\ (2018) = \frac{(5 \cdot 18) + (2 \cdot 18)}{(2 \cdot 18) + (1,5 \cdot 18)} = \frac{126}{63} = 2$$

Índice de preços de Laspeyres (Lp)

$$Lp = \frac{\sum Pt \cdot Qo}{\sum Po \cdot Qo}$$

$$Lp\ (2018) = \frac{(5 \cdot 20) + (2 \cdot 20)}{(2 \cdot 20) + (1,5 \cdot 20)} = \frac{140}{70} = 2$$

6

SISTEMA DE CONTAS NACIONAIS — BRASIL — REFERÊNCIA 2010

O Sistema de Contas Nacionais (SCN) é um conjunto de recomendações padronizadas, definidas internacionalmente, mostrando como compilar a **atividade econômica**[1] de acordo com as convenções contábeis e tomando como referência conceitos e princípios econômicos. Ele mostra de forma completa e detalhada o registro da atividade econômica do país e a integração entre os diferentes agentes econômicos. Permite, aos países, também, apresentar uma descrição de suas economias de forma coerente e comparável, orientando na tomada de decisões públicas e privadas.

Segundo o Instituto Brasileiro de Geografia e Estatística (IBGE)[2] "O Sistema de Contas Nacionais apresenta informações sobre a geração, a distribuição e o uso da renda no País. Há também dados sobre a acumulação de ativos não financeiros, patrimônio financeiro e sobre as relações entre a economia nacional e o resto do mundo."

O SNA (2008[3]) define o Sistema de Contas Nacionais como "o conjunto padronizado de recomendações, internacionalmente acordadas, sobre como compilar as medidas de atividade econômica, de acordo com rígidas convenções contábeis baseadas em princípios econômicos. As recomendações são expressas em termos de um conjunto de conceitos, definições, classificações e regras contábeis que compõem o padrão internacionalmente definido para medir itens como o produto interno bruto (PIB), o indicador de desempenho econômico mais frequentemente citado. O quadro contábil do SCN permite que os dados econômicos compilados sejam apresentados em um formato projetado para fins de análise econômica, tomada de decisões e formulação de políticas. Uma grande massa de informação é apresentada de forma condensada, organizada de acordo com os princípios econômicos e percepções sobre o funcionamento da economia. As contas fornecem um registro completo e detalhado de atividades econômicas complexas que ocorrem em uma economia e da interação

---

[1] A classificação por atividade econômica do Sistema de Contas Nacionais é uma das categorias utilizadas para organizar os agentes econômicos e é chamada também de classificação funcional, porque representa o processo de produção e o fluxo de bens e serviços produzidos. Essa classificação estrutura as Tabelas de Recursos e Usos (TRU).

[2] <https://www.ibge.gov.br/estatisticas/economicas/contas-nacionais/9052-sistema-de-contas-nacionais-brasil.html?=&t=o-que-e>. Acesso em: 19 maio 2021.

[3] A nova série, com base em 2010, foi construída de acordo com a revisão 2008 do manual internacional de Contas Nacionais (SNA 2008) e com a versão 2.0 da Classificação Nacional de Atividades Econômicas (CNAE 2.0).

entre os diferentes agentes econômicos, e grupos de agentes, que ocorre nos mercados ou em outro lugar"[4].

No Sistema de Contas Nacionais — referência 2010 (SCN-2010)[5], foram aperfeiçoados determinados conceitos e introduzidas algumas modificações que podem impactar o Produto Interno Bruto. Por exemplo, os **gastos em *softwares*, bancos de dados e Pesquisa e Desenvolvimento, bem como a exploração e a avaliação mineral**, passaram a ser considerados Formação Bruta de Capital Fixo (FBCF)[6], e não mais consumo intermediário. Também, os **gastos militares do governo** passaram a ser considerados FBCF[7]. A atividade financeira[8] passou a incluir a atividade *holdings* não financeiros. As administradoras de cartão de crédito foram incluídas na atividade de auxiliares financeiros. Foi introduzido, também, no manual internacional, um capítulo específico sobre Governo e Setor Público, que consolida conceitos presentes no SNA relacionados a atividades do governo.

As contas nacionais do Brasil são calculadas, desde a SNA 1993, anualmente, a preços correntes ou nominais e a preços constantes, tomando como base de ponderação o preço do ano anterior. O novo SCN (2010) adota, como base de referência, o ano de 2010, que corresponde ao ano em que se estabelece como 100 nas séries de números-índice do SCN.

Desde a SNA 1993, a apresentação das contas nacionais se dá através da **Tabela de Recursos e Usos (TRU)** e das **Contas Econômicas Integradas (CEIs)** por atividade econômica e setor institucional[9]. Atualmente, as TRU são calculadas a preços correntes e a preços constantes do ano anterior e as CEIs a preços correntes.

As **TRU** são construídas a partir de um corte na economia e consideram atividades econômicas e produtos. Elas mostram os fluxos de oferta e demanda dos bens e serviços e também as relações de produção entre as atividades e a renda e emprego gerados em cada atividade econômica. As atividades econômicas se definem pelo

---

[4] Nota metodológica n. 02 — Estrutura do Sistema de Contas Nacionais — Sistema de Contas Nacionais — Brasil — Referência 2010 — IBGE.

[5] O SCN tem como referências metodológicas: o Manual das Nações Unidas – System of National Accounts (SNA 1993 e o SNA 2008) –, em parceria com o Banco Mundial; a Organização para a Cooperação e Desenvolvimento Econômico (OCDE); a Comissão das Comunidades Europeias (Eurostat); e o Fundo Monetário Internacional (FMI).

[6] A formação bruta de capital fixo é constituída de bens duráveis que têm o objetivo de serem utilizados no processo produtivo, por um período superior a um ano, para aumentar a capacidade produtiva do país. Inclui as construções, como prédios, além de máquinas e equipamentos, ferramentas, computadores e automóveis. Ela é mensurada pelo valor total dos ativos fixos adquiridos subtraído das baixas em ativos fixos pelo produtor. Os ativos fixos compreendem os tangíveis e intangíveis. Estes últimos se referem, entre outras coisas, aos Produtos de Propriedade Intelectual (PPI).

[7] A SCN do Brasil já adotava este procedimento desde a série 2000, que se antecipou à publicação do manual de 2008.

[8] O serviço de intermediação financeira consiste em aglutinar recursos de credores e canalizá-los para tomadores de crédito.

[9] O Setor Institucional é outra maneira de classificação do Sistema de Contas Nacionais. Nele, as unidades são definidas de acordo com o seu comportamento, função e objetivos econômicos. Assim, mostra como a renda é gerada e distribuída, bem como o capital é gerado e financiado. Essa classificação está associada a Conta Econômica Integrada (CEI).

agrupamento das unidades de produção, sejam empresas ou unidades locais, pela homogeneidade no processo produtivo.

As **CEIs** oferecem uma visão de conjunto da economia, descrevendo, para cada setor institucional, seus fenômenos essenciais – produção, consumo, acumulação e patrimônio e suas inter-relações. Tem como referência os setores institucionais e a análise do comportamento dos agentes econômicos. Ela representa o núcleo central do Sistema de Contas Nacionais (SCN) porque é, nos setores institucionais, que se explicita o processo de geração, distribuição e acumulação da renda ou ativos.

Segundo o IBGE[10], "As tabelas sinóticas reúnem as principais grandezas calculadas no Sistema de Contas Nacionais e permitem identificar, para cada ano, o Produto Interno Bruto – PIB; a composição da oferta e da demanda agregada; a geração, a distribuição e o uso da renda nacional; a acumulação de capital; a capacidade ou necessidade de financiamento; as transações correntes com o resto do mundo; a renda *per capita*; a evolução da carga tributária; a desagregação das empresas não financeiras, por origem de capital, privado e público; e a desagregação do setor público e privado, para alguns agregados, entre outras informações da economia brasileira".

As externalidades positivas ou negativas, que possam ser geradas no processo produtivo, não serão contabilizadas pela SNC. Externalidade é a ação de um agente sobre o outro e essa ação pode ser tanto positiva, gerando benefícios, quanto negativa, gerando custos. São, portanto, efeitos colaterais da produção de bens ou serviços sobre outras pessoas que não estão diretamente envolvidas com a atividade. Como a SNC considera apenas os valores monetários no processo produtivo, então, as externalidades não são contabilizadas na SNC.

O agrupamento de unidades institucionais[11], de acordo com similaridades no comportamento, na função e nos objetivos e determinado pelo comportamento econômico principal, vai definir o **setor institucional**, que pode ser composto por:

- Empresas financeiras e não financeiras[12]
- Famílias[13]

---

[10] <https://www.ibge.gov.br/estatisticas/economicas/contas-nacionais/9052-sistema-de-contas-nacionais-brasil.html?=&t=o-que-e>. Pesquisa realizada em: 19 maio 2021.

[11] A unidade institucional é uma unidade econômica que pode possuir ativos e contrair passivo, bem como realizar atividades econômicas e transações com outra unidade institucional.

[12] As empresas não financeiras são aquelas que produzem bens e serviços não financeiros de mercado. Nelas se incluem as instituições sem fins lucrativos com produção mercantil de bens e serviços. No SCN-2010, as empresas não financeiras são apresentadas desagregadas nos subsetores empresas públicas não financeiras e empresas privadas não financeiras. As empresas públicas não dependentes fazem parte das empresas públicas não financeiras e, portanto, pertencem ao setor institucional empresas não financeiras. Já as empresas públicas dependentes farão parte do setor institucional governo, já que suas informações se encontram consolidadas nos balanços do governo. As empresas financeiras são aquelas que prestam serviço de seguros, fundos de pensão, entre outras. As instituições sem fins lucrativos, com produção de serviços financeiros, estão incluídas no setor institucional das empresas financeiras.

[13] Abrange tanto famílias, enquanto consumidoras, como também enquanto produtoras, ou seja, inclui as unidades produtivas sem CNPJ e trabalhadores autônomos. Inclui também a produção com aluguéis imputados residenciais cujos proprietários estão ocupando, o aluguel efetivo e os serviços domésticos remunerados. A partir do SCN-2010, passou a fazer parte desse setor institucional o

- Governo Geral[14]
- Instituições privadas sem fins de lucro a serviço das famílias

O SCN pode ser apresentado de acordo com a Figura 6.1, onde se vê, primeiro, a **Produção**. Nela se calcula o PIB através da TRU e CEI, a **Renda** gerada pelo PIB e sua distribuição e redistribuição entre os setores institucionais acrescida da Renda recebida/enviada ao exterior. O saldo é a **Poupança** por setor institucional. Tanto a produção quanto a renda detalham os fluxos dentro da economia. A **variação patrimonial** é calculada tomando-se o estoque de ativos financeiros e não financeiros do ano anterior, denominado Patrimônio de Abertura, adicionando os ativos produzidos e não produzidos no momento da avaliação, que são estimados a partir da formação bruta de capital fixo e a poupança, e determinando-se, então, o estoque final que corresponde ao Patrimônio de Fechamento.

Figura 6.1. Esquema do Sistema de Conta Nacionais, composto pela TRU e CEI

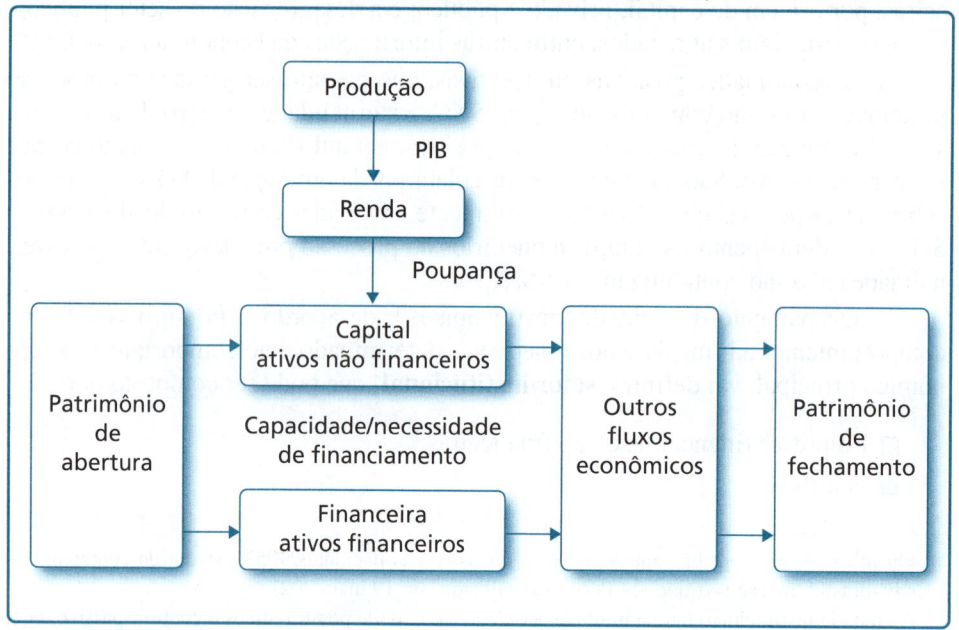

Fonte: The System of Macroeconomic Accounts Statistics: An Overview, Pamphlet Series n. 56, International Monetary Fund, Washington, 2007.

    microempreendedor individual com CNPJ e com um empregado contratado com remuneração de um salário mínimo ou piso da categoria.

[14] O Sistema de Contas Nacionais anterior chamava esse setor de Administração Pública. No SCN-2010, o termo Administração Pública vai ser usado para se referir às atividades econômicas da Administração Pública que compõem, junto com a Saúde e Educação públicas, a produção do governo do ponto de vista das atividades econômicas. A função do Governo Geral é produzir serviços não mercantis (ou seja, gratuitos ou semi-gratuitos) para a coletividade e realizar operações de repartição de renda e de patrimônio. Compõem o setor Governo Geral, os fundos de seguridade social. O valor da produção não mercantil é feita pela soma dos seus custos, ou seja, pela soma do consumo intermediário, consumo de capital fixo, outros impostos sobre a produção e a importação e as remunerações de empregados.

É possível se visualizar a Produção onde é estimado o PIB, como também a Renda que apresenta a distribuição e redistribuição de renda por setor institucional acrescida da Renda Líquida Recebida do exterior cujo saldo é a poupança. A variação Patrimonial é apresentada pela diferença do Patrimônio de Fechamento e o de abertura.

A CEI é composta de três conjuntos de contas:

- Contas correntes
- Contas de acumulação
- Contas de patrimônio

As contas correntes são compostas pela conta produção, que mede o PIB, pelas contas de renda, que medem a renda nacional, a renda nacional disponível e a poupança líquida e bruta. Assim, temos:

- Contas correntes
  - Conta de Produção
  - Conta de Renda
    - Renda nacional
    - Renda nacional disponível
    - Poupança (bruta e líquida)
- Contas de acumulação
- Contas de patrimônio

6.1. TABELA DE RECURSOS E USOS (TRU)

A Tabela de Recursos e Usos (TRU) permite fazer uma análise dos fluxos de bens e serviços e entender o processo de produção decorrente e também sua renda gerada. Através dela, resultam as atividades e produtos da economia.

Os **Usos** representam operações que diminuem o valor econômico do setor considerado, e os **Recursos** aumentam o valor econômico do setor considerado. As diferenças entre Usos e Recursos formam os saldos. Cada **saldo** de uma conta articulará a conta seguinte. Pelo Sistema de Contas Nacionais, é possível mais precisão no fornecimento de informações que comporão a situação de uma economia, bem como melhor compreensão das relações entre seus setores. Assim:

$$\sum \text{recursos} = \sum \text{usos}$$

A Tabela de Recursos e Usos (TRU) é subdividida em outras duas tabelas:

- Tabela de recursos de bens e serviços
- Tabela de usos de bens e serviços

A tabela de recursos de bens e serviços é composta por três quadrantes (oferta, produção e importação) e a tabela de usos de bens e serviços é composta por quatro quadrantes (oferta, consumo intermediário, demanda final e componentes do valor adicionado). A tabela de usos mostra o equilíbrio entre oferta e demanda a preços do consumidor, acrescida, esta última, do consumo intermediário das atividades econômicas detalhadas por produto.

Logo, têm-se:

- Tabela de **recursos** de bens e serviços
  - Oferta (A)
  - Produção (A_1)
  - Importação (A_2)

- Tabela de **usos** de bens e serviços
  - Oferta (A)
  - Consumo intermediário (B_1)
  - Demanda final (B_2)
  - Componentes do valor adicionado (C)

Através da Figura 6.2 é possível sintetizar o funcionamento da TRU.

Figura 6.2. Síntese do funcionamento da TRU — Tabela de Recursos e Usos

TABELA DE RECURSOS E USOS
I — Tabela de recursos de bens e serviços
Oferta Produção Importação
$A = A_1 + A_2$
II — Tabela de usos de bens e serviços
Oferta Consumo intermediário Demanda final
$A = B_1 + B_2$
Componentes do valor adicionado
C

Fonte: Nota metodológica n. 02 — Estrutura do Sistema de Contas Nacionais — IBGE.

A seguir, serão apresentadas todas essas tabelas citadas acima.

Começando pela **oferta (A)**, da tabela de recursos, é possível visualizar, na Tabela 6.1, a oferta total composta tanto da produção como de produtos importados. Esses valores são apresentados a preço de consumidor e a preço básico. Inclui também as margens de comércio e transporte, bem como os impostos livres de subsídios.

Tabela 6.1. Recursos de bens e serviços — Oferta (A)

TABELA A — RECURSOS DE BENS E SERVIÇOS						
Código do produto	Descrição do produto	Oferta de bens e serviços				
		Oferta total a preço de consumidor	Margem de comércio	Margem de transporte	Impostos líquidos	Oferta total a preço básico
01	Agropecuária					
02	Indústria extrativa					
03	Indústria de transformação					
04	Produção e distribuição de eletricidade e gás, água, esgoto e limpeza urbana					
05	Construção civil					
06	Comércio					
07	Transporte, armazenagem e correio					
08	Serviços de informação					
09	Intermediação financeira, seguros e previdência complementar e serviços relacionados					
10	Atividades imobiliárias e aluguéis					
11	Outros serviços					
12	Administração, saúde e educação públicas e seguridade social					
	Ajuste CIF/FOB					
Total						

Fonte: Nota metodológica n. 02 — Estrutura do Sistema de Contas Nacionais — IBGE.

A **produção (A_1)**, da tabela de recursos, é representada pela Tabela 6.2. Ela mostra a produção das atividades econômicas por produto, em que se colocam, nas linhas, os produtos e, nas colunas, as atividades.

Tabela 6.2. Recursos de bens e serviços — Produção (A_1)

		TABELA A_1 — RECURSOS DE BENS E SERVIÇOS				
		Produção das atividades				
Código do produto	Descrição do produto	01 Agropecuária	02 Indústria extrativa	....	12 Administração, saúde e educação públicas e seguridade social	Total do produto
01	▪ Agropecuária					
02	▪ Indústria extrativa					
03	▪ Indústria de transformação					
04	▪ Produção e distribuição de eletricidade e gás, água, esgoto e limpeza urbana					
05	▪ Construção civil					
06	▪ Comércio					
07	▪ Transporte, armazenagem e correio					
08	▪ Serviços de informação					
09	▪ Intermediação financeira, seguros e previdência complementar e serviços relacionados					
10	▪ Atividades imobiliárias e aluguéis					
11	▪ Outros serviços					
12	▪ Administração, saúde e educação públicas e seguridade social					
	▪ Ajuste CIF/FOB					
Total						

Fonte: Nota metodológica n. 02 — Estrutura do Sistema de Contas Nacionais — IBGE.

O quadrante **Importação (A_2)**, da tabela de recursos, é representada pela Tabela 6.3, detalha a importação de bens e a importação de serviços. Numa terceira coluna, é apresentada a conversão de preço CIF (preço das mercadorias que não incluem os serviços de frete e seguro) para preço FOB (preço das mercadorias com a inclusão de frete e seguro).

Tabela 6.3. Recursos de bens e serviços — Importação (A_2)

		TABELA A_2 — RECURSOS DE BENS E SERVIÇOS		
		Importação		
Código do produto	Descrição do produto	Ajuste CIF/FOB	Importação de bens	Importação de serviços
01	▪ Agropecuária			
02	▪ Indústria extrativa			

03	■ Indústria de transformação			
04	■ Produção e distribuição de eletricidade e gás, água, esgoto e limpeza urbana			
05	■ Construção civil			
06	■ Comércio			
07	■ Transporte, armazenagem e correio			
08	■ Serviços de informação			
09	■ Intermediação financeira, seguros e previdência complementar e serviços relacionados			
10	■ Atividades imobiliárias e aluguéis			
11	■ Outros serviços			
12	■ Administração, saúde e educação públicas e seguridade social			
	■ Ajuste CIF/FOB			
Total				

Fonte: Nota metodológica n. 02 — Estrutura do Sistema de Contas Nacionais — IBGE.

Na tabela de usos de bens e serviços, no quadrante do **consumo intermediário (B_1)**, são mostrados os insumos que serão utilizados na produção. A tabela mostra os produtos nas linhas e as atividades nas colunas. É possível visualizar isso na Tabela 6.4 a seguir:

Tabela 6.4. Usos de bens e serviços — Consumo Intermediário (B_1)

TABELA B_1 — USOS DE BENS E SERVIÇOS						
		Consumo intermediário das atividades				
Código do produto	Descrição do produto	01 Agropecuária	02 Indústria extrativa	....	12 Administração, saúde e educação públicas e seguridade social	Total do produto
01	■ Agropecuária					
02	■ Indústria extrativa					
03	■ Indústria de transformação					
04	■ Produção e distribuição de eletricidade e gás, água, esgoto e limpeza urbana					
05	■ Construção civil					
06	■ Comércio					
07	■ Transporte, armazenagem e correio					
08	■ Serviços de informação					
09	■ Intermediação financeira, seguros e previdência complementar e serviços relacionados					

10	▣ Atividades imobiliárias e aluguéis					
11	▣ Outros serviços					
12	▣ Administração, saúde e educação públicas e seguridade social					
Total						

Fonte: Nota metodológica n. 02 — Estrutura do Sistema de Contas Nacionais — IBGE.

No quadrante da **demanda final (B_2)**, na tabela de uso de bens e serviços, Tabela 6.5, é possível visualizar os produtos que se destinam ao consumo final das famílias, ao consumo das Instituições Privadas Sem Fins Lucrativos a Serviço das Famílias (IPSFLSF), ao consumo do governo (ou das administrações públicas), à formação bruta de capital fixo, à variação de estoques e à exportação.

Tabela 6.5. Usos de bens e serviços — Demanda Final (B_2)

TABELA B_2 — USOS DE BENS E SERVIÇOS									
Código do produto	Descrição do produto	Demanda final							
		Exportação de bens	Exportação de serviços	Consumo da administração pública	Consumo das IPSFLSF	Consumo das famílias	Formação bruta de capital fixo	Variação de estoque	Demanda final
01	▣ Agropecuária								
02	▣ Indústria extrativa								
03	▣ Indústria de transformação								
04	▣ Produção e distribuição de eletricidade e gás, água, esgoto e limpeza urbana								
05	▣ Construção civil								
06	▣ Comércio								
07	▣ Transporte, armazenagem e correio								
08	▣ Serviços de informação								
09	▣ Intermediação financeira, seguros e previdência complementar e serviços relacionados								
10	▣ Atividades imobiliárias e aluguéis								
11	▣ Outros serviços								
12	▣ Administração, saúde e educação públicas e seguridade social								
Total									

Fonte: Nota metodológica n. 02 — Estrutura do Sistema de Contas Nacionais — IBGE.

O quadrante **Componentes do valor adicionado (C)** mostra a renda gerada pelo produto (PIB) sob a forma de remunerações e excedente operacional bruto acrescido de rendimento misto bruto. Além disso, evidenciam-se os impostos, livres de subsídios, sobre a produção, que não incidem diretamente sobre o produto. Além disso, é apresentado o total de postos de trabalho em cada atividade. Observe a Tabela 6.6, a seguir:

Tabela 6.6. Usos de bens e serviços — Componentes do Valor Adicionado (C)

TABELA C — USOS DE BENS E SERVIÇOS					
Operações	Componentes do valor adicionado (valores correntes em R$ 1.000.000)				
	01 Agropecuária	02 Indústria extrativa	....	12 Administração, saúde e educação públicas e seguridade social	Total do produto
Valor adicionado bruto (PIB)					
Remunerações					
Salários					
Contribuições sociais efetivas					
Previdência oficial/FGTS					
Previdência privada					
Contribuições sociais imputadas					
Excedente operacional bruto e rendimento misto bruto					
Rendimento misto bruto					
Excedente operacional bruto (EOB)					
Outros impostos sobre a produção					
Outros subsídios à produção					
Valor da produção					
Fator trabalho (ocupações)					

Fonte: Nota metodológica n. 02 — Estrutura do Sistema de Contas Nacionais — IBGE.

Pode-se sintetizar todas essas tabelas da TRU em outras duas tabelas denominadas: **Conta de Bens e Serviços** e a **conta do PIB**, apresentadas nas Tabelas 6.7 e 6.9.

Tabela 6.7. 1ª Tabela-síntese da TRU: Conta de Bens e Serviços

CONTA DE BENS E SERVIÇOS	
Recursos	Usos
Valor bruto produção pb[12]	Consumo intermediário
Impostos líquidos sobre produtos	Consumo famílias

---

[15] Preço Básico (pb) é igual ao Preço de Consumidor subtraído dos impostos sobre produtos e importação e margens de comércio e transporte.
[16] Instituições Privadas Sem Fins Lucrativos a Serviço das Famílias.

Importação de bens e serviços	Governo
	IPSFLSF[13]
	Formação de capital
	Formação bruta de capital fixo
	Variação de estoques
	Compra – venda de "valores"
	Exportação de bens e serviços
Total oferta	Total usos

Fonte: Nota metodológica n. 02 — Estrutura do Sistema de Contas Nacionais — IBGE.

A tabela 6.7. foi apresentada pelo IBGE nas suas tabelas sinóticas 2010-2018 com a estrutura da conta de bens e serviços conforme apresentada a seguir.

Nota-se que a produção corresponde ao Valor do produto da produção a preços básicos e a despesa de consumo final corresponde a soma do consumo das famílias e do governo. As demais contas perseveram a mesma designação da tabela 6.7

TRANSAÇÕES E SALDOS	
Recursos	**Usos**
Produção	
Importação de bens e serviços	
Impostos sobre produtos	
Subsídios aos produtos	
	Consumo intermediário
	Despesa de consumo final
	Formação bruta de capital fixo
	Variação de estoque
	Exportação de bens e serviços

A **Conta de Bens e Serviços**, conforme Tabela 6.7, mostra a oferta de bens e serviços de um país, caracterizada por sua produção e sua importação, somadas aos impostos, bem como o destino dessa produção aos setores da economia. Vai igualar, portanto, a oferta e a demanda. Nessa conta, não há saldo, já que a oferta do lado dos recursos e a demanda do lado dos usos igualam-se. Para Feijó e Ramos, essa conta "retrata a atividade de produção e o destino da produção pelas categorias de demanda final"[17]. Observe que essa conta apresenta, por convenção, do lado esquerdo, os recursos, e, do lado direito, os usos, diferentemente das demais contas, das Contas Econômicas Integradas (CEI), que serão vistas posteriormente. Começando pelos recursos, temos o **Valor Bruto da Produção a preços básicos**, algumas vezes também chamada de Produção, que equivale ao Produto Interno Bruto a custo de fatores + produto (ou consumo) intermediário. Observe bem que Valor Bruto da Produção é diferente de Produto Interno, porque o primeiro inclui o consumo intermediário. Segundo Feijó e

---

[17] Carmem Aparecida Feijó e Roberto Luis Olinto Ramos, *Contabilidade social*, p. 68.

Ramos[18], "(...) adiciona-se a rubrica 'impostos sobre produtos' à rubrica de 'Produção' que está a preços básicos para se chegar à medida do PIB a preços de consumidor".

Como o Valor Bruto da Produção inclui o **Consumo Intermediário** (CI) no lado dos recursos, o CI deve ser lançado no lado dos usos novamente, para que o destino aos setores da economia (famílias, empresas, governo, instituições privadas sem fins lucrativos a serviço das famílias e setor externo) seja feito somente a partir do produto interno da economia, e não do Valor Bruto da Produção.

Segundo o IBGE, os **impostos sobre produtos**[19] equivalem aos impostos indiretos – subsídios, ou seja, já estão livres de subsídios. São a soma dos **impostos sobre demais produtos e impostos sobre importação** e seriam, entre outros: Imposto de Importação (II); Imposto sobre Produtos Industrializados (IPI); Imposto sobre Serviços de qualquer Natureza (ISS); Contribuição para o Financiamento da Seguridade Social (Cofins); e Imposto sobre Operações relativas à Circulação de Mercadorias e sobre Prestações de Serviços de Transporte Interestadual, Intermunicipal e de Comunicação (ICMS)[20].

Os componentes da **Formação Bruta de Capital Fixo** (FBCF) são as edificações, máquinas, equipamentos, instalações, móveis, veículos, florestamentos e reflorestamentos, recursos minerais, Produtos de Propriedade Intelectual (PPI) etc. Normalmente, apresentam vida útil superior a um ano. Por convenção, ferramentas de pequeno valor não compõem a FBCF.

A seguir, é apresentada a Tabela 6.8, que compara os **ativos fixos** considerados do SNA 1993 com os considerados na SNA-2008, cujas recomendações estão sendo incorporadas à série do Sistema de Contas Nacionais brasileiro com referência 2010 (SCN-2010).

Tabela 6.8. Composição dos ativos fixos considerados no SNA 1993 e no SNA de 2008

SNA 1993	SNA 2008
Ativos tangíveis	
Residências	Residências
Outras edificações e estruturas	Outras edificações e estruturas
	Edifícios, exceto residência
	Outras estruturas
	Melhorias fundiárias
Máquinas e equipamentos	Máquinas e equipamentos
	Equipamentos de transporte
	Equipamentos para informação, comunicação e telecomunicação
	Outras máquinas e equipamentos
	Equipamentos bélicos
Ativos cultivados	Recursos biológicos cultivados

---

[18] Carmem Aparecida Feijó e Roberto Luis Olinto Ramos, *Contabilidade social*, p. 38.
[19] O SCN-2010 passou a classificar o PIS como imposto sobre produto.
[20] <http://www.ibge.gov.br/home/estatistica/indicadores/pib/srmtrimestrais.pdf>.

Ativos intangíveis	Produtos de propriedade intelectual
	Pesquisa e desenvolvimento
Exploração mineral	Exploração e avaliação mineral
Software	Software e banco de dados
Originais de entretenimento, literatura e artes	Originais de entretenimento, literatura e artes
Outros ativos intangíveis	Outros PPI[18]
Melhorias em ativos não produzidos, incluindo terrenos	

Fonte: IBGE — Nota metodológica n. 13 — Formação Bruta de Capital Fixo.

As **exportações** são lançadas a preço **FOB** (*Free on Board*), ou seja, não estão incluídos, nos preços das mercadorias, os pagamentos de fretes e seguros. As **importações** são lançadas a preço **CIF** (*cost + insurance + freight*), ou seja, estão incluídos no preço da mercadoria os custos com fretes e seguros. Porém, para que os valores lançados nas Contas Nacionais sejam compatíveis com o Balanço de Pagamentos, deverá haver um ajustamento dos lançamentos das importações a preço CIF para preço FOB. Observe como o IBGE se reporta a isso: "As importações de mercadorias são obtidas mensalmente, por produto classificado pela Nomenclatura Comum do Mercosul (NCM), dos arquivos fornecidos pela Secretaria da Receita Federal, em valores CIF (dólares) e em quantidade (quilogramas) (...) Para manter a comparabilidade entre os valores das importações nas Contas Nacionais e no Balanço de Pagamentos, acrescenta-se na TRU uma coluna para o ajuste CIF/FOB, ou seja, faz-se a passagem das importações de bens valoradas a preços CIF para FOB. Nessa coluna, nas linhas referentes aos produtos transporte e seguro, registra-se o total dos gastos com transporte e seguros, incorporado nas importações de bens FOB, com sinal negativo. Com este procedimento, evita-se a dupla contagem dos gastos com transporte e seguros que já estão computados na balança de serviços, se for realizado por não residente, e no valor da produção nacional, se tiver sido realizado por residente"[22].

A seguir, será apresentada a 2ª conta-síntese da TRU: a **conta do PIB**. Ela apresenta o cálculo do PIB pela ótica da produção, do lado esquerdo, e pela ótica da demanda, do lado direito.

Tabela 6.9. 2ª Tabela-síntese da TRU: Conta do PIB

PIB	
Produção	Despesa
Valor bruto produção pb	Consumo famílias
menos	Governo
Consumo intermediário pc	IPSFLSF
igual	Formação de capital
Valor adicionado bruto a preços básicos	Formação bruta de capital fixo
	Variação de estoques
	Compra – venda de "valores"

---

[21] Produtos de Propriedade Intelectual.
[22] <http://www.ibge.gov.br/home/estatistica/indicadores/pib/srmtrimestrais.pdf>.

	Exportação de bens e serviços
	menos
	Importação de bens e serviços
PIB	PIB

Fonte: Nota metodológica n. 02 — Estrutura do Sistema de Contas Nacionais — IBGE.

A conta de produção da Tabela 6.9 tem o objetivo de, a partir da produção a preços básicos, determinar o **Produto Interno Bruto a preços básicos**. Este último, que nessa conta é "uso", será posteriormente transportado para a conta de geração de renda como "recurso", já que vai representar um recurso para famílias. Observe que, ao se partir do Valor Bruto da Produção a preços básicos, foi necessário subtrair o **Consumo Intermediário**, o que nos remete ao cálculo do produto pela ótica do produto mostrado no capítulo 2, ou seja:

$$\text{Produto} = \text{VBP} - \text{Consumo Intermediário}$$

Esse mesmo produto calculado pela ótica da demanda será a soma do consumo das famílias (C), consumo do governo (G), consumo das instituições privadas sem fins lucrativos a serviço das famílias e Investimento das empresas sobre as formas de formação bruta de capital fixo, variação de estoques e a diferença entre a compra e a venda de "valores" (I), exportação de bens e serviços (X) subtraída da importação de bens e serviços (M), o que nos remete à identidade macroeconômica, do capítulo 4, ou seja:

$$Y = C + I + G + X - M$$

A seguir, é apresentada a Tabela 6.10, com os valores correntes (R$ milhões) para os quatro trimestres de 2017, para o ano de 2017 e primeiro trimestre de 2018, calculado pela ótica do produto e pela ótica da despesa.

Tabela 6.10. Indicadores valores correntes – PIBpm pela ótica do produto e pela ótica da despesa.

Tabela 6.10. Classes de atividade no valor adicionado a preços básicos e componentes do PIB pela ótica da despesa

Especificação	Valores Correntes (R$ milhões)					
	2017.I	2017.II	2017.III	2017.IV	2017	2018.I
Agropecuária	96.588	84.001	70.288	48.592	299.469	93.946
Indústria	288.873	298.308	314.558	310.247	1.211.986	291.651
Serviços	985.571	1.032.770	1.030.711	1.088.049	4.137.102	1.015.037
Valor Adicionado a Preços Básicos	**1.371.032**	**1.415.079**	**1.415.557**	**1.446.889**	**5.648.557**	**1.400.633**
Impostos sobre produtos	214.007	215.861	225.811	255.705	911.384	240.477
PIB a Preços de Mercado	**1.585.039**	**1.630.940**	**1.641.368**	**1.702.593**	**6.559.940**	**1.641.110**
Despesa de Consumo das Famílias	1.001.845	1.021.076	1.048.827	1.089.471	4.161.220	1.046.311

Despesa de Consumo do Governo	300.547	331.852	311.949	370.787	1.315.136	305.454
Formação Bruta de Capital Fixo	244.895	248.769	263.924	268.026	1.025.615	263.155
Exportações de Bens e Serviços	192.321	216.218	210.463	205.424	824.425	210.278
Importações de Bens e Serviços (–)	179.727	180.610	195.233	202.246	757.816	208.400
Variação de Estoque	25.158	–6.365	1.437	–28.869	–8.640	24.312

Fonte: IBGE, Diretoria de Pesquisas, Coordenação de Contas Nacionais.
Nota: Todos os resultados são calculados a partir das Contas Nacionais Trimestrais.

■ 6.2. CONTA ECONÔMICA INTEGRADA – CEI

A Conta Econômica Integrada permite dar uma visão de conjunto da economia. Nela, são dispostas as contas dos setores institucionais, contas do resto do mundo e de bens e serviços.

Conforme a Nota Metodológica n. 02 do IBGE: "Na CEI são consideradas duas contas (nos usos e recursos) que fazem a integração dos resultados por setor institucional com a conta de bens e serviços. A conta de bens e serviços, por sua vez, é integrada à TRU"[23].

A CEI é constituída de três grandes conjuntos de contas: **Contas correntes, Contas de acumulação e contas de patrimônio**. As contas correntes são constituídas pela conta de produção e pelas contas de renda. As contas de acumulação são constituídas pelas contas de capital e financeira e as contas de patrimônio incluem o patrimônio financeiro e não financeiro. Esquematizando, pode-se, a seguir, verificar isso:

I. Contas Correntes
    1. Conta de produção
    2. Conta de distribuição e uso da renda
    2.1. Conta de distribuição primária da renda
        2.1.1. Conta de geração de renda
        2.1.2. Conta de alocação da renda primária
    2.2. Conta de distribuição secundária da renda
    2.3. Conta de redistribuição da renda em espécie
    2.4. Conta de uso da renda
        2.4.1. Conta de uso da renda disponível
        2.4.2. Conta de uso da renda disponível ajustada

II. Conta de acumulação
    1. Conta de capital
    2. Conta Financeira

---

[23] <ftp://ftp.ibge.gov.br/Contas_Nacionais/Sistema_de_Contas_Nacionais/Notas_Metodologicas_2010/02_estrutura_scn.pdf>.

III. Contas de patrimônio
1. Conta de Patrimônio financeiro
2. Conta de Patrimônio não financeiro[24]
3. Conta de Passivo financeiro[25]
4. Conta de Patrimônio líquido[26]

Começando pelas contas correntes, primeiro será apresentada a Conta corrente — **conta de produção**. Observe, que diferentemente da TRU, os Usos são colocados do lado esquerdo da conta e os Recursos do lado direito.

Observe que essa conta de produção transforma o Valor Bruto da Produção a preços básicos (VBPpb) em PIB. Para tanto, somam-se ao VBPpb, os impostos sobre produtos livres de subsídios e subtrai-se o consumo intermediário. O saldo restante é o PIB ou a soma dos valores adicionados por cada setor da economia.

Tabela 6.11. Conta Corrente — Conta de Produção

I. CONTA CORRENTE 1. CONTA DE PRODUÇÃO[27]	
Usos	Recursos
Consumo intermediário[28]	Valor Bruto da Produção a preços básicos
	Impostos líquidos sobre produtos
Valor adicionado = PIB[29]	

A **conta de produção** transforma o Valor Bruto da Produção a preços básicos (VBPpb) em PIB, ou seja:

$$PIB = VBPpb + Ip - CI$$

Assim, o Produto Interno Bruto (PIB) é igual a Valor Bruto da Produção a preços básicos (VBPpb) somado aos impostos líquidos sobre o produto (Ip) e subtraído do Consumo Intermediário (CI). Logo, O PIB é o valor dos produtos e serviços finais produzidos na economia de um país, medidos a preços do consumidor.

Em seguida, será apresentada a Conta corrente — Conta de distribuição e uso da Renda — Conta de distribuição primária da renda — **Conta de geração da renda**.

---

[24] O Brasil ainda não tem estimativa para a conta de patrimônio não financeiro.
[25] O Brasil ainda não tem estimativa para a conta de Passivo.
[26] O Brasil ainda não tem estimativa para a conta de Patrimônio líquido.
[27] Inclui a produção de autônomos e empresas não constituída, aluguel e aluguel imputado.
[28] Consumo intermediário corresponde aos insumos usados nessa produção.
[29] O PIB aqui considerado é o PIB a preço de consumidor que é a soma dos valores adicionados pelos setores produtivos aos impostos subtraídos dos subsídios.

O nome **"primária"** é utilizado para representar a renda gerada, que será revertida para as unidades institucionais como fruto de sua participação na produção (representado pelas remunerações) ou pela propriedade de fatores produtivos necessários à produção (representados pelo excedente operacional líquido, que correspondem às remunerações sob a forma de juros, lucros, aluguéis).

A conta de geração de renda da Tabela 6.12, destrincha o produto nas suas fontes de renda gerada, ou seja, remunerações para o trabalho e o excedente operacional bruto para o capital. Além disso, há os impostos gerados que serão receitas para as administrações públicas. O saldo final corresponderá ao Excedente Operacional Bruto.

Essa conta mostra, portanto, as operações de distribuição diretamente ligadas ao processo de produção.

A **remuneração dos empregados** residentes inclui os encargos sociais e contribuições parafiscais pagos a residentes. A **remuneração dos empregados não residentes** corresponde ao total da remuneração dos empregados, inclusive encargos sociais e contribuições parafiscais **pagos no país**. Segundo o IBGE, os impostos sobre produção e importação incorporam os impostos sobre produtos e importação, além dos tributos sobre a folha de pagamento, as contribuições econômicas, PIS, PASEP, entre outros. O **rendimento de autônomo** também é chamado de **rendimento misto bruto**. Segundo Feijó e Ramos, "a denominação 'misto' é devida à natureza do ganho do trabalhador que não pode ser especificada como rendimento do trabalho ou do capital. Por exemplo, para um motorista de táxi que exerça a profissão em seu próprio veículo, não será possível atribuir o quanto de seu ganho é devido somente ao seu capital (o automóvel), ou o quanto é originário apenas de seu trabalho (o transporte de passageiros). Assim, devido a esta impossibilidade de separação, estes ganhos são alocados sob a rubrica 'rendimento misto'"[30].

Observe que, em vez de se esmiuçar o PIB em forma de renda, ou seja, em forma de salários, juros, aluguéis e lucros + impostos diretos e indiretos, utiliza-se um linguajar diferenciado, ou seja, **remuneração dos empregados**[31], **excedente operacional bruto, inclusive rendimentos de autônomos, e impostos líquidos de subsídios sobre produção e importação** (inclui impostos sobre produção, importação e sobre produtos). Entende-se por excedente operacional bruto, portanto, o saldo do resultado do PIB, subtraído das remunerações dos empregados, dos rendimentos dos autônomos e dos impostos livres de subsídios.

---

[30] Carmem Aparecida Feijó e Roberto Luis Olinto Ramos, *Contabilidade social*, p. 75.
[31] Corresponde a valores pagos a empregados das famílias, como os salários brutos mais as contribuições sociais a pagar pelos empregadores (= contribuições sociais diversas + contribuições sociais imputadas).

Tabela 6.12. Conta Corrente — Conta de distribuição e uso da renda — Conta de distribuição primária da renda — Conta de geração da renda

I. CONTA CORRENTE 2. CONTA DE DISTRIBUIÇÃO E USO DA RENDA 2.1. CONTA DE DISTRIBUIÇÃO PRIMÁRIA DA RENDA 2.1.1. CONTA DE GERAÇÃO DA RENDA	
Usos	**Recursos**
	Valor adicionado = PIB
Remuneração dos empregados residentes (Rer)[32]	
Remuneração dos empregados não residentes (Renr1)[33]	
Impostos sobre produção e importação livres de subsídios (Ipi)[34]	
Excedente operacional bruto + Rendimento de autônomos (Exc)	

A conta de **geração de renda** destrincha o produto nas suas fontes de renda gerada, ou seja, remunerações para o trabalho e o excedente operacional bruto para o capital. Além disso, há os impostos gerados, que serão receitas para as administrações públicas.

Assim, uma comparação do PIB com todos os outros componentes dessa conta poderia ser feita de acordo com o Quadro 6.1 a seguir:

Quadro 6.1. Composição do PIB

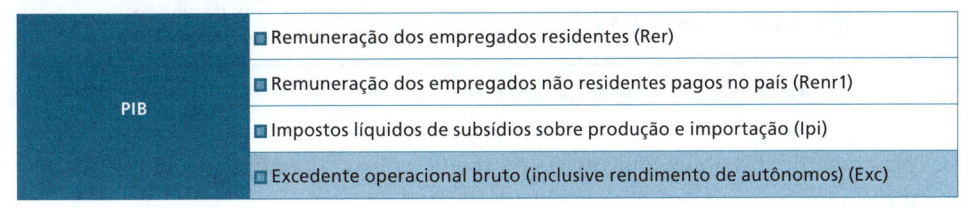

PIB	■ Remuneração dos empregados residentes (Rer)
	■ Remuneração dos empregados não residentes pagos no país (Renr1)
	■ Impostos líquidos de subsídios sobre produção e importação (Ipi)
	■ Excedente operacional bruto (inclusive rendimento de autônomos) (Exc)

Ou seja, o PIB corresponde à soma da remuneração dos empregados residentes e não residentes pagos no país, os impostos líquidos de subsídios sobre produção e importação e o excedente operacional bruto, inclusive rendimento de autônomos. O excedente operacional bruto e o rendimento de autônomos são considerados saldo do PIB.

Assim, temos:

$$Exc = PIB - Rer - Renr1 - Ipi$$

---

[32] Residentes são pessoas físicas ou jurídicas que mantêm seu centro de interesse no país, ou seja, realizam atividades econômicas no país de maneira não temporária.
[33] Caso não tenha sido fornecida essa informação, pode-se considerar saldo igual a zero.
[34] Impostos que incidem sobre a atividade econômica (impostos sobre a folha de pagamento e taxas por exercer atividades pagos pelas famílias, como, por exemplo, taxa de vigilância sanitária).

Observe a composição do PIB no Brasil nos anos de 2004 a 2008, apresentada na Figura 6.3[35]:

Figura 6.3. Composição do PIB do Brasil de 2004 a 2008 pela ótica da renda

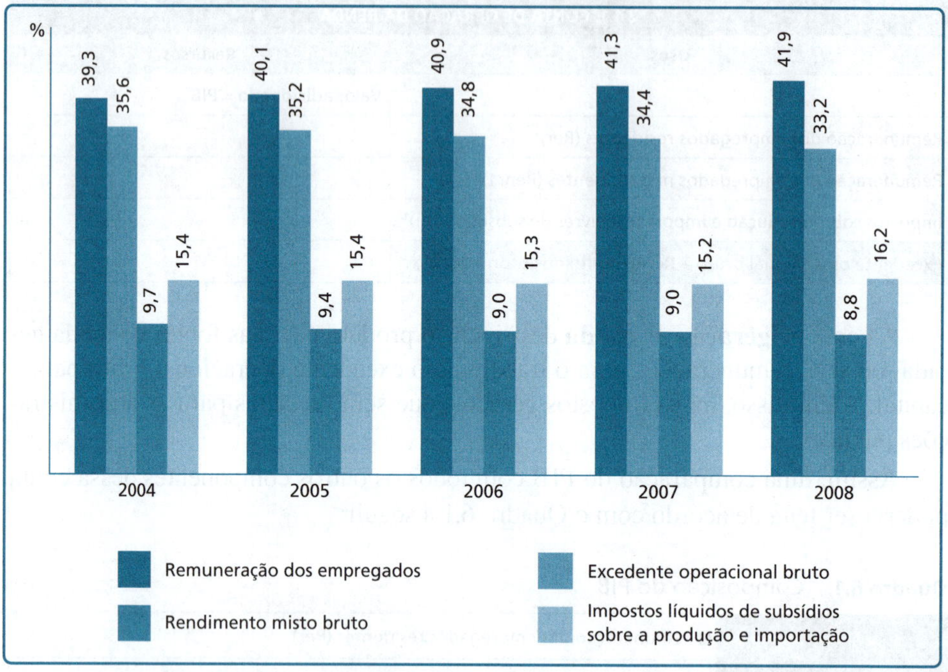

%	2004	2005	2006	2007	2008
Remuneração dos empregados	39,3	40,1	40,9	41,3	41,9
Rendimento misto bruto	9,7	9,4	9,0	9,0	8,8
Excedente operacional bruto	35,6	35,2	34,8	34,4	33,2
Impostos líquidos de subsídios sobre a produção e importação	15,4	15,4	15,3	15,2	16,2

Fonte: IBGE, Diretoria de Pesquisas, Coordenação de Contas Nacionais.

Na conta de distribuição primária da renda, consta, também, a conta de **alocação da renda**.

Tabela 6.13. Conta Corrente — Conta de distribuição e uso da renda — Conta de distribuição primária da renda — Conta de alocação da renda

I. CONTA CORRENTE 2. CONTA DE DISTRIBUIÇÃO E USO DA RENDA 2.1. CONTA DE DISTRIBUIÇÃO PRIMÁRIA DA RENDA 2.1.2. CONTA DE ALOCAÇÃO DA RENDA	
Usos	Recursos
	Excedente operacional bruto (Exc)
	Remuneração dos empregados residentes (Rer)[36]
	Remuneração dos empregados não residentes (Renr2)
	Impostos sobre produção e importação livres de subsídios (Ipi)

---

[35] <http://www.ibge.gov.br/home/presidencia/noticias/noticia_impressao.php?id_noticia=1746>.
[36] Inclui os encargos sociais e as contribuições parafiscais pagos a residentes.

Rendas de propriedade pagas (RPP)[37]	Rendas de propriedade recebidas (RPR)[38]
Renda Nacional Bruta (RNB)[39]	

Na conta de alocação da renda, repetem-se as rendas e impostos da conta de geração de renda, mas do lado dos recursos, e acrescentam-se **as rendas de propriedades do resto do mundo**, que são as rendas provenientes dos fatores de produção enviadas e recebidas do resto do mundo. As rendas de propriedades recebidas ficam do lado dos recursos e as rendas de propriedades enviadas ficam do lado dos usos. Com isso, parte-se do Produto Interno Bruto para a Renda Nacional Bruta, que corresponde ao saldo dessa conta. A partir desse saldo, constrói-se a conta de distribuição secundária da renda. A remuneração dos empregados a não residentes corresponde ao total da remuneração dos empregados, inclusive os encargos sociais e contribuições parafiscais, pagos por serviços prestados a não residentes. Observe que vai se tratar de um valor diferente do apresentado na conta de geração de renda, porque, agora, trata-se de remuneração **paga a residentes por serviços prestados a não residentes** e, na conta de geração de renda, tratava-se de pagamentos feitos no país.

A conta de **alocação de renda** parte do Produto Interno Bruto para a Renda Nacional Bruta. Assim, temos:

$$RNB = Exc + Rer + Renr2 + Ipi + Rpr - Rpp$$

A Conta corrente — Conta de distribuição e uso da Renda — **Conta de distribuição Secundária da Renda** irá mostrar a passagem da Renda Nacional Bruta para a Renda Nacional Bruta Disponível. Para isso, serão somadas, à Renda Nacional Bruta, as transferências correntes recebidas do exterior e serão subtraídas as transferências correntes enviadas ao exterior.

As **transferências correntes** são os donativos ou quaisquer recebimentos correntes recebidos e enviados ao exterior sem que haja contrapartida em bens e serviços, ou seja, sem que haja contrapartida com o processo produtivo. Nessa conta de distribuição secundária da Renda, estão excluídas, das transferências, **as transferências sociais em espécie**. Essa redistribuição representa a segunda fase no processo de distribuição da renda. A **Renda Nacional Disponível Bruta (RNDB)** se refere às rendas do governo, das famílias e das empresas privadas. Se o governo for excluído da Renda Disponível Bruta, determina-se a **Renda Nacional Disponível Privada**. A Renda Nacional Disponível Bruta representa o saldo dessa conta, dando origem à conta de uso da renda. Ela expressa, portanto, a renda disponível da nação para consumo final e para poupança.

---

[37] Incluem os juros, dividendos e retiradas e rendimento de propriedade atribuído a detentores de apólices de seguros e renda de recursos naturais como foro e laudêmio (rendas da terra).

[38] Incluem os juros, dividendos e retiradas e rendimento de propriedade atribuído a detentores de apólices de seguros e renda da terra.

[39] RNB (ou PNB) consiste na renda obtida pelas unidades institucionais residentes pelo uso dos fatores de produção, capital e trabalho.

Portanto, a RNDB é igual à RNB somada aos impostos correntes sobre a renda e o patrimônio líquidos, recebidos do exterior, mais as contribuições e benefícios sociais e outras transferências correntes líquidas, recebidas do exterior.

Tabela 6.14. Conta Corrente — Conta de distribuição e uso da renda — Conta de distribuição secundária da renda

I. CONTA CORRENTE 2. CONTA DE DISTRIBUIÇÃO E USO DA RENDA 2.2. CONTA DE DISTRIBUIÇÃO SECUNDÁRIA DA RENDA	
Usos	Recursos
	RNB
Benefícios sociais, exceto transferências sociais em espécie	Benefícios sociais, exceto transferências sociais em espécie[40]
Impostos correntes sobre a renda, patrimônio etc.[41]	Impostos correntes sobre a renda, patrimônio etc.
Contribuições sociais	Contribuições sociais
Outras transferências correntes enviadas (TCE)[42]	Outras transferências correntes recebidas (TCR)[43]
Renda Nacional Bruta Disponível (RNBD)	

A conta de **Distribuição Secundária da Renda** irá mostrar a passagem da Renda Nacional Bruta para a Renda Nacional Bruta Disponível.

Considerando que os benefícios sociais, os impostos e contribuições dessa conta de distribuição secundária da renda se igualem do lado de recursos com o de usos, temos:

$$RNBD = RNB + TCR - TCE$$

Para determinar a Conta corrente — Conta de distribuição e uso da renda — **Conta de redistribuição de renda em espécie**, devem-se acrescentar as transferências sociais em espécie recebidas e subtrair as transferências sociais em espécie enviadas. O saldo dessa conta será a Renda Nacional Bruta Disponível ajustada (RNBDa).

Tabela 6.15. Conta Corrente — Conta de distribuição e uso da renda — Conta de redistribuição de renda em espécie

I. CONTA CORRENTE 2. CONTA DE DISTRIBUIÇÃO E USO DA RENDA 2.3. CONTA DE REDISTRIBUIÇÃO DE RENDA EM ESPÉCIE	
Usos	Recursos
	Renda Nacional Bruta Disponível
Transferências sociais em espécie enviadas	Transferências sociais em espécie recebidas
Renda Disponível Bruta ajustada	

---

[40] Incluem as aposentadorias, pensões, seguro-desemprego, licença-maternidade. Não inclui reembolso por serviços de saúde ou medicamentos que são considerados transferências sociais em espécie.
[41] Incluem o imposto de renda pessoa física, IPTU, IPVA etc.
[42] Incluem as doações, transferências de trabalhadores imigrantes para suas famílias, enviadas pelas famílias.
[43] Incluem as doações, transferências de trabalhadores imigrantes para suas famílias, recebidas pelas famílias.

Na **Conta de Redistribuição de Renda em Espécie** devemos acrescentar as transferências sociais em espécie recebidas e subtrair as transferências sociais em espécie enviadas. O saldo dessa conta será a Renda Nacional Bruta Disponível ajustada (RNBDa).

A Conta corrente — Conta de distribuição e uso da renda — **Conta de uso da renda** vai mostrar como os setores institucionais vão alocar sua renda disponível entre consumo e poupança.

A partir da conta de uso da renda, na Tabela 6.16, dá-se um destino à Renda Nacional Bruta Disponível, ou seja, ou para o **consumo final** das famílias e do governo ou para a **poupança bruta**, que corresponde à poupança das famílias, das empresas e do governo. Portanto, a poupança bruta corresponde ao saldo dessa conta, dando origem à conta de acumulação — conta de capital.

Tabela 6.16. Conta corrente — Conta de distribuição e uso da renda — Conta de uso da renda — Conta de uso da renda nacional bruta disponível

I. CONTA CORRENTE 2. CONTA DE DISTRIBUIÇÃO E USO DA RENDA 2.4. CONTA DE USO DA RENDA 2.4.1. CONTA DE USO DA RENDA NACIONAL BRUTA DISPONÍVEL	
Usos	**Recursos**
	Renda Nacional Bruta Disponível (RNBD)
Ajustamento pela variação das participações líquidas das famílias nos fundos de pensões, FGTS e PIS/PASEP	Ajustamento pela variação das participações líquidas das famílias nos fundos de pensões, FGTS e PIS/PASEP
Consumo Final (CF)[44]	
Poupança Bruta (S)	

A conta de **Renda Nacional Bruta Disponível** mostra o destino da Renda Bruta Disponível para o **consumo final** das famílias e do governo ou para a **poupança bruta**.

Assim, considerando os ajustamentos de recursos iguais aos do uso, tem-se:

$$S = RNBD - CF$$

As Contas Nacionais, normalmente, publicam apenas a conta de uso da renda Nacional Bruta Disponível, mas os resultados por setor institucionais incluem as transferências sociais em espécie. Assim, surge o conceito de **Renda Nacional Bruta Disponível ajustada (RNBDa)**, que é a soma dessas transferências sociais em espécie acrescidas na Renda Nacional Bruta Disponível (RNBD). Logo, no consumo final são incluídas as transferências sociais em espécie gerando o **consumo final efetivo**, conforme pode ser visto na Tabela 6.17 a seguir. No caso das famílias, o consumo final efetivo consiste na soma do consumo final com os bens e

---

[44] Incluem no consumo final, as famílias, o governo e as instituições privadas sem fins lucrativos a serviço das famílias. As empresas não tem consumo final.

serviços fornecidos gratuitamente ou a preços simbólicos pelo governo[45] ou por Instituições Privadas Sem Fins Lucrativos a Serviço das Famílias (IPSFLSF)[46]. A poupança calculada na conta de uso da Renda Nacional Bruta Disponível ajustada não se altera em relação à poupança calculada na conta de uso da Renda Nacional Bruta Disponível.

Tabela 6.17. Conta corrente — Conta de distribuição e uso da renda — Conta de uso da renda — Conta de uso da renda nacional bruta disponível ajustada

I. CONTA CORRENTE 2. CONTA DE DISTRIBUIÇÃO E USO DA RENDA 2.4. CONTA DE USO DA RENDA 2.4.2. CONTA DE USO DA RENDA NACIONAL BRUTA DISPONÍVEL AJUSTADA	
Usos	Recursos
	Renda Nacional Bruta Disponível ajustada
Ajustamento pela variação das participações líquidas das famílias nos fundos de pensões, FGTS e PIS/PASEP	Ajustamento pela variação das participações líquidas das famílias nos fundos de pensões, FGTS e PIS/PASEP
Consumo Final efetivo[47]	
Poupança Bruta[48]	

A conta de **Renda Nacional Bruta Disponível Ajustada** mostra o destino da Renda Nacional Bruta Disponível ajustada para o **consumo final efetivo** das famílias e do governo ou para a **poupança bruta**. No consumo final são incluídas as transferências sociais em espécie, gerando o **consumo final efetivo**.

A Conta de acumulação — Conta de capital mostra o total poupado e o total investido na economia e, diante disso, define-se se haverá **necessidade ou capacidade de financiamento** externo. Assim, de acordo com o sinal desse item, verifica-se se haverá uma necessidade de financiamento, caso o saldo mostre um valor negativo, ou se haverá capacidade de financiamento, se o saldo mostrar um valor positivo. Isso proporciona a rápida percepção visual da situação do país perante o resto do mundo. Nessa conta, também devem ser lançadas as transferências de capital que, de acordo com Feijó e Ramos, "correspondem à variação de patrimônio líquido resultante de operações financeiras"[49].

Logo, parte-se da Poupança, encontrada na conta de uso da Renda, acrescentam-se as transferências de capital e comparam-se com os ativos não financeiros, constituídos da Formação Bruta de Capital Fixo somada ao consumo de Capital Fixo e à

---

[45] Por convenção, apenas as despesas do governo com bens e serviços individuais (que são aquelas que podem ser identificados quem as recebe ou que podem ser compradas no mercado) são consideradas como consumo efetivo das famílias.

[46] Incluem igrejas, associações, sindicatos, clubes, ONGs, partidos políticos, asilos e orfanatos.

[47] As transferências sociais em espécie correspondem às transferências em valores de bens e serviços pagos pelo governo e IPSFLSF e que serão consumidos pelas famílias. Logo, o consumo final do Governo e IPSFLSF são iguais ao seu consumo de bens e serviços coletivos.

[48] Ou poupança interna, que é igual à Formação Bruta de Capital Fixo mais a variação de estoques mais a variação de ativos financeiros líquida de passivos.

[49] Carmem Aparecida Feijó e Roberto Luis Olinto Ramos, *Contabilidade social*, p. 82.

Variação de Estoques. A diferença entre elas determinará a Capacidade/Necessidade de Financiamento. Observe a Tabela 6.18:

Tabela 6.18. Conta de Acumulação — Conta de capital

II. CONTA DE ACUMULAÇÃO 1. CONTA DE CAPITAL	
Usos	Recursos
	Poupança Bruta
Formação Bruta de Capital Fixo	Transferências de Capital
Consumo de Capital Fixo[50]	
Variação de Estoques	
Capacidade/Necessidade de Financiamento	

A **Conta de Capital** mostra o total poupado e o total investido na economia. A diferença entre o que foi investido e poupado definirá se há **necessidade ou capacidade de financiamento** externo. Assim, considerando o Consumo de Capital Fixo igual a zero, temos:

$$C/NF = S + TK - FBCF - \Delta Est$$

A segunda conta de acumulação é a **conta financeira**, que mostra de que maneira a economia vai alocar sua capacidade de financiamento ou como irá suprir sua necessidade de financiamento. Esse processo se dará com a realização de transações financeiras, de tal forma que o aumento de suas obrigações será registrado do lado direito da tabela, em aquisição líquida de passivos, e o aumento de seus direitos será registrado do lado esquerdo da tabela, em aquisição líquida de ativos. Essas operações financeiras podem ser realizadas entre os setores institucionais ou entre estes e o resto do mundo e incluem todas as operações que levam à transferência de propriedade de ativos financeiros. Veja a Tabela 6.19:

Tabela 6.19. Conta de Acumulação — Conta Financeira

II. CONTA DE ACUMULAÇÃO 2. CONTA FINANCEIRA	
Aquisição líquida de ativos	Aquisição líquida de passivos
Instrumentos Financeiros	Instrumentos Financeiros
	Capacidade/Necessidade de Financiamento

A **Conta Financeira** mostra de que maneira a economia vai alocar sua capacidade de financiamento ou como irá suprir sua necessidade de financiamento. Para isso, serão realizadas transações financeiras.

---

[50] O consumo do Capital fixo, ao contrário da depreciação, não é calculado pelo custo histórico, mas, pelo valor de mercado atual, a chamada depreciação econômica.

Os instrumentos Financeiros estão classificados em oito tipos, a seguir, discriminados:
1. Ouro monetário[51] e Direito Especial de Saque (DES)[52]
2. Numerário e depósitos
3. Títulos de dívidas
4. Empréstimos
5. Participações de capital e em fundos de investimentos
6. Sistemas de seguros, de previdência e garantias padronizadas
7. Derivativos financeiros e opções sobre ações atribuídas aos assalariados[53]
8. Outras contas a receber/pagar

A conta financeira e a conta de patrimônio financeiro são uma representação de informações estatísticas de transações e patrimônio da economia e dos setores institucionais. Elas vão mostrar as variações de estoques iniciais e finais de ativos financeiros, bem como dos passivos adquiridos de transações financeiras e outros fluxos.

A conta de Patrimônio é uma declaração feita, geralmente, no início e no final do exercício contábil, dos valores dos ativos e passivos por setor institucional ou pela economia nacional. O saldo dessa conta será o Patrimônio líquido, que é o resultado da subtração dos ativos detidos pelos passivos pendentes.

A Conta de Patrimônio é constituída da conta de ativos financeiros, ativos não financeiros, passivos e patrimônio líquido, mas, no Brasil, o SCN abrange apenas a conta de Patrimônio Financeiro.

A **Conta de patrimônio financeiro** apresenta o ATIVO do lado esquerdo e o PASSIVO do lado direito da conta. Os instrumentos financeiros são os mesmos da conta de acumulação — conta financeira.

Primeiro, é demonstrado o patrimônio financeiro inicial e, depois, o patrimônio financeiro final. Com isso, ocorre a demonstração da variação do Patrimônio financeiro decorrente de transações financeiras e de outras variações de ativos — revalorizações[54] e outras variações de volume[55].

Tabela 6.20. Conta de Patrimônio — Conta de Patrimônio Financeiro

III. CONTA DE PATRIMÔNIO	
1. CONTA DE PATRIMÔNIO FINANCEIRO	
Conta de patrimônio financeiro inicial	
Ativo	Passivo
Instrumentos Financeiros	Instrumentos Financeiros

---

[51] Ouro Monetário é o ouro em poder do Banco Central e que comporão o ativo de reservas do país.
[52] DES — Direito Especial de Saque — são ativos internacionais de reserva criados pelo FMI, sendo distribuídos aos países-membros na proporção de suas reservas junto ao FMI.
[53] Derivativos financeiros são instrumentos financeiros que estão vinculados a um instrumento ou indicador financeiro específico ou a uma mercadoria.
[54] As revalorizações consideram as variações no valor dos ativos financeiros e passivos, devido a flutuações de preços, e na taxa de câmbio.
[55] Nas outras variações de volumes, incluem-se o aparecimento ou desaparecimento de ativos, como a monetização do ouro, e o reconhecimento pelo credor de ativos financeiros que não são possíveis de serem cobrados devido a bancarrota, por exemplo.

Conta de patrimônio financeiro final	
Ativo	Passivo
Instrumentos Financeiros	Instrumentos Financeiros
	Variação de patrimônio financeiro

Na **Conta de Patrimônio Financeiro** é demonstrado o patrimônio financeiro inicial e depois o patrimônio financeiro final. Com isso, ocorre a demonstração da variação do Patrimônio financeiro decorrente de transações financeiras e de outras variações de ativos. Veja na Tabela 6.21 a seguir:

Tabela 6.21. Economia Nacional – Conta Financeira Trimestral para 2017 e 2018

Operações e saldos	(1.000.000 R$)				
	2017.I	2017.II	2017.III	2017.IV	2018.I
Variações de ativos					
F.1 - Ouro Monetário e DES	6	10	8	12	1.329
F.2 - Numerário e depósitos	–5.245	2.348	4.346	13.648	–8.671
F.3 - Títulos de dívidas	7.279	15.927	14.661	–30 909	14.621
F.31 - Curto Prazo	–30	11	760	109	–113
F.32 - Longo Prazo	7.309	15.916	13.901	–31.019	14.735
F.4 - Empréstimos	–823	–499	–401	–903	–431
F.41 - Curto Prazo	–224	193	122	–10	–28
F.42 - Longo Prazo	–599	–692	–523	–893	–402
F.5 - Participações de capital e em fundos de investimentos	6.578	4.676	22.334	19.306	17.988
F.6 - Planos de seguros, de previdência e regime de garantias padronizadas	–42	–67	–80	–50	–45
F.7 - Derivativos financeiros	–7 384	–8 766	–5 497	–5 937	–4 963
F.8 - Outras contas a receber/pagar	35.325	29.686	37.772	33.354	35.327
F.81 - Créditos comerciais e adiantamentos	37.047	32.641	44.391	32.326	37.841
F.89 - Outros	–1.722	–2.955	–6.620	1.028	–2.514
Total da variação do ativo	**35 694**	**43 316**	**73 142**	**28 522**	**55 156**
Variações de Passivos e Patrimônio Líquido					
F.1 - Ouro Monetário e DES	–	–	–	–	–
F.2 - Numerário e depósitos	–694	–2.155	–2.800	–3.504	–212
F.3 - Títulos de dívidas	–12.797	–6.510	6.351	–19.880	16.246
F.31 - Curto Prazo	–4.658	–2.422	394	–12.076	8.455
F.32 - Longo Prazo	–8.139	–4.089	5.957	–7.804	7.791
F.4 - Empréstimos	8.231	–17.999	15.612	8.023	6.014
F.41 - Curto Prazo	–11.853	–11.545	10.332	–2.910	5.464
F.42 - Longo Prazo	20.084	–6.454	5.280	10.933	550
F.5 - Participações de capital e em fundos de investimentos	46.057	39.247	51.891	70.168	37.904

F.6 - Planos de seguros, de previdência e regime de garantias padronizadas	35	143	205	47	43
F.7 - Derivativos financeiros	– 6.105	– 7.525	– 6.154	– 8.564	– 8.795
F.8 - Outras contas a receber/pagar	20.381	23.732	22.619	8.733	24.262
F.81 - Créditos comerciais e adiantamentos	12.034	19.094	18.733	5.166	13.894
F.89 - Outros	8.347	4.638	3.886	3.567	10.368
Total da variação do passivo	55.107	28 933	87.724	55.023	75.464
B.9 - Capacidade (+) / Necessidade (–) líquida	– 19.413	43.382	– 14.582	– 26.501	– 20.308
Memorandum (investimento direto no país)	75.041	39.857	50.228	60.105	57.569

Fonte: IBGE: Diretoria de Pesquisas – Coordenação de Contas Nacionais.

Juntando todas as conta da CEI (com exceção da conta de acumulação — conta financeira e as contas de patrimônio) é possível ter uma visão geral da Conta por setor institucional no Brasil. Observe a tabela 6.22 a seguir:

Tabela 6.22. CEI no Brasil — Conta por setor institucional

CONTAS ECONÔMICAS, A PREÇOS CORRENTES, SEGUNDO AS CONTAS, OPERAÇÕES E SALDOS SETOR INSTITUCIONAL				
Contas, operações e saldos	Valor a preços correntes (R$ 1.000.000)			
I. Conta de produção				
Recursos				
P.1	Produção			
P.11	Produção mercantil			
P.12	Produção não mercantil			
D.21-D.31	Impostos, líquidos de subsídios, sobre produtos			
Usos				
P.2	Consumo intermediário			
B.1	Valor adicionado bruto/Produto Interno Bruto (1)			
II. Conta de distribuição e uso da renda II. 1. Conta de distribuição primária da renda II. 1.1. Conta de geração da renda				
Recursos				
B.1	Valor adicionado bruto/Produto Interno Bruto (1)			
Usos				
D.1	Remuneração dos empregados			
D.11	Ordenados e salários			
D.12	Contribuições sociais dos empregadores			
D.2-D.3	Impostos, líquidos de subsídios, sobre a produção e a importação			
B.2	Excedente operacional bruto			
B.3	Rendimento misto bruto (rendimento de autônomos)			

	II. 1.2. Conta de alocação da renda primária
Recursos	
B.2	Excedente operacional bruto
B.3	Rendimento misto bruto (rendimento de autônomos)
D.1	Remuneração dos empregados
D.11	Ordenados e salários
D.12	Contribuições sociais dos empregadores
D.2-D.3	Impostos, líquidos de subsídios, sobre a produção e a importação
B.2	Excedente operacional bruto
B.3	Rendimento misto bruto (rendimento de autônomos)
D.4	Rendas de propriedade
D.41	Juros
D.42	Dividendos e retiradas
D.44	Rendimento de propriedade atribuído a detentores de apólices de seguros
D.45	Renda da terra
Usos	
D.4	Rendas de propriedade
D.41	Juros
D.42	Dividendos e retiradas
D.44	Rendimento de propriedade atribuído a detentores de apólices de seguros
D.45	Renda da terra
B.5	Saldo das rendas primárias brutas/Renda nacional bruta (2)
	II. 2. Conta de distribuição secundária da renda
Recursos	
B.5	Saldo das rendas primárias brutas/Renda nacional bruta (2)
D.5	Impostos correntes sobre a renda, patrimônio etc.
D.61	Contribuições sociais
D.62	Benefícios sociais, exceto transferências sociais em espécie
D.7	Outras transferências correntes
Usos	
D.5	Impostos correntes sobre a renda, patrimônio etc.
D.61	Contribuições sociais
D.62	Benefícios sociais, exceto transferências sociais em espécie
D.7	Outras transferências correntes
B.6	Renda disponível bruta
	II. 3. Conta de redistribuição da renda em espécie
Recursos	
B.6	Renda disponível bruta
D.63	Transferências sociais em espécie
Usos	
D.63	Transferências sociais em espécie
B.7	Renda disponível bruta ajustada
	II. 4. Conta de uso da renda
	II. 4.1. Conta de uso da renda disponível
Recursos	

B.6	Renda disponível bruta
D.8	Ajustamento pela variação das participações líquidas das famílias nos fundos de pensões, FGTS e PIS/PASEP
Usos	
P.3	Despesa de consumo final
D.8	Ajustamento pela variação das participações líquidas das famílias nos fundos de pensões, FGTS e PIS/PASEP
B.8	Poupança bruta
II. 4.2. Conta de uso da renda disponível ajustada	
Recursos	
B.7	Renda disponível bruta ajustada
D.8	Ajustamento pela variação das participações líquidas das famílias nos fundos de pensões, FGTS e PIS/PASEP
Usos	
P.4	Consumo final efetivo
D.8	Ajustamento pela variação das participações líquidas das famílias nos fundos de pensões, FGTS e PIS/PASEP
B.8	Poupança bruta
III. Conta de acumulação	
III. 1. Conta de capital	
Variações de passivos e patrimônio líquido	
B.8	Poupança bruta
D.9	Transferências de capital a receber
D.9	Transferências de capital a pagar
Variações de ativos	
P.51	Formação bruta de capital fixo
P.52	Variação de estoques
B.9	Capacidade (+)/Necessidade (–) líquida de financiamento

É possível ver um exemplo das Contas Econômicas Integradas (CEIs) da economia brasileira para 2017 e 2018 na Tabela 6.23 a seguir:

Tabela 6.23. Economia Nacional – Contas Econômicas integradas para 2017 e 2018

Tabela II.4- Economia Nacional - Contas Econômicas Integradas				
				1.000.000 R$
Usos		Operações e saldos	Recursos	
1T2017	1T2018		1T2017	1T2018
Conta 1 - Conta de Produção				
1.585.039	1.641.110	B.1 - Produto Interno Bruto		
Conta 2 - Conta da Renda				
		B.1 - Produto Interno Bruto	1.585.039	1.641.110
105	84	D.1 - Remuneração dos Empregados Enviada e Recebida do Resto do Mundo	316	310

39.350	42.934	D.4 - Rendas de Propriedade Enviadas e Recebidas do Resto do Mundo	5.424	18.623
1.551.324	1.617.026	B .5 - Renda Nacional Bruta	1.551.324	1.617.026
2.428	2.742	D.7 - Transferências Correntes Enviadas e Recebidas do Resto do Mundo	3.759	4.285
1.552.654	1.618.569	B .6 - Renda Disponível Bruta	1 552 654	1 618 569
1.302.393	1.351.765	P .3 - Despesa de Consumo Final		
250.262	266.803	B .8 - Poupança Bruta		
Conta 3 - Conta de Acumulação				
Conta 3.1 - Conta de Capital				
		B .8 - Poupança Bruta	250.262	266.803
270.053	287.467	P .51 - Formação Bruta de Capital		
76	53	NP - Aquisições Líquidas de Cessões de Ativos Não-Financeiros Não-Produzidos	339	260
51	35	D.9 - Transferências de Capital Enviadas e Recebidas do Resto do Mundo	165	183
(–) 19.413	(–) 20.308	B .9 - Capacidade (+) / Necessidade (–) de Financiamento		
Conta 3.2 - Conta Financeira				
Variações de Ativo s			Variações de Passivos e Patrimônio Líquido	
35.694	55.156	F - Aquisição líquida de ativo s financeiros / Aquisição líquida de passivos	55.107	75.464
6	1.329	F.1 - Ouro Monetário e DES	0	0
(–) 5.245	(–) 8.671	F.2 - Numerário e depósitos	(–) 694	(–) 212
7.279	14.621	F.3 - Títulos de dívidas	(–) 12.797	16.246
(–) 30	(–) 113	F.31 - Curto Prazo	(–) 4.658	8.455
7.309	14.735	F.32 - Longo Prazo	(–) 8.139	7.791
(–) 823	(–) 431	F.4 -Empréstimos	8.231	6.014
(–) 224	(–) 28	F.41 - Curto Prazo	(–) 11.853	5.464
(–) 599	(–) 402	F.42 - Longo Prazo	20.084	550
6.578	17.988	F.5 - Participações de capital e em fundos de investimentos	46.057	37.904
(–) 42	(–) 45	F.6 - Planos de seguros, de previdência e regime de garantias padronizadas	35	43
(–) 7.384	(–) 4.963	F.7 - Derivativos financeiros	(–) 6.105	(–) 8.795
35.325	35.327	F.8 - Outras contas a receber/pagar	20.381	24.262
37.047	37.841	F.81 - Créditos comerciais e adiantamentos	12.034	13.894
(–) 1.722	(–) 2.514	F.89 - Outros	8.347	10.368
		B .9 - Capacidade (+) / Necessidade (–) de Financiamento	(–) 19.413	(–) 20.308

Fonte: IBGE – Contas Nacionais Trimestrais – Indicadores de volume e valores correntes – 2018

Com a classificação desses setores institucionais, vai se juntar um conjunto de contas denominadas **resto do mundo** que vai descrever o fluxo entre residentes[56] e não residentes.

Na conta de operações com o resto do mundo, na Tabela 6.24, devem-se lançar todas as transações feitas com os outros países e verificar se houve saldo a crédito ou a débito com eles. Esse saldo corresponde à necessidade ou à capacidade de financiamento de um país. É importante frisar que essa conta mostra lançamentos sob **a ótica dos outros países**, e não sob a ótica do Brasil. Portanto, as importações, a remuneração enviada, rendas de propriedades enviadas, transferências enviadas e variações do patrimônio líquido resultantes de poupança e de transferências de capital são **"recursos"** para os outros países, enquanto as exportações, as remunerações recebidas, as rendas de propriedades recebidas e as transferências recebidas são **"usos"** para os outros países. O saldo dessa conta corresponde ao **saldo de operações correntes com o resto do mundo**, que é igual à necessidade de financiamento quando negativo ou igual à capacidade de financiamento quando positivo. Corresponde também ao saldo do Balanço de Pagamentos em Transações Correntes da estrutura do Balanço de Pagamentos que poderá ser visto no capítulo 7.

Tabela 6.24. Conta das Transações do Resto do Mundo com a Economia Nacional

	CONTA DAS TRANSAÇÕES DO RESTO DO MUNDO COM A ECONOMIA NACIONAL	
USOS		**RECURSOS**
	Conta 1 — Conta de bens e serviços do resto do mundo com a economia nacional	
	Exportação de bens e serviços	
	Importação de bens e serviços	
	Saldo externo de bens e serviços	
	Conta 2 — Conta de distribuição primária da renda e transferências correntes do resto do mundo com a economia nacional	
	Saldo externo de bens e serviços	
	Ordenados e salários (líquidos recebidos do exterior)	
	Rendas de propriedade (líquidas recebidas do exterior)	
	Outras transferências correntes (líquidas recebidas do exterior)	
	Saldo externo corrente	
	Conta 3 — Conta de acumulação do resto do mundo com a economia nacional	
	Saldo externo corrente	
	Transferências de capital (líquidas a receber)[57]	
	Variações do patrimônio líquido resultantes de poupança e de transferências de capital	
	Capacidade ou necessidade líquida de financiamento	

---

[56] Residente é aquela pessoa física ou jurídica que tem naquele país o centro de predominância de seu interesse.

[57] Inclui transferências unilaterais de capital e bens não financeiros não produzidos (cessão de marcas e patentes).

Na **Conta de Operações com o Resto do Mundo** são lançadas todas as transações feitas com os outros países e é verificado se houve saldo a crédito ou a débito com eles. Esse saldo corresponde à necessidade ou à capacidade de financiamento de um país.

A seguir, na Tabela 6.25, é possível ver a Conta das Transações do Resto do Mundo com a Economia Nacional — 2014 — Contas Nacionais Trimestrais.

Tabela 6.25. Contas Nacionais Trimestrais — 2014

	CONTA DAS TRANSAÇÕES DO RESTO DO MUNDO COM A ECONOMIA NACIONAL — 2014	
	RECURSOS E USOS — DADOS PRELIMINARES	
USOS (R$ 1.000.000)	OPERAÇÕES E SALDOS	RECURSOS (R$ 1.000.000)
Conta 1 — Conta de bens e serviços do resto do mundo com a economia nacional		
635.910	Exportação de bens e serviços	
	Importação de bens e serviços	788.127
152.217	Saldo externo de bens e serviços	
Conta 2 — Conta de distribuição primária da renda e transferências correntes do resto do mundo com a economia nacional		
	Saldo externo de bens e serviços	152.217
1.223	Ordenados e salários (líquidos recebidos do exterior)	377
25.319	Rendas de propriedade (líquidas recebidas do exterior)	141.392
10.319	Outras transferências correntes (líquidas recebidas do exterior)	6.240
263.365	Saldo externo corrente	
Conta 3 — Conta de acumulação do resto do mundo com a economia nacional		
	Saldo externo corrente	263.365
888	Transferências de capital (líquidas a receber)	333
	Variações do patrimônio líquido resultantes de poupança e de transferências de capital	262.810
262.810	Capacidade ou necessidade líquida de financiamento	

Fonte: IBGE[58].

A seguir, a Tabela 6.26 mostra os valores para os trimestres de 2017 e os dois primeiros trimestres de 2018 do PIB, ordenados e salários líquidos recebidos do exterior, rendas de propriedade líquidas recebidas do exterior, Renda Nacional Bruta, outras transferências correntes líquidas recebidas do exterior, a Renda Nacional disponível Bruta, as despesas de consumo final, a poupança bruta, a formação bruta de capital fixo, as transferências de capital líquidas a receber e a capacidade/necessidade de financiamento.

---

[58] <www.ibge.gov.br/home/estatistica/indicadores/pib/pib-vol-val_201502_10.shtm>.
[59] <www.ibge.gov.br/home/estatistica/indicadores/pib/pib-vol-val_201502_11.shtm>.

Tabela 6.26. Conta Econômica Trimestral (R$ 1.000.000) 1º, 2º, 3º e 4º trimestres de 2017 e 1º trimestre de 2018

PERÍODO	PIB	(+) ORDENADOS E SALÁRIOS	(+) RENDAS DE PROPRIEDADE	(=) RENDA NACIONAL BRUTA	(+) OUTRAS TRANSFERÊNCIAS CORRENTES	(=) RENDA NACIONAL DISPONÍVEL BRUTA	(-) DESPESA DE CONSUMO FINAL	(=) POUPANÇA BRUTA	(-) FORMAÇÃO BRUTA DE CAPITAL	(+) CESSÃO DE ATIVOS NÃO FINANCEIROS NÃO PRODUZIDOS (AQUISIÇÕES	(+) TRANSFERÊNCIAS DE CAPITAL	CAPACIDADE/ NECESSIDADE DE FINANCIAMENTO
2017.I	1.585.039	211	-33.926	1.551.324	1.330	1.552.654	1.302.393	250.262	270.053	264	114	-19.413
2017.II	1.630.940	154	-23.096	1.607.998	1.524	1.609.522	1.352.928	256.594	242.404	127	65	14.382
2017.III	1.641.368	222	-32.364	1.609.225	1.867	1.611.092	1.360.776	250.316	265.362	398	65	-14.582
2017.IV	1.702.593	320	-32.792	1.670.121	2.624	1.672.745	1.460.259	212.486	239.157	136	34	-26.501
2017	6.559.940	908	-122.180	6.438.668	7.345	6.446.013	5.476.355	969.658	1.016.976	925	279	-46.114
2018.I	1.641.110	226	-24.310	1.617.026	1.543	1.618.569	1.351.765	266.803	287.467	207	149	-20.308

Fonte: IBGE, Diretoria de Pesquisas, Coordenação de Contas Nacionais.

A seguir serão apresentadas as tabelas sinóticas de 2018 do Sistema de Contas Nacionais.

Veja primeiro como se apresentou a conta de bens e serviços em 2018 no Brasil:

RECURSOS 2018	TRANSAÇÕES E SALDOS	USOS 2018
12.010.010	Produção	
997.474	Importação de bens e serviços [1]	
1.003.596	Impostos sobre produtos [2]	
(–) 10.605	Subsídios aos produtos	
	Consumo intermediário	5.998.860
	Despesa de consumo final	5.919.281
	Formação bruta de capital fixo	1.057.409
	Variação de estoque	(–) 131
	Exportação de bens e serviços [3]	1.025.056
14.000.475	Total	14.000.475

Fonte: IBGE.

Veja, agora, como se apresentaram as CEIS para 2018 no Brasil:

USOS 2018	TRANSAÇÕES E SALDOS	RECURSOS 2018
	Produção	12.010.010
5.998.860	Consumo intermediário	
	Impostos sobre produtos [1]	1.003.596
	Subsídios aos produtos	(–) 10.605
7.004.141	**Produto Interno Bruto**	
	2.1 – Conta de distribuição primária da renda	
	2.1.1 – Conta de geração da renda	
	Produto interno bruto	7.004.141
3.055.773	Remuneração dos empregados	
3.055.337	Residentes	
436	Não residentes	
1.102.796	Impostos sobre a produção e a importação [1]	
(–) 25.638	Subsídios à produção	
2.871.210	Excedente operacional bruto e rendimento misto bruto	
583.568	Rendimento misto bruto	
2.287.642	Excedente operacional bruto	
	2.1.2 – Conta de alocação da renda	
	Excedente operacional bruto e rendimento misto bruto	2.871.210
	Rendimento misto bruto	583.568
	Excedente operacional bruto	2.287.642
	Remuneração dos empregados	3.056.677

	Residentes	3.055.337
	Não residentes	1.340
	Impostos sobre a produção e a importação	1.102.796
	Subsídios à produção	(–) 25.638
239.984	Rendas de propriedade enviadas e recebidas do resto do mundo	44.320
6.809.381	Renda nacional bruta	
	2.2 – Conta de distribuição secundária da renda	
	Renda nacional bruta	6.809.381
18.920	Outras transferências correntes enviadas e recebidas do resto do mundo	17.739
6.808.200	Renda Disponível Bruta	
	2.3 – Conta de uso da renda	
	Renda disponível bruta	6.808.200
5.919.281	Despesa de consumo final	
888.919	Poupança bruta	
	3.1 – Conta de capital	
	Poupança bruta	888.919
1.057.409	Formação bruta de capital fixo	
(–) 131	Variação de estoque	
536	Transferências de capital enviadas e recebidas do resto do mundo (2)	2.146
(–) 166.749	Capacidade (+) ou Necessidade (–) líquida de financiamento	

Fonte: IBGE.

E, por último, como se apresentaram a conta de transações com o resto do mundo em 2018.

USOS 2018	TRANSAÇÕES E SALDOS	RECURSOS 2018
1.025.056	Exportação de bens e serviços [1]	
	Importação de bens e serviços [2]	997.474
(–) 27.582	**Saldo externo de bens e serviços**	
	Saldo externo de bens e serviços	(–) 27.582
1.340	**Remuneração dos empregados**	436
44.320	Rendas de propriedade	239.984
26.702	Juros	88.506
7.674	Rendas distribuídas das empresas	91.888
9.944	Lucros reinvestidos de investimento direto estrangeiro [3]	59.571
	Desembolsos por rendas de investimentos	19
	Rendimento de investimentos atribuído a detentores de apólices de seguros	19
	Rendimento de investimentos a pagar sobre direitos de pensão	

	Rendimento de investimentos atribuído a acionistas de fundos de investimento	
17.739	Outras transferências correntes enviadas e recebidas do resto do mundo	18.920
265	Prêmios líquidos de seguro não-vida	866
26	Indenizações de seguro não-vida	623
1.097	Cooperação internacional	1.655
16.351	Transferências correntes diversas	15.776
168.359	Saldo externo corrente	
	3.1 – Conta de capital	
	Saldo externo corrente	168.359
2.146	Transferências de capital enviadas e recebidas do resto do mundo (4)	536
166.749	Capacidade (+) ou Necessidade (–) líquida de financiamento	
	Variações do patrimônio líquido resultantes de poupança e de transferências de capital	168.007

Fonte: IBGE.

■ 6.3. COMO TRATAR ALUGUÉIS DE IMÓVEIS NO SISTEMA DE CONTAS NACIONAIS — 2010 (SCN-2010)

Os aluguéis de imóveis[60] podem ser residenciais ou comerciais. O primeiro é realizado pelas famílias e, o segundo, pelas empresas. Os aluguéis residenciais podem ser efetivos, quando são pagos por quem ocupa o imóvel, ou podem ser **imputados**, quando é calculado o valor que seria pago pelo aluguel do imóvel, caso fosse posto para ser alugado no mercado no lugar de estar sendo ocupado pelo proprietário.

Assim, afirma Froyen: "Para alguns serviços que não são realmente vendidos no mercado, o Ministério do Comércio tenta *imputar* o valor de mercado do serviço e incluí-lo no PIB. Um exemplo são os serviços de aluguel de casas ocupadas pelos proprietários, que o Ministério do Comércio estima com base no valor do aluguel"[61].

■ 6.4. COMO TRATAR A ATIVIDADE NÃO MONETIZADA, A PRODUÇÃO OCULTA E A PRODUÇÃO INFORMAL NO SISTEMA DE CONTAS NACIONAIS — 2010 (SCN-2010)

Como tratar a **Atividade não monetizada, a Produção oculta e a Produção informal**, que são tipos de produção que devem ser incluídas nas Contas Nacionais?

Atividade não monetizada

Considerando dois exemplos de atividades não monetizadas, como a produção ilegal e o serviço da dona de casa e o plantio de hortas caseiras, pode-se acrescentar que:

---

[60] No SCN, todo imóvel, quando constituído, é considerado Formação Bruta de Capital Fixo.
[61] Richard T. Froyen, *Macroeconomia*, p. 20.

■ **Produção ilegal:** pelo fato da produção ilegal ser nociva à economia, como, por exemplo, atividades de **contrabando e tráfico de drogas**, não devem ser incorporadas ao Produto da economia. Assim, confirmam Paulani e Braga: "No limite extremo de tal situação encontramos as atividades ilegais como contrabando, prostituição e tráfego de drogas, em que tal dificuldade é, por óbvias razões, intransponível. Essas, porém, não causam problema desse ponto de vista, pois está convencionado que, dado que são nocivas à sociedade (ou seja, prestam-lhe um desserviço), elas não devem ter seu valor incorporado ao valor do produto agregado"[62]. Porém, se, numa pesquisa, o entrevistado que realiza contrabando declarar sua renda, poderá ser enquadrado como comerciante, pelo desconhecimento verídico da fonte da renda, então terá seus rendimentos lançados nas contas nacionais. Assim, afirmam Feijó e Ramos: "(...) tal produção (produção ilegal) pode ser estimada caso o informante declare o quanto recebe com a execução de seus serviços, ainda que não os identifique"[63]. Contudo, se sua atividade for ligada a roubo, não haverá aumento do PIB, mas apenas transferência coercitiva de titularidade, não sendo lançada nas contas nacionais.

■ **Trabalho da dona de casa e hortas caseiras:** outra atividade não monetizada é o trabalho da dona de casa. Assim, confirma Froyen, quando diz: "(...) exclui do PIB os bens que não são vendidos nos mercados, como, por exemplo, os serviços das donas de casa, ou a produção das hortas caseiras, assim como a produção não declarada, resultante de atividades ilegais, como a venda de narcóticos, jogos de azar e prostituição"[64].

Produção oculta

Embora a atividade seja legal, não é declarada, com o intuito de sonegar impostos. É incluída nas Contas Nacionais pelo valor estimado com base na demanda e na oferta de bens e serviços da economia.

Produção informal

A **produção informal** não é atividade legal, ou seja, não possui CNPJ, e seu objetivo é a geração de renda para as pessoas que a desenvolvem. Tem baixo nível de organização. Seu valor é estimado por meio de pesquisas domiciliares. Por exemplo, professores particulares, camelôs etc. Não se deve confundir produção informal com trabalho informal[65], já que a primeira refere-se à unidade produtiva que não está

---

[62] Leda Maria Paulani e Márcio Bobik Braga, *A nova contabilidade social*, p. 76.
[63] Carmem Aparecida Feijó e Roberto Luis Olinto Ramos, *Contabilidade social*, p. 76.
[64] Richard T. Froyen, *Macroeconomia*, p. 20.
[65] Segundo a SCN-2010, as ocupações ou emprego ou de postos de trabalho consistem em um conjunto de tarefas e obrigações que uma pessoa desempenha para uma unidade produtiva. Essa relação de trabalho pode ser **formal ou informal**. As ocupações são classificadas nas categorias de **empregados ou autônomos**. Os **empregados** (com trabalho formal) podem ter vínculo quando têm carteira de trabalho assinada ou quando são sócios, proprietários e trabalham nas empresas constituídas em sociedade, bem como os funcionários públicos e outros funcionários do governo. Quando os

formalmente constituída, e a segunda, a uma relação de trabalho constituída por trabalhadores que não têm carteira assinada. Observe que aluguel corresponde a ganho de capital e, portanto, não é economia informal. A agricultura de subsistência também não é considerada produção informal.

6.5. QUESTÕES

1. (TCE/MG — Economia — FCC — 2006 — adaptada) Considere os seguintes dados extraídos das Contas Nacionais do Brasil, relativos ao ano de 2003 e expressos em milhões de reais:
— Consumo Final: 1.192.613 (CF)
— Variação de Estoques: 30.750 (VE)
— Formação Bruta de Capital Fixo: 276.741 (FBCF)
— Renda Líquida Enviada para o Exterior: 55.150 (RLEE)
— Outras Transferências Correntes Recebidas do Exterior: 8.753 (TCRE)
— Produto Interno Bruto: 1.556.182 (PIB)
— Benefícios sociais, exceto transferências sociais em espécie, Impostos correntes sobre a renda, patrimônio, etc. e Contribuições sociais = 0

O Superávit do Balanço de Pagamentos em Transações Correntes (TC) do Brasil foi, nesse ano, em milhões de reais, de:
a) 63.903
b) 56.078
c) 55.150
d) 9.681
e) 928

2. (Prefeitura de Vila Velha/ES — CEBRASPE — 2008) Julgue os itens subsequentes que versam acerca das Contas Nacionais:
a) O saldo da conta Renda Nacional disponível líquida é a poupança interna do país.
b) Pelo sistema de Contas Nacionais, a fonte de financiamento da formação de capital é o saldo da conta Renda Nacional disponível líquida.

3. (Diplomacia — CEBRASPE — 2008) A tabela a seguir apresenta dados em unidades monetárias (u.m.) do país Alfa em determinado ano.

NATUREZA	VALOR (EM U.M.)
Gastos das famílias	250
Gastos correntes do governo	100
Poupança bruta doméstica	120
Variação dos estoques	10

---

empregados trabalham sem carteira de trabalho assinada (trabalho informal), diz-se que não possuem um trabalho formal. Os **autônomos** são aqueles que trabalham por conta própria e incluem os **empregadores** que possuem empresa não constituída em sociedade e que possuem empregados remunerados. Além dos empregadores, os autônomos podem ser constituídos por **trabalhadores por conta própria** e **trabalhadores não remunerados**. Os primeiros são proprietários de empresas não constituídas em sociedade sem empregados. Os segundos são indivíduos que trabalham como ajudantes sem remuneração. Enquadram-se também nessa categoria, os trabalhadores para o próprio consumo do setor agrícola ou que trabalham para si mesmo na construção.

As transações do país Alfa com o resto do mundo nesse mesmo ano são mostradas na tabela seguinte.

NATUREZA	VALOR (EM U.M.)
Exportação de bens e serviços	20
Importação de bens e serviços	40
Remessas financeiras de emigrantes a seus familiares residentes no país Alfa	5
Pagamentos de salários a não residentes por empresas do país Alfa	10

Com base nessa situação hipotética, julgue (C ou E) os itens que se seguem.
a) As poupanças dos residentes no país Alfa foram capazes de financiar todo o investimento realizado por esse país no ano considerado.
b) No ano considerado, a Renda Nacional de Alfa foi superior à Renda Interna Bruta desse país.
c) No ano considerado, a Renda Nacional de Alfa foi inferior à Renda Disponível Bruta desse país.
d) O Produto Interno Bruto (PIB) de Alfa, no ano considerado, foi igual a 475 u.m.

4. (Auditor-Fiscal do Governo da Bahia — FCC — 2004 — adaptada) As seguintes informações foram extraídas das Contas Nacionais do Brasil de 2001, compiladas pela Fundação IBGE (dados em R$ milhões):
— Consumo intermediário: 1.157.036
— Despesa de consumo final: 957.836
— Formação Bruta de capital fixo: 233.376
— Variação de estoques: 20.750
— Exportação de bens e serviços: 158.501
— Importação de bens e serviços: 170.403
— Compra e venda de valores: 0
Pode-se concluir que o Produto Interno Bruto do Brasil equivaleu, em milhões de reais, naquele ano, a:
a) 2.357.096
b) 2.114.872
c) 1.540.866
d) 1.200.060
e) 1.091.212

5. (Economista — DNOCS — FCC — 2010 — adaptada) Dados extraídos das Contas Nacionais do Brasil, no ano de 2006 (em milhões de reais):
— Consumo Intermediário: 2.087.032
— Despesa de Consumo Final: 1.903.679
— Variação de Estoque: 8.012
— Formação Bruta de Capital Fixo: 389.328
— Produto Interno Bruto: 2.369.797
— Compra e venda de valores: 0
Com tais informações, é correto deduzir que, naquele ano, as exportações de bens e serviços foram superiores às importações de bens e serviços, em milhões de reais, em
a) 183.353.
b) 60.766.
c) 68.778.
d) 76.790.
e) 53.998.

(TJ/PA — 2009 — adaptada) Atenção: Para responder às questões a seguir utilize os dados extraídos das Contas Nacionais do Brasil, relativas ao ano de 2006, em milhões de reais.

Despesa de Consumo Final 1.903.679
Variação de Estoques 8.012
Formação Bruta de Capital Fixo 389.328
Renda Nacional Bruta 2.311.211
Transferências Correntes Líquidas recebidas do exterior 9.366
Saldo Externo de Bens e Serviços (positivo) 68.778
Compra e venda de valores = 0
Ajustamento pela variação das participações líquidas das famílias nos fundos de pensões, FGTS e PIS/PASEP = 0

6. O Produto Interno Bruto do Brasil naquele ano correspondeu, em milhões de reais, a
   a) 2.232.241.
   b) 2.353.773.
   c) 2.369.797.
   d) 2.371.151.
   e) 2.379.163.

7. A Renda Disponível Bruta do Brasil, naquele ano, equivaleu, em milhões de reais, a
   a) 2.311.211.
   b) 2.312.565.
   c) 2.313.211.
   d) 2.318.768.
   e) 2.320.577.

8. A Poupança Bruta do Brasil naquele ano foi, em milhões de reais, igual a
   a) 399.520
   b) 407.532
   c) 408.886
   d) 416.898
   e) 418.252

9. (Economista — Embratur — FUNIVERSA — 2011) Acerca da sistematização das contas nacionais do Brasil, assinale a alternativa correta.
   a) A conta nacional Produto Interno Bruto (PIB) é uma conta de produção.
   b) A conta de capital é uma conta de apropriação.
   c) A conta nacional PIB é uma conta de acumulação.
   d) A conta renda nacional disponível bruta é uma conta de produção.
   e) A conta das transações correntes com o resto do mundo é uma conta nacional que não envolve as variáveis exportação e importação.

10. (EPPGG — MPOG — ESAF — 2009 — adaptada) Considere os seguintes dados extraídos de um Sistema de Contas Nacionais extraídas das contas de produção de renda:
    — Valor Bruto da Produção a preços básicos: 2.500;
    — Impostos sobre produtos: 150;
    — Produto Interno Bruto: 1.300;
    — Impostos sobre a produção e de importação: 240;
    — Subsídios à produção: zero;
    — Excedente operacional bruto, inclusive rendimento de autônomos: 625.

Com base nessas informações, é correto afirmar que o consumo intermediário e a remuneração dos empregados são, respectivamente:
a) 1.350 e 440
b) 1.350 e 435
c) 1.200 e 410
d) 1.200 e 440
e) 1.300 e 500

11. (Agente Técnico Administrativo em Direito, Finanças e Orçamento — FCC — 2010) É correto afirmar que o Sistema de Contas Nacionais no Brasil
a) não permite o cálculo de estatísticas como PIB e PNB.
b) demonstra na Conta Corrente do Governo apenas os investimentos do setor público.
c) é composto por cinco grupos de contas.
d) registra apenas transações domésticas.
e) é calculado e divulgado pelo IBGE.

12. (Economista — DPU — CEBRASPE — 2016) A respeito da teoria econômica relacionada às contas nacionais, julgue o item a seguir.
O cálculo da formação bruta de capital fixo inclui o valor da produção de máquinas e equipamentos.

13. (Tecnologista — IBGE — Economia — FGV — 2016) Em relação às Tabelas de Recursos e Usos (TRU), uma de suas características é:
a) a vinculação a uma parcela das contas econômicas integradas, por meio de oferta agregada vertical, quando em pleno emprego ou por meio de demanda agregada;
b) o fato de que são iguais a matriz insumo-produto;
c) a classificação das unidades produtivas segundo as atividades econômicas, permitindo mensurar as relações de troca intra setorial;
d) a exclusão da administração pública do cálculo pela dificuldade de se medir a renda gerada por esse setor;
e) a divisão em recursos de bens e serviços, a qual apresenta em uma das partes a oferta total da economia.

14. (ECO — ALMS — 2016) As contas nacionais do Brasil relativas ao primeiro trimestre de 2016, conforme dados divulgados pelo IBGE (valores em R$ milhões) apresentam os seguintes números:
Ordenados e salários (líquidos recebidos do exterior) 234
Despesa de consumo final 1.229.402
Rendas de Propriedade (líquidas recebidas do exterior) .... –35.921
Poupança Bruta 211.430
Renda Nacional Bruta... 1.438.150
Considerando essas informações, o valor do Produto Interno Bruto — PIB do período, em R$ milhões, foi de:
a) 1.473.837
b) 1.262.407
c) 2.420.435
d) 1.018.206
e) 1.685.267

15. (Auditor de Controle Externo — TCE-PA — Fiscalização — Economia — CEBRASPE — 2016) Acerca de macroeconomia, julgue o item subsequente.
Considerando-se a perspectiva da renda, o produto interno bruto a preços de mercado pode ser decomposto em renda pessoal disponível, renda bruta disponível das empresas, renda líquida do governo e renda líquida enviada ao exterior.

16. (Analista — Prefeitura de São Paulo — Planejamento e Desenvolvimento Organizacional — Ciências Econômicas — VUNESP — 2015) A contabilidade social tem como objetivo apresentar uma visão da economia de um país ou de uma região em termos quantitativos. O conceito central das Contas Nacionais é
   a) a renda, analisando-se a forma como é distribuída entre o consumo e a poupança de uma dada população.
   b) o retrato das receitas e despesas do setor público de uma população específica.
   c) a identidade entre a poupança e o investimento em um determinado período de tempo.
   d) a relação econômica entre o Brasil e o resto do mundo em um dado período de tempo.
   e) o valor global do fluxo de bens e serviços finais, produzidos em um determinado período.

17. (Auditor de Controle Externo — TCE-RO — Economia — CEBRASPE — 2013) A respeito de agregados macroeconômicos, sistema de contas nacionais e balanço de pagamentos, julgue o seguinte item.
Os agregados macroeconômicos podem ser obtidos a partir de certas operações, tais como a formação bruta de capital fixo; ou podem ser decorrentes da adição de saldos de setores institucionais, que têm como exemplo a renda disponível.

18. (Economista — DPU — CEBRASPE — 2016) A respeito da teoria econômica relacionada às contas nacionais, julgue o item a seguir.
A instalação de bens de capital e o gasto com a transmissão de propriedade de terreno são calculados, no PIB, como consumo das famílias.

19. (Analista — Prefeitura de São Paulo — Planejamento e Desenvolvimento Organizacional — Ciências Econômicas — VUNESP — 2015) Assinale a alternativa correta sobre o que ocorre no processo de elaboração das Contas Nacionais.
   a) Nas contas de capital, as expectativas futuras de valores de transações com bens produzidos podem ser computadas.
   b) Podem ser computados os valores de transações com bens produzidos em períodos anteriores.
   c) Nas contas de apropriação, as expectativas futuras de valores de transações com os bens produzidos podem ser computadas.
   d) Os valores das transações financeiras não são considerados, pois não representam acréscimos à produção real da economia.
   e) Nas contas correntes de governo, as expectativas futuras de valores de transações com bens produzidos podem ser computadas.

20. (Auditor de Controle Externo — TCE-RO — Economia — CEBRASPE — 2013) A respeito de agregados macroeconômicos, sistema de contas nacionais e balanço de pagamentos, julgue o seguinte item.
Como corresponde à renda nacional disponível bruta, deduzido o consumo final, a poupança bruta é maior que a formação bruta de capital fixo acrescida da variação de estoques e de ativos financeiros, líquido de passivos.

21. (Agente de Fiscalização — TCM-SP — Economia — FGV — 2015) Considere o Sistema de Contas Nacionais, baseado em quatro contas: produção, utilização da renda, formação de capital e das operações da economia com o resto do mundo. A estática comparativa de acordo com tal sistema é:
   a) um aumento da renda nacional líquida a preços de mercado pode ser compensado por uma redução do consumo do governo;
   b) um aumento do excedente operacional bruto pode ser decorrente do aumento das exportações de bens e serviços de não-fatores;

c) uma redução dos recebimentos correntes pode levar a um aumento da renda recebida do exterior;
d) um aumento do investimento em bens de capital, com aumento da depreciação, leva à elevação do total da formação de capital;
e) um aumento dos impostos indiretos e redução dos subsídios leva a uma redução da apropriação da renda nacional disponível líquida.

22. (Economista — ARSETE — FCC — 2016) Considere os resultados relativos às contas nacionais de 2015, do Brasil, fornecidos pelo IBGE (valores em R$ 1.000.000.000,00).

Ordenados e salários (líquidos recebidos do exterior)	1
Renda Nacional Disponível Bruta	5.783
Rendas de Propriedade (líquidas recebidas do exterior)	–130
Produto Interno Bruto — PIB	5.904
Renda Nacional Bruta	5.775
Despesa de Consumo Final	4.934
Outras transferências correntes (líquidas recebidas do exterior)	8

O valor da poupança bruta formada no ano foi de (em R$ 1.000.000.000,00)
a) 970
b) 849
c) 841
d) 857
e) 859

23. (Analista Judiciário — TJ-RO — Economista — FGV — 2015) Uma das maneiras de ajustar as contas públicas ocorre por meio de elevação dos impostos indiretos. Considerando o sistema de Contas Nacionais, uma das consequências dessa medida é:
a) elevação do produto interno bruto a custo de fatores;
b) redução da despesa interna bruta a preços de mercado;
c) elevação da utilização da renda nacional disponível líquida;
d) redução da renda nacional líquida a preços de mercado;
e) elevação dos recebimentos correntes com o resto do mundo.

24. (Analista de Gestão — COMPESA — Economista — FGV — 2014) Segundo o sistema de contas nacionais, um aumento do saldo de poupança externa, mantido constante o saldo da poupança interna,
a) reduz a formação futura de capital da conta de capital.
b) reduz a utilização dos recebimentos correntes da conta de transações correntes com o resto do mundo.
c) reduz os recebimentos correntes da conta de transações correntes com o resto do mundo.
d) eleva a utilização da renda nacional disponível líquida da conta renda nacional.
e) eleva o financiamento da formação de capital da conta de capital.

25. (Analista de Pesquisa Energética — EPE — Economia de Energia — CESGRANRIO — 2010) O Produto Interno Bruto (PIB) de um país, num certo ano, NÃO contabiliza a produção no país, neste ano, relativa a
a) colheitadeiras usadas na produção de soja.
b) bens intermediários exportados.
c) serviços de consertos de carros antigos.
d) serviços domésticos executados pelas donas de casa.
e) aço destinado à estocagem.

26. (Supervisor de Pesquisas — IBGE — Geral — CONSULPLAN — 2011 — adaptada) Julgue a alternativa.
A inclusão de atividades não monetizadas no cálculo da renda nacional pode dificultar as comparações das Contas Nacionais entre os países.

27. (Técnico de Nível Superior I /Economista/AOCP/ 2016) Sobre as contas nacionais, assinale a alternativa correta.
a) O sistema contábil utilizado para medir o PIB e muitas estatísticas a ele relacionadas é chamado de contas nacionais.
b) O deflator do PIB corresponde à razão entre o PIB real e o PIB nominal.
c) O PIB representa o valor de mercado para todos os bens, intermediários e finais, produzido em uma economia em determinado período de tempo.
d) As contas nacionais dividem o PIB em três categorias abrangentes para despesas: Consumo, investimento e compras do governo.
e) As contas nacionais incluem outros indicadores de renda que diferem ligeiramente do PIB. Um exemplo seria o PNL que corresponde ao PIB somando as receitas correspondentes ao fator renda oriundas do restante do mundo e subtraindo os pagamentos correspondentes ao fator renda destinados ao restante do mundo.

28. (Economista (MCID)/CETRO/ 2013) Em relação às Contas Nacionais, analise as assertivas abaixo.
I. Produto interno bruto é igual ao valor bruto da produção, a preços básicos, menos o consumo intermediário, a preços de consumidor, mais os impostos, líquidos de subsídios, sobre produtos.
II. Produto interno bruto é igual à despesa de consumo das famílias, mais o consumo do governo, mais o consumo das instituições sem fins de lucro a serviço das famílias (consumo final), mais a formação bruta de capital fixo, mais a variação de estoques.
III. Renda nacional bruta é igual ao produto interno bruto, mais os rendimentos líquidos dos fatores de produção enviados/ recebidos ao/ do resto do mundo.
É correto o que se afirma em
a) I, apenas.
b) II, apenas.
c) III, apenas.
d) I e II, apenas.
e) I e III, apenas.

29. (SEPOG SP/Orçamento e Contabilidade Pública/VUNESP/ 2017) Considere os seguintes dados hipotéticos extraídos das Contas Econômicas Integradas — CEI de uma economia, em Reais:
— Valor Bruto da Produção (VBP): 15.400,00
— Consumo Intermediário (CI): 6.900,00
— Impostos líquidos de subsídios sobre produtos e importação (IpM — Sub pM): 1.400,00
— Importação de Bens e Serviços (M): 600,00
Com base nessas informações, o Produto Interno Bruto é de, em Reais,
a) 7.100,00.
a) 7.700,00.
a) 9.300,00.
a) 9.900,00.
a) 10.500,00.

30. (Analista /PGE MT/Economista/FCC / 2016) O conceito de produto interno bruto
   a) incorpora a produção de bens e serviços realizada por residentes, que são somados aos bens e serviços produzidos pelos não residentes.
   b) é dado pelos bens e serviços de consumo intermediário somados aos bens e serviços-produzidos pelos residentes.
   c) deduz os impostos sobre o total dos bens e serviços produzidos para o consumo intermediário.
   d) considera, como unidade residente, aquela que mantém o centro de interesse econômico predominante no território econômico, realizando, sem caráter temporário, atividades econômicas nesse território.
   e) é definido como os bens e serviços produzidos para o consumo final, deduzida a depreciação.

31. (Auditor-Fiscal da Receita Estadual / RJ /FCC/ 2014) O Produto Interno Bruto — PIB a preços de mercado mede o total dos bens e serviços produzidos pelas unidades residentes que têm como destino um uso final (exclui consumo intermediário). Considerando-se a ótica de mensuração do PIB pela demanda, é correto afirmar que o seu cômputo é dado
   a) pelo valor da produção menos o consumo intermediário, mais os impostos, líquidos de subsídios, sobre produtos não incluídos no valor da produção.
   b) pela remuneração dos empregados mais o total dos impostos, líquidos de subsídios, sobre a produção e a importação, mais o rendimento misto bruto, mais o excedente operacional bruto.
   c) pela despesa de consumo final mais a formação bruta de capital fixo, mais a variação de estoques, mais as exportações de bens e serviços, menos as importações de bens e serviços.
   d) pelo valor da produção menos o consumo intermediário, mais os impostos, líquidos de subsídios, sobre produtos não incluídos no valor da produção, mais as exportações de bens e serviços, menos as importações de bens e serviços.
   e) pela despesa de consumo final mais o total de impostos, líquidos de subsídios sobre a produção e a importação, mais a formação bruta de capital fixo, mais a variação de estoques, mais as exportações de bens e serviços, menos as importações de bens e serviços.

32. (Auditor de Controle Externo / TCE-PA) /CEBRASPE/2016) Acerca de agregados macroeconômicos, das contas nacionais e de balanço de pagamentos, julgue o item subsequente.
No sistema de contas nacionais, a conta de produção apresenta o resultado do processo do valor bruto da produção a preços básicos, obtido pela diferença entre o valor de produção e o consumo intermediário.
   (C) Certo
   (E) Errado

33. (Economista / SUFRAMA/ CEBRASPE/ 2014) Considerando o sistema de contas nacionais, os conceitos de déficit e de dívida pública e as identidades e os agregados macroeconômicos, julgue o item a seguir.
As tabelas de recursos e usos (TRU), que representam as operações de produção, importação e consumo (intermediário e final) por atividade econômica, apresentam como saldo o valor adicionado e, consequentemente, o produto interno bruto (PIB) do país.
   (C) Certo
   (E) Errado

GABARITO

1. "d".

I. CONTA CORRENTE
2. CONTA DE DISTRIBUIÇÃO E USO DA RENDA
2.1. CONTA DE DISTRIBUIÇÃO PRIMÁRIA DA RENDA
2.1.2. CONTA DE ALOCAÇÃO DA RENDA

Usos	Recursos
	PIB = 1.556.182
Rendas de propriedade pagas = 55.150	Rendas de propriedade recebidas
Renda Nacional Bruta = ?	

Renda Líquida Enviada ao Exterior equivale à renda de propriedade enviada e recebida do exterior.
Renda Líquida Enviada ao Exterior + RNB = 1.556.182
55.150 + RNB = 1.556.182
RNB = 1.501.032

I. CONTA CORRENTE
2. CONTA DE DISTRIBUIÇÃO E USO DA RENDA
2.2. CONTA DE DISTRIBUIÇÃO SECUNDÁRIA DA RENDA

Usos	Recursos
	RNB = 1.501.032
	Benefícios sociais, exceto transferências sociais em espécie = 0
Impostos correntes sobre a renda, patrimônio, etc. = 0	
Contribuições sociais = 0	
	Outras transferências correntes recebidas = 8.753
Renda Nacional Bruta Disponível (RNBD)	
1.509.785	1.509.785

RNB + Outras transferências correntes recebidas = Renda Nacional Disponível Bruta
Renda Nacional Disponível Bruta = 1.509.785

I. CONTA CORRENTE
2. CONTA DE DISTRIBUIÇÃO E USO DA RENDA
2.4. CONTA DE USO DA RENDA
2.4.1. CONTA DE USO DA RENDA NACIONAL BRUTA DISPONÍVEL

Usos	Recursos
	Renda Nacional Bruta Disponível = 1.509.785
Consumo Final = 1.192.613	
Poupança Bruta = ?	

Consumo Final + Poupança Bruta = 1.509.785
1.192.613 + Poupança Bruta = 1.509.785
Poupança Bruta = 317.172

II. CONTA DE ACUMULAÇÃO 1. CONTA DE CAPITAL	
Usos	Recursos
	Poupança Bruta = 317.172
Formação Bruta de Capital Fixo = 276.741	Transferências de Capital = 0
Consumo de Capital Fixo = 0	
Variação de Estoques = 30.750	
Capacidade/Necessidade de Financiamento = ?	
317.172	317.172

Formação Bruta de Capital Fixo + Variação de Estoques + Capacidade/Necessidade de Financiamento = 317.172
276.741 + 30.750 + Capacidade/Necessidade de Financiamento = 317.172

Capacidade/Necessidade de Financiamento = 9.681
Como o resultado é positivo, houve capacidade de financiamento, o que significa que o Balanço de Pagamentos em Transações Correntes apresentou um superávit de 9.681.

2. V, F.
a) (V)

I. CONTA CORRENTE 2. CONTA DE DISTRIBUIÇÃO E USO DA RENDA 2.4. CONTA DE USO DA RENDA 2.4.1. CONTA DE USO DA RENDA NACIONAL LÍQUIDA DISPONÍVEL	
Usos	Recursos
	Renda Nacional Líquida Disponível
Consumo Final	
Poupança = ?	

Saldo da Renda Nacional Disponível Líquida = Renda Nacional Líquida Disponível – Consumo Final.
Logo, o saldo é igual à Poupança Interna.

b) (F)

II. CONTA DE ACUMULAÇÃO 1. CONTA DE CAPITAL	
Usos	Recursos
	Poupança Bruta
Formação Bruta de Capital Fixo	Transferências de Capital
Consumo de Capital Fixo	
Variação de Estoques	
Capacidade/Necessidade de Financiamento	

Para financiar a Formação Bruta de Capital Fixo, há a Poupança Bruta (considerando as transferências de capital nulas) e a Poupança Externa (= Necessidade de Financiamento do Setor Externo).

3. E, E, C, C.
a) (E) Por meio da conta do setor externo das identidades macroeconômicas, é possível se determinar a poupança externa (= Déficit no Balanço de Pagamentos em Transações Correntes).

CONTA DO SETOR EXTERNO	
Débito	**Crédito**
Exportação de bens e serviços não fatores = 20	Importação de bens e serviços não fatores = 40
Déficit no Balanço de Pagamentos em Transações Correntes = ?	Renda Líquida enviada para o Exterior = 10 – 5 = 5
Total do débito = 45	Total do crédito = 45

Logo, o Déficit do Balanço de Pagamentos em Transações Correntes = 25.
Como o Déficit do Balanço de Pagamentos em Transações Correntes é igual à Poupança Externa, então a Poupança Externa = 25.
Logo, a poupança do país Alfa não foi capaz de financiar seu investimento, sendo necessário se socorrer do valor de "25" no exterior (poupança externa).
Resolvendo a conta pela estrutura das Contas Nacionais, tem-se:

CONTA DAS TRANSAÇÕES DO RESTO DO MUNDO COM A ECONOMIA NACIONAL		
Usos		**Recursos**
CONTA 1: CONTA DE BENS E SERVIÇOS DO RESTO DO MUNDO COM A ECONOMIA NACIONAL		
20	Exportação de bens e serviços	
	Importação de bens e serviços	40
	Saldo externo de bens e serviços	–20
CONTA 2: CONTA DE DISTRIBUIÇÃO PRIMÁRIA DA RENDA E TRANSFERÊNCIAS CORRENTES DO RESTO DO MUNDO COM A ECONOMIA NACIONAL		
–20	Saldo externo de bens e serviços	
	Ordenados e salários	10
	Rendas de propriedade	
5	Outras transferências correntes	
	Saldo externo corrente	–25
CONTA 3: CONTA DE ACUMULAÇÃO DO RESTO DO MUNDO COM A ECONOMIA NACIONAL		
–25	Saldo externo corrente	
	Transferências de capital	
	Variações do patrimônio líquido resultantes de poupança e de transferências de capital	
	Capacidade ou necessidade líquida de financiamento	–25

b) (E) PIB = C + I + G + X – M ou PIB = C + (FBCF + Δ estoques) + G + X – M
Onde: PIB = Produto Interno Bruto; C = Consumo; I = Investimento; FBCF = Formação Bruta de Capital Fixo; G = Gasto do Governo; X = Exportação; e M = Importação
Para tanto, é necessário se determinar a FBCF, o que é possível por meio das Identidades Macroeconômicas, Conta de Capital:

CONTA DE CAPITAL	
Débito	Crédito
Variação de estoque = 10	Poupança líquida do setor privado ⎫ Depreciação ⎬ 120 Saldo do governo em conta corrente = poupança do governo ⎭
Formação bruta de capital fixo = ?	Déficit no balanço de pagamentos em transações correntes = poupança externa = 25
Investimento bruto total = 145	Poupança bruta total = 145

Logo, a Formação Bruta de Capital Fixo é igual a 135.
Poderia também ser montada a estrutura pelas Contas Nacionais, ou seja:

II. CONTA DE ACUMULAÇÃO 1. CONTA DE CAPITAL	
Usos	Recursos
	Poupança Bruta = 120
Formação Bruta de Capital Fixo = ?	Transferências de Capital = 0
Consumo de Capital Fixo = 0	
Variação de Estoques = 10	
Capacidade/Necessidade de Financiamento = –25	
120	120

Logo, a Formação Bruta de Capital Fixo é igual a 135.
Então: PIB = C + (FBCF + Δ estoques) + G + X – M
        PIB = 250 + (135 + 10) + 100 + 20 – 40
        PIB = 475
Tendo o valor do PIB, é possível se determinar a RN por meio da Conta de Alocação de Renda:

I. CONTA CORRENTE 2. CONTA DE DISTRIBUIÇÃO E USO DA RENDA 2.1. CONTA DE DISTRIBUIÇÃO PRIMÁRIA DA RENDA 2.1.2. CONTA DE ALOCAÇÃO DA RENDA	
Usos	Recursos
	PIB = 475
Rendas de propriedade pagas = 10	
Renda Nacional Bruta = ?	
475	475

Logo, a Renda Nacional Bruta (RNB) é igual a 465 e, portanto, inferior ao Produto Interno Bruto.
c) **(C)** Pela conta de distribuição secundária da renda, pode-se determinar a Renda Disponível Bruta:

I. CONTA CORRENTE	
2. CONTA DE DISTRIBUIÇÃO E USO DA RENDA	
2.2. CONTA DE DISTRIBUIÇÃO SECUNDÁRIA DA RENDA	
Usos	Recursos
	RNB = 465
Outras transferências correntes enviadas	Outras transferências correntes recebidas = 5
Renda Nacional Bruta Disponível (RNBD) = ?	
470	470

Logo, a RNBD = 470
Logo, a Renda Disponível Bruta será igual a 470 e, portanto, maior que a Renda Nacional Bruta.
d) **(C)** De acordo com o item "b", é possível se verificar que PIB = 475.

4. "d". Por meio da conta de bens e serviços, é possível determinar o Produto Interno Bruto do Brasil.

CONTA DE BENS E SERVIÇOS	
Recursos	Usos
Valor bruto da produção pb	Consumo intermediário = 1.157.036
Impostos líquidos sobre produtos	Consumo das famílias ⎫
Importação de bens e serviços = 170.403	Governo ⎬ Consumo final = 957.836
	IPSFLSF ⎭
	Formação bruta de capital fixo ⎫
	Variação de estoques ⎬ 233.376 + 20.750
	Compra e venda de valores = 0 ⎭
	Exportação de bens e serviços = 158.501
Total da oferta	Total de usos

PIB = C + G + I + X – M
PIB = 957. 836 + (233.376 + 20.750) + 158.501 – 170.403
PIB = 1.200.060

5. "c".

CONTA DE BENS E SERVIÇOS	
Recursos	Usos
Valor bruto da produção pb	Consumo intermediário
Impostos líquidos sobre produtos	Consumo das famílias ⎫
Importação de bens e serviços	Governo ⎬ Consumo final = 1.903.679
	IPSFLSF ⎭
	Formação bruta de capital fixo ⎫
	Variação de estoques ⎬ 389.328 + 8.012
	Compra e venda de valores = 0 ⎭
	Exportação de bens e serviços = 158.501
Total da oferta	Total de usos

PIB = C + G + I + X – M
2.369.797 = 1.903.679 + 389.328 + 8.012 + X – M
X – M = 68.778

6. "c".

| CONTA DE BENS E SERVIÇOS ||
Recursos	Usos
Valor bruto da produção pb	Consumo intermediário
Impostos líquidos sobre produtos	Consumo das famílias ⎫
Importação de bens e serviços	Governo ⎬ Consumo final = 1.903.679
	IPSFLSF ⎭
	Formação bruta de capital fixo ⎫
	Variação de estoques ⎬ 389.328 + 8.012
	Compra e venda de valores = 0 ⎭
	Exportação de bens e serviços
Total da oferta	Total de usos

$PIB = C + G + I + (X - M)$

$PIB = 1.903.679 + (389.328 + 8.012) + 68.778$
$PIB = 2.369.797$

7. "e". Para se determinar a Renda Disponível Bruta, deve-se montar a conta de distribuição secundária da renda:

| I. CONTA CORRENTE
2. CONTA DE DISTRIBUIÇÃO E USO DA RENDA
2.2. CONTA DE DISTRIBUIÇÃO SECUNDÁRIA DA RENDA ||
Usos	Recursos
	RNB = 2.311.211
Outras transferências correntes enviadas	Outras transferências correntes recebidas = 9.366
Renda Nacional Bruta Disponível (RNBD) = ?	
2.320.577	2.320.577

Logo, a Renda Disponível Bruta será igual a 2.320.577.

8. "d". Pela conta de uso da renda, é possível se determinar a poupança bruta:

| I. CONTA CORRENTE
2. CONTA DE DISTRIBUIÇÃO E USO DA RENDA
2.4. CONTA DE USO DA RENDA
2.4.1. CONTA DE USO DA RENDA NACIONAL BRUTA DISPONÍVEL ||
Usos	Recursos
	Renda Nacional Bruta Disponível = 2.320.577
Consumo Final = 1.903.679	
Poupança Bruta = ?	
2.320.577	2.320.577

Logo, a poupança bruta será igual a 416.898 (= 2.320.577 − 1.903.679).

9. "a". A conta nacional Produto Interno Bruto (PIB) é uma conta de produção. A conta de capital é uma conta de acumulação. A conta nacional PIB é uma conta de produção. A conta renda nacional disponível bruta é uma conta de distribuição secundária da renda. A conta das transações correntes com o resto do mundo é uma conta nacional que, entre outros itens, envolve as variáveis exportação e importação.

10. "b".

III. CONTA CORRENTE	
3. CONTA DE PRODUÇÃO	
Usos	Recursos
Consumo intermediário = ?	Valor Bruto da Produção a preços básicos = 2.500
	Impostos líquidos sobre produtos = 150
Valor adicionado = PIB = 1.300	
2.650	2.650

Consumo Intermediário + Produto Interno Bruto = 2.650
Consumo Intermediário + 1.300 = 2.650
Consumo Intermediário = 1.350

I. CONTA CORRENTE	
2. CONTA DE DISTRIBUIÇÃO E USO DA RENDA	
2.1. CONTA DE DISTRIBUIÇÃO PRIMÁRIA DA RENDA	
2.1.1. CONTA DE GERAÇÃO DA RENDA	
Usos	Recursos
	Valor adicionado = PIB = 1.300
Remunerações dos empregados = ?	
Impostos sobre produção e importação livres de subsídios = 240	
Excedente operacional Bruto + Rendimento de autônomos = 625	
1.300	1.300

Remuneração dos empregados + impostos líquidos de subsídios sobre produção e importação + excedente operacional bruto, inclusive rendimentos de autônomos = 1.300
Remuneração dos empregados + 240 + 625 = 1.300
Remuneração dos empregados = 435

11. "e". As Contas Nacionais permitem o cálculo do PIB e da RNB. No novo sistema de Contas Nacionais, o governo será tratado como um setor qualquer. Seus lançamentos estarão presentes nas contas de produção e renda. Não haverá uma conta especificamente para a administração pública. As Contas Nacionais — CEI — são compostas por três grupos de contas em que são registradas as transações domésticas e operações correntes com o resto do mundo (chamadas contas correntes), as contas de acumulação e contas de patrimônio. As Contas Nacionais são calculadas e divulgadas pelo IBGE.

12. Certo. O capital fixo vai ser composto das residências, outras edificações e estruturas, máquinas e equipamentos, equipamentos bélicos, recursos biológicos cultivados, além de produtos de propriedade intelectual, como pesquisa e desenvolvimento, exploração e avaliação mineral, *software* e banco de dados, originais de entretenimento, literatura e artes.

13. "e". Do lado esquerdo da TRU na conta de bens e serviços temos a oferta de bens e serviços. A alternativa "e" está correta.
A TRU vai trazer, na conta de bens e serviços, dados que de um lado comporão a oferta agregada e de outro lado a demanda agregada somada ao consumo intermediário. Não cabe aqui qualquer análise no âmbito do pleno emprego ou não. A alternativa "a" está errada.
A matriz insumo produto vai mostrar o que acontece com o produto quando ocorrem variações nos insumos, ou seja, vai mostrar a relação dos insumos utilizados com o produto gerado. Não tem relação, portanto, com a tabela de Recursos e Usos. A alternativa "b" está errada.
A classificação das unidades produtivas segundo as atividades econômicas e suas relações de troca é tarefa da matriz insumo produto e não da TRU. A alternativa "c" está errada.
Na TRU – conta de bens e serviços, podemos ver que estão incluídos os impostos e subsídios, o que mostra a presença do governo. A alternativa "d" está errada.

14. "a".
PIB = Renda Nacional Bruta – Renda de Propriedade líquida recebida do exterior
PIB = 1.438.150 – (–35.921) – (234)
PIB = 1.473.837

15. Certo. O PIBpm gera uma renda de igual valor, e essa renda é destinada aos setores da economia, ou seja, para as famílias, as empresas, o governo e para o setor externo. Para tanto, devemos considerar a renda disponível das famílias e a renda disponível das empresas, ou seja, já livres de impostos, porque senão incorreríamos em dupla contagem. Afinal, esses impostos já estão incluídos na renda líquida do governo.

16. "e". As contas nacionais têm, como centro, a produção de bens e serviços ao longo de um determinado período.

17. Certo. Se nós tivermos o valor dos investimentos e da variação de estoques, podemos determinar a formação bruta de capital fixo, porque este último, somado à variação de estoques, determina o investimento.
Os setores institucionais são as empresas, as famílias e o governo, e através deles é possível saber como a renda é gerada e distribuída.
Nas contas econômicas integradas, CEIs, podemos perceber que o saldo de uma das contas vai dar início a outra conta. Por exemplo, a renda disponível bruta, que é o saldo da conta de distribuição secundária da renda, dará origem à conta de uso da renda.

18. Errado. A instalação de bens de capital é considerada Formação bruta de capital fixo e, portanto, é um investimento que eleva a capacidade produtiva da economia.

19. "d". A conta financeira vai mostrar de que maneira a economia vai alocar sua capacidade de financiamento ou como irá suprir sua necessidade de financiamento. Os dados da conta financeira não alteram o produto real da economia. A alternativa "d" está correta.
As Contas Nacionais tratam dos agregados macroeconômicos durante um período específico de tempo. Portanto, não trazem as expectativas futuras nem dados passados. Portanto, as alternativas "a", "b", "c", "e" são falsas.

20. Errado. A Renda Nacional Disponível Bruta é destinada ao Consumo Final ou a Poupança Bruta. A Poupança Bruta é igual a formação Bruta de capital fixo acrescida da variação de estoques e da necessidade/capacidade de financiamento, que corresponde aos ativos financeiros, líquidos de passivos.

21. "b". Um aumento das exportações aumenta o produto e a renda da economia. Como o excedente operacional bruto engloba juros, aluguéis e lucros, então um aumento da renda pode se refletir em forma de juros, aluguéis e/ou lucro e, por conseguinte, elevar o excedente operacional bruto. A alternativa "b" está certa.
Pela ótica da demanda, uma redução do consumo do Governo (G) reduz a Renda Nacional Líquida. A alternativa "a" está errada.
Uma redução dos recebimentos correntes pode levar a uma redução, e não aumento, da renda recebida do exterior. A alternativa "c" está errada.

O aumento da depreciação leva a uma redução do investimento. Para que haja aumento da formação bruta de capital fixo e da variação de estoques é necessário que o investimento seja superior à depreciação. A alternativa "d" está errada.
A Renda Nacional está associada ao Produto a custo de fatores. Logo, o aumento dos impostos indiretos e a redução dos subsídios não afetam a renda Nacional e, por conseguinte, a Renda Nacional Disponível Líquida. A alternativa "e" está errada.

22. "b". Sabendo que:
Renda Nacional Disponível Bruta = Despesa de Consumo Final + Poupança Bruta Total
5.783 = 4.934 + Poupança Bruta Total
Poupança Bruta Total = 849

23. "c". Com a elevação dos impostos indiretos, os produtos deverão elevar de preço, o que necessitará de maior utilização da Renda disponível líquida para adquiri-lo. A alternativa "c" está certa.
A elevação dos impostos indiretos não afeta o Produto Interno Bruto a custo de fatores. Afetaria, sim, o produto a preço de mercado, elevando-o. A alternativa "a" está errada.
O aumento dos impostos indiretos eleva o Produto Interno Bruto a preço de mercado e, portanto, eleva a Renda e a Despesa Interna Bruta a preço de mercado. A alternativa "b" está errada.
Com a elevação dos impostos indiretos, a Renda Nacional Líquida a preço de mercado se eleva. A alternativa "d" está errada.
Se os impostos indiretos afetarem os produtos para exportação, encarecendo-os, haveria uma redução dos recebimentos correntes com o resto do mundo. A alternativa "e" está errada.

24. "e". Sabemos que a fonte para o investimento é a poupança interna de um país e sua poupança externa. Se a poupança externa aumenta, mantendo-se constante a poupança interna, então há mais recursos para financiar o investimento, elevando o financiamento da formação de capital, e não reduzindo. A alternativa "a" está incorreta e a "e" está correta.
Com o aumento da poupança externa, aumenta a utilização dos recebimentos na conta de transações correntes com o resto do mundo e aumentam os recebimentos na conta em transações correntes com o resto do mundo. As alternativas "b" e "c" estão incorretas.
A Renda disponível líquida é utilizada para consumo final e poupança interna. Então, é o aumento da poupança interna que pode elevar a utilização da Renda disponível líquida, e não a poupança externa. A alternativa "d" está incorreta.

25. "d". O serviço da dona de casa, embora não seja produção ilegal, não entra no cálculo do PIB.

26. Certo. Quando comparamos o produto de países, convertemos o valor do produto em uma mesma moeda, seguindo uma taxa de conversão. Se, por acaso, um país inclui uma atividade não monetizada, fica difícil a conversão, o que dificulta a comparação entre os países.

27. "a". As contas nacionais mostram de forma completa e detalhada o registro da atividade econômica do país e a integração entre os diferentes agentes econômicos. A alternativa "a" está correta. O deflator do PIB corresponde à razão entre o PIB nominal e o PIB real. A alternativa "b" está incorreta. O PIB representa o valor de mercado para todos os bens finais produzidos em uma economia em determinado período de tempo. Os bens intermediários devem ser excluídos para evitar dupla contagem. A alternativa "c" está incorreta. O produto (PIB), calculado pela ótica da demanda, será a soma do consumo das famílias (C), consumo do governo (G), consumo das instituições privadas sem fins lucrativos a serviço das famílias e Investimento das empresas sob as formas de formação bruta de capital fixo, variação de estoques e a diferença entre a compra e a venda de "valores" (I), exportação de bens e serviços (X) subtraída da importação de bens e serviços (M), o que nos remete à identidade macroeconômica: Y = C + I + G + X – M. A alternativa "d" está incorreta. O PNL corresponde ao PIB somando as receitas correspondentes ao fator renda, oriundas do restante do mundo (=Renda recebida do exterior) e subtraindo os pagamentos correspondentes ao fator renda destinados ao restante do mundo (renda enviada ao exterior) e, ainda, subtraindo a depreciação. A alternativa "e" é incorreta.

28. "e". Produto Interno Bruto é igual à despesa de consumo das famílias, mais o consumo do governo, mais o consumo das instituições sem fins de lucro a serviço das famílias (que somadas chamamos de consumo final), mais a formação bruta de capital fixo, mais a variação de estoques, mais exportação de bens e serviços, subtraída da importação de bens e serviços. O item "II" está errado.

29. "d"
PIB = VBP – CI + IpM – SubpM
PIB = 15.400 – 6.900 + 1.400
PIB = 9.900

30. "d". Residente é aquela pessoa física ou jurídica que tem, no país considerado, seu principal foco de interesse, ou porque produz ou porque consome do país. A alternativa "d" está correta. O conceito de PIB incorpora a produção de bens e serviços realizada dentro das fronteiras nacionais, ou seja, internamente. A alternativa "a" está incorreta. O PIB não inclui o consumo intermediário porque senão estaria havendo dupla contagem. A alternativa "b" está incorreta. O PIB inclui os impostos sobre produção e importação livres de subsídios. A alternativa "c" está incorreta. PIB é a soma do produto que pela sua natureza é final, ou seja, está disponível para o consumo, mais os insumos que não entraram no processo produtivo. O PIB inclui a depreciação dos bens de capital. A alternativa "e" está incorreta.

31. "c". O PIB, pela ótica da despesa é a soma do consumo final (das famílias e do governo) com o investimento (= formação bruta de capital fixo + variação de estoques) mais exportações menos importação de bens e serviços. A alternativa "c" está correta e a "e" está incorreta.
O PIB pela ótica do produto, e não pela ótica da despesa, é dado pelo valor bruto da produção menos o consumo intermediário, mais os impostos, líquidos de subsídios, sobre produtos. As alternativas "a" e "d" estão incorretas.
O PIB, pela ótica da renda e não pela ótica da despesa, é dado pela remuneração dos empregados mais o total dos impostos, líquidos de subsídios, sobre a produção e a importação, mais o rendimento misto bruto (rendimento de autônomos), mais o excedente operacional bruto. A alternativa "b" está incorreta.

32. Certo.
Vejamos a conta de produção:

I. CONTA CORRENTE	
1. CONTA DE PRODUÇÃO	
Usos	Recursos
Consumo Intermediário	Valor Bruto da Produção a preços básicos
Consumo Final = 1.903.679	Impostos líquidos sobre produtos
Valor adicionado = PIB	

33. Certo.
Vejamos a tabela síntese da TRU:

PIB	
Produção	Despesa
Valor Bruto da Produção PB	Consumo famílias
Menos	Governo
Consumo Intermediário PC	IPSFLSF
Igual	Formação de Capital
Valor adicionado bruto a preços básicos	Formação Bruta de Capital Fixo

	Variação de Estoques
	Compra — Venda de "Valores"
	Exportação de Bens e Serviços
	Menos
	Importação de Bens e Serviços

7

BALANÇO DE PAGAMENTOS — NOVA METODOLOGIA — BPM6

O Balanço de Pagamentos é um instrumento da contabilidade nacional onde se registram fluxos de valores econômicos entre **residentes e não residentes** de um país em um determinado período de tempo. Essas transações internacionais se referem à transferência da propriedade de bens, serviços, ativos financeiros e fornecimento de serviços, capital e trabalho, refletindo a criação, extinção, transformação e transferência de valores econômicos.

Segundo o FMI, o Balanço de Pagamentos é "um registro sistemático das transações econômicas, durante um dado período de tempo, entre os seus residentes e os residentes do resto do mundo"[1]. O Balanço de Pagamentos é publicado em milhões de dólares americanos.

Ocorre, contudo, que o Balanço de Pagamentos não compreende, exclusivamente, pagamentos, ou seja, ele registra transferências que não envolvem pagamentos e também algumas variações de haveres e obrigações por competência, que poderão ser verificadas quando forem feitos os lançamentos na estrutura do Balanço de Pagamentos em "treinando a teoria" no item 7.9 desse capítulo.

Desde abril de 2015, o Banco Central do Brasil tem divulgado uma nova versão do Balanço de Pagamentos do Brasil em conformidade com a **6ª edição do Manual de Balanço de Pagamentos e Posição Internacional de Investimentos (BPM6)**, publicado desde 2009, e em atendimento às recomendações do Fundo Monetário Internacional (FMI)[2]. Desde 2001 até março de 2015, o Balanço de Pagamentos se apresentava de acordo com a 5ª edição do Manual de Balanço de Pagamentos (BPM5), publicada pelo FMI em 1993.

A nova estrutura do Balanço de Pagamentos (BPM6) se harmoniza com o Sistema de Contas Nacionais de 2008 (SNA 2008) divulgado pelo Instituto Brasileiro de Geografia e Estatística (IBGE), em março de 2015, além de incorporar desenvolvimento econômico e financeiro da economia mundial nos últimos quinze anos, o que permite alinhar o BP brasileiro às melhores práticas internacionais, apresentar

---

[1] FEIJÓ, C. A. *Contabilidade social:* o novo sistema de contas nacionais do Brasil. 2. ed., rev. e atual. Rio de Janeiro: Campus, 2004.

[2] As séries com a nova metodologia cobrem apenas o período a partir de janeiro de 2014. O Bacen irá divulgar as séries completas dos anos anteriores, muito embora não esteja explícito até que ano as séries irão retroagir.

consistência entre as várias estatísticas macroeconômicas, bem como fazer comparações entre países.

Os novos conceitos e abordagens da estrutura do Balanço de Pagamentos[3] levam em consideração a globalização econômica, as inovações financeiras e os desenvolvimentos econômicos recentes, além de conceder aos usuários da informação maior conteúdo analítico.

Com o BPM6, a apresentação do Balanço de Pagamentos, bem como algumas nomenclaturas, conceitos e convenções estatísticas sofreram modificações.

Esse capítulo se propõe a mostrar essa nova estrutura, apontando as modificações ocorridas.

O Balanço de Pagamentos registra todas as transações entre **residentes e não residentes** de um país em um determinado período de tempo[4].

Dando início, será apresentada a definição de residentes e não residentes.

■ 7.1. RESIDENTES E NÃO RESIDENTES

Residentes são pessoas físicas ou jurídicas que têm, no país considerado, seu principal centro de interesse econômico. Tem-se interesse econômico quando a unidade está engajada em alguma atividade e transação econômica de escala significante, e a sua intenção em manter-se engajada é ou por tempo indeterminado ou determinado por pelo menos 1 (um) ano no país. Não necessariamente está ligado ao fato de fixar moradia no país, mas, sim, ao fato de formar ou consumir o PIB do país. Podem-se considerar **residentes**, portanto:

- Pessoas físicas que de alguma forma cooperam na formação (no consumo) do PIB do país.

---

[3] As estatísticas do Balanço de Pagamentos no Brasil têm como principal fonte de informações as transações financeiras registradas no Sistema Câmbio do Banco Central do Brasil. Também se utilizam das informações de exportações e importações de bens do Ministério de Desenvolvimento, Indústria e Comércio (MDIC), além do Plano Contábil das Instituições do Sistema Financeiro Nacional (Cosif), do Departamento das Reservas Internacionais do Banco Central (Depin), dos diversos módulos do sistema de Registro Declaratório Eletrônico de capitais estrangeiros do país (RDE), das pesquisas Capitais Brasileiros do Exterior (CBE), do Censo de Capitais Estrangeiros (Censo), além de informações suplementares recebidas diretamente de declarantes, mediante o preenchimento de formulários específicos, recebidos de diversas instituições públicas e privadas. A compilação dos lucros reinvestidos será retomada no BPM6, tendo como fonte de dados a CBE e o Censo.

[4] A desmonetização e a monetização do ouro eram computadas no Balanço de Pagamentos até 2001, mesmo quando se tratava de operações entre residentes, o que se constituía uma exceção de lançamento na estrutura do Balanço de Pagamentos, presentes no BPM4, já que, nela, só eram lançadas as operações entre residentes e não residentes. Com a estrutura do Balanço de Pagamentos, que veio em seguida, adotada no Brasil a partir de 2001, BPM5, todas as variações que não eram atribuídas a transações entre residentes e não residentes foram excluídas do Balanço de Pagamentos; portanto, a monetização e a desmonetização foram excluídas do Balanço de Pagamentos a partir daí. Entende-se por **monetização** do ouro, quando o Bacen compra ouro, e por **desmonetização** do ouro, quando o Bacen vende ouro, ou seja, deixa de ser ouro monetário para ser ouro não monetário.

- Pessoas que vivem permanentemente no país, inclusive os estrangeiros que possuem residência fixa por um ano ou mais.
- Pessoas jurídicas instaladas no país, incluindo filiais de empresas estrangeiras sediadas no país.
- Embaixadas do país no exterior.
- Funcionários em serviço no exterior, como, por exemplo, militares e funcionários diplomáticos em serviço no exterior.
- Pessoas que estão realizando turismo, viagens de negócios, de forma não permanente, fora do país.

Não residentes são pessoas físicas ou jurídicas que não têm, no país considerado, seu principal centro de interesses. Portanto, são consideradas não residentes:

- Pessoas físicas que estão fazendo turismo no país ou em tratamento de saúde.
- Pessoas jurídicas instaladas fora do país considerado.
- Embaixadas de outros países instaladas no país considerado.
- Pessoas físicas que exerçam trabalho temporário no país considerado ou em atividade sazonal.

As transações entre residentes e não residentes de um país, quando envolvem pagamentos ou recebimentos em forma de divisas, poderão fazer com que haja redução ou aumento dos ativos de reserva (reservas internacionais) do país. Esses ativos de reserva representam os meios de pagamentos internacionais de um país. A seguir, são mostradas a composição desses ativos:

7.2. ATIVOS DE RESERVA INTERNACIONAIS (MEIOS INTERNACIONAIS DE PAGAMENTO)

Os ativos de reserva internacionais em poder do Bacen[5] e que são os meios de pagamento registradas no Balanço de Pagamentos são:

- **Reservas em moeda estrangeira** (em divisas conversíveis), compostas pelas reservas cambiais em moeda forte (dólar, libra, euro e iene) e pelos títulos de curto prazo, aplicados no exterior, que possuem liquidez imediata.
- **Ouro monetário**[6], o ouro que está em poder do Banco Central.
- **DES** ou Direito Especial de Saque, uma moeda escritural criada em 1969 pelo Fundo Monetário Internacional (FMI)[7] para permitir o aumento da liquidez

---

[5] O BPM6, de forma consistente com o SNA 2008, altera a nomenclatura "Autoridade Monetária" para "Banco Central" como um subsetor institucional, muito embora o conceito de "Autoridade Monetária" permaneça essencial para a definição dos ativos de reserva. Também substitui o termo "Bancos" por "Instituições que aceitam depósitos, exceto Banco Central".

[6] O ouro não monetário é aquele que não está em poder do Banco Central, ou seja, aquele que se destina para fins artísticos, comerciais, industriais etc.

[7] O Fundo Monetário Internacional (FMI) é constituído pela participação dos 188 países-membros e foi criado em 1945 com a finalidade de promover a estabilidade do sistema monetário

internacional. É uma moeda utilizada apenas entre os Bancos Centrais e Tesouros Nacionais dos países. É emitida pelo FMI e válida apenas para transações entre Bancos Centrais. O DES é geralmente criado junto ao Banco de Compensações Internacionais — *Bank for International Settlements* (BIS) —, sediado em Basileia, na Suíça. A paridade dessa moeda se dá por meio do valor ponderado das moedas fortes (dólar, libra, euro e iene)[8]. São, portanto, ativos internacionais do FMI disponibilizados como parte das reservas dos países membros. A alocação de DES entre os membros do FMI dá-se na proporção de suas cotas no Fundo Monetário Internacional. Também é conhecido como *Special Drawing Rights* **(SDR)**.

■ **Posição de reservas no FMI** é uma reserva que cada país-membro do FMI integraliza no fundo de estabilização. Esse fundo vai servir para ajudar os países-membros que estiverem com déficit no Balanço de Pagamentos. A cota-parte que cada país tem que depositar fará parte das reservas internacionais do respectivo país e poderá ser sacado de forma incondicional, diferentemente dos empréstimos concedidos pelo FMI, que têm caráter condicional. Essa cota-parte é integralizada, em ouro ou moedas conversíveis, na cota de 25% e, em moeda nacional, na cota de 75%.

■ **Outros ativos de reserva** compostos por instrumentos derivativos, empréstimos a não residentes não bancários, cédulas e moedas e títulos adquiridos com acordo de recompra.

Quadro 7.1. Quadro sinóptico de reservas internacionais

ATIVOS DE RESERVA OFICIAIS						
Liquidez — US$ milhões						
	Dez./12	Dez./13	Dez./14	Dez./15	Dez./16	Jun./17
Ativos de reserva oficiais	373.147	358.808	363.551	356.464	365.016	377.176
Reservas em moeda estrangeira (em divisas conversíveis)	362.064	349.029	354.805	348.844	353.851	360.604

---

internacional. O FMI ajuda países que estão em dificuldades no saldo do Balanço de Pagamentos, de forma a não afetar o comércio internacional. Isso porque um país devedor, além de ficar impossibilitado de comprar, faz com que outros países não vendam para ele. Portanto, causa prejuízo para ambas as partes. Assim, estabilizando-se o Balanço de Pagamentos, o comércio entre os países se estabiliza e o fluxo de capitais entre eles se normaliza, eliminando as restrições cambiais entre os países que compõem o FMI. O FMI não tem como finalidade a promoção do desenvolvimento dos países por meio de empréstimos e financiamentos. Isso compete ao Banco Interamericano de Desenvolvimento (BID) e ao Banco Mundial (BIRD).

[8] Quando foi criada, em 1969, 1 DES equivalia a 1 dólar ou 35 onças de ouro. Em 2001, 1 DES valia as seguintes proporções: dólar (39%), euro (29%), iene (15%) e libra (11%). Para o período de 2006-2010, o SDR teve a seguinte composição: 44% em dólar norte-americano, 34% em euro, 11% em iene japonês e 11% em libra esterlina. A cada cinco anos, há uma revisão do SDR por parte do FMI, que examina a importância das suas divisas nos sistemas financeiros e comerciais mundiais. Com base na revisão realizada em 30 de novembro de 2015, a cesta dos DES era composta pelas cinco seguintes moedas: **dólar estadunidense** ($) 41,73%, **euro** (€) 30.93%, **libra esterlina** (£) 8,09%, **iene japonês** (¥) 8,33% e, mais recentemente, o **yuan chinês** (¥) 10,92%. Os pesos atribuídos a cada uma das moedas na cesta de DES são ajustados de acordo com a sua importância atual em termos de comércio internacional e reservas nacionais de divisas. Disponível em: <https://pt.m.wikipedia.org>.

(a) Títulos	345.003	331.407	336.158	323.556	324.867	329.038
Ativos de operações dos quais: emissor sediado no Brasil, mas domiciliado no exterior	–	–	–	0	0	0
(b) Total de moeda e depósitos em:	17.061	17.621	18.647	25.288	28.985	31.466
Outros bancos centrais, BIS e FMI	15.187	16.561	17.159	24.015	27.745	28.661
Bancos sediados no Brasil	62	72	180	314	73	51
dos quais: domiciliados no exterior	62	72	180	314	73	51
Bancos sediados no exterior	1.811	988	1.308	960	1.167	2.754
dos quais: domiciliados no Brasil	–	–	–	0	0	0
Posição de reservas no FMI	3.483	3.190	2.396	1.715	2.219	2.245
DES	3.987	3.997	3.762	3.599	3.493	3.621
Ouro (inclusive depósitos de ouro)	3.581	2.592	2.586	2.289	2.510	2.689
Volume em mil onças troy	2.160	2.160	2.160	2.160	2.163	2.163
Outros ativos de reserva	33	0	2	18	2.943	8.117
Instrumentos derivativos	33	0	2	18	461	–30
Empréstimos a não residentes não bancários	–	–	–	0	0	0
Cédulas e moedas	–	–	–	0	0	0
Ativos de operações com títulos adquiridos com acordo de recompra	–	–	–	0	2.482	8.147

Fonte: Bacen — PEDD Padrão Especial de Disseminação de Dados[9].

7.3. ESTRUTURA DO BALANÇO DE PAGAMENTOS (BPM6)

A nova estrutura do Balanço de pagamentos, em conformidade com o BPM6, compreende a conta de bens e serviços (Balança Comercial e Balança de Serviços), conta de Renda Primária, conta de Renda Secundária, conta capital, conta financeira e erros e omissões. A conta financeira possui quatro categorias funcionais denominadas de: Investimento direto, investimento em portfólio (ou em carteira), derivativos e outros investimentos. Abaixo, é possível observar essa nova estrutura:

1. **Balança Comercial**[10]

    Exportação

    Importação

2. **Balança de Serviços**[11]

    Receitas

    Despesas

    2.1. Serviços de manufatura sobre insumos físicos pertencentes a outros

---

[9] Disponível em: <https://www.bcb.gov.br/pec/sdds/port/templ1p.shtm>.
[10] Na Balança Comercial, são registradas todas as entradas e saídas de bens, mercadorias, tangíveis ou visíveis.
[11] Na Balança de Serviços, são registradas as entradas e saídas de serviços não fatores, intangíveis ou invisíveis.

2.2. Serviços de manutenção e reparo
2.3. Transportes
2.4. Viagens
    2.4.1. Negócios
    2.4.2. Pessoais
        2.4.2.1. Pessoais
        2.4.2.2. Saúde
        2.4.2.3. Educação
        2.4.2.4. Outros
2.5. Construção
2.6. Seguros
2.7. Serviços Financeiros
2.8. Serviços de propriedade intelectual
2.9. Telecomunicação, computação e informações
2.10. Aluguel de equipamentos
2.11. Outros serviços de negócio
2.12. Serviços culturais, pessoais e recreativos
2.13. Serviços governamentais

3. **Renda Primária**[12]
Receitas
Despesas
3.1. Salários e ordenados
3.2. Renda de investimentos
    3.2.1. Renda de Investimento direto
        3.2.1.1. Lucros e dividendos, exceto reinvestimentos
        3.2.1.2. Lucros reinvestidos
        3.2.1.3. Juros de operações intercompanhias
    3.2.2. Renda de Investimento em carteira
        3.2.2.1. Lucros e dividendos
        3.2.2.2. Juros de títulos negociados no mercado externo
        3.2.2.3. Juros de títulos negociados no mercado doméstico – despesas
    3.2.3. Renda de outros investimentos (inclui juros)
    3.2.4. Renda de reservas — receitas
3.3. Demais rendas primárias

---

[12] De acordo com o BPM5, essa conta era denominada Balança de Rendas. Com a nova estrutura, o BPM6, ela passou a denominar-se Renda Primária.

4. Renda Secundária[13]
Receitas
Despesas

Saldo no Balanço de Pagamentos em Transações Correntes (1 + 2 + 3 + 4)

5. Conta Capital
Receitas
Despesas
    5.1. Ativos não financeiros não produzidos
    5.2. Transferências de capital

6. Conta Financeira
Concessões líquidas (+) ou Captações líquidas (–)

6.1. Investimento direto
Ativos
Passivos
    6.1.1. Investimento direto no exterior
Ingressos
Saídas
    6.1.1.1. Participação no capital — total — ativos
        6.1.1.1.1. Participação no capital, exceto de lucros reinvestidos
        6.1.1.1.2. Participação no capital — lucros reinvestidos — saídas
    6.1.1.2. Operações intercompanhias — ativos
        6.1.1.2.1. Matrizes no Brasil a filiais no exterior
        6.1.1.2.2. Filiais no Brasil a matrizes no exterior (investimento reverso)
        6.1.1.2.3. Operações entre empresas irmãs[14]
    6.1.2. Investimento direto no país
Ingressos
Saídas
    6.1.2.1. Participação no capital — total — passivos
        6.1.2.1.1. Participação no capital, exceto lucros reinvestidos — passivos

---

[13] De acordo com o BPM5, essa conta era denominada Transferências Correntes Unilaterais. Com a nova estrutura, o BPM6, ela passou a denominar-se Renda Secundária.

[14] Empresas irmãs são aquelas que estão sob o mesmo controlador, ou seja, que se relacionam entre si (aquelas que mantêm relação mútua com o investimento direto na medida em que são controladas ou influenciadas pelo mesmo investidor imediato ou indireto), porém sem que nenhuma delas detenha 10% ou mais do poder de voto na outra. No BPM5, o tratamento atribuído às empresas irmãs não era descrito de maneira explícita.

6.1.2.1.2. Participação no capital — lucros reinvestidos no Brasil — ingressos

6.1.2.2. Operações intercompanhias — passivos

6.1.2.2.1. Matrizes no exterior a filiais no Brasil

6.1.2.2.2. Filiais no exterior a matrizes no Brasil (investimento reverso)

6.1.2.2.3. Operações entre empresas irmãs

6.2. Investimento em carteira

Ativos

Passivos

6.2.1. Investimento em carteira — ativos

6.2.1.1. Investimentos em ações — ativos

6.2.1.2. Investimentos em fundos de investimento — ativos

6.2.1.3. Títulos de renda fixa — ativos

6.2.2. Investimento em carteira — passivos

6.2.2.1. Investimentos em ações — passivos

6.2.2.2. Investimentos em fundos de investimento — passivos

6.2.2.3. Títulos de renda fixa — passivos

6.3. Derivativos

Ativos

Passivos

6.4. Outros Investimentos

Ativos

Passivos

6.4.1. Outras participações em capital

6.4.2. Moedas e depósitos

6.4.3. Empréstimos

6.4.4. Seguros, esquemas de pensão e de fundos de garantia

6.4.5. Créditos comerciais e adiantamentos

6.4.6. Outras contas a pagar/receber

6.4.7. Direitos Especiais de Saque (Incidência Líquida de passivos)

6.5. Ativos de Reserva

6.1. Ouro monetário

6.2. Direito Especial de Saque (DES)

6.3. Posição de reservas no FMI

6.4. Outros ativos de reserva

6.4.1. Moeda e depósitos

6.4.2. Títulos

6.4.3. Instrumentos derivativos
6.5. Demais ativos

7. Erros e Omissões

Observe que a estrutura do Balanço de Pagamentos é dividida em duas partes. A primeira recebe o nome de **"acima da linha"** e se refere ao Saldo do Balanço de Pagamentos em Transações Correntes. O segundo recebe o nome de **"abaixo da linha"** e se refere às contas que vêm abaixo do saldo do Balanço de Pagamentos em Transações Correntes.

Blanchard afirma: "as transações acima da linha registram os pagamentos efetuados e recebidos do resto do mundo. São chamadas transações em conta corrente, ou transações correntes. (...) os ativos dos Estados Unidos retidos liquidamente por estrangeiros tiveram de aumentar em US$ 541 bilhões. Os valores abaixo da linha descrevem como isso foi alcançado. As transações situadas abaixo da linha são chamadas de transações da conta capital"[15].

Blanchard chama de conta capital a soma da conta capital e da conta financeira. Abaixo da linha, há o **capital autônomo**, composto da conta capital e financeira, e o **capital compensatório**, composto das variações de reservas, atrasados e empréstimos de regularização. Segundo Simonsen e Cysne, na "conta de Capitais autônomos registram-se nesse item as transferências unilaterais de capital, a aquisição de **ativos não financeiros** que não sejam objeto de produção (terra, recursos do subsolo etc.), os investimentos diretos (isto é, de aquisição ou vendas de participações societárias), os investimentos em carteira (ou investimentos de portfólio, que se distinguem dos investimentos diretos por não incluírem qualquer vínculo com a administração da firma emissora) e os demais investimentos (onde se incluem os empréstimos, as amortizações, os financiamentos e os créditos comerciais)"[16]. Simonsen e Cysne continuam, ao descrever o capital compensatório: "capitais compensatórios: este item (...) compreende aqui o caso mais geral, com três tipos de contas. Em primeiro lugar, as contas de caixa já descritas anteriormente: **havares a curto prazo no exterior, ouro monetário, direitos especiais de saque e posição de reservas no FMI**. Em segundo, as contas referentes aos empréstimos de regularização do FMI e outras instituições, especificamente destinados a cobrir déficits no Balanço de Pagamentos. Em terceiro lugar, os atrasados, que são as contas vencidas no exterior e não pagas pelo país. Trata-se, evidentemente, de um item pouco lisonjeiro para o país que apresenta em seu Balanço de Pagamentos a sistemática contábil, baseada no critério 'de **competência**' (do inglês *accrual*), é a seguinte: quando um empréstimo vence e não é pago, debita-se a conta de amortização (como se pago fosse), creditando-se a de atrasados comerciais. Na liquidação efetiva dos atrasados, debita-se esta última conta, creditando-se uma conta de caixa"[17].

Cabe, contudo, ressaltar que tanto os **empréstimos de regularização** quanto **os atrasados** passaram a fazer parte, pela metodologia do Balanço de Pagamentos de 2001, BPM5, da conta financeira, sendo lançados em outros investimentos. Assim, reforçam Paulani e Braga: "Cumpre ressaltar também que, no Brasil, até o ano de

---

[15] Olivier Blanchard, *Macroeconomia*, p. 360-362.
[16] Mário Henrique Simonsen e Rubens Penha Cysne, *Macroeconomia*, 2009, p. 75.
[17] Mário Henrique Simonsen e Rubens Penha Cysne, *Macroeconomia*, 2009, p. 77.

2001, os itens empréstimos de regularização e atrasados eram computados separadamente e não faziam parte da conta de capitais, figurando (...), dentro de uma rubrica denominada 'transações compensatórias'"[18]. Quando Paulani e Braga se referem à conta de capitais, estão se referindo à conta financeira, que, assim como a conta capital, corresponde aos movimentos de capitais de um país. Com o **BPM6, os ativos de reserva** (antes denominada de variação de reservas ou haveres da autoridade monetária) passaram a fazer parte da conta financeira também.

Portanto, o Balanço de Pagamentos se divide no saldo do **Balanço de Pagamentos em Transações Correntes** (itens 1 + 2 + 3 + 4) e nos **movimentos de capitais autônomos e compensatórios** (itens 5 + 6). A respeito do saldo do Balanço de Pagamentos em Transações Correntes, Krugman e Wells sintetizam: "O Balanço de Pagamentos em conta corrente, com frequência referido simplesmente como conta corrente, é uma medida um pouco mais ampla que o Balanço de Pagamentos em bens e serviços. Ele consiste no Balanço de Pagamentos em bens e serviços mais o pagamento líquido de transferências internacionais e a renda líquida de fator internacional. Os pagamentos de **transferências**[19] são os fundos enviados por residentes de um país a residentes de outro país; por exemplo, o dinheiro que os emigrantes mexicanos nos Estados Unidos remetem a suas famílias no México. **Renda de fator**[20] consiste principalmente na renda dos ativos mantidos no exterior; por exemplo, os juros pagos sobre bônus americanos de propriedade dos fundos de pensão japoneses. Mas eles também incluem pagamentos de trabalho, como, por exemplo, honorários pagos a peritos americanos em petróleo contratados como consultores em nações da África"[21]. Com o **BPM6**, a balança de rendas passou a denominar-se **Conta de Rendas Primárias** e as transferências correntes unilaterais passaram a denominar-se **Conta de Rendas Secundárias**.

No Quadro 7.2, é possível visualizar, de forma sucinta, o comportamento do Balanço de Pagamentos do Brasil no mês de janeiro de 2014[22] e fazer algumas associações.

Quadro 7.2. Balanço de Pagamentos — Janeiro/2014

	JANEIRO 2014
1. Balança Comercial	−4.225
2. Balança de Serviços	−3.278
3. Conta de Renda Primária	−6.268
3.1. Salários e ordenados	36
3.2. Renda de Investimentos	−6.304
3.2.1. Renda de investimento direto	−1.777
3.2.2. Renda de investimento em carteira	−4.321

---

[18] Leda Maria Paulani e Márcio Bobik Braga, *A nova contabilidade social*, p. 140.
[19] Chamada de Renda Secundária pelo BPM6.
[20] Chamada de Renda Primária pelo BPM6.
[21] Paul R. Krugman e Robin Wells, *Introdução à economia*, p. 730.
[22] Esses valores sofreram ajustes pelo Banco Central. Isso se deve a constantes ajustes feitos pelo Bacen devido à incorporação de informações recentes e/ou revisadas. Mas esses dados serão utilizados com o objetivo, nesse momento, apenas de exemplificar cada um dos lançamentos.

3.2.3. Renda de outros investimentos	–460
3.2.4. Renda de reservas — receita	254
4. Conta de Renda Secundária	**196**
Saldo no Balanço de Pagamentos em Transações Correntes (1 + 2 + 3 + 4)	**–13.575**
5. Conta Capital	**46**
6. Conta Financeira	**–13.610**
6.1. Investimento direto	–4.569
6.2. Investimento em carteira	–6.812
6.3. Derivativos	–13
6.4. Outros Investimentos	–5.108
6.5. Ativos de Reserva	2.892
7. Erros e Omissões	**–81**

Fonte: BCB.

Pode-se constatar que:

Balança Comercial + Balança de Serviços + Conta de Renda Primária + Conta de Renda Secundária = Saldo do Balanço de Pagamentos em Transações Correntes.

$$-4.225 + (-3.278) + (-6.268) + 196 = -13.575$$

Conta Financeira = Saldo em conta corrente do Balanço de Pagamentos + Conta Capital + Erros e Omissões.

$$-13.610 = -13.575 + 46 + (-81)$$

Quando um país apresenta um superávit em transações correntes, esse saldo positivo somado a conta capital e erros e omissões deve ser igual à conta financeira, o que equivale a um aumento dos **ativos externos líquidos** em poder dos residentes dessa economia. Da mesma forma, um déficit em transações correntes equivale a uma diminuição de ativos externos líquidos, possuídos pelos residentes do país, ou aumento do **passivo externo líquido** dos residentes do país.

O Balanço de Pagamentos é compilado em dólares norte-americanos (US$). Informações coletadas em outras moedas são convertidas para US$, utilizando-se a taxa média diária praticada no mercado de câmbio, divulgada pelo Banco Central do Brasil. O critério de valoração para transações e estoques é o de preço de mercado, definido pela quantidade de dinheiro pela qual o comprador estaria disposto a comprar, e o vendedor, disposto a vender. Segundo o Banco Central, a compilação do Balanço de Pagamentos adota, como regra geral, o critério de **competência** para o momento do registro. O critério de competência é definido pelo instante em que o valor econômico é criado, transformado, trocado ou extinto. Não, necessariamente, a entrega ou recebimento de recursos financeiros identifica esse momento.

A seguir, serão apresentadas, de forma mais detalhada, as contas que compõem a nova estrutura do Balanço de Pagamentos, BPM6:

1. Balança Comercial

Na Balança Comercial, são registradas todas as entradas e saídas de bens, mercadorias, tangíveis ou visíveis. Existem duas maneiras de se contabilizar as exportações e as importações, ou seja, pelo método **FOB** (*free on board*), em que estão livres de frete e seguros, e pelo método **CIF** (*cost, insurance and freight*), em que estão incluídos, além dos custos com as mercadorias, os fretes e os seguros. O Brasil adota o método FOB para exportações e importações no Balanço de Pagamentos. Como nas contas nacionais os lançamentos são feitos a preço CIF, deverá haver um ajustamento dos lançamentos a preço CIF para preço FOB, no Balanço de Pagamentos, que é feito numa coluna para ajuste CIF/FOB na Tabela de Recursos e Usos (TRU).

Portanto, a Balança Comercial é constituída de:

- Exportação de bens.
- Importação de bens.

As exportações de bens serão lançadas positivas como receitas e as importações serão lançadas positivas como despesas. Depois, faz-se a operação de receitas subtraídas das despesas e obtém-se o saldo na Balança Comercial.

Tomando o mesmo exemplo apresentado acima, no BP de janeiro de 2014[23], tem-se:

Balança Comercial (bens)	–4.225
Exportações	15.981
Importações	20.205

Na Figura 7.1, pode-se ter uma visão do comportamento da Balança Comercial do Brasil do período de 1995 a 2017.

Figura 7.1. Comportamento da Balança Comercial do Brasil — 1995-2017

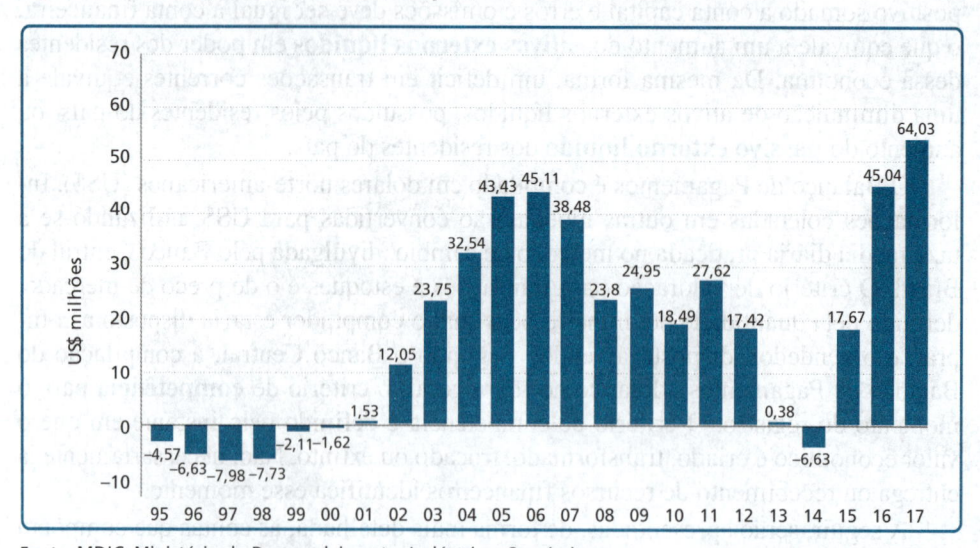

Fonte: MDIC: Ministério do Desenvolvimento, Indústria e Comércio.

---

[23] Esses valores sofreram ajustes pelo Banco Central. Isso se deve a constantes ajustes feitos pelo Bacen devido à incorporação de informações recentes e/ou revisadas. Mas esses dados serão utilizados com o objetivo, nesse momento, apenas de exemplificar cada um dos lançamentos.

Figura 7.2. Principais destinos dos produtos brasileiros exportados em 2016

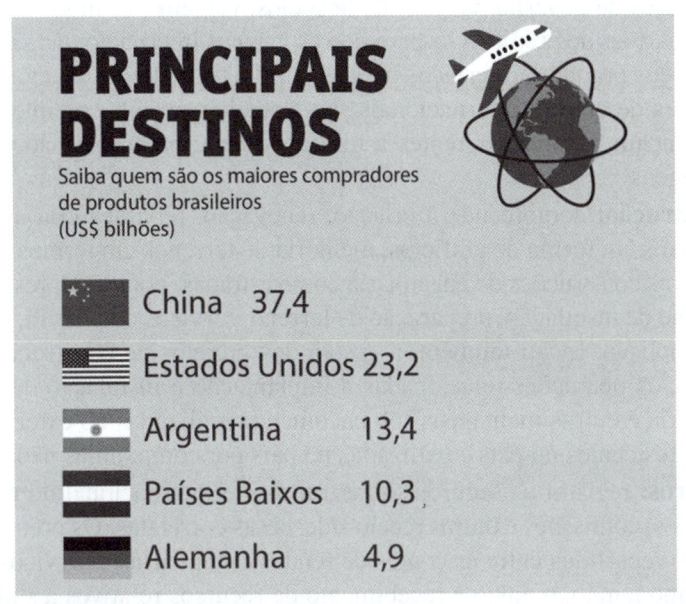

PRINCIPAIS DESTINOS
Saiba quem são os maiores compradores de produtos brasileiros
(US$ bilhões)

- China 37,4
- Estados Unidos 23,2
- Argentina 13,4
- Países Baixos 10,3
- Alemanha 4,9

Fonte: MDIC: Ministério do Desenvolvimento, Indústria e Comércio.

2. Balança de Serviços

Na Balança de Serviços, são registradas as entradas e saídas de serviços não fatores, intangíveis ou invisíveis. Ela é composta de:

- **Serviços de manufatura sobre insumos físicos pertencentes a outros:** no BPM5 eram classificados como bens para processamento e lançados na balança comercial. No BPM6, quando um bem é enviado para outro país e, neste último, ele sofre algum tipo de serviço, de montagem ou beneficiamento, modifica o bem e, depois, retorna ao país de origem, sem que em nenhum momento a prestadora do serviço tenha se tornado proprietária do bem; o valor do serviço agregado será registrado nessa nova conta denominada Serviços de manufatura. Contudo, esse bem não figurará nas estatísticas do BP como exportação e importação.

- **Serviços de manutenção e reparo:** no BPM5 eram classificados como reparos de bens e lançados na balança comercial. Pelo BPM6, são classificados na Balança de Serviços.

- **Transportes:** registra os serviços auxiliares de transporte, tais como: afretamento (aluguel) de embarcações tripuladas; movimentação, embalagem e estocagem de carga; reboque e manutenção de embarcações; despesas com combustíveis e outros bens adquiridos no exterior utilizados pelos meios de transporte de bandeira brasileira.

Utiliza dados provenientes dos contratos de câmbio e estimativas para cobrir as operações com liquidações no exterior.

■ **Viagens:** referem-se a fins educacionais, culturais ou esportivos, viagens de funcionários de governo, viagens de negócios, viagens por motivo de saúde, turismo e cartões de crédito. Observe que as viagens internacionais são consideradas serviços porque são serviços para as famílias. Os fluxos relacionados ao uso de cartões de crédito internacionais são alocados em viagens internacionais e podem incluir valores referentes a transações internacionais não relacionadas com viagens[24].

■ **Construção:** compreende a criação, renovação, reparação ou ampliação de ativos fixos em forma de edifícios, melhoria de terrenos em termos de engenharia e outras construções de engenharia como estradas, pontes, represas etc. Inclui o trabalho de instalação, preparação de terreno, serviços de pintura, encanamento e demolição. Inclui também, a gestão dos projetos de construção. Registra, portanto, as operações relacionadas a implantação e instalação de projetos de engenharia e outras montagens sob encomenda realizadas no exterior por companhias residentes no país e realizadas no país por companhias não residentes[25].

■ **Seguros:** registra os seguros sobre transporte internacional de mercadorias, resseguros, comissões e outras receitas/despesas correlatas. Os prêmios de seguros serão repartidos entre as contas de rendas secundárias e serviços de seguro. Ao mesmo tempo, o envio e recebimento de recursos relativos a sinistros serão registrados em rendas secundárias.

■ **Serviços Financeiros:** os pagamentos e recebimentos de juros incluem, além da remuneração do capital, a cobrança implícita de um serviço financeiro. Isso provoca redução na conta de juros e aumento na conta de serviços de intermediação financeira indiretamente medidos (Sifim). Esses serviços financeiros compreendem as intermediações bancárias, tais como corretagens, comissões, garantias, fianças, inclusive corretagens e comissões relativas a operações em bolsa de mercadorias, empréstimos e lançamento de bônus e outros encargos acessórios sobre o endividamento externo.[26]

■ **Serviços de propriedade intelectual:** registra receitas e despesas decorrentes do uso de ativos intangíveis e direitos de propriedade. Correspondem aos encargos por uso de direitos de propriedade como patentes, marcas registradas, direitos autorais, processos e desenvolvimentos industriais. São incluídos, no BPM6, em substituição aos *Royalties* e licenças do BPM5.

■ **Serviços de telecomunicação, computação e informações:** até o BPM5, os serviços de telecomunicações constituíam grupo separado. No BPM6, foram agrupados com computação e informações. Registra as receitas e despesas decorrentes de assinaturas de periódicos, da utilização de bancos de dados

---

[24] <http://www.bcb.gov.br/pec/sdds/port/balpagam_p.htm>. Banco Central do Brasil — Departamento Econômico — Divisão de Balanço de Pagamentos, 2010.

[25] Se uma empresa de construção monta um escritório ou uma representação no exterior, por mais de um ano, trata-se de Investimento Direto e não mais de Serviços.

[26] <http://www.bcb.gov.br/pec/sdds/port/balpagam_p.htm>. Banco Central do Brasil — Departamento Econômico — Divisão de Balanço de Pagamentos, 2010.

internacionais e das vendas e aquisições de programas de computador não incluídos em importações de bens, inclusive os padronizados (cópia única). Também inclui serviços postais e de entrega e de telecomunicações, compreendidas as transmissões de som, imagem e outros dados por telefone, satélite, cabo etc. e serviços auxiliares. Não inclui pagamentos relativos ao objeto da transmissão.

■ **Aluguel de equipamentos:** registra as receitas e despesas com aluguel de máquinas sem operador, como plataformas de petróleo, e afretamentos de veículos de transporte sem tripulação. São classificadas como aluguel de equipamento as operações cuja amortização de principal não exceda a 75% do valor total do bem.

■ **Outros serviços de negócios**[27]**:** consolidam as informações referentes a serviços de corretagens e comissões mercantis, serviços técnicos profissionais[28]. Os serviços empresariais, profissionais e técnicos que correspondem a encomendas postais, honorários de profissional liberal, instalação e manutenção de escritórios, administrativos e aluguel de imóveis, participação em feiras e exposições (incluem as transferências relativas a aluguel de espaço, montagem de stand, recepção, entre outros), passe de atleta profissional, publicidade, serviços de arquitetura, engenharia e outros técnicos, serviços de implantação e instalação de projeto técnico-econômico não constituem uma conta específica no BPM6 como ocorria no BPM5. O que mais se aproxima desse conceito são os "outros serviços de negócios". Na sua maioria, são serviços de engenharia e arquitetura. Englobam, também, os serviços de **Pesquisa e desenvolvimento**, que compreendem os serviços relacionados a pesquisa básica aplicada e ao desenvolvimento experimental de novos produtos e processos que podem dar origem a patentes. A venda direta dos resultados da pesquisa e desenvolvimento como os representados por patentes, *copyrights*, direitos autorais e a venda de informação acerca dos processos industriais se considera parte da pesquisa e desenvolvimento, porém, o uso do direito de propriedade derivado da pesquisa e desenvolvimento se inclui em serviços de propriedade intelectual.correspondem a negociação de patentes, copyrights e processos industriais, desenvolvidos em atividades de pesquisa. O BPM5 recomendava sua classificação como ativos não financeiros não produzidos, anteriormente registrados na conta de capital.

■ **Serviços culturais, pessoais e recreativos:** registra as operações relacionadas a audiovisual, que compreendem serviços relativos a transmissões de eventos, aluguéis de filmes cinematográficos e aluguel de fitas e discos gravados; e eventos culturais e esportivos, que compreendem as taxas escolares, de inscrição em concursos e de congressos e seminário; honorários profissionais referentes a cursos, palestras e seminários; remuneração por apresentação artística e remuneração por competições esportivas.

---

[27] Também chamado de Serviços empresariais, profissionais e técnicos.
[28] <http://www.bcb.gov.br/pec/sdds/port/balpagam_p.htm>. Banco Central do Brasil — Departamento Econômico — Divisão de Balanço de Pagamentos, 2010.

■ **Serviços governamentais:** registra os gastos de organismos internacionais e os gastos de governos relacionados com representações militares, embaixadas e consulados com residentes da economia em que se encontram estabelecidos.

Portanto, a Balança de Serviços é constituída de:

■ Receitas de serviços
■ Despesas de serviços

As receitas e as despesas serão lançadas positivas. Depois, faz-se a operação de receitas subtraídas das despesas e obtém-se o saldo na Balança de Serviços.

Tomando o mesmo exemplo apresentado acima, no BP de janeiro de 2014[29], tem-se:

■ Balança de Serviços	–3.278
■ Receitas	3.662
■ Despesas	6.939

No Quadro 7.3, pode-se perceber o comportamento da Balança de Serviços do Brasil no período de 2009 a 2017. O ano de 2014 já apresenta dados ajustados à nova metodologia do BPM6.

Quadro 7.3. Comportamento da Balança de Serviços do Brasil — 2009-2017

BALANÇA DE SERVIÇOS (US$ MILHÕES)									
	2009	2010	2011	2012	2013	2014	2015	2016	2017
Serviços	–19.574	–30.156	–37.166	–40.168	–46.372	–48.107	–36.946	–30.447	–33.850
Transportes	–3.924	–6.138	–7.962	–8.398	–9.376	–8.697 (a)	–5.664	–3.731	–4.975
Viagens internacionais	–5.594	–10.704	–14.707	–15.661	–18.554	–18.724 (a)	–11.513	–8.473	–13.192
Telecomunicação, computação e informações	–2.422	–3.164	–3.714	–4.025	–4.501	–2.224 (a)	–1.768	–1.445	–1.673
Aluguel de Equipamentos	–9.393	–13.718	–16.682	–18.736	–19.056	–22.629 (a)	–21.532	–19.506	–16.838
Demais	1.759	3.568	5.899	6.652	5.115	4.167	3.531	2.708	–2.828

Fonte: BCB. Para 2014: (a) = nova metodologia.

---

[29] Esses valores sofreram ajustes pelo Banco Central. Isso se deve a constantes ajustes feitos pelo Bacen devido à incorporação de informações recentes e/ou revisadas. Mas esses dados serão utilizados com o objetivo, nesse momento, apenas de exemplificar cada um dos lançamentos.

3. Renda Primária

Na Conta de Rendas Primárias, são registradas todas as entradas e saídas de serviços provenientes do uso de fatores de produção trabalho e capital, ou seja, essa conta apresentará a subconta da remuneração do trabalho sob a forma de **salários e ordenados**, a subconta da remuneração do capital de risco sob a forma de **lucros** e a subconta referente à remuneração pelo capital de empréstimos sob a forma de **juros**. Observe, a seguir, essas subcontas:

3.1. Salários e Ordenados: registra as receitas decorrentes do recebimento de salários por serviços prestados a não residentes e as despesas relativas ao pagamento de salários a não residentes por serviços prestados à empresa sediada no país.

3.2. Renda de Investimentos

3.2.1. Renda de Investimentos Diretos: inclui os lucros e dividendos relativos a participações no capital de empresas e os juros correspondentes a operações intercompanhias nas modalidades de empréstimos diretos e títulos de qualquer prazo. Empréstimos entre empresas ligadas são uma modalidade mais comum, mas títulos e créditos comerciais também se enquadram nessa subcategoria de investimento direto. Ganhos de capital, que pelo BPM4 eram incluídos como renda, na estrutura do BPM5 e BPM6 são reclassificados como investimento direto, passando a fazer parte da conta financeira.

3.2.2. Renda de Investimentos em Carteira (ou portfólio): inclui lucros, dividendos e bonificações relativos às aplicações em ações; e juros correspondentes a aplicações em títulos de emissão doméstica (títulos da dívida interna pública, debêntures e outros títulos privados) e de emissão no exterior (como bônus/bonificação em ações concedidas aos acionistas de uma empresa quando está aumentando o capital; são também títulos da dívida pública), *notes* e *comercial papers* (títulos para realização de empréstimos entre empresas mediadas por um banco para captar recursos; também conhecidos por notas promissórias). Excetuam-se os juros relativos à colocação de papéis entre empresas ligadas, alocados em rendas de investimento direto. Não incluem os ganhos de capital relativos a investimento em carteira, contabilizados na conta financeira. No BPM6, as expressões utilizadas para identificar os **"bônus,** *notes* **e** *comercial papers"* **são substituídas por títulos de longo prazo**.

3.2.3. Renda de Outros Investimentos: inclui os juros de créditos comerciais (de fornecedores — ou *supplier credits* — de empréstimos de agências governamentais, de organismos internacionais[30] e de bancos privados) e os juros de depósitos e outros ativos e passivos. Nesta categoria, incluem-se os juros de financiamento à importação e os juros sobre pagamento antecipado de exportações.

---

[30] Principalmente o FMI. Mas se incluem também *Bank for International Settlements* (BIS) e Clube de Paris.

Portanto, a Conta de Renda Primária é constituída de:

- Receitas
- Despesas

As receitas e as despesas serão lançadas positivas. Depois, faz-se a operação de receitas subtraídas das despesas e obtém-se o saldo na Conta de Renda Primária.

Tomando o mesmo exemplo apresentado acima, no BP de janeiro de 2014[31], tem-se:

Conta de Renda Primária	-6.268
Receitas	1.055
Despesas	7.323

No Quadro 7.4, é apresentada a evolução da Conta de Renda Primária do Brasil de 2009 a 2017.

Quadro 7.4. Evolução da conta de Renda Primária do Brasil — 2009-2017

BALANÇA DE SERVIÇOS (US$ MILHÕES)									
	2009	2010	2011	2012	2013	2014	2015	2016	2017
Renda primária	-34.983	-67.055	-70.475	-54.308	-32.538	-52.193	-42.926	-41.219	-42.615
Remuneração dos empregados	603	498	567	511	511	357	349	290	284
Renda de investimentos	-35.586	-67.553	-71.042	-54.819	-33049	-52.549	-43.275	-41.509	-42.899
Renda de investimento direto	-19.742	-51.410	-49.558	-34.327	-10.926	-28.226	-21.276	-22.156	-24.112
Renda de investimento em carteira	-15.640	-17.175	-23.882	-19.894	-20.219	-21.067	-18.624	-14.066	-15.306
Renda de outros investimentos (juros)	-4.959	-3.038	-3.943	-4.948	-5.301	-6.246	-5.948	-8.283	-7.273
Renda de reservas (receita)	4.755	4.070	6.342	4.351	3.397	2.990	2.573	2.996	3.792

Fonte: BCB.

---

[31] Esses valores sofreram ajustes pelo Banco Central. Isso se deve a constantes ajustes feitos pelo Bacen devido à incorporação de informações recentes e/ou revisadas. Mas esses dados serão utilizados com o objetivo, nesse momento, apenas de exemplificar cada um dos lançamentos.

4. Renda Secundária

Corresponde às transferências correntes unilaterais na estrutura do BPM5. Com o BPM6, ela passou a ser designada de Renda Secundária e inclui a transferência que toma a forma de bens e moeda, para consumo corrente. Ela apresenta a renda gerada em uma economia e distribuída para outra. As transferências pessoais, expansão do conceito anterior de "manutenção de residentes, permanecem como item mais importante da conta. Assim como no BPM5, excluem-se dessa conta, as transferências relativas a patrimônio de migrantes internacionais. No BPM5, elas passam a pertencer à Conta Capital, mas, na nova estrutura BPM6, deixou de fazer parte do Balanço de Pagamentos por não constituir mudança de titularidade do bem. Na estrutura do BPM4, as transferências unilaterais incluíam as transferências correntes como doações, donativos, transferência por ocasião de reparação de guerra e de capital como patrimônio de migrantes e aquisição/alienação de marcas e patentes. Pela sistemática nova, BPM6, as transferências correntes são lançadas em Rendas Secundárias e as transferências de capital são lançadas na conta capital. Lembrando, contudo, que o patrimônio de migrantes, quando transferidos, não farão mais parte do BP.

Portanto, a Balança de Renda Secundária é constituída de:

- Receitas
- Despesas

As receitas e as despesas serão lançadas positivas. Depois, faz-se a operação de receitas subtraídas das despesas e obtém-se o saldo na Balança de Renda Secundária.

Tomando o mesmo exemplo apresentado acima, no BP de janeiro de 2014[32], tem-se:

Conta de Renda Primária	196
Receitas	375
Despesas	179

Na Figura 7.3, é mostrada a evolução da Conta de Renda Secundária do Brasil dos anos de 1995 a 2017.

---

[32] Esses valores sofreram ajustes pelo Banco Central. Isso se deve a constantes ajustes feitos pelo Bacen devido à incorporação de informações recentes e/ou revisadas. Mas esses dados serão utilizados com o objetivo, nesse momento, apenas de exemplificar cada um dos lançamentos.

Figura 7.3. Evolução da Conta de Renda Secundária do Brasil — 1995-2017

Valores em US$ milhões:
- 95: 3.622
- 96: 2.446
- 97: 1.823
- 98: 1.458
- 99: 1.689
- 00: 1.521
- 01: 1.638
- 02: 2.390
- 03: 2.867
- 04: 3.236
- 05: 3.558
- 06: 4.306
- 07: 4.029
- 08: 4.224
- 09: 3.338
- 10: 2.896
- 11: 2.984
- 12: 2.838
- 13: 3.683
- 14: 2.725
- 15: 2.751
- 16: 2.944
- 17: 2.632

Fonte: BCB.

▪ **Saldo no Balanço de Pagamentos em Transações Correntes[33] (1 + 2 + 3 + 4)**

É a soma da Balança Comercial, Balança de Serviços, Conta de Renda Primária e Conta de Renda Secundária.

Tomando o mesmo exemplo do BP de janeiro de 2014[34], tem-se:

▪ Balança Comercial	−4.225
▪ Balança de Serviços	−3.278
▪ Conta de Renda Primária	−6.268
▪ Conta de Renda Secundária	196
▪ Saldo no Balanço de Pagamentos em Transações Correntes: (1 + 2 + 3 + 4)	−13.575

As contas a seguir se referem ao capital autônomo e compensatório[35]. Segundo Simonsen e Cysne: "A conta de capital e financeira pode ser dividida em três demais contas: a conta de capitais autônomos, a conta de erros e omissões e a conta de capitais compensatórios. Classificam-se na conta de capitais autônomos os movimentos autônomos de capitais, ou seja, aqueles que não têm por objetivo precípuo o financiamento do balanço de pagamentos (...). A conta de capitais compensatórios inclui a conta de reservas (ou conta de caixa)[36], os empréstimos de regularização e os atrasados (obrigações vencidas e não pagas)"[37].

---

[33] Chamado também de saldo em transações correntes ou saldo em conta corrente.
[34] Esses valores sofreram ajustes pelo Banco Central. Isso se deve a constantes ajustes feitos pelo Bacen devido à incorporação de informações recentes e/ou revisadas. Mas esses dados serão utilizados com o objetivo, nesse momento, apenas de exemplificar cada um dos lançamentos.
[35] Desde a metodologia do BPM5, não existe uma distinção explícita na estrutura do Balanço de Pagamentos do capital autônomo e compensatório.
[36] Chamados de ativos de reserva pelo BPM6.
[37] Mario Henrique Simonsen e Rubens Penha Cysne, *Macroeconomia*, p. 69, 2007.

Pode-se observar, na Figura 7.4, o comportamento do Balanço de Pagamentos em Transações Correntes do Brasil no período de 1995 a 2017.

Figura 7.4. Comportamento do Balanço de Pagamentos em Transações Correntes do Brasil — 1995-2017

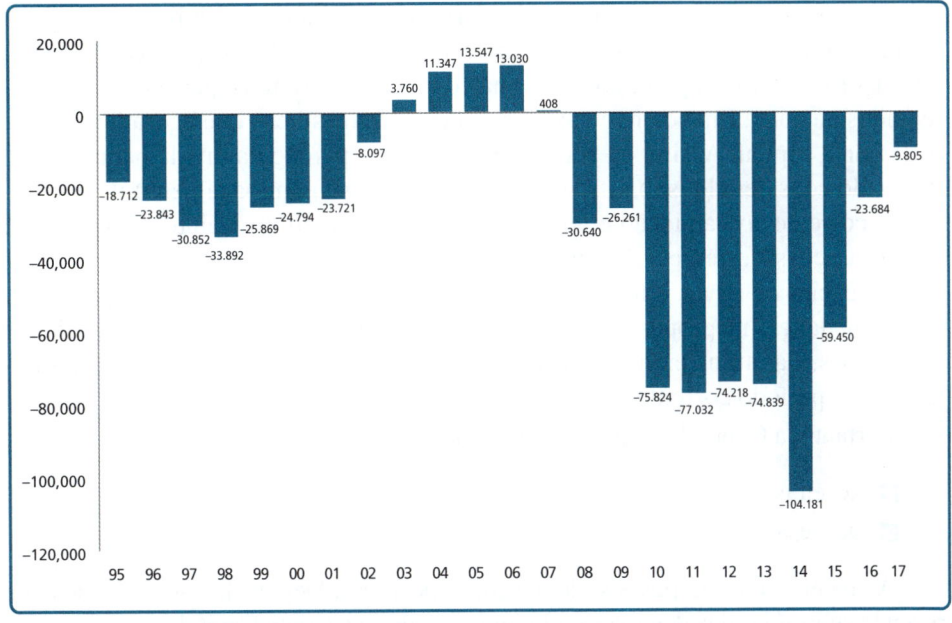

Ano	Valor
95	−18.712
96	−23.843
97	−30.852
98	−33.892
99	−25.869
00	−24.794
01	−23.721
02	−8.097
03	3.760
04	11.347
05	13.547
06	13.030
07	408
08	−30.640
09	−26.261
10	−75.824
11	−77.032
12	−74.218
13	−74.839
14	−104.181
15	−59.450
16	−23.684
17	−9.805

Fonte: BCB.

5. Conta Capital (constituída de **capital autônomo**).

Envolve **aquisição/alienação de ativos não financeiros não produzidos** e as transferências de capital.

Os ativos não financeiros não produzidos consistem em:

a) recursos naturais como terras, recursos minerais, recursos florestais, águas, direito de pesca, espaço aéreo, espectro eletromagnético;

b) contratos, arrendamentos e licenças;

c) ativos de comércio (fundos de comércio) que correspondem as marcas comerciais, marcas registradas, logotipos e nomes de domínios, quando são vendidos separados da entidade proprietária).

Portanto, a venda/ compra de direitos e propriedades de concessões e marcas registradas são lançadas na conta capital. Porém, quando a compra/venda de direitos e propriedade forem resultados de pesquisa e desenvolvimeto, será lançado na conta de outros serviços de negócio como pesquisa e desenvolvimento.

Nessa conta Capital, também é lançada a modalidade **"perdão da dívida"**.

O BPM6 excluiu, dessa conta capital, a transferência de patrimônio de migrantes internacionais, ficando de fora da estrutura do BP esse lançamento. Isso se deve ao fato de não existir mudança de titularidade do patrimônio. As alterações no volume de ativos transnacionais e de obrigações entre distintas economias são registradas como reclassificação da Posição Internacional de Investimentos (PII), no item 7.12 deste capítulo.

Percebe-se que a conta capital envolve direitos de propriedade sobre ativos, diferentemente das transferências correntes, lançadas na conta de Renda Secundária, que envolvem direito sobre renda. Krugman afirma: "Até julho de 1999, os Estados Unidos classificavam todas as transações como transações correntes ou transações na conta capital, incluindo na conta capital os itens que agora são apresentados na conta financeira e nas transações correntes itens que agora fazem parte da conta capital. Assim, o exemplo hipotético do perdão da dívida paquistanesa teria sido considerado, sob as regras contábeis antigas, um pagamento de transferência corrente ao Paquistão e teria sido registrado como um débito de $ 1 bilhão nas transações correntes. A mudança no formato contábil visava separar essas transferências de ativos internacionais 'extramercado', que representam principalmente mudanças na propriedade de ativos preexistentes, as quais afetam o balanço das nações, das transferências correntes, que atingem a renda e a produção das nações no período corrente"[38].

Portanto, a Conta de Capital é constituída de:

- Receitas
- Despesas

As receitas e as despesas serão lançadas positivas. Depois, faz-se a operação de receitas subtraídas das despesas e obtém-se o saldo na Conta Capital.

Tomando o mesmo exemplo apresentado acima, no BP de janeiro de 2014[39], tem-se:

Conta Capital	46
Receitas	56
Despesas	10

6. **Conta Financeira** (constituída de **capital autônomo e compensatório**).

Registra fluxos decorrentes de transações com ativos e passivos financeiros entre residentes e não residentes, ou seja, registra os fluxos de capitais entre o país e o resto do mundo. O saldo dessa conta é a diferença entre os fluxos dos ativos e passivos. Inclui os empréstimos concedidos por organismos internacionais, como o FMI, o Clube de Paris e o Banco Mundial, denominados empréstimos de regularização que compõem os capitais compensatórios juntamente com ativos de reserva e atrasados.

---

[38] Christopher L. Bach, *U.S. international transactions revised estimates for 1982-98*, p. 61 e Paul Krugman e Maurice Obstfeld, *Economia internacional*, p. 226.

[39] Esses valores sofreram ajustes pelo Banco Central. Isso se deve a constantes ajustes feitos pelo Bacen devido à incorporação de informações recentes e/ou revisadas. Mas esses dados serão utilizados com o objetivo, nesse momento, apenas de exemplificar cada um dos lançamentos.

Segundo Lopes e Vasconcellos: "As transações **autônomas** são realizadas normalmente e acontecem por si mesmas. Tais transações são motivadas pelos interesses dos agentes econômicos, sejam empresas, consumidores ou governo. Já as transações **compensatórias** são destinadas a financiar o saldo final das transações autônomas. Ao final de determinado período, pode não existir igualdade entre créditos e os débitos quanto às transações voluntárias. Com base nesse superávit (ou déficit), o governo é induzido a realizar uma série de transações (compensatórias) com intuito de equilibrar (ou 'zerar') as contas do balanço de Pagamentos"[40].

Paulani e Braga reforçam, quando explicam que os **empréstimos de regularização** se diferem dos direitos especiais de saque: "diferentemente dos direitos especiais de saque (DES) — que são direitos sob a forma de DES (uma moeda internacional escritural), reconhecidos pelo FMI como pertencentes ao país —, os empréstimos de regularização não constituem direito dos países-membros do FMI e, portanto, sua obtenção se dá sob condições. Assim, o país que desejar obter esse tipo de ajuda tem de se submeter a uma série de exigências, em termos de condução da política econômica e obtenção de resultados, impostas pelos organismos internacionais, dos quais o FMI é certamente o mais importante, embora haja outros, como o *Bank for International Settlements* (BIS) e o Clube de Paris"[41].

Nessa conta, os fluxos que provocam elevação de estoques são representados com sinal positivo, sejam eles ativos ou passivos. Também, fluxos que provocam redução de estoques são representados com sinal negativo, sejam eles ativos ou passivos. A conta financeira é composta de:

6.1. Investimento Direto no Exterior e no Brasil[42]: segundo o FMI, investimento direto é definido como negócios, de companhias abertas ou não, nos quais o investidor que é residente em outro país possui 10% ou mais ações ordinárias ou do poder votante[43], no caso de companhias abertas, ou o equivalente, no caso de companhias fechadas. É, portanto, "um tipo de capital de longo prazo mais resiliente a crises, com efeitos potencialmente positivos sobre uma economia por se tratar de uma das formas de internacionalização da produção permitindo que um país tenha acesso a tecnologia, bens ou serviços originários de outros países"[44]. Os ganhos de capital são considerados investimentos diretos desde o BPM5. Na conta de Investimento direto, está incluída a participação no capital de empresas e operações intercompanhias. "O investimento direto é um tipo de capital de longo prazo mais resiliente a crises, com efeitos potencialmente positivos sobre uma economia por se

---

[40] Luiz Martins Lopes e Marco Antonio Sandoval de Vasconcellos, *Manual de macroeconomia*, p. 36, 2009.
[41] Leda Maria Paulani e Márcio Bobik Braga, *A nova contabilidade social*, p. 140.
[42] Investimento direto estrangeiro, no BPM5, passa a ser denominado Investimento direto no país (IDP) e investimento brasileiro direto passa a ser denominado Investimento direto no exterior (IDE).
[43] O BPM5 considerava 10% ou mais do capital social, e não do capital com poder de voto.
[44] IRBR/ diplomata/ 2018.

tratar de uma das formas de internalização da produção, permitindo que um país tenha acesso a tecnologia, bens ou serviços originários de outros países"[45].

6.1.1.1.1. *Participação no capital de empresas:* se a participação acionária for em volume grande o suficiente para dar a seu possuidor direito à gestão da empresa, considera-se investimento direto; do contrário, é caracterizado como investimento em carteira. Essa participação pode se dar no exterior ou no Brasil.

No Exterior: considera as saídas de recursos em moeda ou bens relativos à aquisição/subscrição/aumento total ou parcial do capital social de empresas não residentes. Os ingressos referem-se ao retorno derivado da alienação total ou parcial do capital social de empresas não residentes e dos ganhos de capital relativos a essa alienação.

No Brasil: compreende os ingressos de recursos em bens, moeda e as conversões de obrigações externas em investimento estrangeiro direto, incluindo os valores destinados ao programa de privatizações, relacionados com a aquisição/subscrição/aumento total ou parcial do capital social de empresas residentes. As contrapartidas das conversões são alocadas nos itens correspondentes, amortização, renda de investimento direto (juros) e serviços. Nas saídas estão registradas a alienação total ou parcial do capital social de empresas residentes e a realização de ganhos de capital.

A participação no capital é dividida em duas partes: participação no capital, exceto de lucros reinvestidos e participação no capital-lucros reinvestidos. A seguir, é apresentada a definição de lucros reinvestidos.

6.1.1.1.2. *Lucros Reinvestidos*[46]*:* são lucros gerados por empresas filiais de multinacionais instaladas no Brasil e que ao serem remetidos a seus países, retornam para serem reinvestidos no Brasil. Também podem ser lucros gerados por empresas brasileiras instaladas no exterior e que ao serem remetidos ao Brasil, retornam ao exterior para serem reinvestidos no país onde a empresa está instalada. É na realidade um tipo de remessa virtual já que não há uma operação de câmbio para essa transação. Portanto, lucros reinvestidos no exterior impactarão tanto a receita de lucros reinvestidos na conta corrente, quanto o investimento direto brasileiro no exterior (ativos), modalidade participação no capital. Analogamente, os lucros reinvestidos por grupos estrangeiros no Brasil afetarão as despesas de lucros reinvestidos na conta corrente e o investimento direto estrangeiro no Brasil (passivos), modalidade participação no capital[47]. Os lucros reinvestidos têm como contrapartida a conta de

---

[45] (IR.BR/diplomata/2018)

[46] Como havia ausência de compilação dos lucros reinvestidos desde 1999, os fluxos brasileiros de investimento direto estavam subestimados. Quando houve a transição dos fluxos de investimento diretos para o ano de 2014, no BPM6, houve um grande impacto, aumentando, consideravelmente, os investimentos diretos no exterior e os investimentos diretos no país, devido, principalmente, à incorporação dos lucros reinvestidos e à adoção do princípio de ativos e passivos em substituição ao princípio direcional (débito e crédito).

[47] Os sinais desses lançamentos de lucros reinvestidos são alterados caso ocorram prejuízos, ou mesmo se o montante distribuído superar os lucros totais para um determinado período. Nesses casos, as receitas e despesas se invertem, e ocorre redução dos fluxos de investimento direto – participação no capital.

investimentos diretos, sendo os valores iguais. Quando há lucros reinvestidos de filiais de multinacionais instaladas no Brasil, isso provoca um aumento do déficit da conta de remessa de lucros e do balanço em transações correntes e aumento de mesma intensidade em investimentos diretos no país[48].

6.1.1.2. *Operações intercompanhias:* na modalidade de dívida intercompanhia, o BPM6 substituiu o princípio direcional, adotado pelo BPM5, pelo critério de ativo e passivo, ou seja, não se torna mais indispensável identificar a matriz, empresa investidora, quando há dívida intercompanhia. De acordo com o BPM6, os créditos concedidos por uma empresa residente no Brasil a outra empresa residente no exterior são registrados na conta de Investimento Direto — Ativos, ou seja, Investimento direto do Brasil no exterior. Também, quando uma empresa residente no exterior concede crédito a empresa residente no Brasil é registrada na conta de Investimentos Diretos — Passivos, ou seja, investimento direto do exterior no Brasil. Assim, não é mais determinante a identificação de matriz, subsidiária ou irmã. A classificação da transação passa a ser feita a partir da identificação das residências do credor e do devedor.

O critério de ativo e passivo[49] vale a partir da identificação das residências do credor e do devedor. Assim, um crédito concedido pela filial residente no exterior à matriz no Brasil, pelo BPM6, é computado como Investimento estrangeiro no País (passivo), e não mais como retorno de investimento brasileiro no exterior, pelo BPM5, cujo efeito era reduzir o saldo líquido de saída de investimento, que, muitas vezes, acabava por ficar negativo. Também, empréstimos de subsidiárias brasileiras para matrizes no exterior passam, pelo BPM6, a ser contabilizados como investimento direto no exterior, e não mais como investimento estrangeiro, como constava no BPM5[50].

As operações intercompanhias podem ser:

No exterior: compreendem os empréstimos concedidos pelas matrizes, sediadas no país, a suas subsidiárias ou filiais estabelecidas no exterior. Registram, também, a concessão de créditos pelas subsidiárias ou filiais no exterior a suas matrizes no Brasil (investimento cruzado ou reverso). O investimento cruzado é uma **conta retificadora do ativo de investimento direto**, pois se trata de item de natureza passiva classificado no interior de grupo de natureza ativa. São considerados os empréstimos diretos e a colocação de títulos, sem distinção de prazo. Os

---

[48] Caso ocorram prejuízos, ou se o montante distribuído for maior que os lucros totais, os sinais dos lançamentos de lucros reinvestidos são alterados.

[49] O critério de ativos e passivos se aplicam somente à modalidade de dívida intercompanhia e, não, à participação no capital. Os créditos concedidos por uma empresa residente no Brasil a outra empresa residente no exterior são registrados na conta de Investimento Direto — ativo, ou seja, Investimento direto do brasil no exterior. Quando uma empresa residente no exterior concede crédito a empresa residente no Brasil são compiladas na conta de Investimento direto — passivos, ou seja, investimento direto no Brasil.

[50] O efeito disso é que tanto o fluxo líquido de entradas de investimentos diretos no país como o fluxo de saída de investimentos diretos no exterior aumentam.

empréstimos efetuados entre bancos ligados não são considerados empréstimos intercompanhias.

No Brasil: compreendem os créditos concedidos pelas matrizes, sediadas no exterior, a suas subsidiárias ou filiais, estabelecidas no país. Registram, também, a concessão de créditos pelas subsidiárias ou filiais no país a suas matrizes no exterior (investimento cruzado ou reverso). Nesse caso, o investimento cruzado é **conta retificadora do passivo de investimento direto**, pois se trata de conta de natureza ativa classificada no grupo de natureza passiva. São considerados os empréstimos diretos ou colocação de títulos, sem distinção de prazo. As amortizações de empréstimos intercompanhias no grupo investimento direto no Brasil incluem o principal de empréstimos convertidos em investimento estrangeiro direto. Os empréstimos efetuados entre bancos ligados não são considerados empréstimos intercompanhias.

Portanto, na Conta Financeira, o investimento direto é constituído de:

■ Concessões (resultado +)
■ Captações (resultado –)

O resultado da subtração das concessões pelas captações comporá o investimento direto. Quando o saldo for positivo é porque houve concessões líquidas. Quando o saldo for negativo é porque houve captações líquidas. Também, pode-se calcular o saldo de Investimentos Diretos na Conta Financeira pela subtração dos Investimentos diretos no exterior dos investimentos diretos no país.

Tomando o mesmo exemplo apresentado acima, no BP de janeiro de 2014[51], tem-se:

Investimentos diretos — Conta Financeira	–4.569
Concessões	4.460
Captações	9.029
Investimentos diretos no exterior	–4.460
Ingressos	127
Saídas	4.587
Investimentos diretos no país	9.029
Ingressos	11.742
Saídas	2.714

---

[51] Esses valores sofreram ajustes pelo Banco Central. Isso se deve a constantes ajustes feitos pelo Bacen devido à incorporação de informações recentes e/ou revisadas. Mas esses dados serão utilizados com o objetivo, nesse momento, apenas de exemplificar cada um dos lançamentos.

7 ■ Balanço de Pagamentos — Nova metodologia — BPM6

Na Figura 7.5, é apresentado o comportamento do Investimento direto no Brasil do período de 1995 a 2017.

Figura 7.5. Comportamento do Investimento direto no Brasil — 1995-2017

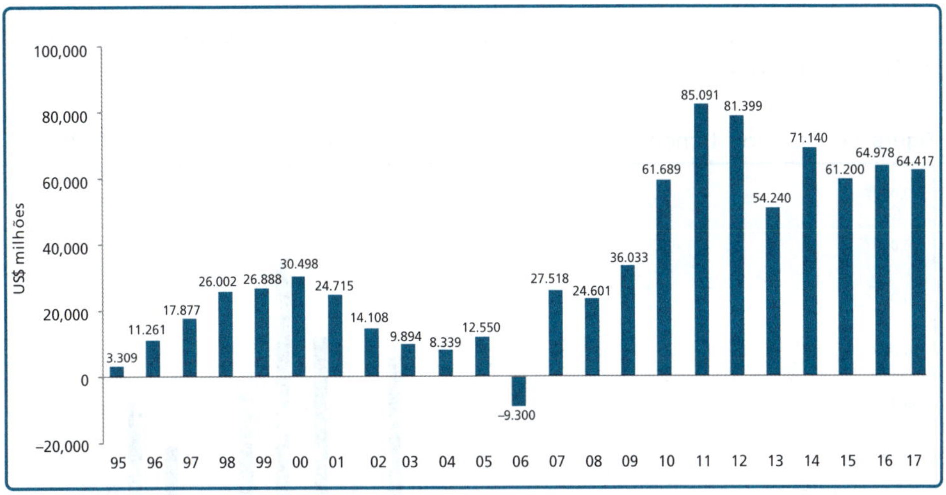

Ano	US$ milhões
95	3.309
96	11.261
97	17.877
98	26.002
99	26.888
00	30.498
01	24.715
02	14.108
03	9.894
04	8.339
05	12.550
06	-9.300
07	27.518
08	24.601
09	36.033
10	61.689
11	85.091
12	81.399
13	54.240
14	71.140
15	61.200
16	64.978
17	64.417

Fonte: BCB.

6.2. Investimento em Carteira: registra fluxos de ativos e passivos constituídos pela emissão de títulos de crédito comumente negociados em mercados secundários de papéis. O investimento em carteira pode ser em renda fixa ou renda variável. Os títulos do Tesouro Nacional se enquadram em renda fixa e ações de empresas em volume que não permite o direito à gestão da empresa se enquadram em renda variável. Nessa conta, estão presentes: os títulos de participação no capital e os títulos de dívida, além do refinanciamento.

Portanto, na Conta Financeira, o investimento em carteira é constituído de:

- Ativo
- Passivo

O resultado da subtração do ativo pelo passivo comporá o investimento em carteira. Tomando o mesmo exemplo apresentado acima, no BP de janeiro de 2014[52], tem-se:

Investimento em carteira (Ativo — Passivo)	–6.812
Investimento em carteira — Conta Financeira — Ativo	–802
Receitas	2.079
Despesas	1.277

---

[52] Esses valores sofreram ajustes pelo Banco Central. Isso se deve a constantes ajustes feitos pelo Bacen devido à incorporação de informações recentes e/ou revisadas. Mas esses dados serão utilizados com o objetivo, nesse momento, apenas de exemplificar cada um dos lançamentos.

▪ Investimento em carteira — Conta Financeira — Passivo	6.010
▪ Receitas	23.983
▪ Despesas	17.974

Na Figura 7.6, é possível analisar o comportamento do investimento em carteira no Brasil no período de 1995 a 2017.

Figura 7.6. Comportamento do Investimento em carteira no Brasil — 1995-2017

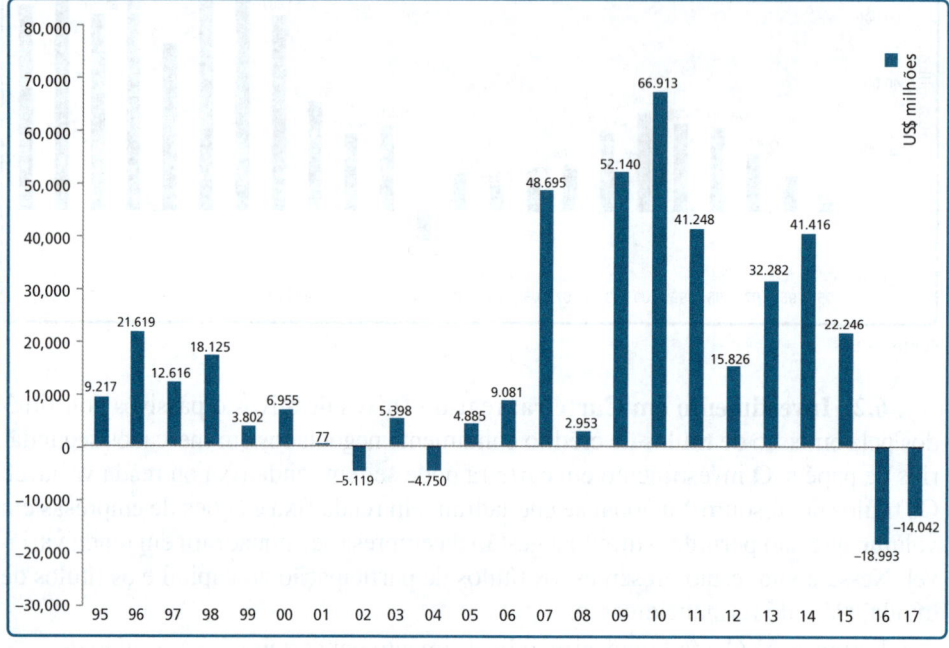

[Gráfico de barras mostrando valores em US$ milhões de 1995 a 2017: 9.217 (95), 21.619 (96), 12.616 (97), 18.125 (98), 3.802 (99), 6.955 (00), 77 (01), -5.119 (02), -4.750 (03), 5.398 (04), 4.885 (05), 9.081 (06), 48.695 (07), 2.953 (08), 52.140 (09), 66.913 (10), 41.248 (11), 15.826 (12), 32.282 (13), 41.416 (14), 22.246 (15), -18.993 (16), -14.042 (17)]

Fonte: BCB.

6.3. Derivativos: derivativos são instrumentos financeiros que se originam do valor de um outro ativo, tido como ativo de referência. Um contrato derivativo resulta do valor de um bem básico, como *commodities*, ações, taxas de juros etc. Compreendem os fluxos relativos à liquidação de haveres e obrigações decorrentes de operações de *swaps* (= permuta = empréstimos) entre bancos em moedas diferentes. Esse empréstimo seguirá a mesma taxa de câmbio quando for pagar e ocorre entre os Bancos Centrais dos países para aumentar a liquidez do sistema; as opções e futuros que são negociadas também as posições, isto é, a situação de comprador ou de vendedor no futuro e os fluxos relativos a prêmios de opções. Essas operações eram, antes da estrutura do Balanço de Pagamentos, BPM5, alocadas na conta de "serviços" ou na conta de capitais de curto prazo. Segundo Carvalho: "Seu papel mais importante é a possibilidade que oferecem de decompor e negociar em separado os riscos que cercam uma dada transação financeira. (...) em operações financeiras internacionais, derivativos permitem separar os riscos de juros dos riscos de câmbio, os riscos de amortização dos referentes ao serviço de uma dívida etc."[53].

Portanto, Derivativos são constituídos de:

■ Ativos
■ Passivos

O resultado da subtração do ativo pelo passivo comporá os derivativos.

Tomando o mesmo exemplo apresentado acima, no BP de janeiro de 2014[54], tem-se:

■ Derivativos	−13
■ Ativos	−26
■ Passivos	−13

6.4. Outros Investimentos: compreendem uma diversidade de outros instrumentos financeiros: empréstimos de curto e longo prazos, algumas modalidades de créditos comerciais, moeda em circulação e depósitos em moeda[55], o uso do crédito do FMI, os desembolsos desta instituição e as amortizações a ela pagas, outros empréstimos com objetivos de regularização de organizações internacionais e governamentais, subscrições de capital de organizações não monetárias e diversas contas a receber e a pagar. Segundo Lopes e Vasconcellos: "Na categoria outros investimentos incluem-se os créditos comerciais, empréstimos e financiamentos (inclusive operações de regularização efetuadas com o FMI com o intuito de financiar o Balanço de Pagamentos). Na contabilização do Balanço de Pagamentos na versão anterior do BPM4, esta operação era classificada como uma conta compensatória"[56]. Segundo o Banco Central do Brasil, outros investimentos também "referem-se à movimentação de depósitos mantidos no exterior na forma de disponibilidades, cauções, depósitos judiciais e, ainda, as garantias para os empréstimos vinculados a exportações. Inclui a variação dos depósitos no exterior dos bancos comerciais e os depósitos relativos ao excesso de posição comprada dos bancos residentes depositados no Banco Central. Estão incluídas, também, as movimentações de garantias colaterais, na modalidade de depósitos, constituídas no

---

[53] Fernando J. Cardim de Carvalho [et al.], *Economia monetária e financeira*, p. 291.
[54] Esses valores sofreram ajustes pelo Banco Central. Isso se deve a constantes ajustes feitos pelo Bacen devido à incorporação de informações recentes e/ou revisadas. Mas esses dados serão utilizados com o objetivo, nesse momento, apenas de exemplificar cada um dos lançamentos.
[55] Registra a movimentação de cauções sem prazo definido, depósitos judiciais e garantias para os empréstimos vinculados a comércio e depósitos mantidos no País na forma de disponibilidades, incluindo a variação do saldo das contas ao amparo da Circular Bacen n. 2.677, de 10-4-1996 (contas CC5). Registra também a contrapartida de pagamentos em moeda nacional. As contas "CC5" são contas de não residentes em bancos residentes e por isso classificadas em passivo externo.
[56] Luiz Martins Lopes e Marco Antonio Sandoval de Vasconcellos, *Manual de macroeconomia*, 2009, p. 40-41.

âmbito do acordo de renegociação da dívida externa (Plano *Brady*). Refere-se também às disponibilidades de não residentes depositadas no país, incluindo a variação do saldo das contas de não residentes abertas ao amparo da Circular 2.677, de 10.4.1996 (contas CC5)"[57]. Pela sistemática da estrutura do Balanço de Pagamentos, BPM5, os **empréstimos de regularização** e os **atrasados**, que, no BPM4, eram alocados em transações compensatórias e lançados depois do saldo do Balanço de Pagamentos, após as variações de reservas (atualmente denominado ativos de reserva), passaram a fazer parte da conta financeira, sendo lançados em outros investimentos.

Atrasados são compromissos vencidos e não cumpridos. É importante observar que na conta atrasados são lançados os atrasados do período (do ano em questão) e, portanto, não podem ser transferidos de um ano para outro. Atrasados, assim como o Balanço de Pagamentos, são exemplos de variáveis "fluxo", e não "estoque". Segundo Lopes e Vasconcellos: "Poder-se-ia incluir um outro componente nesse item (...) (Transações Compensatórias) (...), os chamados *atrasados*. Quando não se consegue fazer cobrir com empréstimos saldos negativos do item (...) (Balanço em Transações Correntes) (...) por meio de (...) (Conta Capital e Financeira) (...) e não existem reservas e não se consegue crédito junto a entes como FMI, fica-se devendo para os agentes responsáveis pela transação (...) no Balanço de Pagamentos em transações correntes (...) o que poderia ser contabilizado como *atrasados*"[58]. Atrasados correspondem, portanto, ao não pagamento ou, simplesmente, à moratória.

Os **empréstimos de regularização** referem-se aos empréstimos contraídos junto ao FMI, BIS e Clube de Paris. O país que se socorre a esses empréstimos deve se submeter às exigências impostas por eles no sentido de garantir o pagamento futuro da dívida. Paulani e Braga especificam: "Assim, o país que desejar obter esse tipo de ajuda tem de se submeter a uma série de exigências, em termos de condução da política econômica e obtenção de resultados, impostas pelos organismos internacionais (...)"[59].

Portanto, Outros Investimentos, na Conta Financeira, são constituídos de:

- Ativos
- Passivos

Depois, faz-se a operação de ativos subtraídos de passivos e obtém-se o saldo na Conta de outros investimentos, na Conta Financeira.

Tomando o mesmo exemplo apresentado acima, no BP de janeiro de 2014[60], tem-se:

---

[57] <http://www.bcb.gov.br/pec/sdds/port/balpagam_p.htm>. Banco Central do Brasil — Departamento Econômico — Divisão de Balanço de Pagamentos, 2010.
[58] Luiz Martins Lopes e Marco Antonio Sandoval de Vasconcellos, *Manual de macroeconomia*, 2009, p. 42.
[59] Leda Maria Paulani e Márcio Bobik Braga, *A nova contabilidade social*, p. 140.
[60] Esses valores sofreram ajustes pelo Banco Central. Isso se deve a constantes ajustes feitos pelo Bacen devido à incorporação de informações recentes e/ou revisadas. Mas esses dados serão utilizados com o objetivo, nesse momento, apenas de exemplificar cada um dos lançamentos.

Outros Investimentos	-5.108
Ativos	457
Passivos	5.565

6.5. Ativos de Reserva: os ativos de reserva correspondem às reservas internacionais do país, detidas pelo Banco Central, no conceito de liquidez internacional, deduzidos os ajustes relativos a **valorizações/desvalorizações das moedas estrangeiras e do ouro em relação ao dólar americano e os ganhos/perdas relativos a flutuações nos preços dos títulos**. Portanto, representa os ativos sobre o exterior sob o controle do Banco Central, "(...) incluindo ouro monetário, direitos especiais de saque — DES, posição de reservas no FMI, ativos em divisas — moeda, depósitos e valores — e outros ativos". E, "(...) excluem-se todas as variações que não são atribuídas a transações. Por conseguinte, as variações de valor que obedecem a **flutuações de preços, monetização/desmonetização de ouro, alocação/cancelamento de DES** e os lançamentos de contrapartida que saldam essas variações não se registram no balanço de pagamentos. (...)". Simonsen e Cysne chamam a atenção para essa alteração na nova sistemática do Balanço de Pagamentos com relação a transações que não se referissem a transações entre não residentes e residentes que, a partir da sistemática do BPM5, não entram mais no Balanço de Pagamentos: "Se o Banco Central comprava ouro intimamente monetizando-o (...) debitava-se a conta de 'ouro monetário' (...) e creditava-se a conta de 'contrapartida para monetização/desmonetização' (...). Esse tipo de fato contábil, por não envolver uma transação entre um residente e um não residente, **não é mais contabilizado** no Balanço de Pagamentos, mas sim na Posição Internacional de Investimentos, um segundo balanço contábil"[61]. Krugman e Obstfeld afirmam que "um país apresenta déficit em seu Balanço de Pagamentos quando está perdendo reservas internacionais oficiais ou tomando dinheiro emprestado dos Bancos Centrais estrangeiros; caso contrário apresentará superávit"[62].

Com o BPM6, o resultado global do Balanço de Pagamentos passou a constar da conta financeira como ativos de reserva. Ela é incorporada à Conta Financeira já que se trata de uma troca de ativos financeiros também.

Portanto, Ativos de Reserva são constituídos de:

- Ouro monetário
- Direitos Especiais de Saque
- Posição de reserva no FMI
- Outros ativos de reserva
- Demais ativos

---

[61] Mário Henrique Simonsen e Rubens Penha Cysne, *Macroeconomia*, 2009, p. 72.
[62] Paul Krugman e Maurice Obstfeld, *Economia internacional*, p. 237.

Tomando o mesmo exemplo apresentado acima, no BP de janeiro de 2014[63], tem-se:

▪ Ativos de Reserva	2.892
▪ Ouro Monetário	
▪ Direito Especial de Saque	
▪ Posição de reserva no FMI	–49
▪ Outros ativos de reserva	2.941
▪ Demais ativos	

A Figura 7.7 apresenta um gráfico que mostra o comportamento das reservas internacionais brasileiras de março de 2000 a março de 2017. Em seguida, a Tabela 7.1 mostra os valores em US$ bilhões.

Figura 7.7. Demonstrativo de variação das Reservas Internacionais. Posição das reservas (Final do mês anterior) — de março de 2000 a março de 2017

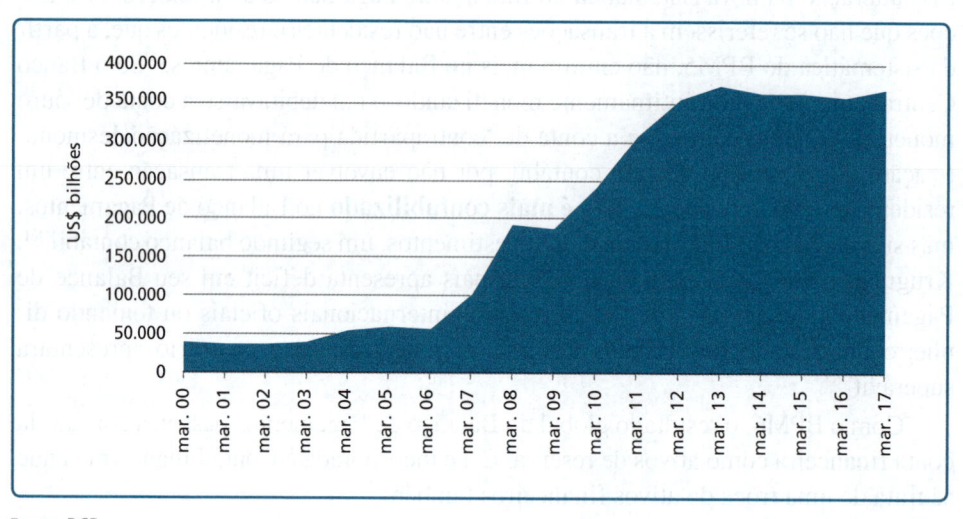

Fonte: BCB.

---

[63] Esses valores sofreram ajustes pelo Banco Central. Isso se deve a constantes ajustes feitos pelo Bacen devido à incorporação de informações recentes e/ou revisadas. Mas esses dados serão utilizados com o objetivo, nesse momento, apenas de exemplificar cada um dos lançamentos.

7 ■ Balanço de Pagamentos — Nova metodologia — BPM6

Tabela 7.1. Reservas Internacionais do Brasil em US$ bilhões (Final do mês anterior)

POSIÇÃO DAS RESERVAS INTERNACIONAIS DO BRASIL EM BILHÕES DE DÓLARES (FINAL DO MÊS ANTERIOR)	
Março de 2000	38.364
Março de 2001	35.413
Março de 2002	35.906
Março de 2003	38.530
Março de 2004	52.960
Março de 2005	59.017
Março de 2006	57.415
Março de 2007	101.070
Março de 2008	192.902
Março de 2009	186.880
Março de 2010	241.082
Março de 2011	307.516
Março de 2012	356.330
Março de 2013	373.742
Março de 2014	362.691
Março de 2015	362.547
Março de 2016	359.368
Março de 2017	368.981

Com base nesses dados dos ativos de reserva brasileiros, pode-se apresentar o montante da dívida externa total (Figura 7.8) e da dívida externa líquida (Figura 7.9). A dívida externa líquida consiste na diferença entre a dívida externa total e o montante de ativos de reserva, haveres dos bancos comerciais e os créditos brasileiros no exterior. Pode-se observar que a partir de 2007, o Brasil passou a ser credor internacional, já que sua dívida externa passou a ser menor que suas reservas internacionais.

Figura 7.8. Dívida externa total — 1995-2016

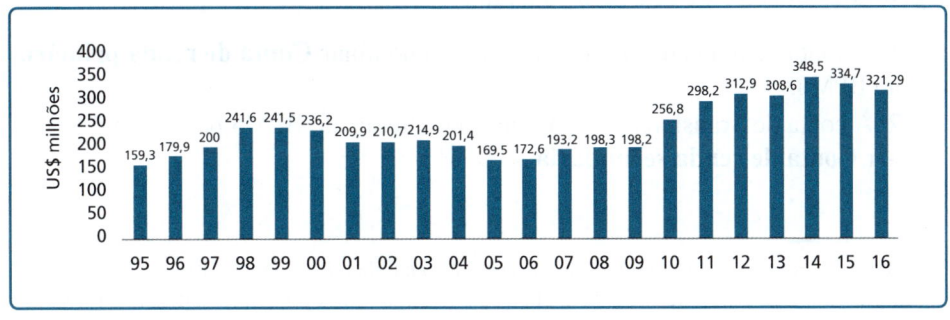

Ano	US$ milhões
95	159,3
96	179,9
97	200
98	241,6
99	241,5
00	236,2
01	209,9
02	210,7
03	214,9
04	201,4
05	169,5
06	172,6
07	193,2
08	198,3
09	198,2
10	256,8
11	298,2
12	312,9
13	308,6
14	348,5
15	334,7
16	321,29

Fonte: BCB.

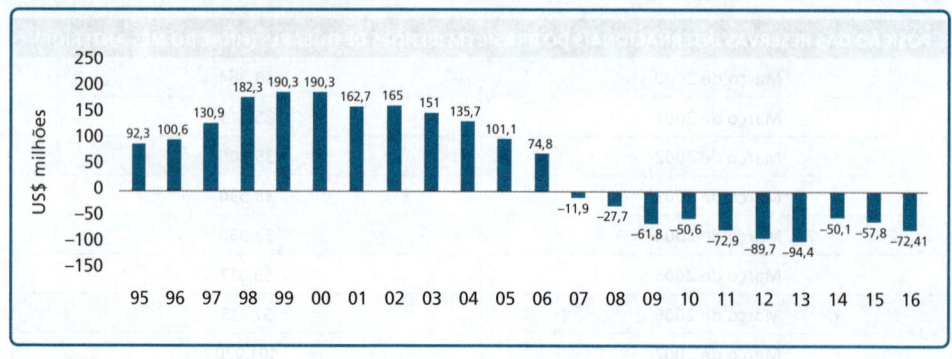

Figura 7.9. Dívida externa líquida — 1995-2016

Valores (US$ milhões): 92,3 (95); 100,6 (96); 130,9 (97); 182,3 (98); 190,3 (99); 190,3 (00); 162,7 (01); 165 (02); 151 (03); 135,7 (04); 101,1 (05); 74,8 (06); -11,9 (07); -27,7 (08); -61,8 (09); -50,6 (10); -72,9 (11); -89,7 (12); -94,4 (13); -50,1 (14); -57,8 (15); -72,41 (16).

Fonte: BCB.

7. Conta Erros e Omissões

As transações não identificadas são incluídas no Balanço de Pagamentos sob a denominação de erros e omissões, assim como os valores de transações estimados a mais ou a menos ou em decorrência de discrepâncias temporais nas fontes de dados utilizadas. É, portanto, uma conta de ajuste. Como a maioria dos erros deriva de capitais autônomos que estão contidos na conta capital e financeira, a conta erros e omissões se apresenta depois da conta financeira. Os erros e omissões servem, portanto, para compensar toda superestimação ou subestimação dos componentes registrados. Paulani e Braga se referem ao lançamento nessa conta afirmando que: "Assim, em função de imperfeições na forma de registro das informações, nem sempre se consegue a necessária equivalência entre o total de créditos e o total de débitos. Surge daí o lançamento denominado erros e omissões (...), que é um valor de chegada, ou seja, ele é calculado justamente para tornar nulo o saldo total do Balanço de pagamentos"[64].

■ 7.4. ALTERAÇÕES NA ESTRUTURA DO BALANÇO DE PAGAMENTOS EM 2015 (BPM6)

De acordo com as estatísticas do Setor externo — adoção da 6ª Edição do manual de Balanço de Pagamentos e Posição Internacional de Investimentos, publicada pelo Banco Central em novembro de 2014[65] —, as mais importantes alterações na estrutura do Balanço de Pagamentos foram:

1. A conta de renda do BPM5 passa a se denominar **Conta de renda primária** no BPM6.

2. A conta de Transferências correntes unilaterais do BPM5 passa a se denominar **Conta de renda secundária** no BPM6.

---

[64] Leda Maria Paulani e Márcio Bobik Braga, *A nova contabilidade social*, p. 140.
[65] <https://www.bcb.gov.br/ftp/infecon/nm1bpm6p.pdf>. Mas começou a ser aplicada em abril de 2015, retroagindo a janeiro de 2014.

3. As **transferências de migrantes** deixam de ser entendidas como transações, já que não há transferência de propriedade econômica de bens ou direitos entre um residente e um não residente, e, portanto, não compõem mais o Balanço de Pagamentos, passando a ser tratadas como reclassificação, impactando apenas a Posição Internacional de Investimentos.

4. O BPM6 define **exportação e importação** a partir da mudança de propriedade econômica entre residentes e não residentes, diferentemente do BPM5 que considera a cobertura dos bens que adicionam ou subtraem do estoque de recursos materiais de um país, entrando, como importação, ou saindo, como exportação, do seu território econômico.

5. No BPM5, cada transação era registrada com duas entradas em valores absolutos iguais, sendo uma de crédito com sinal positivo e outra de débito com sinal negativo. Assim, o saldo líquido de todas as entradas no Balanço de Pagamentos era igual a zero. No BPM6, **sinais positivos** indicam exportações, importação, receitas e despesas de rendas, receitas e despesas de transferências, aumento em ativos e passivos. **Sinais negativos** só serão utilizados para indicar renda negativa (perdas) e reduções de ativos ou passivos. Por exemplo, quando os investimentos são retomados, chamados de desinvestimentos. Podem, contudo, haver exceções como, por exemplo, o caso de **"merchanting"** (bens em triangulação), que é quando os bens são comprados e revendidos fora do país sem entrar ou sair fisicamente do território nacional. Nessa situação, podem resultar em registro negativo de exportações. Em regra, portanto, os créditos e débitos são lançados com sinal positivo. Os sinais negativos aparecem, quase que somente, quando representam o saldo negativo na operação de subtração entre créditos e débitos/ativos e passivos.

6. Na contabilização das rubricas da conta financeira, no BPM6, quando ocorre aumento do passivo líquido, ou seja, quando os recursos que entram são maiores que os que saem do país, o saldo líquido é negativo.

7. As operações de **"merchanting"** ou operações de **triangulação de bens**, em que um residente no Brasil adquire um bem em outro país para revendê-lo a um terceiro, foi modificada da conta de serviços para a conta de bens. O BPM6 recomenda que a aquisição do bem deve figurar como exportação com sinal negativo e uma contrapartida de exportação positiva. O BPM5 recomendava registrar a diferença entre o preço de compra e venda como um serviço.

8. Na conta financeira, fluxos que contribuem liquidamente para **elevação de estoques**, tanto para ativos como para passivos, são representados por **sinal positivo**. Já fluxos que contribuem liquidamente para **redução de estoques**, tanto para ativos como para passivos, são representados por **sinal negativo**.

9. A **convenção de sinais** no BPM5 e BPM6 pode ser visto a seguir:

---

[66] Corresponde à saída líquida de capitais brasileiros no BPM5.
[67] Corresponde à entrada líquida de capitais estrangeiros no BPM5.

CONTAS	BPM6	BPM5
Receitas em transações correntes	+	+
Despesas em transações correntes	+	–
Saldo em transações correntes	Receitas – Despesas	Receitas + Despesas
Receitas de transferências de capital	+	+
Despesas de transferências de capital	+	–
Saldo na conta de capital	Receitas – Despesas	Receitas + Despesas
Aquisição líquida de ativos financeiros[61] = aumento de ativos	+	–
Incidência líquida de passivos financeiros[62] = aumento de passivos	+	+
Saldo na Conta Financeira = Ativos – Passivos. Caso o saldo seja +, haverá concessões líquidas. Caso o saldo seja negativo, haverá captações líquidas.	Aquisição líquida de ativos financeiros – Incidência líquida de passivos financeiros = Mudança de ativo – Mudança de passivo	Entrada de capitais – saída de capitais

10. A aquisição ou alienação de **ativo externo entre dois residentes** continua não sendo registrada como transação do Balanço de Pagamentos, mas, no BPM6, será como **reclassificação**, o que afeta os estoques mensurados pela Posição Internacional de Investimento, caso os residentes pertençam a setores institucionais diferentes[68].

11. O BPM6 introduz o termo **"propriedade econômica"** distinguindo-a de **"propriedade legal"**. A propriedade econômica é atribuída à parte que carrega todos os riscos, responsabilidades, direitos e benefícios do bem ou ativo e, no BP, os lançamentos devem ser realizados no momento em que ocorre a mudança da propriedade econômica. Embora seja comum a transferência econômica e legal ao mesmo tempo, há casos em que os proprietários legais e econômicos são distintos, como, por exemplo, o arrendamento mercantil.

12. O BPM6 altera a nomenclatura de **Autoridade Monetária para Banco Central** como um subsetor institucional, ao passo que o conceito de "autoridades monetárias" permanece essencial para a definição dos ativos de reserva. Altera a nomenclatura de **Bancos** para **Instituições que aceitam depósitos, exceto Banco Central**.

13. Os **depósitos Interbancários** passam a constituir categoria própria sob o instrumento Depósitos. Para evitar que se confunda com empréstimos, as posições bancárias diferentes de títulos e outras contas a pagar ou receber serão classificadas como depósitos Interbancários.

14. Expressões usadas para identificar títulos de características específicas, como **"Bônus", "Notes", "Commercial Papers"**, são substituídas por **Títulos**

---

[68] A exceção seria o caso em que um residente no Brasil comprasse ou vendesse moeda estrangeira de/para "dealer" residente no Brasil. Nesse caso, a transação continuaria a ser registrada no Balanço de Pagamentos.

de longo prazo. A expressão "créditos comerciais" é acrescida de "adiantamentos", já que a inclusão de operações de pagamentos antecipados de exportações e importações apresenta recursos financeiros que precedem a transferência de propriedade da mercadoria como crédito comercial.

15. As classificações de **"serviços manufatureiros sobre insumos físicos de propriedade de terceiros"** que no BPM5 eram classificados como bens para processamento e lançados na Balança comercial, passaram, pelo BPM6, o saldo líquido da operação a ser lançados na Balança de Serviços. O mesmo se aplica para bens de não residentes que entram no país, via importação, para processamento e depois são exportados.

16. As classificações de **"serviços de manutenção e reparos"** não incluídas em outras posições que, no BPM5, eram classificados como "reparos de bens" e lançados na Balança Comercial, passaram, no BPM6, a ser lançados na Balança de Serviços.

17. O BPM6 cria a **conta de serviços de pesquisa e desenvolvimento**, que inclui as negociações de patentes, *copyright* e atividades de pesquisa que antes eram incluídas na conta capital.

18. A **conta de serviços de propriedade intelectual** substitui a conta de *Royalties* e licenças na Balança de Serviços.

19. No BPM6, as **transferências pessoais** incluem todas as transferências correntes em dinheiro ou espécie entre residentes e famílias residentes, **independente da origem da renda e do relacionamento entre as famílias**. Portanto, as remessas de trabalhadores compõem as transferências pessoais. Já no BPM5, as remessas de trabalhadores eram consideradas transferências correntes efetivadas por migrantes empregados em novas economias e nela considerados residentes. Portanto, independente de como a renda seja gerada, as rendas emitidas e recebidas por pessoas físicas, entram na conta de renda secundária, muito embora, o valor seja pequeno.

20. No BPM6, as rubricas da conta financeira foram alteradas de **"crédito"** e **"débito"** para **"aquisição líquida de ativos financeiros" e "incidência líquida de passivos financeiros"**. Um sinal positivo representa aumento de ativos e passivos, e um sinal negativo indica redução de ativos ou passivos. Continuará, contudo, distinguindo desembolsos de amortização e ingressos de saídas para a grande maioria dos itens da conta financeira.

21. No BPM6, as **exportações fíctias** e as **importações fíctias** passaram a ser registradas no BP. Exportações fíctias são aquelas que ocorrem quando um residente vende para um não residente sem que haja saída do território brasileiro, e importações fíctias são aquelas que ocorrem quando um residente compra de um não residente sem que haja entrada no território brasileiro. A compra de combustíveis no exterior por parte de empresas brasileiras de transporte, como aeronaves ou embarcações, é um exemplo típico de importação fíctia.

22. No BPM6 são incluídas as importações de **energia (eletricidade, água e gás)** sem cobertura cambial. O BPM6 explicitamente define energia elétrica como bem.

23. **Bens** que saem do território nacional mas **que não mudam de titularidade** não são registrados na Balança Comercial.

24. Na Renda primária, o BPM6 passa a incluir a demanda de investidores não residentes por ativos localizados no Brasil e denominados em moeda nacional.

25. Investimento direto estrangeiro passa a ser **Investimento direto no país**, e investimento brasileiro direto passa a ser **Investimento direto no exterior**.

26. O resultado global do Balanço de Pagamentos passa a pertencer à conta financeira com a rubrica **ativos de reserva**. Isso porque se trata de uma troca de ativos financeiros entre residentes e não residentes.

27. O **saldo da conta financeira** é obtido pela diferença entre os fluxos de ativos e passivos.

28. Os empréstimos intercompanhias do BPM5 passa a denominar-se **operações intercompanhias** no BPM6. O critério de ativos e passivos vai depender da residência do credor e devedor. Assim, para um crédito de uma filial no exterior a sua matriz no Brasil passa a ser, com o BPM6, um **Investimento Estrangeiro no País** (passivo). Antes, no BPM5, essa operação era contabilizada no item Investimento Brasileiro direto como empréstimos intercompanhias.

29. Se o país envia um bem para outro país e este presta algum tipo de serviço, de montagem ou beneficiamento, que modifica o bem e depois retorna ao país de origem, o serviço agregado ao bem será registrado em uma nova conta de serviço, intitulada **"Serviços de manufatura"**. Mas o bem não entrará no BP como exportação ou importação.

30. A partir da adoção do BPM6, o pagamento de **cupom de juros** a investidores não residentes, realizado no mercado doméstico e em reais, será registrado como despesas de juros[69]. No caso desse pagamento de cupom de juros a investidores não residentes no mercado doméstico e em reais, a contrapartida dessa despesa é o reinvestimento dos recursos, ou seja, o aumento das entradas líquidas em títulos de renda fixa negociados no mercado doméstico em investimento em carteira na conta financeira. Logo, há aumento do déficit na conta de juros e na conta em transações correntes e aumento de mesma intensidade no fluxo de investimento em carteira no país. Nos casos residuais, em que o investidor não residente opta por remeter esses juros ao exterior, a contrapartida no BP continuará a ser a redução dos ativos em moeda estrangeira detidos pelo banco que intermediou a transação.

31. Substituição do **princípio direcional** pelo **critério de ativos e passivos** sobre a modalidade de dívida intercompanhia. Assim, não se torna mais indispensável

---

[69] A fonte de dados para essa rubrica é o Sistema Especial de Liquidação e de Custódia (SELIC). Essa transação, contudo, não implica impacto no mercado de câmbio.

identificar a matriz, subsidiária ou irmã, já que a classificação da transação de BP é feita a partir da identificação das residências do credor e do devedor. Isso significa que o empréstimo de uma filial no exterior para a matriz no Brasil passa a ser um ingresso em investimentos diretos no país e não mais como retorno de investimento brasileiro no exterior, cuja prática tinha o objetivo de reduzir o saldo líquido de saídas de investimento. Da mesma maneira, se uma filial no Brasil empresta a matriz no exterior, passa a ser contabilizado como investimento direto no exterior e não como retorno de investimento estrangeiro. Isso provoca aumento do fluxo líquido de saída de investimentos diretos no exterior.

Portanto, a inclusão de empréstimos intercompanhias feitos por filial no exterior à matriz no Brasil, que, pelo BPM5, integrava os Investimentos Brasileiros Diretos (IBD), com o BPM6, faz com que pelo menos uma parte do investimento direto não seja mais capital estrangeiro. Assim, o indicador deixa de ser uma medida pura da confiança das multinacionais de outros países no Brasil.

Quando uma filial no exterior concede empréstimos à matriz no Brasil, pelo BPM5, esse passivo brasileiro era classificado como redutor de ativo na conta de Investimentos Brasileiros Diretos no exterior (IBD). Também, no caso em que uma filial residente no Brasil fornece crédito à sua matriz no exterior, a operação é considerada como um ativo redutor de passivo. Já, pelo BPM6, os créditos concedidos por uma empresa residente no Brasil a outra empresa residente no exterior são registrados na conta de Investimento Direto – ativos, ou seja, Investimento direto do Brasil no exterior. Por outro lado, se uma empresa residente no exterior concede crédito à empresa residente no Brasil, é compilado na conta de Investimento Direto — Passivos, ou seja, investimento direto do exterior no Brasil.

Figura 7.10. Princípio direcional adotado no BPM5 e o critério de ativos e passivos adotados no BPM6

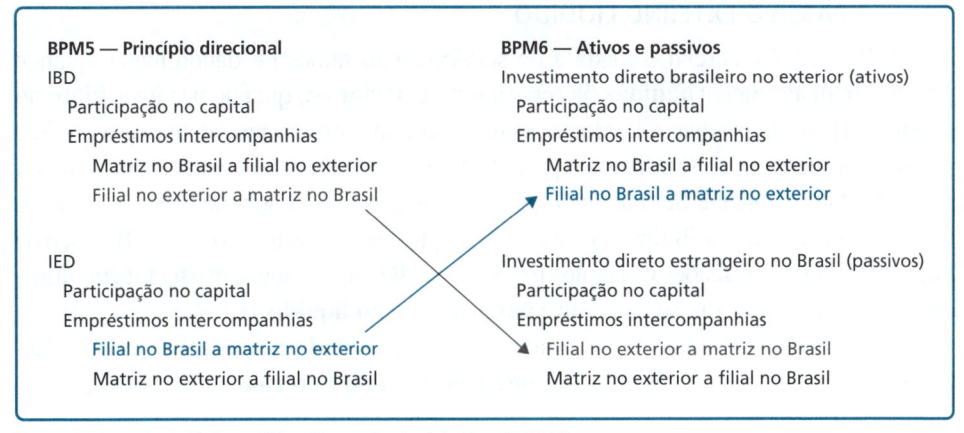

BPM5 — Princípio direcional	BPM6 — Ativos e passivos
IBD	Investimento direto brasileiro no exterior (ativos)
Participação no capital	Participação no capital
Empréstimos intercompanhias	Empréstimos intercompanhias
Matriz no Brasil a filial no exterior	Matriz no Brasil a filial no exterior
Filial no exterior a matriz no Brasil	**Filial no Brasil a matriz no exterior**
IED	Investimento direto estrangeiro no Brasil (passivos)
Participação no capital	Participação no capital
Empréstimos intercompanhias	Empréstimos intercompanhias
Filial no Brasil a matriz no exterior	Filial no exterior a matriz no Brasil
Matriz no exterior a filial no Brasil	Matriz no exterior a filial no Brasil

Fonte: Nota metodológica n. 03 — Banco Central do Brasil/2015[70].

---

[70] <https://www.bcb.gov.br/ftp/infecon/nm3bpm6p.pdf>.

CONTA FINANCEIRA DO BALANÇO DE PAGAMENTOS — 2014 — METODOLOGIAS NOVA E ANTIGA (EM US$ MILHÕES)			
CONTAS	2014		VAR. ABSOLUTA
	ANTIGA	NOVA	NOVA/ANTIGA
Conta Financeira (ex-reservas)	(97.809)	(111.192)	(13.383)
Investimento direto no país	62.495	96.851	34.356
Participação no capital — exc. lucros reinvestidos	47.303	47.176	(127)
Participação no capital — lucros reinvestidos no Brasil	–	10.698	10.698
Operações intercompanhias	15.192	38.977	▲ 23.785
Investimento direto no exterior	(3.540)	26.020	29.560
Participação no capital — exc. lucros reinvestidos	19.556	19.320	(235)
Participação no capital — lucros reinvestidos no exterior	–	6.010	6.010
Operações intercompanhias	(23.096)	690	23.786
Investimento em carteira — passivos	33.531	40.732	7.201
Investimentos em ações e em fundos de investimentos	11.546	11.773	227
Títulos	21.985	28.959	6.974
Investimento em carteira — ativos	2.840	2.840	–
Empréstimos e Títulos de Médio e Longo Prazo (líq.)	20.208	19.702	(506)
Ingressos	69.265	69.302	37
Amortizações	(49.057)	(49.600)	(543)
Outros Capitais	19.125	17.233	(1.892)
Moeda e depósitos	18.890	18.272	(618)
Empréstimos e títulos de CP	(24.438)	(24.896)	(458)
Créditos Comerciais	21.191	21.614	423
Demais	3.482	2.244	(1.238)

Fonte: BCB. Elaboração: Ipea/Dimac/Gecon.
http://repositorio.ipea.gov.br/bitstream/11058/4358/1/Carta_Conjuntura_n27_consideracoes.pdf.

■ 7.5. TRANSFERÊNCIA LÍQUIDA DE RECURSOS PARA O EXTERIOR, HIATO DO PRODUTO, RENDA LÍQUIDA RECEBIDA E ENVIADA AO EXTERIOR, ATIVO E PASSIVO EXTERNO LÍQUIDO

A Balança Comercial somada à de serviços (não fatores) é denominada, quando positiva, **transferências líquidas de recursos ao exterior** ou, quando negativa, **hiato do produto**. Hiato do produto é a diferença entre o produto observado (efetivo) e o produto potencial na economia. Se o hiato do produto é positivo, a demanda pelo produto é maior que o produto potencial. Se o hiato do produto é negativo, a economia está operando de forma ociosa, o que possibilita o crescimento do produto no curto prazo. Se o Balanço de Pagamentos em Transações Correntes for positivo, diz-se que houve **ativo externo líquido**, e, se for negativo, diz-se que houve **passivo externo líquido**. A soma das Contas de Renda Primária e de Renda Secundária corresponde à **Renda Líquida Enviada ao Exterior**, se for negativa, ou à **Renda Líquida Recebida do Exterior**, se for positiva[71].

---

[71] O IBGE classifica como Renda Líquida Enviada ou Recebida do Exterior apenas os itens presentes na Conta de Renda Primária. Já a FGV considera Renda Líquida Enviada ou Recebida do Exterior a soma da Conta de Renda Primária e Secundária.

7 ■ Balanço de Pagamentos — Nova metodologia — BPM6

Observe, a seguir, essas denominações na estrutura do Balanço de Pagamentos (BPM6):

1. Balança Comercial
2. Balança de Serviços

Se (+) = transferência líquida de recursos para o exterior
Se (–) = hiato do produto

3. Conta de Renda Primária (serviços fatores)
4. Conta de Renda Secundária[72]

Se (+) = Renda Líquida Recebida do Exterior
Se (–) = Renda Líquida Enviada ao Exterior

Saldo no Balanço de Pagamentos em Transações Correntes (1 + 2 + 3 + 4)
→ Se (+) = ativo externo líquido
→ Se (–) = passivo externo líquido

Quando o saldo em transações correntes for negativo, o país apresentará um passivo externo líquido. Quando o saldo em transações correntes for positivo, o país apresentará um ativo externo líquido. A composição do Passivo Externo Líquido que é a diferença entre o Passivo externo e o Ativo externo, está sendo apresentado no Quadro 7.5:

Quadro 7.5. Composição do passivo externo líquido

ATIVO EXTERNO	PASSIVO EXTERNO
1. Investimento direto no exterior	1. Investimento direto no país
1.1. Participação no capital	1.1. Participação no capital
1.2. Empréstimos Intercompanhias	1.2. Empréstimos Intercompanhias
2. Investimento em carteira	2. Investimento em carteira
2.1. Investimentos em ações	2.1. Investimentos em ações
2.2. Investimentos em fundos de investimento	2.1.1. No país
2.2. Títulos de renda fixa	2.1.2. No exterior
3. Derivativos	2.2. Investimentos em fundos de investimento
4. Outros Investimentos	2.2. Títulos de renda fixa
5. Ativos de Reserva	2.2.1. No país
	2.2.2. No exterior
	3. Derivativos
	4. Outros Investimentos

---

[72] Pela FGV, as Transferências Correntes Unilaterais compõem a Renda Líquida Enviada (ou Recebida) do Exterior. Pela Fundação IBGE, elas são consideradas à parte. Segundo Viceconti e Neves (2005, p. 210) "(...) parece menos correto (a metodologia adotada pela FGV) em virtude de viesar a medição do Produto Nacional".

■ 7.6. MEDIDAS QUE PODEM MELHORAR O SALDO DO BALANÇO DE PAGAMENTOS EM TRANSAÇÕES CORRENTES E ATRAIR CAPITAL NA CONTA FINANCEIRA

Caso se deseje melhorar o saldo do Balanço de Pagamentos em transações correntes e/ou estimular a entrada de capital na conta financeira, pode-se tomar as seguintes medidas abaixo descritas:

1. Conceder **Subsídios** à exportação do país. Isso promove aumento nas exportações, já que os produtos, ao ficarem mais baratos, ganham competitividade no exterior.

2. Reduzir o nível de **atividades econômicas** internas, porque, com um nível de renda e produto menor, há redução das importações, já que essas são função crescente do nível de renda interna do país.

3. Elevar a **taxa de juros** interna. Taxas de juros mais altas tornam-se mais atrativas para entrada de capitais de curto prazo, melhorando o saldo na Conta Financeira.

4. Levar à **desvalorização real** da moeda nacional ou à desvalorização real da taxa de câmbio. Isso porque os produtos internos ficam relativamente mais baratos no exterior, aumentando as exportações do país.

5. Restringir, por meio medidas **tarifárias** e não tarifárias, as importações. Qualquer medida que diminuam as importações, como a cobrança de tarifa de importação, aumenta o saldo da Balança Comercial.

6. Restringir a **saída de capitais**. Essa restrição pode se dar por criação de tributos que taxe o capital que saia do país, por exemplo.

7. Reduzir o **nível geral de preços** internos, já que preços mais baixos internamente ganham competitividade no exterior quando exportados e fazem com que os produtos importados percam competitividade frente aos nacionais.

Assim se refere Gremaud: "elevadas taxas de inflação, em níveis superiores ao aumento de preços internacionais, encarecem o produto nacional relativamente ao produzido externamente. Assim, tendem a provocar um estímulo às importações e desestímulo às exportações, diminuindo o saldo da Balança Comercial (exportação — importação). Esse fato costuma, inclusive, provocar um verdadeiro círculo vicioso, se o país estiver enfrentando déficit cambial. Nessas condições, as autoridades, na tentativa de minimizar o déficit, são obrigadas a lançar mão de desvalorizações cambiais, as quais, depreciando a moeda nacional, podem estimular a colocação de nossos produtos no exterior, desestimulando as importações. Entretanto, as importações essenciais, das quais muitos países não podem prescindir, como petróleo, fertilizantes, equipamentos sem similar nacional, tornar-se-ão inevitavelmente mais caros, pressionando os custos de produção dos setores que se utilizam mais largamente de produtos importados. O círculo se fecha com uma nova elevação de preços, provocadas pelo repasse do aumento de custos aos preços dos produtos"[73].

---

[73] Amaury Patrick Gremaud [et al.], *Manual de economia*, p. 337-338.

7.7. CRITÉRIOS DE LANÇAMENTOS NO BALANÇO DE PAGAMENTOS

No Balanço de Pagamentos, há apenas uma conta de **caixa** que são os ativos de reserva. As demais contas, são todas **operacionais**.

A **conta de caixa** é composta de haveres de curto prazo no exterior, ouro monetário, DES (Direito Especial de Saque) e reservas junto ao FMI, que vão compor o ativo de reserva. Nela, serão registrados os meios de pagamento que entraram ou saíram efetivamente do país.

A conta de caixa **aumenta o saldo a crédito e diminui o saldo a débito**. Dizer, por exemplo, que o saldo em ativos de reserva é igual a 2.892 positivo, significa dizer que o país está ganhando reservas nesse montante. Do contrário, dizer que o saldo em ativos de reserva é igual a (– 384), significa dizer que o país está diminuindo suas reservas nesse montante.

Todas as outras são **contas operacionais** e vão registrar o fato gerador que deu origem à entrada ou saída do meio de pagamento internacional.

As contas operacionais que compõem o **saldo em transações correntes** indicam exportações e importações ou receitas e despesas de rendas primárias ou secundárias. Todas elas serão lançadas com **sinal positivo**. O **sinal negativo** só será usado para indicar rendas negativas (perdas) ou em operações de **"merchanting"** (operações de triangulação de bens)[74].

Depois de lançá-las, faz-se a operação em cada uma das contas da seguinte maneira:

- Balança Comercial: Exportação – Importação
- Balança de Serviços: Receitas – Despesas
- Renda Primária: Receitas – Despesas
- Renda Secundária: Receitas – Despesas

O saldo no Balanço de Pagamentos em Transações Correntes será a soma da Balança Comercial com a Balança de Serviços com a de Renda Primária e Renda Secundária.

Tomando como base os valores de janeiro de 2014[75] do Balanço de Pagamentos Brasileiro, é possível visualizar esses cálculos.

Quadro 7.6. Comportamento do Balanço de Pagamentos em Transações Correntes em janeiro/2014

1. Balança Comercial		–4.225
Exportação	15.980	
Importação	20.205	

---

[74] O BPM6 recomenda que a aquisição do bem em operação de "merchanting" deve figurar como exportação com sinal negativo, enquanto a venda é uma exportação com sinal positivo.

[75] Esses valores sofreram ajustes pelo Banco Central. Isso se deve a constantes ajustes feitos pelo Bacen devido à incorporação de informações recentes e/ou revisadas. Mas esses dados serão utilizados com o objetivo, nesse momento, apenas de exemplificar cada um dos lançamentos.

2. Balança de Serviços		−3.278
Receitas	3.661	
Despesas	6.939	
3. Conta de Renda Primária		−6.268
Receitas	1.055	
Despesas	7.323	
4. Conta de Renda Secundária		196
Receitas	375	
Despesas	179	
Saldo no Balanço de Pagamentos em Transações Correntes: (1 + 2 + 3 + 4)		−13.575

As contas operacionais que compõem a **conta capital** indicam Receitas e Despesas e serão lançadas com sinal positivo. Na **conta financeira,** indicam aumentos em ativos ou passivos e serão lançadas com **sinal positivo**. O **sinal negativo** somente será utilizado quando houver redução de ativos ou passivos, que ocorre quando investimentos são retomados, conhecidos como desinvestimentos.

Depois de lançá-las, faz-se a operação em cada uma das contas, como mostra a seguir:

Quadro 7.7. Comportamento da Conta Capital, Conta Financeira e Erros e Omissões em janeiro/2014

5. Conta Capital[76]		46
5.1. Receitas	56	
5.2. Despesas	10	
6. Conta Financeira[77]		−13.610
6.1. Ativos	4.460 + (−802) + (−26) + 457 = 4.089[78]	
6.2. Passivos	9.029 + 6.010 + (−13) + 5.565 = 20.591[79]	
6.3. Ativos de Reserva	2.892	
7. Erros e omissões		−81

Pode-se constatar que o saldo da conta financeira (−13.610) é igual à soma do saldo em transações correntes (−13.575) com a conta capital (46) e erros e omissões (−81).

---

[76] O saldo é resultado da subtração de receitas pelas despesas.
[77] O saldo é resultado da subtração do ativo pelo passivo.
[78] 4.460 (investimentos diretos) + (−802) (investimento em carteira) + (−26) (derivativos) + 457 (outros investimentos) = 4.089.
[79] 9.029 (investimentos diretos) + 6.010 (investimentos em carteira) + (−13) (derivativos) + 5.565 (outros investimentos) = 20.591.

Assim como no BPM5, o BPM6 manteve o princípio das partidas dobradas, ou seja, para cada lançamento de crédito, haverá um lançamento de débito de mesmo valor.

■ 7.8. RELAÇÕES IMPORTANTES NO BALANÇO DE PAGAMENTOS

Dada a estrutura do Balanço de Pagamentos, como mostra a seguir, é possível se fazerem as seguintes relações:

1. Balança Comercial (BC)
2. Balança de Serviços (BS)
3. Renda Primária (RP)
4. Renda Secundária (RS)

Saldo no Balanço de Pagamentos em Transações Correntes (SBPTC)

5. Conta Capital (CC)
6. Conta Financeira (CF)
7. Conta Erros e Omissões (EO)

BC + BS + RP + RS = SBPTC
SBPTC + CC + EO = CF

■ 7.9. TREINANDO A TEORIA

De acordo com as informações apresentadas nos itens a seguir, serão feitos os lançamentos e suas contrapartidas:

1. O país exportou bens no valor de 1.000, recebendo à vista.

Balança Comercial		+1.000
Exportação	+1.000	
Importação		
Conta Financeira		+1.000
Ativos de Reserva	+1.000	

2. O país exportou bens no valor de 200, financiados a médio prazo.

Balança Comercial		+200
Exportação	+200	
Importação		
Conta Financeira		+200
Outros Investimentos — Ativo	+200	
Outros Investimentos — Passivo		

Observe que, como o pagamento não foi à vista, não pode haver contrapartida em ativos de reserva, já que não houve entrada efetiva de meios de pagamento.

3. O país importou 700 em mercadorias.

Balança Comercial		–700
Exportação		
Importação	+700	
Conta Financeira		–700
Ativos de Reserva	–700	

Observe que não foi citado se o pagamento era à vista ou a prazo. Quando nada é informado, considera-se que foi à vista.

4. O país importou 100 em mercadorias para pagar a prazo.

Balança Comercial		–100
Exportação		
Importação	+100	
Conta Financeira		–100
Outros Investimentos — Ativo		
Outros Investimentos — Passivo	+100	

Observe que, como o pagamento não foi à vista, não pode haver contrapartida em ativos de reserva, já que não houve saída efetiva de meios de pagamento.

5. O país pagou de transporte 110.

Balança de Serviços		–110
Receita		
Despesa	+110	
Conta Financeira		–110
Ativos de Reserva	–110	

6. O país recebeu de seguros 90.

Balança de Serviços		+90
Receita	+90	
Despesa		
Conta Financeira		+90
Ativos de Reserva	+90	

7. O país pagou de juros de títulos negociados no mercado externo um total de 500.

Renda Primária — renda de investimento em carteira		–500
Receita		
Despesa	+500	
Conta Financeira		–500
Ativos de Reserva	–500	

8. O país remeteu lucros de 250.

Renda Primária — renda de investimento direto		−250
Receita		
Despesa	+250	
Conta Financeira		−250
Ativos de Reserva	−250	

9. Ocorreu reinvestimento de lucros no Brasil de 150.

Renda Primária — renda de investimento direto		−150
Receita		
Despesa	+150	
Conta Financeira		−150
Investimento direto — lucros reinvestidos (Ativo)		
Investimento direto — lucros reinvestidos (Passivo)	+150	
Ativos de Reserva	−150 + 150	

Esse lançamento é um pouco diferente e, por conta disso, é bastante cobrado em provas e exames. Observe que o lançamento na conta de caixa se anula porque o crédito tem o mesmo valor do débito em valores absolutos e, por isso, muitas vezes, não são considerados esses lançamentos, embora sejam os corretos a serem feitos.

Assim, reforçam Paulani e Braga: "Ao fim e ao cabo, tudo se passa como se tivesse acontecido o seguinte movimento: num primeiro momento o país remeteu lucros de, digamos, US$ 10 mil; (...) num segundo momento o país recebeu de volta esses mesmos recursos sob a forma de investimentos; (...). Se repararmos bem, o resultado final da conta variação de reservas nessa operação é zero (...)"[80].

10. Houve refinanciamento de juros de 140.

Renda Primária — renda de investimento em carteira		−140
Receita		
Despesa	+140	
Conta Financeira		−140
Investimento em carteira — refinanciamento de juros (Ativo)		
Investimento em carteira — refinanciamento de juros (Passivo)	+140	
Ativos de Reserva	−140 +140	

Esse lançamento é também um pouco diferente e, por conta disso, também é bastante exigido em provas. Observe que o lançamento na conta de caixa se anula porque o débito tem o mesmo valor do crédito em valores absolutos e, por isso, muitas vezes, é deixado de lado, embora este lançamento seja o correto.

---

[80] Leda Maria Paulani e Márcio Bobik Braga. *A nova contabilidade social*, p. 144.

11. O país pagou com viagens internacionais de negócios 115.

Balança de Serviços — viagens — negócios		−115
Receita		
Despesa	+115	
Conta Financeira		−115
Ativos de Reserva	−115	

12. O país recebeu em forma de turismo o valor de 95.

Balança de Serviços — viagens — pessoais — outros		+95
Receita	+95	
Despesa		
Conta Financeira		+95
Ativos de Reserva	+95	

13. O país apresentou despesas governamentais no exterior no valor de 85.

Balança de Serviços — serviços governamentais		−85
Receita		
Despesa	+85	
Conta Financeira		−85
Ativos de Reserva	−85	

14. O país pagou *royalties* no valor de 60.

Balança de Serviços — serviços de propriedade intelectual		−60
Receita		
Despesa	+60	
Conta Financeira		−60
Ativos de Reserva	−60	

Observe que, no BPM6, os *royalties* entram como serviços de propriedade intelectual em substituição à conta de *royalties* e licenças do BPM5.

15. O país apresentou despesas financeiras no exterior no valor de 30.

Balança de Serviços — serviços financeiros		−30
Receita		
Despesa	+30	
Conta Financeira		−30
Ativos de Reserva	−30	

16. O país pagou em forma de salários no exterior o valor de 35.

Renda Primária — salários e ordenados		−35
Receita		
Despesa	+35	
Conta Financeira		−35
Ativos de Reserva	−35	

17. O país recebeu dividendos do exterior no valor de 55.

Renda Primária — renda de investimento direto — lucros e dividendos, exceto lucros reinvestidos		+55
Receita	+55	
Despesa		
Conta Financeira		+55
Ativos de Reserva	+55	

18. O país recebeu bonificação relativa às aplicações em ações no valor de 75.

Renda Primária — renda de investimento em carteira		+75
Receita	+75	
Despesa		
Conta Financeira		+75
Ativos de Reserva	+75	

19. O país pagou juros de financiamento à importação no valor de 95.

Renda Primária — renda de outros investimentos		−95
Receita		
Despesa	+95	
Conta Financeira		−95
Ativos de Reserva	−95	

20. O país recebeu do exterior, em forma de ajuda humanitária, alimentos no valor de 25.

Renda Secundária		+25
Receita	+25	
Despesa		
Balança Comercial		−25
Exportação		
Importação	+25	

Observe que a doação recebida foi em bens, portanto não deve ter contrapartida em ativos de reserva, e, sim, na Balança Comercial, em importação.

21. Houve transferência corrente para o exterior no valor de 35.

Renda Secundária		−35
Receita		
Despesa	+35	
Conta Financeira		−35
Ativos de Reserva	−35	

22. Recebeu do exterior doações em dinheiro no valor de 70.

Renda Secundária		+70
Receita	+70	
Despesa		
Conta Financeira		+70
Ativos de Reserva	+70	

23. Enviou medicamentos em forma de doação para o exterior no valor de 80.

Renda Secundária		−80
Receita		
Despesa	+80	
Balança Comercial		+80
Exportação	+80	
Importação		

Observe que a doação concedida foi em bens, portanto não deve ter contrapartida em ativos de reserva, e, sim, na Balança Comercial, em exportação.

24. No país, houve operações intercompanhias de filial no exterior para matriz no Brasil no valor de 22.

Conta Financeira — investimento direto no país — operação intercompanhia — filiais no exterior a matrizes no Brasil (investimento reverso)		−22
Ativo		
Passivo	+22	
Conta Financeira — outros investimentos		+22
Ativo	+22	
Passivo		

A concessão de crédito por filial no exterior à matriz no Brasil é registrada no BPM6 como Investimentos Diretos no país (passivos), categoria Operações Intercompanhias — subitem "Créditos recebidos do exterior — Filial no exterior e matriz no Brasil". Na nova metodologia, o investimento reverso é destacado, mas a operação segue o princípio de ativos e passivos, ou seja, a relação entre as empresas, quem é matriz e quem é filial, determina apenas um detalhamento na alocação. Mas os créditos tomados por residentes figuram como passivos, e os créditos concedidos por residentes aparecem como ativos. A concessão de crédito por filial no exterior à matriz no Brasil é registrada no BPM6 com sinal positivo, pois houve aumento de um passivo. Não há contrapartida em reservas, pois o Banco Central não adquiriu a moeda estrangeira, entregue a um banco que opera em câmbio e conduziu a transação. No caso dessa instituição, o aumento de ativo também é registrado com sinal positivo, provavelmente em Outros Investimentos — ativos Moedas e depósitos — Bancos. Na totalidade da conta financeira, temos a concessão líquida de ativos menos a tomada líquida de passivos, produzindo zero.

25. O país privatizou empresas para países no exterior no valor de 113.

Conta Financeira — investimento direto		–113
Ativo		
Passivo	+113	
Conta Financeira		+113
Ativos de Reserva	+113	

26. O exterior adquiriu ações de empresas do país no valor de 98.

Conta Financeira — investimento direto		–98
Ativo		
Passivo	+98	
Conta Financeira		+98
Ativos de Reserva	+98	

27. O exterior amortizou dívidas com o Brasil no valor de 86.

Conta Financeira — outros investimentos		–86
Ativo	–86	
Passivo		
Conta Financeira		+86
Ativos de Reserva	+86	

Nesse caso, como houve redução de ativo, deve ser registrado com sinal negativo em ativos, na conta financeira, em outros investimentos. Esse lançamento poderia ocorrer também em investimento direto ou investimento em carteira ou em outros investimentos (como foi o caso), caso fosse um empréstimo intercompanhia, um título ou um empréstimo/financiamento/crédito comercial. A contrapartida positiva foi feita em ativos de reserva, considerando que o credor no Brasil, tenha sido o Banco Central. O mais provável, contudo, é a elevação do ativo de um banco que opera em câmbio, na conta Outros Investimentos — Moedas e depósitos — Bancos.

28. O país emitiu títulos de curto prazo no valor de 67.

Conta Financeira — investimento em carteira		−67
Ativo		
Passivo	+67	
Conta Financeira		+67
Ativos de Reserva	+67	

29. O país emitiu títulos de longo prazo no valor de 69.

Conta Financeira — investimento em carteira		−69
Ativo		
Passivo	+69	
Conta Financeira		+69
Ativos de Reserva	+69	

30. O país pediu empréstimo aos bancos no exterior no valor de 88.

Conta Financeira — outros investimentos		−88
Ativo		
Passivo	+88	
Conta Financeira		+88
Ativos de Reserva	+88	

31. O país se socorreu ao FMI, pedindo emprestado 64, no intuito de regularizar o saldo no Balanço de Pagamentos.

Conta Financeira — outros investimentos		−64
Ativo		
Passivo	+64	
Conta Financeira		+64
Ativos de Reserva	+64	

32. Houve erros na contabilização do Balanço de Pagamentos no valor de 2 positivo.

Erros e Omissões		+2
Conta Financeira		+2
Ativos de Reserva	+2	

33. O país deixou de pagar juros sobre empréstimos no valor de 10.

Rendas Primárias		−10
Receita		
Despesa	+10	
Conta Financeira — outros investimentos — atrasados		−10
Ativo		
Passivo	+10	

Se, em vez de juros atrasados, a questão apresentasse empréstimos atrasados, o lançamento seria negativo em passivo na conta financeira em amortização de empréstimos como se, de fato, os empréstimos tivessem sido pagos ou houvesse redução da obrigação contraída anteriormente, e positiva no passivo da conta financeira, em outros investimentos, em atrasados. Isso faz com que o Balanço de Pagamentos não reflita mais uma amortização vencida e não paga. Veja a seguir:

Conta Financeira — outros investimentos — amortização de empréstimos		+10
Ativo		
Passivo	–10	
Conta Financeira — outros investimentos — atrasados		–10
Ativo		
Passivo	+10	

34. O país apresentou ganho de capital no valor de 13.

Conta Financeira — investimento direto		–13
Ativo		
Passivo	+13	
Conta Financeira		+13
Ativos de Reserva	+13	

O ganho de capital não origina lançamento no Balanço de Pagamentos. Não há transação entre duas partes, mas sim uma alteração de preço, ou uma revalorização patrimonial. Tais modificações são registradas como variações de preço, entre uma posição e outra. O estoque é afetado tanto por fluxos no Balanço de Pagamentos, como por variações de preços, de paridade e outras reclassificações.

■ 7.10. LANÇAMENTOS NA ESTRUTURA DO BALANÇO DE PAGAMENTOS (BPM6)

A seguir, será apresentada a estrutura do Balanço de Pagamentos, segundo o BPM6. Os valores, entre parênteses, se referem aos lançamentos do *item 7.6* apresentados acima. Isso, facilita a localização de cada um dos lançamentos sugeridos.

1. **Balança Comercial: +455**
   Exportação: + 1.000(1) + 200(2) + 80(23) = 1.280
   Importação: + 700(3) + 100(4) + 25(20) = 825
2. **Balança de Serviços: –215**
   Receitas: + 90(6) + 95(12) = 185
   Despesas: + 110(5) + 115(11) + 85(13) + 60(14) + 30(15) = 400

3. **Renda Primária: –1.050**

   Receitas: + 55(17) + 75(18) = 130

   Despesas: + 500(7) + 250(8) + 150(9) + 140(10) + 35(16) + 95(19) + 10(33) = 1.180

4. **Renda Secundária: –20**

   Receitas: + 25(20) + 70(22) = 95

   Despesas: + 35(21) + 80(23) = 115

Saldo no Balanço de Pagamentos em Transações Correntes (SBPTC) = (1 + 2 + 3 + 4) = –830

5. **Conta Capital (CC)**

   Receitas

   Despesas

6. **Conta Financeira (CF): –828**

   Concessões líquidas (+) ou Captações líquidas (–)

   6.1. Investimento direto: –396

   Ativos

   Passivos: +150(9) + 22(24) + 113(25) + 98(26) + 13(34) = 396

   6.2. Investimento em carteira: –276

   Ativos

   Passivos: +140(10) + 67(28) + 69(29) = 276

   6.3. Derivativos

   Ativos

   Passivos

   6.4. Outros Investimentos: –126

   Ativos: + 200(2) + 22(24) – 86(27) = 136

   Passivos: +100(4) + 88(30) + 64(31) + 10(33) = 262

   6.5. Ativos de Reserva: –30

   +1.000(1) – 700(3) – 110(5) + 90(6) – 500(7) – 250(8) – 150(9) + 150(9) – 140(10) + 140(10) – 115(11) + 95(12) – 85(10) – 60(14) – 30(15) – 35(16) + 55(17) + 75(18) – 95(19) – 35(21) + 70(22) + 113(25) + 98(26) + 86(27) + 67(28) + 69(29) + 88(30) + 64(31) + 2(32) + 13(34) = –30

7. **Erros e Omissões (EO): 2 (32)**

Pode-se constatar que:

CF = SBPTC + CC + EO

Ou seja:

–828 = –830 + 0 + 2

7 ■ Balanço de Pagamentos — Nova metodologia — BPM6

A seguir, está sendo apresentada uma planilha fornecida pelo Banco Central do Brasil, da estrutura do Balanço de Pagamentos do Brasil para os anos de 2015, 2016 e 2017.

■ 7.11. BALANÇO DE PAGAMENTOS DO BRASIL (BPM6) PARA 2015, 2016 E 2017

BALANÇO DE PAGAMENTOS — BPM6			
US$ milhões			
Discriminação	2015	2016	2017
Transações correntes	-59.450	-23.684	-9.805
Receitas	240.513	234.566	269.148
Despesas	299.963	258.250	278.953
Balança comercial (bens) e Serviços	-19.276	14.590	30.178
Receitas	223.870	217.753	251.721
Despesas	243.146	203.163	221.543
Balança comercial (bens) — Balanço de Pagamentos	17.670	45.037	64.028
Exportações de bens — Balanço de Pagamentos	190.092	184.453	217.243
Importações de bens — Balanço de Pagamentos	172.422	139.416	153.215
Balança comercial (bens) — mercadorias em geral — Balanço de Pagamentos	15.246	42.036	61.129
Exportações de bens — mercadorias em geral — Balanço de Pagamentos	187.666	181.449	214.340
Importações de bens — mercadorias em geral — Balanço de Pagamentos	172.419	139.412	153.211
Balança comercial (bens) — exportações sob *merchanting*	102	111	103
Bens exportados sob *merchanting* (exportações positivas)	304	331	314
Bens importados sob *merchanting* (exportações negativas)	-202	-220	-212
Balança comercial (bens) — ouro não monetário — Balanço de Pagamentos	2.321	2.890	2.797
Exportações de bens — ouro não monetário — Balanço de Pagamentos	2.324	2.893	2.801
Importações de bens — ouro não monetário — Balanço de Pagamentos	3	3	4
Serviços	-36.946	-30.447	-33.850
Receitas	33.778	33.300	34.478
Despesas	70.723	63.747	68.329
Serviços de manufatura sobre insumos físicos pertencentes a outros	-2	1	5
Receitas	3	6	7
Despesas	5	4	2
Serviços de manutenção e reparo	256	186	258
Receitas	446	365	464
Despesas	191	178	206
Transportes	-5.664	-3.731	-4.975
Receitas	4.956	5.058	5.790
Despesas	10.620	8.788	10.765
Passageiros	-2.589	-1.982	-3.624

Discriminação	2015	2016	2017
■ Receitas	410	589	366
■ Despesas	2.999	2.571	3.990
■ Fretes	−2.551	−1.802	−1.825
■ Receitas	1.682	1.632	1.932
■ Despesas	4.234	3.433	3.757
■ Outros serviços de transportes	−524	53	473
■ Receitas	2.863	2.837	3.492
■ Despesas	3.387	2.784	3.018
■ Viagens	−11.513	−8.473	−13.192
■ Receitas	5.844	6.024	5.809
■ Despesas	17.357	14.497	19.002
■ Negócios	−2.869	−2.492	−3.744
■ Receitas	1.556	1.522	1.512
■ Despesas	4.425	4.014	5.256
■ Pessoais	−8.644	−5.981	−9.448
■ Receitas	4.288	4.502	4.297
■ Despesas	12.932	10.483	13.746
■ Saúde	15	22	24
■ Receitas	62	64	73
■ Despesas	48	43	49
■ Educação	−937	−859	−1.192
■ Receitas	147	140	134
■ Despesas	1.084	999	1.326
■ Outras viagens pessoais, inclusive turismo	−7.722	−5.143	−8.280
■ Receitas	4.078	4.297	4.091
■ Despesas	11.800	9.441	12.371
■ *Dos quais: Com uso de cartões de crédito*	−3.592	−2.066	−4.475
■ *Receitas*	4.152	4.517	4.367
■ *Despesas*	7.744	6.584	8.842
■ Construção	46	36	13
■ Receitas	53	41	14
■ Despesas	6	5	1
■ Seguros	−.333	−.554	−.671
■ Receitas	988	784	688
■ Despesas	1.321	1.337	1.358
■ Serviços financeiros	−282	−149	−25
■ Receitas	742	739	679
■ Despesas	1.024	889	704

Discriminação	2015	2016	2017
Serviços financeiros — tarifas explícitas e outros serviços financeiros	−282	−149	−25
Receitas	742	739	679
Despesas	1.024	889	704
Serviços financeiros — serviços de intermediação financeira indiretamente medidos	−	−	−
Receitas	−	−	−
Despesas	−	−	−
Serviços de propriedade intelectual	−4.669	−4.490	−4.570
Receitas	581	651	642
Despesas	5.250	5.141	5.212
Telecomunicação, computação e informações	−1.768	−1.445	−1.673
Receitas	1.571	1.804	2.186
Despesas	3.340	3.248	3.859
Aluguel de equipamentos	−21.532	−19.506	−16.838
Receitas	191	170	126
Despesas	21.723	19.676	16.964
Outros serviços de negócio, inclusive arquitetura e engenharia	10.220	9.528	9.602
Receitas	17.299	16.360	16.958
Despesas	7.079	6.832	7.356
Serviços culturais, pessoais e recreativos	−659	−288	−551
Receitas	314	568	313
Despesas	973	856	864
Serviços audiovisuais e relacionados	−297	308	71
Receitas	135	375	147
Despesas	433	67	75
Serviços de saúde, educação e outros culturais, pessoais e recreativos	−362	−596	−622
Receitas	178	192	166
Despesas	540	789	788
Serviços governamentais	−1.045	−1.564	−1.234
Receitas	789	733	802
Despesas	1.834	2.296	2.036
Renda primária	−42.926	−41.219	−42.615
Receitas	11.931	11.528	11.975
Despesas	54.856	52.746	54.591
Remuneração de empregados	349	290	284
Receitas	438	375	398
Despesas	88	84	114
Renda de investimentos	−43.275	−41.509	−42.899

Discriminação	2015	2016	2017
■ Receitas	11.493	11.153	11.577
■ Despesas	54.768	52.662	54.476
■ Renda de investimento direto	−21.276	−22.156	−24.112
■ Receitas	7.289	6.592	6.077
■ Despesas	28.565	28.748	30.189
■ Lucros e dividendos remetidos	−14.046	−8.866	−13.359
■ Receitas	2.667	5.203	4.498
■ Despesas	16.713	14.070	17.857
■ Lucros reinvestidos	−2.639	−7.790	−3.626
■ Receitas	4.506	1.347	1.553
■ Despesas	7.145	9.137	5.179
■ Juros de operações intercompanhia	−4.590	−5.500	−7.127
■ Receitas	116	42	26
■ Despesas	4.706	5.541	7.153
■ Renda de investimento em carteira	−18.624	−14.066	−15.306
■ Receitas	461	351	392
■ Despesas	19.085	14.417	15.698
■ Lucros e dividendos	−4.128	−2.777	−4.047
■ Receitas	107	78	37
■ Despesas	4.235	2.855	4.084
■ Juros de títulos negociados no mercado externo	−7.073	−5.326	−5.029
■ Receitas	354	273	355
■ Despesas	7.427	5.599	5.384
■ Juros de títulos negociados no mercado doméstico — despesas	−7.423	−5.962	−6.230
■ Renda de outros investimentos (juros)	−5.948	−8.283	−7.273
■ Receitas	1.170	1.215	1.316
■ Despesas	7.119	9.498	8.589
■ Renda de reservas — receitas	2.573	2.996	3.792
■ Demais rendas primárias	−	−	−
■ Receitas	−	−	−
■ Despesas	−	−	−
■ Renda secundária	2.751	2.944	2.632
■ Receitas	4.712	5.285	5.452
■ Despesas	1.961	2.341	2.820
■ Governo	−17	−59	101
■ Receitas	279	608	418
■ Despesas	296	667	317
■ Demais setores	2.769	3.003	2.531

Discriminação	2015	2016	2017
Transferências pessoais	1.209	1.064	176
Receitas	2.459	2.365	2.300
Despesas	1.251	1.301	2.124
Outras transferências	1.560	1.939	2.355
Receitas	1.974	2.313	2.733
Despesas	414	374	378
Conta capital	**461**	**274**	**379**
Receitas	549	421	538
Despesas	88	147	158
Ativos não financeiros não produzidos	**383**	**196**	**291**
Receitas	419	264	364
Despesas	36	69	73
dos quais: passes de atletas	*216*	*181*	*231*
Receitas	*243*	*238*	*301*
Despesas	*27*	*56*	*71*
Transferências de capital	**79**	**78**	**88**
Receitas	130	156	173
Despesas	52	78	85
Conta Financeira: Concessões líquidas (+) / Captações líquidas (−)	**−55.161**	**−16.553**	**−6.174**
Investimento direto	**−61.200**	**−64.978**	**−64.417**
Investimentos diretos no exterior	13.518	12.816	6.268
Ingressos	12.608	7.731	7.537
Saídas	26.126	20.547	13.805
Participação no capital — total	14.357	13.041	6.155
Ingressos	10.597	6.219	6.437
Saídas	24.954	19.260	12.591
Participação no capital, exceto reinvestimento de lucros	9.852	11.695	4.602
Participação no capital — reinvestimento de lucros no exterior — saídas	4.506	1.347	1.553
Operações intercompanhia	−839	−225	114
Amortizações recebidas do exterior	2.011	1.513	1.100
Créditos concedidos ao exterior	1.172	1.287	1.214
Matrizes no Brasil a filiais no exterior	−251	−445	218
Amortizações recebidas do exterior	816	896	187
Créditos concedidos ao exterior	566	451	405
Filiais no Brasil a matrizes no exterior (investimento reverso)	−397	110	79
Amortizações recebidas do exterior	730	305	372
Créditos concedidos ao exterior	333	416	452
Operações entre empresas irmãs	−192	109	−184

Discriminação	2015	2016	2017
Amortizações recebidas do exterior	465	312	541
Créditos concedidos ao exterior	273	421	357
Investimentos diretos no país	**74.718**	**77.794**	**70.685**
Ingressos	123.236	124.681	131.958
Saídas	48.518	46.886	61.273
Participação no capital — total — passivos	56.665	53.648	59.138
Ingressos	65.314	62.437	65.524
Saídas	8.649	8.789	6.386
Participação no capital, exceto reinvestimento de lucros — passivos	49.520	44.511	53.959
Participação no capital — reinvestimento de lucros no Brasil — ingressos	7.145	9.137	5.179
Operações intercompanhia — passivos	18.053	24.146	11.547
Créditos recebidos do exterior	57.922	62.244	66.434
Amortizações pagas ao exterior	39.869	38.097	54.887
Matrizes no exterior a filiais no Brasil	3.829	3.065	4.569
Créditos recebidos do exterior	22.272	21.484	23.431
Amortizações pagas ao exterior	18.443	18.418	18.862
Filiais no exterior a matrizes no Brasil (investimento reverso)	10.981	20.434	9.642
Créditos recebidos do exterior	19.827	24.321	23.434
Amortizações pagas ao exterior	8.846	3.887	13.792
Operações entre empresas irmãs	3.244	647	−2.663
Créditos recebidos do exterior	15.824	16.439	19.570
Amortizações pagas ao exterior	12.580	15.792	22.233
Investimentos em carteira	**−22.246**	**18.993**	**14.042**
Investimentos em carteira — ativos	−3.569	−599	12.371
Receitas	19.886	15.747	13.621
Despesas	16.317	15.148	25.992
Investimentos em ações — ativos	163	−708	481
Venda	1.231	2.031	974
Aquisição	1.394	1.323	1.455
Investimentos em fundos de investimento — ativos	−281	15	9.521
Venda	13.718	11.699	9.960
Aquisição	13.437	11.714	19.481
Títulos de renda fixa — ativos	−3.451	94	2.368
Venda	4.936	2.017	2.688
Aquisição	1.486	2.111	5.056
Títulos de renda fixa — ativos — curto prazo	*−260*	*−31*	*271*
Venda	*317*	*92*	*62*
Aquisição	*56*	*61*	*332*

7 Balanço de Pagamentos — Nova metodologia — BPM6

Discriminação	2015	2016	2017
Títulos de renda fixa — ativos — longo prazo	-3.190	126	2.097
Venda	4.620	1.925	2.626
Aquisição	1.429	2.050	4.724
Investimentos em carteira — passivos	18.677	-19.591	-1.671
Receitas	220.431	184.954	212.394
Despesas	201.754	204.545	214.066
Investimentos em ações — passivos	6.547	6.795	2.963
Ingressos	99.224	92.339	110.438
Saídas	92.678	85.544	107.475
No país	6.190	7.065	2.582
Ingressos	98.562	92.303	109.931
Saídas	92.372	85.238	107.349
No exterior	357	-270	381
Ingressos	662	36	507
Saídas	305	306	126
Investimentos em fundos de investimento — passivos	3.240	4.245	2.711
Ingressos	6.021	6.207	7.385
Saídas	2.780	1.962	4.674
Títulos de renda fixa — passivos	8.890	-30.631	-7.345
Ingressos	115.186	86.408	94.572
Saídas	106.296	117.039	101.916
Negociados no mercado doméstico	16.718	-26.664	-5.066
Ingressos	103.457	74.803	79.416
Saídas	86.740	101.467	84.482
Negociados no mercado externo	-7.827	-3.967	-2.279
Ingressos	11.729	11.606	15.156
Saídas	19.556	15.573	17.435
Curto prazo	311	-53	-253
Ingressos	1.243	1.110	882
Saídas	933	1.163	1.135
Longo prazo	-8.138	-3.915	-2.025
Ingressos	10.486	10.495	14.274
Saídas	18.624	14.410	16.299
Banco Central	–	–	–
Ingressos	–	–	–
Saídas	–	–	–
Governo	-3.418	1.578	-3.332
Ingressos	54	3.050	4.072

Discriminação	2015	2016	2017
■ Saídas	3.472	1.472	7.404
■ Bancos	−3.065	−3.149	2.361
■ Ingressos	6.221	6.482	7.357
■ Saídas	9.286	9.631	4.996
■ Demais setores	−1.655	−2.344	−1.055
■ Ingressos	4.211	963	2.845
■ Saídas	5.866	3.307	3.900
■ Derivativos	3.450	−969	705
■ Ativos	−20.659	−13.874	−8.153
■ Passivos	−24.109	−12.905	−8.858
■ Outros investimentos	23.266	21.164	38.402
■ Ativos	43.954	33.190	44.299
■ Passivos	20.688	12.026	5.897
■ Outras participações em capital	172	757	382
■ Ativos	172	757	382
■ Ingressos	−	−	−
■ Saídas	172	757	382
■ Passivos	−	−	−
■ Ingressos	−	−	−
■ Saídas	−	−	−
■ Moeda e depósitos	16.748	−2.429	1.504
■ Ativos	15.888	−2.811	−1.342
■ Banco Central	−	−	−
■ Bancos	2.333	−1.831	−8.619
■ Governo	1.299	416	424
■ Demais setores	12.255	−1.396	6.853
■ Passivos	−861	−381	−2.847
■ Banco Central	−1.035	−1.378	−3.187
■ Bancos	47	947	215
■ Governo	−	−	−
■ Demais setores	128	49	125
■ Empréstimos	1.489	8.230	8.199
■ Ativos	−526	890	−475
■ Ingressos	1.016	813	861
■ Saídas	489	1.703	385
■ Passivos	−2.015	−7.340	−8.674
■ Ingressos	87.423	81.583	71.704
■ Saídas	89.438	88.923	80.378

Discriminação	2015	2016	2017
Passivos — curto prazo	-6.580	4.437	-5.041
Passivos — longo prazo	4.565	-11.777	-3.634
Ingressos	62.410	44.745	44.411
Saídas	57.845	56.522	48.045
Banco Central — passivos	-	-	-
Ingressos	-	-	-
Saídas	-	-	-
Bancos — passivos	449	-10.884	-385
Ingressos	28.511	14.576	17.920
Saídas	28.062	25.460	18.305
Governo — passivos	911	996	944
Ingressos	2.190	2.426	2.565
Saídas	1.279	1.430	1.621
Demais setores — passivos	3.205	-1.889	-4.193
Ingressos	31.709	27.743	23.926
Saídas	28.504	29.632	28.119
Seguros, esquemas de pensão e de fundos de garantia	-64	-73	-140
Ativos	-40	-42	-90
Passivos	23	31	50
Créditos comerciais e adiantamentos	4.865	14.821	28.567
Ativos	28.406	34.538	45.936
Passivos	23.541	19.717	17.369
Ingressos	-	-	-
Saídas	-	-	-
Curto prazo	22.750	19.135	17.045
Ingressos	-	-	-
Saídas	-	-	-
Longo prazo	790	582	324
Ingressos	1.943	1.996	1.621
Saídas	1.153	1.414	1.298
Outras contas a pagar/receber	56	-142	-110
Ativos	56	-142	-110
Ingressos	-	-	-
Saídas	56	-142	-110
Passivos	-	-	-
Ingressos	-	-	-
Saídas	-	-	-
Direitos Especiais de Saque (Incidência líquida de passivos)	-	-	-

Discriminação	2015	2016	2017
Ativos de reserva	1.569	9.237	5.093
Ouro monetário	–	–46	–
Ouro em barras	–	–46	–
Contas em ouro não alocado	–	–	–
Direitos Especiais de Saque	3	10	11
Posição de reserva no FMI	–585	575	–346
Outros ativos de reserva	2.150	8.699	5.427
Moeda e depósitos	6.732	3.264	5.665
Direitos sobre autoridades monetárias	–	–	–
Direitos sobre outras instituições	6.732	3.264	5.665
Títulos	–4.597	4.991	236
Títulos de renda fixa	–4.597	4.991	236
Curto prazo	–	–	–
Longo prazo	–4.597	4.991	.236
Investimentos em ações	–	–	–
Instrumentos derivativos	16	444	–474
Demais ativos	–	–	–
Erros e omissões	3.828	6.857	3.251
Memo: Outros investimentos — passivos	–	–	–
Empréstimos — longo prazo	4.565	–11.777	–3.634
Ingressos	62.410	44.745	44.411
Organismos	3.422	3.353	4.179
Agências	3.667	6.482	3.753
Compradores	8.972	9.170	7.492
Empréstimos diretos	46.349	25.740	28.988
Amortizações	57.845	56.522	48.045
Organismos	2.566	3.530	3.448
Agências	3.370	2.092	2.475
Compradores	10.887	11.785	11.247
Empréstimos diretos	41.023	39.115	30.875
Memo: Taxa de rolagem	–	–	–
Total	101%	63%	97%
Ingressos	56.781	33.185	39.190
Amortizações	56.175	52.283	40.368
Títulos de longo prazo, exceto títulos soberanos	69%	57%	107%
Ingressos	10.432	7.445	10.202
Amortizações	15.152	13.168	9.492
Empréstimos diretos	113%	66%	94%
Ingressos	46.349	25.740	28.988
Amortizações	41.023	39.115	30.875

Discriminação	2015	2016	2017
Memo: Investimento direto conforme a metodologia BPM5 (princípio direcional)	–	–	–
Investimento direto	−61.200	−64.978	−64.417
Investimentos brasileiros diretos no exterior (IBD)	3.092	−7.433	−1.704
Participação no capital – total	14.357	13.041	6.155
Participação no capital, exceto reinvestimento de lucros	9.852	11.695	4.602
Participação no capital – reinvestimento de lucros no exterior – saídas	4.506	1.347	1.553
Operações intercompanhia	−11.266	−20.474	−7.859
Matrizes no Brasil a filiais no exterior[1]	−250	−447	216
Amortizações recebidas do exterior	825	908	191
Créditos concedidos ao exterior	574	461	407
Filiais no exterior a matrizes no Brasil (investimento reverso)[2]	−11.015	−20.027	−8.075
Créditos recebidos do exterior	20.641	24.694	23.832
Amortizações pagas ao exterior	9.625	4.667	15.758
Investimentos estrangeiros diretos (IED)	64.291	57.546	62.713
Participação no capital – total – passivos	56.665	53.648	59.138
Participação no capital, exceto reinvestimento de lucros – passivos	49.520	44.511	53.959
Participação no capital – reinvestimento de lucros no Brasil – ingressos	7.145	9.137	5.179
Operações intercompanhia	7.627	3.897	3.575
Matrizes no exterior a filiais no Brasil[3]	7.038	4.119	3.473
Créditos recebidos do exterior	37.282	37.549	42.602
Amortizações pagas ao exterior	30.244	33.430	39.129
Filiais no Brasil a matrizes no exterior (investimento reverso)[4]	589	−221	102
Amortizações recebidas do exterior	1.187	605	909
Créditos concedidos ao exterior	598	826	807

Fonte: Banco Central do Brasil — Série histórica do Balanço de Pagamentos — 6ª edição do *Manual de Balanço de Pagamentos e Posição de Investimento Internacional* (BPM6).

Resumindo a apresentação da planilha anterior, tem-se o Quadro 7.8:

Quadro 7.8. Balanço de Pagamentos do Brasil — estrutura resumida com dados de 2015, 2016 e 2017

	2015	2016	2017
Balança comercial	−19.276	14.540	30.178
Balança de serviços	−36.946	−30.447	−33.850
Renda primária	−42.926	−41.219	−42.615
Renda secundária	2.751	2.944	2.632
Saldo em transações correntes	−59.450	−23.684	−9.805
Conta capital	461	274	379
Conta financeira	−55.161	−16.553	−6.174
Ativos de reserva	1.569	9.237	5.093
Erros e omissões	3.828	6.857	3.251

Fonte: Banco Central do Brasil

Observe que nos períodos analisados no Quadro 7.8, por meio dessa planilha resumida, é possível constatar que o Brasil apresentou um déficit na Balança Comercial para os períodos de jan./14 e jan./15, mas apresentou superávit para jul./15. Já a balança de serviços e Renda Primária foram deficitárias para os três períodos. Contudo, a Renda Secundária apresentou saldo positivo para os períodos analisados. O saldo em transações correntes para os três períodos foi deficitário, o que tornou necessário captar recursos na conta financeira para cobrir esse déficit em conta corrente. Pode-se observar que, de fato, a conta financeira apresentou uma captação líquida de recursos para os três períodos suficientes para cobrir o déficit no Balanço de Pagamentos em Transações correntes e ainda aumentar os ativos de reserva que, para os três períodos, foi positivo.

7.12. POSIÇÃO INTERNACIONAL DE INVESTIMENTO (PII)

A posição internacional de investimento (PII) vai refletir o **estoque** de ativos e passivos externos em moeda estrangeira em um país em determinada data, diferentemente do balanço de pagamentos, que registra os **fluxos** de ativos e passivos.

Quando a diferença entre ativos e passivos dos residentes contra não residentes for positivo, diz-se que há posição internacional de investimento (PII) ou **ativo externo** líquido e representa um direito líquido dos residentes sobre ativos frente ao resto do mundo como, por exemplo, direitos sobre títulos de dívida e de capital emitidos por não residentes, empréstimos concedidos a não residentes ou depósitos bancários em outros países. Caso seja negativo, chama-se **passivo externo líquido**.

O PII pode variar, em relação ao balanço de pagamentos, se houver variação de preço de mercado do ativo ou passivo financeiro, se houver variação cambial que gere ganhos ou perdas nos ativos e passivos financeiros, se houver outros ajustamentos como variações em volume dos ativos e passivos financeiros (devido a reclassificações estatísticas como alterações de setor institucional ou reclassificações de instrumentos financeiros) ou devido a falências e deslocalizações de empresas.

Na Tabela 7.2 é possível entender a posição internacional de investimento:

Tabela 7.2. Posição internacional de investimento

Ativo externo	Investimento direto no exterior
	Investimento em carteira
	Derivativos
	Outros investimentos
	Ativos de reserva
Passivo externo	Investimento direto do exterior
	Investimento em carteira
	Derivativos
	Outros investimentos
Ativo externo bruto – passivo externo bruto=	Posição internacional de investimentos – PII

7 ■ Balanço de Pagamentos — Nova metodologia — BPM6

■ 7.13. QUESTÕES

1. (Economista — Petrobras — UFRJ — NCE — 2005) Assinale a opção que não representa uma operação de investimento direto estrangeiro no Brasil:
a) Ampliação da planta de uma fábrica de automóveis.
b) Aplicação em títulos públicos federais.
c) Compra de participação de uma companhia local.
d) Compra de ações de uma companhia brasileira.
e) Fusão com a filial de uma companhia americana.

2. (Economista — FUNDATEC — 2006 — adaptada) Considere que o balanço de pagamento de um país apresenta déficit nas transações correntes. Na ausência de erros e omissões, pode-se afirmar que
a) há um superávit positivo na balança comercial que supera o déficit de transações correntes.
b) o saldo negativo do balanço de pagamentos em transações correntes conduz a uma redução nas reservas internacionais do país.
c) O resultado na conta financeira se iguala ao montante do déficit em transações correntes somada a conta capital.
d) o saldo da balança comercial deverá ser negativo.
e) há um saldo positivo na conta financeira de igual montante do superávit da balança comercial.

3. (ARF/SP — VUNESP — 2001-2002) Um país realizou as seguintes transações com o exterior durante um ano, em dólares:
— Renda enviada para o exterior: 5.567
— Exportação de bens e serviços não fatores: 56.456
— Doações para ONGs no exterior: 887
— Renda Recebida do Exterior: 3.985
— Doação recebida de ONG estrangeira: 1.345
— Importação de bens e serviços não fatores: 54.532
Com essas informações, pode-se dizer que a economia apresentou:
a) um saldo na Balança Comercial de US$ 800, um saldo no Balanço de Transações Correntes de US$ 1.924 e Renda Líquida Enviada ao Exterior de US$ 458.
b) um envio líquido de renda ao exterior da ordem de US$ 800, um saldo na Balança Comercial de US$ 1.924 e um saldo no Balanço de Transações Correntes de US$ 1.924, igual ao da Balança Comercial.
c) Renda Líquida Enviada ao Exterior da ordem de US$ 1.582, um saldo no Balanço de Transações Correntes de US$ 1.924 e um saldo na Balança Comercial de US$ 1.924, igual ao do Balanço de Transações Correntes.
d) um saldo no Balanço de Transações Correntes de US$ 800 e um saldo na Balança Comercial de US$ 1.924, sendo US$ 1.124 a Renda Líquida Enviada ao Exterior.
e) um saldo no Balanço de Transações Correntes de US$ 1.582 e um saldo na Balança Comercial de US$ 1.924, sendo US$ 1.582 a Renda Enviada ao Exterior.

4. (ICMS/SP — FCC — 2006 — adaptada) Sobre o balanço de pagamentos, é correto afirmar que:
a) Um superávit no saldo das transações correntes equivale a uma diminuição dos ativos externos líquidos em poder dos residentes desta economia;
b) O pagamento de juros sobre empréstimos recebidos do exterior é registrado na conta de capital;
c) Há diminuição das reservas internacionais do país, se o saldo da conta financeira for superior ao saldo em transações correntes;

d) O valor dos lucros reinvestidos na economia doméstica por residentes no exterior é computado na conta de rendas primárias;
e) Há transferência líquida de recursos para o exterior quando as importações de bens e serviços não fatores apresentam valor maior que as exportações de bens e serviços não fatores.

5. (Economista – Petrobras – CESGRANRIO – 2005 – adaptada) O balanço de pagamentos da economia brasileira registrava, em 1999, as seguintes transações com o exterior:
— Exportações de bens: US$ 48 bilhões
— Importações de bens: US$ 49,2 bilhões
— Pagamento de juros: US$ 15,2 bilhões
— Conta de renda secundária: –US$ 2 bilhões
— Outros serviços (saldo): –US$ 10 bilhões
— Investimento direto: US$ 30,1 bilhões
— Financiamentos: US$ 16 bilhões
— Empréstimos: US$ 28 bilhões
— Amortizações pagas: US$ 49,6 bilhões
— Capitais a curto prazo: –US$ 9,7 bilhões
— Outros capitais: –US$ 2,6 bilhões
Nesse ano, o saldo em transações correntes, em US$ bilhões, foi de:
a) –28,4
b) –8,4
c) –4,4
d) –1,2
e) 10,8

6. (Secretaria de Administração de Empresa – SUAPE – Complexo Industrial Portuário Eraldo Gueiros – IAUPE – CONUPE – 2010 – adaptada) Assinale a alternativa falsa:
a) O Balanço de pagamentos registra as transferências, os pagamentos internacionais e o comércio de bens e serviços entre um país e o resto do mundo.
b) A aquisição por investidor estrangeiro de ações da Petrobras é registrada em passivo na conta financeira brasileira.
c) Se um país tem superávit no Balanço de pagamentos em transações correntes, suas exportações líquidas não serão necessariamente positivas.
d) Numa economia aberta, o Produto Nacional Bruto é determinado pelos gastos em Produtos domésticos efetuados por residentes e não residentes do país.
e) O acúmulo de estoques indesejados é contabilizado como investimento nas Contas Nacionais.

7. (ANPEC – CEBRASPE – 2004 – adaptada) Utilizando como referência a estrutura geral do Balanço de Pagamentos, julgue as afirmativas:
a) A conta financeira é negativa para um país que apresenta superávit em transações correntes, considerando nula a conta capital e erros e omissões, o que equivale a uma diminuição dos ativos externos líquidos em poder dos residentes desta economia.
b) O balanço de serviços engloba, entre outros itens, os pagamentos e os recebimentos relativos a viagens internacionais, seguros, amortizações, lucros e dividendos.
c) A renda líquida recebida (+) ou enviada (–) para o exterior é, por definição, o saldo de serviços de fatores mais o de transferências correntes unilaterais. Por sua vez, a transferência líquida de recursos para o exterior equivale ao saldo comercial mais o saldo de serviços não fatores.

d) O aumento do passivo externo líquido de um país em determinado período de tempo é equivalente ao saldo positivo, nesse mesmo período, dos movimentos de capitais autônomos e compensatórios.

8. (Economista Júnior — Petrobras — CESGRANRIO — 2008 — adaptada) O balanço comercial de um país é superavitário em US$ 30 bilhões, mas seu superávit em conta corrente é de US$ 5 bilhões, e a conta de rendas secundárias é nula. Isto indica que:
a) As importações estão muito elevadas.
b) A poupança externa é positiva.
c) Há entrada líquida de capital externo.
d) O país está perdendo reservas internacionais.
e) Há um déficit no balanço de serviços e conta de renda primária.

9. (ANPEC — CEBRASPE — 1993 — adaptada) Uma economia realizou durante um determinado ano as seguintes transações com o exterior:
— Exportações de matérias-primas (recebendo à vista em moeda forte) no valor FOB de $ 15 bilhões.
— Importação de equipamentos (com financiamento de longo prazo dado pelo fornecedor estrangeiro) no valor FOB de $ 7 bilhões.
— Pagamento de fretes (em moeda forte) no valor de $ 3 bilhões.
— Prestação de serviços de engenharia por firmas residentes no Brasil atuando no exterior (recebendo à vista em moeda forte) no valor de $ 2 bilhões.
— Dos $ 5 bilhões de juros vincendos de sua dívida externa, o país desembolsa em moeda forte apenas $ 2 bilhões e consegue refinanciar os $ 3 bilhões restantes junto aos credores.
— Recebe doação humanitária de vacinas, remédios e equipamentos cirúrgicos no valor de $ 1 bilhão, entregues em espécie pelo país doador.
— Dos $ 13 bilhões de amortizações vincendas, o país desembolsa em moeda forte apenas $ 3 bilhões e consegue refinanciar os $ 10 bilhões restantes junto aos credores.

Assinale como Verdadeira ou Falsa as afirmativas abaixo:
a) O saldo da Balança Comercial é 8 (oito).
b) O saldo do Balanço em Transações Correntes é 2 (dois).
c) O saldo da conta capital e financeira é 0 (zero).
d) O aumento das reservas é 9 (nove).
e) A transferência líquida de recursos para o exterior é 5 (cinco).

10. (ANPEC — CEBRASPE — 2001 — adaptada) A partir dos seguintes dados (expressos em unidades monetárias):
— Consumo privado = 200
— Investimento privado = 50
— Gastos (consumo e investimento) do Governo = 25
— Receitas do Governo = 10
— Exportações de bens = 20
— Importações de bens = 18
— Renda Líquida Enviada ao Exterior = 5
— Saldo da balança de serviços = –8
— Conta de Renda secundária = 0
— Ativos de reserva = 4
— Erros e Omissões = 0

Indique se as afirmações são falsas ou verdadeiras:
a) O PIB é igual a 267.
b) O PIB é maior que o PNB.
c) Conta Financeira igual a 15.
d) O saldo da conta capital somada a conta financeira é igual a 19.
e) O déficit primário do governo é igual a 15.

11. (Economia — BNDES — VUNESP — 2002 — adaptada) Num determinado país, ocorreram as seguintes transações com o exterior, no ano-calendário, em bilhões de unidades monetárias (u.m.):

— Exportações de Mercadorias.. 600
— Importações de Mercadorias.. 565
— Fretes pagos.. 10
— Seguros pagos... 5
— Juros remetidos... 40
— Lucros remetidos... 16
— Lucros reinvestidos.. 4
— Doações recebidas em mercadorias.. 2
— Empréstimos recebidos... 32
— Investimentos diretos recebidos.. 13

A conta financeira dessa economia, nesse ano, considerando que não houve erros e omissões na sua elaboração, registrará um saldo de (em bilhões de u.m):
a) +33
b) −60
c) −40
d) −49
e) 9

12. (Consultor do Senado Federal — UNB — CEBRASPE — 2002) O balanço de pagamentos registra, de forma detalhada, a composição da conta corrente e das várias transações que a financiam. Nesse contexto, julgue os itens a seguir.
a) Quando o brasileiro compra livros e CDs na livraria virtual sediada no exterior, essa transação é registrada na conta de capital do balanço de pagamentos brasileiro.
b) *Ceteris paribus*, a recessão econômica que está ocorrendo nos EUA, ao contribuir para aumentar as exportações líquidas, tende a reduzir o déficit no balanço comercial norte-americano.
c) As doações feitas pelo governo brasileiro aos refugiados afegãos são debitadas no balanço das transações correntes.
d) Quando a poupança doméstica é superior ao investimento doméstico, a economia apresenta um déficit no balanço comercial.
e) Quando há superávit no balanço de transações correntes, pode-se dizer que houve poupança externa positiva e, portanto, o país está absorvendo recursos reais do restante do mundo.

13. (ANPEC — CEBRASPE — 2004) Com base nos princípios da contabilidade nacional, julgue as seguintes afirmativas:
a) A poupança bruta, em uma economia fechada e sem governo, é idêntica à soma da formação bruta de capital fixo mais a variação de estoques.
b) Em uma economia aberta e sem governo, são registradas como importações apenas as aquisições de bens e serviços que não correspondam ao pagamento de fatores de produção. Este último é computado no cálculo da Renda Líquida Enviada ao Exterior.

14. (Prefeitura de São Paulo — VUNESP — 2007 — adaptada) Em um determinado ano, um país realizou as seguintes transações medidas em unidades monetárias: exportou 100, importou 80, pagou 50 de juros, recebeu turistas que gastaram 40, tomou empréstimos num total de 20 e recebeu 10 em investimentos diretos. Os resultados da balança comercial, do balanço de serviços + renda primária e do ativo de reservas foram, respectivamente:
   a) 20, –10 e 10
   b) 20, –10 e +40
   c) 10, 30 e 40
   d) 20, 20 e –40
   e) 60, –50 e 10

15. (IBGE — Análise Socioeconômica — CESGRANRIO — 2010) Um país recebe do exterior poupança externa positiva no valor de US$ 30 bilhões. Isso significa que, no seu balanço de pagamentos, a(o)
   a) Conta capital é superavitária em US$ 30 bilhões.
   b) Conta corrente é deficitária em US$ 30 bilhões.
   c) Dívida externa está se reduzindo.
   d) Acumulação de reservas em divisas internacionais é positiva.
   e) Balança comercial é superavitária.

16. (Diplomacia — CEBRASPE — 2009) Considerando a contabilidade do balanço de pagamentos do Brasil e das contas nacionais, julgue (C ou E) os itens seguintes.
   a) Os juros registrados na conta de renda de transações correntes superavaliam os encargos da dívida externa brasileira, porque incorporam todos os gastos relacionados ao pagamento desses juros.
   b) A diferença entre a renda nacional bruta e a renda interna bruta é obtida por meio do somatório dos saldos da conta de renda primária e secundária.
   c) Um *deficit* de 100 dólares na conta de transações correntes implica, necessariamente, a perda do mesmo valor nas reservas internacionais.
   d) Remessas de máquinas e equipamentos de uma companhia estrangeira para sua filial no Brasil não precisam ser registradas no balanço de pagamentos, visto que tal operação não envolve entrada ou saída de divisas.

17. (Auditor-Fiscal do governo da Bahia — FCC — 2004 — adaptada) As seguintes informações foram extraídas de dados fornecidos pelo Banco Central do Brasil, relativos a transações realizadas no país e os residentes no exterior, no mês de março de 2004, expressas em milhões de dólares americanos:
   — Exportação (FOB): 5.721
   — Receitas de serviços e rendas primárias: 1.119
   — Despesas de serviços e rendas primárias: 3.135
   — Rendas secundárias (líquida recebida): 232
   — Superávit do Balanço de transações correntes: 197

   Logo, o saldo da Balança Comercial de nosso país, no referido mês, em milhões de dólares americanos, foi:
   a) superávit de 1.981
   b) déficit de 981
   c) superávit de 3.740
   d) déficit de 4.730
   e) déficit de 2.832

18. (Economista — DNOCS — FCC — 2010) O saldo da conta corrente do balanço de pagamentos de um país foi positivo em um determinado período. Isso significa, necessariamente, que:
   a) as importações de bens e serviços foram superiores às exportações.
   b) houve entrada líquida de capitais externos no país.
   c) a renda líquida enviada ao exterior foi positiva.
   d) as amortizações de empréstimos externos contraídos foram inferiores às entradas de novos empréstimos.
   e) o país está financiando o resto do mundo com uma parcela de sua poupança interna.

19. (Companhia Estadual de Água e Esgoto do Rio de Janeiro — CEDAE — CEPERJ — 2009) Da conta de transações correntes do balanço de pagamentos de um país, não fazem parte:
   a) as exportações de mercadorias.
   b) as importações de mercadorias.
   c) as despesas com viagens internacionais.
   d) as amortizações pagas.
   e) os donativos recebidos pelo país.

20. (Analista Judiciário — Economia — TRT 4ª — FCC — 2006) No balanço de pagamentos de um país, diz-se que a transferência líquida de recursos para o exterior é positiva quando
   a) a absorção interna é menor que a produção interna de bens e serviços.
   b) a balança comercial é positiva.
   c) a absorção interna é maior que a produção interna de bens e serviços.
   d) as exportações de mercadorias forem menores que as importações de mercadorias.
   e) o saldo da balança de serviços for positivo.

21. (Tribunal de Justiça do Estado do Pará — FCC — 2009) Se o objetivo de um país é melhorar o saldo de sua balança comercial, além dos instrumentos de política cambial, ele poderá
   a) impor quotas de exportação e subsidiar as importações.
   b) impor quotas de importação e facilitar o crédito aos exportadores.
   c) elevar os impostos sobre os bens importados e impor quotas às exportações.
   d) reduzir os impostos sobre os bens importados e facilitar o crédito aos exportadores.
   e) elevar os impostos sobre os bens exportados e facilitar o crédito aos importadores.

22. (Tribunal de Justiça do Estado do Pará — FCC — 2009 — adaptada) Os fatores que contribuem para a diminuição da perda de reservas de um país, que permite movimentação livre de capitais externos, são:
   a) aumento do nível de atividade econômica, redução da taxa de juros doméstica e valorização real da taxa de câmbio.
   b) valorização real da taxa de câmbio, elevação da base monetária e resgate de títulos públicos.
   c) elevação da taxa de redesconto, redução do nível de atividade econômica e diminuição da taxa de juros doméstica.
   d) aumento da taxa de juros doméstica, redução do nível de atividade econômica e desvalorização real da taxa de câmbio.
   e) resgate de títulos públicos, redução da taxa do compulsório e desvalorização real da taxa de câmbio.

23. (Economista — Companhia de Gás/RN — FGV — 2006 — adaptada) Os lucros remetidos pelas empresas estrangeiras no país e os lucros reinvestidos por empresas estrangeiras instalados no país são registrados, a débito na seguinte subconta do Balanço de Pagamentos:

a) Investimentos.
b) Conta de rendas secundárias.
c) Conta de rendas primárias.
d) Reinvestimentos.
e) Amortizações.

24. (Analista em Economia — Perito — MPU — CEBRASPE — 2010 — adaptada) No que concerne a instrumentos de política comercial, balanço de pagamentos, globalização e organismos internacionais, julgue os itens seguintes.
a) Aumentos positivos e expressivos dos ativos de reservas não são necessários para o Brasil sustentar a taxa de câmbio, pois o Banco Central utiliza uma política cambial de taxas flutuantes.
b) Com a adoção de uma política cambial de taxas fixas de câmbio perde-se a autonomia da política monetária como instrumento interno.
c) Em um mundo globalizado nenhum país pode ter, ao mesmo tempo, taxa de câmbio fixa, política monetária orientada exclusivamente para metas internas e liberdade de movimentos de capitais internacionais.
d) No comércio de moedas no exterior, os eurobancos aceitam depósitos em moedas que não sejam a do país de origem do banco.
e) Uma política comercial de *antidumping* visa, por meio de uma tributação indireta, equiparar o preço do bem importado ao preço médio dos bens importados de outros países.
f) A política comercial adotada como subsídio à exportação gera perdas para os consumidores e os governos locais e ganhos para os produtores exportadores.
g) Nos últimos meses o Brasil vem apresentando saldos negativos na conta de transações correntes do balanço de pagamentos. Isso caracteriza uma situação ruim das contas externas brasileiras.

25. (Diplomacia — 3ª Fase — CEBRASPE — 2008 — adaptada) São apresentados abaixo alguns dos dados relativos às Contas Nacionais e ao Balanço de Pagamentos do país Novidade, onde não há governo, no ano 2015:
— Produto Interno Bruto = 1.000
— Produção (Valor Bruto da Produção) = 1.200
— Investimento Bruto Doméstico = 200
— Saldo de Transações Correntes = 135
— Saldo da Balança Comercial = 220
— Saldo de Serviços = –94
— Rendas recebidas do Exterior = 65
— Rendas enviadas ao Exterior = 340
— Conta capital = 0
— Erros e Omissões = –2

Calcule:
a) a renda líquida enviada ao Exterior
b) a Renda Nacional Bruta
c) o saldo da conta de Transferências Correntes Unilaterais
d) a Renda Disponível Bruta
e) o saldo da Conta de Capital das Contas Econômicas Integradas
f) o saldo da Conta de Operações Correntes com o Resto do Mundo
g) o valor da produção destinada ao consumo intermediário
h) as despesas de Consumo Final

26. (Diplomacia — CEBRASPE — 2000 — adaptada) Num determinado ano, as seguintes transações com o exterior foram realizadas:
- Um consórcio de bancos americanos empresta 50 milhões de dólares à Petrobras.
- O Brasil envia 20 milhões de dólares em medicamentos para a Somália como ajuda humanitária, e perdoa uma dívida de 10 milhões daquele país.
- Uma empresa brasileira realiza o pagamento de juros a um banco norte-americano no valor de 10 milhões de dólares, ao mesmo tempo em que consegue refinanciar o pagamento de juros vincendos neste ano no montante de 20 milhões de dólares.
- Trabalhadores brasileiros residentes nos Estados Unidos remetem para as suas famílias o equivalente a 100 milhões de dólares.
- O Brasil importa petróleo do Irã no valor FOB de 500 milhões de dólares pagos à vista.
- Uma empresa brasileira investe o equivalente a 20 milhões de dólares na construção de uma fábrica na Argentina, sendo 10 milhões em dinheiro e 10 milhões com financiamento obtido com um banco alemão.
- Uma empresa de turismo espanhola efetua pagamentos a uma rede de hotéis no Brasil por serviços de hospedagem de turistas daquele país no valor de 10 milhões de dólares.
- Uma fábrica de automóveis alemã compra à vista uma partida de aço produzido no Brasil no valor FOB de 200 milhões de dólares.
- Uma subsidiária de uma empresa francesa investe no Brasil o equivalente a 50 milhões de dólares em ampliação da capacidade produtiva.

Calcule:
a) o saldo da balança comercial, da balança de serviços e da conta de rendas primárias.
b) o saldo em transações correntes.
c) o saldo da conta capital e na conta financeira.
d) o saldo de ativo de reservas.

27. (Economista — Terracap — FUNIVERSA — 2010 — adaptada) Define-se o Balanço de Pagamentos como o registro sistemático das transações entre residentes e não residentes de um país durante determinado período de tempo. A respeito das contas e identidades contábeis do Balanço de Pagamentos, é correto afirmar que
a) o Capital Compensatório (demonstrativo de resultado) é a soma dos Empréstimos de Regularização e a conta de caixa.
b) as despesas com juros de empréstimos tomados por residentes no exterior são registradas na conta de capitais autônomos.
c) as amortizações compõem a Conta de Renda Primária.
d) seja T o saldo em Conta Corrente do Balanço de Pagamento, H a Transferência Líquida de Recursos para o Exterior (H > 0) e RLE a Renda Líquida Enviada ao Exterior, então T = H – RLE.
e) o saldo em Conta Corrente do Balanço de Pagamento (T) é igual à conta de Capitais Autônomos (KA), com sinal trocado, salvo erros e omissões.

28. (Administrador — Comércio Exterior — Prefeitura de Palmas/TO — FUNIVERSA — 2005 — adaptada) Analise as afirmativas abaixo:
I. Na elaboração de um Balanço de Pagamentos separam-se as transações, *grosso modo*, em dois grandes grupos: as transações correntes e as transações de capital. Quanto à técnica de registro, utiliza se o sistema de partidas dobradas, através de lançamentos a débito e a crédito.
II. As Transações Correntes serão aquelas que possuam uma contrapartida real. Referem-se, portanto, ao fluxo real de bens e serviços que se desloca entre residentes e não residentes no período de registro.

III. Transações Correntes são aquelas que dão lugar à transferência, para o exterior, de uma parcela da produção corrente de bens e de serviços, ao passo que as Transações de Capital diriam respeito às transferências de poupança entre residentes e não residentes.

IV. Uma redução nos "Haveres a curto prazo" sempre corresponde uma redução nos estoques de divisas. Contrariamente, um aumento de tais Haveres significa disponibilidade maior de cambiais.

V. A construção do Balanço de Pagamento de um país exige uma técnica de registro, que possibilite a agregação lógica das diversas transações que se realizam anualmente e, ademais, que se possua um método de classificação, que permita separar as transações de acordo com seu sentido econômico.

Assinale a alternativa correta:
a) Somente a afirmativa I é falsa.
b) Somente a afirmativa II é falsa.
c) Somente a afirmativa IV é falsa.
d) As afirmativas II e IV são falsas.
e) Todas as afirmativas são verdadeiras.

29. (Analista Judiciário — Economia — STM — CEBRASPE — 2011 — adaptada) Julgue os itens subsequentes, relativos ao balanço de pagamentos.
a) No balanço de pagamentos brasileiro, os gastos com viagens internacionais dos brasileiros e os empréstimos concedidos pelo Banco Mundial são registrados, respectivamente, na balança de serviços e na rubrica outros investimentos da conta financeira.
b) Caso uma empresa brasileira tenha financiado, por meio de um banco norte-americano, importações de matéria-prima no valor de US$ 2 milhões, esse montante deverá ser registrado como débito na balança de transações correntes e em passivo na conta financeira.

30. (ANPEC — 2003 — adaptada) As operações abaixo foram registradas, no ano t, para uma economia aberta:
a) O país recebeu donativos, em mercadorias, no valor de $ 20 bilhões;
b) A renda líquida enviada ao exterior foi nula;
c) O país importou equipamentos no valor de $ 5 bilhões, financiados no exterior mediante empréstimo de longo prazo;
d) Multinacionais estrangeiras reinvestiram no país lucros no valor de $ 10 bilhões;
e) O país apresentou déficit em transações correntes de $ 30 bilhões;
f) O país recebeu capitais de curto prazo no valor de $ 15 bilhões.

Com base nas informações acima, avalie as proposições que se seguem. No ano t:
0) O PNB foi maior do que o PIB.
1) Os donativos recebidos exerceram impacto positivo, no valor de $ 20 bilhões, sobre o balanço de transações correntes.
2) A importação de máquinas não teve impacto algum sobre o ativo de reservas do balanço de pagamentos.
3) O ativo de reservas foi deficitário e equivalente a $ 15 bilhões.

31. (ANPEC — 2004 — adaptada) Utilizando como referência a estrutura geral do balanço de pagamentos, julgue as afirmativas:
0) A conta financeira é positiva para um país que apresenta superávit na soma em transações correntes, conta capital e erros e omissões, o que equivale a uma diminuição dos ativos externos líquidos em poder dos residentes desta economia.

1) Caso não ocorra o pagamento de um empréstimo externo no seu vencimento, lança-se em débito do passivo – na conta de amortizações em outros investimentos na conta financeira e credita em passivo da conta de atrasados comerciais. No momento da liquidação efetiva desse atrasado, debita em passivo na conta de atrasados na conta financeira e debita na conta de caixa.
2) O balanço de serviços engloba, entre outros itens, os pagamentos e os recebimentos relativos a viagens internacionais, seguros, amortizações, lucros e dividendos.
3) A renda líquida recebida (+) ou enviada (–) para o exterior é, por definição, o saldo de serviços de fatores mais o de transferências correntes unilaterais. Por sua vez, a transferência líquida de recursos para o exterior equivale ao saldo comercial mais o saldo de serviços de não fatores.
4) O aumento do passivo externo líquido de um país em determinado período de tempo é equivalente ao saldo negativo, nesse mesmo período, dos movimentos de capitais autônomos e compensatórios.

32. (ANPEC – 2005) Sobre contas nacionais, avalie as proposições:
0) Quando crescem as remessas de juros ao exterior, aumenta-se o déficit na conta de capitais, *ceteris paribus*.
1) Se um aumento do juro doméstico for contrabalançado por um corte de gastos correntes, o déficit primário do governo cairá.

33. (ANPEC – 2005) Com base nas identidades das contas nacionais, avalie a proposição que se segue, para uma economia aberta:
Um déficit do balanço de pagamentos pode ser financiado com a perda de reservas, cujo lançamento contábil terá sinal negativo.

34. (ANPEC – 2007 – adaptada) O país "a" apresentou os seguintes valores de suas transações externas e internas no ano "t":

ITEM	TRANSAÇÕES	MILHÕES DE US$
a	Exportações de mercadorias	US$ 18
b	Compra de ações de empresa do país "A" por investidores estrangeiros em bolsa de valores	US$ 8
c	Donativos líquidos recebidos	US$ 2*
d	Empréstimo a não residentes por bancos do país "A"	US$ 4
e	Empresa de outro país implanta subsidiária em "A" sem cobertura cambial	US$ 8
f	Saldo externo segundo o Sistema de Contas Nacionais de "A"	u.m.**$ 10
g	Aumento de reservas em ouro monetário do país "A" adquirido de residentes	US$ 10
h	Amortização de parcela da dívida externa de "A" pelo Banco Central	US$ 26
i	Importação de mercadorias	US$ 4

Taxa nominal de câmbio E = u.m.$ 2/US$ 1.

* Em mercadorias.

** Em que u.m. é a unidade de medida monetária do país.

Julgue as afirmativas:
0) O saldo do balanço de pagamentos em transações correntes é de US$ 5 milhões.
1) O ativo de reservas do balanço de pagamentos apresenta déficit de US$ 9 milhões.
2) O saldo do balanço de serviços é negativo em US$ 9 milhões.
3) O saldo do financiamento de capitais compensatórios é negativo em US$ 10 milhões.
4) "Erros e omissões" são diferentes de zero.

35. (ANPEC — 2008 — adaptada) Julgue a afirmativa:
Se reservas internacionais permanecem inalteradas, um país cuja poupança nacional é superior ao investimento apresenta concessão líquida na conta financeira, considerando nulos o saldo na conta capital e erros e omissões.

36. (Economista — EMBRATUR — FUNIVERSA — 2011 — adaptada) Com referência à estrutura do balanço de pagamentos, assinale a alternativa correta:
a) O saldo do balanço de transações correntes é obtido mediante a diferença entre as contas da balança comercial com serviços e rendas primárias e secundárias.
b) A conta serviços e rendas é formada pelas exportações e pelas importações.
c) O Balanço de pagamentos é constituído pelo somatório das contas do balanço de transações correntes com a conta capital e financeira e com o ativos de reservas.
d) A conta serviços e rendas é constituída pelos donativos ou doações.
e) O saldo do balanço de transações correntes é obtido mediante o somatório das contas da balança comercial com serviços e rendas primárias e secundárias.

37. (Diplomacia — CEBRASPE — 2011 — adaptada)

DADOS RELATIVOS ÀS CONTAS BRASILEIRAS DO SETOR EXTERNO EM 2010 (EM BILHÕES DE DÓLARES)	
Ativos de reserva	49,1
Déficit em transações correntes	47,5
Déficit na conta de serviços	31,1
Remessa líquida de renda	39,6
Investimentos estrangeiros diretos	48,5
Investimentos brasileiros diretos no exterior	11,5
Investimentos estrangeiros em carteira	67,8
Saldo de outros investimentos brasileiros no exterior e outros investimentos estrangeiros no país	2,3
Reservas internacionais (em 31/12/2010)	288,6
Dívida externa total (em 31/12/2010)	255,7

A partir dos dados apresentados na tabela acima, divulgados pelo Banco Central do Brasil em 25-1-2011, assinale a opção correta.
a) A principal contribuição para o déficit na conta de serviços provém de lucros e dividendos e, para as remessas líquidas, de aluguel de equipamentos e viagens internacionais.
b) A dívida externa líquida brasileira é de US$ 32,9 bilhões.
c) A balança comercial apresentou déficit no período considerado.
d) Os investimentos estrangeiros diretos compreendem a formação e o aumento do capital de empresas, incluídas as aquisições de ações em bolsa.
e) O Brasil obteve poupança externa no valor de US$ 47,5 bilhões.

38. (Economista — EMATER — FUNDATEC — 2008) Observando-se o saldo da conta de transações correntes do Balanço de Pagamentos de um país podemos observar que o país está incorrendo em déficit em relação ao resto do mundo. Tal déficit poderá resultar, em determinado ano, de:

I. Poupança externa nula.
II. Pagamento de juros da dívida externa superior ao superávit comercial.
III. Importações maiores que as exportações, estando o restante da conta corrente em equilíbrio.

Marque:
a) Se apenas a I estiver correta.
b) Se apenas a II estiver correta.
c) Se apenas a I e a II estiverem corretas.
d) Se apenas a II e a III estiverem corretas.
e) Se a I, II, e III estiverem corretas.

39. (INFRAERO — FCC — 2011) Provoca o aumento do estoque de reservas internacionais:

a) a importação de bens
b) o pagamento de juros da dívida externa
c) a contratação de empréstimos estrangeiros por empresas nacionais
d) a remessa de lucros e *royalties* para o exterior
e) a aquisição de participações societárias no exterior

40. (BNDES — CESGRANRIO — 2008) Na conta de transações correntes do balanço de pagamentos do país, entre outros itens, registram-se as(os):

a) exportações e os investimentos estrangeiros que trazem divisas para o país.
b) exportações e as importações de mercadorias feitas pelos residentes no país.
c) variações das reservas internacionais no Banco Central.
d) empréstimos e os financiamentos de longo prazo.
e) pagamentos de juros e de amortizações de capital recebidos do exterior.

41. (STM — CEBRASPE — 2011) Julgue os itens subsequentes, relativos ao balanço de pagamentos.

a) No balanço de pagamentos brasileiro, os gastos com viagens internacionais dos brasileiros e os empréstimos concedidos pelo Banco Mundial são registrados, respectivamente, na balança de serviços e renda e na rubrica outros investimentos da conta financeira.
b) Caso uma empresa brasileira tenha financiado, por meio de um banco norte-americano, importações de matéria-prima no valor de US$ 2 milhões, esse montante deverá ser registrado como débito na balança de transações correntes e como crédito na conta capital e financeira.

42. (ISS/SP — FCC — 2012 — adaptada) Uma determinada economia fez as seguintes transações com o exterior no ano corrente, medidas em milhões de dólares americanos:

Exportações de Mercadorias (FOB)..................................	1.950
Amortizações de empréstimos contraídos.......................	870
Fretes e seguros líquidos pagos...	230
Importação de Mercadorias (FOB).....................................	1.890
Juros líquidos pagos..	520
Empréstimos líquidos contraídos......................................	1.200
Investimentos diretos recebidos.......................................	2.100
Remessas de lucros líquidas..	980
Transferências unilaterais correntes líquidas recebidas....	350

O volume, em milhões de dólares americanos, de ativos de reservas internacionais dessa economia
a) diminuiu 1.260.
b) diminuiu 1.320.
c) aumentou 1.110.
d) diminuiu 1.730.
e) aumentou 2.430.

43. (Economista — Porto de Santos — VUNESP — 2011) Num determinado ano, as exportações de um país totalizaram US$ 5 bilhões e as importações US$ 3 bilhões. Além disso, esse país recebeu turistas que gastaram US$ 500 milhões, pagou juros de sua dívida de US$ 1,5 bilhão e recebeu investimentos diretos do exterior no total de US$ 2 bilhões. O saldo de transações correntes desse país nesse ano é:
a) US$ 6 bilhões.
b) US$ 5 bilhões.
c) US$ 3 bilhões.
d) US$ 2 bilhões.
e) US$ 1 bilhão.

44. (Liquigás — CESGRANRIO — 2012) O balanço de pagamentos de um país registra as transações entre residentes e não residentes. No ano de 2011, o valor das exportações brasileiras excedeu o das importações.
Esse fato caracteriza uma situação de
a) *deficit* do balanço de pagamentos.
b) *superavit* da conta corrente do balanço de pagamentos.
c) *superavit* do balanço comercial.
d) redução das reservas em divisas internacionais.
e) diminuição das remessas de lucros para o exterior pelas empresas multinacionais.

45. (Petrobras — CESGRANRIO — 2012) A poupança externa recebida por determinado país aumenta se em seu balanço de pagamentos aumentar o(a)
a) déficit de transações em conta corrente.
b) superávit do balanço comercial.
c) nível de reservas em divisas internacionais.
d) entrada líquida de capitais financeiros externos.
e) dívida externa bruta.

46. (Petrobras — CESGRANRIO — 2012) Um país faz a rolagem de sua dívida externa contratando novos empréstimos no mesmo valor que as amortizações em seus vencimentos. Tal operação, executada sem alteração da taxa de juros dos novos empréstimos em relação à dos que estão vencendo,
a) diminui o déficit em conta corrente.
b) provoca um aumento das taxas domésticas de juros.
c) causa a desvalorização cambial da moeda doméstica.
d) reduz as reservas em divisas internacionais.
e) não altera a renda líquida enviada ao exterior.

47. (Desenvolve — VUNESP — 2014) Em um certo ano, um país exportou $ 1.000, importou $ 800, ambos os valores FOB (*free on board*). Recebeu turistas que gastaram $ 100, pagou juros de $ 300 em investimentos diretos.

O saldo na Balança Comercial é:
a) Zero
b) $ 100
c) $ 200
d) $ 300
e) $ 400

48. (Desenvolve — VUNESP — 2014) Em um certo ano, um país exportou $ 1.000, importou $ 800, ambos os valores FOB (*free on board*). Recebeu turistas que gastaram $ 100, pagou juros de $ 300 em investimentos diretos.

O saldo em Transações Correntes é:
a) Zero
b) $ 100
c) $ 200
d) $ 300
e) $ 400

49. (Auditor de Controle Externo — TCE-RO — Economia — CEBRASPE — 2013) A respeito de agregados macroeconômicos, sistema de contas nacionais e balanço de pagamentos, julgue o seguinte item.

O balanço de pagamentos é o registro sistemático das transações econômicas realizadas em um período de tempo entre residentes e não residentes de um país. A definição de residente refere-se aos nacionais, pessoa física ou jurídica, e desconsidera os imigrantes e as filiais de empresas estrangeiras.

50. (Auditor Federal de Controle Externo — Controle Externo — Auditoria Governamental — CEBRASPE — 2015) Acerca das relações teóricas estabelecidas pelas contas nacionais e do balanço de pagamentos, julgue o item.

O saldo da balança comercial corresponde à diferença entre a exportação e a importação de bens, enquanto os valores dos serviços relativos a transporte e viagens internacionais são computados na conta capital.

51. (Supervisor de Pesquisas — IBGE — Geral — CESGRANRIO — 2016) Em certo país, o valor das exportações de bens excedeu o valor das importações em 2015.

Deduz-se desse fato que, em 2015, o país
a) aumentou suas reservas em divisas estrangeiras.
b) reduziu sua dívida externa bruta.
c) apresentou um Produto Nacional Bruto (PNB) maior que seu Produto Interno Bruto (PIB).
d) teve um superávit comercial no seu balanço de pagamentos.
e) recebeu poupança externa do exterior.

52. (Auditor de Controle Externo — TCE-RO — Economia — CEBRASPE — 2013) A respeito de agregados macroeconômicos, sistema de contas nacionais e balanço de pagamentos, julgue o seguinte item.

O valor total de importações é avaliado em preços CIF (*cost, insurance and freight*) no sistema de contas nacionais, enquanto os dados sobre os fluxos de importações nas estatísticas de comércio exterior normalmente são avaliados em preços FOB (*free on board*).

53. (Auditor — TCE-CE — FCC — 2015) Diz-se que uma expansão em uma economia como a dos Estados Unidos tende a gerar expansões econômicas em outros países pois as
 a) tarifas sobre produtos americanos nos EUA irão cair.
 b) exportações americanas irão aumentar.
 c) importações americanas irão cair.
 d) importações americanas irão aumentar.
 e) tarifas sobre produtos americanos nos EUA irão subir.

54. (Economista — DPU — CEBRASPE — 2016) Em relação à macroeconomia aberta e aos instrumentos de política econômica, julgue o seguinte item.
O aumento da renda do resto do mundo provoca elevação das exportações líquidas brasileiras e das reservas internacionais.

55. (Procurador de Contas — TCE-CE — FCC — 2015) Suponha que um dado país registrou um déficit na conta corrente do Balanço de Pagamentos de cerca de 200 bilhões de dólares em 2014. Nesse caso, esse déficit
 a) foi financiado por um superávit ainda maior na conta financeira, o que levou a um aumento das reservas internacionais.
 b) ocorreu devido ao superávit nominal do setor público.
 c) foi financiado pelo superávit ainda maior na conta comercial.
 d) foi financiado pelo superávit ainda maior na conta de serviços.
 e) foi financiado pelo significativo aumento das exportações do país para a China.

56. (Economista — ALMS — FCC — 2016) Com relação à estrutura do balanço de pagamentos, as contas renda primária, transferências de capital e investimento direto pertencem, nessa ordem, aos seguintes grupos:
 a) Transações Correntes, Conta Financeira e Conta Capital.
 b) Conta Capital, Transações Correntes e Conta Financeira.
 c) Conta Financeira, Transações Correntes e Conta Capital.
 d) Conta Capital, Conta Financeira e Transações Correntes.
 e) Transações Correntes, Conta Capital e Conta Financeira.

57. (Auditor Governamental — CGE-PI — Geral — CEBRASPE — 2015) Com referência à teoria econômica do setor público, julgue o próximo item à luz dos principais conceitos de contabilidade fiscal.
Em uma economia aberta, o déficit do balanço de pagamentos em transações correntes é financiado pelo déficit público.

58. (Analista do Tesouro Estadual — SEFAZ-PI — FCC — 2015) De acordo com as contas do Balanço de Pagamentos, a Necessidade de financiamento Externo — NFE é obtida por meio
 a) do saldo da conta capital menos o saldo da conta financeira.
 b) do saldo da balança comercial menos empréstimos ao exterior de residentes no país de origem.
 c) do saldo da conta de transações correntes líquido dos investimentos estrangeiros diretos.
 d) das rendas de serviços não fatores menos investimento estrangeiro em carteira.
 e) das transferências unilaterais menos empréstimo intercompanhia.

59. (Analista da Defensoria Pública — DPE-RO — Analista em Economia — FGV — 2015) No dia 24/03/2015, o *site* do jornal *Correio Brasiliense* publicou a reportagem "Déficit de transações correntes é de US$ 90 bilhões em 12 meses".
Apesar do título, a reportagem destaca que em fevereiro de 2015 "o balanço de pagamentos registrou superávit de US$ 1 bilhão em fevereiro, com déficit de US$ 6,9 bilhões em transações correntes". A melhora do resultado em fevereiro, apontando para um superávit do balanço de pagamentos, dentre os seus diferentes componentes, pode ser atribuída:
a) ao investimento direto estrangeiro líquido positivo;
b) ao aumento dos gastos de turistas brasileiros no exterior;
c) ao aumento das importações líquidas;
d) à redução de receitas obtidas com fretes de seguros;
e) ao aumento de remessa de lucro enviada ao exterior.

60. (Economista — SMTR-RJ — SMA-RJ (antiga FJG) — 2016) Em relação a um país com os mercados de bens e financeiros abertos, pode-se dizer que:
a) a razão entre as exportações de um país e seu PIB deve ser menor que 1 (um).
b) a conta capital do país registra as exportações e importações de bens e serviços com resto do mundo.
c) um coeficiente de importações maior que 1 (um) significa uma fragilidade do país com as importações.
d) um país que apresenta déficit em transações correntes deve apresentar um superávit da conta de capital se não houver discrepâncias estatísticas.

61. (Analista Judiciário — TJ-MT — Economia — UFMT — 2016) O Saldo do Balanço de Pagamentos associado às contas nacionais é dado pela soma
a) do Saldo do Balanço de Pagamentos em transações correntes; balanço de serviços; transferências unilaterais; erros e omissões.
b) do Saldo do Balanço de Pagamentos em transações correntes; conta de capital e financeira; e erros e omissões.
c) da Balança comercial; conta de capital e balanço de serviços; e erros e omissões.
d) da Conta de capital e financeira; balança comercial; balanço de rendas; e erros e omissões.

62. (Tecnologista — IBGE — Economia — FGV — 2016) Considerando os componentes do balanço de pagamentos, a estática comparativa correta é:
a) um aumento das receitas de exportação de construção eleva o saldo da balança comercial;
b) uma redução das transferências unilaterais de renda piora o saldo da balança comercial;
c) a compra de ações de empresas brasileiras por estrangeiros eleva o saldo do componente de investimento direto da conta financeira;
d) um aumento da receita de seguros eleva o saldo da conta de serviços;
e) a tomada de empréstimo de longo prazo junto ao Fundo Monetário Internacional piora o saldo da conta capital.

63. (Auditor-Fiscal de Controle Externo — TCE-SC — Controle Externo — Economia — CEBRASPE — 2016) Considerando as identidades macroeconômicas básicas e os conceitos relacionados ao balanço de pagamentos, julgue o item a seguir.
A poupança externa é igual à quantidade de recursos do país captados por meio de investimentos externos diretos.

64. (Diplomata — Terceiro Secretário — CEBRASPE — 2015)

BALANÇO DE PAGAMENTOS (EM US$ BILHÕES)	
Exportações	120
Importações	110
Donativos recebidos de ONGs sediadas no exterior	2
Investimentos para ampliação de empreendimento industrial	18
Reinvestimento de lucros de uma multinacional no Brasil	10
Aplicação de estrangeiros na aquisição de ações no mercado secundário	11
Remessa de lucros por filiais de empresas estrangeiras	15
Amortização de empréstimos externos	7
Empréstimos externos obtidos	22
Juros sobre empréstimos a instituições internacionais	14
Viagens internacionais de residentes no Brasil	13
Pagamento de *royalties* e assistência técnica	9
Fretes pagos a transportadores estrangeiros	6

Com referência aos dados do balanço de pagamentos apresentado na tabela acima, julgue (C ou E) o item seguinte.
O balanço de serviços apresentou saldo negativo de US$ 43 bilhões.

65. (Auditor Conselheiro Substituto — TCM-GO — FCC — 2015 — adaptada) Conforme os dados extraídos do Banco Central do Brasil, a situação das contas externas do país em 2014 (medidos em milhões de dólares americanos) é a seguinte:
Déficit no Saldo de Transações Correntes 70.697
Superávit no Saldo de Renda Secundária 1.458
Déficit no Saldo de Rendas Primárias 30.326
Déficit no Saldo de Serviços 39.357

Com base nestas informações, é correto afirmar que o valor do saldo comercial no período foi equivalente, em milhões de dólares americanos, a
 a) +138.922
 b) +1.872
 c) −2.472
 d) −1.872
 e) +2.472

66. (Auditor — TCE-PR — CEBRASPE — 2016) Acerca do balanço de pagamentos, assinale a opção correta.
 a) O saldo em transações correntes é o resultado da soma da balança comercial com a balança de serviços e rendas e com transferências unilaterais correntes.
 b) Se o saldo da balança de pagamentos de determinado país for positivo, haverá redução das reservas internacionais desse país.
 c) Déficit na balança de serviços implica, necessariamente, déficit em transações correntes.
 d) Os lucros reinvestidos por residentes no exterior na economia doméstica são computados na conta de capital.
 e) Se o saldo das transações correntes for positivo, então a poupança do resto do mundo será também positiva.

67. (Profissional de Nível Superior — ELETROSUL — Ciências Econômicas — FCC — 2016) Um país que utiliza a metodologia do Fundo Monetário Internacional para divulgação do Balanço de Pagamentos, apresentou os seguintes dados:

Exportações 800
Importações 700
Serviços .... (–)400
Conta Capital .... (–)200
Conta Financeira 750

O saldo de Transações Correntes atingiu
a) 500.
b) (–)300.
c) 250.
d) (–)400.
e) 600.

68. (Analista do Tesouro Estadual — SEFAZ-PI — FCC — 2015 — modificada) Julgue os itens a seguir: Refere-se à Contabilidade Nacional:
I. O balanço de pagamentos, o qual registra o movimento financeiro externo de um país e suas relações com os demais países.
II. As contas operacionais correspondem aos fatos geradores de recebimentos, deduzidas as transferências de recursos ao exterior. A conta de caixa registra o movimento dos meios de pagamento internacionais à disposição do país.

69. (Técnico de Nível Superior — ARSETE — Economista — FCC — 2016) As seguintes contas foram apresentadas pelo Banco Central para o Balanço de Pagamentos relativo ao ano de 2015 (valores em US$ milhões):

Exportações	190.092
Importações	172.422
Serviços	–36.919
Renda primária	–42.357
Renda secundária	2.724
Conta capital	440
Erros e omissões	3.708

Considerando que, para as contas de ativo e de passivo da Conta Financeira, "+" = aumento de estoque e "–" = redução de estoque, é correto afirmar que os valores das Transações Correntes e da Conta Financeira foram, respectivamente (em U$ milhões),
a) –58.882 e –54.734.
b) 14.956 e 18.864.
c) –64.330 e –60.622.
d) 54.589 e 51.321.
e) –19.249 e –15.101.

70. (Analista — PGE-MT — Economista — FCC — 2016) As contas externas do Brasil para o mês de agosto de 2016, apresentadas pelo Banco Central (valores em U$ milhões), revelaram os seguintes números:

Exportações	16.939
Importações	13.021
Serviços	–2.202
Renda primária	–2.508
Renda secundária	213
Conta capital	50
Erros e omissões	413

Com isso, o saldo da Conta Financeira foi, em U$ milhões,
a) –66.
b) –116.
c) –1.303.
d) 1.253.
e) 3.455.

71. (Oficial de Inteligência/CEBRASPE/2018) As transações correntes apresentaram déficit de US$ 4,3 bilhões em dezembro, acumulando déficit de US$ 9,8 bilhões em 2017, equivalentes a 0,48% do PIB. Na conta financeira, o ingresso líquido de investimentos diretos no país somou US$ 5,4 bilhões em dezembro, totalizando US$ 70,3 bilhões no ano, ou 3,42% do PIB.

Notas para imprensa. Banco Central do Brasil. Internet: <www.bcb.gov.br>.

Tendo como referência esse fragmento de texto, julgue o item que se segue, a respeito dos conceitos de produto e balanço de pagamentos.

As movimentações de capital são registradas no balanço de pagamentos para permitir o acompanhamento, por exemplo, das entradas autônomas de capital por meio de aquisições de ações e títulos governamentais feitas por não residentes.
( ) Certo
( ) Errado

72. (Administrador/Petrobras/Júnior/CESGRANRIO/ 2018) Neste início do ano, a balança comercial de um importante país da América do Sul vem apresentando saldo negativo, o que significa dizer que
a) o desempenho das exportações é inferior ao valor das importações no período.
b) o peso das exportações e importações apresenta alta similaridade financeira.
c) o volume de importação tem sido inferior à receita obtida com as exportações.
d) as despesas com o financiamento do comércio exterior vêm aumentando.
e) as organizações comerciais vêm investindo menos no comércio exterior.

73. (Oficial de Inteligência/CEBRASPE/2018) As transações correntes apresentaram déficit de US$ 4,3 bilhões em dezembro, acumulando déficit de US$ 9,8 bilhões em 2017, equivalentes a 0,48% do PIB. Na conta financeira, o ingresso líquido de investimentos diretos no país somou US$ 5,4 bilhões em dezembro, totalizando US$ 70,3 bilhões no ano, ou 3,42% do PIB.

Notas para imprensa. Banco Central do Brasil. Internet: <www.bcb.gov.br>.

Tendo como referência esse fragmento de texto, julgue o item que se segue a respeito dos conceitos de produto e balanço de pagamentos.
Discrepâncias estatísticas aparecem quando são registradas transações econômicas entre residentes e não residentes no balanço de pagamentos. Ao traçar uma linha imaginária sobre esses erros e emissões, é possível perceber que, acima da linha, estão as transações autônomas ou independentemente motivadas pelos bancos centrais para a condução da política monetária.
( ) Certo
( ) Errado

74. (Oficial de Inteligência/CEBRASPE/2018) Com relação aos órgãos governamentais responsáveis pela formulação, coordenação e implementação das políticas de comércio exterior do país, julgue o item subsequente.
A internacionalização das empresas brasileiras por meio do investimento direto no exterior, que se expandiu na última década, a partir de mudanças na forma de atuação do BNDES, pode levar ao crescimento do emprego no país, em função do acesso a novas fontes de financiamentos e de outros mercados, bem como da consequente redução da vulnerabilidade externa.
( ) Certo
( ) Errado

75. (Economista — PETROBRAS/Júnior/CESGRANIO/ 2018) O Banco Central do Brasil registrou os seguintes indicadores relativos ao balanço de pagamentos brasileiro em 2016 (em US$ milhões correntes):

Balança comercial (bens).. 45.037
Serviços... –30.447
Renda primária .... –41.080
Renda secundária 2.944
Conta capital 274
Conta financeira .... –16.415
Erros e omissões... 6.857

Disponível em: <http://www.bcb.gov.br/pec/Indeco/Port/indeco. asp>. Acesso em: 9 jan. 2018.

De acordo com os indicadores mencionados, o saldo do balanço de pagamentos em transações correntes, em 2016, registrou
 a) déficit de US$ 23.546 milhões
 b) déficit de US$ 32.830 milhões
 c) déficit de US$ 39.687 milhões
 d) superávit de US$ 28.896 milhões
 e) superávit de US$ 45.037 milhões

76. (ANPEC — Exame de Seleção Nacional /2019 ") Com base na sexta edição do Manual do Balanço de Pagamentos do Fundo Monetário Internacional (BPM6), avalie a seguinte afirmativa como certo ou errado:
Item 0 — As variações nas reservas internacionais são contabilizadas na Conta Financeira como Ativos de Reserva.
( ) Certo
( ) Errado

77. (ANPEC — Exame de Seleção Nacional (ANPEC)/2020 ") Avalie a assertiva abaixo:

Item 1 — Despesas com pagamentos de juros, lucros e dividendos a não residentes elevam o déficit na Conta Financeira do Balanço de Pagamentos.
( ) Certo
( ) Errado

78. (VUNESP — Analista Técnico Científico (MPE SP)/Economista/2019) Uma economia exporta $ 1 000 e importa $ 800 em bens; recebe turistas de outros países que gastam $ 100; paga juros de $ 400 e recebe empréstimos e investimentos de $ 500. O saldo em transações correntes dessa economia é
   a) superavitário em $ 400.
   b) superavitário em $ 200.
   c) superavitário em $ 100.
   d) deficitário em $ 100.
   e) deficitário em $ 400.

79. (FGV — Técnico Superior Especializado (DPE RJ)/Economia/2019) No dia 03 de setembro de 2018, o portal G1 noticiou a seguinte manchete "Com superávit de US$ 3,77 bilhões, balança comercial tem pior agosto em três anos".

Fonte:https://g1.globo.com/economia/noticia/2018/09/03/com-superavit-de-us- 377-bilhoes-balanca-comercial--tem-pior-agosto-em-tres-anos.ghtml.

A partir dessa manchete, é correto afirmar que:
   a) a conta de serviços apresentou superávit;
   b) o fluxo de entrada de rendas superou o fluxo de saída;
   d) o saldo de transações correntes foi positivo;
   d) as exportações superaram as importações, ambas *free on board*;
   e) os excedentes de investimento direto e de investimento em carteira foram positivos.

80. (FCC — Auditor-Fiscal (SEFAZ BA)/Administração, Finanças e Controle Interno/2019) Dentre os números divulgados pelo Banco Central do Brasil para o Balanço de Pagamentos do país, para o ano de 2018, temos a seguinte abertura de dados da Conta Financeira, em US$ bilhões:

Investimento direto no exterior	14,0
Investimento direto no país	88,3
Investimento em carteira — ativos	3,4
Investimento em carteira — passivos	(—) 8,4
Derivativos — ativos e passivos	2,8
Outros investimentos — ativos	54,4
Outros investimentos — passivos	5,8
Ativos de reserva	2,9

Considerando que, para contas de ativo e de passivo, + significa aumento de estoque e (–) redução de estoque, a Conta Financeira em 2018, em US$ bilhões, foi de
   a) (–) 8,2.
   b) (–) 140,3.

c) 134,8.
d) 123,5.
e) (–) 25,0.

81. (ACEP — Analista (Pref Aracati)/Políticas Públicas/2019) Assinale a alternativa que representa transação registrada na conta financeira do Balanço de Pagamentos.
a) Remessa de lucros de empresas estrangeiras.
b) Viagens internacionais.
c) Investimento direto estrangeiro.
d) Juros pagos ao exterior por empréstimos recebidos.

82. (ACEP — Analista (Pref Aracati)/Políticas Públicas/2019) Analisando os fatores que determinam o saldo da balança comercial, assinale a alternativa correta.
a) Quanto menor a renda do país, maior será a demanda por produtos importados, deteriorando o saldo da balança comercial.
b) Quanto maior a renda do resto do mundo, maior a demanda por produtos do país, melhorando o saldo da balança comercial.
c) Quanto mais valorizada a moeda nacional em relação às moedas estrangeiras, maior o estímulo às exportações e o desestimulo às importações.
d) Quanto menor a renda do resto do mundo, menor a demanda por produtos do país, melhorando o saldo da balança comercial.

83. (CEBRASPE — Auditor de Controle Externo /TCE-RO/Economia/2019/modificada) Um país, em determinado ano, realizou as seguintes transações com o exterior, expressas em u.m.:
a - recebimento de 200 milhões em investimento direto;
b - importação de 60 milhões em bens, pagando 30 milhões à vista e recebendo do exterior financiamento do restante;
c - doação em bens ao exterior no valor de 20 milhões;
d - exportação de 100 milhões em bens, recebendo 40 milhões de pagamento à vista e concedendo ao exterior financiamento do restante;
e - reinvestimento de 20 milhões de lucro obtido por subsidiária de empresa estrangeira instalada no país.

Conforme o texto, o saldo do balanço de pagamentos em transações correntes, em u.m., do referido país foi de
a) 10 milhões.
b) 40 milhões.
c) 20 milhões.
d) 80 milhões.
e) 110 milhões.

84. (CEBRASPE — Auditor de Controle Externo (TCE-RO)/Economia/2019) Um país, em determinado ano, realizou as seguintes transações com o exterior, expressas em u.m.:
a - recebimento de 200 milhões em investimento direto;
b - importação de 60 milhões em bens, pagando 30 milhões à vista e recebendo do exterior financiamento do restante;
c - doação em bens ao exterior no valor de 20 milhões;

d - exportação de 100 milhões em bens, recebendo 40 milhões de pagamento à vista e concedendo ao exterior financiamento do restante;

e - reinvestimento de 20 milhões de lucro obtido por subsidiária de empresa estrangeira instalada no país.

De acordo com texto, as reservas internacionais desse país, em u.m.,
a) diminuíram em 110 milhões.
b) diminuíram em 140 milhões.
c) aumentaram em 210 milhões.
d) aumentaram em 230 milhões.
e) aumentaram em 260 milhões.

85. (NEC UFMA — Economista (UFMA)/2019) O Balanço de Pagamentos é o registro contábil de todas as transações de um país com outros países do mundo. Em suas rubricas constam: a balança comercial, a balança de serviços e a balança de capitais. Contudo, além das rubricas apontadas, existe ainda a balança de transações correntes. Em que consiste sua DEFINIÇÃO?
a) É formada pelas transações com serviços de fretes, viagens internacionais, juros, lucros, royalties, entre outros.
b) É formada pelo registro contábil dos saldos comerciais relativos ao FOB.
c) É formada pelas balanças comercial e de serviços, e registra todas as tran-sações de um país com o resto do mundo, envolvendo mercadorias, serviços, capitais — monetários e físico — e transferências unilaterais.
d) É formada pelas transações de capitais internacionais, físico ou monetários, em que são registrados o capital das firmas estrangeiras que ingressam no país, além do capital estrangeiro que ingressa sob forma de empréstimos.
e) É formada pelas rubricas balança comercial, balança de serviços e balança de capitais, e registra todas as transações de um país com o resto do mundo, envolvendo mercadorias, serviços e capitais, inclusive empréstimos de outros governos ao Brasil.

86. (SELECON — Analista (Pref Boa Vista)/Economista/2019) Uma economia apresenta déficit na sua conta corrente e superávit no balanço de pagamentos em determinado período. Pode-se afirmar que:
a) essa economia perdeu reservas no período
b) essa economia acumulou reservas no período
c) o saldo da balança comercial é positivo
d) o saldo da balança comercial é negativo

87. (VUNESP — Economista (Pref Mogi das Cruzes)/2019) Foram registradas no balanço de um determinado país somente as seguintes transações com o exterior, em unidades monetárias do próprio país:

Exportação de Mercadorias (FOB)	8.200
Entrada Líquida de Capitais Estrangeiros	2.500
Juros líquidos enviados para o exterior	3.900
Lucros e dividendos líquidos recebi-dos do exterior	3.300
Importação de Mercadorias (FOB)	7.400

Logo, os saldos do Balanço Comercial (BC), do Balanço de Transações Correntes (BTC) e do Balanço de Pagamentos (BP) foram, respectivamente, em unidades monetárias do país em questão:
- a) BC = + 1.000, BTC = – 6.800, BP = – 4.300
- b) BC = – 900, BTC = + 400, BP = + 2.900
- c) BC = + 800, BTC = – 600, BP = + 1.900
- d) BC = + 900, BTC = + 600, BP =+ 3.100
- e) BC = + 800, BTC = + 200, BP = + 2.700

88. (IBFC — Analista Administrativo (EBSERH)/Economia/2020) Para que possa ser realizada a contabilização do Balanço de Pagamentos (BP), suas contas são divididas em dois grupos: Transações correntes (TC) e Movimento de Capitais (MK). A respeito do BP, assinale a alternativa incorreta.
- a) TC + MK = 0
- b) TC = + MK
- c) Se TC > 0, então MK < 0
- d) Se TC < 0, então MK > 0
- e) Como o déficit em transações correntes implica em MK > 0, logo, o país é forçado a vender ativos ou a aumentar o passivo externo

89. (NEC UFMA — Economista (UFMA)/2019) Tomando como base a Contabilidade Social, qual das seguintes AFIRMATIVAS está INCORRETA?
- a) Os rendimentos pagos aos empregados domésticos são contabilizados no sistema de Contas Nacionais.
- b) O PIB real refere-se à contabilização do valor de mercado, ao preço de um período base, de tudo o que foi produzido de bens e serviços finais dentro de um território.
- c) Se o PIB nominal cresceu 50% e o PIB real cresceu 20%, então o deflator implícito do PIB é de 30%.
- d) Os estoques indesejados são contabilizados como investimento nas Contas Nacionais.
- e) Os pagamentos de juros de empréstimos realizados por empresas privadas nacionais, junto a instituições financeiras estrangeiras, fazem parte da conta de transações correntes do balanço de pagamentos.

■ **GABARITO** ■

1. "b". Investimento direto refere-se ao movimento de capitais cujo interesse seja "duradouro" em uma economia. Por exemplo, abertura de filiais de empresas nacionais no exterior e abertura de filiais de empresas estrangeiras no país. São Investimentos produtivos, geram emprego e não são, portanto, especulativos. Portanto, o único item que não se refere a investimento direto é a aplicação em títulos públicos federais.

2. "c". Conhecendo a seguinte relação: **SBPTC + CC + EO = CF**, onde SBPTC é o saldo do balanço de Pagamentos em Transações Correntes, CC é a conta capital, EO é erros e omissões e CF é a Conta Financeira, caso erros e emissões sejam "zero", então SBPTC + CC = CF. Portanto, a alternativa "c" está correta.
Um déficit em transações correntes é gerado pela soma da Balança Comercial + Balança de Serviços + Conta de Renda Primária + Conta de Renda Secundária. O comportamento de apenas uma dessas contas não determina, sozinha, se haverá déficit ou superávit em Transações correntes. Poderá haver um superávit positivo na Balança Comercial, porém menor em valores absolutos que o déficit da Balança de Serviços, rendas primárias e secundárias. Portanto, a alternativa "a" está errada.

O saldo negativo do Balanço de Pagamentos em transações correntes não, necessariamente, representa um aumento nas reservas internacionais do país, já que é possível captar recursos da conta capital e demais itens da conta financeira. Portanto, a alternativa "b" está incorreta.

O saldo da Balança Comercial poderá ser negativo ou positivo, porém, se for positivo, deverá ser menor em valores absolutos que o saldo negativo da Balança de Serviços, rendas primárias e secundárias somadas. A alternativa "d" está incorreta.

O saldo da conta financeira deverá representar uma captação líquida de recursos com aumento do passivo para compensar um saldo negativo em transações correntes somado ao saldo da conta capital e erros e omissões, mas não necessariamente igual ao saldo da Balança Comercial. Portanto, a alternativa "e" está errada.

3. "d". Pela estrutura do Balanço de Pagamentos, tem-se:
1. Balança Comercial = 1.924
   Receitas: +56.456
   Despesas: +54.532
2. Balança de Serviços
3. Conta de rendas Primárias = –1.582
   Receita: +3.985
   Despesa: +5.567 ⎫
4. Transferências Correntes Unilaterais = 458 ⎬ –1.124
   Receita: +1.345 ⎭
   Despesa: –887

Saldo do Balanço de Pagamentos em Transações Correntes (1 + 2 + 3 + 4) = 800

Renda Líquida Enviada ao Exterior = saldo negativo da Conta de rendas Primárias e Secundárias

4. "d". Quando ocorrem lucros reinvestidos, lança-se como despesa na conta de renda primária e débito em ativos de reserva e em passivo na conta financeira em investimentos diretos e em crédito em ativos de reserva. Observe que, em Ativos de Reserva, os lançamentos se anulam, já que há um lançamento de crédito e outro de débito de igual valor. Portanto, a alternativa "d" é a correta.

Quando um país apresenta superávit no Balanço de Pagamentos em Transações Correntes, poderá conceder, por exemplo, empréstimos ao exterior, o que o torna um credor, ou seja, passa a ter direitos ou a apresentar um ativo. Logo, um superávit no Balanço de Pagamentos em Transações Correntes representa um aumento do ativo externo líquido. Portanto, a alternativa "a" está incorreta.

Juros é a remuneração de um fator de produção, ou seja, é o pagamento do fator Capital. As remunerações dos fatores de produção são registradas na Conta de rendas primárias, e não na conta de capital. Esta última registra as transferências unilaterais de ativos reais, ativos financeiros não produzidos ou ativos intangíveis entre residentes e não residentes e o perdão da dívida. Portanto, a alternativa "b" está incorreta.

Se o saldo na conta financeira, sem incluir os ativos de reserva, for maior que a soma do saldo do Balanço de Pagamentos em Transações correntes com a conta capital e erros e omissões, então os ativos de reserva terão saldo negativo para equilibrar o Balanço de Pagamentos. Portanto, a alternativa "c" está incorreta.

Há transferência líquida de recursos para o exterior quando as importações de bens e serviços não fatores apresentam valor menor que as exportações de bens e serviços não fatores. Quando as importações forem maiores que as exportações, denomina-se hiato do Produto. Portanto, a alternativa "e" está incorreta.

5. "a".
Balanço de Pagamentos
1. Balança Comercial = –1,2
   Receita: +48
   Despesa: +49,2
2. Balança de Serviços = –10
3. Conta de Rendas Primárias = –15,2
4. Conta de Rendas Secundárias = –2

Saldo do Balanço de Pagamentos em Transações Correntes = –28,4

5. Conta Capital
6. Conta Financeira = –28,4
   Ativos: +30,1 + 16 + 28 = 74,1
   Passivos: +49,6 + 9,7 + 2,6 = 61,9
   Ativos de Reserva: +48 – 49,2 – 15,2 – 2 – 10 + 30,1 + 16 + 28 – 49,6 – 9,7 – 2,6 = –16,2
7. Erros e Omissões

Observe que essa questão fornece muitos dados que não são necessários para chegar à resposta. Para determinar o saldo no Balanço de Pagamentos em Transações Correntes, deve-se somar a Balança Comercial + Balança de Serviços + Conta de rendas Primárias + Conta de rendas Secundárias
Logo: Saldo do Balanço de Pagamentos em Transações Correntes = –1,2 – 10 – 15,2 – 2 = –28,4.

6. "d". Produto Nacional é o produto que pertence ao país, gera uma renda nacional e será igual ao dispêndio (ou despesa) nacional. Logo, o Produto Nacional é determinado pelos gastos em produtos domésticos efetuados por residentes. A alternativa "d" é falsa.
O Balanço de Pagamentos é o registro contábil de todas as transações econômicas entre residentes e não residentes durante um determinado período. Essas transações tomam a forma de transferências, pagamentos internacionais e comércio de bens e serviços. A alternativa "a" é verdadeira.
Quando um investimento estrangeiro adquire ações de empresas nacionais com interesse "duradouro", ou seja, com interesse de participação na gestação dos negócios, diz-se que houve um investimento direto. Quando o interesse em adquirir ações "não é duradouro", ou seja, quando o vínculo é especulativo, diz-se que houve um investimento em carteira. A alternativa "b" é verdadeira.
Exportação líquida é a diferença entre as exportações e as importações. A estrutura do Balanço de Pagamentos em Transações correntes pode ser positiva, mas não necessariamente as exportações líquidas. Isso pode ocorrer quando, por exemplo, as demais contas que compõem o Balanço de Pagamentos em transações correntes, ou seja, a Balança de Serviços, as Contas de Renda Primária e Secundária, compensam um saldo negativo nas exportações líquidas. A alternativa "c" é verdadeira.
Os estoques, desejados ou indesejados, são caracterizados como investimento e, portanto, estão presentes nas Contas Nacionais (Conta de Bens e Serviços e Conta de Acumulação). A alternativa "e" é verdadeira.

7. "e".
1. Balança Comercial = +30
2. Balança de Serviços
3. Conta de Rendas Primárias
4. Conta de Rendas Secundárias = 0

Saldo do Balanço de Pagamentos em Transações Correntes (1 + 2 + 3 + 4) = +5

5. Conta Capital
6. Conta Financeira
7. Erros e Omissões

Saldo do Balanço de Pagamentos em Transações Correntes = Balança Comercial + Balança de Serviços + Conta de Rendas Primárias + Conta de Rendas Secundárias.
5 = 30 + Balança de Serviços + Conta de Rendas Primárias + 0
Balança de Serviços + Conta de Rendas Primárias (serviços fatores) = –25
Logo, a Balança de Serviços e Conta de Rendas Primárias são deficitárias.

8. "e". Residentes são aquelas pessoas físicas ou jurídicas que têm no país considerado seu principal centro de interesse econômico por pelo menos 1 (um) ano. São, portanto:
— Pessoas físicas que cooperam na formação do PIB.
— Pessoas jurídicas instaladas no país.
— Embaixadas do país no exterior.
— Turistas no exterior.
Portanto, filiais de empresas brasileiras no exterior são residentes do país do exterior.

9. F, V, F, V, F.
Balanço de Pagamentos
1. Balança Comercial = 7
   Receita: 15
   Despesa: +7 + 1 = 8
2. Balança de Serviços = –1
   Receitas: +2
   Despesas: +3
3. Conta de rendas primárias = –5
   Receitas:
   Despesas: = +5
4. Conta de rendas secundárias = +1
   Receitas: +1
   Despesas:

Saldo no Balanço de Pagamentos em Transações Correntes = +2

5. Conta Capital
6. Conta Financeira: +2
   Ativo: +13
   Passivo: +7 + 3 + 10 = +20
   Ativos de Reserva: +15 – 3 + 2 – 5 + 3 – 13 + 10 = +9
7. Erros e Omissões

a) **(F)** O saldo da Balança Comercial é 7.
b) **(V)** O saldo do Balanço em Transações Correntes é 2.
c) **(F)** O saldo da conta capital e conta financeira é 2.
d) **(V)** Os ativos de reserva variam em 9, o que significa que aumentaram 9.
e) **(F)** A transferência líquida de recursos para o exterior é a soma da Balança Comercial e da Balança de Serviços, que é igual a 6.

10. F, V, F, V, V.
a) **(F)**
PIB = C + I + G + X – M
PIB = 200 + 50 + 25 + 20 – 18 – 8
PIB = 269

b) **(V)**
PIB = PNB + RLEE
269 = PNB + 5
PNB = 264

c) **(F)**
1. Balança Comercial = +2
   Receita: +20
   Despesa: +18
2. Balança de Serviços = –8
3. Conta de rendas primárias = –5
4. Conta de rendas secundárias

Saldo do Balanço de Pagamentos em Transações Correntes = –11

5. Conta Capital = ?
6. Conta Financeira: +4
   Ativos de Reserva = +4
7. Erros e Omissões = 0

Saldo do Balanço de Pagamentos em Transações Correntes = Balança Comercial + Balança de Serviços + Conta de rendas primárias + Conta de rendas secundárias
Saldo do Balanço de Pagamentos em Transações Correntes = 2 – 8 – 5 = –11
Saldo do Balanço de Pagamentos em Transações Correntes + Conta Capital + Erros e Omissões = Conta Financeira
–11 + Conta Capital + 0 = 4
Conta Capital = +15

d) **(V)** Conta Capital = 15
e) **(V)**
G = 25
Déficit Primário do Governo = G – Rg
Rg = 10
Déficit Primário = 25 – 10 = 15

11. "c".
1. Balança Comercial = +33
   Receitas: +600
   Despesas: +565 + 2 = 567
2. Balança de Serviços = –15
   Receitas:
   Despesas: +10 + 5 = +15
3. Conta de rendas primárias = –60
   Receitas:
   Despesas: +40 + 16 + 4 = 60
4. Conta de rendas secundárias = +2
   Receitas: +2
   Despesas:

Saldo do Balanço de Pagamentos em Transações Correntes = –40

5. Conta Capital
6. Conta Financeira = –40
   Ativo:
   Passivo: +4 + 32 + 13 = 49
   Ativos de Reserva: +600 – 565 – 10 – 5 – 40 – 16 – 4 + 4 + 32 + 13 = +9
7. Erros e Omissões

12. F, V, V, F, F.
a) **(F)** Quando o brasileiro compra livros e CDs do exterior, o lançamento será na Balança Comercial em importação.
b) **(V)** Se há recessão nos EUA, as importações dos EUA se reduzem, elevando as exportações líquidas (exportação – importação). Essa situação faz melhorar o saldo no Balanço de Pagamentos em Transações Correntes.
c) **(V)** Quando o país faz doações, é debitado o valor na conta de Rendas Secundárias, que é um dos componentes do saldo do Balanço de Pagamentos em Transações Correntes.

d) **(F)** Quando a poupança interna é superior ao investimento interno, o país passa a ter capacidade de financiamento externo, o que faz o saldo do Balanço de Pagamentos em Transações Correntes ser positivo.

e) **(F)** Quando o país apresenta superávit no Balanço de Pagamentos em Transações Correntes, isso significa que a Poupança interna é maior que o Investimento interno e, portanto, o país apresenta capacidade de Financiamento e o resto do mundo estará absorvendo recursos reais do país.

13. V, V.

a) **(V)** Sabe-se que, no equilíbrio, o Investimento de uma economia é igual à Poupança, ou seja: I = S. O Investimento corresponde à Formação Bruta de Capital Fixo (FBKF) + Variação de Estoques. A poupança da economia é a soma da poupança privada, poupança do governo e poupança externa. Mas, como a questão diz que a economia é fechada, ou seja, não há poupança externa, e que é sem governo, ou seja, não há poupança do governo, então só resta a poupança privada. Logo, I = Spriv ou FBCF + Δ Estoques = Spriv

Onde: Spriv = poupança privada; e FBCF = Formação Bruta de Capital Fixo.

b) **(V)** Quando se fala em importação, está se referindo à aquisição de Bens (mercadorias) e Serviços não fatores (frete, serviço financeiro, viagem etc.). Os serviços fatores (salários, juros e lucros) são incluídos na Renda Líquida Enviada ao Exterior.

14. "b".

1. Balança Comercial = +20
   Receita: +100
   Despesa: +80
2. Balança de Serviços = +40 ⎫
3. Conta de rendas primárias = –50 ⎬ –10
4. Conta de rendas secundárias ⎭

Saldo no Balanço de Pagamentos em Transações Correntes = +10

5. Conta Capital
6. Conta Financeira = +10
   Investimentos diretos = –10
   Ativo
   Passivo = +10
   Outros investimentos = –20
   Ativo
   Passivo = +20
   Ativos de Reserva = +100 – 80 – 50 + 40 + 20 + 10 = +40
7. Erros e Omissões

15. "b". Quando um país recebe capital externo, a conta capital/financeira desse país está aumentando, ou seja, esse país está se socorrendo da poupança externa. Portanto, um país deverá atrair capital quando estiver com déficit em sua conta corrente. Se o país recebe 30 bilhões, é porque está com um saldo negativo de 30 bilhões no Balanço de Pagamentos em Transações Correntes.

16. E, E, E, E.

a) **(E)** Na conta de rendas primárias, são computados os pagamentos a fatores de produção, como salários e ordenados e rendimentos de investimentos diretos, em carteira ou outros investimentos. Portanto, entram na Conta de rendas primárias os juros, mas não os demais encargos da dívida.

b) **(E)** Segundo a Fundação IBGE, diferença entre PIB e RNB é o saldo da conta de rendas primárias.

c) **(E)** Um déficit na conta de transações correntes pode ser compensado com a entrada de capital na conta de capital e na conta financeira, o que pode levar a um aumento das reservas internacionais. Além disso, um déficit em transações correntes pode ter tido contrapartida em financiamentos, empréstimos, entre outros, na conta financeira, não havendo perda de reservas cambiais.

d) **(E)** Remessas de máquinas e equipamentos de uma companhia estrangeira para sua filial no Brasil precisam ser registradas no Balanço de Pagamentos. O lançamento correto é em passivo na Conta Financeira em investimento direto e de débito na Balança Comercial em importações.

17. "a". Conhecendo a estrutura do Balanço de Pagamentos, tem-se:
1. Balança Comercial = 5.721 + x
2. Balança de Serviços
3. Conta de rendas primárias (serviços fatores) $\Big\}$ 1.119 − 3.135
4. Conta de rendas secundárias = +232

Saldo do Balanço de Pagamentos em Transações Correntes (1 + 2 + 3 + 4) = + 197

Logo:
5.721 + x + 1.119 − 3.135 + 232 = 197
x = −3.740
O saldo na Balança Comercial (BC) será de: 5.721 + x
BC = 5.721 + (−3.740) = 1.981

18. "e". Como o país apresenta um ativo externo líquido, financiará países do exterior ao invés de pedir financiamento. Logo, utilizará sua poupança interna para isso. Portanto, a alternativa "e" é verdadeira.

Dizer que o saldo do Balanço de Pagamentos em Transações Correntes foi positivo significa que a soma da Balança Comercial + Balança de Serviços + Conta de rendas primárias + Conta de Renda Secundária foi positiva. Portanto, o comportamento isolado da Balança Comercial e da Balança de Serviços (onde são lançados os bens e serviços importados e exportados) não necessariamente determina um saldo positivo no Balanço de Pagamentos em Transações Correntes. Logo, a alternativa "a" é falsa.

Quando o saldo do Balanço de Pagamentos em Transações Correntes é positivo, o país apresenta um ativo externo líquido, o que provoca uma saída de capital do país ao invés de uma entrada. Logo, a alternativa "b" é falsa.

Dizer que o saldo do Balanço de Pagamentos em Transações Correntes foi positivo significa que a soma da Balança Comercial + Balança de Serviços + Conta de rendas primárias + Conta de renda secundária foi positiva. Portanto, o comportamento isolado da Conta de rendas primárias (onde são lançadas a renda recebida e enviada ao exterior) e da conta de renda secundária não necessariamente determina um saldo positivo no Balanço de Pagamentos em Transações Correntes. Logo, a alternativa "c" é falsa.

Como o país apresenta um ativo externo líquido, as amortizações de empréstimos externos contraídos foram superiores às entradas de novos empréstimos. Logo, a alternativa "d" é falsa.

19. "d". As amortizações fazem parte da conta financeira e, portanto, não fazem parte do saldo do Balanço de Pagamentos em Transações Correntes. Portanto, a alternativa "d" é falsa.

As exportações fazem parte da Balança Comercial e, portanto, do saldo do Balanço de Pagamentos em Transações Correntes. As importações fazem parte da Balança Comercial e, portanto, do saldo do Balanço de Pagamentos em Transações Correntes. As despesas com viagens internacionais fazem parte da Balança de Serviços e, portanto, do saldo do Balanço de Pagamentos em Transações Correntes. Os donativos fazem parte da Conta de rendas secundárias e, portanto, do saldo do Balanço de Pagamentos em Transações Correntes.

20. "a". Observe a estrutura do Balanço de Pagamentos:
1. Balança Comercial $\Big\}$ Se (+) = transferência líquida de recursos para o exterior
2. Serviços Se (−) = hiato do produto
3. Rendas Primárias (serviços fatores) → Se (+) = Renda Líquida Recebida do Exterior. Se (−) = Renda Líquida Enviada ao Exterior
4. Rendas Secundárias

Logo, quando há transferência líquida de recursos para o exterior, isso significa que o país exporta mais bens e serviços não fatores do que importa. Logo, a absorção interna (Consumo + Investimento + Gastos do Governo) é menor que a produção interna (Consumo + Investimento + Gasto do Governo + Exportação – Importação).

21. "b". Para melhorar o saldo na Balança Comercial, o país deve exportar mais e/ou importar menos. Logo, poderá impor quotas de importação, subsidiar exportações, facilitar o crédito aos exportadores, elevar os impostos sobre os bens importados, dificultar o crédito aos importadores.

22. "d". Para diminuir a perda de reservas, devem-se, entre outras medidas, aumentar as exportações e/ou diminuir as importações. Os mecanismos que propiciam isso são: diminuição do nível de atividade econômica (que permite às importações diminuírem), elevação da taxa de juros doméstica (que permite atrair mais capital externo) e desvalorização real da taxa de câmbio (que permite o aumento das exportações e a redução das importações), redução da base monetária (que permite uma redução na atividade econômica e, portanto, diminuição das importações, bem como uma elevação da taxa de juros, atraindo capital externo), emissão de títulos públicos (que permite uma contração monetária, redução do nível de atividade econômica, bem como uma elevação da taxa de juros, atraindo capital externo) e elevação da taxa de redesconto (que permite uma contração monetária e, por conseguinte, uma redução nas importações e elevação das taxas de juros e entrada de capital no país).

23. "c". Lucro é renda. Portanto, a remessa ou o recebimento de lucros devem ser lançados na Conta de rendas primárias.

24. V, V, V, V, F, V, F.
a) **(V)** Quando ocorre o aumento dos ativos de reserva, significa que haverá entrada de recursos no país, o que provoca uma valorização da moeda nacional. Quando o saldo no Balanço de Pagamentos é negativo, significa que haverá saída de recursos (reservas internacionais), desvalorizando a moeda nacional. Sendo o câmbio flexível, uma valorização/desvalorização da moeda nacional não faria o Banco Central intervir, já que é permitida a oscilação da taxa de câmbio.
b) **(V)** Com a adoção de uma política cambial de taxas fixas de câmbio, perde-se a autonomia da política monetária como instrumento interno, porque o Bacen deverá aumentar a oferta de moeda para comprar divisas quando necessário para manter a taxa de câmbio, bem como deverá reduzir a oferta de moeda quando precisar vender divisas para manter fixa a taxa de câmbio.
c) **(V)** Em um mundo globalizado, nenhum país pode ter, ao mesmo tempo, taxa de câmbio fixa, política monetária orientada exclusivamente para metas internas e liberdade de movimentos de capitais internacionais, porque, no câmbio fixo, o Bacen será obrigado a vender ou comprar divisas para cumprir metas externas, assim como, no câmbio fixo, com perfeita mobilidade de capital, uma política monetária é totalmente ineficaz para alterar o nível de produto/renda da economia.
d) **(V)** Eurodólares são depósitos em dólares efetuados em bancos localizados fora do território dos Estados Unidos da América.
e) **(F)** Uma política comercial de *antidumping* visa neutralizar os efeitos danosos à indústria nacional causados pelas importações objeto de *dumping*, por meio da aplicação de alíquotas específicas e/ou *ad valorem*.
f) **(V)** A política comercial adotada como subsídio à exportação gera perdas para os consumidores porque o efeito de uma proteção vai corresponder a uma perda líquida de bem-estar.
Assim, em vez de o governo pagar subsídios, os consumidores poderiam importar a preços mais baratos. Para os governos locais, os subsídios aumentam os gastos do governo, aumentando suas despesas, sem contrapartida em bens e serviços. Já para os exportadores, os subsídios geram ganhos porque seus produtos ganham competitividade no exterior e, por conta disso, exportam mais.
g) **(F)** Nos meses de 2010, o Brasil apresentou saldos negativos na conta de transações correntes do Balanço de Pagamentos. Observe a tabela a seguir, elaborada pelo Ipea e fornecida pelo Bacen.

	Jan.	Fev.	Mar.	Abr.	Maio	Jun.
SALDO EM TRANSAÇÕES CORRENTES	2,8	–4,2	–14,4	–25,5	–24,0	–39,8

Por conseguinte, esse saldo negativo deve ser compensado com a entrada de capital no país (por meio da Conta Capital e da Conta Financeira) para garantir o equilíbrio no Balanço de Pagamentos e, assim, estabilizar as contas externas brasileiras.

25.
1. Balança Comercial (BC) = 220
2. Balança de Serviços (BS) = –94
3. Conta de rendas primárias (CRP) = 65 – 340 = –275
4. Conta de rendas secundárias (CRS) = ?

Saldo do Balanço de Pagamentos em Transações Correntes (SBPTC) = 135

5. Conta Capital (CC) = 0
6. Conta Financeira (CF) = ?
7. Erros e Omissões (EO) = –2

a) A Renda Líquida Enviada ao Exterior, segundo a Fundação IBGE, é igual ao saldo da Balança de Rendas Primárias. A CEBRASPE, na prova de diplomacia, segue a orientação da Fundação IBGE. Logo, a RLEE é igual a 275.
Pela FGV, a Renda Líquida Enviada ao Exterior é a soma dos saldos da Conta de rendas primárias com as Transferências Correntes Unilaterais. Sabendo-se que:
Balança Comercial + Balança de Serviços + Conta de Rendas Primárias + Conta de Rendas Secundárias = Saldo do BP em transações correntes
Então:
220 + (–94) + (–275) + CRS = 135
CRS = 284
Renda Líquida Enviada ao Exterior (RLEE) = BRP + CRS
RLEE = (–)275 + 284 = 9

b) RNB = PIB – Renda de Propriedade enviada e recebida do exterior (= CRP)
RNB = 1.000 – 275
RNB = 725

c) Conta de rendas secundárias = 284 (calculado no item "a" acima)

d) Renda Disponível Bruta = RNB + CRS
RDB = 725 + 284
RDB = 1.009
Obs.: Esse valor pode ser obtido pela conta de distribuição secundária da Renda nas Contas Nacionais.

e) Montando a Conta de Acumulação, tem-se:

CONTA DE PRODUÇÃO, RENDA E CAPITAL – CONTA DE ACUMULAÇÃO		
Usos	Operações e Saldos	Recursos
	Poupança Bruta	?
200	Formação Bruta de Capital + Variação de Estoque	
0	Transferência de Capital Enviada e Recebida do Resto do Mundo	0
?	Capacidade (+) ou Necessidade (–) de Financiamento	

Como não se tem a informação da Poupança Bruta, deve-se montar a Conta de Uso da Renda:

CONTAS DE PRODUÇÃO, RENDA E CAPITAL – CONTA DE RENDA – CONTA DE USO DA RENDA		
Usos	Operações e Saldos	Recursos
	Renda Disponível Bruta	1.009
?	Consumo Final	
?	Poupança Bruta	

Como não se tem o valor do Consumo Final, não é possível se determinar a Poupança Bruta. Então, em primeiro lugar, deve-se determinar o Consumo Final, que é a soma do Consumo Pessoal com os Gastos do Governo. Assim:

$Y = C + I + G + X - M$
$1.000 = C + G + 200 + 220 - 94$
$C + G = 674$
Com base nessa informação, determina-se a Poupança Bruta:

CONTAS DE PRODUÇÃO, RENDA E CAPITAL – CONTA DE RENDA – CONTA DE USO DA RENDA		
Usos	Operações e Saldos	Recursos
	Renda Disponível Bruta	1.009
674	Consumo Final	
335	Poupança Bruta	

Tendo-se a Poupança Bruta, determina-se a Capacidade/Necessidade de Financiamento:

CONTA DE PRODUÇÃO, RENDA E CAPITAL – CONTA DE ACUMULAÇÃO		
Usos	Operações e Saldos	Recursos
	Poupança Bruta	335
200	Formação Bruta de Capital + Variação de Estoque	
0	Transferência de Capital Enviada e Recebida do Resto do Mundo	0
135	Capacidade (+) ou Necessidade (–) de Financiamento	

f)

CONTA DAS OPERAÇÕES CORRENTES COM O RESTO DO MUNDO		
Usos	Operações e Saldos	Recursos
220 – 94 = 126	Exportação de bens e serviços – Importação de bens e serviços	
	Remuneração dos empregados não residentes enviada e recebida do resto do mundo	—
—	Rendas de propriedades enviadas e recebidas do resto do mundo	275
284	Transferências correntes enviadas e recebidas do resto do mundo	
—	Transferência de capital enviada e recebida do resto do mundo	—
	Saldo de operações correntes com o resto do mundo	?

Saldo de operações correntes com o resto do mundo = exportação – importação de bens e serviços – remuneração dos empregados não residentes enviada ao resto do mundo + transferências correntes recebidas do resto do mundo.
Saldo de operações correntes com o resto do mundo = 126 – 275 + 284
Saldo de operações correntes com o resto do mundo = 135

g) PIB = Valor Bruto da Produção – Consumo Intermediário
1.000 = 1.200 – Consumo Intermediário
Consumo Intermediário = 200

h) O Consumo Final será de 674

CONTAS DE PRODUÇÃO, RENDA E CAPITAL – CONTA DE RENDA – CONTA DE USO DA RENDA		
Usos	Operações e Saldos	Recursos
	Renda Disponível Bruta	1.009
674	Consumo Final	
335	Poupança Bruta	

26.
1. Balança Comercial (BC) = +20 – 500 + 200 = –280
2. Balança de Serviços (BS) = +10
3. Conta de rendas primárias (BR) = –10 – 20 = –30
4. Conta de rendas secundárias (TU) = –20 +100 = +80   } RLEE = ?

Saldo do Balanço de Pagamentos em Transações Correntes (SBPTC) = –220

5. Conta Capital (CC) = –10
6. Conta Financeira (CF) = –230
   Ativo: +20 – 10 = 10
   Passivo: +50 + 20 + 10 + 50 = 130
   Ativos de Reserva (VR) = +50 – 10 – 20 + 20 + 100 – 500 – 10 + 10 + 200 + 50 = –110
7. Erros e Omissões (EO) = 0

Um consórcio de bancos americanos empresta 50 milhões de dólares à Petrobras.

Conta Financeira — Outros Investimentos		–50
Ativo		
Passivo	+50	
Conta Financeira		+50
Ativos de Reserva	+50	

O Brasil envia 20 milhões de dólares em medicamentos para a Somália como ajuda humanitária.

Conta de Rendas Secundárias		–20
Receita		
Despesa	20	
Balança Comercial		20
Exportação	20	
Importação		

O Brasil perdoa uma dívida de 10 milhões da Somália.

Conta Financeira — Outros Investimentos		–10
Ativo	–10	
Passivo		
Conta Capital		–10
Receita		
Despesa	+10	

Uma empresa brasileira realiza o pagamento de juros a um banco norte-americano no valor de 10 milhões de dólares.

Balança de Rendas Primárias — Rendimento de Investimento em carteira		–10
Receita		
Despesa	+10	
Conta Financeira		–10
Ativos de Reserva	–10	

Uma empresa brasileira consegue refinanciar o pagamento de juros vincendos neste ano no montante de 20 milhões de dólares.

Conta de Renda Primária — Rendimento de investimento em carteira		–20
Receitas		
Despesas	+20	
Conta Financeira		**–20**
Investimento em carteira		
Ativos		
Passivos	+20	
Ativos de Reserva	–20 + 20	

Trabalhadores brasileiros residentes nos Estados Unidos remetem para as suas famílias o equivalente a 100 milhões de dólares.

Conta de Renda Secundária		+100
Receita	+100	
Despesa		
Conta Financeira		**+100**
Ativos de Reserva	+100	

O Brasil importa petróleo do Irã no valor FOB de 500 milhões de dólares pagos à vista.

Balança Comercial		–500
Receita		
Despesa	+500	
Conta Financeira		**–500**
Ativos de Reserva	–500	

Uma empresa brasileira investe o equivalente a 20 milhões de dólares na construção de uma fábrica na Argentina, sendo 10 milhões em dinheiro e 10 milhões com financiamento obtido com um banco alemão.

Conta Financeira			0
Investimento Direto		+20	
Ativo	+20		
Passivo			
Outros Investimentos		–10	
Ativo			
Passivo	+10		
Ativos de Reserva	–10	–10	

Uma empresa de turismo espanhola efetua pagamentos a uma rede de hotéis no Brasil por serviços de hospedagem de turistas daquele país no valor de 10 milhões de dólares.

Balança de Serviços			+10
Receita		+10	
Despesa			+10
Conta Financeira			+10
Ativos de Reserva		+10	

Uma fábrica de automóveis alemã compra à vista uma partida de aço produzido no Brasil no valor FOB de 200 milhões de dólares.

Balança Comercial			+200
Exportação		+200	
Importação			
Conta Financeira			+200
Ativos de Reserva		+200	

Uma subsidiária de uma empresa francesa investe no Brasil o equivalente a 50 milhões de dólares em ampliação da capacidade produtiva.

Conta Financeira				0
Investimento Direto			–50	
Ativo				
Passivo		+50		
Ativos de Reserva		+50	+50	

Respostas:
a) o saldo da balança comercial = –280, da balança de serviços = +10 e da conta de rendas primárias = –30.
b) o saldo em transações correntes = –220.
c) o saldo da conta capital = –10 e na conta financeira = –230.
d) o saldo de ativos de reserva = –110.

27. "d". Conhecendo a estrutura do Balanço de Pagamentos, a seguir transcrita, tem-se:
1. Balança Comercial   ⎫ saldo positivo, já que X > M. Houve transferência líquida
2. Balança de Serviços   ⎭ de recursos para o exterior = H
3. Conta de rendas primárias ⎫
4. Conta de rendas secundárias ⎭ saldo negativo, já que apresentou RLE

Saldo do Balanço de Pagamentos em Transações Correntes (1 + 2 + 3 + 4) = T = H + (–RLE)

Portanto, a alternativa "d" é verdadeira.
O Capital Compensatório é a soma dos Empréstimos de Regularização, atrasados e conta de caixa. A alternativa "a" é falsa.
As despesas com juros de empréstimos tomados por residentes no exterior são registradas na conta de rendas primárias. A alternativa "b" é falsa.
As amortizações compõem a conta financeira em outros investimentos. A alternativa "c" é falsa.
O saldo em Conta Corrente do Balanço de Pagamentos (T) é igual à Conta Financeira subtraída da Conta Capital e Erros e Omissões. Portanto, a alternativa "e" é falsa.

28. "e".
I. Na elaboração de um Balanço de Pagamentos, separam-se as transações, *grosso modo*, em dois grandes grupos: o Balanço de Pagamentos em Transações Correntes, que corresponde à soma da Balança Comercial, da Balança de Serviços, da Conta de Rendas Primárias e Conta de R   e   n   d   a   s

Secundárias; e os Movimentos de Capitais, que correspondem à soma da Conta Capital e da Conta Financeira, salvo Erros e Omissões. Todos os lançamentos a crédito devem ter contrapartida a débito/ ativo e todo lançamento a débito deve ter contrapartida a crédito/passivo na estrutura do Balanço de Pagamentos.

II. As Transações Correntes serão aquelas que possuam uma contrapartida real, ou seja, bens, serviços, rendas e transferências correntes. Referem-se, portanto, ao fluxo real de bens e serviços que se desloca entre residentes e não residentes no período de registro.

III. Transações Correntes são aquelas que dão lugar à transferência, para o exterior, de uma parcela da produção corrente de bens e de serviços, ao passo que as Transações de Capital diriam respeito às transferências de poupança entre residentes e não residentes, além do perdão de dívida, bem como os investimentos diretos, investimentos em carteira, derivativos e outros investimentos.

IV. Uma redução nos "Haveres a curto prazo" sempre corresponde a uma redução nos estoques de divisas. Contrariamente, um aumento de tais Haveres significa disponibilidade maior de cambiais.

V. Pode-se perceber que, desde o BPM5, a estrutura do Balanço de Pagamentos se preocupou com um melhor detalhamento das contas.

29. V, V.
a) **(V)** No Balanço de Pagamentos brasileiro, os gastos com viagens internacionais dos brasileiros são registrados na Balança de Serviços não fatores, e os empréstimos concedidos pelo Banco Mundial são registrados na rubrica outros investimentos da Conta Financeira.
b) **(V)** Caso uma empresa brasileira tenha financiado, por meio de um banco norte-americano, importações de matéria-prima no valor de US$ 2 milhões, esse montante deverá ser registrado como débito na balança de transações correntes na Balança Comercial como importações e em passivo na Conta Financeira em outros investimentos.

30. F, F, V, F. Montando a estrutura do Balanço de Pagamentos, tem-se:
1. Conta Corrente
   1.1. Balança Comercial =
        Receita
        Despesa: +20(a) + 5(c) = +25
   1.2. Balança de Serviços
   1.3. Conta de rendas primárias = –10(d) $\Big\} = 0(b)$
   1.4. Conta de rendas secundárias =
        Receita: + 20(a)
        Despesa:

Saldo do Balanço de Pagamentos em Transações Correntes = –30(e)

2. Conta Capital
3. Conta Financeira = –15
   Ativo
   Passivo = 5(c) + 10(d) + 15(f) = 30
   Ativos de Reserva: –10(d) + 10(d) + 15(f) = +15
4. Erros e Omissões

Diante desses lançamentos, pode-se completar a estrutura do Balanço de Pagamentos:

1. Conta Corrente
   1.1. Balança Comercial = –20(a) – 5(c) = –25
   1.2. Balança de Serviços = –5
   1.3. Conta de rendas primárias (serviços fatores) = –10(d) – 10 $\Big\} = 0(b)$
   1.4. Transferências Unilaterais Correntes = 20(a)

Saldo do Balanço de Pagamentos em Transações Correntes = –30(e)

2. Conta Capital
3. Conta Financeira = 5(c) + 10(d) + 15(f) = 0 = 30
   Ativos de Reserva = –10(d) + 10(d) + 15(f) – 5 – 10 = 0
4. Erros e Omissões

0) **(F)** PNB + RLEE = PIB, como RLEE = 0, então PNB = PIB.
1) **(F)** Os donativos recebidos não exerceram impacto positivo, no valor de $ 20 bilhões, sobre o Balanço de transações correntes porque, assim como entram como receita na Conta de Renda Secundária, entram em importações na Balança Comercial. Portanto, não alteram o saldo no Balanço de Pagamentos em Transações Correntes.
2) **(V)** A importação de máquinas não teve impacto algum sobre os ativos de reserva do Balanço de Pagamentos, porque, como não foi paga à vista, é lançada como importação na Balança Comercial e como passivo em Outros Investimentos na Conta Financeira.
3) **(F)** O saldo dos ativos de reserva foi nulo.

31. F, V, F, V, V.
0) **(F)** A Conta Financeira é positiva para um país que apresenta superávit na soma em transações correntes, conta capital e erros e omissões, o que equivale a um aumento dos ativos externos líquidos em poder dos residentes desta economia.
1) **(V)** Caso não ocorra o pagamento de um empréstimo externo no seu vencimento, debita-se no passivo na conta de amortizações, que pertence à Conta Financeira, como se de fato o pagamento houvesse ocorrido, e credita-se a conta de passivo de atrasados comerciais na Conta Financeira. No momento da liquidação efetiva desse atrasado, debita-se no passivo, nesta última conta, e na conta de caixa.
2) **(F)** O Balanço de Serviços engloba, entre outros itens, os pagamentos e os recebimentos relativos a viagens internacionais e seguros. As amortizações pertencem à Conta Financeira, e os lucros e dividendos pertencem à Conta de Rendas Primárias.
3) **(V)** A renda líquida recebida (+) ou enviada (–) para o exterior é, por definição, segundo a FGV, o saldo positivo de serviços fatores (Conta de Renda Primária) mais a Conta de Renda Secundária. A renda líquida enviada ao exterior vai ser o saldo negativo da Conta de Rendas Primárias com a Conta de Rendas Secundárias. Por sua vez, a transferência líquida de recursos para o exterior equivale ao saldo comercial mais o saldo da Balança de Serviços quando positiva. O hiato do produto é o saldo negativo da soma da Balança Comercial com a Balança de Serviços.
4) **(V)** O aumento do passivo externo líquido de um país em determinado período é equivalente a um saldo negativo, nesse mesmo período, da conta Financeira, porque, quando o país apresenta um passivo externo, deverá apresentar uma obrigação para com os outros países, ou seja, deverá se socorrer a capital externo, captando recursos na forma de investimentos. Portanto, os capitais autônomos e compensatórios deverão tornar positivos o passivo da conta financeira.

32. F, V.
0) **(F)** Quando crescem as remessas de juros ao exterior, o saldo da Conta de rendas primárias tende a diminuir e, por conseguinte, tende a diminuir o Saldo em Transações Correntes do Balanço de Pagamentos, e não na conta capital
1) **(V)** Entende-se por déficit primário a diferença entre as despesas e as receitas não financeiras do governo (ou, mais precisamente, a diferença entre os investimentos e a poupança do governo), ou seja, sem incluir as despesas com juros nominais, ou seja, sem incluir os juros reais mais a correção monetária e cambial. Portanto, se o governo corta seus gastos, diminui seu déficit primário, mas se ele eleva os juros, não vai impactar no déficit primário, já que os juros não são computados no cálculo. Logo, o resultado será uma diminuição do déficit primário.

33. V. Um déficit do Balanço de Pagamentos pode ser financiado com a perda de reservas, cujo lançamento contábil terá sinal negativo, já que as contas de caixa (ativos de reserva), a partir do BPM6, aumentam o saldo por crédito e diminuem o saldo por débito.

34. V, V, F, F, F.
Quando se diz que houve a implantação de subsidiária em "A" sem cobertura cambial é porque houve investimento sem entrada de divisas. O investimento foi em forma de subscrição de ações de uma companhia nacional integralizando capital sob a forma de bens, como, por exemplo, bens de capital (bens, máquinas e equipamentos). Isso significa que o lançamento correto deve ser no passivo na conta financeira em investimentos diretos e em importação na Balança Comercial, em importações.
A monetização e a desmonetização do ouro, por não envolverem uma transação entre um residente e um não residente, não são mais contabilizadas no Balanço de Pagamentos, mas, sim, na Posição Internacional de Investimentos, um segundo balanço contábil.

Montando a estrutura do Balanço de Pagamentos e fazendo os lançamentos dados pela questão, tem-se:
1. Conta Corrente
    1.1. Balança Comercial = +18(a) − 2(c) − 4(i) − 8(e) = 4
    1.2. Balança de Serviços
    1.3. Conta de rendas primárias (serviços fatores)
    1.4. Conta de rendas secundárias = 2(c)

Saldo do Balanço de Pagamentos em Transações Correntes = 5(f)

2. Conta Capital
3. Conta Financeira =
    Ativo: +4(d)
    Passivo: +8(b) + 8(e) − 26(h) = −10
    Ativos de Reserva: +18(a) + 8(b) − 4(d) − 26(h) − 4(i)
4. Erros e Omissões

Completando a estrutura, pelos cálculos dos saldos, tem-se:
1. Conta Corrente
    1.1. Balança Comercial = +18(a) − 2(c) − 4(i) − 8(e) = 4 ⎫
    1.2. Balança de Serviços   ⎬ −1
    1.3. Conta de rendas primárias (serviços fatores)   ⎭
    1.4. Conta de rendas secundárias = 2(c)

Saldo do Balanço de Pagamentos em Transações Correntes = +5(f)

2. Conta Capital
3. Conta Financeira = +5
    Ativo: +4(d)
    Passivo: +8(b) + 8(e) − 26(h) = −10
    Ativos de Reserva: +18(a) + 8(b) − 4(d) − 26(h) − 4(i) − 1 = −9
4. Erros e Omissões = 0
0) **(V)** O saldo do Balanço de Pagamentos em Transações Correntes é de US$ 5 milhões ou 10 u.m.$.
1) **(V)** O saldo dos ativos de reserva do Balanço de Pagamentos apresenta déficit de US$ 9 milhões, conforme poderá ser verificado na estrutura acima.
2) **(F)** O saldo do Balanço de Serviços fatores (Balança de Serviços) e não fatores (Conta de Rendas Primárias) é negativo em US$ 1 milhão.
3) **(F)** O saldo do financiamento de capitais compensatórios, que nesse caso é composto apenas por ativos de reserva, é negativo em US$ 9 milhões.
4) **(F)** "Erros e Omissões" são iguais a zero, conforme poderá ser verificado na estrutura *supra*.

35. V. Quando um país apresenta poupança superior ao seu investimento interno, significa que deverá financiar investimentos no exterior e, portanto, na Conta Financeira, deverá haver lançamento de saída de capital. Essa conta deverá ter o ativo superior ao passivo, já que a questão supõe que não haverá alteração nas reservas internacionais nem variação na conta capital e erros e omissões, ou seja, o superávit em conta corrente do Balanço de Pagamentos não deverá elevar as reservas do país, pois será destinado a financiar investimento externo.

36. "e". O saldo do Balanço de transações correntes é obtido mediante a soma das contas da Balança Comercial com Serviços e Rendas Primárias e Secundárias.
A Balança Comercial e a Balança de Serviços são formadas pelas exportações e pelas importações de bens e serviços não fatores, e não a Balança Comercial com a Conta de Rendas. O Balanço de Pagamentos é constituído pelo somatório das contas do Balanço de transações correntes com a Conta Capital e Financeira e Erros e Omissões. Os Ativos de Reserva pertencem à Conta Financeira. A Conta de Rendas Secundárias é constituída pelos donativos ou doações.

37. "e". O Brasil apresentou um déficit no Balanço de Pagamentos em Transações Correntes no valor de 47,5, o que significa que a poupança externa será de igual valor, ou seja, de US$ 47,5 bilhões. Portanto, a alternativa "e" é verdadeira.

Os lucros e dividendos são lançados na Conta de rendas primárias, que correspondem aos serviços fatores. Aluguel de equipamentos e viagens internacionais são lançados na Balança de Serviços, que corresponde aos serviços não fatores. Portanto, a alternativa "a" é incorreta.

O país não apresenta dívida externa líquida, já que as reservas internacionais superam a dívida externa total no valor de US$ 32,9 bilhões em 31/12/2010, que deverá ainda ser acrescida dos ativos de reserva no valor de 49,1 para o período analisado. Portanto, a alternativa "b" é incorreta.

A Balança Comercial apresentou superávit no período considerado:
1. Balança Comercial = ?
2. Balança de Serviços = –31,1
3. Conta de rendas primárias
4. Conta de rendas secundárias } –39,6

Saldo do Balanço de Pagamentos em Transações Correntes = –47,5

5. Conta Capital
6. Conta Financeira
   Ativo = 11,5 + 2,3 = 9,2
   Passivo = 48,5 + 67,8 = 116,3
   Ativos de Reserva = 55
7. Erros e Omissões

A Balança Comercial + Balança de serviços + Conta de rendas primárias + conta de rendas secundárias = Déficit no Balanço de Pagamentos em transações correntes
Balança comercial + (–31,1) + (–39,6) = –47,5
Logo, a Balança Comercial apresenta um saldo positivo de 23,2, e a alternativa "c" é falsa.
As aquisições de ações em bolsa correspondem a investimento em carteira. A alternativa "d" é, portanto, falsa.

38. "d". Montando a estrutura do Balanço de Pagamentos, tem-se:
1. Balança Comercial
2. Balança de Serviços
3. Conta de rendas primárias
4. Conta de rendas secundárias

Saldo do Balanço de Pagamentos em Transações Correntes = (1 + 2 + 3 + 4)

Assim, se o saldo no Balanço de Pagamentos em Transações Correntes for negativo a soma de 1 + 2 + 3 + 4 é deficitária. Assim:

I. **(F)** Se a poupança externa fosse nula, isso significaria que o Saldo do Balanço de Pagamentos em Transações Correntes seria zero, o que contradiz os dados da questão.

II. **(V)** Se o pagamento de juros da dívida externa for superior ao superávit comercial, o lançamento a débito na Conta de rendas primárias é maior que o saldo positivo da Balança Comercial e de Serviços. Considerando que o saldo de Conta de renda secundária seja desprezível, o saldo do Balanço de Pagamentos em Transações Correntes é negativo.

III. **(V)** Importações maiores que as exportações significam que o saldo da Balança Comercial é negativo. Considerando que a Balança de Serviços, de Rendas e as Transferências Correntes Unilaterais têm saldo igual a zero, o saldo total do Balanço de Pagamentos em Transações Correntes é negativo.

39. "c". Quando uma empresa nacional pede empréstimos estrangeiros, é feito um lançamento no passivo em outros investimentos na Conta Financeira, bem como um lançamento a crédito em Variação de Reservas, mostrando que as reservas tiveram um aumento.

40. "b". Os investimentos, empréstimos, financiamentos e amortizações são registrados na Conta Financeira, que aparece depois do saldo do Balanço de Pagamentos em Transações Correntes (abaixo da linha). Variação de Reservas ou Haveres da Autoridade Monetária é a única conta de caixa do Balanço de Pagamentos e é lançada na conta financeira abaixo do saldo do Balanço de Pagamentos em Transações Correntes. Pagamento de juros faz parte da Conta de rendas primárias, que pertence ao saldo do Balanço de Pagamentos em Transações Correntes. Importações e exportações fazem parte da Balança Comercial/Serviços, que pertence ao saldo do Balanço de Pagamentos em Transações Correntes.

41. V, V.
a) **(V)** As viagens internacionais são lançadas na Balança de Serviços não fatores. Os empréstimos de organismos internacionais, pela sistemática adotada desde 2001, são lançados na Conta Financeira em outros investimentos.
b) **(V)** Uma importação de mercadoria deve ser lançada a débito na Balança Comercial. Se essa aquisição não foi paga à vista, ou seja, se houve financiamento, a contrapartida deve ser a crédito (ativo) na Conta Financeira em outros investimentos.

42. "c". Fazendo os lançamentos na estrutura do Balanço de Pagamentos, tem-se:
1. Balança Comercial: +1.950 – 1.890
2. Balança de Serviços: –230
3. Conta de renda primária: –520 – 980
4. Conta de renda secundária: + 350

Saldo do Balanço de Pagamentos em Transações Correntes

5. Conta Capital
6. Conta Financeira:
   Ativo:
   Passivo: –870 + 1.200 + 2.100
   Ativos de Reserva: +1.950 – 870 – 230 – 1.890 – 520 + 1.200 + 2.100 – 980 + 350 = +1.110
7. Erros e Omissões

Como as variações de reservas aumentam a crédito, então, houve um aumento de 1.110.

43. "e". Para resolver essa questão, é necessário construir apenas a estrutura do Balanço de Pagamentos em Transações Correntes, ou seja:
1. Balança Comercial: +5 – 3
2. Balança de Serviços: +0,5
3. Conta de renda primária: –1,5
4. Conta de renda secundária:

Saldo do Balanço de Pagamentos em Transações Correntes (1 + 2 + 3 + 4): 1

44. "c". Quando as exportações de mercadorias são maiores que as importações de mercadorias, a Balança Comercial apresenta um saldo positivo e diz-se que houve transferência líquida de recursos para o exterior.

45. "a". O déficit no Balanço de Pagamentos em Transações Correntes é idêntico à poupança externa.

46. "e". Novos empréstimos e a amortização da dívida são lançamentos feitos na Conta Financeira e, portanto, não alteram a Conta de rendas primárias (já que não há alteração das taxas de juros) e, por conseguinte, não alteram a renda líquida enviada ao exterior.

47. "c". Construindo a estrutura do Balanço de Pagamentos em transações correntes, tem-se:

1. Balança Comercial: +1.000 – 800 = +200
2. Balança de Serviços: +100
3. Conta de Renda Primária: –300
4. Conta de Renda Secundária

Saldo do Balanço de Pagamentos em Transações Correntes: 0

Logo, o saldo na Balança comercial é de +200.

48. "a". Construindo a estrutura do Balanço de Pagamentos em transações correntes, tem-se:

1. Balança Comercial: +1.000 – 800 = +200
2. Balança de Serviços: +100
3. Conta de Renda Primária: –300
4. Conta de Renda Secundária

Saldo do Balanço de Pagamentos em Transações Correntes: 0

Logo, o saldo do Balanço de Pagamentos em transações correntes é zero.

49. Errado. O Balanço de Pagamentos vai registrar todas as transações entre residentes e não residentes de um país em um determinado período de tempo.
Residentes são pessoas físicas ou jurídicas que têm, no país considerado, seu principal centro de interesse econômico. Tem-se interesse econômico quando a unidade está engajada em alguma atividade e transação econômica de escala significante, e a sua intenção em manter-se engajada é ou por tempo indeterminado ou determinado pelo menos 1 (um) ano no país. Não está relacionado ao fato de morar ou não no país e, sim, ao fato do seu centro de interesse econômico estar naquele país ou não. Portanto, imigrantes e filiais de empresas estrangeiras instaladas no país são consideradas residentes do país.

50. Errado. Os valores dos serviços relativos a transporte e viagens internacionais são computados na Balança de serviços. O saldo da balança comercial e de serviços vai compor as exportações e importação de bens e serviços não fatores do país.

51. "d". Se as exportações de bens são maiores que as importações de bens, isso significa que haverá superávit na Balança Comercial. A alternativa "d" está correta.
Não necessariamente essas transações implicaram entrada ou saída de divisas, já que podem ter ocorrido via financiamento em vez de pagamento à vista. Portanto, a alternativa "a" está incorreta.
Como não é possível afirmar que houve aumento de divisas, também não é possível afirmar que houve redução da dívida externa líquida, que é a diferença da dívida externa bruta e os ativos de reserva. Portanto, a alternativa "b" está incorreta.
O que diferencia o Produto Nacional Bruto do Produto Interno Bruto é a Renda líquida recebida/enviada ao exterior. Se o saldo da Balança comercial se alterar, não altera a Renda enviada ou recebida do exterior e, portanto, não altera a diferença entre PNB e PIB. Portanto, a alternativa "c" está incorreta.
Haverá poupança externa se houver déficit no Balanço de Pagamentos em Transações correntes e não na Balança comercial. Portanto, a alternativa "e" está incorreta.

52. Errado. No Balanço de Pagamentos, os preços considerados são o FOB *(Free on board)*, ou seja, o preço da mercadoria exportada e importada está livre de frete e seguros que serão computados, separadamente, na balança de serviços. Já nas contas nacionais, o preço considerado é o CIF *(Cost, Insurance, Freight)*, ou seja, no preço da mercadoria já estão incluídos fretes e seguros tanto para mercadorias exportadas quanto importadas. Portanto, para efeito de comércio exterior, os registros são feitos a preço CIF.

53. "d". Quando há uma expansão na economia dos EUA, a renda do país aumenta e, consequentemente, as suas importações. Com isso, as exportações dos demais países que mantêm relações comerciais com os EUA vão aumentar.

54. Certo. Quando a renda do resto do mundo aumenta, suas importações aumentam também. Assim, o Brasil passa a exportar mais, aumentando suas exportações líquidas (que é a diferença entre exportações e importações). Com isso, há uma tendência de entrar, no país, divisas internacionais aumentando nossas reservas internacionais.

55. "a". O déficit no Balanço de Pagamentos em Transações correntes significa que o saldo na Balança Comercial, na Balança de Serviços e na Conta de Renda Primária e Secundária, somadas, é negativo, ou seja, o país depende de poupança externa para financiar seus investimentos. Para tanto, deve buscar recursos através da conta capital e financeira. Portanto, a alternativa "a" está correta.
Esse déficit no Balanço de pagamentos em transações correntes pode ter ocorrido devido a um déficit nominal do setor público, e não um superávit, que teve seus investimentos maiores que sua poupança, exigindo uma poupança externa para se financiar. Portanto, a alternativa "b" está incorreta.
O déficit em transações correntes já é uma decorrência do saldo da Balança Comercial e de Serviços. Portanto, essas contas não financiam o déficit em conta corrente e, sim, geram-no. O fato de essas contas (Balança Comercial e de Serviços) serem superavitárias faz com que o déficit do Balanço de Pagamentos em transações correntes seja menor apenas, mas não o financia. Portanto, as alternativas "c", "d" e "e" estão incorretas.

56. "e". As contas renda primária pertencem ao saldo em transações correntes, as transferências de capital pertencem à conta capital e o investimento direto pertence à conta financeira.

57. Errado. O déficit do balanço de pagamentos em transações correntes é financiado pela poupança externa, que é igual ao Déficit no Balanço de Pagamentos em Transações correntes. O déficit público eleva o déficit em transações correntes.

58. "c". Quando um país apresenta déficit no balanço de Pagamentos em transações correntes, ele terá que se socorrer da poupança externa, ou seja, ele terá uma necessidade de financiamento do setor externo para suprir esse déficit. Para tanto, terá de buscar recursos na conta capital e financeira para financiá-lo, excluindo os investimentos diretos da conta financeira, que são constituídos principalmente de investimentos produtivos do exterior no país.

59. "a". Se há um déficit em transações correntes no país e superávit no Balanço de Pagamentos, então significa que, na conta capital e financeira, foram captados recursos superiores ao Déficit em Transações correntes. Logo, uma das maneiras de aumentar o saldo da conta capital/financeira é elevar os investimentos estrangeiros diretos no país. Portanto, a alternativa "a" está correta. O aumento dos gastos de turistas brasileiros no exterior, o aumento das importações líquidas, a redução de receitas obtidas com fretes de seguros e o aumento de remessa de lucro enviada ao exterior elevariam o déficit em transações correntes reduzindo o saldo do Balanço de Pagamentos. Portanto, as alternativas "b", "c", "d" e "e" estão incorretas.

60. "d". Quando um país apresenta déficit em transações correntes, deve promover movimento de capitais através da conta capital/financeira, considerando que erros e omissões sejam zero. Portanto, a alternativa "d" está correta.
A razão entre as exportações de um país e seu PIB pode ser maior, menor ou igual a 1 (um). Sabemos que: $Y = C + I + G + X - M$. Se as importações forem suficientemente altas, as exportações (X) poderão ser maiores que o PIB (Y), fazendo a relação X/Y ser maior que a unidade. Portanto, a alternativa "a" está incorreta.
A balança comercial e de serviços do país registra as exportações e importações de bens e serviços não fatores com o resto do mundo, e não a conta capital. Portanto, a alternativa "b" está incorreta.
Um coeficiente de importações maior que 1 (um) significa que há uma participação de produtos importados muito grande no que é consumido pelo país, o que não demonstra fragilidade, necessariamente, já que o país poderia exportar muito também. Portanto, a alternativa "c" está incorreta.

61. "b". Quando analisamos o saldo do balanço de pagamentos em transações correntes (que é a soma da balança Comercial, Balança de serviços, Conta de Renda Primária e secundária) e comparamos com o saldo da conta capital/ financeira com erros e omissões, saberemos o saldo total do Balanço de Pagamentos.

62. "d". Um aumento da receita de seguros eleva o saldo da Balança de serviços. A alternativa "d" está correta.
Um aumento das receitas de exportação de construção eleva o saldo da balança de serviços, e não da Balança Comercial. Consideramos exportação de construção as operações relacionadas à implantação e instalação de projetos de engenharia e outras montagens sob encomenda realizados no exterior por companhias residentes no país. Portanto, a alternativa "a" está incorreta.
Uma redução das transferências unilaterais de renda melhora o saldo da Conta de Renda Secundária, e não da Balança Comercial. Portanto, a alternativa "b" está incorreta.
A compra de ações de empresas brasileiras por estrangeiros aumenta o passivo do componente de investimento direto da conta financeira. Se a compra dessas ações tiver o intuito de participar da gestão da empresa, é considerada investimento direto. Se a compra tiver o intuito especulativo, o investimento será em carteira. Portanto, a alternativa "c" está incorreta.
A tomada de empréstimo de longo prazo junto ao Fundo Monetário Internacional aumenta o passivo de outros investimentos na conta financeira, e não na conta capital. A alternativa "e" está incorreta.

63. Errado. A poupança externa é igual à quantidade de recursos do país captados por meio da Conta Capital e Financeira, salvo erros e omissões. Investimento direto é apenas um componente da Conta Financeira, que contém investimento direto, investimento em carteira, derivativos e outros investimentos.

64. Errado. Das informações acima, são lançados na Balança de serviços:

Viagens internacionais de residentes no Brasil	13
Pagamento de *royalties* e assistência técnica	9
Fretes pagos a transportadores estrangeiros	6

Saldo na Balança de Serviços = –13 – 9 – 6 = –28

65. "c".
1. Balança Comercial = x
2. Balança de Serviços = –39.357
3. Conta de Renda Primária = –30.326
4. Conta de Renda Secundária = 1.458
Saldo no Balanço de Pagamentos em transações correntes (1 + 2 + 3 + 4) = –70.697
Sabendo que o Saldo do Balanço de pagamentos em transações correntes é igual à soma do saldo na Balança Comercial, da Balança de Serviços, da Conta de Renda Primária e da Conta de renda secundária, então:
–70.697 = x – 39.357 – 30.326 + 1.458
Então: x = –2.472

66. "a". O saldo em transações correntes é o resultado da soma da balança comercial com a balança de serviços e rendas primárias e secundárias. Na conta de renda secundária são lançadas as transferências unilaterais correntes. A alternativa "a" está correta.
Se o saldo da balança de pagamentos de determinado país for positivo, haverá aumento das reservas internacionais desse país. A alternativa "b" está incorreta.
O déficit na balança de serviços não implica, necessariamente, déficit em transações correntes. Basta que o saldo na Balança Comercial e a Conta de Rendas, somados, sejam suficientemente positivos para superar o déficit da Balança de serviços, e, assim, tornar positivo o saldo em transações correntes. A alternativa "c" está incorreta.
Os lucros reinvestidos por residentes no exterior na economia doméstica são computados na conta financeira em investimento direto. A alternativa "d" está incorreta.
Se o saldo das transações correntes for positivo, então a poupança do resto do mundo será negativa, porque a poupança externa é idêntica ao déficit do Balanço de Pagamentos em Transações correntes. A alternativa "e" está incorreta.

67. "b". O saldo do Balanço de Pagamentos em Transações Correntes (SBPTC) é a soma do saldo da Balança Comercial (BC), da Balança de Serviços (BS) e das contas de Rendas (primária e secundária). O saldo da Balança Comercial é a diferença entre exportação e importação. Logo, o saldo da Balança Comercial será igual a 100 (= 800 – 700). Como não foi dada a informação sobre os valores dos saldos nas contas de renda primária e secundária, consideramos igual a zero.

SBPTC = BC + BS + CRP + CRS
SBPTC = 100 – 400 + 0 + 0
SBPTC = –300

68. Certo. Errado.
O Balanço de Pagamentos registra todas as transações entre residentes e não residentes de um país e seus movimentos financeiros. O item "I" está correto.
As contas operacionais são aquelas que vão registrar o fato gerador que deu origem à entrada ou saída do meio de pagamento internacional. As transferências de recursos ao exterior também geram fatos geradores que são lançados em contas operacionais. A conta caixa vai registrar a entrada ou saída dos meios de pagamento. No caso das transferências de recursos ao exterior, também serão lançadas na conta de caixa (ativo de reservas), reduzindo seu saldo. O item "II" está incorreto.

69. "a". Montando a estrutura do Balanço de Pagamentos, temos:

BALANÇO DE PAGAMENTOS	
1. Balança Comercial (BC)	190.092 – 172.422 = 17.670
2. Balança de Serviços (BS)	–36.919
3. Conta de Renda Primária (CRP)	–42.357
4. Conta de Renda Secundária (CRS)	2.724
Saldo do Balanço de Pagamentos em Transações Correntes (SBPTC) = –58.882	
5. Conta Capital (CC)	440
6. Conta Financeira (CF)	
7. Erros e Omissões (EO)	3.708

SBPTC = BC + BS + CRP + CRS
SBPTC = 17.670 + (–36.919) + (–42.357) + (2.724)
SBPTC = –58.882

SBPTC + CC + EO = CF
–58.882 + 440 + 3.708 = CF
CF = –54.734

70. "b". Montando a estrutura do Balanço de Pagamentos, temos:

BALANÇO DE PAGAMENTOS	
1. Balança Comercial (BC)	16.939 – 13.021 = 3.918
2. Balança de Serviços (BS)	–2.202
3. Conta de Renda Primária (CRP)	–2.508
4. Conta de Renda Secundária (CRS)	213
Saldo do Balanço de Pagamentos em Transações Correntes (SBPTC) = –579	
5. Conta Capital (CC)	50
6. Conta Financeira (CF)	
7. Erros e Omissões (EO)	413

SBPTC = BC + BS + CRP + CRS
SBPTC = 3.918 + (–2.202) + (–2.508) + 213
SBPTC = –579

SBPTC + CC + EO = CF
–579 + 50 + 413 = CF
CF = –116

71. Certo. O movimento de capitais é composto pela conta capital e financeira e nelas são registrados tanto capital compensatório (atrasados, empréstimos de regularização e ativos de reserva) como capital autônomo (investimentos diretos — como, aquisição de ações, investimentos em carteira — como títulos governamentais, derivativos, empréstimos autônomos, financiamentos, entre outros.

72. "a". Na balança comercial são registradas todas as vendas (exportações) de bens, mercadorias, visíveis, tangíveis e as aquisições (importação) de bens, mercadorias, visíveis, tangíveis. O saldo dessa conta é encontrado pela diferença de exportações e importações. Quando o saldo é negativo significa que as exportações foram menores que as importações. A alternativa "a" está correta. As exportações apresentam resultado inferior às importações. As alternativas "b" e "c" estão incorretas. O enunciado não afirma se as importações estão sendo realizadas com pagamento à vista ou se está havendo financiamento. Portanto, não podemos afirmar que a despesa com financiamento aumentou. A alternativa "d" está incorreta. Também, não podemos afirmar que está havendo menos investimento no comércio exterior. Pelo contrário, pode estar até ocorrendo grande volume de transações com o exterior. A alternativa "e" está incorreta.

73. Errado. Acima de Erros e Omissões estão todas as transações do Balanço de Pagamento, desde transações em conta corrente até movimento de capitais (autônomos e compensatórios) composto pela conta capital e financeira.

74. Certo. Quando o país promove investimento direto no exterior, pode (mas não necessariamente) levar ao aumento do emprego do país. Também, na medida em que investe no exterior, passa a receber lucros (renda recebida do exterior), o que eleva suas reservas internacionais, reduzindo sua vulnerabilidade perante o exterior.

75. "a". Montando a estrutura do Balanço de Pagamentos, temos:

	JANEIRO 2014
1. Balança Comercial	45.037
2. Balança de Serviços	−30.447
3. Conta de Renda Primária	−41.080
4. Conta de Renda Secundária	2.944
Saldo no Balanço de Pagamentos em Transações Correntes (1 + 2 + 3 + 4)	−23.546
5. Conta Capital	274
6. Conta Financeira	−16.415
7. Erros e Omissões	6.857

76. "c". A Conta Financeira é composta pelos investimentos diretos, investimento em carteira, derivativos, outros investimentos e ativos de reserva. A questão está correta.

77. "e". Despesas com pagamentos de juros, lucros e dividendos a não residentes elevam o déficit no Balanço de Pagamentos em transações correntes, já que há saída de recursos da Conta de Renda Primária que é um dos componentes do saldo em transações correntes, além da Balança Comercial, Balança de Serviços e Conta de Renda Secundária. A questão está errada.

78. "d"

1. Balança Comercial	+1000 −800
2. Balança de Serviços	+100
3. Conta de Renda Primária	−400
4. Conta de Renda Secundária	0
Saldo no Balanço de Pagamentos em Transações Correntes: (1 + 2 + 3 + 4)	−100
5. Conta Capital	0

6. Conta Financeira	−100
6.1. Investimento direto	0
6.2. Investimento em carteira	0
6.3. Derivativos	0
6.2. Outros investimentos	−400
6.3. Ativos de reserva	+ 1000 − 800 + 100 − 400 + 400 = 300

Portanto, o saldo em transações correntes é de -100, o que equivale a dizer que o déficit em transações correntes é de 100.

79. "d". A Balança Comercial registra a exportação e importação de bens (visíveis, tangíveis). Quando as exportações superam as importações, diz-se que houve superávit na Balança Comercial. O Brasil registra as exportações e as importação ao preço FOB (livres de frete e seguro). A alternativa "d" está correta.

A balança de serviços registra as receitas e despesas com serviços não fatores (intangíveis, invisíveis). Quando as receitas são maiores que as despesas, há um superávit na Balança de serviços. A alternativa "a" está incorreta.

A conta de Renda Primária registra as rendas que entram ou saem do país, sob a forma de juros, lucros e salários. Quando entram, há receita e quando saem, há despesa nessa conta. Quando a receita é maior que a despesa, ocorre superávit na conta. A alternativa "b" está incorreta.

A soma do saldo da Balança Comercial, da Balança de Serviços, da Conta de Renda Primária e Secundária determina o saldo do Balanço de Pagamentos em transações correntes. A Alternativa "c" está incorreta.

Quando há entrada de investimento direto e em carteira, há um aumento do ativo dessas contas que pertencem a Conta Financeira. A alternativa "e" está incorreta.

80. "a". A Conta Financeira é constituída de:

1. Investimento direto: 14 − 88,3 = − 74,3
2. Investimento em carteira: 3,4 − (−8,4) = 11,8
3. Derivativos: 2,8
4. Outros Investimentos: 54,4 − 5,8 = 48,6
5. Ativos de Reserva: 2,9

Saldo da conta financeira: − 8,2

81. "c". A Conta Financeira é composta de Investimento direto, investimento em carteira, derivativos, outros investimentos e ativos de reserva. Logo a alternativa "c" está correta. A Remessa de lucros é lançada na Conta de Renda Primária. A alternativa "a" está incorreta. Viagens internacionais são lançadas na Balança de Serviços. A alternativa "b" está incorreta. Juros são lançados na Conta de Renda Primária. A alternativa "d" está incorreta.

82. "b". Quanto maior a renda do resto do mundo, mais eles importarão, já que a importação é função direta do nível de renda. E quando o resto do mundo importa, o Brasil exporta, melhorando o saldo na Balança Comercial. A alternativa "b" está correta.

Quando a renda de um país aumenta, as importações aumentam, já que o nível de importação é função direta do nível de renda. Logo, quanto maior o nível de renda, maior a demanda por produtos importados, deteriorando o saldo na Balança Comercial. A alternativa "a" está incorreta.

Quanto mais desvalorizada for a moeda nacional em relação às moedas estrangeiras, maior o estímulo às exportações e desestímulo às importações. A alternativa "c" está incorreta.

Quanto menor a renda do resto do mundo, menor a demanda por produtos do país, piorando o saldo da balança comercial, já que irá exportar menos para o resto do mundo. A alternativa "d" está incorreta.

83. "c".
1. Balança Comercial: –60 (b) + 20 (c) + 100 (d) = 60
2. Balança de Serviços:
3. Conta de Renda Primária: –20 (e)
4. Conta de Renda Secundária: –20 (e)

Saldo no balanço de Pagamentos em Transações correntes: 20
5. Conta Capital
6. Conta Financeira: 20
   6.1. Investimento direto: –200 (a) – 20 (e) = –220
   6.2. Investimento em carteira
   6.3. Derivativos
   6.4. Outros Investimentos: –200 (a) – 20 (e) = – 220
   6.5. Ativos de Reserva: + 200 (a) – 30 (b) + 40 (d) –20 (e) + 20 (e) = 210
7. Erros e Omissões

84. "c".
1. Balança Comercial: –60 (b) + 20 (c) + 100 (d) = 60
2. Balança de Serviços:
3. Conta de Renda Primária: –20 (e)
4. Conta de Renda Secundária: –20 (e)

Saldo no balanço de Pagamentos em Transações correntes: 20
5. Conta Capital
6. Conta Financeira: 20
   6.1. Investimento direto: –200 (a) – 20 (e) = –220
   6.2. Investimento em carteira
   6.3. Derivativos
   6.4. Outros Investimentos: –30 (a) + 60 (e) = 30
   6.5. Ativos de Reserva: + 200 (a) – 30 (b) + 40 (d) –20 (e) + 20 (e) = 210
7. Erros e Omissões

85. "c". O Balanço de Pagamentos em transações correntes é a soma da Balança Comercial (onde são lançadas as mercadorias que entram ou saem do país), Balança de Serviços (onde são lançados os serviços como transporte, seguros etc.), Conta de Renda Primária (onde são lançadas as rendas, inclusive rendas de capital, enviadas ou recebidas do resto do mundo) e Conta de Renda Secundária (onde são registradas as transferências correntes unilaterais). A alternativa "c" está correta.

O saldo em transações correntes é formado pela Balança de Serviços (como as transações com serviços de fretes, viagens internacionais, *royalties*), pela Conta de Renda Primária (como juros, lucros). Além disso, pela Balança Comercial e Conta de Renda Secundária que não foram incluídas na alternativa "a" e, por isso, está incorreta.

A alternativa "b" está incorreta porque só incluiu a Balança Comercial onde os lançamentos são realizados a preço FOB (livre de fretes e seguros). Essa alternativa não incluiu a Balança de Serviços e as Contas de Renda Primária e Secundária.

As contas capital e financeira são formadas pelas transações de capitais internacionais, físico ou monetários, em que são registrados o capital das firmas estrangeiras que ingressam no país, além do capital estrangeiro que ingressa sob forma de empréstimos A alternativa "d" está incorreta.

O saldo em transações correntes é formada pelas rubricas: balança comercial, balança de serviços e Conta de Rendas primária e secundária e registra as transações de um país com o resto do mundo, envolvendo mercadorias, serviços, renda e transferências correntes unilaterais. Movimento de capitais, inclusive empréstimos de outros governos ao Brasil são lançados na conta de capital e conta financeira. A alternativa "e" está incorreta.

86. "b". Quando há superávit no Balanço de Pagamentos, mesmo que o saldo em transações correntes seja negativo, significa que entrou na conta capital e financeira, recursos suficientes para cobrir o déficit em transações correntes e ainda restou um saldo positivo. Logo, esse saldo positivo vai ser refletido no aumento das reservas. A alternativa "b" está correta.

87. "e".
1. Balança Comercial: + 8200 – 7400 = 800
2. Balança de Serviços:
3. Conta de Renda Primária: –3900 + 3300 = –600
4. Conta de Renda Secundária: –20 (e)

Saldo no balanço de Pagamentos em Transações correntes: 200
5. Conta Capital
6. Conta Financeira: 20
   6.1. Investimento direto
   6.2. Investimento em carteira: –2500
   6.3. Derivativos
   6.4. Outros Investimentos
   6.5. Ativos de Reserva: + 8200 – 7400 – 3900 + 3300 + 2500 = 2700
7. Erros e Omissões

O país apresentou um saldo positivo em transações correntes no valor de 200 positivo. Além disso, o país atraiu um capital de 2500 positivo. Logo, o superávit no Balanço de pagamentos foi de 2700. A alternativa correta é "e".

88. "b". Balança Comercial + Balança de Serviços + Conta de Renda Primária + Conta de Renda Secundária + Saldo no Balanço de Pagamentos em Transações Correntes (TC)
TC + Conta capital + erros e omissões = Conta Financeira
Considerando que o saldo na conta capital e erros e omissões seja igual a zero, tem-se:
TC = Conta financeira (que faz parte dos movimentos de capitais – MK)

89. "c". Se o PIB nominal cresceu 50% e o PIB real cresceu 20%, então o deflator implícito do PIB:
Deflator do PIB = (Produto nominal / produto real) – 1
Deflator do PIB = (1,50 / 1,20) – 1
Deflator do PIB = 1,25 – 1
Deflator do PIB aumentou 25%
A alternativa "c" está incorreta.
Os rendimentos pagos aos empregados domésticos são rendas geradas na produção do serviço prestado e, portanto, são contabilizados no sistema de Contas Nacionais, como qualquer renda e produto gerado no processo produtivo. A alternativa "a" está correta.
O PIB real refere-se à contabilização do valor de mercado, ao preço de um período base, ou seja, a um preço constante, de tudo o que foi produzido de bens e serviços finais dentro das fronteiras nacionais. A alternativa "b" está correta.
Investimento é a soma da Formação bruta de capital fixo e da variação de estoques. Portanto, os estoques indesejados são contabilizados como investimento nas Contas Nacionais. A alternativa "d" está correta.
Os pagamentos de juros de empréstimos realizados por empresas privadas nacionais, junto a instituições financeiras estrangeiras, fazem parte da conta de renda primária que pertence ao Saldo do Balanço de Pagamentos em Transações Correntes. A alternativa "e" está correta.

8

TEORIA CLÁSSICA (NEOCLÁSSICA) E KEYNESIANA

Neste capítulo, serão estudados o modelo Clássico[1] e o modelo Keynesiano e como determinar o Produto de equilíbrio da economia nos dois modelos.

■ 8.1. MACROECONOMIA

O termo Macroeconomia foi utilizado nos anos 1930 em decorrência da Grande Depressão de 1929 nos Estados Unidos. Na tentativa de explicar a crise de caráter internacional, em 1936, Keynes publicou a sua obra *Teoria geral do emprego, do juro e da moeda*. A partir daí, a Teoria Geral começou a ser discutida e a ser o centro das atenções econômicas. O pensamento econômico passou por uma mudança intitulada Revolução Keynesiana, que combatia a ortodoxia antiga, denominada, por Keynes, **"economia clássica"**[2]. A abertura para a crença na nova ortodoxia Keynesiana deu-se pela depressão mundial em 1929, que não foi explicada nem solucionada pelos clássicos.

Apesar da teoria econômica até então vigente conseguir analisar de forma agregativa algumas variáveis, não era capaz de analisar de forma **global**, ou seja, a Microeconomia conseguia determinar o nível de preços de um produto, mas não era capaz de determinar o nível geral de preços da economia; conseguia determinar o nível de produto de um setor da economia, mas não era capaz de determinar o nível de produto da economia como um todo. Por isso, deu-se margem ao surgimento da nova teoria econômica: a **Macroeconomia**.

A teoria econômica que antecedeu a teoria Keynesiana, conhecida como **teoria neoclássica** (denominada por Keynes de teoria clássica), era baseada na **racionalidade** dos agentes econômicos, pela qual os consumidores procuravam maximizar sua satisfação, e as empresas, seus lucros. Para determinar os preços e as quantidades, foram desenvolvidas duas abordagens: a abordagem do equilíbrio parcial e a do equilíbrio geral. O equilíbrio parcial fazia a análise do mercado sem considerar as

---

[1] A teoria que antecedeu a teoria Keynesiana foi a Neoclássica, baseada na racionalidade econômica, mas Keynes denominou teoria clássica o pensamento defendido antes dele.
[2] Para Keynes, os clássicos eram todos aqueles economistas que vieram antes de 1936. Mas, atualmente, denominam-se clássicos os economistas Adam Smith (1776), David Ricardo (1817) e John Stuart Mill (1848). Já Marshall (1920) e Pigou (1933) são denominados neoclássicos. Froyen (2003, p. 44) justifica a posição de Keynes quando afirma que "os avanços teóricos que diferenciam os períodos clássico e neoclássico eram relativos sobretudo à teoria microeconômica. Keynes sentia que a teoria macroeconômica dos dois períodos era homogênea o suficiente para ser tratada de maneira indiscriminada".

repercussões nos demais mercados, enquanto o equilíbrio geral acreditava que havia uma correlação geral em todos os mercados. Segundo Pinho e Vasconcellos: "a abordagem do equilíbrio parcial analisa determinado mercado sem considerar os efeitos que esse mercado pode ocasionar sobre os demais existentes na economia. Admite-se que os demais mercados afetam o mercado analisado, mas julga-se que esse mercado não afeta os demais. Por outro lado, na abordagem do equilíbrio geral, acredita-se que tudo depende de tudo"[3].

Mas a teoria clássica voltou a ganhar credibilidade, o que fez com que a economia Keynesiana moderna passasse a se utilizar de algumas de suas ideias. Então, na década de 1950, vários economistas resolveram criar a **síntese neoclássica**, unindo as ideias Keynesianas e as clássicas. Blanchard reforça ao dizer que: "Em princípios da década de 1950, surgiu um amplo consenso baseado na integração de muitas ideias de Keynes com as ideias de seus antecessores. Esse consenso foi chamado de síntese neoclássica"[4].

Portanto, para uma melhor compreensão do assunto, serão analisados, a seguir, o modelo Clássico e o Keynesiano, com suas respectivas características.

■ 8.1.1. Modelo clássico

Para os clássicos, o que determina o Produto da economia é a combinação dos **fatores de produção**, dada uma certa tecnologia, ou seja, enquanto houver disponibilidade de fatores de produção (mão de obra, capital, matéria-prima, empreendimento) e de recursos técnicos, o mercado irá produzir. Como cita Froyen "os economistas clássicos enfatizavam a importância dos fatores reais na determinação da riqueza das nações (...) o crescimento de uma economia era visto como resultante de aumentos nos estoques dos fatores de produção e avanços nas técnicas produtivas"[5]. Portanto, para eles, a produção só cessa quando se esgotam todos os recursos produtivos. Conclui-se que, quando os fatores de produção estiverem sendo plenamente utilizados (pleno emprego), dada uma certa tecnologia, não será mais possível aumentar o Produto da economia. A economia estará operando dentro do seu potencial[6]. Assim, as duas variáveis, produto e emprego, já estariam definidas, ou seja, o **produto potencial** e o **pleno emprego**[7].

Os clássicos também defendiam o *laissez faire*[8], segundo o qual o mercado deveria agir com suas próprias forças, sem intervenção estatal, ou seja, haveria na economia uma **"mão invisível"**, capaz de ajustar o mercado sem a interferência do

---

[3] Diva Benevides Pinho e Marco Antonio Sandoval de Vasconcellos, *Manual de economia*, p. 261.
[4] Olivier Blanchard, *Macroeconomia*, p. 546.
[5] Richard T. Froyen, *Macroeconomia*, p. 45.
[6] Produto potencial é o produto da economia a preços constantes quando a economia opera dentro do seu potencial máximo, ou seja, com taxas elevadas de utilização de seus recursos produtivos. Atualmente, considera-se que uma economia opera dentro do seu potencial quando apresenta uma taxa de desemprego entre 5,5% e 6%.
[7] Quando se fala em pleno emprego, considera-se que não haja desemprego involuntário, porém poderá haver o desemprego natural, que é a soma do desemprego voluntário e o friccional.
[8] *Laissez faire* é uma expressão utilizada no liberalismo econômico, que prega a não intervenção do Estado na economia. Deriva da expressão francesa: "*laissez faire, laissez aller, laissez passer*", que significa "deixai fazer, deixai ir, deixai passar".

governo. Mas essa teoria só pôde se manter devido a flexibilidade de preços e salários, como será visto posteriormente.

O modelo clássico se assenta no que ficou conhecido por **dicotomia clássica**, em que as variáveis reais e nominais podem ser analisadas separadamente.

Para tanto, é necessário entender alguns conceitos defendidos pelos clássicos:

■ 8.1.1.1. Lei de Say[9]

Segundo a Lei de Say, **toda oferta criava sua própria demanda**. Os clássicos acreditavam que, quanto mais se produzia, mais renda se gerava (o que é, até esse ponto, uma verdade para qualquer modelo) e, por conseguinte, mais demanda se gerava, demanda essa suficiente para adquirir todo o Produto que estava sendo produzido. Portanto, não se considerava a hipótese de demanda generalizada insuficiente, ou seja, a partir dessa teoria acreditava-se que a economia jamais produziria um Produto que não gerasse uma demanda para si mesmo, ou seja, não haveria recessão nem superprodução. Por isso, os clássicos justificavam a **não intervenção do Estado** (ou governo) na economia, acreditando que, além de desnecessária, poderia ser prejudicial. O papel do governo seria apenas o de prover a população de bens públicos como, por exemplo, segurança nacional, saúde e educação. Daí a crença de que o mercado se autorregularia.

■ 8.1.1.2. Flexibilidade de preços e salários nominais

Como o emprego é definido no mercado pela livre integração entre demanda e oferta da mão de obra, quando houver pessoas desempregadas, reduz-se o nível de salário e emprega-se mais, já que o salário monetário (ou nominal[10]) se ajustaria para garantir o pleno emprego. Portanto, nada justifica o desemprego. Daí a defesa do **pleno emprego**[11], já que, nessa época, os trabalhadores não se organizavam, não havia a presença forte de sindicatos que impedissem essa redução de salários. Lopes e Vasconcellos afirmam que: "A hipótese de flexibilidade total dos preços faz, no caso clássico, com que o mercado de trabalho sempre atinja seu equilíbrio no nível de pleno emprego, isto é, em uma situação onde inexista desemprego (involuntário)"[12].

Segundo Blanchard, "emprego é o número de pessoas que têm trabalho. Desemprego é o número de pessoas que não têm trabalho, mas estão à procura de um. Força de trabalho é a soma de emprego e desemprego"[13].

---

[9] O economista francês Jean-Baptiste Say (1767-1832) estabeleceu que a Oferta Agregada da Economia é que determina o nível de Produção desta Economia.

[10] Salário nominal corresponde ao valor de face do recebimento e é representado por W. Salário real é o salário que mede o poder de compra e é representado por W/p.

[11] Pleno emprego não implica necessariamente que todas as pessoas estejam empregadas, já que pode haver mais dois tipos de desemprego: desemprego voluntário (onde as pessoas estão desempregadas porque não se submetem a trabalhar pelo salário vigente; são os denominados "desalentados") e desemprego friccional (que é o desemprego causado por mudança de emprego ou de função, ou seja, por migração setorial ou regional). Pleno emprego é aquele, portanto, no qual o produto efetivo é igual ao potencial.

[12] Luiz Martins Lopes e Marco Antonio Sandoval de Vasconcellos, *Manual de macroeconomia*, 1998, p. 86.

[13] Olivier Blanchard, *Macroeconomia*, p. 25.

Mas, para entender o porquê de um salário menor a ser pago quando se emprega um número maior de trabalhadores (N), é necessário entender a **Lei dos Rendimentos Físicos Marginais Decrescentes**[14]. Segundo essa lei, na medida em que se emprega mais de um fator de produção **variável** — no caso, a mão de obra (N) — em detrimento de outro fator de produção **fixo** — no caso, o capital (K) — a produtividade do fator variável — a mão de obra — é cada vez menor. Embora o emprego maior de mão de obra (N) eleve, até certo ponto, o produto total, a Produtividade marginal da mão de obra (ou do trabalho), Pmg_N, é cada vez menor. Observe o gráfico da Figura 8.1 a seguir:

Figura 8.1. Curva da Produção (PT ou Y) em função da mão de obra (N) (gráfico a) e curva de Produto Marginal da mão de obra (ou trabalho) (Pmg_N) em função da mão de obra (N) (gráfico b)

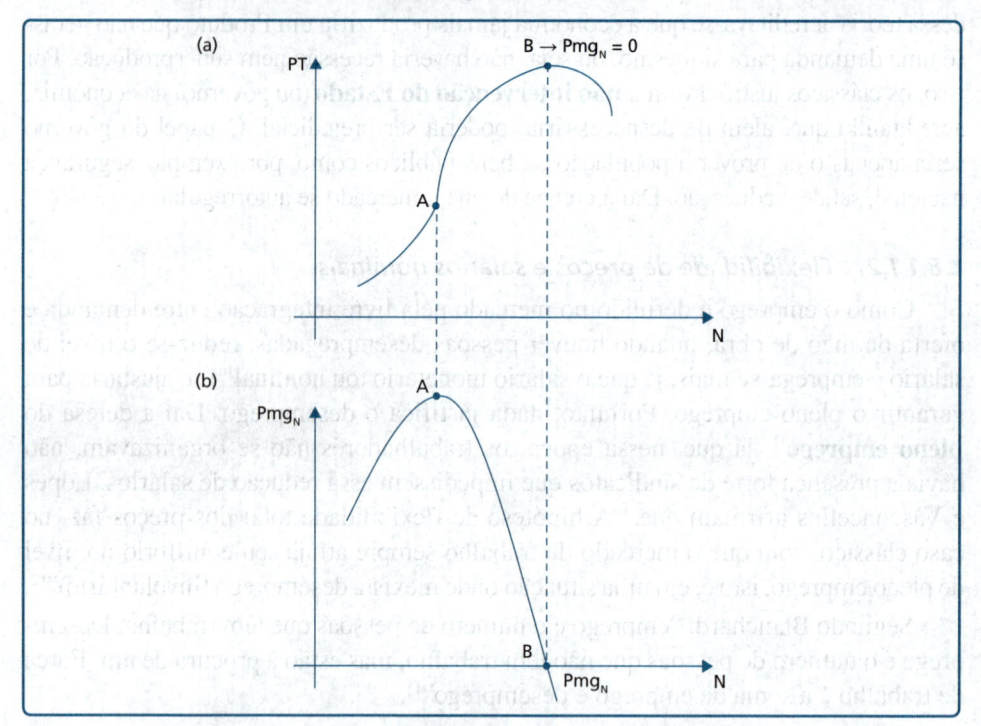

A medida que o Produto marginal da mão de obra (Pmg_N) é crescente, ou seja, até o ponto "A" da figura 8.1, o produto total (PT ou Y) cresce a taxas crescentes, ou seja, o produto total (PT) cresce, e cada vez mais. Quando o Produto marginal da mão de obra (Pmg_N) atinge seu ponto máximo, ou seja, o ponto "A", a curva de

---

[14] Devem ser consideradas duas hipóteses importantes quanto à função produção de curto prazo (na Microeconomia): primeiro, que o produto aumenta quando os fatores de produção ou a tecnologia aumentam; segundo, que, dada uma certa tecnologia, a função de produção de longo prazo apresente retornos constantes de escala, ou seja, na medida em que aumentam os fatores de produção, o produto aumenta em igual proporção.

produto total (Y) muda sua inflexão, passando a crescer a taxas decrescentes, ou seja, apesar de continuar crescendo, cresce cada vez menos. No ponto em que o Produto marginal se iguala a zero, ou seja, no ponto "B", o produto total atinge seu ponto máximo. A partir do ponto em que o Produto marginal da mão de obra (Pmg_N) torna se negativo, ou seja, a partir de "B", o produto total (Y ou PT) decresce. Essa situação ocorre no curto prazo da Microeconomia[15].

O importante a se entender no momento é que, quando se emprega mais mão de obra, a contribuição para a produção total é cada vez menor, o que pode ser observado entre os pontos "A" e "B" no Gráfico 8.1, e que, portanto, a Produtividade marginal da mão de obra é declinante nesse trecho. Observe o gráfico da Figura 8.2 *infra*, que mostra o comportamento do produto total no intervalo dos pontos AB. O traço vertical mostra a variação no produto (ΔY) mediante uma mesma variação da mão de obra (ΔN), representado horizontalmente. É possível se perceber que a variação do produto é cada vez menor, ou seja, o produto cresce numa proporção menor que o crescimento da mão de obra utilizada. Mas, apesar da variação ser decrescente, o produto total (Y) é crescente. E esse fato se deve ao aumento da mão de obra (N), já que se supõe que o capital (K) é fixo e não há avanços tecnológicos.

Figura 8.2. Comportamento do Produto Total quando a Produtividade Marginal é decrescente. O incremento do total produzido (ΔY) de cada novo trabalhador é cada vez menor, ou seja, o produto (Y) cresce a taxas decrescentes

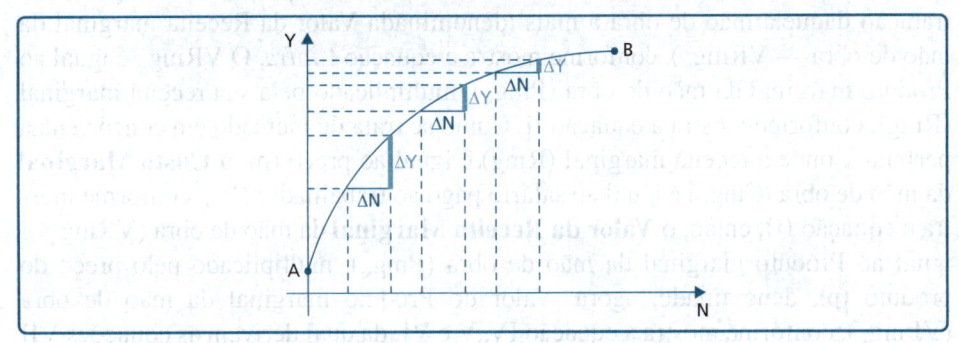

A partir desse momento, a curva de Produto marginal da mão de obra será representada apenas pelo trecho AB. A Produtividade marginal da mão de obra representa a relação entre o acréscimo no produto total (ΔY), mediante o acréscimo de uma unidade de mão de obra (ΔN). O gráfico da Figura 8.3 mostra a curva de Produto marginal do Trabalho, que representa o comportamento dessa curva quando se emprega mais do fator variável (ΔN) somente representando o trecho AB.

---

[15] Em Microeconomia, curto prazo é o tempo necessário para que os fatores de produção e tecnologia sejam fixos, com exceção de um fator. No exemplo, foram considerados a tecnologia e o fator de produção capital (K) como fixos, variando apenas o fator mão de obra (N). Já em Macroeconomia, curto prazo é o tempo suficiente para que preços e salários sejam rígidos.

Figura 8.3. Curva Produto Marginal do trabalho (ou mão de obra) (Pmg_N) trecho AB, onde ocorre a Lei dos Rendimentos Marginais Decrescentes

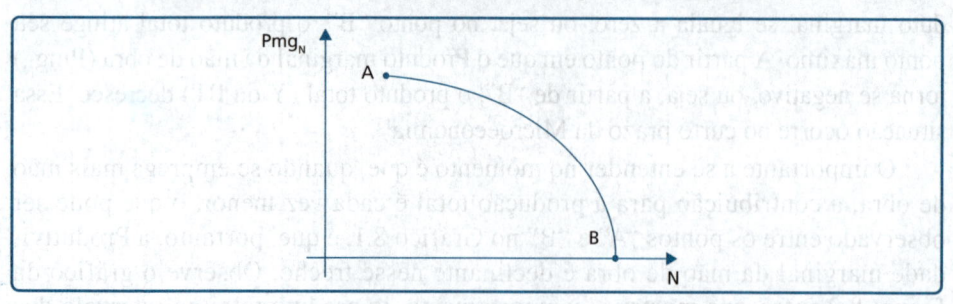

Como a mão de obra[16] (N) poderá variar, já que se considera o fator capital[17] (K) constante, o nível de produção será definido apenas pela quantidade de mão de obra a ser contratada. Isso se dá porque uma modificação no capital é mais difícil que na mão de obra, já que, para adquirir novos equipamentos, edificações etc., leva um tempo muito maior que para adquirir mais mão de obra. Como os clássicos supõem um mercado de trabalho operando em concorrência perfeita, os produtores empregarão mão de obra até o ponto onde a **Produtividade marginal da mão de obra (Pmg_N)** for igual ao **salário real (W/p)** pago, ou seja, como o produtor deseja maximizar seus lucros, deverá empregar até o ponto em que o acréscimo no custo total daquela mão de obra contratada a mais (denominado Custo marginal da mão de obra — Cmg_N) for igual ao acréscimo da receita proporcionada pela contratação daquela mão de obra a mais (denominada Valor da Receita marginal da mão de obra — $VRmg_N$), conforme mostra a equação I *infra*. O $VRmg_N$ é igual ao Produto marginal da mão de obra (Pmg_N), multiplicado pela sua receita marginal (Rmg), conforme mostra a equação II. Como se trata de mercado em concorrência perfeita[18], onde a receita marginal (Rmg) é igual ao preço (p), o **Custo Marginal** da mão de obra (Cmg_N) é igual ao salário pago ao trabalhador (W), conforme mostra a equação III, então, o **Valor da Receita Marginal** da mão de obra ($VRmg_N$) é igual ao Produto marginal da mão de obra (Pmg_N), multiplicado pelo preço do produto (p), denominado, agora, Valor do Produto marginal da mão de obra ($VPmg_N$), conforme mostra a equação IV, V e VI, da qual derivam as equações VII e VIII. Logo:

$Cmg_N = VRmg_N$ (I)

$VRmg_N = Pmg_N \times Rmg$ (II)

$Rmg = P$ e $Cmg_N = W$ (III)

---

[16] Entende-se por mão de obra a totalidade da força de trabalho que oferece trabalho na economia.
[17] Entende-se por capital a totalidade de máquinas, equipamentos, instalações, insumos e matéria-prima.
[18] No mercado em concorrência perfeita, a firma individual não tem poder de influenciar preços e salários na economia. Eles serão determinados pelo mercado e a firma individual é tomadora de preços e salários.

$VRmg_N = Pmg_N \times P$ (IV)

$VRmg_N = VPmg_N$ (V)

$VPmg_N = Pmg_N \times p$ (VI)

Como: $Cmg_N = VPmg_N$

Então: $W = VPmg_N$ (VII)

Então: $W = Pmg_N \times p$ (VIII)

Portanto, o salário nominal (W) é igual ao Valor do Produto marginal da mão de obra ($VPmg_N$) (equação VII), ou o salário nominal (W) é igual ao Produto marginal da mão de obra (Pmg_N), multiplicado pelo preço (p), conforme a equação VIII.

Representando a função (equação VII), deslocando o preço (p) para o denominador do salário nominal (W), tem-se:

$$Pmg_N = W/p$$

Essa função mostra que a **maximização do lucro** por parte do empresário se dá quando a Produtividade marginal da mão de obra (Pmg_N) for igual ao salário real (W/p) pago ao trabalhador, ou seja, a empresa maximiza lucro quando contrata o número de trabalhadores até o ponto em que a Produtividade marginal do trabalhador se iguala ao salário real. Logo, **a quantidade demandada de mão de obra** pela firma é determinada pela Produtividade marginal da mão de obra (Pmg_N), salário nominal (W) e nível de preços (P), onde W e P são definidos pelo mercado e a Pmg_N é determinada, no curto prazo, pelo nível de emprego.

Dornbusch e Fischer afirmam que: "A teoria neoclássica da demanda por trabalho, relaciona a demanda por trabalho, somente aos salários reais, mantendo-se estáveis os demais fatores de produção, da empresa. As empresas competitivas que estão livres para alterar o volume de mão de obra que empregam, sem custos e imediatamente, contratarão mão de obra até o ponto em que o salário real for igual à produtividade marginal do trabalho"[19].

Essa relação mostra que: se o trabalhador apresentar um produto marginal menor, receberá um salário menor; e se apresentar um produto marginal maior, receberá um salário maior.

Como a maximização do lucro da empresa se dá quando a última unidade de mão de obra contratada apresenta uma Produtividade marginal da mão de obra (Pmg_N) igual ao salário real (W/p) pago, pode-se dizer que o produtor vai remunerar o trabalhador de acordo com o Valor da Produtividade marginal da mão de obra ($VPmg_N$). Como já mencionado, o Valor do Produto marginal da mão de obra em um mercado em concorrência perfeita é igual ao Produto marginal da mão de obra, multiplicado pelo preço do produto, e que o preço da mão de obra é o seu salário. Vasconcellos e

---

[19] Rudiger Dornbusch e Stanley Fischer, *Macroeconomia*, p. 355.

Oliveira afirmam que a empresa "irá contratar uma quantidade de trabalho que iguala o valor do produto marginal desse fator a seu preço"[20].

Sabendo-se que a curva de produtividade de mão de obra é a própria **curva de demanda por mão de obra**[21], é possível se perceber na Figura 8.4 que, para se aumentar o número de mão de obra empregada, o empresário terá que reduzir o salário real a ser pago. Portanto, para os clássicos, o **salário real (W/p)** é uma função inversa da quantidade de mão de obra demandada (N). Também, do lado direito da Figura 8.4 é possível perceber que a relação entre a quantidade demandada de mão de obra (N) e o salário nominal (W) é negativa.

A demanda real (ou nominal) de mão de obra mostra quanto as firmas estão dispostas a pagar de salário real (ou nominal) a cada nível de emprego ou quanto de mão de obra será contratada a cada nível de salário real (ou nominal).

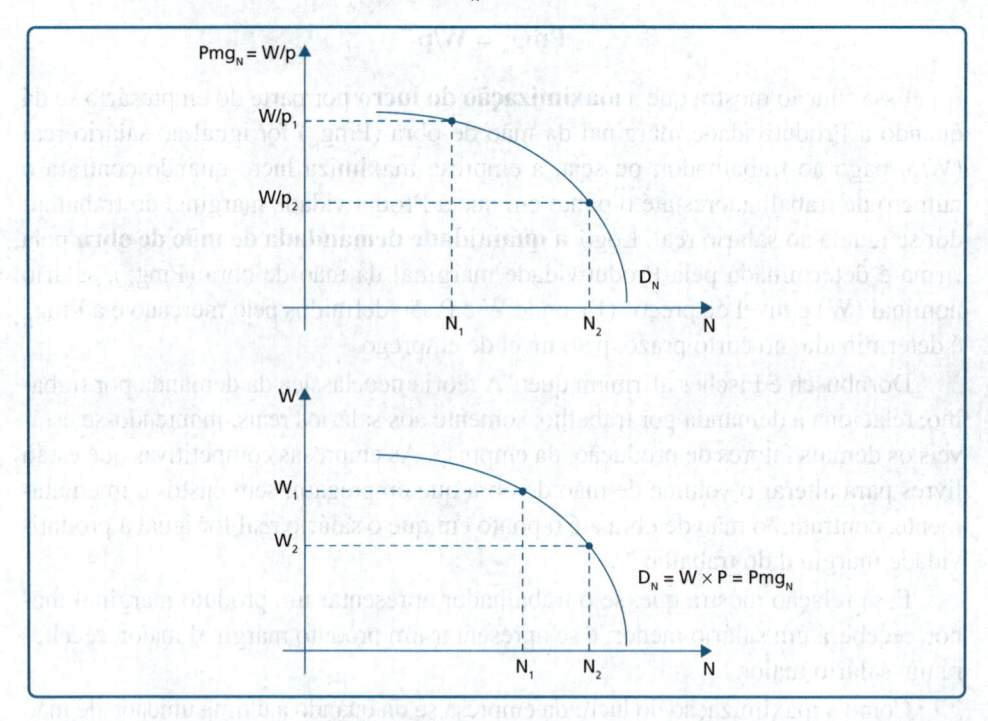

Figura 8.4. Demanda de mão de obra (D_N)

[20] Marco Antonio Sandoval de Vasconcellos e Roberto Guena de Oliveira, *Manual de microeconomia*, p. 225.

[21] A demanda por mão de obra é a quantidade de mão de obra que as firmas demandam a cada nível de salário para realizarem a produção. O gráfico superior mostra a demanda real de obra em função do salário real (W/P) e o gráfico inferior, mostra a demanda nominal de mão de obra como função do salário nominal W.

Observe, no gráfico da Figura 8.5, que o número de trabalhadores a serem contratados na firma individual a um salário W/p_1 será igual a n_1. Portanto, o número de trabalhadores contratados (n) dependerá do salário real (W/p) a ser pago.

Figura 8.5. Curva Produto Marginal do trabalho (Pmg_N) que representa a Demanda da Firma em equilíbrio com o salário real (W/p)

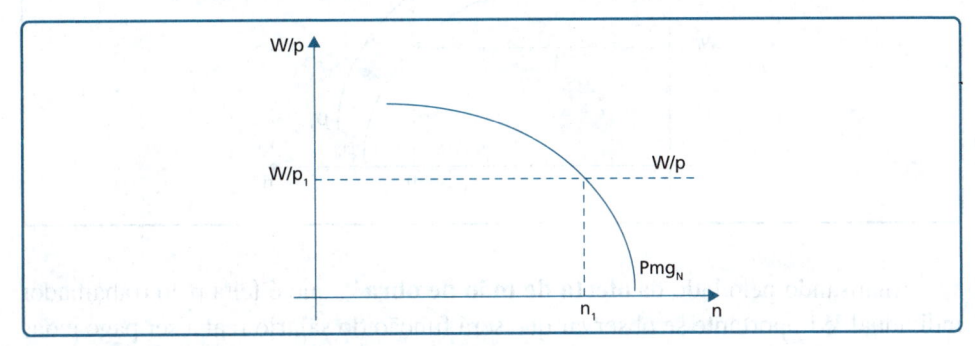

Observe que, para se contratar acima (ou à direita) de n_1, é necessário que o salário real se reduza a um nível abaixo de W/p_1. Da mesma maneira, para se contratar abaixo (ou à esquerda) de n_1, a Produtividade marginal da mão de obra estaria acima do salário real pago, obrigando o produtor a remunerar com um valor maior ou aumentar o número de trabalhadores a serem contratados até atingir n_1. Assim diz Froyen: "A curva de produto marginal é a curva de demanda da firma por trabalho. Isso significa que a demanda por trabalho depende inversamente do valor do salário real. Por exemplo, quanto mais alto for o salário real, menor será o nível de trabalho que iguala o salário real ao produto marginal do trabalho"[22].

As mesmas variáveis que afetam a função produção, ou seja, aumento da produtividade da mão de obra em decorrência do aumento do capital ou melhoria tecnológica, afetam a curva de demanda por mão de obra, deslocando-a para a direita, fazendo com que as firmas contratem a mesma quantidade de trabalhadores (n_1) a um salário mais alto (W/p_2.). Portanto, quando os empregadores apresentam expectativas de maiores ganhos, demandarão uma quantidade de mão de obra maior (n_2) ao mesmo salário W/p_1. Observe a Figura 8.6. Assim, uma maior oferta de fatores produtivos (no caso, o capital) ou um avanço tecnológico que leve ao aumento da produtividade da mão de obra é capaz de elevar o emprego da economia.

---

[22] Richard T. Froyen, *Macroeconomia*, p. 91.

Figura 8.6. Deslocamento da curva de demanda por mão de obra da firma devido ao aumento da produtividade da mão de obra por causa de um avanço tecnológico ou aumento do estoque de capital na economia

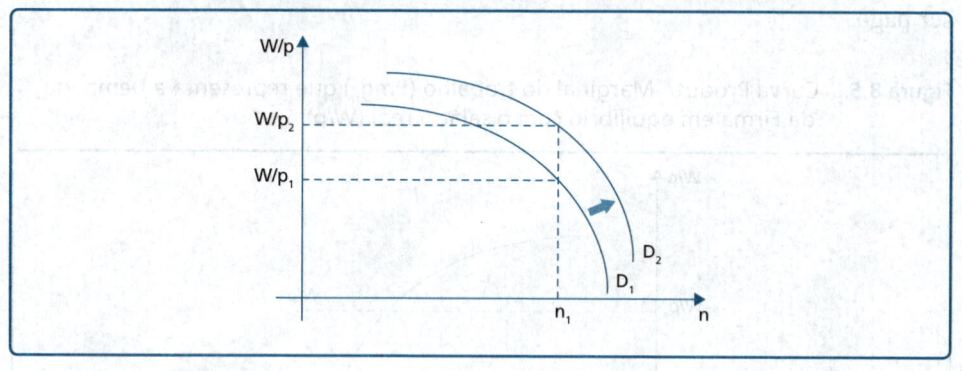

Analisando pelo lado da **oferta de mão de obra**[23], que é feita pelo trabalhador individual, é importante se observar que será função do salário real a ser pago e das horas de lazer pretendidas, ou seja, pelas preferências entre lazer e trabalho. Assim, quando o salário real (W/p) se eleva, dois efeitos ocorrem: o efeito substituição e o efeito renda.

O **efeito substituição**, que consiste em substituir horas de lazer por trabalho, provoca um aumento da oferta de trabalho a medida que o salário real (ou nominal) aumenta, uma vez que o custo de oportunidade do lazer é muito alto[24]. O **efeito renda** provoca uma diminuição da oferta de trabalho a medida que o salário real (nominal) aumenta, uma vez que, estando o trabalhador em melhor situação financeira, demandará mais lazer. Observe que os efeitos são opostos. Portanto, partindo do pressuposto que o efeito substituição é preponderante sobre o efeito renda, a curva de oferta de mão de obra é uma função crescente. Segundo Lopes e Vasconcellos: "(...) a inclinação da oferta de trabalho depende de qual dos dois efeitos é predominante, pois uma elevação do salário real tende pelo efeito substituição a ampliar a oferta de trabalho, mas pelo efeito renda tende a diminuir"[25].

A curva de oferta de mão de obra para os Clássicos mostra a **desutilidade marginal do trabalho**, ou seja, a curva de oferta mostra a insatisfação do trabalhador em trocar horas de lazer por trabalho. Lopes e Vasconcellos definem a desutilidade marginal do trabalho como "a perda de utilidade decorrente de dedicar mais

---

[23] Oferta de mão de obra é a quantidade de trabalho que a mão de obra oferece a cada salário.
[24] Entende-se por custo de oportunidade aquilo que se deixa de ganhar pelo fato de se ter optado por uma situação. Assim, se o trabalhador optar por lazer quando o salário estiver mais alto, ele deixará de receber esse salário por ter optado pelo lazer no lugar do trabalho e, portanto, o custo de oportunidade do lazer será muito alto.
[25] Luiz Martins Lopes e Marco Antonio Sandoval de Vasconcellos, *Manual de macroeconomia*, 1998, p. 92.

horas ao trabalho e menos ao lazer" e, portanto, a curva de oferta mostra "quanto deve ser o salário real para induzir o indivíduo a abrir mão do lazer dedicando esse tempo ao trabalho"[26].

Observe, na Figura 8.7, a curva de oferta de mão de obra, positivamente inclinada, onde o efeito substituição prepondera sobre o efeito renda.

Figura 8.7. Curva de oferta de mão de obra como função do salário real (W/P) a esquerda

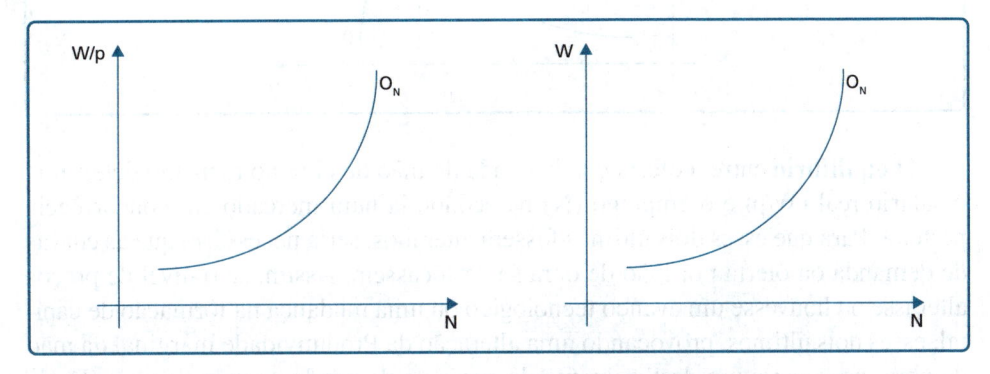

Percebe se que, quanto maior o salário real (W/p) ou nominal (W), maior a quantidade ofertada de trabalho (N). Isso justifica o formato crescente da curva de oferta da mão de obra (O_N). O salário exigido pela mão de obra depende do nível de emprego. Quanto maior o nível de emprego, maior a exigência de salário real (ou nominal)

Há duas razões para a **curva de oferta nominal de trabalho** se deslocar para cima ou para a esquerda, mantidas as preferências do trabalhador entre lazer/ trabalho e considerando constante o tamanho populacional: a primeira seria uma elevação dos preços, caso os trabalhadores persigam um salário real (como é o pensamento clássico), já que a cada nível de emprego, a mão de obra exige um salário nominal (W) mais alto para compensar a elevação de preços. A segunda razão seria a exigência de maiores salários, mantido o nível de preços.

Juntando a curva de oferta agregada de mão de obra (O_N), que é a **soma horizontal** das curvas de ofertas individuais de trabalho, e a curva demanda agregada por mão de obra (D_N), que corresponde à **soma horizontal** das Produtividades marginais da mão de obra (ou do trabalho) (Pmg_N), das firmas, num mercado de trabalho que opera sob concorrência perfeita, determina-se o salário real (W/p_1) e o número de trabalhadores (N_1) de equilíbrio. Observe na Figura 8.8:

---

[26] Luiz Martins Lopes e Marco Antonio Sandoval de Vasconcellos, *Manual de macroeconomia*, 1998, p. 92.

Figura 8.8. Equilíbrio entre a oferta e a demanda por mão de obra no mercado de trabalho

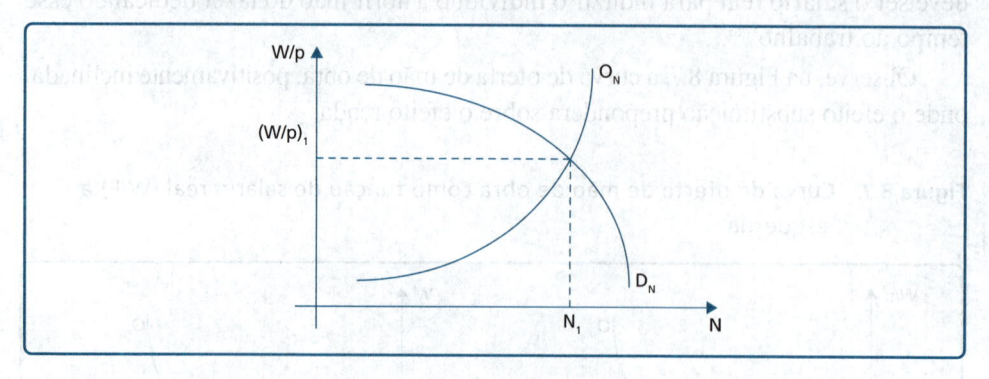

O **equilíbrio** entre a oferta e a demanda de mão de obra no mercado determina o salário real (W/p) e o emprego (N) na economia num mercado em concorrência perfeita. Para que esses dois últimos fossem alterados, seria necessário que as curvas de demanda ou oferta por mão de obra se deslocassem. Assim, se o nível de preços alterasse ou houvesse um avanço tecnológico ou uma mudança na formação de capital, esses dois últimos, provocando uma alteração da Produtividade marginal da mão de obra, provocaria um deslocamento da curva de demanda de mão de obra (D_N)[27]. Já um crescimento populacional, uma alteração nas preferências do consumidor entre lazer e trabalho, uma alteração no nível de preços ou nas exigências salariais poderia deslocar a curva de oferta de trabalho. Assim, novos pontos de equilíbrio seriam definidos.

Caso o salário real (W/p) se elevasse em decorrência da elevação do salário nominal (W), levaria a um excesso de oferta de mão de obra **(desemprego)**. Observe a Figura 8.9 a seguir:

Figura 8.9. Um salário (W_1) acima do equilíbrio, gera desemprego

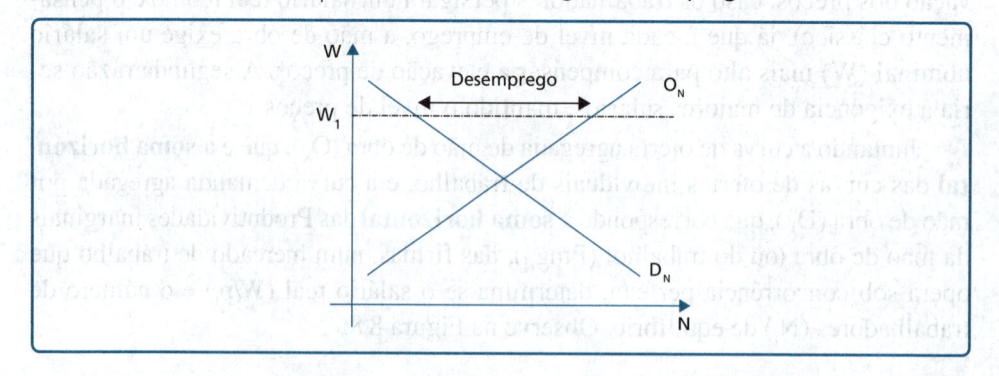

---

[27] Depois será visto que, no modelo clássico, a demanda terá um papel passivo na determinação do produto e emprego na economia.

Os trabalhadores em busca de trabalho provocariam redução dos salários nominais até o ponto em que o salário real atingisse novamente o ponto de equilíbrio $(W/p)_1$ da Figura 8.8. Caso o salário real (W/p) se reduzisse em decorrência de uma queda do salário nominal (W), levaria a um excesso de demanda por mão de obra (**superemprego**). Observe a Figura 8.10 a seguir:

Figura 8.10. Um salário (W_1) abaixo do equilíbrio, gera superemprego

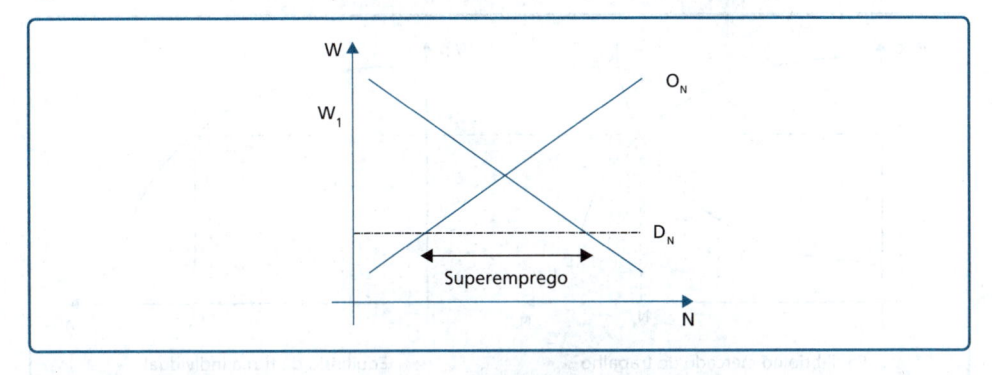

Assim, para que as firmas conseguissem trabalhadores, deveriam elevar o salário nominal (W) até o ponto de equilíbrio $(W/p)_1$ da Figura 8.8 *supra*.

Associando o gráfico do equilíbrio no mercado de trabalho da Figura 8.8 com a de produto total (Y) da Figura 8.11, tem-se:

Figura 8.11. Curva da Função Produção (Y) associada a um nível de emprego de equilíbrio no mercado de trabalho

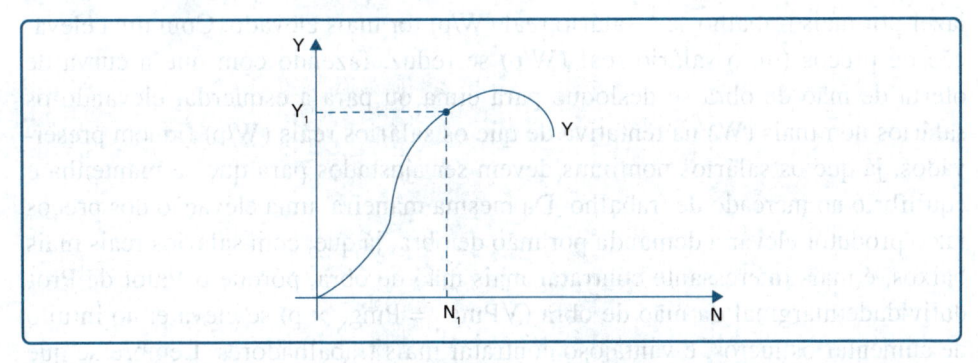

Lembre-se que a soma horizontal das curvas de demanda das firmas individuais, que corresponde à soma do Produto marginal da mão de obra (ou do trabalho), é igual à curva de **demanda agregada por trabalho**.

O equilíbrio no mercado de trabalho determina o nível de emprego e o salário real. Esse nível de emprego é o nível de pleno emprego. A firma individual é **tomadora de preços**. Assim, ela toma o preço da mão de obra, que é o salário, e determina o nível de emprego na firma individual. Observe a Figura 8.12. Lopes e Vasconcellos afirmam que, "como existem muitas empresas, cada uma delas não tem poder para influir nas condições de mercado, isto é, afetar os preços (tanto dos produtos como dos fatores de produção), sendo cada firma individualmente tomadora de preços"[28].

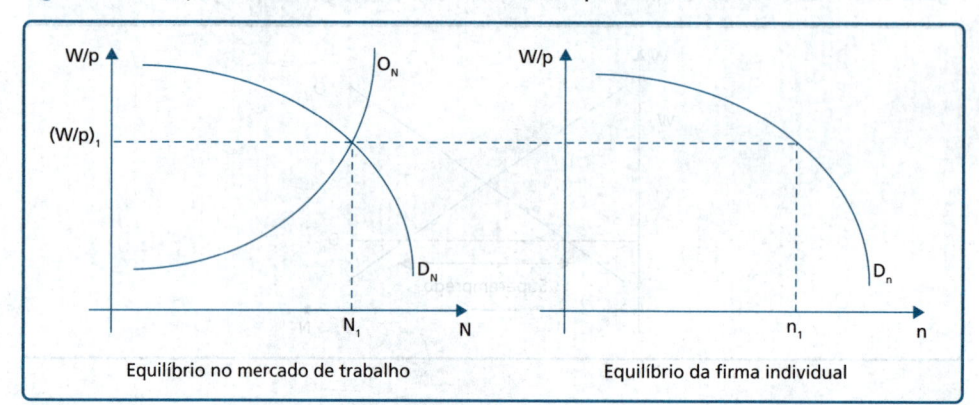

Figura 8.12. Equilíbrio no mercado de trabalho e equilíbrio da firma individual

Equilíbrio no mercado de trabalho — Equilíbrio da firma individual

Para os clássicos, o trabalhador persegue exclusivamente o **salário real** (W/p), apesar de que as negociações a respeito do seu salário serão em cima do salário nominal. Sendo assim, caso haja uma elevação dos preços (p), isso provocaria uma redução dos salários reais (W/p). Com isso, há uma redução da oferta de trabalho, já que, para os clássicos, os trabalhadores lutam por salários reais mais elevados, no intuito de maximizar sua satisfação, ou seja, só trocam menos lazer por mais trabalho se o salário real (W/p) for mais elevado. Com uma elevação de preços (p), o salário real (W/p) se reduz, fazendo com que a curva de oferta de mão de obra se desloque para cima ou para a esquerda, elevando os salários nominais (W) na tentativa de que os salários reais (W/p) fiquem preservados, já que os salários nominais devem ser ajustados para que se mantenha o equilíbrio no mercado de trabalho. Da mesma maneira, uma elevação dos preços faz o produtor elevar a demanda por mão de obra, já que, com salários reais mais baixos, é mais interessante contratar mais mão de obra, porque o Valor da Produtividade marginal da mão de obra ($VPmg_N = Pmg_N \times p$) se eleva e, no intuito de aumentar os lucros, é vantajoso contratar mais trabalhadores. Lembre-se que o empresário deverá contratar mão de obra até o ponto em que o Valor da Produtividade marginal da mão de obra ($VPmg_N = Pmg_N \times p$) se iguala ao salário nominal (W). Isso desloca a curva de demanda para cima ou para a direita. O novo

---

[28] Luiz Martins Lopes e Marco Antonio Sandoval de Vasconcellos, *Manual de macroeconomia*, 1998, p. 89.

ponto de equilíbrio será aquele onde a curva de oferta$_2$ (O_{N2}) corta a curva de demanda$_2$ (D_{N2}). É importante notar que, apesar do salário nominal ter se elevado de W_1 para W_2, o salário real não se alterou, nem o nível de emprego. Segundo Do Val: "A hipótese clássica é que, com salários e preços flexíveis tanto para cima como para baixo, há um só nível de emprego de equilíbrio, se a suposição de **perfeita percepção de preços** prevalecer. Isso ocorre porque, se os preços subirem, os empresários poderão elevar os salários deixando o salário real inalterado se preços e salários subirem na mesma proporção. Se salários reais permanecem iguais, não há qualquer motivo adicional para que o nível de emprego se modifique. Se os preços descem, o empresário se vê na obrigação de reduzir salários nominais. Se isso ocorrer na mesma proporção, os salários reais permanecerão iguais e o nível de emprego permanecerá fixo em N_1."[29]. Observe na Figura 8.13 o comportamento das curvas de oferta e demanda por mão de obra em função do salário nominal quando os preços variam, onde se percebe que o salário nominal se ajusta aos preços, determinando o mesmo nível de emprego:

Figura 8.13. Modelo clássico: Oferta e demanda por mão de obra no mercado como função do salário nominal (W) quando há elevação de preços: a curva de demanda por mão de obra e a curva de oferta por mão de obra se deslocam, elevando o salário nominal (W) na mesma proporção da elevação dos preços, mantendo inalterado o salário real (W/P) e o nível de emprego (N)

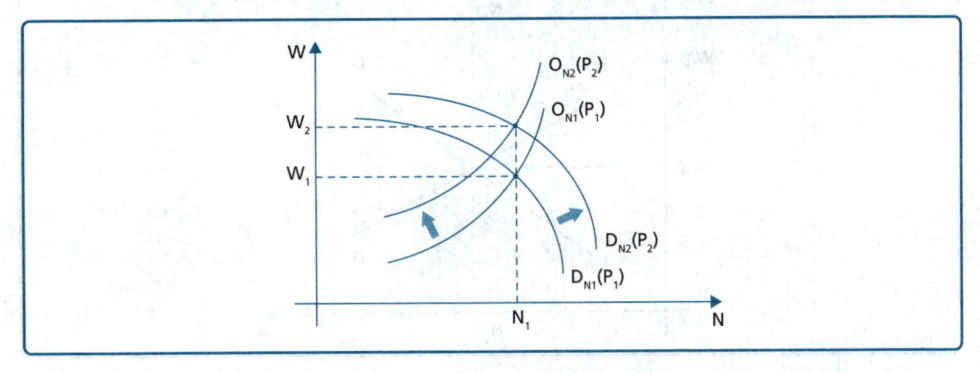

Uma mudança no nível geral de preços não é capaz, portanto, de alterar o nível de emprego, já que o salário nominal (W) deverá se elevar na mesma proporção, mantendo inalterado o salário real (W/p).

Quando os preços sobem, isso é percebido pelos empresários como uma redução dos salários reais. Para os consumidores, isso é percebido como uma redução do poder de compra. Quando essa **percepção** entre os agentes econômicos for igual, os empresários demandarão mais mão de obra na mesma intensidade que os

---

[29] Fernando T. R. Do Val, *Macroeconomia*, p. 121.

trabalhadores ofertarão menos mão de obra. Assim, o salário real (W/p) e o nível de emprego de equilíbrio permanecem inalterados. Qualquer ponto diferente de N_1 representa desemprego voluntário, já que em N_1 ocorre o pleno emprego, ou seja, não há desemprego involuntário.

A partir do gráfico da Figura 8.13, é possível mostrar o gráfico da Figura 8.14, onde se nota que, havendo uma mesma percepção por parte dos empresários e empregados de uma alteração de preços, o salário real e o nível de empregos não se alteram. Observe que, para facilitar, as curvas de demanda e oferta por mão de obra estão sendo representadas por curvas lineares.

Figura 8.14. Equilíbrio no mercado de trabalho quando os preços se elevam e há perfeita percepção por parte dos agentes. Os salários nominais (W) se elevam, mas, os salários reais (W/P) e o nível de emprego (N) permanecem constantes

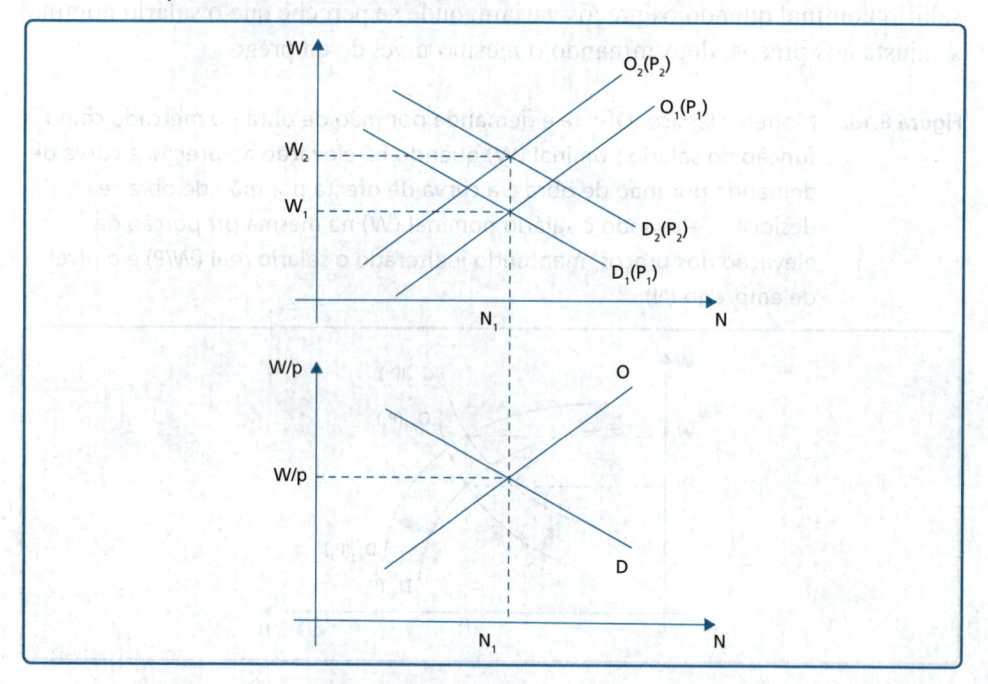

Se é verdade que o nível de emprego não é alterado pela variação do nível de preços, pode-se aceitar também que a mesma **variação de preços** não é capaz de alterar o nível de produto da economia, já que o produto será determinado pela quantidade de mão de obra empregada, considerando-se o fator de produção capital (K) fixo e a tecnologia constante. A Figura 8.15 mostra a curva de oferta agregada do modelo clássico e percebe-se que alterações nos níveis de preços não são capazes de alterar o nível de produto, já que uma elevação no nível de preços eleva a demanda de mão de obra na mesma proporção que a oferta de mão de obra se reduz, neutralizando alterações no nível de emprego e, portanto, no nível de produto.

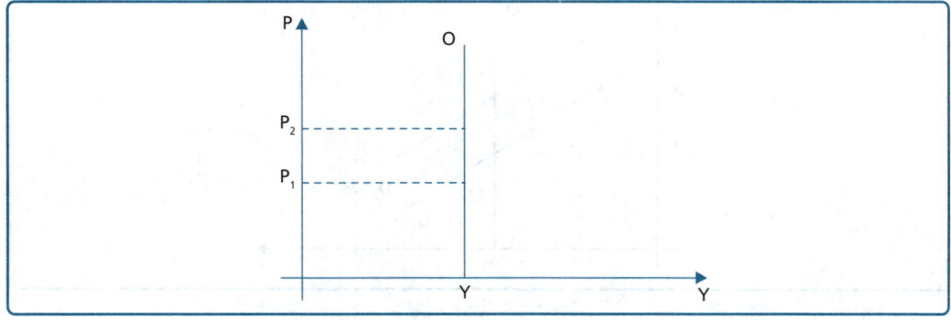

Figura 8.15. Curva de oferta agregada (O). Relação do produto agregado (Y) com variações de preços (P)

```
P
│           O
│           │
│  P₂ ------│
│  P₁ ------│
│           │
└───────────┴──────── Y
            Y
```

Portanto, os salários nominais deveriam ser flexíveis, no sentido de se ajustarem a alguma alteração de preços, preservando o salário real, o nível de emprego e produto. Assim, para os clássicos, os **salários reais são relevantes** e os salários nominais, irrelevantes, no sentido de alterar o nível de emprego e produto porque, como visto anteriormente, há o **perfeito conhecimento**, inclusive no curto prazo, por parte dos empresários e trabalhadores de alteração nos preços, o que leva, no caso de uma mudança nos preços, a uma alteração na curva de demanda de mão de obra, mas também a uma alteração, em sentido oposto, da curva de oferta de mão de obra. Os trabalhadores não sofrem de **"ilusão monetária"**, ou seja, não se enganam quando há uma alteração nos preços, como supunha Keynes, já que **percebem rapidamente alterações nos preços**. Do Val reforça essa ideia quando diz: "(...) se os indivíduos são racionais e se há tempo suficiente para que eles se informem sobre o comportamento dos preços (...) os índices percebidos pelos empresários serão iguais aos índices percebidos pelos trabalhadores e, por consequência, iguais aos verdadeiros índices de preços"[30]. Observe novamente a Figura 8.13.

Para os clássicos, se a intenção for alterar o nível de produto e emprego, devem-se alterar elementos associados à oferta agregada (O), já que a demanda agragada (D) é incapaz de modificar o produto da economia. Assim, para se alterar a oferta agregada, devem-se alterar as variáveis reais[31]. Logo, o produto e o emprego serão determinados apenas por fatores ligados à oferta. Observe o que ocorre caso haja aumento da demanda agregada (de D_1 para D_2), no gráfico da Figura 8.16:

---

[30] Fernando T. R. Do Val, *Macroeconomia*, p. 117.
[31] As variáveis reais são preços relativos, Produto Real, emprego, salário real. As variáveis nominais são preço, salário nominal.

Figura 8.16. Impacto de alterações na demanda agregada sobre os preços e o produto

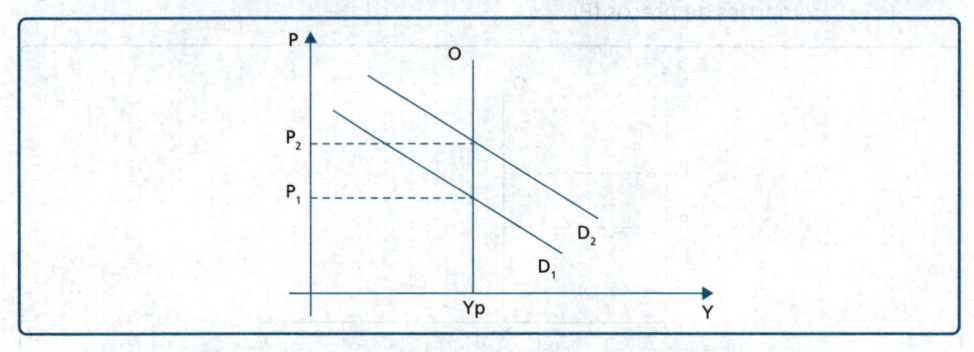

Quando a demanda agregada se altera, o produto potencial real (Yp) permanece constante, alterando-se apenas o nível de preços. Isso ocorre devido à função **estabilizadora** proporcionada pela flexibilidade de preços e salários. Essa curva de oferta será considerada, para a teoria econômica, como uma curva de oferta de longo prazo. Lopes e Vasconcellos afirmam: "(...) o nível de produto é determinado pelo estoque de fatores de produção e pela tecnologia, independente da demanda agregada, que apenas determinará qual será o nível de preços ao qual aquela oferta será vendida"[32].

Se há, portanto, trabalhadores desempregados, eles devem ser contratados a salários nominais mais baixos (W), o que repercutirá em salários reais menores também (W/p), considerando que os preços (p) permaneçam constantes. Salários reais menores seriam justificados por uma menor produtividade da mão de obra também. Para tanto, lembre-se que $Pmg_N = W/p$. Assim, um novo equilíbrio se define no mercado de trabalho. O aumento do emprego decorre, portanto, do aumento da oferta de mão de obra. Observe a Figura 8.17:

Figura 8.17. Aumento da oferta de mão de obra no mercado de trabalho

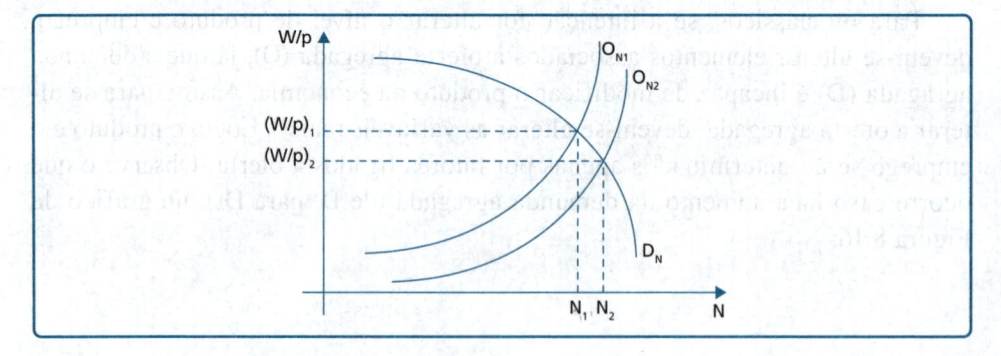

---

[32] Luiz Martins Lopes e Marco Antonio Sandoval de Vasconcellos, *Manual de macroeconomia*, 1998, p. 86.

Observe que uma mudança na oferta foi capaz de **alterar uma variável real** — nível de emprego — e, por conseguinte, será capaz de alterar o nível de produto também, diferentemente do comportamento visto na Figura 8.11, que mostrou que uma variação na demanda por mão de obra, em decorrência de uma alteração no nível de preços, não foi capaz de alterar nenhuma variável real. Confirmando essa teoria, Froyen diz: "Uma característica comum aos fatores que determinam a produção no modelo clássico é que todos são variáveis que afetam o lado da oferta, ou seja, as quantidades que as firmas escolhem produzir. No modelo clássico, os níveis de produção e emprego são determinados exclusivamente por fatores associados à oferta"[33].

Nos tópicos seguintes, poderá ser entendido melhor que uma política monetária (alteração da oferta de moeda), uma política fiscal (alteração dos gastos e tributação do governo) e o investimento das empresas, que são fatores que compõem a demanda agregada, não serão capazes de alterar nenhuma variável real no modelo clássico. Para tanto, é necessário se defender a flexibilidade de preços e salários nominais que impediria que alterações na demanda agregada afetassem o nível de produto e renda da economia.

8.1.1.3. Poupança e investimento

É importante compreender que, quando se fala em investimento, está se referindo ao investimento produtivo, e não ao investimento financeiro. Assim, reforça Blanchard: "Os economistas usam o termo investimento quando se referem à aquisição de bens de capital novos, como (novas) máquinas, (novos) imóveis comerciais ou (novas) casas. Para os economistas, a compra de ouro ou de ações da General Motors ou de outros ativos financeiros representa um investimento financeiro"[34].

A poupança e o investimento são determinados pelo nível de **taxa de juros (r)**, ou seja, a interação entre aqueles que poupam e aqueles que pedem dinheiro emprestado para investir vai depender da taxa de juros. Quanto maior essa última, mais haverá incentivo à poupança e menos ao investimento. Assim, a poupança é uma **função direta** da taxa de juros, e o investimento, uma **função inversa** da taxa de juros. O mercado deverá agir no sentido de equilibrar, por meio da taxa de juros, esses dois agregados. Portanto, o lado nominal da economia vai fazer interagirem investidores e poupadores[35]. Assim, o investimento será sempre igual à poupança e quem assegurará isso será a taxa de juros. Ela desempenhará uma função estabilizadora, de tal maneira que uma mudança nos investimentos não afete a demanda agregada.

É importante se perceber que, se a poupança (S) fosse uma função do nível de renda, como afirmava a teoria Keynesiana, ela já seria dada, já que a renda é a de pleno emprego. Assim, também, desenvolve-se o raciocínio com relação ao consumo (C).

Portanto: C = f(r) e S = f(r), ou seja, o consumo (C) é função inversa da taxa de juros, e a poupança (S) é função direta da taxa de juros.

---

[33] Richard T. Froyen, *Macroeconomia*, p. 57.
[34] Olivier Blanchard, *Macroeconomia*, p. 43.
[35] Para os clássicos, o lado real da economia está totalmente separado do lado monetário. A isso, deu-se o nome de **dicotomia clássica**.

Para os clássicos, no equilíbrio, a poupança é igual ao investimento, sendo a primeira a razão de existir da segunda.

8.1.1.4. Os gastos do governo

Os gastos do governo, dada uma taxa de juros, não elevam o Produto da economia, porque alteram apenas a demanda agregada da economia, que tem um **papel passivo** no intuito de elevar as variáveis reais (emprego e salário real). Será capaz de alterar apenas as variáveis nominais, como preços e salários nominais. Observe a Figura 8.11 novamente.

Envolvendo o mercado monetário, para os clássicos, caso o governo venha a aumentar seus gastos, haverá um aumento das taxas de juros, desestimulando o investimento privado na mesma proporção[36]. Portanto, não se alteram os níveis de renda, Produto Real e emprego da economia. As taxas de juros seriam elevadas pelos gastos do governo, porque o aumento do déficit público reduziria o nível de poupança interna, que é composta pela poupança do setor privado e pela poupança do setor público e, como a taxa de juros é o que regula o equilíbrio entre poupança e investimento, para os clássicos, menos poupança implica uma maior taxa de juros que possibilite equilibrar com o investimento.

Portanto, a atuação do governo geraria apenas ineficiência na alocação dos recursos.

8.1.1.5. Política tributária

Pelo **lado da demanda:** para os clássicos, a alteração dos tributos não é capaz de alterar a demanda agregada. Um corte nos impostos, que seria compensado por vendas de **títulos públicos**, poderia provocar, a princípio, um aumento do nível de consumo. Esta oferta de títulos elevaria a taxa de juros, já que implicaria uma redução da oferta de moeda. Essa elevação na taxa de juros desestimularia o investimento e elevaria a poupança, retornando o consumo ao nível anterior à queda dos tributos, ou seja, a demanda não se deslocaria. Se a queda dos impostos, no entanto, fosse financiada por **emissão de moeda**, isso provocaria uma elevação de preços.

Pelo **lado da oferta:** se a redução dos impostos afetasse a oferta de trabalho, já que representaria um **aumento do salário real**, produto e emprego poderiam ser alterados, já que, para os clássicos, apenas mudanças na oferta alteram variáveis reais.

Nessa hipótese, um aumento do produto, devido ao aumento do emprego, desloca a oferta agregada para a direita, reduzindo o nível de preços, que poderia ser compensado caso essa redução de impostos fosse financiada pela emissão de moeda, deslocando a demanda agregada para a direita e deixando inalterado o nível de preços.

Observe, na Figura 8.16, as três situações possíveis: a primeira (figura a), em que a redução dos impostos tenha sido compensada pela venda de títulos públicos e, portanto, a **demanda** agregada não se desloca; a segunda (figura b), em que a redução dos impostos tenha sido financiada pela emissão de moeda, deslocando a **demanda** agregada em virtude do aumento da oferta de moeda, o que acarreta uma

---

[36] Conhecido como efeito deslocamento ou *crowding out* ou efeito expulsão. Esse assunto será abordado no capítulo 14.

elevação dos preços; e a terceira hipótese (figura c), em que a redução de impostos tenha sido financiada pela emissão de moeda e que tenha provocado uma alteração na **oferta** de mão de obra e, por conseguinte, uma alteração na oferta de bens e serviços. Nessa situação, uma elevação dos preços em decorrência do aumento da demanda agregada é compensada pelo aumento da oferta agregada, que reduz os preços, deixando-os inalterados.

Figura 8.18. Redução de impostos e suas consequências sobre a demanda e a oferta agregadas

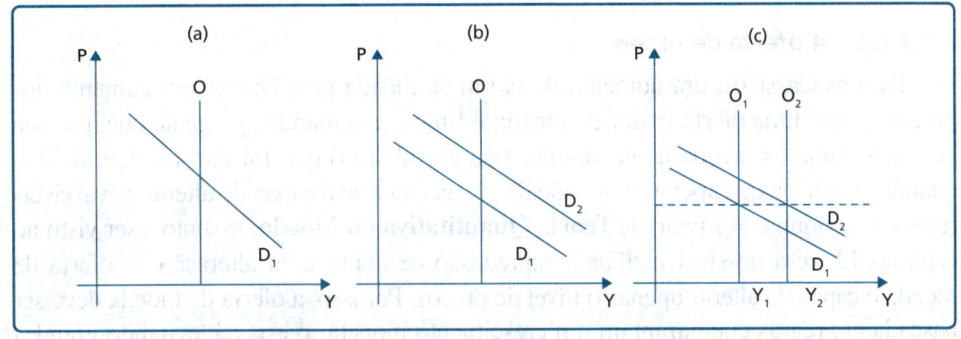

(a) Redução de impostos compensada pela emissão de títulos.
(b) Redução de impostos compensada pela emissão de moeda.
(c) Redução de impostos compensada pela emissão de moeda e sua repercussão na oferta agregada.

Reforçando o efeito de uma redução de impostos que afetasse a oferta por mão de obra, é possível analisar a Figura 8.19, que mostra o deslocamento da oferta de mão de obra e sua consequente repercussão no mercado de bens. É importante frisar que uma redução nos impostos representa para o trabalhador um aumento de salário real, o que faz com que ele expanda sua oferta por trabalho, aumentando tanto o emprego quanto o produto da economia.

Figura 8.19. Redução de impostos quando afeta a oferta de mão de obra e sua repercussão no mercado de bens

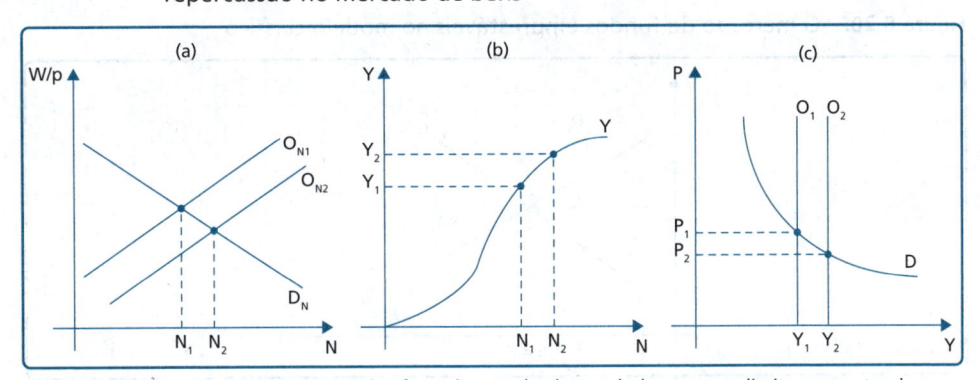

(a) Com a redução de impostos, a curva de oferta de mão de obra se desloca para a direita, aumentando a quantidade de mão de obra (N).
(b) Com o aumento da mão de obra (de N_1 para N_2), o produto da economia aumenta (de Y_1 para Y_2).
(c) Com o aumento do produto (Y), o preço (p) se reduz de P_1 para P_2.

8.1.1.6. A demanda por moeda

A demanda por moeda será apenas para **precaução e transação**, diferentemente do pensamento Keynesiano, que acrescentava que a demanda de moeda poderia ser também para especulação. Portanto, a demanda de moeda será uma função exclusiva da renda. Será totalmente inelástica à taxa de juros. Como afirma Froyen: "a moeda tinha exclusivamente a função de facilitar as transações — como meio de troca (...) uma certa quantidade de moeda seria mantida pelos indivíduos em razão da conveniência e segurança que ela oferecia"[37].

8.1.1.7. A oferta de moeda

Para os clássicos, um aumento da oferta de moeda gera apenas um aumento dos preços, já que uma oferta maior de moeda estimula a demanda agregada, que, por sua vez, determina os preços na economia. Isso corrobora o que foi dito no *item 8.1.1.2*, quando se afirma que apenas pelo lado da oferta é que se é capaz de alterar as variáveis reais da economia. Por meio da **Teoria Quantitativa da Moeda**, assunto a ser visto no capítulo 12, será possível melhor compreensão de como uma alteração na oferta de moeda é capaz de alterar apenas o nível de preços. Por isso, a oferta de moeda deve ser baseada em regras que garantam um crescimento monetário estável, evitando grandes oscilações de preços, já que a estabilidade monetária gera estabilidade nos preços. Para os clássicos, a inflação (elevação de preços) era um fenômeno tipicamente monetário.

No mercado de **fundos emprestáveis**, a livre interação entre poupadores e investidores determina a taxa de juros de equilíbrio (r). Assim, se a poupança (S) é maior que o investimento (I), a taxa de juros deve se reduzir para estimular o investimento e desestimular a poupança. Também se a poupança (S) é menor que o investimento (I), a taxa de juros deve subir para estimular os poupadores a pouparem mais e desestimular os investidores a investir. De tal maneira que a poupança será uma função crescente da taxa de juros, ou seja, quanto maior a taxa de juros, maior a poupança, e quanto menor a taxa de juros, menor a poupança. Observe o mercado de fundos emprestáveis e a determinação da taxa de juros (r) de equilíbrio no modelo clássico mostrado na Figura 8.20.

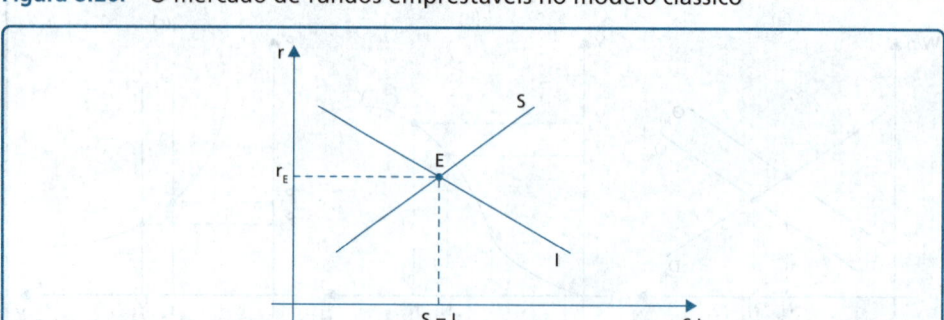

Figura 8.20. O mercado de fundos emprestáveis no modelo clássico

---

[37] Richard T. Froyen, *Macroeconomia*, p. 75.

8.1.1.8. Dicotomia clássica

Para os clássicos, o lado real e o lado nominal (ou monetário) da economia não estão interligados, de tal maneira que a alteração de uma variável nominal (preços, salários nominais) não é capaz de alterar uma variável real (Produto Real, emprego). Somente uma variável real é capaz de alterar outra variável real.

8.1.2. Modelo Keynesiano[38]

Com a crise de 1929, a economia se deparou com o desemprego, a superprodução (estoques abarrotados) e a queda da produção. A teoria clássica, pela impossibilidade de explicar e muito menos solucionar o problema, deu margem a uma nova crença: a teoria de Keynes, que veio trazer ideias novas, como a defesa da presença do governo na economia, diferentemente do pensamento clássico que acreditava que o governo só deveria suprir a economia com bens públicos. A teoria Keynesiana defendia a presença do governo, no intuito de garantir a demanda pelos bens e serviços produzidos, bem como com o objetivo de orientar a economia.

Para Keynes, uma política fiscal expansionista, que consistia na elevação dos gastos do governo e/ou uma redução dos tributos, seria capaz de alterar o nível de renda, produto e emprego na economia. Também, para ele, a economia poderia operar **abaixo do pleno emprego** no curto prazo, porque a decisão dos empresários em investir seria baseada em suas **expectativas** com relação à venda do produto, já que não se poderia garantir que o que foi planejado de fato se realizasse. Portanto, o equilíbrio no mercado de bens Keynesiano não era, necessariamente, acompanhado de pleno emprego, como afirmavam os clássicos. Segundo Pinho e Vasconcellos: "Keynes, para mostrar a incapacidade de as economias gerarem o pleno emprego, havia se utilizado da rigidez dos salários nominais que impediram a geração de um salário real compatível com o equilíbrio de pleno emprego. Em outras palavras, um salário real elevado poderia significar excesso de oferta de mão de obra"[39]. A rigidez de salários foi um dos motivos que levou Keynes a atacar o modelo que o antecedeu. Pela explicação a seguir, ficará fácil entender todos esses conceitos.

8.1.2.1. Demanda efetiva

Discordando da Lei de Say, que afirmava que a oferta criava sua própria demanda, Keynes defendia que a **demanda criava sua própria oferta**. Assim, para Keynes, o que determinaria o Produto seria a demanda na economia. Em outras palavras, se não houvesse demanda, não adiantaria produzir. O que importava era

---

[38] Modelo Keynesiano simples é o modelo que não inclui o mercado monetário. O modelo IS-LM é o modelo Keynesiano simples somado ao mercado monetário.

[39] Diva Benevides Pinho e Marco Antonio Sandoval de Vasconcellos, *Manual de economia*, p. 264.

a **demanda efetiva**[40], e não aquela que fosse projetada pela oferta. Lopes e Vasconcellos afirmam: "numa situação como esta, em que existe capacidade ociosa, ampliações da demanda podem elevar o produto, sem pressionar o nível de preços. Assim, diferentemente do caso clássico, é a demanda que determinará o nível de produto"[41]. Ao contrário do que pregavam os clássicos, para Keynes era possível uma economia entrar em recessão. Bastaria que a demanda efetiva fosse menor que a oferta. Com isso, os empresários diminuiriam a produção e demitiriam funcionários. Sem renda, esses empregados reduziriam seu consumo, diminuindo a demanda agregada ainda mais, o que levaria a uma nova redução da produção e do emprego, e assim por diante.

8.1.2.2. Salários nominais rígidos

Segundo Keynes, os **salários nominais são rígidos** por diversos motivos.

O **primeiro** motivo seria o fato dos trabalhadores não concordarem em reduzir seus salários. Daí a possibilidade de desemprego e de recessão[42]. Também não seria a queda do salário nominal que estimularia a contratação de mais trabalhadores, já que a decisão de empregar mais dependeria da demanda efetiva; portanto, quanto maior a expectativa por parte dos empresários de vender seu produto, maior a oferta agregada e maior o nível de emprego.

Para Keynes, os trabalhadores perseguirão salários nominais mais altos, e não salários reais. Mas uma elevação de preços e uma elevação de salários nominais, porém em proporção menor que a elevação de preços, não são claramente percebidas pelo trabalhador, já que, segundo Keynes, os trabalhadores sofrem de **ilusão monetária**[43]. Isso porque os trabalhadores não têm informações precisas do comportamento dos preços no curto prazo, já que, para obtê-las, há custos muito elevados, como, por exemplo, o tempo. A perfeita percepção dos preços, segundo Keynes, só seria possível no longo prazo. Segundo Do Val: "é provável que a percepção da mudança sofrida nos preços tome algum tempo, tanto dos empresários como dos trabalhadores e que isso só será possível no longo prazo (...) também somente no longo prazo é que poderão existir os ajustes no mercado de trabalho, de tal forma que o nível de emprego e o salário real se tornem inalterados. O processo de ajustamento não é instantâneo"[44], o que faz o trabalhador não perceber que a redução do seu salário real, quando preços e o salário

---

[40] Demanda efetiva está ligada à expectativa de gastos futuros. Demanda agregada é a soma dos gastos dos setores da economia encontrados nas Contas Nacionais.

[41] Luiz Martins Lopes e Marco Antonio Sandoval de Vasconcellos, *Manual de macroeconomia*, 1998, p. 86-87.

[42] Segundo Froyen (2003, p. 37), as recessões são "(...) períodos nos quais o produto cai bem abaixo do produto potencial e o desemprego sobe acima do pleno emprego".

[43] Ilusão monetária é quando os trabalhadores não percebem que uma queda no seu salário real afeta a estrutura dos salários relativos, ou seja, o trabalhador não percebe que, mesmo seu salário nominal (W) permanecendo constante, uma elevação de preços (p) reduz seu poder de compra, já que reduz seu salário real (W/p).

[44] Fernando T. R. Do Val, *Macroeconomia*, p. 122.

nominal aumentam, porém em proporções diferentes, ocasiona uma redução de poder de compra. E, assim, não altera seu comportamento em relação aos salários nominais e não desloca a curva de oferta de mão de obra para a esquerda. Do Val reforça essa ideia quando afirma: "O nível de emprego sobe (...) porque os trabalhadores estarão aceitando salários reais menores (preços maiores e com aumento mais do que proporcional ao aumento nos salários nominais) porque não percebem a mudança no nível geral de preços no curto prazo"[45].

Assim, caso houvesse uma elevação dos preços, os empresários ficariam mais dispostos a produzir, já que se elevaria o Valor do Produto marginal da mão de obra ($VPmg_N = Pmg_N \times p$), fazendo com que a curva de demanda por mão de obra se deslocasse para cima ou para a direita. Isso provocaria um aumento da quantidade de mão de obra (N) empregada, já que, como o trabalhador tem uma percepção de preços diferente da do empresário, não deslocará a curva de oferta para a esquerda, como no modelo clássico, conforme mostra a Figura 8.21 *infra*. A elevação do preço altera o nível de emprego, como também o nível de salário nominal, porém, este último, em proporção menor, reduzindo o salário real. Um maior nível de emprego elevará, portanto, o nível de produto, o que demonstra que tanto o produto quanto o emprego, no curto prazo, não são fixos. Comparando com a Figura 8.13, do modelo clássico, percebe-se que, como os clássicos acreditavam no pleno conhecimento dos preços pelos trabalhadores, a curva de oferta se deslocaria para a esquerda, permanecendo inalterado o nível de emprego e salário real. No modelo Keynesiano, porém, devido à **ilusão monetária**, pela qual o trabalhador não tem a plena percepção da alteração dos preços no curto prazo, a curva de oferta de mão de obra não se desloca. Assim, uma alteração nos preços é capaz de modificar o nível de emprego da economia. Portanto, os **salários nominais** são os salários **relevantes** para os trabalhadores, muito embora para os empresários continue sendo relevante o **salário real**.

Figura 8.21. Equilíbrio no mercado de trabalho quando os preços se elevam no modelo Keynesiano

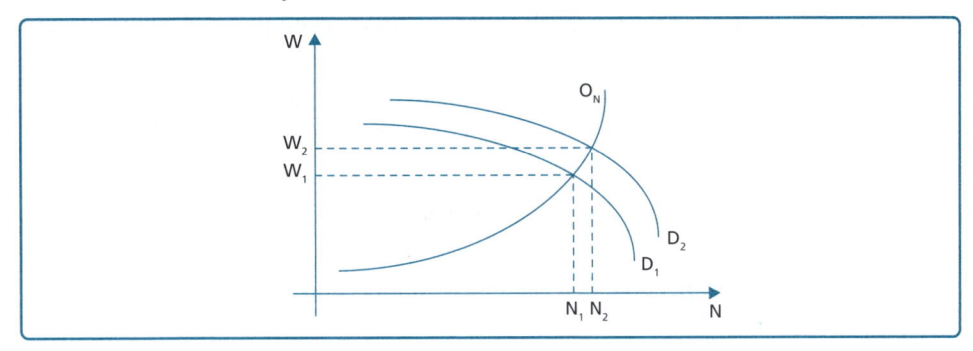

---

[45] Fernando T. R. Do Val, *Macroeconomia*, p. 136.

O **segundo** motivo é que os trabalhadores não teriam certeza se, aceitando uma redução de seu salário monetário, os trabalhadores dos outros setores também aceitariam, o que representaria uma perda de parcela da renda real por seu setor. Também, mesmo que houvesse desemprego, não adiantaria se reduzirem salários, porque isso não provocaria aumento do emprego, já que os empresários só contratariam mais se tiverem expectativas de vender o produto. Pelo contrário, se houver reduções nos salários, poderiam diminuir as expectativas dos empresários em virtude da redução do consumo, aumentando o desemprego. Isso justifica **a inflexibilidade** dos salários nominais para baixo.

Portanto, o nível de **emprego** vai depender das **expectativas** dos empresários de quanto venderão de seu produto, porque de nada adianta empregar mais se o produto, gerado pela mão de obra que está sendo contratada, não for vendido, diferentemente do pensamento **clássico**, que acreditava que o **emprego era determinado no mercado de trabalho**, pela oferta de mão de obra. Assim, tanto o produto como o nível de emprego são determinados pela **demanda efetiva** e o salário nominal não deverá se ajustar para garantir o **pleno emprego**, já que este não necessariamente deve existir. Lopes e Vasconcellos afirmam que: "No modelo Keynesiano, (...) a rigidez de preços decorre dos salários serem inflexíveis para baixo e por caracterizar-se uma situação de equilíbrio econômico com desemprego"[46]. De acordo, portanto, com a mão de obra que o empresário decide contratar, o salário real deverá se ajustar à Produtividade marginal do trabalhador. Quanto maior o nível de emprego, menor o Valor da Produtividade marginal da mão de obra e menor o salário nominal a ser pago. Mas não é a redução do salário nominal que induz o empresário a contratar mais. O caminho é inverso. É uma maior expectativa do empresário em relação às suas vendas que leva ao aumento do emprego e, consequentemente, a uma redução do valor da Produtividade marginal da mão de obra e consequente redução do salário nominal. Portanto, enquanto no modelo clássico, o emprego é determinado no mercado de trabalho, no modelo Keynesiano, o emprego é determinado no mercado de bens.

Observe como Lopes e Vasconcellos abordam o assunto: "Do mercado de trabalho descrito pela teoria clássica, só é admitida por Keynes a curva que iguala o salário real à produtividade marginal do trabalho (a demanda de trabalho). Quanto ao comportamento dos trabalhadores, para **Keynes**, estes lutam por salários nominais, sobre os quais possuem controle, mas não por salários reais, que não conseguem controlar. O **nível de emprego é determinado no mercado de bens e serviços** pelas expectativas dos empresários. Dado o nível de emprego, o salário real se ajustará

---

[46] Luiz Martins Lopes e Marco Antonio Sandoval de Vasconcellos, *Manual de macroeconomia*, 1998, p. 86.

para igualá-lo com a produtividade marginal do trabalho compatível com o referido emprego, definindo o tamanho da massa salarial"[47].

O **terceiro** motivo para a rigidez de salários é a presença e a força dos **sindicatos**, que obrigam que contratos de trabalho que garantam um salário monetário predeterminado ao longo da duração do contrato sejam respeitados.

Uma **quarta** justificativa para salários nominais rígidos é a decisão dos empresários de manter os salários fixos mesmo que sofram com uma redução na demanda dos seus produtos, para evitar que as **relações trabalhistas** entre eles e os trabalhadores se deteriorem, ou porque acreditam que poderão encontrar dificuldades em contratar novos trabalhadores ao salário que estão dispostos a pagar.

É importante frisar que, embora para Keynes o salário nominal seja rígido, o **salário real** poderá ser **flexível** quando preços se alteram.

Para Keynes, o que determina o **emprego**, portanto, não é a curva de oferta de trabalho, e, sim, a curva de **demanda** por trabalho. O que fará o empresário contratar será a quantidade de mão de obra suficiente para maximizar seus lucros. Pela Figura 8.22, é possível perceber que, sendo o salário (W) rígido, mesmo o equilíbrio de oferta e demanda exigindo um outro nível de emprego e salário (N_3, W_3), no modelo Keynesiano a quantidade de emprego (N_1) será definida pela demanda de mão de obra, mostrando que com esse salário (W_1) haverá um excesso de oferta de mão de obra ($N_2 - N_1$) e, portanto, desemprego involuntário.

Figura 8.22. Determinação do emprego no modelo Keynesiano

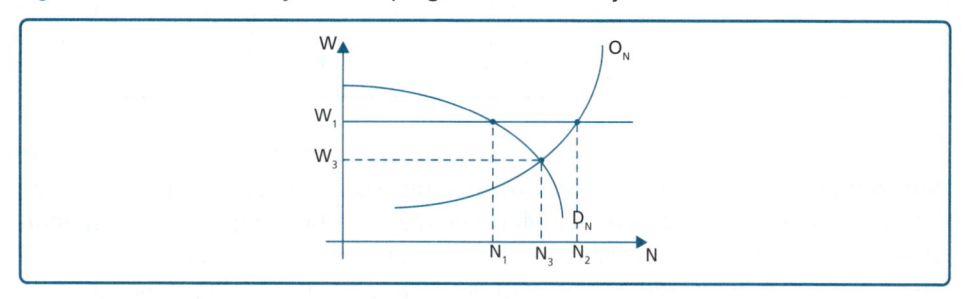

Se houver elevação dos preços, a demanda por mão de obra aumenta. Vale lembrar que a demanda por mão de obra é a soma horizontal do Valor da Produtividade marginal da mão de obra ($VPmg_N$) e que $VPmg_N = Pmg_N \times p$[48]. Uma elevação dos preços aumenta o $VPmg_N$, deslocando a curva de demanda por mão de obra para cima ou para a direita, mostrando que o empresário contratará mais mão de obra. Observe a Figura 8.23.

---

[47] Luiz Martins Lopes e Marco Antonio Sandoval de Vasconcellos, *Manual de macroeconomia*, 1998, p. 114.

[48] $VPmg_N = Pmg_N \times p$, onde: $VPmg_N$ = Valor do Produto marginal da mão de obra; Pmg_N = Produto marginal da mão de obra; e p = preço.

Figura 8.23. Determinação do emprego no modelo Keynesiano quando a demanda por mão de obra se desloca

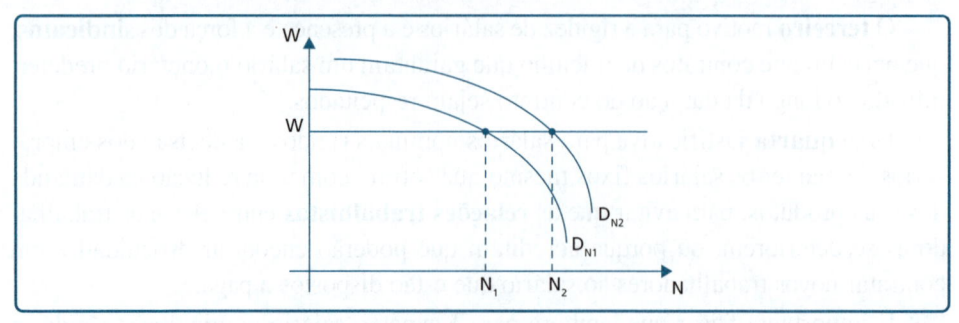

Com maior nível de mão de obra contratada, em decorrência da elevação dos preços, o produto da economia se expande também. Associando esse produto maior com os preços, constrói-se a oferta agregada, que pode ser vista no gráfico da Figura 8.24.

Figura 8.24. Curva de Oferta, onde uma elevação de preços está associada a um produto maior

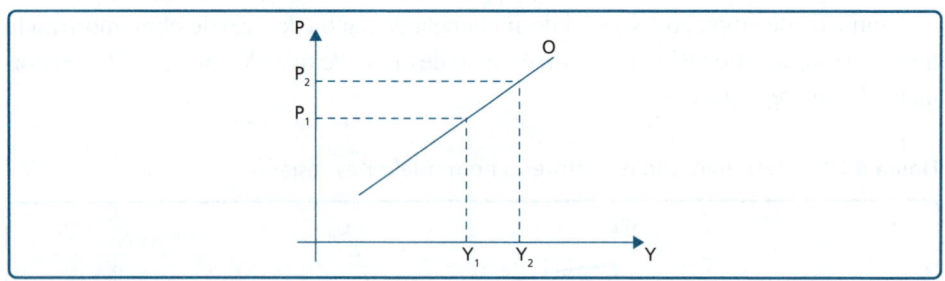

Para Keynes, o que vai determinar a oferta de mão de obra será o **salário nominal** (W), e não o salário real (W/p), já que os trabalhadores não têm como controlar os preços. Além disso, a oferta de mão de obra dependerá da **expectativa** dos trabalhadores a respeito do nível de preços, e essa expectativa estaria baseada em preços passados; portanto, a oferta de mão de obra dependeria do salário real esperado, e não do salário real efetivo, como supunham os clássicos. Mas para Keynes as expectativas de preços apresentam um ajuste muito lento em relação ao comportamento dos preços no passado, o que torna o nível de preços esperados constante.

8.1.2.3. Oferta agregada

Na suposição de preços e salários monetários fixos, a quantidade ofertada de produto é determinada pela demanda agregada. Mas essa hipótese está ligada ao fato de que o nível de produto se encontra muito abaixo da capacidade produtiva da economia. Assim, quando o desemprego está muito alto, mesmo elevando o produto da economia, pelo aumento do emprego, a pressão por salários nominais mais altos desaparece, assim como, pelo fato de a economia estar operando de forma ociosa, o aumento da mão de obra não reduz sua produtividade marginal. Assim, o custo marginal de produção, que é igual à relação entre salários nominais (W) e Produtividade marginal da mão de obra (Pmg_N), mantém-se constante. A Figura 8.25 mostra o comportamento da curva de oferta nessa situação.

Figura 8.25. Curva de oferta agregada (O) Keynesiana — caso extremo — quando os preços e salários são totalmente rígidos

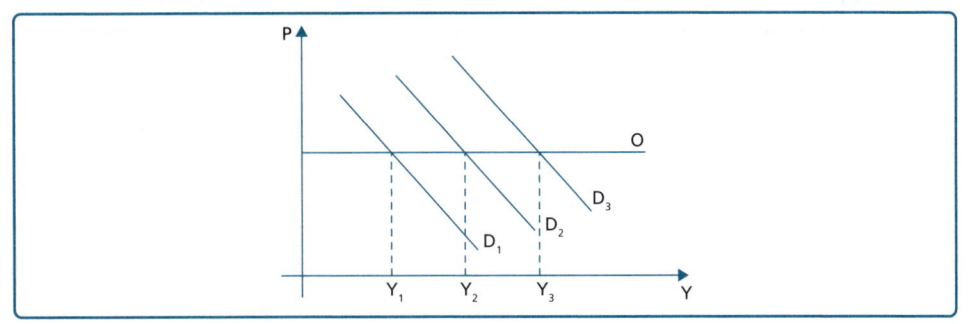

Ocorre, porém, que, à medida que a economia vai se aproximando do produto potencial, maior contratação de mão de obra implica salários nominais (W) mais altos e Produtividade marginal da mão de obra (Pmg_N) menor, fazendo com que os custos marginais de produção se elevem ($P = W/Pmg_N$). Nessa situação, a curva de oferta agregada será positivamente inclinada, e o produto da economia não será determinado apenas pela demanda agregada, e, sim, pela oferta e demanda conjuntamente. Observe o gráfico da Figura 8.26.

Figura 8.26. Curva de oferta agregada (O) Keynesiana quando os preços e salários variam

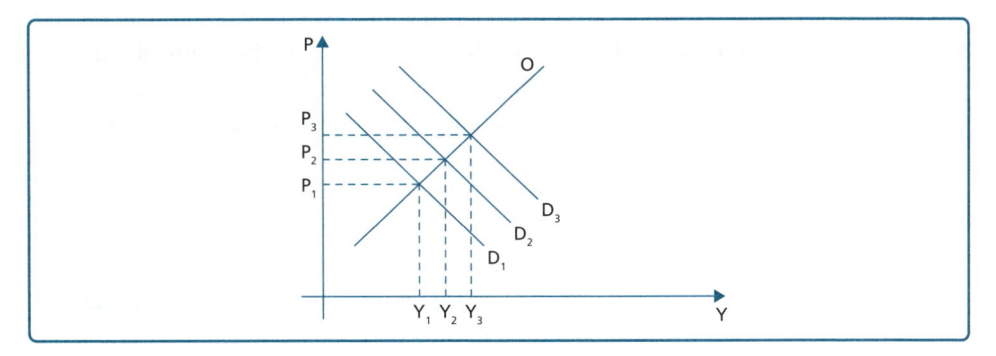

No modelo IS-LM do capítulo 13, parte-se do pressuposto de que os preços são constantes. Já no capítulo 14, é abordado o fato de haver uma alteração no nível de preços e sua repercussão na curva IS-LM.

Existem fatores que podem deslocar a oferta agregada. Quando isso ocorre, diz-se que houve um *choque de oferta*, que tanto pode ser favorável, deslocando a curva de oferta para baixo ou para a direita (de O_1 para O_2), como pode ser desfavorável, deslocando a curva de oferta para cima ou para a esquerda (de O_1 para O_3). Observe na Figura 8.27 que, quando a curva de oferta se desloca para a esquerda, o preço dos produtos se eleva e o Produto Real diminui. Quando a curva de oferta se desloca para a direita, o preço cai e a quantidade ofertada aumenta.

Figura 8.27. Deslocamento da curva de oferta agregada

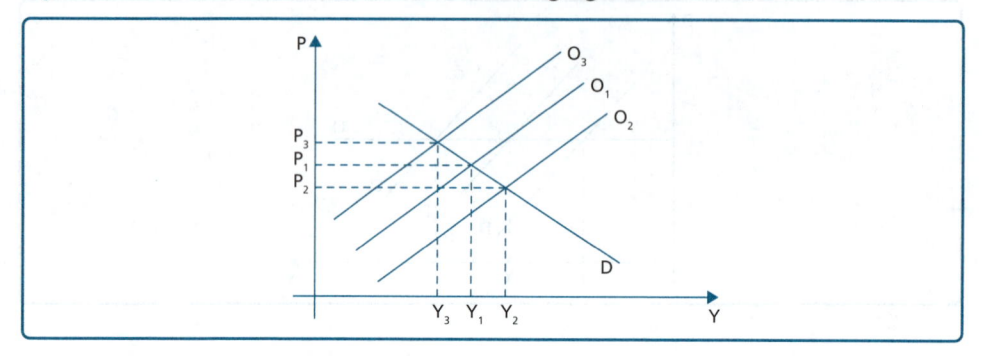

A **inclinação positiva** da curva de oferta se explica por dois fatores: o aumento do salário nominal e a redução do Produto marginal da mão de obra à medida que se empregam mais trabalhadores. Os salários nominais aumentam, porque o trabalhador só estará disposto a ofertar mais trabalho se for a um salário mais alto, e a Produtividade marginal da mão de obra se reduz devido à **Lei dos Rendimentos Físicos Marginais Decrescentes**, explicada no *item 8.1.1.2* deste capítulo. Esses dois fatores representam um aumento dos custos de produção, o que justifica uma elevação dos preços quando a quantidade ofertada aumenta.

Os fatores que deslocam a curva de oferta para a **esquerda** são todos aqueles que representam um aumento dos custos de produção a um nível dado de produto da economia, como aumentos salariais, incidência tributária sobre vendas, aumento dos preços dos insumos produtivos etc. Esses fatores farão os preços se elevarem, independente da demanda se alterar. Quando os trabalhadores têm expectativas de preços (p) mais altos no futuro, isso significa que terão expectativa de uma redução dos salários reais (W/p) e, portanto, ofertarão menos trabalho. A um salário nominal dado, a oferta de mão de obra será menor, já que esse salário nominal com expectativas de preços mais elevados reduz o salário real. Ofertando-se menos mão de obra, o produto também cairá, o que representa uma curva de oferta de bens deslocada para a **esquerda**. Caso os empresários resolvessem manter o mesmo nível de trabalhadores, teriam que pagar salários nominais mais altos, o que também representaria um aumento dos custos de produção e, portanto, também deslocaria a curva de oferta para a esquerda.

Os fatores que deslocam a curva de oferta para a **direita** são todos aqueles que representam uma redução dos custos de produção a um nível de produto dado na economia, como reduções salariais, concessão de subsídios à produção, redução dos preços dos insumos produtivos, avanço tecnológico etc.

8.1.2.4. Poupança

A poupança é função do nível de renda e, portanto, inelástica à taxa de juros. Assim, quando há redução do nível de investimento, as taxas de juros não se reduzem imediatamente. Com a redução dos investimentos, o nível de renda e produto da economia se reduzem e, consequentemente, também o nível de poupança, atingindo um novo equilíbrio a uma mesma taxa de juros. Observe nos gráficos da Figura 8.28:

Figura 8.28. Equilíbrio entre Poupança (S) e Investimento (I) e o comportamento da taxa de juros

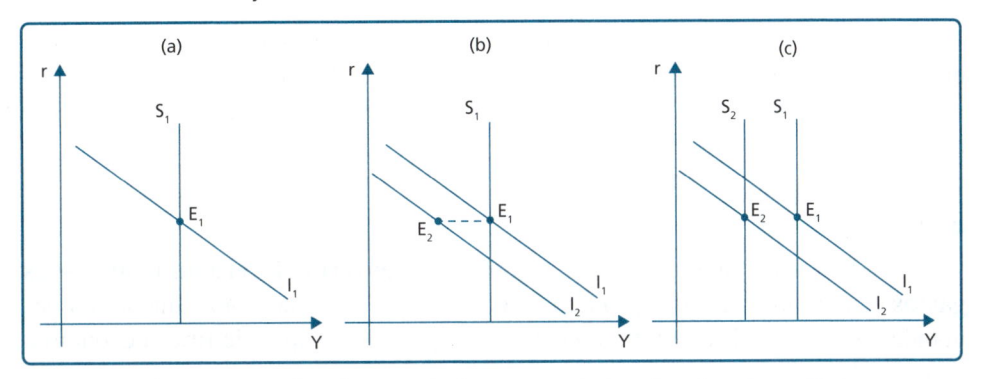

Onde: r = taxa de juros; Y = produto da economia; S = poupança; I = investimento; e E = equilíbrio.
(a) 1º momento: equilíbrio inicial.
(b) 2º momento: uma redução dos investimentos provoca um deslocamento para baixo ou para a esquerda da função investimento (I).
(c) 3º momento: uma redução dos investimentos provoca uma redução no nível de renda e, por conseguinte, uma redução no nível de poupança, deslocando a função poupança (S_1) para a esquerda (S_2).

Isso demonstra que a poupança, para Keynes, é uma função direta da renda (Y) e inelástica à taxa de juros (r).

8.1.2.5. Investimento

Para Keynes, o investimento só ocorrerá se a **eficiência marginal do capital**, que corresponde à lucratividade esperada do investimento, for superior à **taxa de juros**, que corresponde aos custos do financiamento de empréstimos do investimento. Portanto, de nada adianta o comportamento da taxa de juros isolada se o empresário tem expectativas desfavoráveis. O importante para Keynes é a comparação entre o que o empresário espera obter com o investimento e a taxa de juros. No modelo Keynesiano simples, a taxa de juros é constante e, portanto, não altera o investimento e a demanda agregada. No capítulo 13, será possível perceber que, dependendo da sensibilidade do investimento à taxa de juros, a demanda agregada poderá se deslocar mais ou menos.

Diferentemente do pensamento do modelo clássico, que afirmava que o investimento dependia da existência de poupança, o modelo Keynesiano diz que é necessário que haja o investimento para que este induza à geração de poupança necessária para financiá-lo.

Assim, quando há investimento, há aumento de renda e produto da economia. Como a poupança é uma função da renda, haverá aumento da poupança que será capaz de financiar o investimento. Keynes inclusive afirmava que o aumento da poupança no intuito de garantir o investimento poderia surtir efeito contrário ao esperado. A esse fato, deu-se o nome de **paradoxo da parcimônia**, em que um estímulo a uma maior poupança poderia levar a sua redução. Assim observe a seguir:

$$S\uparrow \rightarrow C\downarrow \rightarrow d.a.\downarrow \rightarrow Y\downarrow \rightarrow S\downarrow$$

Quando a poupança (S) aumenta, o consumo (C) diminui. Como o consumo é um dos componentes da demanda agregada (d.a.), esta última se reduz. Com isso, os empresários reduzem o nível de produto (Y) da economia. Como a poupança (S) é uma função direta do nível de renda (Y), a poupança se reduz também.

8.1.2.6. Os gastos do governo

Para Keynes, numa situação com recessão, o **governo deverá aumentar seus gastos** e, com isso, elevar o produto da economia para atender ao aumento da demanda efetiva. Isso leva a um aumento do emprego e é capaz de tirar a economia da recessão.

$$Y\uparrow = C + I + G\uparrow + X - M$$

Da mesma maneira, numa situação de inflação, o governo deverá reduzir seus gastos e, com isso, reduzir a demanda por bens e serviços da economia, provocando uma menor pressão sobre o produto, reduzindo os preços e, portanto, a inflação.

$$Y\downarrow = C + I + G\downarrow + X - M$$

Onde: Y = nível de produto da economia; C = consumo pessoal; I = investimento; G = gastos do governo; X = exportação de bens e serviços não fatores; e M = importação de bens e serviços não fatores.

8.1.2.7. Política tributária

Para Keynes, alterações nos **tributos** são capazes de modificar o nível de renda e produto da economia. Assim, quando o governo tributa mais, adota uma política fiscal restritiva, reduzindo o produto e a renda da economia. Quando o governo reduz a tributação, adota uma política fiscal expansionista, provocando um aumento da renda e do produto da economia. No capítulo 15, será possível melhor compreensão dos efeitos de uma política fiscal sobre o produto e a renda da economia. Segundo Pinho e Vasconcellos: "Abaixo do pleno emprego, seguia-se a tradição Keynesiana de que os preços eram rígidos, e que mudanças no sistema dadas exogenamente afetavam apenas as variáveis reais. Por outro lado, no pleno emprego, as variáveis reais permanecem inalteradas e choques de demanda se traduziam apenas num movimento de preços"[49]. Portanto, uma política tributária, segundo Keynes, altera o Produto Real da economia no curto prazo. Já no longo prazo, no modelo descrito por ele, como no clássico, uma alteração tributária só é capaz de alterar as variáveis nominais, ou seja, os preços.

■ 8.1.2.8. A demanda por moeda

A demanda por moeda é função da renda e da taxa de juros. A demanda por moeda para **transação (e precaução)** é **função direta da renda**, e a demanda de moeda para **especulação** é **função inversa da taxa de juros**. No capítulo 13, será melhor abordada a demanda por moeda no modelo Keynesiano.

■ 8.1.2.9. A oferta de moeda

Para Keynes, um aumento (ou diminuição) da oferta de moeda, que corresponde a uma política monetária expansionista (ou contracionista), é capaz de tirar a economia de uma recessão ou inflação. Isso porque uma alteração na oferta de moeda provoca uma modificação na taxa de juros, que leva a uma alteração na demanda agregada e na renda.

Assim, se houver um aumento da oferta de moeda, há uma redução da taxa de juros e um aumento da demanda agregada, elevando a renda e o produto da economia. Caso contrário, se houver uma redução da oferta de moeda, há uma elevação da taxa de juros e uma redução da demanda agregada, o que provoca uma redução do produto e da renda. Portanto, a oferta de moeda desempenha um papel importante na determinação da taxa de juros. Observe a Figura 8.29:

Figura 8.29. Consequência sobre o produto e renda de uma expansão monetária e uma contração monetária

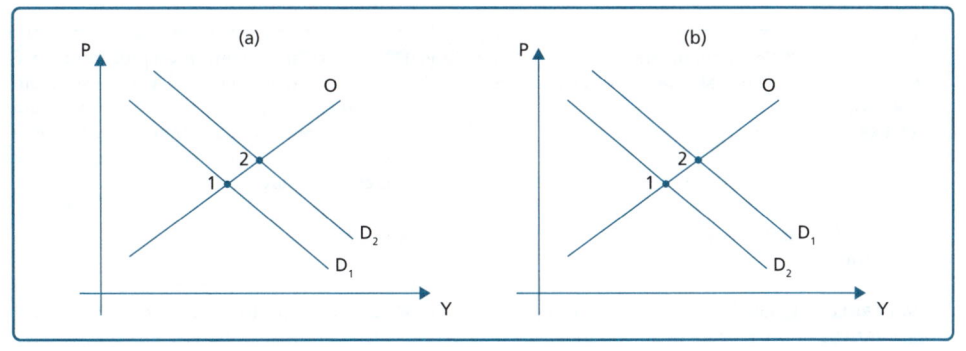

(a) Uma expansão monetária desloca a curva de demanda para a direita, provocando um aumento do produto e da renda.
(b) Uma redução monetária desloca a curva de demanda para a esquerda, provocando uma redução do produto e da renda.

---

[49] Diva Benevides Pinho e Marco Antonio Sandoval de Vasconcellos, *Manual de economia*, p. 265.

Para Keynes, porém, uma política fiscal, que consiste em alterações no nível dos gastos do governo e tributos, seria mais eficiente que uma política monetária, porque esta segunda política dependeria da sensibilidade do investimento em relação à taxa de juros. Assim, uma alteração na taxa de juros poderia provocar uma mudança nos investimentos ou não, porque, se houvesse uma queda ou elevação na taxa de juros, nada poderia garantir que o investimento aumentasse ou não, já que a decisão de investir dependeria também da Eficiência marginal do capital (EmgK).

■ 8.2. QUADRO-RESUMO: CLÁSSICOS X KEYNES

	CLÁSSICOS	KEYNES
ARCABOUÇO TEÓRICO	■ Lei de Say	■ Princípio da Demanda Efetiva
EMPREGO	■ Determinado pela oferta de mão de obra. Para tanto, o salário nominal deve se ajustar para possibilitar o emprego de mais mão de obra para garantir o pleno emprego. O emprego é uma variável estável.	■ Limitado pela demanda de mão de obra por parte das empresas. O emprego é uma variável instável, já que dependerá da expectativa dos empresários com relação à venda do produto.
PRODUTO	■ Estável. A economia opera com o produto potencial e o pleno emprego.	■ Instável. O empresário só produzirá se acreditar que haverá demanda para adquiri-lo.
OFERTA DE MÃO DE OBRA 1	■ Determina o emprego.	■ Não exerce nenhum papel na determinação do emprego, já que o empresário só contratará se acreditar que tem para quem vender o produto gerado pela mão de obra contratada.
OFERTA DE MÃO DE OBRA 2	■ Função direta do salário real e inversa da demanda por lazer.	■ Função direta do salário monetário (ou nominal) corrente e das expectativas de preços.
DEMANDA POR MÃO DE OBRA	■ Função decrescente do salário real.	■ Função decrescente do salário real.
PLENO EMPREGO	■ Necessariamente presente no equilíbrio da oferta e da demanda do produto.	■ Não necessariamente presente. Inclusive é preferível que a economia não esteja em pleno emprego para possibilitar a expansão da demanda agregada sem que isso provoque elevação de preços. No longo prazo, o pleno emprego existiria.
SALÁRIOS NOMINAIS	■ Flexíveis.	■ Rígidos.
SALÁRIOS RELEVANTES	■ Salários reais, tanto para os trabalhadores como para os empresários.	■ Salários nominais para os trabalhadores e reais para os empresários.
PERSEGUEM	■ Salários reais, embora as negociações salariais sejam sobre o salário nominal que se ajustará para manter o pleno emprego.	■ Salários nominais, já que não controlam os preços.
MERCADO DE TRABALHO	■ Determina salários reais.	■ Determina salários nominais.

8 ■ Teoria Clássica (Neoclássica) e Keynesiana. Equilíbrio no Mercado de Bens

OFERTA AGREGADA	■ Determinada pela disponibilidade de fatores de produção dada certa tecnologia.	■ Determinada pela demanda efetiva.
DEMANDA AGREGADA	■ A taxa de juros teria o papel de estabilizar qualquer alteração dos componentes da demanda agregada, deixando-a inalterada. Portanto, a demanda agregada não seria capaz de alterar variáveis reais.	■ Determina o produto da economia. A alteração dos componentes da demanda agregada (consumo, investimento, gastos do governo, exportação, importação, tributação, transferências) determina as variáveis reais da economia.
AUMENTO DA OFERTA DE MOEDA	■ Desloca a demanda agregada, provocando uma elevação de preços. O produto permanece inalterado.	■ Caso Keynesiano extremo → provoca aumento do Produto Real. ■ Caso Keynesiano básico → provoca aumento do Produto Real e elevação de preços.
AUMENTO DOS GASTOS DO GOVERNO	■ Desloca a demanda agregada, provocando uma elevação de preços. O produto permanece inalterado.	■ Caso Keynesiano extremo → provoca aumento do Produto Real. ■ Caso Keynesiano básico → provoca aumento do produto e elevação de preços.
CORTE DOS TRIBUTOS	■ Sobre a demanda: ■ compensada por títulos públicos: preços e produtos permanecem inalterados; ■ compensada pela emissão de moeda: elevação de preços e produto inalterado. ■ Sobre a oferta: ■ queda nos preços e elevação do produto.	■ Caso Keynesiano extremo → provoca aumento do Produto Real. ■ Caso Keynesiano básico → provoca aumento do produto e elevação de preços.
CHOQUE DE OFERTA DESFAVORÁVEL	■ Redução do produto e aumento dos preços.	■ Redução do produto e aumento dos preços.
DEMANDA POR MOEDA	■ Estável, já que seria função apenas do nível de renda. ■ Os agentes demandam moeda para transação.	■ Instável, já que seria função também da taxa de juros que oscilaria no mercado. ■ Os agentes demandam moeda para transação e especulação.
POUPANÇA E INVESTIMENTO	■ O equilíbrio entre a poupança e o investimento é determinado pela taxa de juros.	■ A poupança será função da renda. O investimento será determinado pela comparação entre a Eficiência Marginal do Capital (EmgK) e a taxa de juros.
INFORMAÇÕES	■ Perfeitas.	■ Imperfeitas.
ECONOMIA	■ Típica de longo prazo.	■ Típica de curto prazo e instável devido à instabilidade da demanda agregada.
ESTADO	■ Não deveria intervir na economia. O mercado se autorregularia. A estabilidade econômica estaria ligada à oferta de moeda. Daí o surgimento, mais tarde, dos monetaristas.	■ Deveria intervir na economia por meio de seus gastos, tributação e transferências, ou seja, de políticas ativas para controlar a demanda agregada. Daí o surgimento, mais tarde, dos ativistas.
POLÍTICAS MONETÁRIAS	■ Baseadas em regras que garantam um crescimento monetário estável.	■ Discricionárias.
PERCEPÇÃO DE PREÇOS	■ Total percepção de alteração de preços pelos agentes econômicos.	■ Ilusão monetária por parte do trabalhador. O empresário tem uma percepção de preços maior que os trabalhadores e, portanto, não sofre de ilusão monetária.

460 Macroeconomia Esquematizado — Luiza Sampaio

8.3. GRÁFICOS COMPARATIVOS DOS MODELOS CLÁSSICO (A) E KEYNESIANO (B)

Figura 8.28. Gráficos comparativos do modelo clássico e Keynesiano

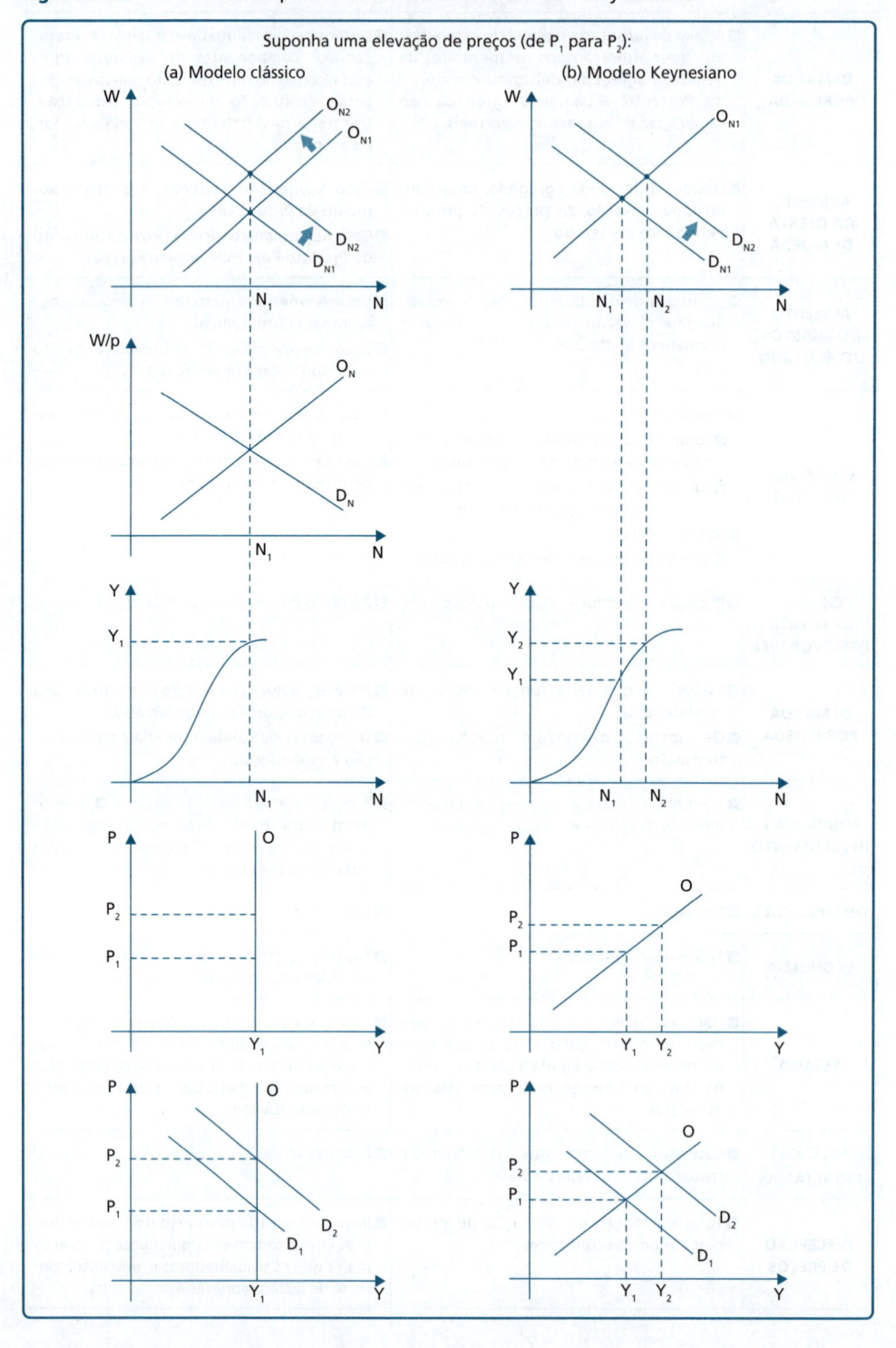

8.4. QUESTÕES

1. (IBGE – VUNESP – 1999) Na teoria de Keynes, as decisões de investimento dependem de:
a) Taxa de juros.
b) Taxa de eficiência marginal de capital.
c) Existência de poupança.
d) Inovações tecnológicas.
e) Comparação das taxas de juros e da eficiência marginal do investimento.

2. (UFRJ – Agência Estadual de Regulação dos Serviços Públicos/MT – NCE – 2005) No modelo macroeconômico keynesiano, o nível de investimento está relacionado:
a) Apenas à taxa de juros.
b) Ao volume de gastos públicos.
c) À eficiência marginal do capital e à taxa de juros.
d) Ao nível de consumo e às normas tributárias que regem as empresas.
e) À oferta de moeda e à taxa de juros.

3. (Companhia Estadual de Água e Esgoto do Rio de Janeiro – CEDAE – CEPERJ – 2009) O modelo Keynesiano simples de determinação da renda baseia-se:
a) na Lei de Say
b) na Lei de Okun
c) no Princípio da Demanda Efetiva
d) no Efeito Oliveira Tanzi
e) no Princípio da Mão-Invisível de Mercado

4. (ICMS/RJ – FGV – 2009) Um trabalhador escolhe livremente entre horas de lazer e de trabalho num mercado sem obrigações contratuais. Com relação à teoria clássica de oferta de trabalho, que relaciona horas trabalhadas com salário/hora pago, assinale a afirmativa correta quanto às suas hipóteses e conclusões.
a) O trabalhador não escolhe livremente entre horas de trabalho e de lazer.
b) Quanto maior o salário/hora, menor a oferta de trabalho.
c) A oferta de trabalho aumenta com o aumento do salário até um dado nível w^*, reduzindo para níveis de salário superiores a w^*.
d) Obrigações contratuais incentivam rápidos ajustes às variações de salários.
e) A oferta de trabalho aumenta com o aumento do salário.

5. (STM – CESPE – 2011) No que se refere à contabilidade nacional, instrumento importante para o entendimento da mensuração dos grandes agregados econômicos, julgue os itens a seguir.
a) A ampliação de programas de redistribuição de renda, como o Bolsa Família, não altera as receitas do governo, mas contribui para elevar a carga tributária líquida.
b) Os gastos do governo com a implantação de uma nova unidade médica, exceto aqueles referentes aos pagamentos dos médicos e demais funcionários públicos, são contabilizados como gastos governamentais e, como tais, contribuem para elevar tanto o produto interno como a renda disponível do período.

6. (ISS/SP – FCC – 2012) Em um modelo keynesiano simplificado de uma economia fechada, onde o investimento é suposto autônomo e igual a 200, as funções poupança (S) e tributação (T) são dadas por:
S = –50 + 0,2 Yd
T = 80 + 0,25 Y

Onde Yd e Y representam, respectivamente, a renda disponível e a renda da economia. Se a renda de equilíbrio desse modelo é 1.215, então, os Gastos do Governo, também supostos autônomos, correspondem a
a) 285.
b) 300.
c) 320.
d) 275.
e) 315.

7. (SEGER/ES — CESPE — 2013) Considerando-se a teoria keynesiana em um gráfico representativo da função consumo, em que os eixos são formados pela oferta agregada e pela demanda agregada, é correto afirmar que, ao se traçar uma reta de 45º, existirá poupança agregada nessa economia sempre que
a) a função consumo estiver exatamente ao longo da linha de 45°.
b) a função consumo for igual à demanda agregada da economia.
c) a propensão marginal a consumir for igual a 1.
d) a função consumo estiver acima da linha de 45°.
e) a função consumo estiver abaixo da linha de 45°.

8. (Analista de Gestão — COMPESA — Economista — FGV — 2014) Seja o modelo keynesiano simples, e os seus seguintes componentes:
— Produto Real = 100
— Consumo = 50
— Investimento Voluntário = 30
Logo, o investimento involuntário será igual a
a) 0, sem acúmulo de estoques.
b) 80, pois há excesso de oferta agregada.
c) 50, pois há excesso de oferta agregada.
d) 20, pois há excesso de demanda agregada.
e) 20, pois há excesso de oferta agregada.

9. (Analista Metroferroviário — METRO-DF — Administrativa — Economista — IADES — 2014) Suponha uma economia fechada sem governo, tal que a renda é dada por $Y = C + I$ e a função consumo é igual a $C = 80 + 0,9Y$. Considerando um investimento $I = 300$, a renda de equilíbrio YE dessa economia é
a) $ 3.500.
b) $ 3.650.
c) $ 3.800.
d) $ 3.850.
e) $ 3.950.

10. (Analista em Planejamento, Orçamento e Finanças Públicas — SEFAZ-SP — VUNESP — 2013) Os determinantes do investimento segundo a teoria keynesiana são:
a) a taxa de juros e taxa de inflação.
b) o retorno esperado e a carga tributária.
c) a carga tributária e a taxa de câmbio.
d) a taxa de juros e o custo-país.
e) a taxa de juros e a taxa interna de retorno.

11. (Economista (MJ) — CESPE — 2013) Acerca dos modelos de análise macroeconômica, julgue o item.
De acordo com o modelo keynesiano simples, em uma economia fechada e sem governo, a função consumo é linear, estabelecendo-se que a relação entre consumo e renda seja dada pela propensão média a consumir mais o consumo autônomo não negativo.

12. (Economista — SESACRE — FUNCAB — 2013) Numa economia aberta hipotética, o consumo é dado pela expressão C = 100 + 1,5Y; o investimento é expresso por I = 80 + 0,05Y; os gastos do governo são iguais a 320, a tributação é representada por T = 40 + 0,4Y; as exportações são iguais a 160 e as importações estão expressas por M = 30 + 0,15Y. Considerando Y a renda e Yd a renda disponível, a demanda agregada dessa economia é igual a:
   a) $ 2.850
   b) $ 2.100
   c) $ 1.050
   d) $ 1.425
   e) $ 1.200

13. (Analista Judiciário I — TJ-AM — Economia — FGV — 2013) Assuma que o modelo keynesiano simples seja válido. A função consumo:

$$C = Co + c(Y - T),$$

em que Co é o consumo de subsistência (exógena), c é a propensão marginal a consumir, Y é a renda e T é o total de tributos arrecadados, cuja função é dada por:

$$T = tY,$$

em que, t é a alíquota de impostos. A função gasto do governo é dada por:

$$G = Go$$

ou seja, o gasto é exógeno. O investimento também é exógeno e dado por:

$$I = Io$$

Supondo que $Co = 1$, $Go = 2$, $Io = 3$, $c = 0,5$, $t = 0,2$
O nível de renda de equilíbrio é igual a
   a) 1
   b) 6
   c) 10
   d) 30
   e) 60

14. (Analista Júnior /TRANSPETRO/CESGRANRIO/2018) Para a teoria keynesiana, o principal fator explicativo do consumo agregado das famílias em uma economia de mercado é o(a.)
   a) crédito
   b) taxa de juros real
   c) riqueza acumulada
   d) faixa etária predominante na população
   e) renda agregada disponível

15. (Oficial de Inteligência/CEBRASPE/2018) Julgue o item subsequente, acerca da curva de Phillips, de expectativas racionais, salários e ciclos reais de negócios.
O problema da rigidez dos salários é bem conhecido, e algumas razões dessa rigidez são levantadas para indicar o motivo pelo qual os salários não se ajustam rapidamente para man-

ter o equilíbrio no mercado de trabalho; essas razões, citadas pela teoria keynesiana, incluem o interesse pelo salário relativo e a sindicalização do mercado de trabalho.
( ) Certo
( ) Errado

16. (COVEST-COPSET — Economista (UFPE)/2019) Na visão Keynesiana, o principal responsável pela instabilidade da economia é:
a) o aumento dos gastos do governo.
b) a instabilidade do consumo.
c) a instabilidade dos investimentos privados.
d) a instabilidade no estoque de moeda.
e) a instabilidade nas exportações líquidas.

■ **GABARITO** ■

1. "e". As decisões de investir, para Keynes, dependem da comparação entre a taxa de juros e a eficiência marginal do investimento (ou capital). Se a taxa de juros for maior que a eficiência marginal do investimento, não haverá investimento (produtivo). Se a taxa de juros for menor que a eficiência marginal do investimento, haverá investimento (produtivo).
2. "c". Para Keynes, o que fará o empresário investir ou não (quando se fala em investimento, refere-se ao investimento produtivo) será a comparação entre a taxa de juros e a eficiência marginal do capital. Se a taxa de juros for maior que a eficiência marginal do capital, não haverá investimento. Caso contrário, haverá investimento.
3. "c". Para Keynes, o que determina a renda e o produto da economia é a demanda efetiva, ou seja, as empresas só produzirão se tiverem expectativas favoráveis de vender seus produtos. Portanto, a alternativa "c" é verdadeira. A Lei de Say afirmava que toda oferta criava sua própria demanda. Esta é a base do pensamento clássico. Portanto, a alternativa "a" é falsa. A Lei de Okun estabelece uma relação entre Produto e desemprego, ou seja, afirma que a diferença entre Produto potencial e Produto efetivo mantém uma proporção com a diferença entre a taxa de desemprego e a taxa de desemprego natural. Portanto, a alternativa "b" é falsa. O efeito Tanzi é a perda real da arrecadação do governo pela defasagem temporal entre o fato gerador e o pagamento/arrecadação dos tributos em períodos de inflação. Portanto, a alternativa "d" é falsa. A mão invisível descreve uma economia em que o Estado não deve interferir na economia, deixando o mercado agir por si só. É conhecido por *laissez-faire*. Logo, a alternativa "e" é falsa.
4. "c". Caso haja a predominância do efeito substituição, a curva de oferta será crescente, significando que quanto maior o salário, maior a oferta de mão de obra. Caso haja a predominância do efeito renda, a curva de oferta será decrescente, significando que quanto maior o salário, menor a oferta de mão de obra. Quando os salários são baixos e estão crescendo, o trabalhador tende a trocar horas de lazer por trabalho, aumentando a oferta por mão de obra. A partir de determinado nível de salário, o trabalhador tende a ofertar menos trabalho em troca de mais lazer. A partir desse ponto, o efeito renda é maior. Portanto, as alternativas "b" e "e" são falsas, e a "c" é verdadeira. O trabalhador escolhe livremente entre horas de trabalho e de lazer. A alternativa "a" é falsa. As obrigações contratuais dificultam mudanças salariais. A alternativa "d" é falsa.
5. F, F. a) **(F)** A carga tributária líquida é a soma dos impostos diretos e indiretos subtraídos das transferências e subsídios. Portanto, se o Bolsa Família aumenta, as transferências aumentam, reduzindo a carga tributária líquida. b) **(F)** Os gastos do governo são as despesas que possuem contrapartida em bens e serviços. Portanto, pagamentos aos médicos e demais funcionários públicos são considerados também gastos do governo caracterizados por gastos correntes.

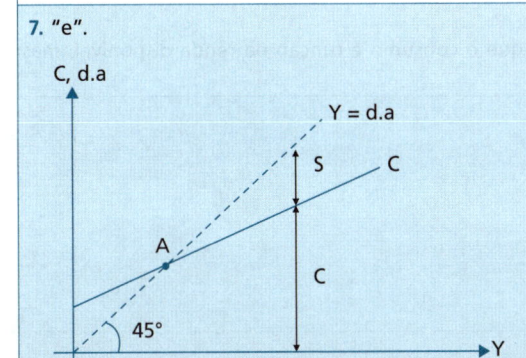

6. "b". Numa economia fechada, o equilíbrio da renda e do produto se dá quando: $S + T = I + G$ $-50 + 0,2Yd + 80 + 0,25Y = 200 + G$ $-50 + 0,2 (Y - T) + 80 + 0,25Y = 200 + G$ $-50 + 0,2 [Y - (80 + 0,25Y)] + 80 + 0,25Y = 200 + G$ $-50 + 0,2 [1.215 - (80 + 0,25 \times 1.215)] + 80 + 0,25 \times 1.215 = 200 + G$ $30 + 0,2 [1.215 - 383,75] + 303,75 = 200 + G$ $30 + 166,25 + 303,75 = 200 + G$ $G = 300$
7. "e". C, d.a Y = d.a S   C A C 45° Y Acima do ponto A, a poupança é positiva, já que o consumo (C) está abaixo da renda e produto da economia (Y). Abaixo do ponto A, a poupança é negativa (= despoupança), já que o consumo está acima da renda e produto da economia (Y). No ponto A, a poupança é zero, já que o consumo é igual a renda e produto da economia. A alternativa correta é, portanto, a "e".
8. "e". $Y = C + I_{voluntário} + I_{involuntário}$ $100 = 50 + 30 + I_{involuntário}$ $I_{involuntário} = 20$ Como o investimento involuntário foi positivo, isso significa que a oferta de bens e serviços foi maior que a demanda agregada planejada, obrigando à formação de investimento involuntário.
9. "c". Dados: $C = 80 + 0,9Y$ $I = 300$ Logo: $Y = C + I$ $Y = 80 + 0,9Y + 300$ $0,1Y = 380$ $Y = 3.800$
10. "e". Para Keynes, o que vai determinar o investimento é a comparação entre o retorno esperado do investimento e a taxa de juros. Se esse retorno, chamado de eficiência marginal do capital, for maior que a taxa de juros, haverá investimento. Se a eficiência marginal do capital for menor que a taxa de juros, não haverá investimento.
11. Errado. De acordo com o modelo keynesiano simples, em uma economia fechada e sem governo, a função consumo é linear, estabelecendo-se que a relação entre consumo e renda seja dada pela propensão marginal a consumir, c, mais o consumo autônomo, Ca, não negativo, ou seja: $C = Ca + cY$ A propensão média a consumir, PmeC, é definida por: $PmeC = C / Y$ Já a propensão marginal a consumir, "c" ou PmgC, é definida por: $PmgC = \Delta C / \Delta Y$

12. "a".
Y = C + I + G + X − M
Y = 100 + 1,5Yd + 80 + 0,05Y + 320 + 160 − (30 + 0,15Y)
Y = 630 + 1,5Yd + 0,05Y − 0,15Y
1,1Y = 630 + 1,5 (Y − T)
1,1Y = 630 + 1,5 (Y − (40 + 0,4Y))
1,1Y = 630 + 1,5 (0,6Y − 40)
1,1Y = 630 + 0,9Y − 60
0,2Y = 570
Y = 2.850
Devemos observar que a questão não diz que o consumo é função da renda disponível, mas consideramos dessa forma por dedução.

13. "c".
Y = C + I + G
Y = Co + c(Y − T) + Io + Go
Y = 1 + 0,5 (Y − tY) + 3 + 2
Y = 1 + 0,5 (Y − 0,2Y) + 3 + 2
Y = 6 + 0,5 · 0,8Y
0,6Y = 6
Y = 10

14. "e".
Na teoria keynesiana, os outros fatores que podem influenciar o consumo são considerados constantes e, portanto, dados pelo modelo. Apenas a Renda disponível variará. Assim, se a renda disponível aumentar, o consumo aumenta. Se a renda disponível diminuir, o consumo diminui.

15. Resposta: Certo
A teoria keynesiana defende a rigidez nos salários e justifica isso, entre outros motivos, pela presença de sindicatos que não permitiriam reduções salariais e devido ao interesse pelo salário relativo que afirma que o trabalhador acompanha os reajustes salariais dos demais trabalhadores e tende a ser mais tolerante com a ausência de reajustes no seu salário se os demais trabalhadores não tiverem obtido reajuste. Como o trabalhador sofre de ilusão monetário no curto prazo, ele não consegue perceber perdas reais em seu salário, quando seu salário nominal permanece constante.

16. "c".
Segundo a visão de Keynes, os empresários investem com base em expectativas. Se eles acreditam que a Eficiência marginal do capital (EmgK), que é a taxa de retorno esperada diante das oportunidades de investimento, vai superar a taxa de juros, eles investem. Se acreditam que a EmgK vai ser menor que a taxa de juros, eles não investem. Embora, Keynes não negasse a relação inversa entre investimento e taxa de juros, ele também afirmava que de nada adiantaria uma taxa de juros suficientemente baixa para estimular o investimento, se o empresário não tivesse expectativas favoráveis a respeito da rentabilidade de seus investimentos. E essas expectativas apoiavam-se em base muito precária, que seria o conhecimento de uma lucratividade futura. Em decorrência disso, o investimento seria uma variável muito instável.

9

EQUILÍBRIO NO MERCADO DE BENS

■ 9.1. DETERMINAÇÃO DO PRODUTO KEYNESIANO — A DEMANDA AGREGADA

No modelo Keynesiano, o Produto será determinado pela demanda por bens e serviços de todos os setores da economia, ou seja, pela demanda agregada. Assim, o produtor só produzirá se acreditar que conseguirá vender seu produto.

A demanda agregada será constituída pela demanda por bens e serviços dos setores da economia, ou seja, será a soma do Consumo pessoal (C), Investimento (I), Gastos do Governo (G) e Exportação (X).

No esquema a seguir, é possível visualizar os setores da economia (Unidades Familiares, Empresas, Governo e Setor Externo) e a demanda de cada um desses setores.

OS SETORES DA ECONOMIA DEMANDAM BENS E SERVIÇOS PARA →	Unidades Familiares →	Consumir → C
	Empresas →	Investir → I
	Governo →	Gastar → G (= consumo do governo)[1]
	Setor Externo →	Exportar → X

Logo: **d.a. = C + I + G + X**

No equilíbrio, a demanda agregada (d.a.) será igual à oferta agregada (o.a.), logo:

d.a. = o.a.

Como na economia os setores demandam bens que têm componentes importados, a oferta de bens e serviços será composta do Produto Interno Bruto a preço de mercado mais o Produto que foi importado. Lembre-se que nesse modelo os preços são considerados constantes, já que se trata de uma economia no curto prazo.

o.a. = Produto Interno Bruto a preço de mercado + importação de bens e serviços não fatores ou **o.a. = PIBpm + M**

---

[1] Os gastos do governo correspondem à produção corrente adquirida pelo governo. Froyen (2003, p. 22) completa, afirmando que "o governo realiza transferências a indivíduos (por exemplo, pagamento da Previdência Social) e paga juros, exemplos de gastos governamentais não incluídos no PIB". É possível perceber isso quando se analisa a conta de produção no capítulo 4. Para se atingir o PIBpm, as transferências às famílias não são computadas.

Chamando PIBpm de Y^2, tem-se: **o.a. = Y + M**
Como no equilíbrio: **o.a. = d.a.**
Então: **Y + M = C + I + G + X**
Passando M para o outro termo, tem-se:

$$Y^3 = C + I + G + X - M^4$$

Então, para se determinar o Produto da economia, deve-se determinar a demanda da economia[5]. E, para isso, devem-se determinar seus componentes, como demonstrado nos itens a seguir.

9.1.1. Consumo (C)

O consumo pode ser em bens duráveis, não duráveis ou em serviços. Assim, completa Froyen: "Podemos dividi-lo em bens de consumo duráveis (por exemplo, automóveis, televisores), bens de consumo não duráveis (por exemplo, alimentos, bebidas, roupas) e serviços (por exemplo, médicos, cabelereiros)"[6].

O Consumo tende a ser o maior componente do PIB.

Os fatores que determinam o consumo são:

- preços;
- qualidade;
- necessidade;
- crédito;
- juros;
- **renda disponível**;
- etc.

Como a renda disponível é o principal fator que determina o consumo e para facilitar a análise, devem-se considerar constantes os outros fatores.

O consumo será função **estável** da renda disponível[7], sendo: **C = f (Yd)**

O consumo (C) será a soma de duas parcelas: aquela que independe da renda disponível (Yd) e, portanto, é constante; e aquela que depende da renda disponível, ou seja, se a renda disponível aumentar, o consumo aumenta, e se a renda disponível diminuir, o consumo diminui:

---

[2] Y deriva do termo em inglês "*Yield*", que significa "rendimento".
[3] Considere que o nível geral de preços seja fixo.
[4] **Absorção interna** será a soma de C + I + G.
[5] Caso a oferta agregada seja maior que a demanda agregada, deve haver um acúmulo não planejado de estoques. Caso a oferta agregada seja menor que a demanda agregada, deve haver uma escassez de estoques não planejada.
[6] Richard T. Froyen, *Macroeconomia*, p. 21.
[7] Pelo fato de se considerar, nesse primeiro momento, um modelo sem governo, então a renda disponível (Yd) será igual à renda total (Y).

↑ Yd ↑ C   ou   ↓ Yd ↓ C

Considerando, primeiro, uma economia a dois setores, em que estão presentes apenas **Unidades Familiares** e **Empresas** e onde a renda total (Y) é igual a renda disponível (Yd), e mantendo uma relação linear entre consumo (C) e renda total (Y), tem-se:

$$C = Ca + cY^8$$

Onde:

Ca = Consumo autônomo, ou consumo inicial, ou o consumo que está ligado a outros fatores diferentes da renda, ou seja, o consumo que independe da renda. Blanchard afirma que Ca "é o que as pessoas consumiriam se sua renda disponível no ano corrente fosse igual a zero"[9]. E continua dizendo: "Como as pessoas podem ter um consumo positivo se a sua renda é igual a zero? Resposta: elas despoupam: consomem ou vendendo alguns de seus ativos ou contraindo alguns empréstimos"[10].

c = **Propensão marginal a Consumir** (PmgC), a variação que haverá no consumo pelo fato de ter havido uma variação de "um" na renda = $\Delta C/\Delta Y$.

"Ca" será o coeficiente linear da reta que a função representa e "c" é o coeficiente angular, ou seja, a tangente do ângulo que a reta ou que a função representa forma com o eixo horizontal. Como "c" é menor que "um", a declividade é menor que 45°.

A função consumo pode ser representada como mostra a Figura 9.1:

Figura 9.1. A função Consumo

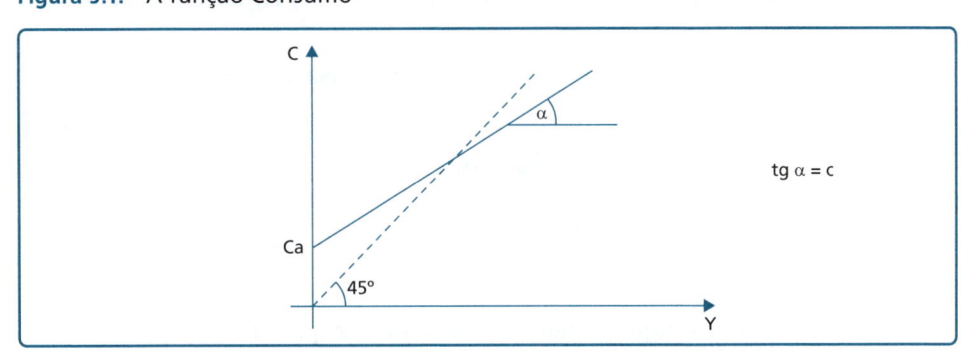

Por hipótese, **"c" é sempre maior que "0" e menor que "1"**, ou seja, as pessoas tendem a consumir uma parte do aumento de sua renda, mas, nunca, a sua totalidade,

---

[8] Caso fosse uma economia com governo, o consumo seria função da renda disponível (Yd). Logo, o Consumo seria: C = Ca + cYd.
[9] Olivier Blanchard, *Macroeconomia*, p. 45.
[10] Olivier Blanchard, *Macroeconomia*, p. 45.

nem "zero" dela. Assim, o consumo aumenta na medida em que a renda disponível aumenta, porém em proporção menor que o aumento da renda. A Propensão marginal a Consumir é uma variável estável no modelo.

Exemplos de funções consumo:

a) C = 10 + 3/4Y

Se a renda e o Produto (Y) forem iguais a 100, o consumo (C) será igual a 85.

b) C = 20 + 0,8Y

Se a renda e o Produto (Y) forem iguais a 200, o consumo (C) será igual a 180.

O Consumo é uma **variável endógena**, ou seja, depende do comportamento da renda para se definir; é explicado dentro do modelo.

■ 9.1.1.1. Poupança (S)

Continuando a supor uma economia a dois setores, onde só haja **Unidades Familiares e Empresas**, a renda gerada na economia será destinada ao Consumo (C) ou à Poupança (S). Logo: Renda (Y) = Consumo (C) + Poupança (S)

$$Y = C + S$$

Substituindo **C = Ca + cY**, tem-se: **Y = Ca + cY + S**

Isolando **S**, tem-se: S = Y − Ca − cY ou S = Y − cY − Ca ou S = (1 − c) Y − Ca ou

$$S = -Ca + (1 - c) Y$$

Considerando que os fatores que afetam o consumo se comportam de maneira similar em relação à poupança, pode-se considerar a Poupança uma função da renda: S = f (Y). Então: S = Sa + sY, onde: S = poupança; Sa = poupança autônoma, poupança que independe do nível de renda; e s = **Propensão marginal a Poupar** = ΔS/ΔY.

Logo: S = Sa + sY ou S = −Ca + (1 − c) Y, então: **Sa + sY = −Ca + (1 − c) Y**. Portanto:

$$Sa = -Ca$$

sY = (1 − c) Y, de onde se conclui que:

$$s = 1 - c$$

Por hipótese, **"s" é sempre maior que "0" e menor que "1"**, ou seja, as pessoas tendem a poupar uma parte do aumento de sua renda, mas, nunca, a sua totalidade nem "zero" dela. Portanto, a Propensão marginal a Poupar significa o montante da variação da poupança mediante uma variação de "um" na renda.

Exemplos:

1) C = 10 + 3/4Y, logo: S = −10 + 1/4Y;
   Ca = 10 e Sa = −10; c = 3/4 e s = 1/4
2) C = 20 + 0,8Y, logo: S = −20 + 0,2Y;
   Ca = 20 e Sa = −20; c = 0,8 e s = 0,2

3) C = 5,3 + 0,33Y, logo: S = –5,3 + 0,67Y;
   Ca = 5,3 e Sa = –5,3; c = 0,33 e s = 0,67

A Poupança é uma variável **endógena**, ou seja, depende do comportamento da renda para se definir; é explicada dentro do modelo.

9.1.1.2. Propensão marginal e média a Consumir e a Poupar

Não se deve confundir Propensão marginal a Consumir (PmgC) com Propensão média a Consumir (PmeC); nem Propensão marginal a Poupar (PmgS) com Propensão média a Poupar (PmeS).

Perceba a diferença entre Propensão marginal e Propensão média:

PmgC = Propensão marginal a Consumir = $\Delta C/\Delta Y$
PmgS = Propensão marginal a Poupar = $\Delta S/\Delta Y$

PmeC = Propensão média a Consumir = C/Y
PmeS = Propensão média a Poupar = S/Y

Assim, dada a seguinte função:
a) C = 10 + **0,8**Y → quando Y = 100; PmeC = C/Y = 90/100 = 0,9; PmgC = **0,8**
b) S = –30 + **0,25**Y → quando Y = 200; PmeS = S/Y = 20/200 = 0,1; PmgS = **0,25**

Observe que a Propensão média a Consumir (PmeC) mantém uma relação inversa com a renda, de tal maneira que, quando a renda aumenta, a PmeC diminui.

Assim, a função consumo apresentada na letra (a) mostra que: quando Y = 100, PmeC = 0,9; e quando Y = 200, PmeC = 0,85.

Mas observe também que a PmeC será sempre superior à PmgC (= 0,8) numa função Keynesiana de curto prazo.

9.1.2. Investimento (I)

O investimento ao qual este item se refere é o **investimento produtivo**. Não se refere a aplicações financeiras.

O investimento pode ser na forma de investimento fixo, investimento em construção civil ou investimento em estoques. Froyen completa, afirmando que: "Os investimentos fixos das empresas consistem nas compras de fábricas e equipamentos produzidos no período, os bens de capital (...), os investimentos em estoques — compreendem as variações nos estoques das empresas"[11]. Blanchard reforça afirmando que "alguns dos bens produzidos em um dado ano não são vendidos naquele ano, mas em anos posteriores. E alguns dos bens vendidos em um dado ano podem ter sido produzidos em um ano anterior. A diferença entre bens produzidos e bens vendidos em um dado ano — ou, em outras palavras, a diferença entre produção e vendas — é chamada de investimento em estoques"[12].

---

[11] Richard T. Froyen, *Macroeconomia*, p. 21.
[12] Olivier Blanchard, *Macroeconomia*, p. 43.

O investimento pode ser **planejado** ou **não planejado**. Quando se trata de investimento planejado, diz-se que foi **voluntário**. Ele é composto pela formação de capital fixo e pela variação de estoques desejada pelos empresários. Quando se trata de investimento não planejado, diz-se que foi **involuntário** e é composto de variação nos estoques em decorrência de erros feitos pelo empresário com relação à produção realizada. Quando a economia está em **equilíbrio** no mercado de bens, o investimento não planejado ou a **variação em estoques não planejada é igual a zero**. Caso a variação de estoques não planejada seja positiva, significa que o produto da economia é maior que a demanda agregada. Caso a variação de estoques não planejada seja menor que zero, significa que a demanda por bens e serviços é maior que a produção da economia.

Como o interesse é na determinação da renda e do produto de equilíbrio, será considerado apenas o **investimento voluntário**, partindo da hipótese de investimento involuntário igual a zero.

Num primeiro momento, deve-se considerar o Investimento uma função autônoma, ou seja, aquela que independe do nível de renda. Keynes acreditava que o Investimento autônomo era o componente da demanda que sofreria a maior variação e que, portanto, seria o maior responsável pela variação da renda.

Pode-se defini-lo, portanto, assim: $I = I_a$, onde: I_a = Investimento autônomo

Exemplos: $I = 20$ ou $I = 10,5$ ou $I = 40$ etc.

Supondo, portanto, que só haja **Famílias e Empresas**, o ponto de equilíbrio da renda e do Produto numa economia a dois setores será:

Dados:
$C = 10 + 0,8Y$
$I = 30$
$Y = C + I + G + X - M$
Como G, X e M são zero (já que a economia é fechada e sem governo), então:
$Y = C + I$
$Y = 10 + 0,8Y + 30$
$0,2Y = 40$
$Y = 200$

Ou seja, se a economia produzir 200, o consumo será de 170 ($C = 10 + 0,8 \times 200$) e o investimento será de 30, totalizando uma demanda de 200.

Na teoria Keynesiana, o que vai determinar o investimento é a comparação entre a taxa de juros (i) e a eficiência marginal do capital (Emgk) (ou produtividade marginal do capital ou produtividade marginal do investimento ou eficiência marginal do investimento), que é a taxa de retorno esperada diante das oportunidades de investimento. Assim, se:

- $EmgK > i \rightarrow$ haverá investimento;
- $EmgK < i \rightarrow$ não haverá investimento.

Observe que Keynes não se diferenciou dos clássicos quando afirmou que o investimento e a taxa de juros são variáveis que mantêm uma **relação inversa**, ou seja, quanto maior um, menor o outro. Mas Keynes afirmou que de nada adiantaria uma taxa de juros suficientemente baixa para estimular o investimento se o empresário não tivesse expectativas favoráveis a respeito da rentabilidade de seus investimentos. E essas expectativas apoiavam-se em base muito precária, que seria o conhecimento de uma lucratividade futura. Em decorrência disso, o investimento seria uma variável muito **instável**.

Keynes explicou a causa do nível de desemprego alto da crise da grande depressão de 1929 como sendo a insuficiência de investimentos decorrente de uma demanda agregada deficiente.

O Investimento é tratado no momento como uma variável **exógena**, ou seja, é considerado "dado" pelo modelo; não é explicado dentro do modelo.

9.1.3. Gastos do governo (G)

Diz-se que o governo gasta quando, por exemplo, constrói uma escola pública, uma estrada, uma hidroelétrica, remunera os seus funcionários, ou seja, recebe em troca um bem ou um serviço. Portanto, os gastos do governo englobam despesas correntes e despesas de capital. Já o consumo do governo engloba apenas as despesas correntes. Quando se iguala gastos do governo com consumo do governo, as despesas de capital (investimentos e inversões) serão computadas com os investimentos (I).

Os gastos do governo também são autônomos, ou seja, independem do nível de renda. Quem controla os gastos do governo são os formuladores de política econômica do país. Assim, os gastos do governo podem ser definidos da seguinte forma:

$$G = Ga$$

Ex.: G = 10 ou G = 50 ou G = 40,5 etc.

Os Gastos são variáveis **exógenas**, ou seja, são considerados "dados" pelo modelo; não são explicados dentro do modelo.

9.1.3.1. Transferências

O governo, além de gastar (G), pode também transferir (R). Os gastos do governo não incluem, portanto, as transferências[13]. Entende-se por transferências os recursos que o governo concede gratuitamente sem contrapartida com nenhum bem nem serviço. A transferência (R) interfere diretamente no nível de renda disponível. Assim, se o governo aumenta as transferências, o nível de renda disponível aumenta. Se o governo diminui as transferências, o nível de renda disponível diminui.

---

[13] Revendo o capítulo 4, na conta do governo, é possível se perceber que o gasto do governo ou consumo do governo é diferente das transferências do governo.

Exemplos de transferências: aposentadoria, pensão, Bolsa Família, Bolsa Escola, pagamento de juros da dívida pública etc.

Considerando as transferências autônomas (Ra), ou seja, que independem do nível de renda, tem-se:

$$R = Ra$$

Ex.: R = 5 ou R = 10 ou R = 50 etc.

As transferências são variáveis **exógenas**, ou seja, são consideradas "dadas" pelo modelo; não são explicadas dentro do modelo.

■ 9.1.3.2. Tributos

O governo também pode tributar e essa tributação pode ser líquida (T) ou bruta (Tg).

A diferença entre uma e outra são as transferências, ou seja, a tributação bruta é a tributação líquida mais as transferências: **Tg = T + R** e a tributação líquida é a tributação bruta menos as transferências: **T = Tg – R**.

Assim, por exemplo, se o governo arrecada em forma de tributos um valor correspondente a 1.000 e transfere 100 (por exemplo, paga a aposentados), diz-se que a tributação líquida é de 900.

T = Tg – R
T = 1.000 – 100
T = 900

Nesse caso, a tributação é considerada uma variável **exógena**, ou seja, é "dada" pelo modelo; não é explicada dentro do modelo.

■ 9.1.3.2.1. Tributação como função da renda

A **tributação bruta (Tg)** pode ser considerada uma **função da renda (Y)**. Assim, tem-se:

$$Tg = Ta + tY$$

Onde:

Ta = tributação que independe do nível de renda ou tributação autônoma;

t = Propensão marginal a Tributar ou a variação nos tributos por ocasião de uma variação de "um" na renda ou $\Delta T/\Delta Y$.

Assim, Tg pode, por exemplo, ser representada das seguintes maneiras:

a) Tg = 10 + 1/5Y; ou
b) Tg = 20 + 0,2Y.

Se as transferências forem iguais a 5 e sabendo que: T = Tg – R, tem-se:

a) Tg = 10 + 1/5Y e R = 5
  T = 10 + 1/5Y – 5
  T = 5 + 1/5Y

b) Tg = 20 + 0,2Y e R = 5
T = 20 + 0,2Y − 5
T = 15 + 0,2Y

Nessa situação, a tributação é uma variável **endógena**, ou seja, é explicada dentro do modelo.

■ 9.1.3.2.2. Tributação e renda disponível

A tributação, líquida ou bruta, afeta o nível de renda da população.

Mas, quando se fala em tributação, transferência e gasto do governo não se fala em uma economia em que existam apenas unidades familiares e empresas (ou seja, uma economia a dois setores). Portanto, considera-se, no momento, uma economia em que existe a presença do governo. Assim, a função consumo (C) sofrerá uma pequena transformação, ou seja:

$$C = Ca + c\ Yd$$

Onde: Ca = consumo autônomo; c = Propensão marginal a Consumir; e Yd = renda disponível (observe que, numa economia a dois setores, chamava-se apenas de Y porque, como não havia tributação, Y era igual a Yd).

Mas o que é a renda disponível?

$$Yd = Y − T$$

Ou seja, a renda disponível (Yd) é igual à renda total (Y) menos a tributação líquida (T) ou:

$$Yd = Y − (Tg − R)$$

Ou seja, a renda disponível (Yd) é igual à renda total (Y) menos a tributação líquida (T), que é igual à tributação bruta (Tg) menos as transferências (R), ou:

$$Yd = Y − Tg + R$$

Assim, a função consumo terá o seguinte comportamento: C = Ca + c Yd; ou C = Ca + c (Y − T); ou C = Ca + c (Y − (Tg − R)); ou C = Ca + c (Y − Tg + R).

■ 9.1.4. Exportação (X)

Como a exportação dependerá da renda dos outros países, e não da renda interna, diz-se que as exportações independem do nível de renda interna, ou seja, são uma variável **exógena** ao modelo. Assim:

$$X = Xa$$

Onde: Xa = Exportação autônoma.

Exemplo de função exportação: X = 50 ou X = 100 ou X = 40,2 etc.

9.1.5. Importação (M)

Como a importação depende do nível de renda interna da população, diz-se que é uma função da renda, ou seja,

$$M = Ma + mY$$

Onde: Ma = importação que independe do nível de renda e Produto (Y) ou importação autônoma; e m = Propensão marginal a Importar (PmgM) ou a variação que ocorrerá na importação pelo fato de ter variado em "uma" unidade o nível de renda, ou: PmgM = ΔM/ΔY.

Exemplo de função importação: M = 50 + 0,1Y.

Quando são acrescentadas as exportações e as importações, fala-se em uma economia a quatro setores, ou seja, uma economia aberta e com governo, em que os setores considerados são **Unidades Familiares, Empresas, Governo** e **Setor Externo**.

A título de ilustração, é possível acompanhar a variação do PIB na economia brasileira ao longo dos anos, na Figura 9.2, a seguir:

Figura 9.2. Variação do PIB do Brasil — (1967 – 2016)

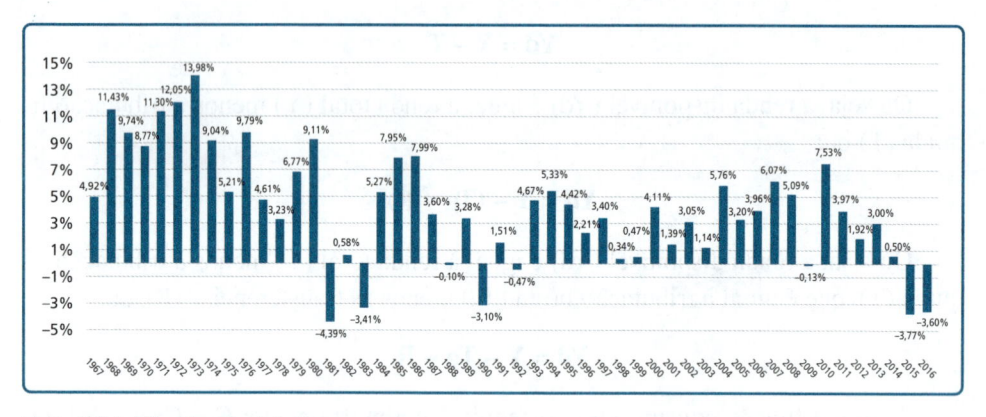

Fonte: Wikipédia – Enciclopédia livre

9.2. DETERMINAÇÃO DO NÍVEL DE EQUILÍBRIO DA RENDA E DO PRODUTO NUMA ECONOMIA ABERTA E COM GOVERNO

Recordando, sabe-se que, no equilíbrio: **oferta agregada = demanda agregada**, ou Y + M = C + I + G + X, ou Y = C + I + G + X – M.

Logo, se:

C = 10 + 0,8Yd

I = 20

$T_g = 20 + 0,25Y$

$R = 20$

$G = 50$

$X = 40$

$M = 10 + 0,1Y$

O equilíbrio da renda e do Produto, ou seja, a quantidade que deverá ser produzida para não sobrar nem faltar Produto, deverá ser igual a:

$Y = C + I + G + X - M$

$Y = 10 + 0,8Y_d + 20 + 50 + 40 - (10 + 0,1Y)$

$Y = 110 + 0,8Y_d - 0,1Y$

$Y = 110 + 0,8 (Y - T) - 0,1Y$ (I)

Sabendo que: $T = T_g - R$

Então: $T = 20 + 0,25Y - 20 \rightarrow T = 0,25Y$ (II)

Substituindo (II) em (I), tem-se:

$Y = 110 + 0,8 (Y - 0,25Y) - 0,1Y$

$Y = 110 + 0,8 \cdot 0,75Y - 0,1Y$

$Y = 110 + 0,6Y - 0,1Y$

$0,5Y = 110$

$Y = 220$

Portanto, se a economia produzir 200 e a demanda agregada for de 200, a economia estará em equilíbrio.

Outra maneira de se determinar o ponto de equilíbrio da renda e do Produto é:

Demanda agregada = oferta agregada

$C + I + G + X = PIB + M$

$C + I + G + X - M = PIB$

Chamando $PIB = Y$, tem-se: $C + I + G + X - M = Y$

Como Produto é igual a renda, tem-se: **Y(Produto) = C + I + G + X − M** e

Como a renda é destinada ao consumo (C) ou a poupança (S) ou ao pagamento de tributos (T), então: **Y(renda) = C + S + T**

Logo: $C + I + G + X - M = C + S + T$ ou **I + G + X = S + T + M**

Resolvendo novamente o exercício anterior, substitui-se na fórmula $I + G + X$ por $S + T + M$. Como não foi informado o valor de S, transforma-se a função consumo em função poupança, ou seja, se: $C = 10 + 3/4\ Y_d$, então: $S = -10 + 1/4\ Y_d$ e é bom lembrar que $T = T_g - R$.

$I + G + X = S + T + M$

$20 + 50 + 40 = -10 + 0,2Y_d + 0,25Y + 10 + 0,1Y$

$110 = 0,2Y_d + 0,35Y$

$110 = 0,2 [Y - (T_g - R)] + 0,35Y$

$110 = 0,2 [Y - 0,25Y] + 0,35Y$

$110 = 0,2 \cdot 0,75Y + 0,35Y$

$110 = 0,15Y + 0,35Y$

$110 = 0,5Y$

$Y = 220$

Portanto, no mercado de bens, no modelo **Keynesiano simples**, o equilíbrio se determina por um nível de renda e Produto, considerando uma taxa de juros fixa ou "dada". Igualando-se as **injeções** (I + G + X) com os **vazamentos** (S + T + M) da economia, tem-se:

$I + G + X = S + T + M$

$I = S + T - G + M - X$

$I = S + (T - G) + (M - X)$

Onde: (T – G) = poupança do governo; (M – X) = poupança do setor externo[14]; e S = poupança do setor privado.

Ou seja: S + (T – G) + (M – X) = poupança total da economia.

Logo: investimento total da economia = poupança total da economia.

$$I = S$$

Caso seja fornecido o investimento privado (I_{priv}) e também o investimento público (ou investimento do governo — I_{gov}), devem ser somados para se determinar o investimento total.

$$I_{púb} + I_{priv} = S_{priv} + S_{púb} + S_{ext}$$

9.2.1. Déficit público

Define-se déficit público como: Investimento público – Poupança pública, ou seja, Déficit público = $I_{púb} - S_{púb}$

Logo:

$I_{púb} + I_{priv} = S_{priv} + S_{púb} + S_{ext}$

$I_{púb} - S_{púb} = S_{priv} - I_{priv} + S_{ext}$

$$\text{Déficit público} = S_{priv} - I_{priv} + S_{ext}$$

Diz-se que o governo apresenta **déficit em suas contas correntes** quando o que apresenta de despesa corrente é maior que as receitas correntes, ou seja, quando G + R > Tg, ou quando G > Tg – R.

Diz-se que o governo apresenta **superávit em suas contas correntes** quando o que apresenta de despesa corrente é menor que as receitas correntes, ou seja, quando G + R < Tg, ou G < Tg – R.

---

[14] Por simplificação, considera-se que o déficit em transações correntes corresponde a M – X, ou seja, considera-se que M – X é o déficit na Balança Comercial, Balança de Serviços, Balança de Rendas e Transferências Unilaterais somados.

Onde: Tg = tributação bruta; R = transferências; e G = gasto do governo = consumo do governo.

Portanto, déficit público é diferente de déficit em conta corrente do governo, porque o primeiro inclui as despesas de capital (ex.: investimentos públicos), e o segundo só inclui despesas correntes (ex.: despesas de custeio). O déficit em conta corrente corresponde, pois, a uma despoupança do governo ou poupança negativa do governo.

O déficit público pode ser tratado sob três óticas: déficit nominal, déficit operacional e déficit primário. É o critério utilizado pelo Tesouro Nacional do Brasil.

- **Déficit nominal** é a diferença entre investimento e poupança do governo, ou seja, toda despesa menos receita não financeira somada a despesa menos receita financeira (juros reais e correção monetária da dívida fiscal líquida).
- **Déficit operacional** é a diferença entre investimento e poupança do governo, somados com a diferença entre despesas e receitas com a correção monetária da dívida líquida fiscal.
- **Déficit primário** é a diferença entre investimento e poupança do governo, ou seja a diferença entre despesas e receitas não financeiras. Não inclui, portanto, as despesas e receitas financeiras (juros reais e correção monetária) da dívida fiscal líquida. A correção monetária da dívida somada aos juros reais da dívida correspondem ao chamado juros nominais, ou, simplesmente, juros.

O déficit é também conhecido como **critério acima da linha**, mede o déficit pelo critério de sua geração, pela diferença entre as despesas e receitas. Quando se utiliza o critério **abaixo da linha**, está se falando em **necessidade de financiamento do setor público (NFSP)**, que mede a situação do setor público pela necessidade de financiamento. Este critério é utilizado pelo FMI e pelo Banco Central do Brasil. Ela utiliza o regime de caixa para receitas e despesas e o regimento de competência para os juros.

Representando as três óticas, tem-se:

DÉFICIT NOMINAL	DÉFICIT OPERACIONAL	DÉFICIT PRIMÁRIO
Despesas não financeiras – Receitas não financeiras	Despesas não financeiras – Receitas não financeiras	Despesas não financeiras – Receitas não financeiras
Juros reais	Juros reais	
Correção monetária		

9.2.2. Saldo comercial

Diz-se que o saldo **comercial é deficitário** quando as importações de bens e serviços não fatores são maiores que as exportações de bens e serviços não fatores, ou seja, quando M > X.

Diz-se que o **saldo comercial é superavitário** quando as exportações são maiores que as importações, ou seja, quando M < X.

9.2.3. Hiato do produto, hiato inflacionário e hiato recessivo

Quando o gasto com bens e serviços é superior ao produto de pleno emprego, diz-se que há um **hiato inflacionário**. Quando o gasto com bens e serviços é inferior ao produto de pleno emprego, diz-se que há um **hiato recessivo**. Para Keynes, o governo deveria intervir para ajustar esses hiatos. Para os clássicos, esses ajustes deveriam ficar a cargo do próprio mercado, e não do governo. Na estrutura do Balanço de Pagamentos vista no capítulo 7, o **hiato do produto** é definido como a diferença entre importação de bens e serviços não fatores e a exportação de bens e serviços não fatores.

9.2.4. Carga tributária bruta e líquida

Entende-se por Carga Tributária Bruta (CTB) a soma dos impostos diretos[15] e dos impostos indiretos recebidos pelo governo.

$$CTB = \text{Impostos Diretos} + \text{Impostos Indiretos}$$

Caso se deseje definir a carga tributária bruta em valores percentuais, dividem-se os impostos diretos e indiretos pelo PIBpm do país.

$$CTB = \frac{\text{Impostos Diretos} + \text{Impostos Indiretos}}{\text{PIBpm}}$$

Entende-se por Carga Tributária Líquida (CTL) a soma dos impostos diretos e dos impostos indiretos subtraídos das transferências e dos subsídios.

$$CTB = \text{Impostos Diretos} - \text{Transferências} + \text{Impostos Indiretos} - \text{Subsídios}$$

Caso se deseje definir a carga tributária líquida em valores percentuais, dividem-se os impostos diretos e indiretos subtraídos das transferências e subsídios pelo PIBpm do país.

$$CTB = \frac{\text{Impostos Diretos} - \text{Transferências} + \text{Impostos Indiretos} - \text{Subsídios}}{\text{PIBpm}}$$

9.2.5. A cruz Keynesiana

Para se construir a cruz Keynesiana, determina-se primeiro a despesa planejada[16], ou seja, a despesa que os setores da economia (famílias, governo e empresas)

---

[15] As contribuições sociais (COFINS, PIS, PASEP, CSLL, INSS) estão enquadradas como impostos diretos.

[16] A despesa planejada difere da despesa observada, porque esta inclui a variação em estoques das empresas quando não vendem ou vendem em excesso todo o seu produto.

desejam realizar, supondo-se uma economia fechada. Logo, a despesa planejada será a soma do consumo das famílias (C), do investimento planejado das empresas (I) e dos gastos do governo (G).

$$\text{Despesa planejada} = C + I + G$$

Considerando o investimento (I), os gastos do governo (G) e a tributação (T) como variáveis exógenas, tem-se:

$$\text{Despesa planejada} = Ca + c(Y - T) + I + G$$

Logo, a despesa planejada será função da renda (Y). Assim, se Y se eleva, C se eleva e a despesa planejada se eleva. Observe a Figura 9.3:

Figura 9.3. Representação gráfica da despesa planejada

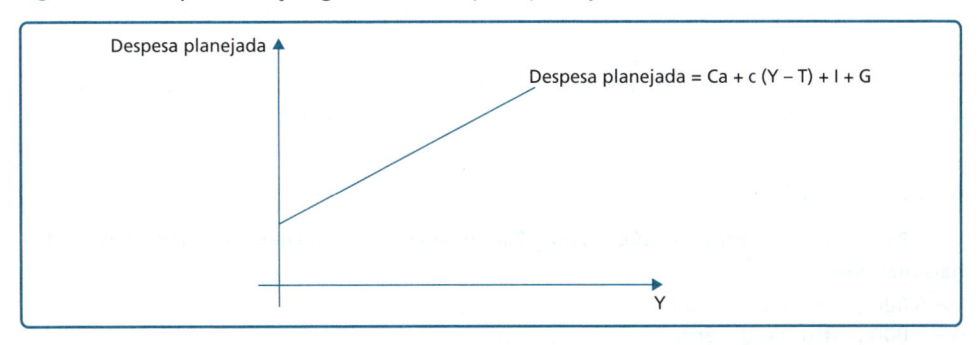

Representando uma função em que a renda (ou produto) é sempre igual à despesa planejada, constrói-se uma linha de 45° dividindo os eixos onde se encontram a despesa planejada, a renda e o produto (Y) da economia. Observe o gráfico da Figura 9.4. Todos os pontos localizados na reta de 45° possuem uma despesa planejada igual à renda e ao produto.

Figura 9.4. O equilíbrio entre a renda e a despesa planejada

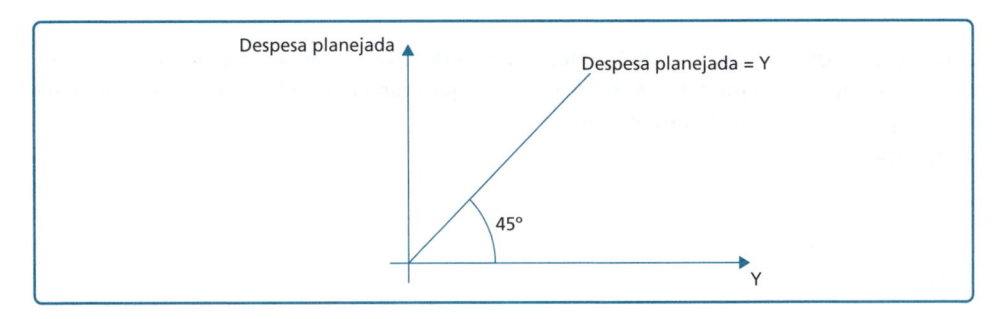

A **cruz Keynesiana** se constrói quando se une o gráfico da Figura 9.3 com o da Figura 9.4, o que pode ser constatado no gráfico da Figura 9.5:

Figura 9.5. A cruz Keynesiana

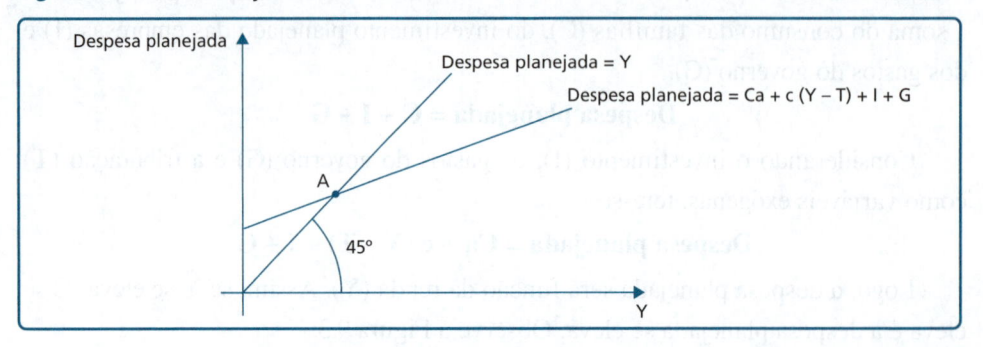

O ponto "A" representa o equilíbrio da economia. Qualquer ponto acima ou à direita de "A" representa um acúmulo não planejado nos estoques, o que levará as empresas a reduzirem seu nível de produção até atingir o ponto "A". Da mesma maneira, qualquer ponto à esquerda ou abaixo de "A" representa uma falta do produto, o que levará as empresas a aumentarem sua produção até atingirem o ponto "A".

■ 9.3. QUESTÕES

1. (UFRJ — IBGE — adaptada — NCE — 2001) Para uma economia fechada, os dados das Contas Nacionais são:
Y = 5.000 (Produto agregado)
G = 1.000 (gastos do governo)
T = 1.000 (total do imposto)
C = 250 + 0,75 (Y − T) (consumo do setor privado)
I = 1.000 − 50r (investimentos)
r = taxa de juros dada em porcentagem.
Para essa economia, a taxa de juros de equilíbrio será dada por:
   a) 5%;
   b) 7,5%;
   c) 10%;
   d) 15%;
   e) 17,5%.

2. (Analista — UFRJ — FINEP — MCT — NCE — 2006) De acordo com a teoria macroeconômica keynesiana, entre os agregados macroeconômicos que ajudam, via efeito multiplicador, a determinação da renda, não se encontram:
   a) Taxa nominal de juros.
   b) Exportações.
   c) Gastos do governo.
   d) Investimento agregado.
   e) Investimento público.

3. (Economista — UFRJ — Eletronorte — NCE — 2006) Considere o seguinte modelo, que descreve uma economia fechada, em que Y é a renda, Yd, a renda disponível, C(Yd), a função que descreve o consumo agregado, I, o investimento, G, o gasto do governo e T(Y), os impostos:

C(Yd) = 10 + 0,8Yd
I = 190,
G = 200 e
T(Y) = 0,25Y
A renda total, no equilíbrio, será igual a:
   a) 100;
   b) 200;
   c) 500;
   d) 1000;
   e) 10000.

4. (Economista — Ministério das Cidades — NCE — 2005) Das afirmações a seguir, assinale a que não é correta:
   a) Carga tributária bruta é igual ao total de impostos arrecadados no país.
   b) Carga tributária líquida é igual ao total de impostos arrecadados no país menos as transferências do governo.
   c) A Poupança do governo em conta corrente é igual à carga tributária líquida menos o consumo do governo.
   d) Déficit público é igual ao investimento total do governo menos a poupança do governo em conta corrente.
   e) Necessidade de financiamento do setor público no conceito nominal é igual à receita não financeira menos o gasto não financeiro.

5. (Economista — UFRJ — Ministério das Cidades — 2005) Dado o seguinte modelo da economia: C = 180 + 0,8 (Y − T), I = 190, G = 250 e T = 150, onde C representa o consumo, Y a renda, T o tributo, I o investimento privado e G o gasto do governo, o nível de renda de equilíbrio será:
   a) 2.500
   b) 2.550
   c) 1.250
   d) 2.000
   e) 1.550

6. (Administrador — UFRJ — BNDES — NCE — 2005) Propensão marginal a consumir significa:
   a) A qualquer nível de renda, a relação entre o consumo total e a renda total.
   b) A qualquer nível de renda, a alteração no total de despesas de consumo provocada por uma pequena alteração da renda (aumento ou diminuição).
   c) Para cada nível de renda, uma escala que exibe o valor das despesas de consumo naquele nível.
   d) A qualquer nível de renda, e relativo a uma pequena alteração naquele nível, a relação entre a resultante alteração no consumo e a alteração do nível de renda.
   e) A fração da renda que será gasta no consumo.

7. (Consultor do Senado Federal — Política Econômica — CEBRASPE — 2002) A análise do consumo, da poupança e do investimento, variáveis macroeconômicas básicas, permite o entendimento da determinação da renda e do Produto de equilíbrio. A respeito dessas variáveis, julgue os itens a seguir.
   a) De acordo com a visão keynesiana do consumo, as propensões média e marginal a consumir aumentam quando a renda se eleva.

b) Quando a produtividade marginal do capital excede o custo do capital, as empresas tendem a reduzir o estoque de capital, contraindo, assim, o investimento líquido.

c) Quando o investimento autônomo aumenta, a produção de equilíbrio aumentará à medida que a propensão marginal a poupar for menor.

8. (Provão de Economia — 1999) Numa economia fechada e sem governo, o nível do Produto encontra-se em equilíbrio quando o(a):

a) Consumo é igual à poupança.
b) Consumo é menor que a poupança.
c) Poupança é igual ao investimento.
d) Poupança é menor que o investimento.
e) Poupança é maior que o investimento.

9. (Provão do MEC — adaptada — 2003) Caso o governo decida reduzir seus gastos, pode-se afirmar que o Produto Nacional

a) Sofrerá uma elevação mais do que proporcional.
b) Sofrerá uma elevação de mesma magnitude.
c) Sofrerá uma redução de mesma magnitude.
d) Sofrerá uma redução mais do que proporcional.
e) Não sofrerá variação.

10. (ANPEC — CEBRASPE — 1994) Suponha uma economia caracterizada pelas seguintes relações:

$C = 200 + 0{,}8Yd$
$I = 300$
$X = 180$
$T = 0{,}1Y$
$M = 0{,}2Yd$
$G = 240$

Em que: Y = renda total; Yd = renda disponível após pagamento de impostos; C = consumo; I = investimento; G = gasto do governo; X = exportações; M = importações; e T = imposto.
Indique quais das afirmativas abaixo a respeito desta economia são verdadeiras ou falsas:

a) O valor de equilíbrio da renda é $ 1.500.
b) O saldo comercial apresenta um déficit de $ 180.
c) O orçamento do governo apresenta um superávit de $ 40.
d) Um aumento do gasto governamental no valor de $ 92 levará a uma piora das contas do governo da ordem de $ 72 e uma piora do saldo comercial da ordem de $ 36.
e) Um aumento das exportações de $ 92 levará a uma melhoria das contas do governo da ordem de $ 20.

11. (ANPEC — CEBRASPE — 2002) Considere uma economia descrita pelas seguintes equações:

$C = 15 + 0{,}8Yd$
$G = 20$
$I = 7 - 20i + 0{,}2Y$
$T = 0{,}25Y$

Sendo C o consumo agregado, Y a renda, Yd a renda disponível, I o investimento privado, i a taxa de juros, T a arrecadação e G os gastos do governo. Supondo que a taxa de juros seja de 10% (i = 0,1), determine o valor da poupança privada.

9 ■ Equilíbrio no Mercado de Bens

12. (MPE/AM — FGV — 2002) Num certo período de tempo, uma economia hipotética apresentou os seguintes dados:

Função Consumo	C = 10 + 0,60Y
Transferências do Governo	R = 160
Despesas Governamentais	G = 1.500
Função Imposto	T = 20 + 0,20Y
Investimento	I = 2.202

Pode-se concluir que o nível de renda de equilíbrio é:
- a) 1.340
- b) 1.480
- c) 1.974
- d) 4.320
- e) 7.300

13. (ANPEC — CEBRASPE — 2005) Julgue a seguinte sentença:
Segundo a teoria Keynesiana, o consumo é uma função da renda corrente e a propensão marginal é menor que a unidade.

14. (Analista de Nível Superior — Casa da Moeda — CESGRANRIO — 2005) Seja uma economia onde o gasto com consumo (C) é igual a 100, o gasto de investimento privado (I) é igual a 50 e os gastos iniciais do governo (G) são iguais a 30, assumindo que a propensão marginal a consumir é de 0,8 e que a alíquota de imposto de renda é de 0,4. Se os gastos do governo dobrarem, o novo nível de equilíbrio do Produto será igual a:
- a) 308,82
- b) 310,12
- c) 403,85
- d) 1.050
- e) 1.750

15. (EPE — Economia de Energia — CESGRANRIO — 2006) Considere as informações que se seguem.
Consumo privado = 500
Investimento privado = 400
Consumo do governo + investimento do governo = 300
Exportações de bens e serviços = 100
Importações de bens e serviços = 80
Pagamento de juros sobre a dívida interna = 120
Recebimento de renda vinda do exterior = 15
Remessa de renda ao exterior = 5
Tributos = 70
O PIB nesta economia é igual a:
- a) 1.020
- b) 1.120
- c) 1.220
- d) 1.320
- e) 1.420

16. (EPE — Economia de Energia — CESGRANRIO — 2006) No modelo clássico (neoclássico), a oferta agregada de pleno emprego é determinada no ponto onde a(o):
- a) Produtividade marginal do trabalho iguala a desutilidade marginal do trabalho.
- b) Produtividade marginal do trabalho iguala a utilidade marginal do trabalho.

c) Velocidade de circulação da moeda iguala a oferta real de moeda.
d) Salário real iguala a oferta real de moeda.
e) Salário real iguala o nível geral de preços.

17. (Analista do Judiciário — TJ/PA — FCC — 2009) Para responder à questão utilize os dados extraídos das Contas Nacionais do Brasil, relativas ao ano de 2006, em milhões de reais.

Despesa de Consumo Final	1.903.679
Variação de Estoques	8.012
Formação Bruta de Capital Fixo	389.328
Renda Nacional Bruta	2.311.211
Transferências Correntes Líquidas recebidas do exterior	9.366
Saldo Externo de Bens e Serviços (positivo)	68.778

O Produto Interno Bruto do Brasil naquele ano correspondeu, em milhões de reais, a
   a) 2.232.241
   b) 2.353.773
   c) 2.369.797
   d) 2.371.151
   e) 2.379.163

18. (APS/SEPLAG — CEPERJ — 2009) Considere os dados:
$C = 15 + 0{,}8Yd$
$I = 5 + 0{,}1Y$
$T = 2 + 0{,}1Y$
$G = 15$
$X = 20$
$M = 15{,}4 + 0{,}2Y$
Onde: C = consumo das famílias; I = Investimento; G = Gastos do Governo; T = arrecadação de impostos; X = exportação de bens e serviços; M = importação de bens e serviços; Y = renda nacional; e Yd = renda disponível
O nível de renda (Y) de equilíbrio é:
   a) 87,5
   b) 100
   c) 104
   d) 172,7
   e) 200

19. (APO/SEPLAG — CEPERJ — 2009) As hipóteses consideradas pelo modelo clássico de determinação da renda são:
   a) preços e salários flexíveis, princípio da demanda efetiva e curva de oferta agregada perfeitamente inelástica aos preços.
   b) preços e salários flexíveis, neutralidade da moeda e Lei de Say.
   c) preços e salários rígidos, princípio da demanda efetiva e curva de oferta agregada perfeitamente elástica aos preços.
   d) preços e salários rígidos, neutralidade da moeda e a oferta determina a demanda.
   e) preços e salários flexíveis, neutralidade da moeda e a demanda determina a oferta.

20. (Diplomacia — CEBRASPE — 2009) A demanda agregada total (doméstica e externa) de uma economia aberta equivale ao seu produto interno bruto (PIB), sendo os seguintes os seus principais componentes: consumo, investimento, compras do governo e exportação líquida de bens

e serviços. Supondo-se que essa economia gere um PIB anual de R$ 1 trilhão, mantenha uma taxa de investimento igual a 20% do PIB e que, nessa economia, o consumo e os gastos do governo sejam respectivamente 3,1 e 0,7 vezes superiores ao investimento, é correto concluir que o saldo exportador dessa economia será de:
a) R$ 38 bilhões.
b) R$ 40 bilhões.
c) R$ 76 bilhões.
d) R$ 80 bilhões.
e) R$ 102 bilhões.

21. (Economista — Companhia Docas do Estado de São Paulo — FGV — 2010) Uma economia é caracterizada pelos seguintes dados:
Função consumo: $C = 10 + 0,8\,(Y(1 - t))$, onde Y é o PIB e t a alíquota do imposto.
Gastos do governo iguais a 50 e um imposto $t = 25\%$
Um investimento de 30
As importações são função da renda doméstica: $M = mY$, onde $m = 0,1$
As exportações são iguais a 10.
Com base nos dados, analise as afirmativas abaixo:
I. As exportações líquidas são iguais a –10
II. O PIB dessa economia é de 200
III. O consumo das famílias é de 130
Assinale:
a) Se apenas a afirmativa I estiver correta
b) Se apenas a afirmativa II estiver correta
c) Se todas as afirmativas estiverem corretas
d) Se apenas a afirmativa III estiver correta
e) Se apenas as afirmativas II e III estiverem corretas

22. (Companhia Estadual de Água e Esgoto do Rio de Janeiro — CEDAE — CEPERJ — 2009) Segundo o modelo clássico de determinação da renda, um aumento nos tributos (T):
a) aumenta a renda da economia
b) aumenta a quantidade de moeda em circulação
c) diminui a renda da economia
d) diminui o investimento
e) não altera a renda da economia

23. (ICMS/SC — FEPESE — UFSC — 2010) Suponha um fluxo circular de renda com quatro setores: famílias, empresas, setor financeiro e governo. O equilíbrio é alcançado quando $S + T = I + G$
Onde S é a poupança das famílias, T é o imposto, I é o investimento e G é o gasto do governo. Com base neste modelo, pode-se dizer que:
a) Quando a poupança (S) é maior do que o investimento (I), a economia encontra-se necessariamente em desequilíbrio macroeconômico.
b) Se (S + T) for maior do que (I + G), a renda das famílias e o produto da economia crescem, restabelecendo o equilíbrio.
c) Se (T – G) é a poupança do governo, então o investimento é maior quanto menor a poupança do governo.
d) A tributação é um vazamento no fluxo circular da economia, pois ela reduz o valor corrente da renda, diminuindo os gastos com bens e serviços.
e) O setor financeiro injeta na economia, via empresas, poupança, e retira da economia, via famílias, investimento.

24. (Metrô — FCC — 2010) A crise financeira internacional, fortemente vivenciada pelos EUA em 2008 em seu mercado de hipotecas, provocou o renascimento do interesse pela teoria econômica desenvolvida pelo economista
   a) John Stuart Mill.
   b) John Maynard Keynes.
   c) Jean Baptiste Say.
   d) Adam Smith.
   e) Karl Marx.

25. (Analista Judiciário — Economia —TRT 4ª — FCC — 2006) Considere os dados abaixo das Contas Nacionais de um país (em R$ mil):

Consumo das Administrações Públicas 55.000
Exportações de bens e serviços 35.200
Formação Bruta de Capital Fixo 67.500
Produto Interno Bruto a preços de mercado 288.600
Consumo Pessoal 148.000
Renda líquida enviada para o exterior 10.800
Impostos indiretos 20.000

Admitindo-se que a variação de estoques foi nula, as importações de bens e serviços (em R$ mil) foram:
   a) 6.300
   b) 17.100
   c) 12.500
   d) 26.300
   e) 37.100

26. (Economista — Companhia de Gás/RN — FGV — 2006) Uma economia, num determinado período, registrou as seguintes estatísticas:
   — Valor em $ Custo Interno dos Fatores Produtivos = 350
   — Depreciação = 40
   — Importação de Mercadorias e Serviços = 120
   — Tributos Indiretos = 20
   — Subsídio = 10

Pode-se afirmar que o valor da oferta agregada da economia, no mesmo período, equivale a:
   a) $270
   b) $300
   c) $490
   d) $500
   e) $520

27. (Analista Judiciário — Economia — STM — CEBRASPE — 2011) Pareceres acerca de cenários macroeconômicos, geralmente, dizem respeito a análises de incrementos na renda e no produto da economia devido a variações nos consumos público (G) e privado (C), nos investimentos (I), nas exportações (X) e nas importações (M). Com referência a essas informações e considerando uma função consumo C = 10 + 0,8y, julgue os itens seguintes, relativos ao nível de equilíbrio da renda e do produto.
   a) Caso uma economia apresente função poupança S = – 10 + 0,2(y – T), investimento autônomo I = 10, exportações X = 6, importações M = 5 e gastos do governo (G) iguais aos tributos arrecadados (T), em que G = T = 5, haverá renda y de equilíbrio igual a 106.

b) Caso haja uma economia na qual seja consumido tudo o que se produz, a renda y de equilíbrio será igual a 100.
c) Considere que, em uma economia fechada e sem governo, apresentem-se função consumo C = 10 + 0,8y, função poupança S = – 10 + 0,2y e investimento autônomo I = 10.

28. (FGV – ICMS/RJ – 2011) Seja uma economia hipotética caracterizada pelas seguintes equações:
1. Consumo das famílias: C = 40 + 0,9Y
2. Gastos do governo: 0
3. Investimento: 30
4. Exportações líquidas: X – M = 30 – 0,1Y

Com base nos dados acima, analise as afirmativas a seguir:
  I. O PIB desta economia é igual a $ 500.
  II. O consumo das famílias é igual a $ 490.
  III. As exportações líquidas são iguais a $ –20.
Assinale:
  a) se apenas as afirmativas I e III forem verdadeiras.
  b) se todas as afirmativas forem verdadeiras.
  c) se apenas as afirmativas I e II forem verdadeiras.
  d) se nenhuma afirmativa for verdadeira.
  e) se apenas as afirmativas II e III forem verdadeiras.

29. (IBGE – NCE – 2002) De acordo com o modelo clássico, a seguinte variável é exógena:
  a) consumo;
  b) emprego;
  c) quantidade de moeda;
  d) salário real;
  e) emprego.

30. (ICMS/RJ – FGV – 2009) Supondo que a economia se encontre num ponto de equilíbrio de curto e longo prazo, segundo o modelo clássico de nível de preços, o efeito da emissão de moeda na economia é caracterizado por:
  a) no curto prazo, haver um aumento da demanda agregada, levando a um PIB real superior ao de equilíbrio, que ao longo do tempo é ajustado via aumento dos salários nominais.
  b) no longo prazo, o efeito nos salários nominais deslocar a curva de oferta de curto prazo para a direita, num novo equilíbrio onde o PIB real é igual ao anterior à mudança, mas sob um nível de preços superior.
  c) um novo equilíbrio da economia em que o PIB real é superior ao anterior à mudança, apesar de implicar um nível de preços superior.
  d) no longo prazo, haver uma redução da demanda agregada, levando a um PIB real inferior ao de equilíbrio, que ao longo do tempo é ajustado via redução dos salários nominais. O novo equilíbrio da economia é tal que o PIB real é inferior ao anterior à mudança, com um nível de preços superior.
  e) no curto e no longo prazo, não haver efeito sob a demanda agregada, apenas um ajuste dos salários nominais, que perdem seu poder de compra.

31. (EBC – CEBRASPE – 2011) Com relação à inflação e ao desemprego, assuntos importantes da teoria macroeconômica, julgue o item a seguir.
As hipóteses do modelo clássico são incompatíveis com a existência de desemprego involuntário.

32. (BNDES – CESGRANRIO – 2013) Em um determinado país, em crise de dívida pública excessiva, uma política fiscal austera é efetivada através de um corte no gasto do governo de 10 bilhões de unidades monetárias (u.m.). Essa política resulta em uma diminuição do *deficit* do orçamento público menor do que 10 bilhões de u.m..

Uma possível explicação para esse fato é a(o)
 a) redução da taxa de poupança
 b) redução da arrecadação fiscal
 c) redução das exportações
 d) aumento das importações
 e) aumento do *deficit* comercial

33. (INPI – CEBRASPE – 2013) Suponha a existência de uma economia sem qualquer tipo de atividades fiscais e tributárias, de tal forma que a poupança agregada — S — e o nível de investimento — I — são dados pelas equações a seguir.

$S = Y - C$
$C = c_1 Y$
$I = \bar{I} + d_1 Y - d_2 i$

Nessas equações, $c_1 = 0,6$, $\bar{I} = 100$, $i = 10$, $d_1 = 0,2$, $d_2 = 0,5$, C é o consumo e Y é a renda agregada. Com base nas informações acima apresentadas, julgue os itens seguintes.
 a) O produto de equilíbrio da economia referida é igual a 500 unidades monetárias.
 b) Caso o investimento autônomo cresça 50 unidades monetárias, o produto de equilíbrio subirá 250 unidades monetárias.
 c) Considerando que o investimento autônomo permaneça fixo em 100 unidades monetárias, mas que a propensão a consumir seja alterada para 0,7, é correto afirmar que, nessa situação hipotética, o novo produto de equilíbrio será igual a 950 unidades monetárias.
 d) Nessa economia, a poupança agregada não iguala o investimento agregado.
 e) Caso o produto de equilíbrio seja 475 unidades monetárias, o investimento agregado será igual a 200 unidades monetárias.
 f) Caso o investimento autônomo cresça 100 unidades monetárias, o produto de equilíbrio subirá 400 unidades monetárias.

34. (Diplomacia – CEBRASPE – 2014) O objetivo da contabilidade nacional é analisar a evolução dos indicadores da economia de um país como um todo. A esse respeito, assinale a opção correta.
 a) O conceito de formação bruta de capital fixo inclui não apenas os investimentos em máquinas e equipamentos, mas também os investimentos em imóveis e a variação dos estoques tanto de produtos acabados quanto intermediários.
 b) A acumulação de capital é sempre positiva, pois a depreciação de um ativo fixo não pode ser maior que o valor do próprio ativo fixo.
 c) O índice da carga tributária corresponde ao total da arrecadação fiscal do Ministério da Fazenda em relação à renda nacional bruta.
 d) O produto nacional bruto é obtido pelo somatório do produto interno bruto com a renda recebida do exterior, descontadas as importações.
 e) No cálculo da poupança externa, não se incluem aumentos ou diminuições das reservas cambiais do país.

35. (Agente Administrativo – SUDENE – FGV – 2013) A doutrina keynesiana implicou na utilização sistemática do orçamento público como instrumento de
 a) controle de gastos.
 b) programação orçamentária.
 c) transparência financeira.

d) política fiscal.
e) responsabilidade social.

36. (Auditor de Controle Externo — TCE-RO — Economia — CEBRASPE — 2013) Acerca dos conceitos econômicos abaixo e da teoria keynesiana, julgue o item subsecutivo.
No modelo keynesiano simples, a situação em que ocorre excesso de demanda agregada em relação à capacidade de produção implica no excesso de fatores de produção e redução da inflação.

37. (Especialista em Políticas Públicas e Gestão Governamental — SEPLAG-RJ — CEPERJ — 2013) Para Keynes, em uma economia em recessão não existem focos de ajustamento demonstrando a necessidade de intervenção do Estado através de incentivos aos gastos públicos. Isso indica que:
 a) o uso de políticas públicas do *laissez-faire* é medida de ajustamento
 b) a crise da política econômica mundial da década de 30 era temporária
 c) as políticas públicas adotadas até então eram suficientes
 d) as políticas deveriam preocupar-se com o desemprego e não com o equilíbrio fiscal
 e) fortalecer a ausência da oferta para compensar as falhas de mercado

38. (Auditor de Controle Externo — TCE-RO — Economia — CEBRASPE — 2013) Com relação a agregados monetários, modelo IS-LM, políticas fiscal e monetária e mercado de trabalho, julgue o item.
Na visão keynesiana, as decisões de investimento embasam-se na expectativa dos investidores quanto ao futuro, de modo que os gastos com investimento são tratados como componente endógeno da demanda agregada.

39. (Economista — MAPA — CONSULPLAN — 2014) Supondo-se que: tudo que é produzido num país fechado e sem governo, consome-se nele próprio; seus habitantes invistam anualmente R$ 50,00, visando com esses desembolsos o aumento da capacidade produtiva futura; e, a função consumo (C) é conhecida e dada por C = 100 + 0,80Y. Com base no exposto, qual seria a renda anual de equilíbrio?
 a) R$ 650,00.
 b) R$ 750,00.
 c) R$ 1.000,00.
 d) R$ 1.250,00.

40. (Técnico Bancário de Nível Superior — BANDES — Economia — IDECAN — 2014) Admitindo-se uma economia fechada e sem a presença de governo, tem-se que a função consumo (C) do país é dada por C = 0,75Y + 40 e a renda conhecida de pleno emprego é igual a R$ 500.
Marque a alternativa que expressa o valor do investimento (I) necessário para que essa economia opere no equilíbrio de pleno emprego.
 a) 81.
 b) 82.
 c) 83.
 d) 84.
 e) 85.

41. (Auditor de Controle Externo — TCE-PA — Administrativa — Economia — CEBRASPE — 2016) Acerca de agregados macroeconômicos, das contas nacionais e de balanço de pagamentos, julgue o item subsequente.
Quando o consumo aumenta em proporção maior que o aumento da renda disponível, a propensão marginal a consumir (PMgC) torna-se maior que 1 (unidade).

42. (Técnico Bancário de Nível Superior — BANDES — Economia — IDECAN — 2014) Conhecendo a função de consumo (C) de uma família representativa de uma economia qualquer, dada por C = 0,60Y + 500, assinale a alternativa que expressa sua renda mínima, de modo que a sua poupança seja não negativa.
   a) R$ 1.200,00.
   b) R$ 1.215,00.
   c) R$ 1.230,00.
   d) R$ 1.250,00.
   e) R$ 1.260,00.

43. (Economista — MPOG — PGCE (Especial) — CEBRASPE — 2015) No que se refere a teoria keynesiana, demanda agregada, governo e crescimento econômico, julgue o item subsequente.
A propensão marginal a consumir consiste na suposição de que o aumento no consumo é proporcionalmente maior que o aumento da renda disponível para manter a demanda agregada aquecida.

44. (Analista do Executivo (ES) — Ciências Econômicas — CEBRASPE — 2013) Considerando-se a teoria keynesiana em um gráfico representativo da função consumo, em que os eixos são formados pela oferta agregada e pela demanda agregada, é correto afirmar que, ao se traçar uma reta de 45º, existirá poupança agregada nessa economia sempre que
   a) a função consumo estiver exatamente ao longo da linha de 45°.
   b) a função consumo for igual à demanda agregada da economia.
   c) a propensão marginal a consumir for igual a 1.
   d) a função consumo estiver acima da linha de 45°.
   e) a função consumo estiver abaixo da linha de 45°.

45. (Especialista em Regulação de Petróleo e Derivados, Álcool Combustível e Gás Natural — ANP — Área II — CEBRASPE — 2013) Julgue o item subsequente, com relação à paridade do poder de compra, determinante do consumo e da análise de política monetária e fiscal.
Para representar a função consumo de Keynes, a propensão marginal a consumir deve ficar entre zero e um e, consequentemente, a taxa de juros exercerá papel fundamental para encontrar a propensão média a consumir.

46. (Analista do Banco Central do Brasil — Área 3 — Política Econômica e Monetária — CEBRASPE — 2013) Acerca de agregados monetários nacionais e modelos macroeconômicos, julgue o seguinte item.
Segundo a teoria macroeconômica, as transferências devem ser desconsideradas dos gastos governamentais para efeito de cálculo da participação do governo no produto interno bruto (PIB).

47. (Analista Judiciário — TJ-MT — Economia — UFMT — 2016) Em um modelo keynesiano simples, suponha uma economia fechada com consumo dado por C = 100 + 0,8 (Y − T), investimento de 80, gastos do governo de 100 e impostos de 100. A renda de equilíbrio nessa economia é:
   a) 1.000
   b) 800
   c) 1.600
   d) 1.200

48. (Técnico Superior Especializado — DPE-RJ — Economia — FGV — 2014) Considere o modelo keynesiano com consumo e investimento com as seguintes expressões

— Consumo autônomo = 200
— Propensão Marginal a consumir = 0,5
— Investimento = 100

A renda de equilíbrio dessa economia será igual a
a) 600.
b) 400.
c) 300.
d) 200.
e) 100.

49. (Auditor — TCE-PR — CEBRASPE — 2016) Uma economia hipotética é caracterizada pelas seguintes equações, em milhares de unidades monetárias: C = 500 + 0,75Yd / I = 90 + 0,15Y / G = 1.450 / X = 150 / M = 45 + 0,05Y / T = 60 + 0,2Y, em que C = consumo das famílias / Yd = renda disponível / I = investimento / Y = produto / G = gastos do governo / T = tributação / X = exportação de bens e serviços não fatores / M = importação de bens e serviços não fatores.

Considerando essa economia, em um modelo keynesiano simples, assinale a opção correta.
a) A renda disponível é superior a 5.660.
b) O investimento é inferior a 1.100.
c) O saldo da conta corrente estimado é de déficit e igual a 110.
d) O saldo da conta corrente estimado é de superávit e igual a 10.
e) A renda de equilíbrio é superior a 7.300.

50. (Especialista em Políticas Públicas e Gestão Governamental — SEPLAG-RJ — CEPERJ — 2013 — modificada) Considere um modelo keynesiano simples com as seguintes características:
— Consumo Agregado C = 10 + 0,4Yd, sendo Yd a renda disponível
— Investimento Agregado I = 4 + 0,2Y
— Tributação T = 3 + 0,1Y
— Gastos do Governo G = 20
— Exportações = 40
— Importações = 20,3 + 0,4Y

O valor da renda agregada de equilíbrio é:
a) 62,5
b) 895
c) 1.213,5
d) 2.311,5
e) 1.312,5

51. (Auditor do Tribunal de Contas do Estado do Rio Grande do Norte — CEBRASPE — 2015) Considere, em uma economia, as seguintes funções:

C = 500 + 0,7Yd; I = 20 + 0,1Y; G = 1.000; X = 150; M = 100 + 0,06Y; T = 60 + 0,2Y, em que C representa o consumo das famílias; Yd, a renda disponível; I, o investimento; Y, o produto; G, os gastos do governo; T, a tributação; X, a exportação de bens e serviços não fatores; e M, a importação de bens e serviços não fatores.

A partir dessas informações, julgue o item subsequente considerando que os valores das funções são expressos em unidades monetárias (u.m.).

Nessa situação, em um modelo keynesiano simples, a renda de equilíbrio será superior a 4.000 u.m.

52. (Economista — SESACRE — FUNCAB — 2014) Em uma economia hipotética, fechada, considere a renda nacional (Y), o investimento (I = 600), os gastos do governo (G = 600), o consumo

expresso por C = 0,8 · (Y – T) e a tributação igual a 25% da renda. Em condições de equilíbrio, tem-se:
   a) um superávit de $ 150
   b) um déficit de de $ 450
   c) um superávit de $ 1.050
   d) nem déficit, nem superávit
   e) um déficit de $ 150

53. (Agente Fiscal de Rendas – SEFAZ-SP – Gestão Tributária – FCC – 2013) Um modelo keynesiano simples é descrito pelas seguintes equações:
C = 100 + 0,8Yd
I = 300
G = 400
T = 400
Como a renda de equilíbrio é inferior à renda de pleno emprego, o Governo pratica uma política tributária de redução do valor dos impostos para 300. A consequência dessa política será
   a) um aumento da demanda agregada em um valor superior, em módulo, ao da redução dos tributos.
   b) uma diminuição da poupança agregada em valor absoluto, uma vez que a diminuição da tributação aumentará o consumo.
   c) um aumento de consumo exatamente igual ao aumento da renda disponível.
   d) um aumento do nível geral de preços, já que a demanda aumentou e a oferta agregada não se modificou.
   e) um aumento da poupança agregada superior ao aumento do consumo agregado.

54. (Economista – SESACRE – FUNCAB – 2014) Em uma economia hipotética, fechada e sem governo, dadas as funções poupança (S) e investimento (I)
S = –1.000 + 0,4Yd
I = 2.000 + 0,1Y,
onde Yd representa a renda pessoal disponível e Y, a renda (produto) nacional, determinar o nível de equilíbrio do produto.
   a) $ 1.000
   b) $ 9.000
   c) $ 10.000
   d) $ 6.000
   e) $ 15.000

55. (Auditor Federal de Controle Externo – Controle Externo – Auditoria Governamental – CEBRASPE – 2015) Com base nas hipóteses do modelo keynesiano básico e, especificamente, da cruz keynesiana, julgue o item.
De acordo com a cruz keynesiana, o equilíbrio é representado pelo ponto em que a renda se iguala à despesa planejada.

56. (Auditor de Controle Externo – TCE-PA – Administrativa – Economia – CEBRASPE – 2016) Com relação a agregados macroeconômicos e a políticas fiscais e monetárias, julgue o item subsecutivo.
Considerando-se que o nível de renda inicial seja igual a R$ 275 e o equilíbrio do nível de renda (Y) seja expresso por $Y = \dfrac{Co - cTo + Io + Go}{1 - c}$, em que há três agentes econômicos, é

correto afirmar que, com base nos dados apresentados na tabela a seguir, Y seria R$ 25 menor caso não houvesse o agente governo na economia.

VARIÁVEL/CONSTANTE	VALOR
Propensão marginal a consumir (c)	0,9
Consumo autônomo (Co)	R$ 15
Investimento autônomo (Io)	R$ 10
Gastos autônomos do governo (Go)	R$ 7
Tributos (To)	R$ 5

57. (Analista Judiciário (TJ-RO) — Economista — FGV — 2015) Considere o modelo keynesiano simples dado pela seguinte função consumo:

$C = 100 + 0,2Y$, em que C é o nível de Consumo e Y é a renda.

Considere uma economia fechada, no caso do investimento autônomo e gasto do governo autônomo serem iguais a 10 cada. Se a propensão marginal a consumir for igual a 40% da renda, a renda de equilíbrio do modelo e a alíquota tributária aplicada sobre a renda serão, respectivamente, iguais a:
   a) 30 e 0,5%;
   b) 150 e 40%;
   c) 150 e 50%;
   d) 300 e 50%;
   e) 600 e 40%.

58. (Analista Legislativo /ALESE/FCC/2018) — Uma função de consumo é dada pela seguinte relação:

$C = C_0 + C_1 Y_d$
onde
C_0 é o consumo com renda igual a zero
C_1 é a propensão marginal a consumir
Y_d é a renda disponível

Sobre essa função, tem-se que, se
   a) C_1 é negativo, um aumento da renda leva a um aumento do consumo.
   b) a função consumo for uma função linear, sua representação gráfica será uma reta com declividade igual a $1 - C_1$.
   c) C_1 é menor que a unidade, um aumento da renda leva a um crescimento do consumo, mas também da poupança.
   d) C_1 for igual à unidade, a representação gráfica da função é uma reta perpendicular ao eixo da renda.
   e) C_0 for menor que a unidade, isso implica despoupança.

59. (Analista Júnior — TRANSPETRO/CESGRANRIO/2018) Em 2017, após atravessar, no biênio anterior, um dos processos recessivos mais longos e intensos de sua história, a economia brasileira registrou expansão de 1% em seu produto interno bruto real. A tabela abaixo registra as variações percentuais do PIB real em 2017, segundo os componentes da demanda agregada.

PIB real e seus componentes pelo lado da demanda em 2017	Variação real em relação ao ano anterior (em percentual)
PIB	1,0
Consumo das famílias	1,0
Consumo do governo	–0,6
Formação bruta de capital fixo	–1,8
Exportações de bens e serviços	5,2
Importações	5,0

IBGE. **Contas Nacionais Trimestrais**: Indicadores de Volume e Valores Correntes, Outubro-Dezembro, 2017, Gráfico II.4, p.17. Disponível em: <https://agenciadenoticias.ibge. gov.br/media/com_mediaibge/arquivos/5452d8356484c9bf1 15862b4f64d9079.pdf>. Acesso em: 4 mar. 2018.

De acordo com os valores informados, a recuperação em curso da economia brasileira pode ser atribuída principalmente ao (à):
a) redução dos gastos do governo
b) redução dos investimentos brutos
c) aumento das exportações líquidas
d) redução das importações
e) aumento do consumo das famílias

60. (Analista Júnior/TRANSPETRO/CESGRANRIO/2018) As previsões de produto potencial feitas com base no cenário para 2018 mostram que, mesmo com a aceleração do crescimento, o PIB ainda chegaria ao final do período abaixo de seu potencial, o que corrobora o cenário de inflação abaixo da meta no ano que vem.

SOUZA JÚNIOR, J.R.C. Indicador Ipea de produto potencial. Carta de Conjuntura Ipea, de 20 de dezembro de 2017. Disponível em: <http://www.ipea.gov.br/cartadeconjuntura/index.php/tag/hiato-do-produto/> Acesso em: 27 fev. 2018.

De acordo com as condições conjunturais da economia brasileira descritas no texto, o cenário prospectivo para o final de 2018 indicaria um hiato do produto
a) negativo, com subutilização de capacidade produtiva
b) negativo, com excesso de utilização de capacidade produtiva
c) negativo, com plena utilização de capacidade produtiva
d) positivo, com plena utilização de capacidade produtiva
e) positivo, com subutilização de capacidade produtiva

61. (Instituto AOCP – Perito Oficial Criminal (PC ES)/2019) "É aquele que poderia ser alcançado e sustentado no futuro, usando-se eficiente e plenamente os fatores de produção ao longo do tempo.". O enunciado refere-se à definição de
a) hiato do produto.
b) PIB real.
c) preço nominal.
d) produto potencial.
e) PIB per capita.

62. (COC UFAC – Economista (UFAC)/2019) Considerando o modelo keynesiano simples, se uma família consome R$ 10.000,00 quando o seu nível de renda disponível é de R$ 11.000,00; e R$ 10.500,00 quando este nível é de R$ 12.000,00, sua propensão marginal a consumir é:

a) 0,75
b) 0,50
c) 0,80
d) 0,85
e) 0,90

63. (CS UFG — Economista (IF GOIANO)/2019 — adaptada) Considerando uma economia fechada e com governo, onde o valor do consumo privado é igual a C = 0,8Yd, do investimento é igual a I = 200, os gastos do governo são iguais a G = 240 e a alíquota do imposto de renda igual a t = 0,30. O valor do consumo privado é igual a
a) 440
b) 560
c) 1000
d) 2200

64. (FEPESE — Economista (CELESC)/2019) Dentre as características de um modelo Keynesiano simples de determinação da renda está:
a) a hipótese de rigidez nominal de salários e preços.
b) a hipótese de que o investimento é endógeno e varia diretamente com o nível de produto.
c) a hipótese de que o consumo é endógeno e que variações da renda resultam em aumentos mais do que proporcionais do consumo.
d) a hipótese de que a função consumo agregado parte da origem; isto é, o consumo agregado da economia é zero para um nível de renda igual a zero.
e) a aplicabilidade do modelo a situações em que prevaleçam inflação e rápido crescimento do produto.

65. (FCC — Analista de Fomento (AFAP)/Economista/2019) Suponha uma economia aberta regida pelas seguintes equações:

$C = 0,8 \times Y_d + 1000$
$I = 500$
$T = 0,125 \times Y$
$G = 350$
$NX = 100$

Onde C representa o consumo das famílias, Yd é a renda disponível das famílias, I é o nível de investimento, T é o imposto sobre a renda das famílias, G é o gasto do governo, NX representa as exportações líquidas e Y é o nível de produto. O nível de produto de equilíbrio pode ser estimado em
a) 16.000
b) 1.950
c) 9.500
d) 26.000
e) 6.500

66. (IBFC — Analista Administrativo (EBSERH)/Economia/2020) Considere os seguintes dados para uma economia:

$C = 300 + 0{,}25Y_d$, onde Y_d é a renda disponível e C é o consumo. Para uma renda Y_d = R$ 2.500,00.

Assinale a alternativa que corresponda ao valor da poupança.
a) R$ 1.575,00
b) R$ 0
c) R$ 2.195,00
d) R$ 1.500,00
e) R$ 1.475,00

67. (CETREDE — Economista (Prefeitura de Juazeiro do Norte)/2019) Analise as afirmativas a seguir sobre a Macroeconomia e seus conceitos.
I. A Macroeconomia existe em função do consumo agregado, que evidencia a relação entre o consumo agregado e a renda agregada.
II. A variação do consumo provocada por uma variação na renda denomina-se propensão marginal a consumir.
III. A variação do consumo provocada por uma variação na renda denomina-se consumo incremental.
Marque a opção que indica a(s) afirmativa(s) CORRETA(S).
a) I.
b) II.
c) III.
d) I – II.
e) I – II – III.

68. (CEBRASPE (CESPE) — Auditor de Controle Externo (TC-DF)/2021) A dívida pública brasileira federal superou, em 2019, o montante de R$ 4 trilhões, conforme informações disponibilizadas pela Secretaria do Tesouro Nacional. Com relação à necessidade de financiamento do governo e à dívida pública e seus efeitos, julgue o item a seguir.
O governo possui déficit orçamentário quando o montante de investimento é igual à poupança privada.
(C) Certo
(E) Errado

69. (FCC — Analista Legislativo (ALAP)/Atividade Orçamentária e Financeira e de Controle Interno/Economista/2020) Considere os seguintes dados da composição do produto e da renda agregada em uma economia aberta:
— Consumo agregado = $ 1.500
— Gastos do Governo = $ 500
— Formação Líquida de Capital Fixo = $ 300
— Exportações Líquidas = –$ 400
— Produto Interno Bruto = $ 2.000
— Carga Tributária = 25% do PIB
Nesse cenário,
a) a depreciação do estoque de capital equivale a 5% do Produto Interno Bruto.
b) a poupança agregada total da economia será $ 200.
c) a ocorrência de um superávit comercial resulta numa demanda agregada maior do que a oferta agregada.
d) a poupança nacional financia plenamente os investimentos da economia.
e) as exportações líquidas representam a renda líquida enviada ao exterior.

9 ■ Equilíbrio no Mercado de Bens

70. (Instituto AOCP — Economista (UFPB)/2019) Uma economia apresenta os seguintes agregados:

$$C = 200 + 0{,}6\ Y_d;\ \ I = 150;\ \ G = 150;\ \ T = 100.$$

Considerando esses dados, qual é o Produto Interno Bruto (PIB) de equilíbrio?
a) $ 1.000.
b) $ 1.100.
d) $ 1.200.
d) $ 1.300.
e) $ 1.400.

71. (DES IFSUL — Economista (IF SUL)/2019/TAE Edital 150.2018) Uma economia aberta é descrita pelas seguintes equações comportamentais:
$C = 100 + 0{,}4 Y_d$,
$I = 200 + 0{,}2Y - 1000i$,
$G = 50,\ T = 50$;
$X = 100 + 0{,}01 Y^* + 50\varepsilon$
$Q = 0{,}1Y - 40\varepsilon$ e
$Y^* = 9000$,
sendo C consumo agregado, Y renda, Yd renda disponível, I investimento privado, i taxa de juros, T arrecadação tributária, G gasto do governo, X = exportações, Q total de importações, ε taxa de câmbio real e Y* renda externa. Considerando uma taxa de juros igual a 3% e uma taxa de câmbio real igual a 1, o produto de equilíbrio é igual a
a) 1100
b) 1180
c) 1160
d) 1320

72. (CEBRASPE (CESPE) — Analista de Gestão de Resíduos Sólidos (SLU DF)/Economia/2019) Acerca de aspectos relativos à economia do setor público, julgue o item subsequente.
Segundo a visão tradicional de dívida pública, a redução de impostos financiados pelo endividamento público aumenta a despesa com consumo, mas reduz a poupança nacional.
( ) Certo
( ) Errado

■ GABARITO ■

1. "a".
$Y = C + I + G + X - M$
$5.000 = 250 + 0{,}75\ (Y - T) + 1.000 - 50r + 1.000$
Como a economia é fechada, X = 0 e M = 0
$5.000 = 250 + 0{,}75\ (5.000 - 1.000) + 1.000 - 50r + 1.000$
$5.000 = 250 + 3.000 + 1.000 - 50r + 1.000$
$-250 = -50r$
$r = 5$
Como r é dado em porcentagem, então r = 5%.

2. "a". No modelo Keynesiano, a taxa de juros é dada como fixa e, portanto, não varia. Nesse modelo, o Produto e a renda da economia serão determinados pela soma do consumo pessoal, investimento das empresas privadas e públicas, ou seja, investimento agregado, gasto do governo, exportação e importação. Logo: $Y = C + I + G + X - M$.

3. "d".
Y = C + I + G
Y = 10 + 0,8Yd + 190 + 200
Y = 400 + 0,8 (Y − T)
Y = 400 + 0,8 (Y − 0,25Y)
Y = 400 + 0,8 (0,75Y)
Y = 400 + 0,6Y
0,4Y = 400
Y = 1.000

4. "e". A necessidade de financiamento do setor público no conceito nominal ou critério abaixo da linha no conceito nominal é a diferença entre investimento e poupança pública (ou do Governo), incluindo todas as despesas e receitas. Portanto, a alternativa "e" está errada, porque exclui da receita e da despesa as entradas e saídas financeiras (= juros + correção monetária e cambial).
CTB = Carga Tributária Bruta (em valores absolutos)
CTB = Impostos Diretos + Impostos Indiretos
Observação: se o que se deseja calcular for a CTB em valores relativos, usa-se a seguinte fórmula:

$$CTB = \frac{\text{Impostos Diretos} + \text{Impostos Indiretos}}{\text{PIB}}$$

Logo, a alternativa "a" é verdadeira.
CTL = Carga Tributária Líquida (em valores absolutos)
CTL = Impostos Diretos − Transferências + Impostos Indiretos − Subsídios
Se a questão desejasse o valor da CTL em termos relativos, ter-se-ia:

$$CTL = \frac{\text{Impostos Diretos} - \text{Transferências} + \text{Impostos Indiretos} - \text{Subsídios}}{\text{PIB}}$$

Logo, a alternativa "b" é verdadeira.
A Conta do Governo se apresenta da seguinte forma:

CONTA DO GOVERNO	
Consumo do Governo	
Transferências	Impostos Diretos
Subsídios	Impostos Indiretos
Saldo em Conta Corrente do Governo	Outras Receitas Correntes Líquidas do Governo
Destino da Renda do Governo	Receita do Governo

Poupança do Governo = Saldo em Conta Corrente do Governo
Poupança do Governo = Impostos Diretos + Impostos Indiretos + Outras Receitas Correntes Líquidas do Governo − Consumo do Governo − Transferências − Subsídios
Como: Carga Tributária Líquida = Impostos diretos − transferências + Impostos indiretos − subsídios, então: Poupança do Governo = CTL − Consumo do Governo.
Observação: as Outras Receitas Correntes Líquidas do Governo estariam, nessa questão, incluídas nos Impostos Diretos e Indiretos ou seriam consideradas nulas. Logo, a alternativa "c" é verdadeira.
Define-se Déficit Público como: Investimento do Governo − Poupança do Governo em Conta Corrente (= saldo em conta corrente do governo, que pode ser visto na conta do quadro *supra*).
Logo, a alternativa "d" é verdadeira.

5. "a".
Y = C + I + G
Y = 180 + 0,8 (Y − 150) + 190 + 250
Y = 620 + 0,8Y − 120
Y − 0,8Y = 500
0,2Y = 500
Y = 2.500

9 ■ Equilíbrio no Mercado de Bens

6. "d". O item é o correto porque fala da relação entre uma variação do consumo diante de uma variação de renda, ou seja, $PmgC = \frac{\Delta C}{\Delta Y}$.

A relação entre consumo total e renda total chama-se Propensão média a Consumir: $PmeC = \frac{C}{Y}$.

Logo, a alternativa "a" é falsa.

A alteração que acorrerá no consumo em decorrência de uma alteração na renda é um valor absoluto. Por exemplo: se a renda variar 100, o consumo varia 80. Logo, 80 é um valor absoluto. Nesse item, não se fala da **relação** entre variação do consumo e variação da renda. Se falasse, estaria correta. Logo, a alternativa "b" é falsa.

A alternativa "c" refere-se ao comportamento do consumo frente a níveis distintos de renda. Por exemplo:
Se $Y_1 = 100 \rightarrow C_1 = 80$
Se $Y_2 = 200 \rightarrow C_2 = 160$
Se $Y_3 = 300 \rightarrow C_3 = 240$

Em nenhum momento se fala na relação $\frac{\Delta C}{\Delta Y}$. Logo, a alternativa "c" é falsa.

Propensão marginal a Consumir é igual à relação de uma variação do consumo e uma variação da renda (= Produto) da economia. A fração da renda que será gasta no consumo é propensão média a Consumir: $PmeC = \frac{C}{Y}$. Logo, a alternativa "e" é falsa.

7. F, F, V.

a) **(F)** A Propensão média a Consumir é definida pela relação $\frac{C}{Y}$.
Dada a função consumo de curto prazo: $C = 10 + \frac{3}{4}Y$, se:

C	Y	$PmeC = \frac{C}{Y}$	$PmgC = \frac{\Delta C}{\Delta Y}$
85	100	0,85	
160	200	0,80	$\frac{75}{100} = 0,75$
310	400	0,775	$\frac{150}{200} = 0,75$

Logo, a PmeC, no curto prazo, reduz-se quando a renda se eleva e a PmgC permanece constante (dada que a função consumo é linear, ou seja, é representada por uma reta).

b) **(F)** A Produtividade marginal do capital (PmgK) é a taxa de lucro prevista para um ativo de capital. Custo do capital é a soma da taxa de juros (i) e da taxa de depreciação (d). Logo: se PmgK > i + d → haverá investimento (produtivo) ou haverá aumento do estoque de capital; e se PmgK < i + d → não haverá investimento (produtivo) ou não haverá aumento do estoque de capital.

c) **(V)** Se a Propensão marginal a Poupar é menor, a Propensão marginal a Consumir é maior. Assim, observe o exemplo a seguir:
Situação 1 (com PmgC = 0,75)
C = 20 + 0,75Y
I = 10
ΔI = 15
Y = C + I + ΔI
Y = 20 + 0,75Y + 10 + 15
Y − 0,75Y = 45
0,25Y = 45
Y = 180

Situação 2 (com PmgC maior, ou seja, PmgC = 0,8)
C = 20 + 0,8Y
I = 10
ΔI = 15
Y = C + I
Y = 20 + 0,8Y + 10 + 15
Y − 0,8Y = 45
0,2Y = 45
Y = 225
Portanto, quando PmgC é maior, a produção de equilíbrio é maior. Esse item pode ser justificado também pela teoria do multiplicador Keynesiano, que será abordada no próximo capítulo.

8. "c". O equilíbrio ocorre quando: Y = C + S + T **(I)** se iguala a Y = C + I + G + X − M **(II)**, onde: Y = Produto/renda da economia; C = Consumo; I = Investimento; G = Gastos do Governo; X = Exportação; M = Importação; S = Poupança; e T = Tributos.

Igualando-se **(I)** e **(II)**, tem-se: C + I + G + X − M = C + S + T; ou I + G + X − M = S + T; ou I = S + (T − G) + (M − X), onde: S = Poupança Privada = Spriv; T − G = Poupança do Governo = Sgov; M − X = Poupança Externa = Sext.
Logo: I = Spriv + Sgov + Sext; ou: I = S.

9. "d". Supondo-se duas situações:
1ª situação
C = 10 + 0,8Y; I = 20; G = 30
Logo:
Y = C + I + G
Y = 10 + 0,8Y + 20 + 30
0,2Y = 60
Y = 300
2ª situação
C = 10 + 0,8Y; I = 20; G = 15
Logo:
Y = C + I + G
Y = 10 + 0,8Y + 20 + 15
0,2Y = 45
Y = 225
Percebe-se que uma ΔG de (−)15 gerou ΔY de (−)75. Logo, ΔY foi mais que proporcional a ΔG.

10. F, V, F, V, V.
a) **(F)**
Y = C + I + G + X − M
Y = 200 + 0,8Yd + 300 + 240 + 180 − 0,2Yd
Y = 920 + 0,6Yd
Y = 920 + 0,6 (Y − T)
Y = 920 + 0,6 (Y − 0,1Y)
Y = 920 + 0,6 × 0,9Y
Y = 920 + 0,54Y
0,46Y = 920
Y = 2.000

b) **(V)** X = 180 e M = 0,2Yd
M = 0,2 (Y − T)
M = 0,2 (Y − 0,1Y)
M = 0,2 × 0,9Y
M = 0,18Y
M = 0,18 × 2.000
M = 360

X − M = 180 − 360 = −180

O saldo comercial apresenta um déficit de 180.

c) **(F)** G = 240 e T = 0,1Y
T = 0,1 × 2.000
T = 200

T – G = 200 – 240 = –40
O orçamento do governo apresenta um déficit de 40.

d) **(V)** Se ΔG = 92, então G = 240 + 92 = 332
Y = C + I + G + X – M
Y = 200 + 0,8Yd + 300 + 332 + 180 – 0,2Yd
Y = 1.012 + 0,6Yd
Y = 1.012 + 0,6 (Y – 0,1Y)
Y = 1.012 + 0,6 × 0,9Y
Y = 1.012 + 0,54Y
0,46Y = 1.012
Y = 2.200
As contas do Governo: G = 240 + 92 = 332 e T = 0,1Y
T = 0,1 × 2.200 = 220

T – G = 220 – 332 = –112
As contas do Governo apresentarão um déficit de 112. Como antes o déficit era de 40, então haverá uma piora de 72.
O saldo comercial, sabendo-se que: X = 180 e M = 0,2Yd:
M = 0,2 (Y – T)
M = 0,2 (Y – 0,1Y)
M = 0,2 × 0,9Y
M = 0,18 × Y
M = 0,18 × 2.200
M = 396

X – M = 180 – 396 = –216
Antes, o saldo comercial apresentava um déficit de 180. Portanto, houve uma piora de 36.

e) **(V)** X = 180 + 92 = 272
Y = C + I + G + X – M
Y = 200 + 0,8Yd + 300 + 240 + 272 – 0,2Yd
Y = 1.012 + 0,6Yd
Y = 1.012 + 0,6 (Y – T)
Y = 1.012 + 0,6 (Y – 0,1Y)
Y = 1.012 + 0,6 × 0,9Y
Y = 1.012 + 0,54Y
0,46Y = 1.012
Y = 2.200
As contas do Governo: G = 240 e T = 0,1Y
T = 0,1 × 2.200 = 220

T – G = 220 – 240 = –20
As contas do governo apresentarão um déficit de 20. Antes, o déficit do governo era de 40. Portanto, houve uma melhora de 20.

11.
i = 10% = 0,1
I = 7 – 20 × 0,1 + 0,2Y
I = 7 – 2 + 0,2Y
I = 5 + 0,2Y
Primeiro, determinar-se-á a Renda/Produto de equilíbrio:
Y = C + I + G
Y = 15 + 0,8Yd + 5 + 0,2Y + 20

$Y = 40 + 0,8 (Y - T) + 0,2Y$
$Y = 40 + 0,8 (Y - 0,25Y) + 0,2Y$
$Y = 40 + 0,8 \times 0,75Y + 0,2Y$
$Y = 40 + 0,6Y + 0,2Y$
$Y = 40 + 0,8Y$
$Y - 0,8Y = 40$
$0,2Y = 40$
$Y = 200$
Para se determinar a Poupança privada, basta transformar a função consumo em função poupança.
Assim: C = 15 + 0,8Yd, então:
$S = -15 + 0,2Yd$
$S = -15 + 0,2 (Y - T)$
$S = -15 + 0,2 (Y - 0,25Y)$
$S = -15 + 0,2 \times 0,75Y$
$S = -15 + 0,15Y$
$S = -15 + 0,15 \times 200$
$S = -15 + 30$
$S = 15$

12. "e".
Observação: Embora o enunciado da questão não diga que se trata de tributação bruta (Tg), só é possível de ser resolvida, diante das alternativas oferecidas como resposta, se for considerada como Tg. Da mesma maneira, na função consumo, o nível de renda (Y) deve ser considerado como a renda disponível (Yd).
Assim:
$Y = C + I + G$
$Y = 10 + 0,6Yd + 2.202 + 1.500$
$Y = 3.712 + 0,6Yd$
$Y = 3.712 + 0,6 (Y - T)$
Como:
$T = Tg - R$
$T = 20 + 0,20Y - 160$
$T = -140 + 0,20Y$
Então:
$Y = 3.712 + 0,6 [Y - (-140 + 0,20Y)]$
$Y = 3.712 + 0,6 [Y + 140 - 0,20Y]$
$Y = 3.712 + 0,6 [0,8Y + 140]$
$Y = 3.712 + 0,48Y + 84$
$0,52Y = 3.796$
$Y = 7.300$

13. V. Segundo Keynes, o consumo será função da renda corrente, e não da renda permanente. No capítulo 18 que trata de economia intertemporal, será abordado o assunto renda permanente. Assim, se "Y" aumenta, o consumo aumenta. Se "Y" diminui, o consumo diminui. A Propensão marginal a Consumir, a Poupar, a Importar ou a Tributar oscilará entre "0" e "1", mas nunca será igual a "0" ou a "1". Logo: 0 < PmgC < 1.

14. "c". Sabendo-se que: C = 100; I = 50; G1 = 30; G2 =60; PmgC = c = 0,8; e PmgT = t = 0,4, como: Y = C + I + G2 é uma economia fechada, então:
$Y = 100 + 0,8Yd + 50 + 60$
$Y = 180 + 0,8 (Y - 0,4Y)$
$Y = 180 + 0,8 \times 0,6Y$
$Y = 180 + 0,48Y$
$0,52Y = 210$
$Y = 403,84$

15. "c".
PIB = C + I + G + X – M
PIB = 500 + 400 + 300 + 100 – 80
PIB = 1.220

16. "a". Os trabalhadores maximizam suas funções utilidade, compostas de bens ou serviços ou renda proveniente do trabalho de um lado — e de lazer de outro lado, no ponto em que a utilidade derivada do salário real é igual à desutilidade do trabalho. Desse modo, o trabalhador decide a oferta de trabalho que maximiza sua função utilidade, estabelecendo uma quantidade ótima de trabalho para cada salário real. Portanto, o trabalhador só vai oferecer trabalho enquanto a utilidade derivada do salário real for maior/igual que a desutilidade do trabalho.

17. "c".
Y = C + I + G + X – M
Onde, C + G = despesa de consumo final = 1.903.679
FBCF + ΔE = I = 389.328 + 8.012 = 397.340
(X – M) = saldo externo de bens e serviços = 68.778
Logo,
Y = 1.903.679 + 397.340 + 68.778
Y = 2.369.797
Y = PIBpm

18. "b".
Y = C + I + G + X – M
Y = 15 + 0,8Yd + 5 + 0,1Y + 15 + 20 – (15,4 + 0,2Y)
Y = 15 + 0,8 (Y – T) + 5 + 0,1Y + 15 + 20 – (15,4 + 0,2Y)
Y = 15 + 0,8 [Y – (2 + 0,1Y)] + 5 + 0,1Y + 15 + 20 – (15,4 + 0,2Y)
Y = 15 + 0,8 [Y – 2 – 0,1Y] + 5 + 0,1Y + 15 + 20 – (15,4 + 0,2Y)
Y = 15 + 0,8 [0,9Y – 2] + 5 + 0,1Y + 15 + 20 – 15,4 – 0,2Y
Y = 15 + 0,72Y – 1,6 + 5 + 0,1Y + 15 + 20 – 15,4 – 0,2Y
Y = 38 + 0,62Y
0,38Y = 38
Y = 100

19. "b". O princípio da demanda efetiva pertence ao modelo Keynesiano, que defende que o produto da economia é determinado pela demanda efetiva.
Preços e salários rígidos pertencem a um modelo de curto prazo e, portanto, à teoria Keynesiana.
Na teoria Keynesiana, a oferta é perfeitamente elástica aos preços.
No modelo clássico, o que determina o produto da economia é a disponibilidade dos fatores de produção, dada uma certa tecnologia.

20. "b". Considerando: Y = 1 tri; e I = 0,2 × 1 tri.
C = 3,1 × I
C = 3,1 × 0,2 × 1 tri
C = 0,62 tri
G = 0,7 × I
G = 0,7 × 0,2 × 1 tri
G = 0,14 tri
Como:
Y = C + I + G + X – M
1 = 0,62 + 0,2 + 0,14 + X – M
1 = 0,96 + X – M
X – M = 0,04 tri ou 40 bi

21. "c". Sabendo-se que: C = 10 + 0,8 (Y(1 – t)); G = 50; T = 0,25; I = 30; M = 0,1Y; e X = 10, então:
Y = C + I + G + X – M
Y = 10 + 0,8 (Y (1 – 0,25)) + 30 + 50 + 10 – 0,1Y
Y = 10 + 0,8 × 0,75Y + 30 + 50 + 10 – 0,1Y
Y = 10 + 0,6Y + 30 + 50 + 10 – 0,1Y
0,5Y = 100
Y = 200

I. **(V)** As exportações líquidas (X − M) serão iguais a:
X − M = 10 − 0,1Y = 10 − 0,1 × 200 = 10 − 20 = −10
II. **(V)** PIB = Y = 200
III. **(V)** C = 10 + 0,6Y = 10 + 0,6 × 200 = 10 + 120 = 130

22. "e". Para os clássicos, caso haja um aumento dos tributos, a renda disponível diminui e, consequentemente, o consumo também. Com isso, as taxas de juros diminuem, estimulando o Investimento, elevando novamente a taxa de juros ao patamar anterior, não alterando o nível de renda da economia. Observe a fórmula: ↑↓ Y = C↓ + I↑ + G + X − M.

23. "d". Quanto maior a tributação, menor a renda disponível e menor será o consumo das famílias; a alternativa "d" é verdadeira.
No equilíbrio, o investimento da economia fechada é igual à soma da poupança das famílias e das empresas (Spriv) e da poupança do governo (Sgov), ou seja: I = Spriv + Sgov; portanto, se a poupança das famílias for maior que o investimento, não necessariamente a economia está em desequilíbrio, basta que as poupanças dos demais setores (empresas e governo) compensem essa diferença; a alternativa "a" é falsa. Se (S + T) for maior do que (I + G), a renda das famílias e o produto da economia diminuem, restabelecendo o equilíbrio; a alternativa "b" é falsa. Sabendo-se que: I = Spriv + (T − G); se (T − G) diminui, permanecendo constante Spriv, então o investimento diminui; a alternativa "c" é falsa. O setor financeiro injeta na economia investimento, via empresas, e retira da economia poupança, via famílias. A alternativa "e" é falsa.

24. "b". Keynes apresentou ideias que propunham a intervenção do estado na vida econômica, com o objetivo de conduzir a um regime de pleno emprego.

25. "b". Sabendo-se que: Y = C + I + G + X − M:
Y = C + (FBCF + ΔEstoques) + G + X − M.
288.600 = 148.000 + (67.500 + 0) + 55.000 + 35.200 − M
M = 17.100

26. "e".
Oferta Agregada = PIBpm + Importação
PIBpm = Valor em $ do Custo Interno dos Fatores Produtivos + Depreciação + (Tributos Indiretos − Subsídios)
PIBpm = 350 + 40 + 20 − 10 = 400
Oferta Agregada = 400 + 120 = 520

27. F, F, V.
a) **(F)** O equilíbrio da renda e do produto se dá quando: Y = C + I + G + X − M
Dada a função poupança: S = − 10 + 0,2 (Y − T), então a função consumo será: C = 10 + 0,8 (Y − T), ou C = 10 + 0,8 (Y − 5). Logo:
Y = 10 + 0,8 (Y − 5) + 10 + 5 + 6 − 5
Y = 26 + 0,8Y − 4
0,2Y = 22
Y = 110

b) **(F)** Se o consumo é igual à renda, tem-se:
Y = C + I
Y = 10 + 0,8 (Y − T) + 5
Y = 15 + 0,8 (Y − 5)
Y = 15 + 0,8Y − 4
0,2Y = 11
Y = 55

c) **(V)** Como a economia é sem governo, então Y = Yd, onde: Yd = renda disponível.
Como não há Setor Externo, não existe exportação (X) nem importação (M).
Logo: C = 10 + 0,8Y ou S = −10 + 0,2Y e I = 10.

28. "b". Sabendo-se que: Y = C + I + G + X – M, onde: Y = PIB; C = consumo das famílias; I = investimento; G = gasto do governo; e X – M = exportações líquidas, então:
Y = 40 + 0,9Y + 30 + 30 – 0,1Y
Y = 100 + 0,8Y
0,2Y = 100
Y = 500
PIB = 500
C = 40 + 0,9Y
C = 40 + 0,9 × 500
C = 490
X – M = 30 – 0,1Y
X – M = 30 – 0,1 × 500
X – M = –20

29. "c". A oferta de moeda independe da taxa de juros e do nível da renda.

30. "a". Havendo um aumento da oferta de moeda, os preços tendem a subir, o que fará com que os empresários desejem produzir mais em busca de maiores lucros. Com isso, a demanda por mão de obra aumenta, deslocando a curva de demanda por mão de obra para a direita, aumentando o nível de emprego e, consequentemente, de produto. O trabalhador que não sofre de ilusão monetária e, portanto, persegue salários reais perceberá que, com a elevação dos preços, terá perda de poder compra. Com isso, diminuirá a oferta de mão de obra, deslocando a curva de oferta de mão de obra para a esquerda, aumentando o salário nominal na proporção da elevação dos preços, deixando inalterado o salário real (W/p), o nível de emprego e, consequentemente, o nível de produto.

31. V. Para os clássicos, não se justifica o desemprego, porque para eles a oferta gera sua própria demanda. Portanto, havendo pessoas desempregadas, deveriam ser empregadas, pois o que produzissem geraria uma demanda suficiente para serem adquiridos. Portanto, nada justifica a existência de desemprego involuntário. Para os clássicos, a economia pode operar apenas com desemprego natural, que inclui o desemprego voluntário e o friccional.

32. "b". Se o governo corta gastos, é de se esperar que o déficit público (a diferença entre despesas e receitas) caia nessa proporção, já que:
↓ Déficit Público = ↓ Despesas Públicas – Receitas Públicas
Se o déficit público não estiver diminuindo nessa mesma proporção, é porque as receitas públicas também reduziram, já que:
Déficit Público (constante) = ↓ Despesas Públicas – ↓ Receitas Públicas
Nesse exemplo, apesar de as despesas públicas terem reduzido, como as receitas públicas também diminuíram em igual proporção, o déficit público permaneceu constante. Mas, se as receitas públicas tivessem reduzido em proporção maior que a diminuição das despesas públicas, o déficit teria aumentado. Veja a seguir:
↑ Déficit Público (constante) = ↓ Despesas Públicas – ↓ Receitas Públicas

33. F, V, V, F, F, F. Substituindo as informações dadas nas equações, tem-se:
S = Y – C
C = 0,6Y
I = 100 + 0,2Y – 0,5 × 10
I = 100 + 0,2Y – 5
I = 95 + 0,2Y

a) **(F)**
O produto **(Y)** de equilíbrio será
Y = C + I
Y = 0,6Y + 95 + 0,2Y → Y – 0,8Y = 95 →
0,2Y = 95 Y = 475

b) **(V)**
Se $\Delta I = 50$, então $I_2 = 145 + 0,2Y$
Sabendo que: $Y = C + I$
$Y = 0,6Y + 145 + 0,2Y$
$0,2Y = 145$
$Y = 725$
$\Delta Y = 725 - 475$
$\Delta Y = 250$

c) **(V)**
$Y = C + I$
$Y = 0,7Y + 95 + 0,2Y \rightarrow 0,1Y = 95 \rightarrow$
$Y = 950$

d) **(F)**
$S = I$
$0,4Y = 95 - 0,2Y \rightarrow 0,2Y = 95 \rightarrow Y = 475$
Portanto, quando o nível de renda e produto for igual a 475, a poupança e o investimento se igualam.

e) **(F)**
Se $Y = 475$, então:
$I = 95 + 0,2Y$
$I = 95 + 0,2 \cdot 475$
$I = 95 + 95$
$I = 190$

f) **(F)**
$I = 195 + 0,2Y$
$Y = C + I$
$Y = 0,6Y + 195 + 0,2Y$
$0,2Y = 195$
$Y = 975$

Pela alternativa "a", percebe-se que o produto de equilíbrio variou em 500 unidades monetárias.

34. "e". A Formação Bruta de Capital Fixo (FBCF) compreende as edificações, máquinas, equipamentos, instalações, móveis, veículos, florestamentos e reflorestamentos, recursos minerais etc. Não inclui as variações de estoques. Os investimentos, sim, são a soma da FBCF e da variação de estoques. A Alternativa "a" é falsa.
A acumulação de capital pode ser negativa desde que haja variação de estoques negativas ou depreciação do capital sem que ocorra investimento que recomponha o capital desgastado. A alternativa "b" é falsa.
Carga Tributária é a soma de todos os impostos em relação ao PIBpm. A alternativa "c" é falsa.
Tendo-se o PIB, deve-se subtrair dele a Renda Líquida Enviada do Exterior (RLEE) para se determinar o PNB. A alternativa "d" é falsa.
Poupança externa iguala-se ao déficit no Balanço de Pagamentos em Transações Correntes, que corresponde, em termos reais e não financeiros, ao que o país está absorvendo de recursos reais do resto do mundo, permitindo o financiamento do consumo e investimento do país. A contrapartida financeira desse fluxo real pode se dar pelo aumento do endividamento do país. A alternativa "e" é verdadeira.

35. "d". No modelo keynesiano, a demanda agregada tem um papel decisivo na determinação do produto e emprego da economia. Assim, se o governo quiser aquecer a economia, estimulando a demanda agregada, poderá aumentar seus gastos e/ou reduzir carga tributária, ou seja, deverá adotar uma política fiscal expansionista. De outra maneira, se o governo quiser desaquecer a economia, desestimulando a demanda agregada, poderá reduzir seus gastos e/ou aumentar carga tributária, ou seja, adotar uma política fiscal restritiva.

36. Errado. A situação em que ocorre excesso de demanda agregada em relação à capacidade de produção implica escassez de fatores de produção e aumento da inflação.

37. "d". Independentemente de o aumento nos gastos do governo e/ou redução dos tributos gerarem um desajuste fiscal, o importante era equilibrar a renda/produto/emprego da economia naquele momento. A alternativa "d" está correta.
O uso de políticas públicas do *laissez-faire* é medida de ajustamento defendida pelos clássicos, que acreditavam que o mercado tinha o poder de se autoajustar. A alternativa "a" está incorreta.
Keynes percebeu que a crise da política econômica mundial da década de 1930 não era temporária, como diziam os clássicos, e, por causa disso, precisava de intervenção do governo para se ajustar, já que as políticas públicas adotadas até então eram insuficientes. As alternativas "b" e "c" estão incorretas.
Era necessário, portanto, fortalecer a demanda agregada para compensar as falhas de mercado. A alternativa "e" está incorreta.

38. Errado. Para Keynes, o que fará os investidores se decidirem a investir é a expectativa de que haverá demanda para o seu produto e que haverá um retorno lucrativo para o seu investimento. Portanto, não é a taxa de juros isoladamente que determina o investimento, porque, mesmo ela sendo suficientemente baixa, nada garante que haverá investimento já que para o investidor o que importa é a comparação entre a eficiência marginal do capital e a taxa de juros. Assim, se a eficiência marginal do capital for maior que a taxa de juros, haverá investimento, e se a eficiência marginal do capital for menor que a taxa de juros, mesmo que essa última seja muito baixa, não haverá investimento. Portanto, o investimento é um componente exógeno da demanda agregada, já que não depende da renda (Y), que é definida no próprio modelo.

39. "b".
$Y = C + I$
$Y = 100 + 0{,}80Y + 50$
$0{,}2Y = 150$
$Y = 750$

40. "e".
$Y = C + I$
$Y = 0{,}75Y + 40 + I$
$500 = 0{,}75 \cdot 500 + 40 + I$
$I = 85$

41. Errado. Podemos responder a essa questão com um exemplo. Imaginemos que a função consumo tenha o seguinte comportamento:
$C = 10 + 0{,}5Y$
Se a renda (Y) é igual a 100, então o consumo é 60.
Se a renda aumenta em 100%, passando para 200, e o consumo aumentar 200%, passando para 180, a propensão marginal a consumir será:
$180 = 10 + c \cdot 200$
$c = 170 / 200$
$c = 0{,}85$, ou seja, menor que a unidade

42. "d". Se a poupança fosse igual a zero, então, a renda (Y) seria igual ao consumo (numa economia sem governo). Logo:
$Y = C$
$Y = 0{,}60Y + 500$
$0{,}40Y = 500$
$Y = 1.250$
Logo, para que a poupança não seja negativa, ou seja, que seja maior ou igual a zero, a renda (Y) deve ser maior que 1.250.

43. Errado. A propensão marginal a consumir, c, é a relação entre a variação do consumo e a variação da renda. Por hipótese, a propensão marginal a consumir (c) oscila entre zero e um. Logo, o aumento do consumo deve ser menor que o aumento da renda.
$c = \Delta C / \Delta Y$
$0 < c < 1$
$0 < \Delta C / \Delta Y < 1$
$\Delta C / \Delta Y < 1$
$\Delta C < \Delta Y$

44. "e". Representando, graficamente, a função consumo e uma linha imaginária que divide os eixos na metade, formando um ângulo de 45° com a horizontal, temos:

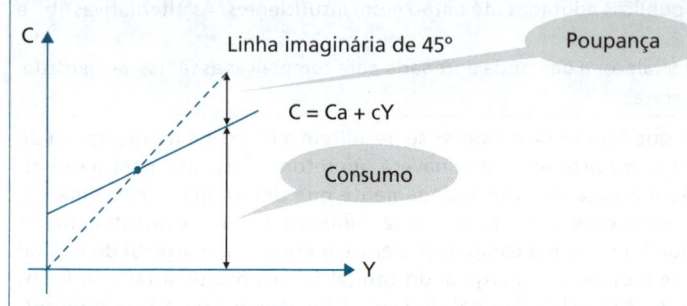

A linha imaginária, ao cruzar a função consumo, mostra que Y = C, ou seja, não há poupança. Qualquer ponto acima dele mostra que há poupança positiva e qualquer ponto abaixo dele mostra que há despoupança, ou poupança negativa. Logo, para que haja poupança positiva, a função consumo deverá estar abaixo da linha imaginária de 45°.

45. Errado. O modelo keynesiano simples pressupõe que a taxa de juros seja constante e, portanto, não afeta o mercado de bens. Portanto, não afetará nem a propensão média a consumir nem a propensão marginal a consumir.

46. Certo. Transferências são despesas governamentais que não apresentam contrapartida em bens e serviços. Já os gastos são despesas do governo que apresentam essa contrapartida, ou seja, quando o governo gasta, ele recebe em troca algum bem ou algum serviço.
No cálculo do PIB, vemos que:
PIB = C + I + G + X – M,
onde G é o gasto do governo, ou seja, o seu consumo. As transferências não são consumo do governo; são recursos que serão destinados às famílias ou às empresas que só serão computados no PIB se forem utilizados para consumo.

47. "a".
Y = C + I + G
Y = 100 + 0,8 (Y – 100) + 80 + 100
Y = 280 + 0,8Y – 80
0,2Y = 200
Y = 1.000

48. "a".
Y = C + I
Y = 200 + 0,5Y + 100
0,5Y = 300
Y = 600

49. "d". A renda e produto de equilíbrio será:
Y = C + I + G + X – M
Y = 500 + 0,75Yd + 90 + 0,15Y + 1.450 + 150 – (45 + 0,05Y)
Y = 2.145 + 0,75Yd + 0,15Y – 0,05Y

$0,9Y = 2.145 + 0,75 (Y - T)$
$0,9Y = 2.145 + 0,75 (Y - (60 + 0,2Y))$
$0,9Y = 2.145 + 0,75 (Y - 60 - 0,2Y)$
$0,9Y = 2.145 + 0,75 (0,8Y - 60)$
$0,9Y = 2.145 + 0,6Y - 45$
$0,3Y = 2.100$
$Y = 7.000$
A renda disponível será:
$Yd = Y - T$
$Yd = 7.000 - (60 + 0,2 \cdot 7.000)$
$Yd = 7.000 - (60 + 1.400)$
$Yd = 5.540$

O investimento será:
$I = 90 + 0,15Y$
$I = 90 + 0,15 \cdot 7.000$
$I = 1.140$
O saldo em conta corrente do governo (T – G) será:
$T - G = 60 + 0,2Y - 1.450$
$T - G = 60 + 0,2 \cdot 7.000 - 1.450$
$T - G = 10$; ou seja, o governo apresenta um superávit de 10 em sua conta corrente.

50. "a".
$y = C + I + G + X - M$
$Y = 10 + 0,4Yd + 4 + 0,2Y + 20 + 40 - (20,3 + 0,4Y)$
$Y = 53,7 + 0,4 (Y - T) + 0,2Y - 0,4Y$
$1,2Y = 53,7 + 0,4 (Y - (3 + 0,1Y))$
$1,2Y = 53,7 + 0,4 (Y - 3 - 0,1Y)$
$1,2Y = 53,7 + 0,4 (0,9Y - 3)$
$1,2Y = 53,7 + 0,36Y - 1,2$
$0,84Y = 52,5$
$Y = 62,5$

51. Errado.
$Y = C + I + G + X - M$
$Y = 500 + 0,7Yd + 20 + 0,1Y + 1.000 + 150 - (100 + 0,06Y)$
$Y = 1.570 + 0,7Yd + 0,1Y - 0,06Y$
$0,96Y = 1.570 + 0,7 (Y - (60 + 0,2Y))$
$0,96Y = 1.570 + 0,7 (Y - 60 - 0,2Y)$
$0,96Y = 1.570 + 0,7 (0,8Y - 60)$
$0,96Y = 1.570 + 0,56Y - 42$
$0,40Y = 1.528$
$Y = 3.820$

52. "a".
$Y = C + I + G$
$Y = 0,8 (Y - T) + 600 + 600$
$Y = 0,8 (Y - 0,25Y) + 1.200$
$Y = 0,8 \cdot 0,75Y + 1.200$
$Y = 0,6Y + 1.200$
$0,4Y = 1.200$
$Y = 3.000$
Comparando os gastos do governo com a tributação, temos:
$G = 600$
$T = 0,25Y \rightarrow T = 0,25 \cdot 3.000 \rightarrow T = 750$
Logo, há um superávit de 150 (= T – G)

53. "a". Primeiro, vamos encontrar o equilíbrio da renda e produto antes da redução de tributos:
Y = C + I + G
Y = 100 + 0,8Yd + 300 + 400
Y = 800 + 0,8 (Y − T)
Y = 800 + 0,8 (Y − 400)
Y = 800 + 0,8Y − 320
0,2Y = 480
Y = 2.400

Agora, vamos encontrar o equilíbrio da renda e produto quando os tributos caem para 300.
Y = C + I + G
Y = 100 + 0,8Yd + 300 + 400
Y = 800 + 0,8 (Y − T)
Y = 800 + 0,8 (Y − 300)
Y = 800 + 0,8Y − 240
0,2Y = 560
Y = 2.800

Logo, a demanda agregada da economia aumentou em 400 (= 2.800 − 2.400), superior à queda dos tributos, que foi de 100 (= 400 − 300).

54. "c". Para determinarmos a renda e produto de equilíbrio, devemos igualar a poupança (S) com investimento (I). Logo:
S = I
−1.000 + 0,4Yd = 2.000 + 0,1Y
Como não tem governo, então, a renda disponível (Yd) é igual a renda total (Y). Logo:
−1.000 + 0,4Y = 2.000 + 0,1Y
0,3Y = 3.000
Y = 10.000

55. Certo. Quando a renda ou produto da economia é igual à despesa planejada, então não há a formação de estoques indesejados, e a demanda se iguala à oferta de bens e serviços. Esse ponto é aquele em que a curva imaginária de 45° que representa o equilíbrio entre a demanda agregada (da) e o produto/renda (Y) da economia cruza a curva da despesa planejada. Vejamos:

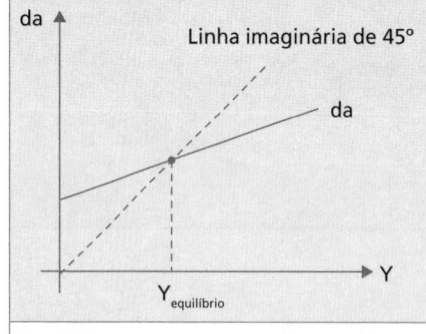

56. Certo. Com a presença do agente governo, o equilíbrio da economia seria:
Y = C + I + G
C = Co + c (Y − To) → C = 15 + 0,9 (Y − 5)
I = Io → I = 10
G = Go → G = 7
Y = 15 + 0,9 (Y − 5) + 10 + 7
Y = 15 + 0,9Y − 4,5 + 10 + 7
0,1Y = 27,5
Y = 275

Sem a presença do agente governo, o equilíbrio da economia seria:
Y = C + I + G
C = Co + cY → C = 15 + 0,9Y
I = Io → I = 10
G = Go → G = 0
Y = 15 + 0,9Y + 10 + 0
Y = 25 + 0,9Y
0,1Y = 25
Y = 250
Portanto, sem a presença do governo, o produto (Y) da economia é menor em 25 (= 275 – 250)

57. "c". Sabemos que a função consumo será:
C = Co + c (Y – tY)
Como o problema informou que a propensão marginal a consumir é igual a 0,4 e já deu a função consumo com o tributo incorporado, então podemos comparar as duas funções:
C = 100 + 0,2Y   e
C = 100 + 0,4 (Y – tY)
Logo: 0,2Y = 0,4 (Y – tY)
0,2Y = 0,4Y (1 – t)
0,5 = 1 – t
t = 0,5 ou 50%
Para encontrarmos a renda e produto de equilíbrio, temos:
Y = C + I + G
Y = 100 + 0,2Y + 10 + 10
0,8Y = 120
Y = 150

58. "c". Por hipótese, c_1 oscila entre zero e a unidade e um aumento da renda leva a um crescimento do consumo e da poupança, já que, assim como o consumo, a poupança é função direta da renda disponível. A alternativa "c" está correta.
c_1 será sempre um valor positivo e oscilará entre zero e um. A alternativa "a" está incorreta. Se a função consumo for uma função linear, sua repre-sentação gráfica será uma reta com declividade igual a c_1. A alternativa "b" está incorreta.
Se c_1 for igual à unidade, a representação gráfica da função é uma reta com declividade de 45° em relação ao eixo da renda. A alternativa "d" está incorreta.
c_0 nunca será um valor negativo. Quando há despoupança, o s_0 será negativo, dada a seguinte função poupança: S = s_0 + s_1Yd. A alternativa "e" está incorreta.

59. "e". Tanto o consumo do governo (gasto do governo) como a Formação Bruta de capital fixo contribuíram negativamente para o PIB. As exportações líquidas (= exportação – importação) contribuíram para o aumento do PIB no valor de 0,2. Já o consumo das famílias contribuiu positivamente em 1,0. Logo, quem mais contribuiu para o crescimento do PIB foi o consumo das famílias.

60. "e".
O Hiato do produto é a diferença entre o produto efetivo e o produto potencial. O cenário para o final de 2018 indicaria que a produção ocorreria de forma ociosa, ou seja, sem a utilização de toda a capacidade produtiva, ou seja, o produto efetivo ou corrente seria menor que o potencial.

61. "d".
O produto potencial é aquele que é produzido utilizando plenamente os fatores de produção (capital, matéria-prima, empreendimento e mão de obra, dada uma certa tecnologia. A alternativa "D" está correta. Hiato do produto é a diferença entre o produto potencial e o produto efetivo. A alternativa "A" está incorreta. PIB real é o produto calculado a preços constantes. A alternativa "B" está incorreta. Não se utiliza a terminologia preço nominal. A alternativa "C" está incorreta. PIB per capital é a razão entre o PIB e o número de residentes. A alternativa "E" está incorreta.

62. "b".
Montando uma tabela, tem-se:

C	Yd
10.000	11.000
10.500	12.000

A Propensão marginal a Consumir (PmgC) é a razão entre a variação do Consumo (∆C) e a variação da renda disponível (∆Yd). Logo:
PmgC = ∆C/ ∆Y
PmgC = 10.500 – 10.000/ 12.000 – 11.000
PmgC = 500/1000
PmgC = 0,5

63. "b".
Dados:
C = 0,8 Yd   C = 0,8 (Y – T)
Como T = 0,3 Y, então: C = 0,8 (Y – 0,3Y)
I = 200
G = 240
Logo: Y = C + I + G
Então: Y = 0,8 (Y – 0,3Y) + 200 + 240
            Y = 0,8 · 0,7Y + 440
            Y = 0,56Y + 440   0,44Y = 440
            Y = 1000
Portanto: C = 0,8 (Y – 0,3Y)
            C = 0,8 (0,7Y)
            C = 0,56 Y
            C = 0,56 · 1000
            C = 560

64. "a".
A hipótese de preços e salários (preço da mão de obra) rígidos é fundamental, na teoria Keynesiana, para entendermos que uma mudança na demanda agregada altera apenas a quantidade produzida e, por conseguinte, o nível de emprego, de tal maneira que um aumento da demanda agregada eleva o produto real da economia. A alternativa "A" está correta. Na teoria Keynesiana, o Investimento é uma variável exógena e depende da comparação entre a Eficiência marginal do capital (EmgK) e a taxa de juros. A alternativa "B" está incorreta. O consumo é uma variável endógena que depende do nível de renda disponível (Yd). Contudo, a medida que a renda disponível aumenta, o consumo aumenta, porém, em proporções cada vez menores ("Lei Psicológica Fundamental"). A alternativa "C" está incorreta. A teoria Keynesiana é uma teoria de curto prazo e, portanto, o consumo autônomo (Ca) é maior que zero. Dessa forma, a função consumo (C = Ca + cYd) não nasce na origem dos eixos. Perceba que se a renda fosse zero, mesmo assim, o consumo não seria zero, ou seja, seria igual a Ca. Se fosse uma função de longo prazo, aí sim, a função consumo nasceria na origem dos eixos, já que, o consumo autônomo é igual a zero. A alternativa "D" está incorreta. O modelo Keynesiano pressupõe preços rígidos. Logo, não há inflação e o crescimento do produto depende do aumento da demanda. A alternativa "E" está incorreta.

65. "e".
Sabendo que:
Y = C + I + G + (X – M)
Y = 1000 + 0,8 Yd + 500 + 350 + (100)
Y = 1000 + 0,8 (Y – T) + 500 + 350 + (100)
Y = 1950 + 0,8 (Y – 0,125Y)
Y = 1950 + 0,8 (0,875 Y)
Y = 1950 + 0,7 Y   0,3 Y = 1950   Y = 6500

66. "a". Dada a função C = 300 + 0,25 Yd
Acha-se a função Poupança: S = -300 + 0,75 Y_d
Dada a Y_d = 2500
Então a Poupança será: S = –300 + 0,75 × 2500
S = 1575

67. "d". A Macroeconomia estuda os agregados econômicos como consumo agregado, investimento agregado, renda agregada, produto agregado, nível de emprego. O item "I" está correto.
A propensão marginal a consumir (c) = Variação do Consumo em relação a variação da Renda. O item "II" está correto.
A variação do consumo em relação a variação da renda é chamada de Propensão marginal a consumir (c). O item III está incorreto.

68. "e". O Investimento do governo (Igov) somado ao Investimento privado (Ipriv) é igual a poupança privada (Spriv) somada à poupança do governo (Sgov) somada à poupança externa (Sext).
Igov + Ipriv = Spriv + Sgov + Sext
Isolando o Investimento e a poupança do governo, tem-se:
Igov – Sgov = (Spriv – Ipriv) + Sext
A diferença entre o Investimento do governo e a poupança do governo é denominado déficit público (DP)
D.P = (Spriv – Ipriv) + Sext
Logo, o DP é a diferença entre o Investimento do governo e a poupança do governo ou o DP é a diferença entre a poupança e o investimento privado somado a poupança externa.

69. "a".
PIB = C + I + G + X – M

Onde:
I (Investimento) = FLCF(formação líquida de capital fixo) + Depr (depreciação) + ΔEst (Variação de Estoques)

Considerando ΔEst = 0, tem-se:
I = FLCF + Depr
I = 300 + Depr

Logo:
2000 = 1500+ 300 + Depr + 500 – 400

$$\frac{Depr}{PIB} = \frac{100}{2.000} = 0,05 = 5\%$$

A alternativa "a" está correta.
Como a poupança total é igual ao Investimento total, então:
I = FLCF + Depr
I = 300 + 100 = 400

Então: S = 400. A alternativa "b" está incorreta.
Um superávit comercial implica que X > M, mas, não necessariamente isso implica que a demanda agregada seja maior que a oferta agregada. A alternativa "c" está incorreta.
Os investimentos da economia são financiados pela poupança interna (que corresponde a poupança do setor privado e do governo) e a poupança externa. A alternativa "d" está incorreta.
As exportações líquidas representam a diferença entre as exportações e as importações de bens e serviços não fatores. A renda líquida enviada ao exterior representa a diferença entre a renda enviada e a renda recebida do exterior, ou seja, a diferença entre a remuneração de serviços fatores enviados e recebidos do exterior. A alternativa "e" está incorreta.

70. "b".
PIB = C + I + G
Y = 200 + 0,6 (Y – T) + 150 + 150
Y = 500 + 0,6 (Y – 100)
Y = 500 + 0,6 Y – 60
0,4 Y = 440
Y = 1100

71. "c".
Y = C + I + G + X – Q
Y = 100 + 0,4 (Y – T) + 200 + 0,2Y – 1000i + 50 + 100 + 0,01 Y* + 50 ε – (0,1Y – 40 ε)
Y = 100 +0,4 (Y – 50) + 200 + 0,2Y – 1000 · 0,03 + 50 + 100 + 0,01 × 9000 + 50 –(0,1Y – 40)
Y = 100 + 0,4Y – 20 + 200 + 0,2Y – 30 + 50 + 100 + 90 + 50 – 0,1Y + 40
Y = 580 + 0,5Y
0,5Y = 580
Y = 1160

72. "c". A visão tradicional é a visão de curto prazo que afirma que a redução de tributos, estimula o consumo. No capítulo que trata de economia intertemporal, será apresentada uma nova visão da consequência da redução dos tributos no longo prazo.
Quando há uma redução de tributos, a renda disponível aumenta e gera um aumento do consumo. Mas como o governo reduz os tributos, mas, não reduz seus gastos na mesma proporção, já que a questão está afirmando que ele vai se endividar, pode-se afirmar que ele vai gerar uma despoupança. Logo, com uma poupança do governo menor, a poupança nacional diminuirá.

10

MULTIPLICADOR NO MERCADO DE BENS. MULTIPLICADOR KEYNESIANO

■ 10.1. MULTIPLICADOR EM UMA ECONOMIA A DOIS SETORES

Para que se possa entender o que é o Multiplicador Keynesiano, deve-se, primeiro, considerar uma economia a dois setores, ou seja, onde só haja **famílias e empresas**.

Num primeiro momento, considere a seguinte situação: $C_1 = 10 + 0,8Y$ e $I_1 = 20$.

O Produto e a renda de equilíbrio serão:

$Y_1 = C_1 + I_1$
$Y_1 = 10 + 0,8Y_1 + 20$
$Y_1 - 0,8Y_1 = 30$
$0,2Y_1 = 30$
$Y_1 = 150$

Supondo que, num segundo momento, haja uma variação nos investimentos de 10 ($\Delta I = 10$), então:

$C_1 = 10 + 0,8Y$
$I_2 = I_1 + \Delta I$
$I_2 = 20 + 10$
$I_2 = 30$

O Produto e a renda de equilíbrio serão:

$Y_2 = C_1 + I_2$
$Y_2 = 10 + 0,8Y_2 + 30$
$Y_2 = 40 + 0,8Y_2$
$Y_2 - 0,8Y_2 = 40$
$0,2Y_2 = 40$
$Y_2 = 200$

Pode ser observado que, quando houve uma variação de 10 nos investimentos ($\Delta I = 10$), foi gerada uma variação na renda e no Produto de 50 ($Y_1 - Y_2 = 200 - 150$; $\Delta Y = 50$). Portanto: $\Delta I = 10$ levou a $\Delta Y = 50$. Logo, a renda e o Produto da economia aumentaram 5 vezes mais que o investimento, ou seja: $\dfrac{\Delta Y}{\Delta I} = 5$.

À relação $\dfrac{\Delta Y}{\Delta I}$, dá-se o nome de **multiplicador do investimento**.

É possível se perceber que uma variação nos investimentos provocou uma variação superior no nível de renda e produto em decorrência de uma variação provocada no consumo também. Froyen explica esse processo quando diz que "o conceito de multiplicador é essencial na teoria de Keynes, pois explica a forma pela qual os deslocamentos nos investimentos, causados por mudanças nas expectativas das firmas, desencadeiam um processo que causa variações não só nos investimentos mas também no consumo"[1].

Assim, quando o investimento aumenta, provoca uma elevação na renda e no produto. Como o consumo é uma função da renda, ocorre uma elevação no nível de consumo também. Com isso, a renda e o produto se elevam novamente.

Pela Tabela 10.1 *infra*, é possível perceber o mecanismo que faz com que uma variação nos investimentos de 10 provoque uma variação na renda e no produto de 50 e uma variação no consumo de 40.

Observe a **linha 1:** quando o consumo foi de 130 e o investimento de 20, a demanda agregada foi de 150 e o produto de equilíbrio foi de 150.

Na **linha 2**, houve uma variação no investimento no valor de 10, elevando a demanda agregada para 160. Como o produtor não poderia prever esse aumento de demanda, continuará a produzir os mesmos 150, ficando a economia em desequilíbrio.

Na **linha 3**, ocorre uma variação de 10 no produto para atender à demanda que aumentou, mostrada na linha 2. Como o consumo é função da renda e do produto, deverá variar também. Assim, o consumo que era de 130 vai passar a ser de 138 em virtude de uma variação de 8, que corresponde à Propensão marginal a Consumir multiplicada pela variação da renda, ou seja, 0,8 × 10 = 8. Portanto, a demanda agregada passa a ser de 168, mas o produto e a renda são de apenas 160.

Assim, os produtores, para atenderem à nova demanda de 168, passarão a produzir esse valor e, como ocorre um aumento da renda e do produto de 18, o consumo também deve variar. Isso pode ser verificado na **linha 4**. Multiplicando a variação da renda e do produto de 18 pela Propensão marginal a Consumir, que é igual a 0,8, determina-se a variação no consumo de 14,4. O consumo passa a ser, então, de 144,4, elevando a demanda agregada para 174,4 e mantendo a economia em desequilíbrio. A **linha 5** mostra que o produto e a renda deverão se elevar em 24,4 para atender à demanda de 174,4, mostrada na linha 4. Percebe-se que a oferta agregada aumenta para atender à demanda agregada, que também está aumentando.

Esse mecanismo continuará até o ponto em que o consumo tenha aumentado em 40 e o produto e a renda da economia tenham aumentado em 50, o que pode ser verificado na **linha 38**. Nessa situação, a economia apresentará equilíbrio entre a oferta e a demanda agregadas.

---

[1] Richard T. Froyen, *Macroeconomia*, p. 110.

10 ■ Multiplicador no Mercado de Bens. Multiplicador Keynesiano

Tabela 10.1. Demonstração do que ocorre com a renda e o produto da economia quando há uma variação permanente no investimento

LINHA	CONSUMO (C)	C	INVESTIMENTO (I)	I	DEMANDA AGREGADA	OFERTA AGREGADA	PRODUTO OU RENDA (Y)	Y
1	130		20		150	150	150	
2	130		20	10	160	150	150	
3	130	8	20	10	168	160	150	10
4	130	14,40	20	10	174,40	168	150	18
5	130	19,52	20	10	179,52	174,40	150	24,40
6	130	23,62	20	10	183,61	179,52	150	29,52
7	130	26,88	20	10	186,88	183,61	150	33,61
8	130	29,50	20	10	189,50	186,88	150	36,88
9	130	31,60	20	10	191,60	189,50	150	39,50
10	130	33,28	20	10	193,28	191,60	150	41,60
11	130	34,62	20	10	194,62	193,28	150	43,28
12	130	35,70	20	10	195,70	194,62	150	44,62
13	130	36,56	20	10	196,56	195,70	150	45,70
14	130	37,25	20	10	197,25	196,56	150	46,56
15	130	37,80	20	10	197,80	197,25	150	47,25
16	130	38,24	20	10	198,24	197,80	150	47,80
17	130	38,59	20	10	198,59	198,24	150	48,24
18	130	38,87	20	10	198,87	198,59	150	48,59
19	130	39,10	20	10	199,10	198,87	150	48,87
20	130	39,28	20	10	199,28	199,10	150	49,10
21	130	39,42	20	10	199,42	199,28	150	49,28
22	130	39,54	20	10	199,54	199,42	150	49,42
23	130	39,63	20	10	199,63	199,54	150	49,54
24	130	39,70	20	10	199,70	199,63	150	49,63
25	130	39,76	20	10	199,76	199,70	150	49,70
26	130	39,81	20	10	199,81	199,76	150	49,76
27	130	39,85	20	10	199,85	199,81	150	49,81
28	130	39,88	20	10	199,88	199,85	150	49,85
29	130	39,90	20	10	199,90	199,88	150	49,88
30	130	39,92	20	10	199,92	199,90	150	49,90
31	130	39,94	20	10	199,94	199,92	150	49,92
32	130	39,95	20	10	199,95	199,94	150	49,94
33	130	39,96	20	10	199,96	199,95	150	49,95
34	130	39,97	20	10	199,97	199,96	150	49,96
35	130	39,98	20	10	199,98	199,97	150	49,97
36	130	39,99	20	10	199,99	199,98	150	49,98
37	130	40	20	10	200	199,99	150	49,99
38	130	40	20	10	200	200,00	150	50

Logo, uma variação permanente de 10 nos investimentos (ΔI) provocou uma variação de 40 no consumo (ΔC) e uma variação de 50 no nível de renda e produto (ΔY) da economia.

Da mesma maneira que foi determinado o multiplicador do investimento em decorrência de uma variação nos investimentos, é possível determinar o multiplicador do consumo em decorrência de uma variação no consumo. Assim, observe:

Num primeiro momento, considere a seguinte situação: $C_1 = 10 + 0{,}8Y$ e $I_1 = 20$.
O Produto e a renda de equilíbrio serão:

$Y_1 = C_1 + I_1$
$Y_1 = 10 + 0{,}8Y_1 + 20$
$Y_1 - 0{,}8Y_1 = 30$
$0{,}2Y_1 = 30$
$Y_1 = 150$

Supondo que, num segundo momento, haja uma variação no consumo de 10 ($\Delta C = 10$), o novo Produto e a nova renda de equilíbrio serão:

$C_2 = C_1 + \Delta C$
$C_2 = 10 + 0{,}8Y_2 + 10$
$C_2 = 20 + 0{,}8Y_2$ e $I_1 = 20$

O Produto e a renda de equilíbrio serão:

$Y_2 = C_2 + I_1$
$Y_2 = 20 + 0{,}8Y_2 + 20$
$Y_2 = 40 + 0{,}8Y_2$
$Y_2 - 0{,}8Y_2 = 40$
$0{,}2Y_2 = 40$
$Y_2 = 200$

Pode ser observado que, quando houve uma variação de 10 no consumo ($\Delta C = 10$), foi gerada uma variação na renda e no Produto de 50 ($Y_1 - Y_2 = 200 - 150 = 50$). Portanto: $\Delta C = 10$ e $\Delta Y = 50$. Logo, a renda e o Produto da economia aumentaram 5 vezes mais que o consumo, ou seja: $\dfrac{\Delta Y}{\Delta C} = 5$.

À relação $\dfrac{\Delta Y}{\Delta C}$, dá-se o nome de **multiplicador do consumo**.

Para que se possa determinar o multiplicador do investimento e do consumo, podem-se utilizar as seguintes fórmulas:

$$\dfrac{\Delta Y}{\Delta I} = \dfrac{1}{1-c} \quad \text{ou} \quad \dfrac{\Delta Y}{\Delta I} = \dfrac{1}{s} \quad \text{e} \quad \dfrac{\Delta Y}{\Delta C} = \dfrac{1}{1-c} \quad \text{ou} \quad \dfrac{\Delta Y}{\Delta C} = \dfrac{1}{s}$$

Por hipótese, a Propensão marginal a Consumir (c) e a Propensão marginal a Poupar (s) são maiores que "zero" e menores que "um". Assim, as famílias tenderiam a consumir (e poupar) parte do aumento de suas rendas, mas nunca a sua totalidade, nem zero dela. Logo: **$0 < c < 1$ e $0 < s < 1$**.

Substituindo a Propensão marginal a Consumir na fórmula, tem-se:

$$\frac{\Delta Y}{\Delta I} = \frac{1}{1-0,8}$$

$$\frac{\Delta Y}{\Delta I} = 5 \quad \text{e}$$

$$\frac{\Delta Y}{\Delta C} = \frac{1}{1-0,8}$$

$$\frac{\Delta Y}{\Delta C} = 5$$

Blanchard explica como funciona o mecanismo do multiplicador quando afirma: "um aumento de Co aumenta a demanda. O aumento da demanda, então, leva a um aumento na produção. O aumento da produção leva a um aumento equivalente da renda (lembre-se de que as duas são identicamente iguais). O aumento da renda aumenta o consumo, o que aumenta a demanda, e assim por diante"[2]. Blanchard designa Co o que está sendo chamado de Ca ou Consumo autônomo, e no exemplo dado, foi igual a 10.

Mas poderá surgir a seguinte pergunta: Como se determinou a fórmula do multiplicador numa economia fechada e sem governo, ou seja, numa economia a dois setores?

Observe: sabendo-se que Y = C + I ou Y = Ca + cY + I e que uma variação no investimento (ΔI) provoca uma variação na renda e no produto (ΔY) da economia, então:

Y + ΔY = Ca + c (Y + ΔY) + I + ΔI

Y + ΔY = Ca + cY + cΔY + I + ΔI

ΔY = cΔY + ΔI

ΔY – cΔY = ΔI

ΔY (1 – c) = ΔI

$\Delta Y/\Delta I$ = 1/1 – c

Também uma variação do Consumo (ΔC) provoca uma variação na renda e produto (ΔY) da economia, então:

Y + ΔY = Ca + ΔCa + cY + cΔY + I

ΔY = ΔCa + cΔY

ΔY – cΔY = ΔCa

ΔY (1 – c) = ΔCa

$\Delta Y/\Delta C$ = 1/1 – c

Assim, quanto maior for a Propensão marginal a Consumir (c) ou menor a Propensão marginal a Poupar (s), maior será o multiplicador e, portanto, maior a variação no nível de renda e produto em decorrência de uma variação em um dos componentes autônomos agregados. Shapiro corrobora quando afirma que: "Dos dois casos extremos (...) aquele em que a PmgC = 1 e a PmgS = 0 produzirá extrema

---

[2] Olivier Blanchard, *Macroeconomia*, p. 48.

instabilidade na Renda e no Produto, uma vez que qualquer variabilidade nos dispêndios de investimento, de um período para o seguinte, será amplificada por um dispêndio de consumo induzido continuamente crescente. No outro extremo, quando a PmgC = 0 e a PmgS = 1, a instabilidade na Renda e no Produto será muito menor, dado que a variabilidade dos dispêndios de investimentos, de um período para o seguinte, não será maximizada por dispêndios de consumo induzidos"[3].

Também se pode calcular o valor do multiplicador pela determinação do equilíbrio da renda e do produto da economia. Supondo-se que C = 10 + 0,8Y, se houver uma variação nos investimentos, tem-se:

$Y + \Delta Y = Ca + cY + c\Delta Y + I + \Delta I$

$\cancel{Y} + \Delta Y = \cancel{Ca + cY} + 0,8\Delta Y + \cancel{I} + \Delta I$

$\Delta Y - 0,8\Delta Y = \Delta I$

$\Delta Y =$ **1/0,2** ΔI

$\Delta Y/\Delta I = 5$

■ 10.2. MULTIPLICADOR EM UMA ECONOMIA ABERTA E COM GOVERNO

Supondo, agora, uma **economia aberta e com governo**, a determinação da renda e do produto da economia deverá incluir as variações, se houver, dos gastos do governo (G), da tributação autônoma (Ta), das transferências (R), das exportações (Xa) e das importações autônomas (Ma).

Tomando como base os dados do capítulo anterior, tem-se o equilíbrio da economia, antes de qualquer uma das variações supracitadas, igual a 220. As funções tinham as seguintes características:

C = 10 + 0,8Yd

I = 20

G = 50

X = 40

M = 10 + 0,1Y

Tg = 20 + 0,25Y

R = 20

O equilíbrio ocorre quando: **Y = 220 (I)**.

a) Caso haja uma **variação do consumo autônomo** em +10, tudo mais permanecendo constante, o equilíbrio da renda e do Produto será:

Y = C + I + G + X − M

Y = **(10 + 10)** + 0,8Yd + 20 + 50 + 40 − (10 + 0,1Y)

0,5Y = 120

Y = 240 **(II)**

(II) − (I) = 40

Se ΔC = 10 → ΔY = 20

---

[3] Edward Shapiro, *Análise macroeconômica*, p. 197.

Logo, uma variação no consumo de 10 provocou uma variação da renda e do produto da economia de 20.

b) Caso haja uma **variação do investimento** em +10, tudo mais permanecendo constante, o equilíbrio da renda e do Produto será:

Y = C + I + G + X − M
Y = 10 + 0,8Yd + **(20 + 10)** + 50 + 40 − (10 + 0,1Y)
0,5Y = 120
Y = 240 **(III)**
(III) − (I) = 20
Se ΔI = 10 → ΔY = 20

Logo, uma variação no investimento de 10 provocou uma variação da renda e do produto da economia de 20.

c) Caso haja uma **variação dos gastos do governo** de +10, tudo mais permanecendo constante, o equilíbrio da renda e do Produto será:

Y = C + I + G + X − M
Y = 10 + 0,8Yd + 20 + **(50 + 10)** + 40 − (10 + 0,1Y)
0,5Y = 120
Y = 240 **(IV)**
IV − I = 20
Se ΔG = 10 → ΔY = 20

Logo, uma variação nos gastos do governo de 10 provocou uma variação da renda e do produto da economia de 20.

d) Caso haja uma **variação das exportações** de +10, tudo mais permanecendo constante, o equilíbrio da renda e do Produto será:

Y = C + I + G + X − M
Y = 10 + 0,8Yd + 20 + 50 + **(40 + 10)** − (10 + 0,1Y)
0,5Y = 120
Y = 240 **(V)**
(V) − (I) = 20
Se ΔX = 10 → ΔY = 20

Logo, uma variação na exportação de 10 provocou uma variação da renda e do produto da economia de 20.

e) Caso haja uma **variação das importações** de +10, tudo mais permanecendo constante, o equilíbrio da renda e do Produto será:

Y = C + I + G + X − M
Y = 10 + 0,8 Yd + 20 + 50 + 40 − **(10 + 10** + 0,1Y)
0,5Y = 100
Y = 200 **(VI)**
(VI) − (I) = −20
Se ΔM = 10 → ΔY = −20

Aqui cabe uma observação importante. Para que se verifique de fato uma redução no nível de produto e renda da economia com um aumento nas importações, deve-se considerar que os agentes econômicos deverão reduzir seu consumo por bens nacionais e aumentar seu consumo por bens importados.

Mas, se o aumento das importações não for acompanhado por uma redução no consumo dos produtos nacionais, o produto não se reduzirá. Isso se dá porque, na identidade macroeconômica $Y = C + I + G + X - M$, a importação aparece com sinal negativo para anular os produtos importados que estão compondo o consumo, o investimento, os gastos do governo e as exportações, que trazem consigo componentes ou mesmo uma totalidade de produtos importados. Sendo assim, um aumento de produtos importados entraria no cálculo do PIB (Y) subtraindo-se por meio de M, mas entraria somando-se por meio de C, I, G e/ou X, o que anularia o seu efeito sobre o produto.

Ainda poderia se pensar em uma terceira situação, que seria um aumento das importações elevar o produto da economia. Isso ocorreria se esse aumento das importações se desse em decorrência de um aumento pela demanda de insumos importados que comporia o Produto Interno. Assim, um aumento dos insumos importados estimularia o aumento da produção.

Mas, para análise do multiplicador, o primeiro impacto a se pensar será aquele em que um aumento da importação reduz o produto da economia.

f) Caso haja uma **variação das transferências** de + 10, tudo mais permanecendo constante, o equilíbrio da renda e do Produto será:

$Y = C + I + G + X - M$
$Y = 10 + 0,8 \{Y - [Tg - (R + \Delta R)]\} + 20 + 50 + 40 - (10 + 0,1Y)$
$Y = 10 + 0,8 \{Y - [20 + 0,25Y - \mathbf{(20 + 10)}]\} + 20 + 50 + 40 - (10 + 0,1Y)$
$Y = 10 + 0,8 \{Y - [20 + 0,25Y - 30]\} + 110 - 10 - 0,1Y$
$Y = 10 + 0,8 \{Y - 0,25Y + 10\} + 100 - 0,1Y$
$Y = 10 + 0,8 \{0,75Y + 15\} + 100 - 0,1Y$
$Y = 10 + 0,6Y + 8 + 100 - 0,1Y$
$Y - 0,5Y = 118$
$0,5Y = 118$
$Y = 236$ **(VII)**
(VII) − (I) = 16
Se $\Delta R = 10 \rightarrow \Delta Y = 16$

g) Caso haja uma **variação dos tributos** em +10, tudo mais permanecendo constante, o equilíbrio da renda e do Produto será:

$Y = C + I + G + X - M$
$Y = 10 + 0,8 [Y - (Tg + \Delta T - R)] + 20 + 50 + 40 - (10 + 0,1Y)$
$Y = 10 + 0,8 [Y - (\mathbf{20 + 0,25Y + 10} - 20)] + 20 + 50 + 40 - (10 + 0,1Y)$
$Y = 10 + 0,8 [Y - (20 + 0,25Y + 10)] + 110 - 10 - 0,1Y$
$Y = 10 + 0,8 [Y - 0,25Y - 10] + 100 - 0,1Y$

$Y = 10 + 0,8 [0,75Y - 10] + 100 - 0,1Y$

$Y = 10 + 0,6Y - 8 + 100 - 0,1Y$

$Y - 0,5Y = 102$

$0,5Y = 102$

$Y = 204$ **(VIII)**

$(VIII) - (I) = -16$

ΔT = 10 → ΔY = –16

Conclusão: quando se aumenta em 10 qualquer uma das variáveis autônomas agregadas, observa-se que a variação da renda terá os seguintes comportamentos:

ΔC = 10 → ΔY = 20
ΔI = 10 → ΔY = 20
ΔG = 10 → ΔY = 20
ΔX = 10 → ΔY = 20
ΔM = 10 → ΔY = –20
ΔR = 10 → ΔY = 16
ΔT = 10 → ΔY = –16

Para se saber quantas vezes o nível de renda variou mais que o componente autônomo considerado, divide-se cada variação de renda e Produto pela variação do componente autônomo agregado:

ΔY/ΔC = 20/10 = 2
ΔY/ΔI = 20/10 = 2
ΔY/ΔG = 20/10 = 2
ΔY/ΔX = 20/10 = 2
ΔY/ΔM = –20/10 = –2
ΔY/ΔR = 16/10 = 1,6
ΔY/ΔT = –16/10 = –1,6

À relação entre a variação da renda e de um dos componentes autônomos, dá-se o nome de **multiplicador**.

O que se observa é que os multiplicadores do consumo, do investimento, dos gastos do governo e da exportação são iguais.

O multiplicador das importações é o oposto aos anteriormente citados.

Os multiplicadores das transferências e dos tributos são iguais com sinais opostos. E são menores, em valores absolutos, que os demais.

Observa-se, portanto, que o efeito sobre o Produto da economia quando o governo gasta é diferente de quando ele tributa, ou seja, se quiser aumentar o gasto em 10 sem alterar o nível de renda e Produto anterior, terá que aumentar o tributo em mais que 10. Froyen corrobora: "como o multiplicador dos impostos é menor, o corte apropriado dos impostos precisaria ser maior que o aumento necessário nos gastos para gerar os mesmos efeitos finais"[4].

---

[4] Richard T. Froyen, *Macroeconomia*, p. 115.

Se o governo quiser transferir 10 sem alterar o nível de renda e Produto da economia, terá que tributar os mesmos 10, já que o efeito multiplicador dos tributos e das transferências são iguais em valores absolutos.

Se as importações aumentarem em 10 e as exportações aumentarem na mesma proporção, o nível de renda e Produto não se altera, já que o efeito multiplicador de ambos se anula (porque são opostos).

Por meio dessa análise e de outras que poderão ser feitas, é possível se perceber as consequências para a economia quando um dos componentes autônomos estudados é alterado.

Para se determinar o multiplicador em uma economia aberta e com governo, quando o consumo, o tributo e a importação são função da renda, podem-se utilizar as seguintes fórmulas, onde c = Propensão marginal a Consumir; t = Propensão marginal a Tributar; e m = Propensão marginal a Importar:

Multiplicador do consumo = $\Delta Y/\Delta C = 1/[1 - c(1 - t) + m]$
Multiplicador do investimento = $\Delta Y/\Delta I = 1/[1 - c(1 - t) + m]$
Multiplicador dos gastos do governo = $\Delta Y/\Delta G = 1/[1 - c(1 - t) + m]$
Multiplicador das exportações = $\Delta Y/\Delta X = 1/[1 - c(1 - t) + m]$
Multiplicador das importações = $\Delta Y/\Delta M = -1/[1 - c(1 - t) + m]$
Multiplicador das transferências = $\Delta Y/\Delta R = c/[1 - c(1 - t) + m]$
Multiplicador dos tributos = $\Delta Y/\Delta T = -c/[1 - c(1 - t) + m]$

Se for comparado o multiplicador de uma economia aberta e o multiplicador de uma economia fechada, é possível se perceber que, no segundo caso, o multiplicador é maior. Veja o exemplo a seguir:

Propensão marginal a Consumir = PmgC = 0,8
Propensão marginal a Tributar = PmgT = 0,25
Propensão marginal a Importar = PmgM = 0,1
O multiplicador Keynesiano de uma economia fechada é:
Mult = 1/1 − c (1 − t)
Mult = 1/1 − 0,8 (1 − 0,25)
Mult = 1/0,4
Mult = 2,5
O multiplicador Keynesiano de uma economia aberta é:
Mult = 1/1 − c (1 − t) + m
Mult = 1/1 − 0,8 (1 − 0,25) + 0,1
Mult = 2

Assim, quanto mais **aberta** for uma economia, menor tende a ser o multiplicador de seus componentes autônomos.

■ 10.3. QUANDO UTILIZAR AS FÓRMULAS TRADICIONAIS DOS MULTIPLICADORES

Embora essas sejam as fórmulas mais usuais para o multiplicador, podem ocorrer modificações. Quando usar as fórmulas mencionadas?

1) O primeiro passo é verificar se, na questão que pede o valor do multiplicador, são fornecidos os valores das PmgC (c), PmgT (t) e PmgM (m), além de certificar-se de que não há mais nenhum componente como função da renda. Caso isso seja verificado, podem ser usadas as fórmulas dos multiplicadores estudadas.

2) Caso o problema não considere a função tributação e/ou importação como função da renda, não há problema. Considere PmgT = 0 e/ou PmgM = 0. Certifique-se também de que não haja outro componente agregado como função da renda além das citadas.

3) Caso a economia seja fechada, ou seja, m = 0, e não haja governo, ou seja, t = 0 e o investimento seja considerado uma função da renda (I = Ia + iY), então, no denominador de cada uma das fórmulas dos multiplicadores, acrescenta-se a subtração da Propensão marginal a Investir (i), ou seja:

Multiplicador Keynesiano = $1/[1 - c(1 - t) + m - i]$

4) Caso o problema considere, além do consumo, da tributação e da importação, outros agregados como função da renda, a fórmula do multiplicador muda. Por exemplo, suponha que o investimento (I = Ia + iY) e as transferências (R = Ra + rY) também sejam função da renda, então a fórmula do multiplicador seria:

Multiplicador = $1/1 - c(1 - t + r) - i + m$

Onde: c = PmgC = Propensão marginal a Consumir; t = PmgT = Propensão marginal a Tributar; r = PmgR = Propensão marginal a Transferir; i = PmgI = Propensão marginal a Investir; e m = PmgM = Propensão marginal a Importar.

Embora não seja usual se exigir o multiplicador com a complexidade dessa fórmula, é importante se conhecer todos os possíveis desdobramentos derivados dela.

5) Caso o multiplicador seja de uma economia fechada e sem governo e a única função da renda seja o consumo, ele se resumirá a:

Multiplicador Keynesiano = $1/1 - c$

Observe um exemplo e a determinação do Multiplicador Keynesiano, considerando as seguintes funções:

$C = 10 + 0,8Yd$

$I = 5 + 0,25Y$

$G = 50$

$X = 60$

$M = 20 + 0,1Y$

$Tg = 10 + 0,3Y$

$R = 5 + 0,05Y$

Qual o Multiplicador Keynesiano? Mult = $1/1 - c(1 - t + r) - i + m$

Onde: PmgC = c = 0,80; PmgT = t = 0,30; PmgR = r = 0,05; PmgI = i = 0,25; e PmgM = m = 0,1

Mult = $1/1 - 0,8(1 - 0,30 + 0,05) - 0,25 + 0,1$

Mult = $1/1 - (0,8 \times 0,75) - 0,25 + 0,1$

Mult = $1/0,25$

Mult = 4

Como a fórmula do Multiplicador Keynesiano pode se alterar dependendo das informações fornecidas, é possível se determinar o valor do Multiplicador Keynesiano pelo cálculo do Produto e da renda de equilíbrio. Por exemplo:

C = 10 + 0,8Yd
I = 10 + 0,1Y
G = 20
Tg = 10 + 0,25Y
R = 10
X = 30
M = 30 + 0,1Y

Determinando primeiro pela fórmula, tem-se:

Multiplicador Keynesiano = 1/1 − c (1 − t) + m − i
Multiplicador Keynesiano = 1/1 − 0,8 (1 − 0,25) + 0,1 − 0,1
Multiplicador Keynesiano = 1/0,4
Multiplicador Keynesiano = 2,5

Onde:
c = Propensão marginal a consumir
t = Propensão marginal a tributar
m = Propensão marginal a importar
i = Propensão marginal a investir

Observe, no item a seguir, a determinação do Multiplicador Keynesiano por meio do desenvolvimento do equilíbrio no mercado de bens.

10.4. DETERMINAÇÃO DO MULTIPLICADOR SEM O USO DAS FÓRMULAS TRADICIONAIS

Supondo que o leitor não se lembre da fórmula do Multiplicador Keynesiano, quando for determinar a renda e o Produto de equilíbrio, deve desenvolvê-la até que o último cálculo seja feito. Observe:

Y = C + I + G + X − M
Y = 10 + 0,8Yd + 10 + 0,1Y + 20 + 30 − (30 + 0,1Y)
Y = 40 + 0,8Yd + 0,1Y − 0,1Y
Y = 40 + 0,8Yd
Como: Yd = Y − T e T = Tg − R, então:
T = 10 + 0,25Y − 10
T = 0,25Y
Yd = Y − 0,25Y
Yd = 0,75Y
Y = 40 + 0,8 (0,75Y)
Y = 40 + 0,6Y
Y − 0,6Y = 40

$0,4Y = 40$

$Y = \dfrac{1}{\mathbf{0,4}} \times 40$

$Y = \mathbf{2,5} \times 40$

Observe que o valor a ser multiplicado por 40 é o valor do Multiplicador Keynesiano, ou seja, **2,5**.

10.5. MULTIPLICADOR DO ORÇAMENTO EQUILIBRADO — MULTIPLICADOR DE HAAVELMO

Quando o governo altera seu gasto na mesma intensidade em que altera seus tributos, a renda e o Produto da economia variam também na mesma intensidade[5]. A isso dá-se o nome de multiplicador do orçamento equilibrado ou multiplicador de Haavelmo.

Por exemplo: se $\Delta G = 10$ e $\Delta T = 10$, então $\Delta Y = 10$.

Dado: PmgC = c = 0,8, então:

Multiplicador dos gastos = 1/1 – c

$\dfrac{\Delta Y}{\Delta G} = \dfrac{1}{1-0,8}$

$\Delta Y/\Delta G = 5$; se $\Delta G = 10$, então:

$\Delta Y/10 = 5$

$\Delta Y = 50$

Conjuntamente, então:

Multiplicador dos tributos = –c/1 – c

$\dfrac{\Delta Y}{\Delta T} = \dfrac{-0,8}{1-0,8}$

$\Delta Y/\Delta T = -4$; se $\Delta T = 10$, então:

$\Delta Y/10 = -4$

$\Delta Y = -40$

$\Delta Y_{TOTAL} = 50 + (-40)$

$\Delta Y_{TOTAL} = 10$

Ocorrendo $\Delta G = 10$ e $\Delta T = 10$, há $\Delta Y = 10$

Portanto: somando a ΔY em decorrência de ΔG de 10 que totaliza 50 com ΔY em decorrência ΔT de 10, que totaliza –40 obtém-se ΔY total de 10.

Para tanto, considera-se apenas o Consumo como função da renda de tal maneira que o multiplicador Keynesiano é igual a 1/ 1-c.

Assim afirma Froyen: "O multiplicador dos impostos é, em valor absoluto, igual a um menos o multiplicador dos gastos do governo (...) o aumento de uma unidade

---

[5] Considerando um modelo linear em que o consumo é função linear da renda e os demais componentes agregados são autônomos.

monetária nos gastos do governo financiado pelo aumento de mesmo valor nos impostos, aumenta a renda de equilíbrio em apenas uma unidade monetária. Esse resultado, denominado multiplicador do orçamento equilibrado, reflete o fato de que as mudanças nos impostos têm um impacto menor sobre a renda de equilíbrio, por unidade monetária, do que as mudanças nos gastos"[6].

Portanto, o multiplicador do orçamento equilibrado é igual a "um".

■ 10.6. DEDUÇÃO DO MULTIPLICADOR KEYNESIANO

Considerando apenas as funções Consumo (C), Tributação (Tg) e Importação (M) como funções da Renda, tem-se:

$C = Ca + cYd$

$I = Ia$

$G = Ga$

$X = Xa$

$M = Ma + mY$

$Tg = Ta + tY$

$R = Ra$

No equilíbrio, tem-se:

$Y = C + I + G + X - M$

$Y = Ca + cYd + Ia + Ga + Xa - (Ma + mY)$

$Y = Ca + c(Y - T) + Ia + Ga + Xa - (Ma + mY)$

$Y = Ca + c(Y - (Tg - R)) + Ia + Ga + Xa - (Ma + mY)$

$Y = Ca + c(Y - (Ta + tY - Ra)) + Ia + Ga + Xa - (Ma + mY)$

$Y = Ca + cY - cTa - ctY + cRa + Ia + Ga + Xa - Ma - mY$

$Y - cY + ctY + mY = Ca - cTa + cRa + Ia + Ga + Xa - Ma$

$Y(1 - c + ct + m) = Ca - cTa + cRa + Ia + Ga + Xa - Ma$

Qualquer variação em um dos componentes autônomos agregados (ΔCa, ΔIa, ΔGa, ΔXa, ΔMa, ΔTa, ΔRa) levará à variação do nível de renda e Produto de equilíbrio da economia (ΔY). Logo:

$\Delta Y(1 - c + ct + m) = \Delta Ca - c\Delta Ta + c\Delta Ra + \Delta Ia + \Delta Ga + \Delta Xa - \Delta Ma$

$\Delta Y = \dfrac{1}{1 - c + ct + m}(\Delta Ca - c\Delta Ta + c\Delta Ra + \Delta Ia + \Delta Ga + \Delta Xa - \Delta Ma)$

$\Delta Y = \dfrac{1}{1 - c(1 - t) + m}(\Delta Ca - c\Delta Ta + c\Delta Ra + \Delta Ia + \Delta Ga + \Delta Xa - \Delta Ma)$

Onde: $\dfrac{1}{1 - c(1 - t) + m}$ **é o Multiplicador Keynesiano**.

Supondo uma ΔCa, tudo mais permanecendo constante, então:

---

[6] Richard T. Froyen, *Macroeconomia*, p. 113.

$$\Delta Y = \frac{1}{1-c(1-t)+m} \times \Delta Ca \rightarrow \frac{\Delta Y}{\Delta Ca} = \frac{1}{1-c(1-t)+m} \quad \text{é o multiplicador do consumo.}$$

Supondo uma ΔIa, tudo mais permanecendo constante, então:

$$\Delta Y = \frac{1}{1-c(1-t)+m} \times \Delta Ia \rightarrow \frac{\Delta Y}{\Delta Ia} = \frac{1}{1-c(1-t)+m} \quad \text{é o multiplicador do investimento.}$$

Supondo uma ΔGa, tudo mais permanecendo constante, então:

$$\Delta Y = \frac{1}{1-c(1-t)+m} \times \Delta Ga \rightarrow \frac{\Delta Y}{\Delta Ga} = \frac{1}{1-c(1-t)+m} \quad \text{é o multiplicador dos gastos do governo.}$$

Supondo uma ΔXa, tudo mais permanecendo constante, então:

$$\Delta Y = \frac{1}{1-c(1-t)+m} \times \Delta Xa \rightarrow \frac{\Delta Y}{\Delta Xa} = \frac{1}{1-c(1-t)+m} \quad \text{é o multiplicador da exportação.}$$

Supondo uma ΔMa, tudo mais permanecendo constante, então:

$$\Delta Y = \frac{-1}{1-c(1-t)+m} \times \Delta Ma \rightarrow \frac{\Delta Y}{\Delta Ma} = \frac{-1}{1-c(1-t)+m} \quad \text{é o multiplicador da importação.}$$

Supondo uma ΔTa, tudo mais permanecendo constante, então:

$$\Delta Y = \frac{-c}{1-c(1-t)+m} \times \Delta Ta \rightarrow \frac{\Delta Y}{\Delta Ta} = \frac{-c}{1-c(1-t)+m} \quad \text{é o multiplicador da tributação.}$$

Supondo uma ΔRa, tudo mais permanecendo constante, então:

$$\Delta Y = \frac{c}{1-c(1-t)+m} \times \Delta Ra \rightarrow \frac{\Delta Y}{\Delta Ra} = \frac{c}{1-c(1-t)+m} \quad \text{é o multiplicador das transferências.}$$

10.7. QUESTÕES

1. (IBGE — VUNESP — 1999) Pela teoria do multiplicador, sendo a propensão marginal a consumir, de 75%, e havendo aumento dos gastos autônomos de $ 10.000.000, a renda da economia aumentará em:
 a) $ 70.000.000
 b) $ 25.000.000
 c) $ 55.000.000
 d) $ 20.000.000
 e) $ 40.000.000

2. (ICMS/SP — FCC — 2006) Suponha que, numa economia fechada, o comportamento do setor de bens e serviços possa ser descrito pelas seguintes equações do modelo keynesiano simples:
C = 100 + 0,8Yd
I = 250 + 0,15Y
G = 300
T = 50 + 0,25Y
Onde: C = consumo de bens e serviços; Y = renda; Yd = renda disponível; G = gastos do governo; e T = tributação.
Nessa economia:

a) O multiplicador dos gastos do governo é igual a 4.
b) O nível de renda de equilíbrio é 2.400.
c) O governo tem um superávit de 350 no nível de renda de equilíbrio.
d) O multiplicador da tributação é igual a 4.
e) Os investimentos apresentam certa elasticidade em relação à taxa de juros real.

3. (Provão do MEC — 2000) Segundo o modelo keynesiano simplificado (economia fechada com governo), o multiplicador do investimento será tão mais elevado quanto:
   a) maior o consumo autônomo.
   b) maior o salário real.
   c) maior a propensão marginal a consumir.
   d) maior a propensão marginal a poupar.
   e) menor a taxa de juros.

4. (Analista do MPU — Área Pericial — Especialidade Economia — 2004) Com relação ao conceito do multiplicador da renda, é correto afirmar que
   a) Quanto maior a propensão marginal a consumir, maior tenderá ser o valor do multiplicador.
   b) O valor do multiplicador não pode ser maior do que 2.
   c) O valor do multiplicador não pode ser maior do que 10.
   d) O valor do multiplicador para uma economia fechada tende a ser menor do que para uma economia aberta.
   e) O valor do multiplicador pode ser negativo.

5. (Provão de Economia — 1999) Dada a função consumo C = cY, onde C é o Consumo e Y, a Renda, o coeficiente c _____, e o multiplicador é _____.
   a) é maior do que 1 – menor do que 1.
   b) é maior do que 1 – maior do que 1.
   c) é maior do que 1 – igual a 1.
   d) varia entre 0 e 1 – menor do que 1.
   e) varia entre 0 e 1 – maior do que 1.

6. (Provão do MEC — 2003) Uma economia na qual vigora o modelo keynesiano simplificado, a demanda agregada (DA) é dada pela soma dos gastos em Consumo (C) e Investimento (I) do setor privado e do Governo (G). Caso o governo decida reduzir seus gastos, pode-se afirmar que o Produto Nacional
   a) Sofrerá uma elevação mais do que proporcional.
   b) Sofrerá uma elevação de mesma magnitude.
   c) Sofrerá uma redução de mesma magnitude.
   d) Sofrerá uma redução mais do que proporcional.
   e) Não sofrerá variação.

7. (MPE/AM — FGV — 2002) A variação no Produto Nacional de uma economia fechada, sem o setor governo, num certo período de tempo, em razão da elevação de $ 800 mil no agregado Investimento, sabendo-se que a propensão marginal a consumir equivale a 75%, corresponde a:
   a) $ 200 mil
   b) $ 250 mil
   c) $ 600 mil
   d) $ 2.400 mil
   e) $ 3.200 mil

8. (MPE/AM – FGV – 2002) Para restringir o nível de demanda global da economia, com o objetivo de alcançar o equilíbrio a pleno emprego, o Governo adota as seguintes medidas de política fiscal em relação à carga tributária e despesas governamentais, respectivamente:
   a) Expansão; expansão, no mesmo montante.
   b) Expansão; expansão, em montantes diferentes.
   c) Redução; redução, no mesmo montante.
   d) Redução; redução, em montantes diferentes.
   e) Redução; expansão, no mesmo montante.

9. (ANPEC – CEBRASPE – 2005) Considere o modelo Keynesiano básico para uma economia fechada e sem governo. Sabendo-se que, a partir de uma posição de equilíbrio, um aumento de 100 reais no investimento provoca um aumento de 500 reais no PIB, julgue as assertivas e assinale a alternativa correta:
   I. A propensão média a poupar é 0,2.
   II. O aumento de consumo gerado pelo aumento do investimento é de 400 reais e a propensão média a consumir é 0,8.
   III. Tendo o consumo sido de 400 reais, o multiplicador Keynesiano é 5.
   IV. Supondo que haja governo e que o orçamento seja mantido em equilíbrio, um aumento de 100 reais nos gastos públicos provocará um aumento de 100 reais no PIB.
   a) Apenas I e II são verdadeiras
   b) Apenas II e III são verdadeiras
   c) Apenas I e III são corretas
   d) Apenas II e IV são corretas
   e) Apenas III e IV são corretas

10. (STN – AFC – 2005) Considere o seguinte modelo keynesiano:
Y = C + Ia + G
C = a + bY
Onde 0 < b < 1;
Y = produto agregado;
C = consumo agregado; "a" uma constante positiva;
Ia = investimentos autônomos; e
G = gastos do governo.
Com base neste modelo, é incorreto afirmar que:
   a) $Y = \Delta/(1 - b)$, onde $\Delta = (Ia + G)/a$
   b) $\Delta Y/\Delta G = \Delta Y/\Delta a$
   c) Dado que 0 < b < 1, o multiplicador keynesiano é maior do que 1
   d) Um aumento do consumo autônomo aumenta o nível do Produto
   e) $\Delta Y/\Delta G = \Delta Y/\Delta Ia$

11. (Economista – CEDAE – CEPERJ – 2009) Os dados abaixo referem-se à uma economia fechada e sem governo
$C = C_0 + c(Y_D)$
$I = I_0$
$G = G_0$
$T = tY$
Considere C = consumo das famílias; I = investimento das empresas; G = gastos do governo; T = tributos; t = alíquota de imposto; Y_D = renda disponível; C_0 = consumo autônomo; I_0 = investimento autônomo; G_0 = gastos autônomos; e c = Propensão marginal a Consumir.

O multiplicador dos gastos autônomos nessa economia é representado por:
a) $1/[1 - c(1 - t)]$
b) $1/[1 - c]$
c) $1/(1 - t)$
d) $1/[1 - c(1 - t) + m]$
e) $C_0 + I_0 + G_0$

12. (Câmara Municipal de São Paulo — VUNESP — 2007) Em um modelo keynesiano simples, para uma economia fechada, a propensão marginal a consumir é 0,8 e a carga tributária é 25%. Um aumento dos gastos do governo em 100 unidades monetárias levará a um aumento na renda de
a) 100 unidades monetárias.
b) 75 unidades monetárias.
c) 500 unidades monetárias.
d) 250 unidades monetárias.
e) 200 unidades monetárias.

13. (ANPEC — CEBRASPE — 2000) Julgue os itens abaixo:
a) Uma variação autônoma do consumo gera, *ceteris paribus*, impacto sobre a renda inferior àquele decorrente de uma variação de mesmo montante no investimento.
b) Uma queda no investimento privado leva, *ceteris paribus*, a um aumento no déficit orçamentário.
c) Um aumento do investimento determina idêntico aumento da poupança privada, mesmo que ocorra simultaneamente uma redução do gasto governamental.
d) O multiplicador de gastos será menor em uma economia aberta do que em uma economia fechada, independentemente de a economia apresentar superávit ou déficit comercial.
e) Se o governo aumentar os seus gastos e simultaneamente fizer uma redução das transferências na mesma magnitude, o nível de Produto não se altera.

14. (Agente de Polícia Federal — UNS — CEBRASPE — 2004) As interações entre governo e mercados privados e os problemas macroeconômicos são temas relevantes para a ciência econômica. A esse respeito, julgue os itens a seguir.
a) O efeito das despesas públicas sobre a atividade econômica varia com as modificações na estrutura funcional dos gastos.
b) Quando ocorre, simultaneamente, aumento dos impostos e das importações, o multiplicador keynesiano se eleva, contribuindo, assim, para a expansão do nível de equilíbrio do Produto.

15. (EPE — Economia de energia — CESGRANRIO — 2006) Supondo que a propensão marginal a consumir de uma economia seja igual a 1, o multiplicador dos gastos autônomos será igual a:
a) 0
b) ∞
c) 1
d) –∞
e) 100

16. (ANPEC — 2010) Julgue as seguintes afirmativas:
a) Certo país mantém o saldo em transações correntes sempre igual a zero. Entre os anos 1 e 2, os gastos de consumo e investimento do governo aumentaram, enquanto os

gastos privados de consumo e investimento se mantiveram constantes. Logo, podemos concluir que o PIB necessariamente aumentou;
b) Entre os anos 1 e 2, a poupança do setor privado se manteve constante e a poupança do governo diminuiu, mas o investimento bruto aumentou. Logo, podemos concluir que o saldo em transações correntes necessariamente diminuiu;
c) O pagamento de maiores salários aos servidores públicos e o aumento das transferências de assistência social, como o Bolsa Família, têm impacto semelhante sobre o consumo do governo, nas contas nacionais;
d) O PIB, a preços correntes, foi de $200 no ano 1 e de $246 no ano 2; a preços do ano anterior, o PIB do ano 2 foi de $205. Logo, conclui-se que a variação do deflator do PIB, entre os anos 1 e 2, foi de 23%;
e) No caso de uma economia aberta e sem governo, a diferença entre o produto interno bruto e a renda nacional líquida é a renda líquida enviada para o exterior mais depreciações.

17. (Auditor-Fiscal/BA — FCC — julho/2004) Numa economia fechada, cujo comportamento possa ser descrito pelo modelo keynesiano simples, o multiplicador é 4 (quatro). Para fechar um hiato deflacionário de 60 bilhões de unidades monetárias (u.m.) e, consequentemente, a economia alcançar o pleno emprego, é necessário:
   a) o aumento da tributação em 15 bilhões de u.m.
   b) a redução dos gastos do governo em 10 bilhões de u.m.
   c) o aumento dos investimentos autônomos em 60 bilhões de u.m.
   d) a redução dos investimentos autônomos em 10 bilhões de u.m.
   e) o aumento dos gastos do governo em 15 bilhões de u.m.

18. (Companhia Estadual de Água e Esgoto do Rio de Janeiro — CEDAE — CEPERJ — 2009) Considerando-se uma economia fechada e sem governo, em que a propensão marginal a poupar é igual a 0,3 e na qual ocorreu um acréscimo de R$ 400 no investimento autônomo, pode-se afirmar que o acréscimo da renda será de:
   a) R$ 2.358,36
   b) R$ 2.777,77
   c) R$ 571,43
   d) R$ 1.333,33
   e) R$ 2.454,44

19. (Economista — Companhia de Gás/RN — FGV — 2006) Uma economia, num determinado período, registra propensão marginal a consumir de 80% e acréscimo de $ 12.000 no investimento. Pode-se concluir que o acréscimo na renda de equilíbrio corresponde a:
   a) $ 15.000.
   b) $ 18.000.
   c) $ 24.000.
   d) $ 60.000.
   e) $ 72.000.

20. (Analista Judiciário — Economia — TRT 4ª — FCC — 2006) No conhecido modelo keynesiano simples para uma economia fechada, o valor do multiplicador é função decrescente:
   a) da propensão marginal a consumir.
   b) da taxa de juros.
   c) do investimento autônomo.
   d) da propensão marginal a poupar.
   e) da propensão marginal a investir.

21. (Economista — Terracap — FUNIVERSA — adaptada — 2010) Seja o modelo Keynesiano para uma economia fechada e sem governo. Suponha ainda que, a partir de uma posição de equilíbrio, observa-se que um aumento no Investimento de 100 Unidades Monetárias (UM) elevou o produto em 400 UM. Com base nessas informações, assinale a alternativa correta.
   a) Nas condições acima, após o aumento no investimento e ao novo nível de produto, a poupança terá experimentado crescimento de 150 UM.
   b) O aumento no consumo, decorrente do choque no investimento e ao novo nível de produto, foi de 250 UM e a propensão média a consumir é de 0,8.
   c) Mantida a propensão marginal a consumir, e considerando a economia fechada e com governo, sabe-se que um choque dos gastos públicos de 100 UM elevou o produto em 250 UM. Então a propensão marginal a tributar é 0,25.
   d) Diante de um choque do orçamento equilibrado (**MULTIPLICADOR DE HAAVELMO**), mantida a propensão marginal a consumir e considerando a economia fechada e com governo, um aumento de 100 UM nos gastos públicos implicará um aumento de 100 UM no produto.
   e) É correto afirmar que o multiplicador Keynesiano na economia com dois setores é menor do que na economia com 3 setores.

22. (Analista Judiciário — Economia — STM — CEBRASPE — adaptada — 2011) Pareceres acerca de cenários macroeconômicos, geralmente, dizem respeito a análises de incrementos na renda e no produto da economia devido a variações nos consumos público (G) e privado (C), nos investimentos (I), nas exportações (X) e nas importações (M). Com referência a essas informações e considerando uma função consumo C = 10 + 0,8y, julgue o item seguinte, relativo ao nível de equilíbrio da renda e do produto.
Dado: nível de equilíbrio da renda e produto da Economia = 110 e Investimento = 10
Considere, ainda, que os empresários dessa economia tenham decidido aumentar os investimentos em 10%. Nessa situação, haverá aumento de 5% na renda.

23. (EBC — CEBRASPE — 2011) Considerando o fato de que um aumento do gasto governamental provoca um aumento proporcional da renda nacional e sabendo que a constante de proporcionalidade, nesse caso, é denominada multiplicador keynesiano de gastos, julgue os itens subsecutivos.
   a) Se o governo aumentar seu gasto em R$ 100 milhões e a propensão marginal a consumir da sociedade sob esse governo for igual a 80%, então o aumento correspondente na renda nacional será igual a R$ 500 milhões.
   b) O efeito multiplicador em questão pressupõe que a economia esteja em desemprego.
   c) Supondo invariável o lado monetário da economia, o referido multiplicador corresponde ao inverso da propensão marginal a poupar.

24. (STM — CEBRASPE — 2011) Pareceres acerca de cenários macroeconômicos, geralmente, dizem respeito a análises de incrementos na renda e no produto da economia devido a variações nos consumos público (G) e privado (C), nos investimentos (I), nas exportações (X) e nas importações (M). Com referência a essas informações e considerando uma função consumo C = 10 + 0,8y, julgue os itens seguintes, relativos ao nível de equilíbrio da renda e do produto.
   a) Caso uma economia apresente função poupança S = –10 + 0,2(y – T), investimento autônomo I = 10, exportações X = 6, importações M = 5 e gastos do governo (G) iguais aos tributos arrecadados (T), em que G = T = 5, haverá renda y de equilíbrio igual a 106.
   b) Caso haja uma economia na qual seja consumido tudo o que se produz, a renda y de equilíbrio será igual a 100.
   c) Considere que, em uma economia fechada e sem governo, apresentem-se função consumo C = 10 + 0,8y, função poupança S = –10 + 0,2y e investimento autônomo I = 10.

Considere, ainda, que os empresários dessa economia tenham decidido aumentar os investimentos em 10%. Nessa situação, haverá aumento de 5% na renda.

25. (TJ/ES — CEBRASPE — 2011) A respeito de moeda e inflação, julgue o próximo item.
Sempre que a Propensão marginal a Consumir for inferior à unidade, o efeito multiplicador dos gastos do governo sobre a demanda agregada será negativo.

26. (Prefeitura de Governador Valadares — FUMARC — 2010) Supondo que, em uma dada economia, a propensão marginal a consumir seja igual a 80%, qual o valor do multiplicador keynesiano dos gastos:
 a) 10
 b) 2
 c) 8
 d) 5

27. (ISS/SP — FCC — 2012) Tudo o mais constante, no modelo keynesiano simples em que a tributação e a importação de bens e serviços são funções do nível de renda da economia, o multiplicador dos gastos do governo
 a) está correlacionado positivamente com o multiplicador dos meios de pagamento.
 b) diminui se a propensão marginal a consumir aumenta.
 c) é uma função decrescente da propensão marginal a tributar.
 d) é menor que o valor do multiplicador dos investimentos privados.
 e) é uma função crescente da propensão marginal a poupar.

28. (ISS/BH — Fundação Dom Cintra — 2012) Uma economia sem o setor governo e fechada, num certo período, registrou propensão marginal a consumir de 80%. Um acréscimo de $ 2.800 no agregado Investimento acarreta elevação do produto nacional na ordem de:
 a) 5.600
 b) 11.200
 c) 14.000
 d) 18.200
 e) 22.400

29. (ISS/BH — Fundação Dom Cintra — 2012) Uma economia aberta, num determinado período de tempo, registrou variação na renda de equilíbrio na ordem de $ 84.350. Sabendo que a Propensão Marginal a Consumir é 0,7 e a variação na arrecadação de tributos, no mesmo período, registrou queda de $ 48.200, pode-se constatar que a Propensão Marginal a Importar é fixada em:
 a) 10,0%
 b) 17,5%
 c) 30,0%
 d) 40,0%
 e) 45,0%

30. (ICMS/SP — FCC — 2013) Um modelo keynesiano simples é descrito pelas seguintes equações:
$C = 100 + 0,8\ Yd$
$I = 300$
$G = 400$
$T = 400$

Como a renda de equilíbrio é inferior à renda de pleno emprego, o Governo pratica uma política tributária de redução do valor dos impostos para 300. A consequência dessa política será
   a) um aumento do nível geral de preços, já que a demanda aumentou e a oferta agregada não se modificou.
   b) um aumento da poupança agregada superior ao aumento do consumo agregado.
   c) um aumento da demanda agregada em um valor superior, em módulo, ao da redução dos tributos.
   d) uma diminuição da poupança agregada em valor absoluto, uma vez que a diminuição da tributação aumentará o consumo.
   e) um aumento de consumo exatamente igual ao aumento da renda disponível.

31. (TJ/RO — CEBRASPE — 2012) Uma economia fechada é descrita pelas seguintes equações: C = Ca + 0,85Yd; I = 300; G = 500; T = 150, em que C é a função consumo; Ca = 400 é o consumo autônomo; o coeficiente 0,85 representa a propensão marginal ao consumo; YD é a renda disponível; I é o investimento autônomo; G são os gastos autônomos do governo; e T é a tributação. Com base nessas informações, assinale a opção correta.
   a) O produto de equilíbrio dessa economia é igual a 7.150 unidades monetárias.
   b) Uma expansão dos gastos do governo em uma unidade monetária trará como efeito a expansão do produto em magnitude inferior a uma unidade monetária, o que demonstra a ineficiência dos gastos do governo.
   c) O multiplicador dos gastos autônomos é igual ao multiplicador da tributação, de modo que, se o governo efetuar uma política de expansão dos gastos financiados por aumento na tributação, o efeito final sobre o produto de equilíbrio será nulo.
   d) Se o produto potencial dessa economia for de 9 mil unidades monetárias, então a economia estará operando acima do produto potencial.
   e) O multiplicador dos gastos do governo é inferior a 1, sendo, portanto, inelástico em relação ao produto.

32. (ICMS/SP — FCC — 2013) O lado real de uma economia fechada é representado pelas seguintes funções:
C = 2.000 + 0,8 YD
I = 3.000
G = 4.000
T = 3.500

Se o Governo aumentar seus gastos e tributos em 1.000 unidades monetárias, o deslocamento da curva IS para a direita de sua posição original corresponderá, para cada nível de taxa de juros, a um aumento da renda de, em unidades monetárias,
   a) 5.000.
   b) 1.000.
   c) 4.000.
   d)   500.
   e) 4.500.

33. (Técnico de Controle Interno — CGM-RJ — SMA-RJ (antiga FJG) — 2015) Um instrumento importante da política fiscal é o nível de tributação. Quando o governo aumenta os impostos, ele diminui a renda disponível das famílias. Considere-se que as famílias poupam parte desta renda perdida, mas também gastam parte em bens de consumo. Como o aumento dos impostos diminui a despesa dos consumidores, ocorre um deslocamento da curva de demanda agregada para a esquerda. A magnitude desse deslocamento da demanda agregada, como se sabe, depende do efeito multiplicador. Considerando-se uma propensão margi-

nal a consumir de 60%, o efeito multiplicador de uma unidade a menos de consumo sobre o produto nacional é:
   a) 2,5
   b) 0,4
   c) 0,6
   d) 1,0

34. (Economista — SESACRE — FUNCAB — 2013) Supondo que uma economia tenha uma propensão marginal a poupar (PMgP) de 25%, o multiplicador de uma unidade adicional de investimento sobre o Produto Nacional será igual a:
   a) 4,000
   b) 1,250
   c) 1,375
   d) 1,750
   e) 1,333

35. (Analista Metroferroviário — METRO-DF — Administrativa — Economista — IADES — 2014) Considere uma economia cuja função consumo é dada por C = A + bY, onde A é o consumo autônomo e b é a propensão marginal a consumir. Um aumento na propensão marginal a consumir, mantendo-se constante a renda,
   a) diminui o consumo da economia.
   b) não altera a poupança da economia.
   c) aumenta o consumo e a poupança da economia.
   d) diminui a poupança da economia.
   e) não altera o consumo da economia.

36. (Economista — ALMS — FCC — 2016) Considerando uma economia fechada e sem governo, uma renda de equilíbrio de 550 e, simultaneamente, um multiplicador de investimentos de 2,5 são consistentes com investimento e função consumo dados, respectivamente, por
   a) 70 e C = 150 + 0,60Y.
   b) 50 e C = 160 + 0,70Y.
   c) 10 e C = 100 + 0,80Y.
   d) 20 e C = 200 + 0,90Y.
   e) 60 e C = 180 + 0,75Y.

37. (Economista — ALMS — FCC — 2016) O resultado de um aumento de gastos do Governo, no mesmo montante do aumento dos tributos, pelo teorema do orçamento equilibrado, é
   a) a permanência da renda no mesmo volume, ou seja, manutenção do equilíbrio.
   b) uma redução da renda equivalente ao aumento dos gastos governamentais vezes a propensão a poupar.
   c) uma redução da renda, em decorrência do multiplicador dos tributos.
   d) um aumento da renda equivalente ao aumento dos gastos governamentais vezes a propensão a consumir.
   e) um aumento na renda equivalente ao montante do aumento dos gastos governamentais.

38. (Analista Judiciário — TJ-MT — Economia — UFMT — 2016) Considere uma função consumo C = 100 + 0,8 (Y − T) e uma variação dos gastos do governo Δ = 80. Há um aumento de renda via multiplicador keynesiano de:
   a) 400
   b) 320

c) 64
d) 800

39. (Tecnologista — IBGE — Análise Socioeconômica — CESGRANRIO — 2013) Em determinada economia, o gasto do governo aumentou 2 bilhões de unidades monetárias. Em consequência, a produção e a renda aumentaram 4 bilhões de unidades monetárias, após o efeito do aumento do gasto se fazer sentir plenamente.
Tal fato leva à conclusão de que o(a)
a) deflator do PIB é 100%.
b) multiplicador da base monetária é 2.
c) multiplicador do gasto público é 2.
d) acelerador da produção e da renda é 2.
e) importação de bens e serviços diminui.

40. (Economista — DESENVOLVE — VUNESP — 2014) Em um modelo keynesiano simples para uma economia fechada, um aumento nos gastos do governo em $100 faz com que a renda aumente em $250. Se o total de impostos representa 20% da renda, a propensão marginal a poupar é
a) 20%.
b) 25%.
c) 40%.
d) 50%.
e) 75%.

41. (Auditor-Fiscal de Controle Externo — TCE-SC — Controle Externo — Economia — CEBRASPE — 2016) Com relação aos instrumentos de política fiscal, monetária e cambial, julgue o item que se segue.
Em uma situação recessiva, uma política fiscal expansionista baseada no aumento do gasto do governo tem um efeito maior sobre a demanda agregada do que aquele que seria produzido por uma política fiscal expansionista baseada na redução de impostos sobre a renda.

42. (Especialista em Regulação de Aviação Civil — Área 3 — ESAF — 2016) De acordo com o Teorema do Orçamento Equilibrado, é correto afirmar que
a) um aumento nos gastos do governo no mesmo montante do aumento nos tributos terá efeito positivo sobre a renda, porque a soma do multiplicador dos gastos do governo e dos tributos é maior que um.
b) o multiplicador dos gastos do governo é sempre maior que o multiplicador dos tributos, independentemente do tamanho da propensão marginal a consumir.
c) tanto o multiplicador dos gastos do governo quanto o dos tributos têm relação inversa com a propensão marginal a consumir.
d) o multiplicador dos gastos do governo não apresenta qualquer relação com a propensão marginal a poupar.
e) o multiplicador dos tributos é diretamente proporcional à propensão marginal a poupar.

43. (Analista Judiciário — TJ-PA — Economia — VUNESP — 2014) Numa economia aberta e sem tributação, a propensão marginal a consumir é de 0,8. Um aumento nos gastos do governo em R$ 1.000 leva a um aumento da renda agregada de R$ 4.000. Qual o valor da propensão marginal a importar?
a) 0,05.
b) 0,10.
c) 0,20.

d) 0,25.
e) 0,50.

44. (Economista — CADE — CEBRASPE — 2014) Acerca da teoria keynesiana, das políticas fiscal e monetária e do mercado de trabalho, julgue o item subsequente.

O multiplicador keynesiano indica que, toda vez que ocorre aumento da demanda agregada autônoma, haverá aumento mais que proporcional na renda da economia. Considerando-se os componentes autônomos, é correto afirmar que o multiplicador dos tributos corresponde à equação $\alpha T = \Delta Y / \Delta T = 1 / 1 - c$, em que Y é a renda total, T os tributos e c a propensão marginal a consumir.

45. (Auditor do Estado — CAGE-RS — FUNDATEC — 2014) Desde os primórdios da análise keynesiana, a teoria econômica postulou que dado aumento de gastos gera um aumento na demanda agregada maior que o aumento inicial dos gastos. Isto é, o gasto tem um efeito multiplicador. Sobre esse tema, assinale a afirmação incorreta:
a) Se a propensão marginal a consumir for 0,8, o multiplicador será 5.
b) O multiplicador do aumento de gastos do governo, financiado integralmente com aumento de impostos, é igual a 1.
c) Se a propensão marginal a poupar for 0,4, o multiplicador será 2,5.
d) Gastos do governo, sejam financiados ou não por impostos, implicam um mesmo multiplicador que gastos privados.
e) O aumento de gastos, simultaneamente à elevação da taxa de juros, dá origem ao aumento da demanda agregada em proporção menor que a prevista pelo multiplicador keynesiano.

46. (Auditor de Controle Externo — TCE-PA — Fiscalização — Economia — CEBRASPE — 2016) Com relação aos agregados econômicos, ao papel do governo na economia e à teoria keynesiana, julgue o próximo item.

Considere uma economia com consumo C = 18 + 0,5Yd, em que Yd seja a renda disponível, o investimento seja igual a R$ 12, os gastos autônomos do governo sejam de R$ 8 e os tributos cobrados, iguais a R$ 5. Se ocorrer, nessa economia, um aumento de R$ 6 nos gastos do governo, o efeito do multiplicador keynesiano será um aumento, na renda de equilíbrio, igual a cinco vezes o aumento nos gastos do governo.

47. (FGV — Analista — DPE-MT — Economista — 2015) Considere um modelo keynesiano de economia aberta, com os seguintes parâmetros:
— Demanda Agregada Doméstica = 500 + 0,5Y – 100i
— Saldo da Balança Comercial = –200 em que Y é o nível de renda e i é a taxa de juros
Supondo i = 1% e o saldo da balança comercial exógeno, o nível de equilíbrio da renda e o multiplicador da economia são, respectivamente,
a) 600 e 2.
b) 600 e 1.
c) 590 e 2.
d) 598 e 0,5.
e) 598 e 2.

48. (Supervisor de Pesquisas — IBGE — Geral — CESGRANRIO — 2016) Considere o modelo Keynesiano simples, expresso pelas seguintes equações:
C = a + bY (função consumo)
A = I + G = Y – C (condição de equilíbrio),

onde C = consumo, Y = produto da economia, A = gastos autônomos de investimento (I) e de governo (G). Não há impostos, e a e b são parâmetros da função consumo. Supondo-se que b = 0,8, o multiplicador dos gastos autônomos será igual a
a) 1,6
b) 2,4
c) 3,0
d) 4,0
e) 5,0

49. (Economista — UFRB — FUNRIO — 2015) Considere o seguinte modelo Keynesiano simples para descrever uma economia aberta:
C = 100 + 0,8Y
I = 400
G = 300
X = 100
M = 20 + 0,3Y
Onde: C = Consumo Agregado; Y = Renda; I = Investimento Agregado; G = Gastos do Governo; X = Exportações de bens e serviços e M = Importações de bens e serviços.
Supondo um aumento de 40% nos gastos do governo, pode-se afirmar que a renda de equilíbrio sofrerá um incremento de, aproximadamente:
a) 80,26%.
b) 20,02%.
c) 0,05%.
d) 13,64%.
e) 18,18%.

50. (Analista Judiciário — TJ-PR — Economia — NC-UFPR — 2013) Sobre as diferenças entre o multiplicador dos gastos e o multiplicador das transferências, é correto afirmar:
a) O multiplicador dos gastos gera um aumento na renda maior que o gerado pelo multiplicador das transferências, posto que as transferências afetam a demanda agregada indiretamente através da renda disponível.
b) O multiplicador dos gastos gera um aumento na renda menor que o gerado pelo multiplicador das transferências, pois os gastos se traduzem em montante equivalente de dívida.
c) Ambos geram os mesmos efeitos positivos sobre a renda, pois estimulam equanimemente a demanda agregada.
d) Os efeitos negativos do multiplicador dos gastos sobre a renda são anulados pelos efeitos positivos do multiplicador das transferências sobre a renda na forma de inflação.

51. (Auditor Fiscal Tributário Municipal (São Paulo) — Gestão Tributária — CETRO — 2014) Com relação ao modelo keynesiano simples de determinação da renda, assinale a alternativa correta.
a) O princípio de demanda efetiva keynesiano baseia-se na hipótese de flexibilidade de preços.
b) Para Keynes, o consumo cresce proporcionalmente menos que a renda, pois os indivíduos de rendas elevadas têm o hábito de poupar uma proporção maior de suas rendas. Essa relação conduz a uma situação de instabilidade econômica, caracterizada por níveis aviltados de renda e índices elevados de desemprego. Nessa situação, o governo deveria incentivar importações, de modo a aumentar a renda de equilíbrio.
c) No modelo keynesiano com consumo e investimento, o investimento é uma variável dependente da renda.
d) Se a função consumo for C = 280 + 0,76Y, o investimento I = 360, o gasto público G = 517 e a tributação T = 0,25Y, o multiplicador do gasto será 1.500.

e) Se o nível de produção se encontra além da posição de equilíbrio, mas aquém do nível de pleno emprego, as empresas acumularão estoques indesejados, o que levará a economia a se afastar ainda mais da posição de pleno emprego.

52. (Economista — MCID — CETRO — 2013) Com relação ao modelo keynesiano simples, analise as assertivas abaixo.

I. Um aumento da propensão a consumir provoca uma elevação da renda de equilíbrio, mantidos os demais fatores constantes.

II. Um aumento no déficit público não alterará o nível de renda, mantidos os demais fatores constantes.

III. Um aumento do superávit na balança comercial, mantidos os demais fatores constantes, tem um efeito similar ao do aumento do investimento do ponto de vista de determinação da renda de equilíbrio.

É correto o que se afirma em
a) I, apenas.
b) II, apenas.
c) III, apenas.
d) I e III, apenas.
e) II e III, apenas.

53. (Economista — SMTR-RJ — SMA-RJ (antiga FJG) — 2016) No modelo $Y = C_0 + C_1Y - C_1T + I + G$, em que Y é o produto e as demais variáveis que formam a demanda por bens. Pode-se afirmar que:
a) $1/1 - C [C_0 + 1 + G + C_1T]$ formam o gasto autônomo.
b) se a propensão a consumir é 0,5, o multiplicador é 2,5.
c) os gastos do governo já contabilizaram as transferências do governo.
d) a renda disponível para consumo inclui as transferências do governo que não foram contabilizadas no gasto do governo.

54. (Administrador — NCE — UFRJ — BNDES — 2006) Se o governo aumenta as despesas em bens e serviços, sem aumentar os impostos, como arma antirrecessão, é de se esperar que o PNL seja afetado da seguinte maneira:
a) O componente do Governo (G) do PNL irá aumentar, mas haverá uma compensadora redução parcial no componente consumo C.
b) O componente G do PNL irá aumentar, mas não há razão nenhuma para esperarmos que C aumente ou diminua.
c) O componente G irá aumentar, o mesmo acontecendo com o componente C.
d) O componente C irá aumentar, mas não há razão para esperarmos que G aumente ou diminua.
e) Tanto G como C irão diminuir.

55. (Analista — SANEAGO/CS UFG/2018) O efeito multiplicador keynesiano dos gastos evidencia que, quanto maior for a propensão marginal a consumir dos indivíduos, maiores serão os gastos induzidos por uma variação inicial na despesa autônoma. Por consequência, a uma maior propensão marginal a consumir corresponderá a uma propensão marginal a poupar
a) maior.
b) menor.
c) igual.
d) inalterada.

56. (CS UFG — Analista (SANEAGO)/Gestão/Economista/2018) Considerando que a expansão dos gastos públicos é totalmente financiada pelo aumento da arrecadação, ou seja, uma situação em que a variação dos gastos é igual à variação dos impostos, mesmo o governo gastando exatamente o que arrecada, haverá um impacto positivo sobre a renda da economia igual ao valor do gasto público. Como é conhecido esse fato econômico?
   a) Teorema de Allais.
   b) Teorema de Keynes.
   c) Teorema de Havelmo.
   d) Teorema de Ricardo.

57. (FCC — Analista Legislativo (ALAP)/Atividade Orçamentária e Financeira e de Controle Interno/Economista/2020/modificada) Considere o seguinte modelo macroeconômico de determinação da renda em uma economia aberta:

$C = 200 + 0,5Yd$
$I = 100 + 0,4Y$
$G = 400$
$T = 50 + 0,4Y$
$Tr = 50$
$X = 200 + 0,4Y^*$
$M = 100 + 0,1Y$
$Y^* = 2000$

Sendo C o consumo agregado das famílias, I o investimento agregado, G os gastos do governo, T a arrecadação de impostos, Tr as transferências do governo às famílias, X as exportações, Y* a renda agregada conjunta dos parceiros comerciais do país, M, as importações, Y o PIB e Yd a renda disponível,
   a) as transferências dependem dos impostos sobre a renda agregada para serem integralmente financiadas.
   b) o governo apresentará déficit nas contas públicas.
   c) o país enfrentará elevados déficits comerciais nas contas externas.
   d) a propensão marginal a consumir, líquida dos impostos, é maior do que a sensibilidade do investimento à atividade econômica.
   e) o multiplicador dos gastos domésticos é igual ao multiplicador das exportações.

58. (FAUEL — Economista (Pref Mandaguari)/2019) Considerando uma economia fechada, com Produto Agregado(Y) igual a 16800, Consumo Agregado(C) igual a 400 + 0,65Y, Investimento Agregado igual a 2200, adotando um modelo keynesiano simplificado, caso o governo deseje um aumento no produto agregado de 6%, deve ampliar seus gastos em aproximadamente:
   a) 6%
   b) 9,7%
   c) 9,25%
   d) 10,75%

59. (COVEST-COPSET — Economista (UFPE)/2019) Com relação ao Teorema do Orçamento Equilibrado, é correto afirmar que:
   a) se o governo efetuar gastos no mesmo montante dos tributos arrecadados, a renda permanecerá inalterada.
   b) se o governo efetuar gastos no mesmo montante dos tributos arrecadados, a renda diminuirá de um montante igual ao aumento dos gastos.

c) se o governo efetuar gastos no mesmo montante dos tributos arrecadados, a renda aumentará de um montante igual ao aumento dos gastos.
d) se o governo efetuar gastos no mesmo montante dos tributos arrecadados, a renda aumentará de um montante duas vezes o aumento dos gastos.
e) se o governo efetuar gastos no mesmo montante dos tributos arrecadados, a renda diminuirá de um montante duas vezes o aumento dos gastos.

60. (COVEST-COPSET — Economista (UFPE)/2019) Considerando uma propensão marginal a poupar de 0,25, um aumento de 100 unidades nos gastos do governo e um aumento de 100 unidades na arrecadação dos tributos geram uma alteração no nível de renda de:
a) 100 unidades.
b) 200 unidades.
c) 300 unidades.
d) 400 unidades.
e) 700 unidades.

61. (VUNESP — Economista (Pref Mogi das Cruzes)/2019) Numa dada economia, em que o multiplicador dos gastos do governo é 4 e a taxa de juros é constante, caso o Governo pretenda aumentar a demanda agregada em 680 unidades monetárias, então, ele deve, também em unidades monetárias,
a) aumentar seus gastos em 170.
b) diminuir a tributação em 170.
c) aumentar a base monetária em 680.
d) apreciar a moeda nacional, se a taxa de câmbio for fixa.
e) aumentar seus gastos em 680.

62. (FADESP — Técnico de Nível Superior (UEPA)/Ciências Econômicas/2020) Seja a função consumo expressa pela equação $C = 160 - 0,6Y_D$. Na equação, C representa o consumo e Y_D, a renda disponível. O valor do multiplicador, compatível com a função consumo apresentada, é
a) 2,0.
b) 2,5.
c) 3,0.
d) 3,5.

■ **GABARITO** ■

1. "e". Dados: PmgC = 0,75; ΔG = 10.000.000; ΔY = ?

$$\text{Mult} = \frac{\Delta Y}{\Delta G} = \frac{1}{1-c}$$

$$\frac{\Delta Y}{10.000.000} = \frac{1}{1-0,75}$$

$$\frac{\Delta Y}{10.000.000} = \frac{1}{0,25}$$

ΔY = 40.000.000

2. "a". Observe que, nessa questão, o investimento também é função da renda. Portanto, o multiplicador será: $\text{Mult} = \dfrac{1}{1 - c(1-t) - i}$, onde i = PmgI (Propensão marginal a Investir).

Sabendo-se que: Mult dos gastos = $\dfrac{\Delta Y}{\Delta G}$, então:

$$\dfrac{\Delta Y}{\Delta G} = \dfrac{1}{1 - c(1-t) - i}$$

$$\dfrac{\Delta Y}{\Delta G} = \dfrac{1}{1 - 0,8(1 - 0,25) - 0,15}$$

$$\dfrac{\Delta Y}{\Delta G} = \dfrac{1}{0,25}$$

$$\dfrac{\Delta Y}{\Delta G} = 4$$

Logo, a alternativa "a" é verdadeira.

Y = C + I + G
Y = 100 + 0,8Yd + 250 + 0,15Y + 300
Y = 650 + 0,8Yd + 0,15Y
Y = 650 + 0,8(Y − T) + 0,15Y
Y = 650 + 0,8(Y − (50 + 0,25Y)) + 0,15Y
Y = 650 + 0,8(Y − 50 − 0,25Y) + 0,15Y

Y = 650 + 0,8(0,75Y − 50) + 0,15Y
Y = 650 + 0,6Y − 40 + 0,15Y
Y = 610 + 0,75Y
0,25Y = 610
Y = 2.440

Obs.: Caso o candidato não se recordasse da fórmula do multiplicador Keynesiano, bastaria seguir a equação da determinação da renda e do produto de equilíbrio, ou seja: 0,25Y = 610.

$$Y = \dfrac{1}{0,25} \times 610$$

A fração 1/0,25 (que é igual a 4) é o multiplicador Keynesiano, ou o multiplicador do Consumo, dos Gastos do Governo, Investimento e Exportação, o que tornaria a alternativa "a" verdadeira. Mas, continuando a calcular o produto e a renda de equilíbrio, tem-se: Y = 2.440, portanto a alternativa "b" é falsa.

G = 300
T = 50 + 0,25Y
T = 50 + 0,25 × 2.440
T = 660

Se G < T, há um superávit de 360 (=G − T). Portanto, a alternativa "c" é falsa.

Sabendo-se que o Multiplicador dos Tributos = $\dfrac{\Delta Y}{\Delta T}$:

$$\dfrac{\Delta Y}{\Delta T} = \dfrac{-c}{1 - c(1-t) - i}$$

$$\dfrac{\Delta Y}{\Delta T} = \dfrac{-0,8}{1 - 0,8(1 - 0,25) - 0,15}$$

$$\dfrac{\Delta Y}{\Delta T} = \dfrac{-0,8}{0,25}$$

$$\dfrac{\Delta Y}{\Delta T} = -3,2$$

Portanto, a alternativa "d" é falsa.

O investimento é função do nível de renda. O examinador está querendo induzir o candidato a pensar que 0,15 é a taxa de juros, mas, na realidade, trata-se da Propensão marginal a Investir. Inclusive porque, se o valor de 0,15 se referisse à taxa de juros, deveria se apresentar com sinal negativo, já que a relação entre taxa de juros e investimento é inversa. A alternativa "e" é, portanto, falsa.

3. "a". Para que o Produto agregado aumente 10%, o Produto deverá ser: $Y_2 = 1.320$, ou seja, deve haver uma variação de 120. Logo: $\Delta Y = 120$. Usando a fórmula do multiplicador dos gastos do governo tem-se:

$$\frac{\Delta Y}{\Delta G} = \frac{1}{1-c}$$

$$\frac{120}{\Delta G} = \frac{1}{1-0,7}$$

$\Delta G = 120 \times 0,3$
$\Delta G = 36$

Como antes do aumento do Produto o gasto era de:
$Y_1 = C + I + G_1$
$1.200 = 100 + 0,7 \times 1.200 + 200 + G_1$
$1.200 = 100 + 840 + 200 + G_1$
$G_1 = 60$

Logo, os gastos do governo terão de sofrer uma variação de:

$$\%\Delta G = \frac{\Delta G}{G_1}$$

$$\%\Delta G = \frac{36}{60}$$

$\%\Delta G = 0,6$
$\%\Delta G = 60\%$

4. "c". Sabendo-se que c = Propensão marginal a Consumir e $Mult = \frac{1}{1-c}$, logo: ↑ $Mult = \frac{1}{1-c\uparrow}$ ou ↓ $Mult = \frac{1}{1-c\downarrow}$. Então, para que o multiplicador aumente, é necessário que a Propensão marginal a Consumir aumente.

5. "a". Sabendo-se que: c = Propensão marginal a Consumir e $Mult = \frac{1}{1-c}$, logo: ↑ $Mult = \frac{1}{1-c\uparrow}$. A alternativa "a" é verdadeira, portanto.

O multiplicador é sempre maior que "1". Portanto, 1 < Mult < ∞ ou Mult > 1. Logo, as alternativas "b" e "c" são falsas.

Numa economia fechada, o multiplicador é: $Mult = \frac{1}{1-c}$. E, numa economia aberta, será igual a: $Mult = \frac{1}{1-c+m}$. Como m é um valor positivo, então: $(1 - c + m) > (1 - c)$. Logo: multiplicador numa economia aberta é menor que numa economia fechada. A alternativa "d" é falsa, portanto.

$Mult = \frac{1}{1-c}$, como: $0 < c < 1$, então: $0 < (1 - c) < 1$, logo: Mult > 0. O multiplicador vale:

$Mult = \frac{1}{1-c}$ e, como $0 < c < 1$, então $0 < (1 - c) < 1$, portanto positivo. Logo: Multiplicador > 0. A alternativa "e" é falsa, portanto.

6. "d". Caso o governo resolva reduzir seus gastos, o Produto e a renda de equilíbrio serão reduzidos também. Assim, vejamos: ↓ Y = C + I + ↓ G + X – M.

Como o consumo é função da Renda, então o consumo também será reduzido. Assim vejamos:
↓↓Y = ↓C + I↓ + G + X – M.

E com o consumo reduzido, o Produto e a renda se reduzem mais ainda. Portanto, uma redução dos gastos do governo leva a uma redução mais que proporcional da Renda e do Produto.

7. "e". Sabendo-se que: $\Delta I = 800.000$ e $PmgC(c) = 0,75$.
$\Delta Y = ?$

$$\frac{\Delta Y}{\Delta I} = \frac{1}{1-c}$$

$$\frac{\Delta Y}{800.000} = \frac{1}{1-0,75}$$

$\Delta Y = 3.200.000$
$\Delta Y = 3.200$ mil

8. "c". Para facilitar a compreensão dessa questão, vamos supor que as variações dos gastos do governo serão sempre, em valores absolutos, iguais a 10; a variação dos tributos, igual a 10; e a Propensão marginal a Consumir (c), igual a 0,8.

Conforme a alternativa "c", supondo uma redução; redução, no mesmo montante, tem-se:
$\Delta T = -10$; $\Delta G = -10$; e $c = 0,8$.

$$\frac{\Delta Y}{\Delta T} = \frac{-c}{1-c}$$

$$\frac{\Delta Y}{-10} = -4$$

$\Delta Y = 40$ \hspace{2cm} (I)

$$\frac{\Delta Y}{\Delta G} = \frac{1}{1-c}$$

$$\frac{\Delta Y}{-10} = 5$$

$\Delta Y = -50$ \hspace{2cm} (II)

Se ΔT e ΔG ocorrem simultaneamente, então: (I) + (II) = 40 + (–50) = –10, o que levaria a $\Delta Y = -10$. Logo, se ocorreu uma redução dos gastos e da tributação de mesma intensidade, o Produto da economia se reduz. Portanto, a alternativa "c" é verdadeira.

Supondo uma expansão; expansão, no mesmo montante, então:
$\Delta T = 10$, $\Delta G = 10$ e $c = 0,8$

$$\frac{\Delta Y}{\Delta T} = \frac{-c}{1-c}$$

$$\frac{\Delta Y}{10} = \frac{-0,8}{1-0,8}$$

$\Delta Y = -40$ \hspace{2cm} (I)

$$\frac{\Delta Y}{\Delta G} = \frac{1}{1-c}$$

$$\frac{\Delta Y}{10} = 5$$

$\Delta Y = 50$ \hspace{2cm} (II)

Logo: **(I) + (II)** = 10, o que levaria a ΔY = 10. A alternativa "a" é falsa, portanto.
Supondo uma expansão; expansão, em montantes diferentes, tem-se:
Quando se diz que aumentarão em montantes diferentes, há duas situações:
1ª) ΔG > ΔT ou 2ª) ΔG < ΔT
Pela 1ª suposição, considerando que ΔG = 20 e ΔT = 10, então:

$$\frac{\Delta Y}{\Delta G} = \frac{1}{1-c}$$

$$\frac{\Delta Y}{20} = \frac{1}{0,2}$$

ΔY = 100   **(I)**

$$\frac{\Delta Y}{\Delta T} = \frac{-c}{1-c}$$

$$\frac{\Delta Y}{10} = -4$$

ΔY = –40   **(II)**

Se ΔG e ΔT ocorrerem simultaneamente, então: **(I) + (II)** = 100 + (–40) = 60, o que levaria a ΔY = 60. Portanto, pela 1ª suposição, a alternativa "b" estaria errada.

Pela 2ª suposição, considerando que ΔG = 10 e ΔT = 20, então:

$$\frac{\Delta Y}{\Delta G} = \frac{1}{1-c}$$

$$\frac{\Delta Y}{10} = 5$$

ΔY = 50   **(I)**

$$\frac{\Delta Y}{\Delta T} = \frac{-c}{1-c}$$

$$\frac{\Delta Y}{20} = -4$$

ΔY = –80   **(II)**

Se ΔG e ΔT ocorrem simultaneamente, então: **(I) + (II)** = 50 – 80 = –30, o que levaria a ΔY = –30. Portanto, pela 2ª suposição, a alternativa "b" estaria correta.
Assim, a alternativa "b" é falsa.

Supondo uma redução; redução, em montantes diferentes, temos duas situações:
1ª) ΔG > ΔT ou 2ª) ΔG < ΔT
Pela 1ª suposição, considerando que ΔG = –10 e ΔT = –20, tem-se que:

$$\frac{\Delta Y}{\Delta G} = \frac{1}{1-c}$$

$$\frac{\Delta Y}{-10} = 5$$

ΔY = –50   **(I)**

$$\frac{\Delta Y}{\Delta T} = \frac{-c}{1-c}$$

$$\frac{\Delta Y}{-20} = -4$$

ΔY = 80   **(II)**

Se ΔG e ΔT ocorrerem simultaneamente, então: **(I) + (II)** = –50 + 80 = 30, o que levaria a ΔY = +30. Portanto, pela 1ª suposição, a alternativa "d" já estaria incorreta; mas, testando a 2ª suposição, considerando ΔG = –20 e ΔT = –10, tem-se que:

$$\frac{\Delta Y}{\Delta G} = \frac{1}{1-c}$$

$$\frac{\Delta Y}{-20} = 5$$

$\Delta Y = -100$ \qquad (I)

$$\frac{\Delta Y}{\Delta T} = \frac{-c}{1-c}$$

$$\frac{\Delta Y}{-10} = -4$$

$\Delta Y = 40$ \qquad (II)

Se ΔG e ΔT ocorrerem simultaneamente, então: **(I) + (II) = –50 + 40 = –10**, o que levaria $\Delta Y = -10$. Por essa suposição, a alternativa estaria correta.
A alternativa "d" é falsa, portanto.

Supondo redução; expansão, no mesmo montante, tem-se:
$\Delta T = -10$ e $\Delta G = 10$

$$\frac{\Delta Y}{\Delta T} = \frac{-c}{1-c}$$

$$\frac{\Delta Y}{-10} = -4$$

$\Delta Y = 40$ \qquad (I)

$$\frac{\Delta Y}{\Delta G} = \frac{1}{1-c}$$

$$\frac{\Delta Y}{10} = 5$$

$\Delta Y = 50$ \qquad (II)

Se ΔT e ΔG ocorrem simultaneamente, então: = **(I) + (II) = 40 + 50 = 90**, o que levaria $\Delta Y = 90$. A alternativa "e" é falsa, portanto.
Observação: Essa questão poderia ter sido resolvida sem que fosse necessário fazer essas suposições. Bastaria que o candidato tivesse conhecimento dos efeitos do multiplicador sobre cada um dos componentes agregados.

9. "e".
I) **(F)** Sabendo-se que: $\Delta I = 100$ e $\Delta Y = 500$.
A Propensão média a Consumir (PmeC) é a relação entre Consumo e renda, ou seja, $PmeC = \frac{C}{Y}$.

A questão não traz informação suficiente para determinar a PmeC.
É possível determinar a Propensão marginal a Consumir (c), já que:

$$\frac{\Delta Y}{\Delta I} = \frac{1}{1-c}$$

$$\frac{500}{100} = \frac{1}{1-c}$$

$c = 0,2$

Como não é possível determinar a PmeC, também não é possível determinar a PmeS (Propensão média a Poupar), já que: PmeC + PmeS = 1.
Porém, é possível determinar a Propensão marginal a Poupar (PmgS), já que:
PmgC + PmgS = 1
0,2 + PmgS = 1
PmgS = 0,8.

10 ■ Multiplicador no Mercado de Bens. Multiplicador Keynesiano

II) **(F)** Sabendo-se que:
$\Delta Y = \Delta C + \Delta I$
$500 = \Delta C + 100$
$\Delta C = 400$
Não é possível determinar a Propensão média a Consumir porque PmeC = C/Y e a questão não fornece valores de C e Y.

III) **(V)** O multiplicador Keynesiano é: $\text{Mult} = \dfrac{1}{1-c}$. Como c = 0,8, então: Mult = 5. Mas o valor do multiplicador independe do valor do consumo inicial.

IV) **(V)** Se o orçamento é equilibrado, significa que $\Delta G = \Delta T$. Logo, se: $\Delta G = 100$, então:

$$\dfrac{\Delta Y}{\Delta G} = \dfrac{1}{1-c}$$

$$\dfrac{\Delta Y}{100} = 5$$

$\Delta Y = 500$ (I)

Se $\Delta T = 100$, então:

$$\dfrac{\Delta Y}{\Delta T} = \dfrac{-c}{1-c}$$

$$\dfrac{\Delta Y}{100} = -4$$

$\Delta Y = -400$ (II)

Ocorrendo simultaneamente ΔG e ΔT, então:
$\Delta Y = $ (I) + (II)
$\Delta Y = 500 + (-400)$
$\Delta Y = 100$.

10. "a". Sendo $\Delta = \dfrac{Ia + G}{G}$, então:

$Y = C + Ia + G$
$Y = a + bY + Ia + G$
$Y - bY = a + Ia + G$
$Y(1 - b) = a + Ia + G$
$Y = \dfrac{a + Ia + G}{1 - b}$

A alternativa afirma que:

$Y = \dfrac{\Delta}{1-b}$ ou

$Y = \dfrac{\dfrac{Ia+G}{a}}{1-b}$ ou

$Y = \dfrac{Ia + G}{a(1-b)}$

Mas: $\dfrac{a+Ia+G}{1-b} \neq \dfrac{Ia+G}{a(1-b)}$. Portanto a alternativa falsa é a "a".

$\dfrac{\Delta Y}{\Delta G} = \dfrac{1}{1-b}$, onde b = PmgC ou Propensão marginal a Consumir.

$\dfrac{\Delta Y}{\Delta Ca} = \dfrac{1}{1-b}$

Logo: $\dfrac{\Delta Y}{\Delta G} = \dfrac{\Delta Y}{\Delta Ca}$.

Ou seja, o multiplicador dos Gastos do Governo é igual ao multiplicador do Consumo. A alternativa "b" é verdadeira.

b está assumindo o papel da Propensão marginal a Consumir. Como a Propensão marginal a Consumir (PmgC) é sempre maior que "zero" e menor que "um", então: 0 < b < 1. Como:

$\text{Mult} = \dfrac{1}{1-b}$, então: Mult > 1. Logo, a alternativa "c" é verdadeira.

Como o multiplicador é maior que "um", então: $\text{Mult} = \dfrac{\Delta Y}{\Delta Ca}$.

$\dfrac{\Delta Y}{\Delta Ca} > 1$

$\Delta Y > \Delta Ca$

Portanto, ΔCa leva a uma ΔY superior a ΔCa. A alternativa "d" é verdadeira.

$\dfrac{\Delta Y}{\Delta G} = \dfrac{1}{1-b}$, onde: b = PmgC = Propensão marginal a Consumir.

$\dfrac{\Delta Y}{\Delta Ia} = \dfrac{1}{1-b}$. Logo: $\dfrac{\Delta Y}{\Delta G} = \dfrac{\Delta Y}{\Delta Ia}$. A alternativa "e" é verdadeira.

---

11. "a". Sabendo-se que: Y = C + I + G, então:

Y = Ca + c(Y_D) + Ia + G

Y = Ca + c(Y – tY) + Ia + G

Y = Ca + cY – ctY + Ia + G

Y – cY + ctY = Ca + Ia + G

Y (1 – c + ct) = Ca + Ia + G

$Y = \dfrac{1}{1 - c + ct}(Ca + Ia + G)$

$Y = \underbrace{\dfrac{1}{1 - c(1 - t)}}_{\text{Multiplicador dos gastos autônomos}}(Ca + Ia + G)$

---

12. "d". Sabendo-se que: PmgC = 0,8; PmgT = 0,25; ΔG = 100:

$\dfrac{\Delta Y}{\Delta G} = \dfrac{1}{1 - c(1 - t)}$

$\dfrac{\Delta Y}{100} = \dfrac{1}{1 - 0,8(1 - 0,25)}$

$\dfrac{\Delta Y}{100} = 2,5$

$\Delta Y = 250$

---

13. F, V, F, V, F.

a) **(F)** O multiplicador do consumo é igual ao multiplicador do investimento:

$\dfrac{\Delta Y}{\Delta C} = \dfrac{1}{1-c}$ e $\dfrac{\Delta Y}{\Delta I} = \dfrac{1}{1-c}$

Portanto, uma ΔC ou ΔI levará a uma idêntica ΔY.

b) **(V)** Caso haja uma queda nos Investimentos, haverá uma queda na renda e no Produto da economia, já que: Y = C + I + G + X – M. Se I↓ → Y↓.

Como a tributação é função da renda, havendo uma queda na renda, a tributação cai também. Se os gastos do governo permanecem constantes e a tributação cai, o Déficit do governo (ou déficit orçamentário) aumenta.

c) **(F)** I = S
Ipriv + Igov = Spriv + Sgov + Sext
Onde: Ipriv = Investimento privado; Igov = Investimento do governo; Spriv = Poupança privada; Sgov = Poupança do governo; e Sext = Poupança externa.
Caso Ipriv aumente, poderá ocorrer: queda Igov; ou aumento Spriv; ou aumento Sgov; ou aumento Sext; ou a combinação simultânea desses itens.
Portanto, se Ipriv aumenta, não necessariamente aumenta a poupança privada.

d) **(V)** Multiplicador dos gastos em economia aberta: $\dfrac{\Delta Y}{\Delta G} = \dfrac{1}{1 - c(1 - t) + m}$.

Multiplicador dos gastos numa economia fechada: $\dfrac{\Delta Y}{\Delta G} = \dfrac{1}{1 - c(1 - t)}$.

Como: 0 < m < 1, então: $\dfrac{1}{1 - c(1 - t) + m} < \dfrac{1}{1 - c(1 - t)}$.

Logo, multiplicador numa economia aberta < multiplicador numa economia fechada.

e) **(F)** Como o multiplicador dos gastos do governo é maior que o multiplicador das transferências, então, caso o governo aumente seus gastos, a renda e o Produto aumentarão, e, se o governo resolver transferir o mesmo montante que gastou, a renda e o produto se reduzirão, porém em menor intensidade que o aumento provocado pelos gastos do governo. Ou seja, o aumento provocado pelos gastos será maior que a redução provocada pelas transferências.

$\dfrac{\Delta Y}{\Delta G} = \dfrac{1}{1 - c}$ (I) e $\dfrac{\Delta Y}{\Delta R} = \dfrac{c}{1 - c}$ (II)

Supondo-se que: $\Delta G = 10$; $\Delta R = -10$; $c = 0{,}75$, então:

(I) $\dfrac{\Delta Y}{10} = \dfrac{c}{1 - 0{,}75}$

$\Delta Y = 40$

(II) $\dfrac{\Delta Y}{-10} = \dfrac{0{,}75}{1 - 0{,}75}$

$\Delta Y = -30$

Se (I) e (II) ocorrem simultaneamente:
$\Delta Y = 40 - 30$
$\Delta Y = 10$.

14. V, F.

a) **(V)** Se o governo gasta com despesas de custeio ou com despesa de capital, o efeito multiplicador sobre a renda será: $\dfrac{\Delta Y}{\Delta G} = \dfrac{1}{1 - c}$.

Se o governo gasta por meio de suas transferências, o efeito multiplicador sobre a renda será:

$\dfrac{\Delta Y}{\Delta R} = \dfrac{c}{1 - c}$.

Portanto, dependendo da estrutura funcional do gasto, o efeito sobre a renda e o Produto poderá ser maior ou menor.

b) **(F)** Quando ocorre aumento nos impostos e na importação, o Produto da economia diminui.

E o que determina o valor do multiplicador Keynesiano é: $\text{Mult} = \dfrac{1}{1 - c(1 - t) + m}$.

Onde: c = PmgC = Propensão marginal a Consumir; t = PmgT = Propensão marginal a Tributar; e m = PmgM = Propensão marginal a Importar.
Portanto, variações da importação e dos impostos não alteram o multiplicador. O que poderia alterar o multiplicador seria a Propensão marginal a Consumir (c), a Propensão marginal a Tributar (t) e a Propensão marginal a Importar (m).

15. "b". Dado que o multiplicador é:
Multiplicador = 1/1 – c
Multiplicador = 1/1 – 1
Multiplicador = 1/0
Multiplicador = ∞

16. F, V, F, F, V.
a) (F) Sabendo-se que:
Saldo em transações correntes = Poupança Externa = 0
Gasto do Governo ↑
Consumo e Investimento = constante
Y = C + I + G + X – M
Y = C + I + G↑ + X – M
 ⎵
 Constante

A questão cita que a poupança externa é zero, mas isso não significa que necessariamente (X – M) seja zero, já que poupança externa é a soma de Importação com Renda Líquida Enviada ao Exterior subtraída de Exportação. Portanto, mesmo G aumentando, não significa necessariamente que o produto aumente.

b) (V) Sabendo-se que: I ↑ = Spriv$_{constante}$ + Sgov ↓ + Sext, quando o saldo em transações correntes diminui significa que ficou mais deficitário e, portanto, a poupança externa aumentou.
Quando a poupança do governo diminui e o investimento aumenta, permanecendo constante a poupança privada, então a poupança externa (Sext) deverá aumentar.

c) (F) O pagamento de maiores salários aos servidores públicos representa um gasto do governo, e o aumento das transferências de assistência social, como o Bolsa Família, representa uma transferência do governo. Os gastos do governo apresentam um impacto maior que as transferências sobre o produto e a renda da economia, porque o efeito multiplicador dos gastos é maior que o efeito multiplicador das transferências.

d) (F) O deflator do PIB = Produto Nominal do PIB/Produto Real do PIB.

ANO	PRODUTO NOMINAL	PRODUTO REAL	DEFLATOR DO PIB
1	200	200	1
2	246	205	246/205 = 1,2

A variação do deflator será igual a: (1,2 – 1)/1 = 0,2 = 20%.

e) (V) No caso de uma economia aberta e sem governo, a diferença entre o Produto Interno Bruto (PIB) e a Renda Nacional Líquida (RNL) é a Renda Líquida Enviada para o Exterior (RLEE) mais Depreciações.
Como: PIB = RNL + RLEE + depreciação, então: PIB – RNL = RLEE + depreciação.

17. "e". Se há um hiato deflacionário (queda de preços) de 60 bi, é necessário aquecer a economia e fazer, portanto, com que a demanda aumente em 60 bi. Para tanto, deve haver:
ΔY/ΔG = multiplicador
60/ΔG = 4
ΔG = 15

18. "d". Sabendo-se que: PmgS = 0,3; PmgC = 0,7; e ΔI = 400, então:
ΔY/ΔI = 1/1 – c
ΔY/400 = 1/0,3
ΔY = 1.333,33

19. "d". Sabendo-se que: PmgC = 0,8; e ΔI = 12.000, então:
ΔY = ?
ΔY/ΔI = 1/1 – c
ΔY/12.000 = 1/0,2
ΔY = 60.000

20. "d". Multiplicador = 1/1 – c, quando c aumenta, o multiplicador aumenta. Portanto, o multiplicador e a Propensão marginal a Consumir mantêm uma relação crescente.
Ou: Multiplicador = 1/s, quando s aumenta, o multiplicador diminui. Portanto, o multiplicador e a Propensão marginal a Poupar mantêm uma relação decrescente.

21. "c". Mantida a Propensão marginal a Consumir, e considerando a economia fechada e com governo, sabe-se que um choque dos gastos públicos de 100 u.m. elevou o produto em 250 u.m. Então, a Propensão marginal a Tributar é 0,25.
Se $\Delta G = 100$ e $\Delta Y = 250$, o multiplicador dos gastos do governo = $\Delta Y/\Delta G = 2,5$. O multiplicador dos gastos do governo = $1/1 - c (1 - t)$ e a Propensão marginal a Consumir (c) antes da entrada do governo pode ser encontrada por meio do multiplicador do investimento, ou seja:

$\Delta Y/\Delta I = 1/(1 - c)$
$400/100 = 1/(1 - c)$
$4 = 1/(1 - c)$
$4 - 4c = 1$
$c = 0,75$

Então:

$2,5 = 1/1 - 0,75 (1 - t)$
$2,5 = 1/1 - 0,75 - 0,75t$
$2,5 = 1/(0,25 - 0,75t)$
$0,625 - 1,875t = 1$
$1,875t = 0,375$
$t = 0,2$. A alternativa "c" é verdadeira, portanto.

Nas condições citadas, após o aumento no investimento e ao novo nível de produto, a poupança terá experimentado crescimento de 150 u.m.
$\Delta I = 100$ e $\Delta Y = 400$
Logo, como se trata de uma economia fechada e sem governo, então:
$Y = C + I$ e
$\Delta Y = \Delta C + \Delta I$
$400 = \Delta C + 100$
$\Delta C = 300$
Como:
$\Delta Y = \Delta C + \Delta S$
$400 = 300 + \Delta S$
$\Delta S = 100$, que será igual à variação do investimento. Logo, a alternativa "a" é falsa.

O aumento no consumo, decorrente do choque no investimento e ao novo nível de produto, foi de 300 u.m., e a Propensão média a Consumir (PmeC) é de 0,75, já que:
PmeC = C/Y
PmeC = 300/400
PmeC = 0,75. Logo, a alternativa "b" é falsa.

O multiplicador de Haavelmo afirma que, quando o governo altera seu gasto na mesma intensidade com que altera seus tributos, a renda e o Produto da economia variam nessa mesma intensidade. A alternativa "d" é falsa, portanto.
É correto afirmar que o multiplicador Keynesiano na economia com dois setores (famílias + empresas) é maior do que na economia com três setores (famílias + empresas + governo). Observe:
Multiplicador para uma economia 2 setores = $1/1 - c$
Multiplicador para uma economia 3 setores = $1/1 - c (1 - t)$

Como $\dfrac{1}{1-c} > \dfrac{1}{1-c(1-t)}$, então a alternativa "e" é falsa.

22. F. Sabendo-se que $\Delta I = 1$ e $c = 0,8$, o multiplicador do Investimento é:

$$\frac{\Delta Y}{\Delta I} = \frac{1}{1-c}$$

$\Delta Y = 5$

$\% \Delta Y = \dfrac{\Delta Y}{Y} = 5/110 = 0,045 = 4,5\%$

23. V, V, V.
a) **(V)** Sabendo-se que o multiplicador dos gastos do governo se define por:
$\Delta Y/\Delta G = 1/1 - c$, então:
$\Delta Y/100 = 1/1 - 0,8$
$\Delta Y = 500$

b) **(V)** Para que o produto possa aumentar em 500 para atender ao aumento da demanda agregada, é necessário que haja capacidade de produção na economia, ou seja, é necessário que os recursos não estejam sendo plenamente utilizados para que possam ser usados para expandir o produto.

c) **(V)** O multiplicador dos gastos do governo se define por: $\Delta Y/\Delta G = 1/1 - c$; ou $\Delta Y/\Delta G = 1/s$, onde: s = Propensão marginal a Poupar.

24. F, F, V.
a) **(F)** $Y = C + I + G + X - M$
$Y = 10 + 0,8(Y - T) + 10 + 5 + 6 - 5$
$Y = 10 + 0,8(Y - 5) + 16$
$Y = 26 + 0,8Y - 4$
$0,2Y = 22$
$Y = 110$

b) **(F)** $Y = C + G$
$Y = 10 + 0,8(Y - T) + 5$
$Y = 15 + 0,8(Y - 5)$
$Y = 15 + 0,8Y - 4$
$0,2Y = 11$
$Y = 55$

c) **(V)** $\Delta I = 1$
$\Delta Y = ?$
$\Delta Y/\Delta I = 1/1 - c$
$\Delta Y = 1/1 - 0,8$
$\Delta Y = 5$
O produto de equilíbrio antes do aumento dos investimentos é:
$Y = C + I$
$Y = 10 + 0,8Y + 10$
$0,2Y = 20$
$Y = 100$
Portanto, a variação percentual do produto é: $\Delta Y/Y = 5/100 = 0,05 = 5\%$.

25. F. O multiplicador dos gastos do governo é: $\Delta Y/\Delta G = 1/1 - c$, logo, sabendo que, $0 < C < 1$, o multiplicador do governo será positivo e maior que "1".

26. "d".
$\Delta Y/\Delta G = 1/1 - c$
$\Delta Y/\Delta G = 1/1 - 0,8$
$\Delta Y/\Delta G = 1/0,2$
$\Delta Y/\Delta G = 5$

27. "c". O multiplicador dos gastos do governo ($\Delta Y/\Delta G$) se define por: $1/1 - c(1 - t) + m$. Não há, portanto, relação com o multiplicador monetário ($\Delta M_1/\Delta B$), que se define por: $1/1 - d(1 - R)$, assunto a ser visto no capítulo 11. Se a Propensão marginal a Consumir (c) aumenta, o multiplicador dos gastos do governo aumenta. Se a Propensão marginal a Tributar (t) aumenta, o multiplicador dos gastos diminui, ou se "t" diminui, o multiplicador dos gastos do governo aumenta. O multiplicador dos gastos do governo é igual ao multiplicador do consumo, do investimento e das exportações e é uma função crescente da Propensão marginal a Consumir (c) e, portanto, uma função decrescente da Propensão marginal a Poupar (s), já que "c" e "s" são complementares para "1" (c + s = 1).

28. "c". Sabendo-se que o multiplicador do investimento é igual a: $\Delta Y/\Delta I = 1/1 - c$, então $\Delta Y/2.800 = 1/1 - 0,8$. Logo: $\Delta Y = 14.000$.

29. "a". Sabendo-se que o multiplicador dos tributos é igual a:
$\Delta Y/\Delta T = -c/1 - c + m$, então:
$84.350/-48.200 = -0,7/(1 - 0,7 + m)$
$-1,75 = -0,7/0,3 + m$
$-0,525 - 1,75m = -0,7$
$1,75m = 0,175$
→ m = 0,1 ou 10%

30. "c". O nível de equilíbrio da renda e do produto antes da redução dos tributos é de:
Y = C + I + G
Y = 100 + 0,8Y + 300 + 400
Y = 800 + 0,8 (Y − T)
Y = 800 + 0,8 (Y − 400)
Y = 800 + 0,8Y − 320
0,2Y = 480
Y = 2.400

O nível de equilíbrio da renda e produto quando os tributos são reduzidos para 300 é:
Y = C + I + G
Y = 100 + 0,8 (Y − T) + 300 + 400
Y = 800 + 0,8 (Y − 300)
Y = 800 + 0,8Y − 240
0,2Y = 560
Y = 2.800

A variação na renda e produto de equilíbrio que torna a oferta agregada igual à demanda agregada é de 400 (2.800 − 2.400). Portanto, o aumento da demanda em 400 foi quatro vezes maior, em módulo, que a redução dos impostos em 100. Logo, a alternativa correta é a "c".
Como a economia não se encontra no pleno emprego nem no produto potencial, o aumento da demanda agregada não gerará elevação de preços já que é possível aumentar o produto para atender ao aumento dessa demanda. A alternativa "a" é falsa.

Antes da redução do tributo, o consumo e a poupança eram de:
C = 100 + 0,8Yd
S = −100 + 0,2Yd
C = 100 + 0,8 (Y − T)
S = −100 + 0,2 (Y − T)
C = 100 + 0,8 (2.400 − 400)
S = −100 + 0,2 (2.400 − 400)
C = 1.700
S = 300

Com a redução dos tributos, o consumo e a poupança passaram a ser de:
C = 100 + 0,8 Yd
S = –100 + 0,2Yd
C = 100 + 0,8 (Y – T)
S = –100 + 0,2 (Y – T)
C = 100 + 0,8 (2.800 – 300)
S = –100 + 0,2 (2.800 – 300)
C = 2.100
S = 400

Logo, o consumo aumentou 400 (2.100 – 1.700) e a poupança aumentou 100 (400 – 300). Portanto, a alternativa "b" é a falsa.
Percebe-se que com a redução dos tributos, tanto o consumo como a poupança aumentam. Portanto, a alternativa "d" é falsa.
O consumo aumentou em 400 (= 2.100 – 1.700) e a renda disponível aumentou em 500 (2.500 – 2.000).

Antes da redução dos impostos, a renda disponível (Yd) era de:
Yd = Y – T
Yd = 2.400 – 400
Yd = 2.000
Depois da redução dos impostos, a renda disponível (Yd) é de:
Yd = 2.800 – 300
Yd = 2.500
Logo, a alternativa "e" é falsa.

31. "a".
C = Ca + 0,85Yd →
C = 400 + 0,85Yd
I = 300   G = 500   T = 150

O produto de equilíbrio será de:
Y = C + I + G
Y = 400 + 0,85Yd + 300 + 500
Y = 1.200 + 0,85Yd
Y = 1.200 + 0,85 (Y – T)
Y = 1.200 + 0,85 (Y – 150)
Y = 1.200 + 0,85Y – 127,5
0,15Y = 1.072,5
Y = 7.150

Logo, a alternativa "a" é verdadeira.
Caso haja variação nos gastos do governo, o produto e a renda de equilíbrio deverão variar em uma proporção maior devido ao efeito multiplicador dos gastos, ou seja:

$\Delta Y/\Delta G = 1/1 - c$
$\Delta Y/\Delta G = 1/1 - 0,8$
$\Delta Y/\Delta G = 5 \to \Delta Y/1 = 5 \to \Delta Y = 5$

Logo, se os gastos do governo variarem em 1 unidade, o produto expandirá em 5 unidades. Portanto, a alternativa "b" é falsa.
O multiplicador de gastos é:

$\Delta Y/\Delta G = 1/1 - c$ ou $\Delta Y/\Delta G = 5$

O multiplicador da tributação é:

$\Delta Y/\Delta T = -c/1 - c$ ou $\Delta Y/\Delta T = -4$

10 ■ Multiplicador no Mercado de Bens. Multiplicador Keynesiano

Caso o governo gaste o mesmo valor que tributa, então o produto aumentará no valor do gasto ou tributação.
Por exemplo, se o governo resolver gastar mais 10 e tributar mais 10 simultaneamente, então o produto aumentará em 10. Veja a seguir:
Sabendo que o multiplicador dos gastos é:

$\Delta Y/\Delta G = 1/1 - c$ ou $\Delta Y/\Delta G = 5$

E o multiplicador da tributação é:

$\Delta Y/\Delta T = -c/1 - c$ ou $\Delta Y/\Delta T = -4$

Então:

$\left. \begin{array}{l} \Delta Y/10 = 5 \rightarrow \Delta Y = 50 \\ \Delta Y/10 = -4 \rightarrow \Delta Y = -40 \end{array} \right\}$ ΔY total $= 10$

Portanto, a alternativa "c" é falsa.
Se o produto potencial é de 9.000 unidades, no ponto de equilíbrio da renda e do produto (que é de 7.150), a economia estará operando abaixo do produto potencial. A alternativa "d" é, portanto, falsa.
O multiplicador dos gastos do governo é igual a 5. Portanto, a alternativa "e" é falsa.

32. "b". Pelo multiplicador do orçamento equilibrado (conhecido como multiplicador de Haavelmo), sabe-se que, quando o governo aumenta seus gastos na mesma proporção que aumenta sua tributação, o produto aumenta na mesma magnitude. Logo, se o governo aumentou os gastos e a tributação em 1.000, então o produto da economia deverá aumentar em 1.000 também.

Calculando, matematicamente, tem-se:

$\Delta Y_1/\Delta G = 1/1 - c \rightarrow \Delta Y_1/1.000 = 1/1 - 0,8 \rightarrow \Delta Y_1 = 5.000$

$\Delta Y_2/\Delta T = -c/1 - c \rightarrow \Delta Y_2/1.000 = -0,8/1 - 0,8 \rightarrow \Delta Y_2 = -4.000$

$\Delta Y_{total} = \Delta Y_1 + \Delta Y_2 = 1.000$

33. "a". Dados:
$\Delta Y = ?$
$\Delta C = 1$
$c = 0,6$
Logo:
$\Delta Y / \Delta C = 1 / 1 - c$
$\Delta Y / 1 = 1 / 1 - 0,6$
$\Delta Y = 1 / 0,4$
$\Delta Y = 2,5$

34. "a". Dados:
$\Delta Y = ?$
$\Delta I = 1$
$s = 0,25$

Logo:
$\Delta Y / \Delta I = 1 / 1 - c$
Como $s = 0,25$, então, $c = 0,75$, já que $s + c = 1$
$\Delta Y / 1 = 1 / 1 - 0,75$
$\Delta Y = 1 / 0,25$
$\Delta Y = 4$

35. "d". Se a propensão marginal a consumir (c) aumenta, então o consumo aumenta, já que: $C = Ca + c \cdot Yd$. Se "c" aumenta, então a propensão marginal a poupar, "s", diminui, já que: $c + s = 1$. E se "s" diminui, a poupança diminui, já que: $S = Sa + s \cdot Yd$.

36. "a". Sabendo que:
Y = C + I
Multiplicador = 1 / 1 − c
Então, substituindo valores da alternativa "a", temos:
Multiplicador = 1 / 1 − 0,6
Multiplicador = 2,5
Y = 150 + 0,6Y + 70
0,4Y = 220
Y = 550

37. "e". O multiplicador do orçamento equilibrado é igual a 1, ou seja, se o governo gastar e tributar o mesmo valor, a renda e o produto da economia aumentam exatamente o valor do aumento do gasto ou do tributo.

38. "a". O multiplicador dos gastos do governo é:
ΔY / ΔG = 1 / 1 − c

Como a propensão marginal a consumir, "c", é igual a 0,8, então:
ΔY / 80 = 1 / 1 − 0,8
ΔY = 400

39. "c". O multiplicador dos gastos do governo associa uma variação da renda e do produto da economia mediante uma variação dos gastos do governo. Portanto:
Multiplicador dos gastos = ΔY / ΔG
Multiplicador dos gastos = 4 / 2
Multiplicador dos gastos do governo = 2

40. "b".
Multiplicador dos gastos = ΔY / ΔG = 1 / 1 − c (1 − t)
250 / 100 = 1 / 1 − c (1 − 0,20)
250 / 100 = 1 / 1 − 0,8c
2,5 = 1 / 1 − 0,8c
2,5 − 2c = 1
2c = 1,5
c = 0,75
Logo, "s" (propensão marginal a poupar) é igual a 0,25, já que: c + s = 1.

41. Certo. O multiplicador dos gastos do governo é maior que o multiplicador da tributação em valores absolutos. Assim, vejamos:
ΔY / ΔG = 1 / 1 − c
ΔY / ΔT = −c / 1 − c
ΔY / ΔG > |ΔY / ΔT|
Portanto, se o governo gasta um determinado valor, o produto aumenta mais do que se ele reduzisse a tributação no mesmo valor.

42. "b". O multiplicador dos gastos do governo é:
ΔY / ΔG = 1 / 1 − c
E o multiplicador dos tributos é:
ΔY / ΔT = −c / 1 − c

Como c < 1, então, em valores absolutos: ΔY / ΔG > ΔY / ΔT, independentemente do valor de "c". A alternativa "b" está correta.
Um aumento nos gastos do governo no mesmo montante do aumento nos tributos terá efeito positivo sobre a renda, porque a soma do multiplicador dos gastos do governo e dos tributos é igual a um. Logo, se o governo gastar um montante "X" e tributar o mesmo montante "X", o produto da economia aumentará nesse mesmo montante "X". A alternativa "a" está incorreta. Tanto o multiplicador dos gastos do governo quanto o dos tributos têm relação direta com a propensão marginal a consumir. Assim, se "c" aumenta, o multiplicador dos gastos do governo e dos tributos, em valores absolutos, aumenta também. A alternativa "c" está incorreta.

O multiplicador dos gastos do governo e dos tributos apresenta uma relação inversa com a propensão marginal a poupar, ou seja, quanto maior a propensão marginal a poupar, menor o multiplicador dos gastos do governo e dos tributos, em valores absolutos. As alternativas "d" e "e" estão incorretas.

43. "a". O multiplicador dos gastos do governo é:
$\Delta Y / \Delta G = 1 / 1 - c + m$
$4.000 / 1.000 = 1 / 1 - 0,8 + m$
$4 = 1 / 0,2 + m$
$0,8 + 4m = 1$
$4m = 0,2$
$m = 0,05$

44. Errado. O multiplicador dos tributos é:
$\Delta Y / \Delta T = -c / 1 - c$

45. "d". O multiplicador dos gastos financiados por tributos será igual a 1. O multiplicador dos gastos não financiados pelos tributos será igual ao multiplicador do consumo e do investimento e igual a: $1/1-c$. A alternativa "d" está incorreta.
Se a propensão marginal a consumir for 0,8, o multiplicador será 5. Vejamos:
Multiplicador = $1/1-c$
Multiplicador = $1/1-0,8$
Multiplicador = 5. A alternativa "a" está correta.
De acordo com a teoria do orçamento equilibrado, se o governo gastar exatamente o mesmo valor que tributa, a renda e produto da economia aumentarão nesse mesmo valor, ou seja, o multiplicador será igual a 1. A alternativa "b" está correta.
Se a propensão marginal a poupar for 0,4, a propensão marginal a consumir será igual a 0,6, já que as duas propensões são complementares para 1. Então o multiplicador será:
Multiplicador = $1/1-c$
Multiplicador = $1/1-0,6$
Multiplicador = 2,5. A alternativa "c" está correta.
O aumento de gastos eleva o produto e a renda de equilíbrio. A elevação da taxa de juros reduz o produto e a renda de equilíbrio. Logo, se ocorrerem simultaneamente, darão origem ao aumento da demanda agregada em proporção menor que a prevista pelo multiplicador keynesiano. A alternativa "e" está correta.

46. Errado. O multiplicador dos gastos é:
$\Delta Y / \Delta G = 1 / 1 - c$
$\Delta Y / 6 = 1 / 1 - 0,5$
$\Delta Y = 12$
Logo, a renda e o produto da economia irão variar duas vezes a variação dos gastos do governo.

47. "e".
Y = demanda agregada doméstica + demanda externa
$Y = 500 + 0,5Y - 100i - 200$
$Y = 300 + 0,5Y - 100 \cdot 0,01$
$0,5Y = 300 - 1$
$0,5Y = 299$
$Y = 598$
Multiplicador = $1/1-c$
Multiplicador = $1/1-0,5$
Multiplicador = 2

48. "e".
$I + G = Y - C$
Ou:
$Y = C + I + G$
$Y = a + bY + A$
$Y - bY = a + A$
$Y(1-b) = a + A$
$Y = [1/1-b]a + A$
O multiplicador dos componentes autônomos agregados é: $1/1-b$ ou: $1/1-0,8 = 5$.

49. "d". Um aumento de 40% dos gastos do governo equivale a um aumento, em valores absolutos, de:
300 · 40% = 120
Logo, o aumento da renda será de:
ΔY / ΔG = 1 / 1 – c + m
ΔY / ΔG = 1 / 1 – 0,8 + 0,3
ΔY / 120 = 1 / 0,5
ΔY = 240

Antes do aumento dos gastos, a renda e produto de equilíbrio eram de:
Y = C + I + G + X – M
Y = 100 + 0,8Y + 400 + 300 + 100 – (20 + 0,3Y)
Y = 880 + 0,5Y
0,5Y = 880
Y = 1.760

Logo, o aumento, em valores percentuais, da renda e do produto foi de:
%ΔY = ΔY / Y = 240 / 1.760 = 0,1364 = 13,64%

50. "a". Quando o governo gasta, todo o seu gasto será convertido integralmente em bens e serviços. Quando o governo transfere, apenas a parte que será destinada ao consumo será convertida em bens e serviços. A parte que for poupada não será transformada em bens e serviços. Por conta disso, o produto e a renda da economia aumentarão numa proporção maior quando o governo gasta do que quanto ele transfere, já que as transferências afetam a demanda agregada indiretamente através da renda disponível, e o gasto afeta a demanda agregada diretamente. Podemos perceber que o multiplicador do gasto é maior que suas transferências pela fórmula dos multiplicadores de ambos também. Assim, vejamos:
ΔY / ΔG = 1 / 1 – c → multiplicador dos gastos do governo
ΔY / ΔR = –c / 1 – c → multiplicador das transferências
Como "c" oscila entre "0" e "1", então:
ΔY / ΔG > ΔY / ΔR

51. "e". Se as empresas ofertam mais do que seria necessário para atender à demanda, embora tenham capacidade para produzir ainda mais, haverá a formação de estoques indesejados, o que obrigará as empresas a diminuir a produção e, consequentemente, a reduzir o emprego. A alternativa "e" está correta.
O princípio de demanda efetiva keynesiano baseia-se na hipótese de rigidez de preços. A alternativa "a" está incorreta.
Para Keynes, o consumo cresce proporcionalmente menos que a renda. Para isso, basta constatarmos que, conforme a renda aumenta, o consumo aumenta, porém numa proporção cada vez menor. Percebemos isso quando vemos que a propensão média a consumir diminui à medida que a renda aumenta, pois os indivíduos de rendas elevadas têm o hábito de poupar uma proporção maior de suas rendas. Essa relação conduz a uma situação de instabilidade econômica, caracterizada por níveis aviltados de renda e índices elevados de desemprego. Nessa situação, o governo deveria incentivar seus gastos, de modo a aumentar a renda de equilíbrio. Ele não deveria estimular a importação porque esta fará com que a renda diminua, haja vista a fórmula: Y = C + I + G + X – M. Percebemos que, quando "M" aumenta, "Y" diminui. A alternativa "b" está incorreta.
No modelo keynesiano com consumo e investimento, o investimento é uma variável exógena e sua função contém apenas uma variável autônoma. A alternativa "c" está incorreta.
Se a função consumo for C = 280 + 0,76Y, o investimento I = 360, o gasto público G = 517 e a tributação T = 0,25Y, o multiplicador do gasto será 4,17. Vejamos:
Multiplicador do gasto = ΔY / ΔG = 1 / 1 – c (1 – t)
Multiplicador do gasto = 1 / 1 – 0,76 (1 – 0,25)
Multiplicador do gasto = 2,32
A alternativa "d" está incorreta.

52. "d". Se a propensão marginal a consumir (c) se eleva, o consumo se eleva e, por conseguinte, a renda e produto (Y) da economia se elevam, já que: $Y = C + I + G + X - M$. O item "I" está correto. Se há aumento do déficit público em decorrência do aumento dos gastos (G) e/ou redução dos tributos (T), o produto (Y) da economia deverá elevar-se, já que $Y = C + I + G + X - M$. O item "II" está incorreto. Se as exportações se elevarem ou as importações diminuírem, haverá uma elevação das exportações líquidas. O efeito de um aumento dessas exportações líquidas ou um aumento dos investimentos (I), desde que em mesma intensidade, provocarão um aumento no produto (Y) da economia em igual valor, já que o efeito multiplicador do investimento e das exportações é idêntico em valores absolutos, porém em sentido oposto. O item "III" está correto.
53. "d". Os gastos do governo não contabilizam as transferências. Estas estão contabilizadas na renda disponível (Yd), que consiste na diferença entre a renda total (Y) e a tributação líquida (T). A tributação líquida consiste na diferença entre a tributação bruta (Tg) e as transferências (R). Assim, vejamos: $Yd = Y - T$ $Yd = Y - (Tg - R)$. A alternativa "c" está incorreta e a "d" está correta. A função descrita a seguir: $Y = C_0 + C_1 Y - C_1 T + I + G$ Pode também ser escrita de maneira mais familiar: $Y = C_0 + C_1 (Y - T) + I + G$ ou $Y = C_0 + C_1 Yd + I + G$ O gasto autônomo (G) será: $G = Y - [C_0 + C_1 Y - C_1 T + I]$ A alternativa "a" está incorreta. Se a propensão marginal a consumir for igual a 0,5, o multiplicador será igual a: Multiplicador = $1 / 1 - C_1$ Multiplicador = $1 / 1 - 0,5$ Multiplicador = 2 A alternativa "b" está incorreta.
54. "c". Se o governo aumenta seus gastos, o produto (= renda) da economia aumenta: $\uparrow Y = C + I + \uparrow G + X - M$. Como o consumo é uma função da renda, ele se eleva também, levando a mais um aumento do produto (= renda) e, assim sucessivamente. É o conhecido efeito multiplicador: $\uparrow\uparrow Y = \uparrow C + I + \uparrow G + X - M$.
55. "b". A propensão marginal a consumir (c) somada a propensão marginal a poupar(s) é igual a 1. Assim, se "c" aumentar, "s" diminui.
56. "c". O teorema de Havelmo afirma que se o Governo aumentar seus gastos exatamente no montante do aumento dos tributos, mantendo seu orçamento em equilíbrio, a renda e produto da economia aumentarão no valor do aumento dos gastos e tributação. Assim, se o governo aumentar os gastos em 10 e a arrecadação de tributos aumentar em 10, o produto e renda da economia aumentarão em 10.
57. "e". O multiplicador dos gastos domésticos (seja do consumo, do investimento ou gasto do governo) é igual ao multiplicador das exportações. Observe, a seguir, as fórmulas dos multiplicadores. $\Delta Y/\Delta G = 1/ 1-c (1-t) +m - i$ $\Delta Y/\Delta C = 1/ 1-c (1-t) +m - i$ $\Delta Y/\Delta I = 1/ 1-c (1-t) +m - i$ $\Delta Y/\Delta X = 1/ 1-c (1-t) +m - i$

Todos esses multiplicadores terão valores iguais, ou seja:
$\Delta G/\Delta Y = 1/ 1 - 0,5 (1-0,4) + 0,1 - 0,4$
$\Delta G/\Delta Y = 1/ 1 - 0,5.0,6 + 0,1 -0,4$
$\Delta G/\Delta Y = 1/ 1 - 0,3 + 0,1 - 0,4$
$\Delta G/\Delta Y = 1/ 0,4$
$\Delta G/\Delta Y = 2,5$
A alternativa "e" está correta.
As transferências são compostas apenas do componente autônomo, ou seja, independe do nível de renda e produto. A alternativa "a" está incorreta.
$Y = C + I + G + X - M$
$Y = 200 + 0,5 Yd + 100 + 0,4Y + 400 + 200 + 0,4 Y^* - (100 + 0,1Y)$
$Y = 200 + 0,5 (Y - T + Tr) + 100 + 0,4Y + 400 + 200 + 0,4 Y^* - (100 + 0,1Y)$
$Y = 200 + 0,5 (Y - (50 + 0,4Y) + 50) + 100 + 0,4Y + 400 + 200 + 0,4 Y^* - (100 + 0,1Y)$
$Y = 800 + 0,5 (Y - 50 - 0,4Y + 50) + 0,4Y + O,4Y^* - 0,1Y$
$Y = 800 + 0,5 . 0,6Y + 0,4Y + 0,4. 2000 - 0,1Y$
$Y = 800 + 0,3Y + 0,4Y + 800 - 0,1Y$
$Y = 1600 + 0,6Y$
$0,4Y = 1600$
$Y = 4000$

No ponto de equilíbrio da renda e produto (Y = 4000), as contas do governo estão:

$\left.\begin{array}{l}G = 400 \\ Tr = 50\end{array}\right\} 450$

$T = 50 + 0,4 Y \to T = 50 + 0,4.4000 \to T= 1650$
Logo, há um superávit das contas do governo de 1200 (= 1650 – 450). A alternativa "b" está incorreta.
No ponto de equilíbrio da renda e produto (Y = 4000), as contas externas estão:
$X = 200 + 0,4 Y^* \to X = 200 + 0,4. 2000 \to X = 1000$
$M = 100 + 0,1Y \to M = 100 + 0,1. 4000 \to M = 500$
Logo, há um superávit comercial de 500 (=1000 – 500). A alternativa "c" está incorreta.
A propensão marginal a consumir, livre dos impostos, é:
$C = 200 + 0,5Yd$
$C = 200 + 0,5 (Y -T +Tr)$
$C = 200 + 0,5[(Y -(50 + 0,4Y)+ 50]$
$C = 200 + 0,5 [Y - 50 - 0,4Y + 50]$
$C = 200 + 0,5. 0,6Y$
$C = 200 + 0,3Y$
Logo, a propensão marginal a consumir, livre dos tributos é de 0,3. A sensibilidade do Investimento ao nível de renda e produto é de 0,4 (I = 100 + 0,4Y).
Portanto, a propensão marginal a consumir livre dos tributos é menor que a sensibilidade o Investimento ao nível de renda e produto. A alternativa "d" está incorreta.

58. "d". Para o produto agregado variar 6%, deverá aumentar 1008 (= 0,06 × 16 800).
Logo:
$\Delta Y/\Delta G = 1/1-c$
$1008/\Delta G = 1/ - 0,65$
$\Delta G = 352,80$
Para determinar essa variação em termos percentuais, tem que se determinar o Gasto do Governo antes da variação da renda/produto.
$Y = C + I + G$
$16 800 = 400 + 0,65 \times 16 800 + 2 200 + G$
$G = 3280$
Logo:
$\Delta G / G = 352,80 / 3 280 = 0,1075 = 10,75\%$

59. "c". Quando o governo altera seu gasto na mesma intensidade em que altera seus tributos, a renda e o Produto da economia variam também na mesma intensidade. Considera-se um modelo linear em que o consumo é função linear da renda e os demais componentes agregados são autônomos, ou seja, o multiplicador keynesiano é 1/1-c. Logo, o multiplicador do orçamento equilibrado, também chamado de multiplicador de Haavelmo, é igual a 1.

60. "a". Essa questão trata do multiplicador do orçamento equilibrado ou multiplicador de Haavelmo que afirma que quando o governo altera o seu gasto na mesma intensidade em que altera seus tributos, a renda e o Produto da economia variam também na mesma intensidade. Considera-se um modelo linear em que o consumo ou a poupança é função linear da renda e os demais componentes agregados são autônomos., ou seja, o multiplicador keynesiano é 1/1-c, ou 1/s.
Logo, se o governo gasta 100 e tributa 100, onde a única variável que seja função da renda é o Consumo ou a Poupança (propensão marginal a poupar = s = 0,25), então a renda e o produto aumentarão em 100.

61. "a". Se o governo deseja aumentar a demanda agregada (ΔY) em 680, deverá, por exemplo, aumentar os seus gastos ou reduzir a tributação.
Então:
$\Delta Y/\Delta G$ = multiplicador dos gastos
680/ ΔG = 4 → ΔG = 170. A alternativa "" está correta e a alternativa "e" está incorreta.
Como o multiplicar da tributação é menor que o multiplicador dos tributos, então para aumentar a demanda agregada em 680 é necessário reduzir a tributação em mais que 170. A alternativa "b" está incorreta.
O aumento da Base monetária ou a apreciação da moeda não serão capazes de elevar a demanda agregada via multiplicador do governo. As alternativas "c" e "d" estão incorretas.

62. "b". O multiplicador é igual a 1/1-c, onde "c" é a propensão marginal a consumir. Logo:
Multiplicador = 1 / 1 – 0,6
Multiplicador = 2,5

11

MERCADO MONETÁRIO

11.1. A ORIGEM DA MOEDA METÁLICA, MOEDA-PAPEL, PAPEL-MOEDA E MOEDA FIDUCIÁRIA

A moeda é um ativo de curso forçado, ou seja, que deve ser aceita como meio de pagamento por todos os agentes econômicos. Ela representa o ativo de maior liquidez na economia. Constituem-se moeda: as cédulas, as moedas metálicas, os saldos em conta corrente nas agências bancárias e os cheques de viagem.

Para realizar suas trocas, o homem, a princípio, utilizou-se do **escambo**, ou seja, da troca direta de mercadorias. Para tanto, porém, havia a necessidade da coincidência de desejos. Assim, se o indivíduo "A" produzisse batata e desejasse do indivíduo "B" tomates, precisaria que o indivíduo "B" desejasse possuir batatas. Era preciso criar uma **mercadoria-moeda** para servir de intermediário das trocas, que fosse suficientemente rara para ter valor e atendesse às necessidades dos agentes para ter aceitação geral. Foram criadas, então, as mercadorias-moeda, como tecidos, cereais, sal, gado etc. No Quadro 11.1, é possível conhecer as principais mercadorias utilizadas como moeda em diferentes épocas e regiões.

Quadro 11.1. Principais mercadorias utilizadas como moeda, em diferentes épocas e regiões

ÉPOCAS E REGIÕES	PRINCIPAIS MOEDAS-MERCADORIAS
Antiguidade	
EGITO	Cobre. Anéis de cobre, como subdivisão da unidade-peso.
BABILÔNIA E ASSÍRIA	Cobre, prata e cevada.
LÍDIA	Peças metálicas e cunhadas. Embora existam dúvidas históricas, os lídios (século XVII a.C.) teriam sido os primeiros povos a cunhar moedas, atestando seu peso e título.
PÉRSIA	Gado, sobretudo bovinos e ovinos.
BRETANHA	Barras de ferro. Espadas de ferro. Escravos.
ÍNDIA	Animais domésticos. Arroz. Metais (notadamente ouro e cobre).
CHINA	Conchas, seda e metais. Instrumentos agrícolas. Cereais. Sal.
Idade Média	
ILHAS BRITÂNICAS	Moedas de couro (precursoras das cédulas de papel). Gado. Ouro e prata em unidades-peso.

ALEMANHA	■ Gado (início da Idade Média). Cereais (notadamente aveia e centeio). Mel. Moedas cunhadas. *Solidus*, de ouro; e *denar*, de prata.
ISLÂNDIA	■ Gado. Tecidos. Peixes secos (notadamente o bacalhau).
NORUEGA	■ Gado bovino. Escravos. Tecidos. Manteiga. Peles curtidas.
RÚSSIA	■ Gado bovino. Peles de esquilo e de marta. Prata, em unidades-peso.
CHINA	■ Arroz (como instrumento de troca e unidade de conta). Chá. Sal. Peças de ferro, estanho e prata, com valores inter-relacionados.
JAPÃO	■ Anéis de cobre, cobertos com ouro e prata. Pérolas. Ágata. Arroz.
Idade Moderna	
ESTADOS UNIDOS	■ Época colonial: fumo, cereais, carnes-secas, madeira e gado.
AUSTRÁLIA	■ Rum, trigo e carne (nos primórdios da colonização britânica).
CANADÁ	■ Peles e cereais.
FRANÇA	■ Após a desvalorização dos *assignats*: metais preciosos e cereais.
ALEMANHA E ÁUSTRIA	■ No Tirol: terra, como denominador comum de valores; gado, como instrumento de troca.
JAPÃO	■ Arroz. *Warrants*, emitidos por depósitos desse cereal, até o século XVII foram usados como moeda.

Fonte: Lopes e Rossetti[1].

Lopes e Rossetti explicam que "os primeiros tipos de moeda tinham, essencialmente, valor de uso; e, sendo este comum e geral, passaram a ter, concomitantemente, valor de troca. Só com o correr do tempo, com a passagem de um tipo de moeda para outro, os instrumentos monetários foram submetidos a um processo gradual, porém lento, de desmaterialização, em decorrência do qual a exigência de valor de uso foi paulatinamente abandonada, enfatizando-se de forma crescente o valor de troca"[2].

No decorrer do tempo, as **mercadorias-moedas**, por não guardarem em si as principais características da moeda[3] e pelo fato de algumas mercadorias possuírem um grande valor de uso não correspondendo a uma unidade monetária, passaram a ser substituídas pelos **metais** (inicialmente o cobre, bronze e ferro e depois o ouro e a prata), cujo **valor de uso** não comprometia o **valor de troca**, além de melhor

---

[1] João do Carmo Lopes e José Paschoal Rossetti, *Economia monetária*, 1995, p. 28.
[2] João do Carmo Lopes e José Paschoal Rossetti, *Economia monetária*, 1995, p. 27.
[3] As principais características da moeda são: **indestrutibilidade**, ou seja, não pode ser destruída; **homogeneidade**, ou seja, segue um padrão de maneira a fazer com que duas moedas de igual valor sejam sempre iguais; **divisibilidade**, ou seja, pode ser fracionada de maneira a possuir múltiplos e submúltiplos que permitam fazer grandes ou pequenas transações; **transferibilidade**, ou seja, deve ser fácil de passar de um possuidor para outro; **facilidade de manuseio e transporte**, ou seja, é fácil de se manipular, devendo ser leve e fácil de ser carregada; **baixo custo de transação** de maneira a não onerar quem cria a moeda; **dificuldade de falsificação** de maneira a aumentar a confiança e a aceitação do público.

respeitarem as características exigidas para uma moeda[4]. Surgiram, portanto, as **moedas metálicas**.

Com o desenvolvimento econômico, os metais preciosos passaram a apresentar algumas inconveniências, como a dificuldade de transporte em decorrência do peso e o aumento do risco de roubos. Daí, surgiram as **casas de custódia**, que passaram a guardar os metais monetários sob custódia e a conceder para os depositantes um certificado de depósito que passou a circular na economia, o que deu origem à **moeda-papel**, que possuía lastro de 100% **conversível** nos metais depositados e poderia ser **transferível**.

A casa de custódia começou a verificar que a reconversão de moeda-papel em metais preciosos não era solicitada pelos depositantes no mesmo momento, o que permitiu a emissão de certificados de depósito não 100% lastreados. A confiança do público em relação a esses novos certificados fez nascer a **moeda fiduciária**, passando a moeda-papel para o **papel-moeda**, com a característica de ser **transferível e inconversível**. No decorrer do tempo, o exagero da emissão de papel-moeda levou o sistema monetário a quebrar, obrigando o Estado a regulamentar a emissão do papel-moeda. Surgiram, então, os **Bancos Centrais**, com a finalidade de controlar essa emissão e como meio de se financiar os Estados Nacionais. A partir da Primeira Guerra Mundial, todos os países passaram a emitir o papel-moeda de maneira inconversível[5]. Atualmente, os sistemas monetários apresentam a característica de serem **inconversíveis, sem lastro** metálico, tendo o Estado o **monopólio de emissão**.

11.2. FUNÇÕES DA MOEDA

A moeda apresenta três funções:

■ **Meio de troca**, ou seja, a moeda evita o escambo[6] e torna desnecessária a coincidência de desejos, ou seja, o agente A pode adquirir mercadorias do agente B, pagando com moeda por isso, não sendo obrigado o agente B a adquirir mercadorias do agente A. De acordo com Paulani e Braga: "Uma das principais funções da moeda é justamente a de ser **meio de troca**, ou, em outras palavras, a de ser exatamente aquele elemento que viabiliza a ocorrência de milhares de trocas a cada momento, porque *intermedeia o movimento das mercadorias,* permitindo que elas troquem de mãos"[7].

■ **Unidade de conta**, ou seja, a moeda serve para contar o valor de cada mercadoria. Paulani e Braga reforçam que: "uma mercadoria A tem seu valor expresso não de inúmeras formas, mas de uma única forma e, melhor ainda, a mercadoria

---

[4] Na Idade Média, os senhores feudais eram quem cunhavam as moedas e estipulavam seu valor de face. Na medida em que para a mesma moeda era estipulado um maior valor nominal, ocorria a apropriação de valor por parte deles. A esse processo, dá-se o nome de senhoriagem.

[5] O Dólar, até 1971, apresentava lastro metálico proporcional. Atualmente, não é mais materializado.

[6] Entende-se por escambo a troca pura, a troca direta de mercadorias e serviços sem a intermediação da moeda.

[7] Leda Maria Paulani e Bobik Braga, *A nova contabilidade social*, 2007, p. 184.

que está servindo para a expressão do valor de A é a mesma que está servindo para expressar os valores de todas as demais. É nesse sentido preciso que se diz que a moeda é unidade de conta"[8].

■ **Reserva de valor**, ou seja, a moeda permite que o agente econômico retenha consigo o valor de uma venda, levando-o ao entesouramento. Assim, de acordo com a conveniência e a oportunidade do agente, as transações poderão ser alocadas no tempo. Em períodos inflacionários, os agentes econômicos tendem a trocar sua moeda por títulos que rendam juros e correção monetária, ou outros ativos que possam se valorizar, já que o custo de oportunidade de reter moeda torna-se muito alto.

Franco sintetiza afirmando: "Dentre os economistas, em especial, é muito comum (...) definição (...) da moeda, bem como a especificação de suas três funções básicas: (i) a de servir como meio de pagamento; (ii) a de permitir a transferência no tempo de poder de compra, ou seja, a de servir como reserva de valor; e (iii) a de oferecer à economia uma unidade de conta para se referenciar valores"[9].

Quando há inflação[10], a função da moeda como reserva de valor vai tornando-se debilitada para, em seguida, prejudicar a função unidade de conta. Por fim, diminui a capacidade de meio de pagamento.

O Plano Real foi um programa brasileiro de estabilização econômica que, entre outras coisas, instituiu a **Unidade Real de Valor (URV)**, que tinha a característica de indexar a economia durante um período determinado. Sua função era apenas de meio de conta, já que os agentes econômicos não poderiam utilizá-la como meio de troca nem reserva de valor. Portanto, apesar de deter uma das características da moeda, não poderia ser considerada como tal, já que, para isso, é necessário deter as três funções. Também o **"Cruzeiro Real"**, devido às altas taxas de inflação, perdeu, em parte, a função de reserva de valor. Com a implantação do Plano Real, em sua segunda fase, a unidade de conta passou a ser desempenhada pela URV. Ao final deste capítulo, será possível conhecer mais um pouco sobre o Plano Real.

Cavalcante e Rudge acrescentam mais três funções para a moeda, ou seja:

■ **"Função liberatória:** Liquida débitos e salda dívidas, poder garantido pelo Estado;

■ **Padrão de pagamentos:** Permite realizar pagamentos ao longo do tempo, permite crédito e adiantamento, viabiliza fluxos de produção e de renda;

■ **Instrumento de poder:** Instrumento de poder econômico, conduz ao poder político, permite manipulação na relação Estado-Sociedade"[11].

---

[8] Leda Maria Paulani e Bobik Braga, *A nova contabilidade social*, 2007, p. 186.
[9] Gustavo H. B. Franco, *O plano real e outros ensaios*, p. 28.
[10] Define-se inflação como a elevação generalizada e persistente de preços.
[11] Luiz Fernando Rudge e Francisco Cavalcante, *Mercado de capitais*, p. 37.

11.3. CONCEITO DE BASE MONETÁRIA E MEIO DE PAGAMENTO

Base Monetária (B)[12] = Papel-Moeda em Poder do Público (PMPP) + volume de reservas mantido pelos bancos comerciais e pelo Banco Central (Encaixes).

Pode ser entendida como o dinheiro com poder de multiplicação. Corresponde ao Passivo monetário do Bacen[13].

$$B = PMPP + Encaixes$$

Segundo Blanchard, o termo "Base" "reflete o fato de que a oferta total de moeda depende em última análise de um montante de uma 'base' — o montante de moeda do Banco Central na economia"[14].

11.3.1. Papel-Moeda Emitido (PME)

Define-se PME como o Papel-moeda que o Bacen coloca na economia = PMPP + caixa dos bancos comerciais + caixa do Bacen.

11.3.2. Papel-Moeda em Circulação (PMC)

Define-se PMC como o Papel-Moeda Emitido – caixa da autoridade monetária. Logo PMC = PME – CX_{Bacen} ou PMC = PMPP + $CX_{Bancos\ comerciais}$

11.3.3. Papel-Moeda em Poder do Público (PMPP)

Define-se PMPP como o Papel-Moeda em Circulação – caixa dos bancos comerciais ou Papel-Moeda Emitido – caixa das instituições financeiras.

Assim, pode-se também definir a Base Monetária como: **B = PMC + Reservas bancárias (Rc + Rv)**.

Por meio dos Quadros 11.2 e 11.3, é possível visualizar as diferenças entre Base Monetária, Papel-Moeda em Circulação, Papel-Moeda em Poder do Público e Papel-Moeda Emitido.

Quadro 11.2. Comparação entre Base Monetária, Papel-Moeda em Circulação e Papel-Moeda em Poder do Público

BASE MONETÁRIA	PAPEL-MOEDA EM CIRCULAÇÃO	PAPEL-MOEDA EM PODER DO PÚBLICO
■ Papel-Moeda em Poder do Público	■ Papel-Moeda em Poder do Público	■ Papel-Moeda em Poder do Público
■ Caixa dos bancos comerciais	■ Caixa dos bancos comerciais	
■ Recolhimento compulsório		
■ Recolhimento voluntário		

---

[12] Também conhecida por moeda de alta potência ou moeda do Banco Central. O nome "base" refere-se ao fato de a moeda do Banco Central ser a base da oferta total de moeda.
[13] Bacen é a abreviação de Banco Central.
[14] Olivier Blanchard, *Macroeconomia*, p. 76.

Quadro 11.3. Comparação entre Papel-Moeda Emitido, Papel-Moeda em Circulação e Papel-Moeda em Poder do Público

PAPEL-MOEDA EMITIDO	PAPEL-MOEDA EM CIRCULAÇÃO	PAPEL-MOEDA EM PODER DO PÚBLICO
▪ Papel-Moeda em Poder do Público	▪ Papel-Moeda em Poder do Público	▪ Papel-Moeda em Poder do Público
▪ Caixa dos bancos comerciais	▪ Caixa dos bancos comerciais	
▪ Caixa da autoridade monetária		

■ 11.3.4. Encaixes

Define-se Encaixe como o depósito compulsório (ou recolhimento compulsório) e voluntário (ou recolhimento voluntário) junto ao Banco Central + papel-moeda em caixa dos bancos comerciais.

■ 11.3.5. Recolhimento compulsório sobre depósitos à vista[15]

Depósito que os bancos comerciais são obrigados a fazer junto ao Banco Central e que os impede de expandir os meios de pagamento de forma exagerada, via empréstimos e financiamentos ao público não bancário. Servem também para diminuir o risco dos bancos. Não rendem juros, porém são corrigidos monetariamente. Contudo, quando esses recolhimentos compulsórios são feitos sob a forma de títulos da dívida pública, os bancos comerciais passam a receber juros desses depósitos. Com relação a isso, Lopes e Rossetti afirmam: "(...) os bancos comerciais compuseram suas reservas junto ao Banco central em parte com esses títulos públicos e em parte em moeda. Essa permissão equiparou esses títulos da dívida pública à moeda para efeito de manutenção de reservas compulsórias. A esterilização em espécie, fundamento desse instrumento, foi assim desvirtuada. Tal prática ainda subsiste, embora em proporção reduzida, como forma de remunerar essas reservas e atenuar as pressões dos bancos na busca de outras formas de compensação operacional"[16].

■ 11.3.6. Recolhimento voluntário sobre depósito à vista

Depósito que os bancos fazem voluntariamente junto ao Banco Central no intuito de fazer frente a uma possível posição negativa na câmara de compensações. Não há pagamento de juros reais sobre o recolhimento voluntário, mas há correção monetária. Carvalho explica a existência do Recolhimento Voluntário ao afirmar: "(...), em parte do dia, podem ocorrer mais cheques emitidos contra esse banco (saques) do que cheques emitidos a favor (depósitos)"[17].

---

[15] O Sistema de Informações do Banco Central (Sisbacen) é um conjunto de recursos de tecnologia da informação, interligados em rede, utilizado pelo Banco Central na condução de seus processos de trabalho. Ele liga em tempo real e via on-line os bancos comerciais ao Banco Central e, assim, o Banco Central torna indisponível uma porcentagem dos depósitos nos bancos comerciais, que é chamado de Recolhimento Compulsório.

[16] João do Carmo Lopes e José Paschoal Rossetti, *Economia monetária*, 1995, p. 201.

[17] Fernando J. Cardim de Carvalho... (et al.), *Economia monetária financeira*, p. 9.

11.3.7. Caixa dos bancos comerciais

O caixa dos bancos comerciais corresponde ao dinheiro físico que existe nas agências bancárias para fazer frente aos saques dos clientes.

11.3.8. Reservas

As reservas compreendem o recolhimento (ou reserva) compulsório (Rc) + Recolhimento (ou reserva) voluntário (Rv).

Oferta monetária = oferta de moeda = meios de pagamento

11.3.9. Meios de pagamento (ou moeda manual)

Define-se meio de pagamento (M_1) como o estoque de ativos que pode ser usado nas transações, ou seja, o total de ativos de liquidez[18] imediata (M_1) do setor não bancário.

Os meios de pagamento correspondem à liquidez do sistema bancário. Ele é o Passivo monetário do sistema bancário (Banco Central + bancos comerciais)[19].

É a soma do Papel-Moeda em Poder do Público (PMPP) e dos depósitos à vista (DV) do público nos bancos comerciais, nos bancos múltiplos e nas Caixas Econômicas (corresponde à moeda escritural).

$$M_1 = PMPP + DV$$

O Banco Central reformulou, a partir de 2001, o conceito de meios de pagamento[20], de forma que não estão mais ordenados pelo grau de liquidez, mas pela natureza das instituições financeiras emissoras desses haveres. Pelo critério de liquidez, o M_1 corresponde à **moeda** e M_2, M_3, M_4 correspondem à **quase moeda**.

M_1 = Papel-Moeda em Poder do Público + depósito à vista. M_1 é o meio de pagamento que não rende juros e apresenta liquidez imediata. Recebe o conceito de Moeda ou haver monetário.

M_2[21] = M_1 + depósitos de poupança + CDB (ou títulos emitidos por instituições depositárias[22]) + depósito especial remunerado (DER).

---

[18] Entende-se por liquidez a facilidade e a velocidade com que o ativo monetário pode ser convertido em bens e serviços.
[19] Ver Balancete do Sistema Bancário no capítulo 12.
[20] De acordo com o grau de liquidez do ativo considerado, os seguintes agregados monetários eram, **antigamente**, classificados:
   M_1 = Papel-Moeda em Poder do Público + depósito à vista;
   M_2 = M_1 + títulos públicos em poder do setor privado;
   M_3 = M_2 + depósitos de poupança;
   M_4 = M_3 + depósitos a prazo e outros títulos privados.
[21] De 1991 a 1995, foram incluídos no M_2 os Depósitos Especiais Remunerados (DER), criados no Plano Collor com o confisco dos ativos financeiros.
[22] São instituições depositárias: os bancos múltiplos, os bancos comerciais, as caixas econômicas, os bancos de investimento, os bancos de desenvolvimento, as agências de fomento, as sociedades de crédito, financiamento e investimento, as sociedades de crédito imobiliário, as associações de poupança e empréstimo, as companhias hipotecárias.

$M_3 = M_2$ + quotas de fundos[23] de rendas fixas[24] + operações com títulos públicos compromissadas[25] registradas no Sistema de Liquidação e Custódia (SELIC)[26].

$M_4 = M_3$ + títulos públicos de alta liquidez. Corresponde ao conceito de poupança financeira ou:

$M_4 = M_3$ + carteira livre de títulos públicos do setor não financeiro.

$M_2 + M_3 + M_4$ são conceituados por "quase moeda" ou "haveres não monetários". Feijó e Ramos dividem genericamente os ativos em dois grupos:

"(i) **ativos monetários:** papel-moeda — emitido pelo Banco Central — e depósitos à vista, emitidos pelos bancos emissores de moeda. O somatório do papel-moeda em poder do público e dos depósitos à vista constitui os meios de pagamentos no seu sentido restrito (M_1).

(ii) **ativos financeiros não monetários:** depósitos de poupança e a prazo emitidos por bancos, e títulos da dívida pública emitidos pelo Tesouro Nacional, entre outros. São tradicionalmente denominados quase moeda, e fazem parte dos conceitos mais amplos de meios de pagamento (M_2, M_3 e M_4)"[27].

11.4. TIPOS DE MOEDA

Moeda fiduciária (ou moeda **manual ou corrente**) corresponde à cédula e à moeda metálica, ou seja, ao papel-moeda, que as pessoas utilizam para suas transações e que o Banco Central emite. Essa moeda tem poder de compra e quem garante isso é o Banco Central pela Fidúcia (confiança) já que não são lastreadas. Apresentam curso forçado, ou seja, não se pode recusar recebê-la como forma de pagamento.

Moeda escritural (**ou invisível**, por não ter existência física), também conhecida por moeda bancária ou contábil, é emitida pelos bancos comerciais. Corresponde ao depósito à vista e a curto prazo nos bancos comerciais[28]. Representa a parcela maior dos meios de pagamento.

---

[23] Fundo = conjunto de recursos monetários empregados como reserva ou para cobrir despesas extraordinárias. Tem personalidade jurídica própria (CNPJ). Portanto, não são emitidos pelas instituições financeiras.

[24] As ações são instrumentos financeiros emitidos por empresas não financeiras e representam uma fração da empresa que as emitiu. São classificadas como títulos de renda variável. Os fundos de renda variável e os fundos de pensão não são considerados emissores de liquidez e também não são multiplicadores de crédito. São, portanto, classificados nos agentes não depositários.

[25] Operação compromissada é aquela em que o vendedor assume o compromisso de recomprar os títulos que alienou em data futura predefinida e com o pagamento de juros prefixados, e o comprador, por sua vez, assume o compromisso de revender o título ao vendedor na data acordada e com o pagamento do preço fixado.

[26] O SELIC "é um sistema eletrônico de teleprocessamento, administrado pelo Banco Central do Brasil e operado em parceria com a ANDIMA, por força de Convênio de Cooperação Operacional firmado entre as duas entidades. O Sistema efetua a custódia e o registro de operações realizadas pelas instituições que dele participam com títulos públicos federais emitidos pelo Tesouro Nacional" (<www.andima.com.br/selic/oquee.asp>).

[27] Carmem Aparecida Feijó e Roberto Luis Olinto Ramos, *Contabilidade social*, 2003, p. 159.

[28] Um cheque é uma ordem de pagamento da moeda escritural, mas não necessariamente é a moeda escritural, já que uma pessoa pode emitir um cheque em valor superior ao depósito à vista. Logo, moeda escritural é o saldo em conta corrente.

11.5. LASTRO

Anteriormente foi dito que a moeda fiduciária não tem lastro. Saiba como isso ocorre.

No século XIX, os Bancos Centrais monetizavam o ouro e a prata. Era o chamado **bimetalismo**, ou seja, a moeda era lastreada nos dois metais. Com o decorrer do tempo, a prata começou a expulsar o ouro, o que ficou conhecido como: Lei de Gresham.

11.5.1. Lei de Gresham

A **Lei de Gresham**[29] ou **Lei de Grashman** afirma que: "A má moeda tende a expulsar do mercado a boa moeda". Isso se dava porque o valor da moeda era determinado pelo seu peso em metal precioso. Se o Estado decidisse cunhar novas moedas com o mesmo valor facial, mas com menor quantidade do metal mais valioso, os agentes econômicos tenderiam a guardar a moeda cujo valor facial correspondesse ao valor pleno em termos de metal precioso (moeda boa) e passariam a fazer circular a moeda que não tivesse essa característica (moeda má). Com o tempo, toda a moeda boa acabaria por ser substituída pela moeda má no mercado, já que os agentes entesourariam a moeda boa. Portanto, quando há duas moedas circulantes no país que possuem legalmente o mesmo valor, aquela que possuir um valor intrínseco superior tenderá a desaparecer porque os agentes tenderiam a entesourá-la, exportarem-na ou vendê-la pelo peso. E a moeda de menor valor intrínseco tenderia a ser mantida para fins monetários.

Com a descoberta de minas de ouro, este metal passou a afluir em maiores quantidades para os mercados, fazendo com que começasse a perder valor, levando os agentes econômicos a preferir reter as moedas de prata, já que essa depreciação não correspondia a uma mudança na taxa de conversão entre o ouro e a prata. A partir de 1867, os principais países, como Alemanha, França e Inglaterra, optaram pela adoção integral do padrão-ouro, embora o padrão bimetálico ainda tivesse persistido durante todo o restante do século XIX até os anos iniciais do século XX. A partir daí, a prata é desmonetizada e passa-se para o Monometalismo, em que toda moeda seria lastreada em ouro, o que deu origem ao regime do padrão-ouro. A princípio, a conversibilidade da moeda em ouro era total (conhecida como "pataca de ouro"), mas, devido à escassez do metal, depois, a conversibilidade da moeda em ouro passou a ser parcial.

A partir, portanto, de 1870, o regime padrão-ouro passou a seguir um padrão cambial cuja moeda de referência era a Libra Esterlina. O regime ficou conhecido como **regime padrão-ouro/Libra Esterlina**, em que a Libra passou a ter um preço fixo em relação ao ouro. O regime de câmbio adotado, portanto, era o regime de câmbio fixo.

---

[29] A origem da Lei de Gresham se deve a *Sir* Thomas Gresham, conselheiro financeiro da Rainha Isabel I da Inglaterra.

Daí surgir o conceito de **estalão-ouro**, que era a quantidade de ouro que a moeda nacional era capaz de comprar.

Assim, se com 1 Libra se comprava 2 gramas de ouro e com 1 Dólar se comprava 1 grama de ouro, a taxa de câmbio era: 1 Libra = 2 Dólares, e o estalão-ouro[30] do Dólar era igual a dois.

Com a Primeira Guerra Mundial, a Inglaterra suspendeu essa conversibilidade, porque, como se sabe, na guerra os países diretamente envolvidos passam a apresentar déficits no seu Balanço de Pagamentos e esses déficits deveriam ser pagos em ouro, o que levaria à perda de grande contingente das reservas em ouro do país. A taxa de câmbio passa a ser flexível: se antes era determinada pelo par metálico, a partir daí passou a ser determinada pelo poder de compra da moeda de cada país.

Em 1926, retoma-se o regime padrão-ouro/Libra Esterlina, o que levou a Inglaterra a sucessivos déficits em seu Balanço de Pagamentos, cancelando a conversibilidade.

A partir de 1932, deu-se início à chamada desvalorização competitiva, em que cada país tenta desvalorizar ainda mais sua moeda e, com isso, aumentar o nível de suas exportações[31].

Como os Estados Unidos detinham a maior reserva de ouro e a maior capacidade industrial do mundo, impuseram o lastro de todas as moedas em Dólar. O comércio internacional, a partir daí, deveria ser pago em Dólar ou em ouro (que tinha uma relação de US$ 35 por onça). As taxas de câmbio voltaram a ser fixas em relação ao Dólar. É importante se observar que a moeda (Dólar) que serviria de lastro para todas as outras moedas era emitida pelos Estados Unidos, que teriam a obrigação de lastrear o Dólar em ouro (metal cada dia mais fluente para os Estados Unidos).

Em 1945, é criado o Fundo Monetário Internacional (FMI), que consistia em um fundo de estabilização para socorrer países com dificuldades em seus Balanços de Pagamentos. Em 1972, os Estados Unidos suspenderam a conversibilidade do Dólar em ouro, o que deu origem ao conhecido **Paradoxo de Trifrin**, que consistia no fato de que os países dependiam de Dólar para suas transações comerciais internacionais e, para que isso acontecesse, os Estados Unidos deveriam ser deficitários com esses países, ou seja, se por um lado havia necessidade de maior liquidez no comércio internacional (mais Dólares), por outro lado colocava-se em cheque a credibilidade do Dólar (que não tinha mais lastro).

11.5.2. Criação de moeda

Observe, no Quadro 11.4, alguns casos em que se cria moeda (M_1) e se destrói moeda (M_1).

Para se criar M_1, é preciso aumentar Papel-Moeda em Poder do Público (PMPP) ou depósito à vista (DV), já que: M_1 = PMPP + DV.

---

[30] A razão entre os respectivos estalões-ouro é conhecida como par metálico.
[31] O período das desvalorizações competitivas foi marcado pela política conhecida como "política de empobrecer o vizinho" ou "política de exportar desemprego".

Tanto o Banco Central quanto os bancos comerciais podem criar moeda. O primeiro cria a moeda fiduciária ou moeda primária. Os demais criam moeda escritural pelo mecanismo de depósitos à vista que recebem e empréstimos que concedem. Isso poderá ser verificado no capítulo 12.

É importante observar que, para se criar ou destruir moeda, deve haver o envolvimento entre o setor bancário e o não bancário. Portanto, transações entre os setores bancários ou transações entre os setores não bancários não alteram a oferta de moeda na economia.

Quadro 11.4. Exemplos de criação e destruição de moeda

CRIAÇÃO DE MOEDA	NÃO HÁ CRIAÇÃO NEM DESTRUIÇÃO DE MOEDA	DESTRUIÇÃO DE MOEDA
1. Uma empresa desconta uma duplicata (ativo não monetário) no banco, recebendo dinheiro em troca (ativo monetário).	1. Uma empresa paga seus funcionários contra seus depósitos à vista.	1. Venda de ações (ativo não monetário) pelo banco para o público, que paga com moeda (ativo monetário).
2. Uma pessoa resgata um valor do fundo de ações e deposita em conta corrente.	2. Uma pessoa deposita em conta corrente um valor que estava em seu poder sob a forma de Papel-Moeda em Poder do Público.	2. Uma pessoa deposita na poupança um valor que estava em seu poder sob a forma de Papel-Moeda em Poder do Público.
3. Um banco recebe divisas[32] (moeda estrangeira) de um exportador.	3. Um banco comercial desconta um título que está em seu poder junto ao Banco Central.	3. Um banco vende divisas a um importador.

Como, no assunto de funções da moeda, é abordado o Plano Real, a seguir é fornecida uma breve explanação sobre o tema. É importante salientar que o seu aprofundamento deve ser procurado em livros que abordem a trajetória da Economia Brasileira.

11.5.3. Plano Real

Quando Itamar Franco assumiu a presidência do Brasil (1992-1994), a inflação, além de muito alta, era persistente, já que estava presente na economia brasileira há aproximadamente três décadas. Para combatê-la e iniciar um processo de recuperação da economia, foi instituído, em junho de 1993, um programa de estabilização econômica, denominado **Programa de Ação Imediata (PAI)**, com a finalidade de reduzir os gastos do governo e torná-los mais eficientes[33]. Entre as medidas adotadas, houve a diminuição das transferências voluntárias do Governo Federal, cortes nos repasses inconstitucionais aos demais entes da federação (Estados e Municípios), aumento dos tributos federais, como o IOF, e a criação do Imposto Provisório sobre Movimentação Financeira (IPMF), que era cobrado sobre movimentações a débito nas contas correntes. Também nessa época, a Contribuição para o Financiamento da

---

[32] Moeda estrangeira é um ativo não monetário.
[33] Posteriormente, foi observado que o regime fiscal e o controle sobre o déficit público não sofreram grandes alterações, devido às taxas de juros muito elevadas. As medidas anunciadas não passaram de um discurso para reverter as expectativas desfavoráveis e dar credibilidade à nova moeda.

Seguridade Social (COFINS) obteve legalidade. Com isso, houve a procura pela recuperação da receita tributária federal, equacionamento da dívida de Estados e Municípios para com a União, maior controle sobre os bancos estaduais, início do saneamento dos bancos federais, aperfeiçoamento do programa de privatização dos setores siderúrgico, petroquímico e de fertilizantes e combate à evasão fiscal, principalmente das grandes empresas. O PAI constituiu-se a base para a primeira etapa do Plano Real. Como afirma Filgueiras, a primeira fase do Plano Real, anunciada em 7 de dezembro de 1993, "tratava-se do aprofundamento e ampliação de algumas iniciativas tomadas em junho, quando do lançamento do Programa de Ação Imediata"[34].

O plano de estabilização, denominado Plano Real, lançado pelo então ministro da Fazenda do Presidente Itamar Franco, Fernando Henrique Cardoso, partiu do diagnóstico de que a inflação brasileira possuía, desde a década de 1980, duas causas. A primeira seria entendida como causa da "aceleração" e consistia de choques de oferta e/ou demanda. A outra causa foi de forte **caráter inercial**, em que a inflação se autoalimentava, gerada, principalmente, pela **indexação** de preços na economia e pela capacidade de repassar aumento de custos de produção para os preços.

O Plano Real visualizou que a fragilidade do estado sob o aspecto financeiro representava uma razão para o fracasso na contenção do processo inflacionário. Também percebeu que, com a redução da inflação, seria necessário se adotar uma política monetária que contivesse o consumo, que se elevaria em decorrência do controle inflacionário.

A primeira medida do Plano Real, portanto, foi estabelecer um equilíbrio fiscal operacional. Esse equilíbrio foi perseguido por meio de **cortes na proposta do orçamento** de 1994, que ganhou força devido ao "escândalo do orçamento"[35] e ao aumento das alíquotas dos impostos federais em 5%. O ajuste fiscal proposto pelo Poder Executivo foi aprovado pelo Congresso Nacional no início de 1994 denominou-se **Fundo Social de Emergência** e tinha por objetivo a desvinculação de 20% de todas as receitas derivadas de impostos e contribuições federais, para promover o ajuste fiscal. Depois, esse nome foi substituído por **Fundo de Estabilização Fiscal**[36], já que sua real finalidade foi aumentar a liberdade de gasto do governo. Filgueiras reforça quando afirma: "(...) a invenção e aprovação do Fundo Social de Emergência (FSE) se revelou como principal iniciativa. Este instrumento permitiu ao Governo executar cortes em seu orçamento para o ano de 1994 e deu uma maior flexibilidade na utilização dos seus recursos, bem como um maior controle no seu fluxo de caixa. (...) Mais tarde, (...) ficaria evidente que o Fundo se caracterizou, de fato, mais como um artifício para se aumentar a liberdade de manipulação dos gastos públicos no interior do orçamento, do que como um instrumento social propriamente dito, servindo sobretudo, ao objetivo de se buscar o

---

[34] Luiz Filgueiras, *História do plano real*, p. 102.
[35] O "escândalo do orçamento" ocorreu em outubro de 1993 em decorrência de fraudes com os recursos do orçamento ocorridas entre o final dos anos 1980 e início dos anos 1990 e descobertas por uma Comissão Parlamentar de Inquérito (CPI). Os principais responsáveis pelo escândalo eram homens de baixa estatura e, por isso, foram chamados de "Anões do Orçamento".
[36] Atualmente recebe o nome de Desvinculação de Receitas da União (DRU).

equilíbrio fiscal primário e ao uso eleitoral. (...) Por isso, posteriormente, quando da renovação de sua vigência, foi rebatizado, de forma, digamos, mais franca, como Fundo de Estabilização Fiscal (FEF)"[37].

Para se atingir a estabilização perseguida, foi necessário, portanto, em primeiro lugar, atingir o equilíbrio fiscal e, por conseguinte, adotar medidas de restrição orçamentária. Não foram, portanto, implantadas medidas coercitivas, como confisco de ativos ou congelamento de preços, como ocorrera em planos anteriores. Assim, reforça Fonseca quando diz: "Não haverá confisco, quebra de contratos, monetização da dívida, duas moedas, congelamento ou prefixação de preços. No mínimo, o plano não estraga as festas de final de ano de ninguém"[38].

Depois, pela Medida Provisória n. 434, de 27 de fevereiro de 1994[39], é criada a **Unidade Real de Valor (URV)**, com o objetivo de indexar a economia. Isso constituiu a segunda etapa do plano. Foi possível, com a URV[40], atingir-se a estabilidade de preços. O valor em cruzeiros reais da URV passou a ser fixada diariamente pelo Banco Central, com base na perda do poder aquisitivo do Cruzeiro Real. Ela serviu como medida de conta para os contratos, outras obrigações, salários e preços. A URV cumpriu, portanto, apenas a função de **unidade de conta** e caminhou com o Cruzeiro Real de 1º de março de 1994 até 1º de julho de 1994, numa terceira etapa do Plano, quando foi criada a moeda **Real** que equivalia a 1 URV, a CR$ 2.750,00 e a US$ 1[41]. É salutar frisar que não foram aplicados tablitas, deflatores ou qualquer outro mecanismo para eliminar as expectativas de inflação, como ocorreu em planos anteriores, já que no Plano Real a dinâmica era totalmente conhecida de antemão.

A conversão pela URV começou com os salários e benefícios da Previdência, numa preocupação com a promoção de equidade social. Depois, estendeu-se aos preços dos produtos, contratos (mais adiante, incluiu também os contratos continuados com cláusulas de reajuste) e às tarifas públicas[42]. "No caso dos salários e benefícios, a aplicação deste critério excluía tanto a conversão 'pelo pico', que traria de volta a espiral inflacionária depois de uma efêmera euforia de consumo, como a conversão 'pelo piso', que imporia prejuízos injustificáveis aos trabalhadores e teria forte impacto recessivo sobre a economia. A alternativa foi a conversão pela média de quatro meses, levando em conta a periodicidade da atualização monetária dos

---

[37] Luiz Filgueiras, *História do plano real*, p. 102.
[38] Eduardo Giannetti da Fonseca, *As partes & o todo*, p. 213.
[39] "A segunda etapa do Programa de Estabilização foi inaugurada com a publicação da Exposição de Motivos n. 395 de 7 de dezembro de 1993, que definiu as linhas gerais do Programa e teve continuidade com a edição da Medida Provisória n. 434, de 28 de fevereiro de 1994, aprovada pelo Congresso Nacional na forma de Lei n. 8.880, de 27 de maio de 1994, que criou a URV e previu sua posterior transformação no Real" (Fonte: <http://www.fazenda.gov.br/portugues/real/realem.asp>).
[40] A URV era uma unidade de referência determinada pela média da variação do mês anterior do IPCA, IGP-M e IPC.
[41] Medida Provisória n. 542, de 30 de junho de 1994, que lastreou a oferta monetária do Brasil à disponibilidade de reservas cambiais. Foi transformada, em 29 de junho de 1995, na Lei n. 9.096.
[42] Com exceção das tarifas de transporte urbano e abastecimento de água de um pequeno número de municípios.

salários conforme a política vigente quando da introdução da URV"[43]. Portanto, nessa fase do Plano, os salários estiveram totalmente indexados à URV. "Dado que a paridade da URV ao Cruzeiro Real segue, com a taxa de câmbio, a inflação do próprio mês, e o salário é apurado e pago no conceito de caixa, ou seja, pela URV do dia do pagamento, não há risco de perda salarial ocasionada pela inflação. Esta é uma proteção mais efetiva do que qualquer política salarial adotada ou proposta anteriormente, inclusive a reposição plena pela inflação passada"[44].

A essa política de atrelar a moeda nacional ao Dólar, deu-se o nome de **âncora cambial**[45], que perdurou até 1999, quando foi substituída pelo regime de **metas de inflação**. Assim, na Exposição de Motivos da Medida Provisória do Plano Real, é dito que: "o Real seja lastreado nas reservas internacionais do país, na exata proporção de um Dólar americano para cada Real emitido, vinculando parcela das reservas internacionais para tal fim, em conta especial do Banco Central. O Real passou a ser a moeda nacional de poder aquisitivo estável"[46], já que preservava o valor real das obrigações e direitos contratados. O reajuste mantinha a paridade com o Dólar (no máximo, 1 Real para 1 Dólar). Portanto, num primeiro momento (a partir de julho até setembro de 1994), o sistema de câmbio foi **flutuante**[47] para baixo (já que o limite superior seria mantido). A partir de setembro de 1994, na tentativa de reverter o quadro de valorização da moeda nacional frente ao Dólar, o Bacen intervém diretamente no mercado de câmbio, comprando divisas, além de estimular a demanda e conter a oferta de moeda estrangeira. Em dezembro de 1994, o Brasil é atingido pela crise mexicana, que provocou um grande aumento de demanda por divisas. Com a contração da liquidez internacional e a consequente diminuição das reservas internacionais do Brasil, em março de 1995 a taxa é desvalorizada em 5% e passa a oscilar dentro de um intervalo estipulado pela autoridade monetária, denominado sistema de **bandas cambiais**[48].

---

[43] <http://www.fazenda.gov.br/portugues/real/realem.asp>.
[44] <http://www.fazenda.gov.br/portugues/real/realem.asp>.
[45] Adotar a âncora cambial significa que o governo deverá adotar menor e constante taxa de desvalorização da taxa de câmbio nominal, o que faz com que as expectativas de inflação sejam minimizadas. Além disso, a utilização da âncora cambial atrela a inflação interna à inflação no mundo.
[46] <http://www.fazenda.gov.br/portugues/real/realem.asp>.
[47] O excesso de liquidez internacional deixou a moeda nacional sobrevalorizada, o que possibilitou a não intervenção do Bacen e a adoção de uma flutuação pura.
[48] Com a introdução do Plano Real, o regime de taxa de câmbio adotado era de flutuação administrada, muito embora a valorização da moeda nacional frente ao Dólar, num primeiro momento, não tenha se dado por intervenção do governo, mas sim, pelas condições de mercado, o que tornou desnecessária a utilização do sistema de **bandas cambiais assimétricas** para defender um valor superior para a taxa de câmbio. Dessa maneira, a necessária apreciação cambial foi conseguida pelos meios naturais. A preocupação voltou-se, então, por uma situação inversa, ou seja, para a queda (ou valorização) acentuada da taxa de câmbio que provocava déficits no Balanço de Pagamentos em Transações Correntes. Ou seja, se antes a preocupação era a de manter a moeda nacional valorizada, depois passou a ser de não deixá-la demasiadamente valorizada. Entre outras medidas, o país passou, então, a taxar o capital especulativo que adentrava o país. Mas, a partir de 1995, com a **crise do México**, por receio de grande desvalorização cambial no Brasil, estipulou-se, em 6 de março de 1995, um valor para a banda de R$ 0,86 por Dólar americano (inferior) e de R$ 0,90 por Dólar americano (superior), passando, explicitamente, para o regime de bandas cambiais. O Banco Central assumia

Esse sistema de **bandas cambiais**[49] foi explicitamente adotado nesse momento e, diferentemente do *Currency Board*[50], era uma modalidade de câmbio fixo que permitiu maior flexibilidade na política monetária, já que a política cambial não era tão rígida. A partir de outubro de 1995, as desvalorizações cambiais passam a ser sistemáticas, e a amplitude da banda, constantemente aumentada[51].

Para a completa estabilização do Plano Real, foi necessário se restringir a utilização da correção monetária, preservando-a apenas no mercado de trabalho, no mercado financeiro e nos contratos de longo prazo com base no IPC-r entre o mês da primeira emissão do Real e o mês imediatamente anterior à data-base. As operações de curto e médio prazo do sistema financeiro tiveram como base a Taxa Referencial (TR)[52].

Fonseca sintetiza o Plano Real, afirmando que: "A primeira e decisiva fase será a aprovação pelo Congresso, até o final de janeiro, da nova proposta orçamentária. Apenas depois de equacionada a frente fiscal teria início o esforço mais diretamente ligado à reconstrução da moeda. Os passos básicos previstos nesta segunda etapa são dois. Primeiro, a introdução de um novo indexador — a Unidade Real de Valor

---

um forte compromisso em defender a taxa de câmbio, por meio de intervenções no interior da banda, denominado *crawling peg*. Superada a crise mexicana, ocorre a **crise asiática** (Tailândia, Malásia, Indonésia, Filipinas e Coreia do Sul) nos fins de 1997. Por ocasião dessa crise, os investidores internacionais passam a transferir os recursos dos países emergentes para os países centrais, ocasionando uma perda de reservas internacionais muito grande para o Brasil. Para atrair capital externo, o governo eleva a taxa de juros. Também o Banco Central atuou no sentido de atender à demanda crescente por Dólares. As medidas adotadas permitiram que, em 1998, o Brasil atingisse o maior volume de reservas internacionais do país e mantivesse a âncora cambial. Após a recuperação da crise asiática, o Brasil, em setembro de 1998, depara-se com a **crise russa**. Somando-se a isso o não cumprimento das metas fiscais anunciadas em 1997 o país perde credibilidade perante a sociedade. Os títulos sofrem grande desvalorização, e o país passa a apresentar uma crise de liquidez internacional e saldo no Balanço de Pagamentos negativo. Para atrair capital externo, o Brasil eleva a taxa de juros ao patamar de 41,5% ao ano. Mas a desconfiança externa continuava. A discussão a respeito de uma maior flexibilidade cambial fortificava-se, já que uma taxa de câmbio administrada e sobrevalorizada exigia a manutenção de taxa de juros alta e de riscos de não honrar os compromissos da dívida. Assim, no dia 13 de janeiro de 1999, foi anunciada a mudança na política cambial, que passa a ser o de **banda diagonal endógena**. Diagonal porque tanto o seu pico como o seu teto se moveriam com tendência de alta. Endógena porque o movimento da banda seria de acordo com a posição relativa da taxa de câmbio que estava realmente sendo praticada em relação aos limites da banda. Como os limites da banda aumentariam ao longo do tempo, essa política cambial tenderia ao câmbio flutuante. Mas esse sistema não foi bem recebido, o que fez com que o Bacen despendesse uma quantidade significativa de divisas para mantê-lo. Assim, sob pressão internacional que ameaçava retirar o apoio financeiro do Brasil, em 18 de janeiro de 1999 o Brasil abandona o sistema de âncora cambial e passa a adotar a política de **câmbio flutuante**.

[49] É adotada uma banda larga de flutuação, além de uma minibanda dentro dessa banda larga. A moeda nacional passa a sofrer desvalorizações esporádicas, caracterizando o *sliding band*, ou banda deslizante, assunto abordado no capítulo 15 — Taxa de câmbio e regimes cambiais.

[50] Ver capítulo 15 — Taxa de câmbio e regimes cambiais.

[51] As desvalorizações passaram a ser da ordem de 6% ao mês, e a banda passa a ter a característica de *crawling band*, ou banda rastejante, assunto a ser visto no capítulo 15 — Taxa de câmbio e regimes cambiais.

[52] A TR é diferente de um índice de preços porque não se baseia na inflação passada, mas, sim, nas expectativas de inflação futura, e reflete a taxa de juros mensal da economia.

(URV) voluntariamente adotado pela sociedade, sincronizar e desinercializar o processo de remarcação de preços. O tiro de misericórdia viria logo depois, com a criação de uma nova moeda. Ela teria a URV como unidade de referência e poderia ser livremente convertida pelo público em moedas fortes"[53].

Portanto, o Plano Real lançou uma nova moeda, denominada **Real** (R$), em substituição ao **Cruzeiro Real**, e a Base Monetária do país foi substituída seguindo a paridade de CR$ 2.750,00 para cada R$ 1,00.

Para dar estabilidade à nova moeda, o governo restringiu a oferta de moeda por meio da elevação do Recolhimento Compulsório dos Bancos Comerciais[54] e da manutenção de uma taxa de juros elevada. Devido a esta última, a entrada de capital estrangeiro se intensificou, provocando a apreciação da moeda nacional (do Real). Essa apreciação tornou os produtos importados competitivos, o que contribuiu para a estabilização de preços na economia interna e, em seguida, para o aumento do poder de compra da população. Apesar de o país apresentar déficit no Balanço de Pagamentos em Transações Correntes devido ao déficit comercial e ao déficit na Balança de Rendas (em virtude do pagamento dos altos juros), o saldo do Balanço de Pagamentos manteve-se positivo, devido ao superávit da conta financeira.

Entre as **linhas adotadas** com o Plano Real, encontraram-se:

- Desindexação da economia.
- Diminuição de despesas públicas e aumento em 5% dos impostos federais.
- Políticas monetárias restritivas por meio de taxas de juros e recolhimento compulsório mais elevados.
- Redução do imposto de importação.
- Privatizações.
- Manutenção de um câmbio valorizado até janeiro de 1999 pela adoção da âncora cambial.

O Plano Real deparou-se com seu primeiro problema no final de 1994, com a **crise do México**, que teve sua moeda fortemente desvalorizada. O impacto da crise mexicana no Cone Sul e no Brasil recebeu o nome de **Efeito Tequila**. Esse efeito levou a uma desvalorização da moeda brasileira e a sua cotação fixada pelo governo até 1998. As altas taxas de juros provocaram retração do crédito e da economia brasileira no ano de 1995. Também o pagamento dos benefícios previdenciários intensificou o aumento da dívida pública brasileira nesse período.

O segundo problema surgiu com duas crises (primeiro a da Ásia em 1997, depois a da Rússia em 1998), o que fez com que as reservas brasileiras se esvaíssem. As repercussões no Brasil levaram o país a pedir auxílio ao Fundo Monetário Internacional (FMI) e, em 1999, houve uma grande desvalorização cambial, voltando o câmbio a ser **flutuante**. A partir desse ano, são fixadas **metas de inflação**, permitindo uma redução do Déficit do Balanço de Pagamentos em Transações Correntes. O FMI, para

---

[53] Eduardo Giannetti da Fonseca, *As partes & o todo*, p. 214.
[54] A partir de junho de 1994, o recolhimento compulsório sobre depósitos à vista, na margem, passou a ser de 100%, e foi criado o recolhimento de 20% sobre os depósitos a prazo.

garantir que os pagamentos dos empréstimos fossem honrados, impõe ao país atitudes que viabilizem isso. Somado o fato de ser criada em 2000 a Lei de Responsabilidade Fiscal, impondo aos governantes mais responsabilidade na gestão fiscal, o país consegue um crescimento do PIB da ordem de 4,3% naquele ano.

Nos anos de 2001 e 2002, com a crise na Argentina e as eleições presidenciais no país, não foi possível o crescimento do PIB verificado em 2000. Somente a partir de 2003 é que o Brasil consegue melhorar consideravelmente o saldo da Balança Comercial e do Balanço de Pagamentos em Transações Correntes. Em 2007, o Brasil consegue amortizar toda a sua dívida que possuía cláusula de variação cambial.

Em 2008, com a crise dos Estados Unidos em decorrência dos **créditos *subprimes***, o Brasil mergulha novamente numa crise. Essa crise se deu em virtude desses títulos serem lastreados nas hipotecas de imóveis financiados por empresas de hipoteca americanas. Como os mutuários não puderam mais pagar os imóveis, os títulos tiveram uma grande desvalorização, fazendo com que bancos que haviam adquirido grande volume desses títulos quebrassem junto com as seguradoras. No Brasil, as consequências foram menos drásticas pelo fato desses títulos terem sido adquiridos por bancos brasileiros em volume bem menor que nos Estados Unidos. Mas a crise com que se deparou o resto do mundo foi, em parte, exportada para o Brasil.

Em síntese, o Plano Real conseguiu promover um moderado crescimento econômico[55], com novas gerações de empregos e aumento do poder aquisitivo da população, porém foi caracterizado por um déficit em transações correntes e na Balança Comercial durante toda a segunda metade dos anos 1990. Como afirmou Fonseca: "O grande feito do Plano Real (...) foi a desinercialização da inflação. O mais notável é que isso foi conseguido sem congelamento ou violação de contratos (...)"[56]. O que permitiu, num primeiro momento, a queda da inflação, bem como o crescimento da economia e do emprego, foi a abertura às importações, com redução tarifária, elevado nível de reservas internacionais e elevação das taxas de juros, o que propiciou a entrada de capital externo, a quebra das barreiras à entrada desse capital e a sobrevalorização da moeda nacional.

Para evitar que a inflação crescesse de forma descontrolada novamente no país, o governo passou a adotar o regime monetário de **metas de inflação** a partir de 1999 e um regime flexível de câmbio.

Observe a Tabela 11.1, que mostra os valores diários da URV em Cruzeiros Reais de 1º de março de 1994 até 30 de junho de 1994 e o valor em Real no dia 1º de julho de 1994. Filgueiras observa que: "(...) no fundamental, a função da URV no Plano Real foi a mesma da 'moeda indexada' proposta na época do Plano Cruzado, isto é, a de resolver o problema da indexação e da inflação inercial, levando a indexação da economia, gradualmente, às últimas consequências e, num determinado momento, extinguindo-a de vez, de forma abrupta. A diferença entre ambas é que a chamada proposta da 'moeda indexada' preconizava a criação de uma nova moeda, que circularia paralelamente à moeda já existente, enquanto a URV se constituiu apenas num

---

[55] Segundo Fabio Giambiagi e Ana Cláudia Além (p. 192), o crescimento médio do PIB entre 1991--2000 foi de 2,5% aa, entre 1995-2002 foi de 2,3% aa, de 2003-2007 foi de 3,5% aa e de 2004-2007 de 4,1% aa.
[56] Eduardo Giannetti da Fonseca, *As partes & o todo*, p. 245.

embrião de uma nova moeda, uma vez que não exerceu a função de meio de pagamento. (...) Do ponto de vista operacional, a URV teve papel crucial na transição da velha para a nova moeda, retirando o caráter abrupto dessa passagem (...) e transformando-a num processo no qual a nova moeda, antes de existir como meio de pagamento, já existia como unidade de conta"[57].

Tabela 11.1. Valores diários da URV por semana (Cruzeiros Reais)

1ª semana	Seg.	Ter.	Qua.	Qui.	Sex.	2ª semana	Seg.	Ter.	Qua.	Qui.	Sex.
Data	28/02	01/03	02/03	03/03	04/03	Data	07/03	08/03	09/03	10/03	11/03
Valor		647,50	657,50	667,65	677,98	Valor	688,47	699,13	709,96	720,97	732,18
3ª semana	Seg.	Ter.	Qua.	Qui.	Sex.	4ª semana	Seg.	Ter.	Qua.	Qui.	Sex.
Data	14/03	15/03	16/03	17/03	18/03	Data	21/03	22/03	23/03	24/03	25/03
Valor	743,76	755,52	767,47	779,61	792,15	Valor	805,53	819,80	834,32	849,10	864,14
5ª semana	Seg.	Ter.	Qua.	Qui.	Sex.	6ª semana	Seg.	Ter.	Qua.	Qui.	Sex.
Data	28/03	29/03	30/03	31/03	01/04	Data	04/04	05/04	06/04	07/04	08/04
Valor	879,45	895,03	913,50	931,05	931,05	Valor	931,05	948,93	967,16	985,74	1.004,68
7ª semana	Seg.	Ter.	Qua.	Qui.	Sex.	8ª semana	Seg.	Ter.	Qua.	Qui.	Sex.
Data	11/04	12/04	13/04	14/04	15/04	Data	18/04	19/04	20/04	21/04	22/04
Valor	1.023,98	1.043,65	1.063,70	1.084,13	1.104,96	Valor	1.126,18	1.147,81	1.169,80	1.191,93	1.191,93
9ª semana	Seg.	Ter.	Qua.	Qui.	Sex.	10ª semana	Seg.	Ter.	Qua.	Qui.	Sex.
Data	25/04	26/04	27/04	28/04	29/04	Data	02/05	03/05	04/05	05/05	06/05
Valor	1.313,97	1.235,99	1.258,12	1.280,19	1.302,65	Valor	1.323,92	1.345,54	1.367,56	1.389,94	1.412,74
11ª semana	Seg.	Ter.	Qua.	Qui.	Sex.	12ª semana	Seg.	Ter.	Qua.	Qui.	Sex.
Data	09/05	10/05	11/05	12/05	13/05	Data	16/05	17/05	18/05	19/05	20/05
Valor	1.435,92	1.459,76	1.484,27	1.509,20	1.534,66	Valor	1.560,55	1.586,87	1.613,64	1.640,86	1.668,54
13ª semana	Seg.	Ter.	Qua.	Qui.	Sex.	14ª semana	Seg.	Ter.	Qua.	Qui.	Sex.
Data	23/05	24/05	25/05	26/05	27/05	Data	30/05	31/05	01/06	02/06	03/06
Valor	1.696,69	1.725,31	1.754,41	1.784,00	1.814,09	Valor	1.844,69	1.875,82	1.908,68	1.942,11	1.942,11
15ª semana	Seg.	Ter.	Qua.	Qui.	Sex.	16ª semana	Seg.	Ter.	Qua.	Qui.	Sex.
Data	06/06	07/06	08/06	09/06	10/06	Data	13/06	14/06	15/06	16/06	17/06
Valor	1.976,13	2.010,74	2.046,38	2.082,65	2.119,80	Valor	2.157,78	2.196,55	2.236,02	2.276,91	2.318,55
17ª semana	Seg.	Ter.	Qua.	Qui.	Sex.	18ª semana	Seg.	Ter.	Qua.	Qui.	Sex.
Data	20/06	21/06	22/06	23/06	24/06	Data	27/06	28/06	29/06	30/06	01/07
Valor	2.361,49	2.406,05	2.452,17	2.499,18	2.547,09	Valor	2.596,58	2.647,03	2.698,46	2.750,00	R$ 1,00

Os valores das segundas-feiras foram retroativos para os sábados e domingos. Posteriormente, estabeleceu-se uma fórmula para o cálculo retroativo aos meses e anos anteriores.
Fonte: Banco Central[58].

---

[57] Luiz Filgueiras, *História do plano real*, p. 100 e 105.
[58] <http://pt.wikipedia.org/wiki/Unidade_Real_de_Valor>. Acesso em: 10 jan. 2011.

11 ■ Mercado Monetário

■ 11.6. QUESTÕES

1. (ICMS/RJ — 2007) Em 1994, a denominação da moeda passou de cruzeiro real para real. No entanto, a introdução do real foi precedida da criação da URV (unidade real de valor). Sobre a URV pode-se afirmar que se tratava de um:
a) Meio de troca, criada com o objetivo de substituir o cruzeiro real.
b) Meio de conta e de troca, criada com o objetivo de congelar os preços.
c) Meio de conta, criada com o objetivo de indexar a economia apenas durante um período determinado.
d) Meio de troca, criada com o objetivo de mimetizar o dólar.
e) Meio de conta e de troca, criada com o objetivo de desindexar a economia.

2. (Analista — Bacen — CESGRANRIO — 2010) O Plano Real de estabilização da economia brasileira, de 1994, levou inicialmente ao(à):
a) congelamento geral de preços e salários.
b) congelamento da taxa de câmbio R$/US$.
c) estabelecimento de metas de inflação para o Banco Central do Brasil.
d) valorização do real em relação ao dólar americano.
e) forte expansão das exportações.

3. (Economista — MPU — FCC — adaptada — 2007) Utilize as seguintes informações, e somente elas, para responder a questão
— PMC = 1.400
— Depósitos à vista = 11.900
— Depósitos compulsórios = 4.100
— Caixa, em moeda corrente, dos bancos comerciais = 100
— Papel-Moeda em Poder do Público = 1.300
A base monetária corresponde a
a) 5.500
b) 5.400
c) 5.300
d) 5.200
e) 4.200

4. (Companhia Estadual de Água e Esgoto do Rio de Janeiro — CEDAE — CEPERJ — 2009) Quando um banco comercial compra títulos da dívida pública possuídos pelo público, ele:
a) cria meios de pagamento
b) destrói meios de pagamento
c) mantém inalterados os meios de pagamento
d) aumenta a taxa de juros
e) diminui a taxa de juros

5. (Companhia Estadual de Água e Esgoto do Rio de Janeiro — CEDAE — CEPERJ — 2009) O desempenho das contas externas do Brasil após a implantação do Plano Real teve como característica:
a) superávit em transações correntes durante toda a segunda metade dos anos 90.
b) superávit na balança de serviços durante toda a segunda metade dos anos 90.
c) déficit em transações correntes e na balança comercial durante toda a segunda metade dos anos 90.
d) déficit em transações correntes até 1998.
e) superávit no balanço de pagamentos durante toda a segunda metade dos anos 90.

6. (Metrô — FCC — 2010) A oferta monetária no seu conceito convencional, também denominado M_1, é a soma do papel-moeda

a) em circulação com os depósitos à vista do público nos bancos comerciais.
b) emitido com os depósitos à vista do público nos bancos comerciais.
c) emitido com os depósitos à vista e a prazo do público nos bancos comerciais.
d) em poder do público com os depósitos à vista do público nos bancos comerciais.
e) em circulação com os depósitos à vista e a prazo do público nos bancos comerciais.

7. (Analista Judiciário — Economia — TRT 4ª — FCC — 2006) Uma das principais causas para o sucesso do Plano Real em estabilizar a economia brasileira foi a convergência dos preços praticados pelo setor privado da economia para seus valores de equilíbrio. Isso foi obtido criando-se um indexador cuja sigla foi conhecida como
   a) BTN
   b) URP
   c) URV
   d) ORTN
   e) SELIC

8. (Análise Socioeconômica — IBGE — CESGRANRIO — 2010) Além do controle das contas públicas, para evitar os excessos de demanda agregada, o Plano Real procurou zerar a memória inflacionária, o que significa dizer que
   a) reduziu a correção monetária das taxas de juros nominais.
   b) congelou a taxa de câmbio em relação ao dólar.
   c) aumentou a oferta agregada, incentivando as exportações.
   d) adotou um congelamento amplo dos preços e dos salários.
   e) adotou como meio de conta uma quase moeda cujo valor variava diariamente em relação ao Cruzeiro Real.

9. (Análise Socioeconômica — IBGE — CESGRANRIO — 2010) Após a consolidação do plano Real, no período de 1994 a 1999, via controle da demanda agregada e das contas públicas, o governo brasileiro decidiu evitar ao máximo que as taxas de inflação elevadas retornassem ao país. Para isso, adotou o regime monetário de:
   a) taxa de câmbio flutuante.
   b) orçamento público contingenciado.
   c) *deficit* orçamentário zerado.
   d) liberação da entrada de capitais externos.
   e) metas de inflação.

10. (Analista Sênior — Orçamento e Finanças — APEX Brasil — FUNIVERSA — 2006) Com relação aos planos de estabilização brasileiros das décadas de 80 e 90, assinale a alternativa *incorreta*.
    a) O Plano Cruzado teve como uma das principais medidas o congelamento de preços.
    b) O Plano Real congelou a taxa de câmbio na razão 1 R$/US$ durante o primeiro ano de vigência.
    c) O Plano Real foi aplicado num momento favorável em termos de balança comercial para o Brasil.
    d) O Plano Collor conseguiu, no curtíssimo prazo, uma redução significativa da inflação.
    e) O Plano Cruzado sofreu um problema de oferta, que levou ao desabastecimento de alguns produtos e à cobrança de ágio.

11. (ANPEC — 2011) Julgue as seguintes afirmativas:
    0) Os meios de pagamento em uma economia são dados por: M_1 = PMC − CBC + DV, em que PMC = papel-moeda em circulação; CBC = caixa em moeda corrente dos bancos comerciais; DV = depósitos à vista nos bancos comerciais.

1) Quando um indivíduo aplica R$100 de sua conta corrente em um fundo de investimentos lastreado em títulos públicos, a quantidade de moeda na economia (M_1) não se altera.
2) Uma elevação da taxa de reservas voluntárias dos bancos comerciais provoca (tudo o mais constante) uma expansão da quantidade de moeda em circulação na economia.
3) Um superávit fiscal eleva os depósitos do Tesouro Nacional no Banco Central e, portanto, representa uma contração da base monetária.

12. (Diplomacia — CEBRASPE — 2011) A respeito do Plano Real, que se destacou, na economia brasileira, por ter sido eficaz no combate à inflação, assinale a opção correta.
a) A queda duradoura da inflação foi facilitada pela redução da demanda agregada e pela expansão da entrada de capitais no período de vigência do plano.
b) O sucesso desse plano deveu-se, em parte, à política monetária expansionista combinada com forte ajuste fiscal.
c) Reservas elevadas, abertura comercial e valorização cambial contribuíram para restringir a alta dos preços internos.
d) A política cambial caracterizou-se pela fixação da taxa de câmbio real bem como da taxa de câmbio nominal.
e) O diagnóstico da inflação, no âmbito desse plano, excluía o caráter inercial da alta de preços no Brasil.

13. (IBGE — NCE — 2002) Em 1999, foi modificado o regime cambial brasileiro que vinha desde o início do Plano Real. O novo regime cambial adotado foi:
a) minidesvalorizações cambiais;
b) câmbio fixo;
c) câmbio flutuante;
d) dolarização;
e) banda cambial explícita.

14. (BNDES — CESGRANRIO — 2009) Nos anos imediatamente subsequentes ao Plano Real, houve uma sobrevalorização da moeda brasileira e *deficits* substanciais na conta corrente do balanço de pagamentos, embora o Banco Central acumulasse reservas de divisas internacionais, pois a conta de capital era superavitária. Em 1999, o Brasil mudou seu regime cambial para flutuante, após perdas substanciais das reservas no Banco Central. Esta mudança na situação se deveu ao(à)
a) aumento da expansão monetária doméstica.
b) recrudescimento da inflação doméstica.
c) diminuição do *superavit* primário do setor público.
d) diminuição da arrecadação fiscal.
e) crise asiática e russa, mudando a situação da conta de capital brasileira.

15. (BNDES — CESGRANRIO — 2009) Qual a política cambial adotada em 1994, logo após a introdução da nova moeda, o Real?
a) Taxa de câmbio flutuante
b) Taxa de câmbio fixa
c) Taxas de câmbio múltiplas e fixas
d) *Currency board*
e) Congelamento cambial

16. (Consultor do Executivo — SEFAZ/ES — CEBRASPE — 2010 — adaptada) Relativo à moeda e à política monetária, julgue os itens abaixo:
   a) Em decorrência de as facilidades de realocação de portfólio permitirem que M1 esteja sempre no nível necessário às transações e responda passivamente a elevações no nível de preços, os meios de pagamento ampliados são indicadores melhores que os meios de pagamento restritos.
   b) A poupança financeira, segundo definição dos meios de pagamentos, corresponde a M_2 acrescido das quotas de fundos de renda fixa e das operações compromissadas registradas na SELIC, mas desconsidera os títulos públicos de alta liquidez.
   c) Moeda, um estoque de ativos usados em transações, possui as funções de reserva de valor, padrão de valor e meio de troca.

17. (ECT — CEBRASPE — 2011) Julgue o item seguinte, relativo a conceitos de macroeconomia.
O Plano Real foi a primeira tentativa bem-sucedida de estabilização da economia brasileira, depois de mais de dez anos de luta contra a hiperinflação.
Vários planos econômicos foram lançados antes do Plano Real, na tentativa de estabilizar a economia, entre eles estão o Plano Cruzado, Plano Bresser, Plano Verão, Plano Collor etc., não obtendo êxito nos seus objetivos. O Plano Real corresponde ao primeiro plano bem-sucedido nesse sentido.
( ) Certo
( ) Errado

18. (TJ/ES — CEBRASPE — 2011) No final de 1993, começou a ser implementado o Plano Real, que obteve êxito em controlar o grave processo inflacionário pelo qual passava o Brasil. No que concerne ao Plano Real, julgue os itens subsequentes.
   a) A introdução da nova moeda, o real, ocorreu após todos os preços estarem expressos em termos de unidade real de valor.
   b) Diferentemente de planos anteriores, o Plano Real não reconheceu a existência de inflação inercial no Brasil.
   c) A aprovação do Fundo Social de Emergência foi um dos elementos do ajuste fiscal.
   d) As âncoras cambial e monetária, que foram instrumentos alternativos de controle inflacionário, responderam a problemas operacionais na unidade real de valor (URV).
   e) O Plano Real começou a ser implementado no primeiro ano do governo de Fernando Henrique Cardoso.
   f) Após sua implementação, a queda na inflação foi rápida, mas não chegou a zero nem à deflação.

19. (BNDES — CESGRANRIO — 2011) Em relação ao tema de agregados monetários, considere as seguintes siglas:
   — PMC = Papel-Moeda em Circulação
   — CBCOM = Encaixe em moeda mantido pelo sistema bancário (Caixa dos Bancos Comerciais)
   — CBACEN = Caixa do Banco Central
   — DVBCOM = Depósitos à Vista nos Bancos Comerciais
   — PMPP = Papel-Moeda em Poder do Público
   — PME = Papel-Moeda Emitido
   — TPPSP = Títulos Públicos em Poder do Setor Privado
   — TEID = Títulos Emitidos por Instituições Depositárias
A definição de meios de pagamento (M1) é dada por
   a) M1 = PMC – CBCOM – CBACEN + DVBCOM
   b) M1 = PME – CBACEN – CBCOM + DVBCOM
   c) M1 = PMPP + TPPSP
   d) M1 = PMPP + DVBCOM + TEID
   e) M1 = PMPP + PMC – PME + DVBCOM

20. (ISS/SP — FCC — 2012) Na implantação do Plano Real, a política cambial
   a) não pôde ser adotada como âncora nominal do programa, visto que o país dispunha de um baixo volume de reservas internacionais.
   b) adotada foi de câmbio flexível e não teve qualquer papel no processo de estabilização da moeda.
   c) funcionou como principal instrumento para que o governo promovesse a redistribuição de renda e com isso estimulasse a demanda doméstica.
   d) adotada foi de câmbio fixo para eliminar o desequilíbrio da balança comercial e com isso diminuir os dispêndios públicos com o serviço da dívida externa.
   e) permitiu a entrada de bens importados a preços competitivos capazes de amenizar pressões de demanda.

21. (Auditor — TCE-AM — FCC — 2015) São funções da moeda:
   a) meio de pagamento e reservas internacionais.
   b) meio de pagamento, unidade de conta e reserva de valor.
   c) reserva de valor e seguro contra a inflação.
   d) meio de pagamento e preço da moeda estrangeira.
   e) meio de pagamento e custo do dinheiro.

22. (Diplomata — Terceiro Secretário — CEBRASPE — 2016) A respeito de teoria monetária e política monetária, julgue o item a seguir.
As três funções principais de uma moeda em um sistema econômico são a de meio de troca, a de unidade de conta e a de reserva de valor.

23. (Tecnologista — IBGE — Economia — FGV — 2016) Um trabalhador ganha um salário mínimo e separa uma quantia para pagar as contas ao longo do mês. Esse ato destaca a função de:
   a) reserva de valor da moeda;
   b) padrão de valor da moeda;
   c) unidade de conta da moeda;
   d) meio de troca da moeda;
   e) poupança da moeda.

24. (Técnico de Nível Superior — ARSETE — Economista — FCC — 2016) Considere as seguintes afirmações sobre as funções da moeda.
   I. A função de reserva de valor da moeda serve para comparar o valor dos bens e serviços.
   II. A utilização da moeda propiciou a superação da necessidade de existência de dupla coincidência de desejos entre dois agentes econômicos, que era característica de uma situação de escambo.
   III. A função de unidade de conta da moeda permite uma linguagem monetária comum em contratos, garantindo o conhecimento sobre o valor do que está sendo transacionado.
Está correto o que se afirma apenas em
   a) I e II.
   b) II e III.
   c) III.
   d) I.
   e) I e III.

25. (Analista Judiciário — TJ-PA — Economia — VUNESP — 2014) Preocupados com a perspectiva de alta na inflação, moradores de um país passam a guardar em suas casas algum tipo de moe-

da forte estrangeira, como o dólar ou o euro. A função da moeda local transferida para moedas estrangeiras, nesse caso, foi
   a) meio de troca.
   b) unidade de conta.
   c) poupança.
   d) velocidade-renda.
   e) reserva de valor.

26. (Administrativa — Economista — IADES — Analista Metroferroviário — METRO-DF — 2014) Para exercer a função de intermediária de trocas, é imprescindível que a moeda
   a) tenha valor intrínseco.
   b) seja lastreada em ouro.
   c) seja conversível em dólar.
   d) seja fiduciária.
   e) tenha circulação restrita ao país de emissão.

27. (Diplomata — Terceiro Secretário — CEBRASPE — 2014) A respeito de macroeconomia, contabilidade nacional e teoria monetária, julgue (C ou E) o item seguinte.
Meio de troca, medida de valor e reserva de valor são funções da moeda que em conjunto a diferenciam de outros ativos financeiros.

28. (Auditor Público Externo /TCE-RS/Ciências Econômicas/FCC/2018) O conceito de M_2 para os meios de pagamento
   a) inclui os depósitos à vista, mas não os depósitos de poupança.
   b) inclui os títulos emitidos por instituições depositárias, mas não os depósitos especiais remunerados.
   c) inclui os depósitos de poupança, mas não as quotas de fundos de renda fixa.
   d) não inclui os depósitos especiais remunerados nem os depósitos de poupança.
   e) inclui os depósitos de poupança e os títulos públicos de alta liquidez.

29. (FGV — Técnico Superior Especializado (DPE RJ)/Economia/2019) Os agregados monetários (M_1, M_2, M_3 e M_4) diferem de acordo com sua liquidez. Nesse sentido, relacione cada agregado monetário com seus respectivos elementos ou características.
1. M_1
2. M_2
3. M_3
4. M_4
( ) Inclui apenas papel-moeda em poder do público e depósitos à vista.
( ) Um aumento dos depósitos de poupança eleva tanto este agregado como o(s) agregado(s) inferior(es).
( ) Inclui títulos públicos de elevada liquidez.
( ) Uma redução das cotas de fundo de renda fixa reduz tanto este agregado como o(s) agregado(s) inferior(es).
A sequência correta é:
   a) 1, 2, 3 e 4;
   b) 1, 2, 4 e 3;
   c) 1, 3, 4 e 2;
   d) 2, 4, 3 e 1;
   e) 2, 1, 3 e 4.

30. (NEC UFMA — Economista (UFMA)/2019) No quadro da criação dos meios de pagamento, a autoridade monetária — o Banco Central — é o responsável pela emissão de papel-moeda. Contudo, o sistema bancário privado também é importante criador de moeda, a chamada "moeda escritural". Assim, denomina-se o conjunto dos meios de pagamento (moeda manual + moeda escritural) na economia, de "agregados monetários". Dentro desse contexto, o que significa o M_3 caracterizado nas estatísticas monetárias?
   a) $M_3 = M_2$ + quotas de renda fixa + operações compromissadas registradas no SELIC.
   b) $M_3 = M_2$ + PMPP + depósitos a vista.
   c) $M_3 = M_1$ + depósitos especiais remunerados + depósitos de poupança + títulos emitidos por instituições depositárias.
   d) $M_3 = M_2$ + títulos públicos de alta liquidez.
   e) M_3 = PMPP + depósitos a vista + títulos públicos de alta liquidez.

31. (CETREDE — Economista (Pref Juazeiro do N)/2019) Acerca da Quase Moeda, analise as afirmativas a seguir e marque (V) para as VERDADEIRAS e (F) para as FALSAS.
   a) (   ) Inclui apenas ativos que, no Brasil, podem ser emitidos por bancos comerciais e múltiplos
   b) (   ) Pode ser entendida como qualquer título de crédito que tenha valor conversível em moeda corrente
   c) (   ) Possui as mesmas características de meio de troca, unidade de conta e reserva de valor encontrado na moeda.
Marque a alternativa que apresenta a sequência CORRETA.
   a) V – V – V.
   b) V – F – V.
   c) V – F – F.
   d) F – V – V.
   e) F – F – F.

32. (Instituto AOCP — Analista Censitário (IBGE)/Análise Socioeco-nômica/2019) Assinale a alternativa que apresenta uma situação em que NÃO há destruição nem criação de meios de pagamento.
   a) A Ambev quita um empréstimo com o Banco Nacional de Desenvolvimento Econômico e Social (BNDES).
   b) A União deposita uma parte da arrecadação de impostos no Banco Central.
   c) Uma professora de posse de parte do seu salário em moeda vai a um banco e aplica os recursos em uma caderneta de poupança.
   d) Um banco comercial compra títulos da dívida do governo em poder do público.
   e) Uma advogada acessa o seu banco pela internet e baixa o valor de sua aplicação em um fundo de investimento para sua conta-corrente.

■ GABARITO ■

1. "c". Quando foi instituída, a URV não servia para ser utilizada como meio de troca (ou seja, ninguém adquiria bens e serviços com URV). Ela também não servia como reserva de valor (ou seja, ninguém guardava URV). Ela foi criada em 1994 apenas como meio de conta, já que era indexada à moeda nacional e servia para contar o valor de cada mercadoria (ou seja, os bens e serviços eram avaliados em "x" URVs).

2. "d". O Plano Real foi um programa brasileiro de estabilização econômica iniciado em fevereiro de 1994. Instituiu a Unidade Real de Valor (URV), estabeleceu regras de conversão e uso de valores monetários, iniciou a desindexação da economia e determinou o lançamento de uma nova moeda, o Real.
O objetivo principal era o controle da hiperinflação que assolava o país. O Plano Real reduziu a inflação, ampliou o poder de compra da população e remodelou os setores econômicos nacionais. O programa seguiu as seguintes linhas mestras:
— desindexação da economia;
— privatizações;
— equilíbrio fiscal por meio de corte nas despesas e aumento dos impostos federais;
— abertura econômica;
— **manutenção do câmbio valorizado**;
— políticas monetárias restritivas com aumento da taxa básica de juros e da taxa de depósitos compulsórios dos bancos.

3. "a". Define-se Base Monetária por: B = PMPP + encaixes, onde: B = Base Monetária; PMPP = Papel-Moeda em Poder do Público; e Encaixes = Recolhimento compulsório + Recolhimento voluntário + caixa dos bancos comerciais. Logo:
B = 1.300 + (4.100 + 0 + 100)
B = 1.300 + 4.200
B = 5.500
Outra maneira de resolver é a seguinte:
B = PMC + reservas, onde: PMC = Papel-Moeda em Circulação; e Reservas = Recolhimento compulsório + Recolhimento voluntário. Logo:
B = 1.400 + (4.100 + 0)
B = 5.500

4. "a". Quando um banco comercial compra títulos da dívida pública, retira títulos do mercado e coloca moeda em troca. Logo, aumenta PMPP ou DV.

Para criar meios de pagamento (M_1), é necessário que aumente Papel-Moeda em Poder do Público (PMPP) ou Depósito à Vista (DV), já que: M_1 = PMPP + DV. Portanto, nessa situação, criará moeda.

5. "c". A sobrevalorização cambial e a abertura comercial levaram ao aumento das importações, não acompanhado do aumento das exportações. Isso provocou um aumento do déficit da Balança Comercial e do Balanço de Pagamentos em Transações Correntes.

6. "d". M_1= PMPP + DV, onde: M_1 = meios de pagamento; PMPP = Papel-Moeda em Poder do Público; e DV = Depósito à Vista.

7. "c". Em 1º de março de 1994, foi criada a Unidade Real de Valor (URV), com o objetivo de indexar a economia. A URV cumpriu apenas a função de unidade de conta e caminhou com o Cruzeiro Real até o dia 1º de julho de 1994, quando foi criada a moeda Real, que equivalia a 1 URV e a CR$ 2.750,00.

8. "e". O Plano Real restringiu a correção monetária baseada em índices de preços, muito embora tenha permanecido no mercado de trabalho, no mercado financeiro e em contratos de longo prazo. Por ocasião da implantação do Real, em 1º de julho de 1994, estipulou-se que 1 Real equivaleria a 1 Dólar, apesar de o câmbio ter permanecido, a partir daí, flutuante. Somente em 1995 adotou-se o sistema de câmbio fixo por meio de Bandas Cambiais. O governo diminuiu as despesas e aumentou em 5% os impostos federais, adotou uma política monetária restritiva com taxas de juros e recolhimento compulsório mais elevados e reduziu o imposto de importação, estimulando-a. A indexação da economia evitou o congelamento de preços. Em 1994, foi criada a Unidade Real de Valor (URV), com o objetivo de indexar a economia. A URV cumpriu apenas a função de unidade de conta e caminhou com o Cruzeiro Real até o dia 1º de julho de 1994, quando foi criada a moeda Real, que equivalia a 1 URV e a CR$ 2.750,00.

11 ■ Mercado Monetário

> **9.** "e". Para evitar que a inflação crescesse de forma descontrolada novamente no país, o governo passou a adotar o regime monetário de metas de inflação.

10. "b". O Plano Cruzado foi lançado em março de 1986, no governo do Presidente José Sarney, pelo Ministro Dílson Funaro. Teve como objetivos: combater a inflação, acabar com a indexação, congelar preços e salários, fazer uma reforma monetária. As principais medidas adotadas foram:
— criação do padrão monetário denominado Cruzado (Cz$), cortando-se 3 zeros da antiga moeda Cruzeiro;
— congelamento de preços;
— criação do gatilho salarial todas as vezes em que a inflação ultrapassasse 20%;
— congelamento de salários pela média dos 6 últimos;
— criação do seguro-desemprego;
— congelamento da taxa de juros a um nível muito baixo;
— taxa de câmbio congelada a níveis sobrevalorizados;
— extinção da correção monetária;
— criação do Índice de Preços ao Consumidor (IPC) para corrigir a poupança e aplicações financeiras superiores a 1 ano. Portanto, a alternativa "a" está correta.
Em 1993, Fernando Henrique Cardoso, então ministro da Fazenda do Presidente Itamar Franco, lança um plano de estabilização, denominado Plano Real. O principal objetivo foi combater a inflação e reduzir os gastos do governo. Entre as medidas adotadas, podem-se citar:
— cortes de gastos, inclusive em áreas essenciais, como educação e saúde;
— cortes na folha de pagamento dos funcionários;
— apresentação de um plano de reforma administrativa para reduzir máquinas do Estado e aumentar a arrecadação;
— aumento dos impostos federais em 5%;
— criação de um padrão estável de valor denominado URV;
— criação de uma nova moeda de poder aquisitivo estável: o Real.
A primeira medida do Plano Real, portanto, foi o de estabelecer um equilíbrio fiscal operacional. Esse equilíbrio foi perseguido por meio de cortes na proposta do orçamento de 1994. O Real passou a ser a moeda nacional de poder aquisitivo estável. O reajuste mantinha a paridade com o Dólar, mantendo-se flutuante. A alternativa "b" é falsa.
A Balança Comercial do país antes do Plano Real era favorável, o que lhe permitiu possuir reservas cambiais consideráveis. A alternativa "c" é verdadeira, portanto.
O Plano Collor foi lançado pelo Presidente da República Fernando Collor de Mello em março de 1990. Tinha como objetivo combater a inflação. As medidas adotadas foram:
— confisco monetário;
— congelamento temporário de preços e salários;
— reformulação dos índices de correção monetária;
— demissão de funcionários públicos;
— extinção de autarquias, fundações e empresas públicas;
— abertura da economia à competição externa com redução dos impostos sobre importação;
— desregulamentação da economia e redução do Estado na economia;
— volta do Cruzeiro em substituição ao Cruzado Novo;
— prefixação de salários;
— aumento de tributos e criação de novos;
— suspensão de incentivos fiscais não garantidos pela constituição;
— lançamento do Programa Nacional de Desestatização (a Usiminas é privatizada em outubro de 1991).
Num primeiro momento, conseguiu reduzir a inflação, mas logo em seguida foi marcado por recessão, demissão de funcionários e redução de salários e da jornada de trabalho. A alternativa "d" é verdadeira.
Entre as consequências do Plano Cruzado, encontram-se:
— fracasso do plano 4 meses depois;
— falta de produtos nas prateleiras;
— cobrança de ágio sobre os produtos;
— volta da inflação. A alternativa "e" é verdadeira.

11. V, F, F, V.
Sabendo-se que: M_1 = meios de pagamento; PMPP = Papel-Moeda em Poder do Público; DV = Depósito à Vista; PMC = Papel-Moeda em Circulação; Cx = Caixa dos bancos comerciais; B = Base monetária; Rc = Recolhimento compulsório; e Rv = Recolhimento voluntário:
0) **(V)** Os meios de pagamento em uma economia são iguais a:
M_1 = PMPP + DV   (I)
PMC = PMPP + Cx
Logo: PMPP = PMC – Cx   (II)
Substituindo (II) em (I), tem-se: M_1 = PMC – Cx + DV.
1) **(F)** Quando um indivíduo retira R$ 100 de sua conta corrente (DV), M_1 diminui, já que M_1 = PMPP + DV. Quando aplica em um fundo de investimentos lastreado em títulos públicos, aumenta M_3. Para alterar a quantidade de moeda na economia (M_1), é necessário que PMPP e/ou DV se alterem. Nesse caso, apenas DV diminuiu, reduzindo M_1.
2) **(F)** Uma elevação da taxa de reservas voluntárias dos bancos comerciais provoca (tudo o mais constante) uma redução dos meios de pagamento e da quantidade de moeda em circulação na economia, já que:
B = PMPP + Encaixes   ou   B = PMPP + (Rc + Rv + cx)
Se Rv aumenta, os encaixes aumentam, reduzindo PMPP.
Como: M_1 = PMPP + DV e PMC = PMPP + Cx, então, se PMPP diminui, tanto M_1 como PMC diminuem.
3) **(V)** Um superávit fiscal ocorre quando o governo arrecada mais do que gasta, ou seja, quando retira da economia, em forma de tributos, mais do que adquire de bens e serviços. Isso provoca um aumento dos depósitos na conta do Tesouro Nacional no Banco Central, aumentando o Passivo não monetário do Banco Central e causando uma redução do Passivo monetário, que é constituído da Base Monetária. Observe o Balancete do Bacen e acompanhe com as setas os movimentos do Passivo monetário e não monetário, *ceteris paribus*.

BALANCETE SINTÉTICO DO BANCO CENTRAL (AUTORIDADE MONETÁRIA)	
Ativo	**Passivo**
	Passivo monetário
Caixa em moeda corrente	**Base Monetária** ↓
Reservas internacionais	
	Passivo não monetário
Empréstimos ao Tesouro Nacional	**Depósitos do Tesouro Nacional** ↑
Empréstimos a outros órgãos do governo	
Empréstimos ao setor privado[59]	Empréstimos externos (que capta)
Empréstimos aos bancos (redesconto)	Saldo líquido das demais contas[60]
Títulos públicos federais	

---

[59] Referente aos recursos especiais que administra.
[60] O saldo líquido das demais contas corresponde à diferença dos lançamentos do passivo e ativo que foram excluídos do Balancete do Banco Central, ou seja, a diferença entre os recursos especiais + outras exigibilidades do imobilizado + outras aplicações.

12. "c". O Plano Real trouxe um aumento da demanda agregada. Com relação à entrada de capitais, percebe-se uma alternância de comportamento. No início, devido a taxas de juros elevadas e a um contexto favorável no mercado internacional, a entrada de capitais no país pôde ser concretizada, mas as crises no México (1994), na Ásia (1997), na Rússia (1998), na Argentina (2001-2002) e a crise dos *subprimes* dos Estados Unidos (2008) provocaram fuga de capitais e a perda de reservas internacionais. A alternativa "a" é falsa, portanto.
O sucesso desse plano deveu-se, em parte, à política monetária restritiva por meio da elevação do Recolhimento compulsório por uma elevada taxa de juros e de um forte ajuste fiscal, de cortes do orçamento de 1994, diminuição das transferências voluntárias do Governo Federal, aumento dos tributos e criação do IPMF, posteriormente convertido em CPMF. A alternativa "b" é falsa, portanto.
Reservas elevadas que eram da ordem de 40 bilhões de Dólares e que foram reforçadas com as elevadas taxas de juros e um contexto favorável no mercado internacional, abertura comercial iniciada no governo Collor e valorização cambial tornaram os produtos importados mais competitivos e contribuíram para restringir a alta dos preços internos. Portanto, a alternativa "c" é verdadeira.
O Real passou a ser a moeda nacional de poder aquisitivo estável. O reajuste mantinha a paridade com o Dólar, de tal maneira que, em 1995, foi estipulado o sistema de bandas cambiais. O Banco Central deixou o câmbio flutuante em 1994, já que este, naturalmente, manteve-se valorizado frente ao Dólar. Isso ocorreu até 1995, quando foi adotado o sistema de Bandas Cambiais. Logo, a alternativa "d" é falsa.
O diagnóstico da inflação, no âmbito desse plano, incluía o caráter inercial da alta de preços no Brasil, onde a inflação se autoalimentava, gerada principalmente pela indexação de preços na economia e pela capacidade de repassar aumento de custos de produção para os preços. Portanto, a alternativa "e" é falsa.

13. "c". Para evitar que a inflação crescesse de forma descontrolada novamente no país, o governo passou a adotar o regime monetário de metas de inflação a partir de 1999 e um regime flexível de câmbio.

14. "e". Após a recuperação da crise asiática, o Brasil, em setembro de 1998, depara-se com a crise russa. Somando-se a isso, o não cumprimento das metas fiscais anunciadas em 1997 faz com que o país perca credibilidade perante a sociedade. Os títulos sofrem grande desvalorização e o país passa a apresentar uma crise de liquidez internacional e saldo no Balanço de Pagamentos negativo. Para atrair capital externo, o Brasil eleva a taxa de juros ao patamar de 41,5% ao ano. Mas a desconfiança externa continuava. A discussão a respeito de uma maior flexibilidade cambial fortificava-se, já que uma taxa de câmbio administrada e sobrevalorizada exigia a manutenção de taxa de juros alta e de riscos de não honrar os compromissos da dívida. Assim, sob pressão internacional que ameaçava retirar o apoio financeiro do Brasil, em 18 de janeiro de 1999 o Brasil abandona o sistema de âncora cambial e passa a adotar a política de câmbio flutuante, com o sistema de metas de inflação.

15. "a". Num primeiro momento do Plano Real (a partir de julho de 1994), o sistema de câmbio adotado foi o flutuante. No início de 1995, a taxa deixou de flutuar livremente e passou a oscilar dentro de um intervalo estipulado pela autoridade monetária, denominado sistema de bandas cambiais.

16. V, F, V.
b) **(F)** O M_2, M_3 e M_4 se classificam da seguinte maneira:
M_2 = M_1 + depósitos de poupança + CDB (ou títulos emitidos por instituições depositárias) + Depósito Especial Remunerado (DER).
M_3 = M_2 + quotas de fundos de rendas fixas + operações com títulos públicos compromissadas registradas no Sistema de Liquidação e Custódia (SELIC).
M_4 = M_3 + títulos públicos de alta liquidez. Corresponde ao conceito de poupança financeira.

17. "Certo". Os Planos econômicos do Governo Sarney (Cruzado, Bresser, Verão) e do governo Collor (Plano Collor) nasceram com o propósito de combater a inflação através, principalmente, do congelamento de preços. Nenhum deles conseguiu combater a inflação. Somente, em 1994, com o Plano Real (Governo do Itamar Franco) a inflação foi contida. O item está certo.

18. V, F, V, F, F, V.
b) **(F)** Uma das características do Plano Real foi a percepção de que a inflação tinha um forte caráter inercial.
d) **(F)** A âncora cambial e monetária surgiam depois da total implantação da URV na tentativa de evitar os erros dos demais planos que aumentaram a demanda e o crédito depois da queda da inflação, permitindo, assim, a valorização cambial viabilizando as importações para suprir o aumento da demanda e para forçar a concorrência.
e) **(F)** O Plano Real começou a ser implantado no governo do Presidente Itamar Franco.

19. "b". Sabendo-se que: M_1 = PMPP + DVBCOM (equação I); e PME = PMPP + CBCOM + CBACEN, ou PME − CBCOM − CBACEN = PMPP (equação II). Substituindo a equação II em I, tem-se: M1 = PME − CBCOM − CBACEN + DVBCOM.

20. "e". Na implantação do Plano Real, adotou-se o sistema de âncora cambial, no qual, por meio do câmbio valorizado, a inflação pode ser contida pelo mecanismo de aumento das importações para suprimento da demanda interna do país. Como o país possuía um grande volume de reservas, foi possível garantir uma moeda nacional valorizada frente ao dólar. Portanto, a alternativa "a" é falsa. Em julho de 1994, pelo fato de a moeda nacional (o Real) estar naturalmente valorizada, devido ao grande fluxo de capital externo para dentro do país, não houve a necessidade de se adotar o câmbio fixo. Somente no início de 1995, diante da ameaça de desvalorização do Real e possível retorno da inflação, o Brasil passou a adotar o sistema de bandas cambiais, o que garantiu o processo de estabilização da moeda. A alternativa "b" é falsa, portanto. A âncora cambial não estimulou a demanda doméstica, mas sim, serviu para atender ao aquecimento da economia, que derivou da estabilidade da moeda. A alternativa "c" é falsa, portanto. Com a valorização da moeda nacional, a Balança Comercial ficou comprometida pelo aumento das importações e redução das exportações. Provocou-se também o aumento dos dispêndios públicos com o serviço da dívida externa, ou seja, com o pagamento de juros, já que houve grande fluxo de capital externo para dentro do país em busca de ganhos altos e atrativos. A alternativa "d" é falsa, portanto. Portanto, o Real, valorizado, tornou os preços relativos dos produtos importados mais atrativos, o que permitiu o suprimento da demanda agregada interna, aquecida pela estabilidade monetária e econômica. Logo, a alternativa "e" é verdadeira.

21. "b". A moeda tem três funções:
— Função de troca ou meio de pagamento, quando é utilizada para realizar os pagamentos para adquirir algum bem ou serviço.
— Reserva de valor, quando é guardada para um consumo futuro ou pagamento futuro.
— Unidade de conta, quando é utilizada para contar os bens e serviços e permitir a comparação entre bens e serviços.

22. Certo. A moeda tem três funções:
— Função de troca ou meio de pagamento, quando é utilizada para realizar os pagamentos para adquirir algum bem ou serviço.
— Reserva de valor, quando é guardada para um consumo futuro ou pagamento futuro.
— Unidade de conta, quando é utilizada para contar os bens e serviços e permitir a comparação entre bens e serviços.

23. "a". A função da moeda de reserva de valor tem a característica de permitir guardar moeda para um consumo futuro ou pagamento futuro. Na medida em que uma quantia é separada para pagamento de compromissos assumidos anteriormente, esse ato representa a função da moeda de reserva de valor. A alternativa "a" está correta.
Não existem as funções "padrão de valor da moeda" e "poupança da moeda". As alternativas "b" e "e" estão incorretas.
A função "unidade de conta da moeda" permite converter todos os bens e serviços em uma única unidade de medida e, assim, garantir o conhecimento sobre o valor do que está sendo transacionado. A alternativa "c" está incorreta.
A função "meio de troca da moeda" ou meio de pagamento, quando é utilizada para realizar os pagamentos ao adquirir algum bem ou serviço. A alternativa "d" está incorreta.

24. "b". A função de unidade de conta da moeda, e não reserva de valor, serve para comparar o valor dos bens e serviços. O item "I" está errado.
Antes da moeda, quando dois agentes desejassem realizar trocas, era necessário que houvesse a coincidência de desejos entre eles, ou seja, caso o indivíduo "A" quisesse cebola mas possuísse batata, só conseguiria trocar suas cebolas por batatas se o indivíduo "B", possuidor de batatas, quisesse trocar suas batatas por cebolas e, assim, praticassem o escambo. O item "II" está correto.
A função de unidade de conta da moeda permite converter todos os bens e serviços em uma única unidade de medida e, assim, garantir o conhecimento sobre o valor do que está sendo transacionado. O item "III" está correto.

25. "e". Quando a moeda local é substituída por uma moeda estrangeira no intuito de se resguardar de uma inflação alta e as pessoas passam a guardá-la, então, estão praticando a função de reserva de valor. A alternativa "e" está correta.
Não existe a função da moeda "poupança" nem "velocidade–renda". As alternativas "c" e "d" estão incorretas.
A função "meio de troca" ou meio de pagamento, quando é utilizada para realizar os pagamentos quando adquirir algum bem ou serviço. A alternativa "a" está incorreta.
A função "unidade de conta" permite converter todos os bens e serviços em uma única unidade de medida e, assim, garantir o conhecimento sobre o valor do que está sendo transacionado. A alternativa "b" está incorreta.

26. "d". Para que seja possível que a moeda exerça sua função de troca é necessário que ela tenha aceitação no mercado como representativa de valor, ou seja, é necessário que haja confiança em que de fato ela vale o que representa. É necessário, portanto, que haja fidúcia. A alternativa "d' está correta.
Ela não precisa ter seu valor intrínseco, não precisa ser lastreada em algo, nem ser conversível em outra moeda. As alternativas "a", "b" e "c" estão incorretas.
Também não é necessário que ela tenha circulação apenas no país que a emitiu. Para ser considerada moeda é necessário, portanto, que os agentes econômicos confiem em seu poder de troca. A alternativa "e" está incorreta.

27. Certo. A moeda tem três funções:
— Função de troca ou meio de pagamento, quando é utilizada para realizar os pagamentos para adquirir algum bem ou serviço.
— Reserva de valor, quando é guardada para um consumo futuro ou pagamento futuro.
— Unidade de conta, quando é utilizada para contar os bens e serviços e permitir a comparação entre eles.
Essas características diferenciam a moeda de outros ativos financeiros, como depósitos de poupança e a prazo emitidos por bancos, e títulos da dívida pública emitidos pelo Tesouro Nacional, entre outros, que não possuem essas três características juntas.

28. "c". Vejamos os conceitos de M_1, M_2, M_3 e M_4:
M_1 = Papel-Moeda em Poder do Público + depósito à vista.
M_2 = M_1 + depósitos de poupança + CDB (ou títulos emitidos por instituições depositárias) + depósito especial remunerado (DER).
M_3 = M_2 + quotas de fundos de rendas fixas + operações com títulos públicos com promissadas registradas no Sistema de Liquidação e Custódia (SELIC).
M_4 = M_3 + títulos públicos de alta liquidez.

29. "b". Sabendo que:
M_1 = Papel Moeda em Poder do Público + depósito à vista.
M2 = M_1 + depósitos de poupança + CDB + depósito especial remunerado (DER).
M_3 = M_2 + quotas de fundos de rendas fixas + operações com títulos públicos compromissadas registradas no Sistema de Liquidação e Custódia (SELIC)
M_4 = M_3 + títulos públicos de alta liquidez.
Logo a sequência correta é 1,2,4,3. A alternativa "B" é a correta.

30. "a".
Sabendo que:
M_1 = Papel Moeda em Poder do Público + depósito à vista.
$M_2 = M_1$ + depósitos de poupança + CDB + depósito especial remunerado (DER).
$M_3 = M_2$ + quotas de fundos de rendas fixas + operações com títulos públicos compromissadas registradas no Sistema de Liquidação e Custódia (SELIC)
$M_4 = M_3$ + títulos públicos de alta liquidez.
Logo, a alternativa "a" está correta e as alternativas "b, c, d, e" estão erradas.

31. "e".
A quase moeda é constituída pelo M_2, M_3 e M_4, ou seja:
$M_2 = M_1$ + depósitos de poupança + CDB + depósito especial remunerado (DER).
$M_3 = M_2$ + quotas de fundos de rendas fixas + operações com títulos públicos compromissadas registradas no Sistema de Liquidação e Custódia (SELIC)
$M_4 = M_3$ + títulos públicos de alta liquidez.
Logo, inclui ativos emitidos por bancos comerciais e múltiplos assim como títulos públicos. O item "a" está incorreto. Nem todo título de crédito, conversível em moeda corrente, é quase moeda. Por exemplo, uma ação não é quase moeda. O item "b" está incorreto. Apenas a moeda exerce as três funções concomitantes de unidade de conta, meio de troca e reserva de valor. A quase moeda não. O item "c" está incorreto.

32. "d".
Quando há criação de moeda, o M_1 aumenta, ou seja, há aumento do Papel Moeda em Poder do Público não bancário (PMPP) e/ ou do Depósito à vista em poder do público não bancário (D.V.). Quando há destruição de moeda, o M_1 diminui, ou seja, há redução do Papel Moeda em Poder do Público não bancário (PMPP) e/ ou do Depósito à vista em poder do público não bancário (D.V.).
Transações entre bancos não criam nem destroem moeda, já, que não são transações com público não bancário e, portanto, nem aumentam nem diminuem o PMPP e D.V. A alternativa "a" está correta.
Quando a União (público não bancário) deposita no Banco Central (público bancário) parte da arrecadação, está havendo destruição de moeda. A alternativa "b" está incorreta.
Quando uma pessoa deposita em Poupança (quase moeda) parte do seu salário diminuindo PMPP ou DV, está havendo destruição de moeda. A alternativa "c" está errada.
Quando um banco comercial (público bancário) compra títulos da população, pagando por eles, aumenta o PMPP ou DV do público não bancário. Logo, há criação de moeda. A alternativa "d" está incorreta.
Quando uma pessoa retira dinheiro de um fundo de renda fixa (quase moeda) para sua conta corrente (D.V) estará aumentando o M_1 e, portanto, estará havendo criação de moeda. A alternativa "e" está incorreta.

12

MULTIPLICADOR MONETÁRIO E MULTIPLICADOR BANCÁRIO

12.1. MULTIPLICADOR MONETÁRIO = M/B

O **multiplicador monetário** (m) representa a quantidade de vezes que a base monetária (B) é multiplicada para gerar meios de pagamento (M_1). Blanchard afirma que: "os multiplicadores podem frequentemente ser derivados como a soma de uma progressão geométrica e interpretados como o resultado de sucessivas rodadas de decisões"[1].

Para se determinar o valor do multiplicador monetário, utiliza-se a seguinte fórmula:

$$\frac{M_1}{B} = m = \frac{1}{1 - d(1 - R)}$$

Onde: d = parcela dos meios de pagamento que o público mantém como depósito à vista (= depósito à vista/M_1).

$$0 \leq d \leq 1$$

Ou seja, o público não bancário deverá depositar nos bancos comerciais uma parcela entre 0% e 100% dos meios de pagamento. Portanto, "d" não pode ser negativo.

R = parcela dos depósitos à vista que os bancos comerciais manterão sob a forma de encaixe, ou seja, é a parcela dos depósitos que não será emprestada (= encaixes/depósito à vista).

$$0 \leq R \leq 1$$

Ou seja, os bancos comerciais manterão em forma de encaixe entre 0% e 100% dos depósitos à vista realizados pelo público não bancário (R), ou seja, poderão emprestar entre 0% e 100% dos depósitos à vista (1 – R).

Mas de onde surgiu essa fórmula do multiplicador bancário?

Observe que, se o multiplicador bancário é a relação em M_1 e B, então:

$$\frac{M_1}{B} = \frac{c \times M_1 + d \times M_1}{c \times M_1 + R \times d \times M_1}$$

---

[1] Olivier Blanchard, *Macroeconomia*, p. 77.

Onde: c = parcela dos meios de pagamento que o público mantém sob a forma de papel-moeda em poder do público.

$$0 \leq c \leq 1$$

Ou seja, o público não bancário deverá manter sob a forma de papel-moeda em poder do público uma parcela entre 0% e 100% dos meios de pagamento. Portanto, "c" não pode ser negativo.

Continuando a desenvolver a fórmula, tem-se:

$$\frac{M_1}{B} = \frac{M_1(c+d)}{M_1(c+R \times d)}$$

$$\frac{M_1}{B} = \frac{(c+d)}{(c+R \times d)}$$

Como $c + d = 1$, então: $\dfrac{M_1}{B} = \dfrac{1}{c + R \times d}$

Como $c = 1 - d$, então: $\dfrac{M_1}{B} = \dfrac{1}{1 - d + R \times d}$

Ou: $\dfrac{M_1}{B} = \dfrac{1}{1 - d(1-R)}$ [2]

Logo: se a parcela dos meios de pagamento que o setor não bancário resolve depositar nos bancos comerciais (d) aumenta, o multiplicador bancário aumenta.

Também, se a parcela dos depósitos realizados pelo setor não bancário que será mantida sob a forma de encaixe (recolhimento voluntário + recolhimento compulsório + caixa dos bancos comerciais) (R) aumentar, o multiplicador bancário diminui.

$$d \uparrow \;\rightarrow\; m \uparrow$$
$$R \uparrow \;\rightarrow\; m \downarrow$$

Podemos concluir que o multiplicador monetário (m) será tanto maior quanto menores forem as reservas dos bancos comerciais e maiores forem os depósitos nos bancos comerciais.

Ex.: d = 0,6 e R = 0,2   m = 1,92
     d = 0,7 e R = 0,2   m = 2,27
     d = 0,6 e R = 0,3   m = 1,72

Se chamarmos de "c" o papel-moeda que é mantido em poder do público em relação aos meios de pagamento, ou seja, a parcela que não é depositada nos bancos comerciais, podemos dizer que: **c + d = 1**.

Ou seja, o papel-moeda em poder do público em relação aos meios de pagamento mais os depósitos à vista em relação aos meios de pagamento correspondem a 100% dos meios de pagamento.

---

[2] Os encaixes considerados na fórmula não incluem os encaixes realizados em forma de títulos públicos.

Na Figura 12.1, é possível visualizar que quando "c" aumenta, "d" diminui, e vice-versa, mas que a soma dos dois é sempre igual a 100% dos meios de pagamento (M_1):

Figura 12.1. $M_1 = cM_1 + dM_1$

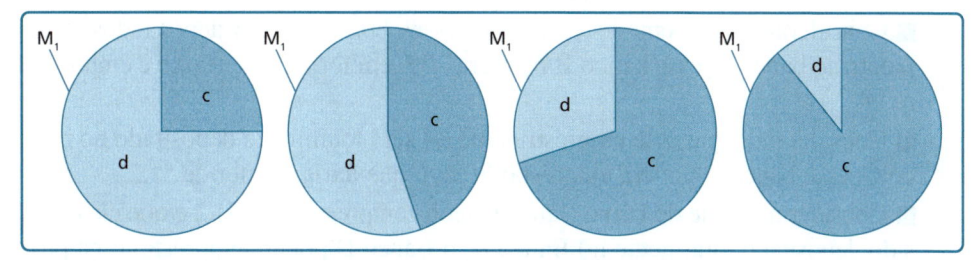

Carvalho explica o funcionamento do multiplicador monetário da seguinte maneira: "Quando o Banco Central realiza uma operação de ampliação da base monetária (por exemplo, compra títulos públicos), a primeira variação dos meios de pagamento que ocorre é da mesma magnitude da compra feita pelas autoridades monetárias, ou seja, é igual à variação da base monetária (ΔB). Com mais recursos monetários, o público aumenta a sua quantidade de depósitos nos bancos comerciais. A quantidade de depósitos que os bancos recebem é igual $\Delta B \times d$. Uma parte desses novos depósitos se transformará em reservas bancárias, o que possibilitará aos bancos conceder mais empréstimos. As reservas bancárias seriam aumentadas de ($\Delta B \times d$) e. Os empréstimos adicionais seriam de ($\Delta B \times d$) (1 – e). Esses empréstimos ampliam os meios de pagamento. Com mais recursos monetários, o público realiza novos depósitos, que originará novos empréstimos, no valor de ($\Delta B \times d$) (1 – e) × (1 – e) d, que gerará novos depósitos, e assim sucessivamente"[3].

O multiplicador bancário pode ser também assim representado:

$$M_1/B = (e + 1)/(e + R)$$

Onde: e = relação entre o papel-moeda em poder do público e os depósitos à vista; e R = relação entre os encaixes dos bancos comerciais e os depósitos à vista.

Quanto maior "e", menor o multiplicador bancário.

Também pode ser assim definido: $M_1/B = (f + 1)/(1 + g)$[4]

Onde: f = depósito à vista nos bancos comerciais/papel-moeda em poder do público; e g = encaixes dos bancos comerciais/papel-moeda em poder do público.

Mas de onde surgiu a ideia de que a Base poderia ser multiplicada definindo os meios de pagamento? Como surgiu o multiplicador monetário?

A resposta pode ser encontrada a seguir.

---

[3] Fernando J. Cardim de Carvalho... (et al.), *Economia monetária e financeira*, p. 25.
[4] m = M/B = (PMPP + DV)/(PMPP + Encaixes)
Dividindo tudo por PMPP, tem-se:
m = (PMPP/PMPP + DV/PMPP)/(PMPP/PMPP + Encaixes/PMPP)
m = (1 + f)/(1 + g)

12.1.1. Criação de moeda pelo sistema bancário

Observe como um banco comercial poderá criar moeda:

■ Se houver um depósito à vista no banco A no valor de 100, e esse banco manterá um encaixe de 20%, poderá emprestar 80.

■ Considerando que empreste, de fato, esses 80, que serão depositados totalmente no banco B, esse banco B manterá 20% em forma de encaixe e emprestará 64.

■ Considerando que esse empréstimo de 64 será totalmente depositado no banco C, esse banco C poderá emprestar 80%, o que daria o valor de 51,2.

■ Considerando que de fato o Banco C tenha emprestado os 51,2 e que ele tenha sido depositado totalmente no Banco D, o Banco D poderá emprestá-lo na proporção de 80%, ou seja, 40,96, e assim por diante.

Portanto, os primeiros 100 depositados se transformaram nos seguintes meios de pagamento:

$M_1 = 100 + 80 + 64 + 51,20 + 40,96... = 500$

Nessa situação, tem-se um multiplicador de = 1/(1 – h) = 1/1 – 0,8 = 1/0,2 = 5, onde: h = porcentagem dos depósitos à vista que serão emprestados.

Para tanto, considera-se: d = 1 ou a parcela dos meios de pagamento que o público mantém como depósitos à vista igual a 100%, então:

Multiplicador = 1/1 – d (1 – R)

Multiplicador = 1/1 – 1 (1 – R)

Multiplicador = 1/1 – 1 + R

Multiplicador = 1/R, onde R = 1 – h ou a porcentagem dos depósitos à vista que não serão emprestados

Multiplicador = 1/1 – h

No exemplo, tem-se:

Multiplicador = 1/1 – d (1 – R)

Multiplicador = 1/1 – 1 (1 – 0,2)

Multiplicador = 1/1 – 0,8

Multiplicador = 1/0,2

Multiplicador = 5

Como:

M_1/B = multiplicador

B × multiplicador = M_1

100 × 5 = M_1

100 (depósito inicial) × 5 (multiplicador) = 500, ou seja, os meios de pagamento serão 500.

Observe o esquema em que o público deposita 100% dos seus meios de pagamento nos bancos comerciais, e que estes mantenham, em forma de encaixe, 20% dos depósitos à vista. Dados que: D = depósito; R = encaixes; e E = empréstimos:

12 ■ Multiplicador Monetário e Multiplicador Bancário

Banco A		Banco B		Banco C		Banco D	
R = 200	D = 1.000	R = 160	D = 800	R = 128	D = 640	R = 102,4	D = 512
E = 800		E = 640		E = 512		E = 409,6	

Etc.

Considerando que a base (B) foi de 1.000, correspondendo ao primeiro depósito (no Banco A), é possível se perceber que, quando o Banco A emprestou 800, já transformou a Base em meios de pagamento correspondentes a 1.800.

Quando o agente econômico depositou os 800 no banco B, este último, pelo mecanismo de empréstimos, transformou os 1.800 já existentes de meios de pagamento em 1.800 + 640, ou seja, em 2.240 de meios de pagamento.

Continuando essa análise, é possível se perceber que uma Base (B) de 1.000 gerou meios de pagamento de 5.000.

Ou seja:
B = 1.000
M_1 = 1.000 + 800 + 640 + 512 + 409,6... = 5.000
Logo, o fator de multiplicação da Base Monetária foi igual a 5, ou seja, $M_1/B = 5$.

■ 12.2. MULTIPLICADOR BANCÁRIO

O **multiplicador bancário** é dado pela fórmula: $m = \dfrac{1}{R}$ que é possível de ser encontrada atribuindo o valor de "1" para "d" na fórmula do multiplicador monetário.

■ 12.3. QUESTÕES

1. (BNDES — VUNESP — 2002) Considere a seguinte expressão do multiplicador bancário:

$$m = \dfrac{1}{1 - d(1 - R)}$$

onde m é o multiplicador bancário, d, a razão depósitos à vista nos bancos comerciais/meios de pagamento, e, R, a razão reservas/depósitos à vista nos bancos comerciais. A partir dessa expressão, é possível afirmar, em relação ao multiplicador bancário, que:
  I. será reduzido, caso o público passe a reter consigo, na forma de papel-moeda, uma parcela maior de seus meios de pagamento;
  II. será elevado, caso os bancos comerciais aumentem seus depósitos voluntários junto ao Banco Central;
  III. será elevado, caso o Banco Central reduza o valor do depósito compulsório.
Está(ão) correta(s) apenas a(s) afirmativa(s):
  a) I;
  b) II;
  c) III:
  d) I e II;
  e) I e III.

2. (ANPEC — CEBRASPE — 2002) Sobre a criação de meios de pagamento e o multiplicador da base monetária, indique se as afirmações são falsas ou verdadeiras:
  a) Uma expansão monetária pode ser causada pelo aumento da proporção dos meios de pagamento sob a forma de depósitos à vista nos bancos comerciais.
  b) Toda variação na quantidade de meios de pagamento tem como contrapartida uma variação igual e em sentido inverso do passivo não monetário do setor bancário.

c) O aumento dos meios de pagamento pode ser causado pela expansão de operações de redesconto.
d) O multiplicador será tanto maior quanto menor for o encaixe compulsório sobre depósitos à vista dos bancos comerciais.
e) O multiplicador será tanto maior quanto maior for a velocidade de circulação da moeda.

3. (Provão de Economia — 1999) O financiamento dos gastos do governo pela criação de base monetária provoca, no longo prazo, aumento da(o):
a) Inflação.
b) Nível das reservas internacionais.
c) Endividamento externo.
d) Endividamento público.
e) Endividamento privado.

4. (Câmara Municipal de São Paulo — VUNESP — 2007) Suponha que a base monetária de uma economia seja $1000 e o público retenha 80% de seus meios de pagamento em depósitos à vista. Se o governo exige dos bancos comerciais reserva compulsória de 20%, e os bancos retêm 5% como reservas voluntárias, o estoque de meios de pagamento corresponde a:
a) $ 1.000
b) $ 2.500
c) $ 5.000
d) $ 2.778
e) $ 4.000

5. (ANPEC — CEBRASPE — adaptada — 2005) Avaliando as seguintes proposições sobre economia monetária, pode-se afirmar que é verdadeiro apenas:
a) Um aumento da taxa de redesconto, tudo o mais constante, leva a uma contração de M_1.
b) Caso a base monetária não se altere, uma elevação do multiplicador bancário leva à redução de M_1.
c) Dado que a autoridade monetária pode controlar o compulsório dos bancos, ela também pode determinar o tamanho do multiplicador bancário.
d) Se o Banco Central quiser aumentar a quantidade de moeda na economia, ele pode realizar operações de mercado aberto que envolvam a venda de títulos públicos, ou reduzir as alíquotas do compulsório.
e) A base monetária é por definição igual à reserva bancária mais os depósitos à vista nos bancos.

6. (ARF/SP — VUNESP — 2002) Dadas as determinações das Autoridades Monetárias quanto às reservas compulsórias dos bancos comerciais, e assumindo-se o conceito restrito em meios de pagamento, pode-se dizer que o multiplicador dos meios de pagamento de um país reflete, principalmente, o comportamento:
a) Dos bancos e do público não bancário, no que se refere a seus hábitos relativos, respectivamente, à concessão de empréstimos e ao uso do sistema bancário;
b) Dos bancos e do governo, no que tange às respectivas políticas de encaixes voluntários;
c) Dos bancos, do governo e do público não bancário, no que se refere a seus hábitos, exclusivamente, relativos ao uso da moeda manual;
d) Do governo e do público não bancário, no que se refere a seus hábitos relativos à concessão de empréstimos e ao uso do sistema bancário;
e) Do governo, exclusivamente quanto sua decisão sobre o volume de emissão de moeda primária.

7. (Metrô — FCC — 2010) Reduz o multiplicador da base monetária

a) o aumento da taxa dos depósitos compulsórios dos bancos comerciais no Banco Central.
b) a diminuição da taxa de redescontos de liquidez concedidos pelo Banco Central aos bancos comerciais.
c) o resgate de títulos públicos efetuados pelo Banco Central junto ao público.
d) o aumento da velocidade de circulação da moeda.
e) o aumento de empréstimos dos bancos comerciais para o público.

8. (Analista Judiciário — Economia — TRT 4ª — FCC — 2006) Considere os dados abaixo.

d = proporção depósitos à vista/total dos meios de pagamento = 80%
R = proporção encaixes bancários totais/depósitos à vista = 40%
c = proporção papel-moeda em poder do público/depósitos à vista = 25%
O valor do multiplicador dos meios de pagamento nessa economia, desprezando-se os algarismos a partir da segunda casa decimal, é

a) 2,05
b) 1,92
c) 1,76
d) 1,64
e) 1,20

9. (Economista — CEB — FUNIVERSA — 2010) Com base no estudo da economia monetária, referente aos tópicos moeda e crédito, sistema bancário, intermediações e instituições financeiras, assinale a alternativa correta, referentes aos conceitos básicos.

a) O modelo tradicional de criação de moeda pelos bancos comerciais fundamenta-se na hipótese de constância da relação reservas/depósitos, ao longo de todo o processo multiplicador; apesar de simples, essa hipótese é realista e irrefutável.
b) De acordo com o conceito convencional de moeda, os depósitos do público no sistema bancário comercial correspondem à menor parcela dos meios de pagamento manejados pelo público, na maior parte das modernas economias.
c) Mesmo que os bancos retivessem em caixa a totalidade dos depósitos à vista efetuados pelo público, ainda assim a moeda bancária se expandiria, em decorrência do efeito multiplicador desses depósitos.
d) Em uma economia moderna, podem ser citados inúmeros exemplos de ativos que apresentam graus de liquidez iguais ao da moeda.
e) A elevação da taxa de encaixe voluntário dos bancos comerciais, mantidos inalterados outros fatores, implica uma redução no efeito multiplicador da moeda bancária.

10. (ANPEC — 2011) Julgue a seguinte afirmativa:

Em uma economia hipotética, o público mantém 60% de seus meios de pagamento na forma de papel-moeda e 40% na forma de depósitos à vista nos bancos comerciais. Do total de depósitos à vista, os bancos retêm 50% na forma de reservas (tanto por precaução, quanto por exigência legal). Se a base monetária é de $1.000, a quantidade de moeda em circulação (M_1) é igual a $1.250.

11. (FGV — ICMS/RJ — 2011) A respeito do multiplicador bancário, é correto afirmar que

a) aumenta quando se reduz a fração dos depósitos e aumenta o redesconto.
b) aumenta quando reduz a fração dos depósitos e das reservas compulsórias.
c) não é afetado pelas reservas voluntárias.
d) reduz quando reduz a fração dos depósitos e das reservas compulsórias.
e) aumenta quando aumenta a fração dos depósitos e reduz-se o redesconto.

12. (Analista do Bacen — FCC — 2006) Numa determinada economia, os encaixes totais mantidos pelo sistema bancário representam 4/10 do total dos depósitos à vista em conta corrente. Se a população desse país mantiver 1/5 dos meios de pagamento na forma de moeda manual, um aumento de 1.000 na base monetária acarretará um acréscimo nos meios de pagamento, de
   a) 6.250
   b) 3.125
   c) 2.358
   d) 1.923
   e) 1.470

13. (MPOG — ESAF — 2009) Em relação aos conceitos relacionados a uma economia monetária, é incorreto afirmar que:
   a) os bancos podem alterar o multiplicador bancário alterando os seus recolhimentos voluntários junto ao Banco Central.
   b) alterando os recolhimentos compulsórios, o Banco Central consegue controlar os coeficientes de comportamento bancário "c" e "d".
   c) um banco cria meios de pagamentos quando compra bens ou serviços do público pagando com moeda corrente.
   d) o valor do multiplicador da base monetária pode se alterar independente das intenções do Banco Central.
   e) quanto maior o coeficiente "papel-moeda em poder do público/M1", menor será o multiplicador da base monetária.

14. (STM — CEBRASPE — 2011) Sabendo que a moeda consiste em algo aceito pela coletividade para desempenhar funções de meio de troca, unidade de conta e reserva de valor, julgue os itens que se seguem.
   a) Considere que, em uma economia, o público mantenha dois terços dos seus meios de pagamento como depósitos à vista nos bancos comerciais e os bancos mantenham a relação entre encaixe total e depósitos igual a um terço. Nessa situação, uma unidade monetária a mais de operações ativas das autoridades monetárias dará origem a 1,8 a mais de meios de pagamento.
   b) Considere que, em uma economia, o público mantenha 80% de seus meios de pagamento como depósitos à vista nos bancos comerciais e 20%, sob a forma de papel-moeda; e os bancos comerciais mantenham 7% dos seus depósitos sob a forma de encaixes em moeda corrente. Nessa situação, para cada unidade monetária de papel-moeda em circulação, haverá 0,256 unidade monetária de meios de pagamento.

15. (ISS/SP — FCC — 2012) A taxa de reservas compulsórias dos bancos comerciais
   a) tem relação inversa com o agregado monetário M1.
   b) tem relação direta com o volume do agregado monetário M2.
   c) não interfere no volume dos meios de pagamento em qualquer dos seus conceitos.
   d) altera a proporção do papel-moeda mantido em poder do público e a velocidade de circulação da moeda.
   e) tem relação direta com o agregado monetário M4.

16. (ICMS/SP — FCC — 2013) O multiplicador bancário da economia é função decrescente
   a) do papel-moeda em circulação.
   b) das reservas bancárias.
   c) da taxa de redesconto.
   d) da proporção da moeda manual em relação ao total dos meios de pagamento.
   e) da proporção da moeda escritural em relação ao total dos meios de pagamento.

12 ▪ Multiplicador Monetário e Multiplicador Bancário

17. (Auditor Júnior – TRANSPETRO – CESGRANRIO – 2016) Quando o Banco Central de determinada economia expandiu a base monetária em 20%, a oferta monetária aumentou em 15%.
Desse fato deduz-se que, nessa economia, o multiplicador da base monetária
a) é constante.
b) é negativo.
c) é menor que 1.
d) aumentou com o aumento da base monetária.
e) diminuiu com o aumento da base monetária.

18. (Economista – UFRB – FUNRIO – 2015) Com relação ao Sistema Monetário, julgue as afirmativas a seguir:
I. O multiplicador monetário é igual à razão entre os depósitos à vista em bancos comerciais e o papel moeda em poder do público.
II. Um aumento das reservas bancárias diminui o multiplicador monetário.
III. A base monetária é igual ao papel moeda em poder do público.
Apenas está(ão) correta(s) a(s) seguinte(s) afirmativa(s):
a) I e II.
b) I e III.
c) II e III.
d) I.
e) II.

19. (Analista – PGE-MT – Economista – FCC – 2016) Considerando que os depósitos à vista de um país são objeto de recolhimento compulsório de 7% e de reserva voluntária de 5%, um aumento autônomo e inicial de $ 1.000,00 nos depósitos à vista irá gerar, pelo multiplicador monetário, um aumento final na oferta monetária equivalente a ($)
a) 12.000,00.
b) 8.333,33.
c) 14.285,71.
d) 20.000,00.
e) 7.000,00.

20. (Agente de Fiscalização – TCM-SP – Economia – FGV – 2015) A alternativa que descreve uma possível definição ou característica do multiplicador monetário é:
a) em uma economia sem moeda manual, m é igual à parcela dos depósitos à vista mantida como reservas pelos bancos comerciais;
b) uma redução da parcela dos meios de pagamento que as pessoas mantêm como depósitos à vista eleva m;
c) uma ampliação do papel moeda em poder do público expande a base monetária, aumentando m;
d) um aumento da parcela dos meios de pagamento mantida como reservas pelos bancos comerciais reduz m;
e) em uma economia com moeda manual e escritural, m é igual ao inverso da parcela dos meios de pagamento que o público mantém em moeda manual.

21. (Auditor-Fiscal de Controle Externo – TCE-SC – Controle Externo – Economia – CEBRASPE – 2016) Considerando os principais agregados monetários e suas relações com a atividade econômica, julgue o item que se segue.
Reduzir a razão [papel-moeda em poder do público]/[volume dos depósitos à vista nos bancos comerciais] implica redução do multiplicador monetário.

22. (Economista Júnior /TRANSPETRO/CESGRANRIO/2018) Em certo país, a propensão marginal a consumir é igual a 0,8; o Produto Interno Bruto (PIB,) é igual a 1000 unidades monetárias; a base monetária é igual a 100 unidades monetárias; a formação bruta de capital fixo é de 20% do PIB, ou seja, 200 unidades monetárias anuais; a taxa de inflação é de 10% ao ano; e os meios de pagamento totalizam 300 unidades monetárias.

Desses dados, conclui-se que a(o)
  a) inflação está em trajetória ascendente.
  b) exportação excede a importação.
  c) velocidade renda da circulação da moeda é 5.
  d) multiplicador da base monetária é 3.
  e) país se encontra em recessão.

23. (ANPEC — Exame de Seleção Nacional (ANPEC)/2019/"2020") Para avaliar a assertiva abaixo, considere uma economia com apenas dois ativos, moeda e títulos, com ou sem reservas fracionárias.

Item 0 — Com reservas fracionárias, a oferta total de meios de pagamento depende: i) da base monetária; ii) da razão entre reservas bancárias e depósitos bancários; iii) da parcela dos meios de pagamento mantida pelo público na forma de moeda manual (papel moeda e moeda metálica).
(C) Certo
(E) Errado

24. (COPS UEL — Economista (Londrina)/Serviço de Economia/2019) Em relação aos fatores que elevam o multiplicador da moeda, considere as afirmativas a seguir.
  I. Redução na relação moeda em poder do público/depósito à vista.
  II. Redução do depósito voluntário dos bancos comerciais junto ao Banco Central.
  III. Elevação da preferência do público por papel-moeda.
  IV. Elevação da taxa de redesconto do Banco Central.
Assinale a alternativa correta.
  a) Somente as afirmativas I e II são corretas.
  b) Somente as afirmativas I e IV são corretas.
  c) Somente as afirmativas III e IV são corretas.
  d) Somente as afirmativas I, II e III são corretas.
  e) Somente as afirmativas II, III e IV são corretas.

25. (COPS UEL — Economista (Londrina)/Serviço de Economia/2019) Considere uma economia em que: os encaixes em moeda corrente dos bancos comerciais representam 20% de seus depósitos à vista; o depósito compulsório dos bancos comerciais junto ao Banco Central representam 40% de seus depósitos à vista; e os depósitos à vista nos bancos comerciais representam 50% dos meios de pagamento.

Com base nessas informações, assinale a alternativa que apresenta, corretamente, o valor do multiplicador monetário.
  a) 0,80
  b) 1,20
  c) 1,25
  d) 1,50
  e) 2,00

26. (CS UFG — Economista (UFG)/2019) O multiplicador monetário é a razão entre
  a) meios de pagamento e reservas bancárias.
  b) encaixes do sistema bancário e reservas bancárias.

c) meios de pagamento e base monetária.
d) encaixes do sistema bancário e base monetária.

27. (IBFC — Economista (Pref Cruzeiro do Sul)/2019) O Multiplicador Bancário, que também é conhecido como Multiplicador Monetário, advém do processo de ampliação da base monetária pelo sistema bancário através do crédito. Com relação a este processo, analise as afirmativas abaixo e assinale a alternativa correta.
  I. O Multiplicador é diretamente proporcional a velocidade de circulação da moeda.
  II. O encaixe compulsório sobre depósitos à vista é inversamente proporcional ao Multiplicador.
  III. Segundo o conceito do multiplicador, uma expansão do agregado monetário pode ter como causa um aumento na proporção de depósitos à vista nos bancos comerciais em relação ao total dos meios de pagamento.
  a) Apenas as afirmativas II e III estão corretas
  b) Apenas as afirmativas I e II estão corretas
  c) Apenas a afirmativa II está correta
  d) Apenas as afirmativas I e III estão corretas

28. (VUNESP — Economista (Pref Mogi das Cruzes)/2019) Dados de uma economia, em uma determinada data, em unidades monetárias:
  Depósitos à vista do público nos bancos comerciais: 1.500.000
  Multiplicador da Base Monetária: 3
  Meios de Pagamento: 1.800.000
Logo, a Base Monetária e o valor do Papel Moeda em poder do Público serão, respectivamente, em unidades monetárias:
  a) 500.000 e 200.000
  b) 500.000 e 300.000
  c) 600.000 e 200.000
  d) 600.000 e 300.000
  e) 700.000 e 200.000

29. (CEBRASPE (CESPE) — Auditor de Controle Externo (TCE-RO)/Economia/2019) Uma economia apresenta os seguintes saldos:
  — saldo dos depósitos à vista: 100 u.m.;
  — saldo de papel-moeda em poder do público: 0 u.m.;
  — saldo dos encaixes técnico, voluntário e compulsório: 50 u.m.
A partir dessas informações, caso haja, nessa economia, uma variação de 100 u.m. da base monetária, o aumento dos meios de pagamentos será, em u.m., de
  a) 0.
  b) 50.
  c) 100.
  d) 200.
  e) 500.

30. (IBFC — Analista Administrativo (EBSERH)/Economia/2020) Suponha que a base monetária de uma economia seja $1.500,00 e o público retenha 60% de seus meios de pagamento em depósito à vista. O governo exige dos bancos comerciais reservas compulsórias de 30% e, além disso, os bancos detêm também 5% como reservas voluntárias. Assinale a alternativa correta que corresponde ao estoque de meios de pagamentos.
  a) $ 2.500,00
  b) $ 2.727,27

c) $ 2.459,02
d) $ 2.625,13
e) $ 2.592,65

31. (ANPEC – Exame de Seleção Nacional (ANPEC)/2020/"2021") Assinale como verdadeira ou falsa a assertiva abaixo:

Item 2 — Se a proporção entre reservas bancárias e depósitos a vista é igual a 0,1 e a proporção entre papel moeda em poder do público e depósitos a vista é igual a 0,8, então o multiplicador monetário é 2.
(C) Certo
(E) Errado

32. (VUNESP – Analista Técnico Científico (MPE SP)/Economista/2019) Numa economia, a base monetária é $ 1 000. O governo estabelece que os bancos retenham 10% dos depósitos como reservas, mas eles retêm mais 10%, voluntariamente. Se o total dos meios de pagamento (M1) é $ 2 000, pode-se afirmar que o total de papel moeda retido pelo público é
a) $ 250.
b) $ 500.
c) $ 750.
d) $ 1 000.
e) $ 1 250.

33. (VUNESP – Economista (Campinas)/2019) Em uma economia, a base monetária é de 4.000.000 de unidades monetárias e o total dos meios de pagamento é de 8.000.000. Se a porcentagem que os encaixes bancários representam dos depósitos à vista nos bancos comerciais é de 20%, então o valor desses depósitos é igual, em unidades monetárias, a
a) 4.000.000
b) 5.000.000
c) 4.500.000
d) 5.500.000
e) 6.000.000

34. (Instituto AOCP – Perito Oficial Criminal (PC ES)/Área 8/2019) Em Política Monetária, coeteris paribus, o que ocorre quando o Banco Central aumenta o nível das reservas bancárias?
a) Empréstimos de liquidez.
b) Diminuição da oferta de moeda.
c) Taxa de redesconto.
d) Aumento da taxa de câmbio real.
e) Redução dos gastos do governo.

■ GABARITO ■

1. "e".
I. **(V)** Se o público passar a reter consigo, na forma de papel-moeda, uma parcela maior de seus meios de pagamento, a parcela que depositará será menor, ou seja, "d" diminui.

Como: Multiplicador $= \dfrac{1}{1-d\,(1-R)}$. Então: $d \downarrow$, mult $\downarrow$.

II. **(F)** Se os depósitos voluntários aumentarem, os encaixes dos bancos comerciais aumentam.

Como: $R = \dfrac{\text{encaixes}}{\text{depósito à vista}}$, então: R aumenta.

Como: Mult $= \dfrac{1}{1-d\,(1-R)}$, então: $R \uparrow$; Mult $\downarrow$.

III. **(V)** Caso o recolhimento compulsório seja reduzido, os encaixes dos bancos comerciais diminuem.

Como: $R = \dfrac{\text{Encaixe}}{DV}$, então: Encaixe $\downarrow$; $R \downarrow$.

Como: Mult $= \dfrac{1}{1-d\,(1-R)}$, então: $R \downarrow$; Mult $\uparrow$.

2. V, F, V, V, F.
a) **(V)** A expansão monetária pelos meios de pagamento se refere à multiplicação da base monetária e isso pode ocorrer de acordo com o multiplicador monetário.

Mult $= \dfrac{M_1}{B}$ ou $B \times \text{mult} = M_1$

Como: Mult $= \dfrac{1}{1-d\,(1-R)}$

Sendo: $d = \dfrac{DV}{M_1}$

Onde: d = Parcela dos meios de pagamento que serão depositados à vista nos bancos comerciais, então: se $d \uparrow \rightarrow$ mult $\uparrow$ e se mult $\uparrow \rightarrow M_1 \uparrow$ (mantendo-se B constante).

b) **(F)** Observe a estrutura do Balancete do Sistema Bancário, que poderá ser melhor compreendido no capítulo 12.

ATIVO	PASSIVO
■ Aplicações ■ Reservas internacionais ■ Empréstimos ■ Títulos públicos e privados ■ Imobilizado	**Monetário** ■ Meios de pagamento (M_1) **Não Monetário** ■ Depósitos Tesouro Nacional ■ Recursos especiais ■ Empréstimos externos ■ Outras exigibilidades ■ Recursos próprios ■ Depósito a prazo

Se $M_1 \uparrow$, então o passivo não monetário $\downarrow$ ou o ativo $\uparrow$.

c) **(V)** Caso o Bacen conceda redesconto, haverá aumento da base monetária e, por conseguinte, dos meios de pagamento.

É importante salientar, porém, que o redesconto não afeta o multiplicador dos meios de pagamento, já que: Mult $= \dfrac{1}{1-d\,(1-R)}$.

Portanto, o que poderá afetar o multiplicador monetário é: $d = \dfrac{DV}{M_1}$ ou $R = \dfrac{\text{Encaixes}}{DV}$.

d) **(V)** Quanto menor o encaixe compulsório (Rc), menor será o encaixe total (R) e maior será o multiplicador: ↑ mult = $\dfrac{1}{1-d\,(1-R\downarrow)}$.

e) **(F)** O multiplicador será afetado apenas pelos:

$d = \dfrac{DV}{M_1}$ e $R = \dfrac{Encaixes}{DV}$, já que: Mult = $\dfrac{1}{1-d\,(1-R)}$.

Portanto, o multiplicador não será afetado pela velocidade de circulação da moeda.

3. "a". Quando o governo se endivida perante o Bacen, isso provoca um aumento de sua dívida no curto prazo. Como o aumento da base monetária será acompanhado do aumento dos meios de pagamento, isso pode gerar, no longo prazo, um aumento da demanda por bens e serviços e, por conseguinte, um aumento dos preços, ou seja, inflação.

4. "b". Sabendo-se que: B = 1.000; d = 0,8; Rc = 0,2; e Rv = 0,05:

Mult = $\dfrac{1}{1-d\,(1-R)}$

R = Rc + Rv
R = 0,2 + 0,05
R = 0,25

Mult = $\dfrac{1}{1-0,8\,(1-0,25)}$

Mult = $\dfrac{1}{1-0,8 \times 0,75}$

Mult = $\dfrac{1}{1-0,6}$

Mult = $\dfrac{1}{0,4}$

Mult = 2,5

Como: Mult = $\dfrac{M}{B}$, então:

$2,5 = \dfrac{M}{1.000}$

Logo, M = 2.500

5. "a". Caso se aumente a taxa de redesconto, que é a taxa de juros que o Bacen cobra dos bancos comerciais quando empresta dinheiro a eles, então a tendência é que empreste menos. Assim, os bancos comerciais terão menos recursos para emprestar ao público não bancário, levando a uma contração de M_1. Portanto, a alternativa "a" é verdadeira.

Sabendo-se que: Mult = $\dfrac{M_1}{B}$, caso o multiplicador (Mult) se eleve, ficando B constante, haverá um aumento de M_1. Portanto, a alternativa "b" é falsa.

O multiplicador bancário será determinado por: Mult = $\dfrac{1}{1-d\,(1-R)}$, onde d é a parcela dos meios de pagamento que serão depositados à vista nos bancos comerciais pelo público não bancário. Portanto, o público não bancário pode afetar o multiplicador. R é a parcela dos depósitos à vista nos bancos comerciais que não serão emprestados, ou seja, que ficaram retidos pelo sistema bancário sob a forma de recolhimento compulsório, recolhimento voluntário ou caixa dos bancos comerciais. Portanto, o multiplicador poderá ser afetado, nesse caso, tanto pelos bancos comerciais como pelo Bacen. Assim, o controle sobre o multiplicador monetário poderá ser feito pelo público não bancário e pelo público bancário (bancos comerciais + Bacen). Não compete ao Bacen, portanto, determinar sozinho o multiplicador bancário. Ele só poderia agir dessa maneira se instituísse um recolhimento compulsório de 100% dos depósitos à vista, ou seja: R = 1, então o multiplicador da base monetária seria 1.

$$\text{Mult} = \frac{1}{1 - d(1 - R)}$$

$$\text{Mult} = \frac{1}{1 - d(1 - 1)}$$

$$\text{Mult} = \frac{1}{1 - d \times 0}$$

$$\text{Mult} = \frac{1}{1}$$

Mult = 1

Mas não é uma prática tão usual. Portanto, a alternativa "c" está incorreta.

Se o objetivo do Bacen for aumentar a quantidade de moeda na economia, ele deverá resgatar títulos públicos, e não vender, já que quando resgata títulos, retira-os da economia e coloca moeda. A alternativa "d" é, portanto, falsa.

A definição de base monetária é a soma do papel-moeda em poder do público com os encaixes dos bancos comerciais. B = PMPP + encaixes. Logo, a alternativa "e" é falsa.

6. "a". O multiplicador dos meios de pagamento reflete o comportamento: do público não bancário quando eles decidem a porcentagem dos meios de pagamento que resolvem depositar à vista nos bancos comerciais (d); dos bancos comerciais com relação à decisão de quanto manter em caixa (cx) ou recolher ao Banco Central em forma de recolhimento voluntário em relação aos depósitos à vista (Rv) que recebem, ou seja, a decisão de quanto emprestarão; do Banco Central (ou do governo) com relação à decisão de quanto obrigará os bancos comerciais a recolherem em forma de recolhimento compulsório em relação aos depósitos à vista (Rc) que recebem.

Como a questão já fornece como constante o recolhimento compulsório (que depende da decisão do Bacen ou do governo, já que o Banco Central, no Brasil, não é independente), o multiplicador dependerá do público não bancário e dos bancos comerciais.

Sabendo-se que: $\text{Mult} = \frac{1}{1 - d(1 - R)}$ e $\text{Mult} = \frac{1}{1 - d[1 - (Rc + Rv + Cx)]}$, como Rc = é constante, o multiplicador dependerá de "d", ou seja, da decisão do público não bancário com relação ao uso do sistema bancário, do "Rv" e do "Cx", ou seja, dos bancos comerciais, com relação à concessão de empréstimos.

7. "a". Sabendo-se que o multiplicador da base monetária (m) é definido por:

$m = \frac{1}{1 - d(1 - R)}$, onde: d = depósitos à vista/meios de pagamento, e R = encaixes/depósito à vista = Rv + Rc + caixa dos bancos comerciais. Sendo: Rv = Recolhimento voluntário e Rc = Recolhimento compulsório: se "Rc" aumentar, "R" aumenta e "m" diminui. A alternativa "a" é verdadeira.

Quando diminui a taxa de redesconto, aumenta o redesconto e, por conseguinte, a base monetária. Mas o multiplicador permanece inalterado. A alternativa "b" é falsa.

Quando resgata títulos do público, o Bacen os troca por moeda, ou seja, aumenta a base monetária. Mas o multiplicador permanece inalterado. A alternativa "c" é falsa.

A velocidade da circulação da moeda não influencia o multiplicador. O que influencia o multiplicador é "d" e "R". A alternativa "d" é falsa.

Quando os bancos emprestam mais, o encaixe se reduz. Logo, "R" diminui, e o multiplicador aumenta. A alternativa "e" é falsa.

8. "b". Sabendo-se que o multiplicador da base monetária (m) é definido por: $m = \dfrac{1}{1 - d(1 - R)}$, onde: d = depósitos à vista/meios de pagamento e R = encaixes/depósito à vista, logo:

$m = \dfrac{1}{1 - 0,8(1 - 0,4)}$

$m = \dfrac{1}{1 - 0,48}$

$m = \dfrac{1}{0,52}$

$m = 1,9230$

9. "e". O modelo tradicional de criação de moeda pelos bancos comerciais fundamenta-se na hipótese de constância da relação reservas/depósitos, ou seja, considera que "R" mantém-se constante ao longo de todo o processo multiplicador. Apesar de simples, essa hipótese não é realista e, portanto, é possível de ser refutada. A alternativa "a" é falsa.
De acordo com o conceito convencional de moeda, os depósitos do público no sistema bancário comercial correspondem à maior parcela dos meios de pagamento manejados pelo público, na maior parte das modernas economias, já que o público prefere reter moeda em conta corrente a mantê-la em seu poder. A alternativa "b" é falsa.
Se os bancos retivessem em caixa a totalidade dos depósitos à vista, ou seja, se R = 1, significando que os bancos comerciais não emprestariam nada do que foi depositado pelo público não bancário, a moeda bancária não se expandiria, em decorrência do efeito multiplicador desses depósitos ser igual a 1.
Observe:
m = 1/1 − d (1 − R)
Se R = 1, então:
m = 1/1 − d (1 − 1)
m = 1/1 − d (0)
m = 1/1 − 0
m = 1/1
m = 1. Logo, a alternativa "c" é falsa.
Em uma economia moderna, a moeda é o ativo de maior liquidez. A alternativa "d" é falsa.
A elevação da taxa de encaixe voluntário dos bancos comerciais (Rv), mantidos inalterados outros fatores, implica uma redução no efeito multiplicador da moeda bancária. Observe: m = 1/1 − d (1 − R), onde: R = encaixes/depósitos à vista ou R = Rc + Rv + cx/depósitos à vista. Se Rv se eleva, R se eleva; se R se eleva, m se reduz. A alternativa "e" é verdadeira.

10. V. Sabendo-se que o multiplicador da base monetária é: $M_1/B = 1/[1 - d(1 - R)]$, onde:
d = 40% = 0,4
R = 50% = 0,5
B = 1.000
Então:
$M_1/1.000 = 1/[1 - 0,4(1 - 0,5)]$
$M_1 = 1.000 \times 1,25$
$M_1 = 1.250$

11. "b". Considerando que o examinador chama de fração de depósitos a fração "d" do multiplicador bancário, tem-se: Mult = 1/1 − d (1 − R), onde: d = depósito à vista/meios de pagamento e R = encaixes (Rc + Rv + caixa dos bancos comerciais)/depósito à vista.
Assim: se "d" aumenta → mult aumenta e se "R" aumenta → mult diminui.
O redesconto não afeta o multiplicador, pelo menos no curto prazo. No longo prazo, pelo fato de um aumento do redesconto ter provocado um aumento na base monetária e, por conseguinte, nos meios de pagamento, os agentes econômicos poderão alterar "d" e "R", modificando o multiplicador. Logo, o multiplicador:
— aumenta quando se aumenta a fração dos depósitos (d), independente do redesconto;

— aumenta quando aumenta a fração dos depósitos e diminuem as reservas compulsórias;
— é afetado pelas reservas voluntárias (Rv), que são um dos componentes do encaixe (R);
— reduz quando reduz a fração dos depósitos e aumentam as reservas compulsórias;
— aumenta quando aumenta a fração dos depósitos (d) e não é afetado pelo redesconto.
Portanto, não haveria resposta.
Considerando que o examinador chama de fração de depósitos a fração "R" do multiplicador bancário, tem-se que:
— aumenta quando se reduz a fração dos depósitos e não é afetado pelo redesconto;
— aumenta quando reduz a fração dos depósitos e das reservas compulsórias;
— é afetado pelas reservas voluntárias;
— reduz quando aumenta a fração dos depósitos e das reservas compulsórias;
— aumenta quando reduz a fração dos depósitos e não é afetado pelo redesconto;
Isso faria com que a correta fosse a alternativa "b".

12. "d".
Dados: R = 0,4 e c = 0,2; logo, d = 0,8 e ΔB = 1.000.
$\Delta M_1 = ?$

$$\frac{\Delta M_1}{\Delta B} = \frac{1}{1 - d\,(1 - R)}$$

$$\frac{\Delta M_1}{1.000} = \frac{1}{1 - 0,8\,(1 - 0,4)}$$

ΔM = 1.923,08

13. "b".
c = parcela dos meios de pagamento que os agentes não bancários resolvem manter em forma de papel-moeda em poder do público, ou seja, é a relação entre PMPP e M_1.
d = parcela dos meios de pagamento que os agentes não bancários resolvem manter em forma de depósito à vista nos bancos comerciais em relação aos meios de pagamento, ou seja, é a relação entre DV e M_1.
Tanto "c" quanto "d" dependem exclusivamente do público não bancário. Quando o Banco Central altera os recolhimentos compulsórios, ele consegue alterar o multiplicador bancário.

14. V, F.
a) **(V)** Sabendo-se que: d = 2/3 e R = 1/3, o multiplicador monetário (M_1/B) é igual a:
M_1/B = 1/1 − d (1 − R)
M_1/B = 1/1 − 2/3 (1 − 1/3)
M_1/B = 1/1 − 2/3 × 2/3
M_1/B = 1/1 − 4/9
M_1/B = 1/(5/9)
M_1/B = 9/5
M_1/1 = 1,8

b) **(F)** d = 0,8, c = 0,2 e R = 0,07
O multiplicador monetário (M_1/B) é igual a:
M_1/B = 1/1 − d (1 − R)
M_1/B = 1/1 − 0,8 (1 − 0,07)
M_1/B = 1/1 − 0,8 (0,93)
M_1/B = 1/1 − 0,744
M_1/B = 1/0,256
M_1/B = 3,90625

15. "a". Sabendo-se que o multiplicador monetário (M_1/B) se define por: Mult = 1/1 − d (1 − R), então, se $R\left(=\dfrac{Rc + Rv + cx}{DV}\right)$ aumentar, o multiplicador diminui e, portanto, M_1 diminui. Assim, se as reservas compulsórias (Rc) aumentam, R aumenta, o multiplicador monetário se reduz, e M_1 diminui.

16. "b". O multiplicador bancário (m) é definido como:

$$m = \frac{1}{R}$$

Onde:

R = Encaixes (Rc + Rv + Cx)/depósitos à vista
Logo, se R ↑ → m ↓ (Função Decrescente)

Portanto, se as reservas bancárias (Rc + Rv) aumentam, R aumenta e o multiplicador bancário diminui. Mantêm, portanto, uma relação decrescente. A alternativa "b" é verdadeira.
O papel-moeda em circulação (que é a soma do papel-moeda em poder do público e os depósitos à vista) e a taxa redesconto não afetam o multiplicador bancário. Podem afetar a Base Monetária e os meios de pagamentos, mas o multiplicador bancário é afetado apenas pelo "R". As alternativas "a" e "c" são falsas.
A proporção da moeda manual em relação a M_1 não afeta o multiplicador bancário. A alternativa "d" é falsa.
A proporção da moeda escritural em relação a M_1 não afeta o multiplicador. A alternativa "e" é falsa.

17. "e". O multiplicador da base monetária é a relação entre os meios de pagamento e a base monetária, ou seja:
multiplicador monetário = $\Delta M_1/\Delta B$
Imaginemos que a base seja de 100 e passe para 120, e os meios de pagamento sejam 200 e passem para 230.
Antes do aumento da base e dos meios de pagamento, o multiplicador monetário era igual a 2. Vejamos:
m = 200/100
m = 2
Com o aumento da base e dos meios de pagamento, o multiplicador passou para 1,92. Vejamos:
m = 230/120
m = 1,92
Logo, a base monetária aumentou e o multiplicador diminuiu.

18. "e". O multiplicador monetário é igual à razão entre os Meios de Pagamento, M_1, e a Base Monetária, B. O item "I" está errado.
Um aumento das reservas bancárias, ou seja, recolhimento compulsório ou recolhimento voluntário, diminui o multiplicador monetário, já que:
Multiplicador monetário = 1/1 – d (1 – R)
Onde:
R = (Recolhimento compulsório + recolhimento voluntário + caixa dos bancos comerciais)/depósitos à vista nos bancos comerciais
Assim, se as reservas aumentam, o encaixe aumenta, R aumenta e o multiplicador monetário diminui. O item "II" está correto.
A Base monetária (B) é igual ao papel moeda em poder do público mais os encaixes (= Recolhimento compulsório + Recolhimento Voluntário + caixa dos bancos comerciais), ou seja,
B = PMPP + Encaixes
B = PMPP + (Rc + Rv + $cx_{comerciais}$). O item "III" está errado.

19. "b". Considerando que esse aumento autônomo de $ 1.000,00 corresponda ao aumento dos recursos que terão o poder de se multiplicar e que serão totalmente depositados nos bancos comerciais (d = 100% = 1), podemos dizer que:
M_1/B = 1/1 – d (1 – R)
M_1/1.000 = 1/1 – 1 [1 – (0,07 + 0,05)]
M_1/1.000 = 1/1 – 1 (0,88)
M_1/1.000 = 1/0,12
M_1/1.000 = 8,33333
M_1 = 8.333,33

20. "d". Um aumento da parcela dos depósitos à vista (que são uma parcela dos meios de pagamento) mantida como reservas pelos bancos comerciais, R, reduz m; A alternativa "d" está correta. Em uma economia sem moeda manual, "d" é igual a 100% ou igual a "1", e o multiplicador monetário será igual ao multiplicador bancário, ou seja, será igual a 1/R. Vejamos:
Multiplicador monetário = 1/1 – d (1 – R)
Multiplicador monetário = 1/1 – 1 (1 – R)
Multiplicador monetário = 1/1 – 1 + R
Multiplicador monetário = 1/R = multiplicador bancário
A alternativa "a" está incorreta.

Uma redução da parcela dos meios de pagamento que as pessoas mantêm como depósitos à vista, ou seja, uma redução de "d", reduz o multiplicador monetário. A alternativa "b" está incorreta.
Uma ampliação do papel moeda em poder do público em relação aos Meios de Pagamento (M1) reduz a proporção dos meios de pagamento que os agentes depositam à vista nos bancos comerciais, "d". Com "d" menor, o multiplicador se reduz e, consequentemente, os Meios de Pagamento em relação à Base monetária diminuem. A Base Monetária, em si, não é reduzida. A alternativa "c" está incorreta.
Em uma economia com moeda manual e escritural, m é igual a:
m = 1/1 – d (1 – R)
Caso "d" seja igual a 100% ou "1", o multiplicador monetário será igual ao inverso dos depósitos à vista que os bancos comerciais mantêm em forma de encaixe, R. A alternativa "e" está incorreta.

21. Certo. Se a relação entre Papel-Moeda em Poder de Público (PMPP) e depósito à vista (DV) diminui, significa que os agentes econômicos estão retendo consigo menos moeda e depositando uma proporção maior. Logo, "d" (= parcela dos meios de pagamento que está sendo depositada nos bancos comerciais em forma de depósito à vista) está aumentando e o multiplicador aumenta, já que:
Multiplicador monetário = 1/1 – d (1 – R)
Se "d" aumenta, o multiplicador monetário aumenta.

22. "d".
Dados:
c = 0,8
Y= 1000
B = 100
FBCF = 200
π = 0,1
M_1 = 300
Sabendo que o multiplicador da Base Monetária (m) é dado por:
m= M_1 / B
Então: m = 300/100 = 3. A alternativa "d" está correta.
O enunciado afirma que a inflação (π) é de 10 % ou 0,1. Não é dito, contudo, se há tendência de crescimento ou não. A alternativa "a" está incorreta.
Os dados do problema não nos permite determinar o valor das exportações e importações. A alternativa "b" está incorreta.
Pela teoria quantitativa da moeda (assunto a ser visto no capítulo 13), sabemos que:
M_1 × V = P.Y
300 × V = 1000
V = 3,33.
A alternativa "c" está incorreta.
Os dados fornecidos não nos permitem concluir se há recessão na economia. A alternativa "e" está incorreta.

23. "c". A intensidade com que a Base Monetária (B) será multiplicada em Meios de Pagamentos (M_1) aumentando a oferta de moeda, dependerá da porcentagem dos Meios de Pagamento (M_1) que serão depositadas nos bancos –d– ou que ficarão retidos pelo público não bancário –c– , da porcentagem dos depósitos que ficarão indisponíveis para empréstimos pelos bancos comerciais –R– sob a forma de recolhimento compulsório, recolhimento voluntário e caixa dos bancos comerciais e do tamanho da Base Monetária (B)

Observe a fórmula do multiplicador monetário:

$$\frac{M_1}{B} = \frac{1}{1 - d(1 - R)}$$

Lembrando que: d + c = 1

24. "a". A fórmula do multiplicador monetário (m) é:

$$m = \frac{M_1}{B} = \frac{1}{1 - d(1 - R)}$$

Sabendo que:
d= relação entre os depósitos à vista e os Meios de Pagamento
R = Relação entre os encaixes e os depósitos à vista
c = relação entre o Papela Moeda em poder do público e os Meios de pagamento.

De tal forma que: c + d = 1
Onde os encaixes são a soma do Recolhimento Compulsório, Recolhimento Voluntário e Caixa dos Bancos Comerciais.

- Redução na relação moeda em poder do público/depósito à vista, significa que o público está depositando mais em relação aos Meios de Pagamento, ou seja, "d" está aumentando, elevando o multiplicador. O item "I" está correto.
- Redução do depósito voluntário dos bancos comerciais junto ao Banco Central, diminui R, elevando o multiplicador. O item II está correto.
- Elevação da preferência do público por papel-moeda, significa dizer que depositarão menos em relação aos meios de Pagamento, ou seja, "d" diminui, reduzindo o multiplicador. O item III está incorreto.
- Elevação da taxa de redesconto do Banco Central não afeta o multiplicador. O que afeta o multiplicador é apenas "c", "d", e "R". Se a taxa de redesconto se eleva, o redesconto diminui, reduzindo a Base Monetária e, por conseguinte, os Meios de Pagamento, mas, o multiplicador monetário permanece inalterado. O item IV está incorreto.

25. "c". A fórmula do multiplicador monetário (m) é:

$$m = \frac{1}{1 - d(1 - R)}$$

Se R = 0,20 + 0,4 = 0,6 e d = 0,5, então:

$$m = \frac{1}{1 - 0,5(1 - 0,6)}$$

m = 1,25

26. "c". O multiplicador monetário é a razão entre os Meios de Pagamento (M_1) e a Base Monetária (B). Assim:

$$m = \frac{M_1}{B}$$

27. "a". A velocidade de circulação da moeda pode determinar a Base Monetária que deverá ser gerada na economia, mas, não afeta o multiplicador. O que afeta o multiplicador é "d" (parcela dos meios de pagamento que serão depositados à vista nos bancos comerciais) e o "R" (parcela dos depósitos à vista que ficarão indisponíveis para empréstimo sob a forma de Recolhimento Compulsório, Recolhimento voluntário e caixa dos bancos comerciais). O item "I" está incorreto. O encaixe compulsório (Rc) sobre depósitos à vista é inversamente proporcional ao Multiplicador, ou seja, quando o Recolhimento Compulsório aumenta, menos recursos ficam disponíveis para empréstimo, o que diminui a capacidade da Base Monetária ser multiplicada. O item "II" está correto.

Quando a proporção dos Meios de Pagamento que são depositados nos Bancos Comerciais aumenta, os Bancos passam a ter mais recursos para empréstimo que possibilita multiplicar mais a Base Monetária em Meios de Pagamentos. O item "III" está correto.

28. "d". Dados que:
Meios de Pagamentos (M_1) = Papel-Moeda em Poder do Público (PMPP) + Depósito à vista (DV)
M_1 = PMPP + VV
Então:
1.800.000 = PMPP + 1.500.000
PMPP = 300.000

Sabendo que:
Multiplicador monetário (m) = Meios de Pagamento (M_1)/ Base Monetária (B)
m = M_1 / B
Então:
3 = 1.800.000 / B
B = 600.000

29. "d". Sabendo que:
Multiplicador monetário (m) = Meios de Pagamento (M_1)/ Base Monetária (B)
m = M_1 / B
Então:
M_1 = Papel-Moeda em Poder do Público (PMPP) + Depósito à vista (DV)
M_1 = 0 + 100 = 100
B = PMPP + Encaixes (Recolhimento compulsório + Recolhimento voluntário + caixa dos bancos comerciais)
B = 0 + 50 = 50

m = 100/ 50
m = 2
Se houver aumento de 100 na Base Monetária (B), então, os Meios de Pagamento (M_1) aumentarão em:
2 = M_1 / 100
M_1 = 200

30. "c". A fórmula do multiplicador é:
$M_1/B = 1/1 - d(1 - R)$
Onde:
D = Depósitos à vista / Meios de Pagamento
R = Encaixes / Depósitos à vista
Onde os Encaixes são a soma do Recolhimento Compulsório, Recolhimento Voluntário e Caixa dos Bancos Comerciais.
Dados:
B = 1.500,00
d = 0,6
$\left.\begin{array}{l} Rc = 0,3 \\ Rv = 0,05 \end{array}\right\} R = 0,35$

$M_1 = ?$

$M_1 / 1.500 = 1/1 - 0,6(1 - 0,35)$
$M_1 / 1.500 = 1,63934426$
$M_1 = 2.459,02$

31. "c". A fórmula do multiplicador é:
$m = 1/1 - d(1 - R)$
Onde:
D = Depósitos à vista / Meios de Pagamento
R = Encaixes / Depósitos à vista
Onde os Encaixes são a soma do Recolhimento Compulsório, Recolhimento Voluntário e Caixa dos Bancos Comerciais.
Dados:
R = 0,1
PMPP/DV = 0,8 ou PMPP = 0,8 DV
Como

Como: $\dfrac{PMPP}{M_1} + \dfrac{DV}{M_1} = 1/$ então: $\dfrac{0,8\,DV}{M_1} + \dfrac{DV}{M_1} = 1 \rightarrow \dfrac{DV}{M_1} = 0,555$

Logo: d = 0,555
Substituindo na fórmula:
$m = 1/1 - 0,555(1 - 0,1)$
$m = 2$

32. "c".

$\left.\begin{array}{l} B = 1000 \\ Rc = 0,10 \\ Rv = 0,10 \\ M_1 = 2000 \end{array}\right\}$ R = 0,20

Pela fórmula do multiplicador, determina-se "d" (parcela do Meios de Pagamento que é depositada a vista nos Bancos Comerciais).

$\dfrac{M_1}{B} = \dfrac{1}{1 - d(1 - R)}$

$\dfrac{2000}{1000} = \dfrac{1}{1 - d(1 - 0,20)}$

$2 = 1 / 1 - 0,8 d$
$d = 0,625$

Como:
c = parcela dos Meios de Pagamento que ficam retidos em forma de Papel-moeda em poder do público e
$c + d = 1$

Então: $c = 0,375$

Logo: $PMPP / M_1 = 0,375$
    $PMPP / 2000 = 0,375$
    $PMPP = 750$

33. "b". Usando a fórmula do multiplicador:

$$\frac{M_1}{B} = \frac{1}{1 - d(1 - R)}$$

Dados:
$B = 4.000.000$
$M1 = 8.000.000$
$R = 0,20$
Então:

$$\frac{8.000.000}{4.000.000} = \frac{1}{1 - d(1 - 0,20)}$$

$d = 0,625$
Como: $d = DV / M1$
Então: $0,625 = DV / 8.000.000$
$DV = 5.000.000$

34. "b". "Coeteris paribus" significa que todos os outros fatores que poderiam influenciar a análise, permanecerão constantes.
Quando o Banco Central aumenta o recolhimento compulsório, o Encaixa (R) aumenta. Logo, o poder de multiplicar a Base Monetária diminui e a oferta de moeda diminui. Observe a fórmula do multiplicador monetário:

$$\frac{M_1}{B} = \frac{1}{1 - d(1 - R)}$$

Quando "R" aumenta, M1/B diminui, ou seja, o multiplicador monetário diminui. Logo, a Base será menos multiplicada na formação de Meios de Pagamento.

13

OFERTA E DEMANDA DE MOEDA. CONTAS DO SISTEMA FINANCEIRO. EQUILÍBRIO NO MERCADO MONETÁRIO

13.1. BANCO CENTRAL

Com a reforma do Sistema Financeiro, em 31 de dezembro de 1964, foi criado o Banco Central do Brasil, por meio da promulgação da Lei n. 4.595. O Bacen é uma **autarquia federal** integrante do Sistema Financeiro Nacional e começou a funcionar em abril de 1965, com a finalidade, entre outras, de garantir a estabilidade e o poder de compra da moeda nacional. Mais tarde, essa missão se estendeu para garantir também a estabilidade do Sistema Financeiro Nacional.

A autoridade monetária, antes da Lei n. 4.595/64, era constituída por 4 organismos: Superintendência da Moeda e do Crédito (SUMOC); Conselho Superior da SUMOC; Banco do Brasil (BB); e Tesouro Nacional.

Segundo Moreira, as atribuições desses quatro organismos eram:

"a) **Conselho Superior da SUMOC** — órgão normativo responsável pela supervisão e coordenação das políticas monetária, creditícia, cambial e bancária.

b) **SUMOC** — órgão responsável:
- pela emissão de papel-moeda;
- pela fixação das taxas de juros sobre depósitos bancários e sobre operações de redesconto e de assistência financeira de liquidez;
- pela fixação dos percentuais dos depósitos compulsórios dos bancos;
- pela fiscalização das instituições financeiras.

c) **Banco do Brasil** — órgão executivo das decisões do Conselho Superior da SUMOC, agia como:
- banco dos bancos (recebimento dos depósitos compulsórios e voluntários dos bancos);
- agente financeiro do governo (caixa único das Autoridades Monetárias);
- administrador e depositário das reservas internacionais;
- emprestador em última instância (Carteiras de Redesconto, de Câmbio e de Comércio Exterior e da Caixa de Mobilização Bancária).

d) **Tesouro Nacional** — órgão detentor do poder emissor, que exercia suprindo de papel-moeda a Carteira de Redesconto e a Caixa de Mobilização Bancária"[1].

A SUMOC, fundada em 1945, foi a base para a criação do Banco Central, na medida em que exerce o controle monetário e, assim, pôde-se preparar a organização de

---

[1] Claudio Filgueiras Pacheco Moreira, *Manual de contabilidade bancária*, p. 9 e 10.

um banco central. Além das finalidades elencadas, a SUMOC **representava** o país junto a organismos internacionais.

O **Banco do Brasil** também exercia o controle das operações de comércio exterior e executava as operações de câmbio em nome de empresas públicas e do Tesouro Nacional.

Segundo o histórico do Banco Central: "Após a criação do Banco Central buscou-se dotar a instituição de mecanismos voltados para o desempenho do papel de 'banco dos bancos'. Em 1985 foi promovido o reordenamento financeiro governamental com a separação das contas e das funções do Banco Central, Banco do Brasil e Tesouro Nacional. Em 1986 foi extinta a **conta movimento** e o fornecimento de recursos do Banco Central ao Banco do Brasil passou a ser claramente identificado nos orçamentos das duas instituições, eliminando-se os suprimentos automáticos que prejudicavam a atuação do Banco Central. O processo de reordenamento financeiro governamental se estendeu até 1988, quando as funções de **autoridade monetária** foram transferidas progressivamente do Banco do Brasil para o Banco Central, enquanto as atividades atípicas exercidas por esse último, como as relacionadas ao fomento e à administração da dívida pública federal, foram transferidas para o Tesouro Nacional"[2].

A Constituição Federal de 1988 estabeleceu que apenas o Banco Central poderia possuir o dispositivo para **emitir moeda**. As funções atípicas do Bacen, como o fomento (pró-álcool) e a administração da dívida pública, passaram a ser exercidas pelo Tesouro Nacional. Este último também assumiu uma parte da dívida externa que se encontrava depositada no Banco Central, o que deu início à separação das contas deste das do Tesouro Nacional. O Poder Legislativo passou a exercer a normatização do Sistema Financeiro, anteriormente pertencente ao Conselho Monetário Nacional, que passou a perder parte de seus poderes. Também ficou vedado ao Bacen conceder empréstimos ao Tesouro Nacional de forma direta ou indireta, evitando que o Banco Central financiasse o déficit público, gerando mais inflação[3].

O presidente e os diretores do Banco Central são indicados pelo presidente da República e devem ser aprovados pelo Senado Federal por meio de votação secreta depois de sabatinados em arguição pública.

Com o Plano Real em 1994 e respeitando o Acordo de Basileia[4], estabeleceram-se novos parâmetros para o valor do capital social e do patrimônio líquido dos bancos comerciais, de tal forma que os ativos das instituições deveriam representar um percentual de seus passivos, ponderados pelo risco de crédito de cada operação. Para

---

[2] <http://www.bcb.gov.br/?HISTORIABC>.
[3] Pela Lei de Responsabilidade Fiscal (Lei n. 101/2000), o Bacen só poderá adquirir títulos do Tesouro Nacional com a finalidade de refinanciar a dívida mobiliária que estiver vencendo na carteira do Banco Central.
[4] O Acordo de Basileia foi firmado pelo Comitê de Basileia em 1988, na cidade de Basileia (Suíça), com a ratificação de mais de 100 países. A finalidade desse acordo foi criar exigências mínimas de capital, que os bancos comerciais deveriam respeitar para não se correr o risco de crédito. Esse capital era baseado na fixação de índices máximos de alavancagem, ou seja, os bancos só poderiam emprestar 12 vezes seu capital e reservas, ponderados pelo risco de crédito.

dar mais estabilidade ao sistema, foram lançados o Programa de Estímulo à Restauração e ao Fortalecimento do Sistema Financeiro Nacional (PROER) e o Fundo Garantidor de Créditos (FGC).

13.2. INSTRUMENTOS DE CONTROLE MONETÁRIO PELO BACEN

O Bacen pode se utilizar dos seguintes instrumentos de controle monetário[5]:

- **Reservas compulsórias** (Rc) ou Recolhimento compulsório: o percentual dos depósitos dos bancos comerciais que são recolhidos junto ao Banco Central de forma compulsória.

- **Taxa de redesconto:** a taxa de juros que o Banco Central cobra dos bancos comerciais quando empresta recursos a eles (esse empréstimo é chamado de Redesconto[6]). Quando o Banco Central quer controlar os meios de pagamento por meio do redesconto, pode alterar a taxa de juros cobrada, ou seja, alterar a taxa de redesconto, mudar o prazo dado aos bancos comerciais para resgate dos títulos redescontados, determinar o limite para operação ou fazer restrição aos tipos de títulos possíveis de serem redescontados.

- **Operações de *open market* ou mercado aberto:** o lugar (não necessariamente físico) onde são negociados os títulos públicos por parte do Banco Central, tanto para compra como para venda. Esses títulos que o Banco Central compra e vende pertencem ao Tesouro nacional. A Lei de Responsabilidae Fiscal (Lei n. 101/2000) proibiu que o Bacen emitisse títulos a partir de dois anos da publicação da Lei. Observe o art 34 da Lei de responsabilidade Fiscal:

"Art 34. O Banco Central do Brasil não emitirá títulos da dívida pública a partir de dois anos após a publicação desta Lei Complementar."

Assim, quando o Banco Central deseja adotar uma **política monetária expansionista**, ou seja, uma política monetária que vise o aumento da oferta de moeda, deverá reduzir a taxa de reserva compulsória, reduzir a taxa de redesconto, aumentar o prazo para resgate dos títulos redescontados, aumentar o limite para operação de

---

[5] O Bacen controla a emissão de moeda feita pela Casa da Moeda, que corresponde à moeda primária, e competem a ele as determinações com relação às necessidades de maiores emissões ou não. Portanto, a emissão de moeda ou a redução da Base Monetária enquadram-se como instrumentos de expansão ou contração monetária.

[6] As operações de Redesconto do Banco Central podem ser: I – intradia, destinadas a atender necessidades de liquidez de instituição financeira, ao longo do dia; II – de um dia útil, destinadas a satisfazer necessidades de liquidez decorrentes de descasamento de curtíssimo prazo no fluxo de caixa de instituição financeira; III – de até quinze dias úteis, podendo ser recontratadas desde que o prazo total não ultrapasse quarenta e cinco dias úteis, destinadas a satisfazer necessidades de liquidez provocadas pelo descasamento de curto prazo no fluxo de caixa de instituição financeira e que não caracterizem desequilíbrio estrutural; e IV – de até noventa dias corridos, podendo ser recontratadas desde que o prazo total não ultrapasse cento e oitenta dias corridos, destinadas a viabilizar o ajuste patrimonial de instituição financeira com desequilíbrio estrutural. (Circular 3105 do Banco Central do Brasil).

redesconto, não restringir os tipos de títulos possíveis de serem redescontados e/ou resgatar títulos no mercado aberto.

Se a intenção do Banco Central for o de adotar uma **política monetária contracionista**, ou seja, uma política monetária que vise a contração da demanda pela redução da oferta de moeda, deverá elevar a taxa de reserva compulsória, elevar a taxa de redesconto, diminuir o prazo para resgate dos títulos redescontados, diminuir o limite para operação de redesconto, restringir os tipos de títulos possíveis de serem redescontados e/ou vender títulos no mercado aberto.

13.3. FUNÇÕES DO BANCO CENTRAL

O Banco Central é a autoridade monetária executora da política cambial e monetária. A autoridade monetária pode ser deliberativa e representada pelo **Conselho Monetário Nacional**, formado pelo ministro da Fazenda, que será o presidente do Conselho, pelo presidente do Banco Central e pelo ministro do Planejamento, Orçamento e Gestão; ou pode ser executora e exercida pelo **Banco Central**.

O Sistema Financeiro Nacional é constituído de dois subsistemas:

- normativo (fiscalização e regulação);
- operativo (intermediação).

O **subsistema normativo** é constituído, além de outros, pelo seu órgão máximo, o Conselho Monetário Nacional (CMN), e pelas entidades supervisoras: o Banco Central (Bacen) e a Comissão de Valores Mobiliários (CVM).

Observe o Quadro 13.1:

Quadro 13.1. Estrutura do Sistema Financeiro

ÓRGÃOS NORMATIVOS	ENTIDADES SUPERVISORAS	OPERADORES		
Conselho Monetário Nacional (CMN)	Banco Central do Brasil (Bacen)	Instituições financeiras captadoras de depósitos à vista	Bancos de câmbio e demais instituições financeiras	Outros intermediários financeiros e administradores de recursos de terceiros
	Comissão de Valores Mobiliários (CVM)	Bolsas de mercadorias e futuros	Bolsas de valores	
Conselho Nacional de Seguros Privados (CNSP)	Superintendência de Seguros Privados (Susep)	Resseguradoras	Sociedades seguradoras	Sociedades de capitalização	Entidades abertas de previdência complementar
Conselho de Gestão da Previdência Complementar (CGPC)	Secretaria de Previdência Complementar (SPC)	Entidades fechadas de previdência complementar (fundos de pensão)		

Fonte: <http://www.bcb.gov.br>[7].

---

[7] <http://www.bcb.gov.br/?SPBINTER>. Acesso em: 14 set. 2011.

O Banco Central apresenta as seguintes funções:

■ **Emitir moeda** (moeda papel e moeda metálica) e, dessa maneira, dar início ao processo de circulação de moeda na economia. Por essa função, o Banco Central consegue controlar a oferta primária de moeda e afetar a demanda dos agentes econômicos por bens e serviços. Quando aumenta a oferta, a moeda fica desvalorizada; quando reduz a oferta, a moeda fica valorizada. Assim, moeda valorizada significa que seu preço é alto, ou seja, provoca elevação nas taxas de juros; e moeda desvalorizada significa que seu preço é baixo, ou seja, provoca uma queda nas taxas de juros.

■ **Ser o banco dos bancos**, realizando operações de **redesconto**, ou seja, sendo **emprestador de última instância** e recebendo os recolhimentos voluntários e compulsórios dos bancos comerciais. É importante frisar que uma maneira que o Banco Central encontra de não estimular os bancos comerciais a se socorrerem ao redesconto é impor a eles uma taxa de juros elevada por esse empréstimo, denominada de **taxa de redesconto**. O Banco Central é responsável pela compensação de cheques, bem como pelo transporte de cédulas e moedas metálicas aos bancos.

■ **Supervisionar e regulamentar o funcionamento do Sistema Financeiro**, assegurando a solidez do sistema e, ainda, a sua regulação, organização e autorização, a fiscalização, os processos punitivos e os regimes especiais.

■ Receber e manter em depósito as **reservas internacionais** (reservas oficiais de ouro e moeda estrangeira e de Direitos Especiais de Saque) que garantam a manutenção de um comércio internacional. Grande parte das reservas em poder do Banco Central é investida a juros, por exemplo, em títulos do Tesouro Nacional Americano. Pelas reservas, o Banco Central pode controlar a taxa de câmbio do país, vendendo ou comprando divisas estrangeiras. Assim, o Bacen é o **executor da Política cambial**, definindo o regime cambial e ofertando ou não moeda estrangeira no mercado.

■ **Ser o banqueiro do Governo Federal** (Tesouro Nacional[8]), quando administra a dívida pública interna e externa e quando recebe os depósitos do Tesouro Nacional, por ser o representante do Brasil perante as instituições financeiras internacionais e por ser o guardião das reservas internacionais.

■ Receber depósitos do **Tesouro Nacional**.

■ Ser o responsável pela preservação do valor da moeda.

---

[8] A Secretaria do Tesouro Nacional é um órgão do Ministério da Fazenda, responsável pela administração e utilização dos recursos que entram nos cofres do Governo Federal, provenientes principalmente dos impostos pagos pelos contribuintes. O Tesouro Nacional, no entanto, só pode gastar esses recursos dentro das condições definidas no Orçamento da União, aprovado pelo Congresso no ano anterior. A conta única do Tesouro Nacional é contabilizada no Banco Central.

■ Ser o **executor da política monetária** do país, na medida em que determina o quanto de moeda primária será ofertada na economia, controla os recolhimentos compulsórios e o crédito e determina a taxa de redesconto. Efetuar também, como instrumento de política monetária, operações de compra e venda de títulos públicos federais.

■ Cuidar da **estabilidade** do sistema bancário e do sistema de meios de pagamento.

■ Ser o **gestor do Sistema Financeiro Nacional**, quando exerce a função de elaborar normas de acordo com os limites determinados pelo Conselho Monetário Nacional (CMN), e permitir o funcionamento das instituições, quando fiscaliza as instituições financeiras e, se necessário, institui sua intervenção. Carvalho reforça ao afirmar que: "o Banco Central pode exigir capital mínimo para a instalação de um banco, pode estabelecer limites para certas operações com o intuito de impedir que os bancos se exponham excessivamente a situações de risco, pode restringir ou impedir certas operações, pode realizar inspeções regulares e intervenções em instituições mal administradas etc."[9].

■ Garantir o cumprimento das **metas de inflação** estabelecidas pelo CMN (Conselho Monetário Nacional) a partir de 1999. Para tanto, o Bacen se utiliza do IPCA (Índice Nacional de preços ao consumidor amplo), como índice oficial de preços para fins de cumprimento da meta.

■ 13.4. BALANCETE DO BANCO CENTRAL

Observe o Quadro 13.2, referente ao Balancete do Banco Central, onde se evidencia que o Passivo monetário do Banco Central é a própria Base Monetária.

Embora a definição de Papel-Moeda Emitido seja o Papel-Moeda em Poder do Público somado ao caixa dos bancos comerciais e do Banco Central, Carvalho chama a atenção ao afirmar que o papel-moeda que fica retido com o Banco Central não deve se constituir como emissão monetária: "A rigor, dentre o total emitido pelo Banco Central, apenas o valor que vai para o caixa do Banco Central não é, legalmente, moeda. As emissões de moeda são um item do Passivo do Banco Central em favor dos bancos ou do público não bancário. Nenhuma instituição emite passivos a seu próprio favor, por isso, papel pronto a ser lançado como moeda, mas que ainda não tenha sido, é apenas papel, não é moeda"[10]. Nesse sentido, Papel-Moeda Emitido se confunde com Papel-Moeda em Circulação.

---

[9] Fernando J. Cardim de Carvalho... (et al.), *Economia monetária financeira*, p. 15.
[10] Fernando J. Cardim de Carvalho... (et al.), *Economia monetária financeira*, p. 5-6.

Quadro 13.2. Balancete do Banco Central

BALANCETE DO BANCO CENTRAL (AUTORIDADE MONETÁRIA)	
ATIVO[11]	PASSIVO[12]
	Passivo monetário
Caixa em moeda corrente[13]	*Papel-moeda emitido*
Reservas internacionais	*Reservas bancárias (depósito compulsório + depósito voluntário)*
Imobilizado	
Outras aplicações	**Passivo não monetário**
Empréstimos ao Tesouro Nacional	Depósitos do Tesouro Nacional
Empréstimos a outros órgãos do governo	Recursos especiais[14]
Empréstimos ao setor privado	Empréstimos externos (que capta)
Empréstimos aos bancos comerciais (redesconto)	Outras exigibilidades
Títulos públicos federais	Recursos próprios

A seguir, no Quadro 13.3, é apresentado um Balancete Resumido do Banco Central, acrescido, em sua denominação, do termo "Sintético".

Quadro 13.3. Balancete Sintético do Banco Central

BALANCETE SINTÉTICO DO BANCO CENTRAL (AUTORIDADE MONETÁRIA)	
ATIVO	PASSIVO
	Passivo monetário
Caixa em moeda corrente	*Papel-moeda em poder do público*
Reservas internacionais	*Depósitos compulsórios e voluntários* — Base monetária (B)
	Caixa dos bancos comerciais[15]
	Passivo não monetário
Empréstimos ao Tesouro Nacional	Depósitos do Tesouro Nacional
Empréstimos a outros órgãos do governo	

---

[11] O Ativo é a soma dos bens e direitos do banco, ou seja, é tudo que o banco possui e tudo que devem a ele.
[12] O Passivo é a soma de todas as obrigações do banco, ou seja, é tudo que ele deve.
[13] Até 1986, o Banco do Brasil era considerado autoridade monetária. Em 1986, foi extinta a conta movimento e o fornecimento de recursos do Banco Central ao Banco do Brasil passou a ser claramente identificado nos orçamentos das duas instituições. O processo se estendeu até 1988, quando as funções de autoridade monetária foram transferidas progressivamente do Banco do Brasil para o Banco Central, mas, como atuava também como banco comercial, possuía dinheiro em caixa. Assim, o Balancete das Autoridades Monetárias era composto em seu Ativo do "caixa", que se referia ao caixa do Banco Central e do Banco do Brasil. A partir do momento em que o Banco do Brasil deixou de ser autoridade monetária, o "caixa" das autoridades monetárias (que hoje é constituído apenas pelo caixa do Banco Central) passou a ser constituído do papel-moeda que é emitido mas que não é colocado integralmente em circulação. Considerando o caixa do Banco Central igual a zero, pode figurar, do lado do Passivo monetário, o Papel-Moeda em Circulação no lugar do Papel-Moeda Emitido.
[14] Recursos Especiais são fundos e programas que o Banco Central administra (no Ativo aparece como empréstimos ao setor privado).
[15] Se somarmos tudo que se encontra no Passivo monetário do Banco Central, teremos a Base Monetária, ou seja, Papel-Moeda em Poder do Público + encaixes.

Empréstimos ao setor privado[16]	Empréstimos externos (que capta)
Empréstimos aos bancos (redesconto)	Saldo líquido das demais contas[17]
Títulos públicos federais	

Blanchard afirma: "O passivo do Banco Central é a moeda emitida, a moeda do Banco Central. A nova característica é que nem toda moeda do Banco Central emitida é mantida como moeda manual pelo público. Uma parte dela é mantida como reservas bancárias pelos bancos"[18].

13.5. AUMENTO/DIMINUIÇÃO DA BASE MONETÁRIA (B)

Existem maneiras de fazer o Passivo monetário (Base Monetária) aumentar:

■ **Se o Ativo aumentar e o Passivo não monetário se mantiver constante:** por exemplo, se reservas internacionais aumentarem, se o Banco Central adquirir títulos públicos, se emprestar dinheiro ao Tesouro Nacional, aos bancos comerciais, a outros órgãos do governo, ao setor privado, ou se aumentar o imobilizado.

■ **Se o Passivo não monetário cair e o Ativo permanecer constante:** por exemplo, diminuição dos depósitos do Tesouro Nacional, diminuição da captação de empréstimos externos pelo Banco Central, diminuição dos recursos especiais recebidos pela administração de fundos e programas, diminuição de outras exigibilidades ou diminuição de recursos próprios.

■ A combinação dos dois itens mencionados.

Também existem maneiras de fazer o Passivo monetário (Base Monetária) diminuir:

■ **Se o Ativo diminuir e o Passivo não monetário se mantiver constante:** por exemplo, se reservas internacionais diminuírem, se o Banco Central vender títulos públicos, se o Tesouro Nacional ou os bancos comerciais ou outros órgãos do governo ou o setor privado pagarem por algum empréstimo anteriormente concedido, pelo Bacen ou se reduzir o imobilizado.

■ **Se o Passivo não monetário aumentar e o Ativo permanecer constante:** por exemplo, aumento dos depósitos do Tesouro Nacional, aumento da captação de empréstimos externos pelo Banco Central, aumento dos recursos especiais recebidos pela administração de fundos e programas, aumento de outras exigibilidades ou aumento de recursos próprios.

■ Uma combinação dos dois itens mencionados.

---

[16] Referentes aos recursos especiais que o Banco Central administra.
[17] O saldo líquido das demais contas corresponde à diferença dos lançamentos do Passivo e Ativo que foram excluídos do Balancete do Banco Central, ou seja, a diferença entre os recursos especiais + outras exigibilidades e o imobilizado + outras aplicações.
[18] Olivier Blanchard, *Macroeconomia*, p. 70.

13.6. BANCOS COMERCIAIS, BANCOS DE DESENVOLVIMENTO, BANCO NACIONAL DE DESENVOLVIMENTO ECONÔMICO E SOCIAL (BNDES) E BANCOS DE INVESTIMENTO

Bancos comerciais são todas as instituições financeiras públicas e privadas que estão autorizadas a receber **depósitos à vista**, livremente movimentáveis. Possuem a característica de criar moeda escritural pelo efeito multiplicador, visto no capítulo 11. Para evitar um excesso, o Banco Central controla a expansão dos meios de pagamento feita pelos bancos comerciais. O objetivo dos bancos comerciais é proporcionar financiamento de curto e médio prazo ao comércio, à indústria, a empresas prestadoras de serviços e a pessoas físicas. Os bancos comerciais são formados pelos **bancos que possuem carteira de depósitos à vista, pela Caixa Econômica Federal, pelas cooperativas de crédito e pelos bancos cooperativos**. Segundo Lopes e Rosseti, os bancos comerciais podem:

"a) descontar títulos;

b) realizar operações de abertura de crédito, simples ou em conta corrente;

c) realizar operações especiais, inclusive de crédito rural, de câmbio e comércio internacional;

d) obter recursos junto a instituições oficiais;

e) captar depósitos à vista e a prazo fixo;

f) obter recursos no exterior, para repasse;

g) efetuar operações acessórias ou de prestação de serviços, inclusive mediante convênio com outras instituições"[19].

Não devem ser confundidos com **bancos de desenvolvimento** e **bancos de investimento**. Acompanhe a seguir um breve resumo dos objetivos dessas outras instituições.

Bancos de desenvolvimento são bancos estaduais públicos, que têm como objetivo proporcionar recursos necessários ao financiamento, a médio e longo prazos, de programas e projetos que visem promover o desenvolvimento econômico e social do Estado onde tenha sede. Segundo Feijó e Ramos: "as operações passivas são depósitos a prazo, empréstimos externos, emissão de cédulas hipotecárias e de títulos de Desenvolvimento Econômico. As operações ativas são empréstimos e financiamentos, dirigidos prioritariamente ao setor privado"[20]. Os bancos de desenvolvimento não se confundem com os bancos comerciais, porque não recebem depósitos à vista.

O **Banco Nacional de Desenvolvimento Econômico e Social** (BNDES) é uma empresa pública criada pela Lei n. 1.628, de 20-6-1952. Tem o objetivo de financiar programas, projetos, obras e serviços de longo prazo que propiciem o desenvolvimento econômico e social do país. O BNDES pode financiar e emprestar recursos diretamente ou por meio de instituições financeiras credenciadas. Segundo Feijó e Ramos: "suas principais operações ativas são principalmente empréstimos para desenvolvimento de projetos de investimento, para a comercialização de máquinas e equipamentos novos e para atividades ligadas ao setor exportador. (...) Seu passivo é

---

[19] João do Carmo Lopes e José Paschoal Rossetti, *Economia monetária*, 1995, p. 343.
[20] Carmem Aparecida Feijó e Roberto Luis Olinto Ramos. *Contabilidade social*, p. 167.

representado por esquemas de poupança compulsória"[21]. O BNDES não se confunde com banco comercial, porque não recebe depósitos à vista.

Banco de investimento "é instituição financeira privada especializada em operações de participação societária de caráter temporário, de financiamento da atividade produtiva para suprimento de capital fixo e de giro e de administração de recursos de terceiros"[22]. Atualmente, estão em extinção. Os bancos de investimento não se confundem com os bancos comerciais, porque não recebem depósitos à vista.

13.7. BALANCETE CONSOLIDADO DOS BANCOS COMERCIAIS

No Quadro 13.4, é apresentado o Balancete dos Bancos Comerciais.

Quadro 13.4. Balancete Consolidado dos Bancos Comerciais

BALANCETE CONSOLIDADO DOS BANCOS COMERCIAIS[23]	
ATIVO	**PASSIVO**
Encaixes: caixa dos bancos comerciais (cx) + Recolhimento voluntário (Rv) + Recolhimento compulsório (Rc)	**Monetário**
	Depósitos à vista[24]
	Não monetário
	Depósito a prazo
Empréstimos (ao setor público e ao setor privado)	Redesconto ou assistência à liquidez
Títulos públicos e privados	Empréstimos externos
Imobilizado	Outras exigibilidades
Outras aplicações[25]	Recursos próprios

13.8. BALANCETE DO SISTEMA BANCÁRIO

O **Balancete do Sistema Bancário** corresponde à soma do Balancete do Banco Central + Balancete dos Bancos Comerciais.

Observe que o Redesconto aparece no Ativo do Bacen e no Passivo dos bancos comerciais e, por isso, anulam-se no Balancete do Sistema Bancário.

Observe que o Recolhimento compulsório e o Recolhimento voluntário aparecem no Ativo dos bancos comerciais e no Passivo do Bacen e, por isso, anulam-se no Balancete do Sistema Bancário.

O Passivo monetário do Sistema Bancário corresponde aos meios de pagamento

---

[21] Carmem Aparecida Feijó e Roberto Luis Olinto Ramos. *Contabilidade social*, p. 167.
[22] <http://www.assbandf.com.br/glossario_b.htm>. Acesso em: 7 set. 2011.
[23] Bancos comerciais são aqueles que podem receber depósitos à vista. Por exemplo: Banco do Brasil, Bradesco, Itaú etc.
[24] O depósito à vista é um direito do correntista e, portanto, uma obrigação dos bancos comerciais, que passam a ter a função apenas de guardiões desse recurso.
[25] As outras aplicações se referem a aplicações em moedas estrangeiras dos bancos.

(M_1). Para estes aumentarem, é necessário que o Ativo aumente ou o Passivo não monetário diminua.

Fazendo-se as devidas agregações do Balancete do Banco Central ao Balancete dos Bancos Comerciais, pode-se apresentar, no Quadro 13.5, o seguinte Balancete do Sistema Bancário:

Quadro 13.5. Balancete do Sistema Bancário

BALANCETE DO SISTEMA BANCÁRIO (AUTORIDADE MONETÁRIA + BANCOS COMERCIAIS)	
ATIVO	PASSIVO
Contas originadas do Bacen	**Passivo monetário**
Reservas internacionais	*Meios de pagamento* Papel-moeda em poder do público + ~~encaixe dos bancos comerciais~~ Depósito à vista = M_1[26]
~~Empréstimos aos bancos comerciais (redesconto)~~	**Passivo não monetário do Bacen**
Empréstimos ao Tesouro Nacional	Depósitos do Tesouro Nacional
Empréstimos a outros órgãos do governo	
Empréstimos ao setor privado	
Caixa em moeda corrente	Empréstimos externos (que capta)
Títulos públicos federais	Saldo líquido das demais contas
Contas originadas dos bancos comerciais	
~~Encaixe dos bancos comerciais~~	**Passivo não monetário dos bancos comerciais**
Imobilizado	~~Empréstimos aos bancos comerciais (Redesconto)~~
Empréstimos aos setores público e privado	Depósito a prazo
Títulos públicos e privados	Recursos externos
	Outras exigibilidades
Outras aplicações	Recursos próprios

Vale ressaltar que as contas que aparecem tanto do lado do Passivo quanto do Ativo deverão ser anuladas. É o caso do Redesconto, que aparece do lado do Ativo do Banco Central e do lado do Passivo não monetário dos bancos comerciais; e do encaixe dos bancos comerciais, que aparece do lado do Ativo dos bancos comerciais e do lado do Passivo do Banco Central. Realizando as junções das contas originadas do Bacen e das originadas dos bancos comerciais, tem-se o Balanço Consolidado do Sistema Bancário, apresentado no Quadro 13.6.

---

[26] A soma do Papel-Moeda em Poder do Público com os depósitos à vista corresponde aos meios de pagamento (M_1).

Quadro 13.6. Balanço Consolidado do Sistema Bancário

BALANÇO CONSOLIDADO DO SISTEMA BANCÁRIO	
Ativo	Passivo monetário
Outras aplicações	Papel-Moeda em Poder do Público + depósito à vista = meios de pagamento (M_1)
Títulos públicos e privados	Passivo não monetário
Reservas internacionais	Depósito do Tesouro Nacional
Empréstimos ao Tesouro Nacional	Depósito a prazo
Empréstimos a outros órgãos do governo	Saldo líquido das demais contas[27]
Empréstimos ao setor privado	Recursos (ou empréstimos) externos
Imobilizado	

Percebe-se que tanto o Bacen, pela moeda manual, como os bancos comerciais, pelos depósitos à vista, podem ofertar moeda.

■ 13.9. AUMENTO/DIMINUIÇÃO DOS MEIOS DE PAGAMENTO (M_1)

A **criação** dos meios de pagamento pelo Sistema Bancário (composto pelo Banco Central e pelos bancos comerciais) pode ser realizada das seguintes maneiras:

■ **o Passivo não monetário se reduz, permanecendo constante o Ativo do Sistema Bancário**, ou seja, os depósitos do Tesouro Nacional, os depósitos a prazo, os recursos especiais, os recursos próprios ou externos e/ou outras exigibilidades diminuem; ou

■ **o Ativo aumenta, permanecendo constante o Passivo não monetário do Sistema Bancário**, ou seja, as aplicações, ou os títulos públicos e privados em poder do Sistema Bancário, ou as reservas internacionais, ou os empréstimos concedidos e/ou o imobilizado aumentam; ou

■ a combinação dos dois itens mencionados.

A **destruição** dos meios de pagamento pelo Sistema Bancário (composto pelo Banco Central e pelos bancos comerciais) pode ser realizada de maneira oposta:

■ **o Passivo não monetário aumenta, permanecendo constante o Ativo do Sistema Bancário**, ou seja, os depósitos do Tesouro Nacional, os depósitos a prazo, os recursos especiais, os recursos próprios, os recursos externos e/ou outras exigibilidades aumentam; ou

■ **o Ativo diminui, permanecendo constante o Passivo não monetário do sistema bancário**, ou seja, as aplicações, os títulos públicos e privados em poder do sistema bancário, as reservas internacionais, os empréstimos concedidos e/ou o imobilizado diminuem; ou

■ a combinação dos dois itens mencionados.

---

[27] Inclui outras exigibilidades dos bancos comerciais e do Banco Central, recursos próprios dos bancos comerciais e do Banco Central, recursos especiais do Banco Central e recursos especiais do Banco Central subtraídos do caixa do Banco Central.

Diz-se que ocorre **monetização** pelo setor bancário na economia quando os bancos trocam haver não monetário que está em poder do público por haveres monetários (moeda). De maneira oposta, ocorre **desmonetização** quando o setor bancário vende haver não monetário ao público não bancário que paga com haver monetário.

■ 13.10. EXEMPLOS DE QUANDO A BASE MONETÁRIA E OS MEIOS DE PAGAMENTO PODERÃO SE ALTERAR

No Quadro 13.7, estão alguns exemplos que podem fazer a Base Monetária e os meios de pagamento aumentarem, permanecerem constantes ou diminuírem, *ceteris paribus*.

Quadro 13.7. Alterações na Base Monetária e nos meios de pagamento

AUMENTAM	PERMANECEM CONSTANTES	DIMINUEM
Pagamento aos empregados de uma firma que saque recursos de sua poupança junto aos bancos comerciais	Depósito à vista aumenta, e Papel-Moeda em Poder do Público diminui	Depósito na poupança contra haveres monetários sacados da conta corrente do público não bancário
Déficit fiscal	Poupança aumenta, e CDB diminui	Superávit fiscal
Banco Central compra Títulos do Tesouro Nacional	Pagamento de dívidas entre agentes não bancários	Banco Central vende títulos
Saque do Tesouro Nacional junto ao Banco Central	Negociação de títulos públicos entre bancos comerciais	Depósito do Tesouro Nacional junto ao Banco Central
Desconto de duplicatas por haveres monetários	Um banco comercial desconta um título que está em seu poder junto ao Banco Central	Troca de haveres não monetários pelos bancos comerciais por haveres monetários do público
Aumento das reservas internacionais	Pagamento de dívida ao BNDES	Diminuição das reservas internacionais
Diminuição de depósito a prazo nos bancos comerciais		Aumento dos depósitos a prazo nos bancos comerciais

■ 13.11. OFERTA DE MOEDA E A TEORIA QUANTITATIVA DA MOEDA (TQM)

A Teoria Quantitativa da Moeda (TQM) foi desenvolvida pelos clássicos[28], que afirmavam que a inflação poderia ocorrer pelo lado monetário da economia. Segundo eles, quanto mais moeda fosse ofertada, maior seria a demanda por bens e serviços, o que repercutiria apenas numa elevação de preços, e não na elevação do Produto Real, já que, na visão dos clássicos, apenas a oferta agregada é capaz de alterar as variáveis reais da economia. A primeira versão da Teoria Quantitativa da Moeda foi chamada de Equação de Fisher[29] e pode ser vista a seguir:

---

[28] Os clássicos tratados aqui são os economistas da segunda metade do século XVIII até os anos que antecederam a crise de 1929, ou seja, englobam Adam Smith, David Ricardo, Mill, Say, Bastiat, Pigou, Marshall. A Teoria Quantitativa da Moeda encontrou um marco histórico em 1570, como explicação para a inflação na França. A versão tratada nesta obra mostra a visão a partir de Marshall e Fisher, do final do século XIX ao início do século XX.

[29] Irving Fisher (1867-1947).

Equação Quantitativa na forma de transações[30]

$$M \times V = P \times T^{31}$$

Onde:

M = quantidade de moeda = meio de pagamento[32]

V = velocidade de transações[33]

P = nível geral de preços dos itens incluídos em "T"

T = número de transações

Entende-se por **velocidade de transações (V)** o número de vezes que uma mesma unidade de moeda é transformada em receita na economia[34].

O número de **transações (T)** representa o número de transações (vendas e compras) realizadas. Essas vendas e compras são referentes a bens produzidos no período (novos e usados) e em períodos anteriores (novos e usados), assim como a ativos financeiros. Dessa forma, cada vez que se compra ou se vende um produto, os pagamentos realizados em moeda e o valor do produto trocado são iguais.

Assim:

MxV= Total das transferências de moeda para pagar pelos produtos.

PxT = Total das transferências de produtos

Posteriormente, a versão da Teoria Quantitativa da Moeda foi substituída pela Equação de Trocas e Velocidade-Renda da Moeda, pela qual o volume total de transações (T) foi substituído pelo volume total de transações reais de bens e serviços (Y)[35].

Assim, a equação pode também ser representada da seguinte maneira:

$$M \times V = P \times Y \quad \text{ou} \quad V = P \times \frac{Y}{M}$$

Onde:

M = quantidade de moeda = meio de pagamento

V = velocidade-renda da moeda

P = nível geral de preços

Y = Produto Real ou renda real

P × Y = Produto Nominal ou renda nominal

---

[30] Utilizada pelo americano Irving Fisher. Embora tenha sido uma teoria desenvolvida durante o século XVIII por David Hume que mostrou não apenas a causalidade entre moeda e o nível de preços, mas também a relação com o desenvolvimento industrial e o aumento do emprego, sua versão ficou mais conhecida em 1885, com Simon Newcomb, e foi popularizada por Irving Fisher em 1911.

[31] Dependendo da versão da Teoria Quantitativa da Moeda, no lugar de "T" pode ser representado Y = Renda e Produto Real. "T", além de incluir os itens que compõem o PIB, considera as compras de produtos usados, serviços fatores e transações financeiras.

[32] A quantidade de moeda é considerada uma variável exógena, ou seja, é determinada por forças externas ao modelo.

[33] Velocidade de transação é o número de vezes em que uma unidade monetária se transforma em receita.

[34] Richard T. Froyen, *Macroeconomia*, p. 67.

[35] A dificuldade de utilização da versão original levou Fisher, Pigou e Marshall, entre outros, a desenvolverem a velocidade-renda da moeda na Equação de Trocas (M × V = P × Y).

Entende-se por **velocidade-renda da moeda (V)** o número de vezes que a moeda é utilizada em transações que envolvam a produção corrente, ou seja, a rapidez de giro da moeda (*turnover*) ou, então, o número de vezes que uma moeda entra na renda do agente econômico em determinado período de tempo. E essa variável é determinada por fatores institucionais, hábitos, costumes, tradições. Froyen acrescenta que a velocidade era determinada também por "tecnologias da realização dos pagamentos na sociedade". Continua, afirmando que: "fatores como o período médio de pagamentos, o uso de contas ou cartões de crédito e a ocorrência de empréstimos entre as empresas afetam a velocidade da circulação da moeda. Para qualquer nível fixo de renda, prazos de pagamento mais curtos levam a uma redução dos estoques monetários médios mantidos durante o período e, em decorrência, ao aumento na velocidade de circulação. O uso frequente de contas de crédito por parte dos consumidores ou de empréstimos entre as empresas também aumenta a velocidade, o número de transações por unidade monetária"[36].

Para os clássicos, "Y" era constante, já que há pleno emprego dos fatores de produção, e "V" era constante, já que a velocidade-renda da moeda era ditada por fatores tecnológicos e institucionais. Portanto, o nível de preços é proporcional ao seu estoque monetário, e a inflação é uma decorrência do aumento da oferta monetária.

A **velocidade da moeda** poderia ser alterada nas seguintes situações:

- Quanto maior o intervalo de recebimento dos rendimentos mensais, menor a velocidade de circulação da renda e da moeda.
- Quanto mais desenvolvido o Sistema Bancário (o que facilita a conversão de aplicações em moeda), maior a velocidade da moeda.
- Quanto maior o grau de verticalização da economia, menor a velocidade, porque um maior volume de transações será finalizado por meio de transações contábeis.

Mas o modelo clássico considerava que esses fatores institucionais não mudariam no curto prazo. Por isso, "V" é considerado constante.

Carvalho sintetiza a Teoria Quantitativa da Moeda da seguinte maneira: "Em síntese, a teoria quantitativa diz que — uma vez que a velocidade de circulação e o volume de comércio sejam constantes — um aumento na quantidade de moeda em circulação faz com que os preços aumentem na mesma proporção. A TQM se apoia, portanto, na ideia fundamental de que a moeda não tem nenhum poder de satisfazer os desejos humanos, exceto o poder de comprar bens e serviços. A Moeda é apenas um meio de troca usado como ponte do hiato entre recebimentos e gastos dos agentes"[37].

À análise de que um aumento da oferta de moeda gera elevação dos preços e, por conseguinte, inflação, deu-se o nome de **Teoria Monetarista da Inflação**[38]. Os monetaristas defendem que uma das maneiras de se combater a inflação pelo lado

---

[36] Richard T. Froyen, *Macroeconomia*, p. 67.
[37] Fernando J. Cardim de Carvalho... (et al.), *Economia monetária e financeira*, p. 32.
[38] Os monetaristas, na figura central de Milton Friedman, desenvolveram uma versão da demanda de moeda, na década de 1950, que afirmava que alterações na oferta são a base para o controle de preços quando tais alterações ocorrem em um intervalo de alguns anos.

monetário seria adotar uma política monetária restritiva. Pelo lado real, deveria ser adotada uma política fiscal restritiva (aumento dos tributos e/ou diminuição dos gastos) que diminuísse a renda disponível, forçando a queda dos preços. Observe pela fórmula a seguir o que acontece com o Produto Nominal da economia quando os gastos do governo diminuem.

$\downarrow Y^{39} = C + I + \downarrow G + X - M$

Onde Y é o Produto Nominal da economia, ou seja, o somatório de preços (P) vezes quantidade (Q).

$\downarrow P \times Q_{constante} = C + I + \downarrow G + X - M$

Se G diminui, Y diminui. Mantendo-se "Q", ou Produto Real, constante, haverá uma queda de "P".

Entre outros economistas de **Cambridge**[40], Marshall supôs que a demanda por moeda seria uma fração da renda ou da riqueza e, assim, a Teoria Quantitativa da Moeda passa a ser uma formulação alternativa da Equação Quantitativa para uma abordagem de Cambridge em que a demanda de moeda é diretamente proporcional ao Produto (ou Renda) Nominal (P × Y). Com isso, a fórmula da Teoria Quantitativa da Moeda passou a ter uma fórmula equivalente, que é percebida como uma Teoria da Demanda por Moeda. Observe sua descrição:

$Md^{41} = k \times P \times Y$

Ou:

$$Md \times 1/k = P \times Y$$

Onde:

Md = demanda por moeda

k = proporção da renda nominal ou da riqueza que ficará sob a forma de moeda conhecida como "constante marshalliana", ou seja, a proporção da quantidade de moeda que ficará retida.

P = nível geral de preços

Y = renda real

"k" corresponde, portanto, ao **inverso** da velocidade da moeda e, assim como esta última, é estável no curto prazo, ou seja, $k = 1/V^{42}$.

---

[39] Atenção, porque "Y" representa, nesse caso, o Produto Nominal.

[40] Para eles, a moeda tinha como principal função, um meio de facilitar as trocas, diferentemente de Keynes que propôs a função de entesouramento.

[41] Neste livro, a demanda por moeda está sendo representada pela letra "L" (preferência pela liquidez de Keynes) ou por "Md" (demanda por moeda).

[42] Os economistas de Cambridge acreditavam que a moeda também seria demandada em função da riqueza do indivíduo e que a riqueza seria proporcional à renda e, portanto, "k", que é o coeficiente

Voltando à Teoria Quantitativa da Moeda na versão da velocidade-renda da moeda ($M \times V = P \times Y$), observe, na Figura 13.1, o que acontece com o produto e os preços quando há um aumento da oferta de moeda:

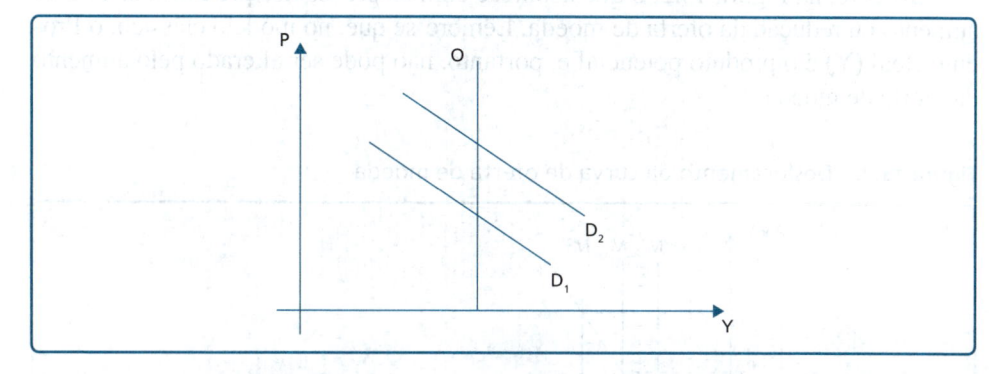

Figura 13.1. Consequências de um aumento da oferta de moeda

Um aumento da oferta de moeda desloca a curva de demanda agregada para cima ou para a direita, já que as pessoas, agora, com mais saldos monetários, desejarão demandar mais bens e serviços. Como a oferta agregada é perfeitamente inelástica aos preços, um aumento da oferta de moeda provoca apenas uma elevação de preços, ou seja, uma inflação. O Produto Real (Y) da economia permanece constante. Isso corrobora a Teoria Clássica, que afirmava que os únicos fatores capazes de alterar o Produto Real da economia são aqueles ligados à oferta agregada.

Conclui-se, portanto, que, no modelo clássico, a moeda é tratada como uma **variável exógena** ao modelo, ou seja, o que determina o volume de moeda primária na economia é apenas uma decisão da autoridade monetária.

Assim, se a oferta de moeda (M) for superior à demanda por moeda (L), isso fará com que os agentes econômicos passem a demandar uma quantidade maior de bens e serviços. Sendo estes últimos constantes, com base na hipótese do pleno emprego, do produto potencial e da flexibilidade de salários do modelo clássico, os preços tenderiam a subir, provocando uma inflação. De maneira oposta, se a oferta de moeda for inferior à demanda por moeda, os agentes econômicos não poderão dispor de moeda suficiente para realizar suas transações, o que os faz adquirir menos bens e serviços. As empresas, percebendo que suas mercadorias não estão escoando de forma desejável, tenderão a reduzir os preços (P) dos produtos, provocando uma deflação. Porém, se a oferta de moeda for igual à demanda por moeda, o nível de preços (P) permanece estável.

---

de proporcionalidade, seria constante no curto prazo. Mas, como a demanda por estoque de riqueza depende da taxa de juros (i), que é o retorno esperado de outros ativos que compõem a riqueza, se "i" aumentasse, a demanda de moeda diminuiria, "k" se reduziria e "V" aumentaria. O fato de "i" poder afetar a velocidade de circulação da moeda, "V", diferenciou a abordagem de Cambridge sobre a Teoria Quantitativa da Moeda das versões anteriores.

Observe o esquema:

Se: M > L → P ↑ = inflação

Se: M < L → P ↓ = deflação

Se: M = L → P constantes = estabilidade

Observe, na Figura 13.2, o que acontece com os preços dos produtos, se houver aumento ou redução da oferta de moeda. Lembre-se que, no modelo clássico, o Produto Real (Y) é o produto potencial e, portanto, não pode ser alterado pelo aumento da oferta de moeda.

Figura 13.2. Deslocamento da curva de oferta de moeda

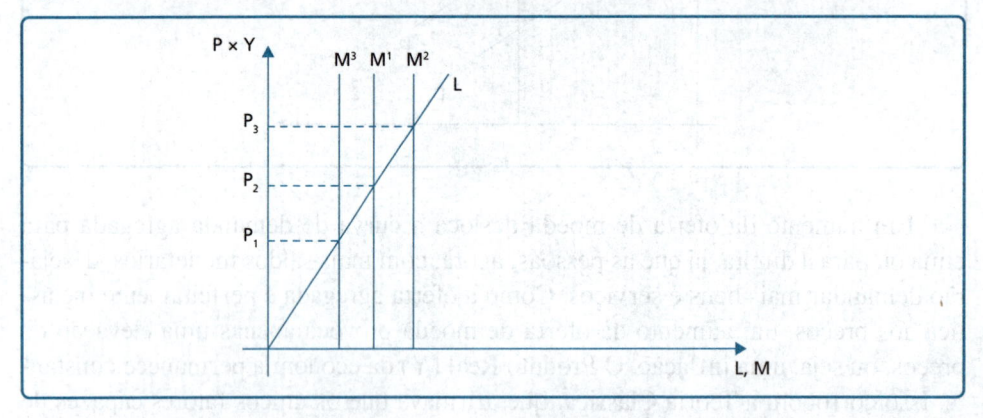

Quando a oferta de moeda se desloca de M^1 para M^2, o nível de preços se eleva de P_2 para P_3, mantendo-se constante o Produto Real (Y). Quando a oferta de moeda se desloca de M^1 para M^3, os preços se reduzem de P_2 para P_1.

Keynes contestava tal teoria porque, para ele, nem a velocidade (V) nem o Produto Real da economia (Y) eram, necessariamente, constantes. Para ele, um aumento da oferta de moeda (M) afeta o Produto Real (Y) somente na medida em que a variação da oferta de moeda é capaz de alterar a taxa de juros e, consequentemente, alterar o investimento.

Portanto, para os **clássicos**, a oferta de moeda seria determinante do nível de preços e a taxa de juros dependeria diretamente da poupança e do investimento. Já para **Keynes**, a oferta de moeda afetaria o nível de produto e o nível de emprego por seu efeito na taxa de juros. Shapiro reforça, dizendo que: "a taxa de juros na Teoria Clássica foi tida como dependendo diretamente de fatores 'reais' da existência de poupança ('parcimônia') e da demanda de investimentos ('produtividade do capital'). A oferta de moeda entrou no sistema fundamentalmente como o determinante do nível de preço absoluto do produto, cujo montante era bastante independente da taxa de juros. Na Teoria Keynesiana, no entanto, as variações da oferta de moeda podem afetar o nível de produto e emprego através de seu efeito sobre a taxa de juros, que, por seu turno, afeta a demanda agregada, e, assim, também o produto e o emprego"[43].

---

[43] Edward Shapiro, *Análise macroeconômica*, p. 484.

13.12. O COMPORTAMENTO DA OFERTA DE MOEDA

Como a quantidade de moeda a ser ofertada (M) depende de uma decisão do Banco Central, ou seja, da autoridade monetária executora, pode-se dizer que ela é exógena ao modelo. Assim, pode-se representar a oferta monetária por uma reta vertical, ou seja, totalmente **inelástica** à taxa de juros, conforme a Figura 13.3.

Figura 13.3. Oferta de moeda inelástica à taxa de juros

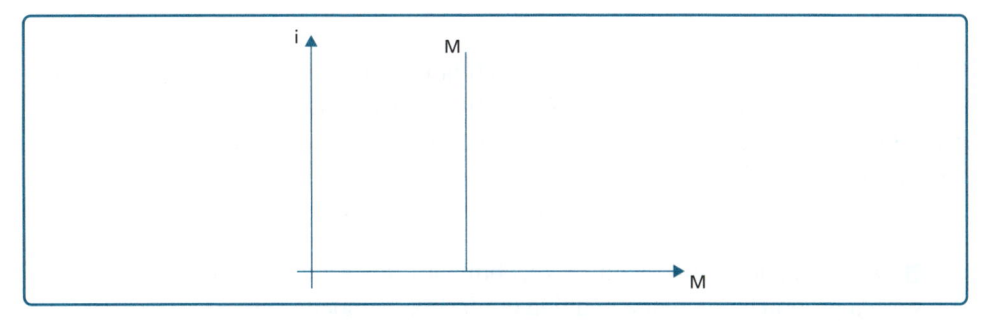

13.13. DEMANDA INDIVIDUAL E AGREGADA DE MOEDA (L) PARA OS CLÁSSICOS — A TEORIA QUANTITATIVA DA MOEDA

A demanda por moeda de uma economia é a soma da demanda por moeda de todas as pessoas dessa economia. Também é conhecida por demanda por **encaixes reais** (Md/P). Ela é constituída pela demanda das cédulas e moedas metálicas que as pessoas mantêm em seu poder e os depósitos em conta corrente que não rendem juros.

Mas o que faz as pessoas desejarem reter moeda consigo no lugar de aplicar em títulos que rendam juros?

Para os clássicos, a resposta está no fato de os recebimentos e os pagamentos não estarem **sincronizados**, fazendo com que os agentes desejem manter saldos monetários por determinado intervalo, além do fato de algumas despesas **não previstas** ou algum **infortúnio** poderem aparecer.

Suponha que, durante um mês, os desembolsos e os recebimentos tenham, para um indivíduo, o comportamento demonstrado na Tabela 13.1.

Tabela 13.1. Cronograma de pagamentos e recebimentos durante um mês

DIAS	PAGAMENTOS	RECEBIMENTOS (R)/MOEDA RETIDA (MR) EM R$
Do dia 01 ao 05 do mês	0	10.000,00 (R)
Do dia 06 ao 11 do mês	4.500,00	5.500,00 (MR)
Do dia 12 ao 14 do mês	2.000,00	3.500,00 (MR)
Do dia 15 ao 22 do mês	1.500,00	2.000,00 (MR)
Do dia 23 ao 30 do mês	2.000,00	0,00 (MR)

Em média (Me), a moeda que fica retida (MR) com a pessoa é de:

$$Me = \frac{\sum (MR \times n° \text{ de dias})}{N° \text{ total de dias}}$$

$$Me = \frac{(10.000 \times 5) + (5.500 \times 5) + (3.500 \times 2) + (2.000 \times 7)}{30}$$

Me = 98.500/30
Me = 3.283,33

Logo, em média, a moeda que fica retida é de R$ 3.283,33, o que representa 0,3283 do total de recebimentos (= 3.283,33/10.000). A essa proporção de moeda que fica retida, devido à falta de sincronização entre recebimentos e pagamentos, será designada a letra "k".

Poderiam fazer "k" ser alterado, para um indivíduo, as seguintes situações:

■ Quanto maior o intervalo de recebimento dos rendimentos mensais, maior seria a proporção da renda mantida em forma de moeda (k).

■ Quanto mais desenvolvido o Sistema Bancário (o que facilita a conversão de aplicações em moeda), menor "k".

■ Mais facilidade de se obter crédito evita a necessidade de se reter moeda para bancar despesas não programadas, o que faria "k" ser menor.

■ Uma elevação da taxa de juros elevaria o custo de oportunidade de se reter moeda, o que faria "k" se reduzir.

■ Maior inflação provoca maior perda de valor real da moeda retida, levando a uma redução de "k".

Como, para os clássicos, esses fatores não se modificam no curto prazo, já que são, em grande parte, definidos institucionalmente, "k" é considerado constante[44]. Assim, a demanda de moeda (L), analisada de forma agregada para os clássicos, é definida por:

$L^{45} = k \times P \times Y$

Onde:
L = demanda por moeda pelos agentes econômicos[46]
k = proporção da renda retida em forma de moeda dos agentes econômicos
P = preços
Y = renda real dos agentes econômicos

Observe que esta função representa a Teoria Quantitativa da Moeda na visão da escola de Cambridge, abordada no *item 13.11*.

---

[44] Na realidade, as variações de "k" seriam irrelevantes, então se considera "k" constante.
[45] A demanda por moeda está sendo representada, neste livro, por "L" e por "Md".
[46] "L" é o somatório das demandas individuais por moeda.

Como "k" é constante e "Y" também[47] no curto prazo, o aumento da demanda por moeda (L) vai se refletir numa elevação de preços (P), assim como uma redução na demanda por moeda (L) vai se refletir numa queda de preços (P), ou seja, a demanda por moeda, para os clássicos, será diretamente proporcional ao nível de preços.

De acordo com Blanchard, a demanda de moeda será uma função direta da renda nominal, porque, "se a renda real não variar, mas os preços dobrarem, levando a renda nominal a dobrar, as pessoas precisarão ter o dobro de moeda para comprar a mesma cesta de consumo"[48]. Portanto, para os clássicos, a demanda de moeda será para:

- **transação**; e
- **precaução**.

O significado de cada um desses motivos para se demandar moeda será apresentado no *item 13.14.1*.

13.14. DEMANDA DE MOEDA (L) PARA KEYNES — TEORIA DA PREFERÊNCIA PELA LIQUIDEZ

Diferentemente dos clássicos, Keynes acreditava que os agentes econômicos demandariam moeda para **transação, precaução** e também **especulação**. Lopes e Rossetti corroboram ao afirmarem que: "na versão keynesiana, contrariando a versão clássica, a moeda deixou de ser vista apenas como um instrumento de intermediação de trocas que não afetava significativamente outras variáveis econômicas, como a taxa de juros e o volume global de emprego. Enfocando-a também como uma reserva de valor, mantida não apenas para fins transacionais, mas também para atender a oportunidades de especulação, Keynes deixou de ver a moeda como componente neutro"[49].

Keynes acrescentou, portanto, às demandas de moeda para transação e precaução, a demanda de moeda baseada na incerteza com relação ao comportamento das taxas de juros, ou seja, incorporou a demanda de moeda para **especulação**.

A seguir, é possível compreender os três motivos para se demandar moeda, ou seja, o motivo **transação**, o motivo **precaução** e o motivo **especulação**.

13.14.1. Demanda por moeda para transação e precaução (Lt)

A demanda de moeda para **transação** existe porque, pelo fato de a moeda apresentar como uma de suas funções a troca, os agentes econômicos desejarão, ao receber suas rendas em forma de moeda, gastá-la, adquirindo bens e serviços. Por não existir o sincronismo entre os pagamentos e recebimentos, como dito anteriormente, o agente econômico passa a desejar reter saldos monetários com a finalidade de realizar suas transações. A demanda de moeda para **precaução**[50] surge pelo fato de haver

---

[47] Considerando um mercado em concorrência perfeita no mercado de trabalho e a total flexibilidade de salários.
[48] Olivier Blanchard, *Macroeconomia*, p. 62.
[49] João do Carmo Lopes e José Paschoal Rossetti, *Economia monetária*, 1995, p. 54.
[50] Com a introdução e a expansão do cheque especial para os correntistas de depósito à vista, o moti-

necessidade de se guardar moeda para fatos imprevistos, eventuais, o que corresponde a uma despesa incerta ou extraordinária.

A demanda de moeda para precaução tem um comportamento similar ao da demanda de moeda para transação, pelo fato de ambas serem **função direta do nível de renda**. Por esse motivo, quando se falar em demanda de moeda para transação, deve-se considerar que se fala em demanda de moeda para transação e para precaução ao mesmo tempo, ou seja, somadas.

Assim, pode-se dizer que a demanda de moeda para transação é uma **função direta da renda**, ou seja, quando a renda (Y) aumenta, a demanda de moeda para transação (Lt) aumenta. Quando a renda (Y) diminui, a demanda de moeda para transação (Lt) diminui.

$$Lt = f(Y)$$

Embora se reconheça que as taxas de juros influenciam a demanda de moeda para transação e para precaução, já que os agentes econômicos poderão ser incentivados a reduzir seus saldos monetários para esses fins, em vista de um aumento da taxa de juros, Keynes enfatizou apenas a influência do nível de renda sobre esses dois motivos para se demandar moeda. Assim, se a demanda de moeda para transação fosse representada em função da taxa de juros, haveria a representação gráfica mostrada na Figura 13.4.

Figura 13.4. Demanda de moeda para transação inelástica à taxa de juros

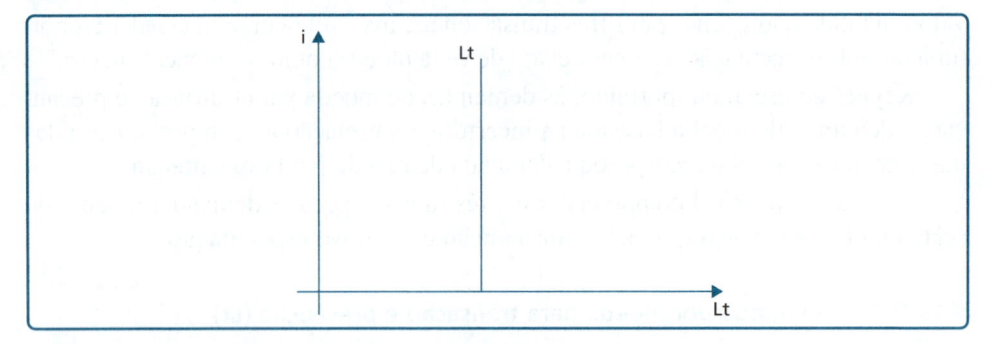

Portanto, a demanda de moeda para transação é **inelástica** à taxa de juros, o que significa que qualquer alteração nas taxas de juros não provocará nenhuma alteração na demanda de moeda para transação.

■ 13.14.2. Demanda de moeda para especulação (motivo portfólio)

Quando se fala em demanda de moeda para especulação, refere-se ao desejo das pessoas em reter moeda consigo no lugar de adquirir títulos que rendam juros. Keynes, ao considerar a demanda de moeda para especulação, contrapôs-se ao modelo

---

vo demanda de moeda para precaução tem se aproximado cada vez mais de zero.

clássico que acreditava que os agentes econômicos demandariam moeda apenas para transação e precaução.

Para tanto, Keynes supôs que os ativos financeiros eram divididos em moeda e títulos[51]. Será necessário supor também que os títulos são homogêneos e que têm a característica de serem títulos perpétuos com promessa de pagamento de rendimentos regulares e de valores fixos, sem a possibilidade de devolução do principal.

Antes, porém, de dar prosseguimento à análise sobre demanda de moeda para especulação, é necessário o conhecimento dos conceitos a seguir.

■ 13.14.2.1. Equação de Fisher

O retorno real de um título é a taxa real de juros (o que se ganha em termos de poder de compra). O retorno real da moeda é negativo da inflação. Assim, ao decidir em que aplicar, o investidor precisará comparar a taxa real de juros (r) e a taxa de inflação ou correção monetária (π), somá-las e, assim, determinar a taxa nominal de juros (i).

Logo, utilizando a fórmula **aproximada** de Fisher[52], tem-se:

$$i = r + \pi$$

Logo, se a taxa real de juros é 5% e a taxa de inflação é 10%, a taxa nominal de juros será 15%.

Utilizando a fórmula **exata** de Fisher, tem-se:

$$(1 + i) = (1 + r) \times (1 + \pi)$$

Usando os mesmos dados do exemplo anterior, pode-se substituir e calcular a taxa de juros nominal:

$(1 + i) = (1 + 0,05) \times (1 + 0,10)$

$(1 + i) = 1,155$

$i = 0,155$

$i = 15,5\%$

Observe que o valor calculado é mais preciso que o anterior.

■ 13.14.2.2. Taxa de juros e valor de um título

Caso uma pessoa adquira um título[53] por um determinado tempo, por exemplo um ano, a taxa de retorno desse título será igual à diferença entre o rendimento e o valor do título em relação ao valor do título. Assim, chamando a taxa de retorno do título de taxa de juros "i", supondo um rendimento de "50" e chamando de "V" o valor do título, tem-se:

---

[51] Os títulos a que Keynes se refere incluem os títulos propriamente ditos e as ações, entre outros ativos.
[52] A Equação de Fisher é, na realidade, expressa por: $i = r + \pi e$, onde πe é a taxa de inflação esperada. Supondo que haja previsão perfeita dos agentes econômicos, pode-se dizer que $\pi e = \pi$.
[53] Os títulos em análise são títulos de renda fixa e de longo prazo. Keynes se baseou nos títulos existentes na Inglaterra da década de 1930, denominados "consols".

$$i = \frac{50 - V}{V}$$

Reescrevendo a fórmula, tem-se:

V + iV = 50

Ou: (1 + i) V = 50

Ou: $V = \frac{50}{(1+i)}$

Assim, percebe-se que, se a taxa de juros subir, o valor do título diminui. Também, se a taxa de juros cair, o valor do título aumenta.

Um título que era comercializado na Inglaterra valia pelo seu rendimento. Shapiro especifica esse título como: "título da dívida pública garantido (*consol*), um tipo de obrigação emitido pelo governo britânico. Essa obrigação somente promete pagar um número específico de dólares, como juros, por ano. Não tem valor de resgate ou data de vencimento; um investidor pode convertê-la em dinheiro somente se vendê-la no mercado para outro investidor (...) são títulos da dívida consolidada"[54].

Logo: **V = R/i**

Onde: V = Valor do título

R = Rendimento do título

i = taxa de juros

Quanto maior a taxa de juros, menor seria o valor desse título.

Quanto menor a taxa de juros, maior seria o valor desse título[55].

Portanto, considerando que não haja risco de crédito, a taxa de juros é a única causa de flutuação dos preços dos títulos.

Quanto maior a taxa nominal de juros, mais ela tende a cair e, portanto, o título tende a se valorizar e, assim, menor será a demanda de moeda para especulação, e vice-versa. Por exemplo:

Se o título promete um rendimento de 50 e a taxa de juros é de 5%, esse título vale:

V = R/i

V = 50/0,05

V = 1.000

Se o título promete um rendimento de 50 e a taxa de juros é de 2,5%, esse título vale:

V = R/i

V = 50/0,025

V = 2.000

Se o título promete um rendimento de 50 e a taxa de juros é de 10%, esse título vale:

V = R/i

V = 50/0,10

V = 500

---

[54] Edward Shapiro, *Análise macroeconômica*, p. 494.
[55] Imagine uma situação em que um imóvel é colocado para alugar (R) e esse valor equivale a uma proporção (i) do Valor do Imóvel (V). Logo: se R↓ icte ⇒ V↓.

Observe que, quando a taxa de juros passa de 5% para 2,5%, o valor do título aumenta. Quando a taxa de juros passa de 5% para 10%, o valor do título cai. Portanto, quando a taxa de juros tende a subir, o título tende a se desvalorizar, e as pessoas preferirão reter moeda, já que o investidor preferirá esperar a taxa de juros subir primeiro para depois adquirir o título. Quando a taxa de juros tende a cair, os títulos tendem a se valorizar, e as pessoas tendem a querer reter títulos. A especulação consiste em prever o comportamento da taxa de juros e daí tomar decisões que aumentem seus ganhos.

Portanto, se a taxa de juros estiver muito baixa, ela só tenderá a subir, e os títulos só tenderão a se desvalorizar. Então, a demanda por moeda será máxima.

Quando a taxa de juros está muito alta, só tende a cair, e o título, a se valorizar. Então, a demanda por títulos é máxima, e a demanda por moeda é mínima.

Quem vai dizer se a taxa de juros está alta ou baixa será o próprio mercado. Shapiro afirma que: "embora haja outras considerações a serem levadas em conta, as pessoas que, a qualquer tempo, mudam de fundos de caixa para títulos ou ações esperam que a taxa de juro baixe e o valor daqueles papéis suba; elas encaram a presente taxa de juro como 'alta', e os preços dos papéis como 'baixos' (...) os possuidores de riquezas, no sentido econômico, desenvolvem um conceito do que é uma taxa de juro normal e consideram a taxa de juro corrente algumas vezes alta e outras baixa, dependendo de seu conceito do que é normal (...). As referências a taxas altas, baixas e normais são o que a opinião média considera que essas taxas representam, a qualquer tempo dado"[56].

Segundo Blanchard, quando se diz "os mercados de títulos fecharam em alta hoje, pretende-se dizer que os preços dos títulos subiram e que, portanto, as taxas de juros caíram"[57].

Tomando os exemplos a seguir, qual seria a **taxa de juros crítica**? Entende-se por taxa de juros crítica aquela em que o investidor estará em idêntica situação se resolver adquirir o título ou se resolver reter moeda consigo.

Se a taxa de juros estiver em 5% e o investidor possuir 1.000, a taxa de juros crítica será:

1ª hipótese: o investidor preferirá reter moeda. Logo, terá consigo 1.000.

2ª hipótese: o investidor preferirá adquirir um título cujo rendimento promete um valor de 50.

Para que ele esteja em situação idêntica à da 1ª hipótese, o valor do título deverá cair para 950, já que terá os 50 do rendimento garantido. Logo, sua riqueza será de 950 (do valor do título) + 50 (do rendimento). Para tanto, a taxa de juros deverá ser de:

$V = R/i$

$950 = 50/i$

$i = 5,26\%$

---

[56] Edward Shapiro, *Análise macroeconômica*, p. 496-497.
[57] Olivier Blanchard, *Macroeconomia*, p. 68.

O que se observa é que, se a taxa de juros se elevar de 5% para 5,26%, o investidor estará em situações idênticas se optar pela 1ª hipótese ou se optar pela 2ª hipótese. Logo, 5,26% é a taxa de juros crítica.

Imagine, na prática, um título público, por exemplo, uma LTN (Letra do Tesouro Nacional), que promete um pagamento de 10.000 no seu vencimento. Elas serão vendidas com um desconto sobre o valor de face. Assim, se o desconto for de 20%, elas serão vendidas por 8.000 e, no final do período, o investidor terá ganho 2.000 (= 10.000 – 8000). Se o desconto for de 50%, as LTNs serão vendidas por 5.000 e, no final do período, o investidor terá ganho 5.000 (= 10.000 – 5.000). Percebe-se uma relação inversa entre o valor de compra do título e a taxa da sua rentabilidade, sendo essa, a taxa de juros do mercado, ou seja, quando V = 8.000, i = 20% e quando V = 5.000, i = 50%.

Voltando, então, à análise da demanda de moeda para especulação, pode-se verificar que, se a taxa de juros subir, o valor do título cai, e se a taxa de juros cair, o valor do título sobe. Assim, se o agente econômico acredita que a taxa de juros vai subir, ele sabe que os títulos perderão valor. Portanto, é melhor reter moeda. Do contrário, se o agente econômico acredita que a taxa de juros vai cair, o valor do título tenderá a aumentar, fazendo com que os agentes prefiram reter títulos. Portanto, quanto maior a taxa de juros, menor a demanda de moeda para especulação, e, quanto menor a taxa de juros, maior a demanda de moeda para especulação.

Representado graficamente a demanda de moeda para especulação (Ls) em função da taxa de juros (i), tem-se o gráfico mostrado na Figura 13.5.

Figura 13.5. Comportamento da demanda de moeda para especulação em relação a taxa de juros

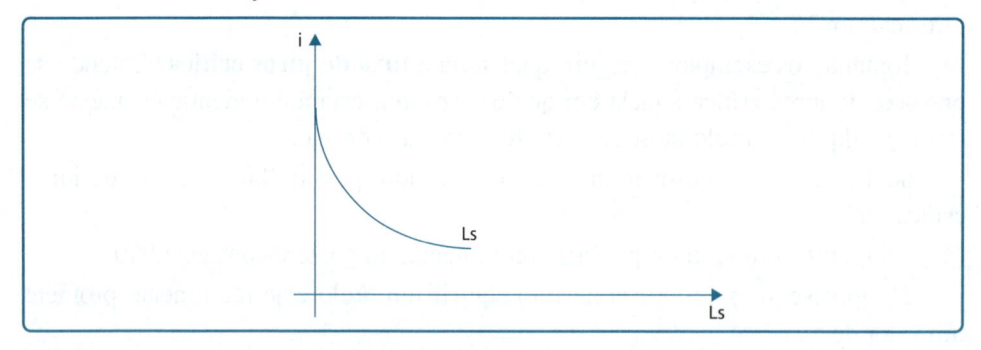

O que se observa é que, quanto maior **a taxa de juros nominais (i)**, menor será a demanda de moeda para especulação e, em decorrência disso, quanto maior a **taxa de juros reais (r)** ou a **taxa de inflação (π)**, menor a demanda de moeda para especulação. Verifica-se, portanto, que a demanda de moeda para especulação se comporta de maneira inversa às expectativas com relação ao comportamento que as taxas de juros poderão ter. Isso se dá porque, se a taxa está alta, a tendência é cair e, consequentemente, o título tende a se valorizar.

Quanto menor a taxa de juros, maior a demanda de moeda para especulação. Isso se dá porque, se a taxa de juros está muito baixa, ela só tende a aumentar e, com isso, o título tende a se desvalorizar.

Assim, confirma Froyen, quando diz que: "um investidor poderia esperar um ganho de capital, se estivesse antecipando uma queda nas taxas de juros, e uma perda de capital, se estivesse antecipando um aumento nas taxas de juros. Esta é a incerteza sobre o curso futuro das taxas de juros, fundamental na análise de Keynes"[58].

■ 13.14.2.3. Especular

Especular no mercado financeiro é, portanto, tomar atitudes que se consideram favoráveis para se ter ganhos monetários. Assim, se o agente econômico acredita que a taxa de juros vai subir, também acredita que o valor do título vai cair, então vai preferir reter moeda. Se o agente econômico acredita que a taxa de juros vai cair, também acredita que o valor dos títulos vai subir, então vai preferir reter títulos. O problema está em se saber o que acontecerá com a taxa de juros. Vai subir? Vai cair? A especulação está, portanto, ligada à incerteza com relação ao comportamento da **taxa de juros**.

Existe uma taxa de juros que o agente econômico considera **normal** e que, portanto, se estiver acima dela, tenderá a cair e, estando abaixo dela, tenderá a subir. Essa taxa dita normal é determinada pela média ponderada das taxas de juros praticadas no passado e que foram registradas pelo agente econômico. Existe também uma taxa de juros que está num patamar considerado muito baixo e que, portanto, não deverá mais cair. Assim, só tenderá a subir e o título a se desvalorizar, o que fará o agente desejar reter moeda consigo. Mais adiante, é possível ver que se trata da área conhecida como **armadilha da liquidez**[59]. Também, há uma taxa de juros muito elevada que não se considera mais possível subir. Portanto, só tende a cair e os títulos a se valorizarem. Nesse caso, o agente econômico deverá reter títulos. Isso ocorre porque existe um montante da demanda de moeda que será destinada a transação e esta é totalmente inelástica à taxa de juros. Assim, mesmo a taxa de juros se elevando, nenhuma demanda a mais de moeda será destinada à especulação.

■ 13.14.2.4. Demanda total por moeda

A demanda total por moeda será a soma da demanda de moeda para transação (Lt) com a demanda de moeda para especulação (Ls)[60].

Como:

Lt = f(Y)

Ls = f(i)

---

[58] Richard T. Froyen, *Macroeconomia*, p. 132.
[59] Nessa área, as autoridades monetárias não obterão êxito se desejarem reduzir a taxa de juros pela expansão da oferta de moeda.
[60] Cabe fazer uma observação: a demanda de moeda individual para precaução, transação e especulação não são independentes, ou seja, a demanda por moeda se constitui em uma unidade, e não em três repartições, como aparenta ser. Dessa unidade, derivam os três motivos. Contudo, na análise que será feita, serão considerados os três motivos independentes, que serão, posteriormente, agregados em uma função única de demanda de moeda.

Então, a demanda total de moeda (L) será uma função direta da renda nominal e uma função inversa da taxa de juros nominal, ou seja:

$$L = f(Y, i)$$

Quando se soma a demanda de moeda para transação[61] e a demanda de moeda para especulação, determina-se a demanda total por moeda. Representando a demanda de moeda como função **inversa** da taxa de juros (i), têm-se as representações gráficas da Figura 13.6.

Figura 13.6. A soma da demanda de moeda para transação (A) com a demanda de moeda para especulação (B) determinando a demanda total por moeda (C)

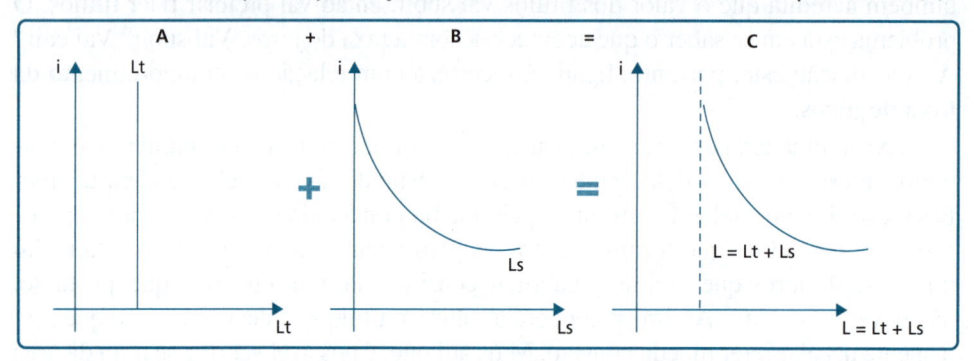

Considerados os preços constantes, a demanda de moeda para transação será uma função direta da renda real, já que esta é igual à renda nominal (ou monetária).

Caso haja um aumento da renda real (Y), a demanda de moeda para transação (Lt) aumenta. Assim, a curva de demanda de moeda para transação em função da taxa de juros se desloca para a direita cada vez que a renda (Y) aumenta. Observe a Figura 13.7.

Figura 13.7. O deslocamento da função demanda de moeda por transação (Lt) mediante uma alteração no nível de renda (Y)

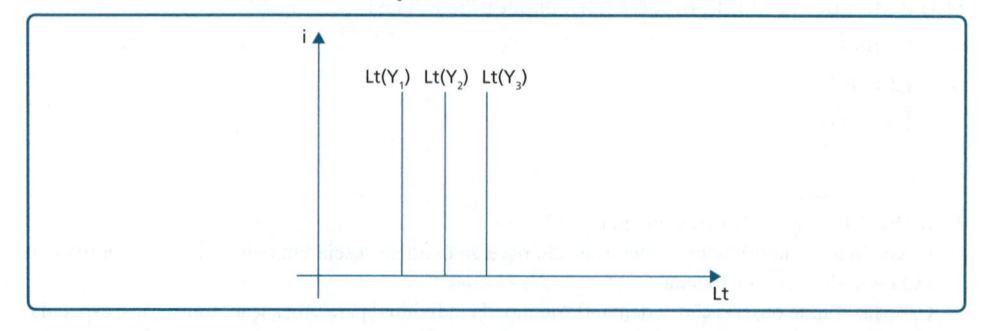

---

[61] Lembre-se que a demanda de moeda para transação está representando também a demanda de moeda para precaução.

Assim, a demanda total por moeda também se deslocaria para a direita todas as vezes que a renda (Y) aumentasse. Observe o gráfico da Figura 13.8.

Figura 13.8. Deslocamento da função demanda total por moeda (L) mediante uma alteração no nível de renda (Y)

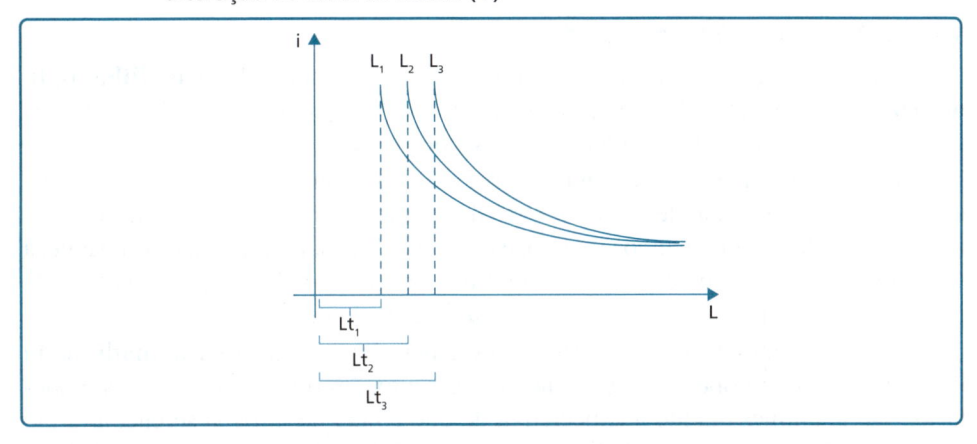

Portanto, a demanda de moeda para especulação será função **inversa** da taxa de juros nominal (i), assim como da taxa de juros reais (r), e da taxa de inflação (π), já que $i = r + \pi$. A equação de Fisher é, na verdade, $i = r + \pi_e$, onde π_e é a taxa de inflação esperada. Considerando $\pi_e = \pi$, tem-se que: $i = r + \pi$.

$$Ls = f(i), Ls = f(r), Ls = f(\pi)$$

Segundo Blanchard: "As pessoas reterão mais moeda quanto maior for o nível das transações e menor a taxa de juros dos títulos"[62]. Pela Teoria da Preferência pela Liquidez, a demanda de moeda deve ser maior, quanto menor a taxa de juros. Não se deve confundir a Teoria da Preferência pela Liquidez com a Teoria da Oferta e Demanda por Moeda, porque esta última afirma que quanto maior a demanda por moeda, maior a taxa de juros.

■ 13.14.2.5. Demanda total por moeda no pensamento pós-Keynesiano

Além da taxa de juros (i) e do nível de renda (Y), o pensamento dos pós--Keynesianos introduziu **a riqueza** (W) do setor privado como um dos determinantes da demanda de moeda (L). Segundo eles, quanto maior a riqueza do setor privado, maior seria a demanda de moeda. Shapiro complementa, dizendo que: "a quantia de dinheiro que o público decide reter consigo variará não apenas diretamente em função da renda e inversamente com a taxa de juro, mas também diretamente com a riqueza do setor privado. Quanto maior esta for maior será a tendência para que o montante de dinheiro que o público decida reter seja vultoso, tudo o mais sendo

---

[62] Olivier Blanchard, *Macroeconomia*, p. 72.

igual. O argumento é de que os possuidores de riquezas distribuirão qualquer aumento em haveres pelas várias formas nas quais a riqueza pode ser mantida, e uma delas é, evidentemente, o dinheiro"[63].

Logo: **L = f (Y, i, W)**

13.14.2.6. Armadilha da liquidez

O trecho em que a taxa de juros é mínima recebe o nome de **armadilha da liquidez**, porque, já que a taxa de juros só tende a subir, quem tem moeda não deseja comprar títulos e quem tem títulos não consegue vendê-los.

Froyen complementa o conceito de armadilha da liquidez, quando diz que: "há uma previsão consensual de que os valores das perdas de capital com os títulos excederão os montantes dos ganhos com juros. A essas taxas, os incrementos à riqueza seriam retidos diretamente sob a forma de moeda, sem ampliar a queda na taxa de juros. Keynes chamou essa situação de armadilha da liquidez"[64].

Na Figura 13.9, é possível identificar o segmento em que ocorre a **armadilha da liquidez**. Segundo Lopes e Rossetti, nesse segmento, "os que possuem ativos monetários são unânimes quanto à expectativa de que a taxa de juros já se encontra tão baixa que não seria possível baixar ainda mais. (...) estabelece-se uma verdadeira armadilha para as autoridades monetárias, no sentido de que estas não lograrão êxito se, nesse instante, desejarem baixar ainda mais a taxa de juros via expansão da oferta monetária"[65].

Figura 13.9. Curva de demanda de moeda e área onde ocorre a armadilha da liquidez

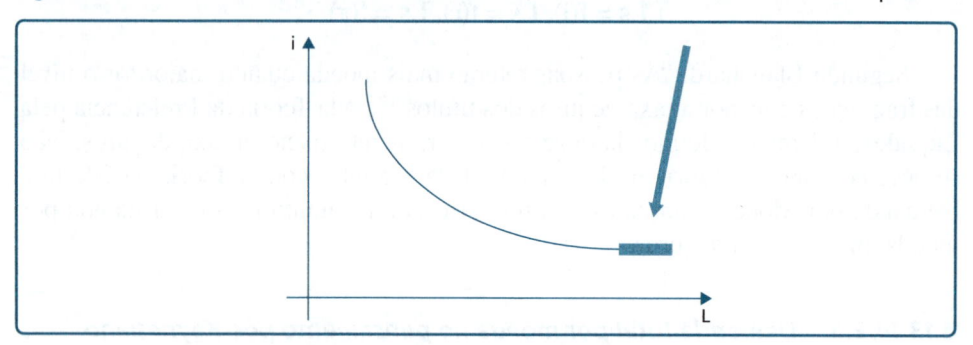

13.15. EQUILÍBRIO NO MERCADO MONETÁRIO

O equilíbrio no mercado monetário ocorre quando a demanda por moeda (L) **é igual** à oferta de moeda (M)[66]. Se a curva de oferta de moeda se deslocar para a

---

[63] Edward Shapiro, *Análise macroeconômica*, p. 519.
[64] Richard T. Froyen, *Macroeconomia*, p. 134.
[65] João do Carmo Lopes e José Paschoal Rossetti, *Economia monetária*, 1995, p. 64.
[66] Para Keynes, a taxa de juros é um fenômeno monetário determinado pela interseção da demanda e oferta de moeda. Para os clássicos, a taxa de juros é um fenômeno real e é determinado pela interseção entre a poupança e o investimento.

direita, haverá um novo ponto de equilíbrio, onde a taxa de juros será menor. Se a curva de oferta de moeda se deslocar para a esquerda, haverá um novo ponto de equilíbrio, onde a taxa de juros será maior. Portanto, a taxa de juros é aquela que iguala a demanda e a oferta de moeda.

É importante lembrar que a oferta de moeda é uma variável **exógena** ao modelo e será determinada pelo Banco Central. Não depende, portanto, da taxa de juros.

Caso a curva de oferta de moeda não se desloque, qualquer ponto na curva de demanda (L) que não seja o de equilíbrio no mercado monetário representará um desequilíbrio. Observe a Figura 13.10. Assim, descendo na curva de demanda de moeda, a partir do ponto de equilíbrio, a oferta de moeda será insuficiente para atender à demanda por moeda **(L > M)**. Nesse ponto, equivale a dizer que o público está querendo aumentar sua riqueza sob a forma de moeda, ou que a oferta de títulos é maior que a demanda. Subindo a curva de demanda por moeda, a partir do ponto de equilíbrio, a oferta de moeda será superior à demanda **(L < M)**. Nesse ponto, equivale a dizer que a oferta de títulos é menor que à demanda. Segundo Froyen: "se a demanda por moeda exceder (for menos que) a oferta de moeda, haverá um transbordamento (*spillover*) de mercadoria para o mercado, pois os indivíduos tentarão reduzir (aumentar) seus dispêndios com mercadorias"[67].

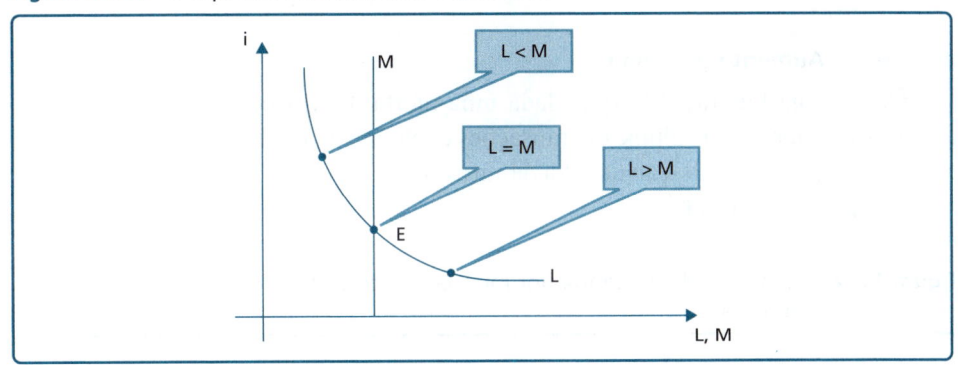

Figura 13.10. O equilíbrio no mercado monetário

Blanchard resume, afirmando que: "um aumento da oferta de moeda pelo Banco Central leva a uma diminuição da taxa de juros. A diminuição da taxa de juros aumenta a demanda por moeda de modo que ela seja igual à oferta de moeda maior"[68].

Assim, dado um nível de renda, se houver um aumento da oferta de moeda, a curva M se desloca para a direita, reduzindo a taxa de juros de i_1 para i_2. Caso haja uma redução da oferta de moeda, a curva M se desloca para a esquerda, elevando a taxa de juros de i_1 para i_3. Observe o gráfico da Figura 13.11 a seguir:

---

[67] Richard T. Froyen, *Macroeconomia*, p. 72.
[68] Olivier Blanchard, *Macroeconomia*, p. 66.

Figura 13.11. Quando há aumento da oferta de moeda, a curva M se desloca para a direita, reduzindo a taxa de juros de equilíbrio. Quando há redução da oferta de moeda, a curva M se desloca para a esquerda, elevando a taxa de juros de equilíbrio

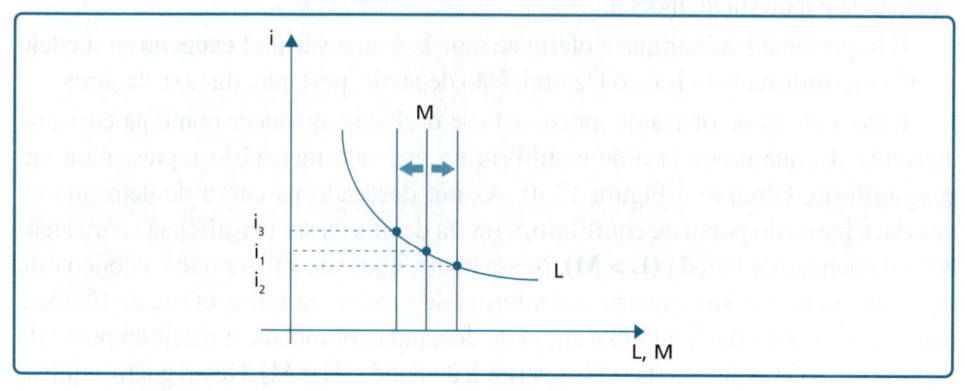

13.16. FUNÇÕES DA DEMANDA POR MOEDA

A demanda por moeda (L) será função **direta da renda nominal (Y) e função inversa da taxa de juros nominal (i)**.

$$L = f(Y, i)$$

13.16.1. Aumento da renda

Observe na Figura 13.12 que, dada uma oferta de Moeda, M, quanto maior a renda (Y), maior será o volume de transações e maior a quantidade de moeda demandada, o que provoca elevação da taxa de juros (i).

Se: **Y ↑ L ↑ então i ↑**

Figura 13.12. Aumento da demanda por moeda e as consequências no mercado monetário

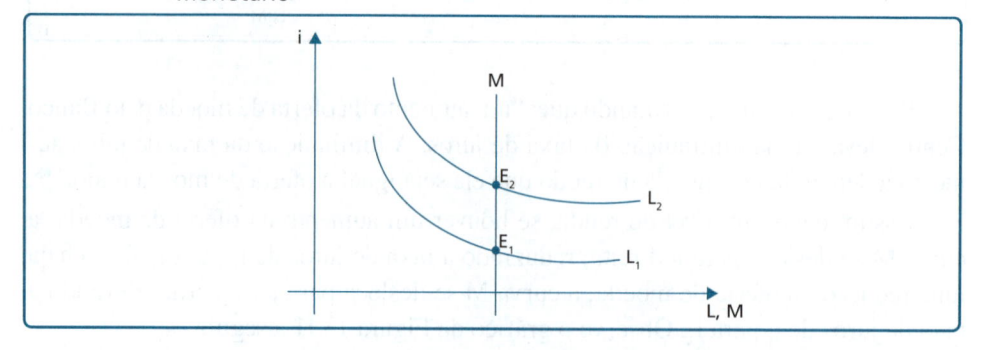

Blanchard resume, dizendo que: "um aumento da renda nominal leva a um aumento da taxa de juros. O motivo é que, à taxa de juros inicial, a demanda por moeda excede a oferta. Um aumento da taxa de juros é necessário para diminuir o montante

de moeda que as pessoas desejam ter e para restabelecer o equilíbrio"[69]. Continuando com Blanchard: "Quando a renda aumenta, a demanda por moeda aumenta. Mas a oferta de moeda é dada. Portanto, a taxa de juros deve subir até que os dois efeitos opostos sobre a demanda por moeda — o aumento da renda que leva as pessoas a desejar reter mais moeda e o aumento da taxa de juros que leva as pessoas a desejar reter menos moeda — se cancelem mutuamente"[70].

13.16.2. Aumento da taxa de juros

Também a taxa de juros corresponde ao custo de oportunidade de reter moeda. Assim, a quantidade demandada de moeda diminui quando a taxa de juros aumenta, e a quantidade demandada de moeda aumenta quando a taxa de juros se reduz.

Figura 13.13. Quando há redução da taxa de juros, de i_1 para i_2, a quantidade demandada de moeda aumenta, de L_1 para L_2. Quando há elevação da taxa de juros, de i_1 para i_3, a quantidade demandada de moeda reduz de L_1 para L_3

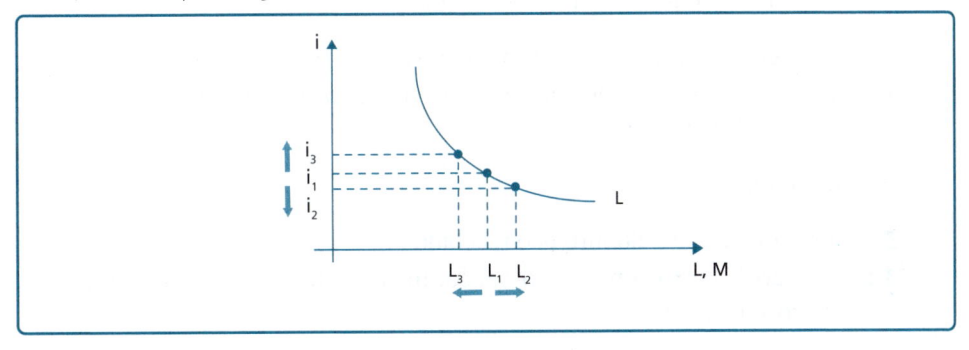

13.17. MODELO TOBIN-BAUMOL DE DEMANDA DE MOEDA

O modelo Tobin-Baumol foi um modelo matemático, idealizado por James Tobin e reformulado por Willian Baumol, que explica a demanda de moeda para transação considerando a demanda de moeda para especulação. A teoria baseia-se no *trade-off* (troca) entre reter moeda e o custo de oportunidade de se deixar de ganhar juros pelo fato de não ter adquirido títulos. Diferentemente da abordagem mostrada por Keynes, para quem a demanda de moeda para transação é função direta da renda apenas, o **modelo Tobin-Baumol** mostra que a demanda de moeda para **transação** é função da **renda** e também da **taxa de juros**. Assim, para Tobin-Baumol, quanto maior a taxa de juros, mais os agentes econômicos diminuirão seus saldos monetários que seriam destinados para transação e mais aumentarão suas aquisições em títulos. Assim, percebe-se que a demanda de moeda será, a partir de determinado ponto, sensível à taxa de juros.

---

[69] Olivier Blanchard, *Macroeconomia*, p. 66.
[70] Olivier Blanchard, *Macroeconomia*, p. 87.

Para Tobin-Baumol, a preferência pela liquidez em reter moeda justifica-se pela possibilidade de realizar transações de maneira mais rápida. Na medida em que o agente econômico opta em reter moeda em forma de títulos, terá custos todas as vezes que precisar sacar moeda, sejam custos relativos ao deslocamento necessário para ir ao banco[71], sejam os custos relativos ao tempo gasto para realizar essas operações, ou sejam os custos de corretagem em que incorrerá quando vender o Ativo remunerado para convertê-lo em moeda e realizar transações.

Portanto, a demanda de moeda será tanto maior:

- quanto maior for o custo de ida ao banco;
- quanto menores forem os juros pagos, caso a moeda seja convertida em títulos;
- quanto maior for o número de pagamentos ou transações que o agente econômico tiver que fazer;
- quanto maior for o custo de corretagem.

Segundo o modelo Tobin-Baumol, o agente vai analisar os custos e benefícios entre reter moeda ou aplicar no mercado financeiro. Os custos seriam:

a) os juros que se deixa de ganhar pelo fato de não ter aplicado o dinheiro;

b) custos de transação, como a ida ao banco para fazer a aplicação, o tempo gasto ou o custo de corretagem.

Quando se retém moeda:

- maior será o custo pelo juro não recebido (a); e
- menor será o custo com ida ao banco, menor será o tempo gasto e maior o custo de corretagem (b).

Compete, portanto comparar (a) e (b). Se:

(a) > (b) → a demanda por moeda diminui;

(a) < (b) → a demanda por moeda aumenta.

Segundo Carvalho: "(...) a existência de um custo de corretagem fornece a justificativa para o indivíduo reter uma certa soma de dinheiro na forma de saldos para transações. Deste modo, a maior ou menor retenção de moeda para transações dependerá de uma comparação entre as receitas derivadas das aplicações da riqueza líquida em títulos com os custos que resultam destas aplicações, ou seja, o ponto que irá maximizar a carteira líquida em títulos com os custos que resultam destas aplicações, ou seja, o ponto que irá maximizar a carteira dos agentes será aquele em que a receita marginal das aplicações em títulos se igualar ao custo marginal. Em outras palavras, haverá um certo nível de retenção de títulos em que se maximiza a diferença entre os ganhos de juros e os custos da carteira"[72].

---

[71] O custo de ida ao banco ficou também conhecido como custo "sola de sapato", assunto a ser abordado no capítulo 17.

[72] Fernando J. Cardim de Carvalho... (et al.), *Economia monetária e financeira*, p. 69.

13 ■ Oferta e Demanda de Moeda. Contas do Sistema Financeiro. Equilíbrio... 657

Para tanto, realiza-se um cálculo matemático levando-se em conta todos os custos levantados e, assim, obtém-se a quantidade ótima de vezes que o agente deveria ir ao banco e qual o saldo médio ótimo de moeda necessário para que o agente realize suas transações. Assim, quanto maior a demanda ótima de moeda, menor a quantidade de vezes necessárias de idas ao banco.

■ 13.18. QUESTÕES

1. (Economista — Eletronorte — NCE — 2006) Sobre a demanda e a oferta de moeda, não é correto afirmar que:
 a) Segundo o modelo de Tobin-Baumol, a demanda por moeda aumenta quando há aumento do nível de gasto;
 b) Segundo o modelo de Tobin-Baumol, a demanda por moeda se reduz quando há aumento da taxa de juros;
 c) Segundo o modelo de Tobin-Baumol, a demanda por moeda se reduz quando há aumento do custo de ida ao banco;
 d) Se a base monetária for triplicada e as razões reservas/depósito e papel-moeda em poder do público/depósitos forem mantidas constantes, a oferta de moeda também irá triplicar;
 e) Sendo a razão reservas/depósitos igual a 0,1 e a razão papel-moeda em poder do público/depósitos, 0,2, o multiplicador da base monetária será igual a 4.

2. (Lista de exercícios moedas e bancos — FEA da UFJF) Avaliando as seguintes proposições sobre economia monetária, pode-se afirmar que é verdadeiro apenas:
 a) Um aumento da taxa de redesconto, tudo o mais constante, leva a uma contração de M_1.
 b) Caso a base monetária não se altere, uma elevação do multiplicador bancário leva à redução de M_1.
 c) Dado que a autoridade monetária pode controlar o compulsório dos bancos, ela também pode determinar o tamanho do multiplicador bancário.
 d) Se o Banco Central quiser aumentar a quantidade de moeda na economia, ele pode realizar operações de mercado aberto que envolvam venda de títulos públicos, ou reduzir as alíquotas do compulsório.
 e) A base monetária é por definição igual à reserva bancária mais os depósitos à vista nos bancos.

3. (Economista Júnior — Petrobras — 2008) As variações na demanda especulativa por moeda decorrem do(a):
 a) Uso da moeda como meio de pagamento.
 b) Multiplicador da base monetária ser negativo.
 c) Incerteza sobre o comportamento futuro da taxa de juros.
 d) Elasticidade-renda da demanda por moeda ser elevada.
 e) Atuação estabilizadora do Banco Central.

4. (MPE/AM — FGV — 2002) Uma economia hipotética, num determinado período, registrou aumento de 8% na renda e de 37,7% no volume de meios de pagamento, mantendo constante a velocidade de circulação da moeda. De acordo com a Teoria Quantitativa da Moeda, a variação verificada no nível de preços, no mesmo período, é de:
 a) 27,50%
 b) 30,16%
 c) 41,27%

d) 127,50%
e) 147,21%

5. (ICMS/PA — FGV — 2008) O Banco Central (Bacen) possui três instrumentos de controle da política monetária:
— Operações de Mercado Aberto (OMA),
— As reservas compulsórias e a taxa de redesconto.
Analise as opções de que o Bacen pode se utilizar para elevar a taxa de juros:
I. comprar títulos públicos no mercado por meio de uma OMA;
II. vender títulos públicos no mercado por meio de uma OMA;
III. elevar a taxa de redesconto;
IV. baixar o percentual de reservas compulsórias.
A esse respeito, é correto afirmar que eleva(m) a taxa de juros:
a) Somente as opções II e III.
b) Somente a opção II.
c) Somente as opções I e III.
d) Somente a opção I.
e) Somente as opções II e IV.

6. (Câmara Municipal de São Paulo — VUNESP — 2007) De acordo com a Teoria Quantitativa da Moeda, se o crescimento econômico corresponde a 5% e a oferta de moeda aumenta 7%, os preços crescem, aproximadamente,
a) 7%
b) 5%
c) 2%
d) 1%
e) 0,5%

7. (ANPEC — CEBRASPE — 2000) Sobre a criação de meios de pagamento e o multiplicador da base monetária, indique se as afirmações são falsas ou verdadeiras:
a) Uma expansão monetária pode ser causada pelo aumento da proporção dos meios de pagamento sob a forma de depósitos à vista nos bancos comerciais.
b) Toda variação na quantidade de meios de pagamentos tem como contrapartida uma variação igual e em sentido inverso do passivo não monetário do setor bancário.
c) O aumento dos meios de pagamento pode ser causado pela expansão de operações de redesconto.
d) O multiplicador será tanto maior quanto menor for o encaixe compulsório sobre depósitos à vista dos bancos comerciais.
e) O multiplicador será tanto maior quanto maior for a velocidade de circulação da moeda.

8. (Agente Fiscal do Tesouro do Estado — FAURGS — 2006) Sobre o estudo da moeda e dos instrumentos de política monetária, assinale a alternativa correta:
a) O conceito de Base Monetária inclui os títulos públicos em poder do público e as reservas mantidas pelos bancos comerciais no Banco Central.
b) O multiplicador do sistema bancário pode ser definido como o inverso da taxa de redesconto.
c) A curva de preferência pela liquidez é negativamente inclinada, pois mostra que a demanda de moeda para transações é uma função inversa da taxa de juros.
d) A compra de títulos e a diminuição da taxa de redesconto pelo Bacen são medidas que colaboram para cair a taxa de juros.

e) A troca de dólares dos exportadores por moeda nacional, pelo Bacen, é exemplo de destruição dos meios de pagamento.

9. (Economista — UFRJ — Petrobras — CESGRANRIO — 2005) A demanda especulativa de moeda se relaciona negativamente com a taxa de juros porque:
a) Quanto mais alta a taxa de juros, maior é a perda de capital potencial esperada dos títulos.
b) Quanto mais elevada a taxa de juros, maior é o custo de oportunidade do investimento em moeda.
c) Quanto mais elevada a taxa de juros, maior é o custo de oportunidade do investimento em títulos.
d) Quanto mais baixa a taxa de juros, maior é a perda de capital potencial da moeda.
e) Quanto mais baixa a taxa de juros, maior é o incentivo para se investir em títulos.

10. (ANPEC — CEBRASPE — 2007) Julgue as afirmativas:
a) Operações de mercado aberto em que o Banco Central aumenta os meios de pagamentos pela compra de títulos implicam aumento de preço e redução da taxa de juros desses títulos.
b) Em uma economia sem moeda manual, o multiplicador monetário corresponde ao inverso do coeficiente de encaixes totais dos bancos comerciais.
c) Uma operação de mercado aberto expansionista implica uma contração da base monetária e um aumento do multiplicador monetário.
d) A "monetização", pelos bancos, de haveres não monetários do público leva à destruição de meios de pagamentos.
e) De acordo com a teoria Quantitativa da Moeda, o controle da oferta monetária implica, em última instância, o controle da inflação.
f) Quanto menor for a taxa de redesconto, mais barato será o empréstimo de reservas e maior tenderá a ser o montante levantado pelos bancos junto ao Banco Central.
g) Os três instrumentos de política monetária são: taxa de juros, agregados monetários e taxa de câmbio.
h) A armadilha da liquidez Keynesiana é uma situação em que as pessoas procuram transformar seus ativos monetários em ativos financeiros, contribuindo para a insuficiência da demanda efetiva.

11. (Analista — Bacen — CESGRANRIO — 2010) No modelo macroeconômico clássico, as variações na oferta monetária, decorrentes da atuação do Banco Central, têm consequências, a curto prazo, apenas sobre o (a):
a) nível geral de preços.
b) Produto Real da economia.
c) utilização da capacidade ociosa.
d) taxa de desemprego.
e) taxa de câmbio.

12. (Analista — Bacen — CESGRANRIO — 2010) O subsistema normativo do Sistema Financeiro Nacional inclui os seguintes órgãos ou entidades:
a) Conselho Monetário Nacional e Banco Central do Brasil.
b) Comissão de Valores Mobiliários e Caixa Econômica Federal.
c) Banco Central do Brasil e Banco do Brasil.
d) Banco Central do Brasil e Banco Nacional de Desenvolvimento Econômico e Social.
e) Banco do Brasil e Superintendência de Seguros Privados.

13. (Diplomacia — CEBRASPE — adaptada — 2010) A economia monetária analisa a oferta e a demanda de moeda, fundamentais para o estudo de importantes variáveis macroeconômicas, tais como taxa de juro e inflação. Com base nessa teoria, assinale a opção correta.
  a) No Brasil, os depósitos especiais remunerados, os depósitos de poupança e as quotas de fundos de renda fixa integram o agregado monetário M_2.
  b) Caso as razões reservas/depósito e papel-moeda/depósitos sejam, respectivamente, iguais a 0,2 e 0,1, o multiplicador monetário será igual a 2.
  c) Embora o uso crescente de cartões de crédito e de cartões de débito automático reduza a demanda de precaução por moeda, diminuindo a razão de deter moeda por motivos precatórios, a disseminação do uso desses tipos de cartão não altera a demanda de transações de moeda.
  d) A redução, em 2008, pelo Banco Central americano (Federal Reserve — FED), da taxa de redesconto, de 3,50 para 3,25, indica que se visava reduzir o custo de crédito e, assim, estimular a economia.
  e) A hipótese clássica da neutralidade da moeda no longo prazo baseia-se na existência de velocidade crescente de circulação da moeda em relação direta com o aumento do nível da renda.

14. (Diplomacia — CEBRASPE — adaptada — 2010) Com relação às contas nacionais, JULGUE os itens abaixo.
  a) No caso de um *superávit* na conta de transações correntes de um país, o balanço de pagamentos registrará o aumento líquido dos direitos do exterior, ou seja, trata-se de situação em que os residentes no exterior financiam o endividamento desse país.
  b) O produto nacional bruto (PNB) nominal mede o valor da produção aos preços vigentes no período em que o produto é produzido; a renda nacional, por sua vez, mede as receitas provenientes da venda da produção; logo, desconsiderando-se a depreciação e os impostos, o PNB e a renda nacional são, por definição, iguais.
  c) Um aumento no preço dos produtos importados necessariamente causa aumento no deflator do produto interno bruto (PIB).
  d) Caso esteja vendendo divisas estrangeiras e reduzindo sua oferta de moeda nacional, o BACEN poderá contrabalançar essa redução por meio de operações de venda de títulos no mercado, visto que os recursos auferidos por tais operações aumentarão a oferta de moeda na economia.

15. (ANPEC — CEBRASPE — 2010) Julgue as seguintes afirmativas:
  a) A elevação da taxa de recolhimento compulsório sobre os depósitos à vista, acompanhada de um aumento da base monetária em montante idêntico à elevação das reservas bancárias, não altera os meios de pagamento, *ceteris paribus*;
  b) Se os bancos comerciais têm acesso irrestrito à janela de redesconto do Banco Central, a taxa de redesconto estabelece um limite máximo à taxa de juros do mercado de reservas bancárias;
  c) A compra de títulos no mercado aberto pelo Banco Central terá maior impacto sobre os meios de pagamento quanto maior for a fração de moeda retida pelo público na forma manual, *ceteris paribus*;
  d) Há destruição de meios de pagamento quando um indivíduo realiza um depósito à vista em um banco comercial;
  e) Uma operação de mercado aberto, na qual o Banco Central compra títulos da dívida e emite moeda, aumenta os ativos e os passivos do balancete do Banco Central no mesmo montante.

16. (Auditor-Fiscal — Governo da Bahia — FCC — julho/2004) Dados de uma economia hipotética, num determinado ano-calendário:
— Produto Interno Bruto = 50.000
— Meios de pagamento = 10.000
— Base monetária = 4.000
— Reservas bancárias = 2.500
A velocidade-renda da moeda, nessa economia, no referido ano-calendário foi igual a:
a) 12,5
b) 6
c) 5
d) 4
e) 2,5

17. (Economista — Companhia Docas do Estado de São Paulo — FGV — 2010) Considere a TQM (Teoria Quantitativa da Moeda) e uma economia com crescimento do produto real de 5% a.a. e com velocidade de circulação da moeda constante. Se o governo elevar a oferta de moeda em 10%, ficando tudo o mais constante,
a) o PIB real eleva-se 15%.
b) a renda real será reduzida em 10%.
c) os preços subirão 10%.
d) o PIB nominal aumentará 15%.
e) o PIB nominal aumentará 10%.

18. (Metrô — FCC — 2010) A demanda de moeda é função decrescente
a) do nível de renda real.
b) do nível de renda nominal.
c) dos encaixes bancários.
d) da oferta monetária.
e) da taxa de juros nominal.

19. (Metrô — FCC — 2010) As funções de manter as reservas internacionais em nível adequado e a de assegurar a observância de práticas comerciais equitativas no mercado de valores mobiliários são de competência, respectivamente,
a) do Conselho Monetário Nacional e das Bolsas de Valores.
b) da Comissão de Valores Mobiliários e do Tesouro Nacional.
c) do Tesouro Nacional e das Bolsas de Valores.
d) das Bolsas de Valores e do Conselho Monetário Nacional.
e) do Banco Central e da Comissão de Valores Mobiliários.

20. (Analista Judiciário — Economia — TRT 4ª — FCC — 2006) A demanda de moeda é função decrescente da
a) propensão marginal a poupar.
b) renda nacional.
c) propensão marginal a consumir.
d) quantidade de encaixe compulsório dos bancos comerciais.
e) velocidade-renda da moeda.

21. (Analista em Economia — Perito — MPU — CEBRASPE — 2010) Julgue os itens subsequentes acerca dos agregados monetários, das contas do sistema monetário, da política monetária e da relação entre taxas de juros, inflação e resultado fiscal.

a) A neutralidade da moeda em termos reais não se aplica no longo prazo.
b) Efeito Fischer é o ajuste da taxa de juros real à taxa de inflação.
c) Uma economia inflacionária faz com que a moeda perca sua característica de meio de troca.
d) Uma economia com 100 unidades monetárias em depósitos à vista e com uma taxa de compulsório de 10% sobre tais depósitos faz com que os bancos dessa economia multipliquem a moeda e ofertem 1.000 unidades monetárias.

22. (Economista — Petrobras — CESGRANRIO — 2005) Considere uma economia na qual a demanda e a oferta agregadas são dadas pelas seguintes equações:
Yd = MV/P (demanda)
Ys = P/W (oferta)
onde M é o estoque nominal de moeda, V, a velocidade de circulação da moeda, P, o nível de preços e W o salário nominal. Suponha que a velocidade de circulação da moeda seja igual a 1. Se o estoque de moeda for igual a 100 e um mecanismo de indexação mantiver o salário real constante e igual a 10, o produto de equilíbrio será igual a:
  a) 0,01
  b) 0,1
  c) 1
  d) 100
  e) 1.000

23. (Economista — Terracap — FUNIVERSA — 2010) Acerca dos agregados monetários e contas do sistema monetário, é correto afirmar que
  a) caso a autoridade monetária reduza o compulsório, a base monetária não se altera.
  b) se o objetivo da política da autoridade monetária é aumentar os meios de pagamento (M1), então poderá reduzir a taxa do redesconto, tudo o mais constante.
  c) caso a autoridade monetária desejasse aumentar a oferta de moeda na economia, então deveria vender títulos públicos.
  d) os meios de pagamento M_1 é a soma do papel-moeda em poder do público com as reservas compulsórias dos bancos comerciais.
  e) quando um banco comercial paga uma nota promissória a outro banco comercial, há destruição de moeda.

24. (Analista Judiciário — Economia — STM — CEBRASPE — 2011) Sabendo que a moeda consiste em algo aceito pela coletividade para desempenhar funções de meio de troca, unidade de conta e reserva de valor, julgue os itens que se seguem.
  a) Considere que, em uma economia, o público mantenha dois terços dos seus meios de pagamento como depósitos à vista nos bancos comerciais e os bancos mantenham a relação entre encaixe total e depósitos igual a um terço. Nessa situação, uma unidade monetária a mais de operações ativas das autoridades monetárias dará origem a 1,8 a mais de meios de pagamento.
  b) Para controlar a inflação, o Banco Central do Brasil adotou, recentemente, uma política monetária contracionista, por meio da redução da taxa dos encaixes em depósitos compulsórios.

25. (ANPEC — 2011) Julgue a seguinte afirmativa:
Com base na teoria quantitativa da moeda e na equação de Fisher, podemos concluir que um aumento de 1 ponto percentual na taxa de expansão monetária deve levar a um aumento de aproximadamente 1 ponto percentual na taxa de juros nominal.

26. (FGV — ICMS/RJ — 2011) De acordo com a teoria quantitativa da moeda, uma elevação da quantidade de moeda somente
a) reduz o desemprego.
b) eleva o produto nominal.
c) incentiva o investimento.
d) reduz os gastos do governo.
e) eleva o produto real.

27. (AFRF — ESAF — 2005) Não faz(em) parte do passivo do balancete do Banco Central:
a) recursos externos.
b) depósitos do tesouro nacional.
c) redescontos.
d) papel-moeda emitido.
e) encaixes dos bancos comerciais.

28. (IBGE — CESGRANRIO — 2008) O Banco Central do Brasil
a) é um órgão normativo no Sistema Financeiro Nacional.
b) é um intermediário financeiro no Sistema Financeiro Nacional.
c) empresta recursos aos agricultores para o custeio da safra.
d) empresta recursos para a realização de investimentos em infraestrutura.
e) rege a política fiscal do governo.

29. (IBGE — NCE — 2002) Os três instrumentos clássicos de política monetária são:
a) confisco bancário, taxa de redesconto e operações de *open market*;
b) fixação da taxa de reservas compulsórias, fixação da taxa de câmbio e operações de *open market*;
c) fixação da taxa de reservas compulsórias, taxa de redesconto e operações de *open market*;
d) fixação da taxa de câmbio, taxa de redesconto e operações de *open market*;
e) controle de capitais, taxa de redesconto e taxa de juros.

30. (BNDES — CESGRANRIO — 2009) Uma classificação importante das instituições financeiras se baseia no seu grau de especialização nos segmentos do mercado financeiro. Assim, um banco comercial típico
a) recebe depósitos do público e faz principalmente empréstimos de curto e de médio prazos.
b) coloca títulos de empresas privadas junto ao público investidor.
c) é considerado uma instituição monetária, por ser regulado pelo Banco Central.
d) opera em todos os segmentos do mercado financeiro.
e) não atua no mercado interbancário de empréstimo a prazo muito curto.

31. (Economista — NCE — UFRJ — adaptada — 2005) Assinale a alternativa que não está correta.
a) Em períodos de alta inflação, o aumento da taxa de juros nominal e a redução dos custos de transação entre moeda e outras aplicações financeiras aumentam a demanda por moeda.
b) Uma determinação do Banco Central que eleve a taxa de recolhimento compulsório dos bancos comerciais irá reduzir o multiplicador monetário e, consequentemente, a oferta monetária.
c) Uma determinação do Banco Central que reduza a taxa de redesconto, eleva a base monetária e também a oferta de moeda.
d) Uma redução na base monetária pode ser compensada por um aumento no multiplicador monetário de forma que a oferta de moeda seja mantida constante.

e) Uma determinação do Banco Central que reduza a taxa de recolhimento compulsório dos bancos comerciais manterá constante a base monetária, deixando alterada a sua composição.

32. (Agente de Polícia Federal — UNS — CEBRASPE — 2004) A macroeconomia analisa o comportamento dos grandes agregados econômicos. Considerando essa teoria, julgue a frase que se segue.
Para determinado estoque de base monetária, se um aumento da taxa de redesconto elevar a proporção de reservas, então ocorrerá uma expansão da oferta de moeda.

33. (ANPEC — CEBRASPE — adaptada — 1993) Julgue as afirmativas (V) para *verdadeiro* e (F) para *falso*:
   a) Uma elevação da relação encaixe/depósitos dos bancos comerciais provoca uma contração dos meios de pagamento, sem qualquer efeito sobre a base monetária.
   b) Sendo o M_1 um múltiplo da base monetária, para uma dada expansão percentual desta, seguir-se-á um crescimento proporcionalmente maior daquele agregado monetário.
   c) O impacto monetário da redução das reservas resultantes de uma venda de divisas realizadas pelo Banco Central para sustentar a taxa de câmbio é idêntico ao do pagamento de uma dívida externa do Banco Central.
   d) A demanda real de moeda é função inversa da taxa de juros e da taxa de inflação.
   e) Sobre o multiplicador monetário, seu valor aumenta quando aumenta a razão papel-moeda em poder do público dividido pelo volume de depósitos à vista do público nos bancos comerciais.
   f) Exceto em casos-limite, o valor do multiplicador monetário é sempre maior que um.
   g) Quanto maior for a razão encaixe total dos bancos comerciais dividido pelo volume dos depósitos à vista do público nesses bancos, maior será o valor do multiplicador monetário.
   h) Com relação à teoria Quantitativa da moeda, ela estabelece uma relação de proporcionalidade entre os aumentos da quantidade de moeda e os aumentos da renda nominal.
   i) Uma alteração da taxa de redesconto, embora não afete, em qualquer situação, a base monetária, causa impacto sobre os meios de pagamentos por modificar o multiplicador monetário.
   j) Quando um banco compra títulos da dívida pública possuídos pelo público, não há criação nem destruição de meios de pagamento.

34. (Economista — Companhia de Gás/RN — FGV — 2006) Assinale a alternativa que especifica medida que o Banco Central pode implementar para diminuir a liquidez do sistema:
   a) aumento da taxa de redesconto.
   b) aumento do montante de redesconto.
   c) redução da taxa de recolhimento compulsório.
   d) aumento do prazo de pagamento do redesconto.
   e) redução da taxa de redesconto.

35. (Consultor do Executivo — SEFAZ/ES — CEBRASPE — adaptada — 2010) Relativo à moeda e à política monetária, julgue os itens abaixo:
   a) Segundo a teoria quantitativa da moeda, a velocidade de sua circulação e o nível de produto são constantes tanto no curto prazo quanto no longo prazo. Como consequência, qualquer variação na quantidade de moeda resulta variação direta e de mesma intensidade no nível de preços.
   b) Os instrumentos mais utilizados pelo Banco Central do Brasil (BACEN) para atuar na execução da política monetária são alterações nos níveis de reserva legal dos bancos, operações de mercado aberto e alterações nas taxas de redesconto.

36. (STM — CEBRASPE — 2011) Sabendo que a moeda consiste em algo aceito pela coletividade para desempenhar funções de meio de troca, unidade de conta e reserva de valor, julgue o item que se segue.
No Brasil, a criação de meios de pagamento pode ser realizada exclusivamente pelo Banco Central do Brasil e pelos bancos comerciais, tais como o Banco do Brasil S.A., a Caixa Econômica Federal, as associações de poupança e empréstimo, as financeiras e as sociedades de crédito imobiliário.

37. (TJ/ES — CEBRASPE — adaptada — 2011) A respeito de moeda e inflação, julgue o próximo item.
De acordo com a teoria quantitativa da moeda, a quantidade de moeda disponível determina o nível de preços e a taxa de crescimento da quantidade de moeda disponível determina a taxa de inflação.

38. (BNDES — CESGRANRIO — 2011) No Brasil, as instituições financeiras podem ou não ter a capacidade de criar moeda escritural. Se tiverem essa capacidade, são consideradas instituições financeiras monetárias, entre as quais figura(m)
   a) Empresas seguradoras.
   b) Empresas de Registro, Liquidação e Custódia de Títulos.
   c) Banco do Brasil.
   d) Banco Nacional de Desenvolvimento Econômico e Social.
   e) Bancos Regionais de Desenvolvimento.

39. (ISS/SP — FCC — 2012) Sobre o equilíbrio no mercado monetário, é correto afirmar:
   a) Quanto menor a taxa de juros, maior a demanda por moeda, visto que a taxa de juros representa um custo de oportunidade de manter o dinheiro fora do mercado financeiro.
   b) A demanda por moeda é função crescente da proporção do papel-moeda mantido em poder do público.
   c) Oferta e demanda de moeda somente se igualam quando o multiplicador da base monetária corresponde ao inverso da taxa de reservas compulsórias dos bancos comerciais.
   d) A oferta monetária tem relação negativa com a taxa de juros, visto que, quanto menor a taxa de juros, mais títulos públicos são ofertados pelo Tesouro Nacional e mais meios de pagamentos se encontram à disposição do público.
   e) O mercado monetário se encontra em equilíbrio sempre que a totalidade da base monetária se encontra em poder do público e destinada a suprir suas necessidades de transação.

40. (Liquigás — CESGRANRIO — 2012) A expectativa generalizada, por parte de investidores financeiros, de elevação da taxa de juros da economia, tende a aumentar a retenção de moeda por parte desses investidores.
Nesse caso, a retenção de moeda é chamada demanda
   a) aditiva.
   b) especulativa.
   c) empresarial.
   d) precaucional.
   e) transacional.

41. (Petrobras — CESGRANRIO — 2012) No Brasil, o regime de política monetária atual segue a sistemática de metas de inflação. A meta e seu intervalo de tolerância são
   a) referenciados ao Índice Geral de Preços da Fundação Getulio Vargas.
   b) fixados mensalmente pelo Banco Central do Brasil.

c) fixados pelo Conselho Monetário Nacional.
d) alterados se a economia estiver em recessão.
e) prorrogados se não forem cumpridos.

42. (Casa da Moeda do Brasil — CESGRANRIO — 2012) Desde 1999, a política monetária brasileira é baseada no chamado regime de metas de inflação. A definição das metas anuais de inflação e de seus respectivos intervalos de tolerância é da alçada do
   a) Ministro da Fazenda.
   b) Presidente da República.
   c) Conselho Monetário Nacional.
   d) Presidente do Banco Central do Brasil.
   e) Conselho de Política Monetária do Banco Central do Brasil.

43. (SEGER/ES — CEBRASPE — 2013) Assinale a opção em que é apresentado o índice oficial de preços adotado pelo BACEN para fins de cumprimento da meta inflacionária.
   a) índice nacional de preços ao consumidor amplo (IPCA);
   b) índice nacional de preços ao consumidor (INPC);
   c) índice nacional de custo da construção (INCC);
   d) índice geral de preços do mercado (IGP-M);
   e) índice de preços ao consumidor semanal (IPCS).

44. (TJ/RO — CEBRASPE — 2012) Em relação à macroeconomia, assinale a opção correta.
   a) Se o banco central local fixa a taxa básica de juros da economia, então a elevação das reservas internacionais gera uma expansão definitiva da base monetária.
   b) A chamada dicotomia clássica estabelece que variáveis reais são determinadas por variáveis reais, e variáveis nominais são determinadas por variáveis nominais.
   c) A Teoria Quantitativa da Moeda estabelece que aumento da quantidade de moeda em circulação gera aumento do produto de equilíbrio da economia.
   d) Um país que possui superávit em transações correntes possui poupança externa positiva.
   e) Um país que possui superávit em transações correntes necessariamente acumula reserva internacionais.

45. (TJ/RO — Modificada — CEBRASPE — 2012) Assinale a opção correta, no que se refere à economia monetária.
   a) Quando maior for a velocidade de circulação da moeda, maior será o multiplicador monetário.
   b) Os meios de pagamentos são, por definição, iguais à soma do papel moeda em poder do público mais a reserva bancária.
   c) Se, em uma economia, as reservas bancárias forem iguais aos depósitos à vista, então o multiplicador monetário será igual a 1.
   d) No Brasil, o Banco Nacional de Desenvolvimento Econômico e Social (BNDES), por ser um banco, é capaz de criar moeda. Para tanto, basta que a instituição realize uma operação de empréstimo.
   e) Se o banco central local reduzir o compulsório sobre depósitos à vista dos bancos comerciais, então haverá redução de meios de pagamentos da economia.

46. (TJ/RO — CEBRASPE — 2012) A respeito das transações normais efetuadas em uma economia e da economia monetária, assinale a opção correta.
   a) Se um agente econômico transfere recursos de sua conta corrente para a sua poupança, haverá, nesse caso, destruição de meios de pagamento.

b) Déficits do Tesouro Nacional financiados por empréstimos do Banco Central geram, como consequência, contração da base monetária.
c) Elevação da taxa de juros gera, como consequência, aumento da demanda por moeda, pois os agentes, *ceteris paribus*, irão aumentar o volume de investimentos efetuados nos bancos.
d) Se um banco comercial adquire de outro banco comercial títulos da dívida pública emitidos pelo Tesouro Nacional, haverá, nesse caso, variação dos meios de pagamento.
e) Se um banco comercial adquire imóvel de uma construtora para constituição de agência bancária, haverá, nesse caso, destruição de meios de pagamento.

47. (CETAM — FCC — Economia — 2014) A teoria econômica desenvolve modelos através dos quais se explicita a influência da moeda e das taxas de juros sobre as demais variáveis econômicas. Considerando esse arcabouço teórico,
a) um dos instrumentos disponíveis para aumentar a liquidez da economia é a elevação da taxa de reservas compulsórias dos bancos comerciais junto ao Banco Central.
b) todas as instituições que fazem parte do Sistema Financeiro Nacional são capazes, por meio da captação de recursos junto ao público, de criar meios de pagamento em seu conceito M1.
c) a expansão da oferta de moeda terá maior potencial para elevar a inflação quanto mais próxima a economia estiver de seu produto potencial.
d) a proporção de papel moeda em poder do público e o valor do multiplicador monetário mantêm uma relação direta.
e) a demanda por moeda tem elasticidade-juros positiva, pois os agentes econômicos desejam receber mais moeda para comprar ativos financeiros quando as taxas de juros estão elevadas.

48. (Diplomacia — CEBRASPE — 2014) Com relação ao conceito de meios de pagamento (M1), que corresponde ao estoque de moeda disponível para uso da coletividade, assinale a opção correta.
a) O valor do multiplicador da base monetária varia na razão inversa da taxa de reservas dos bancos comerciais e na razão direta da taxa de retenção da moeda pelo público.
b) O saldo de M1 é composto pelo saldo da moeda em poder do público somado ao saldo dos depósitos à vista e aos depósitos de poupança.
c) Em processos inflacionários, tende a diminuir a razão entre o volume de moeda em poder do público e o volume de moeda bancária.
d) O resgate de um empréstimo bancário representa destruição de moeda.
e) As emissões de papel moeda pelo Tesouro Nacional são instrumento de política monetária à disposição do Ministério da Fazenda.

49. (SEGER/ES — CEBRASPE — 2013) Em relação à demanda por moeda, assinale a opção correta.
a) Se todos os preços da economia duplicarem instantaneamente, inclusive os salários, então a demanda por moeda também dobrará.
b) O valor do M1 é igual à base monetária.
c) Um aumento do PIB real reduz a demanda por moeda na forma do M1.
d) Um aumento do nível geral de preços reduz a demanda por moeda na forma do M1.
e) O aumento na taxa de juros dos títulos do Tesouro Nacional e dos depósitos em poupança gera elevação da demanda por moeda na forma do M1.

50. (Economista — Agência Reguladora de Serviços Públicos Delegados do Ceará — FCC — 2005) É medida de política monetária a ser adotada, se o Banco Central quiser reduzir a liquidez da economia:

a) Reduzir a taxa do depósito compulsório.
b) Promover a venda de divisas estrangeiras no mercado de câmbio.
c) Elevar a taxa de juros das operações de redesconto.
d) Promover a valorização da taxa de câmbio real.
e) Efetuar o resgate de títulos no mercado aberto.

51. (Economista — SMTR-RJ — SMA-RJ (antiga FJG) — 2016) A política monetária e as operações de mercado aberto se baseiam no comportamento da demanda por moeda. Sabe-se que o total de moeda que os indivíduos pretendem manter em sua posse irá aumentar à medida que:
a) a renda diminuir
b) a oferta de moeda diminuir
c) as taxas de juros aumentarem
d) os níveis de transações aumentarem

52. (Diplomata — Terceiro Secretário — CEBRASPE — 2016) A respeito de teoria monetária e política monetária, julgue o item a seguir.

Em um sistema econômico, a taxa de juros é um importante determinante da demanda de moeda; ela influencia as decisões de investimento dos agentes e, por conseguinte, o volume de moeda que será destinado à especulação.

53. (Auditor do Estado (CAGE RS)/CEBRASPE/2018) O Estado pode intervir de formas distintas na economia. Por meio da gestão da política econômica, um governo é capaz de controlar preços, influenciar salários ou impor choques na demanda ou na oferta. Consideram-se os três instrumentos clássicos de política monetária
a) as alíquotas de tributos, o consumo do governo e o orçamento público.
b) o subsídio ao crédito, o controle de preços administrados e o gerenciamento do risco país.
c) os recolhimentos obrigatórios de recursos no banco central, os depósitos de poupança e a emissão de títulos públicos.
d) o controle cambial, a administração da dívida pública e a oferta de moeda.
e) as taxas de redesconto, as operações de mercado aberto e as reservas compulsórias sobre depósitos.

54. (Oficial de Inteligência/CEBRASPE/2018) O Banco Central do Brasil (BC) é o responsável pelo controle da inflação no país. Ele atua para regular a quantidade de moeda na economia que permita a estabilidade de preços. Suas atividades também incluem a preocupação com a estabilidade financeira. Para isso, o BC regula e supervisiona as instituições financeiras.

Banco Central do Brasil. Internet: <www.bcb.gov.br>.

Tendo como referência esse fragmento de texto, julgue o item a seguir, relativo ao BC.
Para controlar a oferta de moeda, um dos instrumentos que o BC pode utilizar é a taxa de redesconto: ao decidir aumentar essa taxa, o BC estará incentivando os bancos a não tomar novos empréstimos junto ao BC, reduzindo o componente em-prestado das reservas bancárias.
( ) Certo
( ) Errado

55. (Oficial de Inteligência/CEBRASPE/2018) O Banco Central do Brasil (BC) é o responsável pelo controle da inflação no país. Ele atua para regular a quantidade de moeda na economia que

13 ■ Oferta e Demanda de Moeda. Contas do Sistema Financeiro. Equilíbrio...

permita a estabilidade de preços. Suas atividades também incluem a preocupação com a estabilidade financeira. Para isso, o BC regula e supervisiona as instituições financeiras.

Banco Central do Brasil. Internet: <www.bcb.gov.br>.

Tendo como referência esse fragmento de texto, julgue o item a seguir, relativo ao BC.
Além do papel de formulador de política monetária, o BC detém as funções de supervisão e regulamentação do funcionamento do sistema financeiro, o que envolve assegurar a solidez do sistema e, ainda, a sua regulação, a organização e autorização, a fiscalização, os processos punitivos e os regimes especiais.
( ) Certo
( ) Errado

■ **GABARITO** ■

---

1. "c". Quando há aumento do custo de ida ao banco, as pessoas ficam mais estimuladas a reter consigo moeda em vez de fazer qualquer investimento financeiro e, por causa disso, a demanda por moeda aumenta. Portanto, a alternativa "c" é a incorreta.
Quando o nível de gasto aumenta, as pessoas necessitam de mais moeda para transação e, portanto, a demanda por moeda aumenta, o que torna correta a alternativa "a".
Quando há aumento na taxa de juros, a demanda por moeda para especulação se reduz, logo a demanda total por moeda também, estando correta a alternativa "b". Sendo: $B_2 = 3B_1$
Onde:
B_1 = Base Monetária no instante 1
B_2 = Base Monetária no instante 2

$$\frac{Encaixe}{DV} = R = constante$$

$$\frac{PMPP}{M_1} = c = constante$$

Então: $\frac{DV}{M_1} = d = constante$

Logo:
$$\frac{xM_1}{3B_1} = \frac{1}{1-d(1-R)}$$

$$\frac{xM_1}{3B_1} = Mult_{constante}$$

Logo x = 3. Portanto, a alternativa "d" está correta.
Sendo a razão reservas/depósitos igual a 0,1 e a razão Papel-Moeda em Poder do Público/depósitos igual a 0,2, o multiplicador da Base Monetária será igual a 4.
Dado: R = 0,1 e PMPP/DV = 0,2

Então: PMPP = 0,2 DV
Como: PMPP + DV = M_1
Então: 0,2 DV + DV = M_1
Ou: 1,2 DV = M_1
Ou: DV/M_1 = 1/1,2
Ou: d = 1/1,2

Substituindo na fórmula do multiplicador monetário, tem-se:

$$\text{Mult} = \frac{1}{1 - d(1 - R)}$$

$$\text{Mult} = \frac{1}{1 - \left(\frac{1}{1,2}\right)(1 - 0,1)}$$

Mult = 4. Logo, a alternativa "e" está correta.

2. "a". Se taxa de redesconto ↑, então: Redesconto ↓ e: M_1 ↓. Logo, a alternativa "a" é correta.

Sabendo-se que: $\frac{M_1}{B}$ = multiplicador, se B é constante e multiplicador ↑, então: M_1 ↑. Logo, a alternativa "b" é falsa.

O tamanho do multiplicador é determinado pelo:

$d = \frac{\text{depósito à vista}}{M_1} \rightarrow$ que é uma decisão do público não bancário.

$R = \frac{\text{encaixes}}{DV} = \frac{Rc + Rv + Cx}{DV} \rightarrow$ que é uma decisão dos bancos comerciais (Rv + Cx) e do Banco Central (Rc).

Portanto, o tamanho do multiplicador é determinado pelo público não bancário, pelos bancos comerciais e pelo Banco Central, e não apenas pelo Bacen. Logo, a alternativa "c" é falsa.

Se o Bacen vende títulos ao público, está enxugando moeda da economia e, portanto, adotando uma política monetária restritiva. Se o Bacen reduz a alíquota do compulsório, os bancos comerciais passam a dispor de mais recursos para emprestar moeda e, portanto, há uma expansão monetária. Portanto, a alternativa "d" é falsa.

Base Monetária = Papel-Moeda em Poder do Público + encaixes (caixa dos bancos comerciais + recolhimento compulsório + recolhimento voluntário), ou: B = PMPP + encaixes. Logo, a alternativa "e" é falsa.

3. "c". A demanda para especulação é uma função inversa da taxa de juros, ou seja, Ls = f (i), quando:

i ↑ → Ls ↓
i ↓ → Ls ↑

Como a taxa de juros é uma variável instável, a demanda de moeda para especulação também o será.

4. "a". Sabendo-se que: $M_1 \times V_1 = P_1 \times Y_1$

Se:

$Y_1 = 1$
$M_1 = 1$
$P_1 = P_1$

E:

$Y_2 = 1,08\ Y_1$
$M_2 = 1,377\ M_1$
$P_2 = x\ P_1$

Logo: $M_2 \times V_2 = P_2 \times Y_2$

Como: $V_1 = V_2$ já que é constante, então:

$1,377\ M_1 \times V_1 = w\ P_1 \times 1,08\ Y_1$

Logo:

$1,377 = w\ 1,08$
$w = 1,275$

Ou seja:
$P_2 = 1,275\ P_1$
$P_2 - P_1 = 1,275\ P_1 - P_1$
$P_2 - P_1 = 0,275\ P_1$
$\Delta P = 0,275\ P_1$
$\Delta P/P_1 = 0,275$
$\%\Delta P = 0,275$
Assim, o nível de preços aumentou 0,275 ou 27,5%.

5. "a". Quando o Bacen compra títulos públicos, adota uma política monetária expansionista, que leva a uma queda da taxa de juros. Logo, o item I é falso.
Quando o Bacen vende títulos públicos, adota uma política monetária restritiva, que leva a uma elevação da taxa de juros. Logo, o item II é verdadeiro.
Quando o Bacen eleva a taxa de redesconto, passa a emprestar menos aos bancos comerciais (o redesconto cai), tendendo a reduzir a oferta monetária e elevando a taxa de juros. Logo, o item III é verdadeiro.
Quando o Bacen baixa o percentual de reservas compulsórias, os bancos comerciais ficam com mais recursos para emprestar, baixando as taxas de juros. Logo, o item IV é falso.

6. "c". De acordo com a Teoria Quantitativa da Moeda, ou seja, $M_1\ V_1 = P_1 \times Y_1$, se:
$Y_2 = 1,05 Y_1$
$M_2 = 1,07 M_1$
$V_2 = V_1$
$P_2 = x\ P_1$
Então:
$M_2\ V_2 = P_2\ Y_2$
$1,07\ M_1\ V_1 = w\ P_1\ 1,05\ Y_1$
Então:
$1,07 = w\ 1,05$
$w = 1,019$, ou seja, P_2 aumentou 1,9% em relação a P_1, ou 2%, aproximadamente.

7. V, F, V, V, F.
a) **(V)** Para haver expansão monetária, ou seja, para que a Base Monetária se multiplique, aumentando os meios de pagamento, é necessário que o multiplicador bancário aumente.
Sabendo-se que:

$$\frac{M_1}{B} = \text{multiplicador} = \frac{1}{1 - d(1 - R)}$$

Onde:

$$d = \frac{\text{Depósito à vista}}{M_1}$$

Logo:
Se: $d \uparrow$
Então: mult $\uparrow$ e $M_1 \uparrow$
b) **(F)** O setor bancário apresenta a seguinte estrutura:

BALANCETE DO SISTEMA BANCÁRIO	
Ativo	Passivo
	Passivo monetário: M_1
	Passivo não monetário

Quando $M_1 \uparrow$
Então:
Ou Passivo não monetário $\downarrow$
Ou Ativo $\uparrow$

c) **(V)** Quando há expansão de operações de redesconto, a Base Monetária aumenta e, por conseguinte, os meios de pagamento tendem a aumentar também.
d) **(V)** O multiplicador da Base Monetária se define por:

$$Mult = \frac{1}{1 - d(1 - R)}$$

Onde:

$$R = \frac{encaixes}{DV} \text{ ou}$$

$$R = \frac{Rc + Rv + Cx}{DV}$$

Se o encaixe compulsório (Rc) se reduz, então R (encaixes totais/depósitos à vista) se reduz também, fazendo com que o multiplicador monetário aumente.
e) **(F)** O multiplicador monetário é definido por:

$$Mult = \frac{1}{1 - d(1 - R)}$$

Onde:

$$d = \frac{Depósito\ à\ vista}{M_1}$$

$$R = \frac{encaixes\ totais}{Depósito\ à\ vista}$$

Portanto, a velocidade de circulação da moeda não influencia o multiplicador.

8. "d".
B = PMPP + encaixes totais
Onde: B = Base Monetária e PMPP = Papel-Moeda em Poder do Público
Encaixes totais = Recolhimento compulsório + Recolhimento voluntário + caixa dos bancos comerciais. Portanto, a alternativa "a" é falsa.
Taxa de redesconto é a taxa de juros que o Bacen cobra dos empréstimos (ou redesconto) que concede aos bancos comerciais. O multiplicador do sistema bancário é quantas vezes a Base Monetária está sendo multiplicada e transformada em meios de pagamento, ou seja,

$Mult = \frac{M_1}{B}$. Portanto, a alternativa "b" é falsa.

A demanda de moeda para especulação é uma função inversa da taxa de juros, ou seja:
$i = \uparrow \rightarrow Ls \downarrow$ ou $i = \downarrow \rightarrow Ls \uparrow$
A demanda de moeda para transação é uma função direta do nível de renda, ou seja:
$Y = \uparrow \rightarrow Lt \uparrow$ ou $Y = \downarrow \rightarrow Lt \downarrow$. Portanto, a alternativa "c" é falsa.
Quando o Bacen compra títulos, adota uma política monetária expansionista, aumentando os meios de pagamento ($M_1 \rightarrow M_2$) e fazendo com que a taxa de juros caia.
Quando o Bacen diminui a taxa de redesconto, aumenta o redesconto, possibilitando aos bancos comerciais emprestarem mais também e, por conseguinte, os meios de pagamento ($M_1 \rightarrow M_2$) aumentam. Observe o gráfico a seguir. É possível se verificar que isso leva a uma redução das taxas de juros. Logo, a alternativa "d" é verdadeira.

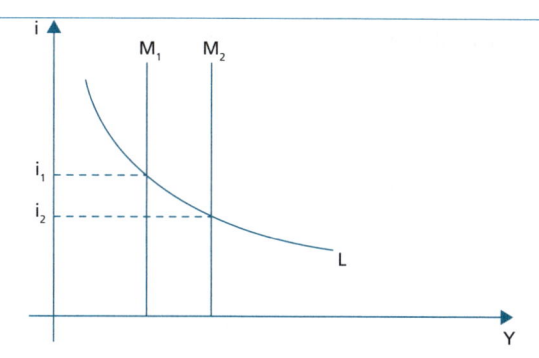

Quando o Bacen troca dólares dos exportadores, troca por moeda nacional, o que corresponde a uma política monetária expansionista, aumentando (expandindo) os meios de pagamento. A alternativa "e" é falsa.

9. "b". Sabendo-se da relação entre demanda de moeda para especulação e taxa de juros:

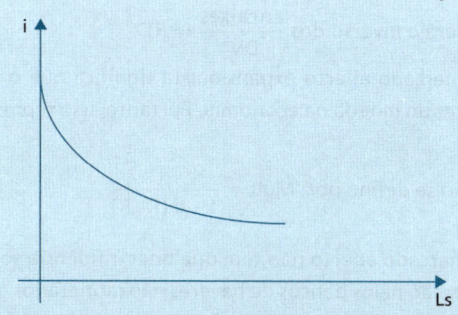

Observa-se que:
Quanto menor i → maior será Ls.
Quanto maior i → menor será Ls.
Se a taxa de juros estiver muito elevada, as pessoas preferirão reter títulos no lugar de moeda, portanto maior será o ganho de quem retiver títulos e, assim, quem retiver moeda terá um custo de oportunidade alto pelo fato de não ter adquirido títulos. Logo, a alternativa "a" é falsa e a "b" é verdadeira.
Quanto mais elevada a taxa de juros, mais as pessoas demandarão títulos e menos demandarão moeda, portanto menor será o custo de reter títulos no lugar de moeda. A alternativa "c" é falsa.
Quanto mais baixa a taxa de juros, mais as pessoas demandarão moeda e, portanto, as pessoas que tiverem optado por moeda terão ganho em relação àquelas que optaram por títulos. As alternativas "d" e "e" são falsas.

10. V, V, F, F, V, V, F, F.
a) **(V)** Quando o Bacen compra títulos, pela lei da oferta e da procura, faz com que o valor (V) do título suba. Também, quando compra títulos, injeta moeda nacional no mercado, levando a uma queda da taxa de juros (i) (que é o preço da moeda, ou seja, quanto mais moeda, menor o seu preço, ou menor a taxa de juros).

Assim, observe: $V = \dfrac{R}{i}$, onde: R = Rendimento do título.

Considerando R constante, sabe-se que:

$\downarrow V = \dfrac{R}{i \uparrow}$ ou $\uparrow V = \dfrac{R}{i \downarrow}$

b) **(V)** Se não há moeda manual, todo meio de pagamento está sendo depositado (DV) nos bancos comerciais.

Logo: $d = \dfrac{DV}{M_1} = 1$

Como:

$\text{Mult} = \dfrac{1}{1 - d(1-R)}$

$\text{Mult} = \dfrac{1}{1 - 1(1-R)}$

$\text{Mult} = \dfrac{1}{1 - 1 + R}$

$\text{Mult} = \dfrac{1}{R}$

Ou seja: o multiplicador será o inverso dos $\dfrac{\text{encaixes}}{DV}$ (= R).

c) **(F)** Uma operação de mercado aberto expansionista significa que o Bacen está resgatando títulos do mercado e injetando moeda na economia. Portanto, isso representa uma expansão da Base Monetária.

O multiplicador monetário se define por: $\text{Mult} = \dfrac{1}{1 - d(1-R)}$.

Portanto, operações de mercado aberto não têm qualquer influência sobre o multiplicador.

d) **(F)** Quando há monetização pelos bancos de haveres não monetários do público, isso significa que os bancos estão injetando moeda na economia (trocando títulos por moeda). Portanto, isso leva a um aumento dos meios de pagamento.

e) **(V)** A Teoria Quantitativa da Moeda afirma que: M × V = P × Y

Onde: M = oferta de moeda; V = velocidade-renda da moeda; P = preço; e Y = Produto Real. Sabendo-se que V e Y são constantes: se M ↑ → P ↑ e se M ↓ → P ↓.

f) **(V)** Quando a taxa de juros (taxa de redesconto) cobrada pelo Bacen para emprestar dinheiro aos bancos comerciais cai, eles emprestam mais.

g) **(F)** Os três instrumentos de política monetária são:

— taxa de redesconto;
— *open market* ou mercado aberto;
— recolhimento compulsório.

h) **(F)** A armadilha da liquidez é uma situação em que quem tem títulos não consegue vendê-los, porque só tendem a se desvalorizar, e quem não tem títulos também não deseja comprar, retendo moeda e contribuindo para o aumento da demanda efetiva.

11. "a". A Teoria Clássica, pela Teoria Quantitativa da Moeda, afirma que:
M × V = P × Y
Onde: M = Oferta de moeda; V = Velocidade-renda da moeda; P = Preço; e Y = Produto Real. Como (V) é constante e (Y) é o Produto Real de pleno emprego e, portanto, constante, então, se M aumentar, P aumenta.

12. "a". O Sistema Financeiro Nacional é constituído de dois subsistemas: o normativo (fiscalização e regulação); e o operativo (intermediação).
O subsistema normativo inclui: o Conselho Monetário Nacional (CMN); o Banco Central (Bacen); e a Comissão de Valores Mobiliários (CVM).

13. "d". Sabendo-se que:
M_1 = Papel-Moeda em Poder do Público + depósito à vista.
$M_2 = M_1$ + depósitos de poupança + CDB (ou títulos emitidos por instituições depositárias) + depósito especial remunerado.
$M_3 = M_2$ + quotas de fundos de rendas fixas e as operações com títulos públicos compromissadas registradas na SELIC (Sistema de Liquidação e Custódia).
$M_4 = M_3$ + títulos públicos de alta liquidez. Corresponde ao conceito de poupança financeira.
Portanto, as cotas de renda fixa integram o M_3 e não o M_2. Logo, a alternativa "a" é falsa.
Se:
(Reservas/depósito) = 0,2 e
(Papel-Moeda/depósitos à vista) = 0,1
Então: Papel-Moeda = 0,1 depósito à vista
Como: M_1 = Papel-Moeda em Poder do Público + depósitos à vista
Então:
M_1 = 0,1 depósito à vista + depósitos à vista
M_1 = 1,1 depósito à vista
Sabendo que d = depósitos à vista/M_1
Então: d = depósito à vista/1,1 depósito à vista
Então: d = 0,9090
Como o multiplicador é igual a:

$$\text{Mult} = \frac{1}{1 - d(1 - R)}$$

Então: $\text{Mult} = \dfrac{1}{1 - 0,9090(1 - 0,2)}$

Mult = 1/1 – 0,7272
Mult = 1/0,2728
Mult = 3,6656. Logo, a alternativa "b" é falsa.
O uso crescente de cartões de crédito e de cartões de débito automático reduz a demanda de moeda para precaução e transação, porque demandar menos moeda significa que as pessoas vão querer reter menos moeda consigo. Portanto, se a pessoa sabe que pode contar com um cartão de crédito ou débito para realizar suas compras, vai demandar menos moeda consigo. A alternativa "c" é falsa.
Quando a taxa de redesconto diminui, haverá mais redesconto, ou seja, haverá aumento de empréstimos do Bacen para os bancos comerciais. Logo, haverá aumento da Base Monetária e, portanto, tende a aumentar a oferta de moeda, reduzindo as taxas de juros e estimulando os investimentos. A alternativa "d" é verdadeira.
A hipótese clássica da neutralidade da moeda no longo prazo baseia-se na existência de velocidade (V) constante de circulação da moeda. A alternativa "e" é falsa.

14. F, V, F, F.
a) **(F)** Caso o país apresente um superávit em transações correntes do Balanço de Pagamentos, apresentará um Ativo externo líquido, ou seja, passará a apresentar um direito sobre outros países, emprestando-lhes ou financiando-lhes capital. Portanto, os residentes do país financiarão outros países.
b) **(V)** A Renda Nacional é igual ao PNLcf (Produto Nacional Líquido a custo de fatores). O produto que pertence à economia é o PNBpm (Produto Nacional Bruto a preço de mercado).
Sabendo-se que:
PNBpm = PNLcf + depreciação + (impostos indiretos – subsídios)
Então: PNB = RN + depreciação + (impostos indiretos – subsídios)
Desconsiderando a depreciação e os impostos (livres de subsídios), então: PNB = RN.
c) **(F)** Entende-se por deflator do PIB = Produto Nominal/Produto Real.
O deflator do PIB mostra um índice de preços de bens e serviços correntemente **produzidos** no país. Não considera, portanto, os produtos importados. Difere do IPC, que mostra um índice

geral de preços de bens e serviços correntemente **consumidos** no país, produzidos ou não dentro das fronteiras nacionais.
d) **(F)** Quando o Bacen vende divisas estrangeiras, faz uma contração monetária.
Quando o Bacen reduz sua oferta de moeda nacional, faz uma contração monetária.
Quando o Bacen faz operações de venda de títulos no mercado, faz também uma contração monetária, visto que os recursos auferidos por tais operações diminuirão também a oferta de moeda na economia. Portanto, essa terceira medida não contrabalança as duas anteriores. Pelo contrário, reforça-as.

15. V, V, F, F, V.
a) **(V)** Se o Bacen aumenta a Base Monetária, pratica uma política monetária expansionista. Se o Bacen aumenta a taxa de Recolhimento compulsório, pratica uma política monetária restritiva. Se o Bacen praticar as duas políticas simultaneamente e de igual valor, manterá os meios de pagamento inalterados.
b) **(V)** Caso os bancos comerciais possam ter acesso irrestrito a empréstimos junto ao Banco Central, ou seja, ter acesso ao redesconto, a taxa de juros cobrada pelo Bacen pelo redesconto balizará a taxa de juros do mercado de reservas bancárias. Isso porque a taxa de juros do mercado aberto (SELIC) é o resultado da oferta e da procura por reservas bancárias. E a taxa selic servirá como referencial para todas as outras taxas de juros. Quando há excesso de reservas no sistema, a taxa SELIC tende a cair, e vice-versa. Portanto, na questão dada, o redesconto irrestrito garante um excesso de oferta, o que levará à queda da taxa de juros até o limite da taxa de redesconto.
c) **(F)** Quanto maior for a oferta de moeda primária ou o aumento da Base Monetária que poderá ocorrer devido à compra de títulos no mercado aberto pelo Banco Central, maior será o aumento dos meios de pagamento (quanto maior for o multiplicador bancário). E, para que o multiplicador bancário se eleve, deve-se elevar a relação entre depósito à vista/meios de pagamento ou diminuir a relação Papel-Moeda em Poder do Público/meios de pagamento (ou seja, quanto menor for a fração de moeda retida pelo público na forma manual).
d) **(F)** Quando um indivíduo realiza um depósito à vista (DV), diminui a quantidade de Papel-Moeda em seu poder (PMPP), mas aumenta o outro componente dos meios de pagamento (M_1), que é o depósito à vista. Sabe-se que: M_1 = PMPP + DV.
Logo, se PMPP diminui e DV aumenta no mesmo montante, então M_1 permanece constante. Observe:

$M_{1\text{ constante}}$ = PMPP ↓ + DV ↑

e) **(V)** Quando o Bacen compra títulos, aumenta o Papel-Moeda em Poder do Público, que é um dos componentes da Base Monetária (B), e aumenta títulos públicos federais. Logo, conforme pode ser visto no Balancete do Bacen a seguir, é possível observar em destaque no Balancete que o Ativo e o Passivo aumentam em igual valor.

BALANCETE DO BANCO CENTRAL (AUTORIDADE MONETÁRIA)	
Ativo	Passivo
Reservas internacionais	**Passivo monetário**
Imobilizado	*Papel-moeda em poder do público* ⎫
Outras aplicações	
Empréstimos ao Tesouro Nacional	*Depósitos compulsórios e voluntários* ⎬ B
Empréstimos a outros órgãos do governo	*Caixa dos bancos comerciais* ⎭
Empréstimos ao setor privado	**Passivo não monetário**
Empréstimos aos bancos (redesconto)	Depósitos do Tesouro Nacional
Títulos públicos federais	Recursos especiais
	Empréstimos externos (que capta)
	Outras exigibilidades
	Recursos próprios

16. "c". A Teoria Quantitativa da Moeda afirma que: M × V = P × Y, onde:
M = meios de pagamento;
V = velocidade-renda da moeda; e
P × Y = Produto Nominal da economia.
Logo:
10.000 V = 50.000
V = 5

17. "e". Sabendo-se que: M × V = P × Y, onde: M = oferta de moeda; V = velocidade-renda da moeda; P = preço; e Y = Produto Real.
Se o Produto Real crescer 5%, passará para 1,05Y (= Y + 0,05Y).
Se a oferta de moeda aumentar em 10%, passará para 1,10M (= M + 0,10M).
Logo: 1,10 M × 1 × V = x P × 1,05Y
Como: M × V = P × Y
Então:
1,1 = w × 1,05
w = 1,0476
Ou seja, os preços se elevam em 4,76% (= 1,0476 – 1).
Logo, o Produto Nominal (P x Y) aumentará em:
1,0476 P × 1,05 Y =
1,09998 P × Y
Portanto, o Produto Nominal (P x Y) aumentará em aproximadamente 10%.

18. "e". A demanda por moeda (L) é função direta ou crescente da renda nominal (Y) e função inversa ou decrescente da taxa de juros nominais (i). L = f (Y, i)

19. "e". O Banco Central tem as seguintes funções:
— emitir moeda;
— ser o banco dos bancos;
— **receber e manter em depósito as reservas internacionais;**
— ser o banqueiro do governo (Tesouro Nacional);
— receber depósitos do Tesouro Nacional.
A Comissão de Valores Mobiliários tem as seguintes funções:
— **normativa: a CVM regula a atuação dos diversos agentes do mercado, por meio da regulamentação de leis e de sua eventual fiscalização;**
— de registro: é responsável por autorizar, previamente, o exercício de determinadas atividades no mercado de valores mobiliários;
— fiscalizadora: tem o poder de aplicar as normas regulamentares que instituir e as demais regras cujo cumprimento lhe caiba fiscalizar;
— consultiva: manifesta seu entendimento sobre operações e atos societários;
— de desenvolvimento: possui atribuições relativas ao desenvolvimento de mercado, que são manifestadas, principalmente, sob a forma de iniciativas regulatórias.

20. "e". A demanda de moeda é função inversa da taxa de juros e direta da renda. Quando a velocidade da moeda aumenta, isso significa que a moeda está "mudando de mão" mais rapidamente, ou seja, menos moeda é necessário para satisfazer as necessidades dos agentes. Portanto, quanto maior a velocidade da moeda, menor a demanda por moeda.
Pela fórmula da Teoria Quantitativa da Moeda percebida como uma função da demanda de moeda, tem-se: Md × 1/k = P × Y
Onde: Md = demanda por moeda; k = proporção da renda nominal ou da riqueza que ficará sob a forma de moeda; P = nível geral de preços; e Y = renda real.
"k" corresponde, portanto, ao inverso da velocidade da moeda (V).
Logo, substituindo 1/k por V, tem-se: Md × V = P × Y
Ou: Md = P × Y/V
Portanto, quanto maior "V", menor "Md"; ou quanto menor "V", maior "Md".

21. F, F, F, V.

a) **(F)** A neutralidade da moeda afirma que uma maior oferta de moeda resulta em elevação de preços, e não em elevação da quantidade (Produto Real), ou seja, a moeda é capaz de alterar variáveis nominais, e não reais. Essa teoria é defendida pelos clássicos, pensamento de longo prazo, em que há presença do pleno emprego.

b) **(F)** Efeito Fisher é o ajuste da taxa de juros nominais à taxa de inflação. Observe:
$i = r + \pi$
Onde: i = taxa de juros nominais; r = taxa de juros reais; e π = taxa de inflação.

c) **(F)** Uma economia inflacionária faz com que a moeda perca sua característica de reserva de valor, muito embora, quando o processo de deterioração da moeda se intensifica, outras funções também possam ser colocadas em questão.

d) **(V)** Se Rc = 10%, partindo do pressuposto de que toda Base Monetária seja depositada e que, portanto, a relação entre o depósito à vista/meios de pagamento seja igual a "1", então:

$$\frac{M}{B} = \frac{1}{1 - d(1 - R)}$$

$$\frac{M}{100} = \frac{1}{1 - 1(1 - R)}$$

$$\frac{M}{100} = \frac{1}{1 - 1(1 - 0,1)}$$

$$\frac{M}{100} = \frac{1}{0,1}$$

$M = 1.000$

22. "b". O produto de equilíbrio será igual a: Yd = Ys
Logo: MV/P = P/W
Sabendo-se que salário real é igual a W/P, então P/W é o inverso do salário real, logo: P/W = 1/10.
Dado: M = 100, então:
100 × 1/P = 1/10
P = 1.000
Substituindo na função demanda por produto ou oferta de produto, tem-se:
Yd = MV/P
Yd = 100 × 1/1.000
Yd = 0,1 ou
Ys = 1/10 = 0,1

23. "a". Caso a autoridade monetária reduza o compulsório, a Base Monetária não se altera, já que:
B = PMPP + encaixes ou B = PMPP + Rc + Rv + caixa dos bancos comerciais
Assim, se Rc se reduz, PMPP ou Rv ou caixa dos bancos comerciais aumentarão. A alternativa "a" é verdadeira.
Se o objetivo da política da autoridade monetária é aumentar os meios de pagamento (M_1), reduzir a taxa do redesconto pode se tornar uma medida inócua, já que, mesmo com o redesconto aumentando, nada implica que os bancos aumentarão os empréstimos que concederão ao público não bancário, reduzindo os encaixes. A alternativa "b" é falsa, portanto.
Caso a autoridade monetária desejasse aumentar a oferta de moeda na economia, deveria resgatar títulos que estão em poder do público. A alternativa "c" é falsa.
Os meios de pagamento M_1 são a soma do Papel-Moeda em Poder do Público com os depósitos à vista. A alternativa "d" é falsa.
Quando um banco comercial paga uma nota promissória a outro banco comercial, não há destruição de moeda, já que criação e destruição de moeda não ocorre entre bancos e, sim, entre o público não bancário e os bancos comerciais e/ou entre o público não bancário e a autoridade monetária. A alternativa "e" é falsa.

24. V, F.
a) **(V)** d = depósitos à vista/M_1
d = 2/3
R = encaixes/depósitos à vista
R = 1/3

Se aumentar em 1 a Base Monetária (B), então:

$$\frac{M_1}{B} = \frac{1}{1 - d(1 - R)}$$

$$\frac{M_1}{1} = \frac{1}{1 - \frac{2}{3}\left(1 - \frac{1}{3}\right)}$$

$M_1 = 1,8$

b) **(F)** Para controlar a inflação, o Banco Central do Brasil adotou, recentemente, uma política monetária contracionista, por meio da ampliação da taxa dos encaixes em depósitos compulsórios. Isso porque, para se combater a inflação, a política monetária deverá ser restritiva, e não expansionista.

25. V. Segundo a Teoria Quantitativa da Moeda, tem-se que: MV = PT. Assim, se M se expande em 1%, os preços se expandirão em 1%, já que V e T são constantes.
Segundo a Equação de Fisher aproximada, tem-se que: $i = r + \pi$,
Onde: i = taxa de juros nominais; r = taxa de juros reais; e π = taxa de inflação.
Portanto, se π se eleva em 1%, já que houve uma elevação de preços de 1%, então i se elevará em 1%.

26. "b". A Teoria Quantitativa da Moeda afirma que: M x V = P x Y.
Onde: M = oferta de moeda; V = velocidade-renda da moeda; P = preço; Y = quantidade ou Produto Real; e P x Y = Produto Nominal.
Sabendo-se que a velocidade-renda da moeda (V) é constante e a quantidade produzida ou Produto Real (Y) é a de pleno emprego e, portanto, constante, uma elevação da oferta de moeda (M) promove uma elevação dos preços (P) ou elevação do Produto Nominal (P x Y). Logo:
O Produto Real e o emprego permanecem constantes. A alternativa "a" é falsa, portanto.
Eleva o Produto Nominal. A alternativa "b" é verdadeira.
Como o produto é de pleno emprego, não tem como crescer e, portanto, não há incentivo ao investimento. A alternativa "c" é falsa.
Não altera os gastos reais do governo. A alternativa "d" é falsa.
Não eleva o Produto Real. A alternativa "e" é falsa.

27. "c". Observe que o redesconto não faz parte do Passivo do Banco Central, mas, sim, do Ativo:

BALANCETE DO BANCO CENTRAL (AUTORIDADE MONETÁRIA)	
Ativo	**Passivo**
Reservas internacionais	*Passivo monetário*
Imobilizado	*Papel-moeda emitido*
Outras aplicações Empréstimos ao Tesouro Nacional Empréstimos a outros órgãos do governo	*Reservas bancárias ou encaixes dos bancos comerciais* *(depósito compulsório + depósito voluntário)*
	Passivo não monetário
Empréstimos ao setor privado	Depósitos do Tesouro Nacional
Empréstimos aos bancos (redesconto)	Recursos especiais
Títulos públicos federais	Empréstimos ou recursos externos (que capta)
	Outras exigibilidades
	Recursos próprios

28. "a". O subsistema normativo é constituído, além de outros, pelo seu órgão máximo: o Conselho Monetário Nacional (CMN), e pelas entidades supervisoras: o Banco Central (Bacen) e a Comissão de Valores Mobiliários (CVM).

29. "c". O Bacen pode se utilizar dos seguintes instrumentos de controle monetário:
— Reservas compulsórias (Rc) ou Recolhimento compulsório, que são o percentual dos depósitos dos bancos comerciais recolhidos ao Banco Central de forma compulsória;
— taxa de redesconto, que é a taxa de juros que o Banco Central cobra dos bancos comerciais quando lhes empresta recursos (esse empréstimo é chamado de redesconto);
— operações de *open market* ou mercado aberto, em que são negociados os títulos do governo, tanto para compra como para venda.

30. "a". A fórmula aproximada de Fisher é: $i = r + \pi$
Onde: i = taxa nominal de juros; r = taxa real de juros; e π = taxa de inflação ou correção monetária.

31. "a". Quando os juros aumentam, há uma redução da demanda de moeda. Quando os custos de transação entre moeda e outras aplicações se reduzem, a demanda por moeda diminui. A alternativa "a" é falsa.
Se a taxa de Recolhimento compulsório aumentar, os encaixes aumentam, o multiplicador monetário se reduz e, consequentemente, a oferta monetária se reduz. A alternativa "b" é verdadeira.
Quando a taxa de redesconto se reduz, o redesconto (empréstimo do Bacen aos bancos comerciais) aumenta, elevando a Base Monetária e os meios de pagamento. A alternativa "c" é verdadeira.
Como: Multiplicador $= \dfrac{M_1}{B}$, caso a Base Monetária (B) se reduza, para que M_1 fique constante é necessário que o multiplicador aumente. A alternativa "d" é verdadeira.
Quando o compulsório se reduz, provoca alteração na composição da Base Monetária.
B = PMPP + Encaixes ou B = PMPP + Rc + Rv + caixa
Onde: PMPP = Papel-Moeda em Poder do Público; Rc = Recolhimento compulsório; e Rv = Recolhimento voluntário.
Caso Rc se reduza, provocará aumento do PMPP ou Rv ou cx. A alternativa "e" é verdadeira.

32. F. Se a taxa de redesconto aumentar, o redesconto vai diminuir. Os bancos comerciais poderão ficar mais temerosos de emprestar dinheiro, porque sabem da dificuldade em se socorrerem ao Bacen. Com isso, os encaixes se elevarão e haverá uma diminuição do multiplicador monetário e, por conseguinte, uma diminuição dos meios de pagamento.

33. V, F, F, V, F, V, F, V, F, F.

a) **(V)** Uma elevação $\dfrac{\text{encaixes}}{DV}$ faz com que R aumente, reduzindo o multiplicador e, portanto, os meios de pagamento $\dfrac{\downarrow M_1}{B} = \downarrow$ multiplicador $= \dfrac{1}{1 - d(1 - R \uparrow)}$.

b) **(F)** Caso a Base Monetária aumente, mantendo constante o multiplicador, levará ao aumento proporcional dos meios de pagamento: $\dfrac{\uparrow M}{\uparrow B}$ = mult (constante).

c) **(F)** Quando o Bacen vende divisas (moeda estrangeira) no país, haverá contração monetária, já que o Bacen troca divisas, por moeda nacional. Quando o país paga uma dívida externa, há saída de divisas mas não há contração monetária interna.

d) **(V)** A demanda de moeda é função inversa da taxa de juros nominais (i). Como a taxa de juros nominais é a soma da taxa de juros reais (r) e com taxa de inflação (ϖ), a demanda de moeda é função inversa da taxa de juros nominal, real e da inflação.

e) **(F)** Quando aumenta $\dfrac{PMPP}{DV}$, isso significa que o público está retendo consigo mais moeda ou depositando menos nos bancos comerciais em forma de depósito à vista. Logo, $\dfrac{DV}{M_1}$ (d) diminuirá e o multiplicador também diminuirá.

f) **(V)** O multiplicador só será igual a "1" se $\dfrac{DV}{M_1}$ for igual a "zero" ou se $\dfrac{\text{encaixes}}{DV}$ for igual a "um". Mas isso só ocorre em casos extremos. Em situações normais, o multiplicador monetário é maior que "1".

g) **(F)** Quanto maior $\frac{encaixe}{DV}$ (= R), menos os bancos emprestarão e, portanto, menor será o multiplicador.
h) **(V)** A Teoria Quantitativa da Moeda afirma: M × V = P × Y, onde P × Y é a renda nominal. Assim, quanto maior M, maior será P × Y, já que "V" é constante.
i) **(F)** Quando há uma alteração na taxa de redesconto, haverá alteração também no redesconto (empréstimo que o Banco Central faz aos bancos comerciais), alterando a Base Monetária e, portanto, os meios de pagamento. O multiplicador permanece constante porque só o que modifica o multiplicador é $\frac{DV}{M_1}$ (d) e $\frac{encaixes}{DV}$ (R), já que: Mult $= \frac{1}{1 - d(1-R)}$.
j) **(F)** Quando um banco compra títulos do público, paga com moeda, aumentando os meios de pagamento.

34. "a". Quando o Bacen deseja diminuir a liquidez da economia, deve adotar uma política monetária restritiva, ou seja, deve:
— aumentar a taxa de redesconto;
— diminuir o montante do redesconto;
— aumentar a taxa de recolhimento compulsório;
— diminuir o prazo de pagamento do redesconto.

35. F, V.
a) **(F)** Segundo a Teoria Quantitativa da Moeda (MV = PT), a velocidade de sua circulação (V) e o nível de transações (T) são constantes no longo prazo. Pela TQM, as variáveis nominais (M e P) não afetam a variáveis reais (T e Y). Essa separação é chamada dicotomia clássica.

36. F. Só quem pode criar meios de pagamento é o Banco Central, por meio da oferta de moeda primária (Base Monetária), e os bancos comerciais, em que se enquadram, entre outros, o Banco do Brasil e a Caixa Econômica Federal, ou seja, os bancos que recebem depósito à vista.

37. V. A Teoria Quantitativa da Moeda afirma que: M × V = P × T.
Sendo constantes a velocidade da moeda (V) e o número de transações da economia, um aumento da velocidade da moeda (V) acarreta um aumento do preço (P) e, portanto, a taxa de crescimento da oferta de moeda determina a taxa de crescimento do preço.

38. "c". Dentre as opções acima, o único que recebe depósito à vista e é capaz de criar moeda escritural é o Banco do Brasil, por ser um banco comercial.

39. "a". A demanda de moeda (L) é uma função direta da renda e inversa da taxa de juros. Assim, quanto maior a taxa de juros, menor a demanda de moeda, e quanto menor a taxa de juros, maior a demanda de moeda. A oferta de moeda é inelástica à taxa de juros por ser uma variável exógena ao modelo. O mercado monetário se encontra em equilíbrio quando a demanda de moeda (L) se iguala à oferta de moeda (M), ou seja, quando L = M.

40. "b". O investidor financeiro, sabendo que as taxas de juros irão se elevar, deverá reter moeda consigo para adquirir o título quando essa taxa de juros subir. Lembre-se de que se trata de títulos de renda fixa e, portanto, quanto maior a taxa de juros, mais o investidor tende a ganhar. Portanto, ele deverá reter moeda, aguardando a elevação da taxa de juros para adquirir o título e ter ganhos com isso. Portanto, demandará moeda para especular.

41. "c". As metas e o seu intervalo de tolerância deverão ser fixados pelo Conselho Monetário Nacional, e o BACEN deverá tomar medidas que levem ao cumprimento dessas metas.

42. "c". Observe a semelhança entre essa questão e a anterior, formuladas no mesmo ano para concursos diferentes. Portanto, a mesma resposta, ou seja: As metas e o seu intervalo de tolerância deverão ser fixados pelo Conselho Monetário Nacional, e o BACEN deverá tomar medidas que levem ao cumprimento dessas metas.

43. "a". O índice de preços adotado pelo Bacen para cumprimento de metas de inflação a partir de 1999 é o IPCA. A alternativa "a" é verdadeira.

44. "b". A dicotomia clássica separa o lado real da economia do lado nominal, afirmando que as variáveis reais são capazes de determinar variáveis reais. Assim, se o produto real aumenta, o nível de emprego aumenta e a renda real aumenta. Também, variáveis nominais não são capazes de determinar variáveis reais. Assim, uma elevação da oferta da moeda não é capaz de alterar o produto real (variável real). Portanto, a alternativa "b" é verdadeira.
Se o Banco Central fixa a taxa de juros, uma elevação das reservas internacionais provocará uma diminuição da taxa de câmbio (ou valorização da moeda nacional). Para que a taxa de juros não suba (já que taxa de câmbio e juros têm uma relação negativa), o Bacen terá que comprar esse excesso de divisas, o que implicará aumento da oferta de moeda. Se desejar evitar o aumento da Base Monetária, poderá promover a esterilização, que consiste na venda de títulos públicos para reduzir a oferta de moeda. Portanto, a alternativa "a" é falsa.
A teoria Quantitativa da Moeda afirma que o aumento da oferta de moeda provocará elevação de preços, já que o produto real é o de pleno emprego e a velocidade de circulação da moeda é constante. Assim:
$\uparrow M \times V_{constante} = \uparrow P \times Y_{constante}$
Portanto, a alternativa "c" é falsa.
A poupança externa é igual ao déficit no Balanço de Pagamentos em Transações Correntes. Assim, se o país apresenta superávit no Balanço de Pagamento em Transações Correntes, significa que a poupança externa é negativa. A alternativa "d" é falsa.
Um superávit em transações correntes pode ter sido gerado por meio de financiamentos e empréstimos, o que não causa aumento das reservas internacionais. A alternativa "e" é falsa, portanto.

45. "c". Se as reservas bancárias (recolhimento compulsório mais recolhimento voluntário) forem iguais aos depósitos à vista, então, R = 1, já que R = Encaixe/depósito a vista. Logo:
m = 1/1 – d (1 – R)
m = 1/1 – d (1 – 1)
m = 1
A alternativa "c" é a verdadeira.
A velocidade de circulação da moeda não afeta o multiplicador monetário. Este é afetado pelo "d" (parcela dos meios de pagamento que será depositada à vista) e pelo "R" (parcela dos depósitos à vista que não será emprestada). A velocidade de circulação da moeda poderá afetar a Base Monetária, mas não o multiplicador monetário. A alternativa "a" é falsa.
Os Meios de Pagamento (M_1) são, por definição, a soma do Papel-Moeda em Poder do Público (PMPP) e dos depósitos à vista (DV). A alternativa "b" é falsa.
Para ser considerado Banco Comercial, a instituição tem que poder receber depósitos à vista, que não é o caso do BNDES. A alternativa "d" é falsa.
Se o Banco Central reduz o recolhimento compulsório, "R", que é a relação entre o encaixe e os depósitos à vista, diminui e o multiplicador monetário aumenta. Dada uma certa base monetária (B), isso provoca um aumento dos meios de pagamento (M_1). A alternativa "e" está errada.

46. "a". Quando um agente econômico transfere recurso de sua conta corrente, ele está diminuindo M_1, ou seja, está destruindo moeda. Quando deposita na poupança, M_2 não se altera, já que:
$M_2 = M_1 \downarrow + \uparrow$ depósitos de poupança + CDB + DER. M_2 é considerado quase moeda. A alternativa "a" está correta.
Os empréstimos que o Bacen concede, *ceteris paribus*, aumentam a Base Monetária. A alternativa "b" está errada.
A demanda por moeda mantém uma relação inversa com a taxa de juros. Portanto, quando a taxa de juros sobe, a demanda por moeda diminui. A alternativa "c" é falsa.
Quando um banco adquire títulos, os Meios de pagamentos aumentam, *ceteris paribus*. Quando um banco vende títulos, os Meios de Pagamentos diminuem, *ceteris paribus*. Quando as duas transações ocorrem conjuntamente, os Meios de Pagamento não se alteram. A alternativa "d" é falsa.
Quando aumenta o imobilizado de um banco comercial, haverá aumento dos Meios de Pagamento, *ceteris paribus* e, portanto, criação de moeda. A alternativa "e" é falsa.

47. "c". Quando se aumenta a taxa de reserva compulsória, os bancos comerciais ficam com menos recursos disponíveis para empréstimos, o que reduz a liquidez da economia. A alternativa "a" é falsa.
Só são capazes de criar meios de pagamentos no conceito M_1, os bancos comerciais, aqueles que possuem carteira de depósito à vista, pela Caixa Econômica Federal, pelas cooperativas de créditos e pelos bancos cooperativos. A alternativa "b" é falsa.
Quando a economia está no seu produto potencial, uma expansão monetária só será capaz de alterar os preços dos produtos gerando inflação, já que a quantidade produtiva ou o produto real não poderão se alterar. Assim, quanto mais próximo do produto potencial, mais os preços se elevam e menos a quantidade se altera se houver uma expansão monetária. A alternativa "c" é verdadeira.
Quanto maior o papel moeda em poder do público (c), menores serão os depósitos à vista (d) e menor será o multiplicador monetário (m). Portanto, "c" e "m" mantêm uma relação inversa. A alternativa "d" é falsa.
Quanto maior a taxa de juros, menor será a demanda por moeda. Portanto, a elasticidade-juros da demanda de moeda é negativa. A alternativa "e" é falsa.

48. "d". O multiplicador monetário (m) mantém uma relação inversa com a taxa de reservas (R) e como o papel-moeda em poder do público (c). A alternativa "a" é falsa.
M_1 é a soma do Papel-Moeda em poder do público (PMPP) e dos depósitos à vista nos bancos comerciais (DV). A alternativa "b" é falsa.
Em processos inflacionários, tende a diminuir M_1 em relação a M_2, M_3, M_4. A moeda em poder do público (PMPP) e a moeda bancária ou escritural, que correspondem aos depósitos à vista nos bancos comerciais (DV), tendem a ser evitadas, já que não são corrigidas monetariamente. A alternativa "c" é falsa.
Um resgate de um empréstimo corresponde a uma distribuição de moeda, uma vez que os recursos saem do público e retornam ao caixa dos bancos, reduzindo M_1. A alternativa "d" é verdadeira.
O Tesouro Nacional não tem o poder de emitir moeda. Isso é competência da Casa da Moeda, por atribuição do Bacen. A alternativa "e" é falsa.

49. "a". Se todos os preços, inclusive os salários, duplicarem, significa que, para manter o mesmo padrão de consumo, as pessoas demandaram o dobro da moeda. A alternativa "a" é verdadeira.
M_1 = PMPP + DV e a B = PMPP + encaixes. Portanto, $M_1 \neq B$ e a alternativa "b" é falsa.

A demanda por moeda é função crescente da renda. Assim, se o PIB e, portanto, a renda se elevam, a demanda por moeda deverá elevar-se também. Logo, a alternativa "c" é falsa.
A alternativa "d" contradiz a "a", portanto é falsa.
Se a rentabilidade de títulos e de depósitos em poupança aumentam, a demanda por moeda diminui. A alternativa "e" é falsa.

50. "c". Se o Bacen reduz a taxa de depósito compulsório, os bancos diminuem seus encaixes e aumentam seus empréstimos, aumentando a liquidez da economia. Portanto, a alternativa "a" é falsa.
Quando o Bacen promove a venda de divisas estrangeiras faz com que os agentes econômicos vendam divisas estrangeiras e as compra. Logo, aumentará a oferta de moeda.
Obs.: fique atento ao verbo "promover", porque significa que o Bacen toma uma medida para estimular que os agentes econômicos ajam de acordo com sua intenção. Portanto, a alternativa "b" é falsa.
Quando o Bacen eleva a taxa de juros do redesconto, passa a emprestar menos (conceder menos redesconto) e, com isso, os bancos comerciais tendem a restringir seus empréstimos também ao público, levando a uma contração monetária. A alternativa "c" é, portanto, verdadeira.
Quando o Bacen promove a valorização da taxa de câmbio real, faz com que os agentes econômicos vendam divisas no mercado de câmbio e as compra, aumentando a oferta de moeda na economia. A alternativa "d" é, portanto, falsa.
Quando o Bacen efetua resgate de títulos, expande a oferta de moeda. A alternativa "e" é, portanto, falsa.

51. "d". Os agentes poderão demandar moeda para realizar suas trocas, ou seja, adquirir bens e serviços. Portanto, quanto mais transações realizarem, maior será a demanda de moeda.

52. Certo. A demanda por moeda para transação será função direta da renda, e a demanda de moeda para especulação será função inversa da taxa de juros.
Se a taxa de juros estiver elevada, os agentes preferirão adquirir títulos no lugar de reter consigo moeda para futuros investimentos produtivos. Assim, quanto maior a taxa de juros, menor será a demanda de moeda para especulação, e, quanto menor a taxa de juros, maior será a demanda de moeda para especulação.

53. "e". Os instrumentos de controle monetário são:
- Reservas compulsórias (Rc) ou Recolhimento compulsório que corresponde ao percentual dos depósitos dos bancos comerciais que são recolhidos junto ao Banco Central de forma compulsória.
- Taxa de redesconto que é a taxa de juros que o Banco Central cobra dos bancos comerciais quando empresta recursos a eles (esse empréstimo é chamado de Redesconto).
- Operações de *open market* ou mercado aberto onde são negociados os títulos do governo, tanto para compra como para venda.

54. Certo. A taxa de redesconto é a taxa de juros que o Banco Central cobra dos bancos comerciais quando empresta recursos a eles (esse empréstimo é chamado de Redesconto). Quando o Banco Central quer controlar os meios de pagamento por meio do redesconto, pode alterar a taxa de juros cobrada, ou seja, alterar a taxa de redesconto, mudar o prazo dado aos bancos comerciais para resgate dos títulos redescontados, determinar o limite para operação ou fazer restrição aos tipos de títulos possíveis de serem redescontados.

55. Certo. O Banco Central apresenta as seguintes funções:
- Emitir moeda.
- Ser o banco dos bancos, realizando operações de redesconto, ou seja, sendo emprestador de última instância e recebendo os recolhimentos voluntários e compulsórios dos bancos comerciais.
- Receber e manter, em depósito, as reservas internacionais.
- Ser o banqueiro do Governo Federal.
- Receber depósitos do Tesouro Nacional.
- Comprar e vender títulos públicos federais.
- Ser o responsável pela preservação do valor da moeda.
- Ser o executor da política monetária do país.
- Receber recolhimentos compulsórios e voluntários.
- Regulamentar o serviço de compensação dos cheques.
- Cuidar da estabilidade do sistema bancário e do sistema de meios de pagamento.
- Ser o gestor do Sistema Financeiro Nacional.
- Controlar o crédito.
- Garantir o cumprimento das metas de inflação.
- Autorizar que instituições financeiras funcionem.

14

MODELO IS-LM (INTERLIGAÇÃO ENTRE O LADO REAL E O LADO MONETÁRIO)

Até o momento, quando se determinava o nível de produto de equilíbrio no mercado de bens, considerava-se uma taxa de juros "dada", ou seja, ela não se alterava na economia. Da mesma forma, quando se determinava a taxa de juros de equilíbrio no mercado monetário, considerava-se um nível de produto e renda "dados", ou seja, eles não se alteravam na economia. O que se vai mostrar, neste capítulo, é que tanto uma alteração na taxa de juros é capaz de alterar o nível de equilíbrio da renda e do produto quanto uma alteração da renda e do produto é capaz de modificar a taxa de juros de equilíbrio.

Segundo Lopes e Vasconcellos, o modelo IS-LM "(...) trata de um sistema de determinação simultânea, tomando-se como variáveis exógenas no modelo a política monetária (oferta de moeda), a política fiscal (impostos e gastos públicos) e o nível de preços, que é considerado constante. A interligação entre o lado real e o lado monetário é feita basicamente através da taxa de juros"[1].

Portanto, o modelo IS-LM, também conhecido pelo nome de análise de **Hicks-Hansen**, explica duas variáveis endógenas: a renda e a taxa de juros.

■ 14.1. FUNÇÃO IS (INVESTIMENTO E POUPANÇA)[2]

Sabendo que a função investimento é uma função inversa da taxa de juros real e considerando-se o **nível de preços como dado**[3] e, por conseguinte, um modelo onde não há inflação, tem-se:

$$I = Ia - \beta r$$

Onde: β = sensibilidade do investimento a taxa de juros; r = taxa de juros real; e Ia = investimento autônomo.

Vale lembrar que:

taxa de juros nominal (i) = taxa de juros real (r) + taxa de inflação (π)[4].

---

[1] Luiz Martins Lopes e Marco Antonio Sandoval de Vasconcellos, *Manual de macroeconomia*, p. 149.
[2] IS deriva do termo em inglês *Investment and Saving*.
[3] A hipótese de preços constantes baseia-se numa economia de curto prazo.
[4] No momento, considera-se que os preços não variem e que, portanto, a inflação esperada seja zero, fazendo com que a taxa de juros nominal e real sejam iguais. No capítulo 14 será abordada a hipótese de uma inflação esperada diferente de zero e as repercussões na função IS.

Como os preços não variam, ao se construir o modelo IS-LM é indiferente fazer referência a taxa de juros nominal (i) ou real (r), já que serão iguais.

No modelo IS, o investimento é **endógeno** ao modelo, na medida em que sua quantidade se reduz conforme a taxa de juros (r) sobe e se eleva conforme a taxa de juros (r) cai.

Blanchard afirma que, no modelo anteriormente desenvolvido, o mercado de bens não era afetado por uma alteração na taxa de juros, já que ela era considerada constante: "Nossa primeira tarefa neste capítulo é remover essa simplificação para introduzir a taxa de juros em nosso modelo de equilíbrio do mercado de bens"[5].

Assim, para se construir a função IS, deve-se seguir a sequência dos gráficos da Figura 14.1.

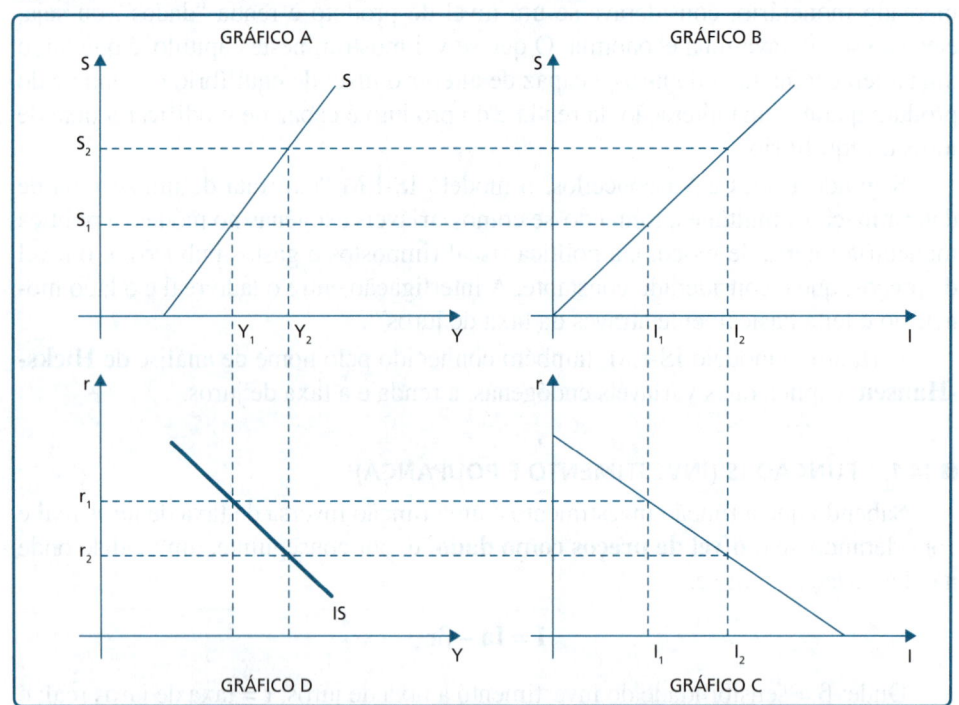

Figura 14.1. Construção da função IS

Começa-se atribuindo dois valores para o nível de renda no **gráfico A** e, assim, determinam-se dois valores para o nível de poupança. Em seguida, como a poupança e o investimento são iguais no equilíbrio, define-se o **gráfico B**. Como o investimento e a taxa de juros têm uma relação inversa, pode-se construir o **gráfico C**. O **gráfico D** associa as taxas de juros do **gráfico C** com o nível de renda do **gráfico A**, definindo a função IS, ou seja, o equilíbrio no mercado de bens.

---
[5] Olivier Blanchard, *Macroeconomia*, p. 82.

Observe que a função IS, por simplificação, foi construída no formato de uma reta, mas nada impede que seu formato seja o de uma curva convexa para a origem.

14.1.1. O equilíbrio no mercado de bens — função IS

A **curva IS** é o lugar geométrico dos pontos formados pelas combinações entre taxa de juros e renda que equilibram o **mercado de bens**, ou seja, onde ocorre a igualdade entre oferta agregada e demanda agregada. A curva IS é, portanto, a combinação entre diversas taxas de juros e diversos níveis de renda e produto que tornam a **d.a. = o.a.** (demanda agregada = oferta agregada) e **I = S** (Investimento = Poupança).

Quanto maior a taxa de juros, menor o investimento e, portanto, menores a renda e o produto de equilíbrio.

O que se observa no gráfico da Figura 14.2 é que, conforme a taxa de juros sobe, o nível de investimento (I) diminui, reduzindo o nível de Produto da economia (Y) e, conforme a taxa de juros cai, o nível de investimento (I) aumenta, elevando o nível de Produto da economia (Y). Daí concluir-se que a função IS apresenta uma **inclinação negativa**.

Portanto, quanto maior a taxa de juros "i", menor o nível de Produto "Y", e quanto menor a taxa de juros "i", maior o nível de Produto "Y".

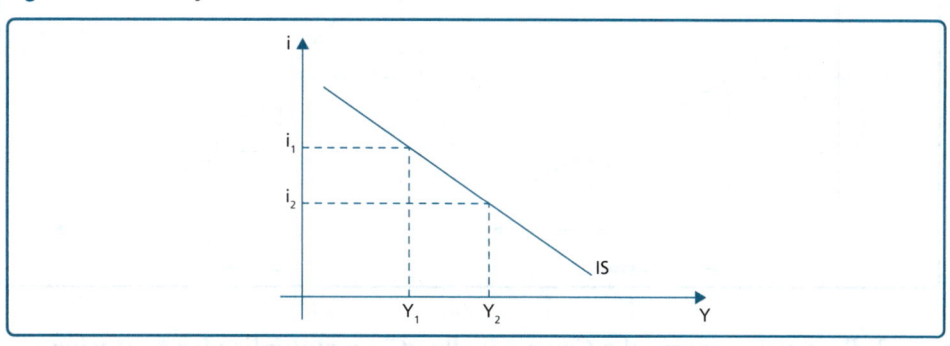

Figura 14.2. Função IS

Assim, o equilíbrio no mercado de bens numa economia fechada será: $Y = C + I + G$, onde: Y = renda e produto de equilíbrio; C = consumo; I = investimento; e G = gastos do governo.

Sendo o consumo uma função direta da renda disponível $(Y - T)$ e o investimento uma função inversa da taxa de juros, um aumento da renda (Y) leva a uma poupança e a um consumo maiores, e um aumento da taxa de juros (r) leva a uma redução dos investimentos (I).

14.1.2. Inclinação da função IS

A inclinação da IS determinará a elasticidade do Investimento (I) à taxa de juros e a da Poupança (S) ao nível de renda. A inclinação da curva IS depende basicamente de dois fatores:

1. Sensibilidade do Investimento em relação à taxa de juros (r)

Quando o Investimento é mais sensível (mais elástico) à taxa de juros, a função IS é menos inclinada, mostrando que uma variação na taxa de juros alterará muito o nível de investimento. Para equilibrar o mercado de bens, haverá a necessidade de um maior incremento da poupança. Como a poupança é uma função do nível de renda, é necessário um aumento também do nível de renda. Observe a Figura 14.3. O gráfico (a) mostra uma curva IS menos inclinada (mais horizontal), e o gráfico (b) mostra uma curva IS mais inclinada (mais vertical). Observe que, no gráfico (a), uma mesma alteração na taxa de juros em comparação ao gráfico (b), provocou um aumento na renda maior que o do gráfico (b). Lopes e Vasconcellos afirmam: "(...) quanto maior a elasticidade do investimento em relação à taxa de juros, mais horizontal será a curva IS, isto é, menor sua inclinação. Uma pequena variação na taxa de juros induzirá uma grande variação no investimento e, portanto, na demanda agregada e na renda. O oposto ocorrerá quando o investimento for pouco sensível à renda: variações no investimento irão requerer maiores variações na taxa de juros, levando a uma curva IS próxima da vertical"[6].

Figura 14.3. Inclinação da função IS de acordo com a sensibilidade do Investimento à taxa de juros

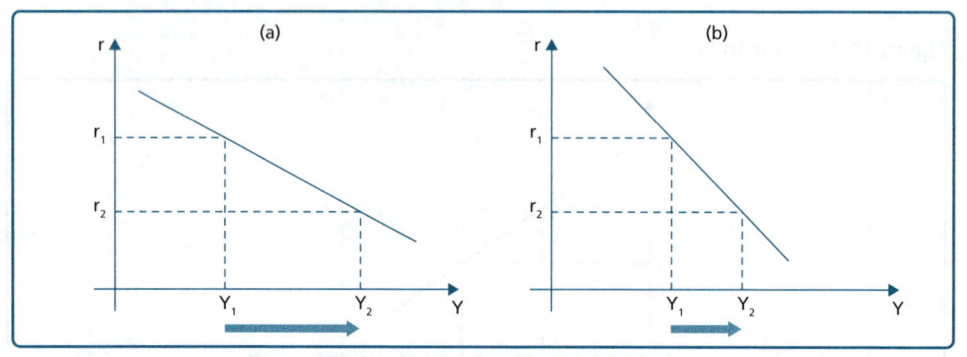

2. Propensão marginal a Consumir (PmgC) ou multiplicador Keynesiano

Caso a Propensão marginal a Consumir seja maior, uma parcela maior do aumento da renda será destinada ao consumo. Por conseguinte, uma parcela menor do aumento da renda será destinada à Poupança. Assim, caso haja uma queda na taxa de juros, os investimentos aumentarão. Para se alcançar o equilíbrio no mercado de bens, é necessário que haja um aumento na poupança que se iguale ao novo investimento. Para tanto, deve haver um aumento da renda também, já que a poupança é função da renda. Porém, como a Propensão marginal a Poupar é pequena, o aumento da poupança deverá ser compensado com um aumento maior da renda. Sendo assim, **quanto menor a Propensão marginal a Poupar (s), mais horizontal (ou menos inclinada) será a função IS**. Como o multiplicador Keynesiano é definido por:

---

[6] Luiz Martins Lopes e Marco Antonio Sandoval de Vasconcellos, *Manual de macroeconomia*, p. 152.

Mult = 1/s ou Mult = 1/1 − c

Quanto maior a Propensão marginal a Consumir (c), maior o multiplicador Keynesiano. Daí poder-se afirmar que, **quanto maior o multiplicador, menos inclinada (mais horizontal) a função IS**. Lopes e Vasconcellos reforçam: "(...) se a propensão marginal a consumir for elevada e, portanto, o multiplicador também elevado, variações no investimento gerarão grandes expansões induzidas no consumo, ampliando a demanda e a renda. Dessa forma, quanto maior o multiplicador, maior será o impacto sobre a renda de variações nas taxas de juros, ou seja, menor será a inclinação da IS (mais horizontal)"[7].

Como a Propensão marginal a Poupar (PmgS) somada à Propensão marginal a Consumir (PmgC) é igual a 1 (um), ou seja, essas duas propensões são complementares para 1 (um), então quanto maior uma, menor a outra. Froyen afirma que: "(...) pode-se mostrar que a curva IS será relativamente mais inclinada quanto mais alta for a PmgS"[8].

Observe, no quadro a seguir, a relação entre a inclinação da função IS e a sensibilidade do Investimento à taxa de juros e ao tamanho do multiplicador.

	SENSIBILIDADE DO INVESTIMENTO À TAXA DE JUROS	PmgC OU MULTIPLICADOR KEYNESIANO
IS HORIZONTAL	+	+

O sinal (+) significa que as variáveis mantêm uma **relação crescente (ou positiva)**: quando uma aumenta, a outra aumenta, e quando uma diminui, a outra diminui, ou seja, movem-se na mesma direção. Assim, pode-se afirmar: **quanto mais sensível for o investimento à taxa de juros, mais horizontal será a IS**, e quanto menos sensível for o investimento à taxa de juros, menos horizontal será a função IS. Ainda, **quanto maior o multiplicador, mais horizontal será a IS**, e quanto menor o multiplicador, menos horizontal será a IS.

Shapiro sintetiza, afirmando que a elasticidade da função IS "depende da sensibilidade dos gastos de investimento às variações na taxa de juro e na magnitude do multiplicador. Se a curva da demanda de investimento for perfeitamente inelástica, indicando que os gastos de investimento são completamente insensíveis à taxa de juros, a curva IS (...) será perfeitamente inelástica independente da magnitude do multiplicador. Se, em contrapartida, a curva de demanda de investimento mostrar uma certa elasticidade, (...), a curva IS será mais elástica quanto mais baixa for a PmgS. Quanto mais baixa a PmgS, mais alto será o multiplicador, e, portanto, maior será a variação na renda para qualquer aumento no investimento que resulte de uma baixa na taxa de juro"[9].

---

[7] Luiz Martins Lopes e Marco Antonio Sandoval de Vasconcellos, *Manual de macroeconomia*, p. 152.
[8] Richard T. Froyen, *Macroeconomia*, p. 154.
[9] Edward Shapiro, *Análise macroeconômica*, p. 542.

Portanto, quanto **mais horizontal (menos inclinada) a curva IS**, mais sensível é o investimento à taxa de juros e menos sensível é a poupança ao nível de renda, ou seja, o multiplicador deve ser maior.

Quanto **mais vertical (mais inclinada) a curva IS**, menos sensível é o investimento à taxa de juros e mais sensível é a poupança ao nível de renda, ou seja, o multiplicador deve ser menor.

14.2. FUNÇÃO LM (DEMANDA E OFERTA DE MOEDA)

Demanda total de moeda é a soma da demanda de moeda para transação (Lt) e para especulação (Ls).

$$L = Lt + Ls$$

Lt = demanda de moeda para **transação e precaução**. Quanto maior o nível de renda, maior a necessidade dos agentes em ter moeda para realizarem suas transações. O impacto da variação na renda sobre a demanda vai depender da sensibilidade ou elasticidade – renda da demanda por moeda (k).

Ls = demanda de moeda para **especulação**. É uma função inversa da taxa de juros. É a opção entre reter títulos ou moeda. Se a taxa de juros estiver alta, há tendência de cair e de valorizar os títulos[10]. Nessa situação, quem tem títulos vai retê-los. Quem não tem vai querer adquirir. Sendo assim, a demanda por moeda será mínima. Portanto, quanto maior a taxa de juros, menor a demanda de moeda para especulação. O impacto da variação na taxa de juros sobre a demanda vai depender da sensibilidade ou elasticidade – juros da demanda por moeda (n).

Logo: L = Lt + Ls; como Lt = f(Y) e Ls = f(i), então: **L = kY – n i**, onde: k = sensibilidade-renda da demanda por moeda, e n = sensibilidade-juros da demanda por moeda.

Sabendo-se que a oferta de **moeda primária** (M) é determinada pelo Banco Central e que, portanto, é uma variável **exógena**, é possível se construir a função LM. Segundo Shapiro, "A teoria keynesiana da demanda de moeda torna a demanda de moeda para transação (que inclui demanda para precaução) uma função direta do nível de renda, exclusivamente, e a demanda de moeda para especulação uma função inversa da taxa de juro, exclusivamente. Isso nos dá três equações para cobrir o mercado de moeda:

Demanda de moeda para transações: Lt = kt Y

Demanda de moeda para especulação: Ls = ni

Condição de equilíbrio: Lt + Ls = L = M

A oferta de Moeda (M) é determinada exogenamente pela autoridade monetária"[11].

Para se construir a função LM, deve-se seguir a sequência dos gráficos da Figura 14.4.

---

[10] Entende-se por "títulos" os títulos do governo, ações, duplicatas etc.
[11] Edward Shapiro, *Análise macroeconômica*, p. 526.

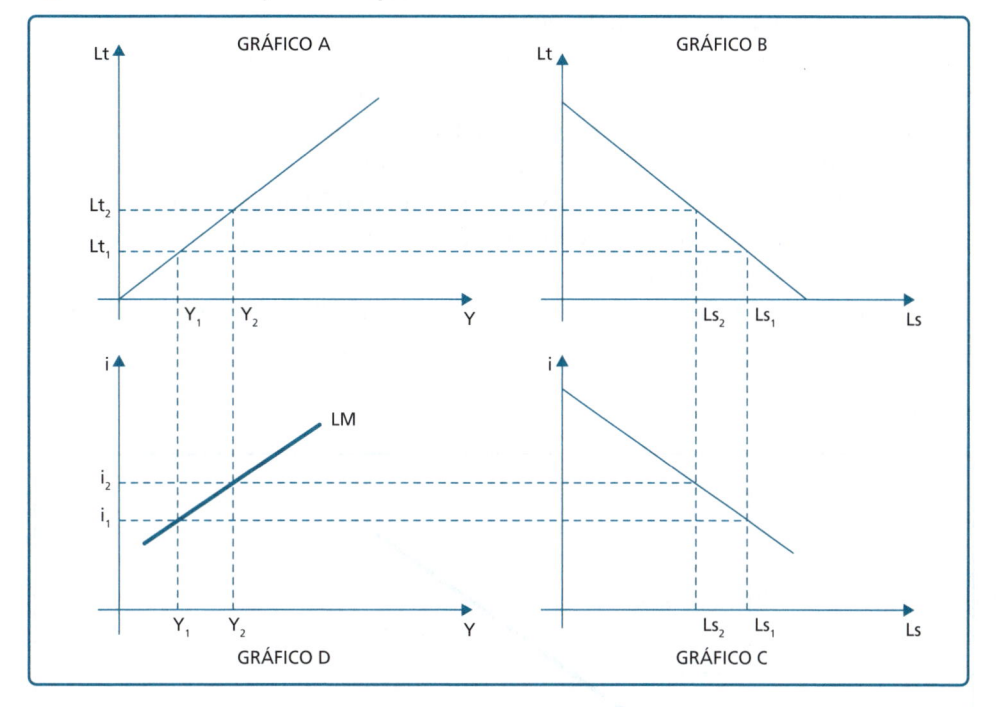

Figura 14.4. Construção da função LM

[Gráfico A: Lt vs Y, reta crescente; Lt₂, Lt₁ associados a Y₁, Y₂]
[Gráfico B: Lt vs Ls, reta decrescente; Lt₂, Lt₁ associados a Ls₂, Ls₁]
[Gráfico C: i vs Ls, reta decrescente; i₂, i₁ associados a Ls₂, Ls₁]
[Gráfico D: i vs Y, curva LM positivamente inclinada; i₂, i₁ associados a Y₁, Y₂]

Na construção da função LM, deve-se, no **gráfico A**, atribuir dois níveis de renda, que associarão dois níveis de demanda de moeda para transação. No **gráfico B**, observa-se que as demandas de moeda para transação e para especulação são complementares. Assim, dado um nível de oferta monetária, quando aumenta a demanda de moeda para transação, diminui a demanda de moeda para especulação, e vice-versa. No **gráfico C**, a demanda de moeda para especulação se relaciona inversamente com a taxa de juros. No **gráfico D**, associa-se o nível de renda do gráfico A com a taxa de juros do gráfico C. Define-se, então, a função LM. No mercado monetário, um aumento da renda e do produto eleva a taxa de juros, o que faz com que a curva LM seja positivamente inclinada.

No modelo LM, é possível perceber quanto o nível de renda e o de produto afetam a taxa de juros, ou seja, no modelo anteriormente analisado (capítulo 13), onde se determinava o equilíbrio no mercado monetário, consideravam-se a renda e o produto como "dados" no modelo. Tratando-se da curva LM, considera-se que a renda e o produto podem variar e, portanto, influenciam o mercado monetário, por meio da taxa de juros.

■ **14.2.1. O equilíbrio no mercado monetário — função LM**

A curva **LM** é o lugar geométrico das combinações de taxa de juros e nível de renda que **equilibram o mercado monetário**. Cada ponto que forma a curva LM é uma combinação de juros e renda (ou do produto), onde se verifica uma situação de **equilíbrio** no mercado monetário, ou seja, L = M. Na curva LM, determinam-se todas as combinações de renda (Y) e taxa de juros (i) que equilibram a demanda por moeda, considerando uma oferta de moeda fixa.

Observa-se que, conforme os níveis de renda e produto da economia se elevam, faz-se necessário um maior volume de moeda para atender a uma maior demanda por saldos monetários. Caso não ocorra o aumento da oferta monetária, o preço da moeda, que é a taxa de juros, vai elevar-se para equilibrar a nova situação monetária.

Por esse motivo, a curva LM apresenta uma **inclinação ascendente** e para a direita, mostrando que, quando o nível de renda e produto da economia aumenta, as taxas de juros se elevam também.

Portanto, quando "Y" se eleva, "i" se eleva. Quando "Y" diminui, "i" diminui. Essa relação define a curva LM representada na Figura 14.5:

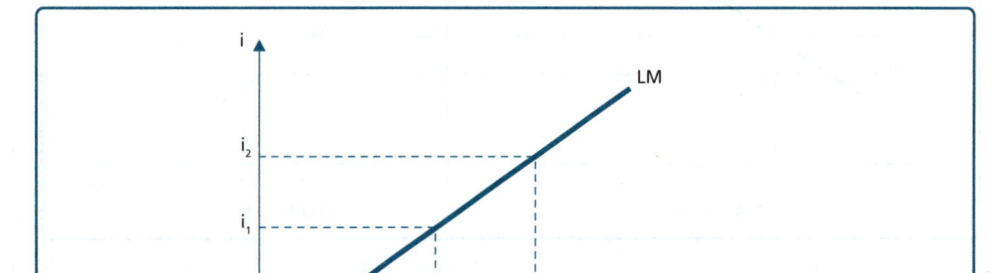

Figura 14.5. Função LM

14.2.2. Inclinação da função LM

A inclinação da LM determinará a elasticidade da demanda por moeda em relação à taxa de juros e à renda, já que a oferta de moeda é uma variável exógena. A função LM poderá ser mais inclinada (mais vertical) ou menos inclinada (mais horizontal). Os fatores que afetam essa inclinação da LM são:

1. Elasticidade da demanda de moeda em relação à renda

Assim, observe: quanto mais elástica a demanda de moeda à renda, **mais inclinada** (mais vertical) a função LM, porque uma pequena variação na renda levará a um grande aumento da demanda por moeda, elevando a taxa de juros para compensá-la.

Deve-se ficar atento com o termo "elástica" e seus sinônimos, porque dizer que é menos elástica a "i" significa que a curva é mais inclinada, ou mais íngreme, ou mais inelástica.

Por meio de duas situações, é possível se verificar isso:

a) Sensibilidade da demanda de moeda ao nível de renda com **LM menos horizontal** (mais inclinada). Observe, primeiramente, o gráfico da Figura 14.6.

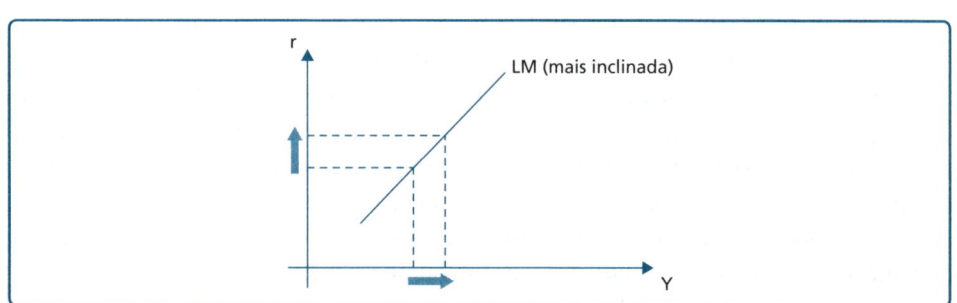

Figura 14.6. Sensibilidade da demanda de moeda ao nível de renda com LM menos horizontal (mais inclinada)

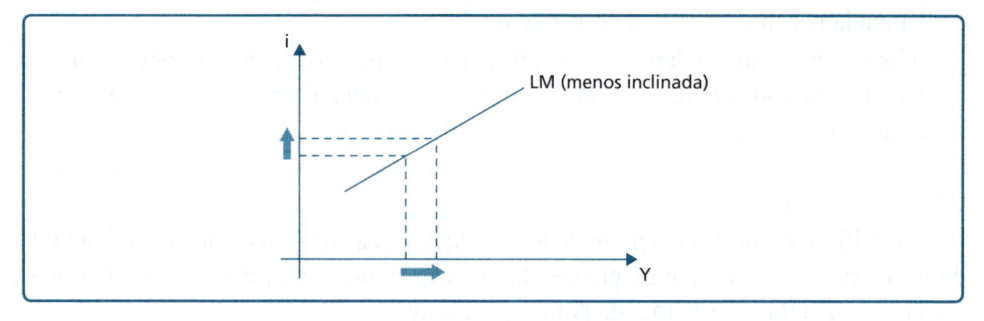

[Gráfico: eixo r (vertical) e Y (horizontal), curva LM (mais inclinada) ascendente]

Observe que uma alteração no nível de renda provocou um aumento da demanda de moeda, obrigando uma elevação na taxa de juros para equilibrar o mercado monetário. Como a demanda de moeda é muito sensível à alteração na renda, a taxa de juros teve de ser muito elevada, o que fez com que a função LM fosse mais inclinada (ou menos horizontal).

b) Sensibilidade da demanda de moeda ao nível de renda com **LM mais horizontal** (menos inclinada). Observe, primeiramente, o gráfico da Figura 14.7.

Figura 14.7. Sensibilidade da demanda de moeda ao nível de renda com LM mais horizontal (menos inclinada)

[Gráfico: eixo i (vertical) e Y (horizontal), curva LM (menos inclinada) ascendente]

Observe que uma alteração no nível de renda provocou um aumento da demanda de moeda, obrigando uma elevação na taxa de juros para equilibrar o mercado monetário. Como a demanda de moeda é pouco sensível à alteração na renda, a taxa de juros teve de ser pouco elevada, o que fez com que a função LM fosse menos inclinada (ou mais horizontal).

Analisando os gráficos das Figuras 14.6 e 14.7 *supra*, percebe-se que a mesma variação da renda leva a uma variação na taxa de juros menor quando a LM é menos inclinada (mais horizontal). Portanto, quanto **mais horizontal** (menos inclinada) a função LM, **menor a sensibilidade** da "L" ao nível de renda e produto.

A variação na taxa de juros (i) ocorre porque, quando há um aumento no nível de renda (Y), há um aumento da demanda de moeda para transações, já que esta é função do nível de renda. Assim, a taxa de juros deverá aumentar o suficiente para compensar o aumento da demanda por moeda, que deverá se igualar ao estoque de moeda fixo. Se a parcela do aumento da renda que for destinada à demanda para transação for representada pelo parâmetro "k", pode-se afirmar que quanto maior "k", mais inclinada (mais vertical) será a função LM.

Representando as funções demanda (L) e oferta por moeda (M), é possível perceber que, quando a demanda por moeda é menos elástica (mais vertical) à taxa de juros, uma variação no nível de renda provoca um aumento maior na taxa de juros, o que pode ser confirmado na Figura 14.6. Quando a demanda por moeda é mais elástica (mais horizontal) à taxa de juros, uma variação no nível de renda e, consequentemente, da demanda por moeda provoca um aumento menor na taxa de juros, o que pode ser confirmado na Figura 14.7.

■ 14.2.2.1. Inclinação da demanda por moeda (L) e inclinação da função LM

Na Figura 14.8 *infra*, é possível se perceber que, dada uma oferta de moeda fixa e exógena ao modelo, uma alteração na taxa de juros no gráfico (a) não altera muito a demanda de moeda para especulação, já que a demanda por moeda (L) é mais inelástica (mais vertical) em relação à taxa de juros (r).

Um aumento do nível de renda de Y_1 para Y_2 e depois para Y_3, representado no gráfico (c), desloca a curva de demanda de L_1 para L_2 e depois para L_3, conforme mostra a figura (a), já que a demanda por moeda para transação aumenta numa proporção do aumento da renda equivalente a kY, onde k é igual à sensibilidade-renda da demanda por moeda, e Y, ao nível de renda.

Como o aumento da demanda de moeda para transação é bem superior à redução da demanda de moeda para especulação provocada pela alteração na taxa de juros, para que o mercado monetário retorne ao equilíbrio é necessário que a taxa de juros se eleve numa proporção maior, o que pode ser verificado no gráfico (a), onde a função demanda por moeda (L) é mais inclinada.

O gráfico (b) mostra a demanda de moeda mais elástica (mais horizontal) à taxa de juros, evidenciando que pequenas alterações nas taxas de juros causam maiores mudanças na demanda de moeda para especulação.

Quando ocorre um aumento do nível de renda de Y_1 para Y_2 e depois para Y_3, eleva-se a demanda de moeda de L_1 para L_2 e depois para L_3, como mostrado no gráfico (b), já que a demanda por moeda para transação aumenta numa proporção do aumento da renda equivalente a kY.

Como o aumento da demanda de moeda para transação é superior à redução da demanda de moeda para especulação provocada pela alteração na taxa de juros, porém em proporção menor que a do gráfico (a), para que o mercado monetário retorne ao equilíbrio é necessário que a taxa de juros se eleve numa proporção menor, o que pode ser verificado no gráfico (b), onde a função demanda por moeda é menos inclinada.

Observe que, quando a **demanda por moeda** é mais inclinada (gráfico a), a **função LM** também é mais inclinada (gráfico c). Quando a **demanda por moeda** é menos inclinada (gráfico b), a **função LM** também será menos inclinada (gráfico d).

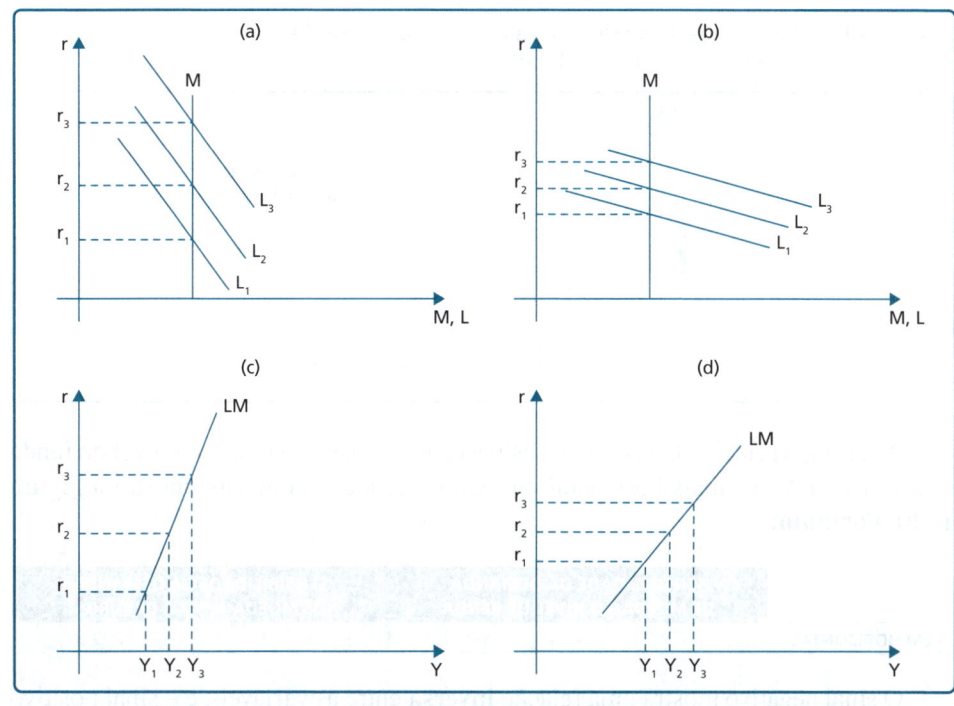

14 ■ Modelo IS-LM (Interligação entre o Lado Real e o Lado Monetário)

Figura 14.8. Função oferta por moeda (M) e uma variação na demanda por moeda (L) quando L é menos elástica e mais elástica à taxa de juros

(a) L é menos sensível à taxa de juros r; (b) L é mais sensível à taxa de juros r; (c) LM é mais sensível à renda Y e menos sensível à taxa de juros r; e (d) LM é menos sensível à renda Y e mais sensível à taxa de juros r.

2. Elasticidade da demanda de moeda em relação à taxa de juros

Quanto maior a elasticidade da demanda de moeda em relação à taxa de juros, menor será a inclinação da LM, porque uma variação na taxa de juros exigirá uma mudança significativa na renda para compensá-la.

É possível se verificar isso em duas situações, mostradas nas Figuras 14.9 e 14.10:

a) Sensibilidade da demanda de moeda à taxa de juros com **LM menos horizontal** (mais inclinada):

Figura 14.9. Sensibilidade da demanda de moeda à taxa de juros com LM menos horizontal (mais inclinada)

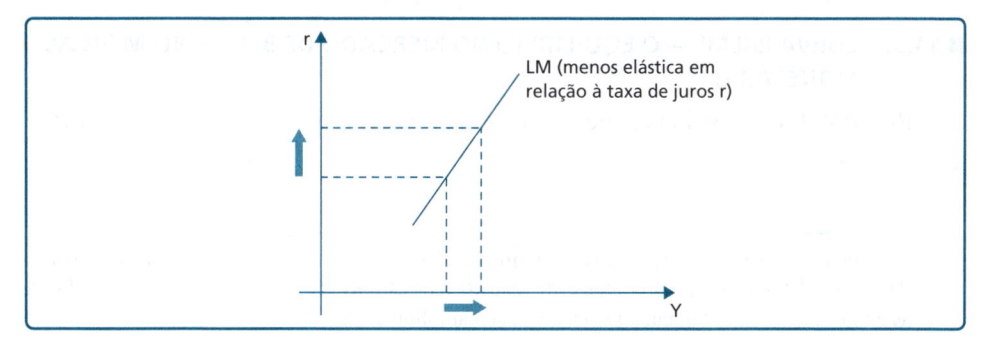

b) Sensibilidade da demanda de moeda à taxa de juros com **LM mais horizontal** (menos inclinada):

Figura 14.10. Sensibilidade da demanda de moeda à taxa de juros com LM mais horizontal (menos inclinada)

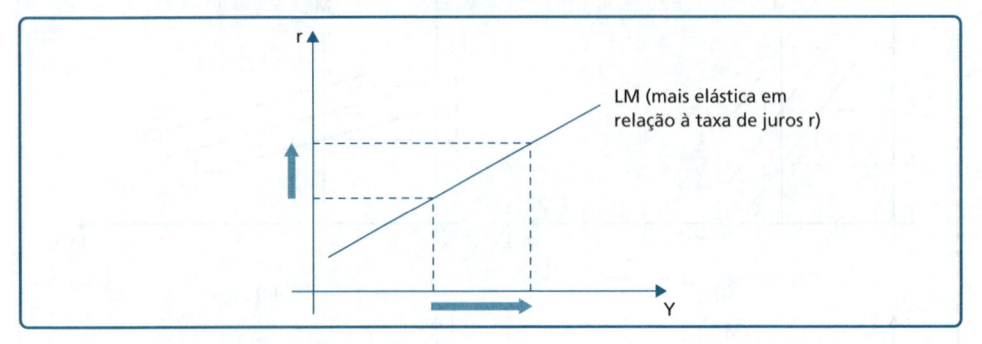

[Gráfico: eixo vertical r, eixo horizontal Y, reta LM (mais elástica em relação à taxa de juros r)]

A mesma variação da taxa de juros leva a uma variação maior no nível de renda se a função LM for mais horizontal ou menos inclinada conforme mostra a Figura 14.10. **Portanto:**

	SENSIBILIDADE DA DEMANDA DE MOEDA AO NÍVEL DE RENDA	SENSIBILIDADE DA DEMANDA DE MOEDA À TAXA DE JUROS
LM HORIZONTAL	–	+

O sinal negativo mostra uma relação **inversa** entre as variáveis, e o sinal positivo mostra uma relação **direta** entre as variáveis.

Assim, quanto maior a sensibilidade da demanda de moeda ao nível de renda, menos horizontal será a LM, e quanto menor a sensibilidade da demanda de moeda ao nível de renda, mais horizontal será a LM.

Além disso, quanto maior a sensibilidade da demanda de moeda à taxa de juros, mais horizontal é a LM, e quanto menor a sensibilidade da demanda de moeda à taxa de juros, menos horizontal é a LM.

Portanto, quanto mais horizontal (menos inclinada) a função LM, menos sensível é a demanda de moeda ao nível de renda e mais sensível à taxa de juros.

Quanto mais vertical (mais inclinada) a função LM, mais sensível é a demanda de moeda ao nível de renda e menos sensível à taxa de juros.

■ 14.3. CURVA IS-LM[12] — O EQUILÍBRIO NO MERCADO DE BENS E NO MERCADO MONETÁRIO

Representando as duas funções, IS e LM, num único gráfico, tem-se a função IS-LM.

---

[12] Esse modelo foi desenvolvido por dois economistas, chamados John Hicks e Alvin Hansen. Primeiro, Hicks, em 1937, resumiu os pontos principais da teoria de Keynes, descrevendo os mercados de bens e monetário conjuntamente. Depois, Hansen ampliou a análise.

O ponto de equilíbrio "E", da Figura 14.11, indica a combinação da taxa de juros e nível de renda que equilibra simultaneamente o mercado de bens (IS) e o mercado monetário (LM).

Figura 14.11. Curva IS-LM e o equilíbrio no mercado de bens e no mercado monetário (E)

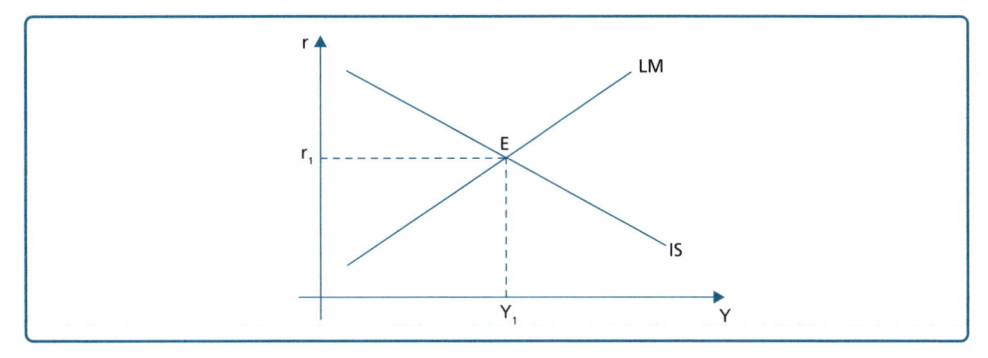

No ponto **"E"**, ocorre o **equilíbrio no mercado de bens e no mercado monetário** simultaneamente onde a demanda por bens e serviços é igual à oferta por bens e serviços, ou seja, não falta nem sobra produto; ou o nível de investimento é igual ao nível de poupança e a demanda por moeda é igual à oferta por moeda, ou seja, não falta nem sobra moeda no mercado.

14.3.1. Pontos fora do equilíbrio na função IS-LM

E se a economia estiver numa situação fora do ponto de equilíbrio "E"? Qual a situação nos pontos A, B, C e D?

Figura 14.12. Quando a economia está operando em pontos diferentes do equilíbrio

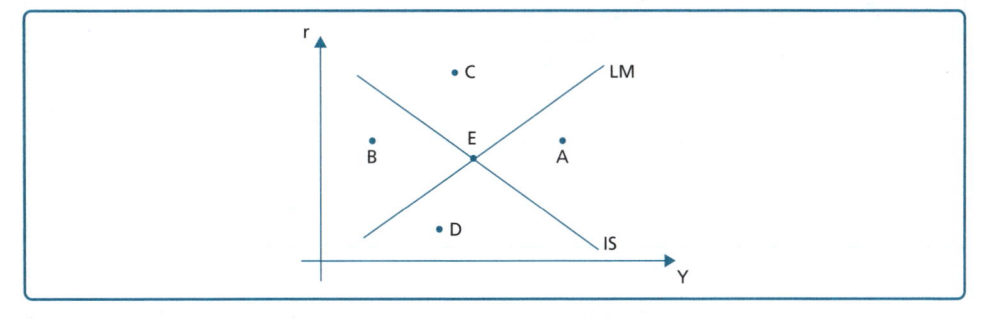

Analisando isoladamente cada ponto, tem-se:

■ **Ponto A**, localizado acima da função IS. Observe na Figura 14.13 que, à mesma taxa de juros (r), o Produto ou Renda (Y) é maior no ponto A que em um ponto localizado sobre a função IS, o que leva a uma Poupança (S) maior em "A" e a uma oferta agregada (o.a.) maior em "A". Como a oferta agregada (o.a.) e a

Poupança (S) são maiores em A, os estoques aumentarão, fazendo com que o produto deva se reduzir até alcançar o ponto localizado sobre a curva IS onde a oferta agregada iguala-se a demanda agregada.

Figura 14.13. Quando a economia opera num ponto acima da curva IS

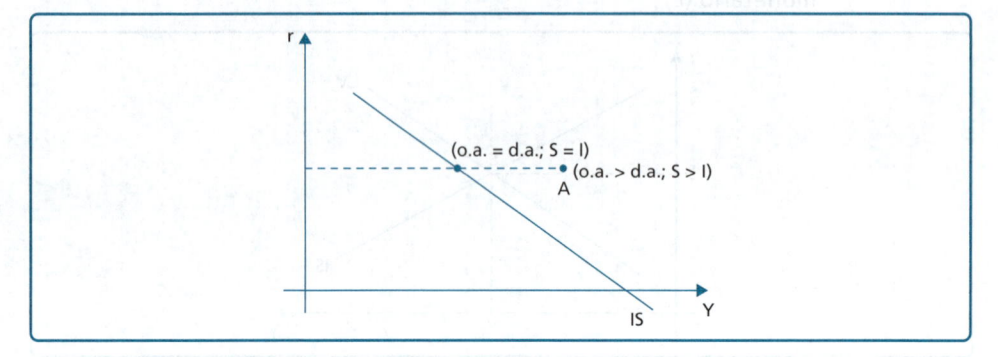

■ **Ponto B**, localizado abaixo da função IS. Observe na Figura 14.14 que, ao mesmo nível de taxa de juros (r), o Produto ou Renda (Y), no ponto B, é menor que em um ponto localizado sobre a curva IS e, portanto, há uma Poupança (S) e uma oferta agregada (o.a.) menores que o Investimento (I) e a demanda agregada (d.a.). Como a oferta agregada (o.a.) e a Poupança (S) são menores no ponto B, os estoques se reduzirão, levando as empresas a aumentarem sua produção, deslocando o ponto B até o ponto localizado sobre a curva IS.

Figura 14.14. Quando a economia opera num ponto abaixo da função IS

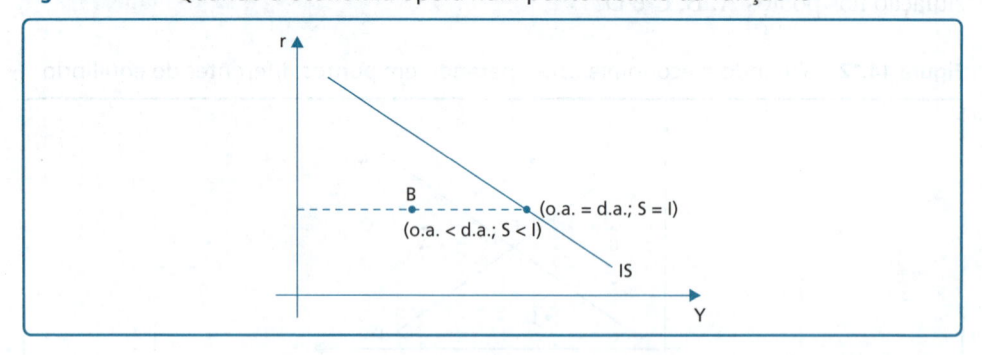

Portanto, pontos localizados **acima** da função IS apresentam uma oferta agregada **maior** que a demanda agregada, ou um nível de poupança **maior** que um nível de investimento. Pontos localizados **abaixo** da função IS apresentam uma oferta agregada **menor** que a demanda agregada, ou um nível de poupança **menor** que o nível de investimento.

O desequilíbrio no mercado de bens deverá ser **ajustado** por meio das **quantidades**, de tal maneira que, se houver um excesso de demanda, os estoques deverão ser reduzidos, o que obrigará a um aumento da produção. Se houver um excesso de oferta, os estoques aumentarão, o que obrigará a uma redução da produção.

■ **Ponto C**, localizado acima da curva LM. Observe na Figura 14.15 que, ao mesmo nível de Produto e Renda (Y) que um ponto localizado na curva LM, apresenta-se uma taxa de juros "r" maior, o que provoca uma demanda de moeda para especulação (Ls) menor em "C" que no ponto da LM. Assim, a demanda de moeda total (L) será menor. Logo, em "C", L < M em relação a um ponto localizado na LM.

Como a oferta de moeda (M) é uma variável exógena ao modelo, considera-se constante no ponto "C" e na curva LM.

Figura 14.15. Quando a economia opera num ponto acima da função LM

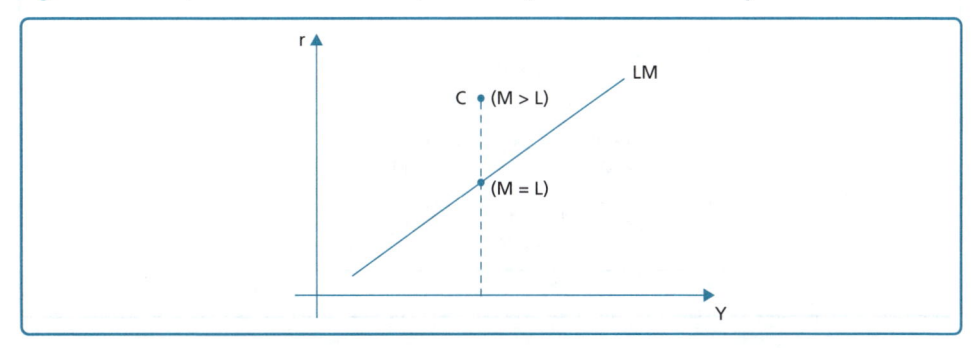

■ **Ponto D**, localizado abaixo da função LM. Observe a Figura 14.16. A um mesmo Produto e Renda (Y), tem-se uma taxa de juros, r, menor que em um ponto localizado na curva LM, o que leva a demanda de moeda para especulação (Ls) maior e, portanto, a uma demanda de moeda total maior que num ponto na função LM. Logo, L > M.

Figura 14.16. Quando a economia opera num ponto abaixo da função LM

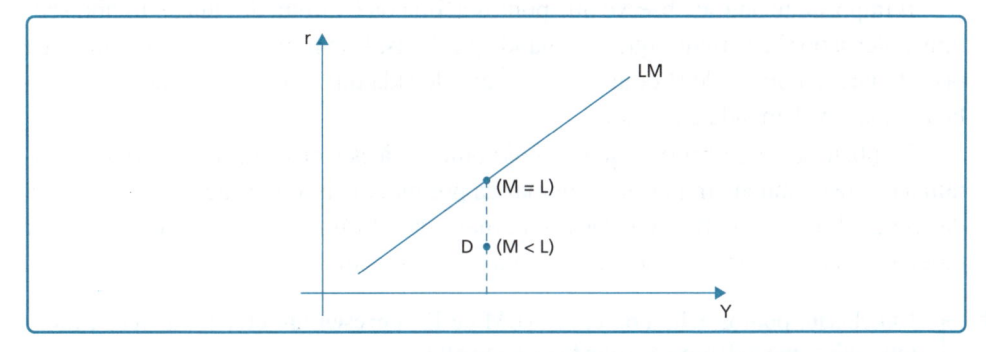

Portanto, pontos localizados **acima** da função LM apresentam uma oferta monetária **maior** que a demanda por moeda. Pontos localizados **abaixo** da função LM apresentam uma oferta de moeda **menor** que uma demanda por moeda.

Os desequilíbrios no mercado monetário deverão ser **reajustados** por meio das **taxas de juros**. Assim, se houver um excesso de demanda por moeda, as taxas de juros deverão se elevar para estimular os agentes econômicos a desejarem títulos. Quando há excesso de oferta de moeda ou redução da demanda por moeda e aumento da demanda por títulos, as taxas de juros deverão se reduzir para desestimular a demanda por títulos.

Localizando todas essas informações no gráfico da função IS-LM da Figura 14.17, tem-se:

Figura 14.17. Comportamento da oferta e demanda agregada e oferta e demanda monetária quando a economia opera fora do ponto de equilíbrio

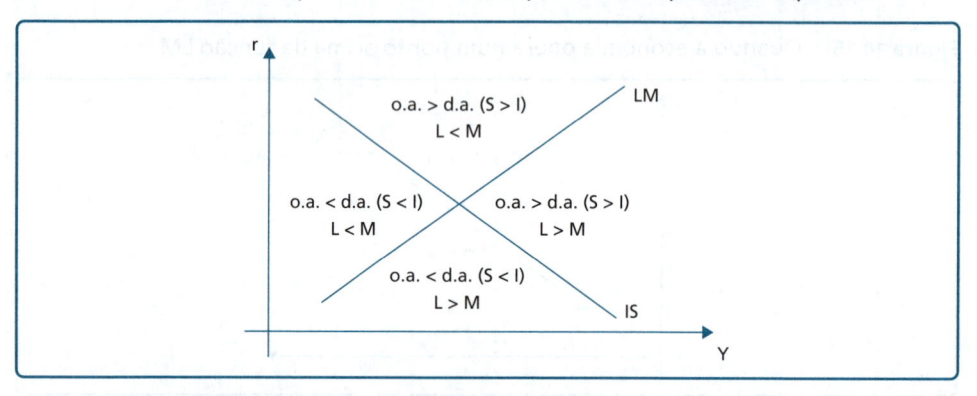

Segundo Lopes e Vasconcellos, a região onde L < M e o.a. > d.a. "caracteriza-se por excesso de oferta de bens e moeda, pressionando-se tanto a redução de renda como da taxa de juros". Na região onde L < M e o.a. < d.a., "o excesso de oferta de moeda pressiona a queda da taxa de juros e o excesso de demanda por bens, a ampliação do produto". Na região onde L > M e o.a. < d.a., "temos excesso de demanda de bens e moeda (...)". E na região onde Lt > M e o.a. > d.a., tem-se "excesso de demanda de moeda"[13].

É importante que se observe que pontos acima ou à direita da função IS apresentam a oferta por bens maior que a demanda por bens. Isso porque, ao mesmo nível de taxa de juros, a oferta de Produto estará mais elevada que a demanda. Assim, a oferta agregada > demanda agregada.

Também se deve observar que pontos acima ou à esquerda da curva LM apresentam a oferta de moeda maior que a demanda por moeda. Isso porque ao mesmo nível de renda e Produto, a taxa de juros estará mais alta, diminuindo a demanda total por moeda. Assim, a oferta de moeda > demanda por moeda.

Conclusão: pontos acima da curva (LM ou IS) apresentam oferta (de bens e moeda) maior que a demanda (por bens e moeda).

---

[13] Luiz Martins Lopes e Marco Antonio Sandoval de Vasconcellos, *Manual de macroeconomia*, p. 158.

14 ■ Modelo IS-LM (Interligação entre o Lado Real e o Lado Monetário)

■ 14.4. QUESTÕES

1. (ICMS/SP — FCC — adaptada — 2006) Os setores real e monetário de uma determinada economia em que o nível geral de preços é igual a 1 podem ser representados por um modelo IS-LM descrito pelas equações a seguir:

$C = 400 + 0,8Yd$
$I = 600 - 200i$
$G = 200$
$T = 1.000$
$X = 100$
$M = 100 + 0,2Y$
$Md = 0,3Y - 100i$
$Ms = 100$

No equilíbrio da economia:
a) A taxa nominal de juros é de 6%.
b) O nível de renda é 500.
c) As importações são 210.
d) O consumo é 900.
e) O investimento é 440.

2. (ANPEC — CEBRASPE — adaptada — 2001) Sejam:

IS: $Y = 2,5 (A - 20i)$
LM: $Y = 450 + 30i$
$I = 300 - 20i$

Em que Y é a renda, A é o gasto autônomo, i é a taxa nominal de juros e I é o investimento privado. A partir de um gasto autônomo inicial de 500, calcule de quanto será o aumento ou redução do investimento privado que decorrerá de um aumento do gasto autônomo igual a 64.
a) Aumento de 40.
b) Redução de 40.
c) Aumento de 60.
d) Redução de 60.
e) Aumento de 100.

3. (MPE/AM — FGV — 2002) Em uma economia hipotética, num certo período de tempo, registra-se que:

$C = 50 + 0,75Y$ (C = consumo, Y = renda)
$I = 120 - 125i$ (I = investimento, i = taxa de juros)
$Ms = 240$ (Ms = oferta de moeda)
$Mt = 0,30Y$ (Mt = demanda transacional e precaucional de moeda)
$Me = 80 - 250i$ (Me = demanda especulativa de moeda)
$G = 30$ (G = gastos do governo)

O nível de investimento de equilíbrio dessa economia é:
a) 30
b) 95
c) 220
d) 575
e) 700

4. (ICMS/SP — FCC — 2006) Analise as seguintes proposições:
I. Os meios de pagamento de um país correspondem à soma do papel-moeda em circulação com os depósitos à vista do público nos bancos comerciais.

II. O valor da base monetária é igual a soma do papel-moeda em poder do público com o total dos encaixes bancários (reservas bancárias + caixa em moeda corrente).
III. O valor do multiplicador dos meios de pagamento aumenta se ocorre uma queda na percentagem que a moeda escritural representa do total dos meios de pagamento.
IV. A demanda de moeda é uma função inversa da taxa de juros real.

Está correto o que se afirma APENAS em:
a) III e IV.
b) II, III e IV.
c) I e II.
d) II e III.
e) II e IV.

5. (ICMS/SP — FCC — 2006) Os setores real e monetário de uma determinada economia em que o nível geral de preços é igual a 1 podem ser representados por um modelo IS – LM descrito pelas equações a seguir:
$C = 200 + 0,8Y_d$
$I = 300 - 2.000i$
$G = 400$
$T = 400$
$X = 200$
$M = 100 + 0,2Y$
$M_d = 0,25Y - 1.000i$
$M_s = 200$

Onde: X = exportações; M = importações; M_d = demanda de moeda; M_s = oferta de moeda; e i = taxa unitária de juros nominal
No equilíbrio da economia,
a) O consumo é 1.000.
b) O investimento é 100.
c) A taxa de juros nominal é de 8%.
d) O nível de renda é de 1.500.
e) As importações são 200.

6. (ICMS/RJ — FGV — 2007) Suponha que as seguintes equações descrevam o comportamento da economia no curto prazo:
$C = 0,8(1 - t)Y$
$t = 0,25$
$I = 900 - 50i$
$G = 800$
$L = 0,25Y - 62,5i$
$M/P = 500$

Notação: C é o consumo agregado, t é a taxa de imposto sobre a renda, Y é a renda, I é o investimento privado, i é a taxa de juros, G é o gasto do governo, L representa a demanda por moeda e M/P é a oferta de moeda. Dessa forma, pode-se afirmar que a renda de equilíbrio nessa economia será:
a) 1.500
b) 2.000
c) 2.500
d) 3.000
e) 3.500

7. (Universidade Federal de Santa Maria — Departamento de Economia — 2007) Julgue a alternativa:

Sendo a demanda de moeda dada por M/P = (Y – 0,2i) e a demanda agregada dada por C + I, em que C = 10 + 0,75Y e I = 15 – 0,25i, a soma das inclinações das curvas IS e LM (juro no eixo vertical e renda no eixo horizontal) é maior que 4.

8. (Prefeitura de Vila Velha/ES — CEBRASPE — 2008) Julgue os itens subsequentes acerca das teorias macroeconômicas:
   a) O modelo keynesiano considera o investimento como dado pela economia. Já o modelo IS-LM considera o investimento como função da taxa de juros.
   b) Normalmente em países desenvolvidos, o Produto Nacional Bruto (PNB) é maior que o Produto Interno Bruto (PIB).

9. (Câmara Municipal de São Paulo — VUNESP — 2007) Para responder às duas questões abaixo, leia a informação. São dados para uma economia fechada:
C = 100 + 0,75Yd
I = 200 – 2r
G = 100
T = 0,2Y
L = 0,2Y – 5r
M = 80
Onde C é o consumo agregado, I o investimento agregado, G são os gastos do governo, T os impostos, L é a demanda de moeda, M, a oferta de moeda, r é a taxa de juros (medida em % ao ano), Y é a renda agregada e Yd é a renda agregada disponível. Diante do exposto, pode-se afirmar que a renda de equilíbrio é:
   a) 1.800
   b) 1.400
   c) 1.200
   d) 1.000
   e) 900

10. (Câmara Municipal de São Paulo — VUNESP — 2007) Na mesma economia, a taxa de juros de equilíbrio é:
   a) 15%
   b) 18%
   c) 19%
   d) 20%
   e) 21%

11. (Analista de Nível Superior — Casa da Moeda — CESGRANRIO — 2005) No modelo IS-LM, uma curva de oferta de moeda perfeitamente elástica resulta em uma curva LM:
   a) Parcialmente inelástica.
   b) Parcialmente elástica.
   c) De elasticidade igual a 1.
   d) Perfeitamente inelástica.
   e) Perfeitamente elástica.

12. (EPE — Economia de Energia — CESGRANRIO — 2006) A demanda real de moeda de uma economia se expressa por M/P = 0,4Y – 40r em que Y iguala a renda real e r, a taxa de juros. A curva IS é dada por Y = 1.000 – 350r. Considerando que a renda de equilíbrio desta economia é igual a 611,11 e que o nível geral de preços é igual a 1, o valor da oferta de moeda necessária para que se atinja essa renda de equilíbrio é igual a:

a) 200
b) 300
c) 400
d) 500
e) 600

13. (Consultor do Executivo — SEFAZ/ES — CEBRASPE — adaptada — 2010) A respeito da oferta e da demanda agregadas do modelo IS-LM e da curva de Phillips, julgue o item subsequente.

A curva IS é uma representação gráfica que mostra uma relação direta entre a taxa de juros e a renda no mercado de bens. A magnitude de sua inclinação, que não depende da sensibilidade ao investimento, depende somente da propensão marginal a consumir.

14. (TJ/RO — CEBRASPE — 2012)

1) $C = C_0 + c_y(Y - T)$
2) $T = t_y Y$
3) $I = i(r, A) = A - i_r r$
4) $\dfrac{M^D}{P} = \overline{m} - m_r r + \dfrac{1}{v_i} Y$
5) $\dfrac{M^D}{P} = \dfrac{M^S}{P} = \overline{m} - m_r r + \dfrac{1}{v_i} Y$ (equilíbrio no mercado monetário)

As equações acima descrevem uma economia em que C é o consumo agregado, c_y é a propensão marginal a consumir, Y é a renda, I é o investimento privado, r é a taxa de juros, i_r é a sensibilidade do investimento à taxa de juros, T é a arrecadação tributária, t_y é a alíquota de imposto. Por sua vez, as equações (4) e (5) representam, respectivamente, a demanda e a oferta de moeda (ambas em termos reais), sendo m_r a sensibilidade da demanda por moeda, v_i a velocidade de circulação da moeda e s_y a propensão marginal a poupar. Em relação ao modelo acima, assinale a opção correta.
a) O incremento na velocidade de circulação da moeda provoca um deslocamento paralelo da curva LM (taxa de juros no eixo vertical e produto no eixo horizontal).
b) O aumento na sensibilidade da demanda por moeda em relação à taxa de juros faz que a curva LM fique menos inclinada (taxa de juros no eixo vertical e produto no eixo horizontal).
c) O aumento na sensibilidade da demanda por moeda em relação à taxa de juros provoca um deslocamento paralelo da curva LM (taxa de juros no eixo vertical e produto no eixo horizontal).
d) Um aumento do multiplicador de $\left[\dfrac{1}{s_y + c_y t_y}\right]_0$ para $\left[\dfrac{1}{s_y + c_y t_y}\right]_1$ provocado pelo aumento da propensão marginal a consumir gera um deslocamento paralelo da curva IS (taxa de juros no eixo vertical e produto no eixo horizontal).
e) Uma redução na sensibilidade do investimento à taxa de juros se traduz em uma curva IS menos inclinada (taxa de juros no eixo vertical e produto no eixo horizontal).

15. (TJ/RO — CEBRASPE — 2013) A figura abaixo ilustra o diagrama IS/LM, em que (Y_E, r_E) representa o ponto de equilíbrio IS/LM do modelo descrito pelas seguintes equações:

$Y = C + I + G$
$C = c(Y - T), 0 < c' < 1$
$I = I(r), I' < 0$
$G = \overline{G}$
$\dfrac{M}{P} = m(r, Y)$

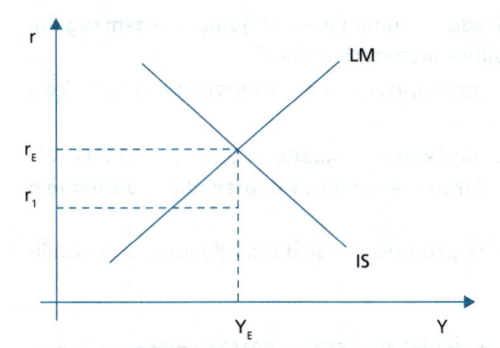

14 ■ Modelo IS-LM (Interligação entre o Lado Real e o Lado Monetário)

[Gráfico: eixos r (vertical) e Y (horizontal), curva LM ascendente e curva IS descendente cruzando-se no ponto (Y_E, r_E); linhas tracejadas marcam $r_1 < r_E$ e Y_E.]

Em relação à situação correspondente ao ponto (Y_E, r_1), assinale a opção correta.
a) Em (Y_E, r_1) existe excesso de demanda de moeda e excesso de demanda por produto.
b) Existe uma única restrição operando nesse modelo, dada por: $C + S = Y_D$, em que C é o consumo agregado, S é a poupança agregada e Y_D é a renda disponível.
c) O modelo acima não é consistente com a lei de Walras.
d) Em (Y_E, r_1) existe excesso de oferta de moeda.
e) Em (Y_E, r_1) existe excesso de oferta de produto.

16. (Auditor de Tributos do Município de Goiânia — CS UFG — 2016) A curva IS-LM representa os pares ordenados da renda e da taxa de juro nominal em que se tem equilíbrio de curto prazo no Mercado de Bens e Serviços e no Mercado Monetário. Um deslocamento à direita da curva LM, mantendo-se estável a curva IS, implicará
a) na queda da taxa de juros nominal e no aumento da renda agregada.
b) na elevação da taxa de juros nominal e no aumento da renda agregada.
c) na queda da taxa de juros nominal e na redução da renda agregada.
d) na elevação da taxa de juros nominal e na redução da renda agregada.

17. (Auditor de Controle Externo — TCE-PA — Fiscalização — Economia — CEBRASPE — 2016) A respeito de agregados monetários e do modelo IS-LM, julgue o item a seguir.
A curva LM corresponde à representação do equilíbrio no mercado monetário, situação em que a demanda por moeda (L) se iguala à oferta de moeda (M).

18. (Economista — MPOG — CEBRASPE — 2015) Com relação ao modelo IS-LM e às políticas econômicas, julgue o item seguinte.
O modelo IS-LM — que consiste em calcular os níveis da taxa de juros e da renda que equilibram, simultaneamente, os mercados de bens e o mercado monetário — identifica, inicialmente, as combinações de renda e de taxa de juros que equilibram o mercado monetário.

19. (Economista — DPU — CEBRASPE — 2016) Acerca do modelo macroeconômico IS-LM, julgue o item subsequente.
A redução da sensibilidade do investimento ao juro torna a curva IS mais inclinada, com juros no eixo vertical e produto no eixo horizontal.

20. (Economista — DPU — CEBRASPE — 2016) Acerca do modelo macroeconômico IS-LM, julgue o item subsequente.
O aumento da propensão marginal a consumir torna a curva IS mais plana, com juros no eixo das ordenadas e produto no eixo das abscissas.

21. (Analista Judiciário — TJ-SE — Apoio Especializado — Economia — 2014) Julgue o item seguinte, relativo ao modelo IS-LM e aos efeitos da política monetária e fiscal.
A curva LM descreve o equilíbrio nos mercados monetários e nos mercados de bens e serviços.

22. (Auditor Federal de Controle Externo — Controle Externo — Auditoria Governamental — CEBRASPE — 2015) Julgue o item que se segue, referente às análises depreendidas do modelo IS-LM.
A curva IS descreve as diferentes combinações de produto/renda e taxa de juros que equilibram o mercado de bens e serviços.

23. (Auditor Fiscal Tributário da Receita Municipal (Cuiabá) — FGV — 2016) Considere a representação de um caso do modelo IS-LM a seguir.

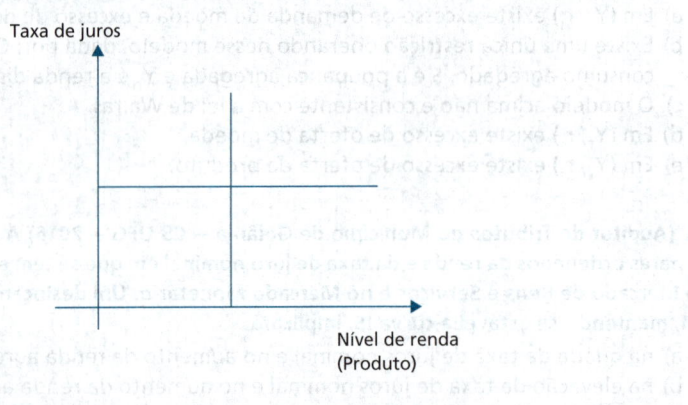

Taxa de juros

Nível de renda (Produto)

Na análise do gráfico, percebe-se que as retas não foram identificadas. Assim, é correto concluir que o caso destacado é
a) o de armadilha da liquidez, se a reta vertical for a curva LM.
b) o clássico, se a reta horizontal for a curva IS.
c) impossível de ocorrer, pois a curva IS e LM não podem ser perfeitamente elásticas ou inelásticas.
d) um caso intermediário entre a armadilha da liquidez e o caso clássico.
e) o de armadilha da liquidez e o clássico, simultaneamente, se a reta horizontal for a curva LM e a vertical for a IS.

24. (SMA-RJ (antiga FJG) — Consultor Legislativo (CM RJ) — Indústria, Comércio e Turismo — 2015) A curva IS mostra as condições de equilíbrio do lado real da economia. Esse conceito possibilita observar que:
a) o nível de consumo depende do nível de renda e expectativas de preços.
b) o investimento é afetado pelo nível de atividade econômica e taxa de juros.
c) para dado nível do produto, um aumento de impostos desloca a curva IS para a esquerda.
d) uma piora da confiança do consumidor não interfere na posição da curva IS mas afetará negativamente o nível do produto.

25. (Auditor Federal de Controle Externo — Controle Externo — Auditoria Governamental — CEBRASPE — 2015) Julgue o item que se segue, referente às análises depreendidas do modelo IS-LM.
Na construção da tradicional curva LM, a oferta real de moeda tem o formato de uma reta vertical, enquanto a demanda real de moeda é negativamente inclinada. No mercado monetário, o equilíbrio implica uma curva LM de inclinação positiva.

14 ■ Modelo IS-LM (Interligação entre o Lado Real e o Lado Monetário)

26. (Supervisor de Pesquisas (IBGE) — Geral — CESGRANRIO — 2014) Qual dos gráficos do modelo IS-LM representa uma economia em que a demanda por moeda é insensível às variações da taxa de juros?

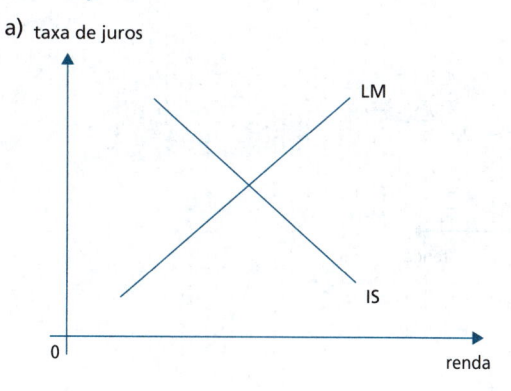

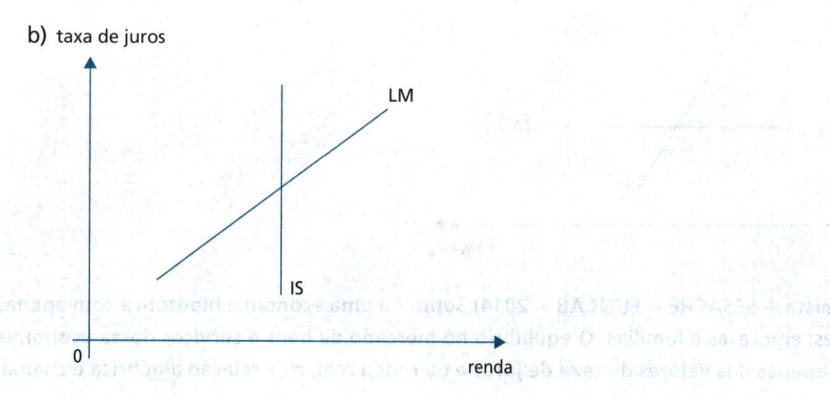

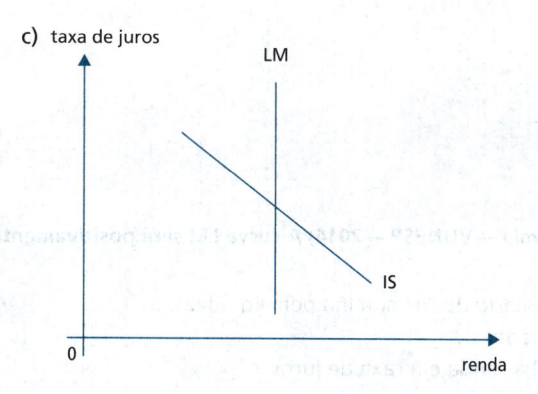

a) taxa de juros

(gráfico com LM crescente e IS decrescente, formando um X)

b) taxa de juros

(gráfico com LM vertical e IS crescente)

c) taxa de juros

(gráfico com LM vertical e IS decrescente)

d) taxa de juros

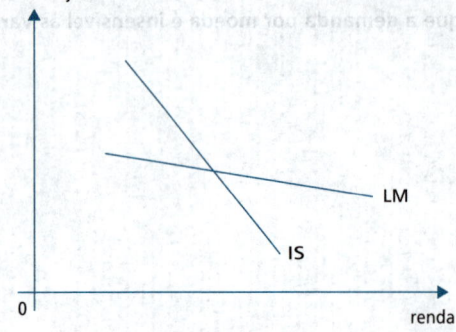

[Gráfico com curvas IS (decrescente) e LM (levemente decrescente) em função da renda]

e) taxa de juros

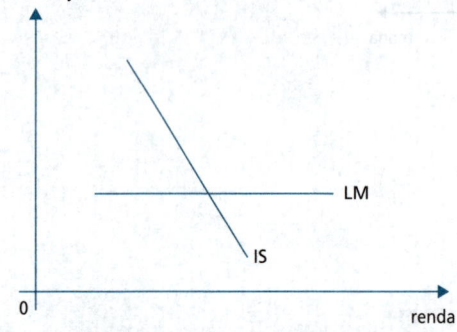

[Gráfico com curva IS (decrescente) e LM (horizontal) em função da renda]

27. (Economista — SESACRE — FUNCAB — 2014) Suponha uma economia hipotética com apenas dois agentes: empresas e famílias. O equilíbrio no mercado de bens e serviços dessa economia dependerá apenas dos valores da taxa de juros e da renda real, cuja relação algébrica é chamada:
- a) função Investimento.
- b) curva LM (Liquidity-Money).
- c) função Demanda de Moeda.
- d) curva IS (Investment-Saving).
- e) função Poupança.

28. (Analista Judiciário — TJ-PA — Economia — VUNESP — 2014) A curva LM será positivamente inclinada se
- a) a economia estiver no estado chamado de "armadilha pela liquidez".
- b) valer a Teoria Quantitativa da Moeda.
- c) a demanda de moeda for sensível à renda e à taxa de juros.
- d) a política monetária for expansionista.
- e) a política fiscal for contracionista.

29. (Economista — CADE — CEBRASPE — 2014) Acerca da teoria keynesiana, das políticas fiscal e monetária e do mercado de trabalho, julgue o item subsequente.
Ao se analisar a inclinação da curva investimento-poupança, infere-se que, quanto mais pobre for uma economia, maior será a propensão marginal a consumir, maior será a sensibilidade do consumo em relação à renda e mais achatada será a curva IS.

14 ■ Modelo IS-LM (Interligação entre o Lado Real e o Lado Monetário)

30. (Especialista em Previdência Social — CEPERJ — 2014) Na aplicação de políticas econômicas conjuntas, o reflexo no produto, quando ocorre alteração em alguma variável monetária, fiscal ou privada, é bastante menor, visto que é influenciado pela relação dos agentes com a demanda e oferta de moeda. Para que isto possa ser verificado, pode-se utilizar o modelo IS-LM completo:

Modelo IS: $Y = C + cY + I - bi + G$
Modelo LM: $M/P = kY - hi$
Desta forma, o multiplicador de impacto na economia será:
 a) $1/(1 - c)$
 b) $1/(1 - c - bk/h)$
 c) $1/(1 - c + bk/h)$
 d) $1/(1 - c + (b - h)/k)$
 e) $(1 - c)/(1 - b + ck/h)$

31. (FGV — Analista — DPE-MT — Economista — 2015 — adaptada) Em relação ao modelo IS-LM, analise as afirmativas a seguir.
 I. Pela lógica keynesiana, se houver excesso de demanda no mercado de bens, o ajuste se dá apenas via elevação da quantidade produzida e da renda.
 II. Se o mercado monetário se equilibrar mais rapidamente do que o mercado de bens, então, ajustes da taxa de juros precedem ajustes na produção.
 III. Se houver excesso de oferta monetária na economia, o Bacen deve realizar operação de mercado aberto resgatando títulos no mercado.

Assinale:
 a) se somente a afirmativa I estiver correta.
 b) se somente a afirmativa II estiver correta.
 c) se somente a afirmativa III estiver correta.
 d) se somente as afirmativas I e II estiverem corretas.
 e) se todas as afirmativas estiverem corretas.

32. (Analista de Gestão (SABESP)/Economia/FCC/2018) No escopo da Economia Monetária, a chamada relação LM sustenta que
 a) a taxa de juros deve ser tal que, dado certo nível de renda, as pessoas estejam dispostas a ter um montante de moeda igual à oferta de moeda existente.
 b) a demanda por moeda do Banco Central é igual à demanda por moeda manual pelas pessoas mais a demanda por moeda pelos bancos.
 c) a taxa de juros de equilíbrio é tal que a demanda e a oferta de moeda do Banco Central sejam iguais.
 d) um aumento na taxa de juros reduz a demanda agregada pelo seu efeito sobre o consumo.
 e) há uma Identidade macroeconômica entre o cômputo da demanda, da renda e o produto agregado.

■ **GABARITO** ■

1. "e". No mercado de bens, o equilíbrio se dará quando:
$Y = C + I + G + X - M$
$Y = 400 + 0,8Yd + 600 - 200i + 200 + 100 - (100 + 0,2Y)$

$Y = 1.200 + 0,8Yd - 200i - 0,2Y$
$1,2Y = 1.200 + 0,8 (Y - T) - 200i$
$1,2Y = 1.200 + 0,8 (Y - 1.000) - 200i$
$1,2Y = 1.200 + 0,8Y - 800 - 200i$
$0,4Y = 400 - 200i \;(\div 0,4)$
$Y = 1.000 - 500i$ (I)

No mercado monetário, o equilíbrio se dará quando:
$Md = Ms$
$0,3Y - 100i = 100$ (II)
Substituindo (I) em (II), tem-se:
$0,3 (1.000 - 500i) - 100i = 100$
$300 - 150i - 100i = 100$
$-250i = -200$
$i = 0,8$

$Y = 1.000 - 500i$
$Y = 1.000 - 500 \times 0,8$
$Y = 1.000 - 400$
$Y = 600$

$M = 100 + 0,2Y$
$M = 100 + 0,2 \times 600$
$M = 100 + 120$
$M = 220$

$C = 400 + 0,8 (Y - T)$
$C = 400 + 0,8 (Y - 1.000)$
$C = 400 + 0,8Y - 800$
$C = -400 + 0,8 \times 600$
$C = -400 + 480$
$C = 80$

$I = 600 - 200i$
$I = 600 - 200 \times 0,8$
$I = 600 - 160$
$I = 440$

2. "b". Sabendo-se que: $A_1 = 500$ e $A_2 = 500 + 64 = 564$:
$IS_1: Y = 2,5 (A_1 - 20i)$
$IS_1: Y = 2,5 (500 - 20i)$
$IS_1: Y = 1.250 - 50i$

$IS_1 = LM$
$1.250 - 50i = 450 + 30i$
$800 = 80i$
$i = 10$

$I_1 = 300 - (20 \times 10)$
$I_1 = 300 - 200$
$I_1 = 100$

$IS_2: Y = 2,5 (A_2 - 20i)$
$IS_2: Y = 2,5 (564 - 20i)$
$IS_2: Y = 1.410 - 50i$

$IS_2 = LM$
$1.410 - 50i = 450 + 30i$
$960 = 80i$
$i = 12$

$I_2 = 300 - (20 \times 12)$
$I_2 = 300 - 240$
$I_2 = 60$

$\Delta I = I_2 - I_1$
$\Delta I = 60 - 100$
$\Delta I = -40$

3. "b".
IS: $Y = C + I + G$
IS: $Y = 50 + 0,75Y + 120 - 125i + 30$
IS: $0,25Y = 200 - 125$
IS: $Y = 800 - 500i$ **(I)**

LM: $Ms = Mt + Me$
LM: $240 = 0,30Y + 80 - 250i$ **(II)**

Substituindo **(I)** em **(II)**, tem-se:
$240 = 0,30 (800 - 500i) + 80 - 250i$
$240 = 240 - 150i + 80 - 250i$
$400i = 80$

$i = 0,2$
$I = 120 - 125i$
$I = 120 - 125 \times 0,2$
$I = 120 - 25$
$I = 95$

4. "e".
I. **(F)** Sabendo-se que: M_1 = meios de pagamento; PMPP = Papel-Moeda em Poder do Público; DV = depósito à vista; e M_1 = PMPP + DV:
Papel-Moeda em Poder do Público ≠ Papel-Moeda em Circulação.
Papel-Moeda em Poder do Público = Papel-Moeda em Circulação – caixa dos bancos comerciais.
II. **(V)** B = PMPP + encaixes.
III. **(F)** A moeda escritural corresponde ao saldo em conta corrente. Se o saldo em conta corrente cai, isso significa que as pessoas estão depositando uma parcela menor dos seus meios de pagamento (d). E, com isso, o multiplicador diminui.

$\text{Mult} = \dfrac{1}{1 - d(1 - R)} \rightarrow \text{Se } d \downarrow \rightarrow \text{mult} \downarrow$

IV. **(V)** A demanda de moeda é uma função direta do nível de renda nominal e uma função inversa da taxa de juros nominal (i) e, portanto, da taxa de juros real (r) e da taxa esperada de inflação (πe), já que: $i = r + \pi e$.

5. "b".
IS:
$Y = C + I + G + X - M$
$Y = 200 + 0,8Yd + 300 - 2.000i + 400 + 200 - (100 + 0,2Y)$
$Y = 1.000 + 0,8Yd - 2.000i - 0,2Y$
$Y = 1.000 + 0,8 (Y - T) - 2.000i - 0,2Y$
$Y = 1.000 + 0,8Y (Y - 400) - 2.000i - 0,2Y$
$Y = 1.000 + 0,8Y - 320 - 2.000i - 0,2Y$
$0,4Y = 680 - 2.000i$
$Y = 1.700 - 5.000i$ **(I)**

LM: $Mb = Ms$
LM: $0,25Y - 1.000i = 200$ **(II)**

Substituindo **(I)** em **(II)**:
$0,25 (1.700 - 5.000i) - 1.000i = 200$
$425 - 1.250i - 1.000i = 200$
$225 = 2.250i$
$i = 0,1$

$Y = 1.700 - 5.000 \times 0,1$
$Y = 1.200$

$C = 200 + 0,8Yd$
$C = 200 + 0,8 (Y - T)$
$C = 200 + 0,8 (Y - 400)$
$C = 200 + 0,8 (1.200 - 400)$
$C = 200 + 640$
$C = 840$

$I = 300 - 2.000i$
$I = 300 - 2.000 \times 0,1$
$I = 300 - 200$
$I = 100$

$M = 100 + 0,2Y$
$M = 100 + 0,2 \times 1.200$
$M = 100 + 240$
$M = 340$

6. "e".
IS:
$Y = C + I + G$
$Y = 0,8 (1 - t)Y + 900 - 50i + 800$
$Y = 0,8 (1 - 0,25)Y + 1.700 - 50i$
$Y = 0,6Y + 1.700 - 50i$
$0,4Y = 1.700 - 50i$
$Y = 4.250 - 125i$ (I)

$L = 0,25Y - 62,5i$

$\dfrac{M}{P} = 500$

LM: $\dfrac{M}{P} = L$

$500 = 0,25Y - 62,5i$ (II)

Substituindo (I) em (II), tem-se:

$500 = 0,25 (4.250 - 125i) - 62,5i$
$500 = 1.062,5 - 31,25i - 62,5i$
$500 = 1.062,5 - 93,75i$
$562,5 = 93,75i$
$i = 6$

$Y = 4.250 - 125 \times i$
$Y = 4.250 - 125 \times 6$
$Y = 3.500$

7. F. A soma das inclinações das curvas IS e LM se dará pela soma dos coeficientes angulares das funções IS-LM.
IS: $Y = C + I$
IS: $Y = 10 + 0,75Y + 15 - 0,25i$
IS: $0,25Y = 25 - 0,25i$
IS: $Y = 100 - i$
IS: $i = 100 - Y$
O coeficiente angular da função IS é "–1".

LM: $\dfrac{M}{P} = Y - 0,2i$

$0,2i = \dfrac{-M}{P} + Y$

$i = -5\dfrac{M}{P} + 5Y$

O coeficiente angular da função LM é "5".
A soma dos dois coeficientes é 5 + (–1) = 4.

8. V, V.
a) **(V)** A função Investimento (I) no modelo Keynesiano considera apenas a componente autônoma (Ia): I = Ia. No modelo IS-LM, a função Investimento considera a componente autônoma somada a um componente que é função inversa da taxa de juros (r): I = Ia – βr.
b) **(V)** Em países desenvolvidos, a Renda Recebida do Exterior é maior que a Renda Enviada ao Exterior, o que faz o país apresentar Renda Líquida Recebida positiva ou Renda Líquida Enviada negativa. Como: PN = PI – RLEE ou PN = PI + RLRE e RLEE < 0 ou RLRE > 0 então: PN > PI.

9. "e".
IS: Y = C + I + G
IS: Y = 100 + 0,75Yd + 200 – 2r + 100
IS: Y = 400 + 0,75 (Y – T) – 2r
IS: Y = 400 + 0,75 (Y – 0,2Y) – 2r
IS: Y = 400 + 0,75 × 0,8Y – 2r
IS: Y = 400 + 0,6Y – 2r
IS: 0,4Y = 400 – 2r
IS: Y = 1.000 – 5r   (I)

LM: L = M
LM: 0,2Y – 5r = 80   (II)

Substituindo (I) em (II):
0,2 (1.000 – 5r) – 5r = 80
200 – r – 5r = 80
120 = 6r
r = 20

Y = 1.000 – (5 × 20)
Y = 900

10. "d". Essa questão tem sua resposta nos cálculos da questão anterior.

11. "e". A curva LM é perfeitamente elástica à taxa de juros na área onde ocorre a armadilha da liquidez ou área Keynesiana e, portanto, onde a LM é horizontal. Sendo a oferta de moeda perfeitamente elástica à taxa de juros, a LM também será perfeitamente elástica à taxa de juros. Assim, observe o comportamento da função demanda (L) e oferta (M) por moeda:

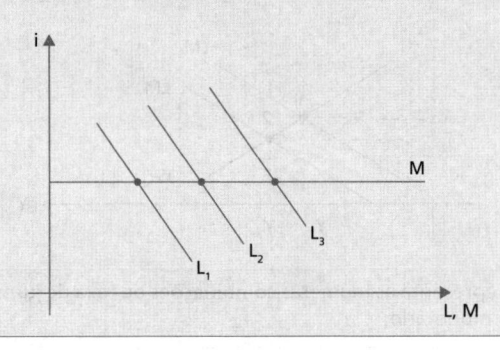

Representando as funções oferta de moeda (M) e demanda de moeda (L), observa-se que, quando a função oferta por moeda (M) é perfeitamente elástica, o deslocamento da demanda por moeda (L) determina infinitos pontos de equilíbrio no mercado monetário que unidos definem a função LM. Essa função também terá a característica de ser perfeitamente elástica.

12. "a".
$M/P = 0,4Y - 40r$ (I)
$Y = 1.000 - 350r$ (II)
$611,11 = 1.000 - 350r$
$r = 1,11$

Substituindo em (I):
$M/P = 0,4 \times 611,11 - 40 \times 1,11$
$M/P = 200$

13. F. A inclinação da função IS depende da sensibilidade do Investimento à taxa de juros e do multiplicador.

14. "b". Quanto maior a sensibilidade da demanda de moeda à taxa de juros, mais horizontal é a função LM, ou seja, menos inclinada. A alternativa "b" é verdadeira.
Uma alteração na velocidade de circulação da moeda (vt) provoca uma mudança na inclinação da função LM, e não o seu deslocamento paralelo. A alternativa "a" é falsa.
O aumento na sensibilidade da demanda por moeda em relação à taxa de juros, não desloca paralelamente a curva LM. Provoca, apenas, uma mudança na sua inclinação. A alternativa "c" é falsa.
Um aumento do multiplicador provoca uma alteração na inclinação da função IS, e não um deslocamento paralelo da curva. A alternativa "d" é falsa.
Quanto maior a sensibilidade do investimento à taxa de juros, mais horizontal é a função IS, ou seja, menos inclinada. Portanto, a alternativa "e" é falsa.

15. "a". No ponto (Y_E, r_1), existe excesso de demanda por moeda em relação à oferta de moeda, já que, abaixo da função LM, L é maior que M. Também existe excesso de demanda de bens em relação à oferta de bens, pois, abaixo da função IS, o I é maior que a S. A alternativa "a" está correta.

16. "a". Representando o modelo IS-LM graficamente, podemos observar que, quando a curva LM se desloca para a direita ou para baixo, temos uma taxa de juros menor (de i_1 para i_2) e um produto/renda maior (de Y_1 para Y_2). Vejamos:

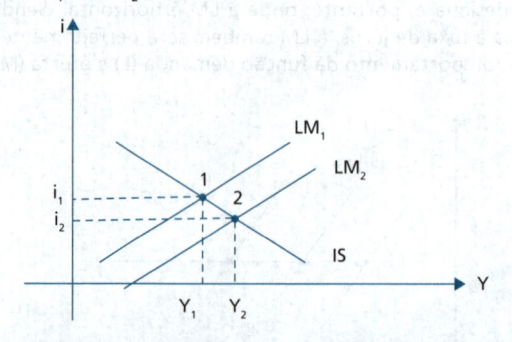

17. Certo. A curva LM representa as inúmeras combinações de taxa de juros e renda/produto que equilibram o mercado monetário.

18.	Certo. A curva IS representa as inúmeras combinações entre taxa de juros e produto/renda que equilibram o mercado de bens. A curva LM representa as inúmeras combinações entre taxa de juros e produto/renda que equilibram o mercado monetário. Primeiro são feitas as combinações entre taxa de juros e renda, que equilibram o mercado monetário. Depois, são feitas as combinações entre taxa de juros e renda, que equilibram o mercado de bens. Ou seja, para encontrar o modelo IS-LM, temos de derivar as funções separadamente.
19.	Certo. Quanto maior a sensibilidade do investimento à taxa de juros, menos inclinada é a curva IS. Portanto, quando essa sensibilidade se reduz, a curva IS vai ficando menos horizontal ou mais inclinada.
20.	Certo. Quanto maior a propensão marginal a consumir ou quanto maior o multiplicador, menos inclinada ou mais horizontal é a curva IS.
21.	Errado. A curva IS descreve o equilíbrio no mercado de bens. A curva LM descreve o equilíbrio no mercado monetário.
22.	Certo. A curva IS mostra as inúmeras combinações de taxa de juros e renda/produto que equilibram o mercado de bens.
23.	"b". O de armadilha da liquidez, se a reta horizontal for a curva LM. O clássico, se a reta horizontal for a curva IS, fazendo com que a curva vertical seja a LM. Quando LM é totalmente elástica (ou horizontal), trata-se do caso em que ocorre a armadilha da liquidez. Quando a LM é totalmente inelástica (ou vertical), trata-se do caso clássico. Quando a IS é totalmente inelástica (ou vertical), trata-se do caso keynesiano simples. Quando a curva LM é crescente, trata-se do caso intermediário.
24.	"b". O investimento é afetado pelo nível de renda/produto e pela taxa de juros. A alternativa "b" está correta. O nível de consumo e o nível de poupança dependem do nível de renda (ou renda disponível). Vejamos as funções: $C = Ca + cYd$ e $S = Sa + sYd$. O modelo IS-LM não pressupõe variação de preços e, portanto, não há expectativas de preços. A alternativa "a" está errada. Um aumento de impostos, de fato, desloca a curva IS para a esquerda. Ocorre que, quando a questão fala que o nível de renda e produto não se altera, ou seja, é "dado" um certo nível do produto, então, a curva IS não se desloca. A alternativa "c" está errada. Uma piora da confiança no sistema financeiro do consumidor faz com que haja um aumento da demanda de moeda, deslocando a curva LM para cima ou para a esquerda, reduzindo o nível de renda e produto e elevando a taxa de juros. Se a confiança for no mercado de bens, que é uma situação não abordada pelo modelo IS-LM, poderá interferir na inclinação da curva IS se alterasse a propensão marginal a consumir. A alternativa "d" está errada.
25.	Certo. Quando representamos a curva "L" (demanda por moeda), ela se apresenta negativamente inclinada em relação à taxa de juros, considerando um nível de renda/produto constante. Isso mostra que, quanto maior a taxa de juros, menor será a demanda de moeda (vejamos o ponto 1, onde a taxa de juros, i, é maior e a demanda por moeda, L, é menor. Também o ponto 2, onde a taxa de juros, i, é menor e a demanda de moeda, L, é maior). Já a oferta de moeda, M, é uma variável exógena e, portanto, será representada, totalmente, inelástica a taxa de juros. Vejamos:

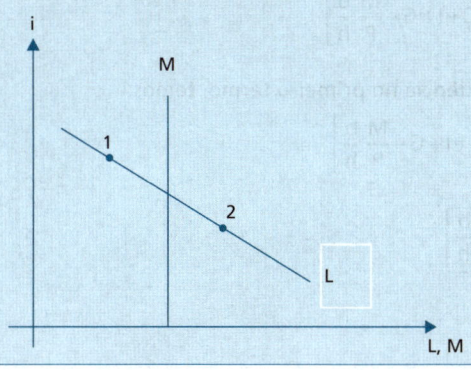

26. "c". Quando a demanda por moeda é insensível à taxa de juros ou totalmente inelástica à taxa de juros, a curva LM será vertical. Esse trecho da curva LM representa o caso clássico, que defendia que os agentes econômicos demandariam moeda apenas para transação/precaução, e, portanto, a demanda de moeda seria função apenas do nível de renda.

27. "d". Quando o mercado de bens se encontra em equilíbrio e é função da taxa de juros e da renda, a combinação dessas duas variáveis determina inúmeros pontos de equilíbrio numa curva denominada IS, onde Investimento (do inglês *Investment*) é igual a Poupança (do inglês *Saving*).

28. "c". Quando a função LM é crescente, significa que a demanda por moeda é função tanto da renda como da taxa de juros. Esse caso corresponde à área intermediária da curva LM.

29. Certo. Quando uma população é muito pobre, significa que a sua propensão marginal a consumir é alta, fazendo com que o consumo seja muito sensível à renda. A elasticidade da curva IS depende do multiplicador keynesiano ou da propensão marginal a consumir, de tal maneira que, quanto maior a propensão marginal a consumir ou o multiplicador keynesiano, menos inclinada será a curva IS ou mais achatada será a curva IS.

30. "c".
Dado:
$Y = C + cY + I - bi + G$
$Y - cY = C + I - bi + G$
$Y(1-c) = C + I - bi + G$
$Y = \dfrac{1}{1-c} \cdot (C + I - bi + G)$ (I)

Dado:
$M/P = kY - hi$
$hi = kY - M/P$
$i = \dfrac{kY}{h} - \dfrac{M}{P} \cdot \dfrac{1}{h}$ (II)

Substituindo (II) em (I):
$Y = \dfrac{1}{1-c}\left[C+I+G-b\left(\dfrac{kY}{h}-\dfrac{M}{P}\cdot\dfrac{1}{h}\right)\right]$

$Y = \dfrac{1}{1-c}\left[C+I+G-\dfrac{bkY}{h}-\dfrac{M}{P}\dfrac{b}{h}\right]$

$Y = \dfrac{1}{1-c}\left[C+I+G-\dfrac{M}{P}\dfrac{b}{h}\right]-\dfrac{1}{1-c}\cdot\dfrac{bkY}{h}$

$Y + \dfrac{1}{1-c}\cdot\dfrac{bkY}{h} = \dfrac{1}{1-c}\left[C+I+G-\dfrac{M}{P}\dfrac{b}{h}\right]$

Colocando "Y" em evidência no primeiro termo, temos:

$Y\left(\dfrac{1}{1-c}\cdot\dfrac{bk}{h}\right) = \dfrac{1}{1-c}\left[C+I+G-\dfrac{M}{P}\dfrac{b}{h}\right]$

$Y = \dfrac{\dfrac{1}{1-c}\left[C+I+G-\dfrac{M}{P}\dfrac{b}{h}\right]}{\dfrac{1}{1-c}\cdot\dfrac{bk}{h}}$

14 ■ Modelo IS-LM (Interligação entre o Lado Real e o Lado Monetário)

$$Y = \frac{\dfrac{1}{1-c}\left[C+I+G-\dfrac{M}{P}\dfrac{b}{h}\right]}{\dfrac{1}{1-c}\cdot\left(1-c+\dfrac{bk}{h}\right)}$$

Multiplicador keynesiano é:

$$\text{Multiplicador} = \frac{\dfrac{1}{1-c}}{\dfrac{1}{1-c}\cdot\left(1-c+\dfrac{bk}{h}\right)}$$

$$\text{Multiplicador} = \frac{1}{1-c+\dfrac{bk}{h}}$$

31. "d". Pela lógica keynesiana, se houver excesso de demanda no mercado de bens, haverá a necessidade de produzir mais para atender a essa demanda e, portanto, o ajuste se dá via elevação da quantidade produzida e da renda. O item "I" está correto.
Se o mercado monetário se equilibrar mais rapidamente do que o mercado de bens, então, ajustes da taxa de juros que afete o mercado monetário deverão ser priorizados em relação a ajustes na produção. O item "II" está correto.
Se houver excesso de oferta monetária na economia, o Bacen deve realizar operação de mercado aberto vendendo títulos no mercado e, assim, provocar uma contração monetária. O item "III" está incorreto.

32. "a". A função LM mostra as inúmeras combinações de taxa de juros e renda que fazem o mercado monetário estar em equilíbrio, ou seja, a oferta de moeda ser igual a demanda por moeda. A alternativa "a" está correta.
O Banco Central oferta moeda e não demanda moeda como afirma a alternativa "b". Ela está, portanto, incorreta.
A uma combinação de taxa de juros e renda, ocorre o equilíbrio que iguala a demanda por moeda dos agentes econômicos e a oferta de moeda feita pelo Banco Central. A alternativa "c" está incorreta.
Um aumento na taxa de juros reduz a demanda agregada pelo seu efeito sobre o investimento. A alternativa "d" está incorreta.
É correto afirmar que um aumento na taxa de juros reduz o consumo e, por conseguinte, a demanda agregada, mas, isso não condiz com a pergunta do enunciado da questão que trata da curva LM. A alternativa "e" está incorreta.

15

POLÍTICA FISCAL E MONETÁRIA

■ 15.1. FATORES QUE DESLOCAM AS FUNÇÕES IS E LM

Antes de se falar em política fiscal e política monetária, devem-se determinar os fatores que deslocam as curvas IS e LM. No capítulo anterior, foram relacionados os fatores que determinavam a inclinação das duas curvas. Agora, será determinado o que leva essas duas curvas a se deslocarem para a direita ou para a esquerda.

O equilíbrio no mercado de bens ocorre quando a demanda agregada é igual à oferta agregada ou quando o Investimento (I) é igual à Poupança (S). A função IS[1] representa as inúmeras combinações entre taxa de juros e renda que fazem o equilíbrio nesse mercado. Portanto, sabe-se que:

$Y = C + I + G + X - M$[2] ou $Y = Ca + c(Y - Ta$[3]$ + R) + Ia + G + X - Ma$, onde: Ca = consumo autônomo; Ta = tributação autônoma; R = transferências; Ia = Investimento autônomo; G = gasto do governo; X = exportação de bens e serviços não fatores; e Ma = importação autônoma de bens e serviços não fatores.

Então, se houver **aumento** de **Ca, R, Ia, G, X** ou **redução** de **Ta ou Ma**, "dada" uma taxa de juros, haverá um **aumento de Y**, ou seja, o produto de equilíbrio no mercado de bens aumenta, deslocando a função IS paralelamente para cima ou para a direita, ou seja, os fatores que deslocam a curva IS são os agregados autônomos que determinam, no modelo Keynesiano simples, o dispêndio da economia. Conforme mostra a Figura 15.1, é possível perceber o que ocorre com a curva IS diante das variações supracitadas.

Figura 15.1. Deslocamento da função IS para a direita

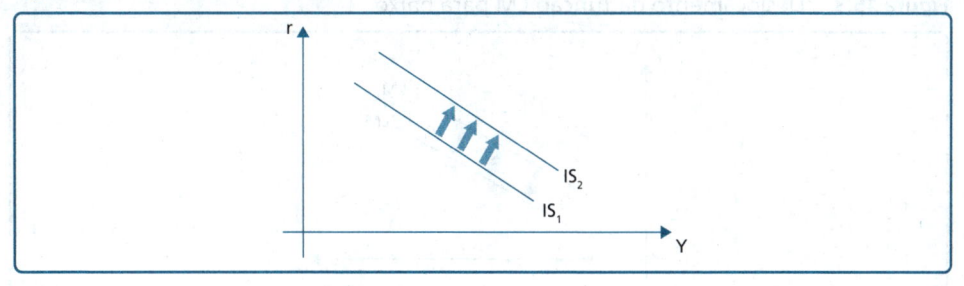

---

[1] A 1ª versão trata a IS-LM como uma economia fechada. Isso se deve ao fato de as economias da época funcionarem, na prática, mais como economia fechada que aberta, bem como por uma questão prática. Os monetaristas incluem no modelo as exportações (X) e importações (M).
[2] Considerando a importação uma função autônoma.
[3] Considerando a função tributação uma função autônoma.

Por outro lado, se houver **uma redução de Ca, R, Ia, G, X** ou **aumento de Ta ou Ma**, "dada" uma taxa de juros, haverá uma **diminuição de Y**, ou seja, o produto de equilíbrio no mercado de bens diminui, deslocando a função IS paralelamente para a esquerda, conforme mostra a Figura 15.2.

Figura 15.2. Deslocamento da função IS para a esquerda

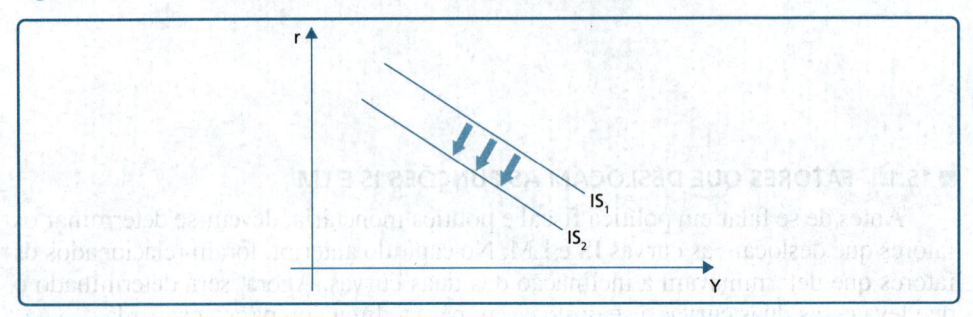

Blanchard reforça a teoria, afirmando que: "qualquer fator que, para uma dada taxa de juros, diminui o nível de produto de equilíbrio faz com que a curva IS se desloque para a esquerda"[4]. E complementa, dizendo: "mudanças em fatores que diminuem a demanda por bens, dada a taxa de juros, deslocam a curva IS para a esquerda. Mudanças em fatores que aumentam a demanda por bens, dada a taxa de juros, deslocam a curva IS para a direita"[5].

O equilíbrio no mercado monetário ocorre quando a demanda por moeda (L) é igual à oferta por moeda (M). A função LM representa as inúmeras combinações de taxa de juros e renda que fazem o equilíbrio nesse mercado. Portanto, sabe-se que: M = L.

Assim, se houver **aumento de M**, que é fixada exogenamente, ou **redução de L**[6], em decorrência de fatores exógenos, ou seja, não relacionados à taxa de juros nem à renda, e sim a fatores relacionados a hábitos dos agentes, bem como se houver **redução do nível de preços**[7], a função LM se desloca paralelamente para baixo. Observe a Figura 15.3.

Figura 15.3. Deslocamento da função LM para baixo

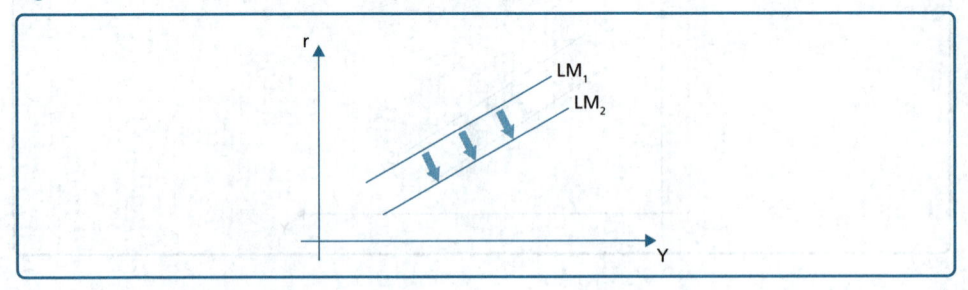

---

[4] Olivier Blanchard, *Macroeconomia*, p. 85.
[5] Olivier Blanchard, *Macroeconomia*, p. 85.
[6] O que Keynes chamou de preferência pela liquidez.
[7] Assunto a ser visto no *item 15.7*.

Por outro lado, se houver **redução de M** ou **aumento de L**, este último em decorrência, por exemplo, da perda de confiança nos títulos ou colapso no sistema bancário[8], bem como se houver uma **elevação de preços**[9], a função LM se desloca paralelamente para cima, como mostra a Figura 15.4.

Figura 15.4. Deslocamento da função LM para cima

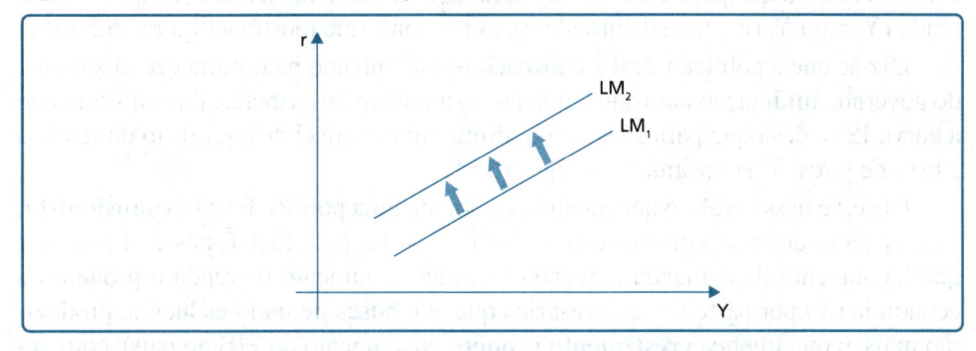

Como o estudo deste capítulo trata, num primeiro momento, do estudo de uma política fiscal ou monetária a ser adotada, os deslocamentos da IS ocorrerão por uma alteração nos gastos do governo (G), na tributação (T) e/ou nas transferências do governo (R), e o deslocamento da LM ocorrerá por uma alteração na oferta de moeda.

Portanto, variáveis exógenas ligadas ao mercado de bens não alteram a curva **LM**, assim como uma variável exógena ligada ao mercado monetário não altera a curva **IS**. Confirma Blanchard: "uma curva se desloca em resposta a uma mudança em uma variável exógena somente se essa variável aparece diretamente na equação representada por aquela curva"[10].

Acompanhe a seguir a política fiscal e monetária.

■ **15.2. POLÍTICA FISCAL**

A política fiscal[11] é adotada pelo governo para alterar o nível de produto e renda da economia, por meio de alteração dos **gastos do governo, transferências e tributação**. A **Secretaria do Tesouro Nacional** é o órgão responsável pela administração das receitas e despesas do governo e, por conseguinte, pela adoção de uma política fiscal.

Quando o governo **gasta**, ele tem uma despesa, mas recebe em contrapartida um bem ou serviço. Por exemplo, quando contrata um professor para ensinar em uma universidade pública, tem uma despesa com o pagamento de salários, mas, em contrapartida, recebe o serviço de ensino do professor. Quando o governo **transfere**, há

---
[8] Já que são fatores exógenos, ou seja, não estão relacionados à renda e à taxa de juros.
[9] Assunto a ser visto no *item 15.7*.
[10] Olivier Blanchard, *Macroeconomia*, p. 90.
[11] Quando a teoria Keynesiana se utiliza da política fiscal para eliminar hiatos do produto (capítulo 8), diz-se que está adotando uma política fiscal discricionária.

uma despesa, mas não há nenhuma contrapartida em forma de bens e serviços. Por exemplo, quando o governo concede um benefício previdenciário, como pensão ou aposentadoria, não recebe nenhum bem ou serviço em troca.

Diz-se que a política fiscal é **expansionista** quando há aumento dos gastos do governo, aumento das transferências ou diminuição dos tributos, fazendo com que a curva IS se desloque para a direita (IS_1 para IS_2), aumentando o nível de equilíbrio da renda (Y_1 para Y_2) e a taxa de juros (r_1 para r_2), conforme mostra a Figura 15.5 *infra*.

Diz-se que a política fiscal é **contracionista**[12] quando há diminuição dos gastos do governo, diminuição das transferências ou aumento dos tributos, fazendo com que a curva IS se desloque para a esquerda, diminuindo o nível de equilíbrio da renda e a taxa de juros. Veja novamente a Figura 15.5.

Observe nesse gráfico que, quando é adotada uma política fiscal **expansionista**, a curva IS se desloca para a direita ou para cima (IS_1 para IS_2). É possível perceber que há aumento da demanda agregada forçando o aumento da renda e produto da economia (Y) por parte dos empresários que, em busca de maiores lucros, produzirão mais, o que implica **crescimento econômico** (aumento do PIB do país), com **geração de empregos**. Como uma política fiscal expansionista se dá pelo aumento dos gastos e transferências do governo ou redução dos tributos, acarreta também aumento do **déficit orçamentário**. Observando o comportamento das taxas de juros, percebe-se que uma expansão fiscal provoca seu aumento. Isso repercute no aumento da **dívida** e do déficit do governo pela elevação dos encargos da dívida (pagamento de juros). O aumento da demanda agregada em decorrência de uma política fiscal expansionista pode provocar **inflação**, caso o aumento da oferta de bens e serviços não acompanhe o crescimento da demanda. É importante salientar também que o governo, incorrendo em déficits, poderá ter que se socorrer à poupança externa, aumentando sua dívida externa.

Quando é adotada uma política fiscal **restritiva**, a curva IS se desloca para a esquerda ou para baixo (IS_1 para IS_3). É possível perceber que há uma diminuição da demanda agregada forçando a redução da renda e produto da economia (Y) por parte dos empresários, que não produzirão, já que sabem que não conseguirão vender seus produtos, o que implica uma **recessão econômica** (diminuição do PIB do país), com contração do **nível de emprego**. Como uma política fiscal restritiva se dá pela redução dos gastos e transferências do governo ou aumento dos tributos, acarreta também redução do **déficit orçamentário**. Observando o comportamento das taxas de juros, percebe-se que uma contração fiscal provoca sua redução. Isso repercute na diminuição da **dívida** do governo pela redução dos encargos da dívida (pagamento de juros). A redução da demanda agregada em decorrência de uma política fiscal restritiva pode provocar **redução da inflação**, já que o produto sofrerá menos pressão por parte da demanda para se expandir. É importante salientar também que o governo, ao reduzir seu déficit, poderá depender menos de capital externo, reduzindo sua dívida externa.

---

[12] Também denominada contração fiscal ou consolidação fiscal.

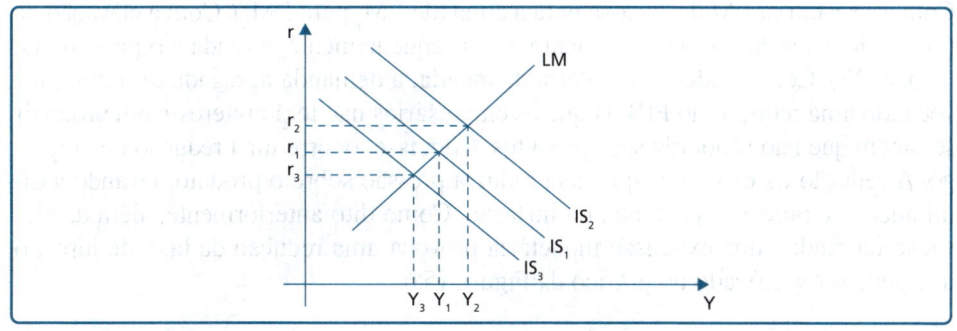

Figura 15.5. As consequências sobre a renda (Y) e a taxa de juros (r) quando a curva IS se desloca para a direita e para a esquerda

Observe que, à medida que se desloca, a curva IS se move sobre a curva LM, provocando uma alteração no nível de renda/produto (Y) e na taxa de juros (i). Assim, se a política fiscal for **expansionista**, a **renda/produto e a taxa de juros aumentam**. Se a política fiscal for **restritiva**, a **renda/produto e a taxa de juros diminuem**. Portanto, a **renda/produto** da economia se desloca no **mesmo sentido** da taxa de juros quando é adotada uma política fiscal.

■ 15.3. POLÍTICA MONETÁRIA

A política monetária[13] é adotada pelo Banco Central para alterar o nível de renda por meio da taxa de juros, em consequência de uma alteração na **oferta de moeda**. Serve para combater uma **recessão**, quando eleva a renda, e para **reduzir** a inflação, quando provoca diminuição da renda.

Diz-se que a política monetária é **expansionista** quando há **aumento da oferta de moeda**, levando a uma **redução na taxa de juros**. A curva LM desloca-se, então, para baixo (de LM_1 para LM_2). Com a redução da taxa de juros (de r_1 para r_2), aumenta-se o investimento e, consequentemente, a renda/produto (de Y_1 para Y_2). Com o aumento da oferta de moeda, a demanda agregada se eleva, provocando um aumento do PIB, já que os empresários, em busca de maiores lucros, produzirão mais para atender à demanda crescente, gerando, com isso, aumento do emprego. Caso o aumento da demanda agregada não seja acompanhado do aumento da oferta agregada, os preços poderão subir, gerando inflação. Como dito anteriormente, além da elevação da renda, uma expansão monetária provoca uma redução da taxa de juros, conforme pode ser acompanhado pelo gráfico da Figura 15.6. De acordo com Froyen: "estando fixa a renda, para que o estoque de moeda mais alto se iguale à demanda por moeda, a taxa de juros deve cair para ampliar tanto a demanda especulativa por moeda como a demanda por moeda para transações para o mesmo nível de renda"[14].

---

[13] O Comitê de Política Monetária (COPOM) tem como objetivo definir as diretrizes da política monetária e a taxa de juros.
[14] Richard T. Froyen, *Macroeconomia*, p. 147.

Diz-se que a política monetária é **contracionista ou restritiva** quando há **redução da oferta de moeda**, acarretando uma **elevação da taxa de juros** (r_1 para r_3). Com isso, a curva LM desloca-se para a cima (de LM_1 para LM_3). Com a elevação da taxa de juros, reduz-se o investimento e, consequentemente, a renda e o produto (de Y_1 para Y_3). Com a redução da oferta de moeda, a demanda agregada diminui, provocando uma redução do PIB, já que os empresários não terão interesse em produzir se sabem que não venderão seus produtos. Com isso, ocorre uma redução do emprego. A redução da demanda agregada reduz a pressão sobre o produto, levando à diminuição de preços e, portanto, da inflação. Como dito anteriormente, além da elevação da renda, uma expansão monetária provoca uma redução da taxa de juros, o que pode ser verificado no gráfico da Figura 15.6.

Figura 15.6. Consequências sobre a renda e sobre as taxas de juros quando a curva LM se desloca para a direita e para a esquerda

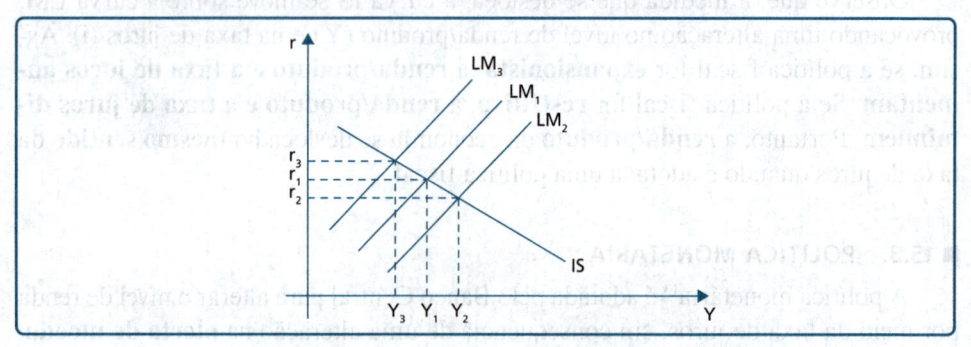

Observe que, à medida que se desloca, a curva LM se move sobre a curva IS, provocando uma alteração no nível de renda/produto (Y) e na taxa de juros (i). Assim, se a **política monetária for expansionista**, a renda/produto aumenta e a taxa de juros diminui. Se a **política monetária for restritiva**, a renda/produto diminui e a taxa de juros aumenta. Portanto, a **renda/produto** da economia se desloca em **sentido contrário** ao da **taxa de juros** quando se adota uma política monetária.

■ 15.4. POLÍTICA FISCAL E MONETÁRIA NOS CASOS EXTREMOS (ARMADILHA DA LIQUIDEZ E CASO CLÁSSICO) E NA ÁREA INTERMEDIÁRIA DA FUNÇÃO LM

Até o momento, a curva LM foi apresentada como uma **função crescente**. Quando ela se comporta dessa maneira, diz-se que se encontra na área **intermediária**. Porém, a função LM pode se apresentar também totalmente **horizontal** ou totalmente **vertical**. No primeiro caso, diz-se que a função LM encontra-se no caso **Keynesiano** ou em que ocorre a **armadilha da liquidez**. No segundo caso, diz-se que a função LM encontra-se no **caso clássico**. Acompanhe, a seguir, os efeitos de uma política fiscal e monetária em cada um desses casos: caso Keynesiano (em que ocorre a armadilha da liquidez), caso clássico e caso intermediário.

Resumindo, o modelo IS-LM pode ser dividido em três trechos: trecho ou **área Keynesiana** (em que a taxa de juros é mínima e, portanto, a demanda de moeda para especulação é máxima); o trecho ou **área intermediária**; e o trecho ou **área clássica** (em que a taxa de juros é alta e a demanda de moeda para especulação é zero).

Segundo Froyen, a área clássica recebe esse nome porque: "(...) caso clássico (...) como na teoria clássica, a demanda por moeda (...) depende só da renda. O traço distintivo da teoria Keynesiana da demanda por moeda, com relação à correspondente clássica, é a relação negativa entre a demanda por moeda e a taxa de juros (...)"[15]. Logo, pelo fato de os clássicos não considerarem a demanda de moeda para especulação, a demanda de moeda não seria uma função da taxa de juros, ou seja, seria **totalmente inelástica** à taxa de juros.

Já o caso Keynesiano, ou aquele em que ocorre a **armadilha da liquidez**, a taxa de juros é mínima e, portanto, só tende a subir. Com isso, as perdas esperadas para quem tem títulos é uma certeza. Assim, os agentes econômicos tendem a converter suas riquezas apenas em moeda. Nessa área, um aumento no nível de renda exigiria uma mínima alteração na taxa de juros que garantisse o equilíbrio no mercado monetário. Portanto, a demanda de moeda é perfeitamente elástica à taxa de juros.

15.4.1. Armadilha da liquidez

A **armadilha da liquidez**[16] é um caso de total incerteza no mercado. Nela, a taxa de juros está a um nível tão baixo que só tende a crescer e, por conseguinte, os títulos só tendem a se desvalorizar. Então, quem tem títulos quer vender, e quem não tem também não quer comprar. A demanda por moeda para **especulação** é máxima e qualquer aumento da oferta de moeda **não** será destinada à demanda de moeda para transação e precaução, o que manterá constante o nível de produto/renda da economia. LM é **horizontal**, mostrando que a demanda por moeda é totalmente **elástica à taxa de juros** e totalmente **inelástica à renda**. Como as pessoas estão dispostas a demandar toda a oferta de moeda oferecida pelo Banco Central, elevações na oferta de moeda não baixam a taxa de juros e, portanto, não afetam a renda, já que a curva LM não sai do lugar.

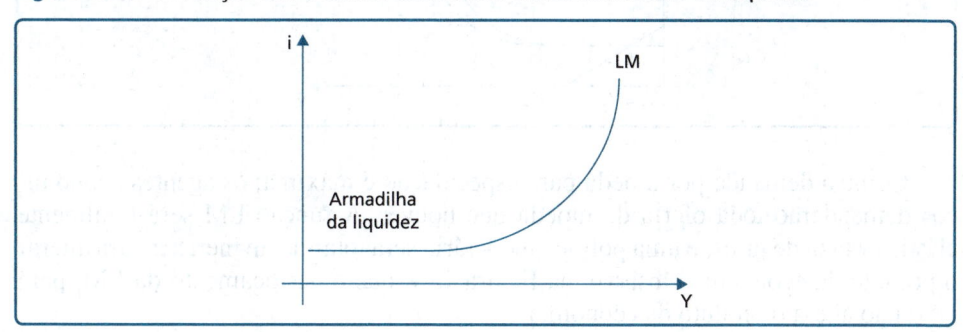

Figura 15.7. A função LM e a área conhecida como armadilha da liquidez

---

[15] Richard T. Froyen, *Macroeconomia*, p. 144.
[16] A situação em que ocorre a armadilha da liquidez seria compatível com a Grande Depressão dos anos 1930.

15.4.1.1. Eficácia da política fiscal e monetária na área Keynesiana da função LM ou área da armadilha da liquidez

Na **armadilha da liquidez**, a política fiscal é totalmente eficaz e a política monetária é totalmente ineficaz para alterar o nível de renda e produto da economia.

a) Observe quando é adotada uma política fiscal expansionista no caso em que ocorre a armadilha da liquidez ou área conhecida como área Keynesiana:

Figura 15.8. Política fiscal na armadilha da liquidez

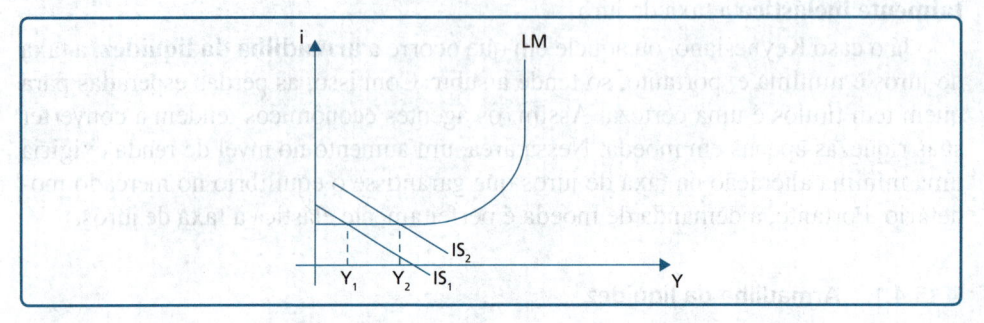

Como a taxa de juros não varia, uma política fiscal será totalmente eficaz para alterar o nível de renda, já que não afeta o investimento. Observe a Figura 15.8: quando a função IS_1 se desloca para IS_2, o produto/renda aumenta e a taxa de juros (i) permanece constante.

b) Observe quando é adotada uma política monetária expansionista no caso em que ocorre a armadilha da liquidez ou área Keynesiana:

Figura 15.9. Política monetária na armadilha da liquidez

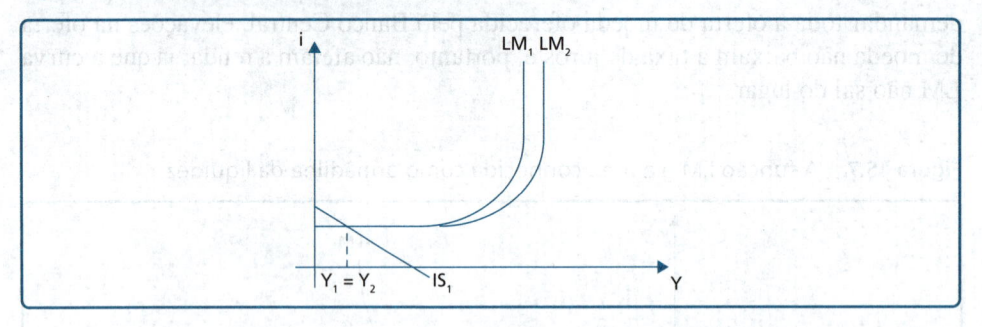

Como a demanda por moeda para especulação é máxima, os agentes econômicos demandarão toda oferta de moeda que houver. A função LM será totalmente elástica à taxa de juros, e uma política monetária será totalmente ineficaz para alterar o produto da economia. Observe, na Figura 15.9, que o deslocamento da LM_1 para LM_2 não altera o produto da economia.

15.4.2. Área clássica

A área clássica é aquela em que ocorre total **escassez de liquidez** na economia e, portanto, a função LM é vertical, ou seja, a demanda de moeda é totalmente inelástica à taxa de juros, já que, para os clássicos, não haveria demanda de moeda para especulação, ou seja, a demanda de moeda não seria função da taxa de juros, mas apenas da renda. Assim, os agentes econômicos não demandariam moeda para fins especulativos. A área clássica traz uma interpretação do pensamento clássico feita pelos Keynesianos[17].

■ **15.4.2.1. Eficácia da política fiscal e monetária na área clássica**

Na **área clássica**, a política fiscal é totalmente ineficaz e a política monetária é totalmente eficaz para alterar o nível de renda e produto da economia.

Observe na Figura 15.10: quando é adotada uma política fiscal expansionista no caso clássico, o produto/renda não se altera quando IS_1 se desloca até IS_2. Apenas a taxa de juros (i) se eleva.

Figura 15.10. Política fiscal na área clássica

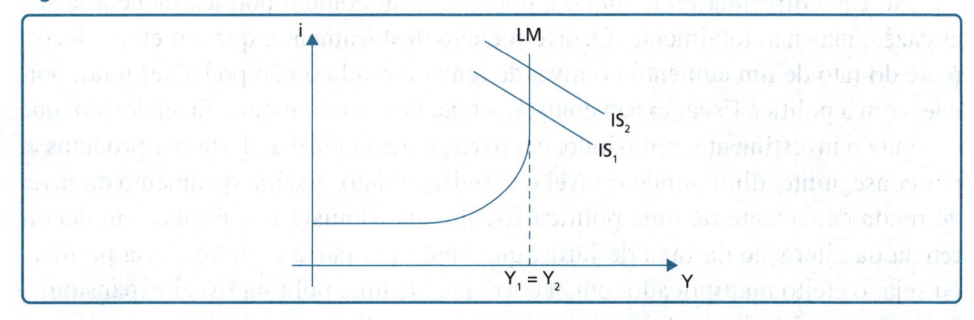

Como a taxa de juros é elevada, um deslocamento da função IS, devido a uma política fiscal, influencia totalmente o investimento (já que ele é muito sensível à taxa de juros) em sentido oposto ao da política fiscal, provocando o efeito deslocamento total[18] e não alterando o nível de renda e produto da economia.

Observe na Figura 15.11: quando é adotada uma política monetária no caso clássico, o produto/renda se altera quando LM_1 se desloca para LM_2.

Figura 15.11. Política monetária na área clássica

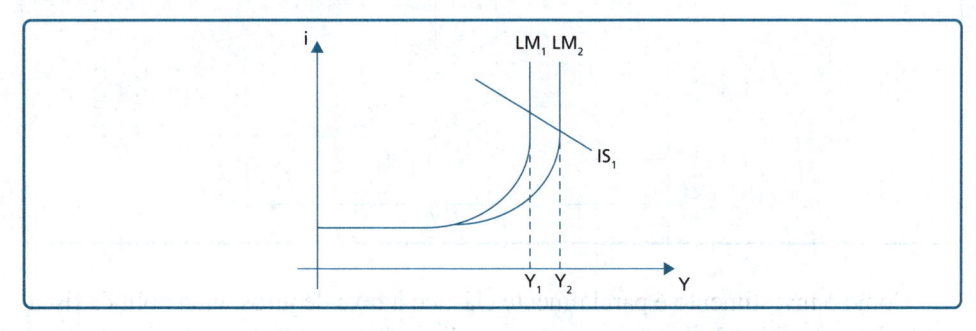

---

[17] Hicks-Hansen foram os formuladores do modelo IS-LM, com base na teoria anteriormente desenvolvida por Keynes.
[18] Assunto a ser visto no *item 15.4.6*.

Como a demanda por moeda para especulação é mínima, uma política monetária é totalmente eficaz para alterar o nível de renda e produto da economia.

15.4.3. Área intermediária

A área **intermediária** corresponde à área desenvolvida nos *itens 15.2* e *15.3*. Percebe-se que a demanda por moeda, nessa área, é **sensível** a uma variação tanto nas taxas de juros como na renda/produto, o que faz com que a função LM possua uma **inclinação positiva**. A seguir, é possível fazer uma análise da eficácia das políticas fiscal e monetária nessa área.

15.4.3.1. Eficácia da política fiscal e monetária na área intermediária

No **caso intermediário**, tanto a política fiscal como a política monetária são eficazes, mas não totalmente. Ocorre o efeito deslocamento, que é o efeito decorrente do fato de um aumento no nível de renda e produto não poder ser total, porque, com a política fiscal expansionista, a taxa de juros aumenta, fazendo com que diminua o investimento, reduzindo, em parte, a demanda e a oferta por produtos e, por conseguinte, diminuindo o nível de renda/produto. Assim, o aumento do nível de renda decorrente de uma política fiscal expansionista não é total, em decorrência da alteração da taxa de juros, que anula em parte o efeito dessa política, ou seja, o efeito multiplicador em decorrência de uma política fiscal expansionista é reduzido devido ao efeito deslocamento (*crowding out*), assunto a ser visto no *item 15.4.6*.

Observe que, quando é adotada uma política fiscal expansionista na área intermediária, o produto/renda se altera parcialmente.

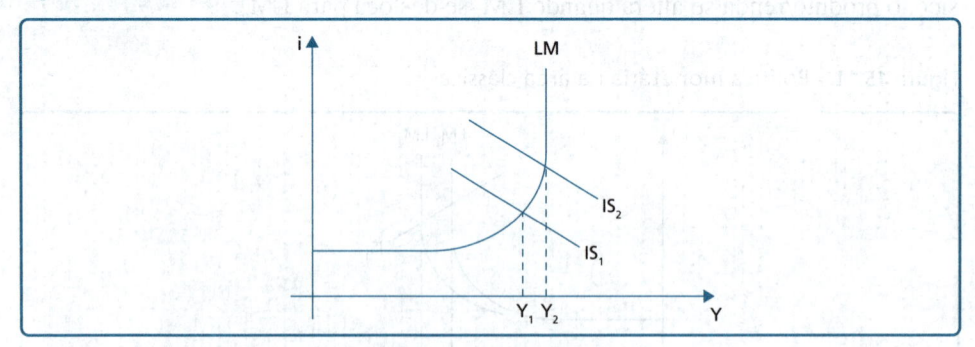

Figura 15.12. Política fiscal expansionista na área intermediária

Como o investimento é parcialmente elástico à taxa de juros, uma política fiscal produzirá um efeito deslocamento (ou *crowding out*) parcial, gerando um aumento também parcial do produto e da renda na economia.

Observe também que, quando é adotada uma política monetária expansionista na área intermediária, o produto/renda se altera parcialmente.

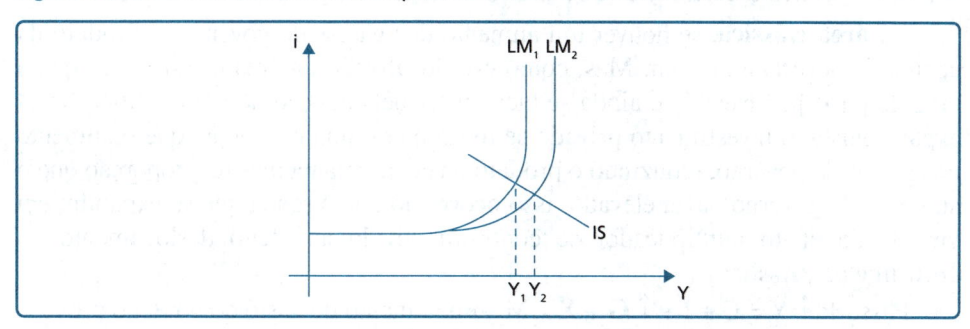

Figura 15.13. Política monetária expansionista na área intermediária

[Gráfico: eixos i (vertical) e Y (horizontal), curvas LM₁, LM₂ e IS, com pontos Y₁ e Y₂ no eixo Y]

Como a demanda por moeda é parcialmente elástica à taxa de juros, uma política monetária será parcialmente eficaz para alterar a renda e produto da economia.

No modelo Keynesiano simplificado, em que o investimento não é afetado por variações na taxa de juros, já que ela é "dada como constante" e, portanto, não varia, uma política fiscal será totalmente eficaz para alterar o nível de renda, já que não altera o investimento. Essa análise poderá ser verificada no *item 15.5*.

15.4.4. A curva de oferta e o modelo IS-LM

Caso a curva de oferta seja **horizontal** (modelo de oferta Keynesiano), o produto deverá aumentar integralmente pelo deslocamento horizontal da curva de demanda agregada (área Keynesiana do modelo IS-LM, quando a curva IS se desloca para a direita). Caso a curva de oferta tenha uma **inclinação positiva**, isso significa que o aumento da demanda leva ao aumento do produto, porém em menor intensidade, já que há uma elevação de preços também (área intermediária do modelo IS-LM, quando a curva IS se desloca para a direita). Quando a curva de oferta é **vertical** (modelo de oferta clássica), um aumento da demanda agregada não eleva o produto, mas apenas os preços (área clássica do modelo IS-LM, quando a curva IS se desloca para a direita). Portanto, a política adotada dependerá da suposição com relação ao formato da função oferta agregada.

15.4.5. Elasticidade da demanda por moeda (L) e do investimento (I) à taxa de juros na curva LM

- Na área Keynesiana, "L" é totalmente elástica à taxa de juros.
- Na área clássica, "L" é totalmente inelástica à taxa de juros.
- Na área intermediária, "L" é parcialmente elástica à taxa de juros.
- Na área Keynesiana, a taxa de juros é constante e, portanto, não afeta o investimento (I).
- Na área clássica, a taxa de juros é muito elevada e, portanto, sua alteração afeta muito o investimento (I). O efeito *crowding out* (ou efeito deslocamento) é total.
- Na área intermediária, a taxa de juros varia, afetando parcialmente o investimento (I). O efeito *crowding out* (ou efeito deslocamento) é parcial.

15.4.6. Efeito *crowding out* ou efeito deslocamento ou efeito expulsão

Na **área clássica**, se houver um aumento dos gastos do governo, o Produto da economia deveria aumentar. Mas, como está localizado na área clássica, em que a taxa de juros já é elevada e ainda se eleva mais pela adoção de uma política fiscal expansionista, o investimento privado se retrai na mesma proporção que o aumento dos gastos do governo, reduzindo o produto da economia na mesma proporção que o aumento do governo havia elevado. Isso ocorre porque a renda que se expandiu em virtude do efeito multiplicador se contrairá devido ao efeito deslocamento ou *crowding out*. Assim:

Passo 1: $\uparrow Y = C + I + \uparrow G + X - M \to$ o aumento do gasto do governo provoca um aumento do produto da economia.

Passo 2: $\downarrow Y = C + \downarrow I + G + X - M \to$ uma retração dos investimentos, devido à elevação da taxa de juros, retrai o produto da economia.

Passo 3: $\downarrow\uparrow Y = C + \downarrow I + \uparrow G + X - M \to$ o aumento dos gastos do governo e uma redução dos investimentos em igual proporção **(efeito *crowding out* total)** mantêm o produto inalterado na economia.

Passo 4: $Y = C + \downarrow I + \uparrow G + X - M \to$ os gastos do governo vão substituir os investimentos privados na economia, mantendo inalterado o produto.

Ou seja, o aumento do gasto do governo provocou uma elevação nas taxas de juros, retraindo os investimentos privados, fazendo com que o produto da economia não se alterasse.

Percebe-se que há uma transferência de investimentos privados para investimentos públicos.

Como não existe a demanda de moeda para especulação na área clássica, uma mudança na taxa de juros tem um impacto muito grande sobre os investimentos.

Na **área intermediária**, como o investimento é parcialmente elástico à taxa de juros, o efeito *crowding out* (ou **efeito deslocamento**) é parcial. Observe a Figura 15.14.

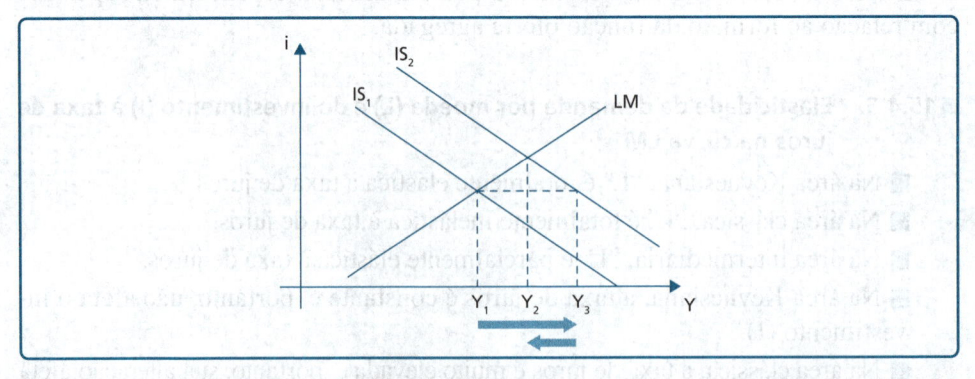

Figura 15.14. Efeito *crowding out* na área intermediária

Na área intermediária, uma política fiscal expansionista, por meio do aumento dos gastos do governo, por exemplo, desloca a função IS_1 para IS_2, elevando a taxa de juros e o Produto da economia. Como o investimento é sensível à taxa de juros, mas não totalmente, ocasiona a sua retração e, por conseguinte, a retração do produto da economia, ou seja, de Y_3 para Y_2, mas não na mesma proporção que a elevação dos gastos proporcionou o seu aumento, ou seja, de Y_1 para Y_3. O resultado é a elevação do produto da economia de Y_1 para Y_2, ou seja, ocorre um efeito deslocamento, também conhecido por efeito *crowding out*, correspondente a Y_3Y_2.

Observe que, se a taxa de juros não tivesse se elevado, o deslocamento horizontal da função IS, ou seja, de IS_1 para IS_2, teria provocado um aumento da renda e do produto da economia na proporção do multiplicador Keynesiano, ou seja, de Y_1 para Y_3. Mas, como o deslocamento da curva IS provocou uma elevação da taxa de juros, então o investimento se retrai, reduzindo a renda e o produto da economia na proporção do efeito deslocamento ($Y_3 \rightarrow Y_2$), que, na área intermediária, é inferior ao efeito do multiplicador.

Froyen explica o efeito deslocamento quando afirma que: "a diferença entre o modelo Keynesiano simples e o modelo IS-LM é que este último inclui um mercado monetário. Quando os gastos do governo aumentam para manter o equilíbrio no mercado monetário, a taxa de juros também deve aumentar. O aumento na taxa de juros causará um declínio nos dispêndios com investimento. O declínio nos dispêndios com investimento compensará, parcialmente, o aumento na demanda agregada resultante do aumento nos gastos por parte do governo. Consequentemente, o aumento na renda será menor que o previsto no modelo Keynesiano simples, onde o investimento foi considerado completamente autônomo"[19].

Na área Keynesiana ou aquela em que ocorre a armadilha da liquidez, não há o *crowding out* ou efeito deslocamento.

15.4.7. Visão global da eficácia[20] de uma política fiscal e monetária considerando a inclinação da função LM

Na Figura 15.15 *infra*, é possível se verificar a alteração do produto da economia e da taxa de juros com a adoção de uma política fiscal e monetária na área Keynesiana, em que ocorre a armadilha da liquidez, na área intermediária e na área clássica.

Em primeiro lugar, analisando o efeito de uma política fiscal, quando a IS se desloca para a direita ($IS_1 \rightarrow IS_2$) sobre a LM_1, o produto da economia se expande com mais eficácia na área Keynesiana. Na área intermediária ($IS_3 \rightarrow IS_4$), embora o produto aumente, o efeito deslocamento diminui sua eficácia. Na área clássica, a política fiscal ($IS_5 \rightarrow IS_6$) não é capaz de alterar o produto da economia.

Observando agora uma alteração na curva LM de LM_1 para LM_2, por meio de uma política monetária expansionista, é possível observar a ineficácia na área Keynesiana e uma eficácia parcial na área intermediária. Já na área clássica, uma política monetária expansionista é totalmente eficaz para alterar o nível de renda e produto da economia.

---

[19] Richard T. Froyen, *Macroeconomia*, p. 174.
[20] Quanto mais eficaz, maior será a variação da renda em decorrência de uma alteração na variável econômica; e quanto menos eficaz, menor será a variação da renda em decorrência de uma alteração na variável econômica.

Figura 15.15. Efeito de uma política fiscal e monetária na área Keynesiana, na área intermediária e na área clássica

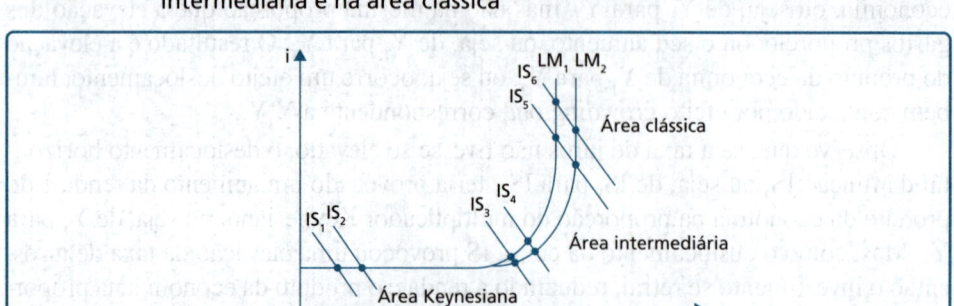

15.5. POLÍTICA FISCAL E MONETÁRIA NOS CASOS EXTREMOS DA FUNÇÃO IS – MODELO KEYNESIANO SIMPLIFICADO

Até o momento, a curva IS foi apresentada como uma função decrescente. Mas ela poderá se apresentar totalmente **vertical**, ou seja, totalmente **inelástica** à taxa de juros[21]. Quando ela assume esse comportamento, chama-se esse modelo de **modelo Keynesiano simplificado**, já que o modelo desenvolvido por Keynes e apresentado no capítulo 8 considerava a taxa de juros "dada" e, portanto, incapaz de afetar o nível de renda e produto da economia.

Assim, caso seja adotada uma **política fiscal** expansionista, quando a função IS é vertical, o produto da economia aumentará, mostrando o **máximo de eficácia**. Observe o gráfico da Figura 15.16.

Figura 15.16. Eficácia de uma política fiscal expansionista no modelo Keynesiano simplificado

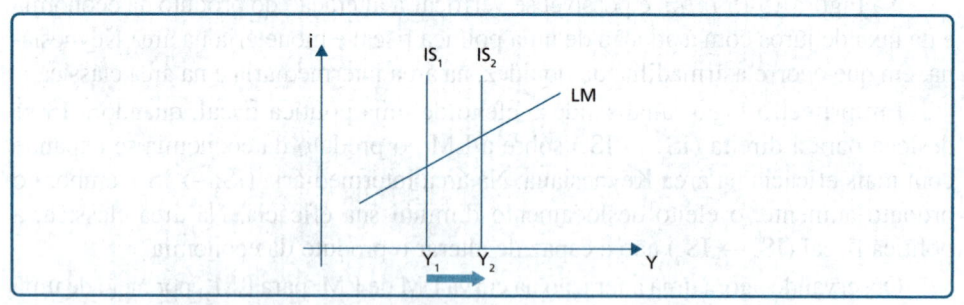

Caso seja adotada uma **política monetária** expansionista (LM_1 a LM_2), quando a função IS é vertical, o produto da economia não sofrerá alteração, mostrando que essa política será totalmente **ineficaz** para alterar a renda/produto da economia. Observe o gráfico da Figura 15.17.

---

[21] A curva IS **não** poderá se apresentar totalmente horizontal.

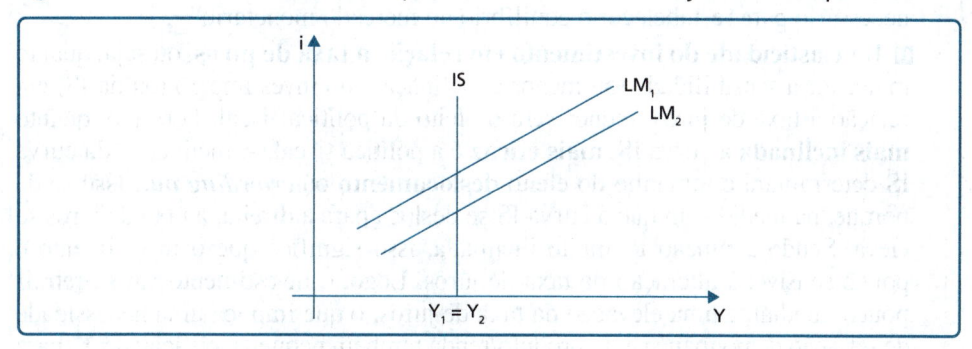

Figura 15.17. Política monetária expansionista no modelo Keynesiano simplificado

15.6. FATORES QUE AFETAM A EFICÁCIA DA POLÍTICA FISCAL E MONETÁRIA

Conforme visto no capítulo anterior, pode-se recordar que a inclinação da curva IS depende de dois fatores:

- **Propensão marginal a Consumir**, que afetará o multiplicador: quanto maior o multiplicador, maior será o impacto sobre a renda, ou seja, menor será a inclinação da IS e mais horizontal será a IS.
- **Sensibilidade do investimento em relação à taxa de juros**, ou seja, quanto mais sensível o investimento à taxa de juros, menor será a inclinação da curva IS e mais horizontal será a curva IS.

A inclinação da curva LM depende de dois fatores:

- **Elasticidade da demanda de moeda em relação à renda**, ou seja, quanto maior a elasticidade da demanda de moeda à renda, menos horizontal (ou mais inclinada) será a LM.
- **Elasticidade da demanda de moeda em relação à taxa de juros**, ou seja, quanto maior a elasticidade da demanda de moeda à taxa de juros, mais horizontal (ou menos inclinada) será a LM.

Portanto, **a eficácia da política fiscal** depende:

- **Do tamanho do multiplicador** ou da Propensão marginal a Consumir, que determinará quanta alteração da renda/produto de equilíbrio a curva IS provocará.
- **Da elasticidade da demanda de moeda em relação à taxa de juros**, ou seja, quanto maior a elasticidade da demanda de moeda em relação à taxa de juros, maior será o impacto da política fiscal. Isso se dá em decorrência do ajuste necessário da taxa de juros sobre o investimento. Froyen explica, afirmando que: "um aumento nos gastos do governo causa um aumento na renda. À medida que a renda aumenta, a demanda por saldos para transação aumenta, e o retorno ao equilíbrio no mercado monetário com um estoque de moeda inalterado exige um aumento da taxa de juros. O aumento da taxa de juros deve diminuir a demanda especulativa de moeda e fazer com que os indivíduos e as firmas economizem no uso dos saldos para transações. Se a demanda por moeda for altamente sensível

às mudanças na taxa de juros, somente um pequeno aumento na taxa de juros será necessário para restabelecer o equilíbrio do mercado monetário"[22].

■ **Da elasticidade do investimento em relação à taxa de juros**, ou seja, quanto maior for a sensibilidade (ou menor a inclinação) do investimento (ou da IS) em relação à taxa de juros, menor será o efeito da política fiscal. Portanto, quanto **mais inclinada** a curva IS, **mais eficaz** é a política fiscal. A inclinação da curva IS determinará o tamanho do efeito **deslocamento** ou *crowding out*. Isso se dá porque, na medida em que a curva IS se desloca para a direita, a taxa de juros se eleva. Sendo a função IS muito inclinada, isso significa que o investimento é pouco sensível à alteração da taxa de juros. Logo, o investimento vai se retrair pouco, mediante uma elevação da taxa de juros, o que implica uma necessidade de retração da poupança e do produto/renda também pequena, ou seja, de Y_3 para Y_2, do gráfico (a), que corresponde ao efeito deslocamento. Já se a curva IS for mais horizontal, significa que uma elevação da taxa de juros, provocada por um deslocamento da função IS para a direita, retrai o investimento. Como este último é muito sensível à taxa de juros, haverá uma grande redução do seu valor. Sendo assim, a poupança necessária para financiá-lo também deverá se reduzir num grande montante e, por conseguinte, a renda também. O efeito deslocamento corresponde a $Y_3 - Y_2$ do gráfico (b). Observe os gráficos (a) e (b) da Figura 15.18.

Figura 15.18. Deslocamento da função IS quando é muito inclinada (a) e pouco inclinada (b)

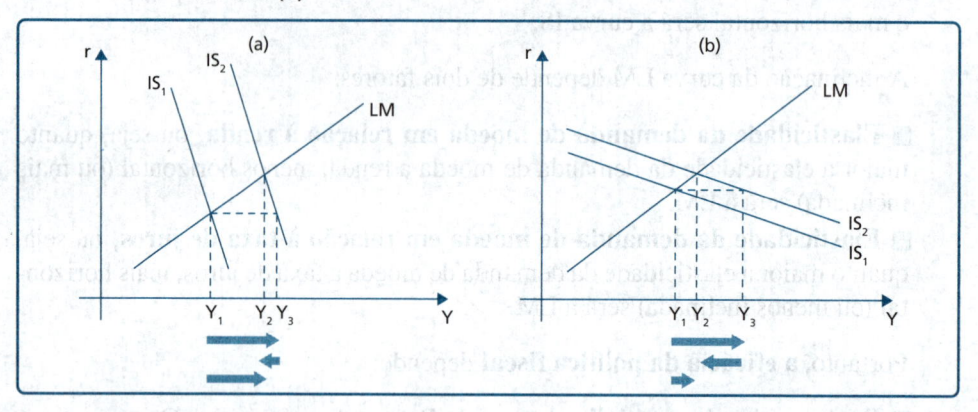

Na Figura 15.18, o deslocamento de Y_1 para Y_3 representa o **efeito multiplicador** Keynesiano quando o investimento não sofre influência da taxa de juros. O deslocamento de Y_3 para Y_2 representa o **efeito deslocamento** (*crowding out*), que ocorre em decorrência da sensibilidade do investimento à alteração da taxa de juros. Logo, o resultado da alteração na renda e no produto é dado pela distância $Y_1 Y_2$. Observe que, quando a função IS é mais inclinada, a distância $Y_1 Y_2$ é maior, ou seja, uma **política fiscal** é mais eficaz. Já o **efeito deslocamento**, que está sendo representado pela distância $Y_3 Y_2$ é menor.

---

[22] Richard T. Froyen, *Macroeconomia*, p. 184.

A **eficácia da política monetária** dependerá:

- **Da sensibilidade da demanda de moeda à taxa de juros**, ou seja, quanto mais sensível à taxa de juros, mais horizontal a LM e menor a eficácia da política monetária, porque, na medida em que há um aumento da oferta de moeda, a taxa de juros cai, provocando um aumento no investimento e, por conseguinte, na renda. A renda deverá aumentar, até o ponto em que a demanda de moeda se iguala à nova oferta de moeda. Sendo a demanda de moeda muito elástica à taxa de juros, esta precisa cair pouco e, consequentemente, a renda precisa aumentar menos para equilibrar o mercado monetário. Observe os gráficos (a) e (b) da Figura 15.19 e perceba que, quando a LM é mais horizontal (a), a renda e a taxa de juros sofrem uma menor variação do que quando a LM é menos horizontal (ou mais inclinada) (b).

Figura 15.19. Sensibilidade da demanda de moeda à taxa de juros

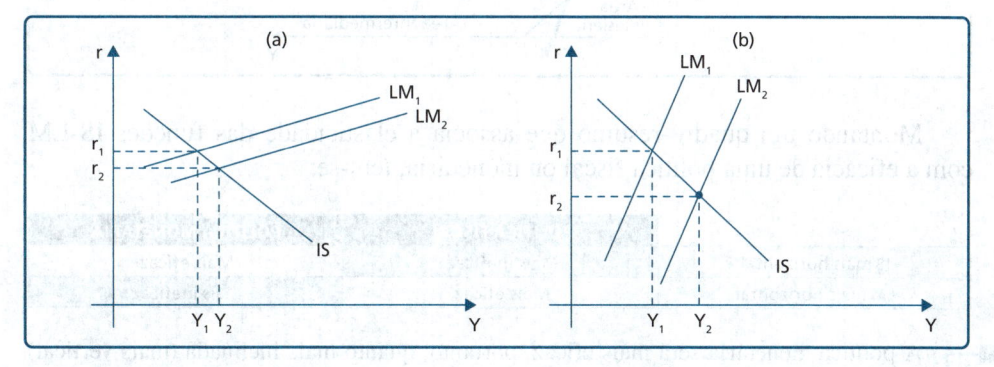

- **Da sensibilidade da demanda de moeda ao nível de renda**, ou seja, quanto mais sensível ao nível de renda, menor a elasticidade da função LM e maior a eficácia da política monetária.
- **Da elasticidade do investimento em relação à taxa de juros**, ou seja, quanto mais horizontal a IS, maior a eficácia da política monetária. Segundo Froyen, "a política monetária é ineficaz quando a curva IS é muito inclinada, ou seja, quando o investimento é inelástico aos juros. A política monetária é tanto mais eficaz quanto maior for a elasticidade da demanda por investimento em relação aos juros e, portanto, quanto menos inclinada for a curva IS"[23]. Isso ocorre porque, sendo a curva IS muito inclinada (ou vertical), uma política monetária não é capaz de afetar o investimento, já que este é inelástico à taxa de juros.

Observe, na Figura 15.20, o efeito de uma política monetária sobre a renda e o produto nas áreas Keynesiana, intermediária e clássica, diante de uma curva IS mais horizontal (IS_1, IS_3, IS_5) e mais vertical (IS_2, IS_4, IS_6). É possível perceber que, nas áreas intermediária e clássica, quando a curva IS é mais inclinada (mais vertical) um

---

[23] Richard T. Froyen, *Macroeconomia*, p. 180.

aumento da oferta de moeda provoca um menor aumento da renda e do produto do que numa curva IS mais horizontal (ou menos inclinada). Já na área Keynesiana, um aumento da oferta de moeda que desloque a curva LM para a direita, não é capaz de alterar o produto e a renda da economia.

Figura 15.20. Efeito de uma política monetária quando a função IS é mais e menos inclinada nas áreas Keynesiana, intermediária e clássica

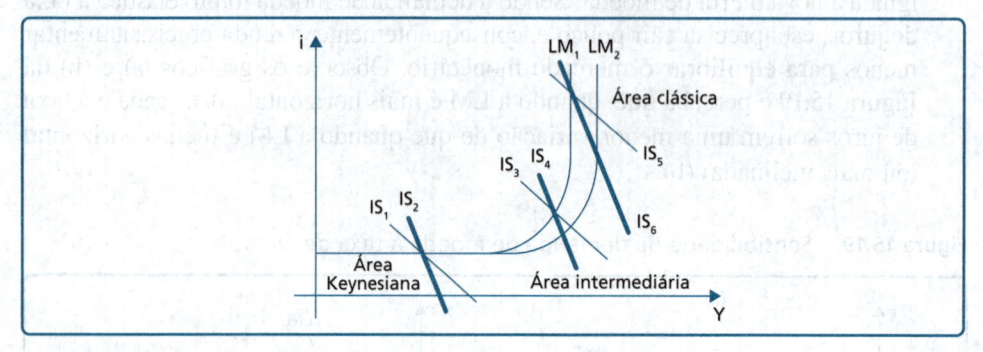

Montando um quadro-resumo que associa a elasticidade das funções IS-LM com a eficácia de uma política fiscal ou monetária, tem-se:

	POLÍTICA FISCAL	POLÍTICA MONETÁRIA
IS mais horizontal	Mais ineficaz	Mais eficaz
LM mais horizontal	Mais eficaz	Mais ineficaz

A política monetária será mais eficaz, portanto, quanto mais inclinada (mais vertical) for a função LM e menos inclinada (mais horizontal) for a função IS.

■ 15.7. SUPOSIÇÃO DE PREÇOS FLEXÍVEIS — DEDUZINDO A DEMANDA AGREGADA

Se o preço (p) sobe e o estoque nominal de moeda permanece constante, o estoque real de moeda se reduz, fazendo com que a curva LM se desloque para cima. Observe o gráfico da Figura 15.21.

Figura 15.21. Elevação de preços e consequente redução da oferta real de moeda

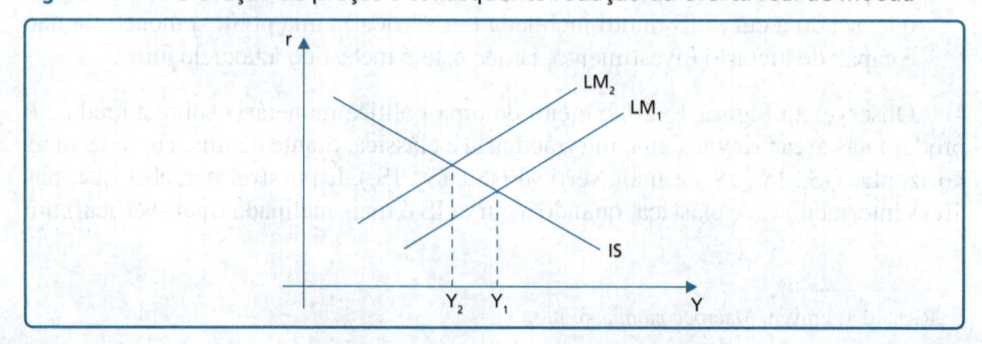

Diz-se que uma alteração nos preços altera apenas a curva LM, na suposição de que os gastos do governo e os tributos são variáveis determinadas pelo governo em valores reais, não sendo afetados pelo nível geral de preços. Também não afeta o investimento diretamente, embora possa afetá-lo indiretamente pelo mecanismo das taxas de juros. O nível de consumo é função direta do nível de renda real e, portanto, não é afetado por variações nos preços. Diante disso, confirma-se a suposição de que uma alteração de preços não afeta o mercado de bens, ou seja, não altera a curva IS. No entanto, altera o mercado monetário, na medida em que afeta o estoque real de moeda e, portanto, altera a curva LM.

Observa-se que o produto vai diminuir porque os preços subiram (fazendo a LM se deslocar para cima). A partir daí, pode-se construir a curva de demanda agregada, que associa a variação de preços ao Produto Real da economia, conforme o gráfico da Figura 15.22. Observa-se que a curva de demanda é decrescente, porque uma elevação dos preços diminui os saldos monetários reais, o que provoca uma elevação das taxas de juros, reduzindo o nível de produto e renda da economia.

Figura 15.22. Função demanda agregada

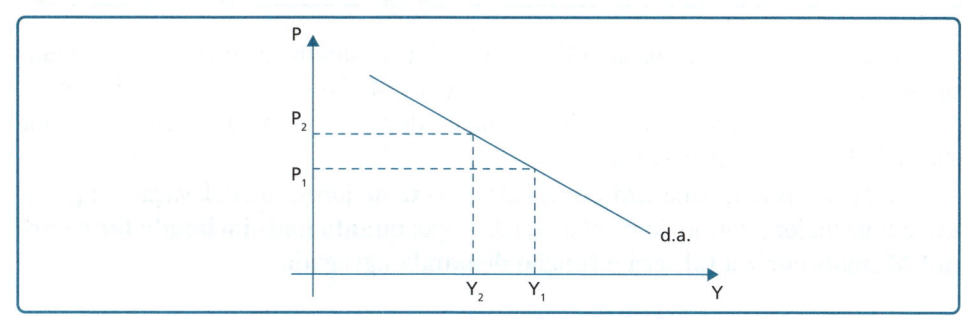

Mas essa curva de demanda pode ser mais ou menos inclinada. Segundo Lopes e Vasconcellos: "(...) a inclinação da demanda agregada refletirá o impacto da mudança da oferta real de moeda sobre o nível de renda, ou seja, a variação da renda provocada por um deslocamento da curva LM"[24].

O que determinará a inclinação da demanda agregada (d.a.) será:

■ a **inclinação da LM**, ou seja, dependendo da área em que estiver: na área Keynesiana, intermediária ou clássica[25];

■ a **inclinação da IS** ou sensibilidade do investimento (I) em relação à taxa de juros (r) ou o tamanho do multiplicador Keynesiano.

---

[24] Luiz Martins Lopes e Marco Antonio Sandoval de Vasconcellos, *Manual de macroeconomia*, 1998, p. 167.
[25] Se o preço sobe, o estoque real em moeda cai, deslocando a oferta de moeda (M) e, consequentemente, LM_1 para LM_2. Na área clássica, onde LM é inelástica à taxa de juros, uma elevação de preços levará a uma maior redução do nível de renda, logo: preço maior e produto menor determinam uma curva de demanda agregada mais elástica.

■ 15.7.1. Elasticidade da LM e elasticidade da demanda

Se os preços se elevarem, o estoque real de moeda diminuirá, fazendo com que haja contração da oferta de moeda, deslocando a função LM para cima, conforme o gráfico da Figura 15.23.

Figura 15.23. Elevação de preços e seus efeitos nas áreas Keynesiana, intermediária e clássica da função IS-LM

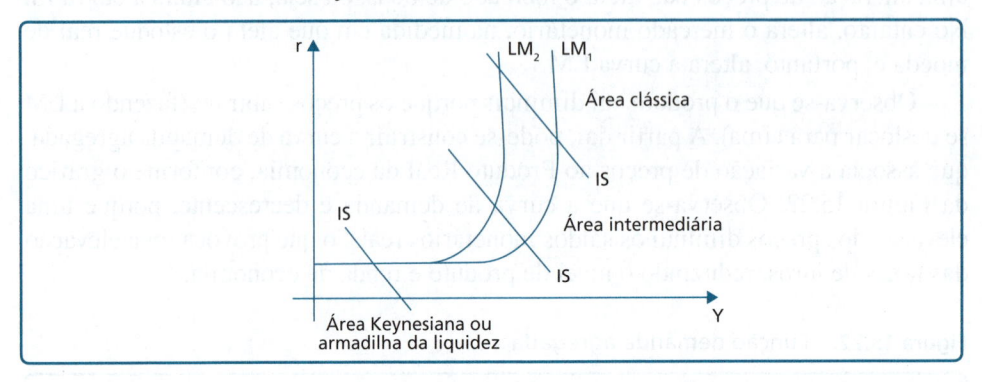

Pode-se observar que, na área Keynesiana (ou armadilha da liquidez), o produto não se altera com a elevação de preços (já que a LM não se desloca). Na área intermediária, uma elevação de preços leva a uma redução do produto, porém em menor intensidade que na área clássica.

Na área clássica, onde LM é inelástica à taxa de juros, uma elevação de preço leva a uma maior redução do nível de renda, logo: **quanto mais inclinada for a curva LM, mais horizontal será a função demanda agregada**.

■ 15.7.2. Elasticidade da IS e elasticidade da demanda

Representando duas funções IS, sendo uma mais inclinada e outra menos inclinada e havendo uma redução de preços que desloque a função LM para cima, pode-se observar que o produto da economia sofre uma maior redução quando a curva IS é mais horizontal. Observe o gráfico da Figura 15.24.

Figura 15.24. Elevação de preços e seus efeitos quando a função IS é mais inclinada e menos inclinada

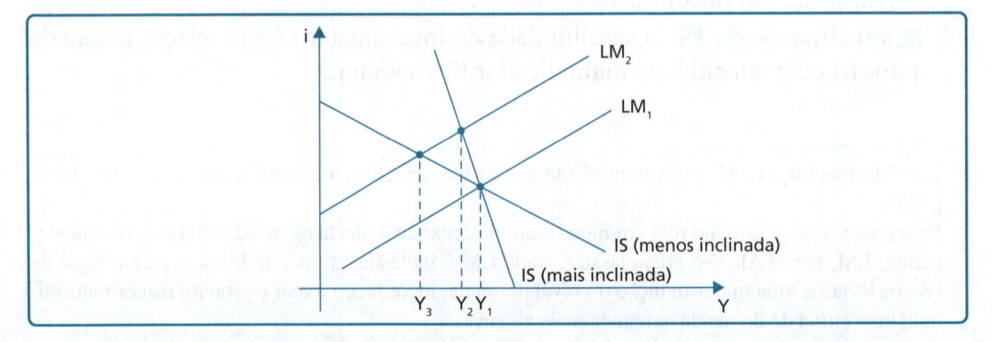

Observa-se que a IS menos inclinada tem o produto diminuído em maior intensidade (Y_1 para Y_3) do que a IS mais inclinada tem o produto diminuído em menor intensidade (de Y_1 para Y_2) quando a função LM se desloca para cima devido a uma elevação de preços. Portanto:

Quanto mais inclinada for a curva IS, mais inclinada será a função demanda agregada. Logo:

	INCLINAÇÃO DA IS	INCLINAÇÃO DA LM
INCLINAÇÃO DA DEMANDA AGREGADA	+	−

O sinal positivo significa uma relação direta entre as variáveis, e um sinal negativo representa uma relação inversa entre as variáveis.

Portanto, quanto **menos inclinada** a função IS, **menos inclinada** tende a ser a demanda agregada, e quanto **mais inclinada** a função IS, **mais inclinada** será a demanda agregada.

Também quanto **menos inclinada** a função LM, **mais inclinada** será a demanda agregada, e quanto **mais inclinada** a função LM, **menos inclinada** será a demanda agregada.

Lopes e Vasconcellos afirmam que: "quanto maior a sensibilidade da demanda de moeda em relação à taxa de juros, e quanto menor a sensibilidade do investimento em relação à taxa de juros, maior será a inclinação da demanda agregada, isto é, menor será a resposta da quantidade demandada em relação a uma variação no nível de preços"[26].

■ 15.8. SUPOSIÇÃO DE PREÇOS ESPERADOS FLEXÍVEIS — REPERCUSSÕES SOBRE A CURVA IS

No capítulo 14 e até então, neste capítulo, *item 15.7*, estava-se supondo que não houvesse inflação (π) e, portanto, a taxa de juros nominal (i) e a taxa de juros reais (r) eram iguais. Considerando, agora, uma alteração nos preços, ou seja, a presença de uma inflação, quais as consequências sobre a curva IS?

Apesar de a curva IS e a curva LM manterem uma relação com a taxa de juros, é preciso compreender que a função IS, por conta do investimento, mantém uma relação negativa com a taxa de **juros reais**, enquanto a função LM, por conta da demanda de moeda, mantém uma relação negativa com a taxa de **juros nominais**. Num modelo em que não haja inflação, as duas taxas de juros, a nominal e a real, são iguais e, por conta disso, nenhuma observação precisa ser feita. Porém, num modelo em que haja variação de preços, é necessário compreender que se deve supor uma taxa de inflação esperada (π_e).

Sabendo-se que a Equação de Fisher é dada por: $i = r + \pi_e$, quando se supõe que a inflação esperada seja igual à inflação ocorrida, tem-se: $i = r + \pi$, que tem sido a fórmula mais usual neste livro.

---

[26] Luiz Martins Lopes e Marco Antonio Sandoval de Vasconcellos, *Manual de macroeconomia*, 1998, p. 167.

Supondo que a inflação esperada (π_e) se eleve, mantendo inalterada a taxa de juros nominais (i), isso significa que a taxa de juros reais (r) diminuiu. Observe pela fórmula: $i_{constante} = \downarrow r + \uparrow \pi_e$.

Com a redução da taxa de juros reais (r), os investimentos se expandem, aumentando o produto da economia. Mas observe que a taxa nominal de juros, até este momento, permanece a mesma (i_1). Como as taxas de juros nominais (i) mantêm-se constantes, a curva LM não se desloca, já que a demanda por moeda é função inversa da taxa de juros nominal, e não da real.

Como a renda e o produto da economia aumentam e como a demanda de moeda (L) é uma função direta da renda, L aumenta também. Para equilibrar o mercado monetário, a taxa de juros nominal deve se elevar. Mas perceba que, apesar de a taxa de juros nominal ter se elevado, a taxa de juros real diminuiu, porque do contrário não teria aumentado o produto. Assim, uma nova combinação de produto (Y_2) e taxa nominal de juros (i_2), ambos mais elevados, comporá uma nova curva IS deslocada para a direita ou para cima, denominada IS_2. No gráfico da Figura 15.25, é possível visualizar e compreender o que acontece com as taxas de juros nominal e real e com o nível de renda de equilíbrio, antes e depois de uma inflação esperada.

Figura 15.25. Deslocamento da função IS mediante um aumento da inflação esperada analisada em três momentos

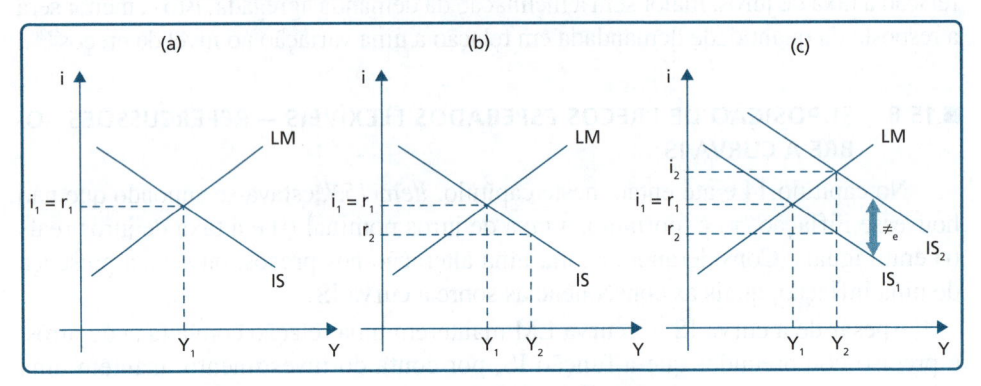

1º momento (a): o equilíbrio antes da elevação da inflação esperada (π_e), em que a taxa de juros nominal (i_1) era igual à taxa de juros real (r_1), considerando uma taxa de **inflação esperada** igual a **zero**.

2º momento (b): quando a taxa de inflação esperada se eleva ($\pi_e > 0$), a taxa de juros real se reduz, elevando o investimento.

3º momento (c): a uma taxa de juros real (r_2) mais baixa, o produto da economia aumenta até Y_2. Como a demanda de moeda (L) é uma função direta da renda, "L" aumenta. Para que o mercado monetário se recomponha no equilíbrio, é necessário que a taxa de juros nominal se eleve até i_2.

O que distancia a função IS_1 da IS_2 é justamente a taxa de inflação esperada (π_e). Assim, a diferença entre i_2 e r_2 é a taxa de inflação esperada π_e.

O raciocínio inverso pode ser feito quando se tem uma expectativa de deflação, ou seja, espera-se que os preços caiam. A curva IS deverá se deslocar para a esquerda ou para baixo, reduzindo a renda/produto da economia. A taxa nominal de juros deverá cair, muito embora a taxa real deva subir, desestimulando o investimento e, consequentemente, levando à redução do produto da economia. Da mesma maneira que no raciocínio de maior taxa de inflação, quando ocorre uma expectativa de deflação o que separará as duas curvas IS, tendo, agora, a IS_1 se deslocado para baixo ou para a esquerda, será a taxa de deflação esperada. Observe a Figura 15.26.

Figura 15.26. Deslocamento da função IS mediante uma deflação esperada

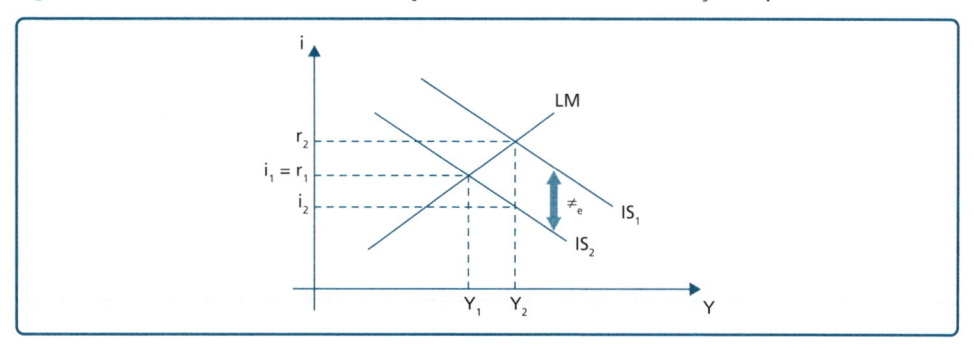

15.9. A CURVA IS E OS FUNDOS EMPRESTÁVEIS NO PENSAMENTO KEYNESIANO

No capítulo 8, foi visto que o equilíbrio no mercado de bens, numa economia fechada, era encontrado quando:

$Y = C + I + G$ ou $I = Y - C - G$, onde: I = investimento; Y = renda; C = consumo; e G = gasto do governo.

Ou também: $I = S$, onde: I = investimento (função da taxa de juros reais) e S = poupança nacional ou a soma da poupança do setor privado e da poupança do governo (função do nível de renda).

Assim, a poupança nacional (S) representa a oferta de fundos emprestáveis, e o investimento (I), a demanda por fundos emprestáveis, de tal maneira que o equilíbrio entre a poupança e o investimento determina uma taxa de juros de equilíbrio (r), conforme pode ser verificado na Figura 15.27 a seguir:

Figura 15.27. Equilíbrio entre a oferta e a demanda de fundos emprestáveis

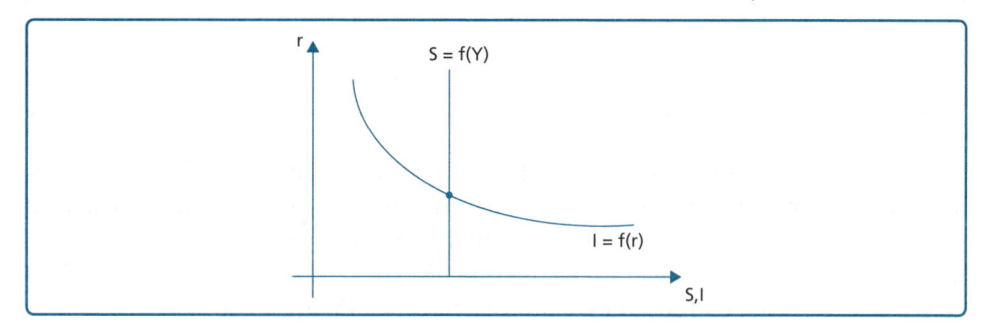

Observe que a poupança (S) é função direta do nível de renda e inelástica à taxa de juros (r), enquanto o investimento é função inversa da taxa de juros (r).

Caso haja aumento do nível de renda, a função poupança desloca-se para a direita, conforme mostra a Figura 15.28. É possível observar que o novo ponto de equilíbrio entre a demanda e a oferta por fundos emprestáveis se dá quando a taxa de juros (r) diminui.

Figura 15.28. Equilíbrio entre a oferta e a demanda de fundos emprestáveis quando ocorre um aumento do nível de renda (Y)

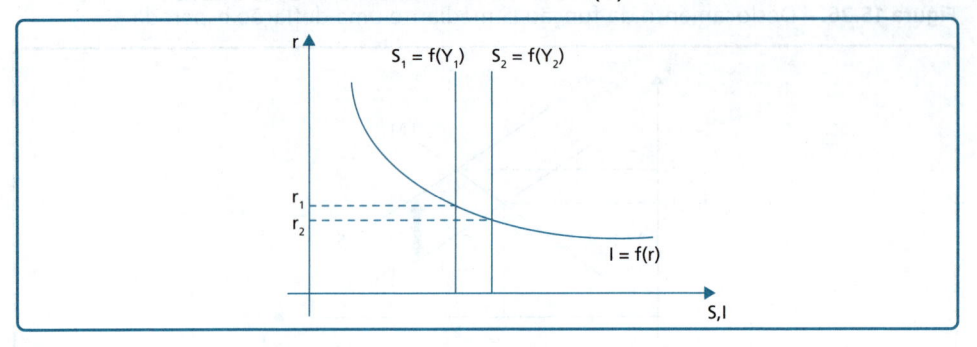

Com o aumento da renda, a poupança aumenta, significando que a oferta de fundos emprestáveis aumentou e, consequentemente, a taxa de juros se reduz.

Associando as informações de que uma maior oferta de fundos (S), em decorrência de uma elevação do nível de renda, reduz a taxa de juros e de que uma menor oferta de fundos (S), em decorrência de uma queda do nível de renda, eleva a taxa de juros, é possível se construir a curva IS negativamente inclinada. Observe a Figura 15.29.

Figura 15.29. A curva IS e a relação negativa entre a taxa de juros e o nível de renda e produto

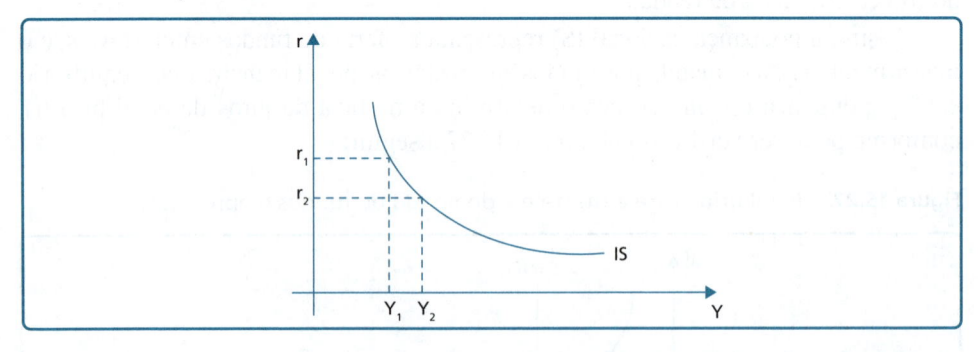

Caso o governo adote uma política fiscal expansionista por meio do aumento dos seus gastos ou redução dos seus tributos, haverá uma redução da poupança nacional (S) e, portanto, uma redução da oferta de fundos emprestáveis e, consequentemente, uma elevação da taxa de juros. Com o mesmo nível de renda, a taxa de juros se eleva com o deslocamento da função IS, conforme mostra a Figura 15.30.

15 ■ Política Fiscal e Monetária

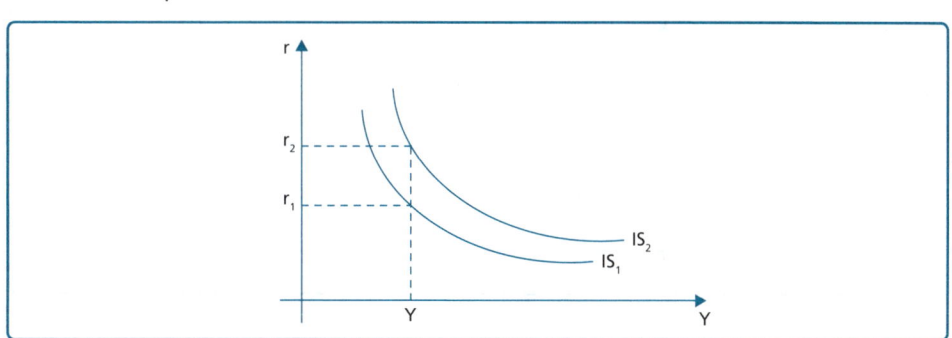

Figura 15.30. A curva IS e a relação negativa entre a taxa de juros e o nível de renda e produto

■ **15.10. A CURVA LM E O MERCADO DE SALDOS MONETÁRIOS**

Dada uma oferta fixa de saldos monetários, M, determinada pelo Banco Central de forma exógena ao modelo e considerando o preço fixo, dado que o modelo é de curto prazo, pode-se representar a curva de oferta de moeda inelástica à taxa de juros (r), conforme a Figura 15.31.

Figura 15.31. Oferta de saldos monetários

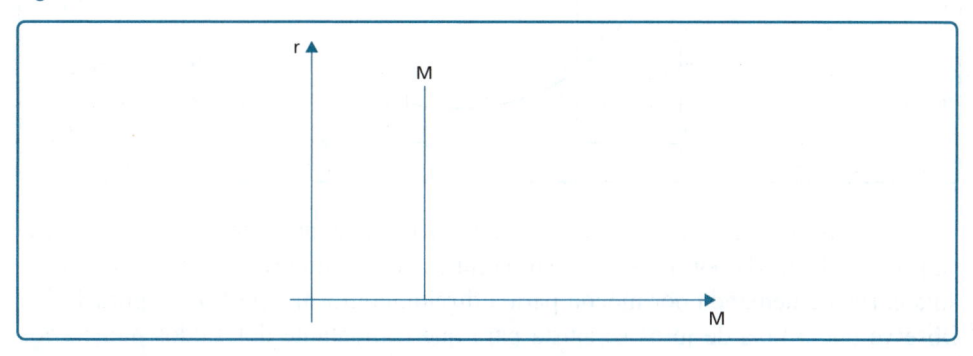

A demanda por saldos monetários (L), como visto no capítulo 13, mantém uma relação inversa com a taxa de juros. Mankiw afirma que: "A teoria da preferência pela liquidez postula que o montante dos saldos monetários reais demandados depende da taxa de juros. A taxa de juros é o custo de oportunidade de se guardar moeda: é o que se perde quando se guarda moeda, que não rende juros, em lugar de colocá-la em depósitos de poupança ou títulos, que rendem juros (...). Em consequência, quando a taxa de juros sobe, as pessoas desejam manter uma menor quantidade de sua riqueza em forma de moeda"[27].

Assim, a demanda por saldos monetários se reduz conforme a taxa de juros se eleva, como pode ser verificado no gráfico da Figura 15.32.

---
[27] N. Gregory Mankiw, *Macroeconomia*, p. 178.

Figura 15.32. Demanda por saldos monetários

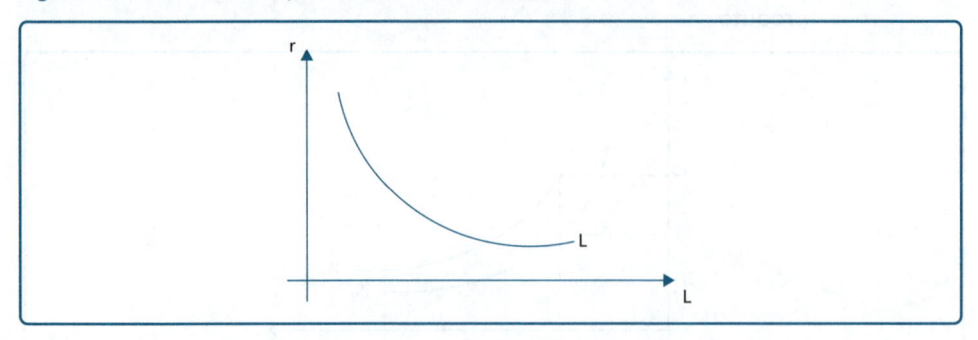

[Gráfico: curva L decrescente no plano (L, r)]

O equilíbrio entre a oferta de saldos monetários e a demanda por saldos monetários determina uma taxa de juros de equilíbrio, conforme pode ser verificado na Figura 15.33.

Figura 15.33. O equilíbrio entre a demanda e a oferta de saldos monetários

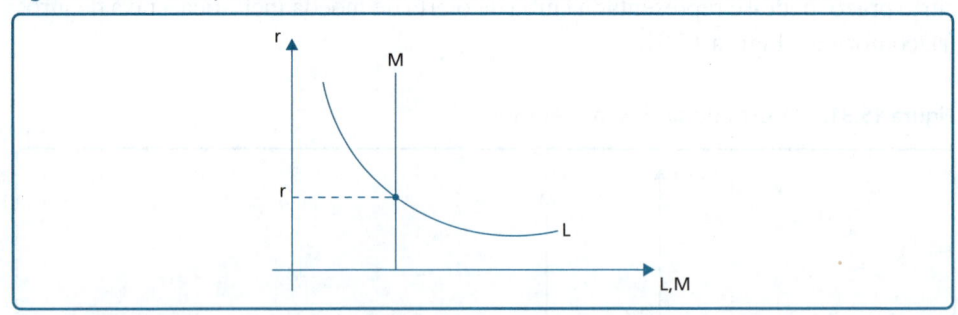

[Gráfico: curva L decrescente cruzando a oferta vertical M, determinando taxa de juros r no plano (L,M, r)]

Caso haja um aumento no nível de renda (Y), a demanda por moeda (L) aumenta, já que a demanda por moeda (L) é uma função direta do nível de renda, deslocando a curva de demanda por moeda para a direita, conforme mostra a Figura 15.34. Observe que a taxa de juros se ajusta para que o montante dos saldos monetários ofertados se iguale aos saldos monetários demandados.

Figura 15.34. O deslocamento da demanda por moeda em decorrência do aumento da renda

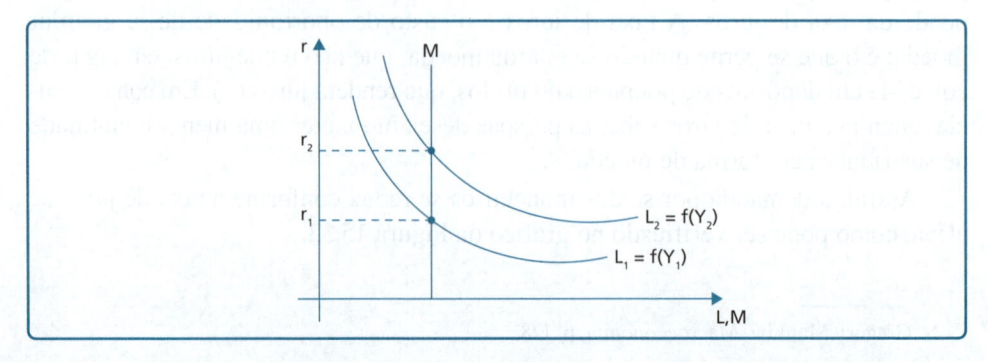

[Gráfico: duas curvas de demanda $L_1 = f(Y_1)$ e $L_2 = f(Y_2)$, com oferta vertical M, determinando taxas r_1 e r_2 no plano (L,M, r)]

Por essa análise, é possível construir a curva LM da Figura 15.35, que mostra uma curva positivamente inclinada.

Figura 15.35. A curva LM positivamente inclinada

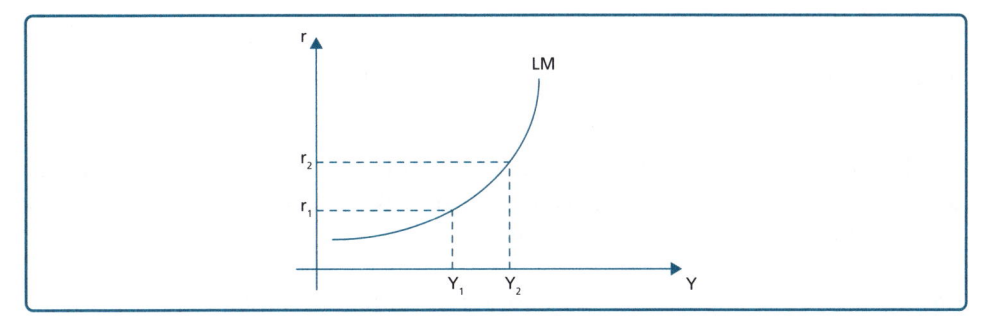

Supondo um nível de renda (Y) constante, um aumento dos saldos monetários (M), ou seja, uma política monetária expansionista, provoca um deslocamento da função LM para baixo, o que acarreta uma redução nas taxas de juros de equilíbrio. Observe a Figura 15.36, que mostra, no mercado de saldos monetários, a consequência sobre as taxas de juros de um aumento da oferta de saldos monetários, e a Figura 15.37, que mostra esse mesmo efeito quando se representa a curva LM.

Figura 15.36. Um aumento da oferta de saldos monetários e a consequente redução na taxa de juros (r) no mercado de saldos monetários

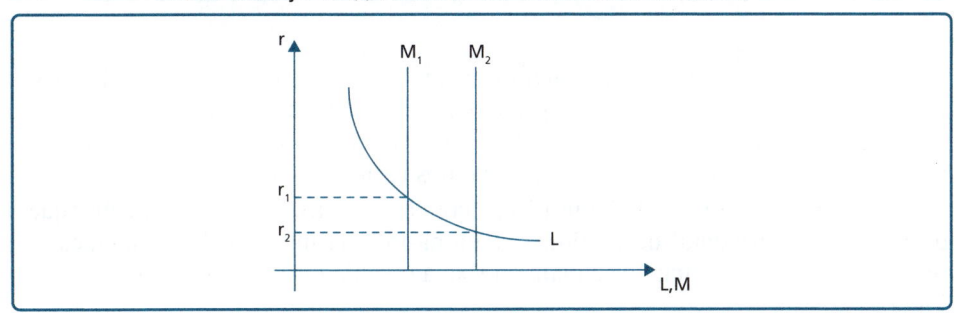

Figura 15.37. Um aumento da oferta de saldos monetários considerando um nível de renda constante e a consequente redução da taxa de juros no modelo LM

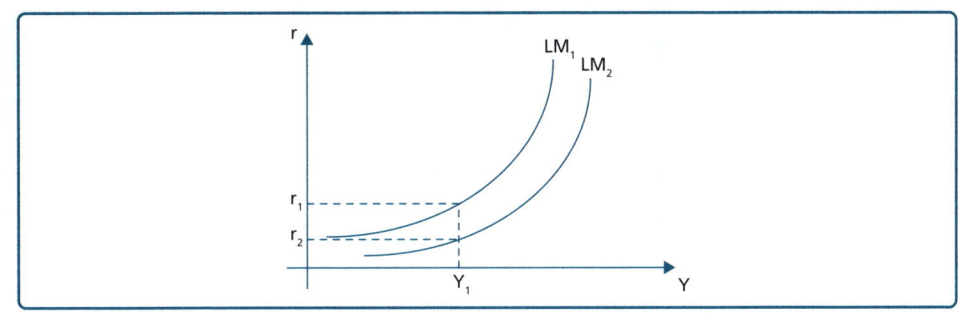

15.11. A CRUZ KEYNESIANA E A POLÍTICA FISCAL

Foi visto no capítulo 9, *item 9.2.5*, como se determinava a **cruz Keynesiana**. Agora, será visto de que maneira uma política fiscal é capaz de deslocar a curva de despesa planejada, determinando uma nova cruz Keynesiana, com um novo nível de equilíbrio do produto.

Caso o governo aumente seus gastos, ou seja, adote uma política fiscal expansionista, isso elevará a despesa planejada, que é composta por:

$$\uparrow \text{Despesa Planejada} = Ca + c(Y - T) + I + G \uparrow$$

Para qualquer nível de renda "dado", os gastos do governo deslocarão a curva de despesa planejada na mesma proporção, ou seja, as duas curvas de despesa planejada serão paralelas. Observe o gráfico da Figura 15.38.

Figura 15.38. A determinação de uma nova cruz Keynesiana devido a um aumento dos gastos do governo

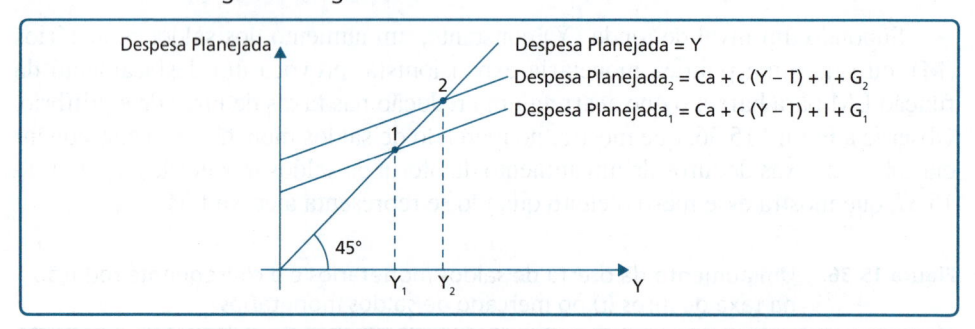

Observe que, devido ao efeito multiplicador no mercado de bens e considerando o investimento como uma variável exógena, sendo a taxa de juros "dada" pelo modelo, a alteração do produto da economia de Y_1 para Y_2 foi superior ao aumento da despesa planejada que se deu em virtude do aumento dos gastos do governo de G_1 para G_2.

Associando o gráfico da Figura 15.38 com a curva IS, é possível perceber que o deslocamento horizontal desta última se dá na mesma intensidade da alteração do produto da economia quando se mantém fixa a taxa de juros. Observe no gráfico da Figura 15.39.

Figura 15.39. O deslocamento da curva IS em virtude de um aumento dos gastos do governo

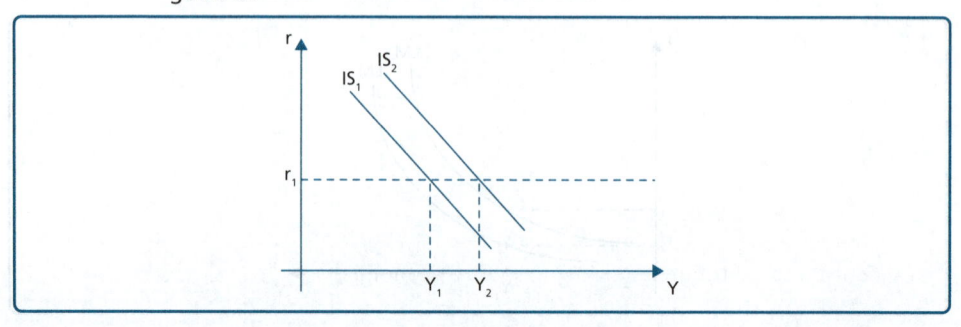

15 ■ Política Fiscal e Monetária

■ 15.12. A DECLIVIDADE DA FUNÇÃO IS EM VIRTUDE DE UMA ALTERAÇÃO DAS PROPENSÕES MARGINAIS

No capítulo 14, *item 14.1.2*, foi dito que, quanto maior a Propensão marginal a Consumir ou quanto maior o multiplicador Keynesiano, mais horizontal ou menos inclinada seria a função IS. Por dedução, sabe-se que, quanto maior a Propensão marginal a Poupar ou quanto menor o multiplicador Keynesiano, menos horizontal ou mais inclinada seria a função IS. Neste capítulo 14, foi mencionado o deslocamento para cima ou para baixo da curva IS caso houvesse uma alteração nos componentes autônomos agregados (Ca, Ia, Ga, Ta, Ra, Xa, Ma). Agora, o que será discutido é o que acontecerá com a curva IS se houver uma alteração no componente da função que depende do nível de renda e produto, ou seja, o que acontecerá com a curva IS se houver mudança na **Propensão marginal** a Tributar (PmgT), a Transferir (PmgR) e a Importar (PmgM):

- Se **PmgT** aumenta, a inclinação da função IS aumenta, tornando-a mais íngreme (menos horizontal).
- Se **PmgR** aumenta, a inclinação da função IS diminui, tornando-a menos íngreme (mais horizontal).
- Se **PmgM** aumenta, a inclinação da função IS aumenta, tornando-a mais íngreme (menos horizontal).

Observe a Figura 15.40 e perceba que, quando a função IS vai se tornando mais inclinada, ocorre uma rotação da IS para a direita. Quando a função IS vai se tornando menos inclinada, ocorre uma rotação da IS para a esquerda.

Figura 15.40. Rotação da função IS em decorrência do aumento ou redução da Propensão marginal

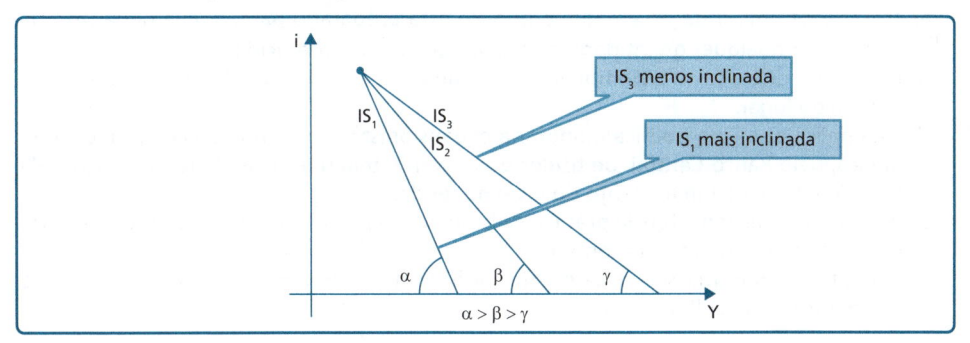

■ 15.13. QUESTÕES

1. (INFRAERO — FCC — 2011) Em um determinado país, a taxa de desemprego encontra-se muito elevada. Sabendo-se que sua economia é fechada, uma medida adequada para reduzir o nível de seu desemprego é:
   a) Aumentar a taxa de reserva compulsória dos bancos comerciais.
   b) Reduzir os gastos do governo.
   c) Vender títulos da dívida pública no mercado aberto.
   d) Reduzir a carga tributária incidente sobre a economia.
   e) Promover um tabelamento de preços.

2. (Administrador — UFRJ — BNDES — NCE — 2006) A política monetária e a política fiscal diferem, entre outras, pela seguinte razão:
a) A política monetária é deliberadamente executada num esforço de manter o PNL na região de pleno emprego, enquanto a fiscal tem efeitos de pouca importância sobre o nível de PNL.
b) A política monetária trata dos totais de dinheiro gasto e arrecadado pelo governo, enquanto a fiscal trata da taxa de juros.
c) A política monetária procura estimular ou desestimular as despesas de investimento e de consumo influenciando as taxas de juros e a disponibilidade de crédito, enquanto a fiscal funciona diretamente sobre as rendas através do dispêndio e da tributação.
d) A política fiscal funciona principalmente através de alterações no nível de despesas de investimento, enquanto a monetária afeta em quase nada as despesas de investimento.
e) São executadas por duas instituições diferentes, não havendo, na essência, diferença significativa entre elas.

3. (Escrivão da Polícia Federal — UNB — CEBRASPE — 2006) Considerando que a macroeconomia analisa o comportamento dos grandes agregados econômicos, julgue os itens que se seguem.
a) A expansão dos gastos públicos eleva o déficit público, cuja monetização aumenta a base monetária, levando, assim, à frouxidão das políticas monetárias.
b) Em razão da existência da armadilha da liquidez, na visão monetarista, os impactos das políticas monetaristas sobre a taxa de juros e, portanto, sobre os níveis de atividade econômica, são fortemente acentuados durante os períodos recessivos.
c) Políticas de orçamento equilibrado que implicam aumento, simultâneo e da mesma ordem de magnitude, das despesas públicas e da arrecadação eliminam déficits ou superávits fiscais e são, por conseguinte, incompatíveis com a gestão dos ciclos econômicos.

4. (ANPEC — CEBRASPE — adaptada — 1993) A respeito da armadilha da liquidez, assinale a alternativa falsa.
a) Trata-se de uma situação em que o público está preparado para, a uma dada taxa de juros, reter qualquer quantidade de moeda que lhe for oferecida.
b) Ela implica que a curva LM é horizontal, e que aumentos da quantidade de moeda não a tiram do lugar.
c) Ela implica que uma política monetária expansionista consistindo da compra, com dinheiro, pelo Banco Central, de títulos do governo, tem um forte efeito de redução da taxa de juros e de um aumento do nível de renda.
d) A crença na sua importância prática é a base para a proposição que a política monetária não tem efeito sobre a economia.
e) A política monetária será totalmente ineficaz no intervalo da curva LM conhecido como armadilha da liquidez.

5. (ICMS/RJ — FGV — 2008) A inflação no país B está acelerando. Caso esse país queira reduzi-la sem ter grande impacto no Produto, a combinação de políticas adotada deve ser:
a) Política monetária e fiscal contracionistas.
b) Política monetária e fiscal expansionistas.
c) Política monetária contracionista e fiscal expansionista.
d) Política monetária expansionista e fiscal contracionista.
e) Somente uma política fiscal contracionista.

6. (ANPEC — adaptada — CEBRASPE — 2008) Com relação a análise da determinação da renda, pode-se afirmar que:

a) Quando o Banco Central fixa os juros, a política fiscal tem efeito nulo sobre a renda.
b) A renda não se altera quando o governo aumenta tributos e gastos na mesma proporção, tal que o déficit primário fique inalterado.
c) Quando a economia é afetada por choques na curva IS, a volatilidade da renda será menor se a taxa de juros for fixa.
d) Quando a economia é afetada por choques na curva LM, a volatilidade da renda será menor se a oferta de moeda for fixa.
e) Um aumento da desconfiança em relação ao sistema financeiro (tal que para uma dada renda e taxa de juros os agentes demandem mais moeda) aumenta a taxa de juros e diminui a renda de equilíbrio.

7. (Economista Júnior — Petrobras — CESGRANRIO — 2008) No modelo IS/LM comum, uma política monetária contracionista acarreta, normalmente, uma redução:
a) Dos gastos do governo e das exportações.
b) Das exportações e um aumento da demanda agregada.
c) Da oferta agregada e das taxas de juros.
d) Da produção e um aumento das taxas de juros.
e) Da produção e um aumento dos preços.

8. (Tribunal de Contas do Município do Rio de Janeiro — FGV — 2008) O país Y possui um elevado déficit fiscal. Caso esse país queira reduzi-lo sem ter grande impacto no Produto, a combinação de políticas adotadas será:
a) Política monetária e fiscal contracionista.
b) Política monetária e fiscal expansionista.
c) Política monetária contracionista e fiscal expansionista.
d) Política monetária expansionista e fiscal contracionista.
e) Somente uma política fiscal contracionista.

9. (ICMS/RJ — FGV — 2011) A crise mundial de 2008 atingiu a economia brasileira no último trimestre do mesmo ano, causando uma queda de produto de 2,7% em relação ao trimestre anterior. Nessa situação, qual a combinação de política monetária e fiscal deve ser adotada?
a) Política monetária expansionista com redução da Selic e fiscal expansionista com elevação dos gastos do governo.
b) Política monetária expansionista com redução da Selic e fiscal contracionista com redução do IPI.
c) Política monetária expansionista com redução da Selic e fiscal contracionista com redução de IPI.
d) Política monetária contracionista com redução da Selic e fiscal contracionista com redução do IPI.
e) Política monetária expansionista com elevação das reservas compulsórias e fiscal expansionista com redução do IPI.

10. (Câmara Municipal de São Paulo — VUNESP — 2007) Constituem políticas monetárias expansionistas:
a) Aumento na taxa de redesconto e diminuição das reservas compulsórias.
b) Diminuição na taxa de redesconto e compra de títulos no mercado aberto.
c) Diminuição na taxa de redesconto e venda de títulos no mercado aberto.
d) Diminuição dos impostos e aumento das reservas compulsórias.
e) Diminuição dos impostos e diminuição das reservas compulsórias.

11. (IBGE — Análise Socioeconômica — CESGRANRIO — 2010) Quando o governo adota uma combinação de política monetária expansionista e política fiscal contracionista, numa economia fechada e numa situação em que não haja armadilha da liquidez, a(s)
   a) Renda diminui.
   b) Produção aumenta.
   c) Taxa de inflação acelera.
   d) Exportações aumentam.
   e) Taxas de juros diminuem.

12. (Provão de Economia — 1999) No modelo IS-LM para uma economia fechada, um aumento da oferta monetária desloca a(s) função(ões):
   a) LM para a direita.
   b) LM para a esquerda.
   c) IS para a direita.
   d) IS para a esquerda.
   e) IS e LM para a direita.

13. (Agente Fiscal do Tesouro do Estado — FAURGS — 2006) Suponha, no modelo IS-LM, o caso de uma curva IS negativamente inclinada e LM vertical. Esse caso exemplifica uma situação em que:
   a) Não existe demanda especulativa de moeda e a política fiscal é ineficaz para expandir o nível de renda real.
   b) A demanda de investimento é inelástica com relação à taxa de juros.
   c) Há armadilha da liquidez e a política monetária é totalmente ineficaz para expandir o nível de renda real.
   d) A expansão do investimento impulsiona o crescimento da renda real. Expansão esta que pode ser medida pela magnitude do multiplicador keynesiano.
   e) Tanto a política fiscal como a política monetária são eficazes, embora apenas parcialmente, para expandir o nível de renda real.

14. (NCE — UFRJ — IBGE — NCE — 2001) Suponha que dois países difiram somente no que diz respeito à magnitude das suas propensões marginais a consumir. No país A, a propensão marginal a consumir é alta, e no país B, a propensão marginal a consumir é pequena. Assumindo que as funções de demanda e oferta de moeda são iguais em ambos os países, é friso que:
   a) A curva IS é mais inclinada no país A do que no país B.
   b) O formato da curva LM não é afetado pela propensão marginal a consumir.
   c) Supondo que a política monetária seja capaz de alterar o nível do Produto nos dois países, ela será mais eficaz para alterar o Produto no país A.
   d) Intuitivamente, quando a taxa de juros cai, o investimento aumenta e o Produto cresce via efeito direto do investimento e efeitos multiplicadores sobre o consumo.
   e) Se os dois países estiverem na armadilha da liquidez, a política monetária será igualmente ineficaz para aumentar o nível do Produto nos dois países.

15. (UFRJ — Secretaria do Estado de Administração/MT — NCE — 2005) De acordo com o modelo IS-LM, uma política fiscal expansionista:
   a) É inócua.
   b) Desloca a curva IS para baixo e para a esquerda, o que provoca uma redução da taxa de juros e da renda.
   c) Desloca a curva IS para a direita, o que provoca um aumento da taxa de juros e da renda.

d) Desloca a curva IS para a esquerda, o que provoca um aumento da taxa de juros e da renda.
e) Desloca a curva IS para a direita, o que provoca uma redução da taxa de juros e da renda.

16. (Economista — Petrobras — CESGRANRIO — 2005) São fatores que determinam a Eficácia da política fiscal no modelo IS-LM:
a) A potência da política monetária e o tamanho do multiplicador dos gastos autônomos.
b) A elasticidade da demanda de moeda em relação à taxa de câmbio e a elasticidade do investimento em relação à taxa de juros.
c) O tamanho do gasto público e o tamanho do multiplicador.
d) O multiplicador dos gastos autônomos e o tamanho da armadilha da liquidez.
e) O multiplicador dos gastos autônomos, a elasticidade do investimento em relação à taxa de juros e a elasticidade da demanda de moeda em relação à taxa de juros.

17. (AFR/SP — 2001-2002) No modelo macroeconômico da síntese neoclássica, a curva IS corresponde a uma sequência de pontos que representam combinações de:
a) taxa de juros e poupança, que equilibram o mercado do Produto ou o lado real da economia.
b) taxa de juros e renda, que equilibram o mercado monetário de uma economia.
c) taxa de juros e renda, que equilibram o mercado do Produto ou o lado real da economia.
d) investimento e renda, que equilibram o mercado do Produto ou o lado real da economia.
e) investimento e poupança, que equilibram o mercado monetário de uma economia.

18. (ICMS/SP — FCC — 2006 — modificada) No modelo IS-LM para uma economia fechada, é correto afirmar que:
a) A curva IS é negativamente inclinada e sua declividade é função inversa da propensão marginal a consumir e inversa da elasticidade do investimento em relação à taxa de juros.
b) Se a demanda da moeda for totalmente insensível a variações da taxa de juros, uma política fiscal expansiva tenderá a reduzir a taxa de desemprego da economia.
c) Uma política fiscal expansiva tende sempre a reduzir a taxa de juros da economia, exceto no caso teórico denominado por Keynes de *armadilha da liquidez*.
d) A curva LM é positivamente inclinada e sua declividade é função direta da velocidade-renda da moeda e da elasticidade da demanda de moeda em relação à taxa de juros.
e) Uma política de expansão monetária por parte do Banco Central será bem-sucedida no objetivo de aumentar o nível de renda e diminuir a taxa de desemprego da economia, se a demanda por investimentos for totalmente inelástica em relação à taxa de juros.

19. (Consultor do Senado Federal — Política Econômica — UNB — CEBRASPE — 2002) Sobre o modelo IS-LM, julgue as alternativas a seguir:
a) A curva LM é ascendente porque, quanto mais elevado for o nível de renda, maior será a demanda por saldos monetários reais e, portanto, maior será a taxa de juros de equilíbrio.
b) No Brasil a indexação das faixas de renda para o imposto de renda de pessoa física (IRPF), ao reduzir o imposto pago pelos contribuintes, aumenta a demanda por bens e serviços e desloca, assim, a curva IS para a esquerda.
c) A elasticidade da demanda de moeda em relação à taxa de juros afeta o grau de eficácia da política monetária.
d) O multiplicador de gastos é sempre maior em uma economia aberta do que em uma economia fechada.

20. (UFRJ – Secretaria do Estado de Administração – MT – 2005) O modelo IS-LM oferece uma teoria geral:
   a) Da demanda agregada e explica duas variáveis endógenas, o nível de preços e o nível de investimento.
   b) Da oferta agregada e explica duas variáveis endógenas, o nível de preços e a taxa de câmbio.
   c) Da oferta agregada e explica duas variáveis endógenas, a oferta agregada e a taxa de juros.
   d) Da demanda agregada e explica duas variáveis endógenas, o nível da Renda Nacional e a taxa de juros.
   e) Da demanda agregada e explica duas variáveis endógenas, a propensão a poupar e a taxa de juros.

21. (ANPEC – CEBRASPE – adaptada – 2003) Julgue os itens a seguir:
   a) Sendo meio de pagamento definido como M_1, um aumento na relação moeda em poder do público/depósitos à vista reduz o multiplicador monetário.
   b) Se a razão reservas/depósitos à vista é de 25% e a razão moeda em poder do público/depósitos à vista é de 50%, o multiplicador monetário é 2.
   c) O fato de o sistema bancário ser por natureza ilíquido é empregado como argumento em favor da existência de um emprestador em última instância.
   d) Quando um banco compra à vista um imóvel pertencente a uma empresa não financeira, ocorre destruição de meios de pagamentos.
   e) Quando um banco comercial adquire títulos da dívida pública diretamente de outro banco comercial não ocorre variação no estoque de meios de pagamento.
   f) Quando um indivíduo transfere recursos da conta corrente para a caderneta de poupança, há destruição de meios de pagamentos (M_1).
   g) A realização de operações de mercado aberto, em que o Banco Central vende títulos governamentais, provoca um aumento da demanda por moeda.
   h) Déficits orçamentários do tesouro financiados por meio de empréstimos junto ao Banco Central aumentam a Base Monetária.
   i) Aumento na oferta monetária produz baixa na taxa de juros se for acompanhado por aumento na preferência pela liquidez.
   j) Excluindo o caso limite da armadilha pela liquidez, o impacto de uma queda nos preços sobre a demanda será tanto maior quanto mais elástico for o investimento à taxa de juros real.

22. (ANPEC – CEBRASPE – 2010) Considere o modelo IS-LM para uma economia fechada, representado pelas equações:
C = 400 + 0,5Yd
I = 300 – 600r
T = 100 + 0,2Y
G = 250
Md/P = 2Y – 4.000r
M/P = 600
Em que C é o consumo agregado, Yd é a renda disponível, Y é a renda, I é o investimento agregado, r é a taxa real de juros, T é o total de impostos pagos, G é o gasto do governo, Md é a demanda por moeda nominal, M é a oferta de moeda nominal, P é o nível de preços, que é fixo. Não há transferências do governo para os consumidores. Com base nessas informações, julgue as afirmativas:
   a) A poupança privada de equilíbrio é igual a 10.

b) O produto de equilíbrio é igual a 1.100.
c) A taxa de juros real de equilíbrio é igual a 0,5.
d) Se a oferta de moeda real aumentar em 100%, com tudo o mais permanecendo constante, o produto de equilíbrio irá aumentar para 1.200.
e) Se a alíquota do imposto direto for reduzida para zero, com tudo o mais mantido constante, o produto de equilíbrio irá expandir 20%.

23. (Analista em Planejamento, Orçamento e Finanças Públicas — ESAF — 2009) No que diz respeito à Política Monetária, identifique a opção incorreta.
a) De acordo com a teoria da preferência pela liquidez, a taxa de juros se ajusta para equilibrar a oferta e a demanda por moeda.
b) A curva de demanda agregada mostra a quantidade de bens e serviços demandada a cada nível de preços.
c) Se a taxa de juros estiver acima da taxa de equilíbrio, haverá excesso de oferta da moeda, forçando a queda na taxa de juros.
d) Estabilizadores automáticos são alterações da política monetária que estimulam a demanda agregada quando a economia entra em recessão sem que os formuladores de políticas públicas tenham que tomar qualquer ação deliberada.
e) A taxa de juros real corresponde à taxa de juros nominal recebida, descontada a perda de valor da moeda, isto é, a inflação no período de aplicação.

24. (Economista — Companhia Docas do Estado de São Paulo — FGV — 2010) Diante de uma recessão econômica intensa, o governo pode adotar as seguintes medidas para estimular a economia:
a) política fiscal expansionista via redução de tributos e política monetária contracionista via aumento da taxa de juros.
b) política monetária expansionista via redução do compulsório e política fiscal contracionista via redução do gasto público.
c) política fiscal expansionista via aumento de tributos e política monetária expansionista via compra de títulos públicos.
d) política monetária contracionista via redução da taxa de juros e política fiscal expansionista via aumento de gasto público.
e) política fiscal expansionista via redução de tributos e política monetária expansionista via redução do compulsório.

25. (Companhia Estadual de Água e Esgoto do Rio de Janeiro — CEDAE — CEPERJ — 2009) Para controle da liquidez no Brasil, não é considerado um instrumento de política monetária:
a) a taxa de recolhimento compulsório.
b) um aumento do redesconto.
c) aumento dos gastos públicos.
d) uma diminuição do redesconto.
e) operações de *open market*.

26. (ICMS/RJ — FGV — 2010) O impacto da política fiscal na demanda agregada é caracterizado por:
a) um efeito multiplicador e um efeito deslocamento, que agem em direções opostas via impacto na oferta agregada.
b) um efeito multiplicador e um efeito deslocamento, se a propensão marginal a consumir das pessoas for positiva.
c) um efeito deslocamento somente, que amplifica os efeitos da política fiscal sobre a demanda agregada.

d) um efeito multiplicador somente, que amplifica os efeitos da política fiscal sobre a demanda agregada.
e) um efeito deslocamento que afeta o consumo das famílias diretamente.

27. (Analista Judiciário – Economia – TRT 4ª – FCC – 2006) Numa economia fechada em que havia desemprego, o Governo praticou uma determinada política econômica de curto prazo, que resultou numa elevação simultânea do nível de renda e da taxa de juros da economia. De acordo com o modelo IS-LM para uma economia fechada, as medidas praticadas pelo Governo representaram uma política
a) fiscal expansiva.
b) monetária restritiva.
c) fiscal restritiva.
d) monetária expansiva.
e) de apreciação da moeda nacional.

28. (Analista Judiciário – Economia – TRT 4ª – FCC – 2006) É medida de política monetária antirrecessiva:
a) apreciação da moeda nacional.
b) aumento da taxa de redesconto de liquidez.
c) instituição de taxa de câmbio fixa.
d) diminuição da taxa do depósito compulsório.
e) venda de títulos públicos no mercado aberto.

29. (ICMS/AP – FGV – 2010) O impacto da política fiscal na demanda agregada gera um efeito multiplicador e um efeito deslocamento. Esses efeitos são caracterizados por:
a) agirem em direções opostas sobre a demanda agregada.
b) agirem na mesma direção sobre a demanda agregada.
c) afetarem diretamente o consumo das famílias.
d) afetarem diretamente o volume de recursos disponíveis para investimento.
e) afetarem a demanda agregada mesmo que a propensão marginal a consumir das pessoas seja zero.

30. (Tribunal de Justiça do Estado do Pará – FCC – 2009) Em uma economia fechada
a) uma política fiscal expansionista tende a, simultaneamente, elevar o nível de emprego e reduzir a taxa de juros da economia.
b) a elevação dos gastos do governo e dos impostos na mesma proporção em nenhuma hipótese levará ao crescimento do produto real da economia.
c) uma política fiscal expansionista surtirá efeitos em termos do crescimento da renda e do nível de emprego somente se a demanda por moeda for elástica em relação à taxa de juros e a economia não estiver operando em pleno emprego.
d) uma política fiscal contracionista levará a economia à recessão porque ocorrerá aumento da taxa de juros e à consequente diminuição de consumo e investimento agregados.
e) a elevação da tributação é a medida de política fiscal indicada para se alcançar o objetivo de estimular o crescimento econômico sem elevar a taxa de juros da economia.

31. (Tribunal de Justiça do Estado do Pará – FCC – 2009) A crise financeira internacional também se fez sentir na economia brasileira, por meio do desaquecimento da atividade econômica, notadamente no 4º trimestre de 2008. Para tentar reverter essa tendência, o Banco Central do Brasil adotou a seguinte medida de política monetária expansionista:
a) elevação da taxa de redesconto.

b) redução da taxa de reservas compulsórias dos bancos.
c) elevação da taxa básica de juros da economia.
d) redução da base monetária.
e) diminuição dos prazos de crédito ao consumidor.

32. (Tribunal de Justiça do Estado do Pará — FCC — 2009) É uma medida de política fiscal expansionista:
a) elevar o pagamento de juros da dívida pública.
b) promover a troca de títulos da dívida pública de curto prazo pelos de longo prazo.
c) tributar a exportação de produtos relacionados à matriz energética do país.
d) retirar subsídios da agricultura familiar.
e) promover programas de transferência de renda.

33. (Economista — Companhia de Gás/RN — FGV — 2006) Sobre políticas fiscal e monetária, assinale a alternativa incorreta:
a) O aumento dos meios de pagamento e da base monetária aumenta o nível de renda.
b) Uma política monetária anti-inflacionária diminui o nível de renda e aumenta a taxa de juros.
c) Uma política fiscal anti-inflacionária diminui a taxa de juros e o nível de renda.
d) Uma política fiscal expansiva aumenta o nível de renda e reduz a taxa de juros.
e) O aumento da oferta de moeda diminui a taxa de juros.

34. (ICMS/RJ — FGV — 2011) A inflação acumulada nos últimos doze meses encontra-se no mês de abril de 2011 acima da meta de inflação adotada no país. Para trazer de volta a inflação para a meta, a melhor combinação de políticas monetária e fiscal é, respectivamente,
a) redução dos gastos do governo e elevação da Selic.
b) redução da Selic e dos gastos do governo.
c) elevação da Selic e contração dos gastos do governo.
d) elevação da Selic e dos gastos do governo.
e) redução dos gastos do governo e da Selic.

35. (Economista — FCC — DNOCS — 2010) No modelo IS-LM para uma economia fechada, se a curva IS e a curva LM apresentam declividades normais e a economia estiver em equilíbrio, mas com desemprego, um aumento da oferta de moeda provocará no curto prazo, tudo o mais permanecendo constante,
a) deslocamento da curva LM para a esquerda e aumento da taxa de desemprego.
b) deslocamento da curva IS para a direita e diminuição da taxa de desemprego.
c) diminuição da renda de equilíbrio e aumento da taxa de desemprego.
d) deslocamento da curva IS para a esquerda e aumento da renda de equilíbrio.
e) deslocamento da curva LM para a direita e aumento da renda de equilíbrio.

36. (ICMS/SC — FEPESE — UFSC — 2010) Sobre a renda ou produto de equilíbrio, em uma economia fechada, é *verdadeiro* afirmar:
a) A redução de tributação expande a demanda agregada e desloca a curva IS para a esquerda.
b) A curva IS representa o equilíbrio no mercado de bens e implica um aumento da taxa de juros que estimula o investimento e aumenta o nível de renda da economia.
c) O equilíbrio no mercado de bens é dado pela igualdade do investimento com a poupança privada mais o déficit orçamentário do governo.

d) Em um esquema IS-LM, uma expansão monetária pode ser compensada, em termos de efeito sobre a renda de equilíbrio, por um aumento do déficit orçamentário do governo.
e) Uma operação de venda de títulos públicos aumenta a oferta de moeda da economia e desloca a curva LM para a direita.

37. (Metrô — FCC — 2010) Considere uma economia fechada, com curvas IS-LM de formato normal, oferta agregada infinitamente elástica em relação ao nível geral de preços e equilíbrio de renda abaixo do nível de pleno emprego. Nesse caso, o efeito de uma política fiscal expansionista será:
a) deslocar a curva IS para a esquerda da posição original.
b) diminuir a taxa de juros da economia.
c) aumentar o volume de investimento privado.
d) aumentar simultaneamente a taxa de juros e o nível de renda da economia.
e) nulo, porque a curva LM se deslocará de forma a compensar o aumento da demanda agregada da economia.

38. (Analista de Economia — Perito — MPU — CEBRASPE — 2010) Julgue os itens que se seguem acerca do modelo IS-LM, identidades macroeconômicas básicas e sistema de contas nacionais no Brasil.
a) Um superávit em transações correntes implica poupança externa negativa.
b) Modificações no consumo autônomo, devido a mudanças no estado de confiança dos consumidores, podem levar a deslocamentos da curva IS.
c) Na armadilha da liquidez a demanda por moeda é insensível à taxa de juros.
d) Um país com 200 bilhões de produto nacional bruto a custo de fatores (PNBcf), 10 bilhões em impostos indiretos, 5 bilhões em subsídios e 3 bilhões em renda líquida enviada ao exterior (RLEV) tem 213 bilhões como produto interno bruto a preços de mercado.
e) Considera-se poupança bruta a soma da poupança do setor privado, da poupança do governo e da poupança externa.

39. (Economista — Terracap — FUNIVERSA — 2010) Considerando a Teoria Keynesiana, o modelo IS-LM e as políticas fiscal e monetária, é correto afirmar que
a) uma política monetária expansionista será eficiente para elevar o produto, caso a sensibilidade dos juros da demanda por moeda for alta.
b) quanto maior a sensibilidade do investimento à taxa de juros, mais eficaz poderá ser a política monetária.
c) no trecho da curva LM conhecido como armadilha pela liquidez, a política monetária será totalmente eficaz.
d) a eficácia da política fiscal será tanto maior quanto maior for a sensibilidade do investimento à taxa de juros e quanto mais próxima da vertical for a curva LM.
e) quanto maior a sensibilidade da demanda por moeda em relação à taxa de juros, menor será a magnitude do efeito *crowding out* de um aumento dos gastos públicos sobre o nível de investimento privado.

40. (Consultor do Executivo — SEFAZ/ES — CEBRASPE — adaptada — 2010) A respeito da oferta e da demanda agregadas do modelo IS-LM e da curva de Phillips, julgue os itens subsequentes.
a) A cruz keynesiana, por mostrar o crescimento da economia para qualquer nível de investimento planejado, é a base da curva LM.
b) A teoria da preferência pela liquidez, pelo pressuposto da existência de uma oferta fixa de saldos monetários reais, explica como a oferta e a demanda desses saldos determinam a taxa de juros.

15 ■ Política Fiscal e Monetária

41. (TJ/ES — CEBRASPE — 2011) Acerca do modelo IS-LM, julgue os itens seguintes.
a) A política monetária torna-se mais eficaz à medida que a elasticidade da demanda de moeda em relação à taxa de juros aumenta, pois se eleva a propensão para a manutenção de encaixes monetários com fins especulativos.
b) A curva IS como um todo é deslocada tanto por variáveis exógenas quanto por variáveis induzidas pela variação de renda.
c) A elasticidade da demanda de moeda em relação à taxa de juros é um dos fatores que determinam a inclinação da curva LM.

42. (ECT — CEBRASPE — 2011) Julgue o item seguinte, relativo a conceitos de macroeconomia.
Política fiscal é a gestão dos gastos e da arrecadação públicos, com o objetivo de atingir determinado objetivo. Quando o governo deseja expandir o nível de emprego para combater a recessão, uma alternativa é aumentar as despesas do governo e, ao mesmo tempo, aumentar os impostos para financiar esse aumento de gastos.

43. (STM — CEBRASPE — 2011) Sabendo que a moeda consiste em algo aceito pela coletividade para desempenhar funções de meio de troca, unidade de conta e reserva de valor, julgue o item que se segue.
Para controlar a inflação, o Banco Central do Brasil adotou, recentemente, uma política monetária contracionista, por meio da redução da taxa dos encaixes em depósitos compulsórios.

44. (TJ/ES — CEBRASPE — 2011) Acerca do modelo IS-LM, julgue o item seguinte.
O aumento dos gastos do governo resulta em aumento de renda equivalente ao resultado da multiplicação do aumento de gasto pelo multiplicador keynesiano, o que provoca o deslocamento da curva IS para a direita.

45. (TJ/ES — CEBRASPE — 2011) A respeito de moeda e inflação, julgue os próximos itens.
a) Caso a elasticidade da demanda por moeda em relação à taxa de juros seja infinita, um aumento da renda somente será alcançado por meio de uma política fiscal expansionista.
b) De acordo com a teoria da preferência pela liquidez, a taxa de juros se ajusta para equilibrar a oferta e a demanda por moeda.

46. (BNDES — CESGRANRIO — 2011) A figura abaixo mostra as curvas do modelo IS/LM definindo o equilíbrio de renda e de juros de uma economia.

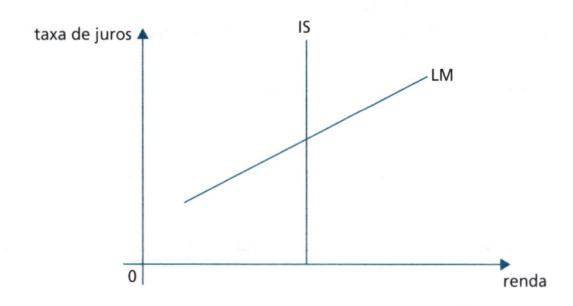

Analisando a figura, conclui-se que há uma situação de
a) armadilha da liquidez.
b) insensibilidade do investimento em relação a juros.
c) pleno emprego.

d) déficit em conta corrente.
e) déficit orçamentário do governo.

47. (BNDES – CESGRANRIO – 2011) Ao analisar o equilíbrio do mercado de bens e monetário, na perspectiva do modelo IS-LM, tem-se que,
a) quando há excesso de oferta de bens no mercado de bens, o ajuste para o novo equilíbrio desse mercado ocorre através da redução da taxa de juros.
b) quando há excesso de oferta de moeda no mercado monetário, o ajuste para o novo equilíbrio desse mercado ocorre através da elevação da taxa de juros.
c) quando há excesso de demanda por moeda no mercado monetário e excesso de demanda por bens no mercado de bens, o ajuste para o novo equilíbrio dos dois mercados ocorre através da redução da taxa de juros e elevação do produto.
d) no caso da armadilha da liquidez, a política fiscal é totalmente ineficaz para alterar o equilíbrio.
e) no caso da armadilha da liquidez, o efeito de políticas fiscais e monetárias expansionistas é de um aumento do produto, sem alteração da taxa de juros.

48. (ANPEC – 2011) Usando o modelo IS × LM para economia fechada, analise as afirmativas abaixo:
0) Quanto maior a elasticidade do investimento em relação à taxa de juros e quanto maior a propensão marginal a consumir, mais horizontal será a curva IS.
1) O efeito deslocamento (*crowding out*) é maior, quanto maior a sensibilidade da demanda por moeda à renda.
2) Em uma economia na qual a arrecadação tributária é função da renda agregada e os gastos públicos são fixos, uma redução da oferta monetária leva, tudo o mais constante, a uma redução do déficit público.
3) Se o objetivo do BC é a estabilidade da renda, então o BC pode compensar uma expansão fiscal com medidas de retração monetária.
4) Quanto menor a sensibilidade do investimento em relação à taxa de juros e quanto maior a sensibilidade da demanda por moeda em relação à taxa de juros, mais eficaz é a política monetária relativamente à política fiscal.

49. (ISS/SP – FCC – 2012) De acordo com a teoria Keynesiana, a demanda por investimentos
a) diminui quando a demanda de moeda é infinitamente elástica em relação à taxa de juros e o Banco Central aumenta a oferta monetária.
b) é função decrescente da renda da economia.
c) aumenta quando, devido à contração da oferta monetária, a taxa de juros da economia se eleva.
d) está positivamente correlacionada com as expectativas dos empresários quanto ao crescimento da economia.
e) aumenta quando a demanda de moeda é totalmente inelástica em relação à taxa de juros e o Governo aumenta seus gastos sem correspondente aumento da tributação.

50. (ISS/SP – FCC – 2012) Em uma economia fechada, a eficácia da política monetária
a) será tanto menor quanto menor a elasticidade dos investimentos e quanto maior a elasticidade da demanda de moeda, ambas em relação à taxa de juros.
b) será tanto maior quanto menor a elasticidade dos investimentos à taxa de juros.
c) será tanto maior quanto maior a elasticidade da demanda de moeda à taxa de juros.
d) independe da elasticidade dos investimentos à taxa de juros.
e) independe da elasticidade da demanda de moeda à taxa de juros.

15 ■ Política Fiscal e Monetária

51. (ISS/SP – FCC – 2012) Considere uma economia cuja demanda por investimentos é inelástica à taxa de juros e em que haja desemprego involuntário de mão de obra. Neste caso,
a) a compra de títulos públicos pelo Banco Central reduz o desemprego da economia.
b) o produto e a renda se expandirão em resposta a políticas fiscais expansionistas.
c) a renda *per capita* da economia está fadada ao declínio contínuo.
d) não há a possibilidade do surgimento de inflação de demanda.
e) a política monetária é ineficaz para alterar a taxa de juros.

52. (ISS/SP – FCC – 2012) Em uma economia fechada cuja demanda por moeda seja inelástica à taxa de juros e em que haja desemprego involuntário de mão de obra, uma expansão dos gastos do governo provoca
a) a diminuição da taxa de desemprego, apesar da elevação da taxa de juros.
b) a redução simultânea da taxa de juros e da renda.
c) a elevação simultânea da taxa de juros e do produto.
d) uma alteração na composição da demanda agregada, substituindo gastos privados por gastos públicos.
e) um aumento da oferta agregada na mesma proporção da demanda agregada, respeitando a Lei de Say.

53. (Polícia Federal – CEBRASPE – 2012) Julgue os itens seguintes, acerca de noções de economia.
a) Uma política fiscal que vise ao fomento do crescimento econômico e à geração de empregos deve contemplar medidas de redução dos gastos públicos e elevação da carga tributária.
b) as necessidades de financiamento do setor público, no conceito operacional, são calculadas acrescentando-se ao déficit primário os juros reais da dívida passada.
c) uma política monetária restritiva só será eficaz mediante o controle da criação de moeda pelas autoridades monetárias.

54. (ICMS/SP – FCC – 2013) No modelo IS-LM para uma economia fechada, ocorrerá o efeito expulsão (*crowding out*) na sua mais completa expressão e o nível de renda permanecerá o mesmo quando o governo praticar política fiscal expansiva financiada com títulos públicos, e
a) as curvas LM e IS apresentarem curvatura normal.
b) a curva IS for horizontal em relação ao eixo da renda.
c) a curva LM for vertical em relação ao eixo da renda.
d) a curva IS for vertical em relação ao eixo da renda.
e) a curva LM for horizontal em relação ao eixo da renda.

55. (SEGER/ES – CEBRASPE – 2013) Com base no modelo IS/LM e nas teorias monetárias keynesianas, assinale a opção correta.
a) Uma redução da sensibilidade do investimento em relação à taxa de juros aumenta a inclinação da demanda agregada, ficando o produto mais sensível em relação ao nível geral de preços.
b) Quanto menor a propensão marginal a consumir, menor a inclinação da curva IS.
c) Se a economia opera na situação de armadilha da liquidez, deve-se utilizar a política monetária de redução da taxa de juros para estimular a economia.
d) Na situação de armadilha da liquidez, a política monetária perde a capacidade de influenciar a economia por meio do canal taxa de juros.
e) O BACEN, em situações de armadilha da liquidez, perde totalmente a capacidade de estimular a economia.

56. (TJ/RO — CEBRASPE — 2012) Considerando o modelo IS/LM para uma economia fechada com Y = C + I + G, em que Y é o produto, C é o consumo agregado, I é o investimento agregado e G são os gastos do governo, assinale a opção correta.
a) Um aumento exógeno da demanda por moeda (devido ao nível de renda e à taxa de juros, que é fixada pelo banco central local) – em razão, por exemplo, de mudanças nas preferências dos agentes – não possui efeito sobre o nível de produto de equilíbrio.
b) Se o governo aumentar de forma exógena os seus gastos, considerando-se que o banco central local fixa a taxa de juros da economia, o aumento do produto de equilíbrio será superior ao aumento que ocorreria no modelo em que o banco central local fixa a quantidade de moeda em circulação.
c) Se o banco central local fixar a taxa de juros da economia, a curva LM será horizontal – produto representado no eixo das abscissas e taxa de juros, no eixo das ordenadas – e, nesse caso, a economia estará operando em armadilha de liquidez.
d) Se o Banco Central fixa a taxa de juros da economia, então a curva LM é vertical (produto no eixo das abscissas e taxa de juros no eixo das ordenadas).
e) Caso a economia esteja operando em condições de armadilha de liquidez, a política monetária é a única política eficaz para aumentar o produto.

57. (Petrobras — CESGRANRIO — 2012) O gráfico abaixo mostra o modelo IS/LM aplicado a uma economia fechada. Examinando o gráfico, conclui-se que, nessa economia, há uma situação de:

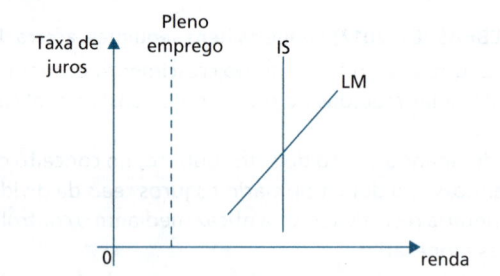

a) armadilha da liquidez.
b) impotência da política fiscal para expandir a demanda agregada.
c) sensibilidade elevada dos gastos de investimento à taxa de juros.
d) balanço de pagamentos deficitário.
e) excesso de demanda por bens e serviços.

58. (Auditor de Controle Externo — TCE-PA — Planejamento — Economia — CEBRASPE — 2016) Considerando os principais resultados da teoria keynesiana e do modelo IS–LM, julgue o próximo item.
Em uma situação de oferta de moeda estável, um aumento dos gastos do governo gera como resultado o aumento da taxa de juros de equilíbrio.

59. (Auditor de Controle Externo — TCE-PA — Planejamento — Economia — CEBRASPE — 2016) Considerando os principais resultados da teoria keynesiana e do modelo IS-LM, julgue o próximo item.
O aumento da quantidade ofertada de moeda gera como resultado a queda do produto de equilíbrio.

60. (Auditor Federal de Controle Externo — Controle Externo — Auditoria Governamental — CEBRASPE — 2015) Julgue o item que se segue, referente às análises depreendidas do modelo IS-LM.
Alterações de política fiscal que aumentem a demanda por serviços, assim como o aumento de impostos e a redução de renda por parte do governo, deslocam, *a priori*, a curva IS para a esquerda.

15 ■ Política Fiscal e Monetária

61. (Analista — PGE-MT — Economista — FCC — 2016) No modelo IS-LM, a curva IS
a) representa os pontos de equilíbrio das taxas de juros associadas a diferentes níveis de demanda.
b) demonstra, por sua inclinação, o equilíbrio entre (I + G) e (S + T).
c) é útil na análise do emprego, pois sofre impacto nulo em relação às mudanças nas contas do Governo.
d) é deslocada para a esquerda se, para uma dada taxa de juros, houver redução do nível do produto de equilíbrio.
e) mantém-se inalterada, no caso de uma política fiscal expansionista seguida de política monetária restritiva.

62. (Economista — ALMS — FCC — 2016) Na política fiscal contracionista ocorre
a) aumento de taxa de juros.
b) aumento de gastos privados.
c) emissão de moeda.
d) aumento de gastos públicos.
e) aumento de impostos.

63. (Economista — IF-TM — PRÓ-MUNICÍPIO — 2015) Considerando o modelo IS-LM, uma política monetária expansionista, resultará:
a) Deslocamento da IS para esquerda e da LM para baixo;
b) Deslocamento da IS para esquerda e da LM para cima;
c) Não desloca a IS e a LM se desloca para baixo;
d) Deslocamento da IS para direita e a LM não se desloca.

64. (Supervisor de Pesquisas — IBGE — Geral — CESGRANRIO — 2016) Considere que as Figuras mostram gráficos usuais das curvas IS e LM com certo posicionamento inicial (linhas cheias) e também deslocadas (linhas tracejadas). Considere, também, que os deslocamentos refletem diferentes políticas econômicas adotadas pelo governo, e que abaixo de cada Figura há uma descrição da política econômica supostamente adotada.
Qual dos gráficos representa a política econômica descrita abaixo da Figura?

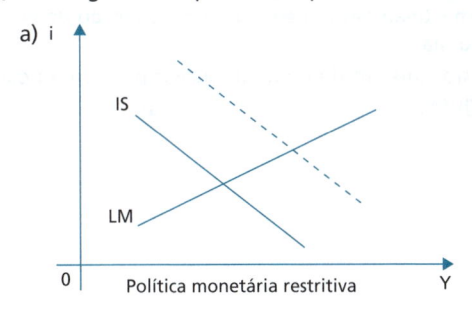

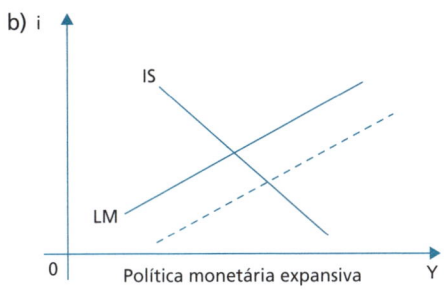

a)

Política monetária restritiva

b)

Política monetária expansiva

c)

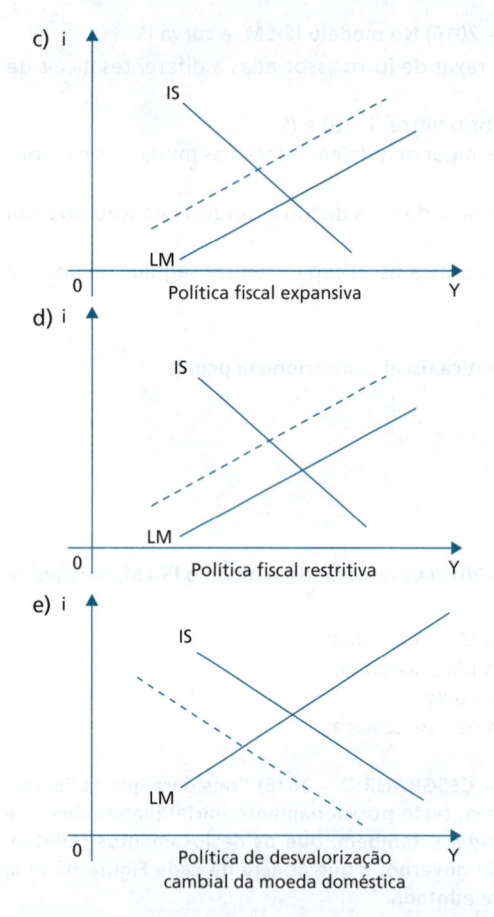

(Gráfico com IS e LM tracejada deslocada)
Política fiscal expansiva

d)

(Gráfico com IS e LM tracejada deslocada)
Política fiscal restritiva

e)

(Gráfico com IS tracejada deslocada e LM)
Política de desvalorização cambial da moeda doméstica

65. (Auditor Júnior — TRANSPETRO — CESGRANRIO — 2016) As Figuras abaixo mostram, em linhas cheias, curvas IS e LM representando, respectivamente, o equilíbrio no mercado de bens e no mercado monetário de determinada economia.

Uma política monetária expansiva leva ao deslocamento de uma das curvas para uma posição tracejada, como mostrado na seguinte Figura:

a)

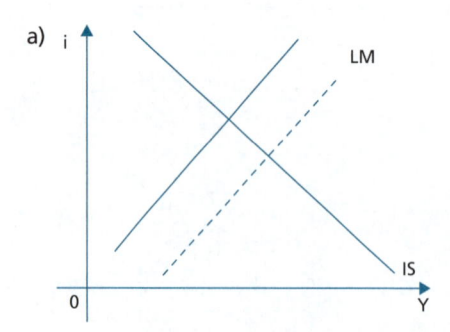

(Gráfico com LM e IS, com curva tracejada deslocada)

b)

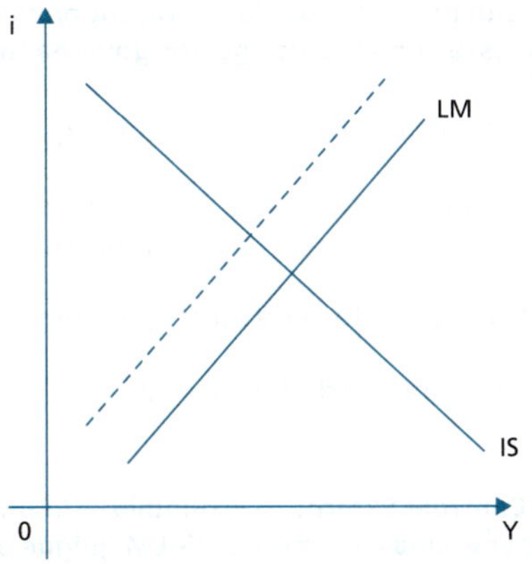

c)

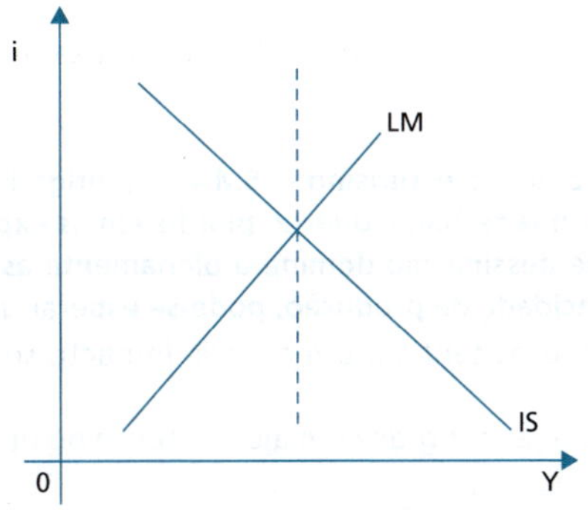

d)

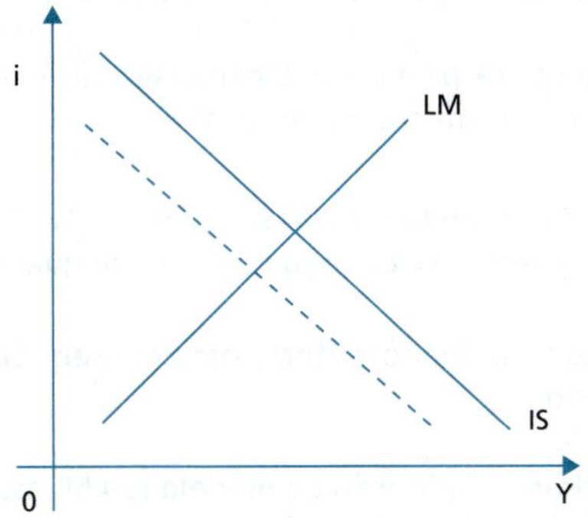

e)

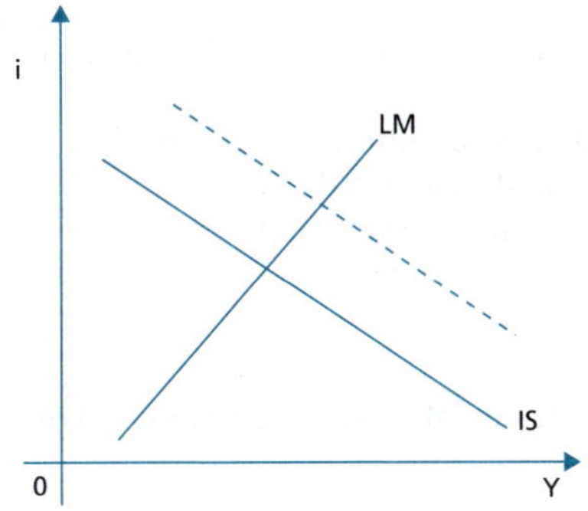

66. (Auditor Substituto — TCE-RJ — FGV — 2015) Considerando o modelo IS-LM, suponha que o governo faça uma grande expansão em seus gastos. Esse aumento dos gastos governamentais configura:
a) um aumento da demanda. Isso leva ao crescimento tanto da taxa de juros quanto do produto;
b) uma redução da demanda. Isso leva ao aumento da taxa de juros e à queda do produto;
c) um aumento da oferta monetária. Isso leva à queda tanto da taxa de juros quanto do produto;
d) um aumento da oferta monetária. Isso leva à queda da taxa de juros e ao aumento do produto;
e) uma redução da oferta monetária. Isso leva ao aumento da taxa de juros e à redução do produto.

67. (Auditor-Fiscal de Controle Externo — TCE-SC — Controle Externo — Economia — CEBRASPE — 2016) Acerca dos principais resultados da teoria keynesiana e do modelo IS-LM, julgue o item seguinte.
O aumento na produtividade do capital promove o aumento do produto e da taxa de juros de equilíbrio.

68. (Consultor Legislativo — CM-RJ — Indústria, Comércio e Turismo — SMA-RJ (antiga FJG) — 2015) Considerando o modelo IS-LM de uma economia fechada, quanto pior forem as expectativas de uma economia, de forma que o estado de pessimismo dominará plenamente as decisões das empresas quanto à expansão de sua capacidade de produção, pode-se esperar que:
a) no mercado de bens, variações da taxa de juros tenham um grande impacto sobre o investimento e o nível de produto.
b) qualquer desequilíbrio no mercado de bens seja corrigido com ajustes tanto no nível de produto quanto dos preços.
c) uma política monetária expansiva reduza a taxa de juros, mas tenha relativamente pouco impacto sobre o nível do produto.
d) a redução de impostos tenha menos eficácia para promover a expansão do nível do produto quando comparado ao uso de uma maior oferta monetária.

69. (Auditor-Fiscal de Controle Externo — TCE-SC — Controle Externo — Economia — CEBRASPE — 2016) Acerca dos principais resultados da teoria keynesiana e do modelo IS-LM, julgue o item seguinte.
O aumento na tributação sobre a remuneração dos trabalhadores tem como consequência a redução do investimento e do produto de equilíbrio.

70. (Auditor — TCE-PR — 2016 — CESPE) Considerando-se a aplicação do modelo IS-LM, assinale a opção correta acerca do efeito do uso combinado ou isolado das políticas monetária e fiscal sobre a taxa de juros.
a) Uma política de contração fiscal combinada com expansão monetária implica redução da taxa de juros.
b) Uma política de contração monetária isolada implica redução da taxa de juros.
c) O aumento de impostos isolado implicará aumento da taxa de juros.
d) A diminuição de gastos do governo isoladamente favorecerá o aumento da taxa de juros.
e) A política de expansão monetária combinada com aumento de impostos leva a um aumento da taxa de juros.

71. (Economista — DPU — CEBRASPE — 2016) Acerca do modelo macroeconômico IS-LM, julgue o item subsequente.
Se a tributação for exógena do tipo *lump sum*, então o aumento dos gastos do governo, financiado por aumento de impostos, provoca aumento da taxa de juros de equilíbrio.

15 ■ Política Fiscal e Monetária

72. (Auditor do Tribunal de Contas do Estado do Rio Grande do Norte — CEBRASPE — 2015) Considerando o modelo IS-LM, julgue o item a seguir, a respeito dos efeitos decorrentes de políticas monetária e fiscal.
Combinar uma política de contração fiscal com uma expansão monetária é uma das formas de se evitar a diminuição do produto interno bruto nas situações em que é necessária a diminuição do déficit orçamentário.

73. (Auditor do Tribunal de Contas do Estado do Rio Grande do Norte — CEBRASPE — 2015) Considerando o modelo IS-LM, julgue o item a seguir, a respeito dos efeitos decorrentes de políticas monetária e fiscal.
A política de expansão monetária combinada com aumento de impostos resulta em aumento da taxa de juros.

74. (Economista — CADE — CEBRASPE — 2014) Acerca da teoria keynesiana, das políticas fiscal e monetária e do mercado de trabalho, julgue o item subsequente.
Uma política fiscal expansionista, considerada no contexto da curva LM elástica, leva ao crescimento da economia, mas põe o controle da inflação em risco, uma vez que taxas de juros mais baixas fazem com que o consumo aumente e os preços subam.

75. (Auditor Governamental — CGE-PI — Geral — CEBRASPE — 2015) Acerca dos modelos clássicos IS-LM e de oferta e demanda agregadas, julgue o item seguinte.
O aumento da quantidade de moeda por parte do Banco Central desloca a curva LM para a direita, proporcionando redução na taxa de juros e redução do salário real.

76. (Economista — ALMS — FCC — 2016) Considerando uma situação no modelo IS-LM em que a demanda de moeda independe da taxa de juros,
   a) a curva IS será horizontal, potencializando o efeito da política fiscal.
   b) a política fiscal será ineficaz.
   c) será preferível uma política fiscal expansionista a uma política monetária, se o objetivo de política econômica for a expansão da renda.
   d) a política fiscal reduzirá o nível da renda.
   e) a elevação dos gastos públicos reduzirá o nível de taxa de juros.

77. (Profissional de Nível Superior — ELETROSUL — Ciências Econômicas — FCC — 2016) Considere uma economia em que o Governo tem a intenção de expandir a renda. Em um modelo IS-LM, com demanda por moeda infinitamente elástica em relação à taxa de juros, que já está muito baixa,
   a) será preferível uma política fiscal expansionista a uma política monetária.
   b) a política monetária deverá ser priorizada, pois a curva IS será horizontal.
   c) haverá aumento da taxa de juros como resultado da política monetária.
   d) a curva LM se deslocará, anulando a alteração da curva IS.
   e) uma política monetária expansionista reduzirá significativamente as taxas de juros, o que levará a renda a um novo ponto de equilíbrio.

78. (Analista Judiciário — TJ-BA — Apoio Especializado — Economia — FGV — 2015) O efeito deslocamento, descrito no modelo IS-LM, ocorre quando:
   a) a demanda por moeda for perfeitamente elástica em relação à taxa de juros e ocorrer uma expansão da política fiscal;
   b) o investimento for totalmente insensível a mudanças na taxa de juros e a política monetária for expansionista;

c) a demanda por moeda for totalmente inelástica em relação à renda e ocorrer uma política fiscal expansionista;
d) a demanda por moeda for totalmente inelástica em relação à taxa de juros e a diferença entre tributos e gastos públicos se tornar negativa;
e) a oferta de moeda for perfeitamente inelástica em relação à taxa de juros e ocorrer uma política monetária e fiscal expansionista.

79. (Analista Judiciário – TJ-RO – Economista – FGV – 2015) Considere o modelo IS-LM. Uma política fiscal contracionista gera:
    a) o máximo de redução do produto quando a economia está em pleno emprego;
    b) a retração do produto quando a Teoria Quantitativa da Moeda é válida;
    c) uma necessidade de ampliação da taxa de juros de equilíbrio praticada pelo Banco Central;
    d) o máximo de redução do produto quando a demanda por moeda é infinitamente elástica em relação à taxa de juros;
    e) um efeito totalmente nulo sobre o produto quando a base monetária é ampliada.

80. (Analista Desenvolvimento Gestão Júnior – METRO-SP – Economia – FCC – 2014) Um país de economia fechada que tenha por objetivo elevar o nível de emprego poderá utilizar instrumentos de política fiscal expansiva. Nesse contexto, é correto afirmar:
    a) A política fiscal será eficaz se a demanda por moeda for perfeitamente inelástica à taxa de juros.
    b) Uma redução dos impostos indiretos será eficaz se a demanda por investimentos for perfeitamente inelástica à taxa de juros.
    c) A política fiscal poderá ser tão mais eficaz quanto mais próxima a economia estiver de seu nível de produto potencial.
    d) Uma expansão de gastos do governo só será eficaz se acompanhada de elevação dos impostos em mesma magnitude.
    e) As elasticidades da demanda por moeda e da demanda por investimentos não interferem no grau de eficácia da política fiscal.

81. (Técnico de Nível Superior – ARSETE – Economista – FCC – 2016 – adaptada) Com relação ao modelo da síntese neoclássica, julgue o item a seguir:
Se a sensibilidade da IS aos juros é muito baixa, a política monetária torna-se muito potente para elevar a renda.

82. (Analista Judiciário – TJ-SE – Apoio Especializado – Economia – CEBRASPE – 2014) Julgue o item seguinte, relativo ao modelo IS-LM e aos efeitos da política monetária e fiscal.
De acordo com uma abordagem Hicks-Hansen, a política monetária será inócua no que se refere à alteração dos níveis de produto, caso os investimentos sejam perfeitamente inelásticos à taxa de juros.

83. (Economista – UFRB – FUNRIO – 2015) Considere o caso clássico e a armadilha de liquidez do modelo IS-LM.
Assinale a afirmativa verdadeira.
    a) No caso clássico, a política fiscal expansionista é totalmente ineficaz, ocorrendo o chamado efeito *crowding out*.
    b) No caso da armadilha de liquidez, quanto maior for a elasticidade da demanda por moeda em relação à taxa de juros, maior será o efeito da política fiscal.

c) No caso clássico, a política fiscal apresenta um grau de eficácia maior quanto mais elástica for a curva IS.
d) No caso clássico, a política monetária é totalmente ineficaz, pois qualquer ampliação da oferta monetária será retida pelo público.
e) No caso da armadilha de liquidez, a demanda por moeda independe da taxa de juros.

84. (Supervisor de Pesquisas — IBGE — Geral — CESGRANRIO — 2016) No início de 2013, os principais países desenvolvidos defrontavam-se com baixas taxas de crescimento do PIB real e elevadas taxas de desemprego. Na ocasião, o economista Paul Krugman fez o seguinte diagnóstico da conjuntura econômica e das dificuldades para reativar as economias nesses países:

> [...] os Estados Unidos, Japão e principais países da Zona do Euro estão diante da armadilha da liquidez. Como as taxas de juros já se encontram próximas de zero, os investidores terão sempre a opção de reter moeda.
>
> KRUGMAN, P. Política monetária na armadilha da liquidez.
> *The New York Times*, New York, 11 abr. 2013. Disponível em:
> <http://krugman.blogs.nytimes.com/2013/04/11/monetary-policy-in-a-liquidity-trap/>.
> Acesso em: 8 maio 2016. Adaptado.

De acordo com a teoria keynesiana, a política econômica mais apropriada para promover o aumento do PIB real e do emprego em economias que enfrentam a armadilha da liquidez é a(o)
a) expansão da oferta de moeda
b) redução das tarifas de importação
c) compra esterilizada de reservas internacionais
d) redução das taxas básicas de juros pelos bancos centrais
e) aumento dos gastos públicos

85. (Analista de Gestão — COMPESA — Economista — FGV — 2014) Segundo o arcabouço do modelo IS-LM, quanto menor for a elasticidade do investimento em relação à taxa de juros em termos absolutos,
a) maior o efeito da política monetária sobre o nível do produto.
b) maior o efeito da política fiscal sobre a taxa de juros.
c) menor o efeito da política monetária sobre o nível do produto.
d) menor o efeito da política fiscal sobre o nível do produto.
e) menor o efeito da política monetária sobre a taxa de juros.

86. (Economista — MPOG — "PGCE (Especial)" — CEBRASPE — 2015) Com relação ao modelo IS-LM e às políticas econômicas, julgue o item seguinte.
Em uma curva IS keynesiana sem inclinação, os efeitos da política fiscal estão associados ao investimento relativamente inelástico aos juros, o que, por sua vez, reforçará o efeito da política fiscal.

87. (Auditor de Controle Interno — SEPLAG-DF — Finanças e Controle — FUNIVERSA — 2014 — modificada) No estudo do equilíbrio dos mercados monetário e de bens, observa-se a interdependência do grau de resposta do mercado entre as medidas de política fiscal e monetária. Em relação a esse assunto, assinale a alternativa correta.
a) O nível de juros de equilíbrio do mercado é determinado pela política monetária.
b) A demanda por moedas para transações e especulação é determinada pelo nível de renda da economia.
c) Uma política fiscal expansionista desloca a curva LM para a esquerda.
d) O impacto da política monetária é inversamente proporcional à inclinação da curva IS.
e) Os gastos governamentais são irrelevantes para a determinação da curva IS.

88. (Técnico de Nível Superior — ALBA — Economia — FGV — 2014) Nos últimos anos o governo vem intervindo na economia por meio de políticas de desoneração da folha salarial e da redução de alguns impostos, como o IPI. Essa política tem sofrido críticas de analistas por ter pouco impacto no crescimento do produto.

Segundo o prisma do modelo IS-LM, assinale a opção que indica quando essas críticas se justificam.

a) A economia está próxima do caso da armadilha pela liquidez, pois essas medidas tratam de uma expansão monetária na economia, sem efeitos sobre a renda.
b) A economia está próxima do caso clássico, pois as medidas adotadas tratam de uma política fiscal expansionista, que afeta pouco a renda, pois os juros são elevados, o que desestimula investimentos privados.
c) A economia está próxima do caso da armadilha pela liquidez, em que a maior intervenção do setor público acaba expulsando o setor privado, gerando o chamado efeito *crowding out*.
d) A economia está próxima do pleno emprego, em que as medidas adotadas pressionam os salários nominais e, dada a rigidez dos preços, eleva os custos das empresas reduzindo suas margens de lucro e, consequentemente, o crescimento do produto agregado.
e) A economia se aproxima do seu produto potencial em que crescimentos adicionais do produto não são possíveis, a não ser que a demanda agregada seja estimulada por reduções da taxa de juros.

89. (Analista Legislativo — CAM DEP — Área III — Consultor Legislativo — CEBRASPE — 2014) No que se refere à macroeconomia, julgue o item subsequente.

Política monetária consiste nas medidas que o governo adota para controlar a oferta monetária e a taxa de juros e, com isso, afetar a atividade econômica. Uma política monetária expansionista tem como efeito deslocar a curva de oferta monetária para a esquerda, aumentando a taxa de juros.

90. (Economista — DPU — CEBRASPE — 2016) Acerca do modelo macroeconômico IS-LM, julgue o item subsequente.

No modelo IS-LM clássico, se a economia opera com demanda por moeda infinitamente elástica, então a política monetária é ineficaz.

91. (Economista — MCID — CETRO — 2013) Com relação a um modelo macroeconômico keynesiano, marque V para verdadeiro ou F para falso e, em seguida, assinale a alternativa que apresenta a sequência correta.

( ) Quanto mais inclinada a curva LM, maior a eficácia da política fiscal.
( ) Quanto menor a inclinação da curva LM, menor a eficácia da política monetária.
( ) Quanto maior a inclinação da curva IS, maior a eficácia da política fiscal.

a) V/F/F
b) F/V/F
c) F/F/V
d) V/F/V
e) F/V/V

92. (Analista — DPE-MT — Economista — 2015 — FGV — adaptada) Em relação ao modelo IS-LM, analise as afirmativas a seguir.

I. Pela lógica keynesiana, se houver excesso de demanda no mercado de bens, o ajuste se dá apenas via elevação da quantidade produzida e da renda.
II. Se o mercado monetário se equilibrar mais rapidamente do que o mercado de bens, então, ajustes da taxa de juros precedem ajustes na produção.

III. Em uma situação de pleno emprego, como a economia brasileira se encontra aproximadamente nos dias de hoje, a política fiscal é totalmente eficaz.

Assinale:
a) se somente a afirmativa I estiver correta.
b) se somente a afirmativa II estiver correta.
c) se somente a afirmativa III estiver correta.
d) se somente as afirmativas I e II estiverem corretas.
e) se todas as afirmativas estiverem corretas.

93. (Consultor Legislativo — CM-RJ — Indústria, Comércio e Turismo — SMA-RJ (antiga FJG) — 2015) No modelo IS-LM de uma economia fechada, o uso simultâneo de várias políticas macroeconômicas podem provocar os seguintes impactos no equilíbrio do produto e/ou taxa de juros:
a) uma combinação de politicas fiscal e monetária expansionistas aumenta o produto e diminui a taxa de juros
b) uma expansão monetária e um aumento das alíquotas de imposto reduzem a taxa de juros e eleva o nível de renda
c) uma política monetária expansionista aumenta o produto quando a taxa de juros está muito próxima de zero
d) uma redução dos gastos do governo, acompanhada de uma diminuição da oferta monetária, certamente reduz o nível de renda mas não necessariamente a taxa de juros.

94. (Economista Júnior /TRANSPETRO/CESGRANRIO/ 2018) A Figura abaixo mostra várias possíveis curvas LM de certa economia sendo estudada.

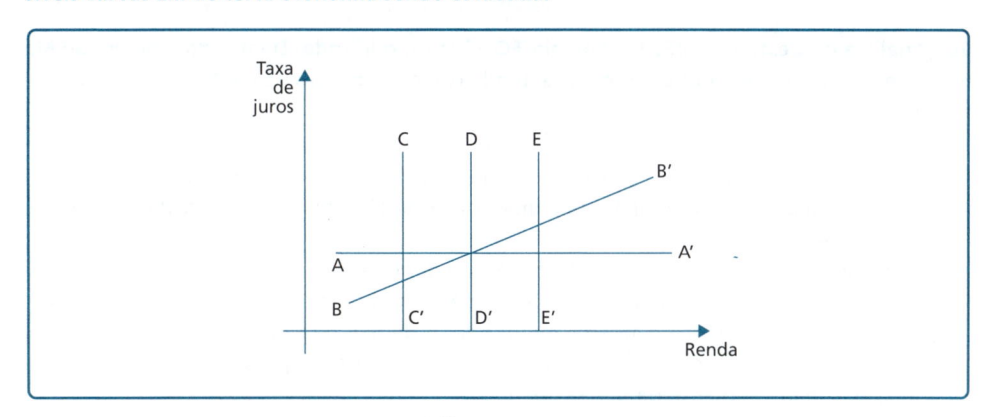

Qual das curvas representa uma situação na qual uma política fiscal expansiva teria o máximo efeito?
a) AA'
b) BB'
c) CC'
d) DD'
e) EE'

95. (Oficial Técnico de Inteligência/CEBRASPE/2018) Acerca da economia do setor público e da estrutura tributária e orçamentária no Brasil, julgue o item a seguir.

Ao reduzir a taxa de juros, uma política monetária contracionista contribui para diminuir o custo do serviço da dívida pública.
(C) Certo
(E) Errado

96. (Analista /SANEAGO/Gestão/CS UFG/ Economista/2018) Suponha que o governo federal tenha um déficit orçamentário e decida reduzi-lo diminuindo os seus gastos no curto prazo. Considerando a análise econômica no modelo IS-LM, o efeito sobre o produto e a taxa de juros será, respectivamente:
   a) aumento e aumento.
   b) aumento e redução.
   c) redução e aumento.
   d) redução e redução.

97. (Auditor do Estado (CAGE RS)/CEBRASPE/2018) De acordo com o modelo IS-LM e com as principais teorias relacionadas à política econômica, assinale a opção correta.
   a) Uma expansão monetária por meio de aumento na quantidade de moeda em circulação gera retração no consumo das famílias.
   b) Se for fixa a quantidade de moeda, a retração na preferência pela liquidez eleva a taxa de juros e diminui o produto de equilíbrio.
   c) Mudanças na sensibilidade do investimento em relação à taxa de juros faz que a curva LM fique mais vertical.
   d) Reajuste dos salários nominais reduz o produto e eleva a taxa de juros de equilíbrio.
   e) Se o banco central adota o regime de metas de inflação, uma política fiscal expansionista aumenta a quantidade de moeda e reduz o produto de equilíbrio.

98. (Analista de Gestão /SABESP/Economia/FCC/2018/modificada) Dentro do modelo IS-LM, no tocante à eficácia da política monetária, tendo como parâmetro de medição a elevação da renda,
   a) o aumento da oferta de moeda, mantendo os demais parâmetros constantes, em uma conformação econômica de baixa elasticidade-juros do in-vestimento, apresenta baixa eficácia da política, se comparada a uma conformação em que a elasticidade-juros do investimento é alta.
   b) a eficácia da política independe da inclinação das curvas.
   c) uma curva IS mais inclinada proporciona uma maior eficácia a essa política, no caso de um aumento da oferta de moeda, mantendo os demais pa-râmetros constantes.
   d) para uma curva IS vertical, teremos a maior eficácia possível, para este tipo de política, no caso de um aumento da oferta de moeda.
   e) o aumento da oferta de moeda, mantendo os demais parâmetros constantes, em uma conformação econômica de alta elasticidade-juros da demanda por moeda, apresenta alta eficácia da política, se comparada a uma conformação em que a elasticidade-juros da demanda por moeda é baixa.

99. (Auditor Público Externo /TCE-RS/Ciências Econômicas/FCC/2018) No modelo IS-LM,
   a) a demanda por moeda infinitamente elástica em relação à taxa de juros provoca uma política fiscal inócua.
   b) o máximo efeito-deslocamento ocorre quando a curva LM é horizontal.
   c) uma expansão monetária gera impacto positivo na renda, quando a curva IS é vertical.

d) um caso limite é dado pela armadilha da liquidez, em que é máxima a eficácia da política fiscal.
e) uma sensibilidade-juros baixa do investimento denota uma potente eficácia da política monetária, relação que é alinhada ao defendido pelos velhos keynesianos.

100. (Analista Júnior TRANSPETRO/CESGRANRIO/2018) De acordo com o modelo keynesiano simplificado, em uma economia não integrada comercial e financeiramente ao resto do mundo, uma política fiscal expansionista, efetivada com o objetivo de fomentar o nível de emprego, acarreta, supondo tudo o mais constante:
a) redução das taxas de juros e aumento do PIB real
b) redução das taxas de juros e redução do PIB real
c) aumento das taxas de juros e aumento do PIB real
d) aumento das taxas de juros e PIB real inalterado
e) taxas de juros inalteradas e aumento do PIB real

101. (Oficial de Inteligência/CEBRASPE/2018) O Banco Central do Brasil (BC) é o responsável pelo controle da inflação no país. Ele atua para regular a quantidade de moeda na economia que permita a estabilidade de preços. Suas atividades também incluem a preocupação com a estabilidade financeira. Para isso, o BC regula e supervisiona as instituições financeiras.

Banco Central do Brasil. Internet: <www.bcb.gov.br>.

Tendo como referência esse fragmento de texto, julgue o item a seguir, relativo ao BC.
A atuação do BC na política monetária tem papel fundamental para que a demanda agregada cresça de maneira muito rápida, pois assim estará contribuindo para inflação baixa, desemprego baixo e crescimento econômico alto.
(C) Certo
(E) Errado

102. (Oficial de Inteligência/CEBRASPE/2018) Julgue o item seguinte, acerca de inflação, emprego e renda.
Se um formulador de política econômica enfrenta um deslocamento adverso da oferta agregada, torna-se necessário escolher entre contrair a demanda agregada para combater a inflação ou expandir a demanda agregada para combater o desemprego.
(C) Certo
(E) Errado

103. (Economista Júnior/TRANSPETRO/CESGRANRIO/2018) Um governo, como o dos Estados Unidos recentemente, diminui os impostos e aumenta os gastos públicos substancialmente, embora a economia do país já esteja em pleno emprego.
Para evitar pressões inflacionárias, o Banco Central do país terá que adotar, ao longo do tempo, uma trajetória de taxa de juros reais
a) descrescente
b) crescente
c) constante
d) negativa
e) nula

■ GABARITO ■

1. "d". Se o objetivo dessa economia é diminuir o desemprego, é necessário que o nível de produto aumente. Para tanto, aumentar a taxa de reserva compulsória significa adotar uma política monetária restritiva, que provoca uma redução do nível de produto. Portanto, a alternativa "a" é falsa. Reduzir os gastos do governo representa uma política fiscal restritiva, o que implica uma redução do nível de produto. Portanto, a alternativa "b" é falsa. Vender títulos em operação de mercado aberto significa retirar moeda da economia e, portanto, trata-se de uma política monetária restritiva, o que reduz o produto. Portanto, a alternativa "c" é falsa. Reduzir a carga tributária significa adotar uma política fiscal expansionista, o que provoca um aumento do produto e do emprego na economia. Portanto, a alternativa "d" é verdadeira. O tabelamento de preços abaixo do preço de equilíbrio provoca uma redução da oferta de produto e, portanto, redução do emprego. Portanto, a alternativa "e" é falsa.

2. "c".
1) A eficácia da política fiscal depende:
— do tamanho do multiplicador;
— da elasticidade do investimento à taxa de juros;
— da elasticidade da demanda de moeda à taxa de juros.
2) A eficácia da política monetária depende:
— da elasticidade da demanda de moeda à taxa de juros e ao nível de renda;
— da elasticidade do investimento em relação à taxa de juros.
Ambas as políticas têm o objetivo de alterar o nível de renda e produto da economia. Portanto, a alternativa "a" é falsa.
A política fiscal controla os gastos e tributos do governo, enquanto a política monetária controla a oferta monetária. A alternativa "b" é, portanto, falsa.
A política monetária, na medida em que exerce um controle sobre a oferta de moeda, exerce também um controle sobre a taxa de juros, influenciando o nível de consumo e investimento da economia. A política fiscal, na medida em que exerce um controle sobre gastos e tributação do governo, altera o nível de renda da economia. A alternativa "c" é, portanto, verdadeira.
O nível de investimento será afetado pela taxa de juros, cujo controle depende de uma política monetária. Portanto, a alternativa "d" é falsa.
A política monetária é executada pelo Bacen, órgão atrelado ao governo, já que não tem independência. A política fiscal será administrada pela Secretaria do Tesouro Nacional, órgão do Ministério da Fazenda. É, portanto, uma decisão do governo. A política monetária controla a oferta de moeda, e a política fiscal controla os gastos e tributos. Portanto, a alternativa "e" é falsa.

3. V, F, F.
a) **(V)** Quando o governo aumenta seus gastos, fica mais deficitário. Quando banca esses gastos pela emissão de moeda, aumenta a oferta de moeda na economia sem que, necessariamente, haja uma política monetária com esse intuito, ou seja, a política monetária fica atrelada à política fiscal.
b) **(F)** Em razão da armadilha da liquidez, a política monetária é descartada, já que é totalmente ineficaz para alterar o nível de renda e a taxa de juros da economia.
c) **(F)** Quando o governo gasta e arrecada o mesmo valor, suas contas permanecem em equilíbrio, porém o produto da economia cresce, porque o efeito multiplicador dos gastos do governo é maior que o efeito multiplicador dos tributos, o que é compatível com a gestão dos ciclos econômicos.

4. "c". A armadilha da liquidez ocorre quando a taxa de juros é muito baixa e só tende a subir. Por esse motivo, as pessoas tendem a reter moeda consigo. Quem tem títulos não consegue vender, e quem não tem não quer comprar. A alternativa "a" é verdadeira.

Na armadilha da liquidez, a demanda de moeda é máxima, ou seja, os agentes econômicos desejam reter o máximo de moeda consigo. Como a demanda por moeda é máxima, qualquer política monetária expansionista é ineficaz para alterar o produto da economia. A alternativa "c" é falsa.

Para os adeptos de uma política monetária ineficaz, o caso da armadilha da liquidez representa a sustentação disso como verdade. A alternativa "d" é verdadeira.

Quando LM é horizontal, ocorre a armadilha da liquidez, em que a política monetária é totalmente ineficaz. A alternativa "b" e "e" são verdadeiras, portanto.

5. "c". Se a intenção for adotar uma política fiscal e/ou política monetária de maneira a não alterar o produto da economia e combater a inflação, a alternativa correta é a "c".

Na situação apontada na alternativa "a", o produto da economia se altera. Observe o gráfico a seguir:

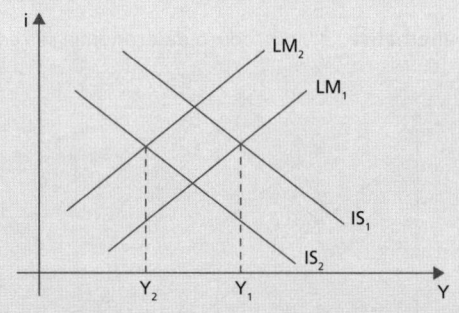

Na situação apontada na alternativa "b", o produto da economia se altera. Observe o gráfico a seguir:

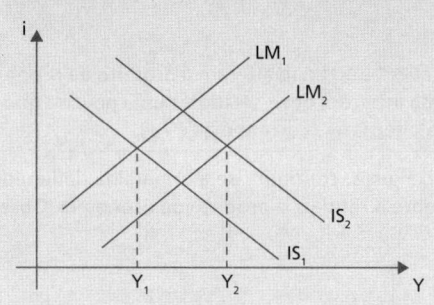

Considerando que a intensidade da política fiscal e a da monetária sejam as mesmas e de acordo com a alternativa "c", o produto da economia não se alteraria e a taxa de juros se elevaria, contribuindo para a queda da inflação. Observe o gráfico a seguir:

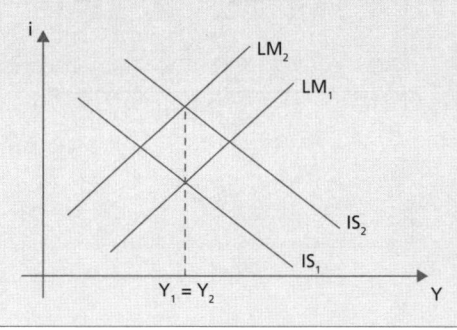

Considerando que a intensidade da política fiscal e a da monetária sejam as mesmas, o produto da economia não se alteraria e a taxa de juros se reduziria, na situação da alternativa "d". Porém, como o intuito dessa economia é a redução da inflação, uma queda da taxa de juros poderia intensificar o processo inflacionário.

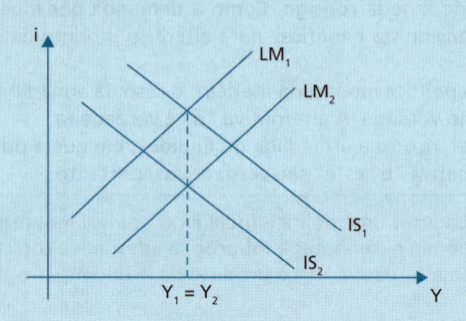

Na situação descrita na alternativa "e", o produto da economia se reduz. Observe o gráfico a seguir:

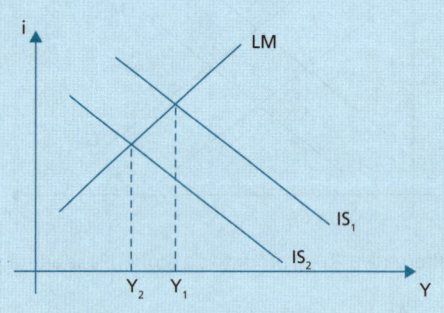

Observe que as alternativas "c" e "d" não alteram o produto da economia, mas, como a questão faz referência à elevação da inflação, deve-se adotar uma política que eleve a taxa de juros para combatê-la. Logo, a única alternativa correta é a "c".

6. "e". Quando o Bacen fixa juros, configura-se a armadilha da liquidez, o que torna a política fiscal totalmente eficaz sobre a renda e o produto da economia. Observe o gráfico a seguir:

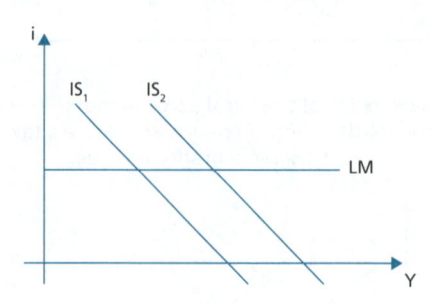

A alternativa "a" é, portanto, falsa.

Quando o governo tributa e gasta o mesmo valor, não altera o seu déficit, mas, como o efeito multiplicador dos gastos é maior que o efeito multiplicador dos tributos, haverá aumento da renda e do produto da economia. A alternativa "b" é, portanto, falsa.

Se a taxa de juros for fixa, uma alteração da curva IS altera o nível de renda e produto da economia. Observe o gráfico a seguir:

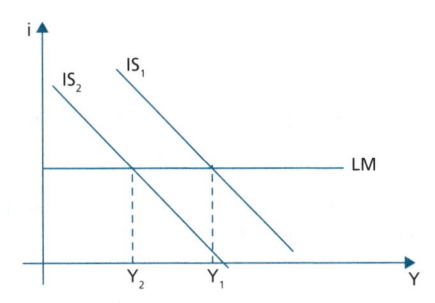

A alternativa "c" é, portanto, falsa.

Quando a oferta de moeda é fixa, a curva LM é mais inclinada, ou mais vertical. Assim, um choque de oferta provoca seu deslocamento e uma maior alteração no nível de renda e produto. Observe, a seguir, que, quanto mais inclinada a LM, maior a volatilidade da renda.

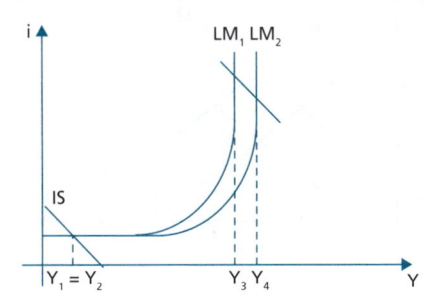

A alternativa "d" é, portanto, falsa.

Quando aumenta a desconfiança em relação ao sistema financeiro, as pessoas tendem a demandar mais moeda, o que faz a função LM se deslocar para cima, aumentando a taxa de juros e diminuindo o nível de renda. Observe a seguir:

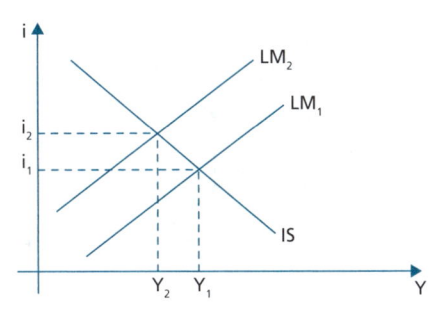

A alternativa "e" é, portanto, verdadeira.

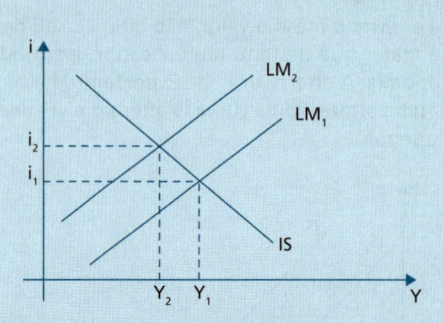

7. "d".

i ↑ Y ↓
Uma política monetária contracionista desloca a função LM para a esquerda, elevando a taxa de juros (i) e reduzindo o nível de renda e produto (Y).

8. "d". Para reduzir o déficit fiscal, o governo deve reduzir os juros que paga da sua dívida. Uma política monetária contracionista desloca LM_1 para LM_2. Uma política fiscal contracionista desloca IS_1 para IS_2. O novo equilíbrio ($IS_2 \cap LM_2$) reduz o nível de produto, sem causar grande impacto na taxa de juros. Observe o gráfico a seguir:

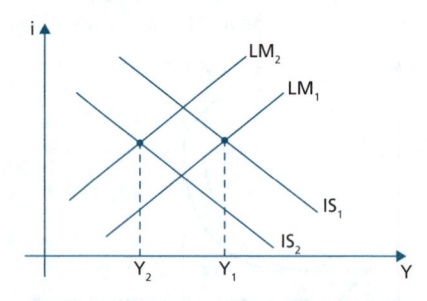

A alternativa "a" é falsa.
Uma política monetária expansionista desloca LM_1 para LM_2. Uma política fiscal expansionista desloca IS_1 para IS_2. O novo equilíbrio ($IS_2 \cap LM_2$) aumenta o nível de produto, sem causar grande impacto na taxa de juros. Observe:

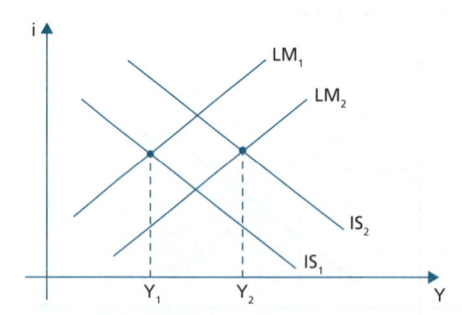

A alternativa "b" é falsa.
Uma política monetária contracionista desloca IS_1 para IS_2. Uma política monetária expansionista desloca LM_1 para LM_2. O novo equilíbrio ($IS_2 \cap LM_2$) eleva a taxa de juros, sem causar grande elevação no nível de produto. Como a intenção é reduzir o déficit fiscal, uma elevação da taxa de juros é prejudicial, já que recairá sobre a dívida, elevando-a. Observe:

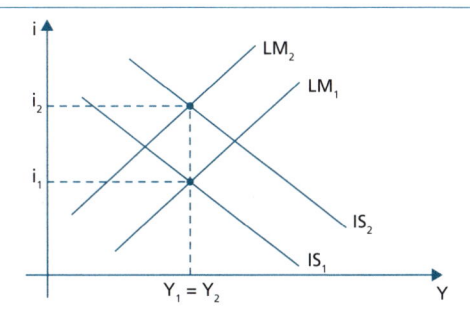

A alternativa "c" é falsa.
Uma política monetária expansionista desloca LM_1 para LM_2. Uma política fiscal contracionista desloca IS_1 para IS_2. O novo equilíbrio ($IS_2 \cap LM_2$) reduz a taxa de juros, sem causar grande impacto no nível de produto. Como a intenção é reduzir o déficit fiscal, uma redução da taxa de juros alivia a totalidade da dívida. Observe:

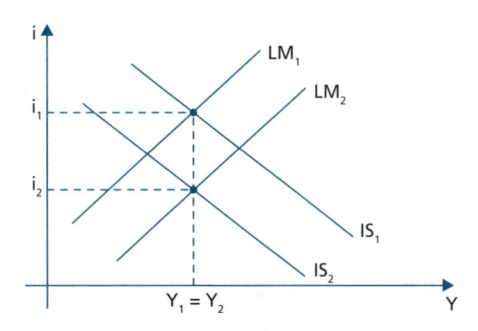

A alternativa "d" é verdadeira.
Uma política fiscal restritiva reduz a taxa de juros e o nível de atividade econômica. Observe o gráfico a seguir:

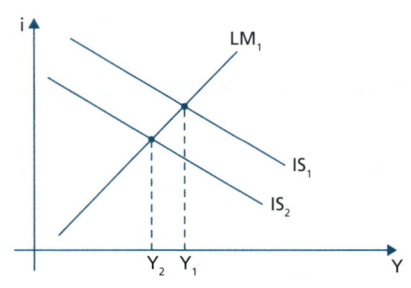

A alternativa "e" é falsa.
É possível se observar que as alternativas "c" e "d" não levam a alteração do produto, mas a alternativa "d" reduz a taxa de juros, o que levará a uma redução do déficit público, porque haverá uma redução dos juros sobre a dívida.

9. "a". A questão trata de uma situação de recessão, ou seja, uma situação em que o Produto Real da economia está diminuindo. Para tanto, o governo deve agir no sentido de promover o crescimento do produto e anular o efeito dessa recessão. Portanto, deve adotar uma política monetária e/ou fiscal expansionista: política monetária expansionista com redução da taxa de juros (Selic), que corresponde a um aumento da oferta de moeda; e política fiscal expansionista com elevação dos gastos do governo.

10. "b". Ocorre uma política monetária expansionista quando:
— há diminuição da taxa de redesconto;
— há aumento do resgate de títulos em poder do público não bancário;
— há diminuição da taxa de recolhimento compulsório.

11. "e". Caso seja adotada uma política monetária expansionista, a função LM se desloca para baixo. Caso seja adotada uma política fiscal contracionista, a função IS se desloca para baixo ou para a esquerda. Assim, observe:

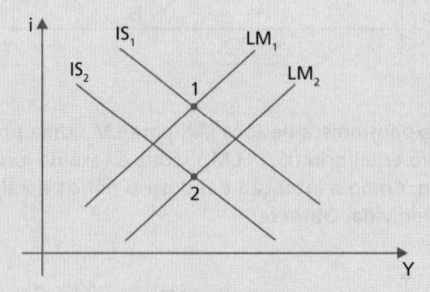

O que se percebe é que a taxa de juros caiu. Portanto, a alternativa "e" é verdadeira. Com relação a renda e produto, nada se pode afirmar, já que dependerá da intensidade do deslocamento da LM e da IS.

Assim, se LM se deslocar em uma intensidade maior que IS, a taxa de juros cai e o produto aumenta. Observe:

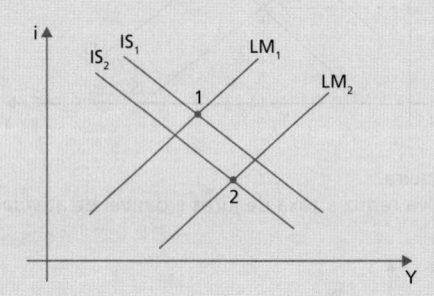

Se LM se desloca em uma intensidade menor que IS, a taxa de juros cai e o produto cai. Observe o gráfico a seguir:

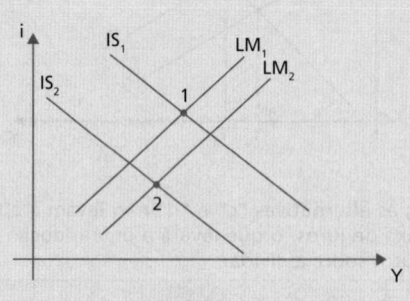

Portanto, as alternativas "a" e "b" são falsas.

15 ■ Política Fiscal e Monetária

12. "a".

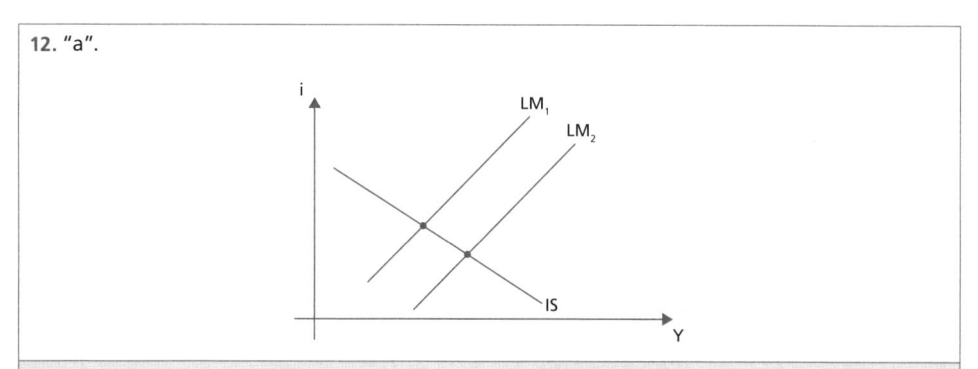

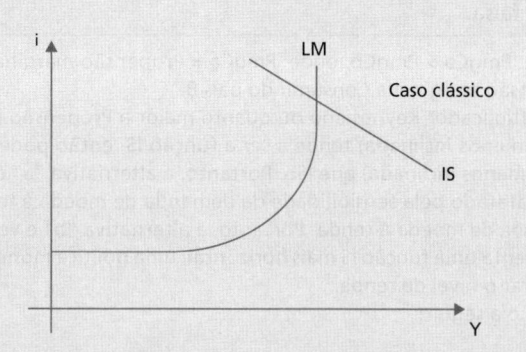

13. "a".

No caso clássico, a demanda de moeda para especulação (Ls) é zero e uma política fiscal não é capaz de alterar o nível de produto da economia. A alternativa "a" é verdadeira.

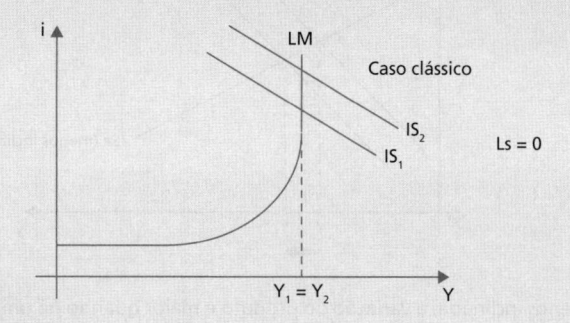

No caso clássico, o investimento é muito elástico à taxa de juros. Por esse motivo, quando ocorre uma alteração em um dos componentes autônomos agregados, a taxa de juros se altera, levando a uma alteração do investimento de igual intensidade, quando se está na área clássica, e em sentido contrário ao dos componentes autônomos. Esse efeito é conhecido por *crowding out* ou efeito deslocamento. Isso faz com que o nível de renda e produto da economia não se altere. A alternativa "b" é falsa.

A armadilha da liquidez ocorre quando LM é horizontal. A alternativa "d" é falsa. Quando LM é vertical, uma política monetária é totalmente eficaz para expandir o nível de renda real da economia. A alternativa "c" é falsa.

Quando há expansão nos investimentos, a função IS se desloca para a direita. No caso clássico, quando IS se desloca, não altera o nível de renda da economia. A alternativa "d" é falsa. Quando LM é vertical, ou seja, no caso clássico, apenas a política monetária é eficaz para alterar o nível de renda real da economia.

Observe o gráfico a seguir:

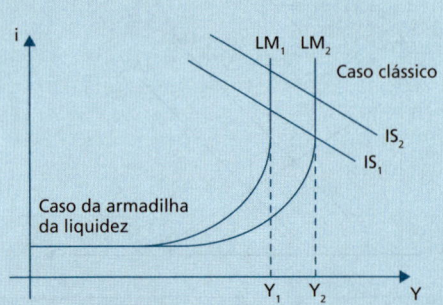

[Gráfico: eixo i × Y, mostrando curvas LM₁ e LM₂ (Caso clássico), IS₁ e IS₂, com "Caso da armadilha da liquidez" indicado na parte horizontal da LM, e pontos Y₁, Y₂ no eixo Y]

A alternativa "e" é falsa.

14. "a". Sabe-se que: PmgCa > PmgCb, onde: PmgCa = Propensão marginal a Consumir do país A; e PmgCb= Propensão marginal a Consumir do país B.

Quanto maior o multiplicador Keynesiano ou quanto maior a Propensão marginal a Consumir, mais horizontal (ou menos inclinada) tende a ser a função IS, então pode-se afirmar que ISa é mais horizontal (ou menos inclinada) que ISb. Portanto, a alternativa "a" é falsa.

O formato da LM é afetado pela sensibilidade da demanda de moeda à taxa de juros e da sensibilidade da demanda de moeda à renda. Portanto, a alternativa "b" é verdadeira.

Como o país A apresenta uma função IS mais horizontal, uma política monetária será mais eficaz nesse país para alterar o nível de renda.

Assim, veja no gráfico a seguir:

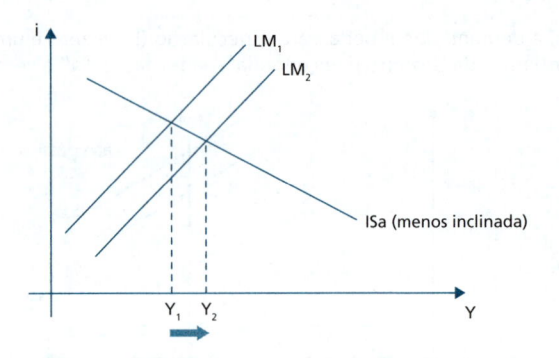

[Gráfico: eixo i × Y, com curvas LM₁ e LM₂, e ISa (menos inclinada), mostrando Y₁, Y₂ no eixo Y]

Quando IS é menos inclinada, a variação do produto é maior quando há uma expansão monetária.

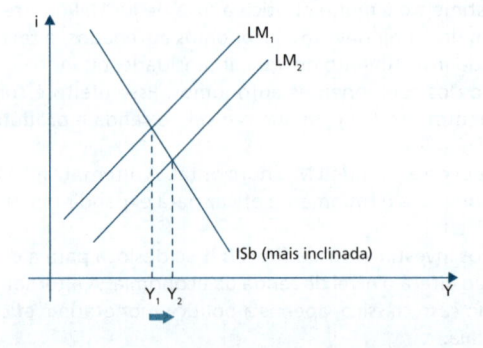

[Gráfico: eixo i × Y, com curvas LM₁ e LM₂, e ISb (mais inclinada), mostrando Y₁, Y₂ no eixo Y]

Quando IS é mais inclinada, a variação do produto é menor caso haja uma expansão monetária. Portanto, a alternativa "c" é verdadeira.

Quando a taxa de juros cai, há mais incentivo para se investir (lembre-se de que se trata do investimento produtivo). Quando o investimento aumenta, o nível de produto da economia aumenta, já que: Y = C + I + G + X – M.

Logo, quando: I ↑ → Y ↑.

Como o consumo é função da renda (Y), então quando: Y ↑ → C ↑.

Logo, se: C ↑ → Y ↑, o que faz com que a renda (Y) aumente mais que o investimento (I), ou seja, devido ao efeito multiplicador do investimento. Portanto, a alternativa "d" é verdadeira.

Se os dois países estiverem na armadilha da liquidez, ocorre a situação que pode ser observada nos gráficos a seguir:

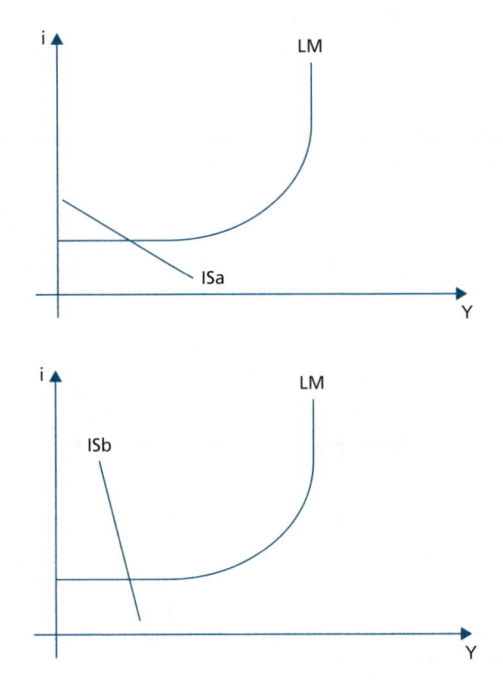

Caso seja adotada uma política monetária, por exemplo, expansionista, observe o que acontece nos gráficos a seguir:

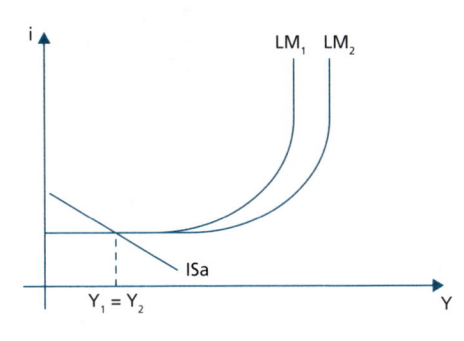

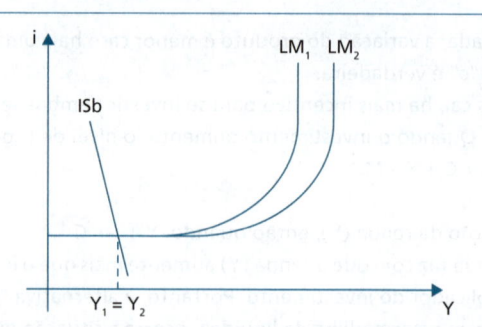

[Gráfico: eixo i (vertical) e Y (horizontal); curvas LM₁ e LM₂ verticais próximas, curva ISb; ponto Y₁ = Y₂]

Em nenhum dos dois países, o produto sofrerá alteração. Portanto, a alternativa "e" é verdadeira. Como a questão pede a alternativa que se destaca das demais, ou seja, aquela que está frisada em relação às outras, deve-se assinalar a alternativa "a", já que é a única falsa dentre todas as outras, que são verdadeiras.

15. "c". A política fiscal só será inócua no caso clássico. A alternativa "a" é falsa.
Uma política fiscal expansionista desloca a IS para a direita, elevando a taxa de juros e o nível de produto da economia. Observe o gráfico a seguir:

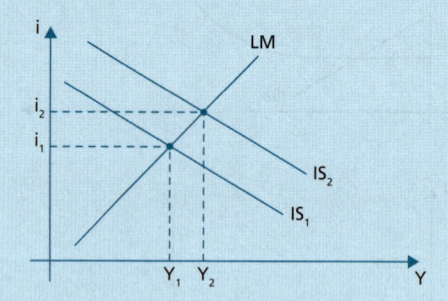

[Gráfico: eixo i e Y; curva LM crescente; curvas IS₁ e IS₂ (deslocada à direita); pontos i₁, i₂ e Y₁, Y₂]

As alternativas "b", "d" e "e" são falsas e a alternativa "c" é verdadeira.

16. "e". A eficácia de uma política fiscal depende da elasticidade da função IS e de onde a IS esteja atuando, ou seja, no caso clássico, no caso da armadilha da liquidez ou no caso intermediário.
Portanto, a eficácia da política fiscal depende do multiplicador Keynesiano ou da Propensão marginal a Consumir, da sensibilidade (ou elasticidade) do investimento à taxa de juros e da demanda de moeda em relação à taxa de juros.
Assim, tem-se que:

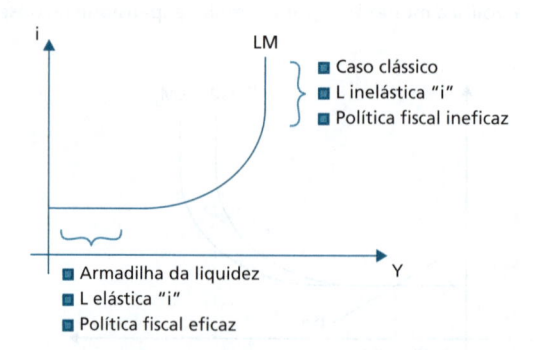

[Gráfico: curva LM em formato de J; parte vertical indicada como:
- Caso clássico
- L inelástica "i"
- Política fiscal ineficaz
Parte horizontal indicada como:
- Armadilha da liquidez
- L elástica "i"
- Política fiscal eficaz]

Da mesma forma, quanto mais sensível for o investimento à taxa de juros, menos inclinada será a função IS e mais eficaz será uma política fiscal.
Quanto maior o multiplicador Keynesiano, menos inclinada será a função IS e mais eficaz será uma política fiscal.

17. "c". A função IS representa as infinitas combinações entre taxa de juros e produto (ou renda) que fazem o mercado de bens ficar em equilíbrio.

18. "a". Quanto maior a propensão marginal a consumir e quanto mais sensível for o investimento à taxa de juros, mais horizontal ou menos inclinada é a curva IS.

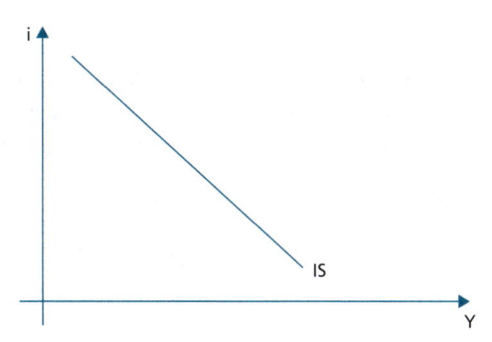

A alternativa "a" é verdadeira.
Se a demanda por moeda for totalmente insensível à taxa de juros, trata-se da LM na área clássica e, nessa área, uma política fiscal é totalmente ineficaz para alterar o nível de produto da economia e, por conseguinte, o nível de emprego.

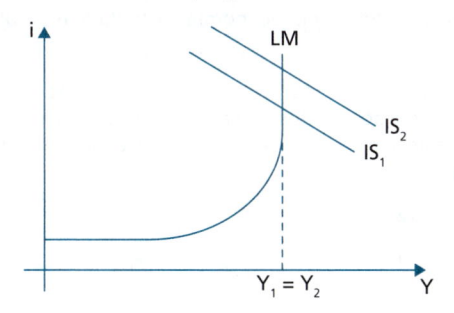

A alternativa "b" é falsa.
Uma política fiscal expansionista tende sempre a elevar a taxa de juros da economia, exceto no caso em que ocorre a "armadilha da liquidez". A alternativa "c" é falsa.
A velocidade-renda da moeda é maior na área clássica, na qual a LM é vertical ou possui uma maior inclinação. A demanda da moeda é mais elástica à taxa de juros na área em que ocorre a armadilha da liquidez, onde LM é horizontal, ou seja, possui uma menor inclinação. A alternativa "d" é falsa.
Quando o investimento é totalmente inelástico à taxa de juros, a função IS é vertical e uma alteração da função LM não altera a renda e o produto da economia. Observe a seguir:

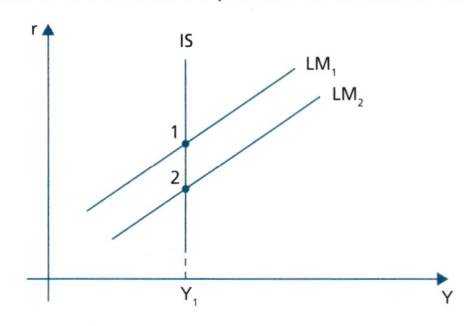

A alternativa "e" é falsa.

19. V, F, V, F.

a) **(V)** Quando o nível de renda e produto da economia aumenta, a demanda por moeda aumenta. Mantendo-se constante a oferta por moeda, a taxa de juros sobe (ou o preço da moeda sobe).

b) **(F)** Quando o imposto é reduzido, o nível de renda aumenta, aumentando a demanda por bens e serviços, deslocando a função IS para a direita.

c) **(V)** No caso em que ocorre a armadilha da liquidez, a demanda por moeda (L) é perfeitamente elástica à taxa de juros e uma política monetária é ineficaz para alterar o nível de renda da economia. No caso clássico, a demanda por moeda (L) é inelástica à taxa de juros e uma política monetária é totalmente eficaz para alterar o nível de renda e produto da economia.

d) **(F)** O multiplicador dos gastos numa economia fechada é: $\dfrac{\Delta Y}{\Delta G} = \dfrac{1}{1-c}$.

O multiplicador dos gastos numa economia aberta é: $\dfrac{\Delta Y}{\Delta G} = \dfrac{1}{1-c+m}$.

Onde "m" é a Propensão marginal a Importar.
Como: $0 < m < 1$, então:

$$\dfrac{1}{1-c} > \dfrac{1}{1-c+m}$$

Logo, o multiplicador dos gastos numa economia fechada > multiplicador dos gastos numa economia aberta.

20. "d". O modelo IS-LM explica uma Teoria Geral da Demanda Agregada. Assim, caso os preços aumentem, haverá uma redução da oferta real de moeda. Quando há redução da oferta de moeda, a função LM se desloca para cima, reduzindo o nível de renda da economia.
Veja nos gráficos a seguir:

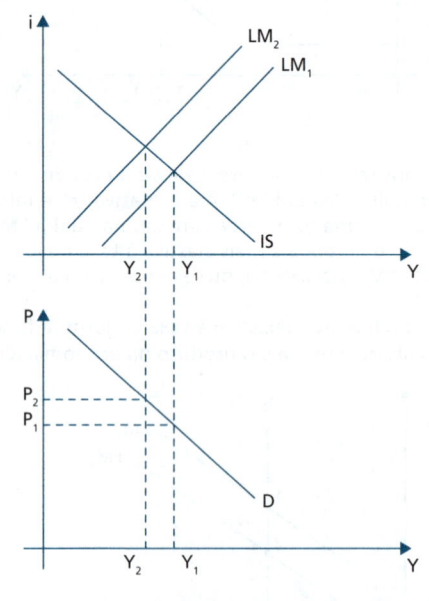

Como a redução do produto foi ocasionada pela elevação dos preços, pode-se construir a função demanda.
Portanto, o modelo IS-LM oferece uma Teoria Geral da Demanda Agregada e explica duas variáveis endógenas, ou seja, a taxa de juros e o produto.

21. V, V, V, F, V, V, F, V, F, V.

a) **(V)** Dado que o multiplicador se define por: $\frac{M_1}{B} = \frac{1}{1-d(1-R)}$, onde: $d = \frac{DV}{M_1}$ e $R = \frac{encaixes}{DV}$.

Se $\frac{PMPP}{DV}$ está aumentando, ou seja, se a parcela de papel-moeda que o público retém consigo tem aumentado em relação aos depósitos à vista, significa que $\frac{DV}{M_1}$, ou seja, depósito à vista em relação aos meios de pagamento, tem caído.
Logo: Se d ↓ Multiplicador ↓

b) **(V)** $\frac{Reservas}{Depósitos\ à\ vista} = 0,25$

$\frac{PMPP}{Depósitos\ à\ vista} = 0,5 \rightarrow$ **PMPP = 0,5 depósito à vista (I)**

Sabendo-se que:

PMPP + depósitos à vista = 1 (II)

Substituindo **(I)** em **(II)**, tem-se:
0,5 depósito à vista + depósito à vista = 1
1,5 depósito à vista = 1
Depósito à vista = 0,667

PMPP = 0,333

$Mult = \frac{1}{1-d(1-R)}$

$d = \frac{Depósitos}{M_1}$

d = 0,667 e R = 0,25

$Mult = \frac{1}{1-0,667(1-0,25)}$

$Mult = \frac{1}{1-0,667 \times 0,75}$

$Mult = \frac{1}{1-0,500}$

Mult = 2

c) **(V)** O prestador de última instância é o Bacen. Pelo fato dos bancos comerciais emprestarem recursos e, portanto, diminuírem sua liquidez, caso seus clientes venham a sacar grande volume de dinheiro, os bancos comerciais poderão ter que precisar de recursos e pedir empréstimo ao Bacen, o que é chamado de redesconto.
d) **(F)** Quando o banco (público bancário) compra um imóvel de uma empresa (público não bancário), ocorre criação de meios de pagamento.
e) **(V)** Negociações feitas entre o sistema bancário não alteram os meios de pagamento, porque são transações interbancárias.
f) **(V)** M_1 = PMPP + DV. Quando há transferência de DV para a caderneta de poupança, há diminuição de DV e, por conseguinte, de M_1. Portanto, há destruição de moeda.
g) **(F)** Quando o Bacen vende títulos, adota uma política monetária restritiva, o que provoca uma diminuição da oferta de moeda.
h) **(V)** Quando o Bacen empresta ao Tesouro Nacional, tudo mais permanecendo constante, há um aumento da base monetária.
i) **(F)** Se houver aumento na preferência pela liquidez, ou seja, se houver aumento da demanda por moeda no mesmo montante da oferta de moeda, a taxa de juros (preço da moeda) permanecerá constante.
j) **(V)** Quanto mais sensível for o investimento à taxa de juros, mais horizontal será a função IS, e quanto mais horizontal for IS, mais horizontal tenderá a ser a demanda agregada e, portanto, maior será o impacto de uma queda nos preços sobre a quantidade demandada.

22. F, V, F, V, F.
O equilíbrio no mercado de bens, numa economia fechada, se dá quando: Y = C + I + G, então:
Y = 400 + 0,5Yd + 300 − 600r + 250
Y = 950 + 0,5Yd − 600r

Sabendo-se que: Yd = Y − T, então:
Y = 950 + 0,5 (Y − T) − 600r
Y = 950 + 0,5 [Y − (100 + 0,2Y)] − 600r
Y = 950 + 0,5 [Y − 100 − 0,2Y] − 600r
Y = 950 + 0,5 [0,8Y − 100] − 600r
Y = 950 + 0,4Y − 50 − 600r
Y = 900 + 0,4Y − 600r
0,6Y = 900 − 600r
Y = 1.500 − 1.000r   (I)
O equilíbrio no mercado monetário se dá quando:
Md/P = M/P
2Y − 4.000 r = 600   (II)

Substituindo **(I)** em **(II)**, tem-se:
2 (1.500 − 1.000r) − 4.000r = 600
3.000 − 2.000r − 4.000r = 600
2.400 = 6.000r
r = 0,4
Logo:
Y = 1.500 − 1.000 × 0,4
Y = 1.100

a) **(F)** A poupança privada de equilíbrio será: S = −400 + 0,5Yd; já que: C = 400 + 0,5Yd.
Ou: S = −400 + 0,5 (Y − T)
S = −400 + 0,5 [Y − (100 + 0,2Y)]
S = −400 + 0,5 [Y − 100 − 0,2Y]
S = −400 + 0,5 [0,8Y − 100]
S = −400 + 0,5 [0,8 × 1.100 − 100]
S = −400 + 0,5 × 780
S = −400 + 390
S = −10

b) **(V)** Y = 1.100

c) **(F)** i = 0,4

d) **(V)** Se a oferta de moeda aumentar em 100%, então: o equilíbrio no mercado monetário se dá quando: Md/P = M/P.
2Y − 4.000r = 1.200   (II)
No mercado de bens, o equilíbrio se dá quando:
Y = 1.500 − 1.000r   (I)

Logo, substituindo **(I)** em **(II)**, tem-se:
2 (1.500 − 1.000r) − 4.000r = 1.200
3.000 − 2.000r − 4.000r = 1.200
1.800 = 6.000r
r = 0,3
E o produto de equilíbrio será:
Y = 1.500 − 1.000 × 0,3
Y = 1.200

e) **(F)** Se a alíquota do imposto se reduzir para zero, então: T = 100.
Y = 400 + 0,5Yd + 300 − 600r + 250
Y = 950 + 0,5Yd − 600r

Sabendo-se que: Yd = Y − T, então:
Y = 950 + 0,5 (Y − T) − 600r
Y = 950 + 0,5 (Y − 100) − 600r
Y = 950 + 0,5Y − 50 − 600r
Y = 900 + 0,5Y − 600r
0,5Y = 900 − 600r
Y = 1.800 − 1.200r   (I)
O equilíbrio no mercado monetário se dá quando: Md/P = M/P.
2Y − 4.000r = 600   (II)

Substituindo **(I)** em **(II)**, tem-se:
2 (1.800 − 1.200r) − 4.000r = 600
3.600 − 2.400r − 4.000r = 600
3.000 = 6.400r
r = 0,21333
Logo:
Y = 1.500 − 1.000 × 0,2133
Y = 1.286,70
O produto irá crescer: $\dfrac{1.286,70 - 1.100}{1.100} = 0,1697 = 16,97\%$.

23. "d". No equilíbrio entre oferta e demanda por moeda, determina-se uma taxa de juros de equilíbrio. Se houver aumento da oferta de moeda (M_1 para M_3), a taxa de juros se reduz. Se a oferta de moeda diminuir (M_1 para M_2), a taxa de juros aumenta. Observe:

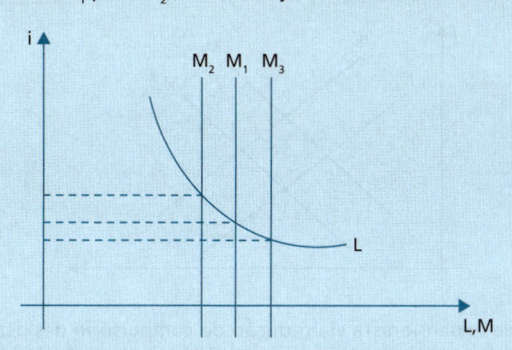

A alternativa "a" é verdadeira.
Observe a seguir que, para cada nível de preço, determina-se uma quantidade demandada.

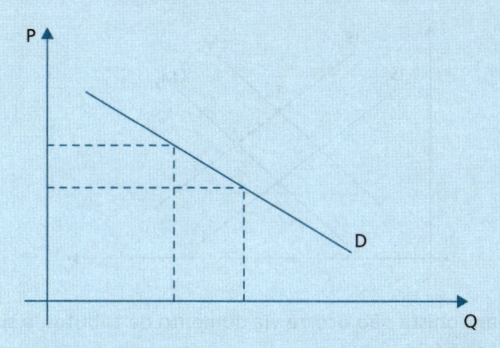

A alternativa "b" é verdadeira.
Observe no gráfico a seguir que, se a taxa de juros estiver em i_1, a oferta de moeda será superior à demanda de moeda, o que provocará uma queda da taxa de juros até o equilíbrio i_E.

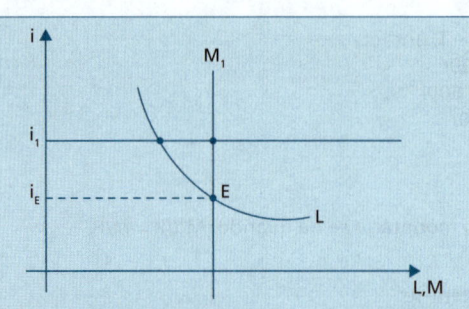

A alternativa "c" é verdadeira.
Estabilizadores automáticos são alterações da política **fiscal** que estimulam a demanda agregada quando a economia entra em recessão, sem que os formuladores de políticas públicas tenham que tomar qualquer ação deliberada. A alternativa "d" é falsa.
Pela Equação de Fisher[28], sabe-se que: $i = r + \pi$, onde: i = taxa de juros nominal; r = taxa de juros real; e π = taxa de inflação, logo: $r = i - \pi$. A alternativa "e" é verdadeira.

24. "e". O objetivo do governo é aumentar o produto da economia. A alternativa "e" é a única que favorece isso. Observe:
Uma política fiscal expansionista desloca IS_1 para IS_2. Uma política monetária restritiva desloca LM_1 para LM_2. As duas, ocorrendo simultaneamente e na mesma intensidade, levam ao aumento da taxa de juros e à manutenção do nível de renda e produto. A alternativa "a" é falsa.

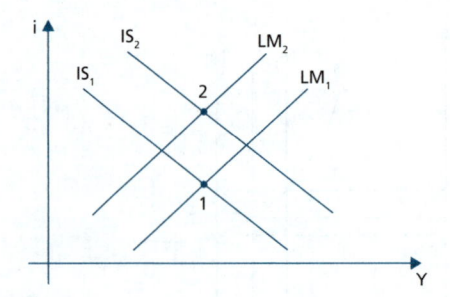

Uma política monetária expansionista via redução do compulsório desloca LM_1 para LM_2. Uma política fiscal contracionista via redução do gasto público desloca IS_1 para IS_2. As duas, ocorrendo simultaneamente e na mesma intensidade, levam à redução da taxa de juros e à manutenção do nível de renda e produto. A alternativa "b" é falsa.

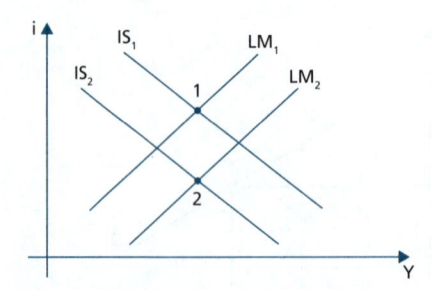

Uma política fiscal expansionista não ocorre via aumento de tributos, e sim via diminuição dos tributos. A alternativa "c" é falsa.

---

[28] A Equação de Fischer é, na realidade, expressa por: $i = r + \pi_e$, onde π_e é a taxa de inflação esperada. Supondo que haja previsão perfeita dos agentes econômicos, pode-se dizer que $\pi_e = \pi$.

Uma política monetária contracionista, ou seja, com diminuição da oferta de moeda, acarreta elevação da taxa de juros, e não redução. A alternativa "d" é falsa.

Uma política fiscal expansionista via redução de tributos desloca IS_1 para IS_2 e uma política monetária expansionista via redução do compulsório desloca LM_1 para LM_2. Ocorrendo simultaneamente e na mesma intensidade, elevam o produto da economia, deixando inalterada a taxa de juros. Observe o gráfico a seguir:

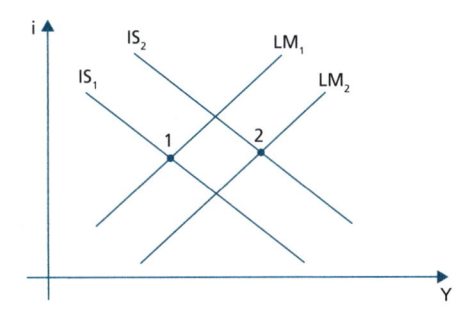

A alternativa "e" é verdadeira.

25. "c". Os instrumentos de controle monetário são:
— recolhimento compulsório;
— taxa de redesconto;
— *open market*.
Portanto, um aumento dos gastos públicos corresponde a uma política fiscal, e não a uma política monetária.

26. "b". Quando o governo pratica uma política fiscal expansionista via aumento dos seus gastos, isso provoca um aumento do produto numa proporção maior que o aumento do próprio gasto, devido ao efeito multiplicador. Porém, com o aumento dos gastos do governo, há uma elevação das taxas de juros, levando a uma redução do investimento na economia, reduzindo o produto e a renda. A esse efeito, dá-se o nome de efeito deslocamento. Portanto, percebe-se que o multiplicador eleva o produto e a renda enquanto o efeito deslocamento reduz a renda e o produto. Portanto, os dois efeitos são opostos.
Um efeito multiplicador e um efeito deslocamento agem em direções opostas via impacto na demanda agregada. A alternativa "d" é falsa.
Sabendo-se que a Propensão marginal a Consumir é positiva e menor que "um", o efeito multiplicador será positivo. A alternativa "b" é verdadeira.
Na alternativa "c", ocorrem um efeito deslocamento e um efeito multiplicador em sentidos opostos, ou seja, o efeito deslocamento minimizará os efeitos de uma política fiscal sobre a demanda agregada.
De acordo com a alternativa "d", ocorre tanto o efeito multiplicador como o efeito deslocamento. O efeito deslocamento afeta o investimento da economia diretamente e o consumo indiretamente. A alternativa "e" é falsa.

27. "a". Uma política fiscal expansionista provoca uma elevação do produto e da taxa de juros. Observe:

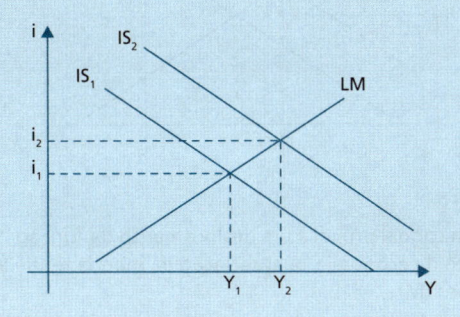

A alternativa "a" é verdadeira.
Uma política monetária restritiva provoca uma elevação da taxa de juros e uma redução do produto. Observe:

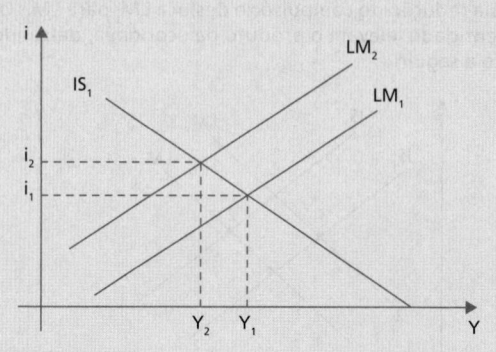

A alternativa "b" é falsa.
Uma política fiscal restritiva desloca a função IS_1 para IS_2, reduzindo as taxas de juros e o produto da economia.

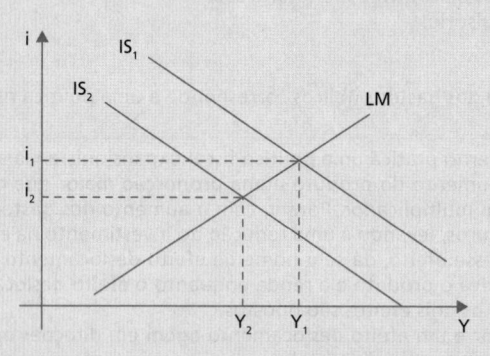

A alternativa "c" é falsa.
Uma política monetária expansionista desloca LM_1 para LM_2, provocando uma redução da taxa de juros e uma elevação do produto. Observe o gráfico a seguir:

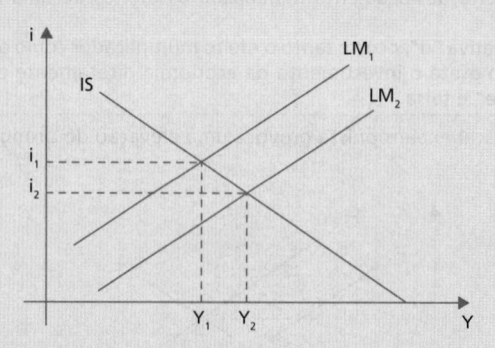

A alternativa "d" é falsa.
A apreciação da moeda nacional provoca um deslocamento da função IS_1 para IS_2, reduzindo as taxas de juros e o produto da economia. A apreciação da moeda tende a reduzir as exportações (x) e elevar as importações (M).

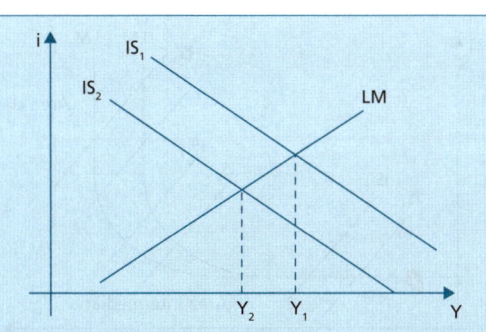

[Gráfico IS-LM com IS₁, IS₂, LM e pontos Y₂, Y₁ no eixo Y]

A alternativa "e" é falsa.

28. "d". Uma política monetária antirrecessiva é aquela que provoca um aumento do produto da economia. Para tanto, é necessário que a política monetária seja expansionista, o que poderá se dar por meio de:
— diminuição da taxa de redesconto;
— diminuição do recolhimento compulsório;
— compra de títulos públicos no mercado aberto.
No câmbio fixo, em um modelo com perfeita mobilidade de capital, uma política monetária é ineficaz para alterar o nível de produto da economia. Esse assunto será abordado no capítulo 16.

29. "a". Quando o governo pratica uma política fiscal expansionista via aumento dos gastos do governo, isso provoca um aumento do produto numa proporção maior que o aumento do próprio gasto, devido ao efeito multiplicador. Porém, com o aumento dos gastos do governo, há uma elevação das taxas de juros, levando a uma redução do investimento na economia e reduzindo o produto e a renda. A esse efeito, dá-se o nome de efeito deslocamento. Portanto, percebe-se que o multiplicador eleva o produto e a renda, enquanto o efeito deslocamento reduz a renda e o produto. Portanto, os dois efeitos são opostos.

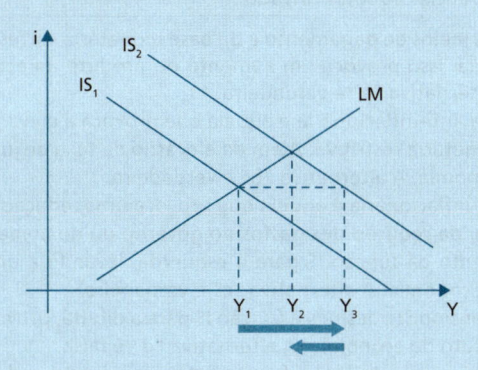

[Gráfico IS-LM com IS₁, IS₂, LM e pontos Y_1, Y_2, Y_3 no eixo Y]

De Y_1 para Y_3 → efeito multiplicador.
De Y_3 para Y_2 → efeito deslocamento.

30. "c". Uma política fiscal expansionista tende a, simultaneamente, elevar o nível de emprego e a taxa de juros da economia. A alternativa "a" é falsa.
Como o efeito multiplicador dos gastos é maior que o efeito multiplicador dos tributos, caso ocorram simultaneamente e em igual intensidade, sendo ambas as alterações positivas, haverá um aumento do produto. A alternativa "b" é falsa.
Caso a demanda por moeda seja totalmente inelástica à taxa de juros, ou seja, no caso clássico, uma política fiscal será totalmente ineficaz para alterar o nível de produto da economia.

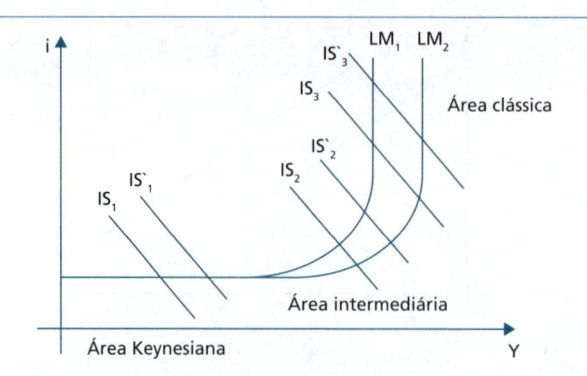

Observe que, quando IS_3 se desloca para IS'_3 e na intersecção com LM_1, o produto permanece inalterado. A alternativa "c" é verdadeira.
Uma política fiscal contracionista levará a uma redução da taxa de juros e do produto da economia. A alternativa "d" é falsa.
Uma elevação da tributação corresponde a uma política fiscal restritiva, fazendo com que a taxa de juros se reduza e o produto também. A alternativa "e" é falsa.

31. "b". Uma política monetária expansionista se caracteriza por:
— reduzir a taxa de redesconto;
— reduzir o recolhimento compulsório;
— promover uma queda na taxa de juros;
— aumentar a base monetária;
— aumentar o prazo de crédito ao consumidor.

32. "e". É medida de política fiscal expansionista:
— aumentar os gastos do governo;
— reduzir a tributação;
— aumentar as transferências ao setor privado.

33. "d". O aumento dos meios de pagamento e da base monetária correspondem a uma política monetária expansionista. Isso provoca um aumento do produto da economia e uma redução das taxas de juros. A alternativa "a" é verdadeira.
Uma política monetária anti-inflacionária é aquela que provoca a elevação da taxa de juros, ou seja, é uma política monetária restritiva. Além da elevação da taxa de juros, provoca uma redução do produto da economia. A alternativa "b" é verdadeira.
Uma política fiscal anti-inflacionária é aquela que provoca uma redução da demanda agregada por meio, por exemplo, da redução dos gastos do governo ou do aumento da tributação. Isso provoca um deslocamento da função IS para a esquerda, levando a uma redução da taxa de juros e do produto da economia. A alternativa "c" é verdadeira.
Uma política fiscal expansionista desloca a função IS para a direita, provocando um aumento da taxa de juros e do produto da economia. A alternativa "d" é falsa.
O aumento da oferta de moeda desloca a função LM para a direita, reduzindo a taxa de juros e aumentando o produto da economia. A alternativa "e" é verdadeira.

34. "c". Para combater a inflação, devem-se adotar políticas restritivas, sejam elas, política fiscal restritiva ou política monetária restritiva. Assim, a demanda agregada seria contida, e a pressão sobre os preços, controlada. Portanto, a única alternativa que traz uma política fiscal restritiva, pela redução dos gastos do governo, e uma política monetária restritiva, pela elevação da taxa de juros significando uma contração monetária, é a alternativa "c".

35. "e". Um aumento da oferta de moeda desloca a função LM para a direita, reduzindo as taxas de juros, aumentando a renda e o produto da economia e, por conseguinte, o emprego da economia.

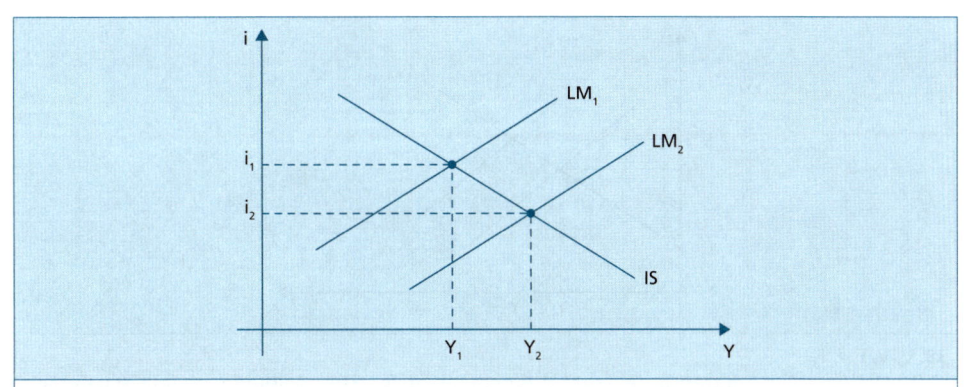

36. "c". A redução da tributação expande a demanda agregada e desloca a curva IS para a direita. A alternativa "a" é falsa. A curva IS representa o equilíbrio no mercado de bens, e seu deslocamento para a direita implica um aumento da taxa de juros que desestimula o investimento e a renda. Se estiver na área intermediária, haverá aumento do nível de renda da economia, mas não na sua totalidade, devido ao efeito deslocamento *(crowding out)*, que não é total. Se estiver no caso clássico, a renda e o produto da economia não se alteram, porque o efeito deslocamento é total. A alternativa "b" é falsa.

Sendo uma economia fechada: I = Spriv + Sgov; ou I = Spriv + (T − G), onde: I = investimento da economia; Spriv = poupança privada; e Sgov = poupança do governo.

O investimento (I) é a soma do investimento privado (Ipriv) com o investimento do governo (Igov).

Então: Ipriv + Igov = Spriv + Sgov; ou Ipriv = Spriv + (Sgov − Igov), onde (Sgov − Igov), quando negativo, representa o déficit do governo. A alternativa "c" é verdadeira.

Para aumentar o déficit orçamentário do governo, é necessário que "G" (gastos do governo) aumente, "T" (tributação) diminua ou "Igov" (investimento do governo) aumente. Isso provocaria um deslocamento para a direita da curva IS.

Logo, se houver um deslocamento da curva IS para a direita e da curva LM para baixo (devido à expansão monetária), haverá aumento do produto e da renda da economia. Por isso, uma política não compensa a outra no que tange a uma variação da renda e do produto da economia, e sim a reforça. Observe:

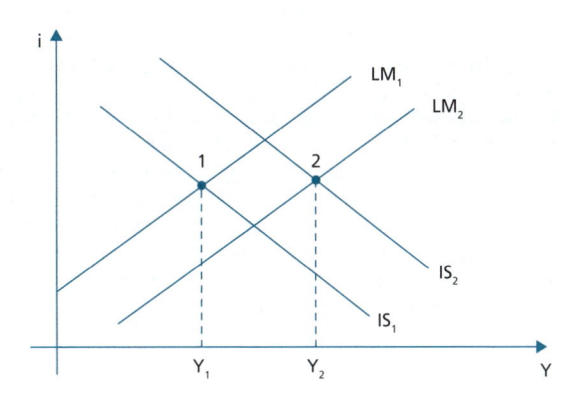

A alternativa "d" é falsa.

Uma operação de venda de títulos públicos representa uma contração monetária. Isso faz a curva LM se deslocar para cima ou para a esquerda, elevando a taxa de juros e reduzindo o produto da economia. A alternativa "e" é falsa.

37. "d". Uma política fiscal expansionista desloca a função IS para a direita, aumentando a renda e o produto da economia, bem como a taxa de juros. Observe o gráfico a seguir:

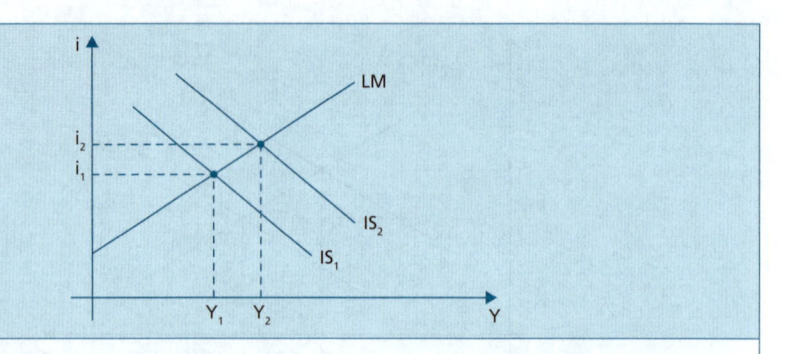

[Gráfico: eixos i (vertical) e Y (horizontal), com curva LM crescente e duas curvas IS₁ e IS₂; mostrando pontos em i_1, i_2, Y_1, Y_2.]

38. V, V, F, F, F.
a) **(V)** Um superávit em transações correntes gera um ativo externo líquido, ou seja, o país passará a emprestar ou financiar capital para o exterior. Portanto, não haverá poupança externa positiva.
b) **(V)** Modificações no consumo autônomo têm o mesmo efeito de uma modificação dos gastos do governo. Portanto, provocam um deslocamento da função IS.
c) **(F)** A armadilha da liquidez é um caso da função LM, em que a taxa de juros é mínima e a demanda de moeda é máxima. A função é horizontal, e a demanda por moeda é totalmente elástica à taxa de juros.
d) **(F)** Se PNBcf = 200 bi; impostos indiretos = 10 bi; subsídios = 5 bi; e renda líquida enviada ao exterior = 3 bi, então:
PIBpm = ?
PIBpm = PNBcf + RLEE + (impostos indiretos – subsídios)
PIBpm = 200 + 3 + (10 – 5)
PIBpm = 208 bi
e) **(F)** Pelas Contas Nacionais, na Conta de Acumulação e na Conta de Uso da Renda, a poupança bruta é igual à poupança interna e, portanto, não inclui a poupança externa.

39. "b". A demanda por moeda é mais elástica (ou sensível) à taxa de juros na área Keynesiana ou na área em que ocorre a armadilha da liquidez. Nessa área, uma política monetária expansionista será ineficiente para elevar o produto. A alternativa "a" é falsa.
Quanto mais sensível for o investimento à taxa de juros, ou seja, quanto mais horizontal (ou menos inclinada) for a curva IS, mais eficaz será uma política monetária. A alternativa "b" é verdadeira.
No trecho da curva LM conhecido como armadilha da liquidez, a política monetária será totalmente ineficaz. A alternativa "c" é falsa.
A eficácia da política fiscal será tanto maior quanto menor for a sensibilidade do investimento à taxa de juros e quanto mais próximo da horizontal estiver a curva LM, ou seja, na área Keynesiana ou na área em que ocorre a armadilha da liquidez. A alternativa "d" é falsa.
Quanto maior a sensibilidade da demanda por moeda em relação à taxa de juros, mais próximo estará da área conhecida como armadilha da liquidez e menor será a magnitude do efeito *crowding out* de um aumento dos gastos públicos sobre o nível de investimento privado, já que, ocorrendo um aumento dos gastos públicos, manterá a taxa de juros no mesmo patamar, não alterando os investimentos. A alternativa "e" é falsa.

40. F, V.
a) **(F)** A cruz Keynesiana, por mostrar o crescimento da economia para qualquer nível de investimento planejado, é a base da curva IS.

41. F, F, V.
a) **(F)** A política monetária torna-se mais eficaz à medida que a elasticidade da demanda de moeda em relação à taxa de juros diminui, pois se diminui a propensão para a manutenção de encaixes monetários com fins especulativos.
b) **(F)** A curva IS como um todo é deslocada por variáveis exógenas. Variações nas propensões marginais alteram a declividade da função IS.

42. V. Se o objetivo é aumentar o produto da economia, elevando o nível de emprego, o governo não deve aumentar os impostos, porque essa medida tende a retrair a expansão do produto. Porém, se ele aumentar os tributos, então a renda, o produto e o emprego da economia se reduzirão numa proporção menor que o aumento provocado pela expansão dos gastos, no mesmo valor dos tributos. Isso ocorre devido ao valor do multiplicador dos gastos do governo ser maior, em valores absolutos, que o multiplicador da tributação. Assim, por exemplo:
Se $\Delta G = 10$, $\Delta T = 10$, Propensão marginal a Consumir (c) = 0,75, então:

$\Delta Y/\Delta G = 1/1 - c \rightarrow \Delta Y/10 = 1/1 - 0{,}75 \rightarrow \Delta Y = 40$
$\Delta Y/\Delta T = -c/1 - c \rightarrow \Delta Y/10 = -0{,}75/1 - 0{,}75 \rightarrow \Delta Y = -30$ $\Biggr\}$ $\Delta Y_{Total} = 10$

43. F. Quando se reduz o depósito compulsório, adota-se uma política monetária expansionista, e não restritiva.

44. F. Quando os gastos do governo aumentam, a curva IS se desloca para a direita, elevando o produto e a taxa de juros. Devido ao efeito deslocamento ou *crowding out*, os investimentos privados se retraem, fazendo com que o produto não se eleve na proporção da elevação dos gastos vezes o multiplicador.

45. V, V.
a) **(V)** Quando a demanda por moeda em relação à taxa de juros é infinita, a curva LM é horizontal e se encontra na área conhecida por armadilha da liquidez. Nessa situação, apenas uma política fiscal é eficaz para alterar o nível de produto da economia.
b) **(V)** A taxa de juros, como sendo o preço da moeda, define seu valor de acordo com a oferta e a demanda por moeda.

46. "b". Como a função IS é vertical, trata-se do modelo Keynesiano simplificado, em que o investimento é totalmente insensível à taxa de juros.

47. "e". Quando há excesso de oferta de bens no mercado de bens, o ajuste para o novo equilíbrio desse mercado ocorre por meio da redução da produção. A alternativa "a" é falsa. Quando há excesso de oferta de moeda no mercado monetário, o ajuste para o novo equilíbrio desse mercado ocorre por meio da redução da taxa de juros. A alternativa "b" é falsa. Quando há excesso de demanda por moeda no mercado monetário e excesso de demanda por bens no mercado de bens, o ajuste para o novo equilíbrio dos dois mercados ocorre por meio da elevação da taxa de juros e da elevação do produto. A alternativa "c" é falsa. No caso da armadilha da liquidez, a política fiscal é totalmente eficaz para alterar o equilíbrio. A alternativa "d" é falsa. No caso da armadilha da liquidez, o efeito de políticas fiscais e monetárias expansionistas, ocorrendo conjuntamente, é de um aumento do produto, sem alteração da taxa de juros, já que a política fiscal promove uma elevação do produto mantendo a taxa de juros constante, porém a política monetária é totalmente ineficaz para alterar o produto e a taxa de juros. A alternativa "e" é verdadeira.

48. V, V, F, V, F.
0) **(V)** Observe o quadro a seguir: quanto maior a sensibilidade do investimento em relação à taxa de juros e quanto maior a Propensão marginal a Consumir, mais horizontal será a função IS.

	SENSIBILIDADE DO INVESTIMENTO À TAXA DE JUROS	PmgC
CURVA IS HORIZONTAL	+	+

O sinal positivo entre as variáveis significa que elas caminham na mesma direção, ou seja, quanto maior uma, maior a outra, ou quanto menor uma, menor a outra.
1) **(V)** O efeito deslocamento (*crowding out*) é maior quanto mais vertical for a LM, ou menos elástica for a LM à taxa de juros, ou seja, quanto maior a sensibilidade da demanda por moeda à renda. Observe o quadro a seguir:

	SENSIBILIDADE DA DEMANDA DE MOEDA AO NÍVEL DE RENDA
CURVA LM HORIZONTAL	–

Assim, a relação entre o formato horizontal da LM e a elasticidade da demanda de moeda ao nível de renda é oposta, o que significa que quanto maior uma, menor a outra, ou quanto menor uma, maior a outra. O efeito deslocamento é tanto maior quanto mais inclinada for a curva LM, ou seja, quanto menos horizontal (mais vertical) for a LM à taxa de juros. Para isso, mais sensível deve ser a demanda de moeda ao nível de renda.

2) **(F)** Em uma economia na qual a arrecadação tributária é função da renda agregada e os gastos públicos são fixos, uma redução da oferta monetária desloca a função LM para cima ou para a esquerda, reduzindo o nível de atividade econômica e a renda. Portanto, a arrecadação tributária diminui, já que é função dessa renda. Como os gastos são constantes, a diminuição da arrecadação leva, tudo o mais constante, a um aumento do déficit público. Observe o gráfico a seguir:

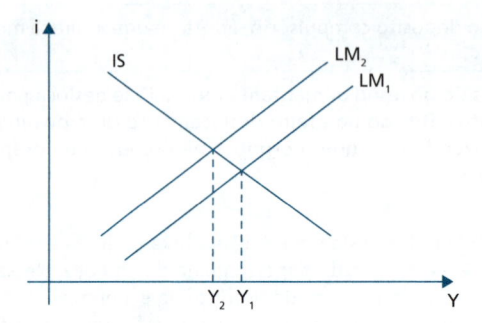

3) **(V)** Se o objetivo do BC é a estabilidade da renda, pode compensar uma expansão fiscal (de 1 para 2), que desloca a IS para cima ou para a direita, com medidas de retração monetária (de 2 para 3), que desloca a função LM para cima ou para a esquerda. Observe o que ocorre no gráfico a seguir:

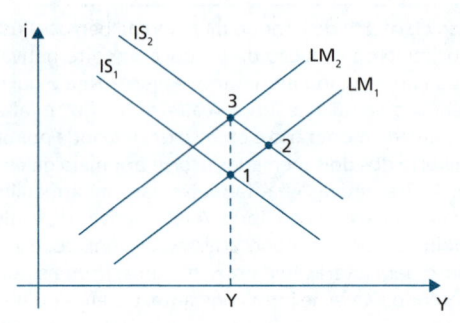

4) **(F)** Quanto menor a sensibilidade do investimento em relação à taxa de juros, menos horizontal tende a ser a função IS, ou seja, mais íngreme ou mais inclinada. Quanto maior a sensibilidade da demanda por moeda em relação à taxa de juros, mais horizontal tende a ser a função LM, ou seja, menos inclinada ou menos íngreme. Assim, representando uma função LM totalmente elástica e uma função IS totalmente inelástica, tem-se:

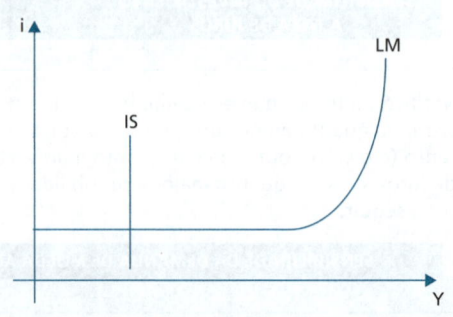

Percebe-se que uma política monetária seria totalmente ineficaz para alterar o nível de renda e produto da economia. Observe:

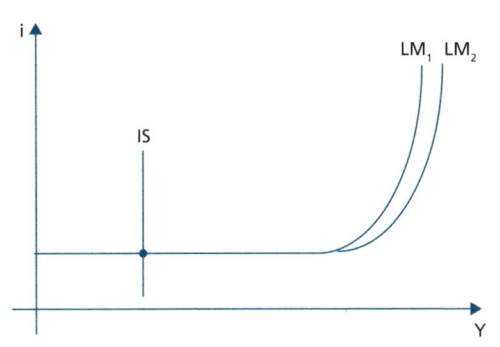

Já uma política fiscal seria totalmente eficaz para alterar o nível de renda e produto de equilíbrio. Observe:

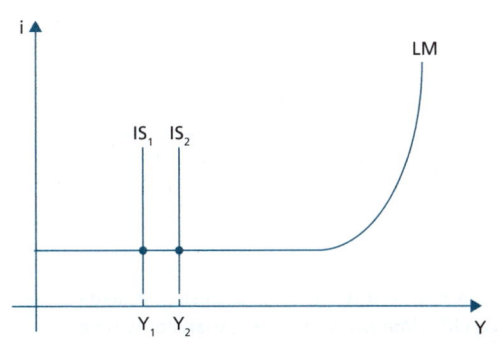

49. "d". Quando a demanda de moeda é infinitamente elástica em relação à taxa de juros, trata-se da área em que ocorre a armadilha da liquidez do modelo IS-LM. Nesse segmento, a política monetária é totalmente ineficaz para alterar a renda e o produto da economia, já que não altera a taxa de juros e, por conseguinte, não altera o investimento. A alternativa "a" é falsa. Na teoria Keynesiana, o investimento pode ser considerado autônomo ou função crescente da renda. A alternativa "b" é falsa. Quando ocorre retração da oferta de moeda, a taxa de juros se eleva, retraindo o investimento. A alternativa "c" é falsa. Para Keynes, o que faz o empresário investir é a expectativa de retorno do seu investimento (EmgK). Assim, se ele acredita que a economia está crescendo e isso proporcionará o aumento da taxa de retorno do capital investido, deverá compará-la à taxa de juros (i). Se for superior, ou seja, se EmgK for maior que "i", ele investirá. A alternativa "d" é verdadeira. Quando o governo aumenta seus gastos, ou seja, adota uma política fiscal expansionista e a economia encontra-se na área clássica da curva IS-LM, isso não alterará a renda e o produto da economia, já que, uma elevação dos gastos aumentará a taxa de juros, reduzindo os investimentos na mesma proporção do aumento dos gastos (efeito *crowding out* total). A alternativa "e" é falsa.

50. "a". A política monetária será mais eficaz no segmento da curva LM conhecido por "área clássica", em que a demanda de moeda é totalmente inelástica à taxa de juros e o investimento é muito sensível à taxa de juros. Também a política monetária será menos eficaz no segmento da curva LM conhecido por "área onde ocorre a armadilha da liquidez", em que a demanda por moeda é totalmente elástica à taxa de juros e o investimento é inelástico à taxa de juros (que é constante).

51. "b". O investimento será inelástico à taxa de juros (r) quando a curva IS for vertical, conforme mostra o gráfico a seguir:

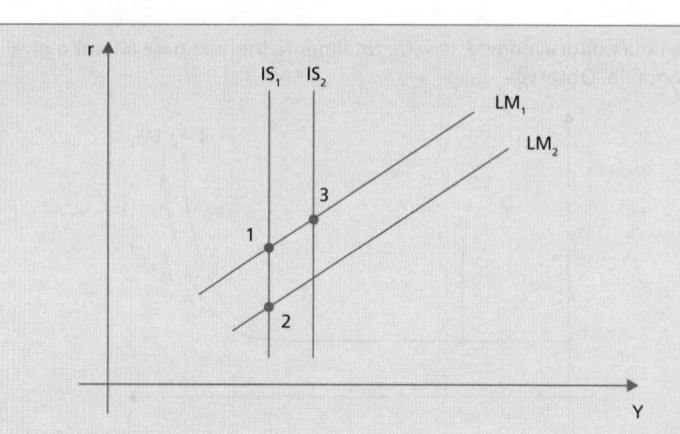

A compra de títulos públicos desloca a função LM1 para LM2 (ponto 1 para o ponto 2), não alterando a renda e o produto (Y) da economia, porém reduzindo a taxa de juros. As alternativas "a" e "e" são falsas. Uma política fiscal expansionista desloca a função IS_1 para IS_2 (ponto 1 para o ponto 3), alterando a renda e o produto de equilíbrio. A alternativa "b" é verdadeira. Com isso, a renda *per capita*, que é a relação entre a renda e o total de pessoas residentes no país, tende a aumentar caso haja uma política fiscal expansionista, considerando constante o número de pessoas residentes. Já uma política monetária expansionista tende a manter inalterada a renda e o produto da economia na hipótese de manter-se também constante o número de pessoas residentes. A alternativa "c" é verdadeira. Caso haja aquecimento da economia sem o correspondente aumento do produto, pode haver inflação. A alternativa "d" é falsa.

52. "d". A demanda de moeda será totalmente inelástica à taxa de juros na área conhecida por "área clássica" da curva LM. Uma política fiscal expansionista em decorrência do aumento dos gastos públicos deslocará a função IS para cima ou para a direita, elevando as taxas de juros e, com isso, reduzindo o investimento privado. Esse efeito é conhecido por *crowding out* ou efeito deslocamento. Na área clássica, o efeito deslocamento é total, fazendo com que os gastos do governo ocupem o espaço antes preenchido pelo setor privado, não alterando os níveis de renda, produto e emprego da economia.

53. F, V, F.
a) **(F)** Uma política fiscal que vise ao fomento do crescimento econômico e à geração de empregos deve contemplar medidas de elevação dos gastos públicos e redução da carga tributária, estimulando o aumento da demanda agregada e, por conseguinte, do produto da economia.
b) **(V)** A NFSP operacional é igual à NFSP primária mais os juros reais da dívida.
c) **(F)** Existem três instrumentos de controle monetário que poderão restringir a oferta de moeda, ou seja, aumento da taxa de redesconto, aumento do recolhimento compulsório dos bancos comerciais e vendas de títulos no mercado aberto. A restrição à criação de base monetária reduz a oferta de moeda primária na economia.

54. "c". O efeito expulsão total (também chamado de efeito deslocamento ou *crowding out*) ocorre quando o governo adota uma política fiscal expansionista, por meio do aumento dos seus gastos, provocando uma elevação das taxas de juros e a retração do investimento privado na mesma proporção, em valores absolutos, que o aumento dos gastos do governo. Isso faz com que a renda e produto da economia não se alterem. Observe abaixo:

$Y_{constante} = C + I + G$

Esse efeito só ocorre **plenamente** quando a curva LM é vertical. Verifique no gráfico a seguir:

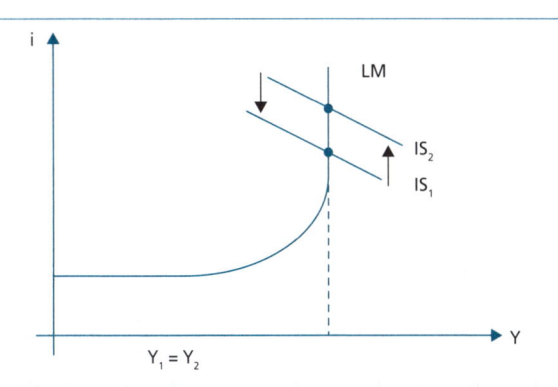

A alternativa correta é a "c".

55. "d". Na armadilha da liquidez, a demanda por moeda é máxima. Portanto, qualquer alteração na oferta de moeda não é capaz de modificar a taxa de juros e, por conseguinte, não pode alterar o nível de renda e produto da economia. Portanto, a alternativa "d" é verdadeira e a alternativa "c" é falsa.

Quanto mais sensível for o Investimento a taxa de juros, mais horizontal ou menos inclinada será a curva IS. Logo, uma redução da sensibilidade do investimento em relação à taxa de juros, faz com que a curva IS fique mais inclinada. Também, quanto mais inclinada for a curva IS, mais inclinada será a demanda agregada. Assim, se a curva IS torna-se mais inclinada, a demanda agregada fica mais inclinada, fazendo com que uma alteração no nível de preços altere o nível de produto em uma proporção menor, ou seja, o produto da economia torna-se menos sensível ao nível de preços. Logo, a alternativa "a" é falsa.

Quanto menor a propensão marginal a consumir ou quanto menor o multiplicador keynesiano, menos horizontal ou mais inclinada será a curva IS. A alternativa "b" é falsa.

O Bacen, em situação de armadilha da liquidez, perde totalmente a capacidade de estimular a economia pela via das taxas de juros, já que essas permanecem constantes, mesmo com uma alteração na oferta de moeda. Porém, o Banco Central tem outros instrumentos para estimular a economia. A alternativa "e" é falsa.

56. "b". Quando o governo aumenta seus gastos, a função IS se desloca para cima ou para a direita. Se a taxa de juros for fixa, ou seja, não se altera, não ocorre o efeito *crowding out* ou efeito **deslocamento**. Assim, o efeito do multiplicador dos gastos é total e o nível de renda e produto aumenta na sua totalidade. Já quando o Banco Central fixa a oferta de moeda, o efeito *crowding out* ou efeito deslocamento é pleno, o que anula o efeito do multiplicador, fazendo com que a renda e produto da economia não se altere. A alternativa "b" é verdadeira.

Caso a demanda por moeda se altere por fatores exógenos à economia, a curva LM se desloca. Aumentando a demanda por moeda, a curva LM se desloca para cima ou para a esquerda. Isso provoca uma elevação da taxa de juros (i) e uma redução do nível de renda e produto da economia (Y). Verifique no gráfico abaixo. A alternativa "a" é falsa.

A armadilha da liquidez ocorre quando a taxa de juros é mínima e nenhuma oferta de moeda é capaz de tirá-la do lugar. Quando o Banco Central fixa a taxa de juros, poderá fixá-la em um patamar acima do mínimo, o que pode não caracterizar armadilha da liquidez. A alternativa "c" é falsa.

Quando o Bacen fixa a taxa de juros, a função LM é horizontal. A alternativa "d" é falsa.

No caso da armadilha da liquidez, a taxa de juros já é mínima. Portanto, uma política monetária expansionista não é capaz de reduzir ainda mais a taxa de juros e expandir.

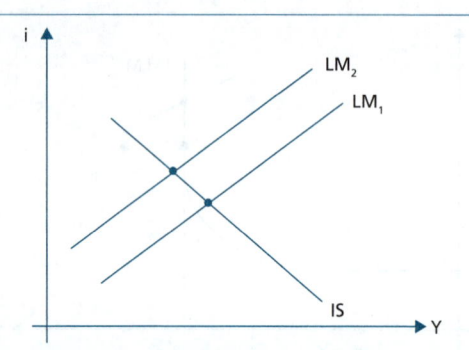

57. "e". Como o equilíbrio do mercado de bens (IS) e do mercado monetário (LM) ocorre num ponto onde a renda está acima do pleno emprego ou produto potencial, isso significa que a demanda agregada é superior ao produto agregado. A alternativa "e" é verdadeira. Para que se esteja na área onde ocorre a armadilha da liquidez, a curva LM deveria ser horizontal. Portanto, a alternativa "a" é falsa. Caso a curva IS se desloque devido a uma alteração na política fiscal, o produto da economia se alterará. Logo, a alternativa "b" é falsa. Como a curva IS é vertical, o investimento é totalmente inelástico à taxa de juros. A alternativa "c" é falsa. O Balanço de Pagamentos não se encontra em déficit. A alternativa "d" é falsa.

58. Certo. Se houver aumento dos gastos do governo, a curva IS se desloca para cima ou para a direita. Mantendo-se a curva LM constante, então a consequência é a elevação da taxa de juros e do produto/renda da economia. Vejamos no gráfico a seguir:

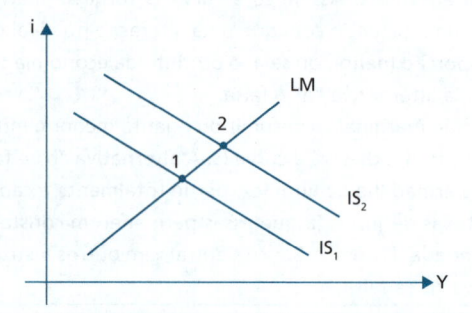

59. Errado. O aumento da oferta de moeda desloca a curva LM para baixo ou para a direita, de LM_1 para LM_2, elevando o produto/renda da economia e reduzindo a taxa de juros. Vejamos no gráfico a seguir:

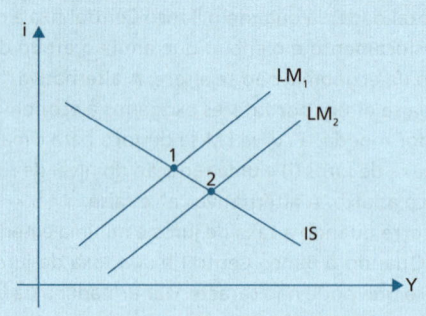

60. Errado. Uma política fiscal que aumente a demanda agregada desloca a curva IS para a direita ou para cima. O aumento de impostos e a redução da renda deslocam a curva IS para a esquerda ou para baixo. Portanto, ocorrendo todos esses fatos conjuntamente, a resposta é ambígua. Vai depender da intensidade com que cada um desses fatos ocorre.

61. "d". A curva IS será deslocada para a esquerda se, para uma dada taxa de juros, houver redução do nível do produto de equilíbrio. Vejamos no gráfico a seguir:

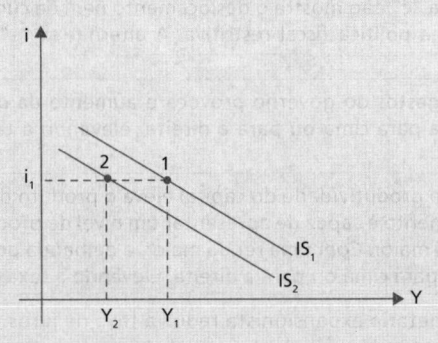

A alternativa "d" está correta.

Os pontos sobre a curva IS representam o equilíbrio no mercado de bens, onde as inúmeras combinações de taxa de juros e renda equilibram a poupança e investimento ou a oferta agregada e a demanda agregada. A alternativa "a" está incorreta.

A curva IS vai demonstrar o equilíbrio entre Poupança e Investimento. A alternativa "b" está incorreta.

É útil na análise do emprego, pois sofre impacto em relação às mudanças caso o governo resolva gastar, transferir ou tributar mais ou menos. A alternativa "c" está incorreta.

Se houver uma política fiscal expansionista, a curva IS se desloca para cima ou para a direita e, se houver uma política monetária restritiva, a curva LM se desloca para cima ou para a esquerda.

Ocorrendo as duas políticas, simultaneamente, a consequência será a elevação da taxa de juros. Com relação ao nível de renda e produto nada se pode afirmar, porque dependerá da intensidade com que as políticas ocorrerão. Se forem de mesma intensidade, o produto se mantém inalterado. Vejamos a seguir:

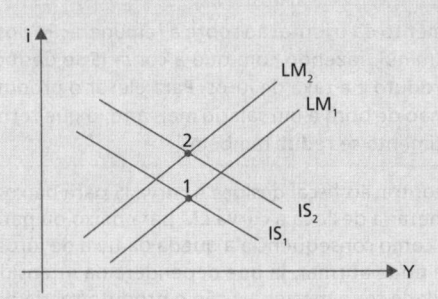

A alternativa "e" está incorreta.

62. "e". Uma política fiscal contracionista desloca a curva IS para baixo ou para a esquerda, reduzindo o nível de renda/produto e a taxa de juros. Um exemplo de política fiscal restritiva ou contracionista ocorre quando o governo aumenta a carga tributária, reduz seus gastos e/ou reduz suas transferências.

63. "c". Uma política monetária expansionista desloca a curva LM para baixo ou para a direita, elevando o nível de renda e produto e reduzindo a taxa de juros. A curva IS não sai do lugar.

64. "b". A alternativa "a" equivale a uma política fiscal expansionista. A alternativa "b" equivale a uma política monetária expansionista. As alternativas "c" e "d" equivalem a uma política monetária restritiva. A alternativa "e" equivale a uma política de valorização cambial da moeda doméstica.

65. "a". Uma política monetária expansionista desloca a curva LM para baixo ou para a direita, conforme mostra a figura da alternativa "a". A alternativa "b" equivale a uma política monetária restritiva. A alternativa "c" não mostra o deslocamento nem da curva IS nem da LM. A alternativa "d" equivale a uma política fiscal restritiva. A alternativa "e" equivale a uma política fiscal expansionista.

66. "a". O aumento dos gastos do governo provoca o aumento da demanda agregada. Com isso, a curva IS se desloca para cima ou para a direita, elevando a taxa de juros e o nível de renda e produto.

67. Certo. Um aumento da produtividade do capital eleva o produto da economia, porque com o mesmo nível de investimento é capaz de apresentar um nível de produção maior e, por conseguinte, um nível de renda maior. Com uma renda maior, a demanda por bens e serviços aumenta, deslocando a curva IS para cima ou para a direita, elevando a taxa de juros.

68. "c". Uma política monetária expansionista reduz a taxa de juros. Ocorre que, como os investimentos são pouco sensíveis à queda da taxa de juros, devido à onda de pessimismo do mercado, não haverá grande aumento do nível de investimento e, por conseguinte, da renda e produto da economia. A alternativa "c" está correta.
Normalmente, quando há uma queda nas taxas de juros, os investimentos aumentam. Ocorre que, se o mercado for dominado por uma onda de pessimismo, pode acontecer de o investidor, mesmo se deparando com uma queda na taxa de juros, não se sentir incentivado a investir. Isso ocorre porque o investidor acredita que a eficiência marginal do capital ou a rentabilidade esperada pelo investimento será consideravelmente baixa, o que inviabiliza investir mesmo diante de uma taxa de juros baixa. Com isso, mesmo que o governo faça uma expansão monetária com o intuito de reduzir as taxas de juros e incentivar o investimento e, por conseguinte, a expansão do produto, pode não surtir efeito, porque o investimento se torna inelástico à taxa de juros. A alternativa "a" está incorreta.
O modelo IS-LM não pressupõe variação nos preços. Portanto, o desequilíbrio no mercado de bens será corrigido por uma retração ou expansão do produto. A alternativa "b" está incorreta. Assim, uma redução de impostos terá mais eficácia para promover a expansão do nível do produto que um aumento da oferta monetária que reduza a taxa de juros. A alternativa "d" está incorreta.

69. Certo. Quando há aumento da tributação sobre a remuneração dos trabalhadores, a demanda por bens e serviços diminui, fazendo com que a curva IS se desloque para baixo ou para a esquerda, reduzindo o produto e a taxa de juros. Para elevar o produto da economia, as firmas terão de contratar mais mão de obra a um salário mais alto, o que torna desinteressante para as firmas. Com isso, o investimento se reduz também.

70. "a". Uma política de contração fiscal desloca a curva IS para baixo ou para a esquerda. Uma política de expansão monetária desloca a curva LM para baixo ou para a direita. A combinação dessas duas políticas tem como consequência a queda da taxa de juros. Com relação ao nível de renda e produto, nada se pode afirmar, já que dependerá da intensidade com que essas políticas ocorrem. Se a intensidade for a mesma, então o produto/renda da economia não se altera. Vejamos no gráfico a seguir:

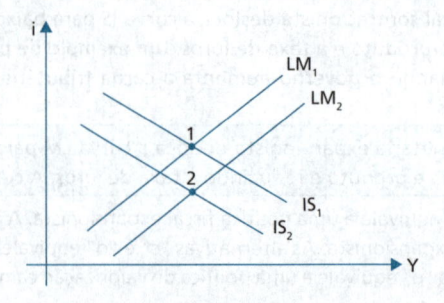

A alternativa "a" está correta.
Uma política de contração monetária isolada desloca a curva LM para cima ou para a esquerda, implicando elevação da taxa de juros. A alternativa "b" está incorreta.
O aumento de impostos isolado implica deslocamento da curva IS para baixo ou para a esquerda, implicando uma redução da taxa de juros. A alternativa "c" está incorreta.
A diminuição de gastos do governo isoladamente deslocará a curva IS para baixo ou para a esquerda, reduzindo a taxa de juros. A alternativa "d" está incorreta.
A política de expansão monetária desloca a curva LM para baixo ou para a direita e, combinada com um aumento de impostos, que desloca a curva IS para baixo ou para a esquerda, leva a uma redução da taxa de juros. Vejamos a seguir:

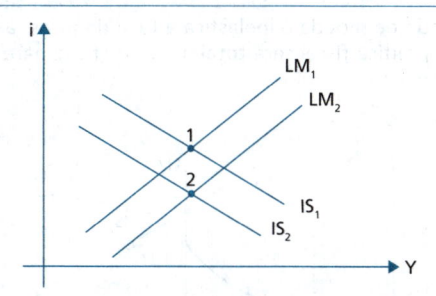

A alternativa "e" está incorreta.

71. Certo. Como o efeito multiplicador dos gastos do governo é maior que o efeito multiplicador dos tributos, quando o governo gasta e tributa o mesmo valor, o produto, ainda assim se eleva. Com isso, a curva IS se desloca para cima ou para a direita, elevando o produto e a taxa de juros.

72. Certo. Uma política fiscal contracionista desloca a curva IS para baixo ou para a esquerda. Uma política monetária expansionista desloca a curva LM para baixo ou para a direita. Ocorrendo as duas políticas simultaneamente e na mesma intensidade, o produto se mantém inalterado e a taxa de juros cai, diminuindo o serviço da dívida e, por conseguinte, o déficit público. Vejamos, no gráfico a seguir:

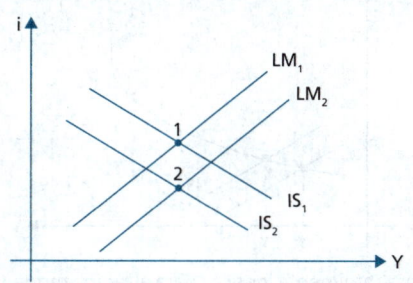

73. Errado. Uma política de expansão monetária desloca a curva LM para a direita ou para baixo. Uma política de aumento de impostos desloca a curva IS para baixo ou para a esquerda. Ocorrendo as duas políticas juntas, percebemos que a taxa de juros se reduz. Vejamos:

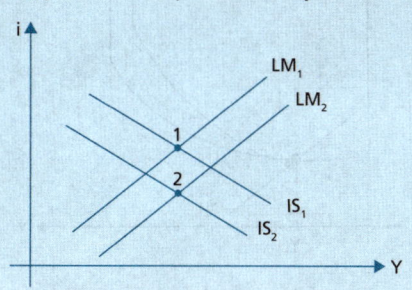

74. **Errado.** Uma política fiscal expansionista desloca a curva IS para cima ou para a direita. Quando a função LM é crescente, leva a um aumento do produto/renda da economia e da taxa de juros, o que contribui para o controle da inflação, já que taxas de juros mais altas desestimulam o consumo, levando à queda de preços.

75. **Certo.** O aumento da quantidade de moeda corresponde a uma política monetária expansionista e desloca a curva LM para baixo ou para a direita, elevando o produto/renda da economia e reduzindo a taxa de juros. Pelo modelo de oferta e demanda agregada, um aumento da quantidade de moeda expande a demanda agregada, elevando os preços. Como os salários nominais (W) são rígidos, o salário real (W/P) se reduz.

76. **"b".** Quando a demanda de moeda é inelástica à taxa de juros, a curva LM encontra-se no caso clássico. Assim, uma política fiscal será totalmente ineficaz para alterar a renda/produto/emprego. Vejamos:

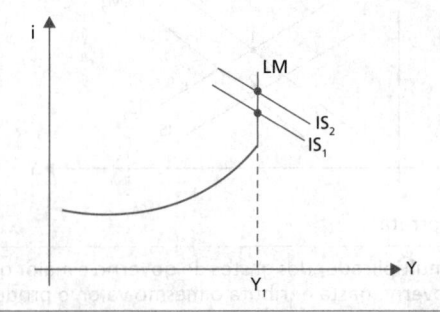

77. **"a".** No trecho da curva LM em que a demanda por moeda é totalmente elástica à taxa de juros, é conhecida como armadilha da liquidez, e a curva LM é horizontal. Nessa área, uma política fiscal é totalmente eficaz para alterar o nível de renda e produto. Já a taxa de juros permanece constante. Vejamos:

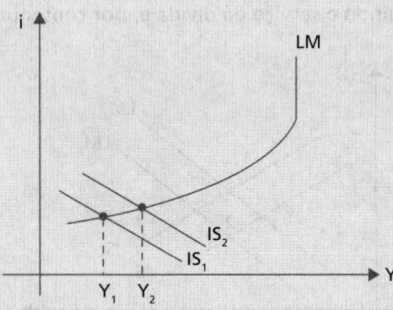

Já uma política monetária será totalmente ineficaz para alterar a renda/produto/emprego. Vejamos:

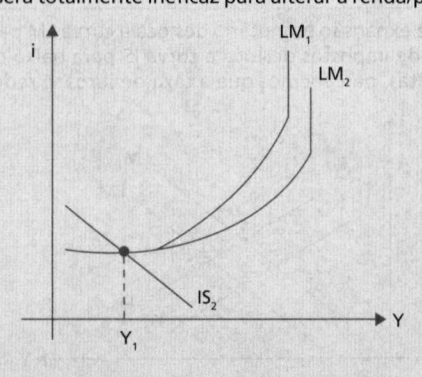

15 ■ Política Fiscal e Monetária

78. "d". O efeito deslocamento, também conhecido por efeito expulsão ou *crowding out*, ocorre na área conhecida como caso intermediário e na área conhecida como caso clássico. No caso intermediário, o efeito deslocamento é parcial. No caso clássico, onde a demanda por moeda é totalmente inelástica à taxa de juros, o efeito deslocamento é total. O efeito deslocamento ocorre quando há uma política fiscal expansionista através do aumento dos gastos do governo superior aos tributos, e isso provoca o deslocamento da curva IS para cima ou para a direita, elevando a taxa de juros e, assim, retraindo o investimento privado. Assim, o produto/renda não aumenta no tamanho do multiplicador, ou seja, ocorre uma retração em sentido oposto do multiplicador, reduzindo ou anulando o efeito do aumento da renda/produto.

79. "d". Quando a demanda por moeda é infinitamente elástica à taxa de juros, estamos nos referindo ao caso onde ocorre a armadilha da liquidez, ou seja, quando a curva LM é horizontal. Nesse trecho, uma política fiscal é totalmente eficaz para alterar a renda/produto/emprego da economia. A alternativa "d" está correta.
Uma política fiscal contracionista, quando a economia opera em pleno emprego, ou seja, no caso clássico, não apresenta nenhum efeito sobre a renda/produto/emprego da economia. A alternativa "a" está incorreta.
Quando nos referimos à teoria quantitativa da moeda, estamos considerando o caso clássico. Nesse trecho, uma política fiscal é ineficaz para alterar a renda/produto/emprego da economia. A alternativa "b" está incorreta.
Uma política fiscal restritiva gera uma necessidade de redução da taxa de juros de equilíbrio praticada pelo Banco Central, já que diminui a demanda por moeda. A alternativa "c" está incorreta.
Quando a base monetária é ampliada, há uma expansão monetária, deslocando a curva LM para baixo ou para a direita. Adotando essa política junto com uma política fiscal restritiva, a taxa de juros cai. Com relação ao produto da economia, não se pode afirmar nada, porque vai depender da intensidade com que as duas políticas ocorrem. Se a intensidade for a mesma, então o produto permanece constante. Do contrário, poderá aumentar ou diminuir. Vejamos a situação em que as intensidades são iguais:

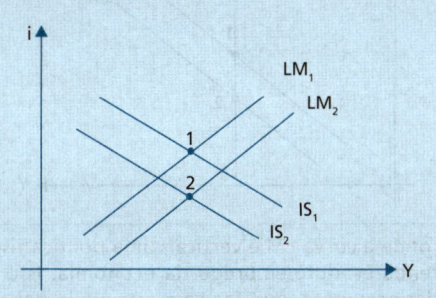

A alternativa "e" está incorreta.

80. "b". Se a demanda por investimentos for perfeitamente inelástica à taxa de juros, significa que uma política fiscal expansionista, como a redução de impostos, será capaz de elevar o produto da economia no tamanho do multiplicador keynesiano, já que a taxa de juros não retrairá o investimento e, portanto, não vai ocorrer o efeito deslocamento (ou efeito *crowding out*). A alternativa "b" está correta.
Quando a moeda é perfeitamente inelástica à taxa de juros, trata-se do caso clássico, em que uma política fiscal é totalmente ineficaz para alterar a renda/produto/emprego da economia. A alternativa "a" está incorreta.
Quanto mais próxima a economia estiver do produto potencial, ou, quanto mais próximos estivermos do caso clássico, menos eficaz será a política fiscal. A alternativa "c" está incorreta.
Se o governo gastar e tributar o mesmo valor, suas contas ficarão em equilíbrio, mas o produto deverá expandir-se porque o efeito multiplicador dos gastos é maior que o efeito multiplicador

dos tributos. Mas para que o produto aumente não é necessário que o aumento dos gastos seja acompanhado de uma elevação de tributos. Bastaria apenas elevar os gastos que a renda/produto da economia aumentaria. A alternativa "d" está incorreta.

A política fiscal será mais eficaz quanto mais elástica for a demanda de moeda à taxa de juros e quanto menos elástica for o Investimento à taxa de juros. A alternativa "e" está incorreta.

81. Errado. Se a sensibilidade da IS ao juros é muito baixa, ou seja, se a IS é mais inelástica ao juros, ela apresenta uma inclinação grande, ou seja, é muito vertical. Isso faz com que uma política monetária seja ineficaz para alterar a renda/produto/emprego da economia. Vejamos a seguir:

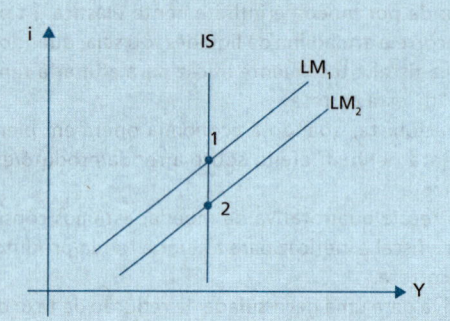

82. Certo. Se a IS é perfeitamente inelástica à taxa de juros, ou seja, for vertical, uma política monetária, que desloque LM_1 para LM_2, será ineficaz para alterar a renda/produto/emprego da economia. Vejamos no gráfico a seguir:

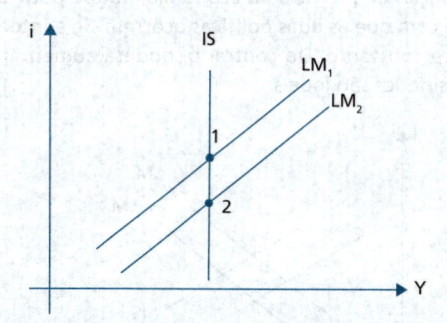

83. "a". No caso clássico, onde a curva LM é vertical, uma política fiscal é totalmente ineficaz para alterar o nível de renda/produto/emprego da economia. Isso ocorre devido ao efeito *crowding out* ou efeito deslocamento, que faz com que anule por completo o multiplicador keynesiano. Assim, o produto/renda/emprego não se altera. A alternativa "a" está correta.

No caso da armadilha da liquidez, a demanda por moeda é total ou perfeitamente elástica à taxa de juros. Portanto, não há alteração nessa elasticidade, porque já é totalmente elástica. Dessa forma, a política fiscal é totalmente eficaz para alterar a renda/produto/emprego. A alternativa "b" está incorreta.

No caso clássico, a política fiscal é totalmente ineficaz para alterar renda/produto/emprego da economia. Já a política monetária é totalmente eficaz para alterar a renda/produto/emprego, pois qualquer ampliação da oferta monetária não será retida pelo público, já que a preferência é por títulos. Logo, as alternativas "c" e "d" estão incorretas.

No caso da armadilha da liquidez, a demanda por moeda é totalmente elástica à taxa de juros. A alternativa "e" está incorreta.

84. "e". Na armadilha da liquidez, se o intuito for promover o aumento da renda/produto/emprego, a política a ser adotada deverá ser a política fiscal expansionista através do aumento dos gastos públicos ou a redução da carga tributária.

85. "c". Quando o investimento é pouco elástico à taxa de juros, significa dizer que alguma alteração na taxa de juros não provocará alterações significativas nos investimentos. Dessa forma, uma política fiscal expansionista que eleve os gastos do governo provocará uma elevação das taxas de juros, mas não retrairá consideravelmente os investimentos, ou seja, o efeito *crowding out*, ou efeito deslocamento, não será significativo, fazendo com que a elevação do produto/renda/emprego seja grande.

86. Errado. Uma curva IS sem inclinação é uma curva IS horizontal, o que significa que os investimentos são totalmente sensíveis à taxa de juros, de tal maneira que uma pequena alteração dessas taxas de juros provoca grandes alterações nos investimentos. Por isso, uma política fiscal expansionista elevará a taxa de juros, e o efeito sobre o produto será totalmente anulado pela retração que o investimento causará na renda/produto.

87. "d". O impacto da política monetária é inversamente proporcional à inclinação da curva IS, ou seja, no caso onde ocorre a armadilha da liquidez, a demanda por moeda é totalmente elástica à taxa de juros e, nessa área, a política monetária é totalmente ineficaz para alterar a renda/produto da economia. Já no caso clássico, onde a demanda por moeda é totalmente inelástica à taxa de juros, uma política monetária é totalmente eficaz para alterar o nível de renda/produto da economia. A alternativa "d" está correta.
O nível de juros de equilíbrio do mercado é determinado pelo mercado monetário e pelo mercado de bens, ou seja, pelo equilíbrio das curvas IS e LM. Portanto, tanto a política fiscal quanto à política monetária, juntas, determinam a taxa de juros. A alternativa "a" está incorreta.
A demanda por moedas para transações é determinada pelo nível de renda da economia, e a demanda de moeda para especulação é determinada pela taxa de juros. A alternativa "b" está incorreta.
Uma política fiscal expansionista desloca a curva IS para a direita. A alternativa "c" está incorreta.
Os gastos governamentais são totalmente relevantes para a determinação da curva IS, já que a curva IS representa o equilíbrio no mercado de bens e esse equilíbrio se dá quando a oferta agregada é igual à demanda agregada, sendo esta última composta, entre outras coisas, pelos gastos do governo. A alternativa "e" está incorreta.

88. "b". Quando o governo desonera a folha de pagamento ou reduz alguns impostos como o IPI, ele está praticando uma política fiscal expansionista e essa política é mais eficaz quanto mais próximos estivermos do caso conhecido como armadilha da liquidez e mais distantes estivermos do caso clássico. Se há crítica com relação à eficácia dessas políticas adotadas, é porque o país se encontra numa situação mais próxima ao caso clássico, em que uma política fiscal expansionista perde eficácia para estimular a renda/produto/emprego. Portanto, nesse caso, a economia está próxima da armadilha da liquidez e não do caso da armadilha da liquidez, pois essas medidas tratam de uma política fiscal expansionista e não de uma política de expansão monetária na economia. E uma política fiscal no caso clássico é sem efeitos sobre a renda. A alternativa "a" está incorreta e a "b" está correta.
A economia está próxima do caso clássico, pois as medidas adotadas tratam de uma política fiscal expansionista, que afeta pouco a renda, pois os juros são elevados, o que desestimula investimentos privados, gerando o efeito *crowding out*, ou efeito deslocamento, que anula o multiplicador keynesiano porque o setor público acaba expulsando o setor privado da economia via elevação das taxas de juros. A alternativa "c" está incorreta.
Embora nessa época a economia estivesse próxima do pleno emprego, os preços estavam subindo, acompanhando a elevação dos salários nominais, o que não representava elevação dos custos das empresas nem redução de sua margem de lucro. A alternativa "d" está incorreta.
Quando a economia se aproxima do seu produto potencial, a política fiscal é ineficiente para alterar o produto/renda da economia, devido ao efeito deslocamento. Isso se deve ao fato de o aumento dos gastos do governo elevar as taxas de juros e retrair os investimentos na mesma proporção do aumento dos gastos do governo. A alternativa "e" está incorreta.

89. Errado. Política monetária consiste nas medidas que o governo adota para controlar a oferta monetária e a taxa de juros e, com isso, afetar a atividade econômica. Uma política monetária expansionista tem como efeito deslocar a curva de oferta monetária para a direita ou para baixo, diminuindo a taxa de juros.

90. Certo. A demanda por moeda é infinitamente elástica à taxa de juros, no caso conhecido como "armadilha da liquidez". Nessa área, uma política monetária é totalmente ineficaz para alterar a renda/produto/emprego da economia porque a política monetária não é capaz de alterar a taxa de juros e estimular a economia.

91. "e". Quanto mais inclinada a curva LM, ou seja, quanto mais próxima a LM estiver da área clássica, menos eficaz é a política fiscal e mais eficaz é a política monetária. Quanto mais vertical ou mais inclinada for a curva IS, mais inelástico é o investimento à taxa de juros e, portanto, maior o efeito sobre o produto de uma política fiscal.

92. "d". Pela lógica keynesiana, se houver excesso de demanda no mercado de bens, haverá a necessidade de produzir mais para atender a essa demanda e, portanto, o ajuste se daria pela elevação da quantidade produzida e da renda. O item "I" está correto.

Se o mercado monetário se equilibrar mais rapidamente do que o mercado de bens, então, ajustes da taxa de juros que afetem o mercado monetário ocorreram primeiro que os ajustes na produção. O item "II" está correto.

Em uma situação de pleno emprego, como a economia brasileira se encontrava nos anos 2014-2015, corresponde a área conhecida ao "caso clássico", onde uma política fiscal é totalmente ineficaz, e uma política monetária é totalmente eficaz para alterar o nível de renda, produto e emprego da economia. O item "III" está incorreto.

93. "d". Uma combinação de políticas fiscal e monetária expansionistas elevam o produto. Com relação à taxa de juros, nada se pode afirmar, porque dependerá da intensidade com que as duas políticas ocorram. A alternativa "a" está incorreta. Vejamos o gráfico a seguir:

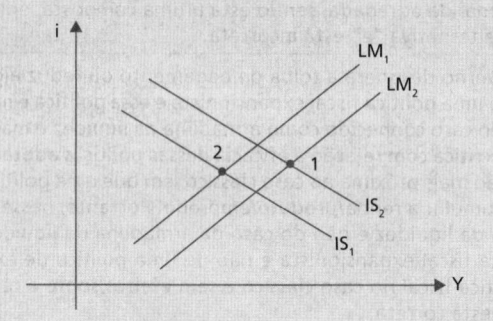

Uma expansão monetária desloca a LM para baixo ou para a direita, e um aumento das alíquotas de imposto desloca a IS para baixo ou para a esquerda. A consequência é a redução da taxa de juros. Com relação ao nível de renda/produto, nada se pode afirmar a respeito do seu comportamento, porque dependerá da intensidade com que as políticas ocorram. A alternativa "b" está incorreta. Vejamos o gráfico a seguir:

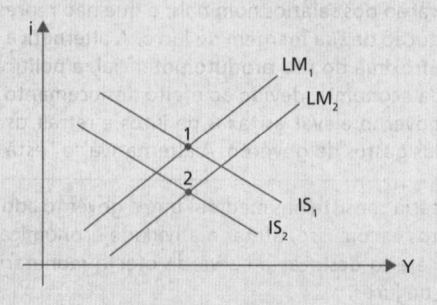

Uma política monetária expansionista aumenta o produto. Ocorre que, quando a taxa de juros está suficientemente baixa, uma expansão monetária não apresentará efeito sobre a renda/produto porque a demanda de moeda é máxima. Trata-se de uma situação em que ocorre a armadilha da liquidez. A alternativa "c" está incorreta.

Uma redução dos gastos do governo desloca a curva IS para baixo ou para a esquerda. Uma diminuição da oferta monetária desloca a curva LM para cima ou para a esquerda. Essas duas políticas juntas levam a uma redução do nível de renda/produto. Com relação à taxa de juros, nada se pode afirmar, já que dependerá da intensidade com que essas políticas ocorrem. Se a intensidade for a mesma, a taxa de juros não se modifica. A alternativa "d" está correta. Vejamos:

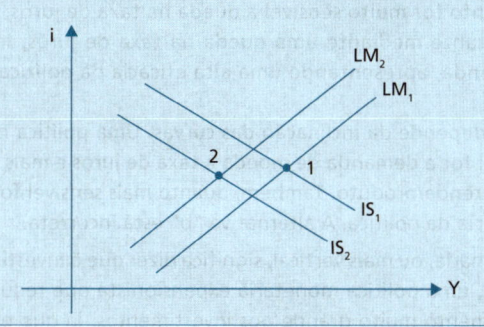

94. "a". A política fiscal teria o máximo efeito no caso conhecido como Armadilha da liquidez, ou seja, quando a LM é horizontal, representada por AA'.

95. Errado. Ao reduzir a taxa de juros, a política monetária é expansionista e, não, contracionista.

96. "d". Uma redução dos gastos do governo corresponde a uma política fiscal restritiva, deslocando a curva IS para a esquerda ou para baixo, reduzindo a taxa de juros e a renda/produto de equilíbrio. Vejamos no gráfico a seguir:

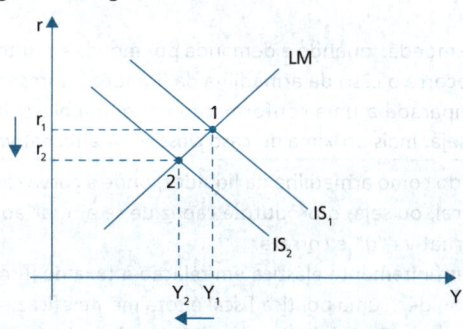

97. "d". Uma elevação dos salários nominais, provocaria um aumento pela demanda por moeda, o que leva ao deslocamento da curva LM para cima ou para a esquerda, elevando a taxa de juros e reduzindo a renda/produto de equilíbrio. A alternativa "d" está correta.

Uma expansão monetária por meio de aumento na quantidade de moeda em circulação, reduz a taxa de juros e gera aumento no consumo das famílias. A alternativa "a" está incorreta.

Se for fixa a quantidade de moeda, a retração na preferência pela liquidez, ou seja, a redução da demanda de moeda, desloca a curva LM para baixo ou para direita, reduzindo a taxa de juros e elevando o produto de equilíbrio. A alternativa "b" está incorreta.

Mudanças na sensibilidade do investimento em relação à taxa de juros faz com que a curva IS fique mais inclinada ou menos inclinada. Assim, se a sensibilidade do Investimento em relação a taxa de juros aumentar, a curva IS fica menos inclinada (mais horizontal). Se a sensibilidade do Investimento em relação a taxa de juros diminuir, a curva IS fica mais inclinada (mais vertical). A alternativa "c" está incorreta.

Se o banco central adota o regime de metas de inflação, uma política monetária e, não fiscal, expansionista aumenta a quantidade de moeda, reduz a taxa de juros e eleva o produto de equilíbrio, devido o deslocamento da curva LM para baixo ou para a direita.

98. "a". O aumento da oferta de moeda desloca a curva LM para baixo ou para a direita, reduzindo a taxa de juros e elevando a renda/produto. Se o investimento for pouco sensível a taxa de juros, significa que o investimento vai aumentar pouco mediante uma queda da taxa de juros e, por conseguinte, a renda/produto irá aumentar pouco também, apresentando uma baixa eficácia da política monetária no sentido de alterar o nível de renda/produto. Agora, se o Investimento for muito sensível a queda na taxa de juros, significa que o investimento vai elevar bastante mediante uma queda na taxa de juros, levando a um aumento grande no produto/renda, apresentando uma alta eficácia da política monetária. A alternativa "a" está correta.

A eficácia da política depende da inclinação das curvas. Uma política monetária é mais eficaz quanto menos sensível for a demanda de moeda à taxa de juros e mais sensível for a demanda de moeda ao nível de renda/produto. Também, quanto mais sensível for o investimento a taxa de juros, maior a eficácia da política. A alternativa "b" está incorreta.

Uma curva IS mais inclinada, ou mais vertical, significa dizer que o investimento é menos sensível a taxa de juros. Assim, uma política monetária expansionista que reduza a taxa de juros, não proporcionará um aumento muito grande nos investimentos, já que ele é pouco sensível aos juros. Assim, haverá menor eficácia dessa política. A alternativa "c" está incorreta.

Para uma curva IS menos inclinada ou mais horizontal, teremos a maior eficácia possível, para este tipo de política, no caso de um aumento da oferta de moeda. Se a IS for vertical ou totalmente inclinada significa dizer que o Investimento é insensível a taxa de juros. Assim, um aumento da oferta de moeda que reduziria a taxa de juros, não incentivaria o aumento do Investimento e, por conseguinte, o aumento da renda e produto da economia. A alternativa "d" está incorreta.

O aumento da oferta de moeda, quando a demanda por moeda é muito elástica a taxa de juros, mais próximo de onde ocorre o caso da armadilha da liquidez, apresenta baixa eficácia da política monetária, se comparada a uma conformação em que a elasticidade-juros da demanda por moeda é baixa, ou seja, mais próxima do caso clássico. A alternativa "e" está incorreta.

99. "d". No caso conhecido como armadilha da liquidez, onde a curva LM é horizontal, é máxima a eficácia da política fiscal, ou seja, o produto é capaz de se alterar ao máximo, na magnitude do multiplicador. A alternativa "d" é correta.

A demanda por moeda infinitamente elástica em relação à taxa de juros, ou seja, no caso onde ocorre a Armadilha da liquidez, uma política fiscal é totalmente eficaz. Assim, um deslocamento da curva IS provoca uma alteração máxima no produto/renda. A alternativa "a" está incorreta.

O mínimo efeito-deslocamento (também chamado de efeito *crowding out* ou efeito expulsão) ocorre quando a curva LM é horizontal, ou seja, o efeito multiplicador é total. A alternativa "b" está incorreta.

Uma expansão monetária gera impacto positivo na renda e redução na taxa de juros, desde que a curva IS não seja vertical. Se a curva IS for vertical, significa que o investimento é totalmente inelástico a taxa de juros. Sendo assim, uma queda da taxa de juros não irá alavancar um aumento do Investimento e, por conseguinte, um aumento do produto/renda. Logo, a expansão monetária não irá gerar um impacto positivo sobre a renda e produto. A alternativa "c" está incorreta.

Uma sensibilidade-juros baixa do investimento denota uma impotente eficácia da política monetária. A alternativa "e" está incorreta.

100. "c". Uma política fiscal expansionista desloca a curva IS para cima ou para a direita, elevando a taxa de juros e a renda/produto da economia. A alternativa correta é a "c". Vejamos o gráfico abaixo:

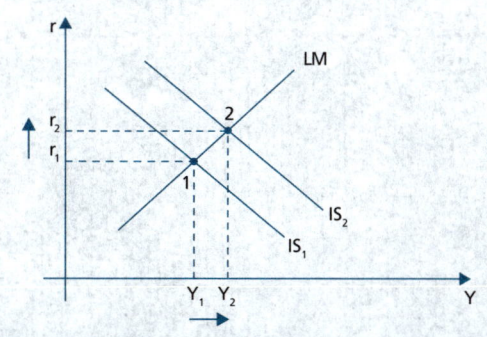

101. Errado. Para o controle da inflação, através de uma política monetária, é necessário que a demanda agregada diminua e, para tanto, o Bacen deve adotar uma política monetária restritiva. Uma demanda aquecida contribui para uma inflação alta.

102. Certo. Deslocamento adverso na oferta agregada significa uma redução da oferta. Logo, a oferta agregada se desloca para cima ou para esquerda (de O_1 para O_2), reduzindo o produto e elevando o nível geral de preços. Acompanhe o deslocamento do ponto 1 para o 2 no gráfico. Vejamos:

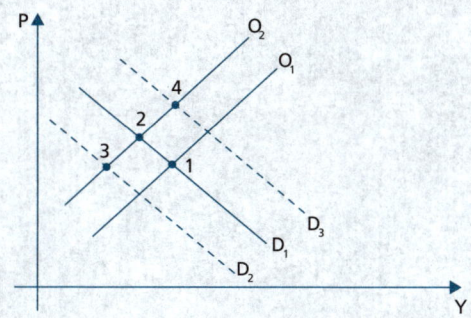

Para combater a elevação de preços, pode-se contrair a Demanda Agregada (de D_1 para D_2). Acompanhe o deslocamento do ponto 2 para o 3.
Para combater a redução do produto e, consequentemente, a redução do emprego, pode-se expandir a Demanda Agregada (de D_1 para D_3). Acompanhe o deslocamento do ponto 2 para o 4.

103. "b". Quando o país adota uma política fiscal expansionista, seja mediante redução dos tributos ou elevação dos gastos do governo, isso provoca um aquecimento da demanda agregada. Se a economia já está operando dentro do seu produto potencial ou dentro do pleno emprego, significa que não é possível aumentar a oferta do produto para atender a essa demanda crescente. Logo, o governo deverá adotar uma política monetária restritiva, reduzindo a oferta de moeda e elevando a taxa de juros. Assim, a demanda agregada é contida e não exerce pressão sobre o produto, evitando elevação de preços. A alternativa correta é a "b".

16

TAXA DE CÂMBIO E REGIMES CAMBIAIS

■ 16.1. TAXA DE CÂMBIO NOMINAL (e)

Define-se taxa de **câmbio nominal** (e)[1] como o preço, em moeda nacional, de uma unidade de moeda estrangeira (na cotação do incerto). Uma elevação da taxa de câmbio representa uma desvalorização da taxa de câmbio (isso ocorre no Brasil e nos países que adotam a cotação do incerto[2]). O oposto gera uma valorização da moeda nacional. Lopes e Vasconcellos afirmam que: "A taxa de câmbio mostra qual é a relação de troca entre duas unidades monetárias diferentes, ou seja, o preço relativo entre diferentes moedas"[3].

■ 16.2. COTAÇÃO DO CERTO E DO INCERTO

No Brasil, a taxa é expressa como o preço de uma unidade de moeda estrangeira em termos de moeda nacional, ou seja, quantos reais valem 1 dólar, por exemplo → **cotação do incerto**[4].

Em alguns países, a taxa de câmbio nominal é o preço de uma unidade nacional em termos de moeda estrangeira, ou seja, quanto 1 dólar compra de real, por exemplo → **cotação do certo**[5].

---

[1] Taxa de câmbio = e (*exchange*).
[2] Cotação do incerto (ou método direto) é quando o país relaciona "1" da moeda estrangeira com a quantidade necessária da moeda nacional. Por exemplo:
No Brasil: **1 dólar = 2 reais**;
    1 libra = 3 reais;
    1 euro = 4 reais.
Na cotação do certo (ou método indireto), a relação é entre "1" da moeda nacional com a quantidade suficiente para adquirir de moeda estrangeira. Por exemplo:
Nos EUA: **1 dólar = 2 reais**;
    1 dólar = 0,75 libras;
    1 dólar = 0,5 euro.
A cotação do certo é utilizada pelas moedas fortes, como o dólar, o euro e a libra esterlina.
Observe, na comparação (como acima em destaque) entre a cotação da moeda nacional do Brasil — o real — pelo método do incerto e a cotação do real pelo método do certo, que elas são iguais.
[3] Luiz Martins Lopes e Marco Antonio Sandoval de Vasconcellos, *Manual de macroeconomia*, 1998, p. 184.
[4] Também chamado de método direto.
[5] Também chamado de método indireto.

Na cotação do incerto, tem-se a seguinte taxa de câmbio nominal quando se considera o dólar como a moeda estrangeira:

$$e = \frac{x \text{ reais}}{1 \text{ dólar}}$$

Ex.: Quando 1 dólar = 2 reais → e = 2; quando 1 dólar = 4 reais → e = 4, ou seja:

$$e = \frac{\text{preço da moeda doméstica}}{\text{preço da moeda estrangeira}}$$

Quando a taxa de câmbio (e) se eleva, ou seja, quando passa de 2 para 4, por exemplo, significa que, para se adquirir "1" da moeda estrangeira, é necessário, a princípio, "2" da moeda nacional e, depois, "4" da moeda nacional. Logo, uma elevação da taxa de câmbio nominal (e) provoca uma desvalorização da moeda nacional.

Assim, quando:

e ↑ → moeda nacional se desvaloriza ou houve uma desvalorização nominal da moeda nacional;

e ↓ → moeda nacional se valoriza ou houve uma valorização nominal da moeda nacional.

16.3. TAXA DE CÂMBIO REAL (E)

A **taxa de câmbio real (E)**, no Brasil, é, por definição, a taxa de câmbio ajustada pela relação entre os preços externos e os preços internos. Ela determina, de fato, o fluxo comercial entre os países.

Para se determinar a taxa de câmbio real, utiliza-se a **fórmula de Cassel**:

A fórmula de Cassel **aproximada** na cotação do incerto ou método direto[6] é:

$$E = \frac{e \times P^*}{P}$$

Onde: E = taxa de câmbio real; e = taxa de câmbio nominal; P* = índice de preços do país estrangeiro; e P = índice de preços no mercado nacional.

A fórmula de Cassel **EXATA** na cotação do incerto é:

$$(1 + \%\Delta E) = (1 + \%\Delta e) \times \left(\frac{1 + \%\Delta P^*}{1 + \%\Delta P}\right)$$

A **taxa de câmbio real** mostra o poder de compra da moeda nacional frente à relação de preço entre o produto estrangeiro e o produto nacional. É diferente da **taxa de câmbio nominal**, que é a relação de troca entre duas unidades monetárias diferentes.

---

[6] Pela cotação do certo ou método indireto, a fórmula de Cassel aproximada é: $E = \frac{e \times P}{P^*}$.

Assim, uma desvalorização na taxa de câmbio nominal (e) não necessariamente provoca um aumento das exportações nacionais e uma diminuição das importações nacionais, já que uma alteração nos preços internos (uma inflação interna, por exemplo) pode neutralizar o efeito de um aumento da taxa de câmbio nominal. Portanto, para se conhecer o fluxo comercial entre os países, a taxa de câmbio que importa é a taxa de câmbio real (E).

No Brasil, onde ocorre a **cotação do incerto**, se "E" aumentar, significa que houve desvalorização da taxa de câmbio real e desvalorização da moeda nacional, levando ao aumento das exportações.

Nos países onde ocorre a **cotação do certo**, se "E" diminuir, significa que houve desvalorização da taxa de câmbio e a desvalorização da moeda do país em questão.

Logo, a taxa de câmbio real (E) pode se desvalorizar, ou aumentar, se:

- taxa de câmbio nominal (e) aumentar, *ceteris paribus*, ou E ↑ = e ↑ × P*/P;
- preço externo aumentar, *ceteris paribus*, ou E ↑ = e × P*↑/P;
- preço interno diminuir, *ceteris paribus*, ou E ↑ = e × P*/P↓.

A **desvalorização real** da moeda nacional frente à moeda estrangeira provoca um barateamento dos produtos nacionais para compradores estrangeiros, melhorando as exportações do país. Provoca também um encarecimento dos produtos estrangeiros frente à moeda nacional (no caso, o real), piorando as importações e melhorando o saldo comercial[7].

A **sobrevalorização real** da moeda nacional frente ao dólar provoca um resultado inverso, piorando o saldo Comercial.

É importante frisar que, pela **cotação do incerto**, quando a taxa de câmbio aumenta, significa que a moeda se desvalorizou e a taxa de câmbio se desvalorizou. Quando a taxa de câmbio diminui, significa que a moeda se valorizou e a taxa de câmbio se valorizou.

Na **cotação do certo**, quando a taxa de câmbio aumenta, significa que a moeda se valorizou e a taxa de câmbio se valorizou. Quando a taxa de câmbio diminui, significa que a moeda se desvalorizou e a taxa de câmbio se desvalorizou. Assim:

Na cotação do incerto: a taxa de câmbio e as exportações são grandezas **diretamente proporcionais**.

Na cotação do incerto: a taxa de câmbio e as importações são grandezas **inversamente proporcionais**.

Na cotação do certo: a taxa de câmbio e as exportações são grandezas **inversamente proporcionais**.

---

[7] Quando há uma desvalorização real da moeda, ocorrem três fatos: 1) as exportações se tornam mais competitivas; 2) as importações se tornam menos competitivas; 3) para se importar, a despesa aumenta. E esse terceiro efeito ocorre com mais nitidez logo que há a desvalorização da moeda, visto que os agentes não conseguem ajustar imediatamente as quantidades que importam ao novo preço. Esse efeito é chamado de **efeito perverso**. A condição de Marshall-Lerner afirma que o efeito perverso não é suficientemente forte para evitar a melhoria na Balança Comercial.

Na cotação do certo: a taxa de câmbio e as importações são grandezas **diretamente proporcionais**.

16.4. CONSEQUÊNCIAS DO AUMENTO DA TAXA DE CÂMBIO NOMINAL (e)

Analise a Tabela 16.1 e perceba que uma elevação da taxa de câmbio nominal (e) pode não ser acompanhada de uma desvalorização da taxa de câmbio real (E), devido à alteração dos preços internos e externos da economia.

Tabela 16.1. Comportamento das taxas de câmbio nominal (e) e real (E) supondo uma variação de preços internos (P) e externos (P*)

PERÍODO	e	VARIAÇÃO (%) $(e_2 - e_1/e_1) \times 100$	P*	P	E	VARIAÇÃO (%) $(E_2 - E_1/E_1) \times 100$
1	1	—	100	100	1	—
2	1,1	10% de valorização nominal da moeda estrangeira ou 9,1% de desvalorização nominal da moeda nacional[8]	110	130	0,9308	desvalorização real da moeda estrangeira de –6,92% ou valorização real da moeda nacional[9] de –7,43%

Uma desvalorização nominal da moeda nacional de 9,1% ou uma valorização nominal da moeda estrangeira de 10% representou uma valorização real da moeda nacional de 7,43% ou uma desvalorização real da moeda estrangeira de 6,92%. Isso significa que um aumento do câmbio de 10% não foi suficiente para compensar uma elevação dos preços internos de 30%, mesmo havendo uma elevação dos preços externos de 10%. Portanto, a taxa de câmbio real é a que importa para a análise da alteração dos fluxos comerciais, já que uma análise com base apenas na taxa de câmbio nominal pode falsear os resultados.

Uma desvalorização real do câmbio **tende** a desestimular as importações e estimular as exportações, pois, no mercado interno, encarece relativamente o preço dos bens importados e aumenta a renda dos exportadores e, no mercado externo, barateia relativamente o preço dos bens que o país exporta.

Uma valorização real do câmbio tende a estimular as importações e desestimular as exportações, pois, no mercado interno, barateia relativamente os bens importados e encarece relativamente os bens que o país exporta.

A inflação interna tende a encarecer os produtos de exportação e tornar mais competitivos os produtos importados em relação aos produtos internos. Já a inflação externa tende a encarecer os produtos que o Brasil importa e estimular as exportações.

No exemplo dado na Tabela 16.1 *supra*, o câmbio real está valorizado, desestimulando as exportações e estimulando as importações.

---

[8] Para calcular a desvalorização nominal da moeda nacional: $(e_2 - e_1/e_2)$, ou seja, $(1,1 - 1)/1,1 = 0,09090 = 0,091$.

[9] Para calcular a valorização real da moeda nacional: $(E_2 - E_1/E_2) = (0,9308 - 1)/0,9308 = -0,0743$.

16.4.1. Condição de Marshall-Lerner

As condições que garantem que uma depreciação real do câmbio conduza a um aumento nas exportações líquidas são chamadas de **condições de Marshall-Lerner**.

Sabendo-se que as exportações líquidas (NX) são: $NX = X - M$, caso haja uma valorização da taxa real de câmbio, as importações devem aumentar, mas seu preço relativo deve cair. Como as exportações devem cair, ficará ambíguo o resultado, já que, caso essa queda no preço relativo das importações seja maior que o aumento das importações e a queda das exportações, isso pode levar ao aumento das exportações líquidas, ao invés da queda, como é de se esperar.

Também, caso haja uma desvalorização da taxa real de câmbio, as exportações devem subir, mas seu preço relativo deve cair. Como as importações devem cair, ficará ambíguo o resultado, já que, caso essa queda no preço relativo das exportações seja maior que o aumento das exportações e a queda das importações, isso pode levar ao aumento das importações líquidas, ao invés da queda, como é de se esperar.

Mas, como essas situações não ocorrem com frequência, a condição de Marshall-Lerner pode ser considerada verdadeira na maioria dos casos.

Blanchard reforça o que foi dito: "Para que a balança comercial melhore após uma depreciação, as exportações devem aumentar o suficiente e as importações devem diminuir o suficiente para compensar o aumento do preço das importações. A condição sob a qual uma depreciação real leva a um aumento das exportações líquidas é conhecida como condição de Marshall-Lerner"[10].

Caso o intuito de uma desvalorização seja causar um impacto positivo na Balança Comercial, o teorema de Marshall-Lerner afirma que a soma das **elasticidades preços das importações e exportações**, em valores absolutos, deve ser igual a um.

16.4.1.1. A curva J

Formato "J" nas exportações líquidas ocorre quando, no curtíssimo prazo, a condição de Marshall-Lerner ainda não tiver sido satisfeita, já que demora, no curto prazo, verdadeiro tempo para mudar os padrões de consumo. Assim, graficamente, onde, no eixo das ordenadas, estaria representada a Balança Comercial/Serviços e, no eixo das abscissas, o tempo, observa-se um deslocamento, após uma desvalorização, em formato de "J". Assim, quando ocorre uma desvalorização real na taxa de câmbio, as exportações aumentam e as importações diminuem, fazendo com que as exportações líquidas fiquem positivas e a Balança Comercial/Serviços fique superavitária. Ocorre que, no curtíssimo prazo, os agentes econômicos podem continuar a importar o mesmo volume de mercadorias e serviços, a um preço mais alto, porque não foram capazes ainda de mudar seus padrões de consumo. Também os exportadores podem não alterar o volume de exportação, embora o preço esteja mais vantajoso, impedindo que as exportações líquidas fiquem positivas. Assim, a Balança Comercial permanece deficitária. Observe a Figura 16.1, onde, mesmo com uma desvalorização, o saldo comercial negativo tende a aumentar (no trecho descendente da curva "J").

---

[10] Olivier Blanchard, *Macroeconomia*, p. 382.

Figura 16.1. Curva "J"

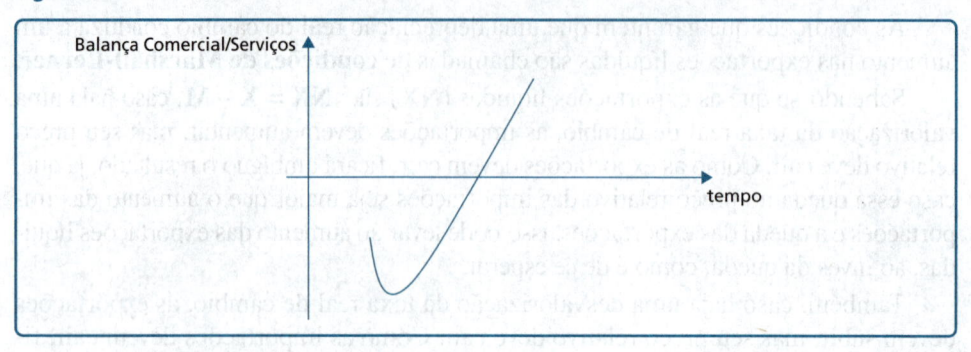

[Gráfico: eixo vertical "Balança Comercial/Serviços", eixo horizontal "tempo", curva em formato de "J"]

16.5. ARBITRAGEM DOS JUROS

É possível se verificar que as taxas de juros no Brasil são mais elevadas que as taxas de juros praticadas em países desenvolvidos. Essa diferença entre as taxas de juros internas e externas se deve a alguns fatores que são explicados pela condição de arbitragem dos juros.

A **condição de arbitragem dos juros** será:

r = r* + expectativa de desvalorização da taxa de câmbio nominal + custos de transação + risco do país

Onde: r = taxa de juros interna e r* = taxa de juros externa

Assim, as taxas de juros internas (r) serão determinadas pelo valor das taxas de juros externas (r*), acrescido da expectativa de desvalorização da taxa de câmbio nominal, dos custos de transação e do risco de o país não honrar seus compromissos.

Caso os fatores expectativa de desvalorização da taxa de câmbio nominal, custos de transação e risco do país não sejam zero, "r" será maior que r*.

Na fórmula *supra*, que determinará a taxa de juros a ser cobrada no país é possível observar que:

1. Se a taxa de juros externa (r*) for, por exemplo, igual a 5%, a taxa de juros interna deve ser de no mínimo 5%, para que não haja fuga de capital externo.

2. Se houver uma expectativa de desvalorização da taxa de câmbio, isso significa que o valor de um título, por exemplo, no Brasil, quando convertido em moeda estrangeira, será menor, desincentivando a entrada de capital no país. Para evitar uma fuga de divisas, a taxa de juros interna deve remunerar um percentual maior, que compense essa perda pela provável desvalorização da taxa de câmbio (ou da moeda). Assim, se: r* = 5% e expectativa de desvalorização da taxa de câmbio = 3%, então a taxa de juros interna (r) deverá ser no mínimo de 8%.

3. Se houver algum custo de transação, a taxa de juros interna (r) deve compensar esse custo para evitar que haja fuga de divisas. Assim, se: r* = 5%, expectativa de desvalorização da taxa de câmbio = 3% e custo de transação = 1%, então a taxa de juros interna (r) deverá ser no mínimo de 9%.

4. Se houver o risco de o país não honrar seus compromissos (risco-Brasil) com o investidor estrangeiro, deve-se compensar esse risco com uma maior taxa de juros. Assim, se: r* = 5%, expectativa de desvalorização da taxa de câmbio em 3%, custo de transação = 1% e risco-país = 7%, então a taxa de câmbio interna (r) deverá ser no mínimo de 16%.

"O **risco-país** é um índice denominado *Emerging Markets Bond Index Plus* (EMBI+) e mede o grau de 'perigo' que um país representa para o investidor estrangeiro. O risco-país é calculado por agências de classificação de risco e bancos de investimentos. O banco de investimentos americano J. P. Morgan, que possui filiais em diversos países latino-americanos, foi o primeiro a fazer essa classificação e é o disponibilizado pelo Portal Brasil em sua seção de índices financeiros. O J. P. Morgan analisa o rendimento dos instrumentos da dívida de um determinado país, principalmente o valor (taxa de juros) com o qual o país pretende remunerar os aplicadores em bônus, representativos da dívida pública. Tecnicamente falando, o risco-país é a **sobretaxa** que se paga em relação à rentabilidade garantida pelos bônus do Tesouro dos Estados Unidos, país considerado o mais solvente do mundo, ou seja, o de menor risco para um aplicador não receber o dinheiro investido acrescido dos juros prometidos. Para se determinar essa sobretaxa são avaliados, principalmente, aspectos como o nível do **déficit fiscal**, as **turbulências** políticas, o **crescimento** da economia e a relação entre **arrecadação e a dívida** de um país. O risco-país é expresso em pontos básicos. Sua conversão é simples: 100 unidades equivalem a uma sobretaxa de 1%. O risco-país indica ao investidor que o preço de se arriscar a fazer negócios em um determinado país é mais ou menos elevado. Quanto maior for o risco, menor será a capacidade do país de atrair investimentos estrangeiros. Para tornar o investimento atraente, o país tem que elevar as taxas de juros que remuneram os títulos representativos da dívida"[11].

16.5.1. A expectativa de desvalorização da taxa de câmbio

Suponha que a taxa de câmbio nominal seja igual a "1", o que significa que, para cada "1" da moeda estrangeira comprada deve-se pagar "1" da moeda nacional, considerando os índices de preços internos e externos constantes.

MOEDA ESTRANGEIRA	MOEDA NACIONAL	TAXA DE CÂMBIO NOMINAL (e)
1	1	1

Caso o investidor estrangeiro resolva trazer para o país um total de 100 milhões de dólares, esse valor será convertido em 100 milhões de reais. No momento em que resolver retirar esse capital do país e levar de volta a suas origens, ele deverá converter os 100 milhões de reais em dólares, o que lhe permitirá levar de volta 100 milhões de dólares.

Imagine, agora, uma situação em que o investidor, depois de já ter trazido os 100 milhões de dólares para o Brasil e de já ter convertido esse valor em 100 milhões de reais, seja surpreendido por uma desvalorização da moeda nacional, de tal maneira

---

[11] Disponível em: <http://www.portalbrasil.net/economia_riscopais.htm>.

que para adquirir "1" da moeda estrangeira será necessário ter "2" da moeda nacional, alterando a taxa de câmbio nominal para 2.

MOEDA ESTRANGEIRA	MOEDA NACIONAL	TAXA DE CÂMBIO NOMINAL (e)
1	2	2

Caso esse mesmo investidor resolva retirar seu capital do país e levar para o país de origem, ao converter os 100 milhões de reais em dólares, vai conseguir reaver apenas 50 milhões de dólares, incorrendo em um grande prejuízo.

Portanto, caso o investidor acredite que haverá uma desvalorização na taxa de câmbio, ele deverá aguardar até que essa desvalorização de fato ocorra para poder investir no país e, assim, evitar uma perda de capital. Caso o país deseje que esse capital entre antes da desvalorização, deverá remunerá-lo com uma taxa de juros que compense essa possível desvalorização, fazendo com que o investidor, mesmo diante de uma possível desvalorização futura, perceba que seu capital ficará resguardado de possíveis perdas.

16.5.2. Paridade dos juros

A paridade dos juros afirma que, independente de o investidor aplicar no país ou fora dele, o ganho será igual, já que haverá uma correção do diferencial pelo câmbio, considerando que os custos de transação e o risco-país sejam zero.

Sabendo-se que: r = r* + expectativa de desvalorização da taxa de câmbio nominal e que: expectativa de desvalorização da taxa de câmbio é igual a:

$$\text{expectativa de desvalorização da taxa de câmbio} = \frac{\text{(taxa de câmbio futura - taxa de câmbio no presente)}}{\text{Taxa de câmbio no presente}}$$

Ou: expectativa de desvalorização da taxa de câmbio = $\frac{(e_{t+1} - e_t)}{e_t}$, logo:

$$r = r^* + \frac{(e_{t+1} - e_t)}{e_t}$$

$$r - r^* = \frac{(e_{t+1} - e_t)}{e_t}$$

$$r - r^* = \frac{e_{t+1}}{e_t} - \frac{e_t}{e_t}$$

$$r - r^* = \frac{e_{t+1}}{e_t} - 1$$

$$r - r^* + 1 = \frac{e_{t+1}}{e_t}$$

ou:

$$e_t = \frac{e_{t+1}}{r - r^* + 1}$$

É possível perceber, por meio dessa função, uma relação negativa entre a taxa de juros interna (r) e a taxa de câmbio no presente (e_t), ou seja, caso a taxa de juros se eleve, a taxa de câmbio diminui, provocando uma valorização da moeda nacional. Caso a taxa de juros se reduza, a taxa de câmbio se eleva, provocando uma desvalorização da moeda nacional. É fácil perceber essa relação porque, quando a taxa de juros se eleva, isso implica uma entrada de divisas no país, atraídas por uma remuneração maior de seus investimentos especulativos. Com isso, a relação entre a quantidade de moeda estrangeira e a moeda nacional aumenta, levando a uma valorização da moeda nacional e, por conseguinte, uma queda na taxa de câmbio. Da mesma forma, quando a taxa de juros se reduz, isso implica uma saída de divisas do país, afugentada por uma remuneração menor de seus investimentos especulativos. Com isso, a relação entre a quantidade de moeda estrangeira e a moeda nacional diminui, levando a uma desvalorização da moeda nacional e, por conseguinte, a uma elevação na taxa de câmbio. No *item 16.16*, será possível analisar a relação entre a taxa de câmbio e a taxa de juros graficamente. Essa análise é feita considerando que as taxas de juros externas (r*) mantenham-se constantes. Caso contrário, a análise que se relaciona com a taxa de câmbio será o diferencial entre taxas de juros internas e externas (r − r*). Assim, quanto maior o diferencial entre as taxas de juros internas e externas (r − r*), menor será a taxa de câmbio, e quanto menor o diferencial entre as taxas de juros internas e externas (r − r*), maior a taxa de câmbio.

Observe que se o câmbio for fixo, o câmbio no futuro (e_{t+1}) será igual ao câmbio no presente (e_t). Considerando o risco país e os custos de transação nulos, então, a taxa de juros interna (r) será igual a taxa de juros externa (r*).

16.6. REGIMES CAMBIAIS[12]

16.6.1. Taxa de câmbio flexível ou flutuante

A taxa de câmbio flexível comporta-se como qualquer mercado em que não haja intervenção governamental (quando o Banco Central não intervém no mercado). Logo, o mercado de câmbio estabelece o preço da moeda estrangeira. Assim, um aumento da demanda pela moeda estrangeira, dada uma oferta constante, eleva seu preço. Também, um aumento da oferta de moeda estrangeira, dada uma demanda constante, reduz o seu preço. Segundo Froyen: "Um sistema de taxas completamente flexíveis ou flutuantes é um conjunto particularmente simples de regras a serem seguidas pelos Bancos Centrais de diferentes países; eles não fazem nada para afetar diretamente o nível de suas taxas de câmbio. A taxa de câmbio é determinada pelo mercado"[13].

Da taxa de câmbio flutuante, pode derivar o *dirty floating*.

---

[12] Atualmente, o Brasil tem um regime de taxa única de câmbio, mas, anteriormente, tinha o regime de taxas múltiplas, ou seja, possuía sistema de taxas múltiplas de câmbio para importações e exportações; coexistência de diferentes taxas de câmbio: oficial, taxas mínimas, taxas para áreas de conversibilidade de moeda, taxas dos leilões específicos, taxa do mercado livre. Procurava-se com isso tornar as exportações brasileiras mais acessíveis no mercado internacional, desencorajar as importações, proteger a indústria e a Balança Comercial.

[13] Richard T. Froyen, *Macroeconomia*, p. 548.

16.6.1.1. "Dirty floating" ou flutuação suja

Dirty floating, ou flutuação suja, ocorre quando o Banco Central intervém no mercado por meio da venda ou compra de divisas quando o câmbio é flexível, balizando os movimentos desejados da taxa de câmbio. O intuito maior em se praticar a flutuação suja é evitar que a taxa de câmbio oscile demasiadamente em decorrência de fluxos de capitais especulativos, de crises internacionais ou por uma instabilidade interna. O interesse não é, portanto, fixar o câmbio.

16.6.2. Taxa de câmbio fixa

Na taxa de câmbio fixa, as taxas de câmbio nominais são determinadas pelo Banco Central, que assume o compromisso de manter a paridade cambial fixa. O Banco Central entra no mercado vendendo ou comprando divisas para garantir que o câmbio mantenha-se no patamar desejado e, para tanto, é necessário que tenha reservas de divisas.

Quando a taxa de câmbio é fixa, a moeda nacional é ancorada em relação à outra moeda ou uma cesta de moedas, considerada âncora.

Quando a taxa de câmbio é fixa e a oferta de moeda estrangeira supera a demanda, o país terá superávit no Balanço de Pagamentos, aumentando suas reservas internacionais.

Quando a taxa de câmbio é fixa e a oferta de moeda estrangeira é menor que a demanda, o país terá déficit no Balanço de Pagamentos, reduzindo suas reservas internacionais. Quando o país incorre constantemente em déficit no Balanço de Pagamentos, pode fazer com que o Banco Central, no intuito de socorrer esse déficit, fique sem reservas internacionais.

Da taxa de câmbio fixa, podem derivar:

16.6.2.1. Bandas cambiais

Quando o Banco Central deixa que as taxas de câmbio flutuem dentro de um intervalo com limites mínimos e máximos, adota **um regime de banda cambial**, que consiste em um limite máximo e um limite mínimo toleráveis para cotação do câmbio. Quando se ultrapassam esses limites, o Bacen intervém no mercado para segurar a taxa de câmbio dentro da banda.

16.6.2.2. "Crawling band"

Crawling band, ou banda rastejante, é um desdobramento do sistema de bandas cambiais. Foi definido pelo Fundo Monetário Internacional (FMI) em 2003. É um sistema de câmbio no qual a taxa de câmbio é ajustada em períodos de poucas semanas por uma regra preestabelecida. Normalmente, essa regra se refere ao ajuste às taxas inflacionárias internas, de tal maneira que a taxa de câmbio real permanece inalterada. Assim, a autoridade monetária estabelece um limite máximo e um limite mínimo para a taxa de câmbio, mas, dentro desse intervalo, ela se define pelo mercado. Essa banda é ajustada, periodicamente, por uma taxa fixa ou por um conjunto de indicadores para compensar, por exemplo, uma inflação interna ou externa. Baseia-se numa definição por parte do Banco Central de um valor central de referência para o câmbio, de acordo com seu comportamento em um período anterior, e na definição do intervalo de variação dessa taxa, denominado valores de suporte. Dessa maneira, esses valores centrais são constantemente definidos quando as taxas se aproximam dos valores de suporte, ou seja, quando se aproximam do intervalo superior ou inferior da banda.

16.6.2.3. "Sliding band"

Sliding band, ou banda deslizante, é um desdobramento do sistema de bandas cambiais. Diferentemente do *crawling band*, não há uma regra preestabelecida e a autoridade monetária não garante manter irreajustáveis o valor central e os limites superior e inferior.

16.6.2.4. "Crawling peg"

Crawling peg, ou minidesvalorizações, é um sistema em que a taxa de câmbio é ajustada regularmente, segundo algum indicador externo, que pode ser a inflação externa ou interna. Dessa maneira, a taxa de câmbio real não se altera. Não há data predeterminada, portanto, para ser revista.

16.6.2.5. "Currency board" (conselho de moeda)

Quando a autoridade monetária efetua o câmbio de moeda nacional por moeda estrangeira com cotação fixa, pratica o *currency board*. Esse sistema tem a moeda estrangeira como âncora cambial, ou seja, vincula a quantidade de moeda local à quantidade de moeda estrangeira referência no país, garantindo, a uma taxa de câmbio fixada, a conversão da moeda nacional em moeda estrangeira. Assim, o país se compromete a converter, sob demanda, sua moeda local em outro ativo líquido de aceitação internacional. A autoridade monetária de um país passa a funcionar como uma "caixa de conversão", e a credibilidade do compromisso de conversibilidade é buscada com a manutenção de reservas externas em pelo menos 100% de moeda local em circulação. Portanto, o Banco Central não poderá emitir moeda acima do limite das reservas internacionais, já que o volume de dinheiro local dependerá da disponibilidade de reservas externas que representam seu lastro. O Bacen não pode, portanto, executar uma política monetária, pois a emissão de moeda depende do montante líquido de divisas retido pelo país. Para praticar esse sistema, as taxas de juros e a inflação devem ser semelhantes às do país que emite a moeda estrangeira. Segundo Carvalho e Silva: "(...) esse tipo de regime é adotado por países em desenvolvimento, com dificuldades em transmitir credibilidade na sua política cambial. A Argentina adotou esse regime por dez anos, quando fixou sua taxa de câmbio, constitucionalmente, em $1/US$1, e condicionou o volume de pesos argentinos em circulação ao saldo de dólares de suas reservas"[14].

16.6.2.6. Arranjo cambial cooperativo

Quando os países-membros se responsabilizam em manter uma paridade cambial entre as moedas, estipulando um sistema de ancoragem entre elas, configura-se um arranjo cambial cooperativo. Para tanto, o câmbio deve ser fixo e deve ser de

---

[14] Maria Auxiliadora de Carvalho e César Roberto Leite da Silva, *Economia internacional*, p. 166.

responsabilidade compartilhada pelas nações envolvidas. É uma característica de economias médias e grandes. Carvalho e Silva afirmam que: "A União Monetária Europeia é um exemplo de ancoragem cooperativa. É um mecanismo multilateral de taxas de câmbio fixas, ancoradas no euro por uma taxa central, e uma margem de flutuação normal de ± 15%. As políticas econômicas de cada país devem estar em conformidade com a taxa central, evitando desalinhamentos"[15].

16.7. APRECIAÇÃO E DEPRECIAÇÃO DO CÂMBIO

Fala-se que o câmbio apreciou-se ou depreciou-se quando ocorre movimento de mercado que leve a isso. Fala-se que o câmbio valorizou-se ou desvalorizou-se por interferência do governo.

No gráfico da Figura 16.2, pode-se observar as alterações no câmbio, de 1994 até 2015. Percebe-se que quanto mais baixo estiver a taxa de câmbio, mais valorizada está a moeda nacional frente ao dólar.

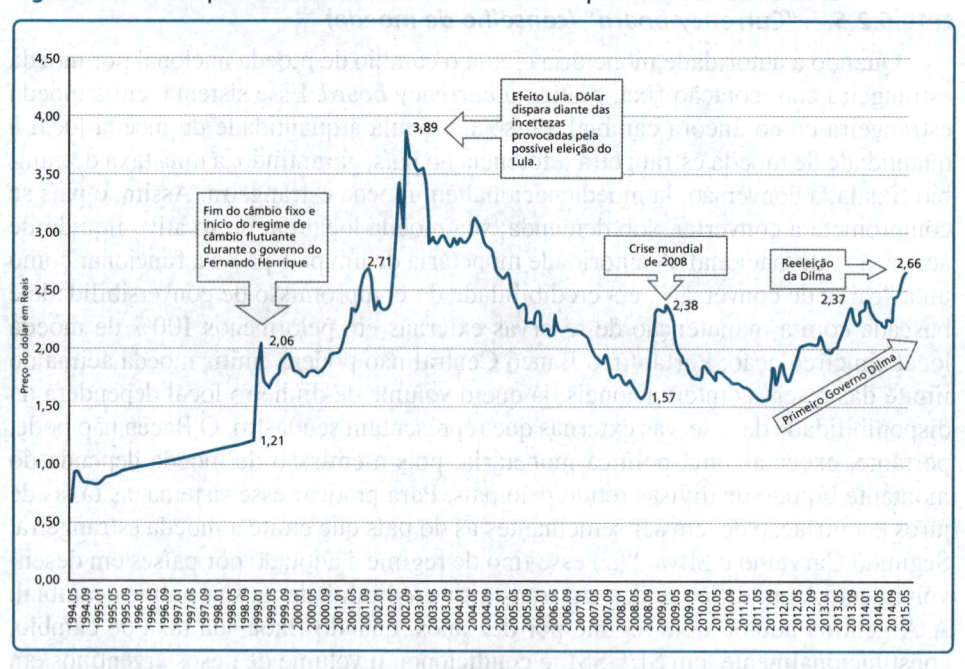

Figura 16.2. Comportamento da taxa de câmbio no período de 1994 a 2015

Fonte: <https://www.clubedospoupadores.com/cambio-e-ouro/politica-cambial.html>

16.8. VANTAGENS DAS TAXAS DE CÂMBIO FIXA E FLUTUANTE (OU FLEXÍVEL)

Câmbio fixo: maior controle da inflação, já que se pode controlar o nível de importação. Há um ambiente mais estável, o que proporciona um incentivo maior ao investimento e ao comércio internacional.

---

[15] Maria Auxiliadora de Carvalho e César Roberto Leite da Silva, *Economia internacional*, p. 166.

Câmbio flexível: maior controle sobre as reservas cambiais, que ficam protegidas de ataques de capital especulativo, e liberação da política monetária para outras finalidades que não sejam o controle do câmbio. Também o Balanço de Pagamentos alcança o equilíbrio automaticamente, pois é atingido quando a entrada e a saída de divisas se igualam, o que pode ser explicado por uma taxa de câmbio flutuante, já que a taxa oscila até o ponto onde a demanda por divisas é igual à oferta. Segundo Froyen, uma das vantagens do câmbio flutuante é que: "a flexibilidade das taxas de câmbio permitiria aos formuladores de políticas econômicas concentrarem-se em metas internas, livres de preocupações com déficits no balanço de pagamentos. A flexibilidade das taxas de câmbio removeria conflitos potenciais que surgem entre o equilíbrio interno (metas internas) e o equilíbrio externo (equilíbrio do balanço de pagamentos)"[16].

■ 16.9. DESVANTAGENS DAS TAXAS DE CÂMBIO FIXA E FLUTUANTE (OU FLEXÍVEL)

Câmbio fixo: alteração das reservas cambiais devido a entrada e saída de capital especulativo e a dependência da taxa de juros ao volume de reservas cambiais. Conflito entre equilíbrio interno e equilíbrio externo, com a necessidade de utilizar políticas monetárias e fiscais para manter a taxa de câmbio.

Câmbio flexível: a taxa de câmbio fica na dependência e vulnerabilidade do mercado financeiro nacional e internacional, menor controle da inflação, aumento da incerteza e desestímulo ao comércio internacional. Uma das desvantagens apontadas por Froyen é que: "flutuações de câmbio envolvem constantes deslocamentos de mão de obra e outros recursos entre produção para o mercado interno e produção para exportação. Tais deslocamentos podem ser caros e perturbadores; eles tendem a criar desemprego friccional (...)"[17].

■ 16.10. ATUAÇÃO DO BANCO CENTRAL NA COMPRA E VENDA DE DÓLARES

Quando o Banco Central intervém no mercado de câmbio, por meio de compra e venda de divisas, precisará alterar suas reservas internacionais, aumentando-as ou reduzindo-as. Mas as perguntas que pairam são:

Caso o Bacen fixe a taxa de câmbio em "1", quando precisar comprar divisas, comprará por mais, menos ou igual a "1"? E quando ele precisar vender divisas, venderá por mais, menos ou por "1"?

Se o Banco Central fixa a taxa de câmbio em "1", isso significa que para se adquirir 1 dólar é necessário gastar-se 1 real. Caso ele venha a precisar comprar divisas, é porque houve entrada de dólares no país suficiente para alterar a taxa de câmbio, ou seja, houve uma queda da taxa de câmbio ou uma valorização da moeda nacional. Suponha-se que essa valorização tenha feito a taxa de câmbio cair para 0,5, ou seja, agora, para se adquirir 1 dólar é necessário apenas 0,5 real. Logo,

---

[16] Richard T. Froyen, *Macroeconomia*, p. 557.
[17] Richard T. Froyen, *Macroeconomia*, p. 566.

se o Bacen deseja que a taxa retorne ao patamar fixado anteriormente por ele, deverá adquirir esse excesso de moeda existente e pagar o preço do mercado, que é de 0,5 real.

Caso ele venha a precisar vender divisas, é porque houve saída de dólares do país suficiente para alterar a taxa de câmbio, ou seja, houve uma elevação da taxa de câmbio ou uma desvalorização da moeda nacional. Suponha-se que essa desvalorização tenha feito a taxa de câmbio subir para 2, ou seja, para se adquirir 1 dólar é necessário 2 reais. Logo, se o Bacen deseja que a taxa retorne ao patamar fixado anteriormente por ele, deverá vender o correspondente a essa escassez de moeda existente pelo preço do mercado, que é de 2 reais.

Portanto, quando o Bacen, para garantir a fixação do câmbio, precisar adquirir divisas, terá que adquiri-las por um preço abaixo do fixado por ele. Caso precise vender divisas, terá que vendê-las por um preço superior ao fixado por ele.

Porém, se a taxa de câmbio estiver sofrendo pressões para ser alterada, caso o Bacen precise comprar ou vender dólares, deverá fazê-lo pelo preço fixado por ele, já que se trata apenas de "pressões", e de não "um fato". Logo, o preço da moeda estrangeira ainda não foi alterado, ou seja, existe apenas uma especulação a respeito do fato, que ainda não foi concretizado.

■ 16.10.1. Quem demanda e quem oferta divisas

No mercado, os agentes econômicos podem demandar e ofertar divisas.

Assim, os ofertantes de divisas são constituídos, entre outros, pelos:

- exportadores;
- turistas estrangeiros;
- investidores estrangeiros no Brasil;
- tomadores de empréstimos externos;
- prestadores de serviços instalados no Brasil, quando atendem o exterior;
- o setor público ou privado, quando recebem o pagamento de juros de algum empréstimo que concederam;
- multinacionais brasileiras instaladas no exterior, quando remetem lucros para o Brasil;
- o recebimento de dívidas concedidas no exterior.

Os demandantes de divisas são constituídos, entre outros, pelos:

- importadores;
- turistas brasileiros que viajarão para outros países;
- investidores brasileiros no exterior;
- emprestadores de divisas para o exterior;
- prestadores de serviços instalados no exterior, quando atendem o Brasil;
- o setor público ou privado, quando pagam juros de alguma dívida que contraíram;

- multinacionais estrangeiras instaladas no Brasil, quando remetem lucros para o país de origem;
- o pagamento de dívidas contraídas no exterior.

■ 16.11. OFERTA DE MOEDA ESTRANGEIRA E TAXA DE CÂMBIO

Quando a taxa de câmbio se eleva, isso significa que a moeda nacional se desvalorizou, incentivando o aumento das exportações, *ceteris paribus*. Com o aumento das exportações, a oferta de dólares aumenta. Portanto, uma elevação da taxa de câmbio (e) provoca um aumento da oferta de divisas ($O_{divisas}$), fazendo com que a curva de oferta de divisas seja crescente. Observe a Figura 16.3.

Figura 16.3. A curva de oferta de divisas

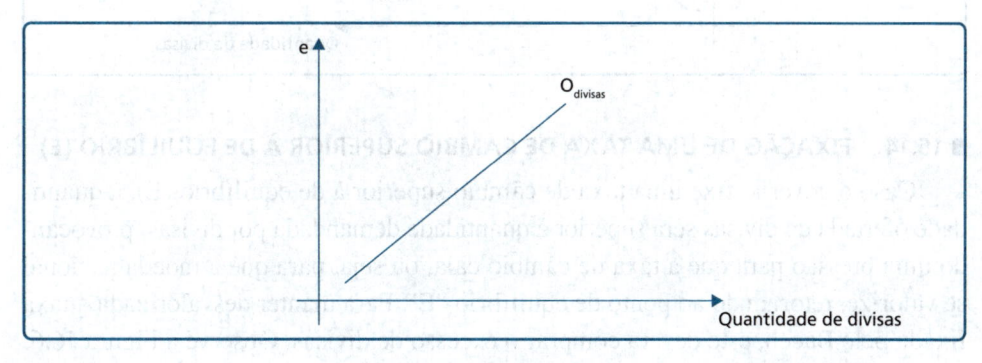

■ 16.12. DEMANDA POR MOEDA ESTRANGEIRA E A TAXA DE CÂMBIO

Quando a taxa de câmbio (e) se reduz, isso significa que a moeda nacional está mais valorizada, o que incentiva as importações, *ceteris paribus*. Com o aumento das importações, a demanda por dólares aumenta. Portanto, uma redução da taxa de câmbio (e) provoca um aumento da demanda por divisas ($D_{divisas}$), fazendo com que a curva de demanda por divisas ($D_{divisas}$) seja decrescente. Observe a Figura 16.4.

Figura 16.4. A curva de demanda por divisas

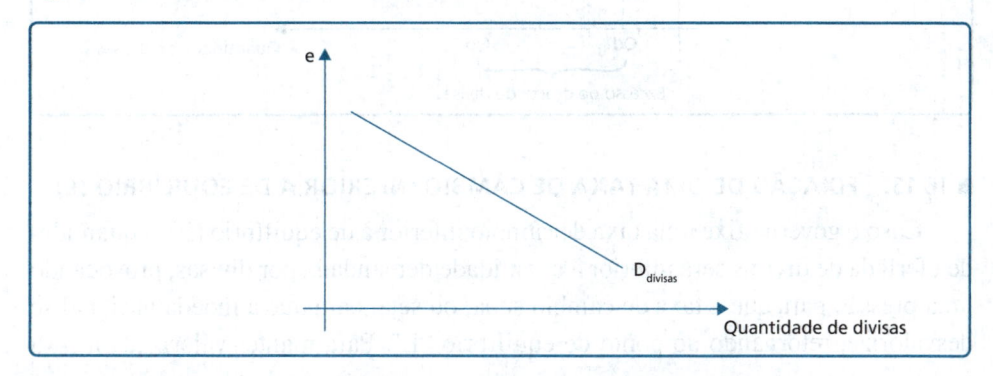

16.13. O EQUILÍBRIO NO MERCADO CAMBIAL

Juntando as curvas de oferta de divisas e demanda por divisas, encontra-se o equilíbrio no mercado cambial. Observe a Figura 16.5. O ponto "E" representa o ponto onde, àquela taxa de câmbio (e), a oferta de divisas é igual à demanda por divisas.

Figura 16.5. O equilíbrio no mercado de câmbio

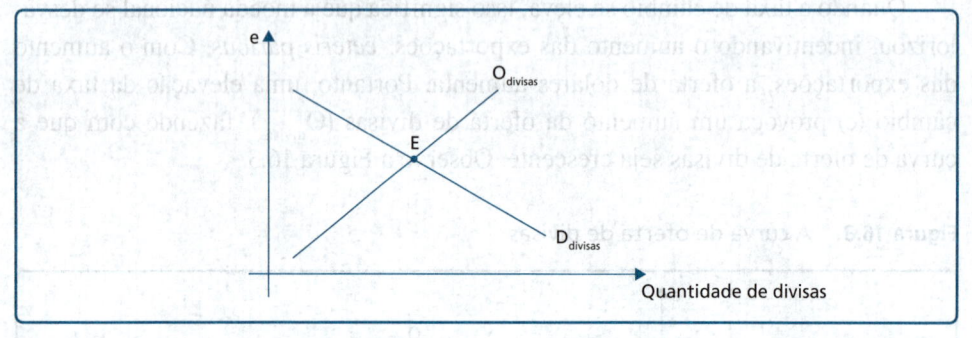

16.14. FIXAÇÃO DE UMA TAXA DE CÂMBIO SUPERIOR À DE EQUILÍBRIO (E)

Caso o governo fixe uma taxa de câmbio superior à de equilíbrio (E), a quantidade ofertada de divisas será superior à quantidade demandada por divisas, provocando uma pressão para que a taxa de câmbio caia, ou seja, para que a moeda nacional se valorize, retornando ao ponto de equilíbrio "E". Para manter desvalorizada a taxa fixada pelo Bacen, este deverá comprar o excesso de divisas. Observe a Figura 16.6.

Figura 16.6. Fixação de uma taxa de câmbio superior à de equilíbrio (E)

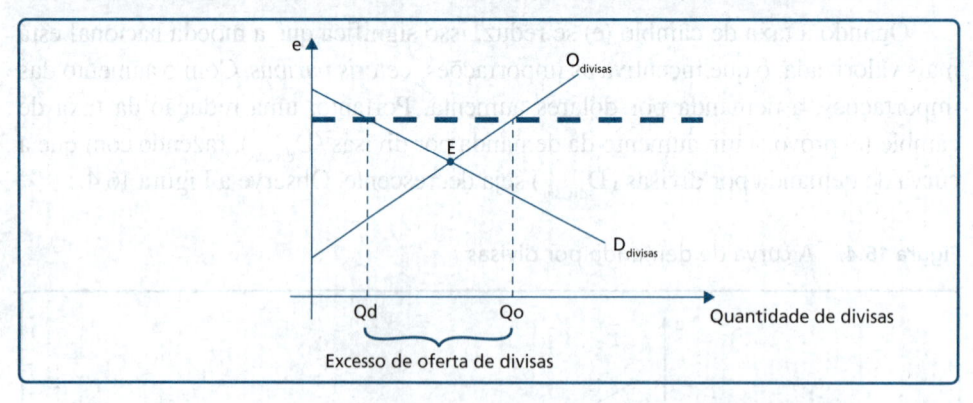

16.15. FIXAÇÃO DE UMA TAXA DE CÂMBIO INFERIOR À DE EQUILÍBRIO (E)

Caso o governo fixe uma taxa de câmbio inferior à de equilíbrio (E), a quantidade ofertada de divisas será inferior à quantidade demandada por divisas, provocando uma pressão para que a taxa de câmbio suba, ou seja, para que a moeda nacional se desvalorize, retornando ao ponto de equilíbrio "E". Para manter valorizada a taxa fixada pelo Bacen, este deverá vender divisas para atender à demanda existente. Observe a Figura 16.7.

Figura 16.7. Fixação de uma taxa de câmbio inferior à de equilíbrio (E)

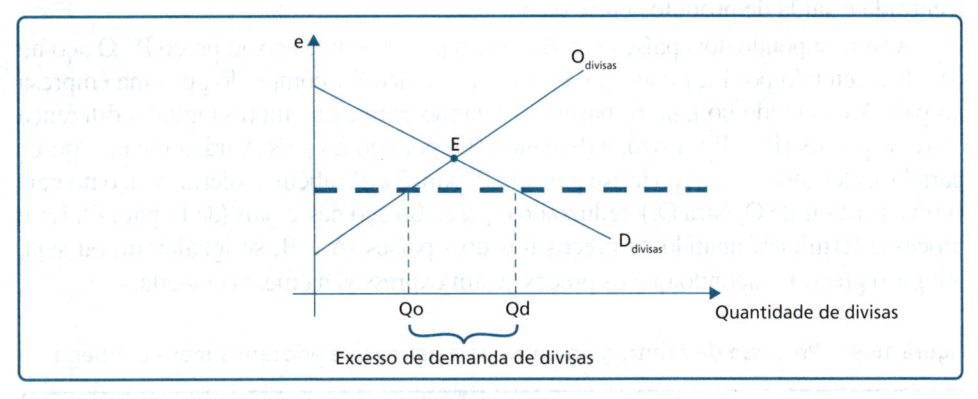

16.16. MERCADO MONETÁRIO E CAMBIAL

Colocando em um gráfico o que foi discutido no *item 16.5.2*, é possível compreender melhor a relação do mercado monetário e do mercado cambial, ou seja, a relação entre a taxa de juros (r) e a taxa de câmbio (e). Observe a Figura 16.8, *infra*, e perceba a relação negativa entre a taxa de juros (r) e a taxa de câmbio (e). O ponto "E" representa o equilíbrio no mercado cambial, visto na Figura 16.5, ou seja, onde a demanda e a oferta de divisas são iguais. Para tanto, existe uma taxa de juros (r_E) que garante esse equilíbrio. Qualquer alteração na taxa de juros (r) provocará uma valorização ou desvalorização cambial. Assim, caso a taxa de juros se eleve acima de r_E, a taxa de câmbio necessária para manter o equilíbrio será inferior à taxa e_E, ou seja, provocará uma valorização na taxa de câmbio ou valorização na moeda nacional, incentivando as importações. Caso a taxa de juros caia abaixo de r_E, a taxa de câmbio necessária para manter o equilíbrio será superior à taxa e_E, ou seja, provocará uma desvalorização na taxa de câmbio ou desvalorização na moeda nacional, incentivando as exportações.

Figura 16.8. Relação entre a taxa de câmbio (e) e a taxa de juros (r)

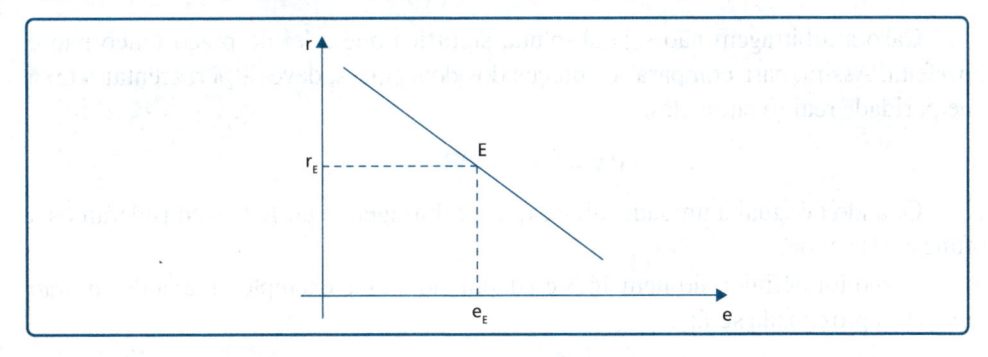

15.17. PARIDADE DO PODER DE COMPRA (PPC)

A paridade do poder de compra ou "Purchase Power Parity" (PPC) é baseada na Lei do preço único que afirma que o preço de determinado produto deverá ser igual em todos os países na suposição de simetria de informações e ausência de barreiras a entrada e saída de produtos entre os países.

Assim, supondo dois países A e B e que o país A vende aço ao preço P_1. O aço no país B é vendido por P_2, maior que P_1. Logo, se o aço for comprado por uma empresa no país A e vendido no país B, haverá um ganho para essa empresa igual a diferença entre os preços ($P_2 - P_1$). Logo, a demanda (D) por aço no país A irá aumentar (de D_1 para D_2), elevando seu preço nesse país (de P_1 para P). Também, a oferta de aço no país B irá aumentar de O_1 para O_2), reduzindo o preço do aço nesse país (de P_2 para P). Esse processo terminará quando os preços nos dois países, A e B, se igualarem, ou seja, atingir o preço P, supondo que os preços sejam expressos na mesma moeda.

Figura 16.9. Processo de arbitragem entre dois países que adotam a mesma moeda

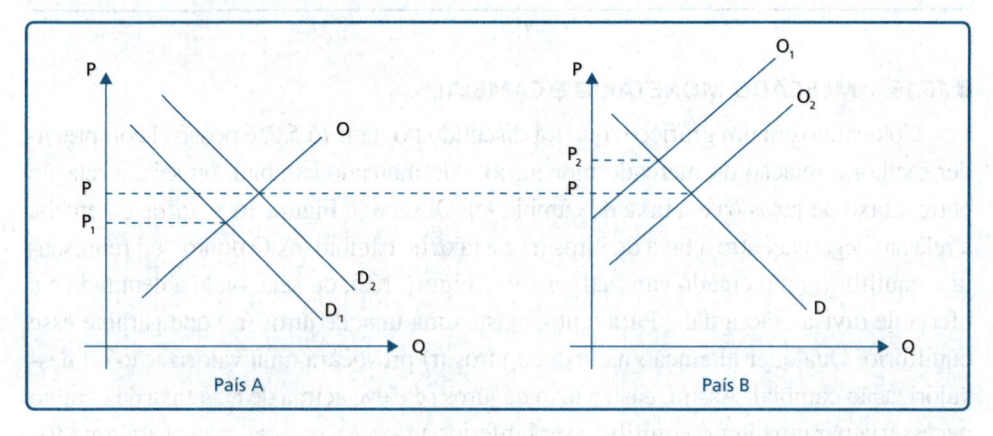

Quando o preço no país A é dado em uma moeda e o preço do país B é dado em outra moeda, segundo a lei do preço único, para compará-los deve-se utilizar a taxa de câmbio entre as moedas. Logo, o preço no país A (P_A) será igual ao preço do país B (P_B) multiplicado pela taxa de câmbio (e), considerando uma arbitragem perfeita (versão forte ou absoluta da paridade do poder de compra). Assim:

$$PA = e \times PB \quad (I)$$

Caso a arbitragem não seja absoluta, significa que a lei do preço único não é perfeita. Assim, para comparar os preços dos dois países, deve-se acrescentar a taxa de paridade real (t) entre eles.

$$PA = t \times e \times PB \quad (II)$$

Quando t é igual a unidade, diz-se que a arbitragem é perfeita e consideramos a função (I) acima.

Como foi definido no item 16.3 e adaptando a esse exemplo, a taxa de câmbio real (E) aproximada será:

$$E = e \times PB / PA$$

Ou: $PA = (1/E) \times e \times PB$
Logo: $1/E = t$ ou $E = 1/t$

■ 16.17. QUESTÕES

1. (Economista — Ministério das Cidades — UFRJ — NCE — 2005) Um argumento a favor da taxa de câmbio flexível é:
a) Reduz a incerteza e estimula o comércio internacional;
b) Libera a política monetária para outros propósitos que não a manutenção da taxa de câmbio;
c) Reduz a taxa de inflação;
d) Reduz a volatilidade da taxa de câmbio;
e) Permite a acumulação de reservas internacionais.

2. (Economista — Petrobras — CESGRANRIO — 2005) A condição de paridade descoberta da taxa de juros compara a taxa de juros doméstica com a taxa de juros do resto do mundo mais a:
a) Desvalorização esperada da taxa de câmbio.
b) Desvalorização contratada da taxa de câmbio na bolsa de futuros.
c) Valorização esperada da taxa de câmbio.
d) Valorização contratada da taxa de câmbio na bolsa de futuros.
e) Paridade do poder de compra.

3. (ANPEC — 2011) O país A transaciona bens com os países B e C, sendo 60% de seu comércio exterior realizado com o país B e 40% com o país C. Os seguintes dados para os anos 1 e 2 são conhecidos:

	ANO 1	ANO 2
■ Preço de uma unidade da moeda do país B em unidades da moeda do país A (média no ano)	2,00	2,40
■ Preço de uma unidade da moeda do país C em unidades da moeda do país A (média no ano)	4,00	3,60
■ Índice de preço do país A (média no ano)	100	110
■ Índice de preço do país B (média no ano)	50	50
■ Índice de preço do país C (média no ano)	100	115

Com base nessas informações, julgue as seguintes afirmativas:
0) No ano 2, a moeda do país A desvalorizou-se 20%, em termos reais, em relação à moeda do país B.
1) Para as economias em questão, a condição de paridade do poder de compra não é válida no curto prazo, mas pode ser válida no longo prazo.
2) Com base na evolução da taxa de câmbio efetiva real, no ano 2 houve uma depreciação real da moeda do país A.
3) Se as exportações líquidas totais do país A tiverem diminuído entre os anos 1 e 2, pode-se afirmar, com certeza, que a condição de Marshall-Lerner não é satisfeita para esse país.
4) Suponha que: (i) a condição de paridade descoberta da taxa de juros seja válida para os países em questão; (ii) as taxas de câmbio observadas no ano 2 coincidam com os valores previstos no ano anterior (isto é, não ocorreram erros de previsão em relação à evolução das taxas de câmbio no período); (iii) os títulos de renda fixa vendidos em cada país têm

suas taxas de juros denominadas na moeda do respectivo país. Então, pode-se afirmar que, no ano 1, a taxa de juros de um título de 1 ano vendido no país A era maior do que a taxa de juros de um título de risco e prazo equivalentes vendido no país C.

4. (Polícia Federal — CEBRASPE — 2000) A mensuração da produção agregada, o desenho de políticas macroeconômicas, a análise dos desequilíbrios externos e o processo de desenvolvimento econômico podem ser mais bem compreendidos com a ajuda da moderna teoria econômica. Utilizando os conceitos essenciais dessa teoria, julgue os itens abaixo.
   a) Ao se mensurar o Produto Interno Bruto (PIB) a partir da ótica da despesa, devem-se excluir as exportações porque elas não representam gastos dos agentes econômicos domésticos.
   b) No tocante à utilização de políticas fiscais contracionistas, o efeito multiplicador de uma redução das transferências governamentais é superior àquele que seria obtido por meio de um aumento equivalente da tributação.
   c) Se o mercado antecipar uma depreciação do real em 30% com relação ao dólar norte-americano, então reais serão vendidos imediatamente, provocando, assim, a depreciação imediata desta moeda.
   d) No passado recente, o desequilíbrio do setor público, no Brasil, traduziu-se em aumentos das taxas de juros domésticos e na apreciação da moeda nacional, contribuindo, assim, para aumentar o déficit do balanço comercial.
   e) Os custos comparativos na produção e a magnitude da demanda nos mercados externos determinam as taxas de câmbio dos Produtos comercializáveis.

5. (Agente da Polícia Federal — CEBRASPE — 2002)
Inflação em baixa com queda do dólar
A queda do dólar desde o final de outubro de 2001 já fez a dívida pública recuar 2,4 pontos percentuais do PIB, calcula o economista Odair Abate, do Lloyds TSB. Considerando a cotação da moeda americana de ontem, abaixo da média do ano, a dívida pública cairia abaixo de 54% do PIB, patamar em que o governo pretendia estabilizá-la. No fechamento de outubro, o dólar valia R$ 2,78. Ontem, estava em R$ 2,33. Foi a menor cotação desde o fim de junho, abaixo da média do ano, que foi de R$ 2,349.
O efeito positivo sobre a dívida pública e sobre a inflação, aparentemente, tem sido o motivo de o Banco Central do Brasil (BACEN) deixar o fluxo de recursos derrubar a cotação sem nenhuma interferência. Ontem, continuou a venda dos US$ 50 milhões diários, assim como a rolagem de papéis cambiais.
A primeira prévia do IGP-M de dezembro confirmou o impacto positivo sobre a inflação, com índice de 0,16%, bem abaixo dos 0,78% do primeiro decêndio de novembro. Para Abate, o índice ficou abaixo do esperado, observando que o Índice de Preços no Atacado (IPA) registrou deflação de 0,7%. Curiosamente, a pesquisa de expectativas do BACEN mostrou piora nas previsões de inflação. "Observando as previsões dos Top 5 — instituições com maior porcentagem de acerto das previsões de acordo com o BACEN, as expectativas de inflação para 2002 caem ou ficam estáveis", destacou Abate.
Alguns analistas acreditam que, além dos efeitos positivos sobre contas públicas e preços, outra razão para que o Bacen esteja longe de iniciativas para conter a queda do dólar — e até contribuindo para sua queda — seja a criação de uma "reserva anticrise", uma folga que pode ser consumida se a Argentina desembocar mesmo em uma moratória e provocar nervosismo no mercado.
A consequência negativa deve ser o efeito sobre a balança comercial, ainda não muito bem dimensionado pelo mercado. Por enquanto, os bancos mantêm a expectativa de saldo positivo em torno de US$ 4,5 bilhões em 2002, mas devem reduzir suas previsões se o dólar continuar a cair. A média das previsões colhidas pelo BACEN nesta semana subiu de US$ 4,75

bilhões para US$ 4,8 bilhões. "É cedo para dizer se esse nível de câmbio é sustentável. O mais provável, dado o déficit em conta corrente, é que a taxa volte para níveis de R$ 2,50", afirma Marcelo Audi, da Merrill Lynch.

O Lloyds ainda não revisou a expectativa de superávit da balança comercial para o próximo ano, porque a taxa está mudando muito rapidamente. "Vamos esperar mais um pouco antes de mudar as previsões". A rapidez da queda de câmbio provocou desde outubro sucessivas revisões nas previsões dos bancos. A desvalorização do real no ano, que já chegou a superar 42%, ontem estava em 19%.

Tatiana Bautzer. Internet: <http://www.valor.com.br/valoreconomico/materia>.
Acesso em 11-12-2001 (com adaptações).

Considerando as informações do texto anterior, julgue os itens subsequentes.
   a) No segundo parágrafo, a afirmação "O efeito positivo sobre a dívida pública e sobre a inflação, aparentemente, tem sido o motivo de o Banco Central do Brasil (BACEN) deixar o fluxo de recursos derrubar a cotação sem nenhuma interferência" está relacionada à interação dos efeitos dos instrumentos de políticas monetárias, cambiais e fiscais sobre o valor nominal da dívida pública consolidada.
   b) A constante queda do dólar só tem ocorrido devido ao fato de o Brasil adotar o regime de bandas cambiais, também conhecido como flutuação suja.
   c) Os efeitos da desvalorização do dólar ante o real encarecem os Produtos brasileiros no exterior, podendo provocar consequências negativas sobre a balança comercial.
   d) Como o câmbio denota uma relação de valor entre os preços dos Produtos nacionais e os internacionais, a apreciação do real deverá elevar os índices de inflação nos próximos meses.
   e) A redução do percentual expresso pela relação entre a dívida pública e o Produto Interno Bruto é vista como um sinal negativo pelos investidores externos, uma vez que demonstra menor capacidade de captação por parte do Brasil.

6. (Diplomacia — CEBRASPE — 2009) Julgue (C ou E) os itens que se seguem, relativos a regimes cambiais.
   a) Em regime de câmbio fixo, o mercado define o valor da taxa de câmbio, e a autoridade monetária determina o nível das reservas internacionais do país.
   b) Em regime de câmbio fixo, a autoridade monetária tem poder limitado na determinação da política monetária.
   c) Nos anos 90 do século XX, em alguns países da América Latina, foram usadas âncoras cambiais como instrumento de estabilização de preços.

7. (Auditor fiscal do Governo da Bahia — FCC — julho/2004) É condição indispensável para que o Banco Central possa administrar bem um regime de taxas fixas de câmbio:
   a) uma política fiscal extremamente austera.
   b) uma política monetária extremamente flexível.
   c) a adesão à sistemática de metas de inflação.
   d) a manutenção de um nível adequado de reservas internacionais.
   e) uma política monetária extremamente austera.

8. (Companhia Estadual de Água e Esgoto do Rio de Janeiro — CEDAE — CEPERJ — 2009) Uma desvalorização nominal da moeda significa que:
   a) os produtos nacionais estão mais baratos em relação aos produtos estrangeiros.
   b) é necessário menos moeda estrangeira para se comprar a moeda nacional.
   c) a moeda nacional se valorizou em termos de moeda estrangeira.

d) os produtos nacionais estão mais caros em relação aos produtos estrangeiros.
e) o governo aumentou seus gastos correntes.

9. (Analista em Regulação – Especialista em Administração, Ciências Contábeis e Economia – ANS –FCC – 2007) A desvalorização real da taxa de câmbio de um país, tudo o mais permanecendo constante, tem como consequência
   a) diminuir o volume de importação de bens e serviços.
   b) estimular a saída de capitais estrangeiros.
   c) diminuir o volume de exportação de bens e serviços.
   d) desestimular a entrada de capitais estrangeiros.
   e) diminuir o serviço da dívida externa.

10. (Metrô – FCC – 2010) Uma desvalorização da taxa de câmbio da economia, caso seja válida a condição de Marshall-Lerner, provocará:
   a) aumento das importações.
   b) equilíbrio no balanço de pagamentos.
   c) diminuição das exportações.
   d) decréscimo da entrada de capitais estrangeiros no país.
   e) aumento das exportações líquidas.

11. (Analista Judiciário – Economia – TRT 4ª – FCC – 2006) O saldo da balança comercial de um país é tanto maior quanto
   a) menor for a taxa de juros doméstica em relação à taxa de juros dos demais países.
   b) maior for a renda nacional em relação à renda dos demais países.
   c) piores forem os termos de troca.
   d) menor for a valorização da moeda nacional em relação à moeda estrangeira.
   e) menor for a renda do resto do mundo em relação à renda nacional.

12. (Tribunal de Justiça do Estado do Pará – FCC – 2009) Considere as afirmativas a seguir.
   I. Países que adotam a política de câmbio fixo e estão enfrentando um déficit na balança comercial devem promover uma desvalorização cambial para alcançar o equilíbrio comercial.
   II. A teoria da paridade do poder de compra propõe que a taxa nominal de câmbio deve variar em proporção tal que a taxa de câmbio real se mantenha fixa e, dessa maneira, seja possível manter a trajetória do saldo comercial do país.
   III. A adoção de uma política de taxas de câmbio flexíveis é condição necessária e suficiente para garantir o equilíbrio da balança comercial de um país.
É correto o que se afirma APENAS em
   a) I e II.
   b) I e III.
   c) II e III.
   d) II.
   e) III.

13. (Diplomacia – CEBRASPE – 2003) A teoria da paridade do poder de compra afirma que, no longo prazo, diferenças de preços entre países, para os mesmos produtos, não são sustentáveis em razão da possibilidade de arbitragem. Explique o funcionamento desse processo de arbitragem e analise suas implicações para a determinação da taxa de câmbio de longo prazo. Discuta, também, os pressupostos e limites dessa teoria.

14. (Diplomacia — CEBRASPE — 2003) "Um aumento nos níveis de produtividade na indústria brasileira conduzirá a uma apreciação do Real". Avalie essa proposição, utilizando as curvas de oferta e demanda de divisas.

15. (Economista — CEB — FUNIVERSA — 2010) Para construir um modelo da taxa de câmbio real, em uma economia aberta, combinamos as relações entre exportações líquidas e taxa de câmbio real com o modelo de conta corrente. Verificamos que duas forças determinam a taxa de câmbio real. Assim, mediante o exposto, assinale a alternativa correta.
a) A taxa de câmbio real não está relacionada com o saldo da balança comercial.
b) A conta corrente deve compensar a conta de capital, o que significa que a conta corrente deve ser igual à diferença entre a poupança e o investimento.
c) Quanto mais baixa a taxa de câmbio real, mais baratos os bens produzidos internamente em comparação com os bens estrangeiros, e menor a demanda líquida de exportações.
d) A poupança não é determinada pela função consumo e pela política fiscal.
e) O investimento é determinado pela função investimento, mas não é pela taxa de juros mundial.

16. (Economista — CEB — FUNIVERSA — 2010) Quando o governo reduz a poupança nacional, aumentando suas despesas ou diminuindo os impostos, em uma economia aberta, mediante a utilização de Política Fiscal Interna Expansionista, proporciona reflexo na taxa de câmbio real. Mediante tal fato, assinale a alternativa correta.
a) Ocorrerá uma redução de Poupança (S) – Investimento (I): (S – I) e, portanto, nas exportações líquidas (NX), ou seja, a queda da poupança provoca uma tendência ao déficit na conta corrente.
b) A mudança na política fiscal desloca a reta Poupança (S) – Investimento (I): (S – I), para a direita, aumentando a oferta de dólares a serem investidos no exterior.
c) A oferta maior de dólares provoca um aumento no nível de equilíbrio da taxa de câmbio real de ε_1 para ε_2, isto é, o dólar se valoriza.
d) Em decorrência do aumento no valor do dólar, os bens produzidos internamente tornam-se mais baratos em relação aos produtos importados, o que, por sua vez, reduz as exportações e aumenta as importações.
e) Uma política fiscal expansionista reduz a poupança nacional, aumenta a oferta de dólares e reduz a taxa de câmbio real de equilíbrio.

17. (Analista Sênior — Orçamento e Finanças — APEX Brasil — FUNIVERSA — 2006) Assinale a alternativa que associa corretamente o efeito esperado de alterações nas taxas de câmbio de acordo com as teorias de economia internacional.
a) Se a taxa de câmbio de reais por dólar aumentar as exportações tendem a diminuir.
b) Se a taxa de câmbio de reais por dólar aumentar as importações tendem a se estabilizar.
c) Se a taxa de câmbio de reais por dólar aumentar as exportações tendem a aumentar.
d) Se a taxa de câmbio de reais por dólar diminuir as exportações tendem a se estabilizar.
e) Se a taxa de câmbio de reais por dólar aumentar as exportações tendem a se estabilizar.

18. (Analista Judiciário — Economia — STM — CEBRASPE — 2011) Com relação às políticas econômicas, que normalmente tendem a ter efeitos de curto e longo prazo na economia, julgue os itens subsequentes.
a) A depreciação do real, verificada nesses últimos meses, deve-se ao excessivo déficit público e, consequentemente, à manutenção de elevadas taxas de juros reais.
b) Atualmente, a economia brasileira vive um período de "déficits gêmeos", em que um desequilíbrio fiscal tende a causar um desequilíbrio nas transações correntes do balanço de pagamentos.
c) A imposição de cotas de importações para alguns produtos é uma medida inócua, a longo prazo, para combater déficits na balança comercial provenientes de valorizações cambiais.

19. (Economista — EMBRATUR — FUNIVERSA — 2011) Com relação aos sistemas de taxas de câmbio fixas e flexíveis/flutuantes, assinale a alternativa correta.
a) No sistema de taxa de câmbio fixa, o Banco Central não é obrigado a disponibilizar as reservas cambiais.
b) A taxa de câmbio flutuante não é o único instrumento de ajuste dos fluxos externos e de equilíbrio do Balanço de pagamentos, tanto em transações correntes quanto em movimento de capital.
c) No sistema de taxa de câmbio flexível, as reservas cambiais estão menos protegidas de ataques especulativos.
d) No sistema de câmbio flexível, a taxa de câmbio não fica dependente da volatilidade dos mercados financeiros nacional e internacional.
e) No sistema de câmbio flexível, a taxa de câmbio não tem dificuldade de controle das pressões inflacionárias, devido às desvalorizações cambiais.

20. (Diplomacia — CEBRASPE — 2011) A regulação dos fluxos externos está associada à utilização de instrumentos — cambiais ou não — considerados mais ou menos eficazes, conforme seus objetivos e suas respectivas circunstâncias. A respeito da utilização de tais instrumentos, julgue (C ou E) o próximo item.
De acordo com a teoria cambial básica, com taxas flutuantes e mercado similar ao de concorrência perfeita, os déficits no balanço de pagamentos provocariam apreciação real da taxa de câmbio, e os superávits, depreciação, o que conduziria ao equilíbrio do balanço de pagamentos.

21. (Economista — Petrobras — 1997) Um país, cuja taxa de câmbio nominal tenha sofrido uma desvalorização de 180%, tendo os preços internos no mesmo período aumentado de 150%, e os preços externos não tenham sofrido variação, teve sua taxa de câmbio:
a) depreciada em 20%.
b) depreciada em 12%.
c) apreciada em 20%.
d) apreciada em 20%.
e) apreciada em 30%.

22. (Bacen — CESGRANRIO — 2010) Se as importações de um país forem maiores que suas exportações, a(s)
a) Moeda do país tenderá a se desvalorizar em relação à moeda estrangeira.
b) Balança comercial será deficitária.
c) Economia do país tenderá à recessão.
d) Conta corrente do balanço de pagamentos será deficitária.
e) Reservas de divisas internacionais diminuirão.

23. (BNDES — CESGRANRIO — 2008) Os residentes de certo país recebem liquidamente renda do exterior. Então, necessariamente,
a) o país tem déficit no balanço comercial.
b) o país está atraindo investimentos externos.
c) o PNB do país é maior que seu PIB.
d) a taxa de juros doméstica está muito baixa.
e) ocorrerá uma valorização da taxa de câmbio.

24. (IBGE — CESGRANRIO — 2010) No caso do regime cambial flutuante, o Banco Central do país
a) acumula continuamente reservas em moeda estrangeira.
b) é obrigado a ter reservas em moeda estrangeira.
c) pode provocar alterações na taxa de câmbio real ao elevar a taxa de juros doméstica.

d) perde o controle sobre a política monetária doméstica.
e) intervém no mercado de moeda estrangeira para manter a taxa cambial desejada.

25. (BNDES — CESGRANRIO — 2009) O gráfico a seguir mostra o efeito, ao longo do tempo, de uma depreciação cambial da moeda do país, no tempo t, sobre seu balanço comercial. A partir de t e de uma situação inicial de equilíbrio no balanço comercial, há tendência ao déficit e, depois, ao superávit comercial.

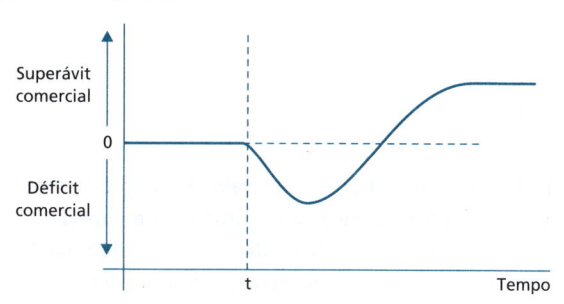

Este processo de ajuste dinâmico é chamado de
a) senhoriagem.
b) bolha especulativa.
c) ilusão monetária.
d) *overshoot* cambial.
e) curva em J.

26. (Diplomacia — CEBRASPE — adaptada — 2010) Julgue o item abaixo.
A desvalorização da moeda acarreta necessariamente a melhora da balança comercial, tanto no longo quanto no curto prazo.

27. (Consultor do Executivo — SEFAZ/ES — CEBRASPE — adaptada — 2010) Acerca dos regimes cambiais, julgue os itens a seguir:
a) O sistema cambial brasileiro é do tipo flutuante. O Bacen faz intervenções ocasionais e as transações do mercado de câmbio são efetuadas por bancos, corretoras e outras instituições por ele autorizadas.
b) No regime de câmbio fixo, o Bacen estabelece o preço internacional da moeda nacional e, para sustentar a paridade, se compromete a comprar ou vender moeda a determinada taxa.
c) No regime de câmbio flutuante, a taxa cambial é formada pela interação entre demandantes e ofertantes de moeda estrangeira.
d) O Bacen tem competência para garantir a estabilidade relativa das taxas de câmbio e o equilíbrio no balanço de pagamentos, podendo promover contratação de empréstimos, além de representar o Brasil junto ao Fundo Monetário Internacional.
e) *Crawling peg* é o sistema de câmbio em que a taxa de câmbio se mantém fixa, embora possa, eventualmente, ser alterada pela autoridade monetária, desde que não configure minidesvalorizações.
f) No sistema de *currency board*, a autoridade monetária assume o compromisso legal do câmbio da moeda nacional pela estrangeira, atuando como uma caixa de conversão.

28. (ECT — CEBRASPE — 2011) Julgue o item seguinte, relativo a conceitos de macroeconomia.
O regime de câmbio fixo é um sistema em que a autoridade monetária assume o compromisso legal de efetuar o câmbio de moeda nacional, a uma cotação fixa, por uma moeda estrangeira forte, denominada moeda âncora.

29. (BNDES — CESGRANRIO — 2011) Suponha que as taxas de juros vigentes no país e no exterior sejam, respectivamente, 1,5% ao mês e 1% ao mês; e a taxa de câmbio *spot* vigente no mercado seja de 2 R$/US$. Se houver oportunidade de arbitragem perfeita, ou seja, na ausência de barreiras à movimentação de capitais e de custos de transação, a taxa de câmbio R$/US$, para a compra e venda de dólar a termo com prazo de um mês, será dada pela expressão

   a) 2 − (1,015) × 1,01
   b) 2 × (1,015) × (1,01)
   c) 2 ÷ (1,015) × (1,01)
   d) 2 × (1,015) ÷ (1,01)
   e) 2 + (1,015) × (1,01)

30. (BNDES — CESGRANRIO — 2011) Há uma desvalorização cambial real da moeda de certo país, cuja conta corrente do balanço de pagamentos (CC) é superavitária. Considerando as defasagens das reações econômicas, o efeito da desvalorização na CC tende a seguir um padrão conhecido como "curva em J", o qual consiste no superávit

   a) aumentar a curto e a longo prazos.
   b) aumentar a curto prazo e diminuir a longo prazo.
   c) diminuir a curto prazo e aumentar a longo prazo.
   d) diminuir a curto e a longo prazos.
   e) manter-se a curto prazo e diminuir a longo prazo.

31. (Gestor público municipal — Prefeitura de São José dos Campos — VUNESP — 2012) Se um euro compra 1,30 dólares americanos e a inflação é pequena na Europa e nos Estados Unidos, pode-se afirmar que

   a) houve uma desvalorização de moedas.
   b) a moeda americana valorizou-se em relação ao euro.
   c) os produtos europeus estão mais baratos para os americanos.
   d) os produtos americanos estão mais caros para os europeus.
   e) os produtos americanos estão mais baratos para os europeus.

32. (Supervisor de Pesquisas — IBGE — Geral — CONSULPLAN — 2011) Julgue a afirmativa.
Uma desvalorização da moeda brasileira tende a afetar positivamente as exportações líquidas brasileiras, tudo mais constante.

33. (Analista de Projetos — Econômico-Financeira — FUNDATEC — 2017) A taxa de câmbio é a relação entre duas moedas e pode estimular ou desestimular as trocas internacionais, ou seja, movimentos de mercadorias, serviços e capitais entre os países. É a administração da taxa de câmbio para garantir o funcionamento regular do mercado.
Atuar no sentido do funcionamento regular do mercado cambial, da estabilidade relativa das taxas de câmbio e do equilíbrio no balanço de pagamentos é função:

   a) Do Fundo Monetário Internacional.
   b) Do Ministério da Fazenda.
   c) Das Corretoras de Valores Mobiliários e das Casas de Câmbio.
   d) Do Ministério das Relações Exteriores.
   e) Do Banco Central do Brasil.

34. (Analista — FUNPRESP — Investimentos — CEBRASPE — 2016) Julgue o item subsequente, com relação à taxa de câmbio e aos regimes cambiais.
A depreciação do peso argentino frente ao real pode reduzir as exportações dos produtos brasileiros para a Argentina, desconsiderados os efeitos da inflação nos dois países.

35. (Analista Previdenciário — MANAUSPREV — Economia — FCC — 2015) Um dos principais problemas de países primário-exportadores consiste obter divisas estrangeiras para financiar suas importações de forma sustentada e sistemática. Para tanto, é fundamental considerar o papel da taxa de câmbio real como um dos mais relevantes indicadores de comércio internacional de cada nação. Portanto,
a) a capacidade de importar de um país é dada pela razão exportações/produto interno bruto.
b) uma taxa de câmbio real elevada significa um duplo efeito negativo sobre a balança de comércio, uma vez que indica que os preços no mercado internacional estão mais baixos do que no mercado interno, gerando baixos influxos de divisas via exportações e elevadas importações.
c) uma apreciação da taxa de câmbio nominal apenas gera resultados negativos sobre a balança comercial se não for acompanhada por uma elevação proporcional dos preços dos bens exportados pelo país no mercado internacional ou por uma queda proporcional do nível de preços doméstico.
d) quanto menos diversificada for a pauta de importações de um país, menos vulnerável se torna a economia, pois o produto importado pode ser rapidamente substituído por produção doméstica.
e) a hipótese da deterioração dos termos de troca sugere que países exportadores de produtos com alto conteúdo tecnológico tendem a se tornar cada vez mais dependentes de produtos primários e, por isso, mais sujeitos a crises de balanço de pagamentos com maior volatilidade da taxa de câmbio real.

36. (Auditor — TCE-CE — FCC — 2015) Em um país grande com intenso fluxo de capitais, o efeito de uma queda das taxas de juros é uma
a) depreciação cambial e redução da balança comercial (X – M).
b) depreciação cambial e aumento da balança comercial (X – M).
c) apreciação cambial e redução da balança comercial (X – M).
d) apreciação cambial e aumento da balança comercial (X – M).
e) apreciação cambial e aumento do déficit público.

37. (Economista — CADE — CEBRASPE — 2014) Julgue o item a seguir acerca de câmbio, blocos econômicos, organismos multilaterais e fluxos financeiros internacionais.
Os fluxos financeiros são afetados por expectativas e políticas cambiais e monetárias das diferentes economias. Por isso, quando a taxa de juros de um país é superior às taxas de juros dos demais países, espera-se por um fluxo negativo de recursos em direção ao país com taxa de juros mais elevada.

38. (Economista — SMTR-RJ — SMA-RJ (antiga FJG) — 2016) Diante de uma depreciação cambial, o déficit comercial pode piorar inicialmente devido à existência de contratos, previamente, fixados que manterão as quantidades exportadas e importadas constantes. Com o passar do tempo, as exportações aumentam e as importações diminuem, reduzindo o déficit comercial. A

balança comercial, então, melhora além de seu nível inicial. Os economistas referem-se a esse processo de ajuste como:
a) condição de Marshall-Lerner
b) armadilha da liquidez
c) curva de Laffer
d) curva J

39. (Auditor-Fiscal de Receitas Estaduais – SEFA-PA – UEPA – 2013) Considerando a oferta e a demanda de divisas e que a taxa de câmbio real, na cotação do incerto, é dada pelo produto entre a taxa de câmbio nominal (e) e a razão entre o nível de preço externo e interno (P*/P), analise afirmativas abaixo e assinale a alternativa correta.
I. Uma desvalorização real tem efeitos positivos sobre a vinda de turistas estrangeiros para o país e sobre a oferta no mercado de divisas, *coeteris paribus*.
II. Sendo a taxa de câmbio nominal o preço relativo entre duas moedas, quando a moeda nacional fica mais cara em relação à moeda estrangeira tem-se uma desvalorização nominal, *coeteris paribus*.
III. A taxa real de câmbio é uma paridade entre produtos (bens e serviços), ao passo que taxa nominal de câmbio é uma paridade entre moedas.
IV. Com o aumento do diferencial entre a taxa de juros nacional e a taxa de juros estrangeira, mantida a razão entre o nível de preço externo e interno, há uma tendência para a elevação da taxa real de câmbio.
V. Uma recessão no resto do mundo tem o mesmo efeito que uma queda nos preços nacionais sobre a taxa de câmbio.
A alternativa que contém todas as afirmativas corretas é:
a) III, IV e V
b) I e III
c) I, II e V
d) II, III e IV
e) IV e V

40. (Fiscal de Receitas Estaduais – SEFA-PA – UEPA – 2013) Considerando a oferta e a demanda de divisas e que a taxa de câmbio real, na cotação do incerto, é dada pelo produto entre a taxa de câmbio nominal (e) e a razão entre o nível de preço externo e interno (P*/P), analise as afirmativas abaixo e identifique-as em Verdadeiro ou Falso:
( ) Uma desvalorização real terá efeitos positivos sobre as exportações.
( ) Uma elevação da taxa de câmbio nominal terá efeitos positivos sobre as exportações.
( ) A taxa nominal de câmbio é uma paridade entre moedas, enquanto a taxa real de câmbio é uma paridade entre produtos (bens e serviços).
( ) Se o diferencial entre a taxa de juros nacional e a taxa de juros estrangeira aumenta, há uma tendência para a queda da taxa de câmbio.
( ) Aumentos da renda do país estrangeiro têm o mesmo efeito que um aumento de preços nacionais sobre a taxa de câmbio.
A sequência correta é:
a) V, F, F, F, V
b) V, V, V, V, F
c) V, V, V, F, F
d) V, V, V, V, V
e) F, F, V, V, F

41. (Auditor do Tribunal de Contas da União — CEBRASPE — 2007) Em um mundo onde o comércio entre países é cada vez mais intenso, o estudo da economia internacional é crucial para o entendimento das questões econômicas. Com relação a esse assunto, julgue os itens

A fixação das taxas de câmbio reduz os riscos inerentes ao comércio internacional, porém, sacrifica a capacidade do Banco Central de utilizar políticas fiscais e monetárias para garantir a estabilidade econômica.

42. (Consultor Legislativo (SEN) — Economia — Política Econômica — CEBRASPE — 2002) No que se refere às relações financeiras com o resto do mundo, julgue o item que se segue.

Em um país onde prevalece um regime de taxa de câmbio fixa, a elevação do nível de preços acarretará em redução da demanda e do produto.

43. (Consultor Legislativo (SEN) — Economia — Política Econômica — CEBRASPE — 2002) Julgue o item em seguida.

Em um regime de câmbio fixo, a quantidade de reservas internacionais possuídas pelo Banco Central do Brasil (BACEN) não afeta as expectativas dos agentes econômicos com relação a manutenção da estabilidade da taxa de câmbio.

44. (Consultor do Executivo — SEFAZ-ES — Ciências Econômicas — CEBRASPE — 2008) A macroeconomia, que permite avaliar o desempenho da economia como um todo, centra-se na análise dos grandes agregados macroeconômicos.

Com relação a esse assunto, julgue o item subsequente.

Os sistemas de flutuação administrada da taxa de câmbio, utilizados atualmente em muitos países, combinam características do regime de taxas de câmbio flexíveis com intervenções esporádicas dos bancos centrais, no intuito de reduzir a volatilidade cambial.

45. (Auditor-Fiscal de Receitas Estaduais — SEFA-PA — UEPA — 2013) No que se refere à taxa de câmbio, analise as afirmativas abaixo e assinale alternativa correta.
  I. Paridade de poder de compra (PPC) significa fazer desvalorizações nominais para compensar a valorização real causada pela inflação, de maneira a manter o câmbio real constante. Se a razão entre os preços do país A e do país B é dada pela lei do preço único, o câmbio real é igual a um.
  II. Quando o regime de câmbio é fixo, quanto mais elevado for o nível das reservas internacionais, maior a capacidade de a autoridade monetária manter inalterada a taxa de câmbio se o mercado cambial tiver escassez de oferta de divisas.
  III. Uma valorização real da moeda nacional, na cotação do incerto, gera uma tendência a um superávit na balança comercial.
  IV. Um aumento nos juros pagos pelo depósito em uma moeda faz com que essa moeda se aprecie em relação às moedas estrangeiras.
A alternativa que contém todas as afirmativas corretas é:
  a) I, II, III e IV
  b) I, III e IV
  c) II e III
  d) I, II e IV
  e) II, III e IV

46. (Analista Júnior TRANSPETRO/CESGRANRIO/2018) Admita que i seja a taxa de juros de curto prazo no Brasil (a meta anual da taxa SELIC.); i*, a taxa de juros de curto prazo nos Estados Unidos (utilizada como indicador da taxa de juros anual internacional); e, a taxa de câmbio

R$/US$ no mercado à vista no Brasil; e eF, a taxa de câmbio R$/US$ negociada no mercado a termo para 360 dias, usada como indicador da expectativa de variação cambial ao longo desse período. Admita, hipoteticamente, que o risco-Brasil seja nulo, e que os indicadores informados, hoje, sejam:

i* = 1,50% a.a.;
e = R$ 3,20/US$;
eF = R$ 3,29/US$

Com base nesses indicadores e considerando-se válida a hipótese da paridade a descoberto da taxa de juros, a taxa de juros de curto prazo i (meta anual da taxa SELIC.), no Brasil, deveria ser hoje de
a) 4,31%
b) 4,70%
c) 4,79%
d) 6,50%
e) 6,75%

47. (FUNDEP — Analista de Fiscalização e Regulação (ARISB MG)/Ciências Econômicas/2019) As transações econômico-financeiras entre residentes e não residentes no país se refletem no mercado de câmbio, por meio da demanda e da oferta de dólares.
Em relação ao mercado cambial é correto afirmar:
a) Um aumento na demanda pelas exportações brasileiras reduziria a oferta de dólares no mercado cambial.
b) Um aumento da taxa de juros no Brasil em relação à taxa de juros no exterior estimularia a saída de recursos e, como consequência, um aumento na oferta de dólares no mercado cambial.
c) Para estimular as importações, o governo deveria induzir uma queda na taxa de câmbio.
d) A taxa de câmbio é determinada no mercado de títulos públicos.

48. (CONSULPAM — Auditor-Fiscal de Tributos (Pref Viana ES)/Economia/2019) No contexto recente da economia brasileira a valorização cambial vem sendo utilizada como instrumento no combate à inflação. Mas a conservação desta política, contudo, tende a expor setores econômicos mais voltados ao mercado interno a um grau de concorrência crescente com empresas internacionais, o que pode vir a acarretar em queda do emprego e da renda internos. Um contexto de valorização cambial, no Brasil:
a) Reduzirá a dívida externa em dólar.
b) Trará importações mais baratas.
c) Valorizará os termos de troca.
d) Propicia o acesso de capitais internacionais.

49. (CONSULPAM — Auditor-Fiscal de Tributos (Pref Viana ES)/Economia/2019) O regime cambial de uma economia é a estrutura na qual a taxa de câmbio é gerada. Dentro de um modelo simplificado podemos dizer que um regime cambial pode ser fixo ou flutuante. No primeiro caso, o Banco Central estipula um valor fixo para a taxa de câmbio, vide início do Plano Real no Brasil, já no segundo, regime flutuante, a taxa de câmbio variará de acordo com as conjunturas de mercado. Saindo do modelo simplificado, dentro desses dois regimes, existem ainda tipos específicos. Sobre o comportamento dos regimes cambiais, NÃO podemos afirmar que:
a) O regime flutuante de moeda que apresenta mediações esporádicas por parte do Banco Central com a intenção de atenuar as oscilações especulativas da taxa de câmbio é conhecido por flutuação suja.

b) O maior benefício do regime fixo de câmbio é o de ele simplificar a tomada de decisão por parte dos agentes econômicos.
c) A taxa de câmbio nominal é o instrumento usado nas transações internacionais de troca de bens e serviços de uma nação por bens e serviços de outra nação.
d) No regime puro de flutuação das taxas de câmbio o Banco Central não executa operações de compra e venda de moedas estrangeiras.

50. (NEC UFMA — Economista (UFMA)/2019) A taxa de câmbio é a medida pela qual a moeda de um país qualquer pode ser convertida em moeda de outro país. A partir da referida definição e, tomando como base a tabela a seguir, pode-se concluir que:

Taxa de câmbio R$ por US$	Preço do suco de laranja em US$	Preço do suco de laranja em R$
2,00	4,00	8,00
1,00	4,00	4,00

Taxa de câmbio R$ por US$	Preço da gasolina em US$	Preço da gasolina em R$
2,00	0,50	1,00
1,00	0,50	0,50

a) Pelo lado das importações, quanto menor a taxa de câmbio, menor a quantidade que as firmas desejam importar e, portanto, menor a demanda por divisas.
b) Como a oferta de divisas depende das exportações, quanto menor a taxa de câmbio, maior a oferta de divisas e, quanto maior a taxa de câmbio, menor a oferta de divisas.
c) Pelo lado das importações, quanto maior a taxa de câmbio, maior a quantidade que as firmas desejam importar e maior, portanto, a demanda por divisas.
d) Quanto maior a taxa de câmbio, maior o volume que as firmas desejam exportar; quanto menor a taxa de câmbio, menor o volume que as firmas desejam exportar.
e) Quanto menor a taxa de câmbio, maior o volume que as firmas desejam exportar; quanto maior a taxa de câmbio, menor o volume que as firmas desejam exportar.

51. (NEC UFMA — Economista (UFMA)/2019) No regime cambial de taxas flutuantes, definidas pelo mercado, é CORRETO afirmar que:
a) O impacto de uma crise reflete-se no nível de reservas, bem como na massa monetária, sem impactar na variação da taxa de câmbio.
b) O BC não se obriga a comprar, se não quiser aumentar as reservas nem vender, se não quiser perdê-las.
c) Taxas flutuantes nunca trazem grande volatilidade ao mercado, o que permite melhor planejamento do comércio exterior.
d) Pela "calibragem" da taxa de câmbio, o BC usa-a como eficiente auxiliar no combate à inflação.
e) A taxa flutuante, dada sua baixa ou nula volatilidade, facilita o planejamento de longo prazo do cidadão, da empresa e do Governo.

52. (FEPESE — Economista (Pref Florianópolis)/2019) Uma decisão importante no âmbito macroeconômico é a escolha de um regime cambial.
Sobre essa decisão, é correto afirmar:

a) Em um regime de câmbio perfeitamente fixo, se a inflação for positiva, tem-se como resultado a desvalorização real da moeda doméstica.
b) Uma das vantagens de um regime de câmbio fixo é a conquista de uma política monetária autônoma, em que o Banco Central tem a prerrogativa de estabelecer metas inflacionárias e influenciar as taxas de juros.
c) Uma das vantagens de um regime de bandas cambiais é que, dado sua natureza intermediária (entre regime de câmbio fixo e flexível), o Banco Central não precisa intervir no mercado de moeda estrangeira.
d) A alternativa de um regime de câmbio fixo requer que o Banco Central possua níveis significativos de reservas para defender a rigidez do câmbio.
e) Em um regime de câmbio perfeitamente flexível, o Banco Central tem suas ações constrangidas em termos de política monetária, comprometendo-se com o valor da taxa de câmbio no mercado e abrindo mão de sua influência sobre a taxa de juros.

53. (CESGRANRIO — Economista (UNIRIO)/2019) Um aumento da taxa de juros doméstica, relativamente à taxa de juros no exterior, acarretaria, de imediato, a (o)
    a) valorização cambial de moeda doméstica em relação à estrangeira, caso o regime seja de taxa de câmbio flutuante.
    b) redução das reservas internacionais, caso o regime seja de taxa de câmbio fixa.
    c) redução das importações, caso o regime cambial seja de taxa de câmbio flutuante.
    d) expansão monetária doméstica, caso o regime cambial seja de taxa de câmbio flutuante.
    e) aumento das exportações, caso o regime cambial seja de taxa de câmbio fixa.

54. (CESGRANRIO — Economista (UNIRIO)/2019) Desde 1999, considerando-se a prática do sistema cambial em funcionamento no Brasil, identifica-se que se trata de um regime de
    a) câmbio fixo
    b) câmbio semifixo
    c) flutuação pura
    d) flutuação suja
    e) *currency-board*

55. (ACEP — Analista (Pref Aracati)/Políticas Públicas/2019) Com relação aos regimes cambiais, é correto afirmar que:
    a) no regime cambial de flutuação pura, a taxa de câmbio é determinada, exclusivamente, através das operações das forças de mercado.
    b) nos chamados conselhos de moeda (*currency boards*), o Banco Central intervém, basicamente, para evitar volatilidade excessiva da taxa de câmbio.
    c) no regime cambial de flutuação suja, a quantidade de moeda (primária) na economia é determinada pelos fluxos de oferta e demanda de moeda estrangeira.
    d) no regime de câmbio fixo, a paridade entre moeda doméstica e estrangeira é estabelecida pelas forças de mercado.

56. (CEBRASPE (CESPE) — Analista de Gestão de Resíduos Sólidos (SLU DF)/Economia/2019) Acerca das políticas monetária, fiscal e de comércio exterior, julgue o item a seguir.
A lei da oferta e da procura não se aplica à taxa cambial, porque essa taxa é administrada pelo Banco Central do Brasil.
    ( ) Certo
    ( ) Errado

57. (IADES — Diplomata (Terceiro Secretário)/2019) No que concerne a regimes de câmbio e a determinantes da política cambial, julgue o item a seguir.

Ao alienar reservas em moeda estrangeira, o Banco Central reduz a oferta de moeda doméstica disponível. Na ausência de operações de esterilização compensatórias, essa transação poderia ter como resultado a depreciação da moeda doméstica.
( ) Certo
( ) Errado

58. (IADES — Diplomata (Terceiro Secretário)/2019) No que concerne a regimes de câmbio e a determinantes da política cambial, julgue o item a seguir.

Em um regime de câmbio fixo, a taxa de câmbio definida pelo Banco Central será a taxa de equilíbrio quando se verificar a condição da paridade dos juros, ou seja, quando a taxa de juros doméstica for igual à taxa de juros estrangeira.
( ) Certo
( ) Errado

59. (COC UFAC — Economista (UFAC)/2019) São fatores de expansão da base monetária:
a) Vendas de títulos do governo ao público e expansão do redesconto.
b) Vendas de títulos do governo ao público e expansão das reservas cambiais.
c) Compras de títulos em poder do público e aumento do coeficiente de encaixe dos bancos.
d) Compras de títulos do governo em poder do público e expansão das reservas cambiais.
e) Compras de títulos do governo em poder do público e redução das reservas cambiais.

60. (IBFC — Analista Administrativo (EBSERH)/Economia/2020) Para intervir no mercado de divisas, o governo precisa ter clara qual deve ser a taxa de câmbio mais adequada à sua política econômica. Para isso, um dos critérios mais utilizados com o intuito de definir esse valor é o da *paridade* do poder de compra (PPC) da moeda. A respeito da PPC, analise as afirmativas abaixo.

I. A paridade do poder de compra da moeda (PPC) é um conceito baseado na Lei do Preço Único.
II. Segundo a PPC, em um mercado integrado, as mercadorias não apresentam um só preço, ou seja, um mesmo bem pode ser vendido a dois ou mais preços diferentes.
III. A Lei do Preço Único é válida no comércio internacional, desde que haja barreiras ao comércio.
IV. A PPC pode ser representada da seguinte forma: $P = q \times E \times P*$, onde P e P* são índices de preços doméstico e externo; E é a taxa de câmbio; e q é a taxa de paridade real.
V. A taxa de paridade real permite determinar a variação ocorrida na taxa de câmbio real e medida da desvalorização necessária.

Assinale a alternativa correta.
a) Apenas as afirmativas I, IV e V estão corretas
b) Apenas as afirmativas I, II, IV e V estão corretas
c) Apenas as afirmativas I, II, III e V estão corretas
d) Apenas as afirmativas I, III e IV estão corretas
e) As afirmativas I, II, III, IV e V estão corretas

61. (COPS UEL — Economista (Londrina)/Serviço de Economia/2019) Em relação ao mercado cambial e ao mercado de divisas, considere as afirmativas a seguir.

I. Empresas e órgãos governamentais ofertam divisas quando tomam dinheiro emprestado no exterior.
II. Filiais de empresas multinacionais demandam divisas quando desejam remeter lucros para suas matrizes.
III. O pagamento de juros de empréstimos contraídos no exterior e a saída (pagamento) de amortizações ofertam divisas.
IV. Exportadores de mercadorias demandam divisas no mercado cambial.

Assinale a alternativa correta.
a) Somente as afirmativas I e II são corretas.
b) Somente as afirmativas I e IV são corretas.
c) Somente as afirmativas III e IV são corretas.
d) Somente as afirmativas I, II e III são corretas.
e) Somente as afirmativas II, III e IV são corretas.

62. (VUNESP — Analista de Gestão (FITO)/Contabilidade/2020) É correto afirmar que
a) o Produto Interno Bruto de uma economia corresponde à soma dos valores de produção de todas as empresas do país durante o ano.
b) a curva de demanda é positivamente inclinada, ou seja, há uma relação crescente entre o preço e a quantidade procurada.
c) quando o preço do dólar sobe em relação ao real, uma das prováveis consequências é um aumento das exportações, a curto ou médio prazo.
d) a oferta de moeda é dada pelo somatório de toda a moeda manual em poder do público.
e) a demanda de um bem é considerada elástica quando, dada uma variação no preço, há uma variação menos que proporcional na quantidade procurada.

■ **GABARITO** ■

1. "b". As vantagens da taxa de câmbio flexível são:
— maior controle sobre as reservas cambiais, já que o Banco Central não precisará intervir vendendo e comprando divisas para manter o câmbio fixo;
— liberação de política monetária para outras finalidades que não sejam o controle de câmbio.
As desvantagens da taxa de câmbio flexível são:
— dependência e vulnerabilidade da taxa de câmbio em relação ao mercado financeiro nacional e internacional;
— menor controle sobre a inflação;
— aumento da incerteza e desestímulo ao comércio internacional.

2. "a". A condição de paridade descoberta da taxa de juros se define por: r = r* + risco-país + custos de transação + expectativa de desvalorização da taxa de câmbio, onde: r = taxa de juros interna e r* = taxa de juros externa. Considerando o risco-país = 0 e custo de transação = 0, então: r = r* + expectativas de desvalorização da taxa de câmbio.

3. F, V, F, F, F. Montando uma nova tabela, tem-se:

	ANO 1	ANO 2
$e_{A,B}$	2	2,4
$e_{A,C}$	4	3,6
$E_{A,B}$	1	1,09
$E_{A,C}$	4	3,76

$E_{A,B1} = e_{A,B} \times P_B/P_A$
$E_{A,B1} = 2 \times 50/100$
$E_{A,B1} = 1$
$E_{A,B2} = 2,4 \times 50/110$
$E_{A,B2} = 1,09090$
A taxa de câmbio do país A em relação a B se depreciou aproximadamente em 9%.

$E_{A,C1} = e_{A,C} \times P_C/P_A$
$E_{A,C1} = 4 \times 100/100$
$E_{A,C1} = 4$
$E_{A,C2} = 3,6 \times 115/110$
$E_{A,C2} = 3,7636$
A taxa de câmbio do país A em relação a C se apreciou aproximadamente em 24%.

0) **(F)** No ano 2, a moeda do país A desvalorizou-se 20%, em termos nominais, em relação à moeda do país B, ou seja, a taxa de câmbio nominal passou de 2 para 2,4, o que representa um aumento de 20% ou uma desvalorização de 20%. Já a taxa de câmbio real se elevou de 1 para 1,09, o que representa um aumento de 9% ou uma desvalorização de 9%.

1) **(V)** Para as economias em questão, a condição de paridade do poder de compra não é válida no curto prazo, já que a taxa de câmbio real se alterou para as duas economias, mas pode ser válida no longo prazo.

2) **(F)** Com base na evolução da taxa de câmbio efetiva real, no ano 2 houve uma apreciação real da moeda do país A. Observe o que ocorre com a taxa de câmbio ponderada para os dois países:
$E_1 = 60\% \times E_{A,B1} + 40\% \times E_{A,C1}$
$E_1 = 0,6 \times 1 + 0,4 \times 4$
$E_1 = 2,20$
$E_2 = 60\% \times E_{A,B2} + 40\% \times E_{A,C2}$
$E_2 = 0,6 \times 1,09 + 0,4 \times 3,76$
$E_2 = 1,94$
Logo, houve uma redução de 11,82% (=[1,94 − 2,20]/2,20), ou uma apreciação do câmbio real de 11,82%.

3) **(F)** Se as exportações líquidas totais do país A tiverem diminuído entre os anos 1 e 2, pode-se afirmar, com certeza, que a condição de Marshall-Lerner é satisfeita para esse país, já que uma apreciação do câmbio provoca uma redução das exportações e um aumento das importações.

4) **(F)** Pela paridade descoberta da taxa de câmbio, tem-se que:
$$\frac{e_{A,C1} - e_{A,C2}}{e_{A,C2}} = \frac{3,60 - 4}{4} = \frac{-0,4}{4} = -0,1$$
$\Delta e = i_A - i_C$
$\Delta e = -10\%$
$-10\% = i_A - i_C$
$i_C = i_A + 10\%$
Logo: $i_C > i_A$

4. F, F, V, V, V.

a) **(F)** O Produto Interno Bruto (PIB) é: PIB = C + I + G + X − M, onde: C = consumo pessoal; I = investimento; G = gasto do Governo; X = exportação de bens e serviços não fatores; e M = importação de bens e serviços não fatores.
Portanto, as exportações são adicionadas porque representam gastos dos agentes econômicos domésticos.

b) **(F)** O multiplicador das transferências é, em valor absoluto, igual ao multiplicador dos tributos. Ou seja:
Multiplicador das transferências $= \dfrac{\Delta Y}{\Delta R} = \dfrac{c}{1-c}$

Multiplicador dos tributos $= \dfrac{\Delta Y}{\Delta T} = \dfrac{-c}{1-c}$

Portanto, o efeito de se diminuírem as transferências é igual ao efeito de se aumentarem os tributos.

c) **(V)** Se o mercado antecipar uma depreciação do real, ou seja, mesmo antes de haver a depreciação o mercado anuncia que ela vai ocorrer, os agentes econômicos tendem a querer se desfazer de moeda nacional e trocar por moeda estrangeira. Assim, a depreciação, de fato, ocorre.

d) **(V)** Quando a moeda nacional se aprecia, o país tende a importar mais ou exportar menos, afetando a Balança Comercial. Quando há aumento das taxas de juros, o país passa a ter mais despesas com juros, afetando a Balança de Rendas.

e) **(V)** Dependendo dos preços internos e externos (que são determinados também pelos custos de produção) e da demanda externa do Produto Interno, os níveis de exportação e importação do país são afetados e, portanto, determina-se a quantidade de divisas que entram e saem do país, alterando a taxa de câmbio do país.

5. V, F, V, F, F.

a) **(V)** Se a moeda nacional se valoriza, as dívidas contraídas em dólar ficam relativamente menores em reais. Na medida em que o preço do dólar cai em relação ao real, a dívida do país se reduz, o que justifica o Bacen não intervir.

b) **(F)** Banda cambial é um conceito diferente de flutuação suja (ou *dirty floating*). Flutuação suja é quando o Bacen intervém no mercado por meio da venda ou compra de divisas. Banda cambial consiste em limites máximo e mínimo que o Bacen tolera para que o câmbio flutue. Caso o câmbio venha a ultrapassar esses limites, o Bacen intervém pela compra ou venda de divisas. A constante queda do dólar ocorre pelo fato de o país adotar regime de câmbio flexível.

c) **(V)** Quando fica mais barato comprar moeda estrangeira, tende a ficar mais barato importar e mais caro exportar. Isso pode, portanto, comprometer o saldo da Balança Comercial de um país.

d) **(F)** Quando o real fica mais apreciado (mais valorizado), as importações tendem a aumentar, fazendo com que mais produtos entrem no país e pressionem menos a elevação de preços ou inflação.

e) **(F)** Quando a relação $\dfrac{\text{Dívida}}{\text{PIB}}$ diminui, o país ganha credibilidade, o que gera aumento da capacidade de captar recursos.

6. E, C, C.

a) **(E)** Em regime de câmbio fixo, o Bacen define o valor da taxa de câmbio e, para garantir que ela não oscile, tem que vender/comprar divisas, alterando o nível das reservas internacionais do país.

b) **(C)** Em regime de câmbio fixo, a autoridade monetária tem poder limitado na determinação da política monetária, já que a política monetária fica atrelada a uma possível alteração do câmbio.

c) **(C)** Na tentativa de maior estabilização de preços, alguns países da América Latina, nos anos 1990, utilizaram-se das âncoras cambiais, que consistiam em fixar os preços dos bens comercializáveis na moeda local por meio do congelamento do câmbio nominal. Portanto, a taxa de câmbio passou a ser a âncora nominal do modelo, no lugar de âncoras como metas de inflação, entre outros. No Brasil, a âncora cambial foi utilizada no Plano Real até o ano de 1999.

7. "d". Quando o Bacen fixa uma taxa de câmbio, ele tem que garantir que, realmente, essa taxa se mantenha constante e, para isso, precisará comprar e vender divisas quando necessário. Para tanto, porém, deverá ter divisas disponíveis caso precise colocá-las no mercado.

8. "b". Quando há uma desvalorização real da moeda nacional, isso implica que os produtos nacionais ganham competitividade no exterior. Uma desvalorização nominal não implica, necessariamente, que o produto nacional esteja mais barato em relação ao estrangeiro. Tudo vai depender do comportamento do nível de preços no exterior e no país. A alternativa "a" é falsa.

Quando há uma desvalorização da moeda nacional, é necessário mais moeda nacional para comprar a mesma quantidade de moeda estrangeira, ou, menos moeda estrangeira para comprar a mesma quantidade de moeda nacional. A alternativa "b" é verdadeira.

Uma desvalorização nominal da moeda significa que a moeda nacional se desvalorizou em termos de moeda estrangeira. A alternativa "c" é falsa.

Mantendo-se constantes os níveis gerais de preços nacionais relativamente aos estrangeiros, uma desvalorização nominal da moeda nacional torna os produtos nacionais mais baratos em relação aos estrangeiros. Caso o nível geral de preços se altere, deve-se ter como parâmetro a taxa de câmbio real, e não a nominal, para se fazer uma análise da alteração das exportações e importações.
Quando a moeda nacional se desvaloriza, a relação de quantidade de moeda nacional/quantidade de moeda estrangeira aumenta. A alternativa "d" é falsa. Quando o governo aumenta seus gastos, a demanda por moeda aumenta, o que torna necessária uma oferta maior de moeda. Um aumento da demanda por moeda, portanto, corresponde a uma diminuição da oferta de moeda, o que pode gerar uma valorização da moeda nacional. A alternativa "e" é falsa.

9. "a". Uma desvalorização real da taxa de câmbio tem como consequências:
— diminuição das importações e aumento das exportações;
— estímulo à entrada de capital estrangeiro e desestímulo à saída de capital estrangeiro;
— aumento do volume de exportações de bens e serviços;
— aumento do serviço da dívida externa.

10. "e". A condição de Marshall-Lerner garante que uma depreciação real conduz a um aumento nas exportações líquidas. Portanto, uma desvalorização da taxa de câmbio provocará um aumento das exportações líquidas.

11. "d". Quando a taxa de juros doméstica é menor que a taxa de juros dos demais países, há uma tendência de fuga de divisas. Quanto maior o saldo da Balança Comercial, maior tende a ser o saldo no Balanço de Pagamentos em Transações Correntes e, portanto, de menos poupança externa dependerá o país. Assim, como não há necessidade de captar tantos recursos externos, menor tenderá a ser a taxa de juros. Mas observe que a taxa de juros nesse caso seria uma consequência, e não uma causa. A alternativa "a" é falsa.
Quando a renda de um país é alta, maiores serão as importações e, portanto, menor será o saldo da Balança Comercial. A alternativa "b" é falsa.
Termos de troca referem-se à relação de preços entre os países. Quanto mais favoráveis forem essas relações de troca, melhores serão os saldos na Balança Comercial. A alternativa "c" é falsa.
Quando a moeda nacional está desvalorizada em relação à moeda estrangeira, os produtos nacionais tendem a ficar mais baratos no exterior, aumentando as exportações. Da mesma maneira, os produtos importados tendem a ficar mais caros, diminuindo as importações. A alternativa "d" é verdadeira.
Quanto menor for a renda do resto do mundo, menos eles importam e, portanto, menos o país exporta, reduzindo o saldo comercial. A alternativa "e" é falsa.

12. "a".
I. **(V)** Uma desvalorização cambial tende a promover aumento da exportação e diminuição da importação e, portanto, melhoria na Balança Comercial.
II. **(V)** O saldo comercial é função da taxa de câmbio real. Portanto, a taxa de câmbio nominal se ajusta para determinar a taxa de câmbio real que garanta a trajetória desejada no saldo comercial.
III. **(F)** A taxa de câmbio flexível é a taxa que se comporta em um mercado em que não haja intervenção do Banco Central. Assim, um aumento da demanda pela moeda estrangeira, dada uma oferta constante, eleva seu preço. Portanto, ela não garante um equilíbrio na Balança Comercial, já que a taxa de câmbio pode oscilar, provocando uma valorização ou desvalorização da moeda nacional e, assim, uma piora ou melhora no saldo comercial.

13. No longo prazo, as diferenças de preços entre os países para produtos homogêneos não seriam sustentáveis devido à arbitragem, ou seja, haveria a compra de produtos de um país cujo preço estivesse mais barato para revender em um país cujo preço estivesse mais alto, levando à convergência de preços. Assim, produtos homogêneos expressos numa mesma moeda teriam preços idênticos.
O PPC determina a taxa de câmbio de longo prazo, ou seja, a taxa de câmbio que se ajustaria de maneira a equilibrar os preços dos produtos entre os países quando expressos na mesma moeda. Então, a taxa de câmbio representaria apenas a diferença da variação de preços entre países.

Para tanto, seria necessário que o mercado estivesse em concorrência perfeita, que os produtos fossem homogêneos, que as informações fossem simétricas, que não houvesse barreiras alfandegárias que impedissem a entrada e saída dos bens e serviços, que não houvesse diferenças tecnológicas, que não se apresentassem rendimentos de escala, que não houvesse gargalos de oferta, que houvesse mobilidade dos fatores de produção com possibilidade de flexibilidade de salários. Obs.: É importante que o aluno (candidato a uma vaga no concurso para diplomacia) compreenda que é necessário desenvolver essa questão em mais linhas. Para tanto, deve abordar assuntos que melhor expliquem as variáveis colocadas nessa breve explanação. O intuito, no momento, é traçar apenas as diretrizes a serem desenvolvidas para essa dissertação.

14. Um aumento dos níveis de produtividade na indústria brasileira permite ao país ganhar competitividade externa dos seus produtos e, com isso, aumentar suas exportações. Com a entrada de capital externo, a oferta de capital externo aumenta (o que provoca o deslocamento da oferta de divisas para baixo ou para a direita), reduzindo a taxa de câmbio e, portanto, provocando sua apreciação.

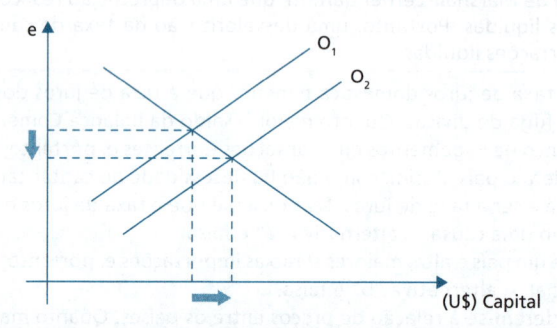

[Gráfico: eixo vertical e, eixo horizontal (U$) Capital, curvas O_1 e O_2 com deslocamento para a direita]

É importante que o aluno (candidato a uma vaga no concurso para diplomata) compreenda que é necessário desenvolver essa questão em mais linhas. Para tanto, deve abordar assuntos que melhor expliquem as variáveis colocadas nessa breve explanação. O intuito, no momento, é traçar apenas as diretrizes a serem desenvolvidas para essa dissertação.

15. "b". A taxa de câmbio real mede o poder de compra da moeda e, portanto, pode favorecer as exportações se estiver alta (desvalorizada) ou estimular as importações se estiver baixa (valorizada). Portanto, a alternativa "a" é falsa.
Quando o saldo do Balanço de Pagamentos em Transações Correntes for deficitário, ou seja, quando a poupança interna não for suficiente para bancar os investimentos, o país deve procurar compensar esse déficit por meio de poupança externa, seja por empréstimos, financiamentos, venda de títulos públicos etc. Esses lançamentos ocorrem na Conta de Movimento de Capitais (Conta Capital e Conta Financeira). Portanto, a alternativa "b" é verdadeira.
Quanto mais baixa a taxa de câmbio real, ou seja, quanto mais valorizada está a moeda nacional, mais caros os bens produzidos internamente em comparação com os bens estrangeiros e maior a demanda líquida de exportações. Portanto, a alternativa "c" é falsa.
A poupança e o consumo são funções da renda. Quanto maior, portanto, o nível de consumo, menor o nível de poupança. Uma política fiscal expansionista eleva a renda da economia, elevando a poupança, e uma política fiscal restritiva reduz a renda e a poupança. A alternativa "d" é falsa.
Quando a taxa de juros mundial se eleva, há tendência de fuga de divisas dos países em desenvolvimento, como é o caso do Brasil. Para atrair novos capitais, a taxa de juros tende a elevar-se internamente, afugentando investimentos produtivos. A alternativa "e" é falsa.

16. "e". Quando o governo diminui sua poupança, uma das soluções é se socorrer à poupança externa. Observe a identidade macroeconômica a seguir:
I = Spriv + Sgov ↓ + Sext ↑
Onde: I = investimentos; Spriv = poupança privada; Sgov = poupança do governo; e Sext = poupança externa.

Portanto, se Sgov diminui, uma das soluções é aumentar a Sext.
Sabe-se ainda que:
Igov + Ipriv = Spriv + Sgov + Sext
Igov − Sgov = Spriv − Ipriv + Sext. A alternativa "a" é falsa.
Ocorrerá uma redução de poupança do governo (S) − investimento do governo (I): (Sgov − Igov) e, portanto, um possível aumento da entrada de capital externo, levando à valorização da moeda nacional, desestimulando as exportações e estimulando as importações, ou seja, levando a uma queda nas exportações líquidas (NX): a queda da poupança do governo provoca uma tendência ao déficit no Balanço de Pagamentos em Transações Correntes.
A mudança na política fiscal desloca a função IS para a direita, aumentando a oferta de dólares a serem investidos no país, ou seja, há estímulo à entrada de divisas devido à elevação da taxa de juros. A alternativa "b" é falsa.
A oferta maior de dólares provoca uma redução no nível de equilíbrio da taxa de câmbio real de ε_1 para ε_2, isto é, o dólar se desvaloriza, já que quanto maior a taxa de câmbio real, mais desvalorizada está a moeda nacional. A alternativa "c" é falsa.
Em decorrência do aumento no valor do dólar, os bens produzidos internamente tornam-se mais baratos em relação aos produtos importados, o que, por sua vez, aumenta as exportações e diminui as importações. A alternativa "d" é falsa.
Uma política fiscal expansionista reduz a poupança nacional, aumenta a oferta de dólares, levando a uma valorização da moeda nacional, que significa uma redução da taxa de câmbio real de equilíbrio. A alternativa "e" é verdadeira.

17. "c". Se a taxa de câmbio de reais por dólar aumentar, ocorre uma desvalorização da moeda nacional, barateando os preços dos produtos nacionais frente ao estrangeiro, levando ao aumento das exportações.

18. F, V, V.

a) **(F)** O real não tem se depreciado. Na realidade, tem se apreciado, fazendo com que os produtos nacionais percam competitividade no mercado internacional, acarretando diminuição nas exportações e aumento nas importações. Quando o governo apresenta déficit público, deve se socorrer à poupança externa. Esse capital que entra no país a taxas de juros atrativas faz com que a taxa de câmbio diminua e a moeda nacional se aprecie.
b) **(V)** Quando há desequilíbrio fiscal, o governo se socorre a capital externo (poupança externa). A entrada de divisas no país faz com que a moeda nacional fique mais apreciada, diminuindo as exportações e aumentando as importações. Isso gera um déficit na Balança Comercial e no Balanço de Pagamentos em Transações Correntes do país. Em decorrência de haver 2 déficits (do governo e do Balanço de Pagamentos em Transações Correntes), dá-se o nome de déficits gêmeos.
c) **(V)** Quando se impõe cota de importação, no curto prazo, com a redução do volume importado, a Balança Comercial tem seu saldo melhorado. Ocorre que, com a imposição de cotas, os produtos nacionais não enfrentam tanta concorrência, levando a uma elevação de preços internos. Os produtos a preços elevados dificultam as exportações, diminuindo o saldo da Balança Comercial e, por conseguinte, do Balanço de Pagamentos em Transações Correntes.

19. "b". No sistema de taxa de câmbio fixa, o Banco Central é obrigado a disponibilizar as reservas cambiais, quando precisar vender divisas para garantir o câmbio dentro do patamar que ele fixou para o país. A alternativa "a" é falsa.
A taxa de câmbio flutuante não é o único instrumento de ajuste dos fluxos externos e de equilíbrio do Balanço de Pagamentos, tanto em transações correntes quanto em movimento de capital. É possível ajustar o Balanço de Pagamentos por outros mecanismos, como, por exemplo:
1. Subsídios à exportação do país.
2. Redução do nível de atividades econômicas internas.
3. Elevação da taxa de juros interna.
4. Desvalorização da moeda nacional.
5. Desvalorização real da taxa de câmbio.
6. Restrições tarifárias e não tarifárias às importações.

7. Restrição à saída de capitais.
8. Redução do nível geral de preços internos. A alternativa "b" é verdadeira.
No sistema de taxa de câmbio flexível, as reservas cambiais estão mais protegidas de ataques especulativos, já que a taxa de câmbio se ajusta de acordo com o mercado, ou seja, pela oferta e demanda por divisas, não sendo necessário vender ou comprar moeda estrangeira para manter o câmbio fixo. A alternativa "c" é falsa.
No sistema de câmbio flexível, a taxa de câmbio fica dependente da volatilidade dos mercados financeiros nacional e internacional, já que, se houver alterações no mercado internacional que provoquem, por exemplo, saída de divisas do país, haverá uma desvalorização da taxa de câmbio e da moeda nacional. A alternativa "d" é falsa.
No sistema de câmbio flexível, a taxa de câmbio tem dificuldade de controle das pressões inflacionárias, devido às desvalorizações cambiais, dificultando as importações e, portanto, uma competição com os produtos nacionais, fazendo com que os preços destes se elevem, gerando inflação. A alternativa "e" é falsa.

20. E. Quando há déficit no Balanço de Pagamentos, o fluxo de saída de divisas estrangeiras é maior que o de entrada, o que leva à depreciação da moeda nacional e da taxa de câmbio. Já um superávit no Balanço de Pagamentos representa um fluxo de entrada de divisas estrangeiras maior que a saída, o que provoca uma apreciação da moeda nacional e da taxa de câmbio.

21. "b".
$e_1 = 1$; $P_1 = 100$; $P^*_1 = 100$; e $E_1 = 1$
Uma desvalorização de 180% da taxa de câmbio nominal significa um aumento de 180% dessa taxa de câmbio. Logo: $e_2 = 2,8$; $P_2 = 250$; $P^*_2 = 100$; e $E_2 = ?$
$E_2 = e_2 \times P^*_2/P_2$
$E_2 = 2,8 \times 100/250$
$E_2 = 1,12$
Ou seja, a taxa de câmbio real aumentou 12%, ou seja, houve uma depreciação de 12%.

22. "b". Se as importações de um país forem maiores que suas exportações, isso significa que estão entrando menos divisas que saindo da Balança Comercial e de Serviços. Para determinar uma valorização ou desvalorização da moeda nacional, é necessário se conhecer o comportamento dos demais itens que compõem a estrutura do Balanço de Pagamentos, além de se saber se os pagamentos foram realizados à vista ou não. A alternativa "a" é falsa. O saldo da Balança Comercial é a diferença entre exportações e importações de mercadorias. Se esse saldo é negativo, apresentará déficit. A alternativa "b" é falsa. Vários componentes podem gerar uma recessão num país. O fato de se importar mais que o que se exporta não implica não produzir internamente. A alternativa "c" é falsa. A conta corrente do Balanço de Pagamentos é composta da Balança Comercial, Serviços, Rendas e Transferências Correntes Unilaterais. O fato de a Balança Comercial ser negativa não implica que em Transações Correntes também será. A alternativa "d" é falsa. As reservas internacionais podem diminuir por diversas razões, e não apenas pelo fato de a Balança Comercial ser deficitária, já que este saldo negativo pode ser compensado pelo saldo positivo de outras contas, além do fato de que o saldo negativo na Balança Comercial pode ter sido gerado pelo financiamento, e não necessariamente pela saída de divisas da conta de caixa. A alternativa "e" é falsa.

23. "c". A renda recebida ou enviada é registrada na Balança de Rendas, e não na Balança Comercial e de Serviços. Portanto, a Balança Comercial não será afetada quando entrar no país mais renda do que sair. A alternativa "a" é falsa. Investimentos externos afetam a Conta Financeira, e não a Balança de Rendas. A alternativa "b" é falsa. Quando um país recebe mais renda do que envia para o exterior, significa que apresenta Renda Líquida Recebida do Exterior (RLRE). Como: PNB = PIB + RLRE e RLRE > 0, então: PNB > PIB. A alternativa "c" é verdadeira.
A taxa de juros afeta os investimentos no país e, portanto, a Conta Financeira. A alternativa "d" é falsa. Quando entra renda no país, aumenta-se a oferta por divisas, tendendo a reduzir a taxa de câmbio ou sua valorização, mas não necessariamente, já que outros componentes do Balanço de Pagamentos podem reverter essa tendência. A alternativa "e" é falsa.

24. "c". Quando o câmbio é flutuante, o Bacen não precisa vender ou comprar divisas para manter a taxa de câmbio, ou seja, não precisa intervir no mercado de moeda estrangeira para manter a taxa de câmbio. A taxa de câmbio oscilará de acordo com o mercado. Por isso, não há necessidade de o Bacen possuir reservas. Assim, a política monetária fica liberada para outras finalidades que não sejam o controle do câmbio.

25. "e". Senhoriagem é a receita líquida que se origina da emissão de moeda. A bolha especulativa "forma-se num mercado quando a única coisa que sustenta a progressão do mercado é a entrada de novos participantes, num esquema em pirâmide natural"[18]. Ilusão monetária é quando um dos agentes econômicos (no caso, o trabalhador) não tem a mesma velocidade de percepção da elevação de preços que o empresário e não consegue enxergar que mesmo tendo um aumento de salários nominais poderá ter uma queda nos salários reais, já que os preços aumentam numa proporção maior que os salários nominais. Isso faz com que o trabalhador não diminua a oferta de trabalho, levando ao aumento do emprego (variável real). *Overshoot* (além da meta) é um ponto a partir do qual a depreciação esperada serviria para compensar o aumento nas taxas de juro. A curva em J ocorre quando, no curtíssimo prazo, a condição de Marshall-Lerner ainda não tiver sido satisfeita, já que demora, no curto prazo, verdadeiro tempo para mudar os padrões de consumo.

26. F. Para que se torne possível uma melhora no Balanço de Pagamentos por meio da desvalorização da taxa de câmbio, é necessário que seja válida a condição de Marshall-Lerner. O fenômeno da Curva-J explica, porém, que no curto prazo haveria uma relativa rigidez com relação às importações e exportações em virtude de contratos previamente assinados, o que poderia levar, no curto prazo, a uma piora na Balança Comercial, caso ocorresse uma desvalorização na taxa de câmbio.

27. V, V, V, V, F, V.
e) **(F)** *Crawling peg* ou minidesvalorizações é um sistema onde a taxa de câmbio é ajustada regularmente segundo algum indicador externo que pode ser a inflação externa ou interna. Dessa maneira, a taxa de câmbio real não se altera. Assim, caso haja uma inflação interna, o câmbio é sistematicamente desvalorizado para manter constante a taxa de câmbio real.

28. F. O Banco Central não assume o compromisso de manter a taxa de câmbio fixa por meio de "lei".

29. "d". Sabendo-se que: taxa de juros interna = taxa de juros externa + expectativa de desvalorização da taxa de câmbio. Tem-se:

$$(1 + r) = (1 + r^*) \times \left[1 + \left(\frac{e_2 - e_1}{e_1}\right)\right]$$

$$1,015 = 1,01 \times \left(1 + \frac{e_2 - 2}{2}\right)$$

$$\frac{1,015}{1,01} = 1 + \frac{e_2 - 2}{2}$$

$$\frac{1,015}{1,01} - 1 = \frac{e_2 - 2}{2}$$

$$2 \times \frac{1,015}{1,01} - 2 = e_2 - 2$$

$$e_2 = 2 \times \frac{1,015}{1,01}$$

---

[18] <http://pt.wikipedia.org/wiki/>.

30. "c". Com uma desvalorização cambial, é de se esperar um aumento das exportações e uma redução das importações. Existem situações, porém, que esse ajuste não se processa rapidamente, fazendo com que, no curto prazo, pelo encarecimento relativo das importações e a manutenção do volume importado, o valor das importações aumente, assim como, pelo barateamento das exportações e a manutenção do volume exportado, o valor relativo das exportações se reduza, contribuindo para a redução do superávit em transações correntes. No longo prazo, ocorrem o ajuste e o superávit.

31. "e". Se para comprar um euro é necessário 1,30 dólar americano, então o dólar está desvalorizado em relação ao euro, o que facilita a exportação de produtos americanos para a Europa e dificulta a importação de produtos europeus pelos americanos.

32. Certo. Uma desvalorização da moeda nacional, considerando que a relação entre o índice de preços externos e internos não se modifique, faz com que os produtos nacionais ganhem competitividade no exterior, aumentando as exportações e reduzindo as importações. Logo, as exportações líquidas, que são a diferença entre as exportações e as importações, tenderão a melhorar seu saldo.

33. "e". Uma das funções do Banco Central é receber e manter em depósito as reservas internacionais que garantam a manutenção de um comércio internacional, assim como ser o responsável pela preservação do valor da moeda e administrador da taxa de câmbio, definindo se ela será fixa ou flutuante.

34. Certo. Se ocorrer a depreciação da moeda argentina, considerando o nível de preços constantes tanto na Argentina como no Brasil, então os produtos argentinos ganham competitividade no exterior, e os produtos do Brasil perdem competitividade na Argentina. Logo, o Brasil exportará menos produtos para a Argentina.

35. "c". A capacidade de importar de um país pode ser dada pela razão exportações/produto interno bruto e também pelo tamanho de suas reservas internacionais, e ainda pela entrada de capitais externos. Portanto, mesmo que a relação entre exportação/PIB seja pequena, o país pode ser um grande importador, bancado por suas reservas ou pela entrada de capital no país.
Uma taxa de câmbio real elevada, ou seja, desvalorizada, significa um duplo efeito positivo sobre a balança de comércio, uma vez que indica que os preços no mercado internacional estão mais elevados do que no mercado interno, e os preços no mercado interno estão mais baixos do que no mercado externo, gerando altos fluxos de divisas via exportações e baixas importações. Uma apreciação da taxa de câmbio nominal, ou seja, uma queda de "e" apenas gera resultados negativos sobre a balança comercial se não for acompanhada por uma elevação proporcional dos preços dos bens exportados pelo país no mercado internacional ou por uma queda proporcional do nível de preços doméstico. Ou seja, se "e" cair, permanecendo "Pext" e "Pint" constantes, então "E" cai também, ou seja, a taxa de câmbio real se valoriza, dificultando as importações e facilitando as importações. Vejamos:
$\downarrow E = e\downarrow \cdot (Pext/Pint)_{constante}$
Quanto menos diversificada é a pauta de importações de um país, mais vulnerável se torna a economia, pois o produto importado é dificilmente substituído por produção doméstica. Então, se houver algum problema no abastecimento desse produto, cuja importação é pouco diversificada, o país poderá ter problemas em substituí-lo.
A hipótese da deterioração dos termos de troca sugere que países exportadores de produtos primários tendem a se tornar cada vez mais dependentes de produtos com alto conteúdo tecnológico e, por isso, mais sujeitos a crises de balanço de pagamentos com maior volatilidade da taxa de câmbio real.

36. "b". Quando há queda da taxa de juros, a tendência é a saída de capital especulativo do país que procurará mercados mais atrativos. Com menos divisas estrangeiras, a moeda nacional tende a se desvalorizar, estimulando as exportações e dificultando as importações, melhorando o saldo na balança comercial devido ao aumento das exportações líquidas (X – M).

37. Errado. Quando a taxa de juros de um país é superior às taxas de juros dos demais países, espera-se por um fluxo positivo de recursos em direção ao país com taxa de juros mais elevada.

38. "d". Quando ocorre uma desvalorização real na taxa de câmbio, as exportações aumentam e as importações diminuem, fazendo com que as exportações líquidas fiquem positivas e a Balança Comercial/Serviços fique superavitária. Ocorre que, no curtíssimo prazo, os agentes econômicos podem continuar a importar o mesmo volume de mercadorias e serviços a um preço mais alto porque não foram capazes ainda de mudar seus padrões de consumo. Também os exportadores podem não alterar o volume de exportação, embora o preço esteja mais vantajoso, impedindo que as exportações líquidas fiquem positivas. Ou, então, porque existem contratos previamente fixados que manterão as quantidades exportadas e importadas constantes.

Assim, a Balança Comercial permanece deficitária. Graficamente, representamos, no eixo das ordenadas, a Balança Comercial/Serviços e, no eixo das abscissas, o tempo. Observamos um deslocamento, após uma desvalorização, em formato de "J". Vejamos:

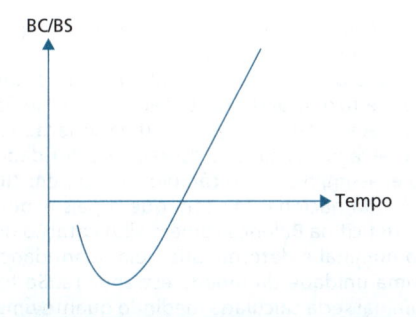

39. "b". Uma desvalorização real da moeda nacional e da taxa de câmbio tem efeitos positivos sobre a vinda de turistas estrangeiros para o país porque para eles fica relativamente mais barato adquirir bens e serviços no Brasil. Isso provoca uma entrada maior de divisas no país, o que faz aumentar sua oferta. Sendo a taxa de câmbio nominal o preço relativo entre duas moedas, quando a moeda nacional fica mais cara em relação à moeda estrangeira, tem-se uma valorização nominal da taxa de câmbio e da moeda nacional. A taxa real de câmbio é uma paridade entre produtos (bens e serviços), ou seja, mede o poder de compra da moeda fora de seu país, ao passo que taxa nominal de câmbio é uma paridade entre moedas, ou seja, mostra quanto da moeda estrangeira é possível adquirir com a moeda nacional. Com o aumento do diferencial entre a taxa de juros nacional e a taxa de juros estrangeira, mantida a razão entre o nível de preço externo e interno, há uma tendência para a redução da taxa real de câmbio, porque a taxa de câmbio e a taxa de juros mantêm uma relação negativa. Uma recessão no resto do mundo faz com que importem menos e, por conseguinte, o Brasil exporte menos. O efeito de uma queda nos preços nacionais sobre a taxa de câmbio faz com que o Brasil ganhe competitividade de seus produtos no exterior, exportando mais.

40. "b". Aumentos da renda do país estrangeiro elevam as exportações do Brasil, e um aumento de preços nacionais tende a reduzir as exportações do país, reduzindo a entrada de divisas, devido à perda de competitividade dos produtos brasileiros perante o estrangeiro.

41. Certo. Quando o câmbio é fixo, há maior estabilidade com relação ao comércio internacional, o que representa uma das vantagens do câmbio fixo. Porém, no câmbio fixo, o Bacen precisa ter reservas para vendê-las em caso de fuga de divisas do país, para manter o câmbio fixo. Quando vende divisas, está promovendo uma contração monetária, o que faz com que a política monetária fique atrelada ao câmbio. Também, se precisar comprar divisas em decorrência da entrada no país de uma quantidade superior à necessária para manter o câmbio fixo, o Bacen promoverá uma política monetária expansionista, tornando a política monetária atrelada ao câmbio. Para controlar a demanda agregada que uma expansão ou contração monetária provocam pelo controle do câmbio, o governo poderá se utilizar de uma política fiscal, tornando-a também atrelada ao câmbio, o que representa uma desvantagem do câmbio fixo.

42. Certo. Quando o câmbio (e) é fixo e os preços se elevam, o câmbio real diminui, ou seja, valoriza-se. Com um câmbio mais valorizado, os produtos nacionais perdem competitividade no mercado externo, reduzindo as exportações e elevando as importações. Com uma demanda menor pelos produtos nacionais, o produto produzido tende a reduzir.

43. Errado. O principal responsável pela confiança que possa ter o mercado na estabilidade da moeda é a quantidade de reservas internacionais que o Bacen possui. Portanto, a quantidade de reservas que o Bacen possui faz com que os agentes econômicos deem mais credibilidade ou não ao câmbio fixo.

44. Certo. O sistema de flutuação administrada conhecido por Flutuação Suja ou *Dirty Floating* é quando, apesar de o câmbio ser flutuante onde o mercado, pela lei da oferta e procura, determina o valor do câmbio, o Bacen faz esporádicas intervenções no mercado de câmbio para evitar grandes oscilações que possam desestabilizar a economia e reduzir a volatilidade cambial.

45. "d". Sabemos que a taxa de câmbio real (E) é igual a:
$E = e \cdot P_{ext}/P_{int}$
Se os preços internos sobem, devido a uma inflação no país, para que "E" não caia, é necessário elevar "E", desvalorizando-a, mantendo constante "E". Se a razão entre os preços do país A e do país B for dada pela lei do preço único, o câmbio real será igual a um. O item "I" está correto.
Quando o regime de câmbio é fixo, o país precisa ter um nível suficiente de reservas cambiais para garantir que ele permaneça constante. Assim, numa situação em que haja saída de divisas do país e que, portanto, a oferta de divisas seja escassa, a autoridade monetária do país deverá vender divisas no mercado e, assim, manter o câmbio fixo. O item "II" está correto.
Uma valorização real da moeda nacional faz com que o país exporte menos e importe mais, gerando uma tendência de déficit na Balança comercial. A cotação do incerto é aquela adotada pelo Brasil, onde o câmbio nominal é determinado pela quantidade de moeda nacional que é necessária para comprar uma unidade da moeda estrangeira. Se fosse adotada a cotação do certo, a taxa de câmbio nominal seria calculada medindo quanto uma unidade de moeda nacional é capaz de comprar de unidades de moeda estrangeira. O item "III" está incorreto.
Um aumento nos juros reduz a demanda por moeda. Com menos moeda no mercado, essa moeda tende a se apreciar e a valorizar a taxa de câmbio. O item "IV" está correto.

46. "a". Considerando que não haja custo de transação nem risco país, então, podemos dizer que:
Taxa de juros no Brasil = taxa de juros nos USA + expectativa de desvalorização do câmbio
Temos:

$$i = i^* + \left[\frac{e_F - e}{e}\right]$$

$$i = 0,015 + \left[\frac{3,29 - 3,20}{3,20}\right]$$

$i = 0,0431 = 4,31\%$

47. "c". Uma queda na taxa de câmbio, significa que a moeda nacional está mais valorizada, ou seja, há necessidade de menos moeda nacional para adquirir uma unidade de moeda estrangeira. Assim, o produto importado fica relativamente mais barato, já que haverá menor dispêndio em moeda nacional para adquirir o bem. Portanto, as importações são estimuladas. A alternativa "c" está correta.
Um aumento na demanda pelas exportações brasileiras aumentaria a oferta de dólares no mercado cambial, já que aumentando as exportações brasileiras, entram divisas no país, aumentando a oferta de dólares. A alternativa "a" está incorreta.
Um aumento da taxa de juros no Brasil em relação à taxa de juros no exterior estimularia a entrada de recursos, já que investidores se sentiriam mais atraídos a trazer divisas para o Brasil, contando com um maior retorno do capital aplicado. Isso geraria um aumento na oferta de dólares no mercado cambial. A alternativa "b" está incorreta.
A taxa de câmbio é determinada no mercado de câmbio, pela oferta e demanda de divisas. A alternativa "d" está incorreta.

48. "b". Uma valorização cambial significa que serão necessários menos reais para adquirir uma unidade de dólar. Logo, os produtos importados ficam relativamente mais baratos o que estimula a importação. A alternativa "b" está correta.
Uma valorização cambial não altera a dívida em dólar. Assim, se a dívida for de 100 dólares, independente do comportamento do câmbio, a dívida continuará a ser de 100 dólares. Contudo, a dívida em reais, irá diminuir se o câmbio se valorizar. Assim, se o câmbio era igual a 1 e passou para 0,5, significa que uma dívida de 100 dólares, passaria de 100 reais para 50 reais. A alternativa "a" está incorreta.
Os termos de troca são definidos como a relação entre os preços das exportações do país (PX) e os das suas importações (PM). Uma melhoria nos termos de troca, aumenta a razão PX/PM. Essa relação é medida em uma moeda de maneira que o câmbio não interfere. A alternativa "c" está incorreta.
A expectativa de desvalorização cambial faz com que o investidor retire capital do Brasil com receio de perdas. A expectativa de valorização cambial estimula o investidor a trazer divisas para o país porque ele sabe que se essa valorização se concretizar, ele terá ganhos em dólares. Portanto, o que altera a entrada ou saída de capital internacional não é o fato concreto e, sim, a expectativa de que ele ocorra. A alternativa "d" está incorreta.

49. "c". A taxa de câmbio real é o instrumento usado nas transações internacionais de troca de bens e serviços de uma nação por bens e serviços de outra nação, já que leva em consideração a elevação de preços internos e externos. A alternativa "c" está incorreta.
Quando o Banco Central interfere no regime flutuante ou flexível de moeda comprando ou vendendo divisas com o intuito de evitar grandes oscilações especulativas da taxa de câmbio está ocorrendo a flutuação suja ou "Dirty floating". A alternativa "a" está correta.
O maior benefício do regime fixo de câmbio é estabilizar a economia facilitando a tomada de decisão por parte dos agentes econômicos. A alternativa "b" está correta.
No regime puro de flutuação das taxas de câmbio, o câmbio é determinado pela oferta e demanda por moeda estrangeira e, portanto, o Banco Central não compra nem venda moedas estrangeiras. A alternativa "d" está correta.

50. "d". Quanto maior a taxa de câmbio, ou seja, quanto mais desvalorizada for a moeda nacional em relação a estrangeira, maior o volume que as firmas desejam exportar, já que o produto nacional chega relativamente mais barato no exterior e, portanto, ganha competitividade em relação ao produto estrangeiro. Quanto menor a taxa de câmbio, ou seja, quanto mais valorizada a moeda nacional, menor o volume que as firmas desejam exportar, já que o produto exportado chega no exterior com um preço relativamente mais alto, perdendo competitividade. A alternativa "d" está correta.
Pelo lado das importações, quanto menor a taxa de câmbio, ou seja, quanto mais valorizada a taxa de câmbio, maior a quantidade que as firmas desejam importar, já que o preço dos produtos importados estará relativamente mais baixo, e, portanto, maior a demanda por divisas. A alternativa "a" está incorreta.
Como a oferta de divisas depende das exportações, quanto menor a taxa de câmbio, ou seja, quanto mais valorizada a taxa de câmbio, menor a oferta de divisas, já que as exportações tenderão a se reduzir, e, quanto maior a taxa de câmbio, ou seja, quanto mais desvalorizado for o câmbio, mais estimuladas ficam as exportações e maior será a oferta de divisas. A alternativa "b" está incorreta.
Pelo lado das importações, quanto menor a taxa de câmbio, ou seja, quanto mais valorizado for o câmbio, maior a quantidade que as firmas desejam importar e maior, portanto, a demanda por divisas. A alternativa "c" está incorreta.
Quanto menor a taxa de câmbio, mais valorizada a moeda nacional está. Com isso, maior o volume que as firmas desejam importar, já que o preço do produto importado está relativamente mais baixo. E quanto maior a taxa de câmbio, mas desvalorizada a moeda nacional estará e maior o volume que as firmas desejam exportar, já que o produto nacional ganha competitividade no exterior. A alternativa "e" está incorreta.

51. "b". O Banco Central, no câmbio flutuante, não se obriga a comprar divisas, se não quiser aumentar as reservas nem vender divisas, se não quiser perdê-las. O câmbio será determinado pela oferta e demanda de divisas. O Banco Central poderá intervir no câmbio flutuante quando ocorrem grandes oscilações que possam desestabilizar a economia. Nessa situação estará ocorrendo uma flutuação suja (Dirty Floating). A alternativa "b" está correta.
O impacto de uma crise reflete-se no nível de reservas, bem como na massa monetária, sem impactar na variação da taxa de câmbio.
O impacto de uma crise reflete-se no nível de reservas, bem como na massa monetária, se o câmbio for fixo, já que quando o Brasil entra em crise, aumenta a desconfiança no país, provocando uma saída de divisas e perda de divisas. Para garantir o câmbio fixo, o Bacen terá que vender divisas, provocando uma contração monetária e redução dos Meios de Pagamento. A alternativa "a" está incorreta.
Taxas flutuantes podem trazer grande volatilidade ao mercado, com grandes e rápidas oscilações no câmbio, o que impede melhor planejamento do comércio exterior. A alternativa "c" está incorreta.
Quando o câmbio é flutuante, não ocorre a "calibragem" da taxa de câmbio. O câmbio flutuante não é um instrumento de combate à inflação, mas, o câmbio fixo sim. Assim, o BC usa-o (câmbio fixo) como eficiente auxiliar no combate à inflação, valorizando o câmbio, facilitando as importações que passam a competir com o produto interno, contendo sua elevação de preços. A alternativa "d" está incorreta.
A taxa flutuante, dada sua alta volatilidade, dificulta o planejamento de longo prazo do cidadão, da empresa e do Governo. Já, o câmbio fixo, que tem baixa ou nula volatilidade, permite esse planejamento. A alternativa "e" está incorreta.

52. "d". Quando o câmbio é fixo, o Bacen terá que vender divisas no mercado caso haja uma fuga de moeda estrangeira do país, para garantir o câmbio no patamar que fixou. Para tanto, requer que o Banco Central possua níveis significativos de reservas para isso. A alternativa "d" está correta.
Em um regime de câmbio perfeitamente fixo, o Bacen fixa a taxa de câmbio nominal (e). Se a inflação for positiva, significa que o nível de preços internos (P) está subindo. Supondo que não haja inflação externa (P*), a taxa de câmbio real (E) deverá cair, ou seja, terá como resultado a valorização real da moeda doméstica. Observe a fórmula a seguir:

$$\downarrow E = e \cdot \frac{P^*}{P\uparrow}$$

A alternativa "a" está incorreta.
Uma das vantagens de um regime de câmbio flutuante é a conquista de uma política monetária autônoma, em que o Banco Central tem a prerrogativa de estabelecer metas inflacionárias e influenciar as taxas de juros. No câmbio fixo, a política monetária fica atrelada ao câmbio. Quando o câmbio estiver com tendência de desvalorização, o Bacen terá que vender divisas, retirando moeda da economia, ou seja, praticando uma política monetária restritiva. Quando há entrada de um excesso divisas levando a uma tendência de valorização da moeda nacional, o Bacen terá que comprar divisas, pagando por elas, o que representa uma política monetária expansionista. A alternativa "b" está incorreta.
O regime de bandas cambiais, dado sua natureza intermediária (entre regime de câmbio fixo e flexível), o Banco Central precisa intervir no mercado de moeda estrangeira sempre que o câmbio ameaçar subir ou cair fora dos limites da banda. A alternativa "c" está incorreta.
Em um regime de câmbio perfeitamente fixo, o Banco Central tem suas ações de política monetária atrelada ao câmbio, comprometendo-se com o valor da taxa de câmbio no mercado de modo a deixá-la fixa no patamar fixado por ele e abrindo mão, portanto, de sua influência sobre a taxa de juros. Já no câmbio flutuante, o Bacen não precisa comprar e vender divisas e, portanto, a política monetária fica livre para atuar sem ter que ficar atrelada ao câmbio. A alternativa "e" está incorreta.

53. "a". Se a taxa de juros interna for maior que a taxa de juros do exterior, isso atrairia capital do exterior para dentro do país, aumentando a quantidade de moeda estrangeira (dólares) em relação a moeda nacional (real), valorizando essa última, supondo o câmbio flutuante onde o Banco Central não intervém nem comprando nem vendendo divisas no mercado. A alternativa "a" está correta.

Aumento das reservas internacionais, caso o regime seja de taxa de câmbio fixa, já que o Bacen será obrigado a comprar o excesso de divisas que entrou no país para segurar o câmbio no patamar que ele fixou. A alternativa "b" está incorreta.

Com a entrada de divisas no país, a moeda nacional fica valorizada, elevando as importações, caso o regime cambial seja de taxa de câmbio flutuante. A alternativa "c" está incorreta.

Ocorrerá a expansão monetária doméstica, caso o regime cambial seja de taxa de câmbio fixa, já que o Banco Central terá que comprar o excesso de divisas que entrar na economia, pagando por ele. Isso provoca uma expansão monetária. Mas, no câmbio flutuante, isso não ocorre porque a entrada de divisas provocará uma valorização cambial e o Bacen não precisa intervir porque o câmbio poderá variar de acordo com a lei da oferta e demanda por divisas. A alternativa "d" está correta.

Se a taxa de câmbio for fixa, o Bacen terá que comprar o excesso de divisas que entrar e deverá vender divisas no mercado caso haja fuga de divisas do país. Portanto, o Bacen se encarregará em deixar a taxa de câmbio no patamar fixado por ele, não alterando nem importações, nem exportações. A alternativa "e" está incorreta.

54. "d". Desde 1999, o Brasil passou a adotar a taxa de câmbio flutuante, mas, o Bacen faria esporádicas intervenções comprando ou vendendo dólares se houvesse grandes oscilações no câmbio, evitando, assim, desestabilizar a economia. A isso dá-se o nome de flutuação suja ou "Dirty Floating". A alternativa "d" está correta e a alternativa "c" está incorreta.

De 1995 a 1999, o Brasil adotou o câmbio fixo, com o regime de Bandas Cambiais. As alternativas "a" e "b" estão incorretas.

"*Currency board* é um sistema de administração monetária responsável por estabilizar a moeda de um país por meio do regime cambial fixo. Também chamado de comitê monetário ou fundo de estabilização cambial, trata-se de um agente de conversão cambial. O *currency board* tem como função converter a moeda nacional em uma outra moeda específica, chamada de moeda-âncora, e vice-versa. Essa conversão é feita por meio de uma taxa de câmbio fixa e imutável. A credibilidade desse regime advém da existência de reservas externas em quantidade igual ou superior ao valor da moeda local em circulação. Com esse sistema, um banco central só pode imprimir e emitir moedas, além de colocá-las em circulação, se moedas estrangeiras entrarem nas reservas. Ou seja: ele não pode criar moeda para trocá-la por qualquer ativo na economia. Com um sistema de *currency board*, o governo fica incapacitado de fazer política monetária, o que poderia levar a uma desvalorização da moeda nacional, dependendo de fatores internos e externos. Em outras palavras, a moeda vira uma substituta para uma moeda estrangeira. O modelo, chamado de Caixa de Conversão, foi colocado em prática em 1906, mas teve fim em 1920. O objetivo era combater a crise no mercado do café que se instalava à época, mantendo o equilíbrio no poder de troca entre a moeda brasileira e as moedas estrangeiras por meio do ouro como lastro." (https://www.capitalresearch.com.br/blog/investimentos/currency-board/)
A alternativa "e" está incorreta.

55. "a". No regime cambial de flutuação pura, a taxa de câmbio é determinada pela lei da oferta e demanda por moeda estrangeira, ou seja exclusivamente, através das operações das forças de mercado. A alternativa "A" está correta.

Nos chamados conselhos de moeda (*currency boards*), a estabilização da moeda ocorre através do câmbio fixo. O Banco Central se utiliza da política monetária para estabilizar a moeda convertendo a moeda nacional em uma outra moeda específica, chamada de moeda-âncora. Quando o Bacen intervém, basicamente, para evitar volatilidade excessiva da taxa de câmbio, o regime adotado é a flutuação suja. A alternativa "B" está incorreta.

No regime cambial de flutuação pura, a quantidade de moeda (primária) na economia é determinada pelos fluxos de oferta e demanda de moeda estrangeira. Na flutuação suja, o Bacen faz esporádicas intervenções para evitar grandes oscilações no câmbio. A alternativa "c" está incorreta.
No regime de câmbio fixo, a paridade entre moeda doméstica e estrangeira é estabelecida pelo Banco Central. A alternativa "d" está incorreta.

56. Errado. Quando o câmbio é fixo, o Banco Central determina a taxa de câmbio. Mas, quando o câmbio é flutuante, é a lei da oferta e demanda por divisas que irá determinar a taxa de câmbio. Logo, a lei da oferta e procura pode determinar a taxa cambial no câmbio flutuante ou flexível.

57. Errado. Quando o Banco Central vende divisas, ele está reduzindo a oferta de moeda nacional e aumentando a oferta de moeda estrangeira. Se não houver um mecanismo de esterilização, como, o resgate de títulos públicos que aumentaria a oferta de moeda, a venda de divisas provoca uma apreciação da moeda nacional.

58. Certo. A condição de paridade da taxa de juros ocorre quando a taxa de juros real (r) do Brasil for igual a taxa de juros externa (r*) somada aos custos de transação, ao risco país e à expectativa de desvalorização da taxa de câmbio, ou seja:

$r = r^* +$ custo de transação + risco país + expectativa de desvalorização do câmbio

Considerando que não haja custo de transação nem risco do país e sabendo que a expectativa de desvalorização da taxa de câmbio é medida pela diferença da taxa de cambio no futuro (e_{t+1}) e a atual (e_t) em relação a taxa de câmbio atual (e_t), tem-se:

$$r = r^* + \frac{(e_{t+1} - e_t)}{e_t}$$

Depois de algumas manobras matemáticas, tem-se:

$$e_t = \frac{e_{t+1}}{r - r^* + 1}$$

Logo para que o câmbio seja fixo, e_{t+1} terá que ser igual a e_t. Para tanto, r terá que ser igual a r*.

59. "d". Quando há o resgate de títulos públicos que estavam em poder do público, há um aumento dos meios de pagamento que ocorre no momento do pagamentos por esses títulos. Da mesma forma, quando o Bacen adquire divisas, tem que pagar por elas, aumentando a base Monetária e, por conseguinte, os Meios de Pagamento. Quando adquire divisas, há um aumento das reservas internacionais. A alternativa "d" está correta.
Quando ocorre a vendas de títulos do governo ao público, há uma contração monetária já que o público não bancário terá que pagar por esses títulos. Com isso a Base Monetária se contrai. Quando há a expansão do redesconto, que é o empréstimo que o Banco Central concede aos Bancos Comerciais, há o aumento da Base Monetária. A alternativa "a" está incorreta.
Quando ocorre a venda de títulos do governo ao público, a Base Monetária se contrai e quando há uma expansão das reservas cambiais, a Base Monetária aumenta. A alternativa "b" está incorreta.
Quando ocorre a compras de títulos em poder do público, há aumento da Base Monetária. Quando ocorre o aumento do coeficiente de encaixe dos bancos, os bancos comerciais ficam com menos recursos para empréstimo, reduzindo os Meios de pagamento. A alternativa "c" está incorreta.
Quando há compras de títulos do governo em poder do público, há aumento da Base Monetária. Quando ocorre a redução das reservas cambiais, a Base monetária se reduz. A alternativa "e" está incorreta.

60. "a". A paridade do poder de compra ou "Purchase Power Parity" (PPC) é baseada na Lei do preço único que afirma que o preço de determinado produto deverá ser igual em todos os países na suposição de simetria de informações e ausência de barreiras a entrada e saída de produtos entre os países. O item "I" está correto.

Segundo a PPC, em um mercado integrado, as mercadorias apresentam um só preço, ou seja, um mesmo bem só pode ser vendido ao mesmo preço. O item "II" está incorreto.

A Lei do Preço Único é válida no comércio internacional, desde que não haja barreiras ao comércio. O item "III" está incorreto.

Caso a arbitragem não seja absoluta, significa que a lei do preço único não é perfeita. As-sim, para comparar os preços dos dois países, deve-se acrescentar a taxa de paridade real (t) entre eles. Assim, o PPC pode ser representada da seguinte forma: $P = q \times E \times P*$, onde P e P$*$ são índices de preços doméstico e externo; E é a taxa de câmbio nominal; e q é a taxa de paridade real. Quando q é igual a unidade, diz-se que a arbitragem é perfeita e a fórmula fica: $P = E \times P*$. O item "IV" está correto.

A taxa de paridade real permite determinar a variação ocorrida na taxa de câmbio real (já que "q" é o inverso da taxa de câmbio real) e a medida da desvalorização do câmbio nominal necessária para manter a taxa de câmbio real constante. O item "V" está correto.

61. "a". Empresas e órgãos governamentais ofertam divisas quando tomam dinheiro emprestado no exterior porque trazem divisas para o país mas precisam converter em moeda nacional para honrar seus compromissos ou realizar seus gastos. O item "I" está correto.

Filiais de empresas multinacionais demandam divisas quando desejam remeter lucros para suas matrizes porque precisarão de dólares para enviar para o exterior. O item "II" está correto.

O pagamento de juros de empréstimos contraídos no exterior e o pagamento de amortizações faz com que os agentes demandem divisas (dólares) para enviarem para o exterior. O item "III" está incorreto.

Exportadores de mercadorias ofertam divisas no mercado cambial porque quando vendem no exterior, recebem em dólares que precisarão ser trocados pela moeda nacional (Real) para que essas empresas possam honrar seus compromissos e realizar seus gastos. Logo, irão ofertar divisas. O item "IV" está incorreto.

62. "c". Quando o preço do dólar sobe em relação ao real, significa que a moeda nacional fica desvalorizada. E uma das prováveis consequências é um aumento das exportações, a curto ou médio prazo, já que os preços dos produtos nacionais ficam relativamente mais baixos em relação ao preço no exterior. A alternativa "c" está correta.

O Produto Interno Bruto de uma economia corresponde à soma dos valores de produtos finais (para evitar a dupla contagem) de todas as empresas no país durante o ano, ou seja, dentro do território nacional. A alternativa "a" está incorreta.

O conceito microeconômico afirma que a curva de demanda é negativamente inclinada, ou seja, há uma relação decrescente entre o preço e a quantidade procurada. A alternativa "b" está incorreta.

A oferta de moeda (M_1) é dada pelo somatório do papel moeda em poder do público (PMPP) e os depósitos à vista nos bancos comerciais (DV). A alternativa "d" está incorreta

O conceito microeconômico afirma que a demanda de um bem é considerada elástica quando, dada uma variação no preço, há uma variação mais que proporcional na quantidade procurada. A alternativa "e" está incorreta.

17

MODELO IS-LM-BP NUMA ECONOMIA COM PERFEITA MOBILIDADE DE CAPITAL

■ 17.1. O MODELO IS-LM-BP NUMA ECONOMIA ABERTA

Numa economia aberta, há três mercados: o mercado de bens e serviços que, estando em equilíbrio, é representado pela **curva IS**; o mercado monetário que, estando em equilíbrio, é representado pela **curva LM**; e o mercado externo que, quando em equilíbrio, é representado pela **curva BP** (Balanço de Pagamentos).

Esse modelo, a ser visto no momento, mostra os efeitos das políticas monetária, fiscal, cambial e comercial numa economia aberta, ou seja, que mantém relações com o exterior, mantendo-se o **nível de preços** constante[1].

Assim, analisando os componentes do Balanço de Pagamentos, tem-se:

1. Balança Comercial
2. Balança de Serviços
3. Balança de Rendas
4. Transferências Correntes Unilaterais

Saldo no Balanço de Pagamentos em Transações Correntes (1 + 2 + 3 + 4)

5. Conta Capital
6. Conta Financeira
7. Erros e Omissões

Saldo no Balanço de Pagamentos

8. Haveres da Autoridade Monetária

Considerando que o equilíbrio no Balanço de Pagamentos possa ser alcançado por meio da Balança Comercial e/ou da Conta Financeira, tem-se:

■ 17.1.1. Balança Comercial (BC)

Pode-se dizer, *ceteris paribus*, que as exportações serão função do nível de renda externa (Y^*) e da taxa real de câmbio[2] (E), ou seja:

---

[1] Considerando os preços constantes, é indiferente se falar em taxa de câmbio real ou nominal, assim como em taxa de juros real ou nominal, já que serão iguais.

[2] Como no modelo se consideram os preços constantes, tanto faz se falar em taxa de câmbio real ou nominal.

$$X = f(Y^*, E)$$

Onde: X = exportação; Y* = renda externa; e E = taxa de câmbio real

Portanto, uma desvalorização real da taxa de câmbio torna relativamente mais baratos os produtos nacionais em moeda estrangeira, contribuindo para elevar as exportações. Também um aumento da renda externa tende a elevar as exportações do país considerado.

Pode-se dizer, *ceteris paribus*, que as importações são função do nível de renda interna (Y) e da taxa real de câmbio (E), ou seja:

$$M = f(Y, E)$$

Onde: M = importação; Y = renda interna; e E = taxa de câmbio real

Portanto, a sobrevalorização real da taxa de câmbio torna os produtos importados relativamente mais baratos, aumentando as importações. Também um aumento da renda interna tende a elevar as importações do país considerado.

Logo, a Balança Comercial (BC), onde são lançadas as exportações e importações, é função, *ceteris paribus*, do nível de renda interna (Y), nível de renda externa (Y*) e da taxa real de câmbio (E):

$$BC = f(Y, Y^*, E)$$

Logo:

- Se a renda externa aumentar, melhora o saldo na Balança Comercial (BC), porque aumentam as exportações internas, *ceteris paribus*.
- Se a renda interna aumentar, piora o saldo na Balança Comercial (BC), porque aumentam as importações internas, *ceteris paribus*.
- Se "E" aumentar, haverá desvalorização real da taxa de câmbio, melhorando o saldo na Balança Comercial (BC), *ceteris paribus*.

17.1.2. Conta Financeira (CF)

O movimento financeiro entre países é uma função diferencial entre a taxa de juros doméstica (r) e a taxa de juros internacional (r*), *ceteris paribus*.

- Se $r > r^*$ → os investidores tenderão a investir no país.
- Se $r < r^*$ → os investidores tenderão a investir em outros países.

Então, a Conta Financeira é função do diferencial das taxas de juros internas (r) e das taxas de juros externas (r*):

$$CF = f(r - r^*)$$

17.1.3. Saldo no Balanço de Pagamentos (BP)

Ceteris paribus, o saldo no Balanço de Pagamentos é o somatório do saldo comercial + saldo na Conta Financeira:

$$BP = BC + CF$$

Então, o Balanço de Pagamentos é função da renda interna (Y), da renda externa (Y*), da taxa real de câmbio (E) e do diferencial das taxas de juros internas (r) e externas (r*):

$$BP = BC\ (Y, Y^*, E) + CF\ (r - r^*)$$

17.2. MOBILIDADE DE CAPITAL DO MODELO IS-LM-BP NO CURTO PRAZO

O modelo IS-LM-BP, a ser estudado, pode ser apresentado com perfeita mobilidade de capital, sem mobilidade de capital ou com mobilidade imperfeita de capital.

Dizer que há **perfeita mobilidade de capital** significa que o país tem acesso perfeito ao mercado internacional de capitais e que um déficit no Balanço de Pagamentos em Transações Correntes será totalmente financiado por capital externo à taxa de juros vigente[3], assim como um superávit em Transações Correntes será totalmente aplicado no exterior à taxa de juros vigente. Portanto, a preocupação com o equilíbrio do Balanço de Pagamentos não decorre do equilíbrio em Transações Correntes, já que este último poderá ser deficitário, devendo se socorrer a capital externo, ou ser superavitário, devendo aplicar os recursos no exterior, recebendo por isso os juros vigentes. A preocupação estará na Conta Financeira, onde a taxa de juros será a variável relevante para manter o equilíbrio no Balanço de Pagamentos, já que uma elevação na taxa de juros interna que a torne superior à externa provocará uma entrada de capital no país, levando a um superávit no Balanço de Pagamentos. Também, caso haja redução na taxa de juros interna que a torne inferior à taxa de juro externa, haverá uma saída de capital do país, levando a um déficit no Balanço de Pagamentos.

Assim, num modelo com **perfeita mobilidade de capital**, o Balanço de Pagamentos, para se manter em equilíbrio, dependerá apenas que o diferencial das taxas de juros interna e externa seja igual a zero[4]. Observe na Figura 17.1 que, quando a taxa de juros interna (r) é superior à taxa de juros externa (r*), ocorre superávit no Balanço de Pagamentos. Também, quando a taxa de juros interna (r) for inferior à taxa de juro externa (r*), ocorre déficit no Balanço de Pagamentos.

Figura 17.1. Comportamento da taxa de juros interna (r) e o saldo do Balanço de Pagamentos num modelo com perfeita mobilidade de capital no curto prazo

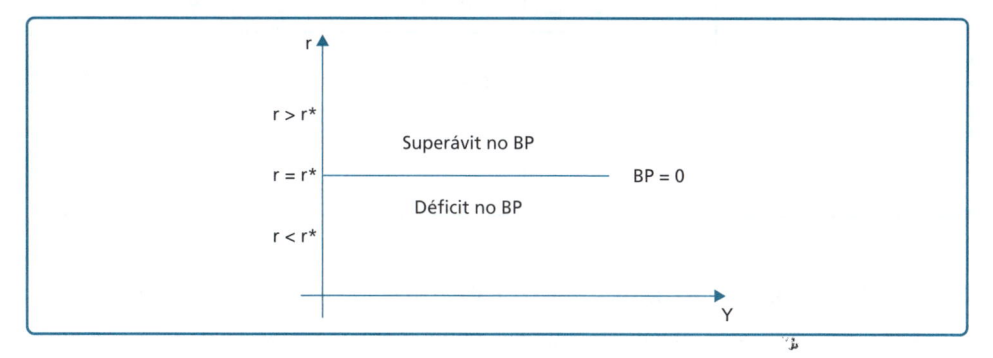

---

[3] Considerando uma pequena economia.
[4] Considerando que não haja risco-país, custos de transação e expectativa de desvalorização da taxa de câmbio.

Quando há perfeita mobilidade de capital, um pequeno diferencial entre as taxas de juros interna e externa seria suficiente para equilibrar o Balanço de Pagamentos por meio do movimento de capitais.

■ 17.3. EMPREGO E BALANÇO DE PAGAMENTOS NUM MODELO COM PERFEITA MOBILIDADE DE CAPITAL

Se a taxa de juros interna estiver maior que a externa, ocorre superávit no Balanço de Pagamentos (BP), e se a taxa de juros interna estiver menor que a externa, ocorre um déficit no Balanço de Pagamentos (BP). Isso porque uma taxa de juros interna maior que a externa atrai divisas, aumentando as reservas internacionais do país. Também uma taxa de juros interna menor que a externa, além de desestimular a entrada de divisas para o país, provoca a saída para o exterior, reduzindo as reservas internacionais do país.

Qualquer ponto à direita da Yp (produto de pleno emprego) gera sobre-emprego, e à esquerda, desemprego.

Associando o Balanço de Pagamentos com o produto de pleno emprego na economia, percebe-se que pontos acima do equilíbrio entre as taxas de juros internas e externas provocam superávit no Balanço de Pagamentos, bem como pontos abaixo do equilíbrio entre as taxas de juros internas e externas provocam déficit no Balanço de Pagamentos. Também pontos à esquerda do produto de pleno emprego geram desemprego, e pontos à esquerda do produto de pleno emprego geram superemprego. Observe a Figura 17.4.

Figura 17.4. Associação do Balanço de Pagamentos com perfeita mobilidade de capital e do produto de pleno emprego

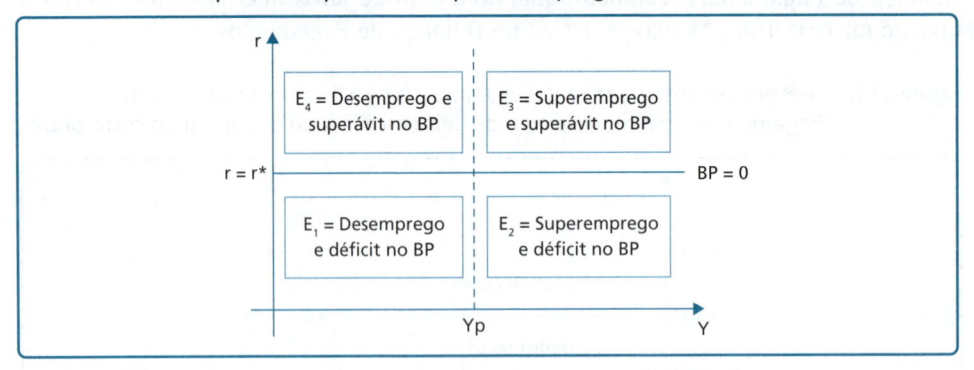

■ 17.4. PEQUENA ECONOMIA ABERTA E GRANDE ECONOMIA ABERTA

Uma pequena economia aberta é uma economia em que a inflação, a taxa de juros nominais, o hiato do produto, a taxa de câmbio real e demais variáveis macroeconômicas não afetam as variáveis do resto do mundo. Ou seja, uma pequena economia não tem o poder de alterar a taxa de juros do resto do mundo. Froyen afirma, quanto a um país pequeno, que: "(...) suas ações de política econômica não têm efeito sobre a economia mundial. Uma política monetária expansionista que reduza a taxa de juros interna não tem efeito sobre as taxas de juros mundiais ou sobre a renda em países estrangeiros, uma vez que esta também foi considerada exógena"[5]. Também o mercado externo desempenha um papel muito importante, tanto do ponto de vista econômico quanto do financeiro. Numa economia pequena, o equilíbrio interno pressupõe um equilíbrio externo. Já numa grande economia, o país é capaz de alterar as taxas de câmbio internacionais, na medida em que, ao demandarem mais moeda estrangeira, pressionam uma elevação nas taxas de juros externas e, por conseguinte, uma elevação na taxa de juros interna. Sachs e Larrain afirmam, quanto a países como Estados Unidos, Alemanha e os países da União Européia (EU), que: "as alterações da política doméstica afetam as taxas internacionais de juros, o que, por sua vez, afeta a forma pela qual essas políticas funcionam"[6].

■ 17.5. MODELO IS-LM-BP E O EQUILÍBRIO NUM MODELO COM LIVRE MOBILIDADE DE CAPITAL NUMA PEQUENA ECONOMIA[7]

Relembrando que o comportamento da curva BP num modelo com livre mobilidade de capital é totalmente elástica à taxa de juros (r), podem-se acrescentar, agora, as curvas IS e LM ao modelo, conforme mostra a Figura 17.7.

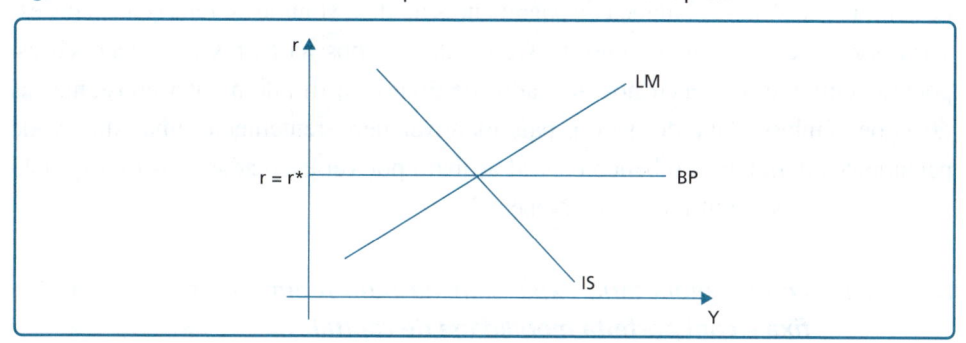

Figura 17.7. Modelo IS-LM-BP com perfeita mobilidade de capital

■ 17.5.1. Modelo de Mundell-Fleming (IS-LM-BP) para uma economia aberta e com livre mobilidade de capital

O modelo de **Mundell-Fleming**[8] para uma pequena economia aberta com livre mobilidade de capital, quando se adota uma política monetária, fiscal, cambial ou

---

[5] Richard T. Froyen, *Macroeconomia*, p. 595-596.
[6] Jeffrey D. Sachs e Felipe B. Larrain, *Macroeconomia*, p. 458.
[7] Pequena economia é aquela que não tem o poder de influenciar a taxa de juros e preços externos e para a qual o mercado externo desempenha um papel muito relevante, tanto no que se refere às relações econômicas quanto às financeiras.
[8] O modelo Mundell-Fleming ou IS-LM-BP foi desenvolvido por Robert Mundell e Marcus Fleming. É uma extensão ao modelo IS-LM, sendo aplicado a uma economia aberta com a introdução do Balanço de Pagamentos (BP).

comercial, deve ser considerado sob o regime de câmbio fixo ou sob o regime de câmbio flexível (ou flutuante). Acompanhe a partir do *item 17.7.1.1*.

Mas o que diferencia taxa de câmbio fixa e taxa de câmbio flutuante num modelo com/sem mobilidade de capital? Sachs e Larrain respondem a essa pergunta apontando que: "a principal diferença entre taxas cambiais fixas e flutuantes está no ajustamento a essa entrada de capitais. A entrada de capital gera uma apreciação incipiente (isto é, um início de apreciação) da taxa cambial. Sob taxas fixas de câmbio, a entrada provoca o aumento da oferta monetária à medida que o Banco Central vai comprando moeda estrangeira com moeda nacional para evitar a apreciação e a curva LM desloca-se para a direita até restaurar a condição da mobilidade de capital ($i = i^*$). Mas, com taxas flexíveis, a autoridade monetária não intervém e a oferta monetária permanece inalterada (a curva LM fica em LM'). Agora, é a taxa cambial que se ajusta"[9].

Portanto, sob taxas fixas de câmbio, o Bacen deve interferir na economia para garantir que se mantenha no patamar desejado. Dornbusch e Fischer refletem: "O que determina o volume de intervenção no mercado de divisas — venda ou compra de dólares — que um banco central seria obrigado a realizar, pelo sistema de taxas de câmbio fixas? (...) A balança de pagamentos mede o volume de intervenção necessária por parte dos bancos centrais. Contando que possua as reservas necessárias, poderá continuar a intervir nos mercados de divisas, a fim de manter constantes as taxas de câmbio. Contudo, se um país mantiver persistentemente uma balança de pagamentos deficitária, o banco central acabará por ver esgotadas suas divisas, não podendo portanto continuar a intervenção"[10].

■ 17.5.1.1. Política monetária expansionista num regime de taxa de câmbio fixa e com perfeita mobilidade de capital

Havendo um aumento da oferta de moeda, LM_1 irá para LM_2 e r_1 irá para r_2 (há o deslocamento do ponto 1 para o ponto 2 da Figura 17.8). Como r_2 está abaixo de r_1, haverá fuga de divisas (dólares) e déficit no Balanço de Pagamentos. Para manter a taxa de câmbio fixa, o Banco Central terá que intervir no mercado, vendendo divisas. Quando vende divisas, retira moeda nacional (real) da economia, ou seja, promove uma contração monetária, fazendo com que a função LM_2 volte para LM_1 (há o deslocamento do ponto 2 para o ponto 3). Portanto, uma política monetária em regime de câmbio fixo é **totalmente ineficaz** para alterar a renda e o produto da economia (já que o ponto 3 coincide com o ponto 1). Observe a Figura 17.8.

---

[9] Jeffrey D. Sachs e Felipe Larrain B., *Macroeconomia*, p. 446.
[10] Rudiger Dornbusch e Stanley Fischer, *Macroeconomia*, p. 552.

Figura 17.8. Política monetária expansionista num modelo com perfeita mobilidade de capital e taxa de câmbio fixa

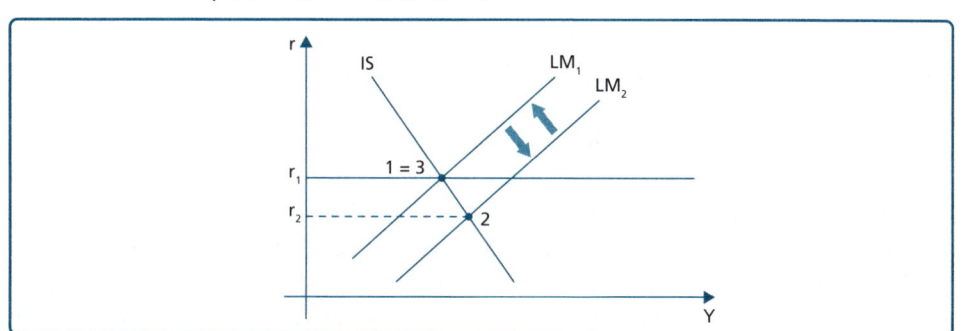

17.5.1.2. Política *fiscal* expansionista num regime de taxa de câmbio *fixa* e com perfeita mobilidade de capital

Havendo um aumento dos gastos do governo, por exemplo, IS_1 irá para IS_2 e r_1 irá para r_2 (há o deslocamento do ponto 1 para o ponto 2 da Figura 17.9), provocando uma elevação da taxa de juros (r) e da renda (Y). Como r_2 está acima de r_1, haverá entrada de capital e, para manter a taxa de câmbio fixa, a autoridade monetária (Banco Central) será obrigada a realizar uma política monetária expansionista (comprando divisas e, portanto, colocando moeda nacional (real) na economia), deslocando LM_1 para LM_2 (há o deslocamento do ponto 2 para o ponto 3). Essa política é capaz de elevar o produto da economia. É, portanto, totalmente **eficaz** para alterar a renda/produto da economia. O **multiplicador Keynesiano** nesse caso age plenamente. Acompanhe pela Figura 17.9.

Observe que, se a economia fosse fechada, uma política fiscal expansionista deslocaria a função IS para a direita (IS_1 para IS_2), elevando o produto (do ponto 1 para o ponto 2). Porém, como a taxa de juros se eleva também, isso faria com que o investimento se retraísse, reduzindo o efeito do multiplicador. Portanto, numa economia aberta, a eficácia de uma política fiscal, sendo o câmbio fixo, é maior que numa economia fechada.

Figura 17.9. Política fiscal expansionista num modelo com perfeita mobilidade de capital e taxa de câmbio fixa

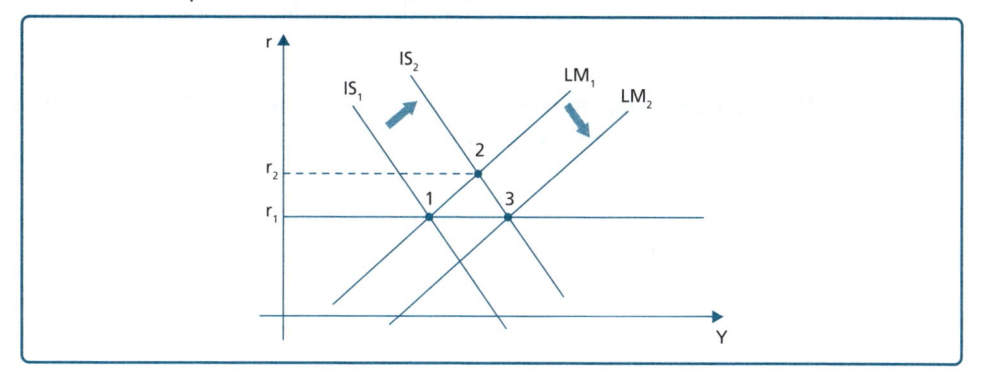

17.5.1.3. Desvalorização cambial num regime de taxa de câmbio fixa com perfeita mobilidade de capital

Nada impede que o câmbio possa ser valorizado/desvalorizado no câmbio fixo. Carvalho e Silva afirmam que: "esse ajuste, porém, não é feito pelo mercado, e sim pelo Banco Central. Em tal caso, a desvalorização cambial constitui-se numa variável exógena e, por isso, de política econômica"[11].

Com a desvalorização cambial, há estímulo às exportações, levando ao deslocamento da curva IS para a direita ou para cima (há o deslocamento do ponto 1 para o ponto 2), elevando a taxa de juros (r). Com uma taxa de juros mais elevada, há entrada de divisas no país. Como o câmbio é fixo, o Banco Central comprará divisas para manter o câmbio inalterado, aumentando a oferta de moeda e deslocando para a direita ou para baixo a curva LM (há o deslocamento do ponto 2 para o ponto 3). Conclusão: produto e renda aumentam. Trata-se de uma política totalmente **eficaz** no sentido de elevar o produto/renda da economia. Acompanhe pela Figura 17.10.

Figura 17.10. Política de desvalorização cambial num modelo com perfeita mobilidade de capital e taxa de câmbio fixa

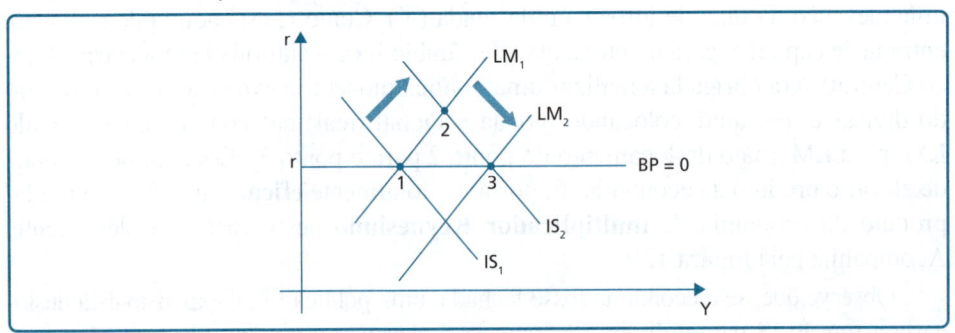

Foi possível perceber as consequências de uma política monetária, fiscal e cambial num modelo com perfeita mobilidade de capital quando se adota o câmbio fixo. Blanchard aponta uma das desvantagens da utilização do câmbio fixo: "No curto prazo, países que operam sob taxas de câmbio fixas e mobilidade perfeita de capitais abrem mão de dois instrumentos macroeconômicos – a taxa de juros e a taxa de câmbio. Isso não somente reduz sua capacidade de responder a choques como pode também levar a crises cambiais"[12].

17.5.1.4. Política comercial de redução da demanda por produtos importados por meio de cota ou tarifa de importação num regime de taxa de câmbio fixa e com perfeita mobilidade de capital

Havendo a imposição de uma cota ou uma tarifa sobre produtos importados, as importações (M) tendem a cair e, por conseguinte, as exportações líquidas (X – M)

---

[11] Maria Auxiliadora de Carvalho e César Roberto Leite da Silva, *Economia internacional*, p. 245.
[12] Olivier Blanchard, *Macroeconomia*, p. 388.

tendem a aumentar. Com isso, a curva IS se desloca de IS_1 para IS_2, elevando o produto/renda da economia de Y_1 para Y_2 e a taxa de juros de r_1 para r_2. Com a elevação da taxa de juros, haverá entrada de capital e, para manter a taxa de câmbio fixa, a autoridade monetária (Banco Central) será obrigada a realizar uma política monetária expansionista (comprando divisas e, portanto, colocando moeda nacional (real) na economia), deslocando LM_1 para LM_2 (há o deslocamento do ponto 2 para o ponto 3 da Figura 17.11). Essa política é capaz de elevar o produto/renda da economia. É, portanto, totalmente **eficaz** para alterar a renda/produto da economia.

Observe que a imposição de uma cota ou tarifa de importação equivale a uma política fiscal expansionista no que se refere ao deslocamento das curvas IS e LM. A diferença principal é que, com a política fiscal, o nível de exportação líquida se mantém inalterado. Já no caso de uma política comercial de controle sobre as importações, ocorre um aumento das **exportações líquidas** (NX).

Mankiw afirma que: "O resultado da restrição comercial, no caso da taxa de câmbio fixa, é muito diferente do registrado na vigência de taxa de câmbio flutuante. No primeiro caso, a restrição comercial aumenta a renda agregada. E, ainda, a conta corrente, NX, também cresce"[13].

Figura 17.11. Política comercial de controle sobre importações num modelo com perfeita mobilidade de capital e taxa de câmbio fixa

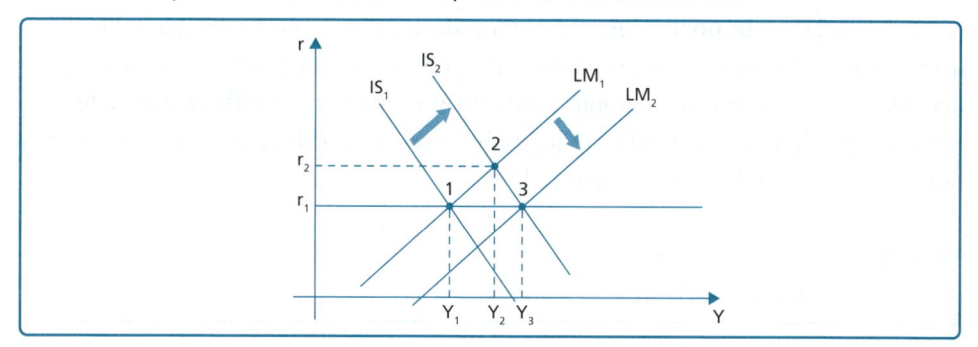

17.5.1.5. Política *monetária* expansionista num regime de taxa de câmbio *flexível* e com perfeita mobilidade de capital

Havendo um aumento na oferta de moeda, a função LM_1 irá para LM_2, reduzindo a taxa de juros interna de r_1 para r_2 (há o deslocamento do ponto 1 para o ponto 2). Como r_2 é menor que r_1, haverá fuga de capital, ou seja, saída de divisas. Com menos divisas, a moeda nacional fica **desvalorizada** frente ao dólar, incentivando as **exportações** e deslocando a curva IS_1 para IS_2 (há o deslocamento do ponto 2 para o ponto 3), elevando a taxa de juros ao patamar inicial e aumentando o nível de renda da economia. É uma política totalmente **eficaz** para alterar o nível de renda e produto da economia. Observe a Figura 17.12.

---

[13] N. Gregory Mankiw, *Macroeconomia*, p. 253.

Figura 17.12. Política monetária expansionista num modelo com perfeita mobilidade de capital e taxa de câmbio fixa

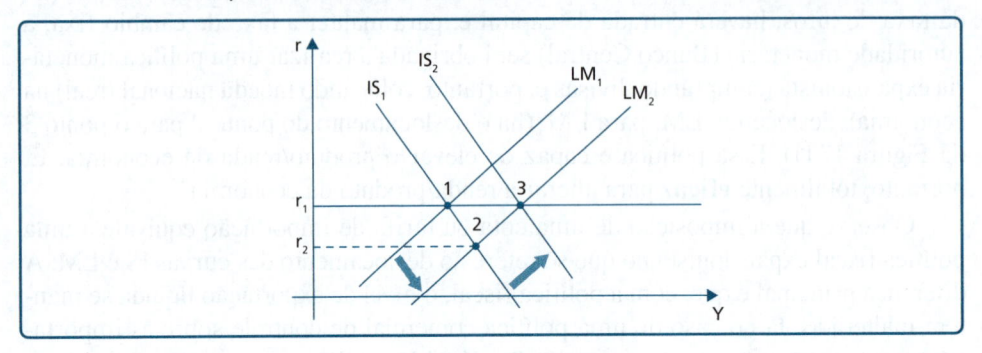

17.5.1.6. Política *fiscal* expansionista num regime de taxa de câmbio *flexível* com perfeita mobilidade de capital

Havendo um aumento dos gastos do governo, IS_1 se desloca para IS_2 (há o deslocamento do ponto 1 para o ponto 2), fazendo com que a taxa de juros r_1 se desloque para r_2. Como r_2 é mais alta que r_1, haverá uma entrada de capital, ou seja, haverá mais divisas no mercado, **valorizando** a moeda nacional (real). Com a moeda nacional valorizada, as **importações** aumentam, deslocando a curva IS_2 para IS_1 (há o deslocamento do ponto 2 para o ponto 3 que coincide com o ponto 1). Assim, a política fiscal em uma taxa de câmbio flexível será totalmente **ineficaz** para alterar a renda e o produto da economia, muito embora seja capaz de reduzir as exportações líquidas (X – M). Observe a Figura 17.13.

Figura 17.13. Política fiscal expansionista num modelo com perfeita mobilidade de capital e taxa de câmbio flexível

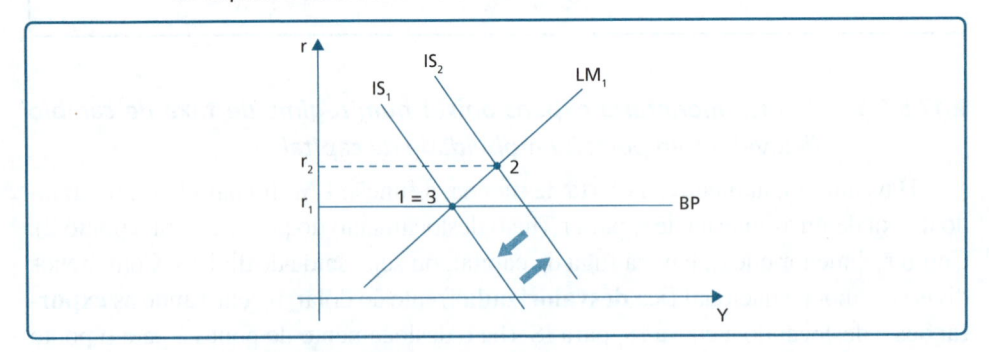

17.5.1.7. *Desvalorização* cambial no regime de taxa de câmbio *flexível* com perfeita mobilidade de capital

Quando o câmbio é flutuante, não se fala em política cambial, já que o mercado é quem determinará a taxa de câmbio.

17.5.1.8. Política comercial de redução da demanda por produtos importados por meio de cota ou tarifa de importação num regime de taxa de câmbio flutuante e com perfeita mobilidade de capital

Havendo a imposição de uma cota ou uma tarifa sobre produtos importados, as importações (M) tendem a cair e, por conseguinte, as exportações líquidas (X – M) tendem a aumentar. Com isso, a curva IS se desloca de IS_1 para IS_2, elevando o produto/renda da economia de Y_1 para Y_2 e a taxa de juros de r_1 para r_2. Como r_2 é mais alta que r_1, haverá uma entrada de capital, ou seja, haverá mais divisas no mercado, **valorizando** a moeda nacional (real). Com a moeda nacional valorizada, as **importações** aumentam, deslocando a curva IS_2 para IS_1 (há o deslocamento do ponto 2 para o ponto 3, que coincide com o ponto 1 da Figura 17.14). Assim, a política comercial de restrição às importações num regime de taxa de câmbio flexível será totalmente **ineficaz** para alterar a renda e o produto da economia.

Observe que uma política comercial de restrição às importações é muito semelhante a uma política fiscal expansionista no que se refere ao deslocamento das curvas IS e LM, com uma importante diferença: o comportamento das exportações líquidas. Uma política comercial que limita a demanda por produtos importados mantém as exportações líquidas (NX) inalteradas, enquanto uma política fiscal expansionista reduz as exportações líquidas (NX).

Mankiw reforça essa teoria ao afirmar: "A restrição comercial não afeta a renda, o consumo, o investimento ou as aquisições do governo. Logo não afeta a conta corrente. Embora o deslocamento da curva de exportações líquidas tenda a aumentar NX, o aumento na taxa de câmbio reduz NX no mesmo montante"[14].

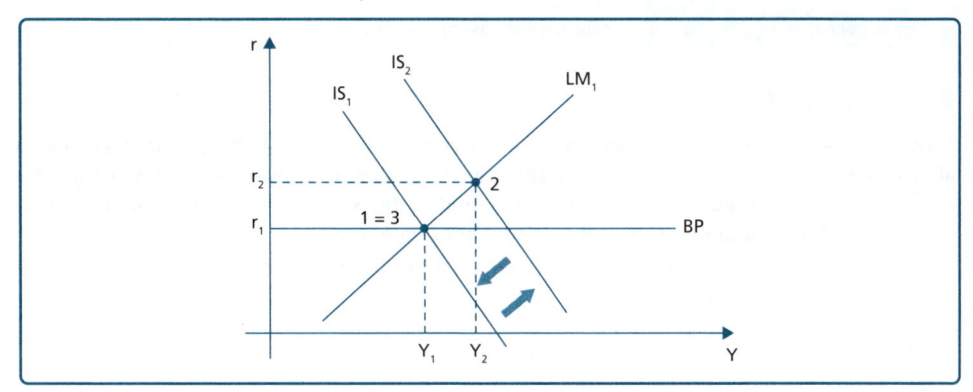

Figura 17.14. Política comercial de restrição às importações num modelo com perfeita mobilidade de capital e taxa de câmbio flexível

---

[14] N. Gregory Mankiw, *Macroeconomia*, p. 249.

17.5.1.9. Quadros-resumo da eficácia de políticas num modelo com perfeita mobilidade de capital

Num modelo com **perfeita mobilidade de capital**, numa economia pequena, a eficácia de uma política monetária, fiscal, cambial e comercial sobre o **produto/renda/emprego** da economia será:

	CÂMBIO FIXO	CÂMBIO FLEXÍVEL
Política monetária	Ineficaz	Eficaz
Política fiscal	Eficaz	Ineficaz
Política cambial	Eficaz	–
Política comercial	Eficaz	Ineficaz

Se o intuito for aumentar o produto/renda/emprego, deve-se adotar uma:

	CÂMBIO FIXO	CÂMBIO FLEXÍVEL
Política monetária	–	expansionista
Política fiscal	expansionista	–
Política cambial	de desvalorização	–
Política comercial	restritiva às importações	–

Se o intuito for diminuir o produto/renda/emprego, deve-se adotar uma:

	CÂMBIO FIXO	CÂMBIO FLEXÍVEL
Política monetária	–	contracionista
Política fiscal	contracionista	–
Política cambial	de valorização	–
Política comercial	expansionista às importações	–

17.6. QUESTÕES

1. (Analista — BC — FCC — 2006) No modelo de Mundell-Fleming para uma pequena economia aberta com perfeita mobilidade de capitais e taxas de câmbio flexíveis, em que se observa a existência de desemprego no curto prazo, uma política de expansão da oferta de moeda praticada pelo Banco Central terá como uma de suas consequências:
   a) A permanência da taxa de desemprego nos mesmos níveis anteriores.
   b) A diminuição do Produto Real.
   c) A valorização da taxa de câmbio.
   d) O aumento da entrada líquida de capitais externos.
   e) O aumento das exportações líquidas.

2. (Analista — FINEPJMC1 — UFRJ — NCE — 2006) Em uma pequena economia aberta com taxas de câmbio fixas, um aumento da oferta monetária tenderia a:
   a) Produzir inflação e recessão.
   b) Reduzir a renda através do aumento da taxa de juros.

c) Manter inalterado o nível da renda e as exportações.
d) Aumentar a renda através de seu impacto sobre a taxa de juros e, daí, sobre as exportações líquidas.
e) Variar a renda através de seu impacto sobre a taxa de juros e sobre o consumo, mas deixar constante o volume de exportações líquidas.

3. (Analista — FINEP — MCT — UFRJ — NCE — 2006) De acordo com o Modelo Mundell-Fleming, numa pequena economia aberta, sujeita a um regime de taxa de câmbio fixa, uma política de restrições às importações teria como consequência:
a) Aumento do nível de renda e das exportações líquidas.
b) Redução do nível de renda e das exportações líquidas.
c) Manutenção do nível de renda com redução do consumo e aumento do investimento.
d) Aumento do nível de renda, mas redução das exportações líquidas.
e) Redução do nível de renda, mas aumento das exportações líquidas.

4. (Economista — Petrobras — CESGRANRIO — 2005) No modelo IS-LM-BP com câmbio fixo e livre mobilidade de capitais, uma política monetária expansionista fará com que, no curto prazo, o produto se:
a) Expanda, voltando à posição original no médio prazo.
b) Expanda, mantendo o novo nível no médio prazo.
c) Expanda, expandindo-se ainda mais no médio prazo.
d) Contraia e se expanda no médio prazo.
e) Contraia e se contraia ainda mais no médio prazo.

5. (FCC — 2005) É correto afirmar que:
a) No modelo IS-LM para uma economia fechada, o resgate de títulos públicos em operações de mercado aberto tende a reduzir o nível de desemprego no curto prazo e, ao mesmo tempo, a elevar a taxa de juros.
b) Tudo o mais constante o aumento da oferta de moeda estrangeira ocasionado pela elevação das exportações líquidas de um país provoca uma desvalorização da moeda nacional, caso o mercado de câmbio não sofra intervenção do Banco Central.
c) Em uma pequena economia aberta com perfeita mobilidade de capitais e taxa de câmbio flexíveis, é adequada a utilização da política fiscal de expansão dos gastos do governo com o objetivo de reduzir o desemprego da economia.
d) Segundo os teóricos das expectativas racionais, o Banco Central deve adotar políticas gradualistas de combate à inflação, para que os agentes econômicos tenham tempo de adaptar suas expectativas.
e) De acordo com a teoria da paridade do poder de compra, se a taxa de inflação externa é de 2% ao ano e a taxa de inflação interna 8% ao ano, a moeda nacional se desvalorizará aproximadamente 6% em relação à estrangeira.

6. (Auditoria Geral do Estado/MT — UFRJ — NCE — 2005) Em um regime de taxas de câmbio flexíveis, uma política monetária contracionista leva a:
a) Um aumento do Produto e da taxa de juros e apreciação cambial.
b) Um aumento do Produto, queda da taxa de juros e depreciação cambial.
c) Um aumento do Produto, queda da taxa de juros e apreciação cambial.
d) Uma queda do Produto, elevação da taxa de juros e apreciação cambial.
e) Uma queda do Produto, elevação da taxa de juros e depreciação cambial.

7. (Economista — BNDES — UFRJ — NCE — 2005) Analise as proposições a seguir sobre o modelo IS-LM.
   I. Considerando uma economia aberta pequena, com perfeita mobilidade de capital e taxa de câmbio flexível, uma expansão monetária irá elevar o nível do Produto de equilíbrio e aumentar o saldo da conta corrente através de uma depreciação induzida.
   II. Considerando uma economia aberta pequena com perfeita mobilidade de capital e taxa de câmbio fixa, se o atual nível de Produto de equilíbrio está abaixo do pleno emprego, o governo terá como uma de suas opções para elevá-lo a expansão da oferta monetária.
   III. No caso "clássico", uma política fiscal não terá efeito sobre o nível de renda, e a demanda por moeda não depende da taxa de juros.
   Assinale a alternativa correta.
   a) Apenas as proposições I e II estão corretas.
   b) Apenas as proposições I e III estão corretas.
   c) Apenas as proposições II e III estão corretas.
   d) Todas as proposições estão corretas.
   e) Nenhuma das proposições está correta.

8. (Economista — Agência Reguladora de Serviços Públicos Delegados do Ceará — FCC — 2005) Em uma economia aberta com perfeita mobilidade de capitais do exterior, há ocorrência de desemprego voluntário no curto prazo. A política econômica adequada para reduzir a taxa de desemprego, se a economia adotar o regime de taxas de câmbio fixas, é uma política:
   a) Fiscal expansiva;
   b) Fiscal restritiva;
   c) Monetária expansiva;
   d) De valorização do câmbio real;
   e) Monetária restritiva.

9. (ANPEC — CESPE — 2006) Julgue o item a seguir:
Em regime de câmbio flutuante e perfeita mobilidade de capital, uma política monetária expansionista causa depreciação da moeda doméstica, enquanto uma política fiscal expansionista causa sua apreciação.

10. (ICMS/RJ — FGV — 2007) Considere uma economia aberta, com câmbio flutuante e sob perfeita mobilidade de capitais. Qual é o impacto de uma política fiscal expansionista sobre a taxa de câmbio e o nível de produção?
   a) A taxa de câmbio se aprecia, e o nível de produção aumenta.
   b) A taxa de câmbio se aprecia, e o nível de produção permanece inalterado.
   c) A taxa de câmbio se deprecia, e o nível de produção permanece inalterado.
   d) A taxa de câmbio se deprecia, e o nível de produção diminui.
   e) A taxa de câmbio permanece inalterada, e o nível de produção aumenta.

11. (ICMS — FGV — 2007) Considere uma economia aberta com câmbio flutuante e sob perfeita mobilidade de capitais. Qual o impacto de uma política monetária expansionista sobre a taxa de câmbio e o nível de produção?
   a) A taxa de câmbio se deprecia e o nível de produção aumenta.
   b) A taxa de câmbio se aprecia e o nível de produção diminui.
   c) A taxa de câmbio se deprecia e o nível de produção não se altera.
   d) A taxa de câmbio se aprecia e o nível de produção não se altera.
   e) A taxa de câmbio se aprecia e o nível de produção aumenta.

12. (Câmara Municipal de São Paulo — VUNESP — 2008) Em uma economia aberta com regime de taxa de câmbio fixa e perfeita mobilidade de capital, uma expansão na oferta monetária:

a) Diminuirá o Produto.
b) Aumentará a taxa de juros.
c) Não terá efeito no Produto e na taxa de juros.
d) Aumentará o Produto e a taxa de juros.
e) Aumentará o Produto e diminuirá a taxa de juros.

13. (EPE — Economia de Energia — CESGRANRIO — 2006) Em uma economia com câmbio fixo e livre mobilidade de capital, a implementação de uma política monetária expansionista produz inicialmente um(a):
a) Superávit no balanço de pagamentos.
b) Superávit na balança comercial.
c) Déficit no balanço de pagamentos.
d) Forte entrada de capitais.
e) Elevação da taxa de juros doméstica.

14. (FUEMT — Departamento de Ciências Econômicas — 2006) De acordo com o modelo IS-LM, assinale a alternativa verdadeira.
a) Quando o Banco Central fixa a taxa de juros, a política fiscal tem efeito nulo sobre a renda.
b) A renda não se altera quando o governo aumenta tributos e gastos na mesma proporção, tal que o déficit primário fique inalterado.
c) Quando a economia é afetada por choques na curva IS, a volatilidade da renda será menor se a taxa de juros for fixa.
d) Quando a economia é afetada por choques na curva LM, a volatilidade da renda será menor se a oferta de moeda for fixa.
e) Um aumento da desconfiança em relação ao sistema financeiro (tal que para uma dada renda e taxa de juros os agentes demandem mais moeda) aumenta a taxa de juros e diminui a renda de equilíbrio.

15. (Agente da Polícia Federal — Polícia Federal — CESPE — 2000) A mensuração da produção agregada, o desenho de políticas macroeconômicas, a análise dos desequilíbrios externos e o processo de desenvolvimento econômico podem ser mais bem compreendidos com a ajuda da moderna teoria econômica. Utilizando os conceitos essenciais dessa teoria, assinale o item falso.
a) Ao se mensurar o Produto Interno Bruto (PIB) a partir da ótica da despesa, devem-se excluir as exportações porque elas não representam gastos dos agentes econômicos domésticos.
b) No tocante à utilização de políticas fiscais contracionistas, o efeito multiplicador de uma redução das transferências governamentais é igual àquele que seria obtido por meio de um aumento equivalente da tributação.
c) Se o mercado antecipar uma depreciação do real em 30% com relação ao dólar norte-americano, então reais serão vendidos imediatamente, provocando, assim, a depreciação imediata desta moeda.
d) No passado recente, o desequilíbrio do setor público, no Brasil, traduziu-se em aumentos das taxas de juros domésticos e na apreciação da moeda nacional, contribuindo, assim, para aumentar o déficit do balanço comercial.
e) Os custos comparativos na produção e a magnitude da demanda nos mercados externos determinam as taxas de câmbio dos Produtos comercializáveis.

16. (Auditor-Fiscal – Governo da Bahia – FCC – julho/2004) No modelo IS-LM numa economia aberta com mobilidade perfeita de capital, onde a taxa de câmbio é flutuante e o nível geral de preços é constante, uma medida que poderá reduzir a taxa de desemprego involuntária é:
a) o aumento dos gastos do governo.
b) o resgate de títulos públicos pelo Banco Central.
c) a elevação da taxa de redesconto.
d) a redução da tributação.
e) a elevação da taxa dos depósitos compulsórios.

17. (Economista – DNOCS – FCC – 2010) No modelo IS-LM, em uma economia aberta com mobilidade perfeita de capitais, onde a taxa de câmbio é fixa e o nível geral de preços é constante, uma medida que poderá reduzir a taxa de desemprego involuntário é:
a) o resgate de títulos públicos pelo Banco Central.
b) o aumento dos gastos do governo.
c) a elevação da taxa de redesconto.
d) o aumento da tributação.
e) a elevação da taxa dos depósitos compulsórios.

18. (ICMS/RO – FCC – 2010) Em uma economia aberta, com perfeita mobilidade de capitais, taxa de câmbio flexível e que esteja operando perto do nível de produto de pleno emprego, são medidas de política econômica que NÃO tendem a produzir inflação:
a) ampliação da oferta de moeda e redução da taxa de redesconto.
b) elevação dos gastos do governo e aumento dos subsídios a produtos agrícolas.
c) compra de títulos públicos e redução da taxa de reservas compulsórias.
d) expansão da base monetária e redução da taxa de reservas compulsórias.
e) compra de títulos públicos e redução da taxa de redesconto.

19. (Metrô – FCC – 2010) Em relação à eficiência das políticas monetária e fiscal expansivas para aumentar o nível de atividade da economia, é correto afirmar:
a) Em uma economia aberta, com taxas flexíveis de câmbio, a política monetária é ineficiente.
b) Em uma economia fechada, com a função LM totalmente inelástica em relação à taxa de juros, a política monetária é ineficiente.
c) Em uma economia aberta, com taxas de câmbio fixas e livre movimentação de capitais, a política fiscal é eficiente.
d) Em uma economia fechada, com a demanda de investimento totalmente inelástica em relação à taxa de juros, a política monetária é eficiente.
e) Em uma economia fechada, com a função LM infinitamente elástica em relação à taxa de juros, a política fiscal é ineficiente.

20. (ICMS/AP – FGV – 2010) Com relação aos impactos gerados por ações de governo em uma economia aberta, considere as seguintes afirmativas:
I. O déficit orçamentário reduz a oferta de fundos para empréstimos, o que eleva a taxa de juros.
II. A elevação da taxa de juros reduz o investimento externo líquido e diminui a oferta de dólares no mercado de câmbio, depreciando-o e, em consequência, aumentando as exportações líquidas.
III. A instabilidade política pode induzir à fuga de capitais sem afetar, no entanto, a taxa de juros nacional.
Assinale:
a) se apenas a afirmativa I estiver correta.

b) se apenas a afirmativa II estiver correta.
c) se apenas as afirmativas I e II estiverem corretas.
d) se apenas as afirmativas II e III estiverem corretas.
e) se todas as afirmativas estiverem corretas.

21. (Analista — FJNEP/MCT — UFRJ — NCE — 2006) De acordo com o Modelo Mundell-Fleming, a eficácia das políticas monetária, fiscal e de restrições às importações em termos da renda depende do regime cambial. Do ponto de vista de alteração do nível de renda:
a) A política monetária é eficaz no regime de taxas de câmbio fixas, e as políticas fiscal e de restrições às importações são eficazes no caso de taxas de câmbio flutuantes.
b) A política monetária é eficaz no regime de taxas de câmbio flutuantes, e as políticas fiscal e de restrições às importações são eficazes no caso de taxas de câmbio fixas.
c) A política monetária é eficaz em ambos os regimes, e as políticas fiscal e de restrições às importações, inócuas em ambos.
d) As políticas fiscal e de restrições às importações são eficazes em ambos os regimes, e a monetária, inócua em ambos.
e) As políticas monetária e fiscal são eficazes no regime de taxas de câmbio fixas e inócuas com taxas de câmbio flutuantes.

22. (Analista — Bacen — CESGRANRIO — 2010) O gráfico abaixo ilustra o modelo IS/LM/BP, representando uma economia em regime de taxa de câmbio fixa.

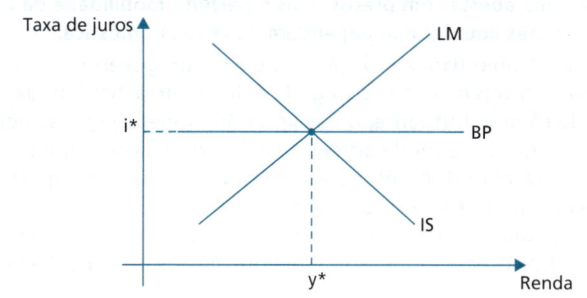

Na situação representada no gráfico, a(o)
a) política monetária é impotente.
b) política fiscal é impotente.
c) taxa de desemprego é elevada.
d) mobilidade internacional do capital financeiro é reduzida.
e) balanço comercial é superavitário.

23. (ANPEC — 2010) Julgue as seguintes afirmativas:
0) Pode haver apreciação real da moeda de um país, sem que haja apreciação nominal da mesma;
1) Em um dado país, a taxa de juros nominal interna é maior que a externa, enquanto que a taxa de juros real interna é menor que a externa. Se valerem a Paridade Descoberta dos Juros e a Equação de Fischer, então a taxa esperada de inflação interna será menor que a externa;
2) Considere o modelo de Mundell-Fleming, com pequena economia aberta e livre mobilidade de capitais. Sob um regime de taxa de câmbio fixa, a política monetária perderá sua autonomia para controlar o nível de atividade econômica interna;

3) Considere o modelo de Mundell-Fleming, com pequena economia aberta e livre mobilidade de capitais. Sob um regime de taxa de câmbio flexível, o único efeito de operações de mercado aberto é alterar a composição do balancete do Banco Central, sem afetar a base monetária.

24. (ANPEC — 2010) Suponha que uma economia aberta, sob mobilidade perfeita de capitais, seja descrita pelas funções:
C = 100 + 0,5Yd
T = 0,1Y
I = 50 + 0,15Y − 0,2r
IM = 0,1Y
X = 0,05Y*

Em que C é o consumo, YD é a renda disponível, I é o investimento, r é a taxa real de juros, T são os impostos, IM são as importações, X são as exportações, Y é a renda interna e Y* é a renda externa. Para simplificar, suponha que não haja transferências do governo. Os níveis de preços interno e externo são constantes e iguais a 1. O Banco Central adota uma política de câmbio fixo (com taxa de câmbio nominal igual a 1) e não há expectativa que esta taxa será alterada no futuro. Considere então que o gasto do governo (G), que inicialmente é de 200, é reduzido para 100 (tudo o mais constante). Calcule a variação nas exportações líquidas provocada pela variação nos gastos do governo.

25. (ANPEC — 2011) Analise as afirmativas abaixo, considerando o modelo de Mundell-Fleming de uma pequena economia aberta com preços fixos e perfeita mobilidade de capitais, no qual se supõe que as exportações líquidas não dependam da renda doméstica:
0) Em um regime de câmbio fixo, a redução dos gastos do governo leva a um novo equilíbrio com menores níveis de renda agregada e de exportações líquidas.
1) Em um regime de câmbio flutuante, uma expansão monetária causa depreciação cambial e elevação nos níveis de renda agregada e de exportações líquidas.
2) Em um regime de câmbio flutuante, o aumento das tarifas de importação leva a um novo equilíbrio com maiores níveis de exportações líquidas e da renda agregada.
3) Em um regime de câmbio fixo, o aumento das tarifas de importação leva a um novo equilíbrio com maior oferta monetária e maiores níveis de exportações líquidas e da renda agregada.
4) Em um regime de câmbio flutuante, o aumento dos gastos do governo leva a um novo equilíbrio com menor nível de exportações líquidas.

26. (Diplomacia — CESPE — 2011) Julgue (C ou E) os itens subsequentes, relativos a conceitos da economia internacional.
a) Os aumentos do imposto sobre operações financeiras incidente sobre os investimentos estrangeiros constituem exemplos de controles de capitais de curto prazo, cujo objetivo é neutralizar os impactos decorrentes da volatilidade dos fluxos desse tipo de capital sobre os mercados cambial e de capitais.
b) Nos sistemas de câmbio fixo, as políticas monetárias expansionistas são particularmente eficazes para elevar a demanda agregada porque, nesses sistemas, o efeito deslocamento é minimizado.

27. (INFRAERO — FCC — 2011) Em um país de economia aberta e com perfeita mobilidade de capitais que pretenda expandir o produto,
a) A política monetária será eficaz apenas se a taxa de câmbio for flexível.
b) Apenas a política fiscal será eficaz se a taxa de câmbio for flexível.
c) Apenas a política monetária será eficaz se a taxa de câmbio for fixa.

d) As políticas monetária e fiscal serão eficazes apenas se a taxa de câmbio for fixa.
e) Apenas a política monetária será eficaz se a taxa de câmbio for flexível.

28. (Eletronorte — NCE — 2006) De acordo com o modelo Mundell-Fleming, a aplicação de uma política monetária contracionista numa grande economia aberta (ou seja, aquela que não pode conceder ou tomar empréstimos à taxa de juros mundial, em montantes elevados, sem influenciá-la) levaria:
a) à diminuição da taxa de juros e do investimento, embora em nível menor do que ocorreria numa economia fechada;
b) a que não se registrem variações nem na taxa de juros, nem no investimento;
c) ao aumento da taxa de juros e redução do investimento, mas só parcialmente, em função do capital externo que flui para a economia;
d) ao aumento da taxa de juros e, em consequência, do investimento;
e) à diminuição da taxa de juros, mantendo-se constante o investimento.

29. (Economista — MPU — CESPE — 2010) No que concerne a instrumentos de política comercial, balanço de pagamentos, globalização e organismos internacionais, julgue os itens seguintes.
a) Saldos positivos e expressivos do balanço de pagamentos não são necessários para o Brasil sustentar a taxa de câmbio, pois o Banco Central utiliza uma política cambial de taxas flutuantes.
b) Com a adoção de uma política cambial de taxas fixas de câmbio perde-se a autonomia da política monetária como instrumento interno.
c) Em um mundo globalizado nenhum país pode ter, ao mesmo tempo, taxa de câmbio fixa, política monetária orientada exclusivamente para metas internas e liberdade de movimentos de capitais internacionais.

30. (Consultor do Executivo — SEFAZ/ES — CESPE — adaptada — 2010) Acerca dos regimes cambiais, julgue os itens a seguir:
a) No modelo de Mundell-Fleming com regime de taxas de câmbio fixas, a política monetária não tem efeito sobre a renda porque a oferta de moeda ajusta-se ao nível da taxa de câmbio anunciada.
b) No modelo de Mundell-Fleming com regime de taxas de câmbio fixas, a política fiscal é inócua, pois a expansão dos gastos do governo ou a redução de tributos provoca apreciação da moeda, reduz as exportações líquidas e anula seu impacto.

31. (ECT — CESPE — 2011) Julgue o item seguinte, relativo a conceitos de macroeconomia.
Em uma economia aberta do tipo Mundell-Fleming e com o regime de taxas de câmbio flutuantes, a ocorrência de um aumento nas despesas do governo desloca a curva IS para a direita e provoca um aumento na taxa de câmbio, elevando a renda.

32. (ISS/SP — FCC — 2012) Em uma economia aberta cuja renda de equilíbrio é menor que a renda de pleno emprego no curto prazo,
a) no regime de câmbio flexível e perfeita mobilidade de capitais, as políticas monetária e fiscal são equivalentes para expandir o nível de renda.
b) o regime cambial adotado não afeta a eficácia da política monetária.
c) o regime cambial adotado afeta tão somente a eficácia da política fiscal.
d) no regime de câmbio fixo e perfeita mobilidade de capitais, as políticas fiscal e monetária são equivalentes para eliminar o desemprego.
e) o grau de mobilidade do capital interfere na eficácia das políticas monetária e fiscal, dado um regime cambial adotado.

33. (SEGER/ES – CESPE – 2013) Acerca dos agregados monetários e dos instrumentos de política monetária adotados pelo Banco Central do Brasil (BACEN), assinale a opção correta.
   a) No modelo Mundell-Fleming com câmbio flexível e perfeita mobilidade de capitais, a expansão dos gastos do governo acarreta redução parcial das exportações líquidas.
   b) Considerando-se a validade da condição de Marshall-Lerner e dos efeitos da chamada curva J, é correto afirmar que uma depreciação da taxa de câmbio gera, no curto-prazo, aumento das exportações líquidas.
   c) Sempre que o recolhimento compulsório sobre depósitos à vista for alterado pelo BACEN, serão criados meios de pagamento na economia.
   d) O multiplicador monetário será sempre igual à razão entre os depósitos à vista em bancos comerciais e as reservas bancárias.
   e) Em uma economia com câmbio fixo e plena mobilidade de capitais, uma expansão fiscal gera aumento da base monetária na mesma proporção da variação das reservas internacionais, com vistas à manutenção da taxa de juros no nível externo e à garantia da estabilidade cambial.

34. (INPI – CESPE – 2013) Acerca das questões fiscais, monetárias e cambiais do modelo IS-LM para uma pequena economia aberta, julgue os itens que se seguem.
   a) Uma expansão fiscal por parte do governo no modelo com câmbio fixo e perfeita mobilidade de capitais resulta em retração das reservas internacionais.
   b) Uma expansão monetária por parte do Banco Central no modelo com câmbio fixo e perfeita mobilidade de capitais gera aumento do produto de equilíbrio.
   c) A curva IS possui maior inclinação para a economia aberta do que para a economia fechada.
   d) No modelo com câmbio fixo e perfeita mobilidade de capitais, uma expansão fiscal por parte do governo acarreta redução na mesma magnitude das exportações líquidas (efeito *crowding out* total).
   e) No modelo com câmbio fixo e perfeita mobilidade de capitais, uma expansão fiscal por parte do governo acarreta elevação da base monetária.
   f) Uma expansão fiscal por parte do governo no modelo com câmbio fixo e perfeita mobilidade de capitais acarreta aumento das exportações líquidas.

35. (TJ/RO – CESPE – 2012) Considerando o modelo IS/LM para uma pequena economia aberta com mobilidade perfeita de capitais, e que a taxa de juros i seja igual à taxa de juros internacional i^*, assinale a opção correta.
   a) No modelo considerado, a inclinação da curva IS — no eixo das abcissas representa-se o produto e a taxa de juros, no eixo das ordenadas — é menos acentuada do que uma economia fechada.
   b) A curva LM, no modelo IS/LM com câmbio fixo e perfeita mobilidade de capitais, tem a função de determinar simplesmente, a quantidade de moeda em circulação.
   c) A política fiscal é neutra em relação ao produto.
   d) Por meio da curva LM é possível determinar, por si só, o produto.
   e) Por meio da curva IS é possível determinar a taxa de câmbio de equilíbrio.

36. (Tecnologista – IBGE – Análise Socioeconômica – CESGRANRIO – 2013) Uma economia pequena se encontra imersa numa situação de grande mobilidade financeira internacional. A curva BP, que mostra as combinações de taxas de juros (r) e de renda (y) que levam ao equilíbrio do balanço de pagamentos dessa economia, é adequadamente representada na figura:

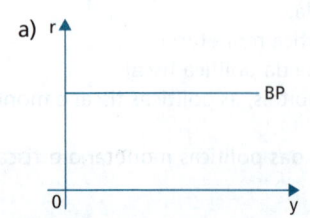

   a)

b) [gráfico: BP com inclinação positiva]

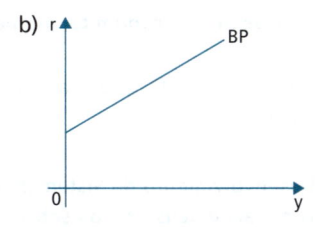

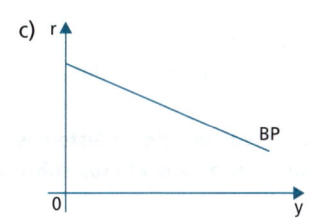

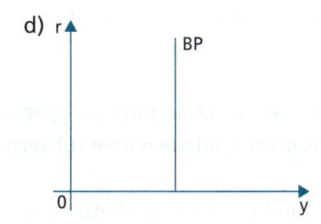

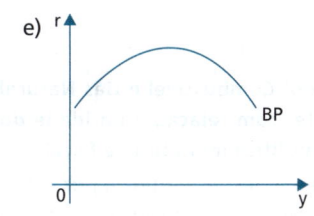

c) [gráfico: BP com inclinação negativa]

d) [gráfico: BP vertical]

e) [gráfico: BP em forma de parábola]

37. (Auditor Federal de Controle Externo — Controle Externo — Auditoria Governamental — CESPE — 2013) Em relação à teoria macroeconômica para pequenas economias abertas, julgue o item que se segue.
No regime de câmbio fixo, o aumento da tributação proporciona redução das reservas internacionais.

38. (Supervisor de Pesquisas — IBGE — Geral — CONSULPLAN — 2011 — adaptada) Julgue a alternativa.
Partindo de um modelo IS-LM-BP com livre mobilidade de capital e câmbio fixo, uma valorização da moeda nacional, tudo mais constante, reduzirá a renda de equilíbrio.

39. (Auditor Federal de Controle Externo — Controle Externo — Auditoria Governamental — CESPE — 2013) Em relação à teoria macroeconômica para pequenas economias abertas, julgue o item que se segue.
Em um regime com câmbio fixo, a expansão dos gastos do governo leva ao aumento da renda e das exportações líquidas.

40. (Economista (MJ) – CESPE – 2013) Acerca dos modelos de análise macroeconômica, julgue o item.
Para uma economia aberta, com regime de câmbio fixo e mobilidade perfeita de capitais, uma política fiscal contracionista é inócua em termos de produto.

41. (Analista do Banco Central do Brasil – Área 1 – Análise e Desenvolvimento de Sistemas – CESPE – 2013) Julgue o próximo item, relativo aos regimes cambiais e seus efeitos sobre a economia.
Em um regime com câmbio fixo, a expansão dos gastos do governo implica o aumento da renda e das reservas internacionais de equilíbrio e retração das exportações líquidas.

42. (Analista do Banco Central do Brasil – Área 1 – Análise e Desenvolvimento de Sistemas – CESPE – 2013) Julgue o próximo item, relativo aos regimes cambiais e seus efeitos sobre a economia.
Em um regime com câmbio fixo, o aumento do salário nominal decorrente de política governamental acarreta tanto apreciação da taxa real de câmbio quanto redução das exportações líquidas.

43. (Analista do Banco Central do Brasil – Área 3 – Política Econômica e Monetária – CESPE – 2013) Com relação aos modelos de determinação da renda e dos preços, julgue o item subsecutivo.
Segundo o modelo Mundell-Fleming-Dornbush, sob taxas de câmbio fixas e perfeita mobilidade de capital, adotar uma política monetária independente do mercado externo é a melhor maneira de estabilizar o sistema econômico.

44. (Especialista em Regulação de Petróleo e Derivados, Álcool Combustível e Gás Natural – ANP – Área II – CESPE – 2013) Julgue o item subsequente, com relação à paridade do poder de compra, determinante do consumo e da análise de política monetária e fiscal.
Em uma economia com taxas de câmbio fixas, caso se estimule a despesa interna por intermédio de aquisições governamentais, essa política fiscal expansionista do governo deslocará a curva IS para a direita, elevando a taxa de câmbio. Entretanto, esse efeito mantém o nível de renda no mesmo patamar.

45. (Analista do Serviço de Trânsito – DETRAN-MT – Economista – UFMT – 2015) Supondo uma economia aberta, pequena e com perfeita mobilidade de capital, qual pressuposto teórico NÃO faz parte da tipologia do Modelo Mundell-Fleming?
   a) O efeito da política econômica independe se a taxa de câmbio é fixa ou flutuante.
   b) As exportações líquidas dependem da taxa de câmbio.
   c) O consumo agregado depende positivamente da renda disponível.
   d) Em relação ao mercado monetário, a taxa de juros interna é igual à taxa de juros externa.

46. (Economista – ALMS – FCC – 2016) Na cadeia de reações a uma política monetária expansionista, em um modelo IS-LM-BP com perfeita mobilidade de capital e com regime de câmbio fixo, mas sem capacidade de alterar as taxas de juros internacionais, ocorre
   a) o inicial deslocamento da curva LM para a esquerda.
   b) uma elevação das taxas de juros, como decorrência do deslocamento inicial da curva LM.
   c) uma potencial fuga de capitais, em face da mudança nas taxas de juros internas.
   d) o ajuste monetário sem impacto nas reservas internacionais.

e) a compra de moeda estrangeira do mercado, pelo Banco Central, como resultado do novo patamar de taxas de juros.

47. (Economista — DESENVOLVE — VUNESP — 2014) A política na qual o governo abre mão da política monetária no caso de perfeita mobilidade de capitais é a política de:
a) metas inflacionárias.
b) taxas de câmbio flutuantes.
c) taxas de câmbio fixas.
d) mini desvalorizações cambiais.
e) bandas cambiais.

48. (Especialista em Regulação de Serviços de Transportes Terrestres — Economia — CESPE — 2013) Considerando um modelo de economia aberta com perfeita mobilidade de capitais e câmbio flexível, julgue o item a seguir.
Uma política fiscal expansionista é eficaz para aumentar a atividade econômica.

49. (Auditor Federal de Controle Externo — Controle Externo — Auditoria Governamental — CESPE — 2013) Em relação à teoria macroeconômica para pequenas economias abertas, julgue o item que se segue.
No regime de câmbio flutuante, a expansão dos gastos do governo não é capaz de estimular o produto da economia.

50. (Economista — CADE — CESPE — 2014) A economia do setor público é o pilar econômico que permite a compreensão das atividades governamentais, em particular no que se refere às finanças públicas. Em relação a esse assunto, julgue o item que se segue. Nesse sentido, considere que a sigla NFSP, sempre que for utilizada, se refere a Necessidade de Financiamento do Setor Público.
A adoção de política fiscal expansionista em um regime de câmbio flutuante permite o maior crescimento possível a um país em que a economia é aberta.

51. (Supervisor de Pesquisas — IBGE — Geral — CESGRANRIO — 2016) Considere uma economia com taxa de câmbio flutuante em um contexto internacional de mobilidade de capitais financeiros. Suponha, também, que a demanda por moeda seja bastante inelástica em relação à taxa de juros.
Nessa economia, uma política monetária expansiva acarretaria um(a)
a) aumento do produto total
b) aumento da entrada de capitais financeiros do exterior
c) aumento das reservas em divisas internacionais
d) diminuição da taxa de câmbio (menor preço, em moeda local, da moeda estrangeira)
e) diminuição da taxa de investimento

52. (Supervisor de Pesquisas — IBGE — Geral — CESGRANRIO — 2016) O modelo Mundell-Fleming (IS-LM-BP) considera que os impactos de curto prazo decorrentes das políticas monetária e fiscal sobre a renda agregada e as taxas de juros dependem do regime de câmbio adotado e do grau de abertura da economia ao movimento de capitais. O gráfico seguinte reproduz a situação de equilíbrio inicial (no ponto E_0) de um país hipotético que adota um regime de câmbio flutuante e conta com perfeita mobilidade de capitais (Y é a renda agregada; i, a taxa de juros; e Y*, a renda agregada compatível com o pleno emprego):

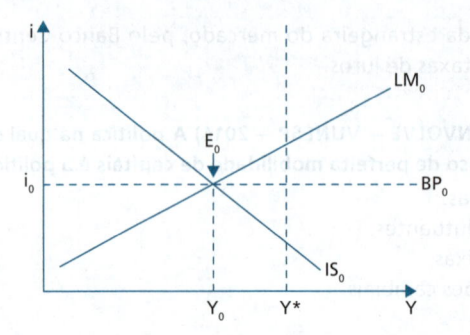

[Gráfico IS-LM-BP com eixos i e Y, mostrando curvas LM_0, IS_0, BP_0 com equilíbrio E_0 em (Y_0, i_0) e Y^* à direita de Y_0.]

Admita-se que na situação de equilíbrio inicial (E_0), o país esteja enfrentando grave recessão econômica, elevado desemprego e ameaça de deflação.

Caso o Banco Central, visando a reativar a economia, adote um programa de compras expressivas de títulos de longo prazo (*quantitative easing*), o efeito esperado sobre a renda agregada, a taxa de juros e a taxa de câmbio da moeda desse país, em relação ao dólar, são, respectivamente,

a) aumento; nulo; aumento
b) aumento; redução; aumento
c) aumento; redução; redução
d) redução; aumento; nulo
e) nulo; nulo; nulo

53. (Economista — UFRB — FUNRIO — 2015) Analise as seguintes afirmativas a respeito de uma economia aberta com livre mobilidade de capital:
   I. No regime de taxa de câmbio flutuante, a ocorrência de um aumento nas despesas do governo desloca a curva IS para a direita e provoca um aumento na taxa de câmbio, elevando a renda.
   II. No regime de taxas de câmbio fixas, uma política fiscal expansionista terá seu efeito ampliado devido a entrada de capital externo no país.
   III. No regime de taxa de câmbio flutuante, uma política monetária expansionista induzirá a desvalorização da moeda nacional.
Apenas está(ão) correta(s) a(s) seguinte(s) afirmativa(s):
   a) I e II.
   b) I e III.
   c) II e III.
   d) I.
   e) II.

54. (Auditor de Controle Externo — TCE-PA — Planejamento — Economia — CESPE — 2016) Considerando os principais resultados da teoria keynesiana e do modelo IS-LM, julgue o próximo item.
O aumento do salário mínimo, em um modelo com câmbio flutuante, afeta positivamente o produto de equilíbrio da economia.

55. (Profissional de Nível Superior — ELETROSUL — Ciências Econômicas — FCC — 2016) Um país de pequeno porte, que opera com livre mobilidade de capitais internacionais, está avaliando políticas econômicas para ampliar o produto. Considerando o modelo Mundell-Fleming, é correto afirmar que

a) uma política monetária expansionista será bastante eficaz para elevar o produto, se o país contar com regime de câmbio fixo.
b) uma política monetária expansionista terá efeito nulo sobre o produto, se o país contar com regime de câmbio flutuante.
c) se o país contar com regime de câmbio flutuante, o efeito final de uma política fiscal expansionista será positivo para a ampliação do produto.
d) sob um regime de câmbio fixo, as taxas de juros internacionais serão impactadas por uma política fiscal local expansionista.
e) uma política fiscal expansionista com regime de câmbio fixo será eficaz para elevar o produto, sendo que, no processo de ajuste, a ação do Banco Central ampliará a efetividade da política fiscal.

56. (Economista — DPU — CESPE — 2016) Em relação à macroeconomia aberta e aos instrumentos de política econômica, julgue o seguinte item.
Em uma economia com câmbio flexível e perfeita mobilidade de capitais, a redução dos gastos do governo provoca redução, na mesma magnitude, das exportações líquidas.

57. (Consultor Legislativo — CM-RJ — Indústria, Comércio e Turismo — SMA-RJ (antiga FJG) — 2015) Uma forte recessão da economia mundial tende a:
a) desacelerar o nível de atividade econômica do país, dificultando as negociações coletivas, o que aumenta as chances de quem está desempregado achar uma vaga
b) diminuir o saldo das transações correntes numa economia pequena e com plena mobilidade de capitais e, se o câmbio for fixo, a expansão monetária é mais eficaz para elevar o nível do produto por meio da redução da taxa de juros
c) aumentar a taxa de câmbio em um nível superior à fixada pelo Banco Central, o que obrigará as autoridades monetárias a elevar as reservas internacionais para evitar a fuga de capitais, caso não exista nenhuma restrição sobre mobilidade de capitais
d) piorar o saldo da conta corrente do Balanço de Pagamentos e, caso o Banco Central não esteja obrigado a intervir no mercado de câmbio, uma expansão monetária seria mais potente para reduzir impacto recessivo quando comparada a um aumento do gasto público

58. (Auditor — TCE-CE — FCC — 2015) Em uma economia aberta de taxas de câmbio flutuante, suponha que o Banco Central aumente a taxa de juros, de modo que a taxa de juros doméstica se torne maior do que a taxa de juros internacional. O impacto da subida de juros tende a
a) reduzir exportações, reduzir consumo, reduzir PIB e apreciar o câmbio.
b) aumentar exportações, reduzir consumo, reduzir PIB e apreciar o câmbio.
c) reduzir exportações, reduzir consumo, reduzir PIB e depreciar o câmbio.
d) reduzir exportações, reduzir consumo, aumentar PIB e apreciar o câmbio.
e) reduzir exportações, aumentar consumo, reduzir PIB e apreciar o câmbio.

59. (Auditor-Fiscal do Tesouro Estadual — SEFAZ-PE — FCC — 2014) Com respeito à definição da política de comércio exterior de um país, é correto afirmar:
a) Para se manter a paridade do poder de compra de uma moeda, sua taxa de câmbio deve ser desvalorizada na medida exata em que varie o nível de seu índice de preços domésticos.
b) Caso seja adotado o regime de taxas de câmbio flutuantes, um grande movimento de entrada de capitais para investimentos tende a ter como efeito adjacente tornar importações mais baratas e desestimular exportações.

c) Convém privilegiar a exportação de produtos agrícolas em detrimento de manufaturados, posto que os primeiros tendem a ter melhores termos de troca e menor flutuação de preços por conta da estabilidade de sua demanda.
d) A obtenção de vigorosos superávits da balança comercial só não será suficiente para assegurar o equilíbrio do Balanço de Pagamentos, caso o país seja um grande investidor no resto do mundo.
e) A acumulação de reservas internacionais não é uma alternativa de condução da política econômica, caso o saldo superavitário da Balança Comercial seja sustentado por sua política de taxa de câmbio fixa.

60. (Analista Judiciário – TJ-PA – Economia – VUNESP – 2014) Num cenário internacional, em que há perfeita mobilidade de capitais, um aumento nos gastos do governo de um país não tem efeito sobre a renda agregada. Deve-se considerar que a política cambial adotada pelo país é a de
   a) taxas de câmbio fixas.
   b) bandas cambiais.
   c) flutuação "suja", isto é, o governo intervém na taxa de câmbio.
   d) taxas de câmbio flutuantes.
   e) minidesvalorizações decretadas pelo governo.

61. (Analista – DPE-RS – Economia – FCC – 2013) Uma pequena economia no contexto internacional não pratica qualquer restrição à livre movimentação de capitais entre o país e o exterior. O Governo, desejando diminuir o índice de desemprego, resgata títulos públicos em poder do setor privado. Essa medida atingiu o objetivo pretendido de aumentar a renda do país. Sobre esse assunto, é correto afirmar que
   a) a demanda de moeda do país não é função decrescente da taxa de juros.
   b) a demanda de investimentos do país é função direta da taxa de juros.
   c) o sucesso dessa política depende de a taxa de câmbio não mudar nesse processo.
   d) o país adota o regime do câmbio flutuante.
   e) as exportações desse país diminuíram no período.

62. (Analista do Banco Central do Brasil – Área 1 – Análise e Desenvolvimento de Sistemas – CESPE – 2013) Julgue o próximo item, relativo aos regimes cambiais e seus efeitos sobre a economia.
No regime de câmbio flutuante, a expansão do salário nominal não é capaz de afetar o produto de equilíbrio da economia.

63. (Analista do Executivo (ES) – Ciências Econômicas – CESPE – 2013 – modificada) Acerca dos agregados monetários e dos instrumentos de política monetária adotados pelo Banco Central do Brasil (BACEN), assinale a opção correta.
   a) No modelo Mundell-Fleming com câmbio flexível e perfeita mobilidade de capitais, a expansão dos gastos do governo acarreta elevação parcial das exportações líquidas.
   b) Considerando-se a validade da condição de Marshall-Lerner e dos efeitos da chamada curva J, é correto afirmar que uma depreciação da taxa de câmbio gera, no curto-prazo, aumento das exportações líquidas.
   c) Sempre que o recolhimento compulsório sobre depósitos à vista for alterado pelo BACEN, serão criados meios de pagamento na economia.
   d) O multiplicador monetário será sempre igual à razão entre os depósitos à vista em bancos comerciais e as reservas bancárias.

e) Em uma economia com câmbio fixo e plena mobilidade de capitais, uma expansão fiscal gera aumento da base monetária na mesma proporção da variação das reservas internacionais, com vistas à manutenção da taxa de juros no nível externo e à garantia da estabilidade cambial.

64. (Analista de Processos Organizacionais — BAHIAGÁS — Administração ou Ciências Econômicas — IESES — 2016) A macroeconomia da economia aberta leva em consideração as relações econômicas entre os diferentes países. A partir da perfeita mobilidade de capitais na macroeconomia aberta, é correto afirmar que:
   a) Para manter as taxas de câmbio fixas, o governo deve determinar uma taxa de juros interna superior a taxa de juros externa, assim a economia interna será estimulada.
   b) De acordo com a relação entre poupança, investimento e balança comercial, é observado que um aumento do investimento privado deve se refletir em um aumento da poupança privada e melhora na balança comercial.
   c) No curto prazo, uma política monetária contracionista provoca uma diminuição do produto, um aumento na taxa de juros e uma apreciação da moeda nacional, o que de acordo com a condição Marshall-Lerner reduz as exportações líquidas.
   d) A importância dos efeitos dinâmicos da taxa real de câmbio sobre o balanço comercial pode ser observada a partir da "curva J", onde uma depreciação real leva inicialmente a uma melhoria na balança comercial e em seguida a uma deterioração da mesma.
   e) Quando um governo possui taxas de câmbio fixas pode adotar uma política monetária contracionista, alterando a taxa de juros e expandindo a produção a partir do aumento das exportações líquidas.

65. (Analista de Processos Organizacionais — BAHIAGÁS — Administração ou Ciências Econômicas — IESES — 2016) As políticas econômicas podem alterar o nível de produção de uma economia, a partir da mudança em algumas variáveis econômicas. De acordo com as políticas econômicas é INCORRETO afirmar que:
   a) De acordo com a armadilha de liquidez, quando a taxa nominal de juros é nula, uma política monetária expansionista torna-se ineficaz, ou seja, esta política pode não conseguir elevar o produto até seu nível natural.
   b) O efeito da política fiscal sobre a demanda agregada pode ser observado a partir de aumento nos gastos públicos, ou redução da tributação. Porém esta não é a única política que altera a demanda agregada.
   c) Uma política econômica pode resolver um determinado problema e trazer consequências negativas para economia como um todo. Se governo aumenta a taxa de juros para conter a inflação e estabilizar a economia, esta medida pode ter como resultado, uma redução no consumo e investimento privado.
   d) O governo intervém na economia a partir de 4 instrumentos importantes: política fiscal (receitas e gastos públicos), política monetária (juros e controle da oferta de moeda) política cambial (que afeta o setor externo) e política de rendas (controle de preços e salários).
   e) Numa economia aberta com taxa de câmbio fixa, uma política cambial que provoca uma apreciação real, leva a uma redução nos preços internos, que impacta numa redução das exportações líquidas.

66. (Analista SANEAGO/CS UFG/ 2018) Quais são os efeitos de uma política monetária expansionista em uma economia pequena com livre mobilidade de capital e regime cambial flexível, no contexto do modelo IS-LM?
   a) Elevação do nível de renda e da taxa de juros constante.

b) Elevação do nível de renda e aumento da taxa de juros.
c) Redução do nível de renda e da taxa de juros constante.
d) Redução do nível de renda e aumento da taxa de juros.

67. (Economista /PETROBRAS/CESGRANRIO/2018) O modelo de Mundell-Fleming (IS-LM-BP) é amplamente utilizado para analisar os impactos decorrentes da adoção de políticas econômicas em países com diferentes regimes de câmbio e graus de abertura ao movimento de capitais. O Brasil, atualmente, adota um regime de câmbio flutuante e possui um grau bastante elevado de abertura (ainda que imperfeita) ao movimento de capitais.

Nesse caso, suponha que, partindo de uma situação de equilíbrio inicial em que haja desemprego involuntário, o Banco Central do Brasil implemente uma política monetária expansionista visando a fomentar o nível de emprego.

De acordo, exclusivamente, com o modelo de Mundell-Fleming, os resultados previstos no longo prazo, comparados à situação inicial, seriam os seguintes:

a) apreciação da moeda brasileira, porém fluxo de exportações líquidas e nível de renda agregada inalterados
b) apreciação da moeda brasileira, maior fluxo de exportações líquidas e maior nível de renda agregada
c) depreciação da moeda brasileira, menor fluxo de exportações líquidas e menor nível de renda agregada
d) depreciação da moeda brasileira, maior fluxo de exportações líquidas e maior nível de renda agregada
e) depreciação da moeda brasileira, porém fluxo de exportações líquidas e nível de renda agregada inalterados

68. (Analista de Gestão /SABESP/Economia/FCC/ 2018) Sobre um regime de taxas de câmbio fixas, considera-se:

I. Ocorre uma esterilização monetária quando o Banco Central faz transações iguais de ativos estrangeiros e domésticos em direções opostas para anular o impacto de suas operações de câmbio sobre a oferta doméstica de moeda.
II. A política monetária é inócua do ponto de vista do estímulo à produção, pois, um aumento da oferta de moeda leva a uma apreciação cambial que deve ser compensada pela compra de moeda estrangeira.
III. A política fiscal é menos eficiente com câmbio fixo que com câmbio flutuante, pois, a um aumento de gastos, o Banco Central deve vender ativos estrangeiros a fim de manter o câmbio.
IV. Crises no balanço de pagamentos ocorrem quando o Banco Central não tem reservas suficientes para manter a taxa de câmbio fixa.

Está correto o que se afirma em
a) I, II, III e IV.
b) I, II e III, apenas.
c) III e IV, apenas.
d) II e IV, apenas.
e) I e IV, apenas.

69. (FCC — Analista Legislativo (ALAP)/Atividade Orçamentária e Financeira e de Controle Interno/Economista/2020) O comportamento do balanço de pagamentos é sensível ao regime cambial adotado pelo país. Assim, em um regime de

a) taxa de câmbio flutuante, a política monetária é eficaz em determinar a taxa de câmbio real, muito embora não tenha controle sobre a taxa nominal de câmbio.
b) flutuação suja ou controlada, a taxa de câmbio nominal é mantida fixa de sorte a atrair capitais estrangeiros interessados em carry trade.
c) câmbio fixo, o crescimento sustentado da economia baseado em déficits em transações correntes torna o equilíbrio das contas externas diretamente dependente da liquidez no mercado financeiro internacional.
d) câmbio fixo, aumenta a eficácia da política monetária ao isolar a economia de variações nos preços internacionais dos bens importados.
e) câmbio fixo, é maior o espaço de decisão à política monetária doméstica, razão pela qual é preferível ao regime de flutuação.

70. (IADES — Diplomata (Terceiro Secretário)/2019) No que concerne a regimes de câmbio e a determinantes da política cambial, julgue o item a seguir.
O aumento temporário da oferta de moeda, em regime de câmbio flutuante, resulta em queda da taxa doméstica de juros e depreciação da moeda doméstica. Em curto prazo, haverá redução da demanda agregada e do produto da economia, em razão da queda dos preços relativos dos bens produzidos localmente.
(C) Certo
(E) Errado

71. (CONSULPAM — Auditor-Fiscal de Tributos (Pref Viana ES)/Economia/2019) Sabemos que as políticas monetárias são aquelas responsáveis por adequar os meios de pagamento disponíveis as necessidades da atividade econômica. Em contextos de ações de políticas monetárias expansionistas, normalmente, temos:
a) Elevação das taxas de juros.
b) Desvalorização da moeda doméstica, se o regime cambial for fixo.
c) Expansão da produção.
d) Poupança das reservas internacionais, se o regime cambial for flutuante.

72. (CS UFG — Economista (UFG)/2019) No modelo IS-LM para economia aberta existe a conhecida curva BP (balanço de pagamentos) que mede num plano cartesiano a relação entre a taxa de juros e o produto de uma economia. Considerando uma pequena economia que apresenta livre mobilidade de capital, no curto prazo, a BP será:
a) horizontal, indicando que a variável relevante para determinar o equilíbrio é a taxa de juros.
b) horizontal, indicando que a variável relevante para determinar o equilíbrio é a renda.
c) vertical, indicando que a variável relevante para determinar o equilíbrio é a taxa de juros.
d) vertical, indicando que a variável relevante para determinar o equilíbrio é a renda.

73. (DES IFSUL — Economista (IF SUL)/2019/TAE Edital 150.2018) Considerando o modelo *Mundell-Fleming*, economia aberta de pequeno porte, que considera o nível de preços como predeterminado, é INCORRETO afirmar quanto a oscilações na renda e na taxa de câmbio, que
a) a política fiscal não influencia a renda agregada sob sistemas de taxas de câmbio flutuantes.
b) a política fiscal efetivamente influencia a renda agregada sob sistemas de taxas de câmbio fixas.

c) a política monetária não influencia a renda agregada sob sistemas de taxas de câmbio flutuantes.
d) a política monetária não influencia a renda agregada sob sistemas de taxas de câmbio fixas.

74. (IBFC — Economista (Pref Cruzeiro do Sul)/2019) O Modelo IS-LM-BP, também conhecido por Modelo *Mundell-Fleming* é uma extensão do modelo IS-LM considerando uma economia de mercado aberto, ao introduzir-se a Balança de Pagamentos (BP). Com relação a este modelo, assinale a afirmação correta.
   a) Considerando um regime de câmbio fixo e mobilidade perfeita de capitais, uma expansão fiscal não resulta em efeitos reais devido à acomodação monetária necessária para manter o câmbio fixo
   b) Tendo em vista um regime de câmbio flexível e mobilidade perfeita de capitais, a taxa de câmbio nominal não será determinada pela oferta e demanda de moeda estrangeira
   c) Atendendo a um regime de câmbio fixo e mobilidade perfeita de capitais, a taxa interna de juros deve permanecer igual a taxa de juros externa
   d) Este modelo corrobora com a hipótese da possibilidade de um país manter, simultaneamente, a taxa de câmbio fixa, livre mobilidade de capitais e política monetária ativa

75. (CEBRASPE (CESPE) — Auditor de Controle Externo (TCE-RO)/Economia/2019) Considerando o modelo Mundell-Fleming em uma pequena economia aberta, com livre mobilidade de capitais, julgue os itens a seguir.
   I. Uma política fiscal expansionista tem efeito máximo sobre a renda agregada, caso a taxa de câmbio seja flexível.
   II. Uma política monetária expansionista tem efeito positivo sobre a renda, caso a taxa de câmbio seja flutuante.
   III. Uma política fiscal contracionista não tem efeito sobre a renda agregada, caso a taxa de câmbio seja fixa.
Assinale a opção correta.
   a) Apenas o item I está certo.
   b) Apenas o item II está certo.
   c) Apenas os itens I e III estão certos.
   d) Apenas os itens II e III estão certos.
   e) Todos os itens estão certos.

76. (VUNESP — Economista (Campinas)/2019) Se a economia de um país for aberta, tiver um sistema de taxas de câmbio fixas, apresentar uma taxa de desemprego maior que a taxa natural e a oferta agregada for infinitamente elástica em relação à taxa de juros, uma política econômica adequada para aumentar o nível de emprego no curto prazo seria
   a) diminuir os gastos do governo.
   b) aumentar a taxa de depósitos compulsórios no Banco Central.
   c) reduzir os tributos indiretos cobrados pelo governo.
   d) elevar as alíquotas do imposto de renda tanto das pessoas físicas quanto das jurídicas.
   e) abaixar a taxa de redesconto do Banco Central.

77. IADES — Diplomata (Terceiro Secretário)/2019.
No que concerne a regimes de câmbio e a determinantes da política cambial, julgue o item a seguir.

Em uma economia aberta com livre movimentação de capitais, sob uma taxa de câmbio fixa, os instrumentos de política monetária do Banco Central não são eficazes para aumentar a oferta de moeda ou o produto da economia, mas podem afetar o nível das respectivas reservas internacionais.
( ) Certo
( ) Errado

78. (VUNESP — Analista Técnico Científico (MPE SP)/Economista/2019) Numa economia com taxa de câmbio fixa e perfeita mobilidade de capitais, a política que produz efeitos é a de
a) corte de impostos.
b) venda de títulos pelo Banco Central.
c) aumento das reservas compulsórias dos bancos.
d) redução da taxa de redesconto.
e) compra de títulos públicos.

79. (CEBRASPE (CESPE) — Auditor-Fiscal da Receita do Distrito Federal (SEFAZ DF)/2020) Com relação a conceitos econômicos e monetários, julgue o item a seguir.
Se há plena mobilidade de capitais e a autoridade monetária conduz a política monetária com a fixação do juro, então o regime cambial não poderá ser do tipo câmbio fixo.
( ) Certo
( ) Errado

80. (CEBRASPE (CESPE) — Analista em Desenvolvimento Regional (CODEVASF)/Economia/2021) Considerando o modelo IS/LM para uma pequena economia aberta com plena mobilidade de capitais, julgue o item a seguir.
O aumento do salário nominal desloca a curva IS para a direita, o que aumenta a renda de equilíbrio.
( ) Certo
( ) Errado

81. (CEBRASPE (CESPE) — Analista em Desenvolvimento Regional (CODEVASF)/Economia/2021) Considerando o modelo IS/LM para uma pequena economia aberta com plena mobilidade de capitais, julgue o item a seguir.
Sob câmbio flutuante, a curva IS determina, por si só, o produto.
( ) Certo
( ) Errado

82. (CEBRASPE (CESPE) — Analista em Desenvolvimento Regional (CODEVASF)/Economia/2021) Considerando o modelo IS/LM para uma pequena economia aberta com plena mobilidade de capitais, julgue o item a seguir.
Sob câmbio flutuante, a curva IS determina o nível de câmbio de equilíbrio.
( ) Certo
( ) Errado

83. (CEBRASPE (CESPE) — Analista em Desenvolvimento Regional (CODEVASF)/Economia/2021) Considerando o modelo IS/LM para uma pequena economia aberta com plena mobilidade de capitais, julgue o item a seguir.
A política monetária será passiva se o câmbio for fixo.
( ) Certo
( ) Errado

84. (CEBRASPE (CESPE) — Analista em Desenvolvimento Regional (CODEVASF)/Economia/2021) Considerando o modelo IS/LM para uma pequena economia aberta com plena mobilidade de capitais, julgue o item a seguir.

Se o câmbio for fixo, uma política monetária contracionista provocará redução das reservas internacionais em poder da autoridade monetária.
( ) Certo
( ) Errado

85. (CEBRASPE (CESPE) — Analista em Desenvolvimento Regional (CODEVASF)/Economia/2021) Considerando o modelo IS/LM para uma pequena economia aberta com plena mobilidade de capitais, julgue o item a seguir.

Se o câmbio for flexível, a expansão dos gastos do governo acarretará redução, na mesma magnitude, das exportações líquidas.
( ) Certo
( ) Errado

86. (CEBRASPE (CESPE) — Analista em Desenvolvimento Regional (CODEVASF)/Economia/2021) Considerando o modelo IS/LM para uma pequena economia aberta com plena mobilidade de capitais, julgue o item a seguir.

Sob câmbio flutuante, a curva IS determina, por si só, o produto.
( ) Certo
( ) Errado

87. (DES IFSUL — Economista (IF SUL)/2019/TAE Edital 150.2018) Um modelo IS-LM, para uma economia fechada com preços fixos no curto prazo, apresenta os seguintes dados: $C = 0,4 (1 - t) Y$, $t = 0,5$, $I = 600 - 50r$, $G = 700$, $L = 0,3Y - 75r$ e $mo = M/P = 450$, sendo C = consumo agregado, I = investimento, t = alíquota de imposto indireto, G = gasto do governo; Y = renda, r = taxa de juros real (%); L = demanda por moeda real e mo = oferta real de moeda. Para o modelo apresentado, a renda de equilíbrio é
a) 1500
b) 1600
c) 1200
d) 1750

88. (COPS UEL — Economista (Londrina)/Serviço de Econo-mia/2019/modificada) Em uma economia fechada, considere, a seguir, as equações relativas ao modelo IS-LM.
IS: $Y = 2(A - 40i)$
LM: $Y = 650 + 25i$
     $I = 250 - 10i$
     $A = 650$

Sendo Y a renda, A o gasto autônomo, I o investimento privado (em R$ milhões), e i a taxa nominal de juros (em valores percentuais).
A partir de uma elevação de 10% no gasto autônomo, atribua **V (verdadeiro)** ou **F (falso)** às afirmativas a seguir.
( ) A renda de equilíbrio vai se elevar em 20%.
( ) A renda de equilíbrio vai se elevar em R$ 60 milhões.
( ) A nova taxa nominal de juros de equilíbrio será de 12%.
( ) O investimento privado vai se elevar.
( ) O novo valor do investimento privado será de R$ 130 milhões.
Assinale a alternativa que contém, de cima para baixo, a sequência **correta**.

a) V, V, V, F, F.
b) V, F, F, V, F.
c) F, V, V, V, F.
d) F, V, F, V, V.
e) F, F, F, F, F.

89. (CEBRASPE (CESPE) — Auditor de Controle Externo (TCE-RO)/Economia/2019) Considere o modelo IS-LM dado pelas seguintes equações:

IS: Y = 2(A − 10i);

LM: Y = 200 +10i;

I = 600 − 10i.

Nesse modelo, Y é a renda, em u.m., A é o gasto autônomo em u.m., i é a taxa de juros e I é o investimento privado em u.m.

Com base nos dados apresentados, julgue os itens que se seguem.

I. A elevação da parcela de gasto autônomo de 400 u.m. para 700 u.m. reduz o investimento privado em 200 u.m.

II. O efeito da política fiscal sobre a renda será tão maior quanto mais elásticos forem os investimentos em relação à taxa de juros.

III. O efeito do aumento dos gastos do governo sobre o investimento é denominado *crowding out*.

Assinale a opção correta.

a) Apenas o item I está certo.
b) Apenas o item II está certo.
c) Apenas os itens I e III estão certos.
d) Apenas os itens II e III estão certos.
e) Todos os itens estão certos.

90. (Instituto AOCP — Economista (UFPB)/2019) O modelo Hicks e Hansen, ou modelo IS-LM, procura demonstrar os efeitos das políticas fiscal e monetária sobre o mercado de bens e os mercados financeiros. Nesse modelo, quais são os efeitos de um aumento de impostos?

a) Desloca a curva IS para a direita e leva a um aumento no produto de equilíbrio.
b) Desloca a curva LM para a direita e leva a um aumento no produto de equilíbrio.
c) Desloca a curva IS para a esquerda e leva a uma redução no produto de equilíbrio.
d) Desloca a curva LM para a esquerda e leva a uma redução no produto de equilíbrio.
e) Desloca a curva BP para a esquerda e leva a uma redução no produto de equilíbrio.

91. (VUNESP — Analista Técnico Científico (MPE SP)/Economista/2019) Numa economia fechada, tem-se:

Y = C + I + G
C = 100 + 0,8Y
I = 100 − 20r
G = 100
M/P = 0,8Y − 20r
MP = 200

Em que:

Y é o produto, C é o consumo privado, I é o investimento privado, G são os gastos do governo, r é a taxa de juros, em pontos percentuais e M/P é a oferta real de moeda.

A taxa de juros de equilíbrio dessa economia é
a) 1%.
b) 5%.
c) 10%.
d) 20%.
e) 100%.

92. IBFC — Analista Administrativo (EBSERH)/Economia/2020.
C = 10 + 0,6Y
G = 40
L = 0,3Y – 0,6i
I = 2 – 0,2i
M = 18

Em que:
C é o consumo das famílias;
G são os gastos do governo;
L é demanda por moeda;
M é a oferta da moeda;
I é o investimento.

Considere as instruções e os dados fornecidos e assinale a alternativa que corresponda ao valor da renda de equilíbrio deste modelo.
a) 116
b) 118
c) 120
d) 122
e) 124

93. IBFC — Analista Administrativo (EBSERH)/Economia/2020.
C = 10 + 0,6Y
G = 40
L = 0,3Y - 0,6i
I = 2 - 0,2i
M = 18

Em que:
C é o consumo das famílias;
G são os gastos do governo;
L é demanda por moeda;
M é a oferta da moeda;
I é o investimento.

Considere as informações a respeito do modelo IS-LM e assinale a alternativa que corresponda ao valor da taxa de juros deste modelo.
a) 22 %
b) 24 %
c) 26 %
d) 28 %
e) 30 %

17 ■ Modelo IS-LM-BP numa economia com perfeita mobilidade de capital

■ **GABARITO** ■

1. "e". Uma política de expansão da oferta de moeda refere-se a uma política monetária expansionista. Quando a questão cita a existência de desemprego, descarta a possibilidade de se estar no caso clássico da curva LM e, portanto, o produto pode crescer.
Sabendo-se que no câmbio flexível ou flutuante a política monetária é eficaz para alterar o nível de produto, emprego e renda, quando essa política é expansionista, levando ao aumento do produto, emprego e renda. Logo, as alternativas "a" e "b" são falsas.

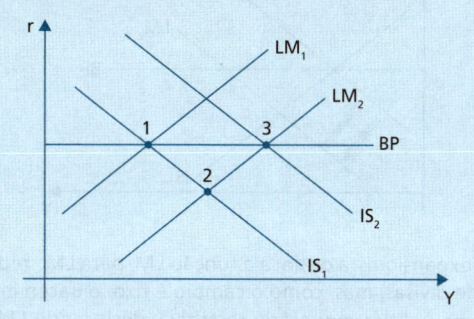

Quando ocorre uma política monetária expansionista, a função LM_1 se desloca para LM_2. Como a taxa de juros se reduz, há uma fuga de divisas, levando a uma desvalorização cambial. Com essa desvalorização, as exportações aumentam e as importações diminuem, deslocando a função IS_1 para IS_2. Logo, as alternativas "c" e "d" são falsas.
Entende-se por exportação líquida a diferença entre exportações e importações. Como as exportações aumentam e as importações diminuem, haverá aumento das exportações líquidas. A alternativa "e" é verdadeira, portanto.

2. "c". No câmbio fixo, uma política monetária expansionista não é capaz de alterar o produto da economia.
Como há aumento da oferta de moeda sem que o produto da economia aumente, poderá haver inflação. Mas, como não há redução do produto, não se fala em recessão. A alternativa "a" é falsa, portanto.
O produto, a renda e/ou o emprego da economia não se alteram, e a taxa de juros, a princípio, diminui, voltando ao patamar inicial depois. A alternativa "b" é falsa.

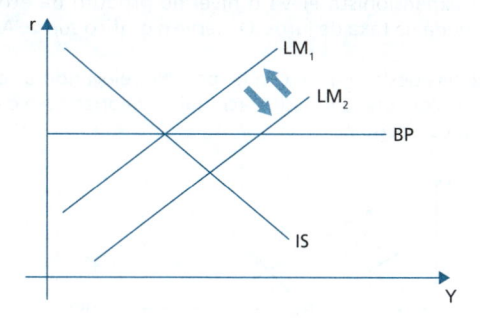

Os níveis de renda/produto/emprego não se alteram e, como a taxa de câmbio é fixa, não haverá alteração da taxa de câmbio que poderia levar a uma alteração do nível de exportação, caso o câmbio fosse flutuante. A alternativa "c" é verdadeira.
Os níveis de renda/emprego/produto não se alteram, nem o nível de exportação e importação. As alternativas "d" e "e" são falsas.

3. "a". Quando se fala em uma política de restrição à importação, fala-se em uma política fiscal expansionista. No câmbio fixo, uma política fiscal expansionista é totalmente eficaz para alterar o nível de produto da economia. Como há restrição às importações, as exportações líquidas aumentam: $(X - M \downarrow) \uparrow$.

4. "a".

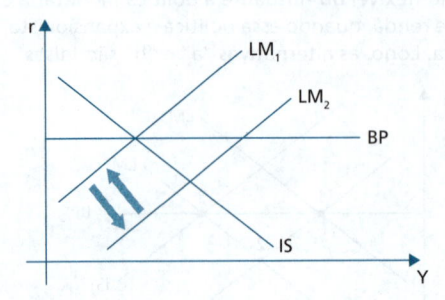

Uma política monetária expansionista desloca a função LM_1 para LM_2, reduzindo a taxa de juros. Isso provoca uma fuga de divisas, mas, como o câmbio é fixo, o Bacen intervém vendendo divisas, o que implica em uma política monetária restritiva, deslocando LM_2 para LM_1 e deixando inalterado o nível de renda/produto/emprego da economia. Mas, num primeiro momento, o produto cresce, voltando à posição original depois.

5. "e". O resgate de títulos públicos equivale a uma política monetária expansionista.

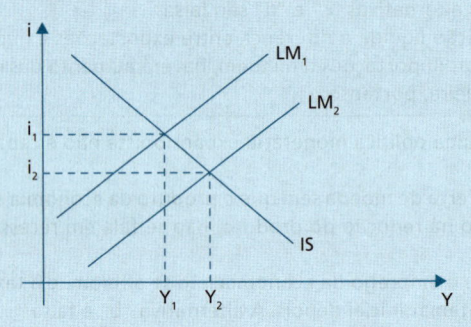

Uma política monetária expansionista eleva o nível de produto da economia, e portanto do emprego, e causa uma queda na taxa de juros. Observe o gráfico *supra*. A alternativa "a" é falsa, portanto.

O aumento das exportações desloca a função IS_1 para IS_2, elevando a taxa de juros e atraindo divisas para o país. Isso faz com que a moeda nacional se valorize caso o câmbio seja flexível ou flutuante. Observe o gráfico a seguir.

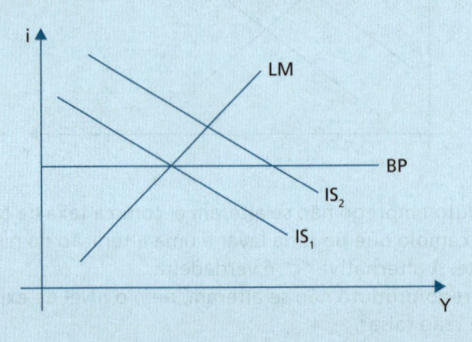

A alternativa "b" é, portanto, falsa.
Uma política fiscal no câmbio flexível é ineficaz para alterar o nível de produto/renda/emprego na economia. A alternativa "c" é, portanto, falsa.
Políticas gradualistas são equivalentes a políticas anunciadas antecipadamente. Caso o agente apresente expectativas racionais, antecipa-se às medidas do governo, tornando tais medidas ineficazes para reduzir o desemprego. Portanto, se o governo quiser que suas medidas tenham o efeito pretendido, deve tomar medidas surpreendentes ou não antecipadas, no curto prazo. A alternativa "d" é falsa.
Supondo a situação a seguir:

$P_1^* = 100$ $\quad\quad P_2^* = 102$
$P_1 = 100$ $\quad\quad P_2 = 108$
$e_1 = 1$ $\quad\quad e_2 = ?$
$E_1 = 1$ $\quad\quad E_2 = 1$

$$E_2 = e_2 \times \frac{P_2^*}{P_2}$$

$$1 = e_2 \times \frac{102}{108}$$

$e_2 = 1,0588$

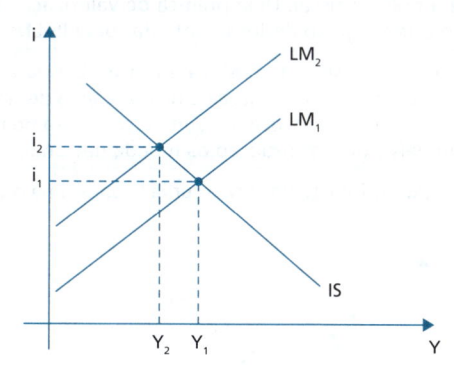

A desvalorização nominal da moeda nacional foi de: $\frac{e_2 - e_1}{e_1} = \frac{1,0588 - 1}{1} = 0,0588.$

"e" aumentou aproximadamente 6%, ou seja, desvalorizou-se aproximadamente 6%. A alternativa "e" é verdadeira.

6. "d".

Uma política monetária contracionista leva LM_1 para LM_2, elevando a taxa de juros e reduzindo o produto da economia. A elevação da taxa de juros provoca entrada de divisas e uma apreciação cambial.

7. "b".
I. (C) Uma expansão monetária desloca LM_1 para LM_2, elevando o produto e reduzindo a taxa de juros. Isso provoca uma desvalorização da taxa de câmbio, aumentando as exportações e contraindo as importações, melhorando o saldo no Balanço de Pagamentos em Transações Correntes.

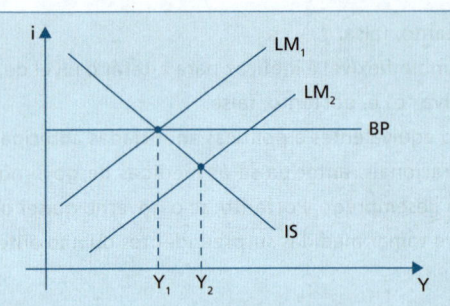

II. (I) Uma política monetária no câmbio fixo é totalmente ineficaz para alterar o produto da economia.

III. (C)

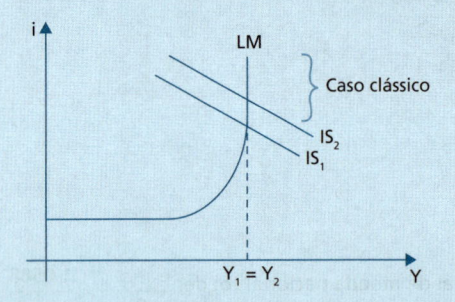

No caso clássico, a demanda por moeda é totalmente inelástica à taxa de juros e uma política fiscal que desloque a função IS não altera o produto e a renda da economia. Observe o gráfico *supra*.

8. "a". Para aumentar o produto, é necessário adotar uma política expansionista se o câmbio for fixo, e a política eficaz é a política fiscal. Uma política de valorização cambial equivale a uma política fiscal restritiva no que tange ao deslocamento da curva IS-LM.

9. V. Uma política monetária expansionista desloca a função LM para baixo ou para a direita, reduzindo a taxa de juros. Isso provoca uma fuga de divisas e uma depreciação da moeda nacional. Uma política fiscal expansionista provoca um aumento da taxa de juros e, por conseguinte, uma entrada de divisas no país e uma apreciação da moeda nacional.

10. "b". Uma política fiscal expansionista desloca a curva IS para cima ou para a direita, elevando a taxa de juros.

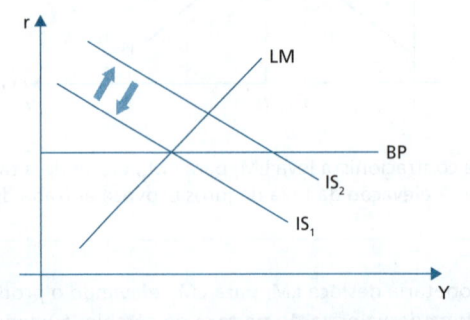

A uma taxa de juros mais elevada, há entrada de divisas no país, levando a uma valorização (apreciação) da taxa de câmbio. A uma taxa de câmbio valorizada, há aumento das importações e diminuição das exportações, fazendo com que IS_2 volte para IS_1, deixando inalterado o nível de produto da economia.

11. "a". Uma política monetária expansionista desloca a função LM para baixo ou para a direita (LM$_1$ → LM$_2$), provocando uma queda na taxa de juros. Com isso, há uma fuga de divisas e uma desvalorização da moeda nacional. Com a desvalorização da moeda nacional, aumentam as exportações e diminuem as importações, deslocando IS para cima ou para a direita (IS$_1$ → IS$_2$). Com isso, há o aumento do nível de produto da economia.

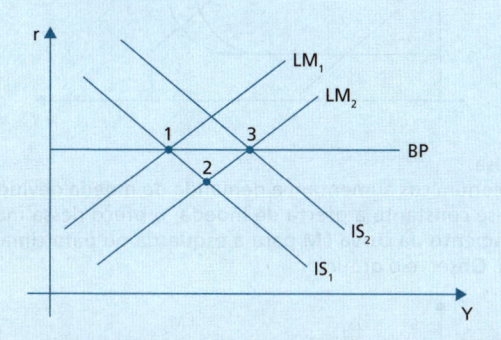

12. "c". No câmbio fixo, uma política monetária expansionista não apresenta nenhum efeito sobre a renda e o produto da economia, nem sobre a taxa de juros no longo prazo.

13. "c". Uma política monetária expansionista implica aumento da oferta de moeda (M), o que desloca a curva LM para baixo ou para a direita. Isso provoca uma diminuição das taxas de juros, que leva a uma fuga de divisas. Leva também a uma desvalorização da moeda nacional e da taxa de câmbio. Mas, como o câmbio é fixo, o Bacen deve intervir, vendendo divisas. A venda de divisas representa uma contração monetária, já que se trocará moeda estrangeira por moeda nacional, diminuindo a quantidade de moeda nacional na economia. Essa retração monetária (M) provoca o retorno de LM para a esquerda ou para cima. Portanto, uma política monetária no câmbio fixo é totalmente ineficaz para alterar o nível de produto da economia. Como a questão fala de uma consequência inicial, verificamos que a fuga de divisas altera o saldo total do Balanço de Pagamentos, já que representa uma redução na Conta Financeira do país.

14. "e". Quando o Bacen fixa juros equivale a dizer que a função LM se encontra na área em que ocorre a armadilha da liquidez. Nesse caso, uma política fiscal é totalmente eficaz para alterar o nível de renda e produto da economia. A alternativa "a" é falsa. Como o efeito multiplicador dos gastos do governo é maior que o efeito multiplicador dos tributos, quando o governo gasta e tributa o mesmo valor, o produto aumenta, muito embora o déficit do governo permaneça inalterado. A alternativa "b" é falsa. A taxa de juros será fixa no caso em que ocorre a armadilha da liquidez. Nessa área, uma política fiscal altera a renda e o produto da economia na sua plenitude (ou seja, a volatilidade será máxima), já que não ocorre o efeito deslocamento ou *crowding out*, pois não há uma elevação da taxa de juros para influenciar o investimento. A alternativa "c" é falsa. Quando a oferta de moeda é fixa, a curva LM é mais inclinada, ou mais vertical. Assim, um choque de oferta, provocando seu deslocamento, causa uma maior alteração no nível de renda e produto. Compare o caso clássico com o da armadilha da liquidez. Observe que, na área clássica, em que LM é mais inclinada, a volatilidade da renda é maior quando LM se desloca. Observe, a seguir, que quanto mais inclinada (mais vertical) a LM, maior a volatilidade (alteração) da renda (Y).

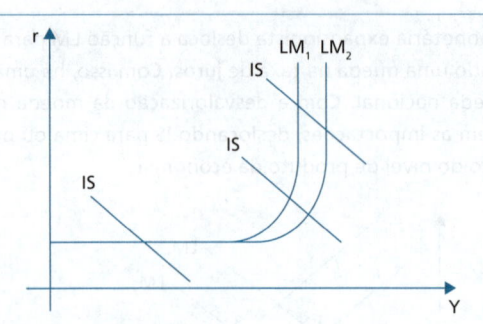

A alternativa "d" é falsa.
Quando os agentes econômicos aumentam a demanda de moeda devido à desconfiança (fator exógeno), mantendo-se constante a oferta de moeda, o preço dessa moeda sobe (taxa de juros). Haverá o deslocamento da curva LM para a esquerda ou para cima, reduzindo o nível de produto da economia. Observe o gráfico:

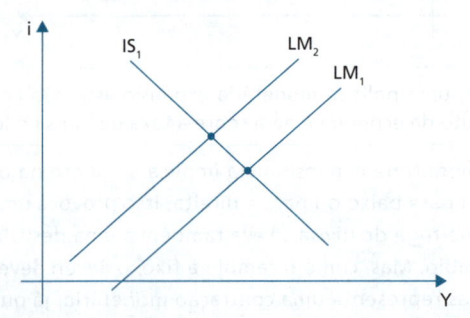

A alternativa "e" é verdadeira.

15. "a". O produto da economia (Y) é definido como: $Y = C + I + G + X - M$, onde C = consumo pessoal; I = investimento; G = gasto do governo; X = exportação de bens e serviços não fatores; e M = importação de bens e serviços não fatores. As exportações são, portanto, somadas e não subtraídas no cálculo do produto pela ótica da despesa. A alternativa "a" é falsa, portanto. O efeito multiplicador dos tributos é idêntico, em valores absolutos, ao multiplicador das transferências. Então, quando se aumentam os tributos ou quando se diminuem as transferências numa medida de política fiscal contracionista, os efeitos sobre a renda e o produto da economia são os mesmos. A alternativa "b" é, portanto, verdadeira. Se o mercado antecipar uma depreciação, significa que ele está prognosticando que haverá uma fuga de divisas do país, por exemplo. Sendo assim, os agentes econômicos demandarão mais moedas estrangeiras, porque sabem que elas tenderão a se valorizar e desejam, com isso, ter ganhos financeiros. Com o aumento da demanda de moeda estrangeira, ela tende a se valorizar e a moeda nacional tende a se desvalorizar. A alternativa "c" é, portanto, verdadeira.

Quando o governo encontra-se com déficit em suas contas, deverá atrair poupança privada e poupança externa. Uma das maneiras de atrair poupança externa é elevar a taxa de juros. Com a entrada de divisas no país, atraídos por essa taxa de juros mais alta, a moeda nacional se aprecia, o que dificulta as exportações e estimula as importações, fazendo com que a Balança Comercial aumente seu déficit. A alternativa "d" é, portanto, verdadeira. Os custos de produção elevam os preços dos produtos; portanto, países que apresentam maiores custos terão seus preços mais elevados. A demanda externa pelo produto afeta também o preço do produto, já que, quanto maior a demanda, maior deverá ser o preço pelo produto. Como a taxa de câmbio real (E) é determinada pela taxa de câmbio nominal (e) e a relação de preços externos (P*) e internos (P), é verdadeiro se afirmar que os custos comparativos na produção e a magnitude da demanda nos mercados externos determinam a taxa de câmbio. A alternativa "e" é, portanto, verdadeira.

$$E = e \times \frac{P^*}{P}$$

16. "b". No câmbio flutuante, a política que pode reduzir a taxa de desemprego, ou seja, que pode levar ao aumento do produto da economia, é a política monetária expansionista. Logo:
— o aumento dos gastos do governo é uma política fiscal expansionista, totalmente ineficaz para aumentar o produto e o emprego no câmbio flutuante. A alternativa "a" é falsa, portanto;
— o resgate de títulos públicos pelo Banco Central representa uma política monetária expansionista, totalmente eficaz para aumentar o produto quando o câmbio é flutuante, logo a alternativa "b" é verdadeira;
— a elevação da taxa de redesconto representa uma política monetária restritiva, totalmente eficaz para reduzir o produto da economia e, com isso, diminuir o emprego no câmbio flutuante. Portanto, a alternativa "c" é falsa;
— a redução da tributação representa uma política fiscal expansionista que, no câmbio flutuante, é totalmente ineficaz para aumentar o produto e o emprego da economia. A alternativa "d" é falsa, portanto;
— a elevação da taxa dos depósitos compulsórios representa uma política monetária restritiva que é totalmente eficaz para reduzir o produto e o emprego da economia. A alternativa "e" é falsa, portanto.

17. "b". No câmbio fixo e num modelo com mobilidade perfeita de capitais, o que pode levar ao aumento do produto e do emprego é uma política fiscal expansionista. Logo:
— o resgate de títulos públicos pelo Banco Central representa uma política monetária expansionista que é totalmente ineficaz para alterar o nível de produto da economia no câmbio fixo. A alternativa "a" é falsa;
— o aumento dos gastos do governo representa uma política fiscal expansionista que é totalmente eficaz para alterar o nível de produto e emprego da economia. A alternativa "b" é verdadeira;
— a elevação da taxa de redesconto representa uma política monetária restritiva, totalmente ineficaz para alterar o produto e o emprego no câmbio fixo. A alternativa "c" é falsa;
— o aumento da tributação representa uma política fiscal restritiva, totalmente eficaz para diminuir o produto e o emprego da economia no câmbio fixo. A alternativa "d" é falsa;
— a elevação da taxa dos depósitos compulsórios representa uma política monetária restritiva, totalmente ineficaz para alterar o produto e o emprego da economia no câmbio fixo. A alternativa "e" é falsa.

18. "b". Como o produto está operando próximo ao pleno emprego, uma política monetária expansionista poderia gerar inflação, já que não seria possível aumentar o Produto Real. Portanto, as hipóteses das alternativas "a", "c", "d" e "e", que correspondem a uma política monetária expansionista, gerariam elevação de preços.
A elevação dos gastos do governo e o aumento dos subsídios a produtos agrícolas representam uma política fiscal expansionista e são ineficazes para alterar o produto da economia, já que, devido ao *crowding out*, o governo ocuparia o lugar do setor privado, não alterando a demanda agregada e, portanto, não havendo pressão sobre o produto no sentido de expandi-lo e não gerando inflação.

19. "c". No quadro a seguir, é possível se verificar a eficácia ou não de uma política monetária e fiscal no câmbio fixo ou flexível. Observe:

	CÂMBIO FIXO	CÂMBIO FLEXÍVEL
Política monetária	Ineficaz	Eficaz
Política fiscal	Eficaz	Ineficaz

Portanto, em uma economia aberta, com taxas flexíveis de câmbio, a política monetária é eficiente. A alternativa "a" é, portanto, falsa.
Em uma economia fechada, com a função LM totalmente inelástica em relação à taxa de juros, a política monetária é eficiente. Observe o gráfico:

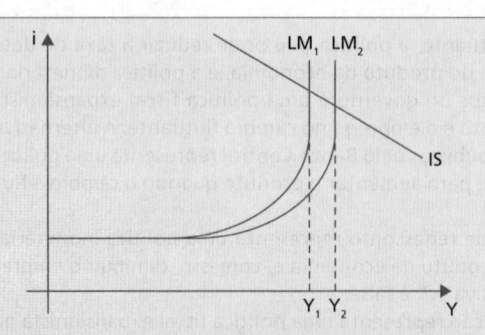

A alternativa "b" é, portanto, falsa.
Em uma economia aberta, com taxas de câmbio fixas e livre movimentação de capitais, a política fiscal é eficiente. Observe no quadro *supra*. A alternativa "c" é, portanto, verdadeira.
Em uma economia fechada, com a demanda de investimento totalmente inelástica em relação à taxa de juros, a política monetária é ineficiente. Observe, no gráfico a seguir, que quando a IS é vertical, o produto não se altera, caso haja uma alteração na política monetária.

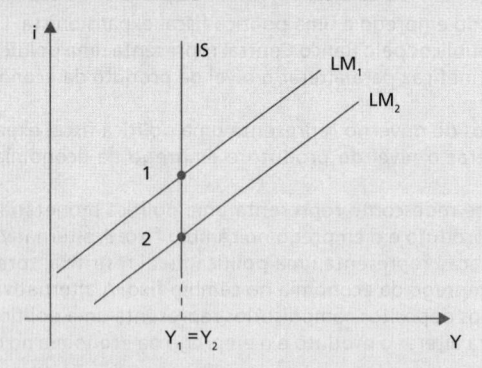

Portanto, a alternativa "d" é falsa.
Em uma economia fechada, com a função LM infinitamente elástica em relação à taxa de juros, a política fiscal é eficiente para alterar o produto da economia. Observe no gráfico:

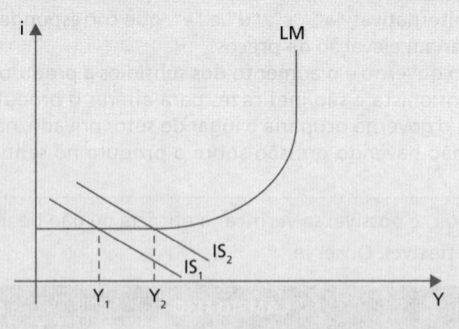

Portanto, a alternativa "e" é falsa.

20. "a".
I. (C) O déficit orçamentário implica que os gastos do governo estão maiores que sua poupança, fazendo com que a demanda por moeda aumente, o que equivale a uma redução da oferta de moeda. Isso provoca uma elevação do preço da moeda, ou seja, da taxa de juros.
II. (I) A elevação da taxa de juros eleva o investimento externo líquido e aumenta a oferta de dólares no mercado.
III. (I) A instabilidade política pode induzir à fuga de capitais e afetar a taxa de juros nacional.

21. "b". A política monetária é eficaz no regime de câmbio flutuante. A política fiscal é eficaz no regime de câmbio fixo. A política de restrições às importações é equivalente a uma política fiscal, ou seja, é eficaz no câmbio fixo.

22. "a". No modelo IS-LM-BP, uma política fiscal e monetária terão os seguintes efeitos sobre o produto/renda/emprego da economia:

	CÂMBIO FIXO	CÂMBIO FLUTUANTE
Política monetária	Impotente	Potente
Política fiscal	Potente	Impotente

Logo, a alternativa "a" é verdadeira e a alternativa "b" é falsa.
Como a função BP é totalmente elástica à taxa de juros, trata-se de um modelo com perfeita mobilidade de capital. A alternativa "d" é, portanto, falsa. Como a função IS-LM não se encontra nos casos extremos, conhecidos como área clássica e área Keynesiana, não se pode pressupor pleno emprego e taxa de desemprego elevada. A alternativa "c" é, portanto, falsa.
O fato de o Balanço de Pagamento estar em equilíbrio não pressupõe que a Balança Comercial seja superavitária. A alternativa "e" é, portanto, falsa.

23. V, F, V, F.
0) **(V)** Pode haver apreciação real da moeda, ou seja, a taxa de câmbio real pode ser diminuída, sem que haja apreciação nominal da mesma, ou seja, sem que a taxa de câmbio nominal possa ter diminuído. Observe duas situações:
A primeira em que a taxa de câmbio real (E) seja 1, a taxa de câmbio nominal (e) seja igual a 1, os níveis de preços internos (P) e externos (P*) não tenham se alterado, ou seja, a relação P*/P permaneça igual a 1.
Numa segunda situação, suponha que a taxa de câmbio real tenha se apreciado e diminuído para 0,5. Caso o preço interno tenha subido 100%, então P passa a valer 2. Considere que os preços externos estejam estáveis. Assim, nesse exemplo, a taxa de câmbio nominal permaneceu inalterada. Observe na fórmula:

$E = e \times P^*/P$
$0,5 = e \times 1/2$
$e = 1$

1) **(F)** Em um dado país, a taxa de juros nominal interna é maior que a externa, enquanto a taxa de juros real interna é menor que a externa. Se valerem a Paridade Descoberta dos Juros e a Equação de Fisher, a taxa esperada de inflação interna será maior que a externa. Segundo a Equação de Fisher, tem-se que: $i = r + \pi$.
Se $i_{interna} > i_{externa}$, então: $r_{interna} + \pi_{interna} > r_{externa} + \pi_{externa}$. Como: $r_{interna} < r_{externa}$, então: $\pi_{interna} > \pi_{externa}$.

2) **(V)** Considere o modelo de Mundell-Fleming, com pequena economia aberta e livre mobilidade de capitais. Sob um regime de taxa de câmbio fixa, a política monetária é totalmente ineficaz para alterar o nível de equilíbrio da renda e do produto. Observe:

	CÂMBIO FIXO	CÂMBIO FLEXÍVEL
Política monetária	Ineficaz	Eficaz
Política fiscal	Eficaz	Ineficaz
Política cambial	Eficaz	Ineficaz

3) **(F)** Considere o modelo de Mundell-Fleming, com pequena economia aberta e livre mobilidade de capitais. Sob um regime de taxa de câmbio flexível, uma política monetária é eficaz para alterar o nível de renda e produto da economia. Observe o quadro *supra*.

24. Quando $G_1 = 200$, a renda e o produto de equilíbrio serão de:
Y = C + I + G_1 + X − IM
Y = 100 + 0,5Yd + 50 + 0,15Y − 0,2r + 200 + 0,05Y* − 0,1Y
Y = 350 + 0,5 (Y − T) + 0,05Y − 0,2r + 0,05Y*
Y = 350 + 0,5 (Y − 0,1Y) + 0,05Y − 0,2r + 0,05Y*
Y = 350 + 0,45Y + 0,05Y − 0,2r + 0,05Y*
Y = 350 + 0,50Y − 0,2r + 0,05Y*
0,50Y = 350 − 0,2r + 0,05Y*
Y = 700 − 0,4r + 0,1Y*

Como r = r* e r* e Y* são variáveis exógenas, e para facilitar o modelo, pode-se atribuir qualquer valor a eles. Atribuindo o valor de r* = 10 e Y* = 10, tem-se:
Y = 700 − 0,4 × 10 + 0,1 × 10
Y = 697
Quando $G_2 = 100$, a renda e o produto de equilíbrio serão de:
Y = C + I + G_2 + X − IM
Y = 100 + 0,5Yd + 50 + 0,15Y − 0,2r + 100 + 0,05Y* − 0,1Y
Y = 250 + 0,5 (Y − T) + 0,05Y − 0,2r + 0,05Y*
Y = 250 + 0,5 (Y − 0,1Y) + 0,05Y − 0,2r + 0,05Y*
Y= 250 + 0,45Y + 0,05Y − 0,2r + 0,05Y*
Y = 250 + 0,50Y − 0,2r + 0,05Y*
0,50Y = 250 − 0,2r + 0,05Y*
Y = 500 − 0,4r + 0,1Y*

Como r = r* e r* e Y* são variáveis exógenas, e para facilitar o modelo, pode-se atribuir qualquer valor a eles. Atribuindo o valor de: r* = 10 e Y* = 10, tem-se:
Y = 500 − 0,4 × 10 + 0,1 × 10
Y = 497

A variação nas exportações líquidas (X − IM) será, quando $G_1 = 200$:
X = 0,05 × 10 = 5
IM = 0,1 × 697 = 69,7
X − IM = −64,7

Quando $G_1 = 100$:
X = 0,05 × 10 = 5
IM = 0,1 × 497 = 49,7
X − IM = −44,7
Portanto, a variação nas exportações líquidas foi de 20 (= −44,7 − (−64,7)).

25. F, V, F, V, V.
0) (F) Em um regime de câmbio fixo, a redução dos gastos do governo, ou seja, uma política fiscal restritiva, leva a um novo equilíbrio, com menores níveis de renda agregada e uma taxa de juros menor (do ponto 1 para o 2 no gráfico a seguir), provocando uma fuga de divisas e uma desvalorização da moeda nacional. Mas, como o câmbio é fixo, o Bacen terá que vender divisas para manter a taxa de câmbio, provocando uma contração monetária e deslocando a função LM para a esquerda ou para cima, de LM_1 para LM_2 (caminhando do ponto 2 para o 3). Com isso, o nível de renda se reduz, mas as exportações líquidas, que não são função da renda, como menciona o enunciado, permanecerão constantes. Observe o gráfico:

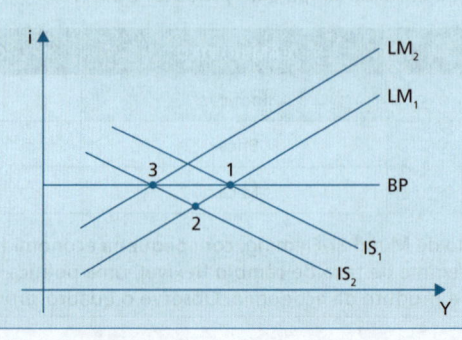

1) **(V)** Em um regime de câmbio flutuante, uma expansão monetária é totalmente eficaz para alterar o nível de produto e renda da economia. Isso faz com que a função LM se desloque para baixo ou para a direita (de LM_1 para LM_2 do gráfico a seguir), aumentando o nível de renda e produto da economia, mas reduzindo a taxa de juros, conforme mostra o gráfico quando se caminha do ponto 1 para 2. Uma redução da taxa de juros provoca uma fuga de divisas, o que leva a uma desvalorização da moeda nacional, elevando as exportações e reduzindo as importações. Isso faz com que a função IS se desloque para cima ou para a direita, onde haverá um nível ainda maior de renda e produto. Observe o gráfico:

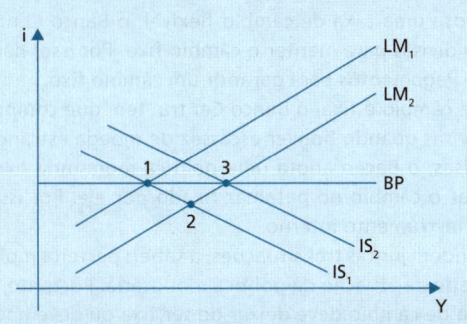

2) **(F)** Em um regime de câmbio flutuante, o aumento das tarifas de importação, que é uma política comercial de restrição às importações, mostra-se totalmente ineficaz para alterar o nível de renda e produto da economia e, por conseguinte, os níveis de exportações líquidas.
3) **(V)** Em um regime de câmbio fixo, o aumento das tarifas de importação, que é uma política comercial de restrição às importações, mostra-se totalmente eficaz para elevar o nível de exportações líquidas, já que a importação se reduz, e eficaz para elevar a renda agregada.
4) **(V)** Em um regime de câmbio flutuante, o aumento dos gastos do governo significa uma política fiscal expansionista, que é totalmente ineficaz para alterar o nível de renda e produto da economia, porém com uma redução no nível de exportações líquidas.

26. V, F.
a) **(V)** Quando o governo cobra impostos sobre o capital especulativo que entra no país, pretende resguardar a nação da volatilidade desse tipo de investimento que, da mesma forma que entra no país com muita facilidade, pode sair, desestabilizando a economia por meio de alterações tanto nas taxas de câmbio como no mercado de capitais.
b) **(F)** Nos sistemas de câmbio fixo, as políticas monetárias expansionistas são totalmente ineficazes para elevar a demanda agregada, o produto e o nível de emprego e renda.

27. "a". Se o câmbio for fixo, somente a política fiscal será eficaz para alterar o nível de renda, produto e emprego da economia. Se o câmbio for flexível, apenas a política monetária será eficaz para alterar o nível de renda, produto e emprego da economia.

28. "c".

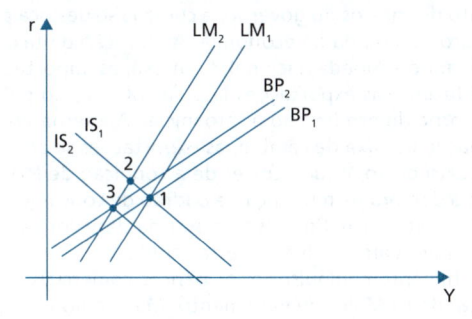

Havendo uma política monetária restritiva, a função LM_1 se desloca para LM_2, elevando a taxa de juros e reduzindo o nível de renda e produto da economia (caminha do ponto 1 para o ponto 2 do gráfico *supra*). Com isso, o Balanço de Pagamentos tende a ficar superavitário, já que a elevação da taxa de juros afeta o BP numa intensidade maior que a queda do nível de renda.

Considerando que a taxa de câmbio é flutuante, o Banco Central não precisará intervir no mercado comprando divisas. Com isso, o câmbio se valorizará, o que provocará um deslocamento da curva BP de BP_1 para BP_2 e da curva IS de IS_1 para IS_2, o que ampliará a redução da renda provocada pela política monetária restritiva. Analisando o movimento do ponto 1 para o ponto 2, a única alternativa certa é a "c".

29. V, V, V.
a) **(V)** Como o Brasil adota uma taxa de câmbio flexível, o Banco Central não precisa intervir comprando e vendendo divisas para manter o câmbio fixo. Por isso, não é necessário que haja superávit no Balanço de Pagamentos para garantir um câmbio fixo.
b) **(V)** Quando a taxa de câmbio é fixa, o Banco Central tem que comprar o excesso de moeda estrangeira e vender divisas quando houver escassez de moeda estrangeira. Com a política de compra e venda de divisas, o Bacen adota uma política monetária expansionista e restritiva, com o intuito de segurar o câmbio no patamar fixado por ele. Por isso, a política monetária perde autonomia como instrumento interno.
c) **(V)** É impossível que andem juntas três situações, a saber: perfeita mobilidade de capital, taxa de câmbio fixa; e liberdade de atuação da política monetária. Portanto, para se ter maior autonomia monetária, a taxa de câmbio deve deixar de ser fixa ou deve haver alguma imperfeição na mobilidade de capital.

30. V, F. No modelo de Mundell-Fleming com regime de taxas de câmbio fixas, a política fiscal é totalmente eficaz, pois a expansão dos gastos do governo ou a redução de tributos provoca apreciação da moeda, obrigando o Banco Central a comprar divisas para deixar a taxa de câmbio no patamar fixado por ele. Isso provoca uma expansão monetária, deslocando a função LM e intensificando o efeito da política fiscal sobre a renda e o produto.

31. F. No câmbio flutuante, uma política fiscal é inoperante para elevar renda, produto e emprego na economia. O câmbio se aprecia, ou seja, reduz-se, reduzindo as exportações, elevando as importações e fazendo com que a função IS retorne para a posição original.

32. "e". No câmbio flexível com perfeita mobilidade de capital, a política monetária é totalmente eficaz para alterar o produto, a renda e o emprego da economia, enquanto a política fiscal é totalmente ineficaz. Logo, as alternativas "a", "b" e "c" estão erradas. No câmbio fixo e em um modelo com perfeita mobilidade de capital, a política monetária é totalmente ineficaz para alterar o produto, a renda e o emprego da economia, embora a política fiscal seja totalmente eficaz. Logo, a alternativa "d" é falsa. O grau de mobilidade da economia interfere na eficácia das políticas a serem adotadas no câmbio fixo ou flexível. Portanto, a alternativa "e" é falsa.

33. "e". Havendo aumento dos gastos do governo, a curva IS se desloca para cima ou para direita, elevando a taxa de juros e a renda da economia. A elevação da taxa de juros provoca uma entrada de divisas valorizando a moeda nacional. Com isso, as importações aumentam e as exportações diminuem, reduzindo as exportações líquidas (X – M) no patamar do aumento dos gastos, provocando o retorno do produto ao ponto inicial. A alternativa "a" é falsa.
Quando há uma depreciação da taxa de câmbio, as exportações se elevam e as importações se reduzem. Contudo, no curto prazo, pode ocorrer de a condição de Marshall-Lerner ainda não ter sido satisfeita devido a demora na mudança de padrão de consumo, que pode ser explicada pela curva J (item 15.4.1.1 deste livro). Com isso, apesar da desvalorização cambial, as exportações líquidas podem diminuir. A alternativa "b" está errada.
Quando se reduz o recolhimento compulsório, os bancos comerciais ficam com mais recursos para emprestar, aumentando os Meios de Pagamento. Mas, se houver, por exemplo, uma desconfiança maior no mercado, isso pode levar os bancos comerciais a manterem indisponíveis esses recursos mesmo possuindo-os para empréstimos. A alternativa "c" está errada.
O multiplicador monetário é igual à razão entre meios de pagamento (M_1) e a Base Monetária (B). A alternativa "d" está errada.

17 ■ Modelo IS-LM-BP numa economia com perfeita mobilidade de capital

Em um modelo com perfeita mobilidade de capital, uma política fiscal expansionista desloca a curva IS para cima ou para a direita (IS$_1$ → IS$_2$), elevando a taxa de juros e a renda da economia. Com taxas de juros mais elevadas, haverá entrada de divisas no país, valorizando a moeda nacional. Como o câmbio é fixo, o Bacen terá que comprar essas divisas, o que representa um aumento da Base Monetária no mesmo patamar do aumento das reservas. Com isso, a curva LM se desloca para baixo (LM$_1$ → LM$_2$) até o ponto em que a taxa de juros e o câmbio retornam ao patamar inicial. A alternativa "e" está correta.

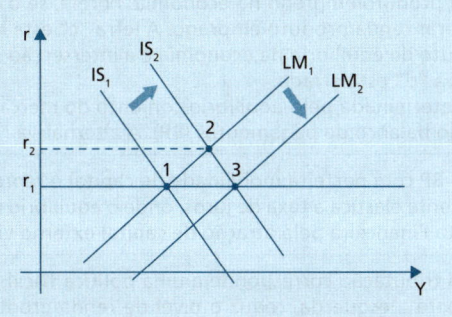

34. F, F, V, F, V, F.

Quando se adota uma política fiscal expansionista com câmbio fixo, a curva IS se desloca para a direita ou para cima, aumentando as taxas de juros, a renda e o produto da economia. Com taxa de juros mais elevadas, atrai divisas externas. Como o câmbio é fixo, o Bacen deverá comprar essas divisas, o que resulta em aumento das reservas internacionais. A alternativa "a" é falsa.

Uma política monetária no câmbio fixo é totalmente ineficaz para alterar a renda e o produto da economia. A alternativa "b" é falsa.

Em uma economia aberta, o país exporta e importa. Como a importação é função da renda, então a propensão marginal a importar (PmgM) influenciará na declividade da curva IS, que representa o equilíbrio no mercado de bens. Portanto, quanto maior a PmgM, maior será a inclinação da curva IS, o que pode ser constatado no *item 14.12* deste livro. A alternativa "c" está correta.

Em um primeiro momento, com o deslocamento da curva IS para a direita ou para cima (que pode ser constatado no gráfico a seguir, com o deslocamento do ponto 1 para o 2), a taxa de juros se eleva, provocando entrada das divisas. Com isso, a moeda nacional se valoriza, reduzindo as exportações líquidas. Como o câmbio é fixo, o Bacen será obrigado a comprar essas divisas, o que representará uma expansão monetária. Isso provoca um deslocamento para a direita da curva LM e do ponto 2 para o 3. Com isso, a renda e o produto da economia se expandem ao máximo (efeito multiplicado máximo), o que mostra que o efeito *crowding out* é zero. A alternativa "d" é falsa, a alternativa "e" é verdadeira e a alternativa "f" é falsa.

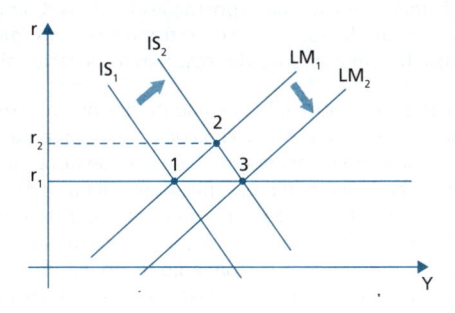

35. "b". Sendo a propensão marginal a importar um valor positivo, que se dá em uma economia aberta, a inclinação da curva IS é maior. Portanto, a inclinação da curva IS em uma economia aberta é mais acentuada que em uma economia fechada, cuja PmgM é igual a zero, já que não existe importação (ver *item 14.12* deste livro). A alternativa "a" é falsa.
No modelo ISLM com câmbio fixo e perfeita mobilidade de capital, quando se adota uma política monetária, a curva LM se desloca, porém, em seguida, retorna à posição original deixando inalterada a taxa de juros, a renda e o produto de equilíbrio. A alternativa "b" é correta.
A política fiscal no câmbio flutuante e em um modelo com perfeita mobilidade de capital é incapaz de alterar a renda/produto/emprego na economia. Porém, se o câmbio for fixo, será totalmente eficaz para alterar renda/produto/emprego. A letra "c" está incorreta.
O que determina o produto de equilíbrio na economia é a intersecção da curva IS com a LM e a BP. Portanto, a alternativa "d" está errada.
A taxa de câmbio será determinada pelo equilíbrio conjunto do mercado de bens (IS), do mercado monetário (LM) e do balanço de pagamentos (BP). A alternativa "e" está errada.

36. "a". O modelo IS-LM-BP com perfeita mobilidade de capital é representado por uma curva BP horizontal, perfeitamente elástica à taxa de juros, onde o equilíbrio no balanço de Pagamentos é encontrado na conta Financeira pela atração de capital externo via taxa de juros.

37. Certo. O aumento da tributação corresponde a uma política fiscal restritiva, que desloca a curva IS para baixo ou para a esquerda, reduz o nível de renda/produto e a taxa de juros de equilíbrio. A redução da taxa de juros provoca uma saída de divisas do país. Como o câmbio é fixo, o Bacen é obrigado a vender divisas no mercado para que o câmbio não se desvalorize, levando à redução de suas reservas internacionais.

38. Certo. Uma valorização da moeda nacional estimula as exportações e desestimula as importações, deslocando a curva IS para baixo ou para a esquerda, reduzindo a taxa de juros e o nível de renda e produto da economia. Com taxas de juros mais baixas, há uma fuga de divisas do país, obrigando o Bacen a vender moeda estrangeira para segurar o câmbio, que é fixo. Ao vender divisas, o Bacen estará realizando uma política monetária contracionista, deslocando a curva LM para cima ou para a esquerda, reduzindo mais ainda o nível de renda produto da economia e retornando a taxa de juros para o patamar inicial.

39. Errado. O aumento dos gastos do governo equivale a uma política fiscal expansionista. Logo, há um deslocamento da curva IS para cima ou para a direita, elevando a taxa de juros e o nível de renda/produto da economia. Com taxas de juros mais elevadas, há estímulo à entrada de divisas no país, valorizando a moeda nacional, desestimulando as exportações e estimulando as importações. Com isso, há uma redução das exportações líquidas.

40. Errado. Uma política fiscal no câmbio fixo, num modelo com perfeita mobilidade de capital, é totalmente eficaz para alterar o nível de renda/produto/emprego da economia.

41. Certo. O aumento dos gastos do governo equivale a uma política fiscal expansionista. Logo, há um deslocamento da curva IS para cima ou para a direita, elevando a taxa de juros e o nível de renda/produto da economia. Com taxas de juros mais elevadas, há estímulo à entrada de divisas no país, valorizando a moeda nacional, desestimulando as exportações e estimulando as importações. Com isso, há uma redução das exportações líquidas. Como o câmbio é fixo, o Bacen terá de comprar o excesso de divisas que está entrando no país, para manter o câmbio no patamar desejado. Com isso, há um aumento das reservas internacionais do país.

42. Certo. Com o aumento do salário nominal, há aumento dos preços e redução, em valores reais, da oferta de moeda, deslocando a curva LM para cima ou para a esquerda, elevando a taxa de juros e reduzindo o nível de renda/produto da economia. Com taxa de juros mais alta, há estímulo à entrada de capital no país, apreciando a moeda nacional. Com uma moeda nacional mais valorizada, o Bacen, para manter o câmbio fixo, terá de comprar o excesso de divisas, promovendo uma expansão monetária e deslocando a curva LM para baixo ou para a direita, retornando o produto e a taxa de juros ao patamar inicial. Considerando o curto/médio prazo, há uma tendência de redução do nível de exportações e aumento das importações, elevando as exportações líquidas.

43. Errado. Uma política monetária, no câmbio fixo, num modelo com perfeita mobilidade de capital, é totalmente ineficaz para alterar o nível de renda/produto/emprego da economia. Se a política monetária for expansionista, a taxa de juros se contrai e o produto se eleva. Isso provoca uma fuga de divisas. Para o câmbio não se desvalorizar, já que é fixo, o Bacen vende divisas, provocando uma contração monetária e fazendo com que a curva LM retorne à posição original. Com isso, a renda/produto e a taxa de juros retornam à posição original.

44. Errado. O aumento da despesa interna por intermédio de aquisições governamentais equivale a uma política fiscal expansionista, e essa política desloca a curva IS para cima ou para a direita, elevando a taxa de juros. Com taxas de juros mais elevadas, há uma entrada de divisas no país, valorizando a moeda nacional e reduzindo a taxa de câmbio. Para manter o câmbio fixo, o Bacen compra esse excesso de divisas, praticando uma política monetária expansionista. Com isso, a curva LM se desloca para baixo ou para a direita, elevando mais ainda o produto/renda e deslocando a taxa de juros para o patamar inicial.

45. "a". O pressuposto teórico do modelo em questão é que o efeito de uma política econômica, seja ela uma política monetária, fiscal, comercial ou cambial, depende do regime cambial adotado, ou seja, a eficácia de tais políticas está associada à utilização de um câmbio fixo ou flutuante.

46. "c". Uma política monetária expansionista, em um modelo IS-LM-BP, com perfeita mobilidade de capital, desloca a curva LM para baixo ou para a direita, reduzindo a taxa de juros e elevando o produto da economia. Com a redução das taxas de juros, há uma fuga de divisas do país, desvalorizando a moeda nacional. Para manter o câmbio fixo dentro do patamar desejado, o Bacen vende divisas no mercado, reduzindo as suas reservas internacionais.

47. "c". Num modelo com perfeita mobilidade de capital, uma política monetária será ineficaz quando o regime cambial adotado for o fixo.

48. Errado. No câmbio flutuante, numa economia com perfeita mobilidade de capital, uma política fiscal é totalmente ineficaz para alterar o nível de renda e produto da economia.

49. Certo. Uma política fiscal expansionista, no câmbio flutuante, não é capaz de alterar a renda/produto/emprego da economia.

50. Errado. No câmbio flutuante, numa economia com perfeita mobilidade de capital, uma política fiscal é totalmente ineficaz para alterar o nível de renda e produto da economia.

51. "a". Uma política monetária no câmbio flutuante provoca um deslocamento da curva LM para baixo ou para a direita, elevando o produto da economia e reduzindo as taxas de juros. Com uma redução da taxa de juros, há uma fuga de divisas do país, desvalorizando a moeda nacional e a taxa de câmbio, que se eleva. Com uma moeda desvalorizada, há aumento das exportações e redução das importações, deslocando a curva IS para cima ou para a direita, elevando ainda mais o produto da economia e retornando a taxa de juros para o patamar inicial.

52. "a". No câmbio flutuante, uma política monetária expansionista é totalmente eficaz para elevar a renda/produto da economia. Quando é adotada uma política monetária expansionista, a curva LM se desloca para baixo ou para a direita, elevando o produto/renda e abaixando a taxa de juros. Com a redução das taxas de juros, há uma fuga de capital, desvalorizando a moeda nacional e a taxa de câmbio, **elevando-a**. A desvalorização da moeda nacional estimula as exportações e desestimula as importações, deslocando a curva IS para cima ou para a direita, **elevando** ainda mais o produto/a renda e elevando a taxa de juros ao patamar inicial. Logo, o efeito final de uma política monetária expansionista sobre a taxa de juros é **nulo**.

53. "c". No regime de taxa de câmbio flutuante, a ocorrência de um aumento nas despesas do governo corresponde a uma política fiscal expansionista e provoca um deslocamento da curva IS para a direita, elevando, no curto prazo, o produto e a taxa de juros e reduzindo a taxa de câmbio, valorizando-a. O item "I" está incorreto.

No regime de taxas de câmbio fixas, uma política fiscal expansionista desloca a curva IS para a direita ou para cima, elevando o produto da economia e a taxa de juros. Isso atrai capital externo, valorizando o câmbio. O Bacen, para manter o câmbio fixo, compra o excesso de divisas estrangeiras, promovendo uma expansão monetária que desloca a curva LM para baixo ou para a direita, ampliando ainda mais o efeito sobre o produto da economia. O item "II" está correto.

No regime de taxa de câmbio flutuante, uma política monetária expansionista será totalmente eficaz para alterar a renda e produto da economia. Como a taxa de juros cai, provoca uma fuga de divisas do país, levando a uma desvalorização da moeda nacional. O item "III" está correto.

54. Errado. O aumento do salário mínimo eleva o nível de preços, deslocando a curva LM para cima ou para a esquerda. Com isso, há redução da renda e produto da economia, bem como elevação das taxas de juros. As taxas de juros mais elevadas provocam entrada de divisas no país, valorizando a moeda nacional. Com uma moeda nacional mais valorizada, as exportações tendem a se reduzir e as importações tendem a aumentar, deslocando a curva IS para baixo ou para a esquerda, fazendo com que a renda/produto se reduzam mais ainda e a taxa de juros retorne ao ponto inicial.

55. "e". Se a política fiscal for expansionista, no câmbio fixo, a princípio, a taxa de juros se eleva e o produto aumenta, atraindo capital externo. O Bacen, no intuito de manter o câmbio fixo, terá de comprar o excesso de divisas do mercado, o que provocará uma expansão monetária, deslocando a curva LM para baixo ou para a direita, reduzindo a taxa de juros ao patamar inicial e ampliando o aumento da renda/produto. A alternativa "e" está correta.

Uma política monetária, no câmbio fixo, é totalmente ineficaz para alterar o produto da economia. A alternativa "a" está incorreta.

Já no câmbio flutuante, será totalmente eficaz para alterar a renda e produto da economia. A alternativa "b" está incorreta.

Uma política fiscal, no câmbio flutuante, será totalmente ineficaz para alterar o nível de renda/produto da economia. A alternativa "c" está incorreta.

Se o câmbio for fixo, a política fiscal será eficaz para alterar o produto, mas as taxas de juros retornarão ao patamar inicial. A alternativa "d" está incorreta.

56. Errado. Uma política fiscal restritiva através da redução dos gastos do governo desloca a curva IS para baixo ou para a esquerda, reduzindo o produto e a taxa de juros de equilíbrio. Isso provoca uma fuga de divisas do país, desvalorizando a moeda nacional e o câmbio. Essa desvalorização promove elevação das exportações líquidas na mesma magnitude da redução dos gastos do governo, aumentando a renda/produto da economia ao mesmo patamar inicial do produto.

57. "d". A recessão mundial piora o saldo da conta corrente do Balanço de Pagamentos, devido à redução do nível de exportação do país. Caso o Banco Central não esteja obrigado a intervir no mercado de câmbio, ou seja, caso o câmbio adotado seja o flexível, uma expansão monetária seria mais potente para reduzir o impacto recessivo quando comparada a um aumento do gasto público, já que uma política monetária no cambio flexível é totalmente eficaz para alterar o nível de renda/produto da economia, e uma política fiscal é totalmente ineficaz. A alternativa "d" está correta.

Com uma recessão, há uma desaceleração do nível de atividade econômica do país, gerando desemprego, o que facilita as negociações coletivas, já que os trabalhadores perdem poder de barganha por melhores salários. Nessa situação, o trabalhador tem dificuldade para encontrar emprego pela redução que há na oferta de vagas de trabalho. A alternativa "a" está incorreta.

Quando ocorre uma recessão a nível mundial, os países diminuem suas importações, o que afeta uma pequena economia porque terá suas exportações diminuídas. Devido a isso, haverá uma redução do saldo em transações correntes dessa pequena economia. Se o regime cambial é o de câmbio fixo, uma política monetária expansionista não terá nenhum efeito sobre o produto/renda da economia porque mesmo que a taxa de juros se reduzindo, a princípio, logo depois ela irá voltar ao patamar inicial devido à atuação do Banco Central no intuito de manter a taxa de câmbio no patamar fixado por ele. A alternativa "b" está incorreta.

Se o Banco Central fixa a taxa de câmbio, não faz sentido aumentá-la. Também não há relação com a preocupação do Banco Central ter que elevar suas reservas caso optasse por uma taxa de câmbio maior. A alternativa "c" está incorreta.

58. "a". Se o Bacen está elevando a taxa de juros, é porque está adotando uma política monetária restritiva. No câmbio flutuante, uma política monetária é totalmente eficaz para alterar o nível de renda/produto da economia. Assim, quando o Bacen adota uma política monetária restritiva, ocorre o deslocamento da curva LM para cima ou para a esquerda, elevando a taxa de juros e reduzindo o nível de renda/produto da economia e, por conseguinte, reduzindo o nível de consumo. Com uma taxa de juros mais elevada, há entrada de capital externo, o que provoca uma apreciação da moeda nacional, dificultando as exportações.

59. "b". Para se manter a paridade do poder de compra de uma moeda, ou seja, para que a taxa de câmbio real permaneça constante, a taxa de câmbio nominal deve ser desvalorizada ou aumentada na medida exata em que os preços domésticos aumentem e deverá ser valorizada ou diminuída na medida exata em que os preços domésticos diminuam, mantendo o nível de preços externos constante. A alternativa "a" está incorreta.
Caso seja adotado o regime de taxas de câmbio flutuantes, um grande movimento de entrada de capitais para investimentos leva a uma valorização da moeda nacional, tornando as importações mais baratas e desestimulando as exportações. A alternativa "b" está correta.
Convém privilegiar a exportação de produtos manufaturados em detrimento de agrícolas, posto que os primeiros tendem a ter melhores termos de troca e menor flutuação de preços por conta da estabilidade de sua demanda. A alternativa "c" está incorreta.
A obtenção de vigorosos superávits da balança comercial não será suficiente para assegurar o equilíbrio do Balanço de Pagamentos, porque é necessário analisar o comportamento das demais contas do Balanço de pagamentos. A alternativa "d" está incorreta.
A acumulação de reservas internacionais é um pré-requisito de condução da política econômica, caso o saldo superavitário da Balança Comercial seja sustentado por sua política de taxa de câmbio fixa. A alternativa "e" está incorreta.

60. "d". Uma política fiscal no câmbio flutuante é uma política totalmente ineficaz para alterar o nível de renda/produto da economia. Portanto, se o governo aumenta seus gastos, exercendo uma política fiscal expansionista, e a renda da economia não se altera, então é porque o regime cambial é o flutuante.

61. "d". Quando o governo resgata títulos públicos em poder do setor privado, está adotando uma política monetária expansionista. Para que haja efeito sobre a renda/produto da economia é necessário que o câmbio seja flutuante.

62. Errado. Um aumento de salários nominais eleva os preços e reduz a quantidade real de moeda, deslocando a curva LM para a esquerda ou para cima. Isso provoca elevação da taxa de juros e redução do nível de renda e produto da economia.

63. "e". No modelo Mundell-Fleming com câmbio flexível e perfeita mobilidade de capitais, a expansão dos gastos do governo, ou seja, uma política fiscal expansionista, não tem efeito algum sobre a renda/produto da economia. Quando ocorre uma política fiscal expansionista, a curva IS se desloca para cima ou para a direita, elevando o produto e a taxa de juros. Com taxas de juros mais elevadas, o câmbio se aprecia, reduzindo as exportações líquidas. A alternativa "a" está incorreta.
Não se considerando a validade da condição de Marshall-Lerner e dos efeitos da chamada curva, é correto afirmar que uma depreciação da taxa de câmbio gera, no curtíssimo prazo, redução das exportações líquidas, porque, quando ocorre uma desvalorização do câmbio, pode acontecer de, no curto prazo, as condições de Marshall-Lerner ainda não terem sido satisfeitas. Isso decorre do fato de demorar um tempo para mudar o padrão de consumo. Dessa maneira, no curto prazo, a Balança comercial e de Serviços pode piorar o seu saldo em vez de melhorar, quando ocorre uma desvalorização. A alternativa "b" está incorreta.
Sempre que o recolhimento compulsório sobre depósitos à vista for diminuído pelo Bacen, considerando tudo mais constante, e desde que os bancos comerciais passem a emprestar o valor que, anteriormente, recolhiam de forma compulsória, serão criados meios de pagamento na economia. A alternativa "c" está incorreta.

O multiplicador monetário será sempre igual à razão entre os Meios de Pagamento, M_1, e a Base Monetária. A alternativa "d" está incorreta.

Em uma economia com câmbio fixo e plena mobilidade de capitais, uma expansão fiscal gera aumento do produto e da taxa de juros. Com taxas de juros mais elevadas, ocorre uma apreciação cambial, obrigando o Bacen a comprar o excesso de divisas. Com isso, ocorre uma expansão monetária, aumentando a base monetária na mesma proporção do aumento das reservas internacionais, com vistas à manutenção da taxa de juros no nível externo e à garantia da estabilidade cambial. A alternativa "e" está correta.

64. "c". Para manter as taxas de câmbio fixas, o governo deve praticar uma política fiscal expansionista e não elevar a taxa de juros interna, já que uma política monetária é ineficaz para alterar o nível de renda e produto no câmbio fixo. A alternativa "a" está incorreta.

De acordo com a relação entre poupança, investimento e balança comercial, é observado que um aumento do investimento privado deve se refletir em um aumento da poupança privada, aumento da poupança do governo ou aumento da poupança externa. A poupança externa é igual ao déficit do Balanço de Pagamentos em Transações Correntes e este é composto, entre outras contas, pelo saldo da Balança Comercial. Assim, quanto mais negativo for o saldo na Balança Comercial, maior tende a ser a poupança externa. A alternativa "b" está incorreta.

No curto prazo, uma política monetária contracionista provoca uma diminuição do produto/renda da economia e um aumento na taxa de juros. Com uma taxa de juros mais elevada, há um fluxo de capital externo para dentro do país, levando a uma apreciação da moeda nacional, o que de acordo com a condição Marshall-Lerner reduz as exportações líquidas. A alternativa "c" está correta.

A importância dos efeitos dinâmicos da taxa real de câmbio sobre o balanço comercial pode ser observada a partir da "curva J", onde uma depreciação real leva inicialmente a uma piora na balança comercial e em seguida a uma melhora desta. A alternativa "d" está incorreta.

Quando um governo possui taxa de câmbio fixa, uma política monetária é ineficaz para alterar a renda/produto/emprego da economia. No curto prazo, quando ocorre uma política monetária contracionista, a taxa de juros se eleva, atraindo capital externo e valorizando o câmbio e a moeda nacional, reduzindo as exportações líquidas. A alternativa "e" está incorreta.

65. "e". Numa economia aberta com taxa de câmbio fixa, uma política cambial que provoca uma apreciação real leva a uma redução nos preços relativos externos, aumentando as importações, que impactam numa redução das exportações líquidas.

66. "a". Uma política monetária expansionista desloca a curva LM para baixo ou para direita (de LM_1 para LM_2), reduzindo a taxa de juros e elevando o produto/renda. Vejamos o ponto 2 do gráfico a seguir. A uma taxa de juros mais baixa, há uma fuga de divisas, desvalorizando a moeda nacional, o que estimula as exportações e desestimula as importações, deslocando a curva IS para cima ou para direita, elevando ainda mais o nível de renda/produto, deixando a taxa de juros constante. Vejamos o ponto 3 do gráfico a seguir.

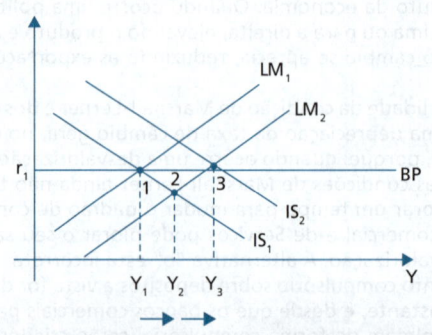

Logo, o nível de renda/produto aumenta e a taxa de juros fica constante.

67. "d". Uma política monetária expansionista desloca a curva LM para baixo ou para direita (de LM_1 para LM_2), reduzindo a taxa de juros e elevando o produto/renda. Vejamos o ponto 2 do gráfico a seguir. A uma taxa de juros mais baixa, há uma fuga de divisas, **depreciando** a moeda nacional, o que estimula as exportações e desestimula as importações, aumentando o fluxo de exportações líquidas, deslocando a curva IS para cima ou para direita, elevando ainda mais o nível de renda/produto, deixando a taxa de juros constante. Vejamos o ponto 3 do gráfico a seguir.

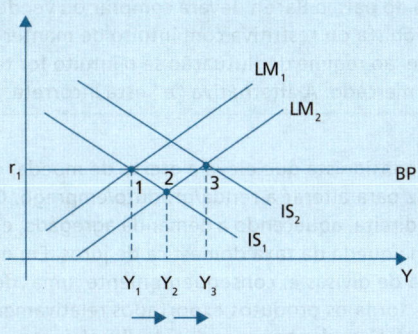

A alternativa correta é a "d".

68. "e". Quando o Banco Central compra excesso de dólares no mercado para manter o câmbio fixo, mas, também, emite títulos para retirar do mercado o excesso de mo-eda nacional que colocou ao comprar os dólares, ele está fazendo uma operação de esterilização. O item "I" está correto.

A política monetária no câmbio fixo é inócua do ponto de vista do estímulo à produção, pois, um aumento da oferta de moeda leva a uma depreciação cambial que deve ser compensada pela venda de moeda estrangeira para manter o câmbio fixo, que acarreta uma contração monetária. O item "II" está incorreto.

A política fiscal é mais eficiente com câmbio fixo que com câmbio flutuante, pois, com um aumento de gastos do governo (política fiscal expansionista), eleva a taxa de juros, provocando uma apreciação cambial. Assim, o Banco Central deve comprar esse excesso de divisas (já que o câmbio é fixo), provocando uma expansão monetária, intensificando o aumento da renda/produto/emprego. O item "III" está incorreto.

Crises no balanço de pagamentos ocorrem quando o Banco Central não tem reservas suficientes para manter a taxa de câmbio fixa. Com isso, deixa ao sabor do mercado a valorização/desvalorização do câmbio, o que pode levar a problemas na Balança Comercial e demais contas da estrutura no Balanço de Pagamentos. O item IV está correto.

69. "c".
Quando o câmbio é fixo, o crescimento sustentado da economia baseado em déficits em transações correntes torna o equilíbrio das contas externas diretamente dependente da liquidez no mercado financeiro internacional, já que para cobrir o déficit em transações correntes terá que atrair capital externo através da conta capital/financeira. A alternativa "C" está correta.

Quando taxa de câmbio é flutuante, a política monetária, por exemplo expansionista, num modelo com perfeita mobilidade de capital, reduz a taxa de juros provocando uma perda de divisas, o que gera uma desvalorização do câmbio nominal. Dependendo do comportamento do nível de, a taxa de câmbio real poderá se alterar ou não. A alternativa "A" está incorreta.

A flutuação suja ou controlada, a taxa de câmbio real é mantida fixa de sorte a atrair capitais estrangeiros interessados em *carry trade*. Carry trade consiste no ganho de um investidor quando pede dinheiro emprestado em um país cuja a taxa de juros esteja menores e, depois, converte aquele valor para moeda de outro país cujos juros estejam maiores e aplica nele. A diferença entre as taxas e juros e taxa de câmbio entre esses dois países vai representar o ganho do investidor. A alternativa "B" está incorreta.

Quando o câmbio é fixo, num modelo com perfeita mobilidade de capital, a política monetária é ineficaz para alterar renda/ produto/ emprego na economia. Como o câmbio nominal não varia, já que é fixo, caso os preços dos produtos importados subam, o câmbio real irá se elevar, ou seja, haverá desvalorização real da moeda nacional, dificultando as importações. A alternativa "D" está incorreta.

No câmbio fixo, a política monetária fica atrelada ao câmbio, de tal maneira que, se houver uma entrada ou saída de divisas do país, o Bacen deverá comprar ou vender divisas, praticando uma política monetária expansionista ou restritiva com intuito de manter o câmbio no valor fixado por ele. Por isso, é preferível ao regime de flutuação se o intuito for ter uma política monetária mais livre para atuação no mercado. A alternativa "e" está incorreta.

70. Errado.
Uma política monetária expansionista que eleva a oferta de moeda, em regime de câmbio flutuante, é totalmente eficaz para alterar a renda/produto/emprego. Com essa política, a curva LM se desloca para baixo e direita, aquecendo a demanda agregada, elevando a renda/produto/emprego e provocando uma queda da taxa doméstica de juros. Em decorrência da redução da taxa de juros, há uma fuga de divisas e, consequentemente, uma depreciação da moeda doméstica. Essa depreciação, torna os produtos exportados relativamente mais baratos, ou seja, há uma queda dos preços relativos dos bens produzidos localmente.

71. "c".
A política monetária expansionista é capaz de elevar o produto/renda/emprego da economia e reduzir a taxa de juros. A alternativa "C" está correta e a alternativa "A" está incorreta.
Se o câmbio for fixo, a política monetária é totalmente ineficaz para alterar a renda/produto/emprego da economia. O Bacen deverá vender divisas para compensar a fuga de dólares em decorrência da queda da taxa de juros, mantendo o câmbio fixo. A alternativa "B" está incorreta.
Uma política monetária expansionista provoca uma queda na taxa de juros e, consequentemente, uma fuga de divisas, reduzindo as reservas internacionais. A alternativa "D" está incorreta.

72. "a".
No modelo ISLMBP com perfeita mobilidade de capital numa economia pequena a curva BP será horizontal mostrando que para se atingir o equilíbrio no Balanço de Pagamentos, a variável relevante é a taxa de juros. A alternativa "a" está correta e a alternativa "B" está incorreta.
No modelo ISLMBP sem mobilidade de capital numa economia pequena a curva BP será vertical mostrando que para se atingir o equilíbrio no Balanço de Pagamentos, a variável relevante é a renda. As alternativas "c" e "d" estão incorretas.

73. "c".
A política monetária no câmbio flutuante é totalmente eficaz para alterar a renda/produto/emprego na economia. A alternativa "C" está incorreta.
A política fiscal no câmbio flutuante é totalmente ineficaz para alterar a renda/produto/emprego na economia. A alternativa "A" está correta.
A política fiscal no câmbio fixo é totalmente eficaz para alterar a renda/produto/emprego na economia. A alternativa "B" está correta.
A política monetária no câmbio fixo é totalmente ineficaz para alterar a renda/produto/emprego na economia. A alternativa "D" está correta.

74. "c".
No equilíbrio das curvas ISLMBP, num modelo com perfeita mobilidade de capital, haverá arbitragem da taxa de juros e câmbio de forma que a taxa interna de juros deve permanecer igual a taxa de juros externa. A alternativa 'C' está correta.
Considerando um regime de câmbio fixo e mobilidade perfeita de capitais, uma expansão fiscal é totalmente eficaz para alterar a renda/produto emprego devido à expansão monetária necessária para manter o câmbio fixo. A alternativa "A" está incorreta.

Tendo em vista um regime de câmbio flexível e mobilidade perfeita de capitais, a taxa de câmbio nominal será determinada pela oferta e demanda de moeda estrangeira. A alternativa "B" está incorreta.

Este modelo não corrobora com a hipótese da possibilidade de um país manter, simultaneamente, a taxa de câmbio fixa, livre mobilidade de capitais e política monetária ativa porque para manter o câmbio fixo, o Banco Central terá de comprar o excesso de divisas que entrar no país e vender divisas quando houver fuga de divisas do país. Portanto a política monetária fica atrelada ao câmbio. A alternativa "D" está incorreta.

75. "b".
Uma política fiscal expansionista não tem nenhum efeito sobre a renda agregada, caso a taxa de câmbio seja flexível. O item I está incorreto.
Uma política monetária expansionista é totalmente eficaz para aumentar a renda, caso a taxa de câmbio seja flutuante. O item II está correto.
Uma política fiscal contracionista é totalmente eficaz para reduzir a renda agregada, caso a taxa de câmbio seja fixa. O item III está incorreto.

76. "c".
Uma política capaz de elevar a renda/ produto/ emprego na economia, no câmbio fixo, é a política fiscal expansionista, que atua através do aumento dos gastos do governo e/ou redução dos tributos e/ou aumento das transferências. Logo, a alternativa correta é a "C" e as alternativas "A" e "D" estão incorretas.
A política monetária é incapaz de alterar a renda/produto/emprego no câmbio fixo. Logo, as alternativas "B" e "E" estão incorretas.

77. "c".
Supondo a adoção de uma política monetária expansionista, havendo um aumento da oferta de moeda, a curva LM se desloca para baixo e para direita, reduzindo a taxa de juros. Com isso, haverá fuga de divisas (dólares) e déficit no Balanço de Pagamentos. Para manter a taxa de câmbio fixa, o Banco Central terá que intervir no mercado, vendendo divisas. Quando vende divisas, retira moeda nacional (real) da economia, ou seja, promove uma contração monetária, fazendo com que a função LM volte a posição original. Portanto, uma política monetária, tanto expansionista como restritiva, em regime de câmbio fixo é totalmente ineficaz para alterar a renda e o produto da economia, bem como de alterar a oferta de moeda. Contudo, haverá alteração das reservas internacionais.

78. "a".
No câmbio fixo, num modelo com perfeita mobilidade de capital, a política monetária é totalmente ineficaz para alterar a renda/produto/emprego na economia. Já a política fiscal é totalmente eficaz. A política fiscal consiste em controlar/alterar tributos e os gastos do governo. Logo, a alternativa "A" está correta. As alternativas "B", "C", "D" e "E" referem-se a política monetária e, por isso, estão incorretas.

79. Certo.
Num modelo com perfeita mobilidade de capital, se o câmbio é fixo, a política monetária estará atrelada ao câmbio, de maneira que, se houver entrada de divisas no país, o Bacen terá de comprar esse excesso, provocando uma expansão monetária. Se houver saída de divisas do país, o Bacen terá de vender divisas no país, provocando uma contração monetária. Percebe-se, portanto, que, no câmbio fixo num modelo com perfeita mobilidade de capital não é possível fixar os juros.

80. Errado.
Pelo efeito Keynes, um aumento do salário nominal equivale a uma redução da oferta de moeda. Logo, a curva LM se desloca para cima ou para esquerda, elevando a taxa de juros e reduzindo o produto da economia.

81. Errado.
Se a curva IS se desloca para cima ou para direita, no câmbio flutuante, a taxa de juros se eleva, provocando uma entrada de divisas no país e uma valorização cambial. Com a valorização cambial, as importações tendem a aumentar e as exportações tendem a diminuir, provocando um deslocamento da IS para baixo ou para a esquerda até onde a IS estava originalmente. Dessa forma o produto não se altera. Se a curva IS se desloca para baixo ou para esquerda, no câmbio flutuante, a taxa de juros cai, provocando uma saída de divisas no país e uma desvalorização cambial. Com a desvalorização cambial, as importações tendem a diminuir e as exportações tendem a aumentar, provocando um deslocamento da IS para cima ou para a direita até onde a IS estava originalmente. Dessa forma o produto não se altera. Logo, a curva IS não determina, por si só, o produto da economia.

82. Certo.
Se a curva IS se desloca para cima ou para direita, no câmbio flutuante, a taxa de juros se eleva, provocando uma entrada de divisas no país e uma valorização cambial. Se a curva IS se des-loca para baixo ou para esquerda, no câmbio flutuante, a taxa de juros cai, provocando uma saída de divisas no país e uma desvalorização cambial.

83. Certo.
A política monetária no câmbio fixo não é capaz de alterar a renda/produto/emprego em um modelo com perfeita mobilidade de capital numa economia pequena.

84. Errado.
Uma política monetária no câmbio fixo, desloca a curva LM para cima ou para esquerda, elevando a taxa de juros e reduzindo o produto da economia. Com uma taxa de juros mais elevada, atrai divisas, o que levaria a valorização da moeda nacional. Para evitar essa valorização, já que o câmbio é fixo, o Bacen compra essas divisas do mercado e, com isso, eleva as reservas internacionais.

85. Certo.
Se o câmbio for flexível ou flutuante, o aumento dos gastos do governo deslocará a curva IS para cima e para direita, elevando a taxa de juros e o produto da economia. Com a taxa de juros mais elevada, haverá entrada de divisas no país, valorizando a moeda nacional. Com a moeda nacional mais valorizada, as importações tendem a aumentar e as exportações tendem a cair, ou seja, as exportações líquidas (X-M) tendem a cair na mesma magnitude dos gastos do governo deslocando a curva IS para baixo e para esquerda para a mesma posição que estava originalmente.

86. Errado.
No câmbio flutuante, a política fiscal, que desloca a curva IS, é ineficaz para alterar a renda/produto/ emprego da economia.

87. "b".
No mercado de bens, o equilíbrio será:
$Y = C + I + G$
$Y = 0,4(1 - t)Y + 600 - 50r + 700$
$Y = 0,4(1 - 0,5)Y + 600 - 50r + 700$
$Y = 0,2Y + 1300 - 50r$
$0,8 Y = 1300 - 50r$
$Y = 1625 - 62,5\ r$ ("I")
No mercado monetário, o equilíbrio será:
$L = M/P$
$0,3Y - 75r = 450$
$0,3\ Y = 450 + 75r$
$Y = 1500 + 250\ r$ ("II")
O equilíbrio simultâneo no mercado de bens e no mercado monetário se dará quando "I" for igual a "II", ou seja:
$1625 - 62,5\ r = 1500 + 250\ r$
$125 = 312,5\ r$
$r = 0,4$
substituindo "r" na equação (I), tem-se:
$Y = 1625 - 62,5 \times 0,4$
$Y = 1600$

88. "e".
O equilíbrio no mercado de bens (IS) quando o gasto autônomo é igual a 650, será:
$\begin{cases} Y = 2(A - 40i) \\ Y = 2(650 - 40i) \end{cases}$
Y = 1300 – 80i
Igualando o mercado de bens (IS) com o mercado monetário (LM), tem-se
Y = 1300 – 80i
Y = 650 + 25i
1300 – 80i = 650 + 25 i
105 i = 650
i = 6,19
Substituindo na função Investimento, tem-se
I = 250 – 10 × 6,19
I = 188,10
O produto de equilíbrio será de:
Y = 1300 – 80. 6,19
Y = 804,80
O equilíbrio no mercado de bens (IS) quando o gasto autônomo aumentar 10%, passará a ser igual a 715, será:
Y = 2(A – 40i)
Y = 2(715 – 40i)
Y = 1430 – 80i
Igualando o mercado de bens (IS) com o mercado monetário (LM), tem-se
$\begin{cases} Y = 1430 - 80i \\ Y = 650 + 25i \end{cases}$
1430 – 80i = 650 + 25 i
105 i = 780
i = 7,428
Substituindo na função Investimento, tem-se
I = 250 – 10 × 7,428
I = 178,72
O produto de equilíbrio será de:
Y = 1430 – 80 × 7,428
Y = 835,76
(F) A renda de equilíbrio vai se elevar de 804,80 para 835,76, ou seja, há um aumento de 3,7%.
(F) A renda de equilíbrio vai se elevar em R$ 30,96 milhões.
(F) A nova taxa nominal de juros de equilíbrio será de 7,428.
(F) O investimento privado vai se cair de 188,10 para 178,72.
(F) O novo valor do investimento privado será de R$ 178,72 milhões.

89. "c".
Quando o gasto autônomo (A) é igual a 400, o equilíbrio simultâneo no mercado de bens (IS) e no mercado monetário (LM), será:
$\begin{cases} Y = 2(400 - 10i); \\ Y = 200 + 10i; \end{cases}$
2(400 – 10i) = 200 + 10i
800 – 20i = 200 + 10i
30i = 600 → i = 20
Logo, o investimento (I) será igual:
I = 600 – 10i → I = 600 – 10 × 20
I = 400
Quando o gasto autônomo (A) é igual a 700, o equilíbrio simultâneo no mercado de bens (IS) e no mercado monetário (LM), será:
$\begin{cases} Y = 2(700 - 10i); \\ Y = 200 + 10i; \end{cases}$

$2(700 - 10i) = 200 + 10i$
$1400 - 20i = 200 + 10i$
$30i = 1200 \rightarrow i = 40$
Logo, o investimento (I) será igual:
$I = 600 - 10i \rightarrow I = 600 - 10 \times 40$
$I = 200$
Portanto, o Investimento vai variar em 200.
O item "I" está correto.

Se os investimentos forem muito sensíveis a taxa de juros, uma política fiscal expansionista elevará a taxa de juros contraindo muito os investimentos. Assim, correrá o efeito *crowding out* ou efeito expulsão e a política fiscal perderá eficiência no sentido de alterar a renda/produto da economia. O item "II" está incorreto. E o item "III" está correto.

90. "c".
Um aumento dos impostos corresponde a uma política fiscal restritiva, deslocando a curva IS para esquerda e para baixo, reduzindo o produto/renda e a taxa de juros de equilíbrio.

91. "c".
No mercado de bens, o equilíbrio será:
$Y = C + I + G$
$Y = 100 + 0,8 Y + 100 - 20r + 100$
$0,2 Y = 300 - 20r$
$Y = 1500 - 100r$ (equação I)
No mercado monetário, o equilíbrio será:
$M/P = 0,8Y - 20r$
$200 = 0,8Y - 20r$
$0,8Y = 200 + 20 r$
$Y = 250 + 25 r$ (equação II)
O equilíbrio simultâneo do mercado de bens e do mercado monetário será encontrado, igualando a equação I com a equação II.
$1500 - 100r = 250 + 25r$
$125r = 1250$
$r = 10$

92. "a".
No mercado de bens, o equilíbrio ocorre quando:
$Y = C + I + G$
$Y = 10 + 0,6Y + 2 - 0,2 i + 40$
$0,4Y = 52 - 0,2i$
$Y = 130 - 0,5i$ (Equação I)
No mercado monetário, o equilíbrio ocorre quando:
$L = M$
$0,3Y - 0,6i = 18$
$Y = 2i + 60$ (Equação II)
No equilíbrio simultâneo do mercado de bens e do mercado monetário, deve-se igualar a equação I com a equação II. Logo:
$130 - 0,5i = 2i + 60$
$2,5i = 70$
$i = 28$
Substituindo o valor da taxa de juros na equação I ou II, tem-se:
$Y = 130 - 0,5 \cdot 28$
$Y = 116$

93. "d".
No mercado de bens, o equilíbrio ocorre quando:
 Y = C + I + G
 Y = 10 + 0,6Y + 2 − 0,2 i + 40
 0,4Y = 52 − 0,2i
 Y = 130 − 0,5i (Equação I)
No mercado monetário, o equilíbrio ocorre quando:
 L = M
 0,3Y − 0,6i = 18
 Y = 2i + 60 (Equação II)
No equilíbrio simultâneo do mercado de bens e do mercado monetário, deve-se igualar a equação I com a equação II. Logo:
 130 − 0,5i = 2i + 60
 2,5i = 70
 i = 28

18

MODELO IS-LM-BP NUMA ECONOMIA SEM MOBILIDADE DE CAPITAL

■ 18.1. SALDO NO BALANÇO DE PAGAMENTOS (BP)

Ceteris paribus, o saldo no Balanço de Pagamentos é o somatório do saldo comercial + saldo na Conta Financeira:

$$BP = BC + CF$$

Então, o Balanço de Pagamentos é função da renda interna (Y), da renda externa (Y*), da taxa real de câmbio (E) e do diferencial das taxas de juros internas (r) e externas (r*):

$$BP = BC\ (Y, Y^*, E) + CF\ (r - r^*)$$

■ 18.2. MOBILIDADE DE CAPITAL DO MODELO IS-LM-BP NO CURTO PRAZO

Dizer que o modelo é **sem mobilidade de capital** significa que o país não tem acesso ao mercado internacional de capitais e que o déficit no Balanço de Pagamentos em Transações Correntes não poderá ser financiado por capital externo à taxa de juros vigente, assim como um superávit em Transações Correntes não poderá ser aplicado no exterior à taxa de juros vigente. Portanto, a preocupação com o equilíbrio do Balanço de Pagamentos decorre do equilíbrio em Transações Correntes, já que este não poderá ser deficitário nem superavitário. A preocupação com o equilíbrio no Balanço de Pagamentos estará na Balança Comercial e, portanto, o nível de renda interna (Y) será a variável relevante para manter o equilíbrio no Balanço de Pagamentos, considerando a taxa de câmbio constante, já que uma elevação na renda interna provocará aumento das importações, levando a um déficit no Balanço de Pagamentos. Também, caso haja redução na renda interna, haverá uma redução nas importações, levando a um superávit no Balanço de Pagamentos.

Assim, em um modelo **sem mobilidade de capital**, o Balanço de Pagamentos, para se manter em equilíbrio, dependerá apenas do nível de renda interno[1], ou seja, o Balanço de Pagamentos será uma função totalmente elástica ao nível de renda e totalmente inelástica à taxa de juros. Observe na Figura 18.1 que, quando a renda interna (Y) se eleva, o Balanço de Pagamentos tende a ficar deficitário, e quando a renda interna (Y) diminui, o Balanço de Pagamentos tende a ficar superavitário.

---

[1] Considerando que a renda externa e a taxa de câmbio não se alterem.

Figura 18.1. Comportamento da renda interna (Y) e o saldo do Balanço de Pagamentos num modelo sem mobilidade de capital no curto prazo

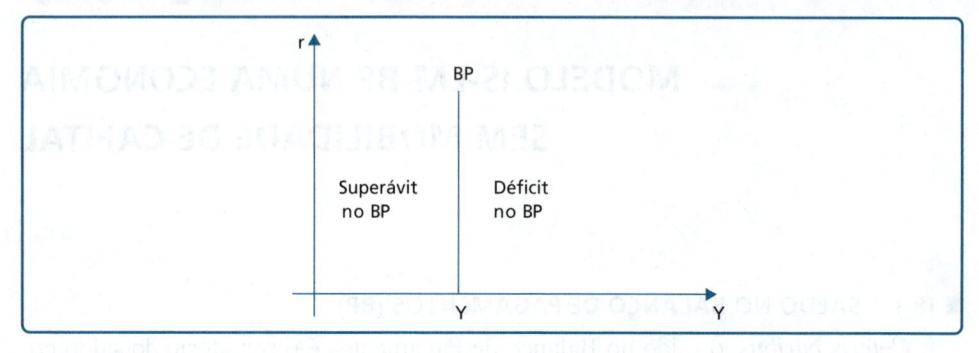

```
r │          BP
  │
  │   Superávit    Déficit
  │   no BP        no BP
  │
  └─────────────┼─────────► Y
                Y
```

■ 18.3. EMPREGO E BALANÇO DE PAGAMENTOS NUM MODELO SEM MOBILIDADE DE CAPITAL

Num modelo sem mobilidade de capital, se a renda interna estiver maior que "Y", ocorre déficit no Balanço de Pagamentos (BP), e se a renda interna estiver menor que "Y", ocorre um superávit no Balanço de Pagamentos (BP). Isso porque uma renda interna maior que Y eleva as importações, fazendo com que o saldo em Transações Correntes seja deficitário. Também uma renda interna menor que Y faz com que as importações diminuam, elevando o saldo em Transações Correntes do país.

Qualquer ponto à direita da Yp (produto de pleno emprego) gera sobre emprego, e à esquerda, desemprego.

■ 18.4. MODELO IS-LM-BP E O EQUILÍBRIO NUM MODELO SEM MOBILIDADE DE CAPITAL

Relembrando que o comportamento da curva BP num modelo sem mobilidade de capital é totalmente inelástica à taxa de juros (r), podem-se acrescentar, agora, as curvas IS e LM ao modelo, conforme mostra a Figura 18.2.

Figura 18.2. Modelo IS-LM-BP sem mobilidade de capital

```
r │       BP = 0
  │              LM
  │           ╱
  │          ╱
  │         ╳
  │        ╱ ╲
  │       ╱   ╲ IS
  └──────────────► Y
```

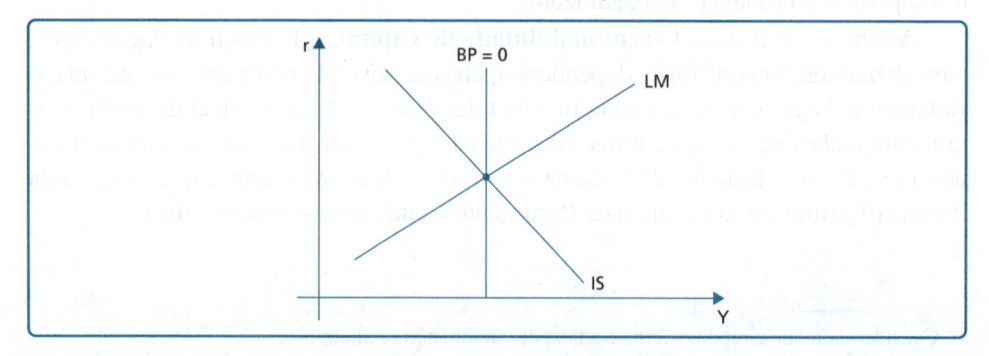

18.4.1. Modelo IS-LM-BP para uma economia aberta e sem mobilidade de capital

O modelo IS-LM-BP para uma economia aberta e sem mobilidade de capital, quando se adota uma política monetária, fiscal, cambial ou comercial, deve ser considerado sob o regime de câmbio fixo ou sob o regime de câmbio flexível (ou flutuante). Acompanhe a seguir:

18.4.1.1. Política monetária expansionista num regime de taxa de câmbio fixa e sem mobilidade de capital

Havendo um aumento da oferta de moeda, LM_1 irá para LM_2 e r_1 irá para r_2 (há o deslocamento do ponto 1 para o ponto 2). Com uma taxa de juros menor, há o aumento do nível de investimentos e do nível de renda da economia (de Y_1 para Y_2). Como as importações são função da renda, também se ampliam. Mas, quando as importações aumentam, há um aumento de demanda por moeda estrangeira, o que obrigará o Banco Central a vender divisas, já que o câmbio é fixo. Com isso, as **reservas internacionais diminuem** e ocorre uma contração monetária, já que, ao vender divisas, o Banco Central precisa retirar moeda nacional da economia. Dessa forma, a função LM_2 se desloca até LM_1 novamente, já que a contração monetária elevou a taxa de juros, reduzindo o nível de investimentos e renda da economia. Observe o gráfico da Figura 18.3. Portanto, uma política monetária, seja expansionista, seja restritiva, no câmbio fixo sem mobilidade de capital, é **totalmente ineficaz** para alterar o nível de renda e produto da economia. O que se altera é apenas o volume de reservas internacionais junto ao Banco Central, já que, numa política monetária expansionista, reduzem-se as reservas, e numa política monetária restritiva, aumentam-se as reservas.

Figura 18.3. Política monetária expansionista num modelo IS-LM-BP sem mobilidade de capital

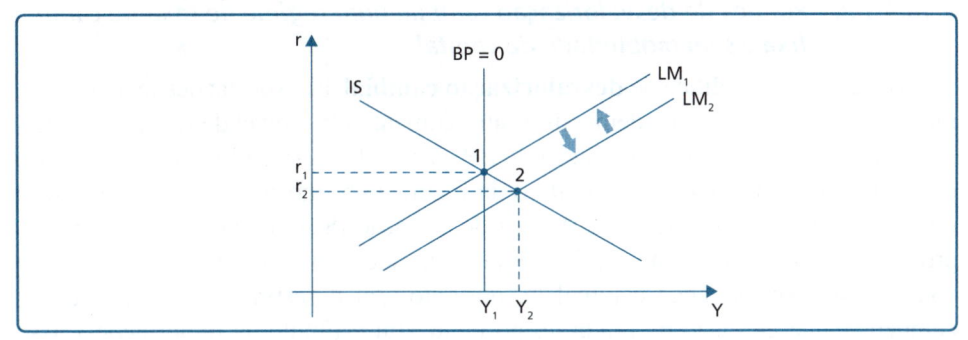

18.4.1.2. Política fiscal expansionista num regime de taxa de câmbio fixa e sem mobilidade de capital

Havendo uma política fiscal expansionista por meio do aumento dos gastos do governo, redução da tributação ou aumento das transferências, a função IS_1 se desloca para IS_2, elevando a taxa de juros de r_1 para r_2 e o nível de renda de Y_1 para Y_2. Observe que, apesar de a taxa de juros ter se elevado, a contração provocada no investimento (efeito *crowding out*) foi menor que o aumento provocado pela expansão da política fiscal. Com um nível de renda maior, as importações se elevam, provocando um aumento da demanda por moeda estrangeira, obrigando o Banco Central a vender divisas para manter o câmbio fixo. Quando pratica a venda de divisas, o Banco Central **perde reservas internacionais** e retira moeda nacional da economia, provocando uma contração monetária, ou seja, levando LM_1 para LM_2. A contração monetária **eleva a taxa de juros** ainda mais, ou seja, de r_2 para r_3, fazendo com que o investimento se retraia até o ponto onde a função LM_2 se iguala a IS_2 (marcada pelo ponto 3 no gráfico da Figura 18.4). Portanto, uma política fiscal expansionista, num regime de câmbio fixo e num modelo sem mobilidade de capital é **totalmente ineficaz** para alterar o nível de renda e produto da economia, muito embora provoque uma elevação da taxa de juros e a perda de reservas internacionais. Caso se trate de uma política fiscal restritiva, o resultado será o oposto, ou seja, embora o produto e a renda da economia permaneçam inalterados, haverá uma redução da taxa de juros e um aumento das reservas internacionais.

Figura 18.4. Política fiscal expansionista num regime de câmbio fixo num modelo sem mobilidade de capital

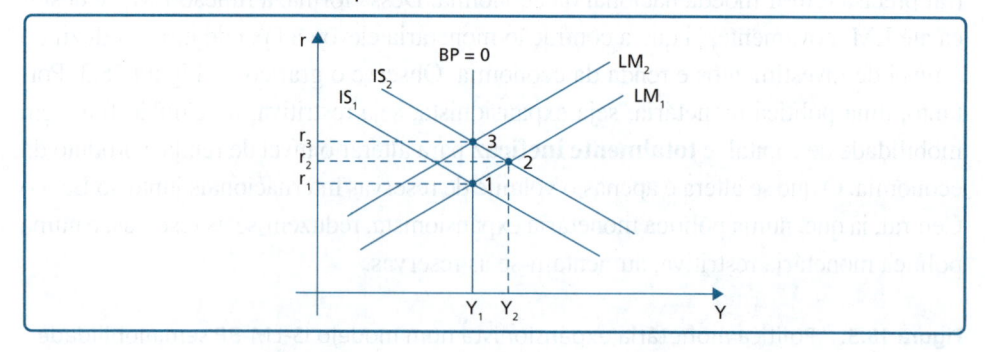

18.4.1.3. Política de *desvalorização* cambial num regime de taxa de câmbio fixa e sem mobilidade de capital

Havendo uma política de **desvalorização cambial**, as exportações tendem a aumentar e as importações tendem a diminuir, aumentando o nível de renda da economia. Com isso, a curva BP se desloca de BP_1 para BP_2 e a IS de IS_1 para IS_2. O novo ponto de equilíbrio (ponto 2 no gráfico da Figura 18.5) mostra uma taxa de juros e um nível de renda mais elevados. Apesar de a função IS se deslocar de IS_1 para IS_2, provocando uma elevação no nível de renda, o deslocamento de BP é maior, fazendo com que a desvalorização cambial (e, portanto, um desestímulo às importações) compense uma elevação de renda (e, portanto, um estímulo às importações). Isso provoca um saldo positivo no Balanço de Pagamentos, ou seja, uma entrada de divisas. Como o câmbio é fixo, o Bacen será obrigado a comprar esse excesso de oferta de moeda estrangeira, provocando uma expansão monetária. Assim, a curva LM se desloca de LM_1 para LM_2, **aumentando o nível de renda e produto** da economia até Y_3. Portanto, uma política de desvalorização cambial num regime de taxa de câmbio fixo sem mobilidade de capital é totalmente **eficaz** para alterar o nível de renda e produto da economia. Já uma política cambial que leve à valorização terá como efeito uma redução no nível de renda e produto da economia.

Dornbusch e Fischer explicam de que maneira uma desvalorização/valorização do câmbio afetam, além da curva BP, também a curva IS: "A depreciação cambial, por nossa suposição, elevará o preço relativo dos bens importados ou fará cair o preço relativo de nossos próprios bens. Com nossos produtos em posição mais competitiva, haverá um aumento da demanda líquida, decorrente do aumento das exportações líquidas. Assim, com uma dada taxa de juros e nível de renda, a depreciação cambial deverá levar a um excesso de demanda por nossos bens. A fim de restaurar o equilíbrio a produção teria de aumentar ou as taxas de juros deveriam se elevar. (...) a depreciação cambial desloca a curva IS para cima e para a direita. A curva IS' é desenhada para um preço relativo mais alto dos bens importados. Inversamente, a valorização e a queda dos preços dos bens importados naturalmente levariam a um excesso de oferta de nossos produtos e o deslocamento para baixo da curva IS"[2].

Figura 18.5. Política de desvalorização cambial num regime de taxa de câmbio fixa num modelo sem mobilidade de capital

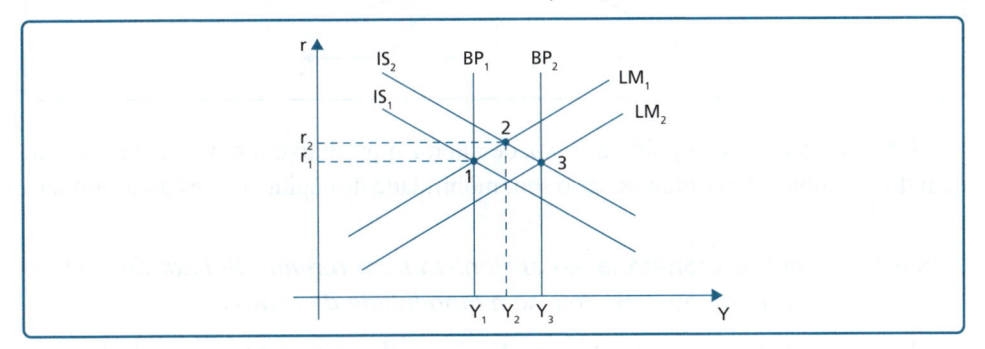

■ 18.4.1.4. Política comercial de restrição às importações num regime de taxa de câmbio fixa num modelo sem mobilidade de capital

Havendo uma política comercial de restrições às importações, seja por meio de cotas de importação, seja por meio da imposição de tarifas de importação, a função IS_1 se desloca para IS_2, elevando a taxa de juros de r_1 para r_2 e o nível de renda de Y_1 para Y_2. Observe que, apesar de a taxa de juros ter se elevado, a contração provocada no investimento (efeito *crowding out*) foi menor que o aumento da renda/produto provocado pela expansão da curva IS. Com um nível de renda maior, as importações se elevam, provocando um aumento da demanda por moeda estrangeira, obrigando o Banco Central a vender divisas para manter o câmbio fixo. Quando pratica a venda de divisas, o Banco Central **perde reservas internacionais** e retira moeda nacional da economia, provocando uma contração

---

[2] Rudiger Dornbusch e Stanley Fischer, *Macroeconomia*, p. 601.

monetária, ou seja, levando LM_1 para LM_2. A contração monetária **eleva a taxa de juros** ainda mais, ou seja, de r_2 para r_3, fazendo com que o investimento se retraia até o ponto onde a função LM_2 se iguala a IS_2 (marcada pelo ponto 3 no gráfico da Figura 18.6) e o nível de renda retorne para Y_1. Portanto, uma política comercial de restrição às importações, num regime de câmbio fixo e num modelo sem mobilidade de capital, é **totalmente ineficaz** para alterar o nível de renda e produto da economia.

Figura 18.6. Política fiscal expansionista num regime de câmbio fixo num modelo sem mobilidade de capital

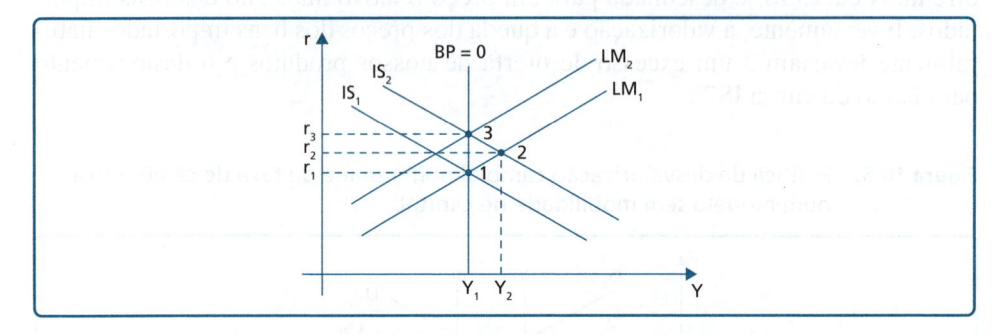

Observe que a única política capaz de alterar o produto e a renda da economia, quando o câmbio é fixo, num modelo sem mobilidade de capital, é a política cambial.

18.4.1.5. Política monetária expansionista num regime de taxa de câmbio flutuante num modelo sem mobilidade de capital

Havendo uma política monetária expansionista, a função LM se desloca de LM_1 para LM_2. Isso provoca uma redução da taxa de juros (de r_1 para r_2) e, por conseguinte, um aumento dos investimentos e da renda da economia (de Y_1 para Y_2). Com o aumento da renda, as importações aumentam também, provocando um aumento da demanda por moeda estrangeira e uma desvalorização da moeda nacional, deslocando a função BP de BP_1 para BP_2 e a função IS de IS_1 para IS_2. Essa desvalorização da moeda nacional tende a melhorar o saldo no Balanço de Pagamentos em Transações Correntes. Com o deslocamento da BP e da IS, o **nível de renda e produto da economia se elevam** para Y_3. Mas, apesar de essa elevação da renda tender a diminuir o saldo em Transações Correntes, a desvalorização cambial que provoca o deslocamento da função BP é maior, garantindo uma melhora no Balanço de Pagamentos em conta corrente. Portanto, uma política monetária expansionista num regime de taxa de câmbio flutuante num modelo sem mobilidade de capital é **eficaz** para alterar o produto e a renda da economia. Observe a Figura 18.7. Também uma política monetária restritiva é capaz de alterar o produto e a renda da economia, no sentido de reduzi-los.

Figura 18.7. Política monetária expansionista num regime de taxa de câmbio flutuante num modelo sem mobilidade de capital

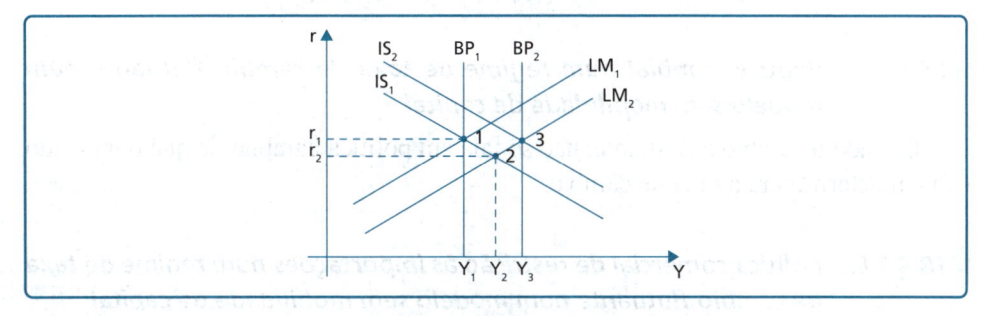

18.4.1.6. Política fiscal expansionista num regime de taxa de câmbio flutuante num modelo sem mobilidade de capital

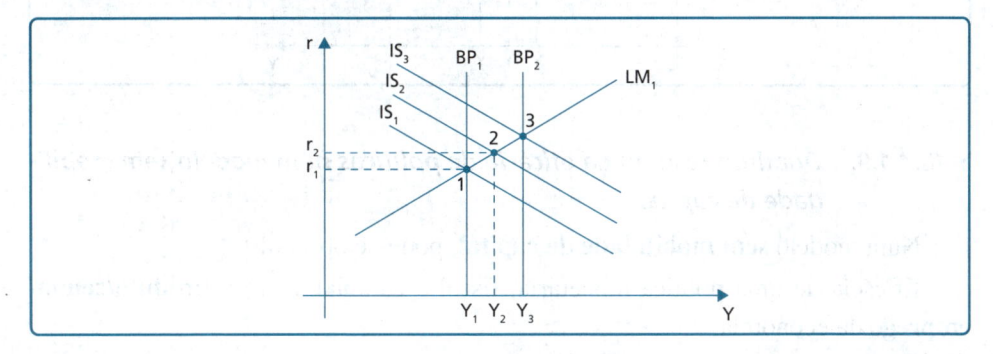

Havendo uma política fiscal expansionista por meio do aumento dos gastos do governo, redução da tributação ou aumento das transferências, a função IS_1 se desloca para IS_2, elevando a taxa de juros de r_1 para r_2 e o nível de renda de Y_1 para Y_2. Observe que, apesar de a taxa de juros ter se elevado (ponto 2 do gráfico da Figura 18.9), a contração provocada no investimento (efeito *crowding out*) foi menor que o aumento provocado pela expansão da política fiscal. Com um nível de renda maior, as importações se elevam, provocando um aumento da demanda por moeda estrangeira e uma desvalorização da moeda nacional. Com isso, a função BP se desloca de BP_1 para BP_2 e a função IS de IS_2 para IS_3, ou seja, tanto a política fiscal quanto a desvalorização cambial decorrente dessa política fiscal levarão ao aumento da renda e produto da economia (ponto 3 do gráfico da Figura 18.9). Portanto, uma política fiscal expansionista num regime de taxa de câmbio flutuante num modelo sem mobilidade de capital é totalmente **eficaz** para alterar a renda e o produto de equilíbrio. Observe o gráfico da Figura 18.8. Tratando-se de uma política fiscal restritiva, o produto e a renda também se alterarão, no sentido de diminuírem.

Figura 18.8. Política fiscal expansionista num regime de taxa de câmbio flutuante num modelo sem mobilidade de capital

Observe que, como o câmbio é flutuante, a política fiscal não precisa da atuação do Banco Central no sentido de se utilizar da política monetária para manter o câmbio fixo.

■ 18.4.1.7. Política cambial num regime de taxa de câmbio flutuante num modelo sem mobilidade de capital

Quando o câmbio é flutuante, não se fala em política cambial, já que o mercado é quem determinará a taxa de câmbio.

■ 18.4.1.8. Política comercial de restrição às importações num regime de taxa de câmbio flutuante num modelo sem mobilidade de capital

Havendo uma política comercial de restrição às importações, a função IS_1 se desloca para IS_2, elevando a taxa juros de r_1 para r_2 e o nível de renda de Y_1 para Y_2. Observe que, apesar de a taxa de juros ter se elevado (ponto 2 do gráfico da Figura 18.9), a contração provocada no investimento (efeito *crowding out*) foi menor que o aumento provocado pela expansão da política fiscal. Com um nível de renda maior, as importações se elevam, provocando um aumento da demanda por moeda estrangeira e uma desvalorização da moeda nacional. Com isso, a função BP se desloca de BP_1 para BP_2 e a função IS de IS_2 para IS_3, ou seja, tanto a política fiscal quanto a desvalorização cambial decorrente dessa política comercial levarão ao aumento da renda e do produto da economia (ponto 3 do gráfico da Figura 18.10). Portanto, uma política comercial num regime de taxa de câmbio flutuante num modelo sem mobilidade de capital é totalmente **eficaz** para alterar a renda e o produto de equilíbrio.

Figura 18.9. Política comercial de restrição às importações expansionista num regime de taxa de câmbio flutuante num modelo sem mobilidade de capital

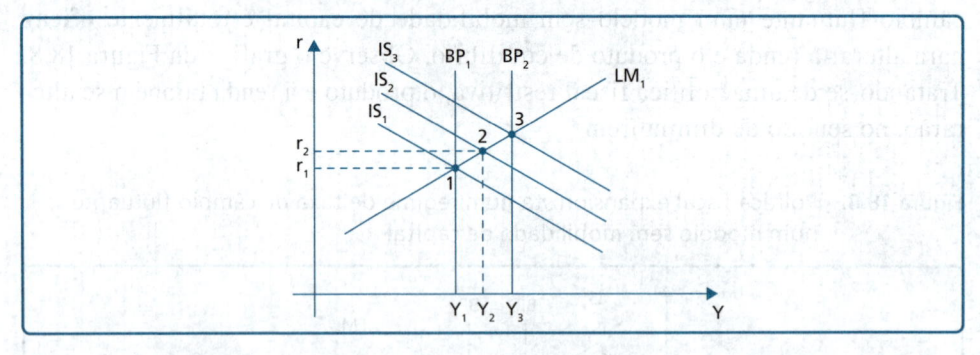

■ 18.4.1.9. Quadros-resumo da eficácia de políticas num modelo sem mobilidade de capital

Num modelo **sem mobilidade de capital**, pode-se observar:

Eficácia de uma política monetária, fiscal e cambial sobre o **produto/renda/emprego** da economia:

18 ■ Modelo IS-LM-BP numa economia sem mobilidade de capital

	CÂMBIO FIXO	CÂMBIO FLEXÍVEL
Política monetária	Ineficaz	Eficaz
Política fiscal	Ineficaz	Eficaz
Política cambial	Eficaz	–
Política comercial	Ineficaz	Eficaz

Se o intuito for aumentar o produto/renda/emprego, deve-se adotar uma:

	CÂMBIO FIXO	CÂMBIO FLEXÍVEL
Política monetária	–	expansionista
Política fiscal	–	expansionista
Política cambial	de desvalorização	–
Política comercial	–	de restrição às importações

Se o intuito for diminuir o produto/renda/emprego, deve-se adotar uma:

	CÂMBIO FIXO	CÂMBIO FLEXÍVEL
Política monetária	–	restritiva
Política fiscal	–	restritiva
Política cambial	de valorização	–
Política comercial		de estímulo às importações

■ 18.5. QUESTÕES

1. (Especialista em Políticas Públicas e Gestão Governamental – SEPLAG-RJ – CEPERJ – 2013 – adaptada) De acordo com o modelo IS-LM-BP, a afirmativa correta é:
a) Uma economia sem mobilidade de capital, com regime de câmbio fixo, ao adotar uma política monetária expansionista, consegue reduzir a taxa de juros e aumentar a renda.
b) Uma economia com livre mobilidade de capital (economia pequena), com regime de câmbio flexível, ao adotar uma política fiscal expansionista não afeta o nível de renda e a taxa de juros.
c) Uma economia com livre mobilidade de capital (economia pequena), com regime de câmbio fixo, ao adotar uma política fiscal expansionista, provoca a elevação do nível de renda e da taxa de juros.
d) Uma economia com livre mobilidade de capital (economia pequena), com regime de câmbio fixo, ao adotar uma política monetária expansionista, provoca a elevação do nível de renda e da taxa de juros.
e) Uma economia com livre mobilidade de capital (economia pequena), com regime de câmbio fixo, ao adotar uma política fiscal expansionista, provoca a redução do nível de renda e da taxa de juros.

2. (Analista de Gestão /SABESP/Economia/FCC/ 2018) Considerando um modelo IS-LM-BP com baixa mobilidade de capital e câmbio fixo, uma expansão fiscal
   a) é eficaz quanto ao objetivo de elevar a renda.
   b) reduz o nível da taxa de juros.
   c) provoca deslocamento de LM para a direita.
   d) movimenta IS para a esquerda.
   e) gera aumento da base monetária, com o processo de ajuste.

3. (Instituto AOCP — Analista Censitário (IBGE)/Análise Socioeconômica/2019) O seguinte gráfico apresenta a determinação do nível de renda quando se considera uma economia aberta, sem fluxos de capitais e com taxas de câmbio fixas. Assim, é correto afirmar que

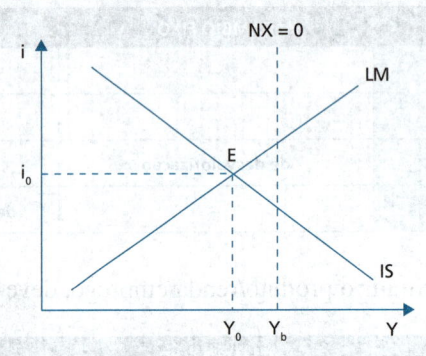

   a) Y_0 estar à esquerda de Y_b representa um superávit comercial.
   b) não existe equilíbrio nessa economia.
   c) como o modelo adota o sistema de taxas de câmbio fixas, supõe-se que o Banco Central não realiza nenhuma intervenção pontual no sistema cambial.
   d) os pontos à direita de Y_b são marcados por superávits comerciais.
   e) no equilíbrio simultâneo do mercado de bens e do mercado monetário, há um déficit comercial.

4. (CS UFG — Economista (IF GOIANO)/2019) Considerando uma política monetária expansionista no modelo IS-LM-BP sem mobilidade de capital, quais serão os efeitos sobre a renda e a taxa de juros?
   a) No regime de câmbio flexível, a taxa de juros e a renda permanecem constantes.
   b) No regime de câmbio flexível, aumento na taxa de juros e queda na renda.
   c) No regime de câmbio fixo, a taxa de juros e a renda permanecem constantes.
   d) No regime de câmbio fixo, aumento na taxa de juros e queda na renda.

5. (FCC — Analista de Fomento (AFAP)/Economista/2019) Uma opção fundamental da economia é o regime de câmbio que será empregado, definido como o preço da moeda estrangeira em unidades da moeda doméstica. Acerca dos regimes de câmbio fixo e flutuante, é correto afirmar que
   a) um aumento da taxa de juros doméstica, coeteris paribus, reduz a taxa de câmbio fixo, se não houver mobilidade de capitais.
   b) um aumento da taxa de juros doméstica, coeteris paribus, aumenta a taxa de câmbio fixo, se não houver mobilidade de capitais.
   c) uma redução da taxa de juros doméstica, coeteris paribus, aumenta a taxa de câmbio flutuante, se houver mobilidade de capitais.

d) uma redução da taxa de juros doméstica, coeteris paribus, reduz a taxa de câmbio flutuante, se houver mobilidade de capitais.
e) independentemente do nível da taxa de juros doméstica, coeteris paribus, a taxa de câmbio fixo sofrerá pressão para valorização, se for liberada a mobilidade de capitais.

■ **GABARITO** ■

1. "b". Uma economia sem mobilidade de capital, com regime de câmbio fixo, ao adotar uma política monetária expansionista, não consegue reduzir a taxa de juros nem aumentar a renda/produto da economia, já que uma política monetária é totalmente ineficaz para alterar a renda/produto da economia no câmbio fixo. A alternativa "a" está incorreta.
Uma economia com livre mobilidade de capital (economia pequena), com regime de câmbio flexível, ao adotar uma política fiscal expansionista, não afeta o nível de renda e a taxa de juros, já que uma política fiscal no câmbio flutuante é totalmente ineficaz para alterar o nível de renda/produto/emprego da economia. A alternativa "b" está correta.
Uma economia com livre mobilidade de capital (economia pequena), com regime de câmbio fixo, ao adotar uma política fiscal expansionista, provoca a elevação do nível de renda, mas a taxa de juros se mantém constante. A alternativa "c" está incorreta.
Uma economia com livre mobilidade de capital (economia pequena), com regime de câmbio fixo, ao adotar uma política monetária expansionista, não altera o nível de renda nem a taxa de juros, já que uma política monetária no câmbio fixo é totalmente ineficaz para alterar o nível de renda e produto da economia. A alternativa "d" está incorreta.
Uma economia com livre mobilidade de capital (economia pequena), com regime de câmbio fixo, ao adotar uma política fiscal expansionista, provoca a elevação, e não redução, do nível de renda. Já a taxa de juros se mantém constante. A alternativa "e" está incorreta.

2. "a". Pensemos numa situação sem mobilidade de capital. Sendo assim, a BP é vertical. Uma política fiscal expansionista desloca a curva IS para cima ou para a direita. Isso eleva a renda, estimulando as importações (embora a taxa de juros se eleve também, não causará impacto na Conta Financeira, já que o modelo é sem mobilidade de capital e, portanto, inelástico a taxa de juros). O aumento das importações poderá levar ao déficit em transações correntes e a desvalorização cambial. Para manter o câmbio fixo no patamar estipulado, o Bacen terá que vender divisas no mercado, o que provocará uma contração monetária. Assim, a curva LM se desloca para cima ou para a esquerda, deixando a taxa de juros mais elevada e o nível de renda/produto inalterado. Ocorre, contudo que o enunciado não fala que não há mobilidade de capital. Fala, sim, que há baixa mobilidade de capital. Logo os deslocamentos das curvas se dão em menor intensidade. Logo, a taxa de juros sobe, porém, não tanto quanto supondo sem mobilidade de capital e o produto se altera, porém, não muito. A alternativa "a" está correta. Ocorre elevação do nível da taxa de juros. A alternativa "b" está incorreta. Provoca deslocamento de LM para a esquerda. A alternativa "c" está incorreta. A curva IS se desloca para a direita. A alternativa "d" está incorreta. Gera contração da base monetária, com o processo de ajuste. A alternativa "e" está incorreta.

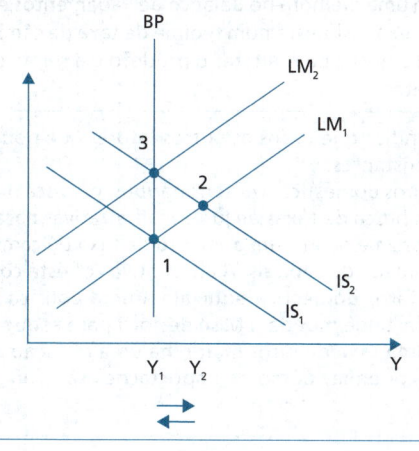

3. "a". Quando o equilíbrio da ISLM está à esquerda da BP, significa que haverá superávit comercial, já que a renda de equilíbrio (Y_o) está abaixo da renda (Y_b) que equilibra o Balanço de pagamentos, via Balança Comercial. Isso significa que as importações estão menores que as exportações. A alternativa "a" está correta.

O ponto "E" representa o equilíbrio no mercado de bens e no mercado monetário. Caso o Banco Central promovesse a valorização do câmbio, o balanço de Pagamentos também ficaria em equilíbrio. A alternativa "b" está incorreta.

Quando o câmbio é fixo, o Banco central intervém comprando e vendendo divisas sempre que necessário para manter o câmbio no patamar fixado por ele. A alternativa "c" está incorreta.

Os pontos à esquerda de Y_o são marcados por superávit comercial, já que o nível de renda está menor que o necessário para equilibrar o Balanço de Pagamentos e, por conseguinte, a Balança Comercial. Logo, as exportações superam as importações. A alternativa "d" está incorreta.

No equilíbrio simultâneo do mercado de bens (IS) e no mercado monetário (LM), a renda de equilíbrio (Y_o) está abaixo da renda (Y_b) que equilibraria o Balanço de Pagamentos e, por conseguinte, a Balança Comercial. Logo, as importações serão menores que as exportações. A alternativa "e" está incorreta.

4. "c". Havendo um aumento da oferta de moeda, no câmbio fixo, LM se desloca para baixo e para a direita, reduzindo a taxa de juros. Com uma taxa de juros menor, há o aumento do nível de investimentos e do nível de renda da economia. Como as importações são função da renda, também se ampliam. Mas, quando as importações aumentam, há um aumento de demanda por moeda estrangeira, o que obrigará o Banco Central a vender divisas, já que o câmbio é fixo. Com isso, as reservas internacionais diminuem e ocorre uma contração monetária, já que, ao vender divisas, o Banco Central precisa retirar moeda nacional da economia. Dessa forma, a função LM retorna a posição original, já que a contração monetária elevou a taxa de juros, reduzindo o nível de investimentos e renda da economia. Portanto, uma política monetária, expansionista, no câmbio fixo sem mobilidade de capital, é totalmente ineficaz para alterar o nível de renda e produto da economia. O que se altera é apenas o volume de reservas internacionais junto ao Banco Central, já que, numa política monetária expansionista, reduzem se as reservas. A alternativa "C" está correta e a alternativa "D" está incorreta.

Havendo uma política monetária expansionista, no câmbio flutuante, a função LM se desloca para baixo e direita. Isso provoca uma redução da taxa de juros e, por conseguinte, um aumento dos investimentos e da renda da economia. Com o aumento da renda, as importações aumentam também, provocando um aumento da demanda por moeda estrangeira e uma desvalorização da moeda nacional, deslocando a função BP para a direita e a função IS para cima e para a direita. Essa desvalorização da moeda nacional tende a melhorar o saldo no Balanço de Pagamentos em Transações Correntes. Com o deslocamento da BP e da IS, o nível de renda e produto da economia se elevam ainda mais. Mas, apesar de essa elevação da renda tender a diminuir o saldo em Transações Correntes, a desvalorização cambial que provoca o deslocamento da função BP é maior, garantindo uma melhora no Balanço de Pagamentos em conta corrente. Portanto, uma política monetária expansionista num regime de taxa de câmbio flutuante num modelo sem mobilidade de capital é eficaz para alterar o produto e a renda da economia. As alternativas "a" e "b" estão incorretas.

5. "c". *Coeteris paribus* significa que todos os outros fatores que poderiam afetar o modelo estão sendo considerados constantes.

Uma redução da taxa de juros doméstica, *coeteris paribus*, provoca uma saída de capital do país para o resto do mundo em busca de taxas de juros mais atrativas para o seu capital. Com isso, a moeda nacional se desvaloriza e ocorre um aumento da taxa de câmbio, já que ela é flutuante e considerando uma mobilidade de capitais. A alternativa "c" está correta.

Um aumento da taxa de juros doméstica equivale a uma política monetária restritiva. Havendo uma redução da oferta de moeda, LM se desloca para esquerda ou para cima, elevando a taxa de juros. Com uma taxa de juros maior, há uma redução do nível de investimentos e do nível de renda da economia. Como as importações são função da renda, também se reduzem.

Mas, quando as importações diminuem, há um a redução da demanda por moeda estrangeira, o que obrigará o Banco Central a comprar divisas, já que o câmbio é fixo. Com isso, as reservas internacionais aumentam e provocam uma expansão monetária, já que, ao comprar divisas, o Banco Central precisa colocar moeda nacional da economia. Dessa forma, a função LM se desloca até a posição original novamente, já que a expansão monetária reduziu a taxa de juros, aumentando o nível de investimentos e renda da economia. Portanto, uma política monetária, seja expansionista, seja restritiva, no câmbio fixo sem mobilidade de capital, é totalmente ineficaz para alterar o nível de renda e produto da economia. O que se altera é apenas o volume de reservas internacionais junto ao Banco Central. Como não há mobilidade de capitais, a taxa de juros não irá afetar o câmbio também. As alternativas "a" e "b" estão incorretas.

Uma redução da taxa de juros doméstica provoca saída de capital do país, desvalorizando a moeda nacional, elevando a taxa de câmbio flutuante, se houver mobilidade de capitais. A alternativa "d" está incorreta.

Dependendo do nível da taxa de juros doméstica, a taxa de câmbio fixo sofrerá pressão para valorização ou desvalorização, se for liberada a mobilidade de capitais. Se a taxa de juros interna for menor que a externa, provocará saída de divisas e desvalorização cambial. Se a taxa de juros internas for maior que a externa, provocará entrada de divisas e valorização cambial. A alternativa "e" está incorreta.

19

MODELO IS-LM-BP NUMA ECONOMIA COM MOBILIDADE IMPERFEITA DE CAPITAL

■ 19.1. SALDO NO BALANÇO DE PAGAMENTOS (BP)

Ceteris paribus, o saldo no Balanço de Pagamentos é o somatório do saldo comercial + saldo na Conta Financeira:

$$BP = BC + CF$$

Então, o Balanço de Pagamentos é função da renda interna (Y), da renda externa (Y*), da taxa real de câmbio (E) e do diferencial das taxas de juros internas (r) e externas (r*):

$$BP = BC\ (Y, Y^*, E) + CF\ (r - r^*)$$

■ 19.2. MOBILIDADE DE CAPITAL DO MODELO IS-LM-BP NO CURTO PRAZO

Dizer que o modelo apresenta uma **mobilidade imperfeita de capital** significa que o país, para atingir o equilíbrio no Balanço de Pagamentos, dependerá tanto do nível de renda interno (Y) como do diferencial da taxa de juros interna (r) e externa (r*). Assim, quando um país apresenta um crescimento do seu nível de renda/produto, haverá um aumento do déficit no Balanço de Pagamentos em Transações Correntes e, para se equilibrar o saldo total do Balanço de Pagamentos, será necessário elevar suas taxas de juros e, assim, atrair capital externo para financiar esse déficit. Dessa maneira, a curva BP será positivamente inclinada. Observe a Figura 19.1.

Figura 19.1. Comportamento da renda interna (Y), da taxa de juros interna (r) e do Balanço de Pagamentos num modelo com mobilidade imperfeita de capital no curto prazo

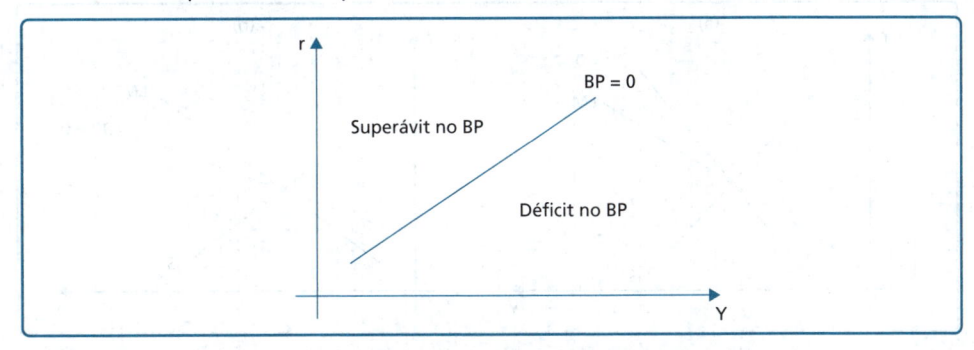

A inclinação da curva BP dependerá de como os capitais respondem a uma variação na taxa de juros.

Uma inclinação maior (quando a curva BP é menos horizontal) significa que as taxas de juros precisam subir consideravelmente para equilibrar o Balanço de Pagamentos, ou seja, o capital externo tem menor atratividade para entrar no país.

Já uma inclinação menor (quando a curva BP é mais horizontal) significa que as taxas de juros precisam subir menos para equilibrar o Balanço de Pagamentos, ou seja, o capital externo tem maior atratividade para entrar no país.

■ 19.3. EMPREGO E BALANÇO DE PAGAMENTOS NUM MODELO COM MOBILIDADE IMPERFEITA DE CAPITAL

Num modelo com mobilidade imperfeita de capital, pontos localizados acima da curva BP apresentam superávit no Balanço de Pagamentos, como também pontos abaixo da curva BP apresentam déficit no Balanço de Pagamentos. Pontos localizados à direita do produto de pleno emprego (Yp) geram superemprego, e pontos localizados à esquerda do produto potencial (Yp) geram desemprego.

■ 19.4. MODELO IS-LM-BP E O EQUILÍBRIO NUM MODELO COM MOBILIDADE IMPERFEITA DE CAPITAL

Relembrando que o comportamento da curva BP num modelo com mobilidade imperfeita de capital é parcialmente elástica à taxa de juros (r) e ao nível de renda e produto (Y), o que faz com que seja positivamente inclinada. Assim, quando o nível de renda se eleva, as importações se elevam, piorando o saldo no Balanço de Pagamentos em Transações Correntes. Para cobrir esse déficit, é necessário elevar a taxa de juros para atrair capital que equilibre o saldo total do Balanço de Pagamentos. Para se construir o modelo IS-LM-BP, podem se acrescentar, agora, as curvas IS e LM ao modelo, conforme mostram os gráficos (a) e (b) da Figura 19.2.

Figura 19.2. Gráficos que representam o modelo IS-LM-BP com mobilidade imperfeita de capital, sendo o gráfico (a) com uma curva BP mais inclinada que a curva LM e o gráfico (b) com uma curva BP menos inclinada que a curva LM

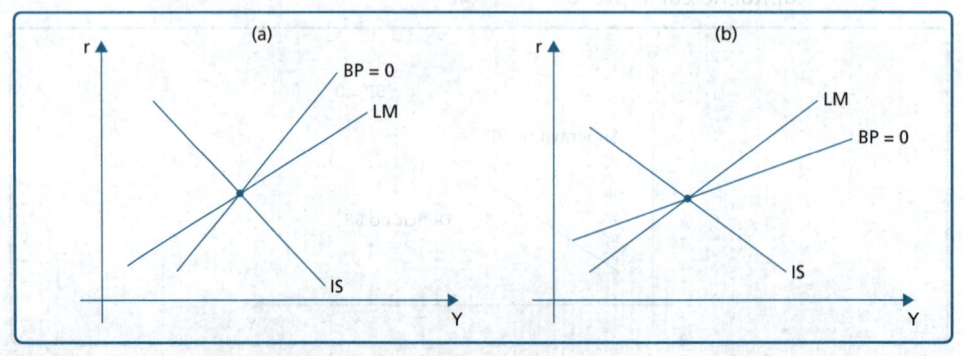

19.4.1. Modelo IS-LM-BP para uma economia aberta com mobilidade imperfeita de capital

O modelo IS-LM-BP para uma economia aberta com mobilidade imperfeita de capital, quando se adota uma política monetária, fiscal, cambial ou comercial, deve ser considerado sob o regime de câmbio fixo ou sob o regime de câmbio flexível (ou flutuante). Acompanhe a partir do *item 19.4.3*. Porém, antes, é preciso compreender os fatores que fazem com que a curva BP seja mais ou menos inclinada.

19.4.2. Fatores que afetam a declividade da função BP

Os fatores que afetam a inclinação na curva BP são:

- elasticidade do capital à taxa de juros;
- Propensão marginal a Importar.

Esses fatores poderão ser mais bem compreendidos nos *itens 19.4.2.1* e *19.4.2.2* a seguir:

19.4.2.1. A elasticidade do capital à taxa de juros

Quanto maior a sensibilidade do capital à taxa de juros, menos inclinada tende a ser a curva BP, e quanto menor a sensibilidade do capital à taxa de juros, mais vertical tende a ser a curva BP. Portanto, a inclinação da BP depende da maneira como o movimento de capitais responde a uma variação na taxa de juros. Assim, uma elevação na renda e no produto da economia provoca um aumento das importações, aumento do déficit na Balança Comercial e aumento do déficit no Balanço de Pagamentos em Transações Correntes. Para equilibrar o saldo total do Balanço de Pagamentos, é necessário que as taxas de juros se elevem e atraiam capital para o país. Caso o capital seja muito sensível à taxa de juros, é preciso uma pequena elevação nas taxas de juros para atrair o capital necessário para equilibrar o Balanço de Pagamentos. Caso o capital seja pouco elástico à taxa de juros, é preciso uma grande elevação desta taxa para atrair o capital necessário para cobrir o déficit em Transações Correntes. Observe, nos gráficos da Figura 19.3, a alteração necessária na taxa de juros para compensar uma elevação na renda de Y_1 para Y_2.

Figura 19.3. Inclinação da curva BP quando o capital é muito elástico à taxa de juros (gráfico a) e quando o capital é pouco elástico à taxa de juros (gráfico b)

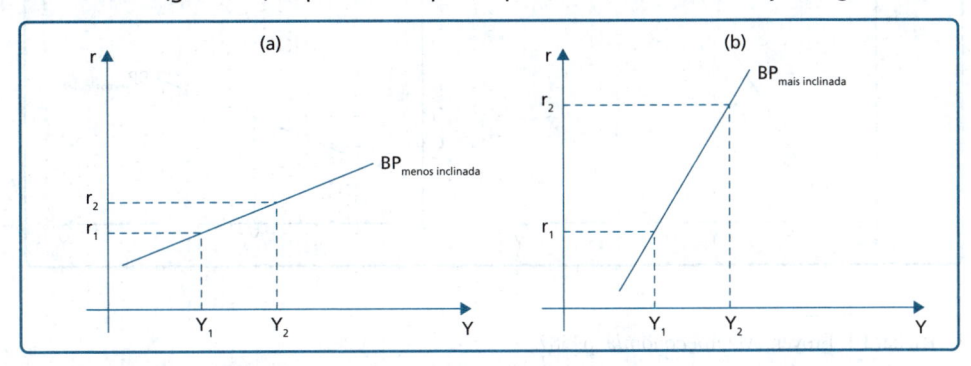

Froyen afirma: "A curva BP será mais inclinada quanto menos os fluxos de capitais forem sensíveis à taxa de juros. Quanto menor o aumento da entrada de capitais para um dado aumento da taxa de juros (dado o valor fixo de r_e), maior será o aumento da taxa de juros necessário para manter o equilíbrio do balanço de pagamentos quando passamos para um nível de renda (e, portanto, de importações) mais alto; ou seja, a curva BP será mais inclinada"[1].

■ 19.4.2.2. Propensão marginal a Importar

Vale lembrar que a Propensão marginal a Importar (m) é a tendência de aumento da importação mediante uma alteração de "1" no nível de renda, ou seja, é a relação entre a variação da importação (ΔM) e a variação da renda (ΔY). Na função importação, a Propensão marginal a Importar representa o coeficiente angular da função. Assim, dada uma função importação como M = 10 + 0,1Y, a Propensão marginal a Importar é igual a 0,1, já que a função importação é assim representada: M = Ma + mY:

Onde: Ma = importação autônoma, ou seja, a importação que independe do nível de renda; e mY = importação que depende do nível de renda, onde: m = Propensão marginal a Importar = $\Delta M/\Delta Y$.

Logo, se a Propensão marginal a Importar (m) é alta, um aumento da renda provocará um aumento muito grande das importações e, por conseguinte, tenderá a provocar um déficit em Transações Correntes. Para corrigir esse déficit, é necessária a entrada em grande volume de capital externo, o que será conseguido mediante uma alta taxa de juros.

Também, ao contrário, se a Propensão marginal a Importar é baixa, um aumento da renda provocará um aumento pequeno das importações e, por conseguinte, o déficit em Transações Correntes não será tão elevado. Para corrigir esse pequeno déficit, é necessária uma pequena entrada de capital externo na Conta Financeira, o que pode ser obtido mediante uma taxa de juros menos elevada que a da situação do parágrafo anterior. Observe essas duas situações nos gráficos (a) e (b) da Figura 19.4.

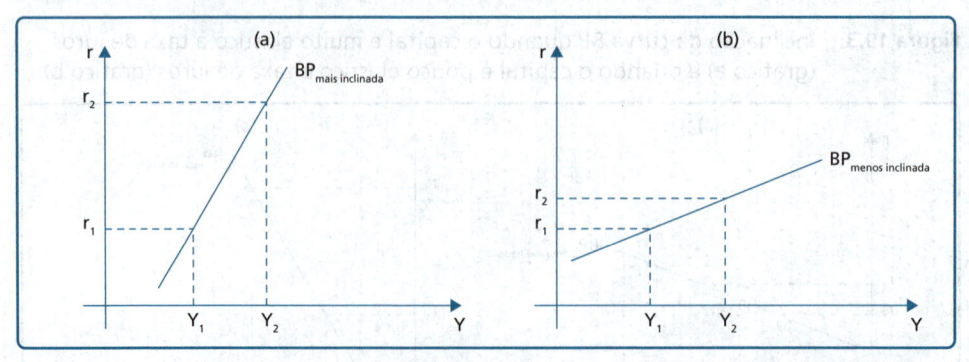

Figura 19.4. Inclinação da curva BP quando a Propensão marginal a Importar (m) é alta (gráfico a) e quando a Propensão marginal a Importar (m) é baixa (gráfico b)

---

[1] Richard T. Froyen, *Macroeconomia*, p. 587.

Froyen afirma que: "A curva BP também será mais inclinada quanto maior for a propensão marginal a importar. Com uma propensão marginal a importar mais alta, um dado aumento na renda irá produzir um maior aumento nas importações. Para alcançar o equilíbrio no balanço de pagamentos, será necessário um maior aumento na entrada de capital e, consequentemente, um maior aumento da taxa de juros"[2].

■ 19.4.3. Política monetária expansionista num regime de taxa de câmbio fixa com mobilidade imperfeita de capital para uma grande economia

Havendo uma política monetária expansionista, a função LM_1 se desloca para LM_2, reduzindo a taxa de juros e elevando o nível de renda e produto da economia (caminha do ponto 1 para o ponto 2 dos gráficos da Figura 19.5). Com isso, o Balanço de Pagamentos em Transações Correntes tende a ficar deficitário. Para manter o câmbio no patamar fixado pela autoridade monetária, o Banco Central terá que vender divisas e, por conseguinte, contrair a quantidade de moeda nacional no mercado interno, o que fará com que LM_2 volte para LM_1 (caminha do ponto 2 para o ponto 1 no gráfico da Figura 17.26). Dependendo da inclinação da BP, esse ajuste poderá ser feito mais rápido ou mais devagar. Assim, quando a BP é mais inclinada que a LM, ou seja, o capital é menos sensível à taxa de juros, mais lento será esse ajuste, e quanto mais sensível for o capital à taxa de juros, ou seja, quando a BP é menos inclinada que a LM, mais rápido se dá esse ajuste. Portanto, uma política monetária expansionista num regime de taxa de câmbio fixa com mobilidade imperfeita de capital será **ineficaz** para alterar o nível de renda e produto da economia. Observe a Figura 19.6, onde são representados dois gráficos: gráfico (a), onde a função BP é mais inclinada que a LM; e gráfico (b), onde a função BP é menos inclinada que a LM.

Figura 19.5. Política monetária expansionista num regime de taxa de câmbio fixa com mobilidade imperfeita de capital quando a função BP é mais inclinada que a LM (gráfico a) e quando a função BP é menos inclinada que a LM (gráfico b)

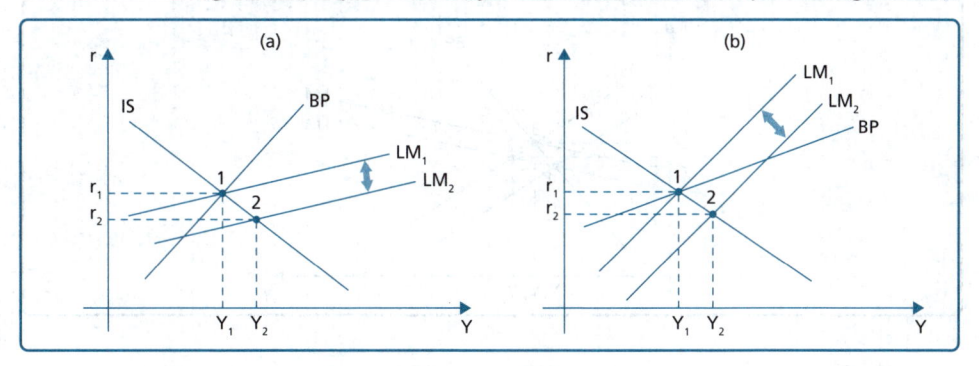

---

[2] Richard T. Froyen, *Macroeconomia*, p. 587.

19.4.4. Política fiscal expansionista num regime de taxa de câmbio fixa com mobilidade imperfeita de capital para uma grande economia

A política fiscal expansionista num regime de taxa de câmbio fixa com mobilidade imperfeita de capital deverá ser analisada quando a curva BP é mais inclinada que a LM e quando a curva BP é menos inclinada que a LM.

19.4.4.1. BP mais inclinada que a LM (imperfeita — fraca mobilidade de capital)

Havendo uma política fiscal expansionista, por meio de aumento dos gastos do governo, redução da tributação ou aumento das transferências, a função IS_1 se desloca para IS_2, elevando a taxa de juros de r_1 para r_2 e o nível de renda de Y_1 para Y_2. Considerando uma situação em que a curva BP é mais inclinada que a LM, o saldo no Balanço de Pagamentos será deficitário, porque a elevação na renda propiciará uma elevação do déficit em Transações Correntes em um grau maior que a melhora que ocorrerá na Conta Financeira provocada pela elevação na taxa de juros. Ou seja, o efeito da entrada de capital será menor que o aumento das importações. Para que a autoridade monetária mantenha o câmbio fixado no patamar desejado por ela, terá que vender divisas, o que gerará uma contração monetária, deslocando a curva LM_1 para LM_2, elevando a taxa de juros a um patamar ainda mais elevado (até r_3), porém reduzindo o nível de renda para Y_3, onde as curvas IS_2, LM_2 e BP se encontram. Observe a Figura 19.6. Portanto, uma política fiscal expansionista num regime de taxa de câmbio fixa com mobilidade imperfeita de capital é **eficaz** para elevar a renda e o produto da economia, muito embora menos eficaz quando comparada a um modelo em que a função BP é mais sensível à taxa de juros, conforme será visto no *item 19.4.4.2*.

Figura 19.6. Política fiscal expansionista num regime de taxa de câmbio fixa com mobilidade imperfeita de capital quando a função BP é mais inclinada que a LM

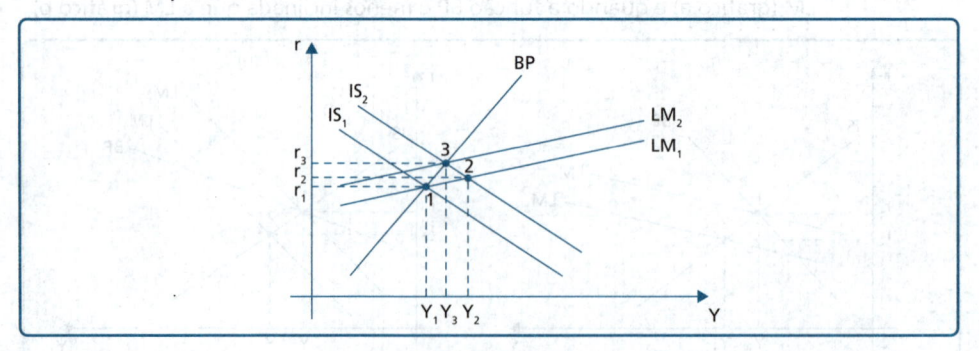

19.4.4.2. BP menos inclinada que a LM (imperfeita — forte mobilidade de capital)

Havendo uma política fiscal expansionista por meio do aumento dos gastos do governo, redução da tributação ou aumento das transferências, a função IS_1 se desloca para IS_2, elevando a taxa juros de r_1 para r_2 e o nível de renda de Y_1 para Y_2. Considerando uma situação em que a curva BP é menos inclinada que a LM, o saldo no Balanço de Pagamentos será superavitário, porque a elevação na renda propiciará uma elevação do déficit em Transações Correntes em um grau menor que a melhora que ocorrerá na Conta Financeira provocada pela elevação na taxa de juros. Ou seja, o efeito da entrada de capital será maior que o aumento das importações. Com o superávit no Balanço de Pagamentos, a autoridade monetária, no intuito de manter o câmbio fixado no patamar desejado por ela, terá que comprar divisas, o que gerará uma expansão monetária, deslocando a curva LM_1 para LM_2, reduzindo a taxa de juros (até r_3), porém elevando o nível de renda para Y_3, onde a curva IS_2, LM_2 e BP se encontram. Observe a Figura 19.7. Portanto, uma política fiscal expansionista num regime de taxa de câmbio fixa com mobilidade imperfeita de capital quando a curva BP é menos inclinada que a LM é **eficaz** para elevar a renda e o produto da economia. Quando comparada ao modelo em que a BP é mais inclinada que a LM, percebe-se que a eficácia é ainda maior quando a BP é menos inclinada que a LM, já que, nesse modelo ora visto, a política monetária reforça a política fiscal, potencializando seu efeito sobre a renda e o produto da economia.

Figura 19.7. Política fiscal expansionista num regime de taxa de câmbio fixa com mobilidade imperfeita de capital quando a função BP é menos inclinada que a LM

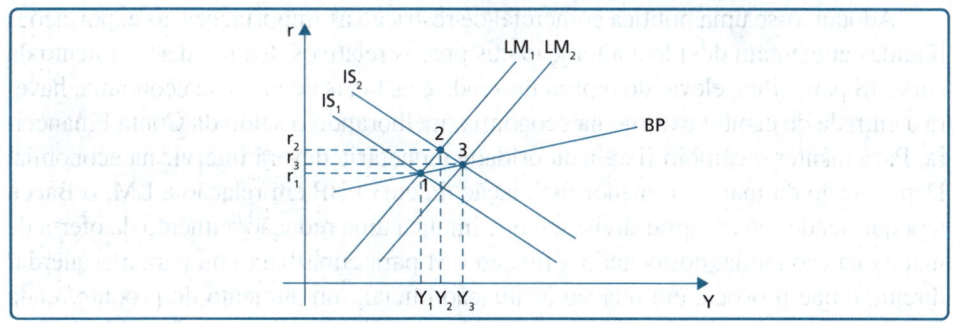

19.4.5. Política de desvalorização cambial num regime de taxa de câmbio fixa com imperfeita — forte mobilidade de capital

Uma política de desvalorização cambial (num modelo em que BP é menos inclinada que LM) desloca a função BP de BP_1 para BP_2. Com o aumento das exportações e a redução das importações e, por conseguinte, um aumento em Transações Correntes, haverá um deslocamento da curva IS para a direita, de IS_1 para IS_2 (ponto 2 da Figura 19.8), elevando a taxa de juros e o nível de renda e produto da economia. A elevação da taxa de juros provoca uma entrada de capital externo (divisas). O Banco

Central, no intuito de manter a taxa de câmbio fixa, terá que comprar esse excesso de divisas, praticando uma política monetária expansionista, deslocando a função LM para a direita, de LM_1 para LM_2 (ponto 3 da Figura 19.8). Com isso, o nível de produto e renda da economia se eleva. Portanto, uma desvalorização cambial no câmbio fixo e supondo um modelo com imperfeita mobilidade de capital, é **eficaz** para alterar o nível de renda/produto da economia. Carvalho e Silva complementam: "A taxa de juros diminuiu, mas poderia ter-se elevado ou permanecido no mesmo ponto, dependendo das inclinações relativas de BP, IS e LM. O importante, porém, é o impacto da desvalorização sobre o nível de renda, que aumentou"[3].

Figura 19.8. Política de desvalorização cambial num regime de taxa de câmbio fixa num modelo com imperfeita — forte mobilidade de capital

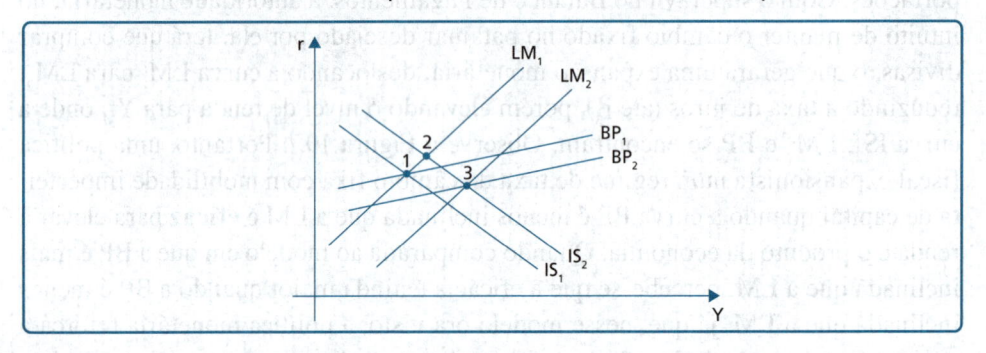

19.4.6. Política **comercial** de restrição às importações num regime de taxa de câmbio **fixa** com imperfeita mobilidade de capital

Adotando-se uma política comercial de restrição às importações, as exportações líquidas aumentam devido à alteração nos preços relativos. Com o deslocamento da curva IS para cima, elevando o produto/renda e as taxas de juros da economia, haverá a entrada de capital externo na economia, melhorando o saldo da Conta Financeira. Para manter o câmbio fixo, a autoridade monetária deverá intervir na economia. Dependendo da maior ou menor inclinação da curva BP em relação a LM, o Bacen terá que vender ou comprar divisas, o que implica uma redução/aumento da oferta de moeda na economia, deslocando a função LM para cima/baixo ou para a esquerda/direita, o que provoca, em relação à situação inicial, um aumento do produto/renda da economia. Portanto, a política comercial de restrição às importações num regime de taxa de câmbio fixa é **eficaz** para elevar o produto da economia.

19.4.7. Política **monetária** expansionista num regime de taxa de câmbio **flutuante** com mobilidade imperfeita de capital

Havendo uma política monetária expansionista, a função LM_1 se desloca para LM_2, reduzindo a taxa de juros e elevando o nível de renda e o produto da economia

---

[3] Maria Auxiliadora de Carvalho e César Roberto Leite da Silva, *Economia internacional*, p. 245.

(caminha do ponto 1 para o ponto 2 do gráfico da Figura 19.9). Com isso, o Balanço de Pagamentos em Transações Correntes tende a ficar deficitário. Como a taxa de câmbio é flutuante, o Banco Central não precisará intervir no mercado vendendo divisas. Com isso, o câmbio se desvalorizará, provocando um deslocamento da curva BP de BP_1 para BP_2 e da curva IS de IS_1 para IS_2, o que ampliará a elevação da renda provocada pela política monetária expansionista. Portanto, uma política monetária expansionista num regime de taxa de câmbio flutuante com mobilidade imperfeita de capital é eficaz para alterar o nível de renda e produto da economia independente da inclinação da curva BP em relação a LM.

Figura 19.9. Política monetária expansionista num regime de taxa de câmbio flutuante com mobilidade imperfeita de capital quando a função BP é mais inclinada que a LM (gráfico a) e quando a função BP é menos inclinada que a LM (gráfico b)

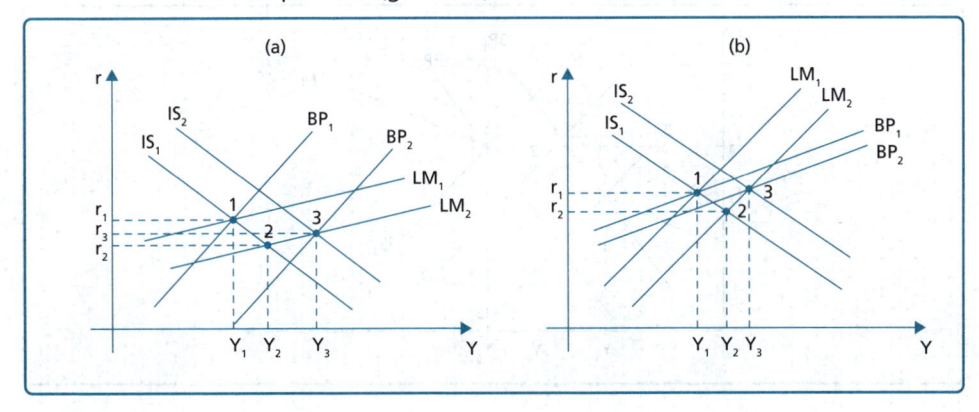

19.4.8. Política fiscal expansionista num regime de taxa de câmbio flutuante com mobilidade imperfeita de capital

A política fiscal expansionista num regime de taxa de câmbio flutuante com mobilidade imperfeita de capital deverá ser analisada quando a curva BP é mais inclinada que a LM e quando a curva BP é menos inclinada que a LM.

19.4.8.1. BP mais inclinada que a LM (imperfeita — fraca mobilidade de capital)

Havendo uma política fiscal expansionista por meio do aumento dos gastos do governo, redução da tributação ou aumento das transferências, a função IS_1 se desloca para IS_2, elevando a taxa juros de r_1 para r_2 e o nível de renda de Y_1 para Y_2. Considerando uma situação em que a curva **BP é mais inclinada que a LM**, o saldo no Balanço de Pagamentos será deficitário, porque a elevação na renda propiciará uma elevação do déficit em Transações Correntes em um grau maior que a melhora que ocorrerá na Conta Financeira provocada pela elevação na taxa de juros. Como o câmbio é flexível, a autoridade monetária não precisará intervir na economia vendendo divisas. Com a desvalorização cambial, a curva BP se desloca de BP_1 para BP_2 e a curva IS de IS_2 para IS_3, intensificando o aumento do nível de renda que caminha, agora, de Y_2 para Y_3. Observe a Figura 19.10. Portanto, uma política fiscal expansionista num regime de taxa de câmbio flutuante com mobilidade imperfeita de capital quando a função BP é mais inclinada que a LM é **eficaz** para elevar o produto e a renda da economia. Observe, na Figura 19.10, que tanto a renda/produto da economia como a taxa de juros se elevam quando a política fiscal é expansionista. O raciocínio se inverte quando se trata de uma política fiscal restritiva, ou seja, a consequência será uma redução da renda/produto e da taxa de juros.

Figura 19.10. Política fiscal expansionista num regime de taxa de câmbio flutuante com mobilidade imperfeita de capital quando a função BP é mais inclinada que a LM

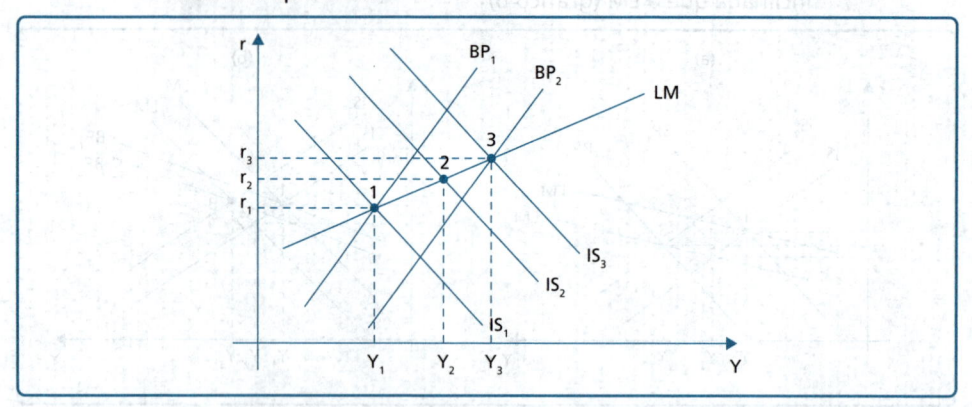

19.4.8.2. BP menos inclinada que a LM (imperfeita — forte mobilidade de capital)

Havendo uma política fiscal expansionista por meio do aumento dos gastos do governo, redução da tributação ou aumento das transferências, a função IS_1 se desloca para IS_2, elevando a taxa juros de r_1 para r_2 e o nível de renda de Y_1 para Y_2. Considerando uma situação em que a curva BP é menos inclinada que a LM, o saldo no Balanço de Pagamentos será superavitário, porque a elevação na renda propiciará uma elevação do déficit em Transações Correntes em um grau menor que a melhora que ocorrerá na Conta Financeira provocada pela elevação na taxa de juros. Como o câmbio é flexível, o Bacen não precisará intervir na economia comprando divisas. Logo, o superávit no Balanço de Pagamentos provocará uma valorização na taxa de câmbio, o que fará com que a função BP se desloque de BP_1 para BP_2 e a função IS de IS_2 para IS_3, reduzindo o aumento da renda gerada anteriormente. Assim, Y, agora, caminha de Y_2 para Y_3. Observe a Figura 19.11. Portanto, uma política fiscal expansionista num regime de câmbio flexível num modelo com mobilidade imperfeita de capital quando a curva BP é menos inclinada que a curva LM é **eficaz** para alterar o nível de renda e produto da economia, muito embora sua eficácia seja inferior à do modelo em que a curva BP é mais inclinada que a LM, visto no *item 19.4.8.1*. Observe na Figura 19.11 que tanto a renda/produto da economia como a taxa de juros se elevam quando a política fiscal é expansionista, embora nem tanto. O raciocínio se inverte quando se trata de uma política fiscal restritiva, ou seja, a consequência será uma redução da renda/produto e da taxa de juros, porém menor que na situação em que a BP é mais inclinada que a LM.

Figura 19.11. Política fiscal expansionista num regime de taxa de câmbio fixa com mobilidade imperfeita de capital quando a função BP é menos inclinada que a LM

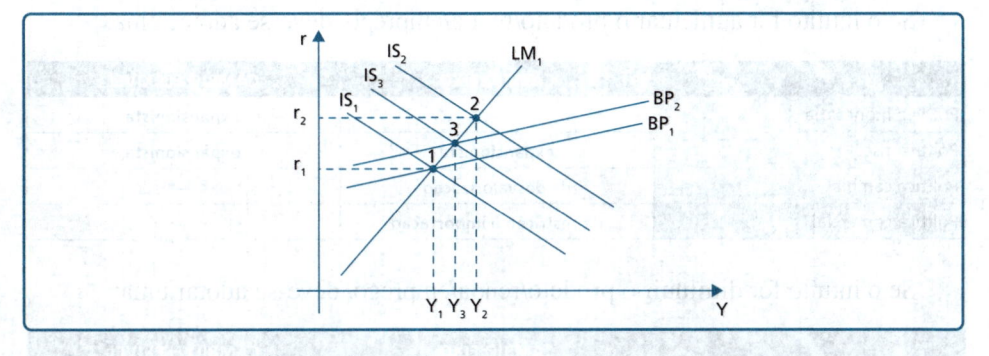

■ **19.4.9. Política cambial num regime de taxa de câmbio flutuante num modelo com mobilidade imperfeita de capital**

Quando o câmbio é flutuante, não se fala em política cambial, já que o mercado é quem determinará a taxa de câmbio.

■ **19.4.10. Política comercial de restrição às importações num regime de taxa de câmbio flexível com imperfeita mobilidade de capital**

Adotando-se uma política comercial de restrição às importações, as exportações líquidas aumentam devido à alteração nos preços relativos. Com o deslocamento da curva IS para cima, elevando o produto/renda e as taxas de juros da economia, haverá entrada de capital externo na economia, melhorando o saldo da Conta Financeira. Como o câmbio é flexível, a autoridade monetária não deverá intervir na economia, o que provocará uma valorização cambial (supondo BP menos inclinada que LM), acompanhada de queda das exportações e aumento das importações, reduzindo o produto da economia até o patamar inicial, mantendo-a inalterada, bem como a taxa de juros. Portanto, a política comercial de restrição às importações num regime de taxa de câmbio flexível com imperfeita mobilidade de capital é **ineficaz** para alterar a renda/produto da economia.

19.4.11. Quadros-resumo da eficácia de políticas num modelo com mobilidade imperfeita de capital

Num modelo **com mobilidade imperfeita de capital**, numa grande economia:

Eficácia de uma política monetária, fiscal e cambial sobre o **produto/renda/emprego** da economia:

	CÂMBIO FIXO	CÂMBIO FLEXÍVEL
Política monetária	Ineficaz	Eficaz
Política fiscal	Eficaz	Eficaz
Política cambial	Eficaz	–
Política comercial	Eficaz	Ineficaz

Se o intuito for aumentar o produto/renda/emprego, deve-se adotar uma:

	CÂMBIO FIXO	CÂMBIO FLEXÍVEL
Política monetária	–	expansionista
Política fiscal	expansionista	expansionista
Política cambial	de desvalorização	–
Política comercial	de restrição à importação	–

Se o intuito for diminuir o produto/renda/emprego, deve-se adotar uma:

	CÂMBIO FIXO	CÂMBIO FLEXÍVEL
Política monetária	–	restritiva
Política fiscal	restritiva	restritiva
Política cambial	de valorização	–
Política comercial	de estímulo à importação	–

19.5. QUADRO-RESUMO DA EFICÁCIA DE POLÍTICAS NOS MODELOS COM PERFEITA MOBILIDADE DE CAPITAL, SEM MOBILIDADE DE CAPITAL E COM MOBILIDADE IMPERFEITA DE CAPITAL

Analisando o quadro a seguir, é possível perceber que a política monetária no câmbio fixo é incapaz de alterar o nível de renda e produto da economia, independente do modelo de mobilidade de capital estudado. Lopes e Vasconcellos justificam isso ao afirmarem: "(...) a ineficácia da política monetária em um sistema de taxa de câmbio fixa. Esta já era esperada, pois, como destacamos, nesse regime a política monetária fica prisioneira do desempenho do setor externo e o Banco Central perde o controle dos agregados monetários, que passam a depender basicamente do comportamento das reservas internacionais"[4].

Quanto à política fiscal no câmbio fixo, percebe-se que perde eficácia, no sentido de alterar o produto/renda, na medida em que a mobilidade de capital se reduz.

---

[4] Luiz Martins Lopes e Marco Antonio Sandoval de Vasconcellos, p. 218.

Analisando, agora, o câmbio flutuante, a política monetária perde eficácia sobre o produto/renda na medida em que a mobilidade do capital se reduz, muito embora seja capaz de alterá-la em todos os modelos. Já a política fiscal age de maneira oposta, ou seja, sua eficácia em alterar o produto da economia aumenta na medida em que a mobilidade de capital no câmbio flexível diminui.

Froyen faz uma observação importante quando se trata de um mercado com perfeita mobilidade de capital: "a política monetária é completamente ineficaz se a taxa de câmbio for fixa, e a política fiscal é completamente ineficaz se a taxa de câmbio for flexível"[5].

É importante também observar que existem três **situações impossíveis** de andarem juntas, ou seja:

- perfeita mobilidade de capital;
- taxa de câmbio fixa; e
- liberdade de atuação da política monetária.

Portanto, para haver mais autonomia monetária, a taxa de câmbio deve deixar de ser fixa ou deve haver alguma imperfeição na mobilidade de capital.

MODELO IS-LM-BP		CÂMBIO FIXO	CÂMBIO FLEXÍVEL
Modelo com perfeita mobilidade de capital	Política monetária expansionista	$Y_{Constante}$ $r_{Constante}$	$Y\uparrow$ $r_{Constante}$
	Política fiscal expansionista	$Y\uparrow$ $r_{Constante}$	$Y_{Constante}$ $r_{Constante}$
	Desvalorização cambial	$Y\uparrow$ $r_{Constante}$	–
	Política comercial de restrição às importações	$Y\uparrow$ $r_{Constante}$	$Y_{Constante}$ $r_{Constante}$
Modelo sem mobilidade de capital	Política monetária expansionista	$Y_{Constante}$ $r_{Constante}$	$Y\uparrow$
	Política fiscal expansionista	$Y_{Constante}$ $r\uparrow$	$Y\uparrow$ $r\uparrow$
	Desvalorização cambial	$Y\uparrow$	–
	Política comercial de restrição às importações	$Y_{Constante}$ $r\uparrow$	$Y\uparrow$ $r\uparrow$
Modelo com mobilidade imperfeita de capital	Política monetária expansionista	$Y_{Constante}$ $r_{Constante}$	$Y\uparrow$
	Política fiscal expansionista	$Y\uparrow$ $r\uparrow$	$Y\uparrow$ $r\uparrow$
	Desvalorização cambial	$Y\uparrow$	–
	Política comercial de restrição às importações	$Y\uparrow$	$Y_{Constante}$ $r_{Constante}$

---

[5] Richard T. Froyen, *Macroeconomia*, p. 603.

19.6. QUESTÕES

1. (BNDES — CESGRANRIO — 2009) O gráfico abaixo representa o modelo IS/LM para uma economia aberta, com mobilidade imperfeita do capital financeiro internacional e regime cambial flutuante. Suponha que uma crise internacional desloque, inicialmente, a IS e a BP para as linhas tracejadas no gráfico.

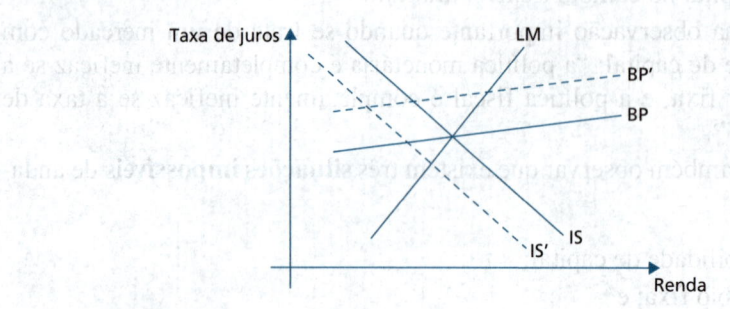

Em consequência, no curto prazo, ocorreria
a) aumento da demanda por bens e serviços e valorização cambial.
b) aumento da inflação e da demanda por bens e serviços.
c) queda na demanda por bens e serviços e desvalorização cambial.
d) redução da taxa de desemprego e valorização cambial.
e) redução do *déficit* público e maior tendência inflacionária.

2. (BNDES — CESGRANRIO — 2009) Numa situação de mobilidade imperfeita do capital financeiro internacional, a combinação das políticas monetária restritiva e fiscal expansiva, em certo país com regime de câmbio fixo, ocasionaria, necessariamente, um(a)
a) aumento da taxa de desemprego.
b) redução da taxa de inflação.
c) queda no produto da economia.
d) perda de reservas em divisas internacionais.
e) subida da taxa de juros.

3. (Economista — Universidade Federal do Amapá — IPEM — 2004) Supondo-se a ocorrência hipotética de um equilíbrio interno e externo (ponto "E" no gráfico) e considerando-se que a economia deste país opere sob mobilidade imperfeita de capitais e regime de câmbio flexível, uma política fiscal restritiva irá provocar (antes de se atingir uma nova situação de equilíbrio):

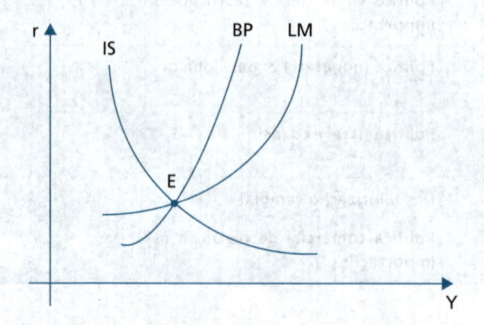

a) 1. deslocamento para a direita da curva IS; 2. deslocamento para a esquerda da curva LM; 3. imobilidade da curva BP e 4. aumento do nível de renda real.

b) 1. deslocamento para a esquerda da curva IS; 2. deslocamento para a esquerda da curva LM; 3. deslocamento para a direita da curva BP e 4. redução do nível de renda real.
c) 1. imobilidade da curva IS; 2. deslocamento para a esquerda da curva LM; 3. imobilidade da curva BP e 4. redução do nível de renda real.
d) 1. deslocamento para a direita da curva IS; 2. imobilidade da curva LM; 3. imobilidade da curva BP e 4. aumento do nível de renda real.
e) 1. deslocamento para a esquerda da curva IS; 2. imobilidade da curva LM; 3. deslocamento para a esquerda da curva BP e 4. redução do nível de renda real.

4. (BNDES — CESGRANRIO — 2011) A figura abaixo mostra a aplicação do modelo IS/LM/BP para uma economia com taxa de câmbio fixa em uma situação de mobilidade internacional imperfeita do capital financeiro.

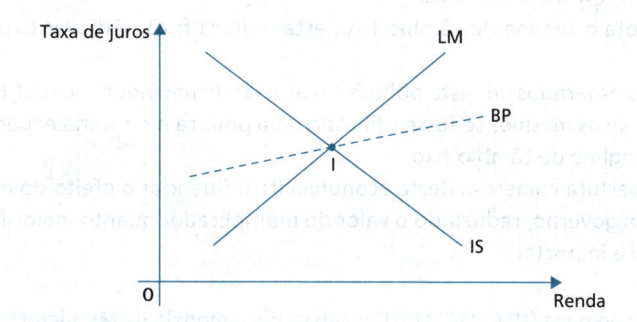

A posição inicial da economia é o ponto I com o balanço de pagamentos em equilíbrio. Nessas condições, a curto prazo uma política fiscal expansiva
a) diminuiria a taxa de juros.
b) diminuiria o nível de renda.
c) desvalorizaria a moeda doméstica no mercado cambial.
d) seria certamente inflacionária.
e) levaria a um superávit no balanço de pagamentos.

5. (Técnico de Nível Superior — ARSETE — Economista — FCC — 2016) Em um modelo IS-LM-BP com alta, mas não perfeita, mobilidade de capital e com regime de câmbio fixo, uma desvalorização cambial provoca
a) uma redução da renda.
b) aumento da base monetária, como consequência do aumento de reservas.
c) movimento da IS para a esquerda.
d) a permanência da curva LM no estado original.
e) movimento da curva BP para a esquerda.

6. (FGV — Técnico Superior Especializado (DPE RJ)/Economia/2019) Em relação ao modelo IS-LM-BP, analise as afirmativas a seguir como verdadeiras (V) ou falsas (F).
( ) Sem mobilidade de capital e em um regime de câmbio fixo, a política monetária não afeta a renda e a taxa de juros.
( ) No caso de livre mobilidade de capital em uma economia pequena com regime de câmbio flexível, a política fiscal expansionista eleva a renda e a taxa de juros.
( ) Em uma economia grande com mobilidade imperfeita de capital, o regime de câmbio fixo torna a política cambial ineficaz.

A sequência correta é:
a) V – V – V;
b) V – F – V;
c) V – F – F;
d) F – F – V;
e) F – F – F.

7. (IBFC — Economista (Pref Cruzeiro do Sul)/2019) Suponha que a economia de um país esteja em recessão e que o governo decida aumentar seus gastos. Com relação aos possíveis resultados desta política, assinale a alternativa correta.
a) Quanto maior for a propensão marginal a consumir, menor será o impacto da política fiscal sobre o crescimento do país
b) Se o país adota o regime de câmbio fixo, esta política fiscal reduz as exportações no curto prazo
c) Os resultados esperados por esta política fiscal, usando um modelo IS-LM-BP de economia aberta, são os mesmos se fosse utilizado uma política monetária expansionista, no caso de um regime de câmbio fixo
d) O grau de abertura comercial desta economia irá influenciar o efeito do multiplicador dos gastos do governo, reduzindo o valor do multiplicador quanto maior for a proporção marginal a importar

8. (NEC UFMA — Economista (UFMA)/2019) Considerando o modelo de Mundell-Fleming com os seguintes pressupostos: i- economia aberta de pequeno porte; e imperfeita mobilidade do capital, qual das AFIR-MATIVAS seguintes está INCORRETA?
a) Se taxas de câmbio são fixas, a política monetária se torna menos eficaz.
b) Se taxas de câmbio são flutuantes, uma política comercial protecionista deixa inalterado o valor das exportações líquidas, embora o volume de comércio diminua.
c) Se taxas de câmbio são fixas, uma expansão fiscal aumenta o produto.
d) Se taxas de câmbio são fixas, aumentar o produto e melhorar a balança comercial são incentivos para uma desvalorização da moeda doméstica.
e) Caso as taxas de câmbio sejam flutuantes, uma política fiscal contracionista diminui as exportações líquidas e deixa o produto inalterado, e uma política monetária expansionista diminui as exportações líquidas e o produto.

■ **GABARITO** ■

1. "c". O deslocamento da IS para a esquerda equivale a uma política fiscal restritiva, com redução dos gastos do governo, redução das transferências do governo ou aumento da tributação, ou seja, uma queda na demanda por bens e serviços.
O deslocamento da BP para cima ou para a esquerda significa que houve um superávit no Balanço de Pagamentos, o que provocou uma desvalorização cambial.

2. "e". Uma política monetária restritiva desloca a função LM para a esquerda ou para cima (LM$_1$ para LM$_2$). Uma política fiscal expansionista desloca a função IS para cima ou para a direita (IS$_1$ para IS$_2$). Independente de a curva BP ser mais ou menos inclinada que a LM, a taxa de juros sempre estará em um patamar mais elevado. Observe os gráficos a seguir, onde, primeiro, tem-se uma curva BP menos elástica que LM (gráfico a), e depois, uma função BP mais elástica que LM (gráfico b).

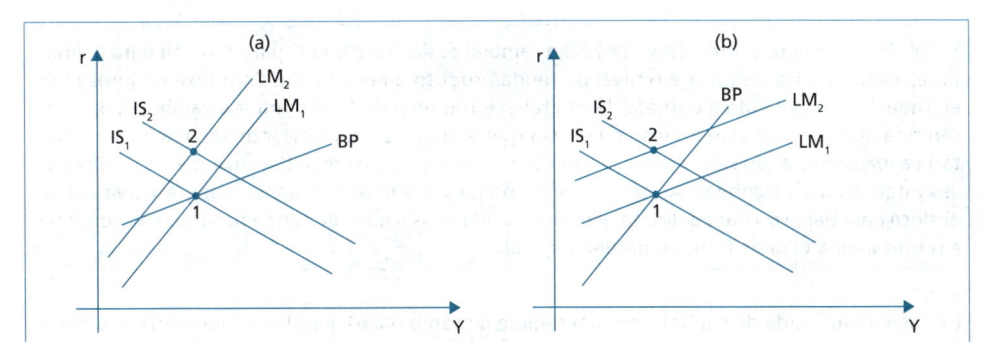

As taxas de juros se elevam nos dois casos. Com relação ao produto/renda/emprego da economia, dependerá da intensidade com que as curvas IS e a LM se deslocarão. Como a taxa de juros se eleva, haverá entrada de capital na economia e aumento de reservas.

3. "e". havendo uma política fiscal restritiva por meio da redução dos gastos do governo, aumento da tributação ou redução das transferências, a função IS_1 se desloca para IS_2, reduzindo a taxa juros de r_1 para r_2 e o nível de renda de Y_1 para Y_2. Considerando uma situação em que a curva **BP é mais inclinada que a LM**, o saldo no Balanço de Pagamentos será superavitário, porque a redução na renda propiciará uma melhora do saldo em Transações Correntes em um grau maior que a piora que ocorrerá na Conta Financeira provocada pela queda na taxa de juros. Como o câmbio é flexível, a autoridade monetária não precisará intervir na economia vendendo divisas. Com a valorização cambial, a curva BP se desloca de BP_1 para BP_2 e a curva IS de IS_2 para IS_3, intensificando a redução do nível de renda que caminha, agora, de Y_2 para Y_3.

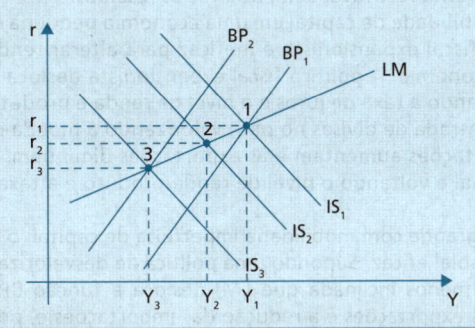

4. "e". Com o deslocamento da IS para cima ou para a direita (de IS_1 para IS_2), a taxa de juros e a renda se elevam (ponto 2 do gráfico). Como a BP é mais sensível à taxa de juros que ao nível de renda, haverá uma entrada de divisas no país, provocando um superávit no BP. O Bacen, para garantir a fixação da taxa de câmbio, deverá comprar o excesso de divisas, o que provocará uma expansão monetária e o deslocamento da LM para baixo ou para a esquerda (de LM_1 para LM_2) até o encontro desta com as curvas IS e BP (ponto 3 do gráfico), provocando um aumento ainda maior no nível de renda.

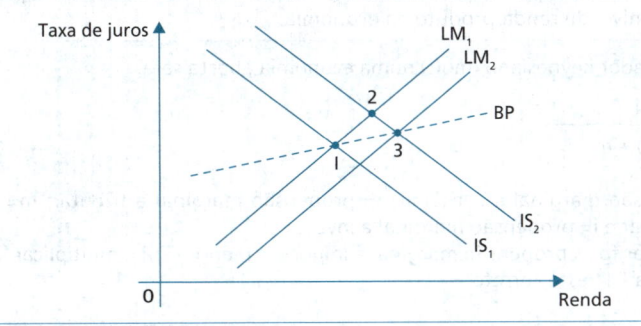

5. "b". No câmbio fixo, uma desvalorização cambial desloca a curva IS para cima ou para a direita, elevando a taxa de juros e o nível de renda/produto da economia. Com taxa de juros mais elevada, há um estímulo à entrada de capital externo no país. Para manter o câmbio fixo, o Bacen terá que comprar esse excesso de divisas que entra no país, praticando uma política monetária expansionista, ou seja, aumentando a Base monetária. Assim, o Bacen aumenta suas reservas internacionais também. Ao praticar essa política monetária expansionista, a curva LM se desloca para baixo ou para a direita, elevando ainda mais o nível de renda/produto da economia e retornando a taxa de juros ao patamar inicial.

6. "c".
(V) Sem mobilidade de capital e em um regime de câmbio fixo, a política monetária não afeta a renda e a taxa de juros. Havendo um aumento da oferta de moeda, LM se desloca para baixo e para a direita, reduzindo a taxa de juros. Com uma taxa de juros menor, há o aumento do nível de investimentos e do nível de renda da economia. Como as importações são função da renda, também se ampliam. Mas, quando as importações aumentam, há um aumento da demanda por moeda estrangeira, o que obrigará o Banco Central a vender divisas, já que o câmbio é fixo. Com isso, as reservas internacionais diminuem e ocorre uma contração monetária, já que, ao vender divisas, o Banco Central precisa retirar moeda nacional da economia. Dessa forma, a função LM retorna para a posição original, já que a contração monetária elevou a taxa de juros, reduzindo o nível de investimentos e renda da economia. Portanto, uma política monetária, seja expansionista, seja restritiva, no câmbio fixo sem mobilidade de capital, é totalmente ineficaz para alterar o nível de renda e produto da economia. O que se altera é apenas o volume de reservas internacionais junto ao Banco Central, já que, numa política monetária expansionista, reduzem se as reservas, e numa política monetária restritiva, aumentam se as reservas.
(F) No caso de livre mobilidade de capital em uma economia pequena com regime de câmbio flexível, a política fiscal expansionista é ineficaz para alterar renda/produto/emprego e taxa de juros da economia. A política fiscal expansionista desloca a curva IS para cima e para a direita, elevando a taxa de juros e o nível de renda e produto. Com a taxa de juros mais elevada, há entrada de divisas no país, valorizando a moeda nacional. Com essa valorização, as importações aumentam e as exportações diminuem, deslocando a curva IS para posição original e voltando o nível de renda/produto e a taxa de juros para o patamar inicial.
(F) Em uma economia grande com mobilidade imperfeita de capital, o regime de câmbio fixo torna a política cambial eficaz. Supondo uma política de desvalorização cambial (num modelo em que BP é menos inclinada que LM) desloca a função BP para baixo e direita. Com o aumento das exportações e a redução das importações e, por conseguinte, um aumento em Transações Correntes, haverá um deslocamento da curva IS para a direita e para cima, elevando a taxa de juros e o nível de renda e produto da economia. A elevação da taxa de juros provoca uma entrada de capital externo (divisas). O Banco Central, no intuito de manter a taxa de câmbio fixa, terá que comprar esse excesso de divisas, praticando uma política monetária expansionista, deslocando a função LM para a direita e para baixo. Com isso, o nível de produto e renda da economia se elevam. Portanto, uma desvalorização cambial no câmbio fixo e supondo um modelo com imperfeita mobilidade de capital, é eficaz para alterar o nível de renda/produto da economia.

7. "d". O multiplicador keynesiano (mult) numa economia aberta será:

$$Mult = \frac{1}{1-c(1-t) + m - i}$$

Onde: c = propensão marginal a consumir; t= propensão marginal a tributar; m= propensão marginal a importar e i= propensão marginal a investir.
Logo, quanto maior for a propensão marginal a importar, menor será o multiplicar keynesiano.
Logo, a alternativa "d" está correta.

Quanto maior for a propensão marginal a consumir, maior será o efeito multiplicador e, portanto, uma política fiscal expansionista que aumente os gastos do governo, aquecerão ao máximo a demanda agregada, minimizando a recessão. A alternativa "a" está incorreta.

Se o câmbio for fixo, uma política fiscal expansionista será eficaz para aumentar a renda/produto/emprego. Como provoca elevação da taxa de juros, haverá entrada de divisas, que deverá ser integralmente comprada pelo Bacen para manter a taxa de câmbio no patamar que ele fixou. A alternativa "b" está incorreta.

Considerando um modelo com poerfeita mobilidade de capital numa economia pequena, a política fiscal no câmbio fixo é totalmente eficaz para alterar a renda/produto/emprego na economia. Já, a política fiscal, no câmbio flutuante ou flexível, é totalmente ineficaz para alterar a renda/ produto/ emprego na economia. A alternativa "c" está incorreta.

8. "e". Caso a taxa de câmbio seja flutuante, uma política fiscal contracionista não será eficaz para reduzir a renda/produto/emprego na economia. Quando a curva IS se desloca para a esquerda e para baixo, a taxa de juros se reduz, provocando uma fuga de divisas da economia, desvalorizando o câmbio e estimulando as exportações líquidas. Com isso a curva IS retorna para a posição original. Já uma política monetária expansionista no câmbio flutuante é totalmente eficaz para elevar a renda/produto/emprego da economia. Quando a curva LM se desloca para a direita e para baixo, a taxa de juros se reduz, provocando fuga de divisas. Com isso o câmbio se desvaloriza, estimulando as exportações líquidas. O aumento das exportações líquidas, desloca a IS para cima e para a direita, equilibrando a curva ISLMBP na taxa de juros original, mas, com uma renda/produto/emprego maior. A alternativa "e" está incorreta.

Se a taxa de câmbio é fixa, uma política monetária será totalmente ineficaz para alterar a renda/produto/emprego na economia. A alternativa "a" está correta.

Se a taxa de câmbio é flutuante, Uma política comercial que limita a demanda por produtos importados mantém as exportações líquidas (NX) inalteradas, embora o volume de comércio diminua. A alternativa "b" está correta.

Se a taxa de câmbio é fixa, uma política fiscal expansionista é totalmente eficaz para elevar a renda/produto/emprego. A alternativa "c" está correta.

Se a taxa de câmbio é fixa, uma desvalorização cambial , aumenta o produto e melhora a balança comercial. A alternativa "d" está correta.

20

DEMANDA AGREGADA/OFERTA AGREGADA

■ 20.1. DEMANDA AGREGADA

No **mercado de bens** e serviços, a **demanda agregada** consiste em quanto os agentes econômicos estão dispostos a adquirir de produto (bens e serviços) a determinado nível geral de preços.

No capítulo 15, *item 15.7*, foi visto como, por meio da curva IS-LM, deduzia-se a curva de demanda agregada. A partir daí, verificou-se que a declividade da curva de demanda estava relacionada à declividade das curvas IS e LM, de tal maneira que quanto mais inclinada fosse a IS, mais inclinada seria a demanda agregada, ou seja, a curva de demanda agregada e a IS mantêm uma relação **crescente** ou **positiva** entre si. Foi verificado também que, quanto mais inclinada fosse a curva LM, menos inclinada seria a demanda agregada, ou seja, a curva de demanda agregada e a LM mantêm uma relação **decrescente** ou **negativa** entre si. Verifique essa relação no quadro a seguir:

	INCLINAÇÃO DA IS	INCLINAÇÃO DA LM
INCLINAÇÃO DA DEMANDA AGREGADA	+	–

Recordando que o que determina a maior ou menor inclinação da IS é:

- Propensão marginal a Consumir ou multiplicador Keynesiano[1];
- Sensibilidade do investimento em relação à taxa de juros.

---

[1] Quando na fórmula do multiplicador Keynesiano estiverem incluídas as demais propensões marginais, pode-se afirmar que a declividade da curva de demanda poderá depender também da Propensão marginal a Tributar (t), Propensão marginal a Transferir (r), Propensão marginal a Investir (i), Propensão marginal a Importar (m). Assim, se a fórmula do multiplicador Keynesiano for:

$$\text{Mult} = \frac{1}{1 - c(1 - t + r) - i + m}$$

, o multiplicador dependerá de todas essas propensões marginais, e não apenas da Propensão marginal a Consumir. De tal forma que, quando "c", "r", "i" aumentarem, a função demanda agregada será menos inclinada (ou mais horizontal) e quando "t", "m" aumentarem, a função demanda agregada será mais inclinada (ou mais vertical). Por dedução, quando a Propensão marginal a Poupar aumentar (o que implica a Propensão marginal a Consumir diminuir), o multiplicador Keynesiano se reduz, fazendo com que a função demanda agregada fique mais inclinada.

E o que determina a maior ou menor inclinação da LM é:

- elasticidade da demanda de moeda em relação à renda;
- elasticidade da demanda de moeda em relação à taxa de juros.

Logo, quanto maior a **Propensão marginal a Consumir** ou o **multiplicador Keynesiano**, mais horizontal (ou menos inclinada) será a curva IS e mais horizontal (ou menos inclinada) será a demanda agregada.

Da mesma forma, quanto maior a **sensibilidade do investimento à taxa de juros**, mais horizontal (ou menos inclinada) será a curva IS e mais horizontal (ou menos inclinada) será a demanda agregada.

Quanto mais **elástica for a demanda de moeda à renda**, menos horizontal (ou mais inclinada) será a curva LM e mais horizontal (ou menos inclinada) será a demanda agregada.

Quanto **mais elástica for a demanda de moeda à taxa de juros**, mais horizontal (ou menos inclinada) será a curva LM e menos horizontal (ou mais inclinada) será a demanda agregada.

Conforme reforçam Lopes e Vasconcellos: "Quanto maior a sensibilidade da demanda de moeda em relação à taxa de juros, e quanto menor a sensibilidade do investimento em relação à taxa de juros, maior será a inclinação da demanda agregada (mais vertical), isto é, menor será a resposta da quantidade demandada em relação a uma variação no nível de preços"[2].

Assim, pode-se construir uma curva de demanda agregada conforme a **Figura 20.1**. Ela mostrará quanto os agentes econômicos estão dispostos a adquirir de bens e serviços (Y) mediante um determinado nível de preços (P). Quanto maior o nível de preços do produto, menor será a quantidade demandada do produto (Y), e quanto menor o nível de preços do bem (P), maior a quantidade demandada do produto (Y).

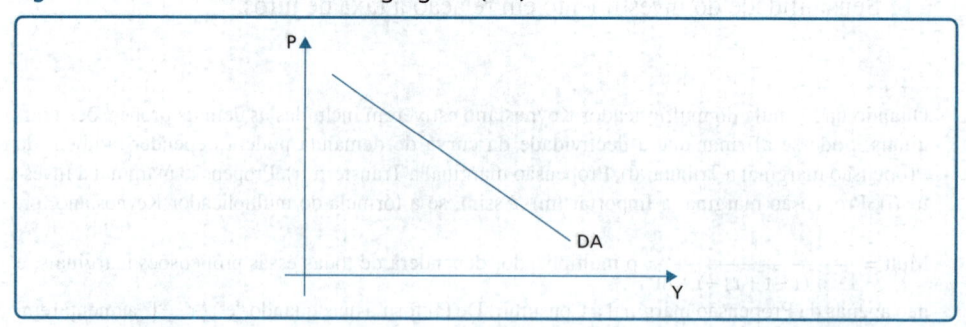

Figura 20.1. Curva de demanda agregada (DA)

---

[2] Luiz Martins Lopes e Marco Antonio Sandoval de Vasconcellos, *Manual de macroeconomia*, 1998, p. 167.

Observe na **Figura 20.2** que, na medida em que o nível geral de preços (P) se altera, a quantidade demandada de produto (Y) também se altera, provocando um deslocamento **"na"** própria curva de demanda agregada. Portanto, o único fator que provoca o deslocamento **"na"** curva de demanda agregada é o nível geral de preços.

Figura 20.2. A curva de demanda agregada e a consequência de uma alteração no nível geral de preços

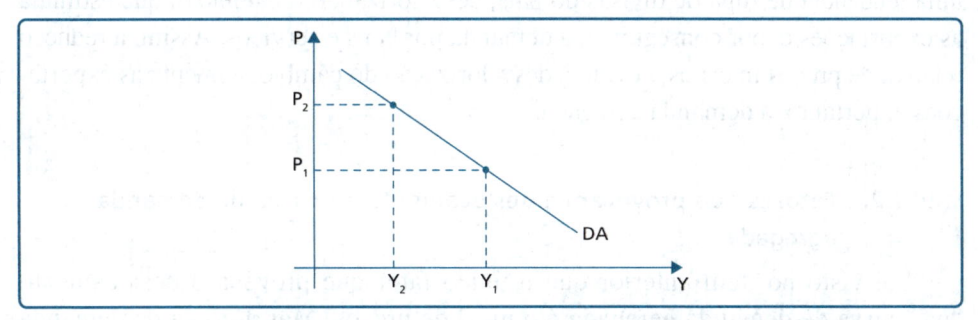

Perceba que a curva de demanda agregada que associa produto (Y) com o nível de preços (P) foi derivada do **modelo IS-LM**, ou seja, quando se supôs uma elevação de preços, a curva LM se deslocou para cima ou para a esquerda, provocando uma elevação da taxa de juros e uma queda da renda/produto (Y). Assim, tem-se:

- na curva IS-LM: elevação de preços → maior taxa de juros → menor produto;
- na curva de demanda agregada (DA): elevação de preços → menor produto.

Disso se deduz que **"na"** curva de demanda agregada, menores níveis de renda/produto (Y) estão associados a maiores preços (P) e maiores taxas de juros (i).

Depois de entendidos a inclinação da curva de demanda agregada e o fator que provoca o deslocamento **"na"** curva de demanda agregada (DA), faz-se necessário entender os fatores que levam ao deslocamento **"da"** curva de demanda agregada (DA) para a direita ou para a esquerda, o que poderá ser visto no *item 20.1.1* a seguir.

20.1.1. Fatores que justificam a inclinação negativa da curva de demanda agregada

A curva de demanda agregada é negativamente inclinada ou decrescente devido a três fatores: **efeito riqueza de Pigou, efeito da taxa de juros de Keynes e efeito taxa de câmbio de Mundell-Fleming**. Assim, o **efeito riqueza** afirma que, quando o nível geral de preços está menor, o valor real dos ativos monetários aumenta, dando a sensação de maior riqueza para os agentes econômicos, que passam a adquirir mais bens e serviços. Portanto, o efeito riqueza atua sobre o consumo, que mostra que, com preços mais baixos, o consumo aumenta. O **efeito juros** diz que, devido ao efeito riqueza, os agentes econômicos passam, além de consumir mais, também a poupar mais, e com isso a oferta de fundos emprestáveis aumenta, reduzindo a taxa de juros e estimulando o investimento e, por conseguinte, uma maior demanda de bens para investimento. Assim, o efeito juros atua preponderantemente sobre os investimentos, de maneira que, quanto maior a primeira, menor o segundo, e vice-versa. O **efeito câmbio** diz que, devido à queda na taxa de juros em consequência do efeito juros, há uma tendência de fuga de divisas do país, desvalorizando o câmbio, o que estimula as exportações e, por conseguinte, a demanda por bens e serviços. Assim, a redução relativa de preços internos, devido à desvalorização do câmbio, aumenta as exportações e, portanto, a demanda agregada.

■ 20.1.2. Fatores que provocam o deslocamento da curva de demanda agregada

Foi visto no item anterior que o único fator que provoca o deslocamento "na" curva de demanda agregada é o nível de preços. Mas a curva de demanda agregada pode se deslocar para cima (ou para a direita) e para baixo (ou para a esquerda). Os fatores que provocam o deslocamento **"da"** curva de demanda agregada são:

- ■ Alteração dos **gastos autônomos**: consumo autônomo (Ca), investimento autônomo (Ia), gastos do governo autônomos (Ga), exportação autônoma (Xa), importação autônoma (Ma), tributação autônoma (Ta), transferências do governo autônomas (Ra).

As alterações no consumo autônomo podem ser determinadas por mudanças nas expectativas futuras. Assim, se os consumidores apresentam expectativas favoráveis com relação ao futuro, o consumo agregado pode aumentar. Também, se as expectativas são desfavoráveis, o consumo agregado pode reduzir.

As alterações no consumo autônomo podem ser determinadas pelas expectativas dos empresários, no comportamento das taxas de juros de mercado, nas garantias institucionais da economia. Assim, quanto maiores forem os ânimos dos empresários, menores as taxas de juros e maiores as garantias institucionais do mercado, maior o nível de investimento agregado. Ao contrário também, quanto mais pessimista estiver o empresário com relação à economia, quanto maiores as taxas de juros e menores forem as garantias institucionais oferecidas pelo mercado, menor deverá ser o nível de investimento.

Assim, caso haja aumento de **Ca, Ia, Ga, Xa ou Ra**, a curva de demanda agregada (DA) se desloca para cima ou para a direita. Também, caso haja redução de **Ma ou Ta**, a curva de demanda agregada (DA) se desloca para cima ou para a direita. Observe a Figura 20.3.

Figura 20.3. Deslocamento da curva de demanda agregada (DA) para cima ou para a direita em decorrência de um aumento de Ca, Ia, Ga, Xa ou Ra ou em decorrência de uma diminuição de Ma ou Ta

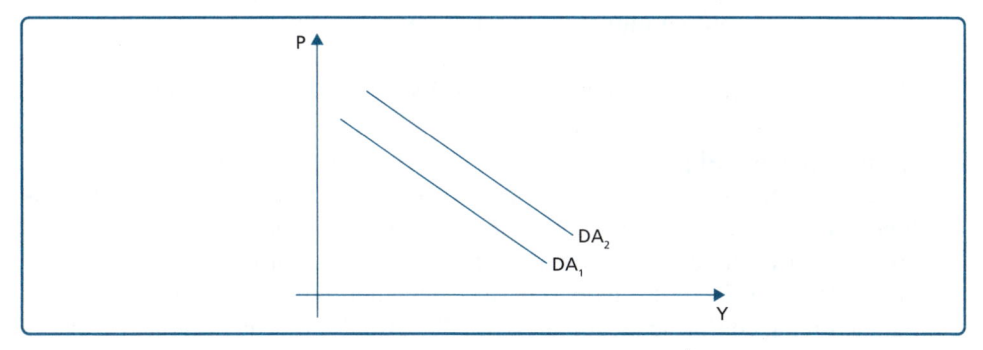

[Gráfico: eixos P (vertical) e Y (horizontal), com duas curvas descendentes paralelas, DA_1 à esquerda e DA_2 à direita]

Caso haja uma redução de **Ca, Ia, Ga, Xa ou Ra**, a curva de demanda agregada (DA) se desloca para baixo ou para a esquerda. Também, caso haja uma elevação de **Ma ou Ta**, a curva de demanda agregada (DA) se desloca para baixo ou para a esquerda. Observe a Figura 20.4.

Figura 20.4. Deslocamento da curva de demanda agregada (DA) para baixo ou para a esquerda em decorrência de uma diminuição de Ca, Ia, Ga, Xa ou Ra ou em decorrência de um aumento de Ma ou Ta

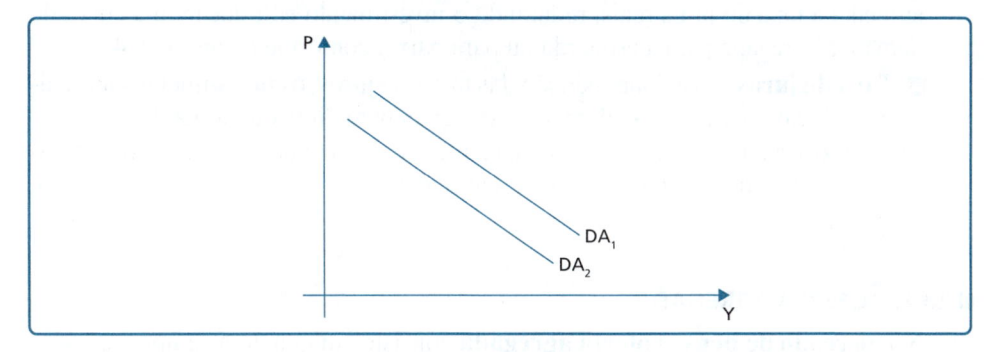

[Gráfico: eixos P (vertical) e Y (horizontal), com duas curvas descendentes paralelas, DA_1 à direita e DA_2 à esquerda]

- **Política fiscal** expansionista ou restritiva por meio dos gastos do governo (Ga), tributação (Ta) e transferências (Ra). Assim, se o governo adotar uma **política fiscal expansionista**, pela ampliação dos seus gastos (Ga) e transferências (Ra) ou pela redução da tributação (Ta), a demanda agregada (DA) aumenta, deslocando a curva de demanda agregada (DA) para cima ou para a direita, conforme mostra a Figura 20.3. Se o governo adotar uma **política fiscal restritiva**, pela redução dos seus gastos (Ga) e transferências (Ra) ou pela ampliação da tributação (Ta), a demanda agregada (DA) se retrai, deslocando a curva de demanda agregada (DA) para baixo ou para a esquerda conforme, mostra a Figura 20.4.
- **Política monetária** pelo aumento ou redução da oferta de moeda (M) ou pela redução ou elevação do nível de preços (P). Assim, se o governo adotar uma **política monetária expansionista**, pela elevação nominal da oferta de moeda

(M), que provoca elevação real da oferta de moeda ou se houver uma redução de preços (P) que eleve a oferta real de moeda (M/P), a curva de demanda agregada (DA) se desloca para a direita ou para cima, conforme a Figura 20.3. Se o governo adotar uma **política monetária restritiva**, pela redução da oferta de moeda (M), ou se houver uma elevação de preços que reduza a oferta real de moeda (M/P), a curva de demanda agregada (DA) se desloca para a esquerda ou para baixo, conforme a Figura 20.4.

■ **Política cambial** pela desvalorização/valorização real da moeda nacional ou da taxa de câmbio[3]. Assim, se a moeda nacional ou a taxa de câmbio se **desvalorizam**, os produtos exportados ganham competitividade no exterior e os produtos importados ficam relativamente mais caros, o que provoca um aumento da demanda agregada, deslocando a curva de demanda agregada (DA) para cima ou para a direita, conforme mostra a Figura 20.3. Caso a moeda nacional ou a taxa de câmbio se **valorizem**, os produtos exportados perdem competitividade no exterior e os produtos importados ficam relativamente mais baratos, o que provoca uma redução da demanda agregada pelo produto produzido dentro das fronteiras nacionais, deslocando a curva de demanda agregada (DA) para baixo ou para a esquerda, conforme mostra a Figura 20.4.

■ **Inflação esperada** (π_e). Foi visto, no capítulo 15, *item 15.8*, o **efeito Fisher**, que mostra que o **aumento** da inflação esperada reduz a taxa de juros reais, expandindo o investimento e deslocando a curva de demanda agregada para a direita ou para cima, conforme mostra a Figura 20.3. Já uma **redução** da inflação esperada aumenta a taxa de juros reais, reduzindo o investimento e deslocando a curva de demanda agregada para a esquerda ou para baixo, conforme a Figura 20.4.

■ **Taxa de juros**. Caso haja redução das taxas de juros, os investimentos aumentam, deslocando a curva de demanda agregada para cima ou para a direita, conforme mostra a Figura 20.3. Caso haja aumento da taxa de juros, os investimentos se retraem, deslocando a demanda agregada para baixo ou para a esquerda, conforme mostra a Figura 20.4.

■ 20.2. OFERTA AGREGADA

No **mercado de bens**, a **oferta agregada** consiste em quanto as empresas estão dispostas a oferecer de produto (Y) a determinado nível geral de preços, de acordo com a tecnologia (A)[4], a mão de obra (N) e o estoque de capital (K)[5] disponíveis.

A curva de oferta de bens e serviços, denominada de oferta agregada, pode ser representada de acordo com as seguintes vertentes: a Keynesiana, que define a **oferta de curto prazo**; e a clássica, que define a **oferta de longo prazo**.

A **oferta Keynesiana** abrange dois modelos: o primeiro denominado oferta Keynesiana — **caso extremo**; e o segundo denominado oferta Keynesiana — **caso básico**.

---

[3] Pela cotação do incerto.
[4] A tecnologia é responsável pelo aumento da produtividade da mão de obra e do capital.
[5] O estoque de capital (K) compreende as máquinas, equipamentos, instalações, prédios, caminhões, galpões, tratores e demais insumos utilizados na produção com exceção da mão de obra.

a) **Oferta agregada Keynesiana — caso extremo:** considera os preços rígidos, o que faz com que a curva de oferta seja horizontal ou **totalmente elástica** aos preços. Portanto, qualquer mudança na demanda agregada altera apenas a quantidade produzida e, por conseguinte, o nível de emprego. Logo, a demanda agregada (DA) é quem determinará o Produto Real (Y) da economia, de tal maneira que qualquer aumento da demanda agregada poderá ser atendido pelo aumento da quantidade ofertada ou Produto Real. Observe a Figura 20.5.

Figura 20.5. Curva de oferta agregada Keynesiana — caso extremo e as consequências do aumento da demanda agregada

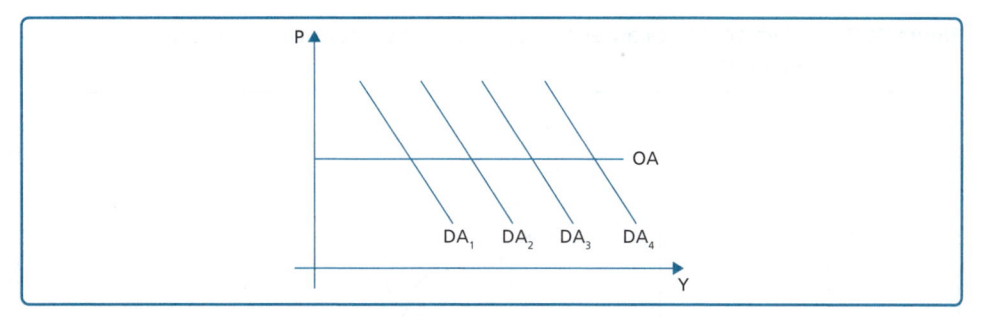

b) **Oferta agregada Keynesiana — caso básico:** considera que uma elevação dos preços fará com que o salário real da economia (W/p) se reduza, tornando mais interessante para as empresas contratar mais mão de obra, aumentando a quantidade ofertada da economia. Isso torna a curva de oferta **positivamente inclinada**. Nesse caso, as empresas não trabalham dentro do seu produto potencial, apresentando uma capacidade ociosa que permite à quantidade produzida crescer e atender a uma demanda também crescente. Portanto, o nível de preços (p) e Produto Real (Y) variam. Observe a Figura 20.6.

Figura 20.6. Curva de oferta agregada Keynesiana — caso básico e as consequências do aumento da demanda agregada

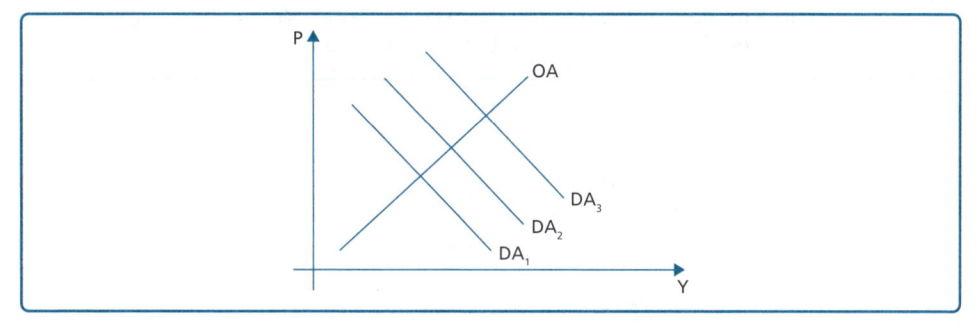

Percebe-se que alterações na demanda agregada levam a alterações tanto do nível de preços (p) quanto do produto (Y), sempre na **mesma direção**, ou seja, se a demanda agregada se desloca para a direita, preços e quantidades produzidas aumentam. Se a

demanda agregada se desloca para a esquerda, preços e quantidades produzidas diminuem. A intensidade com que os preços se modificarão depende da inclinação da curva de oferta agregada.

c) A **oferta agregada clássica** ou oferta de longo prazo considera a existência do pleno emprego, ou seja, é uma situação em que a economia trabalha no seu produto potencial (Yp). No nível de produção constante, somente o nível de preços poderá variar, fazendo com que a oferta se torne vertical ou **totalmente inelástica** aos preços. Os preços (P) são flexíveis, e o produto (Y) é de pleno emprego (Yp), ou seja, um aumento da demanda agregada (DA) fará com que apenas os preços se elevem, permanecendo constante o Produto Real (Yp). Observe a Figura 20.7.

Figura 20.7. Curva de oferta agregada clássica e as consequências do aumento da demanda agregada

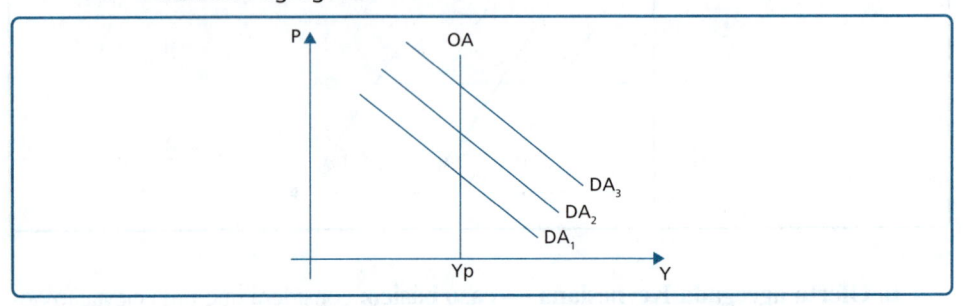

Segundo Pinho e Vasconcellos: "Abaixo do pleno emprego, seguia-se a tradição Keynesiana de que os preços eram rígidos, e que mudanças no sistema dadas exogenamente afetavam apenas as variáveis reais. Por outro lado, no pleno emprego, as variáveis reais permaneciam inalteradas e choques de demanda se traduziam apenas num movimento de preços"[6].

Unindo as três vertentes, pode-se construir um único gráfico, representado na Figura 20.8.

Figura 20.8. Curva de oferta agregada e as consequências de um deslocamento da curva de demanda ao longo das três vertentes: Keynesiana — caso extremo, Keynesiana — caso básico e clássico

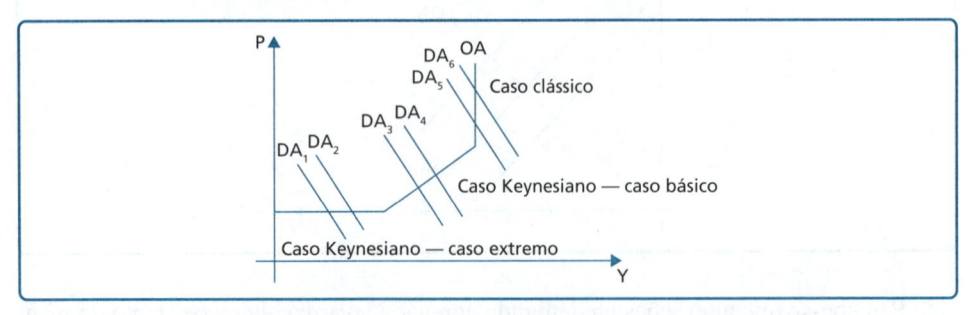

---

[6] Diva Benevides Pinho e Marco Antonio Sandoval de Vasconcellos, *Manual de economia*, p. 264.

■ **20.2.1. A base de preços na construção da curva de oferta agregada**

As bases de preços abordadas neste livro serão duas:

- oferta agregada com base nos **preços passados**;
- oferta agregada com base em **preços futuros** — curva de oferta de Lucas.

■ **20.2.1.1. A oferta com base nos preços passados**

A oferta agregada baseada em preços passados traz uma hipótese de indexação, na medida em que os preços do presente se comportarão de acordo com os preços do passado.

Partindo do mercado de trabalho, a demanda das empresas por N (mão de obra – emprego) se baseia no salário real (w/p) e em quanto os empresários esperam vender, o que depende do produto corrente e do produto potencial.

O salário nominal (W) depende do **salário nominal do período anterior** e do nível de **desemprego**, já que, no desemprego, o salário nominal tende a cair e, no superemprego, o salário tende a subir.

Sachs e Larrain explicam essa relação: "quando o desemprego está baixo, os empregadores têm dificuldade para atrair novos funcionários e tentam evitar que seus funcionários troquem de emprego. Nessas condições, o poder de barganha dos sindicatos e dos trabalhadores é forte. Em mercados de trabalho com essa característica, os salários reais tendem a subir. Entretanto, quando o desemprego prevalece, os trabalhadores e sindicatos estão em situação mais frágil, pois a empresa pode atrair facilmente novos funcionários. Os funcionários têm mais dificuldades em conseguir aumentos e, às vezes, precisam até aceitar redução do salário real"[7].

Partindo-se do mercado de trabalho, sabe-se que:

$$W = W_{-1} [1 - \delta (\mu - \mu_N)] \quad (1)$$

Onde: δ = sensibilidade do salário ao desemprego; W_{-1} = salário nominal do período anterior; μ = taxa de desemprego[8]; μ_N = taxa de desemprego natural[9]; e W = salário nominal no período atual.

Portanto, por essa fórmula, pode-se deduzir que o salário corrente (W) será função do salário do último período (W_{-1}) e do nível de emprego relativo da mão de obra, ou seja, da fração da mão de obra de pleno emprego que não está empregada ($\mu - \mu_N$), de tal maneira que, quando o emprego é superior à oferta de mão de obra, os salários correntes tendem a se elevar, e quando o emprego é inferior à oferta de mão de obra, os salários correntes tendem a se reduzir. Sendo o desemprego apenas

---

[7] Jeffrey D. Sachs e Felipe B. Larrain, *Macroeconomia*, p. 481.
[8] Taxa de desemprego é a porcentagem da força de trabalho que não está empregada, ou seja, é a razão entre o número de pessoas desempregadas e o número de pessoas na força de trabalho.
[9] Desemprego natural = soma do desemprego voluntário + desemprego friccional. Não é fruto de demanda agregada insuficiente.

o desemprego natural, então, $\mu - \mu_N = 0$, e o salário corrente será igual ao salário do último período, ou seja, $W = W_{-1}$.

Pelo gráfico da Figura 20.9, é possível perceber que, se o emprego estiver abaixo do **pleno emprego** (Npe), o salário nominal (W) vai continuar a se reduzir. Assim, partindo do ponto "1", em que ocorre o pleno emprego (Npe) e o salário é igual a W_{-1}, e supondo que as empresas, por algum motivo, acreditem que venderão menos de seu produto e, portanto, demandem menos mão de obra, reduzindo a quantidade de mão de obra a ser contratada e o emprego até N_1, isso fará com que o salário nominal a ser pago caia até W_1, menor que W_{-1}. No período seguinte, essa mesma mão de obra será contratada a um salário ainda menor (W_2), devido à pressão que vai existir por salários mais baixos no ponto "2", deslocando-o para o ponto "3". Esse processo vai perseverar até que os salários mais baixos levem à queda dos preços, suficiente para que a demanda agregada aumente, fazendo as empresas produzirem mais e, por conseguinte, demandarem mais mão de obra.

Figura 20.9. O salário como função do nível de oferta de mão de obra (N)

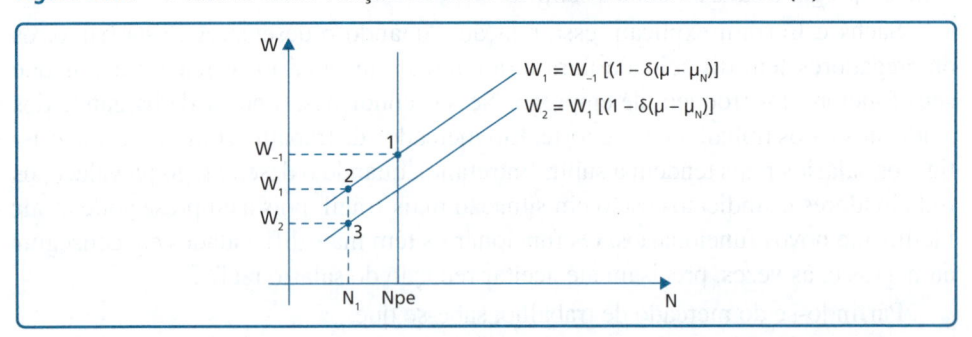

Blanchard afirma que: "para ser considerada desempregada uma pessoa deve atender a duas condições: (1) deve estar sem trabalho e (2) deve estar procurando algum trabalho"[10]. O *trade-off* entre salário e desemprego inclui apenas o desemprego involuntário, que se enquadra na definição dada por Blanchard.

Como se deseja definir a curva de oferta, que é a relação entre preço (P) e produto real (Y), e não a relação entre salário nominal (W) e taxa de desemprego (μ), é necessário o estudo da Lei de Okun.

■ **20.2.1.1.1. Lei de Okun**

A Lei de Okun estabelece uma relação entre **produto e desemprego**[11], ou seja, afirma que a diferença entre produto potencial e produto efetivo mantém

---

[10] Olivier Blanchard, *Macroeconomia*, p. 26.
[11] O desemprego pode ser sazonal, cíclico, estrutural ou friccional.
O **desemprego sazonal** ocorre em períodos de entressafra de determinados produtos agrícolas, por exemplo. É um tipo de desemprego involuntário.

uma proporção com a diferença entre a taxa de desemprego e a taxa de desemprego natural[12].

$$(\mu - \mu_N) = \lambda (Yp - Y) \quad (2)$$

Onde: $Yp - Y$ = produto potencial – produto efetivo = hiato do produto; λ = sensibilidade do desemprego ao hiato do produto; $\mu - \mu_N$ = diferença entre a taxa de desemprego e a taxa de desemprego natural.

Em (1), sendo o salário (W) o preço da mão de obra e substituindo "W" por "P", tem-se:

$$P = P_{-1} [1 - \delta (\mu - \mu_N)] \quad (3)$$

Substituindo (2) em (3):

$$P = P_{-1} [1 - \delta \lambda (Yp - Y)]$$

Se a economia opera em seu nível potencial, então $Yp = Y$.

Então: $P = P_{-1} [1 - \delta \lambda (0)]$

e, $P = P_{-1}$, ou seja, o preço corrente será igual ao preço passado.

Se a economia opera em nível **inferior ao potencial** (Yp), ou seja, $(Yp - Y) > 0$, então $P < P_{-1}$ e a taxa de desemprego será superior à taxa natural.

Se a economia opera em nível **superior ao seu potencial** (Yp), ou seja, $(Yp - Y) < 0$, então $P > P_{-1}$ e a taxa de desemprego será inferior à taxa natural.

Representando graficamente e atribuindo dois preços, P_1 e P_2, sendo P_1 abaixo de P_{-1} e P_2 acima de P_{-1}, é possível observar que, quando o preço está abaixo de P_{-1}, o produto (Y_1) está abaixo do produto potencial (Yp), e quando o preço está acima de P_{-1}, o produto (Y_2) está acima do produto potencial (Yp), o que determina uma curva de oferta **positivamente inclinada**, "dado" um salário nominal (W). Observe a Figura 20.10.

Visualize que: se $Y_1 < Yp$, então $P_1 < P_{-1}$ e se $Y_2 > Yp$, então $P_2 > P_{-1}$.

O **desemprego estrutural** aparece quando a oferta de mão de obra é maior que a demanda, ocorrendo esse excesso de forma não temporária. Esse tipo de desemprego se deve em grande parte ao desenvolvimento da robótica e da informática. É um tipo de desemprego involuntário.

O **desemprego cíclico** ocorre em períodos de recessão da economia. É um tipo de desemprego involuntário.

O **desemprego friccional** decorre da transição de um empregado de um emprego para outro. Compõe o desemprego natural. Portanto, não é desemprego involuntário.

[12] Segundo a Lei de Okun (Arthur Okun), para cada 2 a 2,5% de quebra do PNB relativamente ao PNB potencial, a taxa de desemprego aumenta 1 ponto percentual.

Figura 20.10. Curva de oferta positivamente inclinada que mostra que preços abaixo de P_{-1} determinam um produto abaixo de Yp e preços acima de P_{-1} determinam um produto acima de Yp, "dado" um salário nominal

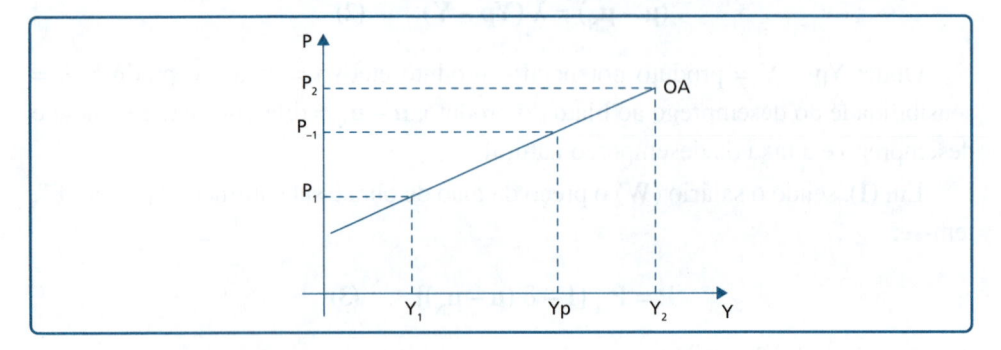

20.2.1.1.2. Curva de oferta de longo prazo baseada em preços passados

Considere uma situação em que, no curto prazo, a curva de oferta agregada de curto prazo, AO_{cp1}, intercepta a curva de demanda agregada (DA), num ponto em que o produto efetivo é menor que o produto potencial (ou o produto de longo prazo), (Y_p), marcado pelo ponto "1". Como o produto não é o potencial, não ocorre o pleno emprego, ou seja, há desemprego. Como há desemprego, os salários tendem a se reduzir, fazendo com que a curva de oferta de curto prazo, OA_{cp1}, desloque-se até o ponto em que a intersecção da curva de demanda (DA), e a curva de oferta de curto prazo, OA_{cp2}, coincidam com a curva de oferta de longo prazo, OA_{LP}, marcado pelo ponto "2". Portanto, no longo prazo, a economia tende ao produto potencial (Y_p), cujo preço oscilou com base nos preços do período anterior (P_{-1}). Observe a Figura 20.11. Percebe-se que a oferta agregada de longo prazo é uma curva vertical.

Figura 20.11. Curva de oferta de longo prazo — OA_{LP} baseada em preços passados

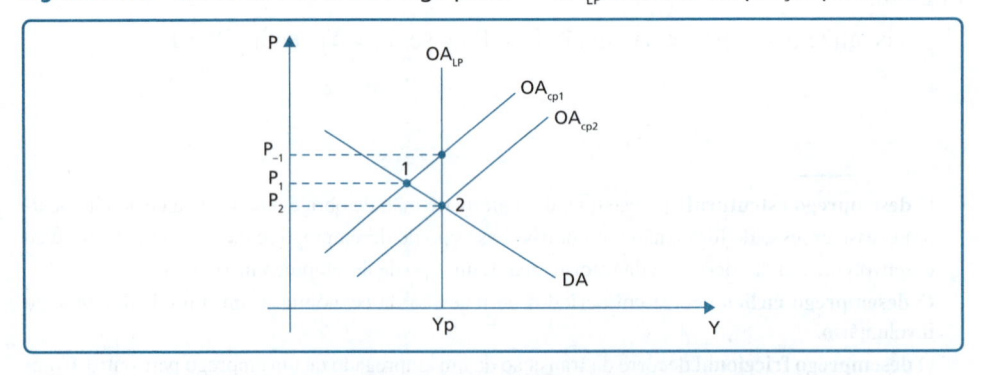

Onde: P_{-1} = preço prevalecente no período anterior; P_1 = preço quando a OA_{cp1} intercepta DA; e P_2 = preço quando a OA_{cp2} intercepta DA e OA_{LP}.

20.2.1.2. A oferta com base em preços futuros (oferta de Lucas)

A **oferta de Lucas** se dará em cima de **expectativas futuras** de preços, e não mais em bases passadas, como abordado no *item 20.2.1.1*. O salário nominal e, consequentemente, os preços se formarão sobre essas expectativas, ou seja, de acordo com as expectativas sobre o comportamento da demanda agregada. Para Lucas, as pessoas se antecipam ao que acontece na economia e, assim, projetam suas ações. Elas preveem alterações nos preços e passam a barganhar salários nominais mais altos. O salário nominal se ajustará, portanto, ao preço esperado, de maneira a se atingir o produto potencial. De acordo com a diferença entre esse nível de preço (preço efetivo) (P) e o nível de preço esperado (baseado em expectativas), (P^e) o produto se afastará ou se aproximará do produto potencial. Com base nisso, constrói-se a relação representada pela função a seguir:

$$Y = Y_p + \alpha (P - P^e)$$
$$Y - Y_p = \alpha (P - P^e)$$

Pela função dada, pode-se perceber que preço corrente (P) acima do preço esperado (P^e) corresponde a um produto corrente (Y) acima do produto potencial (Yp), e preço corrente (P) abaixo do preço esperado (P^e) corresponde a um produto corrente (Y) abaixo do produto potencial (Yp). Representando graficamente, percebe-se que a curva de oferta agregada (OA) é **positivamente inclinada**. Observe o gráfico da Figura 20.12.

Figura 20.12. Curva de oferta positivamente inclinada que mostra que preços abaixo de P^e determinam um produto abaixo de Yp e preços acima de P^e determinam um produto acima de Yp

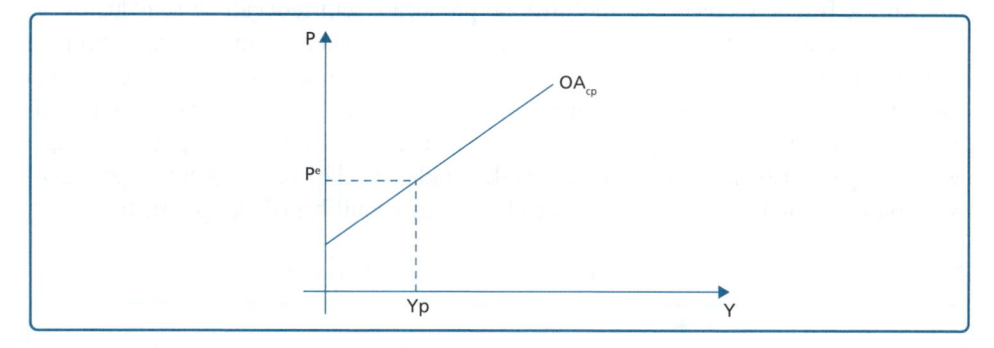

Se $P > P^e$ → produto corrente > produto potencial
Se $P < P^e$ → produto corrente < produto potencial
Se $P = P^e$ → produto corrente = produto potencial

Pode-se entender melhor esse raciocínio, da seguinte maneira:

Se os salários (W) fixados pelo trabalhador tiverem por base um determinado preço esperado e esse preço superar a expectativa, seu salário real (W/P) se reduzirá, tornando interessante para a empresa contratar mais. Isso faz com que o produto corrente supere o produto potencial no curto prazo.

Portanto, tanto na formulação com base nos preços passados como na formulação com base nos preços futuros, as pessoas reagem às políticas do governo dependendo da credibilidade do governo e da rapidez com que essas políticas são implementadas. Se essas medidas forem surpreendidas e de baixa credibilidade, fazendo com que as pessoas não antecipem suas reações, então, poderão alterar o nível de Renda/ Produto/ emprego no curto prazo, o que justificaria uma curva de oferta agregada crescente provocando maiores elevações do produto, se os preços aumentarem no curto prazo.

Assim, se o produto aumenta em qualquer um dos modelos, os preços aumentam no curto prazo. Porém, no longo prazo, se os preços aumentarem, o produto permanecerá estável, o que poderá ser verificado a partir do *item 20.2.1.2.1*.

■ *20.2.1.2.1. Curva de oferta de Lucas de longo prazo*

No **longo prazo**, o comportamento será o seguinte:

Suponha uma situação inicial de equilíbrio, em que o produto é o potencial (Yp) e o preço esperado seja P^e_1, marcado pelo ponto "1". Se houver uma política econômica que amplie a demanda agregada (DA), então DA_1 se desloca para DA_2, elevando o preço de P^e_1 para P_2 e o produto de Yp para Y_2, gerando **superemprego**, o que, consequentemente, pressionará a elevação de salário, deslocando o ponto "1" até o "2". Salários mais elevados levam a curva da oferta agregada a se deslocar para cima ou para a esquerda (OA_{cp1} → OA_{cp2}), fazendo com que os preços se elevem ainda mais e o produto caia de Y_2 para Yp, marcado pelo ponto "3". Portanto, no longo prazo, o produto tende ao potencial. Ocorre, porém, que os preços ficarão mais elevados. Observe a Figura 20.13. Dornbusch e Fischer explicam que o ponto "2" do gráfico da Figura 20.13 "(...) representa uma situação de superemprego, os salários, por conseguinte estão em ascensão e os custos das empresas também. A fim de oferecer mesmo nível de produção, sem redução de seus lucros, as empresas cobrarão preços mais altos. Isso é mostrado (...) como um deslocamento para cima da curva de oferta agregada. (...) O nível de preços se eleva e a produção de equilíbrio cai, (...) até que os preços tenham se elevado suficientemente para reduzir o nível dos saldos reais e portanto da demanda agregada até o nível de pleno emprego, Yp. Uma vez que esse é atingido, não haverá mais tendência de subida de salários. (...) os custos permanecem constantes, tendo a economia alcançado um novo equilíbrio de longo prazo"[13].

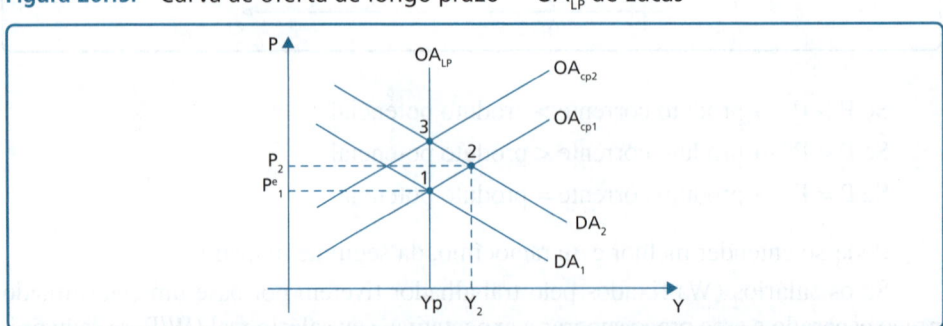

Figura 20.13. Curva de oferta de longo prazo — OA_{LP} de Lucas

---

[13] Rudiger Dornbusch e Stanley Fischer, *Macroeconomia*, p. 326.

Conclusão: no **curto prazo**, uma política que desloque a demanda agregada para a direita eleva o preço (P) e o produto (Y); no **longo prazo**, uma política que desloque a demanda agregada para a direita apenas afeta o preço (P), mantendo constante o produto (Y).

Mas a elevação de preços (P) também pode ser verificada se, no curto prazo, a curva de oferta se deslocar para a esquerda ou para cima. Verifique na Figura 20.14.

Figura 20.14. Deslocamento da curva de oferta para cima ou para a esquerda

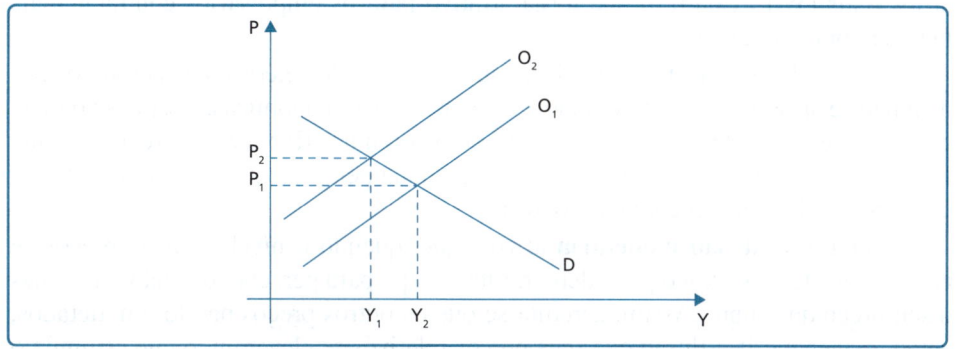

Observe que, diferentemente da curva de demanda, quando a curva de oferta se desloca, provocando aumento dos preços (P), também reduz o nível de produto da economia (Y) e, consequentemente, o nível de emprego. Um choque de oferta gera, portanto, uma **estagflação**, que é uma inflação com recessão. Já a curva de demanda, quando se desloca, eleva o nível de preços (P), o nível de produto (Y) e, portanto, o de emprego também. Decorre daí uma inflação com crescimento econômico.

Deve-se ficar atento para a diferença entre haver um deslocamento **"na"** curva de oferta e um deslocamento **"da"** curva de oferta. Observe na Figura 20.15 que, na medida em que o preço (P) se altera, a quantidade ofertada de produto (Y) também se altera, provocando um deslocamento **"na"** própria curva de oferta. Portanto, o único fator que provoca o deslocamento **"na"** curva de oferta é o nível de preços. Todos os outros fatores provocam o deslocamento **"da"** curva de oferta.

Figura 20.15. Deslocamento na curva de oferta

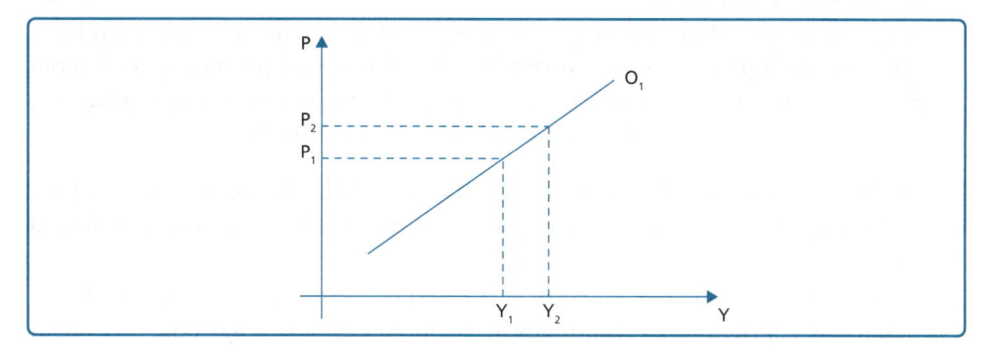

20.2.2. Fatores que justificam a inclinação positiva da curva de oferta agregada de curto prazo

Os fatores que justificam uma curva de oferta de curto prazo positivamente inclinada são: a teoria dos **salários rígidos**, a teoria dos **preços rígidos** e a teoria da **ilusão monetária**.

A teoria dos **salários rígidos** afirma que os salários tendem a responder a alterações nas condições econômicas mais lentamente que os preços, ou seja, caso os preços subam, os salários não sobem na mesma velocidade, fazendo com que os salários reais (W/P) caiam, o que torna atrativo para os empresários contratar mais mão de obra e produzir mais.

A teoria dos **preços rígidos** afirma que os preços de determinados produtos podem não se ajustar na mesma velocidade de alterações econômicas. Assim, se o nível geral de preços se eleva, e o preço do produto continuar fixo torna-se relativamente mais baratos, o que eleva a quantidade demandada pelos agentes econômicos e, por conseguinte, há um aumento da produção.

A teoria da **ilusão monetária** afirma que, quando o nível geral de preços se eleva, o agente econômico pode demorar um tempo para perceber que não foi apenas o seu preço que subiu. Assim, acredita-se que os outros preços não foram afetados, então, o agente cria a ilusão que seus preços relativos se elevaram, o que estimula o aumento da produção.

20.2.3. Fatores que provocam o deslocamento da curva de oferta agregada de curto prazo

A curva de oferta agregada de curto prazo pode se deslocar quando houver **alteração dos fatores produtivos, mudança tecnológica ou alteração no nível esperado de preços**.

Assim, haverá aumento da oferta agregada de curto prazo, deslocando a curva para a direita ou para baixo, quando houver:

- aumento da mão de obra ou trabalho;
- aumento do capital físico e humano;
- aumento de instituições;
- aumento da matéria-prima ou recursos naturais;
- melhoria tecnológica;
- queda no nível esperado de preços, porque, quando o agente espera um nível mais baixo de preços, os preços rígidos (que só ocorrem no curto prazo) serão fixados em níveis mais baixos. Assim, para gerar o mesmo nível de produção, a curva de oferta deverá se deslocar para baixo ou para a direita.

Da mesma maneira, haverá redução da oferta agregada, deslocando a curva para a esquerda ou para cima, se houver redução dos fatores produtivos, piora tecnológica ou elevação do nível esperado de preços.

Assim afirmam Sachs e Larrain: "Há várias formas de choque da oferta. Nas economias agrícolas, as condições de tempo ou as pestes agrícolas reduzem a colheita e, portanto, provocam tanto aumento de preços quanto queda de produção. Um aumento salarial que resulte de um contrato sindical pode ser interpretado como um choque de oferta, porque o aumento nominal dos salários induz a um deslocamento para a esquerda da curva de oferta agregada. Outro exemplo são os aumentos mundiais do preço do petróleo de 1973-1974 e 1979--1980 (...). Conforme este insumo da produção de inúmeros bens e serviços ficou mais caro, as empresas constataram que o custo marginal de produção havia aumentado e, portanto, a curva da oferta agregada havia se deslocado para a esquerda. No novo equilíbrio, depois do choque da oferta, o nível de preços é maior e o de produção menor"[14].

20.2.4. Fatores que provocam o deslocamento da curva de oferta agregada de longo prazo

A curva de oferta de longo prazo, que é totalmente inelástica aos preços, será deslocada em virtude de alterações de fatores que determinam o produto potencial. Assim, a curva de oferta se deslocará para a direita caso haja aumento dos fatores produtivos ou avanço tecnológico, e para a esquerda, caso haja redução dos fatores produtivos e piora tecnológica.

Logo, os fatores que deslocam a reta de oferta agregada de longo prazo para a direita são:

- aumento da mão de obra ou trabalho;
- aumento do capital físico e humano;
- aumento de instituições;
- aumento da matéria-prima ou recursos naturais;
- melhoria tecnológica.

Observe que, como no longo prazo o agente não sofre de ilusão monetária, o nível esperado de preços não afeta a curva de oferta agregada.

20.3. QUESTÕES

1. (Auditor de Controle Externo — TC-DF — CEBRASPE — 2014) Em relação à teoria macroeconômica, julgue o item.
O aumento dos salários nominais acarreta deslocamento da curva de demanda agregada para a direita, além de um aumento do produto de equilíbrio.

2. (Auditor de Controle Externo — TC-DF — CEBRASPE — 2014) Em relação à teoria macroeconômica, julgue o item.
O aumento dos gastos do governo acarreta elevação do nível geral de preços.

3. (Economista — SUDAM — IADES — 2013) Após um choque de oferta negativo, os preços de uma economia foram elevados, a atividade econômica foi reduzida e as taxas de desemprego aumentaram, em uma nova condição de equilíbrio.

---

[14] Jeffrey D. Sachs e Felipe B. Larrain, *Macroeconomia*, p. 478.

Partindo-se deste novo ponto após o governo decidir aumentar os gastos públicos, é correto afirmar que houve
   a) redução nas taxas de inflação; aumento na atividade econômica; e redução das taxas de desemprego.
   b) aumento nas taxas de inflação; aumento na atividade econômica; e redução das taxas de desemprego.
   c) aumento nas taxas de inflação; aumento na atividade econômica; e aumento das taxas de desemprego.
   d) redução nas taxas de inflação; aumento na atividade econômica; e aumento das taxas de desemprego.
   e) aumento nas taxas de inflação; redução na atividade econômica; e redução das taxas de desemprego.

4. (Auditor Conselheiro Substituto — TCM-GO — FCC — 2015) Considere o modelo de oferta e demanda agregadas. Suponha o cenário de um país com recessão. O Ministro da Fazenda e o presidente do Banco Central pretendem estimular esta economia para reduzir o tamanho e a intensidade da recessão. A medida que conseguirá reduzir o tamanho da recessão do país será
   a) aumentar a oferta agregada através de aumento de salários.
   b) aumentar a demanda agregada através de aumento do consumo privado.
   c) reduzir a demanda agregada através de aumento da taxa de juros.
   d) promover política monetária restritiva através do aumento do depósito compulsório.
   e) reduzir gastos públicos referentes à construção de pontes e estradas para ligar o Norte ao Sul do país.

5. (Auditor — TCE-CE — FCC — 2015) Para combater uma inflação o governo pode
   a) aumentar a demanda agregada o que pode levar a um aumento de desemprego.
   b) reduzir a oferta agregada o que pode levar a um aumento de desemprego.
   c) aumentar a demanda agregada o que pode levar a uma queda de desemprego.
   d) reduzir a demanda agregada o que pode levar a uma queda de desemprego.
   e) reduzir a demanda agregada o que pode levar a um aumento de desemprego.

6. (Analista — PGE-MT — Economista — FCC — 2016) Se a Lei de Okun estimada para uma economia é dada por
$\mu_t - \mu_{t-1} = -0,3(g_{yt} - 2,5)$
onde μ_t e μ_{t-1} são a taxa de desemprego dos anos t e t – 1, respectivamente, e g_{yt} é a taxa de crescimento do produto no ano t,
   a) um crescimento nulo do produto aumenta a taxa de desemprego.
   b) um aumento do desemprego de 1% é compatível com uma queda no produto de 0,33%.
   c) conclui-se que a equação não considera o aumento da força de trabalho.
   d) a taxa de desemprego natural é igual a 2,5%.
   e) a taxa de desemprego independe dos investimentos.

7. (Analista de Processos Organizacionais — BAHIAGÁS — Administração ou Ciências Econômicas — IESES — 2016) A macroeconomia aborda as relações das variáveis econômicas no agregado, sendo uma das principais variáveis o PIB (Produto Interno Bruto). No que diz respeito a esta variável é correto afirmar que:
   a) O PIB é a soma do valor adicionado na economia em um dado período, sendo que sob a ótica da renda, isto refere-se a soma de impostos indiretos e da remuneração dos fatores de produção, ou seja, a renda do trabalho e a renda do capital.

b) O principal problema do cálculo do PIB nominal, na prática, é que uma economia tem mais de um bem final. Considerando que PIB nominal deve ser definido como uma média ponderada da produção de todos os bens e serviços finais.
c) O PIB real é a soma das quantidades de bens finais multiplicada por seus preços atuais, sendo que o PIB real aumenta ao longo do tempo porque a maioria da produção e dos preços dos bens aumenta.
d) Quando observamos o PIB real aumentar mais rapidamente que o PIB nominal, observamos que a diferença resulta no um aumento dos preços, que se refere ao deflator do PIB.
e) A lei de Okun mostra a relação entre o PIB e inflação, de tal forma que um aumento nos níveis de inflação, estimulam a produção, aumentando consequentemente o PIB ao longo do tempo.

8. (Economista — SESACRE — FUNCAB — 2014) No longo prazo, o crescimento da oferta de moeda desloca a curva de demanda agregada para a direita, ocasionando:
a) redução da produção.
b) avanços tecnológicos.
c) redução do nível de preços.
d) deslocamento da oferta agregada para a esquerda.
e) aumento do nível de preços.

9. (Consultor Legislativo (CM RJ) — Indústria, Comércio e Turismo — SMA-RJ (antiga FJG) — 2015) Segundo o modelo de Oferta Agregada (OA) / Demanda Agregada (DA) e supondo que a economia se encontra no equilíbrio de pleno emprego, é correto prever que:
a) Caso haja uma flexibilização na legislação trabalhista que ocasione a entrada de trabalhadores estrangeiros no país haverá um deslocamento da OA de longo prazo, aumentando o PIB potencial.
b) Se a oferta monetária crescer, haverá uma expansão da atividade econômica acima do nível de pleno emprego e com o tempo, inflação e redução do PIB potencial.
c) Caso haja uma maior burocratização na economia, a OA de curto prazo desloca-se para cima reduzindo o PIB real sem alterar a DA nem mercado monetário.
d) Se o governo cortar gastos mantendo o nível de arrecadação, diminuirá o produto de curto prazo que, ao longo do tempo, reduz o estoque real de moeda.

10. (Profissional Básico — BNDES — Administração — CESGRANRIO — 2013) No ano 2000, uma economia encontrava-se em equilíbrio. Em 2001, essa economia foi atingida por uma catástrofe natural e o governo adotou uma política fiscal expansionista.
Nesse caso, verifica-se que, em relação ao ano 2000, o
a) nível de preços aumenta.
b) produto aumenta.
c) produto e o nível de preços aumentam.
d) produto cai e o nível de preços aumenta.
e) produto aumenta e o nível de preços cai.

11. (Economista — SUFRAMA — CEBRASPE — 2014) Considerando o papel do governo na economia, os postulados da teoria keynesiana, as curvas de oferta e demanda agregada e a relação destas com a curva de Phillips, julgue o item que se segue.
A adoção de uma política fiscal expansionista tende a elevar a inflação e a demanda agregada e a reduzir a taxa de desemprego, relação entre preços e mercado de trabalho, ilustrada na curva de Phillips.

12. COVEST-COPSET — Economista (UFPE)/2019.
O hiato inflacionário, diferença entre a demanda agregada e a oferta agregada de pleno emprego, acontece quando a economia:
a) atinge o nível de produto do pleno emprego.
b) está abaixo do nível de produto de pleno emprego.
c) está além do nível de produto de pleno emprego.
d) está num nível de produto considerado um processo de depressão.
e) está num nível de produto considerado um processo de recessão.

13. ACEP — Analista (Pref Aracati)/Políticas Públicas/2019.
Sobre o hiato do produto (diferença entre o produto potencial e o efetivo), assinale a alternativa correta.
a) Quando o hiato do produto é positivo, significa que a economia atingiu o pleno emprego.
b) Quando o hiato do produto é elevado, significa que parte dos fatores de produção está sendo subutilizada.
c) Quando o hiato do produto é negativo, significa que a economia está desaquecida.
d) Quando o hiato do produto é positivo, significa que o nível de utilização da capacidade instalada é pleno.

14. DES IFSUL — Economista (IF SUL)/2019/TAE Edital 150.2018.
Com relação à demanda agregada e à oferta agregada, são feitas as seguintes afirmações:
 I. A relação de oferta agregada representa os efeitos do produto sobre o nível de preços e é derivada do equilíbrio no mercado de trabalho.
 II. A relação de demanda agregada representa os efeitos do nível de preços sobre o produto e é derivada do equilíbrio do mercado de bens e dos mercados financeiros.
 III. No curto prazo, os movimentos do produto vêm de deslocamentos tanto da demanda agregada como da oferta agregada. No médio prazo, o produto retorna ao nível natural, que é determinado pelo equilíbrio no mercado de trabalho.

Estão corretas as afirmativas
a) I e II, apenas.
b) I e III, apenas.
c) II e III, apenas.
d) I, II e III.

15. SELECON — Analista (Pref Boa Vista)/Economista/2019.
O excesso de oferta agregada de pleno emprego em relação à demanda agregada é denominado:
a) hiato inflacionário
b) hiato deflacionário
c) armadilha da liquidez
d) inflação inercial

16. CEBRASPE (CESPE) — Analista de Gestão de Resíduos Sólidos (SLU DF)/Economia/2019.
Julgue o item, que tratam de conceitos fundamentais da economia.
Um deslocamento positivo para a esquerda da curva de oferta agregada com inclinação positiva indica que a produção industrial aumentará, mantendo-se determinado nível de preços.
( ) Certo
( ) Errado

17. VUNESP — Analista de Gestão (FITO)/Contabilidade/2020.
Em um país que apresenta alta taxa de inflação porque a oferta agregada é insuficiente para atender a demanda agregada, uma medida de política governamental que pode estabilizar a economia é

a) o aumento da oferta monetária para elevar a taxa de juros da economia.
b) a redução das alíquotas dos tributos sobre a renda.
c) a diminuição dos gastos públicos.
d) o resgate de títulos da dívida pública pelo Banco Central.
e) a desvalorização da taxa de câmbio da economia para aumentar as importações.

18. CEBRASPE (CESPE) — Auditor de Controle Externo (TC-DF)/2021.
Considerando a teoria keynesiana e os principais agregados existentes no sistema de contas nacionais, julgue o item subsecutivos.
Aumento da velocidade de circulação da moeda provoca um deslocamento na função consumo e, consequentemente, na demanda agregada.
( ) Certo
( ) Errado

19. FEPESE — Economista (CELESC)/2019.
Um aumento dos gastos do governo, segundo a definição do multiplicador Keynesiano, tem um efeito:
a) maior sobre o produto, quando a curva de oferta agregada é mais elástica.
b) menor sobre os preços, quando a curva de oferta agregada é mais vertical.
c) maior sobre o produto, se os gastos do governo são acompanhados por um volume de tributação equivalente.
d) maior sobre os preços, quando a curva de oferta agregada é mais elástica.
e) maior sobre os preços, se os gastos do governo são acompanhados por um volume de tributação equivalente.

20. COPS UEL — Economista (Londrina)/Serviço de Economia/2019.
Em relação ao modelo de oferta e demanda agregada, considere as afirmativas a seguir.
I. No modelo clássico, um aumento na demanda agregada resulta em um aumento do produto, no qual as empresas estão dispostas a produzir qualquer quantidade ao nível inicial de preços.
II. A curva de oferta agregada keynesiana é horizontal, indicando que as empresas vão ofertar o montante de bens, demandado ao nível de preços presente.
III. A curva de oferta agregada clássica é vertical, indicando que o mesmo montante de bens será ofertado, independente do nível de preços.
IV. A partir do aumento da oferta de moeda, a curva de demanda agregada se desloca para cima na mesma proporção.

Assinale a alternativa correta.
a) Somente as afirmativas I e II são corretas.
b) Somente as afirmativas I e IV são corretas.
c) Somente as afirmativas III e IV são corretas.
d) Somente as afirmativas I, II e III são corretas.
e) Somente as afirmativas II, III e IV são corretas.

21. CESGRANRIO — Economista (UNIRIO)/2019.
O Produto Interno Bruto potencial (PIB potencial), em determinada economia, aumenta a uma taxa percentual inferior ao crescimento percentual da demanda agregada por bens e serviços.
Nessa economia, a(o)
a) inflação tende a aumentar.
b) inflação pode estar diminuindo.
c) demanda agregada é menor do que o PIB potencial.

d) demanda agregada é maior do que o PIB potencial.
e) valor das exportações excede o das importações.

22. (CEBRASPE (CESPE) — Auditor-Fiscal (Pref B dos Coqueiros)/2020) Considerando os princípios econômicos e a situação de crise internacional, julgue os itens a seguir.

I. Quando a taxa de juros se aproxima de zero, em situação conhecida como armadilha da liquidez, o Banco Central perde sua capacidade de influenciar a economia.
II. Se a economia estiver operando com déficit em transações correntes e com orçamento público equilibrado, então a poupança privada estará inferior ao investimento agregado.
III. Se a autoridade monetária adotar simultaneamente o regime de metas de inflação com câmbio fixo, aumentar-se-á a capacidade de atrair investimentos externos diretos.
IV. A demanda agregada não é igual à soma das demandas individuais.

Estão certos apenas os itens
a) I e II.
a) II e IV.
a) III e IV.
a) I, II e III.
a) I, III e IV.

■ GABARITO ■

1. Errado. Considerando que estamos no médio prazo, onde a curva de oferta agregada é crescente, um aumento dos salários nominais representa um aumento da demanda que se desloca para a direita (de D_1 para D_2). Mas também representa um custo de produção a mais para as empresas que contraem a curva de oferta agregada para a esquerda (de O_1 para O_2). Dessa maneira, o resultado final será uma elevação de preços e a permanência do produto no mesmo patamar inicial. Vejamos:

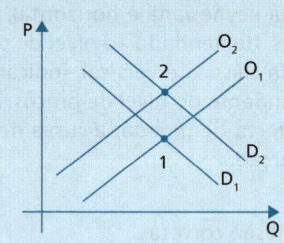

2. Certo. O aumento dos gastos do governo representa um aumento da demanda agregada. Portanto, a demanda agregada se desloca para cima ou para a direita (de D_1 para D_2), elevando o preço e a quantidade. Vejamos:

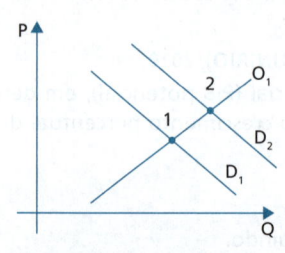

3. "b". Um choque de oferta negativo desloca a curva de oferta agregada para cima ou para a direita, elevando o nível de preços e reduzindo a quantidade produzida, o que leva as empresas a demitirem, gerando desemprego. Caso haja um aumento dos gastos públicos, há um aumento da demanda agregada, o que provoca um deslocamento da curva de demanda agregada para cima ou para a direita. Com isso, o nível de preços se eleva ainda mais, mas com relação à quantidade de equilíbrio, não se pode afirmar se irá aumentar, reduzir ou permanecer constante. Tudo dependerá da intensidade com que o choque de oferta e os gastos do governo ocorrerão. Se a intensidade for a mesma, a quantidade produzida permanece constante. Vejamos:

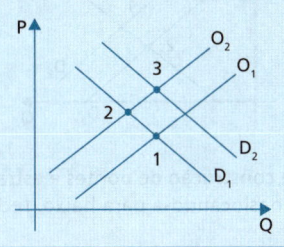

4. "b". Caso haja aumento da demanda agregada devido ao aumento do consumo privado, a curva de demanda agregada se desloca para a direita ou para cima, promovendo o aumento da quantidade de equilíbrio, minimizando a recessão. Vejamos:

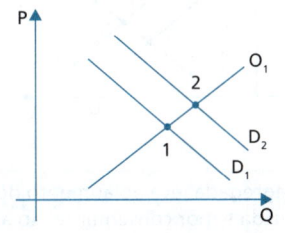

A alternativa "b" está correta.
Quando os salários aumentam, há um aumento da demanda agregada, mas há uma redução da oferta agregada, fazendo com que os preços se elevem, mas a quantidade produzida permaneça constante. Vejamos:

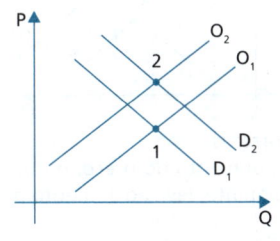

A alternativa "a" está incorreta.
Caso haja redução da demanda agregada através de aumento da taxa de juros, haverá uma redução da quantidade produzida, aprofundando a recessão.

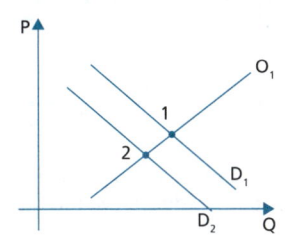

A alternativa "c" está incorreta.
Caso seja adotada uma política monetária restritiva através do aumento do depósito compulsório, a demanda agregada se retrai, deslocando-se para baixo ou para a esquerda, aprofundando a recessão. Vejamos:

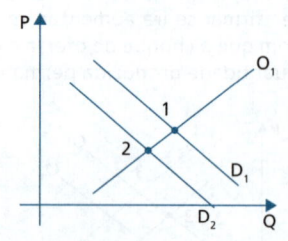

A alternativa "d" está incorreta.
Reduzir gastos públicos adiando a construção de pontes e estradas para ligar o Norte ao Sul do país reduz a demanda agregada, deslocando-a para baixo, reduzindo a quantidade produzida e agravando a crise. Vejamos:

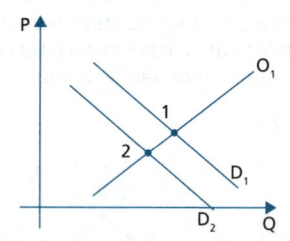

A alternativa "e" está incorreta.

5. "e". Um aumento da demanda agregada leva ao aumento do preço, o que eleva a inflação, e ao aumento da quantidade produzida e, por conseguinte, ao aumento do emprego. Vejamos:

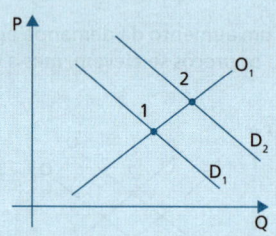

As alternativas "a" e "c" estão incorretas.
Reduzir a oferta agregada leva ao aumento do preço, o que eleva a inflação, e a redução da quantidade produzida e, por conseguinte, leva ao aumento do desemprego. Vejamos:

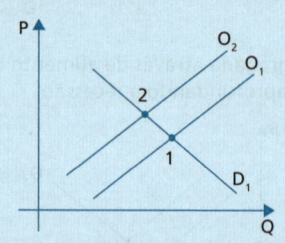

A alternativa "b" está incorreta.
A redução da demanda agregada leva à redução do preço e, por conseguinte, à queda da inflação. Contudo, a quantidade produzida se reduz, elevando o desemprego.

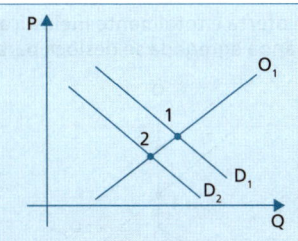

A alternativa "d" está incorreta e a "e" está correta.

6. "a". Se a taxa de crescimento do produto for nula, veremos que o desemprego cresce 0,75 pontos percentuais em relação ao ano anterior. Vejamos:

$\mu_t - \mu_{t-1} = -0,3(0 - 2,5)$
$\mu_t - \mu_{t-1} = +0,75$
$\mu_t = \mu_{t-1} + 0,75$

A alternativa "a" está correta.
Um aumento do desemprego em 1% significa uma queda no produto de 0,83. Vejamos:

$\mu_t - \mu_{t-1} = 1$
Logo:
$1 = -0,3(g_{yt} - 2,5)$
$-3,33 = g_{yt} - 2,5$
$g_{yt} = -0,83$

A alternativa "b" está incorreta.
Para que não haja aumento do desemprego, é necessário que o produto cresça ao menos 2,5, o que pressupõe o aumento da força de trabalho. A alternativa "c" está incorreta.
Com relação à taxa de desemprego natural, não é possível calcular com as informações dadas. O desemprego natural é aquele compatível com o produto potencial. A alternativa "d" está incorreta.
Quanto maior o nível de investimentos, mais as empresas produzirão e, por conseguinte, mais demandarão mão de obra, o que mostra que há uma relação entre o nível de investimentos e o nível de desemprego. A alternativa "e" está incorreta.

7. "a". Sob a ótica da renda, o PIBpm é a soma das remunerações pagas aos fatores de produção, salários, juros, aluguéis e lucros, e dos impostos indiretos livres dos subsídios. A alternativa "a" é correta.
O principal problema do cálculo do PIB nominal, na prática, é que uma economia tem mais de um bem final. Considerando que PIB nominal deve ser a soma de todos os bens e serviços finais multiplicados pelos seus respectivos preços correntes, a alternativa "b" está incorreta.
O PIB real é a soma das quantidades de bens finais multiplicada por seus preços constantes. O PIB real aumenta ao longo do tempo se a quantidade produzida aumentar. A alternativa "c" está incorreta.
Quando observamos o PIB real aumentar mais rapidamente que o PIB nominal, notamos que a diferença resulta no aumento da quantidade em proporção maior que a queda do preço. Deflator do PIB é a relação entre o produto nominal e o produto real. A alternativa "d" está incorreta.
A lei de Okun afirma que a diferença entre o produto potencial e o produto efetivo mantém uma proporção com a taxa de desemprego, já descontada a taxa de desemprego natural. Vejamos:

$Y - Yp = \beta (\mu - \mu_N)$

A alternativa "e" está incorreta.

8. "e". No longo prazo, a curva de oferta é totalmente inelástica ou vertical. Com o aumento da oferta de moeda, a curva de demanda agregada se desloca para cima ou para a direita, elevando os preços. Vejamos:

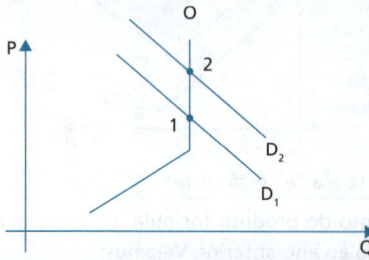

9. "a". A situação de pleno emprego é compatível com uma curva de oferta de longo prazo, ou seja, uma curva de oferta vertical. Caso haja entrada de trabalhadores estrangeiros no país, haverá aumento dos fatores produtivos, que provoca o deslocamento para a direita da curva de oferta (de O_1 para O_2), aumentando o produto potencial da economia. Vejamos:

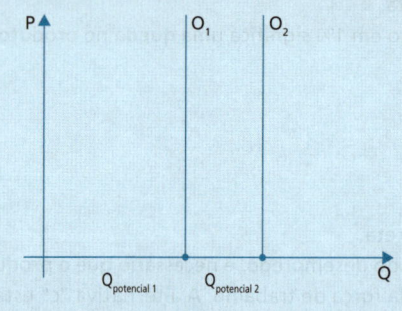

A alternativa "a" está correta.
Se a oferta monetária crescer, não haverá uma expansão da atividade econômica acima do nível de pleno emprego, mas apenas elevação da inflação. No longo prazo, os únicos fatores que poderão deslocar a curva de oferta são o aumento dos fatores produtivos e o avanço tecnológico. Já no curto prazo, os fatores que podem deslocar a curva de oferta são a alteração nos fatores produtivos, uma melhora/piora tecnológica e a alteração no nível esperado de preços. A alternativa "b" está incorreta.
Uma maior burocratização na economia desestimula os investimentos e, portanto, afeta a demanda agregada, reduzindo-a. A alternativa "c" está incorreta.
Se o governo cortar gastos mantendo o nível de arrecadação, a demanda agregada vai se retrair, diminuindo o produto de curto prazo, mas não há relação com a redução do estoque real de moeda. A alternativa "d" está incorreta.

10. "a". Uma catástrofe natural diminui os fatores produtivos na economia. Por conta disso, a oferta agregada se desloca para cima ou para a esquerda. Uma política fiscal expansionista aquece a demanda agregada, deslocando-a para cima ou para a direita. A consequência disso é uma elevação de preços. Com relação à quantidade produzida, nada se pode afirmar, porque seria necessário que fosse informada a intensidade com que os dois fatos ocorreram. Se a intensidade fosse a mesma, as duas curvas se deslocariam igualmente, não alterando o nível de produto. Vejamos:

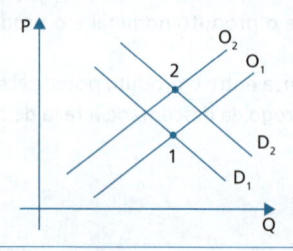

11. Certo. Uma política fiscal expansionista expande a demanda agregada, elevando a quantidade e o preço de equilíbrio, ou seja, aumentando a inflação. A curva de Phillips mostra uma relação negativa entre inflação e desemprego. Portanto, uma inflação maior será acompanhada de um desemprego menor.

12. "c". O hiato inflacionário ocorre quando a demanda agregada supera o produto agregado potencial pressionando a economia a operara além do pleno emprego e do produto potencial acarretando elevação dos preços. A alternativa "C" está correta e as alternativas "A" e "B" estão incorretas.
Depressão é o mais alto grau da recessão. Quando ocorre o hiato do produto, a economia não está numa recessão ou depressão. Pelo contrário, a economia está produzindo além do seu potencial. As alternativas "D" e "E" estão incorretas.

13. "b". O hiato do produto corresponde à diferença entre o produto observado de uma economia (PIB) e a estimativa do produto potencial relativamente ao produto. Na questão, o hiato do produto foi apresentado como a diferença entre o produto potencial e o efetivo. Então de acordo com o conceito dado na questão, quando o hiato do produto é grande é porque o produto potencial é bem maior que o efetivo, ou seja, a economia está produzindo utilizando, pouco, todos os recursos existentes. A alternativa "B" está correta.
Quando o hiato do produto é positivo, significa que a economia está operando de maneira ociosa, ou seja, nem todos os recursos estão sendo plenamente utilizados. As alternativas "A" e "D" estão incorretas.
Quando o hiato do produto é negativo, significa que o produto potencial é menor que o produto efetivo e a economia está muito aquecida. A alternativa "C" está incorreta.

14. "d". I. A oferta agregada é representada, graficamente, colocando no eixo vertical, o nível geral de preços e, no eixo horizontal, o produto da economia e é derivada do equilíbrio no mercado de trabalho, onde serão definidos o salário do trabalhador e a quantidade de mão de obra empregada. Assim, quanto maior o número de trabalhadores empregados for determinado no mercado de trabalho, maior será a oferta agregada. O item I está correto.
II. A demanda agregada é representada, graficamente, colocando no eixo vertical o nível geral de preços e, no eixo horizontal, o produto da economia. Ela deriva do modelo ISLM que representa conjuntamente o equilíbrio do mercado de bens e no mercado financeiro. O item "II" está correto.
III. No curto prazo, os movimentos do produto vêm de deslocamentos tanto da demanda agregada como da oferta agregada. No médio prazo, o produto retorna ao nível natural, onde o produto é o potencial onde a demanda por mão de obra se iguala a oferta de mão de obra. O item "III" está correto.

15. "b". Se a oferta agregada for maior que a demanda agregada, significa que o produto que está sendo produzido não está sendo todo demandado, o que levará o produtor a reduzir o preço do seu produto, ou seja, ocorre uma deflação. A isso dá-se o nome de hiato deflacionário. A alternativa "B" está correta.
Hiato inflacionário ocorre quando a demanda agregada for maior que o produto agregado, ou seja, significa que o produto que está sendo produzido não está sendo suficiente para atender a demanda agregada, o que provoca uma elevação de preços, ou seja, uma inflação. A isso, dá-se o nome de hiato inflacionário. A alternativa "A" está incorreta.
Armadilha da liquidez é um trecho da curva LM onde a taxa de juros é mínima e uma política monetária expansionista não é capaz de reduzir essa taxa de juros. A alternativa "C" está incorreta.
Inflação inercial é aquela que se repete porque os agentes econômicos possuem expectativas adaptativas e acreditam que a inflação do passado tenderá a se repetir no futuro. A alternativa "D" está incorreta.

16. "e". Um deslocamento da curva de oferta agregada para esquerda, considerando uma curva de oferta com inclinação positiva, ou seja, no curto prazo, provocará uma elevação do nível geral de preços e redução do produto.

17.	"c". Para conter a inflação, o governo deverá adotar medidas restritivas sobre a demanda agregada, desaquecendo-a. Assim, quando o governo reduz os seus gastos, controla a demanda agregada e a inflação, estabilizando a economia. A alternativa "C" está correta. O aumento da oferta monetária reduz a taxa de juros da economia e aquece a demanda agregada, elevando a inflação. A alternativa "A" está incorreta. A redução das alíquotas dos tributos sobre a renda, estimula o consumo, aquecendo a demanda agregada e elevando a inflação. A alternativa "B' está incorreta. Quando o Banco Central resgata os títulos da dívida pública estará havendo uma expansão monetária que provoca o aquecimento da demanda agregada e elevação da inflação. A alternativa "D" está incorreta. A desvalorização da taxa de câmbio da economia estimula as exportações e desestimula as importações. Com isso, a demanda agregada fica aquecida e a oferta agregada diminui, elevando a taxa de inflação. A alternativa "E" está incorreta.
18.	"e". Um aumento da velocidade de circulação da moeda equivale a um aumento da oferta de moeda, o que provoca o deslocamento da curva LM para baixo ou para direita, aumentando a renda/produto e reduzindo a taxa de juros, aquecendo a demanda agregada. O aumento da renda provoca uma elevação do consumo, mas, não o deslocamento da função consumo.
19.	"a". Quando a curva de oferta agregada (AO) é mais elástica, significa que ela é mais horizontal. Assim, um aumento dos gastos do governo desloca a curva de demanda agregada para cima ou para direita (de DA_1 para DA_2), elevando o produto e preço da economia. Observe nos gráficos abaixo, que quando a oferta é mais elástica (mais horizontal), o produto se eleva numa proporção maior. A alternativa "A" está correta. Gráfico 1 — Oferta agregada mais elástica Gráfico 2 — Oferta agregada menos elástica Com relação a variação de preços, percebe-se que quando a oferta agregada é menos elástica ou mais vertical (gráfico 2), os preços se elevam em proporção maior. As alternativas "B" e "D" estão incorretas. Quando o governo gasta e tributa na mesma intensidade, o produto e o nível de preços aumentam, porém, em proporção menor que se o governo apenas gastasse, já que, o aumento da tributação desestimula o consumo e por conseguinte, contrai o produto e o preço da economia fazendo com que o efeito sobre o aumento do produto e do preço, gerado pela elevação dos gastos do governo, seja menor. As alternativas "C" e "E" estão incorretas.

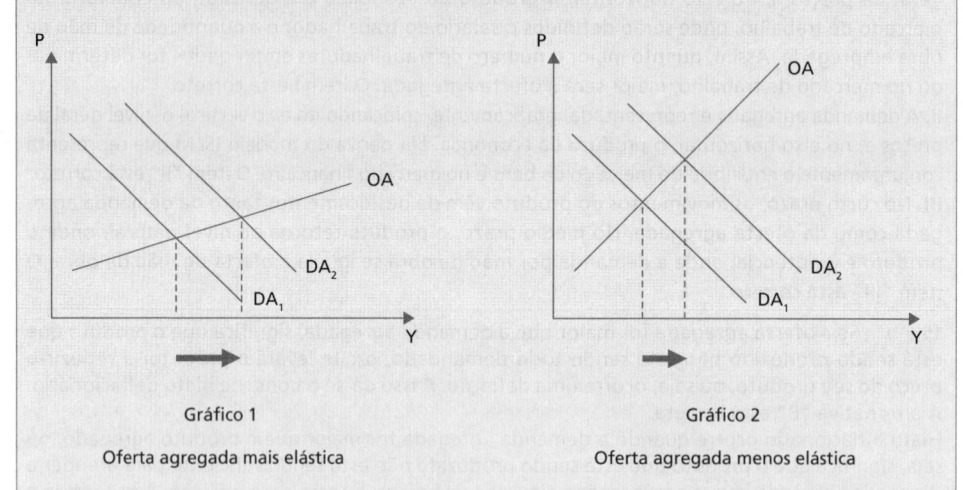

20. "e".
I. No modelo clássico, a oferta agregada é vertical e um aumento na demanda agregada resulta em um aumento do nível geral de preços, mas o produto fica constante. Assim, as empresas vão produzir a quantidade de pleno emprego independente do nível de preços. O item "I" está incorreto.
II. A curva de oferta agregada keynesiana, no caso extremo, é horizontal, apontando que os preços não totalmente rígidos mostrando que a demanda agregada determinará o quanto as empresas irão ofertar ao nível de preços presente. O item "II" está correto.
III. A curva de oferta agregada clássica é vertical ou totalmente inelástica ao nível de preços. Assim, a quantidade oferta de produto será o potencial independente do nível de preços. O item "III" está correto.
IV. A partir do aumento da oferta de moeda, a curva de demanda agregada se desloca para cima ou para direita, na mesma proporção, elevando o produto, no curto prazo, e o nível de preços, no longo prazo. O item "IV" está correto.

21. "b". Quando se afirma que o produto potencial cresce a uma taxa menor que a demanda agregada não significa dizer que a oferta esteja menor que a Demanda agregada (embora também não se possa afirmar o contrário). Assim, mesmo que o produto potencial cresça menos que a demanda agregada, ele poderá estar maior em valores absolutos, levando a queda de preços, ou seja, a inflação pode estar diminuindo. A alternativa "b" está correta e as alternativas "a", "c", "d" e "e" estão incorretas.

22. "b".
I. Quando a taxa de juros se aproxima de zero, em situação conhecida como armadilha da liquidez, a política monetária é ineficaz para alterar a renda/produto/ emprego da economia. Mas, o Banco Central possui outros instrumentos para influenciar a economia que não seja a política monetária, como por exemplo, a política cambial.
II. Se a economia estiver operando com déficit em transações correntes significa que a poupança externa (Sext) é positiva. Se o orçamento público está equilibrado, a poupança do governo (Sgov) é igual a zero. Então, a poupança privada (Spriv) estará inferior ao investimento agregado (I). Observe a seguir:
I = Spriv + Sgov + Sext
Como Sgov = 0, então:
I = Spriv + Sext
Logo: Spriv < I
O item "II" está correto
III. Se a autoridade monetária adotar o regime de metas de inflação, que consiste em se controlar a inflação através das taxas de juros, o câmbio não poderá ser fixo, já que a política monetária fica atrelada ao câmbio e a inflação é controlada através da âncora cambial. Para tanto, é necessário que o país possua reservas cambiais para que possa vender divisas no mercado quando necessário, praticando uma política monetária restritiva. O item "III" está incorreto.
IV. A demanda agregada deriva do modelo ISLM e, portanto, não é igual à soma das demandas individuais. Esta soma determina a demanda de mercado, estudado na disciplina de microeconomia. O item "IV" está incorreto.

21

TEORIAS DA INFLAÇÃO/CURVA DE PHILLIPS

■ 21.1. INFLAÇÃO

Define se inflação como a elevação **generalizada** e **persistente** de preços. Quando os preços dos produtos sobem em um determinado país ou região durante um determinado período, fazendo com que o poder de compra da moeda diminua, diz se que há inflação. No gráfico da Figura 21.1, a seguir, podemos ver o comportamento da inflação no Brasil de 1997 a 2017.

Figura 21.1. Inflação no Brasil de 1997 a 2017

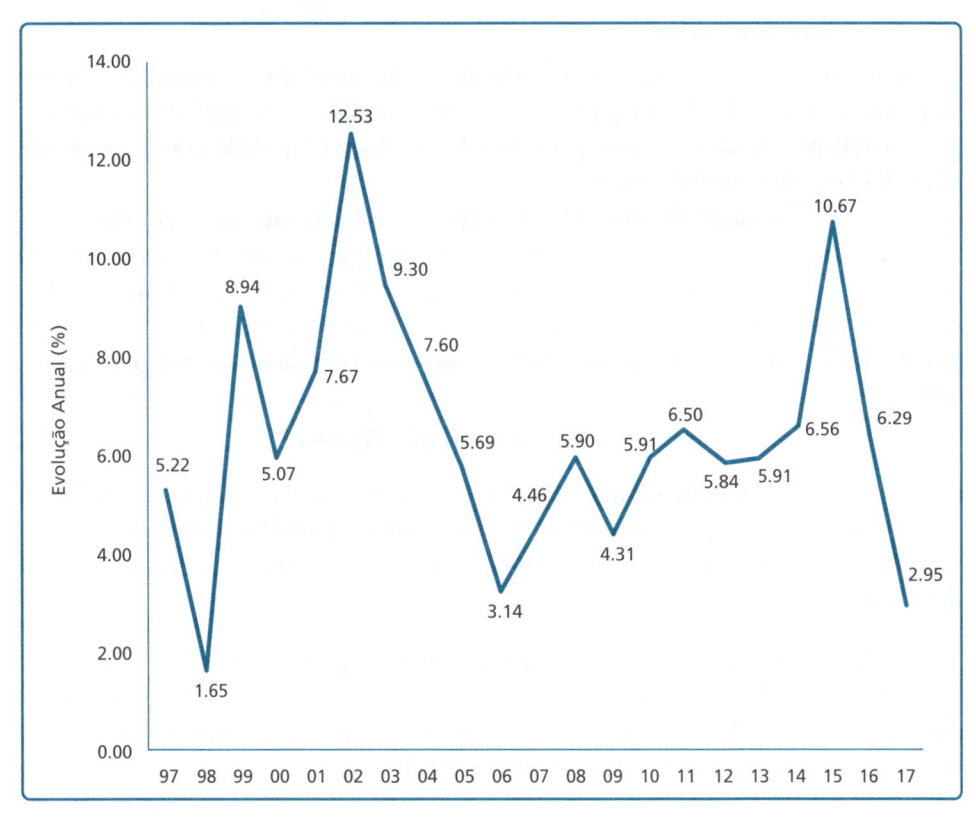

Ano	Evolução Anual (%)
97	5.22
98	1.65
99	8.94
00	5.07
01	7.67
02	12.53
03	9.30
04	7.60
05	5.69
06	3.14
07	4.46
08	5.90
09	4.31
10	5.91
11	6.50
12	5.84
13	5.91
14	6.56
15	10.67
16	6.29
17	2.95

Existem vários motivos para os preços subirem, os quais serão abordados neste capítulo.

21.1.1. Efeito "sola de sapato" e custo menu

A inflação traz consigo custos sociais que podem ser sentidos, entre outros, devido ao:

- **efeito "sola de sapato"**, que ocorre quando as pessoas, tentando minimizar a quantidade de moeda em seu poder e assim se resguardar da inflação, passam a ir diversas vezes ao banco e, em decorrência disso, diminuem seu tempo em realizar atividades produtivas;

- **custo menu**, que se dá quando, pelo fato de haver a necessidade de se atualizarem as listas de preços, recursos são consumidos de uma maneira não produtiva (na remarcação dos preços) ao invés de produtiva (na produção de bens). O custo menu é muito percebido na curva de oferta Keynesiana — caso extremo, na qual os custos de repasse dos preços desestimulam sua alteração, mantendo-os constantes.

Além do efeito "sola de sapato" e do "custo menu", a inflação gera uma redistribuição involuntária de riqueza entre devedores e credores, bem como a transferência involuntária de responsabilidades tributárias.

21.1.2. Regra de Taylor

Uma das maneiras de se controlar a inflação ou o produto da economia é através da regra de Taylor. Ela afirma que o Banco Central, através de sua política monetária, poderá agir para levar a inflação para o centro da meta estipulado por ele ou o produto efetivo para o produto potencial.

Assim, a **regra de Taylor**[1] afirma que a taxa básica de juros nominal (i_t) é determinada pela taxa de inflação do período (π_t), pela diferença entre a taxa de inflação esperada (ou atual) e a meta de inflação determinada pelo Banco Central ($\pi_t - \pi_m$), pelo hiato do produto que é a diferença do produto efetivo e o produto potencial (Y – Yp) e a estimativa da taxa de juros real da economia (r*). assim, tem-se:

$$it = \pi_t + \alpha (\pi_t - \pi_m) + \beta (Y - Yp) + r^*$$

Onde: α = sensibilidade da taxa de juros ao diferencial da inflação esperada (ou atual) em relação a meta de inflação estipulada pelo Banco Central

β = sensibilidade da taxa de juros ao diferencial do produto efetivo e o produto potencial.

A regra de Taylor guia a **política monetária** da seguinte forma:

Quando a inflação do período (ou a expectativa) estiver acima da meta de inflação estipulada pelo Banco Central ou quando o produto efetivo estiver maior que o produto potencial, a taxa de juros (i_t) deverá ser elevada.

---

[1] A regra de Taylor foi criada em 1993 pelo economista norte-americano John Taylor.

Também quando a inflação do período (ou a expectativa) estiver abaixo da meta de inflação estipulada pelo Banco Central ou quando o produto efetivo estiver menor que o produto potencial, a taxa de juros (i_t) deverá ser reduzida.

Portanto, segundo a Regra de Taylor, para que os resultados da política monetária, através da taxa de juros, fossem mais efetivos, as regras adotadas dessa política deveriam ser transparentes.

21.1.3. Equação de Phillips

A proposta de William Phillips foi apresentar um trabalho empírico realizado na Inglaterra, no ano de 1958, que mostrava a relação entre desemprego e elevação dos salários nominais no Reino Unido entre os anos de 1861 e 1957. Sua formulação teórica foi realizada por economistas dos Estados Unidos anos depois.

O primeiro estudo da Equação de Phillips mostrou a relação entre a variação dos salários nominais ($\Delta W/W$) e as **taxas de desemprego (μ)**[2], apontando uma relação negativa entre essas duas variáveis, de tal maneira que, quanto maior a taxa de variação de salários nominais, menor a taxa de desemprego. Assim, quanto menor a taxa de variação de salários nominais, maior a taxa de desemprego.

Dois anos depois, em 1960, Samuelson e Solow consideraram uma relação negativa, no curto prazo, entre a taxa de inflação (π) e a taxa de desemprego (μ), denominada, aqui, **Curva de Phillips Original**.[3]

---

[2] A população de um país é composta pela População em Idade Ativa **(PIA)** e pela População em Idade Não Ativa **(PINA)**.

O IBGE, por meio da Pesquisa Nacional por Amostra de Domicílios contínua (PNAD contínua), classifica como em idade ativa a população acima de 14 anos.

A População em Idade Ativa **(PIA)** é composta pela População Economicamente Ativa **(PEA)** e a População Não Economicamente Ativa **(PNEA)**.

A População Não Economicamente Ativa **(PNEA)** é constituída por pessoas que não trabalham nem ofertam trabalho ou por pessoas que trabalham mas não auferem renda.

Como exemplo daqueles que não trabalham nem ofertam trabalho, pode-se enquadrar os desalentados, presos, inválidos, aposentados (caso os aposentados não pretendam mais trabalhar, eles se enquadram na PINA) e estudantes.

Desalentados são as pessoas que não se enquadram no mercado de trabalho porque não encontram uma remuneração compatível com as suas qualificações ou não encontram trabalho que exija uma qualificação à altura de suas competências.

Como exemplo daqueles que trabalham, mas não recebem renda, pode-se enquadrar as donas de casa, os voluntários e os religiosos.

A População Economicamente Ativa **(PEA)** é constituída pelos empregados, empregadores, autônomos e pessoas desempregadas, mas que estão ofertando trabalho.

Entende-se por desemprego aberto uma situação em que a pessoa, apesar de estar desempregada, está a procura de emprego na última semana.

[3] Neste primeiro momento, considera-se a Equação de Phillips sem as expectativas e sem o choque de oferta.

A **teoria de Phillips** defende que, para se combater a inflação, deve-se enfrentar uma **recessão**[4] no curto prazo, ou seja, só se combate a inflação com recessão. Assim, medidas restritivas (sejam políticas monetárias ou fiscais) tendem a desaquecer a economia, gerando desemprego, em prol de uma menor elevação de preços. Do Val realça que: "A importância dessa curva (...) reside na opção que ela propõe em termos de condução da política de estabilização. Opção que pode ir desde a escolha de um nível de desemprego social e politicamente aceitável associado com um alto nível de inflação, até a opção, entre ter inflação com pleno emprego e não ter inflação, mas não ter pleno emprego"[5].

Pinho e Vasconcellos afirmam que: "A curva de Phillips expressava simplesmente uma curva de oferta agregada positivamente inclinada. Phillips relacionava a taxa de crescimento dos preços (inflação) com a taxa de desemprego. Caso a taxa de desemprego fosse mais elevada, indicaria maior excesso de oferta, e, consequentemente, haveria pressão para que a taxa de crescimento dos salários nominais fosse mais baixa. Essa taxa menor corresponderia a uma taxa de inflação menor. À medida que a taxa de inflação fosse maior, os salários reais seriam menores e, consequentemente, de acordo com a teoria neoclássica, as firmas teriam incentivo a contratar mais mão de obra"[6].

A partir do cálculo a seguir, pode-se associar a taxa de inflação à taxa de desemprego.

Dados: P = preço atual; P_{-1} = preço passado; δ constante positiva = sensibilidade dos preços à taxa de desemprego; μ = taxa de desemprego; e μ_N = taxa de desemprego natural (desemprego voluntário + desemprego friccional)[7].

Dada a expressão com base em preços passados[8], tem-se:

$$P = P_{-1} [1 - \delta (\mu - \mu_N)]$$
$$P = P_{-1} - P_{-1} \delta (\mu - \mu_N)$$
$$P - P_{-1} = -P_{-1} \delta (\mu - \mu_N)$$
$$\frac{P - P_{-1}}{P_{-1}} = -\delta (\mu - \mu_N)$$

Como:

$$\frac{P - P_{-1}}{P_{-1}} = \text{taxa de inflação } (\pi), \text{ então:}$$

$$\pi = -\delta (\mu - \mu_N)$$

A representação gráfica dessa função pode ser vista na Figura 21.2.

---

[4] A economia depara-se com oscilações conhecidas por depressão, recuperação, pico e recessão. Depressão é o ponto mais profundo de uma recessão. Recuperação é quando a economia deixa a depressão e começa a crescer. Pico é o ponto mais alto do crescimento econômico. Recessão é quando a economia diminui seu produto no sentido de uma depressão.
[5] Fernando T. R. Do Val, *Macroeconomia*, p. 310-311.
[6] Diva Benevides Pinho e Marco Antonio Sandoval de Vasconcellos, *Manual de economia*, p. 264.
[7] Desemprego friccional é aquele decorrente da transição de um profissional de um emprego para outro.
[8] Vista anteriormente na curva de oferta com base nos preços passados e na Lei de Okun.

Figura 21.2. Curva de Phillips original: uma relação inversa entre taxa de inflação e taxa de desemprego — curto prazo

Observe que, quando o desemprego se encontra em μ_N, a taxa de inflação é zero. Onde: μ = taxa de desemprego; e π = taxa de inflação.

Ou seja, a taxa de inflação tem uma **relação inversa** com a taxa de desemprego. Portanto, medidas que forem tomadas para combater a inflação (como uma política fiscal e/ou monetária restritiva) acarretarão um aumento no desemprego. A pergunta que se faz é: quanto de inflação será tolerável para que se possa reduzir o desemprego?

Portanto, pela teoria de Phillips, só se combate a inflação com recessão, ou seja, com medidas recessivas. Assim, só se reduz a inflação com aumento do desemprego. Isso pode ser observado na curva de Phillips no **curto prazo**, em que ocorre o *trade-off* entre taxa de inflação (π) e taxa de desemprego (μ), ou seja, a relação entre inflação e desemprego é de troca. Quanto mais inflação, menos desemprego, e quanto menos inflação, mais desemprego.

21.1.4. Equação de Phillips com inflação esperada

Friedman e Pelps[9], em 1968, introduziram na Equação de Phillips, uma taxa de **inflação esperada**. Assim, o conceito da curva de Phillips foi acrescido pelas expectativas, o que deu um conceito novo a curva de Phillips, denominada, agora, Curva de Phillips aceleracionista. Através dessa nova teoria, seria possível se gerar emprego com baixa inflação, como também, não se gerar emprego com alta inflação. Mas, essa teoria afirmava também que, apesar de uma baixa inflação ser capaz de gerar emprego, este último seria de caráter transitório porque os trabalhadores exigiriam elevação de seus salários para recompor a perda real de valor dele devido à inflação passada. Isso provocaria uma redução da oferta de mão de obra, elevando o desemprego, deixando-o ao nível que estava antes da

---

[9] Milton Friedman e Edmund Pelps se dedicaram a estudar a relação proposta por Phillips acrescentando à equação original a análise das expectativas. A curva de Phillips ficou também conhecida por curva de Phillips aceleracionista.

inflação. Logo, se o intuito do governo for reduzir o desemprego, só conseguirá êxito no curto prazo, porque o trabalhador irá exigir recomposição de seus salários em decorrência da inflação, voltando a inflação e o desemprego ao patamar inicial. No decorrer desse processo, os trabalhadores passarão a exigir antecipação de reajustes, elevando ainda mais a inflação e provocando um deslocamento da curva de phillips para a direita ou para cima. Assim, Pinho e Vasconcellos afirmam que antes na: "(...) curva de Phillips, desconsiderava-se completamente a expectativa de crescimento dos preços, ou seja, admitia-se que os agentes econômicos — no caso os trabalhadores — possuíam ilusão monetária, ou seja, não percebiam o que ocorria com o nível dos preços, mas apenas com seus salários. Assim, Friedman e Pelps propõem que na equação explicativa das taxas de crescimento dos salários nominais deveríamos introduzir, além da taxa de desemprego, a taxa de inflação esperada"[10].

Deduzindo a curva de Phillips de forma **modificada**[11], com base na oferta agregada de Lucas, ou seja, somando-se uma taxa de inflação esperada, tem-se:

$$\pi = \pi_e - \varphi (\mu - \mu_N)$$

Onde: π = inflação; π_e = inflação esperada; e $\varphi = 1/\lambda\alpha$ = sensibilidade dos preços à taxa de desemprego.

Portanto, se $\mu < \mu_N$, ou seja, se a taxa de desemprego é menor que a natural, significa que $Y > Yp$, ou seja, o produto da economia está superando o potencial, então: p ↑, ou seja, haverá pressão por preços maiores.

Portanto, até a análise feita agora, a inflação teria as seguintes causas:

■ As pessoas esperam que haja inflação levando a uma elevação de preços denominada inflação esperada (π_e).

■ O desemprego é menor que o desemprego natural, fazendo com que o produto seja maior que o potencial, levando a elevação de preços, ocasionando um tipo de inflação de demanda.

---

[10] Diva Benevides Pinho e Marco Antonio Sandoval de Vasconcellos, *Manual de economia*, p. 265.
[11] Dada a Equação de Lucas: $Y = Yp + \alpha (P - P^e)$, deduz-se: $-\alpha (P - P^e) = Yp - Y$ ou **$P - P^e = - (Yp - Y)/\alpha$** (I).
Dada a Lei de Okun: $\mu - \mu_N = \lambda (Yp - Y)$, deduz-se: **$Yp - Y = (\mu - \mu_N)/\lambda$** (II).
Substituindo (II) em (I), tem-se: $P - P^e = -1/\alpha (\mu - \mu_N)/\lambda$ ou $P - P^e = -(\mu - \mu_N)/\alpha\lambda$.
Chamando $\varphi = 1/\alpha\lambda$
$P = P^e - \varphi (\mu - \mu_N)$
Subtraindo dos dois lados P_{-1} e considerando que a variação de P se aproxima da variação percentual de P, então: $\pi = \pi_e - \varphi (\mu - \mu_N)$.

Assim, a representação gráfica passa a ser de acordo com a Figura 21.3.

Figura 21.3. Curva de Phillips acrescida da inflação esperada (π_e): deslocamento da curva de Phillips original — curto prazo

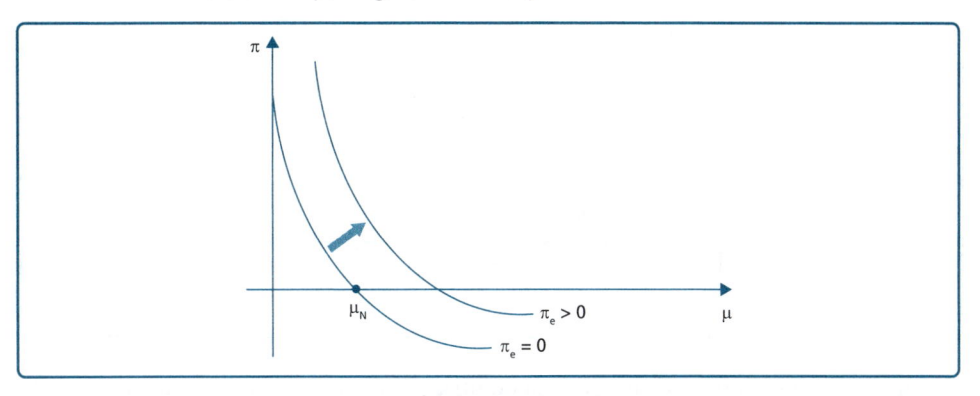

Onde: μ = taxa de desemprego; e π = taxa de inflação.

A curva de Phillips passa a ser representada da seguinte maneira:

Figura 21.4. Curva de Phillips acrescida das expectativas (inflação esperada) — curto prazo

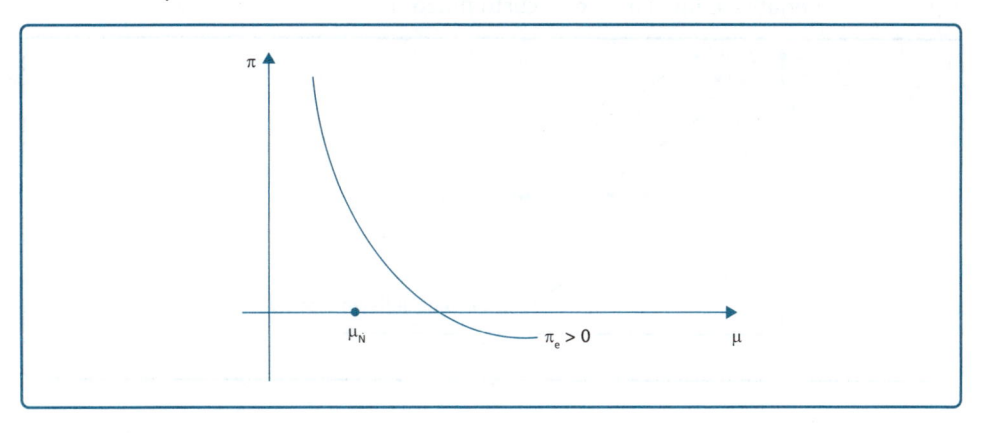

Observe que, pelo fato de ter havido uma inflação esperada positiva, a curva de Phillips se desloca para a direita, aumentando o nível de desemprego. Portanto, uma inflação esperada desloca a curva de Phillips para a direita, e uma deflação esperada desloca a curva de Phillips para a esquerda.

Caso ocorra uma redução da inflação de demanda, há um custo social de mais desemprego, provocando o deslocamento **"na"** própria curva de Phillips, levando A para B, conforme mostra a Figura 21.5.

Figura 21.5. Deslocamento na curva de Phillips em decorrência de uma redução da inflação de demanda — curto prazo

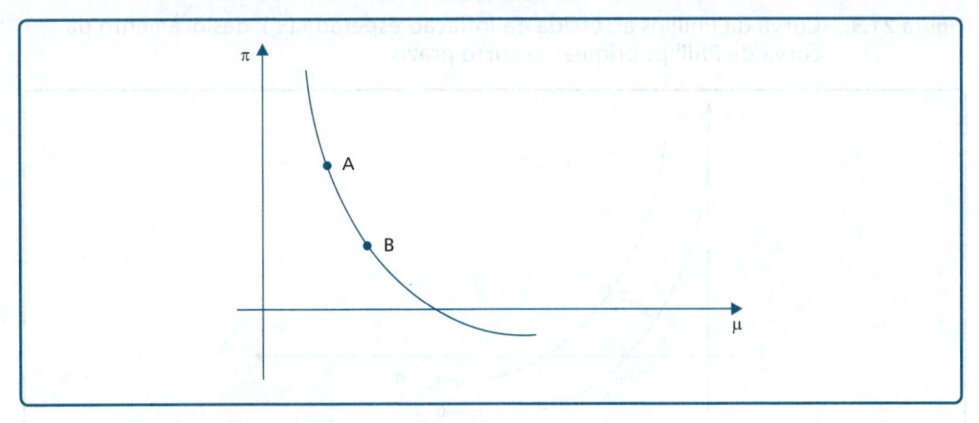

Inversamente, um aumento da taxa de inflação de demanda desloca o ponto "B" para "A", diminuindo a taxa de desemprego.

Observe, na Figura 21.6, o que ocorre com a curva de Phillips com uma taxa de **inflação esperada** positiva e negativa.

Figura 21.6. Deslocamento da curva de Phillips com uma inflação esperada positiva, negativa e igual a zero — curto prazo

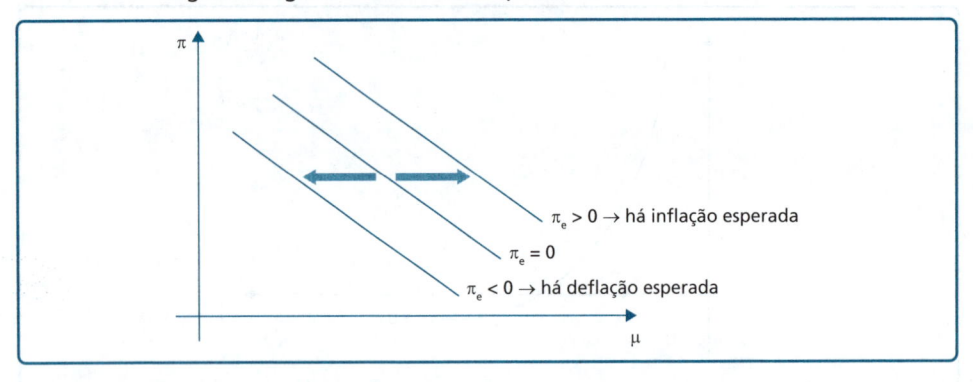

$\pi_e > 0 \rightarrow$ há inflação esperada
$\pi_e = 0$
$\pi_e < 0 \rightarrow$ há deflação esperada

■ 21.1.5. Equação de Phillips com inflação esperada e com choque de oferta

Acrescentando um terceiro motivo para a inflação, a curva de Phillips apresenta uma fórmula mais geral, ou seja, somando-se à equação, pode-se ter um **choque de oferta**, também conhecida por **inflação de custos**.

Exemplo de choque de oferta: quando a matéria-prima sobe de preço devido a uma quebra de safra em decorrência de mudanças climáticas, crises internacionais, guerra etc. São fatores, portanto, imprevisíveis.

O choque de oferta pode ser **favorável** ($\varepsilon < 0$, deslocando a curva de Phillips para a esquerda) ou **desfavorável** ($\varepsilon > 0$, deslocando a curva de Phillips para a direita), conforme mostra a Figura 21.7.

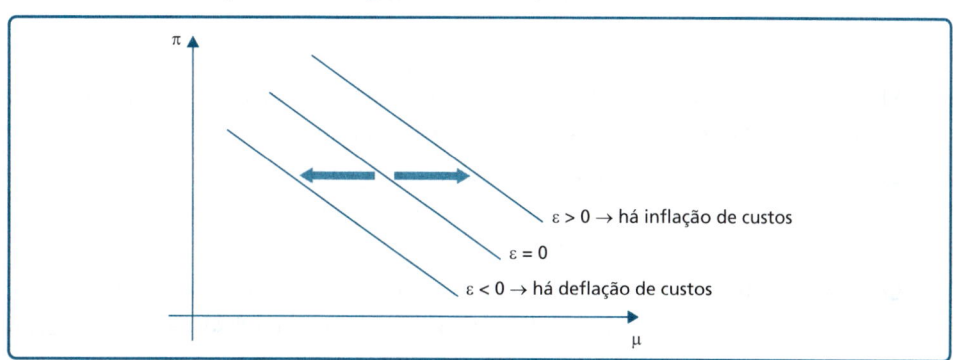

Figura 21.7. Deslocamento da curva de Phillips em decorrência de um choque de oferta positivo e negativo — curto prazo

[Gráfico: eixos π (vertical) e μ (horizontal), com três retas decrescentes paralelas indicando:
ε > 0 → há inflação de custos
ε = 0
ε < 0 → há deflação de custos]

Então, a Equação de Phillips se define por: $\pi = \pi_e - \varphi(\mu - \mu_N) + \varepsilon$.

Essa é a equação completa de Phillips, que pode ser representada graficamente conforme a Figura 21.8. Onde: π = taxa de inflação; π^e = taxa de inflação esperada; φ = sensibilidade da inflação ao desemprego = elasticidade da inflação ao desemprego; μ = taxa de desemprego; μ_N = taxa natural de desemprego; e ε = choque de oferta ou inflação de custos.

A equação pode ser representada também adicionando um subscrito "t", indicando que a referida inflação ocorreu no período "t", ou seja: $\pi_t = \pi_t^e - \varphi(\mu - \mu_N) + \varepsilon$.

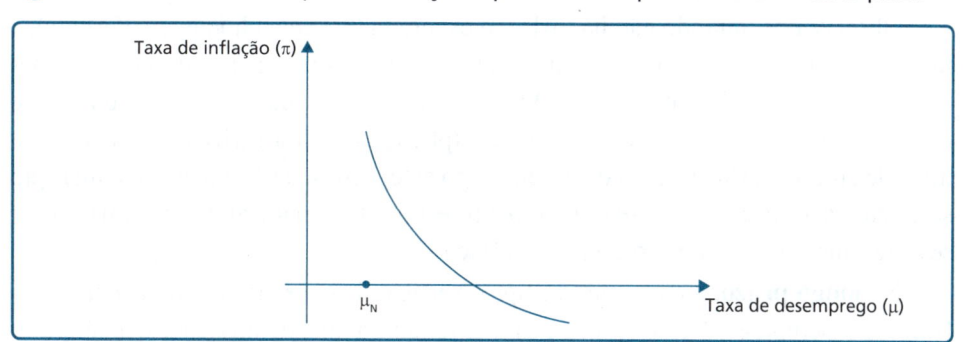

Figura 21.8. Curva de Phillips com inflação esperada e choque de oferta — curto prazo

[Gráfico: Taxa de inflação (π) no eixo vertical, Taxa de desemprego (μ) no eixo horizontal, curva decrescente convexa passando por μ_N]

A curva de Phillips vai mostrar quanto de desemprego deve haver para reduzir a inflação. Ou seja, a relação entre taxa de desemprego e taxa de inflação é **decrescente (ou negativa)**.

Mas, quando se fala em alterar desemprego, não se está referindo ao desemprego natural, que existe por causa de uma migração regional ou setorial **(desemprego friccional)** ou porque as pessoas não se sujeitam a trabalhar pelo valor que o mercado está disposto a pagar **(desemprego voluntário)**. Por isso, μ_N deve ser subtraído do desemprego total (μ).

Na curva de Phillips no **curto prazo** ocorre o *trade-off*, ou seja, quando uma variável aumenta, a outra diminui. É uma relação de troca entre inflação e desemprego.

Assim, pode-se observar que, no curto prazo:

▪ Quando a inflação esperada, somada à inflação de custos, assume um valor positivo, a curva de Phillips se desloca para a direita.

▪ Quando a inflação esperada, somada à inflação de custos, é zero, a curva de Phillips não se desloca; e à taxa de inflação zero, a taxa de desemprego, excluindo o desemprego natural, é zero.

▪ Quando a inflação esperada, somada à inflação de custos, assume um valor negativo, a curva de Phillips se desloca para a esquerda. Observe a Figura 21.9.

Figura 21.9. Deslocamento da curva de Phillips quando há inflação esperada e choque de oferta — curto prazo

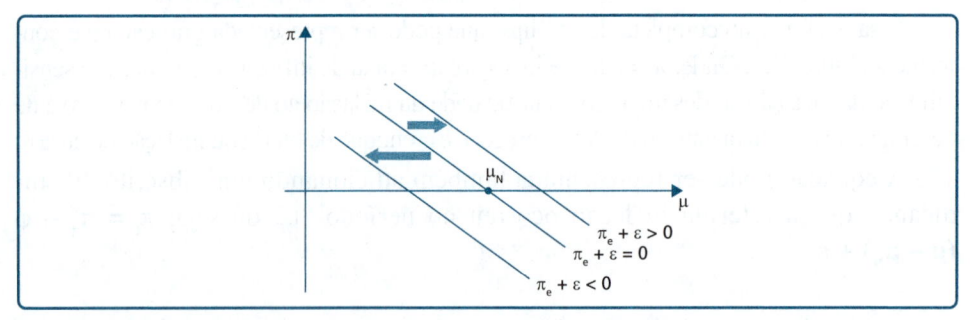

Observe que, quando não há inflação esperada (π_e) nem choque de oferta (ε), a taxa de inflação será igual a zero no ponto em que ocorre apenas desemprego natural (μ_N). Assim reforçam Lopes e Vasconcellos: "Em uma situação onde $\pi_e = 0$ e não ocorram choques de oferta, a única explicação para a inflação passa a ser o nível de emprego. Caso a taxa de desemprego esteja em seu nível natural, a inflação será igual a zero. Já se o desemprego for inferior à taxa natural, haverá inflação, e se o desemprego for superior, haverá deflação"[12].

No **longo prazo**: a curva de Phillips é vertical. Não existe o *trade-off* entre inflação e desemprego. Nesse caso, é possível reduzir a taxa de inflação, sem alterar o desemprego. A curva fica **vertical** para o nível natural de desemprego.

Portanto, quando o produto opera no seu **potencial**, o desemprego que ocorre é apenas o **natural**.

---

[12] Luiz Martins Lopes e Marco Antonio Sandoval de Vasconcellos, *Manual de macroeconomia*, 1998, p. 231.

Figura 21.10. Curva de Phillips de longo prazo

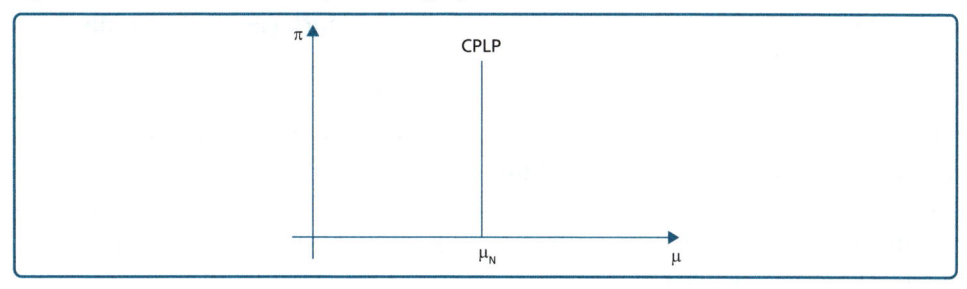

Conclusão:

$$\pi = \underbrace{\pi_e}_{\text{inflação inercial}^{13}} \underbrace{-\varphi(\mu - \mu_N)}_{\substack{\text{componente da} \\ \text{inflação de demanda}}} \underbrace{+\varepsilon}_{\substack{\text{choque de oferta} \\ \text{ou inflação de custos}}}$$

Inflação = inflação inercial + componente da inflação controlada pela demanda agregada + inflação de custos.

21.1.6. Inflação de demanda, inflação de custos, inflação esperada

A inflação é a soma da inflação ocasionada pelo **deslocamento da curva de demanda** para a direita (inflação de demanda e inflação esperada) ou **deslocamento da curva de oferta** para a esquerda (inflação de custos e inflação esperada). Analisando esses deslocamentos, é possível construir a curva de Phillips **espelhada na curva de oferta**.

Começando pela comparação de uma inflação de demanda nas curvas de demanda/oferta de bens e na curva de Phillips, é possível perceber que um deslocamento **"da"** curva de demanda provoca um deslocamento **"na"** curva de Phillips, já que a oferta não sai do lugar. Observe a Figura 21.11.

Figura 21.11. Deslocamento da curva de demanda e deslocamento na curva de Phillips

Inflação de demanda
A demanda se desloca de D_1 para D_2
Há deslocamento **na** curva de oferta de 1 para 2
Preço se eleva
Quantidade produzida (Y) se eleva

Inflação de demanda
Há o deslocamento **na** curva de Phillips de 1 para 2
Inflação se eleva
Desemprego (μ) se reduz

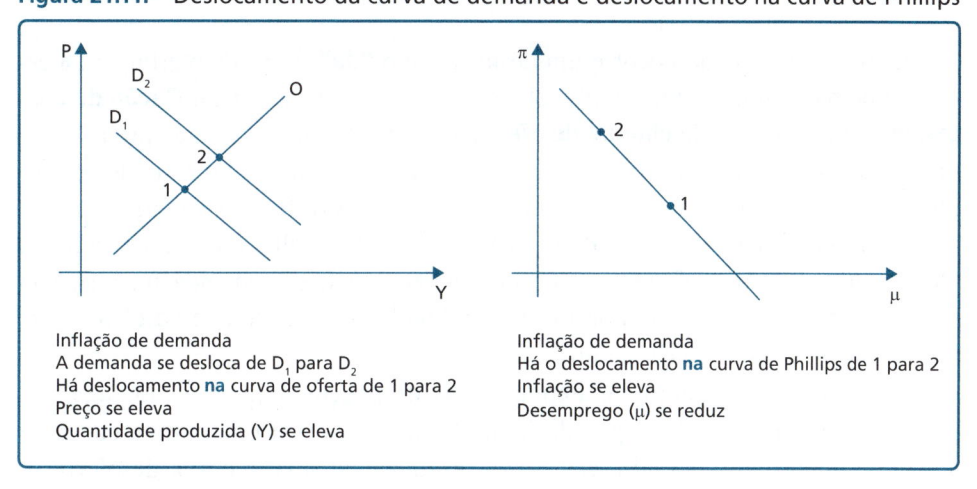

[13] Considerando uma velocidade de ajuste igual a "1".

Observe que, quando ocorre um deslocamento da curva de demanda para a direita ou para cima, os preços (P) sobem, gerando uma **inflação de demanda**. Também a quantidade de produto (Y) aumenta e, por conseguinte, o nível de emprego aumenta, ou seja, o nível de desemprego se reduz. Logo, a relação entre elevação de preços (inflação) e redução do desemprego, que pode ser visualizada no gráfico da Figura 21.11, espelha a curva de **Phillips**. Observe que a curva de demanda vai deslizar sobre a curva de oferta, mas esta não sai do lugar. Há, portanto, um deslocamento **"na"** própria curva de oferta e **"na"** própria curva de Phillips em decorrência de uma inflação de demanda.

Analisando, agora, as repercussões de um **choque de oferta**, é possível perceber que, quando a curva de oferta se desloca, a curva de Phillips também se desloca. Veja a Figura 21.12.

Figura 21.12. Deslocamento da curva de oferta e deslocamento da curva de Phillips

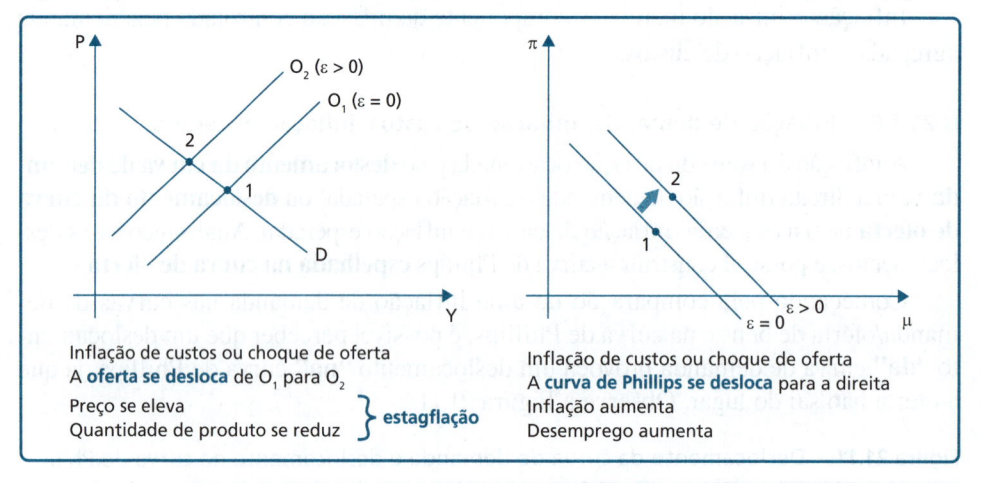

Inflação de custos ou choque de oferta
A **oferta se desloca** de O_1 para O_2
Preço se eleva
Quantidade de produto se reduz } estagflação

Inflação de custos ou choque de oferta
A **curva de Phillips se desloca** para a direita
Inflação aumenta
Desemprego aumenta

Observe que, quando ocorre um deslocamento **"da"** curva de oferta para a esquerda ou para cima, os preços (P) sobem em decorrência de uma **inflação de custos**, também chamada de **choque de oferta**. Com isso, a quantidade de produto (Y) diminui e, por conseguinte, o nível de emprego também, ou seja, o nível de desemprego aumenta. Logo, a relação entre elevação de preços (inflação) e do desemprego, que pode ser visualizada no gráfico da Figura 21.12, espelha a curva de Phillips. Observe que a curva de oferta vai se deslocar sobre a curva de demanda, mas esta não sai do lugar. Há, portanto, um deslocamento **"da"** curva de oferta e **"da"** curva de Phillips em decorrência de uma inflação de custos.

Analisando o aumento das **expectativas de preços** mais altos, ou seja, expectativa de uma inflação esperada, é importante observar que tanto a curva de demanda quanto a curva de oferta saem do lugar, ou seja, a curva de oferta se desloca para cima (de O_1 para O_2), assim como a demanda (de D_1 para D_2). Observe a Figura 21.13.

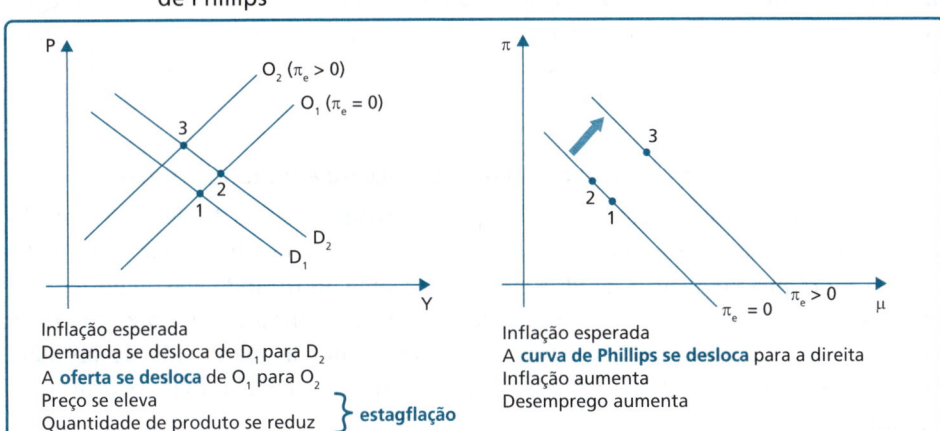

Figura 21.13. Deslocamento da curva de demanda e oferta e deslocamento da curva de Phillips

[Gráfico à esquerda: eixos P e Y, com curvas $O_2 (\pi_e > 0)$, $O_1 (\pi_e = 0)$, D_1 e D_2, pontos 1, 2 e 3]

Inflação esperada
Demanda se desloca de D_1 para D_2
A **oferta se desloca** de O_1 para O_2
Preço se eleva
Quantidade de produto se reduz } estagflação

[Gráfico à direita: eixos π e μ, com curvas de Phillips $\pi_e = 0$ e $\pi_e > 0$, pontos 1, 2 e 3]

Inflação esperada
A **curva de Phillips se desloca** para a direita
Inflação aumenta
Desemprego aumenta

Observe que, quando ocorre **inflação esperada**, a **curva de demanda** se desloca de D_1 para D_2, provocando um deslizamento sobre a curva de oferta agregada, onde há elevação de preços e quantidades de produto, o que pode ser percebido caminhando do ponto "1" para o ponto "2". Também uma inflação esperada provoca um deslocamento da **curva de oferta** para a esquerda ou para cima, fazendo com que os preços (P) subam e a quantidade se reduza, o que pode ser percebido caminhando do ponto "2" para o ponto "3".

Apesar de a taxa de inflação esperada deslocar também a curva de demanda agregada para a direita ou para cima, provocando um aumento do produto ou uma redução do desemprego e uma elevação da taxa de inflação total, esta se **desloca menos**[14] que a taxa de inflação esperada, enquanto a curva de oferta se desloca exatamente no valor da taxa de inflação esperada, o que gera uma taxa efetiva de inflação maior e uma produção menor, ou seja, uma taxa de desemprego maior. Em outras palavras, apesar das curvas de demanda e oferta se deslocarem, esta apresenta um maior deslocamento, fazendo com que os preços se elevem e a quantidade de produto diminua.

Com isso, a quantidade de produto (Y) diminui e, por conseguinte, o nível de emprego também, ou seja, o nível de desemprego aumenta.

Logo, a relação entre elevação de preços (inflação) e do desemprego, que pode ser visualizada no gráfico da Figura 21.13, espelha a curva de Phillips. Observe que a curva de oferta (O_2) se desloca sobre uma nova curva de demanda (D_2). Como resultado, há um deslocamento **"da"** curva de oferta e **"da"** curva de Phillips do ponto "1" para o "3", em decorrência de uma inflação esperada.

Shapiro explica que, para controlar uma inflação de custos ou uma inflação de demanda, a intervenção do governo deve se fazer de maneira diferente, ou seja: "Políticas monetária e fiscal restritivas são os remédios-padrão quando a causa for claramente um excesso de demanda, porém a mesma espécie de política não pode ser tão

---

[14] A curva de demanda se desloca menos que a oferta diante de uma inflação esperada pelo fato de a demanda real por moeda não ser muito elástica à taxa de juros.

livremente utilizada quando a causa for claramente a pressão dos custos ou o deslocamento da demanda. Para reprimir a inflação de custos, medidas como uma legislação antissindical mais rigorosa e a imposição e cumprimento de leis antitruste mais restritivas poderiam ser consideradas; porém, tais medidas não são nada relevantes para a pressão exercida pela demanda"[15].

■ 21.1.7. Curva de oferta e curva de Phillips no curto e no longo prazo

Podemos observar que a curva de Phillips é o **espelho** da curva de oferta. Assim, observe a seguir as duas curvas, primeiro a curva de Phillips e, em seguida, a curva de oferta.

No **curto prazo:** a curva de Phillips é decrescente, mostrando que quanto menor a taxa de inflação, maior será a taxa de desemprego. A curva de oferta é crescente, mostrando que quanto menor o nível de preços, maior a quantidade de produto. Acompanhe pela Figura 21.14. Observe que, no produto potencial (Yp), ocorre o desemprego natural (μ_N).

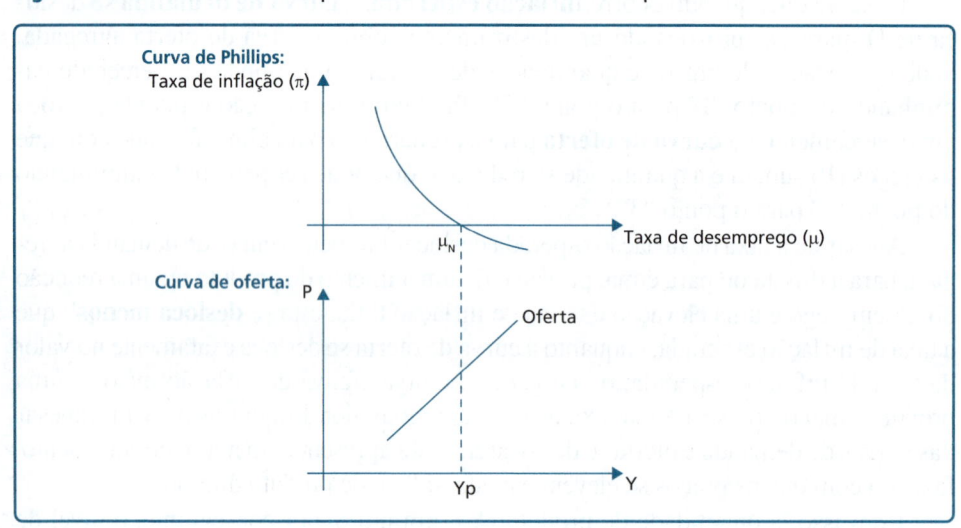

Figura 21.14. Curva de Phillips e curva de oferta no curto prazo

Observe que a relação entre taxa de inflação (taxa de elevação de preços) e taxa de desemprego é **decrescente**, ou seja, quanto maior a inflação, menor será a taxa de desemprego (maior a taxa de emprego ou maior a quantidade produzida). Essa curva mostra que existe um custo para se combater a inflação, que seria o aumento do desemprego.

Isso pode ser verificado também na curva de oferta, ou seja, quanto maior o nível de preços, maior é a quantidade ofertada, ou maior o emprego.

No **longo prazo:** a curva de Phillips é **inelástica** à taxa de inflação, mostrando que uma menor/maior taxa de inflação não altera a taxa de desemprego. A curva de oferta é inelástica aos preços, mostrando que um menor/maior nível de preços não altera a quantidade de produto. Acompanhe pela Figura 21.15.

---

[15] Edward Shapiro, *Análise macroeconômica*, p. 703.

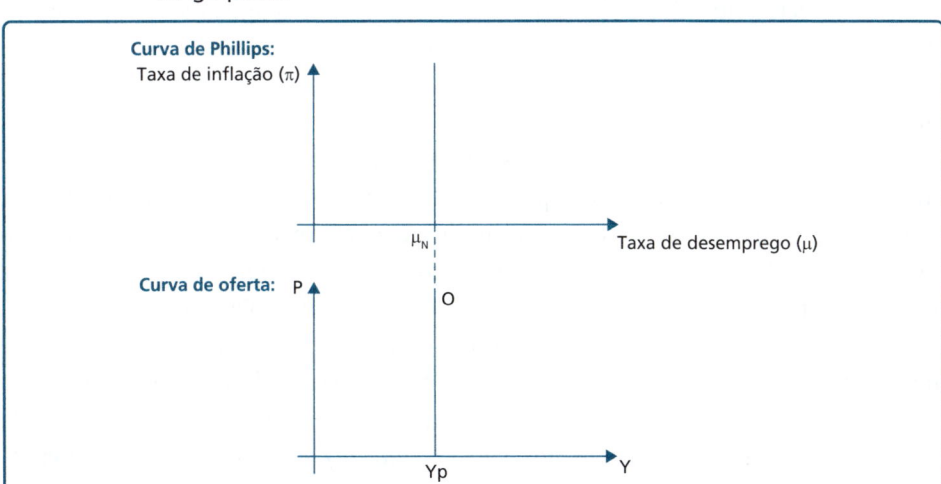

Figura 21.15. Curva de Phillips e curva de oferta inelásticas a variações de preços no longo prazo

[Figura: Curva de Phillips vertical em μ_N e curva de oferta vertical em Y_p]

Na curva de **Phillips de longo prazo**, qualquer medida que seja tomada para alterar a taxa de inflação não é capaz de alterar a taxa de desemprego, porque ela já se encontra na **taxa natural de desemprego**.

A curva de oferta no longo prazo opera no **pleno emprego**, já que, para os clássicos, os salários nominais são flexíveis para baixo, o que justifica o pleno emprego. Portanto, o produto não cresce, caso os preços se elevem.

Dornbusch e Fischer afirmam que: "A longo prazo, o nível do produto torna-se independente da taxa de inflação, o mesmo se dando com a taxa de desemprego. A razão desses resultados importantes — por vezes conhecidos como curva de Phillips de longo prazo vertical, é que as expectativas, em última análise, irão se ajustar à taxa existente de inflação. (...) a igualdade de inflação efetiva e esperada encerra a implicação de que o produto está em seu nível de pleno emprego, não importa qual seja a taxa de inflação. Os desvios do produto de seu nível de pleno emprego significam erros relativos à expectativa, ou desvios da taxa de inflação de seu nível habitual. Por definição, no ponto de equilíbrio a longo prazo, não pode haver erros de expectativas e portanto o produto estará em seu nível de pleno emprego"[16].

21.1.8. Expectativas

A inflação esperada baseia-se em expectativas. O estudo dessas expectativas vai ser em volta de dois tipos:

- **expectativas adaptativas;**
- **expectativas racionais.**

---

[16] Rudiger Dornbusch e Stanley Fischer, *Macroeconomia*, p. 396.

■ 21.1.8.1. Expectativas adaptativas

As **expectativas adaptativas** dizem que as pessoas corrigirão suas expectativas com base nos erros que cometeram no passado. Assim, as pessoas baseiam suas expectativas em cima da inflação do passado, gerando uma inflação inercial ou inércia inflacionária[17].

Quando aumenta a inflação, o desemprego diminui. Porém, se a inflação continuar nesse nível, não quer dizer que o nível de desemprego será o mesmo. Assim, se o governo expande a moeda com o intuito de gerar inflação e reduzir o desemprego abaixo da taxa natural de desemprego, terá que fazer expansões cada vez maiores, porque o desemprego tende a retornar ao patamar natural de desemprego, já que as pessoas aprenderam com os erros do passado. Por isso, não é válido, no **longo prazo**, o *trade-off* inflação-desemprego. A curva de Phillips de longo prazo será vertical, fazendo com que qualquer tentativa de se reduzir o desemprego pela expansão monetária gere apenas inflação. O *trade-off* só é válido no **curto prazo**, portanto.

Na expectativa adaptativa, a inflação esperada para hoje é exatamente a média da inflação observada nos últimos períodos, então é de se esperar que a inflação aumente porque a inflação (π) é a soma da $\pi^e_{t-1} - \varphi(\mu - \mu_N) + \varepsilon$.

A expectativa inflacionária desloca a curva de Phillips para a direita, mostrando que o custo de se combater a inflação é maior. A essa teoria, dá-se o nome de **teoria aceleracionista da inflação**. Observe primeiro a Figura 21.16, que mostrará esse deslocamento em decorrência de uma expectativa de preços mais altos. Nos gráficos das Figuras 21.16 a 21.21, é possível acompanhar, passo a passo, como se dá esse deslocamento.

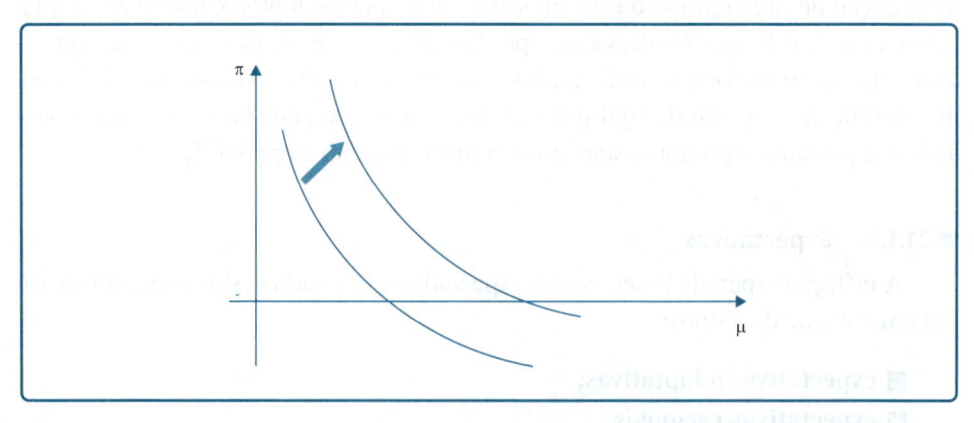

Figura 21.16. Deslocamento da curva de Phillips em decorrência de uma expectativa inflacionária

---

[17] Considerando uma velocidade de ajuste igual a "1".

Se o governo adotar uma política monetária expansionista para diminuir o desemprego, ou seja, se quiser aumentar a oferta de moeda para diminuir o desemprego, poderá gerar mais desemprego por causa da **expectativa adaptativa**.

Figura 21.17. Curva de Phillips numa situação inicial: sem expectativa inflacionária

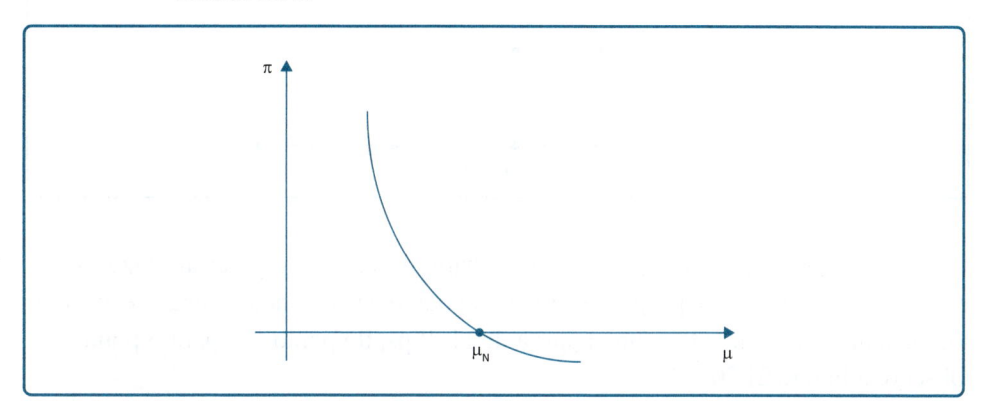

Caso se queira reduzir o desemprego por uma política monetária expansionista, a taxa de inflação aumentará e a taxa de desemprego diminuirá, deslocando o ponto "1" para o ponto "2" da Figura 21.18.

Figura 21.18. Deslocamento na curva de Phillips em decorrência de uma política monetária expansionista

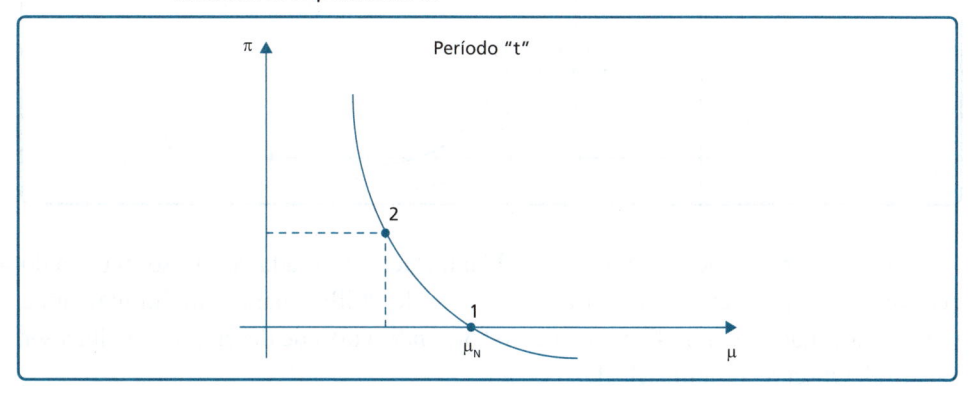

Observe que o *trade-off* entre inflação e desemprego está presente, ou seja, para se reduzir a taxa de desemprego, deve-se aumentar a taxa de inflação.

Como a expectativa é **adaptativa**, a inflação esperada do período seguinte deverá ser igual à desse período, deslocando a curva de Phillips para a direita, ou seja, do ponto "2" para o "3", conforme mostra a Figura 21.19.

Figura 21.19. Deslocamento da curva de Phillips em decorrência de uma expectativa de inflação

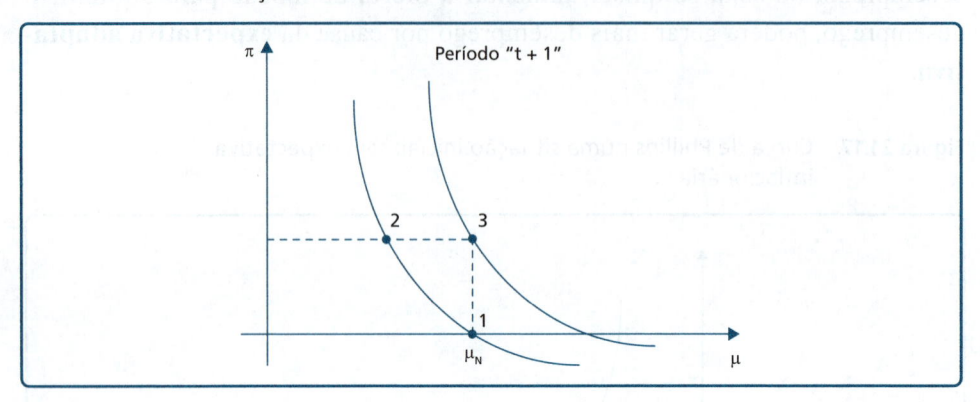

[Figura: curva de Phillips para o Período "t + 1", mostrando pontos 2, 3 e 1, com eixo π e eixo μ, indicando μ_N]

Como o nível de emprego retornou ao natural, o governo precisará fazer novas expansões monetárias, o que provocará um aumento da demanda agregada e, portanto, mais um deslocamento sobre a curva de Phillips, do ponto "3" para o ponto "4". Observe a Figura 21.20:

Figura 21.20. Mais um deslocamento na curva de Phillips em decorrência de uma expansão monetária

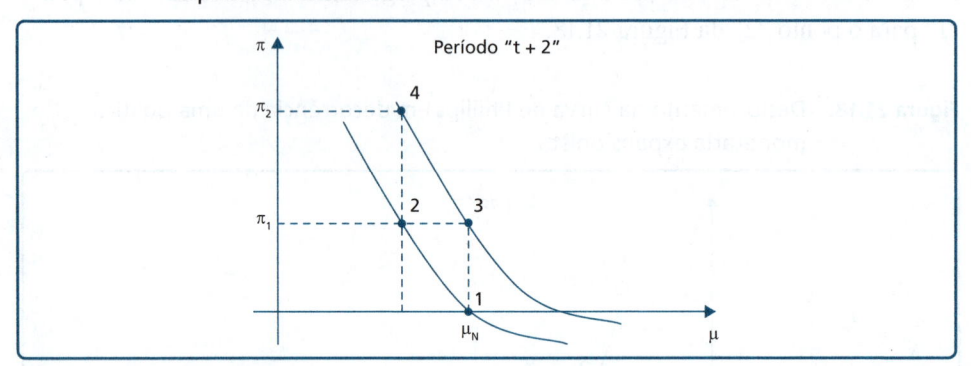

[Figura: curva de Phillips para o Período "t + 2", mostrando pontos 4, 2, 3 e 1, com π_2 e π_1 no eixo π e μ_N no eixo μ]

Ocorre, porém, que no período "t + 3" a inflação esperada deverá ser igual à do período "t + 2", ou seja, π_2, deslocando a curva de Phillips para a direita mais uma vez e deslocando o ponto "4" para o ponto "5", onde a taxa de desemprego volta a ser a natural. Observe a Figura 21.21.

21 ■ Teorias da Inflação/Curva de Phillips

Figura 21.21. Mais um deslocamento da curva de Phillips em decorrência de uma expectativa de uma inflação maior e a formação da espiral inflacionária

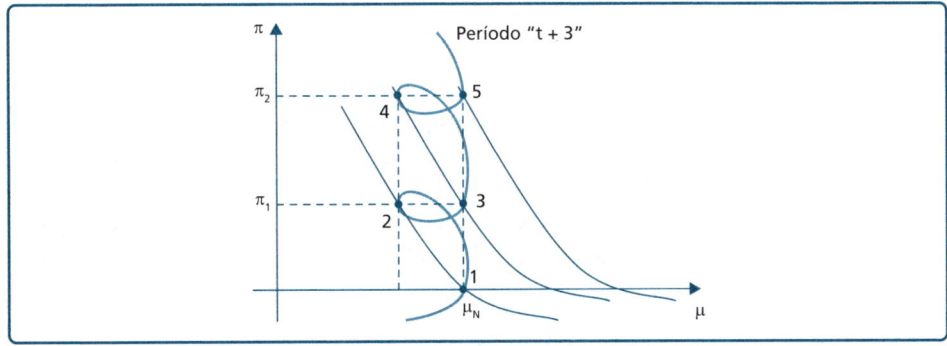

Portanto, no longo prazo, o nível de desemprego tende a retornar ao patamar inicial e, caso o governo queira reduzi-la, terá que fazer sucessivas políticas expansionistas.

Dessa forma, a **expectativa adaptativa** de inflação (π^e_t) será igual à expectativa do período anterior (π^e_{t-1}). Mas, se no período anterior o agente subestimou a expectativa de inflação, então no período atual corrigirá sua expectativa, fazendo com que:

$$\pi^e_t = \pi^e_{t-1} + \beta (\pi_{t-1} - \pi^e_{t-1})$$

Onde: π^e_t = inflação esperada para o período; π^e_{t-1} = inflação esperada do período anterior; π_{t-1} = inflação do período anterior; e β = velocidade de correção das expectativas.

■ 21.1.8.1.1. Velocidade de ajuste da expectativa adaptativa

A velocidade de ajuste das expectativas (β) pode ser maior, menor ou igual a um. Observe:

1. velocidade de **ajuste instantânea** ($\beta = 1$) → A inflação esperada para o período é igual à inflação do período anterior. Daí decorre a chamada **inércia inflacionária**.

$$\pi^e_t = \pi^e_{t-1} + 1 (\pi_{t-1} - \pi^e_{t-1})$$
$$\pi^e_t = \pi^e_{t-1} + \pi_{t-1} - \pi^e_{t-1}$$
$$\pi^e_t = \pi_{t-1}$$

Onde:

π^e_t = nível de inflação esperado para o próximo ano

π^e_{t-1} = nível de inflação desse ano que era esperado no ano passado

π_{t-1} = nível de inflação real desse ano.

Para que a inflação se reduza, será necessário que aconteça um choque deflacionário ou que a taxa natural de desemprego esteja abaixo do desemprego do momento, fazendo com que as expectativas sejam novamente analisadas pelos agentes econômicos, já que quando o desemprego está acima do desemprego natural, aumentando o desemprego, força a uma queda dos salários e ao declínio da inflação.

Pinho e Vasconcellos afirmam que: "Na política econômica, já não existiria um *trade-off* estático entre inflação e desemprego. Em outras palavras, caso a taxa de inflação se elevasse, e com isso a economia apresentasse uma taxa de desemprego menor, num dado momento, os trabalhadores perceberiam que nessa economia a taxa de inflação era maior do que a esperada. Por meio dessa percepção, os trabalhadores passariam a negociar os salários com base nessa expectativa e, consequentemente, a taxa de desemprego voltaria ao seu nível original, pois os salários reais, que haviam diminuído, voltariam ao seu nível original"[18].

2. velocidade de **ajuste não instantânea** ($\beta \neq 1$)

$\pi^e_t = \pi^e_{t-1} + \beta (\pi_{t-1} - \pi^e_{t-1})$

Onde a inflação esperada, no período t, vai ser corrigida, ou seja, haverá um ajuste do erro que foi cometido, o que está representado por $\beta (\pi_{t-1} - \pi^e_{t-1})$. Assim, o valor esperado da inflação no período t será uma proporção da inflação do período t – 1. Com $\pi^e_t = \Phi \pi_{t-1}$.

- Caso $\Phi > 1$, haverá uma trajetória **explosiva** da inflação.
- Caso $\Phi < 1$, haverá uma trajetória **amortecida**.
- Caso $\Phi = 1$, haverá uma inflação **inercial**.

A introdução das expectativas pode explicar a presença de inflação com desemprego, o que não seria possível no caso da análise da curva de Phillips original. Isso ocorre porque haverá o deslocamento **"da"** curva de Phillips, e não o deslocamento apenas **"na"** curva de Phillips.

Nesse caso, à medida que o governo quisesse manter a economia próxima do pleno emprego, haveria a necessidade de continuamente acelerar as taxas de inflação e esperar que os trabalhadores levassem algum tempo para perceber essa aceleração. É por isso que essa nova versão da curva de Phillips passou a ser conhecida como a **versão aceleracionista**; versão essa que gera a **espiral inflacionária** representada na Figura 21.21.

"Entretanto, à medida que houvesse correta percepção por parte dos agentes econômicos — no caso específico dos trabalhadores —, o nível de emprego (ou a taxa de desemprego) voltaria ao seu nível original. A partir daí, coloca-se em evidência o papel que as expectativas têm no comportamento dos agentes econômicos e como isso se reflete no próprio desempenho da economia. E os economistas passaram a dar mais atenção a como os agentes econômicos formam suas expectativas. Começa a se desenrolar a noção de que os agentes econômicos não podem ser ludibriados sistematicamente, ou seja, que cometem erros sistemáticos de previsão. E é justamente essa

---

[18] Diva Benevides Pinho e Marco Antonio Sandoval de Vasconcellos, *Manual de economia*, p. 267-268.

ideia que constitui a base da escola de expectativas racionais que viria a dar sustentação a toda a revolução pela qual passou a Macroeconomia durante as décadas de 1970 e 1980"[19]. Essas expectativas racionais serão o assunto do próximo tópico.

21.1.8.2. Expectativas racionais

As **expectativas racionais**[20] dizem que as pessoas vão levar em consideração todas as informações disponíveis para formar suas expectativas com relação à inflação. Baseiam-se em três hipóteses: os agentes econômicos não sofrem de ilusão monetária; as decisões são tomadas pelos agentes com base em variáveis reais; e os agentes econômicos são otimizadores. Quando os agentes econômicos apresentam expectativa racional forte, na média acertam suas expectativas. Assim, as expectativas dos agentes econômicos podem estar individualmente erradas, mas, quando se referem à média, elas estão corretas. Não são tendenciosas. Os agentes utilizam da melhor forma possível a informação relevante do momento, e o modelo de processamento da informação que usam é o modelo de funcionamento da economia real. Os erros, quando ocorrem, são aleatórios. Assim, a variável prevista vai ter seu valor diferente do valor real apenas se ocorrer um choque de informação que impacte a variável.

Choques **antecipados** ou não surpreendentes (política fiscal ou política monetária) não têm qualquer impacto sobre o produto, apenas sobre o preço, já que a oferta agregada reduziria e a demanda agregada se elevaria, ou seja, deslocariam a curva de oferta para a esquerda e a curva de demanda para a direita. Elimina-se o *trade-off* entre inflação e desemprego no curto prazo e a curva de Phillips torna-se vertical. Isso porque os agentes anteciparam os efeitos da política monetária (ou fiscal) sobre os preços e ajustariam automaticamente seus preços a elas. Somente alterações **não antecipadas** ou **surpreendentes** poderiam alterar o Produto Real no curto prazo, porque não haveria tempo dos agentes se anteciparem às medidas do governo, provocando apenas o deslocamento da curva de demanda agregada. Mankiw afirma que: "uma desinflação indolor exige duas condições. Primeira, o plano de combate à inflação deve ser anunciado antes que as expectativas cruciais tenham se formado. Segunda, os que determinam preços e salários devem acreditar no anúncio. Se ambas as condições são atendidas, o anúncio reduzirá imediatamente o custo do combate à inflação em termos de desemprego, permitindo reduzir a inflação sem aumentar o desemprego"[21].

Assim, se o agente econômico acredita que os responsáveis pela adoção de políticas econômicas estão comprometidos em reduzir a inflação, ele reduzirá sua expectativa de inflação de tal maneira que o **custo social** de combate à inflação será muito menor. Blanchard reforça ao afirmar que: "(...) se fosse possível convencer os fixadores de salário de que a inflação seria de fato menor do que no passado, eles diminuiriam suas expectativas de inflação. Isso, por sua vez, reduziria a inflação efetiva sem

---

[19] Diva Benevides Pinho e Marco Antonio Sandoval de Vasconcellos, *Manual de economia*, p. 267-268.
[20] O modelo de expectativas racionais ou modelos novo-clássicos são uma variante do modelo monetarista de Friedman.
[21] N. Gregory Mankiw, *Macroeconomia*, p. 219.

qualquer mudança na taxa de desemprego. Por exemplo, se os fixadores de salários se convencessem de que a inflação, que andava na casa dos 14% no passado, seria de apenas 4% no futuro e se eles formassem expectativas de acordo, então a inflação cairia para 4%, mesmo se o desemprego permanecesse na taxa natural de desemprego"[22].

Assim, se o governo adota, por exemplo, uma política monetária expansionista, a curva de demanda se desloca para a direita. Mas, como os agentes são **racionais**, não se deixarão influenciar por isso e se anteciparão às medidas do governo, retraindo sua oferta.

Pensando no seguinte exemplo:

Caso o governo adote uma política monetária expansionista, deslocando a curva de demanda para a direita, do ponto "1" para o ponto "2", na Figura 21.22, os preços tendem a subir. Como os agentes são **racionais**, os trabalhadores exigirão aumentos de salários nominais para recompor seu salário real, o que fará as empresas retraírem a oferta de bens e serviços, deslocando a curva de oferta para a esquerda, do ponto "2" para "3".

Assim, observe na Figura 21.22 que o produto não se altera, apenas os preços. Ou seja, a taxa de desemprego não se altera, apenas a taxa de inflação.

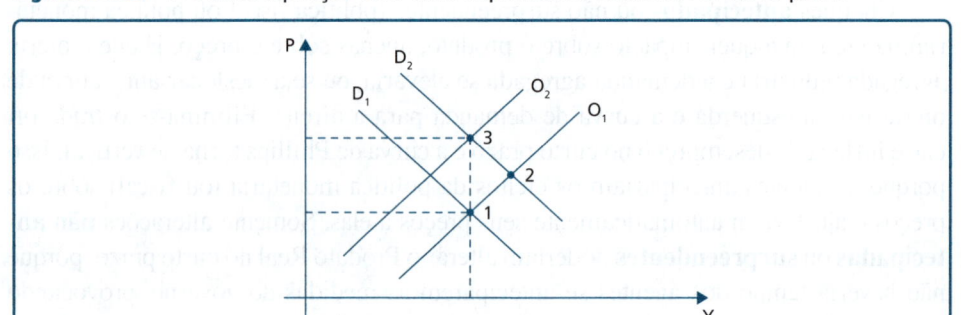

Figura 21.22. Produto e preços com uma expectativa racional no curto prazo

Também, se o compromisso do governo no combate à inflação fosse crível e ele resolvesse praticar uma política monetária contracionista, a taxa de inflação se reduziria sem que a taxa de desemprego aumentasse.

É importante observar que isso ocorre se essas políticas forem **anunciadas** porque, caso contrário, os agentes não poderiam se antecipar, deslocando a curva de oferta e, no curto prazo, o produto se alteraria.

Pinho e Vasconcellos afirmam que: "(...) baseado na hipótese de expectativas racionais, acreditavam que, a partir do momento que os agentes percebiam adequadamente o modelo estrutural que determinava as variáveis, em média, as expectativas não conteriam erros sistemáticos e, consequentemente, o nível de emprego não se alteraria nem no curto prazo"[23].

---

[22] Olivier Blanchard, *Macroeconomia*, p. 178.
[23] Diva Benevides Pinho e Marco Antonio Sandoval de Vasconcellos, *Manual de economia*, p. 266.

21.1.8.2.1. Versões das expectativas racionais

A Equação de Phillips para expectativas racionais se apresenta da seguinte maneira: $\pi_t = \pi^e_t - \varphi (\mu - \mu_N) + \varepsilon$. As expectativas racionais podem ter duas versões:

1. **Versão forte:** é quando os agentes econômicos sempre acertam na média o valor efetivo da variável com relação a suas expectativas: $E(\pi^e_t) = \pi_t$, onde E é a esperança matemática. Todas as formas de ilusão monetária são rigorosamente excluídas.

2. **Versão simples ou fraca:** é quando os agentes econômicos não se deixam influenciar por erros do passado e, portanto, não vão incorrer em erros sistemáticos já que os erros do passado deixam de influenciar as expectativas do presente. Na versão fraca, contudo, os agentes confundem mudanças de preços relativos com mudanças do nível geral de preços. Lopes e Vasconcellos afirmam que na versão simples pode ser definida: "como os agentes fazendo o melhor uso possível das informações de que dispõem. Neste caso, os erros do passado deixam de influir nas expectativas do presente, uma vez que estas últimas são formadas com base no conjunto de informações disponíveis hoje"[24].

Com base nessas críticas, foi construída a Hipótese das Expectativas Racionais (HER). Em sua versão fraca, ela afirma que os agentes formam suas expectativas e agem da melhor forma possível, usando as informações disponíveis, não havendo racionalidade, portanto, nos erros sistemáticos que seriam admitidos pela HEA. Em sua versão forte, a HER afirma que os agentes possuem um modelo econômico, acreditam neste modelo e só este é considerado correto; portanto, sabem como a economia funciona, agem e antecipam o comportamento da economia com base neste modelo. Além disso, os agentes possuem as informações relevantes e aprendem com a experiência, não repetindo erros. Dessa forma, a base das expectativas é a teoria e o estoque de informações[25]. Existe relação probabilística entre as variáveis, de forma que, em média, os agentes acertam suas estimativas (o erro esperado é zero), a não ser que ocorram fatos inesperados, que informações não estejam disponíveis ou que tenham ocorrido mudanças não regulares na economia, e, nesse caso, o modelo econômico esteja desatualizado. Existe, portanto, a possibilidade de ocorrência de erros aleatórios, não havendo correlação entre estes erros e as informações disponíveis. Esses erros aleatórios, no entanto, somente produzem efeitos imediatos[26].

Percebe-se, portanto, que com a expectativa racional desaparece a taxa de sacrifício paga no combate à inflação.

---

[24] Luiz Martins Lopes e Marco Antonio Sandoval de Vasconcellos, *Manual de macroeconomia*, 1998, p. 235.

[25] A equação da HER forte é $_{t-1}X^e_t = E[X_t/I_{t-1}]$, ou seja, a expectativa subjetiva da variável X para o tempo t no momento t – 1 é igual à expectativa matemática sobre o comportamento da variável X no tempo t, com base nas informações I disponíveis no tempo t–1 e dada a estrutura do modelo (Sheffrin, 1985, p. 17-23).

[26] Steven Sheffrin, *Expectativas racionales*, 1985, cap. 1.

21.1.8.3. Quadro-resumo da alteração do produto com a existência de expectativas

Resumindo, podemos apresentar um quadro que mostra quando as expectativas serão capazes de alterar o nível de produto/renda/emprego da economia:

ALTERAÇÃO DO PRODUTO/RENDA/EMPREGO		
	Expectativa adaptativa	Expectativa racional
Curto prazo	Sim	Não[27]
Longo prazo	Não	Não

ALTERAÇÃO DO PRODUTO/RENDA/EMPREGO			
Política fiscal ou monetária	Expectativa adaptativa	Expectativa racional (choques antecipados e versão forte)	Expectativa racional (choques não antecipados ou versão fraca)
Curto prazo	Eficaz	Ineficaz	Eficaz
Longo prazo	Ineficaz	Ineficaz	Ineficaz

Relembrando a **Equação de Fisher** (aproximada), tem-se: $r = i - \pi_e$, onde: r = taxa real de juros; i = taxa nominal de juros; e π_e = inflação esperada.

Se a inflação esperada for igual à inflação ocorrida, ou seja, se a previsão for perfeita, então: $r = i - \pi$. Lembrando que, se o cálculo não for de maneira aproximada, deve-se utilizar a **Equação de Fisher exata**, ou seja:

$$i + r = \frac{1+i}{1+\pi}$$

Gremaud explica de que maneira, em períodos inflacionários, a correção monetária, que deve se igualar à taxa de inflação (π), resguarda os investimentos financeiros: "Tendo em vista o fato de que, num processo inflacionário intenso, o valor da moeda se deteriora rapidamente, ocorre um desestímulo à aplicação de recursos no mercado de capitais financeiros. As aplicações em poupança e títulos devem sofrer uma retração. Por outro lado, a inflação estimula a aplicação de recursos em bens de raiz, como terras e imóveis, que costumam se valorizar. No Brasil, essa distorção foi bastante minimizada pela instituição do mecanismo da correção monetária, pela qual alguns papéis, como os títulos públicos, cadernetas de poupança e títulos privados, passaram a ser reajustados (ou indexados) por índices que refletem aproximadamente o crescimento da inflação. Em épocas de aceleração da inflação, isso contribui para um verdadeiro desvio de recursos de investimentos no setor produtivo, para aplicação no mercado financeiro"[28].

---

[27] Medidas não antecipadas ou surpreendidas poderiam alterar o Produto Real no curto prazo, assim como o fato de o agente possuir uma versão fraca e não acertar na média o valor com base nas suas expectativas.

[28] Amaury Patrick Gremaud et al, *Manual de economia*, p. 730.

21.1.9. Inflação pura

Embora não exista inflação pura, pode-se defini-la como uma inflação em que todos os preços (p) e salários (W) sobem em igual proporção, não alterando os salários reais (W/p). Como a inflação não tende a ser pura, quando ocorre uma inflação, há uma piora na distribuição de renda, já que aqueles que auferem menor renda são justamente aqueles que menos podem se proteger das perdas reais sofridas pela inflação. Por outro lado, aqueles que percebem maiores rendas conseguem se proteger de uma elevação de preços, podendo, inclusive, apresentar ganhos reais. Para Blanchard, além do fato suprarreferido, "a inflação provoca distorções. Variações nos preços relativos também levam a uma maior incerteza, dificultando a tomada de decisões pelas empresas com relação ao futuro — incluindo novos investimentos"[29].

Diz-se que o processo inflacionário é puro quando a causa da inflação é uma inflação de demanda ou uma inflação de custos ou uma inflação inercial, atuando isoladamente, ou seja, nunca ocorrendo conjuntamente.

21.2. A TEORIA ESTRUTURALISTA DA INFLAÇÃO

A teoria estruturalista da inflação[30] surgiu no final dos anos 50, início dos anos 60 com a finalidade de explicar a inflação crônica que assolava os países em desenvolvimento desde a década de 30 do século XX, nas economias latino-americanas. Essa teoria recebeu o nome de estruturalista porque colocava em evidência algumas características da estrutura produtiva de economias em desenvolvimento.

Para os defensores, a inflação ocorria pela **inelasticidade das estruturas econômicas** no processo de desenvolvimento econômico. E essa inflexibilidade ocorria em decorrência do estrangulamento da oferta agrícola e industrial e do desequilíbrio do setor externo.

O **estrangulamento da oferta agrícola** ocorreria porque a demanda por bens agrícolas aumentaria numa proporção maior que a oferta. A demanda crescia, ocasionado pelo aumento populacional, pelo deslocamento da população da zona rural para a zona urbana e devido ao processo de industrialização que demandava mais desses produtos. Em contrapartida, a oferta não acompanhava o crescimento da demanda devido a centralização das propriedades agrícolas em latifúndios onde muitas vezes a terra era usada para fins especulativos no lugar de produzir alimentos; e a dificuldade de importações. A **oferta industrial** era esbarrada na falta de insumos básicos e na ausência de mão de obra qualificada

O **desequilíbrio externo** era ocasionado pela falta de diversificação na exportação de produtos agrícolas que tinham seus preços oscilando consideravelmente, desestabilizando as receitas provenientes das exportações. Por outro lado, havia a

---

[29] Olivier Blanchard, *Macroeconomia*, p. 31.
[30] A nova e original corrente de pensamento sobre inflação — a teoria estruturalista da inflação — recebeu as principais contribuições de J. Noyola Vázquez, C. Furtado e O. Sunkel, além das bases fornecidas por Raúl Prebisch.

necessidade de importar cada vez mais, devido ao processo de industrialização como consequência da elevada propensão a importar de economias como as latino-americanas. Com isso, é gerado um déficit na Balança Comercial e, por conseguinte, no Balanço de Pagamentos. A desvalorização cambial ou o controle sobre as importações que sucedem esse desequilíbrio geram pressão maior para o surgimento da inflação estrutural.

Assim, as forças básicas da inflação seriam de natureza estrutural. Portanto, a inflação não seria resultado de políticas fiscais e monetárias inadequadas. Elas poderiam ser instrumentos de propagação da inflação, mas, não, a sua origem. Segundo a teoria estruturalista, a posição monetarista[31] para estabilização de preços geraria desaceleração do crescimento econômico e aumento do desemprego. Elas só funcionariam no curto prazo e de forma pouco significativa.

A teoria estruturalista acredita que deveriam ser adotados incentivos fiscais e acesso maior ao crédito com a finalidade de aumentar a oferta de produtos de setores mais inelásticos ao aumento dos preços devido a incapacidade de crescimento.

Também defende uma política de renda que elimine a incompatibilidade distributiva. Essa incompatibilidade surge quando trabalhadores lutam por aumentos salariais superiores a sua produtividade e empregadores elevam seus preços para compensar esse aumento do custo de produção (pagamento de salários mais altos). Essa elevação de preços internos faz com que o país perca competitividade no comércio internacional. Caberia ao estado, então, interferir nos preços e salários.

A teoria estruturalista da inflação difere da **teoria monetarista** porque esta acredita que a razão da inflação é o aumento da oferta de moeda (M) superior ao crescimento real (Y) da economia. A teoria monetarista se baseia na Teoria Quantitativa da moeda que afirma que: $M.V = P.Y$. Assim, um aumento de "M" superior a "Y", mantendo-se constante a velocidade da moeda (V), geraria elevação de preços (P). E para eles, o aumento da oferta de moeda ocorre devido ao déficit fiscal do governo que emite moeda para honrar seu compromissos e realizar suas compras. Portanto, uma maneira de controlar a inflação seria através do controle sobre o déficit público e, por conseguinte, sobre a emissão de moeda. Ocorre que uma política monetária restritiva, com a redução da oferta de moeda, pode gerar recessão, na medida que reduzindo-se "M" pode gerar uma redução de "Y" também.

A teoria estruturalista difere também da **teoria Keynesiana** que afirma que a inflação é gerada pelo tamanho dos gastos públicos que podem aquecer a demanda agregada, levando ao aumento no preços dos fatores de produção (mão de obra, capital) e, portanto, elevação nos custos de produção. Logo, o controle dos gastos públicos independe da existência ou não de déficit público. Assim, os gastos públicos como choques de oferta seriam responsáveis pela elevação de preços.

---

[31] Os monetaristas defendiam que o combate à inflação se daria com medidas que reduzissem o déficit fiscal, a oferta de moeda e acesso ao crédito, que desvalorizasse o câmbio, que acabasse com o controle sobre os preços de produtos de primeira necessidade e diminuísse ou atrasasse reajustes salariais.

21.3. QUESTÕES

1. (UFRJ — Eletronorte — NCE — 2006) De acordo com o modelo de expectativas racionais, alterações surpreendentes na oferta monetária efetuadas pelas autoridades monetárias:
   a) Alteram a renda real no curto prazo.
   b) Alteram a renda real no curto e no longo prazo.
   c) Deixam sempre constante o nível de preços.
   d) Não alteram a renda real.
   e) São sempre neutralizadas imediatamente.

2. (ICMS/RJ — FGV — 2008) Com base na curva de Phillips de longo prazo, pode-se afirmar que:
   a) Há uma relação negativa entre taxa de inflação e taxa de desemprego.
   b) Políticas monetárias expansionistas só teriam impactos sobre a inflação e não sobre a taxa de desemprego.
   c) A taxa de inflação converge para zero no longo prazo, independente do nível inicial em que se encontra.
   d) Por meio de políticas monetárias expansionistas, o governo é capaz de afetar o nível de produção da nação no longo prazo.
   e) Há uma relação positiva entre taxa de inflação e taxa de desemprego.

3. (ICMS/SP — FCC — 2006) No que diz respeito às relações entre a taxa de desemprego e a taxa de inflação, é correto afirmar que:
   a) Há uma correlação negativa entre as duas variáveis, se os agentes econômicos têm expectativas racionais.
   b) Quanto mais baixa for a taxa de inflação no curto prazo, a economia estará mais perto de sua taxa de desemprego natural.
   c) A curva de Phillips, no longo prazo, é vertical.
   d) Ambas as variáveis são positivamente correlacionadas.
   e) Choques de oferta não têm impacto sobre a taxa de inflação e, consequentemente, sobre a taxa de desemprego.

4. (ANPEC — CEBRASPE — 2002) Sobre o mercado de trabalho e a curva de Phillips, pode-se afirmar que:
   a) O aumento da taxa de rotatividade no emprego tende a elevar a taxa natural de desemprego.
   b) A adoção de políticas de seguro-desemprego tende a reduzir a taxa natural de desemprego.
   c) A existência de uma taxa natural de desemprego implica que a curva de Phillips de longo prazo é horizontal.

5. (ANPEC — CEBRASPE — 2003) Julgue as questões:
   a) Quanto mais horizontal for a curva de Phillips, menor será o sacrifício decorrente do processo de estabilização.
   b) Conforme os novos Keynesianos, quanto mais frequentes forem os reajustes de preços e salários diante de choques de demanda, mais vertical será a curva de Phillips.
   c) A curva de Phillips de longo prazo é uma reta vertical.
   d) A redução da inflação esperada não tem impacto algum sobre a relação de curto prazo entre inflação e desemprego.
   e) A curva de Phillips indica que a opção de inflação baixa é preferível à de inflação alta devido à hipótese de neutralidade da moeda no curto prazo.
   f) Uma política monetária expansionista não tem efeito real algum se a demanda de moeda é perfeitamente juros-elástica.

g) O seguro-desemprego é um exemplo de estabilizador automático antirrecessivo.
h) Um aumento dos gastos do governo leva a um aumento do nível de emprego.

6. (Agente de Polícia Federal — UNS — CEBRASPE — 2004) A macroeconomia analisa o comportamento dos grandes agregados econômicos. Considerando essa teoria, julgue o item que se segue.

Um choque de oferta decorrente, por exemplo, do aumento do preço do petróleo no mercado internacional provoca deslocamento ao longo da curva de Phillips e aumenta tanto o emprego como a taxa de inflação.

7. (Analista — FINEP — MCT — UFRJ — NCE — 2006) Para debelar um processo inflacionário de origem inercial, são necessários outros procedimentos além da política monetária para atuar especificamente sobre o componente inercial. Entre esses procedimentos se encontra(m):
   a) Desindexação de salários.
   b) Política fiscal restritiva.
   c) Cláusulas contratuais que permitem o repasse da variação de preços passados ou do câmbio às tarifas públicas.
   d) Indexação de juros.
   e) Indexação do salário mínimo.

8. (Agente de Polícia Federal — UNS — CEBRASPE — 2004) As interações entre governo e mercados privados e os problemas macroeconômicos são temas relevantes para a ciência econômica. A esse respeito, julgue o item a seguir.

De acordo com a visão monetarista, no curto prazo, políticas monetárias completamente antecipadas pelos agentes econômicos modificam as variáveis econômicas nominais, como preços e salários, mas não alteram o nível de atividade da economia.

9. (Análise Socioeconômica — IBGE — CESGRANRIO — 2010) O gráfico abaixo ilustra o modelo da curva de Phillips que incorpora as expectativas de inflação. A taxa natural de desemprego seria μ*.

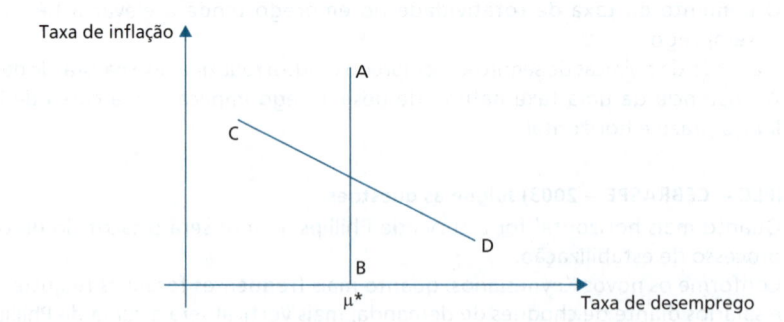

Nesse gráfico,
   a) Só há escolha entre inflação e desemprego, a curto prazo.
   b) A linha AB seria a curva de Phillips de curto prazo.
   c) A linha CD seria a curva de Phillips de longo prazo.
   d) A oferta agregada na economia seria como a linha CD.
   e) μ* se alteraria se a demanda agregada variasse.

21 ■ Teorias da Inflação/Curva de Phillips

10. (Analista — Bacen — CESGRANRIO — 2010) O gráfico abaixo mostra Curvas de Phillips para uma determinada economia.

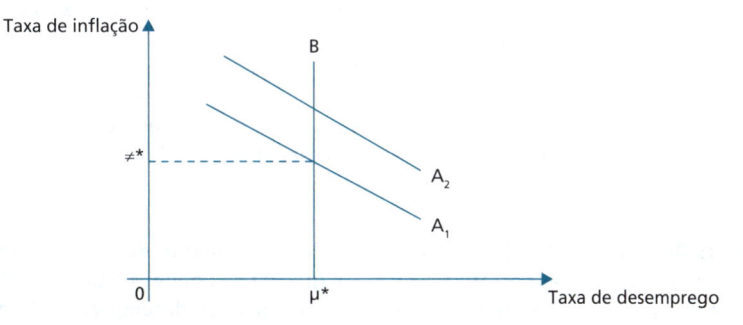

Analisando o gráfico, conclui-se que a
a) taxa natural de inflação é igual a π^*.
b) taxa natural de desemprego é igual a μ^*.
c) curva A_1 reflete expectativas de inflação mais elevadas que A_2.
d) curva B é de curto prazo, inelástica.
e) demanda agregada da economia é representada por B.

11. (Economista — DNOCS — FCC — 2010) A curva de Phillips de curto prazo, expandida pelas expectativas, pode ser resumida pela seguinte expressão: $\pi = \pi_e - \beta (\mu - \mu^*) + \varepsilon$
onde: π = taxa de inflação; π_e = taxa de inflação esperada pelos agentes econômicos; μ = taxa de desemprego; μ^* = taxa natural de desemprego; ε = choque de oferta; e β = parâmetro positivo.
Analisando a expressão acima, é correto afirmar:
a) Mesmo que não haja choques de oferta e que a taxa de desemprego esteja muito próxima da taxa natural, a inflação não tende a desaparecer em virtude da inércia das expectativas dos agentes econômicos.
b) A taxa de inflação está correlacionada positivamente com a taxa de desemprego e negativamente com a inflação esperada pelos agentes econômicos.
c) A taxa de inflação será sempre constante, qualquer que seja o desemprego cíclico e mesmo na presença de choques de oferta.
d) Se os agentes econômicos tiverem expectativas racionais, o Governo terá êxito em reduzir rapidamente a inflação anunciando medidas de política monetária e/ou política fiscal restritivas da demanda agregada, mesmo que os agentes não se convençam que tais medidas serão realmente implementadas.
e) A taxa de inflação tende a diminuir quanto mais próxima a taxa de desemprego estiver de sua taxa natural.

12. (Economista — Companhia Docas do Estado de São Paulo — FGV — 2010) Analise as seguintes afirmativas:
I. No curto prazo, com rigidez de preços, os deslocamentos na demanda agregada causam somente flutuações nos preços.
II. A curva de Phillips representa o *trade-off* entre inflação e desemprego.
III. No longo prazo, os deslocamentos da demanda agregada afetam a produção, mas não o nível geral de preços.
Assinale:
a) se apenas a afirmativa I estiver correta.
b) se apenas a afirmativa II estiver correta.
c) se apenas a afirmativa III estiver correta.
d) se apenas a afirmativa I e II estiverem corretas.
e) se apenas a afirmativa I e III estiverem corretas.

13. (ICMS/RJ — FGV — 2010) A respeito dos custos sociais da inflação numa economia, assinale a afirmativa incorreta.
   a) Há aumento da quantidade de moeda mantida pelas pessoas, associado ao chamado *custo sola de sapato* dos agentes econômicos.
   b) A frequência de reajustes de preços gera um custo social referido como *custo de menu* dos agentes econômicos.
   c) Há redistribuição involuntária de riqueza entre devedores e credores.
   d) Há transferências involuntárias de responsabilidades tributárias.
   e) Os custos aumentam com o aumento da inflação.

14. (ICMS/RO — FCC — 2010) Considere a seguinte formulação da *curva de Phillips* de curto prazo, expandida pelas expectativas: $\pi = \pi_\varepsilon - \beta(\mu - \mu^*) + \mathcal{E}$, onde: π = taxa de inflação; π_ε = taxa de inflação esperada pelos agentes econômicos; μ = taxa de desemprego; μ^* = taxa natural de desemprego; $\mathcal{E}$ = choque de oferta; e β = parâmetro positivo.
Em relação a essa formulação, é correto afirmar que
   a) não há a possibilidade de uma economia experimentar um processo de inflação inercial, mesmo sob a hipótese de expectativas racionais.
   b) toda inflação tem sua origem em excessos de demanda.
   c) a melhor política anti-inflacionária consiste na fixação de um salário mínimo plenamente indexado.
   d) a elevação dos preços de matérias-primas pode deflagrar um processo inflacionário, mesmo que se tenha uma elevada taxa de desemprego.
   e) um processo inflacionário é sempre puro: ou se trata de inflação de demanda, ou de inflação de custos ou de inflação inercial.

15. (Metrô — FCC — 2010) A curva de Phillips ampliada pelas expectativas é expressa pela função a seguir: $\pi = \pi_e - \beta(\mu - \mu_n) + \mathcal{E}$. Onde: π = taxa de inflação; π_e = taxa de inflação esperada; μ = taxa de desemprego; μ_n = taxa de desemprego natural; e $\mathcal{E}$ = choque de oferta. É correto afirmar:
   a) Na fórmula da Curva de Phillips não há qualquer componente de inflação inercial.
   b) A intensidade da inflação de demanda depende do valor do parâmetro β.
   c) A inflação de demanda é representada pela taxa de inflação esperada.
   d) Quanto maior μ, maior será a inflação de demanda.
   e) A inflação de custos é tanto maior quanto maior for o valor do parâmetro β.

16. (Analista Judiciário — Economia — TRT 4ª — FCC — 2006) A maioria dos economistas admite que, no curto prazo, a Curva de Phillips seja negativamente inclinada. Ocorrendo um choque agrícola positivo, em função de uma safra excepcional, é de se esperar que a referida curva
   a) se desloque para cima e haja uma elevação na taxa de inflação.
   b) se desloque para baixo e haja uma redução na taxa de inflação.
   c) não se desloque e que a taxa de inflação permaneça a mesma.
   d) se desloque para cima e haja uma redução na taxa de inflação.
   e) se desloque para baixo e haja uma elevação na taxa de inflação.

17. (ICMS/AP — FGV — 2010) Sobre os custos da inflação, assinale a alternativa correta.
   a) O *custo sola de sapato* é associado ao aumento da quantidade de moeda mantida pelas pessoas.
   b) O *custo de menu* é associado aos frequentes reajustes de preços.
   c) A *redistribuição de riqueza* entre devedores e credores é tida como um custo social voluntário.
   d) As derivadas da inflação são voluntárias.
   e) Os custos inflacionários são menos exacerbados sob hiperinflação.

21 ■ Teorias da Inflação/Curva de Phillips

18. (ICMS/AP — FGV — 2010) A respeito da curva de Phillips, considere as afirmativas a seguir:
  I. Ela explicita o *trade-off* entre inflação e desemprego.
  II. Ela representa combinações de inflação e desemprego que surgem no curto prazo à medida que deslocamentos da curva de demanda agregada movem a economia ao longo da curva de oferta de curto prazo.
  III. Ela mostra que, a longo prazo, não há *trade-off* entre inflação e desemprego.
Assinale:
  a) se apenas a afirmativa I estiver correta.
  b) se apenas a afirmativa II estiver correta.
  c) se apenas as afirmativas I e II estiverem corretas.
  d) se apenas as afirmativas II e III estiverem corretas.
  e) se todas as afirmativas estiverem corretas.

19. (Economista — Companhia de Gás/RN — FGV — 2006) Sobre a Curva de Phillips, assinale a alternativa correta:
  a) Estabelece uma relação inversa entre desemprego e inflação.
  b) Conclui que investimentos e importações aumentam o nível de desemprego.
  c) Relaciona diretamente a taxa de juros e o índice de preços.
  d) Descreve o comportamento das reservas cambiais.
  e) Mostra uma relação inversa entre a taxa de juros e o nível de investimentos.

20. (Analista em Economia — Perito — MPU — CEBRASPE — 2010) Acerca da relação existente entre o comportamento do mercado de trabalho e o nível de atividade e da relação existente entre salários, inflação e desemprego, julgue os itens a seguir.
  a) A curva de oferta de mão de obra é descendente por causa do produto marginal decrescente.
  b) Imigração, mudança nas preferências do trabalhador e mudanças tecnológicas deslocam a curva de oferta de mão de obra.
  c) A curva de Phillips mostra as combinações de inflação e desemprego que surgem dos deslocamentos da demanda agregada ao longo da oferta agregada.
  d) No longo prazo, a curva de Phillips é vertical.

21. (Economista — INEA — CESGRANRIO — 2008) Na figura abaixo, as linhas AB e CD mostram, respectivamente, as Curvas de Phillips de curto prazo e de longo prazo de uma determinada economia.

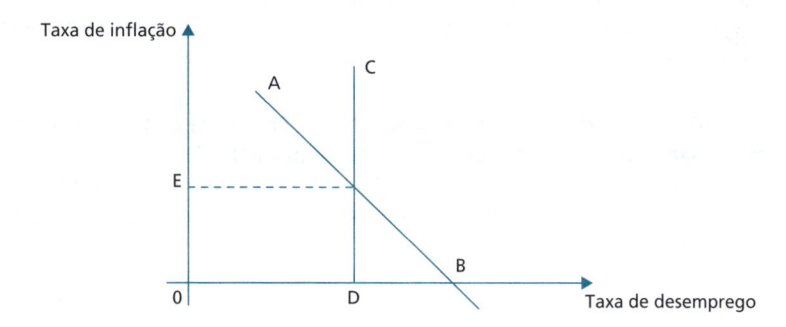

A respeito dessa figura, pode-se afirmar que:
  a) AB é a curva de demanda agregada da economia.
  b) BD é o excesso de demanda agregada na economia.

c) CD se desloca para a posição AB à medida que as expectativas de inflação se ajustam.
d) OD é a taxa natural de desemprego.
e) OE é a taxa natural de inflação.

22. (Economista — CEB — FUNINVERSA — 2010) As diferenças entre as taxas de juros nominais e taxas de juros reais têm implicações nas decisões de investimentos. O empresário deverá sempre ter a noção de quanto realmente está ganhando (ou perdendo) em seus negócios e aplicações financeiras. Dessa forma, é importante distinguir o conceito e a aplicação entre a taxa de juros real e a taxa de juros nominal. Acerca desse assunto, assinale a alternativa correta.
    a) A taxa nominal mede de maneira eficaz os ganhos da empresa.
    b) Se houver deflação no período, a taxa de juros nominal será maior que a taxa de juros real.
    c) A taxa de juros nominal não mede o valor pago ao poupador por suas decisões de poupar, pois desconta a inflação.
    d) A taxa de juros real mede o retorno de uma aplicação em termos de quantidade de bens, sem descontar a inflação.
    e) Se não houver inflação no período, a taxa de juros nominal será igual à taxa de juros real desse mesmo período de tempo.

23. (Analista Judiciário — Economia — STM — CEBRASPE — 2011) Com referência à análise da inflação, tópico relevante da macroeconomia, julgue os itens seguintes.
    a) Durante a época da hiperinflação brasileira, as empresas remarcavam seus preços diversas vezes ao longo do dia. Os custos decorrentes dessas mudanças de preço são conhecidos como custos de sola de sapatos da inflação.
    b) O fato de que, durante períodos inflacionários, a velocidade de circulação da moeda varia diretamente com a taxa de juros e inversamente com a oferta de moeda reforça a teoria monetarista da inflação.

24. (ANPEC — 2011) Julgue as seguintes afirmativas:
    0) De acordo com a curva de oferta agregada de Lucas, o produto efetivo será superior ao produto potencial se o nível de preço corrente for superior ao nível de preço esperado.
    1) De acordo com a Lei de Okun, um aumento de 1% no PIB está associado a uma redução de 1% na taxa de desemprego.
    2) Dada a Curva de Phillips $\pi_t = \pi_t^e + 0,2 - 2\mu_t$, em que π_t, π_t^e e μ_t são, respectivamente, a inflação no ano t, a inflação esperada para t e a taxa de desemprego em t, então a taxa natural de desemprego é igual a 0,1 (ou seja, 10%).
    3) Em um modelo de preços fixos, se nenhuma firma tiver preços flexíveis, então a curva de oferta agregada de curto prazo terá inclinação positiva.

25. (INFRAERO — FCC — 2011) Considere uma Curva de Phillips de curto prazo, expandida pelas expectativas dadas pela seguinte equação: $\pi = \pi_E - \beta(\mu - \mu^*) + \varepsilon$.
Onde: π = taxa de inflação; π_E = taxa de inflação esperada pelos agentes econômicos; μ = taxa de desemprego; μ^* = taxa natural de desemprego da economia; ε = choque de oferta; e β = parâmetro positivo.
Em relação a essa formulação, é correto afirmar que:
    a) A inflação inercial é incompatível com a hipótese de expectativas racionais dos agentes econômicos.
    b) Toda inflação tem sua origem em excessos de demanda.
    c) A fixação de salários por categoria, com indexação anual, constitui um instrumento adequado para combater a inflação de custos.

d) A quebra da safra agrícola é incapaz de deflagrar um processo inflacionário, desde que a taxa de desemprego seja igual à taxa de desemprego natural da economia.
e) O processo inflacionário pode conter três componentes: inflação de demanda, inflação de custos e inflação inercial.

26. (IBGE — NCE — 2002) De acordo com Friedman e os monetaristas, a curva de Phillips no longo prazo é:
a) positivamente inclinada;
b) negativamente inclinada;
c) horizontal;
d) vertical;
e) elíptica.

27. (Eletronorte — NCE — 2006) Na segunda versão da curva de Phillips, desenvolvida pelos monetaristas, o *trade-off* entre inflação e desemprego:
a) só existia no curto prazo;
b) não existia;
c) existia tanto no curto quanto no longo prazo;
d) era inconsistente com sua versão aceleracionista;
e) existia apenas no longo prazo.

28. (Eletronorte — NCE — 2006) De acordo com o modelo de expectativas racionais, alterações surpreendentes na oferta monetária efetuadas pelas autoridades monetárias:
a) alteram a renda real no curto prazo;
b) alteram a renda real no curto e no longo prazo;
c) deixam sempre constante o nível de preços;
d) não alteram a renda real;
e) são sempre neutralizadas imediatamente.

29. (Consultor do Executivo — SEFAZ/ES — CEBRASPE — adaptada — 2010) A respeito da oferta e da demanda agregadas do modelo IS-LM e da curva de Phillips, julgue o item subsequente.
a) Dada a demanda agregada inicial, uma inflação de custos desloca a oferta agregada para a direita, resultando um aumento do nível de preços.
b) A curva de Phillips surgiu da relação entre salários monetários e taxa de desemprego. Posteriormente, a curva de Phillips moderna adotou a inflação de preços, incorporando a inflação esperada e os choques de oferta.
c) Na relação entre a demanda agregada e a curva de Phillips, o aumento da demanda agregada conduz a um deslocamento ao longo dessa mesma curva e o choque de custos desloca toda a curva de Phillips.
d) O modelo econômico de oferta e demanda agregadas permite analisar, por meio das flutuações econômicas geradas, os efeitos de políticas de estabilização.

30. (ECT — CEBRASPE — 2011) Julgue os itens seguintes, relativo a conceitos de macroeconomia.
a) A curva de Phillips mostra que a taxa de crescimento dos salários nominais é igual à taxa de inflação mais uma função decrescente da taxa de desemprego.
b) A teoria da expectativa racional fundamenta-se na hipótese de que os agentes conhecem um modelo econômico que descreve o comportamento das variáveis endógenas em função das variáveis exógenas. A partir dessa hipótese, essa teoria conclui que a influência sobre o produto vem do excesso da oferta efetiva de moeda em relação à oferta que era esperada.

31. (EBC — CEBRASPE — 2011) Com relação à inflação e ao desemprego, assuntos importantes da teoria macroeconômica, julgue os itens a seguir.
   a) A fixação de um salário mínimo acima daquele que prevaleceria no mercado de trabalho contribui para aumentar o desemprego estrutural.
   b) Aumentos no salário-desemprego conduzem à expansão da produção e, portanto, propiciam a redução da taxa natural de desemprego.
   c) O controle inflacionário mediante a redução dos gastos públicos é eficaz quando os aumentos de preços decorrem da expansão da demanda agregada.

32. (STM — CEBRASPE — 2011) Com referência à análise da inflação, tópico relevante da macroeconomia, julgue o item seguinte.
Durante a época da hiperinflação brasileira, as empresas remarcavam seus preços diversas vezes ao longo do dia. Os custos decorrentes dessas mudanças de preço são conhecidos como custos de sola de sapatos da inflação.

33. (TJ/ES — CEBRASPE — 2011) A respeito de moeda e inflação, julgue os próximos itens.
   a) Na versão aceleracionista da curva da Philips, incorpora-se a expectativa dos agentes em relação à inflação esperada.
   b) As expectativas adaptativas são formadas não só com base em informações presentes, mas também com base na média da inflação passada, o que faz que a curva de Philips de longo prazo seja vertical.

34. (BNDES — CESGRANRIO — 2011) A figura a seguir mostra três linhas, (I), (II) e (III), com inclinações diferentes, relacionando a taxa de inflação com a taxa de desemprego em determinada economia. Suponha total flexibilidade dos preços e dos salários, propiciando contínuo equilíbrio entre a oferta e a demanda nos mercados. Se as expectativas dos participantes dos mercados, a respeito das variáveis relevantes, fossem sempre corretas, a curva de Phillips de

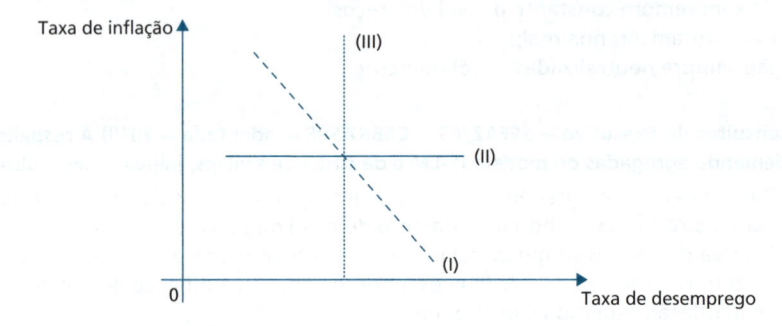

   a) curto prazo seria como em (I).
   b) curto prazo seria como em (II).
   c) curto prazo seria como em (III).
   d) longo prazo seria como em (I).
   e) longo prazo seria como em (II).

35. (ISS/SP — FCC — 2012) Considere as seguintes afirmações:
   I. A Curva de Phillips expressa uma relação positiva de longo prazo entre inflação e desemprego, a qual decorre da falta de inovação tecnológica nas economias subdesenvolvidas.
   II. A rigidez de salários nominais é uma das hipóteses adotadas na construção do modelo de oferta agregada de curto prazo cuja inclinação é positiva.
   III. Se considerarmos uma economia com curva de oferta agregada perfeitamente elástica em relação ao nível de preços, uma elevação dos gastos do governo não alterará o nível geral de preços.

IV. Se a oferta agregada de uma economia tem elasticidade positiva e finita em relação ao nível de preços, as políticas fiscal e monetária são ineficientes para elevar o produto de curto prazo da economia caso haja desemprego involuntário de mão de obra.

Está correto o que se afirma APENAS em
a) III e IV.
b) I e III.
c) II e III.
d) I e IV.
e) II e IV.

36. (ISS/SP — FCC — 2012) Em uma economia fechada que pretenda reduzir as pressões inflacionárias, uma das medidas de política econômica indicada é
a) adotar um tabelamento da taxa de juros.
b) reduzir os gastos de custeio do governo.
c) comprar títulos públicos no mercado aberto.
d) reduzir simultaneamente a tributação e a taxa de reservas compulsórias dos bancos comerciais.
e) reduzir a taxa de redesconto e extinguir a tributação sobre a renda das pessoas físicas.

37. (Petrobras — CESGRANRIO — 2012) Suponha que, em certa economia, a expectativa adaptativa de inflação formada hoje, (t), para o próximo período, (t + 1), seja igual à expectativa adaptativa que se formou em (t − 1) para hoje, (t).

Isso ocorre se o(a)
a) Banco Central for independente.
b) erro da expectativa formada em (t − 1) para (t) for nulo.
c) déficit do orçamento do setor público for nulo.
d) taxa de expansão monetária for constante.
e) taxa de inflação for declinante.

38. (Gestor público municipal — Prefeitura de São José dos Campos — Vunesp — 2012) Uma alta de preço do aço no mercado internacional provocou um reajuste interno de 15% no setor siderúrgico nacional. Tal fato pode acarretar
a) desinflação.
b) inflação inercial.
c) inflação de custos.
d) inflação de demanda.
e) hiperinflação.

39. Analise as afirmativas a seguir:
I. Se os preços dos bens e serviços se elevam apenas durante certo período de tempo, estabilizando-se em seguida, caracteriza-se um processo inflacionário crônico.
II. Após um conjunto de medidas governamentais destinadas a incentivar a construção civil, os preços dos materiais de construção se elevaram bastante. Tal situação, tomada isoladamente, é suficiente para caracterizar um processo inflacionário.
III. Se a balança comercial de um país representa, de um lado, as receitas e, de outro, as despesas e considerando-se que as transações com o exterior são normalmente efetuadas em divisa estrangeira, pode-se afirmar que a inflação interna do país não tem nenhuma influência sobre ela.

Pode-se afirmar que:
a) I, II e III estão corretas.
b) I, II e III estão incorretas.
c) somente I e II estão corretas.

d) somente II e III estão incorretas.
e) somente III está incorreta.

40. (SBCPREV — IBAM — 2012) Quando há contratação de pessoas que já se encontram empregadas com maiores salários, acima da produtividade, tem-se como consequência:
a) estagnação da economia.
b) espiral inflacionária.
c) pleno emprego.
d) hiperinflação.

41. (ICMS/SP — FCC — 2013) Considere:
I. No modelo de curva de Phillips com expectativas adaptativas, o efeito de um choque exógeno de oferta sobre a taxa de inflação em um determinado ano é repassado para a inflação esperada futura.
II. Se o país não tiver restrição alguma ao movimento de capitais internacionais e adotar o regime de taxas flutuantes de câmbio, o efeito provável de uma política monetária expansiva será uma valorização da moeda nacional.
III. O efeito de uma âncora cambial sobre a taxa de inflação é diminuído em virtude da existência de bens não comercializáveis (*non tradables*) na economia.
IV. Para se obter de forma aproximada a variação da taxa de câmbio real brasileira, é necessário calcular a variação da taxa de câmbio nominal menos a diferença entre a taxa de inflação interna e a taxa de inflação externa.
Está correto o que se afirma APENAS em
a) I, II e III.
b) I, III e IV.
c) I e II.
d) II e IV.
e) III e IV.

42. (SEGER/ES — CEBRASPE — 2013) Com relação às principais teorias monetárias e aos resultados da política monetária sobre variáveis da economia, assinale a opção correta.
a) Na curva de Phillips de Milton Friedman, que introduz o conceito de taxa natural de desemprego, uma maior inflação resulta da pressão que os trabalhadores fazem por maiores salários em face do incremento do emprego.
b) O principal resultado da curva de Phillips de Milton Friedman foi estabelecer a proposição de plena neutralidade da política monetária.
c) De acordo com a teoria quantitativa da moeda, cujos adeptos consideram essencialmente os resultados de curto prazo da economia, a elevação da oferta de moeda ocorre na mesma proporção do aumento do nível geral de preços.
d) Consoante a análise da curva de Phillips de Milton Friedman, os agentes possuem expectativas racionais.
e) Segundo a teoria quantitativa, a moeda deve ser sempre neutra.

43. (TJ/RO — CEBRASPE — 2013) Assinale a opção correta, no que se refere a inflação e crescimento
a) Expectativas racionais implicam que a racionalidade dos agentes econômicos é capaz de prever, com quase certeza, a inflação esperada para o próximo período.
b) A taxa de desemprego efetivo é aquela obtida quando a economia atinge o nível de produto potencial.
c) Se a taxa de desemprego for superior à taxa natural de desemprego, existem fatores de produção não empregados, excesso de demanda e pressão por aumento nos preços.
d) Expectativa adaptativa diz que a inflação esperada para o próximo período é a média da inflação observada nos últimos períodos.

e) A curva de Phillips, segundo a qual existe uma relação inversa entre a taxa de inflação e a texa de emprego, permite avaliar a relação entre crescimento e inflação.

44. (TJ/RO — CEBRASPE — 2012) No tocante ao mercado de trabalho, assinale a opção correta.
a) Desemprego friccional é o desemprego decorrente das fricções ocorridas no mercado financeiro. Nesse sentido, avalia-se o desemprego decorrente dos efeitos de crises financeiras internacionais sobre a economia brasileira.
b) O hiato do produto é medido pela diferença entre o PIB potencial e o PIB efetivo, sendo este último definido como aquele que poderia ser alcançado e sustentado com o uso eficiente e pleno dos fatores de produção.
c) Se o hiato do produto aumenta, espera-se que alguns dos fatores produtivos estejam acima de sua capacidade de utilização, isto é, que todos os fatores estão, pelo menos, a pleno emprego.
d) A taxa de participação da força de trabalho é representada pela razão entre a população economicamente ativa (PEA) e a população em idade ativa (PIA).
e) A denominada Lei de Okun corresponde à relação entre a taxa de desemprego e a inflação: maior inflação implica em menos desemprego.

45. (CETAM — FCC — Economia — 2014) Um dos principais tópicos tratados no debate econômico brasileiro na segunda metade do século XX foi a inflação. Considerando aspectos teóricos sobre inflação e as políticas adotadas no Brasil para seu combate,
a) tanto na adoção do Plano Cruzado quanto na adoção do Plano Collor não foram implementadas medidas visando quebrar a inflação inercial.
b) um dos motivos para que se busque o superávit das contas públicas é evitar que o Governo seja uma das fontes a pressionar a inflação de demanda.
c) a adoção de medidas de política monetária contracionista é a mais adequada para combater a inflação de custos decorrente da quebra de safras agrícolas.
d) mesmo processos inflacionários agudos e persistentes não afetam os preços relativos da economia, pois todos os agentes são capazes de se proteger de seus efeitos.
e) as políticas de combate à inflação adotadas no Plano Real e na década de 2010 estão alicerçadas em uma mesma medida: fixação de uma âncora cambial.

46. (Economista — CADE — CEBRASPE — 2014) Acerca da teoria keynesiana, das políticas fiscal e monetária e do mercado de trabalho, julgue o item subsequente.
A Lei de Okun — conceito utilizado na análise da relação entre inflação e emprego — indica que a inflação presente é o somatório da inflação inercial, da inflação de demanda e da inflação de custos.

47. (Analista do Banco Central do Brasil — Área 3 — Política Econômica e Monetária — CEBRASPE — 2013) No que diz respeito à política monetária e à política fiscal, julgue o item subsequente.
Considere que, em determinado ano, a inflação anual tenha sido de 14%. Nessa situação, de acordo com "a crítica de Lucas", o crescimento da moeda nominal, a inflação esperada e a inflação efetiva podem ser reduzidas no ano subsequente, sem que haja recessão.

48. (Analista — FINEP — Análise Estratégica em Ciência, Tecnologia e Inovação — CESGRANRIO — 2014) Considere a moderna teoria da curva de Phillips, relacionando a taxa de inflação e o nível de atividade econômica.

Essa teoria prediz que se a inércia e a expectativa inflacionárias forem nulas e se houver capacidade ociosa na economia (ou seja, o hiato do produto for negativo), tenderá a ocorrer, a curto prazo, uma situação de
   a) deflação
   b) aceleração da inflação
   c) aumento dos juros nominais
   d) redução do produto potencial
   e) valorização cambial da moeda doméstica

49. (Tecnologista — IBGE — Economia — FGV — 2016) Em geral existe na economia um *trade off* entre inflação e desemprego, ou seja, para um aumento da inflação, observa-se uma redução da taxa de desemprego. Apenas em um cenário de pleno emprego é que elevações da inflação não incorrem em redução do desemprego.

A descrição no parágrafo acima é explicada pelo(a):
   a) Curva de Phillips;
   b) Expectativa Racional sobre Inflação e Desemprego;
   c) Expectativa Adaptativa sobre Inflação e Desemprego;
   d) Teoria Keynesiana;
   e) Modelo Neoclássico.

50. (Auditor Substituto de Conselheiro do TCM-RJ — FCC — 2015) A Curva de Phillips ilustra a relação
   a) inversa entre desemprego e inflação.
   b) direta entre desemprego e inflação.
   c) inversa entre déficit público e inflação.
   d) estável entre consumo e renda disponível.
   e) inversa entre salário e inflação.

51. (Diplomata — Terceiro Secretário — CEBRASPE — 2016) Julgue o item subsecutivo, referente a mercado de trabalho.

A curva de Phillips descreve a relação direta entre maior taxa de desemprego e maior taxa de variação dos salários nominais.

52. (Auditor de Controle Externo — TCE-RO — Economia — CEBRASPE — 2013) Com relação a agregados monetários, modelo IS-LM, políticas fiscal e monetária e mercado de trabalho, julgue o item.

De acordo com a curva de Phillips, quanto maior a demanda agregada por bens e serviços, maior será a produção de uma economia e, consequentemente, maior será o nível de preços.

53. (Economista — MCID — CETRO — 2013) Sobre as divergências entre keynesianos e monetaristas a respeito da curva de Phillips, analise as assertivas abaixo.
   I. Há divergência entre keynesianos e monetaristas sobre o formato da curva tanto na sua interpretação do curto quanto na do longo prazo.
   II. No modelo keynesiano, no curto prazo, a curva de Phillips tem inclinação negativa.
   III. A tese de que há um *trade off* entre inflação e desemprego não é aceita pelos keynesianos.
É correto o que se afirma em
   a) I, apenas.
   b) II, apenas.
   c) III, apenas.
   d) I e II, apenas.
   e) II e III, apenas.

21 ■ Teorias da Inflação/Curva de Phillips

54. (Analista — DPE-MT — Economista — FGV — 2015) Em uma situação de pleno emprego, a curva de Phillips mostra que
a) o nível do produto está abaixo do seu nível potencial.
b) a taxa de inflação é determinada pelas expectativas inflacionárias e pelos choques de oferta.
c) o desemprego cai continuamente com o aumento da taxa de inflação.
d) o único componente da inflação é a inflação inercial de demanda.
e) a inflação se mantém constante para qualquer alteração da taxa de desemprego.

55. (Analista Judiciário — TJ-SE — Apoio Especializado/Economia — CEBRASPE — 2014) Julgue o item a seguir, com relação aos fundamentos macroeconômicos.
A curva de Phillips é uma forma alternativa de representar e analisar a curva de oferta agregada.

56. (Analista do Banco Central do Brasil — Área 3 — Política Econômica e Monetária — CEBRASPE — 2013) Com relação aos modelos de determinação da renda e dos preços, julgue o item subsecutivo.
De acordo com as modificações propostas por Milton Friedman e Edmund Phelps para a curva de Philips, a taxa de desemprego deveria ser mantida acima do que consideraram a taxa natural de desemprego, na qual o nível de preços existente é igual ao nível de preços esperado e a inflação atual corrente correspondente à inflação esperada.

57. (Economista — SMTR RJ — SMA-RJ (antiga FJG) — 2016) A curva de Phillips se tornou um poderoso instrumento de política macroeconômica. A evidência de sua história, bem como a observação de diversos países, indica a necessidade de diversas ressalvas da relação entre as variáveis representadas por ela. Quanto à indexação de salários, pode-se dizer que:
a) maior o efeito da taxa de desemprego sobre a variação da inflação, quanto maior a proporção de contratos de salários indexados.
b) o desemprego maior leva a um aumento dos salários, o que, por sua vez, aumenta os preços, mesmo que não exista indexação de salários.
c) pequenas mudanças no desemprego podem levar a variações cada vez menores do produto interno bruto, quando os contratos de salários possuem um adendo indexador.
d) a relação entre as variáveis depende do modo como os fixadores de salários formam suas expectativas, portanto, a curva de Phillips não é afetada pela indexação dos salários.

58. (Analista Judiciário — TJ-MT — Economia — UFMT — 2016 — adaptada) Em relação à Teoria Macroeconômica, analise as afirmativas.
I. Para a economia novo-clássica, a Curva de Phillips com expectativas racionais permite a adoção de uma regra de emissão de moeda de forma a promover o crescimento do produto.
II. No longo prazo, políticas monetárias expansionistas sistemáticas geram uma curva de Phillips vertical, indicando que tal política não é eficaz em aumentar o produto, causando somente inflação.
III. Os modelos de custo de menu e de salário de eficiência são capazes de explicar a rigidez salarial, enquanto a rigidez de preços ocorre devido à oligopolização.
Está(ão) correta(s) a(s) afirmativa(s):
a) I e II.
b) I e III.
c) II.
d) II e III.

59. (Auditor-Fiscal de Tributos Estaduais — SEFIN-RO — FCC — 2010) Considere a seguinte formulação da *curva de Phillips* de curto prazo, expandida pelas expectativas:

$$\pi = \pi_E - \beta(\mu - \mu^*) + \varepsilon$$

onde:
π = taxa de inflação
π_E = taxa de inflação esperada pelos agentes econômicos
μ = taxa de desemprego
μ^* = taxa natural de desemprego
ε = choque de oferta
β = parâmetro positivo

Em relação a essa formulação, é correto afirmar que
a) não há a possibilidade de uma economia experimentar um processo de inflação inercial, mesmo sob a hipótese de expectativas racionais.
b) toda inflação tem sua origem em excessos de demanda.
c) a melhor política anti-inflacionária consiste na fixação de um salário mínimo plenamente indexado.
d) a elevação dos preços de matérias-primas pode deflagrar um processo inflacionário, mesmo que se tenha uma elevada taxa de desemprego.
e) um processo inflacionário é sempre puro: ou se trata de inflação de demanda, ou de inflação de custos ou de inflação inercial.

60. (Economista — SUFRAMA — CEBRASPE — 2014) Considere que uma economia seja descrita pelas equações abaixo, em que μ é a taxa de desemprego, g é a taxa de crescimento da economia, π é a taxa de inflação, g_m é a taxa de crescimento da oferta de moeda e t é o indicativo de tempo, base anual.

$\mu_t = \mu_{t-1} - 0{,}2\,(g_t - 0{,}03)$
$\pi_t = \pi_{t-1} - (\mu_t - 0{,}06)$
$g_t = g_{mt} - \pi_t$

Com base nas informações apresentadas acima, julgue o item que se segue.
Caso o Banco Central reduza a taxa de inflação de 10% para 5% ao ano de uma única vez, a taxa de desemprego subirá para 13%.

61. (Economista — SUFRAMA — CEBRASPE — 2014) Considere que uma economia seja descrita pelas equações abaixo, em que μ é a taxa de desemprego, g é a taxa de crescimento da economia, π é a taxa de inflação, g_m é a taxa de crescimento da oferta de moeda e t é o indicativo de tempo, base anual.

$\mu_t = \mu_{t-1} - 0{,}2\,(g_t - 0{,}03)$
$\pi_t = \pi_{t-1} - (\mu_t - 0{,}06)$
$g_t = g_{mt} - \pi_t$

Com base nas informações apresentadas acima, julgue o item que se segue.
O produto potencial da economia é de 3% ao ano.

62. (Economista — SUFRAMA — CEBRASPE — 2014) Considere que uma economia seja descrita pelas equações abaixo, em que μ é a taxa de desemprego, g é a taxa de crescimento da economia, π é a taxa de inflação, g_m é a taxa de crescimento da oferta de moeda e t é o indicativo de tempo, base anual.

$\mu_t = \mu_{t-1} - 0{,}2\,(g_t - 0{,}03)$
$\pi_t = \pi_{t-1} - (\mu_t - 0{,}06)$
$g_t = g_{mt} - \pi_t$

21 ■ Teorias da Inflação/Curva de Phillips

Com base nas informações apresentadas acima, julgue o item que se segue.
Se for observada inflação de 10% ao ano e a economia estiver operando no nível do produto potencial, a taxa de crescimento da oferta de moeda será de 13% ao ano.

63. (Analista — PGE-MT — Economista — FCC — 2016) A versão aceleracionista na Curva de Phillips
   a) elimina a taxa natural de desemprego.
   b) aplica os princípios das expectativas racionais.
   c) impõe um forte *trade-off* entre inflação e desemprego.
   d) não leva em consideração a inflação esperada.
   e) considera que os agentes se antecipam à inflação.

64. (Economista — UFRB — FUNRIO — 2015) Considere as seguintes afirmativas a respeito da curva de Philips:
   I. A taxa de desemprego estará abaixo de sua taxa natural sempre que a inflação efetiva for menor que a inflação esperada.
   II. Um aumento das expectativas inflacionárias deslocará a curva de Philips para a esquerda.
   III. Se as expectativas forem adaptativas e o desemprego estiver em sua taxa natural, na ausência de choques de oferta, ocorrerá a chamada inércia inflacionária.
Apenas está(ão) correta(s) a(s) seguinte(s) afirmativa(s):
   a) I e II.
   b) I e III.
   c) II e III.
   d) I.
   e) III.

65. (Técnico de Nível Superior — ARSETE — Economista — FCC — 2016) A Curva de Phillips pode ter diferentes comportamentos, dependendo das hipóteses assumidas, sendo correto afirmar que
   a) mantidas as premissas das expectativas racionais, o desemprego sempre estará abaixo da taxa natural.
   b) na versão das expectativas adaptativas, uma expectativa de elevação do salário real, que se demonstra ilusória na realidade, leva a um desemprego acima da taxa natural.
   c) na versão de Friedman, a taxa de desemprego sempre tende a zero.
   d) a aplicação do princípio aceleracionista indica que os trabalhadores, em situação de desemprego abaixo da taxa natural, aceitam de imediato a redução do salário nominal, em face da inflação.
   e) uma evolução no modelo foi dada pela substituição da original relação do desemprego com o salário nominal pela relação do desemprego com a inflação.

66. (Economista — ALMS — FCC — 2016) Em sua versão com expectativas adaptativas, a Curva de Phillips
   a) demonstra que o desemprego de curto prazo é sempre igual à taxa natural, como decorrência das constantes adaptações de expectativas dos agentes.
   b) evidencia, com aplicação do princípio aceleracionista, que, no longo prazo, é possível manter e acelerar o emprego abaixo da taxa natural, sem aumentar a inflação.
   c) depende das expectativas, que são formadas tomando como fator relevante a política governamental que será anunciada futuramente.
   d) revela que a manutenção de desemprego abaixo da taxa natural ocorre somente quando os trabalhadores são iludidos quanto às suas expectativas em relação à inflação.
   e) demonstra que a inflação independe da oferta monetária.

67. (Auditor-Fiscal de Controle Externo — TCE-SC — Controle Externo/Economia — CEBRAS-PE — 2016) Tendo como referência a clássica relação entre inflação e desemprego e os principais resultados derivados do modelo de oferta e demanda agregadas, julgue o item subsequente.

Se a curva de Phillips for vertical no longo prazo, o ajuste fiscal gerará como consequência redução do produto e do nível de preços.

68. (Auditor Municipal de Controle Interno (SP) — Geral — VUNESP — 2015) A Curva de Phillips relaciona a inflação ao desemprego. Através dela, descobre-se que é possível manter um nível de desemprego baixo se for praticada uma taxa de inflação alta. Essa afirmação está
   a) correta, mas o custo político de manter uma inflação alta inviabiliza essa política.
   b) correta, mas na prática o efeito social disso se anularia, porque os salários reais diminuiriam muito com a inflação alta.
   c) errada, porque a Curva de Phillips foi elaborada originalmente na Inglaterra, não se aplicando ao caso brasileiro.
   d) errada, porque uma inflação mais alta desvalorizaria o câmbio, aumentando o desemprego.
   e) errada, porque os agentes se ajustariam a um nível de inflação constantemente alto, o desemprego só diminuiria temporariamente, quando houvesse um aumento inesperado da inflação.

69. (Tecnologista — IBGE — Análise Socioeconômica — CESGRANRIO — 2013) Segundo a teoria aceleracionista da inflação, sintetizada pela moderna equação de Phillips, em uma economia fechada em pleno emprego, com o nível de demanda agregada e de produção coincidindo continuamente com o produto potencial, ou seja, o hiato de produto sendo nulo, a(o)
   a) taxa de desemprego tenderá a aumentar.
   b) inflação tenderá a ser constante.
   c) inflação tenderá a diminuir continuamente.
   d) inflação se acelerará continuamente.
   e) crescimento real da economia será zero.

70. (Economista — SESACRE — FUNCAB — 2013) Após a crise do petróleo, nos anos 70, foi constatado que a curva de Phillips original não tinha a mesma eficácia, dando origem a uma segunda versão, denominada contemporânea, amplamente aceita pela macroeconomia. A expressão gráfica da curva de Phillips para variações antecipadas da oferta monetária, sendo i_i a taxa de inflação e i_d a taxa de desemprego, está mostrada na figura:

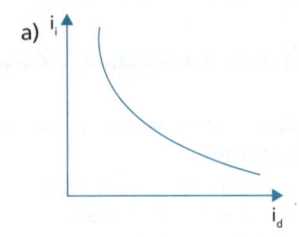

a)

b) [gráfico]

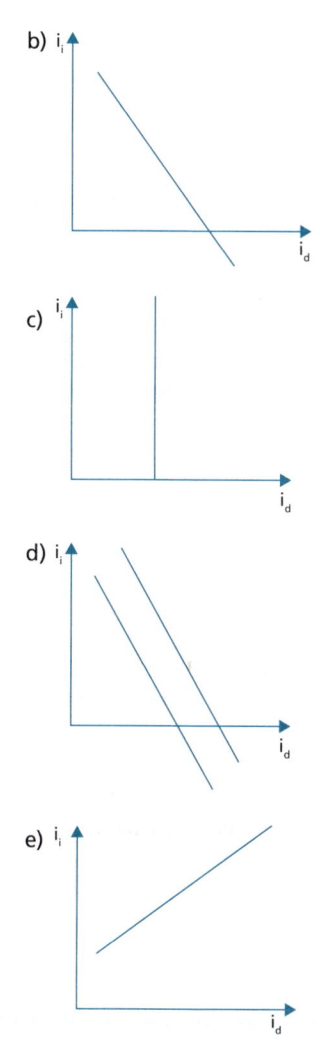

c) [gráfico]

d) [gráfico]

e) [gráfico]

71. (Especialista em Regulação de Serviços de Transportes Terrestres —Economia — CEBRASPE — 2013) No que diz respeito ao modelo IS-LM e à curva de Phillips, julgue o item a seguir.

Com relação à hipótese de expectativas adaptativas, existe *trade-off* entre inflação e desemprego somente no curto prazo. Já no longo prazo, a curva de Phillips é vertical.

72. (Profissional Básico — BNDES — Engenharia — CESGRANRIO — 2013) A curva de Phillips aceleracionista, proposta pelos economistas Milton Friedman e Edmund Phelps, propõe que, a longo prazo, a taxa esperada de inflação e a taxa real de inflação são iguais, e a curva de Phillips se torna uma reta vertical.

Nessas condições, a taxa real de desemprego é igual à taxa natural de desemprego, contanto que a(o)
  a) taxa nominal de juros permaneça constante.
  b) taxa natural de desemprego possa ser observada.
  c) neutralidade monetária exista a longo prazo.
  d) inflação não diminua.
  e) Banco Central não aumente a oferta monetária.

73. (Economista (MJ) — CEBRASPE — 2013) Julgue o item a seguir, relativo à economia monetária.
Na curva de Phillips com expectativas adaptativas, a inflação reage aos desvios da taxa efetiva de desemprego em relação à taxa natural de desemprego, aos choques de oferta e ao componente de inflação esperada.

74. (Analista Legislativo (CAM DEP) — Área IX — Consultor Legislativo — CEBRASPE — 2014) Acerca da hipótese de mercado eficiente, julgue o item subsecutivo.
Os agentes econômicos são, em regra, racionais, ou seja, utilizam as informações disponíveis de maneira ótima para maximizarem os retornos de seus investimentos.

75. (Técnico de Nível Superior — ARSETE — Economista — FCC — 2016) A teoria das expectativas racionais trouxe nova visão sobre o uso das expectativas na análise da inflação. A respeito dessa teoria, é correto afirmar que
  a) independe da credibilidade das políticas públicas.
  b) os agentes econômicos ajustam suas expectativas de inflação com base na inflação ocorrida.
  c) surpresas das políticas não causam efeitos reais.
  d) o desemprego é menor quando a inflação efetiva for menor que a esperada.
  e) o desemprego de um período resulta do erro de previsão de inflação para aquele período.

76. (Analista de Gestão — COMPESA — Economista — FGV — 2014) Assuma uma curva de Phillips derivada em uma curva de oferta baseada em preços passados, desconsiderando a influência das expectativas (inflação esperada nula).
Um choque climático, que afete negativamente a safra agrícola, gera:
  a) uma taxa de inflação positiva, se o mercado de trabalho estiver em pleno emprego.
  b) uma taxa de inflação positiva, se a taxa de desemprego estiver acima do seu nível natural.
  c) uma taxa de inflação nula, mesmo se a taxa de desemprego for igual a sua taxa natural.
  d) uma taxa de inflação negativa, se o mercado de trabalho estiver em pleno emprego.
  e) uma taxa de inflação negativa, se o mercado de trabalho estiver abaixo do seu nível natural.

77. (Economista — ALMS — FCC — 2016) No contexto das expectativas racionais, o combate de um processo inflacionário
  a) tem a necessidade de imposição de forte sacrifício à sociedade em relação ao nível de emprego.
  b) é eficaz no longo prazo mas não em prazo inferior.
  c) tem se demonstrado na prática viável e de fácil implantação.
  d) garante a manutenção do nível de emprego acima da taxa natural.
  e) depende dos agentes se convencerem de que o Governo realmente conseguirá implementar o ajuste.

78. (Analista do Banco Central do Brasil — Área 2 — CESGRANRIO — 2009) A incorporação das expectativas dos agentes econômicos na avaliação de prováveis impactos da política de estabilização ou anticíclica é indispensável. Como não se dispõe de informações sobre as expectativas dos agentes econômicos, os economistas desenvolveram modelos de formação de expectativa que pudessem ser usados para antecipar as reações dos agentes econômicos e, desse modo, inferir sobre os impactos das políticas. Considerando uma situação inicial, na qual haja estabilidade de preços e o nível corrente do produto seja o de pleno emprego (produto potencial), suponha que seja introduzida uma política econômica expansionista. Associe os dois modelos de formação de expectativas com os resultados para a economia, antecipados no curto e no longo prazos, em decorrência da nova política macroeconômica, apresentados abaixo.

Modelo de Expectativas
(I) Adaptativas
(II) Racionais

Impactos da política macroeconômica sobre a economia
No curto prazo:
P — Preços ficam mais elevados e há aumento de produto.
Q — Preços ficam mais elevados e não há mudança no produto.
No longo prazo:
R — Preços ficam mais elevados e não há mudança no produto.
S — Não há mudança nos preços e no produto.
T — Não há mudança nos preços e o produto aumenta.
As associações corretas são:
   a) (I) P e R; (II) Q e R
   b) (I) P e T; (II) Q e S
   c) (I) P e S; (II) P e S
   d) (I) Q e S; (II) P e T
   e) (I) Q e R; (II) P e R

79. (Economista — MTE — CEBRASPE — 2008) A teoria macroeconômica analisa o comportamento dos grandes agregados econômicos. Utilizando os conceitos básicos dessa teoria, julgue o item que se segue.
Na visão keynesiana, a coexistência entre taxas elevadas de inflação e de desemprego, nas décadas de 80 e 90 do século passado, explica-se não somente pelas expectativas de altas dessas duas variáveis, mas também pela ausência, mesmo no curto prazo, de um *trade-off* entre inflação e desemprego.

80. (Analista — FINEP — Análise Estratégica em Ciência, Tecnologia e Inovação — CESGRANRIO — 2014) Considere a moderna teoria da curva de Phillips, relacionando a taxa de inflação e o nível de atividade econômica.
Essa teoria prediz que se a inércia e a expectativa inflacionárias forem nulas e se houver capacidade ociosa na economia (ou seja, o hiato do produto for negativo), tenderá a ocorrer, a curto prazo, uma situação de
   a) deflação
   b) aceleração da inflação
   c) aumento dos juros nominais π
   d) redução do produto potencial
   e) valorização cambial da moeda doméstica

81. (Economista /PETROBRAS/PETROBRÁS/2018) O sentimento que hoje dá a tônica no Brasil é o de desalento. Depois de três anos da mais grave recessão da história do país, a economia dá sinais de recuperação, mas ainda não há investimento para garantir um novo ciclo de crescimento. Não há investimento porque a confiança não se recuperou.

RESENDE, A.L. O que esperar do Brasil em 2018. Valor Econômico,
Caderno Eu e Fim de Semana, edição impressa de 5 jan, 2018, p.10.

A proposição teórica que atribui ao estado de confiança dos empresários a principal causa para a ativação dos investimentos está relacionada ao processo de formação das expectativas

a) racionais, proposto por Lucas
b) adaptativas, proposto por Friedman
c) de longo prazo, proposto por Keynes
d) de curto prazo, proposto por Minsky
e) do valor de mercado das empresas, proposto por Tobin

82. (Analista /Gestão/Economista/CS UFG/ 2018) A versão Friedman-Phelps da curva de Phillips acrescenta à equação original a análise das expectativas
a) racionais.
b) adaptativas.
c) subjetivas.
d) inconsistentes.

83. (Oficial de Inteligência/CEBRASPE/2018) Julgue o item subsequente, acerca da curva de Phillips, de expectativas racionais, salários e ciclos reais de negócios.
A curva de Phillips baseou-se no que Friedman chamou de doutrina-padrão: elevação da renda leva a aumento do produto e do emprego. Essa curva relaciona inflação e emprego: taxas baixas de emprego podem ser obtidas com taxas mais altas de inflação.
( ) Certo
( ) Errado

84. (Oficial de Inteligência/CEBRASPE/2018) Julgue o item seguinte, acerca de inflação, emprego e renda.
O conceito de inflação esperada apareceu para explicar a relação entre inflação e desemprego. Friedman e Phelps relacionaram taxa de desemprego com inflação corrente, inflação esperada com taxa natural de desemprego, concluindo que, no curto prazo, uma inflação corrente maior está associada a menor desemprego, uma vez que a inflação esperada é dada.
( ) Certo
( ) Errado

85. (TRANSPETRO/ CESGRANRIO/2018) As Figuras abaixo, ilustrando a relação entre a evolução da inflação e do desemprego, mostram possíveis trajetórias da taxa de desemprego e da taxa de inflação, em determinada economia fechada. Em todas as Figuras, a economia se encontra equilibrada inicialmente no ponto C, isto é, em pleno emprego e com inflação estável. Vai-se deslocar do ponto C apenas em decorrência de políticas monetárias e fiscais que alteram a demanda agregada. Considere que os agentes econômicos formam expectativas sobre a inflação de forma adaptativa.

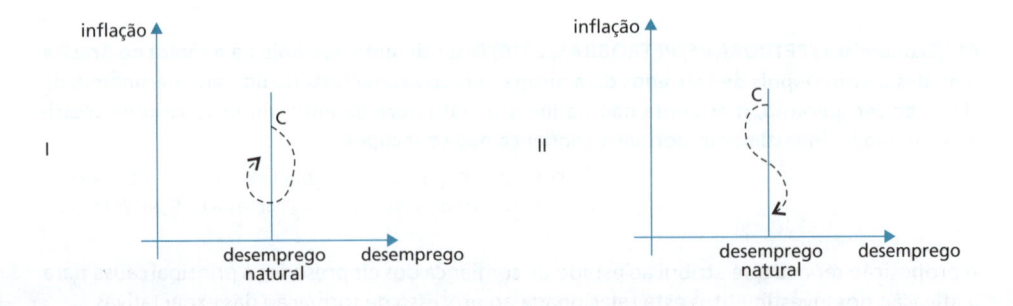

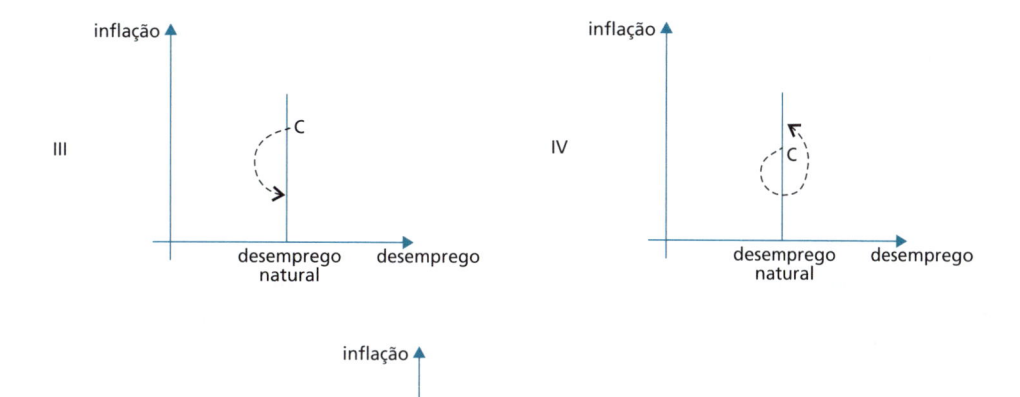

Entre as trajetórias desenhadas nas Figuras, **APENAS** são possíveis as trajetórias nas Figuras
a) I e II
b) I e III
c) I e IV
d) I e V
e) II e III

86. (Oficial de Inteligência/CEBRASPE/2018) No que se refere ao papel do Estado e da agricultura na economia brasileira, aos desequilíbrios regionais, à distribuição de renda e ao mercado de trabalho e emprego, julgue o item que se segue.
A agricultura brasileira é constituída pelo setor do agronegócio, caracterizado pelas grandes propriedades e principalmente produtoras de *commodities* de exportação, e a agricultura familiar, responsável, em maior escala, pela oferta de bens agrícolas para o consumo interno. Em 2017, a taxa de inflação brasileira ficou abaixo do piso da meta, principalmente em razão da boa safra agrícola, que foi beneficiada pela sensível redução nos preços das *commodities* nos mercados internacionais.
( ) Certo
( ) Errado

87. (CEBRASPE (CESPE) — Auditor de Controle Externo (TCE-RO)/Economia/2019) No que se refere a inflação e crescimento, assinale a opção correta.
a) Quanto maior for o nível de inflação, maior será o crescimento do PIB real.
b) Quanto menor for o nível de inflação, maior será o crescimento do PIB nominal.
c) Se em determinado ano em que a inflação for de 6,1% e o produto interno tiver crescimento nominal de 10,1%, o crescimento real será de 4,0%.
d) Se o BACEN pretender reduzir a taxa de inflação da economia, ele deverá reduzir a taxa básica de juros da economia (taxa SELIC).
e) Se as despesas do governo forem financiadas a partir de aumento da base monetária, parte desse aumento se transformará em um tipo de imposto inflacionário, que dependerá da taxa de inflação resultante do aumento da base monetária e da base anterior.

88. (CETREDE — Economista (Pref Juazeiro do N)/2019) Qual inflação é responsável pelos aumentos salariais acima dos níveis de produtividade?
   a) Inflação Inercial.
   b) Inflação Monetária.
   c) Inflação Comercial.
   d) Estagflação.
   e) Inflação de Custos.

89. (CESGRANRIO — Economista (UNIRIO)/2019) A relação entre a taxa de inflação e o crescimento do produto real de uma economia (PIB real) depende do horizonte de tempo considerado e das expectativas dos agentes econômicos.
Assim, um aumento
   a) esperado da inflação tende a ser acompanhado de aumento do PIB real a curto prazo.
   b) esperado da inflação tende a ser acompanhado de aumento do PIB real a longo prazo.
   c) inesperado da inflação tende a ser acompanhado de aumento do PIB real a longo prazo.
   d) inesperado da inflação tende a ser acompanhado de aumento do PIB real a curto prazo.
   e) inesperado da inflação tende a ser acompanhado de redução do PIB real a curto prazo.

90. (CESGRANRIO — Economista (UNIRIO)/2019) Entre o início da década de 1980 e a primeira metade da década de 1990, o Brasil foi acometido por um processo de alta inflação, que só foi contido com o Plano Real (1994).
Os principais formuladores desse plano de estabilização indicaram, como principal causa da aceleração da inflação no Brasil, a(o)
   a) inércia decorrente da indexação generalizada de preços
   b) congelamento de preços
   c) aumento dos salários reais
   d) excesso de demanda agregada sobre o produto agregado potencial
   e) choque de preços de matérias-primas essenciais, como o petróleo

91. (CESGRANRIO — Economista (UNIRIO)/2019) Desde meados da década de 1990, a regra de Taylor tem sido a principal base teórica para a prática da política monetária na maior parte dos países capitalistas. Admita-se uma economia em que as expectativas de inflação estejam abaixo da meta de inflação anual e o hiato do produto seja muito negativo.
Supondo-se tudo o mais constante e seguindo-se estritamente a regra de Taylor, o comitê de política monetária do Banco Central desse país deverá
   a) aumentar a taxa de juros nominal de curto prazo.
   b) reduzir a taxa de juros nominal de curto prazo.
   c) reduzir a base monetária.
   d) manter inalterada a taxa de juros nominal de curto prazo.
   e) adotar congelamento de preços e salários.

92. (CETREDE — Economista (Pref Juazeiro do N)/2019) Sobre as causas da inflação, analise as afirmativas a seguir.
   (2) Excesso de demanda.
   (4) Memória inflacionária.
   (8) Inflação de expectativas.
   (16) Choques de oferta.

Marque a opção que apresenta a soma das afirmativas **CORRETAS**.
   a) 10.
   b) 12.
   c) 24.
   d) 28.
   e) 30.

93. (FEPESE — Economista (CELESC)/2019) Assinale a alternativa correta em relação à inflação.
   a) A teoria estruturalista da inflação indica que a oferta de alimentos em países em via de desenvolvimento seria inelástica, a qual estaria associada a uma demanda crescente pelos mesmos, resultando em aumento geral de preços.
   b) Para calcular a taxa de inflação, no Brasil são utilizados índices de preços, como o Índice Nacional de Preços ao Consumidor (INPC) e o Índice Nacional de Preços ao Consumidor Amplo (IPCA), os quais são baseados em estruturas de consumo variáveis, mês a mês.
   c) A curva de Phillips mostra uma relação direta entre taxa de desemprego e taxa de inflação.
   d) Segundo a teoria da inflação inercial, a inflação seria ocasionada por um excesso da demanda agregada em relação à produção de bens.
   e) Segundo os economistas monetaristas, a principal causa da inflação seria a escassez de moeda na economia, e o seu combate requereria aumento na oferta monetária.

94. (CEBRASPE (CESPE) — Analista de Gestão de Resíduos Sólidos (SLU DF)/Economia/2019) Com relação à atuação do governo na economia, particularmente no endividamento público, julgue o item que se segue.
Se o governo ultrapassar determinado valor para a taxa de inflação, a receita com imposto inflacionário começará a diminuir e, no limite, poderá ocasionar um processo de hiperinflação.
   ( ) Certo
   ( ) Errado

95. (VUNESP — Analista Técnico Científico (MPE SP)/Economista/2019) Considere a existência de um indexador na Economia que faz com que, por exemplo, se a inflação acumulada em um certo período atingir 10%, preços e salários são reajustados em 10%, fazendo com que a inflação do período seguinte já parta de um patamar de 10%. Esse tipo de inflação é conhecido como
   a) de demanda.
   b) de oferta.
   c) hiperinflação.
   d) superinflação.
   e) inercial.

96. (IBADE — Analista Público de Gestão (Pref Vila Velha)/Economista/2020) Economistas de diferentes escolas de pensamento concordam com a proposição de que, no curto prazo, existe uma relação inversa entre a taxa de inflação e a taxa de desemprego. Ou seja, quanto maior a taxa de desemprego menor a taxa de inflação e vice-versa. A esta relação dá-se o nome de:
   a) paradigma de Adam Smith.
   b) teoria da probabilidade.
   c) números índices.
   d) curva de Phillips.
   e) diagrama de Stuart Mill.

97. (FCC — Analista Legislativo (ALAP)/Atividade Orçamentária e Financeira e de Controle Interno/Economista/2020) Considerando a relação entre inflação e desemprego, tem-se que
   a) a curva de Phillips apresenta o grau de sacrifício necessário, em termos de desemprego, para que se controle a inflação.
   b) um hiato positivo do produto implica desemprego muito grande e, portanto, uma inflação menor.
   c) a presença de expectativas adaptativas gera uma curva de Phillips horizontal.
   d) os crescimentos de produtividade do trabalho aumentam a taxa de desem-prego necessária para manter a inflação sob controle.
   e) a razão de sacrifício da economia é medida pela diferença entre as taxas de inflação e de desemprego.

98. (IBFC — Analista Administrativo (EBSERH)/Economia/2020) Deduziu-se a Curva de Phillips com base na oferta agregada com o intuito de mostrar a relação inversa existente entre taxas de inflação e desemprego. A respeito desta, assinale a alternativa incorreta.
   a) A curva de Phillips mostra que, o combate à inflação demanda o aumento do desemprego, atribuindo uma taxa de sacrifício à sociedade
   b) A introdução das expectativas na Curva de Phillips fez com que se tornasse possível analisar a estagflação, fenômeno marcante na década de 70
   c) Quando a taxa de desemprego excede a taxa natural de desemprego, a taxa de inflação aumenta
   d) Através da Curva de Phillips, pode-se concluir que, uma taxa de desemprego alta não necessariamente reflete uma taxa natural de desemprego alta
   e) Quando a inflação persiste por vários períodos de tempo, os trabalhadores procuram aumentar os salários nominais levando em conta a taxa de desemprego e o aumento esperado dos preços

99. (FGV — Técnico Superior Especializado (DPE RJ)/Economia/2019) A curva de Phillips estabelece um *trade-off* entre:
   a) taxas observadas de crescimento e de inflação;
   b) taxas observadas de desemprego e de inflação;
   c) taxas naturais de desemprego e de inflação;
   d) salários reais e nominais;
   e) PIB potencial e nível de preços.

100. (Instituto AOCP — Economista (UFPB)/2019) Considere a seguinte Curva de Phillips: $\pi = \pi^e + 0{,}4(Y - Y_n)$. Em que Y é o produto, Y_n é o nível natural de produto, π é a taxa de inflação (expressa em percentuais ao ano) e π^e é a taxa de inflação esperada (expressa em percentuais ao ano). Os agentes devem formar expectativas de inflação antes de observá-la e há dois cenários possíveis: (a) inflação alta, isto é, $\pi = 9$; e (b) inflação baixa, isto é, $\pi = 1$. Os agentes econômicos atribuem 20% de chances ao cenário de inflação alta e 80% de chances ao cenário de inflação baixa.

Se $Y_n = 40$ e, caso ocorra o cenário de inflação alta, o produto será igual a
   a) 26.
   b) 40.
   c) 56.
   d) 60.
   e) 62.

101. (CEBRASPE (CESPE) — Analista de Gestão de Resíduos Sólidos (SLU DF)/Economia/2019)
Acerca das políticas monetária, fiscal e de comércio exterior, julgue o item a seguir.
No curto prazo, se um aumento na demanda agregada reduzir a taxa de desemprego para abaixo da taxa natural, a tendência será o aumento da inflação.
( ) Certo
( ) Errado

102. (FAUEL — Economista (Pref Mandaguari)/2019) A principal diferença entre a Curva de Phillips Original e a Curva de Phillips Aceleracionista se dá pela inclusão de qual elemento à sua equação?
a) Expectativa de inflação futura diferente de zero.
b) Expectativa de aumento real dos salários diferente de zero.
c) Expectativa do aumento da mão de obra diferente de zero.
d) Expectativas Racionais diferentes de zero.

103. (COPS UEL — Economista (Londrina)/Serviço de Economia/2019) Em relação ao modelo macroeconômico da curva de Phillips, considere as afirmativas a seguir.
I. No longo prazo, o desemprego retorna à sua taxa natural, de modo que a curva de Phillips seja vertical.
II. Quanto maior a frequência dos reajustes de preços e dos salários diante de choques de demanda, mais vertical tende a ser a curva de Phillips, segundo os novos keynesianos.
III. No caso de curva de Phillips vertical, a aplicação de uma política monetária para reduzir o nível de emprego é ineficaz, mas terá como resultado maior inflação.
IV. No modelo aceleracionista da curva de Phillips, dadas as expectativas adaptativas, na ocorrência de aceleração inflacionária somente haverá um *trade off* entre inflação e desemprego no longo prazo.

Assinale a alternativa correta.
a) Somente as afirmativas I e II são corretas.
b) Somente as afirmativas I e IV são corretas.
c) Somente as afirmativas III e IV são corretas.
d) Somente as afirmativas I, II e III são corretas.
e) Somente as afirmativas II, III e IV são corretas.

104. (FUNDEP — Economista (Pref Uberlândia)/2019) Conforme MANKIW (2005), a curva de Phillips expressa o *trade off* existente no curto prazo entre
a) a taxa de crescimento econômico e a distribuição da renda nacional.
b) o déficit público e a carga tributária.
c) a inflação e o desemprego.
d) as disparidades regionais de renda e a taxa de crescimento da economia.

105. (CEBRASPE (CESPE) — Auditor de Finanças e Controle de Arreca-dação da Fazenda Estadual (SEFAZ AL)/2020) O produto interno bruto (PIB) é um indicador do tamanho da economia e corresponde à soma de todos os bens e serviços finais produzidos por um país, estado ou cidade, geralmente em um ano. O PIB do Brasil dos últimos 10 anos passou por momentos de crescimento e redução. Acerca do PIB brasileiro, julgue o item a seguir.
É consenso entre os economistas que um período de deflação longo poderá assegurar crescimento robusto da economia do Brasil nos próximos anos.
( ) Certo
( ) Errado

106. (Instituto AOCP — Economista (UFPB)/2019) Em relação às consequências da patologia econômica conhecida como inflação, analise as assertivas e assinale a alternativa que aponta a(s) correta(s).
I. Desorganização do mercado de capitais e aumento por procura de ativos reais.
II. Ganhos no poder aquisitivo dos salários e outras rendas fixas.
III. Dificuldades para financiamento do setor público.
a) Apenas I.
b) Apenas II.
c) Apenas III.
d) Apenas I e III.
e) I, II e III.

107. (VUNESP — Economista (Campinas)/2019) Se os agentes econômicos de um país tiverem expectativas totalmente racionais, então
a) a curva de Phillips continuará a mostrar um *trade off* entre a taxa de inflação e a taxa de desemprego no curto prazo, somente se tornando vertical no longo prazo.
b) a taxa da inflação da economia será inercial, ou seja, reproduzirá a taxa de inflação passada, a menos que haja um choque de demanda ou de oferta.
c) quanto maior a taxa de desemprego da economia, maior a taxa de inflação de demanda esperada.
d) bastará ao Governo ter credibilidade e praticar uma política monetária contracionista que a taxa de inflação se reduzirá sem que a taxa de desemprego aumente.
e) não há possibilidade de diminuir a diferença entre a taxa de desemprego efetiva da economia e sua taxa natural.

■ **GABARITO** ■

1. "a". Quando as medidas tomadas pelas autoridades monetárias são não antecipadas, ou seja, são surpreendentes, não permitem que o agente econômico se antecipe a elas e as neutralize. Isso faz com que, no curto prazo, o produto e a renda se alterem.

2. "b". No longo prazo, não existe o *trade-off* entre taxa de inflação (π) e taxa de desemprego (μ). Observe o gráfico.

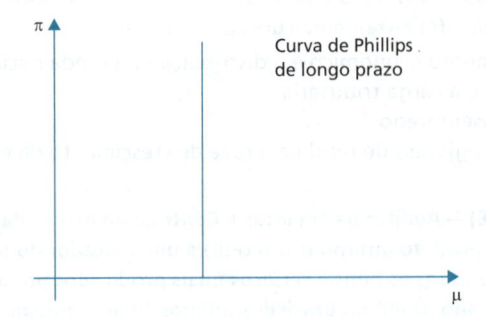

Curva de Phillips de longo prazo

Logo, a alternativa "a" é falsa.
Como, no longo prazo, o produto já é o "potencial", não há como aumentá-lo e, portanto, políticas monetárias expansionistas só alteram o nível de preços, gerando inflação. Observe o gráfico a seguir.

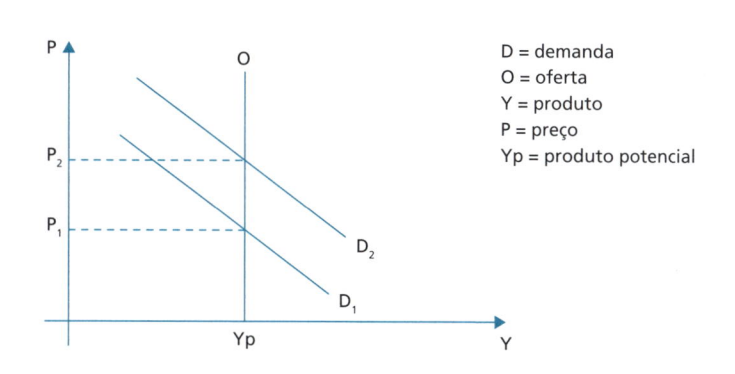

21 ■ Teorias da Inflação/Curva de Phillips

P — eixo vertical
O — oferta
P_2, P_1 — níveis de preço
D_2, D_1 — curvas de demanda
Yp — produto potencial
Y — eixo horizontal

D = demanda
O = oferta
Y = produto
P = preço
Yp = produto potencial

Logo, a alternativa "b" é verdadeira.

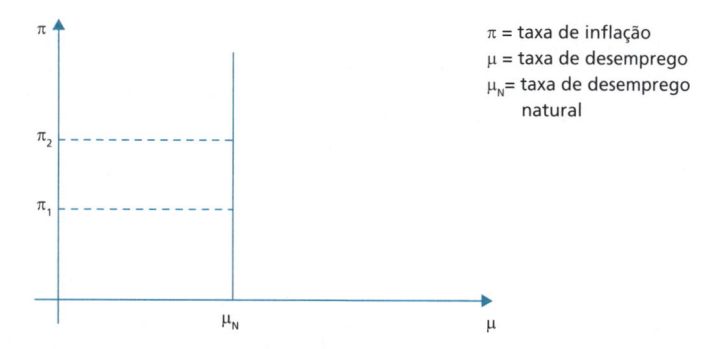

π — eixo vertical
π_2, π_1 — taxas de inflação
μ_N — taxa de desemprego natural
μ — eixo horizontal

π = taxa de inflação
μ = taxa de desemprego
μ_N = taxa de desemprego natural

A taxa de inflação, no longo prazo, não necessariamente converge para zero. Observe o gráfico anterior. Portanto, a alternativa "c" é falsa.

No longo prazo, o produto é o produto potencial de pleno emprego e, portanto, não há como alterá-lo. A alternativa "d" é, portanto, falsa.

No curto prazo, há uma relação negativa entre taxa de inflação e taxa de desemprego. A alternativa "e" é falsa.

---

3. "c". Se os agentes têm expectativas racionais, eles se anteciparão às medidas tomadas pelo governo e as neutralizarão. Portanto não existe *trade-off* entre taxa de inflação e taxa de desemprego no curto prazo nem no longo prazo. A alternativa "a" é falsa.

No longo prazo, independente da taxa de inflação, a taxa de desemprego será a natural.

No longo prazo, a economia vai se situar na taxa natural de desemprego e qualquer tentativa para diminuí-lo só vai gerar inflação. A alternativa "b" é falsa.

A taxa de inflação e a taxa de desemprego, no curto prazo, são negativamente relacionadas. A alternativa "d" é falsa. No longo prazo, não ocorre o *trade-off* entre taxa de inflação e taxa de desemprego. A alternativa "c" é verdadeira.

No curto prazo, um choque de oferta (ε) favorável vai deslocar a curva de Phillips para baixo, e um choque de oferta (ε) desfavorável vai deslocar a curva de Phillips para cima. O gráfico a seguir mostra que, havendo choque de oferta, ocorrerá um impacto sobre a taxa de inflação e sobre a taxa de desemprego.

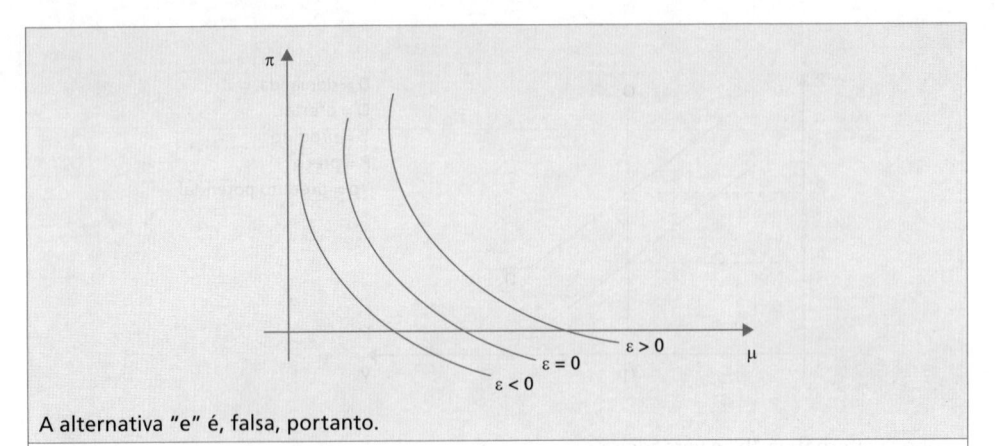

A alternativa "e" é, falsa, portanto.

4. V, F, F.
a) **(V)** A taxa natural de desemprego é composta do desemprego voluntário e friccional. Na medida em que aumenta a rotatividade no emprego, aumenta o desemprego friccional, que é uma migração regional ou setorial da mão de obra e, portanto, eleva a taxa natural de desemprego.
b) **(F)** Quando as pessoas passam a contar com o seguro-desemprego, tendem a se manter mais tempo desempregadas (desemprego voluntário) e, portanto, o desemprego natural aumenta.
c) **(F)** No longo prazo, a curva de Phillips é vertical.

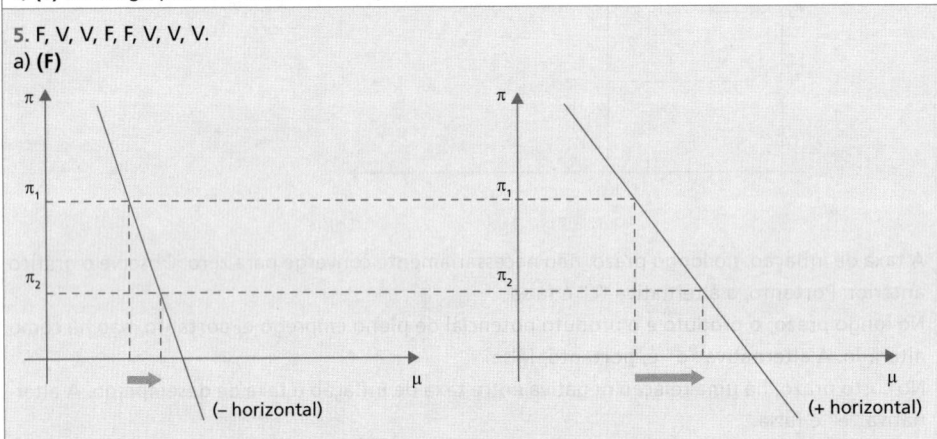

5. F, V, V, F, F, V, V, V.
a) **(F)**

Quando a curva de Phillips é mais horizontal, qualquer medida que procure reduzir a taxa de inflação gerará um maior sacrifício (mais desemprego).

b) **(V)** Quanto mais frequentes forem os reajustes de preços e salários, maior a inflação. Se a curva de Phillips for mais vertical, maior será o efeito dessa inflação.

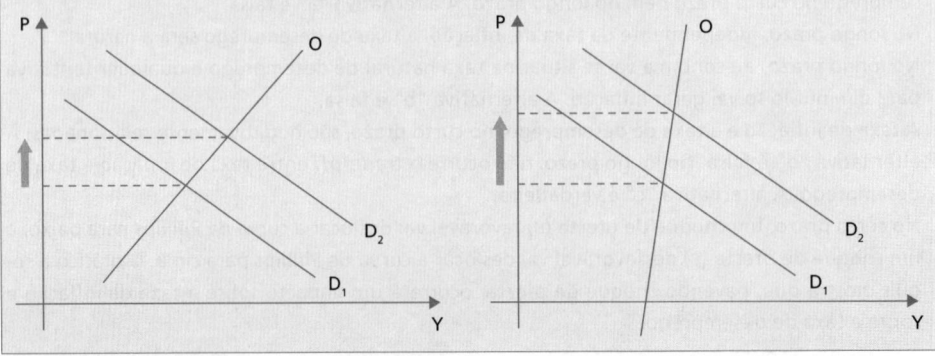

Quanto mais vertical for a curva de oferta, maiores serão os reajustes de preços se ocorrer um choque de demanda. Como a curva de Phillips é um espelho da curva de oferta, mais vertical tende a ser a curva de Phillips.

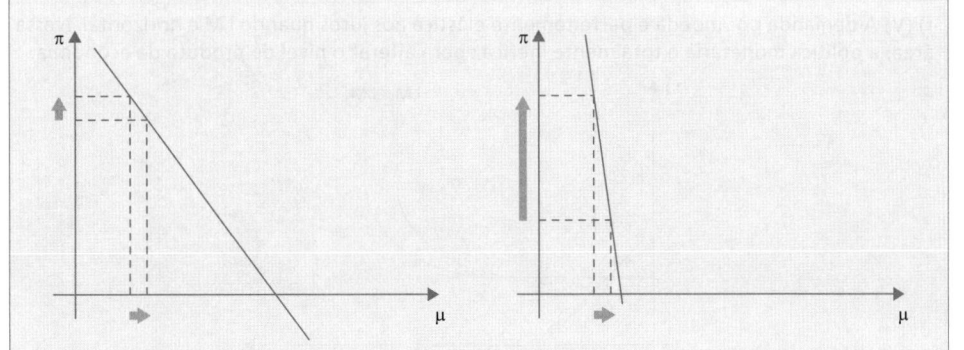

c) **(V)** Como não existe *trade-off* entre inflação e desemprego e pelo fato de o desemprego se encontrar em sua taxa natural, qualquer medida que seja tomada no intuito de reduzir essa taxa de desemprego só gerará inflação.

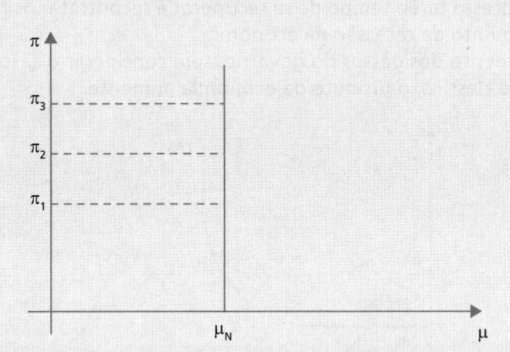

d) **(F)** Alterações na inflação esperada deslocam a curva de Phillips. Se houver redução, desloca a curva de Phillips para a esquerda. Se houver aumento da inflação esperada, desloca a curva de Phillips para a direita.

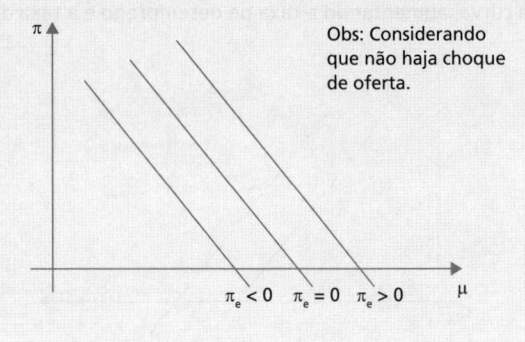

Obs: Considerando que não haja choque de oferta.

$\pi_e < 0 \quad \pi_e = 0 \quad \pi_e > 0$

e) **(F)** No curto prazo, a moeda não é neutra, ou seja, políticas monetárias expansionistas teriam impacto sobre a inflação e o desemprego. A curva de Phillips mostra que a opção por inflação baixa gerará um custo social alto (mais desemprego), e a opção por inflação alta, um custo social menor (menos desemprego).

f) **(V)** A demanda por moeda é perfeitamente elástica aos juros quando LM é horizontal. Nessa área, a política monetária é totalmente ineficaz para alterar o nível de produto da economia.

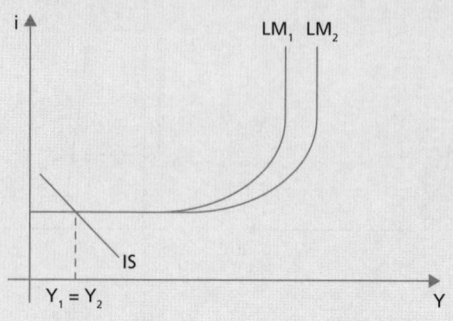

g) **(V)** Quando se concede o benefício do seguro-desemprego, é porque o empregado perdeu seu emprego e sua fonte de renda. Sendo assim, caso não receba seguro-desemprego, o nível de consumo da economia tende a cair, o que faz com que as empresas tenham que reduzir o volume de produção e desempreguem mais. Com o seguro-desemprego, o nível de consumo não se reduz e as empresas terão tempo de se recuperar e recontratar os funcionários dispensados, evitando um aumento da recessão na economia.

h) **(V)** Quando há aumento dos gastos do governo, sem considerar o caso extremo da curva IS-LM denominado caso clássico, o produto da economia aumenta.

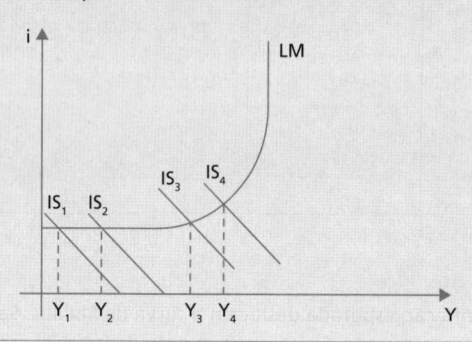

6. F. Um choque de oferta (ε) desfavorável, como um aumento do preço do petróleo, por exemplo, provoca um deslocamento para cima ou para a direita da curva de Phillips, e não um deslocamento ao longo da curva, aumentando a taxa de desemprego e a taxa de inflação.

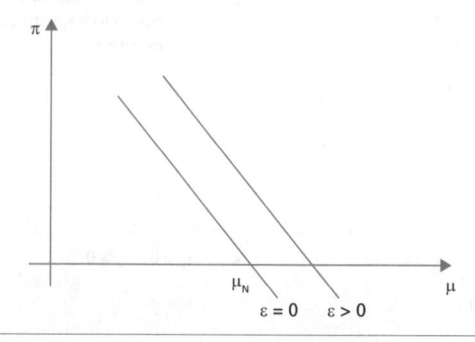

7. "a". A inflação inercial está vinculada a processos de indexação da economia. Portanto, para combatê-la, deve-se tomar medidas que levem à desindexação.

8. V. Quando uma política econômica é anunciada, os agentes econômicos se antecipam e agem de maneira a neutralizar a ação do governo, fazendo com que preços se modifiquem, mas o Produto Real permaneça o mesmo.

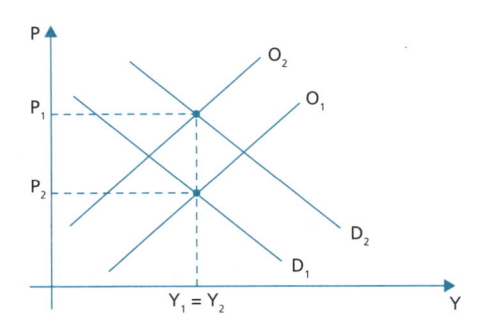

9. "a". Só ocorre o *trade-off* entre inflação e desemprego no curto prazo, ou seja, só é possível alterar a taxa de desemprego com políticas fiscais e monetárias que permitam um aumento da taxa de inflação. Também só se combate inflação com uma tolerância maior da taxa de desemprego. A alternativa "a" é verdadeira.
AB representa a curva de Phillips de longo prazo. A alternativa "b" é falsa.
CD representa a curva de Phillips de curto prazo. A alternativa "c" é falsa.
A curva de oferta é uma função crescente e, portanto, não poderia ser representada pela reta CD. A alternativa "d" é falsa.
μ^* representa o desemprego natural, que é a soma do desemprego voluntário (quando as pessoas estão desempregadas porque não se submetem a ofertar sua força de trabalho pela remuneração vigente no mercado) e pelo desemprego friccional (quando as pessoas estão mudando de emprego, setor etc., por isso temporariamente sem emprego). Portanto, políticas do governo que alterem a demanda por bens e serviços não alterarão essa situação. Assim, μ^* é constante. A alternativa "e" é falsa.

10. "b". Como a curva "B" representa a curva de Phillips de longo prazo, o nível de desemprego existente consiste no desemprego natural. Logo, μ^* refere-se ao desemprego natural.
Como A_1 está abaixo de A_2, A_1 apresentará uma inflação menor que A_2 e, portanto, reflete expectativas de inflação menor que A_2. Tanto A_1 como A_2 representam curvas de Phillips no curto prazo.

11. "a". Se $\varepsilon = 0$ e $(\mu - \mu_N) = 0$, então $\pi = \pi_e$. A alternativa "a" é verdadeira.
A taxa de inflação está correlacionada negativamente com a taxa de desemprego $(\mu - \mu_N)$ e positivamente com a inflação esperada pelos agentes econômicos. A alternativa "b" é falsa.
O desemprego cíclico está relacionado a flutuações da atividade econômica. É transitório e definido como: desemprego cíclico = taxa de desemprego observada – taxa de desemprego natural. Portanto, quanto maior o desemprego cíclico, menor a taxa de inflação.
Com relação à inflação de custos, quanto maior o choque de oferta, maior a taxa de inflação. A alternativa "c" é falsa.
Quando os agentes econômicos têm expectativas racionais, as políticas monetárias/fiscais são inócuas para alterar o nível de produto, renda e emprego da economia. Observe o quadro:

	EXPECTATIVA ADAPTATIVA	EXPECTATIVA RACIONAL
CURTO PRAZO	Sim	Não
LONGO PRAZO	Não	Não

A alternativa "d" é falsa.
Quanto menor a taxa de desemprego, maior tende a ser a taxa de inflação. A alternativa "e" é falsa.

12. "b".
I. Quando os preços são rígidos, o deslocamento da demanda provoca apenas uma alteração do Produto Real. Observe:

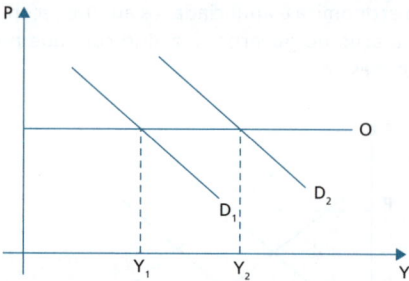

II. No curto prazo, a curva de Phillips é decrescente, mostrando que uma menor inflação implica um maior desemprego, assim como uma maior inflação implica um menor desemprego.
III. No longo prazo, os deslocamentos da demanda agregada afetam apenas os preços, mas não a produção. Observe:

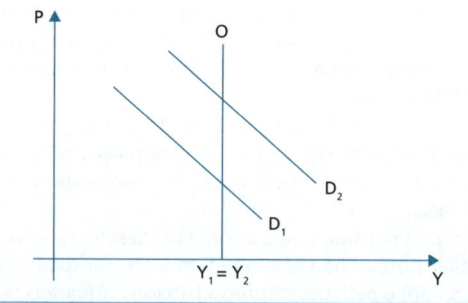

13. "a". Quanto maior a inflação, menor será a demanda de moeda. O custo "sola de sapato" é aquele que ocorre quando as pessoas, tentando minimizar a quantidade de moeda em seu poder, devido à inflação, passam a ir diversas vezes ao banco e, em decorrência disso, diminuem seu tempo de realizar atividades produtivas. A alternativa "a" é falsa.
Custo menu é quando, pelo fato de haver a necessidade de se atualizarem as listas de preços, recursos são consumidos de uma maneira não produtiva ao invés de produtiva. O custo menu é muito percebido na curva de oferta Keynesiana — caso extremo, em que os custos de repasse dos preços desestimulam sua alteração, mantendo os preços constantes. A alternativa "b" é verdadeira.
A inflação gera uma redistribuição involuntária de riqueza entre devedores e credores e a transferência involuntária de responsabilidades tributárias. As alternativas "c" e "d" são verdadeiras.
Quanto maior a inflação, maior o custo menu e maior o custo "sola de sapato", entre outros. A alternativa "e" é falsa.

14. "d". Há a possibilidade de uma economia experimentar um processo de inflação inercial, mesmo sob a hipótese de expectativas racionais. O que não ocorre é uma alteração de variáveis reais. A alternativa "a" é falsa.
A inflação pode ter origem em excesso de demanda, ou em restrição de oferta, bem como em motivo inercial. A alternativa "b" é falsa.
Um salário mínimo plenamente indexado gera uma inflação inercial, que impede o sucesso de uma política anti-inflacionária. A alternativa "c" é falsa.
A elevação dos preços de matérias-primas gera uma inflação de custos, também chamado de choque de oferta, mesmo que a inflação de demanda seja pequena. A alternativa "d" é verdadeira.
Um processo inflacionário pode ser decorrente da combinação de uma inflação de demanda, de custos e inercial. A alternativa "e" é falsa.

15. "b". π_e é a taxa de inflação esperada, que tem um caráter inercial na hipótese de velocidade de ajuste igual a "1". A alternativa "a" é falsa. β representa a sensibilidade (ou elasticidade) da taxa de desemprego à taxa de inflação. A alternativa "b" é verdadeira.
A inflação de demanda é representada por $-\beta(\mu - \mu_n)$, embora uma inflação esperada também desloque a curva de demanda. A alternativa "c" é falsa.
Quanto maior μ, menor será a inflação de demanda. A taxa de desemprego tem uma relação inversa com a taxa de inflação. A alternativa "d" é falsa.
A inflação de custos é tanto maior quanto maior for o valor de ε. A alternativa "e" é falsa.

16. "b". Um choque de oferta favorável desloca a curva de Phillips para a esquerda ou para baixo. Observe a seguir que a taxa de inflação se reduz ao mesmo nível de desemprego, ou, ao mesmo nível de inflação, a taxa de desemprego se reduz.

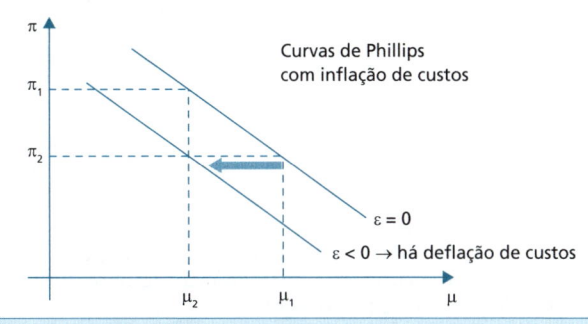

Curvas de Phillips com inflação de custos
$\varepsilon = 0$
$\varepsilon < 0 \rightarrow$ há deflação de custos

17. "b". Efeito "sola de sapato" é aquele que ocorre quando as pessoas, tentando minimizar a quantidade de moeda em seu poder, passam a ir diversas vezes ao banco e, em decorrência disso, diminuem seu tempo de realizar atividades produtivas. A alternativa "a" é falsa.
Custo menu é quando, pelo fato de haver a necessidade de se atualizarem as listas de preços, recursos são consumidos de uma maneira não produtiva ao invés de produtiva. A alternativa "b" é verdadeira.
A inflação gera uma redistribuição involuntária de riqueza entre devedores e credores. A alternativa "c" é falsa.
As derivadas da inflação são involuntárias. A alternativa "d" é falsa.
Quanto maior a inflação, maiores são os custos inflacionários. A alternativa "e" é falsa.

18. "e".
I. **(V)** No curto prazo, medidas para minimizar a inflação, elevam o desemprego, e vice-versa. Portanto, ocorre uma troca entre inflação e desemprego.
II. **(V)** Conforme ocorre um deslocamento da curva de demanda para a direita sobre a oferta, os preços se elevam. Esse deslocamento é representado por um deslocamento "ao longo da" curva de Phillips, no curto prazo.

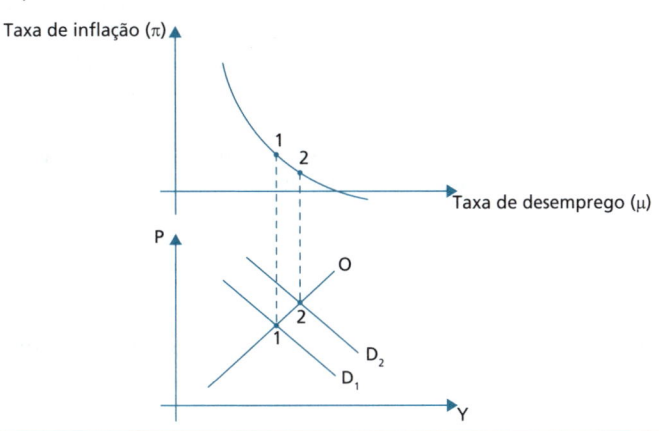

III. **(V)** No longo prazo, não ocorre o *trade-off* entre inflação e desemprego. Observe:

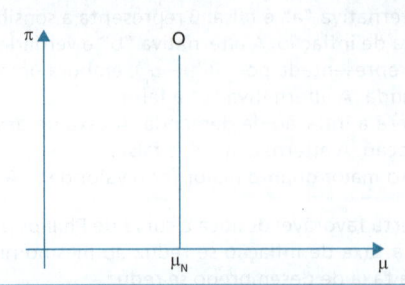

[Gráfico: eixo vertical π, eixo horizontal μ, com uma reta vertical em $μ_N$]

19. "a". A curva de Phillips mostra que, para se combater a inflação, deve-se enfrentar uma recessão (curto prazo), ou seja, só se combate inflação com recessão. Assim, medidas restritivas (sejam por políticas monetárias ou fiscais) tendem a desaquecer a economia, gerando desemprego em prol de uma menor elevação de preços.

20. F, F, V, V.
a) **(F)** A curva de demanda de mão de obra é descendente por causa do produto físico marginal decrescente, ou seja, a contribuição ao produto total, na medida em que se acrescenta mais "1" de mão de obra, é cada vez menor. Por conta disso, as empresas ao demandarem mais mão de obra pagarão salários cada vez menores.
b) **(F)** Os trabalhadores ofertam mão de obra. Portanto, imigração e mudança nas preferências do trabalhador deslocam a curva de oferta de mão de obra. Porém, mudanças tecnológicas deslocam a curva de demanda de mão de obra.
c) **(V)** A curva de Phillips mostra a combinação entre taxa de inflação e taxa de desemprego decorrentes de uma inflação de demanda.
d) **(V)** No longo prazo, o produto da economia é o produto potencial, e o nível de desemprego é o do desemprego natural, independente da taxa de inflação. Portanto, a curva de Phillips é totalmente inelástica à taxa de inflação, no longo prazo.

21. "d". AB é a curva de Phillips de curto prazo, BD é a diferença entre taxa de desemprego e taxa de desemprego natural, CD é a curva de Phillips de longo prazo, OD é a taxa natural de desemprego, e OE é a taxa de inflação a uma taxa de desemprego natural.

22. "e". A taxa real, que corresponde à taxa que mede o aumento do poder de compra da moeda, mede de maneira eficaz os ganhos da empresa. A alternativa "a" é falsa.
Se houver deflação no período, a taxa de juros nominal será menor que a taxa de juros real, já que: $r = i - π$ ou $i = r + π$. Se π é negativo, então $i < r$, onde: i = taxa nominal de juros; r = taxa real de juros; e π = taxa de inflação. A alternativa "b" é falsa.
A taxa de juros reais não mede o valor pago ao poupador por suas decisões de poupar, pois desconta a inflação, ou seja: $r = i - π$. A alternativa "c" é falsa.
A taxa de juros real mede o retorno de uma aplicação em termos de quantidade de bens, descontando a inflação. Observe a fórmula: $r = i - π$. A alternativa "d" é falsa.
Se não houver inflação no período, a taxa de juros nominal será igual à taxa de juros real do mesmo período. Observe: $i = r + π$, se $π = 0$, então $i = r$. A alternativa "e" é verdadeira.

23. F, F.
a) **(F)** Durante a época da hiperinflação brasileira, as empresas remarcavam seus preços diversas vezes ao longo do dia. Os custos decorrentes dessas mudanças de preço são conhecidos como custos menu e ocorrem quando, pelo fato de haver a necessidade de se atualizarem as listas de preços, recursos são consumidos de uma maneira não produtiva ao invés de produtiva.
b) **(F)** O fato de que, durante períodos inflacionários, a velocidade de circulação mantém-se constante reforça a teoria monetarista da inflação, que afirmava que: MV = PY, onde: M = oferta de moeda; e V = número de transações liquidadas com a mesma unidade.
Os monetaristas só observavam a inflação de demanda como causa da inflação. E esse excesso de demanda seria causado pela emissão de moeda (M). Mas, para isso, tanto "V" como "Y" deveriam permanecer constantes, fazendo com que um aumento de M provocasse um aumento de "P".

24. V, F, V, F.

0) (V) De acordo com a curva de oferta agregada de Lucas, baseada em preços futuros, a curva de oferta agregada é crescente, porque o produto efetivo (Ye) será superior ao produto potencial (Yp) quando o nível de preço corrente (P^c) for superior ao nível de preço esperado (P^e). Observe o gráfico a seguir:

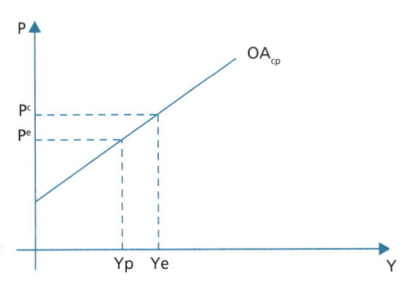

1) (F) De acordo com a Lei de Okun, um aumento de 1% no PIB NÃO está associado a uma redução de 1% na taxa de desemprego, já que a relação entre desemprego e produto mantém uma certa elasticidade λ. Observe a equação: $(\mu - \mu_N) = \lambda (Yp - Y)$.

2) (V) Dada a curva de Phillips $\pi_t = \pi_t^e + 0,2 - 2\mu_t$, supondo que π_t, π_t^e sejam zero, então: $0,2 - 2\mu_t = 0$, logo: $\mu_t = 0,1$.

3) (F) Em um modelo de preços fixos, a curva de oferta agregada de curto prazo será inelástica aos preços. Observe:

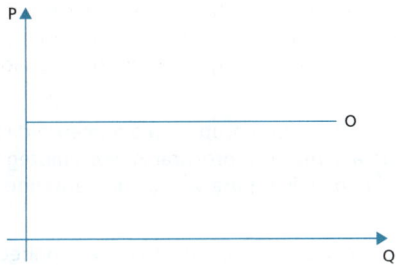

25. "e". As expectativas racionais no curto prazo não conseguem alterar o nível de produto e emprego na economia, mas alteram o nível de preços. A alternativa "a" é, portanto, falsa.
A inflação tem origem pelo excesso de demanda, pela inércia e pelo aumento dos custos de produção. A alternativa "b" é falsa. A indexação de preços e salários é uma das razões principais para a inflação inercial. A alternativa "c" é falsa. A quebra de safra agrícola provoca uma inflação de custos, deslocando para a direita a curva de Phillips, mostrando que, ao nível de desemprego natural, a taxa de inflação é maior. Observe o gráfico:

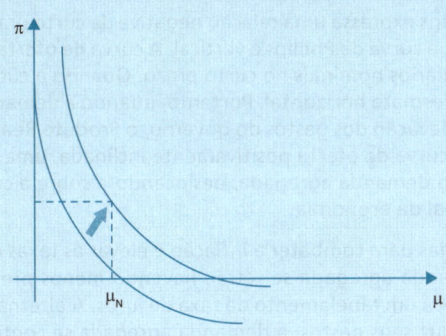

A alternativa "d" é falsa.

A inflação tem três componentes, como pode ser visto a seguir:

$$\pi = \underbrace{\pi_E}_{\text{inflação inercial}} \underbrace{-\beta(\mu - \mu^*)}_{\text{inflação de demanda}} \underbrace{+\varepsilon}_{\text{inflação de custos ou choque de oferta}}$$

A alternativa "e" é verdadeira.

26. "d". A curva de Phillips no longo prazo é vertical, mostrando que não há o *trade-off* entre taxa de inflação e taxa de desemprego.

27. "a". Para a Escola Monetarista, o *trade-off* (dilema) entre inflação e desemprego só seria relevante no curto prazo.

28. "a". Alterações surpreendentes na oferta monetária, no caso das expectativas serem racionais, não alteram o produto no longo prazo, mas o alteram no curto prazo. Caso essas medidas sejam antecipadas, o produto não se altera nem no curto nem no longo prazo.

29. F, V, V, V.
a) **(F)** Dada a demanda agregada inicial, uma inflação de custos desloca a oferta agregada para a esquerda, resultando um aumento do nível de preços.

30. V, V.
a) **(V)** A curva de Phillips é uma função decrescente no curto prazo, mostrando um *trade-off* entre taxa de inflação e taxa de desemprego.
b) **(V)** As expectativas racionais dizem que as pessoas vão levar em consideração todas as informações disponíveis para formar suas expectativas com relação à inflação. Baseiam em três hipóteses: os agentes econômicos não sofrem de ilusão monetária; as decisões são tomadas pelos agentes com base em variáveis reais; e os agentes econômicos são otimizadores.

31. V, F, V.
b) **(F)** Aumentos no salário-desemprego propiciam a aumento da taxa natural de desemprego, já que o trabalhador tende a começar a procurar novos empregos quando o prazo da última parcela do seguro-desemprego estiver para vencer, aumentando o desemprego voluntário da economia.

32. F. Os custos decorrentes dessas mudanças de preço são conhecidos como custo menu.

33. V, F.
b) **(F)** As expectativas adaptativas dizem que as pessoas vão corrigir suas expectativas com base nos erros que cometeram no passado. Assim, baseiam suas expectativas em cima da inflação do passado.

34. "c". Se o agente econômico apresenta expectativas a respeito do comportamento dos preços, deve se antecipar às medidas adotadas e neutralizá-las. Se apresenta uma versão forte, ou seja, sempre acerta na média, a curva de Phillips será vertical tanto no curto quanto no longo prazo.

35. "c". A curva de Phillips expressa uma relação negativa de curto prazo entre inflação e desemprego. No longo prazo, a curva de Phillips é vertical. A curva de oferta é positivamente inclinada devido à rigidez dos salários nominais no curto prazo. Quando a curva de oferta é totalmente elástica ao preço, tem formato horizontal. Portanto, quando a demanda se desloca para a direita em decorrência da elevação dos gastos do governo, o Produto Real se eleva, deixando inalterado o preço. Sendo a curva de oferta positivamente inclinada, uma alteração na política fiscal e/ou monetária altera a demanda agregada, deslocando-a sobre a curva de oferta e alterando o preço e o Produto Real da economia.

36. "b". Uma das medidas para combater a inflação é elevar as taxas de juros, já que, com redução de crédito, a demanda agregada se retrai, havendo menos pressão sobre a elevação dos preços, o que não implica um tabelamento da taxa de juros. A alternativa "a" é, portanto, falsa. Quando o governo reduz seus gastos, a demanda agregada se contrai, pressionando menos a elevação de preços. A alternativa "b" é verdadeira. Quando ocorre a compra de títulos públicos no mercado aberto, há uma expansão monetária que provoca um aquecimento na demanda agregada e, por conseguinte, mais pressão sobre a elevação de preços. A alternativa "c" é, portanto, falsa. Quando a tributação se reduz, a renda disponível aumenta, elevando a demanda agregada e pressionando uma elevação de preços. Quando a taxa de reservas compulsórias se reduz, o multiplicador monetário se eleva, aumentando os meios de pagamento (M_1), o que corresponde a uma elevação da oferta da moeda, do crédito e, por conseguinte, da demanda agregada, podendo provocar uma elevação de preços. Logo, a alternativa "d" é falsa. Havendo uma redução da taxa de redesconto, o redesconto tende a aumentar, elevando a oferta de moeda na economia e aquecendo a demanda agregada, que poderá gerar uma elevação de preços. Eliminar a tributação sobre a renda das pessoas físicas elevará o nível de consumo e, portanto, a demanda agregada, pressionando uma subida de preços. Logo, a alternativa "e" é falsa.

37. "b". As pessoas com expectativas adaptativas acreditam que a inflação do presente será igual à inflação do passado. Se a velocidade de ajuste for igual a 1 (ou seja, sem erro), a inflação do presente tende a ser igual à do passado e isso leva a uma inflação inercial. Se a velocidade de ajuste for maior que 1, haverá uma trajetória explosiva da inflação, e se for menor que 1, haverá uma trajetória amortecida.

38. "c". Uma elevação de preços de insumos representa um aumento de custo de produção que deverá ser repassado aos preços dos produtos, gerando uma inflação de custos ou choque de oferta.

39. "b". Inflação é elevação generalizada e persistente de preços. Portanto, se os preços sobem e se estabilizam em seguida, não se caracteriza um processo inflacionário crônico. Também a elevação de preços de um produto isoladamente na economia não caracteriza inflação. Caso os preços internos subam, o país perde competitividade na venda de seus produtos no exterior e os produtos importados ganham competitividade quando comercializados no Brasil. Isso leva a aumento das importações e redução das exportações, afetando a Balança Comercial do país.

40. "b". A espiral inflacionária ocorre quando, independente da causa, a inflação se autoalimenta, fazendo com que os preços se elevem constantemente e puxando a elevação de preços de outros produtos também.

41. "b". Quando as expectativas são adaptativas, as pessoas baseiam suas expectativas na inflação do passado, gerando, quando a velocidade de ajuste é igual a 1, uma inflação inercial. A alternativa "I" é verdadeira.
Quando ocorre uma política monetária expansionista no câmbio flutuante, em um modelo com perfeita mobilidade de capital, a curva LM se desloca para baixo ou para a direita ($LM_1 \to LM_2$), reduzindo a taxa de juros de r_1 para r_2 conforme mostra o gráfico a seguir. Com isso, há uma fuga de divisas, levando à desvalorização da moeda nacional. A alternativa II é falsa.

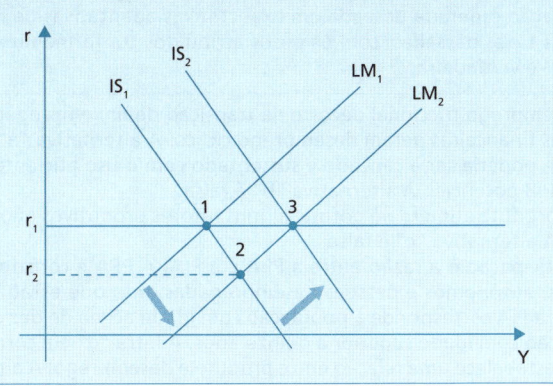

Os bens não comercializáveis (*no tradables*) de um país são aqueles produzidos e consumidos no país de origem e que não são exportados para os demais. Enquadram-se, principalmente, os serviços. Assim, por exemplo, se um corte de cabelo tem seu preço elevado no país, o consumidor dificilmente se deslocará a outro país para cortá-lo. Será, portanto, obrigado a pagar um preço mais alto, o que eleva a inflação que a âncora cambial tenta controlar. A alternativa III é verdadeira.
A taxa de câmbio real é encontrada pela seguinte fórmula aproximada (conforme pode ser vista no *item 15.3* deste livro)
$E = e \times P^*/P$
Portanto, a alternativa IV é verdadeira.

42. "a". A teoria da curva de Phillips estabeleceu que, no curto prazo, uma política monetária afeta a renda nominal ou monetária, não definindo se essa variação na renda se dá nos preços ou no produto e emprego. Essas oscilações no curto prazo são consideradas meros desequilíbrios, e não crise econômica. A alternativa "b" é falsa.
Para Milton Friedman, a TQM (Teoria Quantitativa da Moeda) pode explicar a renda nominal no curto prazo, enquanto no longo prazo prevaleceria a visão "clássica". Assim, a TQM transformou-se em uma teoria monetária da renda nominal e a inflação, em um fenômeno apenas monetário. Portanto, os adeptos consideravam os resultados de longo prazo. A alternativa "c" está incorreta.
No curto prazo, a renda nominal será afetada pela hipótese das expectativas adaptativas. A renda nominal vai depender da política monetária atual e de períodos passados. Se as variações do nível de preços forem diferentes da esperada, gera-se uma alteração de renda, podendo ser alterado o produto real e emprego. As decisões de curto prazo trazem informações incompletas e são elas que podem levar a flutuações de expectativas de curto prazo, o que produz oscilações na renda, produto e emprego. Como no longo prazo as expectativas não se frustam, já que as informações são perfeitas, o produto real, a renda real e o emprego não se alteram, vigorando a TQM dos clássicos. Portanto, a alternativa "d" é falsa.
Para Friedman, a política monetária tem a sua importância, no entanto, ela deve seguir uma regra para evitar que as expectativas sejam frustradas. Portanto, a oferta monetária deve seguir as necessidades impostas pelo crescimento da renda real de longo prazo como regra. Logo, a alternativa "e" é falsa.
Para Friedman, a pressão por maiores salários devido a aproximação do pleno emprego, gera uma elevação de preços para recompor os custos maiores da mão de obra. A alternativa "a" está correta.

43. "d". Nas expectativas racionais, existe relação probabilística entre variações, de forma que, em média, os agentes acertam suas estimativas (o erro esperado é zero), a não ser que ocorram fatos inesperados, informações não estejam disponíveis ou que tenham ocorrido mudanças não regulares na economia. Existe, portanto, a possibilidade de ocorrência de erros aleatórios, não havendo correlação entre esses erros e as informações disponíveis. A alternativa "a" está incorreta.
A taxa de desemprego "natural" é aquela obtida quando a economia atinge o nível de produto potencial. A alternativa "b" é errada.
Se a taxa de desemprego for superior à taxa natural de desemprego, existem fatores de produção não empregados, falta de demanda e pressão por redução de preços. A alternativa "c" é falsa.
A curva de Phillips mostra uma relação inversa entre taxa de inflação e taxa de "desemprego", e não taxa de emprego como afirma a questão. A alternativa "e" é falsa.
A taxa de variação esperada baseada em expectativas adaptativas de inflação será uma média ponderada das taxas passadas, com os pesos atribuídos conforme uma função exponencial. A alternativa "d" é verdadeira.

44. "d". O desemprego friccional decorre da transição de um empregado de um emprego para outro. As crises financeiras geram desemprego cíclico. A alternativa "a" é falsa.
O produto que poderia ser alcançado e sustentado com o uso eficiente e pleno dos fatores de produção é o PIB potencial. A alternativa "b" é falsa.
Se o hiato do produto aumenta é porque alguns fatores produtivos não estão sendo plenamente utilizados. A alternativa "c" é falsa.
A taxa de participação é a razão entre a PEA e a PIA. A PEA é constituída pelos empregados, empregadores, autônomos e pessoas desempregadas, mas que estão ofertando trabalho. Segundo o IBGE, a PIA corresponde à população com idade acima de dez anos. O Dieese inclui, na PIA, a população com idade superior a quinze anos. A letra "d" é a correta.
A lei de Okun estabelece uma relação entre produto e desemprego. A alternativa "e" é incorreta.

45. "b". O Plano Cruzado (1986) foi caracterizado pelo congelamento de preços, tarifas e câmbio e pela troca de moeda. O plano Collor (1990) foi caracterizado por um grande choque por meio de confisco de todas as aplicações financeiras e um limite de saque das contas à vista. Ambos os planos tentaram combater também a inflação inercial. A alternativa "a" é falsa.
Para conter a demanda agregada e, com isso, evitar uma inflação de demanda, é necessário que sejam controlados os componentes da demanda agregada, entre eles, os gastos do governo. A alternativa "b" é verdadeira.
A inflação de custos ocorre quando os preços se elevam em virtude do aumento dos insumos de produção. A pressão se dá sobre a oferta, diferentemente da inflação de demanda, cuja pressão se dá sobre a demanda. A redução de salários é uma forma de se combater uma inflação de demanda e de custos, já que o arrocho salarial gera um menor consumo, aliviando os preços sobre a demanda e diminuindo os custos sobre a folha de pagamento. Outra maneira é realizar uma valorização cambial, levando ao aumento da importação e à redução da exportação, fazendo com que a demanda e os custos se reduzam. Portanto, a adoção de medidas de política fiscal contracionista e de valorização cambial é mais adequada para combater a inflação de custos. A alternativa "c" é falsa.

A inflação é altamente regressiva na medida em que afeta mais as pessoas com menores rendas, já que os possuidores de maiores rendas têm mecanismos mais eficientes para se protegerem da inflação. Isso afeta os preços relativos da economia, ou seja, a relação entre diferentes preços dos bens. A alternativa "d" é falsa.
A âncora cambial, que consiste no mecanismo de fixar as taxas de câmbio para controlar a inflação interna de um país, foi adotada pelo Plano Real até o início do ano de 1999, quando o câmbio passou a ser flexível e adotou-se o sistema de metas de inflação. A alternativa "e" é falsa.

46. Errado. A lei de Okun afirma que a diferença entre o produto potencial e o produto efetivo mantém uma proporção com a taxa de desemprego, já descontada a taxa de desemprego natural. Vejamos:

$Y - Y_p = \beta (\mu - \mu_N)$

A equação de Phillips é que afirma que a inflação presente é o somatório da inflação inercial (π_e), da inflação de demanda ($-\beta (\mu - \mu_N)$) e da inflação de custos ($\mathcal{E}$). Vejamos:

$\pi = \pi_e - \beta (\mu - \mu_N) + \mathcal{E}$

47. Certo. Segundo a "crítica de Lucas", não é necessário que haja o *trade-off* entre desemprego e inflação, ou seja, não é necessário ter que conviver com um maior desemprego para combater a inflação. Para ele, os agentes são racionais e não se deixarão influenciar por fatos do passado, ou seja, não vão reproduzir suas expectativas de inflação com base na inflação do passado, como defendem as expectativas adaptativas. De acordo com as expectativas racionais, o agente vai formar suas expectativas com base em todas as informações que dispuser. E, se acreditar que o governo tomará as medidas necessárias para combater a inflação, os fatos do passado, realmente, não afetarão suas expectativas. Dessa forma, a inflação que o governo anunciar (menor que 14%) para o período seguinte será acreditada pelo agente, desde que o desemprego esteja na sua taxa natural e que não haja choque de oferta.

48. "a". Se há capacidade ociosa, significa que há desemprego positivo.
Vejamos a equação de Phillips sem inflação esperada e sem choque de oferta:

$\pi = -\beta (\mu - \mu_N)$

como: $(\mu - \mu_N) > 0$, já que há capacidade ociosa, então, a inflação é negativa, ou seja, há deflação.

49. "a". A curva de Phillips mostra um *trade-off* entre inflação e desemprego, ou seja, o custo social de um combate à inflação é o aumento do desemprego, assim como uma redução do desemprego deverá ser acompanhada por uma tolerância a uma inflação maior. No caso de a economia estar operando dentro do seu produto potencial, ou seja, em pleno emprego, não há como reduzir o desemprego porque só existe o desemprego natural. Assim, um aumento da inflação não reduz o desemprego, não ocorrendo o *trade-off* entre inflação e desemprego.

50. "a". A curva de Phillips original tem sua função representada por:
$\pi = -\beta (\mu - \mu_N)$ que mostra que, quanto maior a inflação (π), menor o desemprego ($\mu - \mu_N$), ou seja, há uma relação inversa entre inflação e desemprego.

51. Errado. A curva de Phillips descreve a relação negativa entre taxa de inflação e taxa de desemprego.

52. Certo. A curva de Phillips mostra uma relação negativa entre inflação e desemprego. Assim, quando a demanda agregada aumenta, os preços sobem, ou seja, aumenta a inflação. Uma inflação maior reduz o desemprego. Com mais pessoas empregadas, o nível de produção aumenta.

53. "b". Os monetaristas, Phelps e Friedman, diferenciam-se dos Keynesianos, Samuelson e Solow quando mostraram algumas limitações da curva de Phillips na adoção de medidas antecipadas ou não antecipadas pelo governo e o *trade-off* entre inflação e desemprego apenas de forma temporária, onde o governo é obrigado a fazer sucessivas emissões monetárias, produzindo uma inflação maior que a esperada para que o desemprego reduza no curto prazo. Também, a existência de um desemprego natural determinado pela com que a curva de Phillips de longo prazo seja vertical. Portanto, a divergência entre os Keynesianos e Monetaristas ocorre no longo prazo. O item "I" está incorreto.

Segundo os keynesianos, existe o *trade-off* entre inflação e desemprego no curto prazo, fazendo com que a curva de Phillips seja negativamente inclinada, ou seja, existe um *trade-off* entre inflação e desemprego. O item "II" está correto e o "III" está incorreto. s condições estruturais de mercado, que faz

54. "b". No pleno emprego, o desemprego, μ, é igual ao desemprego natural, μ_N, logo, a relação $\mu - \mu_N$ é igual a zero. Portanto, a função de Phillips será:

$\pi = \pi_e - \beta (\mu - \mu_N) + \varepsilon$
$\pi = \pi_e - \beta (0) + \varepsilon$
$\pi = \pi_e + \varepsilon$

Logo, a taxa de inflação será função das expectativas inflacionária (π_e) e do choque de oferta (ε).

55. Certo. A curva de Phillips é um espelho da curva de oferta. Vejamos:

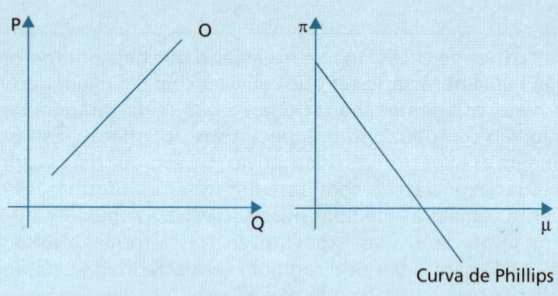

Curva de Phillips

Percebemos, na curva de oferta, que, conforme o preço se eleva, a quantidade ofertada aumenta, ou seja, quando há inflação (elevação de preços), a quantidade produzida aumenta, ou seja, o emprego aumenta ou o desemprego diminui. Percebemos, portanto, que a curva de oferta agregada associa, indiretamente, inflação e desemprego e a curva de Phillips trata justamente dessa relação.

56. Certo. De acordo com os monetaristas, Friedman (1968) e Phelps (1967), para reduzir a inflação é necessário que a taxa de desemprego esteja acima da taxa de desemprego natural, para que a relação $\mu - \mu_N$ seja positiva. De maneira que, quanto maior o desemprego, menor a inflação. Considerando que não haja choque de oferta, a curva de Phillips será representada pela função:

$\pi = \pi_e - \beta (\mu - \mu_N)$

Quando as expectativas são adaptativas, a inflação esperada (π_e) será igual a inflação passada, ou seja, a inflação efetiva será π e igual a π_e, se o desemprego for igual ao desemprego natural, onde não vai existir pressão para alteração de preços pelo lado da demanda agregada. Vejamos:

$\pi = \pi_e - \beta (0)$
$\pi = \pi_e$

Se o desemprego for mais alto que o desemprego natural, a inflação efetiva (π) será menor que a inflação esperada (π_e). Vejamos:

$\pi = \pi_e - \beta (\mu - \mu_N)$
Se a inflação passada for igual a 5%, e as expectativas forem adaptativas, a inflação esperada, π_e, será igual a 5%.
Supondo que $\beta (\mu - \mu_N) = 2\%$
Então a inflação efetiva será igual a 3%:

$\pi = 5\% - 2\%$

57. "a". Quando os salários são indexados, significa que serão corrigidos segundo algum índice. Quanto maior for essa indexação, mais facilmente os salários serão corrigidos e maior será a inflação. Quanto maior a inflação, menor será o desemprego, mostrando um grande efeito na redução do desemprego quando a inflação sobe.

58. "c". Para a economia novo-clássica, a moeda não é capaz de alterar o produto real. Ela é capaz apenas de alterar variáveis nominais, como os preços. Sendo o agente racional, ele vai se basear em todas as informações que possui. Não vai se deixar influenciar por fatos do passado, como os agentes com expectativas adaptativas. Portanto, regras de emissão de moeda não serão capazes de fazer o produto crescer. O item "I" está incorreto.

As expectativas adaptativas fazem com que o agente forme suas expectativas com base no passado. Assim, se a inflação passada foi de 10%, o agente acredita que nesse mês será de 10%. Assim, geram uma versão aceleracionista da inflação, formando, no longo prazo, uma curva de Phillips vertical. Vejamos:

Vamos supor que o governo estimule constantemente a demanda agregada para reduzir o desemprego. Isso provoca, no curto prazo, uma redução do desemprego (ponto 1 para o 2), já que aumenta o produto. Ocorre que os preços também sobem, gerando inflação no período. No período seguinte, o agente tende a acreditar que a inflação deverá se repetir, e se o governo continuar estimulando a demanda agregada para manter o desemprego no patamar que deseja, gerará nova inflação (ponto 3 para o 4), mais elevada para aquele período. Novamente, os agentes criam expectativas de inflação, para o período seguinte, igual a desse período. E assim por diante. De tal maneira que, no longo prazo, a curva de Phillips será vertical (união dos pontos 1, 3 e 5) em que o *trade-off* entre inflação e desemprego desaparece. Vejamos:

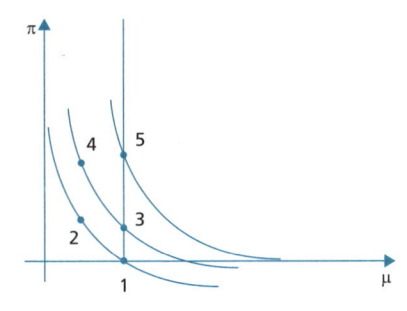

O item "II" está correto.
A oligopolização (que é quando poucas grandes empresas dominam o mercado do produto) e o salário eficiência (que é o salário pago a mais ao trabalhador para estimular um aumento da sua produtividade) explicam a rigidez de salários. Ocorre que o custo menu explica a rigidez de preços, e não salários. O item "III" está incorreto.

59. "d". A elevação dos preços de matérias-primas gera uma inflação de custos, o que pode deflagrar um processo inflacionário, mesmo que se tenha uma elevada taxa de desemprego, porque haverá o deslocamento da curva de Phillips para a direita, sendo possível se associar maior desemprego com maior inflação. Vejamos que, quando nos deslocamos do ponto 1 para o ponto 2, devido ao deslocamento para direita da curva de Phillips, tanto o desemprego quanto a inflação aumentam:

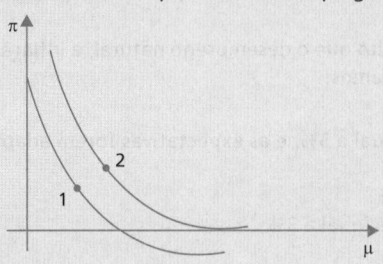

A alternativa "d" está correta.
Quando os agentes apresentam expectativas racionais, eles não se deixam influenciar pela inflação do passado e sempre acertam, na média, a inflação esperada, o que implica dizer que a inflação efetiva vai ser igual à inflação esperada, e o desemprego será igual ao desemprego natural. Somente um choque de oferta seria capaz de alterar isso. Portanto, quando as expectativas são racionais, não haverá inflação inercial. Quando as expectativas são adaptativas, poderá haver inflação inercial se a inflação esperada for igual à inflação do período anterior e β for igual a 1. Vejamos:

$\pi = \pi_E - \beta (\mu - \mu^*)$
$\pi - \pi_E = -1 (\mu - \mu^*)$
$0 = -\mu + \mu^*$
$\mu = \mu^*$

A alternativa "a" está incorreta.
A inflação pode ter origem numa inflação de demanda, inflação esperada e inflação de custos.
A alternativa "b" está incorreta.
Um salário mínimo indexado eleva a inflação devido a uma retroalimentação dela, já que a inflação do passado é trazida para o futuro. A alternativa "c" está incorreta.
Um processo inflacionário pode ter origem na inflação de demanda, na inflação de custos ou na inflação inercial, que poderão atuar isoladamente ou em conjunto. A alternativa "e" está incorreta.

60. Errado. Essas três funções representam, respectivamente:
$\mu_t = \mu_{t-1} - 0{,}2 (g_t - 0{,}03)$ → a lei de Okun, que associa a taxa de desemprego com a taxa de crescimento da economia. Sabendo que ela tem o seguinte formato: $Y - Yp = \beta (\mu - \mu_N)$
$\pi_t = \pi_{t-1} - (\mu_t - 0{,}06)$ → a função de Phillips sem choque de oferta, onde a taxa de desemprego natural é igual a 0,06. Sabendo que a função de Phillips tem o seguinte formato: $\pi = \pi_E - \beta (\mu - \mu^*)$
$g_t = g_{mt} - \pi_t$ → relação entre crescimento do produto, a taxa de inflação e crescimento da oferta de moeda → Demanda agregada
Sabendo que:
$\pi_t = 5\%$
$\pi_{t-1} = 10\%$
E substituindo na segunda equação, temos:
$\pi_t = \pi_{t-1} - (\mu_t - 0{,}06)$
$5 = 10 - (\mu_t - 0{,}06)$
$\mu_t = 11\%$
Logo, a taxa de desemprego subirá para 11%.

61. Certo. Quando a economia opera dentro do seu produto potencial, o desemprego da economia, μ_t, será igual ao seu desemprego natural. Logo:
$\mu_t = \mu_{t-1} - 0{,}2 (g_t - 0{,}03)$
$\mu_t - \mu_{t-1} = 0{,}2 (g_t - 0{,}03)$
$0 = 0{,}2 (g_t - 0{,}03)$
$g_t = 0{,}03$
Logo, o produto potencial é igual a 3%.

62. Certo. Como a taxa de produto potencial é igual a 3% ao ano (ver questão anterior), então:
$g_t = g_{mt} - \pi_t$
$3\% = g_{mt} - 10\%$
$g_{mt} = 13\%$

63. "e". A versão aceleracionista da curva de Phillips afirma que tentativas do governo de reduzir o desemprego abaixo da taxa natural de desemprego (de 1 para 2 do gráfico abaixo) poderão ser eficazes no curto prazo, mas, no longo prazo, ela retornará à taxa natural. Essa versão está associada às expectativas adaptativas, onde o agente econômico acredita que a inflação do passado deverá se repetir no presente, fazendo com que a curva de Phillips se desloque para cima ou para a direita, de tal maneira que o *trade-off* inflação e desemprego só funcione no curto prazo. É uma versão que dá muita importância a inflação esperada, de tal maneira que o agente econômico antecipa a inflação, repetindo-a no presente. Vejamos: o governo, na tentativa de reduzir o desemprego, acaba por elevar a inflação até π_1. No período seguinte, os agentes econômicos criam expectativas de uma inflação igual a π_1, fazendo com que a curva de Phillips se desloque para cima ou para a direita. Com uma inflação de π_1, estaremos no ponto 3, onde a taxa de desemprego retorna à inicial, μ_N. Para reduzir o desemprego ao nível desejado, o governo vai ter que conviver com uma inflação π_2 no ponto 4. No período seguinte, o agente econômico acredita que a inflação será π_2, deslocando a curva de Phillips novamente, até o ponto 5, onde o desemprego retorna à inicial, μ_N. E assim por diante. Percebemos que, no curto prazo, o desemprego consegue ser reduzido (pontos 2,4,6), mas, no longo prazo (pontos 3,5,7), o desemprego retorna ao inicial, formando uma curva de Phillips de longo prazo vertical.

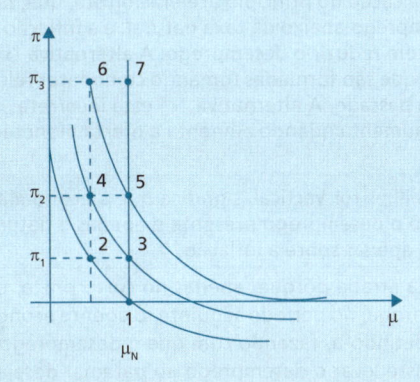

64. "e". A taxa de desemprego estará acima, e não abaixo de sua taxa natural sempre que a inflação efetiva for menor que a inflação esperada. Se a taxa efetiva for menor que a esperada, o produto/emprego efetivo será menor que o potencial e, por conseguinte, o desemprego será maior que o desemprego natural. O item "I" está incorreto.
Um aumento das expectativas inflacionárias deslocará a curva de Philips para cima ou para a direita, e não para a esquerda. O item "II" está incorreto.
Se as expectativas forem adaptativas, ou seja, se o agente econômico criá-las em cima de informações do passado, e o desemprego estiver em sua taxa natural, na ausência de choques de oferta, ocorrerá a chamada inércia inflacionária, ou seja, o agente econômico tende a repetir a inflação do passado. O item "III" está correto.

65. "e". Na curva de Phillips, Solow substituiu a variável salário nominal por inflação por achar essas variáveis muito próximas. A alternativa "e" está correta.
Mantidas as premissas das expectativas racionais e desde que os agentes não sejam pegos de surpresa, o desemprego sempre estará na sua taxa natural. A alternativa "a" está incorreta.

Na versão das expectativas adaptativas, uma expectativa de elevação do salário real, que se demonstra ilusória na realidade, leva a um desemprego igual da taxa natural. Isso porque, quando o salário real se eleva, a oferta de mão de obra se eleva também, reduzindo o desemprego. Com um menor desemprego, a inflação se eleva, reduzindo o salário real e retornando o desemprego no patamar inicial. A alternativa "b" está incorreta.

Na versão de Friedman, com expectativas adaptativas, a curva de Phillips tende, no longo prazo, a uma curva vertical, onde o nível de desemprego é o natural. A alternativa "c" está incorreta.

A aplicação do princípio aceleracionista indica que os trabalhadores, em situação de desemprego abaixo da taxa natural, terão que conviver com inflação cada vez maior para manter, no curto prazo, uma taxa de desemprego menor que a natural. Isso porque um desemprego abaixo do natural eleva o salário nominal, e as firmas, para compensar o pagamento de um salário mais elevado, elevam seus preços. Assim, o trabalhador exige um salário mais alto para compensar a elevação dos preços, e assim por diante, o que leva a uma espiral inflacionária. A alternativa "d" está incorreta.

66. "d". Revela que a manutenção do desemprego abaixo da taxa natural ocorre somente quando os trabalhadores são iludidos quanto às suas expectativas em relação à inflação. Porque, quando percebem que a inflação aumentou e isso repercute no seu salário real, passam a ofertar menos trabalho, e o desemprego aumenta e se estabelece na taxa natural de desemprego. A alternativa "d" está correta.

Demonstra que o desemprego de curto prazo é sempre menor que a taxa natural, mas, no longo prazo, será igual à taxa natural como decorrência das constantes adaptações de expectativas dos agentes. A alternativa "a" está incorreta.

Evidencia, também, com aplicação do princípio aceleracionista, que, no longo prazo, não é possível manter e acelerar o emprego abaixo da taxa natural, e a inflação só tende a ser mais alta a cada tentativa do governo em reduzir o desemprego. A alternativa "b" está incorreta.

Depende das expectativas, que são formadas tomando como fator relevante a política governamental que foi adotada no passado. A alternativa "c" está incorreta.

Demonstra que a inflação aumenta quando aumenta a oferta monetária. A alternativa "e" está incorreta.

67. Errado. Se a curva de Phillips for vertical, significa que a economia estará operando dentro do seu produto potencial, e o desemprego presente é apenas o natural. Sendo assim, políticas fiscais terão consequências apenas sobre a inflação.

68. "e". Esta afirmação está errada porque, apenas no curto prazo, uma elevação da inflação reduziria o desemprego, porque, no período seguinte, o agente econômico criaria expectativas com relação à inflação, repetindo-a, fazendo com que o desemprego voltasse ao patamar inicial. Caso o governo desejasse levar o desemprego ao patamar desejado novamente, somente para o curto prazo, deveria haver uma inflação ainda mais alta, e assim, sucessivamente. A alternativa "e" está correta.

Vemos que o custo social, e não o custo político, de se reduzir o desemprego, no curto prazo, é ter que conviver com uma inflação cada vez mais alta. A alternativa "a" está incorreta.

Mesmo com o aumento da inflação, não podemos falar que o salário real cairia muito porque nada foi afirmado com relação aos reajustes dos salários nominais. A alternativa "b" está incorreta.

A aplicação da curva de Phillips é genérica. Portanto, nada impede que seja aplicada no Brasil. A alternativa "c" está incorreta.

Uma inflação interna poderia levar a uma desvalorização do câmbio, o que poderia estimular as exportações em seguida e, consequentemente, o aumento da demanda agregada e do produto/emprego. A alternativa "d" está incorreta.

69. "b". Se estamos no pleno emprego e o produto é constantemente o de pleno emprego, então significa que a curva de Phillips é vertical, ou seja, é de longo prazo. Como a demanda agregada é igual ao produto, não há necessidade de produzir mais ou menos nem de aquecer mais ou menos a demanda agregada, o que não vai fazer o governo ter que atuar para reduzir o desemprego e, por conseguinte, gerar inflação. Portanto, a inflação tenderá a ser constante.

70. "c". Variações antecipadas da oferta monetária fazem com que o agente econômico se antecipe às medidas tomadas pelo governo, neutralizando seu efeito. Assim, se o governo tenta expandir a demanda agregada com o intuito de elevar o nível de renda e produto da economia, a oferta se contrai, elevando apenas os preços. Dessa forma, desaparece o *trade-off* entre inflação e desemprego e a curva de Phillips fica vertical.

71. Certo. Com expectativas adaptativas, se o governo quiser reduzir o desemprego, só terá êxito no curto prazo porque, no longo prazo, a economia tenderá ao desemprego natural. E, se o governo quiser reduzir o desemprego ao nível desejado, terá que adotar sucessivas medidas de expansão da demanda agregada, que, no longo prazo, só terão efeitos sobre a inflação, elevando-a. Assim, o *trade-off* só funciona no curto prazo. No longo prazo, a curva de Phillips é vertical, conhecida como versão aceleracionista da curva de Phillips.

72. "c". No longo prazo, a curva de Phillips é vertical. Dessa maneira, uma política monetária expansionista adotada pelo governo no intuito de aquecer a demanda agregada e diminuir o desemprego só terá efeito sobre renda/produto/emprego no curto prazo, quando a curva de Phillips é decrescente. No longo prazo, o único efeito será a elevação da inflação. Para tanto, temos que defender a ideia da neutralidade da moeda no longo prazo.

73. Certo. A curva de Phillips com expectativas adaptativas é representada por:

$\pi = \pi_e - \beta (\mu - \mu_N)$ ou:

$\pi - \pi_e = - \beta (\mu - \mu_N)$

Ou seja, a diferença entre a taxa de inflação efetiva e a taxa de inflação esperada é a diferença (ou desvio) entre a taxa de desemprego e a taxa de desemprego natural multiplicada por certa sensibilidade, β.

Acrescentando um choque de oferta, ε, temos:

$\pi = \pi_e - \beta (\mu - \mu_N) + \varepsilon$

Logo, a inflação reage aos desvios da taxa efetiva de desemprego em relação à taxa natural de desemprego, $\beta (\mu - \mu_N)$, aos choques de oferta, ε, e ao componente de inflação esperada, π_e.

74. Certo. Quando o agente econômico é racional, ele vai se utilizar de todas as informações atuais disponíveis para formular suas expectativas. Diferentemente de expectativas adaptativas, que vão se guiar por experiências do passado, apenas.

75. "e". Nas expectativas racionais, a inflação é exatamente a esperada, a não ser que ocorram fatos inesperados (ou seja, choques não antecipados), que informações não estejam disponíveis ou que tenham ocorrido mudanças não regulares na economia e, nesse caso, o modelo econômico esteja desatualizado. Existe, portanto, a possibilidade de ocorrência de erros aleatórios, não havendo correlação entre estes erros e as informações disponíveis. Esses erros aleatórios, no entanto, somente produzem efeitos imediatos gerando desemprego diferente do desemprego natural. A alternativa "e" está correta.

Quando as expectativas são racionais, o agente econômico vai se basear em todas as informações disponíveis para formular suas expectativas. Ele não vai se deixar levar por fatos do passado, como ocorre com os agentes com expectativas adaptativas. Para tanto, ele precisa acreditar nas políticas públicas implementadas pelo governo de combate à inflação e, portanto, formará expectativas baixas em relação a elas. O agente racional sabe que se o governo implementar uma política, por exemplo, de redução ao desemprego, que a inflação vai subir. Como ele não sofre de ilusão monetária, sabe que seu salário real vai cair e, portanto, ofertará menos mão de obra, aumentando o desemprego e neutralizando a ação do governo. Ocorre que, se as medidas que o governo adotar para reduzir o desemprego forem "não antecipadas" ou "surpreendidas", o agente econômico não terá tempo para se antecipar a essas medidas e, no curto prazo, elas terão efeitos reais. As alternativas "a", "b" e "c" estão incorretas.

Quando a inflação efetiva for menor que a esperada, o produto efetivo é menor que o potencial e o desemprego é maior que o natural. A alternativa "d" está incorreta.

76. "a". Um choque climático negativo provoca um choque de oferta ($\mathcal{E}$). E quanto maior $\mathcal{E}$, maior a inflação, já que:

$\pi = -\beta(\mu - \mu_N) + \mathcal{E}$ (considerando que não haja inflação esperada, π_e).

Caso estejamos no longo prazo, o produto da economia é o potencial, e o nível de emprego é o pleno emprego (μ_N). Dessa forma, a curva de Phillips será vertical, e um choque de oferta apenas eleva os preços, provocando uma inflação positiva, sem ter impacto algum sobre o emprego e produto da economia. Vejamos:

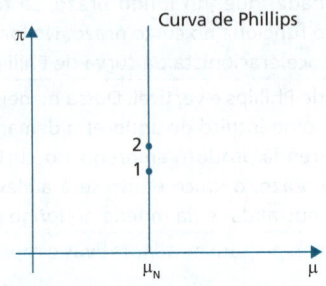

Curva de Phillips — pontos 2 e 1 sobre a vertical em μ_N, eixos π e μ.

77. "e". Nas expectativas racionais, o agente econômico forma suas expectativas em cima de todas as informações disponíveis e previsões para o futuro. Se os agentes estiverem realmente crentes de que o governo está comprometido no combate à inflação, não haverá *trade-off* entre inflação e desemprego, nem no curto, nem no longo prazo. O combate à inflação pode ser viável tanto no curto quanto no longo prazo. Para isso, basta que o agente econômico acredite na eficácia das políticas do governo e que este adote as políticas corretas para isso.

As políticas de combate à inflação são políticas restritivas, o que é de difícil aceitação por parte dos agentes econômicos. Mas, se o governo tiver credibilidade, torna-se mais viável e mais fácil de ser implementada. E, se os agentes econômicos acreditam no esforço do governo em combater a inflação, o desemprego não aumentará.

Com expectativas adaptativas, o governo precisará elevar o desemprego se quiser combater a inflação. Com expectativas racionais, basta que o agente econômico acredite nas medidas de combate à inflação adotadas pelo governo que a inflação poderá ser reduzida.

78. "a". No modelo de expectativas adaptativas (I), uma nova política macroeconômica vai gerar, no curto prazo, preços mais elevados, ou seja, inflação, e há aumento de produto, ou seja, redução do desemprego (P), porque, no curto prazo, existe o *trade-off* entre inflação e desemprego. No longo prazo, os preços ficam mais elevados, ou seja, geram inflação e não há mudança no produto e o desemprego, que permanece o natural, já que, no longo prazo, a curva de Phillips é vertical.

No modelo de expectativas racionais (II), uma nova política macroeconômica não gera nem no curto nem no longo prazo alteração do produto e do emprego. Apenas há elevação dos preços, ou seja, aumento da inflação (Q e R).

79. Errado. No curto prazo, existe o *trade-off* entre inflação e desemprego. O fato de se ter mais inflação acompanhada de maior desemprego se deve ao deslocamento da curva para cima ou para direita e não ao deslocamento ao longo da curva. E um dos fatores que provocam o deslocamento da curva de Phillips são as expectativas, presentes nas décadas de 1980 e 1990. Com o deslocamento da curva de Phillips, tanto o desemprego, μ, quanto a inflação, π, aumentam.

21 ■ Teorias da Inflação/Curva de Phillips

80. "a". Se está havendo capacidade ociosa na economia, é porque o desemprego está sendo maior que o desemprego natural, de tal maneira que a relação $(\mu - \mu_N)$ seja positiva. Como a inflação esperada (π_e) é igual a zero, então a curva de Phillips sem choque de oferta será:

$\pi = -\beta (\mu - \mu_N)$

Logo, se $(\mu - \mu_N) > 0$, então, $-\beta (\mu - \mu_N) < 0$

Então, a inflação, π, é negativa. Portanto, ocorre uma deflação.

81. "c". Para Keynes, os Investimentos se formam com base nas expectativas de retorno desse Investimento para o longo prazo, ou seja, o empresário só irá investir no presente se acreditar que haverá demanda agregada no futuro. A alternativa "c" está correta.

O modelo de expectativas racionais ou modelos novo-clássicos são uma variante do modelo monetarista de Friedman. As expectativas racionais dizem que as pessoas vão levar em consideração todas as informações disponíveis para formar suas expectativas com relação à inflação. Baseiam-se em três hipóteses: os agentes econômicos não sofrem de ilusão monetária; as decisões são tomadas pelos agentes com base em variáveis reais; e os agentes econômicos são otimizadores. A alternativa "a" está incorreta.

As expectativas adaptativas dizem que as pessoas corrigirão suas expectativas com base nos erros que cometeram no passado. Assim, as pessoas baseiam suas expectativas em cima da inflação do passado. Ou seja, assim como as expectativas racionais, as expectativas adaptativas explicam o processo inflacionário.

Minsky afirma que o capitalismo é instável e dentro desse processo de instabilidade, as expectativas se formam, alternando conforme o estágio do ciclo. A alternativa "d" está incorreta.

A teoria "q" de Tobin afirma que haverá investimento se a relação entre o valor do capital instalado e o custo de reposição do capital for maior que 1. A alternativa "e" está incorreta.

82. "b". As expectativas são racionais ou adaptativas. Não existem expectativa subjetivas e inconsistentes. As expectativas racionais foram contribuições de Lucas. Já a versão Friedman-Phelps acrescentou as expectativas adaptativas, que afirmava que os agentes econômicos trazem, para o presente, a inflação do passado.

83. Errado. A curva de Phillips baseou-se no que Friedman chamou de doutrina-padrão: elevação da renda leva a aumento do produto e do emprego. Essa curva relaciona inflação e desemprego e, não emprego, onde as taxas baixas de desemprego podem ser obtidas com taxas mais altas de inflação.

84. Certo. Dada uma certa inflação esperada, a relação entre inflação e desemprego é decrescente, ou seja, quanto maior a inflação, menor o desemprego e quanto menor a inflação, maior o desemprego.

85. "d". Trata-se de uma Curva de Phillips na versão aceleracionista. Sendo a expectativa adaptativa, os agentes econômicos tendem a trazer para o presente, a inflação do passado. Assim, políticas monetárias e fiscais, que alterem a demanda, só serão capazes de alterar o emprego, no curto prazo, retornando, no longo prazo, ao mesmo nível de emprego, mas, alterando a inflação, formando uma espiral inflacionária/deflacionária.

Assim, se o governo faz uma expansão monetária ou fiscal, elevando a demanda agregada e reduzindo o desemprego no curto prazo (com a consequente elevação dos salários nominais) e retornando ao mesmo nível do desemprego natural (e produto potencial) no longo prazo, eleva a inflação, formando uma espiral inflacionária como aponta o gráfico IV.

Se o governo faz uma contração monetária ou fiscal, reduzindo a demanda agregada e aumentando o desemprego no curto prazo (com a consequente redução dos salários nominais) e retornando ao mesmo nível do desemprego natural (e produto potencial), no longo prazo, reduz a inflação, formando uma espiral deflacionária como aponta o gráfico I.

86. Errado. O preço das *commodities* no mercado internacional não sofreram redução de preços em 2017, além do que essa redução não teria favorecido a boa safra agrícola.

87. "e". O PIB real é o somatório de preços constantes vezes quantidade produzida. Como os preços considerados são constantes, a inflação não o afeta e, portanto, não afetará o PIB real. A alternativa "a" está incorreta.
O PIB nominal é o somatório de preços correntes vezes quantidade produzida. Quanto maior a inflação, maior será o nível de preços correntes e, portanto, maior será o PIB nominal. A alternativa "b" está incorreta.
Sabendo que:
   $(1 + \%\Delta\text{PIB nominal}) = (1 + \%\Delta\text{PIB real}) \cdot (1 + \%\Delta\text{Inflação})$
Então:
   $(1 + 0,101) = (1 + \%\Delta\text{PIB real}) \cdot (1 + 0,061)$
   $\%\Delta\text{PIB real} = 0,037$ ou $3,7\%$
A alternativa "c" está incorreta.
Se o Bacen pretende reduzir a inflação, deverá desaquecer a demanda agregada para que passe a pressionar menos o produto e, por conseguinte, a elevação de preços. E uma maneira de fazer isso é elevando a taxa de juros da economia. A alternativa "d" está incorreta.
Quando o governo aumenta a base monetária sem que haja contrapartida no crescimento real da economia, esse aumento da base monetária irá se transformar em imposto inflacionário que irá corroer o valor real da moeda em poder do público. E esse imposto inflacionário será tanto maior quanto maior for a inflação gerada e o quão grande era a base anterior. A alternativa "e" está correta.

88. "e". A inflação de custos ocorre quando há aumento dos custos de produção e esses custos são repassados para os preços do produto, gerando inflação. Portanto, quando os salários sobem acima da produtividade, isso representa um aumento de custos e por isso pode gerar uma inflação de custos. A alternativa "e" está correta.
A Inflação inercial está frequentemente presente quando ocorre indexação de preços e salários na economia. A inflação inercial será igual a inflação do período anterior quando a velocidade de ajuste da expectativa adaptativa for igual a um. A alternativa "a" está incorreta.
A inflação monetária ocorre quando há aumento da oferta de moeda na economia sem que haja a contrapartida do crescimento real na economia. A alternativa "b" está incorreta.
Não existe o conceito de inflação comercial. A alternativa "c" está incorreta.
Estagflação é um conceito que acontece quando ocorre a estagnação junto com inflação. A alternativa "d" está incorreto.

89. "d". Se houver inflação sem que os agentes econômicos tenham tido tempo de se antecipar a ela, faz com que haja um deslocamento ao longo da curva de Phillips, reduzindo o desemprego e, por conseguinte, elevando o produto real da economia. A alternativa "d" está correta e a alternativa "e" está incorreta.
Quando há expectativa de inflação em decorrência, por exemplo, da expansão monetária, há o deslocamento ao longo da curva de Phillips, elevando a inflação e reduzindo o desemprego. Mas esse movimento é acompanhado do deslocamento da curva de Phillips, devido à expectativa que foi gerada, retornando o desemprego à posição original. Logo, o desemprego e, por conseguinte, o produto real permanecem constantes no curto prazo. A alternativa "a" está incorreta.
No longo prazo, o PIB só aumenta se os fatores produtivos na economia aumentarem ou se houver um avanço tecnológico. A expectativa de inflação ou uma inflação inesperada só provocam aumento no nível de preços sem alterar o produto real da economia. As alternativas "b" e "c" estão incorretas.

90. "a". Nos anos 80 até meados dos anos 90, todos os planos de estabilização da economia focaram no combate a inflação, via, principalmente, congelamento de preços. Esses planos enxergavam que o principal motivo para o crescimento cada vez maior da inflação era a indexação de preços e salários que autoalimentavam a inflação, ou seja, havia mecanismos de elevavam os preços e salários todas as vezes que havia inflação, gerando, novamente, mais inflação. A alternativa "a" está correta.

O congelamento de preços foi um dos mecanismos utilizados na época para combater a inflação e evitar a indexação de preços e salários. Portanto, não foi causa da aceleração da inflação, mas, sim, mecanismo de combatê-la. A alternativa "b" está incorreta.

A causa da inflação, no período, decorria da indexação de salários, ou seja, estes eram elevados para recompor o poder de compra, ou seja, o aumento era nominal apenas e não para aumentar o poder de compra que um aumento real de salários geraria. A alternativa "c" está incorreta.

As causas da aceleração da inflação não foram a inflação de demanda que ocorre quando a demanda agregada é superior a oferta agregada nem a inflação de custos que ocorre quando há aumento nos custos de produção ou choque de oferta que são repassadas para os preços. As alternativas "d" e "e" estão incorretas.

91. "b". A regra de Taylor guia a política monetária da seguinte forma.

Quando a inflação do período (ou a expectativa) estiver acima da meta de inflação estipulada pelo Banco Central ou quando o produto efetivo estiver maior que o produto potencial, a taxa de juros (i_t) deverá ser elevada.

Também quando a inflação do período (ou a expectativa) estiver abaixo da meta de inflação estipulada pelo Banco Central ou quando o produto efetivo estiver menor que o produto potencial, a taxa de juros (i_t) deverá ser reduzida.

Como as expectativas de inflação estão abaixo da meta de inflação anual e o hiato do produto está muito negativo, ou seja, o produto efetivo está menor que o potencial, então o taxa de juros deverá ser reduzida. A alternativa "b" está correta e "d" está incorreta.

Se o Bacen aumentar a taxa de juros, a inflação cairá e estará mais ainda longe da meta. E o produto efetivo diminuirá e estará mais distante do produto potencial. A alternativa "a" está incorreta.

Se o Bacen reduzir a Base Monetária, a taxa de juros deverá se elevar, reduzindo ainda mais o produto efetivo em relação ao potencial e distanciando ainda mais a inflação da meta. A alternativa "c" está incorreta.

Quando se adota congelamento de preços e salários, o intuito é conter a inflação. Assim, se ela está abaixo da meta, deverá se reduzir ainda mais. A alternativa "e" está incorreta.

92. "e". Existem três tipos de inflação: a inflação esperada, a inflação de demanda e a inflação de custos. A inflação esperada é aquela baseada em expectativas, onde o agente econômico traz uma memória inflacionária consigo e acredita que ela tenderá a se repetir no período seguinte com trajetória explosiva, amortecida ou inercial. A inflação de demanda ocorre quando o mercado está com a demanda agregada muito aquecida e acima da oferta agregada, gerando uma pressão sobre os preços. E a inflação de custos é aquela que surge devido a elevação dos custos de produção ou devido a um choque de oferta. Logo, todas as afirmativas são verdadeiras e somam 2 + 4 + 8 + 16 = 30.

93. "a". A teoria estruturalista da inflação afirma que um dos motivos para haver inflação em uma economia em desenvolvimento é o estrangulamento da oferta agrícola. Assim, a inflação não seria resultado de políticas fiscais e monetárias inadequadas, mas, sim, da inelasticidade da estrutura econômica. A alternativa "a" está correta.

Desde 1999, a inflação no Brasil é calculada pelo IPCA que se baseia em uma estrutura de consumo de famílias com renda de 01 a 40 salários mínimos. Portanto, a estrutura não é variável. A área de abrangência do IPCA são as 10 Regiões metropolitanas que inclui Belém, Fortaleza, Recife, Salvador, Belo Horizonte, Vitória, Rio de Janeiro, São Paulo, Curitiba, Porto Alegre, além de Brasília, Goiânia, Campo Grande, Rio Branco, São Luís e Aracaju. A alternativa "b" está incorreta.

A curva de Phillips mostra uma relação inversa entre taxa de desemprego e taxa de inflação, no curto prazo. A alternativa "c" está incorreta.

Segundo a teoria da inflação de demanda, a inflação seria ocasionada por um excesso da demanda agregada em relação à produção de bens. A inflação inercial seria gerada pela indexação de preços e salários. A alternativa "d" está incorreta.

Segundo os economistas monetaristas, a principal causa da inflação seria o excesso de moeda na economia, e o seu combate requereria redução da oferta monetária. A alternativa "e" está incorreta.

94. Certa. Utilizando a curva de Laffer para a inflação, percebe-se que à medida que se eleva a taxa de inflação, a receita do imposto inflacionário se eleva até certo ponto. A partir do ponto de máxima receita, esta começa a diminuir à medida que a taxa de inflação se eleva. Observe o gráfico abaixo:

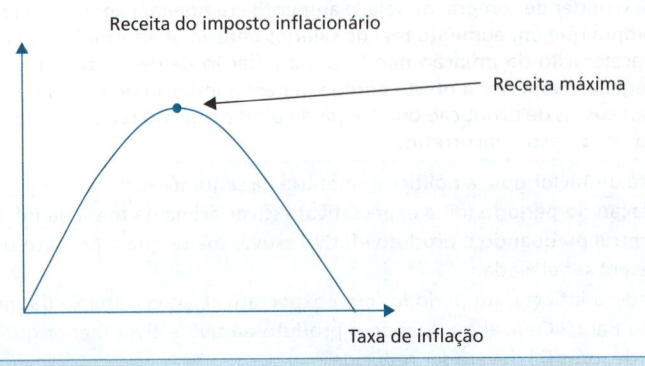

Receita do imposto inflacionário

Receita máxima

Taxa de inflação

95. "e". Quando o agente econômico traz para o futuro a inflação do passado, diz-se que ocorre uma inflação inercial. A alternativa "e" está correta.
A inflação de demanda ocorre quando a demanda agregada está suficientemente aquecida e a oferta agregada não é suficiente para atender a essa demanda, pressionando os preços para cima. A alternativa "a" está incorreta.
A inflação de oferta ou inflação de custos ocorre quando os custos de produção se elevam, fazendo com que o produtor repasse o aumento dos custos para os preços dos produtos. A alternativa "b" está incorreta.
Hiperinflação é uma inflação fora de controle a níveis muito elevados. Ela retrata a intensidade de uma inflação e não o tipo. A alternativa "c" está incorreta.
Superinflação é uma inflação acima dos valores considerados normais. Ela retrata a intensidade de uma inflação e não o tipo. A alternativa "d" está incorreta.

96. "d". A curva de Phillips de curto prazo afirma que quanto maior a inflação, menor o desemprego e vice-versa. Ou seja, existe uma relação inversa entre a inflação e o desemprego. A alternativa "d" está correta.
Adam Smith é considerado o pai da economia moderna, e o mais importante teórico do liberalismo econômico. Expressa a metáfora da "**mão invisível**", isto é, da autorregulação do mercado, bem como do paradigma político liberal. A alternativa "a" está incorreta.
A teoria da probabilidade de Keynes tem o objetivo de analisar a decisão sobre introduzir ou não uma inovação. A alternativa "b" está incorreta.
Números índices são usados para indicar variações relativas em quantidades, preços ou valores durante certo período de tempo. A alternativa "c" está incorreta.
O trabalho de Stuart Mill é claramente utilitarista e ele argumenta usando três considerações: o bem maior imediato, o enriquecimento da sociedade e o desenvolvimento individual. Além disso, é um dos mais proeminentes e reconhecidos defensores do liberalismo político. A alternativa "e" está incorreta.

97. "a". A curva de Phillips de curto prazo mostra o "trade off" entre desemprego e inflação. Assim, o preço que se paga quando medidas são tomadas para combater a inflação é o de se tolerar um maior desemprego. A alternativa "a" está correta.
Um hiato do produto significa que a demanda por bens e serviços é maior que a oferta por bens e serviços, fazendo com que a economia opere acima do seu produto potencial o que implica superemprego e pressão inflacionária. A alternativa "b" está incorreta.
No curto prazo, a presença de expectativas adaptativas, desloca a curva de Phillips (que é decrescente) para a direita. No longo prazo, a curva de Phillips não se desloca e permanece vertical. A alternativa "c" está incorreta.

Quando há crescimento de produtividade acompanhado de aumento de salários reais de mesma proporção, não há aumento dos custos de produção e, portanto, os preços não se elevam. Com isso, o emprego não se reduz. Quando há crescimento de produtividade, mas, os salários reais não acompanham esse aumento, é vantajoso para o produtor, empregar mais. A alternativa "d" está incorreta.

A razão de sacrifício da economia é medida pela taxa de desemprego gerada quando se combate a inflação ou uma tolerância a uma inflação maior quando se combate o desemprego. A alternativa "e" está incorreta.

98. "c". Quando o desemprego está maior que o desemprego natural, significa que a economia está trabalhando de forma ociosa, ou seja, fora do seu produto potencial e, portanto, supondo que não haja inflação de custos, a demanda não será capaz de pressionar os preços para cima, mas sim, para baixo. A alternativa "c" está incorreta.

A curva de Phillips de curto prazo mostra o "trade off" entre inflação e desemprego. Logo, medidas que são tomadas para combater a inflação geram o custo social de mais desemprego. A alternativa "a" está correta.

A estagflação é quando ocorre inflação (aumento dos preços) com estagnação econômica (aumento do desemprego). Esse fenômeno pode ser observado quando a curva de Phillips se desloca para a direita, elevando o desemprego sem redução da inflação. A alternativa "b" está correta.

A taxa de desemprego natural é aquela em que o trabalhador não está empregado, mas também, não está ofertando trabalho e esse comportamento independe do nível de desemprego total. A alternativa "d" está correta.

Quando a inflação persiste por vários períodos de tempo, o desemprego tende a se reduzir, aumentando o poder de barganha dos trabalhadores para pleitear aumentos salariais que recomponham o poder real da moeda baseado na expectativa de inflação futura. A alternativa "e" está correta.

99. "b". A curva de Phillips mostra uma relação inversa entre inflação e desemprego, de tal maneira que, políticas de combate à inflação terão que conviver com mais desemprego e políticas de estímulo ao emprego terão que tolerar mais inflação.

100. "c". A inflação esperada para o período será a média dos cenários possíveis, ou seja:
$\pi^e = 0,2 \cdot 9 + 0,8 \cdot 1$
$\pi^e = 2,6$
Dado que:
$\pi = \pi^e + 0,4 (Y - Y_n)$
Então:
$9 = 2,6 + 0,4 (Y - 40)$
$Y = 56$

101. "c". A curva de Phillips de curto prazo é decrescente mostrando uma relação inversa entre desemprego (μ) e inflação (π). Portanto, se o desemprego se reduz abaixo do desemprego natural (μ_N), a inflação se eleva. Observe o gráfico a seguir:

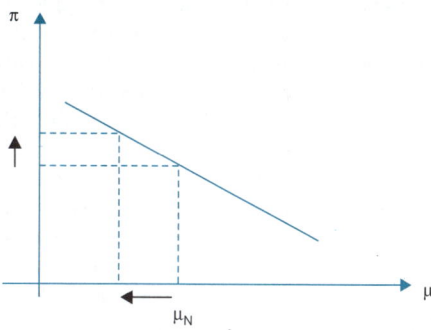

102. "a". A Curva de Phillips aceleracionista é baseado em expectativas adaptativas. Assim, as pessoas baseiam suas expectativas em cima da inflação do passado, gerando a inércia inflacionária. Logo, a expectativa de inflação, no futuro, será diferente de zero. A alternativa "a" está correta.
A expectativa de inflação afeta o nível geral de preços e não o salário real dos trabalhadores. Além do que a expectativa do agente é em cima dos preços e não do salário real. A alternativa "b" está incorreta.
A expectativa adaptativa gera a espiral inflacionária que afeta o nível geral de preços. Portanto, a expectativa do agente é em cima dos preços e não do nível de emprego. Logo, a alternativa "c" está incorreta.
A expectativa racional afirma que as pessoas vão levar em consideração todas as informações disponíveis para formar suas expectativas com relação a inflação e, portanto, não formam a Curva de Phillips aceleracionista. A alternativa "e" está incorreta.

103. "a".
I. No longo prazo, não ocorre mais o *trade off* entre inflação e desemprego e o produto produzido será o produto potencial e o desemprego será o desemprego natural, de modo que a curva de Phillips seja vertical. O item "I" está correto.
II. Quanto maior a frequência dos reajustes de preços e dos salários, menos a demanda poderá reagir para elevar o produto ou reduzir o desemprego. Com isso o *trade off* entre inflação e desemprego diminui, tornando a curva de Phillips mais vertical. O item "II" está correto.
III. No caso de curva de Phillips vertical, a aplicação de uma política monetária não conseguirá reduzir o desemprego porque quando a curva de phillips é vertical, trata-se do longo prazo e, no longo prazo, o produto é o potencial e o desemprego é o natural. Se for adotado uma política monetária restritiva, para reduzir o nível de emprego, não terá eficácia, mas terá como resultado uma menor inflação. O item III está incorreto.
IV. No modelo aceleracionista da curva de Phillips, dadas as expectativas adaptativas, na ocorrência de aceleração inflacionária somente haverá um *trade off* entre inflação e desemprego no curto prazo. No longo prazo, a economia estará operando com o produto potencial e o desemprego natural e, portanto, não haverá o *trade off* entre inflação e desemprego e a curva de Phillips será vertical. O item IV está incorreto.

104. "c". A curva de Phillips, no curto prazo, irá expressar o *trade off* entre inflação e desemprego, mostrando que economias que combatem a inflação terão que conviver com um maior desemprego e economias que estimulem a redução do desemprego terão que conviver com uma maior inflação. A alternativa "c" está correta. As alternativas "a", "b" e "d" estão incorretas.

105. "e". Deflação é a queda generalizada e persistente de preços. E a causa de uma deflação pode ser o desaquecimento da economia, onde os agentes econômicos diminuem os seus componentes agregados, como consumo, investimento, gastos do governo, fazendo com que as empresas fiquem desestimuladas a produzir, já que não terão para quem vender, podendo gerar uma recessão ainda maior.

106. "d". O mercado de capitais é um mercado criado para a negociação de ativos financeiros. Ele é responsável pela intermediação entre poupadores e tomadores de recursos. Quando há inflação, há uma distorção dos preços relativos dificultando essa intermediação. A inflação também faz com que o aumento por ativos reais aumente no lugar de ativos financeiros. Isso porque, em tempos de alta inflação, os ativos reais são estáveis em valor e geram fluxos de caixa estáveis a longo prazo e, em alguns casos, pode fornecer vantagens fiscais para investidores de alto patrimônio líquido. O item "I" está correto.
A inflação gera perdas no poder aquisitivo dos salários e outras rendas fixas. A inflação torna o sistema mais regressivo porque atinge, principalmente, quem ganha menos. O item "II" está incorreto.
Com a inflação, o governo pode ter perdas em valores reais na sua arrecadação, devido a defasagem temporal entre o momento do fato gerador e da arrecadação. A isso dá-se o nome de Efeito Tanzi. Com isso, o governo perde, em valores reais, recursos para financiar o setor público. O item "III" está correto.

107. "d". Como as expectativas racionais se baseiam nas informações obtidas no presente para formar suas expectativas com relação à inflação (e não no passado, como as expectativas adaptativas), bastará que as políticas do Governo tenham credibilidade para que, ao praticar uma política monetária contracionista, a taxa de inflação se reduza sem gerar um custo social de um maior desemprego. A alternativa "d" está correta.

A curva de Phillips não irá mostrar um *trade off* entre a taxa de inflação e a taxa de desemprego nem no curto prazo nem no longo prazo. Ela terá o formato vertical tanto no curto como no longo prazo. A alternativa "a" está incorreta.

Se as expectativas dos agentes forem adaptativas, a taxa da inflação da economia será inercial, ou seja, reproduzirá a taxa de inflação passada, a menos que houvesse um choque de demanda ou de oferta. A alternativa "b" está incorreta.

Quanto a taxa de desemprego da economia está grande, a demanda agregada estará contida e, portanto, a taxa de inflação de demanda deverá ser pequena. A alternativa "c" está incorreta.

A teoria das expectativas racionais acredita que a taxa de desemprego tende a taxa natural. A alternativa "e" está incorreta.

22

ECONOMIA INTERTEMPORAL

■ 22.1. CONSUMO E ESCOLHA INTERTEMPORAL

A teoria do consumo definida por Keynes mostra o comportamento do consumo diante de uma alteração na renda disponível, ou seja, o consumo é analisado em um ponto do tempo. Mas, quando se fala em consumo, a preocupação volta-se para um tempo maior. Neste capítulo, será analisado o comportamento do consumo ao longo da vida dos agentes econômicos, e não apenas num ponto específico de tempo.

■ 22.1.1. Consumo no curto e no longo prazo

Por meio de estudos empíricos ao longo de uma série temporal, verificou-se que a função consumo de longo prazo teria um comportamento diferente da função consumo de curto prazo definida por Keynes.

Assim, a função consumo de Keynes seria definida por: $C = Ca + cYd$, onde: Ca = consumo autônomo; c = Propensão marginal a Consumir; e Yd = renda disponível.

Nessa função, observa-se que, à medida que a renda disponível aumenta, o consumo aumenta também, reduzindo-se a proporção entre consumo e renda disponível, o que faz a **Propensão média a Consumir** (PmeC) ser decrescente à medida que a renda disponível aumenta.

Exemplificando, é possível definir o nível de consumo e a Propensão média a Consumir à medida que a renda aumenta.

Dada a seguinte função consumo **Keynesiana**: $C = 10 + 0{,}8Yd$, montando uma tabela que mostre o comportamento do consumo e da Propensão média a Consumir à medida que a renda disponível aumenta, tem-se:

RENDA DISPONÍVEL (Yd)	CONSUMO (C)	PROPENSÃO MÉDIA A CONSUMIR = C/Yd
100	90	0,9
200	170	0,85
400	330	0,825

Uma função consumo de curto prazo pode ser representada graficamente, conforme a Figura 22.1:

Figura 22.1. Função consumo de curto prazo

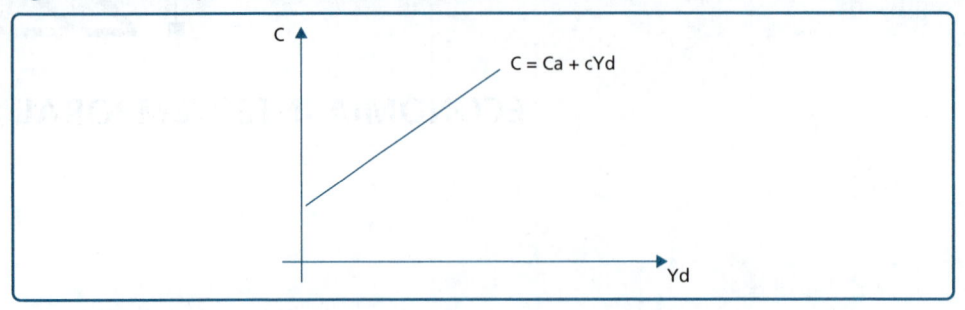

```
C
│           C = Ca + cYd
│         ╱
│        ╱
│       ╱
│      ╱
│     │
│     │
│     │
└─────┴──────────────→ Yd
```

A **taxa de juros** não faz parte da função consumo Keynesiana, de tal maneira que seu papel na determinação do consumo não apresenta grande importância. O principal determinante do consumo é a **renda corrente disponível**.

A Propensão marginal a Consumir, "c", oscila entre zero e um, reforçando a **Lei Psicológica Fundamental**, que dizia que "os indivíduos estão dispostos, como regra geral e em média, a aumentar seu consumo à medida que suas rendas aumentam, porém jamais na proporção exata do aumento de suas rendas"[1].

Essa análise feita por Keynes não considerou a expectativa de renda no futuro nem o fato de mudanças no perfil de renda em função da fase de vida dos indivíduos, ou seja, se eram jovens, de meia-idade ou idosos.

Simon Kuznets observou, contudo, que, de década para década, a **relação consumo/renda** permanecia constante, contrariando a teoria desenvolvida por Keynes que afirmava que a Propensão média a Consumir tenderia a ser reduzida à medida que a renda aumentava. Kuznets percebeu que a teoria de Keynes funcionava nas pesquisas realizadas com famílias ou em séries temporais curtas, mas, quando as **séries temporais eram mais longas**, a Propensão média a Consumir se apresentava constante.

Assim, no longo prazo, a função consumo teria o seguinte comportamento:

$$C = cYd$$

Onde: C = consumo; e Yd = renda disponível.

Nessa função, observa-se que, à medida que a renda disponível aumenta, o consumo aumenta também, mantendo-se a mesma proporção entre consumo e renda, o que faz a Propensão média a Consumir (PmeC) permanecer constante. Observa-se também que a Propensão marginal a Consumir (PmgC), representada por "c" na função, também será constante e igual à Propensão média a Consumir.

Exemplificando, é possível definir o nível de consumo e a Propensão média a Consumir à medida que a renda aumenta.

Dada a seguinte função consumo de longo prazo: C = 0,9Yd, montando uma tabela que mostre o comportamento do consumo e da Propensão média a Consumir à medida que a renda aumenta, tem-se:

---

[1] John Maynard Keynes, *The general theory of employment, interest and money*, p. 96.

RENDA DISPONÍVEL (Yd)	CONSUMO (C)	PROPENSÃO MÉDIA A CONSUMIR = C/Y
100	90	0,9
200	180	0,9
400	360	0,9

Observe na Figura 22.2 o comportamento de uma função consumo de longo prazo:

Figura 22.2. Função consumo de longo prazo

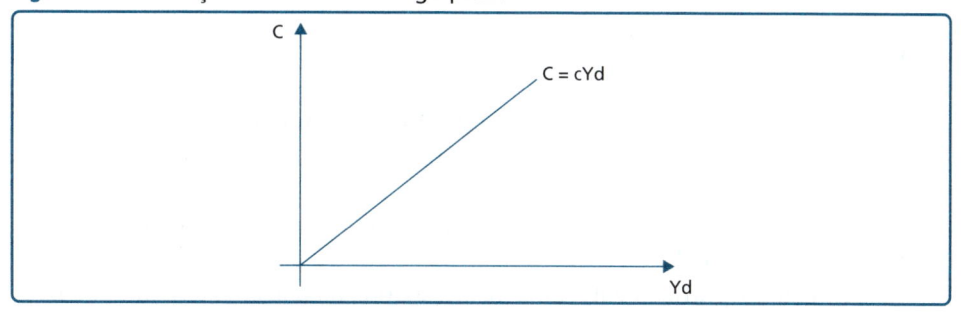

Observe que a Propensão marginal a Consumir de longo prazo (com a renda permanente) é maior que a Propensão marginal a Consumir de curto prazo (com a renda transitória) o que leva os indivíduos a manterem os seus perfis de consumo relativamente suaves (*smooth*) durante a vida.

Para explicar essas constatações de que, no longo prazo, a função consumo apresentava uma Propensão média a Consumir constante, apareceram dois economistas: Modigliani, com a teoria do ciclo da vida, e Friedman, com a teoria da renda permanente, que serão abordados nos *itens 22.1.3* e *22.1.4*.

22.1.2. Escolha intertemporal das famílias

O pioneiro da abordagem intertemporal foi **Fisher**, com a **teoria do comportamento do consumidor**. A ideia consistia em afirmar que as pessoas consomem e poupam no presente de acordo com o que consumirão e pouparão no futuro. Assim, se consumissem mais que suas rendas no presente, consumiriam menos que suas rendas no futuro. E nessa decisão, entre quanto consumiriam, haveria uma restrição orçamentária intertemporal.

Considerando que o agente é **racional**, que **não haja restrição de crédito**, ou seja, o consumidor pode pedir empréstimos, e considerando dois períodos, sendo que o período 1 representa o presente e o período 2 representa o futuro, tem-se: $Y_1 = C_1 + S_1$.

A poupança no período 1, S_1, é, portanto: $S_1 = Y_1 - C_1$, onde: Y_1 = renda no período 1; C_1 = consumo no período 1; e S_1 = poupança no período 1.

Essa poupança será consumida no período 2. Logo: $C_2 = S_1 + Y_2$, onde: C_2 = consumo no período 2; e Y_2 = renda no período 2.

Mas, como o período de tempo é diferente, não se pode simplesmente somar valores que são dados em períodos distintos. Deve-se capitalizar o período 1 ou descapitalizar o período 2.

Optando pela capitalização do período 1 a uma taxa de juros "r", tem-se: $C_2 = (1 + r) S_1 + Y_2$, como: $S_1 = Y_1 - C_1$, então: $C_2 = (1 + r) (Y_1 - C_1) + Y_2$.

Dividindo-se tudo por $(1 + r)$, tem-se:

$$\frac{C_2}{(1 + r)} = \frac{(1 + r)(Y_1 - C_1)}{(1 + r)} + \frac{Y_2}{(1 + r)}$$

$$\frac{C_2}{(1 + r)} = (Y_1 - C_1) + \frac{Y_2}{(1 + r)}$$

$$\mathbf{C_1 + \frac{C_2}{(1 + r)} = Y_1 + \frac{Y_2}{(1 + r)}}$$

Onde $Y_1 + Y_2/(1 + r)$ representa a **riqueza do consumidor**.

Ou seja, a renda no presente e a renda no futuro somadas serão iguais ao consumo no presente e ao consumo no futuro somados, de tal maneira que o consumidor decidirá o que consumir no presente e no futuro de acordo com a sua **restrição orçamentária intertemporal**.

Representando graficamente uma restrição orçamentária intertemporal para dois períodos, presente e futuro, na Figura 22.3 serão fixados, nos dois eixos, o consumo futuro, C_2, e o consumo presente, C_1. A linha que une os pontos X e Z é denominada restrição orçamentária intertemporal. O ponto W, para exemplificar, é o ponto onde a renda do presente, Y_1, é igual ao consumo do presente, C_1, e a renda do futuro, Y_2, é igual ao consumo do futuro, C_2, de tal maneira que as poupanças e empréstimos dos dois períodos são iguais a zero. No ponto X, a renda dos dois períodos destina-se apenas para o consumo do futuro, C_2, de tal maneira que a renda do presente deve ser capitalizada até o futuro e somada à renda do futuro, ou seja, $Y_1 (1 + r) + Y_2$, e serão totalmente destinadas ao consumo no período futuro. No ponto Z, a renda dos dois períodos destina-se apenas para o consumo do presente, C_1, de tal maneira que a renda do futuro descapitalizada até o presente deve ser somada à renda do presente, ou seja, $Y_1 + Y_2/(1 + r)$, e serão totalmente destinadas ao consumo no período presente. Observe a Figura 22.3. Sobre a linha de restrição orçamentária, o consumidor poderá fazer infinitas combinações de consumo nos dois períodos que sua restrição orçamentária comporta. Caso escolha algum ponto entre a origem e a restrição orçamentária, significa que está descartando parte de sua renda, o que não é interessante para o consumidor que deseja maximizar sua satisfação.

Figura 22.3. Restrição orçamentária do consumidor

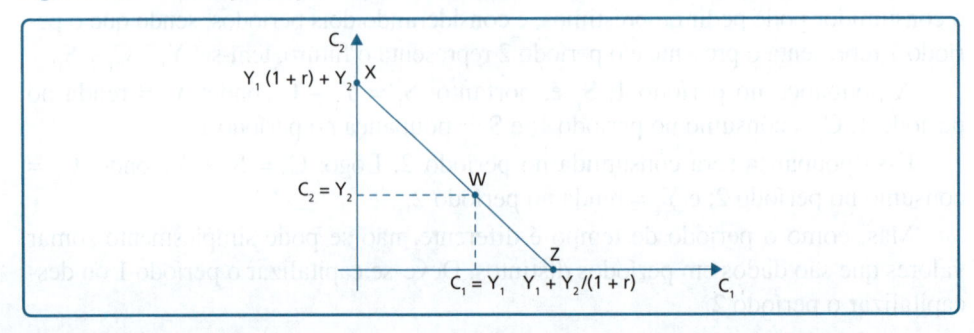

Dizer que o agente tem **expectativas racionais** é dizer que as expectativas são formadas a partir das disposições que se tem no momento, e não com base retrospectiva, como acontece quando as expectativas são adaptativas. Assim, o agente econômico, com base nessas expectativas racionais, irá utilizá-las de forma inteligente.

Mankiw[2] afirma que o consumidor que apresenta expectativas racionais tem **variações no consumo ao longo do tempo de forma imprevisível**: "De acordo com a hipótese da renda permanente, os consumidores enfrentam **flutuações na renda** e tentam, da melhor maneira possível, nivelar seu consumo ao longo do tempo. A qualquer momento, o consumidor determina seu consumo com base nas **expectativas correntes** sobre sua renda vitalícia. Com o tempo, eles mudam seu consumo porque recebem novas informações que os levam a rever suas expectativas. Por exemplo, uma pessoa, ao receber um aumento inesperado, aumenta o consumo; enquanto outra, ao ser demitida do seu trabalho inesperadamente, diminui seu consumo. Se os consumidores usam todas as informações disponíveis de maneira ótima, então as revisões de suas expectativas deveriam ser imprevisíveis. Portanto, as alterações em seu consumo também seriam **imprevisíveis**".

■ 22.1.2.1. Curvas de indiferença

Assim, como o consumidor possui uma restrição intertemporal que mostra sua capacidade de consumo ao longo do tempo frente a sua renda ao longo desse mesmo tempo, também possui preferências que são representadas por curvas denominadas curvas de indiferença.

Quando as preferências são **bem comportadas**, essas curvas de indiferença são **convexas e monótonas**. Ser convexa significa que uma cesta de bens, como a cesta W, localizada na linha que une duas cestas, por exemplo, X e Z, sobre a curva de indiferença I_1, é preferível a essas duas cestas X e Z e, por isso, está numa curva de indiferença mais alta, ou seja, na curva I_2. É bom lembrar que quanto mais distante da origem estiver uma curva de indiferença, maior o grau de satisfação do consumidor em consumir uma cesta contida nessa curva. Monótona significa que o consumidor sempre preferirá uma cesta com mais bens do que uma cesta com menos bens. Assim, observe uma curva de indiferença bem comportada mostrada na Figura 22.4:

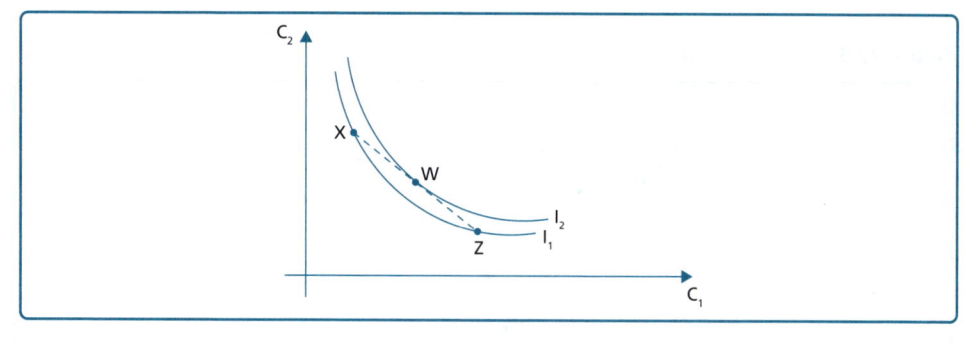

Figura 22.4. Curva de indiferença

---

[2] N. Gregory Mankiw, *Macroeconomia*, p. 292.

Qualquer cesta de bens localizada sobre a curva de indiferença I_1 dará sempre a mesma satisfação, ou seja, para o consumidor a satisfação em consumir a cesta de bens X é idêntica à do consumidor em consumir a cesta de bens Z. Já a cesta de bens W proporciona maior satisfação ao consumidor, já que se encontra numa curva de indiferença, I_2, mais distante da origem e acima de I_1. O que resta saber é se o consumidor terá uma restrição orçamentária que lhe permita consumir a cesta W. Para tanto, acompanhe o *item 22.1.2.2*.

■ 22.1.2.2. Curvas de indiferença, restrição orçamentária intertemporal e a cesta ótima de consumo

Diante de **curvas de indiferença** que mostram as preferências do consumidor e sua indiferença entre consumir cestas de bens que estão sobre a mesma curva de indiferença, resta saber qual cesta de bens, composta de consumo no presente, C_1, e consumo no futuro, C_2, será aquela que maximiza sua satisfação mediante uma restrição orçamentária intertemporal.

Representando, pela Figura 22.5, algumas curvas de indiferença do consumidor, I_1, I_2, I_3 e I_4, que mostram as combinações de consumo C_1 e C_2 e sua restrição orçamentária intertemporal, R, percebe-se que é possível para o consumidor adquirir as cestas K, L, X, Z e W, ou seja, sua restrição orçamentária suporta adquirir qualquer uma dessas cestas. Já as cestas M e N, que pertencem à curva de indiferença, I_4, não podem ser adquiridas, porque o consumidor não possui renda suficiente para isso. Resta saber, por qual das cestas factíveis o consumidor optará: K, L, X, Z ou W?

Como foi dito anteriormente, o consumidor optará pela cesta que pertença à curva de indiferença mais distante da origem e que comporte no seu orçamento intertemporal já que ela é a que oferece a maior satisfação entre as possíveis. Portanto, o consumidor optará pela cesta X, que pertence à curva de indiferença I_3, cuja preferência é superior a qualquer cesta pertencente às curvas I_2 e I_1. A restrição orçamentária intertemporal R **tangencia** a curva de indiferença I_3, que é a mais distante da origem em relação a I_1 e a I_2.

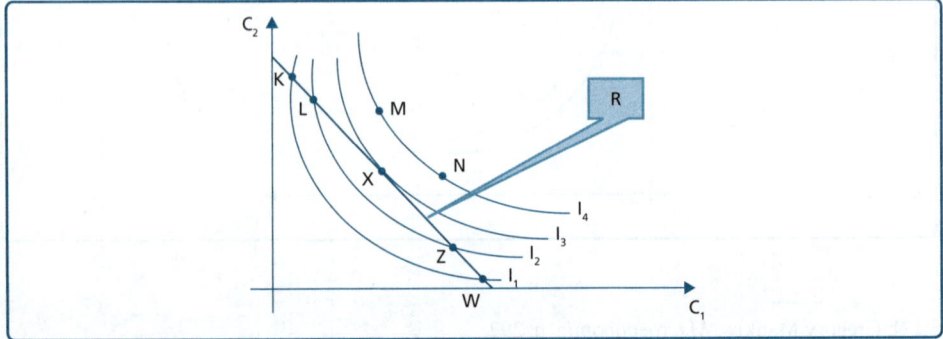

Figura 22.5. Cesta ótima de consumo

22.1.2.2.1. Supondo um aumento na renda, R

Um aumento da restrição orçamentária (R), em decorrência do aumento de Y_1 ou de Y_2, aumenta o consumo no período presente, C_1, e no futuro, C_2, considerando que o bem seja normal[3] e as preferências sejam bem comportadas, ou seja, convexas e monótonas. Isso poderá ser verificado no gráfico da Figura 22.6, que mostra o **deslocamento para a direita** da curva de restrição orçamentária, de R_1 para R_2. Observe que, quando R_1 se desloca para R_2, a cesta ótima 1 passa para 2, o consumo no período 1 aumenta de C_1 para C'_1 e o consumo no período 2 aumenta de C_2 para C'_2.

Figura 22.6. Cesta de consumo ótima com a restrição orçamentária intertemporal R_1 e R_2

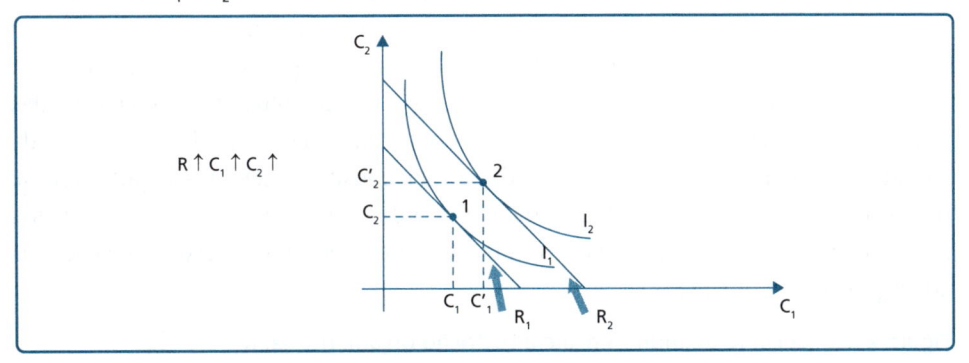

Onde R = restrição orçamentária intertemporal; I = curva de indiferença; C_1 = consumo no período 1; e C_2 = consumo no período 2.

22.1.2.2.1.1. Taxa marginal de substituição (TmgS)

Como dito anteriormente, uma curva de indiferença, I, representa as infinitas combinações de consumo dos períodos 1 e 2 que apresentam o mesmo grau de satisfação e, portanto, é indiferente para o consumidor, em todos os pontos contidos nela, o consumo de cestas compostas de C_1 e C_2. Assim, o consumo da cesta X ou da cesta W da Figura 22.7 dá ao consumidor o mesmo grau de satisfação. Mas perceba que, quando o consumidor se desloca do ponto X para o ponto W, abrirá mão de C_2 para ter mais de C_1. A essa renúncia de C_2 para se ter mais "um" de C_1, dá-se o nome de **taxa marginal de substituição**. Portanto, a TmgS é a relação entre a variação do C_2 e a variação do C_1. Assim: $TmgS = \dfrac{\Delta C_2}{\Delta C_1}$.

---

[3] Bem normal é aquele cuja demanda pelo bem aumenta quando a renda aumenta ou cuja demanda pelo bem diminui quando a renda diminui.

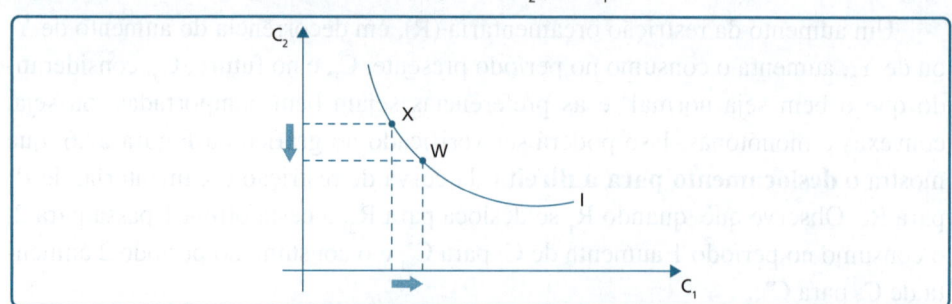

Figura 22.7. Taxa marginal de substituição de C_2 por C_1

Acrescentando a restrição orçamentária intertemporal, na Figura 22.8, verifica-se que, de acordo com o que foi dito no *item 22.1.2*, no ponto onde o consumo 2 é máximo, toda a renda Y_1 e toda a renda Y_2 são destinadas ao seu consumo. Lembre-se que, como se trata do consumo no 2º período, a renda do primeiro período deve ser capitalizada a uma taxa de juros "r". Portanto, o ponto de intercepto com o eixo das ordenadas corresponde a: $Y_1(1 + r) + Y_2$. No ponto onde o consumo 1 é máximo, toda a renda Y_1 e toda a renda Y_2 são destinadas ao seu consumo. Lembre-se que, como se trata do consumo no 1º período, a renda do segundo período deve ser descapitalizada a uma taxa de juros "r". Portanto, o ponto de intercepto com o eixo das abscissas corresponde a: $Y_1 + Y_2/(1 + r)$.

Figura 22.8. A curva de indiferença e a restrição orçamentária, R

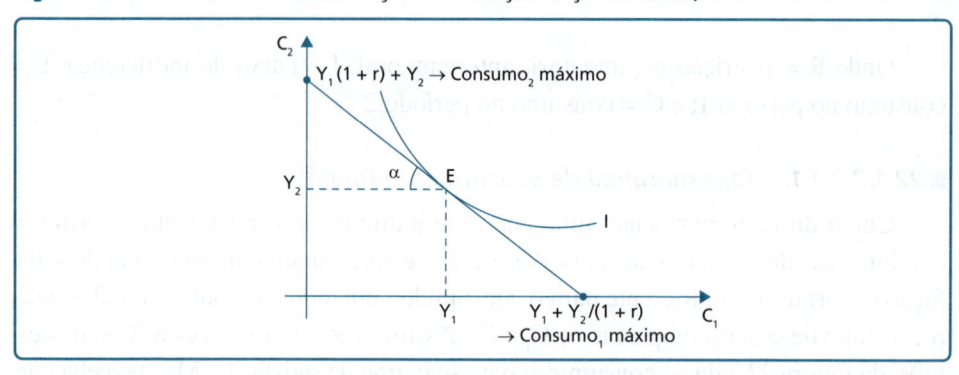

A tangente da restrição orçamentária intertemporal α será definida no ponto E por:

$$Tg\alpha = \frac{|Y_1(1 + r) + Y_2 - Y_2|}{Y_1}$$

$$\mathbf{Tg\alpha = |1 + r|}$$

Como a tangente mede a variação no consumo 2 em relação à variação no consumo 1, será igual à taxa marginal de substituição, que é a renúncia de C_2 em prol de C_1.

Portanto, no ponto E, a taxa marginal de substituição de C_2 por C_1 é igual à tangente no ponto, logo: na cesta ótima[4], a taxa marginal de substituição do consumo 2 pelo consumo 1 é igual a 1 + taxa de juros (r).

$$TmgS_{C2,C1} = |1 + r|[5]$$

22.1.2.2.2. Supondo um aumento na taxa de juros

Se houver elevação na taxa de juros, sendo o agente econômico um poupador, podem ocorrer dois efeitos, **efeito renda** e **efeito substituição**, que estão apresentados nos *itens 22.1.2.2.2.1* e *22.1.2.2.2.2*.

22.1.2.2.2.1. Efeito renda

Se o consumidor é um poupador, o aumento da taxa de juros lhe proporcionará uma melhor situação, e o seu consumo aumentará no presente e no futuro: $C_1 \uparrow$, $C_2 \uparrow$.

O **efeito renda** provoca um deslocamento da curva de indiferença para direita, ou seja, para uma curva de indiferença mais alta.

22.1.2.2.2.2. Efeito substituição

Com a elevação da taxa de juros, o consumo no futuro torna-se mais barato que no presente, o que fará com que o consumidor substitua o consumo no presente pelo consumo no futuro: $C_1 \downarrow$, $C_2 \uparrow$.

O efeito substituição provoca um deslocamento sobre a mesma curva de indiferença.

22.1.2.2.2.3. Efeito total

O **efeito total**, que é a soma do efeito renda e do efeito substituição, mostra que o consumo no futuro, C_2, aumenta. Com relação ao consumo presente, C_1, nada se pode afirmar, já que o efeito renda pode levar a um consumo presente maior também, podendo anular ou não o efeito substituição. Portanto, o consumo no presente dependerá das preferências do consumidor.

Logo: **C_1 ?, $C_2 \uparrow$**.

22.1.3. Teoria do ciclo da vida — Modigliani

Segundo **Modigliani** (1950), as pessoas irão consumir e poupar de acordo com as expectativas de renda durante sua vida, de maneira a sempre manter um nível

---

[4] A cesta ótima é aquela em que o consumidor adquire uma cesta de bens, que no caso é composta de C_1 e C_2, que lhe dá o máximo de utilidade dentro da sua restrição orçamentária intertemporal.

[5] Observe que, se o leitor representar no eixo das ordenadas o consumo presente (C_1) e, no eixo das abscissas, o consumo futuro (C_2), então:

$$tg\alpha = \left|\frac{Y_1 + Y_2/(1-r) - Y_1}{Y_2}\right| \rightarrow tg\alpha = \left|\frac{1}{1-r}\right|. \text{ Logo: } TmgS_{C_1,C_2} = \left|\frac{1}{1-r}\right|.$$

homogêneo de consumo. Assim, quando são **jovens**, despoupam, porque o consumo é muito alto e a poupança muito baixa. Contando com uma renda maior na fase **adulta** (ou meia-idade), passam a poupar para pagar o que despouparam no passado e para se resguardar na **velhice**, já que, nesta última fase, a renda tende a sofrer uma queda significativa. Portanto, o foco do jovem e do idoso é consumir, e da pessoa de meia-idade é poupar. Assim, sociedades compostas preponderantemente de pessoas de meia-idade tendem a ter uma **taxa de poupança** elevada. Já em uma sociedade composta basicamente de pessoas jovens ou idosas, a **taxa de poupança** tende a ser muito pequena. A poupança vai, portanto, comportar-se de maneira **previsível**.

Para que essa teoria seja válida, deve-se considerar que não haja **restrição ao crédito**[6], ou seja, que as pessoas possam despoupar em um período.

Segundo Froyen: "O nível de consumo de um indivíduo ou de uma família depende não só da renda corrente mas também, e mais importante, dos rendimentos esperados a longo prazo. Pressupõe-se que indivíduos planejem um padrão de dispêndios com consumo durante a vida com base nos rendimentos esperados ao longo de toda a vida"[7].

■ 22.1.4. Hipótese da renda permanente — Friedman

Friedman (1957) desenvolveu a **hipótese de renda permanente**, segundo a qual, de acordo com a escolha intertemporal, as pessoas decidem seus consumos conforme a renda presente e futura, mantendo um padrão de consumo ao longo do tempo. Assemelha-se à hipótese do ciclo da vida no que se refere ao fato de acreditar que o principal elemento determinante do consumo seja a renda permanente. Tanto Friedman quanto Modigliani se utilizaram da teoria do consumidor de Fisher para reforçar que o consumo depende da renda permanente.

Shapiro cita o que o próprio Friedman definiu como renda permanente: "a renda permanente deve ser interpretada como a renda média tida como permanente pela unidade de consumo em questão, que, por sua vez, depende de seu horizonte e de sua previdência"[8].

Mas o que seria **renda permanente** ou **renda transitória**? É difícil muitas vezes saber qual parcela da mudança da renda poderá ser considerada permanente ou transitória. Por exemplo, um funcionário que cumpriu horas extras no trabalho provavelmente as considerará renda positiva provisória. Uma promoção funcional que leva a aumento salarial poderá compor uma renda permanente. Dornbusch e Fischer afirmam que: "Uma vez que o indivíduo supõe que a renda transitória se anula em média ao longo da vida, sendo positiva em algumas épocas e negativas em outras, a renda transitória é considerada como tendo pouco efeito sobre o consumo"[9].

---

[6] A impossibilidade de pedir dinheiro emprestado faz com que o consumo corrente não possa ser maior que a renda corrente.
[7] Richard T. Froyen, *Macroeconomia*, p. 357.
[8] Edward Shapiro, *Análise macroeconômica*, p. 215.
[9] Rudiger Dornbusch e Stanley Fischer, *Macroeconomia*, p. 166.

Mankiw explica que: "A renda permanente é a parte da renda que as pessoas esperam manter no futuro. A renda transitória é a parte da renda que as pessoas não esperam manter no futuro. Dito de outra forma, a renda permanente é a renda média; e a renda transitória é o desvio aleatório em relação a essa média"[10].

Logo, alterações na renda ditas como "não permanentes" ou "transitórias" não teriam efeito significativo sobre o consumo, mas sim sobre a poupança e, com isso, o padrão de consumo se manteria constante ao longo do tempo.

Portanto, políticas que tenham como objetivo alterar o consumo agregado devem focar a **renda permanente**. Se, no curto prazo, a PmeC (Propensão média a Consumir) é decrescente, então a PmeS (Propensão média a Poupar) é crescente. Logo, a poupança (S) é crescente. Mas, se S é crescente, então, o consumo é decrescente. E se: S↑ → I↑. Mas para que Investir (I) se o consumo está diminuindo? Para Friedman, portanto, o consumo não será função da renda corrente, mas sim da renda permanente.

Froyen explica que: "Se as expectativas forem racionais, todas as informações disponíveis antes do período corrente já terão sido usadas para estimar a renda permanente. Isso implica que mudanças no consumo ocorrerão apenas como resultado de alterações imprevistas na renda que causem mudanças na renda permanente estimada. Mudanças no consumo devem ocorrer apenas no caso de surpresas com relação à renda"[11].

22.1.5. Efeito Ponzi

Partindo-se do pressuposto de que o agente é racional e que não há restrição ao crédito, pode-se definir o efeito Ponzi.

Efeito Ponzi ou esquema Ponzi é a possibilidade de endividar-se infinitamente, ou seja, no período 2 tomar dinheiro emprestado para pagar os juros da dívida do período 1, e assim por diante[12].

22.1.6. Restrição de liquidez

É a situação em que o consumidor está impedido de tomar empréstimos para financiar o consumo corrente com base na expectativa de uma renda maior.

22.2. RESTRIÇÃO INTERTEMPORAL DAS FAMÍLIAS COM INVESTIMENTO

A poupança dos indivíduos pode se dar pela compra de ativos financeiros ou pela compra de bens de capital, denominados investimento.

Portanto, investimento (I) refere-se ao aumento do estoque de capital, conhecido como taxa de acumulação de capital. Entende-se por investimento, por exemplo, a aquisição de equipamentos, instalações, prédios e variação de estoques.

No presente, portanto, a poupança será constituída de recursos destinados à aquisição de **ativos financeiros (B)** e **investimentos (I)**: $S_1 = B_1 + I_1$, onde: $S_1 =$

---

[10] N. Gregory Mankiw, *Macroeconomia*, p. 290.
[11] Richard T. Froyen, *Macroeconomia*, p. 372.
[12] Exclusão do efeito Ponzi é a impossibilidade de se endividar infinitamente.

poupança no presente; B_1 = ativos financeiros no presente; e I_1 = investimentos no presente.

Observe que, quando foi referido o consumo intertemporal, considerava-se a poupança dos consumidores composta apenas de ativos financeiros, B_1. Mas, agora, deve-se considerar que a poupança será composta tanto de ativos financeiros, B_1, como de investimentos, I_1.

Mas a poupança que servirá para o consumo futuro será apenas aquela correspondente à aquisição de ativos financeiros, B_1.

Como, no futuro, o consumo será igual à renda do futuro mais a poupança do presente e, agora, é B_1, ou seja, **$C_2 = Y_2 + (1 + r) B_1$** *(I)*. Como: $Y_1 = C_1 + S_1$ ou $Y_1 = C_1 + B_1 + I_1$ e isolando B_1: **$B_1 = Y_1 - C_1 - I_1$** *(II)*.

Substituindo *(II)* em *(I)*, tem-se: $C_2 = Y_2 + (1 + r)(Y_1 - C_1 - I_1)$.

Dividindo ambos os lados por $(1 + r)$, tem-se:

$$\frac{C_2}{(1+r)} = \frac{Y_2}{(1+r)} + \frac{(1+r)(Y_1 - C_1 - I_1)}{(1+r)}$$

$$\frac{C_2}{(1+r)} = \frac{Y_2}{(1+r)} + (Y_1 - C_1 - I_1)$$

Isso mostra que as pessoas consumirão ao longo da vida o correspondente a sua renda ao longo da vida, subtraída do investimento.

A partir daí, determina-se a **restrição intertemporal das famílias, considerando-se o investimento**:

$$C_1 + \frac{C_2}{(1+r)} = \frac{Y_2}{(1+r)} + (Y_1 - I_1)$$

■ 22.2.1. Decisão das famílias com relação ao investimento

Caberá, então, à família, diante de sua riqueza, escolher aplicar sua poupança entre ativos financeiros (B) ou investimentos produtivos (I). Logo: $W = (Y_1 - I_1) + \dfrac{Y_2}{(1+r)}$.

Derivando-se em relação a I, tem-se: $\dfrac{dW}{dI} = -1 + \dfrac{PmgK}{(1+r)}$.

Para maximizar a riqueza, iguala-se sua derivada a zero: $\dfrac{dW}{dI} = 0$, logo:

$$0 = -1 + \frac{PmgK}{(1+r)}$$

Onde, PmgK = Produtividade marginal do capital, logo:

$$\mathbf{PmgK = (1 + r)}$$

Se se considerar que a depreciação (d) ocorre ao longo de alguns períodos, então d não será mais igual a "um". Logo:

$$\mathbf{PmgK_t + 1 = r + d}$$

Onde: r + d é denominado **custo do capital**[13].

22.2.2. Teoria "q" de Tobin

A **Teoria "q"** (Tobin, 1960) destaca a importância do mercado de ações na decisão de investir. As empresas, ao investir em ações, avaliarão:

- **o valor do capital instalado** (avaliado pelo mercado de ações) = a;
- **custo de reposição do capital** = b.

Define-se "q" → q = a/b.

Se q > 1 ou a > b → o mercado de ações valoriza a empresa mais do que ela vale, então compensa investir.

Se q < 1 ou a < b → não compensa investir.

$$q = \frac{\text{valor do capital instalado}}{\text{custo de reposição do capital}}$$

22.3. ESCOLHA INTERTEMPORAL DO GOVERNO

Uma política fiscal expansionista por meio de **corte dos impostos**, que são financiados pelo endividamento público — dívida que, no futuro, o governo pagará cobrando mais impostos —, pode invalidar a hipótese de crescimento do produto, porque as famílias poderão economizar o valor referente ao corte para pagarem os impostos no futuro.

Lopes e Vasconcellos afirmam que: "Segundo o modelo keynesiano, uma política fiscal expansionista via cortes dos impostos tem, via efeito multiplicador, importante efeito sobre o produto, já que eleva a renda disponível das famílias e, consequentemente, o consumo agregado. Se considerarmos, no entanto, que esse corte nos impostos é financiado via endividamento público, e que essa dívida deverá ser paga no futuro com a cobrança de mais impostos, o resultado do modelo keynesiano pode não ser válido. Isso porque as famílias, diante de sua restrição orçamentária intertemporal, poderão simplesmente economizar o corte para o pagamento nos impostos no futuro. Essa lógica pode ser mais bem entendida com base na Restrição Orçamentária Intertemporal do Governo"[14].

Assim, no presente, tem-se: $D = G_1 - T_1$, onde: D = déficit público; G_1 = gastos do governo no presente; e T_1 = tributação no presente.

Se o governo financiar esse déficit pela venda de títulos, no futuro os impostos cobrados deverão cobrir os gastos do futuro e esse déficit do presente.

---

[13] Não está sendo levada em consideração uma possível desvalorização do capital, que faria com que o custo do capital fosse a soma da taxa de juros com a taxa de depreciação do capital e com a taxa de perda de valor do capital.

[14] Luiz Martins Lopes e Marco Antonio Sandoval de Vasconcellos, *Manual de macroeconomia*, 1998, p. 280.

Assim, tem-se: $T_2 = (1 + r) D + G_2$, onde: T_2 = tributos no futuro; G_2 = gastos no futuro; r = taxa de juros; D = déficit no presente.

Substituindo $D = G_1 - T_1$, tem-se: $T_2 = (1 + r) (G_1 - T_1) + G_2$. Dividindo-se tudo por (1 + r), tem-se:

$$\frac{T_2}{(1 + r)} = (G_1 - T_1) + \frac{G_2}{(1 + r)}$$

Assim, determina-se a **restrição orçamentária intertemporal do governo**:

$$T_1 + \frac{T_2}{(1 + r)} = G_1 + \frac{G_2}{(1 + r)}$$

Mankiw afirma que: "A restrição orçamentária do governo mostra como alterações feitas hoje na política fiscal estão relacionadas com mudanças na política fiscal futura. Se o governo corta os impostos no primeiro período sem alterar simultaneamente suas despesas, entra no segundo período com uma dívida para com os detentores de títulos públicos. Esta dívida obriga o governo a escolher entre uma redução nas suas compras ou um aumento nos impostos"[15].

22.3.1. Equivalência ricardiana

A restrição orçamentária intertemporal do governo mostra que, se os tributos[16] no presente se reduzirem, sem que haja alteração dos gastos do governo, tenderão a aumentar no futuro.

Portanto, se os tributos se reduzirem (T ↓), o produto (Y) só aumentará se os gastos do governo se reduzirem (G ↓), ou seja, dependerá das **expectativas** do comportamento dos gastos do governo, porque, se os gastos permanecem constantes, no futuro os tributos tendem a aumentar e, portanto, o consumo no presente não poderá aumentar.

Assim, considerando que a estrutura de gastos do governo não se altere, tem-se:
$T_1 ↓ \quad C_1$ constante
$\qquad S_1 ↑$
$T_2 ↑ \quad C_2$ constante

Ou seja, uma redução dos tributos no presente, não acompanhada de uma redução dos gastos do governo, tenderá a manter o consumo constante, aumentando apenas a poupança no presente para que possa pagar os tributos no futuro, que tenderão a aumentar. Como o valor da renda permanente não vai se alterar, o consumidor

---

[15] N. Gregory Mankiw, *Macroeconomia*, p. 300.
[16] **Quando o tributo é do tipo *LUMP SUM TAX* OU *IMPOSTO PER CAPITA*:**
O imposto do tipo *lump sum tax* é um imposto fixo que independe da quantidade produzida e, portanto, funciona como um custo fixo para a empresa, não alterando o seu custo marginal e, por conseguinte, não deslocando a curva de oferta. Ele não gera ineficiência na economia, logo não afeta a renda e o consumo.

continuará com o mesmo nível de consumo, independente da existência de tributos ou não. A isso se dá o nome de **equivalência ricardiana**.

Porém, se houver **restrição ao crédito**, um corte de T_1 no presente pode elevar C_1 no presente para compensar a despoupança, que não ocorreu por não haver crédito, ou seja, ao diminuir os tributos o governo pode passar a ser, nesse caso, um financiador do setor privado.

Como dito anteriormente, a restrição orçamentária intertemporal do governo afirma que, se não houver alterações nos padrões de gastos do governo, em caso de redução de impostos no presente, esta redução será compensada no futuro com aumento nos impostos. Portanto, a **equivalência ricardiana**[17] sugere que o meio de financiamento dos gastos do governo não afeta a taxa de juros[18], ou seja, independe dos gastos do governo serem financiados pelo déficit por meio da emissão de títulos ou por tributos cobrados das unidades familiares ou empresas, já que uma política fiscal estaria condicionada ao padrão de gastos do governo. Isso se dá porque, quando se reduzem os tributos no presente, o consumidor, que deverá pagar tributos, sabe que no futuro eles aumentarão e, portanto, não altera seu padrão de consumo no presente, poupando mais no presente. Essa poupança vai se dar com a aquisição de títulos da dívida. Portanto, a poupança privada aumenta na mesma intensidade que o déficit público, justificando uma taxa de juros e um resultado nas contas externas inalterados. Conclui-se que o governo poderá **financiar seus gastos** com aumento dos tributos ou com emissão de títulos públicos, porque o efeito é equivalente.

Mankiw afirma que: "financiar o governo através da dívida pública é o mesmo que financiá-lo através de impostos. Essa proposição, chamada de equivalência ricardiana (...)"[19].

Se o governo aumenta temporariamente os tributos, a poupança dos indivíduos tende a diminuir e o consumo a permanecer constante. Porém, se o governo aumenta permanentemente os tributos, o consumo tende a cair.

22.3.2. Escolha intertemporal das famílias com a cobrança de tributos

Com a inclusão de tributos, a restrição intertemporal das famílias passa a ser:

$$C_1 + \frac{C_2}{(1+r)} = \frac{(Y_2 - T_2)}{(1+r)} + (Y_1 - T_1)$$

---

[17] Com relação à dívida pública, há duas concepções:
1ª) Concepção Clássica, que diz que, se houver corte dos tributos, o consumo deverá aumentar; e
2ª) Concepção Ricardiana, que diz que, se houver corte dos tributos, mas os gastos do governo não se alterarem, o consumo não se alterará. Porém, se houver corte dos tributos, acompanhado de redução dos gastos do governo, o consumo poderá aumentar.

[18] A taxa de juros não seria afetada porque, quando os agentes privados adquirem títulos, a poupança privada aumenta no mesmo montante que o déficit público. Portanto, o déficit não reduz o ritmo de acumulação do estoque de capital, não altera as contas com o setor externo, nem afeta a riqueza do setor privado. Assim, quando o governo se endivida por meio de títulos, isso equivale a endividar-se pela cobrança de tributos.

[19] N. Gregory Mankiw, *Macroeconomia*, p. 298.

Isso mostra que o consumo, C_1 e C_2, ao longo da vida será igual à renda disponível, $Y_1 - T_1$ e $Y_2 - T_2$, ao longo da vida.

■ 22.3.3. Validade e críticas à equivalência ricardiana

Para **validar a equivalência ricardiana**, é necessário que:

1. Os cortes nos tributos sejam temporários e os gastos do governo constantes.
2. Não haja restrição de crédito (senão como justificar um consumo maior que a renda?).
3. Haja preocupação com gerações futuras, ou seja, ninguém deverá desejar deixar dívidas para seus filhos e netos.

A equivalência ricardiana sofreu **críticas** por três motivos:

1. Porque se acreditava que os agentes não seriam racionais o bastante para, numa queda dos tributos, não aumentarem seu consumo.
2. Porque a referência de tempo para uma família é diferente da referência de tempo para o governo, ou seja, se o governo reduz os tributos hoje sem alterar seus gastos, no futuro tenderá a aumentar os tributos para compensar quando baixou. Acontece que, quando precisar aumentar, o tempo pode ter sido suficientemente longo para o consumidor e suficientemente curto para o governo, o que não justificaria o consumidor não aumentar seu consumo.
3. Porque as pessoas não têm a preocupação em deixar dívidas para gerações futuras a ponto de, havendo queda dos tributos hoje, não alterarem seu consumo.

■ 22.4. QUESTÕES

1. (TC/ES — ESAF — 2001) Considere os modelos IS-LM e de escolha intertemporal entre consumo e poupança. É correto afirmar que:
   a) Considerando o modelo IS-LM, um corte de impostos irá elevar o nível do Produto; já no modelo de escolha intertemporal, um corte nos impostos só irá influenciar o Produto se esse corte for temporário e acompanhado por uma elevação nos gastos do governo, tanto no presente quanto no futuro.
   b) Considerando o modelo IS-LM, um corte de impostos irá elevar o nível do Produto; já no modelo de escolha intertemporal, o resultado irá depender das expectativas dos agentes quanto ao impacto desse corte sobre a política fiscal futura.
   c) Considerando o modelo IS-LM, um corte de impostos irá elevar o nível de Produto; já no modelo de escolha intertemporal, um corte nos impostos, independente das expectativas dos agentes quanto à política fiscal futura, não terá influência sobre o Produto.
   d) Tanto no modelo IS-LM quanto no modelo de escolha intertemporal, um corte nos impostos só influenciará o Produto se esse corte for financiado com endividamento público.
   e) Tanto no modelo IS-LM quanto no modelo de escolha intertemporal, um corte nos impostos só influenciará o Produto se esse corte não for acompanhado por mudanças no padrão dos gastos públicos, tanto no presente quanto no futuro.

2. (AFC — ESAF — 2000) Considerando o modelo de escolha intertemporal de consumo e a existência de estruturas de preferências, representadas por curvas de indiferenças tradicionais, uma elevação nas taxas de juros apresenta dois efeitos: renda e substituição. Supondo que a família é poupadora no presente e que o consumo seja de bens normais, podemos afirmar que:

a) Os efeitos necessariamente se anulam, já que a família é poupadora.
b) Pelo fato de a família ser poupadora, somente o efeito renda é relevante.
c) Tanto o efeito renda quanto o efeito substituição tendem a elevar o consumo nos dois períodos.
d) Tanto o efeito renda quanto o efeito substituição reduzem o consumo no primeiro período e aumentam o consumo no segundo período.
e) O efeito renda tende a atuar no sentido de aumentar o consumo nos dois períodos, ao passo que o efeito substituição tende a reduzir o consumo no primeiro período e aumentá-lo no segundo período.

3. (AFRF — ESAF — 2002.II) Com relação aos determinantes do investimento, é correto afirmar que:
a) As decisões de investir dependem do parâmetro "q de Tobin". Se q < 1, haverá incentivo por parte das empresas em aumentar o estoque de capital.
b) O incentivo a Investir depende da comparação entre a taxa de depreciação e a taxa de retorno do investimento. Se a taxa de retorno do investimento exceder a taxa de depreciação, então as empresas terão incentivos em aumentar o seu estoque de capital.
c) O incentivo a investir depende apenas do custo do capital. Nesse sentido, as empresas terão incentivos em aumentar o seu estoque de capital enquanto o custo do capital for negativo.
d) O incentivo a investir depende da comparação entre o valor de mercado do capital instalado e o custo de reposição do capital instalado. Nesse sentido, as empresas terão incentivos em aumentar o seu estoque de capital se o custo de reposição do capital instalado for maior do que o valor de mercado do capital instalado.
e) O incentivo a investir depende da comparação entre o custo do capital e o Produto marginal do capital. Se o Produto marginal do capital excede o custo do capital, então as empresas terão incentivos em aumentar o seu estoque de capital.

4. (Analista de Comércio Exterior — ESAF — 2000) A hipótese da teoria da renda permanente, que faz parte de algumas formulações da função consumo, implica que:
a) Um ganho de renda inesperado no período presente será integralmente gasto no aumento do consumo desse período.
b) Alterações temporárias nos impostos não terão efeito significativo sobre o consumo nos dois períodos em que ocorrem, sejam alterações no sentido de aumento ou redução dos impostos.
c) O nível de consumo no período presente depende, antes de mais nada, do maior nível de renda disponível registrado no período anterior.
d) O padrão de consumo ao longo de tempo é afetado pela existência de ilusão monetária por parte dos consumidores.
e) A variação do padrão de consumo ao longo do tempo provavelmente é maior que a variação observada na renda disponível dos consumidores ao longo do tempo.

5. (Petrobras — CEBRASPE — 2000) Indique se as proposições, relativas às teorias do consumo e do investimento, são falsas ou verdadeiras.
a) Segundo a teoria keynesiana, variações na taxa de juros alteram a propensão marginal a consumir mas não o nível de consumo agregado.
b) Restrição orçamentária intertemporal da família significa que, em qualquer período, a família não pode consumir mais do que sua renda disponível corrente.
c) Segundo a hipótese da renda permanente, um aumento do imposto de renda, percebido como temporário, produzirá efeito desprezível sobre as decisões de poupar dos consumidores.
d) Segundo a teoria do ciclo da vida, uma política que transfira renda de consumidores de meia-idade para consumidores mais velhos aumentaria a poupança agregada.

6. (BC — FCC — 2006) A concepção ricardiana da dívida pública está baseada na hipótese de que o consumo não depende apenas da renda corrente, mas sim da renda permanente, que inclui tanto a renda presente quanto a futura. Em relação a esse modelo, é correto afirmar que:
   a) Ao contrário dos consumidores, o Governo não tem restrição orçamentária intertemporal porque tem o poder de emitir moeda para financiar seus déficits.
   b) Se os consumidores agem racionalmente, um corte de impostos no presente, sem que haja mudança na estrutura de gastos do governo, aumentará o consumo atual e diminuirá o consumo futuro.
   c) Se os consumidores não agem racionalmente e não se preocupam em deixar o ônus da dívida para as gerações futuras, um aumento de impostos no presente manterá tanto o consumo presente quanto o consumo futuro inalterados.
   d) A preocupação em deixar o ônus da dívida para as gerações futuras fará com que os consumidores aumentem o seu consumo atual caso o Governo reduza os tributos sem alterar os seus gastos.
   e) Existindo restrição de crédito aos consumidores, mesmo que eles ajam racionalmente, um corte de impostos no presente poderá elevar o consumo corrente, mesmo que os gastos do governo fiquem inalterados.

7. (UFRJ — IBGE — NCE — 2001) Suponha um consumidor racional. Assinale a alternativa correta.
   a) Considerando a restrição orçamentária intertemporal de uma família em um modelo de dois períodos, uma elevação na taxa de juros reduz o consumo em ambos os períodos.
   b) Considerando a restrição orçamentária intertemporal de uma família em um modelo de dois períodos, uma elevação nas taxas de juros não exerce efeito sobre a restrição orçamentária das famílias e, consequentemente, não tem efeitos sobre o consumo em nenhum período.
   c) A impossibilidade de se obter empréstimos não altera a escolha ótima do consumidor já que esta depende apenas das preferências intertemporais e da taxa de juros.
   d) Se o consumidor recebe uma herança, mas que estará indisponível por dez anos, sua poupança deve cair hoje.
   e) Após uma consulta com seu médico, o consumidor recebe boas notícias sobre a sua saúde e tem sua expectativa de vida aumentada. Mesmo assim ele mantém seu plano de se aposentar aos 65 anos de idade. Ele deve aumentar o seu consumo presente.

8. (AFRF — ESAF — 2003) Considere a denominada restrição intertemporal de um consumidor num modelo de dois períodos, dada pela expressão:

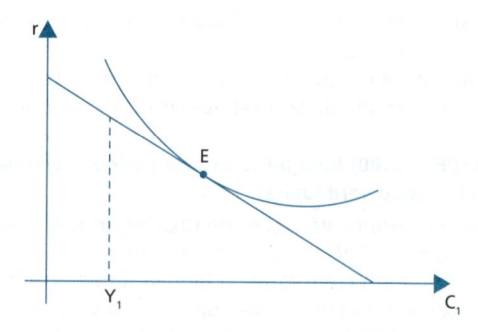

$$C_1 + C_2/(1 + r) = Y_1 + Y_2/(1 + r)$$

Onde: C_1 = consumo no período 1; C_2 = consumo no período 2; Y_1 = renda no período 1; Y_2 = renda no período 2; r = taxa de juros; e E = ponto de equilíbrio numa curva de indiferença que representa as preferências intertemporais do consumidor.

Com base nessas informações e supondo que o consumidor esteja no equilíbrio E, é correto afirmar que:
a) No equilíbrio E, $C_1 = Y_1$ e $C_2 = Y_2$;
b) O consumo no primeiro período é menor do que a renda no primeiro período;
c) O modelo sugere a existência de restrições de crédito no primeiro período;
d) O consumidor é devedor no primeiro período;
e) Alterações nas taxas de juros não provocam alterações nos consumos dos períodos 1 e 2.

9. (Consultor do Senado Federal — UNB — CEBRASPE — 2002) A análise do consumo, da poupança e do investimento, variáveis macroeconômicas básicas, permite o entendimento da determinação da renda e do Produto de equilíbrio. A respeito dessas variáveis, julgue os itens a seguir.
   a) Quando o consumo total é reduzido, em decorrência de uma crise de confiança do consumidor, a qual ocorre com a renda corrente inalterada, isso representa uma evidência de que o consumo total é influenciado não apenas pela renda corrente, mas também pela riqueza total;
   b) De acordo com a hipótese do ciclo de vida, o consumo depende tanto da renda quanto da riqueza dos consumidores e implica, também, que a poupança varie, ao longo da vida, de maneira previsível;
   c) Segundo o modelo do ciclo de vida, pode-se prever que a elevação da participação dos idosos na população levará a uma redução da taxa de poupança;
   d) Segundo a hipótese da renda permanente, aumentos na renda permanente geram idênticos aumentos no consumo;
   e) A abordagem Barro-Ricardo argumenta que uma redução de impostos no presente, financiada por emissão de títulos, não aumenta o consumo presente, mas sim o consumo futuro quando o governo resgatar os títulos e efetuar o pagamento dos juros.

10. (ENAP — ESAF — 2006) Considere válida a seguinte restrição orçamentária intertemporal de dois períodos para uma nação hipotética: $C_1 + C_2/(1 + r) = Q_1 + Q_2/(1 + r)$.
Onde: C_1 e C_2 são os valores para o consumo nos períodos 1 e 2, respectivamente; Q_1 e Q_2 as rendas dos períodos 1 e 2, respectivamente.
Considerando que essa economia hipotética respeita essa restrição e mantém relações comercial e financeira com o resto do mundo, é incorreto afirmar que:
   a) O consumo no primeiro período pode ser maior do que a renda no primeiro período;
   b) Se $C_1 > Q_1$ então $C_2 < Q_2$;
   c) Um déficit comercial no primeiro período deve ser necessariamente compensado por um superávit comercial no segundo período;
   d) Se a nação tiver um déficit na conta corrente no primeiro período, incorrendo assim em dívida externa, deverá ter um superávit futuro para pagar a dívida;
   e) O consumo no período 1 não pode ser igual ao consumo no período 2.

11. (AFC — ESAF — 2000) Considere um modelo de escolha intertemporal de dois períodos com restrição de crédito. Considere três tipos de consumidores com os seguintes perfis:
Consumidor tipo I — prefere poupar no primeiro período.
Consumidor tipo II — prefere consumir exatamente o que a renda permite em cada período.
Consumidor tipo III — prefere ser devedor no primeiro período.
Considerando que o consumidor é racional e possui curva de indiferença intertemporal com concavidade voltada para cima, é correto afirmar que:
   a) As restrições de crédito não têm influência sobre os três consumidores já que a curva de indiferença intertemporal é bem comportada.
   b) As restrições de crédito só afetam o bem-estar do consumidor III.
   c) As restrições de crédito afetam o bem-estar dos três tipos de consumidores.

d) As restrições de crédito reduzem o consumo no segundo período para os três tipos de consumidores.
e) Somente o consumidor II não é afetado pelas restrições de crédito.

12. (ANPEC – adaptada –1998) Sobre consumo, marque a opção incorreta.
a) Segundo o modelo intertemporal de escolha de consumo, o impacto de um aumento da taxa de juros real sobre o nível do consumo presente é teoricamente ambíguo.
b) Se os agentes têm expectativas racionais e agem de acordo com a hipótese da renda permanente, uma redução permanente de impostos, que já havia sido anunciada um ano antes, não deve produzir impacto significativo sobre o nível de consumo no momento em que for efetuada.
c) A propensão média a consumir de curto prazo é maior do que a propensão média a consumir de longo prazo.
d) O efeito imediato de um aumento de imposto de renda sobre o consumo independe de este ser temporário ou permanente, pois tudo o que importa é o efeito sobre a renda disponível corrente.

13. (Analista Técnico – SUSEP – ESAF – 2002) É possível avaliar as decisões de investimento de uma empresa a partir de seu desempenho no mercado acionário.
Essa avaliação baseia-se em dois parâmetros:
— q_1 = valor do capital instalado avaliado pelo mercado acionário;
— q_2 = custo de reposição do capital instalado.
Será vantajoso para a empresa investir se:
a) $(q_1/q_2) > 1$;
b) $(q_2/q_1) > 1$;
c) $q_1 \times q_2 > 0$;
d) $q_1 \times q_2 > -1$;
e) $(q_1/q_2) \neq 0$.

14. (ENAP – ESAF – 2006) Suponha que as empresas, em suas decisões em relação ao estoque de bens de capital que elas devem possuir, levem em consideração a razão entre o valor de mercado do capital instalado (a), avaliado pelo mercado acionário, e o custo de reposição do capital instalado (b). Denominada essa razão de q (isto é (a)/(b)), e aceitando essa suposição:
a) Se q < 1, a empresa não terá incentivos em repor e aumentar o capital.
b) Se q > 1, a empresa não terá incentivos em realizar os investimentos.
c) Somente será interessante investir se q < 1.
d) Se q = 1, a empresa é indiferente em investir.
e) Se q =1, a empresa obterá lucros aumentando o capital instalado.

15. (Economista – UFRJ – NCE – 2005) Observe as afirmativas a seguir, em relação aos determinantes do consumo e do investimento.
I. De acordo com Modigliani e a hipótese do ciclo de vida, o desejo de manter estável o nível de consumo faz com que a propensão a poupar de um jovem não se altere, mesmo que sua expectativa mude ao longo do tempo.
II. A combinação da "hipótese de renda permanente", de Friedman, com a hipótese de que os consumidores têm expectativas racionais faz com que seja impossível prever as mudanças no consumo ao longo do tempo.
III. Segundo Tobin, as decisões de investimento estão baseadas na política econômica presente e nas expectativas em relação aos efeitos das políticas futuras, relacionadas através do q de Tobin. Sempre que este for maior que 1, as empresas terão incentivos para investir.

Assinale a alternativa correta.
a) Apenas as proposições II e III estão corretas.
b) Apenas as proposições I e II estão corretas.
c) Apenas a proposição II está correta.
d) Apenas as proposições I e III estão corretas.
e) Todas as proposições estão corretas.

16. (ACE — ESAF — 2002) Considere o seguinte modelo de consumo: $C_1 + C_2/(1 + r) = (Y_1 - T_1) + (Y_2 - T_2)/(1 + r)$
Onde: C_1 = consumo no período 1; C_2 = consumo no período 2; Y_1 = renda no período 1; Y_2 = renda no período 2; T_1 = impostos no período 1; T_2 = impostos no período 2; e r = taxa de juros.
Com base nesse modelo, é incorreto afirmar que:
a) O consumo no período 1 depende da renda nos dois períodos.
b) Alterações na taxa de juros não alteram o consumo no período 1.
c) Se o consumidor se depara com uma curva de indiferença intertemporal com concavidade voltada para cima, as restrições de crédito podem piorar o seu bem-estar.
d) A equação apresentada é conhecida como restrição orçamentária intertemporal do consumidor em um modelo de dois períodos.
e) Desde que exista um sistema eficiente de poupança e crédito, o consumidor pode consumir mais no primeiro período do que a sua renda permite nesse período.

17. (TC/ES — ESAF — 2001) Considerando o modelo de escolha intertemporal de dois períodos (presente e futuro) entre poupança e consumo, é correto afirmar que:
a) Alterações nas taxas de juros não terão influência sobre o consumo, uma vez que, em um modelo de dois períodos, os efeitos renda e substituição são irrelevantes.
b) Uma elevação nas taxas de juros reduzirá o consumo nos dois períodos se apenas o efeito renda dessa elevação for resultante.
c) Alterações nas taxas de juros só terão influência sobre o consumo presente, uma vez que o modelo aqui utilizado é de dois períodos.
d) Uma alteração nas taxas de juros só influenciará o consumo futuro na ausência do efeito substituição.
e) A influência das taxas de juros sobre o consumo presente dependerá da estrutura de preferência intertemporal do consumidor.

18. (AFRF — ESAF — 2005) Considere válida a seguinte restrição orçamentária intertemporal de dois períodos para uma nação hipotética: $C_1 + C_2/(1 + r) = Q_1 + Q_2/(1 + r)$.
Onde C_1 e C_2 são os valores para o consumo no período 1 e 2 respectivamente.
Q_1 e Q_2 as rendas dos períodos 1 e 2 respectivamente.
Considerando que essa economia hipotética "respeita" essa restrição e mantém relações comerciais e financeiras com o resto do mundo, é incorreto afirmar que:
a) O consumo no primeiro período pode ser maior do que a renda no primeiro período.
b) Se $C_1 > Q_1$ então $C_2 < Q_2$.
c) O consumo no período 1 não pode ser igual ao consumo no período 2.
d) Se a nação tiver um déficit na conta corrente no 1º período, incorrendo assim em dívida externa, deverá ter um superávit futuro para pagar a dívida.
e) Um déficit comercial no primeiro período deve ser necessariamente compensado por um superávit comercial no 2º período.

19. (ANPEC — adaptada — 2006) Um indivíduo deve decidir entre consumir no presente ou postergar o consumo e o fará com base na teoria da renda permanente. Considere que Yo

seja sua renda presente e Y1, sua renda futura; e que ele tenha acesso a crédito, à taxa de juros r. Avalie as proposições abaixo e assinale a alternativa correta:
I. Um aumento na taxa de juros diminui as possibilidades de consumo presente, mas aumenta as possibilidades de consumo futuro.
II. Suponha que o governo tribute a renda deste indivíduo com um imposto tipo *lump-sum*. Um aumento do imposto presente, que não seja mantido no futuro, diminui o consumo presente, mas deixa o consumo futuro inalterado.
III. Mantenha a hipótese de que o tributo seja do tipo *lump-sum*. Uma redução do imposto presente compensada por um aumento futuro devidamente corrigido pela taxa de juros r, aumenta o consumo presente, mas reduz o consumo futuro.
IV. Um aumento de renda futura eleva o consumo tanto no presente quanto no futuro.
a) Apenas I e II são verdadeiras.
b) Apenas II e III são verdadeiras.
c) Apenas III e IV são verdadeiras.
d) Apenas I e IV são verdadeiras.
e) Apenas II e IV são verdadeiras.

20. (ANPEC — adaptada — 2006) Assinale a alternativa incorreta:
a) Entende-se por superávit fiscal primário, a diferença entre receitas e gastos governamentais, excetuadas as despesas com pagamento de juros nominais.
b) Déficit primário no orçamento público é o déficit total menos gastos com pagamento de juros nominais.
c) De acordo com o princípio da Equivalência Ricardiana, uma redução de impostos financiada pela emissão de títulos públicos não implica aumento de poupança.
d) Em uma economia sem crescimento real, o endividamento é uma das formas de se pagar por programas governamentais.
e) Segundo a teoria da paridade do poder de compra da taxa de câmbio, os movimentos verificados na taxa de câmbio entre duas moedas refletem primordialmente as diferenças no comportamento dos preços dos países que as emitiram.

21. (ANPEC — adaptada — 2006) A respeito dos determinantes do consumo, avalie as informações:
a) De acordo com a hipótese da renda permanente, uma valorização generalizada, e entendida como permanente, das ações na bolsa de valores afetará positivamente o consumo.
b) Tanto a teoria do ciclo de vida quanto a hipótese da renda permanente consideram que o consumo está diretamente relacionado a uma medida de renda de longo-prazo.
c) Se a teoria de vida for correta, deve-se esperar que a razão entre consumo e poupança acumulada decresça ao longo do tempo até o momento da aposentadoria do consumidor.
d) A hipótese da renda permanente estabelece que um aumento temporário de impostos não afeta as decisões correntes de consumo. No entanto, se um indivíduo destituído não tem acesso a crédito e sua renda corrente é suficiente apenas para cobrir seus gastos correntes, o aumento de impostos, ainda que transitório, afetará suas decisões de consumo.

22. Em um horizonte de três períodos em que vale a equivalência ricardiana, a taxa de juros é de 20% ao período e a taxa de inflação é zero. Se, no primeiro período, o governo tem déficit primário de 300, inteiramente financiado pela dívida pública, e, no segundo período, tem superávit primário de 232, o superávit primário a ser gerado no terceiro período será de:

a) 100.
b) 68.
c) 200.
d) 128.
e) 153,6.

23. (ANPEC — 2005) De acordo com a teoria do ciclo de vida:
   a) Um aumento da expectativa de vida levará a uma elevação da propensão a poupar.
   b) Restrições e imperfeições no mercado de crédito corroboram os argumentos da teoria do ciclo de vida.
   c) Quando o q de Tobin é maior que 1, a economia estará desinvestindo.
   d) Segundo a "equivalência Ricardiana", uma redução de impostos não exerce impacto algum sobre as decisões de consumir, caso os planos de gastos governamentais permaneçam inalterados.

24. (ANPEC — 2011) Julgue as seguintes afirmativas:
   0) De acordo com a função consumo Keynesiana, a propensão marginal a consumir é constante, enquanto que a propensão média a consumir cai à medida que a renda aumenta.
   1) De acordo com o modelo de escolha intertemporal de consumo em dois períodos, se o consumidor é poupador, então um aumento da taxa de juros necessariamente leva ao aumento do nível de poupança.
   2) Se a hipótese da renda permanente é válida e os consumidores têm expectativas racionais, então a variação do consumo no período t independe de qualquer variável conhecida no período t − 1.
   3) Suponha duas empresas idênticas, A e B. Se a empresa A adquirir uma unidade adicional de capital por $1, seu valor de mercado subirá $q acima do valor de mercado da empresa B, em que q é o valor do "q de Tobin".
   4) De acordo com a teoria do investimento baseada no "q de Tobin", uma redução temporária da tributação incidente sobre a aquisição de bens de capital não deveria afetar os níveis de investimento das empresas.

25. (ISS/SP — FCC — 2012) Em relação ao modelo de consumo com restrição orçamentária intertemporal, é correto afirmar:
   a) O consumidor atinge o ponto ótimo nesse modelo quando a inclinação de sua curva de indiferença intertemporal é maior que a da reta de restrição orçamentária.
   b) O valor absoluto da declividade da reta de restrição orçamentária é 1/(1 + r), onde r é a taxa real de juros.
   c) Uma elevação da renda do consumidor, tudo o mais constante, provoca aumento do consumo apenas no primeiro período.
   d) Se o consumidor é um poupador no primeiro período, um aumento da taxa de juros, tudo o mais constante, diminui o seu consumo no segundo período.
   e) A existência de restrições de crédito ao consumidor invalida a tese keynesiana de que o consumo é função somente da renda corrente.

26. (ISS/SP — FCC — 2012) Na teoria macroeconômica, a proposição de que o aumento dos gastos do Governo ou a redução da tributação não estimulam o crescimento da renda na economia, porque os consumidores poupam mais antecipando um futuro aumento de impostos para cobrir o déficit atual, é denominada:

a) histerese do consumo.
b) paradoxo da parcimônia.
c) igualdade de Fischer.
d) equivalência ricardiana.
e) dicotomia marshalliana.

27. (BNDES — CESGRANRIO — 2013) Um governo, com seu orçamento inicialmente equilibrado, decide manter o gasto público mas cortar os impostos, emitindo títulos de sua dívida para cobrir o *deficit*. Seu objetivo é expandir a demanda agregada por bens e serviços. Na hipótese de que as pessoas considerem o subsequente aumento dos encargos da dívida como geradores de futuras obrigações fiscais, essa política do governo não teria o efeito expansivo esperado.
Tal hipótese é denominada
   a) equivalência ricardiana
   b) efeito *crowding-in*
   c) efeito riqueza negativo
   d) efeito caixa real
   e) armadilha da liquidez

28. (AFC — TN — ESAF — 2013) Um indivíduo pode decidir entre consumir no presente ou postergar seu consumo, com base na sua renda permanente. Considere que sua renda no presente seja y0 e sua renda futura seja representada por y1. Suponha também que este indivíduo tenha acesso a crédito à taxa de juros *r*.
   a) Com base na hipótese de renda permanente, uma elevação da taxa de juros reduz o consumo presente, mas aumenta a possibilidade de consumo no futuro.
   b) Um aumento da renda futura reduz o consumo presente e eleva o consumo futuro.
   c) Se o governo tributar este indivíduo com um imposto tipo *lump-sum* apenas no presente, reduz o consumo presente, mas deixa o consumo futuro inalterado.
   d) Um aumento na renda futura eleva o consumo tanto no presente quanto no futuro.
   e) De acordo com a hipótese de renda permanente, a propensão marginal a consumir a partir da renda transitória é maior que a propensão marginal a consumir a partir da renda permanente.

29. (AFC — TN — ESAF — 2013) No que concerne às hipóteses de Ciclo de Vida e de Renda Permanente (HCV-RP), todas as informações a seguir estão corretas, exceto:
   a) a hipótese HCV-RP assume que a propensão marginal a consumir da renda permanente é substancialmente superior à propensão marginal a consumir da renda transitória, o que leva os indivíduos a manterem os seus perfis de consumo relativamente suaves (*smooth*) durante a vida.
   b) segundo o modelo de Ciclo de Vida, um aumento da renda permanente das famílias levará a um aumento da taxa de poupança.
   c) de acordo com o modelo de Renda Permanente, uma valorização das ações em bolsa de valores pode elevar o nível de consumo.
   d) entende-se por restrição de liquidez a situação em que o consumidor estiver impedido de tomar empréstimos para financiar o consumo corrente com base na expectativa de uma renda futura maior.
   e) a hipótese do Ciclo de Vida sugere que a distribuição etária da população e a taxa de crescimento da economia são fatores determinantes da poupança agregada.

30. (SEGER/ES — CEBRASPE — 2013) Assinale a opção correta acerca da validade da equivalência ricardiana.

a) Um corte de impostos correntes do tipo *lump-sum*, mantidos constantes todos os outros elementos, produz aumento do consumo corrente, em face da elevação da renda disponível.
b) A substituição de impostos por dívida, para um dado montante de dispêndio público, não produz efeito sobre a demanda agregada e a taxa de juros.
c) A forma pela qual o governo financia os seus gastos é relevante para os resultados, no que se refere a produto, emprego e taxa de juros.
d) A equivalência ricardiana só é válida se o governo mantiver uma política de orçamento equilibrada em cada período de tempo.
e) Um aumento de impostos correntes, com a manutenção da constância de todos os outros elementos, produz um aumento da poupança privada corrente.

31. (Analista Metroferroviário — METRO-DF — Administrativa — Economista — IADES — 2014) Tendo em vista que algumas variáveis econômicas influenciam nas decisões de consumo e poupança, assinale a alternativa correta.
a) Quanto maior a renda do indivíduo, maior a propensão marginal a consumir.
b) Considerando uma propensão marginal a consumir constante, um aumento na renda eleva o consumo e a poupança.
c) Um aumento na taxa de juros eleva o consumo presente.
d) Um aumento de 100 unidades monetárias na renda de uma economia implica aumento do consumo no mesmo montante.
e) Consumo e poupança são influenciados positivamente pela taxa de juros.

32. (Supervisor de Pesquisas — IBGE — Geral — CESGRANRIO — 2014) De acordo com a teoria da renda permanente, desenvolvida por Milton Friedman, o consumo agregado atual depende do(a)
a) estoque de riqueza
b) taxa de juros
c) política governamental
d) renda atual e da disponibilidade de crédito
e) renda atual e da renda esperada futura

33. (Analista Judiciário — TJ-RO — Economista — FGV — 2015) Existem diversas teorias econômicas que explicam as decisões de consumo dos agentes. Segundo a teoria da renda permanente, é INCORRETO afirmar que:
a) famílias não levam apenas em conta a renda presente, mas também a renda futura na escolha de quanto consumir;
b) indivíduos tendem a manter um padrão de consumo estável ao longo de suas vidas, em função de sua renda permanente;
c) pessoas buscam um maior nível educacional, pois suas rendas presentes e futuras tendem a ser em média maiores;
d) choques negativos de renda têm efeitos nulos ou pequenos sobre a trajetória de consumo das famílias;
e) a "miopia" em relação ao futuro exige a imposição pelo governo do recolhimento de uma poupança compulsória para a previdência.

34. (Auditor do Estado — CAGE-RS — FUNDATEC — 2014) Uma das decisões mais importantes que as famílias tomam é a de dividir a renda entre consumo e poupança, pois essa decisão afeta o bem-estar econômico no tempo e também a taxa de crescimento da economia, entre outros efeitos. Sobre esse tema, assinale a afirmação correta à luz do modelo da renda permanente:

a) No caso de uma redução permanente da renda, o consumo cai aproximadamente no mesmo valor da redução permanente da renda, mas a poupança muda pouco.
b) O aumento permanente de um imposto reduz a renda permanente em proporção menor do que o aumento transitório do imposto.
c) A escolha dos níveis de consumo e poupança é influenciada somente pela renda corrente.
d) O modelo da renda permanente postula que as famílias preferem um padrão estável de poupança, que independe da renda corrente.
e) A redução temporária da renda corrente não altera significativamente o consumo, mas altera a poupança.

35. (Supervisor de Pesquisas — IBGE — Geral — CONSULPLAN — 2011 — adaptada) Julgue a alternativa.
Baseando no "q de Tobin", as empresas optariam por realizar investimentos se o custo de repor o capital instalado na economia for inferior ao valor de mercado do capital instalado.

36. (Analista em Finanças Públicas — SEFAZ-RJ — CEPERJ — 2011) Uma política fiscal expansionista, via corte dos impostos, pode ser ineficaz, caso as famílias economizem o valor da redução dos impostos para pagar o aumento futuro desses impostos. Essa ideia é conhecida como:
   a) lei de Say
   b) efeito Oliveira-Tanzi
   c) princípio da Demanda Efetiva
   d) equivalência ricardiana
   e) ótimo de Pareto

37. (Analista do Executivo (ES) — Ciências Econômicas — CEBRASPE — 2013) Assinale a opção correta acerca da validade da equivalência ricardiana.
   a) Um corte de impostos correntes do tipo *lump-sum*, mantidos constantes todos os outros elementos, produz aumento do consumo corrente, em face da elevação da renda disponível.
   b) A substituição de impostos por dívida, para um dado montante de dispêndio público, não produz efeito sobre a demanda agregada e a taxa de juros.
   c) A forma pela qual o governo financia os seus gastos é relevante para os resultados, no que se refere a produto, emprego e taxa de juros.
   d) A equivalência ricardiana só é válida se o governo mantiver uma política de orçamento equilibrada em cada período de tempo.
   e) Um aumento de impostos correntes, com a manutenção da constância de todos os outros elementos, produz um aumento da poupança privada corrente.

38. (Analista Judiciário — TJ-RO — Economista — FGV — 2015) A restrição orçamentária intertemporal do governo é uma expressão importante para se entender a dinâmica da política fiscal. Segundo tal restrição, uma ampliação dos impostos hoje:
   a) induz as famílias a reduzirem o consumo hoje como forma de pagar os impostos;
   b) deve ser seguido por uma redução dos impostos amanhã ou de aumento nos gastos do governo hoje ou amanhã;
   c) leva a uma redução dos impostos amanhã descontado a uma taxa de juros;
   d) conduz a um aumento do superávit fiscal no conceito nominal amanhã;
   e) reduz a herança que as famílias deixam para seus filhos.

39. (Economista — SUDAM — IADES — 2013) O teorema da equivalência Ricardiana implica que
a) a política da dívida pública deve ser tratada corretamente para que a economia possa prosperar.
b) os montantes de gastos dos governos são neutros.
c) um aumento nos gastos do governo não tem efeito algum sobre a economia, desde que haja uma mesma alteração nos impostos.
d) o calendário de tributos arrecadados pelo governo é neutro.
e) o governo deveria financiar seus gastos por meio da emissão de dívida pública, pois desta forma não provocará uma redução do consumo privado.

40. (Auditor Fiscal Tributário Municipal (São Paulo) — Gestão Tributária — CETRO — 2014) A equivalência ricardiana parte do princípio de que
a) os agentes econômicos não encontram motivos para alterar sua conduta de consumo presente em razão da redução dos impostos por parte do governo.
b) a baixa na carga tributária do presente refletirá em aumento de arrecadação futura, o que compensa a manutenção de dívida pública ao longo do tempo.
c) as famílias determinam seu padrão de consumo em função de sua renda disponível.
d) se o governo baixar a carga tributária, os agentes econômicos respondem positivamente ao consumo e, portanto, contribuem para o crescimento econômico do presente.
e) o déficit público é impulsionador do crescimento econômico e, neste aspecto, assemelha-se à política fiscal expansionista.

41. (Analista Legislativo (CAM DEP) — Área III — Consultor Legislativo — CEBRASPE — 2014) Julgue o próximo item, relativo aos gastos públicos, ao déficit público, à tributação e à poupança.
A lógica da equivalência ricardiana implica que todas as mudanças na política fiscal são irrelevantes.

42. (Economista Júnior — TRANSPETRO — CESGRANRIO — 2011) Em um modelo econômico que incorpore à propriedade de equivalência ricardiana um aumento dos gastos do governo, financiado com a emissão de títulos públicos,
a) não alteraria o balanço de pagamentos.
b) não alteraria a taxa de juros da economia.
c) aumentaria a taxa de juros da economia.
d) diminuiria o *deficit* orçamentário do setor público.
e) levaria a uma expansão monetária.

43. (Oficial de Inteligência/CEBRASPE/2018) Julgue o item seguinte, acerca de inflação, emprego e renda.
A renda das famílias varia ao longo de seu ciclo de vida, motivo pelo qual se deve escolher a distribuição da renda anualmente recebida como medida para quantificar desigualdades nos padrões de vida, em vez de escolher o conceito de renda permanente, que corresponde à renda média.
( ) Certo
( ) Errado

44. (Oficial de Inteligência/CEBRASPE/2018) Julgue o item seguinte, acerca de inflação, emprego e renda.
Em uma análise sobre como o consumo pode ser afetado pelo nível de preços, percebe-se que o efeito riqueza é o responsável por um resultado inusitado: a curva de demanda é positivamente inclinada.

( ) Certo
( ) Errado

45. (Economista /PETROBRAS/CESGRANRIO/2018) Segundo as teorias consagradas sobre a função-consumo, a
a) propensão marginal a consumir da renda transitória é maior do que a propensão marginal a consumir da renda permanente.
b) propensão média a consumir dos extratos mais ricos da população de um país é menor do que a propensão média a consumir dos extratos mais pobres.
c) propensão média a consumir nas fases de recessão é menor do que a observada nas fases de expansão cíclicas.
d) teoria do ciclo de vida, de Modigliani, assegura que, se a população de um país for dividida nas faixas etárias jovem, adulta e idosa, a propensão marginal a poupar da faixa idosa será maior do que a da faixa adulta.
e) teoria proposta por Friedman pressupõe que o consumo das famílias depende fundamentalmente de sua renda disponível corrente.

46. (Oficial de Inteligência/CEBRASPE/2018) O Banco Central do Brasil (BC) é o responsável pelo controle da inflação no país. Ele atua para regular a quantidade de moeda na economia que permita a estabilidade de preços. Suas atividades também incluem a preocupação com a estabilidade financeira. Para isso, o BC regula e supervisiona as instituições financeiras.

Banco Central do Brasil. Internet: <www.bcb.gov.br>.

Tendo como referência esse fragmento de texto, julgue o item a seguir, relativo ao BC.
Sabe-se que, ao buscar financiamento de seus gastos por meio de empréstimo, o governo apenas adia o aumento de impostos para um momento futuro; a tese da equivalência ricardiana defende que consumidores e contribuintes se antecipariam ao aumento futuro de impostos aumentando seu nível de poupança, por intermédio, por exemplo, da aquisição de títulos da dívida pública.
( ) Certo
( ) Errado

47. (FGV — Técnico Superior Especializado (DPE RJ)/Economia/2019) Segundo a Teoria "q" de Tobin, quando o mercado de ações sobrevaloriza uma empresa em termos do seu valor de reposição de capital instalado, é INCORRETO afirmar que:
a) o valor de "q" é maior do que a unidade;
b) a melhor decisão é investir na empresa;
c) o mercado acionário é um bom termômetro da tendência de investimentos na economia;
d) o valor de mercado do capital instalado não supera o custo de reposição do capital;
e) a variável "q" é obtida pela razão do mercado acionário e o valor de reposição do capital instalado.

48. (CS UFG — Economista (UFG)/2019) Segundo a análise de James Tobin, as decisões de investimento das empresas consideram a relação entre o valor de mercado do capital instalado, avaliado por meio do mercado de ações, pelo custo de reposição do capital instalado. Essa relação é co-nhecida como q de Tobin. Se a razão q for maior que um, conclui-se que o valor da empresa, avaliado pelo mercado, é:

a) igual ao custo do capital instalado. Por conseguinte, vale a pena investir, pois a empresa está valorizando no mercado mais que o custo de aumentar o estoque de capital
b) igual ao custo do capital instalado. Por conseguinte, não vale a pena investir, pois a empresa não está se valorizando no mercado mais que o custo de aumentar o estoque de capital.
c) diferente do custo do capital instalado. Por conseguinte, não vale a pena investir, pois a empresa não está se valorizando no mercado mais que o custo de aumentar o estoque de capital.
d) diferente do custo de capital instalado. Por conseguinte, vale a pena investir, pois a empresa está valorizando no mercado mais que o custo de aumentar o estoque de capital.

49. (ANPEC — Exame de Seleção Nacional (ANPEC)/2020/"2021") Com base nas teorias do consumo e do investimento, assinale como verdadeira ou falsa a assertiva abaixo:
A Teoria da Renda Permanente ressalta que o horizonte de planejamento dos consumidores é sua vida inteira e a Teoria do Ciclo da Vida enfatiza que os consumidores olham além da renda corrente.
( ) Certo
( ) Errado

50. (ANPEC — Exame de Seleção Nacional (ANPEC)/2020/"2021") Com base nas teorias do consumo e do investimento, assinale como verdadeira ou falsa a assertiva abaixo:
De acordo com a Teoria da Renda Permanente e a Teoria do Ciclo da Vida, as decisões de consumo dependem não apenas da renda corrente do indivíduo, mas também de sua renda futura esperada e de sua riqueza financeira.
( ) Certo
( ) Errado

51. (ANPEC — Exame de Seleção Nacional (ANPEC)/2020/"2021") Com base nas teorias do consumo e do investimento, assinale como verdadeira ou falsa a assertiva abaixo:
Segundo a Teoria da Renda Permanente, o consumo não responde às variações da renda se elas forem transitórias.
( ) Certo
( ) Errado

52. (IBFC — Economista (Pref Cruzeiro do Sul)/2019) O Brasil é reconhecidamente um país de grande mercado interno devido à grande participação do consumo e investimento internos em um Produto Interno Bruto (PIB) que se classifica entre os 10 maiores do mundo. A Teoria do Consumo, segundo o Ciclo de Vida (TCCV), denominado por Franco Modigliani, do MIT, pode nos auxiliar a entender o comportamento deste consumo. Considere a TCCV, analise as afirmativas abaixo e dê valores Verdadeiro (V) ou Falso (F).
( ) O consumo é uma função decrescente da riqueza total, ao mesmo tempo que é uma função crescente da renda atual do trabalho líquida de impostos.
( ) Segundo a TCCV, um aumento temporário na renda leva a um aumento de mesma intensidade no consumo.
( ) O consumo tende a responder a movimentos da renda em uma proporção inferior de um para um e pode alterar-se mesmo que não haja mudança na renda atual.
( ) Segundo a equivalência Barro-Ricardo, uma redução de impostos no presente, financiada por emissão de títulos, não aumenta o consumo presente, mas sim o consumo futuro quando o governo resgatar os títulos e efetuar o pagamento dos juros.

Assinale a alternativa que apresenta a sequência correta de cima para baixo.
  a) F, V, V, F
  b) F, V, F, V
  c) F, F, V, V
  d) V, F, V, V

53. (CEBRASPE (CESPE) — Analista em Desenvolvimento Regional (CODEVASF)/Economia/2021) Com relação às políticas fiscal e monetária e às demais políticas econômicas, julgue o item seguinte.
De acordo com a equivalência ricardiana, o governo deve financiar seus gastos aumentando impostos sobre o valor agregado.
  ( ) Certo
  ( ) Errado

54. (CS UFG — Economista (UFG)/2019) A equivalência ricardiana diz que se o governo financiar a sua trajetória de gastos por meio de déficits, a poupança privada aumentará proporcionalmente com a diminuição da poupança pública, implicando numa taxa de juros
  a) crescente.
  b) decrescente.
  c) inalterada.
  d) alterada

55. (FGV — Técnico Superior Especializado (DPE RJ)/Economia/2019) Segundo a Teoria "q" de Tobin, quando o mercado de ações sobrevaloriza uma empresa em termos do seu valor de reposição de capital instalado, é INCORRETO afirmar que:
  a) o valor de "q" é maior do que a unidade;
  b) a melhor decisão é investir na empresa;
  c) o mercado acionário é um bom termômetro da tendência de investimentos na economia;
  d) o valor de mercado do capital instalado não supera o custo de reposição do capital;
  e) a variável "q" é obtida pela razão do mercado acionário e o valor de reposição do capital instalado.

56. (CS UFG — Economista (UFG)/2019) Segundo a análise de James Tobin, as decisões de investimento das empresas consideram a relação entre o valor de mercado do capital instalado, avaliado por meio do mercado de ações, pelo custo de reposição do capital instalado. Essa relação é conhecida como q de Tobin. Se a razão q for maior que um, conclui-se que o valor da empresa, avaliado pelo mercado, é:
  a) igual ao custo do capital instalado. Por conseguinte, vale a pena investir, pois a empresa está valorizando no mercado mais que o custo de aumentar o estoque de capital
  b) igual ao custo do capital instalado. Por conseguinte, não vale a pena investir, pois a empresa não está se valorizando no mercado mais que o custo de aumentar o estoque de capital.
  c) diferente do custo do capital instalado. Por conseguinte, não vale a pena investir, pois a empresa não está se valorizando no mercado mais que o custo de aumentar o estoque de capital.
  d) diferente do custo de capital instalado. Por conseguinte, vale a pena investir, pois a empresa está valorizando no mercado mais que o custo de aumentar o estoque de capital.

57. (ANPEC — Exame de Seleção Nacional (ANPEC)/2020/"2021") Com base nas teorias do consumo e do investimento, assinale como verdadeira ou falsa a assertiva abaixo:

A Teoria da Renda Permanente ressalta que o horizonte de planejamento dos consumidores é sua vida inteira e a Teoria do Ciclo da Vida enfatiza que os consumidores olham além da renda corrente.
( ) Certo
( ) Errado

58. (ANPEC — Exame de Seleção Nacional (ANPEC)/2020/"2021") Com base nas teorias do consumo e do investimento, assinale como verdadeira ou falsa a assertiva abaixo:

De acordo com a Teoria da Renda Permanente e a Teoria do Ciclo da Vida, as decisões de consumo dependem não apenas da renda corrente do indivíduo, mas também de sua renda futura esperada e de sua riqueza financeira.
( ) Certo
( ) Errado

59. (ANPEC — Exame de Seleção Nacional (ANPEC)/2020/"2021") Com base nas teorias do consumo e do investimento, assinale como verdadeira ou falsa a assertiva abaixo:

Segundo a Teoria da Renda Permanente, o consumo não responde às variações da renda se elas forem transitórias.
( ) Certo
( ) Errado

60. (IBFC — Economista (Pref Cruzeiro do Sul)/2019) O Brasil é reconhecidamente um país de grande mercado interno devido à grande participação do consumo e investimento internos em um Produto Interno Bruto (PIB) que se classifica entre os 10 maiores do mundo. A Teoria do Consumo, segundo o Ciclo de Vida (TCCV), denominado por Franco Modigliani, do MIT, pode nos auxiliar a entender o comportamento deste consumo. Considere a TCCV, analise as afirmativas abaixo e dê valores Verdadeiro (V) ou Falso (F).
( ) O consumo é uma função decrescente da riqueza total, ao mesmo tempo que é uma função crescente da renda atual do trabalho líquida de impostos.
( ) Segundo a TCCV, um aumento temporário na renda leva a um aumento de mesma intensidade no consumo.
( ) O consumo tende a responder a movimentos da renda em uma proporção inferior de um para um e pode alterar-se mesmo que não haja mudança na renda atual.
( ) Segundo a equivalência Barro-Ricardo, uma redução de impostos no presente, financiada por emissão de títulos, não aumenta o consumo presente, mas sim o consumo futuro quando o governo resgatar os títulos e efetuar o pagamento dos juros.

Assinale a alternativa que apresenta a sequência correta de cima para baixo.
a) F, V, V, F
b) F, V, F, V
c) F, F, V, V
d) V, F, V, V

61. (CEBRASPE (CESPE) — Analista em Desenvolvimento Regional (CODEVASF)/Economia/2021) Com relação às políticas fiscal e monetária e às demais políticas econômicas, julgue o item seguinte.

De acordo com a equivalência ricardiana, o governo deve financiar seus gastos aumentando impostos sobre o valor agregado.
( ) Certo
( ) Errado

62. (CS UFG — Economista (UFG)/2019) A equivalência ricardiana diz que se o governo financiar a sua trajetória de gastos por meio de déficits, a poupança privada aumentará proporcionalmente com a diminuição da poupança pública, implicando numa taxa de juros
   a) crescente.
   b) decrescente.
   c) inalterada.
   d) alterada

■ **GABARITO** ■

1. "b". No modelo IS-LM, um corte nos impostos desloca a função IS para cima ou para a direita, aumentando o nível de produto da economia.

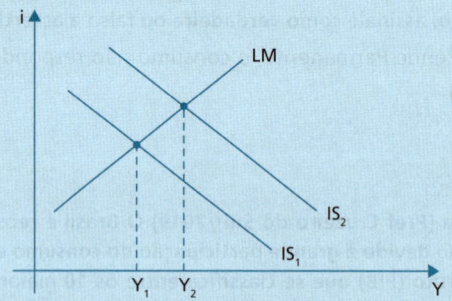

[Gráfico IS-LM com eixos i e Y, curva LM, IS_1 e IS_2, pontos Y_1 e Y_2]

No modelo de escolha intertemporal, um corte nos impostos no presente será visto como um aumento no futuro, o que não afetará as decisões de consumo no presente, já que se acredita que o tributo que se está deixando de pagar no presente terá que ser pago no futuro; a não ser que haja uma mudança na estrutura dos gastos do governo de modo a reduzi-lo também, já que, se houver uma redução simultânea dos gastos e dos tributos do governo, os agentes racionais entenderão que estão pagando menos no presente e não precisarão compensar no futuro, pois os gastos também se reduziram. Portanto, o aumento do produto dependerá das expectativas dos agentes quanto ao comportamento dos gastos do governo.

2. "e". Supondo ser o agente econômico um poupador, uma elevação da taxa de juros levará a dois efeitos:
— efeito renda, em que as pessoas, sentindo-se em melhor situação, aumentarão o consumo no presente (C_1) e no futuro (C_2);
— efeito substituição, em que as pessoas substituirão o consumo presente pelo consumo futuro em busca de ganhos maiores no futuro e, com isso, o consumo presente diminui (C_1) e o consumo futuro aumenta (C_2).

3. "e". O "q" de Tobin afirma que: $q = \dfrac{\text{valor do capital instalado}}{\text{custo de reposição do capital}}$.

Se $q > 1$ haverá investimento produtivo, se $q < 1$ não haverá investimento produtivo ou não haverá aumento do estoque de capital. A alternativa "a" é, portanto, falsa.

O incentivo a investir depende da comparação entre a Produtividade marginal do capital (PmgK) ou taxa de retorno do investimento com a taxa de juros (r) + taxa de depreciação (d), ou seja, PmgK ↔ r + d. A alternativa "b" é falsa.
Se PmgK > r + d → haverá investimento, se PmgK < r + d → não haverá investimento.
Custo do capital é (r + d), ou seja, a taxa de juros mais a taxa de depreciação. Se a Produtividade marginal do capital (PmgK) for maior que (r + d), haverá investimento. A alternativa "c" é falsa.
As empresas terão incentivo em investir se o custo de reposição do capital instalado for menor que o valor de mercado do capital instalado. A alternativa "d" é falsa.
Se o Produto marginal do capital for maior que o custo do capital (taxa de depreciação + taxa de juros) haverá investimento.
Se PmgK > (d + r) → há investimento. A alternativa "e" é verdadeira.

4. "b". Os agentes econômicos tendem a querer garantir um padrão de vida uniforme ao longo de suas vidas e, por isso, um ganho de renda inesperado não tende a ser gasto integralmente no consumo do período, e sim ao longo da vida. A alternativa "a" é falsa.
Os agentes econômicos racionais sabem que, se os impostos se reduzirem no presente sem que haja alteração na estrutura dos gastos, terão que, no futuro, compensar, pagando tributos. Portanto, deverão deixar inalterados seus consumos no presente e no futuro. A alternativa "b" é verdadeira.
O nível de consumo no período presente dependerá da renda permanente. A alternativa "c" é falsa.
Os consumidores são agentes racionais e não se deixam levar por ilusão monetária. A alternativa "d" é falsa.
O consumo no presente e no futuro numa economia intertemporal de dois períodos deve ser igual à renda no presente e no futuro. A alternativa "e" é falsa.

5. F, F, F, F.
a) **(F)** Segundo a teoria Keynesiana, a taxa de juros é "dada" pelo modelo e, portanto, não varia. A Propensão marginal a Consumir, ou seja, a relação entre a variação do consumo e a variação da renda não será afetada pela taxa de juros, já que ela é constante numa curva de consumo linear. Já a função consumo será afetada pelo nível de renda corrente disponível.
b) **(F)** A restrição orçamentária das famílias afirma que, ao longo de suas vidas, os consumidores terão seus consumos iguais a suas rendas, ou seja: $C_1 + \dfrac{C_2}{1+r} = Y_1 + \dfrac{Y_2}{1+r}$.

Mas isso não impede que C_1 seja maior que Y_1, desde que $\dfrac{C_2}{1+r}$ seja menor que $\dfrac{Y_2}{1+r}$.

c) **(F)** Se houver aumento dos impostos no presente, mantendo-se constante a estrutura de gastos do governo, o consumidor tenderá a reduzir sua poupança no presente para pagar esses tributos a mais. Ele sabe que, no futuro, pagará menos tributos e poderá recompor sua poupança. Assim, o consumo no presente e no futuro fica inalterado e a poupança no presente se reduz.
d) **(F)** A teoria do ciclo da vida afirma que pessoas mais velhas tendem a poupar menos. Portanto, se a renda for transferida para essa faixa etária, o nível de poupança deverá se reduzir.

6. "e". O governo apresenta a seguinte restrição orçamentária: $G_1 + \dfrac{G_2}{1+r} = T_1 + \dfrac{T_2}{1+r}$.

Quando o governo emite moeda, por exemplo, endivida-se e tem que pagar depois. Portanto, um gasto a mais no presente sem que haja aumento na tributação presente representará uma tributação maior no futuro. A alternativa "a" é falsa.
Um corte nos impostos no presente não aumentará o consumo no presente, porque o agente é racional e sabe que, se a estrutura de gasto está constante, no futuro terá que pagar mais tributos. Portanto, tanto no presente como no futuro, o consumo permanece inalterado. A alternativa "b" é falsa.
Se os agentes não agem racionalmente, e nem se preocupam em deixar o ônus da dívida para gerações futuras, motivará um consumo maior no presente. A alternativa "c" é falsa.

Caso o governo reduza tributos no presente sem alterar a estrutura de seus gastos, terá que aumentar tributos no futuro para compensar. O agente econômico, então, não alterará seu consumo no presente nem no futuro, pois é racional e tem conhecimento disso. A alternativa "d" é falsa.
Existindo restrição ao crédito, os consumidores utilizarão o que deixaram de pagar de tributos (em decorrência de sua redução) para bancar seus gastos. Portanto, seu consumo corrente poderá aumentar. A alternativa "e" é verdadeira.

7. "d". Uma elevação na taxa de juros tende a aumentar o consumo no futuro. O consumo no presente não pode ser definido, porque dependerá da intensidade do efeito renda e do efeito substituição, ou seja, das preferências do consumidor. A alternativa "a" é falsa.
Uma elevação da taxa de juros tende a alterar a restrição orçamentária na medida em que aumenta o consumo no futuro. O consumo no presente dependerá da intensidade do efeito renda e do efeito substituição, ou seja, das preferências do consumidor. A alternativa "b" é falsa.
O consumidor tende a consumir no presente um valor superior a sua renda no presente. Se houver restrição ao crédito, isso não se torna possível. A alternativa "c" é falsa.
Como o consumidor tende a querer manter um mesmo padrão de consumo ao longo da sua vida e se ele souber que receberá uma herança no futuro, não precisará poupar tanto no presente, o que levará a um maior consumo no presente. A alternativa "d" é verdadeira.
Se o consumidor vai viver mais anos e deseja manter o mesmo nível de renda que teria vivendo menos, terá que consumir menos no presente. A alternativa "e" é falsa.

8. "d". No equilíbrio E, $C_1 > Y_1$ e $C_2 < Y_2$. A alternativa "a" é falsa.
O consumo no primeiro período é maior do que a renda no primeiro período. A alternativa "b" é falsa.
Como $C_1 > Y_1$, deve-se supor que o consumidor dispõe de crédito. A alternativa "c" é falsa.
Como $C_1 > Y_1$, o consumidor é devedor no primeiro período. A alternativa "d" é verdadeira.
Caso as taxas de juros se alterem, o C_2 se alterará e o C_1 poderá se alterar. A alternativa "e" é falsa.

9. V, V, V, F, F.
a) **(V)** O consumo intertemporal é função da renda corrente, da renda esperada, da taxa de juros e da riqueza total.
b) **(V)** Como a renda varia ao longo da vida, é possível ao consumidor poupar mais em períodos em que a renda é maior do que em períodos em que ela é menor, tornando a poupança um ato previsível, o que não significa ser constante ou estável.
c) **(V)** Os idosos tendem a gastar o que pouparam ao longo de vida, além de pouparem menos nessa fase da vida, o que leva à redução da taxa de poupança.
d) **(F)** Como não se pode ter certeza da renda futura, as expectativas vão assumir um papel fundamental, o que faz com que aumentos na renda permanente não gerem idênticos aumentos no consumo.
e) **(F)** Se uma redução dos impostos no presente não for acompanhada por um aumento dos impostos no futuro, o consumo presente deve aumentar. Mas, como uma redução de impostos no presente deve ser compensada no futuro e sendo o agente racional, o consumo no presente deve ficar inalterado e a poupança no presente deve aumentar para pagar uma tributação no futuro, ficando inalterado o consumo futuro.

10. "e". Se não houver restrição ao crédito, C_1 pode ser maior que Q_1. A alternativa "a" é verdadeira.
Se o consumo no primeiro período for maior que a renda no primeiro período, o consumo no segundo período será menor que a renda no segundo período. A alternativa "b" é verdadeira.
Um déficit comercial, assim como um déficit em conta corrente, no 1º período deve ser compensado por um superávit no período seguinte. As alternativas "c" e "d" são verdadeiras.
Nada impede que C_1 seja igual a C_2. Por exemplo:

$\left.\begin{array}{l} C_1 = 100 \\ \dfrac{C_2}{1+r} = 100 \\ Q_1 = 80 \\ \dfrac{Q_2}{1+r} = 120 \end{array}\right\} C_1 + \dfrac{C_2}{1+r} = Q_1 + \dfrac{Q_2}{1+r}$

A alternativa "e" é falsa.

11. "b".

	Consumidor I	Consumidor II	Consumidor III
Período 1	$C_1 < Y_1$	$C_1 = Y_1$	$C_1 > Y_1$
Período 2	$C_2 > Y_2$	$C_2 = Y_2$	$C_2 < Y_2$

A restrição de crédito afetará o consumidor III, que consome no período 1 mais do que sua renda. As alternativas "a" e "c" são falsas e a "b" é verdadeira.
A restrição de crédito não restringe o consumo no período 2 de nenhum dos consumidores, já que aquele que apresentou $C_2 > Y_2$ foi poupador no período 1. A alternativa "d" é falsa.
Os consumidores I e II não são afetados pelas restrições de crédito. A alternativa "e" é falsa.

12. "d". Se a taxa de juros aumentar, ocorrem dois efeitos:

→ Efeito renda: $C_1 \uparrow \quad C_2 \uparrow$
→ Efeito substituição: $C_1 \downarrow \quad C_2 \uparrow$

Efeito total: $C_1 ? \quad C_2 \uparrow$

Como não se sabe a intensidade com que o efeito renda e o efeito substituição ocorrem para o primeiro período, nada se pode afirmar do consumo no presente. Dependerá das preferências do consumidor. A alternativa "a" é verdadeira.
Se há uma redução permanente de impostos, é natural que o consumo aumente. Mas, como o agente é racional e os impostos foram anunciados um ano antes, os agentes econômicos já haviam assimilado a mudança de impostos e, portanto, o consumo não se altera. A alternativa "b" é verdadeira.
Uma função consumo de curto prazo se apresenta da seguinte maneira: $C = C_a + cY$, onde: C = consumo; C_a = consumo autônomo; c = Propensão marginal a Consumir; e Y = renda.
Uma função consumo de longo prazo se apresenta da seguinte maneira: $C = cY$.
Consideremos os seguintes exemplos:

	Curto Prazo C = 10 + 0,8y			Longo Prazo C = 0,8y		
Y	100	200	400	100	200	400
C	90	170	330	80	160	320
PmeC $\left(\dfrac{C}{Y}\right)$	0,9	0,85	0,825	0,8	0,8	0,8

Observe que a Propensão média a Consumir (PmeC), no curto prazo, diminui conforme a renda aumenta. No longo prazo, a PmeC é constante. E a PmeC no curto prazo é maior que a PmeC no longo prazo. A alternativa "c" é verdadeira.
Se há um aumento temporário do imposto de renda, o consumo permanece constante e a poupança se reduz. Havendo um aumento permanente do imposto de renda, o consumo deverá se reduzir para se ajustar à nova renda permanente. A alternativa "d" é falsa.

13. "a".

$$\frac{q_1}{q_2} = \frac{\text{valor do capital instalado}}{\text{custo de reposição do capital instalado}}$$

Se:

$\frac{q_1}{q_2} > 1 \rightarrow$ há investimento e se $\frac{q_1}{q_2} < 1 \rightarrow$ não há investimento

14. "a".
a = valor de mercado do capital instalado avaliado pelo mercado acionário
b = custo de reposição do capital instalado

$$q = \frac{a}{b}$$

Se q > 1 ou a > b → haverá investimento, se q < 1 ou a < b → não haverá investimento.
O investimento a que se refere a questão é o investimento produtivo.

15. "a".
I. **(E)** Segundo a teoria de Modigliani, jovens têm tendência à despoupança, já que nessa fase da vida a renda é muito pequena. Adultos têm tendência à poupança para pagar o que despouparam quando jovens e para garantirem o mesmo padrão de vida e consumo quando envelhecerem, já que nessa fase o nível de renda tende a cair. Dependendo das expectativas que os jovens tenham ao longo de suas vidas, podem alterar a sua propensão a poupar.
II. **(C)** Como o nível de consumo se baseia, entre outras coisas, nas expectativas quanto à política fiscal a ser implantada, o seu nível de consumo ao longo do tempo é imprevisível. Também, pelo fato de enfrentar flutuações na renda, o consumidor muda seu consumo com base nas expectativas correntes sobre sua renda vitalícia e, como recebe novas informações, tende a rever essas expectativas.
III. **(C)** O "q" de Tobin se define por: $q = \frac{\text{valor de mercado instalado } (q_1)}{\text{custo de reposição do capital instalado } (q_2)}$

Se $q_1 > q_2$ ou q > 1 → haverá investimento.

16. "b". O consumo ao longo da vida dependerá da renda permanente, ou seja, da renda nos períodos 1 e 2. A alternativa "a" é verdadeira.
Se a taxa de juros alterar, ocorrem dois efeitos: efeito renda: $C_1 \uparrow C_2 \uparrow$; e efeito substituição: $C_1 \downarrow C_2 \uparrow$.
Como não se sabe a intensidade com que ocorrem o efeito renda e o efeito substituição, não se pode afirmar o que ocorre com o C_1. A alternativa "b" é falsa.
Se houver restrição de crédito, no primeiro período C_1 não poderá ser maior que $(Y_1 - T_1)$, logo piorará o bem-estar do consumidor. A alternativa "c" é verdadeira.

$$C_1 + \frac{C_2}{(1 + r)} = (Y_1 - T_1) + \frac{(Y_2 + T_2)}{(1 + r)}$$

A equação apresentada mostra a restrição orçamentária intertemporal de um consumidor para dois períodos. A alternativa "d" é verdadeira.
Havendo crédito, C_1 poderá ser maior que $(Y_1 - T_1)$, de maneira que nesse período ocorrerá uma despoupança. A alternativa "e" é verdadeira.

17. "e". Havendo elevação na taxa de juros, podem ocorrer dois efeitos:
— efeito renda: com taxas de juros mais altas, há aumento na renda permanente se o agente for um poupador. E, aumentando a renda permanente, há aumento no consumo nos dois períodos (C_1 e C_2);
— efeito substituição: com taxas de juros mais altas, o consumo presente torna-se mais caro, fazendo com que o consumo no presente se reduza e o consumo no futuro aumente. O efeito total será um aumento de C_2. Quanto a C_1, nada se pode afirmar, porque dependerá da intensidade com que o efeito renda e o efeito substituição ocorram. Portanto, C_1 dependerá da preferência do consumidor em intensificar o efeito renda ou o efeito substituição.

18. "c". Havendo acesso ao crédito, C_1 pode ser maior que Q_1. A alternativa "a" é verdadeira.
Se o consumidor despoupar no primeiro período, deverá poupar no segundo período. A alternativa "b" é verdadeira.
Nada impede que C_1 seja igual a C_2. Assim, vejamos um exemplo:
$C_1 = 200$

$\dfrac{C_2}{1+r} = 200$

$Q_1 = 150$

$\dfrac{Q_2}{1+r} = 250$

Portanto, a restrição orçamentária ficará preservada e C_1 poderá ser igual a C_2. A alternativa "c" é falsa.
Qualquer despoupança (seja interna ou externa) deverá ser compensada por uma poupança no período seguinte. As alternativas "d" e "e" são verdadeiras.

19. "d".
I. **(V)** Pelo efeito substituição, o consumo no presente torna-se mais caro, o que levará o consumidor a reduzi-lo e aumentar a poupança.
II. **(F)** Quando o imposto é do tipo *lump-sum*, não gera ineficiência na economia e, portanto, não altera preços e quantidades a serem produzidas. Como o imposto é temporário, não afeta a renda permanente nem o consumo.
III. **(F)** Como o imposto cobrado não afeta a renda permanente, não afetará o consumo presente nem futuro.
IV. **(V)** Como um aumento de renda afeta a renda permanente, o consumo no presente e no futuro aumentarão.

20. "c". Há três tipos de superávit:
— superávit nominal = receitas – gastos;
— superávit operacional = (receita – gastos) – correção monetária e cambial da dívida;
— superávit primário = (receita – gastos) – juros nominais.
Entende-se por juros nominais os juros reais mais a correção monetária. Portanto, as alternativas "a" e "b" são verdadeiras.
Uma redução de impostos no presente implica um aumento no futuro, já que foi financiada pela emissão de títulos públicos que deverão ser, no futuro, resgatados e pagos. A poupança total, portanto, aumenta, já que no presente tende a aumentar para saldar o imposto a mais que será cobrado no futuro. A alternativa "c" é falsa.
Quando a economia não cresce, não aumenta a renda gerada. Como os programas governamentais têm demanda crescente, para financiá-los o país poderá ter que se endividar. A alternativa "d" é verdadeira.
A taxa de câmbio real mede o poder de compra da moeda com base no comportamento dos preços dos países.
Assim: $E = e \times \dfrac{P*}{P}$, onde: E = taxa de câmbio real; e = taxa de câmbio nominal; P* = preços externos; e P = preços internos. A alternativa "e" é verdadeira.

21. V, V, V, V.
a) **(V)** Com a valorização das ações na bolsa, os consumidores aumentarão sua riqueza, o que leva a um consumo maior.
b) **(V)** Segundo o modelo de Modigliani, o consumo dependerá da renda que o consumidor terá ao longo da sua vida, e ele planeja que essa renda siga um padrão uniforme. Segundo Friedman, o consumo dependerá da renda permanente. Portanto, quanto maior a renda de longo prazo, maior o consumo.
c) **(V)** Segundo a teoria do ciclo de vida, a renda do jovem é muito pequena e haverá tendência à despoupança, ou seja, a relação consumo e poupança será muito grande. Quando ficar adulto, sua renda aumentará, e ele poupará para pagar o que gastou quando jovem e para gastar quando ficar velho, já que nessa fase as rendas tendem a cair novamente. Por isso, na fase adulta, a relação consumo e poupança tende a cair. Portanto, até a fase da aposentadoria (ou seja, quando ficar velho), a razão consumo e poupança tende a decrescer.

d) **(V)** Quando a renda disponível diminui em virtude da elevação dos impostos, os consumidores usarão sua poupança ou procurarão se socorrer a empréstimos para bancar suas despesas com consumo. Se houver aumento temporário dos impostos e não houver crédito, os consumidores não poderão contar com crédito para bancar suas despesas correntes, tendo que reduzir seu consumo.

22. "e".

PERÍODO 1	PERÍODO 2	PERÍODO 3
–300	–360 [= –300 (1 + 20%)]	–432 [= 300 (1 + 20%) (1 + 20%)]
	+ 232	278, 4
		TOTAL = (–)153,6 (= –432 + 278,4)

Logo, para que o déficit de 153,6 seja coberto, é necessário um superávit no período 3 no valor de 153,6.

23. V, F, F, V.
a) **(V)** Quando há aumento da expectativa de vida da população, significa que haverá mais idosos. Como nessa fase da vida o consumo é financiado em parte por poupança do período anterior, a propensão a poupar terá que aumentar na fase adulta para bancar um consumo por um período maior na velhice.
b) **(F)** A teoria do ciclo de vida diz que na fase "jovem", em que a renda é muito pequena, há tendência à despoupança. Mas, para isso, é necessário que não haja restrição nem imperfeições ao acesso ao crédito.
c) **(F)** Define-se o "q" de Tobin por: $q = \dfrac{\text{valor de capital instalado}}{\text{custo de reposição do capital}}$.
Se q > 1, ou seja: valor do capital instalado > custo de reposição do capital → haverá a mais investimento na economia.
d) **(V)** Como é racional, o agente econômico sabe que, se o governo reduz imposto no presente sem alterar a estrutura de gastos, os impostos subirão no futuro. Por isso, o consumidor não alterará seu consumo.

24. V, F, V, V, F.
0) **(V)** A Propensão marginal a Consumir é constante. Observe a fórmula: $C = Ca + cYd$, onde c é a Propensão marginal a Consumir e, independente do nível de renda, será constante. Já a Propensão média a Consumir (PmeC) cai à medida que a renda aumenta. Observe o exemplo: $C = 10 + 0{,}75\,Yd$. Se $Yd = 100$, $C = 85$ e PmeC = 0,85; Se $Yd = 200$, $C = 160$ e PmeC = 0,80.
1) **(F)** Se o consumidor é poupador, um aumento da taxa de juros elevará o consumo no período 2, mas nada se pode afirmar com relação ao consumo 1, já que isso dependerá das preferências do consumidor. Portanto, não necessariamente um aumento da taxa de juros levará ao aumento do nível de poupança.

2) **(V)** Se a hipótese da renda permanente é válida e os consumidores têm expectativas racionais, a variação do consumo no período t depende da renda futura. De acordo com as informações que possui dessa renda futura, o consumidor adotará um nível de consumo no presente e no futuro.
3) **(V)** Sabendo-se que "q" é definido pela relação entre o valor do capital instalado e o custo de reposição do capital, se a empresa A adquirir uma unidade adicional de capital por $1, seu valor de mercado subirá $q acima do valor de mercado da empresa B, já que "q" da empresa A se elevará.
4) **(F)** Uma redução temporária da tributação reduziria o custo de reposição do capital. Como q = o valor do capital instalado/custo de reposição do capital, então "q" se eleva, indicando que o investimento deverá aumentar.

25. "b". O consumidor atinge o ponto ótimo nesse modelo quando a inclinação de sua curva de indiferença intertemporal é igual à da reta de restrição orçamentária. A alternativa "a" é falsa. Considerando um modelo de economia intertemporal de dois tempos, presente e futuro, pode-se construir um gráfico, em cuja ordenada é representado o consumo presente (C_1) e em cuja abscissa é representado o consumo futuro (C_2). Observe:

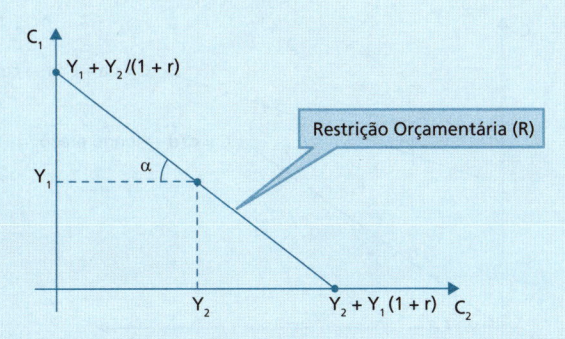

$$Tg\alpha = \frac{Y_1 + Y_2/(1+r) - Y_1}{Y_2}$$

$Tg\alpha = 1/(1 + r)$

A alternativa "b" é verdadeira.

Uma elevação da renda do consumidor, tudo o mais constante, provoca aumento do consumo no primeiro e no segundo períodos. A alternativa "c" é verdadeira. Se o consumidor é um poupador no primeiro período, um aumento da taxa de juros, tudo o mais constante, aumenta o seu consumo no segundo período. A alternativa "d" é verdadeira. A existência de restrições de crédito ao consumidor invalida a teoria da renda permanente, segundo a qual o consumidor, no primeiro período, poderá consumir mais do que sua renda corrente do primeiro período. A alternativa "e" é falsa.

26. "d". Quando o governo reduz tributos no presente sem alterar sua estrutura de gastos e sendo o agente econômico racional, ele sabe que no futuro deverá pagar mais tributos. Por conta disso, não altera seu consumo nem no presente nem no futuro, mantendo inalterada sua demanda e, por conseguinte, não alterando o produto e a renda da economia. O que deverá aumentar é a poupança no presente para pagar os tributos mais altos no futuro. Da mesma forma, pode-se pensar no caso de o governo elevar seus gastos. A isso, dá-se o nome de equivalência ricardiana.

27. "a". A equivalência Ricardiana afirma que, havendo uma redução dos tributos no presente não acompanhada de uma redução dos gastos do governo, tenderá a manter o consumo constante, aumentando apenas a poupança no presente para que possa pagar os tributos no futuro, que tenderão a aumentar.

28. "d". Com base na hipótese da renda permanente, uma elevação na taxa de juros provoca dois efeitos: efeito renda e efeito substituição. O efeito renda causa aumento no consumo no presente e no futuro e o efeito substituição provoca queda no consumo presente e aumento no consumo futuro. O efeito total, que é a soma do efeito renda e do efeito substituição, mostra que o consumo no futuro aumenta, mas que nada se pode afirmar do consumo no presente porque dependerá da intensidade com que o efeito renda e o efeito substituição ocorrem. A alternativa "a" é falsa.

Considerando que o bem seja um bem normal, o aumento de renda futura aumenta o consumo presente e futuro. A alternativa "b" é falsa e a "d" é verdadeira.

O imposto do tipo *lump sum* não gera ineficiência na economia e, portanto, não afeta a renda e o consumo. A alternativa "c" é falsa.

Quando a renda é transitória, a função consumo se define como: C = Ca + cYd; onde "c" é a propensão marginal a consumir. Quando a renda é permanente, a função consumo é definida por C = cYd. Observe uma representação gráfica da função consumo de curto prazo (com renda transitória) e da função consumo de longo prazo (com renda permanente). A declividade da reta é definida pela "c" que é a propensão marginal a consumir.

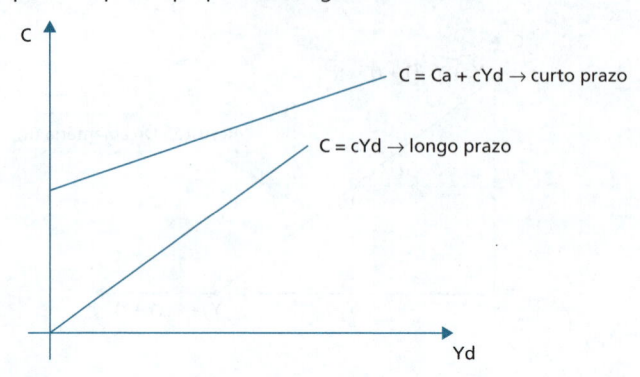

$C = Ca + cYd \to$ curto prazo

$C = cYd \to$ longo prazo

É possível observar que a declividade da função consumo de longo prazo é maior que a de curto prazo. A alternativa "e" é falsa.

29. "b". Segundo o modelo de ciclo de vida, um aumento da renda permanente das famílias levará a uma redução da taxa de poupança. A alternativa "b" é falsa.

30. "b". Um imposto do tipo *lump sum* tem a característica de ser o mais neutro possível, não afetando o nível de renda e produto da economia. Portanto, não afeta o consumo. A alternativa "a" é falsa.
A equivalência ricardiana afirma que o meio de financiamento dos gastos do governo (seja pelo aumento dos tributos ou pelo aumento da dívida por meio da colocação de títulos no mercado) não afeta a taxa de juros. Isso se dá porque, quando se reduzem os tributos no presente, o consumidor sabe que no futuro aumentarão e, portanto, seu consumo permanece constante e sua poupança aumenta. Adquirindo títulos públicos com essa poupança, a poupança privada vai aumentar na mesma intensidade que o déficit público. Assim, a taxa de juros não é afetada nem a demanda agregada. A alternativa "b" é verdadeira e a "c" é falsa.
A equivalência ricardiana afirma que, se o governo reduzir tributos no presente, vai aumentá-los no futuro. Portanto, é possível que o orçamento em cada período não esteja equilibrado, desde que um déficit no presente seja compensado por um superávit no futuro e vice-versa. A alternativa "d" é falsa.
Um aumento dos impostos no presente, mantendo-se constantes os gastos do governo, deverá ser compensado com uma redução dos impostos no futuro. Portanto, no presente, a poupança deverá ser reduzida para o pagamento dos maiores impostos. A alternativa "e" é falsa.

31. "b". Como o consumo e a poupança são funções diretas da renda, quanto maior a renda, maior o consumo e maior a poupança. A alternativa "b" está correta.
Dada uma função consumo linear, a propensão marginal a consumir é uma constante. Portanto, quanto maior a renda, maior o consumo, mas não a propensão marginal a consumir. A alternativa "a" está incorreta.
Se houver uma elevação das taxas de juros, o comportamento do consumo no presente é ambíguo. Vai depender da intensidade com que ocorre o efeito renda e o efeito substituição. A alternativa "c" está incorreta.
Como a propensão marginal a consumir oscila, por hipótese, entre zero e um, nunca sendo zero nem um, então um aumento da renda elevará o consumo, porém em proporção menor que o aumento da renda. A alternativa "d" está incorreta.
A taxa de juros influencia positivamente a poupança e negativamente o consumo. A alternativa "e" está incorreta.

32. "e". Numa economia intertemporal, o consumo do presente vai depender da renda do presente e da renda do futuro, ou seja, vai depender da renda permanente.

33. "e". Uma das hipóteses da teoria da economia intertemporal é que o agente é racional e, portanto, não sofre de "miopia", nem de ilusão monetária em relação ao futuro. Como há a preocupação do consumidor de manter, ao longo da sua vida, o mesmo padrão de consumo, então, na fase adulta ou na meia-idade, tenderá a formar poupança para gastar na fase da velhice. Além disso, o governo não impõe um recolhimento de poupança obrigatória para previdência.

34. "e". Segundo a teoria da economia intertemporal, o consumo vai ser função da renda ao longo da vida, ou seja, da renda presente e futura e não da renda corrente, como supunha Keynes. Entendemos renda corrente como sendo a soma da renda permanente e a renda temporária. A poupança vai ser igual à diferença entre a renda corrente e a renda permanente. Logo, a poupança vai ser igual às variações transitórias da renda. Vejamos:

Renda corrente = Renda permanente + Renda transitória

Poupança = Renda corrente − Renda permanente

Dessa maneira, flutuações na renda temporárias não afetariam o nível de consumo, apenas a poupança. Somente alteração na renda permanente seria capaz de alterar o consumo. A renda permanente dependeria dos ativos físicos e humanos que o consumidor dispusesse. A alternativa "e" está correta.

Assim, uma redução da renda permanente reduz o consumo, já que o consumo é função da renda permanente, mas a poupança, como é função da renda transitória, não seria alterada. A alternativa "a" está incorreta.

O aumento permanente de um imposto reduz a renda permanente em proporção maior do que o aumento transitório do imposto, já que flutuações transitórias não afetam o nível de consumo, mas apenas o nível de poupança. A alternativa "b" está incorreta.

Portanto, mudanças na renda transitória afetam a poupança, enquanto mudanças na renda permanente afetam o consumo. A alternativa "c" está incorreta.

O modelo de renda permanente postula que as famílias preferem um padrão estável de consumo, que depende da renda permanente. Caso haja uma redução na renda, o consumidor desejará identificar se a renda reduzida é a permanente ou a transitória. Se for a transitória, eles deverão ajustar suas poupanças para manter seu consumo estável. A alternativa "d" está incorreta.

35. Certo. A teoria "q" de Tobin afirma que, se o valor do capital instalado avaliado pelo mercado de capital for superior ao custo de reposição do capital instalado, então haverá investimento. Vejamos:

$$q = \frac{\text{valor de mercado do capital instalado}}{\text{custo de reposição do capital instalado}}$$

Se "q" > 1 → valor de mercado do capital instalado > custo de reposição do capital instalado → há investimento

36. "d". A equivalência ricardiana afirma que, se o governo reduz seus tributos, isso não será motivo para que o produto da economia aumente, como afirmava Keynes. Isso acontece porque, se o governo reduzir seus tributos no presente, sem alterar sua estrutura de gastos, o agente econômico sabe que, no futuro, os tributos aumentarão, então, no presente, em vez de aumentar seu consumo, ele irá poupar mais para pagar os tributos, que deverão aumentar no futuro. Assim, um déficit do governo no presente, gerando despoupança para o governo, deverá ser compensado por uma poupança maior do setor privado, não alterando as taxas de juros no mercado. Assim, independentemente de como o governo financie seus gastos, seja através da emissão de títulos, seja com aumento dos tributos, não será capaz de alterar o produto e taxa de juros do mercado, porque estariam condicionados à estrutura de gastos do governo, que permanecem constantes.

37. "b". Se o governo deixar de cobrar impostos no presente, elevando o déficit público e, no futuro, tiver a dívida pública aumentada, e tendo que elevar tributos para pagá-la, fará com que o consumidor não eleve seu consumo no presente. Pelo contrário, eleve sua poupança de forma equivalente à redução da poupança do governo. Com isso, o produto da economia não aumenta, nem a taxa de juros se altera. Portanto, a forma pela qual o governo financia os seus gastos é irrelevante para os resultados, no que se refere a produto, emprego e taxa de juros porque, sendo o consumidor racional, ele sabe que qualquer medida no presente será compensada no futuro. A alternativa "b" está correta e a "c" está incorreta.

Um corte de impostos correntes do tipo *lump-sum*, mantidos constantes todos os outros elementos, mantém o nível de consumo corrente constante, elevando a poupança privada no presente. Isso ocorre porque o consumidor sabe que se, no presente, está pagando menos impostos e a estrutura de gastos não se alterou, então, no futuro deverá pagar mais impostos. A alternativa "a" está incorreta.

A equivalência ricardiana é válida quando o governo mantém déficit no presente e superávit no futuro ou vice-versa. Como o consumidor é racional e tem a preocupação de não deixar o ônus da dívida para gerações futuras, ele não vai mudar seu padrão de consumo nem no presente nem no futuro. A alternativa "d" está incorreta.

Um aumento de impostos correntes, com a manutenção da constância de todos os outros elementos, produz uma redução e não aumento da poupança privada no presente com a finalidade de pagar os impostos correntes. A alternativa "e" está incorreta.

38. "b". Se o governo aumenta impostos no presente (T_1) sem alterar sua estrutura de gastos, deverá reduzir impostos no futuro (T_2), ou então, deverá alterar sua estrutura de gastos elevando os gastos no presente (G_1) ou no futuro (G_2), já que a restrição intertemporal do governo é dada por:

$$T_1 + \frac{T_2}{(1+r)} = G_1 + \frac{G_2}{(1+r)}$$

Como o agente é racional, ele entende que, se estiver pagando mais tributos hoje sem que a estrutura de gastos (G_1 e G_2) tenha se modificado, no futuro ele pagará mais. Logo, no presente, ele altera seu padrão de poupança (T_1), poupando menos para pagar os impostos mais altos, mas seu nível de consumo permanece inalterado.

Assim, leva o governo a reduzir os impostos no futuro ampliados a uma taxa de juros correspondente ao ganho que teve no presente, ao aumentar sua poupança. Assim, no presente vai ocorrer um superávit fiscal e, no futuro, um déficit fiscal.

Como o modelo de economia intertemporal parte da hipótese que os consumidores têm a preocupação de não deixar o ônus da dívida para gerações futuras, então, quando os tributos se elevam no presente, o consumidor reduzirá sua poupança para poder pagá-los. Da mesma maneira, quando os tributos se reduzirem no futuro, ampliarão sua poupança. Portanto, o nível de poupança ao longo do tempo permanecerá o mesmo.

39. "d". A equivalência ricardiana afirma que um déficit do governo no presente deverá ser compensado com um superávit no futuro. Portanto, independentemente de quando ocorrerá a arrecadação do governo, o certo é que, no final, o total arrecadado bancará a totalidade dos gastos.

40. "a". Se o governo reduz a carga tributária no presente, os agentes econômicos não alterarão seu padrão de consumo, porque sabem que, no futuro, vão elevar sua carga tributária. Assim, no presente, aumentarão sua poupança para pagar os tributos mais elevados do futuro. A alternativa "a" está correta.

A baixa na carga tributária do presente refletirá em aumento de arrecadação futura, o que leva ao equilíbrio orçamentário. A alternativa "b" está incorreta.

As famílias determinam seu padrão de consumo em função de sua renda permanente. A alternativa "c" está incorreta.

Se o governo baixar a carga tributária, os agentes econômicos não respondem positivamente ao consumo porque sabem que, no futuro, a carga tributária deverá subir. Assim, no presente, eles elevarão sua poupança para arcar com um aumento da carga tributária no futuro. A alternativa "d" está incorreta.

Portanto, o déficit público não é impulsionador do crescimento econômico, já que o agente econômico racional sabe que um déficit no presente deverá ser acompanhado de um superávit no futuro e, portanto, não estimulará o aumento do consumo no presente e, por conseguinte, o aumento do produto/renda da economia. A alternativa "e" está incorreta.

41. Errado. Uma política do governo, por exemplo, de redução de tributos, sem que o governo mude sua estrutura de gastos, realmente não será capaz de alterar o nível de renda e produto, porque o consumidor sabe que, se pagar menos tributos no presente, terá que pagar mais no futuro. Ocorre que, se o governo reduz a carga tributária e reduz seus gastos, então, isso poderá, sim, servir de estímulo à alteração do nível de consumo e, por conseguinte, de renda e produto, expandindo-os.

42. "b". Segundo a teoria da economia intertemporal, quando o governo emite títulos públicos para financiar seus gastos, o setor privado passa a gastar (consumir e investir) menos, porque adquiriu esses títulos, aumentando sua poupança. Com isso, não haverá alteração da poupança da economia, já que a poupança maior do setor privado será compensada pela despoupança do setor público. Com isso, a fonte de financiamento não se altera e as taxas de juros também não.

43. Errado. A teoria do ciclo de vida de Modigliani afirma que as pessoas irão consumir e poupar de acordo com as expectativas de renda durante sua vida, de maneira a sempre manter um nível homogêneo de consumo. Portanto, a escolha da distribuição da renda não será "anualmente" como afirma a questão, mas, sim, ao longo da vida, já que em um ano não se consegue medir o ciclo de vida.

44. Errado. O efeito riqueza é um dos motivos para aumentar o consumo, ou seja, se o preço dos ativos que estão em posse do consumidor se valorizarem, este tem uma sensação de maior riqueza e tende a aumentar seu consumo. O efeito riqueza acontece também se o preço dos bens e serviços cai. Isso faz com que o poder de compra do consumidor aumente e ele consuma mais. Mas, em nenhuma das situações acima, a curva de demanda fica positivamente inclinada. Pelo contrário, o efeito riqueza intensifica o fato de ela ficar negativamente inclinada.

45. "b". Quanto maior a renda dos consumidores, menor a parcela dessa renda que ele destina ao consumo. É importante frisar que em valores absolutos, o consumo tende a ser maior, mas em valores relativos (propensão média a consumir) tende a ser menor à medida que a renda aumenta. A alternativa "b" está correta.
A propensão marginal a consumir da renda transitória é menor do que a propensão marginal a consumir da renda permanente. Isso porque se o consumidor vier a receber uma renda provisória, como por exemplo, uma herança de família, ele tende a ser mais comedido no consumo do que a parcela de uma renda transitória. Isso ocorre porque uma renda transitória só se transforma em consumo quando ela representa um aumento da renda permanente. A alternativa "a" está incorreta.
Em períodos de recessão, a renda tende a cair e quanto menor a renda, maior a parcela dessa renda que é destinada ao consumo. Logo, a propensão média a consumir tenda a aumentar. A alternativa "c" está incorreta.
A teoria do ciclo de vida, de Modigliani, assegura que, se a população de um país for dividida nas faixas etárias jovem, adulta e idosa, a propensão marginal a poupar da faixa idosa será menor do que a da faixa adulta. É na fase idosa que o consumidor tem sua renda diminuída, o que faz com que consuma a poupança que fez na fase adulta. Logo, na fase idosa, ocorre despoupança. A alternativa "d" está incorreta.
A teoria proposta por Friedman pressupõe que o consumo das famílias depende fundamentalmente de sua renda permanente. Quem defendia que o consumo dependia da renda corrente era Keynes. A alternativa "e" está incorreta.

46. Certo. A restrição orçamentária intertemporal do governo mostra que, se os tributos, no presente, se reduzirem, sem que haja alteração dos gastos do governo, tenderão a aumentar no futuro. Portanto, se os tributos se reduzirem, o produto só aumentará se os gastos do governo se reduzirem, ou seja, dependerá das expectativas do comportamento dos gastos do governo, porque, se os gastos permanecem constantes, no futuro, os tributos tendem a aumentar e, portanto, o consumo no presente não deverá aumentar, mas a poupança sim.

47. "d". O "q" de Tobin é:

$$q = \frac{\text{valor do capital instalado avaliado pelo mercado de capitais}}{\text{custo de reposição do capital}}$$

Quando o capital instalado está sobrevalorizado, ou seja estimado de forma excessiva, a relação entre o valor do capital instalado e o custo de reposição é superior a unidade, ou seja, o valor do capital instalado é maior que o custo de reposição. A alternativa "d" está incorreta e as alternativas "a" e "e" estão incorretas.
Quando q > 1, deverá haver investimento. A alternativa "b" está correta.
Quando o mercado de capitais avalia o capital instalado, valorizando-o, haverá tendência a haver investimento na economia. A alternativa "c" está correta.

48. "d". O "q" de Tobin é:

$$q = \frac{\text{valor do capital instalado avaliado pelo mercado de capitais}}{\text{custo de reposição do capital}}$$

Se q > 1, então o valor do capital instalado avaliado pelo mercado de capitais é maior que o custo de reposição do capital instalado. Sendo assim, vale a pena investir porque o mercado está valorizando a empresa mais que o custo de reposição do capital. A alternativa "d" está correta e as alternativas "a", "b" e "c" estão incorretas.

49. "e". É o contrário: A teoria do ciclo da vida ressalta que o horizonte de planejamento dos consumidores é a sua vida inteira, dividida na fase da juventude, fase adulta e fase da velhice. Já a teoria da Renda Permanente enfatiza que os consumidores olham além da renda corrente, ou seja, olham a renda permanente.

50. "c". A renda permanente é a parte da renda que as pessoas esperam manter no futuro, ou seja, é a renda média entre a renda presente e futura. Na teoria do ciclo da vida, as pessoas irão consumir e poupar de acordo com as expectativas de renda durante sua vida. Logo, as duas teorias dependem da renda corrente, da renda do futuro e da riqueza.

51. "c". Uma vez que o indivíduo supõe que a renda transitória se anula em média ao logo da vida, sendo positiva em algumas épocas e negativa em outras, a renda transitória é considerada como tendo pouco efeito sobre o consumo, mas, se essas variações na renda não se anularem, poderão afetar o consumo.

52. "c". (F) De acordo com a teoria do ciclo da vida, as pessoas irão consumir e poupar de acordo com a expectativa de renda durante sua vida. Logo, o consumo é uma função crescente da riqueza total. A riqueza total é a soma de todas as suas rendas ao longo da vida. Portanto, é uma função crescente da expectativa de renda ao longo da vida do trabalho líquida de impostos.
(F) Uma vez que o indivíduo supõe que a renda transitória se anula em média ao longo da vida, sendo positiva em algumas épocas e negativa em outras, a renda transitória é considerada como tendo pouco efeito sobre o consumo. Portanto, segundo a TCCV, um aumento temporário na renda leva a um aumento em menor intensidade no consumo.
(V) O consumo tende a responder a movimentos da renda em uma proporção inferior de um para um, já que o indivíduo deseja manter um padrão de vida ao longo da sua existência, então, poupa uma parcela do aumento da renda para consumir no futuro. Também, se o indivíduo sabe que no futuro deverá receber uma renda extra, por exemplo, um herança, ele pode alterar seu consumo no presente mesmo que não haja mudança na renda atual.
(V) Segundo a equivalência Barro-Ricardo, uma redução de impostos no presente, financiada por emissão de títulos e mantendo-se constante o nível de gastos do governo, não aumenta o consumo presente, porque o consumidor sabe que no futuro o governo deverá elevar os tributos. Então ele poupa no presente para pagar os tributos elevados no futuro. Logo, no presente, o consumo não se altera. Mas, o consumo futuro, quando o governo resgatar os títulos e efetuar o pagamento dos juros, o consumo se eleva.

53. "e". A equivalência ricardiana afirma que, quando o governo reduz seus tributos, o consumo, no presente, não irá aumentar porque as pessoas sabem que, no futuro, o governo deverá elevar a carga tributária para compensar. Então eles aumentam sua poupança. Portanto, a poupança nacional não se altera. Se o governo despoupa porque reduziu a tributação, as famílias passam a poupar mais porque estão pagando menos impostos. Então o nível de poupança fica equivalente, não alterando as taxas de juros do mercado. A equivalência Ricardiana não afirma como o governo deverá financiar seus gastos. Diz apenas que independente da forma como for financiar seus gastos, isso não afetará a taxa de juros.

54. "c". A Equivalência Ricardiana afirma que se o governo reduz tributos, ficando deficitário (despoupando), vai fazer com que as famílias, conscientes que, no futuro, pagarão mais tributos, passem a poupar mais, compensando a despoupança do governo. Logo o nível de poupança na economia ficaria inalterado e, portanto, a oferta de recursos seria constante, não alterando a taxa de juros.

55. "d". O "q" de Tobin é:

$$q = \frac{\text{valor do capital instalado avaliado pelo mercado de capitais}}{\text{custo de reposição do capital}}$$

Quando o capital instalado está sobrevalorizado, ou seja estimado de forma excessiva, a relação entre o valor do capital instalado e o custo de reposição é superior a unidade, ou seja, o valor do capital instalado é maior que o custo de reposição. A alternativa "D" está incorreta e as alternativas "a" e "e" estão incorretas.
Quando q > 1, deverá haver investimento. A alternativa "b" está correta.
Quando o mercado de capitais avalia o capital instalado, valorizando-o, haverá tendência a haver investimento na economia. A alternativa "c" está correta.

56. "d". O "q" de Tobin é:

$$q = \frac{\text{valor do capital instalado avaliado pelo mercado de capitais}}{\text{custo de reposição do capital}}$$

Se q > 1, então o valor do capital instalado avaliado pelo mercado de capitais é maior que o custo de reposição do capital instalado. Sendo assim, vale a pena investir porque o mercado está valorizando a empresa mais que o custo de reposição do capital. A alternativa "d" está correta e as alternativas "a", "b" e "c" estão incorretas.

57. "e". É o contrário: A teoria do ciclo da vida ressalta que o horizonte de planejamento dos consumidores é a sua vida inteira, dividida na fase da juventude, fase adulta e fase da velhice. Já a teoria da Renda Permanente enfatiza que os consumidores olham além da renda corrente, ou seja, olham a renda permanente.

58. "c". A renda permanente é a parte da renda que as pessoas esperam manter no futuro, ou seja, é a renda média entre a renda presente e futura. Na teoria do ciclo da vida, as pessoas irão consumir e poupar de acordo com as expectativas de renda durante sua vida. Logo, as duas teorias dependem da renda corrente, da renda do futuro e da riqueza.

59. "e". Uma vez que o indivíduo supõe que a renda transitória se anula em média ao longo da vida, sendo positiva em algumas épocas e negativas em outras, a renda transitória é considerada como tendo pouco efeito sobre o consumo, mas, se essas variações na renda não se anularem, poderão afetar o consumo.

60. "c". (F) De acordo com a teoria do ciclo da vida, as pessoas irão consumir e poupar de acordo com a expectativa de renda durante sua vida. Logo, o consumo é uma função crescente da riqueza total. A riqueza total é a soma de todas as suas rendas ao longo da vida. Portanto, é uma função crescente da expectativa de renda ao longo da vida do trabalho líquida de impostos.

(F) Uma vez que o indivíduo supõe que a renda transitória se anula em média ao longo da vida, sendo positiva em algumas épocas e negativa em outras, a renda transitória é considerada como tendo pouco efeito sobre o consumo. Portanto, segundo a TCCV, um aumento temporário na renda leva a um aumento em menor intensidade no consumo.

(V) O consumo tende a responder a movimentos da renda em uma proporção inferior de um para um, já que o indivíduo deseja manter um padrão de vida ao longo da sua existência, então, poupa uma parcela do aumento da renda para consumir no futuro. Também, se o indivíduo sabe que no futuro deverá receber uma renda extra, por exemplo, um herança, ele pode alterar seu consumo no presente mesmo que não haja mudança na renda atual.

(V) Segundo a equivalência Barro-Ricardo, uma redução de impostos no presente, financiada por emissão de títulos e mantendo-se constante o nível de gastos do governo, não aumenta o consumo presente, porque o consumidor sabe que no futuro o governo deverá elevar os tributos. Então ele poupa no presente para pagar os tributos elevados no futuro. Logo, no presente, o consumo não se altera. Mas, o consumo futuro, quando o governo resgatar os títulos e efetuar o pagamento dos juros, se eleva.

61. "e". A equivalência ricardiana afirma que, quando o governo reduz seus tributos, o consumo, no presente, não irá aumentar porque as pessoas sabem que, no futuro, o governo deverá elevar a carga tributária para compensar. Então eles aumentam sua poupança. Portanto, a poupança nacional não se altera. Se o governo despoupa porque reduziu a tributação, as famílias passam a poupar mais porque estão pagando menos impostos. Então o nível de poupança fica equivalente, não alterando as taxas de juros do mercado. A equivalência Ricardiana não afirma como o governo deverá financiar seus gastos. Diz apenas que independente da forma como for financiar seus gastos, isso não afetará a taxa de juros.

62. "c". A Equivalência Ricardiana afirma que se o governo reduz tributos, ficando deficitário (despoupando), vai fazer com que as famílias, conscientes que, no futuro, pagarão mais tributos, passem a poupar mais, compensando a despoupança do governo. Logo o nível de poupança na economia ficaria inalterado e, portanto, a oferta de recursos seria constante, não alterando a taxa de juros.

23

CRESCIMENTO DE LONGO PRAZO

Existem modelos que estudam o crescimento da capacidade produtiva no longo prazo. Esse crescimento pode ser verificado por meio de aumento de capital, melhorias tecnológicas e aumento da eficiência do trabalho.

Neste capítulo, será apresentado um dos modelos que explica o crescimento do produto no longo prazo, ou seja, o modelo de Solow.

■ 23.1. MODELO DE SOLOW (BASEADO NO MODELO NEOCLÁSSICO)

O modelo de Solow tenta mostrar que o produto *per capita* é uma função crescente da relação entre capital e trabalho, ou seja, quanto maior a relação capital/trabalho, maior o produto *per capita*. É um modelo de crescimento exógeno em que a taxa de poupança, a taxa de depreciação, a taxa de avanço tecnológico e a taxa de crescimento populacional são determinadas fora do modelo.

Para Solow, as fontes de crescimento econômico dependeriam, portanto, de:

- **desenvolvimento tecnológico**;
- **crescimento da força de trabalho**;
- **crescimento de capital**.

De tal maneira que a produção só poderia ser alterada mediante a inclusão de novos fatores de produção ou uma melhoria tecnológica.

Como o crescimento da força de trabalho é uma variável exógena, ou seja, cresce a uma taxa natural, é necessário que haja poupança *per capita* para que esses novos trabalhadores estejam igualmente equipados com capital em relação aos anteriores empregados. Essa poupança é utilizada, pois, para o **alargamento do capital**, em que se verifica que há um aumento da força de trabalho.

Também a poupança será utilizada para aumentar a relação capital/trabalho. A essa poupança, dá-se o nome de **aprofundamento do capital**, de tal forma que:

poupança *per capita* = alargamento do capital + aprofundamento do capital; ou
poupança *per capita* – alargamento do capital = aprofundamento do capital.

Quando a **poupança *per capita*** é igual ao alargamento do capital, não está havendo aumento da relação capital por trabalhador, mas isso não significa que a poupança *per capita* não esteja crescendo. Como o alargamento do capital cresce à taxa "n", a poupança *per capita* também está crescendo à taxa "n" quando o aprofundamento do capital é igual a zero e a relação capital por trabalhador e produto por trabalhador é constante, onde "n" é a taxa de crescimento populacional.

De tal maneira que, se a poupança na economia for utilizada apenas para atender ao crescimento populacional e à depreciação do capital, essa economia não apresentará crescimento de capital por trabalhador.

Sachs e Larrain afirmam que: "A força de trabalho cresce à taxa n. Uma certa quantidade de poupança *per capita*, portanto, deve ser usada meramente para equipar os novos ingressantes na força de trabalho com capital k por trabalhador. Deve-se ter uma quantidade de poupança nk para esse propósito. Ao mesmo tempo, certa quantidade de poupança *per capita* deve ser usada para substituir o capital depreciado. Para tal, um montante de poupança *per capita* dk deve ser utilizado. Assim, no total (n + d)k em poupança *per capita* deve ser utilizado somente para manter a razão capital-trabalho constante ao nível k. Qualquer poupança acima do montante (n + d)k provoca um aumento da proporção entre capital e mão de obra"[1].

Considerando a **produção**[2] como função do capital (K) e mão de obra (N), tem-se:

$$Y = f(K, N)$$

Assim, a função produção poderia ser alterada se houvesse mudança nos fatores de produção capital (K) e trabalho (L), de maneira a aumentar a capacidade produtiva da economia.

Se o objetivo é determinar uma função produção na sua forma intensiva, ou seja, determinar o produto ou a renda *per capita*, tem-se: $\frac{Y}{N} = f\left(\frac{K}{N}, \frac{N}{N}\right)$.

Sendo: **Y/N** = produto por trabalhador = y e **K/N** = capital por trabalhador = k.
Tem-se: y = f (k, 1) ou **y = f(k)**.

Observe que, para diferenciar a **produção** (Y) do **produto *per capita*** (y), adotou-se a letra minúscula para as variáveis *per capita*. Essa prática será adotada daqui para a frente.

Figura 23.1. Função produção em termos *per capita*

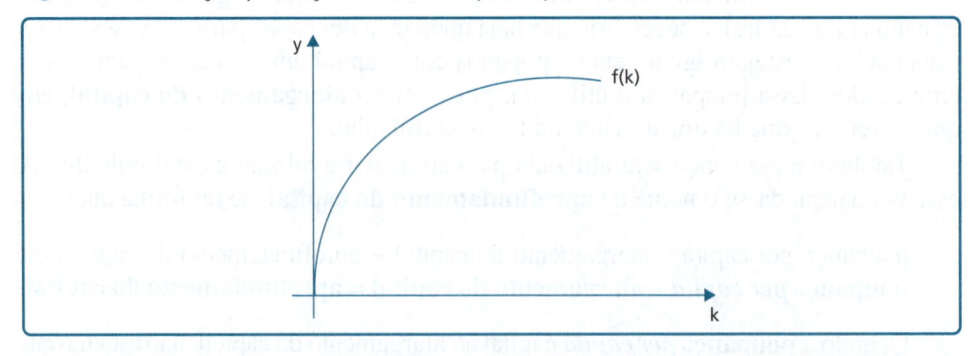

---
[1] Jeffrey D. Sachs e Felipe B. Larrain, *Macroeconomia*, p. 604.
[2] Considera-se que a função de produção apresenta retornos constantes de escala para K e N.

Sabe-se que: y = c + i, onde: y = produto por trabalhador; c = consumo por trabalhador; e i = investimento por trabalhador.

Por essa fórmula, perceba que, dado "y", à medida que o **investimento por trabalhador**, i, aumenta, o **consumo por trabalhador**, c, diminui.

E sabendo-se que: c = cy, onde: c = taxa de consumo ou c = (1 − s) y, sendo s = taxa de poupança:

y = (1 − s) y + i
y − (1 − s) y = i
y − y − sy = i
sy = i

Logo: i = s f(k) ou **i = sy**, onde: i = investimento por trabalhador; y = produto por trabalhador; s = taxa de poupança[3]; f(k) = produto por trabalhador como função do capital por trabalhador; e sy = poupança por trabalhador.

Essa fórmula mostra que só poderá haver investimento por trabalhador, i, se houver poupança por trabalhador, sy, para financiá-lo. Como a poupança por trabalhador, sy, é uma fração constante do produto por trabalhador, a função investimento por trabalhador apresenta a **mesma inclinação** do produto por trabalhador, sendo que abaixo desta, quando a taxa de poupança, s, for menor que um.

Figura 23.2. Função de produção *per capita* e função investimento *per capita*

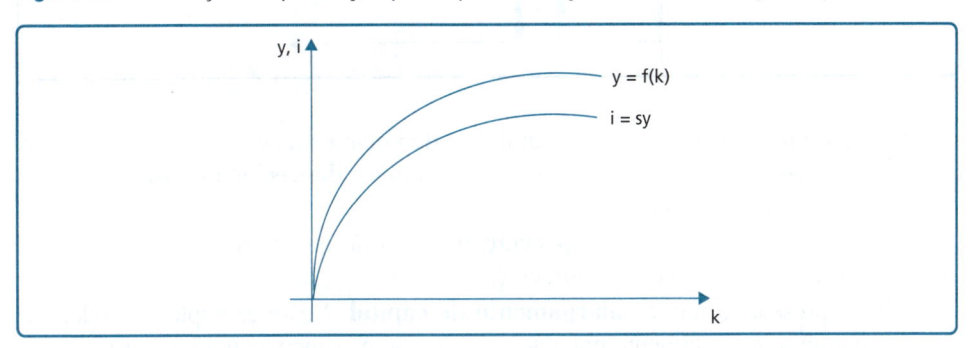

Observe que a **função produção**, f(k) ou y, apesar de ser **crescente**, cresce a **taxas decrescentes**, ou seja, ela cresce, porém cresce cada vez menos. Isso ocorre porque, à medida que se aumenta o capital por trabalhador (k), o produto por trabalhador (y) aumenta, porém cada vez menos. É fácil compreender esse raciocínio ao perceber que, à medida que mais máquinas e/ou ferramentas são oferecidas ao trabalhador, ele deverá produzir mais. Porém, há um ponto de saturação, no qual o acréscimo de um dos fatores faz com que o produto cresça cada vez menos até o ponto em que chega a reduzir o produto. Isso é o que se chama de **Lei dos Rendimentos Físicos Marginais Decrescentes**[4]. Isso mostra que, no longo prazo, a oferta de bens é função

---

[3] s = taxa de poupança. Equivale à Propensão marginal a Poupar de curto prazo.
[4] Ou, simplesmente, Lei dos Rendimentos Marginais Decrescentes ou Lei dos Rendimentos Decrescentes.

dos fatores de produção empregados. A função investimento por trabalhador, i, tem o mesmo comportamento da função produto por trabalhador, f(k) ou y, porque o investimento por trabalhador é uma **fração** do produto por trabalhador, ou seja, é sy ou s f(k).

Mankiw explica: "(...) à medida que cresce a quantidade de capital, a função de produção tende a achatar-se — isto é, a diminuir sua inclinação. A função de produção exibe uma produtividade marginal decrescente do capital: cada unidade a mais de capital gera menos produto do que a unidade anterior. Quando o capital é muito pequeno, qualquer unidade adicional é útil, criando uma quantidade maior de produto adicional; mas, quando o capital é grande, o acréscimo de uma unidade é menos útil e gera menor quantidade de produto adicional"[5].

Se for representado novamente o gráfico do produto por trabalhador e do investimento por trabalhador, é possível perceber que a distância entre as duas curvas é o **consumo por trabalhador**, c. Observe o gráfico da figura a seguir:

Figura 23.3. Nível de consumo *per capita*

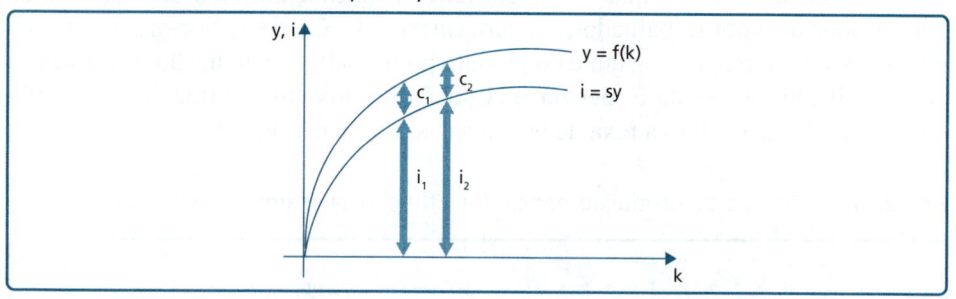

Considerando que o estoque de capital se deprecie e que essa depreciação ocorre de forma linear, ou seja, a taxas constantes, tem-se: **depreciação = dk**, onde: k = capital; e d = taxa de depreciação.

A representação da função **depreciação**, dk, será linear, partindo da origem, e sua inclinação é igual à taxa de depreciação (d).

"dk" representa a reta de **alargamento de capital**. Nesse exemplo, considera-se uma economia sem crescimento populacional (n) e sem avanço tecnológico (g).

Figura 23.4. Função depreciação do capital

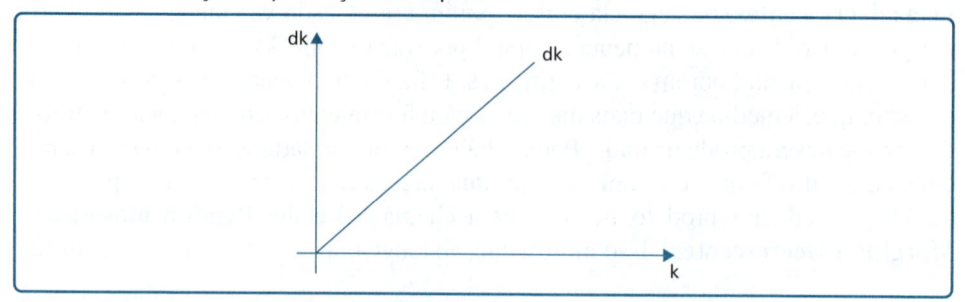

---

[5] N. Gregory Mankiw, *Macroeconomia*, p. 54.

Observe que, diferentemente do investimento, a depreciação não sofre o impacto da **Lei dos Rendimentos Marginais Decrescentes** e, portanto, será representada por uma reta.

Assim, a função produção apresenta algumas características, ou seja:

- Apresenta **retornos constantes de escala**[6] para os fatores K e N.
- A mão de obra (N) e a eficiência da mão de obra (A) crescem a **taxas constantes**.
- A **depreciação** do capital ocorre a **taxas constantes**.
- Outros insumos, diferentes de K (capital), N (mão de obra) e A (eficiência do trabalho), são considerados sem importância.
- Como as variáveis crescem a taxas constantes, somente o progresso tecnológico é capaz de promover um aumento da **taxa de crescimento** do produto por trabalhador.
- O produto por trabalhador será destinado ao consumo por trabalhador ou ao investimento por trabalhador, ou seja: y = c + i[7].
- "K", "N" e "A" iniciais são dados pelo modelo.

É importante salientar que a **população** e a **força de trabalho** são iguais de tal maneira que produto *per capita* e produto por trabalhador sejam iguais também.

23.1.1. O equilíbrio de longo prazo (estado estacionário)

O **equilíbrio estacionário de Solow**, conhecido por equilíbrio de longo prazo, vai se dar onde: **sy = dk**.

Figura 23.5. Estado estacionário sem aumento populacional e sem avanço tecnológico

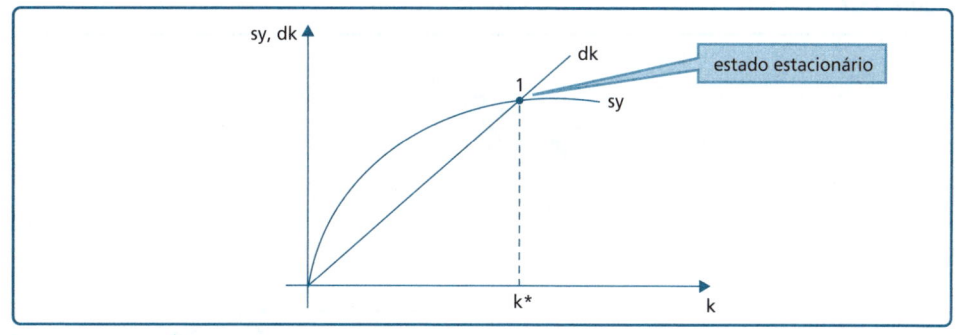

No estado estacionário, marcado pelo ponto 1 da Figura 23.5, a poupança *per capita* é igual ao **alargamento do capital**, onde "y" e "k" são constantes.

---

[6] Diz-se que o modelo apresenta retornos constantes de escala quando o aumento dos fatores de produção utilizados leva a um aumento do produto numa proporção igual ao do aumento dos insumos.

[7] Observe que o modelo despreza os gastos do governo, já que seria muito difícil medir a evolução dos gastos do governo no longo prazo.

Fazendo uma comparação entre dois países, denominados país 1 e país 2, ambos em estado estacionário de equilíbrio, porém com taxas de poupança diferentes, sendo o país 1 com taxa de poupança s_1 e o país 2 com taxa de poupança s_2, é possível observar no gráfico da Figura 23.6 que o país 1 apresenta, no estado estacionário, um investimento por trabalhador menor e um capital por trabalhador menor que os do país 2. Porém, em ambos os países, a **taxa de crescimento do produto total** é a mesma, ou seja, zero. Portanto, nesses dois pontos, o investimento é exatamente igual à depreciação do capital. Como não há avanço tecnológico nem crescimento populacional, a economia dos dois países não apresenta taxa de crescimento do produto total.

Figura 23.6. Mudança de estado estacionário devido ao aumento da taxa de poupança

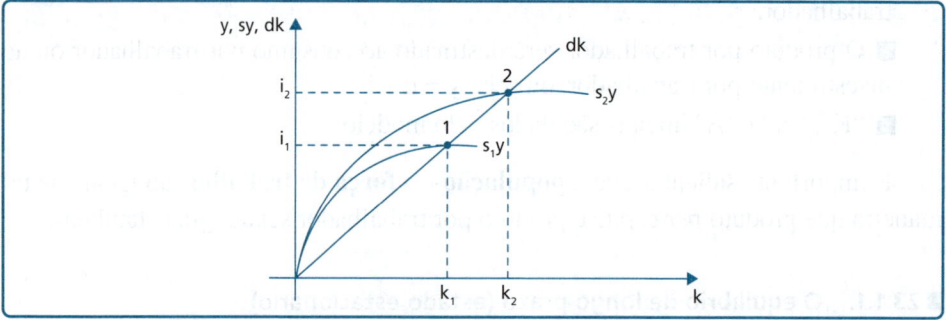

O estado estacionário é um **equilíbrio estável** porque qualquer ponto acima ou abaixo de k_1 tende a ele. Observe o gráfico da Figura 23.7:

Figura 23.7. Estado estacionário como estado estável

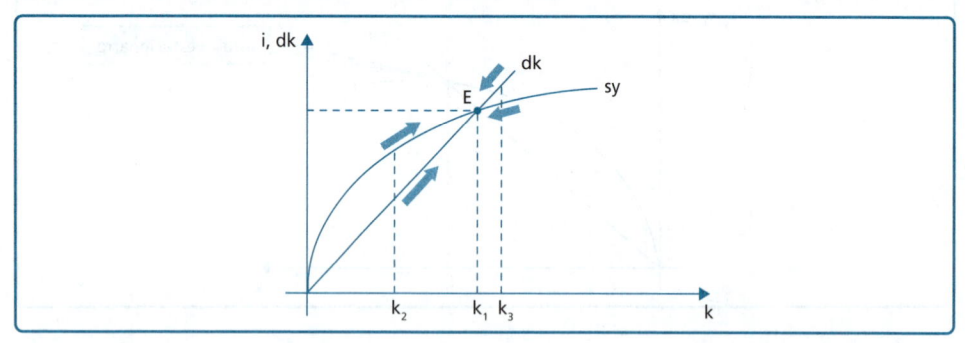

Em k_3, observa-se que o investimento (sy) < depreciação (dk), fazendo com que o capital por trabalhador decresça até tender a k_1 no longo prazo.

Em k_2, observa-se que o investimento (sy) > depreciação (dk), fazendo com que o capital por trabalhador cresça até tender a k_1.

Lopes e Vasconcellos afirmam: "em constituindo-se no equilíbrio de longo prazo, ou estado estacionário, no qual não existe crescimento nem do produto por trabalhador nem do estoque de capital por trabalhador. Trata-se de um equilíbrio estável, já que qualquer estoque de capital diferente de k* tende ao equilíbrio ao longo do tempo"[8]. Lopes e Vasconcellos chamam de k* o que, neste livro, foi chamado de k_1.

Supondo alteração na taxa de poupança ou na taxa de crescimento populacional, pode-se deparar com as situações mostradas nos *itens 23.2* e *23.4*.

■ 23.2. AUMENTO DA TAXA DE POUPANÇA

O modelo de Solow mostra que a taxa de poupança é a causa determinante do estoque de capital no estado estacionário.

Havendo aumento da **taxa de poupança**, numa economia sem crescimento populacional e sem progresso tecnológico, desloca-se a função $i_1 = s_1 y$ para cima ou para a esquerda. Isso gera um aumento **temporário** da taxa de crescimento e um aumento **permanente** do capital por trabalhador (k) e do produto por trabalhador (y). Observe que, no estado estacionário 1, a **taxa de crescimento** do produto total é igual a zero, já que o investimento por trabalhador ($s_1 y$) é igual à depreciação do capital por trabalhador (dk). No estado estacionário 2, a **taxa de crescimento** do produto total também é igual a zero, já que o investimento por trabalhador ($s_2 y$) é igual à depreciação do capital por trabalhador (dk). Mas, na passagem do estado estacionário 1 para o 2, a poupança nacional ultrapassa o alargamento do capital de tal maneira que o capital por trabalhador começa a crescer, até atingir um novo estado estacionário 2. Na transição de 1 para 2, a taxa de crescimento da economia é maior que zero. Depois desacelera, até atingir um novo estado estacionário, em que a taxa de crescimento do produto total é zero novamente.

Figura 23.8. Elevação da taxa de poupança e o novo estado estacionário

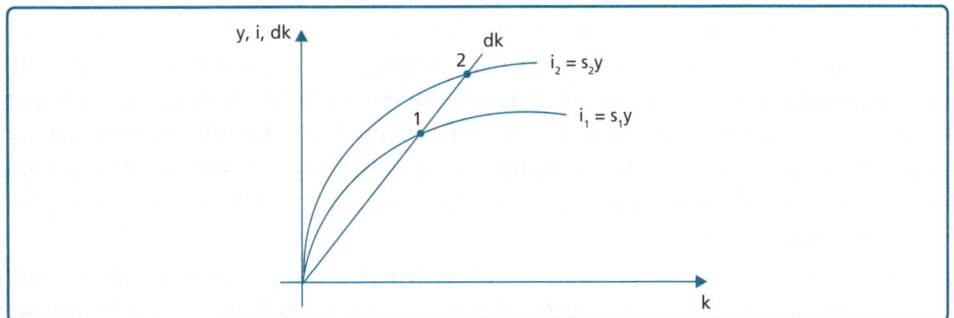

Um **aumento da taxa de poupança** eleva, no longo prazo, o capital por trabalhador (k) e o produto por trabalhador (y), resultando num crescimento de um estado estacionário para outro (do ponto 1 para o ponto 2).

---

[8] Luiz Martins Lopes e Marco Antonio Sandoval de Vasconcellos, *Manual de macroeconomia*, 1998, p. 292.

Observa-se, portanto, que há um crescimento de um **estado estacionário** para outro, mas não se mantém um crescimento sustentado do produto ao longo do tempo. Logo, maiores taxas de poupança não implicam crescimento sustentado, já que a economia cresce, porém somente até atingir novo estado estacionário.

Mankiw afirma que: "O modelo de Solow mostra que a taxa de poupança é o principal determinante do estoque de capital no estado estacionário. Quando a poupança é alta, a economia tem um amplo estoque de capital e uma volumosa produção. Quando a poupança é baixa, a economia tem um reduzido estoque de capital e uma pequena produção"[9].

Vale lembrar que a função investimento por trabalhador tem um formato côncavo porque o aprofundamento do capital depara-se com a questão dos retornos decrescentes, ou seja, não adianta haver mais investimento por trabalhador porque não é possível aumentar a produtividade por trabalhador. Nesse caso, seria necessário haver um aumento da taxa de crescimento da força de trabalho para garantir um crescimento econômico.

Tomando um exemplo extremo, verifica-se que duas máquinas de costura para cada costureiro não dobra o produto por costureiro.

A acumulação de capital será, então, a poupança descontada da depreciação.

O maior **bem-estar da sociedade** é determinado no estado estacionário em que é maior o seu nível de consumo, o que não necessariamente implica uma taxa de poupança maior ou menor. O **consumo máximo** será determinado pela **regra de ouro**, assunto a ser abordado no *item 23.8*.

■ 23.3. HIPÓTESE DA CONVERGÊNCIA

A **hipótese da convergência** afirma que, se dois países tiverem a mesma taxa de poupança e a mesma depreciação, estarão no mesmo ponto estacionário. Quanto mais pobre for um país, mais rapidamente ele tende a crescer, até chegar a um estado estacionário. Solow afirmou que países mais pobres têm uma taxa de crescimento de capital e produto por unidade de eficiência maior que os países mais ricos, desde que esses países mais pobres apresentem um capital por trabalhador inferior ao do estado estacionário. Mas esse fato foi consistente com países como Coreia e Japão. Já, no caso dos países africanos, o modelo não explicou o longo período de estagnação pelo qual passaram.

A justificativa para se defender **a convergência** entre países estava no fato da utilização de fatores de produção que estão sujeitos à Lei dos Rendimentos Marginais Decrescentes, o que faria as rendas *per capita* dos países tenderem a igualar-se.

Dada a função produção: $Y = A K^\alpha N^{1-\alpha}$ *(I)*, o Produto marginal do capital será: $dY/dK = \alpha A (N/K)^{1-\alpha}$ *(II)*.

Sabe-se que o produto por trabalhador tende a ser maior em países cuja relação capital/trabalho é maior. Porém, de acordo com (II), o rendimento do capital é maior

---

[9] N. Gregory Mankiw, *Macroeconomia*, p. 60.

em países cuja renda *per capita* é menor, fazendo haver um **fluxo de capital** de países de renda *per capita* maior para menor, elevando a relação capital/trabalho. Ao contrário do capital, o trabalho seguiria um **fluxo inverso**, ou seja, de países pobres para países ricos, elevando a relação K/N dos países pobres e reduzindo a relação K/N dos países ricos, aumentando a convergência entre países.

O que se verificou, na prática, é que a convergência não aconteceu e a distância entre países ricos e pobres não se reduziu.

23.4. CRESCIMENTO POPULACIONAL

O **crescimento populacional**[10] altera o estado estacionário, reduzindo o estoque de capital por trabalhador, e, portanto, economias com altas taxas de crescimento populacional apresentam **baixos níveis de capital por trabalhador** e baixos níveis de produto e renda por trabalhador. Isso ocorre porque, quanto maior o número de trabalhadores, menos máquinas/equipamentos/ferramentas disponíveis haveria por trabalhador. Assim, quando há crescimento populacional, mais poupança é necessária para o **alargamento do capital**, ou seja, faz-se necessário maior nível de poupança para equipar os novos trabalhadores, a fim de que possuam a mesma quantidade de capital por trabalhador dos demais trabalhadores já existentes.

Um aumento populacional equivale a um aumento da depreciação, já que haverá maior sobrecarga do capital em virtude da redução da proporção de capital/trabalho. Isso faz com que a função depreciação (= dk) se desloque **para cima**, diminuindo "k" e "y".

Portanto, mantendo a mesma taxa de poupança, um crescimento populacional desloca o estado estacionário, mas não há persistência da alteração do produto no longo prazo. Assim, no estado estacionário E_1, **a taxa de crescimento do produto total** é igual a n_1, e, no estado estacionário E_2, a **taxa de crescimento do produto total** é igual a n_2, ou seja, em ambas as situações a taxa de crescimento do produto total é a mesma e igual à taxa de crescimento populacional. Dessa forma, o produto por trabalhador e o capital por trabalhador em cada estado estacionário são constantes, mas o produto total cresce à taxa "n". Assim:

$$\frac{Y}{N} = y$$

Onde: Y = produto; N = nº de trabalhadores; e y = produto por trabalhador.

Se "y" é constante e "N" cresce à taxa "n", então "Y" cresce à taxa "n". Lembre-se, porém, que o crescimento populacional afeta "y" e "k" no estado estacionário, mas não afeta a taxa de crescimento, já que, no estado estacionário, "y" e "k" permanecem constantes.

Na Figura 23.9, é possível ver as duas curvas de alargamento do capital, sendo a primeira com uma inclinação igual a $(d + n_1)$ e a segunda com uma inclinação um

---

[10] Ou crescimento da força de trabalho.

pouco superior e igual a (d + n_2). Assim, o investimento por trabalhador e o capital por trabalhador diminuem com o crescimento populacional, mas a taxa de crescimento do produto total no período 2 é superior à taxa de crescimento do produto total no período 1, já que E_1 apresenta uma taxa de crescimento populacional inferior a E_2. Como a taxa de crescimento do produto total será igual à taxa de crescimento populacional, pode-se dizer que, apesar de E_1 e E_2 serem estados estacionários, em E_1 a taxa de crescimento do produto total (= n_1) é inferior à taxa de crescimento do produto total (= n_2) em E_2.

Figura 23.9. Aumento da taxa de crescimento populacional, n

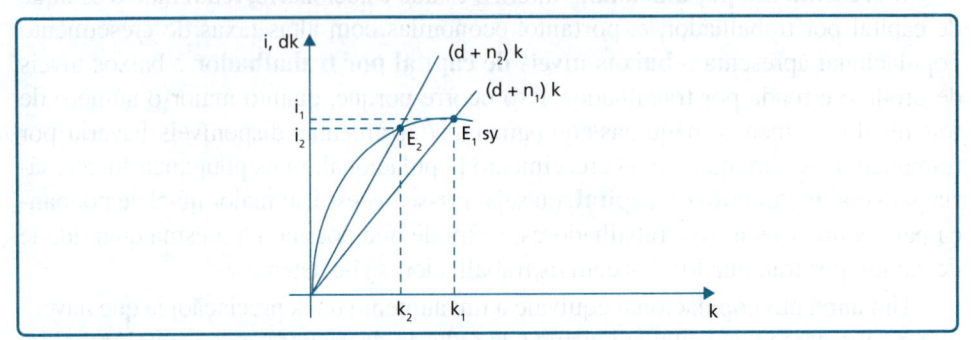

Pensando numa situação mais realista para os dias de hoje, pode-se imaginar uma situação em que a taxa de crescimento populacional esteja caindo. Assim, o deslocamento da curva de alargamento do capital deve ser para a direita, conforme pode ser visto na Figura 23.10. A **inclinação** da curva cai de (d + n_1) para (d + n_2). Com a redução do crescimento populacional, a poupança destinada ao atendimento da população se desviará para o aprofundamento de capital, fazendo com que haja elevação do capital por trabalhador (k) e produto por trabalhador (y) no percurso para um novo estado estacionário E_2, muito embora se mantenham constantes no estado estacionário E_2. Porém, **a taxa de crescimento do produto total** da economia está menor, já que em E_1 é igual a n_1 e, em E_2, é igual a n_2, sendo $n_1 > n_2$.

Figura 23.10. Redução da taxa de crescimento populacional, n

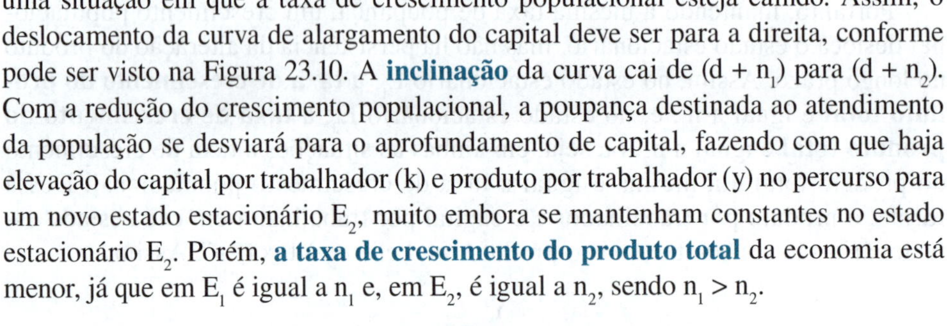

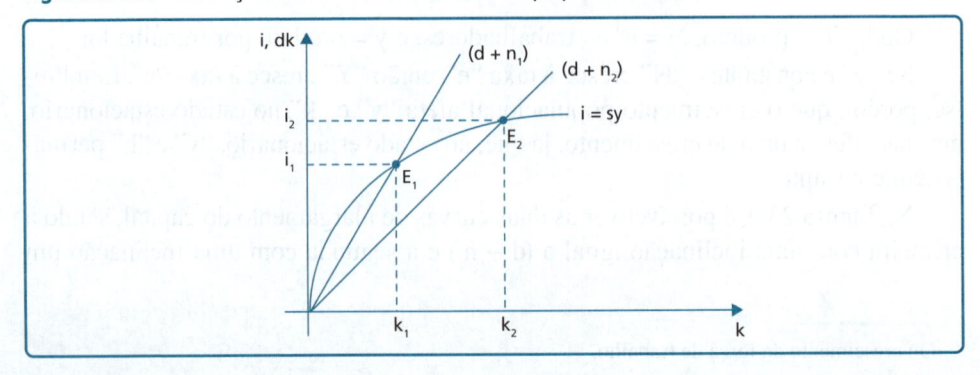

23.5. AVANÇO TECNOLÓGICO – EM TERMOS DE QUANTIDADE POR UNIDADE DE EFICIÊNCIA

Quanto maior o avanço tecnológico (g), mais rapidamente o capital se deprecia. Portanto, um avanço tecnológico equivale a um aumento populacional na análise do comportamento da curva de depreciação do capital. Para se atingir o estado estacionário, deve-se igualar o investimento, i = sy, com a soma da taxa de depreciação e a taxa de avanço tecnológico do capital medido por unidade de eficiência da mão de obra, (d + g)k. Portanto, o "k" agora analisado representa o capital por unidade de eficiência, e "y" representa o produto por unidade de eficiência.

Mas qual o significado de unidades de eficiência?

Antes de se falar em avanço tecnológico, o produto da economia (Y) era função do capital (K) e da mão de obra (N), ou seja: Y = f (K, N).

Com a introdução do avanço tecnológico, a produção será representada como função do capital (K) e da mão de obra medida em unidades de eficiência: **Y = f (K, AN)**.

Onde: K = capital; N = população economicamente ativa de um país, ou trabalho; AN = mão de obra medida em unidade de eficiência, ou seja, é a medida da eficiência (ou conhecimento) da força de trabalho devido à qualificação da mão de obra ou progresso técnico; e Y = produto da economia.

Para se determinar o produto por trabalhador, divide-se a função por AN. Assim, tem-se:

$$\frac{Y}{AN} = f\left(\frac{K}{AN}, 1\right)$$

Onde: Y/AN = produto por eficiência da força de trabalho ou da mão de obra = y; e K/AN = capital por eficiência da força de trabalho ou da mão de obra = k. Logo: y = f (k,1) ou y = f(k).

O progresso tecnológico leva à **eficiência do trabalho** (A), fazendo com que a eficiência do trabalho cresça a uma taxa g, ou seja, se a taxa de crescimento tecnológico g for igual a 5% ao ano, a cada ano a mão de obra se torna mais eficiente 5%, isso é, o produto da economia cresce 5% ao ano, considerando que não haja crescimento populacional.

Portanto, se "A" cresce à taxa de 5% ao ano, "AN" também crescerá a uma taxa de 5%. Como "k" é: k = K/AN, à medida que AN cresce, "k" diminui.

Com o passar do tempo, tanto o capital quanto o produto por unidade de eficiência (e, por conseguinte, o consumo e o investimento), assim como outras variáveis medidas em unidades de eficiência, tornam-se constantes. Ou seja, com o tempo, a economia atinge o **estado estacionário**.

Logo, no estado estacionário, sem crescimento populacional, o investimento por trabalhador, i, deverá ser igual à soma da taxa de depreciação (d) e da taxa de avanço tecnológico do capital por unidade de eficiência (g), ou seja, deve ser igual a (d + g)k.

Mankiw afirma que: "A inclusão do progresso tecnológico que aumenta o trabalho à taxa g altera a nossa análise de forma muito semelhante à que acontece quando se introduz o crescimento populacional. Quando k é definido como quantidade de capital por unidade de eficiência decorrente, os aumentos no número de unidades de eficiência decorrentes do progresso tecnológico tendem a reduzir k"[11].

Observe, na Figura 23.11, o que acontece com o investimento (e, portanto, com o produto) por unidade de eficiência e com o capital por unidade de eficiência quando ocorre um avanço tecnológico sem aumento populacional em uma economia.

Figura 23.11. Avanço tecnológico sem aumento populacional e o novo estado estacionário

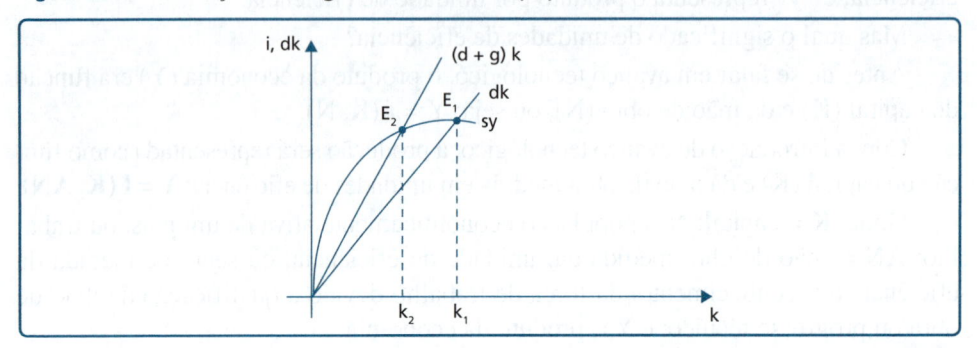

Em E_2, que representa o estado estacionário com avanço tecnológico e, portanto, com aumento da unidade de eficiência, **"k", que é o capital por unidade de eficiência**, é constante. Como y = f(k), então **"y", que é o produto por unidade de eficiência**, também é constante. Como o número de unidades de eficiência por trabalhador cresce à taxa "g", o **produto por trabalhador** também crescerá à taxa "g" e o produto total, caso não haja aumento populacional, também crescerá à taxa "g". Observe:

$$y = \frac{Y}{AN}$$

Quando se multiplicam ambos os lados por "A", tem-se:

$$Ay = \frac{Y}{AN} \times A \quad \text{ou} \quad Ay = \frac{Y}{N}$$

Isso que mostra que o produto por trabalhador $\left(\frac{Y}{N}\right)$ é igual ao produto por trabalhador efetivo (y) multiplicado pela medida de eficiência (A). Como "A" cresce à taxa "g", o produto por trabalhador $\left(\frac{Y}{N}\right)$ também irá crescer à taxa "g". É importante ficar atento à distinção entre produto por unidade de eficiência (que permanece constante no estado estacionário) e o produto por trabalhador (que cresce à taxa "g").

---
[11] N. Gregory Mankiw, *Macroeconomia*, p. 69.

23.6. AVANÇO TECNOLÓGICO — EM TERMOS DE QUANTIDADE POR UNIDADE DE EFICIÊNCIA E AUMENTO POPULACIONAL

Supondo, agora, que, além do avanço tecnológico que se dá a taxas constantes, g, haja um aumento populacional à taxa n. Com o **avanço tecnológico**, cada trabalhador produz mais por intervalo de tempo e, por isso, o trabalho efetivo aumenta por duas razões: o aumento da **produtividade**; e o aumento absoluto da **mão de obra**. Isso faz com que a taxa de **crescimento do produto total** seja igual a (n + g). No estado estacionário, tanto o capital por unidade de eficiência quanto o produto por unidade de eficiência são constantes e, por isso, suas taxas de crescimento são iguais a zero. Porém, o produto por trabalhador e o capital por trabalhador crescem a uma taxa igual à taxa de avanço tecnológico, g.

Sachs e Larrain afirmam: "(...) quando há uma taxa positiva de variação tecnológica que aumenta o uso da mão de obra, no equilíbrio do estado estável a produção aumenta à taxa n + g, a soma do crescimento da força de trabalho mais a taxa de variação tecnológica. No estado estável, o produto por trabalhador real e o capital por trabalhador real, contudo, crescem à taxa g, a taxa de variação tecnológica. Portanto, a taxa de variação tecnológica determina a taxa no estado estável de crescimento da renda *per capita*, ou seja, o crescimento do produto por pessoa"[12].

Para Solow, a única coisa que explica **o crescimento no longo prazo** é o progresso tecnológico, porque permite sucessivos deslocamentos da função de produção, fazendo com que a produção por trabalhador também aumente. Mas ele não explicou a origem dessa fonte nem a sua forma de aceleração. Mostra também que a **taxa de poupança** é uma variável muito importante na determinação do estoque de capital e produto no estado estacionário, muito embora só promova o crescimento até que se atinja esse estado estacionário.

Com base no quadro desenvolvido por Mankiw[13], observe a seguir o valor das taxas de crescimento no estado estacionário do modelo de Solow, com uma **taxa de progresso tecnológico (g)** e uma **taxa de crescimento populacional (n)**:

VARIÁVEL	TAXA DE CRESCIMENTO
Capital por unidade de eficiência	0
Produto por unidade de eficiência	0
Produto por trabalhador	g
Produto total	n + g

---

[12] Jeffrey D. Sachs e Felipe B. Larrain, *Macroeconomia*, p. 612.
[13] N. Gregory Mankiw, *Macroeconomia*, p. 70.

23.7. RESÍDUO DE SOLOW

O crescimento percentual do produto total deve-se ao avanço tecnológico ou ao crescimento percentual da mão de obra (N) e do capital (K) ponderados por sua participação no produto (s_N ou s_K). Observe a fórmula a seguir:

$$\frac{\Delta Y}{Y} = \frac{\Delta T}{T} + s_N \frac{\Delta N}{N} + s_K \frac{\Delta K}{K}$$

Onde: $\Delta Y/Y$ = taxa de crescimento total do produto; $\Delta T/T$ = taxa de crescimento da tecnologia; $\Delta N/N$ = taxa de crescimento da mão de obra; $\Delta K/K$ = taxa de crescimento do capital; s_N = ponderação da participação da mão de obra na produção; e s_k = ponderação da participação do capital na produção.

De tal maneira que: $s_N + s_k = 1$ ou $s_N = 1 - s_K$, logo:

$$\frac{\Delta Y}{Y} = \frac{\Delta T}{T} + (1 - s_k)\frac{\Delta N}{N} + s_k \frac{\Delta K}{K}$$

$$\frac{\Delta Y}{Y} = \frac{\Delta T}{T} + \frac{\Delta N}{N} + s_k \left(\frac{\Delta K}{K} - \frac{\Delta N}{N}\right)$$

$$\frac{\Delta Y}{Y} - \frac{\Delta N}{N} = \frac{\Delta T}{T} + s_k \left(\frac{\Delta K}{K} - \frac{\Delta N}{N}\right)$$

Onde:

$\frac{\Delta Y}{Y} - \frac{\Delta N}{N}$ = taxa de crescimento do produto por trabalhador;

$s_k \left(\frac{\Delta K}{K} - \frac{\Delta N}{N}\right)$ = taxa de crescimento do capital por trabalhador ponderada pela elasticidade do produto em relação ao capital.

$\Delta T/T$ não pode ser observado diretamente e, portanto, para determiná-lo é necessário isolá-lo na função. Então: $\Delta T/T = (\Delta Y/Y) - (\Delta N/N) - s_k (\Delta K/K - \Delta N/N)$, onde: $\Delta T/T$ = será denominado **resíduo de Solow**.

Ou seja, para se determinar o crescimento tecnológico, subtrai-se do crescimento do produto *per capita* o crescimento do capital por trabalhador ponderado pela sensibilidade do produto em relação ao capital.

23.8. REGRA DE OURO

A **regra de ouro** é o estado estacionário que maximiza o consumo. Pela regra de ouro, onde o consumo é máximo, tem-se: y = c + i, onde: y = produto por trabalhador; c = consumo por trabalhador; e i = investimento por trabalhador.

c = y – i ou c = f(k) – dk

Onde: d = taxa de depreciação; e k = capital por trabalhador. Lembre-se que pelo fato de ser um estado estacionário, i = dk.

O **estado estacionário ótimo** é aquele que maximiza o consumo. O consumo máximo é aquele em que a derivada primeira do consumo em relação ao capital é igual a zero.

Assim, pode-se determinar a regra de ouro supondo três situações, descritas nos *itens 23.8.1, 23.8.2 e 23.8.3*.

23.8.1. Regra de ouro sem progresso técnico e sem aumento populacional

Derivando-se a função consumo por trabalhador (c) em relação ao capital por trabalhador (k), tem-se: dc/dk = 0

Logo: f'k – d = 0 ou y' – d = 0

$$f'k = d \text{ ou } y' = d$$

Onde: f'k ou y' = derivada primeira do produto por trabalhador em função do capital por trabalhador.

Exemplo: seja dada a função produto por trabalhador: $y = k^{1/2}$.

O estado estacionário ótimo é aquele em que ocorre a regra de ouro, ou o consumo máximo, ou aquele em que a derivada primeira do produto por trabalhador (y' ou f'k) é igual à **taxa de depreciação (d)** do capital, ou seja:

y' = d

$1/2 \times k^{-1/2} = d$

Considerando que seja dada a seguinte informação: d = 0,05, então:

k = 100 e y = 10.

Aproveitando, pode-se, nesse ponto, determinar a taxa de poupança.

No estado estacionário, tem-se:

sy = dk

s × 10 = 0,05 × 100

s = 0,5

Numa função de Cobb Douglas, a taxa de poupança no estado estacionário ótimo é igual ao expoente do capital.

$Y = k^{1/2} \times L^{1/2}$, logo: s = 1/2 = 0,5

Ou é igual ao expoente do capital por trabalhador: $y = k^{1/2}$.

23.8.2. Regra de ouro sem progresso técnico e com aumento populacional

Com aumento populacional, deve-se derivar a função consumo por trabalhador em relação ao capital por trabalhador (f'k) e igualar a soma da taxa de depreciação (d) com a taxa de crescimento populacional (n).

$$f'k = d + n$$

O estado estacionário é sy = (d + n) k.

Observe o seguinte exemplo: dada a função $y = k^{1/2}$, o estado estacionário ótimo é aquele em que ocorre a regra de ouro, ou o consumo máximo, ou aquele em que a derivada primeira do produto por trabalhador é igual à **taxa de depreciação (d)** mais a **taxa de aumento populacional (n)**, ou seja: y'= d + n.

Considerando que sejam dadas as seguintes informações: d = 0,05 e n = 0,05:

$1/2\ k^{-1/2} = 0{,}05 + 0{,}05$

$\dfrac{1}{k^{1/2}} = 0{,}2$

$\dfrac{1}{0{,}2} = k^{1/2}$

$k^{-1/2} = 0{,}2$

$k^{1/2} = 5$

$k = 25$

$y = 5$

23.8.3. Regra de ouro com progresso técnico e com aumento populacional

Nessa situação, com progresso tecnológico, ocorre o estado estacionário ótimo, ou seja, o estado estacionário que maximiza o consumo por unidade de eficiência da mão de obra.

Seguindo o mesmo raciocínio dos itens anteriores, o estado estacionário ótimo, seguindo a regra de ouro, é aquele em que a derivada primeira do produto por unidade de eficiência da mão de obra é igual à soma da **taxa de depreciação (d), da taxa de avanço tecnológico (g) e da taxa de crescimento populacional (n)**.

$$f'k = d + g + n$$

O estado estacionário é $sy = (d + n + g)\ k$.

Observe o seguinte exemplo: dada a função: $y = k^{1/2}$, o estado estacionário ótimo é aquele em que ocorre a regra de ouro, ou o consumo máximo, ou aquele em que a derivada primeira do produto por trabalhador é igual à **taxa de depreciação (d) mais a taxa de aumento populacional (n) mais a taxa de progresso técnico (g)**, ou seja:

1. Os níveis de k e y no estado estacionário:
$sy = (d + n + g)\ k$
Dados: s = 0,15; d = 0,05; n = 0,04; g = 0,03, substituindo na fórmula, tem-se:
k = 25/16 e y = 5/4

2. Os níveis de k e y no estado estacionário ótimo:
$f'k = d + g + n$
$1/2\ k^{-1/2} = 0{,}05 + 0{,}03 + 0{,}04$
k = 17,37
y = 4,17

3. A taxa de poupança que conduz a economia ao nível ótimo de capital é:
$sy = (d + n + g)\ k$
$s \times 4{,}17 = (0{,}05 + 0{,}03 + 0{,}04)\ 17{,}37$
s = 0,5

ou, simplesmente, observa-se o expoente de k na função, que, no exemplo, é igual a 1/2 ou 0,5.

23 ■ Crescimento de Longo Prazo

■ 23.8.4. Quadro-resumo

	SEM AUMENTO POPULACIONAL E SEM PROGRESSO TÉCNICO	COM AUMENTO POPULACIONAL E SEM PROGRESSO TÉCNICO	COM AUMENTO POPULACIONAL E COM PROGRESSO TÉCNICO
ESTADO ESTACIONÁRIO	$sy = dk$	$sy = (d + n)k$	$sy = (d + g + n)k$
ESTADO ESTACIONÁRIO NA REGRA DE OURO	$f'k = d$	$f'k = d + n$	$f'k = d + g + n$

TAXA DE CRESCIMENTO DO →	PRODUTO POR TRABALHADOR (y)	PRODUTO TOTAL (Y)	PRODUTO POR UNIDADE DE EFICIÊNCIA $\left(\dfrac{Y}{AN}\right)$
AUMENTO POPULACIONAL À TAXA "n"	–	n	–
AVANÇO TECNOLÓGICO À TAXA "g"	g	g	–
AVANÇO TECNOLÓGICO À TAXA "g" E AUMENTO POPULACIONAL À TAXA "n"	g	g + n	–

■ 23.9. QUESTÕES

1. (Economista — Eletronorte — UFRJ — NCE — 2006) O resíduo de Solow tenta captar a importância dos choques tecnológicos. Ele mede:
   a) A variação percentual do consumo antes e depois do choque tecnológico.
   b) A variação percentual do Produto menos a variação percentual dos insumos ponderados por sua participação no Produto.
   c) A variação percentual do Produto menos a média da variação dos insumos.
   d) A variação do investimento nos setores de rápido desenvolvimento tecnológico menos a variação do investimento em setores menos dinâmicos tecnologicamente.
   e) A variação percentual do investimento.

2. (Analista — UFRJ — FINEP — MCT — NCE — 2006) Para a moderna macroeconomia novo-clássica, o resíduo de Solow é um instrumento de mensuração do progresso tecnológico. Esse resíduo mede a variação:
   a) Do estoque de capital empregado que não pode ser medido pela variação do Produto.
   b) Do estoque de mão de obra empregado não vinculado à variação do Produto.
   c) Do Produto que não pode ser explicado pela variação nos estoques de capital e trabalho empregados.
   d) Do Produto que pode ser explicado pela variação nos estoques de capital e trabalho empregados.
   e) Percentual dos insumos dividido pela variação percentual do produto num dado período.

3. (Economista — NCE — UFRJ — BNDES — 2005) Sobre o Modelo de Crescimento de Solow, é correto afirmar que:
   a) Sem a presença de progresso técnico, uma redução da propensão a poupar levará necessariamente a um aumento do consumo por trabalhador.
   b) Sem a presença de progresso técnico, quanto maior a propensão a poupar, maior será a taxa de crescimento do Produto por trabalhador no longo prazo.
   c) Sem a presença de progresso técnico, no longo prazo, a relação Produto/capital crescerá à medida que se eleva a taxa de crescimento da força de trabalho.

d) Sem a presença de progresso técnico, o nível ótimo de capital por trabalhador estabelecido pela "Regra de Ouro" é aquele que maximiza a taxa de crescimento do Produto por trabalhador no longo prazo.
e) Na presença de progresso técnico, no estado estacionário, a taxa de crescimento do Produto por trabalhador será igual à taxa de crescimento da eficiência do trabalho.

4. (Consultor do Senado Federal — Política Econômica — UNB — CEBRASPE — 2002) Com base no modelo de crescimento econômico proposto por Robert Solow, julgue os itens a seguir.
a) Ignorado o efeito do progresso técnico, o estado estacionário pode ser determinado pelo ponto em que o montante de poupança é apenas suficiente para cobrir a depreciação do estoque de capital existente.
b) Ainda ignorando o efeito do progresso técnico, uma mudança na razão entre poupança nacional e Produto não irá provocar uma mudança permanente na taxa de crescimento do Produto.
c) A taxa de poupança afeta o nível de Produto por trabalhador a longo prazo.
d) O resíduo obtido após a subtração das fontes identificáveis de crescimento econômico é, na grande maioria dos casos, insignificante, e decorre, fundamentalmente, de mudanças na produtividade total dos fatores.
e) O modelo proposto por Solow explica o fenômeno da convergência nos níveis de renda entre os países pobres e ricos, observada ao longo dos últimos 50 anos.

5. (AFRF — ESAF — 2002) Com base no Modelo de Crescimento de Solow, é incorreto afirmar que:
a) Mudanças na taxa de poupança resultam em mudanças no equilíbrio no estado estacionário.
b) Quanto maior a taxa de poupança, maior o bem-estar da sociedade.
c) Um aumento na taxa de crescimento populacional resulta num novo estado estacionário em que o nível de capital por trabalhador é inferior em relação à situação inicial.
d) No estado estacionário, o nível de consumo por trabalhador é constante.
e) No estado estacionário, o nível de Produto por trabalhador é constante.

6. (Economista — UFRJ — AGU — NCE — 2006 — adaptada) Para tentar medir o papel dos choques tecnológicos nos ciclos econômicos, muitos economistas utilizam o resíduo de Solow. Sobre o resíduo de Solow, analise as seguintes afirmativas:
I. Mede a variação percentual do Produto menos a variação percentual dos insumos, ponderando os insumos por sua participação no Produto.
II. É considerado, por vários autores, uma medida de progresso tecnológico.

7. (AFRF — ESAF — 2003) Com relação ao modelo de crescimento de Solow, é correto afirmar que, no equilíbrio de longo prazo:
a) Quanto maior for a taxa de depreciação, maior será o estoque de capital por trabalhador.
b) A taxa de crescimento do Produto por trabalhador é igual à taxa de depreciação.
c) Quanto maior for a taxa de poupança, maior será o consumo por trabalhador.
d) Quanto maior for a taxa de crescimento populacional, maior será o estoque de capital por trabalhador.
e) Quanto maior a taxa de poupança, maior será o estoque de capital por trabalhador.

8. (Consultor do Senado Federal — Política Econômica — UNB — CEBRASPE — 2002) Ainda a respeito da questão da acumulação de capital, julgue os itens seguintes.
a) Com base no modelo de Solow e, considerando que o estoque de capital é formado por capital físico e humano, pode-se afirmar que o aumento da taxa de poupança deixa de ter impacto importante na determinação do nível de Produto por trabalhador.
b) Ainda considerando o modelo de Solow, pode-se afirmar que a taxa de crescimento estacionário não é afetada quando se consideram os efeitos do progresso tecnológico.

c) De acordo com o modelo de Solow, uma maior taxa de crescimento populacional está relacionada a uma maior renda *per capita*.
d) No modelo de crescimento de Solow, uma elevação da propensão marginal a poupar eleva a taxa de crescimento.

9. (ARFR — ESAF — 2002.II) Com relação ao modelo de Solow, é incorreto afirmar que:
a) O estado estacionário que maximiza o consumo é aquele definido pela denominada regra de ouro;
b) A taxa de poupança determina a quantidade do estoque de capital por trabalhador; portanto, o nível do Produto por trabalhador no estado estacionário;
c) Quanto maior a taxa de poupança, maior o bem-estar da sociedade;
d) O estado estacionário pode ser considerado como um equilíbrio de longo prazo;
e) Somente o progresso tecnológico explica o crescimento de longo prazo.

10. (AFRF — ESAF — 2002.II) Considere os seguintes dados para o modelo de crescimento de Solow: k = estoque de capital por trabalhador; d = taxa de depreciação; y = Produto por trabalhador; s = taxa de poupança. Sabendo-se que $y = (k)^{0,5}$, d = 0,1, s = 0,4, os níveis de k e y no estado estacionário serão respectivamente:
a) 16 e 04.
b) 16 e 08.
c) 04 e 16.
d) 04 e 08.
e) 04 e 12.

11. (UNB — CEBRASPE — 2003 — adaptada) Tendo em vista o modelo de crescimento de Solow, classifique como verdadeira ou falsa cada uma das seguintes afirmativas:
a) Nas ausências de progresso técnico, quando a produtividade marginal do capital for igual à soma da taxa de crescimento da população e da taxa de depreciação, o consumo *per capita* será máximo.
b) A propensão a poupar, determinante do nível de investimento, é a variável mais relevante na determinação da taxa de crescimento do Produto de longo prazo.
c) Se o capital atinge o nível definido pela regra de ouro, o consumo *per capita* no estado estacionário é máximo.
d) Um aumento na taxa de poupança aumenta permanentemente a taxa de crescimento do Produto *per capita*.
e) Na ausência de progresso tecnológico, o conceito de equilíbrio estacionário refere-se às condições requeridas para manter inalterado o estoque de capital *per capita* da economia.

12. (ANPEC — CEBRASPE — 2000 — adaptada) Dado um modelo de Solow com as seguintes especificações:
$y = k^{1/2}$
$s = 0,2$
$\delta = 0,05$
$n = 0$
em que y corresponde à produção *per capita*, k ao capital *per capita*, s é a taxa de poupança, δ é a taxa de depreciação e n é a taxa de crescimento populacional, pergunta-se: qual será o nível de produção *per capita* no estado estacionário?
a) k = 4; y = 16.
b) k = 16; y = 4.
c) k = 100; y = 10.
d) k = 10; y = 100.
e) k = 64; y = 8.

13. (ANPEC — 2000) Indique se as afirmativas — todas relacionadas com o crescimento de longo prazo — são falsas ou verdadeiras:
   a) De acordo com o modelo de Solow uma maior taxa de crescimento populacional está relacionada a uma maior renda *per capita*.
   b) Devido à diferença dos estoques de capital físico *per capita*, um trabalhador médio em um país industrializado é mais produtivo que um trabalhador médio em um país em desenvolvimento.
   c) Devido à presença de externalidades, o acúmulo de capital humano tem efeitos ambíguos sobre o crescimento.
   d) Reduções prolongadas de PIB *per capita*, como as que ocorreram no Congo (Zaire) e Venezuela nas últimas décadas, corroboram a hipótese de convergência.

14. (ANPEC — CEBRASPE — 2001) Indique se as proposições abaixo, todas relacionadas ao modelo de crescimento de Solow, são falsas ou verdadeiras:
   a) No modelo com retornos constantes de escala, a produtividade marginal do capital é constante.
   b) No estado estacionário de uma economia com crescimento da população, o consumo equivale ao Produto menos a depreciação do capital.
   c) Um aumento na taxa de poupança aumenta permanentemente a taxa de crescimento do Produto *per capita*.
   d) Uma queda na taxa de crescimento populacional está associada a um aumento da renda *per capita* e a uma queda na taxa de crescimento do Produto.
   e) Se a economia opera com capital superior àquele previsto pela regra de ouro, uma queda na taxa de poupança determinará níveis de consumo superiores ao original, tanto no curto quanto no longo prazo.

15. (ANPEC — CEBRASPE — 2002) Indique se as proposições abaixo, relativas ao modelo de Solow, são verdadeiras ou falsas:
   a) No estado estacionário com crescimento da população, o estoque de capital da economia cresce ao longo do tempo.
   b) Na ausência de progresso tecnológico, o conceito de equilíbrio estacionário refere-se às condições requeridas para manter inalterado o estoque de capital *per capita* da economia.
   c) Na ausência de progresso tecnológico, uma redução da taxa de crescimento populacional aumenta a taxa de crescimento do Produto *per capita* correspondente ao estado estacionário.
   d) Uma redução da taxa de poupança conduz a economia a um estado estacionário em que o Produto *per capita* é menor.
   e) No estado estacionário com progresso tecnológico, o Produto *per capita* cresce à taxa $(g + n)$, em que g é a taxa de progresso tecnológico e n a taxa de crescimento da população.

16. (ANPEC — CEBRASPE — 2002) Indique se as proposições são falsas ou verdadeiras:
   a) Em uma economia que se encontra em um ponto acima do estado estacionário, o investimento supera a depreciação do capital.
   b) Se o capital atinge o nível definido pela regra de ouro, o consumo *per capita* no estado estacionário é máximo.
   c) Considere dois países para os quais os parâmetros definem um mesmo estado estacionário. Segundo o modelo de Solow, o país mais pobre tenderá a crescer mais rapidamente do que o mais rico.

17. (Analista do Bacen — ESAF — 2002) Considere o modelo de crescimento de Solow sem crescimento populacional e progresso tecnológico. Suponha as seguintes informações:

$y = k^{0,5}$
$\delta = 0,05$
Onde: y = Produto por trabalhador; k = estoque de capital por trabalhador; δ = taxa de depreciação.
Com base nestas informações, os níveis de Produto por trabalhador; estoque de capital por trabalhador; taxa de poupança; investimento por trabalhador; e consumo por trabalhador, no estado estacionário e supondo a "regra de ouro" são, respectivamente:
  a) 10; 100; 0,25; 3; 7.
  b) 5; 25; 0,5; 2,5; 2,5.
  c) 5; 25; 0,5; 3; 2.
  d) 10; 100; 0,5; 5; 5.
  e) 10; 100; 0,25; 4; 6.

18. (Provão do MEC — 2000) Segundo o modelo de crescimento neoclássico (Solow), a elevação permanente da taxa de investimento de uma economia causa aumento, no nível do PIB *per capita* e em sua taxa de crescimento?
  a) Sim, permanente em ambos.
  b) Sim, permanente e temporário, respectivamente.
  c) Sim, temporário em ambos.
  d) Sim, temporário e permanente, respectivamente.
  e) Sim, temporário, mas só no PIB *per capita*.

19. (AFRF — ESAF — 2003) Com relação ao modelo de crescimento de Solow, é correto afirmar que, no equilíbrio de longo prazo:
  a) quanto maior for a taxa de depreciação, maior será o estoque de capital por trabalhador.
  b) a taxa de crescimento do Produto por trabalhador é igual à taxa de depreciação.
  c) quanto maior for a taxa de poupança, maior será o consumo por trabalhador.
  d) quanto maior for a taxa de crescimento populacional, maior será o estoque de capital por trabalhador.
  e) quanto maior a taxa de poupança, maior será o estoque de capital por trabalhador.

20. (Técnico de Pesquisa e Planejamento do IPEA — ESAF — 2004) Considere o modelo de crescimento de Solow com as seguintes informações:
$y = k^{0,5}$
$\delta = 0,1$
$s = 0,3$
onde: y = Produto por trabalhador; k = estoque de capital por trabalhador; s = taxa de poupança; e δ = taxa de depreciação.
Com base nessas informações, os valores do estoque de capital por trabalhador, Produto por trabalhador e consumo por trabalhador, no equilíbrio de longo prazo, são, respectivamente:
  a) 9; 3; 1,5.
  b) 16; 4; 2,5.
  c) 9; 3; 2,1.
  d) 16; 4; 2,1.
  e) 25; 5; 2,5.

21. (Técnico de Pesquisa e Planejamento do IPEA — ESAF — 2004) Considere o modelo de crescimento de Solow. Suponha que o nível inicial de capital por trabalhador seja menor do

que o nível ótimo de equilíbrio de longo prazo dado pela "regra de ouro". Nessa situação, é correto afirmar que:
a) A autoridade econômica não poderá melhorar a situação da sociedade alterando a taxa de poupança.
b) A autoridade econômica pode melhorar a situação da sociedade reduzindo a taxa de poupança.
c) A autoridade econômica pode melhorar a situação da sociedade reduzindo ainda mais o estoque de capital para estimular o consumo.
d) Se a autoridade econômica deseja alcançar o nível ótimo de equilíbrio de longo prazo, será necessário restringir o consumo no presente.
e) Mantendo a taxa de poupança, a economia crescerá a taxas crescentes até alcançar o equilíbrio de longo prazo dado pela "regra de ouro".

22. (AFRF — ESAF — 2002) Considere as seguintes informações:
Função de produção: $Y = K^{1/2} \times L^{1/2}$; onde K = estoque de capital e L = estoque de mão de obra
Taxa de poupança: 0,3
Taxa de depreciação: 0,05
Considerando o modelo de Solow sem progresso técnico e sem crescimento populacional, o estoque de capital por trabalhador no estado estacionário será de:
a) 36,0.
b) 6,7.
c) 15,2.
d) 5,0.
e) 2,0.

23. (AFRF — ESAF — 2009) Considere o Modelo de Solow dado pelas seguintes equações e informações:
$y = k^{0,5}$
$\delta = 0,05$
onde: y = Produto por trabalhador; k = estoque de capital por trabalhador; e δ = taxa de depreciação.
Supondo a taxa de crescimento populacional igual a zero, a taxa ótima de poupança dada pela "regra de ouro" gera um nível ótimo de investimento por trabalhador igual a:
a) 5,0.
b) 2,5.
c) 10,0.
d) 25,0.
e) 1,5.

24. (Economista — FCC — DNOCS — 2010) No modelo de crescimento neoclássico de Solow, supondo-se nulo o crescimento da força de trabalho e inexistência de melhorias tecnológicas, a economia tende para um estado estacionário cujo valor é medido:
a) pelo produto da propensão marginal a poupar pela taxa de depreciação da economia.
b) pelo quociente entre a propensão marginal a consumir e a propensão marginal a poupar.
c) pela multiplicação da propensão marginal a consumir pela taxa de depreciação da economia.
d) pelo quociente da taxa de poupança pela taxa de depreciação da economia.
e) pela soma da taxa de poupança com a propensão marginal a consumir da economia.

25. (Economista — Companhia Docas do Estado de São Paulo — FGV — 2010) Sobre o modelo de crescimento de Solow, analise as seguintes afirmativas:
I. No longo prazo, o produto *per capita* cresce a uma taxa igual à soma da taxa de crescimento populacional com a taxa de progresso tecnológico.

II. Países mais pobres sempre crescem mais rápido que países ricos.
III. *Ceteris paribus*, países com uma taxa de poupança apresentam um produto de estado estacionário maior.

Assinale:
a) Se apenas a afirmativa I estiver correta.
b) Se apenas a afirmativa II estiver correta.
c) Se apenas a afirmativa III estiver correta.
d) Se apenas a afirmativa I e II estiverem corretas.
e) Se apenas a afirmativa I e III estiverem corretas.

26. (ECT — CEBRASPE — 2011) Entre as teorias que se propõem a examinar as questões ligadas ao crescimento econômico, destacam-se os modelos keynesianos e neoclássicos. Com relação a esses modelos, julgue os próximos itens.
a) De acordo com o modelo básico de Solow, países com taxas mais elevadas de crescimento populacional deveriam apresentar maiores taxas de crescimento econômico.
b) Dois países com a mesma taxa de crescimento populacional e com acesso às mesmas tecnologias terão os mesmos níveis de produção e renda no estado estacionário.
c) No modelo neoclássico de crescimento econômico, uma diminuição da taxa de poupança conduz à redução da relação capital-trabalho e da renda *per capita*, que prevalece no estado estacionário.

27. (BNDES — CESGRANRIO — 2011) No modelo neoclássico de crescimento econômico de Solow, sem progresso tecnológico, uma economia se encontra inicialmente no estado estacionário. Se houver um aumento permanente da taxa de poupança, a taxa de crescimento da renda *per capita*
a) aumenta permanentemente.
b) aumenta apenas a curto prazo.
c) aumenta a longo prazo apenas se o consumo aumentar.
d) diminui devido à falta de demanda agregada.
e) diminui se a taxa de crescimento da força de trabalho aumentar.

(ISS/SP — FCC — 2012) Instrução: Para responder às duas próximas questões sobre a aplicação do modelo de Solow a uma economia, considere as informações a seguir:
Função de produção: $y = k^{1/2}$
Taxa de poupança: $s = 30\%$
onde: y = produto por trabalhador; k = estoque de capital por trabalhador; e s = proporção da poupança por trabalhador em relação ao produto por trabalhador = taxa de poupança.

28. Se, no estado estacionário, o estoque de capital por trabalhador for igual a 36, a taxa de depreciação dessa economia será igual a
a) 2%.
b) 4%.
c) 5%.
d) 8%.
e) 10%.

29. A taxa de poupança que maximiza o consumo por trabalhador (regra de ouro) nessa economia é igual a
a) 50%.
b) 60%.
c) 40%.
d) 75%.
e) 45%.

30. (Petrobras — CESGRANRIO — 2012) Considere o modelo de crescimento econômico de Solow com progresso técnico aumentando a efetividade da mão de obra à taxa de 2% ao ano. Nesse modelo, a renda *per capita*
   a) cresce a taxas menores que 2% ao ano, quando a economia evolui no estado estacionário.
   b) cresce a taxas menores que 2% ao ano, quando a economia evolui a curto prazo.
   c) diminui se a taxa de poupança aumentar, reduzindo a demanda agregada.
   d) diminui se houver desemprego estrutural, causado pelas mudanças tecnológicas.
   e) percorre uma trajetória temporal mais elevada, se a taxa de poupança aumentar.

31. (Gestor público municipal — Prefeitura de São José dos Campos — VUNESP — 2012) A tecnologia disponível para as empresas, incluindo pesquisa e desenvolvimento, não é afetada pelas ações das empresas. Portanto, a tecnologia no modelo de Solow é:
   a) endógena.
   b) endêmica.
   c) constante.
   d) exógena.
   e) variável.

32. (Porto de Santos — VUNESP — 2011) São pressupostos do modelo de crescimento de Solow:
   I. função de produção com retornos crescentes de escala;
   II. progresso tecnológico endógeno;
   III. taxa de depreciação constante.
   Está correto o contido em:
   a) I, somente.
   b) III, somente.
   c) I e II, somente.
   d) I e III, somente.
   e) I, II e III.

33. (BNDES — CESGRANRIO — 2013) Considere uma economia representada pelo modelo de crescimento neoclássico de Solow e inicialmente em estado estacionário. Se ocorrer uma redução na taxa de crescimento demográfico nessa economia haverá um(a)
   a) aumento, a curto prazo, da taxa de poupança;
   b) aumento, no novo estado estacionário, da taxa de juros real;
   c) aumento, no novo estado estacionário, da renda *per capita*;
   d) redução, a longo prazo, da produção *per capita* de bens e serviços;
   e) redução, a longo prazo, da taxa de poupança.

34. (AFC — TN — ESAF — 2013) De acordo com o modelo de crescimento econômico de Solow:
   a) na ausência de progresso tecnológico, uma redução da taxa de crescimento populacional aumenta a taxa de crescimento do produto *per capita* correspondente ao estado estacionário.
   b) nos estágios acima do estado estacionário, o investimento é superior à depreciação do capital.
   c) no estado estacionário, com progresso tecnológico, o produto *per capita* cresce à taxa (g + n), em que g é a taxa de progresso tecnológico e n a taxa de crescimento populacional.
   d) uma elevação da taxa de crescimento populacional altera o estado estacionário ao reduzir o estoque de capital *per capita*.
   e) economias com elevado nível de poupança possuem grande estoque de capital, o que garante a manutenção do crescimento sustentado por um longo período.

35. (Supervisor de Pesquisas — IBGE — Geral — CESGRANRIO — 2016) Considere certa economia representada pelo modelo neoclássico de crescimento de Solow, sem progresso técnico, e com a população crescendo à taxa de n% ao ano.

Nesse modelo, se a taxa de poupança da economia variar de S_0 para S_1, sendo $S_0 < S_1$, a(o)
  a) taxa de crescimento do produto *per capita* no estado estacionário aumenta, devido à maior poupança.
  b) taxa de crescimento do produto *per capita* aumenta a curto prazo, devido à maior poupança.
  c) taxa de crescimento do produto *per capita* mantém-se igual a zero a curto prazo, devido à recessão gerada pela queda na demanda agregada.
  d) nível de produto *per capita* diminui a curto prazo, devido à recessão gerada pela queda na demanda agregada.
  e) nível de produto *per capita* permanece o mesmo no estado estacionário, devido à compensação entre os diversos efeitos.

36. (Auditor de Controle Externo — TCE-PA — Administrativa — Economia — CEBRASPE — 2016) A respeito das atribuições governamentais relativas à economia, julgue o item a seguir.

Ao propor uma política econômica, o governo deve atentar para o fato de que o aumento da taxa de poupança pode proporcionar um estado estacionário de maior consumo, caso o produto marginal líquido seja maior que a taxa de crescimento da economia.

37. (Economista — SEP-PR — IDECAN — 2014) Um dos entraves para que um país alcance um maior nível de desenvolvimento econômico, segundo numerosos analistas, é o fato de ele ter uma baixa taxa de poupança. Logo, segundo o modelo de Solow, uma elevação da taxa de poupança conduz a um(a)
  a) aumento permanente na taxa de crescimento do produto *per capita*.
  b) aumento temporário da renda por trabalhador, pois o maior volume de poupança será convertido, posteriormente, em maior nível de consumo.
  c) elevação, já no curto prazo, do estoque de capital por trabalhador e da depreciação do capital e, consequentemente, de um maior nível de produto.
  d) aumento do estoque de capital, elevando temporariamente o crescimento do produto *per capita*, até atingir um nível mais elevado do que o anterior.
  e) redução inicial da renda *per capita*, devido à exigência de um aumento da poupança por cada habitante, mas, posterior mente, essa poupança se converte em colateral para aumento do investimento.

38. (Auditor de Controle Externo — TCE-PA — Fiscalização — Economia — CEBRASPE — 2016) Com relação aos agregados econômicos, ao papel do governo na economia e à teoria keynesiana, julgue o próximo item.

A política econômica pode influenciar a taxa de progresso tecnológico para gerar um crescimento prolongado da renda por trabalhador, por intermédio da criação de um sistema de patentes ou de agências governamentais que subsidiem pesquisas.

39. (Supervisor de Pesquisas — IBGE — Geral — CONSULPLAN — 2011 — adaptada) Julgue a alternativa.

No modelo de crescimento de Solow com tecnologia, no estado estacionário, o produto por trabalhador cresce à taxa de crescimento populacional, potencializado pela taxa de crescimento tecnológico.

40. (Analista de Pesquisa Energética — EPE — Economia de Energia — CESGRANRIO — 2014) No modelo de Solow, diversos componentes explicam o crescimento econômico de um país a longo prazo.

O componente residual presente no referido modelo (também conhecido como resíduo de Solow) corresponde à contribuição da(o)
a) poupança
b) população
c) força de trabalho
d) estoque de capital
e) progresso tecnológico

41. (Auditor-Fiscal Tributário Municipal (São Paulo) — Gestão Tributária — CETRO — 2014) Sobre crescimento de longo prazo, analise as assertivas abaixo.
I. No estado estacionário do modelo de Solow em que não há progresso técnico, a taxa de crescimento do produto real da economia será igual a zero.
II. No modelo de crescimento de Solow em estado estacionário, a renda depende da taxa de poupança da economia.
III. A "regra de ouro" consiste em determinar que taxa de poupança maximiza o consumo por trabalhador no estado estacionário.

É correto o que se afirma em
a) I e II, apenas.
b) II e III, apenas.
c) I e III, apenas.
d) I, II e III.
e) II, apenas.

42. (Supervisor de Pesquisas — IBGE — Geral — CESGRANRIO — 2014) No modelo de crescimento econômico neoclássico de Solow, com progresso tecnológico, a tendência da taxa de crescimento do produto real da economia é
a) igualar a taxa de desemprego
b) igualar a taxa de investimento
c) igualar a taxa de poupança
d) superar a taxa de crescimento populacional
e) superar a taxa de juros nominais

43. (Oficial de Inteligência/CEBRASPE/2018) As perspectivas continuam a apontar para um crescimento firme no Brasil, segundo os indicadores compostos avançados (ICA) da Organização para Cooperação e Desenvolvimento Econômico (OCDE) divulgados nesta segunda-feira.

OCDE aponta crescimento firme no Brasil.
Assis Moreira. In: *Valor Econômico*, 15/1/2018.

O crescimento econômico é uma preocupação constante dos formuladores de política econômica. No que se refere a esse assunto, abordado no texto precedente, julgue o próximo item. Segundo o modelo neoclássico de Solow, o nível de capital no estado estacionário é obtido pela intersecção da curva de investimento bruto com a linha reta que representa a depreciação efetiva para o capital.
( ) Certo
( ) Errado

44. (Oficial de Inteligência/CEBRASPE/2018) As perspectivas continuam a apontar para um crescimento firme no Brasil, segundo os indicadores compostos avançados (ICA) da Organização para Cooperação e Desenvolvimento Econômico (OCDE) divulgados nesta segunda-feira.

OCDE aponta crescimento firme no Brasil.
Assis Moreira. In: *Valor Econômico*, 15/1/2018.

O crescimento econômico é uma preocupação constante dos formuladores de política econômica. No que se refere a esse assunto, abordado no texto precedente, julgue o próximo item.

A regra de ouro da acumulação de capital estabelece que, ao fornecer a mesma quantidade de consumo aos membros das gerações atual e futura, a quantidade máxima de consumo per capita será igual ao consumo da regra de ouro. Isso ocorre porque, ao escolher a taxa de poupança, determina-se o nível de investimento e, com isso, obtém-se o nível de consumo.

( ) Certo
( ) Errado

45. (Oficial de Inteligência/CEBRASPE/2018) As perspectivas continuam a apontar para um crescimento firme no Brasil, segundo os indicadores compostos avançados (ICA) da Organização para Cooperação e Desenvolvimento Econômico (OCDE) divulgados nesta segunda-feira.

OCDE aponta crescimento firme no Brasil.
Assis Moreira. In: *Valor Econômico*, 15/1/2018.

O crescimento econômico é uma preocupação constante dos formuladores de política econômica. No que se refere a esse assunto, abordado no texto precedente, julgue o próximo item.

Os modelos de crescimento econômico com capital humano podem orientar a atuação política em duas frentes: a formação de capital físico e a acumulação de capital humano. Com o intuito de atingir um crescimento sustentado, a coordenação dessas ações deve assegurar que a taxa de crescimento da força de trabalho acrescida da melhoria da produtividade oriunda do treinamento da população seja supe-rior à taxa de crescimento do estoque de capital.

( ) Certo
( ) Errado

46. (Analista Legislativo (ALESE)/Economia/FCC/ 2018) A respeito das fontes do crescimento econômico, considere:

I. O PIB real de um país cresce quando a quantidade dos fatores de produção cresce ou quando avanços tecnológicos persistentes aumentam a produtividade do estoque de fatores de produção.

II. O crescimento do capital físico, do capital humano e os avanços tecnológicos, ao afetarem a produtividade do trabalho, podem gerar crescimento econômico.

III. A teoria clássica do crescimento trazia a visão de que o crescimento do PIB real *per capita* é temporário e de que, quando este estiver acima do nível de subsistência, um crescimento populacional acelerado o trará de volta ao nível de subsistência.

IV. A teoria neoclássica do crescimento sustenta que o PIB real *per capita* cresce devido às escolhas que as pessoas fazem em busca do lucro e que o crescimento pode persistir indefinidamente.

Está correto o que se afirma APENAS em

a) I e II.

b) I, III e IV.
c) II e IV.
d) IV.
e) I, II e III.

47. (FCC — Analista Legislativo (ALAP)/Atividade Orçamentária e Financeira e de Controle Interno/Economista/2020) Segundo a teoria do crescimento econômico,
   a) no modelo básico de Solow, a trajetória de crescimento de longo prazo é determinada pela igualdade entre a taxa de acumulação de capital e as taxas de crescimento populacional e de depreciação do estoque de capital.
   b) no modelo de crescimento endógeno de Paul Romer, a não rivalidade do bem conhecimento associada à inovação tecnológica produz retornos crescentes à escala, de forma que um aumento no investimento eleva a taxa de crescimento do produto *per capita* de longo prazo.
   c) o modelo básico de Solow presume a validade da lei de Say, de maneira que o investimento determina a poupança agregada, por meio da acumulação de capital.
   d) no modelo básico de Solow com progresso tecnológico, a taxa de crescimento de longo prazo da renda *per capita* pode ser permanentemente elevada por um aumento da taxa de investimento.
   e) no modelo básico de Solow, uma elevação na taxa de crescimento populacional implica uma elevação da taxa de crescimento *per capita* no estado estacionário.

48. (FGV — Técnico Superior Especializado (DPE RJ)/Economia/2019) Segundo o modelo de Solow, um aumento da taxa de poupança gera:
   a) aumento do nível de produção *per capita* no longo prazo;
   b) elevação permanente da taxa de crescimento da economia;
   c) menor nível de estoque de capital por trabalhador ao longo do tempo;
   d) no curto prazo, um excesso de estoque de capital por trabalhador em relação à depreciação do capital;
   e) impacto nulo na renda *per capita* no curto e longo prazo.

49. (FEPESE — Economista (CELESC)/2019) O modelo de Solow está entre as principais contribuições para explicar os determinantes do crescimento.
Sobre esse modelo, é correto afirmar que:
   a) o modelo assume retornos crescentes de escala, competição imperfeita entre firmas e produto diferenciado (não homogêneo).
   b) o modelo assume que a variável ganho de produtividade do trabalho é exógena e não depende da acumulação de capital.
   c) um dos resultados do modelo é que aumentos da taxa de acumulação de capital têm efeito de longo prazo sobre a taxa de crescimento do produto.
   d) um dos resultados do modelo é que em uma trajetória de estado estacionário (steady state), a taxa de crescimento do produto, é permanentemente mais alta do que a da força de trabalho.
   e) um dos resultados do modelo é que taxas de crescimento diferentes em distintos países podem ser explicadas pelo crescimento demográfico, mudanças nos termos de troca e endividamento externo.

50. (IADES — Diplomata /2019) Com relação aos modelos de crescimento econômico do pós--guerra, julgue o item a seguir.

Aumentos da taxa de poupança, no modelo de Solow, resultam em uma aceleração apenas temporária do crescimento de uma economia, uma vez que a função de produção apresenta retornos decrescentes de escala no capital.
( ) Certo
( ) Errado

51. IADES — Diplomata (Terceiro Secretário)/2019.

Com relação aos modelos de crescimento econômico do pós-guerra, julgue o item a seguir. De acordo com o modelo de Solow, quando a economia se encontra em crescimento balanceado, o estoque de capital e o produto crescem à mesma taxa, o que implica que a relação capital-produto permanece constante.
( ) Certo
( ) Errado

52. (CONSULPAM — Auditor Fiscal de Tributos (Pref Viana ES)/Economia/2019) O modelo de crescimento de Robert Solow preocupa- se em demonstrar que o produto per capita é uma função crescente da razão entre capital e trabalho. Logo, quando os formuladores de política econômica o usam devem ter por objetivo, no estado estacionário:
  a) Minimizar os efeitos da taxa de juros no consumo do trabalhador.
  b) Minimizar o desemprego informal.
  c) Maximizar a renda per capita do trabalhador.
  d) Maximizar o consumo por trabalhador.

53. (NEC UFMA — Economista (UFMA)/2019) De acordo com as AFIRMATIVAS seguintes, sobre os modelos de crescimento de longo prazo, qual está INCORRETA?
  a) Considere o modelo de Solow ampliado com educação. No longo prazo, o produto per capita depende tanto da taxa de poupança quanto do tempo destinado à acumulação de capital humano.
  b) Empiricamente, a proteção dos direitos de propriedade tem baixa correlação com o nível do PIB per capita dos países.
  c) A taxa de crescimento contínua gerada nos modelos de crescimento endógeno depende de variáveis como a taxa de poupança e, a taxa de gastos com educação.
  d) Uma economia que sustenta uma taxa mais elevada de progresso tecnológico ultrapassará, em última instância, todas as outras economias.
  e) A acumulação de capital, por si só, não é capaz de sustentar permanentemente o crescimento do produto per capita no modelo de Solow.

54. (COPS UEL — Economista (Londrina)/Serviço de Economia/2019) Considere o modelo de crescimento de Solow com função de produção Cobb-Douglas, dada por $Y = K^{0,5} L^{0,5}$, onde Y é o produto total da Economia, K é o estoque de capital, e L o número de trabalhadores. O crescimento populacional (n) é de 5%, a taxa de poupança (s) de 60%, e a depreciação do estoque de capital (d) de 25%. Nessa economia, não há progresso tecnológico (g = 0).

Com base nessas informações, assinale a alternativa que apresenta, correta e respectivamente, o rendimento de escala da função de produção e o estoque de capital por trabalhador (k) no estado estacionário.

a) Rendimento constante de escala e K = 2
b) Rendimento constante de escala e K = 2
c) Rendimento constante de escala e K = 4
d) Rendimento decrescente de escala e K = 2
e) Rendimento decrescente de escala e K = 4

55. (DES IFSUL — Economista (IF SUL)/2019/TAE Edital 150.2018) Considerando o modelo de crescimento econômico de Solow, é INCORRETO afirmar:
   a) Quanto mais alta a taxa de crescimento populacional de uma economia, mais baixo o nível de capital por trabalhador no estado estacionário e a produção por trabalhador no estado estacionário.
   b) No longo prazo, a taxa de poupança de uma economia determina o tamanho do seu estoque de capital e, portanto, seu respectivo nível de produção.
   c) O modelo mostra que, no longo prazo, quanto mais baixa a taxa de poupança, maior o estoque de capital e mais alto o nível de produção.
   d) No modelo, um aumento na taxa de poupança exerce um efeito de nível na renda *per capita*: acarreta um período de rápido crescimento e entretanto, esse crescimento acaba se desacelerando à medida que o novo estado estacionário vai sendo alcançado.

56. (ANPEC — Exame de Seleção Nacional (ANPEC)/2019/"2020") Com base no Modelo de Solow, avalie a seguinte afirmativa como certo ou errado:
Em um Modelo com Progresso Técnico, o produto *per capita* cresce no estado estacionário à taxa (g + n), em que g é a taxa de progresso tecnológico e n é a taxa de crescimento populacional.
   ( ) Certo
   ( ) Errado

57. (CS UFG — Economista (UFG)/2019) O modelo de Solow evidencia no estado estacionário que o investimento é igual à taxa de
   a) depreciação do estoque de capital.
   b) acumulação da poupança.
   c) crescimento populacional.
   d) acumulação do progresso técnico.

■ **GABARITO** ■

1. "b". O resíduo de Solow é definido por:

$$\frac{\Delta T}{T} = \frac{\Delta (Y/N)}{Y/N} - s_k \left(\frac{\Delta K}{K} - \frac{\Delta N}{N} \right)$$

Ou seja, o resíduo de Solow é a variação percentual do produto subtraído dos insumos (mão de obra e capital), que estão ponderados (sk) por sua participação no produto.

2. "c". Como $\frac{\Delta T}{T}$ não pode ser observado diretamente, deve-se subtrair do produto a variação causada pela participação do estoque de capital $\left(\frac{\Delta K}{K}\right)$ e do trabalho $\left(\frac{\Delta N}{N}\right)$ ponderados pela sua participação no produto (s_k e s_N). O resultado será o resíduo de Solow.

3. "e".

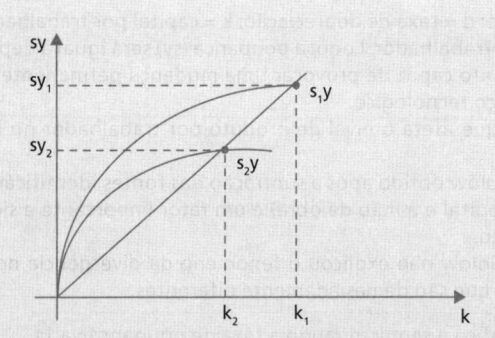

Quando há uma queda da propensão a poupar ou taxa de poupança (s), o produto por trabalhador (y) cai também. Como o consumo por trabalhador (c) é função do produto por trabalhador (y), nada garante que o consumo por trabalhador aumente.

Por exemplo, suponha que $y_1 = 100$ e $s_1 = 0,4$, logo: $S_1 = 40$ e $C_1 = 60$. Se a taxa de poupança cair, o produto por trabalhador cairá também.

Suponha que $y_2 = 80$ e $s_2 = 0,3$, logo: $S_2 = 24$ e $C_2 = 56$. Pode-se verificar que, nesse exemplo, o consumo por trabalhador cai também, apesar da taxa de poupança ter caído. A alternativa "a" é falsa.

A taxa de crescimento do produto por trabalhador só cresce se houver progresso técnico, já que a taxa de crescimento do produto por trabalhador será igual a "g". A alternativa "b" é falsa.

Quando aumenta o número de trabalhadores, permanecendo constante o número de máquinas, ou seja, quando há aumento populacional sem a contrapartida de capital, a relação capital por trabalhador (k) decresce. Observe no gráfico a seguir. Portanto, a alternativa "c" é falsa.

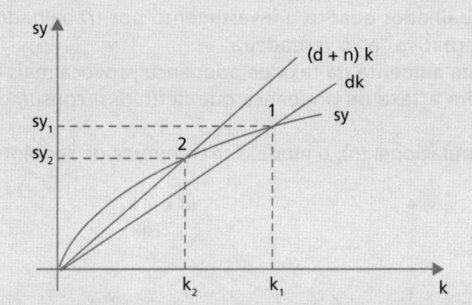

No longo prazo, somente o progresso tecnológico é capaz de garantir uma taxa de crescimento do produto por trabalhador. A regra de ouro ou o estado estacionário ótimo é aquele que maximiza o consumo e o bem-estar social. A alternativa "d" é falsa.

Quando há avanço tecnológico, no estado estacionário, a taxa de eficiência da mão de obra será igual à taxa de crescimento do produto por trabalhador. A alternativa "e" é verdadeira.

4. V, V, F, F, F.

a) **(V)** No estado estacionário, tem-se:

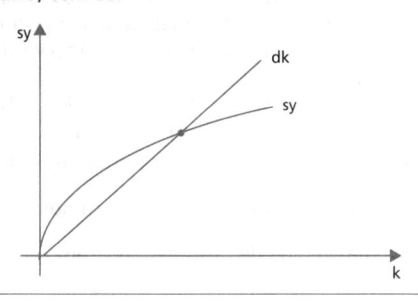

Ou seja: dk = sy, onde: d = taxa de depreciação; k = capital por trabalhador; s = taxa de poupança; e y = produto por trabalhador. Logo: a poupança (sy) será igual à depreciação do capital (dk).
b) **(V)** O único elemento capaz de provocar uma mudança permanente na **taxa** de crescimento do produto é o avanço tecnológico.
c) **(F)** O único fator que afeta o nível de produto por trabalhador no longo prazo é o avanço tecnológico.
d) **(F)** O resíduo de Solow obtido após a subtração das fontes identificáveis de crescimento econômico (que são o capital e a mão de obra) é um fator importante e significativo e decorre do progresso tecnológico.
e) **(F)** O modelo de Solow não explicou o fenômeno da divergência nos níveis de renda entre países pobres e ricos que são demasiadamente diferentes.

5. "b". Observe o gráfico a seguir, quando a taxa de poupança varia.

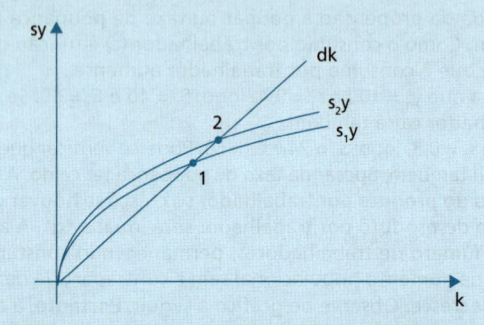

Tanto o capital por trabalhador quanto o investimento por trabalhador (i = sy) se alteram do ponto 1 para o 2. A alternativa "a" é verdadeira.
Não necessariamente um aumento da taxa de poupança provoca mais bem-estar. O estado estacionário ótimo definirá a taxa de poupança que definirá o consumo máximo. A alternativa "b" é falsa.
Se houver aumento populacional (n), o modelo se comporta da seguinte maneira:

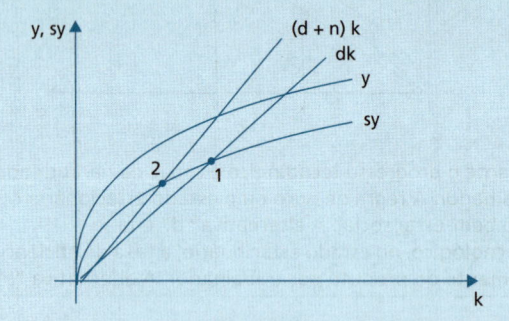

Ou seja, há uma redução do capital por trabalhador (k) de 1 para 2. A alternativa "c" é verdadeira.
No estado estacionário, tanto o produto por trabalhador como o consumo por trabalhador permanecem constantes. Portanto, as alternativas "d" e "e" são verdadeiras.

6. V, V.
I) **(V)** O resíduo de Solow se define por: $\frac{\Delta T}{T} = \frac{\Delta (Y/N)}{Y/N} - s_k \left(\frac{\Delta K}{K} - \frac{\Delta N}{N} \right)$, onde: $\frac{\Delta T}{T}$ = resíduo de Solow; $\frac{\Delta (Y/N)}{Y/N}$ = variação percentual do produto; s_K = ponderação dos insumos por sua participação no produto; e $\frac{\Delta K}{K} - \frac{\Delta N}{N}$ = variação percentual dos insumos.

II) **(V)** $\frac{\Delta T}{T}$ = resíduo de Solow ou a medida de progresso tecnológico.

7. "e". Quanto maior a taxa de depreciação, menor será o estoque de capital por trabalhador.

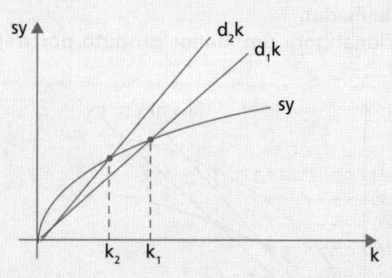

[Gráfico: eixos sy e k; curvas d_2k, d_1k e sy; pontos k_2 e k_1 no eixo k]

Sendo $d_2 > d_1$, $k_2 < k_1$, onde: d = taxa de depreciação; e k = capital por trabalhador. A alternativa "a" é falsa.

No estado estacionário ou no equilíbrio de longo prazo, a taxa de depreciação multiplicada pelo capital por trabalhador será igual à taxa de poupança multiplicada pelo produto por trabalhador, ou seja: $dk = sy$. A alternativa "b" é falsa.

O estado estacionário ótimo ou ponto em que ocorre a regra de ouro é aquele em que o consumo é máximo, mas não necessariamente, a taxa de poupança será máxima também. A alternativa "c" é falsa.

Quanto maior for a taxa de crescimento populacional (n), menor será o estoque de capital por trabalhador (k). Observe o gráfico a seguir. Portanto, a alternativa "d" é falsa.

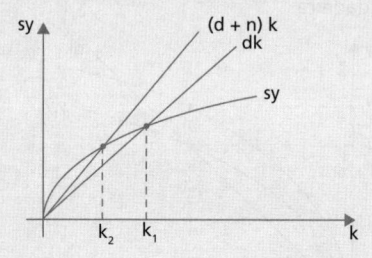

[Gráfico: eixos sy e k; curvas $(d+n)k$, dk e sy; pontos k_2 e k_1]

Quanto maior "s", maior "k". Observe o gráfico a seguir. Logo, a alternativa "e" é verdadeira.

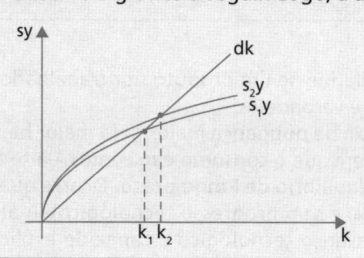

[Gráfico: eixos sy e k; curvas dk, s_2y e s_1y; pontos k_1, k_2]

8. F, F, F, F.
a) **(F)** A taxa de poupança vai determinar o nível de produto por trabalhador no ponto estacionário. Quanto maior a taxa de poupança, maior será o estoque de capital por trabalhador e maior será o produto por trabalhador.

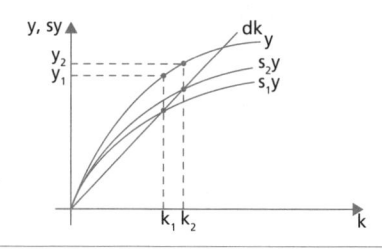

[Gráfico: eixos y, sy e k; curvas dk, y, s_2y, s_1y; níveis y_1, y_2 e pontos k_1, k_2]

b) **(F)** O progresso tecnológico afeta o estado estacionário e provoca aumento da taxa de crescimento do produto por trabalhador.

c) **(F)** Um aumento populacional gera um menor produto por trabalhador e, portanto, uma menor renda *per capita*.

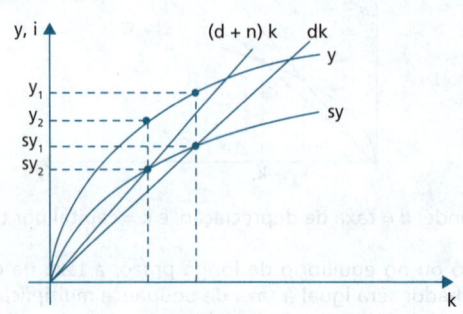

d) **(F)** A Propensão marginal a Poupar ou taxa de poupança não eleva a taxa de crescimento. Somente o avanço tecnológico é capaz de promover a elevação da taxa de crescimento do produto por trabalhador. A taxa de poupança apenas desloca de um estado estacionário para outro e define o produto por trabalhador no estado estacionário.

9. "c". O estado estacionário ótimo (definido pela regra de ouro) é aquele que maximiza o consumo. A alternativa "a" é verdadeira.

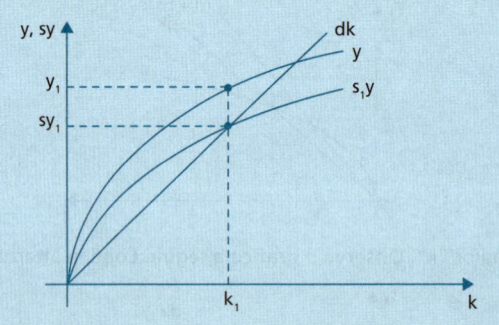

A uma taxa de poupança s_1, define-se um produto por trabalhador (y_1) e um capital por trabalhador (k_1). A alternativa "b" é verdadeira.

Não necessariamente uma taxa de poupança maior gera maior bem-estar. O maior bem-estar é definido pela regra de ouro, em que o consumo é máximo. A alternativa "c" é falsa.

O estado estacionário é um equilíbrio de longo prazo. Ocorre quando: sy = dk (em um modelo sem crescimento populacional e sem progresso tecnológico). A alternativa "d" é verdadeira.

Segundo Solow, somente o avanço tecnológico é capaz de explicar um crescimento de longo prazo. A alternativa "e" é verdadeira.

10. "a".
$y = k^{0,5}$ (I)
$d = 0,1$
$s = 0,4$
Sabendo-se que, no estado estacionário: dk = sy, então: 0,1k = 0,4y ou
$k = 4y$ (II)

Substituindo (I) em (II), tem-se:
$k = 4 \times k^{0,5}$
$k^{0,5} = 4$
$k = 16$
Logo:
$y = 16^{0,5}$
$y = 4$

11. V, F, V, F, V.
a) **(V)** O ponto estacionário ótimo (definido pela regra de ouro), quando há aumento populacional, se dá quando: y' = d + n, ou seja, a derivada primeira do produto por trabalhador (Produtividade marginal do capital) for igual à taxa de depreciação somada à taxa de crescimento populacional.
b) **(F)** No longo prazo, somente o progresso tecnológico é relevante na determinação da taxa de crescimento do produto.
c) **(V)** No estado estacionário definido pela regra de ouro, o consumo é máximo.
d) **(F)** O único elemento que é capaz de aumentar permanentemente o produto *per capita* é o avanço tecnológico.
e) **(V)** No equilíbrio estacionário, ocorre: dk = sy, ou seja, a depreciação do capital (dk) será igual à taxa de poupança do produto por trabalhador (sy) necessária para cobrir apenas essa depreciação, mantendo inalterado o estoque de capital.

12. "b".
$y = k^{0,5}$ **(I)**
$s = 0,2; \delta = 0,05; n = 0$
No estado estacionário, tem-se:
$\delta k = sY$
$0,05 k = 0,2 y$
$k = 4y$ **(II)**

Substituindo **(I)** em **(II)**, tem-se:
$k = 4 \times k^{0,5}$
$k^{0,5} = 4$
$k = 16$
Logo:
$y = 16^{0,5}$
$y = 4$

13. F, V, F, F.
a) **(F)** Uma maior taxa de crescimento populacional está relacionada a uma menor renda (ou produto) *per capita*.

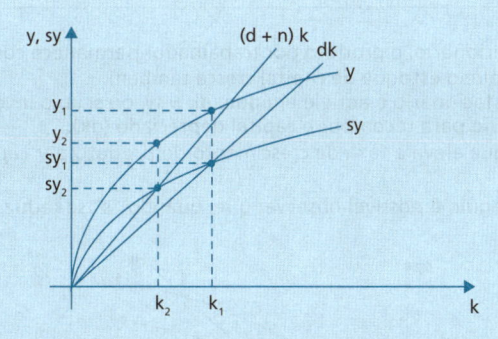

b) **(V)** O estoque de capital *per capita* em um país desenvolvido é maior que o capital *per capita* num país menos desenvolvido.
c) **(F)** Quando há investimento em capital ou em pessoas, cria-se externalidade positiva, já que se eleva a capacidade de produzir da economia. Portanto, o acúmulo de capital humano contribui para o crescimento do produto. Não há ambiguidade nisso.
d) **(F)** Solow afirmava que países menos desenvolvidos tenderiam a apresentar taxa de crescimento do produto mais rápido que os países mais desenvolvidos, fazendo com que ambos convergissem para o mesmo ponto. Se isso se verificasse, seria necessário que ocorresse crescimento prolongado do PIB *per capita* no Congo e na Venezuela, e não redução prolongada.

14. F, F, F, V, V.
a) **(F)** Se o modelo apresenta retornos constantes de escala, ou seja, variam os fatores produtivos (K,N) e o produto (Y) varia na mesma proporção, isso implica que, mantendo-se fixo um dos fatores e alterando-se o outro, o produto marginal será decrescente. Portanto, se "N" é constante, variando "K", a produtividade física marginal do capital será decrescente, devido à Lei dos Rendimentos Físicos Marginais Decrescentes.
b) **(F)** Sabendo-se que (numa economia fechada e sem governo) y = c + i, onde y = produto por trabalhador; c = consumo por trabalhador; e i = investimento por trabalhador, isolando-se "c" tem-se: c = y – i. Como no estado estacionário o produto por trabalhador (y) é função do capital por trabalhador (k) e o investimento por trabalhador (i) é igual à taxa de depreciação mais a taxa de crescimento populacional vezes o capital por trabalhador, tem-se: c = f(k) – (d + n) k. Portanto, o consumo no estado estacionário será igual ao produto por trabalhador (que é função do capital por trabalhador) menos a taxa de depreciação e a taxa de crescimento populacional vezes o capital por trabalhador.
c) **(F)** O único fator que eleva permanentemente o produto *per capita* é a taxa de avanço tecnológico.
d) **(V)** Quando há queda do crescimento populacional, há aumento do produto (ou renda) *per capita*. Assim, observe:

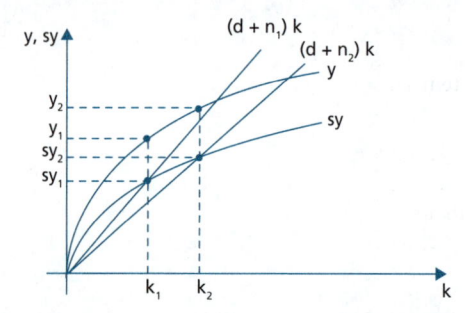

Se a taxa de crescimento do produto total é igual à taxa de crescimento populacional e à taxa de progresso tecnológico, havendo um decréscimo populacional, haverá um decréscimo da taxa de crescimento do produto total.
e) **(V)** Quando ocorre a "regra de ouro", o consumo *per capita* é máximo. Caso a economia opere com capital superior ao estado estacionário ótimo, o consumo *per capita* não será máximo. Havendo, portanto, uma redução da taxa de poupança e, por conseguinte, do investimento e do estoque de capital, o consumo aumenta.

15. V, V, F, V, F.
a) **(V)** No estado estacionário, o produto por trabalhador permanece constante. Se a população cresce, é necessário que o estoque de capital cresça também.
b) **(V)** O equilíbrio estacionário é aquele em que: dk = sy, ou seja, o investimento por trabalhador (i = sy) é necessário para recompor o capital depreciado (dk).
c) **(F)** O único fator que eleva a taxa de crescimento do produto *per capita* é o avanço tecnológico.
d) **(V)** No gráfico a seguir, é possível observar que, quando "s" se reduz, "k" se reduz também.

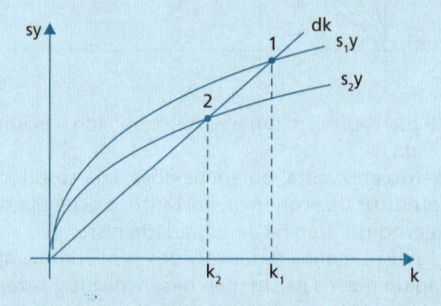

Quando s ↓ k ↓.
e) **(F)** O que explica o aumento da taxa de crescimento do produto é o progresso tecnológico.

16. F, V, V.
a) **(F)**

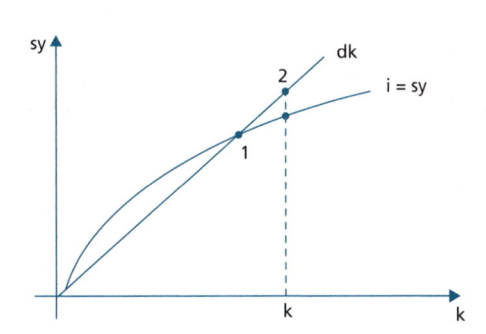

O ponto "1" é um estado estacionário. Quando o capital por trabalhador encontra-se no ponto 2 dk > sy. Ou seja, o investimento por trabalhador (i = sy) é inferior à depreciação do capital (dk).
b) **(V)** O estado estacionário ótimo, definido pela regra de ouro, ocorre quando o consumo é máximo.
c) **(V)** De acordo com a hipótese da convergência, os países menos desenvolvidos crescerão a uma velocidade maior que os países mais desenvolvidos até convergirem a um único ponto.

17. "d". O estado estacionário ótimo é aquele em que o consumo é máximo: $\frac{dY}{dk} = d$, ou seja, a derivada do produto em função do capital é igual à taxa de depreciação.

Assim, tem-se:

$0,5k^{-0,5} = 0,05$

$\frac{0,5}{0,05} = k^{0,5}$

$10 = k^{0,5}$

k = 100 (capital por trabalhador)
Logo:
$y = 100^{0,5}$
y = 10 (produto por trabalhador)
No estado estacionário:
sy = dk
s × 10 = 0,05 × 100
s = 0,5 (taxa de poupança)
O investimento por trabalhador se define por:
i = s × y
i = 0,5 × 10
i = 5
O consumo por trabalhador (c) será: y = c + s ou c = y – s, onde: s = poupança por trabalhador.
Como:
S = sY
S = 0,5 × 10
S = 5
Então:
C = Y – S
C = 10 – 5
C = 5 (consumo por trabalhador)

18. "b". Se houver aumento permanente da taxa de investimento, a economia se deparará com a passagem de um estado estacionário para outro. Mas a taxa de crescimento do produto cresce de maneira temporária, porque o único fator que leva ao crescimento contínuo da taxa é o progresso tecnológico.

19. "e". Quanto maior a taxa de depreciação, menor será o estoque de capital por trabalhador. No estado estacionário, pode-se afirmar que sy = dk, ou seja, a taxa de poupança do produto por trabalhador é igual à taxa de depreciação do capital por trabalhador.
Não necessariamente uma taxa maior de poupança garante um maior consumo por trabalhador. Quanto maior a taxa de crescimento populacional, menor será o estoque de capital por trabalhador.

20. "c".
$y = k^{0,5}$ (I)
O equilíbrio de longo prazo se dá quando: $sy = \delta k$, ou seja:
$0,3y = 0,1k$
$3y = k$ (II)
Substituindo (I) em (II), tem-se:
$3k^{0,5} = k$
$3 = k^{0,5}$
$k = 9$ (capital por trabalhador)
Portanto:
$Y = 9^{0,5}$
$Y = 3$ (produto por trabalhador)
Sabendo-se que: $y = c + S$ ou $y = c + sy$, então:
$3 = c + 0,3 \times 3$
$3 = c + 0,9$
$c = 2,1$ = consumo por trabalhador

21. "d". Supondo que em "1" no gráfico a seguir seja o estado estacionário ótimo definido pela regra de ouro, em que o consumo é máximo, se o nível inicial de capital por trabalhador for K_2, ou abaixo de K_1, é necessário que haja aumento da taxa de poupança de s_2 para s_1, o que significa diminuir o consumo no momento presente.

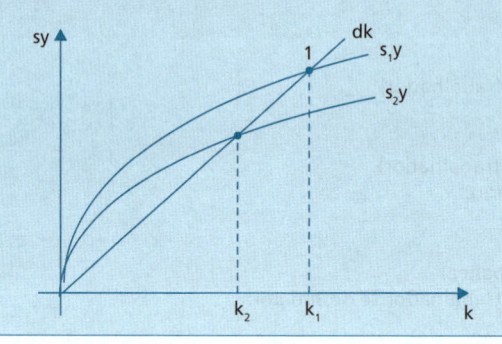

22. "a".
$Y = K^{1/2} L^{1/2}$

$\dfrac{Y}{L} = \dfrac{K^{1/2} L^{1/2}}{L}$

$\dfrac{Y}{L} = \dfrac{K^{1/2}}{L^{1/2}}$

$\dfrac{Y}{L} = \left(\dfrac{K}{L}\right)^{1/2}$

Chamando:
$\dfrac{Y}{L} = y$ e $\dfrac{K}{L} = k$

Tem-se:
y = $k^{1/2}$ **(I)**
No estado estacionário, tem-se:
sy = dk
0,3y = 0,05 k
6y = k   **(II)**

Substituindo **(I)** em **(II)**, tem-se:
6 × $k^{1/2}$ = k
6 = $k^{1/2}$
k = 36
Como: y = $k^{1/2}$, então: y = $36^{1/2}$ = 6.

23. "a".
y = $k^{0,5}$
δ = 0,05
A regra de ouro ou estado estacionário ótimo é aquele em que a derivada primeira do produto por trabalhador é igual à taxa de depreciação, ou seja:

$\dfrac{dY}{dk} = \delta$

$0,5k^{-0,5} = 0,05$

$\dfrac{0,5}{0,05} = k^{0,5}$

$10 = k^{0,5}$
k = 100
Como: y = $k^{1/2}$, então:
y = $100^{1/2}$
y = 10
A taxa ótima de poupança é:
sy = δ k
s × 10 = 0,05 × 10
s × 10 = 5
s = 0,5 (observe que é igual ao expoente de "k" na forma intensiva)
O investimento por trabalhador é:
i = s × y
i = 0,5 × 10
i = 5

24. "d". No estado estacionário, o equilíbrio de longo prazo ocorre quando: i = sy e i = dk. Logo: sy = dk e k/y = s/d.

25. "c".
I. (I) No modelo de Solow, as variáveis L e K convergem para um crescimento a taxas constantes. Portanto, a taxa de crescimento do produto por trabalhador é determinado apenas pela taxa de crescimento tecnológico.
II. (I) Solow afirmou que países mais pobres têm uma taxa de crescimento do capital e produto por unidade de eficiência maior que os países mais ricos, desde que esses países mais pobres apresentem um capital por trabalhador inferior ao do estado estacionário. Mas esse fato foi consistente em países como Coreia e Japão. Já no caso dos países africanos, o modelo não explicou a longo período de estagnação pelo qual passaram.
III. (C) Observe o gráfico a seguir: Com o aumento da taxa de poupança de s1 para s2, a função se desloca para a esquerda, aumentando o capital por trabalhador ($k_1 \to k_2$) e o produto por trabalhador ($y_1 \to y_2$).

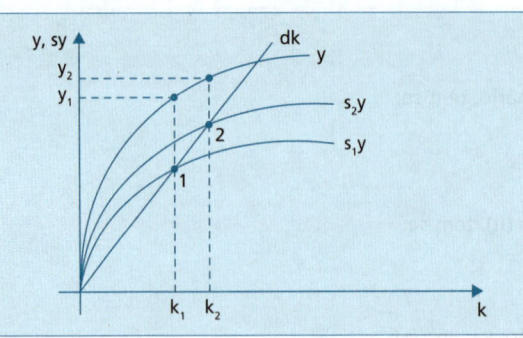

26. V, V, V.
a) **(V)** Para Solow, as fontes de crescimento econômico dependeriam, portanto, de:
— desenvolvimento tecnológico;
— crescimento da força de trabalho;
— crescimento de capital.
b) **(V)** Países onde a taxa de crescimento populacional e o avanço tecnológico fossem iguais apresentariam o mesmo produto no equilíbrio de longo prazo.
c) **(V)** No modelo de Solow, uma redução da taxa de poupança faz com que o produto por trabalhador e o capital por trabalhador se reduzam.

27. "b". O aumento da taxa de poupança é capaz de deslocar o produto e o capital por trabalhador de um estado estacionário para outro. O único fator que permite um aumento da taxa de crescimento do produto *per capita* ao longo do tempo é o avanço tecnológico.

28. "c". No estado estacionário, tem-se:
$sy = dk$
Sabendo-se que $y = k^{1/2}$, então $y = \sqrt{36}$ ou $y = 6$.
Logo: $0,3 \times 6 = d \times 36$
$d = 0,05$ ou 5%

29. "a". A taxa de poupança que maximiza o consumo por trabalhador é o expoente do capital por trabalhador, ou seja, 0,5 ou 50%.
Mas, resolvendo com cálculos, tem-se que o estado estacionário que maximiza o consumo se dá quando a derivada primeira do produto por trabalhador em função do capital por trabalhador é igual à taxa de depreciação.
$y' = d$
$0,5k^{-0,5} = 0,05$
$10 = k^{0,5}$
$k = 100$ e $y = 10$
Como se trata de um estado estacionário, então:
$sy = dk$
$s \times 10 = 0,05 \times 100$
$s = 0,5$

30. "e". Quando há avanço tecnológico à taxa "g", o produto por trabalhador cresce à taxa "g", portanto, se g = 2%, o produto por trabalhador cresce à taxa de 2%. Se a taxa de poupança aumentar, o produto por trabalhador aumenta de um estado estacionário para outro. Portanto, se houver um avanço tecnológico a uma taxa "g" e um aumento da taxa de poupança, o produto por trabalhador cresce à taxa "g" e parte de um estado estacionário mais elevado.

31. "d". No modelo de Solow, a tecnologia é uma variável exógena.

32. "a". No modelo de Solow, a função de produção apresenta retornos constantes de escala, o progresso tecnológico é exógeno e a taxa de depreciação é constante.

33. "c". No modelo de Solow, uma redução da taxa de crescimento populacional, desloca a curva de alargamento do capital para a direita ou para baixo. Observe o gráfico a baixo.

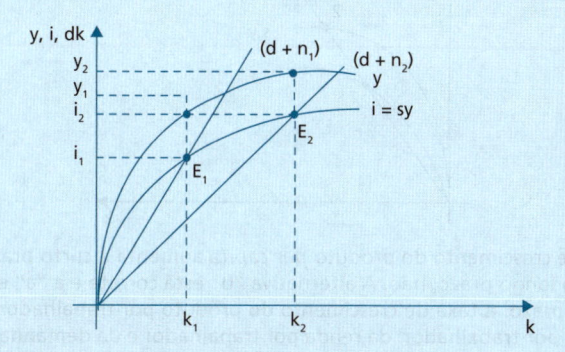

Observe que, saindo do ponto E_1 para E_2, provocado pela redução de ("n") (taxa de crescimento populacional), leva a um aumento do produto (ou renda) por trabalhador (y) e do capital por trabalhador (k). A alternativa "c" está correta.

34. "d". A taxa de crescimento do produto *per capita* só é alterada com um avanço tecnológico uma taxa "g". Caso não haja avanço tecnológico, nenhum outro fator consegue alterar, no longo prazo, a taxa de crescimento do produto por trabalhador. Uma redução da taxa populacional, porém, altera o produto *per capita* até outro estado estacionário em que se tem um produto por trabalhador e um capital por trabalhador maiores. A alternativa "a" é falsa.

Acima do ponto em que ocorre o estado estacionário, a depreciação é maior que o investimento. A alternativa "b" é falsa.

No estado estacionário, com progresso tecnológico, o produto *per capita* cresce à taxa "g". A alternativa "c" é falsa.

Uma elevação da taxa de crescimento populacional (n) altera o estado estacionário de E_1 para E_2, conforme o gráfico a seguir:

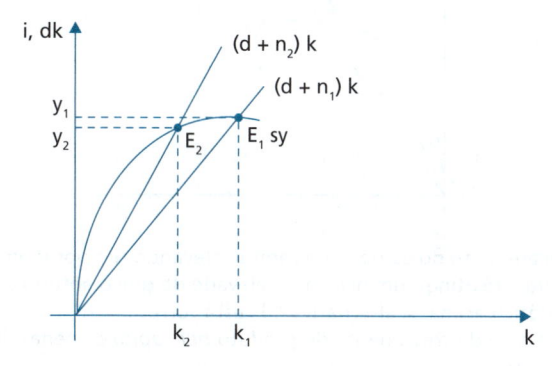

Observe que tanto o capital por trabalhador (k) quanto o produto por trabalhador (y) se reduzem de $y_1 \rightarrow y_2$ e de $k_1 \rightarrow k_2$. A alternativa "d" está correta.

O único fator que mantém o crescimento sustentado por um longo período é o avanço tecnológico. A alternativa "e" é falsa.

35. "b". Quando a taxa de poupança aumenta (de S_1 para S_2), a curva que representa a poupança por trabalhador (S) e investimento por trabalhador (i) aumenta sua inclinação, caminhando de S_1y para S_2y, aumentando o produto por trabalhador (y) e o capital por trabalhador (k) do estado estacionário 1 para o estado estacionário 2. Percebemos que o produto por trabalhador, y, e o capital por trabalhador, k, só crescem no curto prazo. Não há um crescimento ao longo do tempo; apenas de um estado estacionário para outro. Vejamos:

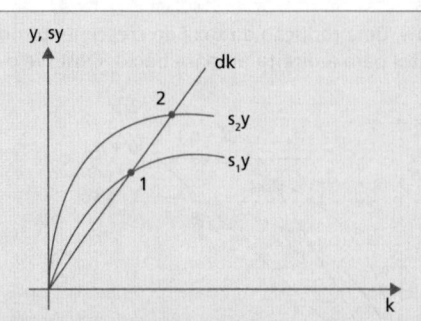

[Gráfico: eixos y, sy versus k; curvas dk, s_2y, s_1y; pontos 1 e 2]

Portanto, a taxa de crescimento do produto *per capita* aumenta a curto prazo, devido à maior poupança, mas, no longo prazo, não. A alternativa "b" está correta e a "a" está incorreta.
Quando, no curto prazo, a taxa de crescimento do produto por trabalhador cresce, há um aumento do produto por trabalhador, da renda por trabalhador e da demanda agregada por trabalhador de um estado estacionário para outro. A alternativa "c" está incorreta.
O nível de produto *per capita* aumenta, e não diminui, a curto prazo, devido ao crescimento, e não recessão, gerada pelo aumento, e não queda, na demanda agregada. As alternativas "d" e "e" estão incorretas.

36. Certo. Quando há aumento da taxa de poupança, o consumo por trabalhador, no novo estado estacionário, aumenta, mas não necessariamente. Para que o consumo por trabalhador aumente é necessário que o produto marginal gerado seja maior que a taxa de crescimento do produto.

37. "d". A elevação da taxa de poupança, de s_1 para s_2, eleva o produto por trabalhador e capital por trabalhador, mas apenas de um estado estacionário para outro. Esse crescimento não se dá ao longo do tempo, pois, quando chega ao estado estacionário 2, o produto por trabalhador e o capital por trabalhador se tornam constantes novamente. Vejamos:

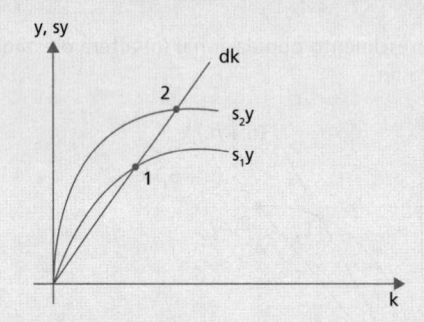

[Gráfico: eixos y, sy versus k; curvas dk, s_2y, s_1y; pontos 1 e 2]

Portanto, ocorre um aumento do estoque de capital, elevando temporariamente o crescimento do produto *per capita*, até atingir um nível mais elevado do que o anterior, ou seja, do ponto 1 para o ponto 2 do gráfico acima. A alternativa "d" está correta.
Assim, o aumento na taxa de crescimento do produto *per capita* é apenas de curto prazo. A alternativa "a" está incorreta.
Haverá um aumento, de curto prazo, da renda por trabalhador em decorrência da maior taxa de poupança. Porém, essa taxa maior de poupança não significa, necessariamente, um maior nível de consumo. Significa maior nível de investimento. A alternativa "b" está incorreta.
No curto prazo, o estoque de capital por trabalhador aumenta do estado estacionário 1 para o 2. Quando chega ao estado estacionário 2, o produto por trabalhador, o capital por trabalhador e a depreciação do capital por trabalhador permanecem constantes. Também, a taxa de depreciação do capital é constante, e o produto total permanece constante. A alternativa "c" está incorreta.
Ocorre o aumento inicial da renda *per capita*, em decorrência do aumento da taxa de poupança por cada habitante. Essa poupança é transformada em investimento, o que gera aumento do capital por trabalhador e produto por trabalhador no curto prazo. A alternativa "e" está incorreta.

23 ◼ Crescimento de Longo Prazo

38. Certo. A questão aborda o modelo de Solow com progresso tecnológico porque somente o avanço tecnológico é capaz de promover o crescimento do produto por trabalhador no longo prazo, sem que se atinja um novo estado estacionário. Para tanto, o governo pode criar sistemas de patentes e dessa forma incentivar inovadores através da garantia de maior remuneração, bem como conceder subsídios às pesquisas, incentivando novas descobertas que se reverterão em progresso tecnológico.

39. Errado. No modelo de Solow, o estado estacionário se dá no encontro da depreciação do capital por trabalhador ($D = (d + n + g) \cdot k$) com o investimento por trabalhador ($i = sy$). Mas o que determina a inclinação da depreciação do capital é a taxa de crescimento populacional, n, o avanço tecnológico, a taxa g e a taxa de depreciação, d, de tal maneira que, quanto maior for a taxa de crescimento populacional, quanto maior for a taxa de avanço tecnológico e quanto maior a taxa de depreciação, mais inclinada será a função depreciação e menor será o produto por trabalhador por unidade de eficiência e o capital por trabalhador por unidade de eficiência. Vejamos:

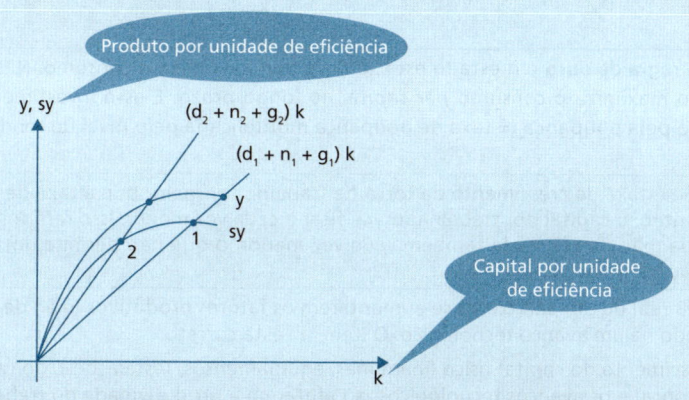

Assim, o aumento populacional levou o produto por unidade de eficiência e o capital por unidade de eficiência a diminuírem quando houve o deslocamento do estado estacionário 1 para 2, ou seja, apenas no curto prazo. No longo prazo, a taxa de crescimento populacional não afeta o produto por trabalhador. Afeta apenas o produto total. O único fator capaz de elevar o produto por trabalhador, no longo prazo, é o avanço tecnológico.

40. "e". Como avanço tecnológico é uma medida subjetiva, para calculá-lo, devemos medir o crescimento do produto e, dele subtrair o crescimento dos insumos, mão de obra e capital ponderados por sua participação no produto. O resultado será o avanço tecnológico, ou seja, o resíduo que falta será o que chamamos de Resíduo de Solow. Portanto, o Resíduo de Solow é a medida do avanço tecnológico da economia.

41. "b". No estado estacionário do modelo de Solow, em que não há progresso técnico, a taxa de crescimento do produto real total da economia cresce à taxa "n", que é a taxa de crescimento populacional. Já o crescimento do produto por trabalhador, sem avanço tecnológico, cresce à taxa zero. O item "I" está errado.
No modelo de crescimento de Solow em estado estacionário, a renda depende da taxa de poupança da economia. Assim, quanto maior a taxa de poupança, maior será o produto e o capital por trabalhador. O item "II" está correto.
A "regra de ouro", onde ocorre o consumo máximo, representa o estado estacionário ótimo porque representa a situação de melhor bem-estar para o consumidor. O item "III" está correto.

42. "d". O produto real da economia com crescimento populacional e avanço tecnológico cresce à taxa "g + n", ou seja, cresce à taxa do avanço tecnológico, g, somada à taxa de crescimento populacional, n. Portanto, a taxa de crescimento do produto será maior que a taxa de crescimento populacional. Vejamos:
Taxa de crescimento do produto real = g + n
Taxa de crescimento populacional = n
Logo, com avanço tecnológico a taxa "g" > 0,
g + n > n

43. Certo. O Estado estacionário é aquele em que o produto *per capita* (y) e o capital *per capita* (k) são constantes. E esse nível de capital *per capita* (k) se dá quando a curva de investimento per capita (i = s · y) se iguala com a Depreciação (D = d · k). Vejamos:

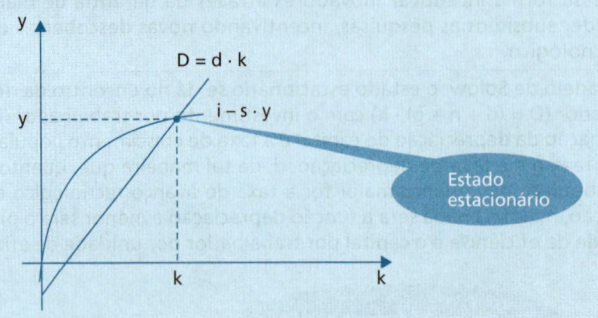

44. Certo. **A regra de ouro** é o estado estacionário que maximiza o consumo. Nesse ponto, o investimento maximiza o consumo *per capita*, no longo prazo. E esse investimento ótimo é determinado pela poupança (= taxa de poupança multiplicada pelo nível de renda e produto *per capita*).

45. Errado. Se a taxa de crescimento da força de trabalho for maior que a taxa de crescimento do capital, então, o capital por trabalhador vai ficar a cada vez menor. Isso fará com que a produtividade da mão de obra seja também cada vez menor, o que não permite um crescimento sustentado ao longo do tempo.

46. "e". O PIB real de um país cresce se aumentarem os fatores produtivos (mão de obra e capital) ou quando há um avanço tecnológico. O Item "I" está correto.

Assim, o crescimento do capital físico (máquinas, equipamentos, instalações), do capital humano (mão de obra) e os avanços tecnológicos, ao afetarem a produtividade do trabalho, podem gerar crescimento econômico. O item "II" está correto.

A teoria neoclássica do crescimento (modelo de Solow) trazia a visão de que o crescimento do PIB real *per capita* é temporário. O único fator que poderia gerar um crescimento de longo prazo para o PIB real per capita é um avanço tecnológico. Isso ocorre porque o capital *per capita* depende da taxa de poupança , que não promove o aumento da produtividade. Assim, o investimento que houver aumenta o capital por trabalhador na proporção do aumento populacional. O item "III" está correto.

A teoria neoclássica do crescimento sustenta que o PIB real *per capita* cresce devido às escolhas que as pessoas fazem em busca de uma maior satisfação, que, aqui, nesse item, foi chamado de lucro. Mas, o crescimento só pode persistir, no longo prazo, se houver avanço tecnológico. O item "IV" está incorreto.

47. "a". No modelo de Solow com avanço tecnológico à taxa "g" e aumento populacional a taxa "n", a taxa de crescimento do produto (Y) se dá pela soma de g + n. A alternativa "a" está correta.

O modelo de crescimento endógeno de Romer afirma que a não rivalidade do bem conhecimento associada à inovação tecnológica produz retornos crescentes de escala. Também afirma que a taxa de crescimento do progresso tecnológico é igual ao número de pessoas que tentam descobrir novas ideias multiplicado pela taxa na qual elas descobrem novas ideias. O modelo se baseia na visão neoclássica, ou seja, afirma que o produto per capita cresce devido a um avanço tecnológico. Portanto, segundo Romer, a taxa de crescimento da economia é determinada pelos parâmetros da função de produção de ideias e pela taxa de crescimento de pesquisadores. A alternativa "b" está incorreta.

O modelo básico de Solow baseia-se no modelo neoclássico que presume a validade da lei de Say, de maneira que a poupança determina o investimento agregada e não o contrário. A alternativa "c" está incorreta.

No modelo básico de Solow com progresso tecnológico, a taxa de crescimento de longo prazo da renda *per capita* pode ser permanentemente elevada por um avanço tecnológico. Casa haja aumento da taxa de investimento haverá apenas uma mudança de estado estacionário. A alternativa "d" está incorreta.

No modelo básico de Solow, uma elevação na taxa de crescimento populacional implica uma redução da taxa de crescimento *per capita* no estado estacionário. Um aumento populacional equivale a um aumento da depreciação. Por esse motivo, reduz o produto *per capita*. A alternativa "e" está incorreta.

48. "a". O aumento da taxa de poupança desloca a curva de investimento por trabalhador (i) para a esquerda e para cima, aumentando o produto/renda por trabalhador (y) e o capital por trabalhador (k). a alternativa "a" está correta e as alternativas "c" e "e" estão incorretas.

Apenas o avanço tecnológico é capaz de elevar permanente da taxa de crescimento da economia. A alternativa "b" está incorreta

No novo ponto onde ocorre o estado estacionário, o estoque de capital por trabalhador se iguala à depreciação do capital. A alternativa "c" está incorreta.

49. "b". O modelo assume que a variável ganho de produtividade do trabalho, ou seja, a tecnologia é uma variável exógena e não depende da acumulação de capital. A alternativa "b" está correta.

O modelo de Solow assume retornos constantes de escala, competição perfeita entre firmas e produto homogêneo. A alternativa "a" está incorreta.

Um dos resultados do modelo é que aumentos da taxa de acumulação de capital não têm efeito de longo prazo sobre a taxa de crescimento do produto. Ele apenas eleva o ponto onde ocorre o estado estacionário. Somente o avanço tecnológico é capaz de alterar a taxa de crescimento do produto ao longo do tempo.

Um dos resultados do modelo é que em uma trajetória de estado estacionário (*steady state*), a taxa de crescimento do produto é constante e o crescimento do produto é igual ao crescimento da mão de obra. A alternativa "d" está incorreta.

Um dos resultados do modelo é que taxas de crescimento diferentes em distintos países podem ser explicadas pela taxa de poupança, pela taxa de depreciação e pelo crescimento demográfico. O modelo não faz referência a mudanças nos termos de troca e endividamento externo. A alternativa "e" está incorreta.

50. "c". Quando há aumento na taxa de poupança, a curva de investimento por trabalhador se desloca para a esquerda e para cima, determinando um novo estado estacionário, com um produto por trabalhador e um capital por trabalhador maior. Mas a alteração é apenas de um estado estacionário para outro. Nesse novo estado estacionário, o capital por trabalhador e o produto por trabalhador ficam constantes. A função produto por trabalhador é uma função com concavidade voltada para baixo devido a lei dos rendimentos físicos marginais decrescentes que mostra que quando se aumenta o estoque de capital por trabalhador, o produto por trabalhador aumenta, porém, cada vez menos.

51. "c". Considerando um modelo sem avanço tecnológico, no estado estacionário (ou crescimento balanceado ou estado estável), quando a relação capital por trabalhador, k, é atingida, o produto e o capital crescem à mesma taxa constante proporcional n, e o produto por trabalhador [y = (Y/L)], o capital por trabalhador [k = (K/L)], o consumo por trabalhador [c = (C/L)] e a poupança por trabalhador [s = (S/L)], permanecem constantes.

52. "d". O estado estacionário ótimo (onde ocorre a regra de ouro) é aquele que maximiza o consumo e, portanto, promove o maior bem-estar social. Quando os formuladores de política econômica usam o modelo de Solow, devem focar para que o investimento por trabalhador gere um capital por trabalhador e um produto por trabalhador que maximize o consumo por trabalhador. A alternativa "d" está correta e as alternativas "a", "b" e "c" estão incorretas.

53. "b". Empiricamente, a proteção dos direitos de propriedade tem alta correlação com o nível do PIB *per capita* dos países, já que serve de estímulo ao aumento da produção e à inovação. A alternativa "b" está incorreta.

O tempo destinado à acumulação de capital humano equipara-se a um investimento. O produto *per capita* depende da taxa de poupança (s) que determinará a poupança (S), que é fonte para o investimento. Logo, essas duas fontes, o aumento da poupança e do tempo destinado ao capital humano, elevam o produto *per capita*. A alternativa "a" está correta.

O modelo de crescimento endógeno incorpora elementos tais como o capital humano, os efeitos das pesquisas e desenvolvimento, os efeitos de transbordamento (spillover). A alternativa "c" está correta.

Como a taxa de avanço tecnológico é capaz de elevar a taxa de crescimento do produto *per capita*, então o país que tiver uma taxa de progresso tecnológico sustentável crescerá ao ponto de ultrapassar às demais economias que possuem taxas de avanços tecnológicos menores. A alternativa "d" está correta.

Segundo o modelo de Solow, apenas o avanço tecnológico é capaz de sustentar permanentemente o crescimento do produto *per capita* ao longo do tempo. A acumulação do capital é capaz apenas de elevar o produto *per capita* de um estado estacionário para outro.

54. "c". Para saber se a função apresenta rendimento crescente, decrescente ou constante de escala, numa função do tipo Cobb Douglas, basta somar os expoentes da função. Se for maior que a unidade, apresenta rendimentos crescentes de escala. Se for igual a unidade, apresenta rendimento constante de escala. Se for menor que a unidade, apresenta rendimento decrescente de escala.

Logo, a soma dos expoentes da função (0,5 + 0,5) é igual a unidade e, portanto, apresenta rendimento constante de escala.

O estoque de capital por trabalhador (k) no estado estacionário é:

$s \cdot y = (n + d) \cdot k$

$0,6 \cdot y = (0,05 + 0,25) \cdot k$

$y = \frac{1}{2} k$ (I)

Dividindo a função produção do enunciado da questão pelo número de trabalhadores, tem-se:

$$\frac{Y}{L} = \frac{K^{0,5} L^{0,5}}{L}$$

$y = k^{0,5}$ (II)

Substituindo (I) em (II), tem-se:

$\frac{1}{2} k = k^{0,5}$

$\frac{1}{4} k^2 = k$

$k = 4$

55. "c". O modelo mostra que, no longo prazo, quanto mais baixa a taxa de poupança, menor o estoque de capital e menor o nível de produção. A alternativa "c" está incorreta.

Quando há aumento populacional, a curva $(n + d) \cdot k$ se desloca para a esquerda e para cima, diminuindo o capital por trabalhador (k) e o produto por trabalhador (y), no estado estacionário. A alternativa "a" está correta.

O investimento (estoque de capital), I, será determinado pelo nível de poupança, S, e, esta é igual a taxa de poupança, s, multiplicada pela renda (Y), ou seja: $I = s \cdot Y$. A alternativa "b" está correta.

Quando há aumento da taxa de poupança (s), desloca a curva de investimento por trabalhador (i) para a esquerda e para cima, elevando o capital por trabalhador, k, e o produto por trabalhador, y até um novo estado estacionário. A medida que vai se aproximando desse novo estado estacionário, o crescimento do produto por trabalhador é cada vez menor devido à lei dos rendimentos marginais decrescentes. A alternativa "d" está correta.

56. "e". Em um Modelo com Progresso Técnico, o produto *per capita* cresce no estado estacionário à taxa (g), em que g é a taxa de progresso tecnológico. Já o produto total cresce a taxa (g + n), onde n é a taxa de crescimento populacional.

57. "a". O investimento por trabalhador (i), no estado estacionário, é igual a taxa de depreciação do capital (d) multiplicada pela capital por trabalhador (k), ou seja, é igual a depreciação do capital por trabalhador.
Assim: i = d · k

GLOSSÁRIO

■ A

ABSORÇÃO INTERNA: é a soma do consumo das famílias, do investimento das empresas e dos gastos do governo.

AÇÃO: é a menor porção do capital de uma empresa e torna seu detentor um sócio da empresa. Tais títulos podem ser convertidos em moeda a qualquer momento por meio de negociações no mercado secundário. Normalmente, as ações não possuem prazos de resgate e seus preços sofrem os efeitos oscilatórios das negociações diárias, tanto no mercado de bolsa quanto no de balcão.

ACORDO DE BRETTON WOODS: acordo firmado em New Hampshire, nos EUA, em julho de 1944, entre 44 países aliados contra o eixo nazista. Esse acordo teceu um novo arranjo financeiro internacional para estabelecer um ambiente propício ao crescimento econômico das nações, evitando a ocorrência de uma depressão como a dos anos 1930, e promover o crescimento econômico e a prosperidade no pós-guerra. Quatro pontos foram traçados nesse acordo: criação do FMI e do Banco Mundial; adoção de taxas de câmbio fixas, porém ajustáveis; definição do papel central do dólar americano; e adoção de regras estruturais com vistas à remoção dos controles cambiais.

ALARGAMENTO DO CAPITAL: ocorre quando a poupança *per capita* é utilizada para equipar novos trabalhadores com uma quantidade de capital *per capita*.

ÂNCORA CAMBIAL: é um instrumento utilizado pela autoridade econômica, com a finalidade de controlar a inflação. Para tanto, é fixada uma taxa de câmbio, e a moeda nacional passa a ser cotada em relação à moeda estrangeira, de tal maneira que a moeda nacional que apresenta um histórico de grande inflação se relacione com uma moeda que não apresente esse histórico, fazendo com que os preços fiquem mais estáveis.

APROFUNDAMENTO DO CAPITAL: ocorre quando a poupança *per capita* é utilizada para aumentar a razão capital/trabalho.

ARMADILHA DA LIQUIDEZ: é quando a taxa de juros está baixa o suficiente para não baixar mais. Com isso, os títulos só tendem a se desvalorizar, de tal maneira que os agentes econômicos demandam qualquer quantidade de moeda que esteja sendo ofertada, fazendo com que uma política monetária seja ineficaz para alterar o produto da economia. Na curva IS-LM, é conhecida como caso Keynesiano ou caso em que a curva LM é horizontal, sendo a demanda por moeda totalmente elástica à taxa de juros.

ARRANJO CAMBIAL COOPERATIVO: é quando os países-membros do arranjo cambial cooperativo se responsabilizam em manter uma paridade cambial entre as moedas, estipulando um sistema de ancoragem entre eles.

ATIVO EXTERNO LÍQUIDO: quando o Balanço de Pagamentos em Transações Correntes apresenta um saldo positivo, isso significa que o país apresenta produto não consumido pelas famílias empresas e governo (C+ I + G) ou investimento interno menor que a poupança do setor privado e do governo. Portanto, apresenta uma poupança externa negativa, promovendo a saída de capital do país. Assim, o país passa a possuir direito ou um ativo externo maior que um passivo externo.

ATIVOS FINANCEIROS NÃO MONETÁRIOS: são os depósitos de poupança e a prazo emitidos por bancos, bem como os títulos da dívida pública emitidos pelo Tesouro Nacional, entre outros. São tradicionalmente denominados quase moeda e possuem maior ou menor grau de liquidez. Fazem parte dos conceitos mais amplos de meios de pagamento (M_2, M_3 e M_4).

ATIVOS MONETÁRIOS: papel-moeda, emitido pelo Banco Central, e depósitos à vista, emitidos pelos bancos emissores de moeda. O somatório do Papel-Moeda em Poder do Público e dos depósitos à vista constitui os meios de pagamento no seu sentido restrito (M_1).

B

BALANÇO DE PAGAMENTOS EM TRANSAÇÕES CORRENTES: é a soma de Balança Comercial, Balança de Serviços, Balança de Rendas e Transferências Correntes Unilaterais. O saldo do Balanço de Pagamentos em Transações Correntes indica se o país exporta ou importa capital.

BANCO CENTRAL (BACEN): "Entidade autárquica vinculada ao Ministério da Fazenda, é um órgão executivo. Cabe-lhe cumprir e fazer cumprir as disposições que lhe são atribuídas pela legislação em vigor e as normas emanadas do Conselho Monetário Nacional"[1]. Ao Bacen cabem a fiscalização e a regulação das instituições financeiras. Com isso, possui a faculdade de intervir na economia por via indireta, visto que sua atuação no Sistema Financeiro Nacional (SFN) se dá de forma direta, por se tratar de um órgão executivo desse sistema. Pertence ao subsistema normativo, assim como o CMN, a CVM e instituições especiais. É a autoridade monetária do país.

BANCO COMERCIAL: é toda instituição financeira pública ou privada que está autorizada a receber depósitos à vista, livremente movimentáveis.

BANCO DE INVESTIMENTO: "é uma instituição financeira privada especializada em operações de participação societária de caráter temporário, de financiamento da atividade produtiva para suprimento de capital fixo e de giro e de administração de recursos de terceiros"[2].

BANCO DO BRASIL (BB): foi a primeira instituição financeira do país, fundada com a chegada da família real ao Brasil. Exerceu, durante longo período, o papel de Banco Central do país. Atualmente, exerce as funções de agente financeiro do Governo Central e de banco comercial.

BANCO MUNDIAL OU BANCO INTERNACIONAL PARA RECONSTRUÇÃO E DESENVOLVIMENTO (BIRD): iniciou suas atividades em 1946, com o objetivo inicial de auxiliar a reconstrução da Europa, devastada pela guerra. Dessa forma, ao lado do FMI, constituiu-se em um dos pilares para sustentação de uma política de recuperação do comércio mundial. Atualmente, o Banco Mundial possui mais de 180 membros e atua no auxílio aos países em seus projetos de promoção do desenvolvimento econômico e social.

BANCO NACIONAL DE DESENVOLVIMENTO ECONÔMICO E SOCIAL (BNDES): órgão público, atua principalmente como executor máximo da política federal de investimentos. Atua em áreas consideradas estratégicas para a economia nacional e busca fortalecer a empresa privada nacional pela concessão de recursos de longo prazo.

---

[1] Francisco Silva Cavalcante Filho e Jorge Ioshio Misumi, *Mercado de capitais*, p. 29.
[2] Disponível em: <http://www.assbandf.com.br/glossario_b.htm>. Acesso em: 7 set. 2011.

BANCOS DE DESENVOLVIMENTO: são bancos estaduais públicos que têm como objetivo proporcionar recursos necessários ao financiamento, no médio e longo prazos, de programas e projetos que visem promover o desenvolvimento econômico e social do respectivo Estado onde tenham sede.

BANDAS CAMBIAIS: é um sistema de câmbio fixo que estabelece um valor máximo e um valor mínimo para flutuação. Dentro desse intervalo, o câmbio pode flutuar livremente.

BASE MONETÁRIA: é o passivo monetário do Banco Central. É a soma do Papel-Moeda em Poder do Público com os encaixes bancários. Também, define-se Base Monetária como a soma do Papel-Moeda em Circulação com as reservas bancárias.

■ C

CAPITAL AUTÔNOMO: é o capital que entra no país por si mesmo, devido a investimentos diretos ou indiretos do exterior. O capital autônomo tem a finalidade de regularizar o saldo do Balanço de Pagamentos em Transações Correntes.

CAPITAL COMPENSATÓRIO: refere-se ao capital de organismos internacionais, como FMI, Banco Mundial e Clube de Paris. São, portanto, empréstimos contraídos junto a esses organismos ou com aval destes e, por esse motivo, são empréstimos condicionados a um ajuste fiscal.

CAPITAL DE CURTO PRAZO: também chamado de *hot money*, apresenta caráter especulativo. São aplicações em títulos ou no câmbio, atraídos por altas taxas de juros ou grandes diferenças cambiais.

CARGA TRIBUTÁRIA BRUTA: é a soma dos impostos diretos e indiretos.

CARGA TRIBUTÁRIA LÍQUIDA: é a soma dos impostos indiretos subtraídos dos subsídios com os impostos diretos subtraídos das transferências.

CASSEL; FÓRMULA DE: teoria desenvolvida por Cassel que defende que a taxa de câmbio firmada entre dois países é função do poder de compra das respectivas moedas, medida pela razão entre os correspondentes níveis de preços. A fórmula aproximada de Cassel é: $E = e \times P^*/P$, onde: E = taxa de câmbio real; e = taxa de câmbio nominal; P^* = preços externos; e P = preços internos.

CICLO DA VIDA; TEORIA DO: de acordo com a teoria do ciclo de vida de Modigliani, há a despoupança na fase jovem, quando as pessoas consomem mais que suas rendas; e a queda da renda na terceira idade faria com que as pessoas poupassem na meia-idade para financiar um padrão de consumo estável ao longo da vida.

CIF, PREÇO: CIF é a abreviatura de *cost, insurance and freight* (custo, seguro e frete). Nas operações de compra e venda, a Cláusula CIF inclui no preço da mercadoria vendida as despesas com seguro e frete até o local de destino.

CHOQUE DE OFERTA: também conhecido como inflação de custos, o choque de oferta é um evento que altera diretamente os custos das firmas, deslocando a curva de oferta. Se o choque for favorável, a curva de oferta se desloca para a direita. Se o choque for desfavorável, desloca a curva de oferta para cima. Desloca, também, no curto prazo, a curva de Phillips.

COMISSÃO DE VALORES MOBILIÁRIOS (CVM): é uma autarquia ligada ao Ministério da Fazenda, diretamente vinculada ao poder executivo, sendo um órgão normativo cuja principal responsabilidade está na promoção, no disciplinamento, na fiscalização e no desenvolvimento do mercado de valores mobiliários.

COMMERCIAL PAPERS: são notas promissórias emitidas por empresas para captação em curto prazo de grandes volumes de capital. São largamente negociadas no mercado secundário e se caracterizam por um custo mais baixo, pois não necessitam de intermediários bancários para negociação.

Esses papéis normalmente não realizam pagamento de juros periódicos, porém são negociados com deságios frente a seu valor nominal ou de face. Outra característica é o não oferecimento de garantias, o que torna sua emissão bastante restrita, pois os investidores não estariam dispostos a negociar essas notas se emitidas por empresas sem um conceito de crédito bastante elevado.

COMPULSÓRIO; RECOLHIMENTO OU DEPÓSITO: é um instrumento de política monetária utilizado pelo Banco Central para reduzir a liquidez da economia. Consiste na custódia de parcela dos depósitos recebidos do público pelos bancos comerciais.

CONSELHO MONETÁRIO NACIONAL: órgão máximo do Sistema Financeiro Nacional, ao qual cabe a normatização de todo o sistema, a responsabilidade e o gerenciamento sobre todas as normas e instituições nele existentes, tendo como finalidade a formulação e a coordenação das políticas governamentais pertinentes aos movimentos financeiros. De acordo com Securato e Securato: "O Conselho Monetário Nacional é um órgão normativo, portanto, não lhe cabe nenhuma função executiva, representando a autoridade máxima do Sistema Financeiro Nacional. O CMN é o responsável direto pela fixação das diretrizes das políticas monetárias, cambial e creditícia do governo federal. O Conselho Monetário Nacional executa a função de um Conselho de Política Econômica"[3].

CONSUMO AUTÔNOMO: é o consumo que independe do nível de renda.

CONSUMO FINAL: é a soma do consumo das famílias e do governo.

COTAÇÃO DO CERTO: quantidade de moeda estrangeira que se pode comprar com uma unidade de moeda nacional.

COTAÇÃO DO INCERTO: quantidade de moeda nacional que pode comprar uma unidade de moeda estrangeira.

CROWDING OUT: ou efeito deslocamento, ocorre quando o governo aumenta seus gastos e isso provoca uma elevação da taxa de juros, desestimulando o investimento e fazendo com que o produto, que deveria aumentar em função de aumentos dos gastos do governo, retroaja devido à redução dos investimentos.

CRUZ KEYNESIANA: é o cruzamento da curva de despesa planejada com a linha de 45º que divide os eixos demanda planejada (eixo vertical) e produto (eixo horizontal). No ponto de cruzamento, ocorre o equilíbrio entre produto e despesa.

CURRENCY BOARD (CONSELHO DE MOEDA): quando a autoridade monetária efetua o câmbio de moeda nacional por moeda estrangeira com cotação fixa, pratica o *currency board*. Esse sistema tem a moeda estrangeira como âncora cambial. Assim, o país se compromete a converter, sob demanda, sua moeda local em outro ativo líquido de aceitação internacional.

CURTO PRAZO: em Macroeconomia, curto prazo é o tempo necessário para que os preços e salários sejam rígidos, de tal maneira que o Produto Real é determinado pela demanda efetiva.

CURVA J: ocorre quando, no curtíssimo prazo, a condição de Marshall-Lerner ainda não tiver sido satisfeita, já que demora, no curto prazo, verdadeiro tempo para mudar os padrões de consumo.

CURVAS DE INDIFERENÇA: são curvas formadas pelas preferências do consumidor que mostram que, em qualquer ponto de uma das curvas, é indiferente o consumo das possíveis cestas de bens contidas nessa curva, já que dão ao consumidor o mesmo grau de satisfação. Conforme a curva de indiferença se afasta da origem, aumenta o grau de satisfação em possuir uma cesta de bens contida nessa curva.

CUSTO MENU: quando há inflação, as listas de preços dos produtos precisam ser atualizadas e, para isso, é necessário despender recursos de outras atividades produtivas, gerando custos denominados custos menu.

---

[3] José Roberto Securato e José Cláudio Securato, *Mercado financeiro*, p. 60.

D

DEBÊNTURES: "São empréstimos do comprador ao emissor em troca de uma remuneração certa (juros) e uma amortização em data certa (principal). Podem ser colocadas no mercado diretamente junto aos investidores ou via oferta pública através de instituições financeiras"[4].

DÉFICIT DO BALANÇO DE PAGAMENTOS EM TRANSAÇÕES CORRENTES: é o saldo negativo da soma da Balança Comercial, da Balança de Serviços, da Balança de Rendas e das Transferências Correntes Unilaterais. É igual à poupança externa.

DÉFICIT GÊMEO: quando o país incorre em déficit público, haverá uma redução da poupança nacional. Não sendo suficiente essa poupança interna para bancar os investimentos do país, faz-se necessário atrair capital para o país. Para tanto, o governo elevará as taxas de juros, o que provocará um aumento do déficit na Balança de Rendas. Com juros mais altos, há uma entrada de divisas no país, levando a uma valorização cambial, estimulando as importações e desestimulando as exportações. Com isso, a Balança Comercial e de Serviços tende a ficar deficitária. Decorre, portanto, um déficit no Balanço de Pagamentos em Transações Correntes. Logo, um déficit público pode acarretar um déficit em Transações Correntes, o que se denomina déficit gêmeo.

DÉFICIT NOMINAL DO GOVERNO: é a diferença entre todos os investimentos públicos e toda a poupança em conta corrente do governo. Genericamente, diz-se que é a diferença entre Despesas e Receitas do Governo.

DÉFICIT OPERACIONAL DO GOVERNO: é a diferença entre os investimentos públicos e a poupança em conta corrente do governo, subtraídas as despesas com correção monetária e cambial da dívida.

DÉFICIT PRIMÁRIO DO GOVERNO: é a diferença entre os investimentos públicos e a poupança em conta corrente do governo, subtraídos os juros reais e a correção monetária e cambial da dívida. Genericamente, diz-se que é a diferença entre despesas não financeiras e receitas não financeiras.

DÉFICIT PÚBLICO: é a diferença entre os investimentos do governo e a poupança do governo. Os investimentos correspondem às despesas de capital e a poupança corresponde à diferença entre receitas e despesas correntes. Genericamente, diz-se que é a diferença entre Despesas e Receitas do Governo.

DEFLATOR DO PRODUTO: é a razão entre o Produto Nominal e Produto Real.

DEMANDA AGREGADA: é a demanda total por bens e serviços pelos setores da economia, ou seja, pelas unidades familiares que irão consumir, pelas empresas que irão investir, pelo governo que irá gastar e pelo setor externo que irá exportar.

DEMANDA DE MOEDA PARA ESPECULAÇÃO: está relacionada ao desejo de manter moeda consigo, a fim de tirar proveito das oscilações do mercado de títulos, por meio das mudanças nas taxas de juros de mercado. A demanda de moeda para especulação mantém uma relação inversa com a taxa de juros, ou seja, quanto maior a taxa de juros, menor a demanda de moeda para especulação, e quanto menor a taxa de juros, maior a demanda de moeda para especulação.

DEMANDA DE MOEDA PARA PRECAUÇÃO: é o desejo, a vontade, de reter moeda para aplicar em gastos fortuitos ou receitas imprevisíveis, já que qualquer pessoa está sujeita a gastos adicionais inesperados, como também ao não recebimento de receitas esperadas. A demanda de moeda para precaução tem relação direta com o nível de renda, ou seja, quanto maior a renda, maior a demanda de moeda para precaução, e quanto menor a renda, menor a demanda de moeda para precaução.

DEMANDA DE MOEDA PARA TRANSAÇÃO: é o desejo, a vontade, de reter moeda para satisfazer as transações do dia a dia. Tem relação direta com o nível de renda, ou seja, quanto maior a renda, maior a demanda de moeda para transação, e quanto menor a renda, menor a demanda de moeda para transação.

---

4   Antonio Alberto Grossi Fernandes, *O Brasil e o Sistema Financeiro Nacional*, p. 120.

DEMANDA EFETIVA: é a parte da demanda agregada que de fato se realiza na aquisição de bens e serviços.

DEMANDA POR BENS E SERVIÇOS: é a procura por bens e serviços. Desejo de possuir bens e serviços.

DEPRECIAÇÃO: desgaste natural de qualquer bem de capital. Pode ser considerada uma despesa para as empresas, assim como uma reserva (ou poupança), na medida em que entra no lançamento contábil como uma despesa, mas, no caixa, não há saída de recursos, permanecendo como uma reserva para substituir um bem por outro similar quando ele estiver totalmente desgastado ou depreciado. A depreciação ocorre em virtude da obsolescência, do uso ou por fatores naturais.

DERIVATIVOS: são instrumentos financeiros que derivam seu valor de outros ativos. São contratos que derivam de outros ativos. São geralmente negociados em bolsa e possibilitam aos agentes econômicos a flexibilização de suas estratégias de investimento por proporcionarem meios de alavancar posições, limitar ou anular riscos e realizar arbitragens. São contratos dos quais se negociam índices, preços, cotações de outros ativos, que passam a denominar tais contratos. O mercado de derivativos pode ser: Mercado (contrato) a Termo, Mercado de Futuros, Mercado de Opções e *Swaps*.

DES — DIREITO ESPECIAL DE SAQUE: moeda escritural, criada em 1969, originalmente definida em ouro, mas com paridade do dólar (1 dólar = 1 DES = 35 onças de ouro). Em 1974, ficou acertado que o DES seria formado por 16 moedas e, em 2001, que valeria a seguinte proporção: dólar (39%), euro (29%), iene (15%) e libra esterlina (11%). Mas essa composição é revista a cada 5 anos. O volume de DES e a quota de subscrição constituem as reservas do país em poder do FMI. Como a liquidez internacional dependia da oferta de dólar e da produção de ouro, além de haver um rápido crescimento da economia mundial, fazia-se urgente a expansão dos meios de pagamento. A solução foi a criação do DES.

DESPESAS CORRENTES: são as despesas do dia a dia da administração pública, as quais alteram o patrimônio da administração pública, ou seja, diminuem o patrimônio do país. Exemplos: pagamento dos salários e vencimentos do funcionalismo público, obrigações sociais, despesas com pagamento de luz, água, telefone, material de consumo dos órgãos do governo etc. Não estão incluídas obras, aquisição e construção de prédios, estrutura física etc. As despesas correntes são bancadas por receitas correntes.

DESEMPREGO CONJUNTURAL: ou cíclico; está associado às flutuações da atividade econômica.

DESEMPREGO ESTRUTURAL: é consequência de mudança na estrutura da economia, seja por insuficiência de demanda ou investimentos. É uma forma de desemprego natural. Por exemplo, quando devido a um avanço tecnológico uma máquina é capaz de substituir diversos trabalhadores.

DESEMPREGO FRICCIONAL: resulta da mobilidade da mão de obra.

DESEMPREGO INVOLUNTÁRIO: é o desemprego que ocorre quando, por iniciativa do empregador, o contrato cessa.

DESEMPREGO NATURAL: é a soma do desemprego friccional e do voluntário, não sendo relevantes o desemprego estrutural e o conjuntural.

DESEMPREGO VOLUNTÁRIO: é o desemprego resultante da recusa do trabalhador em aceitar um trabalho, devido, por exemplo, a baixa remuneração, más condições de trabalho etc.

DESUTILIDADE MARGINAL DO TRABALHO: é o desprazer que o trabalho proporciona e será suportado pelo trabalhador em prol de um salário maior. A curva de oferta de mão de obra mostrará essa desutilidade marginal do trabalho, porque quanto maior o salário real, maior a oferta de trabalho e, portanto, menor o lazer.

DISPÊNDIO: despesa.

DIRTY FLOATING: vide "flutuação suja".

E

EFEITO DESLOCAMENTO: vide "*crowding out*".

EFEITO RENDA (a): numa economia intertemporal, uma elevação da taxa de juros permite ao consumidor, sendo poupador, estar numa situação melhor, aumentando o consumo tanto no presente quanto no futuro.

EFEITO RENDA (b): no mercado de trabalho, o aumento do salário provoca uma diminuição da oferta de trabalho, uma vez que, estando o trabalhador em melhor situação financeira, demandará mais lazer.

EFEITO SUBSTITUIÇÃO (a): numa economia intertemporal, uma elevação da taxa de juros, sendo o consumidor um poupador, pode fazer com que o consumidor substitua o consumo presente pelo consumo futuro, reduzindo o consumo no presente e aumentando o consumo no futuro.

EFEITO SUBSTITUIÇÃO (b): no mercado de trabalho, o aumento do salário faz com que o trabalhador oferte mais mão de obra ou trabalho em detrimento do lazer, já que o custo de oportunidade de lazer está mais elevado.

EFICIÊNCIA MARGINAL DO CAPITAL: é a taxa de desconto que faz com que o valor presente da renda esperada do capital seja igual ao preço de oferta. É a expectativa que se tem de renda de oferta corrente. É a taxa de retorno do capital.

ELASTICIDADE: é a reação a mudanças em variáveis econômicas. É a sensibilidade a uma mudança econômica.

EMPRESA: é um conjunto organizado com o intuito de exercer uma atividade para produzir e oferecer bens e/ou serviços.

ENCAIXE: é a soma do recolhimento voluntário, do recolhimento compulsório e do caixa dos bancos. É o dinheiro que pertence aos bancos (bancos comerciais + Banco Central).

ENDÓGENA, VARIÁVEL: é a variável explicada dentro do modelo. Depende do comportamento de uma outra variável para se definir. Nos modelos macroeconômicos, normalmente, as variáveis endógenas dependem da renda e da taxa de juros para se definirem.

EQUAÇÃO DE FISHER: a equação aproximada afirma que a taxa nominal de juros é igual à taxa esperada de inflação mais a taxa real de juros.

EQUAÇÃO QUANTITATIVA DA MOEDA: a Teoria Quantitativa da Moeda (TQM) foi desenvolvida pelos clássicos, que afirmavam que a inflação ocorreria pelo lado monetário da economia. Segundo eles, quanto mais moeda fosse ofertada, maior seria a demanda por bens e serviços, o que repercutiria apenas numa elevação de preços, e não na elevação do Produto Real.

EQUIVALÊNCIA RICARDIANA: afirma que a maneira como o governo vai financiar seu déficit, seja pelo aumento da dívida, ou por tributos, não afeta a atividade econômica, já que a dívida apenas adiará a cobrança de impostos para o futuro, fazendo com que os agentes econômicos racionais aumentem suas poupanças no presente para arcar com maiores tributos no futuro. Diante de uma poupança menor do governo, ocorre uma poupança maior dos agentes econômicos privados, que adquirirão títulos públicos emitidos, não havendo, portanto, redução da poupança global, o que justifica a não alteração da taxa de juros. Portanto, quando o governo opta por endividamento, isso equivale, para fins de qualquer alteração no produto e na taxa de juros, a financiar seu déficit por meio da tributação.

ESPECULAR: é definida como uma tentativa de ter ganhos com mudanças nas taxas de juros do mercado.

ESTADO ESTACIONÁRIO: numa situação em que não há avanço tecnológico nem aumento populacional, o estado estacionário é o equilíbrio de longo prazo que ocorre quando a depreciação do capital se iguala à poupança da economia.

ESTOQUE: é uma quantidade medida num ponto específico de tempo.

EXCEDENTE OPERACIONAL BRUTO: é a remuneração dos fatores de produção, com exceção da remuneração dos empregados, acrescida da depreciação.

EXÓGENA, VARIÁVEL: a variável é exógena quando é "dada" pelo modelo, ou seja, não é explicada dentro do modelo. Por exemplo, uma variável que não é afetada pela taxa de juros nem pelo nível de renda e produto é exógeno ao modelo IS-LM.

EXPECTATIVA ADAPTATIVA: significa que as pessoas formam suas expectativas sobre o que acontecerá no futuro com base no que aconteceu no passado.

EXPECTATIVA RACIONAL: são formadas a partir das disposições que as pessoas têm, e não com base retrospectiva, como acontece quando as expectativas são adaptativas. Baseando-se em informações presentes disponíveis e previsões futuras sobre o comportamento da economia, antecipam-se às decisões do governo, anulando em certo grau a eficácia das políticas traçadas.

EXPORTAÇÃO: é a saída de bens e serviços não fatores do país (das fronteiras nacionais).

■ F

FATORES DE PRODUÇÃO: são os elementos necessários para a confecção de qualquer bem ou serviço, ou seja: terra (não só as terras cultiváveis e urbanas, mas também os recursos naturais); trabalho ou mão de obra (as faculdades físicas e intelectuais dos seres humanos que interferem no processo produtivo); capital (as edificações, as fábricas, a maquinaria e os equipamentos); empreendimento (a decisão de fazer, o risco do negócio).

FISHER, EFEITO: mostra que o aumento da inflação esperada reduz a taxa de juros reais, expandindo o investimento e deslocando a curva de demanda agregada para a direita ou para cima.

FLUTUAÇÃO SUJA: ocorre quando o Banco Central faz intervenções esporádicas no mercado cambial, seja comprando ou vendendo divisas, para evitar grandes oscilações na taxa de câmbio ou para atender ao interesse da autoridade monetária.

FLUXO: é uma quantidade medida num intervalo ou espaço de tempo.

FLUXO CIRCULAR DA RENDA: numa economia sem governo e fechada, é a interação das famílias e das empresas no mercado de fatores e de produtos. As famílias adquirem bens e serviços das empresas e pagam por isso. As empresas adquirem fatores de produção das famílias e remuneram em forma de renda (salários, juros, aluguéis e lucros). Portanto, a renda circula das empresas para as famílias e retorna às empresas quando as famílias pagam pelos bens e serviços.

FOB (PREÇO): significa "*free on board*", ou seja, "posto a bordo". Nas operações de compra e venda, segundo a cláusula FOB, o vendedor tem que entregar a mercadoria a bordo, pelo preço estabelecido, mas as despesas com transporte (frete e seguro) ficam por conta do comprador.

FORMAÇÃO BRUTA DE CAPITAL FIXO: mede o quanto as empresas apresentam de bens de capital, ou seja, aqueles bens que servem para produzir outros bens. São basicamente máquinas, equipamentos e material de construção. É importante porque indica se a capacidade de produção do país está crescendo e também se os empresários estão confiantes no futuro.

FUNDO MONETÁRIO INTERNACIONAL (FMI): foi criado em 1945, tendo como um de seus objetivos zelar pela estabilidade do sistema monetário internacional, promovendo a cooperação entre os seus atuais 187 países-membros, notadamente no que diz respeito às questões monetárias. Suas ações visavam evitar que desequilíbrios nos balanços de pagamentos e nos sistemas cambiais pudessem prejudicar a expansão do comércio e dos fluxos de capitais internacionais, tentando eliminar de forma progressiva as restrições cambiais nos países-membros. Tem autorização para conceder, mediante consultas aos seus membros, recursos temporários para evitar ou sanar desequilíbrios no balanço de pagamentos dos países que necessitem, com imposição de programas de ajustes estruturais.

G

GRANDE ECONOMIA ABERTA: é uma economia para a qual a inflação, a taxa de juros nominais, o hiato do produto, a taxa de câmbio real e demais variáveis macroeconômicas têm o poder de afetar as variáveis do resto do mundo.

H

HAVERES DE CURTO PRAZO NO EXTERIOR: representam uma espécie de meio de pagamento internacional. Contabilizam as variações de estoque de moedas estrangeiras e de títulos de crédito externos de curto prazo em poder das autoridades monetárias.

HIATO DO PRODUTO: ocorre quando as exportações de bens e serviços não fatores são menores que as importações de bens e serviços não fatores.

HIPÓTESE DA CONVERGÊNCIA: afirma que, no longo prazo, haveria uma tendência de convergência das rendas *per capita* entre os países. Solow afirmou que os países tendem a convergir para uma trajetória de crescimento equilibrado, ou seja, quando os países estão em diferentes pontos no que se refere a sua trajetória de crescimento equilibrado e disso decorrem diferenças do produto *per capita* entre eles, deve-se esperar que países mais pobres alcancem países mais ricos. Isso acontece porque a taxa de retorno do capital em países que apresentam maior razão capital/trabalho é pequena e a taxa de retorno do capital nos que apresentam menor razão capital/trabalho é alta, fazendo com que o capital se desloque de países mais ricos para os mais pobres, provocando a convergência de renda *per capita*. Além disso, as defasagens na difusão do conhecimento podem fazer com que países não utilizem plenamente a tecnologia disponível, mas, à medida que os mais pobres passem a ter acesso a esses conhecimentos, há tendência à convergência.

I

IDENTIDADE MACROECONÔMICA: é uma relação que está acima da igualdade. É uma relação entre coisas idênticas. Entre elas, não existe relação de causa e efeito. Elas ocorrem simultaneamente.

IDH: o Índice de Desenvolvimento Humano (IDH) mede o nível de desenvolvimento humano dos países, utilizando como critérios indicadores de educação, saúde e renda. O índice varia de zero (nenhum desenvolvimento humano) a um (perfeito desenvolvimento humano).

ILUSÃO MONETÁRIA: é quando o trabalhador não consegue ter a percepção da variação de preços na mesma velocidade que o empresário. Quando os salários sobem, ele não consegue perceber que, pelo fato de os preços terem subido numa proporção maior, seu salário real diminuiu. Por conta disso, não reduz sua oferta de mão de obra, fazendo com que seja possível a elevação do produto e do emprego da economia quando a demanda por mão de obra aumenta.

IMPORTAÇÃO: é quando um bem ou serviço não fator é trazido, via comércio, do exterior para o país.

IMPOSTO DIRETO: imposto que incide diretamente sobre a renda, o patrimônio e a riqueza dos indivíduos e empresas. Exemplos: imposto de renda, IPVA, IPTU.

IMPOSTO INDIRETO: imposto que incide sobre o consumo, a produção, a circulação e a distribuição de mercadorias e serviços. Incide sobre as empresas. Exemplos: ICMS, IPI.

ÍNDICE DE FISHER: é a média geométrica dos índices de Laspeyres e Paasche. Há o índice de Fisher de preço e o de quantidade.

ÍNDICE DE GINI: mede o grau de desigualdade existente na distribuição de renda entre os indivíduos segundo a renda domiciliar *per capita*. Seu valor varia de zero, quando não há desigualdade, ou seja, há perfeita distribuição da renda, a um, quando a desigualdade é máxima, ou seja, há total concentração de renda.

ÍNDICE DE LASPEYRES: o índice de preços de Laspeyres pondera preços em duas épocas, inicial e atual, tomando como pesos quantidades na época inicial. O índice de quantidade de Laspeyres pondera quantidades em duas épocas, inicial e atual, tomando como pesos preços na época inicial.

ÍNDICE DE PAASCHE: o índice de preços de Paasche pondera preços em duas épocas, inicial e atual, tomando como pesos quantidades na época atual. O índice de quantidades de Paasche pondera quantidades em duas épocas, inicial e atual, tomando como pesos preços na época atual.

ÍNDICE DE VALOR: é a relação entre o somatório dos produtos do ano em questão, multiplicados pelos seus respectivos preços, e o somatório dos produtos do ano-base, multiplicados pelos seus respectivos preços.

INFLAÇÃO: elevação generalizada e persistente de preços.

INFLAÇÃO DE DEMANDA: é a elevação de preços em decorrência do deslocamento para a direita ou para cima da curva de demanda, fazendo com que haja o deslizamento da curva de demanda sobre a curva de oferta, aumentando o Produto Real da economia. Na curva de Phillips, a inflação de demanda provoca o deslocamento na própria curva de Phillips.

INFLAÇÃO DE CUSTOS: ou choque de oferta, é a elevação de preços que decorre de um deslocamento na curva de oferta para a esquerda ou para cima, reduzindo o Produto Real da economia. Na curva de Phillips, a inflação de custos provoca o seu deslocamento.

INFLAÇÃO ESPERADA: é a elevação de preços que decorre tanto do deslocamento da curva de demanda para cima ou para a direita quanto da curva de oferta para cima ou para a esquerda. Ocorre que, pelo fato de a demanda real por moeda não ser muito elástica à taxa de juros, o deslocamento da demanda agregada é menor que o deslocamento da oferta agregada, provocando uma elevação de preços e uma redução do Produto Real da economia. A principal razão para a existência de inflação esperada é a indexação de preços e salários na economia. Na curva de Phillips, a inflação esperada provoca o seu deslocamento.

INJEÇÕES: são fatores de demanda para a produção agregada. São considerados injeções o investimento, os gastos do governo e a exportação.

INSUMO QUE NÃO ENTROU NO PROCESSO PRODUTIVO: é todo produto que não participou na confecção do bem ou serviço em questão. Pode estar armazenado para alterar os estoques ou para participar de outro processo produtivo que não o da questão.

INTERMEDIÁRIO, PRODUTO: ou bem intermediário, ou consumo intermediário, ou valor intermediário. É o produto utilizado para se produzir algo. Assim, se para produzir um sanduíche, é necessário pão, este último será produto intermediário para produzir o sanduíche. Também chamado de insumo.

INVESTIMENTO BRUTO TOTAL: é a soma da formação bruta do capital fixo com a variação de estoques. Inclui os investimentos privados e os públicos.

INVESTIMENTO DIRETO NO PAÍS: compreendem a participação no capital (entradas de recursos em investimento estrangeiro direto, como privatizações, aquisição total ou parcial de capital) e os empréstimos intercompanhias (créditos das matrizes no exterior a suas filiais no país).

INVESTIMENTO EM CARTEIRA: pode ser em renda fixa ou renda variável. Os títulos do Tesouro Nacional se enquadram em renda fixa, e as ações de empresas em volume que não permite o direito à gestão da empresa se enquadram em renda variável.

INTERTEMPORAL: complexo de fatos acontecidos ao longo de tempos distintos, ou no longo prazo.

■ L

LEI DE GRASHAM OU GRASHMAN: diz que "a moeda má expulsa a moeda boa". Quando o valor da moeda era definido pelo seu peso em metal precioso, se o Estado resolvesse cunhar moedas com o mesmo valor facial mas com menos quantidade de metal na moeda, os agentes econômicos passariam a entesourar a moeda mais pesada, que é a chamada moeda boa, e fariam suas transações utilizando a moeda mais leve, chamada de moeda má. Assim, a moeda boa passaria a ser substituída pela moeda má.

LEI DE SAY: afirma que a oferta agregada determina sua própria demanda agregada. Portanto, não há crise de superprodução, nem se justifica o desemprego involuntário.

LEI DOS RENDIMENTOS FÍSICOS MARGINAIS DECRESCENTES: ou simplesmente, Lei dos Rendimentos Marginais Decrescentes ou Lei dos Rendimentos Decrescentes. Afirma que, no curto prazo da Microeconomia, à medida que um dos fatores de produção aumenta, mantendo fixo outro fator, a produção começa a crescer a taxas crescentes (cresce e cresce cada vez mais), depois começa a crescer a taxas decrescentes (cresce, mas cresce cada vez menos) e depois decresce.

LEI PSICOLÓGICA FUNDAMENTAL: desenvolvida por Keynes, que afirmava que os indivíduos estão dispostos, como regra geral e em média, a aumentar seu consumo à medida que suas rendas aumentam, porém jamais na proporção exata do aumento de suas rendas.

LONGO PRAZO: em Macroeconomia, é o período de tempo em que os preços e salários são flexíveis.

LUCROS DISTRIBUÍDOS: dividendos, lucros que não ficaram retidos nas empresas, ou seja, foram distribuídos entre os sócios ou acionistas.

LUCROS RETIDOS: lucros não distribuídos, que ficarão na empresa para um futuro investimento.

■ M

MARSHALL-LERNER; CONDIÇÃO DE: o impacto de uma mudança no câmbio real sobre as exportações líquidas pode ser ambíguo. Se houver uma apreciação na taxa de câmbio, as importações devem aumentar, mas o seu preço relativo cairá. Também as exportações caem. O resultado das exportações líquidas (diferença entre exportação e importação) pode aumentar ou diminuir, se a queda no preço relativo das importações superar os outros efeitos. Se a condição de Marshall-Lerner for satisfeita, isso significa que uma desvalorização real da moeda aumenta as exportações líquidas e uma valorização real da moeda diminui as exportações líquidas.

MEIO DE TROCA (MOEDA COMO): é uma das funções da moeda. É quando a moeda é aceita em troca de outro bem ou para solver débitos.

MEIOS DE PAGAMENTO: são ativos que podem ser usados para pagamento de compromissos assumidos ou para pagamento à vista. No sentido restrito, M_1 é a soma do Papel-Moeda em Poder do Público não Bancário com os depósitos à vista.

MERCADO ABERTO: vide "open market".

MERCADO DE CÂMBIO: é o segmento do mercado financeiro em que se realizam as operações envolvendo compra e venda de moedas entre os agentes econômicos de diferentes países. Embora essas operações se realizem, praticamente não há a movimentação em espécie de moedas entre os diversos agentes, havendo na maioria das vezes tão somente uma compensação de valores por meio de operações opostas.

MERCADO FINANCEIRO: ou mercado bancário: conjunto de instituições e operações ocupadas com o fluxo de recursos monetários entre os agentes econômicos. Basicamente, é o mercado de emprestadores e tomadores de empréstimos. É a reunião de agentes negociadores e seus auxiliares, independente da localização física, visando a concretização de transações que envolvam ativos ou valores financeiros que os expressem.

MERCADO MONETÁRIO: é essencial para o sistema financeiro de um país. Uma de suas funções é definir a taxa de juros básica de uma economia, por meio de operações executadas e monitoradas pelas autoridades monetárias. Os prazos são curtos ou curtíssimos. Tais operações proporcionam um controle mais ágil e rápido da liquidez porque estão relacionados com a circulação de moedas no país. Os emissores de títulos devem ter a permissão e a competência atestadas pelas autoridades fiscalizadoras do país.

MOBILIDADE DE CAPITAL: é a capacidade que o capital tem de entrar ou sair do país. Se a capacidade for muito grande, há perfeita mobilidade de capital. Se a capacidade for limitada, há imperfeita mobilidade de capital. Se não houver capacidade de entrada e saída de capital, diz-se que não há mobilidade de capital.

MOEDA ESCRITURAL: são os depósitos bancários usados como meio de pagamento. Não apresenta curso forçado, ou seja, não exige aceitação geral. É uma moeda fiduciária. É representada principalmente por cheques e cartões eletrônicos.

MOEDA FIDUCIÁRIA: seu nome tem origem no termo "fidúcia", que significa "confiança". Seu valor é devido a sua aceitação ou pelo fato de ter curso forçado imposto pela autoridade monetária.

MONETIZAR: é o ato de transformar bens, metais, títulos, fatos, informações e acontecimentos em dinheiro, moeda.

MULTIPLICADOR BANCÁRIO OU MONETÁRIO: representa a quantidade de vezes que a Base Monetária (B) é multiplicada para gerar meios de pagamento (M_1). Ocorre quando os bancos emprestam dinheiro sobre os depósitos feitos pelo público não bancário.

MULTIPLICADOR KEYNESIANO: mede quantas vezes o produto variará em decorrência de uma variação em um dos componentes autônomos agregados (consumo autônomo, investimentos autônomo, gastos do governo, tributação autônoma, transferência autônoma do governo, exportações autônomas e importações autônomas).

MULTIPLICADOR DE HAAVELMO OU MULTIPLICADOR DO ORÇAMENTO EQUILIBRADO: é o multiplicador que afirma que, quando o governo gasta e tributa o mesmo valor, suas contas estarão em equilíbrio, mas o produto da economia deverá se alterar no mesmo valor do gasto e da tributação.

MUNDELL-FLEMING, MODELO: ou modelo IS-LM-BP, trata da relação de curto prazo entre a taxa de câmbio real e o produto da economia. É o modelo IS-LM aplicado numa economia aberta e com governo, para uma pequena economia sob regime de câmbio fixo ou flutuante.

■ N

NÃO RESIDENTES: pessoas físicas ou jurídicas que não têm no país considerado seu principal centro de interesses.

NO TRADABLES: bens não comercializáveis no mercado internacional. Existe uma série de bens que, independente do preço nos diferentes países, não induzem fluxos comerciais entre eles. São chamados não transacionáveis ou *no tradables*.

■ O

OPEN MARKET OU MERCADO ABERTO: mercado, não físico, em que as negociações são realizadas por telefone, quando ocorrem as compras e vendas de títulos públicos e privados sob a orientação do Banco Central.

OFERTA AGREGADA: é a oferta de bens e serviços realizada por todas as empresas num determinado período de tempo, a um determinado nível de preços.

OFERTA DE LUCAS: a oferta de Lucas se dá sobre expectativas futuras, e não sobre bases passadas. O salário nominal e, consequentemente, os preços se formarão de acordo com as expectativas sobre o comportamento da demanda agregada.

OKUN; LEI DE: descreve uma relação entre as variações percentuais do desemprego e os movimentos cíclicos do PIB efetivo e do PIB potencial.

OUTRAS RECEITAS CORRENTES LÍQUIDAS DO GOVERNO: além dos tributos, o governo obtém outras receitas correntes por meio das contribuições parafiscais, receitas patrimoniais, receitas industriais, receitas agropecuárias, receitas de serviços, receitas provenientes de transferências correntes, entre outras que são denominadas de outras receitas correntes.

■ P

PAPEL-MOEDA EMITIDO: é a soma do Papel-Moeda em Poder do Público com os caixas dos bancos comerciais e do Banco Central.

PAPEL-MOEDA EM CIRCULAÇÃO: é o Papel-Moeda Emitido menos o caixa do Banco Central. Corresponde ao Papel-Moeda em Poder do Público somado ao caixa dos bancos comerciais.

PAPEL-MOEDA EM PODER DO PÚBLICO: é igual ao saldo do Papel-Moeda em Circulação menos o caixa dos bancos comerciais, dos bancos múltiplos, do Banco do Brasil e da Caixa Econômica Federal.

PARADOXO DA PARCIMÔNIA: é quando uma população, no intuito de poupar mais, acaba por poupar menos. Segundo Keynes, quando os agentes econômicos passam a poupar mais, o consumo diminui. Quando este último se reduz, o produto da economia diminui também, já que não adianta continuar produzindo o mesmo volume se a demanda por bens e serviços se reduziu. Logo, a renda diminui. Como a poupança é uma função do nível de renda, ela tende a se reduzir também.

PASSIVO EXTERNO LÍQUIDO: quando o Balanço de Pagamentos em Transações Correntes apresenta um saldo negativo, isso significa que o país está apresentando um investimento interno maior que a poupança interna. Para cobrir esse déficit, é necessária a entrada de capital externo, o que implica, no futuro, maiores remessas de juros, lucros e o pagamento do principal da dívida contraída do exterior. Portanto, o país passa a possuir uma obrigação ou passivo externo maior que um direito ou ativo externo.

PEQUENA ECONOMIA ABERTA: é uma economia para a qual a inflação, a taxa de juros nominais, o hiato do produto, a taxa de câmbio real e demais variáveis macroeconômicas não afetam as variáveis do resto do mundo.

PHILLIPS; CURVA DE: no curto prazo, a curva de Phillips mostra o *trade-off* entre taxa de inflação e taxa de desemprego: verifica-se que o custo do combate à inflação é o aumento do desemprego, ou seja, existe uma relação negativa entre as duas variáveis, e a curva tem um formato decrescente. No longo prazo, não existe o *trade-off* entre inflação e desemprego, e a curva de Phillips é vertical.

PLENO EMPREGO: é quando todos os fatores produtivos disponíveis estão sendo utilizados numa situação de equilíbrio. O pleno emprego é compatível com a existência do desemprego natural.

POLÍTICA FISCAL: é uma política adotada pelo governo com o intuito de alterar o nível de renda e produto da economia, por meio de controle dos gastos do governo, tributação e transferências do governo.

POLÍTICA MONETÁRIA: é uma política adotada pelo governo com o intuito de alterar o nível de renda e produto da economia, pelo controle da oferta de moeda.

PONZI; EFEITO: é a possibilidade de se endividar infinitamente, ou seja, no período 2, toma-se dinheiro emprestado para pagar os juros da dívida do período 1, e assim por diante.

POUPANÇA BRUTA: poupança do setor privado somada à poupança do governo. Poupança interna.

POUPANÇA BRUTA DO SETOR PRIVADO: poupança das unidades familiares e empresas, incluindo a reserva para depreciação realizada pelas empresas.

POUPANÇA BRUTA TOTAL: é a soma da poupança bruta do setor privado (que é a soma da poupança líquida do setor privado com a depreciação) com a poupança do governo (que é igual ao saldo em conta corrente do governo) e com a poupança externa (que é igual ao Déficit do Balanço de Pagamentos em Transações Correntes).

POUPANÇA DO GOVERNO: é a diferença entre as receitas correntes do governo e as despesas correntes do governo. As despesas e as receitas de capital não entram nesse cálculo.

POUPANÇA EXTERNA: poupança do setor externo. Recursos externos que entram no país para cobrir investimentos que estejam sendo realizados no país. É igual ao déficit na Balança de Pagamentos em Transações Correntes.

POUPANÇA INTERNA: poupança bruta do setor privado somada à poupança do governo.

POUPANÇA LÍQUIDA DO SETOR PRIVADO: poupança das unidades familiares e empresas sem incluir a reserva de depreciação, que é um tipo de poupança das empresas.

PREFERÊNCIA BEM COMPORTADA: é quando a preferência é monótona e convexa.

PREFERÊNCIA MONÓTONA: diz-se que a preferência é monótona quando uma cesta de bens com mais bens é preferível a uma cesta de bens com menos bens.

PREFERÊNCIA CONVEXA: diz-se que as preferências são representadas por curvas de indiferença convexas quando as médias são preferíveis aos extremos.

PRODUTIVIDADE MARGINAL DA MÃO DE OBRA OU DO TRABALHO: é o acréscimo ao produto total em decorrência do aumento de "um" de mão de obra.

PRODUTIVIDADE MARGINAL DO CAPITAL: acréscimo ao produto em decorrência ao acréscimo de "um" no capital ou a taxa de retorno prevista por um bem de capital.

PRODUTO ADICIONADO: ou bem adicionado, ou valor adicionado, ou produto acrescentado. Consiste no cálculo do que cada ramo da atividade adicionou ao valor do produto final, em cada etapa do processo produtivo. É a contribuição de cada empresa ou setor ao produto final.

PRODUTO AGREGADO: é o produto de todas as empresas somadas da economia. É a soma do produto adicionado por todas as empresas ou setores da economia. É o valor bruto da produção menos o produto intermediário.

PRODUTO A CUSTO DE FATORES: produto sem incluir os impostos indiretos livres de subsídios, mas incluindo os impostos diretos menos transferências.

PRODUTO A PREÇO DE MERCADO: Produto a custo de fatores, incluindo os impostos indiretos menos subsídios.

PRODUTO BRUTO: Produto Líquido, incluindo a depreciação.

PRODUTO INTERNO: é todo produto que é produzido dentro das fronteiras do país, independente de pertencer ou não ao país. O Produto Interno é igual ao Produto Nacional mais a Renda Líquida Enviada ao Exterior. O Produto Interno é igual ao Produto Nacional menos a Renda Líquida Recebida do Exterior.

PRODUTO LÍQUIDO: produto sem incluir a depreciação.

PRODUTO NACIONAL: é todo produto que pertence ao país, independente de ter sido produzido dentro das fronteiras nacionais ou não. O Produto Nacional será igual ao Produto Interno menos a Renda Líquida Enviada ao Exterior. Será igual também ao Produto Interno mais a Renda Líquida Enviada ao Exterior.

PRODUTO NOMINAL: é o somatório de todos os bens e serviços produzidos na economia multiplicado pelo preço vigente. Assim, o Produto Nominal pode aumentar, mas não necessariamente a quantidade produzida aumentará ou novos empregos serão gerados. O preço a ser computado no Produto Nominal é o corrente.

PRODUTO *PER CAPITA*: também conhecido como renda *per capita*, é a relação entre o produto da economia e o número de residentes em um país.

PRODUTO QUE PELA SUA NATUREZA É FINAL: é o produto que se encontra na sua última etapa produtiva e está pronto para o consumo.

PRODUTO REAL: é o somatório de todos os bens e serviços produzidos na economia multiplicado por um preço congelado de um ano-base escolhido, também denominado preço constante, de tal maneira que qualquer alteração no Produto Real representa uma alteração na quantidade produzida e no nível de emprego.

PROPENSÃO MARGINAL A CONSUMIR: é a relação entre a variação do consumo e a variação da renda disponível, ou seja, é a relação de quanto uma variação de "um" da renda disponível será destinada a uma variação do consumo.

PROPENSÃO MARGINAL A IMPORTAR: é a relação entre uma variação da importação e a variação da renda, ou seja, é a relação de quanto uma variação de "um" da renda será destinada a uma variação da importação.

PROPENSÃO MARGINAL A POUPAR: é a relação entre uma variação da poupança e a variação da renda disponível, ou seja, é a relação de quanto uma variação de "um" da renda disponível será destinada a uma variação da poupança. A Propensão marginal a Poupar somada à Propensão marginal a Consumir é igual a "um".

PROPENSÃO MARGINAL A TRIBUTAR: é a relação entre uma variação da tributação e a variação da renda, ou seja, é a relação de quanto uma variação da renda será destinada a uma variação da tributação.

PROPENSÃO MÉDIA A CONSUMIR: é a relação entre o total consumido e o total da renda disponível. A Propensão média a Consumir somada à Propensão média a Poupar é igual a "um".

PROPENSÃO MÉDIA A POUPAR: é a relação entre o total poupado e o total da renda disponível.

Q

"Q" DE TOBIN, TEORIA: destaca a importância do mercado de ações na decisão de investir por meio da relação entre o valor do capital instalado e o custo de reposição do capital instalado, ou seja, o custo de reposição de seus ativos físicos.

R

RECEITAS CORRENTES: são receitas que, na sua maioria, alteram o patrimônio da administração pública, ou seja, receitas provenientes de tributos (impostos, taxas e contribuição de melhoria), contribuição parafiscal, receita patrimonial, receita agropecuária, receita industrial, receita de serviços, transferências correntes etc. As receitas correntes devem ser utilizadas para bancar despesas correntes.

REDESCONTO; TAXA DE: é a taxa de juros que o Banco Central cobra dos bancos comerciais quando concede empréstimos a eles.

REGRA DE OURO: no modelo de Solow, a regra de ouro se define como o estado estacionário em que o consumo é máximo, ou o estado estacionário que representa o maior bem-estar da sociedade.

RENDA: remuneração dos fatores de produção. Ou seja, tudo aquilo que toma a forma de salários (remuneração do fator mão de obra), juros (remuneração do fator capital), aluguéis (remuneração do fator terra ou matéria-prima) e lucros (remuneração do fator empreendimento).

RENDA DISPONÍVEL BRUTA: é a soma da renda nacional bruta com as transferências correntes enviadas e recebidas do resto do mundo.

RENDA ENVIADA OU RECEBIDA DO EXTERIOR: para a FGV, é a soma das remunerações dos serviços fatores e transferências unilaterais enviadas ou recebidas do exterior. O IBGE considera apenas o somatório das remunerações dos serviços fatores.

RENDA LÍQUIDA ENVIADA AO EXTERIOR: diferença entre renda enviada ao exterior e renda recebida do exterior. É igual, com sinal trocado, à renda líquida recebida do exterior.

RENDA LÍQUIDA RECEBIDA DO EXTERIOR: diferença entre renda recebida do exterior e renda enviada ao exterior. É igual, com sinal trocado, à renda líquida enviada ao exterior.

RENDA NACIONAL: é igual ao Produto Nacional Líquido a custo de fatores. É a soma de salários, lucros, aluguéis e juros com outras receitas correntes líquidas do governo, impostos diretos pagos pelas empresas, subtraídos das transferências recebidas pelas empresas.

RENDA PESSOAL: é a renda nacional subtraída dos lucros não distribuídos, das outras receitas correntes líquidas do governo, dos impostos diretos pagos pelas empresas e somada às transferências recebidas pelas empresas.

RENDA PESSOAL DISPONÍVEL: é a renda pessoal subtraída dos impostos diretos pagos pelas famílias e somada às transferências recebidas pelas famílias.

RENDA PERMANENTE: a renda permanente é vista como um fluxo de recursos constante, condicionado à expectativa, que pode ser sustentado pelo restante do horizonte de vida do indivíduo. Foi desenvolvida por Milton Friedman, segundo o qual a determinante-chave do consumo é a riqueza real de um indivíduo, e não sua renda corrente.

RESERVAS INTERNACIONAIS: são ativos dos bancos centrais em forma de moeda forte (dólar, euro, libra e iene), reservas junto ao FMI, DES (direito especial de saque) e ouro monetário. São utilizadas como meios de pagamento internacionais no cumprimento de suas obrigações.

RESIDENTES: são aquelas pessoas físicas ou jurídicas que têm, no país considerado, seu principal centro de interesse econômico. Não necessariamente está ligado ao fato de fixar moradia no país, mas, sim, ao fato de formar ou consumir o PIB do país.

RESÍDUO DE SOLOW: é a parte da taxa de crescimento econômico que não pode ser explicada pela variação dos fatores de produção, capital e trabalho, ponderada pela sua participação no produto, ou seja, é a parte do crescimento econômico decorrente de um progresso tecnológico neutro.

RISCO-PAÍS: o termo "risco-país" foi criado em 1992. Mede o nível de desconfiança ou risco dos mercados financeiros em relação aos países emergentes. O risco-país sinaliza para o investidor a capacidade do país de honrar ou não seus compromissos. Quanto mais alto for o número, maior será a possibilidade de o país vir a dar um calote na dívida. Os investidores internacionais se utilizam dos títulos do tesouro americano como aplicação de referência, por ser o mais seguro do mundo, ou seja, risco zero. A taxa é medida em pontos e calculada a partir de uma cesta de títulos negociados nos principais centros do mercado financeiro mundial. Cada ponto significa 0,01 ponto percentual de prêmio acima do rendimento dos papéis da dívida dos EUA, considerada de risco zero de calote. Ao dar 175 pontos a um país, taxa alcançada pelo Brasil em 22-03-2007, o mercado mostra que, para assumir o risco com os títulos emitidos pelo país, para o investidor estrangeiro só compensariam os riscos se negociados a uma taxa de 1,75 pontos acima de um título do tesouro americano, pelo qual se pagavam naquela data 5,25%. Um dos motivos que levam à queda do risco-país, além da confiança no país, é o fato de o FED (banco central dos EUA) já estar sinalizando que pode reduzir os juros num futuro próximo, fato este que leva o investidor a comprar títulos de países emergentes, buscando lucrar mais, devido aos juros maiores que o dos títulos americanos. A procura por títulos do Brasil provoca a redução do risco-país. No caso brasileiro, tem-se como base um conjunto de títulos que circulam no mercado secundário da dívida externa brasileira, com destaque para o título do governo, o "C-Bond", que foi emitido até 2004, sendo substituído pelo "Global 40"[5].

RESERVA DE VALOR (MOEDA COMO): é uma das funções da moeda. Seu intuito é acumular moeda como forma de juntar riqueza.

RESERVAS BANCÁRIAS: são a soma das reservas compulsórias e das reservas voluntárias que os bancos comerciais fazem junto ao Banco Central.

RESIDENTES: são aqueles que residem no Brasil em caráter permanente, tenham saído do Brasil de forma temporária e que não tenha ultrapassado o período de 12 meses, estejam prestando serviço fora do Brasil para a Administração Pública do Brasil, sejam estrangeiros que entrem no país com visto permanente ou com visto temporário e permaneçam no país por um período superior a 183 dias dentro do intervalo de 12 meses, ou tenham ingressado no Brasil para trabalhar com vínculo empregatício. Portanto, residentes são aquelas pessoas físicas ou jurídicas que têm, no país considerado, seu principal centro de interesse econômico.

RESTRIÇÃO ORÇAMENTÁRIA INTERTEMPORAL: a curva que demonstra as várias combinações que o consumidor pode se permitir de acordo com a renda de longo prazo.

REVERSÃO QUANTO AO TEMPO: um índice é reversível quanto ao tempo quando o produto do índice calculado para o período t com base i pelo índice calculado para o período i com base t é igual à unidade.

REVERSÍVEL QUANTO AOS FATORES: também chamado de princípio de decomposição de causas, um índice é reversível quanto aos fatores quando o produto do índice de quantidade pelo índice de preços é igual ao índice de valores.

ROYALTIES: remuneração pela utilização da tecnologia.

S

SALDO COMERCIAL: é o saldo da diferença entre as exportações de bens e serviços não fatores e importações de bens e serviços não fatores.

---

[5] Adaptado de: <http://www1.folha.uol.com.br/fsp/dinheiro/fi2303200724.htm>. Acesso em: set. 2010.

SALDO DO GOVERNO EM CONTA CORRENTE: é a diferença entre receitas correntes e despesas correntes do governo. Não se incluem as despesas e receitas de capital do governo.

SERVIÇO FATOR: é o serviço relacionado aos fatores de produção, ou seja, mão de obra, capital, matéria-prima (ou terra) e empreendimento.

SERVIÇO NÃO FATOR: é o serviço que não se refere a fator de produção, ou seja, frete, seguro, turismo, viagens internacionais etc.

SISTEMA FINANCEIRO INTERNACIONAL: é uma estrutura de acordos, regras, convenções e instituições em que os mercados internacionais e firmas operam. Sua principal função é possibilitar aos agentes econômicos os meios pelos quais poderão realizar seus pagamentos, mesmo que seus países possuam moedas diferentes. São transações cambiais imprescindíveis à economia moderna.

SISTEMA FINANCEIRO NACIONAL: conjunto de instituições financeiras voltadas para a gestão da política monetária do governo, sob orientação do Conselho Monetário Nacional.

"SOLA DE SAPATO"; EFEITO: ocorre quando as pessoas, em período de inflação, tentando minimizar a quantidade de moeda em seu poder, passam a ir diversas vezes ao banco e, em decorrência disso, diminuem seu tempo em realizar atividades produtivas.

SOLOW; MODELO DE: é um modelo neoclássico de crescimento de longo prazo. O modelo de Solow afirma que os fatores para o crescimento econômico seriam o aumento populacional, o aumento do capital e a melhoria tecnológica.

SUBSÍDIO: contribuição financeira de um governo ou de uma entidade pública que outorga uma vantagem a uma empresa, a um ramo de produção ou a uma indústria. A contribuição financeira pode assumir diferentes formas, ou seja, transferência direta de fundos (doações, empréstimos), renúncia de receita (incentivo fiscal) e fornecimento ou compra de bens e serviços. O subsídio afeta positivamente a produção das empresas e tem como finalidade fazer com que os produtos cheguem mais baratos ao consumidor.

SWAP: é um tipo de derivativo muito recente; presente a partir dos anos 1990 no Brasil. Tem o objetivo de permitir a troca de direitos sobre fluxo de caixa futuro, protegendo as empresas de flutuações indesejadas. Os *swaps* têm importante função econômica quando possibilitam aos agentes econômicos a troca de indexadores, protegendo-os dos riscos das flutuações e dos seus efeitos sobre seus passivos. No Brasil, por causa da não conversibilidade da nossa moeda no mercado internacional, essas operações são realizadas apenas na troca de indexadores, e não na troca de moedas. Nos mercados internacionais, os *swaps* podem ser negociados sobre taxas de juros e também sobre moedas, como modalidades mais negociadas atualmente.

■ T

TANGÍVEL: é o que pode ser tocado, algo real, concreto.

TAXA DE CÂMBIO FLEXÍVEL: é quando o mercado age livremente na determinação da taxa de câmbio, sem interferência do governo ou do Banco Central, ou seja, é a lei da oferta e da procura que determina a paridade entre duas moedas.

TAXA DE CÂMBIO FIXA: é quando o Bacen determina a taxa de câmbio e, para garantir a fixação, fica obrigado a manter reservas internacionais, caso tenha que vender divisas, e se obriga a comprar divisas, no caso de aumento da oferta desta no mercado interno.

TAXA DE CÂMBIO NOMINAL: é a relação de preços entre as moedas. É a taxa pela qual se pode trocar a moeda de um país pela moeda de outro país.

TAXA DE CÂMBIO REAL: é a taxa de câmbio nominal corrigida do efeito da inflação dos preços internos e externos. A taxa de câmbio real mede o poder de compra entre as moedas. Ela afetará o fluxo real de bens e serviços entre países.

TAXA DE POUPANÇA: termo, utilizado no modelo de longo prazo de Solow, que corresponde à Propensão marginal a Poupar do modelo Keynesiano de curto prazo.

TAXA MARGINAL DE SUBSTITUIÇÃO: representa a renúncia de certa quantidade de um bem em relação ao aumento de "uma" unidade de consumo de outro bem, formando uma nova cesta de bens sobre a mesma curva de indiferença. A taxa marginal de substituição é decrescente, porque, à medida que se abre mão de um bem em prol de outro, cada vez se está menos disposto à renúncia do primeiro.

TEORIA QUANTITATIVA DA MOEDA: é uma análise do equilíbrio pelo lado monetário da economia. Afirma que o nível de preços será determinado pela oferta de moeda e pela velocidade da moeda. Os clássicos defendiam que tanto a velocidade da moeda quanto o Produto Real da economia eram constantes, fazendo com que um aumento da oferta de moeda provocasse apenas uma elevação dos preços.

TESOURO NACIONAL; SECRETARIA DO: é um órgão da administração direta do país, integrante do Ministério da Fazenda. É responsável pela administração dos recursos do país, ou seja, pela política fiscal do país.

TOBIN, TEORIA "Q" DE: *vide* "Q" de Tobin, Teoria.

TOBIN-BAUMOL, MODELO: baseia-se no *trade-off* entre reter moeda e o custo de oportunidade de se deixar de ganhar juros pelo fato de não se ter adquirido títulos. Diferentemente da abordagem mostrada por Keynes, o modelo Tobin-Baumol mostra que a demanda de moeda para transação é função da renda e também da taxa de juros, enquanto para Keynes a demanda de moeda para transação é função direta da renda apenas.

*TRADABLES***:** significa comerciáveis e corresponde aos bens e serviços que são comercializados no país, internamente, e também podem ser oferecidos externamente por meio das exportações.

*TRADE-OFF***:** ou *trade off*, ocorre quando se tem que fazer uma escolha e, portanto, pressupõe-se uma troca. No caso da curva de Phillips, a escolha gira em torno de mais inflação e menos desemprego, ou menos inflação e mais desemprego, no curto prazo.

TRANSFERÊNCIA: pode ser considerada uma doação, já que não há contrapartida em nenhum bem ou serviço. As transferências correntes afetam diretamente a renda, aumentando-a. Assim, as transferências são concedidas pelo governo para as unidades familiares (famílias) ou para as empresas. Para as famílias, as transferências tomam a forma principalmente de aposentadoria, pensão, da dívida pública e Bolsa Família. Para as empresas, as transferências são concedidas principalmente sob a forma de juros pagos pelo governo.

TRANSFERÊNCIAS CORRENTES UNILATERAIS: tomam a forma de bens ou moeda e correspondem a "doações" entre países, ou seja, recursos que não apresentam contrapartida em forma de pagamento, bens ou serviços. São realizadas entre dois setores institucionais: remessas entre trabalhadores; ou transferências de outra natureza. Não se confundem com transferências de capital, que correspondem às transferências de patrimônio, lançadas na Conta Capital.

TRANSFERÊNCIAS LÍQUIDAS DE RECURSOS PARA O EXTERIOR: é a diferença entre as exportações de bens e serviços não fatores e as importações de bens e serviços não fatores.

TRIBUTAÇÃO BRUTA: corresponde à tributação líquida somada às transferências.

TRIBUTAÇÃO LÍQUIDA: corresponde à tributação bruta, subtraídas as transferências.

U

UNIDADES FAMILIARES: são as famílias. Aquelas que consumirão bens e serviços das empresas, pagando por isso, e que venderão seus fatores de produção, permitindo às empresas produzirem. Em troca dos fatores de produção (mão de obra, capital, matéria-prima e empreendimento), serão remuneradas sob a forma de renda (salários, juros, aluguéis e lucros).

V

VALOR DA PRODUTIVIDADE MARGINAL DA MÃO DE OBRA OU DO TRABALHO: em um mercado em concorrência perfeita, é a Produtividade marginal da mão de obra multiplicada pelo preço do produto.

VALOR BRUTO DA PRODUÇÃO: é a soma de tudo que é produzido na economia, sem descontar o produto intermediário, ou seja, no cálculo do valor bruto da produção, poderá haver dupla contagem.

VAZAMENTOS: são as variáveis que reduzem a renda e o produto da economia e não retomam a forma de demanda agregada para o circuito produtivo. São eles: a poupança, os tributos e as importações.

VELOCIDADE DA MOEDA: número de vezes que uma mesma unidade de moeda é utilizada em transações na economia, ou seja, a rapidez de giro da moeda (*turnover*).

VOLUNTÁRIO; RECOLHIMENTO OU DEPÓSITO: é o depósito que os bancos comerciais fazem junto ao Banco Central de forma não compulsória, com o intuito de cobrir eventuais déficits na compensação bancária.

REFERÊNCIAS

ABEL, Andrew; BERNANKE, Ben; CROUSHORE, Dean. *Macroeconomia*. 5. ed. São Paulo: Pearson Addison Wesley, 2008.

ALÉM, Ana Cláudia. *Macroeconomia:* teoria e prática no Brasil. São Paulo: Elsevier, 2010.

AMADO, Adriana Moreira; MOLLO, Maria de Lourdes Rollemberg. *Noções de macroeconomia:* razões teóricas para as divergências entre os economistas. Barueri: Manole, 2003.

ANDREZO, Andréa Fernandes; LIMA, Iran Siqueira. *Mercado financeiro:* aspectos históricos e conceituais. São Paulo: Pioneira, 1999.

BACH, Christopher L. *U.S. international transactions revised estimates for 1982-98*. Washington, DC: Survey of Current Business, 1999.

BALANCE OF PAYMENTS MANUAL (5. ed.). Washington, DC, USA: International Monetary Fund, 1993.

BESSADA, Octavio Manuel. *O mercado de derivados financeiros*. São Paulo: Record, 2000.

BITTENCOURT, A.; ATALIBA, F.; SULIANO, D. *Macroeconomia:* provas da ANPEC resolvidas e comentadas 1997 a 2006. Fortaleza: LCR, 2006.

BLANCHARD, Olivier. *Macroeconomia*. 4. ed. São Paulo: Pearson Prentice Hall, 2007.

CARVALHO, Fernando J. Cardim; SOUZA, F. E. P.; SICSÚ, J.; PAULA, L. F. R.; STUDART, R. *Economia monetária e financeira:* teoria e política. 2. ed. Rio de Janeiro: Elsevier, 2007.

CARVALHO, Maria Auxiliadora; SILVA, César Roberto Leite da. *Economia internacional*. 4. ed. São Paulo: Saraiva, 2007.

CAVALCANTE FILHO, Francisco Silva; MISUMI, Jorge Ioshio. *Mercado de capitais*. Rio de Janeiro: Campus, 2002.

DO VAL, Fernando T. R. *Macroeconomia:* estática e dinâmica. São Paulo: Saraiva, 1981.

DORNBUSCH, Rudiger; FISCHER, Stanley. *Macroeconomia*. 10. ed. São Paulo: McGraw-Hill, 2009.

FEIJÓ, Carmem Aparecida; RAMOS, Roberto Luis Olinto (Org.). *Contabilidade social:* a nova referência das contas nacionais do Brasil. Rio de Janeiro: Elsevier, 2003.

FEIJÓ, C.A. *Contabilidade social:* o novo sistema de contas nacionais. 2. ed. revisada e atualizada. Rio de Janeiro: Campus, 2004.

FERNANDES, Antonio Alberto Grossi. *2002, o Brasil e o Sistema Financeiro Nacional*. Rio de Janeiro: Qualitymark, 2002.

FILELLINI, Alfredo. *Contabilidade social*. 2. ed. São Paulo: Atlas, 1994.

FILGUEIRAS, Luiz. *História do plano real*: fundamentos, impactos e contradições. 3. ed. São Paulo: Boitempo, 2000.

FONSECA, Eduardo Giannetti da. *As partes & o todo*. São Paulo: Siciliano, 1995.

FRANCO, Gustavo H. B. *O plano real e outros ensaios*. Rio de Janeiro: Francisco Alves, 1995.

FROYEN, Richard T. *Macroeconomia*. São Paulo: Saraiva, 2003.

GIAMBIAGI, Fabio; ALÉM, Ana Cláudia. *Finanças públicas*: teoria e prática no Brasil. 3. ed. rev. e atual. Rio de Janeiro: Campus Elsevier, 2008.

GREMAUD, Amaury Patrick; DIAZ, M. D. M.; AZEVEDO, P. F.; TONETO-JÚNIOR, R. *Introdução à economia*. São Paulo: Atlas, 2007.

GREMAUD, Amaury Patrick et al. *Manual de economia*. 5. ed. São Paulo: Saraiva, 2010.

HUNT, E. K. *História do pensamento econômico:* uma perspectiva crítica. 2. ed. Rio de Janeiro: Campus, 2005.

KEYNES, John Maynard. *A teoria geral do emprego, do juro e da moeda*. Trad. Mario R. da Cruz. São Paulo: Abril Cultural, 1983. v. 14. (Os Economistas)

_____. *The general theory of employment, interest and money*. Harcourt: Brace & World, 1936.

KRUGMAN, Paul R.; OBSTFELD, Maurice. *Economia internacional:* teoria e política. 8. ed. São Paulo: Person Prentice Hall, 2010.

KRUGMAN, Paul R.; WELLS, R. *Introdução à economia*. Rio de Janeiro: Campus, 2007.

LOPES, João do Carmo; ROSSETTI, José Paschoal. *Economia monetária*. São Paulo: Atlas, 1995.

_____. *Economia monetária*. 9. ed. São Paulo: Atlas, 2005.

LOPES, Luiz Martins; VASCONCELLOS, Marco Antonio Sandoval de (Org.). *Manual de macroeconomia:* básico e intermediário. São Paulo: Atlas, 1998.

_____. *Manual de macroeconomia:* básico e intermediário. 3. ed. São Paulo: Atlas, 2009.

MANKIW, N. Gregory. *Introdução à economia:* princípios de micro e macroeconomia. 2. ed. Rio de Janeiro: Elsevier, 2001.

_____. *Macroeconomia*. Rio de Janeiro: Livros Técnicos e Científicos Editora, 1992.

MARIM, W. C. *Teoria econômica:* uma introdução. São Paulo: Rumo, 1981.

MISHKIN, Frederic. *Moedas, bancos e mercados financeiros*. 5. ed. Rio de Janeiro: LTc, 2000.

MONTORO FILHO, André Franco. *Contabilidade social:* uma introdução à macroeconomia. 2. ed. São Paulo: Atlas, 1994.

MOREIRA, Claudio Filgueira Pacheco. *Manual de contabilidade bancária*. Rio de Janeiro: Impetus Elsevier, 2006.

PAULANI, Leda Maria; BRAGA, Márcio Bobik. *A nova contabilidade social:* uma introdução à macroeconomia. 3. ed. São Paulo: Saraiva, 2007.

_____. *A nova contabilidade social*. São Paulo: Saraiva, 2000.

PINHO, Diva Benevides; VASCONCELLOS, Marco Antonio Sandoval de (Org.). *Manual de economia*. 5. ed. São Paulo: Saraiva, 2010.

REZENDE, F. *Finanças públicas*. São Paulo: Atlas, 2001.

RUDGE, Luiz Fernando; CAVALCANTE, Francisco. *Mercado de capitais*. Belo Horizonte: CNBV, 1993.

SACHS, Jeffrey D.; LARRAIN, Felipe B. *Macroeconomia:* em uma economia global. São Paulo: Pearson Education do Brasil, 2000.

SANDRONI, Paulo. *Novíssimo dicionário de economia*. São Paulo: Best Seller, 1999.

SECURATO, José Roberto; SECURATO, José Cláudio. *Mercado financeiro:* conceitos, cálculo e análise de investimento. São Paulo: Saint Paul, 2007.

SHAPIRO, Edward. *Análise macroeconômica*. 2. ed. São Paulo: Atlas, 1981.

SHEFFRIN, Steven. *Expectativas racionales*. Madrid: Alianza Editorial, 1985.

SIMONSEN, Mário Henrique; CYSNE, Rubens Penha. *Macroeconomia*. 3. ed. São Paulo: Atlas, 2007.

_____. *Macroeconomia*. 4. ed. São Paulo: Atlas, 2009.

SOUZA, N. A. *Economia brasileira contemporânea*. 2. ed. São Paulo: Atlas, 2008.

VASCONCELLOS, Marco Antonio Sandoval de. *Economia:* micro e macro. 3. ed. São Paulo: Atlas, 2002.

_____; OLIVEIRA, Roberto Guena de. *Manual de microeconomia*. 2. ed. São Paulo: Atlas, 2000.

VICECONTI, P. E. V.; NEVES, S. *Introdução à economia*. 7. ed. São Paulo: Frase Editora, 2005.

Sites:

<http://pt.scribd.com/doc/4014004/Indices-de-Precos-FAQ-do-BCB>.

<http://pt.wikipedia.org/wiki/Unidade_Real_de_Valor>. Acesso em: 10 jan. 2011.

<http://pt.wikipedia.org/wiki/Anexo:Lista_de_pa%C3%ADses_por_%C3%8Dndice_de_Desenvolvimento_Humano>. Acesso em: 6 nov. 2011.

<http://www.andima.com.br/selic/oquee.asp>.

<http://www.assbandf.com.br/glossario_b.htm>. Acesso em: 7 set. 2011.

<http://www.bcb.gov.br/>. Acesso em: set. 2010.

<http://www.bcb.gov.br/?HISTORIABC>.

<http://www.bcb.gov.br/pec/sdds/port/balpagam_p.htm>. Acesso em: abr. 2011.

<http://www.cosif.com.br/publica.asp?arquivo=balancopagtos7>

<http://www.fazenda.gov.br/portugues/real/realem.asp>. Acesso em: 28 ago. 2011.

<http://www.fiscosoft.com.br/a/4tr6/operacao-compromissada-envolvendo-titulos-publicos-renda-fixa-para-investidor-nao-residente-resolucao-cmn-n-268900-carlos-alexandre-macedo-barcarollo>. Acesso em: 10 set. 2011.

<http://www1.folha.uol.com.br/fsp/dinheiro/fi2303200724.htm>. Acesso em: set. 2010.

<http://www.ibge.gov.br/home/estatistica/indicadores/pib/pib-vol-val_201004caderno.pdf>. Acesso em: 3 jun. 2011.

<http://www.ibge.gov.br/home/estatistica/indicadores/pib/srmtrimestrais.pdf>. Acesso em: 3 jul. 2011.

<http://www.ibge.gov.br/home/presidencia/noticias/noticia_impressao.php?id_noticia=1746>. Acesso em: 3 jul. 2011.

<http://www.portalbrasil.net/economia_riscopais.htm>. Acesso em: abr. 2011.